文成县百丈漈风景名胜区(吴志伟 摄)

文成县志

（1991—2011）

上　册

文成县地方志编纂委员会　编

方志出版社
Publishing House of Local Records

图书在版编目(CIP)数据

文成县志：1991—2011 / 文成县地方志编纂委员会编. — 北京：方志出版社，2019.10
ISBN 978-7-5144-3922-9

Ⅰ. ①文… Ⅱ. ①文… Ⅲ. ①文成县—地方志—1991-2011 Ⅳ. ①K295.54

中国版本图书馆CIP数据核字(2020)第005861号

文成县志（1991—2011）

编　　者：文成县地方志编纂委员会
责任编辑：李志瑜

出 版 者：方志出版社
地址　北京市朝阳区潘家园东里9号(国家方志馆4层)
邮编　100021
网址　http://www.fzph.org
发　　行：方志出版社图书经销中心
电话(010) 67110500
经　　销：各地新华书店
印　　刷：杭州万星印务有限公司

开　　本：889×1194　1/16
印　　张：116
字　　数：3746千字
版　　次：2019年10月第1版　2019年10月第1次印刷
印　　数：0001～5000册

ISBN 978-7-5144-3922-9　定价：680.00 元

文成县地方志编纂委员会

主　　任　章寿禹（2016.11—　）

副 主 任　徐清雨（2016.08—　）

　　　　　　张行安（2018.07—　）

成　　员　县委办、县人大办、县政府办、县政协办主任，县人武部政工科科长，县委组织部、县委宣传部、县委统战部常务副部长，县公安局常务副局长，县委编办、县委党史研究室（县地方志研究室）、县档案馆、县发展和改革局、县经济商务和信息化局、县教育局、县民政局、县财政局、县人力和社会保障局、县自然资源和规划局、县住房和城乡建设局、县交通运输局、县文化和广电旅游体育局、县卫生健康局、县统计局、县机关事务管理中心主要负责人，各乡镇长。

文成县地方志编纂委员会下设办公室，负责日常工作

办公室主任　周建东（2017.04—　）

副 主 任　季志娥（2016.04—　）

《文成县志》编辑部

主　　编　周文锋（2016.12—　）

副 主 编　邢松棋　张周昌　陈挺巧　余西建　季志娥

特邀编辑　陈建敏

编　　辑　刘国平　叶风新　余贤福　纪迎春　朱慧敏　王晶晶

编　　务　刘凤钗　林津津　郑威威　张理娜

曾任文成县地方志编纂委员会成员

《文成县志》曾任编辑部人员

• 大岱镇(金宏杰 2014年4月摄)

• 珊溪镇(吴志伟 2018年6月摄)

• 玉壶镇(吴志伟 2018年6月摄)

• 南田镇(吴志伟 2018年6月摄)

• 黄坦镇（吴志伟 2018年6月摄）

• 西坑畲族镇（吴志伟 2018年6月摄）

• 百丈漈镇(吴志伟 2018年6月摄)

• 峃口镇(郑国健 2009年8月摄)

• 巨屿镇(吴志伟 2018年6月摄)

• 周山畲族乡(吴志伟 2018年6月摄)

• 巨屿生态工业园区(巨屿镇党政办 2008年7月摄)

• 二源高山蔬菜种植基地(李武 2011年7月摄)

• 平和九龙山生态茶园（王健 2011年3月摄）

• 珊溪南阳杨梅基地（刘化武 2010年6月摄）

• 大峃镇凤阳小区(金宏杰 2008年9月摄)

• 文成商贸第一街——县前街(邱珍钱 2005年12月摄)

• 改造后的县城泗溪河（邱珍钱 2008年5月摄）

• 县城夜景（金求真 2017年10月摄）

• 县人民医院门诊部大楼(彭碎铁 2010年12月摄)

• 文成中学(吴志伟 2007年摄)

• 2004年2月建成的耿泛通东降公路，为全县第一条乡村康庄工程公路(吴志伟 摄)

• 56省道南田连接线（吴志伟 2017年10月摄）

• G322文成路段（王健2010年6月摄）

• 龙丽温高速文成段（金求真 2019年12月摄）

• 1997年11月1日，珊溪水利工程——珊溪水库飞云江截流现场（县移民办提供）

• 珊溪水库大坝（刘化武 2009年9月摄）

• 天鹅堡小镇(郑晓建 2018年11月摄)

• 渡渎村(郑国健 2011年10月摄)

• 让川村（周好 2018年9月摄）

• 武阳村（邱珍钱 2011年7月摄）

• 全民运动会（金宏杰 2015年摄）

• 2011年11月，周山畲族乡村民开展文化活动（金宏杰 摄）

• 绿道（王健 2011年9月摄）

• 文成县第三届中国刘基文化暨生态旅游节开幕式(雷忠义 2008年7月17日摄)

• 2010年7月26日，刘基故里南田镇举行“太公祭”(邱珍钱 摄)

• 畲族风情表演——捣糍粑(李武 2008年7月摄)

• 畲族婚嫁仪式——迎亲(李武 2009年3月摄)

• 2018年7月5日，文成县海外服务中心启动仪式（王健 摄）

• 玉壶寿星桥，1991年8月华侨捐资建造（县侨联提供）

• 安福寺(郑国健 2014年10月摄)

• 飞云湖(雷忠义 2011年7月摄)

• 百丈飞瀑(胡立雷 2010年5月摄)

• 铜铃壶穴(金宏杰 2010年8月摄)

• 红枫古道（王健 2010年摄）

• 铜铃山国家森林公园（金宏杰 2018年8月摄）

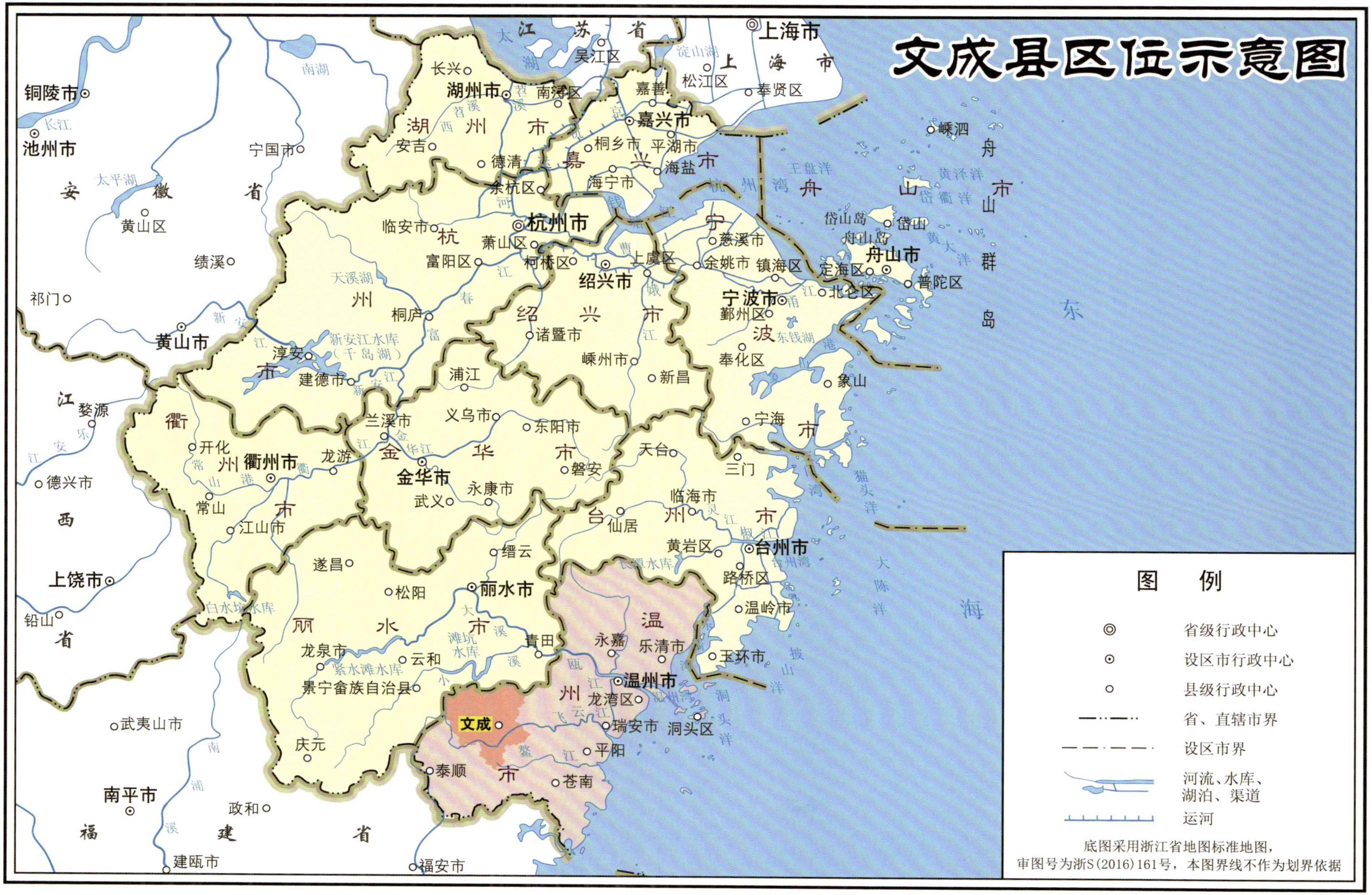

• 2011年文成县区位示意图

●1991年文成县行政区划图

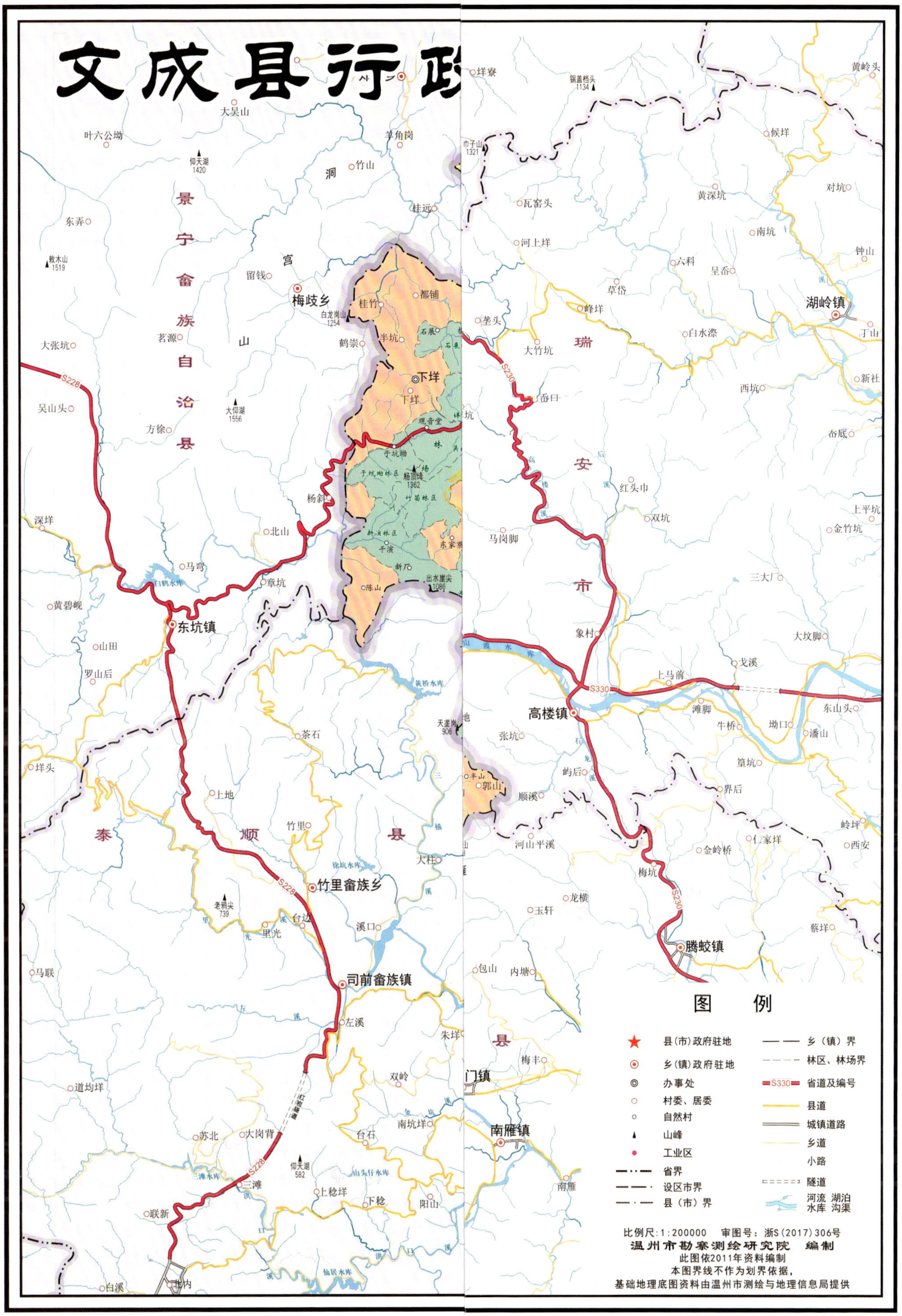
文成县行政
景宁畲族自治县
瑞安市
泰顺县
东坑镇
梅岐乡
下垟
高楼镇
湖岭镇
腾蛟镇
竹里畲族乡
司前畲族镇
南雁镇
S228
S330
S230
图例
县(市)政府驻地
乡(镇)政府驻地
办事处
村委、居委
自然村
山峰
工业区
省界
设区市界
县（市）界
乡（镇）界
林区、林场界
省道及编号
县道
城镇道路
乡道
小路
隧道
河流 湖泊
水库 沟渠
比例尺：1：200000 审图号：浙S（2017）306号
温州市勘察测绘研究院 编制
此图依2011年资料编制
本图界线不作为划界依据，
基础地理底图资料由温州市测绘与地理信息局提供

• 2011年文成县城区图

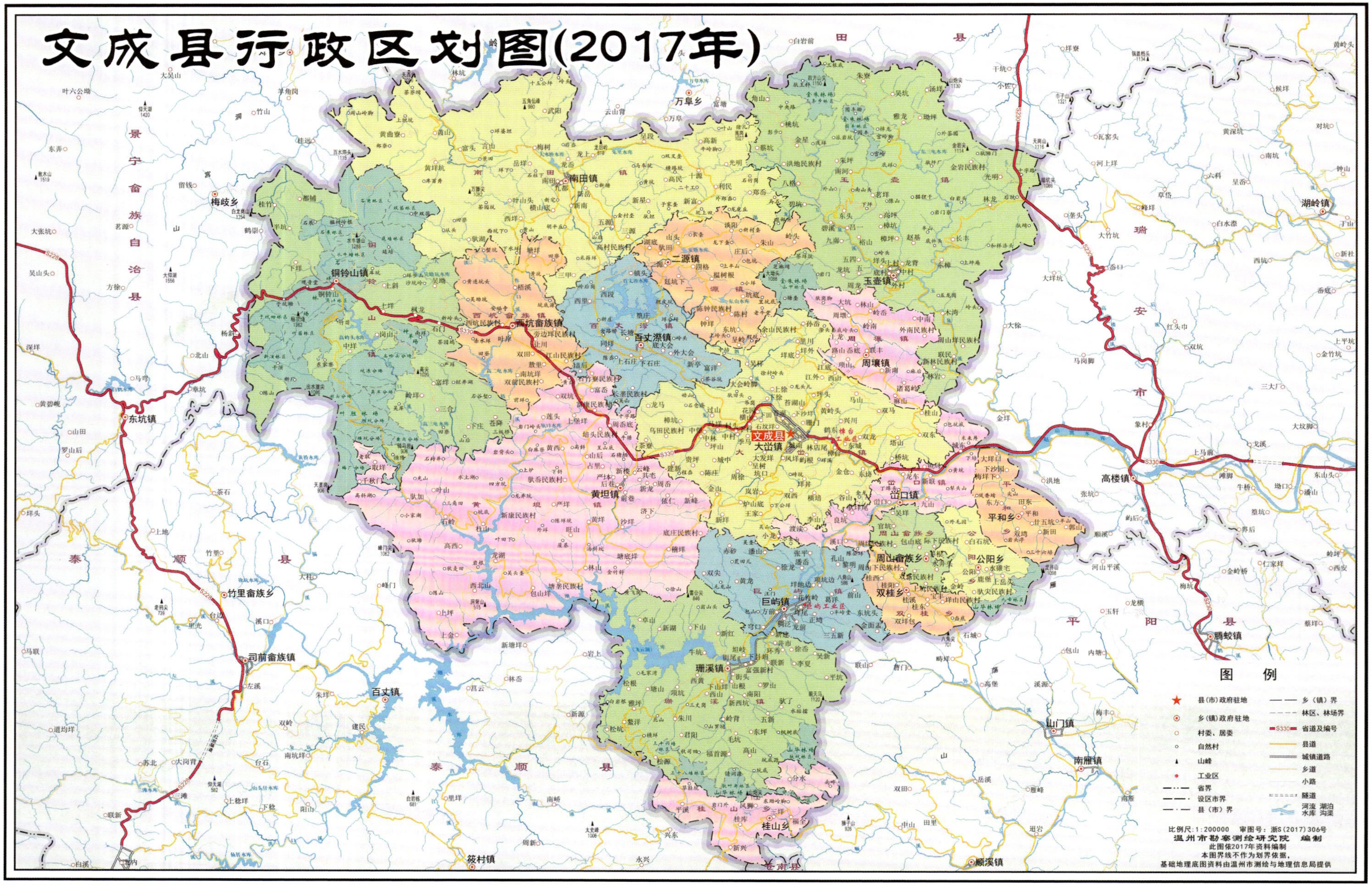

● 2017年文成县行政区划图

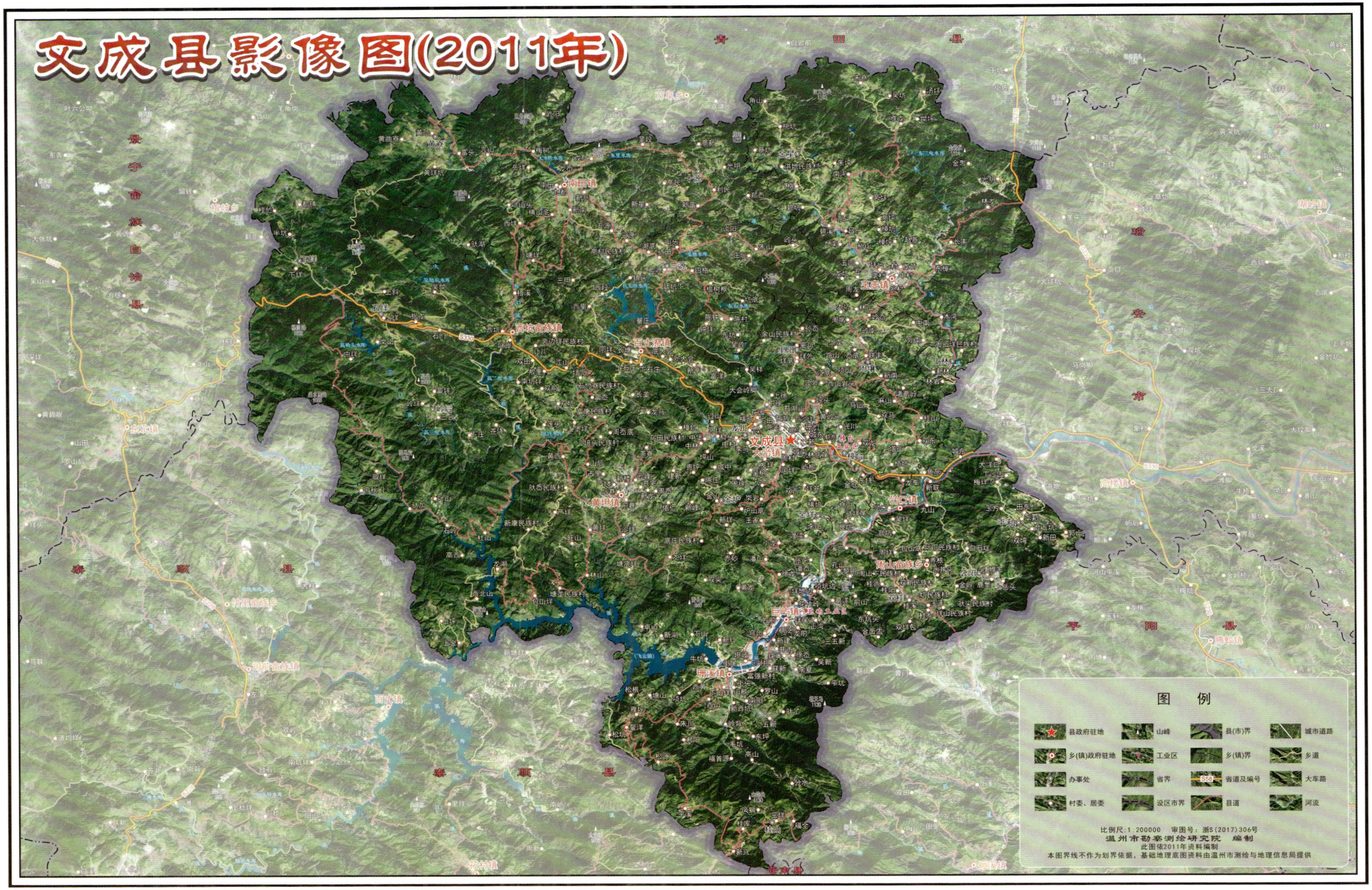

• 2011年文成县影像图

• 2011年文成县交通图

• 2011年文成县旅游图

• 2011年文成县水系流域图

序

天然文成，地灵人杰，业兴民盛。

1991年至2011年，文成人民继往开来、砥砺奋进，改革开放硕果累累，经济发展高歌猛进，社会面貌焕然一新，先后擘画了"山水乐园""生态旅游县""宜游宜居生态县"的发展蓝图，成功走出了一条生态优先、绿色发展的新路。全面记述好这段艰难而辉煌的历史，我们责无旁贷义不容辞！

春华秋实，历经12春秋，倾注着编纂工作者无限心血的《文成县志（1991—2011）》落下帷幕，即将付梓，这是文成地方志领域的重大成果，也是文成文化建设中的一件大事和喜事。《文成县志（1991—2011）》以特色为点、民生为面，紧紧抓住生态文成、魅力文成、和谐文成建设主线，突出红色文化、生态文化、华侨文化、刘基文化和畲乡文化发展特点，翔实记载了1991年至2011年文成县政治、经济、社会、文化、生态全方位的发展状况，客观反映了历届文成县委、县政府励精图治引领全县人民跨越赶超发展的历史事实，真实呈现出文成人民勇于探索奋发有为构建美好家园的拼搏精神。《文成县志（1991—2011）》内容详实、资料丰富、文约事丰，是了解文成历史的珍贵文献，必将在我县经济社会发展中发挥积极的作用。

"修志问道，以启未来"。文成的未来，困难与希望同在，挑战和机遇并存。文成县委、县政府将不忘初心、牢记使命，以史为鉴、面向未来，带领全县人民攻坚克难、干在实处，抢抓机遇、勇立潮头，持续深入实施经济赶超、环境再造、民生幸福、铁军锻造"四大工程"，全力推进文成绿色高质量发展，加速实现"三美文成"。天道酬勤，相信勤劳朴实、拼搏进取的文成人民，定会审视过去、坚定方向，用自己的智慧和双手创造出更加美好的明天，谱写出更加辉煌绚丽的历史新篇！

中共文成县委书记

文成县人民政府县长

2019年10月

凡　例

一、指导思想　本志以马克思列宁主义、毛泽东思想、邓小平理论、"三个代表"重要思想、科学发展观、习近平新时代中国特色社会主义思想为指导，坚持辩证唯物主义和历史唯物主义立场、观点和方法，力求全面系统、准确、翔实地记述1991—2011年间文成县自然、经济、政治、文化、社会历史发展与现状。遵循以人为本、实事求是、秉笔直书的原则，旨在资政、存史、教化，为全县经济建设、政治建设、文化建设、社会建设和生态文明建设服务。

二、时间断限　本志为1996年版《文成县志》（亦称"前志"）续志。记事时限与"前志"下限1990年衔接，上限起于1991年，下限讫于2011年年底，重要事物适当前溯。水电之乡专记下延至2012年，文前彩页与大事记延伸至2018年（彩页个别内容延伸至2019年）。

三、结构层次　本志为卷、章、节、目结构。志首设序、综述、大事记，中为专志，分别为自然环境、经济、政治、文化、民政民生、人物6个板块，计39卷。卷末设丛录、索引、编纂机构与编撰人员名录、后记。

四、体裁形式　本志采用述、记、志、传、图、表、录七种体裁，以志为主。彩图集中于志首，部分图照随文插入相关章节。

五、语言文体　本志除引用文字、文献资料外，均采用规范的现代语体文，力求朴实、简洁、流畅。综述以述为主，述议结合。大事记以编年体为主，兼以纪事本末体，其余为记述文体。用字以国家语言文字委员会1986年10月公布的《简化字总表》为准。

六、纪年方法　本志使用公元纪年，对所涉历史传统纪年，括注公元纪年。对20世纪年代的表述，一般直书年代。中华民国开始，使用统一公元纪年。本志所书"解放后"是指1949年5月文成县城解放之后。

七、人地称谓　本志以第三人称记述。人名，直书其姓名，必要时冠以职务。地名，以现行标准地名为准，涉及古地名时，括注现标准地名。党政机关、团体、组织、机构、会议、文件等名称，首次出现时用全称。对称谓过长者，同时括注简称，之后视需要兼用简称。

八、数据及书写　本志所用数据，凡有统计数据的均采用统计数据，无统计数据的则采用部门数据；业务部门与统计部门有矛盾的数据，以核查结果为准。国民经济发展速度、"五年计划"执行情况采用可比价，其余如农业、工业总产值等采用现价。数据书写按《中华人民共和国标准出版物上数字用法的规定》为准。计量单位，原则上采用国家法定计量单位。

九、立传原则 坚持“生不立传”规例。已故人物对社会发展有重大影响者列入人物传，以生年为序。县内省级以上的先进模范人物、高级专业技术人员列表以记，副县级以上党政领导干部，采用“以事系人”方法散入相关名录。

十、勘误补缺 本志对“前志之误、前志之缺”，采取随文勘补的方式，与所记事物衔接。

十一、资料来源 本志采用文字、图、表资料，来源于各承编部门或档案馆(室)、文成新闻网、规划部门资料室以及有关史志书刊、辅以经过考订的口碑资料，均已考证、审核，文中注明出处。

总 目

上 册

下　册

上册目录

第四卷　国土资源管理

第五卷　环境保护

第六卷　城乡建设　房地产业

第七卷　交通运输

第八卷　邮政　电信

第九卷　水利　电力

第十卷　经济总情

第十一卷　农　业

第十二卷　工业　建筑业

第十三卷 商贸 服务业

第十四卷 旅 游 业

第十五卷　银行　保险　证券

第十六卷　财政　税务

第十七卷　市场监督管理

第十八卷 计划 统计 审计

综 述

一

文成县建置于1946年12月,以明开国元勋刘基(字伯温)谥号“文成”命名。1948年7月,始建县政。1958年10月撤销文成县,和瑞安县合并;1961年9月从瑞安县析置。此后,文成县境地域及县人民政府驻地无变动。

文成县地处浙江省南部、温州市西南面、飞云江中上游。东接瑞安市,南邻平阳、苍南县,西倚泰顺、景宁县,北接青田县。县境介于北纬27°34′~27°59′、东经119°46′~120°15′之间。

1992年5月,全县区划调整,撤区扩镇并乡,撤并为8镇、27乡。分为大峃、珊溪、峃口、玉壶、南田、黄坦、西坑7个片区。2011年,全县设9镇、1乡、384个村(包括石垟林场上斜村)。

1991年,全县人口36.49万人,外来人口2146人。2011年,全县人口38.65万人,外来人口2.50万人。海外华侨、华人10余万人,分布在世界52个国家和地区。

文成处于华南褶皱系与浙东南褶皱带,地势自西北向东南倾斜,山峦起伏,沟谷纵横。海拔千米以上山峰178座,最高为杨顶垟1362米。中部飞云江(中上游)自西向东横贯,流程43.5公里。东南部地势平坦,大垟口海拔15米,为全县最低处。属亚热带海洋季风气候区,年平均气温18.4℃,降水量1791.7毫米。

全县土地面积1292.16平方公里。其中,山地744.26平方公里,丘陵489.37平方公里,河谷平原58.53平方公里,分别占全县境域的57.60%、37.87%和4.53%。1991年,全县耕地面积15万亩,人均0.411亩。2011年,全县耕地面积15.5万亩,人均0.40亩。粮食作物以水稻为主,油料作物以油菜和花生为主,畜牧业以养猪、兔为主,渔业以淡水鱼养殖为主,经济作物以蔬菜、水果、茶叶、中药材、食用菌为主。林业用地面积139.74万亩,占全县土地面积72.35%。森林覆盖率70.40%,活立木蓄积量393.13万立方米。境内在飞云江、瓯江、鳌江三大水系,水力资源丰富,理论蕴藏量50万千瓦,其中可开发利用42.29万千瓦。已发现矿产种类18种,有色金属以锰、铜矿为主,非有色金属矿及建筑材料为花岗岩、高岭土、萤石、紫红色粉砂岩等。

二

1991年以来,文成国民经济和社会发展成绩喜人。

1991年全县国内生产总值为22889万元,2011年地区生产总值为474145万元。1991年人均生产总值为629元,2011年为12431元。1991年财政收入为831万元,2011年为63950万元。

农业实现产业化、品牌化经营。文成经济体制改革源于农村。20世纪80年代,全面推行农村家庭联产承包责任制、山林承包责任制,赋予农民生产自主权,农村生产方式逐步实现变革。农村富余劳动力向工业转移,促进乡镇工业迅速发展,农业总产值所占工农业总产值比重逐年下降。1991年全县农业总产值15431万元,占全县工农业总产值64.8%;1995年全县工农业总产值69792万元,其中农业总产值35081万元,所占比重

50.3%;工业总产值34711万元,所占比重49.7%。2011年全县农业总产值81237万元,占全县工农业总产值17.9%。农业产业结构发生革命性变革,从原来单一经营粮食,逐步转向以农林牧副渔业及深加工业为主的专业化、品牌化经营。1991年以来,文成不断调整优化农业产业结构,实施农业综合开发,推广“农业龙头企业+专业合作社+基地”的产业化经营模式,农业生产从传统农业向现代农业、效益农业转化。1994年始,县政府提出“质量立县”,实施品牌战略,制定《实施品牌发展战略的若干意见》。2010年,全县农林牧渔业生产平稳发展。全年实现农林牧渔业总产值6.73亿元。其中,农业产值4.28亿元、林业产值0.50亿元、畜牧业产值1.79亿元、渔业产值0.06亿元,其他0.10亿元。全年农作物总播种面积17.70万亩,粮食总产量6.16万吨;肉类总产量1.03万吨,蔬菜产量12.56万吨,药材产量1692吨,油料产量1224吨,瓜果13191吨。至2011年,建成千亩杨梅示范基地5个,千亩优质早熟雪梨基地2个。果园面积8.40万亩、水果产量2.93吨,比1991年分别增加2.23倍和8.35倍;兔饲养量117.29万只,家禽饲养量130.65万羽,比1991年分别增长99.27%和10.52%。培育发展农业龙头企业16家,农民专业合作社258家,种植业大户1077户,养殖业大户125户。开发名优特色农产品基地6个7620亩,茶叶基地20个8130亩,水果基地31个5.8万亩。创建粮食生产功能区12个1.86万亩,现代农业精品园5个1075亩。创建省市县农业标准化推广示范基地57个,认证无公害农产品、有机农产品、绿色食品产地41个。全县获得浙江名牌产品5个,温州名牌产品11个;浙江省著名商标2枚,国家地理标志证明商标1枚。

民营经济成为县域经济的主体。改革开放后,文成县国营工业企业和二轻集体工业企业普遍推行经营承包责任制,促进工业产值持续增长,同时乡镇工业异军突起。1991年全县工业企业669家,工业总产值8391万元,其中全民所有制企业24家1992万元,集体所有制企业71家3005万元,村及村以下企业574家3394万元,占工业总产值比重分别为23.7%、47.9%和28.3%。1995年国有工业产值7920万元,集体工业产值11526万元,民营工业产值15263万元,占工业总产值比重分别为22.8%、33.2%、44.0%。1992年后陆续出台《文成县国有、集体企业产权制度改革总体方案》《文成县企业破产若干意见》《文成县加快国有城镇集体企业改革实施意见》《文成县破产、解散企业职工安置试行办法》等系列文件,国有企业相继破产、停产、改制,乡镇企业纷纷转型或停产。至2008年,全县完成国有城镇集体企业改制45家,其中破产16家,终止解散25家,实施股份制改造转为民营企业4家。随着国有企业改革进程加快,民营企业逐步成为市场经济主体。2011年,全县工业企业380家,其中国有企业或国有控股企业15家、三资企业3家、民营企业362家。全县工业总产值37.26亿元,其中国有工业产值2.3亿元,民营工业产值34.93亿元,分别占6.2%、93.8%。2005年,全县国有商业完成改制,基本退出市场;个体、私营、股份制经济成为市场主要成分,实现计划经济向市场经济的转变。2011年,全县社会消费品零售总额22.66亿元,比1991年增加22.36倍,年均增长16.2%。1991—2011年,进出口总额37859万美元,其中出口额37197万美元、进口额662万美元。

旅游业发展迅速。文成旅游经济从无到有、从小到大、从弱到强。1992年始,文成进行风景旅游资源规划和开发。域境旅游资源以全国第一高瀑百丈漈、明朝开国元勋刘基故里、铜铃山峡谷壶穴著名。1993年,百丈漈风景名胜区被省政府命名为浙江省级风景名胜区。2001年刘基庙、墓被列为国家级重点文物保护单位。2004年百丈漈—飞云湖风景名胜区被命名为国家级风景名胜区。2008年刘伯温传说被列入国家级非物质文化遗产名录。1992—2011年,全县景区开发建设投资2.85亿元。2011年,文成县被命名为“浙江省旅游经济强县”。全县经济型旅游饭店30家,家庭旅馆100多家,旅游餐饮、购物、娱乐等服务性单位200多家,国内旅行社5家,持证导游158人,从业人员4000余人。铜铃山国家森林公园、百丈漈景区先后被评为国家AAAA旅游景区,刘基故里景区被评为AAA旅游景区;南田镇、百丈漈镇、西坑畲族镇被命名为浙江省旅游经济强镇,文成县被命名为浙江省旅游经济强县。全年各景区接待游客283.69万人次,门票收入738.44万元,实现旅游综合收入16.08亿元,旅游外汇收入8531万美元。

三

1991年以来，文成城镇建设与交通通信等基础设施建设步入发展快车道。

建立县乡和通村交通网。1991年年前，交通成为文成出行、引资、经济发展的瓶颈。1991年，全县公路总里程432.81公里。此后，文成秉持“要想富，先修路”理念，用好用足国家交通富民政策，多渠道筹措资金，加快公路建设，提高公路技术等级。全县先后实施“交通先行工程”“以工代赈扶贫工程”“乡村康庄工程”等，扩建、新建县乡公路和通村公路。1994年实现乡乡通公路，2010年实现村村通公路。2011年，全县公路总里程1929.1公里。全县累计新建等级公路382.562公里，改建432.81公里，修建通村公路1065.5公里。县级公路20条，通车里程460.597公里，其中二级公路17.887公里，三级公路59.831公里，四级公路382.879公里；混凝土路面68.707公里，沥青路面391.889公里。交通基础设施日臻完善，促进文成物流、人流的畅通和经济的快速发展。

加快城镇化建设进程。至2011年，县城建城区面积扩展到8.5平方公里，县城人口发展到6万人。城镇化率从1999年22.4%提高到38%。2000年后，珊溪水利枢纽工程、泗溪河治理工程、县前街改造、体育中心与污水处理厂等一大批重大基础设施项目相继完工。城镇交通、水电供给、生活污水处理等公共设施日趋齐全、完善。1991年，县域除县城大峃镇外，只有珊溪、玉壶、南田3个区属镇。1992年撤区扩镇并乡，建制镇增至8个。至2011年3月，增至9镇。大峃、珊溪、玉壶、南田4个老城镇形成新城镇，其余镇形成集镇化雏形。2011年，珊溪镇区人口9240人，城镇化水平17.8%；玉壶镇区人口6900人，城镇化水平16.35%；南田镇区人口5070人，城镇化水平14.9%；黄坦镇区人口5880人，城镇化水平16.8%；西坑镇区人口3940人，城镇化水平19.2%；百丈漈镇镇区人口6200人，城镇化水平24.5%；峃口镇区人口1.2万人，城镇化水平32%；巨屿镇人口1.1万人，城镇化水平52.7%。

信息传媒与现代化接轨。1991年，全县固定电话用户2012户，每百户居民家庭拥有电话机2部。1993年开通程控电话和移动电话，1995年开通数字通信(互联网)业务，1998年实现村村通程控电话。文成的信息传媒紧跟世界科技发展的步伐，通信网、互联网、有线电视普及乡镇，电信宽带、网通宽带入户。2011年，全县固定电话用户4.68万户，移动电话用户17.81万户，互联网宽带用户1.57万户，每百户居民家庭拥有家用电脑76.7台，固定电话98.3部，移动电话221.7部。政府部门建立互联网或VPN，从县政府到乡镇社区，建立政府办公业务资源网。互联网成为宣传文成的窗口、政府联系群众的纽带、推销产品引进外资的平台。

四

1991年以来，文成发挥生态环境优势，以青山绿水理念推进生态县建设。

文成生态环境得天独厚。1992年，文成从发展农林经济为主，转变经济发展思路，形成“山水乐园”发展战略。2000年，县委以实现富民强县为目标，走经济生态化、生态经济化的发展路子，提出“生态旅游县”发展战略，建设“生态文成、魅力文成、和谐文成”。

经过20多年发展和综合治理，文成生态环境发生根本性变化。实施退耕还林，建立自然保护小区，创办森林公园，建设生态公益林，创建森林城镇、省市绿化示范村等，促进林业发展。至2010年，全县森林覆盖率70.4%。2011年空气优良天数为332天，空气质量优良率为97.4%。飞云江干流水质位居全省八大水系首位。飞云江中、上游的珊溪水库(飞云湖)，水域面积35.4平方公里、库容18.24亿立方米，被誉为温州人民的“大水缸”，年供水量7.3亿立方米。

2002年,规划生态县建设,2004年编制完成《文成县生态环境功能区规划》,2006年创建成为“国家级生态示范区”。2008年,城镇绿化率从1978年的10.5%提高到35%。2010年,全县建成国家级生态乡2个,省级生态乡镇27个,市级生态乡镇30个,市级生态村147个,县级生态村236个。

加强生态农业建设。2001年始,文成把发展优质高效生态型农业作为主攻方向,确定蔬菜、水果、茶叶、兔业、油茶、中药材、绿色稻米、淡水养殖、花卉苗木九大农业产业,初步形成各具特色的高效生态农业产业区。2008年年底,建成特色产品基地3.44万亩,发展农业龙头企业14家;16个产品先后在全国、省、市农业博览会上获得金奖。

推动生态工业建设。通过招商选资、结构调整、产业集聚,逐步形成农产品加工、水资源开发、汽摩配、有色金属加工、新型建材等地方工业发展新格局。形成巨屿、百丈漈、樟山、周壤、玉壶等产业基地和工业功能区。

加快生态旅游业建设。铜铃山国家森林公园,面积27.50公顷,2001年被国家林业局批准为国家森林公园。2006年启用“中国国家森林公园专用标志”。2007年被国家旅游局授予“国家AAAA级旅游景区”称号,被省林业厅授予“浙江省五星级森林旅游区”称号。石垟森林公园面积1970公顷,为温州市海拔最高、面积最大、植被最好森林公园,1992年浙江省林业厅批准建立。金朱森林公园总面积约1667公顷,2010年浙江省林业厅批准建立。

五

1991年以来,文成县根据红色文化、名人文化、畲乡文化、华侨文化的县情实际,以文化发展推动文成社会全面发展。

发掘和开发深厚文化底蕴。1991—2011年,文成县先后列入国家级非遗名录2项、省级2项、市级35项,被命名为全国重点文物保护单位1处、浙江省级重点文物保护单位5处、县级文物保护单位44处、县文物保护点31处,公布非物质文化遗产名录3批、121项。

重视红色文化建设。1994—1996年,建成刘英纪念馆,占地面积1.33万平方米,建筑面积784平方米。“刘英纪念馆”由中央军委副主席刘华清题字。1999年被命名为温州市爱国主义教育基地。2001年被命名为浙江省爱国主义教育基地、浙江省青少年教育基地。多年来,对中共闽浙边临时省委和红军挺进师驻地旧址、中共浙南特委旧址、中共瑞泰边联络站旧址、中共浙南特委扩大会议旧址、红十三军驻地旧址、雅庄红军田军民联欢会旧址、岭后红军洞、解放珊溪鲤鱼山战斗遗址、解放大峃指挥部旧址,周定烈士故居、郑敬衡烈士故居、赵刚烈士故居等革命遗址进行保护和开发利用。

开展刘基文化活动。2003—2011年,多次举办中国刘基文化暨生态旅游节。其间,举办刘基祭祀—太公祭、刘基文化高峰讲坛、明史国际学术研讨会和刘基文化国际学术研讨会,拍摄刘基文献电视纪录片,开通中国刘基网,出版刘伯温系列丛书,开播刘伯温广播剧,建成“铭廉壁”摩崖石刻,打造刘基文化生态园等。2008年,邀请明史专家毛佩琦在中央电视台《百家讲坛》开讲《大明第一谋臣刘伯温》。2001年,成立刘基文化研究会。至2011年12月,全县刘基文化研究者撰写论文71篇、40万字,出版学术著作、论文集、古典文献、人物传记、民间文学等刘基文化书籍23部,出版《刘伯温研究》7期,举办全国性刘基文化学术研讨会4次、国际性刘基文化学术研讨会1次。

展示畲族文化。2009—2011年,连续三年举办“三月三”畲族风情旅游节。畲歌组唱、畲族舞蹈、畲乡婚嫁等畲乡风情得到传承和发展。制作橡皮泥十二生肖吉祥物、民间木偶戏、舞龙、竹竿舞、打草鞋、编竹篮、捣糍粑、畲家宴等畲族习俗得到全面展示。

转化华侨文化优势为经济优势。1990年，文成县华人、华裔15600人。2005年，全县华侨、华人72028人，归侨、侨眷16698户47360人。2011年增至10余万人。2011年，文成籍海外华侨华人为主的社团增至43个，担任会长、名誉会长、秘书长和副会长1074人。文成华侨华人在荷兰、法国、意大利、德国、奥地利、西班牙等居住国开办学校，进行华文教育，创办中文报刊。至2011年，水电、房地产、商贸等行业以美元注册的侨资企业17家。文成华侨在全国投资资金近100亿元。侨胞（包括侨眷）捐资文化教育、交通设施、风景旅游建设和赈济灾害等，总额1.14亿元。1990—2011年，全县累计侨汇306.02亿元；其中2007—2011年，全县累计侨汇192.70亿元。

六

1991年，文成是浙江省18个贫困县之一。全县在岗职工平均工资1872元，农民人均纯收入567.5元。文成县多渠道筹集扶贫资金，实施项目扶贫。至1997年，投入扶贫资金1727万元，农村贫困人口从31.95万人减至2.10万人。1998年，全县贫困人口减至1.58万人，农民人均纯收入1608元，基本解决生活温饱问题。同年，省委、省政府授予文成“光荣脱贫县”称号。2002年，文成农民人均纯收入在1500元以下的贫困人口从1997年的15万人减至2.30万人，14个贫困乡全面实现脱贫，被浙江省政府评为“扶贫开发先进县”。至2011年，全县人均纯收入2500元以下的低收入农户全面消除。

1991年，农村居民人均消费支出520.26元，其中食品支出325.86元，恩格尔系数62.6%，仍处贫困状态。1997年，恩格尔系数降至53.6%，居民生活实现温饱。2003年，再降至44.8%，开始迈入小康社会。2011年，全县农民人均纯收入7435元，同比1991年567.50元增加12.1倍，年均增长13%，农村居民人均生活消费支出5521元，同比1991年520.26元增加9.6倍，年均增长11.9%。城乡居民人均储蓄存款13383元，同比1991年218元，年均增长21%。农村居民人均住房使用面积59.54平方米，同比1991年19.5平方米增加2倍多，居温州全市各县（市、区）之首。2011年，城镇在岗职工平均工资44791元，同比1991年1872元增加22.9倍，年均增长16.3%。城镇居民家庭人均消费支出12922.57元，是农村居民人均同期消费支出的2.34倍，城乡居民生活消费出现质的飞跃。

随着经济的发展，收入的增加，城乡居民医疗保健、教育文化等方面都有质的飞跃。1991年以来，文成教育事业实现三个基本好转、跃上三个新台阶：教育经费短缺、来源渠道偏少的状况基本好转，师资素质偏低的状况基本好转，各类人才总量不足状况基本好转；教育管理体制上新台阶，各级各类学校办学条件上新台阶，教育质量上新台阶。2011年，全县中等职业教育学校1所、普通中学20所、小学28所，教师分别为80人、894人、1196人。中等职业教育学校在校生998人，普通中学在校生9849人，小学在校生1.47万人。全县幼儿、小学、初中、高中入学（园）率分别为92%、100%、100%、96.88%。全县各类专业技术队伍不断壮大。1990年，全县专业技术人员4242人，其中高级职称20人、中级职称568人、初级职称2962人、未聘评692人。2002年，全县人才7652人，每万人中占207.93人；2007年，全县人才7500人，每万人中占202.68人。2011年，全县各类人才总量19582人，其中党政人才1763人，占9.1%；企业经营管理人才844人，占4.3%；专业技术人才4570人，占23.3%；技能人才1016人，占5.2%；农村实用人才11389人（其中县级农村乡土人才500名、市级优秀农村乡土人才31人），占58.2%。

医疗条件全面改善。2011年，全县县属医疗卫生单位11家、乡镇卫生院10家、村卫生室（社区卫生服务站）43家。全县卫技人员1146人，其中高级职称、中级职称人员分别由1990年的1人增加到58人、75人增加到

209人。

社会保障体系不断健全。逐步形成养老、医疗、生育、失业、工伤“五位一体”的社会保险体系。1991年,全县实行全民所有制企业职工退离休基金统筹和合同制工人缴纳养老保险制度。1993年,实行企业职工补充养老保险制度。1997年4月,实行养老保险费用社会统筹和个人账户相结合制度。2010年1月,《文成县城乡居民社会养老保险实施办法》施行。2010年,参加基本养老保险2.07万人,参加基本医疗保险2.06万人,参加工伤保险1.93万人,参加生育保险0.23万人,参加失业保险0.99万人,参加城乡居民社会养老保险10.62万人。2011年,全县参加城乡居民社会养老保险109685人。

群众体育健身活动广泛开展。2003年始,启动全民健身工程,全民健身活动全面普及,体育健身成为群众生活重要内容。全县体育基础设施逐渐完善。2011年,县体育中心场馆建成,群众体育健身活动硬件设施发生质的飞跃。全县经常性参加体育锻炼人数占总人口数的30%以上。

1991—2011年,文成经济社会发生巨大的变化,取得长足进步。中共文成县委坚持改革开放,解放思想、实事求是,坚持以民为本、开拓创新,坚持生态立县、科学发展,充分发挥文成的资源优势、文化优势,推进文成经济社会不断快速发展。文成2011年后面临的主要课题是经济总量增长和质量提高、经济发展速度和总量如何赶上先进县(市、区);持续发展的主要任务是高素质的行政管理人才、经济管理和各类科技人才的培养和引进;主要问题是如何解决发展和环境保护的矛盾。有20年改革开放取得的成绩和奠定的基础,有各级党委和政府的坚强领导,文成经济社会发展成就必将更加灿烂辉煌!

大 事 记

（1991—2018）

1991年

1月4日 全县集体山林定权发证工作完成。林业用地发证面积7.87万公顷，占应发证面积的99.2%。其间调处山林纠纷116处（包括国有林场42处），面积1780公顷。

1月21日 县委、县政府发布《关于扶持农业开发项目若干政策规定》。对开发项目资金、科技、财税、流通等扶持工作做出明确政策规定。

1月31日 县红十字会成立。

2月11—14日 全县四级干部大会召开，县、区、乡、村干部1500多人参加，重点部署农业、农村工作任务。

2月12日 县政府确定1991年工业扶贫贴息贷款项目19个，总投资667.7万元，其中工业扶贫贴息贷款450.5万元，企业自筹217.2万元，用于重点工业企业技改项目。

3月7日 省委常委、温州市委书记刘锡荣到林岸、湖地、垟地边村考察抗灾救灾情况。

4月15—17日 县委、县政府对七区一镇完善林业生产责任制工作进行验收。全县59117户农户与村农工商合作社签订责任山双向承包合同，计面积2.67万公顷，占应签订合同总户数95.4%，占责任山总面积96.1%。

7月2日 县委办公室、宣传部、组织部、史志办联合举办文成革命斗争史图片展览，在县城和各区镇巡回展出55天。

7月 文成县农用车总厂成立。11月，加入“浙江省飞碟农用车联合体”，为县内重点骨干企业。

9月6日 县委、县政府发布《关于鼓励工业企业上规模出效益的若干政策规定（试行）》《关于加强横向经济联合补充的规定》。

9月26日 瑞东公路文成至营前段柏油路完工通车，结束文成无柏油路历史。

10月8日 县委、县政府发布《关于加强村级农工商合作社建设的实施意见》，促进村农工商合作社管理规范化，全县569个行政村农工商合作社全部建立。

11月14—20日 开展村干部养老金保险工作，全县1563名村干部投保。

11月25日 县政府颁发《文成县企业职工社会养老保险实施办法（暂行）》，从1992年1月1日起施行。

12月8日 联合国世界粮食计划署高静一行到垟地边调研灾民新村建设情况。

同日 文成香菇获首届中外名特优食品深圳展交会鹏程杯金杯奖。

同年 县酿造厂生产的“鹤泉”牌系列米酒，获中国食品展交会金质奖。

1992年

1月9日 中央组织部副部长赵宗鼐到文成考察，了解老区经济建设和人民生活状况。

2月18日 县政府批准城建局《关于收取自来水建设费的报告》，同意每立方米水收费0.10元。

2月24—28日 省民航公司派飞机为文成飞播造林，在玉壶、南田、西坑等地飞播林木种子1933公顷。

3月15日 县工商局、技术监督局在电影院门口销毁15000多件假冒伪劣商品。

5月11—14日 在华侨饭店召开旅游资源论证会，邀请温州市专家、学者和有关部门领导进行论证。会上确定，将百丈漈水库定名为“天顶湖”。

4月1日 副省长柴松岳到文成考察，了解文成社会经济发展情况，考察县竹木工艺厂。

5月28日 英国《永远健康》基金会亚洲部主任赫得克斯及项目顾问朱伟星到故里考察妇幼保健工作。

5月29日 撤区扩镇并乡。全县行政区划由7区、4镇、58乡，撤并为8镇、27乡。

7月9日 县委、县政府在珊溪镇实行干部聘任制试点。

7月 "半天香"茶叶获林业部优质名茶奖。

8月26日 玉壶华侨医院动工。总造价200万元,其中华侨集资150万元。

10月24日 县政府首次对泗溪路10间宅基地使用权进行公开投标拍卖。

11月4日 县政府颁发《文成县科学技术进步奖励暂行办法》。10日,县委、县政府发出《关于依靠科技进步,加快经济发展的若干政策决定》。

12月8日 浙江省第1所"希望小学"——西坑岭后小学举行落成典礼。

1993年

1月1日 放开粮食购销和价格。实行指导性计划收购,取消粮食统购统销。放开粮价,城镇职工实行粮价补贴,每人每月3元。

1月 县城有线电视工程开始建设。6月,一期工程建成,县城4000多居民看上有线电视。

2月15日 县委、县政府确定1993年水、电、交通、通信等十大基础设施重点建设工程,总投资28058万元。

3月23—26日 中共文成县第八次代表大会在县城大峃镇召开,出席代表353人。大会选举产生第八届委员会委员25人、候补委员4人、纪委委员13人。钱成良为县委书记,夏瑞洲、陈积榜为副书记,盖爱萍、唐元清、胡立同、徐世征、周跃进、姜伟钢为常委。盖爱萍为县纪委书记。

3月31日 县变电所6300千伏安增容工程投入运行。

4月11—16日 县政协四届一次会议在县城大峃镇召开,出席委员140人。大会选举产生县政协第四届常务委员会主席1人、副主席4人、秘书长1人、常务委员23人。廖梅柳为主席,雷开勤、冯俊培、赵寿璜、雷昌协为副主席。

4月13—18日 县十一届人大一次会议在县城大峃镇召开,出席代表275人,列席151人。会议选举产生县十一届人大常委会主任1人、副主任3人、委员12人,县长1人、副县长5人,法院院长和检察院检察长各1人;温州市第八届人民代表大会代表31人。叶志谦为县人大常委会主任,钟金莲、王奎叶、王光坑为副主任;夏瑞洲为县长,周跃进、江海滨、郑国启、严中杰、郑贤望为副县长;陈明拾为县人民法院院长,胡志升为县人民检察院检察长。

4月 占地面积5760平方米的县城新香菇市场落成开业。

6月26日 经县政府审核同意,大峃镇基督教堂、双桂乡净因寺等24处宗教活动场所取得登记证书。

7月8日 在澳门"93温州市出口商品暨经贸合作项目洽谈会"上,文成县签订项目6个,成交额210万美元。

8月12日 南田镇发生重大火灾。次日凌晨。县公安局消防科科长兼消防中队指导员申屠金洪在返回县城途中因车祸牺牲,后被省人民政府追认为革命烈士。

9月2日 中国银行文成县支行成立。

9月13日 取消涉农收费项目18项,其中县属部门8项、乡镇10项。

9月15日 县委、县政府在电影院召开文成县反腐倡廉动员大会。

11月21日 零时,文成程控电话光缆通信开通。

11月 省政府〔1993〕65号文件批准百丈漈风景名胜区为省级风景名胜区。

1994年

1月25日 县委、县政府制定《文成县农用土地使用权流转若干规定》。

1月25—26日 省长万学远率省扶贫办公室、省民政厅等部门、单位人员到文成考察调研。

4月27日 东溪乡农民胡绍秋在温州见义勇为身负重伤，于5月10日去世，先后被省、市授予“一等见义勇为勇士”称号。

5月中旬 中荷合资温州日月饮料保健用品有限公司的“绅士乐”牌矿泉水投产，该产品获年度国际家庭年中国家用科技精品博览会银奖、中国食品博览会金奖，并被国家拳击队指定为专用矿泉水。

12月7日 全县小城镇户籍管理制度改革启动。

1995年

1月19日 花（园）稽（垟）公路龙川段拓宽爆破而造成炸断浙西南通信光缆事故，致使泰顺县电话中断388分钟，给国家造成经济损失11万多元。

3月11—13日 省粮食局副局长蒋欢罗等一行6人到文成考察扶贫，为二源中学扶贫建校捐资30万元。

4月16日 1995年1%人口抽样调查领导小组成立，开展1%人口抽样调查工作。

5月1日 遵照国务院《关于职工工作时间的规定》精神，全县国家机关、社会团体和事业单位，开始实行每周5天工作制。

5月19日 县政府设立珊溪水利枢纽工程移民安置办公室。

5月 县厢式农用运输车、“半天香”白酒、袋装野生山蕨和小笋系列获第二届中国科技精品博览会金奖，离合器摩擦片获银奖。

6月26日 省委原书记铁瑛到文成考察扶贫开发工作。

8月1日 县委、县政府制定《关于扶持奔小康示范村、试点村建设的若干规定》，加快100个奔小康示范村、试点村工作步伐。

同日 文成县被批准为农村水电初级电气化达标县，跨入全国农村水电初级电气化县行列。

9月8日 县委、县政府确定县革命烈士墓（大峃镇官山）、刘英纪念馆（珊溪镇百万山公园）、胡从点6兄弟革命烈士墓（金星乡金星村）、坦岐革命烈士墓（珊溪镇坦岐村）、百丈漈风景名胜区（百丈漈镇）为第一批爱国主义和革命传统教育基地。

10月20日 县有线电视台举行开播仪式。

11月16日 县委组织3个讲师团，35支工作队赴农村开展基本路线教育。

12月13日 全县耕地保护暨治理青山“白化”工作会议召开，研究部署全县耕地保护和治理青山“白化”工作。

12月13—18日 县首届老年人运动会召开，347名运动员参加。

12月22日 省长万学远到文成慰问老区人民，并考察“扶贫建校”项目。

1996年

1月9日 县城东寨山顶千秋塔落成。该塔参照“南京国民革命军阵亡战士纪念塔”式样设计，由旅荷侨胞胡奶荪捐资68万元，于1993年6月动工兴建。

2月2日 县委、县政府在杭州之江饭店召开文成经济发展恳谈会。

2月24日 县政府颁发通告,即日起县城禁放烟花爆竹。

3月7日 中央电视台《东方时空》栏目组专程到文成采访扶贫建校成果。

3月11日 县委首次公开选拔副科级干部。公开选拔县计经委、农经委副主任,县卫生局、水利电力局、粮食局、乡镇工业局、土地管理局、规划局副局长各1名。

5月10日 县委、县政府决定实行计划生育"一票否决制"。

5月18日 珊溪刘英纪念馆开馆。馆名由中央军委副主席刘华清题写,馆内展示刘英生平事迹,作为县爱国主义教育基地对外开放。

5月31日 首次开展部门和行业不正之风公开投诉活动。

6月4日 全县山塘水库管理落实责任制,库容10万立方米以上的实行行政首长负责制,10万立方米以下的落实村级责任人。

7月1日 省林业厅批准建立"浙江省铜铃山森林公园""浙江省石垟森林公园"。

7月16日 县委召开八届十二次全体会议,通过《文成县97脱贫攻坚计划》《关于"九五"脱贫奔小康的若干规定》。

8月22日 县政府发布《文成县依法治县实施方案》,把政府各项管理活动纳入法治轨道。

9月2日 县政府发出《第一次农业普查实施意见》。普查标准时间:时期指标为1996年1月1日至12月31日,时点指标为12月31日。

9月22日 县委、县政府在全社会开展扶贫捐资活动,各单位和社会各界纷纷响应,收到捐款93.27万元。

9月29日 珊溪水利枢纽工程开工。工程总投资43.48亿元,水库正常蓄水位142米,总库容18.24亿立方米,总装机20万千瓦,建设工期5年。

11月1日 全县全面推行加碘食盐。

11月15日 省交通厅厅长郭学焕到文成考察公路建设情况,帮助落实瑞东线大垟培地段油路改造、南田油路、文平公路瑶岭隧道等交通建设工程缺口资金1880万元。

11月29日 文青公路文成段改建工程正式动工。工程总投资7600万元,总长34.5公里,其中新建13.5公里,改建21公里。

12月20日 县委、县政府制定《推进农业综合开发的实施意见》,加大对农业综合开发的扶持力度。

12月27日 首部《文成县志》首发式举行。全志编纂历时10年,由县地方志编纂委员会编纂,中华书局出版。全书设33卷、162个类目、563个条目,收集图片342幅,计148万字。

1997年

1月13日 县政府决定全面实行计划生育费乡收县管管理体制。

1月14日 国家督学张希从率国家教委扫盲检查组到文成检查。经抽查,文成已达到国家规定的扫除青壮年文盲标准。

3月11日 省委副书记王金山到文成调研,先后到黄坦农业综合开发基地、天蓬动物养殖有限公司考察。

4月7日 县委、县政府召开县级机关机构改革动员大会。宣布县级机关机构改革重点、改革方案及人事安排。

4月25日 县委制定《文成县社会主义精神文明建设纲要(1997—2010年)》。

6月25—27日 省妇联副主席李莉娟到黄寮乡扶贫,为该乡基础设施建设援助27.38万元。

7月31日 文平公路瑶岭隧道竣工和改建工程开工。

8月9日 省委常委、副省长刘锡荣率省政府办公厅、省扶贫办、省财政厅等10个部门负责人到文成检查“97脱贫攻坚”进展情况。

11月1日 珊溪水库飞云江截流仪式举行,温州电视台和文成有线电视台进行现场直播。

1998年

1月5日 省委、省政府授予文成“光荣脱贫县”称号。“97脱贫攻坚”取得优异成绩,实现国内生产总值9.5亿元,农民人均收入1608元;农村贫困人口从31.95万人减至2.1万人。

1月13—22日 县委书记高育厅赴北京,出席全国贫困地区基层组织建设专题研讨会,并作专题发言。

2月13日 县委、县政府决定开展扶贫“一对一”活动,帮助全县5507户、2.1万人脱贫,实现共同富裕目标。

3月9—13日 中共文成县第九次代表大会在县城大峃镇召开,出席代表316人。大会选举产生第九届委员会委员25人、候补委员4人、纪委委员15人。高育厅为县委书记,江海滨、胡立同为县委副书记,赵松涛、郑贤望、赵汉荣、沈伟、陈建明、姜伟钢为常委。赵松涛为县纪委书记。

3月27—4月1日 县政协第五届委员会第一次会议在县城大峃镇召开,出席委员181人。大会选举产生县政协第五届常务委员会主席1人、副主席4人、秘书长1人、常务委员25人。徐世征为主席,雷开勤、纪仕胜、李祥松为副主席。

3月28—4月3日 县第十二届人民代表大会第一次会议在县城大峃镇举行,出席代表203人,列席代表147人。会议选举产生县十二届人大常委会主任1人、副主任4人、委员14人,县长1人、副县长5人,法院院长、检察院检察长各1人;出席温州市第九届人民代表大会代表30人。高育厅为县人大常委会主任,陈永造、钟金莲、陈思成、金益柱为副主任;江海滨为县长,郑贤望、郑国启、蒋炳发、雷明远、潘玉花为副县长;陈明拾为县人民法院院长,孔璋为县人民检察院检察长。

3月 珊溪镇被省政府列为省级小城镇综合改革试点镇。

4月28日 珊溪水利枢纽工程移民搬迁工作开始,第一期珊溪、东龙两乡镇958户3455人移民搬出库区。工程需移民36888人,其中珊溪库区32516人。

5月1日 县委制定出台农村基层党组织建设三年规划与实施意见,对1998—2000年农村基层党组织建设总体目标、工作措施、组织领导进行全面规划。

6月25日 《文成县村务公开工作管理办法(试行)》出台,村务公开制度步入规范化轨道。

7月25日 县委颁发《文成县第二轮土地承包试点工作方案》。

8月3日 县委九届二次全体(扩大)会议召开。通过《坚定信心,狠抓落实,切实加快“山水乐园”建设步伐》的报告。

10月20日 珊溪镇翁山头村程控电话开通,实现全县村村通程控电话。

10月21日 县委、县政府颁发《文成县加快旅游业发展若干优惠政策规定》。

12月15日 县委、县政府举行纪念中共十五届三中全会召开20周年和文成改革开放20周年纪念大会。同月28日,文成县改革开放20周年10件大事评选揭晓。

12月18日 县政府发布《文成县地名管理办法》《文成县社会救济试行办法》《文成县自然灾害求助试行办法》。

12月25日 县政府颁发《进一步深化粮食流通体制改革意见》。为实行政企分开,转换粮食企业经营机制,落实粮食工作分级负责责任制,培育和规范粮食市场,敞开收购农民余粮等提供政策依据。

12月 巨屿沙洲开发一期工程启动,筑防洪大堤1100米,围垦生活用地6.67公顷,造田6.67公顷,总投资390万元。

1999年

1月11日 省民政厅〔1999〕1号文件批复,同意撤销汇溪乡、双溪乡建制,设立云湖乡;撤销东龙乡建制,并入珊溪镇。

2月10日 县委、县政府发布《关于加快农业和农村经济发展的意见》。

4月9日 县政府颁布《加快国有城镇集体企业改革的实施意见》《加快国有城镇集体企业改革的若干政策规定(试行)》,加大国有、城镇集体企业改革力度,提高企业整体质量。

4月30日 铜铃山森林公园正式对外开放。

5月7日 文成解放50周年纪念大会在大峃镇召开。

5月27日 电视剧《刘伯温》开机仪式在南田镇举行。

8月23日 县政府发布《关于加强乡镇财政财务管理若干规定》,集中资金拨付渠道,严格收支两条线管理。

2000年

1月28—30日 文成县首次发行中国体育彩票500万元大奖组,销售362万元,获公益金61.54万元。

2月16日 县政府发布《决定在全县范围内开展以"打地霸、拆违章、净环境"为主要内容的专项治理活动》的通告。

2月18日 县委、县政府决定成立县农村合作基金会债务清算工作领导小组,处理取缔基金会有关事项。

3月19日 大峃镇发生烟花仓库爆炸事故,3间厂房夷为平地,县实验小学2名学生罹难。

4月18日 文成县"第五次全国人口普查"工作会议召开,布置落实人口普查工作任务。经普查,至2000年10月31日24时,全县常住总人口为26.49万人,户籍管理人口37.29万人。

5月10日 县委、县政府颁布《关于开展向全国劳动模范蔡日省同志学习的决定》。蔡日省为文成县首位全国"五一劳动奖章"获得者、全国劳动模范。

5月30日 县政府颁布《文成县"两改一同价"实施意见》,确保农村用电安全,减轻农民负担。

6月27日 省委副书记、省长柴松岳到文成考察,充分肯定文成扶贫开发、生态环境保护等工作所取得的成绩。

7月11日 省委书记张德江率省农办、财政厅、民政厅负责人到文成开展扶贫调研。

7月底 历时3年的勘界工作结束,划定县(市)界线262公里。在8个集镇新命名街、路、巷24条,制作路巷牌27块、门牌1024块。

8月18日 县政府颁布《文成县地质灾害防治管理暂行办法》。

10月10—11日 省委副书记周国富到文成检查指导工作,先后到仰山乡杨梅基地、黄坦天蓬动物养殖场、黄坦农业示范园区、亨哈食品基地考察。

11月1日 县委建立巡视制度,制定实施意见,设立巡视办公室。

11月14日 县委决定创办《文成报》。于12月1日试刊,2001年元旦正式出刊。

11月28日 县政府命名县享哈山珍食品有限公司等10家企业为首批县级农业龙头企业。

12月11日 县政府公布首批政府审批制度改革方案。20个单位原有审批事项127项,保留46项,减幅为

63.8%;原有核准、审核事项300项,保留144项,减幅为52%。

12月28日 文(成)瑞(安)公路(56省道)文成段改建工程开工典礼举行。

2001年

2月2日 县委、县政府授予季一洲等100名村干部2000年度“优秀村干部”称号。

4月30日 二源乡建成浙江省首个“绿色稻米生产基地”。5月,基地通过国家检测单位检测,符合NY/T390国家A级绿色稻米生产标准。12月,获国家A级绿色食品标志。

6月25日 国务院批准刘基庙、刘基墓为全国重点文物保护单位。

9月1日 中国电视吉尼斯溯溪大赛在百丈漈景区举行。

10月23日 根据邢坚成小说《三等小县》改编的18集电视连续剧《阳光代表》,开机仪式在文成宾馆举行。

10月 开展森林分类区划界定工作。至11月底,全县区划生态公益林面积4.44万公顷,占林业用地总面积的48.59%,其中国家级1.27万公顷,省级3.17万公顷。

11月23日 经国家林业局批准,铜铃山森林公园升格为国家森林公园。

11月28日 零时起,全县凡通公路的村庄,率先实行遗体火化。至12月,火化遗体187具,火化率100%。

12月9日 文成县首例骨灰树葬仪式在朱雅乡雅龙村举行。

12月12日 文成农产品参加“中国杭州国际农业博览会”获三金一银。“冰洋”牌竹凉席、“哼哈”牌刀豆干和万年青干、“帝师”牌杨梅干红酒分别获得金奖,“日省”牌半天香茶叶获银奖。

2002年

1月1日 全县行政机关(包括全额拨款事业单位)财务,实行会计集中统一核算。至11月底纳入核算单位123个,核算资金规模1.54亿元。

1月16日 经国务院批准,文成县为农村电气化县。

4月19日 县首批农村电网改造工程,通过省级验收。工程总投资4452万元。

5月10日 文成“半天香”茶叶,荣获首届中国精品茶博览会金奖。

5月30日 省交通集团、省粮食局领导到周山畲族乡扶贫,捐助资金80万元。

6月1日 市委书记李强率市有关部门负责人到文成扶贫调研。

6月10日 全县教育工作会议召开,落实“以县为主”管理体制,推进基础教育改革发展。

7月12日 县政府召开自来水价格听证会。

7月17日 县政府颁布《文成县小城镇户籍管理制度改革实施意见》,引导农村人口向小城镇有序转移,加快城镇化进程。

8月8日 县行政审批服务中心正式对外办公,12个部门219个审批项目首批进入“中心”。

8月13日 千名特困学生结对助学计划启动,全县结对2000名特困学生。

8月22日 县委提出全力打造“生态旅游县”奋斗目标。

10月26日 文成籍选手林一在重庆朝天门举行的中国电视吉尼斯单掌劈砖挑战赛中,1小时单掌连续劈断1341块砖,获“中国电视吉尼斯之最”证书。

11月28日 县政府发布《关于深化依法治县工作实施方案》。

12月3日 县委制定《巩固农村“三个代表”重要思想学习教育活动成果,进一步加强农村基层组织建设的意见》。

2003年

1月16日 县政府发出通告，在大峃、珊溪、周壤等8镇3乡禁止燃放烟花爆竹。

1月24日 平和乡田东村党支部书记、全国劳动模范蔡日省当选为第十届全国人民代表大会代表。

3月5—8日 中国共产党文成县第十次代表大会在县城大峃镇召开，出席代表308人，列席代表33人，特邀代表19人。大会选举产生第十届委员会委员25人、候补委员5人、纪委委员15人。陈作荣为县委书记，吴开锋、陈建明、胡侠为副书记，张德玉、潘玉花、朱云华、刘建忠、刘玲玲、陈建国为常委。胡侠为县纪委书记。

3月17—22日 县政协第六届委员会第一次会议在县城大峃镇召开，出席委员189人。会议选举产生县政协第六届常务委员会主席1人、副主席3人、秘书长1人、常务委员26人。徐世征为主席，郑国启、钟维枢、李祥松为副主席。

3月18—22日 县第十三届人民代表大会第一次会议在县城大峃镇召开，出席代表203人，列席代表147人。会议选举产生县十三届人大常委会主任1人、副主任4人、委员14人，县长1人、副县长6人，法院院长、检察院检察长各1人；出席温州市第十届人民代表大会代表30人。陈作荣为县人大常委会主任，陈永造、钟金莲、陈思成、周文锋为副主任；吴开锋为县长，潘玉花、刘峰、钟信友、吴高宏、郑建华、林霄为副县长；陈晔为县人民法院院长，金凯为县人民检察院检察长。

5月2日 全国人大常委会委员桑国卫到铜铃山国家森林公园调研考察。

6月22日 全国政协副主席、致公党中央主席罗豪才到文成考察侨务工作。

10月9日 首届中国刘基文化暨生态旅游节在南田镇开幕，万名群众参加开幕式，并观看大型文艺演出。旅游节期间，推出招商引资项目8个，签订协议总额16.5亿元。

11月14日 文成县新型农村合作医疗工作全面铺开。

12月15日 省委书记、省人大常委会主任习近平到文成调研，先后到黄坦、百丈漈等地了解民情民意和农村经济社会发展状况。

12月28日 市长刘奇率市有关部门负责人到文成下访，接待来访群众219批449人次。

12月 省政府印发《关于同意修建安福寺的批复》(浙政函〔2003〕198号)，批准在原址修建安福寺。

2004年

1月13日 百丈漈—飞云湖风景名胜区被国务院批准列为第五批国家重点风景名胜区。

3月1日 文泰公路文成段改建工程开工。公路全长18.17公里，工程概算投资1亿元。

3月16日 县“千名干部下基层”活动开始，500名机关干部和23名市机关下派干部奔赴各地农(居)村。

3月20日 全县党政机关实行工作人员午餐禁酒制度。

4月2日 县政府全面启动文成县第一次经济普查工作。

4月13日 县政府决定免征全县2004年度农业税。

5月13日 县政府决定对非法买卖农村集体土地行为进行专项整治。

6月2日 2003年全国县域经济基本竞争力排名确定，文成县由F级提升至E级。

7月6日 县政府颁布《农村五保户对象集中供养工作实施细则(试行)》。

7月12日 县政府发布《文成县被征地农民基本生活保障实施办法(试行)》。

9月4日 文成县被列入温州市“7+1”项目。即在国家土地市场治理整顿期间，能源、交通、水利和农业、城市重大基础设施、卫生、教育、军事和国防等7类重点急需建设相关配套拆迁安置项目，不受土地整治相关政策约束。

10月14日 文成县与辽宁省大连市旅顺口区结成友好县区。

11月23—24日 副省长茅临生到铜铃山、西坑肉兔养殖场、珊溪水库等地考察。

12月17日 县城污水处理厂工程报经市发改委审批立项。厂址位于樟台城东村，2005年开工建设，2007年竣工，日处理污水1万吨。

12月24日 县政府公布第三轮行政审批制度改革行政许可事项取消目录。

2005年

3月14日 文成县向出席全国“两会”的5000多名人大代表和政协委员赠送中国新闻两会特刊文成专辑——《温州文成与您相约》。

3月17日 温州市农产品质量安全监督检测，文成农产品质量安全合格率93.3%，居温州市首位。

4月6日 省政府核定，文成县重点生态公益林面积2.57万公顷，其中实施补偿面积2.45万公顷。

4月30日 县城街道首次安装“红绿灯”，总投资25万元。

5月1日 全国劳动模范、县竹木机械研究所所长王碧琰，赴北京参加2005年全国劳动模范和先进工作者表彰大会。

5月17—18日 省委副书记乔传秀到文成专题调研指导党的先进性教育活动。

6月6日 文成新闻网开通仪式举行。

7月4日 全县90名乡科级一把手首次参与公开廉政承诺，其中26名部门单位一把手以电视直播形式向全社会作公开承诺。

7月8日 实施生态工业“55工程”(5年时间实现工业产值50亿元)动员大会召开。

7月26日 全县水电农村电气化建设通过省级达标验收，各项指标均达到或优于部颁标准，提前1年实现水电农村电气化。

9月1日 受强台风“泰利”影响，全县出现百年未遇的特大洪灾，造成县城及10个乡镇严重受淹，其他乡镇全部受灾，死亡9人，失踪13人，倒塌、损坏房屋1021间，全县停电停水、交通通信中断，直接经济损失9.5亿元。其中，石垟乡枫龙村发生特大泥石流灾害。

9月2日 省委常委、常务副省长章猛进，副省长茅临生，到石垟乡石门村察看灾情，慰问看望灾区干部群众。

9月3日 县委、县政府召开抗灾救灾工作协调会，全面部署台风“泰利”灾后生产自救工作，安排资金300万元，用于灾后救助及恢复生产。

9月5日 市委书记王建满率有关部门负责人到受灾最严重的石垟乡枫龙村察看灾情，逐户慰问灾民，指导抗灾救灾工作。

9月6日 县委、县政府决定，在全县范围内开展救灾捐赠活动。至月底社会各界捐资287万元。

9月8日 省、市红十字会调拨价值24万元的棉衣、棉被、运动鞋、大米等生活用品，价值40万元的药品，5万元的救灾款，帮助灾民重建家园。

9月9日 国务院副总理回良玉、省委书记习近平到石垟乡枫龙村察看泥石流灾害现场，慰问受灾群众，检查指导救灾工作。

10月3日 全县拆除违法建筑动员大会召开。

10月下旬 全国2109个社会经济综合发展县(市)名单公布。文成县列居第732位，排位较上年前移

31位。

11月25日 全县卫生工作会议召开,县政府与33个乡镇签订文成县新型农村合作医疗工作目标管理责任书,推进全县农村卫生工作、完善新型农村合作医疗制度。

12月20日 县政府决定对“一沿三区”(即沿省道、县道,居民住宅区、农田保护区、风景旅游区)视线范围内的坟墓开展专项整治活动。

2006年

1月6日 县政府决定,全县学校秋季起免收学杂费。

2月4—9日 文成与泰顺两县交界处发生地震。据温州地震台测定,从4日凌晨4时46分至9日23时30分止,共发生26次1级以上的较强有感地震,其中最大震级4.6级。

3月10日 国家环保局考核、公示和审定,文成被正式命名为第四批国家级生态示范区。

4月22日 申报农村沼气国债项目,项目实行“一建三改”(建沼气池、改圈、改厕、改厨)同步实施,建8立方米户用沼气池2120个,总投资622.6万元。

5月16—17日 省委副书记、省长吕祖善率省有关部门负责人到文成就经济社会发展、震区重建等工作开展调研。

5月30日 省物价局、省水利厅、浙江财经学院课题组到文成就“水资源补偿机制”问题进行调研。

6月1日 全县33个乡镇启动生态县建设宣传暨“青春装点新农村”系列活动,整个活动历时10天,参加活动6万余人。

6月7日 文成县与甘肃省靖远县签订友好县意向书,正式缔结为友好县。

8月31日 铜铃山国家森林公园获“中国国家森林公园专用标志”使用授权。

9月3—4日 代市长邵占维到文成就经济社会发展和水源地环境保护工作进行调研。

11月1日 文成县被水利部命名为“中国农村小水电之乡”。

11月8日 创建省级文明县城工作通过省检查组考核验收。12月,获2006年省级文明县城荣誉称号。

12月18—21日 县第十一次党代会在县城大峃镇召开,出席代表309人,列席代表46人,特邀代表19人。大会选举产生第十一届委员会委员33人、候补委员6人、纪委委员21人。吴开锋为县委书记,谢作雄、胡侠、朱云华为副书记,刘峰、刘玲玲、朱敏、李维中、胡永锋、卢斌、吴高宏为常委。胡永锋为县纪委书记。

2007年

2月5日 2007年生态河道建设在巨屿镇、黄坦镇、龙川乡、上林乡进行,总投资2316万元。

2月4—9日 县政协第七届委员会第一次会议在县城大峃镇召开。会议选举产生县政协第七届常务委员会主席1人、副主席4人、秘书长1人、常务委员25人。刘建忠为主席,吴育民、林乐融、张真聪、余云初为副主席。

2月5—10日 县第十四届人民代表大会第一次会议在县城大峃镇召开,出席代表205人,列席169人。会议选举产生县十四届人大常委会主任1人、副主任4人、委员18人,县长1人、副县长5人,法院院长、检察院检察长各1人;出席温州市第十一届人民代表大会代表30人。徐世征为县人大常委会主任,吴宇凌、周文锋、陈永富、李建业为副主任;谢作雄为县长,刘峰、钟信友、郑建华、林霄、刘华侃为副县长;陈卫国为县人民法院院长,江红鹰为县人民检察院检察长。

6月5日 市委书记王建满到文成了解“139富民攻坚计划”实施情况,并考察仰山、周山、周壤等欠发达乡镇，察看特色农业基地、生态工业园、下山移民点、震区重建点和新农村建设示范点。

6月11日 温州市公布第一批历史文化街区村镇名单，南田镇为历史文化村镇，岭后雅庄村为历史文化街区。

7月16—17日 建设部城建司原司长、中国风景名胜区协会副会长兼秘书长林家宁率检查组，到文成考核验收百丈漈—飞云湖国家级风景名胜区综合整治工作。

7月24日 《刘伯温传说》入选浙江省第二批非物质文化遗产名录。

8月12日 铜铃山国家森林公园创建AAAA级旅游景区，通过国家旅游局、国家AAAA旅游景区质量等级评定小组验收。11月27日，国家旅游局批准铜铃山国家森林公园为国家AAAA级旅游景区。

9月6日 市长邵占维到文成察看山体滑坡民房受损、塌方道路抢修、受灾企业恢复生产等情况，并就实施“139富民攻坚计划”、加快欠发达地区发展等进行调研。

10月29日 全县首批109名大学生“村干部”背起行囊，奔赴农村，走上工作岗位。

11月27日 省军区司令员王贺文、温州军分区司令员蒋忠良一行到文成检查指导工作。

12月11日 省林业厅授予铜铃山国家森林公园全省首批“五星级森林旅游区”称号。

同日 副省长王永明、省交通厅副厅长郑黎明到文成就交通建设工作进行调研，察看56省道瑞安与文成交界处、56省道文成至西坑段花园入口处等交通基础设施建设。

2008年

1月3日 《今日文成》创刊。

1月7日 新型农村合作医疗政策调整，人均筹资标准从60元提高到100元。

1月 百丈漈天顶湖旅游接待中心项目开工，规划占地面积18.73公顷，建筑规模9.3万平方米，总投资3亿元。

4月10日 刘日进、钟香琴、林芳梅、叶友如、林一、蓝速文、金国平、陈方怀、程斌、赵东勇、刘万潘被评为首届感动文成十大人物。

5月27日 县委、县政府发布《关于创建旅游经济强县的实施意见》。提出深入实施“生态旅游县”战略，逐步推进观光旅游向休闲度假旅游转变，旅游资源大县向旅游经济强县转变。

5月31日 县重点工程百丈飞瀑引水工程开工。引水隧道总长337米，公路总长600米，总投资796万元。

6月7日 《刘伯温传说》被国务院列入第二批国家级非物质文化遗产名录和第一批国家级非物质文化遗产扩展项目名录。

7月2日 《文成县域总体规划纲要》通过省市县三级联合审查。城区面积从2.5平方公里，拓展为10平方公里。

7月21日 文泰公路岀口至珊溪段改建工程通过市县交工验收，公路全长17.3公里，总投资9900万元。

12月1日 中国人民大学教授、博士生导师毛佩琦主讲的《大明第一谋臣刘伯温》在中央电视台《百家讲坛》开播。

12月13日 主题为“漫步红枫古道，心动山水文成”，开展“登古道，赏红枫，访农家，品土菜”活动的首届万种枫情节在县体育场开幕。

12月15日 《文成县志》（续志）编纂工作动员大会在县府礼堂召开。

12月16日 县委、县政府公布文成县改革开放30周年“十大人物、十件大事、十大成果”评选结果。

12月28日 浙江大学医学院附属第一医院与县人民医院协作开办“网络医疗服务平台”开通仪式在文成举行。

2009年

1月5日　南田镇被省旅游局命名为旅游强镇,西坑畲族镇梧溪村被命名为特色旅游村。

1月14日　县政府出台《文成县困难群众救助办法》,推进社会保障制度建设。

1月15日　56省道花园至西坑段改建工程开工。工程主线全长19.785公里,总投资4.18亿元。

同日　县民政局婚姻登记处被民政部授予"2007—2008年度全国婚姻登记规范化单位"称号。

2月21日　刘基庙纪念馆被省文化厅命名为全省(第二批)廉政文化教育基地。

3月20日　县政府决定,从2009年1月1日起,再次提高城乡低保对象最低生活保障标准。

4月10日　飞云湖风景名胜区获"中国最佳生态环境保护十大风景名胜区"称号。

4月23日　市委书记邵占维一行到文成调研,先后到樟台乡、黄坦镇生活垃圾填埋场,天蓬养殖场和新伟畜牧养殖有限公司等企业考察。

5月15日　国家林业局局长贾治邦到文成参加2009中国(温州)森林旅游节暨第五届浙江山水旅游节。

5月16日　中国森林旅游发展高峰论坛暨第二届全国森林公园科学发展研讨会在文成举行。

6月2日　县长谢作雄接受《浙江日报》记者访谈,访谈内容为建设生态旅游县,打造宜游宜居胜地。

6月14日　县人民医院门诊大楼结顶,总建筑面积7813平方米,总投资2100万元。

6月25日　省委书记、省人大常委会主任赵洪祝在百丈漈考察百丈飞瀑引水工程。

7月6日　县委、县政府出台《关于优先发展教育争创教育强县的决定》。

8月7日　"山哥哥"和"文成粉丝"商标在意大利等国家和中国港澳台地区申请注册成功,实现文成农产品商标国际注册申请零的突破。

8月13日　县委、县政府颁发《关于实施扩权强镇改革的若干意见(试行)》,决定在8个建制镇实施扩权强镇改革。

9月3日　市长赵一德到文成督查珊溪水库水源地保护工作,先后到县城污水处理厂、黄坦镇黄垟生态养殖小区、黄坦镇天蓬养殖场等地进行调研。

9月12日　市委书记邵占维到文成就龙丽温高速公路线位进行调研,先后到西坑、大峃、樟台三地查看高速互通选址情况。

9月13日　在县人民医院治疗的6例甲型H1N1流感患者和一名"留观"者全部治愈出院。

9月29日　庆祝中华人民共和国成立60周年暨文成解放60周年纪念大会举行。同时表彰县首届"十佳"道德模范人物,并为离休老干部、老红军颁发纪念章。

10月1日　文成籍海外华侨胡志光夫妇等34人,受国务院侨办邀请,参加国庆60周年庆典系列活动。这是文成籍侨胞参加国庆庆典活动人数最多的一次。

11月20日　省军区政委林恺俊、市军分区政委郭登明到文成检查指导人民武装工作。

12月7日　县委、县政府决定建立环境卫生日制度,规定每月10日为县环境卫生日,逢法定节假日时间则在放假前一天组织实施。

12月10日　中央电视台《乡土》栏目到文成拍摄红枫古道专题片。

12月29日　丧葬陋习专项整治工作动员大会召开,发布《关于进一步加强丧葬陋习整治工作的意见》《关于进一步加强青山白化治理工作的若干意见》《关于进一步严肃殡葬改革工作纪律的通知》。

12月30日　县城生活垃圾填埋场一期工程通过竣工验收。工程设计处理规模150吨/日,总库容61万立方米,总投资2100万元。

2010年

1月6日 县委、县政府颁发《关于加快旅游业发展的优惠政策》。

1月8日 县政府颁发《关于深化集体林权制度改革工作的实施意见》。计划用3年左右时间，建立起产权归属明晰、经营主体到位、责权划分明确、利益保障严格、流转顺畅规范、监管服务有效的现代林业产权制度，实现森林增长、生态改善、农民增收、林业增效、林区和谐的总体目标。

1月15日 龙丽温高速公路景宁至瑞安段线位论证报告经省发改委和省交通厅联合组织审查，其线路走向基本确定。线路全长141公里，设计速度为80公里/小时。

1月26日 十源乡山头坪雪梨及油菜套种基地高效节水喷微灌项目，被列为浙江省2010年度第一批百万亩喷微灌项目。

1月27日 珊溪水库水源地保护暨省级生态县创建工作动员大会召开。

3月15日 县政府颁发《文成县文化艺术精品创作奖励与活动专项资金管理办法》。从2009年起，县财政每年预算安排资金50万元，建立县文化艺术精品创作奖励与活动专项资金，扶持文化精品创作。

3月16日 台湾东森电视台《中国大体验》栏目组记者到文成采访、拍摄畲乡风情。

3月26日 全县科技进步大会召开。县政府拨出70万元资金，奖励科技创新示范企业及人才。

4月8日 县政府颁发《文成县2010年度鼓励开放型经济发展若干扶持措施的通知》。

4月17日 2010年温州市青少年柔道比赛在县体育馆闭幕。文成参赛运动员夺得14枚金牌，位居总分榜和金牌榜第一名。

4月25日 百丈飞瀑引水工程成功放水，瀑布单体落差207米，重现天下第一高瀑雄姿。5月1日重新对游客开放。

5月4日 赵超构文化广场落成剪彩暨铜像揭幕仪式在龙川乡举行，总投资200多万元。

5月13日 县首个地震科普教育基地建成。基地位于珊溪地震监测台站内，投资40余万元，建筑面积约200平方米。

5月13日 县“公益林森林经营碳汇项目”在玉壶镇东樟村启动，该项目为国内首个以固碳增汇为主要目的的森林经营项目。

5月27日 县政府颁发《文成县城镇职工基本医疗保险补充规定》。城镇职工基本医疗保险统筹基金最高支付限额由原来的4.2万元/年调整为7.2万元/年。离休干部门诊医药费用包干由原来的600元调整为1000元。

7月15日 文成县首届文化艺术精品创作奖颁奖。安排50万元专项资金，奖励优秀文艺团体和个人，并支持13部文艺书籍的创作发行。

7月23日 文成县第一条220千伏输电线路通过中间验收。线路由周壤变出线腾蛟变，全长30.86千米，沿线架设铁塔75基。

7月28日 温州市市长赵一德率市有关部门领导及瑞安市长陈建明、泰顺县长张洪国到文成专题调研水源地污染防控工作。

8月7日 中国作协《诗刊》社第26届“文成青春诗会”开幕式在文成举行，历时5天，属首次在县级举办。

8月10日 《文成县农村孕产妇住院分娩补助实施方案》出台，农村户籍住院分娩的农村顺产产妇最多可以减免900元的分娩费用。

9月26日 《县城一级控制中心区危房改造管理暂行规定》发布并施行，凡在控制区域内的房屋，经鉴定为危房需要拆除进行改造的,适用该暂行规定。

12月1日 出台《关于规范简化政府投资项目审批流程和前置条件的通知》,推行"保姆式"服务,提高审批效率。

12月8日 新56省道接南田公路工程开工。工程主线全长24.75公里,二源连接线路4.41公里,概算投资6.05亿元。

12月28日 2010年重点民生工程花园新区二期保障性住房建设工程开工。

2011年

1月6日 文成县体育馆落成典礼举行。体育馆占地面积4928平方米,总建筑面积7313.68平方米,总投资2861.43万元,可同时容纳观众2000人。

1月12日 珊溪镇街头村荣获浙江省文化厅颁发的"文化示范村"奖牌。街头村连续19年开展评选孝顺子孙、孝顺媳妇、模范丈夫、贤内助、五好孝顺家庭活动,尊老敬老蔚然成风。

1月17日 县消防队新管房落成启用。新管房总用地面积5412.8平方米,建筑面积4019.35平方米,总投资1270万元。

2月1日 文成县被省政府列为第三批"旅游经济强县"。

2月9日 周村农贸市场成功注册"大鹤dahe"服务商标。该商标经国家商标局核准发放,为温州市农贸市场中的首枚服务商标。

2月22日 省环保厅副巡视员王以淼率领省级生态县创建验收组,到文成检查省级生态县创建工作,一致同意通过省级生态县创建考核验收。

2月27日 17时许,文成藉青年(19岁)夏思敏在温州经济技术开发区张家牌菜市场,挺身而出勇斗劫匪,被刺两刀不幸牺牲。3月3日,龙湾区社会治安综合治理委员会、龙湾区见义勇为专业资金管理小组追授夏思敏为"见义勇为勇士""见义勇为好青年"等称号。

3月25日 省政府批复县域乡镇行政区划调整方案。调整后全县辖10个乡镇,即大峃、珊溪、玉壶、南田、黄坦、百丈漈、峃口、巨屿、西坑畲族镇和周山畲族乡。

4月10日 县委、县政府出台《关于加快推进城乡统筹综合改革的若干意见》。

4月17日 县法院邀请20多名在意大利、法国、德国、西班牙、美国等国旅居或创业的文成华侨商会、联谊会、同乡会的侨领或华侨代表、部分归侨、侨眷代表,举行"开门纳谏"华人华侨座谈会,聘请侨领当海外特邀调解员。

4月27日 县集中开工12个项目,总投资2.79亿元,总用地面积5.1万平方米,总建筑面积8.2万平方米。项目涵盖基础设施、教育事业、水利发展、生态工业、农房改造等方面。

5月4日 文成首家法人银行——浙江文成北银村镇银行开业。该银行由北京银行作为主发起人,联合7家知名企业共同发起成立的具有完善公司治理结构的区域性法人金融企业,注册资本5000万元。

5月13日 2011年度群众增收致富奔小康特别扶持项目实施计划获省扶贫办、财政厅发文批复。全年全县规划实施扶贫开发、产业发展和公共服务3大类37个项目142个子项目,计划投资63904.3万元,安排省特扶资金23767.3万元。

5月16日 《人民文学》文学创作基地、温州大学铜铃山科研实践基地授牌暨全国征文颁奖仪式在铜铃山举行。

5月23日 南田刘基祭祀"太公祭"入选第三批国家级非物质文化遗产名录(国发〔2011〕14号)。

5月31日 县政府发布第六次文成县人口普查数据。至2010年10月31日24时，全县常住人口8.11万户，21.63万人。

6月2日 全县首例“醉驾入刑”案在县人民法院宣判，被告人李某因危险驾驶罪被判处拘役4个月，并处罚金4000元。

同日 县政府与温州市电力局及县电业局签署“十二五”电网发展战略合作协议。

6月3—13日 在全县范围内开展城乡建设违章“六必拆”专项活动。

6月20日 县长汪驰在意大利佛罗伦萨，与佛罗伦萨省CAMPI BISENZIO市市长Adriano Chini签署“建立友好交流关系意向书”。

6月21日 市长赵一德，副市长彭佳学、孟建新、任玉明等到文成调研珊溪库区环境整治与农房改造集聚建设工作。

6月24日 县生态产业园项目集中开工仪式在百丈漈镇举行。集中开工5个项目，总用地面积96421平方米，总投资2.11亿元。

6月30日 纪念中共建党90周年大会在县府礼堂举行，并举行《中共文成历史》(第一卷)首发式。

7月1日 即日起，城乡居民社会养老保险基础养老金由每人每月60元提高到每人每月66元；增加缴费年限养老金档次，对缴费16年及以上的参保人员，其月缴费年限养老金从第16年起按每年5元计发；从4月1日起，对年满80周岁的高龄老人，在享受城乡居民养老金待遇的同时，每人每月发放30元的高龄补贴。

7月3日 文成在全市率先完成乡镇行政区划调整。至6月29日，全县384个行政村通过“转并联”方式，基本实现农村社区全覆盖。全县组建55个社区，其中城市社区5个，农村社区50个。

7月6日 2011世界旅游小姐浙江总决赛首场海选评分公布，文成选手黄焕英获得综合得分第一名，成功晋级。后经浙江赛区半决赛、总决赛，再到全国总决赛，7月25日，被大赛组委会指定为“浙江旅游形象大使”。

7月20日 全县103个村级饮用水工程项目，获中央财政专项补助资金1106万元，省财政补助资金2297万元，受益人口9.73万人。

8月19日 温州医学院附属第一医院文成院区签约授牌仪式举行，县人民医院开始由温医附一院托管。

9月25日 县广播电视台在大峃镇凤溪花苑进行有线电视数字化试点，开始文成有线电视数字化整体转换。

9月29日 廖梅柳、潘明都、赵汉益、陈体留、胡爱桦、包学冠6人，被评为首届“温州百名慈善老人”。

10月25日 浙江省人民政府正式命名文成县为第四批省级生态县。

11月1日 即日起，有文成县户籍的城乡居民，在文成就读的非文成县户籍的学生，驻文成部队现役军人，以及在文居住、与在文企业签订劳动合同(履行期内)、并按规定缴纳养老保险金1年以上的外来务工人员，在文成县范围内死亡并在县殡仪馆办理火化事宜的，可以免除殡葬基本服务项目费用。

11月7日 市民卡办理工作正式启动。社会保障市民卡涵盖个人基础信息、社会保险信息、个人照片信息、银行账号信息等基本情况，具备政府公共服务管理、公用事业应用、社会保障、小额支付、金融支付等功能的“一卡通”式多功能卡。

11月13日 农业部农村经济研究中心党组书记陈建华及专家组一行到文成考察指导文成农业产业发展情况，并专项调研浙江三和锦信农业发展项目。

11月23日 《刘伯温传说》(普及本)收录刘基故事56个，被列为文成县中小学乡土教材。

12月1日 平和茶叶精品园被省农业厅、林业厅、海洋与渔业局命名为第二批浙江省现代农业园区特色精品园(编号IPN1037)。

12月7日 57省道文成段暨文青公路改造工程项目通过竣工验收。公路全长14.25公里,总投资2.3亿元。

12月18—22日 中国共产党文成县第十二次代表大会在县城大峃镇召开。出席代表309人,列席代表46人,特邀代表22人。大会选举产生第十二届委员会委员38人、候补委员7人、纪委委员20人。汪驰为县委书记,王彩莲、谢逢越为副书记,李建业、刘金红、钟方成、徐清雨、黄小中、周永家为县委常委。钟方成为县纪委书记。

12月24日 县城客运、旅游集散中心主楼顺利结顶。

2012年

1月5—8日 县政协八届一次会议召开。大会选举产生县政协第八届委员会主席郑建华,副主席吴育民、余云初、刘建华、胡晓雄,秘书长邓伦兴,选举常务委员25人。

1月6—10日 县十五届人大一次会议召开。代县长王彩莲作《政府工作报告》。会议选举刘建忠为县第十五届人大常委会主任,吴宇凌、钟信友、林乐融、陈成武为副主任,选举常务委员18人;王彩莲为县人民政府县长,李建业、蔡爱东、季昌丰、吴昌亮、刘一灵、雷宇为副县长。会议选举产生28位市第十二届人大代表。

1月 文成县获浙江省"新农村电气化县"称号。

4月6日 二源绿色农业种植专业合作社、葛洋胡柚种植专业合作社、日新兔业专业合作社、高山农机作业专业合作社、富农农机作业专业合作社,荣获首批国家级示范性农民专业合作社称号。

4月20日 温州市"我最喜爱的百大古树名木"评选揭晓,大峃镇大会岭枫香,黄坦镇稽垟村香樟,百丈漈镇中村南方红豆杉、红楠,百丈漈镇上石庄村木荷,珊溪镇平溪村银杏,大峃镇沙垟村、垟外村枫香等8大古树名木成功入选。6月25日,在《温州十大生态名木》评选中,大峃镇大会岭脚村枫香群榜上有名;珊溪镇平溪村银杏获提名奖。

6月4日 祖籍文成县的陈永祥、陈励君、陈福祥三兄妹捐资1000万元,在文成成立以其祖父名讳命名的"陈伯远先生教育基金会"(筹),以奖学、奖教、助学的形式反哺家乡。这是文成建县以来数额最大的单笔捐助。

6月24日 文成县率全市之先完成"地改",全县10万农户入股"土地银行",农村土地因连片流转增值。

7月6日 红枫古道森林公园开建,规划面积3422亩,南起大峃镇沙垟村百三电水渠,北至里阳乡龙儿头路亭松龙岭红枫古道。道路线路初步安排为老干部局—岩庵—里阳岭,路面宽度约为1.5米。据规划设计,森林公园将分成红枫古道区、山地森林游览区、森林景观观赏区、森林经营体验区、森林氧吧保健区、植物科普区、综合服务区7个功能区。

12月12日 玉壶镇东溪社区获全国社区侨务工作明星社区称号。东溪社区是一个历史悠久的侨乡,9000余名华侨旅居意大利、西班牙等数十个国家和地区,100多位知名侨胞担任海外社团负责人,每年约8亿人民币侨汇从世界各地汇集社区。

12月16日 南田镇九都村被列入省第一批历史文化村落保护利用重点村建设项目。

12月17日 珊溪镇李井社区被国家减灾委员会、民政部授予"全国综合减灾示范社区"称号。

2013年

1月21日 省新农村电气化专家组考评验收,文成县已符合《浙江省新农村电气化标准体系》电气化县的评定要求,被授予"浙江省2012年新农村电气化县"称号。

1月27日 公务用车制度改革开始实施,列入车改范围的多家单位将本单位的公用车辆统一上缴到机关事务管理局下属的公务用车服务中心统一管理并提供租车服务。

4月2日 世界文成人联谊总会正式成立。联谊总会第一届理事会规模为210人,其中海外代表131名,国内各界代表79名。选举产生秘书长1名(兼)、副会长34名、常务副会长1名、会长1名,聘请顾问17名;县委副书记谢逢越当选联谊总会第一届理事会会长。

同日 世界文成人大会暨县侨联成立50周年纪念大会开幕。会上举行世界文成人联谊总会授牌仪式以及“情系家乡”教育捐赠仪式,收到捐赠款1520万元。

8月21日 “2013游客心目中的十大名瀑”评选活动圆满落幕。百丈漈瀑布跻身中国十大名瀑梯队,称为与黄果树瀑布、庐山瀑布、九寨沟瀑布等齐名的中国“瀑布之星”。

9月2日 县委十二届四次全体(扩大)会议在县府礼堂召开。会议审议通过《中共文成县委关于全面实施创新驱动战略加快实现后发崛起的意见》。

9月4日 文成县获得全国“第五届新农村电视艺术节一魅力新农村”十佳县(市)荣誉称号。

9月13日 首届(中国)百丈漈瀑布节在百丈漈景区开幕。上海大世界吉尼斯总部现场宣布文成百丈漈瀑布为中华第一高瀑。

9月14日 市外办专门在玉壶镇设立海外领事保护联络处,经外交部领事保护中心确认,为全国首个基层海外领事保护联络处。

11月9日 县长王彩莲和意大利内尔维亚诺(NERVIANO)市长恩里克·库兹(ENRICOCOZZI)在内尔维亚诺(NERVIANO)政府大院共同签订《友好城市意向书》。成宝祥副总领事与数十位文成籍侨领参加签字仪式。

12月24日 县委十二届五次全体(扩大)会议召开。县委书记汪驰作《借势改革,借力发展,全力加快后发崛起步伐》的工作报告。会议确定2014年确定为“改革创新年”“项目攻坚年”和“产业提升年”。

2014年

2月25日 县委十二届六次全体(扩大)会议召开。会议深入学习贯彻党的十八届三中全会、省委十三届四次全会和市委十一届五次全会精神,研究部署全县全面深化改革的目标任务和落实举措。

3月13日 县委书记与百村干部共话发展活动正式启动,首站走入西坑畲族镇。与当地村干部面对面交流,并要求村干部鼓实劲、求实效、给实惠,让群众的生活环境更好。并查看南坑垟村治水工程、让川村美丽乡村创建、梧溪村“红色细胞工程”建设。

4月2日 民革中央副主席郑建邦、中国侨联副主席康晓萍、省侨联主席吴晶、市人大常委会副主任王小同一行到文成调研指导侨务工作。

4月4日 县市场监督管理局正式挂牌,整合食品药品监管局、食品安全委员会办公室、工商行政管理局的职责,并划入质监部门的食品安全监管职责,对生产、流通、消费环节的食品药品实施统一监管。

5月中旬 中央电视台科教频道《地理·中国》栏目摄制组到铜铃山国家森林公园进行为期10天的取景拍摄纪录片《揭秘铜铃壶穴》。栏目摄制组将用独特的拍摄视角解读铜铃山的地貌形成以及地理现象,并邀请中国地质科学院研究员邱小平,《中国地理》杂志编辑李晓辉对铜铃壶穴的形成进行解谜。

7月9日 县委宣传部、文广新局、团县委、新闻中心联合主办,县木偶戏爱好者协会承办的文成县首届“伯温杯”木偶戏(会演)比赛在珊门村西弯老人活动中心开赛。来自全县14个民间木偶剧团130余位艺人参赛。夏念文等人表演的《金宝盘》获金奖。

10月22日 文成县首部非遗微电影《伯温家宴》在县电影院举行首映式。

10月25日 18时42分，县境发生4.2级地震，为1个多月来，震级和影响最大的一次。地震发生后，省市主要领导先后作出批示，要求市、县、乡镇3级联动，有力有序有效开展防震减灾各项工作。

11月上旬 “美丽中国”系列活动——第一届最美中国符号品牌评选落下帷幕。文成百丈漈—飞云湖国家级风景名胜区以其独特的自然、地质、人文景观成为本届“中国最美符号”景区之一。

12月5日 全省特扶工作座谈会在文成县召开。参会县市围绕2014年特扶工作实施情况作交流发言。省农办就下步特扶工作进行部署。

12月8日 92岁高龄的玉壶镇小原校长胡希读，捐资500万元用于玉壶镇造桥，是全县一次性捐资最多的华侨。

2015年

1月5日 国家卫生和计划生育委员会网站发布关于全面提升县级医院综合能力第一批500家县级医院名单，县人民医院上榜。

1月16日 县委十二届八次全体(扩大)会议召开。会议贯彻落实中央和省市委系列决策部署，回顾总结2014年主要工作，研究部署2015年目标任务，审议通过《县委全会报告》《中共文成县委关于全面深化法治文成建设的意见》。

3月19日 水利部农村电气化研究所、省水电管理中心等单位专家评审，文成县靛青山水力发电厂通过全国农村水电站安全生产标准化一级标准验收。这是全市第一个通过专家组验收的标准化创建电站，也是全国第一座安全生产标准化一级达标的农村水电站。

4月1日 县社会福利中心正式对外开放，进入试营业阶段。县社会福利中心是经县人民政府投资、县民政局批准设置、由日月星养老集团(上海爱以德)经营的非营利性社会养老机构，建筑面积8600平方米，可容纳220人。

4月3日 2015年世界文成人大会召开。200多名来自世界各地的文成乡贤和嘉宾参加大会，大会重点推出涉及城镇开发、旅游、产业类项目14个，总投资247.7亿元，其中9个具有代表性招商引资项目和2个贸易回归项目在现场签约，总投资分别为166.2亿元和2.5亿元。

4月28日 国家林业局、浙江省人民政府联合举办，浙江省林业厅、温州市人民政府承办，温州市林业局、温州市旅游局、文成县人民政府联合执行的2015年中国(温州)森林旅游节开幕仪式在文成县铜铃山森林公园举行。

5月13日 国家发改委、环保部正式联合发文批复同意文成县开展全国主体功能区建设试点示范县工作。

5月29日 文成县申报第二届“中国长寿之乡”专家认证会召开。认证委员会对文成申报“中国长寿之乡”进行评审，一致认为各项指标符合“中国长寿之乡”标准，给予认定“中国长寿之乡”。

6月26日 文成籍商人姜永忠投资拍摄的动作片《拳霸风云》在全国上映，该片是温州首部功夫巨制，由温州人投资拍摄、由温州本土制片人、本土演员担任男主角，并且全部取景温州各大景区，这也是温州首部在全国院线上线的电影，充满“温州元素”。

6月28—29日 环保部生态司副司长、考核验收组组长沈学强率考核验收组，到文成对国家生态县创建工作进行考核验收。考核验收组对创建工作给予了高度评价，同意文成县通过国家生态县考核验收，并将按程序报环保部审议批准。

7月16日 浙南首个室内滑雪场——文成县天鹅堡室内滑雪场正式对外试营业。该滑雪场是天鹅堡小镇旅游综合体中的配套项目，位于文成县西坑畲族镇的石垟林场。

9月30日 县委举行烈士公祭活动暨烈士纪念馆开馆仪式。县革命烈士纪念馆建筑面积1800平方米，总投资1100万元。展厅陈列30余件珍贵的革命文物和100多幅图片，以及345位烈士事迹、史料、遗物等，图文并茂、翔实直观地展示在中国共产党领导下，文成人民经历的光辉革命历程。

12月28—29日 温州市级技术评估组到文成对创建国家卫生县城工作进行考核评估，一致认为文成县已基本达到创建国家卫生县城各项指标标准，顺利通过市级技术评估验收，并将向省爱卫办正式推荐文成申报“国家卫生县城”。

2016年

1月22日 县委十二届十次全体(扩大)会议召开，会议深入贯彻落实中央和省市委系列决策部署，精心谋划“十三五”发展，审议通过《中共文成县委关于制定文成县国民经济和社会发展第十三个五年规划的建议》。

2月3日 文成县部分行政区划调整工作动员大会召开，标志着乡镇行政区划优化调整工作正式进入方案实施阶段，经过调整，新增周壤、铜铃山、二源3镇，桂山、双桂、平和、公阳4乡，全县辖12镇5乡。现场举行新设立乡镇授牌授印仪式。

6月23日 省委书记、省人大常委会主任夏宝龙到文成调研，对文成城镇化建设、美丽乡村建设、生态环境保护、群众增收致富等提出指导意见和具体要求。

7月20—22日 第二十三届上海国际茶文化旅游节暨2016年首届文成茶文化旅游节在文成县隆重举办。

12月28—30日 中国共产党文成县第十三次代表大会在县文化中心剧院召开。出席代表309人，列席代表46人，大会选举产生第十三届委员会委员40人、候补委员8人、纪委委员20人。王彩莲为县委书记，章寿禹、徐清雨为县委副书记，蔡爱东、季昌丰、郑文东、吴昌亮、徐良悟、虞绍榜为县委常委。蔡爱东为县纪委书记。

2017年

1月16日 文成首座电动汽车快充站在文成宾馆内建成，站内设630千伏安专变1台，安装8个充电桩，其中120千瓦和60千瓦的快充充电桩各4个。

2月2日 8时许，百丈漈镇外大会村发生1起4间4层半民房坍塌事件，两户9人被困，其中7人遇难，2人被救生还。

2月20—23日 县政协九届一次会议在县文化中心剧院召开。大会选举产生政协第九届委员会主席刘金红，副主席胡晓雄、郑士钗、雷旭燕，秘书长叶洪锋，选举常务委员32人。

2月21—24日 县十六届人大一次会议在县文化中心剧院召开。会议选举郑建华为县人大常委会主任，吴育民、钟信友、林乐融、陈成武为县人大常委会副主任；章寿禹为县人民政府县长，吴昌亮、李标、金一玲、赵东佐、刘云、毛伟新为县人民政府副县长；蔡爱东为县监察委员会主任；朱鹏鸣为县人民法院院长；卢小明为县人民检察院检察长；会议还选举汪驰、王彩莲、刘建忠等28人为出席温州市第十三届人民代表大会代表。

6月7日 浙江安福利生慈善基金(简称安基金)成立大会在文成县安福寺举行。安基金诞生于2017年3月，经由省民宗委和省民政厅批准设立，注册资金1000万元，由释达照法师为主发起并担任理事长。这是文成县第一个宗教慈善基金，温州市首个省级宗教慈善基金。

6月21—22日 省委书记、省人大常委会主任车俊到文成县调研，宣讲并指导学习省党代会精神。

7月14日 县“建制村客车村村通”攻坚行动首战大捷暨开通仪式举行。

8月10日 县委十三届二次全体(扩大)会议召开。会议审议通过《中共文成县委关于从严加强干部队伍建设 争当“提速‘两山’转化、打造“‘三美’文成”排头兵的决定》。

12月10日 2017浙江马拉松精英赛暨全国媒体人马拉松挑战赛在文成举行。来自全国的马拉松精英、来自百余家媒体和其他社会各界的跑友参加了挑战赛。浙江省体育局授权将浙江马拉松精英赛长期落户文成。

2018年

1月15日 县委十三届三次全体(扩大)会议召开。会议审议通过《关于深入学习宣传贯彻党的十九大精神,打开“两山”转化新通道,开创绿色高质量发展新时代的决定》。

2月1日 文成时代广场购物中心开业。该项目总建筑面积29510.17平方米,是文成核心区域集购物、休闲、娱乐、餐饮、文化、生活于一体的家庭生活娱乐中心,是文成县首个商业综合体。

7月5日 16时,意大利米兰当地时间7月5日10时,文成县海外服务中心运行仪式举行,文成县海外服务中心与米兰分中心通过互联网同时举行视频会议,文成县海外服务中心正式运行。

8月10日 县委十三届四次全体(扩大)会议召开,会议动员全县上下思想大解放、行动大担当、工作大落实,确保高质量完成全年各项目标任务。全会审议通过《中共文成县委关于新时代扩大对外开放的决定》。

8月23日 在第十八届亚运会武术散打女子60公斤级决赛中,文成籍散打运动员蔡颖颖以2比0战胜伊朗选手获得冠军,夺得其个人首枚亚运会金牌,这也是文成人在亚运会上获得的首枚金牌。

11月7日 省委第八巡视组专项巡视文成县工作动员会召开。省委巡视组在文成县工作2个月左右时间。重点是关于违反政治纪律、组织纪律、廉洁纪律、群众纪律、工作纪律、生活纪律以及脱贫攻坚等方面问题的举报和反映。其他不属于巡视受理范围的信访问题,将按规定由被巡视单位和有关部门处理。

11月10日 文成县首届农民丰收节暨第三届糯米山药文化节在黄坦镇黄垟村举行。主题是“发展山药产业·携手百姓致富”,活动安排了糯米山药菜品现场烹饪比赛、丰收文艺表演、挖糯米山药比赛、民俗活动体验、农产品展销会、糯米山药知识和糯米山药文化展示、山药王公益拍卖等,是一次“糯米山药文化大餐”。

第一卷

政　区

1946年12月，析瑞安、青田、泰顺三县边区建县，以明代开国元勋刘基（伯温）谥号“文成”为县名。1948年7月始建县政。1949年5月8日，文成县解放，6月改名大南县，9月复原名。1958年10月，撤县并入瑞安县；1961年9月，复置文成县。

县境在浙江省南部山区，北纬27°34'～27°59'、东经119°46'～120°15。东接瑞安，南临平阳、苍南，西南倚泰顺，西北连景宁，北界青田。县城距省会杭州市274公里，距温州市区82公里。全县总面积1292.16平方公里，占全省总面积1%强，占温州市总面积10%。

1991年，全县设7区、62乡（镇）、12个居民区、569个村（含石垟林场下斜村，下同），另有国营农林场（苗圃）7个。2011年年底，全县设9镇1乡，56个社区，384个村。

第一章 区 划

明清时期，县境为瑞安、青田和泰顺3县属地。行政区划隅、乡、里、都、图、庄并存。1912年推行村里制，后改为“闾邻”制、保甲制至建县后。1949年中华人民共和国成立后，实行区乡镇村建制。1958年，实行人民委员会、人民公社（生产大队、生产队）政社合一体制。1984年，恢复区乡镇村建制。1992年，撤区扩镇并乡为35乡镇。2011年，进行区划大调整为9镇1乡。

第一节 县域沿革

文成县于1946年12月建立。建县前，分属瑞安县、青田县、泰顺县。建县后，曾与瑞安县合并又分析，归属温州地区、温州市。

建县前

县域历史，春秋战国始有记载。至清代，县域属温处道。

春秋战国时期属瓯越地。

西汉惠帝三年（前192）属东瓯国。

西汉始元二年（前85）以东瓯地回浦乡建立回浦县，为回浦县辖地，属会稽郡。

东晋太宁元年（323），从临海郡析置永嘉郡。松阳、安固2县均属永嘉郡。

隋开皇九年（589），废郡，改永嘉郡为处州，分松阳县东乡建立括苍县，青田为括苍县辖地。括苍、安固同属处州。

隋大业三年（607），改括州为永嘉郡。

唐武德四年（621），永嘉郡改称括州。

唐上元二年（675），析括州置温州。安固县为温州属地。

唐乾元元年（758），复改郡为州。缙云郡复称括州，永嘉郡复称温州。

宋咸淳元年（1265）改温州为瑞安府。瑞安县为其一部分。

元至元十三年（1276），改瑞安府为浙江行省温州路。瑞安县为温州路一部分。

明洪武元年（1368），改温州路为温州府；洪武三年（1370），瑞安州复改为瑞安县。

清康熙六年（1667），浙江省设杭嘉湖、宁绍台、金衢严、温处四道。青田县隶属温处道处州府，瑞安、泰顺两县属温处道温州府。

1914年，温州、处州合并，称瓯海道。县域瑞安县辖地、青田县辖地属瓯海道。

1932年，实行县政督察制，县隶属行政督察区。瑞安县辖地先后属浙江省第十行政督察区、第四特区、永嘉行政督察区、第八行政督察区、第五行政督察区；青田县辖地先后属第十一行政督察区、第二特区、第九行政督察区、第七行政督察区；第六行政督察区；泰顺县辖地先后属第十二行政督察区、第三特区、永嘉行政督察区；第八行政督察区、第六行政督察区、第五行政督察区。

建 县 后

1946年12月,行政院核准以瑞安、青田、泰顺三县边区析置文成县。

1948年7月1日,文成县政府成立。县隶属浙江省第五行政督察区。

1949年5月8日,文成县全境解放,6月改名大南县。8月大南县隶属浙江省人民政府第五专员公署,9月,恢复文成县原名。11月6日,为温州区专员公署,旋改为温州专员公署。

1958年10月,撤销文成县,并入瑞安县。

1961年9月,文成县又从瑞安县析置。

1966年,隶属浙江省温州地区革命委员会。

1981年9月,温州地、市合并,实行市管县体制,隶属温州市。

第二节 乡 镇

建县后,全县行政区划多次调整。中华人民共和国成立后至2011年,历经16次调整与撤扩并。1991年县域62个乡镇,2011年调整为9镇1乡。

中华民国时期

1944年6月,文成县界勘划委员会勘察划定,瑞安县大峃区18乡镇,泰顺县百丈区3乡和青田县南田区9乡析置为文成县。全县30乡镇。

1946年12月,国民政府行政院核准建立文成县。原瑞安县大峃区撤并为10乡镇,原青田县南田区析为10乡,原泰顺县百丈区3乡不变,区域有所调整。全县23乡镇。

1948年7月,全县5区19乡266保。

中华人民共和国成立后

1949年5月,建立县人民政权,废除旧县、区、乡和保甲制。至9月,县、区、乡人民政权相继建立。全县置5区、32乡镇。

1950年7月,调整为5区、55乡镇。

1952年,调整区、乡、镇建制,分置7区120乡镇。

1956年3月,撤并为6区51乡镇。9月,调整为1镇5区60乡镇。

1957年8月,恢复大峃区,辖原直辖9乡镇。

1958年4月增置2乡:马山乡(塔山乡析置)、周山畲族乡(峃口、公阳、双桂3乡析置)。10月,文成县建制撤销并入瑞安县,改变区、乡、镇名称:区称人民公社,乡称生产大队。时增置西坑人民公社。撤篁庄乡,并入石西乡。建立石垟、叶胜、金朱、山华林场。

1959年3月,生产大队改称管理区。11月,管理区调整:西山管理区从珊溪管理区分立,潘前管理区并入汇溪管理区。

1961年9月恢复县制。12月,人民公社改称区,管理区改称人民公社。增置龙岙人民公社(南田公社析出)。全县辖7区62人民公社。

1965年8月,大峃镇公社委员会改为大峃镇人民委员会,恢复镇制,归县直辖,但仍挂两个牌子,实行政社合一。鲤阳公社更名里阳公社，鳌里公社更名敖里公社。

1966年3月，撤销西坑区建制。敖里公社划归南田区，西坑、石垟、下垟、岭后4公社划归石垟林场管辖。

1969年5月，区、社调整：恢复西坑区建制；桂库和山垟人民公社合并，称桂山人民公社。

1981年，5个公社更名：大南公社更名大壤公社，东山公社更名新东公社，南阳公社更名南林公社，严垟公社更名黄垟公社，百丈漈公社更名石庄公社。

1984年，结束人民公社“政社合一”体制，恢复乡(镇)体制。同年，敖里乡改称敖里畲族乡。1985年，周山乡复称周山畲族乡；珊溪、玉壶、南田3乡(镇)改为建制镇；石庄乡析置篁庄乡。1990年，全县为7区、62乡镇，4个林场，1个苗圃，其中1个县直属镇、3个建制镇、2个畲族乡。1991年，县行政区域分布情况如下表。

1991年文成县行政区划分布情况一览表

表1-1

区名	乡镇名	距县城(公里)	面积平方公里	行政村数	自然村数	区名	乡镇名	距县城(公里)	面积平方公里	行政村数	自然村数
大峃区	大峃镇	县 城	14.37	19	35	玉壶区	玉壶镇	11	16	11	47
	双垟乡	1.5	11	9	38		朱雅乡	19	28	9	31
	新东乡	7.7	14	6	31		金星乡	17.6	23	12	48
	里阳乡	5.3	16.5	9	41		李林乡	19.1	25	5	36
	黄岭乡	6.9	9	5	22		东头乡	12	12	8	36
	马山乡	5	7	4	15		吕溪乡	12.5	16	10	57
	中樟乡	4.8	20	15	54		东背乡	11.6	32	11	80
	龙川乡	2.6	10.15	12	25		周南乡	7.6	15	10	45
	樟台乡	3.1	14	12	45		大壤乡	6.3	16	10	48
	金炉乡	5.4	13	10	35		上林乡	10.3	13	6	24
南田区	南田镇	19.58	22	11	46	峃口区	峃口乡	7	21	11	39
	黄寮乡	26.5	33	4	22		塔山乡	6	9	6	19
	岳梅乡	22.2	27	6	41		金垟乡	4.7	17	10	47
	龙岙乡	20	5	4	11		平和乡	13.8	22	11	48
	十源乡	16	30	15	61		周山畲族乡	10.5	14	11	36
	西湖乡	20.7	25	4	23		公阳乡	13.3	20	13	46
	三源乡	14.7	17	9	43		双桂乡	10.8	17.5	12	50
	朱阳乡	12	11	6	23	珊溪区	珊溪镇	14.1	22.5	12	54
	二源乡	12	20	11	41		黄龙乡	9.1	11.5	5	16
	石庄乡	9.6	15	7	24						
	篁庄乡	9.6	21.5	6	51		东垟乡	9	12	9	29
西坑区	西坑乡	17.2	34	14	60		花前乡	10.6	14	8	30
	下垟乡	29.3	17	4	10		孔龙乡	10.7	11	11	28
	石垟乡	24	30	7	31		东龙乡	15.4	22	14	49
	敖里畲族乡	14.4	11	6	27		李井乡	12.4	15	10	34
	岭后乡	20.1	27	7	39		西山乡	15.6	15	6	33

续表1-1

区名	乡镇名	距县城(公里)	面积平方公里	行政村数	自然村数	区名	乡镇名	距县城(公里)	面积平方公里	行政村数	自然村数
黄坦区	雅梅乡	10	25	13	77	珊溪区	南林乡	15.5	13	9	30
	富岙乡	11.8	20.5	13	54		仰山乡	18.1	11	6	25
	王宅乡	9	11	9	34		毛坑乡	17.6	19	5	35
	双溪乡	20.2	58	14	76		桂山乡	22.1	26.5	9	46
	黄垟乡	12.4	19	8	24						
	稽垟乡	9.8	19	6	24	合计7区	62	—	—	568	2397
	汇溪乡	18.5	44	13	68						

说明:全县4个国营林场和国营苗圃未计入。距离均指直线距离。资料由县民政局提供

1992年5月,经省民政厅批准,文成县开展撤区扩镇并乡工作。全县原大峃、珊溪、峃口、玉壶、南田、黄坦、西坑等7区撤销;62个乡镇撤扩并为35个乡镇,其中8个建制镇、撤并或新建5乡,区划保持不变22乡。4个林场、1个苗圃未变。

1992年5月文成县撤区并乡后行政区划情况一览表

表1-2

乡镇名	政府驻地	行政村数	总户数	总人口	面积(平方公里)	原被撤并乡(镇)名
大峃镇	建设路116号	28	10381	39831	25.37	大峃、双垟
珊溪镇	街尾村	42	9597	32804	84.5	珊溪、毛坑、南林、西山、李井
玉壶镇	外村	27	5082	21770	73	玉壶、东背、李林
南田镇	南田	34	5918	21469	96	南田、岳梅、西湖、龙岙、三源
西坑畲族镇	西坑	20	3086	11238	45	西坑、敖里
黄坦镇	后巷	36	5985	21361	74	雅梅、王宅、黄垟、稽垟
百丈漈镇	下石庄(十八公里)	18	2359	10493	45.5	篁庄、石庄、黄岭
巨屿镇	垟尾	33	5566	19666	48.5	孔龙、东垟、花前、黄龙
樟台乡	樟岭	22	4080	14911	30	樟台、马山、塔山
龙川乡	下村	27	4425	14374	30.15	龙川、中樟
二源乡	初阳	23	3181	11343	45	二源、朱阳、新东
周壤乡	联丰	20	4194	16425	31	周南、大壤
东溪乡	碧溪	18	2777	9487	28	东头、吕溪
十源乡	东步	15	1940	7160	30	
黄寮乡	黄山	4	418	1756	33	
石垟乡	上垟	8	1088	4387	30	
下垟乡	下垟	4	392	1674	17	
岭后乡	岭后	7	726	2513	27	
富岙乡	富岙桥	13	1881	6671	20.5	
双溪乡	岭脚	14	1089	3433	58	
汇溪乡	蟾宫埠	13	1797	5867	44	
东龙乡	东湾坑	14	2151	7635	22	

续表1-2

乡镇名	政府驻地	行政村数	总户数	总人口	面积（平方公里）	原被撤并乡（镇）名
双桂乡	旁岸	12	2540	8945	17.5	
周山畲族乡	养根	11	1296	5093	14	
公阳乡	公阳	13	1935	6858	20	
平和乡	下河	11	2226	8595	22	
金炉乡	金山	10	1365	5141	13	
里阳乡	川外	9	1376	5374	16.5	
金星乡	金垟	12	1421	4853	23	
朱雅乡	雅龙	9	994	3828	28	
上林乡	联民	6	795	3357	13	
仰山乡	雅坪	6	1364	4061	11	
峃口乡	新桥	11	2112	7321	21	
金垟乡	李山	10	2425	8584	17	
桂山乡	双峰	9	1667	5746	26.5	
合计	35	571	100829	364024	1180.24	

说明：4个国营林场和国营西坑苗圃未计入。资料由县民政局提供

1999年1月，建设温州市珊溪水利枢纽工程，撤汇溪乡、双溪乡，新设云湖乡；撤东龙乡，并入珊溪镇。

2011年3月25日，省政府批准文成县乡镇行政区划调整方案。调整后，全县辖9镇1乡，即大峃、珊溪、玉壶、南田、黄坦、西坑畲族、百丈漈、峃口、巨屿等9个镇和周山畲族乡。

2011年3月调整后行政区划情况一览表

表1-3

乡镇名	行政村数	户籍人口（万人）	面积（平方公里）	原被撤并乡（镇）名	政府驻地
大峃镇	92	11.1	153.02	龙川乡、樟台乡、金炉乡、里阳乡、周壤乡（除周龙村外的行政村）、金垟乡（李山、横路、谷山、小龙等4个行政村）	建设路116号
珊溪镇	47	5.1	144	仰山乡、桂山乡	街尾村
玉壶镇	44	4.26	165	东溪乡、金星乡、朱雅乡、上林乡、周壤乡周龙行政村	外村
南田镇	31	3.41	159	十源乡、黄寮乡	南田
黄坦镇	45	3.5	196.5	云湖乡、富岙乡（除塂后村外的行政村）	后巷
西坑畲族镇	26	1.87	119	石垟乡、岭后乡、下垟乡	西坑
百丈漈镇	31	2.53	90.5	二源乡、富岙乡塂后行政村	下石庄
巨屿镇	23	2.26	48.5		垟尾
峃口镇	35	3.79	90.5	峃口乡、双桂乡、公阳乡、平和乡、金垟乡（溪口、良坑、渡渎、驮垟尾等4个行政村）	新桥
周山畲族乡	9	0.52	14		养根
合计	383	38.34	1180.02		

说明：4个国营林场和国营西坑苗圃未计入。资料由县民政局提供

第三节　行政村

1935年，实行保甲制。1949年10月中华人民共和国成立后，推行行政村制，全县285个行政村。1958—1984年，实行生产大队、生产小队(生产队)制。1984年后，恢复行政村体制。1991年，全县行政村569个(含石垟林场上斜村)，历经珊溪水库移民撤并、2002—2005年行政村规模调整撤并，2011年，全县行政村384个(含石垟林场上斜村)。

1991年年前概况

1958年，行政村改称生产队，全县生产队582个、生产小队4565个。

1961年，生产队改称大队，生产小队改称生产队。全县生产大队582个、生产队4565个。1970年，生产大队数不变，生产队减少1077个，为3488个。

1984年，生产大队改称行政村，全县行政村568个。

1985年，全县设4镇、58乡，行政村568个、村民小组4097个。1986年，行政村569个，自然村4102个。

1988年，增村民小组5个。1989年，增村民小组1个，全县村民小组4108个。

1991年年后概况

1991年，全县569个行政村(含石垟林场上斜，下同)，2457个自然村(含4个国营林场)，4108个村民小组。1992年平和乡园口村分为大垟口、梅垟下、下沙园3个行政村，全县571个行政村。

1991年文成县各乡镇行政村、自然村情况一览表

表1-4

<table>
<tr><th>乡　镇</th><th>行政村</th><th colspan="2">自　然　村</th></tr>
<tr><td rowspan="19">大峃镇
(19行政村
35自然村)</td><td>苔　湖</td><td colspan="2">树山样</td></tr>
<tr><td>陈　宅</td><td colspan="2"></td></tr>
<tr><td>桥头井</td><td colspan="2"></td></tr>
<tr><td>上　房</td><td colspan="2"></td></tr>
<tr><td>县　前</td><td colspan="2"></td></tr>
<tr><td>二　新</td><td colspan="2"></td></tr>
<tr><td>林店尾</td><td colspan="2"></td></tr>
<tr><td>城　南</td><td colspan="2"></td></tr>
<tr><td>周　村</td><td colspan="2"></td></tr>
<tr><td>石坟垟</td><td colspan="2">石坟垟、正出坳、横路</td></tr>
<tr><td>珊　门</td><td colspan="2">珊门、樟树下、石山湖、驮路头、李宅、暗弯、竹园脚</td></tr>
<tr><td>吴　垟</td><td colspan="2">吴垟、底沙塆、外沙塆、靛青山、中培、道岭根</td></tr>
<tr><td>大会岭脚</td><td colspan="2">大会岭脚、山坑底、红沙</td></tr>
<tr><td>坪　头</td><td colspan="2">坪头、溹右、云峰亭</td></tr>
<tr><td>上徐村</td><td>叶山、驮树垟</td><td rowspan="2">徐村</td></tr>
<tr><td>下徐村</td><td>下徐村</td></tr>
<tr><td>黄岭头</td><td colspan="2">黄岭头、东岩、仰天窟</td></tr>
<tr><td>苔湖山</td><td colspan="2">苔湖山、岩脚下</td></tr>
<tr><td>下沙垟</td><td colspan="2">下沙垟、上沙垟、桥坑垄</td></tr>
</table>

续表1-4

乡 镇	行政村	自 然 村
（大岧区）双垟乡（9行政村38自然村）	凤 垟	凤垟、新庄垟、锯板坦、砖坑
	屿 根	屿根、水碓楼、岩皮下、三叉路口、半岭堂
	大发垟	大发垟、百丈岩下、苏宅、塘坪、外樟山、底樟山
	呈 树	呈树、铁坑头
	周 徐	下周垟、牛垄、麦徐、塔背、岩驮背
	坑 口	坑口、下山垟
	垟 井	垟井、火烧坳、驮路塆
	黄 埄	黄埄、黄埄脚、蛙蟆垄、牛塘垄、竹园底、菜园底
	山 垟	山头、双埄、周山垟、绍山、五峰坳头
（大岧区）新东乡（6行政村31自然村）	陈 村	潘山
	坑 底	天堂、外坑底、竹园棚、里坑底、驮山脚、树林头、西山岭、山峡坳、驮田垟、老牛堂、驮山垟
	陈 钟	陈庄、山后、坑头垟、周垟寨、黑潭背、水口
	钟 垟	下庄、驮塆脚、西木龙、周垟
	东 坑	东坑、小高山、坑门底、庵基
	程 岭	下屿头、驮荒坦、上岭头、程坑门、程坑
（大岧区）里阳乡（9行政村41自然村）	川 外	里川
	川 底	丰林
	孙 岙	孙岙、稻桶坑、国山、东岙、枫林、漈头、猫狸垄、石坑庵、坑头垄
	余 山	余山、洞桥头、田厂、陈地垟、余山岭、杨梅坳、下余、坦坪
	外垟底	东垟底、外山、老屋、新屋
	江 底	上垄、松树园、踏碓塆、湖垟垄、叶垟
	江 外	上湖坑、下湖坑、漈头庵、明午
	外垟外	猫狸堂、云底坑、田垄、驮垄、方光岭、龙儿头、徐村岭头
	西山岩头	西山岩头、新庄铺
（大岧区）黄岭乡（5行政村22自然村）	新 亭	新亭、开口岩、旁山龙、驮路下、樟山坳、黄去岭
	碎 垄	岭头、牛龙、碎垄、驮垟
	呈 田	底呈山、鸡花田、外呈山
	垄 山	三工田、笊篱垄、茶谷坑、扳蟹丘
	珠 岭	上四工、白金珠、半岭、白羊寨、白岩背
（大岧区）马山乡（4行政村15自然村）	樟 山	杨宅、樟庄、金宅
	茶 岭	驮份、山茶花、西头、岭头、回墩
	底 马	上新屋、金龙基、垟坪、金垟垄、外岭头
	外 马	庵基底、山峡
（大岧区）中樟乡（15行政村54自然村）	中 堡	旁河
	中 二	中堡
	岙 头	驮山、耕垄
	双 马	过路垄、双岩下、十字路、马路埄、光坑底
	石 龙	外龙、九龙田、底龙、石仓庵
	动 山	孟长垟、牛驮坪、山茶园、进台背、光坦
	樟 动	店基坑、塘山、高丘、白门台、五坑头
	明 星	半坑垟、老龙基、馒头埄、樟坑坦、横路头、樟坑埄
	乌 田	乌田
	茶 寮	茶寮、白头来埄、小北坑、马路
	林 坑	林坑、伍四龙、乌岩
	坪 山	门前山、基右、庵基
	新 岭	黄岭、长斜、前壏、枫树奶
	贵 坪	贵坪、贵坑庵、白米岩头、牛皮撑、田寮、四脚丘
	西 岙	西岙、苦珠垄、程岙

续表1-4

乡镇	行政村	自然村
(大峃区) 龙川乡 (12行政村 25自然村)	村头	龙川
	中上	龙川
	中下	龙川
	下村	龙川
	过山	三茶口亭、马岙头、过坑垄、樟山、东山、
	花园	花园
	横山	横山、吊埄、驮丘、三个坦、朝岩、岩埄 头
	下田	下田、梅岙、梅岙山
	马垟	马村垟、垟边
	季宅	季宅
	山背	洞背、牛驮垄、三个田
	马岙	马岙、外马岙、山甲
(大峃区) 樟台乡 (12行政村 45自然村)	樟岭	樟岭、枫门山、塘垄、驮泛
	牛塘	下牛塘、上牛塘、桐子山、后山下、水路坑
	山坑	山坑、西垟、白谷山
	下门	下岙、旁山、排门
	双龙	林司光、岩头下、樟龙、旁山岭脚
	泉台	泉台、新亭、后垄
	马渡	和尚垟、水亭、马路、包渡、降根
	垟溪	垟头山、驮湾、双甲、馍糍岩、驮坟、石溪垄
	东降	东降
	石仓	石仓、田垄、驮坪头、上垟
	大陆	染布店、驮埄岭、李勺、三大屋
	金龙	金龙、上垟坳、水井垄
(大峃区) 金炉乡 (10行政村 35自然村)	金山	金山、岩壁下、吴龙
	马北	北坑、马济头、龙头塆
	马坪	马坪、牛头塆、张堆、张岩下、周垟坪
	周垟	周垟、驮坦、乌枝埄
	岚岩	岚岩、东埄、外垟
	炉山底	炉山底、龙潭背、坳头、下龙、香炉丘、马峰庵
	下公垟	下公垟、国岙头
	胜利	陈地垟、花步岭、洞桥背、决藏
	新垟	新垟、洗马塘、老屋基
	陈庄	陈庄、吴庄、呈坑
(珊溪区) 珊溪镇 (12行政村54 自然村)	街尾	屿后 ｜ 珊溪
	街头	垟头 ｜ 珊溪
	翁头山	翁头山、上叶山埄头、坳头亭、坳头、稽垟塆、培下、茶叶坪、雷公尖、驮坪、花树、培口、上沿
	下山	下山、岩背、银珠坳、程山、了头、程山坪、焦溪
	垟尾山	垟尾山、程坑、八眺、芦山底、西垟、下叶山埄头、平头埄、岩背
	项竹垟	项竹垟、下山岭脚、焦溪岭脚
	坦岐	坛岐、塆底、白屿脚、泥鳅垟、滩头
	牛坑	水塘上、卫墩、周山、牛坑、垟谷培
	下爿坦	下爿坦、下梅产
	山根	山根、驮龙头、驮垟
	下山垟	下山垟、雷烟岩、弓田塆
	新西坑	西坑、西坑口、底门水碓

续表1-4

乡 镇	行政村	自 然 村
（珊溪区）黄龙乡（5行政村16自然村）	双 凤	黄龙、杉树园、锄头仰
	赤 砂	赤砂、长龙、垟头、荒田儿
	新 光	赤水垟、石接路、汪门
	双 尖	双尖、白水漈、驮垮、靛青缸、毛龙山
	新 东	东垮
（珊溪区）东垟乡（9行政村29自然村）	项坑边	项坑边、糖树垮、上路、对山
	龙 河	龙河、周坟
	孙 山	孔山、孔岙
	柳一山	叶山、三脚锭、叶山亭
	垟地边	垟地边、包垮头
	前 山	前山、风光、底厂
	葛岙底	岙底、周山
	垟西坑	垟西坑、叶水山、荒田后、田垄、东坑底
	东坑头	驮份、上龙、田垄、蒲瓜田、旁山、驮坑
（珊溪区）花前乡（8行政村30自然村）	方 前	方前、山脚、双岩、云居寺、潭河底
	牛驮坪	牛驮坪、岩头背、楠木堂
	张 山	张山
	潘 山	潘山、吴龙、水岸下
	潘 岙	潘岙、下沙垟
	徐 龙	上龙、菜园底、姓夏、岩头背、石门、牛山
	花竹岭	花竹岭、龟洞坑
	穹 口	穹口、陈山、岩背坑、靛青龙、包山、赤砂坑、水碓垮、横岩
（珊溪区）孔龙乡（11行政村28自然村）	垟 尾	垟尾、茅茸山
	稠 泛	桥头、门前垟、垟心
	正 垮	正垮、柿树垮
	石 坦	石坦头、灯芯了
	龙 前	龙前、西岙、柴头、田垟头、五格龙、荒田坪
	岭 边	吴山、半岭堂、坪头、田厂
	孔 徐	孔徐
	金面孟	金面孟
	石光山	石光山、五眺
	刺瓜岩	刺瓜岩、驮坪、坳门、林垟漈
	岩步前	岩步前
（珊溪区）东龙乡（14行政村49自然村）	东垮坑	东湾坑、溪头垟、金垮
	黄坦坑	中村、陈处、坑口、旁山地
	彭 山	彭山、银珠坳、白岩洞下、白岩洞背、仰天湖
	卓 山	卓山、横路、山头垟
	支 坑	支坑、黄飞垟、支坑底、瑶垟、朝支背、金钟、竹段垟、仰偏岭、
	驮 垄	驮垄、代竖垄
	岩塔头	岩塔头、垟头、彭山坳
	林 岸	林岸、双条坑、钟垮
	东 民	下岔路、旁面山、下段垟头、毛家垮、垟青
	龙 斗	龙斗、岙底
	项 埠	项埠
	焦溪垟	焦溪垟
	项 坑	新屋、老房、池龙、项坑、杨梅垄、毛岭
	松 根	松根、旁坑、白岩根

续表1-4

乡镇	行政村	自然村
(珊溪区) 李井乡 (10行政村 34自然村)	井头	旁坑
	井市	井头
	新建	王宅、山柏园底
	徐岙	徐岙、潘山、北山
	吴新	吴岙、石六、驮垟脚、驮垟头、北山下、八角岩、坑囤、长岭垟
	和平	岭角垮、大西山
	蔡宅	蔡宅、岭坳门、河石口、郑山垟
	李夏	中村、仓后、门前坑、坑底
	平坑	兆平、兆平岭、光坑
	东山底	东山底、双格、白岩、岩头庵、石达坑、大岱山
(珊溪区) 西山乡 (6行政村 33自然村)	西山	西山、驮垟头、横路、黄坭路、羊栈
	西黄	和尚庵、瑞泰垄 、张垮、黄九山、朱坑下、岩田
	朱川	朱坑头、三丈垟、张山、沙垮、岸塘、寨岭、上岱
	大秧地	大秧地、白岩前、黄垟、树秧头、坑根
	均山	均山、梅树宫、水口坳、秋司田
	松源	培下、中心寨、培尾、田厂、坑脚、田头厂
(珊溪区) 南林乡 (9行政村 30自然村)	南阳	南阳、驮垟、五甲山、包宅
	罗山	下罗山、和平田、上罗山、寨头
	驮了	驮了、长银垟头、峻坳、书洪
	岙头底	岙头底
	见坑	见坑、水牯擂、见坑口、奇峰垟
	黄田	黄山、陈田、水岸头
	驮寨	驮寨、驮寨脚、驮寨顶
	桂岭	半岭、炮头、陈坑底
	驮坑	枫树底、龙潭、枫树外、上坦厂
(珊溪区) 仰山乡 (6行政村 25自然村)	雅坪	雅坪、垟官丘、岭头垟
	塘山	塘山、高垟、周山宅、后垟
	北山	竹园底、对面山、坑心
	松坑	桥头、水碓垄、外端、新屋、岭脚、双坑源、下叶七、清潭面
	毛山	毛山、千秋岭、上叶七
	横垟	横垟、五石田、坳背、呈池
(珊溪区) 毛坑乡 (5行政村 35自然村)	毛坑	毛坑、底垟
	岭背	岭背、小林山、包台坑、垟底、山罗坑、平坑、牛头颈
	东坪	上坪、八直坎头、包山、上垟岭头、兆山垟、天狗寨、里头垟、底斜、坑底源
	福首源	坑口、路司坑坦、镬灶寨、路司坑源、山坑岭、周家、清涧源、福首源
	高山	高山、笋岭、驮坦屋、岩门下、月妹、横垟、坑垮、坑底、马岩垟脚
(珊溪区) 桂山乡 (9行政村 46自然村)	双峰	西垟底、高腰山、店底、岭根、岩头、上马岩
	水尾	水尾、十二亩头、洪桥岭头、南畔
	分水	分水、风门头、高堂、洞桥、坳步坑、雾露岭、菖蒲垄、饭店、葛公岩下
	平溪	平溪、瓦窑平、草鞋坑、北山、傍坑坪、林山
	凤狮	凤垟、傍山、狮子岩下
	福全	起拔尖、东坳岭脚、马车坪、下村底、陈岸、底垟
	吴地	吴地、月园、岩门外、对面山
	桂库	桂库
	古伏垟	古伏垟、岩脚下、葛藤坳、上宅、下龙、大科、大路边

续表1-4

乡镇	行政村	自然村
(岜口区)金垟乡(10行政村47自然村)	李山	李山、李山亭
	谷山	谷山、后全垵头、松树垄、驮其、下院、黄山
	横培	横培、驮垄、水井垄、水岸底
	驮垟尾	驮垟尾、黄楼坑底、深塆、黄楼、黄楼上坪、外垟桥
	良坑	良坑、员光、陈山下、中央垵、郑山、分水岩下、郑山岭脚
	金山坳头	金山
	渡渎	渡渎、吴山岭脚、外岙、李宅、八石田头、渡渎口、张山坳
	赵龙坟	吴山、平陆垵、赵龙坟、吴龙
	小金山	小金山
	溪口	溪口、九龙井、陈山、渡头、猪槽头、四脚田、茶箩头、垵背、陈公垟
(岜口区)平和乡(11行政村48自然村)	下河	下河、包山、下田垄
	园口	大垟口、庵基、沙园、树垟、黄坭田、梅垟下、凤香塆
	东方	方坑、尖山、东坑下、黄山
	田东	田垄、东坑甲、洪地岭、打铁店、垵头
	雪山	雪山、猫狸擂、乌岩下
	廿五坑	老屋、驮垟
	郭山	郭山、半山、田垄、分田塆、蒙地
	下塆	下塆、下垟头、外路垟、驮垵
	新田	季家源、驮坪、南门、黄施垄、坑底、双甲田、亭上、岩坦头、陈家、三十六培
	战胜	驮垄、马峰基、外河、垵头山
	上塆	上塆
(岜口区)周山乡(11行政村36自然村)	养根	养根、牛腿塆、包宅
	吴垟	吴垟、马路垵、张山庵、吴垟水口、吴垟岭头
	官坑	官坑、牛角塆、下垟
	九条垟	九条垟、徐山、驮岭
	周坑	周山、运坑、坑边、天堂坪、驮坪
	际下	际下
	包山底	包山底、西风漈、横路头、方坑
	周岩	岩洞、白岩漈
	水井头	水井头、对面路、坳田
	东山龙	东山龙、里时坑、里时坑顶
	上坑	水坑、垵背、上钟、八担
(岜口区)公阳乡(13行政村46自然村)	公阳	公阳、派门垵、陈公坑
	白石坑	白石坑、后垟、城门
	毛园	底毛园、外毛园、猪栏囤
	岩下山	岩下山、驮垵、张地
	朱山垟	朱山垟、烂澍田、桂头塆
	沙了	沙了、驮山、漈下坑底、开林
	朱山坑	朱山坑
	水碓宅	水碓宅、三条田、保岙、旁岸、水漈塆
	垟塆	岭头尾、下垟、驮塆、三路口
	鹿堡	鹿堡、中村、寨里、灯垄
	上岳头	上岳头、驮垟尾、岩头亭、三座屋、驮坪山、上塘垟
	金岭	岭头、黄岭宅、牛溪塆、坳山、金瓜堂
	驮尖	驮尖、岩头

续表1-4

乡 镇	行政村	自 然 村
(峃口区)双桂乡(12行政村50自然村)	旁 岸	旁岸、外了、山下宫、坳里、岭岩根
	周山下	周山下
	桂 西	西山、山尖垟坳、外大坑、道破、交塘
	山 下	山下、呈山、岩头背、龙前垄、岙头
	西 垟	西垟、柴埄头
	宝 澍	三条碓、宝澍
	垟 山	垟山、仙洞、沟坑、垟山头、驮油垄、派柴岭
	吊 埄	吊埄、园头、包垟、石牛塆、柴门头、坦竹塆
	陈 岙	陈岙、新龙、郑头了、垟下龙、倒崩、明坑
	城 底	城门、西沙塆、岙底
	双垟包	双垟包、新处、乌漈、分水坳、驮龙、毛岭头
	双 塆	底塆、马蹄塆、铁坑
(峃口区)峃口乡(11行政村39自然村)	新 桥	甲岸堂、吴垟岭根、下徐
	驮 垯	驮垯、包坑底、龙盘漈、横培路
	富竹塆	富竹塆、驮坪
	垟 岙	垟岙、上厂、米来丼、下培
	鱼 局	上岙、岭头、半岭、鱼局、百谷山
	新 联	新联、大垟培、黄坑、前锐、山背
	龙 车	老屋基、半峃、黄土垟、龙车、汀埠头
	柳 山	柳山、牛塘塆、尽顶屋、水碓垄
	峃 口	峃口、飞滩河
	马 宗	马宗
	九 山	九溪口、犁头山、九溪泛、九溪底
(峃口区)塔山乡(6行政村19自然村)	毛山底	底龙
	毛山外	马路山下、茶床、锐头、季孔窟、张家塆、外坳、毛山
	桂 山	底龙、外龙
	东 升	塔石头、龙头坳、张公垟、坳下
	东 处	外垟、底垟
	桥 坑	西垟、西垟底、桥底
(玉壶区)玉壶镇(11行政村47自然村)	上 村	玉壶
	中 村	
	底 村	
	外 村	西江、驮垄、叶七岭脚、陈山
	茶垟坑	茶垟坑、坑底、马桥坑、下漈
	五 四	吴山、油墩、金岙、驮塆、桃树了、潘庄、吴山尖下、坳下岙、西山寨、老坳岩
	垟 头	垟头、潘庄亭、寨后、荒田外
	五 一	上村、水碓上、项步垟、六号、茂东江、齐山垄、坳窟
	枫树龙	枫树垄、桥头、坑口、阴山、八角尖下、岩门、田坑、山条
	五 岭	五铺岭、潘塘、周张、坑头
	后 山	后山、水渡头、外山、塘下园、岭脚
(玉壶区)朱雅乡(9行政村31自然村)	雅 龙	雅龙、樟龙、五工、宫岭、雅龙宫、叶坑、水口、宫岭脚
	上 寮	上朱寮
	朱 寮	朱寮
	汤 垟	汤垟
	吴 坑	吴坑
	外朱寮	横培下、吴坑坳、底扞坑、外扞坑
	枫 南	枫树坪、南坑下、南坑
	坳 卡	坳田下、塘底
	茶 漈	外茶园、漈下、烂草湖、境水门、枫树湾、天长坑、天长坑脚、茶园、荒田、锯板坦、

续表1-4

乡镇	行政村	自然村
（玉壶区）金星乡（12行政村48自然村）	金垄	金垄、上塘、驮垄
	角山	角山、漈头
	桃坑	桃坑、中央路、炮田、十八坑、八石山头、陈塘垄、彭步
	浅垟	浅垟、山埄亭、派岩坑、垟丝河、坟前、坑底
	蔡坑	蔡坑、埄背头、对面山、梅垄坑、外大前、周星墩、田垄、洞桥下
	金村	上垟、花地岭头、水园坑
	下垄	下垟、东坑岭、垟丝
	竹坪	竹坪、岸塘、寨后、杉树坳
	洪地	花地、洪济头、花地岭脚
	龙门	岩门、三格埄
	朱林	炮朱炮、上岩门山、坳田下、下岩门山、犁头嘴
	八格	八格、水井塆
（玉壶区）李林乡（5行政村36自然村）	光明	李山、马坪、柴厂背、十字路、十字路下、五个田、外坦坑、炉基、石良坎
	金岩	金竹坦、驮坳门、稻桶岩、金岩驮坪、长塆、外塆、白岩头、出水井、金竹坪
	林龙	底林龙、虎岭脚、后坑、山岩坦、外林龙、板厂岭
	叶坪	叶坪、田垄、木短、西山、驮塆、下小坪、
	凉漈	凉水坑、茶园塆、和样漈头、野猪塘井、火石岩、野猪塘
（玉壶区）东头乡（8行政村36自然村）	岱民	岱头、双丫树、方丘
	大南垟	大南垟、上双坑、底垟、长塆、下双坑、外垟、横埄
	黄河	黄河垄、方光漈、茶坪、五界圳、朱山、外坦屋
	南茶	芒露埄、南山头
	外林	庄林、西垟树、外山、驮叶头、牛栏厂
	茗垟	茗垟、黄狗搬窠、门前山、下陈湖、陈山
	坳头	坳头、上坳头、下寮坑、下埄、雷牛埄
	东岩	双格、金瓜岩头、岩坦坑
（玉壶区）吕溪乡（10行政村57自然村）	碧溪	溪源、水路埄、栗树坦、黄坑、军师坑、周坪、岩野、黄坑漈头、寿桃山、三格田、马坑顶
	仟岩	岩头背、高东埄、高东、岭脚、岭头、源头、仟坑
	朱岭	朱田埄、山条埄、岭脚、林坑埠
	双林	下林坑、上林坑、石仙埄
	碧坑	碧坑、驮路上、上爿田、金竹坑、驮坦、树样顶、猴驮洞、驮岩仓、米鸡埄、嘴部听
	吕一	岱根、岱下、桐园、岱根宫、底吕山
	裕民	外吕山、茗垟培、驮路上、水碓垄、双个坟、马岙
	元山	吕山硐、高山、驮源头、老屋、马岙寨
	九龙	九龙、驮埄头
	南山	南山、坑头、龙头、岐源
（玉壶区）东背乡（11行政村80自然村）	龙背	山背、项司山、驮埄垟
	双岩	岩鹿坑、桐油炉、双南垟、陈湖、猫狸干、水口、岩鹿坑培
	坪岩	乌岩、驮坪厂、外塘、驮坪、黄泥了、牛塘、双寮、岩门寨、石牛坦、三支杨梅、三条埄、三条埄尾、八角潭、半山、林坑
	高坪	高尖、楼坪、元帅底、
	樟坑	樟坑、元隆、岭脚、龙基、乌宿坪、勤路埄、东坪、猪头岩、漈门坑
	天坪	徐坪、天雷山、路头埄
	赵基	驮龙基、郑山二、绸树、底垄、郑坑、底件头、赵山、孙山、外件头、封弯
	长丰	枫树坪、千窑培、朝对尖、龙井、岭脚、和样
	张山垄	张山垄、外培埄、岭头
	东樟	张山、炭场、水竹塆、茶园塆、上坪庵、东溪、野猪塘、陈地坟
	金埠	金山、驮垟、双代尖、岭头、空坑坳头、陈前代、路口坪、高尖后、茅草坪、五龙埄、白蒙、下埠坑、上埠坑

续表1-4

乡镇	行政村	自然村
(玉壶区)周南乡(10行政村45自然村)	周墩	周墩、岭根垟
	周龙	下龙
	大林山	林山、周张垟、石塌底、小林山、靛坑坳头、林宅、德信
	大坑	大坑、寨里、高坎、奄官、老鼠拦笼、驮垟脚、河里
	半岭	半岭、驮了头、林山垟脚
	湖岙	湖岙、枫垮、荷塘、
	中南	岩头垄、棋盘田、三格、七代垄、驮垄、周前、岩井
	苏岭	苏岭、坑下
	底南	岩坦下、寨下龙、龙基、驮靛、门前垟
	外南	外南垟、驮屋基、木垮岭、丁山坑、下处、岭头、中田、坑下山
(玉壶区)大壤乡(10行政村48自然村)	联丰	大壤、山后、驮坪坦、林家、月出垟、泰山、驮庄、居岙、郑家、三甲田、姜山底
	上龙	上龙、雷岩头
	岙底	岙底、岙底岭头、鹅凤山、灯笼垟
	路山	川盘山、石条路
	项山	项山、宫后、乌岩下、硐坳、三官垟、蜈蚣山、三官园底、驮垄、游垄
	岩井	岩井、马垄垮、三官宫
	南坑	南坑、底龙
	新岭头	新岭头
	诸葛岭	老屋、白岩头、麻后、四面屋、小青坑、驮爿田、踏碓下、石门楼
	麻山	麻地、下垟、回岩、陈垟、天雷分、四脚坳
(玉壶区)上林乡(6行政村24自然村)	联民	上店、驮坑头、马垟坪、李广、长垮、菖蒲垄
	木湾	木湾、长湾、上店培
	周山垟	周山垟、驮垟、坳底、澍田、陈垟堂、岩坦下、周坑
	新林	林坑、朱垮
	林岩	雷打岩、林坑口、四脚田
	青坑	青坑、田厂、张山
(南田区)南田镇(11行政村46自然村)	南田	南田
	谢塘岸	
	坑边垟	坑边垟、朱垄、潘村、观音阁
	源头	上村、下村、源头、源头寨、马车坑
	新宅	新宅、百处前、其斜、东岙底、杨梅垟
	店岭	店岭、驮坑垄、新塘、下满、老屋底、九九亭
	竹园底	竹园底、茅垄、后山、朱坳、音垟、朱坑
	张坳	张坳、塘处前
	横山底	横山底、元桥、垟背、官庄、周山、水炉丘
	三滩	三滩、马垄底
	寨垄	寨垄、百家坟、岭后、胡平丘、张坳坦、沙垟、沙垟寨后、三个坦、青浦垟
(南田区)黄寮乡(4行政村22自然村)	黄山	黄山、库垟、横垟
	黄曲寮	黄曲寮、周山岭脚、下坦坑、上坦坑、周山、垟头垟、坟头寮、安糯坦、潘山垟、郑寮、石柱下
	富头	库头、上鹿山、下鹿山、全坪、底垟、孙湖
	黄垟坑	黄垟坑、叶山
(南田区)岳梅乡(6行政村41自然村)	梅树	梅树、半坑圩、鸡驮垟、横路下
	武阳	武阳、十五公坪、漈头、石柱坳、岭头、庵基、新亭、柏树坳、岭脚、陈山
	言山	上言山、垟婆坦、树孟田、下寮基、岩头下、野猪窠、米筛垟、旁垄、下言山、井田、景田
	马上	马上、黄塘、石垟坶、陈岙、金鸡巷、叶处
	岳岭后	岳岭后、彩山、水竹、石柱下
	垟下	垟下、前坑垟、岙底、马车头、朱处、朱处龙头

续表1-4

乡 镇	行政村	自 然 村
（南田区）龙岙乡（4行政村11自然村）	龙 二	下村、山后岭头
	龙 上	上村、楹树脚、瓦窑垟
	桥 头	桥头、后源、长山垄
	梁 岙	梁岙、七眺、后岙
（南田区）十源乡（15行政村61自然村）	东 步	东岸、东步垟、东步、西伞后
	高 二	叶山、老牛塘、叶山底垟
	呈 段	呈段、金竹垟、郑漈、山下寮、古塘
	高 展	高展、高田岸、荒草坪、五源
	李垟塆	鸟儿住
	下 堡	黄坭塆、坟岙、下堡、牛岭脚
	坳 坪	下堡坳、店基、桐桥头、驮垟、尖坑底
	驮 垟	驮垟、坟后、垟公岙、双叉垄、横路坑、门前垟
	驮 房	驮房、驮垄、黄格桥
	底新屋	底新屋
	高 民	下塘、上塘、红沙塆
	斋 垄	斋垄、包坑、驮田坪、蔡山垄
	郑 岙	郑岙、坑口、茶园岭头、石竹垟、马石、小垟、外郑岙、猫狸垄、龙虎丘、九公岩
	贵 岙	贵岙
	新 富	富庄、二十工、三十工、新坟、坭上田、新坑、垟山底
（南田区）西湖乡（4行政村23自然村）	叶山头	叶山头、小陵山、上伞、富坑、富坑岭、牛塘下、后垄
	西 陵	西陵、坟前、余坑、陵山、横垄口
	水 垟	黄山、西坑下、横垄头、下龙庵、上水垟、下水垟
	驮 湖	驮湖、田寮、从头、里驮湖、叶火山
（南田区）三源乡（9行政村43自然村）	三 源	三源、山下垄、篡底、前巷、妙垄头、刺瓜坳
	新 星	君臣尖、脊坑、黄坑、水碓坑、茭笋塘、坳门下、横闸、山头、子家垄、驮坦、横坑、高坦头
	西 垄	西垄、老屋基、山后、花坟
	隔 水	隔水、福全垟
	过垟丘	过垟丘、金村垄、回源底
	小坑边	小坑边、株树下、紫阳观、洞桥头
	高 村	高村、湖垟、岩头底、水碓垟、石坦头
	甲 边	甲边、米筛垟、兰垄
	雪山头	雪山头、门前垄、垟尾、牛弯头
（南田区）朱阳乡（6行政村23自然村）	谈 阳	谈阳、新村垄
	垟塆底	垟塆底、垟山、下垟、双丘、桥头、岩坦皮
	朱 山	朱山、山后坪、垟间眺、山边、丹桥
	岭 头	岭头、马坑坳
	龙下垄	马车湾、岩下、龙下垄、师公坦、西垟
	庄 后	庄后、龙坦垟、包坑
（南田区）二源乡（11行政村41自然村）	宫 前	宫前
	山 头	山头、桥坑底、驮垟、橄榄垟、沙坦、桥坑底岭头、瓦厂、长垄
	湖 底	湖底、桃树、外垟
	驮 田	驮田、驮垄、马岭头
	初 阳	后山、白水岭脚、白泥坳
	四 格	四格、灯台垟、岩仓、五龙坑、乌岩下
	岩 背	岩背、高眺
	上 塘	上塘、黄斜、牛路
	廷坑下	廷坑下、坟后、柴儿垄、轿垟、垟彭桥
	半 山	半山、小垟、包水垟
	楹树根	楹树根、上半山、后垟垟、堂垟、糯米缸

续表1-4

乡镇	行政村	自然村	
(南田区)石庄乡(7行政村24自然村)	下石庄	陈岙、笋塔	石庄
	上石庄	十八公里、桥丰坑、乌支垟、取基	
	外垟	外垟、老牛塘、双叉塘、下寮	
	洞坟	洞坟	
	底大会	第四份、百丈漈下、岭头、三角丘、苦株头	
	外大会	大会、过路岩、耕藤钩、苦株树外	
	长垄	长垄、八角垟、杨柳垄	
(南田区)篁庄乡(6行政村51自然村)	篁庄	篁庄、岙底、曲龙底、坦皮底、枫垮头、东山、垟公坪、奇峰、长垟垄、岭脚、道庄垟、塘垄、竹垮	
	西段	西段、岭后垟、岭后垟、八坦、千窠、南旺、百谷尖、丁坑、山头垄	
	西里	西里、驮垟、里全垟、新开田、新堂、冷水塘、净天堂、包垟	
	莲塘	莲塘、蔡处、新庄垄头、士龙山、新庄、石垄头、金路桥	
	长垟	长垟、东远、新屋基、菖蒲垄	
	镇头	丰塘、上灵窑、下灵窑、丰塘坦、后半垄、金瓶垮、碗窑垟、旁山、新屋、镇头	
(黄坦区)雅梅乡(13行政村77自然村)	新楼	下店	雅梅
	后巷	李坑、白月亭	
	前巷	江坑、烧瓦垟、外垄	
	高峰下	高峰下、驮垟、仙岩宫、天湖岭	
	南山坑	南山坑、银行田、斜包尖、岭头	
	陈盘岭	半岭、坑底、高斜、白麻寮、岩门岭头、岩头下、叶庄垟	
	山后	山后、吴车	
	占里	雷半天、岩头背、黄呈垟、月门头、官山、水碓坑、严岙	
	驮岙	驮岙、隆葱、隆葱岭头、高塔、桐垟、林山、缸窑垟、下斜、下窑、驮垟、坟垟、石亭、周窑、驮垄、新亭	
	严坳	严坳、章山、垟头垟、杨梅垄、上垟、东垟、柿树根	
	缸窑	缸窑、半路垟	
	济下	济下、白坟、徐山底、郑坑、蔡宅、外垟、外屋基、外坪、水洪垟头、足山、上龙、田龙	
	沙垟	沙垟、鲤鱼塘、岭头、驮自公、垟头、章垟、朱山垄、旁眺垄、驮猫垮、牛角丘	
(黄坦区)富岙乡(13行政村54自然村)	富岙桥	富岙桥、老鼠窠、驮丘、牌坊底、塘垄、新处、驮垟山、和尚垄	
	石竹寮	石竹寮、严处、垟棚漈、叶处垟、处下垟	
	塓后	塓后、塓后岭头、冷水垮、门前山、富银地、火烧垟	
	东溪	东坑、黄岙、银九村、漈头山	
	吴岙	吴岙、平头、坑头、路头垄	
	双坑	双坑、严驮岙、白岩下	
	吴山	吴山、垟垟	
	驮丘边	驮丘边、塘垄垮、五步桥	
	上保垟	上保垟、驮垟头、枫树坪	
	莲头	莲头、岩门岭头	
	红星	富竹岭、山林、南山垟、胡坪丘、林斜	
	周岙底	周岙底、山重漈、驮份、曲尺垟、耙齿岩	
	培头	培头、梅树垟、牛塘、呈山底	
(黄坦区)王宅乡(9行政村34自然村)	刑宅	刑宅、岙头山、潘庄、岙头垟、桃树垄	
	石后	石猪栖、上源底、下源底、后畔山垄	
	王宅	王宅、驴头山、圣旨门	
	共宅	共宅、岙底、枫垟	
	新龙	新塘、猪头龙	
	周岙	周岙	
	依仁	依仁、胡山、朝坑、岩下、岭后、底垟	
	后垟	塘底、桥头垟、岩头下、陈垄、乌支垟	
	高前	坟前、垟边、高山、屋基、庵基亭	

续表1-4

乡 镇	行政村	自 然 村
（黄坦区）双溪乡（14行政村 76自然村）	岭 脚	叶山岭脚、乌岩根、菖蒲塘、柿树畈、石柱脚、白沙岱、三角田、大元、朱英
	岩 门	岩门、岩头背、石柱、长潭、山条、白桑下、长潭垟、上炉
	横 垟	横垟、林旁山、仓基坪、缸窑坦
	取 垟	新取、老取、下尾垟、山头
	千秋门	千秋门、新屋、高斜湖、坑头、木杓厂
	叶 山	叶山、石砖井、天湖、蒗岱、光山、前斜、新屋
	龙井坑	龙井坑、水上湖、铁炉、米筛垟、四方坑、小园程、神坦、早桃山圩
	驮 加	驮加、黄沙谭背、小洞桥、垟头顶、山平坑、小家湖、小南塆、水碓、小加
	严 阵	严阵、早桃山
	石 户	石户、塔桥、金桥坑、茶新田、驮坳、驮头塆、石井、葛绳塆
	杜 山	杜山、突石、坑底
	下 尾	下尾
	高 西	垟坪基、吃水塆、高山、西叶山
	峃作口	峃作口、圩头坑、底村、渡船头
（黄坦区）黄垟乡（8行政村 24自然村）	黄 垟	黄垟、黄垟头
	严 垟	严垟、岭头亭、陈垟坑
	陈 垟	陈垟、山后
	山背垟	外垟
	旺 山	白岩下、叠石下、上龙、畔田、屋基
	叶田下	叶田下、周林斜
	石 井	石井、黄牯袋、镰钩地、水牛丘
	林 山	林山、汤斜坟、垟堂、驮路、黄泥坳
（黄坦区）稽垟乡（6行政村 24自然村）	稽 垟	济下岭头、林坑垟、毛老斜、稽垟
	城 垟	柿树畈、双尖前、寺院、牛龙底
	底 庄	底庄、塘头、下塘头、坟庵
	包 埠	包埠、四脚丘、角山
	塘底垟	塘底垟、塘底、上垟、岩头光、金竹斜、樟山
	徐 山	徐山、窑岭、窑平
（黄坦区）汇溪乡（13行政村 68自然村）	蟾宫埠	蟾宫埠
	排 前	排前、龙潭背、西岭、上庄圩、支山
	河 垟	河垟、垟坑、岩头背、岩根、水碓寮
	包山垟	垟头、渡垟、垟尾、坑底垟、胡石垟、驮窟、石竹塆、章背
	吴头垄	潘山、底垟
	塘 垄	塘垄、坳底、坳外、天高寨、缸窑下
	库 头	库头、上垟训
	西北山	底北山、上北山、塘垟、外北山、黄坑垄、湖地、
	河 背	河背、野猪湖、河背岭头、猫儿尖、宫下、河头、陈坦下
	南 向	南向、梅坑底、东山头
	上 坪	上坪、驮麦田、岩下岭、北山基、石郎坑、北寮、处下坑、陈山、上垟、西斜、荒坪、岭头、仙岩、下坪、乌沙、岩头寮、张坑寮、乌堆
	小溪口	小溪口、驮麦圩
	上 金	金山、中背、古世、岭头

续表1-4

乡镇	行政村	自然村
(西坑区)西坑乡(14行政村 60自然村)	西坑	西坑、光垟头
	塘垟	洪桥、蒲斜、驮垟、垟山垟、塘塆、旁山岭、九里湾、杜山
	田寮	田寮、珠爱龙头、借坑、梅树岭
	黄坑	黄坑、天草垟、坑底源
	梧溪	梧溪、蟹坑
	孙山	半山、吴坳坑、驮猫垟、高圻、岩头垟、孙岙、八角亭
	溪后	山后、樟山、麻寮、马安垟
	葛绳塆	黄山、葛绳塆、古洞坑、石门亭
	三星	垟源头、山后源、山头、驮垟、火棍龙
	龙圻垟	龙圻垟、净水垟、半岭
	旁边垟	旁边垟、猫狸坑、北斗垄
	五星	叶岸、樟山、柘坑垟
	赤水垟	赤水垟、花甲岭、垟头、田寮、下背
	让川	上村、高埠、半岭、南山寨、垟蒲山、官田、竹园寮
(西坑区)下垟乡(4行政村 10自然村)	下垟	下垟、考地
	都铺	都铺、胡山头、胡山、上垄
	桂竹	桂竹、后塘
	半坑	半坑、外山
(西坑区)石垟乡(7行政村 31自然村)	上垟	上垟、龙凤
	吴坳	吴坳、派柴垟、桂竹、火烧基、沙坑岭、下铺、十六界、坦背
	枫龙	驮龙、枫树亭
	石门	石门、磨石二、新岭头、驮圻、山后岭头、水井、茶园坞
	坑下	坑下
	岗山	岗山
	东山	东家寮、上寨垟、田窟、瓦窑垟、吴寮、底塘口、双坑寮、底塘、底塘头、陈山
(西坑区)敖里乡(6行政村 27自然村)	敖里	敖里、丁坑岭
	双田	双格田、前垄坳、庙儿垄、斜林、第三房、牛塘山、墩头垟、漈头面
	江山	包山、坑头、江下寮、岩头垄、国山、金山垟
	南坑垟	南坑底、严驮岙、上垟垟头、派岩、南坑下
	双山	卓山、天雷垟、肖山
	前垟	前垟、上塘、麦垄
(西坑区)岭后乡(7行政村 39自然村)	岭后	岭后、乌石、旁垟、过山眺、底窟坳、新屋、黄泥路
	光垟	桥头垟、天上垟
	烂井湖	烂井湖、严垟、三个田、坑头、牛鼻头、仓头坑、旧寮、石铺、水源头、叶部山
	杨山底	杨山底、三条坳、底条塆、吴岸
	三合	三合、国坪、岭山后、驮份、干田、田寮、塔会
	苍垟	苍垟、石谷堑、石门楼下、旁寮、三板桥
	下庄	下庄、山后、岱根岭脚、下处坪

说明:4个国营林场和国营西坑苗圃的行政村、自然村未计入。资料由县民政局提供

水库移民撤并村 1999年1月,因珊溪水利枢纽工程建设需要,东龙乡撤销(浙民行字〔1999〕1号),淹没东湾坑、黄坦坑、支坑、东民、林岸、龙斗、项埠、焦溪垟8村,其余彭山、岩塔头、驮垄、卓山、项坑、松根6村并入珊溪镇,并置移民村——富强新村(居民委员会)。

1999年6月,珊溪水库移民。撤销原双溪乡的岩门村、龙井坑村、严阵村、下尾村、岦作口村、石户村、岭脚村、横垟村和原汇溪乡的河背村、南向村、蟾宫埠村、小溪口村、库头村、排前村、河垟村。

原双溪乡横垟村并入驮加村;岩门村岩头背、山条、石柱自然村,龙井坑村水上湖、米筛垟自然村,岦作口

村圩头坑自然村及岩门、龙井坑、严阵、下尾、峃作口村未落实移民的后靠人员68户195人并入杜山村；石户村、岭脚村部分后靠人员77户232人，新设石岭村。

原汇溪乡河背村猫儿尖、河背岭头、野猪盂自然村及后靠移民52户189人，并入塘垄村；排前村、河垟村支山、西岭、岩根、垟坑、岩头背自然村及后靠移民136户531人，新设支山村。

原双溪乡取垟村、叶山村、驮加村、杜山村、高西村、千秋门村；汇溪乡包山垟村、吴头垄村、塘垄村、西北山村、上坪村、上金村原建制不变，归云湖乡管辖。至此，全县行政村549个（包括石垟林场上斜村）。

规模调整撤并村 2002年，朱雅乡和珊溪镇为行政村规模调整试点，涉及调整行政村12个，调整后为4个行政村。4月，朱雅乡茶漈村并入雅寮村，上朱寮村、外朱寮村并入朱寮村，坳卡村、枫南村合并为坳坪村；10月，珊溪镇岙头底村、见坑村、驮寮村、黄田村、驮寨村合并为五新村。

2003年，行政村规模调整，全县21个乡镇涉及调整行政村165个，调整后为70个行政村（减少95个村）。

龙川乡季宅村、马岙村合并为季马村；中上村、中下村合并为中村；中二村、动山村并入中堡村；新岭村、西岙村合并为建新村；双马村、石龙村合并为龙马村；樟动村、明星村合并为樟坑村；岙头村、林坑村合并为中林村；山背村并入村头村。金炉乡马坪村、马北村、周垟村合并为城中村；胜利村、下公垟村合并为王家村。里阳乡川外村、川底村合并为里川村。珊溪镇桂岭村并入南阳村；垟尾山村、翁山头村合并为新红村；井头村、和平村合并为环秀村；驮秧地村、均山村合并君阳村；彭山村、岩塔头村、驮垄村合并为新湖村；蔡宅村、东山村合并为联新村。巨屿镇柳一山村、龙河村合并黎明村；葛岙底村、垟西坑村合并为葛垟村；新东村、新光村、双凤村合并为黄龙村；石坦头村、岭边村并入正湾村；石光山村、孔徐村、岩步前村、刺瓜岩村合并为三五新村；张山村、牛驮坪村合并为张平村。仰山乡北山村并入雅坪村；毛山村、横垟村合并为鳌洋村；桂山乡双峰村、水尾村合并为三垟村；古伏垟村、吴地村合并为新兴村。金垟乡金山坳头村并入李山村；赵龙坟村、小金山村合并为小龙村。平和乡战胜村并入下河村；上湾村、下湾村合并为双湾村；雪山村并入廿五坑村。周山畲族乡周坑民族村、九条垟民族村合并为周垟民族村；周岩民族村、东山龙村合并为双新民族村。公阳乡沙了村、垟湾村并入公阳村；桂山坑村并入上岳头村；朱山垟村并入水碓宅村；毛园村、岩下山村并入白石坑村。周壤乡苏岭村、底南村合并为岭南村；新岭头村、南坑村、岩丼村合并为新南村；半岭村、湖岙村合并为岭岙村。金星乡金垄村、金村、下垄村、浅垟村、龙门村合并为金星村；朱林村、竹坪村合并为朱坪村。南田镇小坑边村并入三源村；隔水村、过垟垢村、西垄村合并为五源村；雪山头村、甲边村合并为三甲村；店岭村、源头村、竹园底村合并为新岳村；龙二村、梁岙村合并为龙岙村；桥头村并入龙上村。百丈漈镇呈田村并入新亭村；莲塘村、长埄村合并为长塘村；碎垄村、垄山村、珠岭村合并为富垟村；洞坟村、外垟村合并为同垟村。二源乡宫前村、初阳村、上塘村、岩背村合并为二源村；垟湾底村、龙下垄村并入淡阳村；半山村并入温树根村。十源乡东步村、底新屋村、驮房村、驮垟村合并为十源村；贵岙村、斋垄村合并为利民村；坳坪村、下堡村合并为光明村；高展村、叶山村、李垟湾村合并为高新村。云湖乡支山村、吴头垄村合并为龙湖村。西坑畲族镇龙丘埄村、溪后村、孙山村、葛强湾村和三星村岗背自然村并入西坑民族村；三星村垟源头、火棍垄、山头自然村并入旁边垟民族村；双山村、前垟村的前垟与上塘自然村合并为双前民族村；赤水垟村并入叶岸村；黄坑村、田寮村并入塘垟村；南坑垟村与前垟村的麦垄自然村合并为南坑村。石垟乡坑下村、东山村合并为中垟村。岭后乡岭后村、杨山底村合并为岭垟村；光垟村、烂井湖村合并为富垟村。

2004年，行政村规模调整，全县10个乡镇涉及调整行政村105个，调整后为44个行政村（减少61个村）。

峃口乡新桥村、柳山村、马宗村并入峃口村；垟岙村、驮坟村、富竹湾村合并为城东村。黄坦镇缸窑村并入前巷村；南山坑村并入山后村；城垟村、包埠村、徐山村并入稽垟村；王宅村、邢宅村、石后村合并为云峰村；高前村、后垟村合并为新峰村；陈盘岭村、高峰下村合并为黄西村；陈垟村、叶田下村、石井村、山背垟村合并为新康民族村。东溪乡九龙村、南山村合并为九南村;裕民村、元山村合并为裕山村;双林村、朱岭村、千岩村并入碧溪村;岱民村、东岩村、外村、坳头村合并为东头村;南茶村、黄河村、大南垟村合并为南河村。樟台乡泉台村、大陆村合并为樟台村;山坑村、牛塘村合并为兴川村;下门村、垟溪村合并为鹤东村;樟岭村、马渡村合并为东城村;金龙村、石仓村合并为金仓村;东升村、东处村合并为双东村;毛山底村、毛山外村合并为塔山村;樟山村、茶岭村合并为马山村;外马村、底马村合并为双马村。双桂乡城底村、陈岙村、双湾村合并为桂东村;旁岸村、吊降村合并为桂溪村;山下村、西垟村合并为桂阳村。玉壶镇后山村并入外村;五岭村并入底村;金埠村并入中村;枫树龙、茶垟坑合并为龙坑村;张山垄村、天坪村合并为樟坪村;坪岩村、双岩村并入龙背村;凉漈村并入长丰村;叶坪村并入光明村。上林乡青坑民族村并入新林村。南田镇坑边垟村并入南田村;谢塘岸村、新宅村合并为九都村;西陵村、水垟村合并为西垟村;马上村并入梅树村;岳岭后村、垟下村合并为岳垟村;三滩村、张坳村、寨垄村合并为新南村。富岙乡富岙桥村、吴岙村、东溪村合并为富岙村;红星村并入培头民族村;驮丘边村、吴山村垟埄自然村合并为富康民族村。吴山村吴山自然村并入百丈漈镇长垄民族村。

2005年3月,大峃镇黄埄村、山垟村合并为双西村。百丈漈镇富垟村珠岭自然村并入大峃镇大会岭脚村。

2010年年底,全县33个乡镇,384个行政村(含石垟林场上斜村)。

2010年文成县行政村一览表

表1-5

乡镇	村数	村 名
大峃镇	27	吴垟、大会岭脚(大会岭脚、百丈漈镇富垟村的珠岭自然村)、上徐、下徐、坪头、黄岭头、苔湖、苔湖山、下沙垟、陈宅、桥头井、上房、二新、县前、林店尾、城南、周村、石坟垟、珊门、凤垟、屿根、呈树、大发垟、周徐、坑口、垟井、双西(黄降、山垟)村
龙川乡	18	季马(季宅、马岙)、中村(中上、中下)、中堡(中堡、中二、动山)、建新(新岭、西岙)、龙马(双马、石龙)、樟坑(樟动、明星)、中林(岙头、林坑)、村头(村头、山背)、花园、横山、下田、下村、马垟、过山、贵坪、坪山、茶龙村,乌田民族村
樟台乡	13	樟台(泉台、大陆)、兴川(山坑、牛塘)、鹤东(下门、垟溪)、东城(樟岭、马渡)、金仓(金龙、石仓)、双东(东升、东处)、塔山(毛山底、毛山外)、马山(樟山、茶岭)、双马(外马、底马)、东降、双龙、桥坑、桂山村
金炉乡	7	城中(马坪、马北、周垟)、王家(胜利、下公垟)、金山、炉山底、岚岩、新垟、陈庄村
里阳乡	8	里川(川外、川底)、孙岙、外垟底、外垟外、江底、江外、西山岩头村,余山民族村
珊溪镇	36	街头、街尾、下山垟、新西坑、山根、下爿坦、牛坑、下山、坦岐、五新(岙头底、见坑、驮寮、黄田、驮寨)、南阳(南阳、桂岭)、新红(垟尾山、翁山头)、环秀(井头、和平)、君阳(驮秧地、均山)、新湖(彭山、岩塔头、驮垄)、联新(蔡宅、东山)、驮了、罗山、西黄、西山、朱川、松源、毛坑、福首源、东坪、岭背、高山、井市、新建、平坑、吴新、李夏、徐岙、卓山、项坑、松根村
巨屿镇	23	黎明(柳一山、龙河)、葛垟(葛岙底、垟西坑)、黄龙(新东村、新光村、双凤)、正湾(正湾、石坦头、岭边)、三五新村(石光山、孔徐、岩步前、刺瓜岩)、张平(张山、牛驮坪)、稠泛、垟尾、龙前、金面盂、方前、穹口、花竹岭、潘岙、徐龙、潘山、垟地边、项坑边、孔山、前山、东坑头、赤砂、双尖村
仰山乡	4	雅坪(雅坪、北山)、鳌洋(毛山、横垟)、塘山、松坑村
桂山乡	7	三垟(双峰、水尾)、新兴(古伏垟、吴地)、分水、福全、凤狮、桂库、平溪村
峃口乡	6	峃口(峃口、新桥、柳山、马宗)、城东(垟岙、驮坟、富竹湾)、龙车、九山、新联、鱼局村
金垟乡	8	李山(李山、金山坳头)、小龙(小金山、赵龙坟)、渡渎、溪口、良坑、谷山、横培、驮垟尾村
双桂乡	8	桂东(城底、陈岙、双湾)、桂溪(旁岸、吊埄)、桂阳(山下、西垟)、宝丰、双垟包、桂西村,垟山、周山下民族村
周山畲族乡	9	周垟(周坑、九条垟)、双新(周岩、东山龙)、漈下、上坑民族村,养根、水井头、包山底、吴垟、官坑村

续表1-5

乡镇	村数	村 名
平和乡	10	下河(下河、战胜)、双湾(上湾、下湾)、廿五坑(廿五坑、雪山)、田东、郭山、新田、东方、梅垟下、大垟口、下沙园村
公阳乡	7	公阳(公阳、沙了、垟湾)、上岳头(上岳头、桂山坑)、水碓宅(水碓宅、朱山垟)、白石坑(白石坑、毛园、岩下山)、鹿堡、金岭村,驮尖民族村
玉壶镇	18	外村(外村、后山)、底村(底村、五岭)、中村(中村、金埠)、龙坑(枫树龙、茶垟坑)、樟坪(张山垄、天坪)、龙背(龙背、坪岩、双岩)、长丰(长丰、凉漈)、光明(光明、叶坪)、上村、五一、五四、垟头、赵基、樟坑、高坪、东樟、林龙村,金岩民族村
周壤乡	16	岭南(苏岭、底南)、新南(新岭头、南坑、岩并)、岭岙(半岭、湖岙)、联丰、项山、麻山、诸葛岭、路山、岙底、上龙、周墩、大坑、林山、中南、周龙村,外南民族村
东溪乡	8	九南(九龙、南山)、裕山(裕民、元山)、碧溪(碧溪、双林、朱岭、千岩)、东头(垈民、东岩、外村、坳头)、南河(南茶、黄河、大南垟)、吕一、碧坑、茗垟村
上林乡	5	联民、木湾、林岩村,新林(新林、青坑)、周山垟民族村
金星乡	7	金星(金垄、金村、下垄、浅垟、龙门)、朱坪(朱林、竹坪)、角山、桃坑、蔡坑、八格村,洪地民族村
朱雅乡	5	雅寮(雅寮、茶漈)、朱寮(朱寮、上朱寮、外朱垟)、坳坪(坳卡、枫南)、吴坑、汤垟村
南田镇	19	三源(三源、小坑边)、五源(隔水、过垟垢、西垄)、三甲(雪山头、甲边)、新岳(店岭、源头、竹园底)、龙岙(龙二、梁岙)、龙上(龙上、桥头)、南田(南田、坑边垟)、九都(谢塘岸、新宅)、西垟(西陵、水垟)、梅树(梅树、马上)、岳垟(岳岭后、垟下)、新南(三滩、张坳、寨垄)、横山、叶山头、驮湖、武阳、言山、新星村,高村民族村
百丈漈镇	13	新亭(新亭、呈田)、长塘(长埄、莲塘)、富垟(碎垄、垄山、珠岭)、同垟(洞垟、外垟)、篁庄、西里、西段、镇头、底大会、外大会、下石庄、上石庄村,长垄(长垄、富岙乡吴山自然村)民族村
二源乡	17	二源(宫前、初阳、上塘、岩背)、淡阳(淡阳、垟湾底、龙下垄)、温树根(温树根、半山)、四格、朱山、庄后、岭头、陈村、坑底、钟垟、东坑、呈岭、湖底、驮田、廷下坑、山头村,陈钟民族村
十源乡	8	十源(东步、底新屋、驮房、驮垟)、利民(贵岙、斋垄)、光明(坳坪、下堡)、高新(高展、叶山、李垟湾)、新富、郑岙、呈段、高民村
黄寮乡	4	黄山、黄曲寮、黄垟坑、富头
黄坦镇	24	前巷(前巷、缸窑)、山后(山后、南山坑)、稽垟(稽垟、城垟、包埠、徐山)、云峰(王宅、邢宅、石后)、新峰(高前、后垟)、黄西(陈盘岭、高峰下)、后巷、新楼、严坏、占里、沙垟、济下、共宅、新龙、周岙、依仁、塘底垟、黄垟、林山、旺山、严垟村,新康(陈垟、叶田下、石井、山背垟)、驮岙、底庄民族村
富岙乡	9	富岙(富岙桥、吴岙、东溪)、莲头、周岙底、双坑、上堡垟、墈后村,培头(培头、红星)、富康(驮丘边、吴山垟埄)、石竹寮民族村
云湖乡	13	龙湖(支山、吴头垄)、包山垟、西北山、上金、上坪、高西、石岭、驮加、千秋门、取垟、叶山、杜山村,塘垄民族村
西坑畲族镇	11	西坑(西坑、龙垢埄、溪后、孙山、葛强湾村,三星村岗背自然村)、旁边垟(旁边垟、三星村垟源头、火棍垄、山头自然村)、双前(双山、前垟村的前垟和上塘自然村)、江山民族村,叶岸(叶岸、赤水垟)、塘垟(塘垟、黄坑、田寮)、南坑(南坑垟、前垟的麦垄自然村)、梧溪、让川、敖里、双田村
石垟乡	6	中垟(坑下、东山)、上垟、吴坳、石门、枫龙、岗山村
下垟乡	4	下垟、都铺、桂竹、半坑村
岭后乡	5	岭垟(岭后、杨山底)、富垟(光垟、烂井湖)、三合、下庄、苍埄村

说明:石垟林场上斜村未列入,资料由县民政局提供

乡镇区划调整 2011年,全县乡镇区划调整为9镇1乡,行政村不变,增设7个居民区。

2011年文成县行政村一览表

表1-6

镇	村数	村 名
大峃镇	92	吴样、大会岭脚、上徐、下徐、坪头、黄岭头、苔湖、苔湖山、下沙垟、陈宅、桥头井、上房、二新、县前、林店尾、城南、周村、石玟垟、珊门、凤垟、屿根、呈树、大发垟、周徐、坑口、垟井、双西村(以上原属大峃);季马、中村、中堡、建新、龙马、樟坑、中林、村头、花园、横山、下田、下村、马垟、过山、贵坪、坪山、茶龙村,乌田民族村(以上原属龙川);樟台、兴川、鹤东、东城、金仓、双东、塔山、马山、双马、东垟、双龙、桥坑、桂山村(以上原属樟台);城中、王家、金山、炉山底、岚岩、新垟、陈庄村(以上原属金炉);里川、孙岙、外垟底、外垟外、江底、江外、西山岩头村,余山民族村(以上原属里阳);岭南、新南、岭岙、联丰、项山、麻山、诸葛岭、路山、岙底、上龙、周墩、大坑、林山、中南村,外南民族村(以上原属周壤);李山、小龙、谷山、横培村(以上原属金垟)
珊溪镇	47	街头、街尾、下山垟、新西坑、山根、下爿坦、牛坑、下山、坦岐、五新、南阳、新红、环秀、君阳、新湖、联新、驮了、罗山、西黄、西山、朱川、松源、毛坑、福首源、东坪、岭背、高山、井市、新建、平坑、吴新、李夏、徐岙、卓山、项坑、松根村(以上原属珊溪);雅坪、鳌洋、塘山、松坑村(以上原属仰山);三垟、新兴、分水、福全、凤狮、桂库、平溪村(以上原属桂山)
巨屿镇	23	黎明、葛垟、黄龙、正湾、三五新村、张平、稠泛、垟尾、龙前、金面盂、方前、穹口、花竹岭、潘岙、徐龙、潘山、垟地边、项坑边、孔山、前山、东坑头、赤砂、双尖村
峃口镇	35	峃口、城东、龙车、九山、新联、鱼局村(以上原属峃口);桂东、桂溪、桂阳、宝丰、双垟包、桂西村,垟山、周山下民族村(以上原属双桂);下河、双湾、廿五坑、田东、郭山、新田、东方、梅垟下、大垟口、下沙园村(以上原属平和);公阳、上岳头、水碓宅、白石坑、鹿堡、金岭村,驮尖民族村(以上原属公阳);渡渎、溪口、良坑、驮垟尾村(以上原属金垟)
玉壶镇	44	外村、底村、中村、龙坑、樟坪、龙背、长丰、光明、上村、五一、五四、垟头、赵基、樟坑、高坪、东樟、林龙村,金岩民族村(以上原属玉壶);九南、裕山、碧溪、东头、南河、吕一、碧坑、茗垟村(以上原属东溪);联民、木湾、林岩村,新林,周山垟民族村(以上原属上林),金星、朱坪、角山、桃坑、蔡坑、八格村,洪地民族村(以上原属金星)雅寮、朱寮、坳坪、吴坑、汤垟村(以上原属朱雅),周龙村(原属周壤)
南田镇	31	三源、五源、三甲、新岳、龙岙、龙上、南田、九都、西垟、梅树、岳垟、新南、横山、叶山头、驮湖、武阳、言山、新星村,高村民族村(以上原属南田);十源、利民、光明、高新、新富、郑岙、呈段、高民村(以上原属十源);黄山、黄曲寮、黄垟坑、富头村(以上原属黄寮)
百丈漈镇	31	新亭、长塘、富垟、同垟、篁庄、西里、西段、镇头、底大会、外大会、下石庄、上石庄村,长垄民族村(以上原属百丈漈),二源、淡阳、温树根、四格、朱山、庄后、岭头、陈村、坑底、钟垟、东坑、呈岭、湖底、驮田、廷下坑、山头村,陈钟民族村(以上原属二源);塳后村(原属富岙)
黄坦镇	45	前巷、山后、稽垟、云峰、新峰、黄西、后巷、新楼、严坱、占里、沙垟、济下、共宅、新龙、周岙、依仁、塘底垟、黄垟、林山、旺山、严垟村,新康、驮岙、底庄民族村(以上原属黄坦);富岙、莲头、周岙底、双坑、上堡垟村,培头、富康、石竹寮民族村(以上原属富岙);龙湖、包山垟、西北山、上金、上坪、高西、石岭、驮加、千秋门、取垟、叶山、杜山村,塘垄民族村(以上原属云湖)
西 坑 畲族镇	26	西坑、旁边垟、双前、江山民族村,叶岸、塘垟、南坑、梧溪、让川、敖里、双田村(以上原属西坑);中垟、上垟、吴坳、石门、枫龙、岗山村(以上原属石垟);下垟、都铺、桂竹、半坑村(以上原属下垟);岭垟、富垟、三合、下庄、苍垟村(以上原属岭后)
周 山 畲族乡	9	周垟、双新、漈下、上坑民族村,养根、水井头、包山底、吴垟、官坑村

说明:石垟林场上斜村未列入,资料由县民政局提供

第四节 社 区

2011年4月,行政区大调整后,全县9镇1乡。建56个社区。

象溪社区

原名:城东社区,辖珊门村、下沙垟村、坪头村、黄岭头村、莒湖村。面积5.98平方公里,常住人口7518,户籍人口5193人。

社区服务中心位于体育场路原新闻中心。

府前社区

原名:城南社区,辖城南村、二新村、林店尾村、周村、县前村。面积2.32平方公里,常住人口10412人,户籍人口8423人。

社区服务中心位于县前村村委会。

永安社区

原名:城西社区、城北社区,辖石坆垟、陈宅、上房、桥头井村。面积0.85平方公里,常住人口18220人,户籍人口16997人。

社区服务中心位于驮墙巷76号。

徐岭社区

原名:红枫社区,面积7.26平方公里,常住人口4315人,户籍人口3989人,由5村1个社区合并而成。辖上徐、下徐、莒湖、岭脚、吴垟5村。

社区服务中心位于体育场路红枫社区。

双垟社区

原名:凤溪社区,面积18.98平方公里,常住人口8580人,户籍人口12679人,由12个村居和1个社区合并而成。辖凤垟、屿根、大发垟、呈树、坑口、垟丼、周徐、双西、李山、小龙、谷山、横培12村。

社区服务中心位于屿根村村委会。

龙川社区

面积11.17平方公里,常住人口3215人,户籍人口7654人。辖季马、中村、村头、花园、横山、马垟、下田、下村、过山9村。

社区服务中心位于原龙川乡政府。

中樟社区

面积18.27平方公里,常住人口3450人,户籍人口7959人。辖中堡村、建新村、龙马村、樟坑村、中林村、贵坪村、坪山村、茶龙村、乌田村。

社区服务中心位于中堡村村委会。

樟台社区

面积14.7平方公里,常住人口6450人,户籍人口9642人,由7个村居联建而成。辖樟台村、兴川村、金仓村、鹤东村、东城村、双龙村、东垟村。

社区服务中心位于原樟台乡政府。

塔山社区

面积18平方公里,常住人口2730人,户籍人口7171人。辖塔山村、双东村、桥坑村、桂山村、马山村、双马村。

社区服务中心位于塔山村委会。

大壤社区

面积22平方公里,常住人口5070人,户籍人口10104人。辖联丰村、项山村、麻山村、诸葛岭村、路山村、岙底村、上龙村、新南村。

社区服务中心位于原周壤乡政府。

周南社区

面积14.64平方公里,常住人口3650人,户籍人口6592人。辖周墩村、大坑村、岭岙村、岭南村、林山村、中南村、外南村。

社区服务中心位于周墩村敬老院一楼。

金炉社区

面积14.37平方公里,常住人口2430人,户籍人口6889人。辖金山村、城中村、王家村、炉山底村、岚岩村、新垟村、陈庄村。

社区服务中心位于原金炉乡政府。

里阳社区

面积16.58平方公里,常住人口1820人,户籍人口5681人。辖里川村、孙岙村、余山村、垟底村、垟外村、江底村、江外村、西山村。

社区服务中心位于原里阳乡政府。

珊溪社区

面积27平方公里,常住人口10301人,户籍人口14566人。辖街头村、街尾村、坦歧村、下爿坦村、山根村、下山垟村、下山村、新西坑村、新红村、牛坑村。

社区服务中心位于街尾村老人协会。

李井社区

面积15平方公里，常住人口3767人，户籍人口9429人，辖新建村、联新村、井市村、李夏村、徐岙村、吴新村、平坑村、环秀村。

社区服务中心位于新建村原李井乡址。

南坑社区

面积26平方公里，常住人口1817人，户籍人口7621人，辖南阳村、五新村、罗山村、驮了村、毛坑村、东坪村、岭背村、富首源村、高山村。

社区服务中心位于南阳村委会。

西龙社区

面积38平方公里，常住人口1702人，户籍人口8571人。辖西山村、朱川村、西黄村、项坑村、君阳村、新湖村、松根村、卓山村、松源村。

社区服务中心位于西山村委会。

仰山社区

面积11平方公里，常住人口1866人，户籍人口4565人，辖雅坪村、塘山村、鳌洋村、松坑村。

社区服务中心位于原仰山乡办公楼。

桂山社区

面积26.5平方公里，常住人口2249人，户籍人口6343人。辖三垟村、平溪村、新兴村、桂库村、凤狮村、福全村、分水村。

社区服务中心位于原桂山乡文化站。

玉壶社区

面积35.11平方公里，常住人口3940人，户籍人口11704人，辖中村、上村、外村、底村、垟头村、五四村、龙坑村、五一村、周龙村。

社区服务中心位于玉壶镇中村村。

东林社区

面积50平方公里，常住人口3433人，户籍人口8256人，辖龙背村、东樟村、长丰村、高坪村、樟坪村、赵基村、樟坑村、光明村、林龙村、金岩村。

社区服务中心位于玉壶镇东樟村。

东溪社区

面积28平方公里，常住人口2800人，户籍人口9575人，辖碧溪村、碧坑村、吕一村、九南村、裕山村、东头村、南河村、茗垟村。

社区服务中心位于玉壶镇碧溪村。

上林社区

面积13平方公里,常住人口1405人,户籍人口3218人,辖联民村、周山垟村、新林村、林岩村、木湾村。

社区服务中心位于玉壶镇联民村。

金星社区

面积24平方公里,常住人口1484人,户籍人口5273人,辖金星村、朱坪村、蔡坑村、桃坑村、洪地村、八格村、角山村。

社区服务中心位于玉壶镇金星村。

朱雅社区

面积32平方公里,常住人口765人,户籍人口4575人,辖雅寮村、坳坪村、汤垟村、吴坑村、朱寮村。

社区服务中心位于玉壶镇雅龙村。

南田社区

面积22平方公里,常住人口3541人,户籍人口7885人,辖南田村、新岳村、呈段村、龙上村、龙岙村。

社区服务中心位于南田镇南田村。

三源社区

面积20平方公里,常住人口1976人,户籍人口5411人,辖五源、三源、三甲、新星、高村5村。

社区服务中心位于南田镇五源村。

十源社区

面积29平方公里,常住人口2315人,户籍人口7127人,辖高民村、郑岙村、光明村、高新村、新富村、利民村、十源村。

社区服务中心位于南田镇十源村。

黄龙社区

面积55平方公里,常住人口2564人,户籍人口5700人,辖梅树、言山、岳垟、武阳、黄曲寮、富头、黄垟坑、黄山8村。

社区服务中心位于南田镇梅树村。

九都社区

面积43平方公里,常住人口3413人,户籍人口7728人,横山村、新南村、叶山头村、驮湖村、九都村、西垟村。

社区服务中心位于南田镇九都村。

雅梅社区

面积25平方公里,常住人口6189人,户籍人口9155人,辖后巷村、前巷村、新楼村、山后村、严坳村、济下村、沙垟村、驮岙村、黄西村、占里村。

社区服务中心位于原雅梅乡政府。

王宅社区

面积11平方公里，常住人口2749人，户籍人口6916人，新峰村、云峰村、共宅村、依仁村、周岙村、新龙村。

社区服务中心位于共宅村委会办公楼。

黄垟社区

面积19平方公里，常住人口791人，户籍人口2580人，辖黄垟村、林山村、旺山村、严垟村、新康民族村。

社区服务中心位于黄垟卫生院。

稽垟社区

面积10平方公里，常住人口1150人，户籍人口3849人，辖稽垟村、塘底垟村、底庄村。

社区服务中心位于稽垟小学办公楼。

富岙社区

面积20平方公里，常住人口2738人，户籍人口6331人，富岙村、培头民族村、富康村、石竹寮村、双坑村、周岙底村、上保垟村、莲头村。

社区服务中心位于原富岙乡政府办公楼。

云湖社区

面积102平方公里，常住人口1004人，户籍人口5541人，辖龙湖村、上坪村、上金村、高西村、西北山村、石岭村、杜山村、塘垄村、千秋门村、包山垟村、取垟村、驮加村、叶山村。

社区服务中心位于原云湖乡政府办公楼。

西坑社区

面积31.69平方公里，常住人口3658人，户籍人口6709人，辖西坑村、叶岸村、梧溪村、塘垟村。

社区服务中心位于镇前路1。

敖里社区

面积16.35平方公里，常住人口2837人，户籍人口5134人，辖敖里村、让川村、双前村、江山村、双田村、南坑垟村、旁边垟村。

社区服务中心位于敖里村村委会。

石垟社区

面积34.62平方公里，常住人口1609人，户籍人口2927人，辖上垟村、中垟村、石门村、吴坳村、枫龙村、岗山村。

社区服务中心位于原石垟乡政府。

下垟社区

面积22.33平方公里,常住人口991人,户籍人口1802人,辖下垟村、都铺村、半坑村、桂竹村。

社区服务中心位于原下垟乡政府。

岭后社区

面积26.32平方公里,常住人口1070人,户籍人口2145人,辖岭垟村、富垟村、苍埄村、下庄村、三合村。

社区服务中心位于原岭后乡政府。

石庄社区

面积14.12平方公里,常住人口1979人,户籍人口3668人,辖下石庄村、上石庄村、同垟村、长垄村、塭后村、底大会村。

社区服务中心位于镇中路。

篁庄社区

面积20.88平方公里,常住人口3480人,户籍人口5760人,辖篁庄村、镇头村、西段村、西里村、长塘村。

社区服务中心位于镇中路。

黄岭社区

面积9.97平方公里,常住人口1683人,户籍人口2923人。辖新亭村、富垟村、外大会村。

社区服务中心位于新亭村。

二源社区

面积14.66平方公里,常住人口3160人,户籍人口4862人,辖二源村、湖底村、驮田村、四格村、廷坑下村、外大会村。

社区服务中心位于二源村。

朱阳社区

面积14.86平方公里,常住人口2364人,户籍人口3940人,辖谈阳村、朱山村、庄后村、岭头村。

社区服务中心位于谈阳村。

新东社区

面积17.08平方公里,常住人口1967人,户籍人口3784人。辖榅树根村、陈钟村、呈岭村、东坑村、陈村村、钟垟村、坑底村。

社区服务中心位于榅树根村。

峃口社区

面积22平方公里,常住人口4950人,户籍人口7072人。辖峃口村、城东村、龙车村、九山村、新联村、鱼局村。

社区服务中心位于峃口村新桥。

金垟社区

面积17平方公里，常住人口3706人，户籍人口5295人。辖溪口村、渡渎村、良坑村、驮垟尾村。

社区服务中心位于岀口村新桥。

平和社区

面积22平方公里，常住人口6700人，户籍人口9572人。辖平和村、东方村、郭山村、新田村、田东村、梅垟下村、下沙园村、廿五坑村、大垟口村、双湾村。

社区服务中心位于平和村新建路。

双桂社区

面积22平方公里，常住人口3830人，户籍人口9718人。辖桂溪村、桂东村、桂阳村、宝丰村、双垟包村、桂西村、垟山村、周山下村。

社区服务中心位于桂阳村桂安路。

公阳社区

面积18.2平方公里，常住人口4232人，户籍人口6047人。辖公阳村、水碓宅村、上岳头村、鹿堡村、白石坑村、驮尖村、金岭村。

社区服务中心位于公阳村。

花前社区

面积27.8平方公里，常住人口4368人，户籍人口8070人。辖方前村、穹口村、花竹岭村、潘岙村、徐龙村、潘山村、张平村、黄龙村、赤砂村、双尖村。

社区服务中心位于方前村委会。

孔龙社区

面积14.8平方公里，常住人口3498人，户籍人口6515人。辖稠泛村、垟尾村、正湾村、龙前村、三五新村、金面盂村。

社区服务中心位于镇前路1号(镇文化综合大楼)。

东垟社区

面积13.4平方公里，常住人口3682人，户籍人口6761人。辖垟地边、项坑边、葛洋、黎明、前山、孔山、东坑头7村。

社区服务中心位于垟地边村。

周山社区

面积14平方公里，常住人口5087人，户籍人口5123人。辖官坑村、吴垟村、周洋村、包山底村、养根村、水井头村、上坑村、双新村、际下村。

社区服务中心位于养根村。

第二章　县域　县城

县域东接瑞安市，南临平阳、苍南二县，西南倚泰顺县，西北连景宁畲族自治县，北界青田县。界线依边界山地权属自然沿袭。1997年进行勘界工作，历时3年，县级行政区域界线勘定完成。县城设大峃镇。1948年，县城面积0.9平方公里。2011年，县城面积2.5平方公里。

第一节　县　域

1996年9月，县政府成立勘界工作领导小组及办公室，并组织人员与邻县、市人员一起进行县级行政区域界线勘定，并设立界桩。1999年8月，副县长郑国启代表县政府分别与平阳、苍南、瑞安和泰顺4县(市)政府签订联合勘定行政区域界线协议。至此，文成县域界线正式确定。

县境界线

建县前，县域为瑞安、泰顺、青田3县边区，建县后与瑞安、青田、景宁、泰顺、苍南、平阳6县(市)毗邻。建县以来，县域边界线依边界山地权属自然沿袭。1996年9月，县政府成立勘界工作领导小组及办公室，筹备县级行政区域界线勘定。

图1-1　文成、青田两县工作人员清理界碑周围杂物(县府办提供 1997年摄)

1997年2月，文成、苍南和平阳勘界办在调查和土地核对基础上，确定苍、平、文三交点。5月，县勘界办上报温丽线文青、文景段主张线。7月，在温州市勘界办主持下，分别核定温丽线文景段边界线35.32公里、温丽线文青段边界线20.62公里、文成和平阳边界线31.2公里、文成和泰顺边界线42.3公里。8月，核定瑞安和文成边界线24.6公里，瑞安、平阳、文成勘界办确定瑞、平、文三交点。9月，平文线全线贯通。10月，瑞文线、温丽线文景段先后贯通。11月，更正苍、平、文三交点位置，苍文线、温丽线文青段分别贯通。根据勘定结果。1998年，县勘界办与毗邻各县(市)勘界办完成各节点界桩埋设。1999年8月31日，副县长郑国启代表县政府分别与平阳、苍南、瑞安和泰顺4县(市)政府签订联合勘定行政区域界线协议。历时3年县级行政区域界线勘定圆满完成。2001年，浙政函〔2001〕144号、国函〔2001〕84号文件，分别核准文青、文景2条温丽市级界线和文瑞、平文、苍文、文泰等4条县级界线的核界协议。经过核定，市级界线文成段东北起文、青、瑞三交点天门埄西向400米1004高地，折西北，经文、青、景三交点茶寮坳门，再折西南至文、景、泰三交点米筛潭头，全长104.7公里，设界桩4个。县级界线由文瑞、平文、苍文和文泰4线组成，全长166.77公里，设界桩12个。

全县行政区域大多以山势、河流为界，地形复杂，地势险峻，人烟稀少。为加强边界管理，县政府与毗邻县

(市)政府签订平安边界共建协议,县民政局每年派人到实地宣传、检查和管理界线界桩,维护界线勘定成果。2003年,县级边界联合检查工作正式实施,每5年一次,以维护县域边界地带安定团结。

1997年文成县行政区域界线界桩一览表

表1-7

顺序	界线名称	简称	界线代号	界线距离(千米)	界线批复文号	勘定时间	界桩	界桩编码	界桩管理单位	勘定时间
1	温州市丽水市	温丽线文景段	330311	40.25	浙政函〔2001〕144号	1997-10-20	2	330325003	文成县	1997-10-20
								330325002	景宁县	
2	温州市丽水市	温丽线文青段	330311	64.45	浙政函〔2001〕144号	1997-11-7	2	330325004	文成县	1997-11-7
								330325005	青田县	
3	文成县瑞安市	文瑞线	33032881	39.45	国函〔2001〕84号	1997-08-14	5	33032881001	文成县	1997-08-14
								33032881002	瑞安市	
								33032881003	文成县	
								3303262881S(A)	瑞安市	
								3303262881S(B)	瑞安市	
4	平阳县文成县	平文线	33032628	45.72	国函〔2001〕84号	1997-08-14	4	33032628001	文成县	1997-08-14
								33032628002A	平阳县	
								33032628002B	文成县	
								330326278S	平阳县	1997-11-03
5	苍南县文成县	苍文线	33032728	1.065	国函〔2001〕84号	1997-08-14	1	3303272829S	苍南县	1997-07-17
6	文成县泰顺县	文泰线	33032829	80.53	国函〔2001〕84号	1997-11-18	2	33032829001	泰顺县	1997-11-18
								33032829002	文成县	

说明:资料由县府办提供

乡镇界线

乡镇区划界线,依边界山地权属自然沿袭。时因权属争执,争执两方乡镇、行政村经协商调解解决产权归属。然后形成稳定乡镇行政村界线。

第二节 县 城

1948年7月,文成县建县时,县治设在黄坦。1949年6月,解放后文成县域设立大南县人民政府(同年9月复称文成县),县治设大峃镇。县城面积仅0.87平方公里,经几十年改建、扩建、新建,县城扩展到2.5平方公里。“十二五”规划,县城中心建设区将扩展到10平方公里。

县治变迁

1945年12月20日,浙江省政府主席黄绍竑签发“再行呈请中央准予设立文成县”的政字第40718号呈电,新县治原拟设大峃镇,改设黄坦镇。

1946年11月,浙江省政府主席沈鸿烈考察温州后,决定成立文成区绥靖办事处,作为设治初基。

1947年1月,文成绥靖办事处成立,址设黄坦。未久,首任处长孙秉贤以“权宜清剿”事宜移驻大峃镇。同年12月21日,沈鸿烈以民字第6478号训令,颁发《文成县治筹备处组织规程暨铜质县印到文成绥靖处》。命令定于1948年1月1日成立文成县治筹备处,县治址设黄坦。

1948年1月1日,文成县治筹备处成立,陈志坚(第八区保安副司令)任文成绥靖处处长,兼任县治筹备处处长。6月16日,浙省府暨民政厅电令:陈志坚克日率同主要人员与必要武力前往黄坦办公。批准在大峃设立县政府办事处。7月1日,县政府在黄坦新建县府礼堂正式成立。筹备处处长陈志坚为首任县长,并率县政府机构官员宣誓就职。

1949年5月8日,文成解放,称大南县。6月8日,县人民政府筹备委员会成立,县治设大峃。9月,又改称文成县。

1958年10月,文成县撤销并入瑞安县。1961年9月,文成县建制恢复,县治仍设大峃。

县城概貌

辖境四面环山。东有东岩尖、鸡笼山、寨山、金鱼山(林店尾山),南有蚂蚁岩、岭头山、天堂岗,西有樟山、百丈岩、牛头寨、梅谷山、猪娘山、馒头山,北有靛青山、螺丝尖、云峰山(岩庵)。中心区大峃为小盘地,占地约3平方公里。周边徐村、珊门、屿根、新庄垟、凤垟为较平坦谷地,其余均系山地。东北东岩尖最高点海拔721米;东南最低点兴福堂海拔60米。

境内溪流纵横。最大的是泗溪,源于十源乡金竹垟,自北边百丈漈峡谷入境,经吴垟、大会岭脚、徐村、大峃,东往樟台、峃口注入飞云江,全长42公里。支流总长100多公里,主要支流:龙溪,发源于百丈漈镇大会村,自西部花园口入境,经下徐村、水口堂垟流入泗溪;凤溪,发源于金炉乡新垟村,自西南龙潭坑入境,经坑口、凤垟、周村、林店尾、城南(1987年改道吴本垟)汇入泗溪;象溪,发源于马岩山,自东北岩庵入境至岭脚汇明午漈水,经樟树下、李宅、珊门注入泗溪;另有里川、焦坑、麦徐坑、东坑、阳条坑等小支流。

大峃古为沙洲。唐前,泗溪与龙溪挟流左右,沙洲上荆棘遍地、芦苇丛生,每逢山洪暴发,遂成泽国。元、明后人口繁衍,沙洲渐被开垦。清嘉庆初年建“孟潭砵”,将龙溪水在苔湖头汇入泗溪,水患得以控制。猪娘山脚至苔湖头段筑堤改滩造田,逐渐形成苔湖垟、桥头垟、下冈垟、驮湖垟等上千亩农田。

1931年,始设大峃镇。1949年6月,确定大峃镇为县治所在地。

《瑞安县志》载:1931年大峃街,长800丈,阔2.6丈,房屋775间。街道为石头路面,宽窄不齐,弯弯曲曲。两旁木屋低矮,多为1~2层土木结构。

县城现状

2011年,县城总人口11.15万人。全镇工业总产值10.25亿元,农业总产值2.05亿元,农村居民人均纯收入7178元。各项经济指标居全县之首。先后曾获浙江省卫生县城称号。

建县时,县城城区面积仅0.87平方公里。2011年,县城城区面积2.5平方公里。“十二五”作出开发规划,县城中心建设区将扩展到10平方公里左右。

泗溪河自北向南流经县城,将县城分为东、西两区。东城区有广电大楼、县疾病控制(公共卫生)中心、县青少年活动中心、行政审批中心、县文化活动中心、文成宾馆、文成国际大酒店、电信大楼、体育场馆、检察院、法院、国税大楼、工商大楼、电业局大楼、文成中学、文二高中、文成树人学校、求知中学等公共设施。西城区是县政府所在地,县政府大楼前的县前街是城区的主要商业区。西城区有文成车站、文成客运中心、土管大楼、地税大楼、中银大楼、移动大楼。集中所有金融机构:工商、建设、农业、信合、北银、温商等银行。教育机构:文成实验中学、文成实验二中、文成实验小学、文成实验二小、县中心幼儿园、县育苗幼儿园、金太阳幼儿园等十余所学校(幼儿园)。医疗机构:县人民医院、县中医院、县口腔医院和六家大药房。酒店:阳光大酒店、万豪大酒店、新凯悦大酒店。

"十二五"规划为县城发展作出规划:构筑"一轴、一心、两片"的县域中心城市开发建设基础框架与总体格局,将县域中心城市规划建设区拓展到10平方公里左右。在此基础上,通过市政道路建设,逐步构架"三纵、五横、一环"的县域中心城市核心区主干道网络。同时着力谋划"绕城"新区开发。

城西南主体新区 包括二中片、樟山片及龙川片,通过环城西路串联三个片区,规划总面积约3.3平方公里,集聚人口规模约3万人。其中,二中片区是新区的起步区,规划面积约500亩,以居住功能为主;樟山片区规划为示范性生态产业基地、景美宜居的品质住宅区,规划面积约3500亩;龙川片区规划面积约1000亩,重点开发普通住房和保障性住房,同时兼布局部分公共服务设施。

城东新区 包括珊门片和樟台片二个片区,珊门片结合沙垟旧村改造、珊门片区开发,加快文化中心、公共服务中心等项目建设步伐,依托现有旅游接待设施,把珊门片建设成为集旅游接待、居住、公共服务为一体的现代化新城区;通过56省道过境公路和环城南路延伸工程,向樟台拉开城市建设框架,结合鸭头山旅游配套中心、樟岭旧村改造等项目建设,开发建设较低密度、低容积率的高档居住区,依托56省道一级公路改造和青文泰公路建设,把樟台片打造成集城市康居、交通物流为一体的城市新区。

城北新区 加快徐村、花园、沙垟等区块开发建设,沟通旧城区和龙川片区,依托文成中学、文成新车站,结合旅游集散中心建设,初步建成人居环境优越、服务功能完善的集生活居住、教育、和商贸为一体的现代化城区。

推进旧城改造 按照"新区开发、旧城改造"双轮驱动的要求,加快旧城旧村改造。"十二五"期间完成苔湖小区改造,完成沙垟、樟岭旧村改造项目,启动珊门片、周村片、龙川片旧村改造。以市政道路等基础设施建设为重点,加快泗溪路、樟垄路、栖霞路等市政道路建设和改造步伐,加快城区农贸市场布局和改造。

第三章 镇 乡

县境内乡镇区划变化频繁,1946年12月核准建县时为23个乡镇。1949年5月文成解放后区划为5区32乡镇。1991年,全县行政区划为7区、1个县属镇、3个建制镇、58个乡(含周山、敖里2个畲族乡)。1992年5月,撤区扩镇并乡,全县行政区划为35个乡镇(含西坑畲族镇、周山畲族乡),分为大峃、珊溪、玉壶、南田、黄坦、峃口、西坑7个片区。2011年4月,行政区划调整,全县设9镇1乡(含1个畲族镇、1个畲族乡)。20多年来,各乡镇按照“两美”建设要求,围绕“生态保护、绿色发展、民生事业”设定目标,城镇品位不断提升,基础设施建设步伐加快,第三产业呈现新活力,生态旅游、服务行业全面提升,民生工程有序推进,扶贫迁村成效显著,社会各项事业全面发展。经济结构不断优化,走出一条独具特色的区域经济发展新路子。工农业总产值由1991年的40418.8万元增至2011年的251305万元,人均收入由1991年的348元增至2011年的7109元。

第一节 大峃镇

大峃镇东邻玉壶、峃口镇,南连巨屿、珊溪镇,西界黄坦镇,北依百丈漈镇,为全县政治经济文化中心。2011年,全镇人口11.1万人,区域面积153.02平方公里,13个社区,92个行政村,6个居民委员会。工农业生产总值12.10亿元。大峃镇先后曾获浙江省卫生县城、文明县城,温州市全优镇、双优模范镇、文明城镇,浙江省生态镇等荣誉称号。

区划沿革

大峃镇始设于1931年。1938年分设仁让、友助2镇。1939年仁让镇改称大峃镇、友助镇改称新峃镇。

1950年7月,大峃镇析置徐珊乡,新峃镇改称新峃乡。1952年,大峃镇建置未变,徐珊乡析置徐岭乡;新峃乡析置双垟、横垟、炉岩三乡。1956年3月,撤徐珊乡、珊门乡、双垟乡、横垟乡、炉岩乡并入大峃镇。1956年9月,大峃镇析置双垟乡。

1958年10月,大峃镇改称大峃大队。1959年3月,大峃大队改称大峃管理区。1961年12月,改称大峃公社。1965年8月,改称大峃镇。1992年5月,双垟乡并入大峃镇。

2005年3月,大峃镇黄岗村、山垟村合并为双西村;百丈漈镇富垟村珠岭自然村并入大会岭脚村。

2011年4月,行政区划调整,大峃镇由原大峃镇、龙川乡、樟台乡、金炉乡、里阳乡,周壤乡(不含周龙村)、金垟乡(4个村)合并建置。区域面积153.02平方公里。

村镇建设

大峃镇为县城所在地,1991—2011年,通过旧城改造、新区开发、县城市政设施、公共建筑等建设,县城面貌变化较大。(详见第六卷《城建房地产·县城建设》)

经济特色

大棚蔬菜 1995年，大峃蔬菜播种面积6080亩，其中温州市二线蔬菜基地1500亩，蔬菜总产值1101万元；樟台划定面积3700亩为市二线蔬菜基地，其中大棚基地250亩；里阳划定面积450亩，为山地无公害蔬菜种植基地，发展茭白、生姜、雪里蕻等种植专业村。2005年，采用大、中、小棚、地膜覆盖等栽培技术措施，蔬菜播种面积2205亩，产量441万公斤，人均占有量200公斤。蔬菜品种结构从单一茄果类发展到多种并存种植，降低蔬菜业收入风险。2009年，全镇蔬菜种植面积5232亩，比2005年增加1.37倍。

果园基地 20世纪90年代中期始，镇域水果生产形成规模。建立杨梅、柑橘、板栗、葡萄、猕猴桃等水果基地。樟台柑橘基地410亩，里阳柿子基地70亩、葡萄基地50亩、黑炭梅基地80亩，金炉果园基地1180亩。2000年，大峃镇徐村大红袍枇杷、珊门黑炭梅、呈树桃形李及美国黑李等水果基地6048亩。2004年，樟台申报省级“无公害”水果产品，从日本引进草莓新品种章姬、红颊等试种成功，亩产效益15000元。并注重水果品牌意识，注册草莓“宴果牌”商标。2008年，大峃镇水果林面积5146亩，其中枇杷、板栗等水果基地1500亩，产量383吨。2009年龙川引进珍稀水果品种，建成龙溪名特优珍稀水果基地，种植桃李210亩，水果业收入663万元。2011年，全镇落实支农惠农政策，扶持发展生态水果特色，提升农业产业化、品牌化水平。

养殖基地 20世纪90年代始，镇域养殖业出现大批颇具规模养殖大户和专业村。2000年，大峃镇村两级投入13.5万元，用于扩大养殖基地，年生猪饲养量13115头。2004年，周壤养猪场，饲养生猪2000多头、山羊300多只，年产值380万元。2005年，中樟茶寮村民投资60多万元，建成占地10亩种猪繁殖场，猪圈700间，饲养长白、杜洛克等母猪730头、公猪16头，年存栏仔猪2980头，出栏仔猪超万头，年产值70万元。2009年，里阳投入资金258万元，建造养殖场，扶持养殖梅花鹿40头。2010年，金垟养猪10000多头。2003—2011年，镇域兔业发展形成规模。2003年起，金炉制定养兔万只目标，实施“百户万头”养兔工程。养殖专业户302户，存栏15000只，肉兔饲养量达万只目标。2004年，周壤泰山獭兔养殖场，全年兔子存栏数13000多只。2006年，里阳兔业养殖302户，存栏数15000只，出栏10000头以上。2010年，金垟(4个村)养兔20000多只。2011年，扩建王家村种兔养殖规模，建成双凤食品种兔养殖场2700平方米。

特产 镇域经济特产茶叶、中药材。茶叶基地生产趋向规模化，全镇茶叶面积2983亩(其中里阳1150亩、金炉383亩、周壤650亩、龙川450亩、金垟350亩)。其中，金垟的“刘基贡茶”获上海国际文化节精品名茶博览会金奖。里阳的白茶注册“文成白茶”品牌商标1枚。2011年，特扶茶龙村新增茶叶精品生产。2005—2011年，镇域中药材生产上规模。周壤乡华兴中药材种植有限公司，总投资90多万元，种植中药材450亩，主种浙贝母、白术、桔梗、太子参等，年产值120万元。公司带动村民种植药材300亩，年产值100多万元。2007—2010年，金炉种植中药材198亩。2011年，提升马垟铁皮石斛产业品位，扶持外南村中药材示范园建设。

文 化

设施 2002年，建成镇电子信息馆、周村图书室等镇村文化场所。建成龙川规范化文化活动室2个，配电视机和VCD机等设备。2009年4月，投资181万元在龙川花园路口立项建设赵超构文化广场，占地2000平方米。2010年，建成樟台文化活动中心和农民知识化培训中心，配专职管理人员和文化宣传员。2011年，建成里阳文化站和农民知识化培训中心综合楼。

非遗 全镇非物质文化遗产调查，收集2000项，入选县非物质文化遗产名录166项。

第二节 珊溪镇

珊溪镇位于县境南部,飞云江中上游,依山临江。东邻巨屿镇、南接平阳县、苍南县,西连泰顺县,北接黄坦镇。珊溪为国家重点工程——珊溪水库大坝所在地,为县域第二大镇。2011年,全镇人口5.1万人,区域面积144平方公里,6个社区,47个行政村,1个居民委员会,工农业总产值30090万元。珊溪镇1998年3月被省政府列为省级小城镇综合改革试点镇。2007年被命名为"浙江省文明镇"。刘英公园爱国主义教育基地,被列入省"十一五"红色旅游发展规划。街头村孝文化、远近闻名。

区划沿革

珊溪镇于1932年设置。1946年改称珊溪乡。1948年7月,称珊溪镇。1959年11月,改称珊溪乡。1985年10月,复称珊溪镇。

1992年5月,撤区扩镇并乡,珊溪、李井、南林、西山、毛坑5乡镇合并为珊溪镇。1999年1月,珊溪水库建设需要,东龙乡并入珊溪镇。

2011年行政区域调整,仰山乡、桂山乡并入珊溪镇。

村镇建设

珊溪镇为"百丈漈—飞云湖国家级AAAA级风景名胜区"飞云湖所在地。1991—2011年,镇域生态建设,市政设施建设取得较好成绩。(详见第六卷《城建房地产·集镇建设》)

经济特色

20世纪90年代开始,陆续建成水果、蔬菜、畜禽等种养基地。1999年珊溪水库建成投入使用后,推行农业产业化发展。至2011年年底,全镇建立蔬菜、杨梅、白茶、毛竹等农业特色产业基地2个,杨梅精品园2个。开展无公害标准建设,杨梅、白茶、毛竹等6个主要农产品通过有机、绿色、无公害产品(产地)认证,总面积16500亩。

注重产业品牌提升。注册仰山东魁杨梅、桂山辣椒、西山白茶等农产品商标5个。2011年,全镇杨梅种植面积14784亩,产量5603吨;茶叶种植面积1772亩,产量78.76吨;中药材种植面积284亩。

珊溪境内水果种植历史悠久,以南阳黑炭梅、仰山东魁杨梅为拳头产品。其中,黑炭梅28年种植历史,具有色泽乌黑、个小味甜特点,多次荣获温州市十大精品"荸荠种"杨梅一等奖。仰山东魁杨梅,以个大、味美闻名浙南地区,先后荣获"温州市六大精品杨梅""浙江省精品杨梅""浙江省优质杨梅"等系列荣誉称号。

2011年,全镇杨梅种植面积1.5万亩,分布在南坑、仰山等5个社区,年产值5500万元,出售杨梅种苗收入80多万元。珊溪杨梅畅销温州、杭州、广东、福建等地,并远销国外。杨梅产业为全镇农业经济和农民增收的支柱产业,更是果农重要生活保障。

珊溪西山白茶,是一种绿色、营养价值高的保健茶饮品,堪称茶中珍品。2005年始,在珊溪西山村种植,发展到859亩,年产值588.5万元,先后获得"国际茶文化研究会金奖""上海第十二届茶博览会金奖""温州茶博览会金奖"等金牌。

旅游与文化

旅游开发 2000年,开发水上竹筏漂流项目,规划、设计"水上乐园"和鲤鱼山公园。2009年,依托省级爱国主义教育基地刘英公园，打造“红色” 旅游品牌。2010年提出建设“宜游宜居生态镇”奋斗目标，以“一江(飞云江)、二湖(飞云湖、烟雨湖)、三沿(沿江、沿湖、沿路)、四区(娱乐商务区、休闲度假区、旅游观光区、生态农业观光区)”为依托，培育、发展生态旅游业，整合旅游资源，加快景区基础设施建设、完善旅游配套设施，旅游产业迅速发展。2011年，珊溪荣获国家级生态镇称号，拥有飞云湖生态观光游、红色文化游、孝文化游(街头村获得省级特色旅游村称号)、农家乐采摘游等精品游线。全镇经济型宾馆饭店6家，接待床位300多张，旅游服务单位32家。开发休闲度假、农业观光、采摘、自驾、文化游、农家乐等休闲旅游产品。推进旅游配套设施建设，以星级酒店、企业会所、会务中心和产权式酒店为开发主题的珊溪下湾旅游接待中心。投资375万元建成珊溪旅游码头，为开通铜铃山水上旅游专线奠定基础。依托刘英公园红色文化、街头孝文化等特色，结合效益农业、观光游和杨梅采摘游，做大做强珊溪旅游业。全年申报旅游特色强村1个，接待游客6万多人次。

文艺创作 20世纪90年代，珊溪镇文化站以街头村为主排练《尿布退敌》等节目到各村演出，并参加全县会演得奖。街头村赵仲岩老人传授的《十锦头通》，先后被《温州日报》《钱江晚报》等媒体报道。2007年，街头村成立珊溪镇民间器乐分会，投资10万多元置办器乐道具，排练《朝天子》《山乡售货员》《丰收锣鼓》《25个未见过》《两个月饼》等节目，不仅全镇演出，并还应邀到县城、二源、南田、平和乡镇演出。《温州日报》作过《街头村农民乐团 欢乐喜悦送农家》专题报道；《中国新闻周刊》和中央电视台新闻频道《共同关注》栏目，也相继作过报道，被誉为“农民的乐团，专业的水平”。2009年5月，《丰收锣鼓》参加温州市首届职工器乐比赛，荣获金奖。同年9月，参加全县“庆祝建国50周年文艺晚会”，作为幕前曲演出，深受观众好评。1995年12月《不灭的星火》和2010年4月《孝行街头》出版发行，社会反响良好。

孝文化 珊溪镇特色文化。为弘扬传统孝道精神，1991年3月村老年人协会成立，会员480多人。在温州率先推出传统孝文化建设。1992—2011年，连续20年评选孝顺子孙、孝顺媳妇、五好孝顺家庭和关爱老协事业积极分子，获奖250多人次，并给获奖者佩戴光荣花，颁发荣誉证书，家门口悬挂“孝顺子孙”铜牌。2008年《中国新闻周刊》作过《街头村，孝道的分量》长篇报道；同年12月，中央电视台《共同关注》播出《孝行街头》。尔后，街头村周边5个村纷纷仿效，开展评选孝顺子孙活动。开展中、小学生“孝文化”教育，进行“千人诵读《弟子规》”、“孝敬之歌大家唱”和“孝感学校——阳光学子”评选。《温州晚报》《钱江晚报》对“孝学子”评选活动予以报道，新浪网等多家网站予以转载。街头村获“2008感动温州十大人物特别奖”。2009年，依托街头村孝文化未成年人教育基地，深入挖掘街头村孝文化，开发孝文化特色旅游。同年，街头村被评为省孝文化特色旅游村。2010年重阳节，全镇28个村评选出孝顺子孙34名。荣获首届“浙江孝贤故事”提名奖，同时获省“文化示范村”和全国“妇女基层组织示范村”称号。2011年，全镇评出首届“十佳孝顺子孙”，许多专家、学者、老报人、中小学生等到街头村孝文化展览馆参观，社会影响深远。

红色文化 刘英纪念馆，坐落于百万山上，于1994年春破土动工，总投资250万元。占地面积1.33万平方米，建筑面积784平方米。2007年，刘英纪念馆被列为省级爱国主义教育基地。2009年，投入18万元对刘英公园主馆和基础设施进行翻修。自1996年正式对外开放以来，每年接待观众2万多人次，参观对象以学生、机关单位工作人员为主。馆内陈列着革命先烈刘英工作、生活和战斗过的遗物，记载着刘英浴血奋斗的一生，使参观者深受爱国主义教育。2011年，被列入省“十一五”红色旅游发展规划。

第三节 玉壶镇

玉壶镇为浙江省著名侨乡。位于县城东北端，东邻瑞安市高楼镇，南接文成县峃口、大峃镇，西靠南田镇，北依青田县境。镇政府原驻地底村，后迁上村。2011年，镇域面积165平方公里，下辖44个行政村、6个社区，户籍人口4.26万人,工农业产值2.15亿元。在外华侨4.12万人。1991—2011年,玉壶镇先后荣获全国侨务工作先进集体、全国环境优美乡镇、国家级生态镇、省级体育强镇、省级文明乡镇等荣誉。

区划沿革

1932年7月,始建玉壶镇。1956年9月,玉壶镇改称玉壶乡。1961年12月,称玉壶公社。1984年4月复称玉壶乡。1985年9月,玉壶乡改称玉壶镇。1992年5月撤区并乡扩镇,撤销玉壶区,原玉壶镇、东背乡、李林乡合并建置玉壶镇。2011年行政区域调整,将原东溪乡、金星乡、朱雅乡、上林乡和周壤乡的周龙村并入玉壶镇。

村镇建设

玉壶镇为侨乡大镇。1991—2011年,集镇建设,生态建设加快,一个具现代气息又兼具侨乡特色的新集镇初具雏形。(详见《第六卷城建房地产·集镇建设》)

经济特色

中药材种植专业村——角山 2001年,角山村村民投资3万元试种太子参、白术和贝母成功。2004年,成立金星种植药材服务领导小组,引导农民种植太子参、贝母、白术、元胡、桔梗等中药材,种植面积800亩。角山坪250亩荒山作为低产林改造项目来实施,建成木本与草本套种的无公害药材基地。2006年,金星乡通过政策扶持、典型示范、科技服务等措施,大力引导农民种植中药材。种植中药材800亩,产值100万元。金银花包装上市,在温州农博会上崭露头角,将产品打进超市,还远销国外,成为文成品牌产品。金星按照"育一个龙头,建一片基地,带一批农户,富一方百姓"的思路,发展中药材基地860亩,带动农户51户。向品牌要效益,注册"山一角"牌商标。2011年始,建立金星药材生产中心基地,开辟一个大型的以"中药养生"为主题的生态园,占地面积8000亩左右,其中1500亩为中药种植基地,其他均为风景观光区。

"浙南油库"——东溪 1984年,东溪根据在60年代就已盛产油茶而闻名全省优势,开始调整产业结构,发展成林油茶7345亩,年产油茶籽20万公斤;栽植油桐2270亩,初产油桐籽1万公斤。2006年,成立东溪油茶专业合作社,启动油茶低产改造项目,当年农民人均收入增至3684元。2009—2010年,成林茶园5500亩。投入资金200万元新建油茶基地600亩,建成50亩油茶菜穗圃,改造1000亩油茶低产林。油茶通过森林食品认证,并申请注册商标,启动万亩油茶种植规划,重振"浙南油库"。

侨　情

侨团组织 玉壶镇是浙江著名侨乡。至2011年,全镇旅外华侨4.12万人,分布在欧洲、北美等39个国家和地区。占全县总人口10.66%。

玉壶侨胞在东南亚、西欧等地建立华侨华人社团38个,其中西欧27个。在国际上有较大影响的社团组织有米兰文成同乡会、荷兰文成同乡会、旅法文成华侨联谊会、意大利南部文成同乡总会、旅奥华人总会等。2004年5月,中央电视台海外专题部《世界华人》摄制组拍摄的全国100名著名华侨,玉壶镇胡志光、胡允革、胡元绍入选。这三位玉壶侨领应邀参加1997年7月1日香港回归交接仪式;1999年12月20日,胡志光和胡允革还应邀参加澳门回归交接仪式。

1970年,设立玉壶区侨属工作联络组。1985年3月,正式成立玉壶镇归国华侨联合会。1987年9月,成立东头乡归国华侨联合会。1988年3月,成立吕溪乡归国华侨联合会。1989年7月,成立东背乡归国华侨联合会。1989年10月,成立李林乡归国华侨联合会。1997年12月,成立东溪乡第一届归国华侨联合会。2002年11

月,成立上林乡第一届侨联。2009年4月,成立朱雅乡第一届侨联。2011年,撤乡并镇后,除玉壶镇侨联顺沿外,东溪、上林、朱雅三个乡侨联分别改成东溪社区侨联、朱雅社区侨联、上林社区侨联。2007年,全镇率先成立村级侨联组织18个。

捐资公益 镇籍侨胞情系家乡,造福桑梓,踊跃捐资,为家乡公益事业建设贡献力量。侨胞为康庄工程、救灾、桥梁、校舍、图书馆和希望小学等公益事业捐资8491.80万元。

第四节 南田镇

南田誉称"浙南庐山"和"江南天府""天下第六福地"。是著名思想家、军事家、政治家、文学家刘基(刘伯温)故里。位于县境西北,与西坑镇、百丈漈镇、大峃镇相接。2011年,人口3.41万人,面积159平方公里,工农业总产值1.67亿元。镇域刘基庙、墓为省级廉政文化教育基地。先后被命名为温州市首批农业特产蔬菜产业强镇,菜篮子工程重点基地镇。被列入浙江省高山蔬菜专业之乡和温州市菜篮子工程重点基地镇及高山秋淡蔬菜基地。南田四季香园艺场被列入温州市现代农业示范区,省级文化名镇、省级旅游强镇。

区划沿革

1985年,南田乡改为建制镇。1992年5月,撤岳梅、西湖、龙岙、三源4乡并入南田镇。

2011年,行政区划调整,由原南田镇、十源乡、黄寮乡合并而成,下辖5个社区、31个行政村(其中1个民族村)。

村镇建设

南田镇以刘基文化为载体,全力打造文化名镇。1991—2011年,集镇建设、生态建设、旅游开发等工作全面开展,取得一定成绩。(详见《第六卷城建 房地产·集镇建设》)

经济特色

20世纪90年代以后,南田镇利用季节温差等区域优势,调整产业结构,注重效益农业,发展高山蔬菜。1994年5月,三源格水村被列为"市二线蔬菜基地",主种秋淡蔬菜品种。

1995年开始加工生产四季豆干500公斤,并开发橡子仁干、小笋干、葫芦干等农副产品,同期注册"高山牌"商标。1996年,全镇11个行政村发展盘菜基地2500亩,掀起发展高山蔬菜生产的热潮。1997年,全镇种植水稻面积在10亩以上的种粮大户238户,经营面积3150.5亩,被评为温州市1996年度土地规模经营先进单位。盘菜基地扩大到17个村,面积增加到3000多亩,秋茄基地400亩,四季豆基地200亩。1998年,蔬菜基地面积扩大至28个行政村6500亩,组建30多支50多人的农民蔬菜营销队伍,南田被列入浙江省高山蔬菜专业之乡和温州市菜篮子工程重点基地镇及高山秋淡蔬菜基地。南田四季香园艺场被列入温州市现代农业示范区。1999年,开展粮食"高产丰产示范片"活动。土地规模经营面积6250亩,其中水稻经营面积3150亩,落实蔬菜基地7030亩,涉及30个行政村,总产量14146吨,产值1202万元。南田镇被评为县效益农业先进乡镇。

2000年,完成土地二轮承包工作,土地经营面积4300亩,10亩以上的经营大户352户。同年,成立南田镇农产品营销协会,拓宽农产品销售渠道。2001年,建成三源蔬菜科技示范园区。2002年,以结构调整为主线,推进农户蔬菜温棚建设,狠抓"种子工程",建成绿色大米基地1600亩。2003年,高山蔬菜种植面积9800亩。2006年,全年完成粮食种植面积1.56万亩,总产量5786.8吨。高山蔬菜种植面积突破1万亩。2007年,种植水果4428亩,总产量710吨。三源、五源、新岳、新南、高村发展千亩油菜基地。2010年,种植高山蔬菜1.4万亩,建成高山蔬菜产业示范园区520亩,拓宽农民增收渠道。南田镇先后被评为省农业特色优势产业强镇、省蔬菜产业强镇、市粮食生产先进单位。

旅游与文化

1997年,总投资120万元的南西(南田—西坑)通景公路开通;投入3.2万元,维修刘基故里武阳公路。规划占地18公顷、总造价25万元的伯温公园一期工程竣工。1998年,投入64万元继建伯温公园二期,修复护国寺、参政公祠等人文景观;兴建玉蟾亭、百岁亭、石枫墩、水井坦景区;造价150多万元的伯温宾馆投入使用。1999年,投入5.7万元改建文化广场。2004年,开通南田至刘基墓到西坑旅游交通专线。2005—2008年,编制刘基庙外围扩建工程规划和刘基故里景区建设规划,贯通南田至西坑、南田至武阳的通景等级硬化公路;总投资500万元辟建刘基(庙)文化广场,安置刘基大型铜像,修建百米郁离子长廊;刘基庙、墓定为省级廉政文化教育基地,南田镇被评为省级旅游强镇。年接待游客4.6万~7万人次。2009—2010年,总投资800万元实施刘基庙外围仿古一条街工程;投入400万元,建成盘谷刘基碑林和“铭廉壁”。

第五节　黄坦镇

黄坦镇是温州市首批优势特色农业(畜牧)产业强乡强镇。绿光山业有限公司、南方农业有限公司、银峰农垦公司、金玉堂仙果园艺场为五大农业综合开发基地。位于县城西南部,东连大峃镇,南接珊溪、巨屿镇,西邻西坑畲族镇,北靠百丈漈、南田镇,总人口3.5万人,总面积196.5平方公里。全镇工农业总产值1.89亿元。2008年,培头村“三月三”畲乡风情节,申报省级非物质文化遗产名录。1994年开始,曾被评为温州市首批优势特色农业(畜牧)产业强乡强镇。2005年,原云湖乡被定为省级食草动物示范乡。2006年,黄坦占里村被誉为“浙江生态养殖第一村”。

区划沿革

黄坦镇于1948年建镇。1949年析为雅梅乡、王宅乡。1956年,雅梅乡、王宅乡撤并为黄坦乡。1961年,又析为雅梅公社,王宅公社。1992年撤区扩镇并乡,撤王宅乡、雅梅乡、严垟乡、稽垟乡,设黄坦镇。2011年4月,行政区域调整,由原黄坦镇、富岙乡、云湖乡合并建置黄坦镇。下辖6个社区,45个行政村(其中7个少数民族村)。

村镇建设

镇域养殖业的发展造成对环境的严重污染,黄坦镇为“温州人大水缸”的水源地之一。1991—2011年镇政府处理好发展与保护关系,集镇建设、社会发展与生态建设取得较好成绩。(详见《第六卷城建 房地产·集镇建设》)

经济特色

农业综合开发　1992年始,制定《黄坦镇(1994—2000年)农业综合开发规划》,农业综合开发形成五大基地。即以发展板栗、红柿、柑橘、桃型李为主的水果基地,以发展竹笋、用材林为主的用材林基地;年出栏商品猪2万多头的瘦肉型生猪基地;650亩水稻杂交制种基地;530万平方尺食用菌生产基地。

1996年，组建绿光山业有限公司、南方农业有限公司、银峰农垦公司、金玉堂仙果园艺场等农业企业。利用山地资源优势，引进板栗、柑橘、甜橙、杨梅、樱桃、水蜜桃等10多个优良水果新品种，投产水果基地10000亩。1997年，涌现一批种植大户，山地资源开发200亩以上的10户。1998年，推广西瓜—水稻—蔬菜轮种种植模式。全镇蔬菜、瓜类种植面积6868亩，总产10875吨。全镇开发农业基地12000亩。县哼哈野生资源开发有限公司入股南方农业有限公司，增加对农业基地投入，开发新产品。对山地开发的管理通过镇党委、政府集体研究和召开部分人大代表、开发大户座谈会等形式，进行客观分析和讨论，肯定山地开发符合黄坦实际。1999年，成立黄坦镇农业综合开发管理委员会，进行高山蔬菜和稻田养鱼、养虾试养。2000年，着力推进8大专业村建设，努力形成"一村一品"发展格局。2002—2006年，全镇投资92万元，将旧宅基地整理改造成良田380亩，造地440亩，合计新增耕地820亩。2011年，全镇耕地面积1426亩，平均亩产1670公斤。农业总产值1.08亿元，农村专业合作社18家。实施农业"两区"建设，建成粮食功能区和两个精品园区；建立省级非洲菊生产示范基地和两个二级种兔场、生态农业休闲观光园，成功申报文成县鲜切花产业示范区。

养殖业　1994年开始，由私人合股投资创办股份制养猪场——天蓬养殖有限公司。总投资400多万元，占地面积8600多平方米，年出栏10000头以上。成为温州市最大的瘦肉型猪生产基地。该公司与温州市副食品公司签订长期购销合同。以公司为龙头，扶持发展养猪专业户32户。其中，存栏200头以上的6户、100头至200头以上的11户、50头至100头以上的15户，养殖瘦肉型母猪2000头，瘦肉型商品猪年出栏达20000多头，瘦肉型猪成为黄坦镇的拳头产品，商品猪两项年产值达3000万元。1997年，新建猪舍5000平方米，年增出栏毛猪20014头。年末存栏13926头。1998年，生猪饲养量20170头，年末存栏13952头，其中能繁殖母猪1536头。牛存栏数408头，能耕田345头，繁殖母牛55头。2000年后，先后发展文成县天篷养殖有限公司、文成县顺发养猪场、黄坦毛猪养殖场3个温州市副食品生猪生产基地。建成富岙、培头、上堡垟3个生态养猪场和2个肉兔养殖基地。2011年，全镇生猪存栏数42036头，能繁母猪12000头，牛168头，羊471头，兔70224头。

2005年始，累计投资1400万元，实施对养殖污染进行沼气净化处理。2011年，为保护温州500万人"大水缸"，进行养殖业污染整治。推广猪—沼—果、猪—沼—菜等综合利用养殖模式。

文　化

镇域畲族民间文化丰富多彩。2002年，富岙乡举办弘扬畲族文化、民俗风情为主题的"宣传十六大畲乡情"文艺晚会；组织编写培头民族村族谱，申报培头钟氏宗祠文保单位。2003年，举办"爱我畲乡"大型对唱、"首届文化节"文艺演出，创作《泼妮仔》《滋粑飘香》《畲乡美》等歌舞作品，其中《泼妮仔》被推荐为中国第七届艺术节参演节目。2004年，成立培头民族小学利群图书馆。2007年，在培头小学开设畲语课程，教授畲族语言、畲族歌曲，传承畲族文化，培养本土人才。2008年，申报省级非物质文化遗产名录；举办培头村"三月三"畲乡风情节。至2011年，共举办4届畲乡风情节。

第六节　西坑畲族镇

西坑畲族镇位于县境西北部，东邻百丈漈镇，东南接黄坦镇与泰顺县，西连景宁畲族自治县，东北靠南田镇，为浙江省四个民族镇之一。2011年，全镇人口1.87万人，面积119平方公里。工农业总产值1.36亿元。镇域有龙麒源、铜铃山2个国家AAAA级景区，安福寺、仙人谷、月老山、猴王谷等景区。2009年，获省级生态镇称号。

区划沿革

1992年5月,撤西坑区,敖里畲族乡与西坑乡合并,成立西坑畲族镇。2011年3月,行政区划调整,撤销石垟乡、岭后乡、下垟乡,其行政区域并入西坑畲族镇,调整后西坑畲族镇下辖26个行政村,设西坑、敖里、石垟、下垟、岭后5个社区。

村镇建设

西坑畲族镇于2000年后才进行集镇建设。经过十余年不懈努力,集镇建设、生态建设逐步完善。(详见《第六卷城建　房地产·集镇建设》)

经济特色

效益农业　1991年,发展香菇140万筒,其中梧溪村40万筒,时称"香菇村"。至1998年,全镇发展水果基地1733亩(其中葡萄50亩,板栗800亩)。2011年,拥有各类水果基地20个,面积2000多亩。2000年,种植生姜600亩,成为全市生姜种植重点基地。2001年生姜种植1200亩,产品出口日本130吨,产值120万元。2011年种植生姜1000亩,成立神农姜业有限公司、西坑农产品供销合作社,为农户销售服务。2002—2011年,江山、双山、前垟、田寮等地种植太子参、浙贝、元胡、薏仁米等中药材,发展中药材基地800多亩。上垟2村民合计投资100万元,征地70亩,分别在烂桥坑、村西辽岭创办兰花、藏红花基地。

特色产业　改革开放以后,实施富民政策,优化产业结构,大力发展畜牧养殖。1999—2011年,全镇发展养羊基地2个,饲养山羊500只、黄羊1103只。旁边垟村6农户集资20多万元,创办西坑永盛兔业养殖场,年饲养獭兔5000只。塘垟、田寮被确定为省级毛兔养殖基地。毛兔养殖场发展至8个,养殖大户30户,年出栏肉兔8万只,收入300万元。2002年始,梧溪村民自筹资金40万元,创办梅花鹿养殖场,养鹿20头。2010年,上垟村民投资20万元,引进新品种"竹鼠",创办"竹鼠" 良种养殖场,存栏3000只。1999年,发展养猪场2个,饲养毛猪2500头。2011年,出栏毛猪2379头,牛115头。

小水电开发　1994年,南坑水电站增容至120千瓦。政府、民间股份合作开发的高一电、吴坳坑、仙岩等水电站陆续投产发电。2003年后,利用水力资源优势,总投资2600万元,建造桂竹坑一、二、三梯级水电站,总装机容量4000千瓦,2005年年底全部竣工投产。2006年,以股份制形式投资400万元,对半坑水电站进行技改增容开发,新增装机容量1000千瓦,12月底正式试机发电。

旅游与文化

旅游开发　西坑畲族镇地处国家级风景名胜旅游景区刘基故里、铜铃山峡、百丈飞瀑、飞云湖、岩门大峡谷等五大旅游景区中心地带,旅游资源丰富,自然环境得天独厚。境内旅游资源丰富,龙麒源、铜铃山为国家AAAA景区,安福寺、仙人谷、月老山、猴王谷等为AAA景点,畲乡风情浓郁。2000年始,初步完成旅游规划。开发畲乡民族风情,发展旅游经济,将成为西坑镇发展第三产业的工作重点。2002年,按照县委提出打造"生态旅游县"的发展战略,通过电视、报刊、制作画册等多种形式,大力宣传旅游资源,并规划、包装、开发畲乡风情、龙麒源自然景区等旅游项目,参加县政府在温州举行的招商引资推介活动。并成立全县首个畲族文化研究会,挖掘、宣传、发扬畲族文化,提高生态旅游品位。2003年,通过对龙麒源景区、砂州岛民俗风情园等旅游项目的规划、包装、宣传促销和招商引资,以及富相国祠省级文保、安福寺重修等项目申报审批,全镇旅游优势日渐显现。

畲乡民族风情 2002年，镇政府对畲乡风情开发进行规划、包装、宣传。2004年1月，成立畲乡文化研究会，抢救挖掘畲乡传统文化。2006年8月，在梧溪村举行“畲族文化”主题大型文艺晚会，展示畲乡茶饮、婚俗等文化习俗，邀请“中国畲族歌王”蓝成戚、温州大学音乐学院专家传授畲族歌舞艺术；派遣文艺骨干25人，赴温州大学参加民族器乐、舞蹈培训。2007年农历正月十二日至十五日，组织300余人制作100米长龙3条，举办舞龙闹元宵活动。2008年，开办与旅游相配套的畲乡“农家乐”餐馆4家。提升畲乡文化品位。2011年，配合温州市民宗局举办第二届瓯越“三月三”畲族文化节活动。

第七节 百丈漈镇

百丈漈镇以境内全国最高瀑布“百丈漈”作镇名，拥有百丈飞瀑、天顶秀湖、朱阳九峰三大风景名胜区，是全县旅游重镇之一。镇域建立总面积为3250亩百丈漈生态产业园，又是县工业重镇之一。位于县城西北部，东邻大峃镇，南界黄坦镇、西坑畲族镇，西倚南田镇，北接玉壶镇、大峃镇。2011年，人口2.53万人，面积90.5平方公里，工农业总产值5.75亿元。

区划沿革

1992年5月，石庄、篁庄、黄岭3乡合并为百丈漈镇。2011年，行政区域调整，二源乡和富岙乡塆后村并入百丈漈镇。辖6个社区，31个行政村。

村镇建设

百丈漈镇是1992年新建置镇。十余年来，集镇建设发展很快，至2011年已初具雏形。（详见《第六卷城建房地产·集镇建设》）

经济特色

生态产业园 百丈漈镇为县重点工业镇之一。20世纪90年代初期，股份合作制从自发私人合作走向制度化、规范化。企业门类以冶金、铸造为主导，带动竹木加工、水泥板预制、石料加工、砖瓦烧制等业发展。至1996年，全镇工业总产值1218万元，居全县第三位，被评为县先进工业镇。2004年，浙江迦密山重型锻造有限公司等多家企业到实地考察，洽谈投资项目，至年底建成年产12000吨重型锻造车间1个，基础投资2500万元，百丈漈镇被评为县招商引资先进单位。2005年，成立“百丈漈工业基地开发有限公司”，建设生态工业园区。2006年，首期开发外大会工业园区110亩，引进企业5家。2008年，二期开发驮坦工业园区480亩，引进企业14家。2009年，全镇完成工业总产值4.45亿元，同比增长67.7%。工业性投入8257万元，一、二期工业基地引进工业企业32家，其中投产5家，在建12家，7家企业即建成投产，并与10余家汽配生产企业签订投资意向。开发工业用地面积650亩，引进企业27家，其中汽配20家，阀门3家，锻造2家，其他2家。2010年，开发外垟工业小区500亩，引进企业11家。2011年，开发工业用地1090亩，引进企业30家（阀门锻造5家、汽配16家、其他9家），全镇工业产值5.12亿元，同比增长27.8%，占当年工农业总产值85.2%。同年，设立百丈漈生态产业园，制订生态工业发展规划，工业基地完成外垟征地500亩，土地平整进场施工，完成185亩土地挂牌出让，8家企业进场施工。全年完成生态工业基地基础配套项目投资1300万元，生态工业基地产业化项目完成投资7000万元，二期3家企业开展厂房建设。严把企业筛选关，引进零污染、低能耗、高效益企业入园。

生态农业 20世纪90年代开始，农业从分散个体经营模式逐渐向规模经营发展。1996年，成立镇农业综合技术推广站,1999年,成立农业经营服务部,2003年4月,经国家地质部门推测,境内土壤、水体和空气质量符合国家A级绿色食品生产要求,为发展绿色食品提供有利条件。2004年,同垟、西里等村绿色稻米基地与永嘉思源农业有限公司签订订单2200亩。2007年,二源建成省级"科力"牌绿色稻米基地,平均亩产620.7公斤。2006年,扶持高山蔬菜发展,注重绿色品牌,注册"天顶湖"牌鲜活农产品系列,建立鲜活农产品运输销售农民合作社,年销售近2000吨。2007年,二源先后建成省第二批无公害农产品基地,温州市二线后备蔬菜基地和"兴绿"蔬菜基地。2011年,蔬菜播种面积5696亩,总产量8185.1吨。2008—2011年,发展天顶湖名茶基地520亩,镇头、富垟、新亭等建立俗称高山反季节蔬菜基地2800亩。养殖业以西段、篁庄、同垟村为主,养殖大户80户,饲养肉猪3000头,家鸡等禽类70000羽;百丈漈水库淡水养殖场总面积8485亩,年产淡水鱼5.5万公斤,养殖收入600多万元。2011年,农业总产值8556万元。

旅游开发

篁庄旅游中心村 百丈漈景区的天顶平湖、百丈飞瀑景点坐落在篁庄村境内。1996年篁庄村个体餐旅馆已达10家。2000年5月,组织篁庄等6个景区村干部代表到杭州、千岛湖等景区考察。6月,篁庄等6个景区村签订联合开发猕猴岛的协议。2002年,篁庄村投入资金兴建天顶湖停车场、百丈飞瀑入口道路建设。2003年,投入20万元,建造天顶湖停车场。2006年配合主管部门完成百丈飞瀑景区的详细规划。经多方努力,与百丈漈电厂达成"恢复百丈飞瀑雄姿取水工程"的协议。2008年启动百丈飞瀑引水工程。完成以篁庄村为中心的旅游特色村规划。启动篁庄旅游特色村规划编制工作。

旅游配套设施 1997年,镇委、镇政府把旅游业作为增强镇经济发展后劲的重大举措,配合百丈飞瀑引水工程建设,首期工程完工,国庆节开始放水。1998年,在金秋招商引资联谊会上推出招商引资项目,温州同钠集团公司与镇政府签订万亩休闲农业园区项目意向书。1999年,百丈漈二期引水工程竣工,并引入水源。个人投资60万元开发的清风山庄于7月竣工并开始营业。2008年,建成天顶湖山庄、农家乐天顶湖停车场、白鹭山庄度假村、环湖农业观光园区、外垟农家乐等服务配套设施,初步形成"吃、住、行、游、购、娱"为一体的旅游服务配套设施体系。2010年,协助兴建百丈飞瀑取水工程及消能电站,恢复中断50年的百丈飞瀑雄姿。2011年,推进百丈飞瀑景区基础设施建设,完成天顶湖旅游接待中心36幢别墅主体工程。接待游客2.5万人次。开发特色旅游产品,1998年4月成立镇旅游特产开发有限公司,开始生产纯净水、竹雕、眉茶、精制干菜、"刘基家酒"等系列旅游产品,引导农户创办"农家乐",全镇办风景区农家乐餐馆6家。

第八节 峃口镇

峃口镇是2011年新设置镇,位于县城东南,地处县城东大门。东临瑞安市,南界平阳县,西接巨屿镇,北倚大峃镇。2011年,全镇人口3.79万人,面积90.5平方公里,工农业总产值1.74亿元。飞云江贯穿全境,山清水秀,生态环境保持良好,是全县首批获得温州市生态乡、浙江省生态乡称号的乡镇之一。

区划沿革

2011年,行政区域调整,由原峃口乡、双桂乡、公阳乡、平和乡、金垟乡(4个行政村)合并建镇,下辖5个社区,35个行政村。镇址设原峃口乡。

村镇建设

生态建设 2005—2010年,19个村先后被命名为市级生态村,原各乡分别获浙江省、温州市生态乡称号。2011年,峃口镇继续推进村庄整治和珊溪水库库周整治工程。启动生态建设项目,投资550万元,建成大垟口主题公园,投资846万元启动"千百工程",完成峃口、鱼局村亲水平台、沿溪护栏、城东村防洪堤、污水垃圾处理等设施建设,创建市级生态村5个。

移民迁村 2003年开始,镇域实施下山移民扶贫迁村工程。对原峃口乡境的富竹湾和驮坟村村民实施下山脱贫,建成峃口、鱼局、新联、城东4个移民迁村点,迁移28户137人。迁居原双桂乡道破和吊岗边远自然村村民114户357人。建成排垟下山移民点,迁移西垟灾害点,完成桂西山脚坳移民36户269人。建上岳头、水碓宅扶贫迁村点,搬迁原公阳乡的桂山坑、朱山垟、岩头毛园、北岙等自然村村民167户799人。2004—2008年,先后建成廿五坑、大垟口、平和3个移民扶贫新村,建房屋140间,迁移平和乡边远自然村村民118户455人;建成原金垟乡驮垟尾、溪口、渡渎3个扶贫迁村点,移民下山162户500人。

经济特色

种植业 农业生产以种植水稻、番薯为主,兼种蔬菜、药材、油料、水果等经济作物。2011年,行政区域调整后,全镇耕地面积17092亩,粮食播种面积25884亩,粮食总产量7081吨。

水稻制种 1987—1999年,渡渎村、公阳上岳头村连续13年进行杂交水稻制种,累计制种面积3248亩,生产优良品种512859公斤,总产值513万元,所制种子品质良好,由县种子公司统一销往各地。

特色产业 1991年,扩大红柿生产规模,开发红柿基地120亩,年产红柿8万～10万公斤,产地以公阳为主。2009年,双桂重点发展板栗、柑橘、红柿,年产板栗2500公斤,种植碰柑300亩、瓯柑200亩、东魁杨梅650亩、红柿600亩;重点发展各类蔬菜种植面积4573亩,总产量7476吨;药材种植面积487亩。开发双桂富硒糯米百亩特色精品农业,峃口杨梅基地1050亩,桃子葡萄381亩,金垟溪口村红柿120亩,良坑村香蕉基地70亩。

名茶开发 镇境种茶历史悠久。1998年,蔡日省创办文成县日省名茶开发有限公司,开垦荒山70亩。2000—2002年,日省公司与田东、廿五坑、巨屿柳一山村、瑞安市营前乡洪地村签订土地承包合同,利用荒山、残次林地新建茶园1016亩。2003年,原乡政府提出"茶叶富乡"战略,2004年发展种茶专业户53户,至2008年,茶叶种植面积3000余亩,年加工茶叶36吨,销售收入432万元。2011年,全镇茶叶种植专业户85户,茶叶种植面积13168亩,平均每亩纯收入1050元,人均收入365.9元。

嫦娥兔业有限公司 成立于2001年,拥有种兔场和饲料加工厂,种兔场占地5000平方米,草地20亩,兔笼2400个,年供中国豫丰种兔万只以上。随后,组织系列兔肉产品加工。是一家集大型综合兔养殖场和科研与兔肉产品加工生产于一体的综合型企业。

"百户万头"养兔工程 2003年,双桂实施"百户万头"养兔工程。2004年,双桂肉兔标准化养殖发展壮大,年出栏逾3万只,平均增加兔养殖户收入1440元,并顺利通过省畜牧兽医局验收,成为省食草动物养殖重点乡。2008年,公司产品荣获浙江名牌产品,公司企业荣获浙江农业龙头企业。2009年,形成双桂周山村、垟山村两个养殖专业村和桂东村陈岙养殖重点村养兔示范户71户,科技示范户16户,肉兔年出栏数达到95000只。扶持"长龙肉兔养殖场""山城土鸡养殖场""垟山生态猪场"的发展;投入50万元,重点扶持周山下村的肉兔产业。

白鸽养殖场 2007年,平和新田村三十六培投资500万元创办龙凤山白鸽养殖场,养殖规模5万羽。

梅花鹿养殖场 2008年,公阳创办梅花鹿养殖场,占地5亩,引进梅花鹿60余头。公司产品荣获浙江名牌产品,公司企业荣获浙江农业龙头企业。

旅游与文化

特色文化 峃口境域历史悠久,群众传统文化活跃。最传统的是"正月十五闹花灯",该习俗流行至今。平和郭山的布袋戏,大年初一至十五,由民间艺人在各庙宇演出,师傅一人可同时唱、敲、演,技艺高超。平和郭山等地靠近平阳,故布袋戏唱腔全部使用闽南话。

20世纪90年代,镇境从事民间鼓词行业5人,1995年后因现代鼓词光盘出版,民间鼓词销声匿迹。1991—2011年,16个弹唱班,艺人90人。全镇从事佛像、家具装饰雕塑的能工巧匠19人,尤以公阳、双桂最多。2008年,公阳开展非物质文化遗产普查,编撰出版《公阳乡非物质文化遗产录》。

九溪底漂流 2011年,投资1280万元,完成公阳坑至九溪底漂流项目一期工程及鹤狮山旅游开发项目一期工程。

峃口绿道 2009年,总投资1000多万元,从鱼局开始直到渡渎,全长8公里,延飞云江东岸依势而建。绿道沿途有樱花岛、飞云道、亲水平台、彩柏路等。精品绿道打造借助飞云江沿岸的良好生态环境和山水风光,为居民提供良好休闲娱乐场所,吸引县城及温州、瑞安周边游客游玩,成为峃口旅游品牌。

刘英住地 位于双垟包村毛岭头,属平阳与文成交界崇山之巅。1935年后,刘英曾两次从平阳经此往返林新成家,后被国民党平阳靖卫团烧毁,20世纪50年代重建。

陈步云故居 位于公阳上岳头方道底自然村。陈步云生于清乾隆三十七年(1772),卒于道光三十年(1850),诰授武显将军、七镇水师总兵。陈步云故居原为二进式四合院,后毁于火灾。仅存一座清朝中期的大门台、一座建于明正统元年(1436)的大宗祠及小宗祠。故居正前方留有千年古防御城墙、鹤溪楼桥等。

叶鼎故居 位于公阳岭头村积谷山下。明洪武十七年(1384)叶鼎任礼部郎中,建二进33间四合大院,人称郎中府、教读太子府。府中存一完整二进院落(天井)及部分府基、石雕八卦图、石雕伏羲头像、石鼓、石太监帽等实物。府邸附近有保护良好的叶葵、叶鼎父子及后裔古墓群。

第九节 巨屿镇

巨屿镇为全县工业重镇,位于县城东南面。东南接平阳县、西南邻珊溪镇、西北倚黄坦镇、东北靠峃口镇。全镇先后获浙江省生态镇、城乡统筹改革试点镇先进称号。2011年,人口2.26万人,面积48.5平方公里,工业总产值14.35亿元。全镇创建市级生态村6个,县级生态村3个,成功创建市级生态镇、省级生态镇。

区划沿革

1992年5月,撤销孔龙、花前、东垟、黄龙4乡合并建置巨屿镇,下设四个办事处,辖33个行政村。镇政府驻地稠泛村。2011年,下辖3个社区、23个行政村。

村镇建设

巨屿镇于1992年建镇,并开始集镇建设。生态建设逐步完善,形成一个设施完整的新集镇。(详见《第六卷城建房地产·集镇建设》)

经济特色

工业园区建设 1997年,开发垟尾沙州建工业小区,实行优惠政策,招商引资。1998年,按照制订的工业发展规划，分步骤建设县级工业小区。完成填砌小区面积21000平方米，铺筑水泥路面2100平方米，架设工业小区万伏高压电线路，并出台优惠政策。为吸引外地优势企业和优秀企业家，激励外出经商人员回乡办企业创造良好环境。同年，实现工业总产值706万元，比上年增长18%。1999年，加快工业园区建设，文成水泥电杆厂等3家企业落户园区。传统制砖业改革迈出新步伐；巨龙新型墙体财料公司筹建完毕，全年总产值820万元，比上年增长16%。2000年，浙南管装有限公司等4家企业落户园区；巨龙新型墙体财料公司投入生产。2002年，工业小区改称工业园区。一期建设工程进展顺利，引进企业9家，工业产值突破亿元大关。2004年，围绕“精农业、强工业、创经济强镇、建生态巨屿”工作思路，生态工业开始起步，引进企业17家，初步形成设施完善、环境优美的新兴集镇。2006年，以招商引资“一号工程”、工业发展“55工程”（用5年时间实现工业总产值50亿元）为突破口，通过制定优惠政策，加大招商引资力度，加快工业化进程。一期工业用地813亩，引进企业16家。全年实现工业产值7.3亿元，年增加143.3%。2007年，工业总产值11.58亿元，同比增长70.8% ，被县人民政府授予“工业强镇”荣誉称号。2008年，工业产值12.3亿元，同比增长4.4%，创税4242万元，同比增长16.6 %；全镇发展来料加工点13个，从业人员738人，发放员工工资1100万元。

2011年，在园区建设、企业服务和招商选资三方面下功夫，扶持南申、巨华锻造等10个技改项目，全年实现工业产值14.35亿元，同比增长18.8 %，全年工业性投入达8635万元。

来料加工业 采取宣传引导、政策扶持、企业品牌化、特色化创建、整合产业链等措施，形成“一企一品”新格局。同时采取政策、资金、人才、服务、措施等扶持方式，推动来料加工一条街特色基地发展。至2006年年末，发展来料加工点17个，培养优秀来料加工经纪人20多人，熟练手工技术工人2000多名，解决低收入农户1394户、1411人。全镇来料加工企业发放工资2798万元，其中发放工资超过100万元的企业4家，超过200万元的企业2家，超过300万元的企业1家。

文化与旅游

文化设施 巨屿镇2010年投资116万元，改建镇综合文化站，内设2个办公室，图书阅览室、多功能活动室、文化科技培训展示厅、信息资源共享服务室、书画创作室、老年活动室、少儿活动室、乒乓球活动室、音乐室、舞蹈室、道具室等配套设施。

云居寺 位于方前村潭河底。建于宋景德二年（1005），经元明清三废三建，现存寺宇规模宏大，分别为三组建筑物，大雄宝殿、十八罗汉殿、珈蓝殿和五显官殿。

葛峰庵 位于垟地村。建于南宋庆元元年（1195），分圣门、金刚殿、大雄宝殿三幢，五显爷殿、庵周笔架山、将军岩、三叠岩、峰桶岩、永桥等胜景。

叶山庵 位于云村后山，始建于清咸丰九年（1859），分头门大殿宝殿两进，左侧建有五显爷殿，右面为僧房。

报国寺 位于垟尾村。始建于清，旧称垟尾新堂。由当地居士建造为课诵位房，建筑550平方米。

包龙潭景区（尚未开发） 位于穹口村。重要景点为包龙潭、龙潭、白龙漈石屋祠、仙霞洞、龟背山古遗址。

第十节 周山畲族乡

周山畲族乡是2011年全县行政区域调整后唯一保留的建制民族乡。位于县城东南，东界公阳、南联双桂、西接金垟、北邻大峃。2011年，全乡人口0.52万人，面积14平方公里，工农业总产值1753.5万元。2011年，被命名为浙江省生态乡、浙江省兔业养殖示范乡。

区划沿革

1958年4月，经省人民政府批准，建立周山畲族乡。1959年3月，改称周山管理区。1961年12月，称周山人民公社。1985年，复称周山畲族乡。2011年乡镇调整，保留民族乡建置。

乡村建设

自建乡开始，乡政府一直借用民房办公。1998年，上级拨款60万元兴建乡政府办公楼一座，建筑面积1000平方米。2003年，投资90万元建成9个村两委办公楼。2006—2008年，建成乡文化活动中心、开工建设养根村文体活动中心和停车场，安装路灯130多盏。养根、漈下、吴垟3村旧村改造工程竣工。扶持困难群众住房救助189间。2011年，官坑村启动美丽乡村试点建设，获“2011年度美丽乡村创建工作先进集体”荣誉。

乡境地处高山，村落分散。2005年起，启动开展新农村建设，边远自然村实行扶贫迁村。原周岩村岩洞迁自然村到东山龙村，白岩漈自然村迁到养根村，里时坑顶自然村迁到东山龙村，牛腿塆自然村迁到养根村，方坑自然村迁到包山底，西风漈自然村迁到横路头。实施预防山体滑坡迁村工程，竹园脚自然村迁到包山底村，上钟自然村迁到垟背。2006—2008年，扶贫迁村人口109户，509人。

乡境生态环境良好。据1989年森林资源复查，全乡林业用地13110亩，占全乡土地总面积的61.6%，森林覆盖率50.5%。森林面积11627亩，其中生态公益林649亩。2002年起，乡境实施村庄生态整治，治理上坑、包山底、养根3村地质灾害点，拆除路边露天厕所，建公厕11座。2005—2006年，启动吴垟、双新两处生态公墓建设。2008年，推行垃圾“户包、乡集、县运”制度，投资20万元建乡垃圾中转站、收集点9处。整治村庄环境，搞好村庄绿化，改善村容村貌，加强青山白化治理，深埋、绿化坟墓。投资50万元建成养根村生态示范工程，通过市级生态乡验收。完成吴垟、官坑、漈下、养根等村省级生态村居建设；完成包山底、上坑村市级生态村整治工作。2009年，投资15万元建成养根村排污工程。2010年，周山畲族乡被命名为浙江省生态乡。

经济特色

茶叶 1991年，茶园面积2638亩，配置茶叶加工设备67台，加工茶叶21吨，产值10.5万元。1999年创办周山茶叶发展有限公司，开发名优产品“半天香”茶叶及高级绿茶。2002年，提出建设“生态农业乡”战略目标，做大做强茶叶产业。以1050亩市级农业示范区为中心，带动周边乡村发展茶叶，全乡形成2000亩茶叶基地。2004年，乡政府确定“高山茶叶、中山药材、低山水果”的农业产业结构布局。首先是大力做好“茶”字文章，全年新开发220亩茶叶基地并顺利通过县级验收。2005年，抚育茶园1320亩次，建苗圃105亩次。2006—2007年，抓好茶叶加工点建设，整合13家加工场，增加茶叶附加值。抚育茶叶基地1520亩，其中茶叶苗铺基地26亩；加强茶叶新基地的开发，在养根村、周垟民族村、上坑民族村开发早茶基地500亩。周山茶叶发展有限公司生产的正茗牌半天香茶叶深受市场欢迎。2011年，全乡茶园面积3143亩，占园地面积68%。年产值300万元。做好际下电站技改增容工作，发挥更好经济效益，壮大村级集体经济。

水果 20世纪90年代始，乡境水果基地形成生产规模。1994年，官坑村组建联户以承包形式发展杨梅、板栗基地350亩，户均3亩。2001年，全乡水果基地2131亩，其中杨梅850亩，猕猴桃238亩，板栗387亩，桃、梨311亩，柿345亩。2003年，扶持金猴果品有限公司和周山茶叶发展有限公司2家效益龙头企业的发展，抓好名优水果生产，基地配套设施逐步完善。

养殖业 畜牧养殖为乡境传统辅助产业。2001年始，对专业养殖大户实行扶持政策。2004年全年全乡发展山羊养殖480只，肉兔2890只。2006年制定《关于扶持兔业产业化发展的若干规定》，开展肉兔养殖村试点，全乡肉兔养殖专业户126户,其中存栏200只以上的规模养殖户5户,存栏达10000多只。2008年,存栏达20000多只。2009年,投入20多万元扩大兔业规模养殖场,投入10万元引进新西兰肉兔品种。2011年,全乡肉兔养殖384户,存栏27000多只,其中存栏200只以上13户,被命名为"浙江省兔业养殖示范乡"。

旅游与文化

马灯舞 周山乡养根村"马灯"历史悠久,每逢春节、元宵等传统节日,自发组织马灯队到邻村挨家逐户演出,祈求期盼好年景、保太平。2005年,传统曲目马灯舞被列入温州市第五批非物质文化遗产名录。

畲族医药 周垟畲族草药名医雷芝英、儿媳妇林碎奶、孙媳妇雷嵋莲、第四代传承人雷仕胜与刘海芬夫妇以草药主治儿科、妇科、兼治内、外科,远近闻名。2008年,温州市人民政府、文成县人民政府发文分别把"云芝堂"儿科、妇科列入温州市和文成县第二批非物质文化遗产名录。2009年3月,取得浙江省卫生厅颁发的医师资格证书。2010年,"云芝堂"儿、妇科疗法获得温州市非物质文化遗产代表性传承人称号。

施氏古民居 位于周山乡府驻地养根村。皆坐北朝南,建于清咸丰年间(1851—1861)。由门厅、东西厢房、正屋组成四合院式二层木构建筑。门厅原为七开间,后加建一间,屋面双落翼式悬山顶。厢房三开间。正屋建于陡板石砌筑的台基上,明间梁架穿斗式结构,为七柱十檩,前檐柱跟金柱之间设通廊,前檐使用双挑檐檩,檐柱为断面抹角方柱,下用青石质方础承托,并设青石质柱顶石,二楼前檐置廊,设美人靠,内存有孙衣言书的"庆锡期颐"匾额一块,出腰檐,底层明间设敞厅,次间起地面架空设木地板,前用格扇封闭,置花窗,上浮雕人物、花草图案,正屋屋面双落翼式悬山顶,阴阳合瓦。施氏民居是周山乡唯一一座保存完整的古民居,具有较高的保护价值。

革命老区 早在1937年,就有共产党在此开展革命活动。最早的负责人是平西线林瑞清、徐伯青,青景丽线的林运福、叶应可等。1940年,平西区委在徐山、周山、驮岭、九条垟、官坑一带发展中国共产党地下组织,1942年冬,建立起徐山、水坑2个中共党支部,党员20余名。1948年,先后成立徐山、东山龙、水坑、际下等中共支部,中共党员124名。

第二卷

自 然 环 境

县境出露底层主要为中生界侏罗系上统灰色火山碎屑岩和白垩系下统紫红色沉积岩碎屑岩夹火山岩，是古老火山活动地带和长期构造运动形成的复杂多样地貌类型。其中山地占57.6%，丘陵占37.87%，河谷平原占4.53%。因地处中亚热带季风气候区，常年温暖湿润，年平均气温14℃～18.4℃，多年平均降水量为1791.7毫米，为发展农林牧副渔业生产提供优越条件。但是气温和降水时空分配很不均匀，水、旱等自然灾害时有出现。

全县土地面积1292.16平方公里，经过人们长期的劳动，90%以上土地已被利用。水资源总量多年平均为16.79亿立方米，属丰水。水力资源理论蕴藏量50万千瓦，可开发量42.29万千瓦。动物、植物资源丰富。金属矿矿点分散，储量少；非金属矿如花岗石、高岭土等储藏量大，具开发前途。

第一章　地质地貌

县域大地构造位置处于华南褶皱系与浙东南褶皱带中，并有温州至临海坳陷、泰顺至温州断坳，还有北东向泰顺至黄岩大断裂和北西向的松阳至平阳大断裂通过县境东南和中部。由于晚侏罗世受基底断裂控制的火山活动强烈，形成文成火山洼地。早白垩世在此火山洼地中部有河湖层柑红层堆积，外围又有花岗岩、闪长岩侵入，形成文成构造盆地。

第一节　地　质

境域属中生界侏罗系上统和白垩系下统地层，其岩石为火山岩。地质构造为华夏系和华夏式，新华夏系环状旋卷，东西4个构造体系及南北地层向和北西向两个断裂带。

地　层

出露地层属中生界侏罗系上统和白垩系下统，仅在飞云江边珊溪孔龙附近出现极少量新生界全新统（Q_4）地层。

侏罗系上统磨石山组（j_3m）　是一套以酸性火山碎屑岩为主，夹酸性熔岩及中酸性或中性火山岩的火山岩系。按岩相和岩性组合不同，可划为4个岩性组。

大爽组（J_3d）　下部为黄色长石岩屑砂岩、紫红色凝灰质砂岩夹浅灰色流纹质岩屑玻屑凝灰岩。上部为浅灰色流纹质含角砾玻屑凝灰岩、熔凝灰岩夹浅紫色英安岩、凝质细砂岩，厚度＞23米，产有叶肢介、舌状羽叶等化石。

高坞组（J_3g）　主要分布在峃口与平和北向直至瑞安湖上桥一带。该组岩性主要是一套青灰、灰紫色块状流纹质晶屑熔凝灰岩或凝灰岩，有的为玻屑晶屑凝灰岩或熔凝灰岩，常含有角砾，偶夹玻屑凝灰岩、集块岩、流纹岩和凝灰质粉砂岩或泥岩，厚度＞893米。

西山头组（J_3X）　该组由白水漈剖面向东，沉积夹层减少，火山岩层却相对增多。在朱雅的下龙宫附近，还发现集块岩，显示出该区是上侏罗统中期的强烈火山活动地段。自白水漈剖面向南沉积层增加，火山岩减少，改为该条带中段的枫树坪、林坑、花庄等地（即文成盆地早白垩世盆地的外围），湖相沉积最为发育，相变为一套黑色硅质岩、孔灰质细砂岩、粉砂岩为主，局部夹水泥质页岩，而且保存不少生物遗迹，为磨石山群主要化石产地。在茗垟附近，上部夹有一层含砩石玻基辉橄岩。

九里坪组（J_3j）　该组分布较为零星，出露部位较高，一般在山峰上。文成盆地外围的白岩尖、大湾顶、老虎头等地亦有零星出露。岩性为肉红色或紫灰色流纹岩、流纹斑岩、石泡流纹岩。局部相变为流纹质晶屑熔凝灰岩及玻屑凝灰岩，偶夹粉砂岩，厚度＞500米。

下白垩统（K_1）　该统覆在磨石山群的火山岩之上，以内陆河相堆积碎屑岩为主，夹少量火山岩，根据其堆积环境不同，可划分为上、下两个岩性组，在还原环境堆积的下组称之为“馆头组”，在氧化环境堆积的上组称之为“朝川组”。

下白垩统馆头组(K_1g) 分布在辖地早白垩世盆地的边缘部分。为一套内陆河湖相沉积碎屑岩,局部夹火山杂岩,岩性为青灰、黄绿、灰黑及紫红等色。富含长石岩屑或凝灰质成分的砂岩、沙砾岩,间夹粉砂岩、泥岩及砾岩,局部还有硅质岩。在砂、泥岩中常有钙质结核,其中青灰和黑色砂、泥岩中常含有介影虫、叶肢介、腹足虫及松柏、蕨类等动植物,在盆地的东南部,局部有酸、中、基性火山熔岩碎屑岩、层凝灰岩,底部有不稳定的青灰、紫灰或紫红色的砾岩或沙砾岩。

下白垩统朝川组(K_1c) 为在强烈氧化环境下沉积成河湖相的一整套紫红色、猪肝色碎屑岩。按岩相、岩性特征可分为a、b两段,其中a段以紫红色碎屑岩夹中性火山岩及凝灰岩组成,局部还夹有基性火山岩;b段则以酸性火山岩为主,夹紫红色沉积碎屑岩。

朝川组a段(k_1c^a) 岩性特征一般以中性火山岩较为发育,在文成盆地南部可相变为中性火山岩夹红色沉积岩。在水银尖附近夹有巨而厚的安山质集块岩,而在周南附近的下部出现很厚的橄榄玄武玢岩和杏仁状玄武岩等基性火山岩,岩性不稳定。但从周南北侧开始,出现酸性火山碎屑岩的夹层。北缘至十源一带则变为赭红色砂泥岩及砂岩,厚度相对减少。

朝川组b段(k_1c^b) 该段未发现流纹岩,沉积岩相当发育,从周南而上,厚度很大。该段地层中,火山岩层中夹有紫红色粉砂岩、砂岩、砾岩或凝灰岩的沉积岩层,而且沉积层由四周向盆地中心加厚。百丈漈一带,仅红色碎屑岩,厚度增至150~180米。

文成县下白垩统地层剖面一览表

表2-1

盆地名称			文成盆地				山门盆地	
剖面名称与位置			北部	东部	东部	南部	北部	西北部
—			十源	周墩	半岭	花前	孔龙	横坑
地层名称及代号厚度(米)	朝川组	b段(k_1c^b)	>29.4	>459.9	—	—	>341.9	略
—	—	a段(k_1c^a)	117.8	353.8	287.9	—	398.1	—
—	馆头组(k_1g)		225.7	108.0	130.8	>650	503.1	—
下伏地层及代号			j3米b	—	j3米b	j3米c	j3米c	—
各剖层下白垩统出露的厚度(米)			402.9	921.7	418.7	65.9	1242.6	—

说明:资料来自《文成县志》

第四系(Q_4) 为全新统冲积层。主要分布在飞云江上游珊溪孔龙一带。岩性为洪积的黏土、细砂、砾石等,但厚度不大。

岩 石

县境处于华南褶皱系北段的浙南沿海火山活动带,晚侏罗系、白垩系的火山较为强烈,故火山岩分布广泛。按火山活动的特点与火山活动的长期性,出现有规律的演变,称之为火山活动的旋回性,而火山活动过程中往往表现出物质成分和喷发强度的变化,显示韵律性的特点。根据火山活动强度、活动方式,岩浆的化学成分演变和构造运动等资料的综合分析,火山活动大致可分为两个喷发旋回。

第一喷发旋回 由上侏罗统磨石山群火山岩系组成。根据该群火山岩的分布及岩性特点,旋回的火山活动方式大致可划分为呈北东至南西向延伸的西北、中部、东南三个条带。总之，第一喷发旋回早期到晚期火山活动强度，显示由强变弱至停息的演变过程。

第二喷发旋回　由下白垩统馆头组、朝川组沉积的火山岩系组成。火山活动仅局限于早白垩系的文成盆地中，在早期火山活动基本停息一时后堆积一套厚度较大的河、湖相碎屑沉积岩，含有较丰富的淡水动物化石和一些植物化石。由于盆地西夹有厚度不大的玄武岩，局部有流纹岩等，成为后来大规模火山活动的前奏。中期在继续接受河湖相沉积的同时，有间歇的火山喷溢活动，岩浆成分以中性为主，局部有块岩夹安山玢岩至沉积岩组成。第二韵律组由橄榄玄武岩、英安质凝灰角砾岩至沉积发、间歇的演变过程。岩浆成分大致由基性、中性、中酸性的演变过程。岩浆成分大致由基性、中性、中酸性的演变活动。

按火山喷发类型可分为：

晚侏罗世火山喷发类型　上侏罗统磨石山群火山岩的分布，具有自东至南西向带状分布特征。已知珊溪至营前两个晚侏罗世古火山机构位于珊溪镇狮头湾、坦岐、穹口、泥鳅垟一带。珊溪至岜口背的西南端，受华夏系基低构造控制，面积约6平方公里。火山机构均由磨石山群大爽组酸性熔岩、火山碎屑岩组成。其火山颈归入磨山群西山头组，火山机构时代属晚侏罗世晚期。

早白垩世火山喷发类型　早白垩世火山在文成盆地中。火山岩的分布范围有限，岩性变化和喷发韵律的多少均随地而异。在东垟笔架山、金垟谷山等地有早白垩世中心式火山通道存在。

构　造

县境位于新华夏系构造一级隆起带，因而广泛分布着中生代刚性火山岩，燕山期酸性、中酸性侵入岩也比较发育，构成形式以断裂为主，褶皱不发育，仅见平缓向斜、背斜构造形迹。据其总体展布的方向、性质、规模等综合分析，存在着华夏系和华夏式、新华夏系环状旋卷，东西向4个构造体系及南北向北西向两个断裂带。

南北向断裂带　主要展布在西北汤垟至东坑一带，延伸长30余公里，带宽20公里。

北西向断裂带　断裂较发育，规模小的几乎到处可见。较大的是百丈漈至平阳县吴小垟一带。走向为北30°至西50°，褶裂特征典型，如构造为角砾岩、断石锯齿状等。这类断裂结构面，归属于华夏式构造。还有出现于垟地边、珊溪、岩下等地组成一个北60°至西70°的断裂。宽带约15公里，延伸长20多公里，向西北深入泰顺县。据珊溪火山喷发基底与构造分析，西北大片为磨石山群西山头组火山碎屑岩夹沉积岩，火山颈相流纹斑岩侵入于该套地层中。在坦岐海拔129米的高地附近，见到狮头湾爆发区相流纹质集块岩喷发系，整合于该套地区的凝灰质砂岩之上。可断定珊溪火山机构之喷发基底，由磨石山群西山头组组成。北西向断裂是该区内主要储矿构造，对成矿十分有利。狮头湾和泥鳅垟两处火山颈各岩相组合面貌与矿物相近，均属错石型。矿物有磁铁、刚玉、方钴、闪锌、黄铁、磅石、绿帘石等。蚀变矿产有包山锰矿，矿体位于狮头湾火山颈的近火山口相内，与岩颈仅距500米。

第二节　地　貌

县域为山峦起伏，沟谷纵横，地势自西北向东南倾斜型地貌特征。地貌层次分明，类型众多。

地貌特征

境内山峦起伏，沟谷纵横，地势自西北向东南倾斜。西北部地势较高，千米以上山峰众多，石垟林场杨顶垟海拔1362米，为全县最高峰。东南部地势显得平坦，出水口平和大垟口，海拔15米，为全县最低点。

地貌类型以山地、丘陵为主,河谷平原较少。山脉多为西北——东南走向。山地、丘陵分布面积,占全县总面积的95.47%。

全县溪涧众多,溪涧下切形成"V"字形地貌。于是许多地方由山岭高峻、峡谷众多,有些地方还出现悬崖峭壁,形成风格独特的地貌景观。同时,由于山高谷深,河流湍急,提供丰富的水力资源。

地貌类型

地貌层次分明,类型众多。

河谷平原(河谷小盆地) 由河流冲积而成。海拔大都在100米以下,面积58.53平方公里,占全县总面积的4.53%。地面较为平坦,坡度一般在5°以下,表层为沙砾、细砂和粉砂。主要分布在飞云江两岸(从东部的大垟口、峃口到南部的巨屿镇、珊溪镇)及飞云江支流玉泉溪的玉壶,泗溪两岸的大峃镇、双垟、龙川、中樟等地。土层深厚,土质肥沃,水源充足,多辟为稻田。

丘陵 海拔在500米以下,相对高度一般在100米左右。面积489.37平方公里,占全县总面积的37.87%。根据海拔高程又可分为低丘和高丘两类:

海拔100~300米的低丘。面积200.03平方公里,占全县总面积的15.48%。切割深度30~50米,坡度大于20°的占58%,坡度15°~20°的占21%。丘陵山体主要由凝灰岩、流纹岩、花岗岩组成。分布在大峃四周及双垟、龙川、樟台、塔山、峃口等地。

海拔300~500米的高丘。面积289.34平方公里,占全县总面积的22.39%。中切割深度50~100米,坡度大于25°的占52%。山体主要由凝灰岩、流纹岩组成,主要分布在周壤、上林、东背、黄坦、稽垟、黄垟、双垟、樟台、金炉、塔山、峃口、金垟、双桂、花前等地。

山地 是主要的地貌类型,根据海拔高程不同,可分为中山和低山两类。

海拔500~1000米的低山。面积690.42平方公里,占全县总面积的53.44%。低山中切割深度大于300米,坡度大于25°的占71.3%。山体主要由花岗岩、凝灰岩、流纹岩组成。主要分布在河谷四周:飞云江南岸的李井、孔龙、东垟、双桂、周山、公阳、平和等地;飞云江北岸的双溪、汇溪、东龙、珊溪、花前、金垟、黄龙、峃口、金炉、稽垟、黄垟、黄坦、富岙、西坑、敖里、中樟、龙川、石庄、黄岭、新东、里阳、马山、大壤等地。其中有山顶夷平面(俗称高山小平原、山顶平台)2处,为独特地貌:

南田山夷平面,位于县境北部南田区境内,海拔在600米以上,面积196平方公里,占全县面积15.16%。夷平面边缘地带坡度陡峻,有"九都(南田旧名)九条岭,条条透天顶"之说。地面平旷,虽存在着浑圆的丘陵缓岗,但相对高度不大。岩性多为紫红色砂岩、砾岩、流纹岩、熔凝岩。在南田、二源、三源、石庄、龙岙等地夷平面上村落稠密,有良田千顷,是单季稻主要产区。

桂山山夷平面,位于县境南部的珊溪桂山内,海拔800米左右,面积约25平方公里,占全县面积的1.94%。夷平面略有起伏,但相对高度不大。岩性为花岗岩,熔凝灰岩等。

海拔1000米以上中山。面积53.84平方公里,占全县总面积的4.16%。切割深度不大于500米。山体主要由凝灰岩、流纹岩组成。由于地表受强烈的流水侵蚀,沟谷幽深、山坡陡峭,坡度大于50°的占86.6%,是县内主要林业基底。主要分布在西北的石垟林场及其周围地域。

山地以飞云江为界,呈2条山脉分布。飞云江以北的属南田山脉,飞云江以南的属南雁荡山脉。

南田山脉 以南田山得名,属洞宫山脉罗山支脉。自景宁县梅岐与文成县下垟交界的老昌垟头(又名大仰垟头,海拔1336米)入境,其主干自县境西北边经石垟林场、南田、玉壶东入瑞安县,北支伸至瓯江以南地带,南支直抵飞云江北岸,成为瓯江和飞云江的一部分分水岭。整个山体东西长70余公里,南北宽50余公里,横亘全县大部分地区。山势高峻陡峭，千米以上山峰有159座，县内最高峰杨顶埄就在西北部的石垟林场境内。

南雁荡山脉　从平阳县入境后分2支：一支从珊溪南林与平阳县维新交界的仙乌岩尖（1133.5米）北行，经牛栏塆山（1056.3米），折东北经峃口平和和瑞安县营前、石龙交界的猫狸堂山，入瑞安县；另一支从仙乌岩尖西南行，经珊溪桂山与毛坑交界的风门头山（1003.2米），折南经珊溪毛坑与桂山交界的仙岩尖（1123.9米），折西经吴地山（1124.3米），再折西北经仰山毛山，止于东塆坑。

南雁荡山脉在县内分布约226平方公里，占全县总面积的17.5%，千米以上山峰19座。

文成县地貌类型及其占地面积一览表

表2-2

分类			海拔（米）	面积（平方公里）	切割深度（米）	坡度	占总面积（%）
堆积地貌	河谷平原		100米以下	58.53	较为平坦	<5°	4.53
侵蚀剥蚀地貌	丘陵	低丘	100～300	200.03	30～50	<6°～>25°	15.48
		高丘	300～500	289.34	50～100	<6°～>25°	22.39
	山地	低山	500～1000	690.42	<500	<6°～>25°	53.44
		中山	1000米以上	53.84	500～1000	<6°～>25°	4.16

说明：资料来自《文成县志》

第二章　气候　水文

县境地处中亚热带,具有东亚季风区的特色,气候温和、雨量充沛、霜期较短、四季分明。属全年湿润的温暖气候区。境内飞云江、瓯江、鳌江3个水系设峃口水文站、百丈漈水文站、西坑水文站。县域水文主要特征是降水时空分布不匀,丰枯悬殊。

第一节　气　候

1991—2011年,县域历年年平均气温为18.4℃,极端最高气温40.8℃,极端最低气温-11.8℃至-8.8℃。历年总降水量平均1791.7毫米。全县年平均蒸发量1284.8毫米。全年可照时数4494.2小时,而实际只有1707.8小时,占可照时数的38%。常年主导风向是东北风。全县农业气候区划,分成两大区。

气象要素

气温　1991—2011年,历年年平均气温为18.4℃,2003年23.7℃为最高,1999年14.6℃为最低。最热月7月,月平均气温为28.3℃,最冷月1月,月平均气温为8.2℃。极端最高气温41.0℃,出现在2003年7月25日;极端最低气温为-5.9℃,出现在1999年12月23日。

气温四季分布状况:春季(以4月份平均气温表示),平均气温与年平均气温相似。县测站春季平均气温17.0℃,海拔200米以上地区17℃～17.8℃,200～500米地区14.5℃～17℃,500～800米地区14℃～14.5℃;夏季(以7月份平均气温表示),由于在西太平洋副热带高压控制下,天气晴热,7月是全年最热月,各地平均气温24℃～28.7℃,县测站平均28.2℃,极端最高气温40.8℃(1988年7月25日),为全县最高温中心。但地域差异明显,海拔200～500米地区,平均气温26℃～27.9℃,极端最高气温38℃～39℃,500米以上地区平均气温24℃～26℃,极端最高气温37℃～38℃;秋季(以10月份平均气温表示),各地平均气温15.8℃～20.6℃,200～500米地区17.7℃～20℃,500米以上山地15.8℃～17.7℃;冬季(以1月份平均气温表示),由于受北方冷空气影响,天气干冷,1月是全年最冷月。县测站平均气温8.0℃,各地平均气温3.7℃～8,3℃。200～600米地区5.6℃～8.0℃,极端最低气温-11.8℃～-8.8℃,200米以下盆地、谷底8.0℃～8.3℃,极端最低气温-3.7℃～5.3℃。

文成县分两段时期年平均各月气温比较一览表

表2-3　　　　单位:℃

年月	1月	2月	3月	4月	5月	6月	7月	8月	9月	10月	11月	12月	全年
1971—1990年	8.2	9.3	12.3	17.3	21.7	25.1	28.3	27.6	24.6	20	15.1	9.9	18.3
1991—2011年	8.1	9.7	12.4	17.4	21.8	25.3	28.4	27.7	24.8	20	15.2	10.2	18.4
两时段比较(+、-)	-0.1	+0.4	+0.1	+0.1	+0.1	+0.2	+0.1	+0.1	+0.2	0	+0.1	+0.3	+0.1

说明:资料由县气象局提供

降水　1991—2011年，历年总降水量平均1791.7毫米。其中，1—6月降水呈递增趋势，7—12月呈递减趋势；上半年占全年降水量的51%，3—9月为明显雨季，称为汛期，平均月雨量在150毫米以上，占全年降水量的83%。雨量分布是四周多，中间少；西北多，东南少。

文成县分两段时期年平均各月降水量比较一览表

表2-4　　单位：毫米

年月	1月	2月	3月	4月	5月	6月	7月	8月	9月	10月	11月	12月	全年
1971—1990年	57.9	81.3	155.1	156.9	210.8	274.0	226.5	289.5	203.5	69.5	63.1	42.5	1830.6
1991—2011年	57.1	78.4	150.7	149.5	198	285.4	224.7	291.8	172.5	70.9	61.6	51.1	1791.7
两时段比较(+、-)	−0.8	−2.9	−4.4	−7.4	−12.8	+11.4	−1.8	+2.3	−3.1	+1.4	−1.5	+8.6	−38.9

说明：资料由县气象局提供

蒸发量　全县年平均蒸发量1284.8毫米，少于年平均降雨量，但月际变化不同。盛夏7月蒸发量最高，平均值为184.5毫米。如1988年7月降雨39毫米，而蒸发量则达到253毫米，降雨量与蒸发量之比为1∶6，造成严重干旱。年际变化亦甚大，1971—1988年，蒸发量最低年为1975年1143.6毫米，最高年为1971和1979年1496.8和1495毫米。同时，从1971年（1496.8毫米）、1979年（1495.0毫米）、1988年（1329.3毫米）3个高峰期说明，每隔8～9年便会出现一个高峰，显示县境蒸发量变化的一条规律。

日照　境内山峦起伏，走向不一，由于云雾、雨日较多，高山挡光、林木蔽荫，使各地日照时数差异较大，东北多于西南，高山多于低山区。全年可照时数4494.2小时，而实际只有1707.8小时，占可照时数的38%。

文成县分两段时期年平均各月日照时数比较一览表

表2-5　　单位：小时

年月	1月	2月	3月	4月	5月	6月	7月	8月	9月	10月	11月	12月	全年
1971—1990年	106.2	89.2	101.5	127.3	142.1	140.1	228.3	207.4	157.7	151.0	127.6	135.8	1714.2
1991—2011年	101.3	99.2	104.5	131.4	142.2	139	225.1	200.4	163.9	155.3	124.4	121.1	1707.8
两时段比较(+、-)	−4.9	+10	+3	+4.1	+0.1	−1.1	−3.2	−7	+6.2	+4.3	−4.2	+14.7	−6.4

说明：1991—2011年，降水量1791.7毫米，比历年偏少2%；气温偏高0.1℃；日照偏少3.6%。资料由县气象局提供

风　常年主导风向是东北风，历年平均风速1.3米/秒，极端最大瞬间风速为35.8米/秒，出现在2005年11月16日。

农业气候区划

全县农业气候区划，分成两大区。第一区（Ⅰ）东南部低丘谷地温暖适雨区；第二区（Ⅱ）700米以上山地温凉层。在一区中又分为三层，即，1 A、1 B、Ⅰ C。1 A为海拔150米以下沿溪谷底温热层，位于玉壶、大峃、峃口、珊溪、黄坦等沿溪谷底。1 B为150～300米丘陵温暖层，位于大峃、峃口、珊溪、黄坦等低丘地带。1 C为300～700米丘陵地带温和层，属于珊溪南部峃口东南部。第二区分为二层，ⅡA为300～700米高丘西坑石垟、下垟、南田十源、朱阳、金朱林场等地。

第二节　水　文

主要河流飞云江及其三大支流峃作口溪、泗溪、玉泉溪，同时配有峃口水文站、百丈漈水文站、西坑水文站，构成全县水文的主要基础。水文主要特征是降水时空分布不匀，丰枯悬殊。

水　系

分属飞云江、瓯江、鳌江3个水系。飞云江水系流域面积1123.5平方公里。占全县总面积的87.3%；瓯江水系流域面积144.8平方公里，占11.2%；鳌江水系流域面积19.3平方公里，占1.5%。

飞云江水系　发源于泰顺、景宁2县交界的白云尖西麓景宁县景南际坑，源头海拔1611.1米。经泰顺入县境西南角的汇溪上金村，在小溪口纳北来的峃作口溪之水，过珊溪经金垟，在峃口汇泗溪之水，从东部的平和大垟口出境至瑞安。文成段河长43.5公里，流域面积1123.5平方公里。多年平均流入瑞安的年径流量为27.9亿立方米。

瓯江水系　县境西北部石垟林场、下垟、黄寮、西湖、岳梅、龙岙和县境东北部金星、朱雅、李林等地一些向北流小溪坑，出县境注入瓯江水系。流域面积144.8平方公里。多年平均注入瓯江水系的年径流量为1.26亿立方米。

鳌江水系　县境南部桂山和山华林场后坑源林区小溪坑南流出境注入鳌江水系。流域面积19.3平方公里。多年平均注入鳌江水系的年径流量为2900万立方米。鳌江源头在桂山桂库村的吴地山麓，海拔835米，1989年树置“鳌江源头”碑志。

径　流

径流时空分布与降水时空分布基本一致。

径流的年际变化较大，县内各水文站测得径流量最大值与最小值的比值是3～4。峃口水文站34年实测，最大径流量为1962年的38.8亿立方米，最小年径流量为1967年的11.9亿立方米，两者比值为3.26。百丈漈站测得，最大年径流量是1962年1.83亿立方米，最小年径流量为1967年4800万立方米，比值为3.81。年内分布亦呈双峰型，即梅雨期、台风期为高峰。峃口水文站多年实测，多年平均径流量最大月份为9月的3.93亿立方米，最小月份为12月的3860万立方米，连续最大4个月（6—9月）径流量占全年的55.1%。百丈漈站多年实测，多年平均径流量最大月份是6月的1890万立方米，最小月份为11月的170万立方米，连续最大4个月径流量占全年的56.56%。

径流的空间分布随地势而变化，总的特点是山区大于河谷、坦地，山地迎风坡大于背风坡，西北部大于东南部。

第三章　自然灾害

县域多山，主要自然灾害为台风暴雨引发的山体滑坡、泥石流等地质灾害与雪灾、寒潮。

第一节　气象灾害

1991—2011年，县域发生暴雨日数211天，发生降雪日数23天。每年都会受寒潮影响，每年平均1.48个台风影响县境，出现冰雹的年份较少。

暴　雨

1991—2011年，全县发生暴雨日数211天，平均每年10日左右，对县境造成一定影响。如2005年6月19—22日，连续出现暴雨，除21日外，各日雨量均达50毫米以上，整个过程雨量276.7毫米，全县平均雨量294.9毫米，其中以石垟346.5毫米为最大。该次连续暴雨雨量之大、时间之久历史罕见，受灾人口14.1万人，紧急转移人口2158人，直接经济损失3895万元。2006年梅汛期6月4—7日出现连续性大到暴雨天气，其中5日和6日出现连续暴雨，造成23个乡镇，5.3万人受灾，倒塌房屋9000间，直接经济损失1330万元。

暴　雪

1991—2011年，全县发生降雪日数23天，其中1993年5日出现降雪，2006—2009年县域无降雪。2005年1月13日，县境内出现降雪，其中中、高山地区出现暴雪，最深积雪达30厘米。降雪造成全县7.5万人口受灾，单农业损失就达926万元。3月12—14日，受强冷空气影响，出现中到大雪，部分暴雪，积雪深度达20厘米。这场罕见春雪造成7.7万人受灾，紧急转移安置3700多人，直接经济损失2352万元。2010年12月15日，全县大部分山区出现暴雪，其中石垟、南田等地雪深达30厘米，积雪及低温对全县农林、交通、市政设施等都造成严重的影响。

冰　雹

全县出现冰雹的年份较少，1991年7月15日下午南田、龙岙等地出现龙卷风及冰雹，最大风力10级，冰雹直径4.5厘米，最大10.5厘米。民房倒塌2间，损坏82间，死亡1人、伤2人，农作物受损，直接经济损失31万元。

1994年4月5日夜里11时，珊溪镇一带出现冰雹、雷雨、大风。4月17日下午，双桂、周山、公阳、平和等4个乡出现冰雹，并伴有9～10级雷雨大风。双桂乡一个村庄曾出现一个0.85公斤重的大冰雹，5间房屋的瓦片被冰雹和大风损坏70%。4月20日11时30分，大峃镇一带出现冰雹、并伴有雷雨和11～12级大风，冰雹持续时间8分钟，最大的乒乓球大小，对农作物损失非常严重。三次冰雹大风灾情：共计房屋损坏9300间，倒塌185间，7000亩农作物绝收，减产粮食1800吨，直接经济损失936万元。

1995年4月16日晚上6时半至7时，全县19个乡镇131个村遭冰雹、龙卷风袭击。倒塌民房9间，损坏1216间，农作物受灾面积3.96万亩。造成直接经济损失978.8万元。7月20日下午3时许，西坑、石垟等乡镇遭特大龙卷风和冰雹袭击,持续时间约40分钟。据西坑镇统计,倒塌民房6间,遭严重破坏22间,受损400多间,刮倒树木3000多株,农作物受灾700多亩。

2005年5月5日,出现8级雷雨大风,狂风夹杂着冰雹袭击黄坦镇,持续时间达10分钟左右。房屋瓦片被打碎,个别大棚垮塌,冰雹大如板栗。2006—2011年无冰雹灾害。

寒 潮

1991—2011年,全县每年都受到寒潮影响。其中,2006年3月11—13日,出现寒潮天气,48小时降温幅度达13℃,农业直接经济损失1500万元。

2007年3月4—6日,受寒潮影响,48小时降温幅度达10.8℃,农业直接经济损失2243万元。

2008年从1月24日开始,全县各地连续10天出现低温阴雨天气,高山局部地区出现冻雨、积雪、道路结冰等恶劣天气。受低温、阴雨、降雪天气影响,全县乡镇26个乡镇受灾,受灾较严重的12个乡镇。国有场圃水、电、路、通讯全部中断。全县林业受灾面积31.5万亩,直接经济损失10388万元,其中国有场圃林业受灾面积12.955万亩,房屋倒塌6间330平方米,房屋受损7500平方米,公路受损51公里,电力线路受损53.8公里,通信线路受损78.6公里,自来水管道受损7.5公里。2009—2011年,受到寒潮影响较少。

干 旱

1991年6月28—7月18日,连续21天出现高温天气,农作物受旱面积10万亩,占全县总播种面积71.4%,其中水稻田开裂4.73万亩,晒死玉米1150亩、番薯700亩。

1992年,受副热带高压控制,7月14—8月14日,32天仅降雨11.9毫米,形成水塘干涸,稻田开裂,700亩晚稻无法插秧,一部分到8月半以后才移栽,延误农时季节。其他农作物普遍缺水。农作物受灾面积14 67万亩,成灾面积12.77万亩(其中早稻4.5万亩、晚稻1.6万亩、番茄4.9万亩、蔬菜0.9万亩、其他0.87万亩),造成直接经济损失200万元。9月24—11月18日,56天仅降雨14.5毫米,日照时数达到341小时。旱情持续时间长,使水力发电减少,稻田开裂,各种农作物严重缺水,对晚稻、番茄、蔬菜作物生长影响很大。菜市场蔬菜紧缺,价格猛涨。

1993年8月9—9月11日,33天中降雨量61.2毫米,蒸发量达到206.5毫米,其中8月29—9月11日,14天连续干旱。

1995年8—12月,总降水量仅290.4毫米,只占全年降雨量的17%,分配又不均匀,同期蒸发量563.2毫米,降水量比历年偏少5.6成,蒸发量比雨量多4.8成。雨日46天,比历年偏少16天。8月份雨量仅56.6毫米,为历年的2成,蒸发量达到162.9毫米,比雨量多106.3毫米,雨量之少为1971年有记录以来最低值,且分配不匀,故旱情严重。9月份雨水很不均匀,雨量主要集中在14、29、30日三天。10月份雨量集中在上旬初、中期。严重的秋旱,造成一部分稻田龟裂,稻草枯焦,损失巨大。据调查,全县农作物播种面积14.07万亩,其中因旱受灾9.43万亩,成灾7.52万亩,绝收1.49万亩,减产粮食3548万公斤。直接经济损失10644万元。冬旱对冬作物影响较大,使蔬菜大幅度减产,造成市场蔬菜价格上涨。干旱影响水力发电和县城用水,导致火灾发生多,损失大。

1996年春末夏初,长时间副热带高压偏强,冷空气偏弱,形成罕见春末夏初干旱天气。4月下旬到5月中旬降雨量仅33.3毫米,比历年偏少173.3毫米,雨日10天,比历年偏少10天。因干旱造成数千亩稻田缺水而无法插秧,一部分已插早稻田干涸开裂而影响产量。单季稻田普遍缺水,几万亩单季稻田无法耕种,其他农作物也受到不同程度的影响。秋旱较明显,从9月27—11月5日,历时40天。10月份雨量29.5毫米,比历年偏少7成。

1998年9月14—10月24日，41天仅9.6毫米降雨量，蒸发量195.3毫米，部分晚稻再度缺水，旱地秋种蔬菜不能出苗或已出苗因缺水而部分干死。

1999年10月中旬开始，连续87天仅降雨23.4毫米(1999年10月中下旬14.3毫米、11月6.1毫米、12月3.0毫米)。干旱直接影响蔬菜出苗、移栽、生长和春花作物出苗生长。干旱使水库蓄水不足，影响发电。使森林火灾频频发生，损失惨重。

2000年5月，受长时间的热带高压控制，出现50年一遇的干旱。月雨量仅49.1毫米，比常年偏少174.4毫米，只有常年的2成。月雨日仅11天，比常年少9.8天。雨量和雨日之少均为1971年以来之最。部分春花田早稻无法插秧，单季晚稻因无水耕田而推迟插秧，部分乡镇饮水困难。据统计，农作物受灾面积4000多亩，农业直接经济损失300多万元。9月，受大陆高压控制，出现30年来同期最严重一次干旱，9月份雨量仅18.9毫米，比常年偏少9成，为1971年来最少值。旱期从9月1日起至10月2日止，持续32天。部分乡镇溪水干涸，饮水困难。各种农作物普遍缺水，大部分稻田龟裂，严重影响稻谷产量。

2001年10月，长时间受高压控制，出现明显旱情天气。月雨量仅7.1毫米，蒸发量达116.7毫米，旱情天气严重影响水力发电和双季晚稻生长。

2002年6月，7天出现>35.0℃的高温天气，20—24日连续5天出现>35.0℃的高温天气，最高气温为39.2℃。5月下旬至6月中上旬(5月24—6月14日)22天，降水量23.7毫米，其中6月上旬无降水，出现较严重干旱，干旱推迟插秧期，个别地方稻田抛荒。上旬正值全县早稻孕穗期，是水稻全生育期需水量最敏感时期，而上旬无降水，致使稻田晒白晒裂，严重影响生长。20—24日正值早稻抽穗期，持续高温，致使穗粒数减少，空秕率增加，影响早稻产量。

2003年6月，梅雨期降水量仅119.9毫米，比常年平均少5成；7月，降水量70毫米，比常年偏少将近7成，7月25日最高气温达到41.8℃。全县水田受旱7.49万亩，占水田总面积78%；旱地受旱4.8万亩，占旱地总面积94%。其中，近5000亩西瓜田无水翻耕插秧；3340亩水田无水插秧；水田开裂3.17万亩，有的裂口竟达10厘米；晒白1.59万亩，农作物卷叶1.2万亩，12580亩作物因干旱而枯死。黄坦、公阳、双桂、周壤、西坑等乡镇居民生活用水严重短缺。10月15—11月7日，连续25天无降水，12月份降水量仅8.5毫米，比常年偏少7成多，降水日数仅3天。比常年偏少5.6天。连续晴天，致使山塘水库蓄水量普遍减少。百丈漈水库存水度只有28%，可用部分水为三分之一。

2004年6月，雨量96.3毫米，比常年偏少6成。7月，雨量56.1毫米，比常年偏少7成。6月，5天日最高气温≥35℃，7月，有18天日最高气温≥35℃。由于少雨高温，田间干涸，全县双季稻秧苗约推迟20天才下插。8月上旬仍以高温少雨天气为主，3—11日连续9天日最高气温≥35℃。持续高温干旱，造成水稻田块干裂，植株缺水而枯萎甚至死亡。高温干旱天气对农业生产和农民生活造成严重影响。全县8.7万多亩水田和4.7万亩旱地受旱，受旱面积占总耕地面积90%。9月24—10月24日，连续31天滴雨未降，10月降水总量8.3毫米，雨日仅1天。由于降水严重不足，日照明显偏多，田园蓄水严重缺乏，使根系较浅的田间晚稻根系受损，作物供水受阻，影响作物产量。

2006年，高温日数达36天。全年最长连续无降水日数≥10天的出现6次，其中11月最长连续无降水日数达到23天。8月，≥35℃的高温天气有10天；7月28—8月9日，连续13天无降水；10月后，最长连续无降水日数15天出现2次。虽然出现阶段性的高温少雨天气，各有关部门提前做好科学调度。全县范围未出现明显的旱情。

2007年，高温日数达41天，最长连续无降水日数≥10天的出现6次；10月，最长连续无降水日数达到22天。7月份≥35℃高温天气达28天，7月份降水量107.9毫米，比常年少110.6毫米，而蒸发量达278.5毫米，比常年多100.1毫米。10月中旬到12月上旬,总降水量仅14.2毫米,山区出现局部干旱。给全县春花作物生长带来一定的影响,12月中旬后期到下旬前期,出现连续阴雨天气,旱情得到缓解。虽然出现阶段性高温少雨天气,全县范围未出现明显旱情,对生产生活用水、用电等均未造成明显影响。

2008—2011年,未发生干旱灾害。

雷　暴

2000年年前,雷暴情况未作记录。

2000年6月1日、2日、4日持续出现强雷暴,大峃、南田两地100多台彩电、20多台冰箱遭雷击损坏。县财政、建行等5个单位的计算机系统受损,损失100多万元;十源乡呈岙村村民被雷击两死一伤。7月25—26日再度出现强雷暴,全县400多台彩电受到不同程度的损害,2个单位计算机系统受损。

2001年,雷暴日数54天。4月30日和7月15日,2次雷暴就造成一座发电厂瘫痪,十八公里加油站电器、加油机击毁,邮政局电报停发1天,二源乡移动电话基站中断通信2天,电视站干线放大器损坏50多台,仰山乡2间民房烧毁,5个单位计算机毁坏,彩电损坏200多台,2人受伤,直接经济损失200多万元。

2002年,雷暴日数43天。4月8日4—5时,文成县少林精武学校屋顶避雷塔被击成多段,并从根部铲平坠落,屋内电器全部被击坏,未造成人员伤亡。4月23—24日,三源一村民被雷击死;5处以上照明线路断电;电信局通信端口被击坏,致使网络通信中断,与其联网的财政局计算机房调制解调器无法正常工作;广播电视局卫星接收器遭雷击,电视停播8小时以上;有线电视网络干线放大器、分配器连片损坏。

2003年,雷暴日数43天,并发生多起严重雷击事故。4月12日,县进修学校电脑房遭雷电波侵入,经济损失2万多元。同日,巨屿镇一炸药库因遭雷电波侵入,使电视机、电话机等电器被损坏。6月25日,黄坦信用联社遭雷击,系统瘫痪,业务中断2天。全县多处停电。7月11日,仰山乡优良种猪养殖场遭雷击,经济损失近6万元。8月7日,县城出现强雷暴,100多台彩电、电脑损坏。8月28日,二源乡十几台电视机遭雷击损坏,并引发一起火灾。

2004年5月28—29日,县人行110报警系统被雷击毁,系统一度瘫痪;县电信局、县教育局、县稽征所等单位的计算机系统和控制系统因雷电波侵入造成业务中断或系统瘫痪;全县电话机受损500多台;电视机受损近千台;电脑受损300多台;该次雷灾直接经济损失100多万元。8月2日下午,巨屿镇正湾村石料厂一民工遭雷击,当场死亡。

2005年,雷暴日数38天,闪电8天,发生7次明显雷电灾害,全县因雷电灾害造成经济损失达100多万元。2月16日13时,百丈漈镇30多台彩电遭雷击。5月5日17时,黄坦镇200多台彩电被雷击坏,有线电视干线放大器损坏30多只,2处闭路电视线起火,电脑受损10多台。7月13日18时和8月23日20时,巨屿镇和珊溪镇遭雷击,2天内300多台彩电被雷击坏。7月13日夜,大峃镇因雷击造成县城供电线路中断,全城停电2个多小时,电视机损坏200多台。8月12日13时,大峃镇双垟村半山腰因雷击,1头牛被雷击当场死亡,附近的高压线烧断,造成该线路停电2天。

2006年,雷暴日数47天,闪电9天,频繁遭受雷电灾害。6月22日15时,巨屿镇工业园区宏伟钢业因雷击引起主变电柜着火,导致停产11天。6月28日17时,龙川乡1村民遭雷击死亡;9月4日16时左右,大峃镇屿根村路旁的一变压器因雷击引起爆炸,所幸无人员伤亡。9月4日17时左右,金炉乡1棵大树被雷劈开。

2007年,全县雷暴日数51天,频繁遭受雷电灾害。4月1日18时06分,某单位监控室遭雷击,直接经济损失3万元,间接经济损失4万元。4月14日11时40分,二源乡一村民遭雷击死亡。6月22日13时06分,黄坦、南田等9个乡镇的广播电视站遭雷击,受损严重。

2008年，全县雷暴日数62天，频繁遭受雷电灾害，经济损失达120万元。6月19日19时05分，富岙乡发生雷击，直接经济损失10万元，间接经济损失15万元。6月25日12时05分，樟台乡水文站发生雷击，直接经济损失3万，间接经济损失5万元。7月22日16时30分，县污水处理厂发生雷击，直接经济损失8万元，间接经济损失13万元。7月26日15时30分左右，仰山乡鳌垟村遭雷击，直接经济损失7万元，间接经济损失10万元。7月26日16时30分左右，南田镇九都村发生野外作业人员遭雷击事故，造成1死1伤。8月15日13时，供水工程净水厂遭雷击，受损严重。

2009年，雷暴日数57天，发生雷灾7起，办公设备直接经济损失21万元，间接经济损失30万元；家用电子电器设备受损直接经济损失8万元，间接经济损失8.7万元。

2010年，雷暴日数73天，频繁遭受雷电灾害。4月13日21时，某镇政府的电子设备遭受雷击。6月21日16时，某乡政府的电子设备遭受雷击，百丈漈工业园区部分企业因雷暴影响多次停工停产。2011年，没有发生雷暴灾害。

台 风

1991年，未发生台风灾害。

1992年8月30—31日，受16号热带风暴影响，受灾人口15.35万人，28个村4.5万人被洪水围困，死亡6人，失踪4人，重伤6人，无家可归620人；房屋倒塌450间，损坏2236间，农作物受灾9.4万亩，冲走淹死牲畜784头，公路冲毁、电杆折断，直接经济损失达4600万元。9月23日，受19号台风影响，全县下大暴雨，造成洪涝，民房倒塌125间，损坏210间，农作物成灾733公顷，减少粮食1600吨，直接经济损失340万元。

1994年8月21日，遭受17号台风正面袭击，损失惨重。全县受灾30万人，倒塌房屋420间，损坏房屋24500间，死亡20人，重伤28人，失踪21人，无家可归1490人，淹死、冲走牲畜14000头，农作物受灾14.6万亩，对外交通阻塞，通信中断，直接经济损失1亿元。9月1日，受18号台风外围影响，出现暴雨，农作物绝收面积5.3公顷，损失粮食115吨，损坏房屋、公路、桥涵、输电通信线路，计经济损失2036万元。

1996年7月31—8月1日，遭受8号台风袭击，9～11级大风持续12小时，且伴降大雨。全县35个乡镇均受灾，受灾30万人，成灾13万人，死亡3人，重伤6人，民房倒塌624间，损坏1210间，农作物成灾7333公顷，经济损失1亿元。

1997年8月18日，11号台风过境，出现8～10级大风，持续10小时，阵风达12级以上。全县受灾人口34.1万人，成灾人口13.2万人；农作物受灾5373公顷，成灾2920公顷，绝收14.8公顷；民房倒塌308间，损坏1387间，经济损失6746万元。8月29日，受14号台风外围影响，出现暴雨大风，县城过程雨量126.9毫米，风力8～10级，全县受灾人口12.58万人，成灾人口57450人；农作物受灾2533公顷，成灾1297公顷，绝收110公顷；房屋倒塌234间，损坏1921间，直接经济损失2338.82万元。

1999年9月4日凌晨，热带风暴于广东惠来登陆，受其外围的偏东气流的影响，加上特殊的地形作用，全县9月3日8时—4日8时出现暴雨，东部、南部地区出现大暴雨和特大暴雨。县站日雨量81毫米（过程雨量100毫米），东部、南部120～230毫米。造成山洪暴发，山体滑坡，民房倒塌，但未发生人员死亡事故。第14号台风于10月9日上午在福建省龙海市登陆，全县受其外围影响，县站过程雨量98.9毫米，南部是全市的暴雨中心之一，珊溪过程雨量161.2毫米，10月6—10日，出现连续5天阴雨天气，这使全县部分已成熟的单季晚稻在田里发芽，发芽率25%，直接影响大米质量。

2000年，10号台风“碧利斯”8月23日10时在福建省登陆。23日凌晨2时县境开始受外围严重影响，出现8级大风，除南田、县城出现大暴雨外，其余乡镇均出现特大暴雨，24小时雨量普遍在230毫米以上，过程雨量达到240～352毫米。23日下午,全县山洪暴发,33个乡镇,9.3万人受灾,损坏房屋1160间,损坏堤防43公里,毁坏桥梁48座,山体滑坡造成11处公路中断,经济损失巨大。

2001年,2号台风“飞燕”6月23日22时20分在福建省福清市登陆。24日,县境出现7～8级大风,没有造成较大的影响。9月29日,全县受19号热带风暴“利奇马”外围影响,普遍出现暴雨,日雨量52.5毫米,降水强度弱,有利水库蓄水,解除旱情,有利无害。

2002年,16号热带气旋“森拉克”于9月7日18时30分在苍南登陆。9月7日12时起至9月8日凌晨2时,县境受到“森拉克”严重影响,出现10级大风,高山地区出现11级以上大风,除西坑,珊溪和县城出现暴雨外,其余乡镇都出现100毫米以上大暴雨。受“森拉克”袭击,全县受灾严重,直接经济损失2593万元。33个乡镇,429个行政村约11.6万人受灾,转移安置人口5487人,9人无家可归;损坏房屋753间,房屋倒塌151间;山体滑坡8处,交通受损366处,直接经济损失789.73万元;水利电力设施分别受损46处和290处,直接经济损失150万元和248万元;通信、广播设施受损10处,直接经济损失91.8万元;农作物受灾面积6.43万亩,农作物绝收面积375亩,毁坏耕地705亩,农业直接损失1082万元。

2003年,9号强热带风暴“莫拉克”8月4日夜间在福建晋江登陆,4日傍晚全省统一人工增雨作业,受其影响,4日20时—5日20时,累积雨量101.1毫米,珊溪152.5毫米为最大。第11号热带风暴“环高”于8月20日上午在平阳鳌江登陆,过程雨量64.3毫米,珊溪113.5毫米为最大。第13号“杜鹃”于9月2日19时50分在广东惠东登陆,1日至3日8时过程雨量138.8毫米,由于前期干旱严重,三次由台风引起的降水没有造成灾害,有利于水库蓄水,解除旱情。

2004年,第14号热带风暴“云娜”于8月12日20时在温岭石塘登陆。受其影响,县境内普降暴雨,过程雨量91.3毫米。全县均出现大风,最大风速28米,受“云娜”带来的大风和暴雨影响,全县紧急转移人口6720人,损坏房屋768间,农作物受灾面积5418公顷,损坏输电线路230杆,山体滑坡600多处,计直接经济损失4048万元。第18号热带风暴“艾利”于8月25日16时30分在福建省福清市高山镇登陆。受其影响,县境内普降大暴雨和特大暴雨,过程雨量227毫米。全县均出现大风,最大风速21米。受其影响,全县死亡1人,紧急转移人口2.721万人,农作物受灾面积7.68万亩,成灾2.64万亩,停产停工企业18个,公路中断11条次,损坏输电线路8000米,损坏通信线路1000米,堤防决口172处,冲毁塘坝14座,损坏水电站1座,供电中断18条次,损坏输电线路430杆,直接经济损失5453万元。

2005年,第5号热带风暴“海棠”的影响,县境内出现暴雨、特大暴雨和10级大风,全县平均过程雨量(7月17日20时至21日8时)为367.9毫米,其中朱雅635毫米为最大(创50年有记录以来最大值)。台风造成全县13.8万人受灾,5760人进行安全转移;农作物受灾面积达11.14万亩,粮食作物受灾面积9.24万亩;全县32个乡镇先后停电,创县境用电史上停电规模之最。据统计,这次台风造成直接经济损失1.8亿元。第13号热带风暴“泰利”,9月1日7时21分到20时16分,9级以上大风持续近13个小时。9月1日出现百年未遇的洪灾。大峃过程雨量336.8毫米,全县平均降水量335.7毫米。造成全县33个乡镇全部受灾,县城及10个乡镇严重受淹;特别是西坑片区多处发生山体滑坡、田淹林埋、设施全毁、屋毁人亡的特大泥石流灾害,导致死亡20人(石垟乡枫龙村11人、石门村5人,石垟林场上斜村1人、东家寮1人,叶胜林场2人)。失踪2人(叶胜林场)、重伤十余人;倒塌、损坏房屋1021间,农作物受灾面积12.90万亩,成灾面积8.40万亩,绝收面积0.36万亩;工农业直接经济损失95040万元,其中农业直接经济损失10450万元。

2006年,第4号强热带风暴“碧利斯”于7月14日12时50分在福建省霞浦北壁镇登陆。全县13—15日过程雨量164.2毫米,面雨量155.2毫米。全县33个乡镇全部受灾,受灾人口9.7万人,缺水人口6432人,紧急转移人口4746人;农作物受灾面积0.47万亩,绝收面积780亩,毁坏耕地面积690亩;倒塌房屋31间,毁坏房屋583间;

直接经济损失1430万元。其中，农业经济损失550万元。第8号台风“桑美”于8月10日17时25分在苍南县马站镇登陆。10日8时至11日8时，全县各地普降大暴雨，局部特大暴雨，过程平均雨量158.8毫米。受“桑美”影响，全县33个乡镇受灾，直接经济损失37240万元，受灾人口11.6万人，紧急转移安置人口41250人，倒塌房屋1053间，损坏房屋14738间，农作物受灾面积7.14万亩，其中绝收面积720亩，农业直接经济损失12460万元，死亡牲畜167头，水产养殖损失面积3公顷，数量1吨，农林牧渔业直接经济损失4430万元；停产工矿企业11个，公路中断2条次，损坏路基2.84万米，损坏输电线路73.6万米，损坏通信线路9100米；工业交通运输业直接经济损失3970万元。损坏堤防23处，3250米，堤防决口33处，300米，损坏护岸134处，损坏灌溉设施215处，损坏水文站3个，损坏水电站1个，水利设施直接经济损失810万元。

图2-1　省建设厅副厅长樊剑平(左一)到文成县检查指导灾后重建工作(2006.10文成新闻网)

2007年，第9号台风“圣帕”于8月19日02时在福建省惠安县沿海登陆，全县受灾人口18.93万人，直接经济损失18245万元。第13号台风“韦帕”于9月19日02时30分在浙江省苍南县霞关登陆，受其影响，全县受灾人口14.53万人，直接经济损失10489万元。第16号台风“罗莎”于10月7日15时30分在浙闽交界处登陆，全县受灾人口12.6万人，直接经济损失6580万元。

2008年，第7号台风“海鸥”于7月18日18时福建省霞浦长春镇登陆，18日04时影响县境，该次台风量小，雨量也不大，全县平均降水量仅59.4毫米，桂山最大降雨量132.4毫米，有利缓解全县旱情。第8号台风“凤凰”的影响，7月28—30日，各地普降暴雨到大暴雨，局部特大暴雨，过程雨量261.3毫米，最大风力普遍达到8～10级，其中桂山、朱雅和石垟等站点均超过300毫米。全县33个乡镇全部受灾，受灾人口达9.64万人，紧急转移人口7145人，倒塌房屋312间，损坏房屋1358间，直接经济损失1.2亿元。第十三号台风“森拉克”于9月13日08时影响全县，过程雨量82.5毫米，最大降雨量公阳178.2毫米，桂山147.6毫米。“森拉克”风雨给中秋小长假旅游交通、农业造成明显影响，部分乡镇局部房屋倒塌和基础设施被毁被淹。

2009年，08号台风“莫拉克”的影响，6日20时—11日08时，全县出现暴雨到大暴雨，局部特大暴雨，面雨量419.1毫米，其中超过500毫米的站点桂山876.8毫米、公阳740.6毫米、朱雅601.0毫米；全县33个乡镇18.68万人受灾，紧急转移安置人口10484人；房屋倒塌168间，直接经济总损失21847万元。

2010年，6号台风“狮子山”与8号台风“南川”影响县境，过程雨量66.2毫米，最大雨量，桂山141.1毫米，公阳137.9毫米。10号台风“莫兰蒂”与11号台风“凡亚比”及10月22—23日台风“鲇鱼”仅降中大雨，未造成重大损失。

2011年，第11号热带风暴“南玛都”于8月31日2时20分在福建晋江登陆。“南玛都”强度强。移速缓慢，水汽输送充足，县境自27日20时开始至8月31日20时，全县面雨量195.4毫米，过程雨量超过300毫米，周山362毫米，公阳320.3毫米，峃口331.9毫米。11乡镇雨量超过200毫米。平和乡29日24时出现8级大风，连续38小时，最大风速达到10级。造成全县经济损失3190万元。损坏房屋956间、倒塌房屋25间，受灾人口75260人，紧急转移人口7865人，农作物受灾面积2760公顷。

第二节　地质灾害

县境是浙江省地质灾害多发县之一,已列入浙江省及温州市地质灾害防治规划的重点防治区。地质灾害易发区面积1238.01平方公里,占全县面积的95.81%。截至2011年,县境在册管理的地质灾害(隐患)点182处,主要为崩塌、滑坡、泥石流三类,其中崩塌15处,滑坡138处,泥石流29处,对5162人和8785万元资产构成潜在威胁。截至2011年,全县发现地质灾害隐患点287处,通过治理和搬迁,消除隐患点105处。

1996年9月,岭后乡下庄村郑某某屋后人工边坡发生方量约100立方米的滑坡,冲毁一间旧房后墙,未造成人员伤亡,潜在危险方量5000立方米,对12人8万元财产构成威胁。

1997年7月,西坑镇苍降村高三电厂房边坡坡体上曾现长大于5米,宽5～10厘米的裂缝,潜在方量5500立方米,对19人10万元财产构成威胁。8月,十源乡李垟垮村吴某某屋后滑坡坡体上出现一条长约15米,宽20厘米的拉张裂缝,潜在危险方量6300立方米,对坡脚30人30万元资产构成威胁。

1999年8月,黄坦镇林山村兴塘杨某某屋后人工边坡上常发生碎块石塌落,潜在滑坡方量500立方米,威胁17人15万元资产的安全。2005年7月18日("海棠"台风),后缘坡体出现新的圆弧状拉张裂缝,缝长12米,宽1～5厘米,可测深度5～20厘米,落差5厘米。9月,龙川乡山背村同背赵某某屋后人工坡体有坍塌现象,潜在方量约14000立方米,对3户11人50万元资产构成威胁。该坡体总体坡向140°,坡度25°,坡体后缘宽约60米,前缘宽70米,坡体斜长50米,高30米,坡体上发育一长5米的拉张裂缝。

2000年4月,南田镇水垟村黄山徐某某屋后人工边坡发生滑坡,毁2间2层木结构旧房。滑坡积土2000立方米。还对13户47人和70万元生命财产安全构成威胁。7月,西坑镇塘垟村浦斜吴某某屋后发生滑坡,方量约1000立方米,屋后人工边坡后缘出现错距达2米,长约7～10米的裂缝,坡体不稳定,对2户8人和10万元资产构成威胁。

2001年7月,龙川乡樟动村塘山高塬一山体出现一条长约50米,宽约20厘米裂缝,隐患体稳定性较差,潜在方量约15000立方米,对坡脚前缘5户21人和40万元资产构成潜在威胁。同月,龙川乡过山村瑞东线K79+500处发生滑塌,方量约10000立方米。同月,珊溪镇环秀村和平岭角湾后山发现裂缝,山体下错,裂缝长约20米,宽约20厘米,深度约40厘米,潜在滑坡总方量约12000立方米,对山体下方36户157人和200万元财产构成威胁。

2003年8月,玉壶镇金星村岩门胡某某屋后发生滑坡,方量约180 立方米,造成死亡1人,毁房1间,直接经济损失5万元。同月,玉壶镇外村后山坡体上出现裂缝,坟墓结构遭破坏变形,潜在方量454000立方米,规模达到中型,对坡脚1300人1000万元资产构成威胁,危害程度是特大级。该边坡自2001年开始每年以10～15厘米的速度向下方糯糯滑动。

2004年8月,周山乡上坑村水坑郑某某屋后发生滑坡,该滑坡由建房切坡引发,坡向272°,坡度26°,长18米,宽30米,高12米,潜在方量650立方米。坡脚为4间3层砖房,居住6户26人。

2005年6月19日,大峃镇沙垟村官山西脚发现拉张裂缝7处,并有坡体蠕动变形、墙体下沉外鼓、小路上台阶块石错断、坡体前缘小滑塌等现象,59户252人500万元财产产生威胁。7月18日,仰山乡横垟村呈池自然村马某某屋后发生滑坡,毁房4间,死亡2人,直接经济损失约30万元。2005年9月1日,南田镇岳垟村彩山刘某某等人屋后东侧斜坡发生滑坡,方量约150立方米,造成坡脚6间房屋的倒塌。造成直接经济损失12万元,同时对下方39户135人和民房构成生命财产安全。同日,南田镇叶山头村刘某某屋后斜坡上发生滑坡,方量约200立方米,对下方9户25人和7间民房构成威胁。同日,百丈漈镇吴山村后山发现裂缝,位于坡体旱地平台上,宽120米,宽40～50厘米,后缘坡体已下沉1.5米。同日,峃口乡政府后山发生泥石流,该泥石流损毁了3间木房和2间砖房后墙，无人员伤亡，经济损失10万元，对10户43人及110万元财产构成威胁。同日，西坑下背村高一电站宿舍楼后坡体上发生滑坡，滑坡方向200°，方量约200立方米，危及两幢宿舍楼（职工100多人）和电站的安全生产。当晚，珊溪镇君阳村大秧地后山发生滑坡，方量约200立方米，对下方整个村庄35户176人和200万元财产构成威胁。同日19时—20时，石垟林场上斜村发生三处小型坡面型泥石流，方量约580立方米，造成死亡1人，毁房3间，损失6万元。同日19时30分，石垟乡兰桥坑村西北侧山坡上发生小型坡面型泥石流，方量50立方米，造成6间民房被毁，未造成人员伤亡，直接经济损失15万元，还威胁下方11户42人和98万元财产安全。与此同时，石垟乡枫龙村驮龙自然村发生小型坡面型泥石流，方量约3000立方米，造成4幢24间木结构、砖木结构民房被毁，死亡11人，重伤7人。同日20时，石垟乡石门村北侧山体在台风暴雨的作用下引发坡面泥石流，物质沿陡坡倾泻而下，规模约2000立方米，冲毁该村东侧依山而建的7间砖混合木石结构房屋，死亡5人，重伤2人，并在房屋毁坏附近堆积大量沙石。同时，石垟乡中垟村东家寮陈某某北侧山体在台风暴雨的作用下引发水石型泥石流，损毁陈某某房屋1间、老学校房屋3间、陈某某房屋2间，死亡1人，受伤3人，造成直接经济损失11万元。叶胜林场（含铜铃山），因台风挟带滂沱大雨，发生泥石流，死亡2人、失踪2人（其中铜铃山景区死1人、失踪2人）。

2007年9月18日，下垟乡半坑村发生山洪泥石流地质灾害，泥石流堆积物土方量约1800立方米，泥石流未冲毁民房，直接经济损失2万元。公路挖方弃渣10800立方米，危及下方半坑村22户44人的生命和财产安全。同月19日，珊溪镇毛坑村南东侧山体发生泥石流，方量约240立方米，危及12间民房约50人的生命财产安全。

2008年4月15日，双桂乡吊降村发现拉张裂缝，造成土坎滑塌，民房倾斜，毁房3间，对31户129人的生命及150万元财产构成威胁。8月9日11时，樟台乡鹤东村洋溪自然村发生一处边坡滑塌地质灾害，下滑方量约700立方米，压毁下方民房5间并造成上方一排11间民房庭院坍塌，直接经济损失约20万元。

2009年8月9日，龙川乡季马村马岙后山斜坡出现拉张裂缝，潜在滑坡体方量约20000立方米。直接威胁下方55户173人的生命财产安全。同日，巨屿镇穹口村横岩自然村后山发现多处裂缝，形成滑坡隐患，潜在规模约为8000立方米，对沟口的41户132人和150万元财产造成威胁。同日，珊溪镇朱川村沙湾坑后山斜坡出现拉张裂缝，翼部出现剪切裂缝，潜在规模方量约15000立方米，威胁4户18人和35万元的财产安全。同月16日，珊溪镇下排坦村下排坦路新建的房屋后发生崩塌，岩石崩塌方量约240立方米，毁坏下方民房3间。楼后墙另有16米长的边坡顶见拉张裂缝，边坡潜在崩塌。直接威胁下方11户44人的生命财产安全。同月30日，受强降雨影响，龙川乡中林村——中堡村一山体出现裂缝，潜在滑坡体方量4.0×104～6.0×104立方米。威胁下方约60米范围内5户28人的生命财产安全。

2010年3月18日23时30分，县境内普降大雨，东溪乡九南村康庄公路发生滑坡，方量约1200立方米，潜在滑体总土石方量约1800立方米。威胁下方8户35人的生命财产安全。4月8日7时，受短时降雨影响，龙川乡茶龙村程某某、程某某屋后康庄公路边坡发生滑塌，滑塌体造成民房后侧平台被毁，下滑的总方量约150立方米，潜在方量1000立方米。影响1幢7间民房2户15人。4月24日，金垟乡溪口村渡头自然村境内的峃院路K4+500～K4+600段边坡出现了“圈椅状”的拉张裂隙，裂隙长度达50多米，出现滑坡险情，潜在滑坡方量超过15000立方米，影响公路对面三间民房及下方飞云江水道安全。6月29日10时左右，文成县境内普降大雨，南田中学教师宿舍楼后方斜坡坡顶发现裂缝，形成滑坡隐患。潜在滑坡体总方量约5000立方米。危及教师宿舍楼工程建设、学校餐厅、康庄道路、电视接收塔及下方居民5户26人的生命财产安全。

2011年8月27日，西坑镇西坑村安福路发生崩塌，一块石头掉落，直径约0.5米，对面路旁房屋轻微受损，无人员伤亡，据周边群众反映，该路段经常发生落石，对坡脚约30户100人和行人车辆造成潜在威胁。

（1997年，文成县地矿局成立。在此之前地质灾害未纳入政府管理，故地质灾害的资料数据缺失）

第四章　土壤植被

全县土壤，划分为5个土类、10个亚类、27个土属、61个土种。县境属中亚热带常绿阔叶林南部亚区，森林植被大体上分为7类群落，而且依地势垂直分布，具有分层性，一层森林，二层灌木丛，三层铁芒萁或茅草丛，四层苔藓、地衣等。

第一节　土　壤

土壤分类与分布

红壤土类　广泛分布在海拔600米以下地势较为平缓的丘陵地，具有土层深厚、质地黏重、颜色红、酸性强、风化指数值大、交换量少、盐基饱和度低等特性。宜种植适生茶叶、板栗、小水果、马尾松、毛竹、药材、枫树、樟树、映山红、铁芒萁。分红壤、黄红壤、粗骨红壤3个亚类，计8个土属、16个土种。68.5万亩，占土壤总面积39.5%。

红壤亚类　全土层在1米以上，有的厚达几米，土壤质地中黏至重黏，表现“湿时一团糟，干时一把刀”。其中双桂乡山下红黏土土种较特殊，素有“山下好泥土”之称，土体中有金光闪闪的“绢云母片”，其母岩岩石中含金属铌钽矿，全钾含量较高，糯谷米质特别柔软细腻，酿酒尤佳。

黄红壤亚类　面积较大，其中黄泥土土属16.3万亩，占土壤总面积9.4%；黄泥砂土土属20.56万亩，占土壤总面积11.9%，黄泥砂土的土体中含有明显石英砂，结构性差。

粗骨红壤亚类　分布在各地较陡山坡，是侵蚀型土壤。全土层不足30～40厘米，土壤剖面只有表土层和母土层，质地一般为重壤，土体中石砾性明显，漏水漏肥严重。其中石砂土土属面积最大，27.73万亩，占土壤总面积16%。石砂土中乌石砂土土种，多在山弯、山脚或崖漈脚，土深泥灰暗，有机质含量高，盐基饱和度较高，种植毛竹特佳，但面积不大，全县仅0.99万亩。

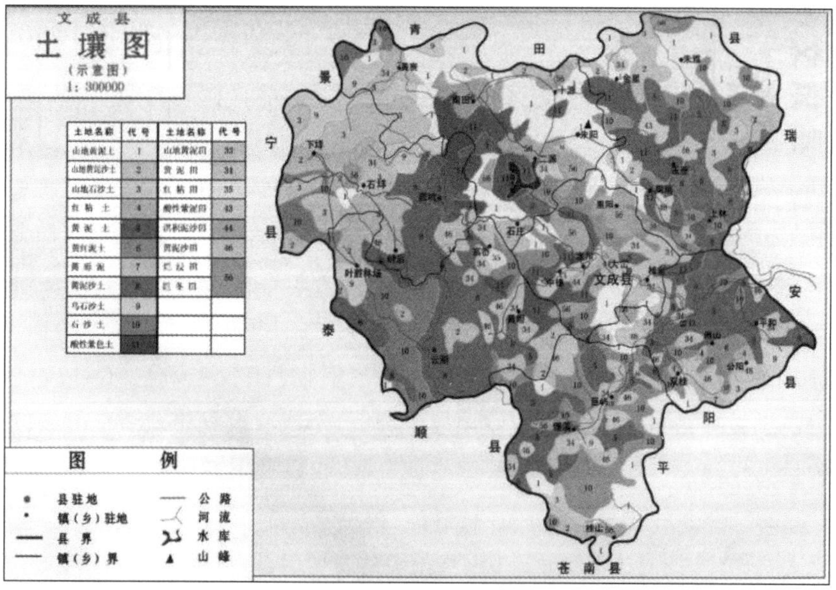

图2-2　文成县土壤图

黄壤土类　65.17万亩，占土壤总面积37.6%，主要分布在800米以上山地。酸性强，因雨雾多，湿度高，各种岩石风化的铁铝氧化物水化度高，呈黄色或淡黄色；

有机质积累量大。地表一般10多厘米腐殖质层，土体中有机质含量也在3%以上。适生杉木、柳杉、毛竹、黄山松、木荷、石楠、白栎、箬竹、厚朴、银杏等。分黄壤、粗骨黄壤2个亚类，计4个土属，13个土种。

黄壤亚类　2个土属。其中山地黄泥土土属26.06万亩，山地黄泥砂土土属19.78万亩，分别占土壤总面积15%和11.4%。

粗骨黄壤亚类　有山地石砂土和山地石泥土2个土属。分布于陡坡和植物稀疏的山地，是侵蚀型土壤。土层浅薄，一般不足30～40厘米，土体石砾性明显，水土易流失。山地石砂土土属16.65万亩，占土壤总面积9.6%。山地石泥土2.65万亩，占土壤面积1.5%。

黄壤土类中香灰黄泥土、香灰黄泥砂土、香灰石砂土3个土种，俗称"香灰土"，容重小于1，土体乌黑疏松，是山地中最佳土壤。适生杉木、柳杉、毛竹、箬竹及针阔叶混交林。香灰土面积约21.89万亩，占土壤总面积12.1%。

潮土类　0.79万亩，占土壤总面积0.5%。它是江河洪积、冲积物发育的酸性土壤。因县境内江溪短、水流急，河谷系列土壤发育不完整，故潮土面积小，零星分布在飞云江、泗溪、玉泉溪两岸乡镇，表土层质地多轻壤至重壤，心底土常有不同质地层次和夹带砾石层，一般已垦为旱地和园地，种植多种经济作物。仅有1个亚类，计3个土属，4个土种。

岩性土类　1个亚类，1个土属，3个土种，面积11.35万亩，占土壤总面积6.5%。是一种处于幼龄发育阶段酸性土壤，半风化体较多，风化发育度低，结持性弱，吸热性强，离子吸附性大，盐基饱和度高。其中酸性紫泥土种(俗称乌砂土)，因经长期垦耕熟化，土色呈乌紫色和暗灰紫色，土壤疏松多孔，肥力好，适生油茶、油桐、油菜、花生、生姜和豆类等植物。紫色土母质层和母岩，又是紫色陶器优质原料。主要分布在十源、南田、三源、吕溪、玉壶、周南、新东、石庄、中樟、王宅、桂山等乡镇。

水稻土类　是人为影响为主的酸性土壤。分3个亚类，12个土属，25个土种。27.52万亩，占土壤总面积15.9%。

渗育型水稻土亚类　分布在各乡镇岗背、山坡上，俗称"靠天田"。其中，以黄泥田为最多，8.61万亩，占土壤总面积5%，多为山坡梯田，表层厚度仅有17.3～17.5厘米，质地多重壤，有机质和氮磷钾养分缺乏。

潴育型水稻土亚类　分布在溪坑边阶坡地、台地、山坳地、洪冲积盆地，俗称"米桶田"。潴育分化清楚。呈棱柱状结构，有机质含量、交换量、交换性钙含量、盐基饱和度都比渗育型高，交换性铝含量却比较低。其中，黄泥砂田土属面积大，4.79万亩，占土壤总面积2.7%；紫泥砂田土属最肥沃，养分含量丰富，作物易高产。

潜育型水稻亚类　多分布在山垄、台地的低洼地及地下水丰富的山坡上，俗称"烂浸田""烂水田""烂田""烂冬田"。土体中厚度在20厘米以上的青泥层，土含硫化氢味，结构差，容量低，还原物质含量高，有机质含量在4%以上，有机质矿化度低，碳氮比在11以上，速效磷钾和有效锌含量较低，而且表土层和心土层的数量基本相同。这类土壤7.94万亩，占土壤总面积4.6%。传统多种植单季稻，水稻前期返青慢，后期易感染穗颈瘟和赤枯病。其中，高度潜育(沼泽化)烂田，糊烂土层在40厘米以上，多浮泥，作物难立苗易倒伏。

土壤改良

旧时，改良土壤受到条件限制。20世纪50年代开始，实施一系列改良措施：

绿化造林　全县50年代起，建立石垟、叶胜、金朱、山华等林场。90年代开展基地造林与封山育林，同时大力推广煤气代替柴草燃料大大提高的森林覆盖率，林地表土有机质明显提高，土壤蓄水能力明显提高，水分入渗率增加，有效控制水土流失。

兴修水利　90年代始，水利工程的重点是建造翻水站和灌水渠道，扩大抗旱农田的面积。2009年，全县建成中型水库3座,小(1)型水库10座,小(2)型水库42座,山塘505座,农田有效灌溉面积8.7万亩,旱涝保收面积34350亩。

平整土地 50年代初期和中期,全县开展平整土地活动,改坡筑坎,挑客土,开防洪沟,坎脚栽山茶、茶树等,以减少水土流失。60年代初开荒扩种,小田并大田,以增加耕地面积。60年代末至70年代初,开展大规模农田基本建设,增加水田,改造荒山,开垦茶园,既改善水土条件又增加耕地面积。

改造冬闲田 全县95%以上耕地都可以冬种,但许多地方习惯为大面积冬闲,特别是南田等地水田冬季都要灌水"作烂"。水田长期"作烂"后,土体青泥化,理化性状变坏,水稻多病,产量低。为改变这一现状,从20世纪90年代初开始,把扩大冬种面积作为发展农业生产的重要任务来抓。特别是水田改烂浸为冬种,主要作物是绿肥(紫云英)、小麦、油菜、马铃薯等。通过改良,烂冬田等潜育型水稻土的生产力明显提高。

水旱轮作 20世纪60年代起推广烂冬田"两改"(改冬水为冬旱,改冬闲为冬种),和年度水旱轮作。2000年至2011年间每年水旱轮作3万余亩,轮作主要作物是蔬菜、番薯与水稻。通过长期年内冬种和年度水旱轮作,土壤水旱交替,有机质和有效养分增加,耕作层增厚并通透性变好,有利作物根系活力,增加养料吸收而增产显著。

改造烂浸(冬)田 1990年,朱阳等10个乡镇推广烂浸(冬)田垄栽水稻耕作方式1950亩。1991年,水稻垄栽在十源试种,继而全县推广。该年全县烂浸(冬)田垄栽稻19931亩。旱稻每亩增产稻谷91.8公斤,单季晚稻每亩获增69.8公斤。该农业开发项目获得温州市政府农业丰收一等奖和浙江省政府农业丰收二等奖。

土壤流失

全县土壤面积多为山坡地。25度以上坡地占总面积59.8%,其中26~35度的陡坡地81.5亩,36~45度的急坡地31.2万亩,45度以上险坡地3.3万亩。

自2008年全县开展造田造地,增耕地28391亩。由于,县境垦造耕地大都在山顶及缓坡地,水土流失现象不容小觑。

第二节 植 被

由于长期的人类活动,境域原始森林业已消失,山地上森林植被为次生天然植被和人工植被,且以人工植被为主,人工林已占林地总面积70.9%;台地、盆地、溪坑边宽谷地和近村平缓山地多为农作物植被及少数草被。20世纪90年代至今,人们普遍用上新生能源及弃农外出谋生,植被情况趋好。

县境属中亚热带常绿阔叶林南部亚区,森林植被大体上分为7类群落,而且依地势垂直分布,具有分层性,一层森林,二层灌木丛,三层铁芒萁或茅草丛,四层苔藓、地衣等。

亚热带针叶林 主要为人工林和天然飞籽成林。马尾松林主要分布在海拔700米以下低山、丘陵;柳杉林主要分布在海拔600~1100米低山、中山;杉木林主要分布在海拔800米以下低山、丘陵;黄山松林主要分布在海拔700~1200米中山、低山。

常绿阔叶林 是典型的地带性植被类型,主要分布在海拔800米以下低山。树种以青冈、青栲、甜槠、面岭栲、钩栎、包石栎、红润楠、杜英、木荷、厚皮香等为主。

常绿落叶阔叶林 主要分布在海拔600~1100米的低山、中山,多处于同一山体产常绿阔叶林之上,落叶树种比重随海拔高度升高而相应增加。主要树种为云山青冈、硬斗石栎、槲栎、深山含笑、水青冈、赤杨叶、南酸枣、蓝果树、小果冬青等。

针阔混交林 主要分布海拔1000米以下低山，一般是阔叶林被破坏后，马尾松、黄山松等针叶树种侵入而形成，是一种多层次多树龄伴生混生不稳定类型。

山地灌丛 主要分布在1000米以上山体顶部，树种以扁枝越橘，毛果緌大、马醉木、杜鹃、野山茶、云锦杜鹃、小叶石楠、绒毛石楠为主，

毛竹林 分人工林和天然林。主要分布在海拔800米以下低山丘陵。

亚热带经济林 有油茶、油桐、茶叶、果树、乌桕等，主要为人工林，分布在海拔700米以下低山、丘陵。

第五章　自然资源

全县土地面积1292.16平方公里。多为群山峻岭，动、植物资源丰富。水资源总量多年平均为16.79亿立方米，属丰水地区。水利资源理论蕴藏量50万千瓦，可开发量42.29万千瓦。金属矿矿点分散，储量少；非金属矿如花岗石、高岭土等储藏量大，有开发前景。

第一节　土地资源

县域八山一水一分田，山地林地居多，土地资源相对贫乏。

资源状况

据1988年3月第二次土壤普查概查资料，全县土地总面积1292.16平方公里，折合193.82万亩。分耕地、园地、林地、牧草地、居民住宅和厂矿用地、交通用地、水域、特殊用地和未利用地9个类型。

1988年文成县土地概查分类面积一览表

表2-6①　　单位：亩

合计	耕地					园地			
	小计	水田	旱地	菜地	田埂	小计	果园	桑园	茶园
1938241	340703.8	215768	105117.6	243.4	19574.8	34776.3	7530.2	715.8	26530.3

表2-6②

林地	牧草地	居民住宅、厂矿用地	交通用地	水 域	特殊用地	未利用地
1251232.8	1205.3	42827.8	14816.6	67274.7	410.8	184992.9

说明：资料由县农业局提供

1991—2011年文成县耕地资源演变情况一览表

表2-7　　单位：亩

年份	年末耕地总面积				全县人均耕地面积	农业人均耕地面积
	合计	水田	旱地	其中：粮食作物用地		
1991	149946.2	98709.2	51237	244147	0.41	0.44
1992	146924.3	96593.3	50331	139091	0.40	0.43
1993	148385.9	97642	50743.9	97500	0.40	0.42
1994	147850	97017	50833	—	0.39	0.42
1995	148117	97477	50640	—	0.40	0.43
1996	147483	97478	50005	—	0.39	0.42
1997	148021	97396	50625	—	0.40	0.43

续表2-7

年份	年末耕地总面积				全县人均耕地面积	农业人均耕地面积
	合计	水田	旱地	其中:粮食作物用地		
1998	147998	96686	51312	—	0.40	0.44
1999	147738	95911	51827	—	0.39	0.42
2000	147731	96151	51580	—	0.39	0.42
2001	148885	96833	52052	—	0.40	0.43
2002	155148	97791.3	57356.7	—	0.42	0.45
2003	155862	97679	58183	—	0.42	0.46
2004	159337	98470	60867	—	0.43	0.47
2005	154705.4	92971.7	61733.7	—	0.42	0.46
2006	154715	92831	61884	130432	0.42	0.46
2007	156146.5	92482.5	63664	127545	0.42	0.46
2008	154292	91421	62871	—	0.42	0.45
2009	154630	91566	63064	—	0.42	0.45
2010	154800	—	—	—	0.41	0.45
2011	155200	—	—	—	0.40	0.44

说明:资料由县农业局提供

耕地养分

土壤有机质　耕地土壤有机质含量处于中等水平,土壤有机质含量自1985—2011年变化较大,在6.0～60克/千克之间,平均为22.59克/千克,变异系数为35.63%。县境土壤有机质级别主要在10～30克/千克之间。其中,土壤有机质含量在30～40克/千克之间的占8.27%,土壤有机质含量在20～30克/千克和10～20克/千克之间的分别占55.18%和34.11%;土壤有机质在40克/千克以上的占2.41%;土壤有机质含量在10克/千克以下的占0.03%。有机质含量低于20克/千克的土壤占34.14%左右。

氮素　耕地土壤全氮含量处于中等水平。耕地土壤全氮含量在0.25～5.53克/千克之间,平均仅为1.36克/千克,变异系数为41.18%。土壤全氮处于高量(>2克/千克)的占5.33%。其中,高于>2.5克/千克的占1.65%,全氮处于高水平(2～2.5克/千克)的占3.69%;土壤全氮处于中等(1.5～2.0克/千克)的占18.45%;土壤全氮处于较低(1～1.5克/千克)的占67.47%;土壤全氮处于低水平(0.5～1克/千克)的占8.73%;土壤全氮处于很低(<0.5克/千克)的占0.02%。

磷素　耕地土壤有效磷含量总体在1.4～348.5毫克/千克之间,平均为28.84毫克/千克,变异系数达122.30%,耕地土壤有效磷处于低级别(<10毫克/千克)的占4.88%,其中低于5毫克/千克的占0.10%;处于中等(10～20毫克/千克)的占49.86%;处于高(25～50毫克/千克)或很高(50毫克/千克以上)的分别占10.61%和12.11%。

钾素　耕地土壤速效钾处于较低水平,含量在25～578毫克/千克之间,其平均值为84.91毫克/千克,变异系数达53.74%。处于高水平(>150毫克/千克)的仅占1.35%。处于中等水平(100～150毫克/千克)的占10.98%。大部分有效钾在100毫克/千克以下,占87.67%。其中,在80～100毫克/千克之间的占19.38%;在50～80毫克/千克之间的占56.76%;在50毫克/千克以下的占11.52%。

有效铜和有效锌　耕地土壤有效铜平均含量为1.47毫克/千克,最低的为0.12毫克/千克,最高为8.79毫克/千克,变异系数为87.07%。其中,有效铜含量在2.0毫克/千克以上的占19.27%,含量在1～2毫克/千克和1

毫克/千克以下的分别为13.09%和67.64%。土壤有效锌平均含量为5.28毫克/千克,最低为0.72毫克/千克,最高为22.58毫克/千克,变异系数为63.63%。其中,土壤有效锌含量在1~3毫克/千克占27.27%,>3毫克/千克的占72.00%,<1毫克/千克的占0.36%。总体上全县耕地土壤有效铜和有效锌不高,存在缺铜现象。

有效铁和有效锰 耕地土壤有效铁的平均含量为150毫克/千克,最低为21.4毫克/千克,最高为806.1毫克/千克,土壤有效铁全在20毫克/千克以上,变异系数为88.67%。土壤有效锰的含量平均为69毫克/千克,最低为3.8毫克/千克,最高为272.8毫克/千克,其中有效锰含量<5毫克/千克占0.73%,在5~15毫克/千克范围占13.09%,>15毫克/千克的占86.18%,变异系数为72.47%。土壤有效铁和有效锰总体水平较高,极少量土壤存在缺锰现象。

水溶性硼 耕地土壤水溶性硼含量平均为0.17毫克/千克,最低为0.04毫克/千克,最高为0.63毫克/千克,变异系数为47.65%。其中含量<0.5毫克/千克占99.27%,含量在0.5~1毫克/千克的只占0.73%。总体上全县耕地土壤缺硼非常严重。

有效硫 耕地土壤有效硫平均含量为19.93毫克/千克,最低的为9.6毫克/千克,最高的为150.8毫克/千克,变异系数为48.72%。其中,土壤有效硫含量<12毫克/千克占0.72%,在12~16毫克/千克范围占25.45%,>30毫克/千克的占5.821%,在16~30毫克/千克范围占68.00%。总体上全县耕地土壤有效硫处于中等水平,部分耕地土壤有效硫相对偏低,需要施用含硫肥料补充硫素的不足。

有效钙和有效镁 因地处红壤地区,土壤风化强烈,耕地土壤有效钙和有效镁较低。土壤有效钙(交换性钙)的含量平均为439毫克/千克,最小为16.3毫克/千克,最大值为2064毫克/千克,变异系数为65.60%。土壤有效钙含量在300~400毫克/千克和400毫克~500毫克/千克之间的样点分别占13.09%和18.55%,在500~600毫克/千克之间的耕地样点占14.54%,高于600毫克/千克的样点占16.00%,低于300毫克/千克的样点占37.81%。有较高比例的耕地土壤存在缺钙现象。土壤有效镁(交换性镁)的平均含量为78毫克/千克,最小为11.1毫克/千克,最大值达489毫克/千克,变异系数为78.20%。土壤有效镁含量在100~150毫克/千克和60~100毫克/千克之间的样点分别占16.00%和26.18%,在30~60毫克/千克之间的样点占34.91%,高于150毫克/千克的样点占9.09%,低于30毫克/千克的样点占13.82%。有部分耕地土壤存在缺镁现象。随着经济社会开展,交通、工业、城乡建设,居民建房等用地大量增加,耕地呈减少趋势。为保护耕地做好耕地开发利用土地管理部门,先后于1996年编制《文成县土地利用总体规划1997—2010》,1999年,完成县级规划与八大镇乡地利用总体规划。规划期14年,规划展望期为2030年。

耕地保护

1949年以来,全县各地开展多种多样改土保土工作,通过坡地开发,兴修水利,改土、造田,水旱轮作及耕作制度改革形成目前耕地,耕地生产力水平逐渐提高,也促进耕地开发利用。

质量提升工程 自20世纪90年代开始,全县开始逐步实施耕地质量提升工程。从2008年起,以农艺措施为主,工程措施相配套,加快耕地质量提升工程建设进度。至2011年,组织实施垦造耕地地力提升6697.3亩、商品有机肥应用2.46万吨、测土配方施肥技术47.1万亩次,年平均实施冬绿肥3.2万亩次、年平均秸秆还田4.1万吨、年平均稻菜水旱轮作3.2万亩次,并结合配套推广农田土壤养分平衡技术,农田质量地力监测技术;监测地块1612块,检测土壤养分8060项次,建立耕地科学施肥专家系统,全县耕地地力建设得到加强,旱涝保收田面积、有效灌溉田面积逐年增加,生产条件有效改善。

耕地整治 2000—2007年,进行标准农田整理66个项目建设,建成标准农田71918亩。有利耕种,提高耕地生产力。

垦造耕地保障工程　自2008年起，浙江省组织实施"百万"造地保障工程，全县开始大力推进低丘缓坡开发、土地整理、建设用地复垦、造地等工作。至2011年，全县实施垦造耕地28391亩，实施宅基地复垦982.6亩，为保障全县耕地补充机制有效实施，实现耕地占补平衡打下坚实的基础。

可耕性减弱　随着社会经济发展、交通、工业、城乡建设、居民建房等用地大量增加，县域虽然采取一手抓严格保护耕地，一手抓垦造耕地，实现占补平衡。然而，事实是集镇边上大批可耕性良好的农田转为建设用地，而用以占补平衡的农田都在山顶与缓坡地。耕地的可耕性呈减弱趋势。

第二节　矿产资源

县境大地构造位置属华南褶皱系浙东南褶皱带，位于温州—临海拗陷、泰顺—温州断拗之间，受北西向松阳—平阳、北东向泰顺—黄岩基底大断裂活动影响，地表北东、北西向断裂发育，区内岩浆活动强烈。县域内广泛分布中生界火山岩，白垩纪文成、山门两个火山洼地大部分位于境内。出露地层主要为第四系全新统、下白垩统及上侏罗统陆相火山岩—沉积岩系。隶属环太平洋（西岸）中生代火山岩浆活动成矿带的一部分，即浙东沿海有色金属与非金属成矿带南西段。

截至2011年，县域已知矿产18种，县内56处矿化点仅有10处进行过较为正规的地质勘查，其中峃口镇大垟培铜矿、巨屿镇包山锰矿达到详查程度。除南坑叶蜡石矿预测矿床规模达中型外，其余均为小型，且巨屿包山锰矿、峃口大垟培铜矿、西坑驮降垟萤石矿三处小型矿可采储量已采完闭坑。资源前景较好的为花岗石、花岗闪长岩、高岭土、叶蜡石、黏土岩（红泥）、萤石等。此外，县境尚有铀矿与稀有金属矿等资源。

境内地质勘查工作程度总体偏低，大多数矿点仅为踏勘，少部分矿点仍停留在普查阶段。可供规划开发的矿产仅有叶蜡石、花岗闪长岩、辉绿岩、建筑石料、砖瓦用岩等。

第三节　水资源

县域年平均水资源总量16.79亿立方米，地下水资源量1.55亿立方米，经论证抽水蓄能资源可达100万千瓦。

水资源量

全县多年平均水资源总量为16.79亿立方米，其中地表水资源量15.24亿立方米（飞云江干流4.29亿立方米，峃作口溪4.19亿立方米，泗溪2.95亿立方米，玉泉溪3.22亿立方米，鳌江和瓯江水系2.14亿立方米），地下水资源量1.55亿立方米。

文成县主要河流概况一览表

表2-8

水系	河流名称	长度（公里）	起止地点	流域面积（平方公里）	自然落差（米）	水力资源万千瓦	水资源亿立方米
飞云江	泗溪	42.4	金竹垟—峃口	244.2	707	5	2.95
	玉泉溪	40.3	叶山底—小峃口	275.3	900	3.9	3.22
	峃作口溪	42.0	下降—小溪口	289.0	860	5.4	4.19

续表2-8

水系	河流名称	长度（公里）	起止地点	流域面积（平方公里）	自然落差（米）	水力资源万千瓦	水资源亿立方米
	飞云江干流	8.0	百丈口—上望新村	49.3	66	33.9	4.29
	黄坦坑	13.0	王宅—傍山地	53.0	—	—	—
	千秋坑	13.0	东降尖—东湾坑	23.9	—	—	—
	桂溪	8.0	白岩头山—溪口	23.9	—	—	—
	九溪	12.0	九峰山—九溪口	26.8	—	—	—
	方坑	8.0	龙井山—大垟口	20.2	—	—	—
瓯江	小梧溪	13.0	桂库—牛角坑	144.8	—	—	—
鳌江	小溪坑	5.0		19.3	—	—	—

说明:资料由县水利局提供

抽水蓄能资源

县境抽水蓄能资源丰富。2003年规划抽水蓄能水电站2座,金山抽水蓄能水电站装机容量为60万千瓦,投资约20亿元;外高山抽水蓄能水电站装机容量为40万千瓦,投资约19亿元。此后,泗溪百丈漈段也曾进行过抽水蓄能论证。但尚未开发。

文成县规划抽水蓄能水电站一览表

表2-9

编号	工程名称	流域名称	所在乡镇	装机容量(台/千瓦)	年发电量(亿千瓦时)
1	金山	玉泉溪	上林乡	60	20
2	外高山	洙 溪	大峃镇	40	19
合计				100	39

说明:资料由县水利局提供

地下水资源

可分为松散岩类孔隙水、红色碎屑岩类孔隙裂隙水和基岩裂隙水3类:

松散岩类孔隙水 (1)河谷冲各层孔隙潜水,含水层系全新统冲、洪积层,分布在县城附近及花前溪流河谷地带,含水层岩性为砂砾石夹黏土,透水性强,水量丰富,如文成中学水井单井出水量达578立方米/日。(2)坡、洪积层孔隙潜水,仅见于李井附近,含水层系上更新统坡、洪积层,含水层岩性为砂土夹砾石,水量贫乏。

红色碎屑岩也隙裂隙水 含水层系下白垩统陆相沉积碎屑岩夹火山岩,分布于文成构造盆地中,地下水赋存于裂隙层间,泉水流量0.05~0.20升/秒,动态稳定。

基岩裂隙水 (1)上侏罗统火山岩裂隙水,出露的泉水流量0.05~0.2升/秒,个别沿较大断裂出露的可达0.5升/秒。(2)燕山晚期侵入岩裂隙水,在南田附近钾长花岗斑岩岩脉的断裂带,多泉水出露,流量<0.1升/秒,个别达0.20~0.40升/秒;双桂、公阳等地花岗岩、流纹岩类岩组风化带多泉水,流量0.05~0.20升/秒,个别可达0.40升秒,多由风化带网状裂隙水补给。

第四节 植物资源

县域丰富的野生植物资源中野生蔬菜分属173种58科。木本植物758种,隶属99科306属。

野生蔬菜资源

县境多山多涧,气候适宜,利于野生蔬菜生长,资源十分丰富。有叶茎、花果、块根和树梢类。分属58科173种。

野生蔬菜在缺粮年代,曾做替补粮食充饥功效。而今随着居民生活水平提升,健康养生理念日渐普及,野生蔬菜药用价值,成为各种药膳重要原材料。

文成县野生蔬菜资源一览表

表2-10

名 称	食 法	功 效	县域分布
紫 萁			
(俗名:狼荡胶) Osmunda japonica Thunb. 紫萁科	3—5月份采摘未展开并呈卷曲状的带柄嫩叶,用水洗净后,放开水中煮几分钟即捞出,置清水中浸泡半天,即可与肉炒食,也可冷冻或晾成干菜;或用盐腌制,均美味可口。紫萁的根茎可提取淀粉(称蕨粉),能制作粉皮、粉条等,营养丰富,滋补价值高	全草入药,有润肺理气、补虚舒络、清热解毒、止血作用;根、茎入药具有解毒利湿、利尿的功能。可用于治疗吐血、赤痢便血、子宫功能性出血、遗精、感冒发热、肺虚咳嗽、妇女崩漏、月经过多等病症,外用可治创伤出血等	全县
蕨			
俗名:山蕨、木蕨 Pteridium aguilinum (L.) kuhn var.ati-usculum (Desv.) Underw. 凤尾蕨科	3—5月份采摘未展开并呈卷曲状的带柄嫩叶供食用。采后置沸水中煮3~5分钟即捞出,放置凉水中浸泡半天,即可炒食或腌渍或干制;也可加工成即开即食的袋装蕨菜。根状茎富含淀粉,可制粉皮、粉条供食用的及酿酒,为滋养食品	全株入药,具有清热、润肠、降气、祛风、化痰等功效;根状茎入药,有解毒、利尿的功效。可治食膈、气膈、肠风扫毒、小便不利、筋骨疼痛和脱肛等	全县
狗 脊			
俗名:黄狗头 Woodwardia japonica (Linn) Smith 乌毛蕨科	3—5月份采摘未开展并呈卷曲状的带柄嫩叶供食用。采后置沸水中煮3~5分钟即捞出,放置凉水中浸泡半天,即可炒食或腌渍或干制;根状茎富含淀粉,可食用及酿酒,为滋养食品	—	西坑片一带
胎生狗脊蕨			
俗名:黄狗头、大号蕨 Woodwardia prolifera Hook. et Arn. 乌毛蕨科	3—5月份采摘未开展并呈卷曲状的带柄嫩叶供食用。采后置沸水中煮3~5分钟即捞出,放置凉水中浸泡半天,即可炒食或腌渍或干制	—	黄坦片一带

续表2-10

名　称	食　法	功　效	县城分布
苹			
俗名:田字草、水羚羊 Marsilea quadrifolia L. 苹科	3—9月份采嫩茎叶,洗净后炒食或做汤	全草入药,清热解毒、利尿消肿,用于急性传染肝炎、尿路感染、疖痈等	全县
蕺 菜			
俗名:鱼腥草、臭泽母、臭交耳、臭甲母、臭草、酒槽儿 Houttuynia cordata Thunb.　三白草科	3—10月份采摘嫩叶,一般是凉拌生食。做法:采摘钱腥草嫩叶后,先洗干净,放入漂白粉溶液里浸泡3~4分钟,再用清水冲洗干净,后入盐、酱、味精、小磨香即可食用。也可把洗干净的嫩叶和米一起烧稀粥或炒粉干吃,或制作天然饮料用。或冬季采挖地下茎生食、炒食或腌渍食用	全草入药,有清热解毒、抗菌抗病毒、散痈肿、利尿清肺等作用,用于肺脓疡、肺炎、胆道感染、急性肠炎、菌痢、疖痈等	全县
苦槠			
俗名:苦珠 Castanopsis sclerophylla (Lindl.) Schottky 壳斗科	10—11月份采摘坚果,去壳后将种子磨成粉,做成苦槠腐,鲜烧食或晒干后再烧食,也可干炒食用	—	全县
白栎			
俗名:苦肚、山苦肚 Quercus fabri Hance 壳斗科	9—10月份采摘坚果,去壳后将种子磨成粉,做成白栎腐,鲜烧食或晒干后再烧食	果实的虫瘿入药,治疳积、疝气、火眼赤痛	南田、西坑片一带
天仙果			
俗名:驮牛奶珠、大叶牛奶珠、牛奶珠 Ficus erecta Thunb. var. beecheyana (Hook. et Arn.)桑科	4—5月份采摘嫩叶,用水清洗后烧食	根及果入药,祛风除湿,用于食欲不振、慢性腹泻、肾虚腰痛、乳汁不足、小狗营养不良、关节风痛等	全县
变叶榕			
俗名:牛奶珠 Ficus variolosa Lindl. 桑科	4—5月份采摘嫩叶,用水清洗后烧食	药效与天仙果近似,长于祛风除湿	全县
毛赤车			
俗名:坑冷 Pellionia scabra Benth. 荨麻科	4—9月份　采摘幼茎叶,置沸水中煮一会儿即捞出,清洗后烧食	全草处方药,用于扭挫伤、牙痛、流行性腮腺炎、急性眼结膜水肿、带状疱疹等	峃口片一带
苎麻			
俗名:野苎、苎麻叶、野苎麻 Boehmeria nivea (L.) Gaud. 荨麻科	4—9月份　采摘幼茎叶,置沸水中煮一会儿即捞出,清洗后烧食。种子油可食用	根、叶入药,有清热解毒、止血、消肿、利尿、安胎之效。根用于咯血、尿血、先兆流产、疖痈、扭伤等;叶用于创伤出血	全县
糯米团			
俗名:猪儿菜、红藤 Memorialis hirta (Bl.) Wedd. 荨麻科	3—4份采摘嫩叶,先放开水烫过,清洗过再炒食,口感鲜嫩滑爽	全草供药用,清热解毒,外敷治疮肿	全县
水蓼			
俗名:野麦草 Polygonum hydropiper L. 蓼科	5—7月份采摘嫩茎叶,置沸水煮一会儿,清洗后食用	全草入药,有消肿解毒、利尿、止痢之效,常用于肠炎、痢疾、疮痒、脚癣	峃口片一带

续表2-10

名　称	食　法	功　效	县域分布
辣蓼			
俗名:辣蓼 Polygonum hydropiper L. var. flaccidum (Meisn.) Steward 蓼科	5月份采嫩苗或嫩叶,开水烫后去汁,加调料炒食	全草入药,以根为佳,具有解毒、祛风利湿、消滞散瘀、止痛、杀虫的功效,用于肠炎、痢疾;疮痒、脚癣、风湿痛。外用可治疗湿疹、顽癣、跌打损伤、蛇犬咬伤、脚气肿痛	全县
火炭母			
俗名:水黄乌 Polygonum chinense L. 蓼科	8—10月份采食瘦果	全草药用,能清热解毒,治痢疾、疖痈	峃口片一带
虎杖			
俗名:酸泽、酸筝 Polygonum cuspidatum Sieb. et Zucc. 蓼科	4—5月份采其嫩茎,先去叶,再去皮,置开水中烫一下,捞出晒一下,拌盐放在竹筒中,过一段时间后可吃;或生吃嫩茎的酸味;或用开水焯一下,换清水浸泡后,可炒食、做汤	根供药用,有活血散瘀、祛风解毒、收敛、利尿之效,外用治疮肿	西坑片、黄坦片一带
野荞麦			
俗名:天花麦 Fagopyrum Cymosum Meisn. (Polygonum cymosum Meisn.) 蓼科	全年可采嫩叶,清洗后烧鸡蛋吃	全草入药,用于肺脓疡、盗汗、急性扁桃体炎、肾虚腰痛、疖痈、毒蛇咬伤等	珊溪片一带
羊蹄			
俗名:野人参 Rumex japonicus Houtt. 蓼科	4—5月份采挖全株,清洗后置沸水中煮几分钟捞出,用水浸半天后烧食	根入药,能清热凉血、杀虫润肠,浸醋可治狗皮癣	南田片一带
鸡冠花			
俗　名:红鸡冠花、白鸡冠花 Celosia cristata L. 苋科	8—10月份取花鲜用;或晒干备用;或者春夏季采嫩苗或嫩叶,开水烫后漂去苦水,加调料等凉拌或炒食或做汤均可	花序及种子入药,清热止血,用于痔疮出血、便血、痢疾、崩漏、赤白带等	全县
凹头苋			
俗名:敲苋、野苋菜 Amaranthus ascendens Loisel. 苋科	3—7月份采摘幼嫩全株,将其根部去掉,清洗后晒干击再烧食;或用开水焯后,换凉水浸泡片刻即可食用	—	峃口、南田片一带
商陆			
俗名:野东洋 Phytolacca acinosa Roxb. 商陆科	3—5月份采其嫩茎叶,用开水焯后,置清水里浸泡数小时后炒食或煮食	根有毒,入药,泻水利尿,外敷治痈肿疔疮、跌打损伤	珊溪片一带
马齿苋			
俗名:指甲草 Portulaca oleracea Linn 马齿苋科	4—10月份采嫩茎叶,清洗后放开水中煮几分钟即捞出,清洗后煮汤、炒食或凉拌。也可用开水烫后晒至半干,而后与其他原料一起作馅	全草入药,有清热解毒、散血消肿、杀虫杀菌、利水去湿、消炎利尿的功能,治菌痢、小儿百日咳、尿道炎等	全县
雀舌草			
俗名:糯米草 Stellaria alsine Grimm. 石竹科	3—4月份采摘嫩茎叶,置沸水中烫一下,清洗后烧食	—	全县

续表2-10

名　称	食　法	功　效	县城分布
牛繁缕(鹅儿肠)			
俗名:万六娘 Malachium aquaticum (L.) Fries 石竹科	4—5月份采嫩茎叶,置沸水中煮几分钟,用水漂洗后烧食	全草药用,祛风解毒,外敷治疖疮	南田片一带
毛茛			
俗名:老虎菜、驮猫脚迹 Ranunculus japonicus Thunb. 毛茛科	4—9月份采幼株,置沸水中煮2~3分钟后捞出,清洗后食用	全草入药,为皮肤刺激药,大多鲜用外敷。可用于疟疾、胃痛、牙痛等等	峃口、西坑片一带
樟叶木防己			
俗名:白鸡柴卵 Cocculus laurifolius DC. 防已科	全年可采,把嫩叶采来晒干,磨成碎粉,和米饭搅拌一起,做饭团吃	根供药用,能祛风通络,解毒止痛	西坑片一带
华中五味子			
俗名:必酸 Schisandra sphenanthera Rehd. et Wils. 木兰科	6—7月份采其成熟的果实吃	果供药用,治虚咳气喘、盗汗	全县
山鸡椒			
俗名:山枝焦 Litsea cubeba (Lour.) Pers. 樟科	5月份采嫩叶,清洗后烧食	根、茎、叶、果均可入药,有祛风散寒、消肿止痛之效。果、根皮入药,治暑热、跌打损伤等	分布于海拔500~900米的高山区,生于向阳丘陵、山岗和山地的灌丛或疏林中
小花黄堇			
俗名:臭桐彭 Corydalis racemosa (Thunb.) Pers. 罂粟科	4—7月份采其嫩草,清洗后食用	全草入药,用于急性肠炎、菌痢、黄疸型肝炎、咯血、急性结膜炎等	全县
黄堇			
俗名:式农膨 Corydalispallida(Thunb.) Pers. 罂粟科	4—9月份采摘嫩茎、叶,清洗后烧食	全草入药,用于急性肠炎、菌痢、黄疸型肝炎、咯血、急性结膜炎等	全县
荠			
俗名:荠菜、荠儿菜、芝柿 Capsella bursa pastoris (L.) Medic. 十字花科	2—4月采其嫩叶丛,可直接炒食、凉拌或做饺子馅,风味鲜美,品质好;也可用来做汤、和谷类共煮羹粥;荠菜吃法很多,荤素皆宜	全草入药,有利尿、止血、清热明目、消积之效,主治高血压、吐血、便血、尿血、痢疾、肝炎、肾炎,防治麻疹	全县
碎米荠			
俗名:懒哺鸡娘 Cardamine hirsuta L. 十字花科	2—4月份采其嫩叶丛,清洗后食后	—	分布于珊溪片一带
垂盆草			
俗名:刺瓜草 Sedum sarmentosum Bunge 景天科	5—10月份采其嫩全株,先用水冲洗干净,放在沸水中煮几分钟,然后放在清水中漂洗,就可食用了	全草药用,能清热解毒,消痛肿,治肝炎	西坑片一带
云南虎耳草			
俗名:耳朵草 Saxifraga mengtzeana Engl. 虎耳草科	2—6月份采其嫩叶,置沸水中煮一会儿,捞出清洗后加配料烧食	—	西坑片一带

续表2-10

名 称	食 法	功 效	县城分布
虎耳草			
俗名:叶下红 Saxifraga stolonifera Meerb. 虎耳草科	4月份采其嫩叶,跟猪耳朵一起炒起来吃	全草入药,能清热解毒、凉血止血,治耳炎等症	南田片一带
野山楂			
俗名:山楂 Crataegus cuneata Sieb. et Zucc. 蔷薇科	8—10月份采摘果实,可生吃、酿酒或制果酱,嫩叶可代茶	果实、根入药,用于消化不良、痢疾、肠炎、黄疸、闭经等	全县
小叶石楠			
俗名:山红枣、山枣银 Photinia parvifolia (Pritz.) Schneid. 蔷薇科	9—11月份采食鲜果	果、根入药,治劳伤疲乏	全县
石斑木			
俗名:牛眼睛 Rhaphiolepis indica (Linn)Lindl (Crataegus rugosa Nakai)蔷薇科	4—5月份采其嫩叶,置沸水中煮一会儿,用水清洗后烧食。也可于9—10月份采其成熟果实吃	根、叶入药,治跌打损伤、骨髓炎	南田、西坑片一带
皱叶石斑木			
俗名:牛眼睛 Rhaphiolepis rugosa Nakai 蔷薇科	4—5月份采其嫩叶,置沸水中煮一会儿,用清水漂洗后烧食。也可于9—10月份采其成熟果实食用	—	南田片一带
大叶石斑木			
俗名:牛眼睛 Raphiopis major Card. 蔷薇科	9—10月份采其成熟果实吃	—	西坑片一带
金樱子			
俗名:刺驮刺 Rosa laevigata Michx. 蔷薇科	8—9月份采其成熟果实,可生吃也可炒熟吃,果实还可熬糖及酿酒	根、果供药用,有活血散瘀、收敛利尿、补肾、止咳等功效。果实入药补肾固精缩尿,湿肠止泻;根入药给跌打损伤腰腿酸痛,慢性腹泻,子宫脱垂,崩漏白带,活血散瘀;叶入药治疮止咳治烫伤	全县
硕苞蔷薇			
俗名:气端 Rosa bracteata Wendl. 蔷薇科	9—11月份采其成熟鲜果食用	根入药,有收敛、补脾、益肾之效;花可止嗽;叶外敷治疗毒	全县
龙芽草			
俗名:龙芽草 Agrimonia pilosa Ledeb. var. japonica Nakai 蔷薇科	2—8月份采其嫩茎叶,置沸水中煮一会儿,放清水里浸泡半日,去掉涩味后炒食、凉拌或蘸酱食用	全草入药,用于各种出血、腹泻、绦虫病、阴道滴虫病、血小板减小症、疖肿等	西坑片一带
乌泡子			
俗名:孔洞苗 Rubus parkeri Hance 蔷薇科	5—6月份采摘成熟果实吃	—	西坑片一带
山莓			
俗名:公公 Rubus corchorifolius L. f. 蔷薇科	5—6月份采摘成熟果实鲜吃或制果酱、酿酒	根入药,有活血散瘀、止血作用	全县

续表2-10

名　称	食　法	功　效	县城分布
掌叶覆盆子			
俗名:大号公公 Rubus chingii Hu 蔷薇科	5月份采摘成熟果实,可生食、制精和酿酒	果、根入药,果能补肾益精,用于小便失禁、遗精早泄、习惯性流产等;根能止咳、活血消肿	全县
蓬蘽			
俗名:戴帽公公、空心帽、雷面公公、国公叶 Rubus hirsutus Thunb. 蔷薇科	4—5月份采食鲜果	全株及根入药,能消热解毒;根、果、叶入药,主治感冒风寒、咳喘无痰、小儿热惊、暑疖、黄疸及月经不调	全县
插田泡			
俗名:七叶莓 Rubus coreanus Miq. 蔷薇科	6月份采摘鲜果,可生食和酿酒,并有强壮作用	全株入药,治妇女产褥热	峃口片一带
茅莓			
俗名:插田莓、两头牢、国公刺、公公刺、插田公公 Rubus parvifolius L. 蔷薇科	7—8月份采摘成熟果实,可生吃、熬糖和酿酒	根及枝叶入药,有清热解毒、活血消肿、祛风收敛之效,用于肺结核、咯血、子宫出血、尿路结石、瘀血停滞作痛、痛疽初起等;治糖尿病、阳痿、白带过多、血尿、肠炎、乳腺炎。捣烂外敷治外伤出血	全县
香花崖豆藤			
俗名:芒刘须豆 Millettia dielsiana Harms ex Diels 豆科	7—9月份采其豆荚,去壳后将种子置锅中炒熟后吃	根药用,有行气和血、祛风除湿、舒筋活络的功效	西坑片一带
锦鸡儿			
俗名:金姜花 Caragana sinica (Buc hoz) Rehd. 豆科	4—5月份摘花炒蛋吃或烧汤吃	根、花入药,能祛风活血、舒筋活络、除湿利尿、化痰止咳,常用于劳伤乏力、关节风痛、高血压病等	珊溪片一带
田皂角(合萌)			
俗名:钩那囊 Aeschynomene indica L. 豆科	5月份采摘嫩叶,置沸水中煮几分钟,捞出漂洗干净,烧食	全草药用,能利尿解毒	南田片一带
胡枝子			
俗名:蔓里梢花 Lespedeza bicolor Turcz. 豆科	6—9月份果其花朵,用盐水清洗花朵,再和蛋炒后烧汤食用	根皮及花入药。根为清热解毒药,治疮疖、蛇伤;花可镇咳祛痰,用于急慢性气管炎等	全县
南岭黄檀			
俗名:大树叶 Dalbergia balansae Prain 豆科	2—5月份采其嫩叶,置沸水中煮一会儿,清洗后烧食	—	西坑片一带
野葛(葛藤)			
俗名:白骨藤 Pueraria lobata (Willd.) Ohwi 豆科	4—9月份挖其块根,可烧食、制葛粉和酿酒	花和根入药,能解热透疹、生津止渴、解毒、止泻,用于外感发热、口渴、麻疹不透、肠炎、冠心病等	全县

续表2-10

名 称	食 法	功 效	县城分布
酢浆草			
俗名:浆儿莓酸、杨梅酸 Oxalis corniculata L. 酢浆草科	3—10月份采其嫩茎叶,用沸水焯一下,置清水里浸2小时,即可炒食、做汤或凉拌。也可直接清洗后炒鸡蛋吃	全草入药,有清热解毒、利尿、消肿、散瘀止痛之效,用于气管炎、肝炎、失眠、肾炎水肿、局部扭挫伤等	全县
盐肤木(五倍子树)			
俗名:梧子顶 Rhus chinensis Mill. 漆树科	3—6月份采其嫩茎叶,置沸水中煮几分钟,晾干待用	枝叶上寄生的五倍子(虫瘿)用于轻工业及医药;根有消炎、利尿作用	全县
扶芳藤			
俗名:对叶肾 Euonymus fortunei (Turcz.) Hand Mazz. 卫矛科	3—4月份采嫩茎叶,做米饭团吃	茎、叶入药,有行气活血、舒筋散瘀、止血等功效,用于肾虚腰痛、风湿性腰膝关节酸痛、慢性腹泻等	西坑片一带
野鸦椿			
Euscaphis japonica (Thunb.) Dippel 省沽油科 俗名:鸡军柴、鸡官柴、木鱼柴、柴中柴	4月下旬—5月上旬采嫩叶,置沸水中煮几分钟,用水浸泡后烧食或晾干待用	根及果入药,有祛风除湿之效,治产褥热、偏头痛、关节风痛、跌打损伤、痢疾、腹泻等	全县
凤仙花			
俗名:白指甲花 Impatiens balsamina L. 凤仙花科	7—9月份摘取地上嫩茎,清洗后用食盐咸熟食用,可作上等素菜	全草、花及种子入药,有活血散瘀、利尿解毒等功效,用于疖痈、风湿性关节炎、颈淋巴结结核、骨鲠及防治丝虫病象皮肿等	岀口片一带
长叶冻绿			
俗名:山落梨 Rhamnus crenata Sieb. et Zucc. 鼠李科	2—5月份采其嫩叶,置沸水中煮一会儿,捞出清洗后烧食;也可于10月份采其成熟果实吃	根皮或全株入药,有毒,能杀虫去湿,治疥疮	西坑片一带
秋葡萄(黑葡萄)			
俗名:乌郁 Vitis romanetii roman. 葡萄科	9—10月份采其成熟果实吃或酿造果酒,并有药效	—	西坑片一带
东南葡萄			
俗名:山葡萄、乌郁 Vitis chunganensis Hu 葡萄科	9—10月份采摘成熟果实鲜吃	—	东头、西坑片一带
光叶蛇葡萄			
俗名:野葡萄 Ampelopsis brevipedunculata var. maximowiczii (Regel) Rehd. (葡萄科)	9—10月份采摘成熟果实鲜吃	根或根皮及叶入药,有清热解毒、消肿祛湿之效,用于治疗急性传染性肝炎、跌打损伤,骨折、烫伤、关节炎等	东头一带
木槿			
俗名:千年篱花 Hibiscus syriacus L. 锦葵科	7—10月份采摘白色花朵,清洗后烧肉类吃	全株入药,有清热、凉血、利尿之功效,用于支气管炎、菌痢、白带过多、皮肤疥癣等	全县

续表2-10

名　称	食　法	功　效	县城分布
猕猴桃			
俗名:橙梨、藤梨 Actinidia chinensis Planch.　猕猴桃科	4—5月份采搞嫩叶,置沸水中煮几分钟捞出,晒干后食用。也可于10—11月份采摘浆果,生吃或制果脯、果酱	根、藤和叶入药,清热利水,散瘀止血,用于跌扑损伤、腹水、麻风病、癌等	东头、西坑片一带
白花阳桃(毛花阳桃)			
俗名:白毛桃、毛桃叶 Actinidia eriantha Benth.　猕猴桃科	8—9月采其成熟果实吃	根、叶药用,能清热利湿、消肿解毒	东头、西坑片一带
京梨猕猴桃			
俗名:母猪乳头、猪娘乳 Actinidia callosa Lindl. var henryi Maxim. 猕猴桃科	9—11月采其成熟果实吃	根入药,治消化不良、跌打损伤等	东头、西坑片一带
湖南堇菜			
俗名:红梨头草 Viola hunanensis Hand Mazz.　堇菜科	3—10月份采嫩苗,开水烫过后,炒蛋食味佳;也可在滚开的水中氽一下,加油、盐、酱、醋、味精等调味品凉拌食用;或可用来做馅	全草入药,清热解毒,用于疖痈、急性胆道感染、阑尾炎等	峃口片一带
蔓茎堇菜(匍伏堇)			
俗名:式农白、抽脓白、仙糯白、吃苦草 Viola diffusa Ging.　堇菜科	4—9月份采摘嫩茎叶,清洗后烧食	全草入药,能消肿排脓、清热化痰,用于疖痈、支气管炎、肾炎等	全县
柔毛堇菜			
俗名:白露地 Viola principis H. de Boiss.　堇菜科	3—10月份采其嫩全株,清洗后炒食	—	西坑片一带
庐山堇菜			
俗名:气瓜香 Viola stewardiana W. Beck.　堇菜科	3—8月份采嫩全株,清洗后炒鸡蛋吃	—	峃口片一带
堇菜			
俗名:白郎郎碗 Viola verecunda A. Gray 堇菜科	3—10月份采其嫩茎叶烧食;或用沸水焯后,浸泡后炒食、凉拌、做汤、和面蒸食或煮菜粥	全草供药用,治刀伤、肿毒等症	峃口片一带
牛奶子			
俗名:滨泻 Elaeagnus umbellata Thunb.　胡颓子科	7—8月份采其成熟果食吃或酿酒	—	南田片一带
赤楠			
俗名:食棱 Syzygium buxifolium Hook. et Arn. 桃金娘科	11月份下旬采其成熟果实吃或酿酒	根入药,治浮肿、哮喘、疝气等	南田片一带
地茄(地稔)			
俗名:三立苏 Melastoma dodecandrum Lour. 野牡丹科	8月份采摘成熟果实吃	根及全株入药,有解毒消肿、祛瘀利湿、抗菌消炎之效,治痢疾、肾盂肾炎、外伤出血(外敷)、妇女月经过多等	西坑片一带
长刺楤木			
俗名:苍头刺顶(图78) Aralia spinifolia Merr.　五加科	5—6月份采其嫩茎叶,置沸水中煮几分钟,清洗后加配料炒食	—	西坑片一带

续表2-10

名　称	食　法	功　效	县城分布
天胡荽			
俗名:遍地锦、破额汗巾	3—5月份采摘嫩叶茎,清洗后烧食	全草入药,能清热解毒、止咳、利尿、散结消肿,用于扁桃体炎、哮喘性支气管炎、胆石胆囊炎、丹毒、带状疱疹、湿疹、关节酸痛等	全县
Hydrocotyle sibthorpioides Lam. (Hydrocotyle rotundifolia Roxb.) 伞形科			
直刺变豆菜			
俗名:水黄连	全年可采其嫩全株,清洗后炒食	—	西坑片一带
Sanicula orthacantha S. Moore. 伞形科			
白苞芹			
俗名:野当归	3—10月份挖取地下茎,清洗后烧兔肉吃	根入药,镇痉止痛,可治风寒感冒、头痛、筋骨疼痛	峃口片一带
Nothosmyrnium japonicum Miq. 伞形科			
少花水芹			
俗名:水芹	3—6月份采嫩全草,清洗后烧食	全草入药,有清热降压之效	峃口片一带
Oenanthe benghalensis (Roxb) Kurz 伞形科			
水芹			
俗名:水芹菜	3—6月份采其嫩全草,清洗后烧食;或用沸水焯5分钟左右,置凉水里浸泡,可炒食、凉拌或做馅;或是泡酸芹菜:方法是将新鲜嫩茎叶洗净后,晾干水分,放入事先配制好的酸卤水坛中,盖上盖,2~3天后取出食用;或腌制酱菜	全草及根入药,有祛风止咳、活血祛瘀、退热解毒、利尿、止血和降压之效	峃口片一带
Oenanthe javanica (Bl) DC. 伞形科			
杜鹃(映山红)			
俗名:徐八花、杜鹃花	4—5月份采摘花朵,小孩生食	根、叶及花药用。根入药,治关节风痛、慢性气管炎、月经不调、崩漏;花入药,治白带过多;叶外敷治眼外伤红肿和外伤出血	全县
Rhododendron simsii Planch. 杜鹃花科			
刺毛越橘			
俗名:山满头	9—10月份采其成熟果实吃	—	西坑片一带
Vaccinium trichocladum Merr. et Metcalf 杜鹃花科			
米饭花			
俗名:山馒头	9—10月份采其成熟果实吃	—	西坑片一带
Vaccinium sprengelii (G. Don) Sleumer 杜鹃花科			
乌饭树			
俗名:山馒头	9—10月份采其成熟果实吃	—	东头一带
Vaccinium bracteatum Thunb. 杜鹃花科			
江南越橘			
俗名:山满头	9—10月份采其成熟果实吃	果及叶入药,可治消化不良等	西坑片一带
Vaccinium mandarimorum Diels 杜鹃花科			

续表2-10

名　称	食　法	功　效	县城分布
油柿			
俗名:山红柿 Diospyros kaki var. sylvestris Makino 柿树科	9—10月份采其成熟果实吃	—	东头一带
老鸦柿			
俗名:山红柿 Diospyros rhombifolia Hemsl. 柿树科	9—10月份采其成熟果实吃	—	东头一带
山矾			
俗名:黄棚 Symplocos caudata whll. ex A. DC. 山矾科	8月份采其全株,晒干后烧成灰,煎汤,将过滤后的汤拌入米粉中做成黄色年糕吃	—	东头一带
牛皮消			
俗名:山番茄 Cynanchum auriculatum Royle ex Wight 萝藦科	5—11月份采摘嫩叶和挖取块根,鲜叶炒蛋,块根煮食	根入药,用于脘腹疼痛、新生儿盘肠气痛、瘰疽等	峃口片一带
马蹄金			
俗名:田螺盖 Dichondra repens Forst. 旋花科	4—11月份采其嫩全株炒食	全草入药,能消炎解毒和接骨	峃口片一带
豆腐柴(腐婢)			
俗名:豆腐柴、苦苦辣、哥哥兰 Premna microphylla Turcz. 马鞭草科	4—11月份采摘嫩叶,将叶碾碎取液汁加工成绿豆腐	根、茎、叶入药,清热解毒,消肿止血,主治毒蛇咬伤、无名肿毒、创伤出血,用于风湿性关节炎、脓肿、烫伤、阑尾炎等	全县
牡荆			
俗名:龙枝哨 Vitex negundo L. var. cannabifolia (Sieb. et Zucc.) Hand. Mazz. 马鞭革科	3—5月份采其嫩叶芽,置沸水中煮几分钟,清洗后烧食	茎、叶入药,治久痢;种子为清凉性镇静、镇痛药	全县
大青			
俗名:青蜂恩、秋枫四、青风丝 Clerodendrum cyrtophyllum Turcz. 马鞭草科	3—6月初和9月采摘嫩茎叶,置沸水中煮几分钟,用水清洗后烧食	根、叶入药,有凉血、清热、解毒、利尿之效,主治菌痢、咽喉炎、扁桃腺炎、黄疸、丹毒、偏头痛、虫咬、蜂螫等症	全县
浙江大青			
俗名:红秋风丝、青蓬丝 Clerodendrum kaichianum Hsu. 马鞭草科	3—6月初和9月采摘嫩茎叶,置沸水中煮几分钟,用水清洗后烧食	根、叶入药,有凉血、清热、解毒、利尿之效,主治菌痢、咽喉炎、扁桃腺炎、黄疸、丹毒、偏头痛、虫咬、蜂螫等症	全县
京黄芩			
俗名:野苏 Scutellaria pekinensis Maxim. 唇形科	3—8月份采其嫩叶,清洗后烧食	—	西坑片一带
活血丹			
俗名:十八额、祖祖额、野苏 Glechoma longituba (Nakai) Kupr. (Glechoma hederacea auct.non L.) 唇形科	3—10月份采摘嫩茎、叶,清洗后烧禽畜肉类吃;或在沸水中焯一分钟,再置清水里浸泡一夜,可炒食或做汤	全草入药,有利水、祛风、去湿泄热的功效,用于胃痛、胆囊炎、尿路结石、胸肋损伤等	全县

续表2-10

名　称	食　法	功　效	县城分布
甘露子(草石蚕)			
俗名:泥豆 Stachys sieboldii Miq. 唇形科	3—5月挖取地下块茎烧食,也可腌制加工成酱菜	全草入药,有润肺益肾、滋阴补血的功效,治肺炎、气喘、肺虚咳嗽、肾虚腰痛、淋巴结核、肺结核、咯血等病症	东头一带
硬毛地瓜儿苗			
俗名:生地 Lycopus lucidus var. hirtus Regel 唇形科	3—7月挖取肥大根状茎,清洗后可烧稀饭、烧粉干吃或炒食或烧汤或腌泡菜	全草入药,有活血、行水、益气的功效,可用于治疗吐血、鼻出血、产后腹痛、带下及经闭、身面浮肿、痈肿等症	全县
紫　苏			
俗名:红紫苏、紫苏 Perilla frutescens (L.) Britton var. arguta (Benth.) Hand. Mazz. 唇形科	4—10月采嫩叶,可作蔬菜;或以盐、梅子做酸菜,食之甜美;也可作夏时饮料,或当作调味品,味极香浓。种子油可食用	茎、叶及种子入药,用于感冒、急慢性气管炎、胸腹胀满、胎动不安,及解鱼蟹毒等	全县
回回苏			
俗　名:木瓜须 Perilla frutescens var. crispa (Thunb.) Decne. 唇形科	3—11月采其嫩茎叶,是烧鱼、羊肉的上等佐料	根入药,理气宽胸、解郁安胎;叶入药,发表散寒、行气宽中;小坚果入药,降气定喘、化痰止咳、利隔宽胸	峃口片一带
野紫苏			
俗名:木瓜须 Perilla frutescens varacuta (Thunb) Kudo 唇形科	3—11月采其嫩茎叶,是烧鱼、羊肉的上等佐料	全草入药,为解表药	峃口片一带
石荠苧			
俗名:野苏 Mosla scabra (Thunb.) C. Y. Wu. et H. W. Li Mosla punctata. (thunb.) 唇形科	3—8月采其嫩叶,清洗后烧食	全草入药,用于中暑高热、呕吐、腹泻,外洗治疗痱子、皮肤瘙痒等	西坑片一带
车　前			
俗名:蛙蟆衣 Plantago asiatica L. 车前科	3—10月采嫩叶茎或幼苗,先用开水烫软,再用清水泡几小时后捞出,炒食或做汤或凉拌蘸酱或做馅或和面蒸食	全草及种子入药,有清热利尿作用,用于肾性或心性水肿、尿路感染、肠炎、痢疾、小儿单纯性消化不良、急性气管炎、急性结膜炎及疖肿等	全县
栀子(黄栀子)			
俗　名:黄栀花 Gardenia jasminoides Ellis 茜草科	5—7月采摘花蕾烧食	果实及根入药,用于热病烦躁、吐血、衄血、尿血、肝炎、膀胱炎、扭挫伤等	峃口片一带
毛鸡矢藤			
俗名:齐山藤 Paederia scandens var. tomentosa (Bl.) Hand. Mazz. 茜草科	4—8月采嫩茎叶,清洗后烧食	全草入药,具活血镇痛、祛风燥湿、解毒之效	东头一带

续表2-10

名 称	食 法	功 效	县城分布
白花败酱			
俗名:苦菜、苦胆、大号苦菜 Patrinia villosa (Thunb.) Juss 败酱科	3—9月采嫩茎叶食用。采后将茎叶置沸水中烫漂2—3分钟捞出,再以凉水浸泡1日,至少苦味即可食用,宜炒食、做汤或晒成干菜,也可腌渍加工	茎叶入药,有清热解毒、排脓消肿之效,可用于急性阑尾炎、阑尾脓肿、肝炎等	全县
大苞赤瓟			
俗名:野刺瓜 Thladiantha calcarata (Wall.) Clarke 葫芦科	2—5月采摘嫩叶,置沸水中煮一会儿,捞出清洗后烧食	—	西坑片一带
长叶赤瓟			
俗名:苦瓜叶 Thladiantha longifolia Cogn. 葫芦科	4—5月采摘嫩叶,置沸水中煮一会儿,捞出清洗后烧食	—	东头一带
羊 乳			
俗名:奶奶头、山奶头 Codonopsis lanceolata Benth. et Hook. f. 桔梗科	6—10月挖取块根,清洗后煮食或与咸菜烧食	根入药,用于肺脓疡、乳汁不足、毒蛇咬伤、脓肿等;并用于补虚	峃口、珊溪片一带
卵叶半边莲			
俗名:白露地 Lobelia zeylanica L. 桔梗科	3—11月采其嫩茎叶,置沸水中煮一会儿,捞出清洗后炒食	—	黄坦片一带
铜锤玉带草			
俗名:白落电、白落地 Pratia begoniifolia (Wall.) Lindl. 桔梗科	3—10月采其嫩全株,清洗后炒鸡蛋或鸭蛋吃,也可烧蛋汤吃	全草药用,用于急性肾炎、尿路感染、疔疮肿毒等	全县
地胆草			
俗名:苦泥头 Elephantopus scaber Linn 菊科	4—8月采其嫩茎叶,置沸水中煮一会儿,清洗后加配料炒食	全草入药,有清热解毒、消肿利尿之效	西坑片一带
马 兰			
马兰头、白马兰、大号马兰头 Kalimeris indica (L.) Sch. Bip. 菊科	2—5月采嫩茎叶,清洗后可直接与肉炒食;也可在沸水中烫漂1~2分钟,作凉拌菜或饺子馅,风味清香,品质好;也可与糯米合做清明糕吃	根或全草入药,有清热解毒、凉血、利尿、消肿的作用,能消食积、除湿热、利小便、退热止咳、解毒,用于胃炎及溃疡病疼痛、肝炎、扁桃体炎、鼻衄、外伤出血、疖痛等	全县
三脉紫菀(三褶脉紫菀)			
俗名:苦泥头 Aster ageratoides Turcz. 菊科	4—8月采其嫩茎叶,置沸水中煮一会儿,清洗后加配料炒食	—	西坑片一带
陀螺紫菀(陀罗紫宛)			
俗名:苦泥头 Aster turbinatus S. Moore 菊科	4—8月采其嫩茎叶,置沸水中煮一会儿,清洗后加配料炒食	—	西坑片一带
小白酒草(小飞蓬)			
俗名:长毛草、野生菜 Conyza canadensis (L.) Cronq. 菊科	3—5月采其嫩茎叶,置沸水中煮一会儿,清洗后加配料炒食	全草入药,主治痢疾、肠炎、肝炎、胆囊炎;外用治牛皮癣、外伤出血、中耳炎、眼结膜炎等	全县

续表2-10

名称	食法	功效	县城分布
白背鼠曲草(细叶鼠曲草)			
俗名:天青地白、地棉、野地棉、踏地棉 Gnaphalium japonicum Thunb. 菊科	3—5月份采其嫩苗揉入米粉做糕团,香糯可口,风味别具	全草入药,用于结膜炎、乳腺炎、疖肿、膀胱炎、毒蛇咬伤等	全县
多茎鼠曲草			
俗名:野棉菜 Gnaphalium polycaulon Pers. (Gnaphalium indicum auct. non L.) 菊科	3—5月份采其嫩苗揉入米粉做糕团,香糯可口,风味别具	—	东头一带
鼠曲草(清明草)			
俗名:棉菜 Gnaphalium affine D. Don(Gnaphalium multiceps Wall.)菊科	3—5月份采摘嫩苗揉入米粉中做糕团,香糯可口,风味别具。也可用开水烫后炒食	全草入药,镇咳祛痰,主治寒痰咳嗽、降血压、治疗消化性溃疡、镇咳、镇痛等	全县
宽叶鼠曲草(贴生鼠曲草)			
俗名:牛粪棉、大棉、野棉菜 Gnaphalium adnatum Wall.(Anaphalis adnata (Wall.) DC.) 菊科	3—5月份采摘嫩苗揉入米粉中做糕团,香糯可口,风味别具	—	全县
苍耳			
俗名:琴丝 Xanthium sibiricum Patr. (Xanthium strumarium L.) 菊科	9—10月份采摘果实,烧猪蹄或兔肉食用	苍耳子及全草(去根)入药,用于鼻炎、鼻窦炎、腮腺炎、风湿痛、痢疾、肠炎、麻风、皮肤瘙痒等	峃口片一带
豨莶			
俗名:猪屎菜、猪乌菜 Siegesbeckia orientalie L. 菊科	3—9月份采摘嫩茎叶,置沸水中煮几分钟捞出,清洗后食用	全草入药,有解毒镇痛作用,用于风湿性关节炎、高血压、疮疡肿毒等,市售有豨莶膏	黄坦片一带
菊芋			
俗名:翻能芋、翻玲芋、番人芋、阳光芋 Helianthus tuberosus Linn 菊科	10—11月挖取块茎,置沸水中煮一会儿,用食盐煎熟后吃或加工后制酱菜	叶入药,可制菊糖(供治糖尿病用)及酒精	南田片一带
野菊			
俗名:黄菊花 Dendranthema indicum (L.) Des Monl (Chrysanthemum indicum L.) 菊科	3—5月份采摘嫩茎叶,清洗后炒食。9—11月份采花食用,炒、煮或拌凉菜均可	花及全草入药,有清热、祛风、解毒、明目的功效,用于防治感冒、流感、流脑,治疗流行性结合膜炎、高血压、疖痛等	西坑片一带
甘菊			
俗名:蓬蒿 Dendranthema Lavandulifolia (Fisch. ex Trautv) Ling et Shih (Chrysanthemum Lavandulifolium (Fisch. ex trautv.) Makino.)药科	3—4月份采其嫩茎叶,揉入米粉中做糕团,香糯可口,风味别具	—	西坑片一带
石胡荽			
俗名:地胡椒 Centipeda minima(L.)A.Braun et Ascher. 菊科	4—6月份采摘嫩叶、茎,清洗后炒蛋吃	全草入药,用于感冒、百日咳、慢性气管炎、疟疾、鼻炎及跌扑损伤等	珊溪片一带

续表2-10

名　称	食　法	功　效	县城分布
红番苋			
俗名:番苋 Gynura bicolor (Roxb.) DC.　菊科	3—10月份采摘嫩茎叶,清洗后炒蛋吃	茎叶入药,用于盆腔炎、肾盂肾炎腰痛、白带、疔疮痈肿、甲沟炎等	全县
牡　蒿			
俗名:蓬菜、蒿菜 Artemisia japonica Thunb.　菊科	4—5月份采摘嫩茎、叶,清洗后揉入米粉做糕团或晒干后揉入米粉做糕团吃。或用开水烫后,换清水浸泡后炒食	—	全县
艾　蒿			
俗名:蓬蒿 Artemisia argyi Levl. et Vant.　菊科	3—5月份采其嫩茎叶,清洗后揉入米粉做糕团吃	—	西坑片一带
野艾蒿(细叶艾)			
俗名:马银菜 Artemisia lavandulaefolia DC.　菊科	3—4月份采其嫩叶,置沸水中煮几分钟,捞出置清水中浸泡一会儿,再烧食	根、茎、叶入药。叶用于月经过多、经来腹痛、先兆流产、小儿腹泻、外伤出血;根用于肾盂炎及慢性肾炎水肿	南田片一带
深绿蒿			
俗名:青蓬、蒿 Artemisia atrovirens Hang. Mazz.　菊科	3—10月份采其嫩叶,置沸水中煮一会儿,捞出浸泡后烧食	—	黄坦片一带
小叶蓬蒿			
俗名:生毛蓬、蓬莱 Artemisia tancea Van.　菊科	3—4月份采摘嫩茎叶烫漂后作蔬菜,或做糕点配料,香味浓,品质好	全草入药,有散寒、通经、止血、安胎、清热之功效	东头、南田片一带
梁子菜			
俗名:野苦菜 Erechtites hieraciifolia (L.) Raffin　菊科	4—10月份采其嫩茎叶,置沸水中煮一会儿,清洗后烧食,味佳	—	峃口片一带
蒲儿根			
俗名:牛粪叠 Senecio oldhamianus Maxim.　菊科	4月份采其嫩茎叶,置沸水中煮一会儿,捞出浸泡后烧食	—	南田片一带
千里光			
俗名:千年梨胶 Senecio scandene Buch. Ham.　菊科	全年可摘其嫩茎叶,清洗后炒食	地上部分供药用,在清热解毒、抗菌消炎、凉血明目、杀虫止痒、去腐生肌之效	西坑片一带
浙江橐吾			
俗名:梨头草 Ligularia chekiangensis Kitamura　菊科	3月下旬—5月上旬采其嫩叶,置沸水中煮一会儿,用清水浸泡后烧食	—	南田片一带
刺儿菜(小蓟)			
俗名:小号刺菜 Cephalanoplos segetum (Bunge) Kitam.　菊科	4月份采摘嫩叶,放在开水中煮几分钟,再用清水浸后食用,可凉拌、炒食、做汤、做馅,也可用其煮粥或腌制	全草或根入药,为利尿及止血剂,有凉血、消肿、散瘀之效,多用于尿血或血淋等症	全县
大　蓟			
俗名:大号刺菜 Cirsium japonicum　DC.　菊科	4月份采摘嫩叶,放在开水中煮几分钟,再用清水浸后食用	全草或根入药,为利尿止血剂,有凉血、消肿、散瘀之效,又能治痈疮,催透乳汁,用于各种内外出血、高血压病、烧伤、疖痈脓肿等	南田片一带

续表2-10

名 称	食 法	功 效	县城分布
绿 蓟			
俗名:野人参 Cirsiun chinense Gardn. ee. champ 菊科	4月中旬—5月中旬份采其嫩全草,置沸水中煮一会儿,用水浸泡后浇食	—	南田片一带
线叶菊			
俗名:野人参 Cirsium lineare (Thunb.) Sch. Bip. 菊科	4月中旬—5月中旬采其嫩全草,置沸水中煮一会儿,用水浸泡后烧食	—	南田片一带
大丁草			
俗名:奶草 Leibnitzia anandria (L.) Nakai 菊科	3—4月份采其嫩全草,清洗后食用	—	西坑片一带
多裂齿果菊			
俗名:山苦麻 Pterocypsela laciniata (Houtt) Shih. 菊科	4月份采其嫩茎叶,置沸水中煮一会儿,清洗后食用	—	南田片一带
翅果菊			
俗名:山苦麻 Pterocypsela inclica (Linn) Shih. 菊科	4月份采其嫩茎叶,置沸水中煮一会儿,清洗后食用	—	南田片一带
台湾翅果菊			
俗名:大号奶草、补脾草。 Pterocypsela formosana (Maxim.) Shih. 菊科	5—8月份采其嫩全草,清洗后食用	—	峃口片一带
黄鹤菜			
俗名:大号奶奶草 Youngia japonica (L.) DC. 菊科	5—8月份采其嫩全草,清洗后食用	—	峃口片一带
齿缘苦荬菜			
俗名:野苦母 Ixeris dentata (Thunb.) Nakai 菊科	4—9月份采其嫩叶,置沸水中煮一会,清洗后食用	—	黄坦片一带
细叶苦荬			
俗名:奶奶草 Ixeris gracilis Stebb. 菊科	3—4月份采其嫩全草,清洗后食用	—	西坑片一带
平滑苦荬菜			
俗名:奶奶草 Ixeris Iaevigata (Blume) Sch. Bip. 菊科	3—8月份采其嫩全草,置沸水中煮一会儿,清洗后烧食	—	珊溪片一带
多头苦荬			
俗名:奶奶草 Ixeris polycephala Cass. 菊科	3—8月份采其嫩全草,置沸水中煮一会儿,清洗后烧食	—	珊溪片一带
有尾水筛			
俗名:水蒲英 Blyxa echinosperma (C. B. Clarke) Hook. f. 水鳖科	4—9月份采其嫩茎叶,置沸水中煮一会儿,清洗后烧食	—	东头一带

续表2-10

名　称	食　法	功　效	县城分布
苦　竹			
俗名:苦竹 Pleioblastus amarus (Keng) Keng f. 禾本科	4—6月份挖取竹笋,去壳后置沸水中煮几分钟,捞出浸泡于水中,烧食或晒制笋干	—	东头一带
大节竹(算盘竹)			
俗名:笋儿 Indosasa glabrata C.D. chu et C. S. Chao. 禾本科	4月中旬—5月中旬挖取竹笋,去壳后炒肉片吃或烧酸菜吃,味道极桂	—	东头、南田片一带
石　竹			
俗名:乌笋、石笋 Phyllostachys nuda McClure 禾本科	3—5月份挖取竹笋,去壳后置水中煮几分钟,捞出浸泡于水中,烧食或晒制笋干	—	黄坦片一带
水　竹			
俗名:金竹 Phyllostachys heeeroclada Oliv 禾本科	5—6月份挖取竹笋,去壳后置水中煮几分钟,捞出浸泡于水中,烧食或晒制成笋干	—	东头一带
花哺鸡竹			
俗名:石竹 Phyllostachys glabrata S. Y. Chen et C. Y. Yao 禾本科	5月10—20日挖取竹笋,去壳后炒肉片吃或烧酸菜吃,也可加工成笋干或制罐头	—	南田片一带
桂竹(五月季竹)			
俗名:茅坦竹、摸塘竹 Phyllostachys bambusoides Sied. et Zucc. 禾本科	5月份挖取竹笋,去壳后置水中煮几分钟,捞出浸泡,可鲜食或制笋干	—	黄坦片、南田片一带
白荚竹			
俗名:花笋 Phyllostachys bissetii McClure 禾本科	5月份挖取竹笋,去壳后置水中几煮分钟,捞出浸泡,可鲜食或制笋干	—	南田片一带
东阳青皮竹			
俗名:食竹、石竹 Phyllostachys virella. Wen. 禾本科	5月份挖取竹笋,去壳后置水中煮几分钟,捞出浸泡,可鲜食或制笋干	—	东头一带
白　茅			
俗名:茅草根 Imperata cylindrica (L.) Beauv. var. major (Nees) C. E. Hubb禾本科	6月份挖取根,剥去皮毛,生咀,其汁甜滋滋的;还可将茅根洗净,放在锅内加适量水煮,然后饮用其水,也有甜味,可作甜菜饮用;此外,茅根还可压汁浓缩制成糖;还可酿酒和制饮料等	根茎、花穗入药。根状茎入药作利尿、清凉剂;根可通用于里热证及咯血、衄血、尿血等;花用于咯血、衄血及外伤出血	全县
水竹叶			
俗名:节节烂 Murdannia triquetra (Wall。)Brückn. 鸭跖草科	4—10月份采其嫩全草,清洗后烧食	全草入药,主治肺炎、咯血、无名肿毒	峃口片一带
鸭舌草			
俗名:田苦菜 Monochoria vaginalis 雨久花科	4—9月份采其嫩茎叶,置沸水中煮一会儿,清洗后炒食、凉拌或做汤	全草药用,有清热解毒、止咳平喘的功效,内服可治疗痢疾、肠炎、咽喉肿痛、感冒、齿龈脓肿、慢性支气管炎、百日咳,外用可治疗丹毒、疔疮、蛇咬伤	东头一带

续表2-10

名称	食法	功效	县城分布
窄叶鸭舌草 俗名:菠菜 Monochoria vaginalis var. plantaginea (Roxb) Solms 雨久花科	4—9月份采其嫩茎叶,置沸水中煮一会儿,清洗后烧食	全草入药,主治咽喉肿痛、吐血、痢疾、肠炎、血崩、毒蛇咬伤	峃口片一带
大叶百部 俗名:山棋 Stemona tuberosa Lour. 百部科	10月份挖取块根,清洗后烧食	块根药用,有温肺止咳、杀虫之效	南田片一带
紫萼 俗名:和尚菜、金甜菜、千金达、仙人菜 Hosta ventricosa (Salisb.)Stearn 百合科	3—5月份采其嫩茎叶,置沸水中煮一会儿,捞出浸泡后加配料炒食	根状茎民间供药用,治跌打损伤、疮疖痈肿及毒蛇咬伤	全县
百合 俗名:百合头、野百合、百合花 Liiium brownii F. E. Brown var. viridulum Baker 百合科	5—10月采鳞茎,夏天用百合加白糖配制清凉饮料,既可清热防暑,又可润肺滋阴;百合和绿豆共煎成百合绿豆汤,更是防暑佳品;百合可煮肉;还可做甜食等	鳞茎入药,有润肺止咳、定胆、补中益气、清心安神之效,治肺热咳嗽、口苦、精神恍惚等	全县
薤白 俗名:野葱、老鸦葱 Allium macrostemon Bunge 百合科	以抽花茎之前的叶和鳞茎共食用。辛香味浓,品质好,可直接作蔬菜食用,或作菜肴调味品	鳞茎入药,治痢疾、心绞痛、慢性支气管炎、咽喉肿痛、胸痛胸闷、咳嗽、噎膈反胃等	全县
多花黄精 俗名:山兰姜、山赖姜、山莲姜 Polygonatum cyrtonema Hua 百合科	8—10月挖取根状茎,煮食或与咸菜同煮食用	根状茎入药,具有补脾、润肺、生津之功效,治虚损寒热、肺痨咯血、病后体虚、食少、筋骨软弱、风湿疼痛等病症	全县
菝葜 俗名:金刚刺 Smilax china L. 百合科	4—5月份采摘嫩茎叶,置沸水中煮2—3分钟,捞出晾干后食用。根状茎富含淀粉,可制酒或制糕点	根状茎入药,能祛风湿、利小便、止渴。根茎、叶入药,用于肺脓疡、风湿性关节炎、糖尿病、烧伤、蜈蚣咬伤、牛皮癣、子宫颈糜烂等	全县
日本薯蓣(野山药) 俗名:山薯 Dioscorea japonuca Thunb. 薯蓣科	9—11月份挖取块茎食用	块茎入药,为强壮健胃剂	西坑片、峃口片一带
薯蓣(山药) 俗名:山脐 Dioscorea opposita Thunb. 薯蓣科	9—10月份挖取块茎食用,可蒸、煮、炒、烩食用,还可以加工成山药干	块茎为常用中药"淮山药",为滋养强壮剂,有补气、补脾胃及补肾固精等功效,适用于气虚衰弱、食欲减退、肢体疲乏、慢性咳嗽、多痰、遗精、小便频数、消渴及妇女白带等症	珊溪片一带

说明:资料来源于郑华编写的《文成野生蔬菜资源志》

图2-3　野生蔬菜部分图照

紫　萁

蕨

苹

蕺　菜

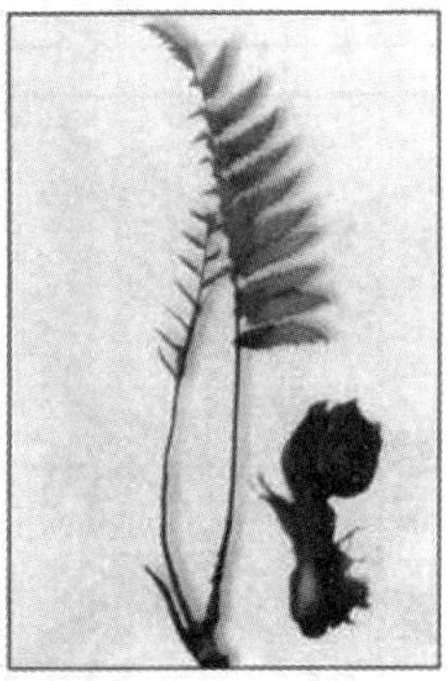
狗　脊

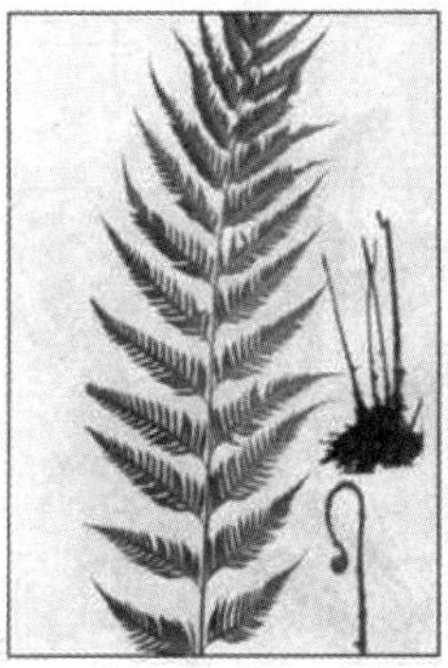
胎生狗脊蕨

苦　槠

白　栎

天仙果

变叶榕

糯米团

水蓼

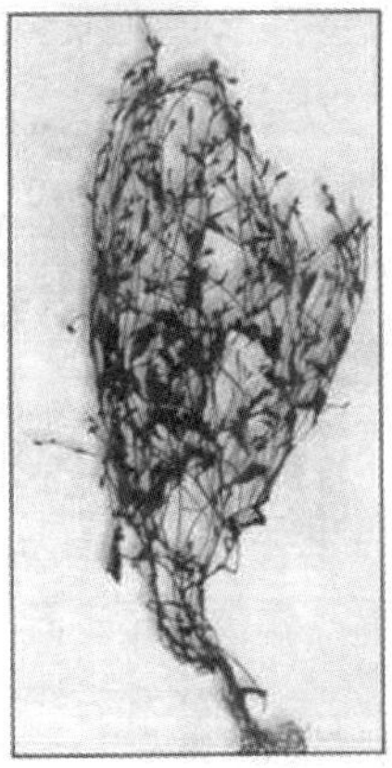

苎　麻

毛赤车

辣　蓼

火炭母

说明:资料来源于郑华编写的《文成野生蔬菜资源志》

药用植物资源

药用植物资源丰富。全县植物药材488种，其中野生的374种，人工种植的114种。常见的植物药材为车前草、鸡冠花、活血丹、千里花、紫苏、百合、金银花、薄荷、泽兰、蒲公英、吊兰、槐花、葛根、鸡血藤、小黄连、灯芯草、苦珠、老鼠刺、千斤拔、龙须藤、麦冬、金钱草、知母、茯苓、芭蕉、铁扫帚等。

木本植物资源

据县林业部门进行的木本植物调查鉴定，全县木本植物758种。隶属99科306属。野生的682种木本植物，隶属91科276属。属国家保护的珍稀树种18种，属国家二级保护的为连香树、种萼木、福建柏、鹅掌楸、香果树等5种；属国家三级保护的有天竺桂、沉水樟、闽楠、银种花、南方铁杉、天目木兰、黄山木兰、凹叶厚朴、天女花、花榈木、蛛网萼、紫茎、银鹊树等13种。

古树名木

1996—1998年，县林业部门对古树名木进行过两次调查，原登记造册566株。2002年，组织人员，逐乡逐村开展全面普查，查明全县古树名木2665株，其中古树群46处1506株，散生古树1159株。按古树保护等级划分，树龄500年以上一级古树122株，300～500年二级古树548株，100～300年三级古树1995株。其植物种类隶属25科、41属、56种，主要树种为枫香、苦槠、柳杉、马尾松、樟树、榕树，及国家珍贵濒危树种南方红豆杉、银杏等，以枫香最多1480株，占古树名木总数的55.53%。

众多古树名木中最著名的为桂山平溪银杏王、黄坦稽垟樟树王、岭后下庄吴岸自然村柳杉王、大峃周村古榕树、南田谢塘岸杉树王、南田龙岙松树王、南田三源千年苦槠王、南田高村南酸枣王、南田张坳罗汉松王、安福寺从日本移来2棵罗汉松、西坑双田木樨王（十里飘香）、南田小学百年丹桂、云湖叶山南方红豆杉王、石垟林场下田500年红豆杉、下垟桂竹800年红豆杉、金星八格姐妹樟（150年）、樟台奇形榕树（310年）、岭后下庄方竹和绿皮黄筋竹。

2002年文成县古树名木树种分类一览表

表2-11

科	属	树种	拉丁学名	株数	最长树龄（年）
银杏科	银杏属	银杏	Ginkgo biloba Linn.	8	950
松科	油杉属	江南油杉	Keteleeria cyclolepis Flous	22	510
	松属	马尾松	Pinus massoniana Lamb.	302	450
		黄山松	Pinus taiwanensis Hayata	12	平均150
杉科	杉木属	杉木	Cunninghamia lanceolata (Lamb.) Hook.	22	310
	柳杉属	柳杉	Cryptomeria fortunei Hooibernk ex Otto et Dietr	222	550
柏科	柏木属	柏木	Cupressus funebris Endl.	3	310
罗汉松科	罗汉松属	罗汉松	Podocarpus macrophyllus (Thunb.) D. Don	5	250
	竹柏属	竹柏	Nageia nagi Kuntze	3	350
三尖杉科	三尖杉属	粗榧	Cephalotaxus sinensis(Rehd. et Wils.) Li	1	200
红豆杉科	红豆杉属	南方红豆杉	Taxus chinensis (Pilger) Rehd. var.mairei	36	550
			(Lemee et Levl.) S.Y.Hu ex Liu	—	—
	榧树属	榧树	Torreya grandis Fort. ex Lindl.	16	400

续表2-11

科	属	树种	拉丁学名	株数	最长树龄(年)
壳斗科	栲属	苦槠	Castanopsis sclerophylla (Lindl.) Schott.	218	1000
		甜槠	Castanopsis eyrei (Champ. ex Benth.) Tutch.	62	510
		栲树	Castanopsis fargesii Franch.	11	160
		钩栗	Castanopsis tibetana Hance	2	平均194
		米槠	Castanopsis carlesii (Hemsl.) Hayata	1	150
	青冈属	大叶青冈	Cyclobalanopsis jenseniana (Hand. – Mazz.) Cheng et T. Hong	6	220
壳斗科	青冈属	青冈栎	Cyclobalanopsis glauca (Thunb.) Oerst.	4	150
榆科	榆属	榔榆	Ulmus parvifolia Jacq.	3	220
		杭州榆	Ulmus changii ChengUlmus changii Cheng	1	350
	榉树属	榉树	Zelkova schneideriana Hand. ~ Mazz.	2	500
	朴属	朴树	Celtis sinensis Pers.	12	250
	糙叶树属	糙叶树	Aphananthe aspera (Thunb.) Planch.	6	600
桑科	榕属	笔管榕	Ficus virens Ait.	22	600
樟科	樟属	樟树	Cinnamomum camphora (Linn.) Presl	33	1000
	润楠属	红楠	Machilus thunbergii Sieb. et Zucc.	19	250
		薄叶润楠	Machilus leptophylla Hand. ~ Mazz.	2	—
		刨花楠	Machilus pauhoi Kanehira	1	—
	楠木属	浙江楠	Phoebe chekiangensis C.B.Shang	1	150
	檫木属	檫木	Sassafras tsumu (Hemsl.) Hemsl.	1	320
金缕梅科	枫香属	枫香	Liquidambar formosana Hance	1480	600
		缺萼枫香	Liquidambar acalycina H.T.Chang	5	150
	水丝梨属	水丝梨	Sycopsis sinensis Oliv.	25	190平均
蔷薇科	石楠属	椤木石楠	Photinia davidsoniae Rehd. et Wils.	22	230
	梨属	沙梨	Pyrus pyrifolia (Burm.f.) Nakai	2	170
豆科	黄檀属	黄檀	Dalbergia hupeana Hance	18	350
豆科	紫藤属	紫藤	Wisteria sinensis (Sims) Sweet	6	310
大戟科	乌桕属	乌桕	Sapium sebiferum (Linn.) Roxb.	2	200
	重阳木属	重阳木	Bischofia polycarpa (Levl.) Airy ~ Shaw	4	200
冬青科	冬青属	冬青	Ilex purpurea Hassk.	5	150
		尾叶冬青	Ilex wilsonii Loes.	3	240
漆树科	南酸枣属	南酸枣	Choerospondias axiliaris (Roxb.) Burtt et Hill	3	510
	黄连木属	黄连木	Pistacia chinensis Bunge	1	120
鼠李科	鼠李属	山绿柴	Rhamnus brachypoda C.Y.Wu ex Y.L.Chen	1	—
梧桐科	梧桐属	梧桐	Firmiana platanifolia (Linn.f.) Marsili	1	180
杜英科	杜英属	山杜英	Elaeocarpus sylvestris (Lour.) Poir.	1	—
山茶科	木荷属	木荷	Schima superba Gardn. et Champ.	13	310
柿树科	柿属	柿	Diospyros kaki Thunb.	1	150
木樨科	女贞属	女贞	Ligustrum lucidum Ait.	1	120
	木樨属	木樨	Osmanthus fragrans (Thunb.) Lour.	6	350
		丹桂	Osmanthus fragrans (Thunb.) Lour.cv.Aurantiacus	1	120
胡桃科	枫杨属	枫杨	Pterocarya stenoptera C. DC.	4	210
蓝果树科	蓝果树属	蓝果树	Nyssa sinensis Oliv.	1	130
合计 25	42	54	—	2665	—

说明:资料由县林业局提供

第五节 动物资源

县境森林植被资源良好，环境适宜动物生存栖息。县林业部门严格执行野生动物法规政策，开展多次野生资源调查。已探知全县动物资源中有溪鱼6目15科95种，脊柱动物5纲34目97科379种。

溪鱼资源

县境多涧多溪流，野生鱼类多。

长年累月，住在溪边的人们把捕捉溪鱼作为家庭菜篮子重要来源。随着20世纪80年代至21世纪初水力资源大开发，截溪断流，危及水生态的平衡，野生鱼资源急速枯竭，有的甚至绝种。

1. 大海鲢 *Megalops cyprinoides* （*Broussonet*，*1782*）
2. 日本鳗鲡 *Anguilla japonica* *Temminck & Schlegel*，*1846*
3. 花鳗鲡 *Anguilla marmorata* *Quoy & Gaimard*，*1824*
4. 食蟹豆齿鳗 *Pisodonophis cancrivorus* （*Richardson*，*1848*）
5. 凤鲚 *Coilia mystus* （*Linnaeus*，*1758*）
6. 刀鲚 *Coilia nasus* *Temminck & Schlegel*，*1846*
7. 宽鳍鱲 *Zacco platypus* （*Temminck & Schlegel*，*1846*）
8. 马口鱼 *Opsariichthys bidens* *Günther*，*1873*
9. 草鱼 *Ctenopharyngodon idella* （*Valenciennes*，*1844*）
10. 青鱼 *mylopharyngodon piceus* （*Richardson*，*1846*）
11. 寡鳞飘鱼 *Pseudolaubuca engraulis* （*Nichols*，*1925*）
12. 大眼华鳊 *Sinibrama macrops* （*Günther*，*1868*）
13. 南方拟𩷶 *Pseudohemiculter dispar* （*Peters*，*1881*）
14. 𩷶 *Hemiculter leucisculus* （*Basilewsky*，*1855*）
15. 翘嘴鲌 *Culter alburnus* *Basilewsky*，*1855*
16. 红鳍鲌 *Chanodichthys erythropterus*（*Basilewsky*，*1855*）
17. 达氏红鳍鲌 *Chanodichthys dabryi* （*Bleeker*，*1871*）
18. 鲂 *megalobrama skolkovii* *Dybowsky*，*1872*
19. 黄尾鲴 *Xenocypris davidi* *Bleeker*，*1871*
20. 圆吻鲴 *Distoechodon tumirostrisPeters*，*1881*
21. 高体鳑鲏 *Rhodeus ocellatus* （*Kner*，*1866*）
22. 光倒刺鲃 *Spinibarbus hollandi* *Oshima*，*1919*
23. 温州光唇鱼 *Acrossocheilus wenchowensis* *Wang* ，*1935*
24. 台湾白甲鱼 *Onychostoma barbatulum* （*Pellegrin*，*1908*）
25. 䱻唇 *Hemibarbus labeo* （*Pallas*，*1776*）
26. 䱻花 *Hemibarbus maculatus* *Bleeker*，*1871*
27. 麦穗鱼 *Pseudorasbora parva* （*Temminck & Schlegel*，*1846*）
28. 小鳈 *Sarcocheilichthys parvus* *Nichols*，*1930*

29. 细纹颌须鮈*Gnathopogon taeniellus* （*Nichols*，*1925*）

30. 银鮈*Squalidus argentatus* （*Sauvage & Dabry de Thiersant*，*1874*）

31. 棒花鱼*Abbottina rivularis* （*Basilewsky*，*1855*）

32. 乐山小鳔鮈*microphysogobio kiatingensis* （*Wu*，*1930*）

33. 鲤鱼*Cyprinus carpio Linnaeus*，*1758*

34. 瓯江彩鲤*Cyprinus carpio var. color*

35. 鲫鱼*Carassius auratus* （*Linnaeus*，*1758*）

36. 鳙鱼*Aristichthys nobilis* （*Richardson*，*1845*）

37. 鲢鱼*Hypophthalmichthys molitrix* （*Valenciennes*，*1844*）

38. 中华花鳅*Cobitis sinensis Sauvage & Dabry* ，*1874*

39. 泥鳅*misgurnus anguillicaudatus* （*Cantor*，*1842*）

40. 大鳞副泥鳅*Paramisgurnus dabryanus Dabry de Thiersant*，*1872*

41. 薄鳅*Leptobotia pellegrini Fang*，*1936*

42. 原缨口鳅*Vanmanenia stenosoma* （*Boulenger*，*1901*）

43. 海鲇*Arius thalassina* （*Rüppell*，*1837*）

44. 白缘鉠*Liobagrus marginatus* （*Günther*，*1892*）

45. 粗唇鮠*Pseudobagrus crassilabris* （*Günther*，*1864*）

46. 黄颡鱼*Pelteobagrus fulvidraco*（*Richardson*，*1846*）

47. 光泽黄颡鱼*Pelteobagrus nitidus* （*Sauvage & Dabry 1874*）

48. 盎堂拟鲿*Pseudobagrus ondon Shaw*，*1930*

49. 白边拟鲿*Pseudobagrus albomarginatus* （*Rendahl*，*1928*）

50. 胡子鲇*Clarias fuscus* （*Lacepède*，*1803*）

51. 鲇*Silurus asotus Linnaeus*，*1758*

分类地位　鲇科*Siluridae*、鲇属*Silurus*

52. 香鱼 *Plecoglossus altivelis*（*Temminck & Schlegel*，*1846*）

53. 中国银鱼*Salanx chinensis* （*Osbeck*，*1765*）

54. 前颌间银鱼*Hemisalanx prognathus*（*Regan*，*1908*）

55. 龙头鱼*Harpadon nehereus* （*Hamilton*，*1822*）

56. 鲻鱼*mugil cephalus Linnaeus*，*1758*

57. 鮻鱼*Liza haematocheila* （*Temminck & Schlegel*，*1845*）

58. 间下鱵*Hyporhamphus intermedius*（*Cantor 1842*）

59. 食蚊鱼*Gambusia affinis* （*Baird & Girard*，*1853*）

60. 黄鳝*monopterus albus* （*Zuiew*，*1793*）

61. 中国花鲈*Lateolabrax maculatus*（*mcClelland*，*1844*）

62. 暗鳜*Siniperca obscura Nichols*，*1930*

63. 斑鳜*Siniperca scherzeri Steindachner*，*1892*

64. 多鳞鱚*Sillago sihama* （*Forsskål*，*1775*）

65. 六带鲹*Caranx sexfasciatus Quoy & Gaimard*，*1825*

66. 黄姑鱼 *Nibea albiflora*（*Richardson*，*1846*）
67. 黄鳍棘鲷 *Acanthopagrus latus*　（*Houttuyn*，*1782*）
68. 尖突吻鯻 *Rhynchopelates oxyrhynchus*　（*Temminck & Schlegel*，*1842*）
69. 金钱鱼 *Scatophagus argus*　（*Linnaeus*，*1766*）
70. 香 *Callionymus olidus*（*Günther*，*1873*）
71. 尖头塘鳢 *Eleotris oxycephala Temminck & Schlegel*，*1845*
72. 乌塘鳢 *Bostrychus sinensis Lacepède*，*1801*
73. 小黄黝鱼 *micropercops swinhonis*（*Günther*，*1873*）
74. 河川沙塘鳢 *Odontobutis potamophila*　（*Günther*，*1861*）
75. 子陵吻虾虎鱼 *Rhinogobius giurinus*　（*Rutter*，*1897*）
76. 雀斑吻虾虎鱼 *Rhinogobius lentiginis*　（*Wu & Zheng*，*1985*）
77. 乌岩岭吻虾虎鱼 *Rhinogobius wuyanlingensis*
78. 李氏吻虾虎鱼 *Rhinogobius leavelli*　（*Herre*，*1935*）
79. 神农吻虾虎鱼 *Ctenogobius shennongensis　Yang & Xie*，*1983*
80. 黏皮鲻虾虎鱼 *mugilogobius myxodermus*　（*Herre*，*1935*）
81. 斑尾刺虾虎鱼 *Acanthogobius ommaturus*　（*Richardson*，*1845*）
82. 大颌裸身虾虎鱼 *Gymnogobius macrognathos*　（*Bleeker*，*1860*）
83. 日本瓢鳍虾虎鱼 *Sicyopterus japonicus*　（*Tanaka*，*1909*）
84. 双带缟虾虎鱼 *Tridentiger bifasciatus Steindachner*，*1881*
85. 髭缟虾虎鱼 *Tridentiger barbatus*　（*Günther*，*1861*）
86. 少齿叉牙虾虎鱼 *Apocryptodon madurensis*　（*Bleeker*，*1849*）
87. 大弹涂鱼 *Boleophthalmus pectinirostris*　（*Linnaeus*，*1758*）
88. 弹涂鱼 *Periophthalmus modestus Cantor*，*1842*
89. 拉氏狼牙虾虎鱼 *Odontamblyopus lacepedii*　（*Temminck & Schlegel*，*1845*）
90. 褐篮子鱼 *Siganus fuscescens*　（*Houttuyn*，*1782*）
91. 叉尾斗鱼 *macropodus opercularis*　（*Linnaeus*，*1758*）
92. 乌鳢 *Channa argus*　（*Cantor*，*1842*）
93. 花鲆 *Tephrinectes sinensis*（*Lacepède*，*1802*）
94. 窄体舌鳎 *Cynoglossus gracilis Günther*，*1873*
95. 弓斑多纪鲀 *Takifugu ocellatus*　（*Linnaeus*，*1758*）

说明：资料由县水利局提供

脊椎动物资源

县境野生动植物资源丰富，栖息自然环境良好。1989年经县林业部门调查、鉴定，全县脊椎动物5纲34目97科379种，其中一级保护动物4种、二级保护动物13种。1994年，经温州市陆生野生动物资源调查，全县野生动物28目69科166属271种，其中一级保护动物4种、二级保护动物29种。

2008—2010年，开展温州市森林生物多样性调查，对陆生野生脊椎动物（两栖动物、爬行动物、鸟类和兽类）进行野外调查，发现全县两栖动物26种，爬行动物39种，鸟类177种，兽类39种，分别占温州市各种野生动物总数的89.6%、76.4%、73.1%、92.3%。

国家一级保护动物2种:黄腹角雉、金钱豹。

国家二级保护动物26种:大鲵、虎纹蛙、黄嘴白鹭、鸳鸯、苍鹰、赤腹鹰、日本松雀鹰、雀鹰、松雀鹰、普通鵟、鹰雕、乌雕、游隼、红隼、白鹇、草鸮、领角鸮、雕鸮、斑头鸺鹠、鹰鸮、短耳鸮、猕猴、短尾猴、穿山甲、小灵猫、原猫。

浙江省重点保护陆生野生动物29种:平胸龟、尖吻蝮、黑眉锦蛇、滑鼠蛇、眼镜蛇、眼镜王蛇、大白鹭、中白鹭、白鹭、夜鹭、鹰鹃、四声杜鹃、中杜鹃、戴胜、灰头(黑枕)绿啄木鸟、牛头伯劳、红尾伯劳、棕背伯劳、松鸦、喜鹊、红嘴相思鸟、普通䴓、叉尾太阳鸟、鼯鼠、黑白鼯鼠、豪猪、鼬獾、豹猫、毛冠鹿。

两 栖 类

有尾目 URODELA

隐鳃鲵科 Cryptobranchidae

1.大鲵 megalobatrachus davidianus

蝾螈科 Salamandridae

2.中国瘰螈 Paramesotriton chinensis

3.无斑肥螈 Pachytriton labiatus

4.东方蝾螈 Cynops orientalis

无尾目 ANURA

角蟾科 megophryidae

5.淡肩角蟾 megophrys boettgeri

蟾蜍科 Bufonidae

6.中华蟾蜍指名亚种Bufo g. gargarizans

7.黑眶蟾蜍 Bufo melanostictus

蛙科 Ranidae

8.镇海林蛙 Rana zhenhaiensis

9.黑斑侧褶蛙Pelophylax nigromaculatus

10.天台粗皮蛙 Rugosa tientaiensis

11.沼水蛙 Hylarana guentheri

12.阔褶水蛙 Hylarana latouchii

13.弹琴蛙 Hylarana adenopleura

14.大绿臭蛙 Odorrana graminea

15.花臭蛙 Odorrana schmackeri

16.泽陆蛙 Fejervarya multistriata

17.虎纹蛙 Hoplobatrachus chinensis

18.福建大头蛙 Limnonectes fujianensis

19.棘胸蛙 Paa spinosa

20.九龙棘蛙 Paa jiulongensis

21. 华南湍蛙 Amolops ricketti

雨蛙科 Hylidae

22. 中国雨蛙 Hyla chinensis

树蛙科 Rhacophoridae

23. 斑腿泛树蛙 Polypedates megacephalus

24. 大树蛙 Rhacophorus dennysi

姬蛙科 microhylidae

25. 饰纹姬蛙 microhyla ornate

26. 小弧斑姬蛙 microhyla heymonsi

爬行类

龟鳖目 Testudoformes

鳖科 Trionychidae

1. 鳖 Pelodiscus sinensis

龟科 Emydidae

2. 黄喉拟水龟 mauremys mutica

3. 平胸龟 Platysternon megacephalum

4. 乌龟 Chinemys reevesii

有鳞目 Squamata

壁虎科 Gekkonidae

5. 铅山壁虎 Gekko hokouensis

6. 多疣壁虎 Gekko japonicus

蜥蜴科 Lacertidae

7. 北草蜥 Takydromus septentrionalis

石龙子科 Scincidae

8. 中国石龙子 Eumeces chinensis

9. 蓝尾石龙子 Eumeces elegans

10. 铜蜓蜥 Sphenomorphus indicus

蝰科 Viperidae

11. 尖吻蝮 Deinagkistrodon acutus

12. 山烙铁头蛇 Ovophis monticola

13. 原矛头 Protobothrops mucrosquamatus

14. 竹叶青蛇 Trimeresurus stejnegeri

游蛇科 Colubridae

15. 锈链腹链蛇 Amphiesma craspedogaster

16. 草腹链蛇 Amphiesma stolata

17. 绞花林蛇 Boiga kraepelini

18. 钝尾两头蛇 Calamaria septentrionalis

19. 翠青蛇 Cyclophiops major
20. 黄链蛇 Dinodon flavozonatum
21. 赤链蛇 Dinodon rufozonatum
22. 王锦蛇 Elaphe carinata
23. 玉斑锦蛇 Elaphe mandarina
24. 紫灰锦蛇 Elaphe porphyracea
25. 黑眉锦蛇 Elaphe taeniura
26. 中国水蛇 Enhydris chienesis
27. 铅色水蛇 Enhydris plumbea
28. 颈棱蛇 macropisthodon rudis rudis
29. 中国小头蛇 Oligodon chinensis
30. 山溪后棱蛇 Opisthotropis latouchii
31. 灰鼠蛇 Ptyas korros
32. 滑鼠蛇 Ptyas mucosus
33. 虎斑颈槽蛇 Rhabdophis tigrinus
34. 赤链华游蛇 Sinonatrix annularis
35. 华游蛇 Sinonatrix percarinata
36. 渔游蛇 Xenochrophis piscator
37. 乌梢蛇 Zaocys dhumnades

眼镜蛇科 Elapidae

38. 银环蛇 Bungarus multicinctus
39. 眼镜蛇 Naja.atra

鸟 类

鸊鷉目 Podicipediformes

鸊鷉科 Podicedidae

1. 小鸊鷉 Tachybaptus ruficollis
2. 普通鸬鹚 Phalacrocorax carbo
3. 大白鹭 Egretta alba
4. 中白鹭 Egretta intermedia
5. 白鹭 Egretta garzetta
6. 黄嘴白鹭 Egretta eulophotes
7. 牛背鹭 Bubulcus ibis
8. 池鹭 Ardeola bacchus
9. 苍鹭 Ardea cinerea
10. 夜鹭 Nycticorax nycticorax
11. 大麻鳽 Botaurus stellaris
12. 黄斑苇鳽 Ixobrychus sinensis

13. 栗苇鳽 Ixobrychus cinnamomeus

雁形目 Anseriformes

鸭科 Anatidae

14. 针尾鸭 Anas acuta
15. 绿翅鸭 Anas crecca Linnaeus
16. 罗纹鸭 Anas falcate
17. 绿头鸭 Anas platyrhynchos
18. 斑嘴鸭 Anas poecilorhyncha
19. 赤颈鸭 Anas penelope
20. 鸳鸯 Aix galericulata

隼形目 Falconiformes

鹰科 Accipitridae

21. 苍鹰 Accipiter gentilis
22. 赤腹鹰 Accipiter soloensis
23. 日本松雀鹰 Accipiter gularis
24. 雀鹰 Accipiter nisus
25. 松雀鹰 Accipiter virgatus
26. 普通鵟 Buteo buteo
27. 鹰雕 Spizaetus nipalensis
28. 乌雕 Aquila clanga
29. 游隼 Falco peregrinus
30. 红隼 Falco tinnunculus

鸡形目 Galliformes

雉科 Phasianidae

31. 鹌鹑 Coturnix coturnix
32. 灰胸竹鸡 Bambusicola thoracica
33. 黄腹角雉 Tragopan caboti
34. 白鹇 Lophura nycthemera
35. 环颈雉 Phasianus colchicus

鹤形目 Gruiformes

秧鸡科 Rallidae

36. 普通秧鸡 Rallus aquaticus
37. 红脚苦恶鸟 Amaurornis akool
38. 白胸苦恶鸟 Amaurornis phoenicurus
39. 董鸡 Gallicrex cinerea
40. 黑水鸡 Gallinula chloropus
41. 骨顶鸡 Fulica atra

鸻形目 Charadriiformes

雉鸻科 Jacanidae

42.水雉 Hydrophasianus chirurgus

彩鹬科 Rostratulidae

43.彩鹬 Rostratula benghalensis

鸻科 Charadriidae

44.凤头麦鸡 Vanellus vanellus

45.灰斑鸻 Pluvialis squatarola

46.金斑鸻 Pluvialis fulva

47.青脚鹬 Tringa nebularia

48.矶鹬 Tringa hypoleucos

49.大沙锥 Capella megala

50.丘鹬 Scolopax rusticola

51.须浮鸥 Chlidonias hybridus

52.白翅浮鸥 Chlidonias leucopterus

鸽形目 Columbiformes

鸠鸽科 Columbidae

53.山斑鸠 Streptopelia orientalis

54.珠颈斑鸠 Streptopelia chinensis

鹃形目 Cuculiformes

杜鹃科 Cuculidae

55.鹰鹃 Cuculus sparverioides

56.四声杜鹃 Cuculus micropterus

57.中杜鹃 Cuculus saturatus

鸮形目 Strigiformes

草鸮科 Tytonidae

58.草鸮 Tyto capensis

鸱鸮科 Strigidae

59.东方角鸮 Otus sunia

60.领角鸮 Otus bakkamoena

61.鹏鸮 Bubo bubo

62.斑头鸺鹠 Glaucidium cuculoides

63.鹰鸮 Ninox scutulata

64.短耳鸮 Asio flammeus

夜鹰目 Caprimulgiformes

夜鹰科 Caprimulgidae

65.普通夜鹰 Caprimulgus indicus

雨燕目 Apodiformes

雨燕科 Apodidae

66. 白腰雨燕 Apus pacificus

佛法僧目 Coraciiformes

鱼狗科 Cerylidae

67. 冠鱼狗 Ceryle lugubris

68. 斑鱼狗 Ceryle rudis

翠鸟科 Alcedinidae

69. 普通翠鸟 Alcedo atthis

70. 白胸翡翠 Halcyon smyrnensis

71. 蓝翡翠 Halcyon pileata

戴胜科 Upupidae

72. 戴胜 Upupa epops

鴷形目 Piciformes

啄木鸟科 Picidae

73. 灰头(黑枕)绿啄木鸟 Picus canus

雀形目 Passeriformes

百灵科 Alaudidae

74. 云雀 Alauda arvensis

75 小云雀 Alauda gulgula

燕科 Hirundinidae

76. 灰沙燕 Riparia riparia

77. 家燕 Hirundo rustica

78. 金腰燕 Hirundo dahurica

79. 烟腹毛脚燕 Delichon dasypus

鹡鸰科 motacillidae

80. 山鹡鸰 Dendronanthus indicus

81. 黄鹡鸰 motacilla flava

82. 灰鹡鸰 motacilla cinerea

83. 白鹡鸰 motacilla alba

84. 田鹨 Anthus novaeselandiae

85. 树鹨 Anthus hodgsoni

山椒鸟科 Campephagidae

86. 灰山椒鸟 Pcricrootus divaricatus

87. 小灰山椒鸟 Pericrocotus cantonensis

88. 灰喉山椒鸟 Pericrocotus solaris

鹎科 Pycnonotidae

89. 领雀(绿鹦)嘴鹎 Spizisxs semitorques

90. 黄臀鹎 Pycnonotus xanthorrhous

91. 白头鹎 Pycnonotus sinensis

92. 绿翅短脚鹎 Hypsipetes mcclellandii

93. 黑(短脚)鹎 Hypsipetes leucocephalus

伯劳科 Laniidae

94. 牛头伯劳 Lanius bucephalus

95. 红尾伯劳 Lanius cristatus

96. 棕背伯劳 Lanius schach

卷尾科 Dicruridae

97. 黑卷尾 Dicrurus macrocercus

98. 灰卷尾 Dicrurus leucophaeus

椋鸟科 Sturnidae

99. 丝光椋鸟 Sturnus sericeus

100. 灰椋鸟 Sturnus cineraceus

101. 八哥 Acridotheres cristatellus

鸦科 Corvidae

102. 松鸦 Garrulus glandarius

103. 红嘴蓝鹊 Urocissa erythrorhyncha

104. 大嘴乌鸦 Corvus macrorhynchos

105. 小嘴乌鸦 Corvus corone

106. 白颈鸦 Corvus torquatus

107. 喜鹊 Pica pica

河乌科 Cinclidae

108. 褐河乌 Cinclus pallasii

鸫科 Turdidae

109. 蓝点颏 Luscinia svecicus

110. 红胁蓝尾鸲 Tarsiger cyanurus

111. 鹊鸲 Copsychus saularis

112. 北红尾鸲 Phoenicurus auroreus

113. 红尾水鸲 Rhyacornis fuliginosus

114. 小燕尾 Enicurus scouleri

115. 白冠燕尾 Enicurus leschenaulti

116. 黑喉石䳭 Saxicola torquata

117. 蓝矶鸫 monticola solitarius

118. 紫啸鸫 myophonus caeruleus

119. 白眉地鸫 Zoothera sibirica

120. 虎斑地鸫 Zoothera dauma

121. 灰背鸫 Turdus hortulorum

122. 乌灰鸫 Turdus cardis
123. 乌鸫 Turdus merula
124. 白腹鸫 Turdus pallidus
125. 斑鸫 Turdus eunomus

画眉科 Timalidae

126. 锈脸钩嘴鹛 Pomatorhinus erythrogenys
127. 棕颈钩嘴鹛 Pomatorhinus ruficollis
128. 红头穗鹛 Stachyris ruficeps
129. 黑脸噪鹛 Garrulax perspicillatus
130. 小黑领噪鹛 Garrulax monileger
131. 黑领噪鹛 Garrulax pectoralis
132. 画眉 Garrulax canorus
133. 白颊噪鹛 Garrulax sannio
134. 红嘴相思鸟 Leiothrix lutea
135. 褐头雀鹛 Alcippe cinereiceps
136. 栗耳凤鹛 Yuhina castaniceps

鸦雀科 Paradoxornithidae

137. 棕头鸦雀 Paradoxornis webbianus

莺科 Sylviidae

138. 强脚(山)树莺 Cettia fortipes
139. 矛斑蝗莺 Locustella lanceolata
140. 大苇莺 Acrocephalus arundinaceus
141. 黑眉苇莺 Acrocephalus bistrigiceps
142. 稻田苇莺 Acrocephalus agricola
143. 褐柳莺 Phylloscopus fuscatus
144. 黄眉柳莺 Phylloscopus inornatus
145. 黄腰柳莺 Phylloscopus proregulus
146. 棕脸鹟莺 Seicercus albogularis
147. 棕扇尾莺 Cisticola juncidis
148. 褐头鹪莺 Prinia subflava
149. 褐山鹪莺 Prinia polychroa
150. 纯色鹪莺 Prinia inornata

鹟科 muscicapidea

151. 白眉姬鹟 Ficedula zanthopygia
152. 黄眉姬鹟 Ficedula narcissina
153. 鸲姬鹟 mugimaki Flycatcher
154. 白腹蓝姬鹟 Cyanoptila cyanomelana
155. 乌鹟 muscicapa sibirica

156.灰纹鹟 muscicapa griseisticta

157.北灰鹟 muscicapa dauurica

山雀科 Paridae

158.大山雀 Parus major

159.黄腹山雀 Parus venustulus

长尾山雀科 Aegithalidae

160.红头长尾山雀 A egithalos concinnus

䴓科 Sittidae

161.普通䴓 Sitta europea

太阳鸟科 Nectariniidae

162.叉尾太阳鸟 Aethopyga christinae

绣眼鸟科 Zosteropidae

163.暗绿绣眼鸟 Zosterops japonicus

文鸟科 Ploceidea

164.麻雀 Passer montanus

165.山麻雀 Passer rutilans

166.白腰文鸟 Lonchura striata

167.斑文鸟 Lonchura punctulata

雀科 Paridae

168.燕雀 Fringilla montifringilla

169.金翅雀 Carduelis sinica

170.黑头蜡嘴雀 Eophona personata

鹀科 Emberizidae

171.黄胸鹀 Emberiza aureola Pallas

172.灰头鹀 Emberiza spodocephala

173.三道眉草鹀 Emberiza cioides

174.栗耳(赤胸)鹀 Emberiza fucata

175.黄眉鹀 Emberiza chrysophrys

176.小鹀 Emberiza pusilla

177.白眉鹀 Emberiza tristrami

兽 类

食虫目 Insectivora

鼩鼱科 Soricidae

1. 小麝鼩 Crocidura suaveolens

2. 臭鼩 Suncus murinus

鼹鼠科 Talpidae

3. 华南缺齿鼹 mogera insularis★

翼手目 Chiroptera

菊头蝠科 Rhinolophidae

4. 角菊头蝠 Rhinolophus cornutus

蝙蝠科 Vespertilionidae

5. 普通伏翼 Pipistrellus pipistrellus

灵长目 Primates

猴科 Cercopithecidae

6. 猕猴 macaca mulatta

7. 短尾猴 macaca thibetana

鳞甲目 Pholidota

穿山甲科 manidae

8. 穿山甲 manis pentadactyla

兔形目 Lagomorpha

兔科 Leporidae

9. 华南兔 Lepus sinensis

啮齿目 Rodentia

松鼠科 Sciuridae

10. 赤腹松鼠 Callosciurus erythraeus

11. 长吻松鼠 Dremomys pernyi

鼯鼠科 Petauristidae

12. 鼯鼠 Petaurista petaurista

13. 黑白飞鼠 Hylopetes alboniger

竹鼠科 Rhizomyidae

14. 中华竹鼠 Rhizomys sinensis

鼠科 muridae

15. 黑线姬鼠 Apodemus agrarius

16. 小家鼠 mus musculus

17. 黄胸鼠 Rattus flavipectus

18. 褐家鼠 Rattus norvegicus

19. 黄毛鼠 Rattus losea

20. 社鼠 Rattus confucianus

21. 白腹巨鼠 Rattus edwardsi

22. 青毛鼠 Berylmys bowersi

豪猪科 Hystricidae

23. 豪猪 Hystrix brachyuran

肉食目 Carnivora

鼬科 mustelidae

24. 青鼬 martes flavigula

25. 黄鼬 mustela sibirica

27. 鼬獾 melogale moschata

28. 狗獾 meles meles

灵猫科 Viverridae

30. 小灵猫 Viverricula indica

31. 花面狸 Paguma larvata

猫科 Felidae

32. 豹猫 Prionailurus bengalensis

33. 原猫 Catoouma temmincki

34. 金钱豹 Panthera pardus

偶蹄目 Artiodactyla

猪科 Suidae

35. 野猪 Sus scrofa

鹿科 Cervidae

36. 黄麂 muntiacus reevesi★

38. 毛冠鹿 Elaphodus cephalophus

牛科 Bovidae

39. 鬣羚 Capricornis sumatraensis

说明:资料由县林业局提供

第三卷

人口　居民生活

1948年7月建县时总人口为17.02万人，1949年统计人口为5.59万户17.62万人，1990年年底全县总人口为9.89万户36.29万人。2011年年底，全县共有27个民族，总人口为12.84万户38.65万人，劳动力人口16.10万人，男女性别比113:110；65岁以上老年人口占比16.76%，呈现明显的老年化社会形态。1991—2011年，全县人口出生率8.94‰～20.50‰，自增率3.28‰～14.83‰，已婚育龄妇女独生子女领证率3.24%～7.47%。

1991年农村居民人均纯收入567.50元，2011年为7435元，增加12.1倍；在岗职工1991年平均工资1872元，2011年为44791元，增加22.90倍。随着收入的增长，居民消费结构、消费方式显著变化；人居条件明显改善，境域农村居民人均住房59.54平方米，居温州全市各县之首。至2011年。城乡居民经济生活基本实现从温饱型向小康型的转变。

第一章　人口总情

1991年年底，全县10.03万户，总人口为36.49万人，常住人口26.49万人，外来人口2146人，出县外人口5.15万人，129个姓氏，16个民族。2011年，全县12.84万户，总人口为38.65万人。常住人口21.21万人。外来人口2.50万人，出县外半年以上人口13.34万人，27个民族。

第一节　人口数量

1949年，全县人口17.62万人。1991年，人口增至36.49万人。2011年，全县人口38.65万人。

总　人　口

1949年冬，全县农业、非农业户口进行调查登记，其中农业人口16.97万人、非农户人口0.65万人。1957年，户政管理增加对城镇和乡村人口进行调查统计内容，当年城镇人口0.72万人，乡村人口19.19万人，全县5.40万户、19.91万人。至1990年，全县进行四次人口普查登记，人口数分别为1953年18.79万人、1964年19.85万人、1982年32.57万人、1990年31.25万人[①]。2000年，进行第五次人口普查，登记数11.28万户、37.29万人。2010年，进行第六次人口普查，登记数12.60万户、37.64万人。2011年年底，全县12.84万户、38.65万人。

1991—2011年文成县人口统计情况一览表

表3-1　　　　单位：户、人

年份	总户数	总人口	男性	女性	出生数	死亡数
1991	100319	364927	199792	165135	3788	1575
1992	100829	366590	200606	165984	3825	1546
1993	102411	368655	201747	166908	4300	1573
1994	103326	370295	202487	167808	4270	1702
1995	104114	368422	201209	167213	4344	1800
1996	105002	370388	202155	168233	5408	1730
1997	105329	371717	202437	169280	4409	1655
1998	103889	369993	201430	168563	6606	1615
1999	109495	372451	201780	170671	8489	1822
2000	112800	372940	200853	172087	15823	2074
2001	114379	371567	199707	171860	4341	1498
2002	115542	368031	197439	170592	3828	1959

①1990年第四次人口普查时，参加普查登记总户数为83386户，总人数为312543人。与第三次人口普查相比，登记总户数增加4437户，总人口减少13179人，且与年末实际人口数相差较大。原因是改革开放后促进商品经济活跃，人口流动性增加。以后几次普查人口与年末人口有出入，均是因为普查时人员外出未登记的原因。

续表3-1

年份	总户数	总人口	男性	女性	出生数	死亡数
2003	116447	363574	195170	168404	7015	2015
2004	117756	363282	195074	168208	4553	1865
2005	119680	364734	195710	169024	4805	1885
2006	121790	366651	196609	170042	4601	1590
2007	123154	369311	197792	171519	5436	1784
2008	124533	371955	198809	173146	4858	1921
2009	125150	373739	199490	174249	4157	2374
2010	125976	376360	200139	175221	6795	4845
2011	128362	386469	205115	181354	10723	2162

说明:资料由县公安局提供

常住人口

1991年,全县100319户,常住人口26.49万人。2000—2010年两次人口普查,县域常住人口从2000年26.12万人降至2010年20.63万人。

2000年文成县分乡镇主要年龄段常住人口一览表

表3-2　　单位:人

地区	总人口	0~14岁	60岁及以上	65岁及以上
总 计	261156	60170	43118	31680
大峃镇	43910	9428	5226	3594
百丈漈镇	7751	1646	1416	1056
南田镇	17253	3425	2785	2088
西坑畲族镇	8752	1617	1595	1143
黄坦镇	13885	2946	2755	2049
珊溪镇	25147	6549	4362	3189
巨屿镇	12311	3049	2283	1716
玉壶镇	19780	4951	3038	2256
樟台乡	9498	2369	1575	1171
金炉乡	2660	608	519	380
龙川乡	9237	1932	1716	1320
里阳乡	3584	917	590	422
二源乡	9244	1929	1458	1120
黄寮乡	1307	218	220	153
十源乡	5849	1279	907	683
石垟乡	2701	452	496	367
下垟乡	1253	198	183	124
岭后乡	1376	267	311	222
富岙乡	4626	1033	881	657
云湖乡	2605	540	626	454

续表3-2

地区	总人口	0~14岁	60岁及以上	65岁及以上
仰山乡	2585	665	450	338
桂山乡	3166	923	614	441
峃口乡	3564	981	713	537
金垟乡	5120	1291	944	688
双桂乡	5290	1309	1110	810
周山畲族乡	2971	739	600	437
公阳乡	3958	983	759	571
平和乡	4314	1151	871	647
周壤乡	11695	3102	1780	1313
上林乡	2128	514	348	259
东溪乡	6336	1572	1018	758
金星乡	3894	887	572	417
朱雅乡	3436	699	397	300

说明:资料为2000年人口普查资料

2010年文成县分乡镇主要年龄段常住人口一览表

表3-3　　　　单位:人

地区	总人口	0~14岁	60岁及以上	#65岁及以上
文成县	206284	36539	48270	35546
大峃镇	51170	10268	8284	5714
百丈漈镇	6797	1261	1522	1120
南田镇	15218	3318	3239	2312
西坑畲族镇	6553	1149	1678	1267
黄坦镇	10674	1771	2878	2121
珊溪镇	18165	3334	4863	3685
巨屿镇	10270	1930	2548	1941
玉壶镇	12537	2314	3636	2713
樟台乡	6868	1141	1669	1270
金炉乡	1392	136	419	331
龙川乡	7166	1078	1802	1297
里阳乡	1613	124	515	407
二源乡	6747	1288	1441	1058
黄寮乡	691	95	199	144
十源乡	3480	654	916	681
石垟乡	1875	278	522	374
下垟乡	706	151	200	147
岭后乡	849	108	283	214
富岙乡	2872	465	922	697
云湖乡	999	112	354	268
仰山乡	1830	326	499	356
桂山乡	2239	407	674	482

续表3-3

地区	总人口	0～14岁	60岁及以上	#65岁及以上
峃口乡	2275	334	732	562
金垟乡	2550	331	897	670
双桂乡	3283	504	1131	878
周山畲族乡	1900	263	597	451
公阳乡	2103	194	782	605
平和乡	3059	471	875	683
周壤乡	9002	1380	2016	1478
上林乡	1847	250	397	297
东溪乡	5809	638	928	690
金星乡	3894	321	541	405
朱雅乡	3436	145	311	228

说明:资料为2010人口普查资料

第二节　人口变动

国民经济和社会政治条件,直接关系着人口问题。人口变动,体现人口自然增长和机械变动两个方面。

自然增长

人口自然增长,由人口出生和人口死亡两大要素构成。1991年以来,继续开展计划生育运动,狠抓措施落实工作,有效控制人口增长。人口自然增长率除2000年与2011年分别为36.98‰、22.10‰(2000年与2011年两次人口普查,准许未报漏报人口如实申报,故这两年人口自然增长特别高)之外,人口自然增长率维持在5‰~10‰之间低速范围。

1991—2011年文成县人口自然增长情况一览表

表3-4　　单位:人、‰

年份	出生		死亡		自然增长	
	人数	出生率	人 数	死亡率	人数	增长率
1991	3788	10.40	1575	4.30	2013	6.08
1992	3825	10.50	1546	4.20	2380	6.30
1993	4300	11.70	1573	4.30	2727	7.40
1994	4270	11.50	1702	4.60	2568	6.90
1995	4344	11.76	1800	4.87	2544	6.80
1996	5408	14.64	1720	4.68	3688	9.96
1997	4409	11.88	1655	4.46	2754	5.38
1998	6606	17.81	1615	11.57	4991	13.46
1999	8489	22.87	1822	4.90	6667	17.96
2000	15823	42.56	2074	5.58	13749	36.98
2001	3227	8.68	2057	5.54	1170	7.64
2002	3162	8.55	2094	5.66	1068	2.89
2003	3558	9.73	2018	5.52	1540	4.21

续表3-4

年份	出生		死亡		自然增长	
	人数	出生率	人　数	死亡率	人数	增长率
2004	3726	10.30	1910	5.30	1816	5
2005	4805	13.20	1885	5.20	2920	8
2006	4601	12.50	1590	4.30	3011	8.20
2007	5400	14.80	1800	4.80	3600	9.90
2008	4900	13.11	1900	5.18	3000	7.92
2009	4157	11.10	2374	6.40	1783	4.70
2010	6795	18.10	4845	12.90	1950	5.20
2011	10723	27.70	2162	5.60	8561	22.10

说明:资料由县统计局提供

人口迁移

1985—1990年,外迁入10850人,迁出10818人,手持迁移证、退伍证、刑满释放证未申报户口的512人,净增544人。人口迁入中属工作调动的占7.3%,分配录用的占5.1%,学习培训的占0.5%,务工经商的占24.3%,婚姻迁入占27.5%,随迁家属占19.5%,其他占8.9%。

1990年,第四次人口普查登记,外来人口,即户口在外地,人在本地居住1年以上,或人在本地不到1年,离开户口地1年以上人口2146人,比1982年的3291人减少1145人,户籍人口出县外1年以上的5.15万人,其中分布省内14193人,省外37288人。

2000年,第五次人口普查登记,外来人口25360人,比1990年的2146人增加23214人,户籍人口出县外半年以上的133422人,其中分布省内79026人、省外34168人、国外20228人。外出流动人口分区情况:珊溪片31401人、峃口片24002人、玉壶片9260人、黄坦片14138人、南田片16179人、西坑片6454人、大峃片31988人。

2010年,第六次人口普查登记,外来人口17967人,户籍人口出县外半年以上的108055人,其中分布省内69110人,省外38945人。

2011年,户籍流出人口140594人,外来人口7872人。

第三节　人口构成

1991年,全县人口构成中民族16个。男女性别比120.8∶100。小学以上文化程度210426人,具大学以上文化程度1088人。2011年,全县27个民族,男女性别比113∶100。小学文化程度117581人,大学专科文化程度2817人,大学本科539人。

民　族

县境绝大多数为汉族。畲族在明嘉靖年间(1522—1566)开始迁入。其他少数民族,均在20世纪60年代以后,因工作调动或婚姻嫁娶入迁,以婚嫁入迁占多数。

1990年第四次人口普查,总人口31.25万人,16个民族,比1982年增加5个民族。年末总人口36.29万人,其中汉族353008人,占96.97%;畲族10878人,占2.98%;其他个少数民族人口138人,占0.05%,分别为壮族78人,苗族11人,回族18人,布依族与侗族各6人,瑶族、黎族、锡伯族各3人,土族、土家族、朝鲜族、藏族各2人,白族与维吾尔族各1人。

2000年第五次人口普查,总人口37.29万人,25个民族,比1990年增加9个民族。常住人口264878人中,蒙古族27人,回族11人,藏族5人,苗族98人,彝族16人,壮族35人,布依族42人,朝鲜族2人,满族6人,侗族28人,瑶族18人,白族7人,土家族26人,哈尼族3人,傣族2人,黎族3人,傈僳族3人,佤族6人,畲族9287人,水族23人,布依族、毛南族、仡佬族、锡伯族各1人,汉族255487人。

2010年第六次人口普查,总人口376360人,27个民族。常住人口:汉族204532人,畲族7072人,苗族117人,侗族66人,布依族59人,土家族41人,壮族36人,佤族29人,彝族27人,回族10人,哈尼族10人。藏族3,满族5,瑶族9,白族8,傣族3,黎族8,傈僳族6,拉祜族9,水族9,景颇族1,土族4,仫佬族1,仡佬族8,锡伯族1,怒族2,其他未识别的民族1。

2011年,全县总户数12.84万户,总人口38.65万人,比上年净增10109人。非农业人口3.54万人,女性18.14万人。

性　别

1949年男女性别比为147.8∶100。1953年为146.7∶100。1964年为145.3∶100。1982年为123.2∶100。1990年为120.8∶100。2000年为113.55∶100。2010年为108.03∶100。趋逐步降低,说明在全面贯彻执行落实计划生育政策的同时,完全铲除社会上重男轻女的陋习,任务依然艰巨。

2000年与2010年,分乡镇进行常住人口家庭户性别状况调查。

2000年文成县分乡镇常住人口家庭户性别一览表

表3-5

地区	人口数			性别比	家庭户
	小计(人)	男(人)	女(人)	(女=100)	规模(人/户)
总计	261156	138861	122295	113.55	3.08
大峃镇	43910	22560	21350	105.67	3.36
百丈漈镇	7751	4211	3540	118.95	3.07
南田镇	17253	9289	7964	116.64	2.97
西坑畲族镇	8752	4763	3989	119.4	2.91
黄坦镇	13885	7402	6483	114.18	2.84
珊溪镇	25147	13225	11922	110.93	2.85
巨屿镇	12311	6546	5765	113.55	2.66
玉壶镇	19780	10141	9639	105.21	3.58
樟台乡	9498	5013	4485	111.77	3.01
金炉乡	2660	1430	1230	116.26	3.04
龙川乡	9237	4986	4251	117.29	3.17
里阳乡	3584	1901	1683	112.95	3.08
二源乡	9244	5041	4203	119.94	3.18
黄寮乡	1307	733	574	127.7	3.27
十源乡	5849	3234	2615	123.67	3.68
石垟乡	2701	1507	1194	126.21	2.76

续表3-5

地区	人口数			性别比	家庭户
	小计(人)	男(人)	女(人)	(女=100)	规模(人/户)
下垟乡	1253	704	549	128.23	3.04
岭后乡	1376	749	627	119.46	2.77
富岙乡	4623	2516	2107	119.55	2.96
云湖乡	2605	1478	1127	131.14	2.64
仰山乡	2585	1377	1208	113.99	3.13
桂山乡	3166	1766	1400	126.14	2.75
峃口乡	3564	1838	1726	106.49	2.77
金垟乡	5120	2774	2346	118.24	2.71
双桂乡	5290	2769	2521	109.84	2.93
周山畲族乡	2971	1561	1410	110.71	3.13
公阳乡	3958	2177	1781	122.23	3.04
平和乡	4314	2387	1927	123.87	2.88
周壤乡	11695	6305	5390	116.98	3.23
上林乡	2128	1148	980	117.14	3.14
东溪乡	6336	3362	2974	113.05	3.29
金星乡	3894	2107	1757	119.92	3.52
朱雅乡	3436	1858	1578	117.74	3.63

说明:资料为2000年人口普查资料

2010年文成县分乡镇常住人口家庭户一览表

表3-6

地区	人口数			性别比	家庭户
	小计(人)	男(人)	女(人)	(女=100)	规模(人/户)
文成县	206284	107121	99163	108.03	2.54
大峃镇	51170	25660	25510	100.59	3.21
百丈漈镇	6797	3609	3188	113.21	2.46
南田镇	15218	7922	7296	108.58	2.52
西坑畲族镇	6553	3451	3102	111.25	2.45
黄坦镇	10674	5616	5058	111.03	2.37
珊溪镇	18165	9227	8938	103.23	2.26
巨屿镇	10270	5366	4904	109.42	2.36
玉壶镇	12537	6297	6240	100.91	2.64
樟台乡	6868	3592	3276	109.65	2.34
金炉乡	1292	720	572	125.87	1.91
龙川乡	7166	3856	3310	116.5	2.49
里阳乡	1613	891	722	123.41	2
二源乡	6747	3502	3245	107.92	2.56

续表3-6

地区	人口数			性别比	家庭户
	小计(人)	男(人)	女(人)	(女=100)	规模(人/户)
黄寮乡	691	405	286	141.61	1.95
十源乡	3480	1914	1566	122.22	2.47
石垟乡	1875	1001	874	114.53	2.25
下垟乡	706	395	311	127.01	2.49
岭后乡	849	457	392	116.58	2.06
富岙乡	2872	1609	1263	127.4	2.16
云湖乡	999	583	416	140.14	1.82
仰山乡	1830	969	861	112.54	2.31
桂山乡	2239	1204	1035	116.33	2.37
峃口乡	2275	1166	1109	105.14	1.99
金垟乡	2550	1327	1223	108.5	2.02
双桂乡	3283	1696	1587	106.87	2.1
周山畲族乡	1900	967	933	103.64	2.14
公阳乡	2103	1157	946	122.3	2.07
平和乡	3059	1653	1406	117.57	2.22
周壤乡	9002	4796	4206	114.03	2.45
上林乡	1847	996	851	117.04	2.69
东溪乡	5809	3033	2776	109.26	2.6
金星乡	2266	1215	1051	115.6	2.55
朱雅乡	1579	869	710	122.39	2.97
金星乡	3894	2107	1757	119.92	3.52
朱雅乡	3436	1858	1578	117.74	3.63

说明:资料为2010年人口普查资料

文 化

1991年,全县普通中学13所,在校学生14044人,其中初级中学10所,在校学生12900人,完全中学3所,在校学生1144人。职业中学8个班,在校学生292人。小学455所,在校学生38608人。幼儿园22所,入托人数2653人。

2000年,全县各类普通中学17所,在校学生17481人,比上年减少86人,初中入学率为86.86%,比上年提高4.6个百分点,巩固率为98.06%;各类小学190所,在校学生26668人,比上年增加1565人,小学学龄儿童入学率为99.4%,巩固率为99.95%;幼儿园26所,在园幼儿3583人,比上年减少1512人;特殊教育学校1所,在校学生22人。

2011年年末,全县中等职业教育学校1所、普通中学20所,小学28所,教师数分别为80人、894人和1196人。中等职业教育学校在校学生998人,普通初级中学在校学生6281人,普通高中在校生3568人,小学在校学生1.47万人。

1990年第四次人口普查登记的31.25万人中,小学以上文化程度人口210426人。分教育层次为具大学文化程度(包括肄业和在校)1088人,每万人34.80人,低于同口径(下同)全国每万人142.20人和全省117人;高中文化程度12336人,每万人拥有394.70人,低于全国的803.90人,全省的700.60人;初中文化程度,每万人拥有1515.40人,低于全国拥有的2334.40人,全省的2374.10人;小学程度,每万人拥有3913.10人,高于全国的3705.70人和全省的3966.40人。

2000年第五次人口普查登记的372940人中，小学文化程度人口117581人，每万人拥有3152.80人；初中文化程度人口74487人，每万人拥有1997.50人；高中（含中专）文化程度人口15804人，每万人拥有423.80人；大学专科文化程度2817人，大学本科539人，研究生文化程度10人，

2010年第六次人口普查登记的376360人中，小学文化程度人口7.68万人，每万人拥有2040.60人；初中文化程度6.03万人，每万人拥有1602.20人；高中（含中专）文化程度1.75万人，每万人拥有465人；大学专科及以上文化程度0.97万人，每万人拥有257.70人。比2000年第五次人口普查相比，每万人中具大专文化程度的由90.20人上升到257.70人；具高中文化程度的由423.80人上升到465人；具初中文化程度的由1797.50人降为1602人；具小学文化程度的由3152.80人下降为2040.60人。全县常住人口中，文盲人口（15岁及以上不识字者）为2.87万人，每万人尚文盲762.60人，文盲率为7.62%。

第四节 人口寿命

1991年，县域60岁以上人口35341人，占人口9.64%。2010年，60岁以上48270人，占总人口22.76%。百岁老寿星18人。

年 龄

1990年第四次人口普查，总人口31.25万人，全县0～15岁少年儿童119156人，占比重34%；16~59岁中成年204116人，占比重58.32%；60岁以上老年人口35341人，占比重10.10%；100岁以上老年人8人。

2000年第五次人口普查，总人口37.29万人。全县常住人口261156人中，0～14岁少年儿童60170人，占比重23.04%；15～59岁中成年157868人，占人口比重60.45%；60岁以上老年人口43118人，占人口比重16.51%；65以上人口31680人，占比为8.50%；100岁以上老年人8人。

2010年第六次人口普查，总人口37.64万人。全县常住人口206284人中，0～14岁少年儿童36539人，占常住人口比重17.71%；15～60岁中成年121475人，占常住人口比重58.90%；60岁以上老年人口48270人，占常住人口比重23.40%。65岁以上老年人口35546人，占常住人口比重17.23%；100岁以上老年人18人。

寿命占比

60岁以上老年人口：1964年14639人，占人口的7.21%；1982年26223人，占人口8.16%；1990年35341人，占人口9.64%；2000年43118人，占人口16.30%；2010年48270人，占人口22.76%。

80岁以上老年人口：1964年849人，占人口的0.42%；1982年2815人，占0.90%；1990年3805人，占人口的1.05%；2000年5173人，占人口的1.39%；2010年7350人，占人口的1.95%。80岁以上老年人口不断增多。

人口年龄结构，按国内口径划分，总的变化：少年儿童0~14岁（1990年119156人，占比为33.34%；2000年60170人，占比为23.04%；2010年36539人，占比为17.71%）比重呈下降趋势。中成年15~59岁（1990年204116人，占比为56.70%；2000年157868人，占比为60.45%；2010年121475人，占比为60.03%）从上升到渐下降状态。60岁以上人口（1990年35341人，占比为9.64%；2000年43118人，占比为16.51%；2010年48270人，占比为23.39%）明显增加。

以国际通用划分人口年龄类型标准对照表

表3-7

		国际通用人口年龄类型标准		
		年轻型	成年型	老年型
占总人口比例	少年儿童系数0～14岁	40%以上	30%～40%	30%以下
	中成年人系数15～64岁	—	—	—
	老年人口系数65岁及以上	5%以下	5%～10%	10%以上
老化指数(65岁以上/0～14岁)		15%以下	15%～30%	30%以上
年龄中位数(岁)		20岁以下	20～30岁	30岁以上

说明:参照国际通用人口年龄标准

根据老年型社会国际通用划分人口年龄类型标准对照表,1990年四次人口普查时,全县人口年龄各项指标已符合国际通用人口年龄成年型社会标准,2000年人口普查,0～14岁少年儿童60170人,占总人口比重23.04%。已超老年型社会30%以下的标准。65岁以上老年人口31680人,占人口比重12.13%,超过老年型社会10%以上的标准。2010年第六次人口普查,0～14岁少年儿童36539人,占总人口比重21.2%,超老年型社会30%以下的标准。65岁以上老年人口35546人,占总人口比重17.64%。大大超过老年型社会10%以上的标准。全县迅速进入老年型社会。

百岁以上老人简况

1990年人口普查,百岁以上老人8人。2000年人口普查,百岁以上老人8人。2010年百岁老人人口普查18人。

2000年文成县健在的百岁以上老人一览表

表3-8

序号	姓名	出生年月	性别	民族	文化程度(职业)	住址
1	王碎囡	1877年2月	女	汉族	不识字　家务	周壤乡周墩村
2	吴碎眉	1888年12月	女	汉族	不识字　家务	龙川乡马垟村
3	王合提	1889年6月	男	汉族	不识字　务农	平和乡新田村
4	赵　氏	1889年7月	女	汉族	不识字　家务	周壤乡周墩村
5	方福兵	1890年2月	男	汉族	小学文化　务农	珊溪镇街头村
6	朱奶儿	1980年3月	女	汉族	不识字　家务	珊溪镇下山村
7	林奶荪	1890年6月	女	汉族	不识字　家务	大峃镇周徐村
8	赵延鱼	1890年6月	男	汉族	不识字　务农	周壤乡上龙村

说明:本统计表为2000年人口普查资料

2010年文成县百岁老人一览表

表3-9

序号	姓名	出生年月	性别	年龄	住址
1	项　氏	1901年4月	女	109	黄坦镇兴华中路
2	毛　氏	1903年9月	女	107	桂山乡分水村
3	毛玉珠	1907年3月	女	103	西坑镇西坑村
4	陈松春母	1907年8月	女	103	大峃镇下徐村
5	郑胡氏	1908年3月	女	102	周壤乡新南村
6	谢龙妹	1908年11月	女	102	金垟乡小龙村
7	夏步岩	1909年5月	男	101	珊溪镇郡阳村
8	陈其冲	1909年8月	男	101	樟台乡东城村
9	蒋良斋母	1909年11月	女	101	黄坦镇周岙村
10	蔡曾民	1909年11月	女	101	平和乡田东村
11	吴正皆	1910年2月	男	100	大峃镇上徐村
12	郑岩英	1910年4月	女	100	龙川乡龙马村
13	赵钦静	1910年4月	男	100	百丈漈镇新亭村
14	陈阿梅	1910年6月	女	100	玉壶镇底村
15	陈其冲	1910年10月	男	100	樟台乡东城村
16	潘文生	1910年11月	男	100	巨屿镇徐龙村
17	郭阿娥	1910年11月	女	100	巨屿镇穹口村
18	李碎奶	1910年	女	100	大峃镇沙垟村

说明：资料为2010年人口普查资料

第五节　劳动力

1991年，全县劳动力为14.66万人。1996年，全县劳动力为16.97万人。2011年，全县劳动力为15.37万人。从1991—2011年人口增长的比率计算，劳动力呈波浪式递减趋势。

农村劳动力数量

从事农业劳动的，主要是农村男性青壮年，青年妇女亦有部分参加。随着农业人口的不断增长，农村劳动力渐显富余。1991年，全县农业人口34.51万人，劳动力为12.35万人。1996年，农业人口为34.73万人，劳动力为15.92万人。2000年，农村劳动力达到顶峰，农业人口为34.67万人，劳动力为17.50万人。2011年，农业人口增至35.11万人，劳动力降为15.35万人。

农村从业结构

20世纪90年代初，伴随社会生产力的不断发展，大量农村富余劳动力渐渐脱离农业生产，逐步由第一产业向第二、第三产业转移，从事非农生产比重逐年上升，向多元化经营模式发展。1991年，从事农业的劳动力有9.67万人，2011年减至6.34万人；外出劳动力1991年为3.16万人，2011年增至8.02万人，增加近2.5倍。农村劳动力结构正逐渐发生变化。

1991—2011年文成县农村劳动力结构一览表

表3-10　　单位:万人

年份类别	农林牧渔业	工业	建筑业	交通运输业	其他非农劳动力	其中:外出劳动力
1991	9.67	0.44	0.29	0.15	1.80	3.16
1992	9.86	0.41	0.31	0.16	2.39	3.31
1993	8.68	0.53	0.42	0.29	5.08	4.76
1994	8.72	0.55	0.44	0.28	5.39	4.4
1995	8.56	0.62	0.47	0.3	5.80	5.1
1996	8.67	1.01	0.51	0.32	5.41	—
1997	9.01	1.84	0.59	0.39	5.37	—
1998	9.14	1.84	0.71	0.41	5.56	—
1999	9.00	1.94	0.72	0.42	5.21	6.85
2000	9.01	2.01	0.71	0.48	5.29	7.60
2001	8.98	1.83	0.82	0.56	4.76	7.35
2002	8.69	2.03	0.80	0.57	5.28	7.38
2003	8.07	2.04	0.82	0.60	0.67	3.79
2004	7.76	2.19	0.82	0.52	3.57	7.73
2005	6.96	1.79	0.85	0.46	2.67	6.21
2006	6.86	1.81	0.92	0.46	2.89	6.62
2007	6.59	1.91	0.97	0.47	2.78	6.82
2008	6.48	1.98	1.00	0.50	2.76	6.94
2009	6.42	0.09	1.01	0.51	2.78	6.98
2010	6.34	2.03	1.01	0.51	2.83	7.35
2011	6.34	2.06	1.04	—	5.91	8.02

说明:资料由县劳动人事局提供

劳动力资源趋势

1991年全县有劳动力14.66万人,2000年最高峰值时有19.16万人。2001年为18.58万人,依次开始不规则减少,至2011年为15.37万人。从社会老龄化来看,2000—2011年65岁以上老年人口比重从12.13%增到17.64%。全县社会迅速进入老龄化。15~65岁人口比重从65.32%降为60.03%。劳动力资源处递减趋势。

第二章　居民生活

1991年，县域是浙江省18个贫困县之一，城乡居民生活总体上处于贫困状态。随着扶贫政策的逐步到位，经全县人民多年努力，至1997年县域脱贫，居民生活温饱问题基本解决。2003年，开始向小康型社会迈进。2011年，全县农民人均纯收入7435元，比1991年567.5元增加12.1倍，年均增长13%；在岗职工年均工资44791元，比1991年1872元增22.9倍，年均增长16.3%；农村居民人均生活消费支出5521元，比1991年520.26元增加9.6倍，年均增长11.9%；城乡居民人均储蓄存款13383元，同比1991年218元，增加53.8倍，年均增长21%。农村居民人均住房使用面积59.5平方米，同比1991年19.5平方米增加2倍多，居温州全市各县之首。

第一节　经济收入

1991年，全县在岗职工年均工资1872元，农民人均纯收入567.5元。之后随着经济发展，职工工资和农户收入逐渐增加。2011年，在岗职工年均工资44791元，农民人均纯收入7435元，城镇居民人均可支配收入20810元。

在岗职工工资　1991年，国有单位在岗职工年均工资1805元，城镇集体单位职工1264元。1994年，在岗职工年均工资4218元，同比上年增长39.3%，年净增工资1189元，其中国有单位增长44.1%，增加1390元；城镇集体单位增长30.2%，增加806元。2000年全县职工年均工资9818元，国有单位职工首次超万元，达11072元，城镇集体单位职工为8310元。2002年职工年均工资比上年增长31.7%，年增加工资3806元，其中国有单位增长34.6%，增加4743元。2008年全县在岗职工年均工资33858元，比上年增长19.7%，年净增工资5583元，其中国有单位职工工资增长22%，净增7235元。2011年，在岗职工年均工资44791元，比1991年增22.9倍，年均增长16.3%，净增工资42919元，平均每年增加2146元。

国有单位在岗职工年均工资高于城镇集体单位在岗职工年均工资，且差距逐年拉大。1991年，两者差距为559元，2001年为5008元。至2011年，差距为33660元。21年间，国有单位在岗职工工资增加29.8倍，年均增资2693元，年均增长17.7%；城镇集体单位在岗职工工资增加16.4倍，年均增资1037元，年均增长14.6%。

1991—2011年文成县在岗职工年均工资一览表

表3-11　　　　单位：元、%

年份	职工平均工资	比上年增减	其中			
			国有单位	比上年增减	城镇集体单位	比上年增减
1991	1872	2.4	1805	-7.2	1264	-10.5
1992	2338	24.9	2480	37.4	1757	39.0
1993	3029	29.6	3151	27.1	2669	49.6
1994	4218	39.3	4541	44.1	3475	30.2
1995	4834	14.6	5294	16.6	3957	13.9
1996	5707	18.1	5799	9.5	5486	38.6

续表3-11

年份	职工平均工资	比上年增减	其中			
			国有单位	比上年增减	城镇集体单位	比上年增减
1997	6951	21.8	7078	22.1	6539	19.2
1998	7960	14.5	8917	26.0	6961	6.5
1999	8795	10.5	9916	11.2	7311	5.0
2000	9818	11.6	11072	11.7	8310	13.7
2001	11992	22.1	13715	23.9	8707	4.8
2002	15798	31.7	18458	34.6	8998	3.3
2003	18373	16.3	21191	14.8	12184	35.4
2004	21241	15.6	25072	18.3	16325	34.0
2005	24129	13.6	27607	10.1	16300	−0.2
2006	27132	12.4	28691	3.9	20248	24.2
2007	28275	4.2	32907	14.7	17615	−13.0
2008	33858	19.7	40142	22.0	18564	5.4
2009	37473	10.7	44661	11.3	22134	19.2
2010	41241	10.1	49035	9.8	25156	13.7
2011	44791	8.6	55670	13.5	22010	−12.5

说明:资料由县劳动人事社会保障局提供

农村居民收入

1991年,全县农民人均纯收入567.5元。后随农村经济发展,农户收入日益增加。至2011年,人均纯收入达7434.5元,同比1991年增加12.1倍,年均增长13%。人均纯收入净增6867元,平均每年增加343元。

增长幅度 全县农村居民收入增长曾经历3个阶段:1991—1998年,为高速增长期,年平均增长17.7%,每年净增108.6元。其中1994年增幅最大,同比上年增长58%,净增398元。1995年次之,比上年增长34.4%,净增373元。1999—2005年,增长速度放缓,处于低速增长期,增长幅度在1.3%~9.4%之间,年平均增长6.1%,每年净增180.32元。其中,2000年增幅最低,比上年仅增长1.3%,净增28元。2006—2011年,农民人均纯收入走出低谷,呈平稳加速增长态势,增长幅度在10.4%~20.7%之间,年平均增长12.8%,每年净增766.17元。

收入结构 农民人均纯收入由工资性收入、家庭经营收入、转移性收入和财产性收入构成。

1991—1998年,农村居民收入结构中,家庭经营收入"一枝独秀",所占比重在70%~90%之间。1991年,全县农民人均纯收入567元,其中家庭经营收入479元,占84.4%;工资性收入41元,占7.3%;转移性收入47元,占8.3%。1998年农民人均纯收入2090元,其中家庭经营收入1883元,占90.1%;工资性收入132元,占6.3%;转移性收入75元,占3.6%。

1999—2005年,农村居民工资性收入比例逐年提升,家庭经营收入比例逐渐下降,形成家庭经营收入与工资性收入"平分秋色"格局。7年间全县农民人均纯收入累计18010元,其中家庭经营收入8141元,占45.2%;工资性收入8221元,占45.6%(转移、财产性收入1648元,占9.2%)。2003年工资性收入首次超过家庭经营收入,工资性收入1255元,占50%,家庭经营收入1144元,占41.8%。2004—2005年,工资性收入与家庭经营收入的比重继续拉大,工资性收入比重分别为53.3%和53.9%,而同期家庭经营收入比重分别为36.9%和30.9%。

2006—2011年,因转移性收入与财产性收入的比重逐年提升,农村居民收入结构变化,正向工资性收入、家庭经营收入、转移与财产性收入"三足鼎立"态势转化。2007年全县农民人均收入4185元,工资性收入、家庭经营收入、转移与财产性收入三者比重为42.7:35.1:22.2。2011年全县农民人均收入7435元,三者比重为37.6:31.7:30.7。

1991—2011年文成县农民人均纯收入及构成情况一览表

表3-12　　　　单位：元、%

年份	农民人均纯收入	比上年增长	其中			
			工资性收入	家庭经营收入	转移性收入	财产性收入
1991	567.50	9.0	41.45	478.98	47.07	—
1992	644.38	13.6	71.26	546.19	26.93	—
1993	686.20	6.5	182.55	476.67	26.98	—
1994	1084.12	58.0	202.08	868.68	13.36	—
1995	1457.00	34.4	206.73	1201.18	49.09	—
1996	1677.00	15.1	150.69	1466.60	59.71	—
1997	1825.00	8.8	109.10	1624.25	91.65	—
1998	2090.00	14.5	131.52	1883.09	75.39	—
1999	2102.29	5.7	821.09	976.67	289.63	14.90
2000	2130.08	1.3	922.76	1173.94	20.35	13.03
2001	2324.26	9.1	905.20	1340.97	34.72	43.37
2002	2543.85	9.4	1004.53	1417.17	89.81	32.34
2003	2734.87	7.5	1255.37	1144.42	287.47	47.61
2004	2990.04	9.3	1593.63	1104.84	247.11	44.46
2005	3184.18	6.4	1718.33	982.67	378.99	104.19
2006	3603.68	13.2	979.61	1596.12	982.04	45.91
2007	4184.76	16.1	1789.62	1467.85	924.44	2.85
2008	4760.88	13.8	2165.94	1590.63	961.06	43.25
2009	5311.78	10.4	2166.09	1668.78	1404.25	72.66
2010	6158.00	15.9	2559.00	1590.00	1864.00	145.00
2011	7434.54	20.7	2792.89	2354.41	2103.31	183.93

说明：资料由县统计局提供

城镇居民收入

人均可支配收入　1996年，城镇居民人均可支配收入3501元。1997年，增至4100元，同比上年增长17.1%，净增599元。1999年，增至5138元，同比上年增长8.5%。2005年，开展一次性城镇居民生活水平专项调查，城镇居民人均可支配收入12234元。2006年，人均可支配收入增至12802元，同比上年增长4.6%。2011年，人均可支配收入20810元，同比1996年增加4.94倍，净增17309元；同比2005年增长70.1%，净增8576元。

人均家庭总收入　2006年开始，每年开展城镇居民生活水平调查，每年抽样调查60户。当年城镇居民人均家庭总收入12995元，其中工资性收入7367元，经营性收入1028元，财产性收入216元，转移性收入3852元。

2011年，人均家庭总收入21942元，同比2006年增长68.8%。其中工资性收入9550元，增长29.6%；经营性收入3384元，增长2.3倍；财产性收入1781元，增长7.2倍；转移性收入7227元，增长87.6%。

2006—2011年，城镇居民人均家庭收入结构变化明显。工资性收入比重逐年下降，其比重从56.7%，降至43.5%，下降13.2个百分点。财产性收入、转移性收入比重逐年上升。财产性收入比重从1.6%，升至8.1%，提升6.5个百分点；转移性收入比重从29.6%，升至32.9%，提升3.3个百分点。

2006—2011年文成县城镇居民家庭收入及构成情况一览表

表3-13　　　　单位:元、%

项目＼年份	2006	2007	2008	2009	2010	2011
人均家庭总收入	12995	14145	15906	17437	19289	21942
比上年增长	—	8.8	12.4	9.6	10.6	13.8
人均可支配收入	12802	13838	15277	16852	18326	20810
比上年增长	4.6	8.1	10.4	10.3	8.7	13.6
工资性收入	7367	7560	8222	8925	8244	9550
比　重	56.7	53.4	51.7	51.2	42.7	43.5
经营性收入	1028	2271	2639	3166	3927	3384
比　重	7.9	16.1	16.6	18.2	20.4	15.4
财产性收入	216	183	984	1021	1264	1781
比　重	1.6	1.3	6.2	5.9	6.6	8.1
转移性收入	3852	4131	4061	4325	5854	7227
比　重	29.6	29.2	25.5	24.8	30.0	32.9

说明:资料由县统计局提供

第二节　生活消费

随着收入不断增长,城乡居民生活质量明显改善,饮食、衣着、居住条件、家庭用品、医疗保健、交通通信、教育文化、娱乐休闲等方面均发生很大变化。1991年,农村居民人均消费支出520.26元。其中,食品支出325.86元,恩格尔系数62.6%,仍处贫困状态。1997年,恩格尔系数降至53.6%,居民生活实现温饱。2003年,再降至44.8%,开始迈入小康社会。2011年,农村居民人均消费支出5520.26元,同比1991年增加9.6倍;城镇居民家庭人均消费支出12922.57元,是农村居民人均同期消费支出的2.34倍,城乡居民生活消费出现质的飞跃。

日常生活消费

食品消费　1991年以后,城乡居民食品消费,经历从数量简单扩张到质量全面提升、解决温饱到追求食品口味多样化、方便化、高档化和营养化的过程。2011年,城镇居民用于食品消费人均支出6302元,随着工作节奏加快,人们到食堂、饭店、宾馆就餐的人数日益增多,在外饮食消费大幅上升。农村居民用于食品消费人均支出2645.28元,同比1991年增7.1倍。食品消费发生变化,粮食、蔬菜消费量逐年下降,肉禽、水产、酒饮料、水果等消费量逐年增加。1991年,农村居民人均消费粮食335公斤、蔬菜128公斤,2011年,分别降至90公斤和108公斤。1991—2011年,猪肉及肉制品人均消费从15公斤升至24公斤,鸡、鸭、兔肉从1公斤升至9.8公斤,海鲜、淡水鱼等水产品从3公斤升至9公斤,酒、饮料从6.6公斤升至23.4公斤,水果从5.4公斤升至14.2公斤。

衣着消费　20世纪90年代,城镇居民衣着消费档次不断提高,需求从保暖转向求美,城镇大街小巷遍布服装店,适合各类人群穿着的高中低档服装,各类男装、女装、童装、老年装应有尽有,原来的裁缝店近乎绝迹,衣着消费大多到服装店购置成套服装。农村居民衣着消费也日益求新求美,尤其是农村青年,追求服装成衣化,一季多衣,款式多样,各种高档服装也进入农村男女青年的衣柜。2011年,城镇居民衣着人均消费1058元;农村居民衣着人均消费325.35元,同比1991年41.7元增加6.8倍。

家用设备消费 20世纪90年代初期,城乡居民家庭设备、日用品主要为自行车、缝纫机、时钟、手表、电风扇、沙发椅、大衣柜、写字台、收音机、收录机、洗衣机、照相机、电话机、电饭锅、黑白、彩色电视机。90年代中后期,影碟机、组合音响、彩色电视机、电冰箱、空调机、抽油烟机、吸尘器、微波炉、热水器、摄像机、移动电话、家用电脑、摩托车、电动车、小轿车等高档消费品陆续进入居民家庭。2011年,城镇居民家用设备人均消费726.3元,每百户家庭拥有洗衣机110台,电冰箱113.3台,消毒碗柜66.7台,洗碗机6.7台,空调器143.3台,淋浴热水器121.7台。农村居民家用设备人均消费331.2元,同比1991年的36.8元增加8倍。每百户家庭拥有洗衣机81台,电冰箱72台,空调器9台,抽油烟机39台,微波炉6台,淋浴热水器43台。

居住消费 1991年,农村居民人均居住消费62.27元。1995年为339.52元,1997年达到475.94元。2011年,农村居民人均居住消费587.72元,同比1991年增加8.4倍;城镇居民人均居住消费1609元。

住房消费 城乡居民用于住房的投资增长较快,住房质量快速提升,居住舒适程度大为提高。1991年,农村居民住房人均消费28.7元,占人均居住消费总额的46.1%。1994年占64.7%,1996年占73.6%,2009年占53.9%。2011年,农村居民住房人均消费119.2元,同比1991年增加3.2倍。以往的土瓦房,如今已被一幢幢钢筋混凝土楼房代替,从过去遮风挡雨、居者有其屋的保障型,向经济实用型、追求居住品质的舒适型、豪华型转变。

生活燃料消费 1991年,农村居民人均消费26.8元,占人均居住消费总额的42.9%。燃料消费在居住消费中占较大比重,1996年占50.9%,2007年占46.7%。2011年,居民生活燃料人均消费284.3元,占人均居住消费总额的48.4%,人均燃料消费比1991年增加9.6倍,人均燃料消费比例提高5.5个百分点。

生活用电消费 1991年,农村居民人均消费5.9元,占人均居住消费总额的9.5%。后随家用电器使用量逐年增加,用电消费逐年增长。2011年,居民生活用电人均消费184.2元,占人均居住消费总额的31.3%,人均用电消费同比1991年增加30.2倍,人均用电消费比例提高21.8个百分点。

交通通信消费

增长势头强劲。1991年,农村居民交通通信人均消费8.93元,占人均生活消费支出的1.7%。2000年增至99.9元,占5.8%;2009年再增至357.6元,占10.1%。2011年,农村居民交通通信人均消费696.6元,占12.6%;城镇居民交通通信人均消费1016元,占7.9%。

交通消费 1991年,农村居民人均消费8.63元;1998年人均消费44.9元。2005年农村居民交通消费服务支出58元,2009年增至117.9元,2011年降至82.9元。1991年,农村居民每百户家庭自行车34辆。1997年,拥有摩托车5.7辆。2011年年底,分别增至35辆和9辆。2006年,城镇居民每百户家庭自行车116.7辆,摩托车55辆,助力车28.3辆,家用汽车8.3辆。2011年,助力车增至28.3辆,家用汽车增至10辆。

通信消费 1991年,农村居民人均消费0.3元,1998年增至27.6元。2005年,农村居民通信消费服务支出99.9元,2007年增至198.3元,2011年再增至281元。1999年,农村居民每百户家庭电话机20部、移动电话2.9部。2011年分别增至67部、111部。2006年城镇居民每百户家庭普通电话141.7部,移动电话136.7部。至2011年年底,普通电话减至98.3部,移动电话增至221.67部。

教育文化娱乐消费

1991年,农村居民教育文化、娱乐休闲人均消费24.8元,占人均生活消费支出的4.8%。之后随教育费用增加,家用电脑、文化娱乐用品大量进入家庭,休闲旅游业兴起,城乡居民用于教育文化、娱乐休闲人均消费大幅度增长。2011年达到303.2元,同比1991年增加11.2倍。

教育文化用品 1991年,农村居民教育文化用品及服务支出人均21.7元。2011年达到152.5元,同比2011年增加6倍。农村居民2004年每百户家庭家用电脑1.4台,2007年增至7.9台,2011年年底11台。城镇居民2006年每百户家庭家用电脑48.3台,2011年年底76.7台。

学杂费 1991年,农村居民教育学杂费人均支出9.34元。1995年飙升至59.1元。1996年再升至62.4元,占教育文化人均消费总支的95.5%,同比1991年、1995年分别上升57.8和29.3个百分点。1997年该比例仍占92.8%,2005年降至58.1%,2010年再降至43.4%。2011年学杂费人均支出88.1元,同比1991年增加8.4倍,其比例比1991年下降8.6个百分点。

娱乐休闲 1991年,农村居民娱乐休闲消费人均支出0.88元。1998年增至7.5元。2005年37.86元,是1991年的43倍。2009年降至29.5元,2011年再降至2.4元。2011年,城镇居民每百户家庭彩色电视机213.33台,组合音响16.67台,摄像机6.67台,照相机31.67台;农村居民每百户家庭彩色电视机131台,影碟机42台,摄像机2台。人民生活水平提高后,外出旅游成为城乡部分居民的消费项目之一。1999年,县旅游公司组织外出旅游团队41个。2004年,组团581个,外出旅游10422人次。

医疗保健消费

1991年,农村居民医疗保健人均消费19.85元,占人均生活消费支出的3.8%。后随社会保障制度的完善和人们"珍惜生命,健康第一"观念的增强,城乡居民医疗保健消费快速增长。2002年增至226.01元,2007年达536.83元。2010年人均消费827元,比1991年增加40.35倍,占人均生活消费支出的21.1%,比1991年提高17.3个百分点。2007年城镇居民医疗保健人均消费593.5元。2010年超千元,达到1101.6元,同比2007年增长85.6%。

药品、医疗消费 1991年,农村居民人均消费5.7元,1995年16.8元,2005年107.9元,2008年325元。2011年,农村居民药品、医疗人均消费513.6元,同比1991年增加89.1倍。

医疗保健用品消费 1991年,农村居民购买医疗保健用品人均消费14.2元,1995年23.2元,1999年93.6元,2007年329.5元。后三年连续下降,2010年降至143元。2011年,购买医疗保健用品人均消费195.7元,同比1991年增加12.8倍。

医疗保健服务消费 1999年,农村居民人均消费61.6元,占医疗保健人均消费总支出的39.7%;2007年207.4元,占38.6%;2010年升至685元,占82.8%,比1999年分别增加10.1倍和提高43.1个百分点。2011年,农村居民医疗保健服务人均消费329元,占62.7%。城镇居民2006年每百户家庭拥有健身器材1.3套,2011年增至3.3套。

1991—2011年文成县农村居民人均生活消费支出及构成一览表

表3-14

单位：元、%

年份	生活消费支出	食品		衣着		居住		家庭设备用品		交通通信		文化教育娱乐		医疗保健		其他商品和服务	
		人均	比重	人均	比重	人均	比重	人均	比重	人均	比重	人均	比重	人均	比重	人均	比重
1991	520.26	325.86	62.6	41.73	8.0	62.27	12.0	36.84	7.1	8.93	1.7	24.78	4.8	19.85	3.8	—	—
1992	660.84	361.36	54.7	44.30	6.7	139.55	21.1	51.33	7.8	8.59	1.3	34.08	5.2	21.63	3.3	—	—
1993	621.99	349.03	56.1	57.24	9.2	67.77	10.9	68.88	11.1	13.76	2.2	44.27	7.1	19.62	3.2	1.40	0.2
1994	974.77	560.15	57.5	66.17	6.8	140.29	14.4	61.91	6.4	22.09	2.3	75.22	7.7	48.41	4.9	0.53	0.05
1995	1721.95	1045.76	60.7	83.15	4.8	339.52	19.7	100.47	5.8	30.11	1.8	82.49	4.8	39.98	2.3	0.47	0.03
1996	1811.16	1072.15	59.2	110.68	6.1	296.36	16.3	181.30	10.0	54.36	3.0	65.31	3.6	29.11	1.6	1.89	0.1
1997	2094.47	1121.86	53.6	109.70	5.2	475.94	22.7	183.44	8.8	75.95	3.6	75.43	3.6	46.78	2.2	5.37	0.3
1998	2075.48	1243.48	59.9	165.08	7.9	185.68	8.9	242.47	11.7	72.51	3.5	89.58	4.3	36.16	1.7	40.52	2.0
1999	1906.80	958.51	50.3	84.22	4.4	268.95	14.1	90.12	4.7	100.08	5.2	179.58	9.4	155.17	8.1	70.17	3.7
2000	1714.37	950.38	55.4	65.97	3.8	183.66	10.7	75.86	4.4	99.91	5.8	160.31	9.4	82.03	4.8	96.25	5.6
2001	1820.11	955.28	52.5	64.08	3.5	250.73	13.8	63.89	3.5	98.07	5.4	157.21	8.6	143.95	7.9	86.90	4.8
2002	1918.49	982.20	51.2	56.78	3.0	175.36	9.1	48.27	2.5	106.99	5.6	161.18	8.4	226.01	11.8	161.70	8.4
2003	1917.08	1049.73	54.8	82.67	4.3	243.10	12.7	60.12	3.1	123.16	6.4	213.36	11.1	131.96	6.9	12.98	0.7
2004	2019.88	1095.56	54.2	89.34	4.4	216.26	10.7	80.31	4.0	153.15	7.6	239.35	11.8	131.24	6.5	14.67	0.7
2005	2150.45	1069.12	49.7	108.68	5.1	150.56	7.0	87.63	4.1	170.56	7.9	264.06	12.3	197.56	9.2	102.28	4.8
2006	2687.96	1271.31	47.3	105.10	3.9	359.80	13.4	79.80	3.0	232.45	8.6	177.84	6.6	431.30	16.0	30.37	1.1
2007	3176.50	1493.02	47.0	187.11	5.9	287.90	9.1	132.36	4.2	310.08	9.8	185.42	5.8	536.83	16.9	43.78	1.4
2008	3532.87	1692.76	47.9	225.08	6.4	558.60	15.8	161.47	4.6	295.69	8.4	131.31	3.7	422.35	12.0	45.61	1.3
2009	3552.94	1695.42	47.7	206.07	5.8	454.10	12.8	178.38	5.0	357.58	10.1	198.97	5.6	422.44	11.9	39.99	1.1
2010	3920.00	1835.00	46.8	207.00	5.3	394.00	10.1	146.00	3.7	276.00	7.0	175.00	4.5	827.00	21.1	61.00	1.6
2011	5520.71	2645.28	47.9	325.35	5.9	587.72	10.6	331.24	6.0	696.61	12.6	303.19	5.5	524.72	9.5	106.60	2.0

说明：资料由县统计局提供

2007—2011年文成县城镇居民生活消费支出一览表

表3-15　　单位:元/人

生活消费支出项目	2007	2008	2009	2010	2011
人均消费支出	8448.57	10053.91	10643.42	11602.89	12922.57
1. 食品	3937.10	4774.21	4458.37	5461.00	6302.19
2. 衣着	744.80	806.20	743.73	1050.35	1058.09
3. 居住	1065.09	136.95	813.21	827.13	1609.02
4. 家庭设备用品消费支出	321.43	561.66	670.71	796.36	726.29
5. 交通　通信	699.36	347.59	2037.39	1144.84	1016.00
6. 教育文化娱乐服务	561.51	914.94	764.60	1128.08	1074.09
7. 医疗保健	593.46	908.33	1077.24	1101.59	927.77
8. 杂项商品和服务	101.27	77.03	78.17	93.53	209.12

说明:资料由县统计局提供

1991—2011年文成县农村住户人均主要食品消费量一览表

表3-16　　单位:公斤/人

食品名称	1991	1992	1994	1996	1998	1999	2001	2003	2005	2006	2008	2010	2011
粮食	335.3	367.8	241.5	227	217	240	258.2	253.6	225.1	251.1	236.6	173	146.3
稻谷	—	—	—	—	—	—	—	235.4	207.3	247.7	235.7	159	90.2
植物油	0.24	0.52	0.23	0.32	0.64	0.61	0.57	1.01	1.83	1.73	3.22	4	0.07
动物油	0.21	—	—	—	—	0.76	1.12	1	0.65	1.19	1.99	2	7.96
豆制品	—	—	—	—	—	6.33	5.52	5.2	4.98	2.53	3.03	3	7.20
蔬菜	128.3	83.51	119.4	107	105	96.52	144	140.9	107.5	138.9	115.1	79	108.1
瓜	—	—	—	—	—	—	—	7.79	2.75	4.53	8.76	—	6.74
水果	5.44	7.34	7.76	17.59	16.65	9.03	10.74	10.27	10.03	6.62	10.25	8	14.2
肉禽品	15.08	17.92	18.77	20.75	23.82	21.0	26.55	21.6	18.64	25.26	25.12	29	24.2
猪肉	13.87	16.34	17.08	18.84	20.3	15.3	19.55	14.9	13.03	13.48	12.54	17	0.43
牛羊肉	0.13	0.12	0.17	0.26	0.36	—	—	0.23	0.33	0.47	0.51	—	0.01
家禽	1.08	1.46	1.52	1.65	3.16	—	—	4.28	3.15	7.51	7.25	5	9.79
蛋类	2.32	2.68	2.59	3.73	3.83	3.35	4.05	3.8	2.74	5.75	6.83	5	3.9
奶	—	—	—	—	—	0.02	0.06	0.14	0.20	0.35	0.12	1	0.69
水产品	3.19	3.87	3.3	2.93	6.27	4.86	4.62	7.14	7.89	5.81	5.9	8	9.11
食糖	2.31	2.39	2.29	2.21	2.04	2.39	2.49	2.48	1.95	1.35	1.84	2	2.11
酒饮料	6.63	12.87	11.06	12.57	20.75	9.81	8.24	8.62	9.53	22.49	23.53	20	23.42
啤酒	—	—	—	—	—	—	—	5.77	7.28	19.2	20.6	17	—
卷烟	34.04	37.46	34.68	33.15	38.03	—	—	—	—	—	—	—	—
糕点	3.76	—	4.09	5.45	8.32	0.26	0.18	—	—	—	—	—	—

说明:资料由县统计局提供

1991—2011年文成县农村居民每百户主要耐用消费品拥有量一览表

表3-17

消费品名称	单位	1991	1992	1995	1997	1999	2002	2005	2006	2007	2009	2010	2011
大型家具	件	243	280	244	289	141	301	—	—	—	—	—	—
缝纫机	架	64	73	77	92.9	81.4	—	—	—	—	—	—	—
钟	只	33	24	22	62.9	68.6	—	—	—	—	—	—	—
手表	只	213	239	241	251	218	—	—	—	—	—	—	—
电风扇	台	54	63	90	110	133	149	—	—	—	—	—	—
洗衣机	台	—	1	23	27.1	31.4	28.7	34	56	58.6	73	75	81
电冰箱	台	—	—	—	1.4	4.3	8.2	24.3	22	34.3	57	63	72
热水器	台	—	—	—	—	14.3	12.3	31.4	25	22.9	39	46	43
抽油烟机	台	—	—	—	—	2.9	—	7.1	6	5.7	21	18	39
空调机	台	—	—	—	—	—	—	2.9	2	1.4	4	14	9
微波炉	台	—	—	—	—	—	—	—	2	2	1	3	6
收音机	台	7	7	10	29	28	—	—	—	—	—	—	—
收录机	台	11	7	11	—	21.4	4.1	7.1	—	—	—	—	—
黑白电视	台	26	43	66	68.9	72.8	41.0	21.4	29	22.1	13	4	3
彩色电视	台	1	3	16	18.6	34.3	65.6	92.9	102	105.7	89	125	131
照相机	架	—	3	1	2.9	1.4	4.1	—	8	—	1	1	1
影碟机	台	—	—	—	—	—	2.1	24.3	49	35	29	31	42
家用电脑	台	—	—	—	—	—	—	1.4	3	7.9	10	5	11
摄像机	台	—	—	—	—	—	—	—	6	1	2	2	2
自行车	辆	34	44	63	74.3	61.4	74.5	60	43	35.7	30	32	35
摩托车	辆	—	—	—	5.7	8.6	4.1	4.3	6	6.4	6	8.7	9
电话机	部	—	—	—	—	20.0	53.3	82.9	91	87.1	55	66	67
移动电话	部	—	—	—	—	2.9	32.8	60	72	72.9	60	120	111

说明:资料由县统计局提供

2006—2011年文成县城镇居民家庭每百户耐用消费品拥有量一览表

表3-18

消费品名称	单位	2006	2007	2008	2009	2010	2011
摩托车	辆	55	—	36.67	33.33	35	36.67
助力车	辆	28.33	33.33	40	50	46.67	55
家用汽车	辆	8.33	—	—	1.67	5	10
洗衣机	台	101.67	103.33	98.33	101.67	103.33	110
电冰箱	台	91.67	98.33	101.67	105	111.67	113.33
彩色电视机	台	206.67	193.33	191.67	200	201.67	213.33
家用电脑	台	48.33	45	51.67	60	66.67	76.67
组合音响	套	21.67	25	30	28.33	20	16.67
摄像机	架	6.67	6.67	6.67	1.67	1.67	6.67
照相机	架	33.33	30	26.67	31.67	30	31.67
微波炉	台	36.67	45	50	60	60	71.67

续表3-18

消费品名称	单位	2006	2007	2008	2009	2010	2011
空调器	台	80	113	121.67	130	126.67	143.33
淋浴热水器	台	106.67	115	118.33	118.33	115	121.67
消毒碗柜	台	56.67	46.67	50	60	61.67	66.67
洗碗机	台	1.0	1.67	1.67	1.67	1.67	6.67
健身器材	套	13.33	1.67	3.33	3.33	1.67	3.33
普通电话	部	141.67	110	113.33	95	93.33	98.33
移动电话	部	136.67	160	168.33	193	195	221.67

说明:资料由县统计局提供

第三节　居民住房

2011年,全县城乡居民私人建房投资额48547万元,同比1991年3528万元,增加12.8倍;农村居民人均住房面积59.5平方米,人均住房价值43118元,同比1991年分别增加2倍和47倍;城镇居民人均住房面积47.15平方米,同比1994年18平方米,增加近2倍。

私人建房

1991年,全县城乡居民建房投资3528万元,竣工住宅3616间,建筑面积17.03万平方米,其中乡村居民投资2199万元,竣工住宅3301间,面积11.11万平方米;城镇居民建房投资1329万元,竣工住宅315间,面积1.92万平方米。房屋结构,乡村住宅砖木结构3009间9.39万平方米,钢筋混凝土结构194间0.36万平方米,钢混结构建筑面积占3.2%;城镇住宅砖木结构300间4.14万平方米,钢筋混凝土结构15间1.77万平方米,钢混结构建筑面积近30%。

1992年,私人建房持续增长,全县城乡居民投资3987万元,同比上年增长13%,其中乡村投资1354万元,城镇投资2633万元。竣工住宅5860间,同比上年增加2244间,其中乡村3045间,建筑面积12.6万平方米,砖木结构525间3.5万平方米,钢筋混凝土结构2509间9.1万平方米,钢混结构建筑面积比例占70%以上;城镇建私房2815间,面积11.3万平方米,全部为钢筋混凝土结构,住宅建筑质量显著提升。

1993年,县政府出台私房管理新制度,全县掀起新一轮建私房投资热潮。1994年是县域"八五"至"十五"期间城乡私人建房最多的一年。全年城乡居民建房投资8154万元,全县兴建私房8107间,建筑面积38万平方米。其中,乡村投资3048万元,建设住宅1802间,面积11.52万平方米;城镇投资5106万元,建设住宅6305间,面积26.48万平方米。

1996—2000年,累计投资56623万元,竣工住宅建筑面积147.26万平方米,年均投资11325万元,建筑面积29.45万平方米。2001—2005年,累计投资49415万元,竣工住宅建筑面积52.8万平方米,比前五年分别下降12.73%和64.15%。2006—2010年,农村私人累计投资89116万元,比前五年增加80.34%。2011年农村私人投资48547万元,同比上年增加1.17倍,同比1991年增加12.8倍。

1991—2005年文成县城乡居民投资建房情况一览表

表3-19　　单位:万元、平方米

年份	城乡居民建房投资	竣工住宅面积	城镇居民投资	建筑面积	乡村居民投资	建筑面积
1991	3528	170328	1329	19161	2199	111147
1992	3987	238822	2633	112867	1354	125955
1993	5282	174426	3340	62706	1942	111720
1994	8154	380012	5106	264812	3048	115200
1995	9407	273184	6415	173462	2992	99722
1996	11722	311203	7586	173303	4136	137900
1997	13479	346576	6376	161376	7103	185200
1998	11344	365874	8935	223544	2409	142330
1999	11091	235831	7894	157904	3197	77927
2000	8987	213144	4252	76947	4735	136187
2001	5839	160273	4255	112002	1584	48271
2002	10003	140342	6481	56478	3522	83864
2003	12364	68043	6846	37210	5878	30832
2004	10670	82021	6806	34411	3864	47610
2005	10539	77286	6749	37331	3790	39955
2006	12634	—	—	—	—	—
2007	15270	—	—	—	—	—
2008	19056	—	—	—	—	—
2009	19834	—	—	—	—	—
2010	22322	—	—	—	—	—
2011	48547	—	—	—	—	—

说明:2006—2011年,含购置生产性固定资产投资。资料由县统计局提供

购置商品房

1991—1997年,全县房地产市场未形成,房源甚少。1998年,随着县前街改造,商品房开发、城乡居民投资购房始现强劲势头。因全县外来务工经商人员少,购置商品房的绝大多数为当地居民。1999年,全县销售商品房204套,建筑面积4.3万平方米,销售额7273万元,其中住宅2.28万平方米3360万元;商业营业房0.67万平方米3015万元。当年住宅每平方米1473元,商业房每平方米4500元。2005年,销售99套1.6万平方米,销售额4783万元,其中商铺价格创历史最高,每平方米达18074元。2007年销售364套4.96万平方米,销售额2.43亿元,为历年销售数额之最。至2011年年底,累计销售2263套,面积34.34万平方米,销售额10.8亿元,其中住宅24.7万平方米7.49亿元;商业用房2.1万平方米1.2亿元。

1997—2011年文成县商品房销售情况一览表

表3-20　　　　单位:万元、平方米

年份	房地产投资	套数	销售面积	其中		销售额	其中	
				住宅	营业房		住宅	营业房
1997	77	20	2241	2241	—	—	—	—
1998	310	30	3375	3375	—	395	395	—
1999	5913	204	43010	22810	6700	7273	3360	3015
2000	3581	229	20000	19000	1000	2390	2090	300
2001	6399	86	28220	22297	1838	—	—	—
2002	3178	193	26084	19282	3987	5531	2961	2295
2003	7520	98	19127	16671	756	3956	3046	608
2004	8368	53	6918	6463	—	1115	1025	—
2005	2547	99	15931	14711	1220	4783	2578	2205
2006	13137	138	16505	15305	1200	4972	3952	1020
2007	25864	364	49603	43503	4417	24296	21692	2104
2008	17310	251	39203	30373	—	17621	16471	—
2009	31910	268	30901	—	—	16948	—	—
2010	46965	218	40871	29260	—	18811	17360	—
2011	35827	12	1441	1441	—	850	850	—
合计	208906	2263	343430	246732	21118	108091	74930	11547

说明:资料由县统计局提供

人均住房面积

据农村住户调查,1991年农村居民户均住房使用面积103平方米,人均19.5平方米,当年人均住房价值898元。1997年人均30.04平方米,2006年超过40平方米,2010年增至52.05平方米。2011年农村居民户均住房使用面积169平方米,人均59.50平方米,人均住房价值43118元。农村居民人均住房面积,比温州全市平均数多15.66平方米,列温州市各县(市、区)之首。

城镇居民人均住房建筑面积,据县国民经济和社会发展公报,1994年18平方米,1997年29.7平方米,2005年增至44.02平方米。2006年起开展城镇居民住户调查,当年人均住房面积44.72平方米。2011年城镇居民人均住房使用面积47.15平方米,超过温州全市平均数5.24平方米,在全市各县(市区)中列第四位。

1991—2011年文成县城乡居民人均住房面积一览表

表3-21　　　　单位:元、平方米

年份	农村居民					城镇居民人均面积
	调查户/人	住房面积	户均面积	人均面积	人均住房价值	
1991	70/371	7235	103	19.50	898	15.0
1992	70/359	8723	125	24.30	1311	—
1993	70/362	8482	121	23.43	1331	—
1994	70/341	9157	131	26.85	1284	18.0
1995	70/329	7787	111	23.67	2490	—

续表3-21

年份	农　村　居　民					城镇居民人均面积
	调查户/人	住房面积	户均面积	人均面积	人均住房价值	
1996	70/323	8885	127	27.51	4471	—
1997	70/319	9584	137	30.04	5702	29.7
1998	70/316	10170	145	32.18	7815	—
1999	70/311	9166	131	29.47	5039	—
2000	70/297	10843	155	36.51	6411	—
2001	70/303	9938	142	32.80	5959	—
2002	70/290	11257	161	38.82	7597	—
2003	70/267	10365	148	38.82	7597	—
2004	70/269	10244	146	38.08	8692	—
2005	70/256	10081	144	39.38	9009	44.02
2006	140/504	21944	157	43.54	12115	44.72
2007	140/481	21765	155	45.25	14425	50.94
2008	150/503	23068	154	45.86	18182	51.97
2009	150/511	23966	160	46.90	17297	50.94
2010	150/464	24151	161	52.05	26320	46.77
2011	150/427	25407	169	59.50	43118	47.15

说明:资料由县统计局提供

第四节　居民储蓄

城乡居民生活水平提高的一个重要标志是储蓄存款节节攀升。2011年年末,全县城乡居民储蓄余额51.72亿元,人均储蓄存款13383元,同比1991年分别增加57.1和60.4倍。

城乡储蓄

1991年,全县城乡居民储蓄余额8896万元。1992年,储蓄余额13239万元,首次超亿元。1995年年末,余额31087万元,同比上年增长34.3%。2002年储蓄余额超10亿元,达到12.84亿元。2009年,城乡居民储蓄存款达到最高峰,年末储蓄余额53.63亿元,同比1991年增加59.3倍。至2011年年末,城乡居民储蓄余额51.72亿元,同比1991年净增50.83亿元,年均增长21.3%。

人均存款

1991年,全县城乡居民人均储蓄存款218元。1996年首次超千元,达到1112元。2003年年末,人均存款5143元,同比上年增长44.7%。2007年超万元,人均存款10496元。2009年人均存款14351元,同比1991年增加64.8倍。2011年年末,人均储蓄存款13383元,同比1991年净增13165元,每年平均增长21%。

1991—2011年文成县城乡居民储蓄存款一览表

表3-22

年份	城乡居民储蓄余额（万元）	比上年增减%	人均储蓄存款（元）	比上年增减%	年份	城乡居民储蓄余额（万元）	比上年增减%	人均储蓄存款（元）	比上年增减%
1991	8896	13.8	244	11.9	2002	128363	45.6	3488	47.0
1992	13239	48.8	363	48.8	2003	186993	45.7	5143	47.4
1993	16906	27.7	459	26.4	2004	221562	18.5	6099	18.6
1994	23141	36.9	625	36.2	2005	204686	−7.6	5612	−8.0
1995	31087	34.3	902	44.3	2006	325830	59.2	8887	58.4
1996	41180	32.5	1112	23.3	2007	387611	19.0	10496	18.1
1997	49403	20.0	1329	19.5	2008	399363	3.0	10737	2.3
1998	60041	21.5	1623	22.1	2009	536345	34.3	14351	33.7
1999	53383	−11.1	1433	−11.7	2010	483122	−9.9	12837	−10.5
2000	64594	21.0	1735	21.1	2011	517200	7.1	13383	4.3
2001	88187	36.5	2373	36.8	—	—	—	—	—

说明:资料由县统计局提供

第三章　计划生育

20世纪80年代开始，国家实行严格人口控制政策，将计划生育列为一项基本国策。全县计划生育工作通过宣传教育、依法管理、技术服务，以及实施目标管理责任制、奖励优惠政策，全县低生育水平基本稳定。通过少生优生、晚婚晚育和避孕节育等措施，违法违规人口生育得到控制。1991—2011年，已婚育龄妇女领取"一孩父母光荣证"率逐年上升，累计自愿延迟生育和自愿放弃生育第二胎夫妇达到5500对以上。全县人口年出生率8.94‰～20.50‰，年自然增长率3.28‰～14.83‰，已婚育龄妇女每年独生子女领证率3.24%～7.47%。通过人口控制政策，落实计划生育措施，至2011年全县少生12万余人。

第一节　工作机构

全县人口与计划生育工作机构包括负责计划生育条例的具体实施、监督检查工作的领导机构、行政机构，以及协助党和政府落实计划生育的群众组织，也包括县、乡镇(村)从事计划生育技术服务活动的机构。

领导机构

1990年，县计划生育工作领导小组由县委副书记廖梅柳、副县长金坚如兼任正副组长，下设办公室。各区、乡(镇)均相应成立计划生育领导小组及其办公室。1992年7月，县委、县政府加强领导全县计划生育工作，县委书记金邦清任组长，县长夏瑞洲、县委副书记廖梅柳、副县长金坚如任副组长，成员单位由13个部门单位主要负责人组成。之后，组长、副组长和成员单位根据机构和人事变动适时调整。乡(镇)的计划生育领导小组及其办公室也根据机构和人事变动适时调整。

行政机构

1991年，县计划生育委员会内设办公室、政策法规宣教科、规划统计科。2000年12月，成立县流动人口计划生育管理大队。2002年2月，县计划生育委员会更名为县计划生育局(简称县计生局)，内设办公室、政策法规宣教科、规划统计科等行政编制科室和流动人口管理大队、信息中心。下设县计生宣传技术指导站，担负计划生育技术服务、生育指导与避孕咨询、生殖保健、避孕药具管理、计划生育宣传和培训等职能。并增挂县生殖保健中心牌子。2005年9月，县计划生育局更名为县人口和计划生育局，内设机构不变。2009年12月，撤销政策法规宣教科，设置行政审批科和科技宣传科，政策法规职能归于行政审批科，宣传教育职能归于科技宣传科。2011年，内设机构为办公室、规划统计科、行政审批科、科技宣传科、流动人口管理大队和信息中心。下属县计生宣传技术指导站(为公益一类事业单位)。

2011年，县人口和计划生育局行政人员10人，事业人员11人。实际工作人员当中，公务员8人、事业人员12人(其中县计生指导站编制1名)、临时工2人。县计生宣传技术指导站人员12人，其中医技人员10人，中高级职称人员4人，医技人员占总人数 83.33%，中高级职称人员占医技人员40%　。

1991年，全县计划生育专职干部69人。2011年，计划生育专职干部增至81人，村级计生服务员490人。

第二节　宣传教育

1991年,全县贯彻以宣传教育为主、避孕为主、经常工作为主(简称“三为主”)的方针,逐步实现经常化、科学化、制度化。开展新家庭计划活动、婚育新风进万家、新型生育文化、关爱女孩行动和计划生育幸福家庭等活动。

“三为主”宣传教育

1991—1994年,全县计划生育宣传教育坚持“三为主”方针,内容和形式都有很大改观。从原来偏向突击性宣传改为经常性面对面宣传,广泛宣传与重点宣传相结合,以电影队、文化站、广播站为阵地开展立体式宣传教育为主。主要内容围绕《浙江省人口与计划生育条例》、县政府《关于贯彻〈条例〉的实施细则》和计划生育科普知识,宣传避孕节育、生殖健康知识,提高育龄人群自我保健意识和能力。1991年5月,县普法办把《浙江省人口与计划生育条例》宣传教育列入“二五”普法规划,并与县计生委配合在王宅乡搞试点。

新家庭计划活动

1995—1998年,以新家庭计划活动为宣传重点,引导群众走“晚婚晚育,少生优生,勤劳致富,文明幸福”之路。其中,1995年10月,县新家庭计划活动领导小组成立。12月,黄坦镇新楼村开展新家庭计划活动试点。1996—1997年,开展计划生育报刊征订,征订率100%,育龄妇女受教率85%。1997年7月,温州市在文成召开新家庭计划活动实行计划生育与扶贫开发相结合现场会,向全市推广成果和经验。

婚育新风进万家

1999年开始,实施婚育新风进万家活动,开展计划生育科普知识“十进家庭”宣传服务。利用5·29会员活动日、7·11世界人口日等重大节假日,开展各类宣传服务,实现计划生育工作思路和方法“两个转变”。2000年,全县参与新家庭计划活动7.22万户,家庭达到上级标准5.11万户,达标率70.75%。

新型生育文化

2001—2004年,建设社会主义新型生育文化,继续开展婚育新风进万家,推进关爱女孩为主体征文比赛。按“8条街、5条路、4块牌”宣传规划:即在大峃、珊溪、玉壶、南田、西坑、百丈漈、巨屿、黄坦8集镇创建比较规范的计划生育宣传一条街;在县城通往南田、珊溪、玉壶、西坑和黄坦5条主干线的电线杆上安装计划生育宣传牌;在县城出入口设立大型计划生育公益广告牌4个。其中,2003年,《文成县计划生育系统法制宣传教育第四个五年计划》出台,开展以《中华人民共和国人口与计划生育法》《社会抚养费征收管理办法》《计划生育技术服务管理条例》《浙江省人口与计划生育条例》为重点的一法三规宣传教育。利用人口学校、宣传牌、宣传小册和面对面宣传教育等方式弘扬婚育新风,推进计划生育法治建设。

关爱女孩行动

2005—2006年,全面启动关爱女孩行动,不断提高女孩和女儿户社会政治地位,引导广大群众树立科学文明进步婚育观念,营造浓厚人口计生宣传教育氛围。以“7·11”世界人口日,“10·28”男性健康日,“12·1”艾滋病日等一系列纪念日为载体,开展不同主体内容的宣传教育,向群众传播计生政策法规、人口科学、避孕节育、优生优育、生殖健康及艾滋病、性病防治等知识。引导广大群众树立科学文明进步婚育观念,营造浓厚人口计生宣传教育氛围。

计划生育幸福家庭

2007—2010年,开展计划生育幸福家庭宣传。其中2007年,计生小品《回娘家》在全市文艺会演中获得一等奖。2009年,在河滨公园徐村段建成首座生育文化园。2010年,喜剧小品《该要不该要》在温州市纪念《公开信》发表30周年汇报演出中荣获银奖。12月,与县卫生局联合开展防治艾滋病宣传,邀请"全国三八健康使者万里行活动"中的贺静教授在6个乡镇开展为期3天"预防艾滋病暨女性生殖健康知识"巡回讲座。2011年,县乡两级制作各类特色宣传物品约30余种类15万余份,宣传品进村入户率达85%以上。6月,邀请浙江松阳人口计生文化艺术团到黄坦镇、百丈漈镇等地宣传演出。春节期间,开展"送服务、送温暖、送知识、送技能、送文化"五送惠民活动。新建刘基故里南田镇生育文化园、赵超构故乡龙川生育文化广场和珊溪镇孝文化生育主题公园等3个。全年举办大型广场活动85场次,发放宣传资料86.25万份,发放计生特色宣传品5.3万份,展出宣传展板挂图985件,接受教育群众10万人次,接受技术服务群众8373人次。

图3-1 2011年7月,开展"关爱女孩成长,促进和谐文成"计划生育宣传活动(县人口与计划生育局提供)

图3-2 2011年12月,举行计划生育"优生优育"公益活动(县人口与计划生育局提供)

第三节 奖励政策

计划生育奖励是计划生育政策措施的重要组成部分之一。1991—2011年间,县委、县政府结合经济发展状况以及群众实际需要,陆续通过制定相关社会经济政策和直接制定有关政策措施,对实行计划生育夫妻给予照顾和优先优惠,给予适当经济补偿和精神鼓励。

独生子女父母奖励费

自愿终身只生育一个子女的夫妻,发给"独生子女父母光荣证",同时享受独生子女父母奖励费,享受时间始于发证日,止于14周岁。1991年,奖励费30元(农民)~60元(干部、职工)。2002年,奖励费调整为60元(农民)~100元(干部、职工)。2010年,全县发放农村独生子女父母奖励费1805人,金额10.83万元。

新家庭计划补助

1992—1998年,落实独生子女、女儿户父母等商业保险资金67.23万元,受益3826人次。1997—1999年,全县投入资金123.38万元开展新家庭计划活动,参加新家庭计划活动87775户,参与率90.73%,达标户57853户,达标率70.75%,评选出新家庭计划龙头企业5家、县级新家庭示范户88户、市级新家庭示范户4户和省级新家庭示范户1户。全县通过新家庭计划活动,实现7000余农户脱离贫困。

社会养老保险补助

2008年,县政府出台《关于推行农村独生子女父母社会养老保险工作的实施意见》。规定有文成户籍的,本人及配偶均为农业户口且未享受城镇职工基本社会养老保险补助的独生子女家庭,男方年满45周岁且在1963年1月1日以后出生、女方年满40周岁且在1968年1月1日以后出生,参加城镇基本社会养老保险的,经申请每年给予参保费用50%的补助(夫妻两人符合参保条件仅保一人的按70%补助),极度困难的计生家庭如低保对象保险金全部由政府补助。投保15年后至男方满60周岁、女方满55周岁可享受养老金待遇。

2011年,县政府出台《关于进一步完善农村计划生育家庭社会养老保险工作的通知》,增加农业两女户家庭父母纳入社会养老保险补助范围,并规定男方在1966年1月1日以后出生,女方在1971年1月1日以后出生。至2011年,全县累计投入资金962.9万元,提供社会养老保险补助4967人次。

奖励扶助制度

2006年,县政府出台《文成县农村部分计划生育家庭奖励扶助制度实施意见》。至2011年,全县投入资金512.23万元,发放奖励扶助金8066人次。

特别扶助制度

2008年,出台《文成县计划生育家庭特别扶助制度实施意见》,独生子女伤病残(三级以上)或死亡的父母年龄在1933年1月1日以后出生且女方年满49周岁的,每人每月享受120~150元扶助金救助。至2011年,全县投入资金25.71万元,发放特别扶助金149人次。

公益金补助办法

2004年,县政府出台《文成县人口与计划生育公益金管理暂行办法》,县财政拨款基础资金20万元,对独生子女及父母发生意外死亡或伤残或其他有特殊困难计划生育家庭,根据不同情况给予补助500~10000元。至2011年,发放计划生育公益金100.78万元,救助计生困难家庭896户。

生育关怀基金

2011年,县政府出台《关于进一步加强人口和计划生育工作的若干意见》,规定每年从社会抚养费中统筹资金作为生育关怀基金100万元,及时对部分计划生育特殊困难家庭进行救助。9月,市、县共同开展“关爱女孩”为民办实事项目,投入资金26.55万元,救助困难家庭58户。

其他政策

2001年,县委、县政府出台《关于对独生子女户和两女户实行优惠政策的通知》,对独生子女户和两女户实行就学、就医、就业方面的奖励优惠政策。至2011年,全县有2836名独生子女和两女户享受就学就业加分待遇,县级投入资金16.23万元,奖励考上本科的独生子女和二女户198人。

图3-3 2011年12月,举行温州市为民办实事·关爱女孩行动文成首发仪式(县人口与计划生育局提供)

落实帮扶政策

2009—2011年,落实省少生快富项目2个,资金4万元。2006—2011年,落实省马寅初基金“春苗计划”,资金17.48万元,困难学生受惠240人次。2010—2011年,落实市计划生育关怀·爱心助学活动资金5万元,困难学生受惠18人次。

第四节 依法管理

1982年3月开始,全县计划生育实行依法管理,通过少生优生、晚婚晚育和避孕节育等措施,违法违规人口生育得到控制。1991—2011年,全县低生育水平基本稳定,已婚育龄妇女领取“一孩父母光荣证”率逐年上升,累计自愿延迟生育和自愿放弃生育第二胎夫妇达到5500对以上。

少生优生

符合《浙江省人口与计划生育条例》可以生育的夫妻,经过本人申请给予发放“准生证”。2003年开始,夫妻登记结婚后经过申请发放一孩“生殖健康服务证”,符合政策二孩及以上的经过批准后发放“再生育证”。

少生 1982年始,计划生育普遍提倡一对夫妇只生育一个孩子,严格限制二胎生育,符合条件夫妇可有计划地安排生育第二个孩子,杜绝三胎。1982—2011年,全县出生人口大约减少12万人。1986年,奖励晚婚、晚育,处罚计划外生育,实行人口计划指标和生育政策“双轨控制”,严禁生育二胎和多胎,规定安排农村生育二胎具体条件,全面提倡一孩放环、二孩结扎为主综合节育措施。

1990年9月,全县完善少数民族生育政策,对少数民族计划生育问题作出明文规定:夫妻双方均是少数民族的,经过批准,可以按计划生育第二个子女;夫妻双方均是农业户口农民,一方是少数民族并具有本省两代以上户籍的,经过批准,可以按计划生育第二个子女;凡少数民族夫妻符合《浙江省计划生育条例》第十一条、第十二条、第十三条、第十四条和第十八条第二款规定情况的,经过批准,可以按计划生育第二个子女。

1995年开始,规定除以下两种情况外,经过批准可以再生育一个子女,生育间隔期必须满四周年以上(已生育一个子女,经过县级以上病残儿童鉴定机构确诊为非遗传残疾,不能成长为正常劳动力的;婚后五年不孕,经县计划生育行政管理部门指定的医疗单位诊断,并经县计划生育行政部门核实为不孕症,依法收养一个子女后怀孕的)。

1996年,全县均完成省、市政府下达各项人口计划指标,总和生育率从20世纪70年代3.60人下降到1996

年1.75人,平均人口增长率控制在6.5‰以内,按20世纪70年代初生育水平推算,1992—1996年全县累计少生39500人。人民群众婚育观念向晚婚晚育和少生转变,人口过快增长趋势得到有效控制,实现先审批后生育制度,凭证生育步入正常轨道。1997年,全县出生(含补报)3620人,比市政府下达指标少生1482人,计划生育各项指标均完成市政府下达任务,计划生育工作从二类地区上升到一类地区。

2001年,县委、县政府《关于进一步加强计划生育工作稳定低生育水平的决定》出台,规定今后十年全县人口和计划生育工作目标和指导方针、部门综合决策以及经费投入、队伍建设等十二个方面内容。

2002年9月,对女方年满二十八周岁以上或已生育一个子女,经过县以上病残儿童鉴定机构确诊为非遗传性残疾,不能成长为正常劳动力的再生育对象取消生育间隔四周年的限制。

2004年,县政府规定申请特殊情况生育的夫妻必须同时符合以下条件:夫妻双方提出生育申请、无违反生育政策多生育子女、家庭环境有利于子女的健康成长和具备下列条件之一。夫妻依法收养一个子女后又怀孕的;再婚前一方已生育过两个子女,另一方未生育过,身边无子女的夫妻;再婚前双方各生育过一个子女,现家庭无子女的夫妻;再婚前双方各生育过一个子女,其中一方丧偶,现家庭只有一个子女的夫妻(家庭无子女,是指夫妻新组合的家庭无未成年子女,再婚前所生的未成年子女依法院判决或离婚协议随前配偶生活)。

2007年,全县增加下列三种情况为计划生育特殊情况生育审批范围:夫妻生育的第一胎子女为双胞胎,经县以上病残儿童鉴定机构确诊,两个子女都为非遗传性残疾,不能成长为正常劳动力的。夫妻生育的第一胎子女为遗传性残疾,不能成长为正常劳动力,根据国家《病残儿医学鉴定诊断标准及其父母再生育的指导原则》(国家计生委第7号令附件),通过产前诊断和筛选可以再生育的。再婚夫妻再婚前双方曾生育子女合计不超过两个、再婚后现家庭有一个经县以上病残儿童鉴定机构确诊为病残儿,不能成长为正常劳动力的。

2007年9月27日,正式取消生育间隔期限制。2008年开始,全县将"再婚前双方曾生育子女合计为两个,现家庭只有一个子女的夫妻"增列为计划生育特殊情况生育审批范围。2009—2011年,计划生育相关政策不变。

2001—2011年,全县人口年出生率8.94‰~20.50‰,年自然增长率3.28‰~14.83‰,已婚育龄妇女每年独生子女领证率3.24%~7.47%。2011年,由于户籍政策的放宽,导致大量国外出生对象回国入户。按上级统计口径要求,如在国外出生回国入户对象,一律得报入当年报表。由于上报出生7820人中有近3000例为国外出生回国入户对象,如果剔除这部分国外出生对象,则自然增长率为6‰,控制在8‰以下,计划生育符合率为90.51%。

1991—2011年文成县人口和计划生育情况一览表

表3-23　　单位:人

年份	总人口数	期末育龄妇女	期末已婚育龄妇女	独生子女领证率%	出生数	出生率‰	增长率‰	计生符合率%	备注
1991	362914	85517	62829	5.69	3788	10.38	6.04	95.62	—
1992	364927	89216	65539	5.85	5498	10.46	6.23	67.61	人口清查
1993	366554	92986	67424	3.55	4479	12.18	7.55	79.04	人口清查
1994	368655	94543	68994	3.47	4275	11.56	6.86	85.03	—
1995	370295	99378	70699	3.31	4357	11.80	6.85	85.88	—
1996	368422	100698	71655	3.24	3733	10.11	5.67	90.14	—
1997	370388	103326	72697	3.54	3620	9.76	5.38	92.57	—

续表3-23

年份	总人口数	期末育龄妇女	期末已婚育龄妇女	独生子女领证率%	出生数	出生率‰	增长率‰	计生符合率%	备注
1998	369993	104060	73821	3.64	4401	11.87	7.12	86.09	—
1999	372451	101605	72568	3.73	5242	14.12	9.73	78.12	人口清查
2000	372373	101502	74440	3.77	7059	18.95	13.62	61.43	人口普查
2001	371567	101244	74129	4.07	3325	8.94	3.41	94.35	—
2002	368031	101298	73677	4.68	3306	8.94	3.28	95.46	—
2003	363574	102490	74039	5.55	6409	17.52	12.00	49.65	人口清查
2004	363282	101242	73117	5.76	3810	10.48	5.26	91.68	—
2005	364734	100501	73781	3.72	3855	10.59	5.41	88.74	—
2006	366651	97571	73632	3.52	3875	10.60	6.04	90.50	—
2007	369311	96661	73212	3.78	4228	11.49	6.64	86.80	人口清查
2008	371955	95427	72353	4.47	4069	10.98	5.80	89.90	—
2009	373739	94767	71915	6.52	4204	11.28	6.15	82.49	人口清查
2010	376360	96079	73129	6.96	6485	17.29	4.37	74.14	人口普查
2011	386469	96398	73673	7.47	7820	20.50	14.83	90.51	—
合 计	—	—	—	—	97838	—	—	—	—

说明:资料由县人口和计划生育局提供

优生 1997—2004年,人口优生优育工作起步,主要是开展宣传教育活动。全县举办优生优育培训班635期,开展面对面宣传教育1068场,电视讲座26次,计划生育知识竞赛48次,发放《晚婚新婚知识传阅袋》650套,育龄群众面对面优生优育知识普及率达90.56%。其中1997年3月,联合县妇联举行计划生育、优生优育知识竞赛。2000年,全县党校、各新婚学校开课425课71679人次,普及优生优育知识。2003年,各乡镇利用1年3次生殖健康检查时机,邀请医务人员对育龄妇女进行生殖健康普查1040余人,免费送出药品2.1万元。2004年,县电视台开办专题栏目《人口与计划生育》,宣传优生优育规定和知识。并且与县妇联一起,利用"三八"妇女节、"六一"儿童节,对独女户、两女户及计划生育困难户开展扶贫慰问。

2005—2007年,开始为育龄群众提供人性化、人情化服务,对结婚、怀孕和产后对象提供全程服务,随访服务率达到98%。

2008年9月,县政府出台《关于向实行计划生育的育龄妇女提供两免服务的实施意见》,规范优生优育,向新婚夫妇和符合法定生育条件的待孕妇女或孕三个月内的孕妇提供免费婚前健康检查、免费优生检测服务(优生两免),服务地点为县妇幼保健站。2009年7月开始,为方便群众婚育检测,提高参检率,推广"温情管理、温馨服务、温暖关爱"管理服务模式,将婚姻登记服务处移至妇幼保健站,实现婚前医学检查、婚姻登记和孕前优生检

图3-4 2011年7月,举行文成县优生优育优教促进工作启动暨"三优"指导中学授牌仪式(县人口与计划生育局提供)

测“三位一体一站式”服务。

2010年,全县定期召开“优生两免”联席会议,纳入月排名重点内容每月进行反馈和通报。联合卫生部门在全县范围对待孕、早孕妇女免费补充6个月叶酸营养素,对参加“两免”检查对象赠送“预防出生缺陷,我们一起做”新婚礼盒。

2011年,加大“优生两免”宣传力度,完善“三位一体一站式”服务平台,让结婚登记男女能够及时、方便和快捷地享受“一条龙”服务。建立完善婚育检测质量服务跟踪机制,对检查、检测和筛选等项目发现异常的,由县妇幼保健所进行全程跟踪随访,给予优生指导,确保生育健康孩子。全县婚检率达到96.95%,孕前优生检测率达到80.98%。同年,《文成县优生优育优教促进工作实施方案的通知》出台,“优生、优育和优教”三优指导中心启动建设,年底建成县计生指导站和珊溪映山红幼儿园标准化三优指导中心2个。

晚婚晚育

1991年,继续对未婚男女青年进行晚婚晚育教育。全县规定晚婚年龄为男25周岁,女23周岁;已婚育龄妇女24周岁以上生育或晚婚后怀孕生育第一个子女为晚育。5月,县普法办把《浙江省计划生育条例》列入全县“二五”普法规划,并与县计生委在王宅乡搞试点,以点带面,通过试点,提高人民群众晚婚晚育自觉性。

1992年,全县针对晚婚晚育开展“挤水分、打基础、上台阶”活动,组织干部43人深入基层实地调查,规定6条措施,纠正人口出生瞒报漏报现象。同年12月,在巨屿镇搞试点,抓好乡镇(村)计划生育规范化管理,抓好孕前、孕检到位。

1994年,全县晚婚晚育指标达到省、市政府要求。女性新婚2795人,早婚54人,早婚率控制在1.93%;晚婚1321人,晚婚率控制在47.26%。

1995年开始,全县按照《浙江省计划生育条例》,继续提倡晚婚,推行晚育,严禁未到法定婚龄结婚和生育,严格执行“一票否决”和“凭证生育”制度。规定,按法定婚龄推迟三年以上依法登记结婚的为晚婚;已婚妇女二十四周岁以上生育或晚婚后怀孕生育第一个子女的为晚育。同时,县政府规定,国家工作人员和职工男女双方晚婚的,增加婚假十二天;晚育的,男方可以享受五至七天护理假。对晚婚晚育的,分配住房,在同等条件下优先照顾,三十五周岁以上未婚的视同晚婚参加分配房屋。

1996年,县政府出台《关于贯彻〈浙江省计划生育条例〉的实施办法》(以下简称《实施办法》),规定在县域居住的干部、职工和城镇非农业户口或进城镇自理口粮落户的;一方为招聘干部或乡以上事业单位职工的;一方为全民和县以上集体所有制单位职工或一年以上代课教师、临时工的;双方均为乡(镇)、村办企业或三资企业职工的;在当地领取营业执照从事个体工商业一年以上的;双方离开居住地外出经商、务工一年以上的,列入晚婚对象。

《实施办法》还规定,晚婚后怀孕生育第一个子女的或已婚妇女二十四周岁以上生育第一个子女的为晚育,干部、职工未到晚育年龄不得生育。对实行晚婚晚育的农民,在同等条件下,给予优先安排在乡(镇)、村(居)办企业就业,优先安排宅基地,优先审批其他各类手续。国家工作人员和职工男女双方晚婚晚育的,其婚假、住房等按优惠政策执行。

1991—2008年,全县人口早婚率控制在1.63%~6.94%,晚婚率保持在41.04%~63.07%,晚育率控制在43.35%~59.94%。2009年始,上级规定人口计划生育报表不再统计上报早婚、晚婚、晚育等情况。

1991—2008年文成县女性初婚初育情况一览表

表3-24 单位:人

年份	女性初婚人数	早婚		晚婚		晚育	
		人数	占比%	人 数	占比%	人数	占比%
1991	2178	31	6.24	1059	41.21	866	30.60
1992	2483	155	6.24	1019	41.04	884	30.94
1993	2508	83	3.11	1134	45.23	1063	31.72
1994	2795	54	1.93	1321	47.26	1164	38.18
1995	3021	79	2.62	1315	43.53	1376	44.98
1996	2649	79	2.98	1353	51.08	1386	49.20
1997	2727	77	2.83	1368	50.22	1522	52.46
1998	3524	111	3.15	1619	45.94	1408	43.35
1999	3384	108	3.19	1518	44.86	1147	44.86
2000	3061	71	2.32	1416	46.26	2449	54.34
2001	2656	54	2.03	1417	53.35	1516	58.56
2002	2699	44	1.63	1439	53.32	1519	59.94
2003	3242	225	6.94	1511	46.61	2364	55.41
2004	2738	62	2.26	1403	51.24	1665	59.13
2005	2722	125	4.59	1534	56.34	1523	56.91
2006	2993	50	1.67	1837	61.38	1571	59.08
2007	2846	108	3.79	1686	59.24	1678	59.75
2008	2502	61	2.44	1578	63.07	1531	59.13
合计	50728	1577	—	25527	—	11003	—

说明:1991—1996年,晚育人数没有报表数据,由WIS系统数据库近期查询所得;1998—2008年,晚育人数为实际报表数据。资料由县人口与计划生育局提供

行政处罚

综合运用法律、行政、教育和经济等手段,实行计划生育依法管理。对违反计划生育法律法规对象,轻则批评教育,重则予以罚款和行政处罚。

1986年开始,奖励晚婚、晚育,处罚计划外生育,实行人口计划指标和生育政策"双轨控制",严禁计划外生育,规定安排农村生育二胎具体条件,全面提倡一孩放环、二孩结扎为主综合节育措施。

1991—1996年,乡镇政府依据1990年的《浙江省计划生育条例》第六十一条规定,以夫妻双方年总收入为基数,对计划外生育行为进行处罚。其中1991年,开展清理一孩应上环而未上环,已上环未环透对象,应结扎未结扎对象活动。清理历年遗留的计划外生育对象征收超生子女费21.7万元。1992—1996年,开展计划生育严治理、处罚政策真兑现活动。对违反计划生育政策的对象处罚力度逐年加大,从1992年人均处罚1100元,到1993年人均处罚1800元,1994年人均处罚2808元,1995年人均处罚4293元,1996年人均处罚7251元。5年当中,全县农村1598人违反计划生育受到处罚,罚款金额132万元,形成新的计划生育工作机制。对区、乡或机关企事业单位和个人实行计划生育"一票否决"制度,对机关单位违反计划生育干部职工处理24人,开除公职不留用19人。

1996年开始,对二胎照顾生育对象(除一孩鉴定为残疾外)一律收取照顾生育社会抚养费500元,实行县收

县管制度。1997年5月,县政府出台《关于开展清理计划外生育费与建立计划外生育费“乡收县管,财政监督”管理体制检查验收的通知》,开始建立计划外生育费“乡收县管,财政监督”管理体制,将计划外生育费管理纳入规范化、标准化和法制化轨道。1998年,党员干部职工因违反计划生育政策开除公职及党籍1人,开除留用察看1人。

2000年,县计划生育行政执法领导小组成立,县法院副院长为组长。县法院设立计划生育案件执行组,乡镇配备计划生育协助执行员。5月,首次对因计划外生育4胎却拒不缴纳计划外生育费的金垟乡渡渎村村民郑某某施行司法拘留15天。7月,县计生委、县财政局联合开展计划外生育费清查及评优活动,对大峃镇等6个乡镇分别授予计划外生育费管理评优一、二、三等奖。该年处分因违反计划生育政策的党员干部5人,开除公职2人。2001年,党员干部职工因违反计划生育政策开除党籍2人,开除公职3人。向县法院申请强制执行的计生案件已执行3例,司法拘留2人。

2002年开始,对违法生育男女双方分别按照规定征收社会抚养费。对违法生育的男女双方分别按照统计部门公布的全县上一年城镇居民人均可支配收入或农村居民人均纯收入为基数征收社会抚养费,个人年实际收入高于当地城镇居民人均可支配收入或农村居民人均纯收入的,还按照其超过部分的1倍至2倍加收社会抚养费。征收主体从乡镇政府转为县计划生育行政部门,根据县计划生育局关于委托乡(镇)人民政府征收(预征)社会抚养费、发放一孩生育证明的公告,县计划生育局委托乡(镇)人民政府对不符合法定条件生育的当事人征收社会抚养费、对依法不得再生育子女的夫妻妊娠后经教育拒绝终止妊娠的当事人预征社会抚养费。当年,申请法院强制执行违反计划生育案件16件,已执行11件,强制征收社会抚养费6.42万元。

2003年9月,《文成县贯彻落实(省条例)实施办法》出台,把计划生育行政处罚措施以文件形式确定下来,为计划生育实际工作提供可行依据。11--12月,规范行政执法程序,开展“计划生育行政执法月”活动,当年社会抚养费征收率为37.81%,兑现率为41.81%,包括往年补报征收率为45.55%,兑现率为43.66%。

2004年,县委、县政府出台《关于开展全县“计划生育行政执法大行动”的通知》,在全县范围开展计划生育行政执法大行动。各乡镇加大社会抚养费征收力度,全年征收社会抚养费245人,法院执行计划外生育案件5件。

2005年9—11月,全县开展计划生育“百日攻坚大行动”。抽调机关工作人员200余人,组成工作队33支,分赴33个乡镇指导、督促和协助开展百日攻坚大行动。全县征收社会抚养费1222例,兑现金额563万元,申请法院强制执行4例,司法拘留40人次。

2006年,县社会抚养费征收工作指导办公室成立,推进社会抚养费征收管理。《社会抚养费征收和管理工作的实施意见》《社会抚养费征收考核办法》出台,实现违法生育个案审查制,以考核杠杆激励各乡镇增强征收意识,强化征收措施,严格征收标准,社会抚养费征收工作质量和成效明显好转。接着,《进一步加强社会抚养费征收和管理工作的通知》出台,建立健全社会抚养费“乡收县管,统筹安排,合理使用,奖励先进”管理体制和运行机制。

2006—2011年,先后开展“集中攻坚月”和“三项活动”(计划生育基础信息大排查、孕环情监测大落实、社会抚养费大征收)、“城镇违法生育专项治理行动”、机关企事业单位计划生育大清查(对49周岁以下干部职工的婚育情况、违法生育情况、节育措施落实情况和孕环检检测情况进行清查)等重点整治,形成多方协作、部门互动、全员合力的综合治理机制。征收社会抚养费5341例,兑现金额7584.33万元。其中2007年,个案征收突破到10万元。2008年,个案征收最高额为38万元。2009年,对巨屿镇一例二胎违法生育对象征收42.9万元,高额征收创全县历史新高。2011年,全县当年社会抚养费征收率为89.37%,高于市定指标24.6个百分点;兑现率为67.49%,高于市定指标2.49个百分点。开展农民计生收费专项检查,规范收费,清退押金、保证金达到60余万元。

2006—2011年文成县社会抚养费征收情况一览表

表3-25　　金额单位:万元

年份	征收例数	兑现金额	征收率(%)	兑现率(%)	其中当年					
					应征例数	应征金额	已征例数	已征金额	征收率(%)	兑现率(%)
2006	552	466.41	66.51	68.77	351	436.75	281	361.94	80.06	82.87
2007	847	911.12	51.61	52.02	1279	1524.04	601	779.04	46.99	51.12
2008	876	1139.02	77.66	73.65	508	954.86	469	753.72	92.50	78.98
2009	530	885.11	74.23	56.37	436	1306.93	395	775.45	91.65	60.29
2010	1000	1518.82	73.86	56.61	491	1670.68	431	903.24	88.32	54.44
2011	1515	2666.48	69.27	57.81	302	1203.30	270	744.32	89.37	67.49
合计	5341	7584.33	—	—	3356	7016.16	2446	4316.72	——	——

说明:资料由县人口与计划生育局提供

流动人口管理

流动人口计划生育政策规定,流动人口当中成年育龄妇女在离开户籍所在地前,应当凭本人居民身份证到户籍所在地的乡(镇)人民政府办理婚育证明;已婚的,办理婚育证明还应当出示结婚证。成年育龄妇女应当自到达现居住地之日起30日内向现居住地乡(镇)人民政府或者街道办事处提交婚育证明。现居住地的乡(镇)人民政府应当查验婚育证明,督促未办理婚育证明的成年育龄妇女及时补办婚育证明。

2001年10月,《关于加强和规范流动人口计划生育管理的通知》出台,明确户籍地、现居住地乡镇人民政府和县有关职能部门相关职责,制定工作措施,维护流动人口合法权益,为流动人口提供优质服务。2002年,全县加强流动人口双向管理,外出育龄妇女持证率97.76%,外来育龄妇女验证率99.49%。

2003年,乡镇落实流动人口基本情况调查制度、信息反馈联系制度和委托管理制度。强化以现居住地为主的管理机制,对外来人口实行与常住人口同宣传、同管理、同服务,为外来育龄妇女提供各类免费技术服务。

2004年10月,《关于文成县流动人口计划生育"一盘棋"管理实施意见》出台,围绕"稳定低收入水平,提高人口素质,维护人口安全"主题,坚持"公平对待,合理引导,完善管理,优质服务"原则,以人为本,管理与服务相结合,完善流动人口现居住地管理机制,增强计划生育工作整体实力,推进全县流动人口计划生育"一盘棋"管理。

2005—2006年,温州、义乌流动人口计划生育管理工作站相继设立,为流动人口提供优质服务。2007年10月,《关于加强全县流动人口专职协管员队伍建设的实施意见》出台,向社会公开招考流动人口协管员27人,加强流动人口管理队伍。

2009年,全县统一开展流动人口计划生育集中管理服务3次,建立流动人口一人一登记制度,完成流动人口全员信息采集录入。根据全县育龄人员的流向特点,相继与义乌、东阳、瑞安、乐清、安徽三山区等地建立计生工作点对点协议管理,全面落实信息联络、追踪服务和委托管理制度。

2010年,为促进全市流动人口计划生育工作"一盘棋"服务管理,与全市其他9个县(市、区)签订流动人口计划生育服务管理协议书,拓宽信息来源渠道。组织干部外出落实计生工作任务260余批次1700余人次,外出征收社会抚养费303例,落实长效节育措施475例,监测孕环检2600余例,流动人口违法生育现象得到有效控制。

2011年,县人口和计划生育局与县外县级计生部门单位41个签订流动人口计划生育管理和服务双向协作协议书。4月,在义乌市成立文成商会计生协会,着力做好区域协作平台建设,稳步推进与市外、省外流动人口较多地区交流协作,努力推进"信息共享、服务互补、管理互动、责任共担"流动人口计划生育工作机制。8月,《文成县流动人口计划生育基本公共服务均等化工程实施方案》出台,确定大峃镇为试点单位,有序推进流动人口计划生育宣传教育、技术服务、药具供应、生育政策、生育关怀和优待维权等基本公共服务均等化。当年,全县流出人口140594人,其中育龄妇女52143人;外来人口7872人,其中育龄妇女1822人。外出育龄妇女持证率为97.85%,外来育龄妇女验证率为99.56%。

图3-5 2011年12月,举行文成县"流动人口计划生育公共服务均等化"现场知识竞赛活动(县人口与计划生育局提供)

男女性别比治理

主要通过宣传引导、完善利益导向、加强孕前管理、严格B超管理、实行按政策计划生育,规范终止妊娠药品管理、严查"两非"案件和明确部门职责等一系列措施,加强出生人口性别比治理。其中"两非"是指非医学需要的胎儿性别鉴定和非医学需要的选择性别人工终止妊娠。开展打击"两非"活动是统筹解决出生人口性别比平衡问题,维护妇女合法权益,促进男女平等重要举措。

1996年,全县人口出生3733人,其中男2073人,女1660人。男女性别比(女=100)124.88,男女比例失衡比较严重。1997年达到最高值125.05。2003年,通过加大打击利用B超非法鉴定胎儿性别比行为,出生人口男女性别比(女=100)下降到99.47,达到首次基本平衡。1999年,实行按政策有计划地生育,维护正常婴儿出生性别比。

2004—2006年,《关于进一步加强出生性别比管理的通知》《关于加强生育全过程管理和服务的实施意见》《关于综合治理出生人口性别比升高问题的实施意见》先后出台,全县开展性别比专项治理。其中2004年,男女性别比(女=100)为109.92,2005年为108.94,2006年为108.45,出生人口和男女比例逐年有所下降。主要加强对超声诊断仪器管理,完善防范出生性别比升高监管措施;全面推行孕前档案、孕前报告、孕前检测、孕前随访等制度,对育龄妇女实行"婚、孕、育"全程跟踪服务;打击利用B超非法鉴定胎儿性别和选择性终止妊娠行为,对确属选择性别生育对象,严格执行生育政策,取消再生育资格;建立健全信息通报制度和有奖举报制度,防止性别选择生育。

2007年,全县人口出生4228人,其中男2298人、女1930人,男女性别比(女=100)119.08,出生人口男女比例失衡比较严重。于是,全县范围内开展"两非"专项整治工作,对8个乡镇医疗机构妇产科、B超室进行全面检查,建立健全B超管理制度和施行终止妊娠手术管理制度,完善防范性别比升高监管体系。同年7月,还对二源、峃口2个重点乡镇进行地毯式性别比专项排查和剖析。

2008年开始,全县出生人口性别比综合治理工作协调办公室成立,加大"关爱女孩行"宣传力度,广泛宣传出生人口性别比平衡重要性。县计生、县卫生和县药监等部门单位严格执行胎儿性别鉴定、人工终止妊娠的职业资质认证和B超使用制度,完善防范性别比升高监管体系,建立健全再生育全过程随访责任人制度,杜绝出现选择性别生育行为。其中2008年,全县人口出生4069人(男2150人、女1919人),男女性别比(女=100)112.04,出生男女比例同比上年趋于下降。2009年,男女性别比下降至100:105.27。

2010年,县计生、县卫生和县药监等部门单位对全县药店38家、医疗机构13家、保健品药店35家开展性别比专项治理突击检查,没收一套人流设备和所有终止妊娠药品,及时进行处罚和限期整改。

2011年,县委、县政府出台《关于进一步加强出生人口性别比偏高综合治理的实施意见》《关于进一步加强人口和计划生育工作的若干意见》,对性别比治理工作进行专题部署,并组织县计生、县卫生、县药监、县工商等部门单位执法人员20余人分别开展性别大清查2次,筛查门诊、药品店和保健店87家,查扣终止妊娠药品94盒,对发现涉嫌"两非"案件线索,及时发现组织执法人员调查取证,对进行非法鉴定胎儿性别的夫妇8对,取消再生育指标。借助群众监督,在县电视台黄金时段连续播放半个月性别比宣传教育标语,设立举报箱和举报电话,对举报有功人员视情况给予奖励5万~10万元。

1996—2011年,全县人口出生75441人,其中男39768人,女35673人,男女性别比为100:111.48。

1996—2011年文成县人口出生性别比情况一览表

表3-26　　单位:人

年份	男	女	男女性别比(女=100)	年份	男	女	男女性别比(女=100)
1996	2073	1660	124.88	2004	1995	1815	109.92
1997	2023	1597	125.05	2005	2010	1845	108.94
1998	2354	2047	115.00	2006	2016	1859	108.45
1999	2832	2410	117.51	2007	2298	1930	119.08
2000	3635	3424	106.16	2008	2150	1919	112.04
2001	1749	1576	110.98	2009	2156	2048	105.27
2002	1810	1496	120.99	2010	3351	3134	106.92
2003	3196	3213	99.47	2011	4120	3700	111.35
—	—	—	—	合计	39768	35673	111.48

说明:资料由县人口与计划生育局提供

计生综合改革

2001年4月,珊溪镇街头村开展计划生育村民自治、民主管理的试点工作。取得成功经验后,在全县范围内推广,并实行公开招聘村级计生服务员。

2005年,贯彻落实市人口与计划生育综合改革试点经验交流会精神,全县范围有序开展计生综合改革试点工作。5月,在南田镇谢塘岸村、隔水村开展试点。7月,在南田镇开展试点,试点主要内容:改革行政制约管理,推进依法行政管理;改革人口计划管理;改革"以户籍地为主"管理模式,建立"以现居住地为主"管理体制;改革农村由乡村行政管理为主模式,实行计划生育"村民自治,民主管理"。9月,全县召开计划生育综合改革经验交流会,推广计划生育综合改革6项措施。主要内容:改革人口计划管理。县级不再向乡镇下达人口计划指标,取消一孩生育审批制度;从9月3日开始取消收取照顾二孩生育社会抚养费。改进技术服务条件。为28个乡镇更新B超,为各村(居)配备存放避孕药具的药箱。改进人口统计和人口信息工作。为22个乡镇添置或更新电脑,使全县各乡镇均配齐电脑。推行避孕方法知情选择。制定《关于推进计划生育避孕方法知情选择的通知》,明确5种实行知情选择对象。深化计划生育村民自治。全面修订《村规民约》,实行计生村务公开。完善计划生育利益导向和社会保障机制。继续对独生子女户和女儿户实行就医、就业、就学优先优惠。当年,全县享受优惠政策1975人,领取“独生子女父母光荣证”428人。

2006年,全县计划生育综合改革全面启动,基本建立起“依法管理、村民自治、优质服务、政策推动、综合治理”相统一的计划生育管理机制。

第五节　技术服务

1979年始,对只生一个孩子育龄妇女,重点落实放置节育环。对二孩和多孩育龄夫妇施行绝育手术(即输精管或输卵管结扎)。

避孕节育

1991年,全县施行计划生育四项手术人数保持基本稳定,数量为9007人。其中结扎2959人,放环2927人。1996年始,建立一年两度的孕环检制度,加强孕前管理。县对乡镇(村)建立月抽查、季考核制度,四项手术月清季结制度。1998年,开展一年三次孕环检,孕环检率达到98.5%以上。

2000年始,实行避孕方法知情选择,育龄妇女在医师指导下选择适合自己安全、长效的避孕方法。

2005年,《关于调整计划生育免费技术服务项目结算标准等有关事项的通知》出台,规范全县计划生育收费行为。

2011年,全县施行计划生育四项手术数3368人,其中结扎1168人,放环2068人;期末选用各种避孕方法64389人,其中结扎33395人,放环28935人,药具1441人,其他618人;综合避孕节育率为87.4%。

1991—2011年,全县施行计划生育手术103345人,其中结扎26398人,占25.54%;放环62006人,占60%。其他节育措施14931人,占14.46%。

1991—2011年文成县计划生育避孕节育情况一览表

表3-27　　单位:例

项目/年份	期末选用各种避孕方法人数					本期施行计划生育手术人数				
	小计	结扎	放环	药具	其他	小计	结扎		放环	其他
							人数	其中当年结扎		
1991	58101	31598	20963	4237	1303	9007	2959	898	2927	3121
1992	60737	34424	21416	3626	1271	9420	2784	173	4115	2521
1993	62772	36122	22459	3273	918	7463	1874	211	3736	1853
1994	63706	37753	22816	2432	705	7252	1877	923	3918	1457
1995	65298	38965	23395	2148	790	5236	1305	866	3062	869
1996	66558	39425	24245	2133	755	4462	952	682	2821	689
1997	67371	39628	25156	2144	443	3930	795	632	2621	514
1998	67858	39700	25914	1991	253	4275	781	593	2953	541
1999	66607	38481	26076	1758	292	4469	928	684	3127	414
2000	68280	38682	27676	1694	228	4148	867	649	2912	369
2001	67950	37940	28183	1589	238	3973	756	593	2780	437
2002	68145	36972	28177	2523	473	3686	661	570	2559	466
2003	67806	35894	28120	3097	695	3868	885	602	2693	290

续表3-27

年份＼项目	期末选用各种避孕方法人数					本期施行计划生育手术人数				
	小计	结扎	放环	药具	其他	小计	结扎		放环	其他
							人数	其中当年结扎		
2004	66528	34478	27847	3294	909	3651	828	619	2523	300
2005	67170	35174	29284	2357	355	5126	1168	838	3762	196
2006	66731	34295	30007	2080	349	4192	998	814	2975	219
2007	65883	33593	29926	2016	348	4213	1173	805	2870	170
2008	65117	33189	29909	1712	307	4250	1321	947	2769	160
2009	64277	32700	29748	1569	260	3629	1038	793	2432	159
2010	64716	33160	29948	1350	258	3727	1280	886	2383	64
2011	64389	33395	28935	1441	618	3368	1168	928	2068	132
合计	—	—	—	—	—	103345	26398	14706	62006	14941

说明:资料由县人口与计划生育局提供

健康服务

设施投入　1993—1996年,为提高技术水准,指导站和乡镇配备B超机38台、微型计算机14台。

2000年,投入资金20余万元,装修计划生育宣传技术指导站的手术室、妇检室、药房等,并新建化验室、阴道B超室等,首次引进日本东芝阴道B超、微波、妇科治疗仪、心电图机、自动尿液分析仪、自动血液分析仪、全电脑新型泌尿系统感染诊断、治疗仪和进口显微镜等设备。2003年,投入资金5万元,增加凸阵B超机(妇产科手术监护用)、阴道B超打印机和氧气等设备。

2006年,按照计划生育技术服务机构设置标准投资10万元,对一楼、二楼的药房、化验室、宣教室、注射室、病房等科室进行重新装修。另外投入资金4万元,新增心电监护仪、双通道血凝仪和电脑等设备。2007年,投入资金3万元,添置冷光灯及孕环检设备。2008年4月,投入资金280万元,完成服务站标准化建设,全面配备先进医疗设备。

下乡服务　2003年,各乡镇计生办利用1年3次生殖健康检查时机,邀请医务人员对育龄妇女1040余人进行生殖健康普查,免费送出药品价值2.1万元。2005年,《关于调整计划生育免费技术服务项目结算标准等有关事项的通知》出台,规范计划生育手术收费行为,免费计划生育技术服务所需经费列入财政年度预算,乡镇计生办向要求落实计划生育技术服务的育龄妇女发放“落实避孕节育技术服务免费卡”。

2005—2007年,开展“三下乡”活动,专门组织生殖健康服务队赴乡镇开展宣传咨询、生殖健康义诊,为育龄妇女免费提供生殖健康检查,免费送出药品。其中2005年义诊经费4万元,2006年义诊经费3万元,2007年专门组织医技人员成立生殖健康服务队,赴巨屿、黄坦等地开展“献爱心义诊”,为贫困山区计生户赠医送药。流动服务车行程5万公里,服务村居380个,为育龄群众提供免费生殖健康服务5860人次,免费提供药品价值10余万元。

2008年,与卫生部门联手开展“生殖健康进百村”行动,组织爱心小分队赴桂山、珊溪等地开展生殖健康普查,为贫困山区计生户赠医送药。出动流动服务车15次,服务行政村102个,为育龄群众提供免费生殖健康服务800人次,免费提供药品价值10余万元。

2009年,抽调县医务骨干和协会志愿者成立“爱心助民”医疗服务队,深入云湖、桂山、石垟和金星等7个乡镇62个村开展上门服务。出动流动服务车20次,服务行政村112个,为育龄群众提供免费生殖健康服务900人次,免费提供药品价值10余万元。

2010年,联合卫生部门在富岙、金炉等10个乡镇偏远村庄开展义诊,随行医务人员50余人,免费为育龄群众500余人进行生殖健康检查,查出疾病300余人,免费提供常用药品及避孕药具价值3万余元。

2011年,联合卫生部门到周山、珊溪等20个乡镇的偏远村开展义诊,免费为育龄群众800余名进行生殖健康检查,免费提供常用药品及避孕药具价值2万元。

信息化建设

1991—2004年,全县实行计划生育报表每月会审制度。其中1991年,乡镇的报表先在各个区实行会审,然后再由区级转至县级会审。1992年始,由于行政区域调整,乡镇报表直接在县级会审。

2002年10月,县计划生育人口信息中心成立,核定事业人员编制2人。2003年10月,投入资金20余万元,完成县计生局机房建设。2004年12月,县级育龄妇女信息系统(简称WIS系统)正式启用,实现县、乡两级互通互联。2005年,县级育龄妇女信息系统普及应用,取消报表会审。

2005年6月,全县33个乡镇实现ADSL拨号上网方式接入WIS系统。7月,建成门户网站“文成人口网”。10月,投入资金10余万元,更新信息中心机房设备。

2006年,全县初步建立各部门单位之间人口信息数据共享交换机制,实现与县民政、县医院、县公安等部门单位数据信息共享,与县信用联社实现全县奖励扶助对象信息共享。

2007年5月,启用优质服务信息管理系统。2008年5月,全县人口计生专网全部迁入县电子政务网。9月,投入资金15万元配置主服务器。

2010年6月,投入资金30万元,为全县各乡镇计生办配备手提电脑33台,为各村(居)服务室配备电脑50台,加快推进全县乡、村两级计划生育信息化建设。7月,《关于进一步明确县机关部门人口和计划生育工作职责的通知》出台,正式建立全县各部门间人口计生信息共享制度。明确全县各有关职能部门在各自职责范围内,负责和配合做好人口和计划生育相关工作,加强与县计生部门之间信息共享互通。

2011年开始,把全员人口信息系统网络延伸工程列为全县人口和计划生育“十大项目”,投入资金35万元,更新信息中心机房设备,并采购计算机70台下发到社区、村居,全员人口信息系统开始延伸到社区、村居。12月,《关于进一步加强人口和计划生育工作的若干意见》出台,明确县有关职能部门间信息共享互通。同年,县计划生育再生育审批系统启用,全县再生育审批实现县、乡、社区三级网络审批。

服务站标准化建设

加强计划生育基层组织建设,为达到横向到边、纵向到底的标准,要求各村、企事业单位必须做到计划生育村民自治、民主管理,完善相关制度。2001年,全县有33个乡镇建立计生服务站,开展计划生育技术指导、咨询和随访,并且提供避孕、节育等医学检查服务。2002年,全县乡镇计生服务站当中市二级达标站9个,一级达标站24个,技术人员30人。2008—2011年,巨屿、周壤、玉壶、樟台、百丈漈等乡镇计生服务站先后完成标准化建设。

1998年,县计生委拨出专项经费,帮助村级计生服务室建设。对全县上报348个合格村进行验收评估,县政府命名达标村288个,授予“计划生育合格村”匾牌,并给予村党支部书记、村委会主任各奖金100元。1999年,全县计划生育合格村达到352个。2011年,建立村级计生服务员“县管、乡聘、村用”管理制度,落实每人每月不低于300元工资待遇。

第六节　目标责任管理

为适应计划生育工作的发展形势，落实各级党委、政府主体责任，强化部门职责，统筹推进生育政策、服务管理制度、家庭发展支持体系和治理机制综合改革，促进全县人口低生育水平基本稳定。1990年始，全县计划生育工作实施目标管理，建立健全目标管理责任、督查和考核体系。

目标责任落实

1991年2月，落实两级人口与计划生育责任，实行指标到乡、到村、到户、到人，建立两公开一监督制度，确保人口与计划目标实现。之后，计划生育工作每年均实施目标责任管理，目标责任管理具体内容根据上级规定要求进行相应调整。

1993年10月，县委、县政府为加强全县计划生育后进转化工作的领导，限期改变计划生育落后面貌，出台《关于限期改变全县计划生育落后面貌的若干规定》，明确转化指标要求、后进提前转化奖励标准、1995年年底前未能按期转化处罚标准、工作要求及责任、计生主管部门要认真履行工作职能。

1999年，对全县35个乡镇（场）计划生育管理工作进行分类指导，其中把平和等9个乡镇列入全县计生工作三类乡镇，全部由县四套领导班子主要领导挂钩，负责帮助开展工作。

2000年，加强县机关各部门单位主要责任人工作责任，分别与县教委、县财政局、县邮电局、县公路管理段、县粮食局等76个单位签订本单位及其下属实行计划生育工作目标管理责任书。与县公安局、县交通局、县建设局、县卫生局、县工商局、县计经委、县人事劳动局、县民政局、县房管局等9个单位签订参与全县计划生育管理部门工作责任书。

2001年，县委、县政府出台《关于进一步落实计划生育工作责任制的若干规定》，明确上至县四套领导班子，下至部门单位、乡镇以及村干部的计划生育工作责任和奖惩措施。《关于进一步加强计划生育工作稳定低生育水平的决定》出台，规定今后十年文成县人口与计划生育工作目标和指导方针、部门综合决策以及经费投入、队伍建设等内容12项。

2002年，县委、县政府出台《关于计划生育工作责任制的若干规定》，明确规定县委、县政府、县计划生育局、乡镇党委政府、乡镇计生办、驻村（居）干部、县部门单位、干部职工的计划生育责任和奖惩措施。

2003年，县委、县政府修订出台《关于加强人口与计划生育基础管理的实施意见》，修改完善县四套领导班子成员、乡村干部职工的奖惩措施。

图3-6　2011年7月21日，县委县政府举行全县人口和计生工作半年度点评分析会议（县人口与计划生育局提供）

2004—2011年，继续执行县委县政府《关于计划生育工作责任制的若干规定》《关于加强人口与计划生育基础管理的实施意见》，每年与各乡镇和县经贸局、县规划建设局、县教育局、县卫生局、县民政局、县交通局、县人事劳动社会保障局、县工商局、县公安局、县房管局、县扶贫办、县法院、县财政局、石垟林场14个职能部门签订计划生育目标管理责任书。各乡镇分别与行政村、驻村干部、计生员签订岗位责任书。

目标责任兑现

一票否决 1992—1996年，否决先进集体和个人182个(人)，否决招工、农转非73人。1998年，审查先进单位和个人299个(人)，否决32人；审查教师转正、农转非等190人。1999年，否决先进单位、个人和农转非70余个(人)。2000年，否决先进集体4个、先进个人7人，审查农转非285人，否决8人。2001年，出现计划外生育的县商业局被"一票否决"，并在全县会议上通报批评。否决先进集体40个、先进个人59人，审查农转非230人，否决10人。2002年，审核各类先进集体176个，否决先进集体13个，审核各类先进个人及招工396人，否决4人，农村党员违反计生政策被开除党籍8人。

2003年，违反计划生育的单位和个人，在评选评优各级党代表和人大代表、招工招干及"农转非"等方面均实行"一票否决"。审查各类干部录用、农转非、评先评优等455人次，先进集体326个，否决先进个人13人次，否决先进集体3个。各乡镇从该年始在乡、村干部评先评优、提拔使用和村级扶贫资金、项目建设、困难补助等实行一票否决。

2004年，审核各类干部录用、评先评优等591人次，先进集体101个，否决先进个人23人次和先进集体2个。2005年，审核各类干部录用、评先等645人次，先进集体318个，否决先进个人11人次，否决先进集体21个。2006年，审核各类先进集体463个，先进个人2440人次，否决先进个人14人次，否决先进集体23个，否决干部任职资格5人。2007年，审核各类先进集体333个，先进个人1251人次，否决先进个人30人次，否决先进集体6个。

2008年，《文成县人口和计划生育"一票否决"实施办法》修订出台，"一票否决"涉及范围更广、责任更明确。2009年，在换届选举中对村两委成员候选人实施计划生育"一票否决"。2010年，审核各类"一票否决"89批次，否决13个单位和个人。其中审核单位491个，否决10个；审核个人9853人次，否决3人次。2011年，审核先进集体732个和先进个人1799个，否决先进集体5个和先进个人16个。处理违反计划生育党员干部79人，其中开除党籍77人，严重警告2人。

1998—2011年，全面落实计划生育工作目标管理责任制，每年对各乡镇进行年终考核，实施计划生育目标责任兑现。年度考核总分前几位的乡镇和机关，授予全县计生工作先进奖；考核成绩较好的机关单位，授予通报表彰；年度考核总分比上年进8位及以上的乡镇，授予全县计生工作进步奖；计划生育行政执法大行动、流动人口管理或计生协会工作等成绩突出的乡镇，授予全县计生工作单项奖。年度考核总分后几位的乡镇，给予黄牌警告或通报批评；计生工作后进单位年度考核较上年退8位及以上的乡镇，给予通报批评；考核总分倒数后3名的乡镇，列入年度计划生育重点管理乡镇由县主要领导挂钩，负责帮助开展工作。党委、政府、各部门单位及有关负责人，违反人口和计划生育法律法规生育的当事人，实行计划生育"一票否决"制度。计划生育行政管理部门负责对违反计划生育法律法规及有关政策规定情况实施监控和调查，切实把好评优评奖、晋升晋级等方面的前置审查关。发现问题及时向党委、政府和有关部门单位提出否决建议，党委、政府和有关部门单位给予核实研究处理。

1998—2011年文成县人口和计划生育工作集体责任兑现情况一览表

表3-28

年份	表彰类				批评类		
	先进奖		进步奖	单项奖	后进类	退位类	重点列管
	乡镇(场)	部门单位					
1998	黄坦镇 金星乡 玉壶镇 南田镇 珊溪镇 西坑畲族镇 县石垟林场	—	—	—	石垟乡 平和乡	—	—
1999	大峃镇 金星乡 黄坦镇 南田镇 玉壶镇 汇溪乡	—	—	—	平和乡 富岙乡 峃口乡	—	—
2000	南田镇 大峃镇 黄坦镇 珊溪镇 县石垟林场 玉壶镇 百丈漈镇	—	富岙乡 龙川乡 东溪乡 樟台乡 双桂乡 朱雅乡	—	平和乡 桂山乡 公阳乡	下垟乡 金星乡 上林乡 仰山乡	—
2001	黄坦镇 南田镇 大峃镇 上林乡 珊溪镇 玉壶镇	县卫生局 县林业局 县物资总公司 县计经委	金星乡 公阳乡 下垟乡 金炉乡 朱雅乡 峃口乡	—	仰山乡 周山畲族乡 桂山乡	石垟乡 西坑畲族镇 十源乡 百丈漈镇 石垟林场	—
2002	南田镇 西坑畲族镇 玉壶镇 大峃镇 黄寮乡 县石垟林场	县公安局	石垟乡 仰山乡 桂山乡 周山乡 平和乡	—	周壤乡 十源乡	二源乡 东溪乡 富岙乡 公阳乡 朱雅乡 上林乡	周壤乡 十源乡 峃口乡 上林乡 朱雅乡 里阳乡
2003	南田镇 上林乡 黄坦镇 大峃镇 珊溪镇 石垟林场	县人事劳动社会保障局 县工商局 县卫生局	周壤乡 十源乡 里阳乡 岭后乡 平和乡	—	双桂乡	黄寮乡 周山畲族乡 西坑畲族镇 仰山乡 下垟乡	双桂乡 峃口乡 公阳乡

续表3-28

年份	表彰类				批评类		
	先进奖		进步奖	单项奖	后进类	退位类	重点列管
	乡镇(场)	部门单位					
2004	南田镇 黄坦镇 玉壶镇 县石垟林场 珊溪镇 百丈漈镇 卫生局	县人事劳动社会保障局 县公安局 县工商局	下垟乡 二源乡 岭后乡 朱雅乡 桂山乡	—	双桂乡	平和乡 里阳乡 东溪乡 富岙乡	黄寮乡 双桂乡 富岙乡
2005	金星乡 石垟乡 玉壶镇 县石垟林场 黄坦镇 南田镇	县卫生局 县民政局	西坑畲族镇 黄寮乡 云湖乡 仰山乡 富岙乡	珊溪镇 巨屿镇 龙川乡 大峃镇 百丈漈镇	—	—	桂山乡 双桂乡 里阳乡
2006	上林乡 百丈漈镇 玉壶镇 岭后乡 南田镇 县石垟林场	县法院 县民政局	朱雅乡 周山乡 东溪乡 双桂乡 樟台乡 龙川乡 峃口乡	—	—	金星乡 仰山乡	—
2007	南田镇 百丈漈镇 樟台乡 玉壶镇 县石垟林场 黄坦镇 云湖乡	县民政局 县财政局 县卫生局	富岙乡 金星乡 仰山乡 公阳乡 石垟乡 双桂乡	大峃 樟坦乡 峃口乡 珊溪镇 南田镇 周壤乡 巨屿镇 上林乡 二源乡	—	东溪乡	—
2008	百丈漈镇 大峃镇 玉壶镇 岭后乡 富岙乡 公阳乡 云湖乡	县委组织部 县民政局 县人民医院妇产科	周山畲族乡 龙川乡 峃口乡 东溪乡	里阳乡 巨屿镇 周壤乡 樟台乡 黄坦镇 南田镇 珊溪镇 二源乡	—	珊溪镇 石垟乡 南田镇	桂山乡 双桂乡 西坑畲族镇

续表3-28

年份	表彰类				批评类		
	先进奖		进步奖	单项奖	后进类	退位类	重点列管
	乡镇(场)	部门单位					
2009	公阳乡 龙川乡 玉壶镇 樟台乡 大峃镇 巨屿镇	县民政局婚姻登记处 县人民医院妇产科 县公安局户政科 县计生指导站	—	县人口和计划生育局 二源乡 峃口乡 金星乡 周壤乡 黄坦镇 玉壶镇 百丈漈镇	—	金垟乡	东溪乡 南田镇 县石垟林场
2010	巨屿镇等18个 县石垟林场	县民政局 县法院 县卫生局 县人事劳动社会保障局	—	—	—	—	—
2011	公阳乡等7个	县法院 县公安局 县民政局 县财政局 县人事劳动社会保障局 县卫生局 县石垟林场	—	—	—	—	—
合计	乡镇(场)86个(次)	部门单位29个(次)	乡镇49个(次)	乡镇(单位)21个(次)	乡镇15个(次)	乡镇28个(次)	乡镇18个(次)

说明:资料由县人口与计划生育局提供

2002—2011年文成县人口和计划生育工作个人责任兑现情况一览表

表3-29

年份	驻村干部责任兑现	计生专职干部责任兑现	人口出生漏报责任人责任兑现	其他	干部奖励
2002年	2001年9月以后,出现计划外生育且计生符合率不达标的36个村(居)的驻村干部36人,给予扣除半年目标管理奖金	6人因统计误差率超过3.5%,给予扣除全年岗位津贴,并在年度个人考核中定为“基本称职”	—	考核中发现有瞒报、虚报人口出生的周壤乡、十源乡的党政一把手和分管领导分别给予扣除全年目标管理考核奖金,并在年度个人考核中定为“基本称职”;西坑镇敖里卫生院、文二中教师的2位干部未能做好子女、兄弟姐妹的计划生育工作而造成其家属计划外生育的,给予扣除全年目标管理奖金	—

续表3-29

年份	驻村干部责任兑现	计生专职干部责任兑现	人口出生漏报责任人责任兑现	其他	干部奖励
2003年	驻村干部93人当年考核不得定为优秀等次	3人年度考核不得定为称职及以上等次	—	全县干部职工108人扣发奖金或补贴52700元;悬挂"计划生育不合格单位"黄牌的双桂乡党政一把手在人事变动中全部给予降级处理并调离原单位	110人
2004年	驻村干部119人当年考核不得定为优秀等次	2人年度考核不得定为称职及以上等次	—	全县有干部职工124人因计划生育工作扣发奖金或补贴合计56900元	155人
2005年	上年度215个村(居)的296例违法生育的驻村干部238人每例扣发奖金和补贴500元;对1人出现2例违法生育及符合率在80%以下的驻村干部年度考核定为不称职	1人因工作疏忽、技术等因素造成违法生育扣发奖金和补贴,年终不得参与评先评优	在计划生育目标管理责任制年度考核出现人口出生漏报、初婚漏报的驻村干部扣发奖金和补贴	列入2005年计划生育重点管理的桂山乡、里阳乡等乡镇党政一把手和分管领导、计生办主任扣发奖金和补贴,年度考核不得定为优秀等次;对连续两年列入重点管理的双桂乡党政一把手、分管领导、计生办主任扣发奖金和补贴,年度考核定为不称职(或不合格)	—
2006年	上年度219个村(居)出现的370例违法生育的驻村干部295人每例扣发奖金和补贴300元	1人取消评先评优资格	责任人4名扣发奖金和补贴各500元,当年度定为不称职	—	—
2007年	上年度189个村(居)出现的272例违法生育的驻村干部225人每例扣发奖金和补贴300元	—	责任人2名扣发奖金和补贴各500元,当年度定为不称职	—	—
2008年	上年度114个村(居)出现的150例违法生育的驻村干部131人每例扣发奖金和补贴300元	—	责任人5名扣发奖金和补贴各500元,当年度考核定为不称职	—	—
2009年	上年度187个村(居)出现411例违法生育的驻村干部220人每例扣发奖金和补贴300元	—	责任人17名扣发奖金和补贴各500元,当年度考核定为不称职	—	—
2011年	上年度235个村的448例违法生育的驻村干部287人每例扣发资金和补贴各500元	—	市县两级明察暗访中出现的18例计划内人口出生漏报每例扣发责任人奖金和补贴1000元;出现的14例计划外人口出生漏报每例扣发责任人奖金和补贴2000元	—	—

说明:资料由县人口与计划生育局提供

第七节 计生协会与工作

计划生育协会是党和政府联系广大育龄群众的桥梁和纽带，是协助政府动员广大群众参与计划生育工作的重要力量。1988年6月，县计划生育协会（县计生协）成立；至2011年，全县计划生育协会召开5届会员代表大会。

协会机构

1988年6月，为发挥“带头、宣传、服务、监督、交流”作用，协助政府动员群众自觉实行计划生育，县计划生育协会（县计生协）成立。会长由县委或县政府分管计划生育工作的领导担任，常务副会长由县计生委主任（县计生局局长）担任并召开首届会员代表大会。

1998年，县编委同意县计划生育协会专职人员事业编制1名。2002年，落实协会工作人员编制2名。2007年12月，人员编制列入参照国家公务员制度管理。

1990年，县、区、乡、村四级全部成立计划生育协会。至2001年5月，全县已经建立各级计划生育协会组织600个，发展会员39917人，占全县总人口的10.72%。县协会配备专职副会长1人和专职工作人员1人，乡（镇）协会配备专（兼）职人员33人，村（居）级协会专（兼）职人员562人。已有24个乡（镇）协会基本达到“一流协会”标准，合格率占72.7%；394个村（居）级协会基本达到合格协会标准，合格率占70.1%。2004年，全县建立各级协会597个，会员40600人，理事8369人，会员占总人口11.03%。落实会员联系户44758户，育龄妇女15847人，占总会员39%。专职工作人员88人，兼职工作人员1349人。2011年，全县各级计生协会438个。

代表大会

首届会员代表大会 1988年6月，首届会员代表大会选举产生理事69人，常务理事32人。金坚如当选为第一届文成县计划生育协会会长，毛马金、赵宪进、胡志升、赵寿璜、周圣忠等5人担任副会长。聘请林锦麒为名誉会长。

第二届会员代表大会 1997年10月，第二届文成县计划生育协会人员进行充实调整。会员188人，理事78人，常务理事25人。副秘书长1人。林云发为会长，郭瑞桐为常务副会长，金碎娟、蒋志学、吴宇凌、赵谷凡、陈建愧为副会长。聘请金坚如、郑国启为名誉会长。

第三届会员代表大会 1999年3月，县计划生育协会第三次会员代表大会召开。大会选举产生理事71人，常务理事25人。严中杰当选为第三届文成县计划生育协会会长，郭瑞桐为常务副会长，陈明腾、金碎娟为副会长。聘请谢浩、郑国启为名誉会长。

2002年11月28日，县计划生育协会在县政府会议室召开第三届二次理事会议。会议回顾总结三年来县计划生育协会工作情况，研究部署下步工作任务。并举行协会选举。会议选举潘玉花为会长，刘虹红为常务副会长，郭瑞桐、金奇章为副会长。

第四届会员代表大会 2005年10月，县计划生育协会第四次会员代表大会召开。大会选举产生理事79人，常务理事25人。潘玉花当选为第四届文成县计划生育协会会长，黄齐根为常务副会长，陈成武为专职副会长，聘请谢作雄为县计生协会名誉会长。

第五届会员代表大会 2010年9月，县计划生育协会第五次会员代表大会召开。大会选举产生理事65人，常务理事21人。刘金红当选为第五届文成县计划生育协会会长、黄齐根为常务副会长、周国勇为专职副会长、聘请刘峰为名誉会长。

宣传与服务

全县计生协会主要职能是:开展计划生育的宣传与服务工作,协助政府动员群众自觉实行计划生育。

计生宣传 1991—1994年,全县计生协会宣传服务坚持"三为主"方针,围绕《浙江省人口与计划生育条例》、县政府《关于贯彻〈条例〉的若干规定》和计划生育科普知识进行宣传,普及计划生育法规意识,提高育龄人群的避孕节育、生殖健康知识和自我保健意识及能力。

1996—1997年,协助开展计划生育报刊《人生》《当代家庭报》等征订,征订率100%,育龄妇女受教率85%。

1999年始,全县计生协会实施婚育新风进万家活动,努力形成新的婚育观念和生育文化。县计生协会组织各地协会利用5·29会员活动日、7·11世界人口日等重大节假日,开展各类宣传服务活动,包括计划生育科普知识"十进家庭",实现计划生育工作思路和方法"两个转变"。

2000年,庆祝中国计生协会成立二十周年,县、乡(镇)计生协会通过宣传图片、标语板报、文艺演出、咨询服务等形式广泛开展宣传服务。

2001年,建设社会主义新型生育文化,继续开展婚育新风进万家活动。县计生协会在"5·29会员活动日"期间,设立宣传咨询点13个,咨询15000余人,发放宣传品38000余份。

2002年,各乡(镇)、各村(居)计生协会根据各自特色,开展形式多样,内容丰富多彩的宣传服务活动。全县会员41165人有21460人参加,占51.30%;562个村(居)中开展活动有486个,占86.48%。

2003年,协助开展以《中华人民共和国人口与计划生育法》《社会抚养费征收管理办法》《计划生育技术服务管理条例》《浙江省人口与计划生育条例》为重点的一法三规宣传教育。其间,为切实做好非典型性肺炎预防工作,要求各地协会在"5·29"会员活动日,不要举行大型集中活动,只能利用图板、资料卡片、墙报、宣传窗、张贴标语、宣传车下乡、发放宣传资料等形式开展宣传,利用人口学校、宣传牌、宣传小册和面对面宣传教育等形式,弘扬婚育新风,推进计划生育法治建设。全县广播电视宣传15次,横幅标语1156条,黑板报宣传窗520期,墙报200余张,宣传资料90000余份,宣传座谈会220次5400人。

2005—2006年,协会全面启动关爱女孩行动,不断提高女孩和女儿户社会政治地位。以"5·29"会员日,"7·11"世界人口日,"10·28"男性健康日,"12·1"艾滋病日等一系列纪念日为载体,开展不同主题内容的宣传教育,向群众传播计生政策法规、人口科学、避孕节育、优生优育、生殖健康及艾滋病、性病防治等知识。引导广大群众树立科学文明进步婚育观,营造浓厚的人口计生宣传教育氛围。

2007—2008年,"5·29"期间,开展以"生育关怀"为主要内容的大型广场宣传,并且邀请专家进行女性健康知识讲座。

2009年,"5·29"期间,协会采用群众喜闻乐见的面对面咨询指导、发放宣传资料、慰问关怀和知识讲座等形式,开展"优生两免政策""生育关怀行动""生殖健康""优生优育"等宣传教育。

2010年,中国计生协会成立30周年,县计生协会以维权为主线,以生育关怀为手段,以惠及计生家庭、提高群众满意度为目标,在"5·29"期间组织全县计生协会开展"生育关怀、便民维权"为主题宣传服务。并且与县妇联合作,于11月25日"国际消除对妇女暴力日"期间,组织开展为期一周的"反对家庭暴力,促进男女平等,共享和美生活"系列主题宣传。

2011年,协同举办大型广场计划生育宣传教育活动85场次,发放宣传资料86.25万份,发放计生特色宣传品5.3万份,展出宣传展板挂图985件,接受教育群众10万人次,接受技术服务群众8373人次。6月,邀请浙江松阳人口计生文化艺术团到黄坦镇、百丈漈镇等地宣传演出。

计生服务　1995年,《浙江省1995年度计划生育协会工作检查评估方案(试行)》出台,要求各地切实加强协会自身建设,充分发挥协会职能作用,搞好优质服务,积极参与新家庭计划活动。引导群众走“晚婚晚育,少生优生,勤劳致富,文明幸福”之路,以富有成效的工作实绩,争创一流协会。12月,县计生协会参与黄坦镇新楼村开展新家庭计划活动试点。

1996年,全县开展争创一流协会活动,推动计划生育工作上新水平,使计划生育逐步实现“两个转变”,促进人口与经济协调发展。

1997年,全县投保农村一孩户、女儿户父母养老保险1328户,保险金额达到152982元,连续三年超额完成上级下达计划生育保险任务。7月,协助召开新家庭计划活动实行计划生育与扶贫开发相结合现场会,向全市推广文成经验。

1998年,全县发展扩大协会网络,加快争创一流协会步伐。围绕新家庭计划活动,积极开展“三生”服务。继续抓好计划生育系列保险,稳定巩固老险种,开拓新险种,为计划生育对象提供全方位服务,切实解决后顾之忧。

2000年,根据温州市计生委、计生协《关于加强优生优育工作,全面启动人口出生缺陷干预工程的实施意见》,推广服用“福施福”孕妇营养素软胶囊。加快推进农村独生子女、女儿户父母的计划生育系列保险,保险项目为个人养老保险、独生子女两全保险、子女教育婚嫁备用金保险、母婴安康保险、女性安康保险、计划生育手术安康保险。

2001年,组织医务人员到珊溪、南田、黄坦等镇为育龄妇女进行内科、外科、B超、乳腺癌、宫颈癌早期发现诊断,义诊1063人。同年,通过浙江马寅初人口福利基金会资助失学女童达到89人。

2002年,全县推进计划生育优质服务先进县创建。8月,双桂乡陈岙村计生协淡水鱼及湖南黄兔养殖项目列为2002年度浙江省新家庭计划生育少生快富项目点,资助经费3万元。

2003年,开展义诊咨询活动22次4500人,慰问农村独生子女、两女户、贫困户30人合计慰问金10000余元。

2004年,协会在做好宣传教育和优质服务活动的同时,发挥优势,开展扶贫帮困。开展“帮助妇女发展生产、生殖健康项目”,实施救助贫困母亲“幸福工程”,引导群众走少生快富之路。全县扶贫计划生育家庭3862户,扶贫资金达到300余万元,做好事、办实事1560件,有376户计生特困户脱贫。

2005—2006年,以“5·29”会员日,“7·11”世界人口日,“10·28”男性健康日,“12·1”艾滋病日等一系列纪念日为载体,向群众传播计生政策法规、人口科学、避孕节育、优生优育、生殖健康、艾滋病、性病防治等知识。

2007—2008年,“5·29”期间,邀请专家进行女性健康知识讲座,向广大育龄群众传播生殖健康知识,提供咨询服务。

2010年12月,邀请“全国三八健康使者万里行活动”贺静教授在6个乡镇开展为期3天“预防艾滋病暨女性生殖健康知识”巡回讲座,提高群众预防艾滋病,保护女性生殖健康。

2011年　,春节期间,开展“送服务、送温暖、送知识、送技能、送文化”五送惠民活动。“5·29”期间,开展计划生育走访、慰问和献爱心活动,为贫困计生家庭献爱心、送温暖。12月,举行“温州市为民办实事、关爱女孩行动”文成县首发仪式。

参与与监督

1990年始,组织以“五老”、技术骨干、致富能手和育龄群众中实行计划生育并且热心社会公益事业的积极分子为主体的计划生育协会会员队伍,在开展计生宣传与服务的同时,积极开展民主参与和民主监督工作。

民主参与　1995年,各地计生协会普遍建立和健全民主监督制度,参加与动员落实计划生育节育措施、监督计划生育奖励政策的兑现、计划外生育罚款的管理和使用，及时反映育龄群众的愿望和要求。

1996年，开展争创“一流协会”和“计划生育合格协会”活动。各地普遍建立会员之家或会员活动室，有明显标志，有规章制度，为全县计划生育工作普遍建立和健全民主监督制度打下基础。

1999年10月始，利用5年时间，按照“组织健全、活动正常、搞好服务、形成风尚”的标准，对村级计生协会组织普遍进行整顿、完善、提高，使村级计生协会真正发挥作用。

2000年，中共文成县委办公室转发县计生协会《关于进一步加强村（居）计划生育协会建设的报告》，提出村（居）协会工作着力点要放在计划生育村民自治上，要组织会员带动群众主动参与村务公开和民主管理，带头执行民主制定的村规民约和制度，积极落实民主决策形成的决议，对村（居）民委员会的计划生育等村务活动进行监督，及时提出意见和建议。

2002年，珊溪镇街头村、大峃镇周村村等53个村协会加强协会组织整建，配合村委会开展计划生育村民自治、民主管理工作，主动参与《计划生育村规民约》的制定和组织实施，在计划生育民主参与和民主监督方面发挥独特作用。

2010年，随着计划生育工作形势转变和村情变化，全县组织各地计生协会开展计划生育《自治章程》《村规民约》的重新修订、重新签订工作。一方面是明确奖励优待政策，另一方面是明确处罚限制措施。

2011年，全县着手完善“两委负总责、协会当骨干、依法建制度、群众做主人”的计生基层群众自治工作机制，把基层计生协会组织纳入村（居）民自治组织建设和新农村建设总体规划。

民主监督 2004年，继续抓好计划生育村（居）自治工作。每个乡镇计生协会抓好一个协会试点，及时总结经验，有计划、有步骤，努力向面上推开，做到树立一批、巩固一批。坚持依法自治原则，计划生育村（居）民自治章程不得与法律法规相抵触，在现有的法律框架内开展依法自治；坚持综合自治原则，依法管理、民主自治、民主决策、民主监督、宣传教育、优质服务、政策推动、利益导向等综合手段实行综合自治。在民主监督方面坚持做到凡涉及计划生育问题，都经过计划生育村（居）民自治群众代表充分协商。特别是照顾生育、处罚、优惠政策，严格实行公开、公示制度，便于群众监督。

2006年，各级计生协会贯彻落实国家三部委《关于加强和完善村级计划生育民主管理和民主监督的意见》以及浙江省《关于规范推进村级计划生育民主管理深化计划生育村民自治工作的意见》，协助党委、政府指导农村建立、完善和规范运行计划生育村民自治中的民主管理制度建设。

10月，《计划生育协会民主参与民主监督制度》出台。规定各级计生协会理事会要定期召开理事会议，征求理事对政府关于计划生育工作意见、建议。计生协会会长、副会长、秘书长要参与政府关于计划生育工作研究、决策和安排，为计生工作献计献策。计生协会理事会要组织理事、会员，通过调查研究、进行专题研究等形式，向政府提出关于计划生育工作意见、建议。

2009年，全面落实计划生育利益导向政策，维护计划生育家庭合法权益，维护社会稳定。经县委、县政府领导同意，县计生协会等组织开展计划生育维权工作，确保县委、县政府制定出台的计划生育家庭的奖励、优先、优惠、扶持、救助、保障“六位一体” 的利益导向政策落实到位。县计生协会负责全县计划生育维权的日常性工作，接待、受理、梳理来信来访，提出并提交联席会议研究对象和内容，加强与各成员单位联络沟通，组织宣传教育、监督检查和其他经常性工作。

第四卷

国土资源管理

1996年、2005年通过两轮编制土地利用规划,优化土地资源配置,合理安排用地,保证社会、经济、生态三者协调发展。开展土地资源保护和开发利用,完成垦造耕地项目168个,新增耕地面积1892.73公顷,土地整理项目63个,建成标准农田4794.45公顷。把牢建设用地审批管理关口,征收土地面积1009.74公顷,保障重大工程项目建设用地落实。做好土地市场管理,推行公开招标,拍卖土地使用权,出让土地223宗,面积289.09公顷,收取出让金18.09亿元。开展法律、法规宣传,查处和纠正违法案件918件,违法用地40宗202.26公顷。开展地质灾害治理,发现地质灾害隐患点287处,整治消除105处,搬迁避让34处,长期监测85处。重视矿山资源管理与开发利用,编制矿山资源规划,通过采矿权出让,对矿山资源实行有效管理。

第一章　规划与开发利用

1996年开始，文成县进行二轮土地利用总体规划的编制。2000年，县域在温州市率先开始土地整理标准农田建设，先后完成63个土地整理项目，建成标准农田4794.45公顷。完成垦造耕地项目168个，新增耕地面积1892.73公顷，宅基地复垦655.07公顷。

第一节　土地利用规划

1996年，县域进行首次《文成土地利用规划（1997—2010年）》编制，规划目标年为2010年。2005年，启动第二轮《文成县土地利用总体规划》编制。2011年1月，经浙江省人民政府批准实施。

第一轮土地利用总体规划

县土地管理局与南京大学城市与资源学系签订编制协议，编制形成《文成县土地利用总体规划（1997—2010）》。1999年，完成县级规划及八大镇的土地利用总体规划，此次规划基础年为1996年，规划目标年为2010年，规划期为十四年，规划过渡年为2000年，规划展望年为2030年。《文成县土地利用总体规划（1999—2010）》的制定目标是优化土地资源配置，合理安排各业用地，保证社会、经济、生态三者效益同步提高，为社会经济持续、稳定、协调发展提供可靠土地保证。在贯彻“十分珍惜和合理利用每一寸土地、切实保护耕地”基本国策的基础上，正确处理建设用地增长与稳定粮食生产关系，当前利益与长远利益关系，经济效益与社会、生态效益之间的关系，走发展内涵挖潜为主、提高土地利用效益的土地开发道路。

主要控制指标如下：

耕地保护　至2010年，全县各项建设占用耕地472.5公顷，退耕灾毁914.10公顷，县级机动500公顷。开发土地后备资源、土地整理复垦及结构调整增加耕地686.67公顷，增减相抵净增耕地1199.93公顷，2010年耕地总量达27324.82公顷。

新增建设用地　规划期末新增建设用地面积控制在971.22公顷以内。

人均城镇工矿用地　规划期末人均城镇工矿用地控制在76平方米以内。

万元二、三产业增加值用地量　通过建设用地的集约利用和合理布局，至2020年万元二、三产业增加值用地量小于97.7平方米。

建设占用耕地指标　新增建设占用耕地面积561.26公顷。

土地开发整理复垦补充耕地面积　通过土地整理、农村居民点复垦和低丘缓坡开发等措施，补充耕地面积2416.32公顷。

土地生态环境指标　现状的森林覆盖率69.60%，规划目标2020年≥70.8%。水环境质量，2020年的规划目标是达标，各城镇饮用水达标率100%，县域各水系的水质均达到或好于Ⅱ标准。

基本农田　确保基本农田保护区面积25530公顷，保护率达89.5%，确保人均粮食占有量不低于440公斤。生产量不够的部分从其他地方调进。

建设用地 在严格控制建设用地规模的同时,促进社会经济全面发展,提供建设用地不少于931.4公顷,占用耕地控制在472.5公顷以内。

城镇发展 实现非农建设用地合理布局,提供363.84公顷的耕地用于居民点工矿建设。加强中心城区和重点集镇的发展,提高城镇常住人口比例,促进人、财、物流的相对集中,城镇人均建设用地从53.54平方米/人提高到60平方米/人。促进城镇居民点网络体系的协调与完善。逐步限制村及村级以下零散居民点,提高土地利用集聚效益和土地利用率,农村居民点人均建设用地以60平方米为限。

土地后备资源 保证增加耕地不少于313.34公顷,加快土地整理和土地复垦的步伐,增加耕地达到373.3公顷,以保证增加耕地不少于686.67公顷。

交通建设 继续发展对外交通,同时加强区域内部交通的建设。即要从区域内部分工协作的目标出发,建成"快速、便捷、舒适、有序"的交通网络系统。保证规划期间各类重点交通工程用地,至2010年为交通工程提供406.18公顷用地,其中省重点交通项目用地154.6公顷,占用耕地26公顷。

生态环境 强调土地规划中生态环境的高标准设计,从环境功能区域协调性原则出发,大气、水环境及城镇绿化等方面,对土地开发利用行为进行约束。

第二轮土地利用总体规划

2005年成立由县长任组长的土地利用总体规划编制领导小组。因期间政策变动,规划进行多次调整,规划听证会于2010年11月召开,2011年1月经浙江省政府批准实施。

主要控制指标:

基本农田(含标准农田)保护面积 规划期末基本农田保护面积保持在25013.33公顷以上,且质量逐步提高。规划期末标准农田面积保持在4653.33公顷以上。

耕地保有量 规划期末耕地保有量不少于26320公顷。

城乡建设用地规模 规划期末城乡建设用地规模控制在2340公顷以内,城乡建设用地结构布局进一步优化。

新增建设占用土地 规划期末新增建设占用土地面积控制在986公顷以内。

新增建设用地 规划期末新增建设用地面积控制在971.22公顷以内。

人均城镇工矿用地 规划期末人均城镇工矿用地控制在76平方米以内。

万元二、三产业增加值用地量 通过建设用地的集约利用和合理布局,至2020年万元二、三产业增加值用地量小于97.7平方米。

建设占用耕地指标 新增建设占用耕地面积561.26公顷。

土地开发整理复垦补充耕地面积 通过土地整理、农村居民点复垦和低丘缓坡开发等措施,补充耕地面积2416.32公顷。

土地生态环境指标 现状的森林覆盖率69.60%,规划目标2020年≥70.8%。水环境质量,2020年的规划目标是达标,各城镇饮用水达标率100%,县域各水系的水质均达到或高于Ⅱ以下标准。

第二节 土地整理垦造

1991—2011年,县域进行土地开发利用工作,通过土地整理,新造田造地,宅基地复垦达到土地使用平衡。

土地整理

2000年，二源乡、峃口乡、百丈漈镇、南田镇、十源乡5个乡镇开展土地整理，建成标准农田343.47公顷，净增耕地45.47公顷，获取建设用地折抵指标24.40公顷。2001年，全县上报土地整理立项项目24个，其中建成标准农田20个项目，整理范围面积1513.20公顷，建设标准农田1372.07公顷，获取土地整理折抵用地指标87.45公顷。2003年，建成标准农田377.73公顷。

2004年，对全县2002年年前建成的2656.86公顷标准农田进行实地核查，移交农业部门管理。2005年，建设标准农田项目3个，建成标准农田244.67公顷，新增耕地面积10.14公顷，获取折抵指标7.29公顷。完成非整理方式建设标准农田项目2个，建成标准农田42.07公顷。

2006年，完成土地整理标准农田建设项目13个，建成标准农田796.67公顷，新增耕地面积164.80公顷，获取折抵指标118.67公顷。2007年，上报批准立项14个标准农田建设项目，建成标准农田800公顷，新增耕地面积160公顷。

2008年，全县63个土地整理、标准农田建设项目4794.53公顷标准农田上图。全县新入库项目造田造地项目27个，面积230.07公顷。2009年，土地整理总面积3383.67公顷，新增耕地面积1029.81公顷，可用于占补平衡面积1029.81公顷。对外调剂土地整理折抵指标73.33公顷，代建标准农田62公顷。2010年，全县基本农田上图入库工作全部完成。

垦造耕地

1992—1996年，造田造地210.33公顷，其中水田40.45公顷、旱地和园地169.88公顷。1997年，造田造地217.66公顷，其中水田10.2公顷、旱地59公顷、园地148.46公顷，复垦耕地46.66公顷。1998年，垦造耕地126.93公顷，其中水田23公顷。

1999年，完成造田造地项目25个，垦造耕地120.86公顷（包括市委托造田项目72公顷），其中水田42.06公顷，旱地78.8公顷，水田面积占34.8%，旱地面积占65.2%。2000年，垦造耕地项目17个80.53公顷（市委托27公顷）。

2001年，完成造田造地项目16个，面积204.66公顷。完成垦造耕地169公顷，实现耕地占补平衡的目标。2002年，县政府投入造地资金1693万元，造地项目立项31个，完成垦造耕地面积 520.46公顷。2003年，全县完成造地项目37个，总面积516.33公顷，其中完成县级占补平衡项目20个，面积149.66公顷；争取资金1790万元，完成市委托项目17个366.66公顷。

2004年，造地项目立项25个，面积304公顷，其中省委托项目11个，面积205.33公顷；县级占补平衡项目14个，完成并通过验收8个，面积33.52公顷，确保全县耕地占补平衡。2005年，完成并通过上级部门验收的委托（合作）造地项目10个，新增耕地面积135.66公顷，完成并通过省市验收的宅基地整理项目4个，新增耕地面积185.13公顷。2006年，完成并通过上级部门验收的委托（合作）造地项目10个，新增耕地面积145.53公顷。2007年，完成造地项目11个，新增耕地面积177.73公顷，实现全县耕地占补平衡。当年对外调剂土地整理指标60公顷，建设用地复垦指标47.33公顷，建立垦造耕地项目储备库。

2008年，立项造地项目10个，规划垦造耕地157.26公顷，完成项目5个，新增耕地面积75.96公顷。完成1.8公顷百丈漈镇腾飞小区建设用地项目的耕作层剥离再利用试点工程。通过12个项目25.46公顷建设用地复垦市级验收，完成造田造地项目库建设工作。制定出台《文成县垦造耕地质量标准》《文成县造地项目补助标准》《文成县新造园地地力改良培育项目管理办法》，提高新垦造耕地的质量。开展委托造田造地，承担温州市永强机场扩建工程委托造地133.75公顷和龙湾区政府委托造地26.66公顷、乐清市政府委托造地43.30公顷的委托造地项目，并向龙湾区调剂土地整理折抵指标26.66公顷。

2009年，完成造地项目15个，总面积204.72公顷，新增耕地面积159.88公顷。全县入库项目27个，面积230.06公顷。完成土地开发整理复垦项目报部备案96个，土地整理总面积3383.67公顷，新增耕地面积1029.80公顷，可用于占补平衡面积1029.80公顷。

2010年，县政府下发《关于进一步加强土地开发垦造耕地工作的通知》，规范土地开发垦造耕地的立项、监督、指导、验收等工作。完成土地开发整理复垦168.66公顷，启动农村土地综合整治示范村建设。

2011年，启动开发垦造耕地项目20个142.66公顷；完成温州机场异地委托造地项目133.33公顷。

宅基地整理

1999年，对黄坦林山、周壤联丰和项山、平和乡等乡镇部分村的较集中的老屋、厕所、牛舍、道坦、废弃地、闲基地等进行土地整理，改成良田。立项7个项目，面积150.86公顷，拆迁房屋108幢627间3.2万平方米，拆迁附属用房1.3万平方米，动拆居民145户1200人，净增耕地25.75公顷。经省级验收的2个项目，获取用地拆抵指标10.66公顷。

2000年，整治空闲宅基地258间，占地面积11.5公顷，节约、增加有效耕地面积12.8公顷。2002年，农村宅基地整理上报省里立项3个项目，拆除农村房屋235间，附属用房382处，通过市级验收，净增耕地11.4公顷，获取建设用地折抵指标11.4公顷，收回折抵指标费1500多万元。2003年，上报省市有关部门批准立项5个宅基地整理项目，通过省级验收宅基地整理项目3个；新增耕地面积11.72公顷，获折抵建设用地指标10.06公顷。

2004年，上报省市有关部门批准立项9个宅基地整理项目，规划新增耕地面积53.03公顷，并获启动指标25.85公顷。2005年，上报市级批准立项5个宅基地整理项目，规划新增耕地面积32.12公顷。2006年完成宅基地整理项目11个，新增耕地面积29.66公顷，获取建设用地复耕指标24.76公顷。2007年，完成宅基地整理项目3个，复垦耕地面积6.33公顷，立项并启动黄坦镇占里村建设用地复垦示范村项目。

2008年，完成黄坦镇占里村建设用地复垦示范村项目，并通过市、县验收。经市局批准立项建设用地复垦项目8个，规划新增耕地37.5公顷，其中宅基地复垦18.5公顷。2009年，完成市级下达宅基地整理指标17.33公顷，建设用地复垦项目立项4个，规划新增耕地面积12.83公顷。2010年，完成宅基地整理3.93公顷。2011年，无宅基地整理项目。

第二章　地籍与土地市场管理

1987年，县土地管理部门开展全县土地使用申报登记工作，核发土地使用证114331宗。1996年，进行土地抵押工作，至2011年，办理土地抵押8016件。1999—2011年，全县出让土地223宗，面积289.09公顷，收取出让金180875.36万元。

第一节　地籍管理

地籍管理包括土地使用申请登记、地籍信息化管理、土地抵押等。1991—2011年，核发土地使用证114331宗，2005年开始组建局域网，建立地籍档案与查询信息化平台。

登记发证

1987年，县土地管理局开展土地使用申报登记工作。1991—2011年，全县核发土地使用证114331宗，其中核发集体土地使用证93953宗，国有土地使用证20378宗。

1991—2011年文成县发放土地使用证情况一览表

表4-1　　单位：宗

年份	集体	国有	小计
1991	689	551	1240
1992	1159	1057	2216
1993	1456	786	2242
1994	699	550	1249
1995	1332	328	1660
1996	1513	320	1833
1997	2464	255	2719
1998	6851	375	7226
1999	20385	543	20928
2000	5173	1094	6267
2001	4916	896	5812
2002	1800	655	2455
2003	1781	989	2770
2004	34055	4177	38232
2005	1268	1306	2574
2006	978	785	1763

续表4-1

年份	集体	国有	小计
2007	1338	960	2298
2008	1300	726	2026
2009	1334	1148	2482
2010	1620	1709	3329
2011	1842	1168	3010
总计	93953	20378	114331

说明:资料由县国土资源局提供

地籍信息化工程(办公信息化)

2005年,县国土资源局(2002年成立该局)开始组建局域网,开发地籍档案查询软件,投入20万元完善办公自动化设备。

2006年,以办公自动化、信息资源化、传输网络化和管理科学化的目标完善局域网网站建设,农村地籍登记发证等地籍档案正式纳入综合档案管理。

2007年,完善局域网建设,局机关各科室及基层所计算机配备已基本完成,专业软件配置齐全。建成地籍档案查询软件,并完成用地审批全省联网工作,将国土资源管理相关信息及时对外发送和公布,国土资源信息社会化服务功能明显提高。

2008年,扎实、稳妥地推进国土资源信息化建设。筹集资金,开发网站,实现网上收件、查询、登记、发布公告等功能,提高办事效率;抓好政务信息录入及更新工作,增加政务信息透明度;完善OA系统,将原来的4个子系统增加到7个,提高办公自动化水平。建设档案影像管理系统,实现档案管理手段现代化,完善基础数据库建设;升级地籍管理系统,进行县城周边12公里范围的地籍测量工作,完成地籍系统图数一体化工作。

2009年加强信息化建设。更新硬件设施,为实施无纸化办公打好基础。及时维护、更新局域网和局门户网站内容,做好相关数据汇总、存档及公开工作,更新业务内网子系统,以提高办事效率,并为全局廉政建设提供宣传监督平台。

2010年,全年登记发证2742本,其中国有土地使用证书1366本,集体土地使用权证书1376本。办理土地使用权设定抵押登记818宗,开具老屋拆建权属(包括灾户重建、异地建房等)809宗,验检土地证书2444宗。2011年,维护更新局门户网站、办公局域网及电视视频会议系统,做好现有用地个人档案联网查询工作。

土地抵押

1996年,县土地管理局开展土地抵押工作。至2011年,全县办理土地抵押8016件。土地抵押工作有序进行。

1996—2011年文成县国土资源局抵押数据汇总表

表4-2　　　　单位：宗

年份	抵押宗数
1996—1997年	514
1998年	280
1999—2005年	1500
2006年	896
2007年	942
2008年	769
2009年	1060
2010年	929
2011年	1126
总　计	8016

说明：资料由县国土资源局提供

第二节　土地市场管理

土地市场管理包括土地估价、地价公告、土地限阶、土地储备制度。1999年，建立土地市场交易所，管理土地市场交易。2000年9月，建立土地储备中心。2006年，对大峃镇等8镇6乡的规划区范围进行土地级别和基准地价更新。

土地交易管理

1992年年前，全县土地实行无偿无限期使用。1992—1996年，开始实行有偿有限期使用土地，允许土地使用权依法流动。实施国有土地有偿有限期使用供地制度，收取土地出让金，重点投入县、乡（镇）基础设施建设。

1999年3月，县土地管理局建立土地市场交易所，全年办理地产交易298宗，计34752.64平方米。盘活存量土地，实现供地方式的根本转变，对原体育场、原酒厂、原印刷厂、原良种场等4宗12956平方米国有土地收回再出让，盘活土地资产2733万元。

2000年，全县深化土地使用制度改革，提高国有土地出让比例。凡是法律明确规定，可继续划拨供地外，一律实行有偿有限期使用。为加强国有土地使用权出让管理，使国有土地使用权出让工作做到公平、公正、规范有序，强化政府对土地一级市场垄断，防止国有土地资产流失，引进市场竞争机制，推行公开招标、拍卖国有土地使用权。按照“正确引导、依法管理、促进流通、培育市场”的方针，采取加强服务、拓宽渠道的方法，放开搞活土地二级市场。依法盘活国有土地资产，增加土地收益，为破产企业解决职工安置费、保险等实际困难，为企业改革和发展创造一个良好社会环境。全年办理土地使用权转让395宗23399.14平方米，地产资额达2101.76万元。

2001年，提高国有土地出让比例，引进市场竞争机制，规范土地出让操作程序，建立地价测算集体审议，设定政府保护价等制度，保证政府对土地一级市场的绝对垄断，防止国有土地资产的流失。全年组织9次规模较大的招标拍卖活动，出让13个地块，总面积2.54公顷，出让金1.18亿元，比评估价高出5874.5万元。其中县前3

号地块1号楼地价每平方米6万多元,创下历史新高。放开搞活土地二、三级市场,并规范管理。全年全县办理土地使用权转让手续61宗地,土地面积33785.07平方米,评估资产额达2970.8万元,收取土地收益金98万元。

2002年,加强土地收回开发的前期处置和日常管理,开展市场化融资。投入382.72万元资金对企业改制中的县医药公司国有土地1866.95平方米进行协议收购储备,投入1090.6万元资金对周村头11.05公顷集体土地进行征购储备。

2003年,凡是商业、旅游、娱乐、住宅开发、经营性用地一律实行招投标出让,保证政府对土地出让绝对垄断一级市场,防止国有土地资产的流失。全年出让6个地块,面积3359平方米,上缴县财政净出让金2143万元。

2005年,按照“政府垄断、统一出让、招标拍卖、盘活增效”的总体思路,坚持以市场为导向,推行土地收购储备、经营性用地招标拍卖挂牌出让。做好17.24公顷收购储备土地管理工作,并按照市场供需情况,及时推出开发11.02公顷。出台《文成县土地储备实施暂行办法》,规范土地储备中心运作。全县国有土地使用权招拍挂出让8宗,总面积132.4平方米,收取出让金600万元。

2006年,全县推行土地收购储备、经营性用地招标拍卖挂牌出让,做好13.41公顷收购储备土地的管理工作。调拨国有储备土地6.8公顷,作为县干部职工经济限价房用地。结合全县企业改制地块改造,收购7个企业国有用地3.08公顷,并按照市场供需及时推向市场出让。全县国有土地使用权招拍挂出让14宗,总面积22.27万平方米,收取出让金14406万元。同时,推进矿业权市场建设,规范采矿权出让行为。

2007年,控制划拨供地范围,各类经营性用地一律以“招、拍、挂”方式出让,协议出让用地执行最低价标准。全县协议出让土地3宗,面积53719.29平方米,全部实行公示制度。国有土地使用权招拍挂出让14宗,总面积102530.37平方米,出让金4512.4万元,其中工业用地出让5宗,面积76238平方米,出让金593万元。收购国有土地1宗,面积为3.64公顷,推向市场出让地块1宗,约0.34公顷,全县国有土地储备量为10.1公顷。

2008年,全县土地拍卖出让2宗,成交价款2411.53万元;挂牌出让9宗,成交价款6048万元;招标出让2宗,成交价款528.8万元;协议出让(城镇个人住宅)13宗,成交价款86.15万元。收取出让金9473.1万元。2009年,全县通过公开“招、拍、挂”出让土地16宗,面积40.51公顷,累计收取出让金14167万元。2010年,全县通过公开招拍挂出让土地7宗,出让面积合计41633平方米,累计应收取出让金28640万元。

2011年,开展“转而未供”土地清理,完成清理面积146.60公顷,占总任务160.80公顷的91.17%,顺利完成年初既定90%的目标。地块评估确认、会审,缩短供地办理周期,完成土地预审(初审)项目23个。完成2010年度上报批准的7个批次和一个单独项目,涉及14个乡镇30个行政村64.2公顷的征地。完成天顶湖旅游配套项目地块(面积18.74公顷)、县建筑公司地块(0.72公顷)收储工作。公开招拍挂出让土地23宗,累计出让面积120.32公顷,出让价款12.13亿元,收缴入库9.21亿元,均超过历年累计总和;完成公建项目供地61个,供地面积154.25公顷。

国有土地有偿使用情况

1999—2011年,全县出让土地223宗,出让面积289.09公顷,收取出让金18.09亿元。其中2011年,加快和加大土地出让力度,公开拍挂出让土地23宗出让面积120.32公顷,出让价款12.13亿元。

1999—2011年文成县国有土地使用权出让面积一览表

表4-3　　　　单位:公顷、万元

土地用途			宗地数	面积	其中新增	成交价款
合计			223	289.0961	218.5570	180875.3628
商服用地			13	82.4463	59.1523	24830.5987
工矿仓储用地	工业、仓储用地		96	123.1139	99.4844	9864.1947
	采矿用地		0	0.0000	0.0000	0.0000
	未分类工业用地		5	4.4075	4.0226	73.0490
住宅用地	高档住宅用地		1	21.5194	20.8733	2450.0000
	普通商品住房用地	小计	67	37.5238	23.0576	139235.9550
		其中中小套型商品房	5	4.4497	3.8068	28278.0000
		其中保障房用地	0	0.0000	0.0000	0.0000
	经济适用住房用地		7	3.7976	3.6632	697.8356
	廉租住房用地		0	0.0000	0.0000	0.0000
	安置房		1	0.7223	0.7223	2094.0000
	公共租赁房		0	0.0000	0.0000	0.0000
	未分类住宅用地		0	0.0000	0.0000	0.0000
公共管理与公共服务用地			32	12.3293	7.5813	1629.7298
特殊用地			0	0.0000	0.0000	0.0000
交通运输用地			1	3.2360	0.0000	0.0000
水域及水利设施用地			0	0.0000	0.0000	0.0000
其他土地			0	0.0000	0.0000	0.0000

说明:资料由县国土资源局提供

基准地价

2006年,成立基准地价更新工作组,并确定浙江省地产评估咨询中心有限公司为技术承担机构,对城区大峃镇及城区外其余七个建制镇和六个乡规划区范围进行土地级别和基准地价更新。基准地价更新工作至2007年7月全部完成。

文成县城区级别基准地价表一览表

表4-4　　　　单位:元/平方米

土地级别	商业用地	住宅用地	工业用地
Ⅰ	3130	1810	320
Ⅱ	1905	1435	270
Ⅲ	1025	940	210
Ⅳ	850	780	180

说明:资料由县国土资源局提供

文成县乡镇级别基准地价一览表

表4-5　　　　单位:元/平方米

乡镇	级别	商业用地	住宅用地	工业用地
玉壶镇	一级	1160	615	200
	二级	605	445	180
	三级	425	335	170
南田镇	一级	840	485	190
	二级	525	405	170
	三级	370	310	155
珊溪镇	一级	620	350	190
	二级	365	275	170
	三级	305	245	155
巨屿镇	一级	575	395	200
	二级	420	315	170
	三级	350	280	145
黄坦镇	一级	480	325	160
	二级	345	255	140
	三级	285	230	130
西坑镇	一级	465	350	160
	二级	345	290	140
	三级	250	230	130
百丈漈镇	一级	350	210	140
	二级	235	150	130
樟台乡	56省道沿线及乡政府所在地区域	680	550	150
	其余建成区及规划区	420	320	130
龙川乡	56省道沿线及乡政府所在地区域	480	410	140
	其余建成区及规划区	330	280	130
周壤乡	乡建成区及规划区	460	360	130
峃口乡	乡建成区及规划区	390	320	130
二源乡	乡建成区及规划区	320	270	130
双桂乡	乡建成区及规划区	280	250	130

说明:资料由县国土资源局提供

该次地价评估,因六个乡主要的区域差别在于交通基础设施,故作将56省道公路沿线部分作为均质地域。

第三章　建设用地管理

1999—2011年，全县农转用及征收土地633.49公顷(其中耕地323.66公顷)，主要用于非农建设项目。1999—2011年上报单独选址项目14个，涉及用地面积178.06公顷，其中交通项目5个、122.44公顷，水利设施项目8个、53.05公顷，基础设施(输变电)项目1个、2.57公顷。

第一节　用地审批

1987年后，县人民政府根据《中华人民共和国土地管理法》(以下简称《土地管理法》)《浙江省土地管理实施办法》规定，征用耕地0.2公顷以下、非耕地0.66公顷以下，由县人民政府批准并报市土地管理局备案；征用耕地0.2公顷以上至0.33公顷、非耕地0.66公顷以上至1.33公顷，报市土地管理局审查、市人民政府批准、省土地管理局备案；征用耕地0.33公顷以上、非耕地1.33公顷以上，报省土地局审查、省人民政府批准；征用耕地66.66公顷以上、非耕地133.33公顷以上，报省人民政府审查、国务院批准。

国家建设用地审批

申报　申请选址用地单位持县以上计划部门批准的建设项目文件，向县土地管理部门和县规划部门提出用地和选址申请，经土地部门根据年度用地计划，审查同意用地后，会同规划部门进行选址，核定建设用地地点、面积与范围。

用地测绘、设计　核定后，由用地单位委托有证测绘单位进行用地测量，绘制标准地形图、平面布置图，并由有证设计单位进行工程设计。

签订征地协议　在土地管理部门主持下，由用地单位与被征地单位依照征地补偿的有关规定，签订征地协议书。

报批　县土地管理部门会同用地单位填写“国家建设用地呈报表”，分别由被征地单位的村委会，乡(镇)人民政府和选址涉及的有关单位部门签署意见，附送建设项目批文、征地协议书、地形图、平面布置图，由土地管理部门按规定的批准权限审批。

划拨土地　用地经有权批准机关批准后，县土地管理部门通知用地单位缴清有关税费和按协议做好补偿安置工作，然后给予实地放样、埋桩划拨土地。

发证　用地经批准后，县土地管理部门发给用地许可证，项目建成，经验收后，由县人民政府颁发“土地使用证”。

集体与个人建设用地审批　乡镇企业建设用地审批

必须持县级及以上人民政府业务主管部门批准的设计任务书或立项文件，经乡镇人民政府审核签署意见，向县土地管理部门提出用地申请，项目建设涉及规划、环保、消防安全部门的，还须持各有关部门核发的许可证或其他书面审查意见，始得申报用地。其余按国家建设用地审批程序办理。

临时建设用地审批

农村承包经营户,个体工商户和经济联合体,从事非农生产经营用地,须尽量利用原有宅基地,确需另外使用集体土地的,一般均按临时用地办理。临时用地必须向县人民政府提供临时用地申请报告,有关部门批准文件或证明材料,与土地所有单位签订用地协议书,用地平面图等资料,方可办理批准用地手续,临时用地使用时间,一般限1至2年,如需延长使用,应办理延期续用手续。用地必须按批准用途使用,如改变用途,需重新办理审批手续。经批准的临时用地,不得建造永久性建筑。专业生产停止后,土地须恢复原样归还,不得擅自转让。

村镇公共建设用地审批

乡(镇)、村公共设施和公益事业建设用地,报经乡镇人民政府审核,向县土地管理部门提出用地申请,按规定的批准权限报批。用地必须严格按照村镇规划及用地批准文件确定的地址、面积要求使用,不得改变用地范围及性质,不得用于生产经营或住宅建设。

城乡个人建房 城镇居民建房审批

须向当地居委会提出建房申请,居委会审查同意后,并开具证明向县房地产管理部门提出建房申请,经审查符合城镇建房条件的,并须审查用地是否符合建房宅基用地限额标准;原房屋要求改建的,要审查产权是否明确,产权明确、符合规定的予以批准。建房申请得到批准后,向规划部门领取“规划用地许可证”。然后向县土地管理部门提出建房用地申请,经审查同意后,报县人民政府批准。用地批准后,由土地管理部门核发“用地许可证”,办理用地登记手续。缴纳有关税费,始可动工兴建。竣工后一个月内,持“用地许可证”“规划许可证”申请验收,以换取“土地使用证”;持“施工许可证”与建筑图纸,向房管部门申请验收,换取个人“房屋所有权证”。

农民建房审批

先向村民委员会提出建房申请,经同意后,填写“农村居民宅基地用地申请表”,分别经村民小组讨论同意,村民委员会根据乡政府下达的年度建房用地计划指标和村镇规划布局,审查建房户的实际人口,原有住房面积,按县人民政府规定的宅基地限额,统一给予安排。上报乡镇人民政府审核同意,送县土地管理局审批,并须在批准建造期限内建成。建成后,经验收合格的,发给“土地使用证”。

1991—2011年文成县非农建设用地审批一览表

表4-6　　单位:宗

年份	国家建设用地	集体建设用地
1991	37	11
1992	34	11
1993	64	4
1994	60	5
1995	42	6
1996	53	4
1997	39	4
1998	36	10

续表4-6

年份	国家建设用地	集体建设用地
1999	28	8
2000	10	9
2001	46	6
2002	32	1
2003	37	7
2004	27	10
2005	33	6
2006	61	2
2007	59	—
2008	35	2
2009	26	4
2010	32	—
2011	46	5
合计	837	115

说明:资料由县国土资源局提供

第二节　用地情况

1991—2011年,全县征用土地1009.72公顷。供应建设用地976.04公顷。1991—1999年,土地征用与供地同步进行,1999—2011年,土地征用与供地分步实施。

农转用及征收情况

1991—1998年,全县征用土地376.24公顷(5643.68亩)(其中水田72.34公顷);1999—2011年,全县农转用及征收土地633.45公顷(其中耕地323.65公顷)。征收的土地主要用于非农建设项目。

1991—1998年文成县征收土地一览表

表4-7　　单位:公顷

年份	征用土地	
	面积	其中水田
1991	39.04	21.17
1992	7.09	2.76
1993	98.99	13.27
1994	13.61	6.32
1995	14.51	7.77
1996	19.59	1.63
1997	75.82	19.42
1998	107.59	—
合计	376.24	72.34

说明:资料由县国土资源局提供

1999—2011年文成县征收土地一览表

表4-8 单位:公顷

年份	已使用新增建设用地指标	其中耕地
1999	31.78	29.82
2000	26.81	23.76
2001	55.51	44.38
2002	24.23	22.56
2003	29.21	27.90
2004	0.00	0.00
2005	112.74	32.72
2006	28.90	18.30
2007	93.84	23.60
2008	44.31	5.91
2009	58.58	21.22
2010	63.20	20.39
2011	64.34	53.09
合计	633.45	323.65

说明:资料由县国土资源局提供

建设用地供应情况

1991—1998年,国家建设非农建设用地369.94公顷,集体建设非农建设用地6.3公顷。1999年根据省政府规定,农转用征收与建设用地供应分步实施。1999—2011年,国家建设非农建设用地606.10公顷,集体建设非农建设用地6.68公顷。

1991—1998年文成县建设用地供应一览表

表4-9 单位:公顷

年份	国家建设用地			集体建设用地		
	宗量	面积		宗量	面积	
		合计	其中:耕地		合计	其中:耕地
1991	37	38.51	28.20	11	0.52	0.41
1992	34	5.86	3.85	11	1.22	0.71
1993	64	98.25	18.04	4	0.74	0.23
1994	60	12.95	10.58	5	0.65	0.53
1995	42	14.18	10.46	6	0.33	0.29
1996	53	19.30	7.70	4	0.29	—
1997	39	75.55	23.60	4	0.26	—
1998	36	105.32	12.47	10	2.27	0.31
合计	365	369.94	114.92	55	6.3	2.49

说明:资料由县国土资源局提供

1999—2011年文成县建设用地供应一览表

表4-10 单位:公顷

年份	国家建设用地		集体建设用地	
	宗量	面积	宗量	面积
1999	28	20.94	8	0.16
2000	10	4.53	9	0.40
2001	46	32.11	6	0.15
2002	32	52.84	1	0.02
2003	37	79.50	7	0.14
2004	27	14.21	10	0.21
2005	33	56.23	6	0.15
2006	61	38.73	2	0.32
2007	59	69.00	—	0.00
2008	35	37.44	2	0.70
2009	26	48.70	4	2.75
2010	32	72.53	—	0.00
2011	46	79.29	5	1.63
合计	472	606.10	60	6.68

说明:资料由县国土资源局提供

单独选址项目一地情况

1999—2011年上报单独选址项目14个,涉及用地面积178.08公顷。其中,交通项目5个、122.45公顷,水利设施项目8个、53.06公顷,基础设施(输变电)项目1个、2.57公顷。

1999—2011年文成县单独选址项目用地一览表

表4-11 单位:公顷

序号	单独选址项目名称	用地面积	其中:农用地		建设用地	未利用地	批准时间
			农用地	耕地			
1	文成县岩门水电站	14.6233	9.9473	3.9140	—	4.6760	2000-03-30
2	文青公路文成段	8.0160	3.2302	2.1468	2.1500	2.6358	2000-03-16
3	文成县东溪四级水电站	3.0604	—	—	—	—	2001-02-15
4	文成县黄鹿水电站	9.1546	4.2071	0.2291	—	4.9475	—
5	56省道AB段	21.8541	19.661	5.3417	0.7985	1.3946	2001-02-16
6	李林梯级水电站	2.2463	1.4733	1.4733		0.7730	2001-12-25
7	56省道C段	29.0594	27.2205	20.8272	1.7472	0.0462	—
8	57省道十字路口至东坑段暨文青公路东海桥至石良坎段改建工程	32.2710	28.3953	3.9841	1.0440	2.8317	2003-12-12
9	胜利水电站	1.4761	1.2594	0.2711	—	0.2167	2003-12-14
10	东溪五级水电站	11.9035	1.4939	0.4539	—	—	2003-12-12
11	动坑水电站	1.1542	0.5229	—	—	0.6313	2003-12-12
12	东坑岭水电站	9.4404	7.7336	1.7005	—	1.7068	2003-12-12

续表4-11

序号	单独选址项目名称	用地面积	其中:农用地		建设用地	未利用地	批准时间
			农用地	耕地			
13	56省道文成花园至西坑段改建工程	31.2493	29.6499	19.5220	1.4350	0.1644	—
14	220KV周壤输变电工程	2.5738	2.4069	2.3654	0.1238	0.0431	2010-12-31
合计		178.0820	137.201	62.2291	7.2985	20.0671	—

说明:资料由县国土资源局提供

第三节　用地管理

1991—2011年,共征集建设用地1009.74公顷,供地976.04公顷。征地供地实行严格统一政策,落实监督管理制度。

1992—1996年,市下达用地计划160.33公顷。实际用地124公顷,节约耕地9.40公顷(县、乡公路用地未报批的和重点项目如高岭头电站等不计在内)。

1997年4月15日起,全县停止受理属于冻结范围内的非农业建设占用耕地项目,鼓励和引导利用原宅基地和非耕地进行建设;对不属于冻结范围内的,按照"保重点"原则,严格按规划、按计划、按项目、按程序、按权限审批供地。保证国家重点建设项目珊溪水利枢纽工程用地,解决省级建设项目求知中学、树人学校、县进修学校等用地。安排住房困难房220户247间宅基用地。在非农建设用地冻结期间,把盘活存量土地作为土地管理工作的重要措施来抓。重点盘活已破产企业土地,盘活国有闲弃土地,盘活农村宅基地,把乡镇建设方向转移到旧村改造和整治空心村上来;整理土地,复垦废弃地。

1998年,依法对非农用地清查出来的违法用地进行合理处置。解决高岭头、坑下山、东溪三级电站等全县重点项目建设。开展正常建设用地项目报批服务工作,以及国有、集体企业破产土地资产处置。对县木材公司、二轻机械厂、农械厂、水泥制品厂等10多家破产企业的土地资产进行处置。

1999年,利用原建设用地项目11个,用地面积15272.78平方米,利用旧屋翻建536间,用地面积24120平方米。审批国家建设和乡镇村建设项目37个,总用地面积41.81公顷,农民个人建房用地1437间,用地面积6.90公顷。报批建设项目36个,用地面积38.58公顷。

2000年,充分运用土地政策,用足用好计划内指标和土地管理折抵指标,按照"确保重点,限制一般"的原则,开展建设用地报批服务工作,为瑞东公路、黄鹿电站、东溪四级电站、民兵训练基地、县城供水工程、扶贫迁村等重点工程建设落实所需用地。审批国家建设、乡镇村建设项目26个,用地面积46.84公顷,审批农村个人建房用地1198间,用地面积5.99公顷,上报省政府7个批次办理农转用手续,用地面积达28.13公顷。

2001年,报批用地92.50公顷,其中耕地43.30公顷。审批国家建设、乡镇村建设项目53个,用地面积23.40公顷,为巨屿工业园区、县看守所、县粮食储备仓库、县检察院大楼、县法院大楼、县国税大楼、县电信大楼、县民兵训练基地等8个重点工程项目落实所需用地,审批农村个人建房1918间,面积9公顷。完成22个扶贫迁村项目,落实用地面积6.30公顷。制定落实农村宅基地治理工作措施,开展农村宅基地治理工作,整治空闲宅基地467间,占地面积23.90公顷,已治理150间,治理面积9.90公顷,增加有效耕地面积9.10公顷。

2002年,严格按照土地利用总体规划,开展建设用地项目预审和农用审批工作,参与建设项目可靠性研究论证,开展建设项目用地选址、规模、耕地补充方案前期审查,把好农用地转用和具体项目审批程序关,抓好建设用地批前、批中、批后全程管理。全年上报建设用地项目5个批次和一个单独项目(总计用地46个项目、3.90

公顷)，审批农村私人建房1109间，用地5.53公顷。

2003年，按照土地利用总体规划，开展建设用地项目预审和农用地转用审批工作，用足用好土地利用年度计划指标和“三个加快”政策，按照“确保重点，限制一般”原则，组织建设项目可行性研究论证。全年农转用报批9个批次，其中单独项目5个，用地面积85.84公顷，其中耕地34.28公顷。审批农村私人建房1240多间。

2004年，完成岿珊公路、温州神力集团百丈漈项目及35千伏变电所等重点项目用地报批前期准备工作，并对联通基站、重点工业用地进行用地预审及规划局部调整，审批公建项目34个，审批农村私人建房1042间。开展土地利用更新调查工作，完成外业调查工作。完成57省道、凤垟扶贫迁村、新文中、周村康居工程一期工程、重点工业用地等建设项目征地遗留问题政策处理工作。

2005年，对102个项目进行用地预审，90个项目通过用地预审。按照“确保重点，限制一般”的原则，上报建设用地项目5个批次，批准面积49.62公顷，完成市下达用地额度指标，保证巨屿变电所、百丈漈旅游接待中心等县重点项目用地需求。审批农村私人建房807间，占用未利用地1.94公顷。

2006年，对43个项目进行用地预审，6个项目由于不符合标准或材料不全予以退件。开展农用地转用报批工作，上报建设用地项目3个批次，申报面积44.20公顷，其中耕地18.26公顷。办理供地项目50个，用地面积50.53公顷。加大征地工作力度，完成5个批次涉及19个乡镇61个行政村63个地块“两公告一登记”工作。完成周壤、玉壶工业基地等县重点项目征地政策处理工作，并组织上报审批。审批农村私人建房1023间，占用未利用地20.13公顷。

2007年，上报建设用地项目10个批次，申报面积96.26公顷，其中耕地54.86公顷，保证百丈漈生态产业园区、珊溪坦歧旅游接待中心等县重点项目用地需求。办理供地项目57个，用地面积60.21公顷，收取土地出让金5000多万元；审批农村私人建房1720间，占用未利用地80.40公顷。征收集体所有土地59.64公顷(耕地24.44公顷，非耕地35.20公顷)，收回国有未利用土地41.34公顷。报批百丈漈生态产业园区、巨屿方前防震避险安置小区、巨屿工业园区二期等市县重点项目用地征地手续，保障重点工程建设项目的顺利实施。

2008年，办理全县转而未供土地供地项目60个，供地面积116.51公顷，供地率达62.23%。完成省级新增建设用地指标78.90公顷，其中农用地73.72公顷。全年上报农转用7个批次，新增建设用地总量75.18公顷，其中农用地73.46公顷。审批农村私人建房1543间，面积7.44公顷。

2009年，完成省级新增建设用地指标59.62公顷，其中农用地54.13公顷。审批农村村民个人建房2105间，面积101.83公顷。

2010年，完成省、市安排用地指标。审批农村村民建房2001间，面积9.54公顷。完成樟山生态产业基地、樟台鸭头山旅游配套项目、龙川赵超构文化生态园项目征地权属划区定界和组件上报工作。

2011年，开展基本农田划区定界和行政区划调整后的土地利用总体规划修改前期工作。开展转而未供用地清理，清理面积146.60公顷，占总任务的91.17%。缩短供地办理周期，完成土地预审(初审)项目23个，确保省重点项目前期工作顺利开展和县保障房、农房改造集聚项目开工建设。完成天顶湖旅游配套项目地块(面积18.74公顷)、县建筑公司地块(0.72公顷)收储工作。

第四章　国土监察管理

1991—2011年,县国土管理部门严格土地管理,大力开展土地执法监察,查处违法用地40宗202.26公顷,有效化解征地纠纷、权属争议等突出问题。

第一节　管理机构

1988年建立县土地管理局,1996年建立县地矿局,分别管理土地与矿产资源工作。2002年机构改革,合并成立县国土资源局。

局级机构

县土地管理局　1988年1月建立,内设人秘股,建设用地股、土地利用规划股、地籍管理股、土地监察股,人员27人(行政人员14人、事业人员13人)。1991年,内设机构未变。1997年5月,机构改革后设一室四科:办公室(纪检监察室)、建设用地管理科、土地利用规划科、土地法规监察科、地籍管理科。

县地矿局　1996年4月,县计经委矿产管理科(县矿管处)与县石材管理委员会合并成立文成县地矿局,为二级事业局,直属县政府。内设办公室、地质科、矿管科,人员12人。

1997年8月,建立县墙体材料改革领导小组,下设办公室(称墙改办)挂靠县地矿局。

国土资源局　2002年1月,县土地管理局与县地矿局合并,建立国土资源局。内设办公室、政工科、法制监察科,行政审批科(增挂地籍管理科)。土地规划利用科(增挂耕地保护科)、地质矿产管理科。

2008年10月,增设政工科。2011年,内设机构未变,人员编制88名,其中局机关行政编制54名,事业编制34名。

下属机构

土地管理局下属机构

1988年,建立下属土地监察中队、土地管理事务所。

1989年,增设县土地评估事务所。设立大峃、珊溪、玉壶、南田、峃口、黄坦、西坑土地管理所。

1997年5月机构改革、下属大峃、珊溪、玉壶、南田、峃口、黄坦、西坑土地管理所定编42名,为全民事业单位。为县土地管理局派出机构,实行局、镇(乡)双重领导。11月,土地监察中队改称土地监察大队。增设大峃、珊溪、玉壶、南田土地监察中队。

1999年3月,成立县土地市场管理所和县土地勘测队。为全额事业自收自支单位,人员由内部调剂。

2000年4月,成立县耕地开垦公司。为全额事业自收自支单位,核定人员编制5名。9月,成立县土地管理局计算机信息中心。为全民事业全额拨款单位,核定人员编制4名。同月,成立县土地储备中心。为全民事业全额拨款单位,核定人员编制4名。

国土资源局下属机构

2002年10月，设立征地事务所、国土资源监察大队、计算机信息中心、土地储备中心、土地市场管理所、土地评估事务所、地质矿产管理所、耕地开垦公司、土地勘测队、大峃等7个基层国土资源管理所。

2011年6月，撤销土地市场管理所，设立县土地登记交易中心。

第二节　土地执法监察

1991—2011年，县土地管理部门开展不同形式土地法制法规宣传，使土地法制法规深入人心。1997年，土地监察中队升格为监察大队，下辖4个中队，依法对单位和个人遵守和执行国家土地管理法律、法规情况进行监督检查。

政策法规宣传

1991年6月25日，《中华人民共和国土地管理法》颁布实施，国务院确定为全国“土地日”。县土地管理部门以主题宣传、张贴标语、发放宣传册、知识竞赛和演讲、法规政策培训、手机短信提示、电视和网络宣讲等形式，广泛开展土地政策法规宣传，激发全民土地忧患意识，增强土地法制观念与保护耕地责任感。

1991—2011年土地法律法规宣传主题一览表

表4-12

年份	宣传主题	年份	宣传主题
1991	土地与国情	2002	规范土地市场，促进经济发展
1992	土地与改革	2003	规范土地市场，促进经济发展
1993	土地与经济	2004	坚持科学发展观，珍惜每一寸土地
1994	土地与市场	2005	节约集约用地，促进科学发展
1995	土地与法制	2006	依法合理用地，促进科学发展
1996	土地与发展	2007	土地法律法规
1997	土地与国家	2008	土地法律法规
1998	土地与未来	2009	土地法律法规
1999	依法行政，合理用地	2010	土地法律法规
2000	保护耕地，未来明天	2011	促节约守红线惠民生
2001	规划用地，利国利民	—	—

说明：资料由县国土资源局提供

卫片图斑执法

2008年开始在全县范围开展利用卫片图斑执法工作，根据上级下发的卫星监测到的图片斑点，通过图斑内外业核对、实地调查、现状测量等工作，进行分门别类，确定对违法用地的处理。2009年，核查疑似图斑38个。采取实地检查、拍照、现状对比、内业资料搜集、数据统计等措施，完成第一阶段工作。

2010年，卫星遥感土地执法检查。根据上级提供的资料和工作要求，全县需核查疑似图斑38个。通过实地检查、拍照、现状对比、内业资料搜集、数据统计等工作，确定14个图斑，涉及7个乡镇，面积11.6公顷，其中合法图斑8个，实地伪变化2个，违法图斑4个。

2011年,卫片图斑执法。根据上级下发的卫片图斑,通过图斑内外业核对、实地调查、现状测量等工作,进行分门别类,确定对违法用地处理,最后将违法占用耕地面积占新增建设用地占用耕地总面积比例控制为6.23%,确保零问责。

动态巡查

2000年,土地监察巡回检查。全面贯彻"以防为主,查防结合,以查促防"的基本方针,建立健全巡回检查制度,加强面上巡查动态管理,从源头上制止土地违法案件发生。出动巡回检查车8辆,巡回检查625次,出动2000多人次,尽量把违法用地行为制止在萌芽状态。

2001年,开展巡查工作。全年出动巡回检查车辆8辆,巡回核查692次,出动2000多人次,发现并制止违法用地苗头案件30件,及时予以制止,并对当事人进行法制宣传教育,督促其自行纠正违法行为,有效地降低新增违法案件发案率。2002年,出动巡回检查1200多次,出动3000多人次,发现并制止违法用地案件94件,发现地质灾害隐患点4个。

2003年,完善县、乡、村3级国土资源监察机构网络和监督网络。落实巡回检查制度,全面开展巡查工作。全年出动巡回检查车辆8辆,巡回检查1100多次,出动2400多人次,发现并制止违法用地案件83件。

2004年,实行各基层所分片负责,具体人员责任到村,监察大队人员划分到片的层层责任,健全全县土地管理执法网络。全年通过动态巡查发现违法案件62件,制止62件,占地面积7820.5平方米。

2005年至2011年,通过动态土地监察巡查管理,发现违法用地案件648件,违法占地204732.9平方米。拆违53246.35平方米。

第三节　违法案件查处与信访

1991—2011年,县国土资源局处理土地违法案件918件,罚没款570.29万元。

案件查处

1992—1996年,全县范围内开展的"无违法批地、无违法管地、无违法用地""三无"乡镇达标率逐年上升。1995年,县土地局获创"三无"乡镇组织奖。1996年全县达标率达60%,黄坦、樟台、西坑、珊溪等乡镇被评为市级先进单位。五年来,违法占地立案363件,查处327件,结案率在90%以上。整顿砖瓦窑174座,拆除水泥预制场4处。

1997年,对1991年以来的建设用地进行全面检查,查清1991年以来的非农建设用地数量、利用情况及审批手续等。对清查出来的违法用地案件和当年发案的土地违法案件,进行严肃查处。年内查处违法用地518宗,占地67.48公顷,依法没收建筑物8764.2平方米、拆除7481.3平方米,收缴罚没款52.62万元,其中当年立案57件,结案率95.4%

1998年,查处遗留案件25件,依法没收建筑物1960平方米;查处新发现土地违法案件15件,没收建筑物2308平方米;拆除砖瓦窑37座,恢复耕地0.9公顷;拆除占地1860平方米的水泥预制场2处。

1999年,建立7支巡回检查小分队和一支巡回检查机动队,巡回检查土地违法行为。加强事前防范,实行办公无休息日制度,落实分片包干责任制,把土地违法行为制止在萌芽状态。全年查处土地违法案件45件,其中上年隐漏案件16件。总占地面积26089.46平方米,其中耕地面积11084.72平方米;拆除面积715平方米,没收建筑物总面积2528.8平方米;清理砖瓦窑154座,拆除砖瓦窑58座,占地面积为4032平方米,复垦耕地2.86

公顷。

2000年，立案查处土地违法案件10件，占地面积为0.79公顷；拆除面积223平方米，没收建筑物面积2035平方米；拆除砖瓦窑58座，复垦耕地2.86公顷。2001年，立案查处土地违法案件8件，占地面积为0.6公顷；其中，耕地0.16公顷，没收建筑物面积5548.9平方米；收取罚没款25万元，拆除建筑物1211平方米；拆除砖瓦窑16座，复垦耕地1.02公顷。全年接待和收到来访、来信36件（次），其中要信6件，自办35件，交办1件。

2002年，完善县、乡（镇）、村3级国土资源监察机构网络和监督网络。全年立案查处土地违法案件12件，占地面积7356.3平方米，其中耕地430平方米，没收建筑物面积7939.42平方米，拆除建筑物3197.75平方米。拆除砖瓦窑5座，复垦耕地1公顷，依法查处非法采矿违法案件5件。

2003年，查处土地违法案件22件，面积7802.72平方米，结案22件，结案率达100%，收取罚没款166783元。加大对非法开展矿产资源行为打击力度，制止非法采砂行为5次，制止非法采矿200多车次。开展卫星遥感土地执法检查工作，清查全县57个卫星遥感监测图斑中出现的2宗违法用地。责令退还土地7109平方米，没收建筑物8291.47平方米。

2004年，查处土地违法案件15件，面积7299.78平方米，结案率100%。制止非法采砂行为10次，制止非法开采矿产资源300多车次、1000多立方米。组织大规模拆除违法占地12次，拆除违法建筑38次。完善矿山自然生态环境治理备用金制度，治理责任书签订率、生态备用金率均达100%。

2005年，查处土地违法案件14件，面积1322平方米，结案率100%。从8月份开始，开展“打地霸、树正气、促发展”专项整治。会同规划建设、公安等部门开展大规模的拆违行动，县城200多处、1万多平方米违法建筑被强制拆除。全面实行土地执法监察动态巡查责任制和执法责任制，划分乡镇、路段和区域，明确巡查责任人和处罚措施。

2006年，查处各类土地违法案件106件，面积9.8公顷，涉及耕地面积1.73公顷。立案查处19件，面积28465.72平方米，结案率100%。会同规划建设、公安等部门开展查处违法用地专项行动，强制拆除违法建筑物100多处。

2007年，查处各类土地违法案件40件、查结25件。办理少批多占54户，处罚面积82435平方米，罚没款100.46万元，移送法院强制执行2件。组织、配合基层所拆违35次，拆除非法建筑面积6000多平方米。全年出动人员300多人次，在全县范围内开展惩治非法采矿、采砂行动，拆毁非法采矿、采砂机械28台，有效遏制非法采矿、采砂行为。

2008年，查处土地违法案件26件、结案26件，结案率达到100%。巡查1068次，发现的违法案件112件，全部予以处理。开展打击非法采矿、采砂行动，拆毁非法采矿点30个，拆毁采矿机械40多台。

2009年，全县查处土地违法案件40件，结案39件，办理少批多占52户。处罚违法土地面积1345.2平方米，收取罚没款17.8万元。整顿非法采矿点16个，拆毁用于采矿风钻机、气泵5台，扣押机械电脑板1副、风钻机1台及其他零星工具。立案查处违法用地案件1宗，参与行政诉讼应诉案件6件。

2010年，查处土地违法案件36件，结案29件。办理少批多占用户96户，面积1306.36平方米，罚没款115.20万元。2011年，立案查处土地违法案件38件，全部结案；办理少批多占违法用地68户，处罚面积405.76平方米，罚没款总计114.16万元。拆除非法建筑面积19017.51平方米（其中耕地3489.7平方米，建设用地15527.81平方米），打击非法采矿点4个。

1991—2011年文成县查处违法用地情况一览表

表4-13

年份	查处违法用地			处理的罚款(万元)
	件数	面积(公顷)		
		合计(公顷)	耕地(亩)	
1991	67	278.22	—	19.8
1992	87	261.33	—	20.7
1993	75	376.00	—	17.5
1994	81	441.33	—	40.6
1995	64	360.00	—	19.6
1996	56	202.22	—	28.8
1997	57	584.28	—	—
1998	40	284.53	—	18.2
1999	29	1739.30	11084.72	—
2000	10	526.66	—	—
2001	8	404.44	1599.98	25.00
2002	12	490.42	430	—
2003	22	520.18	—	16.68
2004	15	486.65	—	7.82
2005	14	88.13	—	9.99
2006	106	6536.60	17342	63.00
2007	40	13742.11	70647.52	103.43
2008	26	94.46	—	19.25
2009	40	202.26	—	29.06
2010	31	4546.73	2281	74.90
2011	38	3060.33	—	55.96

说明:资料由县国土资源局提供

信访处置

县土地管理部门本着实事求是原则,依法做好土地监察信访工作。坚持“控制初访、依法处访、压低复访”的工作方针,听取群众的意见和呼声,对人大代表议案、政协委员提案和群众来信来访检举的国土资源违法案件,及时调查核实,予以解决、落实并报告。健全完善领导信访接待日制度、重大案件领导包案制度及首问负责制,每月对重大及疑难信访案件进行1次排查摸底,实行清单销号制度。1991年至2011年,收到群众来信来访1108件(次),其中涉及违法用地、征地纠纷、权属争议、揭发批评等方面内容。土地管理部门按规定、重视信访案件的办理,办结率85%以上。

第五章　地质矿产管理

1996年开始，县地矿局对矿产资源实行管理。2002年开始，县国土资源局对县域矿产资源开发利用实行管理。同年，全县各类矿山企业90余家，年产值超1000万元。2010年，矿石开采量17.86万吨，矿业总产值774.10万元。2011年，收取采矿权出让金95.1万元，矿产企业换证合格率达100%。县域为全省地质灾害多发县，至2011年，全县发现地质灾害隐患点287处。县域从1999年开始地质灾害防治和治理。至2011年，工程治理73处，建议搬迁避让34处，继续监测隐患点85处。

第一节　矿产开发利用与管理

县国土资源局根据文成县矿产资源现状，注重全面规划矿产资源的开发利用。开展废弃矿山生态环境治理，切实做好矿产资源管理工作。

资源普查

1991—2010年，全县设地质勘查项目5个，分别为西坑畲族镇山头矿区萤石矿地质普查、西坑畲族镇垟山岗矿区萤石矿普查、峃口镇大垟培勘查区铜矿地质普查、巨屿镇包山锰铅锌矿地质普查和朱雅乡南坑矿区叶蜡石矿地质普查。

普查发现叶蜡石2处，位于玉壶镇南坑和峃口镇吴山矿点。全县花岗（闪长）岩资源丰富，其中三源霏细斑岩石材矿经地质调查，块度大于1立方米的矿石估计储量为11.7万立方米，脉岩岩性主要为球粒霏细斑岩，岩石加工成板材后，工艺名为绿地梅花，花色美观、特殊，国内外罕见，是花岗岩板材系列中的佳品。西山辉绿岩与双桂闪长岩岩体地表出露面积分别为0.8平方公里和16.36平方公里，储量丰富。龙川花岗岩经概查，估算总储量达46.8万立方米。砖瓦用黏土、紫沙土建筑石料和建筑用砂资源丰富，百丈漈长埄——新亭一带分布较丰富的砖瓦用黏土岩，地表裸露，无须爆破，开采条件较好。

开发现状

2001年，县内各类矿山企业，主要从事砖瓦黏土、花岗石、建筑用砂、高岭土等矿种的开采加工，从业人数约1000人，均为私营企业，年总产值约995.5万元，其中砖瓦窑厂80多家，产品以实心黏土砖瓦为主。

2010年，全县持证矿山6个，建筑石料和饰面石材矿山各3个，其中规模达大型的1个、小型的5个，3个矿山暂处于停产状态。6个矿山从业总人数计63人，矿石开采总量17.86万吨，实现矿业总产值774.10万元，利税总额67.80万元，其中上缴国家税金22.80万元。

资源管理

2001年，开始编制并实施《文成县矿产资源“十五”规划》，该规划设置禁采区5处，总面积452.21平方公里，约占全县总面积的35%。设立开采区4处，初步规划形成双桂石材和龙川、巨屿、百丈漈、严垟等4个建筑石料开发基地。4处开采基地中均有矿山企业在开采,其中巨屿、百丈漈、黄坦严垟矿山10家,初步形成聚积开采和加工区。并开始对矿产资源管理。

2002年,大力整顿矿业秩序,依法对全县9家非法采矿企业进行整治。充分利用飞云江流域砂石优势,在巨屿镇垟地边村进行采矿权拍卖活动,获得采矿权价款4.6万元。贯彻实施《文成县矿产资源规划》,根据"在保护中开发,在开发中保护,开发与节约并举,把节约放在首位"的原则,对小、差、乱的矿山企业进行整顿压缩,依法收取矿产资源补偿费14.9万元。

2003年,通过加强日常巡查,及时发现并处理无证开采、非法出让等案件6件,有效遏制违法现象的发生。推进矿业权市场建设,规范采矿权出让行为。实行全县矿产资源采矿权原则上采用招投标、拍卖、挂牌、协议等方式有偿出让,新建矿山采矿权不再行政授予。

2004年,确定全县地质灾害重点防治区域,明确分阶段防治目标,修订完善汛期值班制度、检查与巡查制度、速报制度、应急调查制度和责任追究制度;完善预警预报和应急处理机制。对全县地质灾害隐患点进行地毯式排摸,发现49处,对周壤乡路山村等12处地质灾害隐患点进行治理,10户50多名群众实施避让搬迁。

2005年,开展矿区地质普查。完成巨屿镇新东、公阳乡岩下山、黄坦镇塘垄、黄坦镇底庄高岭土等4个矿区项目地质普查。开展废弃矿山生态环境治理。完成《文成县矿山自然生态环境治理实施方案》编制工作,全年治理废弃矿山2座,治理率分别为70%和60%,

2006年,编制并实施《文成县矿产资源"十一五"规划》。将全县主要旅游景区和城镇建设区纳入禁采区,划定禁采区6处,总面积约192.26平方公里,占全县总面积的14.9%。依据县域经济发展格局和矿产资源开发加工布局,划定开采区4处,面积21.82平方公里。

2010年,修编完成第三轮矿产资源规划。重新划定禁采区6处,面积278.87平方公里,占全县总面积1292.16平方公里的21.58%。设置开采区12处,总面积83.28平方公里,占全县总面积6.45%。规划逐步提高矿山建设规模和资源利用率,对矿山环境保护与治理提出明确要求和足额交纳矿山生态环境治理备用金。

2011年,收取采矿权出让金95.1万元、生态环境备用金9.42万元、矿产资源补偿费2.46万元,并对3家矿山企业开展矿产资源利用现状调查、储量核查监测工作,矿产企业换证率达100%。

第二节　矿山环境保护

2005年,出台《文成县矿山自然生态环境治理实施方案》,加快矿业权市场建设,加强矿山生态环境治理与保护。

环境治理

2005年5月,《文成县矿山自然生态环境治理实施方案》通过专家评审,并获得县人民政府批准实施,全县矿山生态环境治理逐步规范。矿山及加工企业的"三废"应基本达标排放,矿山环境污染和生态环境恶化的状况基本得到控制。矿山复垦率或植被恢复率达到40%。截至2010年,对周山乡雷某某采石场和双桂乡雷某某采石场等6家废弃采石场进行生态复绿治理。

推行矿山企业实施矿山自然生态环境治理备用金制度,收取矿山自然生态环境治理备用金,截至2010年,收取矿山生态环境治理备用金81.47万元,收取面达100%。

2011年,更新发放地质灾害隐患点明白卡1692份。推进防治项目工程治理,基本完成仰山呈池滑坡治理整体工程;南田中学滑坡治理工程进展顺利;初步完成全县小流域地质灾害野外调查评价。完善基层地质灾害防治网络，在基层国土所全面推行地质灾害防治“五到位”工作。

矿业权市场建设

2003年，全县矿业权经过从协议出让到公开招标式挂牌出让的转变过程。2005年，推进矿业权市场建设，规范采矿权出让行为。努力推行矿业权招拍挂出让，完成龙川乡茶寮花岗斑岩矿区和金垟乡郑山岭脚普通建筑用砂(砾石)矿区的地质普查报告和开发利用方案评审工作，挂牌出让两矿区的采矿权。2006年，采取“招、拍、挂”方式对龙川乡茶寮花岗斑岩矿区采矿权、金垟乡郑山岭脚普通建筑用砂(砾石)矿、公阳乡和双桂乡等3个花岗石材矿山的采矿权进行公开出让。截至2011年，实现矿业权出让金66.18万元。

第三节　地质灾害治理

县域为全省地质灾害多发县，为浙江省与温州市地质灾害防治规划重点防治区。1999年开始地质灾害防治与治理，至2011年，全县累计发现地质灾害隐患点287处，通过治理和搬迁，消除隐患点105处。

灾害多发

县域是全省地质灾害多发县之一，已列入浙江省及温州市地质灾害防治规划重点防治区。根据《浙江省文成县1∶1万乡(镇)地质灾害分布与易发区图图册》现实，地质灾害易发区面积1238.01平方公里，占全县面积的95.81%。地质灾害形成的主要原因，尤其是切坡建房、公路开挖、堆渣弃土等破坏山体斜坡自然平衡状态，容易形成崩塌、滑坡灾害。降雨是引发文成县地质灾害发生的重要因素，崩塌、滑坡、泥石流灾害多发生在降雨密集的梅雨汛期和台风汛期(详见《第三卷自然环境·地质灾害》)。

地质隐患治理

1999年9月，编制完成《文成县新车站对面鼓山寺边坡工程地质调查暨治理方案初步建议报告》，并通过专家评审。治理方案经费估算69万元，治理工程主要措施包括清除不稳定体、削坡、挡土墙、高压喷浆、截排水沟。2000年8月完成部分工程。

2003年11月，编制完成《文成县玉壶镇外村后山滑坡治理工程设计方案》，并通过专家评审。治理工程造价预算519.4万元，治理工程主要措施包括抗滑桩、挡墙、拦渣坝、格构、截排水沟。2005年7月，进行招投标，由浙江省山水建设有限公司中标，施工合同期为6个月，2006年3月进场施工，2007年9月通过竣工验收。

图4-1　全省最大的地质灾害治理工程(玉壶镇外村地质灾害防治项目)(县国土资源局提供 2007年10月摄)

2005年4月，编制完成《文成县鹤东小区后山坡工程地质调查暨边坡防治设计》，治理工程费用概算72.1万元。9月，勘察设计《文成县南田中学滑坡治理工程设计方案》，治理工程造价36.7万元。同月，编制完成《文成县下沙垟村官山西脚滑坡地质勘察报告》。11月,完成《文成县下沙垟村官山西脚滑坡治理工程施工图设计》,治理工程造价预算197.7万元。2006年4月水渠防渗工程竣工。

2006年7月,编制完成《文成县李夏村沉山滑坡勘查报告》。11月西坑镇西坑村安福路崩塌部分边坡防治工程通过竣工验收,治理费用11.6万元。编制完成《文成县仰山乡呈池村北侧边(斜)坡勘查及治理工程设计》,并通过专家评审。2009年11月县发改局立项,2011年11月进场施工。

2009年4月,编制完成《文成县珊溪镇和平村(岭角塆)后山地质灾害勘查与治理工程设计》,并通过专家评审。治理工程概算总投资53.5万元。

2011年3月,编制完成《文成县龙川乡中堡村滑坡勘查暨治理工程设计》,治理工程总投资94.6万元。4月,编制完成《文成县巨屿镇穹口村横岩自然村赤砂坑后山泥石流地质灾害治理工程勘查与设计》,治理工程总投资92万元。12月,编制完成《文成县珊溪镇八仙岩边坡地质灾害勘查报告》,治理工程总投资436.5万元。

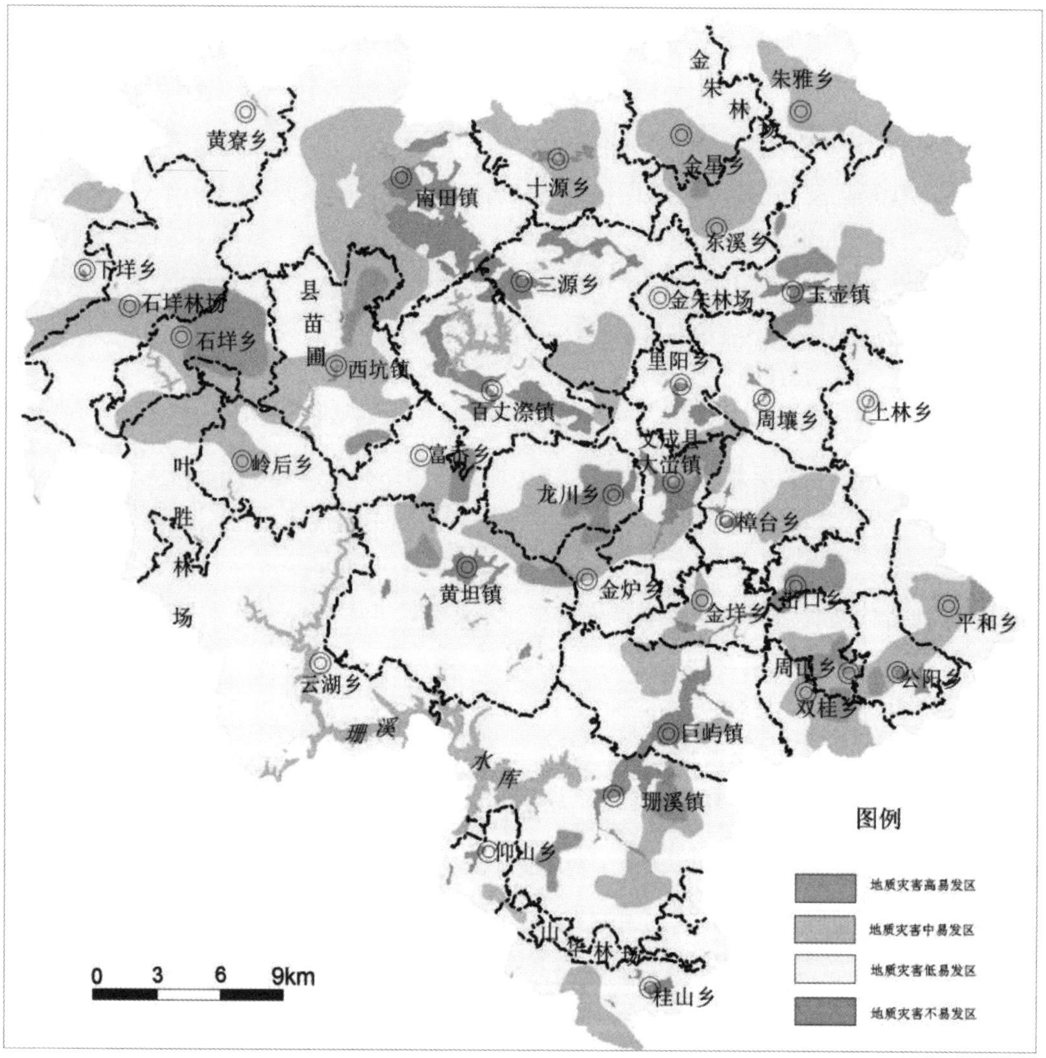

图4-2 文成县1:1万地质灾害易发区分布图(2006年2月)(县国土资源局提供)

第五卷

环境保护

文成县委、县政府历来把生态环境保护工作作为生态县建设的根本。1997年，珊溪水利枢纽工程开工，处于700万人民“大水缸”水源地的文成，更加注重对环境的保护和治理。2000年，县委第九届十三次全会首次提出实施“生态旅游县”发展战略，着手编制生态创建总体规划；2010年9月，县委第十一届十次全会进一步明确建设“宜游宜居生态小康县”奋斗目标。20年来，文成加强水质、空气、噪声等环境监测，开展工业“三废”治理；投入资金5010万元，在珊溪库区周边乡镇开展“百村整治，十村示范”工程建设，整治项目280个，禁止规模生猪饲养，为保护珊溪水库水质牺牲了利益；2009年，环境保护资金投入超过1亿元，占当年全县地区生产总值的3.5%。

2002年后，县城、玉壶、南田、黄坦、珊溪片区污水处理厂应势而生，并建成一批生态乡镇、生态村和“绿色社区”。2002年8月，被确定为浙江省生态示范区建设试点；2006年3月，被命名为“国家级生态示范区”；2011年10月，文成被命名为浙江省第四批省级生态县。

第一章　环境监测

环境监测划分为水环境监测、空气环境监测和噪声监测。1983年，设立环境监测站，开始环境监测。1992年，设立监理站，对监测到的问题进行处理处罚。进入21世纪以后，监测强度日益加大，监理日益严格。

1991—1996年，环境监测设施设备薄弱，主要开展水、气、声环境质量常规监测。1997年，建成环境监测楼，设实验室、药品室、仪器室，监测项目增加，逐步开展污染源委托监测、监督监测、应急监测工作，并建立监理、监测工作电脑档案数据库。1999年，建立监测信息系统，加入全国信息网络。1991—2011年，收集水、大气、噪声监测数据54000个，为县委、县政府保护环境和生态环境建设决策提供有效服务。

第一节　水质监测

1987年，全县设10个地表水质量常规监测点，即飞云江干流峃口、珊溪水库、泗溪流域南田水厂、百丈漈水库、县城老水厂、凤溪、排门、玉泉溪东溪、玉壶水厂、西坑监测点，监测县域内主要溪流横断面水质。

1991—1996年，每年开展平、枯、丰3期监测，各期监测2次。监测内容含感官指标、化学指标、毒理指标26个项目，年上报监测数据2500个左右。1997年1月，珊溪水利枢纽工程开工，称为温州“大水缸”的赵山渡水库水质，事关温州700万人口的饮用水安全，县监测工作任务加重，频次加大。1998年，水质监测项目增至28个，全面加强赵山渡水库水源地水质监测，获有效监测数据400个。

2000年起，开展服务性监测项目和局部小支流水质下降的突发事件应急监测工作。1999—2007年，继续对飞云江、泗溪、凤溪、玉泉溪、峃作口溪流域等10个监测断面进行平、枯、丰3期水质监测，

2008年起增加监测频次，实行当月水质监测。全年全县河流水质总体良好，飞云江干流水质位居全省八大水系首位。10个地表水质量常规监测点，除凤溪、排门水质欠稳定外，县城水厂断面为I类水质，东溪、峃口、百丈漈、珊溪、玉壶、南田、西坑7个断面保持Ⅱ类水质。

2009年，市政府结合生态补偿机制，建立绩效考评机制，增加对文成县玉泉溪、平和坑、九溪、泗溪、桂溪、渡渎溪、李井坑、珊溪、黄坦坑、峃作口溪10条入库支流交接断面水质进行常规性例行监测，局部小支流污染呈加剧趋势，其中，黄坦坑、李井坑水质劣于V类，珊溪坑水质为IV类。同年9月始，开展县域交接断面水质监测工作，当年出境水质达标率91.7%。

2010年5—7月，珊溪水库出现大面积蓝藻异常增殖现象，省、市、县三级环境监测部门联合对库区及其入库支流水质进行跟踪监测。县监测站负责对黄坦坑、峃作口溪、千秋门、塘山坑、松坑等支流监测。其间，支流入库库区范围pH值、氨氮、总磷等污染指数异常明显升高，以“蓝藻”门拟鱼腥藻和微囊藻为优势藻群，高峰期数量达到108数量级，叶绿素a达到3500毫克/立方米以上，但未检出藻毒素。至9月中下旬逐渐消退，各类污染物指标恢复正常，水质回升至Ⅱ类标准。

2011年7月，天顶湖水库发生受污染现象，县委、县政府召开防止天顶湖蓝藻增殖紧急协调会。县环保局采取防范措施，应对天顶湖水库蓝藻异常现象，有效防控天顶湖蓝藻增殖现象。

1991—2011年文成县地表水质量常规监测及其变化情况一览表

表5-1

流域名称	监测站位	水质状况	水质发生变化情况
飞云江干流	峃 口	以Ⅱ类水质为主	基本稳定
	珊 溪	以Ⅱ类水质为主	基本稳定(水库未建前定点干流)
	珊溪水库	以Ⅱ类水质为主	基本稳定(水库建成后定点水库)
泗 溪	南 田	以Ⅱ类水质为主	偶有Ⅲ类水质
	百丈漈水库	以Ⅱ类水质为主	基本稳定
	县老水厂	以Ⅰ—Ⅱ类水质为主	基本稳定
	凤 溪	以劣Ⅴ类水质为主	1991—1992年为Ⅳ类，1993年以后为劣Ⅴ类。
	排 门	以Ⅱ—Ⅳ类水质为主	1993年为Ⅲ类,1994年以后在Ⅱ～Ⅳ类间波动.
玉泉溪	东 溪	以Ⅰ—Ⅱ类水质为主	基本稳定
	玉壶水厂	以Ⅰ—Ⅱ类水质为主	基本稳定
峃作口溪	西 坑	以Ⅱ类水质为主	基本稳定

说明:资料由县环保局提供

第二节　空气监测

1991—1998年,县城布设3个监测点,每年开展四次空气质量监测,每次监测时间为一星期,空气质量以优良为主。1993—1994年,空气质量为二级,县城及其城郊部位出现酸雨现象,主要原因是县城蛎灰生产造成。

1999年,随着县城空气质量回升,省环保局同意将县城大气监测点调整为2个,撤销石坟垟监测点。

2002年,县城大气监测点调整为1个,全年进行4次监测。

2007年9月,建成空气自动监测站,实行每日24小时全天候监测,监测项目扩展为9个(包括二氧化硫、二氧化碳、臭氧、可吸入颗粒物和5个气象参数),并实行全省联网。

2008年,全年有效监测天数359天,获得962个有效监测数据(日均值),空气质量优良天数343天,空气优良天数占95.5%。

2009年,有效监测天数365天,空气质量优良天数349天,空气优良天数占95.6%。2008年、2009年,每立方米大气二氧化硫日均值分别为0.020毫克和0.011毫克,二氧化氮日均值分别为0.011毫克和0.009毫克,均符合国家环境空气质量一级标准;可吸入颗粒物日均值分别为0.082毫克和0.061毫克,符合国家环境空气质量二级标准。总体上,县城空气质量保持优良水平,但建筑粉尘较多,可吸入颗粒物指数影响空气质量的评定,嘉盛花园施工工地靠近空气自动监测站,对空气质量监测影响较大。

1991—2011年文成县空气质量及其变化情况一览表

表5-2

年份	空气质量	污染因子评定
1991—1992年	一级	—
1993—1996年	一至二级	TSP,局部酸雨
1997—2006年	一级	—
2007年	前三季定期监测,第四季自动监测,以一级为主	—

续表5-2

年份	空气质量	污染因子评定
2009年	空气优良天数347天，优于二级天数占95.5%	Pm10
2010年	空气优良天数348天，空气质量优良率为96.7%	Pm10
2011年	空气优良天数332天，空气质量优良率为97.4%	Pm10

说明：2008年全年有效监测天数359天，2009年有效监测天数365天，2010年有效监测天数358天，2011年有效监测天数361天。资料由县环保局提供

第三节　噪声监测

1991—1996年，县城各功能区噪声均不同程度超标，其中道路交通噪声（建设路）平均77.8分贝，超标率100%。

1999—2001年，对县城两类功能区实施监测，2类区域噪声达标，4类区域超标，噪声污染最严重为建设路两侧，超3～6分贝。

2002年，伯温路建成通车，机动车辆分流，县城4类区域（建设路、伯温路）交通噪声有所下降，但仍超标2分贝。

2004—2005年，在县城建设路、伯温路布设11个噪声点位监测，噪声平均值为72.8分贝，超2.8分贝。

2007年，体育场路建成，过境车辆分流，县城噪声等效声级范围在58.2～73.7分贝之间，平均等效声级68.9分贝，比上年下降2分贝，平均等效声级基本达标，4类区域交通噪声仍然超标。

2008年，县城区域噪声监测布设112个监测点，获取784个有效监测数据，等效声级为59.5分贝；建设路、伯温路、体育场路交通噪声平均等效声级70.5分贝，超标准0.5分贝。

2009年，县城区域环境噪声等效声级为54.5分贝，环境噪声质量为较好水平；道路交通噪声平均等效为69.7分贝，环境噪声质量为较好水平。

2010年文成县（昼间）区域环境噪声等效声级54.6分贝（A），等效声级范围为40.5～67.6分贝（A），超标率为8.6%，噪声源主要为生活噪声和其他噪声。县城道路交通噪声平均声级值为69.5分贝（A），比2009年降低0.2分贝（A）。

2011年文成县（昼间）区域环境噪声等效声级53.4分贝（A），等效声级范围为39.3～72.9分贝（A），超标率为6.9%；县城道路交通噪声平均声级值为65.4分贝（A），比2010年降低4.1分贝（A）；上半年度功能区噪声2类区和4类区平均昼夜等效声级分别为49.2分贝（A）、66.2分贝（A）。其中2类区的昼（夜）噪声、4类区的昼间噪声均达到国家标准，4类区的夜间噪声超标。

第二章　污染治理

20世纪90年代,建立环境保护专门管理机构,逐步加大环境保护力度,开始工业三废治理、水环境治理、空气环境治理、噪声环境治理。进入21世纪,从单一环境监测走向环境监测、环境管理与执法综合管理,包括排污申报、排污费征收、污染源现场监管、行政处罚等。2008年开始,大力开展以保护珊溪水库为重点的污染大治理,广泛开展生活垃圾处理和水源地环境整治。

第一节　工业三废治理

废水治理

1991年,全县工业废水排放量约6万吨,但1991—1993年,全县工业废水处理设施空白。1994年,开始重视抓工业废水治理工作,把治理老污染源和新建工业项目配套污水处理设施工作同步推进,1996—2001年,连续抓工业废水治理,工业废水达标排放达标率61.81%,2002年后达标率为96%以上。

2004年,工业废水排放量最大,达到32.44万吨。2010年工业废水排放量12.81万吨,达标排放量12.30万吨,达标率96%。2011年,工业废水排放量12.21万吨,县环境保护部门对生活污水、工业废水的排放进行严格监督、监测,并注重企业废水处理设施建设、运行的监管,废水治理达标率逐步提高。

1991—2011年文成县废水处理一览表

表5-3　　单位:万吨

年份	废水排放总量	生活污水		工业废水			
		排放量	占总量%	排放量	占总量%	达标排放量	达标率%
1991	113.97	108.33	95.05	5.64	4.95	—	—
1992	184.48	175.85	95.32	8.63	4.68	—	—
1993	221.6	208.8	94.22	12.8	5.78	—	—
1994	362.2	348.53	96.17	13.67	3.83	7.29	53.33
1995	392.2	378.71	96.56	13.49	3.44	0.10	0.7
1996	434.2	416.4	95.91	17.8	4.09	9.84	55.26
1997	242.25	219	90.40	23.25	9.6	15.51	66.7
1998	191.25	168	87.84	23.25	12.16	14.80	63.7
1999	188.52	168	89.12	20.52	10.88	15.15	58.93
2000	194.79	168	86.25	26.79	13.75	20.04	74.80
2001	294.71	269	91.28	25.71	8.72	25.71	100
2002	294.68	268	90.63	26.68	9.05	22.12	82.89
2003	372.68	342	91.77	30.68	8.23	29.51	96.19

续表5-3

年份	废水排放总量	生活污水		工业废水			
		排放量	占总量%	排放量	占总量%	达标排放量	达标率%
2004	374.44	342	91.34	32.44	8.66	31.45	96.95
2005	374.04	342	91.43	32.04	8.57	31.46	98.18
2006	362.07	341.64	94.36	20.43	5.64	20.05	98.16
2007	360.61	341.64	94.74	18.97	5.26	18.38	96.87
2008	338.43	321.93	95.12	16.5	4.88	15.92	96.47
2009	333.75	321.93	96.46	11.82	3.54	11.44	96.80
2010	330.65	320.83	96.58	12.81	3.51	12.30	96
2011	318.48	315.21	95.53	12.21	3.48	11.73	96.1

说明：资料由县环保局提供

废气治理

1991—2001年，工业废气治理多为除尘治理，烟尘达标排放率仅达30%以下。抽样检测结果，年废气排放量为1.1万～1.2万立方米。

2002年始，实施专项整治，逐步提高废气处理率。2004—2006年，随着钢铁工业的引进，全县废气排放量猛增20多倍，每年达到20万立方米以上。随着“十一五”污染减排工作力度加大，通过节能技改，2007—2011年间全县废气排放量逐年减少。

2011年，落实市政府“十二五”污染减排任务，开展节能减排工作，年二氧化硫实际排放量比上年减少3.76%，氮氧化物比上年增加3.12%，化学需氧量实际排放量比上年减少2.48%，氨氮实际排放量比上年减少2.11%，化学需氧量、氨氮、二氧化硫等三项指标均实现2011年度减排目标。

1991—2011年文成县废气处理情况一览表

表5-4

年份	废气总量（万标/立方米）	二氧化硫（吨）			烟尘（吨）			工业粉尘（吨）
		排放量	达标量	达标率%	排放量	达标量	达标率%	
1991	11078	180.6	—	—	377.3	—	—	53.8
1992	12057	185.1	—	—	292	—	—	1.4
1993	11594	228.7	—	—	463	—	—	72.9
1994	11043	273.8	—	—	599	—	—	122.8
1995	11081	316.4	—	—	599	—	—	4.5
1996	11118	265	—	—	614	—	—	19.2
1997	7902	158.0	—	—	230	—	—	19.22
1998	6800	132.0	—	—	150	—	—	0
1999	7711	151.49	—	—	113.45	—	—	0
2000	9690	221.67	—	—	187.4	—	—	38.51
2001	9690	221.67	—	—	157.68	—	—	0
2002	6991	73.30	72.68	99.15	18.18	9.53	52.42	0
2003	6007	72.39	65.25	90.14	18.22	10.57	58.01	0
2004	203777	162.46	143.46	88.3	39.42	24.41	61.92	24.63

续表5-4

年份	废气总量（万标/立方米）	二氧化硫(吨)			烟尘(吨)			工业粉尘（吨）
		排放量	达标量	达标率%	排放量	达标量	达标率%	
2005	220534	178.61	145.29	81.34	44.8	19.98	44.60	24.64
2006	203193	195.78	192.06	98.09	48.22	46.56	96.56	24.96
2007	129873	231.1	222.07	96.09	47.92	46.20	96.41	29.55
2008	74078	162.9	158.70	97.47	34.30	33.52	97.72	15.15
2009	73070	148.9	145.25	97.55	31.05	29.58	95.27	12.47
2010	71060	145.9	140.25	91.55	31.05	29.58	94.27	11.47
2011	70070	148.9	145.25	97.55	31.05	29.58	95.27	10.87

说明:资料由县环保局提供

固体废物治理

文成县工业固体废物主要为煤渣、生产边角料等非危险工业固体废物。1991—1994年倾倒现象比较普遍。1990年,全县工业固体废物生产量3400吨,处置量仅500吨,排放量2900吨;1994年排放量为1300吨。1995年5月,开展工业固体废物申报登记和危险废物调查,开始重视工业固体废物治理工作,采取废料利用、填埋等处理手段,排放量大幅降低,当年实现零排放。1997年排放150吨,2004年后为零排放。

1990—2011年文成县工业固废处理情况一览表

表5-5　　单位:吨

年份	产生量	利用/处置量	排放量	年份	产生量	利用/处置量	排放量
1990	3400	0/500	2900	2001	5500	5300/200	0
1991	3200	0/500	2700	2002	2900	2600/200	100
1992	2900	100/500	2300	2003	2900	2800/0	100
1993	2100	700/700	700	2004	11500	11500/0	0
1994	2700	500/900	1300	2005	13300	13300/0	0
1995	600	500/100	0	2006	14000	14000/0	0
1996	2800	2000/700	100	2007	19800	19800/0	0
1997	4005	3855/0	150	2008	12300	12300/0	0
1998	5134	3741/1393	0	2009	8280	8280/0	0
1999	5400	4200/1200	0	2010	7280	7280/0	0
2000	5440	4190/1150	100	2011	7180	7120/0	0

说明:资料由县环保局提供

第二节　水环境治理

1991年,生活污水排放量80余万吨,居民抽水马桶粪便直接排入下水道,严重污染泗溪、凤溪水体。至1993年,泗溪水质为II类,凤溪水质超V类,呈明显恶化趋势。同年,按照全省统一部署开展地表水功能区划分工作。

1992年开始,新建、改建、扩建项目有生活污水排放的生产、生活(居住)用户(包括公房、民房),均按环保"三同时"规定建标准沼气化粪池,规划设计定向管线排放。

1994年10月，县政府出台《文成县城镇居民生活污水治理暂行办法》，推行生活污水沼气净化治理。其中，县城所有公建项目生活污水必须实行沼气净化处理。

1995年，完成全县地表水功能区划分，划定飞云江干流及其沿江各小支流、玉泉溪、峃作口溪为Ⅱ类多功能水体，泗溪徐村以上、樟台以下为Ⅱ类多功能水体，县城段为Ⅲ类功能区水体，凤溪为Ⅳ类功能区水体，分布于县域各乡镇的其他小支流为Ⅰ类功能区水体。通过合格饮用水源创建，确定大峃镇、玉壶镇、南田镇、黄坦镇、西坑畲族镇供水水源地相应范围为饮用水源保护区。

1996年，全县建成标准生活污水沼气净化设施60多座，6家生活污水污染单位被责令限期治理。

1997年4月，取缔两家小型造纸厂和大峃镇3个生猪屠宰点。建成县城垃圾填埋场和垃圾中转站，在城郊设置贮粪池，解决垃圾、粪便处理问题。同年12月，县政府制定《文成县生活污水治理暂行办法》，治理范围从公建项目扩展到居民私人住宅建设。同年，县城范围累计建成约200套沼气净化处理设施，对遏制县城环境恶化趋势起到积极作用。

1997年始，开展代号分别为"绿剑I号""绿剑II号""绿剑III号""绿剑IV号""绿剑V号"行动，直至2002年国家八部委联合推出"整治违法排污企业保障群众身体健康专项行动"为止，每年开展"十五小"非法打击整治工作。1998年投资122.24万元，建成沼气净化处理设施31套，容积1465立方米；建成县城排污管网2923米，及县城垃圾管理房等设施。

1999年，县政府成立凤溪、泗溪污染治理调研工作领导小组，组织技术人员对凤溪、泗溪污染状况进行专题调查。提出建设集污管网引污治理、建设污水处理厂等治理措施和建议，为凤溪、泗溪污染治理起到重要作用。

2000年，县委、县政府颁发《关于进一步加强环境保护工作的决定》，制定《文成县"一控双达标" 工作方案》，采取措施，加强工业污染源整治和城镇环境综合整治工作。

2002年，8—9月，开展水环境综合整治行动，强制拆除电镀厂、造纸厂、养猪场等各1个，加工场10处，整治全县石材加工业废渣乱倒、废水乱排的环境污染问题。

2003年始，每年开展"整治违法排污企业，保障群众身体健康"专项行动。先后依法取缔28个地条钢生产点、9个废旧轮胎炼油点、13个废旧线路板炼铜点、4个小电镀点、8个纺织褪色点、2个废塑料炼油点、4个废旧塑料洗涤加工点。

2003年，县政府成立污水处理厂工程建设指挥部，着手规划建设污水处理厂。2005年，设计处理能力为1万吨/日的县污水处理厂工程分四标段进行公开招标，工程实际投资6689.26万元。2008年2月投入试运行，2008年9月通过竣工验收。

图5-1　建设中的县城污水处理厂（县环保局提供 2005年摄）

2005年，建设空气自动监测站、生态环境监控中心，开展规模养殖场污染整治。

2006年，县政府出台《文成县畜禽养殖禁养区和限养区划分规定》，明确县城建城区范围，一和二级饮用水源保护区范围、名胜风景区范围、主要河道沿线两侧100米范围为禁养区，禁养区外围200米范围为限养区。

2007—2008年，开展石材加工业专项整治行动。至2008年年底,搬迁加工点39个,治理加工点12个,取缔以生产青石坟面为主加工点8个。该年,黄坦镇养殖污染整治被列为市级督办项目。县政府成立黄坦镇养殖污染整治工作领导小组,开展专项整治工作。

2009年,启动黄坦镇污水处理厂工程项目建设,设计日处理污水能力0.5万吨,一期建设日处理污水能力0.25万吨。

2010年,启动珊溪(巨屿)镇污水处理厂工程项目建设,设计日处理污水能力1.1万吨。5月,全县各乡镇开展畜禽养殖禁养区、限养区划分工作。

2011年,黄坦镇开展养殖污染整治进展顺利,禁养区范围内养殖场405户,拆除389户面积,计8.4万平方米。8月,先后进行大峃、黄坦、珊溪、西坑、峃口、玉壶6镇68个行政村的农村环境连片整治,累计建设雨污分流支管网60350米、主管网6300米(包括箱涵管网式管网1400米),农村环境连片整治村污水设施建设项目60个,维修污水设施30套,建成乡镇垃圾中转站和中转站垃圾渗漏液处理池各1个,改造垃圾中转站3座(其中玉壶镇垃圾中转站改造为压缩式垃圾中转站),新建垃圾收集点72个、新增垃圾桶6200个(其中地埋式垃圾桶10个)、生态公厕6座。全年下达农村环境污染整治经费4109万元。

第三节　大气与噪声治理

1991—2011年,23家企业与单位列入监测划定县城烟尘控制区,强制监控区内企业完成锅炉和除尘设备改造更新。划定噪声达标区,强化监测与噪声治理。通过治理监测,大气与噪声处理达标率大幅提升。

大气环境治理

1992年12月,县政府成立大峃镇烟尘控制区建设领导小组。县环保局与大峃镇政府联合发出通知,限期搬迁建设路两端及居民区的蛎灰窑;对县酿造厂、轮胎翻修厂、县人民医院3个单位锅炉烟尘污染实行限期治理;在全县开展炉窑烟尘申报登记工作,将23家企业和单位列入首批监测。开展对机动车尾气管控治理。1993年,划定大峃镇烟尘控制区。建成区面积1.09平方公里,控制区面积0.98平方公里,烟尘控制区覆盖率为89.4%。

1996年,县政府提出实施“碧水、蓝天、绿色”三大工程建设目标,全面实施“一控双达标”工作。制定《文成县县城烟尘控制区建设工作实施方案》,组织开展烟尘控制区监测,强制拆除县城建设路沿线18个蛎灰窑,整治县帝师集团烟囱和县府、文中等一批机关单位食堂烟囱,县城空气质量重新恢复到一级标准。年底,县城烟尘控制区初次通过市政府验收。

1997年,县政府成立环境空气质量功能区划分领导小组,开展全县空气环境质量功能区划分工作。划定百丈漈、铜铃山、石垟林场等旅游风景区范围为一类空气质量功能区,面积186.4平方公里;风景区外围300米距离缓冲带为1～2空气质量功能区,面积达49.1平方公里;其他区域为二类空气质量功能区,面积达1056.66平方公里。4月,对10家产生废气污染企业实行限期治理。9—12月,县轮胎厂、钢铁厂(工业有限公司)先后完成锅炉和除尘设备改造。

1998年,开始创建瑞文、文景公路100米视线范围无黑烟区,2000年通过市政府验收。

2000年,限期治理企业35家,至11月,治理达标14家,拆除设备搬迁8家,关停13家。实现工业污染源达标排放,主要污染物化学需氧量(COD)和烟尘排放量比达标前分别下降91.3%和89.76%。

2001年，县城烟尘控制区面积扩建为1.65平方公里，烟尘控制区覆盖率100%。8月，通过市政府验收。

2006年，再次扩建县城烟尘控制区，区面积2.5平方公里，烟尘控制区面积4.8平方公里，烟尘控制区覆盖率为92%。

2007年4月，全县空气环境质量功能区划分实行调整。12月，召开37个涉气排放工业企业负责人参加的工业废气治理现场会，加大工业废气治理力度。此后，企业继续实施中频炉技改，降低煤耗。

2008年，开展部门联合执法，当年取缔非法生产窝点14个。其中，包括严重污染空气的废塑料、轮胎裂解炼油加工点5个，废旧线路版熔炼加工点3个。与青田县环保部门开展联合执法，开创全市跨地区联合执法先河。

2009年，召集相关部门联合执法，强制取缔黄寮乡非法生产点。2010年，强制取缔巨屿方前、西坑田寮等2个非法废塑料加工点。2011年，联合工商、公安等部门在巨屿、南田等地先后查封取缔无证无照非法经营、污染严重的"低、小、散"企业4家。办理汽车以旧换新车辆82家，发放排污许可证3家。

噪声环境治理

1991—1993年，县城各功能区噪声均不同程度超标，其中，道路交通噪声平均达77.8分贝，超标率100%。1994年，县公安交警部门颁发限制拖拉机进城时间的禁令，减少县城噪声污染。1996年，开展创建县城噪声达标区工作。县城2类功能区为县城居住、商业、工业混杂区，4类功能区为县城交通道路干线两侧区域（包括建设路、伯温路、体育场路）。规划在建城区面积1.65平方公里内，以噪声达标区面积为2.35平方公里为目标，实行噪声环境治理。

1997年始，县城过境公路车辆分流到泗溪路（即今伯温路），噪声环境比上年大为改善，县城昼间噪声等效声级为61分贝。4月，对2家噪声污染企业实行限期治理。12月，县政府成立创建噪声达标区工作领导小组，强化县城噪声治理。

1998年5月，县城噪声达标区建设通过市政府验收，噪声环境状况明显好转。2类功能区噪声达标，即居民文教区、混合区等效声级为44.8分贝和57.8分贝，分别比1997年下降1.5和0.5分贝。4类功能区昼间噪声等效声级为68.7分贝，但建设路噪声等效声级为72.4分贝，比1997年只下降4.8分贝，仍超标准值2.4分贝。

2001年7月始，加强高考期间的噪声管理，每年与县规划建设局、教育局联合安排执法人员在县城各噪声源进行巡逻检查，制止夜间施工噪声扰民行为，为考生提供安静的学习和休息环境。

2002—2007年，县城建城区2类功能区声环境总体上能满足功能区要求，4类功能区噪声等效声级徘徊在71～73分贝之间。

2008年，县城建设路、伯温路平均等效声级为70.5分贝，超GB3896—93《城市区域环境噪声标准》4类标准0.5分贝。2009年，县城体育场路建成使用，县城环境噪声平均等效声级基本达标。2010年和2011年县城环境噪声平均等效声级达标。

第三章　日常管理

文成县环境保护部门推行环境保护，把污染减排作为一项刚性指标任务，制定污染治理措施，严格执行生态环境监察工作，拒绝污染环境企业落户文成境域。2006年至2011年，主要污染物化学需氧量(COD)和二氧化硫(SO_2)削减量分别为476吨、50吨，年递减率分别为15.36%、47%。实行建设项目初步选址和环境影响评价，夜间建筑施工作业许可审批，建设项目环保设施竣工验收，环保设施运营资质审核，排污许可核准。对2001年以来全县的425个项目清理整顿，验收项目337个。针对环保审批存在的“重审批轻管理”和“三同时”执行不到位等问题，进行治理整顿，环境保护工作日趋规范化、常态化。

第一节　管理机构

机构沿革

1983年，成立县城乡建设环境保护局，内设环境保护办公室，下设环境监测站。1992年2月，设立县环境监理站，与县环境监测站实行“一套人马两块牌子”合署办公。1994年9月，环保职能从建设部门中分出，单独成立文成县环境保护局，为副科级事业局，内设办公室、环境管理科。县环境监理站与环境监测站分离为县环保局两个下属机构。

1998年1月，县环境保护局升为正科级事业局，内设办公室、污染管理科、开发科，下属机构未变。2002年1月，局机构再次升级，转为一级行政局。内设办公室、环境综合管理科(开发科、污染管理科合并)、法制宣教科3个职能科室。下属环境监测站不变，环境监理站更名为环境监察大队。

2009年10月，内设机构为办公室、行政审批科、法制宣教科、生态科、水源保护科(原环境综合管理科职能调整后更名)，下属机构保留环境监察大队、环境监测站，增设一个派出机构——黄坦环境管理所。2011年10月，新增珊溪、南田环境管理所。

1994年，核定人员编制13名，1996年增至18人，1998年增至26人。2010年1月，有在职干部职工40人。2011年10月，增加事业编制8人。

职能转变

1991年以前，环境保护工作以环境质量常规监测为主，逐步开展污染源监测工作。1992年，设立环境监理站后，环境保护工作逐步从单一环境监测走向环境监测、环境管理与执法综合管理，包括排污申报、排污费征收、污染源现场监管、行政处罚等。

1992年9月，县环境监测站获取编制环境影响报告资格，对总投资500万元以下的建设项目具有环评审批资格。

1994年9月独立建局后，环保职能得到全面加强，在环境科技领域拓展建设项目环评、污染委托监测和监督性监测等工作，并承担上级部署的课题调研任务；在环境管理领域拓展建设项目许可审批、“三同时”（建设项目中防治污染设施，必须与主体工程同时设计、同时施工、同时投产使用）监管、排污许可证发放、饮用水源保护、环境统计，城市环境质量考评等工作，并承担本县各类环境保护规划编制任务。机构升级后，拓展农村环境保护、区域性环境污染防治、生态环境监察工作，并承担组织实施生态县建设工作任务。

2009年10月，随着县政府对环保工作机构和力量的充实，职能相应进行调整，增加承担全县生活垃圾处理工作和水源地环境整治工作职能。

2011年10月，县环境监察和执法力量逐渐下移，黄坦、珊溪、南田环境管理所相应增加承担县政府养殖污染整治等各项工作任务。

第二节　环保目标责任管理

县政府与项目责任单位签订四轮环境保护目标责任书，全面推行环境保护责任制。经市政府考评，其中地面水环境保护功能区划分名列全市前茅，获评省级先进。

调　查

1993年以来，县环保局开展污染治理措施调查较大规模活动5次，全面摸清环境污染治理基础情况。1996年10月，开展第二次全国乡镇企业污染源调查，调查乡镇企业100家，掌握县域乡镇工业环境污染及污染治理、环境管理状况。对9家企业14个项目实行限期治理。

2001年，县环保局与农业部门联合开展农业农村面源污染调查，调查范围包括全县养殖业、农业化肥农药使用、农村生活垃圾和污水，以及主要污染物排放量和分布等情况，获得有效调查数据7200个。同年11月下旬，配合上海交通大学、清华大学和科研院所专家，开展生活污染源治理调研。

2007年，根据国务院统一部署，环保局抽调15名业务骨干担任污染源普查指导员，培训73名乡镇干部担任普查员。以2007年为调查基准年，经对全县150家工业源和2个集中式污染治理设施进行调查，全县2007年工业用水量295.29万吨，工业废水产生量247.69万吨，工业废水排放量65.94万吨，工业COD排放量184.02吨；工业煤炭消耗量2.67万吨，工业二氧化硫排放量361.66吨。

2009年，进行环境保护工作调研，县环保局先后撰写《县城饮用水源保护存在的问题与保护对策》等10个调研报告，为环境保护提供基础依据。

2010年，污染源动态更新入户调查结束，并通过市级验收。

减　排

2006年，针对主要污染物化学需氧量（COD）和二氧化硫（SO_2）排放量双双下降15%的目标。组织督查组到各地明察暗访，逐级分解落实任务指标。制定污染减排工作方案和应急预案；整治砖瓦窑，淘汰小型砖瓦窑。

2008年，完成泗溪、凤溪截污纳管工程。县城污水处理厂投入运行，逐步发挥化学需氧量减排作用，二氧化硫减排得以快速推进。推进钢铁工业企业治污技改。

2010年，针对县城污水处理厂进水化学需氧量浓度低的现状，开展建城区管网清淤疏浚。2011年，二氧化硫排放总量从161吨削减到160吨，削减量为1吨，削减率为0.6%；化学需氧量须从1363吨削减到1314吨，削减量为49吨，社会增量为20吨，两项合计需削减69吨，削减率为3.6%。年末，经市减排办核准，化学需氧量实际排放量为1271吨，当年增量为20吨，削减量为112吨，净削减92吨，比上年下降6.71%，比2005年基准年下降

17.93%;二氧化硫实际排放量为157吨,净削减量为4吨,比上年下降2.75%,比2005年基准年下降17.59%。

"十一五"期间文成县主要污染物减排情况一览表

表5-6　　　　单位:吨

污染物 年份	COD				SO_2			
	排放量	当年增	当年减	净减量	排放量	当年增	当年减	净减量
2005	1549.36	—	—	—	189.6	—	—	—
2006	1551	—	—	-2	200.6	—	—	-16
2007	1540	51	62	11	242	52	16	-36
2008	1457	33	116	83	173	-62	20	82
2009	1363	20	114	94	161	-12	0	12
2010	1311	20	72	52	98	-63	0	63
2011	1271	20	112	92	157	0	4	4

说明:2005年为基准数,化学需氧量削减率为15.36%,二氧化硫削减率为47.90%。资料由县环保局提供

第三节　审批与验收

审批制度改革

2000年10月,实行首轮环保审批制度改革,对环保审批、审核、核准、备案16方面事项进行全面清理,取消或合并10项,保留6项。保留项目为"二审批三审核一核准",即,第二轮改革从6项改为3项,保留事项为建设项目环评审批、环保设施闲置拆除审核、排污许可证核准;第三轮改革主要在办事时限上进一步缩短。经过三轮改革,建设项目环境影响报告书从原来法定60个工作日内作出审批决定,缩短为7个工作日内作出批复;建设项目环境影响报告表从法定30个工作日内作出审批决定,缩短为3个工作日内作出批复;建设项目环境影响登记表从法定15个工作日内作出审批决定,缩短为1个工作日内作出批复。此外,对建设项目试生产、建设项目环保设施竣工验收、排污许可证、环保设施闲置拆除等管理环节都作出少于法定期限承诺,并于2002年8月首批进入行政审批中心设立审批窗口,实行"一站式"办结制服务。

2008年10月,针对环保审批领域存在"重审批轻管理"和"三同时"执行不到位等问题,分类梳理2001年以来审批425个建设项目,利用两年时间进行清理整顿,至2011年12月,全县已验收项目达到337个,未验收项目10个,未建设项目53个,在建项目47个,试生产项目2个,停产项目13个,注销项目71个,验收率达到97.3%。

1991—2011年文成县环保局行政审批许可情况一览表

表5-7　　　　单位:个

年份	建设项目审批	执行"三同时"	排污许可证发放	年份	建设项目审批	执行"三同时"	排污许可证发放
1991	9	1	—	1995	21	—	—
1992	49	—	—	1996	35	—	68
1993	24	—	—	1997	15	7	100
1994	87	—	—	1998	30	6	114

续表5-7

年份	建设项目审批	执行“三同时”	排污许可证发放	年份	建设项目审批	执行“三同时”	排污许可证发放
1999	49	23	—	2006	41	—	—
2000	36	7	—	2007	36	9	—
2001	51	12	—	2008	65	16	20
2002	39	25	—	2009	53	4	—
2003	55	30	—	2010	21	—	3
2004	23	23	—	2011	93	—	3
2005	37	37	—	—	—	—	—

说明：资料由县环保局提供

排污收费

征收排污费是企业污染环境对国家一种补偿，是促使企业加强治污的一种经济政策。2003年7月1日起执行新的《排污费征收使用管理条例》。2000年排污费征收额首次突破50万元；2007年突破100万元；2000—2011年排污费征收额基本保持50万～100万元之间。

1991—2011年文成县排污费征收与使用情况一览表

表5-8　　单位：万元

年份	管理企业和工商户数	排污申报登记	排污费征收	排污费使用
1991	—	—	2.61	—
1992	96	—	5.33	—
1993	—	—	6.34	—
1994	—	—	4.44	—
1995	—	—	15.32	—
1996	150	—	20.49	12.56
1997	—	—	30.55	3.35
1998	78	218	36	
1999	88	85	45	21.00
2000	109	—	53.4	—
2001	130	80	50.6	26.33
2002	137	142	55.1	34.5
2003	—	115	50.35	—
2004	117	96	43.266	—
2005	90	90	51	—
2006	90	—	60	—
2007	92	—	103	—
2008	102	—	71.6	—
2009	112	—	51.3155	—
2010	119	—	48.49	—
2011	68	—	50.49	—

说明：资料由县环保局提供

第四节 环保监察

违法查处

1992年,成立环境监理站时,环境执法力量单薄,当年没有立案环境案件。1993年,县人民法院专门成立环境案件执行室,环境执法工作开始走上正轨。同年,立案查处全县第一宗环境案件,对温州成港皮件有限公司噪声污染实施行政处罚。

1994年,检查排放污染物单位76家,立案查处1起,罚款0.59万元。1995年,查处企业拒绝申报污染排放情况、擅自拆除环保设施违法企业8家,罚款2.62万元。

1996年,开展系列环保"绿剑"行动和"整治违法排污企业,保障群众身体健康"专项行动,加大对"十五小"企业的打击整治力度。至2000年,查处排污企业和工商户47家,罚款6.88万元。

2001年以前,企业环境违法行为多数属于自身疏于管理,2001年以后,企业自身环保意识普遍增强,履行环境保护义务的自觉性有所提高。但"守法高成本,违法低成本",未批先建,擅自生产,建设不执行"三同时" 制度普遍存在。针对这一状况,连续几年通过持续高压打击,累计取缔"十五小"非法生产点40处。至2009年,查处案件192件,罚款157.02万元。环境违法行为基本得到扼制。2010年,取缔1处属异地非法生产点。2011年,持续保持高压态势,先后查封取缔无证无照非法经营、污染严重的"低、小、散"企业4家。

图5-2 拆除污染企业现场(县环保局提供 2008年摄)

1993—2011年文成县环境违法案件处理一览表

表5-9

年份	处理案件数(件)	罚没款总额(万元)	年份	处理案件数(件)	罚没款总额(万元)
1993	1	0.30	2003	4	1.10
1994	1	0.59	2004	30	12.04
1995	8	2.62	2005	13	14.80
1996	6	2.05	2006	10	22.17
1997	8	0.55	2007	30	41.40
1998	7	2.40	2008	35	37.52
1999	15	1.65	2009	9	17.60
2000	11	0.23	2010	21	31.60
2001	0	0	2011	21	37.97
2002	4	0	2012	12	18.88

说明:资料由县环保局提供

信访调处

随着公众环境意识提高，环境投诉案件不断增加，1992—1997年，每年只有10多件，多数投诉内容为自身环境权益受侵害；2003年突破100件，2005年达到120件；2006年开始减少，每年约50件左右，有自身环境权益受侵害的投诉居多，公共环境受侵害的投诉次之。从调处情况分析，1992—1997年，调处难度比较大，调处率和成功率比较低，维权和侵权双方认识往往不一致。2000年以后，维权和侵权双方认识逐步提高，调处成功率和满意率也逐年提高。

1992—2011年文成县环保信访件调处情况一览表

表5-10　　单位：件

年份	信访件数	调处件数	调处率%
1992—1996	77	43	55.87
1997	16	13	81.3
1998	45	41	90.0
1999	54	45	83.3
2000	38	35	92.0
2001	96	89	92.0
2002	92	83	96.7
2003	109	109	100
2004	120	120	100
2005	102	99	97.0
2006	74	74	100
2007	57	57	100
2008	47	33	70.2
2009	56	56	100
2010	30	30	100
2011	26	26	100

说明：资料由县环保局提供

第五节　环保宣教

“6·5”世界环境日活动

1991年起，每年开展“6·5”世界环境日主题宣传活动，内容包括资料发送、维权受理、咨询解答、悬挂横幅、图片展示、举办电视讲座等。2003年始，陆续推出“百题环保知识有奖竞答”“保护母亲河”“爱护绿色家园”“青春装点新农村”等系列主题活动。2011年5月，联合团县委成立文成县环保志愿者服务大队，环保志愿者组织开展形式多样的公众参与活动，使公众对生态县建设认知度有效提升。6月，联合教育等部门，开展以“低碳45分钟”优秀教案评比活动，在中小学生中开展“大手拉小手”环保宣传征文活动。1999—2011年世界环境日期间，县环保局共编印发放环保图书4.55万册。其中《环保法律法规汇编》3000册、《加入环保行动，建设山水乐园》宣传手册3000册、《迈向环保新世纪》3000册、《环保便民手册》5000册、《企业环保手册》1000册、《公民环保手册》1.5万册、《生态文成(2002—2007年创建纪实)》500册、《环保生活小手册》1.5万册。

图5-3 开展“6.5”世界环境日宣传活动(县环保局提供)

媒体网络宣传

1999年6月,在县电视台开展为期一周的环保宣传活动。2000年6月,拍摄县实验小学开展环境教育活动专题纪实片,在全县播放。2001年始,每季一期《文成环境保护》信息,在《文成报》环境保护专栏刊登。2003年起始,每月编一期《生态县建设》工作简报。2004—2011年,文成环保、生态建设信息被《中国环境报》《温州都市报》《温州环境》杂志采用300多篇(条)。

2000年11月,建立环保网站,修改、完善政务公开内容,环境保护信息全部上网公布。2002年,建成环保局域网,加入浙江环保政务网,加快信息化建设。

专题宣传活动

1998年3月,开展“妇女、家庭、环境”主题活动,组织县机关女干部参加旅游区生态环境考察和植树活动。同年3—12月,组织开展“热爱我们共有家园”环保主题活动,获市组委会颁发的“组织奖”,文中3名学生分别获得征文比赛一、二、三等奖。1998年6月,播放《爱我家园》4集环保电视连续剧。2000年,开展“爱我家园”环境保护征文比赛。2001年,与县文化馆联合编演小品《得不偿失》,获全市环保系统文艺会演编剧奖和优秀演出奖。2002年9月,开展为期半年的“环境警示教育”。2003年,自编自导自演小品《高考之前》,并多次在社区文明共建活动中演出。2006年3月,开展“真情送温暖,建设新农村”环保法律咨询活动。2007年5月,省委宣传部、省环保局联合举办“杭甬温环保行” 活动,三地50多位记者到文成采风。9月,市委宣传部、市环保局联合举办“生态文明在温州”活动,温州市10多家媒体单位派记者到文成采风。

环境教育基地

1997年,建立文成中学环境保护宣传教育基地。2002年10月,选择铜铃山国家森林公园为市级环境教育基地创建单位,次年11月经市环保局验收,命名为“温州市环境教育基地”。至2011年,全县所有中小学均开设环境教育课,并创建市、县青少年生态教育体验园2处、保护母亲河青少年绿色家园2处;市级“保护母亲河号”单位2家、保护母亲河生态监护站2家。

第四章 生态保护与建设

保护生态环境,走可持续发展之路。从21世纪初开始,县域就注重环境保护。2002年始,县委、县政府提出实施“生态旅游县”发展战略,开展生态县、生态乡镇、生态村、生态工程、绿色活动创建活动。2006年获国家级生态示范区建设优秀单位,2011年获浙江省人民政府颁发的省级生态县称号。

第一节 环保投入

1991—2002年,全县投入的环境保护专项治理经费较少,最多年度仅占当年国内生产总值的0.4%。2003年实施生态县战略后,逐步加大环保投入力度,当年环保投入1041.6万元,占全县国内生产总值的0.6%。2004—2007年,环保投入资金占当年全县国内生产总值1.56%~3.10%之间。2009年,突破1亿元,占当年全县国内生产总值的3.5%。

1991—2011年文成县环境保护资金投入情况一览表

表5-11 单位:万元、%

年份	环保资金	所占比例	备注
1991—2002	—	< 0.4	本表投入情况以历年统计为准,仅指县城污水处理、燃气、园林绿化、垃圾处理、其他防治工程投入;全县工业污染防治投入、各种污染防治设施运行费用以及环保能力建设投入。不包括绿化造林和乡镇污染防治投入
2003	1041.60	0.60	
2004	1286.30	1.58	
2005	6863.99	3.10	
2006	4886.30	2.10	
2007	5921.30	2.13	
2008	9958.00	3.21	
2009	11769.10	3.50	
2010	17453.52	4.11	
2011	20563.23	5.16	

说明:资料由县环保局提供

第二节 生态创建

2002—2011年,开展生态县创建工作,创成省级“绿色学校”5所,“绿色饭店” 1个、“绿色家庭”3家,“绿色公益使者”、“绿色小卫士”各1名;创成“绿色学校”10所、“绿色家庭”4家、“绿色社区”2个、环境教育、“保护母亲河号”等基地7个、市级绿色医院1所。

生态县建设

2002年,县委九届十三次全会首次提出实施“生态旅游县”发展战略。2002年8月,县域确定为省生态示范区建设试点单位。县环保部门即着手编制文成县生态创建规划,经省环保部门审核,报县政府讨论通过。

2003年,编制《文成生态县建设规划》,经省环保部门初审后报市生态办组织评审。组织召开生态县建设动员大会,明确文成县经济社会发展生态思路和工作部署。根据2003—2007年市、县长环境保护目标责任书和2003年度生态目标责任书,县政府专门召开办公会议,分解落实生态建设责任。

2005年年初,制定全年生态县建设目标责任书。5月分管副县长专程到国家环保总局汇报创建工作。6月先后组织召开2次生态建设工作领导小组会议和生态县建设工作会议,研究部署生态建设工作;出台《文成县党政领导干部生态建设实绩考核暂行办法》《文成县生态县建设专项资金使用管理办法》和13个有关生态县建设事务性文件,初步建立生态办公室联络员制度。9月,通过省环保局项目25个;12月初通过国家环保总局考核验收。

2006年,召开第六次环境保护工作大会。加强县生态办力量,充实专职人员3名,明确乡镇分管领导和环保员职责。完善《文成生态县建设专项资金使用管理办法》,落实生态专项资金150万元。与各乡镇、职能部门签订年度生态县建设工作目标任务书,全面完成市政府下达的生态县建设工作任务。

2007年4月,文成作为全省试点县之一,率先通过省级生态环境功能区规划论证。该规划确定全县禁止准入区15个,限制准入区3个,重点准入区7个,优化准入区1个,面积分别为162.24平方公里、1057.17平方公里、19.95平方公里和52.80平方公里。5月,文成县获市委、市政府生态县建设工作优秀成绩奖。12月,省环保局表彰生态环境功能区规划先进集体和先进个人,文成县环境保护局被评为先进集体。

2008年4月,县委、县政府召开生态县建设工作会议。6月,召开生态县建设工作领导小组扩大会议,10月,召开全县环境优美乡镇创建工作座谈会。12月,召开"环保工作企业代表座谈会",45家重点企业代表参加。

2009年4月,县政府常务会议讨论通过《文成县生态补偿资金管理使用暂行办法》。年底,初步建立环境整治项目库,申报入库项目105个,总投资额2800多万元,经过现场调研审查,确定本年度实施项目49个,总投资额840万元,投入重点是前几年已建成还没有正式投入运行使用设施改造。召开生态县建设工作专题会议,明确2010年创建省级生态县的奋斗目标。

2010年1月,召开省级生态县创建暨珊溪水库水源地保护动员大会。3月,并召开省级生态县创建工作分析会。4月上旬,安排三个工作小组深入乡镇调研,研究解决创建工作中存在的重点和难点问题。4月,县委主要领导率县四套班子主要领导到省环保厅专题汇报创建省级生态县工作情况。4月下旬,组织相关部门人员到各乡镇开展督查工作。6月,召开省级生态县创建工作推进会暨农村生活垃圾处理动员大会。出台《文成县2010年创建省级生态县实施方案》,与33个乡镇和32个部门分别签订责任书。9月,县委第十一届十次全会进一步明确建设"宜游宜居生态小康县"奋斗目标,并部署生态文明建设十大行动,生态创建工作受到社会各界广泛支持,"生态立县"理念深化,生态县创建各项工作基本就绪。

2011年2月,创建省级生态县工作通过现场考核验收,并启动国家级生态县创建工作。县委、县政府制定出台《文成县创建国家级生态县实施方案》和《文成县创建国家级生态县宣传方案》,确定国家级生态县创建重点工作,并与相关部门签订《2011—2015年国家级生态县创建工作任务书》。6月,组织召开生态县建设领导小组扩大会议,又与32个部门、10个乡镇签订《2011年生态县创建工作任务书》。10月,浙江省人民政府正式命名文成县为第四批省级生态县。

生态乡镇、村建设

2002年,开展创建生态乡镇工作,确定下垟乡为生态示范乡试点单位。2003年,按规划组织实施,推进下垟乡生态建设工作。2004年，启动全县33个乡镇的生态建设规划编制工作。

2005年，全面启动生态乡镇建设工作，全县16个乡镇完成生态乡镇建设规划编制并通过专家论证，1个乡镇通过省级生态乡镇考核命名，6个乡镇通过市级生态乡镇考核命名，16个行政村通过市级生态村考核命名。

2006年，突出生态乡镇村建设，举办生态乡镇建设培训班，对申报乡镇干部进行培训，全面完成全县生态乡镇建设规划编制工作，并经县人民政府颁布实施。组织省、市级生态乡镇村申报工作，黄寮乡申报全国环境优美乡镇，4个乡镇申报省级生态乡镇，9个乡镇申报市级生态乡镇，18个村申报市级生态村。全县16个乡镇完成生态乡镇建设规划编制并通过专家论证，1个乡镇通过省级生态乡镇考核命名，6个乡镇通过市级生态乡镇考核命名，16个行政村通过市级生态村考核命名。

2007年，申报省级生态乡镇5个，岭后乡、仰山乡、东溪乡、金星乡通过验收。申报市级生态乡7个，通过验收4个，分别为朱雅乡、上林乡、金垟乡、石垟乡；申报市级生态村35个，通过验收23个。年末，全县16个乡镇被命名为温州市生态乡镇，其中9个乡镇被命名为浙江省生态乡镇，48个村被命名为市级生态村。总体进度名列全省第9位。

2008年，全县5个乡申报全国环境优美乡、8个乡镇申报省级生态乡镇、9个乡镇申报市级生态乡镇、54个行政村申报市级生态村。年末，新增3个省级生态乡，分别为双桂乡、周壤乡、上林乡；新增7个市级生态乡镇，分别为大峃镇、珊溪镇、桂山乡、双桂乡、周山乡、樟台乡、云湖乡；新增42个市级生态村。建成省级生态乡镇12个，市级生态乡镇23个，市级生态村90个。

2009年，全县1个乡申报全国环境优美乡、5个乡镇申报省级生态乡镇、6个乡镇申报市级生态乡镇、45个村申报市级生态村。年末，新增1个乡申报全国环境优美乡东溪乡；新增5个省级生态乡，分别为西坑镇、珊溪镇、公阳乡、朱雅乡、石垟乡；新增4个市级生态乡镇，分别为二源乡、里阳乡、金炉乡、平和乡；新增34个市级生态村。全县建成全国环境优美乡1个，省级生态乡镇17个，市级生态乡镇27个，市级生态村124个。珊溪镇新西坑村、上林乡新林村、西坑镇梧溪村、周壤乡周墩村、岭后乡下庄村、东溪乡碧溪村和碧坑村、峃口乡九山村等8个村入编市生态办编写的《温州市生态村旅游手册》。

2010年，1个乡申报国家级生态乡，12个乡镇申报省级生态乡镇，3个乡镇申报市级生态乡镇，37个行政村申报市级生态村，59个行政村申报县级生态村。年末，下垟乡被命名为国家级生态乡；大峃、桂山、周山、云湖、平和、里阳、二源、金炉、南田、巨屿10个乡镇被命名为省级生态乡镇；南田镇、巨屿镇、龙川3个乡镇被命名为市级生态乡镇；新增市级生态村30个，县级生态村45个。至此，全县建成国家级生态乡2个，省级生态乡镇27个，市级生态乡镇30个，市级生态村147个，县级生态村236个。

2011年，珊溪、玉壶2个镇申报国家级生态镇，并通过省级预验收和公示；百丈漈镇申报市级生态镇，进入公示；命名市级生态村87个；县级生态村46个。2009年以后命名的省级生态乡镇通过省厅复查。

第三节　绿色活动

2003年始，全县开展绿色创建活动，先后获省级"绿色学校"5所，"绿色饭店" 1个、"绿色家庭"3家，"绿色公益使者"、"绿色小卫士"各1名；市级"绿色学校"10所、"绿色家庭"4家、"绿色社区"2个、环境教育、"保护母亲河号"等基地7个。

2003年10月，首次开展县级"绿色家庭""绿色小卫士""绿色公益使者"评选活动，评出"绿色家庭"10户，"绿色小卫士""绿色公益使者"各10名。2004年，在朝阳、城南小区和文成中学、黄坦中学分别开展"绿色社区""绿色学校"创建试点工作。2005年，申报创建绿色载体17个单位；申报省级绿色家庭、"保护母亲河"生态监护站、“保护母亲河”号、青少年生态教育体验园、“青少年绿色家园”等绿色载体。

2006年,确定“绿色学校”“绿色企业”“绿色社区”“绿色医院”等创建单位,以及“青少年绿色家园”“青少年生态体验园”创建场所。文成中学“保护母亲河”生态监护站和文成二中“保护母亲河号”得到省级命名;2个家庭被命名为省级绿色家庭,1人被命名为省级绿色公益使者,1人被命名为省级绿色小卫士。

2007年,新增市级绿色学校1所,省级绿色家庭1个,市级绿色家庭3个,省级“保护母亲河”生态监护站、“保护母亲河号”各1个;命名县级绿色学校2所、绿色幼儿园1个,县级绿色家庭30个。2008年,南田镇小和珊溪镇小晋升为市级绿色学校,实验小学和黄坦中学晋升为省级绿色学校。2009年,新增市级绿色学校2所,县级绿色学校4所,市级生态环境教育示范基地1个。其中,珊溪中学、上林乡中心小学为市级绿色学校,黄坦镇中心小学、周壤乡周南学校、十源乡中心学校、双桂乡中心学校为县级绿色学校,铜铃山国家森林公园为市级(第二批)生态环境教育示范基地。

2010年,新增省级绿色学校2所,分别为南田镇中心小学和文成县成职教中心;市级绿色学校2所,分别为百丈漈镇中心学校和珊溪镇映山红幼儿园;新增县级绿色学校4所,分别为龙川乡中心学校、平和乡中心学校、峃口乡中心学校、樟台乡中心学校;新增市级绿色医院1所,为文成县人民医院。

2011年,创建绿色载体。全年成功创建省级绿色家庭2户,市级绿色家庭4户,市级绿色学校2所,县级绿色学校4所。

2003—2011年文成县市级以上绿色载体命名情况一览表

表5-12

载体名称	创建单位和个人	获得荣誉称号	授予时间(年月)
绿色学校	文成中学	浙江省绿色学校	2004
	县实验小学	温州市绿色学校 浙江省绿色学校	2004 2008
	黄坦中学	温州市绿色学校 浙江省绿色学校	2004 2008
	南田中学	温州市绿色学校 浙江省绿色学校	2006.12 2010
	县树人学校	温州市绿色学校	2006.12
	县成职教中心	温州市绿色学校 浙江省绿色学校	2006.12 2010
	南田镇小	温州市绿色学校	2008
	珊溪镇小	温州市绿色学校	2008
	百丈漈镇中心学校	温州市绿色学校	2010.11
	珊溪映山红幼儿园	温州市绿色幼儿园	2010.11
绿色家庭	珊溪镇潭洲路刘忠良家庭	温州市首届“十佳绿色家庭” 浙江省绿色家庭	2006.02 2006.11
	大峃镇建新南路夏淑琴家庭	浙江省绿色家庭	2006.11
	龙川乡中堡村赵颖颖家庭	温州市绿色家庭 浙江省绿色家庭	2006.12 2007.11
	大峃镇呈树村赵东京家庭	温州市绿色家庭	2006.12
	下垟乡下垟村李存洪家庭	温州市绿色家庭	2006.12
	二源乡山头村刘小玉家庭	浙江省绿色家庭	2009.11
	巨屿镇垟尾村潘素芬家庭	浙江省绿色家庭	2009.11
	西坑镇新村李华丽家庭	温州市绿色家庭	2009.11

续表5-12

载体名称	创建单位和个人	获得荣誉称号	授予时间(年月)
绿色家庭	仰山乡塘山村林梅伍家庭	温州市绿色家庭	2009.11
	大峃镇双龙村李忠家庭	浙江省绿色家庭	2011.11
	黄坦镇共宅村吴克华家庭	浙江省绿色家庭	2011.11
	珊溪镇街头村夏慧红家庭	温州市绿色家庭	2011.11
	西坑畲族镇下垟村毛英柳家庭	温州市绿色家庭	2011.11
	大峃镇鹤东村刘加信家庭、	温州市绿色家庭	2011.11
	玉壶镇底村胡启亮家庭	温州市绿色家庭	2011.11
绿色公益使者	文中团支部书记林佳利	浙江省“绿色公益使者”	2006.11
绿色小卫士	文成二中实一(6)班陈思睿	浙江省“绿色小卫士”	2006.11
绿色社区	朝阳新村	温州市绿色社区	2004
	城南小区	温州市绿色社区	2005
环境教育与“保护母亲河号”基地	铜铃山国家森林公园	温州市环境教育基地	2003.11
	南田镇中心小学	温州市青少年绿色家园	2006.12
	龙麒源风景区	温州市青少年生态体验园	2006.12
	文成二中	温州市“保护母亲河号”	2006.01
	珊溪中学	温州市“保护母亲河生态监护站”	2006.01
	县林业局	温州市“保护母亲河号”	2006.12
	巨屿中学	温州市“保护母亲河生态监护站”	2006.12
绿色饭店	文成县阳光大酒店	省级绿色饭店	2009.12
绿色医院	文成县人民医院	市级绿色医院	2010.08

说明：资料由县环保局提供

第四节 生态工程建设

文成县实施“宜游宜居生态县”发展战略，全力推进美丽乡村建设。通过抓生态环境整治、抓生态产业发展、抓生态家园建设，着力解决农村生活污水治理等事关群众切身利益的突出问题。同时推进镇级污水集中处理工程，建成一批农村生活污水处理设施，9镇1乡建成污水处理厂7座、污水处理站1座、分散式处理设施28个。

生态环境整治工程

2003年，全县启动实施生态移民工程、清水河道工程、“百村整治十村示范”工程，整治规模化畜禽养殖污染项目30个。

2004年，开展“整治环境违法行为，保障群众健康”环保专项行动，出动执法人员157人次，处罚31家企业，罚款5.04万元；取缔4家非法裂解油冶炼厂、1家褪色行业，环境违法行为限期改正22家。

2005年，开展保护母亲河活动；2000多名中小学生对县城泗溪、凤溪及主要街道进行清污清扫，青年志愿者分别对飞云江、龙溪进行清污。开展城镇垃圾分类管理，并分别进行填埋、降解处理。

2006年，黄坦镇1927个养殖户污染治理项目启动；县城生活垃圾无公害处理场开工建设。制定13个村的生活污水沼气净化处理计划，至年底完成9个村16处沼气净化池建设。

2007年，市政府下达的“农村环境五整治一提高工程”等12项二类目标任务经考核验收，一类目标任务中主要污染物削减任务达不到指标要求，二类目标任务中生态补偿机制、产业结构优化调整实施意见等政策未出台，总评为及格档次。

2008年,继续开展"整治违法排污企业保障群众健康"环保专项行动。取缔14个隐藏在偏僻山区的"十五小"非法生产窝点,其中废塑料、轮胎裂解炼油加工点5个,纺织品褪色加工点5个,废旧线路板熔炼加工点3个,废塑料洗涤加工点1个。开展石材加工业专项整治。对32个位于饮用水源地附近、主要交通道路沿线、居民住宅区内的加工点下达限期搬迁通知,对11家石材加工点下达治理或补办报批手续通知,对8家以生产坟面石为主的加工点进行强制拆除。

2009年,开展"整治违法排污企业保障群众健康"环保专项行动。对重点污染源现场监察频次每月不低于1次,一般污染源现场监察频次每季度不低于1次,全年出动人员2032人次,排查各类排污企业和建设项目635家次,强制取缔岭后乡三板桥、黄坦石井、黄寮黄山、南田务垟等4个非法炼铜加工点和方前村废塑料加工点1个。

2010年,开始对建设项目"三同时"制度执行情况集中清理整顿。5月,向省环境保护部门申报《珊溪水库重要水源地农村环境连片整治示范项目》,获得2010—2012年中央农村环境保护专项资金4500万元。6月,申报2010年项目投资计划,获中央农村环境保护专项资金985万元,对黄坦镇、富岙乡等21个行政村开展连片整治。

2011年,完成大峃、黄坦、珊溪、西坑、峃口、玉壶等6个镇68个行政村的中央农村环境连片整治项目申报。建设雨污分流支管网60350米、主管网6300米(包括箱涵管网式管网1400米),完成60个农村环境连片整治村污水设施建设,维修污水设施30套,建成乡镇垃圾中转站和中转站垃圾渗漏液处理池各1个,改造垃圾中转站3座(其中玉壶镇垃圾中转站改造为压缩式垃圾中转站),新建垃圾收集点72个、新增垃圾桶6200个(其中地埋式垃圾桶10个)、生态公厕6座。全年下达资金4109万元,其中中央农村环境连片整治资金2578万元,库区整治资金1531万元。

污水处理工程

县城污水处理厂(城东污水处理厂) 位于文成县大峃镇东城村,总投资6680万元。2005年立项,2007年9月建成通水,2008年2月21日正式投运。设计处理能力近期1万吨/日,工艺采用移动床生物膜工艺结合A/O工艺(硅藻土联合处理工艺),出水水质执行国家〔《城镇污水处理厂污染物排放标准》(GB18918-2002)一级B排放标准〕。污水主管网18.2公里,污水收集服务范围覆盖县城城区。

黄坦污水处理厂 位于黄坦镇沙垟村,总投资5300万元,2009年立项,2011年4月投建,2012年8月中下旬投入试运行,初步设计日处理量为5000吨,其中一期工程处理量为2500吨/日,采用预处理+A/A/O生化+深度处理系统工艺,污水出水达〔《城镇污水厂污染物排放标准》(GB18918～2002)一级A标准〕。配套主管网为13.1公里,服务范围为黄坦镇区、占里村、沙垟村。

珊溪巨屿污水处理厂 位于巨屿镇项坑边村,总投资1.52亿元,2011年立项,于2012年7月投建,2014年9月投入试运行。一期工程设计规模0.5万吨/日,采用预处理+改进型卡鲁塞尔氧化沟+深度处理工艺,出水水质执行〔《城市污水再生利用景观环境用水水质》(GB/T18921～2002)娱乐性景观用水标准〕,进入湿地前按〔《城镇污水处理厂污染物排放标准》(GB18918～2002)一级A标准控制〕,主管网总长51公里,服务范围包括珊溪镇城镇建设区和附近5个村以及巨屿镇镇区、巨屿工业园等,服务人口3.05万人。

南田污水处理厂 2010年开工建设,覆盖范围涉及南田村、九都村、新星村、新南村、五源村等行政村,占总行政村16.1%,受益3873户,占总户数35.6%,已建污水总管网及入户管网25.25公里,2014年在建2.5公里,拟建33.92公里。保留分散式处理污水池2处,污水管网30.9公里,2014年改造提升1.87公里。按照城镇总体规划要求,2015年污水处理厂投入运行后将该部分处理设施作为预处理直接纳入污水总管网。

百丈漈污水处理厂 2011年开工建设。覆盖到上石庄、下石庄、长塘、外垟、篁庄和天顶湖旅游组团，覆盖率达100%，占总行政村19.3%，受益1812户，占总户数23.1%。此前已建污水管网4.2公里。

玉壶污水处理厂（2011年规划） 覆盖8个行政村，占总行政村18.1%，受益户数5136户，占总户数34.3%，已建并接入污水处理厂管网39.37公里。根据"方案"今后玉壶镇对入户管网拟建30.97公里。该镇仍保留分散式污水处理池5个，建污水管网13.6公里。按照乡镇总体规划要求，分散式处理的户数生活污水通过预处理后将直接并入污水处理厂作进一步处理。

西坑污水处理厂（2011年规划） 西坑畲族镇辖西坑村和叶岸村，总户数1500户，以分散式污水处理站的模式对农村生活污水进行处理，2个行政村建污水管网16公里。2014年改造提升4.68公里，拟建14.24公里。

峃口污水处理厂（2011年规划） 辖峃口、新联2个行政村，总户数1366户，因地理关系以分散式污水处理站模式进行污水处理，4处污水处理池，污水管网7.9公里，2014年改造提升11.3公里，达到生活污水处理全覆盖。

周山污水处理厂（2011年规划） 距县城40多公里，总人口5148人，总户数1681户，运行的污水处理设施1处，污水管网11.4公里。

第六卷

城乡建设　房地产业

1985年，首次编成县城总体规划，后又相继编制珊溪、玉壶、南田集镇建设规划，城乡建设有序进行、布局渐趋合理。1991年后又多次对县城总体规划进行修订。2006年，启动新一轮县城总体规划编制，实施“小县大城”战略，拉开框架、优化布局、提升品位，构筑县城中心城区“一带两廊六片”和道路交通主干“一环三横四纵”框架与总体布局。旧城改造与新区开发、政府投资与民间投资相结合、城镇建设与乡村建设、公共建筑与私人住宅建筑齐头并进。人民生活坏境优化，宜游宜居生态县城初具雏形。2011年，县城区面积从1985年的0.87平方公里扩展到2.5平方公里，城市化水平达38%。县城道路总面积49.60万平方米，人均面积10.07平方米，比1991年分别增6.9倍和3.8倍；城镇居民人均住房建筑面积47.15平方米，农村居民人均住房使用面积59.5平方米，分别比1991年增2.14倍和2.05倍。

第一章 城乡规划

1985年，县城总体规划，城区面积0.87平方公里。1991—1993年，对首轮县城总体规划进行修订。1998—2002年，修编县城城市总体规划，城区面积拓展为8.5平方公里。2002年，县委、县政府提出创建省级文明县城奋斗目标。2010年，提出努力把文成建设成为生产发展、生活富裕、生态良好、宜游宜居生态小康县，实施“小县大城”战略，以新区开发为核心，加快推进县域中心城市建设。至2011年年末，县城建成区面积已扩大到2.5平方公里，县城人口从1999年的4.03万人发展到6万人，“十二五”规划将县城中心建设区扩大到10平方公里。城镇化率从1999年的22.4%提高到38%。全县建制镇总体规划覆盖面100%。

第一节 县域总体规划

1999年，启动编制《文成县域城镇体系规划（1999—2020）》。2001年1月，经省政府批准实施。2006年，开始编制《文成县域总体规划（2006—2020）》。2011年年底，报省建设厅待批。2011年6月，编成《文成县森林城市建设总体规划（2011—2015）》。

文成县域城镇体系规划

1999年7月，委托浙江省城乡规划设计研究院承编《文成县域城镇体系规划（1999—2020）》。至2000年4月，经基础性资料收集，部门及各乡镇访谈，进场设计，初稿讨论，三轮修改、完善，形成规划设计成果。5月，经市政府审核通过，2001年1月，经省政府批准实施。规划提出实现全县国民经济和社会发展近、远期目标，科学、有序推进城镇化进程，促进城镇发展与人口、资源、环境相协调。规划内容包括县域与城镇发展战略、城镇体系结构、乡村居民点建设、综合交通、供水与排水、供电与电信、社会设施发展、环境保护、防洪排涝与消防、旅游资源开发等规划，是指导和调控县域城镇化进程和城镇发展纲领性文件，成为全县各镇编制总体规划依据。

文成县域总体规划

2006年，启动编制《文成县域总体规划（2006—2020）》，委托杭州市城市规划设计研究院承编。2007年，完成《文成县域总体规划纲要》初稿，经反复讨论、修改，于2008年7月、8月分别通过省、市、县三级联合审查，并通过专家会审。同年底，编成规划设计成果。规划对县域功能定位为温州大都市区生态休闲度假旅游胜地、生态产业基地。发展目标为人与自然友好共存的生态文成；多种优势自然要素与城市有机融合的魅力文成；社会、经济、生态环境协调发展的和谐文成。明确各片区各镇产业发展重点和方向，以及县域“1+X”布点规划，确定县域空间结构为“一主、一副、七片”，“一主”指县域主中心，即中心城区，包括大峃、樟台及龙川；“一副”指县域副中心珊溪；“七片”指县域七个发展片，分别是中心城区片、珊溪—巨屿片、玉壶片、南田片、黄坦片、西坑片及百丈漈片。2010年，上报浙江省建设厅，因2011年3月全县行政区划调整，县域总体规划随之调整，并在同年再次上报至省建设厅审批。

文成县森林城市建设总体规划

2011年6月，编成《文成县森林城市建设总体规划(2011—2015)》，由浙江省林业调查规划设计院承编。规划期限2012—2015年，其中近期2011—2013年，远期2014—2015年。规划文成森林城市总体布局为“四轴连心、翠屏环城、绿网护村”。四轴连心:“心”指县城中心城区;“四轴”指四条主要生态廊道景观轴，分别是通往西坑畲族镇、百丈漈镇及南田镇的56省道(复线)景观轴、通往巨屿镇和珊溪镇的(X602\X603)县道景观轴、龙丽温高速公路文成县城段龙丽温高速景观轴、青文泰公路/青文泰高速公路景观轴。翠屏环城:指环城山体生态景观林，春夏秋冬四季呈现不同色彩和风景。绿网护村:指县城城区形成“道路河道乔木林、房前屋后果木林、公园绿地休憩林、村庄周围护村林”森林格局。规划确定县域森林城市建设方向和方式，提出“森林村庄”建设内容和规模，统筹考虑美丽乡村建设，增强规划可行性。

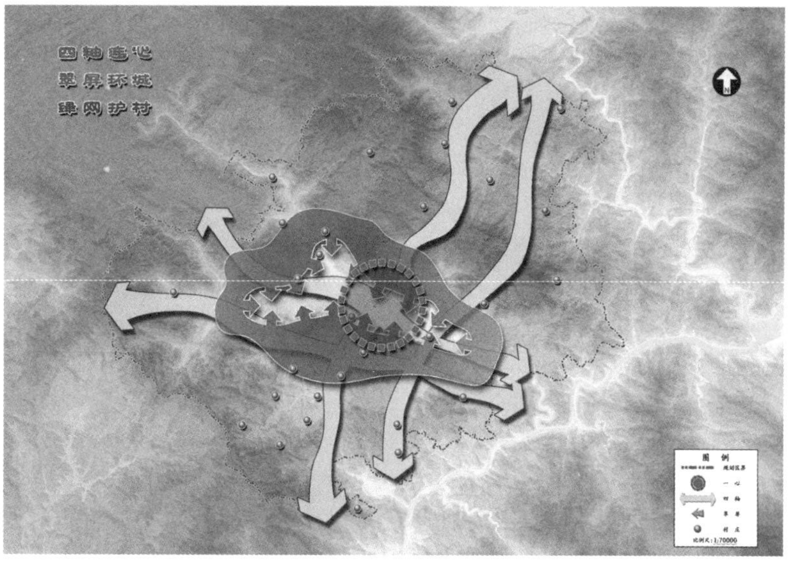

图6-1 文成县森林城市建设总体规划图(县林业局提供 2011年摄)

第二节 县城城市规划

县城城市建设首轮总体规划于1985年编制并施行，1991年对原规划进行修编，1998年启动编制二轮县城城市总体规划。并于2001年开始编制县城及周边各类建设专项规划和控制性详细规划。至2011年年末，城区实际扩大到2.5平方公里。

总体规划

1984年5月，国务院颁布《城市规划条例》后，成立文成县城乡规划领导小组，下设办公室。开始编制《文成县城总体规划》，1985年2月28日经市政府批准实施。后随改革开放深化，县域政治、经济、社会各方面均发生很大变化，县城总体规划亟须调整修订。1991年，委托浙江省城乡规划设计研究院对《文成县城总体规划》进行修编，1993年完成。修编主要内容为从温州市域范围来研究文成县城镇发展规律和特点，体现和增强县城综合功能，按照“小城市”要求提出县城城市建设各项指标，补充原文本规划缺项，明确“城市规划区”范围，就县域城镇体系、城市发展、城市布局、城市工程等规划进行修订。规划年限近期为1991—2000年，远期至2010年;城区规划面积从0.87平方公里，扩大到8.5平方公里。

1998年8月，启动编制《文成县城城市总体规划(1999—2020)》，由浙江省城乡规划设计研究院承担编制任务。2000年，完成规划文本，经多轮讨论、修改。2001年1月，经县十二届人大常委会十三次会议审议通过，8月报送温州市政府审查。2002年，批准实施。

城市性质 为温州大都市区休闲度假胜地、生态产业基地、幸福小城。

规划期限　近期1999—2015年，远期2016—2020年。

人口与城镇化水平　县城人口从1999年4.03万人，2011年发展到6万人，2020年发展至10.4万人；城镇化率从1999年22.4%，2011年提高到38%，2020年达到60%。

发展目标　以生态环境保护为前提，建设人与自然友好共存的生态文成；发挥山城山、溪、湖、漈、岭、林等特色优势，建设魅力文成；注重经济、社会和环境效益同步提升，打造和谐文成，把文成建成宜游宜居生态小康县。

中心城区规模和结构　2020年规划人口规模10.4万人，建设用地范围控制在954公顷以内，人均91.73平方米。中心城区由大峃、龙川、樟台三大片组成，总体空间结构为"一带、两廊、六片"。"一带"：指泗溪景观带，从东至西贯穿中心城区，为组织各功能片主轴。"两廊"：指东西两条生态廊道。"六片"：指樟台、垟头山、中心南、中心北、樟山、龙川6个功能片。樟台片以人居功能为主，兼有行政办公、医疗卫生、旅游服务等城市级公共服务功能，为中心城区生活服务次中心，地域面积约175公顷；垟头山片规划保留沿江部分用地为居住用地；中心南片为旧城区所在地，以人居及公共服务功能为主，地域面积约290公顷；中心北片以人居及公共服务功能为主，未来通过低丘缓坡地开发、新建县行政中心，带动公共服务配套完善，地域面积约230公顷；樟山片为未来中心城区空间拓展、城市功能发展主导区域，重点安排居住及相关配套功能，地域面积约110公顷；龙川片以人居功能为主，兼有少量公共服务功能。

中心城区用地布局　居住用地：规划中心城区南片、中心城区北片、樟山片、龙川片、樟台片、垟头山片6大居住组团。公共设施用地：行政办公用地：主要集中在泗溪北面新区内，为县政府、法院、检察院等机关建设用地。商业金融用地：主要集中在建设路、县前街、伯温路两侧，樟台、龙川区块结合原有乡集镇中心形成片区商业中心。文化娱乐用地：主要集中在56省道北侧，主要布置文化馆、影剧院及图书馆等设施。体育用地：规划体育中心位于泗溪北侧新区内，设置体育场、篮球场等设施。医疗卫生用地：规划在龙川、樟台各设社区卫生服务中心，整合县城医疗卫生资源，在鹤东村原殡葬用地新建综合性医院，保留县人民医院。教育科研用地：规划布置于龙川，主要安排职业培训和大专院校。仓储用地：位于樟台山坑高速公路出入口附近。

综合交通　高速公路：即龙丽温高速公路文成县城段，沿县城南侧山坡地布置，出入口设置于樟台片。城区道路：主干道路形成"一环、三横、四纵"格局，"一环"由S56复线，环城西路及环城南路构成；"三横"分别指伯温路、体育场路、建设路；"四纵"分别指县前街和规划中的二号路、文成中学东侧道路、改造后的栖霞路。次干道路布置14条，并结合地势和自然山体预留多条步行廊道。交通设施：规划客运站2处，在徐村新建客运中心、樟台新建客运站。

公园绿化与空间景观　规划千秋公园、历史公园、瓦窑坪公园、樟台公园、西山公园、滨江公园6座，总面积110公顷。城区绿化以道路绿化、居住区绿化为主，沿主要道路及泗溪两侧布置街头绿地，新建居住区绿地率不少于30%，党政机关、学校、医院、部队、公共文化设施绿地率不低于35%。空间景观设置"一带、四区、六节点"。"一带"为泗溪两侧城市景观带；"四区"指4个城市景观风貌区，分别为老城城市景观风貌区、新区城市景观风貌区、龙川城市景观风貌区、樟台城市景观风貌区；"六节点"为城市重要景观节点，主要有西山山顶景观节点、体育中心景观节点、行政中心景观节点、樟台公园景观节点、千秋塔景观节点、县前街商业景观节点等。

专项规划

2001年8月，县城乡规划设计所编制并会审通过《文成县县城周边植物绿化总体规划》，县城周边绿化分为8片，总面积385.87公顷。2002年，完成县城环境卫生规划。2007年，完成《56省道县城景观带（湖滨公园）规划》。2006年，编成《县城近期建设规划》《县城排水、排污专项规划》。2009年，编制完成《文成县松龙岭红枫古道保护规划》。

控制性详细规划

1997年编制县城城东小区详细规划,1998年完成沙垟片区修建性详细规划。1999年编制幸福堂地段、凤新小区(新区块)、县前街改造详细规划。2000—2005年,先后编成城南小区、城北小区、文岙底区块、凤新组团、珊门居住小区、苔湖新村、徐村小区、龙川村头小区、周村小区、凤垟片区、建新片区、石玟垟片区控制性详细规划。2007—2008年,编制完成凤新片区、城北小区、城西片区、樟台片区、二中片区、徐村片区控制性详细规划。至此,县城城区控制性详细规划覆盖率82%。2009年启动县城中心区6.5平方公里控制性详细规划,2011年编制完成,对以往局部规划进行适当整合调整,使总规与控规更具科学性和可操作性。并在城市片区规划设计中拉开县城框架,先后完成珊门、龙川、幸福堂3片区城市规划,为中心城区建设提供指导依据。

图6-2 文成县中心城区控制性详细规划——用地规划图(县规划建设局提供 2011年摄)

第三节 集镇规划

1992年撤区扩镇并乡前,县域除县城大峃镇外,只有珊溪、玉壶、南田3个区属镇,该3镇于1985—1986年间先后编制集镇总体规划,是县域最早编制总体规划的集镇。1992年撤区扩镇并乡后,建制镇增至8个。1993年,成立县城镇发展规划拓展工程编制领导小组,编制《文成县建制镇发展规划拓展工程(1994—2010)》,至1994年6月编成。规划对全县大峃、珊溪、玉壶、南田、西坑、黄坦、百丈漈、巨屿8镇建成区人口、范围、市政公共设施、市政工程设施、文化卫生公共设施、园林绿化等进行规划,为各集镇编制总体规划起到一定指导作用。随后,各镇着手编制镇总体规划。至1996年,编成珊溪、玉壶、南田、巨屿、西坑、黄坦6镇总体规划,并编成龙川、樟台、周壤、二源、桂山、双桂、下垟、石垟、岭后、十源、金星、周山12个乡政府驻地规划。在1993年温州市村镇规划设计优秀方案评比中,南田镇总体规划设计方案获佳作奖。1997年,编成百丈漈镇总体规划,全县8个建制镇总体规划全部编制完成。1998年后,编制云湖、平和、朱雅、富岙、峃口、周壤、黄寮、周山、金星、上林、东溪、里阳、仰山、公阳、金垟15个乡总体规划。至此，全县所有乡镇总体规划全面编制完成，全县城乡规划体系初具轮廓。2010年，8个建制镇开启编制新一轮总体规划。2011年3月，全县行政区划调整为9镇1乡，至年底全县所有乡镇总体规划全面编制完成。

珊溪镇规划

1985年编制集镇总体规划，1992—1996年对镇总体规划进行修编。2008年委托温州市城市规划设计研究院编制《文成县珊溪镇总体规划》，2011年12月编成批准实施。

规划范围 镇区由旧镇、坦歧、李井三大片组成。2011年镇区面积1.22平方公里，2020年规划面积2.88平方公里。

规划期限 近期2011—2015年；远期2016—2020年。

人口规模 2011年镇区人口9240人，城镇化水平17.8%；近期规划人口2万人，城镇化水平45%；远期3万人，城镇化水平60%。

用地规模 近期城镇建设用地1.68平方公里，人均84平方米；远期2.88平方公里，人均96平方米。

城镇性质 县域南部旅游集散、商贸服务为主的综合型城镇，与巨屿镇组合发展共同成为文成县副中心。

镇区空间布局 分为“旧镇、坦歧、李井”三大片区。“旧镇”片：规划期内重点整合现状，提升城镇综合品质，以商贸休闲为主；“坦歧”片：指飞云江以北区域，为珊溪镇未来发展重点区域，以行政办公、旅游服务为主；“李井”片：指百万山以东区域，主要形成相对完善的居住组团。

控制性详细规划 1997年编制《珊溪镇电瓷厂片区详细规划》。1998年编制《李井住宅区改造修建性详细规划》。2000年编成《坦歧旧城改造详细规划》。2010年编制《珊溪镇百万山北区控制性详细规划》。

图6-3 文成县珊溪镇总体规划——镇区用地规划图（县规划建设局提供 2011年摄）

玉壶镇规划

1985年，编制集镇建设总体规划。2001年，对规划进行编修。2008年，委托上海林李城市规划建筑设计有限公司编制《文成县玉壶镇总体规划》。2011年12月，编成并批准实施。

规划范围 镇区由外村、底村、中村、上村、垟头、龙背、五一7个行政村组成。2011年镇区面积0.78平方公里，2020年规划面积2.12平方公里。

规划期限 近期2011—2015年；远期2016—2020年。

人口规模 2011年镇区人口6900人，城镇化水平16.35%；近期规划人口2.37万人，城镇化水平55.76%；远期规划3.03万人，城镇化水平68.86%。

图6-4 文成县玉壶镇总体规划——近期用地规划图(县规划建设局提供 2011年摄)

用地规模 近期城镇建设用地1.59平方公里,人均63平方米;远期1.82～2.12平方公里,人均60～70平方米。

城镇性质 为县域七个副中心之一,具侨乡特色、有较强区域影响力的宜居、休闲、旅游、生态特色县域副中心。

镇区空间结构 为“一轴、两心、四片”。“一轴”:即以玉泉溪带动玉壶镇未来发展轴线;“两心”:指以旧城区为主的商业居住中心和西北方向镇政府行政及公共服务中心。“四片”:即将镇区分为四个空间片区,即玉泉溪右岸老城商业片区,左岸北部行政中心片区、东部龙背居住片区、南部工业发展片区。

专项规划 2001年编制《玉壶镇狮岩寨公园建设规划》《玉壶镇环山绿化规划》,2003年编制《玉壶镇底村扶贫迁村规划》。

南田镇规划

1985年编制集镇首轮总体规划。1992—1996年编制二轮总体规划。2008年委托温州市城市规划设计研究院编制《文成县南田镇总体规划》,2011年12月编成批准实施。

规划范围 镇区规划范围包括南田村和九都村。2011年镇区面积0.34平方公里,2020年规划面积2平方公里。

规划期限 近期2008—2015年;远期2016—2020年。

人口规模 2011年镇区人口5070人,城镇化水平14.9%;近期规划人口1.3万人,城镇化水平53%;远期规划2万人,城镇化水平60%。

用地规模 近期城镇建设用地1.2平方公里,人均92.3平方米;远期2平方公里,人均100平方米。

城镇性质 县域西北部中心城镇,以刘基文化为底蕴,生态旅游休闲度假为主的旅游型生态(生态南田、文化南田、旅游南田)小城镇。

镇区空间布局 规划形成“一心、两轴、三片”结构。“一心”,即以行政办公和文化公园建设为中心;“两轴”,即以文化路和朱宅路为两条公建发展轴;“三片”,分别指西北片教育旅游休闲片区、中片行政商务老镇区、东南片

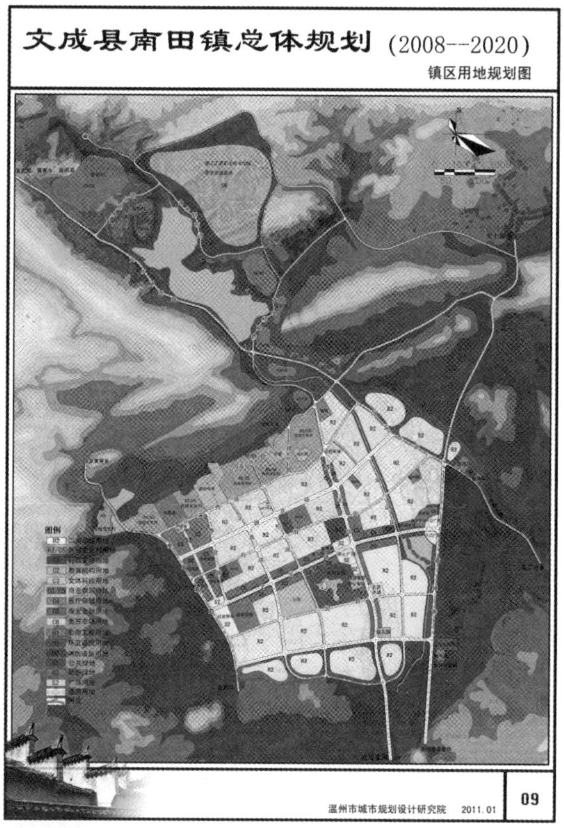

图6-5 文成县南田镇总体规划——镇区用地规划图(县规划建设局提供 2011年摄)

居住开发新区。

控制性详细规划　1997年,编制南田镇南岳北路片区详细规划。

专项规划　2001年,编制南田镇(1、2号地块)扶贫迁村规划。2004年编成《刘基庙保护专项规划》。2009年编制《南田镇历史文化名镇保护规划》。

黄坦镇规划

1996年首次编制《黄坦镇集镇总体规划》。2004年对总体规划进行修编。2010年委托温州市城市规划设计研究院编制《文成县黄坦镇总体规划》,2011年12月获批准实施。

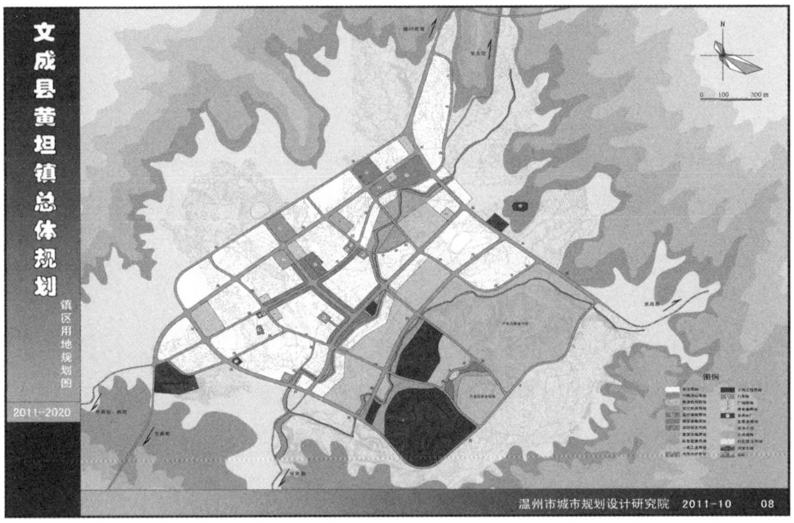

图6-6　文成县黄坦镇总体规划——镇区用地规划图(县规划建设局提供 2011年摄)

规划范围　镇区由前巷、后巷、新楼、严坏、云峰、共宅6个行政村组成。2011年镇区面积0.6平方公里,2020年规划面积1.69平方公里。

规划期限　近期2011—2015年;远期2016—2020年。

人口规模　2011年镇区人口5880人,城镇化水平16.8%;近期规划人口1万人,城镇化水平32%;远期1.8万人,城镇化水平50%。

用地规模　近期城镇建设用地1平方公里,人均90平方米;远期1.69平方公里,人均93.9平方米。

城镇性质　以生态农业为基础、以生态型加工业为主导的工业型中心镇,是与文成县城功能互补、协同发展的西南部片区中心。

镇区空间结构　为"一心、三片"。"一心":新城镇中心位于镇区西北侧,靠近镇区云湖路,为全镇政治、经济、文化中心,并设商业服务和公共配套设施。"三片":居住片位于镇区西部,包含大部分现状建成区和城镇未来发展居住、服务用地拓展空间;工业片位于镇区东部,现状为地势较平缓坡地,为将来黄坦工业片基地(全县五大工业基地之一);生态片位于镇区中部,居住片和工业片之间,现状为农业用地和坡地,规划作为工业区与生活片区之间的缓冲带,保持农用地并建设部分绿地,该片区不纳入城镇建设用地。

中心社区空间布局　规划社区按照每人60平方米用地面积指标,进行农房集聚安置。分稽垟、富岙、飞云湖、依仁、黄垟5个社区。

专项规划　2000年编制《黄坦镇门前垟安居工程规划》。

控制性详细规划　2006年编成《黄坦工业基地控制性详细规划》。2009年编制《黄坦镇集镇旧村改造、新区控制性详细规划》。

西坑畲族镇规划

1993年首次编制《西坑镇总体规划》。2001年实施城镇改造,启动修编镇总体规划,2003年付诸实施。2010年委托浙江大学城乡规划设计研究院编制《文成县西坑畲族镇总体规划》,次年12月批准实施。

规划范围 主要涉及西坑、叶岸、梧溪3个行政村。2011年镇区面积0.36平方公里,2020年规划面积0.96平方公里。

规划期限 近期2011—2015年;远期2016—2020年。

人口规模 2011年镇区人口3940人,城镇化水平19.2%;近期规划人口0.78万人,城镇化水平55%;远期1万人,城镇化水平63%。

用地规模 近期城镇建设用地0.8平方公里,人均102平方米;远期0.96平方公里,人均96平方米。

城镇性质 县域西部以生态人居、旅游集散、休闲度假为主,形成具有深厚历史文化底蕴和少数民族风情特色的生态旅游镇。

镇区空间结构 为“一心、一轴、两片”。“一心”:以镇政府所在地形成城镇公共服务中心。“一轴”:沿贯穿南北道路形成城市发展轴。“两片”:即西坑、梧溪两大片,西坑片老镇区,规划期内重点整合现状用地,提升城镇综合品质,形成以行政、文化、商业和居住为主的镇中心片区;梧溪片为旅游服务、居住组团,是镇区未来旅游发展重点区域。

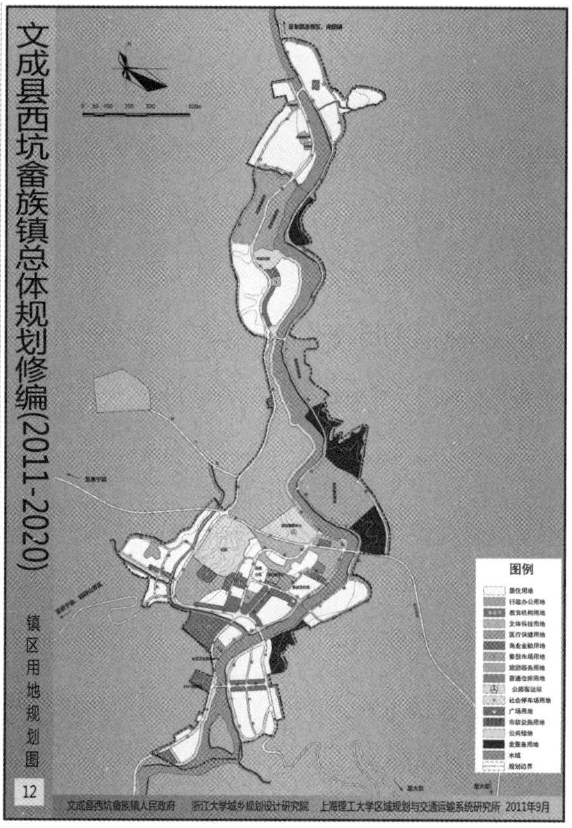

图6-7 文成县西坑畲族镇总体规划——镇区用地规划图(县规划建设局提供 2011年摄)

镇域空间结构 为“一心、三轴、四点”。“一心”即以西坑镇区为中心;“三轴”指镇域内西坑镇区、上垟、下垟3条主要发展轴线;“四点”指上垟、下垟、岭垟、南坑垟4个新社区。

专项规划 1993年,编制《西坑畲族镇发展规划》。2003年,编制《西坑畲族镇扶贫迁村规划》。

控制性详细规划 2004年,编成《西坑畲族镇新区建设控制性详细规划》。2006年,编成西坑、叶岸两村控制性详细规划。

百丈漈镇规划

1992年,确定十八公里两头门为新镇址。1997年开始编制《百丈漈镇总体规划》。2010年,委托杭州市城市规划设计研究院编制《文成县百丈漈镇总体规划》,次年12月编竣并批准实施。

规划范围 镇区由篁庄、上石庄、下石庄、长塘、同垟5个行政村组成。2011年镇区面积0.8平方公里,2020年规划面积1.8平方公里。

规划期限 近期2011—2015年;远期2016—2020年。

人口规模 2011年镇区人口6200人,城镇化水平24.5%;近期规划人口0.7万人,城镇化水平28.5%;远期规划1.8万人,城镇化水平72%。

用地规模 近期城镇建设用地0.8平方公里,人均114.3平方米;远期城镇建设用地1.8平方公里,人均94.9平方米。

城镇性质 温州大都市区西部休闲旅游度假基地和宜居小镇,县域重要生态产业基地,镇域中心。

镇区空间结构 为“一心、两轴、三组团”。“一心”指城镇中心,是百丈漈行政、商业中心,主要布置行政办公、超市宾馆、文化娱乐等设施，服务于全镇。“两轴”指沿规划镇中路形成东西向城镇发展轴，沿百丈漈路形成南北向城镇发展轴。“三组团”分别指镇中组团、旅游接待组团、篁庄组团。

镇域空间结构　按人口规模、公共服务水平、交通条件、产业基础等条件综合确定“1+X”布局，形成“1+4”格局，“1”即镇区，“X”为西里—西段、新亭、二源、谈阳4个农村新社区，农村新社区基本覆盖镇域，形成“四星拱月”格局。

专项规划　2003年，编制百丈漈镇大会扶贫迁村规划。

控制性详细规划　2004年，编成《百丈漈镇新区控制性详细规划》。

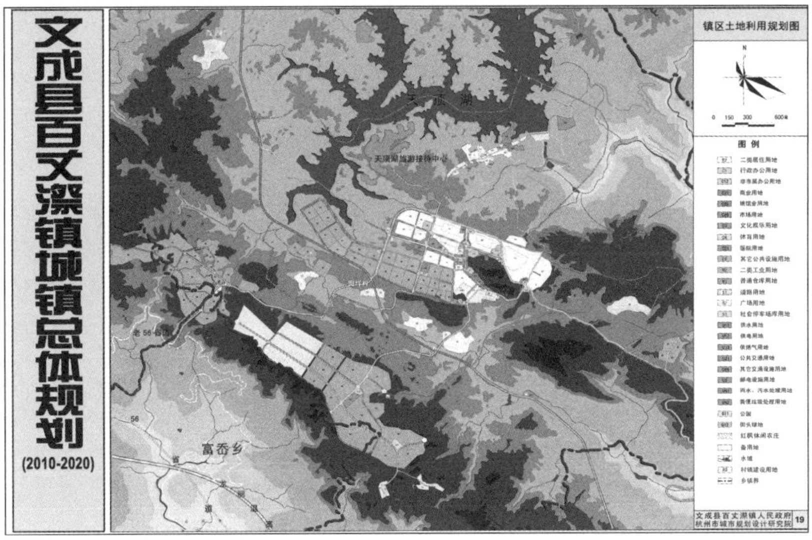

图6-8　文成县百丈漈镇城镇总体规划——镇区土地利用规划图（县规划建设局提供 2011年摄）

峃口镇规划

2011年，峃口镇政府委托县城乡规划设计所编制《文成县峃口镇总体规划》。

规划范围　镇区由飞云江两岸大垟口、城东、新联、鱼局、九山、峃口、龙车、驮垟尾、溪口、良坑、渡渎11个行政村组成。2011年镇区面积0.87平方公里，2020年规划面积0.8平方公里。

规划期限　近期2011—2013年；远期2014—2020年。

人口规模　2011年镇区人口1.2万人，城镇化水平32%；近期规划人口1.1万人，城镇化水平50%；远期规划1万人，城镇化水平70%。

图6-9　文成县峃口镇中心区总体规划——镇区（峃口组团）用地规划图（县规划建设局提供 2011年摄）

用地规模　近期城镇建设用地规模为0.75平方公里，人均75平方米；远期0.8平方公里，人均80平方米。

城镇性质　县域南部以休闲度假、康体养生为主，生态农业为辅的综合型城镇。

规划结构　镇区空间发展格局为“一心、一轴、两翼”。“一心”：以峃口行政办公、商务组成镇级服务核心。

“一轴”:以飞云江为纽带为镇区未来发展轴。“两翼”:位于峃口东、西两翼配套功能区,东翼由新联、鱼局、大垟口、九溪组成;西翼由渡渎、溪口组成。

巨屿镇规划

1996年,编制首轮《巨屿镇总体规划》。2010年,巨屿镇政府委托县城乡规划设计所编制《文成县巨屿镇总体规划》,次年6月批准实施。

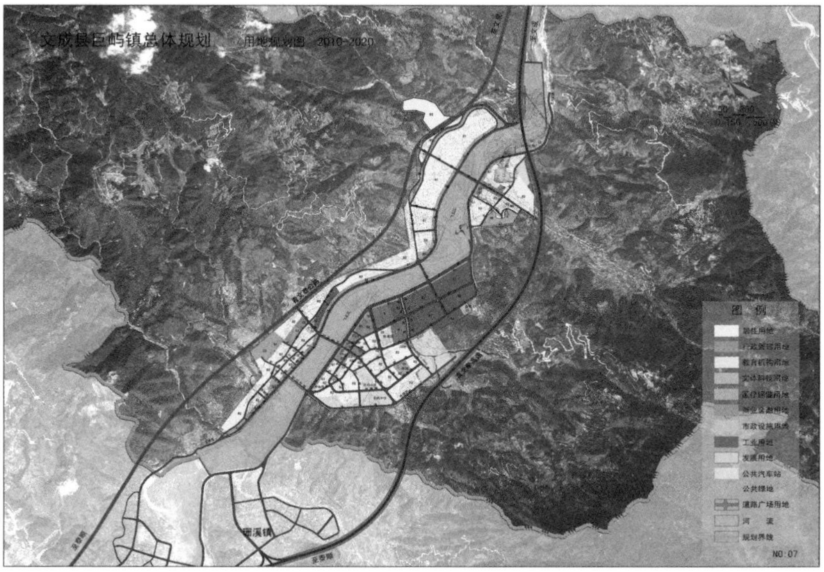

图6-10　文成县巨屿镇城镇总体规划——用地规划图(县规划建设局提供 2011年摄)

规划范围　镇区由稠泛、垟尾、龙前、方前、穹口、花竹岭、垟地边、项坑边、潘岙9个行政村组成。2011年镇区面积0.98平方公里,2020年规划面积2.65平方公里。

规划期限　近期2011—2013年;远期2014—2020年。

人口规模　2011年镇区人口1.1万人,城镇化水平52.7%;近期规划人口2.2万人,城镇化水平81.5%;远期规划3.3万人,城镇化水平94.3%。

用地规模　近期城镇建设用地规模1.76平方公里,人均80.4平方米;远期2.65平方公里,人均80平方米。

城镇性质　为温州市村镇规划体系“1650”现代化网络型大都市建设目标试点镇之一,宜业宜居小城镇,与珊溪镇组合发展共同成为文成县副中心。

规划结构　镇区空间布局为“一心、一轴、四区”。“一心”:以孔龙社区(旧城区)为商业、居住、行政办公、公共服务组成集镇核心区。“一轴”:以飞云江为纽带为镇区未来发展轴。“四区”:以飞云江南岸和城镇中心广场为界分为东、西两片,东片东垟社区含县工业园区和垟地边、项坑边两村;西片孔龙社区含龙前、稠泛、垟尾3村。飞云江北岸西向花前社区含方前、花竹岭、穹口3村;东向云洲社区含东垟沙洲和潘岙村。

控制性详细规划　1998年编制《巨屿沙洲开发控制性详细规划》。2000年,编制《巨屿工业园区控制性详细规划》。

2011年文成县各乡镇总体规划编制情况一览表

表6-1

规划名称	规划期限	2011年现状		2020年规划		承编单位	批复时间
		人口(万人)	镇区面积(平方公里)	人口(万人)	镇区面积(平方公里)		
珊溪镇总体规划	2011—2020年	0.924	1.22	3.0	2.88	温州市城市规划设计研究院	2011年12月
玉壶镇总体规划	2011—2020年	0.690	0.78	3.03	2.12	上海林李城市规划建筑设计有限公司	2011年12月
南田镇总体规划	2008—2020年	0.507	0.34	1.3	2.00	温州市城市规划设计研究院	2011年12月
黄坦镇总体规划	2011—2020年	0.588	0.60	1.8	1.69	温州市城市规划设计研究院	2011年12月

续表6-1

规划名称	规划期限	2011年现状		2020年规划		承编单位	批复时间
		人口（万人）	镇区面积（平方公里）	人口（万人）	镇区面积（平方公里）		
西坑畲族镇总体规划	2008—2020年	0.394	0.36	1.0	0.96	浙江大学城乡规划设计研究院	2011年12月
百丈漈镇总体规划	2010—2020年	0.620	0.80	1.8	1.80	杭州市城市规划设计研究院	2011年12月
峃口镇总体规划	2011—2020年	0.210	0.87	1	0.8	文成县城乡规划设计所	2011年12月
巨屿镇总体规划	2011—2020年	0.768	0.98	3.3	2.65	文成县城乡规划设计所	2011年6月

说明：资料由县规划建设局提供

第四节　村庄规划

1992—1996年，编制村庄建设规划12个。2003—2011年，编成村庄规划61个，其中中心村规划42个。并编制社区规划38个。

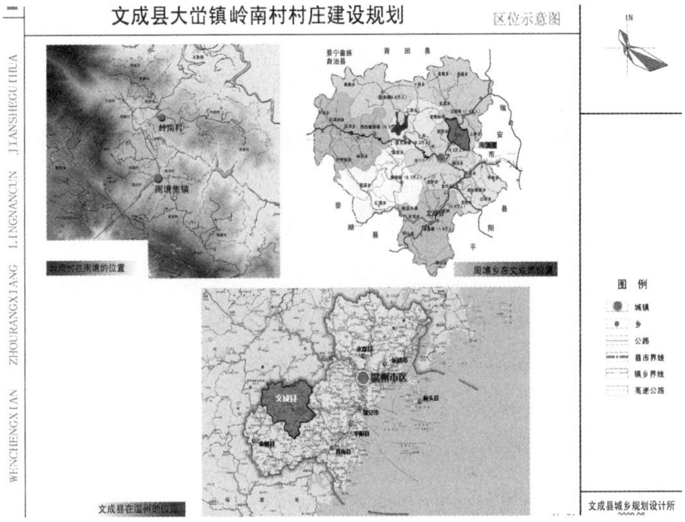

图6-11　文成县大峃镇岭南村村庄建设规划——区位示意图（县规划建设局提供 2011年摄）

1992年撤区扩镇并乡后，开始编制村庄规划。至1996年编成龙川下村、樟台樟岭、周壤联丰、二源初阳、桂山双峰、双桂旁岸、金星金垄、石垟上垟、十源东埠、周山养根、下垟、岭后12个乡政府驻地村建设规划，规划编制村庄数占全县村庄总数（549个）2.18%。2002年4月，全县行政村规模调整，至2005年3月结束，全县行政村总数调整为384个（含石垟林场上斜村）。2003年，编制中心村规划8个，村建设规划3个。2004年，编制中心村规划29个，村建设规划8个。2005年，编制中心村规划、村庄建设规划各5个。2006—2009年，编制珊溪镇联新村、大峃镇岭脚村等建设规划10个。至2011年编制村庄规划73个，占全县村庄总数19.01%。

1992—2009年文成县村庄规划编制情况一览表

表6-2

乡镇名称	村庄总数（个）	编制村数（个）	规划编制村庄名称	占总村数（%）
大峃镇	92	18	下村、樟岭、联丰、李山、塔山、金山、大坑、周墩、新南、项山、联丰、双龙、里川、大会岭脚、岭岙、岭南、诸葛岭、麻山	19.6
珊溪镇	48	6	双峰、雅坪、西山、塘山、联新、新西坑	12.5
玉壶镇	44	11	金垄、联民、雅寮、樟龙、桃坑、龙背、东樟、光明、碧溪、吕一、新林	25.0
南田镇	31	6	东埠、十源、新富、龙上、梅树、南田	19.4
黄坦镇	45	8	龙湖、黄垟、稽垟、吴头垄、培头、红星、石岭、富康	17.8

续表6-2

乡镇名称	村庄总数（个）	编制村数（个）	规划编制村庄名称	占总村数（%）
西坑畲族镇	26	6	上垟、下垟、岭后、南坑、岭垟、梧溪	23.1
百丈漈镇	31	3	初阳、淡阳、二源	9.7
峃口镇	35	11	旁岸、垟岙、新联、下河、公阳、溪口、渡渎、桂溪、桂东、保丰、鱼局	31.4
巨屿镇	23	2	潘岙、垟地边	8.7
周山畲族乡	9	1	养根	11.1
合　计	384	73	—	19.0

说明：资料由县规划建设局提供

第五节　基础测绘与规划管理

1991年，规划管理部门为规划管理局。1996年11月改称规划局。2002年，与县建设局合并建立县规划建设局。1991—1998年，规划管理范围为县城及几大集镇。1999年以后，逐步扩大到乡。2002年，开始控制通天房建设。2003年开始，加强乡镇村规划建设管理。至2011年共审批核发建设用地规划许可证14610份，建设工程规划许可证9206份，村镇规划选址意见书2761份，村镇规划建设许可证7036份，并实施规划建设监督管理。1991—2011年，全县基础测绘工作发展加快，先后建立基础测绘控制网并与温州测绘控制网接轨，达到国家统一测绘标准。建立基础地理信息数据库与共享平台。

基础测绘

1991年，县规划测量队技术力量薄弱，全年修测大峃镇1:500地形图34幅，面积1.7平方公里；制作伯温路（原称泗溪路）实物模型一套，面积27公顷。1992—1996年，测绘大比例尺地形图2.95平方公里，补测地形图6平方公里，单体公建项目地形图测绘2.77平方公里。1996年7月，委托温州市勘察测绘研究院建立三等GPS控制网点28个点，覆盖控制大峃、南田、黄坦、西坑、珊溪、玉壶等15个主要乡镇，面积500平方公里。由此始，县域具有自己独立的坐标系统。

1997年，测绘全县主要乡镇1:500房产分幅图，测量面积12.25平方公里。1999年以全站仪代替传统平板仪进行全要素数字线划地形测量，开始步入数字测绘时代。2002年，成立县测绘管理处，规划测量队改称测绘大队。2003—2005年，完成167个整治村1:500数字地形图测量，面积35平方公里，为全县开展“千村整治，百村示范”工作奠定基础。2005年组织编制《文成县“十一五”基础测绘规划》。2004—2006年，为珊溪、巨屿、黄坦等地扶贫迁村、地震灾害重建等提供测绘技术服务。

2007年4月，县测绘大队与温州市勘察测绘研究院共同建立《文成县三、四等基础测绘控制网》，首次覆盖全县范围1292.16平方公里。全县基础测绘控制网与温州市基础测绘控制网接轨，达到国家统一测绘基准，为打造“数字文成”提供重要基础支撑。2008年，县域GPS卫星定位测绘数据移动基站建立。2010年，编成《文成县“十二五”基础测绘规划》。2011年，建成县城17平方公里基础地理信息数据库，建立基础地理信息数据资源共享平台，编成《文成县县城基础测绘地下管线普查测量工程》，实现地下管线数据动态管理和资源共享。

规划管理

管理机构 1991年年初，县规划管理局内设办公室、规划管理股。同年3月，增设勘测规划设计室、规划管理监察中队。1996年11月机构改革，县规划管理局转为县政府直属事业单位，改称县规划局，内设办公室（纪检监察科）、规划用地管理科、建设工程规划管理科、村镇规划管理科。2002年1月与县建设局合并，称县规划建设局，设置规划管理科，担负规划管理职能。2011年，内设机构未变。

下属机构 1991年，设县规划测量队。2002年1月增设县测绘管理处，县规划测量队更名县测绘大队，县规划管理监察中队与县建设城管监察大队合并成立县城建监察大队。2000年12月，设立大峃、珊溪、玉壶、南田、黄坦、峃口、西坑7个基层规划建设管理所，负责村镇规划建设及监察管理，为自收自支事业单位，核定编制30人，2009年增编6人，2011年年底实有35人。

管理体制 1991—1998年，实行县城和集镇规划管理，采取多种途径、多种措施、不间断宣传规划法律法规，增强民众规划意识，坚持“先规划后建设”原则，规范“一书两证”（城乡规划选址意见书、建设用地规划许可证、建设工程规划许可证）行政许可程序。1999年，规划审批业务向双桂、平和、周壤、十源等乡延伸，后逐步扩展到各乡。2001年起，完善基层规划管理体制，逐步加强城郊接合部规划管理，强化重点地段规划控管。推行“阳光规划”，依法实施“四线”管理，建立以城乡规划公示制度为主要内容的城乡规划管理工作机制，全县各类重要规划和大型基础设施项目以及重点公共设施项目均向公众公示，征求社会各方意见。2002年，县城中心区控制“通天房”建设，提倡建联立式、公寓式住宅，规划管理开始注重彰显生态、山城特色，合理编制小区详细规划，防止盲目开发、重复建设，保护生态环境。2003年10月，县人民政府出台《关于加强村镇规划建设管理工作的若干意见》，村镇规划和建设，实行“统一规划、综合开发、配套建设、分期实施”制度，结合下山脱贫、扶贫迁村，分别采取旧村改造、新村建设、旧村整治等方式进行改造建设。2006—2010年，县人民政府先后制定出台《关于加强全县城市规划区建设用地容积率管理的通知》《关于实行建设工程竣工验收规划认可的通知》《关于进一步明确规划管理范围的通知》等规范性文件，会同国土资源局、城改指挥部等部门研究制定《县城一级控制中心区危房改造管理暂行规定》，完善管理制度，理顺规划审批机制。2010年以后，强化落实审批责任制、批后监管，县政府门户网站开通规划许可公告专栏，各类规划许可行为，批前公告，批后公布。结合扩权强镇，简化规划审批程序，将个人建房审批权限下放到基层规划所，推行个人建房联合审批制度。制定《文成县规划建设局城建监察管理办法》，城建监察实行分解责任、分片管理制度，整合规划、国土、当地乡镇力量，实行拆违联动机制。

规划审批 1991年，制定《关于城市规划区内个人建房审批试行程序》，建立颁发“一书两证”制度。至1996年，共审批核发城乡规划选址意见书111份，“两证”9394份。1998年9月，县政府颁发《关于大力加强村镇规划建设管理工作的通知》，严格城乡规划“一书两证”和村镇规划“一书一证”（村镇规划选址意见书、村镇规划建设许可证）制度。1999年，核发城乡规划选址意见书18份，村镇规划选址意见书266份。2007年制订出台《文成县规划建设局关于更进一步加强建设项目审批服务工作的意见》《关于县城农村村民危房改建和村民住房困难户住房建设的实施意见》。2008年，核发规划选址意见书23份。2010年，城乡规划区范围“一书两证”核发率100%。至2011年，共审批核发建设用地规划许可证14610份，面积2903.92万平方米；建设工程规划许可证9206份，面积70883.13万平方米；核发村镇规划选址意见书2761份，村镇规划建设许可证7036份，面积93.7万平方米。

1991—2011年文成县审批核发各类许可证情况一览表

表6-3　　单位:万平方米

年份	建设用地规划许可证		建设工程规划许可证		村镇规划建设许可证	
	核发份数	用地面积	核发份数	用地面积	核发份数	用地面积
1991	242	2.37	334	7.06	—	—
1992	625	7.43	613	14.21	—	—
1993	862	10.70	573	13.80	—	—
1994	1204	15.91	95	2.05	254	5.27
1995	1267	22.74	438	7.16	368	6.30
1996	1295	21.29	386	8.04	435	6.70
1997	800	16.65	227	2.89	237	3.94
1998	688	15.24	1038	22.65	291	4.60
1999	538	47.94	446	9.27	255	4.35
2000	534	35.39	410	12.01	480	7.58
2001	605	2030.95	523	12.1	504	3.51
2002	474	68.03	374	12.74	366	6.94
2003	522	102.13	315	13.25	219	3.73
2004	475	39.07	320	11.98	171	2.92
2005	403	44.35	276	8.3	162	2.73
2006	1074	117.28	218	12.62	346	6.05
2007	600	12.29	313	12.48	352	5.62
2008	459	62.20	265	12.78	472	8.10
2009	804	46.93	611	59.98	1421	2.25
2010	551	101.94	736	24.89	435	8.07
2011	588	83.09	695	51.93	268	4.19

说明:资料由县城建局提供

规划监察　1991年,制定《关于违反城市规划罚款处理暂行办法》,处罚违法用地、违章建筑65件,面积3270平方米,其中10件因当事人对行政处理不服,向县人民法院提出起诉,经法院审理裁决,均维持原处理决定。并拆除清理大峃、珊溪两镇占道建筑物280处,面积2000平方米。处理建私房少批多建的科局级干部10名。1992—1996年,计查处规划违法案件709件,依法拆除违法建筑物18768平方米。1997年,规划监察中队出动检查800余人次,处理违法建筑400余间。1998—1999年,查处违法建设案件535件,处理违法建筑面积1.09万平方米,其中拆除违法建筑面积0.23万平方米。2000年2月,县人民政府发出《关于开展打地霸拆违章净环境专项治理活动的通告》,要求未批先建、少批多建以及未按法定程序审批建设的违章建筑物,其所属单位和个人在2月底前向当地政府如实申报登记,并组织规划、建设、土地、房管等10个部门和重点乡镇以及监察、城管中队人员,组成专项治理队伍,开展违法、违章建筑物大清理活动。至次年年底,查处违章案件700件,面积3.5万平方米,其中拆除235件,面积3.33万平方米,罚款350件110万元,向县法院申请强制执行11件。2002年,建立巡查小组,对县城实行分片管理,控制县城违法建筑苗头。2002—2010年,查处2896件,面积12.9万平方米,其中拆除1119件,面积5.3万平方米。2010年,投诉举报违法建设案件查处率100%。2011年,开展“拔钉清障”和“六必拆”专项行动,拆除违法建筑物82处,拆除违章面积11.88万平方米。

第二章　县城建设

1991年以后，县城建设坚持以人为本，实施民心工程，致力街道硬化、绿化、亮化、净化、美化，建筑特色化，打造宜游宜居特色山城。1996年成立县城镇改造开发指挥部，开发伯温路、体育场路、环城南路，改造县前街、苔湖街，建设城南、城东等小区。至2011年，新建、扩建和改造宽度5米以上道路34条，小区路网8处，城区道路总面积49.6万平方米；安全用水、用电，使用液化石油气人口覆盖面均达100%；建成区绿化覆盖面积122公顷、绿地面积111公顷，其中公园绿地57公顷；污水集中处理率74.22%。2006年3月，被评为"浙江省卫生县城"，12月命名为"浙江省文明县城"。

第一节　市政设施

1991年年初，县城区主街道有大岗街、建设路、县前街、二新街、西门街、苔湖街6条，城区街、巷道路总长18.35万米，总面积6.3万平方米；桥梁12座，总长443米。1992年后陆续建成伯温路、体育场路、环城南路，改建县前街、凤溪路、小区道路网。2011年年末，城区道路168条，总面积46万平方米，其中宽度6米以上主要街、道、路、巷46条，长27660米，面积39.2万平方米；宽度5米以下街巷122条，长20873米，面积6.8万平方米。人均道路面积10.07平方米。新(改)建桥梁14座，总长953米。完成供水工程，供水总量从1991年121万立方米，增至2011年后的460万立方米；建成县城污水处理厂，新扩建排水排污管道37公里；供气、园林绿化、公共照明、公共交通等设施日趋完善。

道　路

伯温路　始称泗溪路，南起迎宾坊，北至建设路交叉口，交通、防洪、市政综合性多功能道路。1992年启动建设，1999年扫尾竣工。全长2374米，总宽22米，其中行车道14米，沿溪人行道包括绿化带7米，内侧人行道1米。道路面相对泗溪河床标高为3.6米，道路供电、通信、给水、排水、排污、绿化、建筑小品等配套设施建设同步进行，投资970万元。

体育场路　始称泗溪二路，交通、防洪、市政兼用道路，南城东大桥，北至徐村大桥，全长1606米，分两期建设。一期工程，城东大桥至鹤川大桥段611米，宽9～11米，其中行车道7～9米，绿化带、人行道2米，1998年7月开工建设，12月30日竣工，投资966万元；二期工程，鹤川大桥至徐村大桥段995米，宽25米，行车道宽14米，绿化带、两侧人行道11米，1999年7月动工，12月竣工，投资1575.4万元。道路外侧沿江建河滨公园。

环城南路　东西走向，东起建设路隧道口，西止凤垟三叉路口，功能以交通为主，以缓解周村菜场路、凤溪南路、栖霞路交通压力。路长2000米，宽20米，投资2481万元。其中城南隧道长224米，净宽12米、高5米，2000年12月开挖，2003年8月完工。2009年完成县人武部至凤垟三叉路口段路基开挖和砼路面浇筑。2010年完成护墙、排水沟、绿化等工程。

县前街　建设路县政府门口至伯温路鹤川大桥，原长460米，宽10米。1999年2月，改造工程开工，至2005年8月全面竣工。改造后街道总宽度增至35米，其中行车道14米，两边人行道(含绿化带)各10.5米，是县城最繁华街道,有"文成商贸第一街"之誉。

城东大道(文青路) 起点为城东大桥,终点东岩头(树人学校),西南—东北走向,为文青公路起点段,故始称文青路。全长600米,宽26米,其中行车道15米,两侧人行道、绿化带各5.5米。1996—2000年,先建成城东小区至文成宾馆段。2011年扩建至国际大酒店、树人学校。

其他道路网 朝阳新村道路网,1994年开工,1998年完工,路网呈二纵五横布局,包括朝阳路、朝阳一路、朝阳二路、朝阳三路、朝阳五路、朝阳六路,面积15576平方米。城南小区道路网,1997—2000年建设,包括建新路、建新南路、邮政路、车站东路、人行路、建设东路、幸福东路7条道路,面积23997平方米。栖云小区道路网,1996—2001年建成,包括云霞路、公安路、公安后巷、栖云寺巷、九间巷、松山巷、康乐巷、樟树巷、县后巷9条,面积4320平方米。城东小区道路网,1996—2001年建设,包括城东南路、城东北路、象溪路、云峰路、海棠巷、鱼塘巷、希望巷、太平巷、双格巷9条,面积2617平方米。

2011年文成县城大峃镇主要道路一览表

表6-4

序号	路名	道路等级	起点	终点	长度(米)	宽度(米)	面积(平方米)
1	县前街	主	东起伯温路	西至县政府门前	460	35	16100
2	城东大道	次	东起文青公路	西至体育场路	600	26	15600
3	伯温路	主	南起迎宾坊	北至建设西路	2374	22	61724
4	体育场路	境	南起城东大桥	北至徐村大桥	1606	9~25	29760
5	环城南路	主	东起隧道口	西至凤垟桥头	2000	20	40000
6	沙垟中路	次	南起体育场路	北至山脚	600	20	12000
7	体育场东路	次	东起体育场路	西至驮泛山洞口	3000	18	54000
8	小侨路	次	东起环城南路	西至凤溪南路	1000	18	18000
9	建新路	次	南起凤新桥	北至二新街	500	16	8000
10	文化路	主	东起大桥路	西至上沙垟	1200	13	15600
11	建设路	主	南起娘娘宫下	北至建设西路	2000	12	24000
12	中侨路	次	东起环城南路	西至凤溪南路	1000	12	12000
13	邮政路	支	东起伯温路	西至建设路	300	12	3600
14	周屿路	次	南起中侨路	北至小侨路	200	10	2000
15	新中巷	支	东起大峃街	西至建设路	147	10	1470
16	大峃街	主	南起林店尾	北至苔湖	1600	6~9	13000
17	栖霞路	支	南起凤垟桥头	北至建设路	2000	8	16000
18	栖云路	次	北起建设路	南起梅谷山	700	8	5600
19	城东路	主	东起珊门桥	西至珊门口	675	8	5400
20	永安路	支	东起建设路	西至下岗脚	400	8	3200
21	凤溪南路	次	东起建设路	西至华侨新村	300	8	2400
22	二新街	次	东起伯温路	西至建设路	280	8	2240
23	永安南路	支	南起永安路	北至樟垄脚	200	8	1600
24	建新南路	次	南起凤新桥	北至建设东路	200	8	1600
25	苔湖街	支	东起大峃街	西至建设路	170	8	1360
26	西门街	支	东起大峃街	西至建设路	140	8	1120
27	建伯路	支	东起伯温路	西至建设路	120	8	960

续表6-4

序号	路名	道路等级	起点	终点	长度（米）	宽度（米）	面积（平方米）
28	周村街	支	南起周村栋头桥	北至栖云路	260	7	1820
29	宗祠巷	次	南起盐库	北至栖云路	150	7	1050
30	城南路	支	东起建设路	西至县良种场	450	6	2700
31	文中巷	次	南起建设路	西至文中宿舍	400	6	2400
32	建设东路	支	东起伯温路口	西至娘娘宫下	350	6	2100
33	新屋巷	支	东起大峃街	西至建设路	250	6	1500
34	驮墙巷	支	南起筏头	北至三板桥巷	250	6	1500
35	如意路	支	东起建设路	西至县农机修配厂	200	6	1200
36	朝阳路	支	东起栖霞路	西至自来水厂山脚	200	6	1200
37	富强巷	次	南起西门街	北至文中巷	200	6	1200
38	凤溪北路	支	东起建设路	西至周村街	178	6	1068
39	鹤川巷	次	东起城东路18号	西至鹤川桥头	160	6	960
40	上河头巷	支	西起大峃街	东至门前垟	150	6	900
41	振兴路	次	南起陈宅巷	北至建设路	150	6	900
42	朝阳一路	支	北起朝阳路	南至新庄垟	120	6	720
43	沙垟中路一弄	次	南起空地	北至严仁怀屋	110	6	660
44	沙垟中路二弄	次	南起空地	北至姜达标屋	110	6	660
45	新丰巷	支	南起大峃街	北至门前垟	100	6	600
46	新丰西巷	支	南起新丰巷	北至季宅巷	100	6	600

说明：资料由县规划建设局提供

1991—2011年文成县城道路设施建设情况一览表

表6-5

年份	道路长度（公里）	道路面积（万平方米）	其中：人行道	人均面积（平方米）
1991	18.35	6.3	—	2.09
1995	22.40	13.4	—	2.28
1998	23.00	21.0	2.1	5.95
1999	32.00	22.0	2.3	6.24
2002	34.00	24.6	2.5	6.65
2005	37.50	36.8	8.8	9.18
2011	—	49.6	—	10.07

说明：资料由县规划建设局提供

桥 梁

沙垟桥 1992年建成，为城区支路桥梁。位于沙垟村口，跨泗溪，6跨钢筋混凝土桥，全长89米，单跨最大跨径17米，最小跨径11米，宽5.5米，上部结构为简支板梁，桥头设置简易伸缩缝，下部结构为重力式桥墩台，造价15万元。

泗溪二桥 亦称环井潭桥。1995年秋重建。位于泗溪环井潭，故名。跨泗溪，左右两岸分别与体育场路、伯温路连接。属民建公助桥梁。5跨钢筋混凝土简支板梁结构，全长97米，宽5.5米，造价18万元。

城东大桥 位于县城珊门口,跨泗溪。属大十线(文青公路)改建工程配套工程,桥长100米,单孔最大跨径13米,设8孔,桥梁全宽21米,桥面净宽14米。县交通设计室设计,温州路桥公司承建。1996年11月28日开工,1997年5月竣工,总造价200万元。

鹤川大桥 又名泗溪大桥,位于县前街东端,跨泗溪,右岸连伯温路,左岸接体育场路,为城区主干路桥梁。原桥5跨,长106米,宽10.5米。1999年1月改建,结构形式为7跨钢筋混凝土大桥,总长91米,最大跨径15米,最小跨径8米,宽20.5米,上部为简支板梁结构,桥面连续、桥头设置简易伸缩缝,下部结构为重力式桥墩台和桩柱式桥墩,造价245万元。

图6-12 鹤川大桥(县规划建设局提供 2011年摄)

徐村大桥 位于瑞东线花园下方约80米处。2005年建成通车,全长121.44米,跨径总长120米,单孔最大跨径20米,设6孔,桥梁全宽21.5米、净宽15米,系三柱式钻灌注预应力空心板箱梁结构,设计荷载为汽-20级,挂-100,总造价340万元。

鹤云大桥 位于赵坑垄村口,原名赵坑垄桥,跨泗溪,为城区支路桥梁。5跨钢筋混凝土桥,跨径总长100米,单跨均长20米,宽20米。上部结构为简支板梁,桥面设置型钢伸缩缝,下部结构为重力式桥墩台和桩柱式桥墩。原桥于2007年被洪水冲断,新桥于2008年9月进场施工,2009年竣工,总造价为692万元。

鹤门桥 位于樟台排门村口,2006年建,跨泗溪。9跨钢筋混凝土桥,跨径总长96米,单跨最大跨径13米,最小10米,宽6.6米,上部为简支板梁结构,桥头设置简易伸缩缝,下部结构为重力式桥墩台和桩柱式桥墩,为城区支路桥梁,造价45万元。

迎福桥 位于樟台排门村,2002年建,为城区支路桥梁。跨泗溪,5跨钢筋混凝土桥,跨径总长70米,单跨均长14米,宽5.15米,上部为简支板梁结构,桥头两端设简易伸缩缝,下部结构为重力式桥台,造价30万元。

凤溪桥 1993年建成,位于泗溪与凤溪(伯温路与幸福东路)交汇处,为伯温路道路桥梁,跨凤溪,2跨钢筋混凝土桥,上部结构为简支板梁,桥面设置简易伸缩缝,下部结构为重力式桥墩台。跨径全长33米,单跨均长16.5米,宽20.7米,造价39万元。

凤一桥 跨凤溪,位于县实验中学东首,建于2008年8月,为城区支路桥梁。3跨钢筋混凝土桥,跨径总长23.1米,单孔均长7.7米,宽20米,上部为简支整体现浇板梁结构,桥头两端设简易伸缩缝,下部结构为重力式桥台和墩柱式桥墩。造价50万元。

凤二桥 跨凤溪,位于县实验中学西首,建于2008年8月,为城区支路桥梁。3跨钢筋混凝土桥,跨径总长27米,单孔均长9米,宽16米,上部为简支整体现浇板梁结构,桥头两端设简易伸缩缝,下部结构为重力式桥台。造价65万元。

图6-13 周村桥(县规划建设局提供 2011年摄)

周村桥 位于周村栋头,又称栋头桥,跨凤溪,左岸通周村街,右岸为华侨新村。原桥毁于水，2011年重建。3跨钢筋混凝土桥，全长26.4米，单跨均长8.8米，宽12米，上部结构为简支板梁结构，桥头两端设型钢伸缩缝，下部结构为重力式桥台和桩柱式桥墩。造价80万元。

泉台桥 2011年建成，位于樟台泉台村口，跨泗溪，为城区支路桥梁。5跨钢筋混凝土桥，总长60米，单跨最大跨径13米，最小10.5米，宽7米，上部为简支板梁结构，桥头设置简易伸缩缝，下部结构为重力式桥墩台。造价50万元。

栖霞桥 位于凤垟三叉路口，为城区支路桥梁，跨凤溪，单跨钢筋混凝土桥梁，上部为简支板梁，桥头两端设型钢伸缩缝，下部为重力式桥台。全长20.6米，宽18.5米。2010年11月开工建设，次年底竣工，投资100万元。

1991—2011年文成县城新(改)建桥梁一览表

表6-6

桥梁名称	所在溪流	连接地	建筑规模			造价（万元）	竣工时间
			孔数	长(米)	宽(米)		
沙垟桥	泗溪	伯温路—体育场路	6	89	5.5	15	1992
凤溪桥	凤溪	凤溪南路—邮政路	2	33	20.7	39	1993
泗溪二桥	泗溪	伯温路—体育场路	5	97	5.5	18	1995重建
城东大桥	泗溪	伯温路—体育场路	8	100	21	200	1997
鹤川大桥	泗溪	伯温路—体育场路	7	91	20.5	218	1999重建
迎福桥	泗溪	排门村	5	70	5.15	30	2002
徐村大桥	泗溪	56省道徐村村口	6	120	21.5	340	2005
鹤门桥	泗溪	排门村口	9	96	6.6	45	2006
凤一桥	凤溪	栖霞路—凤溪南路	3	23.1	20	50	2008
凤二桥	凤溪	栖霞路—三叉路口	3	27	16	65	2008
鹤云大桥	泗溪	伯温路—体育场路	5	100	20	692	2009
周村桥	凤溪	周村—华侨新村	3	26.4	12	80	2011重建
泉台桥	泗溪	泉台村	5	60	7	50	2011
栖霞桥	凤溪	栖霞路—三叉路口	1	20.6	18.5	100	2011

说明：资料由县规划建设局提供

供 水

1991年，县城由树山样脚自来水厂供水，日供水能力3000立方米，供水管道总长5公里，全年供水量121万立方米，用水普及率93%。1991—2006年，县城水厂经2次改建，先后建成徐村、瓦窑坪水厂。2011年，县城建成供水管道总长72公里，供水总量460万立方米，用水普及率99.77%。

徐村水厂 位于县城西北徐村。1991年开工建设，水源采用百三电站引水渠余水及泗溪河水。1995年建成投产，日供水量1万吨，并建栖云路（公安局至木材公司）、徐村、樟台等地供水管道6公里，总投资650万元。1997年投资40万元购置柴油发电机组，确保停电不停水。1999年对水厂进行技术改造，日供水量增至2万立方米。2007年，县城新水厂投产后停止使用。

瓦窑坪水厂 位于县城西南朝阳新村后山背。1999年，县政府制订县城供水工程近远期建设方案，决定在瓦窑坪建造新水厂。新水厂占地面积2.4万平方米，工程分引水工程、供水工程两部分。供水水源从珊溪水库引水，设计供水规模一期日供水能力3万立方米，二期日供水能力6万立方米，总投资5206万元。2000年，珊溪水库建成蓄水。2001年，珊溪水库至县城引水隧道工程全面开工，2004年，全线贯通，总长12公里；县城新水厂建设工程进场施工,并将供水管网延伸到建设路至县前街段。2006年11月,新水厂建设工程全面竣工投入试运行。2007年,供水量396万立方米,管网水质综合合格率99%。2009年,继续推动城乡供水一体化进程,启动县城至龙川管道延伸工程,铺设供水管道6.5公里,新增受益人口2.6万人。2011年供水管道总长72公里,供水面积7平方公里,服务县城及周边地区居民生活用水7万人,全年供水总量460万立方米。

县自来水厂于1994年获浙江省建设厅颁发的"城市供水企业资质证书"。2002年7月,成立县供水有限责任公司,内设办公室、生产科、检验科、管理科等职能科室。2011年,职工42人,固定资产6760万元。

1991—2011年文成县城公共供水设施及用水情况一览表

表6-7

年份	综合生产能力(万立方米/日)	供水管道长度(公里)	供水总量(万立方米)	其中:居民家庭用水	用水户数(户)	用水人口(万人)	人均生活用水量(升/日)	用水普及率(%)
1991	0.3	5	121	94	6808	2.8	73	93
1992	0.5	5	130	97	7000	3.0	75	93
1993	0.5	5	135	98	7600	3.1	77	93.6
1994	0.5	5	138	100	7800	3.2	77	94
1995	0.5	11	140	100	8200	3.3	78	95
1996	1	11	150	102	8500	3.56	78.5	100
1997	1	52	162	100	9000	4.0	82.2	97.1
1998	1	52	170	126	9200	3.5	126.8	99.2
1999	1	52	188	158	9500	3.5	131.5	99.2
2000	1.5	52	197	161	9900	3.6	133.2	100
2001	2.2	54	240	142	11920	3.7	136.6	100
2002	2.2	55	241	143	12000	3.7	137	100
2003	2.2	56	298	162	12250	3.7	162.9	97.6
2004	2.2	56	293	180	12589	3.6	170	97.6
2005	2.2	57	344	215	12694	3.1	168.6	97.8
2006	3	57	345	232	12841	4	166.7	100
2007	3	58	396	249	13025	4	173.8	96.2
2008	3	58	400	264	13465	4	176.1	96.3
2009	3	59	430	270	13746	4.2	181.1	96.1
2010	3	62	430	271	14135	4.3	175.5	99.8
2011	3	72	460	287	14670	5.2	176	99.8

说明:资料由县规划建设局提供

排　水

1991—1997年,新建、改造修建及疏通下水道共10926米,增设县城主要道路集水井。2001年,开工建设泗溪河两旁雨污分流工程,至次年建成排污管道800米。投资33万元,改造栖霞路、健康中路下水道376米,新建沙垟中路下水道280米。2005年,开工建设县城污水处理厂,并加快泗溪河污水管网建设进程。2006年县城新水厂竣工并投入试运行后,在供水管网延伸建设的同时改造排污管网,包括建设路全线、县前街、二中片区、凤溪、泗溪涵箱等。2007年,对建设路县前街至洋桥段下水道进行清淤,开工建设章垄巷地下管网改造工程。2009年投资280万元建成泗溪河六期排污箱涵工程,新增排污管道300米。2011年,投入资金220万元,启动2011—2012年县城污水管网配套工程建设,新建改建县城污水管网2公里,包括建设城东路污水管网及路面改造工程、百三电尾水渠、看守所污水收集管网工程。至2011年年底，县城排水管道长度37公里，其中污水排放管道4.3公里，污水集中处理率74.22%。

1993—2011年文成县城排水设施建设情况一览表

表6－8

年份	排水管道长度（公里）	其中：污水管道	生活污水排放量（万吨）	生活污水集中处理率（%）
1993	9.6	—	96.4	—
1999	10	—	146	—
2002	11.6	0.8	269	—
2005	12.8	2	342	60
2011	37	4.3	—	74.22

说明：资料由县规划建设局提供

供　气

液化石油气　1990年，县政府发动机关干部集资认购使用液化石油气，用户1600户。1991年，运送液化气工人14人，用户增至2600户。1992年供应液化气526吨。1994年6月，樟台包塘液化气储配站投运。1998年县城供应液化气1627吨，使用液化气2.52万人，占县城总人口71.47%。1999年煤气公司拔销新钢瓶7882只，全年供气5050吨。2000年，用气人口率升至93.33%。2004年11月，建成液化石油气新储配站，储气能力40吨。当年用气人口3.7万人，占县城总人口100%，县城住户已普遍使用液化气，此后新增用户便逐年减少。至2011年年底，县城液化气运送工人19人，供应液化气2241吨，其中家庭使用量2010吨，使用液化气人口5万人。

1993—2011年文成县城液化石油气供应情况一览表

表6－9

年份	供气总量（吨）	其中：家庭用气量	用气人口（万人）	占县城人口（%）
1993	818	788	1.50	45.45
1998	1627	1430	2.52	71.47
2000	1799	1720	4.20	93.33
2006	2017	2005	4.01	100.00
2011	2241	2010	5.00	100.00

说明：资料由县规划建设局提供

管道燃气　2004年6月，县前街中欧大厦落成，县农村能源服务公司首先在大厦推广燃气管道项目，安装燃气管道140户。2006年开始，先后在白云大楼安装燃气管道108户，凤溪花园职工住宅楼安装182户，嘉盛小区安装572户。至2011年年底，全县安装燃气管道862户。

园林绿化

1991年，县城无公园，在县前街、建设路等主要街道实行植树绿化。1998年，园林绿化覆盖面积7公顷，其中园林绿地5公顷，公共绿地2公顷。2011年，建成区绿化覆盖面积122公顷，绿地面积111公顷，其中公园绿地57

公顷。

公园建设 56省道县城段绿化景观工程(河滨公园)为县十大民生重点工程之一。2007年11月开工建设,2009年10月建成投入使用,起点为县城污水处理厂,终点为徐村大桥,总长5.4公里,总投资2600万元。

道路绿化 1995—1996年,相继投入绿化资金12余万元,对建设路、县城千秋塔等重点地段进行绿化。1998年建成泗溪路绿化带,宽7米、长2500米。1999年,对县城建设路全线进行建绿补绿,并划拨资金委托大峃镇对泗溪路绿化带做好养护工作。2000年,完成体育场路(城东大桥至鹤川大桥段)道路绿化。2008年,加强泗溪河滨公园、县前街、伯温路等重点地段城区绿化景观设施的日常管理和养护,在县前街花坛种植时令花草1.2万株;改造珊门桥至沙垟桥段绿化带。2009年,投资2600余万元,启动56省道县城段绿化景观改造一期、二期工程,至2010年10月全面竣工并投入使用。2010年3月,改造伯温路沙垟桥至赵坑垄桥段绿化带,在县前街花坛种植时令草花4.2万株。

小区绿化 1997年,城镇绿化以庭院厂区绿化为主,对县人民法院、文成二中等单位庭院、自来水厂区进行绿化,投入绿化资金8万元。2002年,启动城南小区绿化工程,开展创建"花园式单位"活动,黄坦中学、县人民法院、巨屿镇人民政府、县城自来水厂等单位被命名为"花园式单位"。2003年,文成二中、文成宾馆被命名为"花园式单位"。2011年,启动"绿满文成"建设,绿化面积10公顷。并对县城沿街、空闲地绿化进行整治,开展公共设施、机关单位、居住区公共绿化建设,人均绿地面积从2010年年底12.68平方米,提高到13.1平方米。

1998—2011年文成县城园林绿化情况一览表

表6-10　　单位:公顷

年份	绿化覆盖面积	其中:园林绿地	公共绿地面积	建成区绿化面积
1998	7	5	2	—
2001	11	9	12	7
2004	40	35	24.7	29
2006	75	41	92	92
2011	111	57	122	122

说明:资料由县规划建设局提供

公共照明

1991年,县城设城一、城二、文钢3条输电线路,总长14.15公里。1994年始,先后改造周村至二中、二新街输电线路,新建伯温路线路。1996年完成低压线路改造和实行一户一表制,又陆续建成文成二中开关站,国际、乡下、县前、二中、朝阳、能源、凤溪、城北、城东、龙船垟10条输电线路。2011年线路改造总长65.89公里。

街道路灯 1993年,城区有路灯880盏。后随城区市政道路不断新建、改建、扩建,照明设施随之完善,光源灯具从白炽灯、汞灯、高压钠灯发展到节能灯,灯柱从木头杆、水泥杆换成金属杆。1997年,新增泗溪路路灯192盏。2001年开始安装弄巷路灯。2005年始,城区路灯委托县电业局昌泰公司维护,路灯增至1170盏。2011年城区有路灯总数2514盏,其中街道路灯1904盏、弄巷路灯610盏,亮灯率保持98%以上。

亮丽工程 2002年开始实施县城亮丽工程。2002—2008年新装、补装、更换主要道路高压钠灯、主要建筑物投射光源、街道景观灯等987盏,县城标志性建筑实现亮丽美化。2010年,建成泗溪河沿岸景观及亲水人行道亮丽工程,沿岸廊亭、徐村大桥、迎宾坊安装景观灯,并建成鹤川大桥水景工程。

公共交通

三轮车 1990年年底，县城人力客运三轮车450辆。1991年7月，为改善县城交通拥挤状况，降至200辆，按尾号单、双号，隔日轮流营运。2005年12月，创建文明县城，正三轮客运摩托车置换人力客运三轮车53辆。2011年人力客运三轮车统一升级置换为太阳能电瓶车。年末县城太阳能客运三轮车271辆。

公交车 1995年7月，首次开通县城1路公交车，起点中樟，终点樟台，沿途站点16个；11月，开通2路公交车，起点龍青山，终点七甲寺，沿途站点18个。后又开通区间公交车，县城环绕班车，时间45分钟1班；县城与峃口往返公交车，时间40分钟1班；县城与中樟与樟台往返公交车50分钟1班。乡间公交线路县城至桂山、珊溪、下河3条。1999年营运公共车14辆，营运线路长度25公里，客运总量55万人次。2001年至桂山、珊溪线路停运。2006年实有公共汽车营运车辆15辆，客运总量120万人次。2011年营运公交车减至12辆，往返中樟、龙川、龍青山、樟台、毛山、桂山、峃口、大垟口、下河等乡村，客运总量126万人次。

1995—2011年文成县城公共交通情况一览表

表6－11

年份	营运公共汽车(辆)	营运线路长度(公里)	客运总量(万人次)	出租车(辆)	三轮车(辆)
1995	4	16	71	—	200
1999	14	25	55	—	200
2001	10	16	40	170	200
2006	15	16	120	125	253
2008	15	16	103	136	253
2011	12	16	126	131	271

说明：资料由县规划建设局提供

第二节 旧城改造

1996年1月，成立县城镇改造开发指挥部，负责县城旧城改造和新区开发。指挥部隶属县政府管理，内设办公室、拆迁安置管理科、工程技术管理科、新区建设科、安全管理科5个职能科室，工作人员20人。2011年更名县旧城改造指挥部，并增挂县房屋征收管理办公室牌子，实行一套人马两块牌子，承担全县实施旧城、旧村改造职责，工作人员23人。原县城新区开发职能划归县大峃城市新区开发建设管委会。1996—2011年，启动栖云住宅区、县前街改造、栖霞路拓展、苔湖街改造4个旧城改造工程项目。

县前街改造

原街道两旁房屋，公房为砖混结构，私房多为木质结构，房屋破旧，道路狭窄，严重影响市容面貌，且存在消防隐患。旧房拆除建筑面积45920.56平方米，其中公、私临街店面房4129.8平方米，公房二层以上营业房1507.1平方米，单位办公用房7848.76平方米，库房14141.38平方米，公、私住宅房17572.03平方米，附属用房721.49平方米。拆迁涉及29个单位751人；拆迁244户，909人。1997年改造工程正式启动，总用地面积3.43万平方米，沿街两旁分12块地块进行改造。先将东段1号、11号、12号3块地块交由县土地部门招标出让。1999年2月，邀请相关专家及部门召开县前街11号地块设计方案会审会，此为县前街改造首个项目。该项目占地面积2829平方米，建筑面积8811平方米，其中一层为营业房，建筑面积1330平方米；二层以上为商住房，建筑

图6-14　改造前的县前街(县旧城改造指挥部提供 1996年摄)

图6-15　改造后的县前街(县旧城改造指挥部提供 2006年摄)

面积7481平方米,投资1911万元。12号地块中,东段(大峃街至伯温路)2号、3号、4号、10号,西段(大峃街至建设路)2号、4号6块地块,为拆迁安置用地,建筑面积43009平方米,占总建筑面积35.13%,由县城改造指挥部负责建设并转给拆迁户,工程投资4000余万元。其余6块为商住用地,建筑面积79416平方米,占总建筑面积64.87%。东段改造工程,2000年6月开工建设,2003年11月完工;西段2002年5月开工,2004年12月交付使用。并开工建设街道景观工程,至2005年8月竣工。县前街改造工程投资17679.4万元,资金总体自求平衡。改造后,建筑面积122425平方米,比改造前增加76505万平方米,增加1.67倍。移动大楼高25层、中银大厦22层、中欧大厦28层,成为县城地标性建筑物,其景观工程成为山城一道亮丽风景线。

文成县县前街改造住宅建设情况一览表

表6-12

序号	小区名称	用地面积(平方米)	改造后		投资额(万元)	开工日期	竣工日期
			套(间)数	建筑面积(平方米)			
1	县前街东段1号地块	5543.8	64	9756.63	3773.6	2000年6月	2003年11月
2	县前街东段2号地块	1011.18	12套 15间	5157	712.78	2000年6月	2003年11月
3	县前街东段3号地块	625.2	15	3126	416.21	2000年6月	2003年11月
4	县前街东段4号地块	875.7	30	4729	639.42	2000年6月	2003年11月
5	县前街东段10号地块	977.92	30	5183	704.77	2000年6月	2003年11月
6	县前街东段11号地块	2892	50	8811	1911	2000年6月	2003年11月
7	县前街东段12号地块	2561.8	52	11769.5	3868.5	2000年6月	2003年11月
8	县前街西段1号地块	1160	144	32754.26	1943.12	2002年5月	2004年12月
9	县前街西段2号地块	3000	96	24700	2180	2002年5月	2004年12月
10	县前街西段3~1号	577.3	25	4800	600	2002年7月	2004年7月
11	县前街西段3~2号	377	30	2639	100	2002年7月	2004年12月
12	县前街西段4号地块	1300	30	9000	830	2002年5月	2004年12月

说明:资料由县旧城改造指挥部提供

栖云住宅区

改造前系原县棉织厂厂址。该厂因严重亏损，资不抵债，1995年9月宣告破产。其7400平方米土地由政府收回，进行改造，成为居民住宅区。地址在栖云路，故名栖云住宅区。改造工程于1996年3月动工建设，2000年4月竣工验收入住。建筑住宅81套(间)，建筑面积14742平方米，改造投资328万元。

栖霞路拓建

1999年，县政府决定把开通栖霞路，作为为民办实事10件实事之一。拓建工程自周村街至建设路段，全长63.5米，路面改造121米，总投资34.8万元。1999年5月11日，县政府发布《关于栖霞路拓建工程房屋拆迁的通告》，决定对栖霞路拓建工程实施房屋拆迁。需拆迁房屋为栖霞路46、48、50、54、57、59、61号，凤溪北路1号，周村街头121号计9间，以及街道两侧厕所、灰斗、猪牛栏及其他附属建筑物、构筑物等。县城镇改造开发指挥部根据县政府《关于县城凤溪北路、栖霞路拓建房屋拆迁补偿安置的暂行规定》，开展栖霞路拓建规划范围内房屋拆迁、补偿、安置等工作。同年，栖霞路拓建工程顺利完成。

苔湖街改造

苔湖街小区改造范围东至伯温路，南至3号线，西至建设路，北至2号线，设计苔湖街为综合性街道总长410米，宽度30米，其中主干道14米，两侧人行道和绿化道各8米。区域面积17公顷，分期分项目进行改造。一期工程用地面积6.51公顷，建筑面积约27万平方米，项目计划投资约18.05亿元。工程拆迁房屋418户461间，拆迁房屋建筑面积93136.62平方米。工程采用全过程代建模式，代建人为浙江绿城旅居置业发展有限公司。二期工程涉及房屋拆迁约600户，建筑面积约18万平方米。

图6-16　苔湖街改造前街景(县旧城改造指挥部提供 2011年摄)

2000年，启动改造前期准备工作。制定《苔湖街小区改造房屋拆迁补偿安置实施细则》。2005年，开展拆迁房屋结构、面积调查，编制小区改造规划方案。2008年启动苔湖小区改造前期政策处理。2011年6月8日，县人民政府发布《苔湖片区一期房屋土地征收补偿方案》。年底，改造工程尚未动工。

第三节　新区开发

1996—2011年，县城镇改造开发指挥部负责城南小区、城东小区、泗溪路建设、体育场路建设、文岙底、凤溪花园等新区开发工程项目。

城南小区

1996年10月，完成征地任务，征地费(包括劳力安置费和土地补偿费)每公顷60万元。12月，将9956.67平方米公建用地分别转让给县人民银行、中国银行、能源公司、电业局、宏大实业公司、建筑公司三处、县劳动人事社会保障局就业管理处、贵州汇豪国际工程机械有限公司、县残联、胡永展商贸住综合楼10家单位建设办公楼和住宿楼，收取国有土地出让金1034.7万元。1997年2月，开工建设公建项目和私人住宅，至2000年年底，整个小区竣工并交付使用。小区总用地面积4.4公顷，其中公建和集体用地2.33公顷。安排村民宅基地196间，金融商业建筑面积12000平方米，房地产建筑面积4000平方米，道路及绿化占地面积6000平方米。总共建房388间，建筑面积63603平方米。总投资4452.21万元。

图6-17　城南小区一角(县旧城改造指挥部提供 2011年摄)

城东小区

位于县城珊门文青公路起始地段，占地面积3公顷，共建设落地房263间，建筑面积5.8万平方米。总投资8000万元。1996年12月5日，小区道路网初步设计方案通过评审，开启小区建设序幕。1997年，小区道路、房屋基础进场施工。2000年，完成排水、绿化等配套工程。2001年，全部竣工。

伯温路开发

原名泗溪路。1991年冬，县政府发文成立泗溪路开发工程指挥部，并将其列为1991年县政府为民办实事项目之一，具体由指挥部办公室负责实施工程建设，归属大峃镇政府管理。1998年冬，泗溪路工程指挥部办公室并入城镇改造指挥部，为指挥部下属科室。泗溪路开发采取“以路带房、以房建路”形式，全线开发地基400余间，土地征用、道路建设经费全部由沿路建房户承担。1992年，启动泗溪路建设。1999年5月，民房建设开工，至2000年7月全面竣工，建成民房379间，用地面积15751平方米，建筑面积85318平方米，总投资4567.12万元。

文岙底小区

位于县城体育场路。用地总面积3.89公顷，征地费每公顷195万元。其中公建用地2.87公顷，分别转让给县人民法院、县人民检察院、县委老干部局、县司法局和大峃镇土地所等6个单位建设办公楼；县城镇改造开发指挥部1.03公顷，用于建设湖滨小区，共收取土地出让金和道路建设费981.5万元。法院、检察院等公建项目于2001年开工，湖滨小区2002年7月进场施工，至2004年12月全面完工，总建筑面积18162平方米，总投资5420万元。

凤溪花园

位于县城二中片区，总用地面积25.07公顷，净用地面积22.27公顷，规划总建筑面积约45万平方米，建筑密度25%，建设定位为商业、办公、休憩为一体多功能片区。2000年启动片区基础设施建设，先后铺筑中侨路、新侨路、小侨路水泥路1130米，建成排水涵箱894米，凤溪花园净水厂中侨路至建设路垟桥头输水管道400余米，临时性施工道路9000平方米。2004年开始招标出让地块。2006年10月，7号地块率先开工建设，2009年12月竣工验收，建成住宅572套，建筑面积9.86万平方米，其中职工住宅182套，建筑面积2.3万平方米，投资3亿元。6号地块2008年2月开工，2010年2月完工，建设住宅330套，建筑面积5.75万平方米，投资1.3亿元。9号地块2011年7月动工兴建，用地面积2.2万平方米，建设套房419套，建筑面积5.57万平方米，概算投资1.22亿元，未落成。

1996—2011年文成县城新区开发住宅建设情况一览表

表6-13

序号	小区名称	用地面积（平方米）	落地房		套房		投资金额（万元）	开工日期	竣工日期
			间数	建筑面积(平方米)	套数	建筑面积(平方米)			
1	城南小区	60200	388	63603	—	—	4452.21	1997年2月	2000年12月
2	城东小区	30000	263	58000	—	—	8000	1997年3月	2003年12月
3	体育操场改建	278.25	6	1391.25	—	—	111.3	1998年3月	1998年12月
4	文岙底湖滨小区	1602.5	20	230	72	3631.65	3380	2002年7月	2004年12月
5	伯温路煤球厂地块	401.6	—	—	9	2008	401.6	2005年5月	2006年12月
6	泗溪路民房1号楼	430.7	10	2502.5	—	—	125.13	1995年5月	2000年1月
7	泗溪路民房2号楼	500.5	10	2291.25	—	—	114.56	1995年5月	2000年1月
8	泗溪路民房3号楼	446.88	10	2234.4	—	—	111.72	1995年6月	2000年3月
9	泗溪路民房4号楼	405.88	10	2231.25	—	—	111.56	1995年7月	2000年3月
10	泗溪路民房5号楼	515	10	2575	—	—	128.75	1995年9月	2000年4月
11	泗溪路民房6号楼	541.27	13	2977	—	—	148.85	1995年10月	2000年6月
12	泗溪路民房7号楼	535.4	12	2677	—	—	133.85	1995年11月	2000年7月
13	泗溪路其他民房	11973.5	295	65821.9	—	—	3291.1	1995年5月	2000年7月
14	凤溪花园6号地块	323158	—	—	330	57534.36	13000	2008年2月	2010年2月
15	凤溪花园7号地块	34929.2	—	—	572	98587.39	30000	2006年10月	2009年12月
16	凤溪花园9号地块	22034.26	—	—	419	55667.02	12200	2011年7月	在建

说明：资料由县旧城改造指挥部提供

第四节 公共建筑

1990年，县城大峃镇公共服务设施已有一定基础。文化、体育设施有县电影院、文成中学图书楼、工人文化宫、大操场、中小学校等；新建县计经委综合大楼、县政府大楼、邮电大楼、财税大楼、五金公司大楼、文成新车站、人民医院门诊部、华侨饭店及物资局、农业局、林业局、交通局、大峃镇、消防队、外贸公司、保险公司等单位办公综合楼等。1991—1992年，建成大峃镇小、县计划生育宣传站、文二中实验楼、县人民医院医技楼、县委党校教学楼。1993年开工建设县计生委综合楼、文物图书馆、育苗幼儿园。同年11月，文成新车站全面竣工投入使用。

1994—1996年，投资952万元，先后建成教师进修学校、科委办公楼、县供销社办公楼、良种场综合楼、县农委综合楼、新华书店、公路段办公楼、县中医院住院楼、文二中综合楼，建筑面积合计14661平方米。1996年年前，公共建筑项目，投资规模较小，单项建筑物投资额一般均在100万元以下。1997年开始，投资额逐渐增加，建筑规模扩大，层次从3～4层向5～6层、甚至10层以上发展。当年建成建设银行综合楼。1998年，文成宾馆、县财政局办公楼竣工，1999年，县人民医院住院楼竣工，2000年，开发城南小区，建成人民银行、中国银行、能源、社会保障办公综合楼，2000年还在县委党校闲置地块建成党校综合办公楼。

2002—2003年，建成电信大楼、国税局办公楼、法院大楼、检察院大楼、老干部活动中心、移动大楼、县水利局办公楼、县人民医院综合楼、县人武部训练基地、邮政大楼、征营稽查办公楼。

2004年，建成国际大酒店（日月度假村），2007年8月，新文中建成，2010年，建成体育馆。

2011年,建成社会公共服务中心,11月,广播电视大楼竣工启用,12月,县客运、旅游集散中心主楼顺利结顶。

1991—2011年文成县城区部分公共建筑一览表

表6-14

项目名称	地址	层次(层)	建筑面积(平方米)	投资金额(万元)	竣工日期
文成车站	城南车站东路	4	3120	294	1990—1993年
大峃镇小学	大峃镇新中巷19号	4	1584	24	1991—1992年
计划生育宣传站	栖云路11-13号	5	1134	38	1991年
文二中实验楼	凤溪南路168号	—	1268	30	1992年
县人民医院医技楼	健康路16号	9	7148	35	1992年
县委党校教学楼、综合办公楼	大峃街64号	4、4	1400、750	50、100	1992年、2000年
县计生委综合楼	栖云路11-13号	5	1135	55	1993年
文物图书馆	大峃街277号	4	595	33	1993年
育苗幼儿园	建设路142号	3	925	63	1993年
教师进修学校	大峃镇石坟垟	4	1080	45	1994年
科委办公楼	大峃镇屿根	5	1890	95	1994年
县供销社办公楼	建设路156号	5	2004	103	1994年
良种场综合楼	城南路北侧	6	1815	93	1995年
县农委综合楼	城南路	6	1500	110	1995年
新华书店	伯温路	5	1000	90	1996年
公路段办公楼	樟台鹤东村	4	1471	133	1996年
县中医院住院楼	建设路	4	1831	183	1996年
文二中综合楼	文二中	4	2070	100	1996年
建设银行综合楼	伯温路	7	6966	580	1997年
县商品综合市场	良种场下排垟	6	26350	1715	1997年
县国土资源大楼	伯温路7号	4	3000	300	1997年
文成宾馆	城东大道1号	2	10687	2106	1998年
财政局办公楼	伯温路11号	8	5585	980	1998年
求知中学	体育场路111号	5	7400	950	1998年
树人学校	城东开发区	4	15000	1500	1998年
县电投公司综合楼	伯温路345号	4~7	4000	300	1999年
县少体校综合楼	体育场路155号	5	2722	115	1999年
县医院住院大楼	健康路14号	9	8655	1407	1999年
人民银行办公楼	大峃镇城南小区	7	1946	136	2000年
能源公司综合楼	大峃镇城南小区	6	4200	375	1998年
中国银行综合楼	建设路71号	7	3200	230	2000年
县房管局办公楼	建设路172号	7	2053	293	2000年
县社保局综合楼	大峃镇城南小区	6	698	150	2000年
火化殡仪馆	樟台排门	2	1115	600	2000年
县移民办综合楼	城南路	6	2067	180	2000年

续表 6-14

项目名称	地址	层次（层）	建筑面积（平方米）	投资金额（万元）	竣工日期
城关信用社综合楼	城南路	5	3633	459	2000年
信用联社综合楼	建设路162号	7	4300	280	2001年
县体育中心一期	体育场路155号	1	1061	2150	2002年
电信大楼	体育场路	10	10800	2990	2002年
国税局办公楼	体育场路339号	7	4800	800	2002年
法院大楼	体育场路350号	7	5800	1500	2002年
检察大楼	体育场路377号	6	4000	650	2002年
老干部活动中心	体育场路	6	2744	453	2002年
移动大楼	县前街1～3号	17	2793	1100	2002年
县水利局办公楼	建设路98号	7	1800	198	2002年
县人武部训练基地	环城南路1号	主5	14791	2500	2003年
邮政大楼	伯温路5号	主10	11386	3010	2003年
征营稽查办公楼	文瑞路3号	5	4190	1000	2003年
县实验小学教学楼	建设路176号	4～5	1595	100	2003年
城南农贸服务市场	城南小区旁山河	7	17589	800	2004年
县气象站业务楼	周村黄鹤头	5	1915	200	2004年
武术学校教学楼	大峃镇石坟垟	4	1969	304	2004年
国际大酒店	城东大道258号	4	22038	3000	2004年
县看守所	大峃镇凤垟	2	14845	1983	2005年
新文成中学	体育场路666号	主5	50263	8630	2007年
电业大楼	体育场路418号	7	7699.32	2900	2009年
人民医院门诊楼	健康路16号	5	7838	2118	2009年
县体育中心二期	体育场路155号	5	7313	3541	2010年
广播电视大楼	城东大道188号	主11	8079	2167	2010年
消防大楼	体育场路699号	4	4019.35	1270	2011年
社会公共服务中心	城东大道128号	13	13067	5427	2011年
县客运（旅游）集散中心	体育场路898号	10	25213	8534	2011年

说明：资料由县规划建设局提供

第五节　泗溪河改造

泗溪发源于南田镇十源金竹垟分水坳，绕流南田、百丈漈、大峃、峃口等地注入飞云江，全长42公里，流域面积245平方公里。其中县城段河长5.5公里。20世纪90年代，泗溪县城河段，排污基础设施未能跟上，溪水污染严重，环境卫生日趋恶化。1999年6月，县政府委托温州市水利水电勘测设计院编制《文成县城城市防洪规划》。2002年委托浙江省城建园林设计院编制《文成县泗溪河综合治理规划方案》。整治工程集防洪、河道疏浚、截污、亲水平台、两岸景观、水生态文化建设为一体，整个工程分7期建设，计划总投入资金9995万元。第一期工程于2002年4月破土动工，12月5日主体工程验收。治理河道600米，总投资650万元。第六期工程2011年7月开工建设，治理河道500米。含相关工程总概算1262万元。至2011年年底，泗溪河治理工程已投入资金7034.53万元，占总概算的70.38%，整治河道5.5公里，河道清障清污50余万立方米，新建排污箱涵1.1公里;修建两岸防洪堤6778.4米,防洪标准从10年一遇提高到20年一遇;建造亲水平台22个,外侧安装铁栅栏杆和景观灯饰,后壁设文成山水、刘基故事浮雕等人文景观,堤岸绿化面积8.67公顷,为周边市民提供超3万平方米休闲健身场所。对保护泗溪河水质量、提升县城档次品位、改善市民人居环境,效果明显,赢得民心,深受全县人民赞赏,被誉为"德政工程"。现今泗溪河水清可渔、岸静可憩、景美可赏,河水清澈如许,岸边绿树成荫,成为市民休闲娱乐主要场所。

图6-18　泗溪河风光(县水利局提供 2011摄)

一期工程

城东大桥至鹤川大桥河段。2002年4月初破土动工,12月5日主体工程建成验收,2003年2月中旬橡胶坝充水蓄水。治理河道600米,总投资650万元,其中防洪堤600米,投资130万元;橡胶拦水堰坝长90米,投资80万元;两岸排污涵箱1000米,河道清污清障3万立方米,投资280万元;亲水平台3座及浮雕装饰工程,投资140万元;工程设计、监理等费用20万元。

二期工程

鹤川大桥至泗溪二桥河段。2003年7月开工,由浙江省水电建设安装有限公司承建,2004年1月4日完工。治理河道600米,建橡胶堰坝1座,两岸防洪堤、排污涵箱各1200米,亲水平台3座,及素混凝土镶雨花石人行栈道等,总投资760万元。

三期工程

泗溪二桥至苔湖桥河段。2005年9月开工建设,由浙江省江河水利建设有限公司承建,2006年5月竣工。治理河道500米,建橡胶堰坝1座,排污涵箱3000米,亲水平台4座(东西两侧各2座),河道清障清污3万立方米,排污涵箱上人行栈道面铺设花岗岩石板,总投资463万元。

四期工程

城东大桥至鹤门桥河段。河道长度1100米,工程由河道清淤工程、橡胶坝工程、景观装饰等构成。2008年3月12日开工,2009年9月25日完工。建橡胶堰坝1座,亲水平台2个,两岸防洪堤、排污涵箱各2200米,总投资2879.91万元(其中污水处理厂Ⅱ标段污水箱涵工程投资1200万元)。

五期工程

赵坑垄桥至苔湖桥上游30米河段。治理河长500米,工程由河道清障、橡胶坝、两岸排污箱涵、亲水平台、装饰工程5部分组成。2008年12月开工,2009年9月底完工。河道清淤清障500米;橡胶坝长88.5米,高2.5米;亲水平台4个;两岸排污箱涵断面2米×2.5米,长1055米(左岸515米,右岸540米)。总投资1019.62万元。

六期工程

苔湖桥上游30米至徐村大桥上首龙溪出水口河段。由浙江鸿翔水利建设有限公司承建，2011年7月开工建设，治理河长500米，主要建设内容为橡胶坝1座，排污箱涵及人行廊道426.4米，新建防洪堤168.4米，亲水平台6个，拦砂堰坝1座，水中景观岛1个，河道疏浚386.8米，以及相应的生态修复措施、人文景观建设等，总投资1262万元。

第六节　县城管理

县建设规划局负责县城建设和管理。1995年7月，开展全县市政基础设施普查。1996年12月，建立城管监察股和城管监察大队，大峃镇成立城管监察中队，承担城市管理职能。县建设规划局陆续出台城市管理、环境卫生措施，健全管理制度，改善环卫设施，开展文明卫生县城创建活动。1991—2011年，维修路面6.24万平方米；查处违法建设案件2399件，拆除违章建筑面积20.6万平方米；拆除小型灯箱、横幅、陈旧破损户外广告设施1454处，各类处罚2919人次。2006年3月获"浙江省卫生县城"称号。

管理机构

内设机构　1991年，县城乡建设环境保护局，内设办公室、环保办公室、城建档案室、城乡建设股。1994年9月，分设县环境保护局、县城乡建设局。1996年设城管监察股、公用事业管理处、城管监察大队。同年12月，大峃镇成立城管监察中队。1997年7月，县城乡建设局更名县建设局。2002年1月，与县规划局合并，改称县规划建设局，下设办公室、规划管理科、建设管理科、法制监察科、市政园林管理科；城管监察大队与规划监察中队合并，成立城建监察大队。2004年大峃镇城管监察中队更名为"县规划建设局城建监察大队大峃镇中队"，实行县规划建设局和大峃镇政府双重领导，其政治、组织和财务归大峃镇管理，业务由县规划建设局指导和管理。2011年年底，县规划建设局行政工作人员15人，下属事业单位工作人员36人。

下属机构　1992年，成立企业施工管理处。1996年12月，成立大峃镇城管监察中队。2002年，企业施工管理处改称建设工程管理处。2004年，大峃镇城管监察中队更名为"县规划建设城建监察大队大峃镇中队"。

城建监察

1991年以后，逐步健全县城乡建设监督体系，制定《文成县规划建设局城建监察管理办法》等规章制度，整合规划监察和基层所力量，实行拆违联动机制，全面落实和完善违法建设查处责任制，合理处置历史遗留违法建设，切实遏制各类新增违法建设，依法查处违法案件，确保全县城乡规划顺利实施。2000年采取"以案论法"举措，对全县典型并严重影响规划违法建设案件，组织力量集中强制拆除，并利用新闻媒体向社会曝光。2011年在城市转型发展、破难攻坚七大行动中，县规划建设局监察大队全力实施"六必拆"和工程建设"拔钉清障"专项行动。拆除违法建设82处，拆除违章面积11.88万平方米；工程建设拔钉清障4处，有效突破严重影响城镇转型发展之瓶颈，发展环境得到优化。1991—2011年，查处违法建设案件2399件，拆除违章建筑面积20.6万平方米。投诉举报违法建设案件查处率100%，城乡违法建设行为基本得到遏制。

道路维护

1991年，修建健康中路、栖霞路、屿根二路、樟垄巷、建设路5条，总面积3000平方米。1992—1996年，修建桥头井路、屿根二路和新车站北路、东路路基,并对县前街西段进行全面改造,铺设水泥路面29180平方米。1997年重点改造栖云路、县前街(东段)、大峃街(县前街口至二新街口)、城南等道路。1998年改造修补街道路面3082平方米;更换添置路牌53块,起到方便民众、美化环境效果。1999—2004年,投资150余万元,修补建设路、城南路、新建路、县前街等主要街道破损路面。2005—2008年,修补建设路、大峃街、栖云路、栖霞路等街道路面3000余平方米。2009年投资60万元,改造建设路洋桥头至县前街段人行道;投资50万元,维修街道路面,更换窨井盖70副,修理泗溪亲水平台栏杆120米。2010年,改造人行道面积9190平方米。1991—2011年,维修路面6.24万平方米。并投资330余万元,改造主要街道人行道,新建伯温路、建设路两侧盲道7公里,新建伯温路绿化带凉亭2座、修理栏杆500米、更换破损窨井盖200余个。从2008年开始,建设部门以每平方米补助20元,支持街道社区村居,自行改造修复背街小巷,对珊门村、城南村、周村、陈宅村、华侨新村、城西社区、永安社区、城北社区等20余个村和社区补助金额72万元,改造背街小巷路面3.6万平方米。

市容整治

县城建监察大队和大峃镇城管中队整合管理力量,参与全县省级文明示范县城创建活动,坚持不懈整治县城“脏、乱、差”现象,市容市貌逐渐整洁,城区交通逐步有序、畅通。1991年7月,开展市容市貌管理宣传月,以整顿三轮车为重点,对县城450辆三轮车重新登记,采取“公开择优分配、严格筛选审查”措施,从中筛选出200辆,分单、双日轮流出勤营运,取缔其他无证车辆,改变县城三轮车盲目发展,交通拥挤状况。1992—1995年,重点管理建设路、大峃街、县前街、二新街等县城中心道路,对各类摊点摆设、横幅、户外广告等进行统一管理。1995年7月,首次开展全县市政基础设施普查,县城建局组织34人参加普查,历时两月,查清全县道路、桥梁、园林绿化、供水、供气、环卫设施状况,摸清底数,并进行数字化存档。1998—1999年,伯温路、体育场路相继建成,其市政设施纳入管理范围。2011年始,管理范围扩展到建成区所有市政主次道路及县城大街小巷。2006年开展县城三轮车专项整治,取缔无证无牌机动三轮车289辆。2006—2011年,查处违法设置户外广告设施76件,拆除非法设置小型灯箱190只、横幅870条,拆除其他非法设置和陈旧破损户外广告设施315处,1078平方米。查处流动摊贩2726人次,各类处罚2919人次。取缔马路市场3处。查处擅自挖掘城市道路案件23件,乱倒建筑垃圾案件8件,破坏环卫设施案件2件,破坏绿化案件17件,擅自饲养鸡鸭等家禽家畜52人次。签订门前三包责任书1835份,处罚违反门前三包责任人15人次,在《文成报》上曝光96人次。2006年12月被命名为“浙江省文明县城”。

环境卫生管理

1991年3月,落实垃圾清扫、装运承包责任制,由原来每天清扫1次改为2次。1992年制定《文成县城镇环境卫生有偿服务实施办法》。1994年,建成环卫办公楼580平方米及环卫职工宿舍15套。1995年,老车站公厕改建为水冲式公厕,首次推行有偿使用制。1996年新(改)建公厕6座。投资37万元,兴建县城垃圾转运场,次年6月竣工,垃圾及时清扫、清运,不再露天堆放。1997年投资32万元,改造公厕2座,购

图6-19 县垃圾填埋场(来自文成新闻网 2010年摄)

置垃圾、粪便运输车，主要街道及巷弄添置果壳箱250只。8月，出台《文成县县城市容和环境卫生管理暂行规定》，全面实施卫生有偿服务制和三级路面清扫制，重点治理建设路沿街美容美发、饮食业店铺污水乱排放现象，城区街道路面保洁度大为提高。1998年投资16万元，改造大峃街、栖云路、县中队公厕3座，并建化粪池。添置1辆洒水车，每日早、晚洒水2次。投资80万元，开工建设大峃镇垃圾填埋场，翌年建成投入使用。2000年11月，制定《文成县城镇市容、环境卫生、绿化和市政设施管理暂行规定》。2001年编成《县城环境卫生规划》，在伯温路建成1座小品式公厕，化解该路长期无公厕困局。首次推行市政公用设施管理市场化，公开拍卖城区繁华地段4个公厕经营权，从原来每年补贴水电费4万元到每年可净收入1.98万元。2009年，投入资金70余万元对建筑垃圾临时堆放点进行选址设计。新建200立方米贮粪池1座，沉淀处理后流入污水处理厂处理。新建白云广场、湖滨公园、永安路3座公厕，并对低等级公厕实施改造；新增果壳箱300余只。通过招投标方式，将县城道路及背街小巷清扫保洁全面推向市场化管理，建立镇人民政府、镇环境卫生两级考评机制，实行"扫管分离"。2011年，县清卫所职工277人，其中管理人员20人。县城垃圾中转站用地面积420平方米，建筑面积193平方米。垂直压缩垃圾打包机1台，道路扫地车、洒水车、冲洗车、垃圾清运车19辆，街道弄巷摆放垃圾桶520只。

2007年启动县城垃圾填埋场前期基础筹备工作，选址在樟台社区。2008年7月进场施工。填埋场设计规模日处理150吨，库容61万立方米，概算投资2100万元。其中，一期工程包括进场公路、场坝建筑、垃圾渗滤液处理厂等建设项目，投资1264万元。2009年11月竣工并投入使用。至2011年，二期工程仍在施工。

第三章 集镇建设

1985年，全县4个建制镇即大峃镇、珊溪镇、玉壶镇、南田镇。1992年，撤区并乡扩镇，新增西坑畲族镇、黄坦镇、百丈漈镇、巨屿镇。2011年，行政区域调整增置峃口镇。撤区并乡扩镇后，乡镇建设与县城建设同步发展，各镇普遍编制或修编总体规划，按规划实施集镇建设，建成一批水、电、路等基础设施。2000年以后，集镇建设步伐逐步加快，基础设施日益完善，各集镇均实现通电、通有线电视、通自来水，主道路硬化，房屋变高变靓，街道卫生整洁，人居环境大为改善。

第一节 珊溪镇

1932年建镇。1985年开始，实施镇总体规划。集镇区范围以珊溪、江滨路为界，分老城区、新城区、坦岐村3片，建飞云江大桥3座、珊溪桥4座，将3片连成一体。2011年，集镇区人口0.92万人，城区面积1.22平方公里。珊溪镇为县域次经济文化中心镇，温州市南片旅游中心镇，浙江省重点镇，小城镇改革试点镇，曾获浙江省体育强镇、文明镇、生态镇等称号。

道 路

民国时期，只有一条狭窄老街，路面坎坷，房屋破旧。1985年，镇区逐步向珊溪坑对岸垟头、东门垟、下爿坦拓展，西东自张老山脚至岭坳脚辟为长1200米新建路；北南自新建东路至山根垟辟为长1200米南林路。1992年年后，将镇人民政府至珊溪桥头段街道拓宽至8米。至1995年，建成下爿坦鱼山路、潭洲路、大桥路、市场路、江洲路、双峰路6条道路网，共计面积26220平方米。1996—1998年，新建富强移民新村，建成长1000米、宽12米的富强路，连同道路绿化，投资96万元。2000年以后，镇区继续向四周扩大。修建飞云江边防洪大堤，辟为长1800米、宽25米滨江路；珊溪坑两岸分别建成宽5米，长800米、1200米的沿溪东路、沿溪西路。2004—2010年，集镇区向坦岐方向扩张，修建坦岐路、沿江路、蔡家横路、店底路、振兴路、打蓬路等3650米。2011年，集镇区街道35条，长17730米，面积168410平方米，其中宽度6米以上主道路20条，长12910米，面积147780平方米；宽度3～5米街巷15条，长4820米，面积20630平方米。

2011年珊溪镇建成区主要道路一览表

表6-15

序号	街路名称	起点	终点	长度（米）	宽度（米）	砼路面（平方米）
1	滨江路	东起百万山脚	西至珊溪出水口	1800	25	45000
2	沿江路	东起下湾	西至打蓬厂	1500	18	27000
3	江洲路	南起富强路	北起滨江路	230	14	3220
4	双峰路	北起滨江路	南至双峰山脚	230	12	2760
5	鱼山路	西起鲤鱼山脚	东至双峰路	280	12	3360
6	屿后路	北起滨江路下首	南至鲤鱼山头	220	12	2640

续表6-15

序号	街路名称	起点	终点	长度(米)	宽度(米)	砼路面(平方米)
7	蔡家横路	东起坦岐路	西至学校巷	350	12	4200
8	民心路	东起横岩	西至坦岐路	2000	8	16000
9	坦岐路	东起下湾	西至坦岐路	1200	8	9600
10	永安巷	南起富强路	北至新建东路	800	8	6400
11	打蓬路	东起坦岐路	西至坦岐路	300	8	2400
12	振兴巷	南起惠民路	北至民心路	150	8	1200
13	店底路	南起惠民路	北至民心路	150	8	1200
14	南林路	北起新建东路	南至新西坑口	1200	6.5	7800
15	新建东路	东起岭坳脚	西接珊溪桥	800	6	4800
16	新建西路	东接珊溪桥	西至张老山脚	400	6	2400
17	市场路	北起滨江路	南至新建东路	700	6	4200
18	工商巷	东起沿溪西路	西至工商所	300	6	1800
19	蔡家一弄	东起珊溪大道	西至蔡家横路	150	6	900
20	蔡家二弄	东起珊溪大道	西至蔡家横路	150	6	900

说明:资料由珊溪镇提供

公共建筑

1991年,扩建珊溪区小、粮管所,新建综合市场、物资供应站、投资108万元,建筑面积5693平方米,其中综合市场投资56万元,建筑面积3263平方米。1992—1997年,投资678万元,新建珊溪法庭、公安派出所、珊溪旅馆(县供销社),营业所办公楼、邮电大楼,扩建中学教学楼、实验楼,建筑面积8839平方米。其中,营业所办公楼投资279万元,建筑面积1928平方米;邮电大楼投资195万元,建筑面积1840平方米。1997年,建成珊溪水电厂办公区,占地面积37590平方米,建筑面积20429平方米。1998年扩建镇医院门诊楼,建筑面积2170平方米,投资120万元。1999年1月,建成映山红幼儿园,占地面积8000平方米,建筑面积4100平方米,由温州市“百家”幼儿园募捐105.59万元兴建,中共中央宣传部原部长林默涵题写园名。同年投资150万元,新建财税所综合楼,建筑面积1857平方米。2001—2004年,投资580万元,迁建珊溪信用社、车站,新建镇规划建设所,其中珊溪车站迁建投资330万元,占地面积3945平方米,建筑面积1360平方米。

居民住宅

原居民住宅由农民自主择基建造。房屋大多为一二层木结构或泥木、石木结构,低矮简陋。1985年始,居民建房由政府主导,依照规划建房。20世纪90年代,民房建筑大多为4砖混梁板结构;2006年后均采用防震的框架结构。

下爿坦新区　位于集镇区东部。1985年冬始,珊溪区人民政府陆续投资180万元,劈山填滩造地,开凿八仙岩,填平鬼洞潭,开发建设下爿坦新区,总面积40公顷。至1995年,计投资5000万元,劈山填土石方31万立方米,建筑防洪大堤1200余米,填造屋基8.8万平方米,新建4～5层楼房1300余间,建筑面积18万平方米,形成东西走向街道5条,南北走向街道7条道路网,其中新建路、滨江路成为集镇区主街道。

富强新村　位于下爿坦新区上首、虾公山脚,大桥路南端。为珊溪水利枢纽工程移民安置点。1996年始建,1998年建成,并命名为富强新村。总占地面积1.59万平方米,其中建房占地面积2900平方米,建房157间,投资287.01万元。安置移民135户472人。

望江小区 位于下升坦村岭坳门脚，珊溪大厦下首，背倚百万山，面临飞云江。原为地震重建安置点，2005年2月始建，2007年5月全面竣工。占地面积31068平方米，建住宅楼21幢230间，总建筑面积45197平方米。安置地震重建户229户812人。2008年5月，经省建设厅和地震局专家验收，抗震强度达6度设防标准，11月命名为“浙江省农村民居地震安全工程示范小区”。2011年改称望江小区。

图6-20 望江小区“浙江省农村民居地震安全工程示范小区”标志(珊溪镇提供 2009年摄)

镇南小区 位于镇区南部山根村山根垟，东为南林路，西至沿溪东路。原为地震避险安置点，2006年始建时称山根垟避震小区，占地面积3.03万平方米，建住宅楼12幢，建筑面积8620平方米。安置地震重建户90户300人。2010年改称镇南小区。

商品房开发

滨江公寓 位于镇区滨江路、坦岐大桥南端。2006年开工建设，2008年12月建成。占地面积1304平方米，建住宅楼2幢(其中6层、5层各1幢)60套，建筑面积7637平方米，绿地率25%。由县东风房地产开发公司开发。

珊溪大厦 位于珊溪镇岭坳门，珊溪车站下首。2009年12月举行奠基仪式，由温州中厦房地产开发有限公司承建。占地面积7670平方米，建筑面积21484平方米，建套房179套，户型面积90～180平方米不等，主体17层，高度54.3米，为珊溪第一高楼、地标性建筑物。概算投资9000万元，至2011年年底投资5500万元。

珊瑚岛养生度假中心 位于坦歧村下湾。集休闲居住，旅游接待，养生度假为一体，为县旅游配套重点工程项目。占地面积20.25万平方米，建度假公寓、欧式别墅、星级酒店等3～26层建筑物104幢482套，主体高度50米，建筑面积30.45万平方米，绿地率40%，概算投资7亿元。2010年开工建设，至2011年年底投资9281万元。

自来水

1988年9月，开始建自来水厂，原址在双坑垟，次年底竣工，日供水能力2000立方米，安装主管道3000米，总投资66万元。珊溪水库工程上马后，决定从水库取水。1997年，选址在街尾村后山建设新水厂，占地面积4000平方米，总投资405万元，其中水厂综合楼建设投资85万元，建筑面积1600平方米。2006年5月，全面竣工投入使用，日供水能力增至7000立方米。2011年，水厂职工11人，固定资产820万元，供水主管道19公里，供水范围为珊溪、巨屿两镇建城区，受益人口3万人，年供水量300万立方米，城区供水率90%。

园林绿化

1994年3月，动工兴建百万山公园刘英纪念馆，1996年5月落成并对外开放。总占地面积1.33万平方米，建筑面积678平方米，总投资250余万元。1998年3月，珊溪镇被列为浙江省小城镇综合改革试点镇，园林绿化步伐加快，镇区新建路、滨江路、南林路等主要道路栽种行道树。2001年投资42万元，实施沿溪两岸美化工程，建成绿化带500余米。2004年确立并实施“生态立镇”“旅游兴镇”战略，加快镇容镇貌建设，创建环境优美乡镇。每年开展“绿满珊溪、植树绿化”活动，在珊溪坑两岸栽植紫玉兰、白玉兰、广玉兰、桂花、黄山栾树、深山含笑、红花木莲等花木。2008年投资160万元，实施滨江路珊溪大桥至坦岐桥段绿化工程。2009年投资200万元，在镇中心黄金地段，拆除镇大会堂和原镇政府办公用房，建成白鹭文化广场。广场占地面积3800平方米，成为镇民从事文化、健身、休闲活动场所。至2011年，栽种行道树苗木1.8万株，铺设草皮1.8万平方米，加上原有绿色森林植被，全镇绿化覆盖率71%，建成区人均绿地面积12平方米。

图6-21 滨江路绿化带(珊溪镇提供 2010年摄)

第二节 玉壶镇

1932年7月建镇，为浙江著名侨乡。1985年，开始实施集镇建设总体规划。2011年，镇区范围包括外村、底村、中村、上村、垟头、龙背、五 ·7个行政村，集镇区域面积0.78平方公里，人口0.69万人。2001—2010年，曾先后被命名为温州市卫生镇、教育强镇，浙江省生态镇、文明镇。

道 路

1991年，玉壶主要街道有店桥街、冰心街、玉壶街、玉泉街、上村街、塘下街、外楼路7条，总长2366米，水泥路面积22250平方米。其中冰心街长700米，宽10米；玉壶街长400米，宽9米。撤区并乡扩镇后，加大镇区改造、新区开发力度，改变集镇容貌。1992—1998年，先后投资340万元，辟建溪南路、沿溪东路和玉东小区道路网，拓展佑善路，铺设水泥路面9885平方米。1999—2001年，投资300万元，拓宽兴福路，铺设沿溪路、府前街、壶山路、兴福路、玉东小区、垟头、五一、东背水泥路面7440米；投资10万元，安装沿溪路栏杆340米。2002—2006年，投资295万元，新建公园路(后改龙东路)，铺设沿溪北路，改造佑善路、壶山路路面。2008年改造、浇筑水泥路面1500平方米。至此，建成区道路形成“一环二纵三横”格局，一环为栋头桥南端起沿沿溪北路、中路、东路、南路，转佑善路，接壶山路，至栋头桥；二纵为东西走向的芝水街、上新街与玉泉街；三横为南北走向的冰心街、玉壶街、府前街。2011年年末，建成区道路43条，长11710米，面积100795平方米，其中宽度6米以上主道路23条，长7720米，面积86670平方米；宽度2～5米街巷20条，长3990米，面积14125平方米。

2011年玉壶镇建成区主要道路一览表

表6-16

序号	街路名称	起点	终点	长度(米)	宽度(米)	砼路面(平方米)
1	玉象路	南起玉象小区	北至玉泉南路	500	20	10000
2	佑善路	东起壶山路三岔口	西至玉泉南路	170	18	3060
3	沿溪北路	南起克木大桥	北至东头大桥	720	16	11520
4	玉泉南路	南起西江工业区	北至玉壶中学	550	16	8800
5	溪南路	南起苓头垟	北至沿溪东路	250	15	3750

续表6-16

序号	街路名称	起点	终点	长度(米)	宽度(米)	砼路面(平方米)
6	玉泉街	南起玉泉寺	北至玉壶供销社	360	11	3960
7	冰心街	东起玉泉溪西岸	西至壶山路	700	10	7000
8	沿溪中路	南起寿星桥	北至门前垟小区	500	10	5000
9	邮电巷	南起壶山路	北至玉壶工商所	250	10	2500
10	市场路	南起府前街	北至冰心街	170	10	1700
11	新宅巷	东起玉泉街	西至佑善路	100	10	1000
12	壶山路	东起府前路	西至东头大桥	1200	9	10800
13	玉壶街	南起店桥头	北至街尾	400	9	3600
14	塘下街	南起壶山路	北至冰心街	200	9	1800
15	新路巷	南起洗埠头	北至塘下街	150	9	1350
16	府前街	南起外楼路	北至天妃宫路	250	8	2000
17	壶冰路	南起壶山路	北至冰心街	200	8	1600
18	金狮路	南起冰心街	北至玉北路	300	7.5	2250
19	府前路	东起岩坦巷	西至壶山路	100	7	700
20	天妃宫路	南起岩坦巷	北至市场路	180	7	1260
21	芝水北路	东起芝水街三岔口	西至金狮路	200	7	1400
22	天河巷	南起天妃宫路	北至下水河	150	6	900
23	街尾巷	南起玉壶街	北至冰心街	120	6	720

说明:资料由玉壶镇提供

公共建筑

图6-22　玉壶镇区新貌(来自文成新闻网 2011年摄)

1990年年底,新建和扩建区公所、粮管所、供销社、中学、小学、医院、广播站、车站、影剧院等机关企事业单位用房,建筑面积2.3万平方米。1991—1996年,投资823万元(其中华侨捐资425万元),扩建镇中学、小学教学楼,镇政府办公楼,粮管所仓库,有线电视机房,新建镇中小学教学楼、实验楼,华侨医院,建筑面积12537平方米。1997—2008年,投资623万元(其中华侨捐资181万元),扩建工商所、派出所办公楼,新建镇侨联大楼、财税所办公楼和镇中小学教学楼、宿舍楼、综合楼7幢,总建筑面积10774平方米。2009年动工兴建镇华侨幼儿园,占地面积2380平方米,建筑面积4500平方米,总投资1368万元,2011年年底建成。同年开工建设镇文化中心(广场)、政府办公楼,址在龙东路西端、狮岩寨山脚右侧,占地面积8300平方米,建筑面积9000平方米,概算投资1500万元。

居民住宅

1984—1988年,全镇新建民房11.5万平方米,其中冰心街两旁建筑4~5层楼房263间,成为全镇最繁华街道。1989—1990年,投资765万元,新建民房513间,建筑面积2.76万平方米。1991—2011年,先后建成玉东、门前垟、芝水花园、玉龙、玉象、梅园6个小区和华侨大厦。

玉东小区 位于镇区中村,玉泉溪右岸。东、南为沿溪中路,西邻芝水街,北连冰心街。1995年征地开发称三角地,1999年建成。用地面积227959平方米,建造住宅楼15幢。2002年命名玉东小区。

门前垟小区 位于镇区门前垟,玉泉溪右岸。南连冰心街,西接芝水街,东、北为沿溪北路。2001年启动建设,2006年建成。用地面积21616平方米,建欧式住宅楼11幢。

芝水花园 位于镇区上村,芝水溪南畔。东至门前垟小区,南至玉北路,西邻壶山路,北为沿溪北路。用地面积11914平方米。2003年始建,2005年建成住宅楼11幢,并命名为芝水花园。

玉龙小区 位于镇区东部龙背村,属文青公路拆迁户安置小区。2002年始建,2008年建成。占地面积7695平方米,建筑面积3.9万平方米。建住宅楼17幢153间,安置56户242人。2011年4月命名为玉龙小区。

玉象小区 位于镇区外村象下山脚,玉象路左侧。2008年始建,2009年12月建成。占地面积3093平方米,住宅楼6幢,建筑面积13241平方米。2011年4月命名为玉象小区。

梅园小区 位于镇区底村梅园,为镇域偏远山区少数民族扶贫搬迁安置小区。整个小区共分四期建设。一期工程,占地面积6000平方米,建筑面积1.26万平方米,6层住宅楼2幢80套,2007年7月开工,2011年9月建成。二期工程,2011年年底进场施工,占地面积8400平方米,建筑面积15560平方米,6层住宅楼4幢,概算投资6500万元。

华侨大厦 位于镇区中村东山岗,玉泉溪左岸。由温州润德房地产开发有限公司开发。2010年10月开工,次年底建成。占地面积3586平方米,商品房77套,建筑面积12908平方米,主体建筑15层,高49米,为集镇地标建筑物,绿地率20.25%。总投资7000万元。

自来水

1988年,建成镇自来水厂,址在壶山路栋头桥。占地面积400平方米,建筑面积450平方米,造价34万元,日供水能力800立方米,集镇区500余户2000余人受益。1999—2000年,投资30余万元,扩建水厂,并改造延伸自来水管道3.27公里,受益人口增至976户3594人。2009年以后,改造管道4500米。2011年,水厂职工11人,日供水能力1200立方米,年供水量40万立方米。

2006年,委托温州市水利电力勘测设计院研编玉壶新自来水厂供水工程水源分析报告。新水厂选址于镇区东山岗,占地面积1万平方米。建设规模水库库容19万立方米,开挖引水隧洞970米,铺筑引水管道2450米,日供水量2200立方米,概算投资2300万元。2008年12月开工建设,至2011年年底,水库大坝、引水隧洞仍在施工中,已投资1500万元。

园林绿化

镇区有玉泉寺、狮岩寨、三港殿、金钟寺、善佑亭等古迹园林。1982年建日月亭。1993年华侨捐资53万元,建成玉春亭、女英亭、狮风亭、乐頣阁。1994—1999年,每年开展义务植树活动,种植行道树6000株。2000年

图6-23 玉泉溪风光(来自文成新闻网 2011年摄)

投资30万元,绿化玉东小区,建沿溪路绿化带914米。2001—2005年,政府投资77万元,编制狮岩寨公园建设规划、集镇环山绿化工程方案,建造公园路,在镇区周边环山、玉泉溪两岸、过境公路两旁,绿化面积23.33万平方米;华侨集资300万元,建设狮岩寨公园。2006年投资950万元,铺装门前垟小区路面及沿溪北路绿化。2009年投资10万元,在镇区种植观赏树木5000株。2010年投资286万元,在玉壶至东溪公路、玉泉南路、龙东路、兴福路等主要道路两侧建草坪、种植行道树,绿化面积5000平方米。2011年启动华侨公园建设,公园用地面积8万平方米,概算投资1500万元。全年集镇小区、街道新增景观绿化面积2.57万平方米。

第三节　南田镇

为明朝开国元勋刘基故里,县域文化名镇。1985年开始建镇,并实施集镇总体规划。2011年,集镇区范围包括南田村和九都村。区城面积0.34平方公里,人口0.51万人。1999—2011年,曾获温州市卫生城镇、奔小康示范镇、文明镇、教育强镇,浙江省旅游强镇、生态镇、森林城镇称号。

道　路

民国时期,集镇区街道仅牌坊坦至谢塘一段,长约50米,宽2米,卵石路面。1960年建造南田公路,拆除牌坊坦牌坊和围墙,延伸拓宽部分街道。1985—1993年,群众集资300万元,以牌坊坦为中点,向东拓展至坑边垟、向西延伸至刘基庙前,辟为伯温路,并浇筑水泥路面,全长1500米,宽15米。1994—1996年,政府投入启动资金514万元,开发镇南新区(诚意路一期工程),建成诚意路、市场路、朝阳路和南田新街4条街道及路网,总长2010米,其中诚意路宽23米,长350米;新街宽15米,长170米;朝阳路、市场路各宽10米,长度分别为250米和300米。1997—2000年,实施旧城改造,拓建南田外宅和谢塘岸南阳地段旧城区,辟建诚意路连接伯温路、南北走向的忠节路、华盖路、参政路3条,各宽15米,总长800米。2001—2007年,实施诚意路二、三期工程,诚意路大街延伸到1130米,并对朝阳路、朱宅路、外宅路、华盖路等路网进行延伸或改造。2008—2009年,刘基故里景区开发,伯温路从刘基庙前延伸至九都村路口。城区主要道路形成“二纵六横”格局,“二纵”为伯温路、诚意路,东西走向;“六横”为伯温东路、南田新街、朱宅路、忠节路、华盖路、参政路,均南北走向。2011年投资700万元,启动文化大道建设,长1480米,宽25米,概算投资2000万元(现在建)。2011年年末,建成区道路30条,长8010米(不含文化大道),面积101840平方米,其中宽度6米以上道路20条,长7300米,面积94890平方米;宽度2~5米街巷10条,长1560米,面积6950平方米。

图6-24　南田镇诚意路(南田镇提供 2011年摄)

2011年南田镇建成区主要道路一览表

表6-17

序号	路名	起点	终点	长度(米)	宽度(米)	砼路面(平方米)
1	诚意路	东起伯温东路接合处	西至金鸡山脚	1480	23	34040
2	伯温西路	东起牌坊坦	西至刘基庙	600	15	9000
3	伯温中路	东起坑边垟桥头	西至牌坊坦	500	15	7500
4	参政路	南起五圻垟口	北至伯温西路	300	15	4500
5	忠节路	南起诚意路	北至城底	250	15	3750
6	华盖路	南起诚意路	北至华盖山	250	15	3750
7	南田街	南起诚意路	北至伯温中路	170	15	2550
8	伯温东路	南起南田供电所	北至坑边垟桥头	400	12	4800
9	牌坊路	南起诚意路	北至镇中心小学	400	12	4800
10	新宅路	东起刘基庙前	西至盘谷底桥头	200	12	2400
11	幸福路	东起伯温东路	西至南田派出所	150	12	1800
12	谢塘路	南起伯温西路	北至城底	100	12	1200
13	邮电路	南起南田粮管所	北至伯温中路	100	12	1200
14	市场路	东起伯温东路	西至朱宅路	300	10	3000
15	外宅路	东起朱宅路接合处	西至诚意路	100	10	1000
16	朱宅路	东起伯温中路	西至诚意路	100	10	1000
17	前塘路	东起前塘	西至伯温东路	100	10	1000
18	后塘路	东起后塘	西至伯温东路	100	10	1000
19	公园路	南起伯温西路	北至伯温公园入口	750	8	6000
20	南阳路	东起忠节路	西至华盖路	100	6	600

说明:资料由南田镇提供

公共建筑

1991年投资37万元,新建南田中学实验楼,扩建农业银行营业所,建筑面积1378平方米。1995—1996年,投资253万元,扩建邮电大楼及镇中、小学校,建筑面积4403平方米;地方集资220万元建设新农贸市场,市场占地5333平方米,建筑面积3400平方米。1998—1999年,政府投资200万元,新建镇医院综合楼、扩建门诊楼,其中综合楼2170平方米、门诊楼1395平方米。2000—2007年投资346万元,扩建供电所、税务所、加油站,新建农技服务中心。其中镇农技服务中心投资80万元,建筑面积1450平方米。2007年立项浙江工贸职业技术学院文成教学实践基地工程,项目占地17.13万平方米,总建筑面积22057平方米,概算投资9875万元;2008—2009年征地、移坟、地面附着物政策处理,2011年进场施工平整地面,计投资3110万元。

居民住宅

旧城改造 1985年,城镇总体规划实施后,改造牌坊坦老街,建设伯温路,至1993年街道两旁建3～5层砖木或混钢结构公、私楼房590间,建筑面积10余万平方米。1997—2002年,改造南田村外宅段、谢塘岸村南阳段两片旧城区,拆迁老房100余间,新建民房268间,建筑面积4.8万平方米;2002—2007年,实施刘基庙前、牌坊坦民房改造,先后拆迁破旧老房52间,处理牌坊坦历史遗留危房11间,拆除违章建(构)筑物89处,全镇新建民房300余间。2011年,启动建设刘基庙前仿古旅游综合服务街区,占地3.33万平方米,概算投资1亿元。

新区建设 1994—1996年,实施城南新区一期工程开发建设,新建4～5层民房450间,建筑面积8.1万平方米。2001—2007年,启动实施诚意路二、三期工程,诚意路延伸至参政路,投资2900万元,建成黄寮乡下山移民小区,新建民屋110间,总建筑面积32340平方米;建设塘垄移民新村,新建楼房50间,建筑面积9800平方米。2008—2010年,建设门前山岗安置小区、刘基庙外围改造拆迁安置小区,新建民房185间,建筑面积45325平方米。2011年4月,开工建设黄寮扶贫迁村小区(后命名为城东小区),址在南田村十黄、大南公路交会处。占地面积10667平方米,总投资2980.6万元,共建6层6幢160套,建筑面积21829平方米。

图6-25 南田镇黄寮乡下山移民小区(南田镇提供 2007年摄)

商品房开发

大自然花苑 位于镇区白岸垟、诚意路南侧。文成县鼎然房地产开发有限公司开发。2009年9月举行奠基仪式,2010年9月命名。占地面积9173平方米,7层住宅楼4幢110套,总建筑面积18289平方米,绿地率40%。总投资4500万元,至2011年计完成投资1500万元。

南都花苑 位于诚意路南侧、电信支局后面。"南"指南田镇,"都"为南田别名九都,故名南都花苑。温州宝通房地产开发有限公司负责开发。2011年11月,挂牌出让建设用地使用权,进场施工。占地面积12201平方米,建7层住宅楼7幢168套,建筑面积21962平方米,绿地率33.2%。总投资3224万元。

自 来 水

1990年10月,开始建设自来水厂,以大水桥水库为水源,投资50万元,1992年9月竣工供水,日供水量1500立方米,解决南田、九都、新南3村民众和镇区部门单位日常生活用水。2008年选址梅树村董田水库建设新水厂,总投资900万元,2010年10月建成投产,新厂区占地面积1万平方米,供水主管道20余公里,日供水量2200立方米。2011年,水厂有职工8人,固定资产20.39万元;供水区域面积3平方公里,受益人口1万人,全年售水量39.7万立方米。

园林绿化

村民素有保护生态环境传统,镇区现存清代以前松、杉、枫香等古树260株,其中树龄500年以上的35株,伯温公园古松树群保护良好。1999年以刘基庙为依托,将庙后华盖山、东天耳山、西钟山劈为伯温公园,在天耳山竖刘基石像,建石质台阶、牌坊。牌坊名由中央军委原副主席刘华清题词。2000年制订并实施文明与卫生城镇建设规划,开展青山白化治理,河道疏浚整治,美化城镇环境。2004年后编制《刘基庙保护专项规划》,2009年编制《南田镇历史文化名镇保护规划》,实施伯温公园开发、环境整治和绿化工程。至2010年,计投资2250万元,辟建刘基文化广场,新建刘基纪念馆,修建百米郁离子长廊,安置刘基大型铜像雕塑,改造刘基庙外围仿古一条街,建造盘谷刘基碑林,刻凿"铭廉壁"摩崖。绿化伯温公园,栽种行道树、绿化苗木1.8万株,建绿化带4000平方米,铺设草皮1.8万平方米。2011年,开展"绿满南田"、省级森林城镇创建活动,投资120万元,实行城区及周边村庄绿化,新增绿化面积1万平方米。年末,全镇绿化覆盖率69.1%,建成区人均绿地10平方米。

第四节 黄坦镇

1948年黄坦乡从青田县划入文成县后改建为黄坦镇。后又撤镇改乡，直至1992年5月撤扩并后重设黄坦镇。1996年编制实施《黄坦镇集镇总体规划》。2011年，镇区范围由前巷、后巷、新楼、严垟、云峰、共宅6个行政村组成。集镇区人口0.59万人，面积0.6平方公里。曾获浙江省农村文化示范镇、温州市教育强镇等称号。

道 路

图6-26 黄坦镇街道(来自文成新闻网 2011年摄)

1982年，县城至黄坦公路通车，后村民陆续在公路两侧建房，形成街道，并命名为兴华路。该路全长1500米，南起镇中心幼儿园至栖真路与兴华路连接处为兴华南路，长500米；转东至车站路口为兴华中路，长400米；车站路口至云峰村民中心为兴华北路，长600米。1989年，建成黄坦至雷官岩公路，镇区至栖真寺段后命名为栖真路，东接兴华中路，西至栖真寺前与墙黄线连接，全长900米。1994年，浇筑镇电院至华店水泥路500米。1997年，开工建设镇小至中学集镇大道，时称黄文路，后改称富强路。1998年，投资25万元建成王宅连接雅梅中学桥梁；铺设兴华路至严垟村栖霞路水泥路面1000米。1999年投资180万元，建成门前垟坑桥梁。2004年，浇筑栖真路水泥路面。2007年启动雅梅老街改造，拓展镇前路、雅梅街。2011年启动城镇道路网建设工程，概算投资3500万元，在新楼、云峰、后巷等村建设环南大道、中心大道等镇区主干道路2.36万米。2011年年末，建成区道路31条，总长19690米，总面积92080平方米，其中宽度6米以上道路5条，长7720米，面积50740平方米；宽度2～5米街巷26条，长11970米，面积41340平方米。

2011年黄坦镇建成区主要道路一览表

表6-18

序号	路名	起点	终点	长度(米)	宽度(米)	砼路面(平方米)
1	兴华北路	南起新楼下店	北至云峰潘庄	1300	8	10400
2	兴华中路	南起兴华南路	北至兴华北路	500	8	4000
3	兴华南路	南起前巷村江坑	北至兴华中路车站	820	7	5740
4	双龙路	南起沙垟双龙景区	北至富强路南口	4000	6	24000
5	栖真路	东起黄坦车站	西至栖真寺外	1100	6	6600

说明：资料由黄坦镇提供

公共建筑

1992—1997年，投资400万元，新、扩建镇粮管所、信用社营业所、广播站、邮电大楼、车站、中学教学楼、敬老院，总建筑面积6088平方米。其中邮电大楼建筑面积1530平方米，投资209万元；敬老院用地1300平方米，建筑面积621平方米。1999年投资450万元,建成镇中心卫生院门诊楼1125平方米。2005—2006年筹资50万元,将原黄坦电影院改建为镇文化中心,文化中心占地面积1300平方米,建筑面积1800平方米。2010年12月总投资150万元,重建敬老院。其中温州慈善总会投资50万元,县民政局出资100万元,建筑面积1566平方米,床位100张,并改名为"黄坦镇慈善敬老院"。2011年启动县社会福利中心建设,属为老年人、残疾人、儿童提供服务的福利性建筑,由县政府投资建设。中心占地面积2392平方米,建筑面积 8600平方米,主体建筑3幢,高5层17.9米,内设床位220铺,总投资2817.5万元。

住宅小区

1992—1997年新建民房257间。1998年富强路拓宽,雅梅民房开始拆迁。1999年门前垟小区开发设计通过会审。2001—2004年投资380万元,建设小区水电路基础设施。2005年开工建设栖城避震安置小区,2007年实施雅梅旧村改造,2011年动工兴建昌盛花苑。

门前垟小区 位于门前垟,属困难群众下山移民异地脱贫项目。总占地面积3.33万平方米,建筑面积14926平方米。2001年开工建设,至2011年年底投资1500余万元,建成4～6层住宅楼10幢118间,安置118户379人。

栖城小区 位于严垟村柿树坳,栖真路西段,为黄坦镇地震避险安置小区。2005年一期始建,2007年建成,命名为栖城小区。小区占地面积2.87万平方米,建筑面积38278平方米。投资4000余万元,建成4～6层住宅楼21幢198间,安置198户613人。

雅梅旧区改造 1998年开始拆迁。2007年投资152万元,拆除危旧房31间,开工新建14间。2011年启动雅梅旧区改造工程,概算投资2亿元,改造区域6万平方米,建筑面积10万平方米。

昌盛花苑 坐落门前垟,为全镇首个商品房开发项目。2011年11月拍卖地块开工兴建。小区占地面积9677平方米,建6层住宅楼6幢,总建筑面积21255平方米,绿地率30%。概算投资5000万元。

自来水

黄坦镇历来严重缺水,20世纪90年代前,全镇兴建山塘水库182座,总蓄水量80万立方米。1996年投资400万元,开工建造镇自来水厂,从雷官岩水库取水,库容15万立方米;1997年年底,建成大坝、水厂用房、安装引水管道等分项工程,1998年集镇区用上自来水。2004年12月,投资300万元扩建水厂,改用水磨坑水库为水源,雷官岩水库改为备用水库,2005年建成投产。2008年投资90万元,加固水磨坑水库大坝,库容从14.9万立方米增至39万立方米,基本解决集镇供水难题。2011年,启动城镇综合供水工程建设,概算投资3000万元,用于新建水库、水厂扩容改造和更新镇区供水管网,日供水能力提升至600立方米。

环境卫生

2004年以前,黄坦镇是浙南著名生猪养殖重镇,时全镇养殖户903家,共养母猪两万余头,毛猪生产年综合产值3亿元,成为镇域主要经济收入来源,但也给环境卫生带来巨大压力。2005年投资12万元,开展集镇生活污水治理试点,至2010年投资1400万元,建造大小沼气净化处理设施416套,禁养区拆除猪舍面积8.4万平方米。2011年4月开工建设污水处理厂,用地面积13392平方米。一期建

图6-27 黄坦镇全貌(来自文成新闻网 2009年摄)

设规模，投资7623.37万元，建综合楼与污水处理池，铺设主管网13.1公里，日处理污水2500吨，采用“预处理+A/O生化+纤维转盘滤池”系统工艺。污水处理范围为黄坦镇区和占里村、沙垟村，服务人口1.29万人。

第五节　西坑畲族镇

1992年5月建镇，为浙江省4个民族镇之一。1993年编制实施《西坑畲族镇发展规划》。2011年镇区范围由西坑、叶岸、梧溪3个行政村组成。镇区人口0.39万人，面积0.36平方公里。先后曾获浙江省生态镇、体育强镇、旅游强镇等称号。

道　路

镇区原无街道。1963年建造文(成)景(宁)公路，西坑、叶岸村民开始在公路两旁新建楼房，逐渐形成公路街道。1988—1990年，区、乡人民政府筹资10.45万元，浇筑西坑街水泥路面880米。1992年撤区建镇后，集镇建设步伐加快。至1997年，集资250万元改造西坑、五星2村老街，铺设水泥路2500米。2001—2006年，实施城镇改造与扶贫迁村工程，建设安福路、高电路、五星等扶贫迁村点，建成安福路、高电路两条水泥路总长1600米。2007年，56省道县城花园至西坑段改建工程上马，镇政府随之启动西坑新区建设。至2009年，投资1000余万元，改建镇前路178米，新建双龙路至新车站连接新56省道的站前路1000米。至2011年，镇区道路形成以双龙路、站前路为主干道路网。建成区道路13条，总长7400米，总面积46550平方米，其中宽度5米以上道路7条，长4900米，面积38500平方米；宽度2至4米街巷6条，长2500米，面积8050平方米。

2011年西坑畲族镇建成区主要道路一览表

表6-19

序号	道路名称	起点	终点	长度(米)	宽度(米)	砼路面(平方米)
1	站前路	南起双龙西路	北至双格田脚	1000	15	15000
2	安福路	东起西坑桥头	西至安福寺	1000	9	9000
3	高电路	东起镇政府	西至后垟仓库	600	5	3000
4	求知路	东起	西至	600	5	3000
5	西坑街	东起双龙桥头	西至娘娘宫	600	5	3000
6	双龙西路	东起叶岸桥头	西至蟹盖背	600	5	3000
7	双路东路	东起叶岸桥头	西至天湖	500	5	2500

说明：资料由西坑畲族镇提供

公共建筑

1991年有区公所、乡政府机关和中小学校舍、区乡卫生院、供销社、电影院、邮电所、工商所、财税所、招待所、车站等公共用房。1992—1994年，投资188万元，陆续新扩建镇中、小学教学楼、财税所、工商所办公楼3927平方米。1997年投资30万元，建西坑交警中队办公楼，建筑面积683平方米。2007—2009年，投资2000余万

图6-28　西坑畲族镇政府办公楼(西坑畲族镇提供 2009年摄)

元，拆除老车站，搬迁菜市场，建成新镇政府办公楼、农贸市场、车站、电信大楼、镇小学宿舍楼、中学综合楼(实验楼)、医院门诊楼、供电所办公楼、农民知识化培训中心、文化中心、健身广场等一批公共建筑，总建筑面积2.35万平方米。其中，镇政府新大楼占地1470平方米，为11间3层楼房，建筑面积1390平方米；新农贸市场经营面积480平方米。

居民住宅

1992年，开始私人建房、旧村改造均按照规划进行建设。2006年，编成西坑、叶岸2村控制性详细规划。实施移民下山、扶贫迁村工程，对居住边远偏僻、经济困难的农户实施补助政策，计投资390万元，建成安福路、高电路、五星等扶贫迁村点，新建楼房305间，建筑面积63840平方米。2007年启动西坑新区建设，新区范围东至镇前路，南至新农贸市场，西至新车站，北至镇政府。建设民房97间，总占地面积4850平方米，建筑面积21825平方米。2010年投资1000万元，将原西坑乡人民政府及电影院地块改造为扶贫搬迁点，次年结顶，新建6层楼房35间。2011年11月，启动梧溪村口聚贤农庄建设，占地面积2.33万平方米，规划建筑面积3.07万平方米，概算投资5000万元。

自来水

居民饮用水原为溪水或井水，或用毛竹劈成水笕引水。20世纪80年代，建造简易自流水装置，改用塑料管引水。1987年4月，西坑区投资7万元，引用小溪水，建成日产600立方米的自流水设施，供水范围为西坑、叶岸两村，受益3000人。1998年投资35万元，建成镇自来水厂调节蓄水池。2002年投资270万元，完成镇自来水厂及水源改造工程，2006年竣工投入使用，日供水能力增至2000立方米。

环境绿化

1992年建镇后，每年开展义务植树活动。2004年起实施“生态立镇、文化兴镇、旅游强镇”战略，开启集镇“绿化、美化、亮化、硬化、净化”创建活动，至2007年，拆除违章建筑、路边厕所、牲畜栏舍5.2万平方米。2008年投资215万元，改造集镇电网、安装路灯，主街道两旁悬挂红灯笼；投资45万元新建田径场、篮球场、门球场、乒乓室等体育设施。2009年投入110万元，栽植行道树、绿化苗木7000株；建造公厕和垃圾中转站，定点投放果壳箱60只，垃圾实行集中清运填埋。2010年，开展“绿满西坑”绿化活动，镇区周边山体绿化7.33万平方米，镇区绿化4530平方米。2011年，全镇绿化覆盖率81.7%，建成区人均绿地近12平方米。

图6-29　西坑畲族镇镇区全景(来自文成新闻网 2011年摄)

第六节　百丈漈镇

1992年5月由篁庄、石庄、黄岭3乡合并建镇。1997年，编制实施《百丈漈镇总体规划》。2011年，镇区范围包括篁庄、上石庄、下石庄、同垟、底大会村。集镇区人口0.62万人，面积0.8平方公里。百丈漈镇为县域生态工业、生态旅游重点镇，境内百丈漈、天顶湖为国家AAAA级风景旅游区，风光绮丽。2010年1月，被命名为浙江省旅游经济强镇。

图6-30 百丈漈路(来自文成新闻网 2009年摄)

道 路

1994年开始动工兴建新集镇，至1996年建成宽18米、长640米新街道(百丈漈路)，两侧房屋130间。1997年，铺设新街水泥路300米，1998年又浇筑310米，此为百丈漈镇首条街道。后新镇区建设不断向北部扩张，2004年动工兴建景山小区，2005年启动腾飞小区建设。2008年百丈漈路延伸至腾飞小区北端十黄线过境公路，全长1040米。2009年投资20万元，建成行政路、学前路和镇停车场1653平方米、休闲广场2468平方米。2010年建成景山小区镇中路、景山路、清风路道路网，总长2100米。2011年铺设十黄线1.3公里柏油路路面，平整腾飞路1公里路。至年底，建成区道路25条，总长10440米，总面积78320平方米，其中宽度6米以上道路9条，长4840米，面积50320平方米；宽度5米道路有观景路、庄园路、沁园路、锦园路、碧园路等16条，长5600米，面积2.80万平方米。

2011年百丈漈镇建成区主要道路一览表

表6-20

序号	道路名称	起点	终点	长度(米)	宽度(米)	砼路面(平方米)
1	百丈漈路	东起南田公路	西至330省道	640	18	11520
2	天顶路	东起	西至	600	18	10800
3	镇中路	东起天顶路	西至镇中学	200	15	3000
4	清风路	东起镇敬老院	西至镇菜市场	800	8	6400
5	景山路	东起石庄社区	西至镇菜市场	600	8	4800
6	清风二路	东起镇中学后门	西至镇菜市场	500	8	4000
7	百丈漈北路	东起百丈漈路	西至十黄公路	400	8	3200
8	观山路	东起百丈漈路	西至八都路	600	6	3600
9	八都路	东起百丈漈路	西至长塘村	500	6	3000

说明：资料由百丈漈镇提供

公共建筑

镇政府办公楼 位于百丈漈路119号。1995年开工建设，次年5月落成，占地面积4150平方米，4至5层楼房3幢，建筑面积1000平方米，投资50万元。

公安派出所 位于百丈漈路226号。占地面积2000平方米，2至5层楼房8间，总建筑面积635平方米。2000年建成，投资35万元。

公路管理站 位于百丈漈路西端。占地面积12987平方米，4层楼房5间，总建筑面积1170平方米。1995年开工，1996年建成，投资45万元。

电信营业楼 位于百丈漈路160号。2000年始建,2001年建成,投资283万元,3层楼房10间,建筑面积1534平方米。

镇中心学校 位于镇中路西南端。1995年动工兴建,1996年8月落成。占地面积20872平方米(其中下石庄村捐地13333平方米),建筑面积9470平方米,校园绿化面积3150平方米,投资95.4万元。

镇卫生院 位于景山小区南端、大众路口,2008年8月开工建设。投资112万元,建成2至3层楼房2幢,建筑面积400平方米。

镇中心幼儿园 坐落腾飞小区南端,观山路1号。2011年3月动工兴建,年底建成。占地面积3650平方米,建筑面积2726平方米,投资856万元。

住宅小区

新 街 又名百丈漈路。1994年动工兴建,2008年建成。全长1457米,两侧有4层楼房40幢449间,总建筑面积8.8万平方米。沿街有镇政府、公安派出所、司法所、公路管理站、安全生产监察中队、文化站办公楼和电信、邮政、信用社营业房,以及老百姓超市、万家福、益民堂、美食饭庄等商铺。

镇中街 位于景山小区东南侧。2003年开挖地基,2004年动工建房,2006年建成4幢4层楼房49间,总建筑面积9600平方米。

景山小区 位于集镇区南部景山。东至百丈漈路,南至大众路,西至景山路,北界镇农贸市场,属困难群众异地脱贫安置房。2004年始建,2010年建成。占地总面积3.2万平方米,建4层住宅楼19幢195间,总建筑面积3.82万平方米。

图6-31 腾飞小区联排排屋(金宏杰 2011年摄)

腾飞小区 位于集镇区北部篁庄、下石庄两村交界处。东至十八公里自然村,南接镇农贸市场,西邻长塘村,北至十黄线过境公路。是省政府批准的库区困难群众异地脱贫工程,也是温州全市中心镇最大的农房集聚小区。总概算投资7亿元,总占地面积27.27万平方米,总建筑面积34万平方米,共安置1212户5100人。工程分二期实施:2004年一期工程始建,至2008年开挖平整地基1000间,开工建设601间。2009年起实施二期工程,包括公寓房408套,排屋203套,通天房215间。至2011年年底计平整地基1212间,建设通天房60幢794间,其中交付使用43幢574间,在建17幢220间;203间排屋和220间通天房建至二层以上,并完成小区市政配套设施建设。

商品房开发

嘉南美地中心 位于天顶湖南畔,距离集镇区1000米。由文成县迦美湖置业有限公司开发。中心占地面积18.75万平方米,建筑面积24.37万平方米,概算总投资3.2亿元。建设规模主体高层楼11幢,高11层40米;独楼170幢,高2层9米;联排楼92间,高3.5层12米。设五星级酒店、温泉、SPA等设施,集旅游、度假、养生为一体。2008年1月开工建设,至2011年建成接待用房36幢,投资11216万元。

商业街(广场) 为腾飞小区二期建设子项目。2009年开始筹建,2011年动工兴建。项目总占地面积1.71

万平方米，获土地出让金5890万元。建设规模新建步行街1条、商业用房62间，商业大楼建筑面积1.3万平方米，总建筑面积2.5万平方米，集旅游商业一条街，概算投资5000万元。

自来水

1996年建造自来水蓄水池，容量40立方米，居民开始使用自来水。1998年11月政府投资280万元，开工建造镇自来水厂，以百丈漈水库为水源，建造两级泵房提水，日供水能力1500立方米。2002年建成高水池，容量200立方米，更新2座泵房抽水设备。2003年实施水网扩建延伸工程，埋设安装水管1240米。2010年，铺设饮水管道10公里，集镇区居民全面用上自来水。

绿　化

1996年，建成全镇首条街道中心绿化带600米，镇中心学校校园绿化面积3150平方米。1997年始，连续6年开展春季义务植树活动，至2002年计四旁植树5万株，天顶湖周边种植风景树3.53万株。2003年始实施生态镇建设，加快集镇绿化步伐，至2010年种植集镇行道树5.6万株，建造绿化带8347平方米。2011年，实施"绿满百丈漈"工程，绿化面积3.33万平方米；改造百丈漈路、镇中路，景山小区市政配套设施及美化绿化，投资398万元。

第七节　巨屿镇

1992年5月建镇。1996年编制实施《巨屿镇总体规划》。2011年镇区范围包括稠泛、垟尾、龙前、方前、花竹岭、垟地边、项坑边7个行政村。集镇区人口0.77万人，面积0.98平方公里。2009年，获温州市教育强镇称号。2010年，被命名为温州市城乡统筹综合改革试点镇、浙江省生态镇。

道　路

图6-32　云江北路（巨屿镇提供 2011年摄）

1992年仅桥头老街一条，长300余米的不规则卵石路面。1996年1月镇人民政府制定沙洲开发规划。1997年投资380万元建成飞云江大桥，将巨屿与方前连成一片；投资1200万元，建筑2650米飞云江防洪大堤。1998年，沿防洪大堤建设东西走向的云江大道，宽32米，长2020米；建成呈南北走向、连接飞云江大桥的大桥路，宽20米，长530米(不含大桥248米)。2001—2004年，陆续建成沙洲新区镇中东路、西路，宽18米，长2620米。2006—2007年，建设方前地震安置小区，建成方前云江北路(宽23米，长2137米)及小区内。2008年8月，峃(口)珊(溪)公路改建，改行云江大道，原茅茸山脚至毛岭亭段老公路改称屿安路，长2080米。同时陆续改造方前新街，拓宽、延伸龙翔路、巨中路、桥头老街，并铺设水泥路面。至2011年，建成区主要道路64条，总长29151米，面积347953平方米，其中宽度7米以上道路32条，长17261米，面积303538平方米；宽度2～5米街巷32条，长11890米，面积44415平方米。

2011年巨屿镇建成区主要道路一览表

表6-21

序号	道路名称	起点	终点	长度(米)	宽度(米)	砼路面(平方米)
1	云江东路	东起茅茸山脚	西至巨屿大桥	2020	32	64640
2	云江西路	东起巨屿大桥	西至毛岭亭	600	32	19200
3	名泰路	南起屿安东路	北至云江东路	205	32	6560
4	云江北路	东起花竹岭水碓峡	西至穹口包龙潭	2137	23	49151
5	大桥北路	南起云江北路	北至云居路	200	21	4200
6	大桥南路	南起屿安路	北至云江路	130	18	2340
7	镇中东路	东起茅茸山脚	西至大桥路	2020	18	36360
8	镇中西路	东起大桥路	西至毛岭亭	600	18	10800
9	南豪路	南起屿安东路	北至云江东路	266	18	4788
10	北豪路	南起屿安东路	北至云江东路	298	18	5364
11	东湖街	北起云江北路	南至包龙路	120	15	1800
12	西湖街	北起云江北路	南至包龙路	120	15	1800
13	中新街	东起云居路204号	西至龙云街	150	14	2100
14	云居路	东起云居路204号	西至龙云街	130	14	1820
15	龙云街	南起云江北路	北至云居路	120	14	1680
16	屿安路	东起茅茸山脚	西至毛岭亭	2080	13	27040
17	方前街	东起大桥路	西至穹口	400	13	5200
18	碧波东路	东起东湖街	西至	505	13	6565
19	碧波西路	东起东湖街	西至穹口坑	230	13	2990
20	麦屿东路	东起苔湖街	西至风车街	270	13	3510
21	麦屿西路	东起东湖街	西至风车街	230	13	2990
22	华盛东路	东起苔湖街	西至东湖街	270	13	3510
23	华盛西路	东起东湖街	西至风车街	230	13	2990
24	云湖街	南起云居路	北至云江北路	180	13	2340
25	兴奋路	南起新建路	北至如意路	1000	12	12000
26	方前新街	东起大桥北路	西至避震小区	800	9	7200
27	长兴路	南起屿安路	北至驮田坦	500	8	4000
28	龙背巷	南起龙翔路	北至岩头背	450	8	3600
29	巨中路	东起飞跃路	西至稠泛村头三角地	500	7	3500
30	镇前路	东起屿安路	西至后中路	200	7	1400
31	康宁路	南起云江北路	北至云居路	200	7	1400
32	龙五巷	东起龙翔南路	西至白石坦口	100	7	700

说明:资料由巨屿镇提供

公共建筑

1991—1996年,投资158万元,扩建孔龙小学、镇小宿舍、中学教学楼、广播站用房,建筑面积4689平方米。1998年投资110万元,新建镇政府大楼,1999年年底落成投入使用,建筑面积2000平方米,5层80个办公室,底层有厨房、停车场、计生服务站等配套设施。2001—2004年,陆续建成镇派出所、移动、电信、联通大楼,医院住院楼，农贸市场等一批公共建筑，其中派出所办公楼投资51万元，建筑面积735平方米；电信用房投资383万元，建筑面积1452平方米；农贸市场投资298万元，建筑面积2260平方米。2010年开工建设镇幼儿园，占地4000平方米，次年完工，建筑面积3631平方米，投资796万元。

住宅小区

4483Q工程 位于镇区东北垟地边村。1990年8月，垟地边村遭受特大洪灾，全村淹没，房屋尽毁。10月，灾后重建工程被列为联合国世界粮食计划署援建的4483Q项目，实行统一规划、统一征地、统一施工、统一分房。翌年2月开工建设，5月竣工。新建砖混结构三层楼房14幢141间，二层房屋1幢5间，建筑面积18330平方米，总造价280.5万元，其中联合国援助70.08万元，省、市、县政府拨款66.18万元，社会捐资18.6万元，灾民自筹125.64万元。

沙洲新区 位于稠泛村，东起大桥路、西至毛岭亭、南至屿安路、北至云江大道。1996年始建，2004年建成。总占地面积6.17万平方米，建成五纵四横道路网，房屋均为4至5层框架钢混结构防震建筑，建民房45幢493间，建筑面积12.3万平方米，投资4500万元。

方前避震安置小区 位于云江北路，方前、穹口2村之间。占地面积11.73万平方米，建设落地房46幢511间，套房4幢135套，建筑面积1.9万平方米，投资7000万元。2006年7月开工建设，2007年年底竣工，安置巨屿、云湖、珊溪3乡镇地震受灾重建户707户4000人。

图6-33 方前避震安置小区一角（巨屿镇提供 2011年摄）

商品房开发

和平佳苑 位于镇区垟地边村。原称巨屿镇垟地边村农房改造集聚工程。2011年9月28日举行开工典礼仪式。占地面积13924平方米，建楼房22幢，其中6层17幢、9层5幢，建筑面积73594平方米，概算投资1.8亿元。安置聚集人口1800人。

中豪公寓 位于云江大道，镇政府右侧、垟尾坑左岸。原称云江商务中心工程，由温州汇豪房地产开发有限公司开发。2011年8月挂牌出让地块，并进场施工。占地面积10624平方米，建楼房3幢，其中15层2幢、16层1幢、商铺58间、住宅172套，建筑面积33760平方米。绿地率30%。概算投资1700万元。

自来水

1996年，开始建镇自来水厂，地址在风车湾口毛岭亭，从飞云江提水。1997年建成投产，厂房建筑面积70平方米，日供水能力2000立方米，投资130万元。珊溪水库建成后，决定从水库取水。2006年5月珊溪新水厂竣工投产，日供水能力7000立方米，投资405万元。此后，巨屿集镇区由珊溪水厂供水。

园林绿化

1998年始，实施建成区绿化规划，全面启动集镇“绿化工程”，当年投资6万元，建造屿安路、云居路绿化带，种植红玉兰等行道花木。1999—2000年新建街道绿化带3000平方米。2003—2007年,投资230万元,建设云江大道绿化工程,全镇绿化带总面积增至15750平方米并安装上路灯。镇区所有主要街道实现硬化、亮化,飞云江两岸呈现交相辉映美景。2009年投资130万元,安装云江大道花岗岩护栏;投资110万元,实施云江北路绿化工程。2011年实施"绿满巨屿"工程,投入资金1130万元,启动云江、巨屿亭、麦屿山3座公园建设,全年绿化面积4.33万平方米,新增绿化面积8000平方米。方前村被命名为浙江省森林村庄。

【专记】

新农村建设

1991年,全县行政村568个。1995年,县委、县政府制定扶持奔小康示范村、试点村建设若干规定。2003年,编制生态县建设规划,出台开展"百村整治、十村示范"实施意见,把"村庄整治"放在与"发展生产、改善生活"同等重要位置,分类分批推进"百村整治、十村示范"工程建设。2004年,启动森林村庄建设。2005年,全县行政村调整为384个。2007年,开展浙江省旅游村创建活动。至2011年,全县建成市级整治合格村213个,省市"全面小康建设示范村"13个,市级生态村242个,省特色旅游村4个,省市森林村庄59个。

村庄整治

2003年8月,县委、县人民政府召开动员大会,全面部署"百村整治,十村示范"工作,出台《文成县关于开展"百村整治,十村示范"的实施意见》,村庄整治内容为"道路硬化、路灯亮化、卫生洁化、家庭美化、环境优化"。并成立以县长为组长、县农办等相关部门负责人为成员的领导小组,下设办公室。当年启动100个整治村和10个示范村建设。2005年7月,经验收,市委、市政府命名玉壶龙背等15个村为"村庄整治合格村"。2006年8月和2007年1月,分别命名上林新林、南田龙上等35个村为整治合格村。至2007年年底,全县村庄整治,投入资金8531.25万元,编制村庄规划155个,建成温州市"村庄整治合格村"118个,硬化村庄道路30.2万平方米,整修赤膊房装饰外墙23.26万平方米,安装路灯4061盏,新建公厕52个,配置垃圾桶1066只,清理河道、渠道、水沟46860米,拆除路边简陋灰铺、牲畜栏圈、露天粪坑等567个,清理道路、房前屋后垃圾杂物堆积点2048处。

2008年,"百村整治,十村示范"工程建设内容提升,按照农村"道路硬化、垃圾收集、污水处理、卫生改厕、农村环境综合整治、村庄绿化"六项指标,推进新农村建设。2009年1月,命名樟台鹤东、珊溪山根、巨屿潘岙、公阳白石坑等整治合格村55个,周壤项山、双桂桂阳、仰山雅坪等"已整治村提升建设合格村"12个。2010年,通过验收省级整治合格村40个,市级整治合格村41个。投入资金4650万元,新增村内道路硬化61公里,新增卫生厕所5374户,新增公厕62座,拆除露天厕所621座,新增垃圾箱758只,新增垃圾收集房45座,新增污水处理池4650立方米,整治河道面积1.38万平方米。村内及四旁植树23040株,新增安全饮用水人口3150人。完成村庄整治工程213个,占全县行政村总数55.5%。

2011年,在村庄整治基础上启动"美丽乡村"建设,编制《文成县美丽乡村建设规划(2011—2020年)》,建设玉泉侨情枫彩带、云江秀水闲情带、山水奇观寻幽带和刘基故里民俗带4条美丽乡村景观带。当年投资3000万元,启动实施环境整治项目40个村,连片整治10个村,创建美丽乡村重点村16个,精品村6个。

2005—2011年文成县市级整治合格村名录表

表6－22

乡镇名称	合格村数	整治合格村名称	其中:提升建设合格村
大峃镇	34	坑口、下沙垟、坪头、凤垟、大会岭脚、泉台、双龙、兴川、鹤东、东城、桂山、项山、岭南、大坑、新南、外南、周墩、麻山、岭岙、诸葛岭、下村、季马、村头、下田、樟坑、金山、陈庄、岚岩、里川、垟底、西山、孙岙、李山、谷山	项山
珊溪镇	17	坦岐、下爿坦、富强新村、街头、街尾、山根、新西坑、联新、雅坪、塘山、松坑、鳌垟、三垟、平坑、福全、新兴、凤狮	下爿坦、雅坪 塘山
玉壶镇	22	龙背、中村、垟头、上村、底村、外村、光明、碧溪、吕一、碧坑、金星、桃坑、角山、八格、联民、新林、木湾、林岩、周山垟、雅龙、坳坪、汤垟	碧溪、金星 联民
南田镇	14	南田、五源、三源、龙上、新岳、龙岙、新南、横山、十源、新富、呈段、黄垟坑、黄山、富头	—
西坑畲族镇	17	西坑、叶岸、南坑垟、梧溪、塘垟、敖里、江山、上垟、中垟、丰龙、石门、下垟、都铺、桂竹、岭垟、下庄、富垟	西坑
黄坦镇	17	新楼、后巷、前巷、共宅、稽垟、占里、严垟、底庄、富岙、富康、上堡垟、双坑、培头、石岭、龙湖、包山垟、千秋门	—
百丈漈镇	13	下石庄、新亭、西段、外大会、长塘、二源、驮田、陈村、岭头、廷坑下、湖底、谈阳、四格	二源
峃口镇	28	九山、新联、峃口、垟岙、龙车、新联、城东、鱼局、桂溪、桂阳、宝丰、桂东、桂西、双垟包、公阳、驮尖、水碓宅、上岳头、鹿堡、白石坑、平和、大垟口、东方、梅垟下、新田、廿五坑、溪口、驮垟尾	桂阳、公阳 平和
巨屿镇	9	方前、龙前、穹口、垟地边、稠泛、花竹岭、潘岙、项坑边、葛垟	—
周山畲族乡	2	养根、吴垟	—

说明:资料由县农办提供

小康示范村

1995年8月,县委、县政府出台《关于扶持奔小康示范村、试点村建设的若干规定》,决定在全县建立100个奔小康示范村、试点村,要求各部门单位扶持奔小康示范村、试点村建设。2003年8月,结合村庄整治工程,全面启动大峃周村、玉壶外村、珊溪岙头底、西坑南坑、南田镇九都等10个省市“全面小康建设示范村”建设。2004年南田镇九都村率先获取温州市“全面小康建设示范村”称号。2005年峃口乡九山村、周壤乡周墩村分别被命名为浙江省“全面小康建设示范村”。至2011年,全县获命名省级全面小康建设示范村3个,市级全面小康建设示范村10个。

2004—2010年文成县省市级“全面小康建设示范村”一览表

表6—23

类别	序号	行政村名称	命名时间(年份)	命名单位
浙江省全面小康建设示范村	1	峃口镇九山村	2005	中共浙江省委 浙江省人民政府
	2	大峃镇周墩村	2005	
	3	玉壶镇碧溪村	2008	
温州市全面小康建设示范村	1	南田镇九都村	2004	中共温州市委 温州市人民政府
	2	珊溪镇坦岐村	2006	

续表6-23

类别	序号	行政村名称	命名时间(年份)	命名单位
温州市全面小康建设示范村	3	大峃镇顶山村	2007	中共温州市委 温州市人民政府
	4	玉壶镇龙背村	2007	
	5	巨屿镇方前村	2008	
	6	玉壶镇金星村	2008	
	7	玉壶镇吕一村	2009	
	8	大峃镇大坑村	2009	
	9	峃口镇溪口村	2010	
	10	珊溪镇雅坪村	2010	

说明:资料由县农办提供

玉壶镇碧溪村 碧溪村北邻碧坑村,南邻吕一村,距离朱阳九峰、"三潭三瀑"景区3公里、县城21公里。全村面积为5.32平方公里,由朱岭、千岩、双林、碧溪4个自然村组成,人口721户、2304人。碧溪村自然风景秀丽,山水资源丰富,全村水田1060亩,山林面积6946亩,森林覆盖率75%,以油茶为主体发展产业,家家户户种植油茶,油茶基地3000余亩,素有"浙南油库"之称。改革开放后,随着出国热兴起,许多碧溪人踏出国门谋生,出国人数从20年前50人,发展到1300人。华侨们心系家乡发展,先后捐款2800余万元,建造道路、桥梁、凉亭、教学楼、卫生院建设等基础设施和文化公园、寿溪桥、承德坊、儿童乐园等休闲活动场10余处。2007—2008年,投资1000万元,开展旧村改造,整治环境,实施"道路硬化、电网改造、改水改厕、村庄美化"四大工程,利用村中心位置一块空闲地建成体育健身活动场所及花坛绿化带,修建防洪堤500米,建设生活污水处理池,铺设碧溪两岸3条污水管网,铺设村中心街道污水管道1600余米,建成生态公厕、垃圾临时堆放点,实施村口绿化、亮化、美化工程,沿溪两岸新安装路灯70盏,主街道亮化率达90%。2006年被评为市级村庄整治合格村、省级绿化示范村,2007年被评为市级生态村,列入市级新农村建设示范试点村,2009年被评为县级文明村,2011年,被评为浙江省森林村庄、浙江省美丽乡村创建先进集体。

图6-34 碧溪风光(《文成美丽乡村行》画册)

大峃镇周墩村 属大峃镇周壤社区,地处文青公路旁,距离县城12公里。四面环山,溪水经村流淌,古榕荫郁,山清水秀,景观优美。全村辖3个自然村,面积1.5平方公里,总人口480户1383人。2010年人均收入6887元。周墩历史悠久,胡氏宗谱记载,周墩胡姓在五代时期从福建铁岭迁居胡岙,至今已有千年之久。有文昌阁、圣母宫、安定桥、放鹤禅寺、昆桥潭等名胜古迹。20世纪20年代起,村民陆续侨居海外,现有1200余人侨居在20个国家和地区,是温州市著名侨村。在新农村建设中,周墩村依托资源优势和华侨优势,因地制宜,陆续推进"十村示范、百村整治""乡村康庄""生态河道治理""农村安全饮水"等工程建设。华侨出国赚钱,不忘家乡建设,华侨捐资2850万元,用于修建文昌阁、木桥廊、老人活动中心、影剧院,建造和平塔、凉亭、水泥路、污水垃圾处理设施等。

图6-35 周墩村全景(《文成美丽乡村行》画册)

2008年又投入1300余万元,建成占地6667平方米欧式建筑华侨休闲公园。周墩村,古朴的建筑、悠长的石阶、葱郁的古树、曲折的长廊、婉约的凉亭、优美的拱桥、悠闲自得的村民,处处透露安静与祥和之气。先后曾获得温州市百村整治示范村、市级文化示范村、温州市“十佳”文明村、温州市全面小康建设示范村,浙江“省级文明村”“省级文化示范村”、省级小康示范村、省、市民主法治村等荣誉称号。

峃口镇九山村 紧靠老56省道,交通便捷,环境优美。辖九溪口、九溪泛、九溪底、犁头山4个自然村,全村276户,1045人。经济以农业为主,全村总面积5015亩,其中耕地面积195亩,林地面积3877亩,全部为薪炭生态公益林,森林覆盖率81%。九溪为飞云江支流,以溪水澄亮、九曲十八弯而得名,沿河两岸青山高耸,绿树蔽日,遍布着大大小小的奇峰异石,峰险峻,瀑飞奔,石怪异,谷幽深,水灵秀。2004年实施村庄整治工程、创建全面小康建设示范村,投资近百万元,改造危旧房、整治赤膊房57间,整治率达98%;拆除路边猪栏、牛棚、灰铺、露天厕所65处,改造率90%;修建老人活动室和书报阅览室,村内主干道和主要场所安装上路灯;改建并美化防洪堤坝600米,利用村内溪流建成长150米、深10米的天然游泳池,创办“农家乐”,建设健身、娱乐、休闲设施,为村民提供良好的生活环境。2005年实施农户生活污水沼气工程,投资38万元(省市补助26万元,村及农户自筹12万元),修建生活污水净化沼气池250立方米,公厕2座,全村70%以上农户安装抽水马桶,排出的污水接入总排污管道,汇到净化沼气池进行处理,年处理污水量25550吨。减轻赵山渡水库污染压力,且游客增多,村自然游泳池从原来每日200人次增加到400人次。当年村集体收入19万元,比上年增加5万元;农民人均收入5508元(同年全乡人均收入3275元)。2007—2011年,引资2000余万元,对九溪峡谷旅游进行深度开发,建成垂钓、烧烤、闯关漂流、虹桥飞渡、高空滑索、凌空跳跃、露天影院、农家活体验等户外休闲娱乐项目,吸引游客。2005年被市政府命名为温州市生态村、温州市农户生活污水净化沼气工程示范村;12月被省委、省政府命名为“全面小康建设示范村”。2008年评为温州市文明村。

图6-36 九山村新貌(来自文成新闻网 2009年摄)

生 态 村

2002年,县委、县政府首次提出实施“生态旅游县”战略设想。2003年,编制《文成生态县建设规划》。2004

年,全县33个乡镇开始着手编制生态乡镇建设规划。2005年,峃口乡九山村被温州市政府命名为全县首个“温州市生态村”。2006年3月,出台《文成县生态村考核验收办法》,全年命名大峃镇凤垟、下垟乡都铺、南田镇龙上、周壤乡外南等县级生态村68个。县境城南、中堡、鹤东、坦岐、方前、周墩、外村、九都、上石庄、驮田、十源、黄山、梧溪、下垟14个村命名为市级生态村。至2011年年底,全县建成温州市级生态村242个,县级生态村282个,分别占全县行政村总数的63.18%和73.63%。

2005—2011年文成县市级生态村名录表

表6-24

乡镇名称	村数	生态村名称
大峃镇	53	城南、周村、大会岭脚、坑口、二新、桥头、县前、鹤东、双龙、桂山、东城、周墩、大坑、项山、诸葛岭、麻山、岭南、岭岙、中堡、村头、下田、乌田、龙马、樟坑、孙岙、垟底、江外、西山、里川、金山、陈庄、岚岩、李山、吴垟、坪头、凤垟、林店尾、上房、石垟垟、陈宅、新南、樟台、炉山底、花园、季马、垟外、中南、双东、王家、中村、岙底、东岗、谷山
珊溪镇	31	坦岐、街头、下爿坦、山根、新西坑、新建、徐岙、吴新、李夏、平坑、西山、毛坑、项坑、联新、凤狮、福全、三垟、雅坪、塘山、松坑、鳌垟、南阳、五新、环秀、井市、岭背、福首源、下山、下山垟、西黄、朱川
玉壶镇	35	外村、上村、中村、底村、垟头、五一、龙背、光明、碧溪、碧坑、吕一、南河、雅龙、汤垟、坳坪、金星、角山、桃坑、八格、联民、木湾、新林、林岩、五四、东樟、林龙、茗垟、东头、吴坑、樟坑、赵基、长丰、樟坪、裕山、蔡坑
南田镇	19	九都、南田、横山、武阳、十源、呈段、利民、高新、黄山、黄曲寮、富头、黄垟坑、新南、龙岙、龙上、光明、高明、高村、五源
西坑畲族镇	24	梧溪、南坑垟、西坑、塘垟、旁边垟、叶岸、双前、上垟、枫龙、石门、下垟、都铺、桂竹、半坑、三合、下庄、岭垟、富垟、双田、让川、敖里、江山、岗山、中垟
黄坦镇	18	前巷、占里、共宅、底庄、培头、石岭、千秋门、叶山、包山垟、龙湖、济下、新龙、新峰、驮岙、塘垄、杜山、石竹寮、上保垟
百丈漈镇	19	上石庄、篁庄、西段、新亭、驮田、廷坑下、岭头、陈村、二源、榅树根、钟垟、山头、四格、陈钟、庄后、镇头、西里、长塘、同样
峃口镇	24	九山、新联、峃口、城东、桂溪、双垟包、桂阳、公阳、水碓宅、鹿堡、驮尖、大垟口、东方、新田、梅垟下、平和、驮垟尾、渡渎、溪口、桂西、田东、上岳头、金岭、白石坑
巨屿镇	11	方前、穹口、项坑边、垟地边、潘岙、花竹岭、正湾、葛垟、稠泛、垟尾、龙前
周山畲族乡	8	养根、吴垟、官坑、漈下、上坑、包山底、双新、周垟

说明:资料由县环境保护局提供

特色旅游村

2007年开始,开展创建浙江省特色旅游村活动。2009年1月,西坑畲族镇梧溪村被命名为全县首个浙江省特色旅游村。次年1月,珊溪镇街头村再获命名。2011年2月,龙川乡村头村、大峃镇大会岭脚村又被命名为浙江省特色旅游村。

西坑梧溪村 以溪为名。位于西坑畲族镇,距县城19.6公里,南邻安福寺,北达龙麒源。总面积5平方公里,总人口1200人,其中畲族人口200余人。全村耕地900亩,林地一万亩,森林覆盖率达80%。村庄民族风情浓郁,生态环境良好,自然资源和人文景观资源丰富。梧溪村是个文化古村,始建于公元1209年,建村迄今已逾800年历史。名胜古迹富相国祠始建于乾隆二十九年(1764),文昌阁始建于清嘉庆十三年(1808)。此外,国民党中将富文故居、新闻泰斗赵超构出生地“金阳旧家”与“南阳旧家”,金星启瑞等古民居;东庄有“马栏基”,西庄有“太师堂”,唯世所罕见的三顶棕等人文景观。至今保留畲族婚礼、竹竿舞、敬祀祖先、图腾崇拜、“对歌”

等特色民族文化活动。2005年制订村庄建设计划，实施道路硬化，改造房屋外墙立面，拆除违章建筑，绿化美化环境；村民创办农家乐餐馆3家，经营民宿客房70间床位120铺。现全村呈现黑瓦白墙，水中碇步，碧波远映，细柳垂岸，两岸溪边立着一座座黑瓦白墙的楼房，颇有江南水乡韵味。2009年1月，命名为浙江省特色旅游村。

珊溪街头村　位于珊溪镇，飞云江南岸，距县城25公里。珊溪街历史悠久，周边有飞云湖、百万山刘英纪念馆、白鹭休闲广场等景观和7000余年历史“鲤鱼山古文化遗址”碑刻等文物古迹，村容村貌整洁，环境优美。全村920户2800人，民风淳朴，村民倡导“百行孝为先”，代代相传，历代不辍。1992年开始评选孝顺子孙、孝顺媳妇，模范丈夫、模范妻子，长寿夫妻金婚奖、钻石婚奖，丧偶老人“再婚奖”等活动，每年评选1次，并建成村孝文化馆。2008年《中国新闻周刊》报道《街头村，孝道的分量》，又被《欧洲侨报》转载；同年12月中央电视台《共同关注》栏目专程前来制作播出《孝行街头》节目。街头村从此孝名远播、誉满全球。2010年，命名为温州大学民俗学教学研究基地，温州市委党校干部教育示范基地，浙江省文化示范村、特色旅游村。

图6-37　2008年11月24日，中央电视台记者在街头村拍摄《孝行街头》专题片（来自文成新闻网）

龙川村头村　位于大峃镇龙川，距县城2公里，全村总面积2平方公里，450户1309人，人均收入6275元。龙川人杰地灵，风景优美，是新闻泰斗赵超构故里。村内龙川街始建于宋代，兴盛于明清，街道南侧大部分为明清特色的江南传统商居两用木构楼房，现存小街在岁月长廊中仍保持一份古色古香。村庄依山傍水，周边风景秀丽，有迷人的四面峰、奇特的将军岩、清冽的圣泉涧，精湛的宋代石刻，全程3.5公里的五十二岭红枫古道。闻名遐迩，远销至法国、意大利等十余个国家的传统农产品龙川索面。2006年4月创办“山水农庄果园”农家乐，集水果采摘、餐饮休闲、红枫古道游览、古街古宅参观于一体，游客络绎不绝。2008年命名为温州市生态村、乡村旅游特色村；2011年2月，命名为浙江省特色旅游村。

大峃大会岭脚村　位于大峃镇西北部，距县城3.5公里，全村总面积2.27平方公里，263户877人。村内盛产枇杷、杨梅等水果。村庄四面环山，山川秀丽，泗溪穿流而过，溪水清澈见底，空气新鲜，环境优美。北系百丈漈景区和峡谷景廊，西山即为县域最为著名的大会岭红枫古道，全程约5公里，4500余级台阶，为元、明古道，两侧遍布枫香古树和松、杉、竹林，红枫与古道蜿蜒盘绕于群山之中。沿途会吉桥、岭脚亭、半岭亭、会云寺、云亭庵、云顶寺等建筑，历经数百年，集多代文物遗存类型，显示各代历史气息。每逢秋冬山上丹枫似火，山下古桥流水人家，形成独特的人文景观。2010年命名为温州市生态村，2011年2月命名为浙江省特色旅游村。

森林村庄

2004年，省绿化委、林业厅下发《关于开展“绿化示范村”创建活动的实施意见》。县境结合实施“十村示范、百村整治”“美丽乡村、魅力文成”、兴林富民、林业观光园区建设等绿化工程，全面推进绿化示范村建设，实行村庄绿化，改善人居环境，提升乡村品位。同年，峃口镇九山村、新联村被命名为首批温州市级绿化示范村；2005年又被命名为浙江省绿化示范村。至2009年全县创建省级绿化示范村10个、市级绿化示范村13个。同年,启动创建省、市森林村庄活动。至2011年,全县建成省级森林村庄5个,市级森林村庄54个。创建省市绿化示范村、森林村庄82个,占全县384个行政村(含上斜行政村)总数的21.6%。

2004—2011年文成县创建省市级绿化示范村(森林村庄)一览表

表6-25

类别	村数(个)	村庄名称	认定日期(年份)
温州市绿化示范村	2	峃口镇九山村、新联村	2004
	2	巨屿镇方前村,峃口镇桂西村	2005
	2	玉壶镇碧溪村、金星村	2006
	3	黄坦镇共宅村、上堡垟村,南田镇南田村	2007
	4	峃口镇城东村、鹿堡村,玉壶镇龙背村,大峃镇项山村	2008
温州市森林村庄	17	大峃镇下徐村、上徐村、大会岭脚村、吴样村、珊门村、下沙垟村,珊溪镇下山村、李夏村、新湖村、牛坑村、雅坪村,南田镇新南村、驮湖村、岳垟村、武阳村,玉壶镇上村村、中村村	2009
	9	大峃镇屿根村、坑口村、徐村、凤垟村,南田镇南田村、九都村,珊溪镇新建村、福首源村、三垟村	2010
	28	大峃镇金山村、庐山底村、岚岩村、横培村、双龙村、城南村、呈树村、花园村、桂山村、诸葛岭村、岙底村、樟山村、金仓村、周墩村、中南村、联丰村、里川村、李山村、小龙村、西山岩头村,珊溪镇街头村、坦岐村、徐岙村、南阳村、卓山村、项坑村、新红村、塘山村	2011
浙江省绿化示范村	2	峃口镇九山村、新联村	2005
	2	巨屿镇方前村,峃口镇桂西村	2006
	2	玉壶镇碧溪村、金星村	2007
	2	黄坦镇共宅村,南田镇南田村	2008
	2	峃口镇城东村,玉壶镇龙背村	2009
浙江省森林村庄	1	南田镇南田村	2010
	4	玉壶镇碧溪村、龙背村,南田镇武阳村,巨屿镇方前村	2011

说明:资料由县林业局提供

第四章　住房制度改革

1992年，建立县住房改革办公室。1993年，开始实行住房制度改革，包括出售公有住房、调整公有住房租金、建立住房公积金制度、鼓励集资(合作)建房、出台私房管理新制度等，改变实物分配、低租金福利住房制度，建立与社会主义市场经济体制相适应的城镇住房制度，稳步推进住房商品化、社会化。1998年，停止住房实物分配，逐步实行住房分配货币化。2005年起加快经济适用住房建设，建立和完善以经济适用住房、商品房为主的城镇住房供应体系。1995—2011年，全县出售公房497套29820平方米；核发住房货币化分配2565人次，发放住房货币化补贴6094万元；建立住房公积金制度单位364个，缴存人数10934人，归集公积金总额5.39亿元(2011年年底余额3.33亿元)；建设保障性住房12万平方米，其中安居房5001平方米、廉租房2550平方米、经济适用房12105平方米，单位集资(合作)联建房10.15万平方米。

第一节　公房分配制度改革

1993年，县政府发布公有住房改革措施，将住房实物分配、低租金福利住房制度逐步转变为货币工资分配制度。1995年，首次出售公房，并实施住房公积金制度。2001年启动住房货币化分配。2005年开始实施廉租房制度。

公房出售

1990年，全县公房建筑面积60.3万平方米，明确直管公房0.5万平方米由房管部门专管，单位公房59.8万平方米由单位自行管理。1992年7月，县计经委颁发《关于加强本委直属全民企业干部职工住房管理暂行规定的通知》，规定公房分配的条件、程序、房租收费标准。1993年12月，县政府出台政策在县城行政机关、企、事业单位和公房在县城的单位全面实施住房制度改革，将国家的住房实物分配、低租金福利住房制度逐步转变为货币工资分配制度，实现住房资金投入产出良性循环，加快住房建设。各镇暂时仅实施集资(合作)建房和公积金制两项规定。1995年8月，县政府颁发《文成县出售公有住房实施办法》，鼓励职工购买公有住房。1998年2月，对新建竣工交付使用和新购买的公有住房，实行只售不租；对腾空分配的住房实行先售后租、新房新租的政策。

1995年，县政府一号宿舍楼作为房改售房试点，出售公房14套840平方米。1996年，出台《出售公有住房有关问题的规定》，对公房出售、承租、公房租户装修等进行细化管理，全年出售公有住房376套22560平方米。1997年对党政机关、事业单位干部职工住占公房情况进行清查、整顿，出售公房46套2760平方米。1998年出售公房29套1740平方米。1999年抓紧公房出售及安居房销售扫尾工作，2000年完成对县直管公房的核算出售工作。2001年出售房改房32套1920平方米。2003年、2005年两次调整公房出售成本价及最低限价。1995—2001年，全县出售公房497套29820平方米。2011年年底，仅保留河头巷、垟心巷直管公房3处5幢，租住户17户，建筑面积568平方米。

公房出租

1992年7月,制定公房出租收取标准,每平方米租金0.5元。针对在岗正常居住户、离退休人员的住房及借用、离岗人员租住公房等各种公房制订租金收取标准,所在单位对租用公房职工给予按月基本工资5%的补贴。1999年采取小步提租适当补贴的方式调整公有住房租金标准,按公房等级调整提高租金幅度,离退休干部、残废军人、民政部门确认的社会救济户等有关减免政策不变。2001年,公房月租金每平方米从1.5元调整为2元;2005年,砖混结构公房,月租金每平方米从2.30元调整为2.50元。

住房货币化分配

2001年,完成全县行政、事业单位离退休人员共计2137人住房货币化分配的调查摸底工作。2003年10月,出台《文成县住房货币化分配实施办法》,货币分房工作正式实施,对县电信局、新华书店、农行、保险公司等6个省、市直属单位共501人的住房货币化分配进行审核报批。2004年,为全县367名离退休干部和80名中华人民共和国成立前老工人发放一次性住房货币化补贴566万元。到2011年,全县参加住房货币化分配2565人,发放住房货币化补贴6094万元。

第二节 住房公积金

1995年6月,开始实施住房公积金制度,先在党政机关、事业单位和国有企业展开。住房公积金缴存基数(月缴存额)由单位月缴存额和职工月缴存额两部分组成,分别根据职工本人的月工资基数乘以单位、职工的住房公积金缴存比例计算,职工个人住房公积金月缴存比例开始为职工月平均工资的5%,后逐年有所提高。

缴　存

1995年,建立住房公积金制度行政、事业单位81个,企业6家,干部职工2580人,缴存金额124万元。1996年,建制单位增至139个,缴存2698人,金额206万元。此后,住房公积金缴存比例、月缴存额由县政府视经济发展和职工个人收入变化作动态调整。2002年5月起,职工个人住房公积金月缴存比例提高至10%,行政事业单位的实际缴存额由原来的每月50元提高至每月100元。至2005年,全县建制单位增至222个,缴存人数9432人,累计缴存金额11814万元。

2006年3月,县人民政府发布《关于在全县非公企业中全面推行住房公积金制度的通知》,将住房公积金制度覆盖面扩大到非公企业,万喜精密铸造有限公司、阳光假日大酒店等非公企业开始建立住房公积金制度。至年底,非公企业职工430人,缴存公积金201万元。

2008年5月,县人民政府办公室发出《关于分解落实2008年度住房公积金扩面任务的通知》,部署年度住房公积金制度扩面任务,并列入县委、县人民政府年度住房保障工作目标考核。同年8月,县人民政府颁发《关于加快解决城镇低收入家庭住房困难的实施意见》,继续扩大住房公积金制度覆盖面、惠及面。在全县教育系统民办学校、幼儿园等各类各级学校,卫生系统乡镇卫生院等各级各类医疗机构,建立住房公积金制度。至年末,教育系统教职工1853人,缴存公积金1245万元;卫生系统医技人员580人,缴存金额525万元。

2010年,全县旅游系统各景区、旅行社、星级宾馆饭店等推行住房公积金制度,当年旅游从业人员72人,缴存金额68万元。3月,县住房公积金分中心与县工商局联合发文,将住房公积金制度覆盖面扩至个体民协会及其从业人员,当年个体私营经济从业人员332人,缴存金额327万元。

2011年年底,全县建立住房公积金制度单位364个,缴存人数10934人,累积归集金额53876.93万元,累计归集余额33290.12万元。其中,机关、事业单位、国有企业6560人,金额7312万元;非公企业、个体户1735人,金额1811万元。

提 取

1998年,建立住房公积金提取制度。缴存住房公积金的职工,可按以下规定申请提取住房公积金。凡购买、建造、翻建、大修自住住房的,生活发生特殊困难,享受特困职工或城镇居民最低生活保障待遇的;完全丧失劳动能力且与所在单位终止劳动关系的,职工离休、退休,出国、出境定居的,死亡或者被宣告死亡的其合法继承人或受遗赠人,均可申请提取职工个人住房公积金账户中的存储余额。当年提出申请107人,提取金额13.37万元。次年申请提取303人,提取金额40.91万元。后提取人数、金额逐年增加,其中2009年申请人数最多,为1543人;2011年提取数额最大,提取金额5569.89万元。1998—2011年年末,全县申请提取住房公积金9019人,提取金额22487.45万元。

贷 款

贷款对象 1997年开始发放住房公积金贷款。贷款对象为按规定连续正常缴存住房公积金满12个月以上,且为购买、建造、翻建、大修自住住房的职工。且必须具备所购建翻修房屋坐落位置明确,手续齐全、合法、有效,有稳定经济收入来源和偿还贷款能力,并同意将所购建翻修房屋作为贷款抵押物等条件。

贷款额度 1997—2006年8月,职工个人住房公积金贷款额度,单职工户5万元,双职工户10万元。2006年9月1日起,最高额度调整为20万元。2007年7月1日起,最高额度40万元。

贷款利率 执行中国人民银行、住房和城乡建设部公布的标准。贷款期限1年以内(含1年)的,实行到期一次性还本付息;贷款期限1年以上的,实行按月分期还本付息。2007年7月起,贷款利率分为两档,1~5年4.77%,6~30年5.22%,均比相应银行按揭贷款利率低1个百分点以上。

贷款发放 住房公积金贷款由职工个人提出申请,经审查批准,委托银行办理。1997年,发放住房公积金贷款22户,金额70万元。2011年发放123户,贷款金额5677万元。历年累计发放2953户,贷款金额53088.9万元。

贷款回收 2000年6月,县人民政府发布《文成县个人住房公积金(抵押)贷款实施办法》,健全个人住房贷款信用系统,规范贷款行为,确保贷款本息回收。2003—2010年,住房公积金贷款安全有序运行。至2011年12月,贷款回收20833.08万元,回收率100%。

1995—2011年文成县住房公积金缴存提取贷款情况一览表

表6-26

年份	缴 存		提 取		贷 款	
	人数	金额(万元)	人数	金额(万元)	户数	金额(万元)
1995	2580	124	—	—	—	—
1996	2698	206	—	—	—	—
1997	2901	308	—	—	22	70.0
1998	3123	384	107	13.37	82	436.6
1999	7320	632	303	40.91	102	686.3
2000	8361	836	310	61.68	139	957.7
2001	9320	975	353	101.88	105	826.0

续表6-26

年份	缴存		提取		贷款	
	人数	金额(万元)	人数	金额(万元)	户数	金额(万元)
2002	9348	2550	497	174.46	205	1741.0
2003	9330	3160	609	1433.37	316	2689.0
2004	9338	3046	547	1137.55	416	3715.0
2005	9432	3058	421	505.12	324	2919.0
2006	9315	2713	526	548.86	181	2102.0
2007	9268	3828	463	1166.37	139	2394.3
2008	9754	6557	1213	2801.40	319	9859.8
2009	9910	7046	1543	4055.70	298	11187.2
2010	10427	9853	1255	4876.89	182	7828.0
2011	10934	12186	872	5569.89	123	5677.0

说明:资料由县住房公积金中心提供

公积金管理

1995年1月,成立县住房资金管理中心,开始在党政机关、事业单位和国有企业实施住房公积金制度,缴存归集住房公积金。尔后,住房公积金制度覆盖面陆续扩大到非公企业及城乡个体私营经济从业人员。2006年1月,改称温州市住房公积金管理中心文成分中心,隶属温州市住房公积金管理中心派出机构。同年12月,实施文成分中心信息化改造,建设住房公积金管理网络系统。2007年4月,县住房公积金系统与全市信息联网数据集中管理。8月,文成分中心信息化改造完成,接入广域网,启用县住房公积金业务系统和市中心内部办公OA系统,实现公积金业务办理实时操作。

第三节　保障性住房

1995年实施住房制度改革后,开工建设保障性住房项目7个计692套住房,其中朝阳新村安居房50套,经济适用房3处172套、限价商品房3处470套。批准参加集资建房32个单位,建设集资联建房769套。救助农村住房困难群众6185户,补助金额8063万元。

安居工程

1995年7月,县内首个"安居工程"进入实施阶段,县人民政府投资380万元,在朝阳新村建设2幢50套公寓式住宅。1996年10月开工建设,1997年10月底竣工交付使用。其中,1号楼30套,建筑面积2760平方米;2号楼20套,建筑面积2241平方米,经验收工程质量为优良。

廉租住房

2005年,出台《文成县廉租住房保障暂行办法》,建立以发放租赁补贴为主,实物配租和租金核减为辅的廉租住房制度,当年12月底首次对大峃镇低保家庭6户14人发放廉租住房补贴。2006年,对大峃镇9户13人继续发放廉租住房补贴5904元。2007年,对全县25户39人发放廉租住房补贴22608元。在花园新村一期开工建设廉租住房15套,建筑面积750平方米。2009年,开工建设花园新村二期廉租住房36套,建筑面积1800平方米。至2011年年底,共保障家庭96户143人,发放廉租住房补贴38万元。

经济适用房

1989年7月，在凤溪北路建成知识分子楼。2002—2004年，向省厅申报经济适用房建设用地指标2万平方米，为经济适用房建设打好基础。2005年，县政府出台《文成县经济适用住房管理暂行办法》。2008—2010年在龙川花园新村与县政府限价商品房项目同期实施，建设经济适用房。至2011年年末，计投入资金5050.5万元，建设经济适用房172套，建筑面积12105平方米。

凤溪北路知识分子楼 位于凤溪北路。1989年7月建成，住宅20套，建筑面积1600平方米，总投资58.5万元。1995年10月，对搁置近6年尚未分配的15套住房，经本人申请、评分，分配给赵寿璜等15位高、中级知识分子。单价每平方米580元。

龙川花园经济适用房 位于龙川花园新村。2005年3月立项，共建经济适用住房152套，总建筑面积10505平方米，分两期建设。2007年成立花园经济适用住房建设指挥部。2008年3月一期工程动工建设，2010年12月竣工。建设经济适用住房50套，建筑面积3225平方米，总投资1036万元。一期基准销售价格每平方米2625元。二期A区经济适用房工程于2010年12月动工兴建，总投资3956万元，建设经济适用房102套，建筑面积7280平方米。

限价商品房

2005年启动凤溪花园职工住宅楼建设。2006年成立凤溪花园干部职工住宅楼建设指挥部。2007年12月，县人民政府制定《职工住宅楼分配方案》，对申请限价房的干部职工资格进行审核、公示，以公平、公正、公开方式进行分配。2008—2010年，在龙川花园新村与县政府经济适用房项目同期实施，建设限价房。至2011年年末，建设限价商品房470套，建筑面积54957平方米，投资14918万元。

凤溪花园职工住宅楼 位于环城南路县人武部前面，2005年3月立项建设，为县委、县人民政府重点建设项目。总用地面积6142.8平方米，住宅楼占地面积1365.4平方米，建设住宅182套，建筑面积22783平方米，总投资5000万元。每平方米平均售价4950元，基准价4920元；计划外售价6500元。项目建设实行代建制，由县中兴房地产投资有限公司代建，温州市长城建设监理有限公司监理。2010年12月竣工交付使用。

龙川花园限价商品房 位于龙川花园新村，分两期建设。一期工程于2008年3月开工建设，2010年12月竣工。建设限价商品房60套，建筑面积5329平方米，总投资1243万元。二期A区工程于2010年12月动工兴建，总投资8675万元，建设限价商品房228套，建筑面积26845平方米。

集资(合作)建房

对象为党政机关、企事业单位职工、离退休人员，在城镇无私房、住房困难户。集资(合作)建房实行“四统一”(统一规划，统一征地，统一开发，统一建单位式套间)，有条件的单位可给予不超过总造价30%的补助，县房地产信贷部优先为建房户提供贷款，有关税费给予适当减免。个人金额出资的，面积允许适当扩大，产权为个人所有。单位有补助的为部分产权，人均建筑面积不得超过15平方米。1992—1999年，批准参加集资建房单位32个，建设职工住宅769套，总建筑面积9.68万平方米。

1992—2001年文成县部门单位集资联建项目一览表

表6-27

序号	集资联建单位	开工日期（年月）	竣工日期（年月）	建筑面积（平方米）	住房（套）	业主单位
1	统计局宿舍	1992.9	1993.5	921	10	统计局
2	供销社宿舍	1993.4	1995.5	947	12	供销社
3	环保局宿舍	1994.1	1996.12	900	10	环保局
4	商业局宿舍	1994.2	1996.7	1440	12	商业局
5	科委宿舍	1994.3	1997.2	2005	12	科委
6	人行宿舍	1994.9	1997.3	3250	25	人民银行
7	教师宿舍	1995.1	1996.12	4200	32	教育局
8	农业局宿舍	1995.1	1997.12	4550	35	农业局
9	农行宿舍	1995.2	1996.5	3034	30	农业银行
10	建设银行宿舍	1995.6	1997.8	2810	30	建设银行
11	农办宿舍	1995.6	1997.12	6123	25	农办
12	规划局宿舍	1995.7	1997.12	2200	24	规划局
13	绵羊场宿舍	1995.8	1998.6	3169	22	绵羊场
14	帝师集团宿舍	1996.4	1998.12	1423	19	帝师集团
15	卫生局宿舍	1996.4	1999.8	3508	24	卫生局
16	财政局宿舍	1996.5	1999.12	4800	45	财政局
17	外贸公司宿舍	1996.6	1999.9	1725	15	外贸公司
18	木材公司宿舍	1996.7	1999.4	1700	17	木材公司
19	清卫所宿舍	1996.12	1999.8	1457	15	清卫所
20	石垟林场宿舍	1996.6	1997.12	4650	31	石垟林场
21	百丈漈电厂宿舍	1997	1999	5500	50	百丈漈电厂
22	农林水宿舍楼	1988	1990	765	17	农经委
23	地矿局宿舍	1998	2000	3840	24	地矿局
24	高一电宿舍	1998	2000.10	5400	60	高岭头电厂
25	电业局宿舍	1998.3	2000	4050	30	电业局
26	信用合作社宿舍	1999	2001	4542	21	信用合作社
27	城市信用社宿舍	1999	2001	3611	19	信用合作社
28	中行宿舍	1999.5	2001.12	3179	20	中国银行
29	移民办综合楼	1999.5	2000.12	1392	12	移民办
30	百三电宿舍	1999.6	2001.8	1785	11	电业局
31	烟草局宿舍	1999.7	2001.5	4270	28	烟草局
32	教师宿舍	1999.12	2001.7	3650	32	教育局

说明:资料由县住建局提供

农村困难群众住房救助

2007年6月,县规划建设局、财政局、民政局联合发出《关于开展实施农村困难群众住房救助制度试点工作的通知》,并出台《文成县农村困难群众住房救助专项资金管理暂行办法》。当年救助农村住房困难群众200户,补助金额120万元。2008年成立农村困难群众住房救助领导小组,协调解决农村困难群众基本住房需求,全年救助1200户，补助金额5003万元。2010年制定《文成县2010—2012年农村困难群众住房救助工作实施计划》，区别不同对象和住房困难类型，实施分类救助。至2011年年末，发放农村困难群众住房救助6185户，补助金额8063万元。

2007—2011年文成县农村困难群众住房救助情况一览表

表6-28

年份	总户数	其　中				补助金额（万元）
		建房	修缮	置换	租用	
2007	200	200	—	—	—	120.00
2008	1200	1200	—	—	—	5003.00
2009	1151	982	120	49	—	783.92
2010	1800	1618	113	68	1	1094.19
2011	1834	1504	229	100	1	1061.89
合计	6185	5504	462	217	2	8063.00

说明：资料由县住建局提供

第五章　房地产开发

1991—1998年,房地产开发投资规模小,年投资额占全社会固定资产投资总额的比例不到1%。1999年起规模逐步扩大。2006年突破1亿元大关。2010年实现投资4.7亿元。至2011年,全县房地产开发投入资金20.9亿元,建成中欧公寓、中银大厦、华侨公寓、嘉盛花园、白云广场、滨江公寓、世纪嘉园等一批住宅小区,总建筑面积33.3万平方米。

第一节　投资与项目

1991—1999年,县域房地产投资仅639万元。2000年启动县前街改造,始有较大房地产开发项目,2011年达到3.6亿元。至2011年全县房地产较大开发项目30余项,建筑面积34.31万立方米。

房地产投资

1991—1999年,为县域房地产开发起步阶段,9年间仅投资639万元。其中,1994—1996三年无投资;1997年房地产投资额仅占全社会固定资产投资总额的0.2%。1999年房地产投资力度加大,全年投资5913万元,占全社会固定资产投资总额的13.5%。2000年县人民政府加大招商引资力度,包装推出中欧公寓、锦园公寓、中银大厦、华侨公寓等一批商品房开发项目,推进房地产业发展。2001年实现房地产投资6399万元,在全县固定资产投资总额中的比重,提升至17.3%。此后,房地产业稳步发展,投资额逐年增加。2006年房地产投资突破1亿元大关,2010年突破4.7亿元,2011年房地产投资达3.6亿元。

1991—2011年全社会固定资产投资及增长比例一览表

表6-29

年份	全社会固定资产投资总额(万元)	其中:房地产投资(万元)	所占比例(%)	年份	全社会固定资产投资总额(万元)	其中:房地产投资(万元)	所占比例(%)
1991	5987	67	1.1	2002	47466	3178	6.7
1992	7234	34	0.5	2003	55968	7520	13.4
1993	16518	151	0.9	2004	64492	8368	13.0
1994	20347	—	—	2005	66874	2547	3.8
1995	24564	—	—	2006	103978	13137	12.6
1996	23285	—	—	2007	133750	25864	19.3
1997	32607	77	0.2	2008	144081	17310	12.0
1998	37969	310	0.8	2009	185263	31910	17.2
1999	43660	5913	13.5	2010	207788	46965	22.6
2000	36045	3581	9.9	2011	341821	35827	10.5
2001	37009	6399	17.3	—	—	209158	—

说明:资料由县规划建设局提供

开发项目

2001年5月，县城建开发公司建成县前街中欧公寓A。2003—2006年，陆续开发飞翔大楼、锦园公寓、中银大厦、县前街西段2号地块、华侨公寓、鸿翔公寓、中欧公寓B、樱花公寓、好来居住宅楼、华翔公寓、瑞丰大楼、松山巷玻璃纤维厂地块住宅楼。开发商品房400套，店面38套，建筑面积64202.46平方米。以上项目均由县内房开公司开发，楼层在4～7层间。2007—2011年，温州嘉盛、鑫隆、中厦、绿建、润德、泛太置业等房开公司陆续进驻文成，商品房开发逐渐向高层发展。其间，嘉盛国际花园一期(7～10)幢、白云广场、嘉盛国际花园二期(1～6)幢、鑫隆帝景、滨江公寓、中和商厦、中兴公寓二号楼、金都家园、县城老水厂地块改造住宅楼、珊溪镇岭坳门地块商住楼、南田大自然花苑、白雪大厦、华侨大厦、世纪嘉园相继落成。开发商品房2271套，店面38套，建筑面积27.89万平方米。

2001—2006年商品房开发项目一览表

表6-30

序号	项目名称	项目地址	商品房(套)	建筑面积(平方米)	建成时间(年月)	房开企业
1	中欧公寓一期	县前街	54	8447.00	2001.5	县城建开发公司
2	飞翔大楼	大峃镇体育场路	21	3038.96	2003.6	县东风房地产开发公司
3	锦园公寓	大峃镇建设路	48	4479.49	2003.12	24户联建
4	中银大厦(预)	大峃镇县前街	39	10288.39	2004.3	县中兴房地产投资有限公司
5	县前街西段2号地块	大峃镇县前街侨联大楼	店面38 住宅96	15960.00	2004	县城镇改造指挥部
6	华侨公寓	大峃镇建设路	47	6922.52	2004.8	县明珠实业有限公司
7	鸿翔公寓	大峃镇体育场路	36	3619.25	2004.1	县东风房地产开发公司
8	中欧公寓	大峃镇徐宅巷	18	1403.25	2004.6	县中兴房地产投资有限公司
9	樱花公寓	大峃镇伯温路	28	—	2004.12	县明珠实业有限公司
10	好来居住宅楼	大峃镇建设路	27	2395.89	2004.6	县明珠实业有限公司
11	华翔公寓	大峃镇体育场路	36	3225.70	2005.7	县东风房地产卄发公司
12	瑞丰大楼	大峃镇体育场路	14	2260.89	2006.6	中欧房地产开发有限公司
13	松山巷玻璃纤维厂地块	大峃镇松山巷	18	2161.12	2006.8	县东风房地产开发公司
	合　计	—	400	64202.46	—	—

说明：资料由县住建局提供

2007—2011年商品房开发项目一览表

表6-31

序号	项目名称	项目地址	商品房(套)	建筑面积(平方米)	建成时间(年月)	房开企业
1	嘉盛国际花园一期(7～10)幢	周村栋头地段	238	33803.52	2007.12	温州嘉盛房地产开发有限公司
2	白云广场	县体育场路与文化路交叉路口	116	15258.93	2007.12	县东风房地产开发公司
3	嘉盛国际花园二期(1～6)幢	周村栋头地段	334	42766.87	2007.7	温州嘉盛房地产开发有限公司
4	鑫隆·帝景	城北小区104改造地块(原104厂区)	472	41318.97	2008.2	温州市鑫隆房地产开发有限公司

续表6-31

序号	项目名称	项目地址	商品房(套)	建筑面积(平方米)	建成时间(年月)	房开企业
5	滨江公寓	珊溪镇滨江路	60	7758.17	2008.12	文成县东风房地产开发公司
6	中和商厦	西坑镇前路后	62	4107.16	2009.5	温州市中厦房地产开发有限公司
7	中兴公寓二号楼	樟台鹤东小区二号地块	42	4893.24	2009.5	文成县中兴房地产投资有限公司
8	金都家园	樟台乡泉台村后龚	57	4368.58	2009.7	温州泛太置业有限公司
9	县城老水厂地块改造住宅楼	建设路与伯温路交汇处	42	2680.14	2010.2	温州绿建房地产开发有限公司
10	珊溪镇岭坳门地块商住楼	珊溪镇岭坳门	170	21530.68	2010.2	温州市中厦房地产开发有限公司
11	南田大自然花苑	南田镇南田村白岸垟	110	18351.06	2010.8	县鼎然房地产开发有限公司
12	文成白雪大厦	珊门村	69	11562.76	2011.1	县白雪房地产开发有限公司
13	华侨大厦	玉壶镇中村东山岗	83	13316.39	2011.1	温州润德房地产开发有限公司
14	世纪嘉园	凤溪花园9～1号地块	416	57200.23	2011.12	温州嘉盛房地产开发有限公司
	合　计	—	2271	278916.7	—	—

说明:资料由县住建局提供

第二节　销售与房企

1997年开始,县域商品房销售总量2241平方米,经营收入107万元。至2011年,全县房地产投资20.92亿元,销售收入75.54亿元。1993年,县域首家房企县东风房地产开发公司成立。至2011年,全县房企12家。其中,三级资质1家,四级资质3家,暂定8家。

商品房销售

县域商品房销售总体呈波浪式发展。1999年形成一个小波峰,全年销售商品房43010平方米,经营收入7637万元,上缴税金及附加费469万元,房地产开发企业获利润总额139万元。2002—2003年跌落谷底。2003年经营收入仅73万元,利润总额亏损7万元。2005年跃上小高峰,2006—2007年稍微降落。2008年跃上高峰,销售商品房18.4万平方米,经营收入10.2亿元,上缴税金及附加费5577万元,利润总额7831万元。2009年再降。2010年又升,经营收入42.38亿元,上缴税金及附加费2.53亿元,利润总额2.12亿元,三项指标均超历史最高值。2011年再次跌入谷底。至2011年,全县房地产投资20.92亿元,商品房销售面积48.83万平方米,业务经营收入75.54亿元,税金及附加3.97亿元,盈亏相抵,利润总额0.87亿元。

1997—2011年房地产业经营状况一览表

表6-32

年份	房地产投资(万元)	商品房销售面积(平方米)	经营收入(万元)	税金及附加(万元)	利润总额(万元)
1997	77	2241	107	—	—
1998	310	3375	395	—	—

续表6-32

年份	房地产投资（万元）	商品房销售面积（平方米）	经营收入（万元）	税金及附加（万元）	利润总额（万元）
1999	5913	43010	7637	469	139
2000	3581	20000	2540	150	80
2001	6399	28220	4615	106	171
2002	3178	26084	60	3	5
2003	7520	19127	73	4	-7
2004	8368	6918	513	28	154
2005	2547	15931	9276	636	1085
2006	13137	16505	5577	383	641
2007	25864	49603	6740	457	194
2008	17310	184058	102091	5577	7831
2009	31910	30901	11308	587	-3665
2010	46965	40871	423769	25337	21192
2011	35827	1441	180705	5916	-19128
合计	209158	488285	755406	39653	8692

说明:资料由县住建局提供

房地产企业

1993年8月,县东风房地产开发公司成立,资质等级三级,注册资金1001万元,员工15人。2000年9月,县中兴房地产投资有限公司开业。后随房地产业掀起,嘉盛、荣鑫、立家、荣保置业等房地产开发有限公司相继成立。2011年成立县保障房建设开发、新农村建设投资开发、新城镇投资开发、城市建设投资集团、温州汇豪房地产开发、县迦美湖置业6家开发公司。至2011年年底,全县房地产开发公司12家,其中三级资质1家、四级3家、暂定8家,合计注册资金8.7亿元,从业人员241人。

2011年文成县主要房地产开发企业一览表

表6-33

序号	企业名称	注册时间（年月）	注册资金（万元）	资质等级	员工人数（人）	承建项目名称	建筑面积（万平方米）
1	文成县东风房地产开发公司	1993.8	1001	三级	15	飞翔大厦、白云广场等	230
2	文成县中兴房地产投资有限公司	2000.9	1020	四级	25	中欧公寓、中银大厦等	10
3	温州嘉盛房地产开发有限公司	2005.3	3100	暂定	7	嘉盛花园、世纪嘉园	12.4
4	文成县荣鑫房地产开发有限公司	2010.10	1000	暂定	10	云景花苑	2.5
5	文成县立家房地产开发有限公司	2010.12	1000	四级	10	文成公馆、名流家园	3.6
6	温州荣保置业有限公司	2010.12	1000	四级	12	县老车站(文景苑)	2.6
7	文成县保障房建设开发有限公司	2011.5	3000	暂定	—	龙溪花苑、兴福堂等	19.2
8	文成县新农村建设投资开发有限公司	2011.5	7500	暂定	—	龙川保障房安居工程	0.3
9	文成县新城镇投资开发有限公司	2011.5	5000	暂定	—	苔湖片区旧城改造等	29.6
10	文成县城市建设投资集团有限公司	2011.5	59500	暂定	—	朝阳嘉园、二中片安置房等	9.6
11	温州汇豪房地产开发有限公司	2011.8	2000	暂定	7	汇豪公馆	1.1
12	文成县迦美湖置业有限公司	2011.11	2000	暂定	70	嘉南美地中心	12.4

说明:资料由县住建局提供

第六章　房产管理

1972年1月建立县房地产管理委员会,1986年4月改称县房产管理处。1997年4月建立县房产管理局,行使产权产籍、房产交易、房屋预售、房产抵押登记、房屋租赁、物业、中介机构、白蚁防治等管理职能。至2011年未变。

第一节　产权管理

县域房屋产权登记管理先在县城开展,1991年后逐渐向集镇、乡村推广延伸。1997年组建房产测绘组,2002年6月成立县房地产测绘队。至2011年,办理房产证47396件,建筑面积984.51万平方米;房产测绘面积893.90万平方米。

房屋产权登记

1986年2月,开始实行城镇房屋产权登记发证工作。1989年,出台《产权登记发证办法》,对依法取得土地使用权建造的公、私房进行核实、丈量、登记、发证。并对买卖、转让、赠予、析产、交换、划拨及翻建、改建、扩建、拆除等房屋进行产权产籍变更登记,先在大峃镇开展。1991年向珊溪、玉壶镇推广延伸。1993—1996年登记发证范围扩大到南田、西坑、黄坦镇。1996年珊溪、玉壶两镇设立房地产办事机构。1998年3月起颁发全国统一的房屋权属证书。2000年成立珊溪、玉壶房管所。2001年,集中精力做好换发全国统一房屋权属证书验换证工作,登记发证范围扩大到百丈漈、巨屿镇及部分乡村。2002年后,扩大房屋权属登记面,县房管局每月定时组织业务骨干下乡办理产权登记手续,将办证工作逐步覆盖全县各镇、乡村,使农村产权发证工作从无序管理转为有序运作。

2005年6月,产权产籍登记从手工操作转为电脑电算化管理,开展公有住房登记发证工作。2006年强化产权档案整理归档、查询查阅工作。2011年5月,实现县域个人住房信息与全市住房信息联网。9月底,全面完成房产档案扫描工作,扫描归档43227件,为房产信息共享提供保障。

1989—2011年,全县各类产权登记发证47396件,建筑面积984.51万平方米。其中住宅43205件、建筑面积860.66万平方米,非住宅4191件、建筑面积123.85万平方米。公房864件,建筑面积42.61万平方米;1991年起新建房屋17214件,建筑面积387.61万平方米。

1991—2011年文成县房屋所有权登记情况一览表

表6-34

年份	件数	建筑面积(万平方米)	年份	件数	建筑面积(万平方米)	年份	件数	建筑面积(万平方米)
1991	2830	67.92	1995	805	12.80	1999	2786	64.58
1992	2300	32.20	1996	860	12.10	2000	1935	42.60
1993	650	10.40	1997	1078	24.79	2001	1850	40.70
1994	785	18.84	1998	3180	76.32	2002	2230	49.60

续表6-34

年份	件数	建筑面积（万平方米）	年份	件数	建筑面积（万平方米）	年份	件数	建筑面积（万平方米）
2003	2856	56.45	2006	2280	46.74	2009	1923	39.69
2004	2380	46.60	2007	1464	30.09	2010	2768	49.31
2005	2007	45.43	2008	1715	37.41	2011	2301	48.40

说明:资料由县住建局提供

房产测绘

1989年开始,开展城镇产籍管理,房产测绘由城建局监察大队和产权管理科两个科室兼顾。1994年,基本完成县城地形测绘工作,完成县城五百分之一分间平面图。1997年抽调人员组建测绘组,对县城图幅进行修测补图。2001年,组织输送测绘人员到外地进行业务培训并配置电子测距仪,当年完成补测县城区建筑面积20万平方米,拆迁安置房2万平方米;完成测绘巨屿镇建筑面积8万平方米。2002年6月成立县房地产测绘队,定员5人。同年3月,分别对大峃镇城东、双垟和龙川、周壤等乡镇的住宅地籍进行全面测绘,总测绘面积122.6万平方米,其中旧城测算2.04万平方米。

2003年,投资10万元添置测绘设备,并申报丁级测绘资质。组织5名测绘人员,参加省测绘局举办的测绘业务培训。制定房屋测绘收费标准,住宅房实测绘每平方米建筑面积0.80元;商品住宅用房预测绘每平方米建筑面积0.30元;其他用房实测绘每平方米建筑面积1.20元,预测绘每平方米建筑面积0.50元。1:500房产分幅平面图收费按国家测绘局颁布的《测绘工程产品价格》规定标准执行。同年,县房地产测绘队先后对县城新建公寓、办公楼区以及樟台、周壤、龙川等乡镇进行房产分幅图测绘,全年完成房产分幅图44张,总测绘面积275万平方米,比上年增长124%。

2004年,先后对玉壶镇五一村、垟头村、潘庄村,东溪乡碧溪村、吕一村,平和乡平和村、大垟口村进行房产分幅图的绘制,完成房产分幅图70张,测绘面积417.8万平方米。2006年,测绘队提高产籍电算化管理水平,告别手工测算方式,运用电脑测算手段,对县城怡景公园、东风大厦、瑞丰大楼等进行电脑测绘。对测绘档案和测绘成果实行规范化管理,对全县多个商品房开发项目进行预测,预测面积6.08万平方米。2007年,对嘉盛花园、104地块鑫隆园、帝景园、凤溪花园职工住宅楼、凤阳扶贫迁村房等进行测算,测绘面积21.18万平方米。至2011年年底计测绘面积893.9万平方米。

第二节　房地产市场管理

1989年12月,成立县房产交易所,开始办理房产抵押登记。1995年3月,成立首家房屋介绍所。1999年,开展商品房预售管理。2005年8月,成立房地产评估机构,县房管部门对房地产交易经营活动进行指导监督。至2011年,房地产交易监证登记5202件,交易金额15.12亿元;批准房屋预售项目11个,建筑面积26.25万平方米;办理房产抵押登记26335件,抵押金额153.17亿元。

房产交易

1990年以前,县房地产交易市场不规范,房屋买卖大部分通过私下交易转让,未办理过户手续;有的虽办理过户手续但买卖当事人为逃避有关税费,申报不实,隐瞒交易价格,房地产交易价格不尽符合实际。1990年,成立县房产交易所,开展房屋交易监证登记,对房地产经营、交易进行指导,监督、调控市场价格,维护房屋所有权人和使用权人的合法权益,推行房屋商品化及土地有偿使用政策,房地产市场管理逐步走上法制轨道。1991年房产交易登记67件,交易金额170万元。2004年登记613件,2006年交易金额2.17亿元,为全县历年房产交易登记数量最多、交易金额最高年份。至2011年,计监证登记5202件,面积622.91万平方米,交易金额15.12亿元,协助财政代征契税4391.34万元。

1990—2011年文成县二手房交易监证登记情况一览表

表6-35

年份	登记件数	建筑面积(万平方米)	交易金额(万元)	代收契税(万元)	年份	登记件数	建筑面积(万平方米)	交易金额(万元)	代收契税(万元)
1990	18	0.21	44.8	0.75	2001	315	5.44	5225	76.50
1991	67	0.77	170	7	2002	270	5.41	4513	65
1992	65	0.69	120	605	2003	305	505	8950	125
1993	68	1.63	360.5	20	2004	613	9.02	18595	239
1994	48	1.01	238	16	2005	489	8.52	14400	303
1995	97	1.65	750	22	2006	501	14.30	21677.05	543.37
1996	64	1.23	750	25.3	2007	377	10.47	20377.14	504.25
1997	76	1.44	799	29.9	2008	266	4.59	8630.40	317.03
1998	155	1.86	1081.4	35	2009	526	7.99	19008.44	697.84
1999	133	1.73	1001.3	32	2010	363	5.65	6353.29	637.75
2000	135	29.15	1357	35	2011	316	5.85	16953.09	659.67

说明:资料由县规划建设局提供

房屋预售

1999年开始将商品房预售管理纳入房地产管理范围,当年办理3幢新建经济适用房预售手续,建筑面积2.95万平方米,收取预售手续费5.85万元,填补商品房预售管理空白。2001年宣传贯彻《商品房销售管理办法》,建立商品房预售许可证和商品房预售登记两项制度,全年办理预售许可证4件,建筑面积3.5万平方米。2004年建立商品房预售合同监管、备案核查制度,全年办理商品房预售许可证6件,建筑面积2.2万平方米。2005年致力于县内5家房开公司严格遵守温州市政府《关于加强商品房预售和转让管理的意见》,停止办理"期房转让"手续。2006年,制定《文成县房地产交易秩序专项整治工作实施方案》,对私自收取定金、订金、炒卖房号等不良行为依法进行处理。2007年,完善房地产市场信息平台,筹备县境内商品房网上销售系统平台操作和《商品房买卖合同》网上即时备案制度。全年预售许可面积3.34万平方米,其中住宅 2.21万平方米;非住宅1.13万平方米,合同备案119件,备案建筑面积3.34万平方米。2008年,在建商品住宅项目全部纳入网上销售。全年办理商品房466户,预售面积40606平方米,商品房预售合同备案686件,备案建筑面积7.5万平方米。2009年严把商品房预售许可关,校对备案合同与网上信息,杜绝重复备案及信息不符。商品房预售合同备案595件,备案建筑面积6.3万平方米;发放三个项目预售证,批准预售面积13363平方米。2010年,对2008年以来11个商品住房项目逐一进行排查,打击未取得预售许可的商品住房项目未预先售等行为。至2011年年末,批准预售项目11个(县城开发项目7个,乡镇4个),建筑面积262466.8平方米。

房地产抵押

20世纪90年代初,县房管部门开始办理房产抵押登记。1995年制定《文成县房屋抵押贷款暂行办法》。当年办理登记625件，抵押金额6000万元。1998年，推出《文成县房屋抵押贷款登记工作程序》，并开始预购商品房抵押登记工作。2002年，开始对房屋抵押登记实行电脑化管理，房产抵押贷款登记工作由商业银行把关，在维护金融秩序，避免金融信贷风险方面起到积极作用。2003年，办理登记1405件，抵押金额11.25亿元。2009年，全面推进各项权利证书的启用及颁发，制定《文成县农房抵押登记工作实施方案》，农民集体土地房屋可以实行抵押登记，有效解决广大农户融资难的问题，为农村经济发展提供融资的新渠道。至2011年年末，累计登记26335件，抵押金额153.17亿元。

1995—2011年文成县房产抵押登记情况一览表

表6-36

年份	登记件数	面积（万平方米）	金额（万元）	年份	登记件数	面积（万平方米）	金额（万元）
1995	625	6.46	6000	2004	1524	40.01	140208
1996	1706	33.01	18200	2005	1230	31.09	118790
1997	1402	32.09	17530	2006	1318	32.41	123892
1998	1357	31.00	16700	2007	1490	35.08	143040
1999	1380	32.04	14400	2008	1560	25.88	140924
2000	1495	33.52	13000	2009	3383	60.89	338200
2001	1573	35.60	14300	2010	1899	33.48	153450
2002	1348	30.30	13000	2011	1640	30.31	147600
2003	1405	33.60	112450	—	26335	556.77	1531684

说明：资料由县规划建设局提供

房产中介

房产评估机构 2005年8月，经省建设厅备案登记，成立房产评估机构评估分公司2家，从业人员8人。其中浙江和诚房地产估价有限公司文成分公司，位于大峃镇城东开发区2幢5号；瑞安龙翔房地产估价有限公司文成分公司位于大峃镇建设路172号，从业人员各4人。

房屋交易中介机构 1995年3月，成立首家房屋介绍所鹤城中介。后随房产市场日趋活跃，中介机构逐渐增多。2002年新增3家，2003—2009年又增8家，主要分布于大峃、珊溪两镇。至2011年，全县房地产中介机构12家，从业人员26人，其中持执业证书16人，房地产协理员1人。

2011年文成县房地产中介机构一览表

表6-37

序号	机构名称	详细地址	开办时间	从业人数
1	鹤城中介	大峃镇建设路384-2号	1995年3月	2
2	八达中介	大峃镇建设路106-3号	2002年5月	2
3	兴发中介	大峃镇华侨新村1幢9号	2002年5月	3
4	信达中介	大峃镇建设路190-15号	2003年10月	2
5	中达中介	大峃镇建设路167-4号	2004年7月	2
6	城关中介	大峃镇建设路112-9号	2002年1月	3
7	如意中介	大峃镇大峃街48号	2004年8月	2

续表6-37

序号	机构名称	详细地址	开办时间	从业人数
8	兴隆中介	大峃镇伯温路39号	2005年8月	2
9	阿磊中介	大峃镇县前街124-4号	2008年3月	2
10	顺旺中介	珊溪镇新建东路372号	2007年8月	2
11	龙达中介	珊溪镇大桥路30号	2009年7月	2
12	欣旺中介	珊溪镇沿西路1号	2009年7月	2

说明:资料由县房管局提供

第三节　房屋管理

1997年9月,开始房屋租赁管理试点。1999年2月,成立首家物业管理公司。2001年全面开展危房安全鉴定。2006年收取物业维修资金开始起步。至2011年年底,办理房屋租赁登记手续14810间,危险房屋安全鉴定书978件;全县物业服务企业4家,缴存物业维修资金994.38万元;防治白蚁危害面积228.2万平方米,防治率90%以上。

管理机构

县房产管理局　前身为县房地产管理委员会、县房地产管理处。1977年8月下设县白蚁防治站。1989年12月,增设县房地产交易所。1997年4月,建立县房产管理局,与县住房制度改革办公室合署办公,负责行使房地产综合行政管理职能,内设办公室、产权产籍管理科、住房管理科、市场管理科4个职能科室,工作人员事业编制13人。1999年3月,先后成立珊溪、玉壶、南田房管所。2000年9月,成立县房产监察大队。2002年1月,升格为一级局。2002年6月成立县房产测绘大队。2008年县房改办增挂住房保障办公室、住房管理科增挂廉租住房科牌子。2009年9月,增设法制科、城镇拆迁管理办公室、房屋安全鉴定办公室。2011年年底设办公室、产权产籍管理科、住房管理科、市场管理科、法制科、城镇拆迁管理办公室、房屋安全鉴定办公室,下辖县房产监察大队、房产测绘大队、房地产交易所、白蚁防治站,珊溪、玉壶、南田3个基层房管所,工作人员43人,其中局机关参照公务员管理11人,全额拨款事业人员10人,自收自支事业人员22人。

县住房资金管理中心　1995年1月成立,挂靠县房管局,与房改办合署办公,工作人员4人。2002年8月,与房改办分离,独立对外办公。2006年1月,改称温州市住房公积金管理中心文成分中心,为市住房公积金管理中心派出机构非独立法人正科(局)级事业单位,受市中心授权,履行县域住房公积金管理职责。2008年5月,改为参照公务员管理事业单位。2011年年底,内设综合科、业务科(行政审批科)两个职能科室,工作人员8人,其中在编5人,临时派遣3人。

房屋租赁

1997年9月,开始在县城开展房屋租赁管理试点,制定《文成县城镇房屋租赁管理暂行办法》,规范管理房屋租赁及土地收益,并办理房屋租赁登记发证手续。1999年将租赁管理范围扩大到已建房管所的珊溪、玉壶镇。2003年7月,对建城区所有租赁的沿街店面进行备案登记,并按收益比例收取土地收益金。2004年,对大峃、玉壶、珊溪的房屋租赁许可证进行验换证工作,并对全县国有划拨土地的单位房屋出租进行管理。2005年,贯彻国务院《关于进一步加强和改进出租房屋管理工作有关问题的通知》精神,与工商局联合发文,要求全县建制镇范围内出租给他人作生产或经营的房屋所有权人,办理房屋租赁登记备案手续,维护租赁市场秩序。2006年开展居住出租房消防安全专项整治工作。2008年起,停止私房租赁登记发证收费,只对国有划拨土地的公房出租进行管理。1998—2011年，办理房屋租赁登记手续14810间，收取租赁手续费45.88万元、土地收益金170.48万元。

房屋安全鉴定

2000年年前，县域危险房屋安全鉴定对象主要为公房。2001年各乡镇开展危房自查，县房管部门组织专业人员分批到珊溪、玉壶等12个乡镇检查危房，全县危房鉴定工作由此全面展开，当年办理危房鉴定手续37件。2002年检查危房126处，并提出处理意见，落实相应解危措施，防止发生房屋安全事故；办理危房安全鉴定143件。2003—2004年，对全县范围内危房进行检查，将危旧校舍和教学楼及公共场所列入重点检查范围，出具城镇危险房屋安全鉴定报告71件。2005年开展全县房屋安全大检查，组织专人对各乡镇危房进行大排摸，出具房屋安全鉴定报告273件。2006年2月4日，县境发生4.6级地震，县政府专门抽调县房管局、县规划建设局以及温州市各县(市区)房屋安全鉴定专业人员近400人，历时50天对16个乡镇148个行政村、上万间房屋进行大排查，查出危房5516间、建筑面积359798平方米。全年办理房屋安全鉴定132件，面积25825平方米。2007年起推行"阳光鉴定"，并结合"安全生产月"检查，鉴定房屋100余间，建筑面积1.8万平方米，发放危房通知书95份。2008年提出"居有所安"举措，危旧房实行动态管理，对全县33个乡镇2630户4717间危旧房制定应急预案，配合县防汛指挥部落实321个避险安置场所。2009年受理危旧房安全鉴定92件、102间，鉴定面积17615平方米。2010—2011年，受理危旧房安全鉴定130件、建筑面积46458平方米。2001—2011年，办理危房安全鉴定978件。

维修资金管理

2006年始收取物业维修资金。同年6月，县前街中欧大厦缴存首笔物业维修资金66.84万元。2007年，建设部、财政部出台《住宅专项维修资金管理办法》，省、市相继出台有关物业专项维修资金管理办法。2009年，县政府制定《文成县新建物业首期专项维修资金交存标准及交存办法》，县域物业维修资金管理工作从此全面开展。至2011年年底，全县收缴6个房开项目物业维修资金994.38万元，支出32.37万元。

2006—2011年文成县物业维修资金收支情况一览表

表6-38

序号	项目	缴存金额(万元)	缴存日期(年月)	支出金额(万元)	支出日期(年月)
1	中欧大厦	66.84	2006.6	30.37	2007—2011
2	白云广场	105.33	2007.12	—	—
3	汇隆名门	48.20	2009.6	2.00	2010
4	中和商厦	20.53	2010.4	—	—
5	凤溪花园	156.19	2011.7	—	—
6	嘉盛花苑	597.29	2011.11	—	—

说明:资料由县房管局提供

物业管理

1999年2月，县境首家物业管理机构文成县国脉物业管理有限公司成立。2000年8月，批准建立文成县宏达物业管理有限公司，负责县前街1号地块6幢160户住户的物业管理。2004年，瑞安安居物业服务有限公司设立文成分公司，开始加强物业维修资金与保修金收缴与管理。2006年5月，建立县兴光物业管理服务有限公司(筹)。2007年,加强对物业管理机构日常性的监督检查管理,主要为核定综合服务费标准、服务内容、定期检查其安全隐患,并发放整改通知等。至2011年年底,全县物业服务企业4家,物业管理资质均为三级。鑫隆帝景小区荣获温州市2011年度住宅示范优秀小区称号。

白蚁防治

由县白蚁防治站负责。白蚁防治实行收费制度。收费标准,预约检查费每次5~15元,施药费每平方米0.1~0.2元,散白蚁药每平方米0.3~0.5元,以100平方米为起点,不足100平方米的按100平方米计算。1991年,实行“随叫随到,早报告早防治”制度。1993年,白蚁预防面积1.5万平方米,收取防治费1.3万元。1997年,防治珊溪、玉壶等地房屋面积6.94万平方米,收费13.9万元。1999年,预防建筑面积23.55万平方米,其中公建项目20个,预防面积14.35万平方米,收取白蚁预防费8.9万元,私人建房预防面积9.2万平方米,收取预防费13.94万元。2002年集中对全县乡镇学校开展白蚁防治,检查学校10余所,防治面积1万余平方米,确保校舍不受白蚁侵害。2003年制定白蚁防治工作承诺制,白蚁防治范围扩大到水库堤坝、农林经济作物、船舶、仓库物资、文物档案等,灭治手段以专用车辆机械施药代替原来的人工施药,工作效率大为提高。2004年建立白蚁防治回访制度,当年防治11.1万平方米,蚁害灭治面积4180平方米,回访复查161件,面积4.4万平方米。2005年对白蚁灭治实行立报立治制度,承诺24小时内接警到现场处治,对特殊困难户实行免费防治。2007年,上门免费为群众灭治45户,面积8000平方米。全年签订白蚁预防合同15份,预防面积17.5万平方米。2008年防治面积22万平方米,其中免费防治30户,面积5000平方米。全年收取防治费45.5万元,创历史新高。1991—2011年,防治蚁害面积228.2万平方米,收取白蚁防治费360余万元,白蚁防治率90%以上。

第七卷

交 通 运 输

明清至民国，境域水上交通以飞云江木帆船航运为主，陆路交通均为民间道路，运输靠民工肩挑背驮。1958年1月，文成至瑞安平阳坑公路首次通车。1964年8月，瑞安飞云至景宁东坑（56省道）全线贯通。1987年12月，建成文泰公路；1990年12月，建成文青公路。至此，全县公路总里程432.81公里，年客运量190万人次，客运周转量10443万人公里；货运量31万吨，客运周转量2433万吨公里。1991年以后，县境交通基础设施建设，秉持"要想富，先修路"理念，用好用足国家交通富民政策，先后实施"交通先行工程""以工代赈扶贫工程"交通"六大工程"和"乡村康庄工程"等建设，对56、57省道文成段进行升级改造，扩建、新建县乡公路和通村公路。1994年实现乡乡通公路，2010年实现村村通公路。2011年全县公路总里程1933.55公里，其中省道69.5公里，县道465.05公里，乡道229.7公里，专用公路46.3公里，通村公路1123公里。开通各类客运线路74条，营运客车296辆，旅客运输量761.07万人，客运周转量37339.62万人公里；货运车辆969辆，货运量144.5万吨，货运周转量19829.4万吨公里。全县通达班车行政村336个，通达率87.5%。

56省道接南田公路（来自文成新闻网 2011年摄）

第一章　交通设施

1991年年初，全县公路总里程432.81公里。1994年，编制并实施《文成县1995—2010年交通先行工程发展规划》，多渠道筹措资金，加快公路建设、改造速度，提高公路技术等级。至2011年年底，全县共新建等级公路382.56公里，改建432.81公里，修建通村公路1065.5公里；新建桥梁56座1757.22米，隧道10座7374.5米。300吨级客货泊位兼停靠车渡码头1座，渡口25处。并拥有客运站8个，县城停车场3处，交通设施建设得到全面发展。

第一节　公　路

1990年年底，县境省道、县乡公路沿途沟通272个村，按当时全县568个村计算，公路通村率47.88%。1991—2011年，改建省道2条(段)37.9公里；县道改建拓宽一花(老56省道)、文青、文泰、文平公路4条99.2公里，扩建延伸营朱、花支、沙支、石驮、仰桂、塂黄、樟里公路7条133公里，新建双垟至珊溪、双垟至坑口、桂山至凤狮、泰顺东溪至桂库、大峃至南田5条(段)64公里；新建、改造乡道21条，新增里程165.62公里。通村公路605条，里程1123公里。2005年县道路面全面实现硬化或黑色化，2006年33个乡镇全部通水泥路，2010年全县384个村实现村村通水泥公路，通村率达到100%。2011年年底，省道通车里程69.5公里，其中二级公路14.7公里，三级公路5.2公里，四级公路49.6公里；沥青路面63.8公里，混凝土路面5.7公里。县级公路20条，通车里程465.05公里，其中二级公路17.89公里，三级公路59.83公里，四级公路392.54公里；混凝土路面68.71公里，沥青路面401.55公里。乡道公路24条，通车里程229.7公里。

省　道

56省道改建工程　56省道起点瑞安市飞云江大桥104国道线，终点在景宁畲族自治县东坑镇丁步坑与52省道云(和)寿(宁)公路连接，全程147.5公里，其中文成段全长75.52公里，属山岭重丘四级公路，县境对外交通主干道。

图7-1　56省道瑞安石溪至文成花园段(来自文成新闻网 2008年摄)

石溪至花园段改建工程　2001年6月开工，2005年5月竣工通过交工验收。将56省道从飞云江右岸改建至左岸，从瑞安市营前乡石溪村入境，经峃口、樟台、县城，终于龙川乡花园村，改建里程全长14.83公里，按山岭重丘二级加宽公路技术标准设计，路基宽10.5米，行车道宽9米，其中县城过境段路基宽25米，行车道宽15米，沿线隧道3座1940米，工程总投资19353万元。改建后行车时速从40公里提至70公里，实现县城至温州市区1小时通达目标。2008年12月,该工程建成通车被评为文成县改革开放30周年十件大事之一。

花园至西坑段改建工程　2008年11月通过施工图会审。2009年1月举行开工仪式。工程起点龙川花园,与新56省道连接,途经龙川、黄坦、富岙,终点西坑镇。按二级公路标准建设,全长19.79公里,其中桥梁11座1480米,隧道4座5865米,路基宽8.5米,行车道宽7米,隧道净宽9米,净高5米,建设工期36个月。概算总投资41866万元,至2011年年底,路基、桥梁、隧道整体建成,完成投资39105万元,占概算总投资93.4%。

57省道改建工程　57省道南起平阳县岱口104国道,北止青田县石郭下村330国道,原全长90.5公里,其中文成境内长4.35公里,位于玉壶镇李林后坑坳至炭窑岗,属山岭重丘三级公路。改建工程于2004年2月开工,起点在文成县与青田县交界处李林后坑,设李山隧道、后坑大桥、石良坎大桥、后坑岭隧道、东坑坳隧道,在隧道内与瑞安交界,全长7公里,实际完成3.28公里。按二级公路技术标准设计,路基宽度8.5米,行车道宽7米,计算行车速度每小时40公里,工程项目概算22924.16万元(含文青线二期改建7.6公里经费,下同)。2009年12月建成通车,2011年12月通过交工验收。

2011年文成县省道公路一览表

表7-1

线路名称	起讫地点	里程(公里)	路面宽度(米)	等级	改建年份
56省道	大峃镇城东社区—干坑坳	65.27	6~9	二级 四级	1994—2008年
57省道	李林后坑—十字路口	4.35	7	三级	2000年

说明:资料由县交通局提供

县　道

大十线　大峃至李林十字路口,原称文青公路。起点县城城东大桥,终点玉壶镇李林十字路口,与57省道青岱线连接,全长35.1公里。原周壤至玉壶段属樟玉公路、玉壶至后坑段称文青公路。1996年起分二期改建,一期工程县城城东大桥至玉壶段,按山岭重丘三级公路技术标准设计,路基宽度7.5米,投资8800万元,2000年竣工通车,比原路线缩短7公里。二期工程玉壶至十字路口段,2000年9月开工,2003年列入浙江省"干线畅通工程"重点建设项目,57省道(8.2公里)暨文青公路东溪桥至石良坎段(7.6公里)改建工程,按山岭重丘二级公路技术标准设计,投资2.29亿元(含57省道改建经费),2009年竣工通车。

峃院线　起点峃口大桥南端,终点泰顺县下洪院口,全长73.69公里,县境内峃口至仰山松源桥32.48公里。峃口至珊溪段称峃珊公路、珊溪至泰顺段称文泰公路。1991年3月至1996年,路面砂改油59.9公里,投资1103万元。2003年峃口至珊溪段17.32公里改建工程列入浙江省"干线畅通工程"重点建设项目,四级公路改为二级加宽公路,2004年3月开工建设,2008年7月竣工验收,投资1.18亿元。2006年7—10月,松源至院口段41.21公里路面砂改油,全线大修33.06公里,投资900.3万元。

灵溪线　亦称文平公路。起点苍南县凤池乡104国道,终点峃口镇溪口村,与峃院线连接。全长50.34公里,其中县境内瑶岭隧道至溪口大桥9.73公里。1991年以前,建成溪口至双桂城底9.2公里通乡公路。1995年,文成和平阳两县共建瑶岭隧道,其中文成县修建325米(宽8.5米、净高5米),投资300万元。1997年8月,开工改建溪口至岙底段9.41公里路基,三级标准加宽公路,总投资1220万元。1998年年底竣工通车。

大南线　即新56省道接南田公路工程。2009年12月工程初步设计通过省市专家审查,2010年12月举行开工仪式。起点县城56省道徐村大桥头西侧，终点南田镇与十南公路相接，全长29.16公里，其中主线24.75公里，南田石坦头至二源连接线4.41公里，均按山岭重丘二级公路设计，时速60公里（特殊困难路段40公里）。县城起点段520米，路基宽20米，其余路段宽10米，行车道宽7米，沥青混凝土路面。沿线大桥14座2628米，中桥2座164米，涵洞73道，隧道5座2234米。同步建设二源连接线大桥3座436米，涵洞13道，建设工期36个月。概算总投资60453.56万元，至2011年年底投资16757万元，占概算总投资27.72%。

图7-2 大南线开工典礼现场（来自文成新闻网 2010年摄）

营朱线 南起瑞安潘营56省道，北至玉壶朱雅，全长51.56公里，境内上林寨下至朱雅42.56公里。1991年年前，建成玉壶至东头11.2公里通乡公路和上林寨下至木湾3.6公里县乡公路。1993年建造东头至朱雅公路25.56公里，木湾至上林段2.2公里，投资218万元。1999年开工铺装玉壶至上林段混凝土路面，2001年完工，投资215万元。2003年开工铺装东溪至朱雅混凝土路面，2004年完工，总投资700万元。

一花线 起点瑞安市马屿镇一甲，终点县境龙川花园。县境大垟口至花园全长21.86公里，原属56省道路段。1993年开工建设县城至大垟口段拓宽工程，路段长18公里，按山岭重丘三级公路技术标准设计，路面从3.5米拓宽至7.5米，县城至峃口新联段13.5公里改建成混凝土路面，新联至大垟口段4.5公里铺装沥青路面。1996年年底竣工投入使用，工程总投资1300万元。2005年5月，飞云江左岸56省道改建工程竣工后改称“一花线”。

双珊线 起点大峃镇双垟（县城栖霞路），终点珊溪镇新建东路。全长29.25公里，四级标准公路。1991年年前，建大峃至黄岗岭脚2.3公里。1994年全线建成通车，总投资470万元。2004年铺设混凝土路面。

花支线 起点大峃镇龙川花园，终点云湖乡支山飞云湖码头。全长50.15公里，四级公路。1990年年前，花园至黄坦沙垟段属县道花稽线、沙垟至黄垟1.8公里属乡道沙黄线。1997年建成黄垟至河背岭头段（移民公路）。1998年6月，开工建造河背岭头至云湖支山16.6公里通乡公路，投资650万元，同年底竣工投入使用。2004—2006年，花园至黄坦公路（10公里）改建，投资1.1亿元；铺设黄坦至云湖支山段混凝土路面，投资800万元。

岚沙线 起点金炉乡岚岩，与双珊公路连接，终点黄坦镇沙垟，全长18.31公里，四级公路。沙垟至稽垟段7.1公里原属花稽线。1993年建造岚岩至金炉通乡公路4.51公里。2001年双垟至金炉段改建为水泥路，投资270万元。2002年建成稽垟至金炉段6.7公里。该路为大峃、黄坦联网公路。

石驮线 起点石垟林场，终点黄坦镇驮岙，与塳黄线（塳后—黄坦）连接，四级公路，全长52.16公里。1991年年前，建石垟林场至叶胜林场胜坑段21.2公里砂石路。1996年12月，投资55.13万元，新建胜坑至驮加砂石路9.2公里。1998—2000年，建驮岙至驮加21.76公里并硬化，投资1400万元。2000—2001年胜坑至驮加段公路拓宽、硬化，投资800万元。2005年石垟林场至叶胜林场湖头林区段拓宽改造及全线路面硬化，投资1200万元。

仰矾线 起点仰山乡毛山（峃院公路），终点平阳县矾岩乡。全长52.79公里，其中县境内长23.97公里，四级公路，路基宽5～6.5米，路面宽4.5～5米。1991年年前，建成毛山至吴地段砂石路13.06公里。1992年建成吴地至桂山段砂石公路10.91公里，投资166万元。2004年铺设混凝土路面，投资400万元。

埮黄线 起点富岙乡埮后(56省道),终点黄坦镇。全长21.6公里,四级公路。1987年建埮后至山后、雷官岩至黄坦砂石路16.2公里。1991—1993年开通山后至雷官岩砂石公路5.4公里,投资132万元。2004年全线改造为混凝土路面,投资385万元。

樟里线 南起樟台乡(56省道),经塔山、周壤,至里阳乡孙岙村。全长28.68公里,四级公路。樟台至周壤南坑段16公里,1991年属文(成)玉(壶)公路。2004年,从南坑延伸至里阳,延伸扩建12.68公里,并铺设水泥路面,投资200万元。

其他县道 1991—2011年,新建双垟至坑口2.24公里,桂山至凤狮1.82公里,泰顺东溪至桂库1.65公里;铺装十八公里至黄寮、石垟至石角、二源至金朱林场、二源至新东(原属乡道)、南田至山头公路混凝土路面93.5公里。

2011年文成县县级公路一览表

表7-2

线路名称	起讫地点	里程(公里)	路面宽度(米)	公路等级
营朱线	瑞安营前—朱雅	42.56	5.5~6	四级
一花线	瑞安一甲—花园	21.86	7~10	二级、三级
峃院线	峃口—泰顺院口	32.48	6~10	二级、三级
大十线	大峃—十字路	35.10	6~10	三级、四级
灵溪线	苍南灵溪—溪口	9.73	6~9	三级
双珊线	双垟—珊溪	29.25	4.5~6	四级
花支线	花园—支山	50.15	5.5~6	四级
沙支线	岚岩—沙垟	18.31	4.5~6	四级
十黄线	十八公里—黄寮	37.81	5~6	四级
埮黄线	埮后—黄坦	21.6	4.5~6	四级
石角线	石垟—石角	18.06	4.5~6.5	四级
石驮线	石垟—驮岙	52.16	5~6	四级
仰矾线	仰山—平阳矾岩	23.97	4.5~5	四级
桂凤线	桂山—凤狮	1.82	4.5~5	四级
樟里线	樟台—里阳	28.68	5	四级
双坑线	双垟—坑口	2.24	4.5	四级
二金线	二源—金朱	13.05	4.6~6.5	四级
二新线	二源—新东	6.32	4.5~6.5	四级
南山线	南田—山头	18.25	6.5	四级
东桂线	泰顺东溪—桂库	1.65	5	四级

说明:资料由县交通局提供

乡 道

1991年,乡道15条(段)74.27公里。"九五"期间,采取国家投资、地方筹资、社会集资措施和"民办乡助、民工建勤"等方法,投资1717万元,实施"乡乡通公路工程",新建、扩建乡道145公里,沟通10个乡,1994年实现乡乡通公路。2001年始,实施"乡乡通水泥路工程"。至2006年,铺设水泥路110公里,总投资1.5亿元,实现乡乡通水泥路。2011年乡道公路24条,通车里程229.7公里。

新建乡道 11条116.39公里。其中岦口经周山至双桂公路25.2公里，周壤至南坑1.52公里，巨屿徐山至黄龙4.83公里，黄坦王宅至巨屿赤砂14.27公里，汇溪河背至岭头2.06公里，西坑双涵洞至三星5.2公里，西坑至南田16.69公里，百丈漈长岗至镇头10.16公里，南田至黄坑口10.27公里，樟台山茶花至桂山口10.37公里，东溪至金星15.82公里。

扩建乡道 10条，增建公路49.23公里。其中大垟口至平和公路延伸至郭山，增建10公里；岦口九溪至公阳公路延伸到驮尖，扩建7.13公里；珊溪至南林公路延伸到山华林场，扩建1.54公里；樟台排门至金垟公路延伸到溪口，扩建3.3公里；百丈漈石庄至长垄公路延伸到漈坳堂，扩建9.52公里；石垟林场至下垟公路延伸到桂竹，扩建11公里；玉壶李山至外垟坑公路延伸到岩坦，扩建0.93公里；县种羊场至岭后公路延伸到国坪，增建0.81公里；百丈漈大会至黄岭公路增建4.14公里；珊溪至毛坑公路增建0.86公里。

岦口丁埠头至龙车公路、巨屿项坑边至珊溪公路分别属瑞东、岦珊公路改造保留旧道。种羊场至石垟岗山公路里程未变。

2011年文成县乡级公路一览表

表7-3

线路名称	起讫地点	里程(公里)	路面净宽(米)	等级	备注
大平线	大垟口—郭山	14.20	4.5~6.5	4	大垟口—平和公路延伸
九公线	九溪—驮尖	17.43	4.5~6.5	4	九溪—公阳公路延伸
岦双线	岦口—双桂	25.20	4.5~6.5	4	新建
周南线	南坑—周壤	1.52	4.5~6.5	4	新建
珊南线	珊溪—山华林场	3.64	4.5~6.5	4	珊溪—南林公路延伸
珊毛线	珊溪—毛坑	4.39	4.5~6.5	4	延伸
排金线	排门—溪口	14.70	4.5~6.5	4	排门—金垟公路延伸
—	徐山—黄龙	4.83	4.5~6.5	4	新建
—	王宅—赤砂	14.27	4.5~6.5	4	新建
—	河背岭头—河背	2.06	—	等外	新建(移民公路)
—	石庄—漈坳堂	12.82	4.5~6.5	4	石庄—长垄公路延伸
—	双涵洞—三星	5.20	4.5~6.5	4	新建
西南线	西坑—南田	16.69	4.5~6.5	4	新建
绵岭线	种羊场—岭后	11.51	4.5~6.5	4	延伸到岭后国坪
绵江线	种羊场—江山	2.50	4.5~6.5	4	无变化
石桂线	石垟林场—桂竹	14.16	4.5~6.5	4	石垟林场—下垟公路延伸
大黄线	大会—黄岭	6.14	4.5~6.5	4	延伸
—	长岗—镇头	10.16	4.5~6.5	4	新建
南黄线	南田—黄坑口	10.29	4.5~6.5	4	新建
—	山茶花—桂山口	10.37	4.5~6.5	4	新建
东金线	东溪—金星	15.82	4.5~6.5	—	新建
李林线	岩坦—李山	2.72	4.5~6.5	4	李山—外垟坑公路延伸
—	丁埠头—龙车	1.22	4.5~6.5	4	瑞东线改建保留旧道
—	项坑边—珊溪	7.86	6~10	3~4	岦珊线改建保留旧道

说明：资料由县交通局提供

专用公路

1991年通厂矿专用公路10条(段),计里程35.73公里。1993—2007年,随着县乡道路改扩建,部分厂矿专用公路性能变更,只保留花西线(改称花园—西山公路)、百靛线(改称岭脚—靛青山公路)2条(段),计16.24公里,其他8条(段)19.49公里专用公路,或被通乡公路取代,或废弃。并根据厂矿生产需要,新建西坑至高岭头三级电站、东山岗至东山水电厂、朱雅至东三电站大坝、玉壶至漈门坑水库等4条专用公路,计30.1公里。2011年,全县专用公路总里程46.30公里。

2011年文成县专用公路一览表

表7-4

线路名称	起讫地点	里程(公里)	公路等级		备注
			四级公路(公里)	等外公路(公里)	
花西线	花园—西山	14.34	2.80	11.54	—
百靛线	岭脚—靛青山	1.9	1.9	0	—
东山线	东山岗—东山电厂	4.49	4.49	0	新建
朱东线	朱雅—东溪三级电站大坝	2.1	0	2.1	新建
西高线	西坑—高岭头三级电站	18.64	18.64	0	新建
玉漈线	玉壶—漈门坑水库	4.83	0	4.83	新建

说明:资料由县交通局提供

通村公路

简易公路(机耕路) 1991年,大峃、黄坦、南田等地建造机耕路50.5公里。1992年始,贯彻“民办乡助、民工建勤”政策,提出“要致富,先修路”口号,引导村民踊跃修建机耕路,至1997年,全县新建机耕路近300公里,新增通车192个村。1998—2002年,新建简易公路480.5公里,投资1360万元,新增通车66个村。至2002年年底,全县通村简易公路(机耕路)总里程1223公里,沟通530个村,机耕路通村率占全县544个村96.54%,其中等级公路通村率41%。

图7-3 东溪通村公路(来自文成新闻网 2010年摄)

康庄工程 2003年始,全面推进“乡村康庄工程”建设,按照准四级标准对全县通村简易公路进行改造,并铺设混凝土路面。至2008年年底,全县共投入资金42032万元,修建通村等级公路1065.5公里,浇筑混凝土路面1028.2公里;等级公路通达373个村,占总村数97.1%,硬化公路370个村,占96.4%。实施乡村康庄工程,被评为文成县改革开放30周年十大成果之一。至2010年年底,全县建成村道公路1119.041公里,完成康庄工程“双百”建设任务,即全县384个行政村等级公路通村率达100%,通村公路硬化率100%。2011年建成垟湾—水井头、垟外—苔湖山联网公路4公里。2011年年底,全县村道公路605条,里程1123公里。

第二节 桥梁 隧道

1990年年底，全县大、中、小公路桥梁90座，计长度2333米。1991年开始，先后建成坦岐、巨屿、金垟、新联、城东、徐村、岩门、溪口8座公路大桥；建中、小桥梁277座。1995—1998年，建成峃口、瑶岭、大峃岭3座隧道，2005年，建设56省道隧道3座，2011年建成文青公路隧道4座。至2011年年底，全县公路桥梁285座，其中大桥13座、中桥43座、小桥229座，总长度7630.4米，比1991年分别增加195座和5297.4米；公路隧道10座，总长度7374.5米。

桥 梁

坦岐大桥 位于珊溪镇坦岐村，跨飞云江，属连接双珊线、峃院线大桥，1990年年底建成通车。全长202米，高6米，宽7米，15孔钢筋混凝土空心板梁桥，总投资128万元，其中地方自筹20万元。2001年改建，投资约200万元，增加6孔，每孔13米。全长280米，单孔最大跨径13米，共21孔，计273米，桥梁全宽6.5米，桥面净宽6米。

图7-4 珊溪镇坦岐大桥(珊溪镇提供 2010年)

巨屿大桥 位于巨屿镇花前村，跨飞云江，属连接双珊线、峃院线大桥。全长500米，主桥长248米，高8米，宽9.5米，15孔，钢筋混凝土结构，总投资380万元。1996年12月动工兴建，1997年12月竣工验收投入使用。

城东大桥 属大十线文青公路桥梁，位于县城珊门口。桥长100米，跨泗溪；总造价200万元。(参见城建、房地产业卷)。

徐村大桥 属于56省道公路桥，位于瑞东线花园下方约80米处。全长121.44米，总造位340万元(参见城建、房地产业卷)。

溪口大桥 位于金垟乡溪口村，属峃院线跨桂溪公路大桥。全长136.04米，跨径总长120米，单孔最大跨径20米，设6孔，桥梁全宽10.5米，净宽9.5米，高8米，为钢筋混凝土空心板梁桥，设计荷载公路二级，总投资230万元。2004年8月开工，2008年7月交工验收。

金垟大桥 位于金垟乡良坑村，跨飞云江，左岸连接排(门)金(垟)公路，右岸连接峃院公路。全长160.5米，跨径总长150米，单孔最大跨径25米，全宽8.5米、净宽8米，为6孔钢筋混凝土空心板梁桥。2008年4月竣工，总投资350万元。

岩门大桥 位于云湖乡岩门，属石驮线跨峃作口溪大桥。全长134米，跨径总长125米，单孔最大跨径25米，设5孔，桥梁全宽7.6米、净宽7.1米。1999年5月开工，2000年12月竣工通车，总投资200万元。

新联大桥 位于峃口镇新联村，跨飞云江，左岸连接56省道，右岸连接一甲至花园公路。全长236.2米，跨径总长230米，单孔最大跨径25米，全宽10.5米、净宽9.5米，为11孔钢筋混凝土空心板梁桥。2008年7月交工验收，总投资400万元。

1991—2011年文成县公路大桥建筑一览表

表7-5

桥梁名称	所在溪流	连接地	建筑指标			造价(万元)	竣工时间
			孔数	长(米)	宽(米)		
坦岐大桥	飞云江	峃院线、双珊线	21	280.00	6.5	200	2001年改建
巨屿大桥	飞云江	峃院线、双珊线	15	248.00	9.5	380	1997年12月
城东大桥	泗溪	伯温路、体育场路	8	100.00	21.0	200	1997年5月
徐村大桥	泗溪	56省道	6	121.44	21.5	340	2005年
溪口大桥	桂溪	峃院线	6	136.04	10.5	230	2008年7月
金垟大桥	飞云江	金垟、溪口	6	160.50	8.5	350	2008年4月
岩门大桥	峃作口	石驮线	5	134.00	7.6	200	2000年12月
新联大桥	飞云江	56省道、一花线	11	236.2	10.5	400	2008年7月

说明:资料由县交通局提供

隧　道

1995年建成一花线峃口隧道,1997年建成灵溪线瑶岭隧道。1998年新建文青公路大峃岭隧道。2005年56省道改建,建上岙岭、包渡、樟岭隧道3座。2011年建成文青公路李山、光明、炉基、八角潭4座隧道。2011年年末,县内公路隧道10座,总长度7374.5米,其中省道3座1940米;县道隧道7座5434.5米。长度1000米以上隧道3座,其中文青公路大峃岭隧道1680米,李山隧道2624米,56省道上岙岭隧道1105米,其余皆短隧道。

2011年文成县主要公路隧道一览表

表7-6

隧道名称	所在公路	建筑指标(米)			通车时间
		长	净宽	净高	
峃口隧道	一花线K32+752	195	10.5	5	1995
瑶岭隧道	灵溪线K38+558	325	8.5	5	1997
大峃岭隧道	文青公路K7+528	1680	7	5	1998
上岙岭隧道	56省道K48+448	1105	9	5	2005
包渡隧道	56省道K51+104	410	9	5	2005
樟岭隧道	56省道K51+783	425	9	5	2005
八角潭隧道	文青公路K25+050	60	7	5	2011
炉基隧道	文青公路K27+625	85	7	5	2011
光明隧道	文青公路K28+102	465.5	7	5	2011
李山隧道	文青公路K31+079	2624	7	5	2011

说明:瑶岭隧道全长750米,其中文成县段325米,平阳县段425米。资料由县交通局提供

第三节　客运站场

1991年，文成车站下设峃口、双桂、珊溪、黄坦、西坑、南田、玉壶、石垟林场8个乡镇区间站，并在公阳、平和、黄庄、下垟、叶胜林场设5个代办站。1993年文成新车站全面竣工，1999年迁建珊溪车站，建成三级标准客运站。后随客运市场变化，峃口、双桂乡分站和公阳、平和、黄庄、下垟代办站停办。2006—2007年，县交通部门援助石垟林场、叶胜林场，先后建成石垟林场车站和铜铃山车站。2010年6月，开工建设县城客运中心（旅游集散中心）。2011年年底，全县等级客运站8个，公路港湾式停靠站357处。并在县城设城北、城南、伯温路简易停车场3处，分片区线路始发、停放车辆，对南北车辆、旅客实行分流，缓解县城交通拥挤状态。

客运站

县客运、旅游集散中心　坐落体育场路西端、大峃镇徐村垟。2009年立项，2010年6月进场施工，工期750天。工程占地面积4公顷，10层建筑，高度39.9米，建筑面积2.52万平方米（其中地上建筑面积2.06万平方米，地下建筑面积0.46万平方米），架空层面积744平方米，人防工程面积955.9平方米，概算总投资8534万元。2011年12月24日主楼结顶。工程建成后，客运量每天可达6000人次，货运量每年可达200万吨。至2011年年底计完成投资7700万元，占概算总投资90.13%。

县长运公司新车站　即文成车站，位于大峃镇城南，为二级汽车客运站。1987—1990年，投资138万元，建成候客厅、停车棚、行李房、售票厅等设施，建筑面积1321.4平方米。1991年新建车站办公楼、厕所、场地平整等附属工程。1992年提升车站级别，按二级站标准建设，投资294万元，扩征用地666.67平方米，总占地面积增至1.36万平方米，其中建筑面积3120平方米，停车场面积1.2万平方米。1993年11月8日落成，投入使用。1994、1995年评为温州市文明汽车站。

珊溪客运站　址在珊溪镇下爿坦新建东路54号，为三级标准客运站。2001年改建，从珊溪中学对面（垟头）搬迁到现址，2003年建成。占地面积11160平方米，建筑面积1360平方米，造价330万元。

石垟林场车站　位于林场供销社上首，1999年林场建职工宿舍拆除。2003年改建，站址位于56省道林场桥头与下垟公路入口处。占地面积2292平方米，建筑面积203平方米，造价50万元。

铜铃山车站　位于铜铃山国家森林公园底湖头铁炉基，占地面积1.3万平方米，管理房建筑面积185平方米，按四级标准车站设计，总投资185万元。2005年8月开工兴建，2006年6月竣工验收投入使用。

2011年文成县二至五级客运站一览表

表7-7　　单位：平方米

站场名称	站址	标准等级	占地面积	建筑面积
县长运公司新车站	大峃镇城南	二 级	13626.7	3120
珊溪客运站	珊溪镇下爿坦	三 级	11160	1360
玉壶车站	玉壶镇	五 级	670	325.8
南田车站	南田镇老街	五 级	765	205.5
黄坦车站	黄坦镇雅梅	五 级	1472.5	200
西坑车站	西坑镇街路边	四 级	2094	204.4
石垟林场车站	石垟林场	四 级	2292	203
铜铃山车站	叶胜林场底湖头	四 级	13000	185

说明：资料由县交通局提供

停车场

县城北停车场 位于大峃镇苔湖村林宅,紧靠县城伯温路边,属民资兴建股份制停车场,供县城至黄坦方向线路车辆始发和停靠。占地面积约900平方米,场内建有售票室、停车棚、公厕等配套设施,简易铺装地面。1996年春开工,1997年8月建成投入使用。

县城南停车场 位于大峃镇城南小区。1997年8月建成,占地面积2000平方米,为临时简易停车场,主供县城至珊溪、玉壶线路客运车辆始发和停靠。

县城伯温路停车场 位于大峃镇伯温路145-1号。建于2000年,占地面积约1800平方米,为临时租用停车场,主供县城至南田、西坑线路客运车辆始发和停歇。

第四节 码头 渡口 航道

1991年,县域船筏码头31座,农用渡口35处,航线4条,航道75公里。1994—1998年,撤销渡口5处。2001年珊溪水库蓄水后,新建库区码头4处,设渡口18处,渡埠41处。2007年库区4座码头改为渡口。2008年,撤销渡口4处。2011年,建成珊溪交通码头。年末,全县交通码头1处,渡口25处,航线5条,航道45公里。

码头

1991年,全县船筏码头31座。2000年7月,珊溪水库竣工蓄水,水位升高,原码头与渡埠淹没。2001年7月,为解决库区周边群众出行,温州市航道管理处批准在珊溪水库库区内新建项竹垟、叶山岭脚、排前南、北两岸4座码头,2005年通过验收并投入使用。2007年7月,该4座码头改为乡镇渡口。2010年1月,开工建设珊溪交通码头,2011年竣工。码头设计规模为300吨级客货泊位兼停靠车渡,年通过能力3万人次,投资394万元。候船室及管理用房建筑面积807平方米,并建停车场等陆域配套设施。

渡口

1991年年初,全县渡口35处,皆属农用渡。1994年7月,百丈漈镇西段渡口撤销。1998年5月,双溪乡严阵、珊溪镇珊溪、上林乡上店、巨屿镇方前4处渡口撤销。2000年7月,珊溪水库竣工蓄水,库区内设14处渡口(跨县2处),其中珊溪镇3处,云湖乡11处。9月,设立金山、湖背两个跨县渡口。同年,库区渡埠18处,“三防”渡船5艘。2001年5月,新建库区渡埠23处。2006年11月,县政府发文公布全县保留25个渡口,其中珊溪镇4处、巨屿镇3处、云湖乡11处、金垟乡3处、峃口乡3处、铜铃山国家森林公园1处。2007年7月,项竹垟、叶山岭脚、排前南、北两岸4座码头改为乡镇渡口。2008年4月,撤销峃口乡白谷山、金垟乡溪口、巨屿镇花竹岭、珊溪镇横岩4处渡口。至2011年年末,全县渡口25处,其中飞云湖库区以内18处,即项竹垟、岩塔头、卓山、松根、南向、湖背、上中埠、小溪口、金山、上坪、排前1、排前2、排前3、峃作口、四方坑、杜山、石岭、叶山岭脚渡口;库区外7处,即潘岙、孔岙、渡渎口、九龙井、鱼局、垟岙、铜铃山公园旅游专用渡口。渡船13艘,其中库区内“三防”钢质渡船6艘,库区外木制渡船7艘。

航道

1991年,飞云江上游溪流等外航道75公里,航线4条。2000年7月,珊溪水库竣工蓄水,原珊溪以上溪流航道变更为等级航道,至2011年,水库库区(县域范围)6级航道20公里,7级航道25公里;7级航道上跨河桥梁1

座。航线5条。

2002年，飞云湖库区建造航标，配航行标志、信号标志、安全标志、指路牌4类；左岸沿岸标、右岸沿岸标、示位标、鸣笛标、界限标、通航水位限制标、连续转弯标、指路牌8种。设标志51处，其中航行标志类左岸沿岸标、右岸沿岸标、示位标3种5处；信号标志类鸣笛标、界限标、通航水位限制标3种30处；指路牌14处；安全标志类连续转弯标1种2处。

第二章 运 输

交通基础设施日臻完善,推进运输业快速发展。1991年,全县运输企业15家,其中公路、水上运输企业各3家,交通运输辅助企业9家。1995—1997年,部分客运线路实行社会公开招投标,鼓励民间资本进入道路运输服务行业。2011年全县运输企业20家,其中客运企业7家,危险化学品运输企业3家,货运私营企业10家。2011年全县运输企业20家。拥有营运客车197辆、出租车135辆、载货汽车995辆,客运量761.07万人次,客运周转量37339.62万人公里,分别比1990年增加3倍和2.6倍;货运量144.5万吨,货运周转量19829.4万吨公里,分别比1990年增加3.6和7.5倍。水路客运量2.52万人,周转量33.26万人公里;货运量3万吨,周转量63.69万吨公里。

第一节 营运企业

1991年全县公路运输企业3家,即县长途汽车运输公司、县汽车运输公司、县交通运输公司。1995年成立县城郊公交有限责任公司。1998—1999年,县汽车运输公司、县交通运输公司先后并入县长途汽车运输公司。2001年成立县内5家客运专线公司。至此,全县客运企业7家。1998—2011年,发展货运企业9家,其中普通货运企业6家,危险品运输企业3家。

客运企业

县长途汽车运输有限公司 1988年,县长途汽车运输公司管理体制下放归县交通局管理,文成车站更名为文成县长途汽车运输公司,在册职工203人,40座大客车29辆。1991年,营运客车34辆,年客运量143.76万人次,客运周转量8495.22万人公里,分别占全县年总客运量、客运周转量72.5%和76.3%;总收入473万元,利润12万元,上缴税金64万元。1992年,实行"包基数,保上缴,超利分成,欠收自补"的单车抵押承包经营责任制,调动职工生产积极性。1993年,推行客车全额抵押承包制,公司与承包者实行"风险共担",稳定承包经营责任制;出台长运公司内部改革实施方案(工资分配制度),激发站务、后勤管理人员工作积极性。1998—1999年,县汽车运输公司、县交通运输公司先后并入县长运公司,在册职工279人。2011年,公司营运客车95辆,出租车124辆,教练车34辆,年客运量139.49万人次,客运周转量45112.7万人公里,收入2300万元,利润110万元,上缴税金105万元。

1995年4月,原县运输公司成立汽车出租服务部,购置10辆桑塔纳出租车投入出租客运市场营运。1996年年底,出租车增至45辆(包括7座面包车,5座微型轿车等车型)。1998年发展至54辆。1999年文成宾馆车队成立,投入6辆出租车运营。1999年根据出租汽车运营现状和县城道路窄小实际,投入14辆奥拓出租车(限定在县城范围内经营)。后出租车逐年增加,至2011年年底全县出租车178辆。

县汽车运输公司 1980年12月成立,属地方国营企业,归县交通局管理。1997年,公司大客车36辆956座,主要经营文成至温州、杭州、建阳、南京、沈家门等班线。1998年并入县长运公司。

县交通运输公司 属股份合作集体企业,拥有大客车7辆277座,主要经营文成至温州、上海班线。1999

年并入县长运公司。

县城郊公交有限责任公司　1995年7月成立，客车15辆285座，主要经营樟台至中樟、县城至桂山、县城至平和等客运班线。

县内客运专线公司　2001年以前，从事县内农村客运班线主要以个体经营户为主的236辆“飞蝶”牌农用营运客车。2002年，县内农村客运班线经公司化改造后，成立5家私营客运企业，分别为黄坦、西坑、南田、玉壶、珊溪客运专线公司。

货运企业

普通货物运输企业　20世纪90年代初，县内从事货物运输企业有县峃联运输公司、县信达托运部。1998年12月，县邮政局开办汽车运输服务中心，注册资金100万元，员工18人，主要从事邮政物品运输。2009—2011年，百丈漈县昌达物流运输有限公司、大峃镇（伯温路287号）县天地合速递服务有限公司、巨屿镇（云江东路88号）温州市鹤城物流有限公司相继开业。至2011年年底，全县普通货运企业6家，注册资金260万元，员工235人。

危险化学品运输企业　县危险物品运输有限公司　属国有企业。2002年9月成立，位于县城南小区能源大楼。经营范围主要从事液化石油气运输。2011年年末，管理人员及驾驶员、押运员、装卸员19人；危险品运输车辆9辆66.4吨位。

县宏发气体实业有限公司　2002年开办，位于巨屿工业园区，属股份制企业。经营范围为普通货运、经营性危险货物运输，主要从事液氮、液氧运输。2011年年末，管理人员及驾驶员、押运员、装卸员17人，危险品运输车辆21辆159吨位。

县平安爆破器材配送运输有限公司　2004年10月创办，位于县城伯温路4号，属股份制企业。经营范围为爆炸物品，主要从事炸药运输。2011年年底，管理人员、驾驶员、押运员、装卸员14人，危险品运输车辆5辆5.8吨位。

机动车检测、维修企业

检测企业　1998年7月，创办县正大汽车综合性能检测站，企业前身为县农用客车厂。负责全县营运车辆维修质量检验、车辆维修竣工质量检测、营运车辆技术状况检测。站址在县樟台工业园区内，占地面积2596平方米，厂房面积300平方米，检测技术和管理人员17人。

维修企业　1991年，县境机动车维修企业（店）10多家，除县长运公司汽车修理厂外，余皆小门店。1994年开办新福汽车维修厂。2000年后，随着社会车辆的不断增多，维修企业开始兴起。2007年，县欧迈克汽车美容店开业。2009—2010年，创办县新平安轿车修理厂、新正丰汽车修理厂、鸿达汽车维修有限公司。2011年建成县奔宝汽车修理厂、捷瑞汽车修理公司、车源汽车装潢中心。年末，全县从事机动车维修企业（店）71家，其中二类维修企业6家，三类维修企业48家，摩托车专项维修业户17家。

第二节　交通工具

1991年，全县客运汽车95辆，货运汽车773辆；内河运输船只46艘。2011年，全县营运客车197辆，出租车135辆，货运车辆995辆；内河运输船只减少至17艘。

车　辆

1991年,全县载客汽车95辆3389座位,货运汽车773辆1574吨位。货运车辆中,载货汽车229辆1101吨位,农用车、小四轮等其他机动车119辆139吨位,拖拉机425辆425吨位。随着交通运输业发展,车辆逐年增加。1995年增至1752辆,其中客车152辆4563座位;载货汽车619辆、简易机动车281辆、拖拉机700辆,总吨位3272吨。2001年,发展至最高峰,全县客货运输车辆2688辆,其中客车298辆4804座位;货运汽车585辆、简易机动车877辆、拖拉机928辆。同年起,交通管理部门为消除安全隐患,限制拖拉机上路,引导个体运输户更新车辆,后农用小四轮、拖拉机逐年减少,车辆性能、档次逐年提高。2005年,全县车辆数降至1824辆,其中客车341辆5419客位;货运汽车961辆、简易机动车72辆、拖拉机450辆。2011年年末,全县营运客车197辆5493座位、出租车135辆675座位,货运车辆995辆1264吨。长途客运有大型客车13辆467座位,旅游大客车7辆354个座位。

船　舶

1991年,全县内河运输船舶46艘,821吨位、984.4千瓦,其中沿海货轮2艘,770吨位、870千瓦;客船10艘,270客位、41.8千瓦;木帆船18艘,86吨位;机动船16艘,51吨位、72.6千瓦。1993年3月,2艘沿海货轮外迁,减少770吨位、870千瓦。1996年船舶46艘,其中客船30艘,534吨位、261.8千瓦;货船16艘,85.7吨位、151.8千瓦。1997—2000年,建造珊溪水库,库区移民搬迁,航运基本歇业。2001年,组建客运企业,添置客运船舶3艘,54客位、330.75千瓦,航运业开始复苏。2002年,客船增至13艘,添置货船2艘。2004年客船46艘、货船25艘。至2011年年底,全县内河运输船只17艘,船舶载重吨156吨位、103客位、总功率556.8千瓦,其中客船8艘,103客位、载重吨108吨位、功率405.8千瓦;货船9艘,载重吨156吨位、功率151千瓦。

第三节　公路运输

1991年,全县客运量193.91万人次,客运周转量11083.15万人公里;货运量31.96万吨,货运周转量2450.34万吨公里。2011年,客运量761.07万人次,客运周转量37339.62万人公里;货运量144.5万吨,货运周转量19829.4万吨公里。

旅客运输

1991年,长途班车主要有省内金华、杭州和福建省建阳、南平、浦城、福安、三明等运行线路。全年客运量193.91万人次,客运周转量11083.15万人公里。1994年,开通全国6省1市客运班线,文成至昆明全程3400公里,当时为全国公路运输最长客运班线。1997年新增长途线路5条,1999年新增长途班线8条。2000年因受铁路运输冲击,部分长途班车停开。2002年,县长运公司经营资质被评为三级道路旅客运输企业,其800公里以上班线和占全程65%以上高速公路线路被取消经营资质,企业步履艰难,遂走合作发展路子,将部分线路挂靠到温州长运集团走出困境。2003年,先后恢复文成至广州、义乌等6条班线,并完成温州、瑞安班线改造。2008年开辟客运班线100条,其中长途班线53条,县内短途班线47条,全年旅客运输量379.11万人次,周转量23983.10万人公里。至2011年,保留各类客运线路74条,其中跨省(文成至广州、武汉、南京、上海、南通)5条,总里程5120公里,跨地市(文成至杭州、义乌、丽水、宁波等地)7条,总里程2045公里,跨县(文成至温州、瑞安、泰顺、梅头、龙港、灵溪等)21条,县内41条。全年旅客运输量761.07万人次,旅客周转量37339.62万人公里。

货物运输

1991年，全县年货运量31.96万吨，周转量2450.34万吨公里。当时个体运输车辆基本以农用小四轮、拖拉机为主。1993年全县货运机动车1116辆，其中农用小四轮、拖拉机712辆，占货运车辆总数63.8%。2000年货运车辆2221辆，其中小四轮866辆，占货运车辆总数38.99%；拖拉机800辆，占36.01%。2001年，参与货运农用小四轮877辆、拖拉机928辆，两项计占货运车辆总数75.52%。为消除安全隐患，交通管理部门下大力气限制小四轮、拖拉机上路，引导个体运输户更新车辆，至2005年，仅存货运农用车72辆、拖拉机450辆。货运车辆逐步更新为大吨位、高性能汽车。2005年，货运车辆961辆，1506吨位，货运量327万吨，周转量37536万吨公里。2009年，货运车辆714辆，732吨位，货运量408.8万吨，周转量14577.5万吨公里。2011年，全县社会货运车辆995辆1264吨位，从事货物运输企业7家，全年货运量144.5万吨、货物周转量19829.4万吨公里。

1991—2011年文成县公路运输量一览表

表7-8

年份	旅客运输			货物运输			
	车辆数（辆）	客运量（万人次）	客运周转量（万人公里）	车辆数（辆）	载重（吨位）	货运量（万吨）	货运周转量（万吨公里）
1991	95	193.91	11083.15	229	1002	31.96	2450.34
1992	104	210.39	11393.00	282	1252	34.68	2431.30
1993	128	229.00	12434.00	404	1643	51.00	4452.00
1994	131	281.33	18110.00	435	1947	57.40	5147.00
1995	152	305.00	20656.14	619	2305	60.75	5467.88
1996	232	311.90	22215.80	529	1800	65.27	5890.88
1997	270	319.80	23528.00	545	1850	67.32	6094.60
1998	283	312.41	24410.21	464	1534	70.59	6349.15
1999	326	419.60	28381.00	660	1835	71.99	6465.46
2000	339	428.13	28964.06	555	1704	72.66	6480.72
2001	298	434.18	29182.14	585	1744	73.80	6570.03
2002	379	440.52	22917.29	827	1355	117.19	4688.14
2003	339	412.00	21988.00	745	1107	126.40	4763.00
2004	354	365.70	20690.20	877	1169	179.59	3516.20
2005	341	421.80	23099.00	961	1506	327.00	3753.60
2006	336	392.50	25222.90	951	1456	347.00	3523.00
2007	345	360.02	25010.51	844	1351	376.00	4837.20
2008	339	379.11	23983.10	714	1091	330.37	4250.32
2009	335	567.63	27368.81	714	732	408.80	14577.50
2010	332	750.97	37279.84	995	1264	139.36	19494.81
2011	296	761.07	37339.62	969	1628	144.50	19829.40

说明：货物运输量为载货汽车货运量，不含其他机动车、拖拉机货运量。资料由县交通局提供

第四节 水路运输

主要为飞云江航运。1991年,泰顺县百丈口至莒江公路通车,水路运输转为公路运输,珊溪至百丈口客运航线停航。当年客运量4.39万人,周转量40.7万人公里;货运量2.02万吨,周转量893.96万吨公里,其中内河货运量0.53万吨,周转量17.18万吨公里。1997年7月开始建造珊溪水库。1998年4月,库区海拔70米以下村庄移民,东龙乡东湾坑通车,只剩东龙以上南向以下居民仍坐船,客流量减少。1999年,东龙、汇溪、双溪海拔100米以下村庄全部搬迁,珊溪至东龙、汇溪航线停航。2000年7月,珊溪水库建成蓄水。2001年,组建客运企业,添置船舶3艘,54客位、330.75千瓦。2002—2005年,在珊溪镇项竹垟、云湖乡叶山岭脚建成2对4座港埠码头,库区内航运复苏。2006年,内河客运量4.32万人,周转量58.58万人公里;货运量7.3万吨,周转量89.52万吨公里。2011年,客运量2.52万人,周转量33.26万人公里;货运量3万吨,周转量63.69万吨公里。

1991—2011年文成县水上运输量一览表

表7-9

年份	旅客运输					货物运输				
	客运量(万人)	客运周转量(万人公里)	客船(艘)	载重(吨位)	动力(千瓦)	货运量(万吨)	货运周转量(万吨公里)	货船(艘)	载重(吨位)	动力(千瓦)
1991	4.39	40.701	10	270	41.8	2.01	893.96	46	821	984.4
1992	6.55	53.29	10	270	41.8	2.79	1388.57	—	—	—
1993	11.85	96.43	30	511	242	0.93	46.65	8	40	79.2
1994	12.67	95.19	32	961	279.4	3.06	83.61	13	78.23	135
1995	8.66	60.27	32	561	279.4	2.84	59.41	15	76.91	143
1996	9.86	75.13	30	534	261.8	4.72	49. 5	16	85.7	151.8
1997	13.44	107.37	32	572	283.8	7.52	41.59	16	85.7	151.8
1998	1.85	16.12	11	187	96.8	6.59	42.24	16	85.7	151.8
1999	—	—	—	—	—	3.53	40.96	10	56	135.4
2000	—	—	—	—	—	11.57	92.35	25	260	415.3
2001	—	—	—	—	—	1.65	8.89	17	148	410.78
2002	0.75	16.33	11	113	340.05	0.7	10.7	2	35	70
2003	3.27	70.62	21	233	870.06	0.74	16.86	2	35	70
2004	3.73	65.74	21	233	870.06	3.65	23.89	25	226	501.13
2005	3.87	49.6	18	197	658.96	9.1	101.4	25	226	501.13
2006	4.32	58.58	18	197	658.96	7.3	89.52	25	226	501.13
2007	3.57	55.2	16	185	600.16	6.42	78.94	21	232	429.65
2008	2.71	40.69	11	137	488.6	3.67	63.69	16	195	256.65
2009	2.26	30.06	9	123	429.8	3.05	58.81	9	130	151
2010	2.36	34.32	9	123	429.8	2.94	61.04	9	130	151
2011	2.52	33.26	8	108	405.8	3	63.69	9	130	151

说明:1.1999—2001年表格因建造珊溪水库停航未有资料数据;2.货物运输量不包括渡船渡运量。资料由县交通局提供

第三章 公路养护

县境公路养护质量一直位于全市前列，1983—1991年蝉联全市县乡公路养护“九连冠”，2003—2007年蝉联温州市公路养护管理考评“五连冠”。2008年公路年平均好路率64.8%，比2000年提高32个百分点。2009年2月，峃珊线被市交通局命名为农村公路文明路。至2011年，投资28207.8万元，实施大中修工程300.8公里，砂改油89.5公里，路面整治95.5公里，安装护栏899.4公里，公路绿化606.7公里。

第一节 养护管理

县公路管理段承担公路养护职责。1991年设置专业养护道班15个，民工养护道班26个。1992年道班改称公路站，后随公路硬化、黑色化，公路站逐渐合并，至2011年全县设置公路站2个。县境公路通过实施砂改油、大中修、桥涵改造、路面整治、安保护栏等工程，路况良好，曾多次获省市嘉奖。

养护组织

1991年年初，全县公路专业养护设大垟培、峃口等15个道班，养护人员53人，养护公路6条，138.3公里；民工养护设26个道班，养路民工128人，养护路线120条，261.16公里。1992年道班改称公路养护管理站（简称公路站）。撤销大垟培公路站，设立樟台油路站。1995年成立县路桥工程公司，为四级公路施工企业。后随路面改造陆续推进，为顺应大公路站建设需要，公路站逐步合并，并辞退原公路养护农民工68人，至2002年保留樟台、百丈漈2个公路站，担负688公里公路养护任务。2003年设立县安达公路养护工程有限公司，为公路养护二类乙级和三类乙级资质，承担公路养护工程施工与安保任务。2011年年底公路站设置未变，养护人员47人。

管理体制

公路养护贯彻“以养为主，养改结合，养建并举”方针。根据省、市公路管理部门规定，制定《县乡公路养护管理办法》《文成县农村公路养护与管理办法（试行）》，推行“县道县管县养，乡道县管乡养，村道由受益村养护”管理体制，实行“四定”（定人员、定里程、定经费、定指标）、“路况与经费双挂钩”承包责任制。月初下达计划指标，月底检查评比并兑现奖罚。2009年1月，制定《文成县村道公路养护管理考核办法（试行）》，规范村道公路养护质量检查与考核，建立村道公路管理长效机制，提高村道公路养护质量和投资效益。

养护工程

1991—2000年，先后完成56省道大垟口至西坑段、峃珊线、文泰线、花黄线、石南线、石下线等公路路面砂改油工程，伯温路县前街至自来水厂路口段砼路面工程。2003年完成56省道西坑至文景交界砂改油工程。2004年铺设省、县道公路混凝土路面203公里。2006年浇筑乡道公路混凝土路面75公里，实现乡乡通水泥路。2004—2007年，乡道以上公路设置警示墩、警示柱。2008年启动路侧护栏设置和边坡整治。2006—2011年，创建省级文明公路105公里，市级文明公路51公里。

砂改油工程 1992—2001年投资1755万元,将峃珊线、56省道、十黄线、石驮线4条公路88.5公里砂石路改造为沥青柏油路,其中1992—1993年投资135万元,改造峃口至珊溪公路K0-K12段12公里;1994-2001年投资1000万元,改造56省道K84~K123段、K51~K60+500段48.5公里;1996-1997年投资240万元,改造十八公里至黄寮公路K0~K16段16公里;2001年投资380万元,改造石驮线K0~K12段改造12公里。

砂石路大中修工程 1999年投资50万元,56省道K106~K112段砂石路面大中修6公里。2002年投资70万元,峃珊线K13~K14.5段路面大修1.5公里,并改造李井桥。2002—2005年投资1375万元,56省道K71.5~K83段、K85~K104段路面大修30.5公里。2006年投资750万元,十黄公路K8~K16段大修8公里,峃院线K25~K32段大修7公里。2007年投资850万元,灵溪、大十、石驮、花支4条公路部分路段大中修29.2公里。2008年投资1206万元,石驮、十黄、大十、峃院、花支4条公路部分路段大中修30.74公里。2008—2010年投资2481万元,56省道K73+900~K88+000、119K+487~123K+237段路面大修28.83公里。2009年投资1646万元,一花、营朱等12条农村公路大修97.24公里。2011年投资1315万元,大十、峃院等14条农村公路大修62.75公里;总投资9743万元,大中修里程300.75公里。

桥涵改造工程 1991年修复加固周南桥,2002年维修峃口、李井桥。2007—2011年投资1350.8万元,先后对峃口大桥、林后桥、二源重垟坑桥、平和梅垟下桥、峃口九溪电厂桥、双垟凤垟桥、龙川林坑桥等20座公路桥和峃口、大峃岭2条隧道进行改造维修。改造涵洞78道。

路面整治工程 1992—2005年,清理水毁塌方193485立方米,处理违章堆积物2650立方米,修筑路后挡土墙29710立方米。2006—2008年,投资3721万元,实施路面整治95.5公里。其中56省道整治64.8公里,投资2532万元;峃院、十黄、石驮、花支4条公路整治30.7公里,投资1189万元。

安保护栏工程 2003—2008年投资1500万元,实施青岱、瑞东、花支、灵溪、峃院、大十、岚沙、大平等公路及乡村道路安保工程。建筑路侧安全护栏93.69公里,其中新建钢质波形护栏12.57公里,墙式间断护栏79.12公里,绿篱2公里。制作公路交通标志620块,公路路口增设橡胶减速板20处220米。乡村道路配套设施建设,设置示警桩路段58公里,墙式半间断护栏路段230公里,交通标志牌1230块。2009—2011年投资9347万元,实施瑞东、十黄、青岱、一花、花支等公路及乡村道路安保工程,其中新建钢质波形护栏575.72公里,投资8167万元;瑞东线、青岱线边坡处治投资1030万元;瑞东线K95+030-062段路基加固投资150万元。增设乡道以上公路交通标志1682块,公路路口增设橡胶减速板43处324米。

1992—2011年文成县公路养护工程一览表

表7-10

工程类别	养护地段	养护里程(公里)	工程投资(万元)	实施年份
砂改油	峃珊线K7~K12	5	55	1992
	峃珊线K0~K7	7	80	1993
	56省道K84~K94	10	125	1994
	56省道K94~K99	5	60	1995
	56省道K99~K104	5	65	1996
	十黄线K0~K6	6	90	1996
	十黄线K7~K16	9	150	1997
	56省道K51~K60.5	9.5	130	1998
	56省道K104~K114	10	320	2000
	56省道K114~K123	9	300	2001
	石驮线K0~K12	12	380	2001

续表7-10

工程类别	养护地段	养护里程(公里)	工程投资(万元)	实施年份
大中修	56省道K106~K112	6	50	1999
	56省道K73~K77、K101~K104	7	150	2002
	岢珊线K13~K14.5(含李井桥改造)	1.5	70	2002
	56省道K77~K83、K85~K88	9	450	2003
	56省道K88~K100	12	700	2004
	56省道K71.5~K73	1.5	75	2005
	十黄线K8~K16、岢院线K25~K32	15	750	2006
	灵溪、大十、石驮、花支4条公路	29.2	850	2007
	石驮、十黄、大十、岢院、花支线	30.74	1206	2008
	56省道K73+900~K88+000、119K+487~123K+237	17.85	1412	2008
	一花、营朱等12条农村公路	97.24	1646	2009
	56省道K44+015~K53+000、88K+000~101K+000	10.9	1069	2010
	大十、岢院等14条农村公路	62.75	1315	2011
桥涵改造	岢口大桥、林后桥、重垟坑桥、梅垟下桥、九溪电厂桥	—	160	2007
	凤垟桥、林坑桥，岢口、大岢岭隧道	—	600	2008
	东山、大文、隔水、驮田、珊溪、沙洋、南田桥	—	292	2009
	长虹坑、寿溪、东岩、江坑、石井桥	—	248	2010
	樟台桥	—	50.8	2011
路面整治	56省道K51~K61	10	590	2006
	56省道K103.7~K119.5	15.8	500	2007
	56省道K74~K113	39	1442	2008
	岢院、十黄、石驮、花支4条公路	30.70	1189	2008
安保护栏	青岱、瑞东、花支、灵溪、岢院、大十岚沙、大平线等及乡村道路	323.69	1500	2003—2008
	瑞东线、十黄线等9条线路	163.02	2212	2009
	瑞东线3处、青岱线5处边坡处治	—	460	2009
	一花线等17条线路	182.20	3155	2010
	花支线等28条线路	230.50	2800	2011
	瑞东线4处边坡处治	—	570	2011
	瑞东线K95+030~062段路基加固	—	150	2011
合计	—	—	27416.8	—

说明:资料由县交通局提供

筑养机械

1990年，公路筑养机械2吨工程翻斗车2辆，双排座汽车1辆，小四轮简易车8辆，手扶拖拉机9台，扎石机8台，碎石机4台，两轮、三轮光轮压路机各1台。1996年起逐步淘汰部分老化、陈旧、落后设备，添置先进、现代化筑养设备。至2011年，筑养机械47种72台(辆、套)，机械设备固定资产原值941.67万元。

2011年文成县公路筑养机械设施一览表

表7-11

序号	设备名称	单位	数量	固定资产原值(元)	购买时间
1	轮胎式装载机	台	3	1000500	1997—2007
2	拖挂式道路综合养护车	辆	1	228480	2007
3	轻型柴油自卸汽车	辆	5	291737	2000—2004
4	自卸式农用车	辆	1	37730	1998
5	微型汽油车	辆	2	199000	1997—2004
6	微型柴油车	辆	3	280269	2006—2007
7	柴油发动机组	套	1	53000	1997
8	鳄式简摆破碎机	台	2	67000	2007
9	反击式破碎机	台	1	548726	2006
10	电动黑色粒料拌和机	台	2	1100150	1996—2004
11	摩擦锥形反转砼搅拌机	台	2	76000	2004
12	导热式沥青加温设备	套	1	674811	2006
13	火焰移动沥青加温设备	套	2	210000	1998
14	液力动力站	处	1	133200	2003
15	轮胎式沥青砼摊铺机	台	1	305000	2001
16	自行式沥青洒布机	台	1	122000	2002
17	内燃振动手扳夯	台	3	55100	2002—2007
18	两轮光轮压路机	台	1	48000	1989
19	三轮光轮压路机	台	2	210663	1989—2004
20	两轮铰接光轮压路机	台	1	107000	2005
21	光轮轮胎组振压路机	台	3	536000	2004
22	机动空气压缩机	台	1	4800	2000
23	轮胎式砼路面切缝机	台	4	59600	2005—2007
24	砼路面清缝机	台	1	28000	2000
25	嵌缝机	台	1	28000	2000
26	油锯	把	4	12800	2007
27	自行式喷水车	辆	1	116000	2006
28	照明灯塔	台	1	18820	2006
29	轻型客车	辆	1	184312	2009
30	两轮光轮压路机	台	1	136000	2009
31	电动振动平板夯	台	1	11200	2010
32	切割机	台	1	14800	2010
33	电动振动冲击夯	台	1	14800	2010
34	高压清洗洒水车	辆	1	429500	2010
35	装载机加配推雪板	辆	1	317000	2010
36	多功能滑移装载机	辆	1	452000	2010
37	喷灌机	台	1	3200	2010
38	手推式滚刀剪草机	台	1	2800	2010
39	油锯	台	1	2970	2010

续表7-11

序号	设备名称	单位	数量	固定资产原值(元)	购买时间
40	高枝油锯	台	1	5700	2010
41	割灌机	台	1	2980	2010
42	绿篱修剪机	台	1	2950	2010
43	切割机	台	1	7900	2011
44	轻型柴油自卸汽车	辆	1	105290	2011
45	轻型客车	辆	2	184204	2011
46	中级轿车	辆	1	256713	2011
47	履带式液压挖掘机	台	1	730000	2011
合计			72	9416705	

说明:资料由县交通局提供

第二节 公路绿化

20世纪90年代,公路行道树由养路部门负责种植,道工养护。1999年,开始实行国道国有、集体造集体所有的公路绿化政策,当年绿化老56省道3公里,栽植行道树5200株。2001年,大垟口、黄士垟等路段,建花坛5处、种植苗木15109株。2002年投资40万元,绿化56省道K65~K70段5公里,植树8.1万株,建花坛4800平方米。2003年起,按照“统一规划、因地制宜、经济适用、景观协调”原则,根据不同环境、不同区域作专门设计,落实、分解、细化绿化任务。至2011年,56省道、大十线、营朱线、一花线、双珊线、石驮线、花支线、塳黄线、十黄线、南山线、九公线、大平线、岆双线、樟里线、岆院线岆珊段等县乡公路进行绿化。绿化树种、花木主要为水杉、柏树、樟树、红叶石楠、红叶梨、芙蓉、华棕、红檵木、杜鹃、毛鹃、杜英、乐昌含笑、深山含笑、金叶含笑、金叶女贞、茶梅、木槿、桂花等。全县公路绿化投资791万元、里程606.71公里,其中省道55.1公里、县道413.1公里、乡道106.46公里,专用公路32.05公里;实施GBM(指公路绿化、美化、标准)里程91.44公里、文明样板路里程79.14公里。种植各种苗木32多万株,建造花坛68处48617平方米,草坪31800平方米,初步形成四季有花、常年绿色格局。

2011年文成县公路绿化统计表

表7-12

公路类别	总里程	可绿化里程	已绿化里程	“三化”里程	文明样板路里程
合计	746.86	662.98	606.71	91.44	79.14
省道	60.80	55.10	55.10	64.94	64.94
县道	471.97	456.07	413.10	26.50	14.20
乡道	173.82	106.46	106.46	—	—
专用公路	46.30	45.35	32.05	—	—

说明:资料由县交通局提供

1999—2011年文成县公路绿化情况一览表

表7-13

年份	栽植苗木(株)	建造花坛		建造草坪(平方米)	投入资金(万元)	重点路段
		处	面积(平方米)			
1999	5200	—	—	—	13	56省道
2001	15109	5	—	—	28	大垟口、黄士垟、樟台公路站
2002	81000	—	4800	—	40	56省道K65～K70段
2003	18000	—	—	3400	50	56省道、大十线、营朱线
2004	32300	9	1250	—	145	瑞东线,双珊线等8条县乡道路
2005	37000	31	6812	—	112	56省道,石驮、花支、盖黄等14线
2006	49770	3	5300	—	165	峃院线,九公、峃双等7条乡道
2007	5250	4	3200	4600	63	省道5公里,县乡道30公里
2008	26500	7	7500	8700	45	峃院线峃珊段文明样板路建设
2009	37083	6	16320	15100	77	峃院线,大十线
2010	3640	2	2800	—	39	56省道
2011	2970	1	635	—	14	—
合计	313822	68	48617	31800	791	—

说明:资料由县交通局提供

第四章 交通管理

县交通局负责全县交通建设管理，县公路运输管理（稽征）所、县公路路政管理大队、温州港航管理局文泰分局分别担负运政、路政、航运管理职责。1991—2011年，检查处违章车辆4802辆，征收公路养路费、建设基金、运输管理费、车辆购置附加费等各项规费22886.06万元；制止和查处路政违法案件3712件，处理公路路产损坏赔偿案件800余件；水上运输连续24年保持安全渡运无事故。

第一节 管理机构

文成县交通运输系统管理机构，由县综合管理机构县交通局和相关各专业管理机构组成。1991—2011年，文成县交通运输系统管理机构改革较大。县交通局主管全县的公路、水路等交通运输行业。其他专业管理及相关管理机构为县公路运输管理稽征所。县公路管理段与温州市港航管理局文泰分局、温州飞云江海事处珊溪办事处。

综合管理机构

1991年，县交通局内设办公室、管理、养护（与县乡公路养护管理所合署办公）、建设4个股室。行政编制12名。下属企事业单位有县公路运输管理（稽征）所、县长途汽车运输公司、县交通运输公司。1992年，成立县交通设计室，事业编制10名，与建设股一套人马、两块牌子合署办公。1997年，建设股、管理股分别改称建设科、管理科。撤销养护股，其职能划归县乡公路养护管理所。1998年，成立县乡公路路政管理大队，事业编制7名。1999年，县公路管理段划归县交通局管理。2000—2001年，县乡公路路政管理大队、县乡公路养护管理所先后并入县公路管理段。2007年，成立县交通建设管理所，与交通设计室合署办公。2011年6月，成立县交通工程安全质量监督站，为县交通局下属股级事业单位，编制6名。年末，局机关设办公室、建设科、管理科，行政编制9名。下属企事业单位有县公路运输管理（稽征）所、县公路管理段、县交通工程安全质量监督站、县长途汽车运输有限公司。

专业管理机构

县公路运输管理（稽征）所 1991年，县公路运输管理所、县公路稽征所、县道路运政稽查大队三块牌子一套人马合署办公，隶属县交通局管理，事业编制26名。1993年增加事业编制1名。1996年3月，成立县车辆购置附加费征收管理办公室，增加事业编制2名。2000年全所事业编制35名。2002年成立县道路运政稽查大队。2004年县车辆附加费征收管理职能划归县国家税务局。2011年年末，所内设办公室、运输管理、货运物流、行政审批、维修管理、驾培管理、稽查安全和法制7个股室，下辖大峃、峃口等7个运管站和2个运政稽查中队，实有人员42人。

县公路管理段 1991年称县公路段，隶属市公路管理处；县公路路政管理队，与公路段实行一套人马、两块牌子合署办公。1992年县公路段改称县公路管理段，设行政股、生产技术股、机料股、路政队（公路派出所)。1995年,县公路路政管理队改称县公路路政管理大队,1996年,行政股更名为办公室。1999年4月,路政管理大队设立2个中队,8月公路体制改革,县公路管理段划归县交通局管理。2000—2001年,县乡公路养护管理所、县乡公路路政管理大队先后并入县公路管理段,实行合署办公,事业编制105名,实有人员107人。2008年,路政管理大队设立综合科、管理科、法制科。2009年,路政管理大队增设第三中队。2011年,段(大队)机构设置不变,实有人员101人。

相关管理机构

温州市港航管理局文泰分局 1991年,称温州航运管理处文成管理所。2000年9月,浙江省人民政府同意保留文成县珊溪港航管理检查站,履行珊溪辖区港航(港务)检查监督、征收职能,并经省政府核准授牌。2004年11月,温州航运管理处文成、泰顺管理所更名温州市港航管理局文泰分局。2011年,内设综合办公室,加挂温州市港航管理局文泰分局综合执法大队牌子,工作人员6人。

温州飞云江海事处珊溪办事处 2001年成立,属温州海事局管理,事业编制4名。

第二节 路政 运政 航政管理

1992年,制定《文成县公路两侧建筑的管理规定》。1993—1995年,治理公路"三乱"(乱设卡、乱检查、乱罚款)。2001年开始,开展"水上运输安全管理年"活动。2003年,开展打击"黑车"专项稽查。1991—2011年,办理路政许可319件,查处路政违法案件3712件,清理违章堆积物9300处;上路检查25610人次,补收各种规费与罚款852.03万元。开展水上运输检查,整改10处,取缔"三无"船舶55艘。

路政管理

主要负责乡道以上公路路政管理,实施公路巡查,发现、制止、查处各类违反路政管理法律、法规和规章案件,保护公路路产。1991年年前,公路路政归县公安局公路派出所管理。1999年县公路路政管理大队设路政一、二中队;2009年随着公路里程增加,设立路政三中队。

1992年1月,制定《文成县公路两侧建筑的管理规定》,县境公路两侧红线建筑得到有效控制。1998年7月,公路交通标志标线行业管理工作由县交警大队移交县公路路政大队管理。2003年4月,首次集中开展超限运输整治。2010年,出动路政执法人员近3000人次,发现并查处路政违法案件212件,检查车辆551辆,查处超限及滴漏撒车辆53辆,对35辆超限车实行就地卸载,拆除非公路标牌58块,整治马路市场13个,清理路面违章堆积物7400平方米,追缴公路损坏赔(补)偿费15万元;更换和增设交通标志550块、道口标柱176根,漆划交通标线3367平方米。至2011年,办理路政许可319件,制止和查处路政违法案件3712件;查处超限运输和滴漏撒车辆1528辆次;清理公路违章堆积物9300处,4.74万立方米;拆除公路建筑控制区内违章建筑物135处,1250平方米;处理公路路产损坏赔偿案件800余起,收取公路路产损坏赔补偿费99多万元;投入390万元,增设各类公路交通标志牌5106块,漆划各类公路交通标线310公里。路政案件发现率、查处率和结案率均达99%以上,路政处罚和路政许可正确率100%。

运政管理

主要承担道路客货运输、汽车维修、联运托运,驾驶培训、运价等运输服务行业管理。1989年,设立稽查队。1991年,上路检查2100人次,检查车辆37362辆次,补收各种规费8万元,罚款0.84万元;协助税务、工商、林业部门补收税费、罚款62万元。

1993—1995年，治理公路"三乱"，县稽查队与辖区运管站实施查、处、罚统一管理。并成立"县人民法院公路运管稽征执行室"，加强对拖、欠、漏、逃公路规费违法行为打击力度。至1995年，上路检查5852人次，查处违章车辆16830辆次，补收各种罚款163万元。1996年开始，依照上级治理公路"三乱"规定，停止上路稽查。发现违章车辆，以送达违章通知书形式进行处理，当事人不执行的，申请法院强制执行。1996—1999年，送达违章通知书247份，申请法院强制执行54件，执毕35件，追缴规费5.88万元。

2000年7月，开展"反三违月"活动和安全生产大检查，扼制违章现象蔓延，查获非法和违章车辆52辆，罚款12万元，补缴规费60万元。2002年，设立"96520"举报投诉受理中心，接受社会各界和旅客对道路运输行业举报投诉。2003年，开展打击"黑车""百日稽查"、公路养路费欠费清理专项稽查、无证非法营运专项整治等活动，净化道路运输市场环境。

2004年，制定《文成县道路运政征稽文明行政执法暂行规定》等制度，确保稽查工作有序开展。2005年7月，实施道路运输案件处理三分离政策，所有道路运输违章案件都统一集中到处罚大厅统一处理。2007年，全年案件数达到1292件，为历年查处违章案件数、立案数、结案数最多年份。2010年，制定行政处罚自由裁量权实施方案，确保行政处罚公正、公平、合理，控制和减少行政处罚随意性。2004—2011年，上路检查17658人次，查处违章车辆23729辆次，补交各类规费339.7万元，罚款200.61万元。

航政管理

水上运输安全管理重点是加强源头治理，做好事故隐患点整改，消除安全隐患。1991—2000年，投入17.7万元，用于渡埠建设和渡船维修，更新木质人力渡船15艘，新建钢质三防机动渡船9艘，建临时渡埠18处。2001—2008年，开展"水上运输安全管理年"活动，组织水上重特大交通事故和消防事故应急预案演练；整改重大事故隐患点10处，其中省、市督办限期整改事故隐患点各3处，县级事故隐患点4处；更新木质渡船12艘，更新三防钢质渡船1艘，新建三防渡船5艘；建渡埠20处，其中在珊溪水库建临时渡埠18处。2005年2月，温州市港航管理局文泰分局设立综合执法大队，担负文成、泰顺行政区域水路交通执法职责。2009年，县域水上运输连续24年保持安全渡运无事故记录，其事迹先后在《浙江交通报》《温州日报》刊登报道。2010年，开展渡口渡船和飞云湖"三无"船舶专项整治，取缔"三无"船舶55艘。

第三节　规费征收　驾驶员培训

交通规费主要有公路养路费、航道养护费、交通建设费、运输管理费、车辆购置附加费和交通建设基金等。2009年1月1日起停止征收公路养路费等6项规费。1991—2008年，征收养路费12572.34万元，公建金6592.85万元，运管费2617.77万元。1999年，县长运公司开设驾驶员培训学校。2011年，拥有教练车50辆，教练员50人。

规费征收

1991年，实行"一条龙"征费。1992年，开征县交通建设费、市地方交通建设基金。1993年，简易四轮车、简易三轮车和中型拖拉机公路规费下放至区站征收，全年征收公路养路费311.89万元，公路建设基金289.63万元，运输管理费75万元，车辆购置附加费26.07万元。1995年，开征车辆基础教育发展基金，并代征通行费和扶贫款。1996年，使用电脑征费管理系统，全年征收公路养路费556.7万元，公路建设基金403.2万元，运输管理费93.06万元，车辆购置附加费148.7万元。1997年，交通部取消车辆生产单位和海关车辆购置附加费代征工作，改由车辆落籍地负责征收；增设车辆购置附加费征收办公室，车购费微机征缴系统投入运行。2001年，从原大峃镇建设路315号稽征收费大厅搬迁到樟台工业区。2004年,征收公路养路费903.95万元,客货运附加费405.56万元,运管费征收159.59万元,车辆购置附加费102.45万元。2005年,车辆购置附加费改税移交文成国税局征收。2006年,为推进"乡村康庄工程"建设,方便农村群众安全便利出行,落实上级政府部门有关农村客运班车养路费等公路规费优惠政策,对全县106辆农村短途客运班车公路规费进行优惠减免。2008年,征收公路养路费1566.04万元,客货运附加费300.89万元,运管费征收110.02万元。同年12月22日,财政部、国家发改委、交通运输部、监察部、审计署五部门联合发文(财综〔2008〕84号文件)公布,取消公路养路费等六项收费政策细则。2009年1月1日开始,在全国范围内统一取消公路养路费、航道养护费、公路运输管理费、公路客货运附加费、水路运输管理费、水运客货运附加费。

1991—2008年文成县公路规费征收情况一览表

表7-14

年份	养路费(万元)	公建金(万元)	运管费(万元)	车辆购置附加费(万元)
1991	209.35	105.70	31.61	—
1992	229.85	136.20	424.88	8.57
1993	311.89	289.63	75.00	26.07
1994	413.59	316.47	122.38	64.19
1995	523.00	359.07	131.79	85.52
1996	556.77	403.20	93.06	148.70
1997	595.59	509.86	146.22	158.24
1998	618.21	550.64	196.79	126.28
1999	683.71	530.90	176.23	—
2000	672.71	507.54	160.58	—
2001	616.80	455.65	139.08	123.99
2002	680.86	455.98	158.49	128.67
2003	675.87	354.22	141.45	130.42
2004	903.95	405.56	159.59	102.45
2005	897.97	308.80	127.98	—
2006	1086.23	305.05	111.43	—
2007	1329.95	297.49	111.19	—
2008	1566.04	300.89	110.02	—
合计	12572.34	6592.85	2617.77	1103.10

说明:资料由县交通局提供

驾驶员培训

1999年9月,县长运公司机动车驾驶员培训学校成立,校址设珊溪客运站。2000年国家实行培考分离,驾考归公安部门管理,驾培始由道路运输管理机构管理。2002年2月设立驾培管理股,具体承担县域机动车驾驶员培训行业监管、营运驾驶员从业资格培训、考核、发证等职能。2003年宣传贯彻交通部《道路运输从业人员管理规定》,对营运驾驶员从业资格进行培训和考核发证。2005年开办县山水汽车驾驶培训学校,次年由县长运公司汽车驾驶培训学校收购,实行驾校资源整合;宣传贯彻交通部"2号令",将摩托车驾驶员纳入培训管理。2006年对长运驾校33辆教练车安装高科技指纹IC卡计时管理系统;同年12月1日起全面启用IC卡计时管理系统。2010年推行驾驶培训记录单监管制度,推行3G驾驶培训管理系统,采取网上审核培训记录等监管措施,遏止教练员弄虚作假行为,确保培训质量。2011年年底长运驾校教练车50辆,教练员50人。

第八卷

邮政　电信

1930年，始设大峃邮政代办所。1944年设立大峃电报局。1951年9月开通有线电话。1991年，全县邮电所(支局、局)49处，邮电业务总量369.6万元。固定电话用户2012户，通信业务总量163.8万元，每百户居民家庭电话机2部。1993年开通程控电话和移动电话，1995年开通数字通信(互联网)业务，1998年实现村村通程控电话。随着信息产业在社会主义市场经济发展中迅速崛起，传真、手机、电脑等现代电子通信产品迅速进入经济建设和人们生活领域。信函、电报传递基本由电话、互联网代替，电话自动化、交换程控化、传输数字化、线路光纤化覆盖全县、联通全国，与国际通信连接。2011年年末，全县固定电话用户4.68万户，移动电话用户17.98万户，互联网宽带用户1.57万户，每百户居民家庭家用电脑76.70台，固定电话98.30部，移动电话221.70部，邮政业务收入926万元，电信业务收入14086万元。

第一章 邮 政

1991年4月，县邮电局由二级管理机构晋升为三级管理机构。全年邮政业务总量86.32万元。1998年8月，邮政、电信分营，成立县邮政局，员工92人，邮政业务总量243.73万元。2000—2002年，邮政业务内部作业实现自动化。2008年5月，成立中国邮政储蓄银行有限责任公司文成县支行，邮政、银行业务分营。2009年3月，成立速递物流经营部，邮政、速递业务再分营，全年业务总量1471.4万元。2011年年末，员工122人，业务总量926万元。

第一节 投递网络

1991—1998年，全县邮电投递网点100多处，邮件直达农村。1998年以后，电信业务剥离，现代化通信工具日渐普及，邮政业务、投递网络收缩。根据县域山区实际，摩托车、自行车、步班投递邮路仍保持48条，投递员36人。

营业网点

1991年，全县邮电网点49处，其中局办10处，乡办39处。其他邮电服务点有报刊门市部12处，集邮点3处，邮政储蓄点3处，农村信报站30处，邮票代售处69处。1996年，邮政储蓄点增至9处。

1998年8月，邮政、电信分营，邮政局下辖玉壶、珊溪、峃口、黄坦、西坑、南田6个邮政支局和巨屿、百丈漈、石垟林场3个邮政所。2000年撤销石垟林场邮政所。

2005年4月设立县邮政储汇分局。2008年5月邮、银分营，成立中国邮政储蓄银行浙江省文成县支行；6月，成立珊溪、玉壶2家二级邮政储蓄支行。珊溪、县城城关储蓄所划归县支行。

2009年3月邮政、速递分营，邮政局析置速递物流经营部。8月，增设大峃街邮政网点，全县邮政服务网点增至13处。2011年年末，自办所(支局、局)9处，职工87人。

2011年文成县邮政网点情况一览表

表8-1

名称	类别	详细地址	用房(平方米)	员工数(人)
县局	县局	县城伯温路5号	5013	41
珊溪	支局	珊溪镇新建东路228号	72	6
玉壶	支局	玉壶镇芝水街上首	300	14
峃口	支局	峃口镇沿江路363号	480	5
南田	支局	南田镇诚意路101号	230	10
黄坦	支局	黄坦镇兴华南路42号	100	3
西坑	支局	西坑镇镇南路1号	217	5
巨屿	所	巨屿镇孔龙桥南路	72	2
百丈漈	所	百丈漈镇百丈漈路2号	60	1

说明：资料由县邮政局提供

投递邮路

分汽车、步班邮路。1991年,汽车邮路1条,步班投递邮路38条,农村投递路线35条。1995年起,陆续开通县城至南田、玉壶汽车邮路和温州特快邮路。1999年后对县内投递邮路进行调整,部分步班邮路改为摩托车、自行车邮路。至2011年,有汽车邮路4条、步班邮路(摩托车、自行车)48条。

汽车邮路 1991年设县城至温州汽车邮路,属温州市邮电局管理。1995年开通县城至南田汽车邮路,途经黄坦、西坑、南田、百丈漈支局(所),全长92公里,交换黄坦、西坑、南田、百丈漈进出口邮件。1997年开通县城至玉壶汽车邮路,途经峃口、巨屿、珊溪、玉壶支局(所),全长104公里。2009年开通县城至温州快速汽车邮路,实现县城至温州邮路早晚各一班,上午9时前收寄到温州邮政特快,当日下午能投递到户。2010年9月,开通温州至文成邮速二邮路,当天往返;温州邮运分局负责转运温州上午进口特快邮件和当日温州晚报,交换全县出口挂号、特快等轻件。

步班邮路 1991年全县步班投递邮路38条,单程总长1379公里,其中步班(含自行车)投递邮路1240公里,占89.92%。农村投递路线35条,单程长度682公里,步班投递路线656公里,自行车投递路线26公里。全县62个乡镇全部逐日通邮,逐日通邮行政村342个,通村率60.75%。1992—1996年,全县步班(含自行车)邮路1230公里,占邮路总长度87.99%,农村投递路线692公里,全县35个乡镇全部逐日通邮,逐日通邮行政村421个,通村率73.73%。1997年,随着道路改变部分步班邮路逐步改为汽车邮路,投递邮路增至50条,其中步班(自行车)邮路437公里,占邮路总长71.29%。1999年全县邮路进行测试和调整,改投递邮路48条,减少邮路2条,新建立接转点94个。2000年合并、调整农村投递路线8条,全县邮路和农村投递路线改为39条,长度1180公里,设置直接投递点72个,所有乡镇均按固定班次投送。2007年年底投递路线47条,长1232公里。2009年6月实行晚报晚投,增加2条晚报投递线路,大峃镇实现当天见到温州晚报。2010年5月合并樟台、里阳邮路,利用私车公助,开辟首条摩托车邮路。2011年12月合并双桂、金垟摩托车邮路,全县邮路48条,其中摩托车邮路2条,自行车邮路22条,步班邮路24条,邮路总长1788公里,投递员36人。全县10个乡镇384个村全部通邮。

2011年文成县邮政编码情况一览表

表8-2

局所名称	邮政编码	投递区域
县局	325300	大峃镇、龙川、樟台、里阳、金炉
峃口支局	325302	峃口镇、金垟、双桂、平和、公阳、周山畲族乡
巨 屿 所	325303	巨屿镇
珊溪支局	325304	珊溪镇、仰山、桂山、山华林场
黄坦支局	325305	黄坦镇、云湖、富岙
西坑支局	325306	西坑畲族镇、岭后、县苗圃
	325307	石垟、下垟、石垟林场、叶胜林场
南田支局	325308	南田镇、二源、十源、黄寮、金朱林场
百丈漈所	325309	百丈漈镇
玉壶支局	325311	玉壶镇、周壤、东溪、上林、朱雅、金星

说明:资料由县邮政局提供

第二节　邮政业务

1991年以后邮政业务范围日益扩大。1992年，开办大陆至台湾地区包裹快件业务和国际汇兑业务。1994年开办国内外特快专递业务，1995年推行邮政礼仪信函服务。2000年12月，开办西联国际汇款业务；2001年，推行电话和网上订阅报刊服务。2007年2月，邮政储蓄开办贷款业务；2008年，推销“储汇聚财”外币理财产品；2009年，成立速递物流经营部。2011年，业务总量926万元。

函　件

分信函、明信片、印刷品、盲人读物4种，按处理手续分为平常函件和挂号函件。1991年，全县函件业务量190.43万件，比上年的198.21万件减少7.78万件，下降3.9%。1992年1月始，开办邮政贺年（有奖）明信片业务。1993年7月，开始收寄寄往台湾地区的各种平挂信件，全年业务量303.03万件。1995年1月1日，恢复国内邮件业务，扩大邮件回执使用范围，将国内邮件回执业务扩大到单位交寄的挂号信函，开办“中国邮政回音卡”业务；5月5日，开办中国邮政礼仪（邮资）信函业务，首批推出生日、婚庆、敬师、邀请、致哀5个品种，每套封卡重量小于20克，信封邮资面值20分。全年业务量330.23万件，比上年增长23.2%。1996年1月1日起，各类给据邮件全部贴用条形码签。7月1日始，对台湾地区通邮执行新规定，即两岸互换函件种类包括平常及挂号信函、明信片、印刷品、盲人读物和印刷品专袋，不办理确认投递、快递附回执和保价等业务。全年业务量280.22万件。1997年5月，开办中国邮政贺年（有奖）明信片“企业拜年卡”业务。全年业务量169.06万件，比上年下降39.67%。1999年，全县制作邮资广告明信片13万枚。2000年1月1日起，将国内邮件回执业务扩大到个人用户交寄的给据邮件。全县实现账单类业务10.75万件。2001年首次实现邮送广告业务1.6万件。2002年9月，开办邮政混合信函业务；11月，办理台湾“中华快递公司”至大陆快件业务。2003年7月，开办邮政汇款回执业务。2005年，全县函件业务量275.27万件，比上年增1倍多。2006年，联合县委宣传部制作《文成山水》邮资明信片10万枚。2007年5月，成立函件中心，开办中邮广告业务。2009年9月，开发“周末文成”旅游商函、旅游景点联票，同时开发“关爱生命，安全出行”交通安全知识竞赛邮资明信片、医疗健康访问函等系列项目。2011年，成立函件集邮分局，并首次开发电子明信片3万枚。全年函件业务量84.74万件，比1991年下降55.5%。

包　件

分民用包裹、商品包裹和快递小包，可作航空、保价、代收货物寄递，也可附回执或候领。1991年，全县包件业务量1.75万件。1992年5月，开办大陆至台湾地区包裹快件业务。1993年，每件商品包裹和大件商品包裹最大重量放宽至28公斤，最大尺寸放宽至3号袋为限。1994年1月，开通全国邮件互联网跟踪查询系统，邮件查询迈上信息化台阶。1995年业务量2.36万件，比上年增长10.8%。1996年开始，业务量开始下降，至2000年收寄包件数减至0.95万件，比1995年下降59.7%。2001年8月，开办国内快递包裹业务。2002年12月，开办台湾地区小包收寄业务。2003年4月1日开始，对国际及港、澳、台地区小包和包裹，统一制作和使用装箱。2004年8月1日起，对区域性、季节性、竞争性较强的商品包裹（如药材、茶叶、花卉、小商品等）实行定点交寄，对大客户交寄的批量包裹优惠收寄。2005年全县包件业务量1.45万件，其中国际包裹6272件。2007年，合同物流服务延伸至中国港澳地区及亚太地区。2011年，全县包件业务量7820件，比1991年下降55.31%。

速递件

机要通信 1991年收寄机要文件1819件,比上年1400件增29.8%。1992—1996年收寄7275件,1998年收寄1455件,比上年增加30%。后机要通信业务逐年减少,2003年业务量降至800件。2004年始,县级以上农村信用社纳入机要文件省内寄递范围。2006—2010年业务量持续下降,2011年收寄机要文件431件,比1991年减少1388件,下降76.31%。

邮政快件 1991年收寄邮政快件2.76万件,比上年增加5.7%。1993年和1994年,分别收寄43.74万件和43.71万件,为收寄状况最好年份。1995年开始,业务量开始大幅度下降,1997年降至2.27万件,比1993年下降48.2%。1998上半年收寄1.02万件,7月1日开始取消邮政快件业务。

特快专递 1994年3月,开办国内、外特快专递业务。特快专递严格时限管理,同城(市内)特快专递邮件投递时限:上午收寄当日投递,下午收寄最迟于次日上午投递;全年收寄特快专递379件。1995年1月1日开始,为解决国际邮件查询难,所有国际特快邮件出口信息和投递信息实行上网交换。全年收国际特快专递1300件,比上年增加1272件。1996年5月,放宽台湾快件重量限制,由限重20公斤/件放宽至31.5公斤/件;12月,开办国际超常特快邮件业务。1997年8月,调整国内特快专递邮件资费;12月,恢复收寄食品、药品类(粉末状物品除外)台湾快件。1999年7月1日始,实施《邮政特快专递185电话特服专号系统服务暂行规定》。2000年9月,开办特快专递代收货款业务。2001年5月,开办同城礼仪专递业务;7月初,与县公安局签订身份证特快寄递业务。2002年7月1日始,内地与香港间互换特快专递邮件最高限重由每件30公斤提高到40公斤。2004年8月开始,“185”特服号改为“11185”。2005年开办护照特快专递,全年收寄特快专递14288件。2007年6月,特快邮件实行专人投递。2008年,全县收寄特快专递19299件。2009年3月,成立县邮政局速递物流经营部;全年收寄特快专递23388件。2011年,代理速递业务14274件。

邮政汇兑

1990年全县办理汇票1.89万张,1991年办理1.79万张。1992—1995年,办理8.92万张。1996年1月,启用新的“中国人民邮政汇款通知单”;5月1日始,停止办理邮政汇款直接转存邮政储蓄款业务;6月1日始,调整邮政汇票限额,每笔汇票最高限额由5000元调整为1万元,邮政“高额汇票”最低限额由500元调整为1000元。1998年汇票办理增至3.06万张。1999年2月,开办邮政汇款入账业务,当年办理汇票4万张,开发汇票金额3627.6万元,占浙江省收汇金额0.23%,占温州全市收汇量的1.1%;兑付金额7611.9万元,占浙江省兑付金额的0.54%,占温州全市兑付金额的2.69%。2000年5月,开办邮政特快汇款业务;12月,开办西联国际汇款业务,结束县域邮政无国际汇款业务历史。全年办理汇兑业务4.02万张,为历年最多年份。后汇兑业务量逐年下降。2001年5月,开办送汇到户业务;9月,县局储蓄开通电子汇兑业务。2002年9月,试办省内2小时加急汇款业务;开办北京、江苏、浙江、福建、广东、四川6省市间2小时加急汇款业务;10月,开办邮政电子汇兑业务。2003年5月,开办邮政汇款回音卡业务:邮局在办理邮政汇款业务时接受汇款人委托,在该笔汇款兑付后,由收汇邮局及时将汇款兑付情况通知汇款人;5月,开办特急汇款业务;7月1日起,邮政电子汇兑系统中“邮政汇款回音卡”业务统一改为“邮政汇款回执”业务。2011年全县代理国内汇票1万笔,汇票金额5000万元,占全省汇票金额的0.1%,占温州全市汇票金额的0.6%。

邮政储蓄

1987年开办邮政储蓄业务,1990年年末储蓄余额52.3万元。1991年年末储蓄余额64.73万元,比上年增长23.77%。1992年7月1日始,开办邮政国际汇兑业务。1993年7月1日始,汇兑资金实行存款计息,划拨收费。1994年11月,开办代缴电话费业务,年末储蓄余额比上年增加2.26倍。1995年1月开始,开办不通过银行托收缴纳电话费的用户预收电话费业务,并开办代发工资业务,年末储蓄余额超1000万元。1996年5月,邮电部门全面开办活期储蓄异地通存通取业务,在银行业率先开办全国异地存取业务。1997年4月,停止发行不记名式礼仪存单和不记名式储蓄卡(含消费专用卡);6月1日起,取消邮政储蓄异地取款业务手续费。2000年开办代发养老金业务,年末储蓄余额超5000万元。2001年全县储蓄平均余额5630.5万元,期末余额9489.2万元。2002年年末储蓄余额10023万元,突破亿元大关。2003年玉壶支行开办西联汇款业务,珊溪邮政储蓄所接收原建行珊溪分理处,全县邮政储蓄年末余额突破1.5亿元。2004年,全县平均余额14879万元,期末余额11803万元。2005年2月,珊溪邮政储蓄所安装自动取款机(ATM),短短10余天,存款余额净增415万元,此为珊溪储蓄所自接收原建行珊溪分理处15个月以来存款首次止跌上升。2006年10月,县城城南储蓄所开业。2007年2月,城关邮政储蓄所获浙江省"存单质押贷款试点"网点资格;发放首笔贷款,结束文成邮储二十余年"只存不贷"的历史;城关邮政储蓄所存款余额突破1亿元大关,成为县局首个亿元储蓄所;5月,文成邮政销售首期"储汇聚财"系列外币储蓄产品,完成计划任务数2716.66%,占全省销售总额26.98%,居全省第一位。2008年2月,"储汇聚财"外币理财产品销售,完成计划158.33%,完成率居全省第一,占全省销售总额44.21%;其中县城关邮政储蓄所单点销售额9.5万美元,全国排名第一。2011年,全县城关、珊溪、玉壶3个储蓄网点,平均余额1.3亿元,期末余额1.2亿元,比1991年增加201倍。

集 邮

1991年10月,首次举办集邮知识讲座,印制文成县集邮协会成立4周年纪念封1枚;全年销售集邮邮票11.47万枚。1992年10月1日,县邮协举办首届灯谜竞猜活动。1996年10月,庆祝县邮协成立9周年,县邮电局和邮协举行集邮票品展销。1997年10月,纪念县邮协成立10周年,印制纪念封1枚;全年销售集邮邮票33.81万枚。1998年,销售集邮邮票47.97万枚,为邮票销售量最高峰,后销售量逐年下降。1999年8月,县邮协启用刘伯温、刘基故里、百丈漈、飞云湖4枚风景日戳。2004年9月,县邮政局集邮协会举办第三届集邮展览。2006年全县集邮业务量3.34万枚。2008年3月,发行"文成风光"个性化邮票一版16枚;9月5日,县集邮协会召开第五次代表大会,印制纪念封1枚;10月,发行"西坑民族学校校庆"个性化邮票一版16枚;12月发行"首届感动文成十大人物"个性化邮票一版16枚。2009年销售邮票12.5万枚。2010年11月,发行《道行文成·红枫寄情》明信片1套,并刻制"万种枫情节"纪念戳;12月,配合《文明之光·文成县文明创建工作回眸》一书发行,发行个性化邮票一版12枚。2011年7月,纪念刘基诞辰700周年,刻制连体临戳1枚。全年销售邮票6.2万枚。

1991—2011年文成县邮政业务情况一览表

表8-3

年份	收寄函件（万元）	收寄包件（万元）	速递件			汇票兑付（万元）	邮政储蓄（万元）	集邮邮票销售（万枚）
			机要通信（件）	邮政快件（万件）	特快专递（万件）			
1991	145.10	1.75	1819	2.76	—	1.79	64.73	11.47
1992	193.31	1.80	1808	2.95	—	2.00	201.63	10.89
1993	303.03	1.77	1944	4.37	—	2.20	302.76	13.22
1994	268.08	2.13	1535	4.37	0.04	2.44	988.73	10.63

续表8-3

年份	收寄函件(万元)	收寄包件(万元)	速递件			汇票兑付(万元)	邮政储蓄(万元)	集邮邮票销售(万枚)
			机要通信(件)	邮政快件(万件)	特快专递(万件)			
1995	330.23	2.36	988	3.70	0.17	2.28	1178.5	14.41
1996	280.22	2.19	1000	3.55	0.17	2.20	2297.8	28.31
1997	169.06	1.40	1119	2.27	0.21	2.55	3194	33.81
1998	125.34	1.65	1455	1.02	0.33	3.06	3353	47.97
1999	174.77	1.32	786	—	0.34	4.00	3826	1.75
2000	144.92	0.95	742	—	0.38	4.02	5010	6.28
2001	173.87	0.97	900	—	0.40	3.26	9489	6.54
2002	142.80	1.05	900	—	0.77	2.58	10023	3.27
2003	161.45	1.09	800	—	1.03	1.90	15631	3.39
2004	136.82	1.28	800	—	1.33	1.70	15015	6.82
2005	275.27	1.45	800	—	1.32	1.42	13185	4.38
2006	78.88	1.24	670	—	1.27	1.23	21503	3.34
2007	65.06	1.11	—	—	—	1.18	24869	2.9
2008	126.69	1.11	—	—	1.93	0.79	24921	2.4
2009	105.83	0.97	—	—	2.34	0.56	33790	12.5
2010	90.7	0.82	—	—	—	0.33	38852	6.3
2011	84.74	0.78	431	—	1.43	0.32	42087	6.2

说明:资料由县邮政局提供

报刊发行

1991年,订销报纸期发1.1万份、发行150.75万份,杂志期发0.61万份、发行7.52万份,报刊收订流转额30.28万元。1992年,累发报纸155.55万份,比上年增长3.2%。1994年6月,《浙江日报》在温州开设分印点,县邮电局相应调整投递邮路,县城读者可当天见报。1995年,邮政部制止多渠道发行报刊,国内业务统一由邮局发行,全县报刊发行量稳步上升,当年报纸累计发行量比上年增加16.55万份。1996年,累发报纸186.55万份,杂志8.46万份,报刊流转额96.9万元,比上年增76.4%。2000年报纸累发259.44万份,杂志7.8万份,报刊收订流转额170.46万元,比上年增长10.98%。2001年,推行“185”电话订报和“183”网上订阅报刊服务;11月8日,安装县电影院、新车站、苔湖路口、伯温路等地报刊亭。2005年全县订销报刊1.6万份,其中《人民日报》422份,《浙江日报》1181份,《求是》248份,《今日浙江》395份,《温州晚报》1484份,《温州商报》660份,《温州都市报》954份;累发报刊333.58万份,报刊收订流转额217.38万元。2008年1月1日始,《温州晚报》实行“晚报早投”,县城读者可提前半日见报。2010年,订销发行报纸期发1.6万份,发行383.6万份,杂志期发1.1万份,发行15.7万份,报刊流转额464.8万元,另代投报纸1.8万份、杂志2万份,报纸发行量比1991年增233.5万份,杂志增8.2万份,报刊流转额增14.35倍。2011年,报纸发行量继续上升,期发2.1万份,发行433.1万份,分别比上年增加0.5万份和49.5万份;但杂志发行量下降,期发杂志0.9万份,累发15万份,比上年分别减少0.2万份和0.7万份;报刊收订流转额284.4万元,比上年减少180.4万元。

1991—2011年文成县邮政报刊发行业务情况一览表

表8-4

年份	报刊流转（万元）	订销报纸（万份）		订销杂志（万份）	
		期发份数	累计份数	期发份数	累计份数
1991	30.28	1.10	150.75	0.61	7.52
1992	38.19	1.19	155.55	0.69	8.75
1993	62.80	1.30	165.80	0.78	9.55
1994	68.15	1.37	207.75	0.80	10.94
1995	54.92	1.40	224.3	0.83	10.64
1996	96.90	1.10	186.56	0.59	8.46
1997	138.92	1.45	248.21	0.65	8.90
1998	112.60	1.31	204.50	0.38	5.17
1999	153.60	1.56	262.82	0.48	6.87
2000	170.46	1.30	259.44	0.56	7.79
2001	207.67	2.34	351.19	0.49	7.06
2002	203.14	1.44	313.86	0.62	7.01
2003	226.71	1.41	341.56	0.66	5.32
2004	235.03	1.44	368.79	0.39	6.07
2005	217.38	1.31	328.76	0.29	4.82
2006	224.90	1.32	355.09	0.29	3.76
2007	242.90	1.20	331.1	0.30	9.10
2008	252.4	1.5	345.5	0.6	14.2
2009	295.6	1.6	370.5	0.9	15.3
2010	464.8	1.6	383.6	1.1	15.7
2011	284.7	2.1	433.1	0.9	15.0

说明：资料由县邮政局提供

第三节　邮政设施

1998年，县邮政、电信分营时，全县邮政部门固定资产总值4290万元。由于邮银、邮递两次分营，划走部分资产，以及2009年黄坦支局资产盘活等因素，至2011年，固定资产总值3694.5万元。

营业用房

县邮政局用房　1990年12月，县城建设路146号邮电大楼建成投入使用，建筑面积3431.84平方米，投资390万元。1998年8月，县邮政局、电信局分立时，两局仍合营办公。2003年9月，县邮政局迁至伯温路5号邮政大楼营业，原邮电大楼归县电信局使用，为电信城关支局营业用房。2011年年底，县邮政局营业用房面积5013平方米；各支局（所）营业用房8处，建筑面积1531平方米。

新邮政大楼坐落县城伯温路5号。1994年开始筹建，建筑面积11386平方米，全框架结构，投资3010万元。工程分A、B、C3区，A区主楼12层，并设地下室，B、C区为裙房。B区为邮政生产用房，A、C区由阳光假日大酒店承包经营。1996年8月一期主体工程招投标，12月8日开工，由东阳市第八建筑工程公司承建。1997年12月底建成主体工程，1998年4月验收合格。后因施工单位延误，未能如期竣工。2001年11月底，重启续建工程招投标,由温州云艺装饰集团公司中标续建及装修设计,2002年5月开工,2003年9月18日竣工验收。同月20日,县邮政局迁至邮政大厦营业。2004年1月,签订邮政大厦二期建设工程投资和大厦业务经营协议书;4月,阳光假日大酒店经营者通过竞投优选温州市圣夏装饰有限公司进行A、C区室内装饰及设计,2005年竣工。

图8-1 邮政大楼(县邮政局提供 2005年摄)

支局用房 1991—1996年,先后建成玉壶、珊溪、南田邮电支局综合办公楼。1997年,建成黄坦支局综合办公楼,占地面积1476.4平方米,建筑面积1699.25平方米,附属用房2279.97平方米。1998年8月,邮政、电信分设时,珊溪支局老邮政用房(新建东路10号与珊溪街两处),玉壶支局老邮政用房(邮电路8号和府前街1~2号两间)及大楼边空地,南田老邮政用房(伯温中路32号)及邮电大楼传达室右侧空地,峃口支局新老邮政用房,黄坦邮电大楼,西坑支局以及巨屿、百丈漈、石垟邮电所用房划归县邮政局。2001年8月,西坑支局老邮政用房因城镇开发道路建设需要,进行用地调换;2009年12月,黄坦支局老邮政用房有偿转让县电业局作为黄坦线路供区生产用房。2011年年末,珊溪、玉壶、峃口、南田、黄坦、西坑6个邮政支局营业用房建筑面积1399平方米;巨屿、百丈漈2个邮电所营业用房建筑面积132平方米。

营业设施

邮运车辆 1992—1996年,添置邮政专用汽车4辆,1997年减少至3辆,2000年增加至6辆,2007年更新、新增4辆。2011年年底,全县邮运汽车4辆,邮政公务用车2辆。

信箱信筒 1991年,全境设置邮政信箱信筒152个。除在邮局营业场所设置外,一般设在公众场所来往人员较多地段。注明开箱时间,专人按时开箱。1992年以后逐步扩大到学校、厂矿和农村。1998年开始赋办专用邮政信箱。机关、学校、厂矿、企业、商店、团体等单位凭证明办理,专用信箱号码可代替通信地址,每个专用信箱每年收取信箱管理费24元。2000年在城关高层住宅安装用户信报箱110个。2011年,启动空白村邮站和信报箱建设;9月,全县城镇228幢房屋,安装信报箱3010个。

邮政日戳 2000年1月1日起,统一邮政日戳和邮资机日戳规格,8位数字更换为10位数字。至2011年,全县有邮政日戳32只。

微机应用

1992—1996年,邮政专用计算机3台,县局营业厅收寄邮件和存取款实现微机处理。1997年,邮政专用计算机增至27台,6个支局收寄邮件和存取款营业,全部实现微机处理。2000年,邮政生产专用微机21台,综合管理微机7台,支局邮政生产全部实现电子化。储蓄网点实行“绿卡”远程终端联网,并推出农村移动电话收费实时计费系统,安装开通自动取款机(ATM)。2002年生产设备持续增强,有终端18套,服务器9套,工作站18套,办公电脑设备10台,办公自动化试营成功,文件收发实现网上传递,信息资源实现全省邮政系统共享。绿卡网络建设遍布各个乡镇支局所。2004年珊溪邮政储蓄所安装自动取款机,2005年实施“两网互通”和电子化支局上线工程。购置抽空包装机和包裹捆扎机，引进名址打印软件，并向国际邮件用户发放联谊卡，建立用户档案。至2011年，全县有过戳机2台，邮资机2台，点钞机16台，包裹捆扎机1台，营业微机17台，ATM自动柜员机3台。

第四节　邮政管理

1991年，县邮电局统管邮政、电信业务，实行局长负责制，邮政业务总量86.32万元。1995年邮电体制改革，实现公司化运作，员工实行劳动合同制管理。1998年邮、电分营后，管理体制未变。2011年业务总量926万元，比1991增加9.7倍。

管理机构

1991年4月，县邮电局由二级管理机构改为三级管理机构。1998年8月，分设为县邮政局、电信局；县邮政局内设机构一室二部，即办公室、邮政运营部、财务部，管理人员7人。邮政人员92人。2005年4月，设立邮政储汇分局。2006年年底，内设5个部室，正式职工76人。2008年5月，邮、银分营，内设机构从5个精减至2个（综合办公室、市场经营部），管理人员从14人减至10人。2009年3月，成立速递物流经营部，邮、速再分营，全局职工126人。2011年，局内分设金融业务局、商函集邮分局、发投公司等专业部门。至年底，职工122人，其中在岗职工52人、劳务工70人。

邮政资费

1990年7月，调整平信资费标准，邮本埠平信每件从0.04元调为0.10元，外埠从0.08元调至0.20元。1992年9月，调整部分邮电附加费收取标准，每件邮件收取附加费0.20元。1995年1月1日始，对交寄国际特快专道重点大户，资费实行优惠30%。

1996年10月1日始，国际及港澳地区包裹收寄资费，平均调价增幅24%。同年12月1日始，国内平信不分邮本埠、外埠，每20克（不足20克按20克计算）资费统一为0.50元；挂号费由时行每件0.30元计算提高到1元；机要文件改为按信函计费，机要刊物改为按印刷品计费，取消机要手续费，改为收取机要保密费每件1元；邮政快件资费，100克以内每重20克（不足20克按20克计算）2元，100克至1000克内每续重100克（不足100克按100克计算）2.5元。

1999年3月，国内平信资费本埠每件0.60元、外埠0.80元。5月，邮政储蓄异地存取款业务按交易额0.5%收取手续费。2002年10月1日，开办邮政电子汇兑业务，对通过邮政电子汇兑系统办理的汇款附言业务进行收费，附言费按字收取，每个汉字（12个字节）收取0.1元。2003年7月1日始，邮政电子汇兑系统中"邮政汇款回音卡"业务统一改为"邮政汇款回执"业务，业务资费由3元调低至1元。

2004年1月1日始，国内邮件挂号费由每件2元调整到3元。6月起，对国际空陆水路小包实行特殊优惠政策，最低收寄下限每件2公斤收费125元，2公斤以下享受8.22折最优惠价。11月，调整国际速递业务（不含中速邮件）协议客户资费，寄往日本、美国、韩国、澳大利亚、新加坡等国家和中国香港的特快专递邮件优惠幅度调整为50%，寄往上述以外的其他国际速递邮件资费优惠幅度调整为40%。2006年11月，国内平信资费调整为本埠每件0.80元，外埠1.20元。

1990—2011年国内平信资费标准调整情况一览表

表8-5　　　　单位:元

调整日期	本埠	外埠	备注
1990年7月31日	0.10	0.20	每件首重20克（不足20克按20克计算）
1996年12月1日	0.50	0.50	
1999年3月1日	0.60	0.80	
2006年11月15日—2011年	0.80	1.20	

说明:资料由县邮政局提供

员工管理

1991年1月始,县邮电局实行局长责任制。1995年11月,举行职工劳动合同签订仪式,是全县省属企业第一个实行全员劳动合同制单位。1999年,制定《邮政企业加强劳动管理,实现减员增效的实施意见》,清理临时工,实行减员增效。2000年,开展以"向管理要效益,以管理促发展"为主要内容的"邮政管理年"活动。2003年,为离退休老干部一次性缴纳社会保险费。2005年,按《浙江省邮政企业岗位工资标准调整实施方案》对职工岗位工资标准作出调整。2006年,与县泓业人力资源有限公司合作,由该公司派遣劳务工到邮政就业,并为劳务派遣职工参保养老金及基本医疗等5项保险。2008年,按照《浙江省邮政企业薪酬制度改革实施方案》进行职工薪酬改革,分别建立岗位职级体系、薪酬分配体系、绩效管理体系和福利体系,完善薪酬集中统一发放管理。

经营业绩

1991年,邮政业务总量86.32万元。1997年,业务总量217.5万元。1998年8月,邮政、电信分营后,邮政业务平稳发展。2001年以后,业务总量逐年增加,每年增量100万元左右。2006年,业务总量突破1000万元,2009年达1471.4万元,为历年最高值。2011年业务总量926万元。

1991—2011年文成县邮政业务总量一览表

表8-6

年份	业务总量（万元）	比上年增减（%）	年份	业务总量（万元）	比上年增减（%）	年份	业务总量（万元）	比上年增减（%）
1991	86.32	—	1998	241.73	11.1	2005	911.5	0.3
1992	107.75	24.8	1999	201.64	-16.6	2006	1047.9	15.0
1993	150.16	39.4	2000	253.24	25.6	2007	1244.3	18.7
1994	164.94	9.8	2001	589.72	132.9	2008	1358.6	9.2
1995	241.09	46.2	2002	679.36	15.2	2009	1471.4	8.3
1996	246.30	2.2	2003	722.53	6.4	2010	885.9	-39.8
1997	217.50	-11.7	2004	908.8	25.8	2011	926.0	4.5

说明:资料由县邮政局提供

第二章 电 信

1991年,邮政、电信业务统归县邮电局经营,营业收入369.6万元。1997—1998年,移动通信业务从县邮电局剥离,邮政与电信分营成立县电信局,无线寻呼业务又从电信局剥离。随后相继成立中国电信股份有限公司文成分公司(简称文成电信)、中国移动通信浙江有限公司文成分公司(简称文成移动)、中国联合网络通信有限公司文成县分公司(简称文成联通),形成通信市场竞争机制,促进电信业迅速发展。3家公司先后实施程控电话、互联网村村通,移动通信信息全覆盖等工程,移动电话用户从高档消费迅速普及为大众消费。2011年年底,全县固定电话用户4.68万户,移动电话17.98万户,互联网宽带1.57万户;建成移动C网基站宏站318座;业务收入14086万元,比1991年增加37倍。

1991—2011年文成县电信业营业收入情况一览表

表8-7 单位:万元

年份	收入合计	电信公司	移动公司	联通公司
1991	369.60	369.60	—	—
1992	445.65	445.65	—	—
1993	551.22	551.22	—	—
1994	861.89	861.89	—	—
1995	1624.75	1624.75	—	—
1996	2099.01	2099.01	—	—
1997	2533.70	2413.70	120	—
1998	3368.65	2945.65	—	423
1999	7556.00	3339.00	3786	431
2000	8163.00	3667.00	3342	1154
2001	8272.00	3661.00	3287	1324
2002	9502.00	3978.00	3650	1874
2003	9596.00	3887.00	3900	1809
2004	10130.67	3850.67	4500	1780
2005	10123.60	3911.60	5490	722
2006	10844.00	4000.00	5995	849
2007	12073.47	3988.47	7099	986
2008	11359.64	3221.64	7493	645
2009	12648.14	3404.14	8434	810
2010	12984.28	3396.28	8853	735
2011	14085.97	3417.97	9874	794

说明:资料由县电信、移动、联通分公司提供

第一节 电信企业

1997年7月,县邮电局析置移动通信公司。1998年8月,县邮电局析置县电信局;11月,县电信局又析置电信寻呼公司。2000年9月,电信寻呼公司更名联通通信公司。2001年4月,县电信局更名为电信公司。2011年年底,全县电信企业3家,即县电信公司、移动通信公司、联通通信公司。

电信公司

全称中国电信股份有限公司文成分公司。1991年,电信业务归县邮电局管理,全年营业收入369.6万元。1998年8月,邮政、电信分营,成立县电信局。2001年4月,县电信局更名为浙江省电信有限公司文成分公司,实行公司化运作。电信实业从主业分离,设立实业公司,代办电信末梢业务。2003年4月,实业人员划归主业管理,县电信实业公司不再保留独立法人资格,纳入温州市实业公司直接管理。2008年2月,改名为中国电信股份有限公司文成分公司。2008年10月,接管原属联通公司CDMA(码分多址移动通信制式)移动通信业务,主要经营固定电话、移动通信、互联网接入及应用等综合信息服务业务。2011年,中国电信股份有限公司文成分公司内设综合管理部、销售部、政企客户部、网络运营部和城关、南田、珊溪、玉壶4个支局,合同制员工94人,派遣代办用工96人,全年营业收入3417.97万元。

2011年文成县电信分公司下属机构情况一览表

表8-8

机构名称	开办时间	详细地址	营业用房(平方米)	人员
城关支局	1951	文成县大峃镇建设路146号	2766.90	52
南田支局	1951	文成县南田镇诚意路101	1502.31	20
珊溪支局	1951	文成县珊溪镇滨江路	1850.95	18
玉壶支局	1951	文成县玉壶镇芝水街	1616.19	12

说明:资料由县电信分公司提供

移动公司

全称中国移动通信浙江有限公司文成分公司。1997年7月,移动通信业务从县邮电局剥离,成立中国移动通信浙江有限公司文成分公司(简称文成移动),主要经营移动话音、数据、IP电话和多媒体业务,全年业务收入120万元。1999年6月正式挂牌营业,员工13人。2000年,文成移动分公司通过ISO9001国际质量认证。2011年年底,分公司内设市场部、网络部、政企客户中心、综合部等4个职能部门,下辖城关、南田、珊溪3个区域经营部8个营业厅,签约社会代销点54家,农村自由店服务站42家,员工93人。分公司拥有移动电话用户13.2万户、宽带用户9874户,全年业务收入9874万元。1999—2011年,连续13年蝉联"文成县纳税大户",曾获"全国巾帼文明岗""全国五一巾帼标兵岗""浙江省文明单位""浙江省工人先锋号""浙江省青年文明号"等称号。

2011年文成县移动分公司经营网点情况一览表

表8-9

隶属区域	经营网点名称	地址	开办日期(年月)	营业用房(平方米)	员工数(人)
城关经营部	第一营业厅	大峃镇县前街1-3号	1997.7	300	10
	大峃建设路营业部	大峃镇建设路144号	2003.10	120	4
	黄坦营业厅	黄坦镇栖真路	2006.10	84	2
	玉壶营业厅	玉壶镇天妃宫1号	2003.5	65	3
珊溪经营部	珊溪营业厅	珊溪镇新建东路95号	2002.8	50	4
	巨屿营业厅	巨屿镇大桥路A4幢1-3号	2004.12	80	2
南田经营部	南田营业厅	南田镇南田街1号	2003.10	77	3
	西坑营业厅	西坑镇双龙路7-9号	2006.11	60	2

说明:资料由县移动分公司提供

联通公司

全称中国联合网络通信有限公司文成县分公司。1998年11月从县电信局剥离,注册成立浙江电信寻呼有限责任公司文成分公司,员工5人,主营无线寻呼业务,全年营业收入423万元。1999年10月更名浙江国信通信文成分公司,经营电话信息、计算机信息服务及相关技术开发、工程咨询与建设,通信产品销售等业务。2000年9月,更名中国联合网络通信有限公司文成县分公司(简称文成联通)。2011年,分公司内部设综合部(含网建维护中心)、两个营销中心,员工23人,其中正式员工4人,劳务派遣人员6人,外包人员13人。拥有GSM移动用户15755户,3G用户数1719户,全年业务收入794万元。

第二节 电信设施

1990年12月引进自动电话交换机,1993年11月引进日本富士通公司程控电话设备。1999年引进美国达科公司数据通信设备,建设数据机房DDN集中网管服务器。2002年,先后建成移动通信大楼和电信综合大楼。2007年6月,实施全县电信宽带局域网改造工程,实现宽带“村村通”。2011年年末,电信营业用房总面积16888平方米,移动通信基站334座,光缆总长1965公里。

营业用房

1988—1990年,投资390万元,建成县城建设路146号邮电大楼,建筑面积3431.84平方米,2011年属电信城关支局营业用房。1994年自办邮电局所10处,自有营业用房12119平方米,其中通信生产用房7340平方米、非生产用房4779平方米。1998—2002年,县移动分公司投资1100万元,兴建县前街移动通信大楼,建筑面积2793.27平方米(详见城乡建设卷)。2001—2002年,县电信分公司在县城体育场路鹤川桥头建电信综合大楼,建筑面积10800平方米(详见城乡建设卷)。2003年9月,县联通分公司投资140.94万元购置体育场路18-20号房产,作为分公司综合办公楼,土地使用面积147平方米,房屋建筑面积917.88平方米。2004年投资52万元进行装修。2005年10月,公司迁至综合楼办公。2011年年末,3公司营业用房总面积16888平方米。

有线通信设施

电话设施 1990年12月,县邮电局利用杭州拆旧步进制交换设备,县城开通全国长途及市内自动电话,容量2000门,手摇式磁石电话转换为自动拨号,但各支局仍使用手摇式磁石电话。1991年县城步进制交换机容量增至4000门,增开文成—温州全自动电路8路,文成—景宁点对点自动电路2路。3月,开通长途直拨电路;6月开通国际、国内长途全自动电路。全县新增长途线路11条。长途电话交换机容量30门,长途对端设备容量48路,再拨电话增音机2部,载话端机设备9部,设备总容量72路,在用设备容量66路,实占46路。

1992年,增设文成—温州本地网市、县中继电路3路,长途电话电路总数38路,出租话路2路。10月,安装玉壶支局“线路集中器”,容量192门。1993年11月,长话步进制市话交换机改为程控交换机,投资1600万元,引进日本富士通F150程控电话交换机,容量5000门。1994年1—3月,先后开通峃口支局500门、西坑500门、珊溪2000门程控电话。全年架设光缆35公里,集镇电缆扩容3000多对,计50多皮长公里。全县长途电话业务电路总数217路,其中光缆210路;长途至县内电话交换机中继电路288路,县内电话中继电路742路;光缆长度45.3皮长公里,明线长度693对公里。

1995年10月,开通黄坦支局500门程控电话。市话并入温州本地网,中继线文成—温州增360路、文成—泰顺30路、文成—瑞安30路、7号信令90路,市话用户对线1.14万对。1996年7月,开通百丈漈割接数字环路载波496路,长途线路总数61条,其中可视电话电路、DDN(数据传输)用话电路各30条。长途自动交换机容量520路,实占320路,长途数字终端复用设备容量3810路,实占720路。相继开通百丈漈、黄坦、南田3镇程控电话,农村电话程控交换机容量8000门,出局电缆对数9225对,电话明线82对公里,农话电缆258皮长公里。市话程控交换机容量扩容到1.07万门,电缆长度95.5公里。至此,全县8镇全部开通程控电话,模拟复用设备全部报废。

1997年投资3240万元,再次引进日本程控电话设备,实施“乡乡通光缆,村村通程控”扩容工程。全年新架设电缆、光缆365皮长公里,先后扩容峃口500门、玉壶3000门、珊溪3000门;新接入巨屿、十源、双桂、公阳等10个网点共1560门。1998年,县电信局完成C3、C4网SDH(同步数字体系)硬件和配套电源安装,程控交换机容量计27968门。1999年,容量增至33040门。2000年,容量5.80万门,县内电话中继电路4560路,其中温州—文成中继电路990路,至移动、联通中继电路各30路;电缆总长381皮公里,其中中继光缆线路229公里;出局用户线1.8万对,实占10693对;接入网设备容量17856门,实占9890门。2006年,县电信分公司程控电话总容量75996门,用户实装54846门。

数据通信设施 1995年6月,县邮电局使用加拿大北方电讯公司DPN-100分组节点交换机,容量端口32个。1996年年底,载报终端设备16路,电传机4部,DDN网节点机端口容量44个。1999年,县电信局开通帧中继节点机,使用美国达科公司FR节点机,容量端口8个,并设数据机房DDN集中网管服务器,在大峃设帧中继宽带交换机,并建成可视电话会议室。2003年,安装并开通北电SHASTA5000宽带服务器,扩容宽带服务器“7411”端口,县内宽带用户全部由本地接入认证。2007年6月,全县电信宽带局域网改造工程竣工,实现“宽带村村通”。2007—2008年,县联通分公司先后开通西坑、巨屿联通宽带ADSL接入小区。2009年11月,县移动分公司建成启用县前小区家庭有线通宽带工程。同年,联通与网通合并,数据长途业务纳入固网业务管理,线路资源覆盖城区大部分地区。

无线通信设施

移动电话设施 1993年12月,县邮电局安装开通900兆模拟移动电话基站,信道10条。1995年开通移动A网B网90路、CSM(客户服务管理)网30路、模拟PCM(脉冲编码调制) 5路。1996年,建成县城首座模拟基站，含A网信道30条，B网10条，引进并开通芬兰诺基亚公司GSM数字窝蜂移动通信系统。1996年对A网进行扩容，增加信道10条。3月，增开模拟移动电话B网，增基站1座、信道6条；形成并开通数字移动电话，设基站1座，增信道16条。

1997年7月，移动电话业务从县邮电局剥离，原邮电局移动设备，整体划拨给县移动分公司使用。同年新增移动电话A、B网120路，GSM网150路，先后建成珊溪、玉壶、黄坦、南田GSM移动基站4座，信道48条，A、B网基站各1座，信道42条。同年，县联通分公司开通文成GSM数字移动电话网，主设备采用加拿大北方电信移动通信系统。1999年，县移动分公司完成G5工程和G6.1扩容工程，数字基站增至22座(其中G网20座，A网2座)，频点数79个，信道数632条，乡镇覆盖率72%。2000年10月，县移动分公司DCS1800设备割接成功，在温州全市范围实现GSM900兆/GSM1800兆双频网络覆盖，全县拥有模拟基站2座，数字基站23座，频点数81个，信道648条，乡镇覆盖率78%。

2001年，县移动分公司建成城域网、温州C3网文成至泰顺、瑞安段传输线路。年末，移动通信基站增至35座，移动信号覆盖率升至92%。2002年1月，文成联通CDMA网开通试运营，该系统以IS-95标准起步，演进到CDMA2000，主设备采用北方电信和诺基亚设备混合组网。同年12月，县移动、联通分公司联合共建的全县首条伯温路管道工程竣工(自伯温路原自来水厂上首起沿伯温路泗溪河边人行道底埋至迎宾坊下首止)，管道全长2.75公里，总造价26.6万元。2004年9月，县移动分公司成功开通与电信分公司联合共建电路，结束网间电路一直租用电信电路的历史。2006—2007年，投资2000万元，实施移动信号“村村通工程”，新增基站69个，全县384个行政村实现移动信号全覆盖，交通要道、旅游景区移动信号覆盖率99%。2007年6月开始，266个基站NOKIA设备更换为华为设备。

2008年，中国电信集团公司收购中国联通CDMA网及其CDMA网络全部资产后，县电信分公司全年新建CDMA网移动基站14个。2009年2月，移动分公司首次开通第三代移动通信标准(简称3G)TD-SCDMA基站。TD无线网工程被纳入县级重点工程，新建基站26个，铺装管道光缆50公里，总投资1500万元，至次年底竣工。2011年移动分公司加大3G网络资源投入，实施TD六期工程，打造3G和全业务运营卓越网络，全县拥有地缆总长984.35公里；光缆总长1965公里。同年，交接工程48个，自建管道19.43公里，综合管道15.84公里，杆路16.16公里，单条光缆14.76公里，多条光缆46.7公里；拥有基站293个，TD基站33个，WLAN站点62个。全县384个村移动信号覆盖率100%，交通要道、旅游景区覆盖率99%。

无线寻呼设施 1992年12月，县邮电局无线寻呼系统容量1万门，初设“126”人工无线寻呼台，配置无线寻呼发射机1台，无线寻呼操作终端机2台。1993年7月，开通人工、自动兼备，数字、中文两用“127”无线寻呼台。1996年1月，建成大岙频点发射机(980台)，并在温州市网设置大岙频点发射机(987台)，在浙江省网增加大岙频点发射机(129台)，实现县域无线寻呼网与全省、全市联网。3月，BP机在原C3、C4网基础上，开通C2网寻呼系统。12月初，C2网扩容，增设一个频点。1998年，建成百丈漈和马山无线寻呼发射台，为C2、C3、C4各个频点无线寻呼设备基站，年末全县无线寻呼系统容量1万门。

小灵通设施 1998年12月，投资400万元引进日本“小灵通”交换机设备一套，设10毫瓦PAS基站64个，RPC(基站控制器)2套，RT(局端设备)1套，容量3000门。2000年建PAS基站140个，容量6000门。2001—2002年，投资370万元实施扩容工程，优化网络、扩大信号覆盖面，开通县城500毫瓦基站，信号延伸到樟台；建成珊溪、玉壶、南田、巨屿、峃口、黄坦、西坑等地PAS基站，容量增至8000门。2005—2007年建基站150个，扩容优化基站90个。2011年年底，小灵通基站376个。

电报设施 1991年，增加1～4路载报机3部；10月，县邮电局安装传真机，对外开办电报图像传真业务，淘汰55型机械式电传机，采用全电子电传机和自动译码机。1992年有电报电路4路，其中文成—杭州1路，文成

—温州2路，文成—珊溪1路。1993年，陆续开通文成至南田、玉壶、峃口、黄坦、西坑支局电报专用电路，实现县局到支局电报传输机械化。1994年开通48路电报自动转报设备，实现电报转报自动化。1996年电报报路总数10路。1999年引进电报传真分集器，取代原48路自动转报系统。2001年撤销所有专用公众电报业务电路，电报改用传真方式传递。

第三节　有线通信

1993年11月开通程控电话，1995年开办数据通信国际互联网(因特网)业务，1998年10月实现程控电话"村村通"。1999年，开展"政府上网年"活动。2000年，县政府成立信息化领导小组，推进政府机关、企事业单位上网。2001年开通LAN宽带业务，先后建成电子政务网，党员远程教育网，公安、金融、财税、工商、教育、卫生、人口与计划生育等系统网络。2011年年末，全县固定电话用户4.68万户，有线宽带用户15664户，视频监控点343个。

图8-2　县电信局话房一角(县电信分公司提供 1998年摄)

固定电话

1991年，全县固定电话用户2012户。1993年开始从日本引进程控交换设备，淘汰步进制交换设备，11月开通程控电话。1994年，电话号码升为7位，并入温州市电话网运行。1996年6月，全县各乡镇通程控电话，固定电话用户5323户。1998年10月，实现"村村通程控电话"。1999年5月，开通180用户投诉服务中心，全天候受理用户投诉；固定电话用户增至2.12万户。2001年5月，电话号码升至8位。2002年11月，温州市电信分公司开通1000号客户服务中心，县电信局112、114、180并入温州1000号。2004年，温州全市1000号升为10000号。2006年，固定电话用户8.29万户。1997—2006年，全县安装固定电话7.76万户，年均增加7700多户。后随移动电话、互联网发展，固定电话用户逐年减少。2011年，全县固定电话用户4.68万户，比1991年增加4.48万户，比2006年减少3.61万户。

1991—2011年文成县固定电话用户数情况一览表

表8-10

年份	用户数	年份	用户数	年份	用户数
1991	2012	1998	16003	2005	77311
1992	2726	1999	21180	2006	82879
1993	4178	2000	33897	2007	71912
1994	5647	2001	43127	2008	54908
1995	7818	2002	52561	2009	54346
1996	5323	2003	64567	2010	51933
1997	11659	2004	72650	2011	46839

说明：资料由县电信分公司提供

长途电话 1991年6月,开始向用户开放国内、国际长途电话直拨业务。当年发展全国直拨有权用户90户。全年业务量22.34万张,业务收入105.37万元。1995年温州本地网建成,温州市长途区号统一使用“0577”;业务量增至108.51万次,业务收入424.63万元。1997年进入全国自动电话网,撤销长话人工接续台,用户挂拨国际国内长途电话,由用户自己直接拨号。1998年业务量增至247.13万次,业务收入977万元,其中国内长途240.08万次、601万元;国际(含港澳台)7.05万次、376万元。1999年业务量持续增长,增至286.4万次,2001年增至295.77万次。此后因电信市场开发和话费调整等原因,长途电话业务量逐年下降。2003—2006年,业务量保持在220万次上下,业务收入600万元左右。2011年业务量降至35.78万次,业务收入107.14万元,比1997年分别下降83.9%和86.3%。

1991—2011年文成县长途电话业务量及收入情况一览表

表8-11

年份	业务量(万次)			业务收入(万元)		
	合计	国内	国际港澳	合计	国内	国际港澳
1991	22.34	21.30	1.04	105.37	61.01	44.36
1992	32.36	30.85	1.51	152.78	88.37	64.41
1993	51.54	49.74	1.80	219.26	142.48	76.78
1994	75.91	73.58	2.33	310.16	210.77	99.39
1995	108.51	105.65	2.86	424.63	302.63	122.00
1996	127.16	123.64	3.52	593.21	373.21	220.00
1997	221.57	217.14	4.43	779.84	543.57	236.27
1998	247.13	240.08	7.05	977.00	601.00	376.00
1999	286.40	278.83	7.57	977.00	698.00	279.00
2000	249.14	242.48	6.66	846.00	607.00	239.00
2001	295.77	285.72	10.05	816.00	622.00	194.00
2002	276.45	264.59	11.86	772.00	576.00	196.00
2003	227.20	214.98	12.22	670.00	468.00	202.00
2004	234.51	224.17	10.34	659.00	488.00	171.00
2005	209.40	201.66	7.74	567.00	439.00	128.00
2006	224.34	216.73	7.61	597.60	471.80	125.80
2007	126.09	121.73	4.36	337.00	265.00	72.00
2008	96.11	92.79	3.32	256.88	202.00	54.88
2009	82.91	79.23	3.68	233.28	172.49	60.79
2010	51.87	48.56	3.31	146.59	105.72	40.87
2011	35.78	32.90	2.88	107.14	71.62	35.52

说明:资料由县电信分公司提供

市内电话 1991年,市话用户1417户,其中住宅588户,去话总量72.03万次,业务收入38.73万元。1992年10月,开通玉壶邮电支局自动电话。1993年,步进制市话交换机改用日本富士通公司F150程控电话交换机;同年11月,开通程控数字电话。1994年,开通峃口、西坑、珊溪、玉壶支局程控电话,同年新增市话用户1181户。1995年市话并入温州本地网。1996年年底市话用户6017户,去话总量突破1000万次,为1368.09万次,比上年增长78.1%。1999年,市话用户突破1万户,达10584户。2000年,推广程控电话新功能和来电显示业务,市话用户猛增至16223户,其中住宅用户增至13431户,比上年分别增长53.3%和59.4%。2002年市话用户24930户,其中住宅用户19166户,去话总量4462.87万次,业务收入1815万元,去话总量、业务收入为历史最高值。2006

年全县市话用户35974户,为市话装机最多年份。2011年市话用户33589户,其中住宅25173户,去话总量1026.48万次,业务收入416万元,比1991年分别增加22.7倍、41.8倍、13.3倍和9.7倍。

1991—2011年文成县市内电话用户及经营情况一览表

表8-12

年份	用户数	其中:住宅	去话总量(万次)	业务收入(万元)	年份	用户数	其中:住宅	去话总量(万次)	业务收入(万元)
1991	1417	588	72.03	38.73	2002	24930	19166	4462.87	1815.00
1992	2066	1230	145.92	78.46	2003	19584	15857	3541.96	1436.00
1993	3207	2531	380.46	204.55	2004	22539	18993	4062.40	1647.00
1994	4388	3463	663.78	356.87	2005	26972	19213	2571.14	1042.00
1995	4865	3840	768.29	413.06	2006	35974	25672	2430.49	985.00
1996	6017	4749	1368.09	735.53	2007	34536	25986	2386.07	967.00
1997	7040	5556	1590.75	855.24	2008	29820	22348	2304.64	934.00
1998	9192	7300	1849.65	940.00	2009	31568	23658	1680.36	681.00
1999	10584	8426	2721.45	1107.00	2010	32807	24587	1290.50	523.00
2000	16223	13431	2478.55	1008.00	2011	33589	25173	1026.48	416.00
2001	20725	16357	3717.83	1512.00					

说明:资料由县电信分公司提供

农村电话　1991年全县农话用户595户,去话总量40.92万次,业务收入37.2万元。农村电话普及率每百人0.21部。1992—1996年,新增用户2863户。1996年12月,全县35个乡镇全部开通程控电话;开通行政村250个,占行政村总数43.78%。1997年10月,全县行政村实现村村通程控电话。同年农话用户总数4664户,去话总量659.77万次,业务收入704.4万元。1998年始,农村电话快速发展,1999年冲破1万户,达10596户,比上年净增3758户,增幅55.6%。2004年农话用户50111户,去话总量3807.29万次,业务收入1588万元,去话总量、业务收入均为历史最高年份。2005年持续发展,农话用户总数50339户。后随移动电话发展迅猛,电话个人化现象渐成规模发展,农村电话用户逐年减少。2011年,全县农话用户13250户,去话总量397.99万次,业务收入166万元。农话普及率每百人3.77部,比1991年增加3.56部。

1991—2011年文成县农村电话用户及经营情况一览表

表8-13

年份	用户数	去话总量(万次)	业务收入(万元)	年份	用户数	去话总量(万次)	业务收入(万元)
1991	595	40.92	37.20	2002	27631	3258.25	1359.00
1992	660	40.05	35.65	2003	44983	3617.88	1509.00
1993	971	46.60	37.02	2004	50111	3807.29	1588.00
1994	1538	122.89	256.42	2005	50339	3488.42	1455.00
1995	2241	388.12	306.59	2006	46905	2905.82	1212.00
1996	3458	607.01	479.50	2007	37376	2781.15	1160.00
1997	4664	659.77	704.40	2008	25088	1762.19	735.00
1998	6811	900.78	1047.00	2009	22778	1167.60	487.00
1999	10596	2122.32	1232.00	2010	19126	738.44	308.00
2000	17674	2865.05	1750.00	2011	13250	397.99	166.00
2001	22402	1956.83	1195.00				

说明:资料由县电信分公司提供

公用电话　1993年始，在大峃、珊溪、南田、玉壶开办21处公用电话代办点。1994年4月，调整公用电话服务费，农话每分由原来0.2元调为0.3元，市话0.1元；国内长话1元，国际长话2元，未拨通收取销号费0.2元；传呼每次0.5元。1996年7月实施《公用电话管理实施办法》，公话业务发展势头良好，网点众多，同年全县共有公用电话278部。1997年引进公用电话管理系统，规范公用电话收费。1998年开办磁卡电话业务，全县安装IC卡电话亭101座，公用电话增至1365部。1999年，在城镇主要街道、闹市区，百丈漈、铜铃山峡等旅游景点安装IC卡公用电话，与县教委联合启动"校园工程"，在中小学安装IC卡电话，全年发展IC电话315部。2000年，发展IC卡电话115部。2002年，开放有人值守公话和无人值守IC卡话机17909业务，开设多个IP超市，国内长途0.40/分钟。2004年，在学校学生宿舍、医院病房和企业安装智能201电话。2006年，为公用电话装机最多年份，全县安装6243部。后逐年减少，至2011年年底，全县公用电话2669部，其中IC卡公话351部。

1993—2011年文成县公用电话发展情况一览表

表8-14

年份	部数	年份	部数	年份	部数	年份	部数
1993	21	1998	1365	2003	4744	2008	2342
1994	56	1999	1680	2004	5778	2009	2520
1995	152	2000	1679	2005	5925	2010	2488
1996	278	2001	1717	2006	6243	2011	2669
1997	541	2002	1593	2007	2921		

说明:资料由县电信分公司提供

互联网与数据通信

1995年，引进加拿大北方电讯公司DPN-100分组节点交换机，开办数据通信（DDN）、分组交换数据业务。1996年发展国际互联网(因特网)用户13户，县中国银行、工商银行、农业银行等金融系统率先使用DDN数据通信业务。1997年启用163、169等计算机互联网号，拥有计算机用户可拨号上网，查询相关资料和业务。1998年安装并开通分组省网扩容文成节点，数据通信用户增至67户。1999年开展"政府上网年"活动，全县所有支局均开办互联网163、169业务，年末163用户202户，因特网用户283户，数据基础业务用户58户。2000年县政府成立信息化领导小组，发展政府上网34家，企业上网3家，163注册用户新增690户，基础数据业务26户，新增互联网用户2112户。2001年开通163、169接入平台，互联网163用户上网可直接从文成出口，缩短上网时延。7月宽带LAN业务开通，当年发展宽带用户150户。年末，互联网用户5343户。2003年，全县宽带用户2791户，其中XDSL用户2291户，LAN用户500户。2006年后因特网用户逐渐转为宽带用户。2007年6月，电信宽带局域网改造工程完工，实现"宽带村村通"。县联通分公司开始投资建设住宅宽带业务，相继开通西坑、巨屿联通宽带ADSL接入小区。2009年11月，文成移动启用家庭有线通宽带小区业务，首条移动宽带在县前小区落户。年末，全县宽带用户突破1万户。2011年全县有线宽带用户15664户，其中县电信分公司13563户，移动分公司1900户，联通分公司201户。

1996—2011年文成县互联网用户数情况一览表

表8-15　　　　单位:户

年份	因特网用户数	宽带用户	其中		
			电信分公司	移动分公司	联通分公司
1996	13	—	—	—	—
1997	33	—	—	—	—
1998	67	—	—	—	—
1999	543	—	—	—	—
2000	3608	—	—	—	—
2001	5193	150	150	—	—
2002	7716	921	921	—	—
2003	8140	2791	2791	—	—
2004	6153	4052	4052	—	—
2005	9898	5011	5011	—	—
2006	5956	6279	6279	—	—
2007	—	8082	8054	—	28
2008	—	9156	9103	—	53
2009	—	11400	11300	20	80
2010	—	14624	13799	700	125
2011	—	15664	13563	1900	201

说明:资料由县电信、移动、联通分公司提供

电信宽带局域网

20世纪90年代,实行因特网拨号联网,金融系统采用传输电路如DDN、帧中继实现联网;人口与计划生育系统先采用电话拨号网络中继电路、后逐步采用ADSL-VPN电路联网。1999年,财税系统实现各分支机构联网。2001年始,全县逐步采用光纤数据联网。

电子政务网　2004年7月,县电信分公司与县政府签订电子政务网共建协议,全面启动电子政务网。同年电子政务网出口速率100M,随着使用面扩大、使用量增加,2010年,端口速率提升至1G,与所有单位联网网速达100M,采用裸光纤联网,保证网络安全性、稳定性、可控性。通过每台电脑固定IP地址和MAC地址捆绑,防范病毒扩散,保证OA系统和网站运行正常。

公安系统网络　2002年,公安系统实现与各派出所联网,交警系统实现与各分支机构、各卡口数据联网。2011年,治安视频监控遍布全县各乡镇。公安系统对全县治安实行网络化管理,利用电信平台通达全县村级宽带网络实行统一管理。

党员远程教育网　2006年,按照县委组织部对基层党员现代远程教育工作部署,开通全县341个行政村、社区及企业基层党员、干部远程教育网络,基层党员在村活动室,利用电脑即可观看视频会议,接受党的知识、科技知识教育学习。至2007年,全县建成党员远程教育系统终端接收站点411个,安装党员远教点远教视频互动系统279个点,创建省、市示范站(点)9个。

教育系统网络　2002年开通县教育网。2008年县电信公司承建全县教育网络升级,对核心机房进行托管,通过裸光纤连接全县学校和教育局下属各单位。2011年,建设校园一卡通和监控系统。

人口与计生系统网络　20世纪90年代后期,采用中继电路电话拨号上网,后逐步发展到采用ADSL-VPN电路。2004年12月,启用WIS系统,2005年7月建成文成人口网。2010年开始采用光纤联网。

卫生医疗系统网络 2007年采用VPN和ADSL-VPN组网，对医院与社保进行联网，参加合作医疗的村民看病、住院，实现网络办理报销手续。2010年卫生局与下属医院进行联网，实现社保医疗保障系统互联互通。

金融、财税、工商系统网络 20世纪90年代，县金融系统原先采用传输电路如DDN、帧中继实现联网；1999年，县财税系统与各分支机构联网；2006年，县工商管理系统与各工商所联网。2002年，逐步采用光纤进行数据业务联网。

视频监控

2006年5月开始，建立县城“全球眼”视频监控中心，在大峃镇、玉壶镇设监控点58个，主要用于两镇建成区主要道路监控。7月24日15时，县政府首次通过“新视通”视频会议系统，召开抗击5号台风“格美”专题会议，指挥抗台防汛。随后建设公安（一期）治安监控即全县娱乐场所内部监控，企业内部、水利水库设施等监控点。2007年，签约建设珊溪镇、南田镇、环保、公安（二期）等监控项目，全年新增全球眼监控点43个，全县监控点数增至 91个。2008年，签订县城公安（三期）及车载、乡镇、厂家等视频监控点项目96个。2009年7月，推出“E监控”与全球眼高端视频监控业务，形成完整的高低端监控架构，建成公安局（四期）及各乡镇全球眼监控点120个。2010年新装教育网全球眼监控点32个，完成全县中小学、幼儿园94所校园E监控建设254个。2011年，县电信分公司与南翔集团、荣城混凝土公司、机关事务局、文成实验中学、消防大队、文成二中等10家单位签约，安装E-监控点177个。截至2011年年底，全县视频监控点（含全球眼、E监控）343个。

第四节 无线通信

1993年，县邮电局首次开通无线寻呼系统和模拟移动通信（大哥大）业务。1997年7月，移动电话业务划归县移动分公司经营。翌年8月，县联通分公司GSM网开通试运营。1999年，开办“小灵通”无线电话业务。2001年，中国移动GPRS（2G网络）投入试商用。2006年，无线寻呼用业务停止营业。2008年9月，县联通分公司CDMA网络及用户移交县电信公司经营。2009年，移动3G（TD-SCDMA）、联通3G（WCDMA）网络相继开通，文成移动通信正式跨入数据互联网时代。2011年年末，全县移动电话用户17.81万户，“小灵通”用户4133户。

移动电话

1993年12月，县邮电局安装开通900兆模拟移动电话基站，当月发展移动电话用户12户。1994—1995年，增加用户420户。1996年年末，全县移动电话（大哥大）用户3168户，其中GSM用户2207户。

1997年7月，移动电话业务从县邮电局剥离，原邮电局经营移动电话业务，整体划拨给县移动公司经营。1998年8月，县联通分公司GSM网开通试运营。全年县移动公司发展移动用户3200户。1999年1月，移动客户服务中心开通1860、1861特服查询电话号码；7月22日0时，“全球通”移动电话号码升至11位，当年发展用户1.19万户，运营收入3786万元。2000年开始，移动分公司开始探索移动通信基础服务增值业务，开展神州行、短信息等全球通新业务试点推广，11月推出移动梦网业务。同年底，县移动公司移动电话用户20730户，营运收入3342万元；县联通分公司移动电话用户13452户，营运收入592万元。

2001年3月，移动分公司推出“全球通”移动电话“套餐”资费和首个虚拟网——文成机关网。7月开始，取消移动电话入网费和附加费，中国移动GPRS（2G网络）投入试商用，停止模拟移动电话网客户国际、国内长话和漫游业务，为模拟用户办理“模转数”手续，在温州市率先完成模拟转网工作。2002年1月，联通分公司开通

CDMA网(码分多址技术网络)并进行试运营,在县域首次推出存费送机优惠活动。同年移动分公司推出短信WAD业务,GPRS业务、彩信(MMS)业务正式投入商用,并推出"计费月改自然月"和"天天能交费"两项客户服务措施。2003年,中国移动客户品牌M-ZONE (动感地带)上市,无线JAVA技术"百宝箱"业务正式商用,在全网范围开通彩信信息费SP计费业务,开始实施信息费计费。联通分公司首推"轻松听"单向收费产品,自此拉开文成手机资费单向收费帷幕,6月开始免收选号费。同年为联通分公司移动电话用户最多年份,用户总数36212户,其中GSM用户25680户,CDMA用户10532户。2004年6月,县移动分公司陆续推出大峃网、玉壶网、黄坦网、峃口网、珊溪网、西坑网、百丈漈网、南田网等八大农村网。2006年9月,中国移动全面下调客户漫游香港资费,最大降幅70%,方便客户使用香港漫游业务,降低客户漫游通信费用。

2008年6月2日,中国电信集团公司收购中国联通CDMA网及其CDMA网络全部资产,获CDMA移动牌照和全部业务经营权。9月底,与县联通公司进行CDMA网络经营业务交接,县电信公司付给联通公司243.72万元,其以"133""153"号段开头的7245户手机用户变更为中国电信客户。11月,中国电信具备独立放号能力,至年末,县电信分公司CDMA用户9134户,全年业务收入306万元。

2009年1月,国家发放第三代移动通信(3G)牌照,文成移动网络实现2G与3G网络融合组网。9月,温州移动举行移动3G上市新闻发布会,宣布温州3G(TD-SCDMA)网络开通,188号码同步上市,3G品牌在县域正式上市。同月,中国联通3G(WCDMA)业务正式商用,首推全国单向统一资费套餐。自此,文成移动通信正式跨入数据互联网时代,手机用户开始享受高速上网3G网络服务。2011年1月,县移动分公司推出业务扣费主动提醒和增值业务0000统一查询产品,6月开始免收选号费。2011年年末,全县移动电话用户17.81万户,业务总收入11644万元,其中电信分公司3.03万户、1007万元;移动分公司13.20万户、9874万元;联通分公司1.58万户、763万元。

1993—2011年文成县移动电话用户数及业务收入情况一览表

表8-16

年份	移动电话用户合计(户)	业务收入合计(万元)	电信分公司		移动分公司		联通分公司	
			用户数	收入(万元)	用户数	收入(万元)	用户数	收入(万元)
1993	12	0.22	12	0.22	—	—	—	—
1994	180	9.8	180	9.8	—	—	—	—
1995	432	18.5	432	18.5	—	—	—	—
1996	1089	42.7	1089	42.7	—	—	—	—
1997	3168	120.2	961	36.5	2207	83.7	—	—
1998	3200	121.6	—	—	3200	121.6	—	—
1999	15100	3786	—	—	15100	3786	—	—
2000	34182	3634	—	—	20730	3342	13452	292
2001	45340	4154	—	—	25000	3287	20340	867
2002	67068	5138	—	—	35000	3650	32068	1488
2003	76212	5596	—	—	40000	3900	36212	1696
2004	85402	6251	—	—	51000	4500	34402	1751
2005	78065	6203	—	—	63000	5490	15065	713
2006	88115	6787	—	—	63890	5995	24225	792
2007	115169	7972	—	—	88666	7099	26503	873
2008	132407	8413	1889	306	104784	7493	25734	614
2009	143949	9666	15586	453	112028	8434	16335	779

续表8-16

年份	移动电话用户合计(户)	业务收入合计(万元)	电信分公司		移动分公司		联通分公司	
			用户数	收入(万元)	用户数	收入(万元)	用户数	收入(万元)
2010	162074	10336	25167	784	120663	8853	16244	699
2011	178070	11644	30317	1007	131998	9874	15755	763

说明:资料由县电信、移动、联通分公司提供

无线寻呼

1992年12月县邮电局开通无线寻呼系统,开办“126”台人工无线寻呼服务业务。1993年7月开办人工、自动兼备,数字、中文两用“127”台无线寻呼服务业务,当年BP机用户345户。1995年3月,县城开通无线寻呼“中文”台。同年年末全县无线寻呼用户1537户,比上年同期增长200.34%。1996年1月,相继开通大峃频点(980台)、温州市网频点(987台)、浙江省网频点(129台),实现县域无线寻呼网与全省、全市联网,业务快速发展,用户增至2750户。

1998年11月,县电信无线寻呼分公司(后改称联通分公司)成立,无线寻呼业务剥离移交县联通分公司经营。年末,全县无线寻呼用户12987户。2000年发展最高峰时用户达13483户,业务收入562万元。随着移动通信发展,寻呼机用户迅速减少。至2006年,无线寻呼用户仅43户,业务收入1万元,遂停止营业。

1993—2006年文成县无线寻呼机用户数情况一览表

表8-17　　单位:户

年份	无线寻呼用户数	年份	无线寻呼用户数
1993	345	2000	13483
1994	963	2001	12560
1995	1537	2002	9560
1996	2750	2003	3210
1997	1907	2004	791
1998	12987	2005	416
1999	12947	2006	43

说明:资料由县电信、联通分公司提供

小灵通

1999年1月1日,县城开办PAS(小灵通无线市话)业务,初装费(含机)每户2200元,与固定电话同号每户1700元,当年发展用户358户。2000年推出“一号双机”优惠促销活动,年末用户2877户。2001年建成县城500毫瓦大功率基站,相继开通大峃、珊溪、南田、玉壶4镇PAS系统。2002—2004年,先后开通巨屿、峃口、黄坦、西坑、百丈漈、二源、三源、新联、双桂、龙川、周壤、富岙PAS系统,并完成小灵通IPAS技术割接。2005年开始,陆续开通金星、公阳、李井、十源、林场、高二电、铜铃山森林公园、仰山、桂山、朱雅、西里、上林、朱阳、平和、里阳、云湖、金炉、塔山、上垟、黄寮、金垟、周山、稽垟、岭后、李林、敖里、南林等地小灵通系统,改造大峃、珊溪等9个小灵通基站远供电源。至2007年年末,用户增至21772户。2008年开始,部分小灵通用户逐步迁移为移动电话用户,用户呈下降趋势。2011年年底,全县在网小灵通用户4133户。

1998—2011年全县小灵通用户数情况一览表

表8-18

单位:户

年份	小灵通用户数	年份	小灵通用户数
1988	—	2005	21420
1999	358	2006	27346
2000	2877	2007	21772
2001	5041	2008	14659
2002	9106	2009	9959
2003	12493	2010	6957
2004	17624	2011	4133

说明:资料由县电信分公司提供

电 报

业务 电报分有线电报和无线电报。1991年,国内电报有天气、水情、公益、政务、新闻、普通、汇款、公电电报业务,并开放特急、加急、邮送电报特别业务。同年10月,县邮电局营业处安装传真机并对外开办电报图像传真业务。全年全县10处邮电局(所)去报6.69万份,业务收入15.38万元。1992年1月始,开办礼仪电报业务。1993年去报7.22万份,业务收入16.6万元。1996年10月1日,开办鲜花礼仪电报。随着程控电话开通普及和图像传真、移动电话、互联网兴起,电报业务量急剧下滑,公众电报大幅度下降。2000年去报0.5万份,业务收入3万元。2001年8月1日始,简化国内公众电报业务种类,调整业务传递等级,将原8种电报业务简化为天气、水情、公益、普通和公电5种。2002年1月1日开始,取消K报类汇款电报业务种类,按普通电报类处理。2003年去报仅80份,业务收入降至1800元。2004年8月,停止受理电报业务。

1991—2004年文成县电报业务量及收入情况一览表

表8-19

年份	电报去报(万份)	营业收入(万元)	年份	电报去报(万份)	营业收入(万元)
1991	6.69	15.38	1998	0.95	7.00
1992	6.85	15.75	1999	0.89	5.00
1993	7.22	16.60	2000	0.50	3.00
1994	5.10	11.73	2001	0.21	3.00
1995	3.32	8.21	2002	0.078	1.00
1996	1.92	5.58	2003	0.008	0.18
1997	1.15	5.04	2004	0	0

说明:资料由县电信分公司提供

投递 1991年,大峃镇电报由专职电报投递员投送,农村电报由邮递员投送。1998年8月始,重要电报用电话通知收报人知悉,在规定时间内投送。2001年8月1日始,电报业务传递等级分为1、2、3级传递处理。天气电报为1级,水情、公益电报及重要业务(纳费业务)公电为2级,昼夜24小时传(投)递处理。普通电报、公务公电及一般业务(纳费)公电为3级。取消特、加急业务和一般电报夜间投递,高等级(二级及以上)来报及时投递,或先用电话通知收报用户。县城由电报投递员专职投送;农村电报采用委托邮政部门按"挂号信件"处理,由最近一次邮班"邮送"或电信部门将电报按规定缮封后,用标准信封重新套封,按照交寄"挂号邮件"手续直接送邮政部门邮寄。

第九卷

水利　电力

民国时期境域水利设施极少。中华人民共和国成立后，文成县每年有组织有计划地开展水利建设。至1990年年底，全县10万立方米以上水库23座，山塘577座，堰坝239条，总蓄水量7446万立方米；水轮泵站9处，机电排灌动力470台、3243千瓦，有效灌溉6.94万亩，旱涝保收面积2.69万亩，水利工程年供水量1588万立方米。1991年以后，坚持不懈抓农田水利基本建设，实施“千库保安”“清水河道”“小流域治理”“安全饮用水”等工程建设，重视防汛抗洪，推广节水灌溉技术，促进水利事业长足发展。2011年，县境以灌溉、供水、发电等综合利用水库65座(其中用于农业灌溉36座)，总库容193977万立方米，塘坝403座，堰坝(闸)645座，灌溉泵站83座，灌溉渠道总长622.17公里，农田有效灌溉面积7.45万亩，节水灌溉面积5.74万亩。

县域水力资源丰富，水能蕴藏量50万千瓦，可开发资源42.29万千瓦。从1958年开工建设百丈漈水电站起，至1990年建水电站82座，装机容量4.85万千瓦，全县水力资源开发利用率11.5%。1994年，县政府成立县电力开发投资有限公司，颁发《关于加快小水电资源开发的若干规定》，按照“统一规划，分步实施，政府牵头，业主负责，集资办电”原则，以及“只求所在，不求所有”“自己有钱自己建，自己缺钱合伙建，自己无钱引资建”思路，吸引民资，引进外资，鼓励股份合作开发水电资源。1995年，通过全国水电农村初级电气化建设县达标验收。2000年编成《文成县水电农村电气化规划报告》，县域水电开发坚持“开源与挖潜结合，新建与改造并举”原则，注重水资源综合利用，改善和保护生态环境，实现社会效益、生态效益与经济效益并重，资源、环境、经济协调发展。2001年，被水利部列为“十五”期间全国400个水电农村电气化建设县之一。2005年7月，通过省厅电气化县专家组验收；2006年11月，获评“中国农村小水电之乡”称号。至2011年，全县水电站88座，装机总容量38.21万千瓦，水力资源开发利用率90.92%，比1991年装机容量增加6.9倍，水力资源开发利用率提高78.85%。

第一章　蓄水引水

1990年，全县水库32座，蓄水量7301万立方米；大小山塘577座，蓄水量358.63万立方米。1991年始，先后新建水库33座，新增库容18.87亿立方米；实施"千库保安"工程，加固维修水库26座、山塘57座。2011年年底，全县水库65座，其中大、中型水库4座，小（1）型水库10座，小（2）型水库51座，库容19.6亿立方米；山塘494座，库容293万立方米。并实施"农村安全饮水"工程，建成集中式供水工程331处，受益人口25.92万人。

第一节　水库　山塘

1994年10月，高岭头水库建成蓄水，库容1778万立方米；1996—1999年，新建高岭头二级、坑下山等水库10座，库容2242万立方米。2000—2001年，竣工水库11座，库容18.32万立方米，其中珊溪水库18.24亿立方米。2002—2008年，建成百万山、磨石潭等水库11座，库容1480.4万立方米。1992—2009年，加固山塘57座。2011年年底，全县水库65座，库容19.6亿立方米，其中大、中型水库4座，库容19.22亿立方米；小（1）型水库10座，库容2071.5万立方米；小（2）型水库51座，库容1704.47万立方米。另有大小山塘494座，库容293万立方米，其中库容1万～10万立方米山塘130座，库容291.38万立方米；1万立方米以下山塘364座，库容1.62万立方米。

大中型水库

珊溪水库　亦称飞云湖，位于珊溪镇鱼秀村，为县境最大水库。1997年9月动工兴建，2001年12月建成。最大坝高132.5米，坝顶长448米，坝底宽375.23米，坝顶宽10米，为混凝土面板堆石坝。水库集雨面积1529平方公里，库容18.24亿立方米，调节库容6.96亿立方米，防洪库容2.12亿立方米，正常蓄水位海拔142米，水域面积35.4平方公里。珊溪水库枢纽工程是国家重点建设项目和温州市首个利用亚行贷款建设的基础设施项目，也是温州市历史上投资最大、受益最广的水利工程。投资38.8亿元，承担防洪、抗旱、供水、灌溉、发电等综合任务，系温州市区、瑞安、平阳、苍南、文成等市县500万人口主要水源之一，被誉为温州人民"大水缸"。防洪保护农田17.55万亩，保护人口25万人，年供水量7.3亿立方米，社会、经济效益显著。

图9-1　珊溪水库（县水利局提供 2004年摄）

百丈漈水库　又名天顶湖，位于百丈漈镇，为县境第二大水库。库容6341万立方米，水域面积9.92万平方米，1960年5月建成（详见首部县志）。1995年10月、1997年12月，分两期对3座主副坝进行补强加固。2008—2010年，对主副坝原草皮坝坡改造为钢筋混凝土预制块护坡，并浇筑铺设钢筋混凝土坝顶路面。1998年经原国家电力公司大坝安全监察中心审查;2004年12月、2010年4月两次经电监会大坝安全监察中心审查,大坝注册等级均为甲级。该水库为大峃镇、百丈漈镇主要供水水源,亦为县域重点景区。

图9-2　百丈漈水库(县水利局提供 2010年摄)

高岭头水库　也称隐山湖,位于石垟林场境内,为县境第三大水库。1987年11月开工建设,1994年10月下闸蓄水。拦水坝为变厚抛物线混凝土双曲拱坝,坝底高程732米,坝顶高程795.2米,最大坝高63.2米,坝底厚17米,坝顶厚3.5米,坝顶弧长220米。水库集雨面积32.6平方公里,水库正常蓄水位792米,设计洪水位(50年一遇)为793.77米,校核洪水位(500年一遇)为794.57米,库容1778万立方米,正常库容1575万立方米,兴利库容1441万立方米,正常水位792米,海拔高度795.2米,历史最高水位794.2米,水域面积3.26万平方米。装机容量1.60万千瓦,年设计发电量4146万千瓦时,年设计利用2591小时。主要功能以发电为主,兼顾防洪。

高岭头二库　位于西坑畲族镇,1995年12月开工,1998年10月蓄水验收,同年12月投运,2001年竣工验收,工程总投资14137.94万元。坝址在西坑镇苍头坑附近,坝型为混凝土四心双曲拱坝,坝底高程250米,坝顶高程329.8米,最大坝高79.8米,坝底厚13米,坝顶厚4米,坝顶弧长153.13米,坝体砼总方量9万多立方米。坝址以上集雨面积92平方公里,库容1682万立方米,正常库容1497万立方米,兴利库容1114万立方米,调节库容1109万立方米。正常水位327米,海拔高度329.8米,历史最高水位272米,水域面积12.46万平方米。装机容量2.50万千瓦,年设计发电量5371万千瓦时。属不完全年调节水库,主要功能以发电为主,兼顾防洪和生态等综合效益。

2011年文成县大中型水库情况一览表

表9-1

序号	水库名称	集雨面积(平方公里)	总库容(万立方米)	正常库容(万立方米)	兴利库容(万立方米)	装机容量(千瓦)	建成日期(年月)
1	珊溪水库	1529	182400	129100	123150	200000	2001.12
2	百丈漈	88.6	6341	3333	2889	31200	1960.5
3	高岭头(一)	32.6	1778	1575	1441	16000	1995.1
4	高岭头(二)	92.0	1682	1497	1114	25000	1998.12

说明:资料由县水利局提供

小(1)型水库

2011年年底,全县有小(1)型水库10座,总库容2071.5万立方米。

百万山水库　位于珊溪镇珊溪水电站下游百万山脚,是一座以发电为主、兼顾改善城镇生态环境的水库。拦河大坝为混凝土重力坝,采用水力自动翻板门式拦水结构,坝顶高程51.2米,宽3.2米。水库集雨面积1583.5平方公里,正常蓄水位46.5米,发电水位45.5米,总库容871万立方米,正常库容499.9万立方米。总装机容量8000千瓦,年均发电量1946万千瓦时。2005年5月开工建设,2007年8月建成,通过水库蓄水验收。

东溪水库　位于玉壶镇朱雅枫树湾。1998年1月开工建设，2000年4月建成蓄水。大坝为混凝土抛物线变厚双曲拱坝，坝底高程429米，坝顶高程478.6米，最大坝高49.6米，坝顶厚3米，坝顶弧长163.94米。水库集雨面积29.4平方公里，总库容220万立方米，正常库容175万立方米，兴利库容154万立方米，正常水位474米。

高岭头三库　位于西坑畲族镇岭后社区。大坝为细骨料混凝土砌块石双曲拱坝，坝顶高程378米，坝底高程341米，最大坝高37米，坝顶弧长95.1米。水库集雨面积25平方公里，总库容168万立方米，正常库容105.3万立方米，兴利库容94.2万立方米，正常水位371米，水域面积9.3万平方米。

驮垟水库　位于黄坦镇上保垟村下游2公里处，为岩门电站主库。1999年5月开工建设，2000年8月建成蓄水。拦水坝为混合线型混凝土砌块石双曲拱坝，最大坝高26.13米。水库集雨面积26平方公里，总库容138.2万立方米，正常库容96万立方米，兴利库容73.8万立方米，正常水位237米。

黄鹿水库　位于南田镇黄寮溪黄山岭下游50米处。1999年11月开工建设，2001年3月建成蓄水。拦水坝为混凝土砌块石双曲拱坝，最大坝高31.3米。水库集雨面积112平方公里，总库容129.4万立方米，正常库容73.3万立方米，兴利库容55.2万立方米。

东山水库　位于百丈漈镇二源境内，1978年10月动工兴建，1982年10月建成蓄水，是一座以灌溉为主，结合发电综合利用的水库，灌溉面积1800亩，装机200千瓦。坝址上游集雨面积3.82平方公里，坝型为照谷社型土石坝，最大坝高26米，坝长110米，总库容117万立方米，正常库容107万立方米，兴利库容97.4万立方米。1987年在下游建造二级电站，装机125千瓦。1999—2001年，技改增容，两座电站合并，装机总容量1000千瓦。2007年列入“千库保安”工程，2008年10月起对坝体、坝基进行防渗处理，更新上游护坡干砌石，增设坝顶防浪墙，修整溢洪道，增设工程管理设施等，总投资256万元。2009年3月完工，2010年12月通过竣工验收。

图9-3　东山水库大坝（县水利局提供 2009年摄）

坑下山水库　位于飞云江支流玉泉溪，位于周壤林坑溪中游坑下山脚。1996年6月开工建设，1998年7月建成蓄水。大坝为变圆心混凝土双曲拱坝，坝顶高程307米，坝底高程273.5米，最大坝高33.5米，坝顶宽2米，弧长79.72米。水库集雨面积20.4平方公里，库容114万立方米，正常库容87万立方米，兴利库容80万立方米，正常水位304.3米。

东坑岭水库　位于玉壶镇金星岩门坑东坑岭垟竹坑。2002年3月开工建设，2003年10月建成蓄水。拦水坝混合线型混凝土砌块石双曲拱坝，最大坝高41.2米，水库集雨面积14.28平方公里，库容111.9万立方米，正常库容92.3万立方米，兴利库容73.5万立方米，正常水位603米。

济下水库　位于黄坦镇济下村，是一座以发电为主，结合灌溉综合利用的水库。1979年4月动工兴建，1984年4月建成蓄水。电站装机容量3×200千瓦，灌溉面积约2000亩。坝址以上水库集雨面积14.3平方公里，总库容102万立方米，正常库容95万立方米，兴利库容87.4万立方米。拦水坝为土石混合坝，坝顶高程288.1米，最大坝高20米，坝顶长度65米。2001年4月加固大坝背水坡。2007年列入“千库保安”工程。2009年12月，对大坝坝体进行防渗加固，拓宽溢洪道宽度，改建防浪墙，增设观测和管理设施等。2010年8月完工，12月通过竣工验收,总投资232.33万元。

大水桥水库 位于南田镇,上游集雨面积4.5平方公里,最大库容100万立方米,正常库容90万立方米,兴利库容80万立方米,为南田镇主要供水水源。1958年冬动工兴建,1971年春建成蓄水,为灌溉、供水综合型水库,灌溉面积2500亩,供水人口2万余人。1975、1980年曾两次保坝加固。2006年11月,安全鉴定为三类坝,列入"千库保安"工程。2008年3月进场施工、除险加固,拆除主坝并新建砼砌石重力坝,副坝拓宽、加高,增建黏土斜墙,更换启闭设备,增设观测设施和管理房等。2010年3月完工,12月通过竣工验收,总投资668.88万元。

2011年文成县小(1)型水库情况一览表

表9-2

序号	水库名称	集雨面积(平方公里)	总库容(万立方米)	正常库容(万立方米)	兴利库容(万立方米)	装机容量(千瓦)	建成日期(年月)
1	百万山	1583.5	871	499.9	—	8000	2007.12
2	东溪(三)	29.4	220	175	154	10000	2000.4
3	高岭头(三)	18.6	168	105.3	94.2	4000	2000.4
4	驮垟(岩门)	26	138.2	96	73.8	—	2000.8
5	黄鹿	59.7	129.4	73.3	55.2	4000	2001.3
6	东山	3.8	117	—	97.4	—	1982.1
7	坑下山	10.0	114	87	80	4000	1998.7
8	东坑岭	6.9	111.9	92.3	73	5000	2003.10
9	黄坦济下	14.0	102	95	87.4	—	1984.12
10	大水桥	4.5	100	90	80	—	1960.4

说明:资料由县水利局提供

小(2)型水库

2011年年底,全县小(2)型水库51座,总库容1704.47万立方米。其中1990年12月底前建28座,库容652.95万立方米;1991年1月以后新建23座,总库容1051.52万立方米。23座新建水库中,1996—2000年建9座,库容466.6万立方米;2001—2005年建11座,库容435.18万立方米;2006—2008年建3座,库容149.74万立方米。库容10万立方米以上至50万立方米以下水库14座,库容306.78万立方米;50万立方米以上至100万立方米以下水库9座,库容744.74万立方米。

安塘水库 位于百丈漈镇二源境内,为灌溉、供水综合型水库,灌溉面积约2500亩,供水人口约5000人。1956年10月动工兴建,1965年冬建成蓄水。主坝为黏土斜墙坝,坝顶高程782.90米,最大坝高13.5米,坝顶长度54.75米。水库集雨面积1.20平方公里,总库容47万立方米,正常库容34.71万立方米。1984年坝体进行保坝加固。2007年列入"千库保安"工程。2010年6月开工除险加固,对主坝、副坝、小坝修整,新建防浪墙,采用干砌石护坡,贴坡排水,增设排水沟;溢洪道加做陡坡段和消能设施;清理渠道,更换启闭机;封堵原坝下涵管,新建灌溉用输水隧洞;另一输水隧洞更换启闭机和闸门等,总投资268万元。2010年12月完工。

仙岩水库 位于西坑畲族镇梧溪交溪口,1994年3月进场施工,1996年5月建成。坝址上游集雨面积17.2平方公里,最大坝高25米,水库总库容98.7万立方米,正常库容68.2万立方米,兴利库容53.2万立方米。

里阳水库 位于大峃镇里阳坑中游,既是里阳电站蓄水水库,又是下游靛青山水电厂增容水库。1996年11月开工建设,1998年1月建成。大坝为混凝土双曲拱坝,最大坝高37.8米。坝址以上集雨面积10平方公里,库容97.5万立方米,正常库容87万立方米,兴利库容80万立方米。

稽垟水库 位于黄坦镇稽垟村，水系属飞云江流域黄坦坑支流，坝址以上集雨面积6.5平方公里，水库总库容12万立方米，正常库容10万立方米，为灌溉、发电综合型水库，灌溉农田面积200余亩。2006年5月被鉴定为危险水库，列入2006—2007年度省“千库保安”工程建设计划，除险加固工程分大坝加固工程、隧洞工程(长180米)两部分。2006年12月招投标，2007年1月开工，12月完工。计完成土石方1.2万立方米，砼工程1000余立方米。加固工程总投资148万元，其中省财政补助50余万元。

吴坳坑水库 位于西坑畲族镇吴坳坑，1994年2月动工兴建，1996年5月竣工。拦水坝为细骨料混凝土砌块石重力坝，最大坝高25米，集雨面积11.97平方公里，总库容93.56万立方米，正常库容86.7万立方米，兴利库容83.9万立方米。

磨石潭水库 位于南田镇言山村景田，2001年4月开工，2008年4月建成。水库上游集雨面积17平方公里，最大坝高38.8米，坝顶宽28米，总库容93.44万立方米，正常库容73.8万立方米，兴利库容62.21万立方米。

李林二级水库 位于玉壶镇李林坑，1999年3月建成。拦河坝为双曲浆砌石双曲拱坝，水库集雨面积13平方公里，总库容87万立方米，正常库容66万立方米，兴利库容57万立方米。

桂竹一级水库 位于西坑镇下垟都埔坑，2003年4月动工兴建，2004年建成。拦河坝为细骨料混凝土砌块石双曲拱坝，最大坝高26.9米，坝顶弧长56.1米。水库集雨面积7.263平方公里，库容83.24万立方米。

2011年文成县小(2)型水库情况一览表

表9-3

序号	水库名称	保护人口(人)	保护农田(亩)	集雨面积(平方公里)	总库容(万立方米)	正常库容(万立方米)	兴利库容(万立方米)	装机容量(千瓦)	建成日期(年月)
1	马坪	—	150	0.37	15	12.3	10	—	1976.3
2	周徐	—	500	0.8	10.2	—	8	—	1958.4
3	川盘山	3500	1300	0.59	30.28	18.5	18.5	—	1958.3
4	垟井	—	—	0.89	10.2	—	7	—	1958.10
5	里阳	—	—	10	97.5	87	80	400	1998.1
6	胜天㈡	180	1540	0.83	12	—	9.1	630	1972.3
7	胜天㈠	120	380	2	14	12	7.5	250	1971.6
8	百丈漈㈡	—	—	5.3	18.5	—	14	17000	1970.9
9	桥枫坑	90	350	1	10	9	7	—	1980.1
10	盖后	—	—	2.1	14	12.8	12	—	1971.3
11	安塘	—	1000	1.2	47	34.71	37	—	1958.3
12	呈坑门	—	500	3.37	38.8	32.4	32.4	—	1989.12
13	西湖	250	280	3.1	30	27	24	200	1980.10
14	桥坑底	500	—	20	29.3	17.7	45.7	—	1987.7
15	元桥	750	250	0.41	14.8	12.8	10	—	1972.12
16	小坑边	500	300	1	13	11	10.2	—	1967.4
17	朱里	3000	1800	1.5	50	32	29	—	1975.3
18	三支坑	6000	150	2.3	15	13	9	150	1981.5
19	仙岩	—	—	17.2	98.7	68.2	53.2	400	1996.5
20	吴坳坑	—	—	11.97	93.56	86.7	83.9	1500	1996.5
21	水磨坑	800	500	1	14.5	12.5	10	—	1997.6
22	稽垟	—	—	6.5	12	10	8.2	—	1974.7
23	雷官岩	1500	650	1.05	18	12	10	—	1958.4

续表9-3

序号	水库名称	保护人口（人）	保护农田（亩）	集雨面积（平方公里）	总库容（万立方米）	正常库容（万立方米）	兴利库容（万立方米）	装机容量（千瓦）	建成日期（年月）
24	张山垟	—	400	0.53	12	8.8	6.8	—	1958.3
25	隆聪(岩门)	—	—	5.1	26	21.2	3.6	—	2001.10
26	凤狮	2000	1300	1.4	16.6	16	11	—	1998.1
27	穹口	—	300	11.5	10.2	—	6.1	500	1985.11
28	斗潭	—	—	12	10	10	5	520	2000.2
29	漈门坑	20000	1500	5	27	19.3	18.3	250	1966.3
30	东溪(四)	—	—	57.5	37.2	14.8	6	2000	2001.9
31	园丰	2410	850	0.68	35.5	—	26.6	—	1973.3
32	沙垟(一)	—	—	14.3	78.67	—	—	600	1980.1
33	周山际下	—	—	14.6	11.5	—	—	1500	1983.9
34	小九溪	—	—	19.5	25.2	17.1	14.3	2500	1986.6
35	靛青山	—	—	3.37	38.8	—	—	6400	1990.5
36	雅龙	—	—	22.9	12	—	—	1000	1997.12
37	李林(二)	—	—	13	87	66	57	1000	1999.3
38	李林(一)	—	—	7.5	22.8	—	—	500	2000.3
39	银青峡(一)	—	—	2.8	26	—	—	250	1998.9
40	银青峡(二)	—	—	1.5	14	—	—	630	2001.9
41	石井	—	—	3.8	10.2	—	—	1260	2001.3
42	龙井口(三)	—	—	27.76	60	—	—	1000	2002.6
43	龙井口(二)	—	—	13.05	65	—	—	1000	2003.8
44	桂竹(一)	—	—	7.26	83.24	—	—	1000	2004.2
45	桂竹(二)	—	—	12.2	26.1	—	—	1500	2005.7
46	银桥	—	—	4.72	17.6	—	—	400	2003.6
47	东溪(五)	—	—	174.1	66.36	—	—	2900	2004.12
48	石门	—	—	1.98	29.48	—	—	1000	2005.9
49	垟下	—	—	11.88	13.8	—	—	800	2007.11
50	大坑	—	—	5.2	42.5	—	—	1000	2007.7
51	磨石潭	—	—	17	93.44	73.8	62.21	2500	2008.4

说明：资料由县水利局提供

山　塘

1991年年初，全县能发挥效益的大小山塘577座，总蓄水量358.63万立方米，灌溉农田3.3万亩。这些山塘大多始建于20世纪50、60年代，对县域农业生产发展起到重要作用。但因受当时条件限制，在勘测、设计、施工、管理等方面均存在诸多问题，并经多年运行，各种病险隐患逐渐暴露。为确保安全运行，县水利部门和各乡镇加强山塘水库安全管理。1992—1996年，对仰山塘山、百丈漈长垄、樟台茶岭、二源枫树垄等4座山塘进行除险加固。

2003年，省水利厅发布《关于实施全省千库保安工程建设的若干意见》，启动实施“千库保安”工程。当年全县投资240多万元，加固樟台马岩、珊溪百廿丘等病险山塘26座。2004年，县财政首次拨付病险山塘水库除险加固资金90万元，全年加固珊溪均山、周壤樟钟等10万立方米以下山塘17座。2009年，投资150万元(其中投劳折资80万元)，整治和维修加固重要山塘6座。

2011年，全县山塘存量494座，总库容293万立方米，灌溉农田2.4万亩。其中1～10万立方米山塘130座，库容291.38万立方米；1万立方米以下山塘364座，库容1.62万立方米。

2011年文成县1万~10万立方米山塘分布情况一览表

表9-4

乡镇名称	山塘(座)	库容(万立方米)	灌溉面积(亩)
大峃镇	36	72.93	5383
珊溪镇	16	40.50	2980
玉壶镇	13	25.10	735
南田镇	12	21.14	960
西坑畲族镇	6	33.41	615
黄坦镇	20	27.60	7982
百丈漈镇	13	39.70	1655
峃口镇	8	14.70	1268
巨屿镇	5	15.20	1930
周山畲族乡	1	1.10	457
合　计	130	291.38	23965

说明:资料由县水利局提供

第二节　灌溉工程

1990年年底,全县固定提水机埠100处、泵站15处、大小堰坝582处、渠道长度34.02公里。1991年以后,陆续建成巨屿镇花竹岭岩塔嘴泵站、黄垮堰坝、稠泛环山渠道等一批提、引水设施。2009年始,推广经济型喷微灌节水技术。2011年年底,全县农田灌溉泵站83座、堰坝645座、渠道总长622.17公里。投资1442.1万元,推广建造经济型喷微灌节水工程14个,受益经济作物面积7508亩。

提水引水工程

泵站　1990年年底,全县固定提水机埠100处,动力1661.5千瓦,泵站15处。1991年建花竹岭岩塔嘴泵站,增加农田灌溉面积280亩。2011年年底,全县用于农田灌溉泵站83座,其中灌溉面积100亩以上3座。

岩塔嘴泵站　位于巨屿镇花竹岭村,1991年建造,装机16千瓦,投资30万元,灌溉农田280亩。

丰塘坦泵站　位于百丈漈镇镇头村,2010年兴建,装机18千瓦,投资7.5万元,灌溉农田220亩。

满孟滩泵站　位于玉壶镇五四村,建于2011年,装机28千瓦,扬程45米,投资45万元,灌溉农田120亩。

堰坝　1990年年底,全县大小堰坝582处,灌溉面积1.56万亩。当年建造巨屿黄垮堰坝,增加灌溉面积180亩,至2011年全县用于农田灌溉堰坝645座,其中灌溉面积100亩以上5座。

黄垮堰坝　位于巨屿镇稠泛村,1991年建造,长12米,高3.5米,灌溉农田180亩。

上塘坑堰坝　位于峃口镇公阳上岳头村,2000年建,长7米,高2米,灌溉农田100亩。

蔡宅坑堰坝　位于珊溪镇新建村,2004年建,长40米,高5.5米,灌溉农田350亩。

和平堰坝　位于珊溪镇环秀村,2005年建,长35米,高7.5米,灌溉农田200亩。

水碓栋堰坝　位于峃口镇溪口村,2011年建,长45米,高2.2米,灌溉农田120亩。

渠道　1990年年底,全县渠道长度34.02公里。1996年建成南田三源引水工程,后逐年新建、扩建、改建,至2011年渠道总长622.17公里,比1991年增加17.3倍。其中灌溉农田100亩以上5处。

三源引水工程　1987年开工建设,1996年1月17日竣工,历时9年。引水渠道长3680米,其中东灌区干渠

1680米,西灌区干渠2000米,总投资120万元,农田受益面积5500亩。

环山渠道　位于巨屿镇稠泛村,1994年建造,长1580米,投资32万元,灌溉水田面积300亩。

西岙渠道　位于巨屿镇龙前村,2000年建造,长820米,投资12万元,灌溉农田250亩。

上下垟渠道　位于珊溪镇新建村,2004年建造,长1100米,投资8万元,灌溉农田面积350亩。

上村垟渠道　位于玉壶镇底村,2011年建造,长500米,投资6万元,灌溉面积300亩。

喷微灌节水工程

2009年,编制《2009—2013年全县经济型喷微灌技术推广项目规划》,当年投资231.62万元,开工建设黄坦生态循环农业示范园区喷微灌项目和周壤外南华兴药材高效节水项目,受益面积1400亩。2010年,开工建设十源山头坪高山雪梨基地、黄坦新伟生态循环农业园区2个喷灌工程,富岙文秀无公害杨梅基地、黄坦鲜切花基地、龙川茶寮红心柚种植基地3个滴灌工程项目,总投资477.4万元,受益面积2510亩。2011年,启动仰山无公害杨梅基地、梧溪雪梨基地、黄坦南方园艺示范场等8个滴灌工程项目,投资831.57万元。

周壤外南华兴药材高效节水工程　位于大峃镇周壤外南村,中药材种子种苗基地600亩,由县外南中药材种植专业合作社组织实施,新建拦水坝1座,坝长26米,蓄水量5000立方米;泵站1座,扬程高77米;山顶蓄水池1座300立方米;管道12.35公里,喷头4000个,总投资101.32万元。

黄坦生态循环农业示范园区高效节水工程　位于黄坦镇农场和稽垟村,由县绿康农产品专业合作社承建。该项目由600亩高山水果和200亩绿色蔬菜两块基地组成,其中高山水果基地为喷灌工程,绿色蔬菜基地为大棚滴灌工程。新建泵站2座,扬程分别为81米和60米;山顶蓄水池2座各300立方米,雨水集蓄池3个,分水池10个,容量100～200立方米;管道19.3公里,喷头4000个,安装滴头4.5万个,总投资130.31万元。

十源山头坪高山雪梨基地喷微灌工程　该项目为2010年浙江省首批"百万亩喷微灌工程"项目之一。位于南田镇十源山头坪,由山头坪果业专业合作社组织实施。4月底开工,7月底竣工。建设内容是维修水库、新建小山塘各1座,水源输水管1道,总蓄水池1个,小分水池24个,移动式水泵3台,及喷灌系统等。项目概算投资73.28万元,实际投资85.3万元;计划受益面积900亩,实际受益面积1380亩;受益十源等3村2841人。

图9-4　新建喷灌系统(来自文成新闻网 2010年摄)

黄坦鲜切花基地滴灌工程　位于黄坦镇共宅村,由县后巷蔬菜花卉种植专业合作社实施,杭州绿源灌溉技术有限公司承建。建蓄水池1座300立方米,滴灌增压泵站1处,泵机2台15千瓦,管道11.6公里,滴管带80.64公里,投资81.78万元,其中中央和省财政补助42万元,地方配套39.79万元,

图9-5　鲜切花基地(来自文成新闻网 2010年摄)

受益面积280亩，其中非洲菊180亩、香水百合30亩、八角金盆40亩、剑兰30亩，受益人口287人。

文秀无公害杨梅基地滴灌工程 位于富岙乡上保垟村，由县新新农产品种植专业合作社实施。建蓄水池1座100立方米，山顶蓄水池1座200立方米，管道66.5公里，滴头20526个，投资82.69万元，其中中央和省财政补助43万元，地方配套39.69万元，受益面积450亩，其中东魁杨梅300亩、黑炭梅120亩、白杨梅30亩，受益258人。

2009—2011年文成县高效节水灌溉项目一览表

表9-5

序号	实施项目名称	业主单位	实施地点	受益面积（亩）	项目投资（万元）	实施年份
1	华兴药材小型农田水利工程项目	县外南中药材种植专业合作社	大峃镇外南村	600	101.32	2009
2	黄坦生态循环农业示范园区喷微灌	县绿康产品专业合作社	黄坦镇稽垟村 黄坦农场	800	130.3	2009
3	十源乡山头坪高山雪梨基地喷灌工程	县十源山头坪果业专业合作社	南田镇山头坪	1380	85.30	2010
4	文秀无公害杨梅基地滴灌项目一期工程	县新新农产品种植专业合作社	黄坦镇上保垟村	450	82.79	2010
5	县鲜切花基地滴灌工程	县后巷蔬菜花卉种植专业合作社	黄坦镇共宅村	280	77.06	2010
6	县新伟生态循环农业园区喷灌项目工程	县山中瘦农业专业合作社	黄坦镇沙垟村	450	112.25	2010
7	县茶寮村红心柚种植基地滴灌工程	龙川茶寮村	大峃镇茶寮村	200	120.00	2010
8	珊溪镇仰山无公害杨梅基地滴灌工程	仰山绿果杨梅专业合作社	珊溪镇塘山村	728	115.37	2011
9	县底缸窑杨梅基地滴灌工程	县富民农副产品产销专业合作社	南田镇高村	380	67.07	2011
10	县岭南茶场微喷灌工程	县岭南茶场专业合作社	大峃镇岭南村	340	127.26	2011
11	县利民雪梨基地喷灌工程	县利民雪梨专业合作社	南田镇新民村	420	83.66	2011
12	县毛山油茶基地滴灌工程	金垟油茶专业合作社	大峃镇李山村	500	99.22	2011
13	黄坦镇南方园艺示范场滴灌工程	县哼哈农业专业合作社	黄坦镇驮岙村	600	117.43	2011
14	县西方水果基地滴灌工程	县西方水果种植专业合作社	大峃镇双西村	630	123.07	2011

说明：资料由县水利局提供

第三节　农村饮用水工程

县域地处浙南山区，境内村居分散，农村饮水设施落后，村民生活用水，用塑料管、毛竹管直接向山坑、田间取水，供水不及时又不卫生。1991年，省、县为农村改水拨款8.25万元（省3.5万元，县4.75万元），乡村群众自筹40万元，建造简易自来水站60处，受益人口2.3万人。1992—1997年，结合实施文成县初级卫生保健规划，将建设农村“清洁安全饮用水”纳入规划；1997年县扶贫办从扶贫捐款中列支资金11.5万元，扶持仰山雅坪等15个村建造简易自来水。至1998年6月，全县建造简易自来水站689处，受益29.55万人，占农村总人口79.5%。2003年始，实施农村饮用水安全工程，改水项目涉及大峃、珊溪、巨屿、峃口、玉壶、南田、百丈漈、西坑、黄坦、周山10个乡镇246个村和石垟、叶胜、金朱3个林场。至2011年年底，投资15449.36万元，建成集中式供水工程331处，新增农村供水规模每日3.77万立方米，受益人口25.92万人，全县农村饮水安全人口覆盖率73%。

大峃农村饮水安全工程

2004年，率先改建里川、垟底、江底、西山、江外、垟外6村自来水设施，投资205万元，受益4247人。2008—

2009年,投资692.85万元,改建李山、茶龙、双东、岭南、孙岙、外南、联丰、项山、双马、东城、坪头11村,受益12337人。2010年投资527.06万元,改建苔湖山、呈树、双西、新垟、谷山、东岗、双龙、马山、麻山、新南、中林11个村,受益11067人。2011年投资604.44万元,改建岭脚、屿根、大发垟、王家、岚岩、城中、金山、横培、坑口、贵坪、桥坑、鹤东、路山、林山14个村,受益11375人。

珊溪农村饮水安全工程

2006年投资850万元,改建山根、街头、街尾、下山垟、富强、下爿坦6村自来水设施,受益12310人。2007—2009年投资673.63万元,改建雅坪、鳌垟、松坑、塘山、西山、平溪、坦岐、新建8个村,受益10861人。2010年投资424.6万元,改建三垟、凤狮、福泉、桂库、环秀、井市、徐岙、南阳、五新9个村,受益9468人。2011年投资410.47万元,改建新红、毛坑、李夏、君阳、东坪、高山、吴新、新西坑、新兴9个村,受益8515人。

玉壶农村饮水安全工程

2006年,建造金星、桃坑、八格、蔡坑、洪地5村自来水设施,投资378万元,受益3937人。2007年,投资1357.4万元,改建雅龙、坳坪、朱寮、吴坑、汤垟、龙背、中村、外村、上村、底村、垟头、五一、五四13个村,受益16017人。2008—2010年,改建碧坑、角山、林岩、周山垟、朱坪、东头6个村,受益4968人,投资279.91万元。2011年,改建吕一、碧溪、南河、光明、龙坑、高坪6个村,受益5930人,投资309.3万元。

南田农村饮水安全工程

2008年,投资540.91万元,改建南田、九都、三源、横山、新岳、新南、五源、梅树、高村、十源10村自来水设施,受益15224人。2009—2010年,改建岳垟、高新、利民、三甲、新星5个村,投资259.32万元,受益4297人。2011年,改建叶山头、武阳、言山、光明、新富、郑岙6个村,受益4109人,投资251.86万元。

西坑农村饮水安全工程

2003年,在全县率先启动农村饮水安全工程建设。当年投资623万元,改建梧溪、叶岸、南坑、西坑、塘垟5村自来水设施,受益8024人。2008年投资85.68万元,改建富垟、旁边垟、上垟3村,受益1610人。2009年,改建双田、下垟、江山、下庄、三合、半坑、都铺7个村,受益3352人,投资270.6万元。2010年,改建双前、石门、敖里3村,受益1650人,投资91.04万元。

黄坦农村饮水安全工程

2007年,改建富岙、石竹寮、双坑、莲头、富康、周岙底、上保垟、培头8村自来水设施,投资463.9万元,受益7238人。2008年,改建稽垟、底庄、新康、严垟、新龙、周岙、依仁、山后、占里、驮岙、沙垟、林山、旺山、石后14个村,受益11071人,投资711万元。2009—2010年,改建龙湖、叶山、济下、前巷、后巷、新楼、云峰、共宅、严坋9个村,受益15453人,投资939.57万元。

百丈漈农村饮水安全工程

2004年,改建篁庄、长塘、上石庄、下石庄、底大会、外大会、长垄7村自来水设施,投资464万元,受益6453人。2007—2009年,改建镇头、陈村、淡阳、朱山、二源、廷坑下、塭后7个村,受益6795人,投资520.56万元。2010—2011年,改建富洋、同垟、陈钟、庄后、岭头、山头、钟垟、榅树根、四格9个村,受益6361人,投资314.88万元。

峃口农村饮水安全工程

2007年，改建桂溪、桂阳、桂东、宝丰、桂西5村自来水设施，投资488万元，受益7402人。2008—2010年，改建公阳、鱼局、双湾、白石坑、田东、新田、东方、峃口、城东、龙车、九山、新联、良坑13个村，受益15810人，投资907.69万元。2011年，改建鹿堡、上岳头、水碓宅、溪口、驮垟尾、平和、大垟口、廿五坑、下沙园、郭山10个村，受益9769人，投资511.92万元。

巨屿农村饮水安全工程

2008年，建设龙前、稠泛、垟尾、潘岙、穹口、垟地边、项坑边、花竹岭、方前9村自来水设施，投资792.48万元，受益15079人。2009年，改建赤砂、孔山2个村，受益1363人，投资81.6万元。2011年，改建葛垟、徐龙、潘山、黎明4个村，受益3344人，投资188.34万元。

周山农村饮水安全工程

2008年，建设官坑、潦下2村自来水设施，投资42.35万元，受益796人。2009—2011年，先后改建水井头、包山底、吴垟3村自来水，受益1826人，投资114.33万元。

林场（村）饮水安全工程

2010年，改建石垟林场上斜村自来水设施，投资23.46万元，受益350人。2011年，改建叶胜林场自来水设施，投资30.33万元，受益460人；金朱林场自来水设施，投资19.88万元，受益350人。

2003—2011年文成县农村饮用水安全工程建设情况一览表

表9-6

乡镇名称	行政村数（个）	投资金额（万元）	受益人口（人）	实施年份
大峃镇	42	2029.35	39026	2004—2011
珊溪镇	32	2358.70	41154	2006—2011
玉壶镇	30	2324.61	30852	2006—2011
南田镇	21	1052.09	23630	2008—2011
西坑畲族镇	18	1070.32	14636	2003—2010
黄坦镇	31	2114.47	33762	2007—2010
百丈漈镇	23	1299.44	19609	2004—2011
峃口镇	28	1907.61	32981	2007—2011
巨屿镇	15	1062.42	19786	2008—2011
周山畲族乡	5	156.68	2622	2008—2011
林　场	3	73.67	1160	2010—2011
合　计	248	15449.36	259218	—

说明：资料由县水利局提供

第二章　河道治理

1991年开始,全县上下致力防洪治水不辍,改善山区农业生产基本条件,促进小流域生态平衡和水资源可持续利用。2002年始,按照生态县建设要求,先后实施"万里清水河道工程""小流域治理工程""山区小流域生态工程"。至2011年年末,全县投入资金5.89亿元,新改建防洪堤44处、长51816.29米,建设清水河道160.69公里,实施小流域综合治理工程3处,山区小流域生态工程4处,建成一批"防洪安全,水清可亲,岸绿景美,人水和谐"的民生水利工程。

第一节　堤防工程

1991年年初,全县大小防洪堤119条,总长70473米,保护农田1.45万亩及6万多人。1992—1996年,投资514万元,修建珊溪镇下爿坦、大峃镇、巨屿镇穹口、方前、花竹岭防洪堤4520米。1999年6月,编制《文成县城城市防洪规划》。2002年,编成《文成县泗溪河综合治理规划方案》。同年4月,城东大桥至鹤川大桥河段治理破土动工,拉开全县城镇堤防工程建设序幕。2002年以后,结合小流域综合治理、万里清水河道建设,加快堤防工程建设进程。至2011年,新建、改建防洪堤44处,长51816.29米,其中防洪标准20年一遇4级防洪堤16处,长22702.46米;防洪标准10年一遇5级防洪堤28处,长29113.83米。

巨屿方前防洪堤

位于巨屿镇方前村、穹口村,为飞云江堤防工程,也是方前避震救灾安置小区建设重要组成部分。堤防级别为4级,建设标准20年一遇,堤高6.55米,顶宽0.6米,全长1620.79米工程。分两期建设,一期工程下游起点与巨屿大桥连接,上游终点为陈河底坑与飞云江交汇处,堤长1040.13米。2007年1月开工,2007年9月完工,2008年1月验收合格,投资329万元。二期工程为一期工程上游段,终点为双珊公路现状防洪堤,长580.65米。2007年3月开工,2008年1月完工,2008年4月竣工验收,投资总额283万元。其中省级专项补助资金110万元,地方配套资金173万元。

东垟沙洲防洪堤

位于巨屿镇垟地边沙洲,为东垟沙洲综合治理基础工程。2008年 11月开工建设,2010年10月完工。防洪堤砼及浆砌块石结构,总长3185米,堤防级别5级,建设标准10年一遇,分东叉河、西叉河两堤,其中东叉河堤长1591米,高4米,西叉河堤长1594米,高3米,堤顶宽皆7米。投资1759.36万元,其中省补助555万元。

西坑防洪堤

位于西坑畲族镇西坑村境内梧溪支流西坑溪上。原防洪堤标准低、质量差、部分堤防未闭合,且受台风及短历时强暴雨洪水多次影响,受损较严重。2010年6月,西坑畲族镇政府启动防洪堤工程建设。该防洪堤西坑主流控制河宽15米,西坑双龙桥以上和吴坳坑为10米,长2077.04米,其中西坑主流左岸防洪堤249.85米,右岸防洪堤275.77米；西坑双龙桥以上左岸防洪堤334.21米，右岸防洪堤332.40米；吴坳坑左岸防洪堤435.35米，右岸防洪堤449.46米，概算投资为515.11万元。堤防断面为重力墙结构形式，等级4级，防洪标准20年一遇，确保沿溪902户2635人生命财产安全。2011年3月招标开工，10月完工。

图9-6 西坑双龙桥段防洪堤（来自文成新闻网 2011年摄）

大峃龙溪防洪堤

位于大峃镇徐村，为龙溪下游新花园桥至泗溪河汇水处段，建设规模为左岸防洪堤长793.35米，右岸防洪堤长672.71米，高4.81～7.48米，堤防等级4级，防洪标准为20年一遇，投资概算530.34万元。2009年12月防洪堤工程初步设计报告通过会审，2010年建成。该堤建成后，与占地2350平方米的花园休闲广场、生态草坪、休憩廊架、周边民居等相配套，成为村民休闲好去处。

图9-7 龙溪防洪堤（来自文成新闻网 2010年摄）

大峃凤溪防洪堤

即大峃镇凤溪二中桥至周村桥段堤防。该段堤防修建年代较早，施工简陋，堤身单薄，为干砌块石，堤脚基础埋深较浅，防洪标准较低，存在安全隐患。2008年9月，大峃镇政府决定重建。重建防洪堤两岸河床控制宽度30米，全长824米，堤顶高程61.61～65.70米，堤防等级4级，防洪标准20年一遇。堤型采用重力式挡土墙型，迎水坡采用1∶0.25，背水坡采用1∶0.2。防洪堤基础为15厘米厚C15素砼垫层，堤趾处设深宽为40厘米的C20钢筋砼梁。迎水面采用50厘米厚M10浆砌块石，背水面采用400土工布防渗，其余为干砌块石。2009年2月招投标，4月开工、10月完工。总投资130万元。

玉壶外村防洪堤

位于玉壶镇外村，建设内容为建玉泉溪外村边上段930米堤防，堤高6.5～7.5米，堤顶宽0.6米，堤防等级4级，建设标准20年一遇，项目投资总额140万元，其中省级专项补助资金56万元，地方配套资金84万元。2007年10月开工，2008年6月完工。2009年1月通过验收。

双桂宝澍防洪堤

位于峃口镇双桂宝澍村。原堤为鹅卵石干砌石，防洪标准低，2005年受台风影响，桂溪流域发生洪水，防洪堤损毁严重。该堤防由两部分组成，宝澍段堤防位于桂溪左岸，长228米，堤防等级4级，建设标准20年一遇；三条碓段防洪堤位于桂溪右岸，长460多米，堤防等级5级，建设标准10年一遇，均为重力式挡墙结构。堤防建成,保护村民864人的人身安全。2011年11月开工,计划于2012年2月完工,总投资78.62万元。

1991—2011年文成县防洪堤建设情况一览表

表9-7

序号	堤防名称	堤址	等级(级)	防洪标准(年)	堤长(米)	其中		堤高(米)	堤顶宽(米)	建成日期(年月)
						右岸	左岸			
1	下排坦开发区堤	珊溪镇下爿坦村	5	10	1000	1000	—	4.5~6.0	1.0~1.2	1998.12
2	黄坦门前垟堤	黄坦镇前巷村	5	10	618	320	298	3.5~5.5	0.60	1999.12
3	珊溪百万山堤	珊溪镇下爿坦村	5	10	897	897	—	4.0~4.5	1.5~2.0	2003.12
4	巨屿开发区堤	巨屿镇垟尾村	5	10	2100	2100	—	6.0	0.60	2003.12
5	龙背际门坑堤	玉壶镇龙背村	4	20	2400	1200	1200	5.0~6.0	0.60	2003.12
6	周壤大坑堤	大峃镇大坑村	5	10	3100	1550	1550	1.5~3.6	0.5~0.6	右2004.10 左1977.10
7	周壤周墩坑堤	大峃镇周墩村	4	20	2200	1100	1100	1.6~3.8	0.5~1.8	2004.12
8	巨屿双坑口堤	巨屿镇垟尾村	4	20	734	344	390	3.2~4.0	0.60	2006.12
9	珊溪南林坑堤	珊溪镇南阳村	5	10	1300	1000	300	2.5~3.5	1.5~3.0	右1993.12 左2007.3
10	峃口小九溪堤	峃口镇九山村	5	10	600	—	600	4.0~14.0	0.60	2007.8
11	南田坑堤★	南田镇南田村	5	10	5000	2500	2500	2.4~3.1	0.4~4.5	2007.10
12	黄坦第三份堤	黄坦镇云峰村	5	10	153	—	153	2.4~2.7	0.60	2007.12
13	山根垟避震小区堤	珊溪镇山根村	4	20	745	745	—	3.5~4.2	1.2~2.0	2007.12
14	坦岐下湾堤	珊溪镇坦岐村	5	10	900	—	900	3.5~4.6	1.20	2007.12
15	黄坦小瓦峰坑堤	黄坦镇前巷村	5	10	356	243	113	2.2~3.2	0.60	2007.12
16	黄坦新楼桥堤	黄坦镇新楼村	5	10	632	300	332	2.6~8.1	0.60	2007.12
17	黄坦新塘水口堤	黄坦镇新龙村	5	10	162	—	162	3.6~4.2	0.60	2007.12
18	黄坦垟尾坑堤	黄坦镇云峰村	5	10	321	191	130	1.6~3.2	0.60	2007.12
19	黄坦周岙水口堤	黄坦镇周岙村	5	10	570	425	145	1.5~3.1	0.60	2007.12
20	大峃徐村堤	大峃镇下徐村	4	20	562	562	—	4.8~7.5	0.60	2008.3
21	巨屿方前堤	巨屿镇穹口村	4	20	1621	—	1621	6.55	0.60	2008.4
22	东垟沙洲东叉河堤	巨屿镇垟地边村	5	10	3185	1591	1594	3.0~4.0	7.00	2010.10
23	周壤大壤坑堤	大峃镇项山村	5	10	3960	1980	1980	1.5~3.5	0.5~1.2	2008.10
24	县城泗溪堤★	大峃镇下徐村至樟台	4	20	11000	5500	5500	4.8~7.5	0.60	2009.5
25	龙川龙溪堤★	大峃镇下田村	5	10	4130	2065	2065	3.0~3.3	0.8~1.2	2009.6
26	公阳坑堤★	峃口镇公阳村	5	10	2480	1245	1235	2.0~4.0	0.60	2009.7
27	上林林岩坑堤	玉壶镇林岩村	5	10	320	160	160	5.0~13	0.6~0.8	2010.3
28	珊溪坑堤★	珊溪镇街头村	4	20	3720	1800	1920	3.5~5.5	0.8~2.0	右2010.1 左2010.5
29	大峃象溪堤	大峃镇珊门村	4	20	526	426	100	3.1~5.0	0.60	2010.5
30	珊溪百万山庄堤	珊溪镇下爿坦村	4	20	427	427	—	3.2~4.2	0.8~1.5	2010.10
31	玉壶东溪堤	玉壶镇碧溪村	5	10	2880	1440	1440	3.0~10	0.60	2010.10
32	大峃凤溪堤	大峃镇周村	4	20	5000	2500	2500	3.0~4.0	0.60	2010.10
33	东溪碧坑堤	玉壶镇碧坑村	5	10	160	—	160	2.5~3.0	0.60	2010.11
34	李井坑堤★	珊溪镇新建村	5	10	5490	2620	2870	3.2~4.5	0.8~2	右2010.2 左2010.12
35	峃口溪口堤	峃口镇溪口村	5	10	1200	1200	—	1.5~2.3	0.60	2011.2

续表 9-7

序号	堤防名称	堤址	等级（级）	防洪标准（年）	堤长（米）	其中		堤高（米）	堤顶宽（米）	建成日期（年月）
						右岸	左岸			
36	二源驮田坑堤*	百丈漈镇驮田村	5级	10	2753	1376.5	1376.5	3.5～5.0	1.2～3.5	2011.4
37	黄坦污水处理厂堤	黄坦镇沙垟村	4级	20	267	—	267	0.5～4.9	0.60	2011.7
38	三港殿至五四堤	玉壶镇五四村	5级	10	9500	4750	4750	6.5～7.5	0.60	2011.9
39	龙川中林堤	大峃镇中林村	4级	20	1100	550	550	2.1～5.4	0.7～1.0	2011.11
40	大峃龙溪堤	大峃镇下徐村	4级	20	1466	673	793	4.8～7.5	0.60	2010
41	枫树龙坑堤	玉壶镇五一村	5级	10	2760	1380	1380	4.5～9.0	0.60	2011.1开工

说明：*为小流域综合治理防洪堤，资料由县水利局提供

第二节　清水河道工程

县境水系发达，河流众多。全境大小河流452条，总长度4601公里，其中省、市级河流各1条，境内河长分别为26公里、19公里；县级河流19条，长168公里；乡级河流432条，长4388公里。其中控制河宽10米以上河流283条，长812公里，水域面积20.7平方公里，水域容积14552.8万立方米。2002年编成《文成县泗溪河综合治理规划方案》。同年4月，泗溪河综合治理首期工程进场施工。2007年东溪综合治理工程开工。2008年3月开工建设玉泉溪综合治理首期工程。2010年10月珊溪综合治理工程一标段开始施工。并对黄坦坑、龙溪、象溪、凤溪、桂溪、公阳坑、李井坑、黄垟坑、门前坑、山坑、西坑、梧溪、外垟坑、富洋坑、金星坑、毛坑、蔡头坑、依仁坑、驮田坑、富岙坑、稽垟坑21条溪坑进行清淤疏浚，启动建设玉泉溪上林段生态型河道建设示范点2公里，东溪坑、玉泉溪、下垟坑3条生态河道建设6.2公里。至2011年年末，全县投入资金5.89亿元，建设万里清水河道160.69公里。

玉泉溪治理工程

位于玉壶镇。上游起点上村壶山路栋头桥，下游终点外村三港殿，长度2500米，工程项目包括拦水橡皮堰坝、堤防加固、排污涵箱、亲水平台、河道疏浚等，项目总投资4300万元，分二期实施。一期工程玉泉溪寿星桥至克木大桥段，长490米，投资252.75万元。2008年3月开工，10月竣工。二期工程涉及壶山路栋头桥至克木大桥段660米和寿星桥下游1350米河段，主要建设内容为拦水堰坝9座，排污管涵1753.48米，亲水平台4个，观景平台14处，公园一座，面积为3430平方米，广场一个，面积为3167平方米，并在其相应河道中央建一座音乐喷泉或水幕电影设施和六角亭一个，占地26.4平方米，以及河道疏浚和生态修复建设等，概算投资4370万元。该工程建成，防洪能力大为提升，防洪标准从10年一遇提升到20年一遇。尤其是一期工程，使玉泉溪水质得到有效改善，河床水位抬升1.5米，让原来季节性缺水河道，变成清水悠悠的小湖绿洲。

图9-8　玉壶镇玉泉溪上林段生态河道示范工程施工现场（来自文成新闻网 2011年摄）

珊溪坑治理工程

图9-9　珊溪坑新貌(珊溪镇提供 2011年摄)

位于珊溪镇。距上游珊溪水库坝址500米。主要建设内容为新建及加高、加固堤防2055米,装饰两岸堤防及沿江人行道1460米,疏浚河道1450米,新建拦砂堰坝1座,橡胶坝、砼拦水堰坝各2座,排污箱涵2860米。堤型设计采用重力式挡土墙结构形式,堤防级别4级,防洪标准为20年一遇。投资2042.67万元,其中省补助107万元。因工程建设投资较大,分两期实施。一标由浙江景昌建设有限公司承建,承包合同价506.54万元,实际投资600万元,2010年10月开工,2011年12月完工。二标由宁波盛宏建设工程有限公司承建,承包合同价940.79万元,实际投资1200万元,2011年6月开工,计划于2013年4月完工。

东溪坑治理工程

位于玉壶镇东溪社区,为全县首条农民自治小流域综合治理工程。2007年开工建设,主要建设项目包括两岸防洪堤加固建设、河道清淤疏浚、拦水堰坝、亲水踏步与廊道及生态文化景观等,工程概算总投资2000多万元。至2011年年底,已建两岸防洪堤399.57米,疏浚河道400米,新建堰坝5座总长277.8米,总投资358.13万元。

第三节　小流域治理工程

2005年,开始实施河道溪坑小流域治理工程。2006年2月,开工建设南田坑小流域治理工程。2007年3月,启动黄坦坑小流域治理工程建设。2009年10月,实施公阳坑小流域综合治理工程。3个工程投资1298.47万元

南田坑小流域治理工程

位于南田镇境内。工程以防洪为主,兼顾灌溉和城市规划等综合效益。2006年2月开工、12月完工,2007年2月竣工验收,投资346.47万元。工程建设内容包括建防洪堤5000米,整治河道2.5公里,修建水库1座,增加库容15万立方米,新修建堰坝9座长100米,衬砌灌溉渠道6680米,修建排水渠1270米,新建泵站6座动力30千瓦,机耕路2320米,机耕桥6座及相应配套工程。项目实施后流域防洪能力从5年一遇提高到10年一遇;农业生产条件及生态环境得到明显改善,新增灌溉面积1000亩,改善灌溉面积3300亩,新增除涝面积1000亩,年节约水量45万立方米,新增农业产值150万元,新增粮食产量620吨,亩产增加150公斤,农民人均收入增加160元,良种覆盖率达到95%以上,农田灌溉及除涝保证率达到85%,农业机械作业率达到60%,农业生产社会化服务率达到80%,经济、社会、生态效益明显。

黄坦坑小流域治理工程

位于黄坦镇东北王宅片，涉及云峰、新楼、前巷、共宅、新龙、周岙等6个行政村，由县财政局、黄坦镇政府共同组织实施。是一处以防洪为主，兼顾灌溉和城乡规划等综合性效益工程，项目区内经封山育林、退耕还林、种植水土保持林，水源、堤防、农田路渠基本建设，发展高科技产业，形成立体开发，促进整个流域生态平衡，改善农村人居环境，推进人与自然和谐发展。建设内容包括整治耕地4500亩，其中改造中低产田4200亩，园地改造300亩，经济林改造500亩；治理小流域集雨面积7平方公里，加固、改建山塘水库6座，恢复库容5万立方米；河道整治5公里，新、改建防洪堤6.02公里，堰坝12座长70米，渠道8.56公里（其中灌渠5.72公里，排水渠2.84公里），新建泵站3座；新、改建机耕路9.77公里，机耕桥3座，及相应渠系配套工程；营造农田保护林、水土保持林600亩。2007年3月15日开工，2007年12月竣工验收，总投资518万元。黄坦坑防洪能力从1年一遇提高到10年一遇；新增灌溉面积1000亩，改善灌溉面积3000亩，新增除涝面积500亩，年节约水量40余万立方米，新增农业产值110万元，农民人均年收入增加220元左右。

公阳坑小流域综合治理工程

位于峃口镇公阳小盘地，建设内容包括重建防洪堤2.7公里，河道清淤，修建堰坝9座160米，改建堰坝1座25.7米，修建机耕路1.24公里，修建浇灌渠道4.06公里以及相应渠系配套设施。工程建成，形成公阳坑流域防洪闭合区，防洪标准达10年一遇，改善流域农田灌溉面积6000亩，受益公阳、上岳头、水碓宅、鹿堡、金岭、驮尖6个行政村6000多人。工程自2009年10月开工建设，2010年4月完工，投资434万元。

第四节 小流域生态工程

2008年开始实施山区小流域农业生态工程。2009—2011年实施李井坑、驮田坑、玉泉溪工程项目3个，改善农田面积1.75万亩，投资2322.55万元。另温州市珊溪水利枢纽管理局组织实施黄坦坑水土保持生态清洁型小流域建设工程，投资488万元。

李井坑山区小流域农业生态工程

位于珊溪镇李井坑，项目涉及新建、李夏、联新、井市、徐岙、平坑、吴新、环秀8个行政村8000多人。工程主要建设内容为新建堤防4.8公里，改建堤防0.91公里，新建堰坝14座，改建堰坝7座，新建渠道5.33公里，维修渠道0.78公里，新建机耕路0.5公里，维修机耕路0.36公里。2009年1月开工，2009年12月完成。投资568万元。项目实施后，李井坑防洪能力从5年一遇提高到10年一遇，新增和改善农田面积3800余亩，林业园地500余亩，排灌面积1000余亩，水利用系数达0.8，灌溉保证率达75%以上，以往遇雨不能防洪排涝，遇旱不能引水灌溉状况大为改善；同时通过河道清淤，防洪堤、防护林、农田路渠配套建设，美化村容村貌，人居环境随之改善。

驮田坑山区小流域农业生态工程

位于百丈漈镇二源驮田坑，涉及二源、湖底、驮田3个行政村783户2737人，属2009年度省级山区小流域农业生态项目。建设内容涉及水利、农业、林业、科技诸方面，新建和改建防洪堤3.13公里，堰坝7座，灌排渠道12.44公里，蓄水池10座，机耕路7.96公里，营造农田防护林100亩等，受益面积6000亩，其中耕地4500亩，园地1500亩。2009年3月水利部门初步设计报告通过审查，同年10月进场施工，2010年12月完工，2011年1月通过竣工验收。投资总额594.55万元。

玉泉溪山区小流域农业生态工程

位于玉壶镇境内。2010年7月工程初步设计报告通过审查。园区面积7200亩,其中耕地面积4000亩,园地3200亩。项目建设内容为新建防洪堤2.35公里,维修防洪堤1.02公里;新建堰坝20座457米,改建堰坝2座73米;新建灌溉渠道14.4公里,修复灌溉渠道1.3公里,新建排渠1.49公里,及相应渠系配套工程;新建泵站2座,改建泵站1座;新建机耕路4.69公里,改建机耕路7.02公里;营造农田防护林100亩,经济林600亩;配套电动喷雾器6台,微耕机6台;科技示范推广项目6个,技术培训1000余人次。工程投资1160万元。园区建成新增灌溉面积3000亩,改善灌溉面积3500亩,年节水12万立方米,防灾减灾能力提升到10年一遇,受益五一、垟头、五四、中村、底村、龙背6个村3034户12135人。

黄坦坑水土保持生态清洁型小流域建设工程

位于珊溪水库上游黄坦镇境内,由温州市珊溪水利枢纽管理局组织实施。建设项目以水源保护为中心,因地制宜,以"生态修复、生态治理、生态保护"对整个流域进行水土保持分区,采取封禁、水土流失治理、垃圾处置、污水处理、植树种草、湿地建设、河道清理等综合措施,重点解决流域内污水、垃圾及河道淤积等环境污染问题,保障珊溪水库入库水质清洁安全。2008年5月开工,2009年5月完工,2009年12月竣工验收。投资488万元,其中中央投资165万元、省水利厅补助20万元、地方配套303万元。整个项目建设内容包括设置封禁标牌26处,矿山治理4500平方米,建筑生活污水处理站2处,配置垃圾箱490只,村镇植树种草186亩,河道清理垃圾1.3万立方米,河道两岸植树种草2500米,建拦沙曝气坝11处,人工湿地24亩。

第三章　防汛　防旱

受地理和气候条件影响，县境洪灾、旱灾较频繁，历届县委、县政府均将防汛防旱作为重要职责和任务。县政府防汛指挥部总指挥由分管副县长担任，构建县、乡、村三级防汛防台组织体系，落实防汛防台行政首长负责制、分级分部门岗位责任制和责任追究制，从组织领导到灾情预报、防汛调度、抢险救灾，均有一套完整工作程序。有灾无灾按有灾准备，大灾小灾按大灾防范，切实做到有备无患。

第一节　应急预案与预警监测

1991年始，县防汛指挥部办公室在每年汛期实行24小时值班制度，对全县汛情、旱情、灾情实行预警监测。县域编制防洪抗台、防旱抗旱应急预案始于2003年。至2011年，县级、10个乡镇、384个行政村和重点水利设施(工程)，均备有防汛防台应急预案，并开展防汛防台预案实战演练，提高各级抢险队伍战斗力。

应急预案

预案编制　2003年始，修编县级《防洪抗台预案》《防旱抗旱应急预案》，同时编成16座病险山塘水库《应急抢险方案》。2004年，编成全县33个乡镇《防洪抗台预案》《防旱抗旱应急预案》。2006年举办乡、村两级防洪预案编制培训班，为修编防洪预案提供技术指导。全年重编乡镇防洪预案33个，新编村级防洪预案142个。2008年修编《文成县防御台风应急预案》，完善各乡镇防台预案，提高预案针对性和可操作性；全县384个村全部编成防洪预案。2010年按照预案编制体系化要求，县级编制《文成县防汛防台抗旱应急预案》《文成县防台风应急预案》《文成县危险区域人员转移应急预案》。县防汛指挥部、国土资源局、水利局、交通局、教育局、电业局、气象局、旅游局等重点成员单位，按照防汛防旱职责相应编制本部门单位防汛防台应急预案。乡级编制《防汛防旱应急预案》《防汛台风应急预案》，村级编制《防汛防台工作预案》。2011年，编制《文成县山洪灾害防御预案》，10个乡镇和384个村编制《山洪灾害防御预案》。

预案演练　2006年，首次开展山洪灾害预案防御演练和山洪防御试点工作，以富岙为试点单位，投资33万元，建设富岙桥村两岸防洪堤，编制富岙坑小流域山洪灾害防御预案，制作村庄山洪灾害风险图和防灾避险防御图。5月进行山洪灾害预案防御演练，市防办、县分管领导，县防汛防旱指挥部单位成员及水利局科室、各乡镇分管负责人、水利员120余人参加观摩。2009年6月底，在大峃镇岭脚村举行全县防汛防台应急预案演练，增强乡镇领导、水利员防汛抢险应战实践能力，参加演练150多人。2011年6月，在珊溪镇新西坑村举行全县防汛防台预案实战演练，县防汛指挥部各

图9-10　预案演练(来自文成新闻网 2011年摄)

成员、各部门、各乡镇分管领导和水利员等100多人参加现场观摩。同年9月,分别在峃口镇、高岭头电厂开展防汛预案演练,检验在发生灾害时各项应急措施到位情况,提高防汛抢险实战能力,推进防御洪水灾害工作有序开展,提高防汛预案可操作性,最大限度地减少人员伤亡。

预警监测

1991年以后,县防汛指挥部办公室在每年汛期(4月16—10月15日),实行每天24小时值班制度,负责上情下达、下情上传,掌握汛情、旱情、灾情和水利工程安全运行情况;编制和发布汛情、旱情通告;检查督促、联络协调相关部门单位;开展防汛防旱设施建设和毁损工程修复及防汛防台抗旱等工作。2011年,列入全国第一批县级山洪灾害防御非工程措施建设县。投入600多万元,进行防台指挥中心改造,山洪灾害预警软件、硬件平台建设和开发。

2003年,开通各乡镇防汛防旱电子信箱和移动办公助理,建立防汛防旱会商平台,建成8座小㈠型水库水情遥测信息系统。2006年投入530万元,建设县防汛指挥中心防汛抗台远程视频会商系统、视频会议系统、山洪灾害预警系统和无线广播配置等,上联省市,下通乡镇,通过防汛信息化网络管理平台,实现各类防汛信息数据共享。同年7月24日15时,县政府首次通过视频会议系统,召开抗击5号台风"格美"专题会议,为指挥抗台防汛发挥重要作用。2009年5月,出台《文成县基层防汛防台体系建设实施方案》,投入60余万元,建设包括县防汛指挥中心、县政府、气象局和33个乡镇共36个会场,顺利通过市"防指"基层防汛体系建设验收。投入43.6万元新建小流域遥测站点12处、研建实时雨水情预警系统平台。2010年10月,编成《文成县山洪灾害县级非工程措施建设实施方案》,全年投入93万元,建设防汛远程会商系统,县防汛指挥部通过专网与33个乡镇连接,实现防汛视频会商到乡镇;委托峃口水文站维护峃口水文观测点,新建桂山、石垟等雨情遥测站6处。至此,全县水文观测点总数达45处,平均30平方公里1处。2011年,文成县列入全国第一批县级山洪灾害防御非工程措施建设县。投入600多万元,进行防台指挥中心改造,山洪灾害预警软件、硬件平台建设和开发,监测设施、预警平台、预警设施配置获得新突破,全年建成气象自动监测站3座,新建小流域水位遥测站6处,改造水库水位遥测站6处,建3G视频监控点7处,北斗卫星通信站2处,安置小流域简易水位观测器37个,人工观测雨量站21处。配置卫星电话2台、对讲机10台,建设乡村无线预警广播34处,在重要部位建设LED显示屏10处,给重点小流域山洪影响区域配置手摇警报器130只,384个村配置铜锣。至2011年年底,全县建成雨水情自动遥测站68个,实现水文数据自动采集、存储、传输和发布。

第二节 防范措施

防汛防范措施主要有建立抢险队伍,防汛物资准备,避灾场所建设,开展安全检查等。1991—2011年,建立县、乡、村三级抢险队伍,有人员4200人。新建防汛物资仓库,备足防汛物资,建成避灾场所353处。建章立制,形成长效机制,落实防汛工作责任制,重点水利设施由专人负责巡查。

抢险队伍

2004年,组建民兵抢险应急分队30支932人。2006年,新组建民兵抢险应急分队1支29人。至2011年年底,建立县、乡、村三级抢险队伍,总人数达4200人。

防汛物资

至2011年年底，县水利局新建设物资仓库120平方米，县民政局新建物资仓库790平方米，各乡镇防汛物资仓库面积50平方米以上，并备足常备防汛物资。同时建立防汛抢险大型机具应急调配机制，对辖区内工程队、个体私营挖土机、推土机、工程车等大型机具进行统计登记，以便需要时随时调用。

避灾场所

2006年3月，开始建设避灾场所。至2011年年底，全县建立避灾场所353处，其中县级避灾中心2个、乡级避灾场所10个、村级避灾点341个。避灾场所总面积12.37万平方米，可容纳3.66万人，其中111个避灾点实现规范化建设，配有相应床铺、被褥等设施。并投入146万元，用于山洪灾害防治项目建设。

安全检查

2000年3月，县防汛防旱指挥部制定《关于落实水利工程行政首长负责制的实施意见》，对全县33座库容10万立方米以下水库、3座在建水利水电工程及巨屿防洪堤，落实行政首长责任人及配备具体负责人和管理员。2003年出台山塘水库大坝巡查管理办法，建立山塘水库安全巡查制度，64座山塘水库配备巡查管理员。先后两次组织人员，分5个专业组开展防汛安全大检查，提出整改措施93条，当场整改52条，限期整改41条。

2004年出台《文成县水库大坝巡查实施意见》，规定非汛期。建立各乡镇防汛抗旱领导小组，分级落实防汛工作责任制，县政府与各乡镇、水利局与各电站分别签订防汛工作责任书，落实小(2)型以上水库总负责人、具体负责人、安全监督负责人和技术责任人。

2006年，开展山洪灾害防御知识宣传，编印《山洪灾害防御常识手册》1000份发至各行政村。调整33个乡镇防汛抗旱领导小组；完善山塘水库管理和安全巡查制度，组织全县山塘水库巡查管理人员以及各电站安全员、运行工进行安全生产及业务培训4期800多人次。2008年召开全县山塘水库巡查员培训会，接受培训500多人。

2009年始，乡级建立防汛指挥部，指挥部下设办事机构，村级建立防汛领导小组。全年召开大小全县水利系统安全生产工作会议10余次，开展水利安全生产咨询、安全知识展览，组织水利从业人员举办安全生产培训班7期998人次，安全生产知识讲座2次240人次，应急救援预案演练1次150人。

2010年，组织召开全县小水电运行工培训会议、全县山塘水库巡查员培训会、在建水电工程安全生产会议暨安全隐患排查治理年动员会以及防汛安全知识宣讲会议等大小安全会议6次，重点落实“两查两保”专项整治行动，对全县1000多名水利从业人员进行安全生产知识培训。对汛前安全大检查中发现的安全隐患问题，进行集中整理，督促责任单位在主汛期前整改完毕，并将整改落实情况报县防汛办备案。

2011年，县政府与各乡镇，水利局与各电站业主分别签订防汛工作责任书；区域调整后，督促各乡镇对防汛抗旱预案进行修编。落实55座水库防汛责任人，中型水库上报省防指在《浙江日报》公示，小型水库上报市防指在《温州日报》公示。库容1～10万立方米重点山塘安全责任人由县防指公示，其他由乡镇政府发文落实。

第三节　重大抗灾纪实

县域为台风、干旱灾害多发地区。据《文成年鉴》记载,1991—2011年,受台风影响年份有16年,共发生台风灾害36次,每年平均1.7次;受干旱灾影响年份有10年,共发生旱灾18次,每年平均0.85次。每遇灾害,县防汛防旱指挥部均组织人员第一时间到达现场进行抢险抗灾。

抗洪纪实

1991—1999年,县境台风引发大小洪涝灾害11次。2000年1月1日开始,世界气象组织(WMO)台风委员会对西北太平洋和南海热带气旋实行统一命名。1991—2011年,县域先后遭受"碧利斯""森拉克""云娜""艾利""海棠""麦莎""泰利""桑美""圣帕""韦帕""罗莎""海鸥""凤凰""南玛都"等37次台风袭击(详见卷三自然灾害)。其中尤以2005年9月台风"泰利"引发山洪灾害最为严重。该志重点记述该次抗洪救灾情况。

2005年8月31日上午,县委召开全县防御13号台风"泰利"紧急会议,将防御13号台风作为压倒一切的中心工作来抓,要求县机关各部门单位、各乡镇领导立即进岗到位,加强防台值班,水库管理人员和巡查员立即到位,坚守岗位;树立"防重于抢"思想,克服麻痹侥幸心理,做好防大汛、抢大险、抗大灾准备。会后,各乡镇立即开展水利工程安全检查,对局部危险地段采取紧急防范措施。最大限度地减少人员伤亡和灾害损失。至9月1日20时,全县疏散转移地质灾害点、危房、低洼易淹地段等危险地带人员3万余人。

受台风"泰利"影响,引发短历时强降雨。从9月1日0时至2日8时,全县过程平均降雨量35.7毫米,最大单点石垟降雨量400.8毫米,17—20时3小时降雨量175.1毫米,17—22时5小时降雨量264.1毫米,风力8级以上,局部11级。台风暴雨导致山洪暴发和多处泥石流、山体滑坡灾害。9月1日19时30分,枫龙村发生泥石流灾害,造成村庄依山梯建的4幢24间房屋连环塌压,纵度达150米,4间房屋16人被压埋。接到险情后,县里紧急作出决策:立即组织当地乡、村干部群众赶赴现场抢险;县长吴开锋亲率由县人武部、武警中队组成的抢险队,不顾公路多处塌方,连夜赶赴现场,组织指挥抢救;公安部门紧急抽调离事故发生地相对较近的西坑、南田派出所10多名干警和西坑卫生院4名医生赶赴现场救急;卫生和国土部门紧急派出8位医务人员和技术人员赶赴现场进行急救。本次台风,全县发生危及人员伤亡的山体滑坡、泥石流、房屋塌压灾害6件,死亡20人,失踪2人。33个乡镇受灾22.8万人,倒塌、损坏房屋332户1021间;所有公路发生塌方,电力、通信设施被毁,对外交通、通信中断,直接经济损失9.5亿元。

9月9日,国务院副总理回良玉、省委书记习近平等领导到文成视察灾情、指导开展抗灾和救灾工作。县委、县政府把救灾工作作为头等大事,在第一时间内组织人员进行灾情核查登记,落实受灾群众生活安置。成立民政救助、农业水利设施恢复等抗灾救灾工作小组,分赴全县33个乡镇开展核灾救灾工作。交通、电力、通信等部门迅速行动,组织精干人员抢通道路交通,抢修电力和通信设施,二日内全县恢复通电、通电话、通公路。农业、水利部门深入农村,帮助农户清除积水,减轻农作物受损程度。民政部门迅速下拨资金和救灾物资,帮助灾民暂渡难关。相继发出《关于13号台风灾民安置工作的若干意见》《关于切实做好倒房恢复重建工作的通知》,重点帮助房屋全倒塌户重建家园。

抗旱纪实

2000年5月出现50年一遇旱灾,月降雨量仅常年2成,早稻、晚稻推迟插秧,部分乡镇饮水困难;农作物受灾面积4000多亩。针对旱灾,县委、县政府领导深入基层现场、田间地头检查指导,解决抗旱中出现的问题和困难;

县防汛防旱指挥部及时预测分析、发布旱情信息，指导、协调抗旱工作，各乡镇组织人员全力抗旱。

2003年6月底—8月初，旱情尤其严重。6月份降雨量只有常年的4～5成。进入7月，又出现出梅后连续高温晴热天气，日气温在35℃以上的达30天，40℃以上有9天，其中7月25日最高气温达到41.8℃。全县山塘水库见底的占85%，接近死水位的占10%。水田受旱7.49万亩，占水田总面积78%，旱地受旱4.8万亩，占旱地总面积94%。其中水田无水插秧3340亩，开裂3.17万亩，晒白1.59万亩，农作物卷叶1.2万亩，枯死2580亩。全县174个行政村，7.83万人生活用水困难，3.58万头畜禽饮水困难，黄坦、周壤、西坑、公阳、双桂等地尤为严重。面对严重灾情，县、乡镇领导深入田间地头研究对策，水利部门多次组织人员到各地帮助制定抗旱救灾方案，全县筹集抗旱资金204万元，其中县级40万元，乡镇50万元，村级自筹114万元，配备或维修抗旱设备，新购置各种抽水机56台，水泵78个，重新启动翻水站8座。全县投入抗旱2万多人次，因地制宜采用拦水、抽水、挑水等方式开展抗旱，做好水稻引水灌溉和晚稻秧田保苗，尽量将旱灾损失降到最低程度。

2004年6—8月，夏秋连旱。全县受旱13.4万亩，占耕地总面积90%；人畜用水短缺。县政府下拨资金30多万元，用以购买抽水机、水管等抗旱用具。全县投入抗旱7000多人次，投入抗旱机具172台。金垟驮垟尾村自筹资金2000多元，购买高压抽水机6台，为村里80多亩水田解"渴"。县消防队出动消防车十几车次，义务送水30多吨，为龙川等地村民缓解吃水困难。水利部门对辖区内的水资源进行统一调度，或开源节流，或互相支援，向农民传授间歇灌溉、微灌技术等保水、节水等科学方法，推广农作物遮阳网覆盖、秸秆杂草覆盖、培土覆土等实用抗旱措施，降低旱情影响。

第四章　水电站

1991年年初,全县水电站82座,装机容量4.85万千瓦。1991年以后水电事业持续发展。1994年10月,建设期历时22年、装机容量1.6万千瓦的高岭头一级水电站竣工投产。同年县政府出台《关于加快小水电资源开发的若干规定》,成立县电力开发投资有限公司,县域水电开发进入上台阶、提档次、大发展时期。1995—2005年,全县新建水电站46座、扩建电站26座,新增装机容量30.41万千瓦,比1950—1994年45年间装机容量总和5.02万千瓦增加5倍多。2006年,被水利部命名为"中国农村小水电之乡"。后又新(扩)建百万山、磨石潭、小九溪等6座水电站,新增装机容量1.54万千瓦。2011年,全县水电站88座,装机容量38.21万千瓦,其中新建水电站54座31.24万千瓦;扩建电站29座,增加装机容量2.48万千瓦。88座水电站中,国有电站7座25.86万千瓦,占全县水电站总装机容量67.7%;集体电站19座5500千瓦,占1.4%;股份制电站58座11.31万千瓦,占29.60%;私营电站4座4900千瓦,占1.3%。温州市属水电站3座24.82万千瓦,占64.96%;县属水电站85座13.39万千瓦,占35.04%。

第一节　文成县属水电站

1991年,县属水电站80座,装机容量1.15万千瓦。2011年,县属水电站85座,总装机容量13.39万千瓦。85座水电站中,2000千瓦以上水电站14座,装机容量96490千瓦;1000千瓦以上2000千瓦以下水电站18座,装机容量20410千瓦;1000千瓦以下水电站53座,装机容量16980千瓦。1997—2011年,废弃或停止发电水电站13座,装机容量5175千瓦。

2000千瓦以上水电站

高岭头一级水电站　位于西坑畲族镇境内,坝址位于飞云江水系峃作口支流高岭头溪上游岗山村,厂房建在赤水垟村下背自然村,为跨流域开发、引水式电站。1987年11月动工,1994年10月下闸蓄水,1995年1月投产发电,2002年12月竣工验收。拦河大坝为变厚抛物线混凝土双曲拱坝,为当时浙江境内首座抛物线型混凝土拱坝。由丽水市水利电力工程处第二工程公司承建。发电引水系统长5806.5米,其中隧洞4186.5米,压力钢管1019米。厂房占地面积631.5平方米,建筑面积1106.5平方米。设计水头450米,为全县最高水头电站,水轮机过水发电流量每秒1.435立方米,装机容量2×8000千瓦,年发电量4146万千瓦时,年利用时间2591小时。投资8582.15万元。

图9-11　高岭头一级水电站大坝(县电投公司提供　2002年摄)

1995—2011年，发电量71922万千瓦时，运营收入32479万元。

高岭头二级水电站　系县域首座中外合资股份制水电站，坝址位于飞云江支流梧溪苍头坑附近，厂房位于西坑畲族镇岭后社区苍埄村三板桥自然村高岭头溪与梧溪交汇处。1993年6月开始筹备，1995年12月动工兴建，1998年12月投产发电，2001年6月通过竣工验收。拦河坝为混凝土四心双曲拱坝，由金华市水电工程处承建。引水隧洞长3225米，压力管道长277.746米。厂房占地面积2116.45平方米。设计最高水头172米，发电流量每秒17.24立方米，装机容量2×12500千瓦，年设计发电量5371万千瓦时，年利用时间2148小时。投资14137.94万元。1999—2011年，发电量69727.73万千瓦时，运营收入33316.4万元。

高岭头三级水电站　坝址位于飞云江支流高岭头溪中游、西坑畲族镇岭后社区，厂房坐落该镇岭后苍埄村三板桥自然村。1997年4月开始筹建，1998年8月破土动工，2001年9月投产发电。拦河大坝为细骨料混凝土砌块石双曲拱坝，由温州市水利电力工程处承建。引水隧洞长4945.8米，压力管道长232.7米。设计水头205米，流量每秒1.583立方米，装机容量2×2500千瓦，年均发电量1000万千瓦时，年利用时间2498小时。发电厂房占地面积698.1平方米，建筑面积683.79平方米。工程投资2983万元。发电机组出线电压等级10千伏，用YJV22-3×95电缆直埋至高二电10千伏开关室，经高二电文变通过高文1039线，直送县城官山背110千伏变电所。2002—2011年，发电量8778.98万千瓦时，运营收入4748.54万元。

东溪三级水电站　坝址位于飞云江支流玉泉溪上游朱雅境内，厂房建在玉壶镇八角潭村附近。1996年5月开始筹建，1998年1月动工兴建，2000年4月竣工，5月通过机组启动验收。拦河大坝为混凝土抛物线变厚双曲拱坝，由浙江省水电建筑第一工程处承建。引水隧洞总长4474.44米。压力钢管长220.55米，厂房占地面积786.02平方米。设计水头340米，流量每秒3.64立方米。装机容量2×5000千瓦，年发电利用时间2696万千瓦时。投资8818万元。设SFS8-31500/110型主变1台，输送电以110千伏1回出线送县城官山背变电所与温州电网连接。2000—2011年，发电量29144.8万千瓦时，运营收入13868.24万元。

东溪四级水电站　地处玉泉溪支流东溪中下游，玉壶镇境内。大坝位于东溪三级水电站厂房下游林坑村附近，厂房建在吕溪与东溪汇合口附近山脚。坝址距县城27公里。1998年10月开始筹建，1999年2月动工兴建，2004年10月建成发电。大坝为细骨料混凝土砌块石单曲拱坝。发电引水隧洞长2782米，隧洞末端圆筒式调压井高58米，压力钢管长28.06米。设计水头35.5米，流量每秒3.4立方米，装机容量2×1000千瓦，年发电量430万千瓦时。工程投资1229万元。

东溪五级水电站　原名木湾水电站，因电站衔接上游四级电站尾水，故改名。电站位于玉泉溪，玉壶镇与上林乡境内。厂房建在上林乡木湾村门前山脚，距县城22.8公里。2000年11月开始筹建，2002年8月开工建设，2004年12月竣工发电。电站水库系五等工程，拦河坝、发电引水系统、发电厂房为5级建筑物。引水隧洞长2266.67米。厂房面积410平方米。设计水头20.92米，流量每秒4.49立方米，装机容量4×725千瓦，年均发电量600万千瓦时。投资2053.58万元。

坑下山水电站　位于玉泉溪支流林坑溪中游坑下山脚，厂房建在林坑溪下游林坑村附近。1994年5月开始筹建，1996年6月开工建设，1998年7月建成发电。拦河坝为混凝土抛物线双曲拱坝。发电引水系统由进水口、引水隧洞、压力管道等组成，引水隧洞长4290米，压力钢管长355米。厂房建筑面积303.45平方米。设计水头228.5米，流量每秒1.175立方米，装机容量2×2000千瓦，年均发电量1308.6万千瓦时，年利用时间2138小时，工程投资3651.64万元。1998—2011年，发电量11016.61万千瓦时，运营收入4936.97万元。

靛青山水电站　位于大峃镇岭脚村，发电厂房位于靛青山脚。1990年5月建成发电，装机容量3200千瓦，年发电量1274万千瓦时。2000年4月，投资617万元技改增容，次年1月竣工。增加集雨面积17.2平方公里，水库总集雨面积达20.57平方公里；新建引水隧洞42.8米，压力管道545.09米，发电厂房建筑面积594平方米；

装机容量增至7200千瓦,年发电量增至1461.4万千瓦时。1991—2011年,发电量18670.65万千瓦时。

黄鹿水电站 位于黄寮乡黄寮溪(瓯江二级支流)中上游,属股份制开发水电站,业主为温州百丈漈水力发电厂实业公司。1999年1月进场施工,2001年3月竣工发电。发电引水隧洞全长1174米,主厂房占地面积381.25平方米,设计水头75米,单机设计流量每秒3.35立方米,装机容量2×2000千瓦,年平均发电量960万千瓦时。实际投资2641.4万元。

图9-12 靛青山水电站厂房(县供电局提供 2011年摄)

东坑岭水电站 位于东溪乡玉泉溪上游,为玉泉溪流域梯级开发第一级水电站。发电厂房在东溪仟溪林坑埠。属股份制开发水电站,业主为文成县东坑岭水电有限公司。2002年3月动工兴建,2004年1月竣工验收发电。东坑岭、桃坑、蔡坑3座水库,集雨面积14.28平方公里,有效库容122.59万立方米。3条引水隧洞长4278米,压力管道长851.2米。厂房面积954平方米。设计水头414.18米,流量每秒0.5立方米,装机容量2×2500千瓦,年发电量1328.6万千瓦时。投资2987.2万元。

岩门水电站 位于云湖乡岩门,属股份制开发水电站,业主为岩门水电有限公司。1999年5月开工建设,2001年3月竣工验收发电。驮垟水库、下隆葱2座水库总集雨面积31.1平方公里,总库容167.2万立方米。发电引水隧洞总长2232.7米,压力钢管总长233.5米,其中1号引水系统隧洞长1802米,压力钢管长94.5米;2号引水系统隧洞长430.7米,压力钢管长139米。发电厂房面积587.85平方米。装机4台(3×630+1×500),总容量2390千瓦,设计水头分别为90米和123米,流量每秒0.94立方米,年平均发电量550万千瓦时。投资1562.5万元。

百万山水电站 位于珊溪镇,珊溪水电站下游1公里百万山脚,为低水头大流量河床式电站,系飞云江珊溪——九溪区间水能开发第一梯级水电工程。拦河大坝为水力自动翻板门坝,由28扇水力自动翻板门组成。2005年5月开工建设,2007年12月建成发电。设计水头5.6米,流量每秒137.5立方米,装机容量5×1600千瓦,多年平均发电量2057万千瓦时,年利用3041小时。投资6171.6万元。

图9-13 百万山水电站(县电投公司提供 2008年摄)

磨石潭水电站 位于境内瓯江流域林坑溪支流库头坑上,坝址位于南田镇言山村景田自然村,厂房位于南田镇富头村鹿山脚,是一座以发电为单一任务的引水式电站工程。发电隧洞洞长2735米,设计水头145.3米,装机容量2×1250千瓦,多年平均发电量645.28万千瓦时。2001年4月开工建设,2008年4月建成发电,投资1962.33万元。

小九溪水电站 位于峃口镇境内,飞云江支流九溪下游,厂房位于九山村九溪底。1970年以民办公助形式动工兴建,归峃口乡政府管理。1974年2月建成发电,装机容量200千瓦。1980年4月增机1台,容量200千瓦,1983年投入运行。1984年8月,在原拦水坝上游500米处建水库,引水明渠长2576.5米。厂房面积176平方米。年均发电量120万千瓦时。投资62.7万元。2007年1月再次技改增容。技改后水库库容增至25.2万立方米,装机容量2×1250千瓦,年均发电量增至680万千瓦时。技改工程投资1547万元,其中世界银行贷款124万美元。2011年2月竣工发电。

1000～2000千瓦水电站

周山漈下水电站 位于飞云江支流九溪上游,周山畲族乡漈下村,为集体所有制水电站。水库集雨面积14.6平方公里,库容11.5万立方米,设计水头100米。1979年8月建成发电时,装机容量150千瓦,投资24.53万元。1997年9月,技改增容装机2台,单机容量分别为120千瓦和90千瓦,设计年均发电量60万千瓦时。2006年技改扩建,装机容量增至3×500千瓦,投资701万元。

桂竹一级水电站 位于西坑畲族镇下垟境内瓯江流域炉西坑支流都埔坑上,水库位于胡山头公路上首45米处。拦河坝为细骨料混凝土砌块石双曲拱坝,最大坝高26.9米,坝顶弧长56.1米。水库集雨面积7.26平方公里,库容83.24万立方米,引水隧洞长1428.5米,设计水头137.5米,装机容量2×500千瓦,年发电量220万千瓦时。2003年2月动工兴建,2004年建成发电,投资650.55万元。

桂竹二级水电站 位于西坑畲族镇下垟境内,大坝坐落下垟都铺村胡山根自然村附近,厂房建在桂竹坑与都铺坑汇合口处。拦水坝为细骨料混凝土砌块石双曲拱坝,高31.4米,水库集雨面积12.2平方公里,库容26.1万立方米,设计水头110米,装机容量3×500千瓦,年均发电量350万千瓦时。2002年动工兴建,2005年7月建成发电。投资963.26万元。

吴坳坑一级水电站 位于飞云江支流峃作口溪上游吴坳坑,系县境第一座民间集资开发建设的股份制水电站。坝址在石垟乡吴坳村派柴岗脚,厂房建在西坑畲族镇吴坳坑自然村。1994年2月动工兴建,1996年5月启动单机发电,1997年10月全面竣工,投资550万元。拦水坝为细骨料混凝土砌块石重力坝,最大坝高25米,水库集雨面积16.8平方公里,库容93.56万立方米。发电引水隧洞全长2994米,压力钢管长350米,厂房总面积140平方米,设计水头180米,装机容量3×500千瓦,年平均发电量600万千瓦时。

吴坳坑二级水电站 位于西坑畲族镇境内,由吴坳坑一级电站股东筹资开发。电站利用一级电站尾水发电,厂房位于西坑畲族镇孙山村安福寺附近。1997年6月动工兴建,1998年10月建成发电,造价539.8万元。拦水坝以上集水面积14.37平方公里,发电引水系统由水渠,1号、2号隧洞,压力管道组成,总长1858.87米。厂房面积300.2平方米。设计水头140米,流量每秒1.03立方米,装机2台,容量分别为630千瓦和500千瓦,年平均发电量330万千瓦时。

动坑一级水电站 位于大峃镇中堡动山村河道左岸。由动坑梯级水电有限公司开发。2002年5月开工建设,2003年6月竣工发电,投资503.22万元。拦水坝为混凝土砌石单曲拱坝,1号坝在动坑上游乌鹏降村,坝高12米,坝顶弧长40.47米;2号坝在火峡坑,坝高12米,坝顶弧长48.13米。水库集雨面积5.48平方公里,库容3.2万立方米。1号引水隧洞长986.8米,2号引水隧洞长627.7米,压力管道长320米。厂房占地面积133.8平方米。设计水头225米,每秒流量0.248立方米,装机容量2×630千瓦,多年平均发电量250万千瓦时。2006—2011年,发电1477.58万千瓦时。

动坑二级水电站 位于飞云江支流泗溪大峃镇中堡动山孟长自然村,水库在中堡动坑自然村上首400米处。2001年9月开始筹建,2002年4月开工,2003年6月竣工,造价458.83万元。拦河坝为混凝土砌石单曲拱坝,最大坝高14.6米,坝顶弧长37.62米。水库集雨面积9.5平方公里,水库库容4.52万立方米。发电引水隧洞长1682米,压力钢管长367米。发电厂房占地面积197.5平方米。设计水头176米,每秒流量0.527立方米,装机容量2×630千瓦,每年平均发电量250万千瓦时。2006—2011年,发电量1388.43万千瓦时。

龙井口二级水电站 位于黄坦镇叶胜溪,大坝位于柿树坳,厂房建于将军桥。1999年12月动工兴建,2003年8月建成发电,投资568.2万元。拦河坝为混凝土砌块石双曲拱坝,最大坝高32.5米,坝顶弧长95.2米。水库集雨面积13.05平方公里,库容65万立方米,正常库容57万立方米。引水圆形有压隧洞长1460米,压力钢管105米。发电厂房面积206.5平方米。设计水头110米,流量每秒0.65立方米,装机容量2×500千瓦,年发电量250万千瓦时。

龙井口三级水电站 位于黄坦镇叶山岭脚,与上游二级水电站相距2.1公里。2001年7月动工兴建,2002年6月建成发电,投资650万元。拦河坝在驮加村,系混凝土砌块石双曲拱坝,最大坝高26.3米,坝顶弧长81.5米。水库集雨面积27.76平方公里,库容60万立方米,正常库容48万立方米。引水圆形有压隧洞全长2328米,出口岔管长27米。发电主厂房建筑面积182平方米,户外升压开关站面积144.46平方米。设计水头48米,每秒流量1.6立方米,装机容量2×500千瓦。年发电量355万千瓦时。

石井水电站 位于黄坦镇石井村,厂址位于珊溪镇南向梅坑底。1979年1月、1982年5月先后建成一级、二级两座水电站,装机容量分别为55千瓦和100千瓦。1999年12月技改增容,两座电站扩建合并。改原土石坝为混凝土坝,水库集雨面积3.8平方公里,库容10.2万立方米。引水隧洞长1079米,压力钢管长810米。厂房占地面积126平方米。设计水头285米,装机容量1260千瓦,年发电量265万千瓦时。扩建工程投资600万元,2001年3月竣工发电。2006—2011年,发电量1348.88万千瓦时。

李林二级水电站 位于玉泉溪上游东溪支流李林坑,厂址在玉壶镇八角潭村附近东溪三级水电站上游100米处,距玉壶镇5公里。系股份制水电站。1999年3月建成发电。拦河坝建在厂房上游1500米处,为双曲浆砌石双曲拱坝,水库集雨面积13平方公里,库容87万立方米,引水隧洞长1450米。主厂房占地面积119平方米,设计水头58米,每秒流量2.5立方米,装机容量2×500千瓦,年发电量270万千瓦时。投资540万元。

桂溪水电站 位于飞云江支流桂溪,峃口镇双桂境内。拦水坝为混凝土细石砌块石重力坝,坝底高程9.65米。水库集雨面积15平方公里,库容6.7万立方米,设计水头87米,装机容量2×500千瓦,年均发电量203.6万千瓦时。2004年2月动工兴建,2005年10月建成发电。2006—2011年,发电量1053.04万千瓦时。

福首源水电站 位于珊溪支流福首源坑,水库建在驮叶舟坑与青涧源交汇处,路丝坑桥附近。水库集雨面积8.6平方公里,库容9.3万立方米,设计水头120米,装机容量2×500千瓦,年均发电量204.88万千瓦时。2006年开工兴建,2008年7月发电。2008—2011年,发电量625.35万千瓦时。

大坑水电站 位于瓯江流域林坑支流大坑溪,水库在南田镇武阳村庵基自然村,厂房建在水库下游约6.5公里处。拦河坝为细骨料混凝土浆砌块石双曲拱坝,最大坝高24.8米,坝顶弧长54.55米。水库集雨面积5.2平方公里,库容42.5万立方米,正常库容34.88万立方米。发电引水隧洞长682.3米,设计水头235米,装机容量2×500千瓦,年均发电量252.88万千瓦时,年利用小时数2529小时。2002年4月开工兴建,2007年7月建成发电,投资493.79万元。2007—2011年,发电量1404.25万千瓦时。

半坑水电站 位于西坑畲族镇下垟境内,水库位于梅岐坑支流桂竹坑。拦水坝为细石砌块石单曲拱坝,坝底高程9.65米,水库集雨面积6.1平方公里,库容7.4万立方米,设计水头278米,装机容量2×500千瓦,年均发电量272万千瓦时。2003年9月动工兴建,2004年建成发电。

雅龙水电站 又称东溪二级电站。位于玉泉溪东溪支流上游雅龙村。拦河坝建在雅龙村水口,厂房位于雅龙村漈下。1994年6月开工建设,1997年1月建成发电。1999年12月,其厂房因东溪三级电站建设需要而搬迁重建,至2000年6月竣工,投资580万元。拦水堰坝为混凝土埋石单曲拱坝,最大坝高11.1米,坝顶弧长40.3

米。水库集雨面积22.9平方公里，库容12万立方米，发电引水隧洞长766.7米。新建厂房占地面积185.5平方米。厂址处地面高程477.7米，比原厂址提高21.7米；压力钢管长161.51米，比原来缩短36.5米；利用水头80米，比原来减少21米；装机容量由4×200千瓦改为2×500千瓦。年均发电量240万千瓦时。2006—2011年，发电量1264.7万千瓦时。

新东水电站　位于百丈漈镇二源东坑村，由原新东一级（又名潘山）、二级水电站合并扩建而成，是一座集发电和灌溉综合开发利用的水利工程。水库位于二源坑底村，集雨面积3.82平方公里，库容119万立方米，1982年10月建成蓄水，坝高26米，坝顶弧长110米。同年10月建成潘山一级水电站，装机容量200千瓦；1987年在下游建造二级电站，装机125千瓦，2座电站多年平均发电量91万千瓦时。1999年动工扩建，2001年3月建成发电，扩建工程投资429.94万元。开挖山峡坳引水隧洞、压力洞2640米，压力钢管长430米。设计水头164米，装机容量2×500千瓦，多年平均发电量238万千瓦时。2006—2011年，发电量1174.47万千瓦时。

石门水电站　位于西坑畲族镇境内梧溪支流石板坑，水库建在石垟石门村小南垟水口石板坑峡谷处。拦水坝为细骨料混凝土砌块石重力坝，坝底高程452.5米，水库集雨面积1.98平方公里，总水库容29.48万立方米，设计水头350米，装机容量2×500千瓦，年均发电量218.4万千瓦时。2002年12月动工兴建，2005年9月建成发电。2006—2011年，发电量1242.09万千瓦时。

1991—2011年文成县属水电站一览表

表9-8

序号	电站名称	所在流域	企业性质	集雨面积（平方公里）	总库容（万立方米）	设计水头（米）	装机容量（千瓦）	设计发电量（万千瓦时）	始建日期（年月）	备　注
1	高岭头㈡	高岭头溪	股份	92	1682	172	25000	5371	1998.12	新建
2	高岭头㈠	高岭头溪	股份	32.6	1778	450	16000	4146	1994.1	新建
3	东溪三级	东　溪	股份	29.4	220	340	10000	2696	2000.4	新建
4	百万山	飞云江	股份	1583.5	964	5.6	8000	2057	2007.12	新建
5	靛青山	泗　溪	国有	3.37	38.8	328	7200	1461.4	1990.5	2000年4月从3200千瓦增至7200千瓦
6	高岭头㈢	高岭头溪	股份	25	169.6	205	5000	1000	2001.9	新建
7	东坑岭	玉泉溪	股份	6.9	119.61	414.18	5000	1328.6	2004.1	新建
8	坑下山	玉泉溪	股份	9.73	114	228.5	4000	1038.6	1998.7	新建
9	黄　鹿	林坑溪	股份	59.5	130	75	4000	960	2001.3	新建
10	东溪五级	玉泉溪	股份	174.1	66.36	20.92	2900	600	2004.12	新建
11	小九溪	飞云江	国有	19.5	25.2	168	2500	680	1974.2	1984年8月从200千瓦增至400千瓦，2011年2月增至2500千瓦
12	磨石潭	林坑溪	私营	17	93.44	145.3	2500	645.28	2008.4	新建
13	岩　门	峃作口溪	股份	26	106	88/122	2390	550	2001.3	新建
14	东溪四级	东　溪	股份	57.5	18	35.5	2000	430	2004.10	新建
15	周山漈下	飞云江	股份	14.6	11.5	100	1500	300	1979.8	1997年9月从150千瓦增至210千瓦，2006年增至1500千瓦
16	吴坳坑㈠	峃作口溪	股份	16.8	93.56	180	1500	600	1996.5	新建
17	桂竹二级	梅岐坑	股份	12.2	26.1	110	1500	350	2005.7	新建

续表9-8

序号	电站名称	所在流域	企业性质	集雨面积(平方公里)	总库容(万立方米)	设计水头(米)	装机容量(千瓦)	设计发电量(万千瓦时)	始建日期(年月)	备注
18	石　井	飞云江	股份	3.8	10.2	285	1260	265	1979.1 1982.5	1999年至2001年3月，两级电站合并，从155千瓦增至1260千瓦
19	动　坑(一)	泗　溪	股份	5.48	3.2	225	1260	250	2003.6	新建
20	动　坑(二)	泗　溪	股份	9.5	4.52	176	1260	250	2003.6	新建
21	吴坳坑(二)	峃作口溪	股份	14.37	—	140	1130	330	1998.10	新建
22	雅　龙	东　溪	股份	22.9	12	80	1000	240	1997.1	2000年6月800千瓦增至1000千瓦
23	新　东	泗　溪	集体	3.82	119	164	1000	238	1980.5 1987	1999年至2001年3月，两级电站合并，从325千瓦增至1000千瓦
24	石　门	峃作口溪	股份	1.98	29.48	350	1000	218.4	2005.9	新建
25	龙井口(二)	峃作口溪	股份	13.05	65	110	1000	250	2003.8	新建
26	龙井口(三)	峃作口溪	股份	27.76	60	48	1000	355	2002.6	新建
27	李　林(二)	东　溪	股份	13	87	58	1000	270	1999.3	新建
28	桂　竹(一)	梅岐坑	股份	7.26	83.24	137.5	1000	220	2003.2	新建
29	桂　溪	飞云江	股份	15	6.7	87	1000	203.6	2005.10	新建
30	福首源	飞云江	股份	8.6	9.3	120	1000	204.88	2008.6	新建
31	大　坑	林坑溪	私营	5.2	42.5	235	1000	252.88	2007.7	新建
32	半　坑	梅岐坑	股份	6.1	7.4	278	1000	272	1998.9	新建
33	垟　下	林坑溪	私营	11.88	13.8	67	800	163	2007.11	新建
34	洪头滩	飞云江	股份	1545	3.6	3	750	500	2001.10	新建
35	公　阳	飞云江	股份	10	1.2	92	750	173.3	1970.7	2000年从50千瓦增至75千瓦，2009年增至750千瓦
36	仙　岩(二)	峃作口溪	股份	39	1.3	28	640	150	1999.10	新建
37	银青峡(二)	泗　溪	股份	1.5	14	280	630	128	2001.9	新建
38	漈门坑(一)	漈门坑	集体	8.5	27	138	630	70	1972.2	1980年6月从64千瓦增至250千瓦，2010年增至630千瓦
39	稽　垟(一)	飞云江	集体	6.5	10	130	625	148	1974.7	2003年从75千瓦增至625千瓦
40	沙　垟(一)	黄坦坑	集体	14.3	78.67	81	600	120	1980.1	保持原状
41	大溪坑	飞云江	私营	4.8	8.9	212	600	120	1998.10	新建
42	斗　潭	飞云江	股份	14.5	15	36	520	156.2	1998.9	新建
43	东　山	泗　溪	股份	3.82	119	45	520	60	1999.3	新建
44	胜　利	飞云江	股份	1.95	6	224.5	500	105	2001.9	新建
45	穹　口	飞云江	股份	11.5	10.2	115	500	145	1964.7	1985年11月从125千瓦增至250千瓦，2003年7月增至500千瓦
46	李　林(一)	东　溪	股份	13	87	58	500	107	2000.3	新建
47	支　坑	支　坑	集体	6.6	—	110	480	35	2001	新建
48	银　桥	黄坦坑	股份	4.72	17.6	83.5	400	83	2003.6	新建

续表9-8

序号	电站名称	所在流域	企业性质	集雨面积（平方公里）	总库容（万立方米）	设计水头（米）	装机容量（千瓦）	设计发电量（万千瓦时）	始建日期（年月）	备注
49	仙岩(一)	梧溪	股份	17	9.4	37	400	100	1996.1	新建
50	里阳	里阳坑	股份	2.8	97.5	45	400	103	1998.1	新建
51	高岭头尾水	岦作口溪	股份	32.6	—	10	400	100	1996.1	新建
52	龙井口(一)	胜坑	国有	4.6	0.8	102	400	45	1981.4	2003年3月从200千瓦增至400千瓦
53	垟公潦	岭后坑	集体	3.4	7	102	325	42	1981.7	1999年从75千瓦增至325千瓦
54	三支坑	岦作口溪	国有	2.3	15	75	325	35	1981.5	2003年10月75千瓦增至325千瓦
55	桂山	鳌江	股份	4.6	3.5	108	325	70	1973.12	1998年12月75千瓦增至325千瓦
56	八格	玉泉溪	集体	16	1	82	325	80	1979.4	2001年从150千瓦增至325千瓦
57	岩下岭	黄坦坑	股份	2.4	4	200	320	68	1999.6	新建
58	双坑源	千秋坑	股份	2.7	—	230	320	102	1999.7	新建
59	动坑(三)	龙溪	股份	13	4.9	36	320	80	2004.1	新建
60	银青峡(一)	里阳坑	股份	2.8	26	125	250	62	1998.9	新建
61	沙垟(二)	黄坦坑	股份	43	4.2	18	250	68	1995.6	新建
62	园口	方坑	集体	17	1.8	30	200	52	1989.6	2001年从55千瓦增至200千瓦
63	新田	方坑	集体	2.7	0.5	108	200	45	1979.2	2002年6月与廿五坑电站合并，从65千瓦增至200千瓦
64	西湖	库头坑	集体	3.1	30	76	200	50	1974.10	2001年1月从75千瓦增至200千瓦
65	驮坑	珊溪	股份	3.3	—	120	200	42	1980.1	2002年7月从40千瓦增至200千瓦
66	汤垟	东溪	股份	0.9	0.5	250	200	35	1971.4	2002年10月从18千瓦增至200千瓦
67	牛坑	牛坑	股份	7	—	58	200	40	1980.5	2002年4月125千瓦增至200千瓦
68	赤砂	黄坑	集体	4	1.3	90	200	50	1979.1	1999年2月从40千瓦增至200千瓦
69	高塔	东坑	股份	3.2	0.2	72	160	42	2001.4	新建
70	松坑	松坑	股份	3.5	—	90	150	40	1978.10	1993年7月100千瓦增至150千瓦
71	花竹	飞云江	股份	1545	1.6	3	150	40	1997.12	新建
72	西山	牛坑	集体	5.5	9.5	80	125	30	1977.1	2002年从40千瓦增至125千瓦
73	南坑	南坑	集体	4.36	7.37	122.5	125	30	1980.3	1994年从75千瓦增至120千瓦
74	稽垟(三)引水	支坑	股份	0.82	0.8	130	125	16	1998.1	新建
75	稽垟(三)	支坑	股份	7.7	—	67	125	30	1994.3	新建
76	驮官坑	支坑	股份	0.63	1.5	170	100	21	1999.8	新建

续表9-8

序号	电站名称	所在流域	企业性质	集雨面积(平方公里)	总库容(万立方米)	设计水头(米)	装机容量(千瓦)	设计发电量(万千瓦时)	始建日期(年月)	备注
77	山罗坑	珊溪	股份	1	3	100	100	20	1999.12	新建
78	漈门坑(二)	漈门坑	集体	8.6	—	37	100	30	1994.6	新建
79	陈岙	桂溪	集体	2.1	0.1	90	100	20	1980.1	2001年从20千瓦增至100千瓦
80	光明	黄坦坑	集体	6	0.15	76	75	20	1979.8	1998年从40千瓦增至75千瓦
81	黄垟	黄坦坑	股份	10	0.2	80	75	20	1995.12	新建
82	稽垟(二)	支坑	股份	6.6	—	110	75	20	1979.11	保持原状
83	黄山	黄寮溪	集体	0.9	2	94	75	25	1986.3	保持原状
84	毛坑	毛坑	集体	5.35	1.8	101	75	25	1974.12	保持原状
85	孔山	飞云江	集体	0.8	2	76	40	10	1980.8	保持原状

说明:资料由县水利局提供

1000千瓦以下水电站

500~800千瓦水电站 总共14座,装机容量8565千瓦。其中垟下水电站800千瓦,公阳、洪头滩电站各750千瓦,仙岩二级电站640千瓦,漈门坑一级、银青峡二级电站各630千瓦,稽垟水电站625千瓦,沙垟一级、大溪坑电站各600千瓦,斗潭、东山电站各520千瓦,李林一级、胜利、穹口电站各500千瓦。

200~400千瓦水电站 总共22座,装机容量6640千瓦。其中支坑电站480千瓦,银桥、里阳、龙井口一级、仙岩一级、高岭头尾水5座各400千瓦,桂山、垟公漈、三支坑、八格4座各325千瓦,岩下岭、动坑三级、双坑源3座各320千瓦,银青峡一级、沙垟二级电站各250千瓦,汤垟、园口、新田、赤砂、西湖、牛坑、驮坑7座电站各200千瓦。

200千瓦以下水电站 总共17座,装机容量1775千瓦。其中,高塔电站160千瓦,花竹、松坑电站各150千瓦,南坑、西山、稽垟三级、稽垟三级引水4座电站各125千瓦,际门坑二级、陈岙、山罗坑、驮官坑4座电站各100千瓦,光明、黄山、黄垟、稽垟二级4座电站各75千瓦,孔山电站40千瓦。

废弃停发水电站

1997年,珊溪水利枢纽工程建设,淹没排前、双溪、龙井坑、蟾宫埠、焦溪垟、松根、岩门7座水电站。2000年,巨屿镇潘山水电站因设备老化停止发电。2001年,叶胜林场老高岭头水电站因森林公园建设需要停止发电。2005年9月,受"泰利"台风影响,稽垟四级水电站冲毁;百丈漈三级引水渠道徐村至下沙洋段山体开裂,为保障群众生命财产安全,停止引水发电。至2011年年底,全县废弃或停止发电水电站13座,装机容量5175千瓦。

1997—2011年文成县废弃停止发电水电站一览表

表9-9

序号	电站名称	所在地址	装机容量(千瓦)	投产日期(年月)	废弃停发时间及原因
1	排前	黄坦汇溪	55	1970.9	1997年珊溪水库淹没
2	双溪	黄坦双溪	30	1972.9	1997年珊溪水库淹没
3	龙井坑	黄坦双溪	30	1977.12	1997年珊溪水库淹没

续表9-9

序号	电站名称	所在地址	装机容量(千瓦)	投产日期(年月)	废弃停发时间及原因
4	蟾宫埠	黄坦汇溪	40	1981.8	1997年珊溪水库淹没
5	焦溪垟	珊溪东龙	100	1981.8	1997年珊溪水库淹没
6	松　根	珊溪东龙	30	1982.11	1997年珊溪水库淹没
7	岩　门	黄坦双溪	1000	1994.3	1997年珊溪水库淹没
8	潘　山	巨屿潘山	40	1978.1	2000年设备老化停止发电
9	老高岭头	叶胜林场	400	1970.7	2001年森林公园建设停止发电
10	百丈漈㈢	大峃珊门	2400	2001.7	2005年9月泰利台风影响
11	稽垟四级	黄坦稽垟	100	2001.7	2005年9月泰利台风影响
12	下垟坦	巨屿潘岙	750	2001.8	2008年东垟沙洲开发停止发电
13	老坑下山	玉壶上林	200	1978.10	2011年停止发电

说明:资料由县水利局提供

第二节　温州市属水电站

1996—2005年,百丈漈一级、二级水电站技改增容,新增装机容量1.12万千瓦;2001年12月,建成珊溪水电站,装机容量20万千瓦。2011年年末,境内温州市属水电站3座,装机容量24.82万千瓦,占全县水电站总装机容量65%。

珊溪水电站

坝址、发电厂房位于珊溪镇上游1公里处,距县城25公里、温州市区117公里。该工程于20世纪50年代着手规划,70年代开始工程前期设计和地质勘探,但因资金等原因40多年里一直未能投入建设。1997年7月主体工程开工,11月1日实现飞云江截流。1998年3月,列入国家重点建设项目。2000年5月下闸蓄水,7月1日首台机组发电,2001年12月,主体工程比预期提前10个月完工,质量达到优质工程标准,其中珊溪水库大坝经专家评定达到国际先进水平,主体工程投资总额9.3亿元。水库集雨面积1529平方公里,库容18.24亿立方米。发电厂房占地面积1940平方米,装机容量20万千瓦,年平均发电量为3.55亿千瓦时,由220千伏输电线路并入华东电网。至2014年6月,发电量50.14亿千瓦时,运营收入26.98亿元。

百丈漈一级电站

坝址位于百丈漈镇篁庄村。1960年建成发电,装机容量2.5万千瓦,年均发电量7100万千瓦时。1991年,发电量5014.98万千瓦时。1993—1994年,下堡至十源隧洞贯通,从朱阳、十源引水,扩大集雨面积10.6平方公里,水流量增加1200余万立方米。1999年1月,对两台机组进行增容改造,装机容量增至27000千瓦;2005年,再次技改,装机容量增至3.12万千瓦,两次技改年均发电量增至7587万千瓦时。2010年,发电量12812万千瓦时。1991—2011年,发电量17.95亿千瓦时。

百丈漈二级电站

位于大峃镇岭脚村。1970年7月投产,装机容量1.2万千瓦,年均发电量4040万千瓦时。1991年,发电量2625万千瓦时。1996年4月、1997年5月,先后对两台发电机组进行挖潜增容改造,装机容量增至1.3万千瓦。

2001年再次技改,装机容量增至1.7万千瓦,年均发电量升至4413万千瓦时。2010年,发电量7245万千瓦时。1991—2011年,发电量9.73亿千瓦时。

【专记】

中国农村小水电之乡

县域千山万壑,河流纵横,水力资源丰富。1957年7月,在樟台山坑包堂建成全县首座8千瓦小型水电站,开启县域水能开发利用之先河,至1990年建成水电站82座,装机容量4.85万千瓦。1992年起实施农村电气化县建设。1994年11月,县政府发布《关于加快小水电资源开发的若干规定》,将股份制引进小水电行业,推行股份合作开发办电,促进水电开发建设蓬勃发展。2006年11月1日,被水利部命名为"中国农村小水电之乡"。2011年全县水电站88座,装机容量38.21万千瓦,比1990年增加6.88倍。2012年1月,获浙江省"新农村电气化县"称号。

水电开发

20世纪90年代初,因长期受高度集中的计划管理、单一的计划投资体制约束,加上县域为贫困县,资金不足,水电建设步履艰难。1991—1993年,仅技改仰山松坑1座小水电站,新增装机容量50千瓦。而当时属于县域最大投资项目的高岭头一级水电站,于1978年开工,因国家投资政策调整和资金不足,工程建设历时15年尚无法竣工投产。该工程设计装机容量1.6万千瓦,最初概算投资不足2000万元,后经4次调整,最后竣工超过8000万元,每年仅靠省计划安排200~400万元补助资金,远赶不上建设成本费用逐年提高速度,工程建设陷入困境。1993年7月,县委、县政府决定出让电站部分股份,实行合资建设电站。结果与温州电力开发公司签订协议,由其出资30%参与电站建设。建设资金问题解决后,迅速推进工程建设进度,按照原计划尚需10年建设的工程,仅用一年时间就全部完成剩余工程量,于次年10月下闸蓄水,1995年1月投产发电。

1994年,县委、县政府总结高一电开发经验,提出"只求所在、不求所有","自己有钱自己建、自己缺钱合伙建、自己无钱引资建"思路,解放思想,打破国有资源不得让私有成分参与开发利用的旧框框,制订出台《关于加快小水电资源开发的若干规定》,水电资源开发实行"谁投资、谁建造、谁管理、谁受益"原则和"以电养电"政策,坚持大、中、小并举和国家与群众办电相结合方针,鼓励国有、集体、股份、私营、外资等经济实体和个人,独办、联办或以股份制形式兴办水电站,并在项目审批、用地指标、金融信贷、勘测设计、税收、水资源费等方面给予优惠。同年11月,成立县电力开发投资有限公司,代表县政府参与水电投资,牵头组织水电股份合作开发。由此始,县域水电资源开发由政府行为向企业行为转变,投资方式灵活多样,掀起水电开发建设新高潮。

1995年12月,高岭头二级水电站开工建设,装机容量2.5万千瓦,工程总投资1.75亿元,属中外合资水电站,股份比例县电投公司占31%,温州电力开发投资有限公司占20%,荷兰、德国、比利时、意大利华侨占49%。1996—1998年,先后建成吴坳坑一级、仙岩一级、花竹、里阳、吴坳坑二级、稽垟三级引水、大溪坑、坑下山、高岭头二级、半坑、斗潭、银青峡一级12座股份制电站;技改光明、桂山2座水电站,新增装机容量35475千瓦。1999—2000年,新建仙岩一级、二级、山下坑、李林二级、东山、岩下岭、双坑源、驮官坑、李林一级、东溪三级10座水电站;技改增容垟公漈、雅龙、赤砂3座水电站,新增装机容量15425千瓦。其中东溪三级水电站,装机容量2.5万千瓦,总投资8818万元。

2001年,新建岩门、黄鹿、支坑、洪头滩、下垟坦、高塔、胜利、银青峡二级、高岭头三级9座水电站;技改增容八格、陈岙、园口、西湖、石井、靛青山、新东7座,新增装机容量20995千瓦。同年12月,温州全市最大的珊溪水电站建成发电，装机容量20万千瓦，总投资38.8亿元。

2002—2004年，新建龙井口二级、三级，动坑一级、二级、三级，桂竹一级，东溪四级、五级，银桥，东坑岭10座电站；技改增容西山、汤垟、牛坑、新田、驮坑、稽垟一级、三支坑、龙井口一级、穹口9座电站，新增装机容量18915千瓦。2005—2011年，新建桂溪、桂竹二级、石门、垟下、百万山、大坑、磨石潭、福首源8座电站；技改增容周山漈下、公阳、漈门坑一级、小九溪4座电站，新增装机容量22180千瓦。

图9-14　东三电开工典礼（县电投公司提供1998年摄）

2011年年末，全县水电站88座，装机容量38.21万千瓦，总投资约46.84亿元。其中县属水电站85座13.39万千瓦，总投资约8.04亿元。综观县域水电开发具有三大特点：①股份制（私营）水电站占大头。县属水电站中，股份合作（私营）开发水电站62座、装机容量12.12万千瓦，分别占县属电站总数、装机容量总数72.9%和90.5%。②水资源利用率高。先后在飞云江干流、泗溪、峃作口溪、高岭头溪、东溪、胜坑、支坑、动坑等流域，开发梯级水电站36座、装机容量35.22万千瓦，分别占全县电站总数、装机容量总数40.9%和92.2%。2011年全县水力资源开发利用率90.92%，比1991年11.5%提高79.42个百分点。③水电开发效益显著。1995年全县发电量6659万千瓦时，水电工业总产值4800万元，上缴税金326.3万元。2005年发电量3.5亿千瓦时，总产值1.5亿元，占全县生产总值10%，税金3200多万元，占县内财政收入三分之一。2010年发电量5.08万千瓦时，总产值5.73亿元，税金4067万元，比1995年分别增加6.6倍、10.9倍和11.5倍。2011年雨水较少，发电量28438万千瓦时，水电工业产值3.2亿元，税收2275万元。

电气化县建设

县域农村电气化县建设历经三个阶段。1991—1995年，为农村初级电气化县建设阶段。2001—2005年，为农村电气化县建设阶段。2006—2012年，为新农村电气化县建设阶段。

农村初级电气化县建设　1991年，全县62个乡镇、568个行政村，户数100319户，乡镇已全部通电，通电村545个，通电户86960户，分别占总村数、户数95.95%和86.68%。同年，建成樟台泉台村全县首个农村用电标准村。1992年6月，成立县农村电气化领导小组，加强农村电气化领导。1994年县三电办为推进用电合格村、标准村建设，决定每建一个标准村，县财政补助资金5000～7000元。因用电标准村建设标准较高，农村集资难度大，故根据实际情况在推行标准村建设的同时，推广用电合格村建设。1991—1995年，投资2615万元，全县建成35千伏标准化变电所3座，输电线路5条；110千伏标准化升压变电所1座，输电线路2条；改造农村电网三类线53.4公里，建成用电合格村4个。1995年全县35个乡镇均通电，通电村增至563个，通电户增至99900户，分别占总村数、总户数99.12%和95.95%。同年，县域通过全国水电农村初级电气化建设县达标验收。1995年8月，被命名为全国水电农村初级电气化达标县。

农村电气化县建设　2000年，编成《文成县水电农村电气化规划报告》。2001年经国务院批准，县域被水利部列为“十五”期间全国400个水电农村电气化建设县之一。2001—2005年，全县投入电气化建设资金3.65亿元，新建水电电源21处，改造扩建13处，新增装机容量43635千瓦，增加年发电量9869万千瓦时。另有百万山、周山漈下、半坑3处在建电站，设计装机容量8900千瓦，年发电量2560万千瓦时。同时，贯彻国务院“两改一同价”决策，大规模开展“两网”改造。2001—2004年，新建110千伏线路2条15公里，扩建110千伏变电所1

座，变电容量增加31500千伏安，新建35千伏变电所4座，容量增加38700千伏安，改造35千伏变电所5座。新建和改造35千伏线路17.8公里，10千伏线路932.99公里，10千伏配电变压器53313千伏安，0.4千伏线路1908.6公里。2004年年底，全县输配电线路4072公里，其中110千伏线路5条81公里；35千伏线路15条138公里；10千伏线路49条1661公里；低压干线2191公里。全县35千伏及以上变电所(站)9座，输配电变压器1022台，容量253585千伏安，其中110千伏主变2台63000千伏安；35千伏主变10台67300千伏安；10千伏配电变压器1010台123285千伏安。全县33个乡镇、384个行政村、117756户均通电，通电率均达100%；供电可靠率99.6%，晚高峰时段农村用电保证率95%；丰水期小水电代燃料户48869户，占全县总户数41.5%；2004年全县用电量21931万千瓦时，人均用电量601千瓦时，生活用电量8023万千瓦时，户均生活用电量681千瓦时；全县多年平均农村水电上网电量3.8亿千瓦时，2005年上网电量34973万千瓦时，为全县用电量142%，上述5项均符合水利部颁发标准。2005年7月，通过浙江省水利厅电气化县专家组验收。2006年获"中国农村小水电之乡"称号。

新农村电气化县建设 2006年开始，县域农村电气化县建设工作重点和任务，从原来主要解决边远山区农村无电、缺电问题，转向引导和带动农村水资源科学合理有序开发，提高农村电气化水平，推动山区农村经济社会发展，加快贫困地区脱贫致富步伐，促进节能减排和生态保护等工作的开展。当年启动新农村电气化县创建工作，出台《文成县新农村电气化建设管理办法》，按"政府发动、乡村主动、电力推动、百姓互动"方针，创建电气化乡镇、村，推进新农村电气化建设。11月，成立县新农村电气化建设领导小组。2007年10月，成立县新农村电气化建设考评小组。2008年，创建首批新农村电气化村13个。2009年10月，经县新农村电气化建设考评小组验收，命名南阳、花竹岭、垟地边、桂阳、稽垟、十源、横山、让川、周墩、垟头10个村为第二批电气化村。2010年12月，对第三批创建电气化村进行验收，命名溪口、渡溪等10个村为电气化村。2012年6月，验收命名第四批42个创建村，11月验收命名第五批53个创建村。至此，全县创建电气化村128个。2007—2011年，全县投入电网改造资金32198万元，先后新建变电站2座，增容技改35千伏变电站3座；新建改造35千伏输电线路17.44公里，10千伏配电线路302.3公里，低压线路418.3公里，配电台区351个。实施新农村电气化建设工程，全县电网供电能力总量提高139.53%；农村供电电压合格率从2007年98.17%提高到99.39%，农村供电可靠率从2007年99.14%提高到99.71%。

图9-15　检修输电线路(县电业局提供 2008年摄)

2012年1月，南田等4个乡镇通过市新农村电气化建设考评小组验收，被命名为新农村电气化乡镇。11月14日，经浙江省经信委、省农办、省电力公司验收，获授"新农村电气化县"称号。

第五章　电　网

1991年，全县35千伏变电所2座，容量9450千伏安；35千伏线路15公里，3～10千伏线路1056公里，0.4千伏低压线路1442公里；配电变压器561台，计29640千伏安；并网电站23座，装机6540千瓦，占全县小水电总装机56.76%。2011年，县境110千伏变电所3座，总容量144.5兆伏安，线路6条，长度99.61公里；35千伏变电所6座、变电站4处，总容量102.50兆伏安（其中用户变电站23兆伏安），线路18条，长度179.23公里。10千伏线路95条，长度1330.43公里，配电变压器1639台，计385275千伏安。并网小水电站86座（不含市属电站），总装机容量13.63万千瓦。

第一节　变电所

1991年，县域有县城、玉壶两座变电所。1993年10月，建成珊溪变电所。1995—1996年，新建高一电枢组(升压) 110千伏变电所，县城官山背35千伏变电所扩建为110千伏变电所。1998—1999年，建成西坑、南田变电所。2002—2003年，建成巨屿宏发变电所、黄坦变电所。2008年，新建百丈漈变电所、巨屿名泰、宏伟变电站，扩建玉壶变电所。2009年，建设珊溪纤维变电站。2010年4月，开工建设周壤220千伏变电所。2011年年底，全县110千伏变电所3座，35千伏变电所(站)10座，总容量247兆伏安，比1991年增加25倍。

35千伏变电所

玉壶变电所　位于玉壶镇东北侧山坡上，占地面积2140平方米，担负玉壶片区配电任务。1983年开工，1987年投运，总投资60.71万元。主要建筑物有主控制室、电容器室、载波维修室、10千伏开关室及5间职工宿舍，建筑面积451平方米。电气设施主变1台，容量3150千伏安，35千伏进线1回路，10千伏出线6回路。2007年12月扩建，新增主变压器1台，容量6300千伏安，35千伏出线间隔1回，开关柜更换为中置柜及综合自动化改造，2008年4月投运。至2011年年底，有主变压器2台，容量3150＋6300千伏安，35千伏进线2回，10千伏出线8回。并网电站有漈门坑一级、二级，李林梯级、汤垟、八格、雅龙、光明等小水电站。

珊溪变电所　位于珊溪镇李井新建村，占地面积2117平方米，担负珊溪片区配电任务。1991年6月动工兴建，1992年12月竣工，1993年10月投入运行。主要建筑物有开关室、控制室、电容器室和生活区，建筑面积360平方米。主要电气设施有主变压器1台，容量3150千伏安，35千伏进线间隔1回，10千伏出线间隔6回。工程投资218万元（包括线路投资84.56万元），其中国家投资130万元，银行贷款68万元，地方自筹20万元。1996年9月，主变压器增至6300千伏安。2006年4月，增设主变压器1台，容量8000千伏安。2009年11月，新增35千伏进线间隔2回。至2011年年底，有主变压器2台，容量8000＋6300千伏安，35千伏进线3回，10千伏出线12回（其中待用2回）。

西坑变电所　位于西坑镇五星村，占地总面积2980平方米，担负西坑片供电任务。1997年1月动工兴建，1998年9月竣工。工程投资400万元，其中国家拨款130万元，温州市电业局补助200万元，地方自筹70万元。主要电气设施主变压器1台，容量3150千伏安，35千伏进线2回，10千伏出线间隔5回，无功容量660千乏。

2008年3月扩建,新增主变压器1台,容量6300千伏安, 10千伏出线间隔3回及综合自动化改造。至2011年年底,主变压器2台,容量3150+6300千伏安,35千伏进线2回,10千伏出线8回。

南田变电所 位于南田镇东侧文成至南田公路边,占地总面积2113平方米,担负南田片供电任务。1996年4月动工兴建,1999年9月竣工。该工程为电力扶贫项目,投资444.32万元,送电线路201.8万元。主要建筑物有10千伏开关室、控制室、电容器室等。电器设备有1号主变压器1台,容量8000千伏安,35千伏进线1回,10千伏出线5回。2005年5月扩建35千伏配电装置,增加35千伏进线1回。2009年3月增容,新增2号主变压器1台,容量8000千伏安。2011年10月扩容,1号主变压器增至16000千伏安。至2011年年底,主变压器2台,容量8000+16000千伏安,35千伏进线2回,10千伏出线16回。

黄坦变电所 位于黄坦镇新楼村门前垟,占地总面积2187平方米,担负黄坦片供电,与文成变联络及小水电并网任务。主要建筑物由砖混一层平房与露天变电设施构成,建筑面积76.38平方米。建所期间正值全县农网改造,2002年10月动工兴建,2003年5月竣工。主要电气设施主变压器1台,容量6300千伏安,35千伏进线1回,10千伏出线4回,无功补偿容量1×900千伏。工程投资391.87万元。

百丈漈变电所 位于百丈漈镇,占地总面积5852平方米,担负百丈漈镇供电任务。2007年4月开工建设,2008年1月投入运行。主要建筑物有主控室、电容器、载波维修室、10千伏开关室及员工宿舍,建筑面积509.71平方米。电器设施有主变压器1台,容量16兆伏安,无功容量3600千乏,35千伏进线间隔2回路,10千伏出线间隔6回路。2010年7月,增加35千伏进线间隔2回。至2011年年底,主变压器1台,容量16兆伏安,35千伏进线4回,10千伏出线6回,与文成变电所采用电力载波2J-6通讯联络。

其他企业变电站 2002年秋,新建35千伏巨屿宏发气体有限公司变电站,主变容量4800千伏安(已报停)。2008年7月,建成巨屿名泰钢铁有限公司变电站,容量1台4800、1台2600、1台5200千伏安;宏伟钢业有限公司变电站,容量4000千伏安。2009年5月,建珊溪纤维用户变电站,容量1600千伏安。

110千伏变电所

文成变电所 位于大峃镇官山背,为县域最大变电所,起中心枢纽变电所作用,担负对各片区变电所供电和县域配电任务。1993年2月投资34.5万元,新增1台31.5兆伏安变压器,与原6.3兆伏安变压器并联运行(属技改项目)。1996年3月投资50万元,原6.3兆伏安变压器更换为31.5兆伏安。同年12月,建成高文、文凤110千伏升压出线,增加110千伏进线间隔3回,35千伏进出线间隔6回,10千伏出线1回。2003年,更换1号35千伏主变压器升压至110千伏,容量31.5兆伏安,新建110千伏线路出线间隔1回。2008年9月更换2号主变压器,变电容量31.5兆伏安。至2011年年底,有主变压器2台,容量63兆伏安,110千伏线路5回,35千伏线路6回,10千伏线路8回。

图9-16 县城官山背变电所(县电投公司提供 2008年摄)

巨屿变电所 位于巨屿工业园区，占地8500平方米。2004年6月动工兴建，建设规模35千伏，主要担负园区输变电任务。房屋建筑设备间及辅助用房，10千伏开关室、电容器室等建筑面积502.5平方米。电器设施主变容量16兆伏安，35千伏进线1回，10千伏出线7回，单母线分段接线，10千伏所用变1台50千伏安，10千伏电容无功补偿2×1800千乏。2005年7月，35千伏变电所建成投运。2006年110千伏增容工程开工，主变压器更换为SSZ10-50000/110，容量50兆伏安，35千伏间隔5回，10千伏间隔12回，2008年7月投运。2009年扩建新增主变压器1台，容量50兆伏安，新建110千伏线路1回T接文凤1038线，10千伏出线间隔16回，同年12月9日投运。至2011年年底，主变压器2台，容量2×50兆伏安，110千伏线路2回，35千伏线路5回，10千伏线路24回。

高一电枢纽(升压)变电所 在高一电副厂房旁，四周设围墙，占地面积675平方米，内设三圈变1台及110千伏出线构架。担负联络高二电站与西坑变电所枢纽变电和温州电网调峰任务，由县电力开发投资公司管辖。1991年5月破土动工，1995年1月建成投运，布置SFST-20000/110主变压器1台，容量20兆伏安。后因周边小水电上网荷负增加，2001年3月扩建增容，主变采用宁波变压器厂生产的SFSG-31500/110型三线圈升压变压器，容量31.5兆伏安。主要设施有110千伏输电出线间隔1个，单母线1回，35千伏出线间隔2个，10千伏出线4回。工程投资200万元，其中县电力开发投资公司占70%。

1991—2011年文成县变电所(站)一览表

表9-10

序号	变电所名称	所址	电压等级(千伏)	主变压器(台)	容量(千伏安)	首次投产日期(年月)
1	文成变电所	大峃镇官山背	110	2	63000	1988.12
2	巨屿变电所	巨屿工业园区	110	2	50000	2008.7
3	高一电站枢纽(升压)变	高岭头一级电站副厂房旁	110	1	31500	1995.1
4	玉壶变电所	玉壶镇东北侧山坡上	35	2	9450	1989.12
5	珊溪变电所	珊溪镇李井新建村	35	2	14300	1993.10
6	西坑变电所	西坑镇五星村	35	2	9450	1998.9
7	南田变电所	南田镇东侧文南公路边	35	2	24000	1999.9
8	黄坦变电所	黄坦镇新楼村门前垟	35	1	6300	2003.5
9	百丈漈变电所	百丈漈镇	35	1	16000	2008.1
10	宏发变电站	县宏发气体实业有限公司	35	1	4800	2002秋
11	名泰变电站	浙江铭泰钢铁有限公司	35	3	12600	2008.7
12	宏伟变电站	浙江宏伟钢业有限公司	35	1	4000	2008.7
13	纤维变电站	珊溪纤维厂	35	1	1600	2009.5

说明：资料由县供电局提供

220千伏变电所

周壤变电所 位于大峃镇周壤周墩村东南侧，工程占地面积2.61公顷，为浙江省级重点建设项目。工程设计规模主变压器3台，容量3×180兆伏安，220千伏线路3回，110千伏线路12回，35千伏线路10回，概算投资17659万元。一期工程建设内容主变压器1台，容量180兆伏安，220千伏线路1回、42公里，110千伏线路4回，35千伏线路3回。2009年10月开工。2010年4月，完成变电所征用土地和工地临时围栏施工，9月完成三通一平，10月土建工程进场施工。至2011年年底，完成投资3500万元。

第二节 输电线路

1991年,全县高压输电线路1071公里,其中35千伏线路15公里,3~10千伏线路1056公里;0.4千伏低压线路1442公里。2010年4月,周壤至平阳腾蛟220千伏线路开工建设,县境全长40公里。2011年,全县10千伏线路95条,总长1330.43公里;35千伏线路18条171.23公里;110千伏线路6条99.61公里。

10千伏线路

1991年,新建低压线路65公里。年底全县10千伏线路1056公里,低压线路1442公里,配电变压器619台,容量34389千伏安。1992—1995年,实施农村初级电气化县建设,城乡电网有新发展,新建10千伏线路75公里,低压线路105公里,新增配电变压器138台,容量28769千伏安。1996年,新建珊溪水利枢纽工程施工用电线路10公里。1998年,建成县体育场路线路和东溪三级、东坑岭、李林电站施工用电等12条线路28.5公里。1999—2002年新建10千伏线路66.12公里。后随着农网改造和新农村电气化建设,10千伏电网建设快速发展。2003年年底,全县10千伏线路39条,总长度1239公里,配电变压器1098台,容量84488千伏安。2004年,新增线路10条422公里。2005—2008年,新增线路1145公里。至2011年年底,全县10千伏线路95条,长1330.43公里。其中文成变电所输出线路27条292.59公里(含二中开关站6条18.13公里,樟台开关站3条34公里),黄坦变电所输出线路5条103.16公里,玉壶变电所输出线路8条144.32公里,珊溪变电所输出线路10条139.89公里,西坑变电所输出线路8条151.79公里,南田变电所输出线路9条157.42公里,百丈漈变电所输出线路7条136.41公里,巨屿变电所输出线路18条193.42公里(含下徐开关站5条92.41公里),高二电近区变电所线路3条11.43公里;水电专线11条107.97公里。

1991—2011年文成县10千伏输电线路一览表

表9-11

序号	输出变电所名称	线路条数	长度(公里)	总杆数(基)	变压器(台)	变电容量(千伏安)
1	文成变电所	27	292.59	2848	603	179760
2	黄坦变电所	5	103.16	1524	96	9940
3	玉壶变电所	8	144.32	2028	129	13235
4	珊溪变电所	10	139.89	1511	147	43450
5	西坑变电所	8	151.79	1618	98	12610
6	南田变电所	9	157.42	1673	156	24990
7	百丈漈变电所	7	136.41	1666	144	32540
8	巨屿变电所	18	193.42	2056	257	60710
9	高二电近区变	3	11.43	139	9	8040
	合　计	95	1330.43	15063	1639	385275

说明:资料由县供电局提供

35千伏线路

1991年年初,有文百线、文玉线2条,总长14.78公里。1992年9月,建成文成变电所至靛青山电厂线路4811米。1993年12月,文成变至珊溪变电所14.55公里线路投运。1994年12月,文成变至黄坦变电所12.67公里线路完工。1997年12月，文成变至珊溪坦歧宏发用户变线路建成，长16.88公里。1998年9月，建成高一电至西坑变电所线路2.58公里。1999年7月，西坑变至南田变线路竣工，长10.7公里。2001年3月，东溪三级电站至坑下山电站9.64公里线路投运。2003年8月，东溪三级电站至东坑岭电站线路投运，长7.77公里。2004年12月，建成东溪三级至东溪五级电站线路6.5公里。2005年6月，建成黄鹿电站至桂竹升压变线路10.7公里。2008年1月、7月，先后建成文成变至百丈漈变、百丈漈变至黄鹿电站、巨屿变至铭泰用户变、巨屿变至宏伟用户变4条线路，总长50.08公里。2009年5月，分别建成巨屿变至珊溪变、珊溪变至珊溪纤维用户变线路2条，计7.84公里。2010年3月，建成巨屿变至百万山电站线路5.723公里。1992—2010年，新建线路17条，总长160.45公里，比1991年增加9.86倍。

文靛3577线　文成变电所至靛青山电厂，全长4.811公里。属靛青山水电站管辖。沿线杆塔20基，其中单杆、双杆杆塔各10基，钢筋混凝土圆杆直径300毫米、高度4、5、6米，架空导线为LGJ-70平方毫米钢芯铝绞线。1992年2月动工，同年9月底完工。工程概算投资37.43万元，实际投资46.5万元。

文黄3576线　文成变电所至黄坦变电所，全长12.67公里。1993年12月开工，1994年12月竣工，2003年3月投运。沿线塔杆35基，其中铁塔2座，钢筋混凝土双杆21基、单杆1基、三联杆11基。架空导线采用LGJ-185、120、50三种型号钢芯铝绞线。总投资260万元。

文珊3579线　文成变电所至珊溪变电所，全长14.55公里，归县电业局管辖并设计施工。沿线电杆47基，其中钢架塔2座，双杆21基，单杆21基，三联杆3基，电杆均为直径300毫米等径钢筋混凝土圆杆，架空导线为LGJ-95平方毫米钢芯铝绞线。1993年10月竣工，同年12月投运。国家拨款建设，总投资110万元。

文坦3776线　文成变电所至珊溪坦歧宏发变电所，属私营用户管辖，县电业局设计施工。全长16.882公里，沿线设置杆塔7基，其中铁塔2座，双杆22基，单杆7基，三联杆6基，电杆均为钢筋混凝土等径圆杆，架空导线为LGJ-150平方毫米钢芯铝绞线。1997年12月竣工投运。总投资340万元。

西南3778线　西坑变电所至南田变电所专用线，全长10.7公里。全线置杆塔24基，其中钢架转角塔2基，直线塔4基，双杆7基，转角双杆5基，单杆转角1基，三联杆5基。架空导线采用LGJ-150/20平方毫米钢芯铝绞线。1998年8月动工兴建，1999年7月竣工投运，总投资215万元。

高西3777线　高岭头一级水电站至西坑变电所，全长2.58公里。沿线建杆塔10基，其中钢架铁塔2座，双杆7基，单杆1基，单双杆均为钢筋混凝土等径圆杆，架空导线为LGJ-185平方毫米钢芯铝绞线。1998年9月竣工投运。总投资52万元。

东坑3876线　东溪三级电站至坑下山电站，全线单回路，长9.64公里。1998年2月开工建设，同年5月竣工。全线建杆塔18基，其中钢架铁塔1基，直线单杆4基，直线双杆2基，转角双杆4基，直线三联杆2基，临时T接杆3基，均为直径300毫米等径水泥杆用法兰组装，架空导线为LGJ-70/10平方毫米钢芯铝绞线。2001年3月投运，总投资132.51万元。并网电站有东溪三级、四级和坑下山电站。

东岭3877线　东溪三级电站至东坑岭电站，全长7.77公里。2003年1月动工兴建，全线设杆塔21基，其中转角杆14基，直线7基，均为钢筋混凝土、直径300毫米等径圆杆，架空导线为LGJ-150/25型钢芯铝绞线。同年8月竣工投运，总投资124.72万元。

百鹿3779线　百丈漈变电所至黄鹿电站，线路长24.55公里。2001年3月黄鹿电站投产，2004年7月磨石潭电站竣工发电，先送南田变电所。2008年1月百丈漈变电所投运，接入百丈漈变上网。其中百鹿线T接至南田变电所0.59公里，磨石潭电站0.354公里，双坑口电站（属青田县）9.93公里，全线总长35.42公里。

1992—2011年文成县35千伏输电线路一览表

表9-12

序号	线路名称	起止地点	长度(公里)	投产日期(年月)
1	文玉3578线	文成变至玉壶变	10.78	1989.12
2	文靛3577线	文成变至靛青山电厂	4.81	1992.9
3	文珊3579线	文成变至珊溪变	14.55	1993.12
4	文坦3776线	文成变至宏发(坦歧)变	16.88	1997.12
5	高西3777线	高一电至西坑变	2.58	1998.9
6	西南3778线	西坑变至南田变	10.7	1999.7
7	东岭3877线	东三电至东坑岭电站	7.77	2003.8
8	东坑3876线	坑下山电站至东三电	9.64	2001.3
9	文黄3576线	文成变至黄坦变	12.67	2003.3
10	东五3878线	东三电至东五电	6.5	2004.12
11	桂黄3780线	文成变至黄坦变	10.7	2005.6
12	文百3775线	文成变至百丈漈变	11.97	2008.1
13	百鹿3779线	百丈漈变至黄鹿电站	35.42	2008.1
14	巨泰3598线	巨屿变至铭泰变电站	1.53	2008.7
15	巨宏3597线	巨屿变至宏发变电站	1.17	2008.7
16	巨珊3593线	巨屿变至珊溪变	4.65	2009.5
17	珊纤3781线	珊溪变至纤维变电站	3.19	2009.5
18	巨万3591线	巨屿变至百万山电站	5.72	2010.3

说明:资料由县供电局提供

110千伏线路

1965年建温百线,从百丈漈电厂送至温州,全长74.3公里。1994年11月,建成高二电至文成变电所线路20.048公里。1995年5月,建成文成至平阳水头凤尾文凤线40公里。2000年1月、3月分别建成高岭线6.96公里、文东线15.1公里。2005年7月文巨线13.7公里竣工投运。另建百蕉文线文成段3.8公里。至2011年年底,全县新建110千伏输电线路6条,总长99.61公里。

高文1039线 西起高岭头二级电站构架出线,东至文成变电所进线构架止,全长20.048公里,归县电力开发投资公司管辖。沿线布置杆塔47基,其中自立式铁塔22基,拉线式铁塔25基,进文成变电所铁塔为双回路终端塔。架空导线采用LGJ-185/30钢芯铝绞线,单回路架设。1993年12月开工,1994年11月竣工,1995年5月投入运行。2001年11月经审计部门工程投资核定为441.79万元,按装机、发电量各50%分摊,高一电站摊派投资223.01万元,高二电站分摊投资218.78万元。并网水电站有高岭头一级、二级、三级、尾水电站,吴坳坑一、二级电站,龙井口一、二级电站,岩门电站。

文凤1038线 北起文成变电所,南至平阳水头凤尾变电所,全线长40公里。该线为县域电网与华东大电网直接联络主要线路,建成后由县电力开发投资公司管辖。沿线布置铁塔48基,导线采用LGJ-185/30钢芯铝绞线,地线电缆GJ-50型作为避雷线。1994年3月动工兴建,1995年5月竣工投运。原工程概算总投资750万元,其中国家投资300万元,贷款280万元,自筹170万元。2001年11月,经审计部门核定总投资1303.75万元,按装机、发电量各50%分摊,高一电站分摊投资658.13万元,高二电站分摊投资645.61万元。

高岭1968线 从高岭头二级电站出线,开口环入高一电,环回高二电,再由高二电输送至平阳鳌江垂杨变电所。县域线路长6.96公里,属县电力开发投资公司管辖,承担温州电力调峰任务。沿线设置钢架铁塔14座,其中自立式铁塔9座，转角式铁塔5座，塔基均用沙石混凝土现浇，同杆双回线。导线为LGJ-185/30型钢芯铝绞线，避雷接地为GJ-50型线。1999年10月兴建，2000年1月竣工投运。

文东1992线　从文成变电所出线，经苔湖山、驮峑、项山、岩塔下、陈田、樟山、岭脚，到东溪三级水电站，全长15.1公里。属县电力开发投资公司管辖，担负温州电网调峰任务。沿线布置杆塔47基，其中自立式铁塔26基，拉线式铁塔12基，转角塔9基。架空导线为LGJ-150/30型钢芯铝绞线，地线电缆采用GJ-35型铝锌稀土合金镀层钢绞线。1999年10月动工兴建，2000年3月底竣工投运。并网电站有东三、东四、东五、坑下山、东坑岭水电站。工程总投资680.2万元。

文巨1344线　从文成变电所北向出线，经大峃、垟丼、横培、李山、孔岙、项坑边、茅茸山，至巨屿变电所。全长13.7公里。沿线采用自力式铁塔44基，其中直线塔30基，转角塔14基。架空导线为LDJ-240/30稀土钢芯铝绞线，地线选用LJ-50稀土铝锌合金镀层钢绞线。2004年8月开工建设，2005年7月竣工投运。

百蕉文1001线　从百丈漈电厂送出到瑞安市马屿镇蕉坑变电所，全长44.2公里。文成段线路从百蕉线T接到文成变电所，长3.8公里。为县域电网连接华东大电网又一通道。

1995—2011年文成县110千伏输电线路一览表

表9-13

序号	线路名称	起止地点	铁塔(基)	长度(公里)	投产日期(年月)
1	高文1039线	高岭头二级电站至文成变	47	20.05	1995.5
2	文凤1038线	文成变至平阳水头凤尾变	48	40.0	1995.5
3	高岭1968线	高岭头二级电站至垂杨变	14	6.96	2000.1
4	文东1992线	文成变至东溪三级电站	47	15.1	2000.3
5	文巨1344线	文成变至巨屿变	44	13.7	2005.7
6	百蕉文1001线	百丈漈至蕉坑线路接文成变电所	—	3.8	—

说明：资料由县供电局提供

220千伏线路

北起周壤变电所，南至平阳腾蛟变电所，输电线路全长72.86公里，沿线设置铁塔75基。文成段工程包括新建220千伏周壤—腾蛟同塔双回路和220千伏珊溪水电站—垂杨开口环入腾蛟变线路，其中双回路长2×9.5公里，单回路长23公里，全长42公里，铁塔41基。导线选择钢芯铝绞线2XLGJ-300/35。2010年4月进场施工，12月底完成立塔。2011年3月开始架设高压线，首次应用动力伞架设电力线技术，比传统人力放线可节约57.9万元。

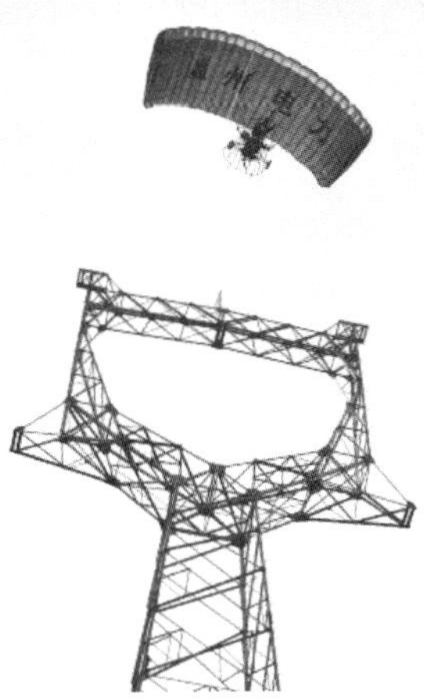

图9-17　动力伞放线

（来自文成新闻网 2011年摄）

第三节　电网改造

1991—1999年，实施城乡电网改造工程，改造输电线路336.4公里。2000—2002年，实施农村电网改造工程，总投资1.13亿元，改造用电“非标准”村341个，2006年10月实现全县户户通电。2010—2011年，实施农村电网升级改造工程，改造峃口小九溪电厂、黄坦沙垟电厂自供区供用电设施。

城乡电网改造

1991年,整改农村电网三类线27.4公里。1993年,加快城网改造和农村低压电网整改步伐,更新改造城网、农村电网三类线16公里。1994年,改造城网周村、二中线路10公里。1996年,实施温州电力"村村通电"工程,11月1日把电力送到朱雅茶漈村,实现全县用电村村通。1997年投资130万元,改造大峃、珊溪、西坑、玉壶等城镇电网,整改农村电网9个村,改造三类线35公里。1998年改造樟塔线、珊溪库区电网复建等11条线路14.6公里,完成低压线路改造54.9公里。1999年,投资292.58万元,完成农村电网整改11个村,改造10千伏线路84.5公里,低压线路94公里,变压器台区37个。年末,全县10千伏线路1220公里,低压线路1605公里,配电变压器802台,容量74858千伏安。

农村电网改造

1999年,编成全县农网改造规划。次年5月,县、乡镇成立农村电网改造领导小组,并召开动员会;县电业局分别与乡镇签订10千伏、村级签订低压线路改造协议。2000年4月,全县农村电网改造工程开工,至2002年8月全面完成。总投资1.13亿元(含电力调度自动化改造投资115万元)。改建或新建10千伏输电线路405.31公里,低压线路1049.5公里,接户线1629.7公里。改造用电"非标准"村341个,更换表计54380只。新增配电变压台区37个,计容量8615千伏安;改造与新建10千伏配电变压器247台,计8280千伏安;改造配电变压台区448个;更换高能耗配电变压器250台,计11335千伏安。共建成用电标准村511个,占全县总村数96.4%;尚未改造19个村(待农村电气化县建设继续改造)占3.6%。经农村电网改造,农村电网结构得到优化,供电能力增强,用电质量和安全水平大为提高,且消除用电安全隐患,为农村经济发展提供能源保障。2002年3月,完成农网改造的村民生活用电电费每千瓦时0.75元。7月,农村居民生活用电按城镇居民生活用电标准收取,即城乡同网同价,到户电价每千瓦时0.53元,当年减轻农民负担约400万元,被民众誉为"德政工程"。2006年,实施全县"户户通电"工程,投资32.5万元,新建10千伏线路4.5公里,低压线路1.5公里,安装太阳能发电装置8套,解决居住在偏远山区24户村民用电问题。10月,实现农电户户通。

农网升级改造工程

2010年7月,峃口小九溪水力发电厂自供区移交县电业局管理,接管峃口、周山、金垟等5个乡10个村1984户居民供用电任务。该农网升级改造工程于2011年1月开工,2011年5月全面竣工。改造高压线路2条,全长25公里,低压线路38.9公里;变压器38台,容量2345千伏安,其中公变20台950千伏安,专变18台1395千伏安。

图9-18　峃口镇农网改造升级工程竣工仪式现场(来自温州新闻网 2011年摄)

2011年11月,县供电局与沙垟电厂签订黄坦供区移交协议,黄坦镇和龙川22个村5638户用电纳入县网范围。该农网改造升级工程概算总投资4000余万元,包括对35千伏黄坦变电所进行增容扩建,新建10千伏架空线路21.64公里,新增和更换配变47台,改造低压线路166.56公里。改造升级后,供电可靠性达99.7%,综合电压合格率达99.1%。

第六章 供电 用电

20世纪90年代初,以文成变电所为中心的县级电网初步形成,全县62个乡镇全部通电,通电村数94%,通电户数86%。1993年开始实行供电体制改革,贯彻国务院“两改一同价”决策,实施供用电村村通、户户通工程,推进农村电气化建设,1996年实现村村通电。2006年实现户户通电,获“中国农村小水电之乡”称号。2011年,供电量40135万千瓦时,售电量38462万千瓦时,比1991年分别增加14.69和17.45倍;全县用电量3.72亿千瓦时,人均965千瓦时,比1991年分别增加10倍和10.5倍。农网综合电压合格率99.17%,供电可靠率99.71%。

第一节 供 电

1991年全县供电量2558万千瓦时,县域供电区分散,县电业公司、百丈漈电厂、有关乡镇电站各自成供电区,发、供、用电不能统一调度。1993年开始实行供电体制改革,成立县电业局,实行发电、供电分开,理顺发、供、用电管理体系。1998年以后划分供电营业区,陆续接管南田、珊溪、玉壶自供区。2002年实现城乡用电同网同价。2009年后又接管峃口、黄坦自供区。2011年全县划分为5个供电营业区,供、用电由县电业局统一调度。全年供电量40135万千瓦时,比1991年增加14.69倍。

供电体制

1991—1993年,县电业公司归县水利电力局管理。全县供电管理机构分3块:一是县电业公司所属厂、所、站管辖县城与周边8个乡镇供电区;二是水利水电局管理78座小水电站,管辖19个乡镇集体电站各自成一块的供电区;三是百丈漈电厂供电范围8个乡镇。存在多头管理,发、供、用电不能统一调度,安全用电无保障,供购电价无法统一,线路设备无法统一利用,电网建设资金得不到多渠道支持,建成的输变电工程不能扩大供电范围,上下组织脱节等诸多弊病,严重制约县域电力事业发展。

1993年3月,县政府决定撤销县电业公司,成立县电业局,实行发电、供电分开,理顺发、供、用电管理体系。1998年6月,县电业局组织人员对南田片供电区进行半个月的调查,形成南田片供电区接管方案,报县政府批准实施。8月接管南田片供电区99个村,9月成立南田供电所,片区实行“五统一”(统一人员管理、统一财务管理、统一电网改造、统一电费复核、统一工作考核)管理。至年末,县电业局供电区扩大至5所9站386个村。1999年,玉壶供电所接管坑下山片供电区26个村,珊溪所接管岙头底供电区6个村。2003年6月1日始,对全县小水电自供区162个村进行同网同价接管,当年接管94个村。2009年,制定《文成县小水电自供区接收实施方案》。2010年7月2日,与九溪水力发电厂签订自供区移交协议书,接管峃口、周山、金垟等5乡10个村1984户日常生活和工农业生产供用电。2011年11月,县电业局与沙垟电厂签订黄坦供电区移交协议,全镇34个村5638户用电纳入县网范围。至年底,县域小水电自供区彻底退出历史,成为温州市首个全面完成自供区接管的县。

供区划分

1998年经省电力公司核准批复,全县35个乡镇供电营业区分成4个片区:大峃片供电区管辖大峃、黄坦、富岙、双溪、汇溪、里阳、金炉、樟台、龙川9个乡镇;珊溪片供电区管辖珊溪、巨屿、东龙、仰山、桂山、峃口、金垟、双桂、周山、公阳、平和11个乡镇;玉壶片供电区管辖玉壶、金星、朱雅、东溪、上林、周壤6个乡镇;西坑片供电区管辖西坑、鳌里百丈漈、南田、十源、黄寮、石垟、下垟、岭后9个乡镇。尔后根据南田镇特殊情况,单独设立供电区,随之建立大峃、珊溪、玉壶、西坑、南田5个供电所,担负各片区管电供电任务。

供电量

1988年县境电网与华东电网联网。1991年,全县以文成变电所为中心的县级电网初步形成。全年供电量2558万千瓦时,售电量2085万千瓦时,损失电量473万千瓦时,线损率18.49%,电网等级低,供电质量欠佳。

1993年珊溪35千伏输变电工程建成。1996年,文成变电所升压扩建工程及110千伏文凤线、高文线投运,县域电网直接以110千伏与大网联络。后随巨屿、西坑、南田等输变电工程相继完成,全县供电质量明显改善,1999年供电量达到8510万千瓦时,售电量7446万千瓦时。

2000年以后,县域交通条件改善,市区非主导产业梯度转移,巨屿工业园区形成;"两改一同价"政策实施,电价下调;城乡居民生活水平提高,家用电器数量、使用频率相应增加,促进全县供电量稳定增长。2001、2002年供电量、售电量相继突破1亿千瓦时;2005年供、售电均超2亿千瓦时;2009年线损率降至2.25%,比1991年下降16.24个百分点。2011年供电量40135万千瓦时,售电量38462万千瓦时,比1991年分别增加14.69和17.45倍;线损率4.17%,比1991年下降14.32个百分点。

1991—2011年文成县发供售电量及线损率一览表

表9-14

年份	发电量(万千瓦时)	增长率%	供电量(万千瓦时)	增长率%	售电量(万千瓦时)	增长率%	损失电量(万千瓦时)	线损率%
1991	1066	-50.1	2558	24.6	2085	29.7	473	18.49
1992	2459	130.6	2723	6.5	2376	14.0	347	12.74
1993	2289	-6.9	4988	83.2	4530	90.7	458	9.18
1994	6928	202.7	5188	4.0	4665	3.0	523	10.08
1995	6659	-3.9	5881	13.4	5367	15.0	514	8.74
1996	5081	-23.7	5926	0.8	5183	-3.4	743	12.54
1997	5946	17.0	6118	3.2	5488	5.9	630	10.30
1998	6135	3.2	6043	-1.2	5441	-0.9	602	9.96
1999	28479	364.2	8510	40.8	7446	36.8	1064	12.50
2000	31275	9.8	8572	0.7	7676	3.1	896	10.45
2001	38047	33.6	10010	16.8	8985	17.1	1025	10.24
2002	31360	-17.6	12020	20.1	10642	18.4	1378	11.46
2003	27205	-13.2	15595	29.7	14047	32.0	1548	9.93
2004	26967	-0.9	16956	8.7	15485	10.2	1471	8.68
2005	35065	30.0	24814	46.3	22726	46.8	2088	8.41
2006	42305	20.6	31884	28.3	29190	28.4	2694	8.45
2007	38115	-9.9	35903	12.6	33715	15.5	2188	6.09
2008	35205	-8.2	36602	1.9	35284	4.7	1318	3.60
2009	39137	11.2	31935	-12.8	31218	-11.5	717	2.25
2010	50838	29.9	40731	27.5	38728	24.1	2033	4.99
2011	28438	-44.1	40135	-1.15	38462	-0.7	1673	4.17

说明:资料由县供电局提供

第二节 用 电

1991年，全县总用电量3373万千瓦时，最高负荷6.8兆瓦，人均用电量92千瓦时。后随城乡基础设施建设步伐加快，效益农业、特色工业发展，人民生活水平提高，全县用电量相应增加。尤其是1993—1995年全县钢坯冶炼业异军突起，2000年巨屿工业园区建成，用电量、用电负荷猛增。1995年最高负荷12.11兆瓦，日最高负荷2.17兆瓦；2002年用电量达1.49亿千瓦时，最高负荷18.3兆瓦。2003年夏秋，遇持续高温天气，温州地区乃至浙江全省出现“电荒”，多次采取限电措施，正常负荷控制在2.5万千瓦左右，最高负荷控制在3万千瓦以下。据电力部门统计，2003年1—11月，非居民生活用电容量新增9751千瓦，比上年同期增长22%；居民生活用电容量增加22694千瓦，比上年同期增长11%。至11月底止，全县电网用户共装接容量265785千瓦，其中非居民生活用电容量49062千瓦，居民生活用电容量216723千瓦。2005年，用电量达2.5亿千瓦时。至2011年，全县用电量3.72亿千瓦时，最高负荷83.3兆瓦，人均965千瓦时，比1991年分别增加10倍、11.25倍和9.49倍。

工业用电

1991年用电量1704万千瓦时，占全县总用电52.52%。1993—1995年，全县发展起一批钢坯冶炼等高能耗工业企业，工业用电量快速增长，年均增幅10%左右。2000年以后，县域加大招商引资和工业技改力度，随着巨屿工业园区开发建设，工业经济快速发展，2002年用电量7295万千瓦时，比2000年增加1.2倍。2005年，百丈漈生态工业园、周壤工业小区相继投产，用电量快速攀升至14487万千瓦时，比2002年又翻二番多。2011年，用电量22973万千瓦时，比1991年增加12.5倍。

农业用电

坚持“为农田排灌、农机修造、农副产品加工、农村居民生活服务”办电方向，保证农业生产、农村居民生活用电，并实行优惠电价。1991年，农业用电量499万千瓦时，占全县总用电量14.79%。1997年，农业用电量968万千瓦时，比1991年增长93.99%，为全县历年农业用电量最高值。后随进城务工农民增多，农村生产、农副产品加工逐渐萎缩，原先灌溉机埠、水轮泵站等大批机电灌溉设施几乎无存，农村用电日趋弱化。1998年，农业用电量占全县总用电量比例降至8.24%。1999—2004年，用电量在500万千瓦时上下徘徊。2005年，再降至55万千瓦时，为历年最低值。后随农业综合开发、效益农业发展，形成一批种植业、养殖业、加工业专业大户，2006年始，农村用电又开始回升。2011年，全县农业用电量474万千瓦时，占全县总用电量1.27%。

城乡居民生活用电

1991年用电量970万千瓦时，占总用电量28.76%，其中县城居民生活用电411万千瓦时，农村居民生活用电559万千瓦时。后随城乡居民人民生活水平逐步提高，彩电、电冰箱、空调机、微波炉等家用电器逐渐进入居民家庭，家庭用电量相应增长。一般居民家用电度表从1安培逐步向5～10安培更替。农村电网改造后，实现城乡同网同价，农村居民用电量再次剧增。2004年，城乡居民生活用电量6858万千瓦时，比农网改造前的用电量增加1.2倍。2011年，城乡居民生活用电量8943万千瓦时，比1991年增加8.2倍。

1991—2011年文成县用电量及结构一览表

表9－15

年份	总用电量（万千瓦时）	工业		农业		城乡生活		其他		人均用电量（千瓦时）
		用电量（万千瓦时）	占比%	用电量（万千瓦时）	占比%	用电量（万千瓦时）	占比%	用电量（万千瓦时）	占比%	
1991	3373	1704	52.52	499	14.79	970	28.76	200	5.93	92
1992	5073	2094	41.28	751	14.8	1911	37.67	317	6.25	138
1993	5346	2853	53.37	704	13.17	1515	28.34	274	5.13	145
1994	7145	3501	49.00	775	10.85	2225	31.14	644	9.01	193
1995	7577	3830	50.55	860	11.35	2282	30.12	605	7.98	206
1996	7401	3760	50.80	875	11.82	2496	33.73	270	3.65	200
1997	7407	3560	48.06	968	13.07	2658	35.88	221	2.98	199
1998	7415	2973	40.09	611	8.24	2972	40.08	859	11.58	200
1999	7830	3785	48.34	536	6.85	3135	40.04	374	4.78	210
2000	7929	3282	41.39	412	5.20	3243	40.90	992	12.51	213
2001	8130	3532	43.44	238	2.93	3274	40.27	1086	13.36	219
2002	14935	7295	48.85	669	4.48	4915	32.91	2056	13.77	406
2003	16567	8235	49.70	464	2.80	5963	35.99	1905	11.50	456
2004	19128	9256	48.39	482	2.52	6858	35.85	2532	13.24	527
2005	21521	14487	67.34	55	0.26	4980	23.15	1999	9.29	590
2006	29166	21497	73.71	179	0.61	5050	17.31	2440	8.37	795
2007	32311	23346	72.25	242	0.75	5300	16.40	3422	10.59	897
2008	32250	22172	68.75	353	1.09	5945	18.43	3779	11.72	867
2009	27665	16644	60.16	235	0.85	6644	24.02	4143	14.98	740
2010	32114	19914	62.01	251	0.78	8046	25.05	3902	12.15	853
2011	37283	22973	61.62	474	1.27	8943	23.99	4893	13.12	965

说明：资料由县供电局提供

第七章　水利电力管理

1977年设县水利电力局，主管全县水利设施、水电工程建设，河道、水土流失治理，水政执法等行政事务。1993年1月成立县电业局，负责电网建设、供用电、电力经营管理。1994年11月成立县电力开发投资有限公司，负责县域重大水电项目开发及投资建设等。

第一节　管理机构

1991年，县域水电管理机构为县水利电力局。1993年，发电、供电分开，成立电业局。1994年11月，成立县电力开发投资有限公司。2002年1月，县水利水电局改称县水利局。2005年4月，县电业局整体划归浙江省电力公司管辖；2011年6月，更名为县供电局。2011年年末，全县水电管理机构3个，即县水利局、县供电局、县电投公司。

县水利局

1991年称县水利电力局，设办公室、财务物资股、水电勘测设计室、水利管理所、小水电开发管理站、防汛办，辖7区1镇水利水电管理站，干部职工104人。3月新设水政监察所。1996年6月，水政监察所增设水政监察队；7月建立县水产技术推广站(渔政管理站)。1997年4月，县水利电力局改称县水利水电局；10月县水政监察队更名为县水政监察大队，12月增设水政渔政科(水土保持监察科)，建立县淡水鱼研究所。1999年6月，建立县水土保持监督管理站。2002年1月，县水利水电局更名县水利局，与农业局合署办公。2005年8月，成立县水利测量队、县水利水电工程质量监督站。2007年4月与农业局分离，复设水利局。2009年11月，县水政监察大队增挂县渔政监察大队牌子。2011年10月，成立县农村饮用水办公室、县河道管理中心，撤销县水利水电勘测设计所。年末，局下设办公室、水政渔政科、规划建设科3个行政科室，水政(渔政)监察大队、水利管理所(农村饮用水办公室)、水利测量队(河道管理中心)、水产技术推广站(渔政管理站、淡水鱼研究所)、水土保持监督管理站、水利水电工程质量监督站、小水电开发管理站、防汛防旱指挥部办公室8个事业单位，干部职工58人，其中事业干部43人。高级工程师4人，中级工程师13人。

县供电局

1991年称县电业公司，1993年1月，成立县电业局为全民所有制企业，行政归属县计经委管辖，经济实行独立核算自负盈亏，技术业务接受温州市电力局指导。1997年12月，县电业局参与温州市地方电力联营，接受市局和文成县委、县政府双重管辖。2005年4月，整体划归浙江省电力公司，对外仍称县电业局。2006年12月，被浙江省电力公司命名为“一流县级供电企业”。2010年9月，下设办公室、发展基建部、人力资源部、财务资产部、安全监察部、生产技术部、营销部、思想政治工作部8个工作部门，辖大峃、珊溪、玉壶、南田、西坑、黄坦6个供电所。2011年6月，更名为县供电局。年末，全局职工255人。

县电投公司

全称县电力开发投资有限公司,1994年11月县政府发文成立,1995年4月正式挂牌办公。初设办公室、开发管理部、经营业务部。1996—1998年,相继成立资金财务部、筹资部、高二电运行分公司。1999年11月,增设人事监察部、维修服务中心。2001年2月成立物资经营部。2001年12月,经营业务部、物资经营部并入开发管理部,撤销维修服务中心。2005年8月调整为"四部一室",即办公室、人事监察部、生产管理部、计划财务部、投资发展部,辖参股或控股开发的高一、高二、东三、高三、坑下山5座水电站。2011年年底,全部在岗人员230人,其中公司在职职工25人、退休人员5人,5座电站在岗职工205人。

第二节　水行政管理

1991年,制定《文成县水利工程管理和保护范围的规定》《文成县河道管理实施办法(试行)》,始建立收取水资源费制度。1992年首次开展"水法宣传月"活动,1997年出台《文成县取水许可制度和水资源费征收管理实施办法》,2001年编制《文成县水土保持总体规划》,2005年制定《文成县水电资源开发使用出让权管理暂行办法》,2007年出台《文成县河道采砂权有偿出让办法》,2008年开展水电行业"隐患排查治理年"活动。至2011年年底,计治理水土流失面积140.47平方公里,查处水事违法案件358起,调处水事纠纷75件,拆除占用河道违章建筑1.33万平方米,征收水资源费1669.05万元。

水土流失治理

1991—1996年,全县年均水土流失面积约2800公顷,年均治理面积在720公顷上下,治理率占4成。1997年12月,县水利局设水土保持监察科。1999年3—4月,省市县三级人大联动开展《中华人民共和国水土保持法》执行情况检查,县政府成立水土保持工作领导小组,并制定领导小组成员单位主要职责;同年6月成立县水土保持监督管理站,全县水土保持工作逐步走上正轨。2001年开展水土流失调查,编制《文成县水土保持总体规划》,全年治理水土流失面积11平方公里。2003—2004年,生产建设水土保持方案编报率达80%以上。2005年,水土流失治理突破公路、水电站两大范围局限,所有建设工程项目均严格执行水保"三同时"制度,全年建设项目水土保持方案编报率100%、实施率95%。2008年,治理水土流失面积1.98平方公里。2009年,制定水土流失三年(2009—2011)治理计划,共计划治理9条小流域,治理水土流失面积67平方公里,总投资2747.48万元。当年治理水土流失面积20平方公里。2010年,审批水土流失治理工程项目6个,水土保持工程设施竣工验收5个。全县投入治理经费597.46万元,治理水土流失面积16.5平方公里。2011年,审批水土流失治理工程项目10项、水土保持工程设施竣工验收12处。全县治理水土流失面积19.34平方公里。2011年8月,开展水土保持普查,分土壤侵蚀普查外业调查和水土保持措施内业调查两部分,全县设14个土壤侵蚀普查点开展野外调查。水土保持措施分基本农田、水土保持林、经济林、种草、淤地坝、坡面水系工程、小型蓄水保土工程、线状工程及其他工程。普查成果表明:全县基本农田6104.4公顷,其中梯田6104.4公顷;水土保持林30001.6公顷,其中乔木林29838.1公顷,灌木林163.5公顷;经济林63297.7公顷;封禁治理11325.6公顷;无种草;无淤地坝;无坡面水系工程;小型蓄水保土工程点状126个,线状工程622.1公里。至2011年年底,全县共治理水土流失面积140.47平方公里。其中,修建水平梯田1973公顷,修建蓄水池85座,截水沟11公里,排灌沟渠90.211公里,田间道路102.311公里,沉砂池24个,塘堰35座,拦砂坝62座,疏溪固堤2611公里,水土保持林2047.1公顷,经济林4980.3公顷,种草996.1公顷,裸露面治理1441.8公顷,封禁治理2101.1公顷及其他措施治理面积508.3公顷。

水利设施改造

1991—2003年,农田水利基本建设以政府补助、乡(镇)村和群众自筹、农民投工投劳方式,投资修复水利工程。自2002年始逐步取消农民劳动积累工和义务工,至2004年全部取消后,农建投资农村集体、村民自筹资金改为"谁受益、谁投资";省、市、县政府补助资金需立项争取,按项目建设程序申报立项和审批,待竣工验收后给予补助。

1991年,全县投入农田水利建设经费227.40万元,群众自筹68.9万元;兴建水利工程552处,投放义务工204.71万工日,完成土石方128.65万立方米,增加和扩大灌溉面积3750亩,改造中低产田200亩。1992—1996年,共投放义务工1062万工日,兴建水利工程363处,完成土石方767万立方米,恢复改善灌溉面积11.75万亩,改造中低产田1.16万亩。投入农田水利建设经费2613.7万元,其中省补助150万元,市、县地方财政78.5万元,乡(镇)自筹56.9万元,村群众自筹2328.3万元。1997—1999年,投入农田水利建设经费15852万元,其中省补助经费80万元,市、县地方财政60万元,乡(镇)自筹155万元,村群众自筹12730万元。投放义务工922.8万工日,完成土石方819.9万立方米,改善农田灌溉面积1.7万亩。2001年,建设混凝土三面光衬砌渠道0.81公里,新建翻水站4座,改善灌溉面积4900亩。2003年投资392万元,修建双桂垟山、巨屿方前渠道12公里。1991—2003年,投资17325.2万元,其中省补助经费260万元,市、县地方财政138.5万元,乡(镇)自筹221.9万元,村群众自筹16704.8万元,投放义务工2282.31万工日,修复水利工程915处,完成土石方1954.15万立方米,改善农田灌溉面积4.2万亩,改造低产田1.18万亩。

2004年投资824万元,修复水毁工程32处,新建渠道1.58公里。2005年投资1500万元,修复水毁工程132处,加固小型水库32座,新建渠道1.6公里,新增、改善灌溉面积300亩。2007年,改造黄坦雷官岩小型灌区水利基础设施,其中新建拦水坝1座,拦水堰2座,护岸、防洪堤7公里,修建引水渠道10.8公里,投资138万元,受益农田1380亩。2008—2010年,投资440.8万元,实施毛坑、镇头、西段、公阳、林斜、樟龙等处小型农田灌区改造工程;建设堰坝水源点25处,提水泵站2处,引水渠道76公里,渠系建筑物100多处,保护农田8700亩,受益1.5万人。2009年,申报稽垟、外南2个中央小型农田水利工程项目,受益面积1400亩,投资231.4万元。2010年完成毛坑、公阳、林斜、樟龙四个灌区改造工程建设。并投资4000万元,修复水毁工程800处,建成农田引水渠道384公里。2004—2010年,投资7134.2万元,修复水利工程1096处,修建渠道437.98公里,受益农田1.18万亩。

2011年,编成《文成县2011—2020年农田水利建设规划》,分3年实施。全县当年中央财政小型农田水利重点建设工程总投资2213.53万元,其中中央财政680万元、省财政1090万元、县及县以下财政407.96万元、群众自筹35.57万元。建设项目为山塘综合整治18座,容积49.72万立方米,投资1154.9万元;实施高效节水灌溉工程6处,受益面积0.18万亩,投资355.57万元;灌区改造1处,受益面积0.70万亩,改造渠道长度32.69公里,投资703.06万元。

病险水库加固

1992—1996年,修复二源东山、黄坦樟山垟两座水库,其中东山水库除险加固工程1995年7月动工,次年9月竣工,投资近90万元。2003年,启动"千库保安"工程建设,当年投资297万元,加固黄坦雷官岩、樟山垟、南田大水桥、周壤川盘山4座水库。2004—2006年,修建加固东溪园丰、大岙垟丼、南田朱里、玉壶滚门坑、富岙塆后、百丈漈胜天一号、黄坦石井、黄坦稽垟、百丈漈桥枫坑9座水库,投入资金904万元。2007年,实施"515防洪保安生命线工程",编制2008年全县重点水利建设项目计划上报水利部和省水利厅,争取到各类建设项目资金

1052万元。全县列入浙江省“千库保安”工程建设计划水库22座,计划投资2238万元。至2008年年底,完成黄坦水磨坑、桂山凤狮水库加固任务;开工建设大峃周徐、南田大水桥、二源东山、石垟林场三支坑4座水库加固工程。2009年,就千库保安工程争取到上级补助资金1161万元,其中中央261万元、省级553万元、市级347万元。完成小九溪、东山、西湖、周徐等4座水库除险加固工程,启动玉壶马坪、黄坦济下、二源安塘、龙川胜天二号、南田小坑边5座水库除险加固建设。全年完成土石方工程量7.61万立方米,水工建筑混凝土工程量2.66万立方米,金属结构制安124.42吨,总投资1813万元。2010年除险加固水库7座。至2011年年底,全县加固维修病险水库26座,投资3887.21万元,其中中央补助资金261万元,省级补助资金1807万元,市级补助资金955万元,县级配套资金408万元。

2003—2010年文成县除险加固水库情况一览表

表9-16

序号	水库名称	库容（万立方米）	实施时间（年月）	投资（万元）	部分资金来源(万元)			
					中央	省级	市级	县级
1	黄坦雷官岩	15.0	2003	85	—	60	—	15
2	黄坦樟山垟	12.0	2003	90	—	60	15	5
3	南田元桥	14.8	2003	65	—	50	—	5
4	周壤川盘山	30.3	2003	57	—	42	—	5
5	东溪园丰	35.5	2004	83	—	38	20	5
6	大峃垟井	10.2	2004	97	—	42	10	25
7	南田朱里	49.9	2005	109	—	94	15	—
8	玉壶漈门坑	27.0	2005	105	—	69	—	26
9	富岙墭后	12.0	2005	103	—	68	10	—
10	百丈漈胜天一号	14.0	2005	93	—	63	—	—
11	黄坦石井	10.2	2006	86	—	37	49	—
12	黄坦稽垟	10.2	2006—2007	148	—	50	—	98
13	百丈漈桥枫坑	10.3	2006	128	—	61	67	—
14	黄坦水磨坑	14.5	2007—2008	94	—	30	14	30
15	桂山凤狮	12.0	2008.12	105	—	46	21	23
16	峃口小九溪	25.2	2009.4—7	83	—	52	21	—
17	南田西湖	30.0	2009.8—11	167	—	99	53	15
18	二源东山	119.0	2008.10—2009.3	256	90	102	73	—
19	大峃周徐	10.3	2008.8—2009.12	181	—	57	44	30
20	南田大水桥	123.4	2008.3—2010.12	668.88	150	110	155	120
21	石垟林场三支坑	16.6	2008.7—2010.12	188	—	93	37	—
22	玉壶马坪	15.0	2009.2—2010.12	206	—	127	64	15
23	二源安塘	47.0	2009.4—2010.12	268	—	127	86	40
24	南田小坑边	13.0	2009.10—2010.3	123	—	51	52	20
25	龙川胜天二号	12.0	2009.10—2010.12	114	—	66	33	15
26	黄坦济下	78.8	2009.12—2010.8	232.33	21	111	83	14
合　计		768.2	—	3935.21	261	1805	922	506

说明:资料由县水利局提供

水利工程管理

1991年10月，县政府制定《文成县水利工程管理和保护范围的规定》，划定水库、堰坝、渠道、水电站、泵站（排灌站、翻水站）管理范围和保护范围，管理范围内的水域、工程、附属设施、管理设施，周围林木必须严格保护，不准破坏、侵占，不得倾倒渣土、垃圾及含毒废物、污水；保护范围内禁止建房、取土、挖塘、打井、开沟、葬坟、建窑、爆破等危害工程安全的活动。1999年9月，县政府出台《文成县关于水利工程建设审批若干规定（试行）》，确定境内建设小水电（含技改、扩建、增容）、水库、山塘、池塘、引水渠道、引水隧洞、提灌排涝、防洪、堰坝、打井、水土保持设施等工程，均应向县水电主管部门报告，按基本建设程序立项审批、施工、竣工验收后方可投入使用；境内兴建码头、涉江、河、堤、库、塘、滩地的桥梁、道路、房屋等工程，建设单位必须报经县水电主管部门同意，方可按基本建设审批程序办理审批手续。2004年2月上旬，组织检查组对全县523座山塘水库开展安全生产大检查。2006年为分解山塘水库管理风险，首次推行山塘水库保险制度。投入保险资金6万元，对全县109座公益性、库容1万立方米以上的山塘水库由县保险公司统一保险。对非公益性水库，由水库直接受益方出资投保。2008年开展"两查两保"专项整治行动，对全县57座小（2）型以上水库开展安全隐患检查。2009—2010年，开展"安全生产年"水利安全生产行动和"隐患排查治理年"活动，对51座小（2）型以上水库以及31座在建水利工程进行安全隐患排查，督促隐患整改及落实相关安全措施。

小水电行业管理

2004年2月，组织检查组对全县78座小水电站，11处在建水利工程进行安全生产大检查。首次统一委托省水利水电工程质量监督检查站、省水电测试中心，对26座违规建设电站进行安全检测，针对存在问题，分类分批督促落实整改措施。2008年开展"隐患排查治理年"活动，召开隐患排查治理年活动动员会、小水电在建工程安全生产会议，小水电运行工培训会议，对全县89座电站、19处在建水利工程，开展安全隐患排查、督促整改，行业主管部门与所有电站业主签订安全生产责任书，培训从业人员近500人。2009年组织400多人次对全县74座电站开展隐患排查，当场督促整改41处，规范电站生产，纠正违章行为。召开全县水电安全生产工作会议与全县82座电站签订水电安全生产目标管理责任书，调处电站纠纷6件。12月3—6日，对龙井口一级、毛坑、松坑、沙垟、老坑下山、黄山、稽垟三级、孔山8座电站进行全面检测。走访全县84座电站，开展经济普查，提前完成温州市第二次经济普查工作任务。2010年 5月，开展小水电年检审核，审核合格46座，不合格5座。对年检检测不合格，设备老化严重，不符合安全运行要求的老电站，发整改通知书，整改龙井口一级、稽垟三级、毛坑3座电站。

河道管理

采砂管理　1996年县政府发布《文成县河道管理实施办法（试行）》，就河道管理范围、堤防设施管理、河道整治和建设等作出规定。2007年3月，委托中国水电十二局开展全县陆地水域调查，6月形成调查报告。并成立县整治非法采砂领导小组，开展飞云江流域河道非法采砂调查，县政府发布《严禁河道非法采砂的通告》，限期拆除非法采砂设备，取缔飞云江流域非法采砂15户。委托测量单位对飞云江河道疏浚工程可开采砂石量进行测量，编成《飞云江河道疏浚规划》，县政府出台《文成县河道采砂权有偿出让办法》，对条件成熟的两个疏浚点公开向社会挂牌出让，获出让金218万元。2008年采砂整治取得实效，挂牌出让飞云江河道1号、3号疏浚区，珊溪坑、玉壶东樟疏浚区砂石资源开采权，获出让金346.3万元。2009年完成飞云江小流域划界，对桂溪、樟台两处河道疏浚采砂点，向社会公开招投标，两处砂石开采量约2万立方米，采砂权出让费7.8万元。

河道清障 1991年，划定飞云江、峃作口溪、泗溪、玉泉溪及其他溪坑堤防管理、保护范围，在管理、保护范围内不准填河、建房、取土，不得倾倒废渣、垃圾、弃土，禁止堆放污染水质物体，不得种植作物。1992—1996年，处理占用河道违章建房34间、建筑面积1680平方米。清除河道垃圾废物30处、约7000立方米，其中对西坑镇锰钢厂冶炼废渣、卫生所废针瓶和药棉倒入梧溪，黄坦镇雅梅建房户废土倒入沙垟水库，大峃镇徐村建房户建筑垃圾倒入泗溪，峃口建房户建筑垃圾倒入飞云江等事件进行执法清除。对县城菜市场垃圾倒入凤溪事件，由县政府牵头，召集县城建局、水电局、大峃镇等单位协商清除，决定由大峃镇政府组织、县城建局负责将菜市场垃圾统一集中清运处理。制止、处罚向河道倾倒弃渣3起。2000年，拆除河道违法建筑物610平方米。2001年，对飞云江沿线珊溪、巨屿、峃口河段两岸的垃圾进行全面清理。2005年开展"河道执法年"专项活动，拆除涉河违章建筑2210平方米。

水政执法

水法宣传 1992年6月首次开展"水法宣传月"活动，县政府就此专门部署，县府办印发专题文件和宣传标语口号，分管副县长作电视动员讲话；县水利局抽派20多人上街张贴标语、悬挂条幅、发放法律法规小册子；并出动宣传车到各乡镇及重点村，利用广播、电视、宣传栏，举办水法知识竞赛等多种形式开展宣传，全县受教育面达80%。此后每年3月22日世界水日期间，举办水法宣传周活动。2000年投入宣传经费2万多元，出动宣传车30辆次，发放宣传资料2万余份。2006年3月，县水利局代表队参加温州市"森脉"杯水法知识电视竞赛决赛获一等奖。2009年，结合第17个"世界水日"以及第22个"中国水周"，组织纪念宣传活动，专题宣传车跑遍各乡镇及水域；插播《人·水·法》专题篇；悬挂横幅80多条、分发宣传资料1200多份、宣传水杯1000只、宣传用环保袋2000只、雨伞300把。宣传和执法相结合，宣传周期间查处水事案件2起，曝光1起，社会各界、广大群众水患、水法制意识大为增强。2011年，开展第十九届"世界水日"和第二十四届"中国水周"宣传活动，集中向社会宣传水利基础地位与作用，增强社会各界和民众珍惜水资源、保护水环境意识。全年举办防汛培训8期，印发宣传资料2万份、《山洪灾害和气象常识》小读本5000份、明白卡2万份、温馨告知卡5000份。

取水许可 1992年，在全县范围内开展发电取水、工业取水和生活取水调查，实施取水许可登记制度。出台《水利工程水费核订、计收和管理意见》《文成县取水许可登记发证实施办法(试行)》。规定凡在境内直接从江河、水库、渠道或地下取水的，均应按规定申请取水许可，并交纳水资源费。1993年，开始征收工业、发电、生活用水水资源费。1994年，又对发电取水、工业取水和生活取水进行复查、换证，对农业取水进行调查摸底。1996年年底始，实行取水许可年度年审，取水须向主管单位预申请。2004年，取水登记发证率、年审率均达100%。

水费征收 1991年首次实施收取水费，当年省下达全县农田有效灌溉面积3.3万亩、11.88万元收费任务，实际收取13.5万元，完成113.5%。1997年7月，制定《文成县取水许可制度和水资源费征收管理实施办法》，水资源费征收标准为发电用水每千瓦时0.01元；生活、工业用水，地下水、矿泉水及其他用水每吨各0.01元。2000年征收106.8万元，其中水资源费67.7万元，水土保持设施补偿费19.2万元，河道占用补偿费19.9万元。2003年采取上门收取和分期交纳方式，征收水资源费227.07万元，其中水资源费99.52万元，小水电管理费82万元，河道占用费10.9万元，水土保持费33.4万元，河道采砂管理费1.25万元，首次征收百丈漈电厂水资源费和小水电管理费100多万元。2004年征收水规费274.14万元，其中水资源费190万元，小水电管理费49.3万元，河道占用费1.69万元，水土保持费29.3万元，河道采砂管理费3.85万元。2008年征收水规费464.96万元，其中水资源费301万元，水土保持费110.5万元，河道采砂管理费53.45万元。2009年水土保持审批和收费相结合，收水土保持设施补偿费27.78万元。2010年收取水土保持设施补偿费33.8万元，征收水费421万元，其中水资源费382万元，水土保持补偿费21万元，河道采砂管理费18万元。

案件查处　1990年12月,成立水政监察所。1993年县政府出台《文成县水文案件调查处理程序暂行办法》。1997年10月设水政监察大队,12月设水土保持监察科,开展水法律法规宣传,查处水事案件。2003年出动水事巡查400多人次,查处河道违章案件25起,开展夜间渔事巡查200多人次,查处渔事违法案件50多起,没收非法渔具80多副,经济处罚4人,治安处罚1人,清理飞云江5个采砂场弃碴50万立方米。2004年出动水事巡查1391人次,稽查处理各类水事违法案件21起,调解水事纠纷34件,开展夜间渔事巡查200多人次,查处渔事违法案件80多起,没收非法渔具100多副。2005年出动水事巡查1300人次,稽查处理各类水事违法案件21起,非法捕鱼案件48起,调解水事纠纷18件。2008年实行日常巡查和夜间巡查结合,出动520人次,立案查处各类涉水案件19起,现场制止26起,发放停止违法行为通知书25份,清障令5份,组织协调龙川等乡镇拆除涉河违章建筑2029.6平方米。2009年开展日常执法巡查420多人次,夜间巡查115人次;立案查处涉水案件3起,现场制止26起,发放各类责令停止违法行为通知书15份,清障令3份;调解水事纠纷6起,拆除涉河违章建筑2000平方米。2010年开展日常巡查420多人次,夜间执法巡查75人次,立案查处涉水案件2起,现场制止21起,发放各类责令停止违法行为通知书6份,发放清障决定书、清障令各1份,协调和组织有关乡镇拆除涉河违章建筑2000多平方米。2011年开展日常巡查509人次,夜间执法97人次,立案查处各类涉水案件3起。现场制止13起,发放各类责令停止违法行为通知书11份、清障决定书、清障令各2份,处理处罚电站1座,罚款5万元,并处理水事纠纷23件,协调和组织乡镇拆违行动7次,拆除涉河违章建筑2810.8平方米。制止涉河违章和河道内乱采滥挖现象,推进"平安水利"建设。

第三节　电力管理

1991—1992年,县域电力实行区块管理,发电、供电、用电职能不分。1993年3月,发电、供电分开,理顺发、供、用电管理体系,县水利局负责管理小水电行业,县电业局掌管供、用电。此后,电力部门通过安全用电、查处违章窃电、电网经营管理,县域电力事业逐步走上规范化轨道。2011年实现售电收入2.03亿元,比1991年增加66倍;上缴税金0.21亿元,比1992年增加109倍。

用电安全

1991—1997年,开展安全用电宣传,形成"人人讲安全,事事防事故"的良好氛围。同时对安全工器具及消防设备按规定时间进行检查和试验。1998年始,县电业局与基层单位签订安全责任书,实行安全生产目标管理,督促落实措施,遏制事故发生。2000年制定《对习惯性违章的考核及管理办法》,实行个人安全考核记分。2002—2003年,建立并推行安全性评价制度,开展安全评价,实行自查、自改、自评,提高超前控制事故能力。2004年始,成立生产安全事故应急处理指挥部,每年开展安全生产大检查、安全生产月、"安康杯"竞赛活动。开展农业排灌用电安全专项整治,举办安全教育技术培训班,组织职工学习《中华人民共和国电力法》《电力设施保护条例》《供电用电规则》,印发《安全性生产缺陷整改计划》,确保电力设施安全运行。2007年,修订违章作业实行连带责任考核、防止设备误操作闭锁管理标准、防误解锁钥匙管理细则等安全生产规定。组建安全生产稽查队,对施工、检修作业实行现场安全稽查,全年开展现场稽查103次。开展高危及重要用户和转变用户用电安全检查、安全生产和优质服务"百日百查""反违章除隐患百日安全活动"、35千伏变电运行技术大比武等活动。2008年,举办外包工程施工人员安全知识、10千伏配电线路现场标准化作业辅助系统培训班,"安规""运规"知识考试;开展迎峰度夏安全大检查、安全生产隐患排查专项治理、安全生产无违章年、第二轮安全性评价及复查缺陷整顿自查自评活动。2009年,开展安全生产"无违章年"和"无误操作年"活动,执行"现场勘察、现场安全交底、工作许可、现场安全监护”等制度，落实安全生产组织措施和技术措施。2010年，出台《员工安全积分管理奖励制度》，对员工在安全生产各个环节的工作风险进行量化管理。2011年，建立健全安全生产长效机制，县电业局制定《生产现场领导干部和管理人员到岗到位标准(试行)》《抢修工作安全管理规定》《反违章工作管理办法》，修订《违章作业处罚和培训管理规定实施细则》等管理制度。推行外包施工工程现场全过程监督制度，增加基层单位安全稽查次数，将查处违章次数纳入反违章目标管理考核。开展“安全风险管控年”活动，推进安全管理标准化建设，进行现场安全监察1539次、2687人次。全县电力生产连续9年保持安全无事故，计安全生产日3517天。

违章窃电查处

1991—1996年，采取计量装置进柜加锁、电表加封、封印V模专人保管使用、计费计量实行定期现场校验等技术措施，以防止窃电。1997年8月，县电业局成立电力设施保护领导小组，制订加强用电检查规定，与公检法司一起印发禁止窃电、违章用电联合通告，并在县电视台播放、送各乡镇村头街尾张贴。11月，首次在大峃镇范围内开展反违反窃“光明一号”行动，出动公安干警、经济民警、电业职工、保卫干部90余人，查获损坏电力设施案件4件，窃电案件8起，违章用电7件，追补电量1.65万千瓦时，追回经济损失3万余元。1998—1999年继续反违反窃，查处窃电案件51件，违章用电76件，补收电费21.24万元，罚款13.04万元(其中南田供电所7.03万元)，送公安机关治安拘留3人；拆除百三电尾水渠道违章建筑物等。2001年与县公安局联合开展电力治安整治活动，查获窃电案件5件，破坏电力设施案件316件，违章用电2件，追回电量损失8952千瓦时，追回电费4760元，收取违约金3557元，清理拖欠电费70.5万元。2003—2006年成立用电检查队，开展用电营业普查，堵塞用电管理漏洞，查获黑户25户、窃电13户、违章用电100户，补收电量8.41万千瓦时，补收电费5.39万元，收取违约金8.94万元。2011年各基层供电所对辖区内用电客户如高耗能企业、娱乐场所等进行全面排查，1—9月，查处窃电案件3件，违约用电4件，追补电量7182千瓦时，追补电费4.33万元，收取违约金12.94万元，为企业挽回损失，维护企业权益。

经营管理

文明服务 1997年重视行风建设，开展“创文明窗口、树行业新风”活动，修建电业局营业大厅，方便用户业扩报装和缴纳电费。2000年推广标准化、示范窗口建设，2001年推出10项服务承诺。2003年12月，开通电力客户热线95598呼叫系统，为用户提供新的服务平台。2006年12月成立客户服务中心，为客户提供一站式服务。2007年制定《优质服务年实施意见》，开展“和谐电力光明行”活动，走遍全县384个村庄，历时61天，计行程8480公里，进村入户听取意见、现场服务，获好评。2011年开展“浙江电力春风行动”活动，导入“你用电·我用心”服务理念。组建电力海霞服务分队，持续开展进农村、进企业、进学校活动，全年服务68家企业、52个村、8所学校。开展“零投诉”竞赛，实现7个50天周期“优质服务无投诉”“无低电压停运”佳绩。2000—2007年，西坑、南田、黄坦、大峃供电所先后被省电力公司评为浙江省农村供电营业文明规范单位、群众满意基层站所(办事窗口)先进单位和标准化供电所；大峃供电所被命名为市级文明单位。

收缴电费 1998年，建立电费回收、电费差错、抄表见面率检查校验考核制度。1999年，收缴电费实行科、所长负责制，抄表员包送单、包催费、包结零，全年电费回收率99.1%，陈欠电费从年初339万元下降到206万元。2000年6月，大峃供电所率先实行电脑开单收费。2004年，电费抄表开始使用红外抄表机，电费开票统一使用浙江省电力营销客户管理信息系统软件。2007年9月制定《电费抄核收工作标准》，实行抄核收岗位分离和电费流程化管理，推广使用电费充值卡。2008年实现当年欠费和陈欠电费“双零结”。2009年，电费信息系统应用国家电网SG186工程电力营销业务应用系统，客户缴纳电费可由银行、信用社代收、代扣。2011年创新多维缴费渠道，提前7个月实现“零走收”。电费收缴基本做到月清月结，2008—2011年，电费回收率均为100%。

用电营销 1998年6—7月，组织人员对电力增供扩销进行调查研究，调低有关制约阻碍电力市场拓展的收费标准，如对钢坯厂、锰钢厂用电价格每千瓦时从0.47元调至0.43元。全年受理业扩用户1022户，贴费收入148.34万元。1999年出台丰水期优惠电价，大工业用电每千瓦时下调0.04元，对营业用电大户确定基数，起用部分每千瓦时下调0.6元。2000年，报装照明、动力用户913户，计7468千瓦，校验单相、三相、10千伏计量箱22983只。2002年实施“两改一同价”决策，结合“转变作风年”活动，开展“可靠能源、可信服务”活动，县电业局直供用户从2万户猛增至8万户。2003年开拓电力市场，新增电力用户1691户，新增用电容量11934千瓦。当年工业、生活用电量分别比上年增长68.9%和31.1%。2005年新增客户1665户，新增容量23780千瓦。2009年，实施增供扩销十项措施，新增业扩报装容量3.25万千伏安，新增客户3413户。2010年拥有电力客户9.84万户。2011年建成用电信息采集系统，全年推广安装智能电能表18272只，用电信息采集覆盖6529户。

经营效益

1988年县域电网并入温州大电网。1991年电力工业总产值410万元，售电收入302万元、利润18万元，全员劳动生产率3.04万元。1994年售电收入超千万元，税收超百万元。1997年12月参与温州地方电力联营，县域结束向温州市趸售电力的历史。2004年税收超千万元，2005年售电收入突破亿元。2011年，实现销售收入20279万元，年末固定资产净值15094万元，比1991年分别增加66.15倍和34.43倍；上缴国家税金2110.9万元，全员劳动生产率34.69万元，分别比1992年增加108.94倍和15.76倍。

1991—2011年文成县供电经营状况一览表

表9-17

年份	售电收入（万元）	平均售电价（元/千瓦时）	售电利润（万元）	上缴税金（万元）	固定资产净值（万元）	年末职工人数（人）	全员劳动生产率（万元/人年）
1991	302	0.1448	18	—	426	135	3.04
1992	377	0.1585	52	19.2	411	136	2.07
1993	897	0.1890	2064	49.6	569	136	3.90
1994	1361	0.2918	274	103.5	582	175	3.19
1995	1929	0.3594	584	172.0	1046	175	2.99
1996	2297	0.5185	242	195.0	1228	245	2.70
1997	2660	0.5304	427	210.0	1179	253	2.15
1998	3073	0.5647	781	377.7	1298	140	5.79
1999	3406	0.4574	660	460.0	1180	311	4.79
2000	3306	0.4307	−113	389.9	1364	264	3.63
2001	3786	0.4214	221	386.3	2734	264	3.04
2002	4529	0.4256	431	507.0	2585	254	4.85
2003	4916	0.3500	48	593.2	2423	252	4.31
2004	6925	0.5253	1023	1371.4	2442	252	12.49
2005	10745	0.5528	364	1827.4	2979	252	—
2006	13636	0.5466	629	1890.7	2851	252	20.93
2007	16045	0.5568	2816	2772.3	4806	252	35.02

续表9-17

年份	售电收入（万元）	平均售电价（元/千瓦时）	售电利润（万元）	上缴税金（万元）	固定资产净值（万元）	年末职工人数（人）	全员劳动生产率（万元/人年）
2008	17448	0.5786	1789	3170.1	6025	246	28.61
2009	15695	0.5882	−1766	—	7562	252	18.92
2010	19523	0.5898	−184	—	14300	255	25.32
2011	20279	0.5983	714	2110.9	15094	255	34.69

说明：资料由县供电局提供

县电投公司控股或参股电站5家，其中控股电站1家：东溪三级电站公司占有股份51%；参股电站4家：高岭头一级电站占股份34%，高岭头二级电站占30.95%，高岭头三级、坑下山电站，其股份公司各占10%。1995—2011年，发电量19.06亿千瓦时，发电收入8.93亿元。其中高一电71922万千瓦时，收入32479万元；高二电69728万千瓦时，收入33316万元；东三电29145万千瓦时，收入13868万元；高三电8779万千瓦时，收入4749万元；坑下山电站11017万千瓦时，收入4937万元。

1995—2011年县电投公司参股控股电站经济效益一览表

表9-18

年份	合计		高一电		高二电		东三电		高三电		坑下山	
	发电量（万千瓦时）	收入（万元）	发电量（万千瓦时）	收入（万元）	发电量（万千瓦时）	收入（万元）	发电量（万千瓦时）	收入（万元）	发电量（万千瓦时）	收入（万元）	发电量（万千瓦时）	收入（万元）
1995	2777	303	2777	303	—	—	—	—	—	—	—	—
1996	2775	1305	2775	1305	—	—	—	—	—	—	—	—
1997	4063	1927	4063	1927	—	—	—	—	—	—	—	—
1998	4452	2295	4237	2218	—	—	—	—	—	—	215	77
1999	9694	4322	4822	2218	4026	1799	—	—	—	—	846	305
2000	13210	6029	4870	2265	5769	2615	1845	888	—	—	726	261
2001	15586	7500	5512	2795	6397	3049	2730	1315	—	—	947	341
2002	14103	6850	4167	2036	5648	2703	2632	1355	842	463	814	293
2003	10682	5315	3030	1443	3895	1934	2113	1085	746	413	898	440
2004	9396	4425	2537	1102	3657	1777	1946	877	720	406	536	263
2005	15877	7400	5469	2374	6120	2881	2751	1270	647	439	890	436
2006	17157	7607	5502	2304	6629	2977	3001	1309	1084	556	941	461
2007	15066	6961	4728	2025	5876	2793	2773	1273	792	431	897	439
2008	13102	6352	4375	2010	5176	2581	2033	983	845	448	673	330
2009	13433	6394	4581	2051	5225	2564	1978	953	910	464	739	362
2010	18617	8236	5161	1621	7262	3610	3531	1678	1462	739	1201	588
2011	10600	6126	3316	2482	4049	2033	1811	883	731	388	693	340
合计	190590	89347	71922	32479	69729	33316	29144	13869	8779	4747	11016	4936

说明：资料由县电投公司提供

第十卷

经济总情

县域经济体制改革源于农村。20世纪80年代初,全面推行农村家庭联产承包责任制,继推行山林承包责任制,赋予农民生产自主权,农民发展多种经营积极性空前高涨。90年代后期开始,进一步完善农村家庭联产承包责任制,开展农村土地二轮承包,推行农村土地承包经营权流转,延长山林承包期,完善双层经营体制;鼓励提倡适度规模经营,走农业产业化、发展绿色生态农业、品牌农产品路子,促进农业增效、农民增收。尤其是电力投资体制改革,有效促进水电事业发展,电力工业成为县域经济发展新亮点。工商企业在80年代实行管理体制、经营机制改革后,90年代开始全面实行股份制改造、兼并、拍卖、职工身份置换、破产、终止解散等多种形式产权制度改革,公有企业由“国有国营”到“国有民营”再到“民有民营”,国有、集体企业逐渐退出市场,民营企业茁壮成长,成为全县经济发展主力军。

产业结构调整优化,经济实现提速增效。全县生产总值三次产业结构,1991年为53.6:16.0:30.4,2011年调整为11.5:34.1:54.4;一次产业下降42.1个百分点,二、三产业分别上升18.1和24个百分点。经济发展经历“农业经济”转为“工农业经济并举”“粗放经济”到“集约经济”历史性转变;经济结构呈多元化发展趋势,新兴产业层出不穷,生态经济方兴未艾,名牌产品不断涌现;经济运行逐步迈上“传统经济”向“环境和谐”型科学发展轨道,形成良性循环格局。2011年,全县工业总产值37.26亿元,比1991年增加43.4倍,其中民营工业产值34.93亿元,占全县工业总量93.8%;全县社会消费品零售总额22.66亿元,比1991年增加22.5倍;农村居民人均纯收入7434.5元,比1991年增加12倍;恩格尔系数47.9%,比1991年下降14.7个百分点,开始向小康型社会迈进。

第一章　经济体制改革

1990年12月，成立县经济体制改革委员会（简称县体改委），制订全县改革政策、措施，组织实施改革试点，推进深化农村土地承包、适度流转、双层经营，延长山林承包期、集体林权制度改革。制订并实施《文成县企业破产若干意见》《文成县国有商业企业改革总体方案》《文成县加快国有城镇集体企业改革实施意见》《文成县破产、解散企业职工安置试行办法》等系列文件，推进国有企业、城镇集体企业改制，至2002年年底，全县完成国有城镇集体企业改制50家，其中破产29家，盘活存量资产1.5亿元，企业减亏5000万元，化解银行呆账达6000万元，安置职工和退休人员2300人。

第一节　农村经济体制改革

县域农村经济体制改革始于1978年，少数地方出现分小小队现象。1982年全县各地基本上实行大包干，推行农村家庭联产承包责任制。1990年开始实行双层经营，发展村级集体经济。1997年开始实行土地使用权有偿转让，1998年启动第二轮土地承包，土地承包期再延长至30年。2004年全面完成二轮土地承包。至2011年，全县承包耕地流转总面积47086亩，经营大户876户；村级集体经济收入明显改善。

农村土地承包

1978年中共十一届三中全会以后，开展农业经济体制改革，全县开始探索推行家庭联产承包经营责任制。1982年春，全县1个直属镇（大峃）、60个人民公社、568个生产大队、4098个生产队基本上实行大包干责任制。1984年9月，按照“大稳定、小调整”原则，开展农村土地承包期延长工作，将土地承包期延长至15年，全县农业生产结构得到多层次调整。1998年启动第二轮土地承包工作，再将土地承包期延长至30年。先在百丈漈镇西段村和黄坦镇后巷村开展第二轮土地承包试点。8月27日召开动员大会，全县第二轮土地承包工作全面铺开。1999年签订土地承包合同59186户，落实水田承包面积75037亩，并办理第二轮土地承包资料交接手续，对“浙江省农村集体土地承包权证”填证、发证等具体操作方法进行辅导，着手准备土地承包权证发放工作。2001年全县33个乡镇、548个行政村、4067个队（组）中，开展第二轮土地承包工作33个乡镇、527个村、3856个队（组），完成和基本完成527个村、3734个队（组），签订土地承包合同81518户，落实水田承包面积88313亩，发放土地承包权证80350户。此外，开展第二轮土地承包扫尾工作，清理并做好资料归档，立卷542册。2004年，全面开展土地二轮承包完善工作，完善86个村、485个组，落实承包耕地16863.37亩，通过省、市验收。

土地流转经营

农村土地承包后，出现部分外出农户将责任田出租他人使用现象。1993年，国务院发布《关于当前农业和农村经济发展的若干政策措施》，有条件地允许土地使用权依法有偿转让，全县开始落实该项政策，鼓励引导农民参与土地流转，大力推进农地资源整合，部分耕地逐渐向种植大户或农业企业集中。1997年，部分农户开始在自愿、有偿基础上流转土地使用权，全县以转包、转让形式流转土地3399亩，参与流转农户4084户；其他形式流转土地2464亩，参与流转农户3103户。2000年，全县流转土地面积8230亩，实行适度规模经营74个村，耕地面积达4372亩，主要种植水稻、蔬菜、水果、茶叶等。2002年，注册成立第一批农民专业合作社，通过转包、租赁等方式向农民承包闲置耕地，流转土地面积10151亩，实现适度规模经营耕地面积9652亩，比2000年增长121%。2009年，成立县农村土地承包流转工作领导小组，加快农村土地承包经营权流转，加强对各乡镇土地流转工作管理和业务指导。2010年，出台《文成县农村土地承包经营权流转暂行办法》，开始规范全县农村土地承包经营权流转，并出台土地流转奖励政策。2011年，出台土地流转县级配套补助政策，开展土地流转信息平台建设，全县家庭承包经营耕地面积147379亩，家庭承包经营农户数96914户，签订家庭承包合同81473份；家庭承包耕地流转总面积为47086亩，其中转包为34849亩，转让80亩，互换160亩，出租5000亩，股份合作819亩，其他形式6178亩。同年，商品经济兴盛，农业种植大户、农业企业等开始承包大量闲置耕地开展农业生产，实现适度规模经营耕地面积16823亩，经营大户或企业达876户（家）。

双层经营体制

1990年开始，全县发展村级集体经济，完善双层经营体制。1991年，全县384个村建立村经济合作社。此后，各行政村从各自实际出发，因地制宜发展村级集体经济。城镇中心镇发挥地理位置优势，兴办第三产业，边远村发挥自然资源优势，参与利润分红。如大峃镇周村村主要建立生鲜农产品交易市场、屠宰场，兴办停车场、出租办公楼等；玉壶镇中村村充分发挥区位优势，利用村区域内沿街集体房产，出租沿街店面等；石垟乡吴坳村参与电站利润分红，西坑镇梧溪村参与旅游景区收入分红等。2011年，村级集体经济收入明显得到改善。全县384个村，集体经济总收入2255.51万元，平均每村5.87万元。按年收入分组比较，村集体经济收入少于1万元贫困村280个，占72.92%；1万～5万元53个村，占13.8%；5万～20万元32个村，占8.33%；20万～100万元17个村，占4.43%；收入超过100万元2个村，占0.52%，以大峃镇周村收入最高。

第二节　林业体制改革

1981年开始推行林业生产责任制，1991年全面完成，全县林业用地发证面积1180524亩，签订责任山双向承包合同农户59117户。2006年启动延长山林承包期工作，至次年7月完成，核发“中华人民共和国林权证”21675本。2009年实施集体林权制度改革，确权面积1189791亩，发证农户53647户，核发林权证68310本。

林业生产责任制

1981年始，开展“稳定山林权属、划定社员自留山、确定林业生产责任制”为基本内容的林业“三定”工作。至1983年4月，全县完成15个公社，占全县61个公社24.6%。同月30日，县委、县政府颁发《关于林业“三定”工作几个政策问题的规定》，推进林业“三定”工作。1984年8月，县委、县政府发布《关于放宽林业政策的若干规定》，巩固和发展林业“三定”成果，调动农民造林积极性，加速林业生产发展。1990年12月，历时10年的全县林业“三定”工作结束。1991年4月中旬，县委、县政府组织人员对7区1镇完善林业生产责任制工作进行验收。全县林业用地发证面积1180524亩，占应发证面积99.2%。其间调处山林纠纷116处（包括国有林场42处），面积26705亩。全县59117户农户均与村农工商合作社签订责任山双向承包合同，计面积40.05万亩，分别占应订合同总户数95.4%和责任山总面积96.1%。

农村山林承包

2006年5月，县委、县政府办公室发出《关于切实做好延长山林承包期工作的通知》《文成县延长山林承包期工作实施方案》，决定将山林承包期延长至50年，并成立县延长山林承包期工作领导小组及办公室。同年6月，先在石垟开展试点。9月，全县山林延包工作会议后，全面铺开。尔后，各乡镇组织人员，按照“调查摸底、分类指导、先易后难、全面落实”步骤，有序稳妥开展山林延包工作。至次年7月，录入林权证申请表17.8万份，全县山林面积127.5万亩，划分177998块，其中自留山67837块，面积17.92万亩；责任山110125块，面积30.77万亩，均与承包户签订延包合同。同时调处山林纠纷63起，涉及面积1725亩。建立林业责任制档案89卷，核发“中华人民共和国林权证”21675本。2007年8月，顺利通过浙江省林业厅验收。山林延包工作圆满完成，山林经营主体明确，产权明晰。为稳定和完善林业生产责任制，依法保障林农合法权益，促进农村经济发展和社会稳定发挥重要作用，并为建立和完善森林、林木和林地使用权流转机制打下基础。

集体林权制度改革

2009年9月，县政府发布《关于深化集体林权制度改革工作的实施意见》，并建立深化集体林权制度改革工作机构。其主要任务是“明晰产权、勘界发证、落实责任、落实所有权、稳定使用权、放活经营权、保障收益权”。2010年1月，发出《文成县集体林权证制度改革工作方案》《文成县森林、林木和林地流转管理办法(试行)》《文成县森林资源资产抵押暂行管理办法(试行)》3个集体林权证制度改革文件，决定用3年左右时间，通过集体林权制度改革，构建林业要素市场、盘活森林资产、促进林权有序流转、创新林业经营管理体制，初步建立起产权归属清晰、经营主体到位、责权划分明确、利益保障严格、流转顺畅规范、监管服务有效的现代林业产权制度，实现森林增长、生态改善、农民增收、林业增效、林区和谐总体目标。2011年10月，县编委批复同意县林业局设立“文成县林权管理中心”，为县林业局下属财政全额拨款事业单位，核定事业编制3名。建立林权服务平台，提高林权登记管理、森林资源流转信息发布和咨询、森林资产评估、林权流转交易、林权抵押贷款、林业法律咨询、林业科技服务等林权管理服务水平。尔后，县林改办制定《文成县森林资源流转登记流程》等规章制度，实现操作规范、流程优化，为林农和经营业主提供便捷、高效一站式综合服务。该次集体林权制度改革，涉及全县10个乡镇375个行政村(社区)7.21万户农户，全县应勘界集体林地面积123.2万亩，占全县林业用地面积87.26%，已勘界面积115.4万亩，勘界率93.7%；应确权到户面积82.2万亩，已确权到户82.1万亩，到户率99.88%；应发林权证69281本，完善档案后发放林权证68310本，发证率98.6%。确权发证工作中，明晰宗地247297宗，其中集体3625宗、个人243672宗。林改期间，发生林权纠纷19件，已调处结案16件，林权纠纷调处率84.21%。林改后，全县林权流转436宗，林地流转面积1.84万亩，占集体林地面积1.5%。并开展林权抵押登记业务92宗，涉及抵押登记林地面积1668亩，帮助林企和林农融资1382.3万元，推进林业生产向经营化、规模化、产业化方向发展，广大林农收益效果显著。对全县55.53万亩公益林进行政策性林木火灾保险，公益林投保率100%，保险金额16658.4万元，保险费金额24.99万元，其中县级财政支出2.5万元。

2011年文成县集体林权证发放统计表

表10-1

乡镇	确权面积(亩)	其中				发证农户数(户)	核发林权证(本)
		统管山(亩)	责任山(亩)	自留山(亩)	流转山(亩)		
大峃镇	113363	37059	50470	25524	300	8509	9836
珊溪镇	123832	23456	72382	27993	—	8791	10372
玉壶镇	190151	75037	42725	70499	1890	6132	7612
南田镇	191901	57774	41999	92022	105	5985	7736
黄坦镇	178216	37662	96404	43934	217	5789	7815
西坑畲族镇	169811	56437	38537	74807	30	4885	7742
百丈漈镇	76023	20778	14457	40546	242	5172	7433
峃口镇	85346	32142	45221	7901	82	5555	6337
巨屿镇	47657	14668	29703	3286	—	2538	3119
周山畲族乡	13491	10387	3104	—	—	301	308
合　计	1189791	365401	435012	386512	2866	53647	68310

说明:资料由县林业局提供

第三节　工业体制改革

20世纪80年代,县域国有、二轻工业企业普遍推行经营承包责任制,促进工业产值持续增长。1991年,全县工业总产值8391万元,比1985年4649万元增长80.5%。1992年以后,陆续出台《文成县国有、集体企业产权制度改革总体方案》《文成县企业破产若干意见》《文成县加快国有城镇集体企业改革实施意见》《文成县破产、解散企业职工安置试行办法》等系列文件,推进国有、集体企业改制。至2008年,全县完成国有城镇集体企业改制45家,其中破产16家,终止解散25家,实施股份制改造转为民营企业4家。

国有工业企业改革

承包经营　始于20世纪80年代,采取扩大企业自主权,推行经营承包责任制,对干部实行聘任制,工人实行合同制及利改税等一系列改革措施。企业经营机制灵活多样,承包形式结合企业效益、活力而定,不搞一个模式。如县铁合金厂等盈利企业实行基数利润递增包干,超收分成;县印刷、电机等微利企业采取基数利润包干,超收分成;珊溪酿造厂试行集体承包,包死基数,超收分成,减收自补。厂长(经营者)拥有人事任免、职工奖惩、经营决策和生产指挥等职权,同时对厂长实行主要经济指标百分制考核奖罚办法。1991年,在总结第一轮承包经验教训基础上,继续深化企业内部经营机制改革,按"大稳定、小调整"原则,稳定和完善承包经营责任制,全县24家国有工业企业全面启动第二轮承包,将企业推向市场。在分配上,打破原有固定工资加奖金和各种津贴的分配方式,按照不同岗位、不同职责,实行计件、计时、效益挂钩等多种工资制,分配向第一线倾斜,激发广大干部职工积极性;劳动用工上,实行全员劳动合同管理。1994年始,连续3年对县农用车总厂、帝师集团公司实行资产经营责任制,确保国有资产保值增值;对国有工业企业厂长(经理)实行规模效益工资制,将厂长(经理)工资同企业经营效益挂钩,提升企业规模和效益。1996年,两家企业销售收入均达2000万元以上,利润总额108.1万元,税收总额270.2万元,成为温州市明星企业。

企业改制　1992年始,县政府陆续出台全县预算内国有工业转换经营机制情况调查,企业破产若干意见,组建和发展企业集团等若干规定，破产、解散企业职工安置试行办法和社会养老保险试行办法等国有企业改革政策，全县工业企业改革，由外延改革向以制度创新为主要内容的改革推进，开展国有工业企业破产和企业股份制改造试点，采取股份制改造、兼并、拍卖、职工身份置换、破产、终止解散等多种形式改制。1992年12月，县自动化仪表厂因停产多年、资不抵债，率先破产。1994年7月，县铁合金厂依法破产。后随之向县棉织厂、锰矿厂、县建材厂铺开。至1996年年底，全县企业破产5家。1997—1998年，县机械厂、印刷厂先后破产还债。1999年县政府制订企业改革两年（1999—2000）规划。同年5月，召开全县国有城镇集体企业改革动员大会，出台《关于加快国有城镇集体企业改革的实施意见》。尔后，县木材公司、农用车总厂、花岗岩总厂先后破产，县制药厂、电机厂、化工厂、化工分厂、帝师集团、龙川花岗岩厂相继终止解散，珊溪酿造厂转为股份制企业。2008年9月，县建筑公司进入改制程序，实行终止解散。至年底，改制企业20家，其中破产11家，终止解散8家，股份制改造1家。

1992—2008年文成县国有工业企业改制情况一览表

表10-2

序号	企业名称	创办日期（年月）	改制形式	改制日期（年月）	解除劳动关系人数（人）
1	县自动化仪表厂	1980	破产	1992.12	17
2	县铁合金厂	1979	破产	1994.7	83
3	县棉织厂	1961	破产	1996.4	125
4	县建材厂	1979	破产	1996.11	76
5	县锰矿厂	1970	破产	1996	5
6	县机械厂	1958	破产	1997.11	98
7	县印刷厂	1955	破产	1998.10	49
8	县木材公司	缺失	破产	1999.5	—
9	县农用车总厂	1992	破产	2000.5	46
10	县农机电器厂	1958	破产	2000.12	—
11	县制药厂	1971	解散终止	2001.8	38
12	珊溪酿造厂	1958	股份制改制	2001.9	13
13	县电机厂	1970	解散终止	2001.6	38
14	县花岗岩总厂	1993	破产	2002.2	20
15	县化工厂	1971	解散终止	2002.12	8
16	县化工分厂	1989	解散终止	2002.12	11
17	县汽车修配厂	1972	解散终止	2003	22
18	县酿造厂1995年组建县帝师集团	1958	解散终止	2006.3	66
19	龙川花岗岩厂	缺失	解散终止	缺失	34
20	县建筑工程公司	1953.5	解散终止	2008.9	71

说明：资料由县经贸局提供

二轻工业企业改革

二轻工业企业由手工业发展而来，为城镇集体所有制企业。20世纪80年代中后期，二轻企业改变过去计划生产、统一核算、统负盈亏管理模式，实行独立核算、自负盈亏、自主经营管理体制。

承包经营 1983年，开始实行承包经营责任制。1987年试行厂长任期目标责任制，厂长在任期内责、权、利与经济效益挂钩,其工资类别分5档,最高档企业年销售额80万元、利润4.7万元以上,月工资300元;最低档企业年销售额20万元、利润1万元以上,月工资100元。总公司与7家重点企业签订经济承包经营合同,以点带面,推动全局。1988年推行私人财产抵押承包经营,与县胶鞋厂签订为期两年的承包经营合同,该企业当年创产值119.4万元,流动资金周转天数68日,成为二轻企业有史以来首家产值突破百万元、流动资金周转天数最快企业。次年,产值再创新高,达130.69万元,仍居二轻企业榜首。1991年,推行企业二轮承包经营,与10家企业签订承包经营合同。二轮承包吸取首轮承包经验教训,完善承包经营机制,确定以总产值、销售、利润三项指标为内容,并按百分制作为考核依据(销售30分、利润65分、企业管理5分)。年终考核,10家企业工业产值指标全部达标;销售收入指标达标8家,未达标2家;利润指标达标7家,未达标3家,实行经济奖罚兑现。

企业改制 1990年始,按照县政府统一部署,成立企业改制领导小组,制定企业改制实施方案,采用先易后难、分类分批方法,对相关企业实行改制、破产和终止解散。同年4月,对长期停产、无力恢复生产的县服装厂、胶木电器厂、艺雕厂、玉壶木器机械厂实施终止解散。1991年12月,县标准件厂因长期亏损扭亏无望,宣告破产。1993—1999年,玉壶锻造机械厂宣告破产;南田竹器社、县家具厂、南田农机厂、珊溪农机厂、大峃竹器社、县电瓷厂、县第二机械厂、县五金机械厂、玉壶服装厂、珊溪服装厂相继终止解散。2000—2004年,县特种钢联营厂(县钢铁工业有限公司)、县胶鞋二厂、县胶鞋厂转为民营企业,分别改称县顺昌金属实业有限公司、县中伟意达鞋业有限公司、温州飞城鞋业有限公司。2001年6月,县塑料制品厂停产5年、无力转产,宣布终止解散。2005年8月,县离合器片厂因后期管理不善、资不抵债,宣告破产,后改制为私营企业县华成机械制动配件厂。2008年3月,玉壶、珊溪竹器社长期停产,宣布解散终止。至此,改制企业25家,其中破产企业5家、解散终止企业17家、转为民营企业3家;未改制企业13家。22家破产、解散企业,职工751人,其中退休383人,由企业出资为职工缴纳年度全额保险费3家127人;职工自我参保企业19家241人。转为民营企业3家,职工119人。

1990—2008年文成县二轻工业企业改制情况一览表

表10-3

序号	企业名称	开办日期(年月)	关停日期(年月)	改制日期(年月)	改制形式	改制时职工人数(人)
1	县服装厂	1954.7	1987	1990.4	解散终止	25
2	县胶木电器厂	1986.11	1990	1990.4	解散终止	23
3	县艺雕厂	1975.9	1989	1990.4	解散终止	33
4	玉壶木器机械厂	1954.12	1983	1990.4	解散终止	2
5	县标准件厂	1987.8	1990	1991.12	破 产	11
6	南田竹器社	1956.2	1983	1993.10	解散终止	13
7	玉壶锻造机械厂	1954.12	1985	1994.4	破 产	39
8	县家具厂	1980.3	1989	1994.11	解散终止	32
9	南田农机厂	1958.10	1989	1995.3	解散终止	58
10	珊溪农机厂	1958.9	1986	1995.8	解散终止	13
11	大峃竹器社	1954.7	1983	1996.7	解散终止	7
12	县电瓷厂	1971.9	1990	1997.8	解散终止	163
13	县第二机械厂	1967.3	1997	1998.3	解散终止	80
14	县五金机械厂	1958.7	1990	1998.6	解散终止	31
15	玉壶服装厂	1954.12	1986	1998.7	解散终止	13

续表10-3

序号	企业名称	开办日期（年月）	关停日期（年月）	改制日期（年月）	改制形式	改制时职工人数（人）
16	珊溪服装厂	1954.12	1984	1999.5	解散终止	3
17	县特种钢联营厂	1990.3	缺失	2000	转为民营	34
18	县塑料制品厂	1981.11	1986	2001.6	解散终止	23
19	县胶鞋二厂	1992.4	缺失	2002.3	转为民营	32
20	县胶鞋厂	1987.9	缺失	2004	转为民营	53
21	县离合器片厂	1984.5	2002	2005.8	破　产	60
22	玉壶竹器社	1954.12	1983	2008.3	解散终止	30
23	珊溪竹器社	1954.12	1983	2008.3	解散终止	20
24	县车木厂	缺失	缺失	缺失	破　产	47
25	县电木厂	缺失	缺失	缺失	破　产	25

说明：资料由县二轻工业总公司提供

此外，另有关闭停产待改制企业13家，职工362人，其中办理退休手续166人，职工自我参加社会养老保险196人，其年度养老保险费统筹办法则根据不同企业资产及经营状况，由企业出资一部分，职工自缴一部分给予落实。

2011年文成县二轻工业未改制企业一览表

表10-4

序号	企业名称	开办日期(年月)	关闭停产日期(年月)	职工人数(人)
1	县第三机械厂	1958.10	1998	68
2	玉壶农机厂	1958.10	1984	17
3	黄坦铁器社	1958.10	1984	16
4	峃口农具社	1958.10	1986	17
5	峃口元件厂	1978.4	1998	33
6	南田木器社	1955.12	1988	23
7	黄坦木器社	1954.5	1984	17
8	黄坦竹器社	1954.12	1984	8
9	县皮革制品厂	1955.12	1988	81
10	县陶瓷厂	1963.11	1990	25
11	县电阻厂	1979.5	1986	21
12	珊溪造纸厂	1958.10	1990	28
13	县二轻供销公司	1972.9	1988	8

说明：资料由县二轻工业总公司提供

第四节　商贸流通体制改革

20世纪80年代后期至90年代初期，县域国有、集体商贸流通企业纷纷打破“铁饭碗”、端掉“大锅饭”，全面推行经理(厂长)责任制、全员劳动合同制、风险抵押经营责任制，普遍采取承包经营、“四放开”“国有民营”、资产拍卖等改革措施，促进企业增收与自我发展。1994年，制定《文成县国有商业企业改革总体方案》，陆续出台《文成县供销社继续深化企业改革，转换企业经营机制的实施办法》《文成县加快国有城镇集体企业改革实施意见》等文件，加快改制进程。至2011年，全县改制国有、集体商贸流通企业32家，其中破产20家、终止解散9家、兼并1家、股份制改造2家。

国有商业改革

管理体制改革 1991年年初，县商业局管辖百货公司、五金交电化工公司、食品公司、石油公司、糖业烟酒公司、华侨友谊公司、燃料公司、烟草公司、医药公司、水产公司、饮食服务公司、工业品副食品贸易中心、食品厂13家国营商业企业。年末，工业品副食品贸易中心撤销。1992年9月，成立县商业总公司，人员从商业局内部调配。总公司单独立账，实行独立核算，自主经营，自负盈亏，为具有独立法人资格国有企业。同年，县燃料公司、烟草公司分别划归县物资局和烟草专卖局管理。1995年3月，成立县商业企业国有资产经营有限公司，受县国资委委托，负责所属商业企业国有资产运营、监管，保障国有资产保值增值。人员从商业局机关内调配，实行两块牌子一套人马运作模式。1996年，实行食盐专营制度成立县盐业公司，与糖业烟酒公司实行两块牌子一套人马经营模式，财务统一核算。1998年6月，县石油公司人、财、物无偿划转给中国石油化工集团公司，归口于浙江省石油公司管理。2001年4月，县政府批准县糖业烟酒公司与盐业公司实行分离，组建国有独资文成县盐业公司，仍与县盐务管理局实行两块牌子一套人马经营、管理模式。2002年1月，县政府机构改革，撤销商业局组建县商业工作办公室，与商业国有资产经营有限公司合署办公。单位性质由原参照公务员管理机构，改为全额拨款事业编制单位。原承担商业行业管理职能移交给县经济贸易局，商业办只承担企业改革、清收外债，负责商业国有资产保值增值等任务。2003年商业总公司停止运作，工商登记注销。2005年7月，县政府《关于同意文成县盐业公司国有资产上划省盐业集团公司的批复》，县盐业公司人、财、物无偿划给省盐业集团公司管辖。

经营体制改革 承包经营 1991年，县医药、烟草、华侨友谊、五交化公司首轮承包经营合同到期，4家公司分别与县财政局、商业局签订二轮承包合同。同时，在商业系统全面推行经理(厂长)责任制，县糖业烟酒、石油、燃料、食品4家公司与县财税局、商业局签订多项指标考核和超利按比例分成的承包经营合同。分成比例为财税局30%、商业局5%、企业65%。其余各企业以工效挂钩形式，落实承包经营责任制。全年商业系统8家二轮承包经营企业，有7家完成合同任务。1993年，推行风险抵押承包经营责任制，以水产公司为改革试点单位，率先实行由经理优化组合风险抵押承包经营责任制。承包形式是确定利润基数，超利五五分成，减利全赔，抵押金企业正职1.5万元，副职(含工会主席)1.2万元。1994年1月，按照县政府批转《文成县国有商业企业改革总体方案》，对全系统12家批发企业全面实行全员风险抵押承包经营责任制。全系统落实利润基数36.6万元，年末实际利润93.78万元，盈利企业11家，亏损1家。盈利企业经营者人均奖金7425元，最高19553元，最低432元；职工最高奖金4513元，最低142元。亏损企业承包者最多赔补5350元，最少2780元。1995—1996年，继续实行全员风险抵押承包经营。1997年，抵押金调整为企业正职3万元，副职(含工会主席)2.1万元。职工按不同岗位、责任实行抵押。1991年，县饮食服务公司设文成旅馆、县前旅馆、四海酒楼、县前饭店、城西饭店及文成照相馆6家独立核算企业，职工42人。全年营业收入20.48万元，亏损7.5万元。公司率先对文成旅馆实行面向社会招标抵押承包，其余企业推行以职工提成工资形式承包经营。1993年开始，公司实行全面改革，将文成旅馆收归公司直属经营，投资100多万元分两期进行更新改造，并更名为文成大酒店，成为县境当时首家准三星级酒店，承担县政府及社会团体高档接待任务。对酒店实行规范化管理，企业知名度提高，经济效益创历史最高水平，1997年，营业收入455.82万元。同时，县前饭店、县前旅馆、城西饭店和四海酒楼，实行面向社会公开招标租赁经营。企业原有职工由公司统一缴纳养老保险金和医疗保险费，以工龄长短、不同档次，给离岗自谋出路职工每人每月发放300～700元生活费，国企职工身份保持不变。2000年四海酒楼、县前饭店、县前旅馆、文成照相馆因县前街改造停业。尔后，饮服公司职能从企业经营管理向物业管理服务型转变，不再参与实体经营。2000—2010年，大酒店仍由承包者经营，公司靠收取承包费给职工发放生活补助金。2011年年末，在册职工人数49人，其中在岗5人，离岗44人，退休职工36人。

“四开放”改革　1992年国营商业改称国有商业。全县国有商业企业全面推行经营、价格、用工、分配“四开放”改革，职工与企业签订全员劳动合同书。尝试干部聘任制、职工劳动合同制，淡化国有企业职工“大锅饭”“铁饭碗”意识，提高企业经营分配自主权，激发职工开拓经营积极性。同年11月，县糖业烟酒公司批发部全体职工率先与企业法人签订全员劳动合同书。至次年11月，商业系统362名职工签订全员劳动合同，占应签订人数92.1%。1997年推行工资分配制度改革，县属国有商业企业除华侨公司外，全面推行岗位技能工资制。根据企业经营业绩，对企业及职工工资划分3个类别；一类企业正职、副职(含工会主席)和普通职工月工资标准分别为900元、750元、500元；二类企业分别为800元、650元、450元；三类企业分别为700元、550元、450元。设为一类企业有饮服、石油、烟糖、医药等4家；设为三类企业有水产、食品厂、百批、针织等4家。离岗职工基本生活费标准100～200元不等，其中水产公司、食品厂为100元。

“国有民营”改革　1992年10月，给长期亏损的县食品公司下属机构南田、珊溪食品站放权，实行“独立核算、自主经营、自负盈亏”承包经营。1993年4月，对原30个实行“改、转、租”小型零售网点、门店，全面推行“三自二保”(自筹资金、自主经营、自负盈亏，保按时足额上交租赁费、保全民职工身份不变)国有民营制度改革。国有民营改革，实行企业所有权和经营权分离，采取“抽底承包”机制，以解决企业历次承包造成商品积压、相互扯皮等问题。至1995年年末，国有民营门店扩大至42家，全年上缴利润31.82万元。1997年1月，百货商场，五交化、百货批发、华侨友谊公司等14家门店首轮承包到期，采取公开投标办法，动员内部职工参与平等竞争，落实新一轮国有民营经营承包合同。二轮承包利润比首轮大幅度增长，其中五交化公司净增利润3万元，百货商场增加7.9万元。

“母体分解”改革　1993年2月，县百货公司亏损232.49万元、扭亏无望，遂实行母体分解改革。关闭百货公司，拍卖县前街仓库，还清全部债务。其余资产和人、财、物进行划分，重新组建县针纺织品公司、百货批发公司、百货商场等3家具有独立法人资格的国有商业企业。3家企业直接归商业局管理。

产权制度改革　企业破产拍卖　1992年10月，对经营困难、连年亏损的华侨友谊公司分支机构玉壶华侨商店，食品公司下属机构玉壶、峃口、黄坦3个食品站，报经县政府批准给予撤销，对其固定资产进行拍卖。1994年，对长期停产歇业的县食品厂，拍卖临街门店18平方米，用于偿还债务和缴存拖欠多年的职工社会养老保险金。1999年9月，县食品厂解散终止。厂房等所有资产进行拍卖，提留40%土地出让金用于职工安置和处理遗留问题，60%用于偿还债务。解除企业与职工劳动关系18人，给下岗职工一次性发放补偿金，补偿标准按每个工龄年500元(每人最低不少于3000元，最高不超过1万元)计发。职工养老续保金由原企业负责交缴，医疗保险金由职工个人交缴，到达退休年龄后由县社保部门发放城镇职工退休金。原由企业供养职工遗属一次性发给每人1万元安置费后终止供养关系。2000年县前街改造工程动工，设在县前街的五交化、水产、烟糖、百货商场、百货批发、针纺织品6家公司房屋被征收而停业。同年8月，召开县国有商业企业改革动员大会。随后加上食品、华侨友谊公司，8家公司列入企业资产审计、评估改制程序。2001年4月开始安置职工，安置补偿标准及相关待遇同县食品厂改制标准。7月县人民法院分别作出裁定，宣告8家公司破产还债。至2002年年末，职工安置完毕，安置职工194人，安置率100%。

企业产权、职工身份置换改革　2006年，县医药公司推行“以产权制度改革为核心、以置换劳动关系为重点，以健全社会主义市场经济为目标”的改革。改革内容为企业资产(含无形资产)实行有偿转让，职工得到一次性经济补偿后,与企业彻底解除劳动关系,不再保留国有企业职工身份。采取先安置后重组方式组织实施。同年7月,公司49名职工与企业签订终止劳动关系协议书,企业一次性发给补偿金,买断工龄。补偿标准:每个工龄年补偿1200元,养老续保补助金1100元,医疗费500元(最高补偿限定1万元),医疗费不发给本人,直接划转到县社保中心管理,医疗补偿费不到1万元的职工,到达退休时需补足差额,才可享受相应医疗待遇,改制职工养老续保金由职工个人自行缴纳。离退休人员养老基金、丧葬费、抚恤费和医疗保险费等按规定一次性提取划转到县社保中心管理及发放。离休人员特需经费每人按1.2万元标准一次性提取交由老干部局代管代发。退休人员门诊医疗费按每个工龄年100元标准一次性提取发给职工本人包干使用。享受生活困难补助精减人员和职工遗属给予一次性补偿安置。职工安置后,由职工自愿参股组建民营性质的县医药有限公司。至2005年年底,县办国有商业企业改革全面完成,改制企业10家,其中破产8家,解散终止、股份制改造各1家。

1994—2005年文成县国有商业企业改制情况一览表

表10-5

序号	企业名称	创办日期(年月)	改制形式	改制日期(年月)	解除劳动关系人数(人)
1	县百货批发公司	1956.7	破产	1994.7	17
2	县百货商场	1993.2	破产	1995	24
3	县针纺织品公司	1993.2	破产	1996.4	13
4	县烟糖公司	1979.12	破产	1996.11	31
5	县五金交电化工公司	1980.12	破产	1996	33
6	县华侨友谊公司	1988.2	破产	1997.11	23
7	县食品公司	1956.8	破产	1998.10	41
8	县水产公司	1979.12	破产	1999.5	12
9	县食品厂	1958.4	解散终止	1999.9	18
10	县医药公司	1971.1	股份制改造	2005.11	51
11	县饮食服务公司	1970.8	承包经营	—	—

说明:资料由县商业办提供

供销合作商业改革

承包经营 1991年,县供销总社与下属土特产、日用品、农资、副食品、工业品、副食品加工厂、茶厂7家公司(厂),城关、大峃、南田、西坑、林场、黄坦、汇溪、珊溪、峃口、玉壶10个基层供销社,分别签订企业承包经营责任书。承包形式为核定基数,五定指标(即商品销售、利润、费用水平、流动资金周转、上缴税金),超利(减亏)有奖,减利(增亏)受罚,直接同工资和奖金挂钩。同时对全县边远基层供销站,原实行生产资料大包干柜组,全部收回区供销社统一管理,实行超利分成,有计划经营;对集镇及各区供销社重点营业门市部生活资料租赁柜组,调整为"联销计酬"责任制经营。1993年转换企业经营机制,推行基层社"社有个营"责任制,在大峃供销社进行抽资承包试点,减少企业风险度。同时深化和完善"四放开"改革,在县日用品、农资、土特产、日用副食品公司、玉壶供销社推行"四放开",实行全员劳动合同制、风险抵押,调动职工积极性。1995年,县政府制定《文成县供销社继续深化企业改革,转换企业经营机制的实施办法》,指导县社及各公司、基层社深化改革。同年,县供销工业品公司全面实行抽资承包责任制。

资产拍卖 1998年,公开拍卖县城建设路162~166号县社老宿舍和县副食品公司、供销工业品公司旧房,盘活资产,将所得410万元资金偿还县副食品、供销工业品、日用品3个公司债务,卸掉历史包袱。2008年9月,供销大厦(天马商厦)拍卖转让,所得资金用于解决县社直属企业改制遗留问题。

企业改制 1994年1月,县政府发文宣布解散县副食品加工厂。该厂创办于1987年,1990年起停产,解散后厂房有偿转让给县农业银行还债和用于人员分流及职工养老保险。1994年7月,县人民法院裁定宣告城关供销社破产,该供销社成立于1986年,1993年开始停业,拍卖供销社房产所得用于偿还银行欠款和职工安置。供销合作社破产,此为全省首例。1996年10月至1999年8月,汇溪、峃口、西坑、南田、石垟林场、大峃6家供销社相继破产。2000年,县日用品公司收不抵支,移交给县土特产公司托管。同年12月,县农机电器厂破产。2003年县汽车修配厂终止解散。2004年,县供销社被评为全市供销社系统改革改制先进集体。2005年,县政府发文同意县供销社直属县农资、副食品、土特产、日用品(物资回收利用)4家公司终止解散。

2005年3月,县政府开始部署县五七厂职工解散安置工作(该厂原为县供销总社、商业局下属企业,1971年5月建厂,1991年关闭停产,其职工未予安置),并召开协调会,由县供销总社和县商业办联合成立五七厂历史遗留问题调查工作小组,对其资产、人员情况进行调查。2007年1月,县政府同意五七厂资产变现遣散安置职工,并成立清算组。同年7月,完成职工身份、工龄确认,资产清查、厂房土地测量等工作;8月,县政府确定由县供销社为遣散安置主体部门,五七厂资产由县供销社统一进行处置。2008年4月,县政府批准五七厂用地功能由工业用地改为居住用地。2010年8月,五七厂(包括茶厂)8716.06平方米土地使用权出让,所得资金6200万元用于人员遣散安置。2011年3月,制订职工遣散安置方案。工龄计算时间统一截至1995年12月31日止(以最后一个附属厂停产时间为依据)。补偿安置标准每个年工龄补偿1200元,养老保险补助费1100元,医疗保险补助费500元(封顶1万元);临时工、土地工、出国人员按相关文件规定处理;死亡职工发给丧葬费和抚恤金。同年5月,职工遣散安置完毕,安置539人,其中职工342人、离退休人员153人、遗属44人。

1994—2005年,改制企业13家,其中破产7家,解散终止6家;安置涉企人员1100人,其中职工606人、离退休人员384人、遗属110人,安置资金计3290.38万元。

1994—2011年文成县供销合作商业企业改制情况一览表

表10-6

<table>
<tr><th rowspan="2">序号</th><th rowspan="2">企业名称</th><th rowspan="2">创办日期
(年月)</th><th rowspan="2">改制
形式</th><th rowspan="2">改制日期
(年月)</th><th colspan="4">安置人数(人)</th><th rowspan="2">安置资金
(万元)</th></tr>
<tr><th>合计</th><th>职工</th><th>离退休</th><th>遗属</th></tr>
<tr><td>1</td><td>县副食品加工厂</td><td>1987</td><td>解散终止</td><td>1994.1</td><td>7</td><td>7</td><td>—</td><td>—</td><td>11.90</td></tr>
<tr><td>2</td><td>城关供销社</td><td>1972</td><td>破产</td><td>1994.7</td><td>52</td><td>32</td><td>15</td><td>5</td><td>55.66</td></tr>
<tr><td>3</td><td>汇溪供销社</td><td>1957</td><td>破产</td><td>1996.10</td><td>44</td><td>19</td><td>14</td><td>11</td><td>30.22</td></tr>
<tr><td>4</td><td>峃口供销社</td><td>1952.5</td><td>破产</td><td>1997.5</td><td>74</td><td>26</td><td>38</td><td>10</td><td>144.20</td></tr>
<tr><td>5</td><td>西坑供销社</td><td>1950</td><td>破产</td><td>1997.10</td><td>33</td><td>12</td><td>19</td><td>2</td><td>35.79</td></tr>
<tr><td>6</td><td>南田供销社</td><td>1952.6</td><td>破产</td><td>1997.11</td><td>106</td><td>56</td><td>34</td><td>16</td><td>167.60</td></tr>
<tr><td>7</td><td>石垟林场供销社</td><td>1965</td><td>破产</td><td>1998.10</td><td>14</td><td>7</td><td>4</td><td>3</td><td>15.58</td></tr>
<tr><td>8</td><td>大峃供销社</td><td>1952.5</td><td>破产</td><td>1999.8</td><td>66</td><td>34</td><td>22</td><td>10</td><td>111.69</td></tr>
<tr><td>9</td><td>县农资公司</td><td>1957.5</td><td>解散终止</td><td>2005.8</td><td>37</td><td>16</td><td>20</td><td>1</td><td>109.64</td></tr>
<tr><td>10</td><td>县副食品公司</td><td>1982</td><td>解散终止</td><td>2005.8</td><td>70</td><td>29</td><td>39</td><td>2</td><td>205.92</td></tr>
<tr><td>11</td><td>县土特产公司</td><td>1950.3</td><td>解散终止</td><td>2005.8</td><td rowspan="2">58</td><td rowspan="2">26</td><td rowspan="2">26</td><td rowspan="2">6</td><td>89.42</td></tr>
<tr><td>12</td><td>县日用品公司</td><td>1950</td><td>解散终止</td><td>2005.8</td><td>50.86</td></tr>
<tr><td>13</td><td>县五七厂</td><td>1971.5</td><td>解散终止</td><td>2011.3</td><td>539</td><td>342</td><td>153</td><td>44</td><td>2261.90</td></tr>
</table>

说明:资料由县供销合作社联合社提供

物资企业改革

经营管理体制改革 1991年,县物资企业一轮承包到期,县财税、物资两局代表县政府与金属、机电、化建等公司签订为期4年(1991—1994)的承包经营合同,对企业经营情况,用8项指标按100分制进行考核,当年3家公司提取效益工资2.03万元。1992年开始,物资销售供应各类生产资料,全部取消计划管理,全方位转向市场,进入市场自购自销。1993年10月,物资系统各企业在"四放开"改革基础上,全面推行"全员风险抵押承包"经营责任制改革,初步建立起企业"自主经营、自负盈亏、自我约束、自我发展"基本适应市场经济运行机制。1997年5月,县物资局撤销实行职能转换,原人、财、物及资金来源、职能等由县物资总公司承担。同年6月,物资系统全面推行资产经营。1998年,将原化轻物资公司经营的民用爆破器材业务单列,成立县民用爆破器材专营有限公司。2002年,分清化轻物资公司与民爆专营公司人员、财产归属。开启县物资总公司与华融资产管理有限公司债务清偿协商,全系统欠华融公司债务(含利息)1260万元,协商达成以债务总额30%优惠比例偿还债务的终结协议,为物资系统改革改制铺平道路。

企业改制 县金属材料公司 1986年成立。属国有物资商贸企业,注册资本50万元,主营金属材料。原有干部、职工16人,退休职工1人。1997年,因经营不善,资不抵债,濒临破产,由县政府体改部门负责牵头协调,经县物资总公司与县金属公司协商,同意由县物资总公司兼并县金属材料公司。

县农业机械公司 1975年建。原址县城建设路69号,有办公营业用房4间,建筑面积546平方米。因经营管理不善,业务逐渐萎缩,处于停业状态。至1999年11月,所有者权益-256.56万元,亏损356.32万元,严重资不抵债,无力清偿到期债务。经公司职工大会讨论通过,报县企改领导小组批准,1999年11月,县人民法院裁定宣告破产还债。建设路办公营业用房地上建筑物(一、二、五层) 向社会公开拍卖所得收入21万元。原在职职工19人及离退休人员由县政府负责安置。

县机电设备公司 1986年开办。原址在县城建设路124号,有办公营业用房3间,占地面积135平方米,建筑面积270平方米;104厂区仓库9间,占地面积381.7平方米。至2002年3月底,公司账面资产总额223万元,负债473万元,所有者权益-250万元,未弥补亏损303万元。2002年11月,县人民法院裁定宣告破产。建设路办公营业用房有偿出让给县耕地开垦有限公司,出让收入320万元;104厂区仓库由县物资总公司以18万元受让,其中7间14万元为抵押财产。原在职职工20人及离退休人员安置经费由县政府负责从土地出让收益金中解决。

县燃料公司 1985年创办。原址樟台乡排门村,占地面积3920平方米,建筑面积450平方米。因经营不善,连年亏损,至1999年7月,所有者权益-201.51万元,亏损267.38万元,资不抵债。1999年7月,被县人民法院裁定宣告破产还债。其生产办公用房及土地资产(煤场、变压器、加油机)作价130万元,以行政划拨形式有偿转让给县农机管理总站;其他废旧物品和应收款回收3.25万元。原在册职工22人由县政府负责安置。

县轮胎翻修厂 1975年建立,系县物资局下属集体企业。原址县城石圾垟104地块,办公用房、厂房、宿舍和仓库,总占地面积2350平方米,建筑面积1698平方米。1984年8月,由个人承包3个车间;1993年9月,全厂实行承包经营责任制。至1994年8月,资产总额28.81万元,负债总额36.91万元,所有者权益-8.1万元,亏损26.94万元。2005年12月,县政府批准实行股份制改造。2008年7月,改造为股份制企业,即浙江省文成县珊溪镇飞云湖轮胎厂,原在册职工20人、退休人员15人、出国人员8人,随之安置完毕。

县化轻物资公司、县建材物资公司 1994年4月,由原县化工轻工建材公司分设。1999年停业,时化轻公司5人(在职4人,退休1人),建材公司12人(在职10人,退休2人)。两公司营业执照分别于2001年、2002年吊销。2005年8月,县政府同意两公司实行改制、终止解散,分别成立清算工作组。至2011年年底,两家公司改制尚处于调查摸底和财务审计阶段。

1997—2005年文成县物资企业改制情况一览表

表10-7

序号	改制企业名称	创办日期（年月）	改制日期（年月）	改制方式	负债总额（万元）	资产总额（万元）	安置职工人数
1	金属材料公司	1986	1997.5	由物资总公司兼并	322	158	16
2	燃料公司	1985	1999.7	破产	267	130	22
3	农业机械公司	1975	1999.11	破产	356	61	19
4	机电设备公司	1986	2002.11	破产	303	223	20
5	化轻公司	1994	2005.8	终止解散	595	94	5
6	建材公司	1994	2005.8	终止解散	676	99	12
7	轮胎翻修厂	1975	2005.11	股份制改造	36	29	20

说明：资料由县物资总公司提供

粮油流通体制改革

管理体制改革　1991年国有粮食实行统购统销，执行国家规定粮食定购计划，由粮食部门与农业生产单位和农民分别签订分品种定购合同。1993年1月1日起，全县不再使用其他各种粮票，粮价随行应市不再有计划内、计划外和平价、议价之分。对城镇职工实行一次性补贴。补贴标准：职工每人每月3元（含赡养系数），大中专学生每人每月2元。1995年12月，县政府批转县粮食局《关于深化粮食经营管理体制改革实行政企分开两线运行实施意见》。从此县粮食局与粮油总公司实行政企分开，粮食流通政策性业务和商业性经营分开运行，分别核算。粮食行政管理部门承担掌握粮源，稳定粮价，稳定市场职责；粮食企业接受政府委托、代理粮食政策性业务，实行自主经营，参与市场竞争，谋求企业发展。1998年8月，县粮食收储有限公司成立，为国有独资公司，具有独立法人资格，归口县粮食局管理，受县政府委托承担粮食业务。同年12月，县政府颁发《文成县人民政府关于深化粮食流通体制改革的意见》，国有粮食企业实行"四分开一完善"体制改革，即政企分开、储备与经营分开、中央与地方责任分开、新老粮食财务挂账分开，完善粮食价格形成机制。改革重点是落实"三项政策，一项自身改革"，即按保护价敞开收购余粮，粮食收储企业实行顺价销售，农业发展银行收购资金封闭运行，加快粮食企业自身改革，提高市场竞争能力，提高经济效益。2000年县粮食部门审批事项由29项减至14项，减幅51.72%。粮籍关系原先由县、乡两级办理简化为一次性办理。次年相继取消"市镇居民粮食供应转移证明""农村粮食关系转移证明"和"准许转移粮食关系通知书"等审批事项。至此，粮食部门审批项目已基本取消。2001年1月始，取消粮食定购任务，放开粮食购销价格，实行粮食购销市场化，粮食收购由"定购"改为"订单"形式。当年，县粮食收储公司与种粮大户、专业合作社签订粮食订单377份，订购稻谷1000吨，按订单收购粮食，合同履约率100%。至2011年，共签订订单17065吨，实际收购17748吨，超额完成订单数104%。

经营体制改革　1991—1995年，实行经营目标责任制。年初确定各企业承包利润基数，年终考核，超额完成承包利润基数得奖，反之理赔。当年列入经营目标责任制考核，有各粮管所、县粮油贸易、饲料工业公司9个单位。其中南田、西坑、玉壶3个粮管所超额完成承包利润基数，经济兑现获奖21563元。其余4个粮管所和2个公司未完成利润基数，其赔罚金，法定代表人部分上解县局，职工部分免赔。1996年，全县7个粮管所实行风险抵押承包经营。因受市场冲击，粮食企业经营步履艰难，经营状况未达预期目标。其中，大峃、西坑、黄坦、珊溪、峃口5个粮管所获奖，计得奖金36208元；南田、玉壶2个粮管所理赔78070元。

1998年7月县粮油贸易公司破产。同年起除县粮食收储有限公司承担政策性粮食业务正常经营外,县粮油总公司、县饲料工业公司、县粮食车队和大峃、珊溪、玉壶、南田、黄坦、西坑、峃口粮管所10家企业,均不再经营粮食业务,仅留部分管理人员,负责企业资产管理、安全消防及职工队伍维稳等工作。10家企业(在职管理人员34人,在册职工137人,离退休人员174人)主要依靠县财政每年拨付110万元过渡期专项补助资金和出租厂房、仓库所得收入、缴纳职工养老保险、企业日常开支等费用。2011年,出租厂房、仓库面积15043平方米,主要用于经营商店、超市、农家乐餐饮等。

第二章　经济结构

1991年后随着城乡经济体制改革深入和完善，全县经济结构逐步调整优化，呈多元化发展趋势，国有、集体经济逐渐在改革中淡出，民营经济茁壮成长。2011年与1991年相比：全县三次产业结构从53.6∶16.0∶30.4调整为11.5∶34.1∶54.4；工业国有、集体、民营所有制结构从23.7∶47.9∶28.3变为6.2∶0∶93.8；农业种植业、林业、畜禽业、渔业结构从40.3∶17∶28.1∶0.1变为65∶6.1∶26.8∶0.8。县财政总收入占地区生产总值比例从3.6%上升至13.5%。

第一节　三产结构

1991年，全县国内生产总值22889万元，其中第一产业12272万元，第二产业3650万元，第三产业6967万元，三次产业结构比重分别为53.6%、16.0%、30.4%，第一产业高于第二、第三产业之和7.2个百分点。后随农村产业结构调整，工业发展，交通运输、信息传输、房地产、旅游、服务业兴起，大量农村劳动力转移到第二、第三产业，第一产业在整个国民经济中所占比重逐年缩小，第二、三产业比重逐年增加。

1991—1993年，三次产业结构比重排名分别为一、三、二。1994年，第三产业产值19580万元，比重占38.4%；第一产业产值17485万元，比重占34.3%，第三产业比重首次超过第一产业。三次产业结构比重排名变为三、一、二。1998年，全县生产总值94438万元，其中第一产业22853元，比重占24.2%；第二产业23509万元，占24.9%；第三产业48076万元，占50.9%。第二产业比重超过第一产业，且第三产业比重超过第一、第二产业之和，三次产业排名变为三、二、一。此后排名不变。

"八五"期末（1995年），第一产业产值22346万元、第二产业产值15908万元、第三产业产值25496万元，三次产业结构比重分别为35%、25%、40%。"九五"期末（2000年），三次产业产值分别为25462万元、27605万元和60079万元，结构比重为22.5%、24.4%和53.1%。"十五"期末（2005年），三次产业产值分别为30942万元、53082万元和116449万元，结构比重为15.4%、26.5%、58.1%。"十一五"末（2010年），三次产业产值分别为4.52亿元、13.61亿元和22.39亿元，结构比重为11.1%、33.6%、55.3%。

2011年，全县地区生产总值47.81亿元，其中第一产业5.46亿元，比重占11.5%，比1991年下降42.1个百分点；第二产业16.55亿元、第三产业25.8亿元，比重分别为34.1%、54.4%，比1991年分别上升18.2和24个百分点。

1991—2011年文成县地区生产总值构成情况一览表

表10-8

年份	全县地区生产总值（万元）	第一产业		第二产业		第三产业	
		产值（万元）	比重（%）	产值（万元）	比重（%）	产值（万元）	比重（%）
1991	22889	12272	53.6	3650	16	6967	30.4
1992	27830	14085	50.6	5810	20.9	7935	28.5
1993	37268	14236	38.2	9315	25.0	13718	36.8

续表10-8

年份	全县地区生产总值(万元)	第一产业		第二产业		第三产业	
		产值(万元)	比重(%)	产值(万元)	比重(%)	产值(万元)	比重(%)
1994	50925	17475	34.3	13869	27.2	19580	38.4
1995	63750	22346	35.1	15908	25.0	25496	40.0
1996	75159	24108	32.1	19564	26.0	31487	41.9
1997	90236	24867	27.6	22942	25.4	42427	47.0
1998	94438	22853	24.2	23509	24.9	48076	50.9
1999	102287	24429	23.9	25171	24.6	52687	51.5
2000	113146	25462	22.5	27605	24.4	60079	53.1
2001	124412	28653	23.0	31010	24.9	64749	52.0
2002	138427	28463	20.6	33629	24.3	76335	55.1
2003	156204	29434	18.8	37697	24.1	89073	57.0
2004	176172	31215	17.7	42195	24.0	102762	58.3
2005	200473	30942	15.4	53082	26.5	116449	58.1
2006	234297	31400	13.4	70433	30.1	132464	56.5
2007	275612	26508	9.6	92784	33.7	156320	56.7
2008	321118	29648	9.2	106121	33.0	185349	57.7
2009	352457	36380	10.3	116368	33.0	199709	56.7
2010	405163	45168	11.1	136074	33.6	223921	55.3
2011	474145	54567	11.5	165593	34.1	257985	54.4

说明:资料来自《文成统计年鉴》,产值为当年价

第二节　工业结构

1991年全县工业总产值8391万元,占全县工农业总产值35.2%。1993年工业总产值20526万元,占全县工农业总产值51.7%,首次超过农业总产值比重。1995年工业总产值34711万元,其比重降至49.8%。1996年工业总产值44751万元,其比重升至55.7%,再次超过农业总产值比重。后随着工业逐年发展壮大,所占比例逐年上升。2011年全县工农业总产值45.38亿元,其中工业总产值37.26亿元,占全县工农业总产值82.1%,比1991年提高46.9个百分点。

所有制结构

1991年,全县国有、集体、民营工业产值分别为1992万元、4023万元和2376万元,三者占工业总产值比重分别为23.7%、47.9%和28.3%。1992年集体工业产值6284万元,占工业总产值比重54.9%。1993—1994年,县境工业仍以集体工业占大头。1995年国有工业产值7920万元,比重为22.8%;集体工业产值11526万元,其比重降至33.2%;民营工业产值15263万元,其比重上升至44.0%,民营工业产值比重首次超过集体工业。后随改革不断深入,国有、集体工业企业逐渐淡出,股份制、私营、个体等民营企业迅速发展。1996年开始,国有工业产值比重降至20%以下,1999年集体工业产值比重降至9.9%。2003年国有工业比重5.2%,集体工业比重5.1%,民营工业比重89.7%。此后集体工业全盘退出工业市场,国有工业主要为供发电企业和公共市政企业,民营工业比重均占90%以上。2011年,全县国有工业产值23252万元,比重6.2%,民营工业产值34.93亿元,比重93.8%。

内外资结构

1991—1992年，县境无外资工业企业。1993年引进中荷合资企业1家，次年投产。1995年外资工业产值847万元，占全县工业总产值比重2.4%。后又引进16家。2000年其工业产值2829万元，所占比重升至4.7%，为历史最高比值。县境外资工业企业规模有限，2011年全县内资工业产值37.05亿元，外资工业产值2033万元，两者比值为99.5∶0.5。

1991—2011年文成县工业产值构成一览表

表10-9

年份	工业总产值（万元）	占工农业总产值比例（%）	所有制结构						内外资结构			
			国有（万元）	比重（%）	集体（万元）	比重（%）	民营（万元）	比重（%）	内资（万元）	比重（%）	外资（万元）	比重（%）
1991	8391	35.2	1992	23.7	4023	47.9	2376	28.3	8391	100	—	—
1992	11447	39.7	2572	22.5	6284	54.9	2591	22.6	11447	100	—	—
1993	20526	51.7	4561	22.2	8080	39.4	7885	38.4	20526	100	—	—
1994	26743	53.2	5498	20.6	10926	40.9	10319	38.6	26743	100	—	—
1995	34711	49.8	7920	22.8	11526	33.2	15263	44.0	33864	97.6	847	2.4
1996	44751	55.7	8340	18.6	14981	33.5	21430	47.9	43203	96.5	1548	3.5
1997	58255	60.5	7134	12.3	19703	33.8	31418	53.9	56955	97.8	1300	2.2
1998	59003	62.3	6991	11.9	7943	13.5	44069	74.7	57397	97.3	1606	2.7
1999	53883	58.9	5170	9.6	5309	9.9	43404	80.5	52173	96.8	1710	3.2
2000	60501	61.8	5318	8.8	8556	14.0	46627	77.2	57672	95.3	2829	4.7
2001	69398	63.0	3145	4.5	5568	8.0	60685	87.5	66349	95.6	3049	4.4
2002	74666	65.8	3309	4.4	6559	8.8	64798	86.8	71451	95.7	3215	4.3
2003	88209	68.4	4540	5.2	4506	5.1	79163	89.7	85849	97.3	2360	2.7
2004	115582	72.4	9340	8.1	—	—	106242	91.9	113699	98.4	1883	1.6
2005	141670	77.0	14160	10.0	—	—	127510	90.0	138616	97.9	3054	2.1
2006	194462	84.6	16192	8.3	—	—	178270	91.7	191485	98.5	2977	1.5
2007	268756	87.2	18143	6.8	—	—	250613	93.2	265796	98.9	2960	1.1
2008	295240	86.7	19869	6.7	—	—	275371	93.3	292659	99.1	2581	0.9
2009	295703	84.4	17562	5.9	—	—	278141	94.1	293139	99.1	2564	0.9
2010	319801	82.6	22085	6.9	—	—	297716	93.1	316191	98.9	3610	1.1
2011	372563	82.1	23252	6.2	—	—	349311	93.8	370530	99.5	2033	0.5

说明：产值为当年价，资料来自《文成统计年鉴》

规模结构

1998年，规模以上①工业企业产值12416万元，占全县工业总产值比重21%；规模以下工业产值46587万元，占79%。尔后工业企业规模不断扩大，规模以上工业产值比重逐年上升。2005年规模以上工业产值77659万

①规模以上工业，1998—2006年，是指全部国有及年主营业务收入500万元及以上的非国有工业法人企业；2007年开始，为年主营业务收入达到500万元及以上的工业法人企业；2011年1月开始，为年主营业务收入达到2000万元及以上的工业法人企业。

元,占全县工业总产值比重53.9%,其比重首次超过规模以下工业产值比重。2008年规模以上工业产值23.21亿元,比重占78.6%,为历史最高比值。2011年规模以上工业产值24.65亿元,规模以下工业产值12.61亿元,两者比值为66.2比33.8。

1998—2011年文成县工业产值构成一览表

表10-10

年份	规模结构				年份	规模结构			
	规模以上企业产值(万元)	比重(%)	规模以下企业产值(万元)	比重(%)		规模以上企业产值(万元)	比重(%)	规模以下企业产值(万元)	比重(%)
1998	12416	21	46587	79	2005	77659	53.9	66474	46.1
1999	13940	25.9	39943	74.1	2006	145178	74.7	49300	25.3
2000	16748	27.7	43753	72.3	2007	208897	77.7	59859	22.3
2001	22297	32.1	47101	67.9	2008	232104	78.6	63163	21.4
2002	23125	31.7	49764	68.7	2009	224965	76.1	70738	23.9
2003	31448	35.7	56761	64.3	2010	239606	74.9	80195	25.1
2004	47899	41.4	67692	58.6	2011	246506	66.2	126057	33.8

说明:产值为当年价,资料来自《文成统计年鉴》

轻重结构

1991年,轻工业产值5001万元、重工业产值3390万元,占全县工业总产值比重分别为59.6%和40.4%。2000年,轻工业产值37886万元,重工业22615万元,两者比重为62.6比37.4,轻工业产值比重高于重工业产值比重25.2个百分点。2002年开始,全部工业总产值中不再统计轻、重工业产值;规模以上工业企业中,重工业产值比重超过轻工业产值比重。此后,重工业产值比重持续走高,两者距离拉开,2007年,规模以上工业轻工业产值2.59亿元,重工业产值18.30亿元,两者比重为12.4:87.6。2011年,规模以上工业企业轻工业产值6.56亿元,重工业产值18.09亿元,两者比重26.7比73.3,重工业产值比重高出轻工业产值比重46.6个百分点。

行业结构

县域工业企业行业以制造业为主。1991年制造业产值7689万元,比重占全县工业总产值91.6%,采掘业、电力燃气自来水制造及供应业产值702万元,比重为8.4%。1997年以后已无采掘业。2000年,电力燃气自来水制造及供应业产值7018万元,比重11.6%;2005年其产值2.19亿元,比重上升至15.5%,为历史最高比值。2011年,制造业工业产值34.34亿元,电力燃气自来水制造及供应业产值2.92亿元,两者比重为92.2比7.8。

1991—2011年文成县工业产值构成一览表

表10-11

年份	轻重结构				行业结构					
	轻工业(万元)	比重(%)	重工业(万元)	比重(%)	采掘业(万元)	比重(%)	制造业(万元)	比重(%)	水电业(万元)	比重(%)
1991	5001	59.6	3390	40.4	254	3.1	7689	91.6	448	5.3
1992	7177	62.7	4270	37.3	缺失	缺失	10751	93.9	696	6.1

续表10-11

年份	轻重结构				行业结构					
	轻工业（万元）	比重（%）	重工业（万元）	比重（%）	采掘业（万元）	比重（%）	制造业（万元）	比重（%）	水电业（万元）	比重（%）
1993	9996	48.7	10530	51.3	402	2.0	19292	93.9	832	4.1
1994	14502	54.2	12241	45.8	453	1.7	25295	94.6	995	3.7
1995	14463	41.7	20248	58.3	337	1.0	31478	90.7	2896	8.3
1996	29350	65.6	15401	34.4	96	0.2	43608	97.4	1047	2.3
1997	36403	62.4	21935	37.6	—	—	52737	90.5	5518	9.5
1998	32405	54.9	26598	45.1	—	—	53976	91.5	5027	8.5
1999	28777	53.4	25106	46.6	—	—	49404	91.7	4479	8.3
2000	37886	62.6	22615	37.4	—	—	53483	88.4	7018	11.6
2001	40836	58.8	28562	41.2	—	—	60773	87.6	8625	12.4
2002	9749	42.2	13376	57.8	—	—	66375	88.9	8291	11.1
2003	8080	25.7	23368	74.3	—	—	77601	88.0	10608	12.0
2004	11398	23.8	36501	76.2	—	—	99267	85.8	16315	14.2
2005	13553	17.5	64106	82.5	—	—	119750	84.5	21920	15.5
2006	23392	16.1	121786	83.9	—	—	165560	85.1	28902	14.9
2007	25925	12.4	182972	87.6	—	—	239535	89.1	29221	10.9
2008	30064	13.0	202040	87.0	—	—	264688	89.7	30552	10.3
2009	40299	17.9	184666	82.1	—	—	266501	90.1	29202	9.9
2010	49153	20.5	190453	79.5	—	—	280119	87.6	39682	12.4
2011	65646	26.7	180860	73.3	—	—	343374	92.2	29189	7.8

说明：产值为当年价。2002—2005年，轻、重工业产值为国有及500万元以上企业数据；2006—2011年，为规模以上企业数据。资料来自《文成统计年鉴》

第三节　农业结构

1991—1992年，县域经济尚以农业为主。1991年农业总产值15431万元，占全县工农业总产值64.8%；1992年农业总产值17397万元，占全县工农业总产值60.3%。“八五”期末（1995年），全县工农业总产值69792万元，其中农业总产值35081万元，所占比重50.3%；工业总产值34711万元，所占比重49.7%，农业总产值同工业总产值接近。从“九五”始，随着工业发展农业总产值所占工农业总产值比重逐年下降。1997年农业总产值38904万元，所占比重首次降至40%以下，为39.5%；2004年农业总产值43960万元，所占比重降至27.6%；2007年农业总产值39581万元，所占比重再降至12.8%。2008年止跌回升，主要是“十五”和“十一五”期间，优化调整农业产业结构，扶持发展绿色有机生态农业、实施农业产业化，效益开始显现，拉动农业产业回升。2011年全县农业总产值81237万元，占全县工农业总产值17.9%，比2007年提升5.1个百分点。县域农业以种植业为主。农业产业内部种植业、林业、畜禽业、渔业4大产业发展不平衡，渔业所占比例尤低。

种植业结构

1991—1994年，县域种植业产值分别为6223万元、6721万元、7236万元和8772万元，占全县农林牧渔业总产值比重分别为40.3%、38.6%、37.6%和37.3%。1995年种植业产值17403万元，占农林牧渔业总产值49.6%，接近于半壁江山。1998年以后，其比重逐年持续上升，至2003年达69.3%为历史最高值，其比重占农林牧渔业总产值三分之二强。2008年种植业产值23487万元，所占比重下降至51.7%。2011年种植业产值52823万元，比重复升至65%，比1991提高24.7个百分点。

林业结构

1991年林业产值2626万元，占农林牧渔业总产值17%。之后，林业产值占农林牧渔业总产值比重总体呈下降趋势。主要是2000年后实施生态县、生态旅游县战略，禁止林木商业性采伐，区划生态公益林，木材产量减少，产值下降；另为统计口径变化，如野生植物采集产值归口其他项统计等所致。2011年林业产值4971万元，占农林牧渔业总产值6.1%，比1991下降10.9个百分点。

畜禽业结构

产业呈小波浪式持续发展。1991年畜禽业产值4339万元，占农林牧渔业总产值28.1%。1992—1996年，其产值在4000万～9000万元、所占比重在23%～27%之间波动。1997年产值11066万元，所占比重回升到29.1%。"十一五"初期，政府保护温州"大水缸"，划定禁养区、限养区，畜禽生产一度受影响，2001年其产值降至8029万元，所占比重降至19.7%。之后采取集中规模化养殖、修建沼气净化池等措施，畜禽业产值复回升。2008年产值增至16409万元，所占比重升至36.2%。2011年畜禽业产值2.18亿元，占农林牧渔业总产值26.8%。

渔业结构

渔业发展缓慢、所占比例低。1991年渔业产值16万元，仅占农林牧渔业总产值的0.1%。1992—1999年，其产值占农业总产值比重均在1%以下。2000年产值359万元，所占比重1%。2007年渔业产值486万元，占1.2%。2011年渔业产值621万元，占0.8%。

1991—2011年文成县农业总产值构成情况一览表

表10-12

年份	农业总产值(万元)	占工农业总产值比重(%)	种植业		林业		畜禽业		渔业		其他	
			产值(万元)	比重(%)	产值(万元)	比重(%)	产值(万元)	比重(%)	产值(万元)	比重(%)	产值(万元)	比重(%)
1991	15431	64.8	6223	40.3	2626	17.0	4339	28.1	16	0.1	2227	14.5
1992	17397	60.3	6721	38.6	2805	16.1	4111	23.6	31	0.3	3729	21.4
1993	19223	48.3	7236	37.6	2869	14.9	5012	26.1	31	0.2	4075	21.2
1994	23527	46.8	8772	37.3	3811	16.2	6363	27.0	49	0.2	4532	19.3
1995	35081	50.3	17403	49.6	3985	11.4	9232	26.3	100	0.3	4361	12.4
1996	35635	44.3	17330	48.6	4315	12.1	9518	26.7	139	0.4	4333	12.2
1997	38094	39.5	18470	48.5	4391	11.5	11066	29.1	183	0.5	3984	10.4
1998	35766	37.7	19312	54.0	3361	9.4	8932	25.0	256	0.7	3905	10.9
1999	37666	41.1	20299	53.9	3880	10.3	9180	24.4	347	0.9	3960	10.5
2000	37409	38.2	20186	54.0	3970	10.6	8940	23.9	359	1.0	3954	10.6
2001	40822	37.0	23680	58.0	4309	10.5	8029	19.7	348	0.9	4456	10.9
2002	38893	34.2	24836	63.9	2402	6.2	9568	24.6	437	1.1	1650	4.2

续表10-12

年份	农业总产值（万元）	占工农业总产值比重（%）	种植业		林业		畜禽业		渔业		其他	
			产值（万元）	比重（%）	产值（万元）	比重（%）	产值（万元）	比重（%）	产值（万元）	比重（%）	产值（万元）	比重（%）
2003	40736	31.6	28248	69.3	1287	3.2	8576	21.1	151	0.3	2474	6.1
2004	43960	27.6	29145	66.3	2374	5.4	10067	22.9	264	0.6	2110	4.8
2005	42973	23.0	26208	61.0	1977	4.6	12594	29.3	197	0.5	1994	4.6
2006	35524	15.4	22131	62.3	1492	4.2	9982	28.1	213	0.6	1705	4.8
2007	39581	12.8	20706	52.3	2098	5.3	14035	35.5	486	1.2	2256	5.7
2008	45381	13.3	23487	51.7	2425	5.3	16409	36.2	479	1.1	2581	5.7
2009	54504	15.6	32268	59.2	2690	4.9	15931	29.2	514	0.9	3083	5.7
2010	67253	17.4	42772	63.6	5044	7.5	17905	26.6	582	0.9	950	1.4
2011	81237	17.9	52823	65.0	4971	6.1	21812	26.8	621	0.8	1010	1.2

说明：产值为当年价。其他农业产值：1991—1992年为副业；1993年开始作其他农业产值统计，内含农兼营工业、采集野生植物产值等；2002年开始农兼营产值不归农业产值统计；2003年开始含农林牧渔服务业产值；2010年开始，采集野生植物产值计入林业产值。资料来自《文成统计年鉴》

第四节 商业结构

1991年，全县社会消费品零售总额9701万元，国有、集体、民营所占比重分别为43.1%、21.3%和35.6%；批发零售贸易业占76.8%，餐饮业占2.1%，其他服务业占21.1%。2000年后集体商业退出商贸领域。2011年，限额以上社会消费品零售总额，国有商业占13%；民营商业占87%；批发零售贸易业占90.1%，餐饮业占9.9%。

所有制结构

1991年，全县国有商业零售额4175万元，占全县社会消费品零售总额43.1%；集体商业2069万元，占21.3%；民营个体商业3457万元，占35.6%。之后随改革深化，社会主义市场经济体制确立，国有、集体商业所占比重逐年下降，个体民营商业所占比例逐年扩大。至1999年，三者比重为18∶5∶77，比1991年国有、集体商业分别下降25和16.3个百分点，个体民营商业上升41.4个百分点。2000年以后，集体商业退出商业舞台。商业统计亦发生很大变化，商业所有制结构只反映限额以上批发零售贸易情况。2011年，全县社会消费品零售总额22.66亿元，限额以上零售额7122万元，其中国有商业926万元，所占比重13%；民营商业6196万元，占比重87%。

1991—2011年文成县社会消费品零售总额构成情况一览表

表10-13

年份	零售总额（万元）	所有制结构								
		国有商业（万元）	比重（%）	集体商业（万元）	比重（%）	民营商业（万元）	比重（%）	其中		
								私营（万元）	个体（万元）	其他（万元）
1991	9701	4175	43.1	2069	21.3	3457	35.6	—	3457	—
1992	13169	6546	49.7	904	6.9	5719	43.4	—	4000	1719
1993	18144	9304	51.3	833	4.6	7987	44.0	244	5878	1885

续表10-13

年份	零售总额（万元）	所有制结构								
		国有商业（万元）	比重（%）	集体商业（万元）	比重（%）	民营商业（万元）	比重（%）	其中		
								私营（万元）	个体（万元）	其他（万元）
1994	26455	12233	46.2	1753	6.6	12469	47.1	236	9965	2268
1995	28373	12947	45.6	1550	5.5	13876	48.9	250	10140	3486
1996	34878	12507	35.9	3590	10.3	18781	53.8	1231	13370	4180
1997	44988	9150	20.3	3262	7.3	32576	72.4	2369	25447	4760
1998	47755	7951	16.7	2636	5.5	37169	77.8	2681	29278	5210
1999	48518	8723	18.0	2421	5.0	37374	77.0	2719	29396	5259
2000	51890	—	—	—	—	42881	82.6	4167	38714	—
2001	58016	—	—	—	—	43669	75.3	6055	37614	—
2002	63180	—	—	—	—	44149	69.9	6521	37628	—
2003	69486	—	—	—	—	44675	64.3	6666	38009	—
2004	78643	—	—	—	—	45700	58.1	7592	38108	—
2005	87182	—	—	—	—	46090	52.9	7668	38422	—
2006	100120	—	—	—	—	—	—	—	—	—
2007	115301	—	—	—	—	—	—	—	—	—
2008	133709	—	—	—	—	—	—	—	—	—
2009	162094	—	—	—	—	—	—	—	—	—
2010	189380	—	—	—	—	—	—	—	—	—
2011	226587	—	—	—	—	—	—	—	—	—

说明：资料来自《文成统计年鉴》

行业结构

县域商业行业结构以批发零售贸易业为主。1991年，全县批发零售贸易业7452万元、餐饮业200万元、其他业服务业2049万元，三者比重分别为76.8%、2.1%和21.1%。1992—1996年，批发零售贸易业零售额占全县社会消费品零售总额比重处于44%～57%之间。1997—2002年，其所占比重均在70%以上。2003年，批发零售贸易业零售额64345万元，比重升至92.6%，此为比值最高年份。餐饮业比重呈平稳上升趋势，从1991年2.1%，逐年上升至2009年的9%。2009年，其他业已无零售额。2011年，全县社会消费品零售总额22.66亿元，其中批发零售贸易业20.43亿元，餐饮业2.23亿元，两者比重为90.1∶9.9。

城乡结构

1997年，全社会消费品零售总额44988万元，其中县本级零售额27742万元，占61.7%；县以下零售额17246万元，占38.3%。1998—2008年，县本级零售额比重均在60%、县以下比重均在30%以上。2009年县以下零售额67792万元，比重占41.8%，但2010年零售额18680万元，所占比重下降至9.9%。2011年，县本级零售额201743万元，县以下零售额24844万元，两者比重为89∶11。

1991—2011年文成县社会消费品零售总额构成情况一览表

表10-14

年份	零售总额（万元）	行业结构						城乡结构			
		批发零售贸易业（万元）	比重(%)	餐饮业（万元）	比重(%)	其他业（万元）	比重(%)	城镇（万元）	比重(%)	乡村（万元）	比重(%)
1991	9701	7452	76.8	200	2.1	2049	21.1	—	—	—	—
1992	13169	6833	51.9	392	3.0	5944	45.1	—	—	—	—
1993	18144	9860	53.4	513	2.8	7771	42.8	—	—	—	—
1994	26455	11655	44.1	675	2.6	14125	53.4	—	—	—	—
1995	28373	13966	49.2	860	3.0	13547	47.7	—	—	—	—
1996	34878	19867	57.0	1115	3.2	13896	39.8	—	—	—	—
1997	44988	33844	75.2	1599	3.6	9545	21.2	27742	61.7	17246	38.3
1998	47755	36610	76.7	2294	4.8	8851	18.5	29779	62.4	17976	37.6
1999	48518	37597	77.5	2304	4.7	8617	17.8	32379	66.7	16139	33.3
2000	51888	39562	76.2	2636	5.1	9690	18.7	34764	67.0	17124	33.0
2001	58016	44595	76.9	2851	4.9	10570	18.2	39038	67.3	18978	32.7
2002	63180	49681	78.6	3401	5.4	10098	16.0	41287	65.4	21893	34.6
2003	69486	64345	92.6	4075	5.9	1066	1.5	44443	64.0	25043	36.0
2004	78643	72138	91.7	5058	6.4	1447	1.8	50091	63.7	28552	36.3
2005	87182	79307	91.0	6461	7.4	1414	1.6	52923	60.7	34259	39.3
2006	100121	91137	91.0	7568	7.6	1416	1.4	61074	61.0	39046	39.0
2007	115301	104655	90.8	9168	7.9	1478	1.3	70334	61.0	44967	39.0
2008	133709	121990	91.2	10856	8.1	863	6.5	81275	60.8	52434	39.2
2009	162094	147473	91.0	14621	9.0	—	—	94302	58.2	67792	41.8
2010	189380	172533	91.1	16847	8.9	—	—	170700	90.1	18680	9.9
2011	226587	204267	90.1	22320	9.9	—	—	201743	89.0	24844	11.0

说明：①所有制结构其他栏2000年后含股份合作企业、有限责任公司。②1991—1999年行业结构其他栏含制造业。资料来自《文成统计年鉴》

第五节　财政结构

1991年全县地方财政总收入831万元，其中税收收入687万元，占全县地方财政总收入87.5%；非税收入144万元，占12.5%。地方财政总收入占全县生产总值22889万元，占3.6%；财政总支出4389万元，占财政总收入528.2%。1994年开始上划中央税收。2011年税收收入26893万元，非税收入20482万元，两者比值56.8∶43.2。上划中央税收与地方财政收入比值25.9∶74.1。地方财政总收入占全县生产总值13.5%；财政总支出占财政总收入310.2%。

财政总收入

由上划中央税收与地方财政收入两部分构成。1994年开始上划中央税收，当年全县财政总收入1905万元，其中上划中央税收986万元，占51.8%；地方财政收入919万元，占48.2%。"八五"至"十一五"期间，两者比重变化总体趋势，上划中央税收比重逐渐下降，地方财政收入比重逐渐上升。至2011年，全县财政总收入63950

万元,其中上划中央税收16575万元,占25.9%;地方财政收入47375万元,占74.1%。

地方财政收入

由税收收入与非税收入构成。非税收入包括行政事业收费、罚没、专项、基金、国有资本经营、国有资源有偿使用等收入项目。1991年税收收入占地方收入比重87.5%,非税收入占12.5%。“八五”至“十一五”,每年平均比值分别为79.2∶21.8、71.3∶28.7、67∶33、58.5∶41.5。2011年,税收收入26893万元,非税收入20482万元,两者比值56.8比43.2;比1991年税收收入增加25.8倍,非税收入增加141.2倍。其中行政事业收费、罚没收入5204万元,占地方财政收入11%;国有资源有偿使用收入11428万元,占地方财政收入24.1%。

1991—2011年文成县县财政收入结构一览表

表10-15

年份	财政总收入(万元)	上划中央税收(万元)	比重(%)	地方财政收入(万元)	比重(%)	税收收入(万元)	比重(%)	非税收入(万元)	比重(%)	其中:			
										行政收费罚没收入(万元)	所占地方收入比例(%)	资源有偿使用收入(万元)	所占地方收入比例(%)
1991	831	—	—	831	100	1004	87.5	144	12.5	—	—	—	—
1992	1005	—	—	1005	100	1178	84.1	223	15.9	—	—	—	—
1993	1462	—	—	1462	100	1583	89.3	190	10.7	—	—	—	—
1994	1905	986	51.8	919	48.2	874	73.3	319	26.7	—	—	—	—
1995	3156	1200	38.0	1956	62.0	1450	58.6	1025	41.4	574	23.2	—	—
1996	3709	1405	37.9	2304	62.1	1860	65.9	962	34.1	454	19.3	—	—
1997	4205	1570	37.3	2635	62.7	2368	73.4	857	26.6	554	17.2	—	—
1998	5097	1845	36.2	3252	63.8	2830	74.1	990	25.9	737	19.3	135	3.5
1999	6239	1865	29.9	4374	70.1	3231	69.1	1444	30.9	1022	21.9	200	4.3
2000	7842	2593	33.1	5249	66.9	4116	73.9	1453	26.1	1083	19.4	—	—
2001	10174	3198	31.4	6976	68.6	5935	77.9	1680	22.1	1130	14.8	—	—
2002	12876	4358	33.8	8518	66.2	5923	70.2	2517	29.8	1818	21.5	—	—
2003	14599	5427	37.2	9172	62.8	6690	71.5	2663	28.5	1775	19.0	—	—
2004	14518	4836	33.3	9682	66.7	5542	57.2	4140	42.8	1316	13.6	—	—
2005	18188	6081	33.4	12107	66.6	7059	58.3	5048	41.7	1572	13.0	—	—
2006	23103	7748	33.5	15355	66.5	8569	56.6	6581	43.4	1617	10.7	—	—
2007	28489	9432	33.1	19057	66.9	10893	57.2	8164	42.8	3050	16.0	3359	17.6
2008	34298	11067	32.3	23231	67.7	13236	57.0	9995	43.0	3225	13.9	5531	23.8
2009	36893	10123	27.4	26770	72.6	15495	57.9	11275	42.1	3525	13.2	5730	21.4
2010	47378	12556	26.5	34822	73.5	22183	63.7	12639	36.3	3352	9.6	6569	18.9
2011	63950	16575	25.9	47375	74.1	26893	56.8	20482	43.2	5204	11.0	11428	24.1

说明:1991—2003年地方财政收入中未含国有企业计划亏损补贴,如1991年国有企业计划亏损补贴317万元,2003年181万元。资料由县财政局提供

生产总值与财政总收入

1991年,县财政总收入占全县生产总值比重3.6%。之后随经济发展,比重逐年提高。“八五”期间,县财政收入增长最快,年均递增30.6%,比同期生产总值年均递增率高出7.9个百分点。“九五”期间,财政收入增长幅

度放缓，年均递增15%。“十五”期间增速最慢，年均递增12.3%，高于同期生产总值增长2.3个百分点。“十一五”期间，财政收入增速回升，年均递增15.4%。2011年财政总收入比上年增长35%，高于同年生产总值增幅18个百分点；财政总收入占全县生产总值比重提升至13.5%，比1991年提高9.9个百分点。

财政总收入与财政总支出

1991年县财政总收入831万元，总支出4389万元，财政支出占财政收入比例为528.2%，收支平衡压力大。1993—1994年为最困难时期，工作人员工资不能按时发放，人们戏称为“保吃饭”财政。1995年始，省对县财政实行“两保两挂”政策后，财政收支状况开始好转。当年财政总支出8725万元，占财政总收入比例降至276.5%。1991—2011年，财政总支出占总收入比例，“八五”期间为最高，每年平均为396.3%。“十五”期间为最低，每年平均241.5%。此主要得益于巨屿等工业园区引进企业，税收增加，县财政收支相抵，略有节余。“十一五”期间，随着社会保障等国家转移支付增加，政府为民办实事、鼓励发展绿色生态产业、支持发展旅游业等，财政总支出占财政收入比例又呈上升趋势，每年平均273.5%。2011年，全县财政总收入63950万元，总支出206282万元，比1991年分别增加76倍和46倍，财政收入增长幅度比支出增长幅度高出近30倍。

1991—2011年文成县财政收支结构一览表

表10-16

年份	全县生产总值（万元）	增长率（%）	地方财政总收入（万元）	增长率（%）	财政总支出（万元）	增长率（%）	财政总收入占生产总值比例（%）	财政总支出占总收入比例（%）
1991	22889	11.8	831	24.6	4389	16.4	3.6	528.2
1992	27830	21.6	1005	20.9	4537	3.4	3.6	451.4
1993	37268	33.9	1462	45.5	5195	14.5	3.9	355.3
1994	50925	36.6	1905	30.3	7050	35.7	3.7	370.0
1995	63750	25.2	3156	65.7	8725	23.8	4.9	276.5
1996	75159	17.9	3709	17.5	10312	18.2	4.9	278.0
1997	90236	20.1	4205	13.4	12691	23.1	4.6	301.8
1998	94438	4.7	5097	21.2	13858	9.2	5.4	271.9
1999	102287	8.3	6239	22.4	16274	17.4	6.1	260.8
2000	113146	10.6	7842	25.7	18372	12.9	6.9	234.3
2001	124412	10.0	10174	29.7	25039	36.3	8.2	246.1
2002	138427	11.3	12876	26.6	31242	24.8	9.3	242.6
2003	156204	12.8	14599	13.4	32131	2.8	9.3	220.1
2004	176172	12.8	14518	−0.55	37252	15.9	8.2	256.6
2005	200473	13.8	18188	25.3	43977	18.1	9.1	241.9
2006	234297	16.9	23103	27.0	60334	37.2	9.9	261.2
2007	275612	17.6	28489	23.3	72311	19.8	10.3	253.8
2008	321118	16.5	34298	20.4	86909	20.2	10.7	253.4
2009	352457	9.8	36893	7.6	109191	25.6	10.5	309.8
2010	405163	15.0	47378	28.4	146990	34.6	11.7	310.2
2011	474145	17.0	63950	35.0	206282	40.3	13.5	322.6

说明：资料由县财政局提供

第三章　招商　协作

1985年,成立县政府经济技术协作办公室。1998年,举办金秋招商引资联谊会。1999年,发布《文成县鼓励华侨直接投资的若干规定》。2003年7月成立县招商引资管理局,出台《外来客商提供"亲商"服务的八项规定》。2005年将招商引资作为"一号工程",修订《文成县招商引资优惠政策》《文成县招商引资奖励办法》,吸引外地能人、实业家到文成投资,县籍在外能人、企业家、华侨回乡创办企业。扩大对外联系,广交朋友,开展经济技术协作,实施"山海协作"项目,签订项目60个,到位资金3.64亿元。

第一节　招商引资

1991年始,县域制定系列优惠政策,优化招商环境,搭建招商平台,筹备项目库,采取推介招商、节会招商、亲情招商、中介招商、网络招商等方式,进行招商引资。至2011年,共推出包装项目300余个,签约项目184个,协议资金146.79亿元,到位资金26.5亿元;签订外资项目30个,协议资金4.2亿元,到位资金1.63亿元。

招商措施

制定优惠政策　1991年县政府制定《关于支持企业搞活生产经营促进经济发展的若干意见》,支持企业之间横向经济联合。1997年11月,发布《关于扶持工业经济发展的若干优惠政策》,欢迎鼓励外地能人来文,在农、林、农副产品加工、水力发电、旅游等行业进行投资,利用县域竹木、矿产、水资源兴办劳动密集型企业;对外地来文新办企业,实行简化手续,优先办理,属于县属权限的一周内办理完毕,并给予收费优惠,工商注册登记、中介机构验资费用按70%收取;对自带项目、技术或资金,年销售额500万元、利税40万元以上的企业享受重点企业优惠待遇。1999年发布《文成县鼓励华侨直接投资的若干规定》,给予华侨投资企业(华侨投资者出资额占企业注册资本25%以上的企业)在财政、税收、金融、土地、城建等方面给予优惠,鼓励华侨来文投资。2003年5月,制定《外来客商提供"亲商"服务的八项规定》《文成县加快推进风景旅游产业发展的若干政策》《文成县工业园区优惠政策》《文成县工业经济发展的若干政策》等政策规定,形成招商、重商、亲商、扶商、安商、富商的良好氛围。2005年,相继出台《关于招商引资项目的有关规定》《关于加快旅游产业发展的若干意见》,并修订《文成县招商引资优惠政策》《文成县招商引资奖励办法》,规定涉及农业、休闲生态农庄、工业、旅游业、商贸业、总部经济等产业的招商引资项目,在土地、财税、规费等方面给予支持和优惠;设立奖励机制,鼓励企业投资、技术创新,引导企业做强做大,提高企业家地位

图10-1　1998年10月12日招商引资会场(县招商局提供)

等。2006年7月，颁发《文成县2006—2007年度扶持外商投资项目的若干规定》，对外商投资企业，实行优先立项、规划，优先安排用地指标；对经济和社会发展具有重大推进作用的外商投资项目，在法律、政策允许范围内可实行“一事一议”，给予优待；对已落地的外商投资企业以及所在地乡镇，当年实际到位资金每100万美元分别给予2万元人民币奖励。

优化招商环境　2002年4月，县委、县政府成立招商引资工作领导小组，县长任组长，分管副县长任副组长，相关部门负责人为成员，下设办公室。2003年始，实行“保姆式”亲商服务，向具有一定规模的投资商颁发《亲商证》；将招商引资任务分解到各乡镇及相关单位，并签订目标管理责任书。2004年，建立县领导联系招商引资项目制度，引进项目“1+3”工作法，即规定每一个重点项目，都有一套专门工作班子，一套明确责任体系，一套可操作政策措施。2005年开始，将招商引资作为“一号工程”实施。修订《招商引资目标责任制考核办法》，制定考核内容，考核评分、奖惩标准和考核纪律，促进招商引资规范化。2006年建立“绿色通道”制度，向投资商发放“绿色通行证”，结合行政审批制度改革，简化项目审批手续，审批程序从45项合并、减少至10项。2009年实行“四个一”制度，即“一诺千金”，兑现优惠政策和招商项目合同契约；“一路绿灯”，扫除阻碍客商发展障碍；“一呼百应”，客商提出要办的事绝不耽误，不反复，不折腾；“一查到底”，坚决查处敲诈客商的人和事，创造以诚相待、诺出必践的诚信环境。2010年，实行项目审批、落地“一站式”服务。2011年4月、7月，先后发布《文成县促进招商选资工作若干意见》《工业园区项目准入和建设管理工作的若干规定》，明确园区投资项目准入要求，优质项目实行优先原则，优化土地资源配置，提高工业用地效率，为产业转型升级打好基础。

搭建引资平台　文化平台　依托刘基文化、侨乡文化、畲乡文化，举办刘基文化生态旅游节、畲乡文化节。文化节庆活动与招商引资有机结合，以文化旅游、高端展会搭台，唱好招商引资大戏。如刘基故里旅游精品开发、刘基生态文化园、华侨总部经济产业园、侨领之家等项目均属文化招商范畴。

生态平台　招商引资打好“生态牌”，吸引大批优质生态型项目落户。2005年，包装推介生态型项目38个，推介成功9个，达成协议投资总额10亿元，其中协议利用外资3740万美元。2005年，启动建设百丈漈生态产业园。2010年3月，成立县生态产业园管理委员会。至年末，完成开发工业用地650亩，引进企业32家，工业产值3.76亿元。2011年继续开发建设500亩，引进企业20家。

信息平台　1991—1994年，利用信息中心开展信息服务，订阅全国信息报刊50多种，收阅地区部门信息资料60多种，采取多种途径和措施，传递到各乡镇、厂矿企业。编发《经协信息》18期，发布、传递经济信息1000多条。1998年购置电脑，加入国际互联信息网，及时收递国内外经济信息供县领导及有关部门参考。2011年建成《文成招商网》，设置首页、走进文成、招商动态、投资环境、招商项目、优惠政策、异地商会、视频文成、资料中心、留言咨询等栏目。

建设项目库　2001年筛选入库招商项目6个。2003年精心编制招商引资推介项目，推出涵盖基础设施、资源加工、旅游配套、生态工业方面强势项目49个，可投资金额52.2亿元。2005年筛选项目38个，协议资金17亿元，其中刘基故里旅游精品开发等3个项目，列为温州市重点招商引资项目。至2011年，包装推介招商项目100多个，签订协议96个。并邀请专业中介机构对项目进行包装，推向市场实行招商引资，同时进行登记立册建档。将巨屿东垟沙洲养生养老、文成华侨总部经济产业园、玉壶东大门开发等8个项目列入温州市对外招商引资重点项目库。

招商方式

推介招商　1991年组织28家企业39种名特优新产品，参加“温州产品上海展销订货会”，同时编印《文成县出口名特优产品目录》。1992—1996年，组织亚丽化妆品厂等企业参加全国性展销4次，成交额780万元。

1996年5月,县委、县政府在温州雪山饭店召开"'96文成招商引资新闻发布会"。展出飞碟牌厢式农用车、鹤泉帝师系列白酒等11个招商引资项目,其中水电开发、药品生产等项目达成4780万元投资意向,其中侨资2100万元。2003年1月,在温州新南亚大酒店举行招商引资推荐会,签约项目5个,引进资金2.9亿元。11月,组织包装项目,赴杭州参加省农博会,签订隐山湖农业观光旅游开发项目,协议投资1.8亿元,为当时县域有史以来最大华侨投资项目。同年,先后组织300多人次外出招商,邀请域外160批次800多位客商、企业家到文成洽谈考察项目。2004年始,对外宣传招商优惠政策和投资环境,推介招商引资项目,引导在外能人、企业家回乡创业、造福桑梓。2006年组织参加首届"浙商大会",并通过海外华侨渠道,成功引进"在外温州人之家"和"文成县侨领之家"2个项目,签约金额15亿元。2006—2011年,在外文成人回乡投资合作项目21个,签约金额20亿元。

节会招商 1998年10月,举办文成98金秋招商引资联谊会。旅外华侨华人社团侨领和海外投资客商,与县有关单位签约项目12个,总投资金额6.59亿元,其中达成意向项目9个,投资6.04亿元;签订项目3个,投资5412万元;引进资金5113万元。2003年10月,举办首届中国刘基文化暨生态旅游节,推出8个招商引资项目,签订协议总额16.5亿元。2006年11月,举办第二届刘基文化暨生态旅游节期间,举行招商项目推介会,与投资商签订协议项目9个,协议资金2.83亿元。2008年11月、2011年7月,第三、四届旅游节项目推介会,签订项目17个,协议总投资19.3亿元。

招商成果

1994年,参加温州香港出口商品暨经贸合作项目洽谈会,县政府推出合作项目13个,签订合作意向书4个,总投资1353万美元。1996年,推出飞碟牌厢式农用车、鹤泉帝师系列白酒、水电开发、药品生产等11个招商引资项目,达成投资意向4780万元,其中侨资2100万元。1998年10月,与旅外华侨、海外客商签约项目12个,总投资金额6.59亿元,利用外资21万美元。

1999年,筛选巨屿沙洲等7个招商项目,在《浙江日报》公布。引进、新办工业企业11家,利用内资1699万元、外资35万美元。

2001年利用外资4200万元,其中工业园区2100万元、峡谷景廊开发800万元。外商投资企业工业产值3049.3万元,占全县工业总产值4.4%。2002年,全县新批外商投资企业174家,新签协议项目金额29528万美元,实际使用外资11969万美元。2003年,与海内外各界投资商签订开发项目18个,协议资金28.58亿元,其中1亿以上投资项目10个,到位资金1.44亿元;签订意向投资项目2个,金额5000万元,获温州市经协系统先进集体称号。

2004年协议引进项目36个,协议金额33.4亿元,实际使用3.5亿元。开工建设项目20个,其中建成、在建各10个。2005年新引进签订项目21个,其中内资项目15个;协议资金18750万元,实际到位12052万元;外资项目6个,协议资金939万美元,实际到位206万美元。2006年,新推出包装项目30个,引进内资签约项目24个,协议资金13.415亿元,实现到位18459.7万元;新签订外资项目5个,协议资金906万美元,实际到位474万美元。全县引进企业30家,计划投资4.8亿元。

2007年签约项目10个,协议资金67500万元,实际到位23729万元;新签外资协议资金658万美元,到位资金421万美元,分别完成市下达任务130%和105%。全年推出包装项目22个,新引进招商项目10个,其中在外温州人回乡投资项目5个。全县引进企业13家,计划投资2.8亿元。2008年推出包装项目23个,引进项目15个,协议金额10.08亿元,实现到位内资29456.2万元,完成市下达任务数138.9%。2009年推出包装项目32个,新引进项目21个;其中工业类项目12个、旅游配套项目8个。协议金额17.45亿元,到位内资42942.3万元,完成市下达任务数137%。

2010年，推出项目28个，签约项目13个；其中，工业类项目6个、现代服务业类项目7个。协议资金12.75亿元、到位内资41095.4万元，其中工业类项目到位资金7970.2万元、现代服务业类项目资金33125.2万元。2011年，包装项目60个，新引进项目21个；协议金额22.22亿元，其中投资亿元以上项目7个，实际到位资金47933万元，完成市下达任务129.5%。

2003—2011年文成县招商引资部分重点项目一览表

表10-17

类别	序号	项目名称	投资单位或签约人	项目地址	用地面积（公顷）	投资金额（亿元）	签约日期（年月）
工业	1	巨屿东垟沙洲生态工业园开发	西班牙尤里斯普罗思国际投资公司	巨屿东垟	60	1.08亿美元	2005.10
	2	百丈漈生态工业园区	瑞安市胡国良	百丈漈镇	1.33	0.15	2006.11
	3	百丈漈九龙山工业小区汽摩配件	瑞安市钱祥伍	百丈漈镇	1.33	0.15	2006.11
	4	百丈漈驮坦工业小区汽摩配件	瑞安市陈密	百丈漈镇	4.67	0.5	2006.11
	5	百丈漈生态工业园区铜材制造	瑞安市银鑫铜材有限公司	百丈漈镇	1.53	0.15	2006.11
	6	珊溪片区液化石油气储配站工程	温州永强液化气有限公司	巨屿垟地边	0.73	0.12	2011.3
旅游业	1	库区旅游在外温州人之家	县珊溪库区旅游发展有限公司	黄坦镇	57.33	18	2003.1
	2	葫芦半岛旅游项目	温州神力集团房地产开发有限公司	珊溪镇	200	1.8	2003.3
	3	百丈漈旅游配套项目	温州神力集团房地产开发有限公司	百丈漈镇	300	3.2	2003.3
	4	珊溪程山坪旅游配套项目	温州冶金房地产开发有限公司	珊溪镇	200	1.5	2003.6
	5	龙珠岛旅游配套项目	龙珠岛旅游休闲发展有限公司	珊溪镇	6	0.6	2003.7
	6	珊溪泥鳅岭背旅游配套项目	温州泰马鞋业有限公司	珊溪镇	66.67	1.6	2003.7
	7	珊溪卓山旅游配套项目	温州泰马鞋业有限公司	珊溪镇	200	2	2003.7
	8	珊溪百万山下湾旅游配套项目	温州房地产开发股份有限公司	珊溪镇	133.33	2	2003.7
	9	南田大水桥旅游配套项目	温州冶金房地产开发有限公司	南田镇	100	1	2003.10
	10	隐山湖农业观光旅游配套项目	旅荷华侨胡绍光	石垟林场	150	1.8	2003.11
	11	珊溪牛坑旅游配套项目	温州和平建设有限公司	珊溪镇	150	1	2004.4
	12	珊溪下湾旅游配套项目	温州星奥投资有限公司	珊溪镇	25.33	0.45	2006.11
	13	猴王谷景区旅游设施建设	徐刚	石垟林场	600	0.3	2007.8
	14	聚贤农庄旅游配套	苏里南华侨陈亮军	西坑畲族镇	2.47	0.3	2009.5
服务业	1	文成国际大酒店	旅意华侨胡云光	县城文青路	2	0.38	2003.1
	2	龙川旅游娱乐配套项目	温州城市建设开发有限公司	大峃镇龙川	253.33	9	2003.10
	3	外资独资老年康乐中心	阿联酋迪拜中国商品城有限公司	上林玉泉溪边	6.67	350万美元	2004.11
	4	县农产品展示中心	华侨白云伟	国际大酒店南边	0.63	220	2005.10
	5	华侨服务接待中心	意大利华侨胡绍梭	玉壶镇垟头村	0.87	380万美元	2005.10
	6	国际大酒店保龄球馆、桑拿中心（侨领之家）	温州侨居置业有限公司	国际大酒店	—	800万美元	2006.11
	7	“老文成”农家乐休闲度假中心	旅意华侨胡国胜	泉台村外陆坑	6.67	1	2009.5

续表10-17

类别	序号	项目名称	投资单位或签约人	项目地址	用地面积(公顷)	投资金额(亿元)	签约日期(年月)
服务业	8	玉润山庄(养老机构)	意大利医疗器材有限公司吴晋华	峃口镇鱼局村	13.33	2.5	2011.6
	9	县城五星级宾馆	县白雪房地产开发公司白云伟	徐村后山	15	5.4	2011.6
	10	文成县云曲水濂高档休闲会所	华侨吴昌君	樟台马岩山脚	2	0.3	2011.6
房地产	1	城市综合体、旧城整体改造开发、代建安置房、保障房等项目	县绿城置业发展有限公司彭崇敏	大峃镇兴福堂	7.33	7.5	2011.10

说明:资料由县招商引资管理局提供

第二节　经济协作

1991年开始,逐步扩大对外横向经济联系,扩大区域、广交朋友,开展经济技术协作。至2011年,共接待省内外客人21批次,与外地结缔“友好县(市区)”2个,发展友好协作关系县(市区)13个,挂钩联系大专院校、科研单位60多个。实施“山海协作”项目,签订项目60个,到位资金3.64亿元。与瑞安市结为结对帮扶单位,落实帮扶项目37个,获援助资金610万元。

对外联系

1991年,先后参加“全国十六城市政协横向联谊会”和“浙闽四地市横向经济联谊会”,同5个县、市签订物资串换和技术输出意向书。与10多个国家80多个国外公司联系,派遣赴苏联海参崴劳务人员67人,创办木制品厂,为国家争创外汇。1992年,接待来自内蒙古、广东、江西和杭州、衢州、温州等地客人13批次。组织赴中越边境考察和产品展销,赴吉林参加全国经济协作会议,同湖南省衡阳县、山西省灵石县建立长期合作友好关系。审批建立驻外机构15个,设立天津、上海、武汉、山西、甘肃等11家经营部和分厂,其中上海经营部年销售额400万元,创税利5万元。1993年,继续巩固同海宁、余姚、瑞安、瓯海等友好县(市、区)合作关系,与辽宁省辽河油田、大连市建立物资协作关系,联系北京中国科学院、天津南开大学、浙江大学等高等院校和科研单位,签订白酒老熟(烧)酿造和城市交通管理电子新产品协作意向书。1996年,参加筹办县委、县政府在杭州召开“文成县经济发展恳谈会”和在温州召开“96温州产品天津展销订货会”。1997年8月,组织12家企业12个系列产品参加温州产品(北京)展销会,与国内客商签订10多份供货合同和意向书、总金额3412万元,其中合同金额2262万元,意向协议1150万元。1998年,同上海科委、南大科技开发中心、合肥科技单位联系挂钩,向县域提供新产品、新技术。同时邀请瑞安康安制药公司、上海中华制药厂到文成考察、洽谈项目。全年接待外地到文成考察8批50人次。1999年4月,与上海市南汇县结为经济技术协作县。与省农科院、省优秀农产品开发服务中心等60多个单位联系挂钩,开展经济信息、技术、产品等多方面合作。6月,组织企业参加浙江投资洽谈会;10月,参加温州国际鞋文化节暨第二届商品交易会。2000年,赴外地考察农产品贸易市场,与杭州农业科学研究所、湖北沙市科海实业有限公司联系,提供优质农产品;专程赴温州、乐清联系交流合作项目。2004年始,重视加强与温州、文成在外企业、商会联系,建立在外的文成人资料库,开展联谊活动,吸引在外文成人回乡投资、创业。同年10月,由大连旅顺口区温州商会分会会长刘开友(文成籍)牵线搭桥,文成与大连旅顺口区结为“友好区县”。2008年联系在外商会,牵线搭桥,引导周壤大林山、上林周山垟村分别与广州、金华温州商会结对，落实帮扶资金60万元。2004—2011年，在外文成人回乡投资合作项目21个，其中投资亿元以上项目17个，签约金额20亿元。

山海协作项目

引进企业　2002年，与瑞安市结为“山海协作”对口单位。2003年，瑞安市企业到文成签订开发项目，投资总额1.67亿元。至2004年，共签订“山海协作”项目36个，协议引进资金总额33.32亿元，其中到位资金3.49亿元。2004年新达成意向项目8个，投资总额2.43亿元，其中协议投资1.66亿元，意向投资7650万元，实际到位资金1483万元。8个项目中，旅游项目1个，协议投资1亿元；工业项目7个，投资1.43亿元。2005年10月，邀请海内外企业家、客商及新闻媒体300多人，在温州召开山海协作项目推介会，签订项目协议9个，协议资金10.69亿元。2011年6月，县政府在温举行山海协作（招商引资）项目推介会，接待来自湖南、新疆、福建等地，县籍在外企业家及旅外华侨300多人，签订7项投资协议，签约金额12.22亿元。

结对帮扶　2007年，与瑞安市开展互访3次，包装推出新农村建设项目3个，选择西坑、峃口城东、周壤岭南3个欠发达村与瑞安市3个乡镇（街道）、企业结对帮扶，落实帮扶资金100万元。2010年，两县签订山海协作对接计划协议，全年帮扶9个村、资金160万元，并与有关乡镇、山海协作企业联合举办农民和企业职工素质提升培训班11期，培训农民1000人次，企业职工300多人。2007—2011年，瑞安市帮扶文成欠发达村37个，援助资金610万元，其中新农村建设项目19个，扶持资金260万元；通村公路硬化项目8个、30公里、160万元；杨梅、药材等农业开发项目16个、190万元。农民知识化培训45期、5850人次，转移农村劳动力1200人次。

第四章　经济发展

1991年，全县国内生产总值2.38亿元，其中农林牧渔业总产值1.54亿元、工业总产值0.84亿元；全社会消费品零售总额9701万元，固定资产投资0.6亿元。后经改革和产业结构优化调整，县域经济总量在转型中呈跨越式发展。2005年，全县实现地区生产总值20亿元，2011年达到47.4亿元，比1991年增加19.6倍，年均增长16.3%。农业经济改变以种植业为主格局，培育形成兔业、水果、茶叶、高山蔬菜、绿色大米、花卉苗木、中药材等区域特色优势农业产业。2011年实现农林牧渔业总产值8.12亿元，比1991年增加4.27倍，年均递增8.7%。工业经济实行建基地、引企业和产业升级，2004年工业总产值超10亿元，2011年实现37.26亿元，比1991年增加43.4倍，年均增长19.8%。全社会消费品零售总额平稳增长，2006年突破10亿元，2011年达22.66亿元，比1991年增加22.4倍，每年平均增长16.2%。固定资产投资逐年增加，规模不断扩大，2011年投资额34.2亿元，比1991年增加57倍，推动经济、社会各项事业发展，发展环境明显改善。

第一节　生产总值

1991年，全县国内生产总值23822万元。1994年5.1亿元，1999年突破10亿元大关。2005年实现地区生产总值20亿元。2008年突破30亿元，达到32.1亿元。2010年再创新高，达到40.5亿元。至2011年年末，全县地区生产总值47.4亿元，比1991年增加19.6倍，年均增长16.3%。如以增长10亿元作为一个发展阶段，则第一阶为14年(1985年1.02亿元)，第二阶段为6年，第三阶段为4年多，第四阶段仅2年多。受经济环境影响，各时期增长幅度各有差别。“八五”期间(1991—1995)年均增长29.2%，“九五”期间(1996—2000)年均增长10.8%，“十五”期间(2001—2005)年均增长12.7%，“十一五”期间(2006—2010)年均增长14.7%。2011年为“十二五”规划开局之年，生产总值比上年净增6.9亿元，增长率17%；高于“十一五”年均增长率2.3个百分点。

第一产业

“八五”期间，发展态势较好，1991年国内生产总值1.2亿元，1995年2.2亿元，5年增加1亿元，年均增长16.2%。1996年起增速开始回落，发展态势欠稳，增增减减，波动较大。1998—2007年间，出现4年负增长(2007年降幅最大，比上年下降15.6%)，每年平均增长仅0.87%。2008年起开始回升，尔后连续3年，每年增长幅度均在20%以上。2011年地区生产总值5.46亿元，比1991年增加3.55倍，年均增长7.7%。

第二产业

1991年生产总值0.37亿元。1994年实现1.39亿元。2008年实现10.61亿元。2011年16.16亿元，比1991年增加42.67倍，每年平均增长21%。其发展态势，除1991年负增长外余皆正增长。但各时期发展亦不够平稳。1992—2011年，1993年增长率最高，为60.3%；1998年最低，仅增2.5%；增长率在10%～30%之间有10年，低于10%、高于30%各5年。

第三产业

1991年生产总值0.70亿元。1993年发展至1.37亿元。2004年达到10.28亿元。2010年实现22.39亿元。2011年为25.80亿元,比1991年增加35.85倍,每年平均增长19.8%。1992—2011年,1993年增长幅度最大,为72.9%;2009年最低,增长7.7%。"八五""九五""十五""十一五"各时期,年均增长幅度依次为38.3%、17.5%、15.8%和18.1%。2011年比上年增长15.2%,低于"十一五"年均增长率2.9个百分点。

人均生产总值

1991年629元。1993年达到1014元。1997年2432元,超出小康水平起点人均国民生产总值2400元标准。2005年实现人均生产总值5507元。2010年突破万元,为10803元。2011年12431元,比1991年增加18.76倍,每年平均增长16.1%。

1991—2011年文成县地区生产总值及发展指数情况一览表

表10-18

年份	生产总值(万元)	发展指数(%)	其中						人均生产总值(元)
			第一产业		第二产业		第三产业		
			产值(万元)	指数(%)	产值(万元)	指数(%)	产值(万元)	指 数(%)	
1991	22889	109.4	12272	122.1	3650	79.9	6967	109.6	629
1992	27830	108.5	14085	103.1	5810	143.4	7935	100.2	761
1993	37268	114.2	14236	85.3	9315	128.6	13718	158.4	1014
1994	50925	108.8	17475	89.7	13869	128.8	19580	116.3	1378
1995	63750	110.6	22346	113.8	15908	104.8	25496	112.0	1726
1996	75159	110.9	24108	103.5	19564	119.6	31487	111.3	2035
1997	90236	119.9	24867	107.2	22942	122.6	42427	127.5	2432
1998	94438	110.7	22853	93.3	23509	106.0	48076	124.6	2546
1999	102287	109.0	24429	106.8	25171	106.5	52687	111.5	2755
2000	113146	109.9	25462	102.0	27605	111.9	60079	112.5	3038
2001	124412	111.2	28653	109.2	31010	116.0	64749	109.8	3345
2002	138427	111.2	28463	103.8	33629	109.1	76335	115.3	3743
2003	156204	111.8	29434	103.4	37697	109.9	89073	115.9	4270
2004	176172	110.2	31215	103.8	42195	108.8	102762	113.0	4848
2005	200473	111.8	30942	93.6	53082	125.1	116449	111.7	5507
2006	234297	115.3	31400	100.7	70433	131.1	132464	112.0	6407
2007	275612	116.1	26508	100.1	92784	128.7	156320	113.3	7490
2008	321118	110.6	29648	100.5	106121	108.7	185349	114.0	8664
2009	352457	110.2	36380	109.9	116368	111.2	199709	109.7	9454
2010	405163	110.2	45168	107.6	136074	112.5	223921	109.3	10803
2011	474145	110.1	54567	103.4	161593	113.0	257985	109.6	12431

说明:发展指数比例以上年为100。资料来自《文成统计年鉴》

第二节　工农业总产值

1991年，全县工农业总产值2.38亿元，1994年突破5亿元，1997—2000年均达9亿元以上。2001年实现11亿元，2006年为23亿元，2007年超过30亿元。至2011年全县工农业总产值45.38亿元，比1991年增加18.07倍，年均递增15.88%；工农业总产值净增23亿元，平均每年增加1.15亿元。其中，"八五"期间工农业总产值21.25亿元，年均递增30.8%；"九五"期间46.1亿元，年均递增5.1%，"十五"期间69.94亿元，年均递增13.9%，"十一五"期间161.62亿元，年均递增15.9%。2011年工农业总产值比上年增长17.2%，高于"十一五"期间年均增幅1.3个百分点。

工业总产值

1991年，全县工业总产值8391万元，县及县以上43家独立核算工业企业盈利27家，亏损16家，盈亏相抵亏损90万元。工业经济总体较落后，效益不理想，产品质量低。1992年工业总产值超亿元，达1.14亿元。随着经济体制改革不断深入，加大招商引资力度，工业生产焕发新生机。1993—2002年，全县工业总产值以每两年增长1亿多元速度平稳增长。其间，因受金融危机影响，除1998年仅增665万元、1999年出现负增长外，其他年份增加值均在5000万元以上，1996年、1997年增加值均超亿元。

1997年开始，境内工业实行按规模大小统计。同年，国有及年销售收入500万元以上非国有工业企业(简称规模以上或规上工业企业)39家，产值2.32亿元，占全县工业总产值39.8%。2001年全县工业企业1997家，总产值6.94亿元，比上年增长7.6%。其中规上工业企业25家，产值2.22亿元，增长33.1%；规下工业企业1972家，产值4.71亿元，增长11.8%。2002年工业生产保持平稳增长，实现工业总产值7.47亿元，比上年增长7.6%。其中规上工业产值2.31亿元，增长8.4%；规下工业产值5.15亿元，增长7.2%。2001年建成巨屿工业园区，引进16家企业陆续投产，全县工业生产呈跨越式增长。2003年全县工业总产值8.82亿元，比上年增长18.1%，实现增加值2.95亿元，工业增加值占GDP比重由上年16.3%上升为17.1%，对GDP增长贡献率由上年20.1%上升为25.5%。其中规上工业产值3.14亿元，增长26.3%；规下工业产值5.68亿元，增长14.1%。

2005年，百丈漈工业园落地企业投产，带动全县工业快速增长，全县工业总产值14.41亿元，比上年增长24.7%。其中规上工业企业31家，完成产值7.58亿元，增长56.1%；规下工业产值6.83亿元，增长0.8%。2006年实现工业总产值19.45亿元，比上年增长34.9%，其中规上工业产值13.67亿元，同比增长64.7%。全年工业增加值5.56亿元，增长27.3%，拉动经济增长5.9个百分点。2007年工业生产增势强劲，全县工业增加值7.47亿元，比上年增长28.5%，拉动经济增长7个百分点。全年工业总产值26.88亿元，增长38.2%，其中规上工业企业产值20.9亿元，增长44.5%，规下工业产值5.97亿元，同比增长19.9%。2008年工业生产受金融危机影响，增速放缓，工业总产值29.52亿元，增加值8.58亿元，比上年分别增长9.9%和10.2%，增速比上年分别回落28.3和18.3个百分点。2009年工业生产增速继续下滑，工业总产值29.57亿元，增加值8.45亿元，比上年分别增长0.2%和4.8%。

2010年，调整工业经济结构，企业转型升级，生产呈现回升发展态势。全年工业总产值31.98亿元，比上年增长25.4%，其中规模以上工业产值23.96亿元，增长29.6%；规模以下8.02亿元，增长14.6%。年末，全县规模以上工业企业57家，其中工业产值超亿元企业4家，产值超5000万元企业12家，超2000万元企业30家。浙江华广精工公司年产40万片高速铁路垫板项目列入国家中小企业专项资金扶持项目，6家企业通过市级清洁生产审核验收。全年新引进汽摩配项目8个，引进汽配加工企业27家，产业集群初具规模。农副食品加工业，黑色金属冶炼及压延加工业，有色金属冶炼及压延加工业，通用设备制造业，电气机械及器材制造业，电力热力生产和供应业6个行业,工业产值19.36亿元,比上年增长31.5%,占规模以上工业总产值80.8%。

至2011年年末,全县工业产值超亿元企业8家,超5000万元企业14家。实现工业总产值37.26亿元,比1991年增加43.4倍,比1997年增加5.4倍。其中规模以上工业产值24.65亿元,比1997年增加9.6倍;规模以下工业产值12.61亿元,增加2.6倍。

农业总产值

1991年农业生产基础薄弱,抵御自然灾害能力差,经济效益低。全县农林牧渔业总产值1.54亿元,其中种植业6223万元、林业2626万元、畜牧业4339万元、渔业16万元、其他农业产值2227万元。1992年起,实施"科技兴农"战略,调整产业结构,发展"一优两高"(优质、高产、高效)农业,走"种植打基础,养殖抓突破,加工出效益"农业发展之路。将发展林果、菌蔬、畜禽业列为重点扶持产业。1994年全县农业总产值2.35亿元,比上年增长22.4%。1995年3.51亿元,比上年净增1.16亿元,增幅49.1%,为历年之最。"八五"期间,全县农业总产值11.07亿元,年均递增22.8%。

1996年,农业综合开发步伐加快,农业基地逐步向专业化、规模化发展。粮食总产量创历史最高水平,总产值3.56亿元,比上年增长7.2%,增加值2.43万元,增3.7%。1997年实施"兴山富民"战略,农业生产稳中有升,全县农业总产值3.81亿元,比上年增长6.9%。1998年农业生产持续发展,总产值3.6亿元。全县粮食总产量7.83万吨,连续三年荣获省政府粮食生产先进县称号。1999年制定并实施《文成县农业和农村现代化建设纲要》,农业生产稳步发展,全年农业总产值3.77亿元,比上年增长6.9%。蔬菜生产初步形成布局区域化、生产规模化、经营集约化、产品商品化格局,全年种植面积5.21万亩,产量8.66万吨,产值7768万元。2000年农业结构调整加快,优先发展优质高效经济作物和畜禽饲养等产业,实现总产值3.74亿元。"九五"期间,全县农业总产值18.46亿元,年均递增1.22%。

2001年,围绕"农业增效、农民增收"生产方针,继续调整农业结构,推进农业产业化经营,种植业结构优化,粮食播种面积减少,经济作物种植面积大幅增加。全年农林牧渔业总产值4.08亿元,比上年增长9.12%。2002年继续以效益农业为中心,发展特色优势农产品,农业生产在结构调整中平稳发展,全县农业总产值3.89万元,比上年下降0.7%。2003年实施"生态立县"战略,依托区域生态优势,发展无公害农产品和绿色、有机食品,重点培育兔业、水果、茶叶、高山蔬菜、绿色大米、花卉苗木、中药材等特色优势农产品。全年农林牧渔业总产值4.07亿元,比上年增长4.2%。2004年农业经济稳定增长,生态农业建设步伐加快。全年实现总产值4.4亿元,比上年增长7.9%。2005年农业生产受"麦莎""泰利"强台风灾害影响略有下降,总产值4.3亿元,比上年下降2.2%。"十五"期间,全县农业总产值20.74亿元,年均递增11.2%。

2006年,实施"农业品牌"战略初现成效,双凤兔肉松、日省半天香茶叶、山哥哥粉丝、亨哈野生蕨菜、兴绿绿色大米等农产品在全国省市农博会上获金奖。但总产值比上年减少0.75亿元,下降17.3%。2007年全面落实粮食直补和农业税减免等惠农政策,调动农民生产积极性,生态农业发展势头良好。全县实现农林牧渔业总产值3.96亿元,比上年增长11.4%。2008年组织实施"产业培育,龙头带动,绿色品牌"生态农业促进工程,克服冰冻、水灾、台风等自然灾害影响,农业生产呈现粮食增产、农业增效、农民增收势头。全县农林牧渔业总产值4.54亿元,比上年增长14.7%。

2009年全县农业生产快速发展。全年农林牧渔业总产值5.45亿元,比上年增长20.1%。2010年农林牧渔业生产持续发展。全年实现总产值6.73亿元,比上年净增1.28亿元,增长23.4%。"十一五"期间,全县农业总产值24.22亿元,年均递增17.3%。2011年全县农林牧渔业总产值8.12亿元,比1991年增加4.27倍,年均递增8.66%。其中种植业5.28亿元,比1991年增加7.5倍,年均递增11.29%;林业0.5亿元,比1991年增加0.89倍,年均递增3.24%;牧业2.18亿元,比1991年增加4倍,年均递增8.41%;渔业0.06亿元,比1991年增加37.8倍,年均递增20.1%。

1991—2011年文成县工农业总产值及增长比例一览表

表10-19

年份	工农业总产值(万元)	增长率(%)	农业总产值(万元)	增长率(%)	工业总产值(万元)	增长率(%)
1991	23822	17.0	15431	27.1	8391	2.0
1992	28844	21.1	17397	12.7	11447	36.4
1993	39749	37.8	19223	10.5	20526	79.3
1994	50270	26.5	23527	22.4	26743	32.0
1995	69792	38.8	35081	49.1	34711	29.8
1996	80386	15.3	35635	1.6	44751	28.9
1997	96432	20.0	38094	6.9	58338	30.4
1998	94769	−0.2	35766	−6.1	59003	1.1
1999	91549	−3.4	37666	5.3	53883	−8.7
2000	97910	6.9	37409	−0.7	60501	12.3
2001	110220	12.6	40822	9.1	69398	14.7
2002	113559	3.0	38893	−4.7	74666	7.6
2003	128945	13.5	40736	4.7	88209	18.1
2004	159551	23.7	43960	7.9	115591	31.0
2005	187105	11.3	42973	−2.2	144132	24.7
2006	230002	22.9	35524	−17.3	194478	34.9
2007	308337	34.1	39581	11.4	268756	38.2
2008	340621	10.5	45381	14.7	295240	9.9
2009	350207	2.8	54504	20.1	295703	0.2
2010	387054	10.5	67253	23.4	319801	8.1
2011	453800	17.2	81237	20.8	372563	16.5

说明:资料来自《文成统计年鉴》

第三节 社会消费品零售总额

1991年全县社会消费品零售总额9701万元,2011年达22.66亿元,20年增加22.4倍,每年平均增长11.2%。其中“八五”时期增长率最高,年均增长27.86%;“九五”时期年均增长13.32%,“十五”时期最低年均增长10.96%;“十一五”时期年均增长16.8%。2011年增长率19.6%,高出每年平均增长8.4个百分点。

行 业

批发零售贸易业零售额 1991年7452万元,占全县社会消费品零售总额比例76.8%。1994年批发零售贸易业零售额超亿元,达1.17亿元。2007年突破10亿元大关,达10.47亿元。2011年批发零售贸易业零售额20.43亿元,占全县社会消费品零售总额90.1%;比1991年增加26.4倍,年均增长17.1%。

住宿餐饮业零售额 1991年200万元,占全县社会消费品零售总额比例2.1%。1996年住宿餐饮业零售额突破1000万元。2004年超5000万元。2008年为1.09亿元。2011年住宿餐饮业零售额2.23亿元,占全县社会消费品零售总额9.9%,比1991年增加110.6倍,年均增长25.2%,高于批发零售贸易业零售额年均增长率8.1个百分点。

城　乡

城镇(县)消费品零售额　1997年2.77亿元,占全县社会消费品零售总额比例61.7%。2004年超5亿元,2010年达17.07亿元。2011年城镇消费品零售额20.17亿元,占全县社会消费品零售总额比例89%;比1997年增加6.3倍,年均增长14.1%。

乡村(县以下)消费品零售额　1991年1.72亿元,占全县社会消费品零售总额比例38.3%。2011年乡村消费品零售额2.48亿元,占全县社会消费品零售总额11%,年均增长2.5%。城镇消费品零售额年均增长率高于乡村消费品零售额年均增长率11.6个百分点。

人　均

1991年,全县社会消费品零售总额9701万元,总人口36.49万人,人均消费品零售额266元。1995年人均消费品零售额770元,2000年1393元,2005年2391元,2010年5031元。2011年,全县社会消费品零售总额22.66亿元,总人口38.65万人,人均消费品零售额5863元,比1991年增加21倍,年均增长15.87%。

1991—2011年文成县社会消费品零售总额及增长比例一览表

表10-20

年份	社会消费品零售总额		批发零售贸易业		住宿餐饮业		城镇		乡村	
	绝对值（万元）	增长率（%）	绝对值（万元）	增长率（%）	绝对值（万元）	增长率（%）	绝对值（万元）	增长率（%）	绝对值（万元）	增长率（%）
1991	9701	12.7	7452	11.5	200	-4.8	—	—	17200	—
1992	13169	35.7	6833	91.7	392	96.0	—	—	—	—
1993	18144	37.8	9860	44.3	513	30.9	—	—	—	—
1994	26455	45.8	11655	18.2	675	31.6	—	—	—	—
1995	28373	7.3	13966	19.8	860	27.4	—	—	—	—
1996	34878	22.9	19867	42.3	1115	29.7	—	—	—	—
1997	44988	29.0	33844	70.4	1599	43.4	27742	—	17246	—
1998	47755	6.2	36610	8.2	2294	43.5	29779	7.3	17976	4.2
1999	48518	1.6	37597	2.7	2304	4.4	32379	8.7	16139	-10.2
2000	51888	6.9	39562	5.2	2636	14.4	34764	7.4	17124	6.1
2001	58016	11.8	44595	12.7	2851	8.2	39038	12.3	18978	10.8
2002	63180	8.9	49681	11.4	3401	19.3	41287	5.7	21893	15.4
2003	69486	10.0	64345	29.5	4075	19.8	44443	7.6	25043	14.4
2004	78643	13.2	72138	12.1	5058	24.1	50091	12.7	28552	14.0
2005	87182	10.9	79307	9.9	6461	27.7	52923	5.7	34259	20.0
2006	100121	14.8	91137	14.9	7568	17.1	61074	15.4	39046	14.0
2007	115301	15.2	104655	14.8	9168	21.1	70334	15.2	44967	15.1
2008	133709	16.0	121990	16.6	10856	18.4	81275	15.6	52434	16.6
2009	162094	21.2	147473	20.9	14621	34.7	94302	16.0	67792	29.3
2010	189380	16.8	172533	17.0	16847	15.2	170700	81.0	18680	-72.4
2011	226587	19.6	204267	18.4	22320	32.5	201743	18.2	24844	33.0

说明:资料来自《文成统计年鉴》

第四节　固定资产投资

1991年以后,固定资产投资力度逐年加大,至2011年全县社会投资总额计129.5亿元,年均增长30.91%。其中1991—2006年完成固定资产投资62.4亿元,2007—2011年完成固定资产投资67.1亿元,后5年投资总额超过前16年总和。在各项投资中,尤以农林水利、工业、电力、交通、房产等行业为最,推动经济、社会各项事业发展,促进人民生产、生活环境明显改善。

投资规模

20世纪90年代,固定资产投资规模较小,处于低投入状态。1991年投资额5987万元。1993年超亿元,为1.65亿元。1994年超2亿元,为2.03亿元。后随投资体制改革持续深化,逐步形成多元主体投资体系,投资规模逐步扩大。1999年为4.37亿元,2004年实现6.45亿元,2006年突破10亿元。此后,固定资产投资步入高潮期,每年平均增加投资1亿元以上。至2011年,全县固定资产投资总额34.18亿元,比1991年增54.13倍,比2000年增8.49倍。其中基本建设投资5.45亿元,比1991年增37.2倍,比2000年增4.1倍;更新改造投资12.62亿元,比2000年增23.1倍。

1991—2011年文成县社会固定资产投资及增长比例情况一览表

表10-21

年份	全社会固定资产投资额(万元)	比上年增减(%)	其中					
			基本建设投资(万元)	比上年增减(%)	更新改造投资(万元)	比上年增减(%)	房地产投资(万元)	比上年增减(%)
1991	5987	-3.6	1427	0.6	92	-48.3	67	—
1992	7234	20.8	2123	48.8	189	105.4	34	-49.3
1993	16518	128.3	3477	63.8	1854	881.0	151	344.1
1994	20347	23.2	4720	35.7	291	-84.3	—	—
1995	24564	20.7	6506	37.8	563	93.5	—	—
1996	23285	-5.2	15826	143.3	1131	100.8	—	—
1997	32607	40.0	14379	-9.1	293	-74.1	77	—
1998	37969	16.4	19871	38.2	2406	721.1	310	302.6
1999	43660	15.0	15822	-20.4	6732	179.8	5913	1807.4
2000	36045	-17.4	10702	-32.4	5233	-22.3	3581	-39.4
2001	37009	2.7	17623	64.7	9164	74.8	6399	78.7
2002	47466	28.3	20201	14.6	10473	14.3	3178	-50.3
2003	55968	17.9	23464	16.2	9628	-8.1	7520	136.6
2004	64492	15.2	16771	-28.5	21406	122.3	8368	11.3
2005	66874	3.7	24003	43.1	25416	18.7	2547	-69.6
2006	103978	55.5	42188	75.8	35358	39.1	13137	415.8
2007	133750	28.6	53236	26.2	39030	10.4	25864	96.9
2008	144081	7.7	63644	50.9	34179	-12.4	17310	-33.1
2009	185263	28.6	77351	21.5	53821	57.5	31910	84.3
2010	207788	12.2	59742	-22.8	73806	37.1	46965	47.2
2011	341821	64.5	54482	-8.8	126188	71.0	35827	-23.7

说明:资料来自《文成统计年鉴》

投资结构

1991年全县固定资产投资5987万元，其中基本建设投资1427万元，占23.8%，更新改造投资92万元，占1.5%，两者计占总投资额25.3%，即基本建设与更新改造投资比例，占全县社会固定资产投资总额四分之一。1993年基本建设投资3477万元，更新改造投资1854万元，分别占总投资额21.05%和11.22%，计占32.27%，其比例占全县社会固定资产投资总额接近三分之一。之后随生产发展，基本建设、更新改造投资力度逐渐加大，2002年基本建设投资2.02亿元，占42.56%，更新改造投资1.05亿元，占22.06%，计占64.62%，其比例占全县社会固定资产投资总额接近三分之二。2009年基本建设投资7.74亿元，更新改造投资5.38亿元，分别占总投资额41.75%、29.05%，计占70.8%，其比例占全县社会固定资产投资超三分之二。2011年基本建设投资5.45亿元，占15.94%，更新改造投资12.62亿元，占36.92%，两者计占投资总额52.86%，比1991年上升27.56个百分点，比2002年下降11.76个百分点。

1991年，全县社会固定资产投资5987万元，其中国有投资1596万元，占26.6%；集体投资562万元，占9.4%；城乡居民私人投资3839万元，占64%。2000年全县固定资产投资3.6亿元，其中国有投资1.4亿元，占38.9%；集体投资0.6亿元，占16.7%；私人投资1.03亿元，占28.6%。2003—2011年，全县限额以上固定资产投资75.83亿元，按登记注册类型分内资占98.36%，外商投资占1.64%。按三次产业分，第一产业占2.3%，第二产业占47.7%，第三产业占50%。按行业分，农林牧渔业占1.6%，制造业占18.3%，电力燃气水生产供应业占14.4%，交通运输仓储邮政业占22.7%，批发零售业占0.7%，住宿餐饮业占1.03%，房地产业占22.7%，水利环境公共设施管理业占8.9%，居民服务业占0.9%，教育科技占2.9%，卫生社保社会福利业占0.5%，文化娱乐体育业占1.3%，公共管理和社会组织占3.4%，信息传输计算机服务业占0.8%。

2003—2011年文成县限额以上固定资产投资结构一览表

表10-22　　　　单位：万元

指标名称＼年份	2003	2004	2005	2006	2007	2008	2009	2010	2011
全年投资	25572	39614	49419	71310	79340	79971	106644	112575	186405
其中：国有控股	13428	26829	27916	37023	27579	30527	42132	67236	87649
其中：非国有	12144	12785	21503	34287	51761	49444	64512	45339	98756
其中：民间投资	11208	11335	21279	33902	49144	46289	62607	45339	98756
其中：基础设施投资	14668	28578	34824	40366	35429	33055	49158	70077	89821
其中：农村投资	—	19002	31472	49395	54641	59785	84454	82272	145366
其中：工业投资	11581	12985	20612	26557	33831	32998	40872	31544	33625
其中：技改投资	—	—	—	—	—	13290	24944	26033	29523
按三次产业分									
第一产业	—	—	—	512	914	1858	2972	1740	3850
第二产业	11581	13672	20612	26557	33831	32998	40872	31544	33625
第三产业	13991	25942	28807	44241	44595	45115	62800	79291	148930
按登记注册类型分									
内资	24636	38164	49159	69136	76723	76816	103599	111465	183675
国有	12484	23614	27556	36774	27400	29943	41242	66366	86027

续表10-22

指标名称 \ 年份	2003	2004	2005	2006	2007	2008	2009	2010	2011
集体	1260	360	345	257	—	1257	2003	2550	15983
股份合作	—	—	—	—	—	—	—	1500	—
国有独资公司	2466	865	360	249	179	44	—	50	321
有限责任公司	11208	13055	17685	15883	25014	19197	27408	16529	34071
股份有限公司	—	—	—	—	—	—	700	—	—
私营(含个体)	4738	270	850	3120	3110	2651	2400	2509	3418
其他企业	—	—	2399	12835	21020	23724	30986	23071	46585
外商投资	936	1450	224	2174	2617	3155	1905	—	—
按构成分									
建筑工程	11452	24264	32908	49914	54840	54671	71417	84844	131688
安装工程	2622	3575	1226	789	970	507	5115	11974	9485
设备工器具购置	3107	7301	8191	9179	13436	10138	17281	5973	16866
其他费用	8691	4474	7094	11419	10094	14655	12831	9784	28366
按行业分									
农林牧渔业	—	—	—	512	914	1858	2972	1740	3850
制造业	5839	7819	11701	15727	21921	20680	23926	11904	17385
电力燃气水生产供应业	5742	5166	8911	10830	11910	12318	16946	19640	16240
交通运输仓储邮政业	6757	19191	21617	24874	13944	8656	11403	29799	43620
批发零售业	400	660	345	905	50	500	1610	140	680
住宿餐饮业	3100	1250	—	—	—	—	570	1500	2500
房地产业(建筑业)	—	687	2399	12395	19773	22640	26682	23514	61492
水利环境公共设施管理业	1169	1213	1716	2110	5727	7844	14770	10545	21128
居民服务业	—	—	—	1005	766	202	125	1449	2801
教育(科技)	1000	658	2580	2000	3190	2990	929	6388	3783
卫生社保社会福利业	—	—	—	—	—	295	2280	520	547
文化娱乐体育业	—	—	—	552	658	452	1910	2348	3403
公共管理和社会组织	1565	620	150	400	487	1036	1601	2251	7876
信息传输计算机服务业	—	2350	—	—	—	500	920	747	1100
按资金来源分									
国家资金	—	—	—	620	110	884	—	—	8600
贷款	6180	580	1050	8053	3324	—	—	—	17000
自筹	20391	24485	34998	39669	55647	89668	—	—	142935
其他资金	1295	846	9716	13812	13807	15647	—	—	43640
外资	1093	1142	—	724	1851	1496	—	—	—

说明:资料来自《文成统计年鉴》

第五节　建设项目实施

建设项目由县发展和改革局(县计划委员会、县计划发展局)管理。建设项目管理包括项目建议书、可行性研究报告、项目投建许可、初步设计审查、施工许可和竣工验收等环节。为保障项目实施，1994—1996年，在做好建设项目审批同时，推行项目法人责任制，建设工程招投标制、监理制，杜绝项目建设不廉洁行为，提高工程质量。2006年4月，县政府出台《文成县重点建设项目前期工作若干规定》，同时建立重大项目建设责任制，重大项目建设责任单位对项目建设负全程监督、指导、检查、协调和督促职责，建设责任单位实行“一把手”负总责，并确定专门分管领导和工作人员专门负责项目建设。2008年推行项目建设“月通报、月督查”制度和领导督查制度，开展重点项目“破难题、促进度”百日攻坚活动，确保项目建设顺利推进。深化重点项目建设公开承诺制度，组织15个建设单位向全社会进行公开承诺。2010年出台《文成县政府投资项目概算审核管理暂行办法》，项目建设进度实行逐月排名通报制度。

1991年，实施建设项目60个（新开工项目48个，续建项目12个），其中重点工程10个。1995年实施水、电、道路等基础设施项目17个，其中重点建设项目有县城新水厂、高二电、瑞东线岀口至县城段公路改造拓宽等工程。1998年施工项目36个，其中文平、文青公路，南田、西坑变电所，文成宾馆、县医院住院楼、邮电大楼等25个项目列为重点工程。2001年起，基础设施建设组织实施“515工程”，即力争用5年时间，建设事关国计民生、投资额较大的15个重大建设项目。2006年起实施“811工程”，即在全县续建重大建设项目8个，新建11个。至2011年年底，全县实施建设项目645项，其中重点工程178项；在建工程项目43项，投资总额88.47亿元，已投24.92亿元，占28.2%。

1991—2011年，全县重点工程建设出现一批备受全县人民关注、有一定影响的亮点工程。

“八五”时期（1991—1995年），续建、新建三源引水工程，南田、玉壶水厂，文成新车站，岀口至珊溪油路改造，高岭头水电站，珊溪变电所，文凤、文高、高岭110千伏输电线路，县城程控电话、有线电视，商品综合市场、朝阳新村开发等。

“九五”时期（1996—2000年），建成瑞东公路、文平公路、文青公路、泗溪路改造，巨屿、黄坦水厂，坑下山、高岭头二级、东溪三级水电站，县城110千伏输变电升压工程，文东110千伏输电线路，南田、西坑变电所，邮政大楼、财政局办公楼、县城南小区开发、县人民医院住院楼、玉壶华侨医院、映山红幼儿园、文成宾馆、县委党校综合办公楼等。

“十五”期间（2001—2005年），改建56省道，新建珊溪、高岭头三级、东坑岭、黄鹿、岩门、东溪四级、东溪五级水电站，完成电网建设与改造、文巨110千伏输电线路，黄坦变电所，县城体育场路、县前街改造，巨屿沙洲开发，通乡程控电话，法院大楼、检察院大楼、县看守所迁建、电信大楼、移动大楼、中欧大厦、中银大厦、广播电视村村通工程，火化殡仪馆，城东大桥，国际大酒店、阳光假日大酒店、新凯悦大酒店，信息化基础设施、县城水厂等工程建设。

“十一五”时期（2006—2010年），建成农民饮用水、水库保安、防洪堤、小流域水土流失治理、泗溪河治理工程，扶贫迁村、地震灾区重建、下山移民工程，57省道暨文青公路二期、文泰（文成段）公路改造，环城南路，乡村康庄工程，周壤220千伏输变电工程，县城污水处理厂，文成中学迁建，县体育馆，百丈飞瀑引水工程，白云广场、鑫隆帝景、嘉盛国际花园、凤溪花苑开发等。

“十二五”首年（2011年），建成珊溪库区环境综合整治工程，广播电视大楼，社会公共服务中心（原青少年活动中心），玉壶华侨大厦等。2011年年底，在建工程主要有56省道花园至西坑段改建、南田接新56省道公路工程，县客运中心（旅游集散中心），县城污水管网改造、珊溪巨屿、黄坦污水处理厂，铜铃山森林旅游配套服务中心（天鹅堡小镇）、西坑安福寺，环城西路、文化中心、珊溪大厦等。

1991—2011年文成县部分重点建设项目情况一览表

表10-23　　单位:万元

序号	项目名称	建设规模及主要内容	投资额	建设年份
1	文成车站	总面积21.44亩,建筑面积3120平方米,停车场12000平方米	294	1987—1993
2	高岭头一级电站	装机容量2×8000千瓦,年设计发电量4146万千瓦时	8582	1987—1995
3	三源引水工程二期	东灌区干渠1680米,西灌区干渠2000米,灌溉农田5020亩	150	1990—1993
4	珊溪输变电工程	变电所建筑面积360平方米,35千伏输电线路14.55公里	218	1991—1993
5	乡乡通公路工程	新建通乡公路12条145公里,沟通黄龙、桂山、里阳、周山、富岙、双溪汇溪、上林、朱雅、金星10个乡	1717	1991—1995
6	泗溪路建设	长2530米,宽25米,过境公路兼县城防洪堤坝、市民生活主干道综合性多功能道路	2485	1992—1999
7	县城有线电视	线路安装136万元,机房设备8万元,安装用户4000户,实现有线电视零突破	144	1993.1—6
8	程控电话	程控交换机,一期容量5000门,1996年二期县局10700门,乡镇8000门	1600	1993—1996
9	瑞东线文成段拓宽	县城~大垟口段。四级改三级。长18公里,路面3.5米拓宽至7.5米	1582	1993—1996
10	玉壶华侨医院	占地15亩,建筑面积3285平方米	350	1993—1998
11	岩门电站	装机容量3×630+1×500千瓦,年均发电量550万千瓦时	1563	1993—2001
12	商品综合市场	建筑面积24643平方米	1373	1994—1996
13	南田输变电工程	变电所建筑面积4000平方米,35千伏输电线路10.7公里	659	1996—1999
14	朝阳安居工程	建房2幢50套,建筑面积5000平方米	380	1995—1997
15	县城自来水厂扩建	年供水量从110万吨提升至161万吨	650	1994—1996
16	建设银行综合楼	建筑面积6966平方米	580	1995—1997
17	高岭头二级电站	装机容量2×12500千瓦,年设计发电量5371万千瓦时	14138	1995—1998
18	泗溪路民房建设	用地面积15349平方米,370间,建筑面积83310.3平方米	4166	1995—2000
19	文青公路改建(57省道)	山岭重丘三级公路,长35公里(其中57省道8.2公里),路基宽7.5米。其中大岀岭隧道长1670米,宽8.5米;县城城东大桥长80米,宽15米	31900	1996—2009
20	文平公路改建	摇岭隧道全长750米,文成段325米,宽8.5米。三级加宽公路9.4公里	1520	1995—1998
21	巨屿大桥	全长1140米,主桥248米,宽9.5米	380	1996—1997
22	坑下山电站	装机容量2×2000千瓦,年均发电量855万千瓦时	3652	1996—1998
23	邮政大楼	建筑面积11386平方米,主楼高10层	3010	1996—2005
24	珊溪水库	总库容18.24亿立方米,装机容量4×5000千瓦,年发电量3.55亿千瓦时,供水量4亿立方米,保障下游温州市区及县市500百万人口用水	251082	1996—2001
25	城东小区开发	占地面积3公顷,建设落地房263间,建筑面积5.8万平方米	8000	1996—2001
26	城南小区开发	占地4.4公顷,建筑面积16000平方米,道路面积6000平方米	980	1996—2000
27	文成宾馆	建筑面积10687平方米	2106	1997—1998
28	县医院住院大楼	高9层,建筑面积8148平方米	1353	1997—1999
29	财政局办公楼	建筑面积5585平方米	980	1998—
30	求知中学	建筑面积7400平方米	950	1998—1999
31	映山红幼儿园	占地8000平方米,建筑面积4100平方米	442	1998—1999
32	高岭头三级电站	装机容量2×5000千瓦,年设计发电量1249万千瓦时	2983	1998—2000
33	东溪三级电站	装机容量2×5000千瓦,年设计发电量2696万千瓦时	8818	1998—2000

续表10-23

序号	项目名称	建设规模及主要内容	投资额	建设年份
34	县体育场路	文青路口至徐村2601米，宽11～25米	2540	1998—1999
35	巨屿沙洲开发	标准厂房、工业基地场地平整、基础设施	149300	1999—2006
36	广播电视村村通工程	全县行政村村村通广播电视	1000	1999—2000
37	东溪四级电站	装机容量2×1000千瓦，年均发电量430万千瓦时	1229	1999—2001
38	黄鹿电站	装机容量2×2000千瓦，年均发电量960万千瓦时	2641	1999—2001
39	火化殡仪馆	用地规模4667平方米，建筑面积1500平方米	600	1999—2001
40	人武部训练基地	占地3公顷，总建筑面积9180平方米，其中办公楼2830平方米	1313	2000—2003
41	程控电话扩容	县城、玉壶、珊溪程控电话扩容14000门	2000	2001
42	粮食储备仓库	5000吨粮食储备库	1337	2001—2005
43	56省道文成段改建	二级公路14.83公里	15700	2001—2005
44	县城水厂	引水隧洞12公里，一期供水3万吨/日	4448	2001—2006
45	县城环城南路一期	总长1339米（隧洞195米），路基宽18米	2500	2001—2006
46	县信息化基础设施工程	电信综合楼（总建筑面积10800平方米，建筑高度47米，高10层），交换传输网络改造	22000	2001—2005
47	电网建设改造	全县农电网改造，电业调度楼，黄坦变电所	15988	2001—2003
48	县前街改造	建筑面积10万平方米	28000	2001—2005
49	体育场路	樟台～花园桥6.27公里	3500	1998—2004
50	县体育中心	1500座体育馆(游泳池、体育局办公楼)	2861	1999—2010
51	泗溪河治理(1–5期)	建成防洪堤8000米，排污涵箱8000米，橡胶拦水堰坝5道，亲水平台20座，河道清淤20立方米	3953	2001—2009
52	新文中迁建工程	占地13.33公顷，建筑面积50263平方米	8630	2001—2007
53	县城污水处理厂一期	日处理1万吨	5155	2001—2007
54	文青公路改建二期	总长18.2公里（二级14.6公里、三级3.6公里）	22924	1996—2008
55	岩门大峡谷景区开发	旅游小火车专用道9.8公里	988	2002—2005
56	国税局办公楼	办公用房4800平方米	800	2002—2004
57	县看守所搬迁	建筑面积14845平方米	1983	2002—2005
58	法院大楼	建筑面积5800平方米	1500	2002—2004
59	检察院大楼	建筑面积4000平方米	650	2002—2004
60	二中片区市政道路	凤溪南路1130米、新侨路560米、中桥路480米	1527	2002—2003
61	铜铃山瑶池度假村	由主楼客房、副楼多功能用房组成，建筑面积5628平方米	2080	2002—2003
62	小流域治理工程	治理河道62.61公里，新改建堤防186.35公里，清水河道160.69公里	52400	2002—2011
63	石垟—叶胜林场公路改建	山岭四级通景沥青公路21公里，路面宽6米	1350	2003—2007
64	文泰公路文成段改造	二级公路18公里，路基宽10.5米，路面宽9米，行车速度40公里/小时	9880	2003—2007
65	国际大酒店	建筑面积22038平方米，客房108间（套）	3000	2003—2004
66	东溪五级电站	装机容量4×275千瓦，年均发电量600万千瓦时	2463	2003—2005
67	水库保安工程	加固病险水库26座	4629	2003—2009
68	农村饮用水工程	建设集中式供水工程331处，解决248个村25.9万人饮水安全问题	15449	2003—2011
69	乡村康庄工程	改建通村准四级公路1034公里	43000	2004—2007
70	东坑岭电站	装机容量2×2500千瓦，年均发电量1328.6万千瓦时	2987.2	2002—2003
71	岀院线文成岀口—珊溪段	路面改建18公里	9850	2004—2006

续表10-23

序号	项目名称	建设规模及主要内容	投资额	建设年份
72	金盾后勤服务公司	宾馆训练场,总建筑面积20200平方米	1700	2004—2006
73	百万山电站	装机容量5×1600千瓦,年均发电量2057万千瓦时	6172	2005—2007
74	县道路面改造	县道公路路面改造硬化110公里	15000	2005
75	龙麒源景区开发	旅游配套266.67公顷	4000	2005
76	凤溪花苑一期	商住房1321套,建筑面积21.18平方米	55200	2005—2011
77	黄寮乡整乡迁移点	总建筑面积81200平方米	2900	2005
78	百丈漈整村迁移点	腾飞小区25公顷	2950	2005
79	大峃凤垟扶贫迁村点	建筑面积72000平方米	2900	2005
80	栖云老人公寓	建筑面积2000平方米	500	2005
81	小九溪水电站	装机容量2米×1250千瓦,年均发电量680万千瓦时	2114	2006—2011
82	百丈漈变电所	35千伏变电所1座	1200	2006—2007
83	巨屿变电所	35千伏变电所1座	1000	2006—2007
84	移动信号村村通工程	新增基站69个	2000	2006—2007
85	百丈飞瀑引水工程	500米×2.4米×2.4米、90米×2.4米×2.4米隧洞	796	2006—2009
86	白云广场	总建筑面积15259平方米,116套	5800	2008
87	珊溪大桥	长320米,宽12米	877	2009
88	县城绿化景观工程(河滨公园)	56省道县城段河滨公园景观工程、绿化工程,总长5.3公里	1660	2009
89	鑫隆帝景	总建筑面积41318平方米,472套	29800	2008
90	嘉盛国际花园	总建筑面积76570平方米,572套	80000	2007
91	农村公路安保工程	钢质护栏100公里	2000	2009
92	凤溪花园经济适用房	职工住宅楼2幢,212套,建筑面积17442平方米	6235	2008—2010
93	县城段绿化景观工程	一期2008年2月投入使用,投资280万元。二期2008年9月开工建设,起点县城污水处理厂,终点徐村大桥,长3.66公里,改造面积3万多平方米,投资1380万元	1660	2007—2010
94	移动TD无线网工程	新建基站26个,铺装管道光缆50公里	1500	2009—2010
95	电业调度大楼	7层,建筑面积7699.32平方米	2900	2005—2009
96	人民医院门诊楼	建筑面积7838平方米	2100	2006—2009
97	县体育中心二期	建筑面积7313平方米	1800	2006—2010
98	广播电视大楼	建筑面积8079平方米	2167	2008—2010
99	青少年活动中心	占地面积4000平方米,总建筑面积15000平方米	5427	2006—2011
100	消防大楼	占地面积5333平方米,建筑面积4019.35平方米	1270	2009—2011
101	周壤220KV输变电	220KV输变电所	17659	2009—2011
102	玉壶华侨幼儿园	总用地面积2800平方米,总建筑面积4800平方米	1356	2010—2011
103	玉壶华侨大厦	总建筑面积12800平方米	9000	2010—2011

说明:资料由县发改局提供

2011年年底文成县在建项目一览表

表10-24　　　　单位:万元

序号	项目名称	建设性质	建设内容及规模	项目总投资	年末累计完成	建设年限
1	56省道花园至西坑段改建工程	续建	二级公路19.8公里	41866	38000	2009—2012
2	南田接新56省道公路工程	续建	二级公路29.2公里	60453	16000	2010—2013
3	县客运中心(旅游集散中心)	续建	总建筑面积25212平方米	8543	7700	2009—2012
4	铜铃山至黄桥(泰顺)公路工程	新建	三级公路1.5公里	5449	500	2011—2012
5	百丈漈生态工业基地基础配套项目	续建	二、三期水、电、路等配套设施及场地平整	16500	4700	2010—2016
6	百丈漈生态工业基地产业化项目	续建	总占地约173.33公顷,十二五期间100公顷	200000	36249	2006—2016
7	巨屿生态工业基地整体提升工程	续建	企业技改、扩建,13.33公顷闲置工业用地利用,新增用地13.33公顷	50000	12200	2009—2015
8	大峃樟山生态产业基地市政配套设施	续建	占地约152公顷(其中市政道路长11416米,投资16630万元)	16630	1340	2009—2015
9	九溪电站	新建	装机16000千瓦	20300	2000	2011—2013
10	其他工业功能区	续建	玉壶、周壤等工业功能区	35000	15000	2007—2015
11	在外温州人之家	续建	总建筑面积约200000平方米,其中一期约30000平方米	50000	10107	2009—2015
12	珊溪下湾旅游接待中心	续建	总建筑面积30000平方米	70000	5000	2008—2015
13	天顶湖旅游接待中心	续建	总建筑面积90000平方米	34000	14000	2008—2015
14	铜铃山旅游配套服务中心(天鹅堡小镇)	续建	总用地21.52公顷,一期19.63公顷	64000	4000	2010—2017
15	百万山庄	续建	总用地43245平方米总建筑面积51892平方米	13166	5000	2010—2013
16	西坑安福寺	续建	总建筑面积6237平方米	13000	6000	2009—2014
17	百丈漈通景公路改建工程	续建	全长12.72公里	2853	1500	2010—2012
18	刘基故里景区改造	续建	刘基庙外围建设、武阳、盘谷等仿古村居改造、民房200间	13000	2395	2006—2015
19	百丈飞瀑景区基础设施建设与环境整治工程	新建	南入口服务区、游步道改造等	2913	500	2011—2015
20	猴王谷景区建设	续建	景点及基础配套设施	3300	2000	2008—2012
21	珊溪坑综合治理	续建	防洪堤655米,排污箱涵2860米堤坝4道	2001	800	2010—2013
22	毛竹林操作道改造工程	新建	实施4万亩毛竹林操作道建设,建成105公里	1040	600	2011—2013
23	黄坦污水处理厂及管网工程	续建	一期日处理0.25万吨	7623	3000	2011—2013
24	环城西路	新建	全长3.5公里,路宽18米	11000	300	2011—2012
25	泗溪河治理六期续建工程	新建	防洪堤、河道疏浚、排污箱涵、亲水平台等工程	1262	600	2011—2012
26	玉壶自来水厂	续建	日供水2200吨	2560	2400	2009—2013
27	泗溪河亮丽工程	新建	徐村大桥至排门桥段泗溪河夜景灯光改造	1100	250	2011—2012
28	县城污水管网改造工程	新建	总长度20公里	10000	220	2011—2015
29	珊门片区市政配套工程	新建	文成宾馆至国际大酒店段市政配套工程	1800	800	2011—2013
30	公安业务用房	新建	总建筑面积14000平方米	8290	500	2011—2013
31	花园二期保障性住房	续建	总建筑面积47264平方米	19796	6000	2010—2013
32	浙江工贸职业技术学院文成教学基地	续建	建筑面积22057平方米	9875	3110	2008—2015

续表10-24

序号	项目名称	建设性质	建设内容及规模	项目总投资	年末累计完成	建设年限
33	中小学校舍安全工程	续建	加固、拆扩建、地质灾害治理、防雷	8101	6139	2009—2012
34	文成中学配套项目	新建	400米标准运动场,教工宿舍2500平方米	2829	800	2001—2012
35	玉壶镇便民服务中心	新建	总建筑面积约9800平方米,其中文化中心1500平方米,便民服务中心4500平方米,集体宿舍楼3800平方米	3750	100	2011—2013
36	数字电视整体平移工程	新建	有线电视数字化,网络双向化改造,DVB平台建设	5695	1000	2011—2013
37	县城垃圾填埋场	续建	库容60万立方米	2100	950	2008—2015
38	凤溪花园九号地块	续建	总建筑面积44068平方米	22000	16000	2011—2013
39	医药公司地块	新建	总建筑面积7500平方米	11000	5000	2011—2012
40	五七厂地块	新建	总建筑面积19177平方米	11000	4000	2011—2013
41	银都花苑	续建	总建筑面积34017平方米	10414	3000	2010—2013
42	珊溪大厦	续建	总建筑面积21483平方米	9000	8500	2009—2012
43	珊溪工行地块	新建	总建筑面积3000平方米	1200	900	2011—2013
	合计			884724	249160	

说明:资料由县发改局提供

第十一卷

农　业

农业是文成的传统产业。中华人民共和国成立以后，经过土地改革、合作化生产、人民公社化运动和实行联产承包责任制，不断变更生产关系，推广先进生产技术，引进和改良农业新品种，农业生产水平大幅提高。

1991年开始，加大调整优化农业产业结构力度，推广“农业龙头企业+专业合作社+基地”产业经营模式，把“一优二高”农业作为主攻方向，确定蔬菜、水果、茶叶、兔业、油茶、中药材、绿色稻米、溪水养殖、花卉苗木九大农业产业，农业生产逐步从传统农业向现代化效益农业转变，高效、生态农业产业区成型；出台扶持畜牧业发展优惠政策，鼓励农民发展畜牧业，生猪养殖、肉兔养殖一度成为农村经济的支柱产业，并向专业化、规模化发展，2005年被农业部命名为“中国兔肉之乡”。20年间，文成实施“三年消灭荒山，八年绿化文成”、建设“山水乐园”和“生态建县”战略，从退耕还林、绿化荒山着手，持续建设生态公益林，创建森林公园、森林城镇、绿化示范村，开发森林食品基地，推进生态林业建设。2011年全县农业总产值81237万元，占工农业总产值的17.9%，比1991年净增4.27倍。

农业的发展在扶贫脱贫、振兴乡村中起到了关键作用。至2011年，全县培育发展农业龙头企业16家，成立农民专业合作258家，开发名优特色农产品基地6个、茶叶基地20个、水果基地31个，创建粮食生产功能区12个、现代农业园区（精品园）5个，创建省市县农业标准化推广示范基地57个，认证无公害农产品、有机农产品、绿色食品基地41个，创成省、市级现代农业主导产业示范区8个；5个农产品品牌获浙江省名牌产品，45个农产品获省市农博会金奖。2008年6月，“文成粉丝”成功注册国家地理标志证明商标，成为全国获此殊荣的219件农产品之一。

第一章 种植业

县域种植业主要为粮食、油料、经济作物。粮食作物以水稻为主，番薯、马铃薯、大豆、蚕(豌)豆、玉米等旱粮为辅；油料作物主要为油菜和花生；经济作物主要有蔬菜、水果、茶叶、中药材、食用菌等。2011年，粮食作物总播种面积17.91万亩，比1991年减少6.5万亩，下降26.63%；粮食总产量63759.6吨，比1991年减少9482.4吨，下降12.9%。油料作物油菜产量925.5吨，花生产量126.3吨，比1991年分别增加1.84倍和9.6倍。经济作物蔬菜种植面积8.31万亩，产量11.82万吨；果园面积8.4万亩，产量2.93万吨；茶园面积1.62万亩，产量228吨；中药材种植面积5475亩，产量1508吨。

第一节 粮食作物

1991年，全县粮食播种总面积24.41万亩，总产量73242吨，平均每亩产300公斤。1993年，全县粮食播种面积22.90万亩，产量70318.4吨，平均每亩307公斤。2000年以后，早稻播种面积逐年减少，至2005年早稻停止播种，全县粮食播种总面积、总产量随之减少。2011年，全县粮食播种面积17.91万亩，产量63759.6吨，平均亩产356公斤，比1991年播种面积减少65040亩，产量减少9482.4吨，平均每亩产量增加56公斤。

1991—2011年文成县粮食作物面积产量一览表

表11-1

年份	播种面积（亩）	亩产（公斤）	总产量（吨）	年份	播种面积（亩）	亩产（公斤）	总产量（吨）
1991	244140	300	73242.0	2002	167910	370	62126.7
1992	250710	281	70449.5	2003	168795	348	58740.7
1993	229050	307	70318.4	2004	169500	339	57460.5
1994	223200	295	65844.0	2005	168645	319	53797.8
1995	228300	320	73056.0	2006	168510	340	57293.4
1996	235815	337	79469.7	2007	141510	318	45000.2
1997	238650	326	77799.9	2008	159330	335	53375.6
1998	236715	334	79062.8	2009	172965	335	57943.3
1999	231930	340	78856.2	2010	176955	348	61580.3
2000	214110	331	70870.4	2011	179100	356	63759.6
2001	180120	364	65563.7				

说明：资料由县农业局提供

水 稻

1991年，水稻播种面积12.20万亩，稻谷产量44566.8吨，其中早稻播种面积28439亩，产量9384.9吨，分别占水稻播种总面积23.3%和总产量21.1%。随着农村青壮年劳动力进城务工经商,农业生产成本逐年提高,早稻生产效益降低,早稻播种面积逐年减少,至2000年早稻播种面积仅3500亩,比1991年减少24939亩,早稻谷产量1260吨,比1991年减少8124.9吨。2005年始不再种植早稻。2007年水稻生产跌入谷底,播种面积仅58890亩,稻谷总产量21848.2吨,但稻谷品质趋向提高。2008年有所回升,水稻播种面积61485亩,稻谷总产量25762.2吨。2011年稻谷总产量33497.9吨,平均每亩产量467公斤。

1991—2011年文成县水稻面积产量一览表

表11-2

年份	合计			其中					
				早稻			晚稻		
	播种面积(亩)	亩产(公斤)	总产量(吨)	播种面积(亩)	亩产(公斤)	总产量(吨)	播种面积(亩)	亩产(公斤)	总产量(吨)
1991	122008	365	44566.8	28439	330	9384.9	93569	376	35181.9
1992	116138	373	43292.8	28184	319	8990.7	87954	390	34302.1
1993	119100	382	45440.1	25610	336	8605.0	93490	394	36835.1
1994	108600	371	40277.4	18000	330	5940.0	90600	379	34337.4
1995	114150	408	46629.3	22240	332	7383.7	91910	427	39245.6
1996	114616	423	48447.1	22652	324	7339.2	91964	447	41107.9
1997	114035	403	45968.3	22644	343	7766.9	91391	418	38201.4
1998	109308	426	46592.4	18684	345	6446.0	90624	443	40146.4
1999	106298	436	46317.0	15915	349	5554.3	90383	451	40762.7
2000	93776	433	40620.3	3500	360	1260.0	90276	436	39360.3
2001	92566	447	41353.1	4865	388	1887.6	87701	450	39465.5
2002	88536	455	40244.0	1529	372	568.8	87007	456	39675.2
2003	84788	418	35474.6	748	350	261.8	84040	419	35212.8
2004	86211	405	34922.1	733	414	303.5	85478	405	34618.6
2005	87348	365	31882.0	—	—	—	87348	365	31882.0
2006	86576	390	33764.6	—	—	—	86576	390	33764.6
2007	58890	371	21848.2	—	—	—	58890	371	21848.2
2008	61485	419	25762.2	—	—	—	61485	419	25762.2
2009	67650	433	29292.5	—	—	—	67650	433	29292.5
2010	70680	451	31876.7	—	—	—	70680	451	31876.7
2011	71730	467	33497.9	—	—	—	71730	467	33497.9

说明:资料由县农业局提供

番薯

历史上为县境山区、半山区农民主粮之一,种植面积仅次于水稻。1991年全县种植面积49810亩,占粮食播种总面积20.4%;产量19924吨,占粮食总产量27.2%。1993年种植面积46950亩,产量17324.6吨。1998年种植面积54755亩,产量21956.8吨,面积和产量均创历史新高。2000年后番薯不再作为主粮,主要作为居民副食或饲料、淀粉加工,种植面积呈下降趋势。2011年种植面积43740亩,产量16271.3吨,比1991年分别下降12.2%和18.3%。

1991—2011年文成县番薯面积产量一览表

表11-3

年份	播种面积（亩）	亩产（公斤）	总产量（吨）	年份	播种面积（亩）	亩产（公斤）	总产量（吨）
1991	49810	400	19924.0	2002	44625	382	17046.8
1992	49155	360	17695.8	2003	45044	388	17477.1
1993	46950	369	17324.6	2004	44096	386	17021.1
1994	49050	340	16677.0	2005	43023	395	16994.1
1995	48600	377	18322.2	2006	43856	415	18200.2
1996	50148	424	21262.8	2007	43080	408	17576.6
1997	52823	408	21551.8	2008	43140	365	15746.1
1998	54755	401	21956.8	2009	43170	369	15929.7
1999	52482	413	21675.1	2010	43515	371	16144.1
2000	46523	416	19353.6	2011	43740	372	16271.3
2001	46131	403	18590.8				

说明:资料由县农业局提供

小 麦

1991年,全县种植面积25123亩,占粮食播种总面积10.3%;产量2311.3吨,占粮食总产量3.2%。1993年后,因种植效益低,种植面积逐年减少。1994年小麦种植面积14100亩,占粮食播种总面积5.8%;产量1395.9吨,占粮食总产量1.9%。2002年小麦种植面积仅5963亩,产量912.3吨。2011年境内小麦已无连片种植。

1991—2011年文成县小麦面积产量一览表

表11-4

年份	播种面积（亩）	亩产（公斤）	总产量（吨）	年份	播种面积（亩）	亩产（公斤）	总产量（吨）
1991	25123	92	2311.3	2002	5963	153	912.3
1992	24090	88	2119.9	2003	6173	166	1024.7
1993	18900	91	1719.9	2004	4638	188	871.9
1994	14100	99	1395.9	2005	4371	175	764.9
1995	13050	106	1383.3	2006	4004	181	724.7
1996	13966	129	1801.6	2007	3915	181	708.6
1997	13380	122	1632.4	2008	3915	182	712.5
1998	13443	133	1787.9	2009	3945	186	733.8
1999	12996	142	1845.4	2010	2325	180	418.5
2000	12267	143	1754.2	2011	1890	172	325.1
2001	11395	144	1640.9				

说明:资料由县农业局提供

蚕 豆

蚕豆,俗称豌豆,为粮、菜兼用作物。产区分布范围较广,涉及全县各乡镇。因用途较广,粮、菜兼用,种植面积逐年扩大。1991年播种面积5865亩,产量351.9吨。1995年播种面积7800亩,产量600.6吨。2002年播种面积9824亩,产量1493.2吨。2011年播种面积12675亩,产量1445吨。县境品种有小粒、中粒、大粒诸种,分别称小号蚕豆、中号蚕豆、大号蚕豆;从外地引进有"中豌3号"(俗称"连壳吃")、"慈溪大白蚕"等。境内土壤因严重缺少硼元素,"慈溪大白蚕"等品种对硼元素极敏感,若不施用硼肥,植株只开花不结荚,产量低,故种植面积少。复种形式主要有水田蚕豆—水稻,旱地蚕豆—番薯等。水田蚕豆一般11月上中旬播种,旱地11月中下旬播种。

1991—2011年文成县蚕豆面积产量一览表

表11-5

年份	播种面积(亩)	亩产(公斤)	总产量(吨)	年份	播种面积(亩)	亩产(公斤)	总产量(吨)
1991	5865	60	351.9	2002	9824	152	1493.2
1992	6368	59	375.7	2003	11088	98	1086.6
1993	6450	67	432.2	2004	12117	97	1175.3
1994	7950	74	588.3	2005	12148	107	1299.8
1995	7800	77	600.6	2006	11372	107	1216.8
1996	9576	98	938.4	2007	11565	105	1214.3
1997	10396	86	894.1	2008	11610	107	1242.3
1998	10689	90	962.0	2009	12060	110	1326.6
1999	11367	96	1091.2	2010	12120	112	1357.4
2000	11689	94	1098.8	2011	12675	114	1445.0
2001	10611	92	976.2				

说明:资料由县农业局提供

马铃薯

俗称洋芋,播种面积仅次于水稻、番薯,是全县重要旱粮作物之一,种植面积较稳定。1991年种植面积29684亩,产量3116.8吨。1995年种植面积32703亩,产量3924.4吨。2000年种植面积33504亩,产量5461.2吨。2005年后,随着种植业结构调整,种植面积有所减少。2007年种植面积13320亩,产量2051.3吨。2011年,植面积16470亩,总产量5813.9吨。主要品种有六十日、克新2号、克新3号、东农303等。马铃薯主要在春季种植,南田、百丈漈等地2月下旬至3月上中旬种植,黄坦、大峃、珊溪等地2月上中旬种植。

1991—2011年文成县马铃薯面积产量一览表

表11-6

年份	播种面积(亩)	亩产(公斤)	总产量(吨)	年份	播种面积(亩)	亩产(公斤)	总产量(吨)
1991	29684	105	3116.8	1998	33836	159	5379.9
1992	30635	111	3400.5	1999	33515	158	5295.4
1993	30155	110	3317.1	2000	33504	163	5461.2
1994	31946	158	5047.5	2001	33852	148	5010.1
1995	32703	120	3924.4	2002	31590	147	4643.7
1996	33212	147	4882.2	2003	31591	147	4643.9
1997	33941	160	5430.6	2004	30525	147	4487.2

续表

年份	播种面积（亩）	亩产（公斤）	总产量（吨）	年份	播种面积（亩）	亩产（公斤）	总产量（吨）
2005	23580	141	3324.8	2009	14520	355	5154.6
2006	25380	155	3933.9	2010	16245	353	5734.5
2007	13320	154	2051.3	2011	16470	353	5813.9
2008	13440	366	4919.0				

说明：资料由县农业局提供

大 豆

又称黄豆、白豆，为粮、油两用作物。1991—1995年，大豆连片种植较少，以田塍豆为主。1996年大豆种植面积7232亩，总产量1215吨。2000年后，随着鲜食大豆发展，种植面积逐年扩大。2011年种植面积19425亩，产量3943.3吨，种植面积、产量均创历史最高。大豆品种较多，本土种为九月黄、黑豆等；鲜食型品种为六月白、大青皮、辽鲜1号、台75等。鲜食大豆主要分布在南田、百丈漈、西坑、大峃等乡镇。鲜豆荚远销上海、广州、福州、宁波等大中城市。

1991—2011年文成县大豆面积产量一览表

表11-7

年份	播种面积（亩）	亩产（公斤）	总产量（吨）	年份	播种面积（亩）	亩产（公斤）	总产量（吨）
1991	6884	138	950.0	2002	9824	152	1493.2
1992	3520	256	901.1	2003	11504	187	2151.2
1993	3933	304	1195.6	2004	10820	141	1525.6
1994	4650	238	1106.7	2005	11213	145	1625.9
1995	5100	239	1218.9	2006	12077	149	1799.5
1996	7232	168	1215.0	2007	12975	156	2024.1
1997	8368	165	1380.7	2008	14520	208	3020.2
1998	8677	160	1388.3	2009	18810	174	3272.9
1999	8416	175	1472.8	2010	19020	196	3727.9
2000	8765	163	1428.7	2011	19425	203	3943.3
2001	9780	166	1623.5				

说明：资料由县农业局提供

玉 米

1991年，全县旱地套种玉米10700亩，总产量1284吨，平均亩产120公斤，其中三源乡800亩示范片，平均亩产350公斤，小坑边村示范户梅宪聪0.8亩高产攻关园，亩产467公斤，创该年度全县最高纪录。1992年，套种面积扩大到16855亩，产量1533.8吨。1993年后，随着种植业结构调整，玉米种植面积逐年下降，1995年种植面积3300亩。1998年种植面积升至2159亩，产量371.3吨。1999年起，推广糯玉米、甜玉米等鲜食玉米品种，种植面积有所恢复。2011年种植面积4575亩，产量796.1吨，平均每亩产量174公斤。

20世纪90年代，玉米品种以丹玉13为主导品种，搭配掖单12、丹玉6、苏玉1号等。1999年后逐步推广糯玉米，苏玉糯1号、科糯98-6、珍珠糯、京科糯2000等，其次搭配一些甜玉米和彩糯玉米。

1991—2011年文成县玉米面积产量一览表

表11-8

年份	播种面积（亩）	亩产（公斤）	总产量（吨）	年份	播种面积（亩）	亩产（公斤）	总产量（吨）
1991	10700	120	1284.0	2002	3090	147	454.2
1992	16855	91	1533.8	2003	3406	146	497.3
1993	4950	115	569.3	2004	4632	139	643.8
1994	3795	78	296.0	2005	2841	124	352.3
1995	3300	62	204.6	2006	3254	170	553.2
1996	2485	113	280.8	2007	3360	166	557.8
1997	2272	150	340.8	2008	3585	166	595.1
1998	2159	172	371.3	2009	4395	170	747.2
1999	2969	158	469.1	2010	4530	172	779.2
2000	3256	141	459.1	2011	4575	174	796.1
2001	3450	149	514.1				

说明：资料由县农业局提供

第二节　油料作物

县境主要油料作物为油菜和花生。2011年，油菜种植面积9255亩，产量925.5吨，比1991年分别增加0.62倍和1.84倍；花生种植面积915亩，产量126.3吨，比1991年分别增加1.85倍和9.6倍。

油　菜

1991年，全县油菜种植面积5722亩，总产量326.2吨。1992—2006年，种植面积16064亩，每年平均3212.8亩。2007年后，随着农业休闲观光旅游业兴起，各地重视发展油菜生产，相继建立油菜示范基地，种植面积有所增加。2008年种植面积6825亩，其中南田镇高村、三源等地建立千亩油菜示范基地，巨屿、公阳等乡镇建立百亩油菜示范基地。2010年种植面积10350亩，总产量1097.1吨，面积和产量均创历史最高值。

20世纪90年代，甘蓝型油菜西南302、九二13系等油菜主导品种，每亩产量在57～89公斤之间。2000年后，引进推广双低油菜浙双72、浙双6号、浙油18、浙油50等高产品种，产量明显提高。2009年亩产115公斤，亩产比1991年增加58公斤，创历史最高值。油菜在9月底至10月上中旬播种育苗，10月底至11月上中旬移栽，苗龄30天左右，直播栽培在11月5日前完成。油菜施肥古有“油菜浇花”说法，向来重视苔肥施用，同时在油菜苗期和抽薹期各喷0.2%硼砂溶液，提高结实率。

1991—2011年文成县油菜面积产量一览表

表11-9

年份	播种面积（亩）	亩产（公斤）	总产量（吨）	年份	播种面积（亩）	亩产（公斤）	总产量（吨）
1991	5722	57	326.2	1994	1800	58	104.4
1992	4146	63	261.2	1995	2700	69	186.3
1993	3900	60	234.0	1996	3518	78	274.4

续表11-9

年份	播种面积（亩）	亩产（公斤）	总产量（吨）	年份	播种面积（亩）	亩产（公斤）	总产量（吨）
1997	2346	89	208.8	2005	3167	98	310.4
1998	3033	76	230.5	2006	4088	109	445.6
1999	3020	77	232.5	2007	4710	108	508.7
2000	2436	84	204.6	2008	6825	113	771.2
2001	2737	88	240.9	2009	8715	115	1002.2
2002	2598	85	220.8	2010	10350	106	1097.1
2003	2277	87	198.1	2011	9255	100	925.5
2004	2233	100	223.3				

说明：资料由县农业局提供

花 生

1991—1999年，全县花生种植面积较少，年种植面积在150～600亩之间。2000年后种植面积有所增加。2001年全县种植面积1431亩，总产量204.6吨，面积、产量均为历史最高值。2011年种植面积915亩，总产量126.3吨，平均每亩产量138公斤，比1991年面积增加1.85倍，总产量增加9.61倍，平均每亩增产2.73倍。

花生品种主要为奥油551和本土小粒种。花生分春花生、秋花生两种。春花生在4月中旬至5月上旬播种，秋花生在7月下旬至8月上旬播种。产地主要分布在珊溪、玉壶、巨屿、大峃、龙川、樟台等乡镇。

1991—2011年文成县花生面积产量一览表

表11-10

年份	播种面积（亩）	亩产（公斤）	总产量（吨）	年份	播种面积（亩）	亩产（公斤）	总产量（吨）
1991	321	37	11.9	2002	1269	143	181.5
1992	273	18	4.9	2003	887	141	125.1
1993	150	107	16.1	2004	915	139	127.2
1994	300	130	39.0	2005	930	132	122.8
1995	300	157	47.1	2006	835	135	112.7
1996	468	120	56.2	2007	810	131	106.1
1997	564	154	86.9	2008	825	132	108.9
1998	456	143	65.2	2009	855	138	118.0
1999	636	138	87.8	2010	915	136	124.4
2000	955	155	148.0	2011	915	138	126.3
2001	1431	143	204.6				

说明：资料由县农业局提供

第三节 经济作物

县域主要经济作物为蔬菜、水果、茶叶、中药材、食用菌等。2011年蔬菜种植面积83130亩，产量118127.7吨；果园面积8.40万亩，产量29270吨；茶园面积1.62万亩，产量228吨，成为农民经济收入重要来源。

蔬　菜

1994年成立县蔬菜办，对全县蔬菜基地进行统一管理，重点推广低山大棚栽培和高山露地栽培。先后引进种植红茄、鲜食毛豆、黄瓜、辣椒、生姜、茭白等优良品种。2001年，蔬菜被列为全县农业四大发展产业之一。2003年文成蔬菜被命名为浙江省特色优势农产品。2007年，县域被浙江省列为十大山地蔬菜示范县。文成红茄、鲜食毛豆、辣椒、黄瓜、茭白等蔬菜产品闻名省内外，远销温州、宁波、台州、丽水、杭州等省内城市及福建、广东、深圳、江苏、上海、北京、意大利等国内外市场。

1994—1997年，开始对野生蔬菜资源进行调查及开发利用研究。2000年5月，编撰出版《文成县野生蔬菜资源志》。野生蔬菜驯化栽培面积发展到480亩，2004年发展到560亩。

生产布局　1991年，大峃镇林店尾村、苔湖村有蔬菜基地281亩。1995年，以大峃、樟台、珊溪、玉壶等低山区为主的春淡蔬菜基地和以南田为中心的秋淡蔬菜基地初具规模，全县建立各类蔬菜基地1.13万亩，其中市级蔬菜后备基地2000亩。2002年开始，先后在龙川乡、黄坦镇、珊溪镇李井片、周壤乡大壤片等地建成市级蔬菜后备基地2790亩。2011年，全县初步形成“三大生产带”，即以南田镇、百丈漈镇、珊溪镇桂山社区、峃口镇公阳社区等地为主的高山秋茄、鲜食毛豆、黄瓜、茭白、辣椒等高山蔬菜生产带；以西坑镇、黄坦镇、大峃镇周壤社区等地为主的生姜、西瓜等特色蔬菜生产带；以大峃镇、珊溪镇、玉壶镇等地为主的大棚茄子、黄瓜、叶菜类等城郊蔬菜生产带。

面积与产量　1991年蔬菜播种面积24892亩，占全县农作物播种总面积8%，总产量79455.3吨，产值1600万元，占全县农林牧渔业总产值10.4%。1993年播种面积扩大到30525亩，蔬菜瓜类产值1900多万元。1997年播种面积49641亩，蔬菜瓜类产值7300多万元。2001年播种面积扩大到92946亩，总产量118692吨，蔬菜瓜类产值超亿元，达1.13亿元。

2011年蔬菜播种面积83130亩，比1991年增加2.34倍，占全县农作物播种总面积26.6%，比1991年增加18.6个百分点；蔬菜总产量118127.7吨，比1991年增长48.67%；蔬菜产值1.38亿元，比1991年增加7.63倍，占全县农林牧渔业总产值17.0%，比1991年增加6.6个百分点。

1991—2011年文成县蔬菜面积产量一览表

表11-11

年份	播种面积（亩）	亩产（公斤）	总产量（吨）	年份	播种面积（亩）	亩产（公斤）	总产量（吨）
1991	24892	3192	79455.3	2002	103101	1178	121453.0
1992	26961	2166	58397.5	2003	112741	1260	142053.7
1993	30525	1981	60470.0	2004	104766	1344	140805.5
1994	29297	1755	51416.2	2005	118205	1166	137827.0
1995	32420	1640	53168.8	2006	118706	1185	140666.6
1996	39296	1550	60908.8	2007	62175	1202	74734.4
1997	49641	1424	70688.8	2008	58320	1433	83572.6
1998	53223	1565	83294.0	2009	81015	1387	112367.8
1999	52065	1662	86532.0	2010	81765	1413	115533.9
2000	53607	1601	85824.8	2011	83130	1421	118127.7
2001	92946	1277	118692.0				

说明：1993年数据包含菜用瓜，2002—2005年数据包含马铃薯，2006—2007年数据包含菜用瓜、马铃薯，2008—2011年数据包含菜用瓜。资料由县农业局提供

种类与品种 根茎类有萝卜、胡萝卜、芜菁(盘菜)、生姜、莴苣(生菜、莴笋)、榨菜等。叶菜类有白菜(大白菜、小白菜)、香菇菜、甘蓝(球菜)、油冬菜、菜心、花菜(花椰菜)、芥菜、雪里蕻(九头芥、雪菜)、生菜、蕹菜(空心菜、藤菜)、菠菜、蒿菜、芹菜、苋菜、芫荽(香菜)、韭菜、君荙菜(叶用甜菜)、黄花菜(金针菜)、落葵(木耳菜)等。葱蒜类有洋葱、蒜、葱、薤(藠头、荞蒜)等。茄果类有茄子、辣椒、甜椒、番茄等。瓜类有黄瓜、瓠瓜(蒲瓜)、冬瓜、丝瓜、八楞瓜、苦瓜、南瓜、西葫芦、西瓜等。豆类有大豆(毛豆)、菜豆(四季豆)、豇豆、蚕豆、豌豆、白银豆、扁豆、刀豆等。薯芋类有马铃薯、芋(芋头)、山药(薯)、豆薯(地瓜)等。水生蔬菜类有茭白、莲藕、水芹等。野生蔬菜类有蕨(俗称山蕨)、白花败酱(俗称苦菜)、红番苋(俗称番苋、紫背天葵)、苹(俗称田字草)、铜锤玉带草(俗称白落地)、马兰(俗称马兰头)、荠(俗称荠菜)、马齿苋(俗称指甲草、和尚菜)、蕺菜(俗称鱼腥草)、大青(俗称青枫思)、菊花脑、相思龙藤(台湾番薯叶)、富贵菜、黄秋葵、锦鸡儿(俗称金展花)、胡枝子(俗称蔓里梢花)、木槿(俗称千年篱花)、硬毛地瓜苗(俗称生地)、百合(俗称百合花、百合头)、野葛(白葛藤)、竹笋、白栎(橡子仁、苦槠)等。

栽培技术 20世纪90年代,开始采用地膜覆盖栽培技术,2003年地膜覆盖栽培面积1万亩。1994年开始推广低山大棚栽培,1996年全县发展钢管大棚386套,1997年钢管、毛竹大棚栽培面积200余亩。此后大棚栽培蔬菜发展较快,2001年700亩,2002年1400亩,2003年扩大至1600亩。2007年海拔700米以上的桂山乡新建钢管大棚90套,开展辣椒避雨、防风、长季栽培;2009年高山钢管大棚栽培面积扩大到130亩。

2003年推广应用喷滴灌设施70亩,2005年扩大至108亩,2010年实行喷滴灌栽培650亩,并在黄坦农场搭建连栋钢管大棚1458平方米。2011年,在海拔650米的百丈漈镇湖底村搭建连栋温室大棚4608平方米、移动苗床3000平方米,推广集约化育苗;在大峃镇龙川中村村搭建10米高鸟巢温室智能大棚1座1320平方米,温室智能化综合集成模式及配套设施,实施棚架气雾栽培。

销售与加工贮藏 1997年,为适应新一轮"菜篮子"工程建设发展,在二源乡组建菜农营销队伍5支。2009年针对鲜食毛豆滞销现象,实行毛豆运输专项补助措施,毛豆运往外地各批发市场265车次、2130吨,其中运往温州地区540吨,杭州、上海方向267吨,宁波516吨,台州200吨,福建、广东方向607吨,补助资金19.67万元。2011年,针对山地黄瓜滞销现象,实行黄瓜运输专项补助措施,运往福州、台州等批发市场黄瓜179吨。

2009年在南田镇三源村新建预冷保鲜库350立方米,实行蔬菜预冷保鲜,扩大新鲜蔬菜外运半径。2011年冷冻保鲜库扩大到750立方米,配置冷藏车1辆、烘干机1台;在百丈漈镇湖底村新建产品分级整理场地设施1728平方米。

至2011年年底,全县从事蔬菜加工与销售的温州市级"百龙工程"农业龙头企业1家、农民专业合作组织57家,逐步形成"龙头企业+合作组织+基地+农户"产业化发展模式。其中二源绿色农业种植专业合作社在温州市区南浦、汤家桥等4家农贸市场及县内大峃镇周村、南田农贸市场建立"邱老汉"牌蔬菜直销点6家,蔬菜产品80%以上销往温州市区。

水 果

20世纪80年代,在推广优良品种、建立水果商品化基地基础上,90年代继续引进和推广名优良种,改进栽培技术,全县水果生产得到迅猛发展。1991年,全县水果总面积2.6万亩,总产量3130吨(不包括板栗,下同)。2011年,果园总面积增至8.4万亩,水果总产量达2.93万吨,分别比1991年增加3.23倍和9.36倍。其中杨梅发展最快、分布最广、面积最大、产量最高,其次是雪梨、柑橘类、红柿、桃、李、枇杷等。

1991—2011年文成县水果面积产量一览表

表11-12

年份	面积(亩)	产量(吨)	年份	面积(亩)	产量(吨)	年份	面积(亩)	产量(吨)
1991	25991	3130	1998	41137	7804	2005	45923	15620
1992	25326	3320	1999	40571	7115	2006	50686	14470
1993	25702	2852	2000	41833	6988	2007	57780	15998
1994	26688	2660	2001	42761	15667	2008	57675	17282
1995	29270	4760	2002	44299	12813	2009	82050	28871
1996	34955	5314	2003	45375	18812	2010	83550	27348
1997	40730	7482	2004	45946	19885	2011	84000	29270

说明:资料由县农业局提供

生产布局 2011年,县域基本形成水果区域化布局生产格局,分别在珊溪南阳、仰山、李井、樟台塔山、玉壶上林建成千亩杨梅示范基地5个,在二源山头和十源山头坪建成千亩优质早熟雪梨基地2个,并初步形成以珊溪南阳、李井、大峃樟台、玉壶上林、周山吴垟、巨屿等为中心的飞云江沿岸杨梅核心产业带;以珊溪仰山、牛坑、黄坦、西坑、玉壶周壤等为中心的中山杨梅产业带和以南田岳垟、高村、百丈漈、珊溪桂山、大峃里阳、金炉等为中心的高山杨梅产业带;以及以黄坦、西坑等为中心的早熟梨产业带和以南田、百丈漈等为中心的中、晚熟梨产业带。

图11-1 仰山杨梅基地(县农业局提供 2011年摄)

种类和品种 县域地处绿叶果树和落叶果树混交带,水果品种较多,常绿果树有杨梅、枇杷、红心柚、文旦、金橘、欧柑、甜橙、杂柑等,落叶果树有梨、红柿、桃、李、杏、樱桃、桑果、板栗、猕猴桃、银杏、葡萄、青梅等,草本水果有草莓、西瓜、甜瓜、人参果、百香果等。

杨梅 县境土品种已有数百年种植历史。20世纪60—80年代,引进温州茶山丁岙梅、慈溪荸荠种杨梅;90年代引进黄岩东魁杨梅。全县各乡镇都有分布种植,主要产区为珊溪、大峃、南田、黄坦、百丈漈、玉壶等镇。栽培品种以东魁、荸荠种杨梅为主,茶山丁岙杨梅、晚熟杨梅、福建硬丝和本土杨梅次之。除东魁、荸荠种杨梅、茶山丁岙梅连片种植外,其他品种在各地只是零星种植。

1991年全县杨梅面积4750亩,产量248吨。1999年产量突破2000吨,2001年杨梅园面积超2万亩。2009年种植面积5.66万亩,产量达1.21万吨。2011年全县杨梅种植面积5.77万亩,产量11893吨,比1991年分别增加11.15倍和46.96倍。其中,东魁、荸荠种杨梅两个品种种植面积占98.27%,产量占98.29%。

东魁杨梅 20世纪90年代初,从台州黄岩引进,树势强健,树冠呈圆头形,枝梢粗而壮,叶片大而密生,不宜密植。一年抽梢3~4次,结果枝以中、短果枝为主,低龄树营养生长势强,结果较少,需采取控梢促花措施,促其早投产。果实圆球形,平均单果重25克左右,最大果重55.9克,果实完全成熟时呈深红色或紫红色,风味浓,甜酸适口,肉厚多汁,6月中旬至7月初成熟。2002年,"仰山"牌东魁杨梅获浙江省首届杨梅精品称号。2011年,全县种植面积4.1万亩,产量6750吨,分别占全县杨梅种植面积71.06%和杨梅总产量56.76%。

荸荠种杨梅 20世纪80年代初，从宁波慈溪引进，又名黑炭梅，因果实成熟时呈紫黑色，酷似老熟荸荠而得名。树势中庸，树姿较直立，幼树结果早，大小年结果较明显，抗风力强。果实圆球形，中等大小，平均单果重11克左右，成熟时呈紫黑色，果核特小，离核性好，风味浓，味甜多汁，有香味，6月上旬成熟。2011年，全县荸荠杨梅种植面积1.57万亩，产量4940吨。分别占全县杨梅种植面积27.21%和杨梅总产量41.53%。

1991—2011年文成县杨梅面积产量一览表

表11-13

年份	面积(亩)	产量(吨)	年份	面积(亩)	产量(吨)	年份	面积(亩)	产量(吨)
1991	4750	248	1998	19529	1752	2005	23978	2175
1992	4771	304	1999	19208	2000	2006	26943	1780
1993	5193	373	2000	19680	2662	2007	31695	2396
1994	6552	554	2001	20639	1935	2008	32580	2764
1995	9069	965	2002	20950	2223	2009	56550	12139
1996	14767	581	2003	21828	1862	2010	57570	10024
1997	19286	1651	2004	23691	2023	2011	57675	11893

说明:资料由县农业局提供

梨 清同治年间(1862—1871)南田已有种植。20世纪80年代，全县各地大栽梨树。梨树品种为明月、苹果梨、六月梢、八月梢、蒲瓜梨、云和雪梨等。尔后引进黄花、新世纪、杭青、菊水、幸水等品种。1995年开始引进以翠冠、清香、翠绿、西子绿等为代表的优质早熟梨新品种。主要产区分布在南田、十源、黄坦、百丈漈、二源、西坑等地。

图11-2 南田雪梨(县农业局提供 2011年摄)

1991年，梨园面积6529亩，占全县果园总面积25.12%；雪梨产量1033吨，占全县水果总产量三成(33%)。后梨园面积逐年增加，2001年7055亩，2003年8066亩，2009年增至9045亩。雪梨产量1994年最低472吨，占全县水果总产量17.74%；1998年产量2802吨，占全县水果总产量35.9%。2011年，全县梨园面积9030亩，雪梨产量2743吨，比1991年分别增加38.31%和165.54%。梨园面积占全县果园总面积10.75%，雪梨产量占全县水果总产量9.37%。

1991—2011年文成县梨面积产量一览表

表11-14

年份	面积(亩)	产量(吨)	年份	面积(亩)	产量(吨)	年份	面积(亩)	产量(吨)
1991	6529	1033	1998	6347	2802	2005	8487	1408
1992	6113	1172	1999	6442	1912	2006	8287	1361
1993	6153	604	2000	6947	1951	2007	8805	1450
1994	5996	472	2001	7055	1723	2008	8730	1649
1995	6219	595	2002	7406	1846	2009	9045	2742
1996	6113	2518	2003	8066	1740	2010	9015	2770
1997	6062	2397	2004	8147	1540	2011	9030	2743

说明:资料由县农业局提供

柑橘 有柑、橙、柚、橘之分。1991年,全县柑橘种植面积1.1万亩,产量1448吨,分别占全县果园总面积42.4%和水果总产量46.26%,为全县水果生产当家品种。其主要品种是中、晚熟温州椪柑,占80%。1995年以后,柑橘市场价格大幅下滑,果贱伤农,砍伐众多柑橘树。1999年遭遇严重冻害,至2005年全县柑橘种植面积2677亩,比1991年高峰期减少8442亩;产量降至427吨,比1991年减少1021吨。

2006年开始,开始引进特早熟温州蜜柑、欧柑、琯溪蜜柚、红肉蜜柚等优质品种,柑橘产业得以恢复发展。2011年,全县柑橘种植面积5865亩,产量602吨,分别占全县果园总面积6.98%和水果总产量2.06%。主要品种柑类:温州蜜柑、欧柑、椪柑等;橙类有血橙、脐橙、锦橙、哈姆林橙等,柚类:文成红心柚、琯溪蜜柚、文旦、早香柚等,杂柑类:不知火、伊予柑、胡柚、天草、温岭高橙等。主要产区在峃口、黄坦、珊溪、玉壶、大峃、周山等地。

1991—2011年文成县柑桔面积产量一览表

表11-15

年份	面积(亩)	产量(吨)	年份	面积(亩)	产量(吨)	年份	面积(亩)	产量(吨)
1991	11019	1448	1998	6618	2304	2005	2677	427
1992	11302	1394	1999	6052	2325	2006	3338	498
1993	10212	1390	2000	5833	1402	2007	5310	499
1994	9206	1144	2001	5336	656	2008	5640	520
1995	8550	2500	2002	5350	940	2009	5580	572
1996	8062	1671	2003	5350	537	2010	5640	577
1997	7801	2549	2004	4299	561	2011	5865	602

说明:资料由县农业局提供

桃 种植历史悠久,本土品种龙川马岙表皮灰黑"火炭桃"较有名。主要品种有水蜜桃、油桃、黄桃等,主要产区在大峃、黄坦镇。1991年种植面积1130亩,产量29吨。2004年种植面积超2000亩,2007年产量超100吨。2011年种植面积2190亩,产量153吨,比1991年分别增加0.94倍和4.28倍。

1991—2011年文成县桃面积产量一览表

表11-16

年份	面积(亩)	产量(吨)	年份	面积(亩)	产量(吨)	年份	面积(亩)	产量(吨)
1991	1130	29	1998	1045	79	2005	2558	79
1992	760	48	1999	35	74	2006	1711	78
1993	911	39	2000	1264	89	2007	1935	120
1994	735	40	2001	1085	62	2008	2685	134
1995	606	89	2002	1306	70	2009	2115	137
1996	661	65	2003	1551	47	2010	2190	152
1997	796	71	2004	2155	53	2011	2190	153

说明:资料由县农业局提供

枇杷 种植历史悠久,主要产区在大峃镇徐村、岭脚和珊溪镇仰山。品种以大红袍为主,白砂枇杷有少量栽培。1991年种植面积976亩,产量17吨。1992年以后种植面积大多数年份保持在800~1000亩之间。2011年种植面积1110亩,产量97吨。

1991—2011年文成县枇杷面积产量一览表

表11-17

年份	面积(亩)	产量(吨)	年份	面积(亩)	产量(吨)	年份	面积(亩)	产量(吨)
1991	976	17	1998	1025	117	2005	844	93
1992	1039	39	1999	1045	162	2006	864	89
1993	1027	61	2000	1042	180	2007	1875	80
1994	1063	79	2001	973	103	2008	945	87
1995	972	94	2002	965	102	2009	945	92
1996	1024	84	2003	857	97	2010	1080	95
1997	1020	147	2004	737	112	2011	1110	97

说明:资料由县农业局提供

柿 公阳红柿和玉环柿,主要产区在峃口、百丈漈、大峃等地。公阳红柿个大、肉厚、味甜,皮薄易剥离,无砂垫牙之感,水分适中,较耐储放。1991年面积799亩,产量170吨。1997年发展到3017亩,产量298吨。2011年面积3645亩,产量182吨。

1991—2011年文成县柿面积产量一览表

表11-18

年份	面积(亩)	产量(吨)	年份	面积(亩)	产量(吨)	年份	面积(亩)	产量(吨)
1991	799	170	1998	3238	325	2005	3267	212
1992	409	190	1999	3248	252	2006	5182	188
1993	1138	191	2000	3230	267	2007	4035	204
1994	1262	223	2001	3101	220	2008	2835	179
1995	1898	352	2002	3321	321	2009	3330	180
1996	1980	174	2003	3184	239	2010	3615	181
1997	3017	298	2004	3247	231	2011	3645	182

说明:资料由县农业局提供

葡萄 少量连片栽培的果园,主要分布珊溪仰山、南田岳岭后、龙川上村和西坑等地,主要品种为巨峰、红富士、藤稔等,以鲜食为主,无加工业。1991年种植面积139亩,产量32吨。2000年种植面积478亩,产量286吨,为葡萄产量最高年份。2011年全县种植面积270亩,产量106吨。

1991—2011年文成县葡萄面积产量一览表

表11-19

年份	面积(亩)	产量(吨)	年份	面积(亩)	产量(吨)	年份	面积(亩)	产量(吨)
1991	139	32	1998	—	285	2005	282	79
1992	95	31	1999	155	237	2006	348	59
1993	207	30	2000	478	286	2007	270	91
1994	177	38	2001	949	248	2008	315	107
1995	171	54	2002	444	247	2009	315	107
1996	—	100	2003	402	246	2010	270	106
1997	—	250	2004	367	219	2011	270	106

说明:资料由县农业局提供

猕猴桃 2000年以前多为野生，人工栽培甚少。2001年，周山畲族乡引进新品种，发展猕猴桃基地238亩。2002-2010年，全县种植面积稳定保持在600～700亩左右，年产量从30余吨增至90余吨。2011年，全县种植面积750亩，产量104吨。主要产区在百丈漈、南田、里阳、周山、公阳、桂山等地。

2001—2011年文成县猕猴桃面积产量一览表

表11-20

年份	面积(亩)	产量(吨)	年份	面积(亩)	产量(吨)
2001	567	26	2007	660	98
2002	731	36	2008	705	96
2003	617	33	2009	705	98
2004	626	46	2010	720	96
2005	617	42	2011	750	104

说明:资料由县农业局提供

茶　叶

20世纪90年代，茶叶市场竞争激烈，粗制茶叶价格下降，全县茶叶生产严重滑坡。1991年种植面积从上年3.46万亩减至3.27万亩。至2000年，茶园面积减至1.44万亩，茶叶产量减至65.6吨，比1990年分别下降55.96%和82.63%，面积、产量均降至历史最低水平。2000年始，逐步拓宽茶叶流通渠道，引进推广无性系茶树良种，开发名优茶叶产品，推广名优茶加工技术，改造提升茶叶品质，茶叶生产出现恢复性增长。2002—2010年，茶园面积稳定在1.5万～1.7万亩之间，茶叶产量保持在130～170吨左右。2011年全县茶园面积增至1.62万亩，茶叶产量上升至228吨。

1991—2011年文成县茶叶面积产量一览表

表11-21

年份	面积(万亩)	总产量(吨)	其中:春茶产量	年份	面积(万亩)	总产量(吨)	其中:春茶产量
1991	3.27	377	259	2002	1.52	129	110
1992	3.29	366.1	251.2	2003	1.61	141.6	121.1
1993	3.15	319.5	—	2004	1.70	155.5	133.4
1994	2.65	165.7	114.5	2005	1.77	152	134
1995	2.33	126.3	82.6	2006	1.55	151.3	117.7
1996	1.87	102.8	77.6	2007	1.51	144	112
1997	1.60	85.6	63.3	2008	1.56	160	119
1998	1.51	76.6	61.6	2009	1.60	175	143
1999	1.45	72.1	57.9	2010	1.65	174	152
2000	1.44	65.6	56.7	2011	1.62	228	224
2001	1.40	110	100				

说明:资料由县农业局提供

茶树品种 20世纪90年代初期，茶树品种仍以本土中小叶群体种居多。1995年，开始从永嘉引进乌牛早，1999年从杭州引进龙井43，2001年从松阳引进迎霜，2002年从新昌引进龙井长叶、从安吉引进安吉白茶，形成龙井长叶、安吉白茶、龙井43、迎霜、乌牛早等为代表的无性系茶树良种5个。2011年,全县无性系良种茶园面积2.4535万亩,全县茶园无性系良种率86.1%,先后两次被评为浙江省良种先进县。

茶叶栽培　1999年,开始做好科学规划、推广,施足基肥、双行条栽、定型修剪、勤施薄肥等高标准幼龄早成茶园技术;成龄茶园重点加强重施早施基肥、春茶后轻修、秋茶采养结合技术。特殊品种如乌牛早采取特殊修剪技术即三年二次刈,春茶后重修剪或台刈,夏秋茶以养为主。2007年,围绕绿色栽培主线,开始推广优化品种、优化栽培、绿色防治、夏秋茶开发、机采机制、产品营销等6项产业化开发技术及早春防冻技术,茶叶防灾减灾能力加强,产量逐年增长。

2007年3月,叶胜林场在黄肖、横坑林区建造苦丁茶基地30亩,创制紫笋阿香益精苦丁茶。2009年5月,黄坦镇培头村钟松夏等人在石垟林场原始森林里发现有野生青钱柳生长,认定县域环境适宜种植青钱柳。8月前往湖南湘西考察,首批引进500株青钱柳种苗试种成功,在全村推广后发展面积300多亩。2010年3月,上林乡新林村雷成玉夫妇也从湖南张家界引进青钱柳,试种成功,发展面积200多亩。该茶沥橙味甘,具有防治高血糖、高血压、高血脂功能,受百姓青睐。

茶叶加工　1998年开始推广名茶加工技术,主要制作绿茶“半天香”和“龙井”,加快开发“刘基贡茶”。2005年开始推广名茶机制技术,2010年推广清洁化生产技术,引进名优茶生产线,研制开发夏秋香茶、文成红茶和文成白茶等,并制定出台《文成县茶厂优化改造规划》,优化改造茶厂35座,引进先进适用加工设备785台。2004年,文成县被评为浙江省茶厂优化改造示范县。2005—2007年,文成县日省名茶开发有限公司、西山茶场先后被评为浙江省示范茶厂。2009年,文成县被评为2008年度浙江省初制茶厂优化改造先进县。

茶叶品牌　2000年开始,先后注册“刘基贡”“日省”“百丈漈”等7个茶叶商标,其中“日省”牌被评为浙江省名牌产品和著名商标,“百丈漈”牌被评为温州市名牌产品。并鼓励和支持农业龙头企业、农民专业合作社在上海、北京、太原、温州等地开设刘基贡茶专卖店9家,经济效益和社会效益显著提升。

茶事节庆　2001年始,组织茶叶企业、专业合作社等参加茶事节庆活动,每年组织参展浙江省绿茶博览会、温州早茶节和参加国际、国内各类名茶评比,先后荣获20多项国际、国内金奖。2011年,举办中国刘基文化生态旅游节,筹办刘基700周年诞辰活动后,“刘基贡茶”等茶叶品牌影响力提升。

中 药 材

20世纪90年代,中药材生产处于零星种植状态,未能形成规模化产业化。2000年为调整产业结构,加快效益农业发展,从金华磐安等地引进“浙八味”为主的中药材进行试种和推广,中药材种植面积从1991年149亩上升至1680亩。

2001年县政府成立中药材发展领导小组,制订出台《文成县中药材发展规划》,安排财政扶贫资金给予种植户购买种苗和运输补助;组织考察江苏、磐安、福建等地中药材发展情况;邀请专家、农技员开展技术指导,并与磐安中药材研究所签订购销合同,为种植户解决销售难题。同年,全县栽培太子参、贝母、白术、杭白菊等中药材1000多亩,分布在南田、西坑、金炉、周壤、周山等10多个乡镇。2002年,全县草本中药材种植面积增加到2000多亩,并成立县金大地中药材专业合作社,初步形成以百丈漈、南田、金星、周壤为中心的常规药材种植区,主要种植太子参、贝母、天麻、元胡、白术、金银花、黄栀子等;以石垟林场为中心的木本药材种植区,主要种植杜仲、厚朴等;以仰山、金炉、黄坦为中心的食用花卉种植区,主要种植杭白菊、胡枝子花等。同年,中药材作为全县农业特色产业地位逐步显现,被县委、县政府列为全县“七大特色产业”之一。2004年,全县中药材种植面积9742亩、产量3254.3吨,种植面积、药材产量均创历史新高。

2005年,成立文成县外南(周壤)中药材种植专业合作社,华兴药材种植有限公司、银星中药材种植场等龙头企业,逐步向中药材加工、市场营销和品牌创建拓展。先后完成“浙江省无公害中药材产地”认定和白术、太子参、浙贝母、延湖索、金银花等产品的农业部规定标准及药典规定标准认定。2008年,温州龙湾人王义将铁皮石斛引进文成试种,栽培面积20亩,至2010年年底扩大到60多亩。

2011年,全县中药材种植面积增至5475亩,总产量1508吨,种植面积比1991年增加35.7倍,中药材种植初具规模。

1991—2011年文成县中药材面积产量一览表

表11-22

年份	播种面积(亩)	总产量(吨)	年份	播种面积(亩)	总产量(吨)
1991	149	—	2002	3103	868
1992	399	—	2003	4839	1399
1993	448	—	2004	9742	3254
1994	392	—	2005	5202	1148
1995	378	—	2006	4448	1161
1996	264	—	2007	4575	1218
1997	379	—	2008	4860	1431
1998	631	—	2009	5160	1453
1999	669	—	2010	5835	1692
2000	1680	—	2011	5475	1508
2001	2800	650			

说明:资料由县农业局提供

第四节　农作物病虫害防治

贯彻“预防为主,综合防治”方针,20世纪90年代,推广科学防治技术,建立“庄稼医院”,实行农药配方,防治农作物病虫害。2003年后禁止使用甲胺磷,2008年开始实施农药减量控害增效措施。并建立重大动物疫病防控制度,推进动物防疫工作向规范化、制度化转变。

农作物病虫害

水稻病虫害　病害为稻瘟病、纹枯病、稻曲病、细菌性病害(白叶枯病、细条病、基腐病)等;虫害为二化螟、稻纵卷叶螟、稻苞虫、稻飞虱、稻蓟马、稻秆潜叶蝇等。以稻瘟病、纹枯病、二化螟、稻纵卷叶螟、稻飞虱较常见。2004年,黄坦镇稽垟村稻田发生基腐病,面积100亩。2008年,黄坦、里阳、富岙等乡镇发现基腐病,面积2025亩,发病品种以甬优9号为主,严重田块产量损失35%左右;樟台乡双龙村发生白叶枯病,面积100亩;龙川乡上村发生细条病,面积50亩。

薯类病虫害　为番薯瘟、疮痂病、紫纹羽病、蔓割病、小象甲、斜纹夜蛾、番薯卷叶虫等。以番薯瘟、小象甲危害最严重。马铃薯病害为晚疫病、环腐病等,虫害为地老虎等。

豆类病虫害　大豆病虫主要为豆荚螟、斜纹夜蛾、白粉病、根腐病等。蚕豌豆主要为赤斑病、轮纹病和锈病等,主要虫害为蚜虫等。

玉米小麦病虫害　玉米病虫害主要是地老虎、玉米螟。小麦病害主要有赤霉病、白粉病、黑穗病等;虫害主要为蚜虫、地老虎等。花生病虫害主要为青枯病、锈病、白绢病、蚜虫等。

蔬菜病虫害　主要病害为枯萎病、炭疽病、菌核病、霜霉病、病毒病等，主要虫害为蚜虫、菜青虫、斜纹夜蛾等。

草害与兽害　草害主要为稗草、鸭舌草、瓜皮草、莎草、牛毛毡、水蓼、矮慈姑、看麦娘、野麦、马唐、空心莲子草、繁缕、荠菜、节节菜、猪殃殃、牛筋草、狗尾草、茅草、菟丝子等。兽害主要为老鼠、野猪、野兔等。

病虫害防控

病虫预报　20世纪80—90年代，县农作物病虫测报站经常测报病虫情报，指导生产。2005年始，每年在县电视台播出农作物病虫害电视预报，内容涉及水稻、蔬菜、茶叶、水果等病虫、鼠害预测预报及防治技术。2011年年末，有高、中、低山测报点3个，植保员3人。

产地检疫　以杂交稻制种、杨梅苗木繁育产地检疫为主。1991—2011年，检疫杂交稻制种2000多亩、种子3万余公斤，杨梅苗木繁育50多亩、50多万株。

调运检疫　以种子、水果苗木和鲜活农产品为主。1991—2011年，办理种子、水果苗木和鲜活农产品调运检疫签证5000多批次，调运种子20多万公斤、水果苗木10万多株、鲜活农产品3000多吨。

植物疫病防控　1991—2011年，建立重大农业植物疫情防控监测点20个，监测面积7500多亩。对水稻细菌性条斑病、柑橘溃疡病、柑橘黄龙病、番薯瘟、番薯小象甲、加拿大一枝黄花、梨枯梢病等10多种有害生物进行防控监测，控制全县检疫性病虫发生蔓延。

防治措施

20世纪90年代，开始推广科学除虫技术，建立“庄稼医院”，实行农药配方，防治农作物病虫害。主要农药为有机磷杀虫剂甲胺磷、三唑磷，氨基甲酸酯类杀虫剂叶蝉散、速灭威等，防治稻飞虱、叶蝉等害虫；使用沙蚕毒素类农药杀虫双，防治水稻螟虫，以替代残留量大的有机氯农药。同时推广托布津、多菌灵、稻瘟净、三环唑、克瘟散、叶青双防治水稻白叶枯病、用井冈霉素等抗生素类防治水稻纹枯病。后因稻飞虱对叶蝉散产生抗性，杂环类噻嗪酮取代叶蝉散在全县大面积推广应用。2000年始，在各地推广应用有机磷杀虫剂毒死蜱，主要防治稻纵卷叶螟和后期稻飞虱。2003年，禁止使用甲胺磷，并开始使用噻菌铜、噻森铜等铜制剂防治农作物细菌性病害，这两种药剂对防治水稻细菌性病害及蔬菜、水果等作物细菌性病害均有较好防治效果。2008年始，实施农药减量控害增效工程，开展水稻病虫害统防统治试点，实行农药减量控害增效措施面积2万亩，水稻病虫害统防统治面积0.5万亩，水稻综合防治5.2万亩。2011年，全县实施农药减量控害增效措施面积3.25万亩，水稻病虫害统防统治1.02万亩，水稻综合防治5.2万亩。

第二章 林 业

1989—1997年,实施县委、县政府提出"三年消灭荒山、八年绿化文成"奋斗目标,头三年"消灭宜林荒山",造林115425亩;实施工程造林、基地造林,发展水果林、毛竹林基地,营造各类经济林40560亩,助推全县97脱贫攻坚,实行林业惠民、兴林富民。1998年开始,先后实施提出的"山水乐园""生态旅游县""生态立县"战略,创新林业发展思路,实施退耕还林,建立自然保护小区,创办森林公园,规划建设生态公益林,创建森林城镇、省市绿化示范村,开发森林食品基地,推进林业发展。至2009年,全县林业用地面积1397381亩,有林地面积134.26万亩,分别比1989年增长2.9%和21.96%;活立木蓄积量393.13万立方米,立竹量853.6万株,分别比1989年增长145.11%和51.89%;森林覆盖率70.4%,比1989年提高10.9个百分点。2011年,实现林业总产值4971万元,比1991年增长89.30%。被评为"十年绿化温州""浙江省生态公益林建设"先进单位。

第一节 森林面积 蓄积

1991—2010年,县域开展森林资源调查3次。1999年4月至10月,进行森林资源二类调查,全县林业用地面积1397025亩,森林覆盖率70.6%,活立木蓄积量231.15万立方米。2004年9月至2005年,开展森林资源数据更新调查,2006年9月,经专家组评审通过,公布调查结果:全县森林覆盖率70.3%,活立木蓄积量291.61万立方米。2009年8月至2010年2月,森林资源数据更新调查结果:森林覆盖率70.4%,活立木蓄积量393.13万立方米。

森林面积

据2009年森林资源数据更新调查,全县林业用地总面积1397381亩,占全县土地总面积72.35%;非林地面积536145亩,占林业用地总面积27.65%。林业用地中,国有林161141亩,占林业用地总面积11.5%;集体所有林1236671亩,占88.5%。生态公益林447816亩,占32.05%;商品林949565亩,占67.95%。

有林地面积 全县有林地面积1381622亩,占林业用地总面积96.08%;其中,乔木林1278174亩,占有林地总面积95.2%;竹林64937亩,占4.84%。

有林地林种面积 全县防护林414541亩,占有林地总面积30.88%;特用林26003亩,占1.94%;用材林847480亩,占63.12%;经济林54492亩,占4.06%;薪炭林0亩。

乔木林地面积 全县有乔木林地面积1278174亩,其中纯林1170527亩,占乔木林地总面积91.58%;混交林107647亩,占8.42%。按树种分,松892221亩,占69.8%;杉117587亩,占9.2%;阔叶林212667亩,占16.64%;经济林55699亩,占4.36%。按龄组分,幼龄林295897亩,占23.15%;中龄林359284亩,占28.11%;近熟林338320亩,占26.47%;成熟林259550亩,占20.31%;过熟林25154亩,1.96%。

灌木林地面积 全县有灌木林面积18540亩,占林业用地总面积1.33%;其中,国家特灌林(经灌林)地17763亩,占总灌木林面积95.76%;其他灌木林地790亩,占4.24%。

未成林地面积 全县有未成林地面积13125亩,占林业用地总面积0.94%;其中,未成林造林地11755亩,占总未成林地面积89.83%;未成林封育地1331亩,占10.17%。

苗圃地面积 全县479亩。

无林地面积 全县有无立木林地20625亩，占林业用地总面积1.48%；其中，采伐迹地2288亩，占总无立木林地面积11.09%；火烧迹地14552亩，占70.53%；其他无林地3790亩；占18.38%。

宜林地面积 全县有宜林地面积1440亩，占全县林业用地面积0.08%；其中，宜林荒山荒地377亩，占宜林地面积33.04%；其他宜林地（包括25度以上坡耕地和撂荒地）764亩，占宜林地面积66.96%。

辅助生产林地 全县有面积925亩，占全县林业用地面积0.06%。

林木蓄积

活立木蓄积量 2009年，森林资源数据更新调查，活立木总蓄积量3931298立方米。其中乔木林3873524立方米，占总蓄积98.5%；散生木11719立方米，占0.3%；四旁树46055立方米，占1.17%。

乔木林蓄积中，纯林3566127立方米，占乔木林蓄积量92.06%；混交林积307397立方米，占7.94%。

按林种分：防护林1453562立方米，占乔木林蓄积量37.53%；特用林152332立方米，占3.93%；用材林2253326立方米，占58.17%；经济林14304立方米，占0.37%。

按龄组分：幼龄林454114立方米，占11.72%；中龄林802983立方米，占20.73%；近熟林1094001立方米，占28.24%；成熟林1259831立方米，占32.53%；过熟林262595立方米，占6.78%。

按树种分：松2436877立方米，占62.91%；杉790163立方米，占20.4%；阔叶林632002立方米，占16.32%；经济林14482立方米，占0.37%。

按起源分：天然林1127384立方米，占29.10%；人工林2720449立方米，占70.90%。

成片竹林立竹量 全县竹林面积64397亩，成片竹林立竹量853.6万株，平均每亩132.6株；散生毛竹2.71万株。

成片竹林按森林类别分：生态公益竹林23817亩，占总竹林面积36.98%；商品竹林40580亩，占63.02%。按竹种种类分：毛竹林63126亩，占98.03%；杂竹林1260亩，占1.97%。按竹龄分：幼龄竹0.54万株，占0.06%；壮龄竹349.01万株，占40.89%；老龄竹504.05万株，占59.05%。

第二节 林业生产

1991—1993年，完成林业灭荒任务。1995年，引入股份合作造林机制，营造经济林基地。1999年，实施退耕还林工程。2001年编制县城周边植物绿化总体规划。2002年，创办全县首家民营苗木生产企业，开始推广容器苗培育技术。1991—2011年，全县造林146048亩，迹地更新造林94706亩，抚育林木565707亩次，低产林改造52915亩，封山育林2834241亩次；退耕还林面积8798亩。拥有育苗木生产企业16家（户），苗圃经营面积1700亩，年产苗木171万株。县城和城镇绿化172亩，义务植树830万株，实施森林经营碳汇项目20122亩。

林木种苗

1991—1994年，国营西坑苗圃每年育苗面积30多亩，年平均生产苗木30万株。1995—1999年，苗圃增加到5处，其中1995年金炉岚岩村金文瑞个体苗圃30亩，1997年县绿化建设工程有限公司苗圃50亩，1998年县青年绿州园艺场苗圃400亩，1999年县百丈漈花木场苗圃60亩。全县育苗面积570亩，年平均产量近70万株。2000年《中华人民共和国种子法》开始施行，苗木培育、生产、经营有法可依，并受法律保护。2002年县林业局种苗站开始研究珍稀树种容器苗培育。2003年，突破珍稀树种容器苗培育技术，成功培育2万多株木荷、青冈枥等树种苗木，同年10月出圃，被选用于黄坦镇（云湖）支山生态公益建设补植造林，首开县域林木容器育苗先河。2005年,县珍稀树种容器苗培育获县科技进步三等奖。2006年10月,县山川林木种苗繁育中心投资50多万元,在龙川下村创办珍稀树种容器苗培育基地30亩,建有自动喷灌、伸缩阴棚1万平方米,无纺布轻基质容器生产设备流水线一条,生产车间、仓库300平方米。2007年,培育珍稀树种容器苗100万株,苗木质量超过省定标准,处于温州市领先水平。2008年,被省林业厅列为省珍稀树种容器苗培育定点苗圃之一,后被命名为浙江省珍稀树种容器苗培育保障性苗圃。2009年,县森源林业有限公司投资100多万元(其中国债投资42万元),在周壤岭南村创建油茶良种种苗(油茶良种穗条)培育基地,建自动伸缩喷灌大棚6000平方米,生产轻基质无纺布容器流水线一条。苗圃经营面积140亩,引进国家审定长林系列油茶无性系优良品种8个。2011年开始投产,年产油茶良种容器苗60多万株。在省政府苗木采购招投标中总评分第11名,被列为全省油茶良种种苗繁育15家苗圃之一。2011年年底,全县苗木生产企业16家(户),苗圃经营面积1700亩,年产苗木171万株。

2011年文成县苗木经营企业一览表

表11-23

序号	企业名称	创办时间(年月)	苗圃规模(亩)	主要品种	年产量(万株)	发证日期(年月)
1	国营文成县苗圃	1963.3	30	香樟、楠木、枫香、湿地	10	2002.4
2	文成县第五村花木场	2002.8	100	桂花、木兰科	1	2002.8
3	文成县绿野苗木繁育场	2002.12	50	含笑、桂花	1.5	2002.12
4	文成县黄寮农产品产销合作社	2006.6	200	峨嵋含笑	2.5	2006.6
5	文成县富光考苗木基地	2007.3	120	香樟、枫香、峨嵋含笑	2	2007.3
6	文成县山川林木种苗繁育中心	2007.6	30	珍稀树种容器苗	70	2007.6
7	文成县绿因园艺场	2008.2	100	红花木莲、香樟、含笑、红枫	4.5	2008.2
8	文成县青年绿州园艺场	2008.6	540	雪松、广玉兰、杜英、桂花、香樟、含笑	10	2008.6
9	文成县双丰水果专业合作社	2008.8	10	红柿、杨梅	1	2008.8
10	文成县森源林业有限公司	2009.3	140	油茶、香樟、桂花、茶花	50	2009.3
11	文成县一叶薰折茶专业合作社	2009.10	60	茶叶	12	2009.10
12	文成县鹤森园林有限公司	2010.5	75	桂花、红梅、樱花、茶花	3	2010.5
13	文成县林茂农业专业合作社	2010.11	35	榕树、榉树、红豆杉	0.5	2010.11
14	文成县东坑头红豆杉种植专业合作社	2010.12	40	红豆杉	1	2010.12
15	文成县黄坦镇仙果园艺场	2011.1	110	桂花、柑橘、柚	0.5	2011.1
16	文成县颖艺苗木场基地	2011.7	60	峨嵋含笑、红花木莲	1.5	2011.7

说明:资料由县林业局提供

植树造林

灭荒造林 1989年冬,县委、县政府提出“一年准备,三年消灭荒山,八年绿化文成”号召。1990年,将“林业灭荒”列入全县经济开发十大项目之一。1991年开始投入灭荒战斗,经过连续三年决战,圆满完成灭荒任务。1993年9月通过市林业主管部门验收。全县宜林荒山规划总面积11.92万亩,合格面积11.54万亩,其中人工造林31730亩,飞播造林19213亩,人工直播2616亩,封山育林61259亩,自然成材559亩,宜林荒山达标合格率96.86%,小班个数种植率99.2%。提前一年消灭荒山,成为全市首个消灭宜林荒山达标县。

基地造林 1995年始,实行“统一规划,连片开发,入股联营,按股分红”股份合作模式开发林业,造林主体靠林业部门“单打独斗”向股份合作、合伙、个体开发等多种形式转变,造林投资靠政府出钱向社会投资、银行贷款、个人出资、林地折价等多元化投资方式转变,营造重点林种从用材林向水果、毛竹、药材等经济林转变。

并结合实施全县扶贫脱贫规划和97脱贫攻坚计划，鼓励合作经济组织和农户，大力参与林业开发，发展高效林业、生态林业，营造经济林基地。至2001年，全县共营造经济林40559亩；其中板栗1万亩，杨梅4819亩，红柿1732亩，雪梨、桃、枇杷、猕猴桃等水果5355亩，毛竹17293亩，杜仲1360亩。

飞播造林 由省林业厅统一组织，继1986—1990年4次飞播作业（共飞播造林12万亩，成效面积9.87万亩）后，1991年在石圃山、朱阳、西里、鲤鱼尖、驮岭山和平和郭山6个作业区开展飞播作业，飞播面积31900亩，有效面积26300亩，成效面积24300亩。1992年飞播面积28890亩，有效面积23190亩。2001年，飞播面积17516亩，有效面积13640亩。飞播树种主要为马尾松。3次飞播累计作业面积78306亩，经封山育林，成效面积61130亩，成效面积平均每亩292株。

退耕还林 1999年，县委、县政府提出"生态立县"战略，全县开始实施退耕还林工程，坡度25度以上坡耕地全部退耕还林。对适宜发展经济林坡耕地，全部规划种植经济林，并向农户无偿发放树苗。同年退耕还林面积2294亩。至2004年，全县退耕还林面积8798亩。

义务植树 1991年12月，县委、县政府发出开展全民义务植树造林通知，要求县机关、企事业单位干部职工，驻文部队官兵，城镇居民，个体工商从业人员，高中以上在校生，每人每年至少义务植树3～5棵。同年，全县义务植树88.1万株。后每逢春季造林季节，均组织城镇干部群众和学生，开展植树活动，美化人居环境。2009年始，除法定植树节外，县绿化委每年在春季造林期间确定一天作为县机关干部义务植树日，组织动员机关干部和城镇居民参加多种形式义务植树活动。1991—2011年，全县参加义务植树10.8万人次，营造成片林3.07万亩、四旁植树992.5万株；绿化公路两旁行道86.3公里，河道补植绿化1950亩；义务植树1800万株。

2011年，县林业局编制《文成县环城景观林带建设总体规划》，在县城周边实施环城景观林带建设，建立县全民义务植树示范基地，分5年实施。各地各单位持续开展"共青林""三八林""公安林""绿色通道""绿色学校""绿色庭院""绿色村庄""森林村庄""森林城镇"等创建活动。

1991—2011年文成县造林育林情况一览表

表11-24

年份	造林（亩）	迹地更新（亩）	林木抚育（亩）	低产林改造（亩）	封山育林（亩）		四旁植树（万株）
					总面积	其中：本年新封	
1991	44816	929	60827	1136	193939	104007	88.1
1992	16260	1755	44685	1440	202275	84630	100
1993	7050	2010	60660	1305	197265	3000	42
1994	5250	1695	61920	1425	197265	8445	64.9
1995	11550	15165	67650	1770	253650	51975	57
1996	6195	17190	89355	600	292260	52155	70.5
1997	3420	8925	87045	9510	335265	43005	37.5
1998	2625	11595	17040	1875	184005	43005	44.3
1999	10860	3510	13800	345	82005	32250	37.6
2000	9540	7035	14340	1005	80505	20505	38
2001	1227	1527	700	134	25667	25029	38
2002	1575	1500	5790	1050	186375	151575	20
2003	1605	1200	3090	—	177180	—	12.8
2004	1680	510	840	—	374610	—	10.2
2005	2685	150	22500	1320	—	—	10

续表11-24

年份	造林(亩)	迹地更新(亩)	林木抚育(亩)	低产林改造(亩)	封山育林(亩)		四旁植树(万株)
					总面积	其中:本年新封	
2006	2115	4575	5925	525	—	—	15
2007	2040	3060	2505	555	—	—	16
2008	2295	8355	—	570	—	—	32
2009	11475	2850	2700	27750	45240	45240	23
2010	1710	1110	3675	495	6195	—	20
2011	75	60	660	105	540	—	53

说明:资料由县林业局提供

生态公益林建设

2001年森林实行分类经营,将林业用地划分为生态公益林地和商品林地;将防护林、特种用途林作为公益林管理,用材林、经济林、薪炭林作为商品林经营管理。2004年,区划并经省政府公布重点生态公益林38.50万亩(其中国家级生态公益林282695亩)。2005—2006年,区划界定市级生态公益林6.50万亩。2009年,区划省级生态公益林17.37万亩。生态公益林主要分布在飞云湖流域及支流两侧,珊溪水库集雨范围,城镇饮用水区源头两侧及连片500亩以上阔叶林和针阔混交林、下山脱贫移民村等重点生态区域,涉及9个乡镇217个行政村和5个国有场圃。2011年,全县生态公益林面积62.37万亩,占全县林业用地总面积44.63%。其中国家级重点公益林面积282695亩,占全县生态公益林总面积45.33%;省级公益林面积27.60万亩,占44.25%;市级公益林面积6.50万亩,占10.42%。

2011年文成县生态公益林面积统计一览表

表11-25　　单位:亩

乡镇	生态公益林	其中		
		国家级	省级	市级
峃口镇	43754	23094	5154	15506
大峃镇	15079	2625	12454	—
珊溪镇	63760	53089	2083	8588
巨屿镇	13419	8522	4897	—
西坑镇	58584	20155	30260	8169
玉壶镇	58105	—	47934	10171
南田镇	77233	11008	54245	11980
百丈漈镇	1702	—	1702	—
黄坦镇	134579	109065	14928	10586
叶胜林场	40135	40135	—	—
金朱林场	23943	—	23943	—
山华林场	18742	15002	3740	—
石垟林场	73542	—	73542	—
西坑苗圃	1071	—	1071	—
合　计	623648	282695	275953	65000

说明:资料由县林业局提供

城镇绿化

1996年4月,县委、县政府发布殡葬改革与坟山管理规定,建造坟墓必须同时规划绿化用地,同时栽植树木。公墓区、零星坟墓的绿化用地面积均不得少于墓区总面积30%。2001年8月,制订《文成县县城周边植物绿化总体规划》,将县城周边绿化分为8片,总面积5788亩。至2002年,计坟山植树7万株,城镇绿化35万平方米,铺设草坪1.7万平方米,种植绿篱1000米。2003年投资100万元,县城周边环山绿化造林800亩。2011年6月,委托省林业调查规划设计院,编成《文成县森林城市建设总体规划(2011—2015)》,指导城镇绿化。2011年,全县完成县城和城镇绿化工程172亩,村庄绿化220亩,公路森林通道绿化13.9公里(折52.5亩),河道森林景观带建设30亩,实施森林经营碳汇项目20122亩。同年12月,南田镇获"浙江省森林城镇"称号。

第三节 森林保护

县境落实林业生产责任制后,逐步健全县森林消防、山林纠纷调处、森林病虫害防治、森林植物检疫等机构和基层护林、防火组织。1991—2011年,累计扑灭森林火灾264件,调处山林纠纷138件,查处破坏森林资源案件895件、猎捕贩卖野生动物案件66件,签发森林植物检疫证1.5万份,防治森林病虫害33.38万亩次,挂牌保护古树名木2665株。2006—2010年,文成县连续5年被评为浙江省森林消防工作先进单位。

护林组织

森林公安 1991年,县公安局设林业治安科,并设石垟、叶胜、金朱、山华4个林场派出所。2001年4月,县公安局林业公安科改称县公安局森林警察大队。2008年10月,建立县林业局森林公安局,保留县公安局森林警察大队牌子,作为县林业局内设机构,编制23人。

基层护林组织 1991年落实林业生产责任制后,全县建立乡、村护林组织600个,其中乡镇组织62个、村级组织538个,制订村级护林公约512个,确定护林员560人,并落实报酬。1992年乡镇护林组织减至35个。2004年,全县聘用专职护林员195人。2009年3月,聘用专职护林员384人,平均每村1人。

森林防火

防火组织 1991年,县设森林防火指挥部,分管副县长任指挥;乡镇设森林防火领导小组。1994年,全县5个国有林场与苗圃、35个乡镇及423个村亦成立护林防火委员会或领导小组,制订护林防火公约。1999年组建县森林扑火应急队伍,队员14人;乡镇成立森林火灾义务扑救应急小分队40支,队员600人,形成县、乡、村三级森林防火快速反应网络。2000年9月,建立县森林防火指挥部办公室,具体负责全县森林防火日常工作。2004年全县组建7支森林消防队伍及武警文成县森林消防预备队。2008年5月,县森林防火指挥部更名为县政府森林消防指挥部。2009年3月,组建首支森林消防专业扑火队,有正式队员30人;全县各乡镇、国有林场组建专业和半专业扑火队伍38支,有队员480人。

防火装备 1991年,全县拥有防火线363公里,无线电组网3处,无线对讲机20只,化学灭火器10台。1995年,在县城东南面最高山马山电视差转台增设一台多频道中继台。同年起分年度为35个乡镇配备护林防火基地台及对讲机。1996年,建成马山防火瞭望台,添置防火车1辆,防火衣50套,灭火弹100颗。2001年,在重点地段建固定大型森林防火宣传牌9块,添置防火衣100套;购置铜锣550面,发放到行政村;对讲机66只,发放到乡镇。2004年投资206万元,建立森林防火远程监测系统,建成7个电子监测站,全县森林面积监测覆盖率

40%。2010年投入防火经费30万元,采购风力灭火机、防火服等装备,发放到各乡镇。

防火工作 1987年大兴安岭发生特大森林火灾后,县境加大森林防火工作力度,规定每年11月1日至次年4月30日为森林防火期。在防火期内,全县各级森林防火组织坚持每天昼夜24小时值班制度。同时加大森林防火宣传力度,完善森林防火制度,禁止野外用火。1989年开始,制定《文成县处理森林火灾事故预案》,1991年3月、2005年9月,先后两次对预案进行修订完善,使森林防火有章可循。1993年开始,县长与乡镇负责人每年签订《森林防火责任书》。2000年文成县被列为“浙江省首批森林重点火险区综合整治工程建设县”。2001年,开展森林火灾综合治理和重点火险区综合整治,县与乡镇、乡镇与村、乡镇与护林员、村与农户,层层签订森林防火责任书,全县签订森林防火责任书12.84万份,签订率100%,森林防火工作实行地方行政首长负责制,由此森林防火工作由部门行为转变为政府行为。2007年10月,开始实施《浙江省森林消防条例》,县政府相继出台《文成县森林消防实施细则》《文成县森林扑救预案》《文成县重大森林火灾事故应急处置预案》《文成县森林火灾责任追究制度》,为森林消防工作提供制度保障。2010年,组织森林消防专业、半专业队伍开展扑火演练,提高防火队伍整体素质和扑火作战能力。通过森林防火综合治理,森林火灾多发局势得到较好遏制。2006—2010年,连续5年被评为浙江省森林消防工作先进单位。

森林火灾 1991—1996年,全县发生森林火灾110起,受害面积3042亩。1997—1999年,发生森林火灾58起,过火面积4347亩,损失林木蓄积3800.8立方米,烧毁幼林60.06万株,直接经济损失83.78万元。2000—2011年,全县列入统计森林火灾96起,受害森林面积1.44万亩,烧毁幼林129.60万株,受害树木17280立方米。

病虫害防治

虫害 经县林业部门调查、鉴定,县域范围内森林有害昆虫156种,隶属8目39科,病害20种。主要有柳杉毛虫、马尾松毛虫、樟萤叶甲、樟叶蜂、松黄叶蜂、金龟子、柳杉长卷蛾。其中柳杉毛虫为常发性害虫,发生面积每年在5000亩以上,局部表现为间歇周期性发生,较严重年份:1997年发生面积7000亩,2001年970亩,2011年最严重,发生面积3万多亩。2011年4月,马尾松毛虫在百丈漈、龙川、巨屿3地大面积发生,受害松林1.5万亩。

病害 有松材线虫病、炭疽病、柳杉赤枯病等。1999年发生板栗疫病450亩。1998—2001年,连续4年开展松材线虫病疫情调查,累计调查面积562.6万亩次、涉及1.9万个小班。2009年开展松材线虫病秋季普查,发现石垟林场松材线虫病疑似疫情。对松材线虫病主要采用清理松树枯死木以减少传染源,并结合诱捕器诱杀传播媒介松褐天牛方法进行防治。炭疽病在油茶等经济林中偶见,柳杉赤枯病发生轻微,未见有大范围危害报告。

1991—2011年文成县森林病虫害防治情况一览表

表11-26

年份	发生面积(亩)	其中:		防治面积(亩)	其中:		防治费用(万元)
		虫害	病害		生物防治	化学防治	
1991	12700	12700	—	11557	11557	—	10
1992	14720	14720	—	11205	11205	—	12
1993	22500	22500	—	14700	14700	—	5
1994	27600	27600	—	25392	25392	—	20
1995	34800	34800	—	32800	32800	—	451
1996	31277	31277	—	29400	8000	21400	36
1997	30010	30010	—	26010	7110	18900	18.5
1998	8900	8900	—	8500	3000	5500	10.3
1999	6961	6961	—	6350	6350	—	10
2000	12713	12713	—	12713	2600	10113	10

续表11-26

年份	发生面积(亩)	其中:		防治面积(亩)	其中:		防治费用(万元)
		虫害	病害		生物防治	化学防治	
2001	18475	18475	—	17400	5600	11800	25
2002	11450	11450	—	11450	2450	9000	12
2003	9638	9638	—	9638	2500	7138	15
2004	6010	6010	—	6010	6010	—	8
2005	5361	5361	—	5361	5361	—	7.5
2006	3853	3853	—	3853	3853	—	4
2007	6600	6600	—	5500	5500	—	7
2008	13350	13350	—	13350	13350	—	12.7
2009	21000	21000	—	21000	21000	—	23.8
2010	12159	9770	2389	12159	12159	—	33.9
2011	49500	47000	250	49500	49500	—	64.5

说明:资料由县林业局提供

植物检疫

1991年,设县森林植物检疫站、森林病虫害防治站,承担县境森林病虫害防治,实施森林植物检疫、调运检疫、产地检疫,森林病虫害调查、监测、治理和协调管理工作。2008年6月,森林病虫害防治站和森林植物检疫站合并,组建森林病虫害防治检疫站。

1991年,检疫木材、制成品9752立方米。1992—1997年,签发检疫证5462份,收取检疫费9.46万元。1998—2000年,签发检疫证5107份,检疫调运木材33544立方米、竹材70.1万根、竹木制成品3335立方米;签发产地检疫证21份,检疫产地造林苗木122万株。2001—2002年,签发检疫证4386份,检疫调运木材2.42万立方米、竹材57.39万根、竹木制成品4000立方米;检疫产地苗木646.2亩。

县域松材线虫病列为全国检疫对象。2010年,经全县有害植物普查,全县有害植物(列入《国家林业局公布的236种林业有害生物名单》和环保总局公布的9种外来有害植物)9种,其中属外来植物2种,分别为空心莲子草和凤眼莲。但未列入调查名单的外来有害植物藿香蓟,对全县农林业生产危害较大。

黄寮周山自然保护小区

2002年浙江省林业厅批准设立,在南田镇黄曲寮村与周山乡自然村,设立周山天然次生林和黄曲寮短尾猴两个自然保护小区。周山天然次生林自然保护小区面积4934亩(其中生态公益林2927亩),森林覆盖率98.4%。山林面积4872亩,均为集体所有。黄曲寮短尾猴自然保护小区面积4858亩(其中生态公益林2039亩),森林覆盖率98.2%,山林面积4661亩,其中集体所有林地占63%,周山自然村村民个人自留山和责任山占37%。小区地理环境独特,山势险峻,谷深坡陡,最高海拔点1115米,最低点179米。小区植物群落,森林资源丰富,森林结构层次完整,森林生态系统完善,分布300多种常绿阔叶树种和100多种落叶树种,其中有南方红豆杉、厚朴、钟萼木、福建柏、香果树等国家重点保护野生植物10余种。野生动物兽类主要有短尾猴、鬣羚、斑羚、毛冠鹿、穿山甲,鸟类有黄腹角雉、白鹇、猫头鹰,爬行类有眼镜蛇、五步蛇,两栖类有大鲵(娃娃鱼)、棘胸蛙等国家重点保护珍稀动物,其中短尾猴数量100只,活动最为频繁,具有较高保护和科研价值。

古树名木保护

1996—1998年,县林业部门对古树名木进行过两次调查,原登记造册566株。2002年,组织人员逐乡逐村开展全面普查,查明全县共有古树名木2665株,其中古树群46处1506株,散生古树1159株。按古树保护等级划分,树龄500年以上一级古树122株,300～500年二级古树548株,100～300年三级古树1995株。其植物种类隶属25科、41属、56种,主要树种有枫香、苦储、柳杉、马尾松、樟树、榕树,及国家珍贵濒危树种南方红豆杉、银杏等,以枫香最多1480株,占古树名木总数55.53%。县林业部门对古树名木进行逐一登记,建档造册,拍摄彩照3000多幅,录入微机资料库,并为其办理“身份证”,对古树群进行统一立碑,散生古树实行挂牌保护。2003年3月,编撰出版《文成古树名木》一书。2008年10月,开展“县树”征集评选活动,次年3月经县人大常委会审议通过,确定枫树为文成“县树”。2010年3月,参加温州市“我最喜爱的百大古树名木”评选活动,次年6月揭晓:大峃镇大会岭古枫群(84棵)榜上有名;珊溪镇平溪村古银杏获提名奖。

2011年文成县古树名木分布情况一览表

表11-27 单位:株

单位	合计	一级	二级	三级	单位	合计	一级	二级	三级
大峃镇	946	67	355	524	百丈漈镇	58	—	11	47
珊溪镇	199	4	13	182	黄坦镇	174	3	6	165
巨屿镇	51	3	5	43	西坑畲族镇	192	4	16	172
峃口镇	191	2	18	171	周山畲族乡	55	—	—	55
玉壶镇	386	15	77	294	石垟林场	3	—	—	3
南田镇	407	24	47	336	叶胜林场	3	—	—	3

说明:资料由县林业局提供

野生动物保护

1992—1996年,宣传、执行国家野生动物保护法,提高全民野生动物保护意识,查处猎捕野生动物案件38起,没收放生蛇、穿山甲等动物70余条(只)。1997—1999年,查处20多起,收缴放生活蛇7条、穿山甲9只、青蛙9.5公斤;查获淹埋剥皮青蛙25.5公斤。至此,县境滥捕青蛙现象得到有效遏制。1998年10月,《浙江省陆生野生动物保护条例》颁布施行后,县林业、工商、森林公安等部门,每年开展野生动物保护执法活动,到各宾馆、酒家、野生动物交易点、集贸市场进行检查,并不定期开展专项整治活动。2008年6月,县林业局收留4只猫头鹰幼鸟,送到平阳野生动物救助站暂住,半月后学会飞行、觅食,放归大自然。2009年起,连续3年开展“爱鸟周”和野生动物保护宣传月活动。同年3月,开展“春雷行动”,即打击破坏鸟类资源违法犯罪专项行动,清查宾馆、饭店25家,集贸市场5个,查处经营野生动物案件8起,收缴野生动物11只,野生动物产品4.5公斤。至2011年年底,累计收缴放生五步蛇、眼镜蛇67条,棘胸蛙139只,虎纹蛙311只,猫头鹰、白鹇、雕(鹫)12只,猪獾、猕猴、黄麂、毛冠鹿5头。

山林纠纷调处

1991—1996年,按照“打防并举、标本兼治、重在治本”方针,调处山林纠纷138件,落实山林权属面积16378亩;打击破坏森林资源违法犯罪行为,林业公安查处盗伐、滥伐、破坏幼林、无证收购木材、违章运输、非法狩猎等案件211件。1997—2000年,查处各类破坏森林资源案件130件,处理各类违法人员178人,其中追究刑事责任23人,治安拘留5人,行政处罚130人。没收木材886.8立方米。2001年开展“绿剑行动”,查处破坏森林案件24件,其中侦破刑事案件5件,追究刑事责任10人;查处林业治安案件5件,行政拘留5人;查处林业行政案件14件,实施行政处罚14人。2007年相继开展“清火行动”“破案攻坚战”等专项行动,全年查处57件,追究刑事责任14人，行政处罚43人次，罚款21.78万元，责令补种林木13万株。2009年查处各类破坏森林资源违法案件66件，其中破获陈年积案3件。2010年开展"春季行动"和侦破森林火灾案件大会战专项行动，查处各类森林案件20件。开展"平安林区"建设，通过省林业厅检查验收。 2011年打击破坏森林资源违法犯罪活动，查处案件32件。开展"清网行动"，抓获网上逃犯9名，受到国家林业局林业公安局督查组、省林业公安局表扬。至2011年年底，历年累计立案915件，查处结案895件。

第四节 林产品经营

县域传统林产品有木材、毛竹、笋干、板栗、油茶籽、油桐籽、乌桕籽等。2000年前后，油桐籽、乌桕籽生产逐渐衰亡，森林食品逐步兴起。1991—2011年，全县累计生产木材62.7万立方米，毛竹796.36万根，杂竹7026吨，笋干1894吨，板栗2816吨，油茶籽4097吨；开发建立森林食品基地9.43万亩，年产值1.62亿元。

林 产 品

木材 1991—1996年，累计采伐木材16.82万立方米，年均产量2.8万立方米。1997年采伐量最大，产量7.35万立方米。后因石垟、叶胜林场建设森林公园，全面停止商业性木材采伐；另因木材市场价格疲软，采伐成本提高，木材生产呈下降趋势。1998—2000年，年均产量1.5万立方米左右。2002年实行林业分类经营后，生态公益林地禁止砍伐林木，商品林地的林木亦不允许大规模采伐。直到2006年才有所回升。2008—2011年，全县年均木材产量约4万立方米。

毛竹 全县毛竹分布较普遍，以云湖、桂山、叶胜林场等地最多。1991年，产量50.2万根、杂竹28吨。1992—1995年，年出产毛竹40多万根，杂竹产量升至70多吨。1996年以后毛竹产量下降，年产20万根上下，杂竹产量持续上升，超120吨。2003—2011年，毛竹产量在30万～40万根之间；杂竹产量2006年574吨，2011年3805吨。

竹笋 食用竹笋主要有毛竹笋和野生小竹笋两种。1991年以后发展迅速，成为农民致富短平快项目。至2011年，全县建立毛竹笋示范基地5个，面积42158亩，基地辐射带动面积58200亩；野生小竹笋示范基地2个，面积2.8万亩，基地辐射带动面积3.1万亩，年鲜竹笋产量450吨，产值2270万元。

油茶籽 1991—2000年，全县油茶籽产量总体平稳，波动不大，年均产量370吨左右。后因山茶油市场价格低迷，油茶经济效益低，2001年起产量开始下降。2002—2006年，油茶籽产量237吨，年均不到50吨。甚至出现油茶挂果无人采摘状况。油茶林大部分荒芜，或改造。2005年森林资源二类调查，全县油茶纯林面积3863亩，产量34吨，比1991年下降90.4%。2008年始，山茶油市场价格回升，省政府出台优惠政策，每亩油茶林省财政补助800元，县财政补助30元。凡列入省木本油料提升项目，每亩另可申报补助抚育金300元，以此调动林农种植油茶积极性。至2011年，全县新造长林系列良种油茶林12963亩，许多油茶树陆续进入初产期，全年油茶籽产量157吨，比1991年下降55.9%，比2005年增加3.6倍。

板栗 可代粮，为价廉物美、富有营养滋补品，素有"干果之王"之称。1991产量36吨。1996年超130吨。2005年产量218吨，为板栗总产量最高年份。2007年起开始回落，年均产量在160吨左右。

厚朴 以皮入药，为知名药材。民间虽有种植，但数量甚少。2002年石垟林场调整林业产业结构，提高经济效益，投资148万元，建造厚朴产业示范区，面积10440亩。2007年黄坦镇建造厚朴基地，面积1350亩。2008年年初产产量3915吨，产值10570.5万元。2011年收获506.3吨，产值1366.88万元。

1991—2011年文成县主要林产品产量情况一览表

表11-28

年份	木材（立方米）	毛竹（万根）	杂竹（吨）	油茶籽（吨）	板栗（吨）	笋干（吨）	香菇（吨）	油桐籽（吨）	乌桕籽（吨）
1991	22060	50.2	28	356	36	33	505	61	54
1992	22798	43.8	74	304	49	45	612	82	40
1993	57300	47.8	71	322	52	47	437	79	35
1994	20026	43.5	74	285	67	49	450	86	31
1995	43746	49.8	80	236	83	35	328	72	25
1996	2239	18.7	125	575	132	58	546	157	23
1997	73500	23.9	128	430	136	64	138	102	21
1998	15000	53.7	—	425	152	67	124	98	19
1999	15000	19.5	132	425	155	84	124	98	19
2000	17200	38.8	—	387	147	99	132	90	17
2001	21200	28.96	181	285	138	109	128	20	9
2002	22400	33.13	182	52	133	75	95	20	7
2003	27151	45.41	275	41	130	88	—	—	—
2004	23066	32.55	214	38	134	83	—	—	—
2005	17485	32.75	216	34	218	82	—	—	—
2006	30181	41.57	574	72	202	91	—	—	—
2007	31051	29.4	320	114	161	94	—	—	—
2008	49267	42.53	509	120	165	156	—	—	—
2009	35146	35.96	19	121	169	163	—	—	—
2010	40514	40.26	19	128	168	183	—	—	—
2011	40686	44.11	3805	157	189	189	—	—	—

说明：资料由县林业局提供

森林食品开发

2005年，开始申报认定森林食品基地，旨在加快森林食品基地培育，推进森林食品品牌建设，加强食用林产品质量安全源头管理。同年，申报叶胜林场毛竹笋基地6050亩，县绿源食品开发有限公司蜜梨基地2000亩。同年8月，获浙江森林食品认定委员会认定。尔后，对桂山、云湖、石垟、下垟毛竹笋，黄寮、石垟野生小竹笋，仰山、黄坦双龙山、黄寮杨梅，石垟林场厚朴，十源雪梨，东溪油茶，黄寮板栗等基地进行申报认定。至2011年，全县共申报认证森林食品基地17个、面积94296亩。其中，竹笋基地7个、面积70158亩，厚朴基地2个、面积11790亩，杨梅基地4个、面积5348亩，雪梨基地2个、面积4000亩，板栗基地1个、面积1800亩，油茶基地1个、面积1200亩。2008年、2011年叶胜林场毛竹笋基地通过复认；珊溪桂山毛竹笋基地2009年通过复认。

2005—2011年文成县森林食品基地建设情况一览表

表11-29

申报单位	基地名称	商标名称	申报日期（年月）	基地规模（亩）	辐射面积（亩）	当年产量（吨）	当年产值（万元）
叶胜林场	毛竹笋基地	铜铃寨	2005.8	6050	5000	72.60	304.92
县绿源食品开发有限公司	蜜梨基地（二源）	兴 绿	2005.8	2000	3500	130.00	403.00

续表11-29

申报单位	基地名称	商标名称	申报日期（年月）	基地规模（亩）	辐射面积（亩）	当年产量（吨）	当年产值（万元）
县农业开发总公司	雪梨基地(十源)	刘基贡	2006.7	2000	3500	130.00	403.00
县桂山农产品产销专业合作社	毛竹笋基地	山垟	2006.7	6000	15000	72.00	302.00
县仰山果业有限公司	仰山杨梅基地	仰山	2006.7	2200	7500	6.60	132.00
县石垟林场	野生小竹笋基地	神牛	2006.7	8000	13000	16.00	44.80
县绿林农产品产销合作社	毛竹笋基地(云湖)	飞云湖	2007.7	20000	21000	240.00	1008.00
县黄寮农产品产销合作社	野生小竹笋基地	南田山	2007.7	20000	18000	40.00	112.00
县林业技术推广站	黄坦双龙山杨梅基地	龙麒源	2007.7	1000	2500	3.00	60.00
县绿水尖竹笋专业合作社	石垟毛竹笋基地	绿水尖	2008.7	5000	7200	60.00	252.00
石垟林场	石垟林场厚朴基地	水云谷	2008.7	10440	20000	391.50	10570.50
县林业技术推广站	东溪油茶基地	龙麒源	2009.8	1200	5000	4.80	76.80
县黄寮农产品产销专业合作社	板栗基地	南田山	2009.8	1800	24000	108.00	756.00
县鸿运农产品产销专业合作社	黄寮杨梅基地	龙麒源	2010.5	1128	2500	3.38	67.68
县鹤翔农业专业合作社	下垟毛竹笋基地	龙麒源	2010.5	5108	10000	61.30	257.44
县绿野苗木繁育场(汉宏)	厚朴基地	山一角	2011.4	1350	1500	50.63	1366.88
县双丰水果专业合作社	黄坦双龙山杨梅基地	皇 魁	2011.11	1020	3000	3.06	61.20

说明:资料由县林业局提供

第五节 林政管理

管理主要内容为林木采伐、木材运输、林地管理等。1991—2011年，全县累计采伐林木62.7万立方米，毛竹796.36万根；核发木材运输证3896份，出运木材18745立方米，毛竹17.8万株；查处违章运输木材车辆4596车次，没收木材4155立方米；办理征占用林地928宗，面积10095.1亩。

管理机构

1991年，县林业局内设办公室、营林股、林政股、林业公安科。1997年，营林股改称科，林政股改称资源林政管理科，增设林业产业科、山林纠纷调处办公室，局机关工作人员25人(其中林业公安科7人)。2002年，机构改革，设办公室、绿化造林科、资源林政科(山林纠纷调处办公室)3个职能科室和森林警察大队，人员编制42人(其中林警28人)。2009年，撤销资源林政科，设立行政审批科。2011年，局机关内设办公室、绿化造林科、行政审批科、森林警察大队。编制37名，在岗35人。

相关机构

1991年，设县绿化委员会、县森林防火指挥部办公室、县山林纠纷调处办公室，为县政府常设机构。2011年，县森林防火指挥部办公室改称县森林消防指挥部办公室，转为林业局下属单位。

下属机构

1991年，下设森林病虫害防治站、森林植物检疫站、种苗站、大峃木材检查站、峃口木材检查站、林科所、木材公司、林业开发总公司。辖大峃、珊溪、峃口、玉壶、南田、黄坦、西坑7个区林技站。1992年，撤区扩镇并乡，区林技站撤销,建立镇农林植站35个。林技人员59人。1995年5月,木材公司破产。1999年,增设林业技术推广站,绿化工程公司。2002年,大峃木材检查站撤销。建立县木材运输巡查大队。2008年,森林病虫害防治站和森林植物检疫站合并,组建森林病虫害防治检疫站。2011年,林业局下设森林消防指挥部办公室、森林病虫害防治检疫站、种苗站、木材运输巡查大队(峃口木材检查站)、林业技术推广站、林权管理中心。工作人员28人。配9镇1乡乡镇林技员47人。

林木采伐管理

实行限额和凭证采伐办法。除农村居民采伐自留地和房前屋后个人所有零星林木外,其他各种林木采伐均须办理许可证。采伐限额由省、县政府逐级下达,由乡镇政府分配到村。年度限额指标不得突破或跨年度使用,各分项限额指标不得相互挪用。1991年,全县下达采伐限额计划60940立方米,实际采伐22060立方米,占省下达采伐指标36.2%。1992—1996年,采伐146109立方米,每年平均29222立方米,实际采伐量远离省政府下达限额指标。1997—2002年,为329个村办理集体林木采伐证1140份。2003年10月,县域2002年度木材限额采伐各项指标,通过国家林业局华东院检查。2006年,启用林木采伐网上办证系统,置办微机、打印设备,分批发放给乡镇。2007年林木采伐办证全面实现网上办理。同年开始,实行林木采伐公示制度,对单位或个人申请林木采伐地段、数量等进行公示,且公示期不少于7天。2009年,县域被列为浙江省森林采伐管理改革试点县,率先开展森林采伐管理改革,就简化森林采伐限额指标结构、结转采伐限额、简化林木采伐管理环节、建立森林可持续经营管理新体系等进行探索,为全省建立与现代林权制度相适应的森林采伐管理新机制,提供新做法和新经验。1991—2011年,全县采伐林木62.7万立方米,毛竹796.36万根。

木材运输管理

1991年,设大峃、峃口两个木材检查站。2002年,撤销大峃木材检查站,建立县木材运输巡查大队,全额拨款事业编制7名,保留峃口木材检查站全额拨款事业编制6名。2011年,木材运输巡查大队和峃口木材检查站整合设置为县木材运输巡查大队,工作人员12人。县木材运输巡查大队依法对运输木材、毛竹、木制品、松香、野生动物实施检查监督,并对违反木材运输法律、法规、规章规定行为实施行政处罚。

办证 1997—1999年,办理发放木材运输证3373份,出运木材45078立方米,毛竹97.1万根。2000—2001年,办理发放木材运输证3986份,出运木材3.84万立方米,毛竹67.76万根;办理竹木经营加工核准证42份,审核竹木经营加工单位(户)233户次。2002年8月,联合工商、经贸部门,开展木材经营加工单位清理整顿,取缔违章经营户22户。2002—2003年,办理发放木材运输证4232份,出运木材3.81万立方米,毛竹45万根。办理竹木经营加工核准证125份,审核竹木经营加工单位(户)321户次。2011年,核发木材运输证3896份,出运木材18745立方米,毛竹17.8万株。

检查 1997年,大峃、峃口两个木材检查站,检查木材、毛竹8012车次,查获违章营运车辆1141车次,没收木材970立方米,毛竹2.79万根,对违章货主车主罚款0.76万元。1998—2001年,检查28745车次,查获违章车辆3865车次,没收木材3315立方米,毛竹6.8万根。2002年县木材运输巡查大队检查木材、毛竹7200车次,查处违章营运590件,没收木材870立方米,毛竹1.1万根。2003年,查处违章营运木材案件268件。至2011年,历年累计检查33957车次,查处违章运输木材车辆4596车次,没收木材4155立方米,毛竹10.7万根。

林 地 管 理

1994年4月,省政府发布《浙江省林地管理办法》。1996年4月,县政府发布《文成县林地管理实施意见》,

规定征用、占用林地10亩以下由县政府审批，10亩以上报市、20亩以上报省、2000亩以上报国务院审批。林地补偿费按当地耕地年亩产值2倍收取，每亩最低不能少于834元；林木补偿费，用材林每亩1500～3000元，经济林按产期不同最低100元、最高2.4万元，竹林每亩1200～1500元；森林植被恢复费，按植被类型每亩最低534元，最高1334元；林地资源保护费，按林地、林木补偿费之和4%收取。

2002年11月，完成56省道（瑞东线）文成段改建工程林地报批，共审核林地面积96.9亩；2003年11月，完成57省道十字路口至东坑段暨文青公路东溪桥至石良坎段改建工程林地报批，审核林地面积353.7亩；2004年4月，完成文泰公路岀口至珊溪段改建工程林地报批，审核林地面积191.6亩；2007年2月和11月，分别完成百丈漈库区困难群众异地脱贫工程林地报批，审核林地面积192.5亩；2008年10月，完成56省道文成花园至西坑段改建工程林地报批，审核林地面积171.8亩；2005年11月、2007年10月和2010年11月，分期完成对百丈漈工业园区林地报批，审核林地面积926.5亩；2010年12月，完成文成县新56省道接南田公路工程林地报批，审核林地面积500.6亩。至2011年，办理征占用林地928宗，面积10095.1亩。

1996—2011年文成县征占用林地面积情况一览表

表11-30

年份	宗数	面积（亩）	年份	宗数	面积（亩）	年份	宗数	面积（亩）	年份	宗数	面积（亩）
1996	614	1225.8	2000	7	513.4	2004	7	248.3	2008	13	890
1997	118	1043.2	2001	12	64.9	2005	34	1190.3	2009	6	503.1
1998	19	625.1	2002	10	238.7	2006	8	76.4	2010	14	826
1999	17	182.9	2003	14	636.9	2007	24	1480.8	2011	11	349.3

说明：资料由县林业局提供

第三章 畜禽业

县域农家饲养家畜、家禽历史悠久。以猪、牛、羊、兔为主,又以养猪、兔居多。1991年全县畜牧业总产值4339万元,占全县农业总产值的28.1%。20世纪90年代初期,县委、县政府把商品猪生产列入经济开发十大项目。2000年以后,陆续制定《文成县畜牧业发展意见》《文成县兔业产业化发展管理办法》《文成县草食动物发展基金奖励办法》等扶持畜牧业发展优惠政策,引导鼓励发展畜牧业,牲畜、家禽饲养逐渐向专业化、规模化方向发展。2004年畜牧业总产值超亿元,2011年达2.18亿元,比1991年增加3倍多。

第一节 家 畜

1991年,全县养猪15.10万头、牛10332头、羊2.39万只、兔58.86万只。全县养猪基地8个,能繁母猪0.72万头;养兔专业村35个,专业户630户。2000年以后,出台养猪、养兔等扶持畜牧业发展政策,鼓励发展畜牧业。2004年全县兔业产值4428.6万元,占畜牧业产值49.18%,成为县域畜牧业支柱产业。2011年全县饲养毛猪13.04万头,比1991年减少2.06万头,下降13.6%;养牛4391头,比1991年减少5609头,下降56.1%;养羊3.53万只,比1991年增长47.7%;养兔117.29万只,比1991年接近翻一番。

兔

1991年全县家兔饲养量58.86万只,年末存栏32.79万只(其中长毛兔8.99万只),肉兔出栏26.07万只,兔肉产量293吨,兔毛产量19吨。1992—1993年,饲养量虽持续增长,但因对兔毛市场前瞻性预测不足,兔毛价格下滑、销售渠道不畅,又未能及时调整毛兔品种,饲养管理技术未跟上,导致1994年兔业生产严重滑坡,兔饲养量比上年下降38.7%,存栏量下降9.6%,肉兔出栏量下降69.4%,兔肉产量下降60.8%。1995—1999年,走出低谷,实现恢复性增长。2000年以后,县政府先后出台发展兔业生产系列扶持政策,鼓励兔业生产。2003年饲养量增至113.86万只,年末存栏41.19万只,肉兔出栏72.67万只,兔肉产量1022吨。2004—2010年,养兔生产持续稳定增长,年饲养量在100万只上下,存栏量在32万~38万只之间,出栏量在60万~75万只左右。2011年,全县饲养量117.29万只,年末存栏40.17万只,比1991年分别增长99.3%和22.5%;肉兔出栏77.12万只,兔肉产量1157吨,比1991年分别增加1.96倍和2.95倍。(参见专记《文成—中国肉兔之乡》)

1991—2011年文成县兔生产情况一览表

表11-31

年份	全年饲养量(万只)	年末存栏(万只)	肉兔出栏(万只)	兔肉产量(吨)	兔毛产量(吨)	年份	全年饲养量(万只)	年末存栏(万只)	肉兔出栏(万只)	兔肉产量(吨)	兔毛产量(吨)
1991	58.86	32.79	26.07	293	19	1993	62.6	32.26	30.34	823	28
1992	42.26	30.32	11.94	291	26	1994	38.44	29.16	9.28	323	23

续表11-31

年份	全年饲养量（万只）	年末存栏（万只）	肉兔出栏（万只）	兔肉产量（吨）	兔毛产量（吨）	年份	全年饲养量（万只）	年末存栏（万只）	肉兔出栏（万只）	兔肉产量（吨）	兔毛产量（吨）
1995	67.86	32.38	35.48	403	15	2004	99.69	38.22	61.47	935	5
1996	73.65	34.73	38.92	401	11	2005	95.18	32.79	62.39	957	1
1997	66.25	26.91	39.34	442	10	2006	101.3	33.7	67.6	1014	—
1998	65.7	27.16	38.54	424	7.5	2007	102.21	33.46	68.75	1031	4
1999	65.23	28.38	36.85	415	6	2008	108.52	36.12	72.4	1086	4
2000	71.53	28.43	43.1	487	5.7	2009	112.45	36.72	75.73	1136	4
2001	65.79	30.63	35.16	434	6.5	2010	113.5	35.47	78.03	1172	5
2002	82.06	34.12	47.94	594	48	2011	117.29	40.17	77.12	1157	5
2003	113.86	41.19	72.67	1022	5						

说明：资料由县农业局提供

猪

1991年，县域养猪业已初具规模，建成以黄坦为主的养猪基地8个，全县能繁母猪0.72万头，彻底改变过去猪源靠外县供应状况，且自养有余，猪仔每年向泰顺、云和、青田、龙泉、庆元等县及福建寿宁、柘荣、福鼎等地输出2.5万头。1991年引进长白公猪4头，开始饲养瘦肉型商品猪。全年生猪饲养量15.1万头，年末存栏9.2万头，其中能繁母猪0.72万头；出栏肥猪5.9万头，猪肉产量5247吨。1994年黄坦镇投资450万元，建立县天蓬养殖有限公司，是当时温州市最大瘦肉型商品猪基地。

1995年，全县推广瘦肉型良种公猪15头，良种公猪改良面60%，建立生猪重点乡镇4个，专业户逐步发展壮大，全县生猪养殖大户（场）106户。1998年，在黄坦镇推广大约克、长白猪等瘦肉型优良品种，获得成功，带动一方经济发展。至2005年，黄坦仔猪形成比较稳固市场，仔猪远销福建、江苏等29个省、直辖市，在温州地区久负盛名。

2007年受国家养猪政策鼓励，县域养猪业快速发展，生猪养殖向规模化、标准化、设施化发展。2008年起因养猪业发展带来环境污染，开始对畜禽养殖排泄物污染进行整治，并在黄坦镇建立畜禽粪便收集中心，至2011年年底，养殖环境污染得到缓解。年末，全县生猪年末存栏5.72万头，其中能繁母猪1.4万头。

品种 传统品种为本地黑猪，以后逐步引进雅阳猪、温白猪、碧湖猪、虹桥猪等品种。20世纪90年代初期，生猪当家品种为温白杂交猪种，与当地产母猪杂交改良，称二元猪。90年代后期，引进大约克、皮杜、PAC等品种，开始推广三元猪（大约克猪与长白公猪杂交的后代母猪再与杜洛克公猪杂交的后代）。2000年以后饲养商品猪大多为以杜洛克、长白、大约克、皮杜、PAC为父本，长白、大约克、PAC、温白为母本杂交的二元猪、三元猪。

饲养技术 20世纪90年代以前，毛猪一般为圈养，个别放养，习惯熟料饲喂。一户一般只养1～2头，多者养10余头。80年代中期出现养猪专业户。90年代开始，普及科学养猪技术，改变传统饲养方式，肉猪饲养周期大为缩短，一般5～6个月，生猪毛重可达125公斤以上。2007年开始，大部分养猪场实行设施化养殖。至2011年，全县有标准化规模猪场34户，养殖技术达到历史最高水平。

1991—2011年文成县毛猪生产情况一览表

表11-32

年份	全年饲养量（万头）	年末存栏（万头）	肥猪出栏（万头）	猪肉产量（吨）	年份	全年饲养量（万头）	年末存栏（万头）	肥猪出栏（万头）	猪肉产量（吨）
1991	15.1	9.2	5.9	5247	2002	12.7	6.36	6.34	4854
1992	14.66	8.89	5.77	5476	2003	11.63	5.42	6.21	5135
1993	13.34	7.82	5.52	4968	2004	12.28	5.7	6.58	5840
1994	13.85	7.87	5.98	4815	2005	14.58	7.28	7.3	6184
1995	13.3	7.39	5.91	5153	2006	16.04	8.66	7.38	6341
1996	12.63	6.93	5.7	5223	2007	12.62	6.02	6.6	5670
1997	13.07	6.69	6.38	5832	2008	16.47	8.81	7.66	6585
1998	12.9	6.6	6.3	5149	2009	17.21	9.31	7.9	6796
1999	12.98	6.27	6.71	5427	2010	17.38	8.9	8.48	7290
2000	13.68	6.63	7.05	5355	2011	13.04	5.72	7.32	6244
2001	12.6	6.29	6.31	5612					

说明:资料由县农业局提供

牛

县境养牛历史悠久，主要为水牛和黄牛，丘陵地区主要饲养水牛；黄牛主要分布在低、中山地区。饲养方式粗放，冬天以稻草、薯藤等粗料饲养为主，适当喂些薯丝、米糠等；除农忙耕作时节添加部分精饲料外，平时均以放牧为主。20世纪90年代前，农民为解决农耕役使需要，饲养大多都是耕牛，肉用牛极少。

1991年，全县牛饲养量1.03万头，年末存栏0.95万头，其中黄牛0.62万头，水牛0.33万头；耕牛0.86万头；能繁母牛0.26万头；出售市场肉牛0.08万头，牛肉产量68吨。后随农业机械化发展，耕牛使役功能逐步被轻便农业机械代替，耕牛存量大幅度减少；同时随着人民生活水平提高，牛奶、牛肉逐渐进入平常人家，乳牛饲养、肉牛出栏、牛肉产量有所增加。1998年，大峃镇引进良种及改良种乳牛3头，2011年发展至55头。2011年年底，全县牛饲养量0.44万头，年末存栏0.29万头，比1991分别下降57.28%和69.47%；出售肉牛0.15万头，牛肉产量229吨，比1991分别增加0.88倍和2.37倍。

1991—2011年文成县牛生产情况一览表

表11-33

年份	全年饲养量（万头）	年末存栏（万头）	肉牛出栏（万头）	牛肉产量（吨）	年份	全年饲养量（万头）	年末存栏（万头）	肉牛出栏（万头）	牛肉产量（吨）
1991	1.03	0.95	0.08	68	2002	0.61	0.48	0.13	168
1992	0.94	0.86	0.08	100	2003	0.57	0.43	0.14	191
1993	1.01	0.84	0.17	173	2004	0.62	0.43	0.19	260
1994	0.94	0.79	0.15	175	2005	0.55	0.43	0.12	166
1995	0.90	0.77	0.13	132	2006	0.54	0.38	0.16	236
1996	0.83	0.70	0.13	126	2007	0.49	0.34	0.15	222
1997	0.81	0.66	0.15	150	2008	0.45	0.30	0.15	227
1998	0.78	0.63	0.15	163	2009	0.48	0.29	0.19	279
1999	0.73	0.60	0.13	135	2010	0.43	0.29	0.14	220
2000	0.72	0.58	0.14	147	2011	0.44	0.29	0.15	229
2001	0.62	0.51	0.11	127					

说明:资料由县农业局提供

羊

饲养方式有放牧饲养、舍饲圈养两种，本地山羊以小规模放养为主。饲养数量不多。主要品种是萨能羊、黄羊、圭山羊、波尔山羊与当地羊杂交之后代。1991—1996年，先后引进萨能羊、黄羊、圭山羊等品种，1994年县种羊场组织开展圭山羊纯种繁育，利用圭山羊对全县山羊进行杂交改良，改良面85%。2000年引进波尔山羊种羊，对本地山羊进行杂交改良。

1991年饲养量2.39万只，其中能繁母羊5539只，年末存栏14152只；出栏肉羊9773只，羊肉产量112吨。1992—2000年，全县山羊年饲养量在2.02万~2.95万只之间。2001年饲养量达3.45万只，比上年增长16.95%。2002年饲养量超4万只，全县养羊专业户达86户。2003年饲养量4.55万只，2004年羊肉产量416吨，为全县山羊饲养量、羊肉产量最高值。后饲养量逐年减少。2011年饲养量降至3.53万只，羊肉产量366吨，比1991年分别增加0.48倍和2.27倍。

1991—2011年文成县羊生产情况一览表

表11-34

年份	全年饲养量（万只）	年末存栏（万只）	出栏（万只）	羊肉产量（吨）	年份	全年饲养量（万只）	年末存栏（万只）	出栏（万只）	羊肉产量（吨）
1991	2.39	1.42	0.97	112	2002	4.16	2.16	2	256
1992	2.02	1.22	0.80	101	2003	4.55	2.27	2.28	325
1993	2.20	1.32	0.88	87	2004	4.42	1.88	2.54	416
1994	2.45	1.34	1.11	120	2005	3.71	1.74	1.97	374
1995	2.32	1.35	0.97	102	2006	3.72	1.74	1.98	356
1996	2.64	1.53	1.11	115	2007	3.77	1.74	2.03	365
1997	2.54	1.45	1.09	113	2008	3.74	1.67	2.07	373
1998	2.67	1.45	1.22	129	2009	3.84	1.69	2.15	388
1999	2.76	1.43	1.33	135	2010	3.54	1.46	2.08	381
2000	2.95	1.51	1.44	154	2011	3.53	1.5	2.03	366
2001	3.45	2.01	1.44	172					

说明：资料由县农业局提供

第二节　家　禽

饲养鸡、鸭、鹅，为县域传统家庭副业。1991年，全县家禽饲养量118.21万羽，年末存栏49.82万羽，出栏68.39万羽。1992年家禽养殖业列为政府重点扶持产业，年末家禽存栏57.05万羽。后逐步向专业化、规模化方向发展。2000年饲养量153.83万羽，年末存栏61.59万羽，出栏92.24万羽，均达历史最高水平。2005—2010年，年饲养量保持130万羽左右。2011年，饲养量130.65万羽，年末存栏42.14万羽，出栏88.51万羽。

1991—2011年文成县家禽生产情况一览表

表11-35

年份	全年饲养量（万羽）	年末存栏（万羽）	肉禽出栏（万羽）	禽肉产量（吨）	禽蛋产量（吨）
1991	118.21	49.82	68.39	581	859
1992	111.76	57.05	54.71	560	905
1993	110.52	51.37	59.15	592	334
1994	101.05	46.33	54.72	545	735
1995	105.14	47.83	57.31	577	755
1996	109.9	49.38	60.52	441	966
1997	118.35	52.14	66.21	676	1031
1998	57.01	57.01	74.9	754	984
1999	54.39	54.39	87.6	891	1114
2000	153.83	61.59	92.24	954	1197
2001	147.15	58.82	88.33	887	915
2002	148.6	60.77	87.83	897	1429
2003	136.81	53.33	83.48	1001	1064
2004	132.04	54.22	77.82	984	1513
2005	131.12	46.54	84.58	1093	1173
2006	120	43.1	76.9	1007	1092
2007	127.33	43.66	83.67	1088	1028
2008	132.82	45.21	87.61	1139	1032
2009	137.67	48.1	89.57	1165	1269
2010	134.19	42.42	91.77	1193	1209
2011	130.65	42.14	88.51	1262	1209

说明：资料由县农业局提供

鸡

品种 县境农户普遍饲养本土鸡，主要目的为自食或用于产蛋。20世纪80年代后期，因不断引进新品种，品种混杂、血缘关系较混乱，至90年代本地品种鸡已绝迹。引进新品种主要有三黄鸡、贵妃鸡、仙居鸡等。1997年珊溪、仰山引进“七彩山鸡”养殖，获得成功。

饲养 20世纪80年代，养鸡方式以庭院、山地放养为主。80年代后期，出现一批小规模养鸡专业户和重点户，并开始笼养，规模尚小，肉鸡饲养仍以山间林下草地放养为主。1998年，全县发展养殖“七彩山鸡”养殖专业户9户，饲养量达1万多羽。2000年以后陆续创办百丈漈三和锦信、双桂桂花香、平和马峰基等养鸡场。2011年全县养鸡大户19户，年末鸡存栏16.37万羽。

鸭

品种 主要为本地麻鸭、白番鸭、半番鸭等，之后引进樱桃谷鸭雄鸭，与本地麻鸭杂交改良。麻鸭为优良蛋用品种，一般饲养3～4个月即产蛋，年均产蛋250个左右，高产的300个以上。白番鸭属肉用型鸭，生长迅速，瘦肉多，饲养50天体重可达2公斤，饲养90～160天即可上市。每羽平均年产蛋100～150枚，且鹫巢性能强，产蛋15～20枚开始鹫巢。半番鸭为番鸭与麻鸭杂交品种，因不产蛋，故称骡鸭。半番鸭存活率高，生长迅速，瘦肉多，饲养50天体重可达1.5公斤。半番鸭虽生长快、抗病力强，肉质鲜美，但因配种难，受精率低，故发展不快。

孵化 原大多农家自孵自养。80年代初期始开办孵坊，至1991年全县办孵坊20所，年鸭苗产量200万羽，除满足县内需要外，销往温州、乐清、玉环、泰顺、景宁、云和、龙泉等县市。21世纪初，县内孵坊逐渐停产，鸭苗主要从苍南、平阳、瑞安、丽水、青田、缙云等周边县市调入，品种仍以麻鸭为主，纯白番鸭、半番鸭次之。

饲养 全县各地均有饲养，以本地麻鸭居多，番鸭及半番鸭饲养量少，主要以散养为主。1998年以后出现一批专业户、重点户，户饲养量500～2000羽不等，饲养方式以溪坑、池塘放养为多。2011年，全县养鸭大户2户，年末鸭存栏0.6万羽。

鹅

以灰鹅为主，饲养量不多。后引进太湖白鹅与狮头鹅试养，未全面推广。20世纪90年代后期，部分农户引进朗德鹅进行饲养，以散养为主，尚未形成养殖规模。

第三节　特种动物

县域特种动物养殖主要有鸽子、鹌鹑、火鸡、孔雀、蜜蜂、梅花鹿等，但是规模不大。

鸽　子

黄坦镇和百丈漈镇率先引进肉用种鸽，之后逐步向珊溪镇、峃口镇、大峃镇、周山乡、南田镇等乡镇推广养殖，养殖户数逐年增加。1991年，全县养鸽专业户2户，存栏2000多对。2011年，发展至10户，存栏9万多对。

鹌　鹑

20世纪90年代，有少量农户饲养。鹌鹑蛋已作为筵席佳品使用。此后，因鹌鹑蛋滞销，饲养成本较高，效益低下，2000年后已无人饲养。

火　鸡

仅有少数人饲养。20世纪90年代，县良种繁育场黄坦分场引进火鸡进行饲养。但是未形成规模，至2011年已少有人饲养。

孔　雀

2008年，下垟乡下垟村李志平从天津和江苏引进100多只孔雀，至2011年年底存栏数达到500多只。

蜜　蜂

1991年，全县共有蜂群6349群，年产蜂蜜241吨，此后养蜂效益下降，众多放养蜂人员放弃蜂业转行，致使养蜂业逐年走下坡路。2002年蜂群减至964群。21世纪初，蜂蜜价格特别是土蜂价格开始上涨，2005年开始全县蜂群数量开始回升，至2011年增至4362群。

梅花鹿

2008年，公阳乡上岳头村投资60多万元，创办县吉祥梅花鹿养殖专业合作社。养殖场占地5亩，引进梅花鹿60余头。

图11-3　公阳乡上岳头梅花鹿养殖场（来自文成新闻网 2009年3月摄）

第四节 疫病防控

县城动物疫病防控，贯彻“预防为主”方针。1991年起每年开展春秋两季集中免疫注射，重点预防猪瘟、口蹄疫、鸡新城疫、兔瘟等瘟疫发生。2006年开始建立重大动物疫病防控工作责任制度、重大动物疫病血清抗体送检制度，疫病防控通报排名制度，并将动物疫病防控、畜产品安全列入工作目标管理考核，推动动物防疫工作向规范化、制度化转变。

防检体系

1991年，由县畜牧兽医站负责畜禽疫病防治。2006年7月撤销畜牧兽医站，成立县畜牧兽医局，增挂县动物卫生监督所牌子，隶属县农业局，为农业局所属监督管理类副科级事业单位。下设综合、疫病防治、监督管理3个科室，编制15名，其中正、副局长各1人，中层职数5人。2007年，全县25位畜牧兽医员由差额编制转为全额编制，并公开招考乡镇畜牧兽医员10人。

疫病疫情

1991—2011年，全县通过畜禽疫病预防，猪瘟、猪丹毒、猪肺疫、兔瘟、鸡瘟、鸭瘟等一些畜禽常见疫病基本得到控制。但因畜禽流动频繁，新疫病有所增加。

生猪疫病 常见疫病有猪红皮病(暂定名)、猪瘟(俗称烂肠瘟)、猪传染性胃肠炎病、猪细小病毒病、猪附红细胞体病、猪传染性乙脑、猪副嗜血杆菌病。1991年以后，猪传染性胃肠炎病呈地方性流行，规模养猪场发病相对较严重。1997年，在大峃、黄坦首次发现猪细小病毒病，猪场发病比较普遍，主要危害怀孕母猪，引起胚胎和胎儿感染或死亡，导致母体流产、死胎、胎儿木乃伊或新生仔猪死亡。1998年，在黄坦首次发现猪附红细胞体病，后流行于各规模猪场，症状与猪瘟相似，临床上以高热、贫血、黄瘦为特征，发病率、死亡率均较高。猪传染性乙脑，又名日本流行性乙型脑炎，是一种急性人兽共患传染病，病猪主要特征为高热、流产、死胎和公猪睾丸炎，猪感染最为普遍。猪副嗜血杆菌病，由猪副嗜血杆菌引起。1998—2011年，黄坦、百丈漈、大峃、玉壶等镇发病较严重。

家兔疫病 常见病有兔瘟(又称兔病毒性出血症)、兔球虫病等。兔瘟冬春季节较易感染，死亡率高，1991年后发病较普遍。家兔球虫病是养兔业最常见寄生虫病之一，分布广、传染快、死亡率高。

家禽疫病 常见病有鸡新城疫、鸡传染性法氏囊炎、鸡白痢、鸡球虫病、鸭巴氏杆菌、禽出败(又称禽霍乱)等。危害较大为鸡新城疫、禽出败。1991年传入鸡减蛋综合征。1999年开始流行鸭巴氏杆菌，病鸭主要症状为软脚，头歪，流鼻水、眼水，且传染快，死亡率高。2004年起，陆续发生鸡新城疫、鸡传染性鼻炎、大肠杆菌病、传染性支气管炎、传染性法氏囊炎等鸡传染病，给养鸡户造成较大损失。2006年，峃口柳山村养鸡专业户发生传染性法氏囊炎疫情，经紧急采取免疫措施，疫情很快得到控制。鸡白痢、鸡球虫病，发病比较普遍，各养鸡场、散户均有发生。

疫病防治

1991年开始，重点预防猪瘟、口蹄疫、鸡新城疫、兔瘟等瘟疫，每年实行春秋两季集中免疫注射，猪瘟、兔瘟、鸡瘟等发病率明显降低。1997年开始，实行生猪定点屠宰，农业防疫部门积极参与生猪屠宰管理，对全县7个农贸市场猪肉进行统一检疫检验。1998年1月，贯彻实施《中华人民共和国动物防疫法》，开展畜禽防治知识宣传，各养殖场开展自主免疫，取得良好效果。2003年开始，将“奶牛布氏杆菌病”“奶牛结核病”“家禽高致病性禽流感”列入动物防疫重点，建立疫情报告制度，及时发布疫情通报，落实动物疫病扑灭工作。2006年以后，先后出台《文成县重大动物疫病防控工作责任制度》《文成县动物疫病防控和畜产品安全目标管理考核办法》《重大动物疫病血清抗体送检制度》《通报排名制度》等系列制度和办法，推动动物防疫工作向规范化、制度化转变。2011年，组织疫病防控督查，健全和完善重大动物疫病血清抗体送检制度，建立兽医系统实验室，保障畜禽业生产安全。全年使用猪口蹄疫疫苗75.483万毫升，超额完成省市强制免疫任务137%；牛羊口蹄疫疫苗5.033万毫升，完成省市强制免疫任务218%；使用禽流感疫苗85.1086万毫升，完成省、市强制免疫任务147%。

【专记】

中国肉兔之乡

县域地处山区，牧草资源丰富，草场面积86万亩，养兔自然条件较好。农民素有养兔习惯，且范围广，全县各村均有饲养。1995—1999年，每年平均饲养量约60万只，年产值1000万元左右。2000年后县政府陆续出台发展畜牧业、扶持兔业生产等系列政策。2005年，全县养兔户1.3万户，产值5030万元，被农业部命名为“中国肉兔之乡”。2006年后兔业持续发展，至2011年全县肉兔饲养量117.29万只，位居全省首位。兔产业成为县域农民增收致富主要途径，乡村俚语称：“家养一只兔，不愁油盐醋；家养十只兔，不愁衣和裤；家养百只兔，走上致富路。”

扶持政策

2000年7月，县政府出台《文成县畜牧业发展意见》。调整畜牧业生产区域布局，建立食草动物基地；鼓励养殖肉兔等食草型、节粮型动物，发展肉兔生产，推进畜牧业产业化经营；对从事畜禽生产的龙头企业、专业大户和畜产品加工运销企业，给予财政贴息贷款，税收优惠、减免等。2002年6月，县政府成立县食草动物发展领导小组及办公室，发布《文成县关于扶持兔业产业化发展的通知》，规定凡经验收年末存栏兔在300只、优良品种率90%以上，免疫率达100%的养殖场（大户），出栏商品兔和种兔每只给予奖励2元（长毛兔每只奖励3元）；年出栏数2000只至5000只，分别另给予奖励1000元至1万元；被命名为食草动物示范乡镇，分别给予奖励3000元至1万元。2003年，县政府确定将兔业生产列入全县重点培育“七大农业”产业（兔业、水果、茶叶、高山蔬菜、绿色大米、花卉苗木、中药材）之一。2005年，发布《文成县草食动物发展基金奖励办法》《关于扶持兔业产业化发展的若干规定（暂行）》，对经县级以上部门验收合格的养兔专业村，奖励1万元；常年存栏兔2000只以上，在当地起龙头示范作用的养兔场（公司），奖励5000元；引进并繁育优良品种，能提供优良种兔的种兔场（公司），奖励1万元；在兔业产业化发展中起较大作用的兔业龙头企业、协会、合作社及中介组织，给予奖励5000元，全面营造兔产业发展良好氛围。

饲养品种

传统品种为本地小白兔。1990年前后，引进英法两系盎古拉兔、皮用力克斯兔、西德长毛兔。1997年开始，从省农科院引进新西兰、日本大耳兔、虎皮黄等肉用兔良种。这些品种生长快，一般100日龄可达2.5～3.5公斤；产仔率高，每胎产8～10只；且肉质鲜美细嫩，很快推广全县各地养殖。2000年，从河南引进美系獭兔，2001年引进法系长毛兔、中国豫丰黄兔等新品种，加快品种改良步伐。2008年之后，饲养品种分为肉兔、獭兔、长毛兔，其中肉兔饲养品种又分为新西兰肉兔、日本大耳兔、花巨兔、豫丰黄兔、比利时野生兔、公羊兔等。

技术推广

图11-4　2008年11月，杜玉川教授在传授肉兔养殖技术(来自文成新闻网 2008年摄)

农村散养农户一般为圈养，习惯饲喂野草或农作物秸秆。养兔场、专业户实行笼养，饲喂颗粒饲料为主、青料为辅。肉兔一年四季均可交配繁殖，但夏季(6月中旬至8月)配种繁殖较少。2000—2001年，开始从科研院校引进科学实用养兔技术，全县举办肉兔饲养技术培训班51期，参加培训5250人次。2002年10月，制定实施"肉兔养殖"地方标准，规范饲养技术，提高肉兔养殖标准化程度。2002—2004年，举办培训班115期，培训7469人次。2005—2007年，双凤食品有限公司连续承担县、市、省3级《肉兔养殖标准化推广实施示范项目》，并分别通过验收；2008年6月，又承担国家级肉兔养殖标准化推广实施示范项目，为全县首个国家级农业标准化示范项目。11月，县科技局和县星火兔业服务公司邀请原中国农业大学兼中国兔业协会副会长、著名养兔专家杜玉川教授来文为肉兔养殖示范户、兔业协会会员授课。

2009年，制订"无公害肉兔"地方标准，实施《无公害肉兔养殖标准化推广示范项目》，先后在县永盛兔业养殖场，强风獭兔养殖、利民农产品产销、绿环农业专业合作社，国栋科技实验兔场示范推广。2010年10月，双凤公司承担国家级肉兔养殖标准化推广实施示范项目通过国家局验收。2000—2011年，从科研院校引进科技成果和实用高效养兔技术8项，举办培训班200多期，编制"文成县无公害肉兔标准生产技术模式图"，推行笼养、以草为主精料为辅的饲养模式，推广肉兔标准化养殖、无害化生态养殖等6项饲养技术，全县养兔新技术应用面达90%以上，仔兔成活率由40%~70%提高到85%~95%，综合防治技术应用达90%以上。

饲养规模

1991年，全县养兔专业村35个，专业户630户，全县饲养量58.86万只。1992—1999年，饲养量482万只，每年平均约60.3万只。1998年，在金炉乡推广发展新西兰肉兔1200只。2000年，全县肉兔年饲养量增至71.53万只，发展存栏200只以上专业大户96户，养兔收入在农民总收入中仍处于补充地位，所占份额较小。

2001年，编制《文成县兔业生产"十五"发展规划》，决定因地制宜，发挥环境资源、劳动力优势，加大兔业生产扶持力度，引进名优兔种和先进实用技术，推进兔业产业化发展。2002年，饲养量增至82.06万只。年末存栏100~200只养殖户增至300户，存栏300只以上专业大户50户。

2003年始，在乡镇实施"百户万只"养兔工程，推进兔业产业化经营，肉兔规模化养殖持续扩大，形成金炉、桂山、双桂、富岙、仰山、西坑、玉壶、二源等肉兔生产重点乡镇。全年饲养量113.86万只，年末存栏100~300只357户，300~1000只51户，1000只以上11户；兔业总产值3843万元，养殖户户均增收240元。2005年，全县养兔户1.3万余户，其中饲养100只以上示范户800多户，年产值5030万元，被农业部命名为"中国肉兔之乡"。2007年，兔业产值7000万元，人均增收190余元，养殖户户均增收近2200元，兔业产值占全县畜牧总产值28.4%，跃居县域农业七大支柱产业之首。

2008年，兔业产值8600万元。规模化养殖持续发展，养殖户年末存栏数100~200只644户，200~1000只

87户,1000只以上13户,规模饲养量84万只,占全县总饲养量48.3%。

2011年,编制《文成县兔业提升发展规划(2011—2013年)》,实施兔业提升发展项目,决定向全县50个低收入农户集中村、3120户低收入农户赠送种兔15.6万组。其中当年向黄坦等14个乡镇、25个低收入集中村、750户低收入农户赠送种兔3125组。兔业养殖产值7320万元,居全省首位。全县拥有省级兔业科技企业1家,县级兔业龙头企业10家,肉兔标准化生产示范基地13个,规模示范养殖场20个,初步形成以10个乡镇为中心的肉兔产业带。

2011年文成县肉兔规模示范养殖场一览表

表11-36

序号	养殖场名称	负责人	地址	年存栏量(只)
1	文成县国栋科技实验兔场	周国栋	文成县黄坦镇鸡公山背	3500
2	文成县金炉兔业有限公司	王建军	文成县大峃镇炉山底村	3000
3	文成县利明良种兔繁育场	王明利	文成县大峃镇王家村	3500
4	文成县绿环农业专业合作社	毛爱珠	文成县珊溪镇平溪村	3000
5	文成县西坑永盛兔业养殖场	钟兰平	文成县西坑镇旁边垟	3500
6	文成县兴隆兔业有限公司	厉旭光	文成县西坑镇塘垟村田寮	1500
7	文成县奕华良种兔繁育场	翁刘强	文成县黄坦镇云峰村	1500
8	文成县周山际下旺丰养兔场	蓝永告	文成县周山畲族乡际下村	2000
9	文成县西坑叶岸松莲养兔场	林松莲	文成县西坑畲族镇叶岸村	2000
10	傅朝炎养兔场	傅朝炎	文成县西坑畲族镇梧溪村	2000
11	叶方有养兔场	叶方有	文成县西坑畲族镇旁边垟村	500
12	赵吴珊养兔场	赵吴珊	文成县西坑畲族镇旁边垟村	500
13	富小东养兔场	富小东	文成县西坑畲族镇岭垟村	1100
14	谢立华养兔场	谢立华	文成县西坑畲族镇岭垟村	500
15	李娟兰养兔场	李娟兰	文成县西坑畲族镇下垟村	600
16	天鹏养殖场	施德鹏	文成县周山畲族乡养根村	1200
17	陈邦富养兔场	陈邦富	文成县周山畲族乡吴垟村	500
18	包启杰养兔场	包启杰	文成县巨屿镇垟尾村	500
19	雷木懂养兔场	雷木懂	文成县周山畲族乡双新村	500
20	翁孔用养殖场	翁孔用	文成县峃口镇东方村	500

说明:资料由县农业局提供

重点基地选介

金炉肉兔基地 1998年,从省农科院引进新西兰良种肉兔1200只。2000年2月,创办益民良种兔繁育场,建立肉兔生产基地,当年肉兔饲养量增至6.33万只,产值165万元。2002年,被省政府命名为"食草动物示范乡"。2003年,省农科院派科技特派员入驻金炉乡,开展品种选育,提高种兔质量;引进优质高产牧草,研发肉兔系列饲料;开展兔病治疗药物示范,推广疫病防治技术,提高成活率。2004年,成立乡兔业协会,肉

图11-5 肉兔养殖场(双凤公司提供 2011年4月摄)

兔饲养量增至15.2万只，产值450万元。陈庄村饲养肉兔2.5万只，产值75万元，纯收入达到38.7万元，饲养户平均纯收入7600元，全村人均增收480元。2005年，乡成立兔业合作社，获农业部2005年度中国农技推广奖。2006年全乡肉兔饲养量20.2万只，产值858.5万元，农民人均养兔收入852元。2007年，陈庄村肉兔养殖户152户，存栏3.1万只，出栏肉兔近10万只，产值500多万元，净利润230万元，人均养兔纯收入2770元，被农业部命名为一村一品示范村。2008年，全乡肉兔饲养量23万只，兔业产值1155万元，纯收入602万元，农民人均兔业单项收入980元。2011年，肉兔饲养量24万只，产值1205万元，养兔纯收入628万元，农民人均增收1022元。

双桂肉兔基地 1991年，引进西德长毛兔良种300只，新西兰肉兔良种22只，对肉兔品种进行改良；种植高蛋白饲料美国籽粒苋150亩，黑麦草312亩，推广全价饲料215吨。1992年，宝丰村饲养长毛兔1.2万只，年产兔毛5吨，产值50万元。2001年，投资100多万元，创办嫦娥兔业有限公司，拥有种兔场和饲料加工厂，种兔场占地5000平方米，兔笼2400个，草地20亩，年供中国豫丰种兔万只以上。2003年，形成垟山、周山下两个养兔专业村，发展养兔专业户100户，被命名为浙江省食草动物示范乡。2005年，全乡肉兔出栏3.1万只，养兔示范户102户，户均增加收入1840元。2006年，养兔示范户发展至136户，桂东、陈岙成为养兔重点村，全乡兔业产值140万元。2007年，创办桂南肉兔养殖场，带动养殖户2000多户，并成立乡肉兔专业合作社。2008年，新建吊岗长龙肉兔养殖场，全乡肉兔存栏8万只，示范户200户。2009年出栏肉兔9.5万只。2011年，养兔户3000多户，肉兔饲养量16万只，兔业产值420万元。

西坑肉兔基地 2002年，旁边垟村钟兰平等6农户，联合集资20多万元，创办西坑永盛肉兔养殖场，饲养獭兔5000只。2003年，实施“百户万只”养兔工程，发展养殖肉兔3000只以上养殖场5个，塘垟、田寮被确定为省级肉兔养殖基地。2004年，全镇养殖大户30户，年出栏肉兔6万只，产值200万元。2005年，经省畜牧兽医局验收，被命名为浙江省食草动物示范乡。2006年出栏肉兔8万只，产值300万元。2007年，镇政府制定兔业发展扶持政策，并成立镇兔业协会。免费向30户困难户发放种兔150只。全年肉兔饲养量15万只，其中年末存栏5万只。永盛兔场占地面积2000平方米，拥有兔笼6000个、肉兔出栏15000只、存栏5000只。2010年，永盛、兴隆、松莲3个兔场存栏13000只(其中母兔1100只)，出栏肉兔3万只。2011年，全镇年存栏500只以上养兔场9个，全镇肉兔饲养量18万只，其中出栏12万只，产值480万元。

加工销售

2000年，创办县兔业有限公司、玉壶兴达兔业有限公司，采取“公司+饲养户”运作模式，以公司为窗口，解决肉兔销售问题。2001—2007年，又相继创办县星火兔业科技服务、双桂嫦娥兔业、百丈漈兔业3家有限公司和县日新兔业、金炉兔业、双桂肉兔、陈庄兔业、金垟肉兔、桂山民盛兔业、平和马峰基兔业、巨屿巨东兔业8家专业合作社。

2001年4月，创办浙江双凤食品有限公司，是一家专业生产兔肉系列产品，集种兔培育、商品兔养殖、兔肉产品加工、销售、服务于一体的企业，也是国内首家有机兔肉松生产企业。其肉兔养殖基地占地60亩，建有标准兔舍20栋8000平方米，基础种兔笼位8000个，肉兔笼位4000个，为国家标准化养殖示范基地、国家一级种兔场。建有兔肉产品深加工生产线2条，与浙江大学、浙江科技学院、浙江农科院、浙江省轻工食品研究所等科技院所合作，研发加工兔肉松、兔肉酥、兔肉干、五香兔肉、熏兔、高钙兔肉饼干、兔肉儿童营养粉、高钙兔肉肠、兔肉糯米肠、兔肉火腿肠等兔肉系列产品，使兔子利用率达95%以上，价值成倍增加，以一只重约2.5公斤兔子为例，收购价25元，经加工可制成兔肉松200克，价值40元；兔肉香肠5条，价值6元；兔皮转卖给皮革收购商，每张5元；兔尾巴、兔前爪制成小饰品，价值1.5元，计52.5元。2002—2003年，先后获QS质量安全、有机食品、ISO 9001:2000质量管理体系三项认证，产品远销省内外市场。公司实行“公司＋合作社＋基地＋农户＋市场”运作模式，与养兔户实施订单农业。2005年，加工肉兔30多万只，年销售额2000多万元。2007年，收购肉兔45

万只,实现工业产值5286万元,销售收入5204万元,利润222万元,税金197万元。2008年6月和12月,中央电视台《致富经》《聚焦三农》栏目组,先后到文成及双凤公司拍摄《文成发展兔子养殖带动一方村民致富》《文成县科技富民强县——肉兔产业发展情况》专题片,并在中央电视台7频道多次播放。

2003—2010年,公司产品兔肉松、兔肉干先后获浙江省农业博览会7项金奖;"双喜凤"牌兔肉松被认定为浙江名牌产品,"双凤"牌商标被命名为浙江著名商标;公司获浙江省农产品加工示范企业、农业科技企业、AAA级守合同重信用单位,温州市"十佳"农业龙头企业、文成县重点工业企业等50多项荣誉称号;公司董事长王金凤被评为中国扶贫开发典型人物。

2011年6月,县农业局组织农业龙头企业与51户肉兔养殖户(合作社)签订订单合同,签约收购肉兔53万只,交易额2120万元。至年末,全县拥有省级兔业科技企业1家,县级兔业龙头企业10家、兔业专业合作社8家,社员1300多人。兔产品以鲜销和加工为主,年鲜活兔总交易量120万只,年加工量70万只,产品远销上海、杭州等10多个城市和欧盟国家,初步形成产、加、销一体化产业链。全年企业加工产值7700万元,其中双凤食品有限公司产值6410万元,销售收入5997万元,利税385万元。

第四章　渔　业

1991年,全县水产养殖面积14775亩,其中山塘水库4155亩、池塘570亩、稻田10050亩,水产品产量41吨,总产值16万元。1992年6月成立县水产开发公司(属县水利水电服务总公司子公司),允许干部从事水产开发服务经营活动。1996年7月成立县渔政管理站、县水产技术推广站;次年12月成立县淡水鱼研究所,分别负责全县渔政管理、渔业科技研究、水产技术服务推广工作。2007年首次将发展渔业写进县政府工作报告,把渔业列为农业九大支柱产业之一。2008年县政府发布《文成县扶持淡水渔业经济发展暂行办法》,确定连续三年(2008—2010)每年拨款100万元资金支持渔业产业发展。2009年11月成立渔政监察大队;县水利部门亦成立渔业生产指导组,对水产养殖企业、专业户进行标准化无公害生产指导,提供产前、产中、产后服务。2011年,养殖面积22980亩,水产品产量620吨,总产值1064万元,比1991年分别增加0.55、14.1和52.2倍。

第一节　养殖与捕捞

1991年淡水养殖开展水产资源调查,全县水域面积99.68平方公里,占全县总面积7.7%。水产养殖水域主要为水库、山塘(部分为人工池塘)和稻田。全县共有水库65座,其中可以养鱼40座;山(池)塘550座,其中可以养鱼220座;水稻田9.2万亩,条件较好可供养鱼3万亩。20世纪90年代初,山塘水库以饲养鲢鱼、鳙鱼(包头鱼)、草鱼、鲤鱼为主。后随市场需求和饲养技术进步,推广发展特色水产品养殖,逐渐引进名特优品种,如甲鱼、鳗、鳅、鲈鱼、翘嘴鲌、黄颡鱼、石蛙、娃娃鱼等,土著鱼类有光倒刺鲃、温州厚唇鱼等。稻田主养田鲤鱼,另有泥鳅、甲鱼、虾、蟹、田螺等品种。1996—1997年,连续两年引进池沼公鱼增殖,形成稳定群体。1998年,天顶湖生态渔场开展网箱试养罗非鱼;引进太湖小银鱼增殖放流,1999年跟进,2003年形成种群。2009年,引进幼蟹养殖,投放蟹苗1000余公斤,水产养殖品种逐步向多样化发展。2011年,水库养鱼6705亩,山塘1275亩,稻田1.5万亩。全县1991年捕捞量为4吨,2011年增至86吨,增长20余倍。

水库养鱼　1991—1994年,年均养殖4155亩,年产量在26～35吨之间。1995年,高岭头一级水库开始养鱼,养殖面积比上年增加1000亩。1998年,高岭头二级水库建成蓄水,次年开始养鱼。同年,全县水库养鱼面积6525亩,产量98吨。2002年,养殖面积5985亩,产量127吨,均创历史新高。2004—2007年,养殖面积在5700亩左右,产量在110吨上下。2008年开始养殖面积产量逐年增加,2011年水库养鱼6705亩,产量270吨,比1991年增加0.97和8.6倍。2004年开始为保护温州"大水缸",限制投饲水产养殖,并划定禁养区和限养区。

池塘养鱼　1991年养殖面积570亩,产量9吨。1992—1998年池塘养鱼稳定发展,年养殖面积600～720亩、产量15～50吨之间。1999年开始养殖面积增加,2000年为930亩。2001年产量129吨,比1998年增加1倍多。2002年开始下降,至2008年开始回升,全年养殖面积960亩、产量145吨。2011年养殖面积增至1275亩,产量166吨。池塘养殖品种以常规鱼类居多,亩产量150～250公斤,效益一般,条件较好均已养殖,后续发展空间不大。

稻田养鱼　县域稻田养鱼历史悠久,农民素有养殖田鲤鱼习惯。1991年养殖面积10050亩,产量4吨。1992—1996年,稻田养鱼态势不稳,1993年增至1.5万亩,1994年减至1500亩。1997年发展势头强劲,养殖面积增至18000亩，养殖模式为常规平板式，亩产5～10公斤，同年产量首次突破百吨，达113吨。1998年开始推广沟坑式稻田养鱼，先在百丈漈镇黄岭村搞示范试点。稻田沟坑式养鱼，即在养鱼稻田挖一个深1～1.5米，面积占稻田面积4%～8%比例的流水坑，坑四周筑高、宽15×20厘米小田埂；田中央设"十"字形中央沟，田四周设一圈环沟，沟宽、深度为25×25厘米；小田埂设2～4个缺口，使坑内水与田水相通。其养殖效益比常规平板养殖模式，亩增产15～20公斤。2000年，在百丈漈西里村、公阳鹿堡村建立沟坑式稻田养鱼示范片450亩。2001—2009年，先后举办水产养殖、稻田养鱼示范基地培训班31期，组织外出考察取经，邀请专家讲课、到养殖基地指导，培训人员1500多人次，经省市水产站考核，135人获得职业资格证书。并在二源、十源、朱雅、巨屿等地推广稻田沟坑式养鱼1815亩。2009年10月，温州全市稻田养鱼现场会在十源乡召开，县水利局被评为温州市稻田养鱼工作先进单位。2010年，发展沟坑式稻田养鱼1110亩，开展稻田养鱼无公害基地建设，新增沟坑式稻田养鱼基地1050亩，其中虾、蟹、鱼混养基地300亩，泥鳅田螺混养基地105亩，稻鱼、菱鱼、莲鱼基地645亩。2011年，全县稻田养鱼1.5万亩，产量184吨，其中浇筑水泥田埂、沟坑式高产精养示范基地2025亩，平均亩产30公斤，亩产值720元；高产90～110公斤，亩产值2160～2640元。养殖模式有稻——鱼、茭白——鱼、莲(藕)——鱼等多种模式，其中稻——鱼模式亩增收600元以上，茭一鱼、莲(藕)一鱼模式亩增收3000元。稻田生态养鱼潜力大，前景好，成为县域渔业发展主攻方向。

1991—2011年文成县水产养殖面积产量情况一览表

表11-37

年份	总面积(亩)	总产量(吨)	水库		池塘		稻田	
			面积(亩)	产量(吨)	面积(亩)	产量(吨)	面积(亩)	产量(吨)
1991	14775	41	4155	28	570	9	10050	4
1992	19755	55	4155	26	600	15	15000	14
1993	19755	55	4155	26	600	15	15000	14
1994	6255	62	4155	35	600	20	1500	7
1995	6960	91	4815	64	645	20	1500	7
1996	15475	144	4815	64	660	25	10000	55
1997	23770	229	5070	80	700	36	18000	113
1998	28290	283	5070	93	720	55	22500	135
1999	36045	379	5175	98	870	95	30000	186
2000	36105	428	5175	98	930	114	30000	216
2001	43495	501	5850	120	850	129	36795	252
2002	48295	602	5985	127	510	77	41800	398
2003	14700	220	4695	71	210	45	9795	104
2004	48240	367	5490	107	645	99	42105	161
2005	28005	291	5775	113	585	96	21645	82
2006	31285	376	5775	113	510	141	25000	122
2007	21285	493	5775	193	510	141	15000	159
2008	21960	501	6450	195	960	145	14550	161
2009	23265	523	6555	196	1060	154	15750	173
2010	22965	609	6705	292	1260	150	15000	167
2011	22980	620	6705	270	1275	166	15000	184

说明：资料由县水利局提供

淡水捕捞

1991年全县淡水鱼捕捞产量4吨。规模小，捕捞水域主要为飞云江、泗溪、玉泉溪等河流及山塘水库。捕捞队伍为个体或由几人合伙作业。1992—1998年，捕捞产量5～6吨。2002年达25吨，产量比1998年翻2番多。2008年，铜铃养殖专业合作社投入30万元，成立县首支捕捞队，捕捞产量上升。2010年105吨，为捕捞产量最高年份。2011年捕捞产量86吨，比1991年增20.5倍。

1991—2011年文成县水产养殖捕捞产量产值一览表

表11-38

年份	总产量（吨）	其中		总产值（万元）	其中	
		养殖产量	捕捞产量		养殖产值	捕捞产值
1991	45	41	4	24	20	4
1992	61	55	6	33	27	6
1993	61	55	6	33	27	6
1994	68	62	6	82	76	6
1995	97	91	6	105	98	7
1996	150	144	6	187	178	9
1997	234	229	5	294	286	8
1998	288	283	5	310	300	10
1999	394	379	15	401	371	30
2000	438	428	10	440	425	15
2001	511	501	10	486	471	15
2002	627	602	25	541	501	40
2003	225	220	5	213	203	10
2004	378	367	11	327	305	22
2005	306	291	15	313	286	27
2006	391	376	15	538	513	25
2007	509	493	16	626	588	38
2008	521	501	20	774	726	48
2009	543	523	20	906	858	48
2010	714	609	105	1212	981	231
2011	706	620	86	1270	1064	206

说明：资料由县水利局提供

第二节　养殖企业

1999年3月创办天顶湖生态渔场，7月开办高一电水库渔场。2007—2009年办渔场13家。2011年年底，全县从事水产养殖企业41家，其中专业合作社32家，渔场、养殖场9家；养殖总经营面积9825亩，其中100亩以上17家、10～100亩21家、10亩以下3家；年产值百万元以上企业2家。其中百丈漈天顶湖生态渔场养殖面积3700亩，为全县淡水养殖最大鱼场。另有养殖5亩以下山塘水库承包户50多户，稻田养鱼1.5亩以上精养户200多户。

天顶湖生态渔场

位于百丈漈镇篁庄村，养殖面积3700亩。1998年3月由县水产开发公司承包经营，当年实行网箱试养罗非鱼，获得成功，为全县推广网箱养鱼起到示范作用。年产鳙鱼、白鲢等水产品110吨，产值110万元。2008年获国家无公害产地产品认证。2011年养殖产量100多吨，产值120万元。

高一电水库渔场

位于西坑畲族镇兰桥坑，水域面积1000亩，养殖业主为县铜铃养殖专业合作社。1995年开始养殖，1996—1997年，连续两年增殖放流池沼公鱼，1998年形成种群、量产。2005年实行网箱养鱼50亩，年产鳙鱼、白鲢、草鱼、鲤鱼、光唇鱼等鲜鱼260吨，产值280万元。2009年被命名为县级网箱养鱼标准化示范基地，并申报通过无公害产地产品双认证。2010年命名为温州市级网箱养鱼标准化示范基地，2011年为省级网箱养鱼示范基地，并注册"高岭湖"'牌商标。2011年养殖产量165吨，产值280万元。

高二电水库渔场

位于西坑畲族镇西坑村，水域面积600亩，1999年开始养鱼。年产鳙鱼、白鲢等水产品15吨，产值20万元。2010年增殖池沼公鱼，申报通过无公害产地产品认证。2011年养殖产量15吨，产值20万元。

十源稻田养鱼基地

位于南田镇十源村，由县十源农产品专业合作社组织实施。2008年建立稻田养鱼基地200亩，后逐步扩大至750亩。年出产田鲤鱼、草鱼22.5吨，产值68万元。2010年获县稻田养鱼标准化示范基地认定，通过无公害产地认证。2011年创建省级稻田养鱼精品园，核心面积750亩，注册"十源"牌商标。

2011年文成县水产养殖企业一览表

表11-39

单位名称	养殖地点	创办时间（年月）	养殖面积（亩）	2011年产量(吨)	主养品种
天顶湖生态渔场	百丈漈镇篁庄村	1998.3	3700	100	鳙鱼、白鲢
高二电水库渔场	西坑镇西坑村	1999.7	600	15	鳙鱼、白鲢
鸿晟农业专业合作社	大峃镇里川村	2007.2	130	13	草鱼、甲鱼、鳙鱼
铜铃养殖专业合作社	西坑镇兰桥坑	2007.9	1000	165	鳙鱼、白鲢、草鱼、鲤鱼、光唇鱼
巨盛淡水鱼养殖专业合作社	大峃镇江底村	2008.2	30	8	草鱼、鲤鱼、鳙鱼
兴农农业专业合作社	百丈漈镇西段村	2008.2	35	9	鳙鱼、草鱼
南田农产品产销合作社	南田镇三源村	2008.2	156	5	鲤鱼
十源三头坪农产品专业合作社	南田十源三头坪	2008.2	55	3	鲤鱼、草鱼
龙门水产养殖场	黄坦镇沙垟村	2008.2	15	4	草鱼、鲤鱼、白鲢
十源农产品专业合作社	南田十源高新村	2008.7	750	22.5	鲤鱼、草鱼
东山水库渔场	百丈漈镇陈庄村	2008.11	102	8	甲鱼、鲫鱼
利农农业专业合作社	黄坦镇新峰村	2009.1	35	1	草鱼、鲤鱼
江底高山农业专业合作社	大峃镇江底村	2009.3	90	5	草鱼、鲤鱼
顺源淡水养殖专业合作社	南田镇梅树村	2009.7	176	5	河蟹、青虾、鲤鱼
南田朝阳生态渔场	南田镇九都村、五源村	2009.9	352	15	鲤鱼、草鱼、光倒刺鲃、甲鱼

续表11-39

单位名称	养殖地点	创办时间(年月)	养殖面积(亩)	2011年产量(吨)	主养品种
龙川学博淡水养殖专业合作社	大峃镇季宅村	2010.2	10	3	草鱼、鳙鱼
绿康农产品专业合作社	黄坦镇稽垟村	2010.2	230	7	鲤鱼
绿野苗木繁育场	黄坦镇雅梅村	2010.2	300	9	鲤鱼
富岙渔业养殖专业合作社	黄坦镇培头村	2010.2	7	2	草鱼、鲤鱼
合顺农业专业合作社	珊溪镇塘山村	2010.2	30	7.5	泥鳅、草鱼、鲤鱼
巨屿稻田养鱼专业合作社	巨屿镇方前等5村	2010.2	400	13	鲤鱼
山中瘦农业专业合作社	黄坦镇沙垟村	2010.2	60	2	草鱼、鲤鱼
石垟林场养殖场	水牛塘林区	2010.2	55	14	鲤鱼、镜鲤
双汇农业专业合作社	黄坦镇依仁村	2010.3	200	7	鲤鱼、草鱼
人和农业专业合作社	大峃镇马山村	2010.5	20	1	草鱼、田鲤
淡阳九峰农业专业合作社	百丈漈镇谈阳村	2010.5	260	8	鲤鱼、草鱼
金牛农业专业合作社	南田镇新岳村	2010.9	300	12	泥鳅、鲤鱼、草鱼
日瑞农产品专业合作社	黄坦镇塘底垟村	2010.10	200	7	鲤鱼
广良专业泥鳅养殖合作社	珊溪镇三垟村	2011.1	50	12.5	泥鳅、鲤鱼、田螺
桂山仙峰农业有限公司	珊溪镇三垟村	2011.1	15	4	泥鳅
年余农业专业合作社	珊溪镇福全村	2011.1	110	28	乌鳢、草鱼、鲤鱼
双尖垅农业专业合作社	峃口镇桂西村	2011.1	5	3	草鱼、鲤鱼
郑山养殖专业合作社	峃口镇郑山村	2011.1	30	3	泥鳅
蜈蚣养殖专业合作社	玉壶镇木湾村	2011.1	15	4	草鱼、鲤鱼
天佑农业专业合作社	玉壶镇樟坪村	2011.1	54	1.5	鲤鱼
牡丹农业专业合作社	黄坦镇后巷村	2011.1	34	1	鲤鱼
利群农业专业合作社	黄坦镇塘底垟村	2011.1	37	1	草鱼、鲤鱼、白鲢
林金钗淡水鱼养殖场	大峃镇陈庄村	2011.1	7	2	镜鲤、草鱼
虹桥稻田养鱼专业合作社	西坑镇塘垟村	2011.2	120	9	泥鳅
黄坦沙垟梅花坑农业专业合作社	黄坦镇沙垟村	2011.2	30	5	鲤鱼、甲鱼
水口农业专业合作社	黄坦镇周岙村	2011.2	20	5	草鱼、鲤鱼

说明:资料由县水利局提供

第五章　农业产业化

2001年，文成县确定发展效益农业，推进农业产业化进程战略。确定蔬菜、茶叶、中药材、绿色稻米、兔业、水果、花卉苗木等产业为农业主导产业。2002年3月，专门建立七大农业产业，即兔业、蔬菜、茶叶、水果四个发展产业和绿色大米、中药材、苗木花卉三大开发产业。先后制定《优势农产品区域布局规划》《山地蔬菜发展规划》《茶叶发展规划》《高山台地省级现代农业综合区建设规划》《文成县现代农业功能区建设规划》《兔业产业化发展管理办法》《扶持茶叶产业化开发暂行办法》，引导和扶持农业产业化发展。2008年3月，确定培育"油茶"和"淡水养殖业"两大特色产业，并出台《扶持油茶产业发展实施办法》《扶持淡水渔业经济发展暂行办法》。2011年，又制定《关于推进农业转型升级促进现代农业发展的若干意见（试行）》，推进农业主导产业转型升级、壮大发展。至2011年年底，全县已初步形成蔬菜、水果、茶叶、兔业、油茶、中药材、绿色稻米、淡水养殖、花卉苗木等各具特色九大高效生态农业产业区。建造名优农产品基地73309亩，发展种养业大户1037户。

第一节　农业企业

县域农业企业有农业龙头企业和农民专业合作社。2011年全县拥有农业龙头企业16家，农民专业合作经济组织258家，其中县级以上示范性农民专业合作社60家。

农业龙头企业

1994—1998年，先后创办县亨哈山珍食品有限公司、县冰洋实业有限公司、县仙果园艺场、国栋科技实验兔场、日省名茶开发有限公司。2001年以后，双凤食品有限公司、百丈漈花木基地、双龙食品有限公司、山哥哥农业开发有限公司相继成立。至2011年，全县县级以上（包括县级）农业龙头企业16家，其中省级骨干农业龙头企业1家，温州市"百龙工程"农业龙头企业8家，县级农业龙头企业7家。

2011年文成县级以上农业龙头企业情况一览表

表11-40

级别	企业名称	创办日期（年月）	生产规模描述	认定日期（年月）
省级农业龙头企业	浙江双凤食品有限公司	2001.4	主营肉兔养殖、加工销售。养殖基地42亩，新厂房占地面积32亩，建筑面积15万平方米，固定职工86人，连接农户1100户。2011年销售收入6358万元，税利总额385万元	2008
市级农业龙头企业	文成县冰洋实业有限公司	1988	从事竹木产品、加工、销售。公司占地面积8000平方米，拥有固定资产1000多万元，国家专利22项。"冰洋"牌注册商标被认为浙江省著名商标，产品远销美国、日本、巴西、韩国、南非、新加坡等10多个国家	1999.8

续表11-40

级别	企业名称	创办日期(年月)	生产规模描述	认定日期(年月)
市级农业龙头企业	文成县亨哈山珍食品有限公司	1994.10	主营蔬菜生产、加工、销售。种植基地300亩,加工产品近100个。固定职工130人,连接农户2000户。2011年销售收入1.5亿元,其中出口额600万美元,税利总额365万元	1999.8
	文成县日省名茶开发有限公司	1998.10	主营茶叶生产、加工、销售。茶园1282亩,厂房4500平方米。固定职工43人,连接农户170户。年加工茶叶38吨,2011年销售收入4420万元,税利总额436万元	2001.12
	浙江山哥哥农业开发有限公司	2001.2	集"种植、加工、销售、科研"为一体。公司占地面积5333平方米,标准厂房建筑面积3200平方米,员工62人,惠及农村劳动力7500人,2006年,投资2800万元建设年产山茶油3000吨流水线,产品远销意、德、法等国家	2006.3
	文成县绿野苗木繁育场	2003.6	主营花木生产、销售。种植中药材,建造厚朴基地1350亩,产值585万元,连接农户295户,种植中药材厚朴800亩。带动周边乡镇发展中药材厚朴基地2000亩	2007.6
	文成县新伟畜牧养殖有限公司	2008.6	从事种猪繁殖,生猪饲养、销售。拥有栏舍2.5万平方米,管理房5000平方米。年存存栏能繁母猪1200头,出栏商品猪2万头	2010.9
	文成县周山茶业发展有限公司	1999.8	主营茶叶生产、加工、销售。茶园1500亩,厂房建筑面积1200平方米,在全国大中城市开办连锁店20多家,员工158人,连接农户800户,年销售收入2000万元,利税180万元	2011.9
	文成县星坪中药材种植有限公司	2001	从事中药材生产、销售。投资5500万元,建中药材基地1500亩,金银花苗圃30亩,年产苗木100万株,产值695万元。连接农户80户,种植药材500亩。带动周边乡镇发展药材基地3000亩	2011.9
县级农业龙头企业	文成县百丈漈花木基地	2002	从事花木生产、销售。基地面积300亩,年产花木50万株,销售收入1200万元	2006.3
	文成县华兴药材种植有限公司	2003	在周壤外南丁山建药材种植基地,年种植太子参、浙贝、白术等中药材350亩,销售收入105万元,净利35万元。带动周边8村900户3000人种植药材800亩,当地农民增收130多万元,人均增加收入464元	2007.3
	文成县仙果园艺场	1995.9	主要从事水果栽培、销售。果园面积580亩,栽培蜜梨、樱桃、红心柚等水果20多种,年产水果25万吨,销售收入70多万元	2010.3
	文成县兴隆兔业有限公司	1997	从事生姜种植,新西兰肉兔、獭兔养殖。引进兔种1000多头,建造标准兔房2000平方米。带动全村70%以上人口种植生姜,种植面积500亩;50%以上人口养兔,养殖4000多笼,两项年收入110万元	2010.3
	文成县国栋科技实验兔场	1997	主要从事肉兔养殖、销售。兔场面积100亩,投资800万元,建标准笼位2.4万个,年肉兔出栏10万只,销售收入200万元	2010.3
	文成县双龙食品有限公司	2006	从事农产品种植、绿色食品研发、加工、销售。综合研发基地500亩,原材料供补基地1万亩,连接农户2000户,年加工能力500吨,销售收入90多万元	2010.3
	文成县英桥石斛有限公司	2008	专业从事铁皮石斛(铁皮枫斗)栽培、技术开发。一期种植基地100亩,训化幼苗基地10亩,年训化幼苗200万株。二期种植基地300亩,尚在建设中	2010.3

说明:资料由县农业局提供

农业龙头企业选介

文成县日省名茶开发有限公司 1998年10月创办，主要产品有"日省"牌半天香名茶、"日省"牌香茶(大宗绿茶)等，产品执行国家绿茶标准，并通过ISO9001国际质量体系认证和计量体系认证。2011年茶园面积1282亩，繁育和推广乌牛早、迎霜、本土早、中茶108等4个茶树良种，拥有厂房4500平方米，制茶机械设备82台，总资产1332万元，固定职工43人，年加工茶叶38吨，实现产值4420万元，销售收入4403万元，税利总额达436万元，并带动周边170多户农户发展茶叶生产。2001年被命名为市级"百龙工程"农业龙头企业。2005年被评为"浙江省示范茶厂"。2006年被评为温州市农机化科技示范基地，浙江省级农业标准化示范推广示范基地。2008年荣获"浙江名牌农产品"和"浙江名牌产品"称号。2009年"日省"牌注册商标被认定为"浙江省著名商标"。2011年12月，被省农业厅、林业厅、海洋与渔业局命名为浙江省现代农业园区特色精品园(编号JPN11037)。

文成县双龙食品有限公司 位于大峃镇屿龙路50号，2006年创办。是一家集农产品种植、深加工及绿色食品研发、销售为一体综合型食品企业，主导产品有出口级"康丝汇"牌纯番薯粉丝、纯马铃薯粉丝、紫薯粉丝等系列农产品。其生产工艺传承文成传统粉丝加工工艺精髓，配合全自动成型、低温冷藏、造型烘干、自动包装等现代化全新工艺。公司拥有大峃、坪头两家分公司，原材料供补基地1万亩，综合研发基地500亩，辐射带动周边500多个村庄。固定职工11名，年加工能力500吨，2011年实现产值800万元，销售收入达90万元。产品通过QS认证，先后荣获2010年温州市十佳农业龙头企业、2010年县级农业龙头企业、2011年浙江省农业科技企业和温州市农业骨干企业等荣誉称号。

文成县黄坦仙果园艺场 位于黄坦镇严垅村，有果园面积580亩，1995年9月创建。场内基础设施完善，硬化道路3.5公里，管理房2座，建有休闲温室玻璃大棚、服务接待中心、农产品展示中心；大小蓄水池8个，机械设备6套，大棚设施5000平方米。1998年开始重点发展雪梨种植，放养山鸡等"短、平、快"农业项目。2007年改造基地基础设施，引进优良品种，现拥有蜜梨、樱桃、红心柚、蜜橘、草莓、油桃、蓝莓、椪柑、杨梅等20多个水果品种。2011年水果产量25万吨，销售收入71万元。2001年获市级家禽基地、市级十大千亩扶贫开发基地、县级十佳农业基地等荣誉称号；2005年命名为浙江省科技示范场；2010年3月命名为文成县农业龙头企业。

文成县国栋科技实验兔场 位于黄坦镇鸡公山背，1997年开办，2006年6月登记注册，取得法人资格。兔场占地面积100亩，总投资800余万元，建造笼位2.4万多个，是集种兔培育、商品兔生产，饲料加工、技术服务于一体龙头企业。兔场采用现代化养殖技术，自动化生产流程方式，对种兔繁育利用人工授精技术，年出栏优质种兔10万只，无公害商品兔生产核心采用生态养殖模式，实现生态养殖良性循环，常年向外提供种兔，出售商品兔、兔肉、兔皮、兔毛、兔饲料，并提供技术咨询服务，进行多营化推广兔业产业。2010年被命名为县级龙头企业，2011年被认定为省二级种兔场，获浙江省种畜禽生产经营许可证，实现销售收入200多万元。

文成县百丈漈花木基地 位于百丈漈腾飞小区对面，2002年创办，基地规模300亩。专业从事花卉苗木、水果、蔬菜种植，园林施工、科技研发、休闲观光、销售、服务。主营产品有花卉苗木、水果、蔬菜、农业观光、绿化工程等系列。采用公司+基地+合作社+农户+市场运作模式，带动周边农户实行花木产业化开发。2011年花木产量50万株，销售收入1200万元。2005—2006年被命名为文成县优秀农业龙头企业，2010年分别被评为浙江省质量信誉服务AAA级单位、浙江省创品牌讲信誉优秀示范企业、文成县科技示范基地。

专业合作社

2002年7月，注册成立首家农民专业合作经济组织——峃口茶叶合作社。同年创建农民专业合作社4家，社员439人。2003年首次对农民专业合作组织进行规范完善，黄坦农产品合作社、峃口茶叶合作社被评为市级先进营销组织。2007年，县浙南薯业专业合作社、县日新兔业专业合作社被评为首批省级示范性农民专业合作经济组织。至2011年年底，全县注册农民专业合作经济组织258家，农业部门备案101家，经营品种涉及水果、粮食、蔬菜、中药材、油茶、茶叶、畜牧等大宗特色农产品和农机、植保等社会公共服务。并创建国家级及省、市、县级示范性农民专业合作社60家，其中国家级5家、省级7家、市级12家、县级36家。

2011年文成县市级以上示范性农民专业合作社一览表

表11-41

级别	合作社名称	所属乡镇	成立日期（年月）	经营品种	营销收入（万元）	连接农户（户）	认定日期（年月）
国家级示范性农民专业合作社	文成县日新兔业专业合作社	大峃镇	2004.5	肉兔	338.5	455	2011.11
	文成县二源绿色农业种植专业合作社	百丈漈镇	2006.6	蔬菜 谷物 水果	681	1200	2011.11
	文成县葛垟胡柚种植专业合作社	巨屿镇	2006.10	水果	395.8	260	2011.11
	文成县富民农机作业合作社	黄坦镇	2007.8	农机 服务	284.4	200	2011.11
	文成县高山农机作业专业合作社	百丈漈镇	2008.4	农机 服务	295.1	350	2011.11
省级示范性农民专业合作社	文成县南阳杨梅专业合作社	珊溪镇	2007.4	水果	630.2	109	2009.8
	文成县浙南薯业产销合作社	大峃镇	2005.9	蔬菜 薯类	523	125	2010.6
	文成县强风獭兔养殖专业合作社	黄坦镇	2006.7	肉兔	712.7	202	2010.6
	文成县利民农产品产销合作社	大峃镇	2006.2	肉兔	750.4	148	2011.7
	文成县金大地中药材产销合作社	玉壶镇	2007.6	中药材	477.6	169	2011.7
	文成县仰山杨梅专业合作社	珊溪镇	2007.5	水果	1146.2	115	2011.7
	文成县双丰水果专业合作社	黄坦镇	2008.8	水果	1128.6	260	2011.7
市级示范性农民专业合作社	文成县峃口茶叶合作社	峃口镇	2002.7	茶叶	645	109	2009.5
	黄坦占里毛猪养殖产销合作社	黄坦镇	2006.3	肉猪	2750	112	2009.5
	文成县黄寮农产品产销合作社	南田镇	2006.6	水果	57.3	78	2009.5
	文成县山头坪果业专业合作社	南田镇	2007.5	水果	79.9	119	2010.12
	文成县绿康农产品专业合作社	黄坦镇	2008.1	蔬菜	396	267	2010.12
	文成县巨东兔业养殖专业合作社	巨屿镇	2009.8	肉兔	99.45	100	2010.12
	文成县九峰果蔬专业合作社	百丈漈镇	2009.5	水果 蔬菜	42.6	106	2010.12
	文成县黄岭茶叶产销合作社	百丈漈镇	2006.6	茶叶	46.8	32	2011.7
	文成县周山茶叶专业合作社	周山畲族乡	2006.6	茶叶	121.2	100	2011.7
	文成县绿洲果禽专业合作社	黄坦镇	2008.4	水果	399.3	220	2011.7
	文成县鑫鑫有机农业开发专业合作社	大峃镇	2009.7	水果 蔬菜	217.5	100	2011.7
	文成县桂花香农家土鸡专业合作社	峃口镇	2011.3	肉鸡 蛋鸡	386.2	190	2011.7

说明：资料由县农业局提供

专业合作社选介

文成县二源绿色农业种植专业合作社 2006年6月创办，拥有蔬菜种植基地2800亩，核心基地350亩，钢管大棚6.8万平方米，主要种植蔬菜、谷物、水果等60多个品种。2010年注册“邱老汉”商标，其蔬菜基地被温州市政府列入市菜篮子后备蔬菜基地。2011年销售收入681万元。辐射带动湖底、二源、三源、驮田、镇头等周边村1200多农户发展蔬菜种植，农民年均增收近2000多元。2009年评为县级示范性合作社；2010年评为市级示范性农民专业合作经济组织；2010年12月评为省级示范性农民专业合作社和省级龙头扶贫专业合作社，县科技示范基地；2011年评为温州市先进农民专业合作经济组织；2011年11月评为国家首批农民专业合作社示范社。

图11-6 二源绿色农业种植专业合作社蔬菜基地(来自文成新闻网 2010年摄)

文成县双丰水果专业合作社 2008年8月创办，以股份制合作建制，入社社员102户，共有种植面积1200亩，其中示范基地面积320亩，主要经营东魁杨梅种植、收购、销售，为社员提供产前、产中、产后综合服务，辐射周边500农户种植杨梅3000亩，带动富余劳动力就业100多人。2011年全社杨梅产量59.2吨，销售收入1185万元，经营收益97.26万元，社员增收8348元。2007年被评为省农村科技示范户；2010年9月注册“皇魁”商标；2010年评为市级示范性农民专业合作经济组织、市级农业标准化推广示范项目、县级科技示范基地；2011年被评为省级示范性农民专业合作社，“皇魁”杨梅被认定为温州市名牌产品。

文成县绿洲果禽专业合作社 2008年4月创办，位于黄坦镇，系水果种植与家禽养殖结合型专业合作社。拥有红心柚、柑橘、早熟梨、桃等水果基地1080亩。2011年水果产量950吨，出栏土鸡5万羽，销售收入226万元，实现盈余59万元，带动602户社员，户均增收980元，被命名为县级示范性合作社。

文成县里阳红枫林农业种植专业合作社 2009年9月创办，拥有杨梅种植基地300亩，主要种植荸荠种杨梅和东魁杨梅，通过“企业+合作社+基地(农户)”模式带动农户发展生产。2011年9月，经县级农业标准化示范推广示范项目验收，评为县级示范性农民专业合作社。

第二节 种养业大户

20世纪80年代后期，农村出现一批种植业专业户。90年代随着经济社会发展，农村劳动力向城镇转移，促使土地逐年向规模经营户集中，涌现出一批规模种植、养殖业大户。2011年，全县拥有种植业大户953户，养殖业大户84户，其中养猪大户6户、标准化生猪养殖户34户，养兔大户(场)20户，养禽大户(场)24户。

种植业大户

1991—2011年，全县发展种植业大户953户。按种植品种分类，种植粮食20亩以上农户215户，种植面积5223亩，其中种植50亩以上农户6户，种植面积408亩；种植茶叶20亩以上农户110户，经营茶园面积7870亩，占全县茶园总面积48.58%，其中种植500亩以上农户5户，经营面积2838亩；种植水果20亩以上农户628户，种植面积2.6万亩，其中种植300亩以上农户12户，种植面积4198亩。

2011年文成县种植50亩以上种粮大户一览表

表11-42

序号	地址	户主	种植面积(亩)	粮食产量(吨)	收入(万元)
1	南田镇新岳村	林良弟	70	35	5.5
2	南田镇十源村	蒋孔衣	71	34	5
3	黄坦镇后巷村	邢文升	50	24	3.5
4	黄坦镇稽垟村	叶齐华	50	24	3.5
5	黄坦镇严坳村	季少林	105	50	7.5
6	百丈漈镇镇头村	刘万潘	62	31	4.6

说明:资料由县农业局提供

2011年文成县种植500亩以上茶叶大户一览表

表11-43

序号	地址	户主	种植面积(亩)	茶叶产量(吨)	收入(万元)
1	峃口镇田东村	蔡永游	698	10	486
2	大峃镇李山村	郑子飞	500	7	280
3	大峃镇茶寮村	程文忠	620	8.68	320
4	大峃镇岭南村	张　平	520	7.28	288
5	珊溪镇西黄村	朱一军	500	5	300

说明:资料由县农业局提供

2011年文成县种植300亩以上水果大户一览表

表11-44

序号	地址	户主	品种	种植面积(亩)	产量(吨)	收入(万元)
1	珊溪镇东坪村	谢菊友	杨梅	350	100	120
2	大峃镇江外村	周作荣	杨梅	320	85	100
3	大峃镇江底村	赵建雷	杨梅	310	139.5	58.5
4	大峃镇双西村	李碎敏	杨梅	300	70	90
5	黄坦镇前巷村	邢新勇	杨梅	350	100	120
6	黄坦镇严坳村	金玉堂	小水果	320	210	180
7	黄坦镇上保垟村	郑文秀	杨梅	750	154	150
8	黄坦镇莲头村	郑碎微	杨梅	320	145	150
9	黄坦镇包山垟村	毛立树	杨梅	260	52	50
10	南田镇十源村	蒋孟茶	雪梨	300	60	20
11	南田镇毛山顶	梁汉高	杨梅	308	25	50
12	百丈漈镇廷坑下村	吴森斌	杨梅	310	70	65

说明:资料由县农业局提供

养殖业大户

1991—2011年,全县发展养殖业大户84户。其中饲养能繁母猪10头以上养殖大户6户,饲养毛猪50头以上标准化养殖场34个,养兔500只以上大户(场)20户(参见专记《中国肉兔之乡》),养禽1000羽以上大户(场)24户。

2011年文成县饲养能繁母猪10头以上养殖大户(场)一览表

表11-45

序号	猪场名称	户主	地址	能繁母猪(头)	开办时间(年份)
1	黄坦农场	—	黄坦农场	15	—
2	文成邢慧芳养猪场	邢慧芳	黄坦镇前巷村	15	1991
3	文成县顺发养猪场	季东林	黄坦镇严坋村	20	1995
4	文成县毛猪良种场	金一刚	黄坦镇后巷村	10	1991
5	文成县邢星亮养猪场	邢星亮	黄坦镇华店村	10	1993
6	文成县邢加成养猪场	邢加成	黄坦镇邢宅村	10	1993

说明:资料由县农业局提供

2011年文成县养猪50头以上养殖场一览表

表11-46

序号	猪场名称	户主	地址	年饲养量(头)	开办时间(年份)
1	黄坦镇养殖小区	蒋尖兵	黄坦镇后巷村	500	2007
2	文成鑫鑫生态养猪场	苏圣多	黄坦镇培头村	200	2007
3	文成西坑秀凤生态养猪场	周秀凤	西坑镇敖里村	50	2007
4	文成县旺发生猪养殖场	刘月良	南田镇山甲村	80	2008
5	文成县双桂乡垟山生态养猪场	雷明华	峃口镇垟山村	50	2008
6	文成县周山生猪养殖场	王海伏	周山乡包山底村	100	2008
7	文成县新伟畜牧养殖有限公司	张小新	黄坦镇后巷村	1000	2008
8	文成县云湖生态养猪场	包宗安	黄坦镇杜山村	50	2008
9	文成县金鑫生态养猪场	汪宝庆	玉壶镇金星村	100	2008
10	文成县邢新宽养猪场	邢新宽	黄坦镇严岙村	120	2008
11	文成县黄坦赵碎斌生态养猪场	赵碎斌	黄坦镇黄垟村	120	2008
12	文成县周壤乡岭南综合种养场	高明料	大峃镇岭南村	150	2008
13	文成县占里生态养猪场	赵焕斌	黄坦镇占里村	100	2008
14	文成县黄坦杨发生态养猪场	杨衍发	黄坦镇林山村	80	2008
15	文成县南坑生态养猪场	郑圣产	西坑镇南坑村	50	2008
16	文成县南田岙龙养猪场	刘协标	南田镇南田村	50	2008
17	文成县顺发养猪场	季东林	黄坦镇严坋村	200	2009
18	文成县峃口生猪养殖场	林炳金	峃口镇马宗村	80	2009
19	黄坦道金生猪养殖场	傅道金	黄坦镇新康村	50	2009
20	金垟横培养猪场	郑明益	大峃镇横培村	50	2009
21	文成县富岙柏李生态养猪场	徐柏李	黄坦镇富岙村	100	2009
22	文成县康龙生猪养殖场新建	邢文平	黄坦镇新龙村	50	2009
23	文成县邢勇生猪养殖场新建	邢 勇	黄坦镇新龙村	50	2009
24	文成县中德畜牧养殖有限公司	周月德	黄坦镇旺山村	100	2009
25	文成县康德生态养殖场	包绍谋	珊溪镇分水村	100	2009
26	文成县沙垟生猪养殖场	夏立前	黄坦镇沙垟村	50	2009
27	文成县吴圣欣养猪场	吴圣欣	黄坦镇黄垟村	50	2009
28	文成县珠山垄养猪场	李锦钗	黄坦镇沙垟村	50	2009
29	文成县淑莲养猪场	赵小琴	黄坦镇严坋村	50	2009
30	文成县富岙包宗世养猪场	包宗世	黄坦镇上堡垟	50	2009
31	文成县黄坦裕民生态养猪场	李碎茶	黄坦镇云峰村	100	2009
32	百丈漈天顶湖农产品专业合作社	刘日韩	百丈漈西段村	100	2010
33	文成县周壤雷大元养殖场	雷大元	大峃镇中南村	100	2010
34	文成县洪恩兄弟养猪场	周茂谈	大峃镇龙马村	200	2010

说明:资料由县农业局提供

2011年文成县养禽1000羽以上大户一览表

表11-47

序号	负责人	场名	场址	畜禽种类	存栏数(羽)
1	朱锡忠	文成县三和锦信养鸡场	百丈漈镇新亭村	鸡	45000
2	胡金松	百丈漈镇胡金松养鸭场	百丈漈镇庄后村	鸡	7000
3	吴云兰	吴云兰养鸡场	百丈漈镇坑底村	鸡	5000
4	李　标	李标养鸡场	百丈漈镇镇头村	鸡	10000
5	李丰富	李丰富养殖场(鸡)	百丈漈镇镇头村	鸭	3000
6	赵沛新	赵沛森养殖场(鸡)	百丈漈镇驮田村	鸡	2000
7	刘汉燕	万丁英养殖场(鸡)	百丈漈镇篁庄村	鸡	1000
8	陈碎标	陈碎标养鸭场	大峃镇东城村	鸭	3000
9	雷东华	雷东华土鸡养殖场	西坑镇西坑村	鸡	5000
10	徐朝印	徐朝印养鸡场	西坑镇西坑村	鸡	8000
11	周丽娟	周丽娟养鸡场	西坑镇都铺村	鸡	3000
12	陈永金	文成县陈永金养鸽场	峃口镇双湾村	鸽子	15000
13	施昌树	文成龙凤山鸽业有限公司	峃口镇新田村	鸽子	110000
14	王茂富	文成县王茂丰养鸡场	峃口镇大垟口村	鸡	8000
15	吴小海	文成县吴小海养鸡场	峃口镇溪口村	鸡	12000
16	叶信楷	文成桂花香土鸡养殖场	峃口镇桂溪村	鸡	23000
17	邓伦法	平和马峰基高山养鸡场	峃口镇马峰村	鸡	15000
18	王建隆	王建隆养禽场	玉壶镇外村	鸡	2000
19	刘超平	刘超平养鸡场	南田镇言山村	鸡	8000
20	陈建华	南田标准化养鸽场建设	南田镇高民村	鸽子	6000
21	刘春良	刘春良养鸡场	南田镇言山村	鸡	2500
22	刘小兵	刘小兵养鸡场	南田镇西垟村	鸡	4500
23	刘小丰	刘小丰养鸭场	南田镇西垟村	鸡	1400
24	李良弟	李良弟养鸭场	南田镇西垟村	鸡	1300

说明:资料由县农业局提供

第三节　农产品基地

县域农产品基地为蔬菜基地、茶叶基地和水果基地三大类。2011年全县农产品基地65个,总面积7.35万亩,其中蔬菜基地14个,面积7790亩;茶叶基地20个,面积7689亩;水果基地31个,面积5.8万亩。

蔬菜基地

1996年,大峃镇1000亩、樟台乡500亩、南田镇250亩、二源乡250亩蔬菜基地被温州市人民政府认定为温州市市级蔬菜后备基地。2002—2004年,龙川410亩、黄坦镇880亩、珊溪镇李井片1000亩、周壤大壤片500亩蔬菜基地,先后被温州市政府认定为温州市市级蔬菜后备基地。2011年,增补南田镇1650亩、百丈漈镇400亩、玉壶镇350亩、珊溪镇270亩、峃口镇200亩、黄坦镇130亩为市级蔬菜后备基地。该年,全县7个乡镇市级后备蔬菜基地面积7790亩,其中珊溪镇新建村、福全村;南田镇三源村;百丈漈镇湖底村;大峃镇双龙村;峃口镇金岭村为浙江省特色优势农产品生产基地,百丈漈镇湖底村为高山常年蔬菜基地。

茶叶基地

1998年，在平和创建重点名优茶基地。2002年新增良种茶叶基地1210亩，日省名茶开发有限公司666亩良种示范茶园被认证为有机茶基地。2003年，全县优质茶叶基地增至6000亩。2009年，新发展白茶、龙井茶等良种茶园2130亩，品牌效应不断加大，茶叶价格明显提高。至2011年，建成名优茶叶基地20个，面积7689亩。

2011年文成县名优茶叶基地一览表

表11-48

所在乡镇	村庄	面积(亩)	茶叶品种	产量(吨)
大峃镇	茶龙村	620	嘉茗一号、龙井长叶、迎霜	8.68
	岭南村	520	龙井长叶、迎霜	7.28
	江底村	209	安吉白茶	2.93
峃口镇	驮尖村	572	嘉茗一号(俗称乌牛早)	8.01
	田东村	220	嘉茗一号	3.08
	金岭村	150	嘉茗一号、龙井长叶	2.10
	平和村	300	嘉茗一号	4.20
	东方村	200	嘉茗一号	2.80
	公阳村	350	嘉茗一号、群体种	4.90
	良坑村	500	嘉茗一号、龙井长叶、	7.00
	日省名茶基地	698	嘉茗一号、龙井长叶、迎霜	10.00
珊溪镇	西黄村	520	安吉白茶	5.00
	西山村	350	嘉茗一号、龙井长叶、迎霜	4.90
	项坑村	300	嘉茗一号	4.20
周山畲族乡	养根村	400	嘉茗一号	5.60
	周垟村	300	嘉茗一号	4.20
	水井头村	300	嘉茗一号	4.20
	包山底村	450	嘉茗一号	6.30
巨屿镇	黎明村	580	嘉茗一号	8.12
百丈漈镇	新亭村	150	龙井长叶	2.10

说明：资料由县农业局提供

水果基地

1997年创建名优水果基地8204亩。2000年优化水果品种，开始发展杨梅、猕猴桃、草莓、樱桃等名优水果基地1966亩。2007年新增名优水果基地7094亩。至2011年，全县共建名优水果基地31个，面积5.8万亩。

2011年文成县名优水果基地一览表

表11-49

所在乡镇	村庄	面积(亩)	水果品种	产量(吨)
珊溪镇	雅坪村	2000	杨梅	1000
	塘山村	1800	杨梅	900
	鳌垟村	1000	杨梅	500
	南阳村	1850	杨梅	1000
	东坪村	920	杨梅	460

续表11-49

所在乡镇	村庄	面积(亩)	水果品种	产量(吨)
珊溪镇	牛坑村	800	杨梅	400
	西山村	605	杨梅、蓝莓、葡萄	270
	徐岙村	600	杨梅	300
	李夏村	500	杨梅	250
	五新村	1000	杨梅	500
	松坑村	750	杨梅、柚	500
	富强新村	800	杨梅	400
	坦歧村	612	杨梅	306
	朱川村	620	杨梅、红心柚	86
	君阳村	510	杨梅	255
	松根村	600	杨梅	300
	新湖村	550	杨梅	275
	项坑村	510	杨梅	255
黄坦镇	上保垟村	850	东魁杨梅、黑炭梅、白杨梅	258
	莲头村	500	东魁杨梅	150
	严垟村	520	樱桃、草莓、杨梅等	380
	沙垟村	350	东魁杨梅	105
大峃镇	上徐村	110	枇杷	49.5
	下徐村	120	枇杷	51.4
	垟底村	228	东魁杨梅	102.6
	江外村	151	东魁杨梅	67.9
	塔山村	810	东魁杨梅	182.3
	江底村	380	东魁杨梅	171.5
	炉山底村	220	三红蜜柚	22.3
	茶寮村	130	水晶杨梅	11.5
南田镇	新岳村	738	猕猴桃、杨梅、	215
	岳垟村	430	猕猴桃、杨梅、葡萄	330
	高村村	1620	杨梅	625
	十源村	680	梨	1360
	新富村	890	梨	1780
百丈漈镇	山头村	1000	雪梨	200
	长塘村	550	东槐杨梅	132
玉壶镇	林岩村	520	荸荠种杨梅	250
峃口镇	桂西村	500	红肉蜜柚、杨梅	100
	渡渎村	510	杨梅、葡萄、火龙果、红心柚	100
周山畲族乡	吴垟村	500	荸荠种杨梅、猕猴桃	152
	周垟村	520	红心蜜柚、红心猕猴桃	80
巨屿镇	潘岙村	500	杨梅	158

说明:资料由县农业局提供

第四节　农产品

1994年开始实施农产品品牌战略。2000年以后,成立县创品牌领导小组,陆续出台品牌发展战略、名牌培育、提升名牌质量等规划、政策、意见。至2011年,全县农产品累计创浙江名牌产品5个,温州名牌产品10个;

浙江省著名商标3只,国家地理标志证明商标1只。农产品参加浙江农业博览会、中国(温州)农业博览会,各获金奖20个。

名牌农产品

1994年县政府提出"质量立县",实施品牌战略,率先扶持农业龙头企业创建品牌,培育名牌商标。2002年,县亨哈山珍食品有限公司"亨哈牌"商标评为浙江省著名商标;次年"亨哈牌"野生蕨菜干、四季豆干分别被评为"浙江名牌""温州名牌"农产品。2004年成立县创品牌领导小组,制定5年品牌培育计划,召开品牌建设动员表彰会议,给获得省、市名牌企业给予奖励。2005年制定《实施品牌发展战略的若干意见》,明确奖励政策,鼓励企业创建名牌;编制《文成县2006—2010年名牌产品培育发展规划》,将半天香茶叶、兔肉松等15个产品列为省、市名牌产品重点培育对象。县日省名茶开发有限公司"日省"牌商标评为浙江省著名商标。2006年8月,出台《文成县名牌培育质量提升工程实施方案》,推进名牌培育质量提升。2008年6月,浙南薯业产销专业合作社成功注册"文成粉丝"地理标志证明商标,成为全国获此殊荣的219件农产品之一。2011年,县日省名茶开发有限公司"日省"牌半天香茶叶、仰山果业有限公司"仰山"牌杨梅、双凤食品有限公司"双凤"牌兔肉松,先后被认定为浙江名牌农产品。至2011年年底,全县农产品获浙江名牌产品5个、温州名牌产品10个,浙江省著名商标3只,国家地理标志证明商标1只。

2003—2008年文成县浙江省名牌产品一览表

表11-50

序号	评定年份	品牌名称	品牌拥有人
1	2003	"亨哈"牌野生蕨菜干	文成县亨哈山珍食品有限公司
2	2003	"亨哈"牌四季豆干	文成县亨哈山珍食品有限公司
3	2006	"双凤"牌兔肉松	文成县双凤食品有限公司
4	2008	"日省"牌半天香茶叶	文成县日省名茶开发有限公司
5	2008	"仰山"牌杨梅	文成县仰山果业有限公司

说明:资料由县农业局提供

2003—2011年文成县温州市名牌产品一览表

表11-51

序号	评定年份	品牌名称	品牌拥有人
1	2003	"亨哈"牌野生蕨菜干	文成县亨哈山珍食品有限公司
2	2003	"亨哈"牌四季豆干	文成县亨哈山珍食品有限公司
3	2004	"日省"牌半天香茶叶	文成县日省名茶开发有限公司
4	2005	"双凤"牌兔肉松	浙江双凤食品有限公司
5	2006	"山哥哥"牌番薯粉丝	文成县大山绿色食品有限公司
6	2007	"南田"牌大米	文成县大山绿色食品有限公司
7	2007	"仰山"牌杨梅	文成县仰山果业有限公司
8	2009	"刘基贡茶"	文成县岱口茶叶专业合作社
9	2010	"平峰"猪仔饲料	文成县华大饲料有限公司
10	2011	"刘基贡茶"	文成县周山茶业发展有限公司

说明:资料由县农业局提供

2002—2008年文成县省级著名商标和国家地理标志证明商标一览表

表11-52

序号	评定年份	类别	品牌名称	适用商品	品牌拥有人
1	2002	浙江省著名商标	"亨哈"牌	野生蕨菜干	文成县亨哈山珍食品有限公司
2	2002		"亨哈"牌	四季豆干	文成县亨哈山珍食品有限公司
3	2005		"日省"牌	茶叶	文成县日省名茶开发有限公司
4	2008	国家地理标志证明商标	"文成粉丝"	文成粉丝	浙南薯业产销专业合作社

说明:资料由县农业局提供

获奖农产品

2001年开始,组织农业龙头企业、专业合作社,参加浙江省农业博览会优质农产品展示展销评选活动,亨哈山珍食品公司"亨哈牌"刀豆、万年青获金奖。2004年,亨哈山珍食品有限公司四季豆干、野生蕨菜,日省名茶开发有限公司"半天香"茶叶,双凤食品有限公司有机兔肉松,分别参加浙江省、中国(温州)农博会再获金奖。2005年以后,"山哥哥"牌番薯粉丝和山茶油、"兴绿"牌和"南田"牌大米、"百丈漈"牌刘基贡茶、"邱老汉"牌盘菜等产品获奖。2001—2011年,全县农产品获省、市农博会金奖40个,其中浙江农博会、中国(温州)农博会金奖各20个。获奖企业8家,其中浙江双凤食品有限公司获奖产品高居榜首,获奖总数12个(省级8个、市级4个),占全县获奖总数30%;浙江山哥哥农业开发有限公司获奖产品9个(省级3个、市级6个),占22.5%;县亨哈山珍食品有限公司获奖产品8个(省级5个、市级3个),占20%;日省名茶开发有限公司获奖产品6个(省、市级各3个),占15%;峃口茶叶专业合作社获奖产品2个;县双龙食品有限公司、绿源食品开发有限公司、二源绿色专业合作社获奖产品各1个。

2001—2011年浙江农业博览会获奖产品一览表

表11-53

序号	生产单位	获奖等级	获奖产品	获奖年份
1	文成县亨哈山珍食品公司	金奖	"亨哈"牌刀豆	2001
2	文成县亨哈山珍食品公司	金奖	"亨哈"牌万年青	2001
3	文成县亨哈山珍食品有限公司	金奖	"亨哈"牌四季豆干	2004
4	文成县日省名茶开发有限公司	金奖	"半天香"茶叶	2004
5	文成县双凤食品有限公司	金奖	有机兔肉松	2004
6	文成县亨哈山珍食品有限公司	金奖	"亨哈"牌蕨菜	2005
7	文成县双凤食品有限公司	金奖	"双凤"牌有机兔肉松	2005
8	文成县日省名茶开发有限公司	金奖	"日省"牌茶叶	2005
9	浙江山哥哥农业开发有限公司	金奖	"山哥哥"牌番薯粉丝	2005
10	文成县双凤食品有限公司	金奖	"双喜凤"牌兔肉松	2006
11	文成县日省名茶开发有限公司	金奖	"日省"牌半天香名茶	2006
12	浙江山哥哥农业开发有限公司	金奖	"山哥哥"牌番薯粉丝	2006
13	文成县亨哈山珍食品有限公司	金奖	"亨哈"牌野生蕨菜	2007
14	浙江双凤食品有限公司	金奖	兔肉松	2007
15	浙江双凤食品有限公司	金奖	兔肉松	2009
16	浙江山哥哥农业开发有限公司	金奖	文成粉丝	2009
17	浙江双凤食品有限公司	金奖	兔肉干	2010
18	浙江双凤食品有限公司	金奖	兔肉松	2010
19	浙江双凤食品有限公司	金奖	兔肉酥	2011
20	文成县双龙食品有限公司	金奖	"恋薯良品"方便粉丝	2011

说明:资料由县农业局提供

2004—2010年中国(温州)农业博览会获奖产品一览表

表11-54

序号	生产单位	获奖等级	获奖产品	获奖年份
1	文成县双凤食品有限公司	金奖	兔肉松	2004
2	文成县亨哈山珍食品有限公司	金奖	四季豆干	2004
3	文成县亨哈山珍食品有限公司	金奖	野生蕨菜	2004
4	文成县日省名茶开发有限公司	金奖	“半天香”牌茶叶	2004
5	浙江山哥哥农业开发有限公司	金奖	番薯粉丝	2004
6	文成县绿源食品开发有限公司	金奖	“兴绿”牌大米	2004
7	文成县双凤食品有限公司	金奖	“双喜凤”牌兔肉松	2006
8	文成县日省名茶开发有限公司	金奖	“日省”牌半天香名茶	2006
9	浙江山哥哥农业开发有限公司	金奖	“山哥哥”牌番薯粉丝	2006
10	文成县岴口茶叶专业合作社	金奖	“百丈漈”牌刘基贡茶	2006
11	文成县亨哈山珍食品有限公司	金奖	“亨哈”牌野生蕨菜	2006
12	浙江山哥哥农业开发有限公司	金奖	“山哥哥”牌文成粉丝	2008
13	浙江山哥哥农业开发有限公司	金奖	“山哥哥”牌山茶油	2008
14	浙江双凤食品有限公司	金奖	“双凤”牌兔肉松	2008
15	文成县岴口茶叶专业合作社	金奖	“百丈漈”牌刘基贡茶	2008
16	浙江双凤食品有限公司	金奖	“双凤”牌兔肉松	2010
17	文成县日省名茶开发有限公司	金奖	“日省”牌茶叶	2010
18	浙江山哥哥农业公司	金奖	“山哥哥”牌文成粉丝	2010
19	文成县二源绿色专业合作社	金奖	“邱老汉”牌盘菜	2010
20	浙江山哥哥农业公司	金奖	“南田”牌大米	2010

说明:资料由县农业局提供

特色农产品

县域特色农产品种植类主要为香菇、木耳、山药、雪梨、毛豆、杨梅、白露地、油冬菜等;加工类为茶叶、山珍食品、兔肉、粉丝、山茶油、黄坦糖、素面、拉面、番薯枣、绿豆腐、苦槠腐、糯米糍、盖叶、九层糕、黄年糕、糯米红酒、薏仁米酒等。

文成香菇 早在元末明初,“砍花法”栽培香菇已初具规模。人工纯菌种椴木栽培香菇始于20世纪70年代,首先在几个专业户中试种。1980年,国营文成县石垟林场真菌厂和10多个专业户纷纷试种木屑压块室内栽培香菇获得成功,但未形成产业。1984年,岭后、西坑等山区乡村群众试种椴木香菇,但收益不高。1985年,珊溪5户农民引进福建古田人造菇木野外栽培香菇(也称香菇室外袋栽)技术,试种后效益显增。此后,香菇生产发展迅速。1990年,全县种植3800户1078万筒,干菇产量500吨,产值2300万元,菇农获纯利1000万元。1991年,全县安排中央低息扶贫贷款350万元,扶持发展香菇产业。10月,县委、县政府出台《经济开发十大项目的实施意见》,确定全年生产香菇1000万筒。全县从事香菇生产菇农3900户,种植香菇1200万筒,收干菇600吨,创产值2000多万元,菇农净收入800万元,创外汇81.6万美元。12月,“文成香菇”在中外名特优食品深圳展销会荣获“鹏程杯”金杯奖。1992年干菇产量612吨。1993年干菇产量437吨。同年4月,县香菇市场落成开业,建筑面积5000平方米,是当时浙南最大香菇交易市场。1994年干菇产量450吨。但同年起,受市场影响,香菇价格急剧下跌;加上遭受4月冰雹灾害、8月台风袭击,珊溪、双桂、周山、公阳、平和、大岴等地菇农损失惨重,严重挫伤生产积极性,香菇生产全面萎缩,产量下降。1995年328吨,1996年546吨,1997年138吨,1998年124吨,1999年124吨,2000年132吨,2001年128吨,2002年95吨。

文成木耳 21世纪初,县域开始发展黑毛木耳产业,从福建三明引进3位种植能手,采用段木栽培技术生产黑毛木耳。2006年公阳乡在上岳头村发展毛木耳20万筒。2007年全县食用菌总产量2吨。2009年公阳乡生产毛木耳50万筒,全县食用菌总产量52吨。此后温州市开始规划食用菌产业功能区,2011年公阳黑毛木耳生产基地被确定为温州市级特色农业精品园创建点。全年食用菌总产量163吨。

文成山药 别称薯蓣、土薯、山薯蓣等。山药具有健脾益胃助消化、治肾益精、益肺止咳、预防心血管病、延年益寿、减肥健美的功效,为药食两用之佳品。县域传统品种有红薯、白薯、火棍薯、糯米薯等。糯米薯,在文成又可称为"文成糯米山药""文成糯味山药""文成糯山药""文山药"等。根据形状特点,又可分为糯米铁板山药、糯米佛掌山药等。其外表乌黑毛糙,内里嫩白如玉,入口黏而不腻,口感软滑韧柔香糯,成为馈赠上等特产。文成糯米山药在文成已有近千年种植历史,1990年之前农户种植均以零星种植、自给自足为主,全县种植面积数百亩。后随着市场经济发展,糯味山药越来越受消费者青睐,种植面积逐年扩大,陆续向规模化、商品化方向发展。1995年种植面积1100亩,产量1340吨。2010年种植1850亩。2011年种植2300亩,产量2800吨,产值1800万元。规模种植主要集中在大峃镇、黄坦镇、峃口镇、巨屿镇、珊溪镇、南田镇、西坑镇等地。

文成雪梨 又名"文成消梨""文成高山雪梨"等,主产区位于南田镇十源社区、百丈漈镇二源社区、黄坦镇等地。文成雪梨为传统地方名果,栽培历史悠久,品种繁多。地方特色品种有"六月消"、苹果梨、蒲瓜梨等。20世纪70年代引入黄花、杭青、新世纪;90年代后引入早熟梨翠冠、翠绿、清香、西子绿、多麾等品种。每年4月份开花、7、8月份成熟,瓠瓜梨于10月份成熟。果实具有消暑、润肺、理气、止咳等保健功效,可作热症食疗,为老少皆宜果品。1990年梨园采摘面积6147.5亩,总产量929吨。1991年以后梨园面积持续发展。1995年在南田实施低产梨园改造。2003年推广应用优质早熟梨标准化生产技术。2005年8月和2006年7月,二源乡2000亩蜜梨基地、十源乡2000亩雪梨基地先后获得浙江省"森林食品"认证。2008年黄坦经济开发公司6000亩雪梨基地获农业部"无公害农产品"产地认证。2009年制定文成雪梨生产县级地方标准。2011年十源乡雪梨基地获中国"绿色食品"认证。全年雪梨栽培面积1.28万亩,产量7562吨,产值2280万元,成为浙南闽北地区最大商品梨生产基地。文成雪梨皮薄汁多,肉白心小、味甜芳香,清凉可口,适于贮运,品质上佳,享有较高市场声誉,2004—2006年连续三年荣获浙江省精品水果金奖。

文成鲜食毛豆 大峃、南田、百丈漈、西坑等地均有种植,具产量高、品质优、抗性强、适应性好等特点。豆荚黄绿色、籽粒饱满、有茸毛,豆粒含种衣、绿色、肥大、糖度高。单株鲜荚数约110～120个,百荚鲜重250克左右,荚长5.8厘米,荚宽1.3厘米。单株鲜粒重约170～180克,百粒鲜重70～80克。鲜豆粒炒食,入口无渣,鲜甜可口;水煮鲜荚成为浙南一带酒店特菜佳肴。20世纪90年代以前,多在地角田边、水稻田岸种植,俗称"田岸豆"。后随市场发展,被菜农作为菜用大豆推广种植。1992年种植面积3520亩,产量900吨。2003年种植面积11504亩,产量2145.8吨。2007年南田经济开发总公司"高山牌"毛豆,获"绿色食品"认证。2011年种植面积19425亩,产量3942吨。鲜豆荚远销上海、广州、福州、宁波等大中城市。

文成油冬菜 县境传统蔬菜品种,全县各地均有种植,但商品油冬菜主要产于海拔650米以上高山,其特有品质:叶片呈椭圆形,色浓绿全缘,叶面光滑微皱、绿梗,肉厚质脆,纤维少,口感鲜甜可口,风味独特,单株重1～2公斤。

文成白露地 植物学名为铜锤玉带草,俗名白露地、白落地,常成片生长在海拔450～650米宅旁、路边、草坡地。属桔梗科多年生草本植物。根须状,自基部多分枝,节上生根,茎匍匐,长1～2米;叶互生,叶片圆形或心状卵圆形,边缘有浅齿,长1～2厘米;花冠淡紫色;浆果椭圆形,果柄长1～2厘米,小铜锤状,初为黄绿色,后转为蓝紫色。全草入药,味淡,性凉,具利水消肿、解毒功效。果实味苦、涩,性微温,能补肾、强精,具有较高营养、保健价值。农家一般采其嫩全株,清洗后炒蛋、烧蛋汤食用,可当茶饮,清香怡人,风味独特。

文成杨梅 文成杨梅种植历史悠久,至今已有数百年历史,明朝开国元勋——刘伯温曾留下“落树杨梅颗颗殷”的诗句。自20世纪90年代后,文成杨梅得以迅速发展,1991年全县杨梅面积4750亩,产量248吨;到2011年全县杨梅种植面积5.77万亩,产量11893吨,比1991年分别增加了12.15倍和47.96倍。文成杨梅成熟早、品质优、绿色生态,具有个大味甜、风味浓郁、色泽乌黑的特点,2002年获评江省首届杨梅精品展“杨梅精品”、2004年获评市“六大精品杨梅”、2010年获评温州市杨梅擂台赛冠军等荣誉称号。

文成贡茶 县日省名茶开发有限公司“日省”牌半天香茶叶,以形似雀舌,香气高鲜持久,滋味鲜醇口,回味甘甜著称。2001年起在国内外名茶评比中连连获奖。分别荣获全省第十四届名茶评比一类名茶、第十五届名茶评比一类名茶、第四届“中茶杯”全国名优茶评比一等奖、第五届“中茶杯”优质奖;中国精品名茶博览会金奖和第十届中国专利新技术新产品博览会特别金奖;第三届(日本)、第四届(韩国)国际名茶评比中分别荣获银奖和金奖。同时在浙江农业博览会上获金奖。通过中国农业科学院茶叶研究所有机茶研究与发展中心认证委员会审定,878亩茶园获有机茶原料生产、加工、标志准用证。2002年“日省”牌商标被评为温州市知名商标。2004年获温州名牌产品,2008年获“浙江名牌农产品”“浙江名牌产品”称号。2005年“日省”牌注册商标被认定为“浙江省著名商标”。

县周山茶业发展有限公司“伯温”牌刘基贡茶,具有外形美观、色泽嫩绿、香气高鲜、滋味鲜醇等特点。公司年产各类绿茶100余吨,主导产品“伯温”贡茶,2004年参加第三届国际名茶评比获银奖。2005年获林业部优质名茶,“中茶杯”第四届全国名茶评比一等奖,浙江省第九届名茶评比金奖、首届“龙顶杯”金奖。后连续多年获中国(温州)农博会金奖。2009年获温州市名牌产品、浙江省“名品正牌农产品”称号;4月,获第16届上海国际茶文化节组委会“中国名茶”评比金奖。2010年1月“伯温”牌商标获温州市知名商标称号;3月,获“三杯香”第八届温州早茶节温州名优早茶评比金奖;5月获浙江(西安)绿茶博览会金奖。2011年6月,获第16届浙江(哈尔滨)绿茶博览会名茶评比金奖。

岇口茶叶专业合作社“百丈漈”牌刘基贡茶,2006年、2008年两次获中国(温州)农博会金奖,2009年获温州市名牌产品称号。该合作社2002年7月成立,拥有社员213户,茶园3100亩,其中无性系良种茶园1200亩;拥有郑山茶场、雪峰茶场、云天茶场、公阳茶厂、黄岭茶厂,年产名优茶40余吨,2011年销售收入645万元。

珊溪西山茶场“贤家山”牌白茶,2005—2006年,先后获宁波国际茶叶博览会金奖、第六届国际名茶评比金奖。茶场拥有茶叶基地520亩,从安吉引进白茶种植、加工技术。

文成山珍食品 县亨哈山珍食品有限公司“亨哈”山珍系列农特产品,分脱水蔬菜、淀粉制品、即食包装酱腌菜、食用菌4大类100多个品种。1995年获中国第二届科技精品博览会金奖。1997年8月,参加温州(北京)产品展销会获畅销产品称号。1998年获省政府首批优质农副产品金奖。1999年获中国国际农业产品博览会中国农业名牌产品称号。2001年刀豆、万年青产品,获浙江省农博会名牌产品称号。2002年“亨哈”牌商标被评为浙江省“著名商标”。 2003年7月野生蕨菜、四季豆干系列产品,分获温州市、浙江省名牌产品称号。2004年通过IS09001质量体系认证,野生蕨菜、四季豆干产品分别获温州市、浙江省农博会金奖,并被评为温州市十佳农产品。2005年公司被评为浙江省知名商号企业。2006年“亨哈”牌商标被评为“浙江省十大特色农产品”商标。2007年再获浙江省农博会金奖。产品远销国内外,年均85%以上产品销往东南亚、西欧等12个国家和中国香港地区。1998—2005年累计出口额2.16亿元。

文成兔肉 浙江双凤食品有限公司“双凤”“双喜凤”牌兔肉系列产品,有兔肉松、兔肉酥、兔肉儿童营养粉、兔肉干、熏兔、兔肉火腿肠、调理兔肉等。是国内首家有机兔肉松生产企业,兔肉松项目被列为国家科技星火计划。2002年起,兔肉松产品4次获温州市农博会金奖,9次获浙江省农博会金奖。2005—2006年"双凤"牌有机兔肉松,先后被评为温州市、浙江省名牌产品。2007年通过ISO 9000质量体系认证,"双喜凤"牌商标被评为温州市知名商标。2008年"双凤"牌商标,被评为浙江省著名商标,产品市场口碑良好,深获广大市民喜爱。

文成粉丝 "山哥哥"牌文成粉丝 浙江山哥哥农业开发有限公司产品。公司创建于2001年2月,下设文成县农产品展销中心、文成县大山农产品研究所。主要产品有"山哥哥"牌山茶油和文成粉丝等。晶莹呈半透明状,煮、炒、火锅皆宜。文成粉丝因此连续四年获得省、市农博会金奖。2008年6月,"文成粉丝"经国家工商总局商标局核准注册为中国地理标志产品,并获温州名牌产品和市知名商标,温州市民最喜爱的十大品牌农产品称号。产品出口欧洲、非洲、东南亚等地,年出口量超100吨,出口额超1000万元。

"康丝汇"牌粉丝 县双龙食品有限公司产品。是一家集农产品种植、深加工及绿色食品研发、销售为一体、综合型食品企业。主导产品为出口级"康丝汇"牌纯番薯粉丝、纯马铃薯粉丝、紫薯粉丝等系列农产品。年加工能力500吨,2011年加工农产品产值800万元。2011年其粉丝系列产品"恋薯良品"方便粉丝获浙江农业博览会金奖。

文成山茶油 "山哥哥"牌山茶油 浙江山哥哥农业开发有限公司产品。20世纪80年代,文成曾有"浙南油库"之誉。1986年停止收购油茶籽,农户生产积极性大受打击,油茶林随之日渐荒芜。2008年以后逐渐恢复,至2011年全县10个乡镇种植油茶6.9万亩,其中投产1.5万亩。公司具备年产2000吨山茶油深加工流水线。2008年"山哥哥"牌山茶油获中国(温州)农业博览会金奖。

文成黄坦糖 产地黄坦镇,故名。明、清时期即有人制作、销售,至今已有几百年历史,从业者甚多,民国期间至"文化大革命"前最为鼎盛,为黄坦镇村民重要家庭副业。当地俗语称:"糖桶一度乌一度红,担起糖桶,只怕脚不勤来不愁穷。"黄坦糖以精细糯米为原料,用大麦麦芽发酵后煎成糖油,再添加芝麻、生仁与薄荷油等佐料,以民间特有工艺加工而成,可制作松脆糖丝、柔韧糖端(条)、坚实糖饼,花样各式,味道多样,入口香甜、清凉可口,并有健脾胃增食欲之功效。黄坦糖物美价廉,深受消费者欢迎,曾热销于瑞安、温州、丽水,乃至闽北、江西等地。2008年12月,黄坦糖制作技艺列入温州市第二批非遗名录。

文成素面 产地大峃龙川,以面粉为原料加适量食盐(春冬含3%~5%、夏秋为9%~12%),做好面坯置面柜中"走透"后,拉成线晒燥,理成线绞状。其成品常被交叠成"8"字形,故俗称8字面。文成素面具有醇香清素,洁白柔韧,细如银丝,香味四溢,鲜软可口,又细又匀等特点。为文成传统特色美食,柔软可口,富含营养易消化,为群众喜爱食品,老人祝寿、生日、妇女生小孩时都以此为主食。吃时放开水锅中一煮,去掉咸汤,拌点佐料即可。由于该食品具有强身健体、防老抗衰、滋阴美容等功效,故又称"长寿面"。文成从明末清初就有素面加工记载,至今已有400多年历史,大多为家庭作坊加工。尤以大峃龙川为甚,龙川马垟、花园、横山、村头、中堡等村历年有索面生产专业户130余户,年产素面2000多吨,产值1200多万元。以前除供应县境城乡外,还销往温州、瑞安、平阳、泰顺、龙泉等县市,改革开放后又进入上海、杭州、广州、昆明等大中城市,后又走出国门,远销法国、意大利等10多个国家。

文成拉面 县域传统美食之一。历史悠久,以风味独特享誉。制作技艺以面粉为原料,先将白面粉倒入面盆或木板上,慢慢加水、拌匀,再用双手反复揉至黏性成团。放面板上捺扁切成1厘米宽面坯,盖湿毛巾防燥皮。过10多分钟面坯变柔韧(俗称"走透")后,双手将其两端提起,边拉边抖,即可任意拉长。有些人拉至近一米长时,再合并重新拉细至棉纱一般,抛入滚汤中,稍煮即熟,按各自喜好,加肉丝、青菜、香菇或海鲜、荷包蛋等等佐料,捞起即可食。其味美,为机器所碾面条所难相及。文成拉面独特性在于人工揉面、拉面、烧面,农家味十足。

文成番薯枣 产地黄坦，主要销售浙江、上海、江西、新疆等地区。选用优质新鲜番薯（地瓜），经清洗、蒸煮、切片、日晒而成。保留天然品质和色泽，颜色黄中透红，质地松软耐嚼，味道清香甜美，且具丰富的葡萄糖和维生素A、B、C、D以及微量元素铜、磷、铁等，令人百吃不厌，男女老少皆宜。在制作过程中，不添加任何物质，为当之无愧"纯天然"食品。

文成绿豆腐 植物学名豆腐柴，又名腐婢，民间俗称臭黄荆、豆腐木、苦苦兰等。属马鞭草科多年生落叶灌木。叶对生，有特殊芳香气味，揉之有黏液，叶可制绿豆腐，供食用。夏季采其叶，加水搓揉过滤，滴入少量草木灰水，凝固成青色食腐，可煮汤或凉拌食用。味带青气而清淡可口，且以其清热解暑特效而受青睐。山民入夏采做，挑到城镇销售，以此作副业收入，历史悠久。

文成苦槠腐 苦槠，植物学名白栎，药名橡子仁，民间俗称苦槠、山苦槠，壳斗科落叶乔木。降霜后采集苦槠果实，去外壳，将果仁反复换水泡浸，消去原苦涩味，水磨成浆，煮熟如糊倒入盆中冷却成腐，便可烧吃。将其切成二指宽薄片晒燥便成苦槠腐干，配以佐料煮吃，韧软润口味佳，且具利肾、祛风湿、清凉解毒之功效，倍受人爱，为馈赠佳品。

文成畲族糯米糍 产于县域西坑、周山、岭后等畲族乡镇，以上等糯谷为原料，经加工成白净糯米；用清水把糯米浸透，放进木甑蒸熟，放入石臼，用石锤捣成羹状，畲人称"打糍粑"。然后做成各种形状大小糍粑，再添加芝麻等佐料，食之柔韧鲜滑，香甜可口。糍粑是畲族特色美食，圆饼状糍粑，象征丰收、喜庆和团圆，每逢传统节日或家庭喜庆，都以此为主食。

文成盖叶 又称清明果，香糯可口，为文成传统美食。每逢清明佳节，人们都有做盖叶习惯，在市场上颇受消费者青睐。清明前，将采摘棉菜（植物学名为鼠曲草，又名清明草）洗净、切碎，揉入米（粳稻）粉中做成团，再嵌入炒熟的萝卜丝+笋+肉+虾皮、红豆沙等馅，蒸熟后即成。

珊溪九层糕 又名千层糕、九重糕、中元糕，取长长久久、步步高升之意，产于珊溪镇。主要原料为大米，添加槐花米、檵木等中草药制作而成。成品呈现桂花黄色，草药清香，口感良好具韧性，色香味俱全，老少皆宜，成为酒店、农家乐宴席一道特色菜品，大街小巷传统美食，馈赠亲朋好友佳品。九层糕以前完全由手工制作，工艺流程烦琐，后来随着市场需求增加，则改由半手工半机器制作。

桂山黄年糕 产地珊溪桂山，为县域人口相传十大美食之一，在温州一带颇为有名。制作历史已有300多年，每逢清明、春节等传统佳节，村民均有做年糕习惯。制作技艺以珍珠米为主料，用白杜鹃、山茶等乔木枝叶烧成灰用水沥青，加入中药槐花米，煎成药汤汁，拌入泡好的米中，上锅蒸熟，放入石臼捣成饭糍，用模具（俗称糖糕印）制作成年糕。年糕成品呈桂花黄色，入口清香、细腻、韧柔，且具去风毒等保健作用。

文成糯米红酒 县域居民家庭有酿造糯米红酒传统习惯。酿造时间以每年农历十月最佳。其技艺是选取主料精糯米，用优质山泉水浸泡，入蒸锅炊熟，按1公斤米加水1.6～2公斤比例，拌红曲霉菌发酵而成。平时供节日、接客、宴席食用，亦可将红酒配进相应药物，制成补酒。

公阳薏仁米酒 产地峃口公阳，从20世纪60年代开始酿制，酒味甘醇，具有开气、利湿作用。酿造工艺独特，每年除高温季节外，其他季节均可酿制。先将薏仁米、糯米浸泡1天，洗净、沥干、炊熟、冷却，按薏仁米、糯米、山泉水、红曲80∶20∶180∶23比例，放入酒缸，盖上有透气孔的盖子。待缸中水沸腾后用木酒打连续搅拌7～10天，密封发酵4～5个月，酿成红酒。再用红酒放在锅里当水，蒸笼屉上面放酒糟、细麦麸糠、细糠，蒸煮，收集蒸汽成薏仁米酒。

第六章 现代农业

2001年,开始把发展生态型农业作为主攻方向,开展农业标准化建设,按照生态无公害、绿色、有机要求发展农业,实施品牌战略。2010年,开展农业“二区”(粮食生产功能区、现代农业园区)建设。至2011年,累计建成粮食生产功能区12个,面积18593亩;创建国家、省、市、县级农业标准化推广示范基地59个,省、市特色农业精品园5个、创建点10个;认证无公害、绿色食品、有机农产品产地41个,总面积97373亩。

第一节 现代农业园区建设

2005年,依托农村自然生态、田园景观、民俗文化和农业特色优势,发展以“农家休闲、采摘观光”为主体的休闲农业观光园区。2010年,先后启动粮食生产功能区、特色农业精品园、现代农业主导产业示范区、省级现代农业综合区建设。至2011年年底,建成温州市粮食生产功能区12个;省级现代农业主导产业示范区3个,市级现代农业主导产业示范区5个;省级特色农业精品园1个、创建点6个,市级特色农业精品园创建10个;省、市级休闲观光农业示范园各1个。

粮食生产功能区

2010年,温州市政府颁发《关于加强粮食生产功能区建设与保护工作的通知》,全县启动建设粮食生产功能区2个、面积6447亩;其中南田镇1个、面积5319亩,峃口镇1个、面积1128亩。2011年,建设粮食生产功能区10个、面积12141亩;其中南田镇3个、面积4045亩,百丈漈镇4个、面积4561亩,黄坦镇2个、面积2313亩,西坑镇1个、面积1222亩。至年末,共建成粮食生产功能区12个、面积18593亩。主要建设内容为机耕路、三面光水渠、农用电等农田基础设施。农田水利、道路、农用电等农业基础设施得到改善,农业生产环境逐步好转,产业发展能力增强。

2011年文成县粮食生产功能区一览表

表11-55 单位:亩

功能区名称	地址(范围)	面积	建设年份
峃口镇粮食生产功能区	上岳头村、水碓宅村、鹿堡村、公阳村	1128	2010
南田镇粮食生产功能区	高村、三源村、五源村、新南村	5319	2010
	龙上村	1457	2011
	横山村、新南村	1314	2011
	高新村、十源村、光明村	1274	2011
百丈漈镇粮食生产功能区	西里村、西段村、莲塘村	2618	2011
	富阳村、新亭村	639	2011
	朱山村、谈阳村、庄后村	747	2011
	底大会村、外大会村	557	2011
黄坦镇粮食生产功能区	黄垟村	846	2011
	缸窑、新龙、周岙	1467	2011
西坑畲族镇粮食生产功能区	塘垟村、梧溪村	1222	2011

说明:资料由县农业局提供

特色农业精品园

2010年，启动特色农业精品园区建设。同年9月，省农业厅确定峃口镇平和有机茶基地、黄坦镇后巷花卉基地为首批省级特色农业精品园创建点。2011年5月，温州市农业“两区”建设领导小组办公室确定黄坦花卉、水果、油茶，平和茶叶、肉鸽，珊溪白茶、杨梅，龙川蔬果、花卉苗木，公阳黑毛木耳，东溪油茶，西坑花卉苗木等基地为首批市级特色农业精品园创建点。8月，省农业厅确定珊溪镇茶叶、杨梅，峃口镇毛木耳、肉鸽基地为第二批省级特色农业精品园创建点；11月，文成县平和茶叶精品园被浙江省农业厅、林业厅、海洋与渔业局确定为第二批浙江省现代农业园区(精品园)。次年1月，文成县黄坦花卉精品园、文成县平和有机茶精品园、文成县公阳黑毛木耳精品园、文成县黄坦水果精品园、文成县平和肉鸽精品园被温州市农业“两区”建设领导小组办公室确定为首批温州市现代农业园区(精品园)。2011年年底，全县省级特色农业精品园1个、创建点5个，市级特色农业精品园创建10个。

2011年文成县省、市级特色农业精品园(创建点)一览表

表11-56

级别	园区名称	实施单位	生产经营项目	命名时间(年月)
省精品园	文成县平和茶叶精品园	县日省名茶开发有限公司	茶叶	2011.11
省级创建点	文成县黄坦花卉精品园	县后巷蔬菜花卉种植专业合作社	花卉	2010.9
	文成县珊溪茶叶精品园	县珊溪镇西山茶场	白茶	2011.8
	文成县珊溪杨梅精品园	文成县珊溪台农果业专业合作社	杨梅	2011.8
	文成县峃口毛木耳精品园	县三叶农业专业合作社	毛木耳	2011.8
	文成县峃口肉鸽精品园	县龙凤山鸽业有限公司	肉鸽	2011.8
市级创建点	文成县平和有机茶精品园	县日省名茶开发有限公司	茶叶	2011.5
	文成县黄坦花卉精品园	县后巷蔬菜花卉种植专业合作社	花卉	2011.5
	文成县珊溪茶叶精品园	县珊溪镇西山茶场	白茶	2011.5
	文成县珊溪杨梅精品园	县珊溪台农果业专业合作社	杨梅	2011.5
	文成县峃口毛木耳精品园	县三叶农业专业合作社	毛木耳	2011.5
	文成县峃口肉鸽精品园	县龙凤山鸽业有限公司	肉鸽	2011.5
	文成县龙川蔬果精品园	县鑫鑫有机农业开发专业合作社	花卉苗木	2011.5
	文成县黄坦水果精品园	县黄坦仙果园艺场	水果	2011.5
	文成县油茶精品园	县山哈油茶种植专业合作社、东溪油茶专业合作社	油茶	2011.5
	文成县花卉苗木精品园	国营文成县苗圃	花卉苗木	2011.5

说明：资料由县农业局提供

现代农业主导产业示范区

2010年，启动现代农业主导产业示范区建设。2011年5月，温州市农业“两区”建设领导小组办公室(简称市农业“两区”办)确定大峃镇双西村、塔山村杨梅基地，双凤种兔繁育基地，黄坦镇厚朴基地，桂山、云湖、石垟、下垟、岭后、石垟林场、叶胜林场、种羊场毛竹基地，石垟林场厚朴基地为首批市级现代农业主导产业示范区创建点。2011年8月，浙江省农业厅确定黄坦镇蔬菜、厚朴基地，大峃镇杨梅基地为第二批省级现代农业主导产业示范区创建点。至年末，全县创建省、市级现代农业主导产业示范区8个，其中省级现代农业主导产业示范区3个，市级现代农业主导产业示范区5个(其中省市重复2个)。

文成县省市级现代农业主导产业示范区创建点一览表

表11-57

级别	园区创建点名称	实施单位	生产经营项目	命名时间(年月)
省级	文成县黄坦蔬菜示范区	县绿野苗木繁育场、绿康农业专业合作社	蔬菜	2011.8
	文成县大峃杨梅示范区	县西方水果种植专业合作社、樟台乡山城农业专业合作社	杨梅	2011.8
	文成县黄坦厚朴示范区	县绿野苗木繁育场、绿康农业专业合作社	厚朴	2011.8
市级	文成县杨梅产业示范区	县西方水果种植专业合作社、樟台乡山城农业专业合作社	杨梅	2011.5
	文成县双凤种兔繁育产业示范区	浙江双凤食品有限公司	种兔繁育	2011.5
	文成县厚朴产业示范区	县绿野苗木繁育场	厚朴	2011.5
	文成县毛竹产业示范区	县桂山农产品产销合作社、石垟林场、叶胜林场等8单位	毛竹	2011.5
	文成县石垟林场厚朴产业示范区	文成县石垟林场	厚朴	2011.5

说明:资料由县农业局提供

省级现代农业综合区

2010年启动建设。同年7月,浙江省现代农业园区建设工作协调小组办公室确定文成县高山台地省级现代农业综合区为第二批省级现代农业综合区创建点。建设内容为蔬菜精品园、食用菌精品园、鱼稻(茭)共生园、油茶精品园、禽稻鱼立体循环园、肉鸽精品园、水果(雪梨)产业示范区、农业公共服务中心等,总面积16144.5亩。

休闲农业观光园

2005年开始,发展休闲农业观光园区,先后建立龙川山水果园农庄、平和九龙山茶场、龙川丰农现代生态园等生态农业观光休闲区,实现农产品生产与观光休闲相结合,让农业第一产业功能衍生附加值,向第三产业功能延伸。至2011年年底,全县创建省、市级休闲观光农业示范园区各1处。

文成县山水果园农庄 位于大峃镇龙川村头村,2006年4月创办,有樱桃、桑葚、无花果、黑李、杨梅、葡萄、油桃、雪梨等果园200多亩。年接待游客4万多人次,营业额240万元。2011年12月,被省农业厅、旅游局命名为省级休闲观光农业示范园。(参见旅游卷)

文成县精品蔬果休闲观光园 又名丰农现代生态园,为市级休闲观光农业示范园。位于大峃镇龙川下田垟,距县城2公里。2009年创办,占地面积260亩,其中标准大棚2.67万平方米。主要生产绿色有机蔬果,引进、试验、示范、推广高产优质高效名特优新品种。2011年,建成10米高鸟巢型智能温室大棚1320平方米,三维立体气雾栽培设施,将有机农业与休闲观光相结合,引进日本红颊草莓、美国蓝莓、黑色小番茄、一边倒特色油桃、韩国大白珍珠果桑、百香果等优良蔬果品种,园外与当地农民合作,种植蓝莓1000亩。年接待

图11-7　龙川下田垟精品蔬果休闲观光园(来自文成新闻网 2011年摄)

游客3万人次，营业综合收入超百万元。2011年获省级双学双比科技示范基地，温州首批现代休闲农业观光园等称号。

第二节 农产品质量建设

1998年，发布县级首个农产品地方标准规范。2001年，开始开发有机食品、绿色食品、无公害农产品。2009年，建立县级农产品监管检测体系。至2011年，累计发布县级地方标准规范27个(其中标准规范系列7个)，保留农业地方标准规范16个；认证有机农产品、绿色农产品各9个、无公害农产品23个；开展农产品质量安全定量检测285批次，定性检测5022批次。

农业标准化建设

标准制定 1998年8月，发布县级首个农产品地方标准规范《高山秋茄生产技术规程》。1999—2002年，制订半天香茶叶、无公害蔬菜、无公害优质米、文成蜜梨、毛竹低产林改造等县级地方标准规范5个。2003年，开始制订农产品标准规范向系列标准发展，制定文成肉兔、文成贡茶、无公害杨梅等地方标准规范系列6个。2004—2005年，发布文成无公害西瓜、粉丝专用番薯生产技术等标准规范6个。2006年，县政府发布《关于推进农业标准化工作的若干意见》。2007—2008年，发布文成粉丝、辣椒、杨梅生产技术等地方标准规范8个，兔业生产标准规范系列1个。1998—2008年，累计发布县级地方标准规范27个，其中标准规范系列7个。2011年对地方标准规范进行清理，保留县级农业地方标准规范16个。

示范基地 2002年，按照生态、绿色农业发展要求，开展农业地方标准化建设，发布农产品生产地方标准3项。2003年编制《文成县绿色农业示范县建设规划》，推进农业标准化示范基地建设。至2011年，制订县级农业地方标准23项。涉及茶叶、水果、蔬菜、粮油、瓜果、畜禽和中药材等行业。对农药、肥料等农资投入及生产环境、农业生态环境进行整治，推行农业标准化，实行农产品质量安全管理，确保农产品质量和安全。2004—2011年，创建国家级农业标准化推广示范基地1个，创建省级农业标准化推广示范基地8个，创建市级农业标准化推广示范基地8个，创建县级农业标准化推广示范基地42个。

2011年文成县农业标准化推广示范基地一览表

表11-58

序号	示范基地名称	所在乡镇	示范项目	基地规模	级别	命名时间
1	浙江双凤食品有限公司	大峃	文成县肉兔标准化推广实施示范项目	168万只	国家级	2010
2	文成县经济特产站	大峃	刘基贡茶标准化生产推广实施	15000亩	省级	2006
3	浙江山哥哥农产品开发有限公司	大峃	无公害番薯标准化种植推广示范	10200亩	省级	2007
4	文成县仰山果业有限公司	珊溪	无公害杨梅标准化栽培推广示范	8500亩	省级	2008
5	文成县农技推广总站	大峃	绿色蔬菜标准化种植推广示范	20000亩	省级	2008
6	国营文成县石垟林场 文成县林业技术推广站	石垟 林场	无公害厚朴标准化 推广示范	10440亩	省级	2008
7	文成县日省名茶开发有限公司	峃口	“日省”牌半天香茶叶农业标准化示范项目	10800亩	省级	2009
8	文成县黄寮农产品产销合作社	南田	无公害板栗标准化栽培推广示范	2150亩	省级	2009
9	文成县银星种植场	玉壶	金银花推广实施示范	5050亩	省级	2010
10	文成县兴飞有限公司	玉壶	美国白羽王鸽标准化推广实施	1万对	市级	2006

续表11-58

序号	示范基地名称	所在乡镇	示范项目	基地规模	级别	命名时间
11	文成县双凤兔业合作社	大峃	肉兔养殖标准化示范项目	20万只	市级	2007
12	文成县周山茶业发展有限公司	周山	有机茶农业标准化种植推广实施示范	1800亩	市级	2008
13	文成县绿源食品开发有限公司	百丈漈	绿色蔬菜种植农业标准化种植推广实施示范	2400亩	市级	2008
14	文成县绿水尖竹笋专业合作社	西坑	毛竹笋竹两用林改造推广示范	1200亩	市级	2009
15	文成县珊溪镇农技站	珊溪	珊溪镇无公害杨梅标准化种植示范推广	5000亩	市级	2009
16	文成县峃口茶业专业合作社	峃口	刘基贡茶标准化推广示范	2000亩	市级	2009
17	文成县双丰水果专业合作社	黄坦	东魁杨梅标准化生产推广实施示范	3000亩	市级	2010

说明:资料由县农业局提供

“三品”认证

“三品”即有机食品、绿色食品、无公害农产品。2002年,百丈漈镇(二源)县绿源食品开发有限公司6000亩稻米基地首获农业部无公害农产品认证。2004年,县日省名茶开发有限公司“日省”牌茶叶、县九都茶叶有限公司“九都”牌绿茶、县双凤食品有限公司“双凤”牌肉兔、兔肉松4个产品首获有机食品产地认证。2005年,县绿源食品开发有限公司“兴绿”牌茄子、毛豆、盘菜、白银豆4个产品首获绿色食品产地认证。至2011年,全县农产品产地获认证有机农产品9个,产地面积3318亩;绿色农产品9个,面积14490亩;无公害农产品23个,面积79565亩,“三品”认证面积合计97373亩。

2005-2011年文成县绿色食品产地认证一览表

表11-59

序号	单位名称	产品名称	认定机构	品牌名称	认证时间
1	文成县绿源食品开发有限公司	茄子	中国绿色食品发展中心	兴绿	2005
2	文成县绿源食品开发有限公司	毛豆	中国绿色食品发展中心	兴绿	2005
3	文成县绿源食品开发有限公司	盘菜	中国绿色食品发展中心	兴绿	2005
4	文成县绿源食品开发有限公司	白银豆	中国绿色食品发展中心	兴绿	2005
5	文成县南田经济开发总公司	毛豆	中国绿色食品发展中心	高山	2007
6	文成县南田经济开发总公司	茄子	中国绿色食品发展中心	高山	2007
7	文成县亨哈山珍食品有限公司	龙鳞笋	中国绿色食品发展中心	亨哈	2007
8	温州珊溪水库渔业开发有限公司	鳙鱼	中国绿色食品发展中心	飞云湖	2008
9	文成县十源农产品专业合作社	雪梨	中国绿色食品发展中心	—	2011

说明:资料由县农业局提供

2004—2011年文成县有机食品产地认证一览表

表11-60

序号	单位名称	产品名称	品牌名称	认证时间
1	文成县日省名茶开发有限公司	茶叶	日省	2004
2	文成县九都茶叶有限公司	绿茶	九都	2004
3	文成县双凤食品有限公司	肉兔	双凤	2004
4	文成县双凤食品有限公司	兔肉松	双凤	2004
5	文成县大山绿色食品有限公司	番薯粉丝	山哥哥	2005

续表11-60

序号	单位名称	产品名称	品牌名称	认证时间
6	文成县农业开发总公司	银针扁茶	—	2005
7	文成县农业开发总公司	高绿炒青	—	2005
8	文成县周山茶业发展有限公司	绿茶	伯温	2007
9	文成县珊溪镇西山茶场	绿茶白茶	—	2008

说明:资料由县农业局提供

2005-2011年文成县无公害农产品产地认证一览表

表11-61　　单位:亩

序号	单位名称	产品名称	认定机构	品牌名称	生产规模	认证时间
1	文成县绿源食品开发有限公司	大米	农业部	兴绿	6000	2002
2	文成县樟台乡农技站	茄子	农业部	宴果	1100	2005
3	文成县樟台乡农技站	草莓	农业部	宴果	1100	2005
4	文成县珊溪镇农技站	杨梅	农业部	刘基贡	5200	2006
5	文成县仰山果业有限公司	杨梅	农业部	仰山	2600	2006
6	文成县上林杨梅专业合作社	杨梅	农业部	山中仙	5100	2008
7	文成县黄坦经济开发公司	杨梅	农业部	黄坦	6000	2008
8	文成县黄坦经济开发公司	雪梨	农业部	黄坦	6000	2008
9	文成县新新农产品种植合作社	杨梅	农业部	文秀	1350	2008
10	文成县银星种植场	金银花	农业部	山一角	260	2008
11	文成县桂山农产品产销专业合作社	辣椒	农业部	山垟	2300	2008
12	文成县绿野苗木繁育场	鲜食毛豆	农业部	—	3000	2009
13	文成县绿野苗木繁育场	鲜食玉米	农业部	—	3000	2009
14	浙江文成县双龙食品有限公司	马铃薯粉丝	农业部	—	4500	2010
15	浙江文成县双龙食品有限公司	番薯粉丝	农业部	—	4500	2010
16	文成县葛垟胡柚种植专业合作社	胡柚	农业部	—	1995	2010
17	文成县公阳高山蔬菜专业合作社	辣椒	农业部	—	2025	2010
18	文成县百丈漈天顶湖农产品专业合作社	黄瓜	农业部	—	4950	2010
19	文成县百丈漈天顶湖农产品专业合作社	毛豆	农业部	—	4950	2010
20	文成县百丈漈天顶湖农产品专业合作社	茄子	农业部	—	4950	2010
21	文成县十源农产品专业合作社	雪梨	农业部	—	1890	2010
22	文成县西方水果种植专业合作社	栖红杨梅	农业部	—	3795	2011
23	文成县双丰水果专业合作社	皇魁杨梅	农业部	—	3000	2011

说明:资料由县农业局提供

农产品检测

2009年,开始农产品监管检测体系建设,建立县农产品质量安全监督检测室,在全县8个乡镇建立农产品质量安全检测点,全年开展定量检测102个批次,定性检测1505个批次。2010年,开展定量检测农产品85个批次,合格率100%,定性检测1012个批次,合格率98.6%。2011年,开展定量抽检种植业产品83批次,合格率96.4%;定量抽检畜产品15批次,合格率100%;开展定性抽检种植业产品1513批次,合格率达98.94%;定性检测畜产品992批次,合格率100%。

第七章　农业科技

坚持不懈实施“科技兴农”战略,健全农技服务体系,引进新品种,推广新技术,开展农村实用知识培训,试验推广烂浸田改造、杂交水稻制种、吨粮田工程建设、水稻高产栽培模式、配方施肥、旱地套种玉米、旱地综合开发与利用、低产果园改造、高山秋淡蔬菜高效示范等科技项目。至2011年,累计实施农业科技项目257项,获奖195项,其中省级9项、市级27项、县级159项。

第一节　机构　队伍

1991年以后,重视科技队伍和基层农技站软硬件设施建设,采取技术培训、学历教育方式,提高科技人员技术水平。2000年成立县农业信息服务中心,2005年实施“农民信箱工程”,2008年成立县农业技术推广中心,实施“农民信箱万村联网工程”。至2011年年底,全县乡镇农技站10个,累计举办各类农业技术培训班3401期,参训培训28.5万人次;乡村农科员参加学历教育学员552名,毕业531人;建立农民信箱联网网页335个村,发布信息3.5万条。

农技机构

1991年,国务院发文确定乡(镇)农科站属国家基层事业单位。全县7区1镇(大峃镇)设立农科站,61个乡镇配置农科员。1992年5月区农科站撤销,设立35个乡镇农科站。6月乡镇农科站改称农技站,按技术指导和物资供应相结合原则,实行产前、产中、产后全程服务。1997—2000年,投资141万元建成樟台、双桂、二源、百丈漈、金星、十源、公阳、里阳、巨屿、周壤、周山、金炉12个乡镇农技站业务用房,新增建筑面积2353平方米。1998年开始,开展“五有”农技站试点建设,双桂乡农技站创建成为县境首个市级“五有”农技站。2000年,双桂乡农技站创建升级为省级“五有”农技站,二源乡、百丈漈镇农技站创建成为市级“五有”农技站。2008年,成立县农业技术推广中心,下设6个分中心,聘任首席农技专家13人、农技指导员38人、责任农技员164人。2011年3月乡镇撤并,设置大峃、珊溪、玉壶、南田、黄坦、西坑、峃口、百丈漈、巨屿、周山10个乡镇农技站。

农技队伍

1991年,从退伍军人中招收乡级农经员16名,从乡村农民技术员中招聘农科员29名,同时招聘村级农科员571名,基本达到一村一名农科员。1999年对农技人员实行养老保险,参保率90%。2002年,组织50名农技人员学历进修,年底15人取得中专文凭。2008年制定《文成县农业技术人员知识更新办法》,举办初级农技人员知识更新培训班,参加培训41人;组织参加市局组织的中级农业技术人员知识更新培训班42人。2009年,组织33个乡镇农经员赴温州学习培训,8位农经员赴杭州审计证培训,组织33个乡镇畜牧兽医员进行知识更新。

技术培训　1991年,举办各类农民技术培训班434期,受训农民2.7万人次,放映科教片103场次,举办广播技术讲座708次。西坑区农技站常年开设技术咨询门诊,到站咨询8000多人次。1992—1996年,全县举办各类技术培训班1850期,受训农民21万人次。1995年始,先后在南田、双桂、黄坦、樟台、十源等地开办果树、蔬菜、畜牧3个专业“绿证”试点培训班,首批368名学员获得“绿证”,成为农村农技推广领头雁。1997年,“绿证”培训增设农学专业班,参加培训828人,获取证书815人。全年参加省、市级农技培训80人,县乡举办水稻轻型栽培、高山蔬菜栽培及病虫害防治、低产果园改造等农业实用技术培训258期,受训农民2.5万人次。至2011年,全县累计举办各类农业技术培训班3401期,参训人员28.5万人次,其中果树、蔬菜、畜牧等专业“绿证”培训6256人次,获证3725人。

学历教育 1981年,成立浙江农业广播电视学校文成分校,招收、培养农村财会、农学、畜牧等专业学员。1991年财会专业毕业18人。1997年毕业89人,其中财会专业43人、农学专业26人、畜牧专业20人。1998年毕业39人,在校学习财务会计、畜牧兽医等专业学员148人。至2011年(1999—2007年没有招生),共招收财会、农学、畜牧等专业学员552名,毕业531人。

农技服务体系

1991年,农技人员实行“四个一”(联系一个区或乡镇、负责一个项目、建立一片丰产方、种好一垅田)服务模式,200名农技人员下村建立联系点,服务农民13670人次。1995年始,开展“联大户、搞服务、增效益”活动,至1999年有182名农技人员与326个基地(大户)结对开展一对一服务。2000年6月,成立县农业信息服务中心,开通农技“7822110”服务热线电话。2001年,开辟农业专题电视栏目《农业广角》。2003年,注册农村供求信息全国联播系统(一站通)35个,全县33个乡镇建立农业信息服务站。2005年实施“农民信箱工程”,登记注册1790户。2006年增至10485户,建立乡镇联络站33个、村级联络站384个。2008年始,实施“农民信箱万村联网工程”,157个村建立网页,农民信箱用户增至20662户,并组织36家农业企业36个摊位42个农产品参加首届浙江农民信箱网上农博会,组织385位市、县“三农”代表开展“浙江农民信箱·奥运火炬万村网上传递”活动。2011年,全县农民信箱用户2.27万户,发布农产品销售信息2.48万条;开展农民信箱“每日一助”农产品供求信息服务,发布信息580条;实施“农民信箱万村联网工程”,335个村(乡镇)建立网页,信息总量达3.50万条;农业企业网站72个,农家乐网站13个。

第二节 农技推广

县域农业科学技术推广服务主要有良种繁育、引种与推广、试验示范和农作物栽培技术推广等。1991—2003年,杂交水稻制种面积5060亩,总产量732吨。每年均引进优良品种进行试验、示范筛选,至2011年,先后引进新品种50多个,实施农业推广试验示范项目37个,增加效益500多万元。

良种繁育

1991年,设县种子管理站和种子公司。2005年县种子公司与县种子管理站合并为县种子站,保留县种子公司牌子。2007年撤销县种子公司牌子。县政府每年下拨补助资金200多万元,地方和实施单位自筹配套资金300多万元,用于实施“种子种苗工程”,全县粮食、蔬菜、茶叶、杨梅、绿化苗木、中药材、毛猪和肉兔等生产基地得到快速发展,良种覆盖率在90%以上。

杂交水稻制(繁)种 1991年,公阳、县农场、大壤3个杂交水稻制种基地,制种面积430亩,种子产量53.13吨,亩产123.5公斤。1992年,新辟黄坦黄垟、玉壶五一两个制种基地,全年制种面积871亩,种子产量100.79吨。1993年受市场影响,制种面积下降至231亩,1994年制种面积245亩,两年合计产量90.63吨。1995年,替瓯海、平阳等县代制杂交水稻种子面积890亩,全县制种面积1080亩,种子产量142.45吨,每亩平均产量132公斤。1996年制种面积1082亩,产量128.93吨。1997年制种面积1100亩,亩产178.7公斤,总产量196.57吨。其中在公阳推广杂交水稻制种矮壮育秧技术,面积350亩、亩产220公斤。1999年制种面积降至50亩。2003年制种面积185亩,因受抽穗扬花期严重干旱影响,总产17.84吨,平均每亩产量96.4公斤。2004年停止制种。

制种组合(品种) 1991年,为汕优63、协优64、威优77(早杂)。1992—1998年为II优6216、汕优10号、协优46,早杂组合为威优77、威优402、汕优浙3、红优温4,抗红突A(繁种)。1999—2000年为II优162、II优6216、D优68(试制)、汕优浙3等品种。2002—2003年公阳基地为汕优浙3,黄垟基地为D优527组合。2004年停止制种。杂交水稻种子以供应县域农户为主。1995年开始,红优温4、抗红突A主要替温州市农科所代制代繁;威优402替瑞安县、汕优浙3替瓯海区代制。因种子质量好、纯度高,深受广大农户好评。

引种与推广

新品种推广须经试验、示范、推广3个阶段。引进新品种,进行品种对比试验或区域试验,鉴定其丰产性、抗逆性和适应性,从中筛选出适宜全县种植的新品种,再进行示范推广应用。特别是杂交水稻新组合推广,每年均引入10余个品种进行试验、示范筛选。

单季杂交稻 1991—1993年以汕优63,1994—1998年以II优6216,1999—2001年以II优162为当家品种。2002—2003年,当家品种D优68和D优527,其特点是米质较好。2004—2006年,以两优培九当家。2007—2008年,以中浙优1号当家,该品种以米质优、产量高、抗性强、适应性广著称。2009—2011年,以中浙优1号和中浙优8号当家,搭配品种为甬优9号、新两优6号、钱优1号、宜香优10号等。

粳糯稻 全县粳糯稻种植面积不大,年均8000亩左右,且品种杂乱、更换不快。20世纪90年代,糯稻以祥湖84、荆糯6号,粳稻以秀水48、矮粳23、秀水11等品种为主。2000年后,农民从外地引入"杂交糯"等品种进行搭配种植。老品种"酒糟糯"在大壤、外南、山坑等地仍有零星种植,品质较优。

早稻 1991和1992年,早稻播种面积分别为2.79万亩和3.36万亩。常规品种为二九丰、广选4号、浙852、早莲31、辐8-1、竹科2号、圭陆矮、温189、浙733、沪红早、浙8619等;杂交早稻组合为威优64、威优77、汕优48-2、珍优48-2等品种。其中1992年杂交早稻播种面积1.96万亩,占早稻总面积58.33%,为全县第二个种植高峰年,也是最后一个顶峰年。1993年后早稻播种面积逐年减少,至2004年降至733亩,品种为中丝2号、浙农8010,杂交早稻组合为威优402和汕优浙3等。2005年始无人种植早稻。

连作晚稻 1991—2004年,连作晚稻基本上均种植汕优10号和协优46组合,同时该两个组合又是南田等高海拔地区单季晚稻主要搭配品种。2005年无人播种。

番薯 1991—1999年,番薯品种仍以瑞薯1号当家,搭配品种为红红1号、华北48、浙薯1号等。2000年以后,种植面积逐年减少。2002—2003年,引入品种15个,进行对比试验与示范,从中筛选出南薯88、渝紫、浙薯13等品种进行推广,其中浙薯13亩产鲜薯2860公斤,晒干率37.7%(红红1号37.8%),亩产薯丝1078.2公斤,比红红1号增产14.2%。浙薯13产量高,且出粉率高,为加工番薯粉丝主要栽培品种。2010年以后,番薯除栽培浙薯13等含淀粉量高的品种加工粉丝外,很少加工薯丝,农户主要种植以鲜食(煮)为主,引入推广含糖量和含水量较高、适宜鲜食或加工成番薯枣的牡丹红、红顶等品种为主。老品种"六十日""港头白"在黄寮等边远乡村仍有少量种植。

小麦 1991—1999年,小麦种植以温州市农科所培育,高产、优质、抗性强、适应性广的新品种温麦8号和温麦10号当家。搭配品种有浙麦1号、浙麦2号、满江红、丽麦79等。2002年小麦播种面积锐减,此后逐年减少。2011年,仍种植温麦8号、10号和满江红等粉质较好的品种。

油菜 1991—2000年,油菜种植品种以西南302和九二13系当家,搭配长秆白、浙油7号等。2001—2007

年当家品种未变，搭配浙农大601、浙双72、沪油15等新品种。2008—2011年，引入浙双6号、浙油19为当家品种，搭配西南302、九二13系、沪油15、浙油50等品种。细号油菜（白菜形）老品种在黄寮仍有少量种植。

试验与示范

1995年，实施“杂交水稻高产制种与高效益研究”试验项目，杂交稻种子单产301公斤，亩经营收入3200元。在南田、东溪、珊溪等乡镇开展“ABT生根粉试验示范项目”试验，平均亩产鲜薯3212公斤，比试验前增产10.5%。1995—2011年，实施省、市农业推广基金会试验示范项目37个，推广新型种养模式4项、新品种6个、新技术8项，增加效益500多万元。

农村实行家庭联产承包责任制后，农技推广对象由过去面向大队和生产队转为农户（主要是科技示范户和种养业大户），工作方法也转为抓点带面。1991年200多名农技人员下乡，建立示范片、中心方501片，面积5.2万亩。1992—1996年，建立粮食高产示范片419片、面积6.16万亩，其中1996年14个示范片，参加省、市高产竞赛。1997年，建立各种粮食高产示范片101片、面积2.07万亩，其中5片参加省、市示范片竞赛，有2片获得省市奖励；推广大棚种植蔬菜170亩。2011年加快实施各类示范项目建设，建立省级科技示范基地5个。

技术推广

1991年推广水稻垄栽面积2万亩，垄栽单季晚稻平均亩产515.6公斤，比常规栽培增产69.8公斤，全县增收稻谷1400多吨，并创单季晚稻高产田亩产787.4公斤历史记录。推广橘园黑光灯诱蛾应用技术，实施面积1000亩，柑橘产量比上年增加25%。1997年公阳制种基地改进培育矮壮秧技术，350亩制种田平均亩产220公斤，公阳乡4个村增加收入80余万元。同年组织乡镇领导、蔬菜种植大户到泰顺、永嘉、省农科院参观学习，年底推广蔬菜大棚种植170亩。2000年，推广“春粮—稻—菜”“菜—稻—菜”等种植新模式，经济效益明显增加。黄坦镇“春粮—西瓜—稻”种植模式，种植西瓜400亩，增加收入1000万元；巨屿镇推行“春粮—芋—稻”模式，种植旱芋80亩，增收145万元。

第三节　科技成果

1991年推广农业科技项目21项，粮食生产为吨粮田工程建设、水稻高产栽培、配方施肥、旱地套种玉米、杂交水稻制种等；畜牧业生产为全价饲料推广，山羊、兔种改良等；食用菌生产为木屑袋栽香菇高产示范等。全年获“农业丰收”奖省级二等奖1项，市级一至四等奖各1项。颁发县级“农业丰收”奖24个，其中一等奖3个、二等奖6、三等奖15个。1992—1996年，安排农业科技项目96项，其中粮食生产48项、经济特产22项、蔬菜生产7项、畜牧业生产17项、其他2项。南田低产梨园改造项目，使6000亩“只开花不结果”老梨园重获生机，1996年平均亩产750公斤，分别获1995年温州市“丰收计划”、1996年科技进步三等奖。1997—1998年，重点安排粮食生产和“菜篮子工程”项目33项。其中“高山秋淡蔬菜高效示范推广”“低产果园改造”“旱地综合开发与利用”等项目成绩显著。南田、二源等地组织实施高山秋淡蔬菜项目，实施面积3000亩，平均每亩增收1000～2000元，直接创收500万元，改变高山地区田地“冬闲”的传统种植模式，为贫困山区脱贫致富走出一条新路。至2011年，全县累计实施农业丰收项目257项；其中获省级二等奖3项、三等奖6项，市级一等奖5项、二等奖11项、三等奖12项，县级一至三等奖159项。

1991—2011年农业科技获省市奖励项目一览表

表11-62

级别	序号	年份	项目名称	奖项等级
省级	1	1991	烂浸田水稻垄栽	二
	2	2001	发挥区域优势　推广高效种植模式	三
	3	2004	文成县飞云江沿海岸万亩名优早茶开发技术推广与应用	二
	4	2005	野生蔬菜品种资源的保护、开发利用与推广	二
	5	2006	文成县茄子产业化体系建设与集成技术研究与推广	三
	6	2007	浙南山区旱杂粮开发及生态高效技术推广	三
	7	2008	绿色蔬菜标准化示范推广	三
	8	2009	龙井长叶等无性系茶树良种引进及产业化开发技术研究与推广	三
	9	2011	文成县山地蔬菜产业提升技术集成与推广	三
市级	1	1991	烂浸田水稻垄栽	一
	2	1991	杂交水稻制种高产	一
	3	1991	瘦肉型商品猪高产综合配套饲养工程	二
	4	1991	旱地改制增熟	三
	5	1991	全价饲料生产及推广应用	四
	6	1995	南田低产梨园改造	三
	7	1996	南田低产梨园改造	三
	8	1998	南田龙否1000亩单季稻高产示范片	二
	9	1998	二源1210亩单季稻高产示范片	二
	10	1999	杂交水稻新组合II优162大面积高产示范	三
	11	1999	发展秋茄6000亩增加收入1000万元	三
	12	2002	依托山区资源优势　加快兔业产业化发展	一
	13	2002	绿色稻米生产技术推广与应用	二
	14	2003	文成县无公害蔬菜示范基地建设	一
	15	2003	文成县优质早熟梨标准化生产技术推广与应用	二
	16	2005	新造园地改良增效技术推广应用	二
	17	2006	浙南山区绿色食品生产技术推广应用	三
	18	2007	山地蔬菜多样化增效技术示范与推广	一
	19	2007	文成杨梅产业化开发及无公害生产技术推广	二
	20	2008	山区单季稻优质高产集成技术推广应用	二
	21	2009	山地辣椒集成技术研究及应用	二
	22	2009	高山粮田优质高产高效生产模式推广与应用	三
	23	2010	山区西瓜-水稻高效栽培模式示范与推广应用	三
	24	2010	设施蔬菜优质高效常年栽培技术推广应用	三
	25	2010	初制茶厂优化改造与名优茶机采机制技术的示范推广	二
	26	2010	浙贝母等中药材产业化开发及优质高产栽培技术推广应用	三
	27	2011	文成县兔饲粮模式构建及配套技术应用与推广	二
	28	2011	水稻重大病虫综合防控技术推广应用	三

说明:资料由县农业局提供

第八章 农业机械

1991年后县域农业机械种类逐渐增加，结构逐步优化，农业机械化逐步向农业产前、产中、产后及加工各个领域延伸，机械化生产方式替代传统农业生产方式的主导作用逐步增强，县、乡(镇)农机站从单纯行政管理型向管理服务型转变，全县初步建成较为完整的农机化服务网络。2005年起实施农机具购置补贴政策。2007年创办县境首家农机合作社。2011年全县农业机械总动力7.58万千瓦，机耕作业面积从1991年1.88万亩增至5.47万亩；创办农机合作社4个，创建省市级农机安全村(合作社)23个，创建省市县级农机化科技示范基地9个，农机管理步入法制化、规范化轨道。

第一节 机械设备

1991年，全县农业机械总数3354台，总动力3.6万千瓦。1999年首次引进稻谷收割机，2007年首次引进水稻插秧机，2009年推广节水型喷微灌机械设施。2011年，全县拥有农业机械1.53万台(辆)，其中耕作机械685台，植保机械911台，排灌机械5377台，农副产品加工机械2309台，运输机械1215辆，总动力7.58万千瓦，比1991年分别增加3.6倍和1.1倍。

农机发展

1991年，全县农业机械总数3354台，总动力36019千瓦。1999—2000年，开展首期粮食自给工程农机项目，完成农机投资14.16万元，在南田、二源、百丈漈等项目区推广各类农机具45台。2004年11月，《中华人民共和国农业机械化促进法》颁布实施后，制订优惠政策，引导种粮大户购置先进适用的农机具，对符合要求的给予国家补贴，全县小型农机具迅速发展。

2006年开展农业机械普查，全县新增小型农业机械97台套，开始使用大中型联合收割机。2007年，推广收割、插秧、耕作、植保、茶叶等各类机械147台，保鲜库2座50立方米，是全县农机发展史上推广新型机械最多年份。2011年，新增插秧机、收割机、植保机械、茶叶机械等补贴农业机械共1300台，创历史新高。年末，全县农业机械总动力75841千瓦，其中柴油机42957千瓦、汽油机7420千瓦、电动机25464千瓦；基本农田建设机械81台(推土机7台、挖掘机59台、装载机12台、平地机3台)，冷藏保鲜设备12套，设施农业设备(塑料大棚)19.68万平方米，水稻工厂化育秧设备6套，育秧秧盘10710只。农业机械原值7000万元、净值4623万元，农副产品加工基本实现机械化。

1991—2011年文成县农业机械总动力情况一览表

表11-63

年份	总动力（千瓦）	其中			年份	总动力（千瓦）	其中		
		柴油机	汽油机	电动机			柴油机	汽油机	电动机
1991	36019	25318	2287	8504	1993	45920	34765	1304	9851
1992	38184	27466	1636	9082	1994	48051	36846	1303	9902

续表11-63

年份	总动力(千瓦)	其中			年份	总动力(千瓦)	其中		
		柴油机	汽油机	电动机			柴油机	汽油机	电动机
1995	52112	40698	1303	10111	2004	55060	41718	920	12422
1996	52496	40948	1424	10124	2005	59137	42306	1906	14925
1997	50950	38900	1394	10656	2006	66487	40977	2873	22637
1998	51725	40201	1146	10378	2007	68760	41524	3173	24063
1999	52387	41398	843	10146	2008	70042	41663	4062	24317
2000	56961	45862	575	10524	2009	72464	42293	5224	24947
2001	58848	47794	574	10480	2010	73868	42574	5886	25408
2002	55045	43735	649	10661	2011	75841	42957	7420	25464
2003	56320	42764	522	13034					

说明:资料由县农业局提供

农机种类

耕作机械 1991年,全县耕作拖拉机503辆,其中大中型轮式拖拉机4辆、手扶拖拉机487辆(其中纯农田作业32辆),此类拖拉机机型对于山垄梯田小面积作业适应性差,后多转作运输用,牛耕和锄耙徒手翻掘仍是耕作主要手段;另有收获机械机动打稻机302台;人力打稻机11553台。1995年,新增工农-4型耕整机15台。1999年首次引进收割机,2004年引进推广GN41B型耕整机3台,2005年引进小型耕作机械23台套。2007年,首次引进手扶步进式水稻插秧机1台、联合收割机3台,在黄坦镇农机合作社示范推广。2008—2009年,推广小型耕作机械169台、收割机6台、插秧机2台、割罐机2台。2010年,新增8~15千瓦手扶拖拉机和微耕机等耕作机械98辆(台)、水稻插秧机1台。2011年开始实施水稻产业提升项目,建设水稻育秧中心3个、稻谷烘干中心1个,购置插秧机、收割机、烘干机等农机具,开展水稻机插、机收、稻谷烘干等服务。年末全县耕作机械685辆(台),其中大中型拖拉机3辆、农用小型拖拉机(手扶)416辆、机引配套农具656台(犁279台、旋耕机187台、耙190台)、机耕船3艘、耕整机263台(田园管理机械163台),水稻插秧机8台;收获机械4146台,其中收割机9台、机动脱粒机4137台。

植保机械 1991年,全县机动喷雾(粉)机21台、人力喷雾(粉)器14303架。2005年引进机动喷雾机3台。2008年,全县新增植保机械16台。2009年推广植保机械41台。2010年新增植保机械371台。2011年全县植保机械911台,机动喷雾喷粉机896架。

排灌机械 1991年,全县排灌机械494台、农用水泵425台、喷灌机械86套。至2011年年底,全县排灌机械5377台、农用水泵5186台、节水灌溉设备25套。

加工机械 1991年,全县农副产品加工机械1445台、粮食加工机械(碾米机)1006台、棉花加工机械(轧花机)4台、油料加工机械(榨油机)14台、茶叶加工机械155台(揉捻机77台)、饲料加工机械42台(饲料粉碎机37台)、淀粉加工机械268台。2008—2010年,全县新增茶叶生产加工机械213台。2011年年末,全县农副产品初加工机械2309台(粮食加工机械1872台),茶叶机械620台(修剪机97台、采摘机9台、揉捻机38台、多功能理条机50台、扁形茶炒制机328台、杀青机25台)。

运输机械 1991年,全县运输机械434辆(艘),其中农用载重汽车128辆、农用运输车234辆、运输型拖拉机68辆、农用机动船4艘。1995—1997年,新增运输拖拉机255辆。2001年全县运输机械有1584辆,其中农用运输车547辆、运输拖拉机886辆,其他运输机械151辆,拥有量为历史最高。2011年,全县运输机械动力为1215辆,其中农用运输车513辆、运输型拖拉机686辆,其他运输机械16辆。

1991—2011年文成县主要农机拥有量情况一览表

表11-64

年份	耕作机械（台）	其中：插秧机（台）	排灌机械（台）	植保机械（台）	收获机械（台）	其中：收割机（台）	农副产品加工机械（台）	茶叶机械（台）	运输机械（辆）
1991	503	—	494	21	302	—	1445	155	434
1992	500	—	548	16	281	—	1542	125	682
1993	546	—	631	19	300	—	1603	131	784
1994	613	—	613	20	306	—	1609	139	832
1995	638	—	619	20	306	—	1635	135	926
1996	614	—	616	20	307	—	1651	121	951
1997	486	—	1306	19	414	—	1672	112	960
1998	504	—	1310	19	398	—	1646	105	1178
1999	465	—	1273	28	406	1	1647	100	1097
2000	489	—	1323	30	453	2	1659	—	1394
2001	484	—	1361	24	477	1	1681	—	1584
2002	355	—	1414	107	558	1	1595	—	1472
2003	270	—	1978	50	928	1	1505	—	1337
2004	315	—	2168	69	1243	1	1446	—	1197
2005	329	—	2581	82	1737	1	1574	—	1184
2006	252	—	5662	74	3465	2	2059	—	1144
2007	281	1	5776	108	3813	5	2179	—	1118
2008	348	2	5357	176	3846	10	2177	355	1140
2009	439	3	5399	249	4083	11	2184	421	1185
2010	517	4	5425	499	4066	11	2310	507	1196
2011	685	8	5377	911	4146	9	2309	620	1215

说明：资料由县农业局提供

第二节　农机管理服务

1991年，开办县农业机械技术培训学校。1993年，建立县农机管理总站。2003年，出台《文成县效益农业机械化发展规划》。2005年，开始实施农机具购置补贴政策。至2011年，全县创办农机合作社4个，发放农机补贴260.7万元，创建省市县级农机化科技示范基地9个；举办农机培训74期，参加培训3232人。

管理机构

县农机管理总站前身系县农机管理站、监理站。1991年6月，增设县农业机械技术培训学校。1993年10月，县农机管理站、监理站、农机培训学校合并，建立县农机管理总站，对外增挂县农机监理站、县农机技术培训学校两块牌子，归口县农业局，负责全县农业机械管理、监理、技术培训、推广等工作。2001年，县农机管理总站办公地址迁移至樟台排门（原县燃料公司煤场），占地面积3950平方米，建筑面积243.3平方米。

农机队伍

1991年，下设区镇农机管理服务站8个，乡镇农机干部职工38人，农村各类农机手和修理工2649人。1993

年,县农机管理总站干部职工9人,农村各类农机手和修理工3229人。2010年,乡镇设综合服务站33个,乡镇农机员29人,农村农机从业人员4480人。2011年,县农机管理总站干部职工8人;乡镇综合服务站10个,乡镇农机员26人;农村农机从业人员4524人。

农机经营主体建设

2007年,县境首家农机合作社——黄坦富民农机作业专业合作社建立,一次性投资近26万元,购置收割机、插秧机等16台农业机械。2007—2011年,全县创办农机合作社4个,先后引进高性能联合收割机久保田PR0488型、浙江三联ZL-150,手扶步进式水稻插秧机SPW-48C等农机装备,开展机耕、育秧、机插、统防统治、机收等农机社会化服务,农机利用率和经营效益逐渐提高。

服务举措

农机补贴 2003年为促进农业机械化发展,制定《文成县效益农业机械化发展规划(2003—2008)》。2004年,国家开始实施农机具购置补贴政策,2005年,县政府安排资金2万元,对首批购机农民给予每台补贴1000元,极大调动农民投资农机积极性。2006年县农机总站从山东省引进草帘编织机1台,为农户免费加工草帘进行示范试验,有效减轻大棚农作物冻害损失。2007—2011年,全县投入购机总额764.28万元,享受中央、省级、县级财政补助资金258.7万元,其中2011年首次争取到钢管大棚设施中央财政补贴资金27万元,建设面积4.51万平方米。

农机购置补贴严格执行国务院"三个严禁"和农业部"四个禁止""八个不得"以及《关于加快推进农机购置补贴廉政风险防控机制建设的意见》等文件精神,与10个乡镇签订农机购置补贴工作责任书,对大额补贴机具逐机核查、小额补贴机具进行实地或电话核查。

燃料供应 1991年,国家对成品油供应、分配管理体制仍实行计划管理,对农用柴油以专列指标、戴帽下达,实行机、田、油挂钩管理,以机定田、以田定油。县农机管理站负责柴油计划分配,商业和供销部门按计划分配数组织货源与供应,区、乡镇农机管理员按县下达的计划分配数,开出柴油分配通知单到用户,由用户到当地基层供销社购买,形成农用柴油计划分配、供应、管理和节能工作一条龙服务。1995年实行柴油并轨制,取消平价柴油。1998年成立县柴油机节能推广小组,购置S195节能检测设备1套,节能尺300把,调整拖拉机500辆次,培训农机管理人员、驾驶员及农机修理工562人次,拖拉机调整后功率上升10.4%,油耗下降9.2%。2009、2011年燃油消耗分别为2334吨和2167吨。

技术培训 1991年6月,成立县农业机械技术培训学校,校址在大峃镇凤垟村,占地面积3407.5平方米,建筑面积889平方米,拥有2辆教练车及10台套教学设备;培训学校定编4人,负责全县农机管理人员业务学习、农机操作人员和拖拉机驾驶员初训和复训,每期培训1～2个月。1998年,培训农机修理工26人次,由市职业技能鉴定中心和劳动部门组织考试考核,发放技术合格证书;同时开展送教下乡,举办农机手培训35期1554人;培训拖拉机驾驶员4期170人。2006年,成立县惠民农机技术服务有限公司,取得"中华人民共和国拖拉机驾驶培训许可证"(由省农业厅颁发),专项从事拖拉机驾驶培训业务。2006—2011年,培训拖拉机驾驶人16期465人,收割机驾驶人2期17人,农机操作手13期840人,农机修理工2期66人,机插育秧技术培训1期94人。2005—2011年,全县创建省、市、县级农机化科技示范基地9个,其中省级示范基地1个。

农机具修理 随着农业机械保有量大幅度增加,乡镇农机修理专业户迅速发展。2008年,全县农机维修点30家,从业技术人员52人,维修农机12512台次,其中维修保养拖拉机5231辆次。2011年,全县农机维修点26家,从事农机具修理技术人员45人,农机维修10985台次,其中维修保养拖拉机3993辆次,农机修理网络初步形成。

第三节 农机安全监理

县农机管理总站承担全县农机安全监事职责。1991—1999年,先后组织开展春耕、春运农机安全月、创建农机安全村活动。2002年,开始推进农机监理规范化建设,2004年,制定拖拉机安全专项整治实施方案。2005年,建立农机安全生产目标管理责任制考核制度。2008年,组建县农机交通管理警务站,开展农机安全生产“三项行动”“绿盾1号”拖拉机道路交通安全专项整治行动。至2011年,创建省、市级农机安全单位(村、合作社)23个。

机械化作业

随着农机装备逐年增加,促进作业水平相应提高。1991年,组织90台手拖下田机耕,机耕面积1.88万亩,机械脱粒1.64万亩,农机运输总量1370万吨/公里。2002年,完成机耕作业面积4.19万亩,机械植保作业面积4500亩,机械收获面积600亩,农田机械节水灌溉面积2700亩,农机运输作业量11265万吨/公里。2008年,机耕作业面积4.67万亩,水稻机插200亩,机械植保作业面积1.36万亩,机械收获面积7300亩,机械初加工农产品数量58073吨。2011年,组织431台农机下田作业,机耕作业面积5.47万亩,水稻机插500亩,机械植保作业面积2.83万亩,机电灌溉面积7.27万亩,机械收获面积1.94万亩,加工农产品数量5.65万吨,农机运输作业量2352万吨/公里。

农机安全事故

农机事业发展,也给农机作业安全生产带来压力。1991年,发生重大农机事故7起,死亡12人。1995年,发生拖拉机交通事故5起,死亡4人、受伤1人,直接经济损失0.22万元。2006年,全县发生农机道路交通事故28起,死亡3人、伤6人,损失2.5万元。2007年,辖区道路农机事故32起,死亡1人、伤11人,损失2.3万元。2008年2月,发生道路外农机特大交通事故,当场死亡4人,经济损失2.6万元。事故发生原因主要是超载超速、违章操作。2009—2011年,发生农机道路事故6起、零死亡,未发生道路外农机安全事故。

农机安全监理

1991—1999年,先后组织开展春耕、春运农机安全月,创建农机安全村活动;宣传贯彻《浙江省农业机械管理办法》,实施拖拉机检验、驾驶员审验以及经常性宣传教育、检查处罚等。2000年,组织农机专职路检队,全年上路检查219人次,受检机车896台次,其中扣车32台、查获无证驾驶员16人,扣证15本,纠正违章156人次;检验拖拉机742辆,年度检验率84.7%;审验驾驶员572人,年度审验率为86.77%。2003年,审验驾驶员328人,审验率66.7%;检验拖拉机262辆,检验率为61%。2004年,制定《文成县拖拉机安全专项整治工作实施方案》,上路检查61人次,受检拖拉机345辆次,纠正各类违章行为135台次;审验驾驶员328人、审验率81%,检验拖拉机448辆、检验率为82.4%。2005年,建立农机安全生产目标管理责任制考核制度。2008年12月,推进公安驻农机联络室建设,组建县农机交通管理警务站,由2名民警、2名农机监理人员组成,警农协作,开展农机安全生产“三项行动”“绿盾1号”拖拉机道路交通安全专项整治行动等,减少和遏制农机事故发生。2009年9月,国务院颁布《农业机械安全监督管理条例》,农业机械行政检查与行政处罚步入法制化轨道。

2002年,开始加快推进农机监理规范化建设,创建省级“文明监理、优质服务”窗口单位。2007年,创建“群众满意基层站所”,实行农机网上审批办证,形成“公开、规范、高效、便民”服务机制。2011年,创建省、市级农机安全单位(村、合作社)23个,其中省级1个、市级22个。

第九章　农林场圃

20世纪90年代，国有农林场圃普遍实行经营体制改革，尤其是森林公园开发，为林场发展带来新活力。2011年，石垟、叶胜、金朱、山华4个国有林场和县苗圃经营总面积161141亩，占全县总面积8.34%，其中生态公益林面积157654亩，占国有场圃经营总面积97.8%，占全县生态公益林总面积23.6%。活立木蓄积量103.97万立方米，森林覆盖率97.4%，分别比1991年增长86%和提高9.87个百分点。县良种繁育场大峃总场改建为综合商品市场，县种羊场为国家二级良种畜禽繁育场。

第一节　林场　苗圃

石垟林场

1958年创办。位于县境西部，驻地吴垟。1991年辖吴垟、竹苗、干坑坳、新演、双苗、石角、廷培、水牛塘、石展9个林区和上斜村办林场，全场干部职工374人，离退休人员64人。1997年12月增设公园管理办公室，1999年2月设立防火值班室。2011年设综合办、防火办、计划财会、经营管理、森林旅游5科室。全场总人口1300人，职工481人，其中在职职工289人(在岗管理58人)、离退休人员192人。

林场改革　1991—1992年，实施保底工资制度，从事农林业生产实行浮动工资制，多种经营和服务行业实行承包经营责任制，后勤岗位实行岗位工资制，鼓励职工在国家政策允许范围内广开门路、劳动致富。1993—1998年，推广林区承包与林区主任目标管理责任制。1999年起，改变过去国有经营模式，营林生产、木材采伐、建设项目全部采用外包工形式，由场委会及相关科室核定经济指标，实行向社会公开竞标，实行承包经营。对职工进行引导分流，减轻企业负担，理顺林场内部经济关系，堵塞管理漏洞，形成新的管理机制。

林业生产　全场经营总面积8.12万亩。1991—2008年，累计造林13209亩，幼林抚育70416亩次，生产木材12.3立方米、毛竹38.5万根，销售收入4849.58万元。2006年7月建野生小竹笋基地8000亩。2008年7月开发厚朴基地10440亩。至2009年，有林地面积77362亩，占经营总面积95.27%，活立木蓄积量60.27万立方米，立竹量30.86万株，林木资产1355.24万元，森林覆盖率95.31%。比1989年有林地面积净增4538亩，蓄积量增加28.12万立方米，毛竹增加12.96万株，森林覆盖率提高4.51个百分点。

基础设施　累计投资4500万元。防火设施，修建瞭望台1座，防火线158公里、林道308公里。道路设施，新建公路11公里，铺设公路砼路面27.1公里，新建车站占地面积700平方米。通信设施，新建地面电视卫星接收设施3处，电信、移动、联通基站5处，程控电话线路45公里，场部实现有线电视联网，全场通信讯号全覆盖。电力设施，改造输电线路105公里；三支坑电站扩容，装机容量从110千瓦扩至325千瓦，年均发电量增加10万千瓦时。环卫设施，建成场部新公厕、生活污水处理池，添置环保垃圾桶，浇筑场部水泥地面5000多平方米，建绿化带(花坛)800平方米。新建拦沙坝6处，三支坑、下垟坑防洪堤1406米；修建蓄水池2处，容量550立方米，安全饮用水率达90%。

住宅建设　1994年开始，先后5次安排职工建房，采取集资联建等方式建设住宅，至2008年累计新建职工住宅8幢103间(套),总建筑面积2.2万平方米,总投资1503万元。2002—2007年,建设扶贫迁村点、灾民安置点、避险安置中心,新建房屋78间,建筑面积15745平方米,安置移民、灾民71户309人;其中,用于道路、排污公用设施投资862万元。

森林公园 石垟林场素以风光怡人、避暑胜地著称于世。1996年7月,经浙江省林业厅批准建立森林公园,划分水牛塘(月老山)、猴王谷、水云谷、隐山湖、石角、九龟6个景区。2003年,启动水牛塘景区开发建设,至2007年投资1000万元。2009年转由县月老山旅游开发有限公司开发经营,改称月老山景区。猴王谷景区2006年实行招商引资,由杭州宏利石材开发公司与林场共同投资开发,至2011年总投资1600万元,建成隧道、电瓶车道、游步道、景观平台及安全防护等设施。

叶胜林场

1957年11月建立,时称叶岭林场。1958年8月改称叶胜林场。位于县境西北部,场部驻地胜坑。1991年,辖胜坑、高岭头、梅厂、郑坑源、湖头、吴岸、横坑、黄肖8个林区。1996年7月,增设森林公园办公室,1999年增设湖头公园管理处。2011年年末,设综合办公室、计划财务科、旅游管理科、资源保护科、基本建设科,全场总人口550人,其中在职职工139人、离退休职工102人。

林业生产 全场经营总面积40872亩,1991年开始,累计造林7722亩,幼林抚育44795亩次,采伐木材29771立方米、毛竹26.72万根,销售收入1495.83万元。2002年开始,为保护森林资源,全面停止商业性木材采伐。2005年8月建毛竹笋基地6050亩。至2009年,有林地面积39514亩,占经营总面积96.68%,活立木蓄积量27.46万立方米,立竹量72万株,森林覆盖率96.68%。比1989年有林地面积净增10238亩,蓄积量增加11.76万立方米,毛竹增加32.92万株,森林覆盖率提高5.68个百分点。

基础设施 修建林区道路5.5公里,通景公路5.6公里,电瓶车道1.28公里,游步道3.22公里;生态停车场5个,面积2.3万平方米;办公楼、管理房建筑面积3569.5平方米,宾馆2处(铜铃山森林度假村、铜铃山庄),公厕7处;公园建牌坊4座,廊亭12座,蓄水池7座,拦沙坝5处220米;通信线路13公里,实现移动电话通讯全覆盖。

森林公园 1996年7月,成立铜铃山森林公园,与林场实行“两块牌子,一套班子”管理体制。1999年5月,建成对外开放。2001年11月,升格为国家森林公园。1999—2011年,累计接待游客38.38万人,旅游收入1373.64万元,其中门票收入1268.56万元。先后被命名为浙江省文明森林公园、生态旅游区、生态文明教育基地、五星级森林旅游区,国家AAAA级旅游景区。

金朱林场

位于县城东北部,1957年12月创办,场部驻地百丈漈镇朱阳山甲坳。1991年年初职工104人。辖三甲、三条步、园丰、上林4个林区,各自成片,林区与场部驻地相距最远55公里。历年造林2400亩,其中油茶林300多亩,杨梅基地300多亩;抚育中幼林2.5万亩次,毛竹4.29万株。修建林区道路22.9公里,2005年修建朱阳至场部水泥路面3.5公里。建成三甲、三条步、园丰林区高低压输电线路23公里,程控电话线路14公里,办公、生产管理、生活用房建筑面积4100平方米,其中危房改造面积2050平方米。2009年全场经营总面积21249亩,其中林地20891亩、生态公益林23943亩;森林蓄积量10.95万立方米,毛竹4.69万株,比1989年分别增加0.92倍和10.7倍;森林覆盖率95.45%,比1989年提高14.15个百分点。2010年12月,建立金朱森林公园。2011年,启动公园设施建设(见旅游卷),年底全场职工99人,其中在岗职工39人、离退休人员60人。

山华林场

位于县境南部,文(成)泰(顺)平(阳)三县交界,1958年1月创办,场部驻地珊溪镇南林陈坑庵。1991年年初职工53人。辖分水、三十六培、九峰3个林区,后坑源、坑心、驮坑、十八嫩、驮叶舟、九峰6个护林点。场地分散、各自成片,林区、护林点与场部相距最近10公里、最远35公里,全场周边沿线长78公里,与6个乡镇24个自然村毗邻。历年培育油茶、杨梅等经济特产林1200亩,抚育中幼林面积1.5 万亩次,毛竹6.5万株;修建林区道路2.5公里,引水蓄水池20立方米;新架低压照明线路13.11公里;各类用房建筑面积6500平方米,危房改造面积1554平方米。2009年经营面积16680亩;活立木蓄积量4.87万立方米,毛竹8.28万株;森林覆盖率98%,比1989年提高23个百分点。2011年年底,全场职工87人,其中离退休43人。

县苗圃

1963年1月建立,位于县境西北西坑畲族镇境内,驻地塘垟村。1991年年初职工24人。经营面积1487亩,其中用材林898亩、经济特产林37亩、苗圃19亩。1994年苗圃扩大至30亩,年产苗木30多万株。2004年引进和实施大棚、温室、容器育苗技术,建立种子容器苗、扦插苗苗圃基地,苗圃面积逐年扩大。2005年9月,县政府决定重建安福寺,苗圃被征用土地60亩。2009年有林地面积1048亩,活立木蓄积量4241立方米,森林覆盖率91.93%,比1989年分别增加1.12倍和28.93个百分点。2011年年底,职工26人,经营面积1575亩,其中流转经营1415亩、林木育苗苗圃160亩。有防火线23公里,各类生产、生活用房建筑面积1170平方米;荫棚5000平方米,温室1600平方米,年生产容器苗木150万株。

2009年文成县国有场圃资源情况一览表

表11-65

单位名称	面积(亩)									蓄积		森林覆盖率(%)
	经营面积	有林地	其中竹林	灌木林地	未成林造林地	苗圃地	宜林地	其他地	非林地	林木(万立方米)	毛竹(万株)	
合计	161141	154293	6614	561	1526	22	67	1430	3242	103.97	101.03	97.40
石垟林场	81200	77362	2036	28	1450	—	—	587	1773	60.27	30.86	95.31
叶胜林场	40872	39514	3025	104	—	—	—	244	1010	27.46	56.42	96.68
金朱林场	21249	20231	382	71	76	—	—	513	358	10.95	4.69	95.45
山华林场	16680	16138	1081	358	—	3	67	86	28	4.87	8.28	98.01
文成苗圃	1140	1048	90	—	—	19	—	—	73	0.42	0.78	91.93

说明:资料由县林业局提供

第二节　农　场

县良种繁育场

位于大峃镇林店尾村。1953年10月建立,原为县农场;1958年改称县良种繁育场。1991年年初,耕地面积170亩,山地10亩;黄坦雅梅火焰岗分场113亩,全场职工81人。

生产经营主要项目为农作物种植、毛猪良种培育和试验示范。1990年进行杂交水稻制种，以“承包到劳、定额上交”形式由职工承包经营，1994年亩产杂交稻种子216.2公斤，创历史最好水平。1996年后县城城区规模扩大，农场耕地大部分用于城区开发。1997年兴建城南综合商品市场，占地面积1.79万平方米，摊位448个。以收取租金，发放职工工资。黄坦分场创办毛猪养殖场，耕地仍以种植水稻为主。

2007年适当提高市场店面租金，增加收入，提高职工工资，改善职工生活，并为职工解决33.5间房屋产权证问题。2008年，筹措资金对市场环境设施、饮用水设施及部分用电线路等配套设施进行改造。2009年改善职工福利待遇，在职职工建立住房公积金账户，离退休人员发放保健费，组织全场60多位职工进行健康检查。并筹集资金16万元（其中向上级争取14万元、自筹2万元），改善市场经营环境，配备空调、电脑、传真复印机及工作用车等设施。2011年全场职工48人，其中在职7人、退休41人；经济收入230万元。

县种羊场

1965年5月创办。位于西坑畲族镇上垟，为全省19个畜禽繁殖场之一。1991年，从云南省路南县良种基地引进纯种圭山山羊（属云南省保护良种之一）52头，其中成年公羊3头，成年母羊42头，后备羊7头。到2001年冬，共繁殖种羊1100余头，并向市场提供种羊750头，创产值150余万元。年末种羊存栏180头，其中纯种圭山山羊158头（公羊8头、能繁母羊150头），波尔山羊22头（公羊12头、纯种公羊4头）。1994年经市畜牧兽医站专家、专业技术人员调查考核，获国家二级良种畜禽生产经营许可证。

2001年10月场内发生火灾，所有证件均被烧毁。2007年通过政策宣传、矛盾调处、张榜公布、签订合同等形式，确权全场耕地841.6亩、林地2811亩。2009年投资25万元（其中省补助15万元），铺设场部所在地至南阳（长3100米、宽3米）水泥路面，开辟石垟、岭后2个社区5个自然村之间森林防火隔离带10.11公里。

2011年，全场厂房、房屋等建筑面积3200平方米，林地2311亩，牧草地790亩，农田园地831亩。职工16人，退休人员32人。

第十章　农村农业管理

1991年,农业管理机构有县农村经济委员会(简称农经委)、县农业局和县农村能源办公室。1997年4月,农经委撤销,组建县委、县政府农村工作办公室。农村办公室负责全县农村调查研究、指导农村经营体制改革、农业综合开发及基地建设、农业产业化、农业龙头企业、农业规模经营、农村合作经济组织和经营管理等;县农业局负责农业发展规划、农业生产、农业科技攻关推广、动植物检疫防疫、农业行政执法、农村集体财务监管、农民负担管理等;县能源办承担农村能源建设、新技术推广、能源安全、服务管理等职责。

第一节　管理机构

县农业局

1991年,局设办公室和农经、科教、财务3股,下属科教培训站、农经站、农机管理站、农机监理站、农机学校、农科所、农技站、种子站、土肥站、植保站(病虫测报站)、特产站、畜牧兽医站12个事业单位和8个区镇农技站。1997年机构改革,设办公室(纪检监察室)、产业信息科、经营管理科(挂县农民负担监督管理办公室)、科教科、政策法规科,工作人员19人。2002年1月与县水利局合署办公,改称县农业局(水利局),设办公室、人事管理科、农政法规科(减轻农民负担办公室)、水政渔政科(水土保持监督站)、规划建设科、科技教育科、产业信息科7个职能科室,工作人员22人。2007年4月农业局、水利局分设独立办公,复称农业局。设办公室、农政法规科(农民负担监督管理办公室)、科技教育科、产业信息科(县副食品办公室)5个职能科室,工作人员12人。至2011年,机构人员、科室设置未变,下属畜牧兽医局、农业执法大队、农业技术推广站、农机管理总站、农科所、特产站、农经管理站、土地仲裁办公室、植物检疫站9个事业站所和10个乡镇农技站。

县农经委

1988年9月,县农业委员会改称农业经济委员会。1991年,下设办公室、经营管理科、生产计划科,并设县食用菌开发公司,为全民事业单位,负责全县食用菌技术培训、生产原料供应、产品销售等服务。1997年4月,县农经委撤销,组建县委、县政府农村工作办公室。

县农办

1997年4月成立,全称县委、县政府农村工作办公室(简称县农办),与县扶贫老区办公室合署办公。下设综合科(纪检监察室)、产业发展科、经营管理科、能源建设科、扶贫老区工作科,工作人员19人。2002年1月,并入县委办公室,未设科室,工作人员4人。2007年8月,机构和职能从县委办公室划出,仍与县政府扶贫老区工作办公室合署办公。下设综合科、经济发展科(劳动力培训科)、社会发展科(新农村建设科)、扶贫开发科、扶贫开发服务中心。2011年年底,工作人员14人。

县能源办

1991年县农村能源办公室，内设财会科，职工21人。1996年增至38人。1997年4月机构改革，县农村能源办公室撤销，并入县农村工作办公室，改称农村能源建设科。2002年1月，县能源总公司、农村能源服务公司划归县规划建设局管理。2008年总公司设置综合办公室、储配站、燃气管道部3个职能科室，职工21人；县农村能源服务公司改称农村能源管理服务站。2011年年末职工22人。

第二节　农业行政管理

1998年成立县农业行政执法大队，2005年成立县土地承包仲裁办公室，分别承担农业行政执法、农村土地承包纠纷仲裁职责。2007年开始发放农民种粮补贴。至2011年，累计立案查处农业违法案件90件，调处土地承包纠纷案件126件，发放种粮补贴2811万元。

农业执法

1998年成立县农业行政执法大队，主要承担农作物种子、蚕种、食用菌种、种畜禽、农药、肥料、兽药、饲料添加剂、农业转基因生物产品、初级农产品、农业植物新品种保护、基本农田保护等方面执法检查和行政处罚。下设种植业、农机管理、动物防疫3个中队，队员29人。1998—2011年，围绕"绿剑"系列集中执法行动与农产品质量安全专项整治行动，出动执法人员3757人次，检查农资生产经营企业1053家次，农产品生产基地338个次，规模养殖场494家次，专业合作社286家次，立案查处农业违法案件90件，罚没款10.11万元，受理调处农业生产事故19件，保障农村经济组织与农民合法权益。

农村土地仲裁

2005年8月，成立县土地承包仲裁办公室，负责全县农村土地承包仲裁日常工作，是温州全市土地承包仲裁机构核定编制最早、编制数最多的县级土地承包仲裁机构之一。同年12月，成立县农村土地承包仲裁委员会，开始受理土地承包纠纷案件。2006年启动农村土地承包纠纷仲裁试点，开展农村土地承包档案信息化管理。至2011年，受理各类案件126件。为温州市土地承包仲裁规范化建设单位，曾获"全国农村土地承包仲裁工作先进集体"称号。

种粮农民补贴

2007年，启动农民补贴网络建设及农资综合直补工作，涉及全县农民7.5余万户30余万人。同年，以二轮土地承包面积为依据，利用"一折通"，将243万元农资综合补贴资金，发给种粮农户。2008年，农资综合直补资金按种粮农民实际粮食播种面积为标准进行补贴，不再按农户承包面积为标准进行补贴，全县总共发放人数7.3万户，发放直补资金625万元，比上年增加383万元，增长158%；亩均48元，比上年增加30元。2009年，下发《关于对种粮农民直接补贴的实施方案的通知》，加强"一折通"和农民补贴网建设，全年发放7.3万户，补助资金573万元。2010年，发放7.3万户，补助资金626万元。2011年，发放7.5万户，补助资金744万元，亩均达到56.61元，走在全省前列。2007—2011年，发放种粮补贴2811万元。

第三节　农村经济管理

1993年,成立县农民负担监督管理领导小组,1997年以后陆续出台《文成县村级财务管理若干规定》《文成县农村集体资金、资产、资源管理办法》等系列政策。2006年成立县农村经济审计站,开始对农村集体经济进行审计。至2011年全县取消涉农收费项目143项,清退违规收费金额7.15万元,减轻农民(企业)负担3095.46万元;2011年财务审计128个村,审计出违规违纪金额2037.23万元,收回款项2.09万元,提出整改意见796条。

财务管理

1997年,县政府制定《文成县村级财务管理若干规定》,开展农村财务管理检查,并推行"村财乡(镇)管、乡(镇)管村用"制度。2002年,制定《关于全面推行村账乡(镇)委托代理,加强村级村务规范化管理工作的实施意见》,全县33个乡镇建立会计委托代理机构,539个村办理签订委托协议书,544个村建立村务公开民主监督小组。2004年,县政府制定《文成县村级财务管理暂行规定》,全县384个行政村实行村账委托乡镇代理制,组织开展乡镇政务和村务公开督查2次。2005年,建立县、乡两级村级财务和村务公开计算机监管网络体系,开展村级财务公开情况检查,受理村集体财务审计案件3件。2006年完善村账委托代理制,建成县、乡(镇)级财务监管网络平台,全县33个乡镇384个行政村财务全面实行电算化管理。2007年,县政府制定《关于加强村级集体经济组织银行账户规范化管理的通知》《文成县村级集体账务查阅若干规定》等政策性文件,全面启动村级财务规范化管理。2011年,出台《文成县农村集体资金、资产、资源管理办法》,全县开始建立"三资"管理机构,村账代理中心全面升级为"三资"管理服务中心,农村财务管理得到全面加强。

财务审计

1998年开始农村集体资产管理,对乡(镇)、村、集体企业所有的农村集体资产进行清查、核实。全县村级集体资产总额为8523.5万元,负债860.7万元,所有者权益7662.8万元;乡镇级集体资产416.55万元。1999年5月,对全县村级集体经济收入情况进行调查。全县村级集体经济收入为924.65万元,其中集体经济收入1万元以下贫困村400个。同年10月,对全县乡镇、村不良债务进行清查,查明乡镇级债权602.9万元,债务1067万元;村级债权317.37万元,债务461.11万元。2006年成立县农村经济审计站,开始进行农村集体经济"百村审计"行动。全年完成村财务审计130个村,出具财务审计报告130份,审查涉及资金总额1038万元。2008年持续开展"百村审计"行动,审计123个村,出具财务审查报告123份,审计涉及资金总额6410.93万元,查处违纪违规金额2009.57万元。收回各类款项金额33.26万元,落实审计整改措施600条。此后,重点抓好专项审计、重点审计。2009年,对仰山松坑村开展专项审计,审计金额137.62万元,收回款项0.32万元。2010年,对樟台兴川村进行重点审计,审计金额119.69万元,收回违规资金8.39万元。2011年,加快实施交叉审计、就地与送达审计等多种审计形式,审计质量逐步提高。全年审计128个村,审计金额5694.63万元,审计出违规违纪资金2037.23万元,收回款项2.09万元,提出整改意见796条。

农民负担监督

1991年,国务院颁布《关于切实减轻农民负担的通知》,全县实行农民负担定项限额控制政策,以乡镇为单位,农民负担(即村提留、乡统筹)不得超过上年农民人均纯收入5%。1993年,成立县农民负担监督管理领导小组,开始发放农民负担监督手册。1996年开始,全面使用省制"农民负担监督卡",监督卡注明农民负担每个项目和金额或物资数量，实行减轻农民负担“一票否决”制度，严格执行预决算、监督卡、专项审计等农民负担日常管理制度。1999年，建立农民负担监测网络10个点，及时摸清涉农收费情况。2000年，建立大岙镇等4个监测点，初步建成农民负担监管网络。2002年，健全农民负担监测网络，加大案件查处力度，清退金额4.86万元，减轻农民负担728.35万元，为企业减轻负担28万元。2003年规范行政事业性收费，取消流动人口管理费等143项收费项目，减轻农民负担2311.11万元；取消企业管理费，减轻企业负担28万元。2005年设立农民负担监测点9个，查处案件6件，涉案金额19.57万元，其中列入清退案件4件，清退金额5343万元；没收上缴财政资金2件，金额14.14万元。2008年，县政府制定《减轻农民负担工作考核办法》《关于进一步明确农民负担监督管理成员单位工作职责的通知》等政策性文件，制作并发放384块涉农单位收费公示牌，有效监督乱收费、乱集资、乱摊派行为。2011年，在全县10个乡镇384个村，制作涉农收费项目公示牌390个，村公示率达100%；查处农民负担案件3件，退回违规金额1.76万元，形成比较完善的农民负担专项监测机制、突发性案件应急处理机制、执法检查机制、专项考核机制等监督机制。

第四节　农村能源服务管理

1991—1999年，农村能源服务管理主要内容为推广节柴灶、沼气池、水锤泵和安装微型水电站，全县累计建造节柴灶84397户，建筑沼气池2557只。2000年以后转为农村能源生态建设，推广使用沼气净化池、安装太阳能热水装置。至2011年，累计建造大小沼气231处、生活污水净化沼气池404处，年处理生活污水805.5万吨；安装太阳能热水器13.2万台(户)。并常年不懈开展安全使用液化石油气宣传和大检查，确保用气安全。

能源新技术推广

沼气净化池　20世纪90年代，掀起农村能源生态建设热潮。1992年5月，县能源办组建县净化建筑安装公司。1993年8月，公司企业资质由等外级晋升为建筑四级。后经扩大队伍，增加设备，提高质量，1994年5月打入温州市场，其承建项目由小型转向中型，净化池排放水质经环保部门监测化验，达国家二级排放标准。1992—2006年全县建造沼气净化池164处，折合容积9778立方米，产值642.7万元。

2006年5月，制订县农村能源生态建设“十一五”规划，成立县农村沼气建设工作领导小组，向上级申报项目资金464.16万元，其中中央财政预算内国债154.16万元，省、市项目配套资金分别为85万元、225万元。2008年，建成中央养殖小区和联户沼气工程项目，包括富岙培头、富岙底，仰山鳌垟、金垟横培、百丈漈镇西段5个村养殖场集中供水220户，其中养殖小区沼气工程4处50户，联户沼气工程2处10户。

2009年，编制《2010—2015年农村沼气建设规划》，申报2010年中央农村沼气建设项目。协助县农业局建成54家200头以上规模化养殖场排泄治理项目，新增中型沼气池4800立方米，年处理污水4.75万吨，年产沼气2400立方米。协助县农办实施省“千村示范、万村整治”项目，建成温州市珊溪库区环境生活污水处理工程75处，总容积1.35万立方米。

至2011年，全县建成农村户用沼气1927户，联户沼气970户，大型沼气及150千瓦沼气发电1处，中小型沼气225处，农村乡村沼气服务网点5处，沼气使用户合计4095户，年产沼气265.5万立方米，节约代替标准煤1896吨。生活污水净化沼气池404处，总容积8.95万立方米，年处理生活污水805.5万吨，农村清洁能源所占比例为81.06%。

沼气池　1990年年底，全县沼气池2393只。1991年新建17只，修复上年度被洪水毁损沼气池200只，全县累计2460只，使用率71%。1992年始，国家扶持发展农村能源的水泥、钢材等配套物资取消计划供应，沼气池原由政府扶持推广转向农户自发建造;同时液化石油气及其灶具风行社会,推广迅速,用户及使用量逐日攀升,沼气使用率逐年下降。1992—1995年,新建沼气池97只,至1996年全县沼气池2557只,使用率降至25%。

节柴灶 1990年年底,全县节柴灶77687户。1991年建灶1400户,其中上年水毁修复重建138户。1992—1996年,稳定发展,新增节柴灶5310户,全县累计建造节柴灶84535户,占总农户96.8%。按每灶年节约柴草1500公斤计算,全县年节柴12.66万吨,每吨计价200元,等于节省资金2531.91万元,相当于封山育林8.57万亩。对保护森林资源,减轻煤炭供应压力,推动生态良性循环,增加农民收入,促进农村经济发展具重要作用。1997年以后,随着城乡经济发展,生活水平普遍提高,节柴灶逐渐被液化气灶具替代。节柴灶转向农民自发建造。

太阳能 2001年开始,在县城安装太阳能热水器30台45平方米,以机关干部家庭居多。2002—2006年,推广98台148平方米。2008年,在百丈漈镇中心学校,与县教育局共同实施首批中央新农村卫生新校园建设试点学校项目,安装太阳能热水器310平方米,太阳能路灯15盏,为550名师生提供生活用水。2009年,全县推广安装太阳能3100户62001平方米,县城安装太阳能路灯27盏,农村清洁能源利用率提高8.1%。至2011年,全县推广安装太阳能热水器9995台、路灯50盏,节约替代标准煤1999吨。

微型小水电 1991年4月,温州市委组织部部长韩文德率路教队在文成蹲点期间,联系瑞安市能源办并获得支持,为金星乡角山自然村安装1台1千伏微型水力发电机组,造价1000元左右,为3户12人解决照明用电。1992—1996年,为解决边、老、少、贫偏僻山区人民生活用电,分别在全县15个乡镇52个自然村安装微型水电机组53台,装机容量36.3千瓦,受益158户538人。

水锤泵 1998年,省农委、能源办下达推广项目。县能源总公司与县科委联合下乡调查,确定基地,全年推广水锤泵7台,为农田灌溉和改善饮水设施提供方便,深受山区农民喜爱。10月23—24日,德国不莱梅川海外研究与发展协会专家彼德·迪马先生,由省、市科委、能源办领导陪同到文成考察水锤泵项目推广情况,表示满意。1999年,推广9台,次年继续推广4台,全县累计推广水锤泵20台。

能源安全管理

1991年,举办3次“液化石油气安全使用宣传”暨炉具大展销活动,出动宣传车,播放录像片,宣传液化气安全使用常识。同年11月25—27日,县电视台连续3天播放《液化石油气安全使用宣传》节目。1998年建立储配站义务消防队,公布安全防火三级责任;成立液化气无泄漏场站检查小组,建立无泄漏管理体系。1999年,邀请温州万家利煤气公司高级工程师到文成作液化气各道工序安全技术知识讲座。投资10万元,购置气体检测仪、灭火器、水龙带等消防器材,储配站绿化面积400平方米,并开始对超期钢瓶进行检测。2000年,投放消防安全整改资金9万元,整改项目27个。每只钢瓶加收检测统筹费1.60元。2001年,开展液化气经营点安全检查9次。2002年,添置储配站燃气自动报警仪、气体探测器、安装防雷箱等安全设备。2003年,重新制定储配站质量体系人员职责,瓶装燃气生产管理、操作规程、安全管理等制度。2004年,开展“钢网行动”,投资100万元,新储配站建成环形消防通道和容量1500立方米消防水池,安装2台燃气自动报警仪,添置消防器材,完善消防设施。2005年,与县计量质量监督所合资兴办县液化石油气钢瓶检测站。次年3月建成投产,填补县境钢瓶检测空白,消除社会钢瓶使用隐患。2006年开展安全大检查4次。2010年,公司与各乡镇燃气经营点签订《安全生产责任书》;强化储配站气瓶充装管理,超期未检测钢瓶不充装;已到使用年限钢瓶,分批送到钢瓶检测站检测,保障用户安全用气。

第十二卷

工业　建筑业

1991年,全县669家工业企业,工业总产值8393万元。企业普遍处于“产品档次低、管理水平低、经济效益低;上等级、上规模企业少,有特色、有竞争力的拳头产品少”的现状。文成县委、县政府将结构调整和技术革新作为改革整治重点,推动工业企业逐步从“散、粗、低”向“专、特、高”转型发展。1992年,全县工业总产值首次突破亿元大关,实现产值、销售、税金、利润同步增长。1993年后,相继开展工业和产业结构调整,资源开发迈出实质性步伐,利用县域水资源优势,重点发展水电企业。

1998年,启动巨屿工业园区开发建设,标志着全县工业进入快速发展期,农副产品加工、水电开发、金属制造加工、新型建材及配套产品制造4大支柱产业形成。2005年,百丈漈生态产业园区以及玉壶、周壤等工业小区开工建设,工业产业走上生态化、品牌化之路。至2011年,全县投入技改资金5.02亿元,实施技改项目180项,开发新产品、新品种、新花色、新包装产品647个,引进无污染的环保型产业8个;工业产品获浙江名牌15个、温州名牌产品3个、省级以上金奖产品15个。全县工业企业380家,工业总产值37.26亿元,比1991年增长43.4倍。其中规上工业企业29家,产值24.65亿元。2011年,全县建筑企业8家,产值9.25亿元,比1991年增加15.8倍,年平均递增28.85%。

第一章　工业企业

1991年，全县工业企业669家，其中国营工业企业18家、二轻集体工业企业31家、乡镇工业企业620家。随着国家经济体制从计划经济向市场经济转变，国有企业改革进程加快，市场经济主体逐步由民营企业主导，国有、集体和乡镇企业逐步退出消亡。1995—2005年，13家预算内国营工业企业和31家二轻集体工业企业连年亏损，由政府主导逐步采取破产、终止解散、股份制改造等形式进行改制，原企业不再保留；乡镇工业企业因市场环境发生变化以及自身管理缺陷导致生存压力加大，企业个数逐年减少。2011年，全县工业企业380家，其中国有企业或国有控股企业15家、三资企业3家、民营企业362家。

第一节　国有工业企业

1991年，全县有县棉织厂、酿造厂、珊溪酿造厂、印刷厂、制药厂、铁合金厂、机械厂、汽车修理厂、建筑材料厂、花岗岩总厂、化工厂、化工分厂、电机厂、自动化仪表厂、电讯仪表厂等国有工业企业18家，工业产值3768万元，其中预算内工业企业13家，其他国有工业企业5家。1991年7月，县汽车修理厂改称文成县农用车总厂，与浙江公路机械厂合作，生产飞碟牌农用车。后因国家产业调整、工业企业改革，一批"低小散"扭亏无望的企业随之破产。1992年12月县自动化仪表厂破产，1994年7月县铁合金厂破产。1995年以县酿造厂为基础，组建帝师集团有限公司。1996—2000年，县棉织厂、建筑材料厂、锰矿厂、机械厂、印刷厂、花岗岩总厂等工业企业相继破产。2000年后因国有企业改革政策变化，地方国企多采取终止解散的改制形式。2001—2002年，县电机厂、化工厂、化工有机分厂实施终止解散；珊溪酿造厂、县制药厂实施整体出让、股份改造方案。2005年12月，随着县帝师集团有限公司宣布终止解散，全县国有工业企业退出历史舞台。至2011年，国有企业或国有控股企业15家，主要为供发电企业和公共市政企业，全年工业产值2.3亿元，占全县工业产值6.2%。

1991—2005年文成县国有工业企业情况一览表

表12-1

单位名称	创建时间	从业人数	主要经营产品	年产值(万元)	创利税(万元)	利润总额亏损(万元)	停产破产解散年月
帝师集团公司	1958	70	红酒白酒酱油	1246	1107	−3710	2005.12
县农用车总车	1991.7	63	飞碟碑农用车	58.3	26.4	—	2000.5
县花岗岩总厂	1993.3	50	各种花岗岩板枋	280	11	—	1998
县建材厂	1979	92	—	41.78	3.65	−49.24	1996.11
县铁合金厂	1979	—	生铁锰铁矽锰全金	129.45	12.9	−33	1994.7
县电机厂	1969	53	Y系列电动机	102.63	—	—	2001.9
县化工总厂	1971	—	—	1.54	0.16	−3.09	2001.9
县化工分厂	1989	—	—	11.41	1.34	−4.68	2001.9
珊溪酿造厂	—	—	伯温系列米酒黄酒	59	6.86	—	2001
县棉织厂	—	153	—	69.08	0.83	−42.36	1996
县制药厂	1971	44	固体清凉油风油精	480.83	39.41	—	2002
县印刷厂	1991	56	—	50.22	3.11	—	1998.9

说明：资料由县经贸局提供

县帝师集团有限公司

位于大峃镇县前街72号，前身为县酿造厂，成立于1958年，生产经营红酒、白酒、酱油等系列产品。1991年总产值145万元，销售收入135.4万元，利税31万元。同年开始生产“鹤泉”牌系列米酒。1991年获中国食品展交会金质奖。1992年获浙江省首届食品博览会银质奖，产品远销西欧和东南亚，“鹤城”商标1993年被评为温州市行业知名商标。1994年职工63人，销售额超过1000万元，税金120万元，利润50万元，人均创税利2.7万元，固定资产净值200万元。1995年组建帝师集团有限公司，创办“文成县鹤泉工贸有限公司”“文成县鹤泉自选商场”，与四川文井酒业集团技术合作，引进“五粮液”酿酒技术，先后投入技改资金400万元，扩建年新增3000吨帝师系列白酒闭路式自动生产线，推出浓香型帝师系列优质白酒和帝师杨梅干红酒。帝师系列优质白酒获中国第三届科技精品博览会金奖；帝师杨梅干红酒被中国国际农业产品博览会评为农业名牌产品。1999年职工70人，总产值1246万元，销售产值798万元，产销率64.1%。2005年12月终止解散。

县农用车总厂

位于大峃镇樟台，前身为县汽车修配厂，位于大峃镇如意路。1991年7月与浙江公路机械厂合作，生产飞碟牌农用车，改称县农用车总厂，实施技改项目整体搬迁至大峃镇樟台新厂区。同年11月，加入“浙江省飞蝶农用车联合体”，成为县内重点骨干企业。1993年生产农用车1439辆，总产值1650万元，税利170万元。1994年职工72人，总产值2056万元，销售额2021万元，税利123万元。后随国家产业调整变化，农用车逐渐禁止上路，产值直线下降。1999年职工63人，产值降至58.3万元，销售额169.8万元，利润亏损283.1万元，上缴税金26.4万元，实收资本297万元。2000年5月因资不抵债被法院裁定依法破产。

县制药厂

位于峃口甲岸堂村，1971年创办。生产固体清凉油、液体清凉油、风油精、胃可舒等产品。1991年职工44人，总产值426万元，销售收入403.75万元，利税39.41万元。固体清凉油被评为省优产品。1999年为盘活资产，引进个体户王毅进行企业重组，保住药品生产许可证，2002年整体出让给王毅，组建县药业有限公司，后因王毅辞世企业一直处于停产状态。

第二节　二轻工业企业

1991年，全县二轻工业企业31家，其中股份制6家，职工1041人，总产值1154万元，销售收入1264万元，出口交货值175万元，利税50万元，固定资产总额574万元。当年获省总公司表彰，获浙江省二轻工业生产经营综合一等奖和出口创汇特别奖。县胶鞋厂、县胶鞋二厂、县第二机械厂、县离合器片厂、县特种钢联营厂(县顺昌金属实业有限公司)等企业先后被确定为县级重点工业企业，在产业政策、工业用地、用电、用水、融资、银行贷款等多方面给予政策支持、扶持和优惠。1992—1996年，工业产值10854万元，销售额9410万元，税利275万元。后随市场经济环境变化，县电瓷厂、县家具厂、县五金机械厂、县塑料制品厂、县胶木电器厂、县服装厂、第二机械厂、大峃竹器厂、珊溪农机厂、珊溪竹器厂、珊溪服装厂、玉壶木器机械厂、玉壶艺雕厂、玉壶服装厂、玉壶竹器厂、南田农机厂、南田竹器厂17家企业终止解散；县标准件厂、县离合器片厂、玉壶锻造机械厂3家企业破产；其他7家企业关闭停产。2000—2004年，县胶鞋厂、县胶鞋二厂、县顺昌金属实业有限公司3家企业转为民营企业。2005年已无集体工业企业存续发展。

1991—2003年文成县二轻工业生产情况一览表

表12－2　　　　单位：万元

年份	工业产值	增加值	利润	税金	年末固定资产
1991	1154	74	34	16	574
1992	1219	−123	27	12	451
1993	2279	289	33	15	740
1994	2637	66	27	13	806
1995	2348	162	68	31	968
1996	2370	−21	34	15	947
1997	3333	249	52	23	1196
1998	2919	−18	32	15	1178
1999	2673	−16	31	13	1162
2000	2410	88	47	23	1250
2001	2879	75	43	20	1325
2002	2705	35	48	23	1360
2003	2632	34	43	20	1394

说明：资料由县二轻工业总公司提供

文成县离合器片厂

位于黄坦镇雅梅新街123号，1984年5月创办。主要生产“灵光牌”摩托车发动机离合器摩擦片，销往温州、台州、杭州、丽水、上海、江苏、江西等地。1991年生产摩擦片81万片，总产值97万元，销售收入105万元，利税总额13.76万元。1996年成功开发本田125摩托车离合器总成，成为重庆嘉陵集团配套厂家；全年生产摩擦片131万片，总产值500万元，销售449.5万元，税金32.3万元，利润48.8万元；其产品获中国第三届科技精品博览会金奖，被命名为温州优质产品。1999年全厂职工37人，生产摩擦片133万片，总产值517万元，销售产值288万元，上缴税金18.5万元，利润亏损54.1万元。2000年被命名为县级工业重点企业。2002年停产，2005年8月宣告破产，改制为私营企业县华成机械制动配件厂。

文成县胶鞋厂

位于大峃镇城东路2号，1987年9月创办。主要生产单双色男女运动鞋、坡跟鞋等，销往丽水、衢州、金华、嘉兴、苏州、青海、贵州等地。1991年总产值350万元，销售收入392万元，利税总额28.3万元。1994年11月，兼并县家具厂。1996年职工120余人，总产值602万元，销售收入603.5万元，利税总额27.6万元。其产品1997年被命名为浙江省“地方名品”；1998—1999年连续两年被命名为温州市“优秀企业”。1999年全厂职工161人，总产值866万元，销售产值860.5万元，上缴税金38.6万元，利润6万元。2000年投资523万元，在幸福堂建新厂房6943平方米，新建胶鞋生产线3条。2000—2002年连续3年被命名为县级重点工业企业。2003年获国家进出口企业资格证书，并在荷兰设立办事处。2004年10月实行股份制改造，改为温州飞城鞋业有限公司。2011年全厂职工126人，总产值1350万元，销售产值1260万元，上缴税金85万元，利润66万元，后因幸福堂片区改造，企业搬离文成。

文成县胶鞋二厂

位于大峃镇樟台,1992年4月创办。主要生产男女运动鞋及坡跟鞋等。开办初期,职工52人,年产各类胶鞋65万双,产值450万元,销售额250万元,年税利约25万元。1999年,全厂职工167人,总产值877.4万元,销售收入811.5万元。2000年被命名为县级重点工业企业。2002年3月实行股份制改造,改为县中意伟达鞋业有限公司。2008年关闭停产。

文成县第二机械厂

位于大峃镇建设路170号,前身为大峃农械厂。主要生产绞面机、淀粉机、打稻机、碾米机、电焊机、简易车床、铁制农具、文成宝剑等产品。1990年职工56人。1991年总产值37万元,销售收入35万元,上缴税金2.3万元,利润亏损4万元。1994年被命名为县级工业重点企业。1997年关闭停产,1998年3月终止解散。

文成县顺昌金属实业有限公司

1988年9月创办,挂户县二轻工业总公司名下。前身为县特种钢联营厂,初址原龙川乡横山村,主要生产冶炼废铁屑钢坯。1991年产钢坯1490吨,总产值150万元,销售收入193万元,利税总额11.8万元。1994年职工120人,产值1006万元,销售额1002万元。1998年改名县钢铁工业有限公司。1999年职工25人,总产值1057万元,销售产值961万元,上缴税金34.3万元,利润25.8万元。2000年投资500万元,搬迁至巨屿工业园区,改称县顺昌金属实业有限公司。2001年投入资金130万元,研制开发成功端头板、槽钢、不锈钢型材等系列产品,年产不锈钢型材1200~1500吨。2003年被评为县信用企业,2002、2005年命名为县级重点工业企业。2011年年末职工97人,总产值3217万元,销售额3165万元,税利总额205.5万元,固定资产总值800万元。

第三节　乡镇工业企业

1991年受计划经济体制约束,当时乡镇企业中属于集体所有制的绝大部分企业实质为私人投资企业,属于“戴帽”企业。全县乡镇企业620家,职工5498人,工业产值3773万元,每家企业平均年产值6万元;呈“低小散”局面。1992年企业减至521家,产值6502万元,比上年增长39.7%。1993年起,先后创办、培育和引进一批较具规模的乡镇企业,如龙益电器集团、长城鞋厂、力生机械厂等企业,至1998年全县乡镇企业增至753家,职工5618人,工业产值3.22亿元,销售收入2.93亿元,工业产值占全县工业总产值56.7%,达到历史高峰值。此后比例逐年下降。随着乡镇企业管理体制改革,周边县市同行业市场竞争变化和企业人工成本、运输成本上升,县内大多数乡镇企业纷纷外迁、转产、关停,部分企业转为民营企业,乡镇企业逐步消亡,2005年县内最后一家停产多年的乡镇企业——县电器仪表厂转为民营企业。

文成县龙益电器集团

位于大峃镇凤垟村,1999年全厂职工18人,总产值10347万元,上缴税金442万元,利润805万元。2000年后因内部管理混乱,法人代表伪造公章等事件被查处,公司基本处于停止经营状态。

文成县长城鞋厂

位于大峃镇官山背,1999年全厂职工183人,总产值10200万元,销售收入7800万元,上缴税金195万元,利润390万元。因受市场冲击、经营管理不善等因素，2002年起停产。

文成县竹木工艺厂

位于大峃镇建设路343号，1985年创办。主产竹木加工机械与竹木产品，竹木产品有系列竹筷、竹珠、各种木柄、雨伞杆、饭勺等，产品销售国内外。1990年有职工72人，固定资产原值124万元。1991年总产值205万元，其中出口创汇70万元。1994年职工110人，创产值558万元，税利33万元。因受市场冲击、经营管理不善等因素，1999年起停产。

第四节　民营工业企业

民营工业企业包含私营企业有限责任公司、股份制企业、"三资"企业等。2000年前后，随着国有工业企业退出，乡镇企业转型，民营企业逐渐占据文成县工业经济主导地位。2001年，全县股份制企业、私营企业、"三资"企业共116家，从业人员3229人，工业产值40238万元，税金1243.6万元。其中股份制企业67家2215人，产值25758.2万元，税金900.4万元；私营企业48家944人，产值11430.6万元，税金323.6万元；"三资"企业1家69人，产值3049.2万元，税金19.6万元。规模(国有及年销售收入500万元)以上工业企业11家887人，产值17511万元，税金77.4万元；规模以下企业105家2342人，产值22727万元，税金1166.2万元。自启动建设巨屿工业基地起，抓住温州"退二进三"产业梯度转移机遇，引进一批规模较大如浙江名泰钢铁有限公司、投资超过5000万元的企业，县域工业发展后劲显著增强。2011年，全县民营企业实现工业产值35.53亿元，占全县工业总产值95.38%。其中12家重点企业总产值15亿元，销售收入13.9亿元，上缴税金4698.94万元，利润1309万元，资产总额11.53亿元。

私营工业企业

1991年，全县个体企业348家，从业人员428人，总收入374万元，上缴税金105万元，利润22万元，固定资产35万元。1992年开始出现私营工业企业。1995年个私工业企业644家，产值7715万元，其中个体企业603家5725万元，私营企业41家产值1990万元。1996年以后个私工业快速发展，至1998年，全县个私工业企业1143家，年末从业人数5189人，工业产值30057万元，占全县民营工业总产值68.2%，上缴税金540万元。企业自有资金7059万元；产值超500万元企业5家，工业产值7497万元。2000年以后，个私企业持续发展，2001年个私工业企业1898家，产值31878万元，比上年增长16.9%，其中个体企业20447万元，比上年增长5.4%；私营企业11431万元，比上年增长45.3%。2006年，个私工业规模以上企业21家，从业人员1443人，工业产值7.79亿元，利税总额5132.6万元。2011年，规模以上个私企业19家，从业人员1718人，产值15.37亿元，上缴税金3835万元，固定资产4.55亿元。

浙江迦密山重型锻造有限公司　位于百丈漈生态产业园。原名文成迦密山彩钢有限公司，为县域2003年度重点招商引资企业。占地面积3100平方米，注册资金2000万元，厂房建设投资2500万元，员工127人，其中中、高级管理和技术人员10人。是一家专业从事不锈钢冶炼与锻造的重型锻造企业，有频炉、精炼炉、瑞士产光谱仪、美国产5T、3T电液自由锻锤等先进设备，能按客户要求加工圆钢、方钢、扁钢及各类异型钢等不同规格钢材。2004年3月投产，2007年产值2.2亿元，上缴税金980万元；2008年产值2.5亿元，上缴税金1100万元；2011年员工160人，产值1.55亿元，销售收入1.52亿元，税金371万元，资产总值8265万元。2007—2011年连续被县政府授予"重点工业企业""突出贡献企业"称号。

浙江宏伟钢业有限公司 位于巨屿工业园区。2003年8月从温州市龙湾区引进,注册资金1350万元。公司占地面积1.89万平方米,建厂总投资4000万元,为不锈钢冶炼、锭、棒、管、钢板压延加工业企业。拥有15吨电弧炉与AOD精炼炉,引进德国进口炉前分析直读光谱仪等先进检测设备。经营产品主要为不锈钢锭、圆钢、管坯等。年生产能力不锈钢锭2万吨。2006年起连续多年被县政府授予"重点工业企业""贡献企业"等称号。2007年实现销售收入1.30亿元,上缴税金739万元。2011年总产值1.74亿元,销售收入1.79亿元,上缴税金334万元,资产总额2569万元。

温州兴仕铜业有限公司 位于巨屿工业园区。2001年6月成立,从瑞安市引进,注册资金500万元。占地面积5330平方米,厂房、办公楼建设投资2000多万元,是专业生产经销各类铜合金线带材的有色金属加工企业。采用先进工艺电控熔炼电炉,高精度拉丝机和水真空保护气体退火技术,生产各类黄铜带、板材、线材。不锈钢系列钢丝、螺丝、螺帽,铜制品系列黄铜丝、黄铜板带,直销省内外。2006年起先后被评为县"重点骨干企业""贡献企业"、温州市资信AA+企业称号。2009年被命名为浙江省100佳小企业"创业新星"。2011年实施"合金铜倒立式拉丝工艺研究"项目,引进消化吸收倒立式拉丝设备与工艺,形成生产新工艺,为企业节能20%。全年总产值6885.7万元,销售收入5412.3万元,上缴税金187.86万元,资产总额4016万元。

温州百丈实业有限公司 位于珊溪镇坦歧村。原名文成县珊溪镇百丈实业有限公司,是一家集研发、设计、生产、销售为一体的纺织行业企业。2003年由珊溪镇政府引进,2004年4月成立,注册资金1080万元。厂区建设投资2800万元,占地面积42827平方米,建筑面积34261平方米。主要生产混纺系列纱线,主要产品有涤棉纱、涤粘纱、涤纶纱、粘胶纱、坯布等。2004年厂房竣工投产。2005年职工50人,工业总产值1500万元,销售额1171.5万元。2006年职工增至100人,总产值5438.2万元,销售额5008.4万元。2011年总产值3829.5万元,销售收入3491.1万元,上缴税金101.59万元,利润37.61万元,资产总值6608万元。

浙江万喜精密铸造有限公司 位于百丈漈生态产业园。原名文成县万喜精密铸造有限公司,成立于1995年5月,占地面积1.5万平方米,厂房建筑面积6000平方米。2011年员工168人,其中专业技术人员19人,工程师3人,拥有固定资产2200万元,完成产值3548万元。公司通过ISO9001质量管理体系认证,曾连续6年被县人民政府列为重点企业;连续3年被评为县级先进单位、先进技术进步优秀企业、优秀工业企业、文明私营企业、诚信民营企业,温州市创建信用企业先进单位,浙江省工商企业信用AAA级守合同重信用单位等荣誉称号。

浙江华广精工制造有限公司 位于巨屿工业基地云江东路81号。2003年11月成立,注册资金1050万元。占地面积4万平方米,建筑面积3万平方米。主营汽车配件、机械零部件制造,有5吨电液模锻锤和300至1600吨摩擦压力机锻造生产线7条,锻压设备48台,精密检测、机械性能、理化分析、金相分析等全方位检测检验设备数十台,年生产锻件能力1.2万吨。员工75人,其中高技术人才15人,各类专业技术人员28人。公司通过ISO9001、ISO/TS16949质量管理体系认证,ISO14001环境管理体系认证、GB/T28001职业安全管理体系认证,通过温州市级清洁生产审核验收。公司研发的高速铁路垫板产品应用在国内京沪高铁并出口欧美、日本、巴西、泰国等国家。曾获文成县重点企业、管理创新企业、A级纳税信用企业、创新示范企业,温州市安全生产标准化企业、捐资助教·热心公益企业等称号。2011年总资产2909万元,实现产值2369.6万元,上缴税金77.26万元。

温州荣源特种模具钢有限公司 位于百丈漈生态产业园。2006年8月成立,注册资金300万元。占地面积近1.33万平方米,建厂房8幢,建筑面积6435平方米,建厂总投资3000多万元。主要从事特殊钢冶炼及压延加工,拥有1吨锤、2吨液压锤各1台,700公斤空气锤3台,专业生产碳结钢、圆钢、合结钢、低合金钢、铬钼钢等特种模具钢及各类锻件生产线3条,并自办检验室、化验室等科技配套科室。产品销往北京、上海、广东、江苏及温州周边地区。2011年员工60人,管理、技术团队大专以上学历7人,高级技术人员3人。2011年产值4878万元,销售收入

4278万元，上缴税金111万元，资产总额5441万元。

浙江中星钢管机械有限公司 位于巨屿工业园区。2005年4月成立，注册资金1450万元。主要生产各种型号冷轧管机、穿孔机、矫直机、金属线材加工设备、无缝钢管、钢丝等，产品取得5项国家发明专利，销往全国各地及出口韩国、印度等亚洲国家。2011年职工209人，其中高级技术人员13人，本科以上学历5人。实现产值6259万元，销售额6212万元，上缴税金271万元，资产总额4204万元。

温州高米乐实业有限公司 位于大峃镇周壤工业功能区。2007年10月成立，注册资金2216.97万元。占地面积为25004平方米，建厂房6幢，建筑面积10307.54平方米，总投资额3000万元。是一家拥有自营进出口权，集生产、开发、营销为一体的鞋用粘胶剂及强力胶制造专业厂家。公司生产的水性聚氨酯、黄湖胶、药水胶、热熔胶、处理剂、清洗剂、橡胶、装潢胶等产品具有通用型、耐热性优、触感好、粘力好、不耐黄等，产品性能指标达到国际类产品先进水平，主要广泛应用于服装面料复合、反光材料、制鞋、箱包、家具、装饰、电子产品、汽车工业等行业。年产聚氨酯黏合剂9800吨、强力胶200吨，销往温州、杭州、重庆、江苏、福建、上海及全国各地市场。2011年资产总额9317万元，产值15001万元，销售额15042万元，上缴税金146.1万元。

文成县亨哈山珍食品有限公司 民营企业私营有限责任公司。创建于1994年10月，注册资本金为2000万元，公司总资产8000多万元。公司是一家集农副产品研发、加工、销售于一体的农业产业化龙头企业。公司主导产品分蔬菜脱水、淀粉制品、即食包装、食用菌等四大类共100多个品种。公司获诸多荣誉，"亨哈"牌注册商标三度获浙江省著名商标、"亨哈"牌产品三度荣获浙江省名牌产品、连续几届被列为省级骨干农业龙头企业和国家级扶贫龙头企业。公司与县内外25家农民专业合作社建立长期合作关系，在市内设立两家名特优农副产品营销中心，在上海、杭州等地设立30多家代理点，与100多个县保持业务联系，在安徽、山东、湖南怀化、福建、新疆哈克苏等地区设立6个加工点。1999年10月获自营进出口权。产品出口韩国、日本、意大利、法国等。2011年，实现销售收入1.8亿元，同比增长17%，其中出口额为6072万元，上缴税金1718万元。

浙江双凤食品有限公司 位于大峃镇城东北路11号。2001年4月创建，注册资金1300万元，专业生产兔肉系列产品，集养殖、研发、加工、销售、服务于一体，是国内首家有机兔肉松生产企业。2007年，公司职工82人，工业产值5286万元，销售收入5204万元，利润222万元，税金197万元。主导产品兔肉松、兔肉酥、兔肉干、兔肉香肠、兔肉饼干等十大系列产品。通过ISO 9001：2000认证、质量安全QS认证、有机食品认证。先后荣获浙江省农业龙头企业、省农业科技企业、省农产品加工示范企业、省工商企业信用AAA级"守合同重信用"企业、省清洁生产试点企业、省"妇字号"农业示范龙头企业、市"十佳"农业龙头企业、县重点工业企业等50多项荣誉称号。公司"双喜凤"牌兔肉松被认定为浙江名牌产品，"双凤"牌商标被命名为浙江著名商标。2011年，产值6410万元，销售收入5997万元，上缴税金385万元，资产总额3390万元，其中固定资产1077万元，负债总额为1411万元，资产负债率58.3%。

股份合作工业企业

1991年，全县城镇合作工业企业18家，从业人员1168人，工业产值1927万元（占全县工业总产值23.0%、民营工业总产值81.1%），上缴税金61万元，利润96万元，固定资产306万元。1992年以后城镇合作工业企业快速发展，至1996年达191家，年末从业人员2533人，工业产值10683万元，产品销售收入22506万元，上缴税金592万元。1997年合作工业企业119家，产值1.34亿元，比上年增长25.1%，占全县民营工业总产值42.5%。1998年开始实行民营工业企业股份制改造，当年股份制企业71家，年末从业人数1253人，工业产值14011.7万元，上缴税金530.8万元，企业自有资金（实收资本）8912万元。进入21世纪，股份制企业持续发展。2002年全县股份制企业工业产值1.6亿元，比上年增长12.3%。2006年股份合作工业企业产值5.15亿元，其中规模以上企业12家，从业人员782人,工业产值4.74亿元。2011年,规模以上企业7家,从业人员681人,工业产值6.74亿元,利税总额3068.8万元,固定资产13920.5万元。

浙江名泰钢铁有限公司 位于巨屿工业园区。原名温州名泰钢铁有限公司,2003年7月,由温州8家私营企业主(股东)出资6000万元创建。公司占地面积8公顷,厂房、办公楼及附属建筑面积3.7万平方米。职工421人,其中工程师2人,技术专业人员45人,中高级职称人员11人。属黑色金属冶炼及压延加工企业,专业生产混凝土用钢筋,设冶炼、轧钢、角钢3个车间,年生产直径8毫米、6.5毫米标准线材20万吨,1~6号标准角钢10万吨。2005年销售收入2亿元,创税利1500万元。2008年实现工业总产值4.6亿元,销售收入4.66亿元,创利税1806万元,成为全县纳税大户。2005—2006年度被温州市金属协会评为"明星企业";2007年通过ISO 9001质量管理体系认证,被温州市政府授予创建信用企业先进单位;2008年获温州市百强企业、节能降耗先进企业,浙江省工商企业信用(A级)守合同重信用单位称号;2008—2011年县政府连续授予"重点工业企业""突出贡献企业"称号。2011年产线材10.03万吨,实现产值33299万元,销售收入25045万元,上缴税金2838万元,资产总值24477万元。

温州珊溪水泥制品股份有限公司 位于巨屿工业园区。前身为文成县电杆厂、温州珊溪水泥制品有限公司,2002年5月改称现名。占地3.47万平方米,建厂投资3000万元,厂房建筑面积8000余平方米。拥有国内先进水平的先张法预应力混凝土管桩生产线5条,混凝土电杆生产线2条,年生产管桩能力100万米,电杆4万支。有高、中级职称技术、管理人员18人,与温州、杭州、上海等地科研、设计单位建立长期技术合作关系。水泥管桩、电杆产品符合国家质量标准,"珊溪 shanxi"牌预应力混凝土管桩获"县长质量奖",被评为"温州品牌"产品。公司连续多年获县政府"重合同守信用"单位,2003年浙江省工商企业信用AAA级守合同重信用单位,2004年,温州市创建信用企业先进单位,2005年浙江省"企业资信等级AAA级单位"称号。2006年,企业通过ISO9001质量体系认证,被认定为资源综合利用企业。2011年,实现产值6412万元,销售收入6475万元,上缴税金61万元,资产总值10179万元。

浙江南翔电工有限公司 位于巨屿工业园区。为中国·南翔集团(地址在瑞安市塘下镇上金工业区)核心企业,温州市电线电缆龙头企业,浙江省电线电缆行业理事单位。2004年实施浙江省《山海合作工程规划》落户巨屿工业园区。占地面积5500平方米,建筑面积2500平方米,建厂投资1.5亿元,其中固定资产3350万元。生产设备具有国内最先进的生产流水线15条,以及产品检测及其附属配套设备。主要产品有漆包线、无氧铜杆、裸铜线3个品种500多种规格。2004年企业通过ISO 9001国际质量体系认证,标准化A级以及产品采用国际标准确认。公司连续多年获浙江省诚信企业、"三优"企业、山海协作先进单位、工商企业AA级"守合同重信用"单位称号。2006年南翔集团浙江慧康暖通设备有限公司被认定为温州市高新技术企业(全县首家)。2007年工业总产值34341万元,销售收入33239万元,上缴税金515万元。2011年总产值31256万元,销售收入31710万元,上缴税金638万元,资产总额33523万元。

温州浙南管桩有限公司 位于巨屿工业园区,2000年6月底成立开工。公司占地面积3.33万平方米,厂房及办公楼建筑面积4000余平方米,建有国内先进水平的管桩生产线,主要生产先张法预应力离心混凝土管桩。产品经浙江省建材产品质量监督检验站检测,各项指标符合国家规定的优等品要求。公司生产流水线在温州地区尚属首创,产品在温州地区取得良好声誉。曾多次获"重合同守信用单位""明星工业企业""先进单位"称号。2001年产值5000多万元,上缴税金270万元,2011年企业停产。

县冰洋实业有限公司 位于大峃镇栖云路82号,1988年创办。企业立足当地资源开发,主要从事竹木机械研究、制造,竹木产品加工、销售。主要产品有"冰洋"牌竹凉席、流线型超轻保健席和亚麻凉席、烧杉花盆、竹工艺品、竹炭保健品、"富山"牌竹木加工机械等6大系列。1993年公司竹木机械研究所,研制成功集"送料、钻孔、铣槽"三道工序一次成型的"Z×Z40—25"型粒子自动加工机,1994年4月获首个国家专利证书。1997年

10月转为民营企业。2000年,企业通过ISO 9001:2000国际质量管理体系认证,全年员工80人,产值620万元,销售产值615万元,利润总额65万元,上缴税金57.8万元。2007年,被评为温州市“百龙工程”农业龙头企业、文成县重点工业企业。至2010年,共申请国家技术专利28项,其中授权22项。2011年,公司员工159人,工业总产值4419.7万元,销售收入4315.8万元,其中新产品产值4039.6万元,产品出口交货值141万元,上缴税金194万元。

文成县力胜传动机械有限公司 原址位于大峃镇栖云路86号,前身为乡镇企业文成县力生机械有限公司。1992年9月由上海、安徽、江苏、四川等地工程技术人员出资创办,注册资金126万元,主要生产经营万向联轴器、轴承、十字轴总成、轴装式减速器、混合少齿差星轮减器等产品。公司经营管理人员全系大专以上文化程度,均具有中级职称。主要产品技术先进,工艺领先,其性能、指标普遍达到国家80年代末水平。1993年工业产值550万元。1994年职工50人,创产值530万元,销售额523万元,税利89万元。1996年栖云片区旧城改造,工厂搬迁至樟台驮泛村。1999年为县重点企业,全厂职工67人,工业产值493万元,销售收入366.5万元,上缴税金27.9万元。2006年5月,改称力胜传动机械有限公司。2008年评为浙江省工商企业信用A级“守合同、重信用”单位。2011年,实现产值1062万元,上缴税金130万元。

浙江晶环机械股份有限公司 位于峃口镇平和大垟口村,占地面积6722平方米。2007年8月成立,2008年10月投产。公司在瑞安、文成两大生产基地,是生产冷却器与换热系统的专业厂家,拥有固定资产6000万元。主导产品为管壳式冷却器、废气再循环冷却器、不锈钢板翅式油冷却器、铜质带片式水箱、铝质带片式散热器、高效管螺旋式换热器与铜铝质带片式散热器等,广泛用于内燃机、工程机械、船舶、汽车、农用车、发电机组、油压机械、塑料机械、工矿等行业。产品质量符合国际标准,并通过ISO 9001质量体系管理认证。2011年工业总产值1975万元。

“三资”工业企业

1993年,引进中荷合资温州日月饮料保健用品有限公司,注册资金100万美元,专业生产“绅士乐”牌系列优质矿泉水。1994年5月中旬投产,日产25吨,年产能力7500吨,员工68人,年工业产值300万元,1998年因经营不善停产。1995年以后引进“三资”企业16家,部分企业因经营不善长期停产,部分企业外资转内资。2011年5月起对全县“三资”企业进行履约检查和换发批准证书,符合规定标准换发批准证书“三资”企业3家,注销、停业“三资”企业13家。2011年,“三资”工业产值2033万元,占全县工业总产值0.5%,占民营工业产值0.6%。

温州东亚太服装有限公司 位于大峃镇门前上巷32号,由法籍华人周月珠和中国籍赵庆文共同投资7万美元设立。公司集服装设计、生产、销售于一体,主产外贸服装,以复合、牛仔、皮衣、水洗、女装为主。1997年6月开业,人员11人,年产值350万元,销售收入126万元。2008年停产。

温州高岭头二级水力发电有限公司 由文成县电力开发投资有限公司、温州电力开发公司、荷兰籍华人胡绍东等6人共同合资兴建,投资额1.79亿元人民币,注册资本金7560万元,三方合营期限30年,出资比例分别为30.95%、20%、49.05%,1995年12月兴建。1998年12月建成试投产,1999年按生产经营核算,2001年工程竣工决算,企业利润1048.4万元,2002年上缴税金1090.5万元。2006年发电量6629万千瓦时,发电收入2977万元;2011年,发电量4048.59万千瓦时,发电收入2033.3万元。历年发电量69728万千瓦时,发电收入29145万元。

文成高岭头三级水力开发有限公司 由文成县电力开发投资有限公司、西班牙华侨胡绍甫、荷兰华人林国彬合资投资,1998年11月获准成立,注册资金1800万元,经营年限30年,出资比例分别为10%、60%、30%。2001年9月建成投产,当年发电量842万千瓦时,发电收入463万元;2006年发电量1084万千瓦时,发电收入556万元;2011年发电量730.89万千瓦时,发电收入388.4万元。历年发电量共8779万千瓦时,发电收入4749万元。

第二章　工业生产

20世纪90年代初,全县工业涉及机械、冶金、建材、食品、纺织、印刷、化工、医药、橡胶、塑料、电器仪表、水力发电等26个行业,企业普遍存在规模小、效益低现象。1991年工业总产值8391万元。历届县委、县政府致力调整产业结构,治理整顿小穷亏、重污染企业,培育有地方特色的规模行业、主导产品和骨干企业。至2011年,全县初步形成金属冶炼压延、电气机械、汽摩配、食品加工、建筑材料、水力发电等重点行业。全年工业总产值37.26亿元,其中规模以上工业产值24.65亿元,规模以下12.61亿元。规模以上企业中制造业工业总产值21.73亿元,其中金属冶炼压延业产值8.16亿元,占全县制造业工业总产值37.55%;电气机械制造业4.34亿元,占19.97%;农副食品、竹木加工、建材、水力发电等资源型工业7.13亿元,占32.81%;汽摩配行业规模尚小,为县域今后重点培育发展主导产业。

1991—2011年文成县工业企业生产情况一览表

表12-3　　单位:万元

年份	企业个数	从业人数	工业总产值	工业增加值	利税总额	固定资产原值
1991	669	6711	8391	2123	228	4055
1992	568	10978	11447	2815	653	4448
1993	558	9741	20526	5580	371	5514
1994	491	7434	26743	7957	1463	6385
1995	870	11688	34711	9854	1152	18656
1996	3498	15128	44751	13400	1775	22611
1997	1198	13150	58255	15961	1192	19220
1998	1263	13107	59003	15965	1651	16963
1999	1784	19402	53883	15873	2705	16442
2000	1911	16234	60501	18369	1285	34830
2001	1997	16210	69398	21948	4268	50409
2002	1381	15381	74666	23939	2727	44074
2003	1350	15225	88209	29512	4806	56463
2004	1278	14160	115582	33940	4468	58931
2005	226	7408	141670	42955	11667	68514
2006	307	8708	194462	55600	14905	79429
2007	388	9171	268756	74700	19069	83026
2008	393	10302	295240	85800	34776	90592
2009	434	12945	295703	84500	19654	105226
2010	429	13413	319801	106200	23003	116300
2011	380	12856	372563	122500	15962	141905

说明:资料由县经贸局提供

1991—2011年文成县部分工业行业总产值一览表

表12-4　　　　单位:万元

项目＼年份	1991	1995	2000	2003	2005	2008	2010	2011
农副食品加工业	350	2143	2610	5430	8955	17087	19426	27400
饮料制造业	199	2264	1024	1100	880	3978	6364	6898
纺织业	222	383	—	—	1500	5402	4567	3798
木材加工及竹藤棕草制造业	262	467	620	1234	1857	3596	4298	4420
化学原料及化学制品制造业	57	360	—	1320	1511	1122	6347	15002
医药制造业	481	287	105	—	—	—	4997	5101
非金属矿物制品业	598	1650	280	2656	4540	5992	4493	6412
黑色金属冶炼及压延加工业	116	3968	—	2153	19468	79176	63413	71539
有色金属冶炼及压延加工业	—	—	—	3947	11331	12684	14340	10071
金属制品业	185	92	521	—	—	1138	1689	3217
通用设备制品业	521	1836	1922	1359	2854	26684	21641	11948
交通运输设备制品业	47	2510	—	—	—	1797	10376	8103
电气机械及器材制造业	118	72	515	—	—	31002	36144	43408
电力燃气水生产和供应业	475	2896	6772	10292	21920	28142	37121	29189

说明:表中数据为当年价。2000年开始为规模以上企业数据。资料来源为《文成统计年鉴》

第一节　食品饮料加工

1991年,全县食品饮料行业企业14家,职工234人,工业产值549万元。主要产品有食品、饮料酒、茶叶3类20多个品种。1992年食品饮料工业产值539万元,1997年4500万元。2011年全县食品加工企业12家,其中有规模以上8家,规模以下4家,工业产值5.8亿元,上缴税金283万元,比1990年分别增加263倍和5.7倍。

食品加工

1991年,县商业副食品公司食品厂、县粮食局粮油食品厂、黄坦粮食复制厂及珊溪、南田、玉壶、西坑米厂为食品加工企业。产品为大米、面条、年糕、糕点、面包、豆制品、藕粉、食用油、罐头、酱油等,年加工大米3300吨、面条510吨、年糕15吨、糕点6吨、面包4吨、罐头2吨、酱油400吨、食用植物油100吨,主要销往本地城乡市场和温州、瑞安等邻近市县。后随企业改革、改制,以上企业大部分破产、关停,民营企业应运而生。1994年10月,创办亨哈山珍食品有限公司,2001年,双凤食品有限公司、山哥哥农业开发有限公司相继开业,2006年成立双龙食品有限公司。食品加工产品向多元化发展,山珍公司主导产品有蔬菜脱水、淀粉制品、即食包装、食用菌等4大类100多个品种;双凤公司主产兔肉松、兔肉干、兔肉酥、兔肉儿童营养粉、高钙兔肉饼干等;山哥哥、双龙食品公司主产番薯粉丝、山茶油,产品远销西欧、东南亚等地。2011年,全县农副产品加工规模以上企业3家,从业人员249人,工业产值2.74亿元,产品销售收入2.63亿元,出口交付值454.8万美元,利税总额2850.4万元。

酿　造

1991年,国营县酿造厂、珊溪酿造厂,乡镇企业县啤酒厂从业人员106人,生产白酒、黄酒、啤酒1267吨,产值235.5万元,产品销售收入195.5万元,税金39.4万元。1991—1994年,产酒7058吨、酱油868吨。1995年,县酿造厂组建为帝师集团有限公司。2001年9月,珊溪酿造厂改制为股份制企业温州伯温酿酒有限公司。2003年县啤酒厂停办。2006年3月,县帝师集团终止解散,旋组建温州帝师杨梅干红酒有限公司。2011年县域酿造行业已形成"西山""鹤泉""帝师""伯温"4个优质名酒系列,其中"西山"商标为浙江省著名商标、"鹤城"商标为温州市知名商标、"帝师"杨梅干红酒被评为中国国际农博会农业名牌产品、"帝师"红曲酒为温州市知名商品。全年酿造业规模以上企业2家,从业人员249人,工业产值6897.5万元,产品销售收入6534万元,利润总额563.1万元,税金1134.4万元。

饮　料

1993年,创办乡镇企业中荷合资"温州日月饮料保健用品有限公司",1994年5月投产。采用国内先进工艺流水线,专业生产"绅士乐"牌天然优质矿质水,产品有2250ML、600ML、288ML三种规格。1994—1998年,产矿泉水16612万吨。1996年为县重点工业企业,1999年停办。

制　茶

1991年,全县茶叶产量377吨、总产值189万元,其中县供销社茶厂产值126.8万元。1995年起开始推广名茶加工技术,1998年创办日省名茶开发有限公司,制作绿茶"半天香"和"龙井",开发"刘基贡茶"。2005年起推广机制名茶、清洁生产技术,引进名优茶加工生产线。2009年产茶叶318吨,总产值7480万元,其中刘基贡茶等名优茶258吨,产值6250万元。2011年茶叶产量228吨,总产值3629万元。全县有日省名茶开发有限公司、周山茶业发展有限公司、峃口茶叶专业合作社、西山茶场等农业龙头企业和中介组织12家,在北京、上海、江苏、山西、温州等大中城市建立茶叶直销窗口27个。并通过QS认证茶厂4家,有机茶认证5家,注册商标7只,其中"日省"牌为浙江省名牌产品、著名商标,"伯温"牌为温州市著名商标,"百丈漈"牌刘基贡茶为温州市名牌产品。

饲　料

主要生产企业为县粮食局饲料工业公司。1991年生产配合饲料1557吨,至1997年生产、销售6322吨,1998年停产。2003年10月,黄坦镇县华大饲料有限公司开业,主要从事猪用复合预混合饲料制造及销售。2008年生产饲料1686吨。2009年,华大公司"平峰"牌饲料获温州市名牌产品称号。后因黄坦镇列为畜禽禁养区,生猪养殖业逐渐萎缩,2011年停产。

第二节　纺织　服装　鞋革

1991年,全县纺织、服装企业各4家,鞋革企业5家,工业产值738万元。1995年企业7家,从业243人,产值863.2万元,利税总额24.6万元。2000年前后县域来料加工企业兴起,至2006年加工场点发展至86家。2011年,全县服装加工厂(点)182家,从业人员7050人,全年发放加工工资8460万元,纺织、鞋革行业工业产值5148万元。

纺　织

1991年,纺(编)织企业4家,其中县棉织厂主产棉纱、棉布、丝绸被面;其他3家乡镇企业生产麻布、麻袋、海生袋,编织枕头席、沙发席、童席等,全年工业产值222万元。1992年关停企业2家,存续生产2家,从业人员135人。至1995年,共生产棉布75.45万米、麻袋220万条、海生袋241万条,工业产值1795万元,产品销售收入1843万元,利税总额盈亏相抵亏损271万元。1996年县棉织厂破产。2003年成立珊溪(后改温州)百丈实业有限公司,主产涤棉纱、涤粘纱、涤纶纱、粘胶纱、坯布等,2005年从业人员50人,工业产值1500万元,产品销售收入1171.5万元。2006—2007年产布1523万米,2006—2010年产纱11725吨。2011年,规模以上工业企业1家,从业人员65人,工业产值3798万元,销售收入3497万元,上缴税金45.4万元。

服　装

1991年,从事服装生产企业有乡镇企业县港城针织服装有限公司、长征服装厂、龙川金凤服装厂,民政福利服装厂,工业产值41万元。1992年关停3家企业,仅存港城针织服装公司在继续生产,从业人员152人。主要产品为童装、衬衫、夹克衫、运动服等。至1997年,生产各类服装203万件,工业产值1601万元,销售收入1429万元,上缴税金123万元。2000年前后兴办来料加工企业,为瑞安、温州厂家加工服装、环保袋、装饰品等产品。2006年,加工场点发展至86家,从业人员4500多人,加工对接业务发展到义乌国际商品市场、福建等地及法国、西班牙、意大利等国家。2011年全县办加工场(点)182家,从业人员7050人,全年发放加工工资8460万元。

鞋　革

1991年,全县鞋革企业主要有二轻工业县胶鞋厂,乡镇工业县橡胶鞋厂等企业,工业产值464万元。1992年4月,创办县二轻胶鞋二厂,生产橡胶布鞋、运动鞋、旅游鞋等产品。全县从业人员497人。尔后相继办起乡镇企业县长城鞋厂、雪山胶鞋厂。主要产品有男鞋、女鞋、童鞋,皮鞋、布鞋、胶鞋、塑料鞋、拖鞋,球鞋、运动鞋、旅游鞋、漫步鞋、雪地靴等。最高年份年产各类胶鞋160万双,年销售量135万双。产品在本省温州、丽水、金华、衢州、台州、杭州、嘉兴等20多个县市销售,并销往上海、天津、重庆、四川、江苏、云南、广西等10余省、直辖市。至1998年,从业人员增至1161人,计生产各类鞋4367.6万双,皮包9.36万只。1999年,县胶鞋厂、胶鞋二厂、长城鞋厂、雪山胶鞋厂4家企业,产鞋808万双,工业产值3228.4万元,销售收入2917万元,上缴税金68.2万元。2000年,县胶鞋厂、胶鞋二厂投入资金50万元,研发新产品,扩大生产规模,与长城鞋厂3家企业,产鞋511万双,创工业产值2132.8万元,销售收入1770.1万元,上缴税金81.3万元。2002年长城鞋厂停产,2004年县胶鞋厂改制为民营企业。2001—2005年产鞋930万双。2011年,全县胶鞋行业产值1350万元,销售收入1260万元。

第三节　竹木加工

1991年全县从事竹木加工企业15家,其中乡镇企业有县竹木工艺总厂、精诚竹木加工厂、龙岙家具厂等9家,二轻工业有县家具厂、珊溪竹器厂等6家生产企业,从业人员452人。主要产品为木制家具、办公桌椅、公文柜、学生课桌椅、木制砖、螺丝刀柄、木衣夹、竹筷、竹签、篾席、算盘等。1991—1994年,全行业工业产值795万元,销售收入746万元,其中出口竹筷51808箱、竹签1018箱、木衣夹400箱,价值360万元。1995—1997年,产值2123万元,销售收入1887万元。其间,二轻工业、乡镇企业陆续关闭停产。1998年后县冰洋实业有限公司及竹木机械研究所,开发产品有"冰洋"牌竹凉席系列、亚麻席系列、工艺旅游纪念系列、烧杉花盆系列、竹炭保健品系列。1998—2010年,全县竹木加工工业产值2.36亿元,销售收入2.33亿元,其中新产品产值1.89亿元,产品出口交货值1616.7万元。2011年,竹木加工生产规模以上企业从业人员159人,工业总产值4419.7万元,销售收入4315.8万元,其中新产品产值4039.6万元,产品出口交货值141万元,利润总额407.9万元,上缴税金194万元。

第四节 制药 化工

1991年,全县制药、化工企业5家,工业产值538万元。1995年工业产值647万元,税利总额76.7万元。1996年4家化工企业关闭停产,2001年县制药厂转为民营企业。2007年周壤工业园引进化工企业温州高米乐实业有限公司。2011年企业2家,从业146人,工业产值20103.3万元,利税总额903.9万元。

制 药

1991年,县制药厂生产固体清凉油、液体清凉油、风油精、胃可舒等产品,其中固体清凉油为省优产品。全年工业总产值426万元。1993年产值1893万元。1995—1996年产药片133万片。1994年创办县卫生制剂室,生产电解质氯化钠注射液、营养葡萄糖注射液等,至1998年生产各类输液251.6万瓶,旋停产。同年全县制药业产值1155万元。2001年1月县制药厂终止解散,实行资产重组,变更为民营企业县药业有限公司。公司设置膏剂、溶液剂(内服、外用)、胶囊剂、片剂等6个车间,生产“巨星”牌清凉油、风油精、口服液、胶囊等13个品种。清凉油产品获21世纪医药科技成果博览会金奖,出口南非、非洲、欧洲及东南亚地区,并在南非设立销售中心。投资开发纯中药“巨星戒毒胶囊”,被列入国家技术创新计划项目。2011年,从业人员61人,工业产值5101.3万元,销售收入5099.8万元,上缴税金525.3万元。

化 工

1991年,全县有化工生产企业4家。国营县化工厂生产镀锌光亮剂,化工二厂生产工业纯苯、混合苯,化工三厂主产脲醛树脂、民用洗涤剂,佳丽日用化学品厂产洗发香波。1991—1994年全县化工行业工业产值1688万元。1995年纯苯产量529吨、肥皂121吨,化妆品产值80万元。1996年后4家企业陆续关闭停产。2007年大峃镇周壤工业园引进温州高米乐实业有限公司,生产鞋用胶粘济及强力胶,其水性聚氨酯、黄湖胶、药水胶、热熔胶、处理剂、清洗剂、橡胶、装潢胶等产品,具有通用型、耐热性优、触感好、粘力好、不耐黄等特点。年产聚氨酯黏合剂9800吨、强力胶200吨。销往温州、杭州、重庆、江苏、福建、上海及全国各地市场。2011年,公司员工85人,工业总产值15002万元,销售收入14441.5万元,利税总额378.6万元。

第五节 橡胶 塑料

1991年年初,全县橡胶、塑料制品企业7家,从业271人。1992年销售收入435.3万元。1995年企业9家,产值2672.3万元,税利总额187.4万元。1997年企业6家,产值6660万元,利税523万元。2006年规模以上企业2家,从业98人,产值1432.9万元,利税66.6万元。2007年塑料制品企业关闭,2010年橡胶制品行业停产。

橡 胶

1990年年底,县橡胶制品行业有县物资局轮胎翻修鞋厂,从业人员47人,主营轮胎翻修加工。1992年,翻修轮胎5397条,销售收入71.3万元,税利3.05万元。1993年橡胶制品企业5家,从业人员539人,生产合成橡胶

3088吨，销售3210吨（含上年库存），工业产值1187万元，产品销售1165.5万元，利税总额546万元。1994—2006年，全行业工业总产值30634万元，销售收入26576万元，出口交货值2332.3万元，利税总额861.7万元。其中1997年是产值、销售最好年份，分别为6632万元、5837万元；1998年为利税总额最高年份212.5万元；2002年为出口交货值最高年份631.8万元。2008年7月，县轮胎翻修厂改造为股份制企业即浙江省文成县珊溪镇飞云湖轮胎厂。2010年停产。

塑　料

1991年年初，县二轻塑料编织厂、玻璃纤维厂、兴西棉塑制品厂、峃口塑料编织厂、红旗玻璃纤维厂、民政福利塑料日用厂6家企业，主产塑料丝、塑料绳、塑料编织袋、玻璃纤维布，从业人员224人。1992年，产量157吨，产值431万元，销售收入364万元，税金26万元。1994年，产量646吨，产值958万元，销售收入824万元。1995年龙川创办圆织塑料厂，当年全县产量1504吨；1996年1819吨；1999年成为县重点企业，全厂68人，产值520万元，销售收入347万元，上缴税金16万元。2000—2005年，龙川圆织塑料厂产量7015吨，产值690万元，销售收入521万元，上缴税金23.6万元；2006年产值752.7万元。2007年开始，因经营成本上升、环境保护等因素，塑料行业全面停产。

第六节　建筑材料

1990年，全县建材行业工业企业10家，职工403人，工业产值366万元，产品销售收入325万元，缴纳税金31.8万元。1991年产值598万元，主要产品为砖瓦、建筑陶瓷、花岗岩板材、水泥电杆及预构件等。1996年产值2436万元。后随市场变化和技术进步，上述产品逐渐淘汰退出市场。2000年巨屿工业园区创办温州浙南管桩有限公司，采用先张法预应力先进技术，生产水泥管桩、电杆，填补温州市行业空白，开创管桩业先河。2007年建材行业规模以上企业产值6580万元。2011年全县建材企业6家，工业产值1.6亿元，上缴税金463万元，比1991年分别增加436倍和13.5倍。

砖

1991年，全县民间小砖窑200余座，年产黏土砖546万块。1992年产砖767万块，产值上千万元，其中巨屿镇50多座，年产值660万元。1996—1998年为保护耕地，全县拆除砖窑173座。1999年起推广使用新墙材，传统砖窑生产的黏土实心砖使用量逐年减少。2003年百丈漈镇西段村新墙材生产企业县华欣页岩砖有限公司投产，年生产能力标准砖3000万块。2009—2010年，开展黏土砖窑专项整治，全县拆除黏土砖窑23座，关停20座。2011年，华欣公司生产页岩砖1950万块（折标准砖3315万块），产值1209万元。

花岗石板材

1991—1992年，县内利用本地丰富的花岗岩资源，先后创办小型加工厂15家。1993年3月县花岗石总厂投产，为全县花岗石生产规模最大企业，总投资300万元，职工50人，板材产量7600平方米，当年产值280万元，创税利11万元。1994年县政府在樟台泉台设立花岗岩加工区，占地面积13.33万平方米，其中首期面积3.87万平方米，引进8家花岗岩加工企业，总投资3200万元。1994—1997年，生产花岗石板材17.6万平方米。因市场恶意竞争，2000年前后花岗岩企业基本关停。后随建筑材料市场多样化发展，花岗岩市场需求下降，县花岗石总厂于1998年破产。2002—2007年，大峃、樟台、龙川、巨屿、黄坦等地又办起花岗岩石材加工厂（场）130余家，

2008年为保护环境,县政府对石材加工业实行专项整治,绝大部分加工厂(场)拆除、关停,存续的均属于小型企业,销售额很小。

建筑陶瓷

1990年,县内有县建材厂、二轻陶瓷厂、电瓷厂、民政福利面砖厂、建筑陶瓷厂、彩釉面砖厂、珊溪地砖厂7家企业,从业人员554人,工业产值348.1万元,销售收入284.2万元,税金40万元。主要产品为锦地砖、彩釉墙地砖、釉面砖、墙面砖、彩釉墙外砖、日用陶瓷、耐火材料等。1993年生产釉面砖、墙面砖8.74万平方米,1995—1996年生产陶瓷1.6万件。之后随市场变化,2000年前后大多关闭停产。

水泥制品

1991年,县水利局水泥电杆厂、广播电视水泥杆厂、乡镇企业珊溪水泥预制厂及乡村多家加工场,分别生产水泥电杆、工型水泥杆及建筑用水泥多孔板等产品。1994—1996年,曾生产水泥电杆4000余根,水泥预构件1747立方米,水泥压力、排力管5.5万立方米。后房屋建筑禁止使用多孔板,水泥预构件被砼浇筑代替,水泥预制加工厂(场)及乡村多家加工场逐渐衰落。2000年6月,引进温州浙南管桩有限公司,主要生产先张法预应力离心混凝土管桩。当年产值5000多万元,上缴税金270万元,利润500多万元。2003年6月,年生产管桩能力100万米、电杆4万支的温州珊溪水泥制品有限公司投产。2005—2008年,生产水泥管桩264.2万米、水泥电杆2.3万根。2009—2010年,浙南管桩有限公司因市场疲弱和经营管理状况一度停产歇业。2011年,珊溪水泥制品有限公司创工业产值6412万元,产品销售收入6475万元,上缴税金181万元,资产总额10179万元。成为全县建材行业龙头企业。

第七节　金属冶炼压延

1991年,国家对贫困县企业实行扶贫政策,全县小型铸钢厂蓬勃发展。1993年,全县有县铁合金厂、特种钢联营厂等冶炼钢坯企业50家、小型轧钢厂2家、锰钢厂6家。1995年企业20家,产值3968.2万元。之后因国企改革和国家产业政策影响,大部分企业关闭停产。2003年后,陆续引进浙江名泰钢铁有限公司等12家金属冶炼压延企业,总投资超过2.8亿元。2011年,金属冶炼压延业实现工业产值9.8亿元,上缴税金1290万元,配套回收公司上缴税金2757万元,成为县域工业经济支柱产业。

钢　材

1991年,县域冶炼压延加工业均为小型企业,将废铁屑冶炼成钢坯。年产铁合金441吨、钢坯2万吨,产值116万元,产品销售收入108万元。1992年产值528万元。1993年钢坯总产量9.2万吨。1994年国家出台五大改革措施,加上电价、原材料提价,用电成本大幅上升,"中国质量万里行"行动打击"地条钢",全县金属冶炼压延企业纷纷倒闭或外迁,仅存县特种钢联营厂(后改称县钢铁工业有限公司)等少数企业正常生产。1995年产量成品钢材3100吨、钢坯632吨,产值3968万元,销售额3626万元。1997年起县钢铁工业公司连续多年技改投资,开发异型钢、槽钢、模具钢、不锈钢型材等新产品。至2002年全县共生产成品钢材产量2.16万吨。2003年后引进名泰钢铁、宏伟钢铁、迦密山锻造、荣源模具、宝鼎锻造等金属冶炼压延企业陆续投产。至2010年,生产钢材57.34万吨,其中粗钢7.4万吨、成品钢材49.95万吨(普通小型钢0.31万吨、盘条线材38.01万吨、其他型钢11.62万吨),平均年产7.17万吨;产值35.52亿元,销售收入34.41亿元,平均每年分别为4.44亿元和4.3亿元。

2011年，全县规模以上黑色金属冶炼压延加工企业4家，从业人员495人，工业产值7.15亿元，销售额6.23亿元，利税总额4115万元。

铜　材

1991—2000年，县域无有色金属冶炼压延企业。2001年，巨屿工业园区从瑞安市引进温州兴仕铜业有限公司，采用先进工艺生产铜制品系列黄铜带、黄铜丝、黄铜板材、线材等产品。2002年投产，职工32人，当年工业产值919万元，销售额869万元。2004年后，又引进鸿泰铜业、鑫翔铜业、铜丰铜业制造公司等企业。2005年全县规模以上有色金属冶炼压延企业4家，从业人员166人，产值1.13亿元，销售额1.1亿元，利税总额1737.4万元。2006—2008年，生产精炼铜6996吨，铜板、带、丝、线材5726吨，产值4.33亿元，销售额4.05亿元。2010年，规模以上企业3家，产值1.43亿元，销售收入1.39亿元。2011年，规模以上企业2家，从业人员122人，产值1亿元，销售收入9486万元。

第八节　机械制造

1991年有机械制造企业12家，产值686万元。主要产品为饲料粉碎机、稻谷脱粒机、交流电动机、缝纫机、农用车、摩托车离合器总成、摩擦片等。1995年有企业13家，产值5491.8万元，利润总额340.9万元，上缴税金300.2万元。1996年12月，开办县金谷机械有限公司，生产气体压缩机。2003年后引进摩汽配生产企业11家，生产汽车车桥、喇叭、大灯、转向器总成、消声器等产品。2007年5月，周壤工业小区引进浙江威大机械有限公司，生产冷风机、冷风扇等机械设备。2011年，全县机械行业规模以上企业6家，从业人员619人，工业总产值2亿元，销售产值1.9亿元，税利总额1430.5万元。

农业机械

1991年，县农机修造厂、第二机械厂、第三机械厂，大峃、南田、黄坦农机修造厂等企业，从业人员211人。主要产品为木制农具、铁制农具、饲料粉碎机、机动稻谷脱粒机、双人脱粒机、磨粉机、刨丝机等。1992—1995年生产中小农具3.21万件、机动打稻机883台、饲料粉碎机460台、食品加工机械2269台。1993—1997年，工业产值3092万元，销售额2867万元。1998年后停产。

缝纫机

20世纪90年代，有县工业缝纫机厂、沪成工业缝纫机厂、双桂工业缝纫机厂、汇丰缝纫机厂等企业，均为乡镇企业。县工业缝纫机厂生产“文工”牌包缝机，沪成工业缝纫机厂生产“华工”牌三线锁边机，双桂工业缝纫机厂生产工业缝纫机及配件。1994—1995年生产缝纫机5350架，产值1930万元，销售额1819万元。产品远销桂、湘、鄂、川、赣等省。1999年起，企业为降低成本等多种因素，先后撤离文成搬迁到温州瓯海工业区。

电动机

生产企业有国有县电机厂。主要生产Y系列交流电动机、潜水泵等产品。1992—1996年，工业产值819.6万元。生产最景气年份为1994年生产交流电动机5713台，销售5345台，工业产值512万元，销售收入404万元。1997年5月停产，2001年终止解散。

汽摩配件

1991年,二轻工业离合器厂生产“灵光牌”摩托车发动机离合器摩擦片。2002年关闭停产。2003年11月,巨屿工业基地引进温州巨峰机汽锻造有限公司,为全县第一家汽配生产企业。后又引进11家,其中落户巨屿工业园区2家,百丈漈生态产业园9家,产品涵盖汽车车桥、喇叭、大灯、转向器总成、消声器等。2011年,全县汽配行业工业产值0.9亿元,上缴税金237万元,吸收农村富余劳动力就业980人。汽配行业作为无污染、环保型产业,是今后重点培育发展的主导产业。

第九节　金属制品

1991年年初,全县金属制品企业6家,其中五金、铸件行业各2家,轴承、泵阀行业各1家,全年工业产值185万元。1997年,工业产值578万元,利税总额52万元。2000年前后铸件企业关闭停产。2011年,企业15家,其中五金、轴承行业各1家,泵阀行业13家;工业产值2.1亿元,其中泵阀行业产值1.8亿元,成为县域工业经济主要行业。

五　金

1991年,县五金机械厂生产镰刀,县二轻工业标准件厂生产元钉,职工122人,产值103万元,销售额95万元。2家企业解散后,在樟台排门创办县庆丰剪刀有限公司,有厂房1400平方米,专用生产设备50多台,职工100多人,专业生产各种旅行折剪及家用剪刀。1993—1996年,生产剪刀3099万把。产品99%为出口商品,远销中东、非洲、南美、东南亚等地区。2002年7月被温州市剪刀协会吸收为常务理事单位。1999年8月,大峃镇凤垟村创办县连丰不锈钢材有限公司,员工25人,生产不锈钢及类似日用金属制品,2000年产值520.5万元,创税利30.2万元。2003年8月,巨屿工业园区引进新桥金属制品有限公司,主要制造各种规格铁丝、铁钉、建筑小五金等产品。2011年产值2092万元。

铸　件

1991年,乡镇企业县锰钢铸件厂、真达铸造厂等企业。1993年铸造行业6家,职工268人,生产铸钢件3170吨、铸铁件381吨,工业产值1381万元,销售额1202万元,税利总额93万元。1995—1996年,生产铸铁件3009吨,主要销往江苏、福建、江西及本省外市。2000年前后多数企业停产,真达铸造厂改造为有限公司。2004年有员工28人,销售额350多万元,上缴税收26万元,被县政府命名为骨干企业。2005年停产。

轴　承

1991年县乡镇企业粉末冶金厂,职工45人,生产轴承套、减震器等产品,产值48.8万元,销售额38.6万元。1992年9月创办县力生机械有限公司,亦属乡镇工业,主产联轴器、轴承、减速器等机械基础件。1993—1996年生产轴承6909万套。2000年,粉末冶金厂产值520.5万元,利税总额30.2万元,2004年停产;力胜传动机械有限公司生产稳定。2006—2008年生产轴承16356.4万套。2011年,全县轴承行业工业产值1062万元,利税总额130万元。

泵 阀

1991年，大岙镇岭脚县精密铸造厂低压、高压阀门及其配件产值102万元。1995年，百丈漈成立县万喜精密铸造有限公司，主要生产闸阀、蝶阀、球阀、止回阀、截止阀等阀门产品，销往上海、宁波、温州等地市，并出口西班牙等国家，当年实现产值200万元。2004年后，陆续引进天顶湖、兴达、旭日、莱利斯等阀门铸造有限公司。2005—2008年，生产阀门36452吨。至2011年，全县泵阀铸造企业13家，实现工业产值1.8亿元，生产各类蝶阀、球阀2万吨，上缴税金299万元，配套回收公司上缴税金267万元，吸收当地富余劳动力1000余人，成为支撑县域工业发展的主要行业。

第三章　工业基地　名优产品

1998年开始，利用溪滩荒地、低丘缓坡山地，先后开发、建成巨屿工业基地、百丈漈生态产业园及樟台、周壤、玉壶等工业小区。至2011年引进企业57家，全年工业产值27.5亿元，占全县工业总产值73.8%。同时，实施品牌战略，出台扶持政策，鼓励企业技改投入，创建名牌产品，全县工业企业获浙江名牌产品5个、温州名牌产品13个、浙江省著名商标7枚、温州市知名商标6枚、地理标志证明商标1枚。

第一节　工业基地

1994年，在大峃镇幸福堂设立花岗岩加工区，区域面积13.33公顷。1998年巨屿镇开发沙洲103.4公顷，2000年县政府确立为工业基地。2001年，成立工业基地管理机构县重点企业管理办公室，制订优惠政策，实行招商引资，引进首家企业为温州浙南管桩有限公司。2002年，巨屿工业基地改称巨屿工业园区。2005年启动百丈漈工业基地及周壤、玉壶工业小区建设。2011年，百丈漈工业基地改称百丈漈生态产业园。年末，全县2个工业基地、3个工业小区总面积445.93公顷。大峃镇樟山生态产业基地尚在开发中。

优惠政策

1997年11月，县政府发布《关于扶持工业经济发展的若干优惠政策》，决定对县重点工业企业和外地来文创办、资源开发型、产品适销对路有发展前途的工业企业，在财政税收、金融、土地、规划、城建、环保、水电等方面给予优惠。2000年9月，县政府制定《文成县工业园区建设若干优惠政策》。2001年7月又颁发《文成县工业园区建设若干优惠政策的通告》。2002年，出台《关于加快文成工业经济发展的若干政策》，并修订《文成县工业园区优惠政策》。规定凡进入工业园区的企业应符合国家产业政策，不吸纳污染严重而又缺乏有效整治措施的企业，禁止国家法律、法规禁办的企业落户。工业园区内企业用地和配套基础设施建设实行统一规划、统一征用、统一出让、统一管理。巨屿工业园区土地按成本价转让，每亩出让价5万元(含征地费、规费、配套费)。技术密集型企业固定资产投资在200万元以上的企业优先安排落户。报经主管部门批准、认定，从投产年度起企业所得税实行“二免三减半”政策，固定资产投资额以年息6%给予贴息一年；创办工业电力增容工程贴费全免，并享受现行折让电量政策，其基本电价减半收取，每千瓦时用电优惠0.03元。县内城镇企业到工业园区办厂的，原厂房进行转让或改变用地功能用途，其土地增值部分20%作为国家扶持资金返还企业用于扩大再生产。外资、外地企业按每10万美元、100万元人民币标准，给投资人或直系亲属安排农转非户口指标1人；并对企业实行持牌保护制度，对投资人在子女就业、入学等方面享受同等待遇。对引进外资10万美元、外地100万元以上到园区创办企业的单位和个人，县政府按实到金额的1%和2%给予奖励。2006年9月，出台《关于进一步加快工业经济发展的若干意见》，鼓励企业进行工业性投资和零增地技术改造；推行清洁生产，发展循环经济，增加科技投入，走创品牌发展之路；鼓励发展劳动密集型加工业。设立企业贡献奖、技术创新奖和管理创新奖。制造业企业年上缴税金100万元至300万元的奖励5%，300万元至800万元的奖励10%，800万元以上的奖励15%；凡经国家、省级批准立项的技术创新、新产品试制试产技术开发项目，并通过验收鉴定，国家级奖励5万元，省级奖励3万元；凡经国家准机构认定，取得ISO9000质量管理体系、ISO14000环境管理体系、ISO18000安全管理体系的企业分别奖励1万元；凡获县名牌，市知名、省著名、中国驰名商标，县、市、省、中国名牌产品称号的企业，分别给予奖励0.5万元、5万元、10万元、50万元。

基地开发

巨屿工业园区 位于巨屿镇垟尾、垟地边。垟尾沙洲近村部分原为沙地，可种植农作物，沿江部分系长年河水冲积而成的岩堰坦荒地，亦为全县最大的一片沙洲。1996年1月，制定沙洲开发规划；5月，成立文成县巨屿沙洲开发有限公司；12月，启动垟尾沙洲（一期）开发工程，投资1400万元，建筑2650米防洪堤，进行围滩造地，总面积103.4公顷。

图12-1 巨屿工业园区（巨屿镇提供 2010年摄）

2000年，县政府确定在巨屿垟尾沙洲建设工业基地，规划总面积4平方公里，首期工业用地面积54.47公顷，作为工业发展平台。2002年2月，省经贸委、财政厅、科技厅、环保局、乡镇企业局等11个厅局联合发文，命名巨屿工业园区为浙江省第二批乡镇工业新型建筑材料专业区，重点发展有色金属加工、汽车配件、新型建材等产业。2004年投入道路、电力、排水、绿化等基础配套设施建设资金2337万元。

2005—2007年，云江大道绿化投入资金300万元；浇筑名泰路、中兴路水泥路面投资340万元；建设园区110千伏输变电工程投资1491万元，其中县城至园区输电线路600万元，变电所981万元。

2008年启动沙洲（垟地边）二期开发工程，劈平茅山脚，将飞云江原流经潘岙的河道截流、垟地边的河道加宽，两条河道合并为一条。至2009年年底，县政府投入资金3360万元，开山填方200万立方米，建筑防洪堤3185米，建成长240米、宽16米跨河大桥，形成81.33公顷园区用地。

2009年开始，实施基地产业化、转型升级工程，主要内容为园区绿化、路灯安装，企业扩建、技改、科研等，至2011年累计投资1.22亿元。

巨屿工业园区主要行业为金属冶炼压延业、汽摩配、建筑材料。至2003年，引进浙南管桩、宏发气体、水泥制品、新桥金属、宏伟钢业、名泰钢铁、南翔电工、铜丰铜业、中星钢管、巨华锻造、康宏铝业等企业16家，当年工业总产值超亿元大关，吸引外来务工人员3900多人，解决当地1000多人就业。2005年，工业总产值12亿元，增加税收收入5000万元。至2009年企业投资1.5亿元。2010—2011年，企业技改扩建、转型升级投资1.2亿元。2011年，园区企业18家，其中规模以上企业14家，产值超亿元企业3家；全年实现工业产值12.5亿元，占全县工业总产值33.74%。

百丈漈生态产业园 位于百丈漈镇同垟、下石庄、外大会村，利用低丘缓坡建设工业小区。整个产业园由驮坦、外垟、外大会、米斗山4个工业小区组成，总面积313.2公顷。其中外大会工业小区坐落镇域东侧、外大会村东南侧、紧邻原56省道，面积7.33公顷；驮坦工业小区位于镇域西侧、紧邻镇区，面积31.47公顷；外垟工业小区沿原56省道，百丈漈镇同垟村与西坑畲族镇鳌里（江山村）、黄坦镇富岙（塳后村）三地交界处，面积146.67公顷；米斗山工业小区位于镇域南部下石庄米斗山一带，面积127.73公顷。

2005年，县政府确定建立工业基地，成立文成县百丈漈工业基地开发有限公司，编制开发规划，启动基地建设，一期规划土地面积103.33公顷，投入资金2000万元，用于场地平整及基础设施建设。2007年4月投资1500万元，开工建设百丈漈输变电工程，建成35千伏变电所，次年1月投入运行。

2008年二期开发驮坦工业小区，2010年三期开发外垟工业小区，完成土石方开挖88万立方米，挖掘道路路基3.8公里，铺设供水管道4.2公里，迁移坟墓70座305穴，砌挡墙4.5万立方米，基地配套项目投资4700万元。

2011年，基地被省政府命名为浙江省小企业创业基地。3月，县政府批准设立文成县生态产业园，成立生态产业园管理委员会，加强对生态产业开发工作领导，推进生态产业园建设。

百丈漈生态产业园主要行业为金属冶炼压延业、汽摩配、泵阀等。2005年引进企业3家，2006年引进企业5家，全年工业产值1.5亿元。至2008年，有万喜精密铸造、迦密山重型锻造、荣源特种模具、兴达阀门、天顶湖阀门、明科汽车部件、百强汽车部件等企业20家，其中汽配企业15家、冶炼3家、模具制造2家，企业总投资2.8亿元，工业产值3.6亿元，税金收入1423万元，利润322万元。2011年园区新增供地16.13公顷，引进企业11家，计划投资36550万元。年末入园企业32家，实现工业产值5亿元，占全县工业总产值13.5%，其中迦密山重型锻造有限公司产值超1.5亿元。

樟山生态产业基地 位于县城西南端。规划面积2.11平方公里，由南、北两片组成，全部为低丘缓坡地。2008年年初确定先开发南片，面积152.08公顷，计划投资1.5亿元。12月，成立文成樟山生态产业基地投资开发有限公司，为国有控股有限责任公司，注册资金1亿元，用于基地基础设施及配套设施项目投资、开发。至2011年年底，完成《樟山南片规划编制方案》、110千伏樟山变电所选址及首期14公顷土地报批等，当年基地公路尚在施工，投资1340万元。

乡镇工业功能区 樟台工业小区 位于大峃镇幸福堂。建于1994年，原称樟台花岗岩加工区，面积约10公顷，为全县首个工业小区。当时进入的均为土生土长的当地企业，如县花岗岩总厂、铁合金厂、农用车总厂、胶鞋厂、胶鞋二厂等。2000年年前后多数企业破产或改制，仅有县胶鞋厂、县中意伟达鞋业有限公司(胶鞋二厂)正常生产。2007年4月，创办县富强阀门厂。2008年从永嘉瓯北引进威驰阀门公司，县中意伟达鞋业有限公司停办。2010年进驻县樟台水泥制品有限公司、正鑫汽车修理厂、飞电高压电器设备厂、宁达花岗岩厂、合金铸钢厂等企业，以规模以下企业居多。2011年整个小区企业11家，工业总产值2.42亿元。之后因城镇规划调整，实行"退二进三"(退出第二产业，进入第三产业)政策，企业全部迁出小区，有的关闭停产，有的转为商业、服务业。

玉壶镇西江工业小区 位于玉壶镇西江垟，总面积7.47公顷。2005—2008年引进企业3家，总投资7250万元。其中温州珍谷酒业公司占地面积16745.2平方米，建筑占地面积6109.67平方米，投资950万元；温州市竞翔实业有限公司占面积17918.5平方米，建筑面积4877.92平方米，投资2800万元；浙江知本实业有限公司占地面积19868平方米，计划投资3500万元。2011年3家企业均未投产，处于停滞状态。

周壤工业小区 位于周壤岙底村灯笼垟文青公路边，总面积11.87公顷。2005年启动建设，陆续引进企业4家，总投资1亿元。其中，2006年引进温州泰兴钢业有限公司，注册资金345万元，厂房建设投资2000万元，主要生产冷扎镨碳钢带、光

图12-2 周壤工业小区一角(来自文成新闻网 2008年摄)

亮退火带钢。2007年引进浙江威大机械有限公司,注册资金1000万元,占地面积2.6万平方米,建筑面积1.8万平方米,投资3000万元,主产冷风机、冷风扇、机械设备、家用电器及配件;温州久龄久电动车有限公司占地面积17181平方米,建筑面积4075.45平方米,投资2000万元;温州高米乐实业有限公司占地面积25004平方米,建筑面积为10307.54平方米,投资3000万元。2011年4家企业,仅浙江威大机械有限公司正常生产,工业产值1834万元。

第二节　工业名优产品

县境工业名优产品主要有饮料酒、竹制品、农用车、摩托车自行车配件、漆包线、水泥管桩等。1991—2011年,县冰洋实业有限公司"冰洋"竹凉席、南翔电工有限公司"南翔"漆包铜圆线先后被命名为浙江省名牌产品;伯温酿酒有限公司"西山"牌商标、冰洋实业有限公司"冰洋"牌商标,分别被评为浙江省著名商标。至2011年年末,全县工业企业获温州市知名商标、浙江省著名商标各2枚;工业产品获温州市、浙江省名牌产品各3个;获省级以上机关和各类展交会、博览会金奖15次、银奖3次。

饮料酒

"鹤泉"米酒系列　县酿造厂产品。采用优质大米和高山清泉酿制,主要有45°鹤泉米酒、42°鹤泉春酒、45°半天香酒、43°鹤泉酒、42°豪泉春酒等。1991年杯装"鹤泉"米酒,获中国首届中外特优新食品展交会金杯奖。1992年获浙江省首届食品博览会银质奖,产品远销西欧和东南亚。1993年其"鹤城"商标,被评为温州市行业知名商标。1994年获温州市政府颁发的首批温州市优秀产品称号。

"帝师"米酒系列　县帝师集团有限公司产品,属"浓香型"优质白酒。1995年帝师集团与四川文井酒业集团合作,引进"五粮液"酿酒技术,以高粱、粳米、小麦、糯米、玉米"五粮"为原料,置陈年老窖精心发酵而成。1995年半天香白酒获中国第二届科技精品博览会金奖。1996年帝师系列优质白酒获中国第三届科技精品博览会金奖。1997年8月,参加温州(北京)产品展销会被授予畅销产品称号。

"帝师"杨梅干红酒　系酒精含量11°低度酒。温州帝师杨梅干红酒有限公司产品。采用新鲜杨梅全汁酿造,色泽鲜红,果香浓郁、口感细腻。1998年获省政府1998首批优质农副产品金奖。1999年被中国国际农业产品博览会评为农业名牌产品。2001年获浙江农业博览会金奖。

"西山""伯温"系列米酒　温州市伯温酿酒有限公司产品。属"米香型"酒,采用优质大米和高山清泉酿制,具有酒体清亮、馨香醇和、口感适意、口味爽净等特点。1997年"伯温"商标"伯温家酒"被评为第三届国际新技术名优产品博览会金奖;2005年"西山"牌商标被评为温州市知名商标。2006年通过ISO 9000质量体系认证。2007年认定"西山"牌商标为浙江省著名商标。

"帝师"白酒、红曲酒　浙江帝师酒业有限公司产品。公司有白酒、黄酒、果酒、红曲4个系列100多种产品,年生产能力白酒1000吨、黄酒1万吨、红曲800吨。先后开发"帝师"牌米香型白酒、黄酒、红曲;"小金牛"牌浓香型白酒等传统产品,同时开发具有地方特色的红曲糯米酒、薏仁米酒、红蜜烧、猕猴桃果酒、杨梅酒等新产品,其中帝师牌米香型白酒、红曲评为"温州市知名商品";猕猴桃酒,杨梅酒被评为"浙江省优质农产品",远销法国、意大利、西班牙等国家。

九龙井蛇酒　县九龙井蛇酒厂出厂的九龙井蛇酒,1998年获浙江省首批优质农副产品金奖。

"绅士乐"牌矿泉水　中荷合资日月饮料保健品有限公司矿泉水厂产品。水质洁净,甘爽纯正,富有特色,为优质饮用天然矿泉水。1994年获国际家庭中国家用科技精品博览会银奖、中国食品博览会金奖,并被中国拳击队指定为专用矿泉水。1996年获中国第三届科技精品博览会金奖。1999年停产。

竹制品

冰洋牌竹凉席 县冰洋实业有限公司产品。采用优质毛竹为原料,精工细作,技艺独特,其中"冰洋"牌妙竹席,具有"超轻散热、磁石保健、不卡毛发、不霉不蛀"等特点。企业在全国竹行业中率先通过ISO 9001:2000国际质量管理体系认证,资信等级为AAA级。1998年起竹凉席、妙竹席系列产品,先后获浙江省首批优质农产品金奖,国际家用科技精品博览会金奖,一至四届中国竹文化节竹业博览会金奖,两次获中国(温州)农业博览会金奖,五次获浙江省农博会金奖;并获温州农业名牌、浙江省市场质量服务双优品牌、国际农业博览会名牌产品称号。2003年"冰洋"牌注册商标被认定为浙江省著名商标,2006年1月、2009年2月两次通过复评。产品名闻温州全市,并远销美国、日本、巴西、韩国、南非、新加坡等10多个国家。2011年企业产值0.44亿元。

舒心牌竹凉席 县舒心竹业有限公司产品。公司位于珊溪镇下爿坦村(潭州路101号),主导产品舒心牌竹凉席。2006年获温州市名牌产品称号。2009年获浙江省100佳小企业"创业新星"奖。

江心牌竹筷 县竹木工艺厂生产的江心牌竹筷,外形美观、表面光洁、色泽鲜白,烫金夺目,且不腐不蛀。产品销往全国各地并外销西欧等国,年产量达1200万双。1991—1994年出口5.2万箱,价值345.4万元。1994年获温州市首批优秀产品奖。1999年停产。

农用车 车用配件

"飞碟"牌农用车 县农用车总厂产品。其"飞碟牌"FD2815X农用中巴车、FD2415X农用面包车和1.5吨农用货车,曾获1992年全国消费者信得过产品银质奖,1993年全省质量抽检优胜奖,1994年温州市首批优秀产品奖,1995年中国第二届科技精品博览会金奖。2000年5月停产。

"灵光"牌摩托车离合器摩擦片 县二轻工业离合器厂产品。以石棉、黏合剂及辅助材料混合热压而成,摩擦性能良好,综合性能处于国内领先地位。获1994年温州市首批优秀产品奖,1995年中国第二届科技精品博览会银奖,1996年中国第三届科技精品博览会金奖。1995—1998年投资50万元,增加生产设备,扩大生产能力,产量最高年份133万片,销售量最好年份102万片,产品销往温州、台州、杭州及江苏、江西等省。2002年停产。

CFD自行车防盗锁 县二轻仪器厂产品。具有防撬性强、报警声洪亮、外形美观、使用方便等优点。1990年获全国新产品、新技术展示会银奖。1991年获国家科委"七五"星火计划项目银质奖。

管子钳 漆包线 管桩

"艺工"牌双重偏心管子钳 县机电工具总厂产品。曾获1991年国家科委"七五"星火成果博览会金奖。

南翔牌漆包铜圆线 浙江南翔电工有限公司产品。2006年获浙江省名牌产品称号,2010年复评为浙江省名牌产品。2011年企业产值3.13亿元。

预应力混凝土管桩 温州珊溪水泥制品有限公司产品。2006年被评为温州市名牌产品。2011年停产。

1993—2007年文成县工业产品获省市著名商标一览表

表12-5

类别	评定年份	商标名称	适用商品	商标拥有人
温州市知名商标	1993	鹤城	米 酒	文成县酿造厂
	2005	西山	米 酒	温州市伯温酿酒有限公司
浙江省著名商标	2003	冰洋	竹凉席	文成县冰洋实业有限公司
	2007	西山	米 酒	温州市伯温酿酒有限公司

说明:资料来自于《文成统计年鉴》

2003—2010年文成县工业产品获省市名牌产品一览表

表12-6

品牌类别	评定年份	品牌名称	品牌拥有人
温州市名牌产品	2003	“冰洋”牌竹凉席	文成县冰洋实业有限公司
	2006	“舒心”牌竹凉席	文成县舒心竹业有限公司
	2006	预应力混凝土管桩	温州珊溪水泥制品有限公司
浙江省名牌产品	2004	“冰洋”牌竹凉席	文成县冰洋实业有限公司
	2006	“南翔”牌漆包铜圆线	浙江南翔电工有限公司
	2010	“南翔”牌漆包铜圆线	浙江南翔电工有限公司

说明:资料来自于《文成年鉴》

1991—2009年文成县工业产品获省级以上金银奖一览表

表12-7

序号	获奖年份	生产企业	获奖产品	获奖类别	评奖单位
1	1991	文成县二轻仪器厂	CFD自行车防盗锁	银奖	国家科委“七五”星火计划项目
2	1991	文成县机电工具总厂	“艺工”牌双重偏心管子钳	金奖	国家科委“七五”星火计划项目
3	1991	文成县酿造厂	杯装“鹤泉”米酒	金奖	中国首届中外特优新食品展交会
4	1991	文成县酿造厂	杯装“鹤泉”米酒	银奖	浙江省首届食品博览会
5	1994	中荷合资日月饮料保健品有限公司	“绅士乐”矿泉水	金奖	中国食品博览会
6	1995	文成县农用车总厂	“飞碟”牌农用车	金奖	中国第二届科技精品博览会
7	1995	文成县帝师集团	“半天香”白酒	金奖	中国第二届科技精品博览会
8	1995	文成县离合器厂	“灵光”牌摩托车离合器摩擦片	银奖	中国第二届科技精品博览会
9	1996	中荷合资日月饮料保健品有限公司	“绅士乐”矿泉水	金奖	中国第三届科技精品博览会
10	1996	文成县帝师集团	“帝师”白酒	金奖	中国第三届科技精品博览会
11	1996	文成县离合器厂	“灵光”牌摩托车离合器摩擦片	金奖	中国第三届科技精品博览会
12	1997	温州市伯温酿酒有限公司	“伯温”家酒	金奖	第三届国际新技术名优产品博览会
13	1998	文成县九龙井蛇酒厂	“九龙井”蛇酒	金奖	浙江省政府
14	1998	温州帝师杨梅干红酒有限公司	“帝师”杨梅干红酒	金奖	浙江省政府
15	2001	温州帝师杨梅干红酒有限公司	“帝师”杨梅干红酒	金奖	浙江省农业博览会
16	2001	温州冰洋实业有限公司	“冰洋”牌竹凉席	金奖	浙江省农业博览会
17	2004	温州冰洋实业有限公司	“冰洋”牌竹凉席	金奖	浙江省农业博览会
18	2009	温州冰洋实业有限公司	“冰洋”牌竹凉席	金奖	浙江省农业博览会

说明:资料来自于《文成统计年鉴》

第四章　工业管理

1991年,县计经委主管全县工业,县二轻工业总公司管理二轻工业,县乡镇工业管理局管理乡镇工业。1997年乡镇工业管理局并入计经委。2002年县计经委撤销,全县工业由县经济贸易局管理。工业管理主要有调整产业结构,组织企业技术改造、开发新产品,开展生产管理、质量管理、节能降耗、安全生产等。

第一节　管理机构

1991年,县域工业管理机构有县计划经济委员会、县二轻工业总公司、县乡镇工业管理局及7区1镇乡镇工业办公室。2011年,工业管理机构为县经济贸易局、县二轻工业总公司和10个基层乡镇工业办公室。

县经济贸易局

1991年,县计划经济委员会主管全县工业。2002年1月机构改革,撤销县计划与经济委员会,组建县发展计划局、县经济贸易局(简称"县经贸局"、增挂对外贸易合作局、县三电办公室牌子),同时撤销商业局、物资局、二轻局,保留商业办、物资总公司、二轻总公司,其行政职能划归县经贸局。县经贸局为县政府管理全县工业、内贸流通、协调经济运行工作的综合部门。2011年,设办公室、政工科、企业管理科、外经科、商贸科5个科室,下辖节能降耗办公室、畜禽屠宰管理所、外商投资服务中心3个全额事业单位,工作人员24人,其中行政编制13名,事业编制11名。

县二轻工业总公司

机构名称几经变更,先前曾称县手工业联合社、县手工业局、县二轻局、县二轻联合公司,1985年5月改现名。时设办公室、生产股、财务股,工作人员22人。1993年3月,恢复成立文成县城镇集体工业联社;2000年7月,改称"文成县城镇工业联社",与总公司实行两块牌子一个机构、一套人马办公。2011年工作人员5人。

县乡镇工业管理局

1991年,局设办公室、计划财务股、生产技术股、企业管理股,在编干部职工15人。1997年4月,并入县计划与经济委员会,成为该委员会下属的"乡镇企业科",对外挂县乡镇企业局牌子。2002年1月,县计划与经济委员会分设计划发展局、经济贸易局,经贸局设"企业管理科"承担企业管理职能,工作人员3人。

乡镇工业办公室

1991年,设大峃、珊溪、峃口、玉壶、南田、黄坦、西坑7个区和大峃镇8个基层工业办公室。次年4月撤区并乡,7区工业办公室撤销。后陆续成立乡镇工业办公室,至2011年,设大峃、珊溪、巨屿、峃口、玉壶、南田、百丈漈、黄坦、西坑、双桂10个乡镇工业办公室,工作人员10人。

第二节　产业结构调整

1991年全县工业企业669家，涉及食品加工、饮料制造、纺织缝纫、皮革制品、家具制造、印刷、化工、医药、橡胶、塑料、建材、机械、金属冶炼压延、交通运输设备、电子电器仪表等26个行业，全部工业总产值8391万元，平均每家12.54万元。其中全部独立核算工业企业84家，亏损16家，盈亏相抵亏损42万元。工业企业普遍存在“三低二少”(产品档次低、管理水平低、经济效益低；上等级、上规模企业少，有特色、有竞争力的拳头产品少)现象，县委、县政府提出将工业工作重点放在调整结构、加快技术进步、提高经济效益上来，逐步从“散、粗、低”向“专、精、高”方向发展，治理整顿小穷亏企业，打造有地方特色的规模行业、主导产品和骨干企业。

1992年工业企业568家，比上年减少101家。工业总产值首次突破亿元大关，达到1.14亿元，并实现产值、销售、税金、利润四同步增长。1993年工业产品结构调整开始起步，主导发展花岗岩、矿泉水、米酒等资源型工业，初步形成10家重点骨干企业，其中产值超300万元8家、超1000万元2家。1994年继续调整产业结构，关停高能耗、废铁粗加工铸轧钢企业50多家，全县工业企业减至491家。同时，创办全县首个工业小区——樟台花岗岩加工区，组建首个集团公司——县帝师集团有限公司。1995年资源开发迈出实质性步伐，利用县域水资源优势，重点发展水电企业。全年10家重点企业，实现总产值7500万元，占全县工业总产值的21.6%；11家预算内国有工业企业，实现盈利32万元，结束连续6年亏损局面。

1996年，有帝师、金锋、龙益集团公司3家，规模重点骨干企业15家。重点企业产值1.12亿元，占全县工业总产值25%，其中产值超2000万元企业2家、超1000万元3家、超500万元6家。15家重点企业创税利总额741万元，其中税金640万元。资源型工业产值1.26亿元，占全县工业总产值的28.2%。1997年工业产品结构调整效益显现，初步形成以水电、机械、食品、服装鞋革、竹木加工等为主的生产行业，以胶鞋系列、防爆电器系列、商标印刷、离合器总成、农用车系列、帝师酒系列等为主的适销对路产品，花岗岩板材、竹凉席、竹木工艺品、山珍食品、白酒等系列产品，畅销国内外市场。全年工业总产值5.83亿元，比1991年增长近6倍；上规模重点企业16家，产值1.61亿元，资源型工业产值1.54亿，分别占全县工业总产值27.6%和26.4%。

1998—2000年，为县域工业发展停滞期，当时国家提出国有企业改革三年攻坚目标，县域以农用车总厂为代表的12家国有企业相继破产，帝师集团因亏损处于停产状态；以县离合器片厂为代表的二轻集体企业相继进行改制，大部分亏损企业破产；乡镇企业因市场因素纷纷转型或停产。其间，全县工业年产值在6亿元上下徘徊，基本无增长。但1998年县政府启动巨屿工业园区开发建设，在当年10月金秋招商引资会上引进一批工业项目落户园区，为后来工业增长打下基础。

2001年开始，随着巨屿工业园区建成，招商引资力度加大，全县工业进入快速发展期。工业产业结构调整，着重引导和培育技术含量高的新兴产业和特色产业。全年工业总产值6.94亿元，比上年增长14.7%；国有及规模以上工业企业25家，产值2.23亿元，占全县工业总产值32.1%。2004年起工业产业结构逐步形成以农副产品加工、水电开发、金属制品制造加工、新型建材及配套产品制造为主的4大支柱产业。同年全县工业总产值获历史性突破，达11.56亿元，比上年增长31.8%；规模工业企业29家，产值4.79亿元，比上年增长52.3%。工业企业上缴税金3493.5万元，2家企业税收超100万元，5家企业超50万元。

2005年，启动百丈漈生态产业园和玉壶、周壤等工业小区建设，以增强行业集聚能力。其中百丈漈生态产业园主要发展汽摩配、箱包、机械制造，阀门精加工、农产品加工等为主的生态产业。2007年全县规模以上工业企业14个行业中，3个行业产值超5000万元，6个行业产值超亿元，其中纺织业5379万元，机械制造业6578

万元,交通运输设备制造业8872万元;农副食品加工业1.29亿元;有色金属冶炼及压延加工业1.46亿元,通用设备制造业1.91亿元,电力、热力生产和供应业2.71亿元,电气机械及器材制造业3.6亿元,黑色金属冶炼及压延加工业6.66亿元。2008—2010年,继续加大产业结构调整力度,制定引进企业环境准入标准,限制引进高能耗、重污染项目,推进工业产业结构优化提升,促进企业转型升级。新引进无污染的环保型产业汽摩配项目8个,全县共引进汽配加工企业27家,打造行业产业链,产业集群初具雏形。

2011年,全县工业企业380家,工业总产值37.26亿元,其中规模以上工业企业29家,工业产值24.65亿元,占全县工业总产值66.5%。工业产业结构以重工业为主,基本形成以金属冶炼压延业、汽配和机械制造业、新型建材业、农副食品加工业、水电开发业等为主的特色产业。金属冶炼压延业为支柱产业,行业产值占全县工业总产值26.5%;其次为农副食品加工业,产值占全县工业总产值15.7%;汽配行业规模尚小,为县域重点培育发展的主导产业。

第三节 技术创新

工业技术创新包括技术改造和新产品开发两方面。1991年,实施技改项目23个、总投资700万元,开发新产品17个。2005年开始实施品牌发展战略,培育名牌产品。2006年实施“名牌培育质量提升工程”。至2011年,实施技改项目180项,投入技改资金5.02亿元;开发“四新”(新产品、新品种、新花色、新包装)产品647个。工业产品获浙江名牌产品、温州名牌产品各3个;获省级以上金奖产品15个。

技术改造

1991年,实施技改项目23个,总投资700万元,其中计经委直属企业技改项目9个,投资322.7万元。

1992—1996年,农用车总厂、胶鞋二厂、长城鞋厂、离合器片厂、钢铁有限公司等60家重点企业,完成技改投资8000万元。其中县新华彩印厂新增全自动印刷机,投资50万元;龙川圆织塑料厂增加塑料编织生产线,投资70万元,当年发挥效益,新增产值350万元;县花岗岩总厂新建花岗岩板材生产线,投资265万元;帝师集团公司扩建年新增3000吨帝师系列白酒生产线,投资400万元,当年销售收入超2000万元,评为浙江省星火科技示范企业;县农用车总厂扩建新增1000辆农用车生产线,投资800万元,当年销售收入超2000万元,在全省最佳经济效益工业企业评估排序中,列行业第22位,成为温州市明星企业。

1997年,确定重点技改项目18个,其中县农用车总厂扩建农用车生产线技改项目列为省计划重点项目,总投资3905万元。二轻工业技改项目4个,投资565万元,新增产值1306.6万元,新增税利81万元。1998年二轻企业县胶鞋厂、胶鞋二厂、钢铁工业有限公司技改投资893万元,其中企业自筹投资323万元,是二轻工业历史上投入技改资金最多的一年。1999年全县工业技改项目19个,竣工投产8项,当年完成投资4243万元。其中县水泥电杆厂生产线投资378万元,杨梅干红酒生产线投资400万元,农用车总厂、帝师集团、亨哈山珍公司、冰洋实业公司技改投资3465万元。

2000年,实施工业技改项目23项,竣工验收12项,投资总额4006万元。其中县胶鞋厂技改523万元,县连丰不锈钢生产线技改786万元。2001年投入技改资金2705万元,其中财政贴息资金141.5万元。电解锌生产线技改380万元,新建浙南管桩预应力生产线投资727万元,诚意皮件有限公司技改投资208万元。2002年实施技改项目7项,总投资额2904万元,其中竣工3项,投入资金2074万元。县制药厂和宏发气体、亨哈山珍、帝师杨梅酒、顺昌金属、双凤食品5家公司技改项目,列为省经贸委专项扶持项目。全年争取到上级技术创新项目补助资金、欠发达地区技术改造贴息资金177万元。

2003—2004年，重点技改项目18项，总投资5755万元。其中珊溪水泥制品公司混凝土管桩技改1228万元，县顺昌金属公司管桩钢棒热处理自动化生产线建设357万元，双凤食品公司兔肉深加工技改460万元，宏伟铸钢、名泰钢铁、顺昌金属、废旧金属物资公司技改投资3710万元。

2008年，引导企业零增地技改，鼓励企业挖掘潜力，提高自主创新能力。南翔电工公司兼并超长化纤公司后年产1.5万吨特种漆包线和无氧铜杆项目部分生产线技改项目，投资6500万元；名泰钢铁公司引进高性能不锈钢材项目，对原生产线进行改造提升，投资3800万元。

2009—2010年，全县投入技改资金6500万元，其中华广精工制造公司年产40万片高速铁路垫板项目列入国家中小企业专项资金扶持项目。2011年，南翔电工公司漆包线和无氧铜杆技改项目进入试产阶段，华广精工制造公司高速铁路垫板项目投产，百丈实业公司、万喜精密铸造公司等技改项目开工建设。至2011年，投入技改资金5.02亿元。

新产品开发

1991年，开发新产品17个20种，年新增产值1000多万元，利税总额100万元。其中全民企业开发8个，县机电工具总厂开发"双重偏心管子钳"，县化工分厂"谷虫净"，县棉织厂"平绒布"，县酿造厂"杯装鹤泉米酒"，县汽修厂"飞碟牌农用车"，县麻塑纺织厂"海生袋"等新产品，年新增产值400万元，利税总额60万元；乡镇企业开发新产品8个，其中县竹木工艺厂开发的高档雨伞杆、竹珠、饭勺等产品填补省内空白项目。

1992—1996年，开发"四新"产品231个，其中新产品62个、新品种87个、新花色、新包装82个，达国内先进水平的54个，填补国内空白项目2个、省内空白项目7个。县离合器片厂开发本田125摩托车离合器总成，成为四川重庆嘉陵集团配套厂家。

1997年，全县开发"四新"产品56个，其中新产品35个。二轻工业开发新产品2个，新品种4个，县离合器片厂开发铃木125、AF50摩托车离合器总成，县钢铁工业有限公司开发的异型钢，年新增产值639.6万元，利税总额49.3万元。

1998年，开发"四新"产品86个，其中达国际水平1个、填补国内空白8个。乡镇企业金峰集团开发的电缆盘型钢填补省内空白；长城鞋厂、山珍公司被省乡镇企业局列为重点企业。二轻钢铁工业公司成功开发HB合金模具钢产品。

1999年，开发"四新"产品76个，其中新产品15个、新品种45个、新花色及新包装16个，达国际水平1个、填补国内空白8个。二轻钢铁工业公司成功开发1铬18镍9钛不锈钢带。同年，开发帝师牌杨梅干红酒、亨哈牌野生蕨菜、冰洋牌竹凉席3个产品。

2000年，开发"四新"产品54个，其中新产品24个、新品种12个、新花色及新包装18个，达国际水平1个。二轻钢铁工业公司成功开发1铬18镍9钛不锈钢(1gr18ni9ti)型钢。乡镇工业冰洋牌竹凉席等4个产品列入省经贸委2000年第二批省级新产品试制试产计划项目；县飞电高压电气设备厂生产的"无间隙氧化锌避雷器"，经国家质量监督检验中心鉴证，列入国家机械部产品目录。

2001年，开发"四新"产品78个，其中新产品18个、新品种35个、新花色12个、新包装13个。县制药厂研制巨星戒毒胶囊列入省新产品试制试产计划项目；县顺昌金属有限公司投资130万元，研制开发端头板、槽钢、不锈钢型材等系列产品。

2002年，县制药厂巨星戒毒胶囊开发项目，列入国家经贸委技术创新项目。2003年开发"四新"产品48个，其中新产品23个。2005年县政府制定《实施品牌发展战略若干意见》《名牌产品培育发展规划》。2006年实施"名牌培育质量提升工程"，鼓励企业开发新产品，创名牌产品。2011年，巨屿工业园区温州兴仕铜业有限公司实施“合金铜倒立式拉丝工艺研究”项目,引进消化吸收倒立式拉丝设备与工艺,形成生产新工艺,为企业节能20%。

第四节 企业管理

1991年后,政府对企业生产管理由计划指令转为指导服务,并陆续开展质量宣传月、质量效益年活动。1999年开始推行降耗节能。2005年起全面推行现代企业管理制度。2006年建立县领导和部门联系挂钩企业制度,开展“政企联动、攻坚克难”企业服务年活动,为企业排忧解难。至2011年,举办企业管理人员培训班17期,参加1683人次。降耗节能万元产值综合能耗113.7公斤标准煤,比1999年254.9公斤标准煤下降55.4%,2003年650公斤标准煤下降82.5%。

生产管理

1991年后,随着社会主义市场经济体制建立和完善,政府对企业计划管理由指令性转为指导性。年度工业计划依据当年度全县国民经济和社会发展计划及上年度工业计划完成情况编制。计划主要指标有工业总产值(现价、不变价),不变价产值比增数,工业增加值及比增数,主要企业销售收入,实现利润和税收、产销率,主要工业经济效益综合指数等。年度工业计划由县计经委编制结合年度国民经济发展目标进行修正,并经相关部门讨论后,报请县政府批准后下达给各乡镇和各工业主管部门。并建立工业生产会议制度,会议在调查了解、掌握工业生产动态基础上,针对企业存在困难和问题,采取合理调度能源等措施,协调解决企业在生产经营过程中出现的“急、难、重”问题,确保年度工业生产计划完成。1998年起,工业生产会议更名为工业经济运行分析会,每季度召开1次,内涵逐步扩大,转为对宏观经济进行分析、监测和预测,对工业企业生产进行协调,采取措施对工业经济运行进行调控。2002年后,对重点工业企业实行月度报表报送制度。2005年起全面推行现代化企业管理制度,开展企业服务年活动,指导民营企业建立“三会一总”制度。县政府制订扶持工业经济发展、鼓励企业自主创新、加快科技进步等一系列政策,加大政策扶持,鼓励工业企业提升管理水平。每年根据企业产销、税利实绩和对地方财政贡献度,评选县重点工业企业、贡献奖企业、突出贡献奖企业和县优秀企业家,给予荣誉、物质、资金奖励。2006年,建立县领导和部门联系挂钩企业制度。2007—2009年,连续开展“政企联动、攻坚克难”企业服务年活动,县领导及直属部门与30多家重点骨干企业联系挂钩,采取“一企一策、一事一议”等方式,为企业排忧解难,推动企业生产发展。

质量管理

1991年,开展“质量·品种·效益年”活动,举办全县首期“全面质量管理基础知识”电视讲座2期60课时,参加培训厂长经理96人,其中参加全国统考成绩合格36人,参加县级统考成绩合格60人;举办图解价值工程培训班1期,参加学习83人。全年标准化整顿验收合格企业5家,计量单项验收合格企业4家,商品生产企业通过质量管理复查验收合格企业9家,并列入浙江省出口商品质量保证生产企业名录。对全县18种主要工业产品、26项质量指标进行按月考核通报,全县主要工业产品质量稳定提高率为80.5%。县化工三厂工业产值超500万元,利税总额40万元,产品质量全部合格,被评为浙江省“质量·品种·效益年”活动先进单位、产品质量评比优胜企业。

1992—1996年,对国有工业企业骨干进行全面质量管理培训2次,参加人数100多人,其中参加省级统考成绩合格91人。对各企业每年开展2次以上质量管理大检查,发现问题研究对策,提升产品质量。全县主要产品质量稳定提高率依次为84.7%、86.7%、91.2%、91.0%和91.9%，年均提高1.44个百分点。防爆电器、高锰铬钢、离合器总成、竹凉席、山珍食品等一批产品质量保持稳中有升。乡镇企业通过计量、标准化、合格证和产品评选合格8项，其中国家级和部级3项、省级2项、市级3项。县离合器片厂通过“标准化、计量、全面质量管理”三项验收。

1997年，开展质量宣传月活动，组织企业学习邯钢、镇海炼化等大企业先进管理经验，并经常性开展质量管理大检查。全县主要工业产品质量稳定提高率92.1%，比省定标准高出4.1个百分点。县防爆开关厂获标准化确认。1998年县亨哈山珍公司获四级标准化确认。

1999年，全县14种主要工业产品质量稳定提高率96.2%，比省、市核定标准高出6个百分点。2000年，全县主要工业产品质量稳定提高率97%，比省、市核定标准高出4个百分点。指导企业组织“QC”(质量控制)小组，开展质量控制活动，百丈漈电厂获全省二等奖、市一等奖，温州杨梅酿酒有限公司获市二等奖。1999—2001年举办全面质量管理培训班3期，参加学习88人，通过省级统考，取得合格证书63人。2004年亨哈山珍、南翔集团、万喜精密、慧康暖通设备4家公司通过ISO 9001质量体系认证。

2005年，全面质量管理逐步向全县各重点工业企业推广，县计经委由生产技术科负责，重点工业企业相继成立质量检验科，企业标准化建设进入实质性阶段。2006—2007年，举办企业管理人员培训班4期，培训768人次。至2011年全县工业企业通过ISO 9001质量体系认证14家、2A级标准化良好行为确认5家。

节能降耗

1999年，全县工业企业能源消耗量3553.44吨标准煤，万元产值(GDP)综合能耗0.2549吨标准煤。2000年消耗原煤1525吨、汽油25.9吨，电力524.04万千瓦时，合折3129.28吨标准煤，万元产值消综合能耗254.9公斤标准煤，比上年提高21.62%。2003年，万元产值综合能耗0.65吨标准煤，为历史最高值。2004年起，实施生态县战略，县委、县政府出台政策，打击地条钢等高能耗、重污染企业，引导发展清洁型、节能型生态工业，鼓励企业技改，推行清洁生产和环境管理体系认证，单位综合能耗逐年下降。2007年，节能降耗初见成效，万元产值能耗比上年下降0.14%，万元产值电耗上升2.48%，万元工业增加值电耗下降6.54%，规模以上企业万元增加值能耗下降10.98%。2008年，引导迦密山锻造公司等5家重点用能企业开展清洁生产审核。全年15家用能工业企业总耗能37558吨标准煤，万元产值综合能耗162公斤标准煤，比上年分别下降8.7%和17.8%。

2009—2010年，先后召开全县节能减排攻坚大会和节能降耗专题会议，分解落实年度节能目标责任，县政府分别与12个重点工业乡镇、7家重点耗能工业企业、6家非工业重点用能单位签订节能目标责任书。并对企业实行“一月一分析、一月一督查、一月一通报”制度，对14家年耗500吨以上标煤企业，建立月度能耗指标统计体系，对能源消耗大户进行监测、监控，掌握耗能动态。2010年，工业企业万元产值能耗下降20.33%，超额完成市下达下降20%的目标任务。

2011年，全县主营业务收入2000万元以上的工业企业29家，总耗能28130吨标准煤，万元产值综合能耗113.7公斤标准煤，比上年分别下降4.5%和5.5%。其中通过ISO 14000环境管理体系认证企业3家，通过市级清洁生产审核验收企业6家。

1999—2011年文成县规模以上工业企业能源消耗情况一览表

表12－8

年份	能源消耗合计(吨标准煤)	主要能源消费量						万元产值综合能耗(吨标准煤)	比上年增减(%)
		原煤(吨)	汽油(吨)	柴油(吨)	燃料油(吨)	液化气(吨)	电力(万千瓦时)		
1999	3553.44	—	—	—	—	—	—	0.2549	—
2000	3129.28	1525	25	—	—	—	524	0.31	21.62
2001	6258.48	1459	81.5	21	—	—	1448	0.41	32.25
2002	7386.34	3651	109	53	—	—	1250	0.32	−21.95
2003	20569.00	3579	80	25	—	—	4932	0.65	103.13
2004	23062.28	4155	7.7	88	—	—	5574	0.48	−26.15
2005	25979.87	6385	128	370	—	—	10813	0.33	−31.25
2006	38801.20	11031	337	619	—	47	20274	0.2673	−19.00
2007	41144.60	14502	67	570	—	60	23821	0.197	−26.30
2008	37557.56	9759	80	1287	342	97	22631	0.162	−17.77
2009	34155.53	7077	62	914	207	100	22060	0.151	−6.79
2010	29463.00	6545	150	492	43	108	18686	0.1203	−20.33
2011	28130.00	5615	126	741	26	70	18467	0.1137	−5.49

说明:柴油栏中2001年21吨为煤油,2011年含煤油63吨。资料来源《文成统计年鉴》

第五章　建筑业

1991年，全县建筑业企业5家，施工面积1.45万平方米，施工产值5506万元。1992—1997年，全县开始抓建筑业晋级工作。1997年有建筑企业11家，全县建筑企业产值超亿元，达1.68亿元。2006年，文成县建筑业企业减至6家，施工面积12.15万平方米，总产值突破5亿元，实现利润3298万元。2011年，全县建筑施工企业8家，施工面积32万平方米，施工产值9.25亿元，实现利润3848万元。建筑企业总产值比1991年增加15.8倍。

第一节　建筑设计与工程技术

1991年来，建筑设计工作由县建筑设计室承担。2005年后，由于建筑设计资质限制，县建筑设计只承担县域部分设计工作。

县域推行建筑新技术、新材料较晚，20世纪90年代前期，墙体建筑材料主要为袋装水泥、黏土实心砖。1994年开始宣传、1997年始使用散装水泥，1999年始推广和应用新墙材页岩砖。2005年起县建设部门将推行建筑新技术、应用新墙材、建筑节能纳入工程设计、施工图审查、施工许可、施工监理、工程质量监督、竣工验收等各环节，着力示范推广。至2011年共推广使用散装水泥11万吨，房屋建筑全面禁止使用黏土砖，全县新建商住楼、公共建筑执行建筑节能标准达100%。

建筑设计

1991年，县建筑设计室资质属于建筑工程（建筑行业）丁级。2009年晋升为建筑工程（建筑行业）丙级，具有独立的法人资格，实行有偿服务。2011年全室职工15人，其中国家注册建筑师、结构师各2人，外聘国家注册建筑、结构师各1名，给排水、暖通、电气高级、建筑工程师各1名，建筑助理工程师2名，结构工程师、结构助理工程师、工程概算各1名。

1991年始，建筑设计室承接全县建筑项目设计绝大部分业务，成为全县建筑设计行业技术主力军。1998年，建筑设计室配置586计算机6台，9090无氨宽幅晒图机1台，结束手工制图、操作的历史，设计速度大为加快，全年设计项目20个。同年始，主要承担设计的项目有县前街旧城改造、县国税局大楼、县检察院大楼、县地税局大楼、凤垟迁村改造、县工商局办公大楼、凤垟扶贫迁村、花园新区经济适用房一期、百丈漈腾飞小区、玉壶镇扶贫迁村、双桂朱大垟扶贫迁村等工程项目。1991—1999年，建筑设计主要以满足主体功能使用为主，建筑风格较单一。2000年以后，随着CAD电脑设计技术突破和城镇建设快速发展需求，建筑设计在确保功能使用的基础上，建筑风格结合业主的需求呈现多样性。2005年以后，由于建筑设计资质限制，县域9层以上、公共建筑面积大于5000平方米以上的高层建筑均由外地具备相应设计资质的公司设计。2006年，珊溪水库周边发生地震后，县建筑设计室承担灾后重建抗震设计和指导。

建筑工程技术

新材料推广　新型墙体材料　1991—1998年，县域通用的建筑墙体材料主要为黏土实心砖。1997年7月

20日,省政府发布实施《浙江省新型墙体材料开发利用管理办法》。1999年始推广和应用新墙材,房屋建筑墙体材料逐年减少黏土砖的使用量。2003年6月,百丈漈镇西段村开办新墙材生产企业华欣页岩砖有限公司,县政府及建设部门分别在政策和业务方面给予支持。2008年1月1日《浙江省发展新型墙体材料条例》实施。2009—2010年,全县在推广使用新型墙材的同时,开展黏土砖窑专项整治工作,全县拆除黏土砖窑23座,关停20座,有效保护土地资源。2011年年底开始,房屋建筑工程全面禁止使用黏土砖,从墙体材料使用源头进行把关,在项目的扩初会审时强制性要求新墙体材料应用比例应达100%。在墙改专项基金的征收和使用管理方面,落实《浙江省新型墙体材料专项基金征收和使用管理实施办法》,1999—2011年,征收墙改专项基金2800余万元,征收率达90%以上,返退240余万元用于扶持新墙材企业发展。

散装水泥　1994年始,宣传推广使用散装水泥利国利民的意义;11月起征收散装水泥专项资金,专项资金包括扶散费(散装水泥发展费)、节包费(节约包装费)、限袋费(限制使用袋装水泥费)3种。1996年4月,省政府颁发《浙江省散装水泥管理办法》,规定每吨收取扶散费5元、节包费22元,限袋费按建筑面积每平方米5元或预算定额水泥使用量每吨10元收取。1997年成立县散装水泥供应有限公司,在城南小区部分公建项目和新墙体材料制作场率先使用,全年推广使用散装水泥300吨,收取限袋费24万元。1998年以后,多次开展推广使用散装水泥宣传月活动,宣传国家7部局发布的《散装水泥管理办法》,在县电视台特约播放宣传使用散装水泥电视剧《绿色情缘》,并制作推广使用散装水泥纸杯、台历及画册进行宣传;协助巨屿工业基地浙南管桩有限公司生产散装水泥罐。至2009年,全县推广使用散装水泥21.4万吨(其中2006年6.5万吨,为历年最高值),收取散装水泥专项资金153.8万元。2010年5月31日,省政府《浙江省散装水泥专项资金征收和使用管理暂行办法》规定,征收散装水泥专项资金,公路、桥梁、水库、电站、通信线路等,按预算水泥使用量每吨预缴3元;按建筑面积计算的建设工程,全钢架结构按每平方米预缴1元,非全钢架结构按每平方米预缴1.5元。2011年10月,县政府发布《文成县推广应用预拌混凝土实施办法(试行)》,规定县内公共建筑、道路、桥梁、构筑物等建设工程(除抢险救灾、农民自建住宅外),其施工现场一次性浇捣混凝土量50立方米以上的,应使用预拌混凝土。2010—2011年,推广使用散装水泥11万吨,收缴散装水泥专项资金94.1万元。

施工新技术

节能减排为基本国策之一,是建设节约型社会的必然选择。2005年始,县建设部门将建筑节能工作纳入工程设计、施工图审查、施工许可、施工监理、工程质量监督、竣工验收等各环节,确保建筑节能标准落到实处。2006年,确定嘉盛国际花园和县体育中心体育馆两个建设工程项目为节能示范工程,建筑面积约8.6万平方米。2007年强化建筑节能行政监管,实施建筑节能设计专项审查制度,保障建筑节能设计标准在设计阶段得以贯彻落实;扩大节能成果,将总建筑面积7161平方米的"汇隆名门"工程列为浙江省建筑业新技术示范工程和科研与推广项目。2008年,将总建筑面积4.8万平方米的"鑫隆帝景"列为建筑业新技术示范工程和科研与推广项目。2009、2010年,强化建筑节能和四新(新工艺、新设备、新技术、新方法)技术行政监管,在扩初设计阶段强化政府办公建筑和大型公共建筑节能管理、太阳能与建筑一体化等可再生能源应用。2011年,全县新建商住楼和公共建筑执行建筑节能标准达100%,实现节能50%的目标,可再生能源在所有民用建筑中得到广泛应用。

第二节　建筑施工

1991年全县建筑业企业5家,施工面积1.45万平方米,建筑企业总产值5506万元,利润102.1万元。1995年建筑7家。1997年建筑企业总产值超亿元,1999年利润总额超1000万元。2008年建筑企业总产值6.3亿元,利润总额4377万元。2011年,全县建筑业8家,施工面积32.01万平方米,建筑企业总产值9.25亿元,利润3848.1万元。

施工队伍

1991年,全县建筑业企业5家,职工1341人。1995年企业发展至7家,职工1923人。1997年发展至11家,职工2760人。尔后,职工队伍不断扩大,素质逐年提高。2006年企业减少至6家,职工3947人。2011年,全县建筑业8家,在岗职工6088人,其中文化程度大学本科及以上76人、大专266人、中专837人;高级工程师职称11人、中级141人、初级394人,经营管理人员336人,专业技术人员605人。

建筑项目

1991年,新开工建设工程项目34个,建筑面积1.45万平方米,其中竣工项目19个,建筑面积0.99万平方米,全年建筑业施工产值335.43万元。1992—1996年,全县新开工建设工程项目139个,建筑面积19.42万平方米,合同造价2.2亿元。1997—1999年,新开工建设工程项目82个,建筑面积17.26万平方米,其中竣工项目66个,建筑面积11.07万平方米。2000—2011年,全县新开工建设工程项目328个,建筑面积161.66万平方米,合同造价41.34亿元。

1991—2011年文成县新建及竣工建设工程项目一览表

表12-9

年份	新开工项目		竣工工程		合格工程	
	工程个数	建筑面积(平方米)	工程个数	建筑面积(平方米)	工程个数	合格率(%)
1991	34	14529	19	9900	18	83.5
1992	28	20945	25	15654	20	92.0
1993	14	13464	14	14975	13	92.5
1994	29	47385	18	29378	16	88.9
1995	35	62401	8	8819	8	98.1
1996	33	50000	30	48000	27	90.6
1997	32	63044	30	51500	30	100
1998	22	41000	14	23800	14	100
1999	28	68600	22	35400	20	90.9
2000	21	42803	14	20890	14	100
2001	29	109759	14	13600	14	100
2002	19	117825	18	106897	18	100
2003	23	52411	14	60320	14	100
2004	31	131307	13	60000	13	100
2005	19	122448	18	75320	18	100
2006	18	121529	10	39500	10	100
2007	32	219262	23	167540	23	100
2008	40	269400	24	180000	24	100
2009	30	117839	16	101077	16	100
2010	32	105000	24	188329	24	100
2011	34	207000	17	113105	17	100

说明:资料来自于《文成统计年鉴》

主要建筑企业

文成县建筑工程公司 位于大峃镇健康路15号,前身为1953年成立的大峃镇建筑社。1969年组建县建筑工程公司,属县大集体,归县计委领导。公司下隶4个工程处和水泥预制场、木材加工车间,1985、1987年分别被核为三级施工企业资质。1989年县域建筑市场整顿,将建立于1980年的集体所有制企业大峃镇建筑公司(地址周村街3号、原为建筑四级企业资质)并入。1990年县建筑工程公司干部职工566人,其中有技术职称的18人,1980—1990年施工建筑面积13.8万平方米,总产值1366.4万元,税利36.9万元。曾承建县政府大楼、县计经委大楼等工程。2000年起,企业逐渐停止承接业务,2008年因经营不善开始破产清算。

文成县井巷工程建筑公司 原为温州市矿山井巷工程公司第二工程处,1985年创建,为隧道三级,工业、民用建筑四级资质集体企业。曾拥有资产总额1020万元,职工185人,是全县唯一一家集井巷隧道、工民建筑的三级施工企业。公司曾承担江西铅山铁炉电厂、福建寿宁坑底电站隧道、江西德兴市富家坞铜矿尾砂坝等工程,及县内珊溪毛坑岭脚灌溉电站引水隧道、东山水库大坝加固、坑下山电站发电隧道等工程施工建设,1994年承担省重点工程珊溪电站平洞勘探工程任务,得到有关专家好评。2002年因企业资质整合关停。

文成县第二建筑工程公司 位于大峃镇建设路270路。1979年10月经县政府批准成立,由珊溪、南田、黄坦、玉壶、西坑建筑社组建而成。集体所有制企业,隶属原县乡镇企业局,国家建筑三级资质。20世纪80年代企业施工足迹遍及河北、江西、广西、四川等省。1991年承接工程建设建筑面积2.1万平方米,上缴税利10.7万元。1998—2011年,承接县内建筑工程建筑面积12.71万平方米,分别评为优良、合格工程。

文成县洪旺建筑工程有限公司 位于大峃镇大峃街578号。2002年成立,由县第四建筑工程公司与县矿山井巷工程公司合并而成。房屋建筑工程施工总承包三级、土石方专业承包三级资质。2002—2011年陆续承接县前街西段2号地块安置房、县粮食中心储备库、城南农贸服务中心、日月度假村、银都大楼等工程,计建筑面积70636平方米,一直是县纳税大户及纳税先进单位,2007、2009年分别获县建筑业先进单位称号。

浙江中州建设集团有限公司 位于温州新城中心区中州大楼,注册资金5180万元,1996年10月经市政府批准成立。2002年获房屋建筑工程施工总承包二级资质,是全县首家建筑企业集团公司。后公司发展重点从温州转移到上海虹桥。2003年集团公司收购杭州十大标志性建筑——标力大厦和浙江省建行下属3家企业。2006年企业总资产超过6亿元,旗下拥有14家全资或控股子公司,员工1500人,在上海有虹桥中园、淀山湖庄园两处住宅和别墅项目。2007年10月,投资2800万美元,购买阿联酋迪拜世界地图岛中3万平方米的“上海岛”,其海上皇宫项目设计方案获“联合国人居署迪拜国际范例奖中国最佳范例奖”,并先后获“中国房地产十大品牌企业”,“中国房地产名牌企业”等称号。

温州市鸿诚建设有限公司 位于大峃镇凤溪花园B栋403室,2009年9月成立。公司自有固定资产原值403万元,其中机械设备原值143万元(2台塔吊,4台物料提升机),房屋建筑施工三级企业资质,企业从业人员96人,其中工程技术人员48人(具有中级以上职称的人员11人);有二级资质以上的建造师12人。2011年承接巨屿镇垟地边农房改造集聚建筑工程,建筑面积16763平方米,工程合同造价1893.4万元。

浙江耀建建设有限公司 位于大峃镇建设路66号,2009年1月成立。公司自有固定资产原值1388万元,其中机械设备原值985万元(4台塔吊、6台物料提升机),为房屋建筑施工三级企业资质,企业从业人员189人,其中工程技术人员149人(具有中级以上职称的人员16人);有二级资质以上的建造师12人。至2011年承建的主要建筑工程项目有珊溪中学综合楼工程、县第二实验中学学生宿舍楼工程、大峃镇凤阳幼儿园等学校工程,计建筑面积2万平方米,施工产值2146万元。

文成县阳光市政工程有限公司 位于大峃镇建设路144号5楼,1992年创办。公司自有固定资产原值

2518万元，国家市政公用工程施工总承包三级资质企业，从事市政公用工程、园林绿化工程、工程设计与施工等。企业从业人员116人，其中注册建造师10人，市政工程专业中级职称技术人员12人，现场管理人员30人，技术工人45人，高级工程师3人、工程师16人。至2011年，承建的主要建筑工程项目有大峃镇环城西路工程、珊溪镇污水管网工程等，工程总造价2522.9万元。

文成县华欣页岩砖有限公司 位于百丈漈镇西段村，2003年6月投产。总占地面积4公顷，总投资820万元。为县域唯一一家新墙材生产企业，获县政府扶持，曾给予贴息(补助)资金60万元。2011年生产页岩多孔砖1950万块(折标准砖3315万块)，产值1209万元。

2011年文成县建筑施工企业一览表

表12-10

企业名称	开办年月	资质等级	企业性质	职工人数	经营范围	主管机关
文成县第二建筑工程公司	1979.10	三级	集体	115	房屋建筑施工	县经贸局
浙江中州建设集团有限公司	1996.10	二级	私营	1586	房屋建筑施工	县规划建设局
温州市阳光建设有限公司	2000.11	三级	私营	135	市政道路工程	县规划建设局
文成县洪旺建筑工程有限公司	2002.04	三级	私营	308	房屋建筑施工	县规划建设局
温州市鸿诚建设有限公司	2009.09	三级	私营	223	房屋建筑施工	县规划建设局
浙江耀建建设有限公司	2009.11	三级	私营	218	房屋建筑施工	县规划建设局

说明：资料来自于《文成统计年鉴》

经营效益

1991年，全县建筑业企业施工产值5506万元。1992年建筑业生产继续发展，施工企业经济效益普遍较好，实现总产值9075万元，比上年增长64.8%。1993年增加值4015万元，比上年增长23.5%。1994年总产值6732万元，增加值6817万元，比上年增长67.7%。1997年产值超亿元，达1.68亿元。2000年建筑企业总产值超2亿元，实现利润1055.6万元。2001—2005年，平稳发展，产值、利润逐年增长。2006年总产值突破5亿元，达5.37亿元，实现利润3297.6万元。2008年，建筑业总产值6.3亿元，利润总额4377万元，分别比上年增长25.8%和21.4%。2011年，全县建筑企业总产值9.25亿元，实现利润3848万元；建筑企业总产值比1991年增加15.8倍。

1995—2011年文成县建筑业经营情况一览表

表12-11

年份	企业数(个)	从业人数(个)	总产值(万元)	设备净值(万元)	固定资产原价(万元)	利润总额(万元)
1995	7	1923	7750	1252	1913.5	102.1
1996	7	1890	6189.5	979.9	1803.9	34.4
1997	11	2760	16794	1890.4	2029	75.2
1998	10	2350	12028.6	1851.8	2990.9	319.3
1999	9	2700	15953.9	2361.7	3412.7	1171.9
2000	9	2900	20338.1	2195.4	3968.6	1055.6
2001	9	3200	2421.6	2227.2	4472.1	1967.1
2002	10	3047	35043	3599	6118	4786
2003	8	3570	39488	2866	3736	1375
2004	8	3650	39475	4473	5300	2068

续表12-11

年份	企业数(个)	从业人数(个)	总产值(万元)	设备净值(万元)	固定资产原价(万元)	利润总额(万元)
2005	6	4580	52339	2314	3111	2724
2006	6	3947	53741.9	38779	4733.6	3297.6
2007	6	4353	50152.2	39269	4808.9	3605.8
2008	7	4171	63073.3	42840	4985.9	4377.2
2009	6	6141	78104.8	—	4461.1	2651.2
2010	7	4992	82298.9	—	8856.9	2538.9
2011	8	6088	92500.8	120824	12771.8	3848.1

说明:资料来自于《文成统计年鉴》

第三节　建设工程管理

1990年开始,实行建设工程招标投标管理。1991年推行施工许可制度,建设工程竣工项目合格率83.5%。1992年设立企业施工管理处,承担建设工程质量监管职能;建立工程建设咨询服务部,承接工程造价业务。1997年实行工程监理制。1999年成立建设工程招投标交易管理中心,2002年设立安全监督站。至2011年年底,计审核发放施工许可证586份;建设工程项目交易661项,交易总额30.44亿元;开展安全生产大检查60次,发出限期整改、责令停工通知书649份;入驻文成监理企业50家;开展执法监察,处理违规企业35家,其中清退企业10家。2000—2011年,建设工程竣工项目205个,合格率均达100%。

施工许可管理

20世纪90年代,建筑行业法律法规体系和行业标准日益完善。1991年,建筑行业管理推行施工许可制度,当年审核发放施工许可证29份。同时实行承包建筑工程施工“额度券”制度。1997年,实施工程项目报建制度。1998年3月1日开始,施行《中华人民共和国建筑法》,施工许可实现有法可依。1999年通过明确基建程序,强化监督检查,有效提高施工许可证的发放规范性和覆盖面。2002年开始,施工许可证的发放率和项目报建率均达到100%。1991—2011年,审核发放施工许可证586份。

施工造价管理

1992年建立县工程建设咨询服务部,开展建设工程项目设计、施工、预算等业务。1995年开始定期发布地方材料价格信息,严格控制工程造价,规范市场行为,以求公正合理。1996年,加强建设工程施工合同管理,控制工程造价。1992—1996年,全县新开工建设工程项目139个,建筑面积19.42万平方米,合同造价21972万元,每平方米平均造价1131.14元。1999年起,全县建设项目造价在30万元以上的工程,全部进入招投标交易中心,实行公开交易。2000年建立施工合同审查鉴证制度。2002年,执行建设部、工商总局《建设工程造价咨询合同(示范文本)》,规范建设工程造价咨询市场行为。2004年《浙江省建设工程造价计价管理办法》颁布实施后,县境着力加强工程造价计价监管,致力从源头遏制工程项目腐败行为。2005—2007年,推进预算定额管理,提高工程造价计价管理水平。2008年,县规划建设局、发改局、财政局联合下发《关于进一步加强建设工程造价动态管理的通知》,对凡进入县招投标中心的建设项目,其人工、材料、价格均实行动态管理,明确招投标文件、合同应约定材料的具体种类和结算调整方法。2009年起,实施浙江省《建设工程工程量清单计价规范》,对从事工程造价计价活动的中介机构和人员进行管理,控制工程建设施工发包成本价,对工程造价实行事前控制、动态监督，正确引导建设工程造价活动，规范建筑市场计价行为。2000—2011年，全县新开工建设工程项目328个，建筑面积161.66万平方米，合同造价41.34亿元。每平方米平均造价2257.09元。

招投标管理

1990年，县政府颁发《文成县建设工程招标投标办法》，加强建设工程招标投标管理。1993年9月，成立县建设工程项目招投标管理办公室，旨在杜绝建设工程私下交易。1995年5月，成立县建设工程项目合同管理办公室，对施工合同进行认证、鉴证，加强工程建设的标后管理。1996年开始，依法规范有序整顿建筑市场，50万元以上的工程实行招投标管理。1997年建设工程招投标26个项目，占全年工程总数的83.9%。1998年，县政府颁布《文成县建设工程招投标管理实施办法》。1999年12月，成立建设工程招投标交易管理中心，采用项目经理押证投标以求杜绝项目经理挂靠和无序流动。2000—2003年县交易中心运营正常，交易范围逐渐拓展，土建、水利、交通、市政、装饰、园林工程项目陆续进场交易，全县造价30万元以上的建设工程项目招投标覆盖率达100%，建设工程项目交易155个，交易总额55514万元。

2004年12月，县招标投标市场管理委员会办公室、县招投标中心挂牌成立。2005年5月，县规划建设局承担的建设工程招标投标监督管理职能划归县招管办。2005—2011年，建设工程项目交易506项，标底造价27.82亿元，中标造价24.89亿元。

质量管理

1991年，由县建设工程质量监督站承担建设工程质量监管职能。当年在建工程项目34个，竣工项目19个，合格工程18个，合格率94.73%。1992年设立企业施工管理处，承担建设工程项目检查监督管理职责。贯彻执行《建筑工程质量监督基本规定》，工程实行全面监督，重点抓质量通病治理，消除质量隐患。1992—1996年，建设工程合格率在90%上下徘徊。1997年开始实行工程监理制，全年在建工程项目32个，竣工项目30个，合格率100%。1998年，全县竣工工程项目质量验收合格率100%。1999年，制定《文成县关于进一步加强建筑工程质量安全管理若干问题的暂行规定》，鼓励施工企业创优夺杯，并成功创建首个县级标化工地。2000年以后，注重建筑工程质量安全管理，完善建筑企业质量管理责任制，行业监管上改进质量监督方式，当年开始县境建筑工程竣工验收合格率均达100%。2000年，创县域首个温州市级标化工地。2003年，质量监督方式由“保姆式”监督检查转变为巡查备案制，确立工程质量各方主体负责制。2004年，加强工程质量监督站试验室硬、软件设施建设，各项检测工作更趋规范化，通过省计量认证。2005年起，每年开展3次以上建设工程质量大检查，强化工程实体检测，推行混凝土试块见证取样制，严格工程基础、主体、竣工三大验收及安全四阶段控制点验收。其中2007年，文成中学迁建食堂工程获温州市“瓯江杯”优质工程奖。2008年，“汇隆名门”工程创首个省级标化工地。2000—2011年，建设工程竣工项目205个，合格率均达100%。

安全管理

2002年，设立县规划建设局安全监督站，持续开展建筑工程安全检查、安全专项整治，及时消除安全隐患，杜绝安全事故发生。2003年始，实行建筑工程开工前安全条件审查。2004年，开展安全生产“铁网行动”，2005年着力创建县级标化工地，2006年，重点对从业人员进行安全防范教育培训。2008年，开展施工现场大型机械设备和钢管构件的安全生产专项整治。2009年，深化隐患排查治理，创建平安工地。2010年，安全管理从重实体安全监管向实体安全和企业安全保障体系监管并重转变。2011年，出台《文成县建设工程开工安全监督交底制度》，并开展施工现场大型机械设备和消防的安全生产专项整治。2002—2011年，开展安全生产大检查60

次,发出限期整改通知书649份,其中当场责令停工整改通知书124份。

工程监理

1997年始实行工程监理制。首先对当年开工建设的县人民医院大楼、县人民银行大楼、县东溪三级水电站3个项目实行工程监理,填补县域建设工程项目由第三方监理的空白。2003年起,全县学校、影剧院、体育场馆等重点公共建设工程、基础设施工程、大中型工业工程和成片开发的住宅工程、高层住宅工程全面实行监理制度。2007年,县规划建设局印发《文成县外地进文建设工程与监理企业进文管理办法(试行)》,规定外地监理企业在县域内从事监理活动必须办理进文备案登记手续方可承接业务,对监理企业的从业行为实行动态管理,对违反规定的行为实施查处,严格实行清出制度。2007年起,县规划建设部门对14家监理公司及其监理人员未能有效履行监理职责的违规行为,实行网上公示,记录不良行为,并给予黄牌警告,确保监理企业规范从业,促使监理市场良性发展。至2011年年底,入驻县境承接工程监理业务的监理公司50家。

执法监察

1996年6月,根据上级要求成立县建设工程项目执法检查领导小组及办公室,开展建筑领域专项执法监察,整顿、规范建筑市场。至1997年,在列入执法监察范围的70个项目中,查出违章违规工程21项,纠正处理15项,罚款1.27万元,为国家挽回经济损失10万元。1998年,对县建设银行、树人中学教学楼等4个工程继续依法处罚。1999年,制定《文成县整顿和规范建设市场的实施意见》,对建设工程招投标、施工许可、施工合同审查鉴定等重点实施监察。2000—2005年,在对施工企业项目经理、施工员、安全员的无序流动现象进行专项治理的基础上,对施工现场人员等不良行为予以记录公示。2006—2010年,逐步建立建筑市场信用体系。实行建筑企业市场“准入清出”制度,对凡有不良行为记录的驻文企业不予备案,不得在县境承接工程业务;对违法违规企业依法清出县境建筑市场。2006—2011年,处理违规企业35家,其中清退10家,罚款23.7万元。

第十三卷

商贸　服务业

改革开放前,粮油实行统购统销,定量凭票供应。其他主要商品按大类分工,国、合商业城乡分管,由国营公司与供销社经营。商业缓慢发展,市场发育不全。20世纪80年代改革开放后,商业由计划经济逐步向市场经济转变。国有、供销社商业企业先后进行改制。商品经营除烟草实行专卖外,其余的全部放开。多种经济成分、多种经营方式的多元化现代商业,像雨后春笋般发展起来。1991年,全县商业企业3969家,从业人员6553人,社会消费品零售总额9701万元,出口商品供货值1202万元,城乡集市贸易成交额7528万元。随着城区不断扩大,老街道不断延伸,新街道不断开辟,县城逐步形成以中心城区商圈为主、乡村商业网点为辅,并且结构合理、功能齐全、竞争有序的商贸流通市场格局。2011年,全县社会消费品零售总额22.66亿元,比1991年增加22.36倍。

20年来,全县餐饮、住宿等服务业发展快速。至2011年,有三星级宾馆、饭店3家,“农家乐”民宿50家;第三产业生产总值25.80亿元,占全县生产总值的54.4%。1991—2011年,进出口总额37859万美元,其中出口额37197万美元、进口额662万美元。

第一章　商业企业

1991年，全县商业企业3969家，其中全民所有制商业79家，集体所有制商业384家(其中供销合作社234家)；个体商业3506户。后经国有、集体商业改革、改制，民营商业、服务业兴起，县域社会消费品零售总额批发业、零售业、餐饮住宿业三大行业取得长足发展，2011年，县域限额以上批发零售商贸企业16家，城镇生活消费品连锁超市门店7家，零售企业、经营户3942家。

第一节　国有商业

1991年，全县国有商业经营机构为县商业局、粮食局、物资局下属公司(厂)和医药公司、煤气公司、烟草公司等79家。1992年，成立县商业总公司、县粮油总公司、县物资总公司。尔后，县商业局百货批发、百货商场、针纺织品、华侨友谊、五金交电、烟糖、食品、水产、医药公司和食品厂，物资局金属材料、燃料、农机、机电设备、化轻、建材公司，粮食局粮油贸易公司相继改制、破产、兼并、终止解散或关闭停业。1996年7月，成立县盐业公司。1998年，县石油公司划归中石化浙江省石油公司管理，县粮食局成立县粮食收储有限公司，县物资总公司成立民用爆破器材专营有限公司。2005年12月，盐业公司更名浙江省盐业集团文成县盐业有限公司。2011年，国有商业经营机构有文成大酒店、县粮食收储有限公司、县粮油总公司、县饲料工业公司和7个基层粮管所、县民用爆破器材专营公司、县能源服务公司、县烟草专卖公司、中石化文成分公司、浙江省盐业集团文成县盐业有限公司。

商业局系统

1991年年初，县商业局管辖百货公司、五金交电化工公司、食品公司、石油公司、糖业烟酒公司、华侨友谊公司、燃料公司、烟草公司、医药公司、水产公司、饮食服务公司、工业品副食品贸易中心、食品厂13家国营商业企业；下设批发部13个，零售网点34个，饮食服务网点3个，其他网点1个。年末，工业品副食品贸易中心撤销。全系统在岗干部职工410人。

1992年9月，成立县商业总公司。10月，食品公司玉壶、峃口、黄坦3个食品站撤销。燃料公司划归县物资局、烟草公司划归烟草专卖局管理。年末国有商业企业11家。1994年2月，县百货公司分解，组建县针纺织品公司、百货批发公司、百货商场，商业企业增至13家。1995年，新增零售网点3个。1996年，实行食盐专营制度，成立县盐业公司。年末，全系统在册干部职工581人，其中在岗220人、离岗214人、离退休147人。1998年6月，石油公司整体划归中国石油化工集团公司。1999年4月，食品厂解散。

2000年4月，县前街改建，五金交电化工、水产、百货商场、百货批发、针纺、烟糖6家公司停业迁出改建区，所属12个零售网点、2个饮食服务网点、1个其他网点关闭拆迁。年末，全县国有商业经营企业从年初11家降至4家。2001年，食品、华侨友谊公司破产。2003年，商业总公司停业注销。2005年12月，县盐业公司划归省盐业集团公司管辖。2006年8月，医药公司改制，2个零售药店即行关闭。至2011年，商业办管理所属企业仅存饮服公司1家、服务网点大酒店1个，在册职工49人，退离休职工36人。

粮食局系统

1991年,县粮食局下辖县粮油贸易公司、县饲料公司,大峃、珊溪、峃口、玉壶、南田、西坑、黄坦7个区粮管所,8个粮食复制品厂,碾米、榨油、饲料加工、修理4个车间和粮食运输车队,职工队伍共有530人。

1992年6月成立县粮油总公司,10月撤并县饲料公司、县粮油厂,组建县饲料工业公司。1997年7月县机构改革后,辖县粮油总公司、县粮食局汽车队、县粮油贸易公司、县饲料工业公司4个直属经营单位和7个基层粮管所。

1998年7月县法院宣告县粮油贸易公司破产,8月成立县粮食收储有限公司,此后企业一直保持不变。至2011年年末,辖县粮食收储有限公司、县粮油总公司、县饲料工业公司、县粮食局汽车队4个公司和7个基层粮管所,职工153人。

物资局系统

1991年,物资系统设县金属材料、农业机械、机电设备、化工轻工建材4家国有独立核算企业和局办集体企业轮胎翻修厂。1992年县商业局燃料公司划归县物资局管理,10月成立县物资总公司。1994年4月撤销县化工轻工建材公司,分设县化轻物资、建材物资2家公司。1997年5月,县物资总公司兼并县金属材料公司。1998年县化轻物资公司析置县民用爆破器材专营有限公司。1999年1月,成立县废旧汽车回收有限公司。

1999年7月、1999年11月、2002年11月,县燃料公司、农业机械公司、机电设备公司相继破产。2005年县轮胎翻修厂实行股份制改造。县化轻物资公司、建材物资公司关闭,停止营业,列入改制(终止解散)程序。2006年年后,物资总公司下属正常运营经营企业唯有县民用爆破器材专营有限公司。2011年年末,辖化轻物资、建材物资、民用爆破器材专营3家公司,员工131人,其中离退休人员41人。

液化气专营

1991年4月4日,成立县能源服务公司,与县能源办合署办公,全民事业单位职工21人,以销售液化石油气及灶具为主。2011年,公司有职工21人,下属乡镇液化气经营点24个。(详见本卷第二章第五节)

烟草专营

1991—1996年,县烟草专卖公司下设珊溪、南田、玉壶3家批发部,县城开办玉烟专卖店2家,公司直销户23家,核发批发、委托、零售许可证728户。1997年成立卷烟配送中心,设配送线路6条,增设西坑、黄坦批发点。1999年分设6个经营部、4个专卖管理所(队),新增零售户622户。2007年,有零售户1344户。2008年,在全县25个边远乡镇成立40个卷烟营销协作组织,全县卷烟零售户1405户。2009年,配送线路由5条撤并为4条。2010年,全县有卷烟零售户1433户,签订服务协议13户,创建零售示范店28户。2011年,全县有市场部自营店1家,零售示范店27家,零售户1495户。(详见本卷第二章第六节)

食盐专营

1996年7月成立县盐业公司,隶属县商业局。2001年4月,县盐业公司资产和人员从县糖业烟酒公司剥离,组建县盐业公司,属国有独资企业,仍归县商业局领导。2005年12月,加入省盐业集团公司,更名浙江省盐业集团文成县盐业有限公司。(详见本卷第二章第七节)

石油经营

1991年，县石油公司设批发部、门市部各1个，加油站2个，自有资金5.57万元，固定资产原值81.9万元，在职职工36人，隶属县商业局。1998年6月，县石油公司，归口浙江省石油公司管理，时在职人员53人。1999年4月，更名为温州石油分公司文成经营部。2007年6月，更称中国石油化工股份有限公司浙江文成石油分公司。2011年12月，下设8个加油站，在职员工102人。（详见本卷第二章第七节）

2011年文成县加油站一览表

表13-1

序号	加油站名称	站址	贮油量(吨)		开业时间	员工
			汽油	柴油	(年月)	人数
1	排门加油站	大峃镇鹤东村	40	50	1980.4	18
2	九龙井加油站	峃口镇驮垟尾村	40	25	1986.7	9
3	西山加油站	大峃镇徐村	28	16	2003.6	7
4	珊溪加油站	珊溪镇西街	28	32	2004.6	7
5	南田加油站	南田镇南田村坑边垟	28	32	2005.12	7
6	百丈漈加油站	百丈漈镇十八公里	28	32	2007.4	7
7	玉壶加油站	玉壶镇底村	40	25	2008.3	7
8	城关加油站	大峃镇樟台村包塘屿	40	50	2010.7	18

说明：资料由文成石油分公司提供

第二节　集体商业

1991年，全县集体商业企业384家，其中县供销系统234家；其他集体商业企业150家。1994—2007年，大多数企业破产、终止解散或重组。2011年，集体商业企业4家，其中县基层供销社3个、其他集体商业企业1家。

供销合作商业

1991年，县供销合作社联合社下属土特产、日用品、农资、副食品、工业品、茶叶、副食品加工7家公司（厂），城关、大峃、南田、西坑、石垟林场、黄坦、汇溪、珊溪、峃口、玉壶10个基层供销社，乡供销站65个，代销点114个。全系统干部职工658人。1992年成立县供销企业总公司。1994年1月，县副食品加工厂终止解散。1994年7月，城关供销社破产。1996年10月，汇溪供销社破产。1997年5月，峃口供销社破产；10月，西坑供销社破产；11月，南田供销社破产。1998年重组峃口、西坑、南田3个农村股份制供销合作社；县工业品公司与副食品公司合并，新组建县副食品公司；10月，石垟林场供销社破产。1999年8月，大峃供销社破产。2000年，县日用品公司移交县土特产公司托管。2004年年末，全系统干部职工493人，其中离退休及精减退职人员253人。2005年8月，县农资公司、县副食品公司、县土特产公司、县日用品公司（县物资回收利用公司）终止解散。2006年3月，县农资公司改制后，重新组建股份制企业县农业生产资料有限公司，实行农资连锁经营。同年，县社独资成立县吉祥烟花爆竹有限公司。并开展新型农村合作体系建设，领办、吸纳农民组建农村专业经济合作社。2008年县吉祥烟花爆竹有限公司改为股份制公司。2010年1月成立县兴合农业信用非融资性担保公司，与县南联超市有限公司联合组建县域日用消费品经营网络。2011年，县供销社下属珊溪、黄坦、玉壶3个基层供销社。并办峃口、南田、西坑3个重组股份制农村供销合作社;县农业生产资料有限公司、吉祥烟花爆竹有限公司、兴合农信非融资性担保公司3家股份制公司;发展农村连锁经营超市1家,农村农资经营网点46户,烟花连锁经营网点30户;领办农村专业经济合作社23家,其中市级示范社9家,省级示范社6家;农村放心店(便利店)50家;日用消费品连锁经营网点229家。年末,全系统干部职工211人,其中离退休127人。

其他集体商业

1991年,全县其他集体商业经营机构151家,人员345人,其中县城76家193人,农村75家152人,均为零售商店。随后部分集体零售商店逐步转为股份制或私营个体商店,2000年集体商业减少至51家、192人。2011年年底,集体零售商店1家2人。

第三节　民营商业

1991年,全县个体商业经营户3506户,自有资金624万元。1993年,私营商业企业20户。2011年,个体商业经营户4771户,注册资金12487万元;私营商业企业384户,注册资金48279万元。

私营商业

1993年,私营商业企业20户,从业人员179人。1998年,私营商业企业47户,投资者159人,雇用工人403人,注册资金2286万元,其中城镇43户、投资者148人、雇用工人365人,注册资金2081万元。2008年,企业211户,投资者415人、雇用工人1505人,注册资金18449万元,其中城镇139户、投资者336人、雇用工人1390人,注册资金16011万元。2011年,企业384户、投资者789人、雇用工人2639人,注册资金48279万元,其中城镇298户、投资者710人、雇用工人2519人,注册资金22232万元。

个体商业

1991年,全县有证个体商业经营户3506户,从业人员4471人,其中县城477户764人,分别占15.2%和19.01%;县以下3029户3707人,分别占84.8%和80.99%。全部经营户中,从事商品零售业3506户4471人,住宿餐饮业284户386人,社会服务业1005户1046人。1998年3914户6064人,其中城镇1525户2516人,乡村2389户3548人;个体商业户注册资金2005万元,其中城镇885万元,乡村1120万元。2002年商业经营户3743户,从业人员5211人,其中城镇1748户2718人,分别占46.7%和52.16%;乡村1995户2493人,分别占53.3%和47.84%。2008年,有证个体商业经营户4605户,从业人员5093人,注册资金5635万元,其中从事商品零售业3555户366人,注册资金3903万元;住宿餐饮业304户450人,注册资金727万元;社会服务业746户979人,注册资金1005万元。2011年,有证个体商业经营户4771户,从业人员5621人,注册资金12487万元,其中从事商品零售业3808户4102人,注册资金8557万元;住宿餐饮业357 户635人,注册资金1949万元;社会服务业582户884人,注册资金1935万元。

第二章　商业经营

1991年以后，随着改革开放不断深入，商品经营市场逐步放开，允许多种经济成分并存，改变以往统一经营、高度集中、凭证凭票分配供应商品的计划经济模式，国有商业逐步退出经营活动，商业经营开始向市场化、社会化发展。2011年，全县社会消费品零售总额22.66亿元，比1991年增加22.36倍。

第一节　国有商业经营

1991年，县商业局所属各公司销售总额4090.44万元，利润亏损29.29万元，上缴税金410.27万元。1992年起，采取横向联系、外购外销、送货下乡等措施，拓展销售渠道，增加销售收入。1996年起县城实行生猪定点屠宰制度，2003年年后定点屠宰范围扩大到珊溪、南田、龙川等乡镇。2006年县商业局所属公司全面退出国有商业经营。1991—2005年，销售额65503.45万元，上缴税金935.64万元。

商品购销

1991年，县商业局所属各公司树立竞争意识，注意市场动向，开展扩销活动，华侨友谊、五交化公司销售电风扇4430台，比上年增售2643台，增加销售额31.2万元；销售电视机3366台（含彩电505台），增售1715台，增销售额61.66万元。石油公司外销议价成品油1659吨，增加销售额265.4万元，获利4万元。五交化公司外销自行车2375辆，增销售额81.55万元。

1992年，开展横向联系和外购外销，采取送货下乡、代批代销、联购分销等形式，实行扩销增收，全年扩销1375.13万元。华侨友谊公司经营计划外钢材200吨，获利6.2万元；五交化公司外销自行车6548辆、石蜡115吨，增销售额217万元，获利5万元；石油公司外销石油成品油1013吨。全系统销售自行车9463辆，比上年增4977辆；电视机4483台，增955台；电冰箱598台，增413台；洗衣机1220台，增966台；食糖1388吨，增227吨。

1993—1996年，石油、食品、五交化、华侨友谊等公司走出文成，面向大市场，寻找新伙伴和新经济增长点。先后与广东湛江、贵州、武汉、大庆、上海、杭州、温州等地建立合作伙伴，建立较稳定的食糖、成品油、煤炭、石蜡、自行车、纺织品、生猪、香菇、聚丙烯等外购外销商品货源基地。1994年，销售额3200万元，收益170万元。1996年，全系统利润比上年增长72.7%，实现毛利润187万元。

1997年，针纺织品公司开拓经营市场，在绍兴柯桥针纺织品市场安营扎寨，8—12月销售收入200多万元，创效益5万元。1998—1999年，各企业开展多渠道营销措施，扩大销售量，努力提高市场占有份额，商业总公司、五交化公司、医药公司、华侨友谊公司销售额均有增长。2000年，医药公司加强药品采购、验收和销售等环节管理，纠正医药行业不正之风，降低药品价格，全年销售额1840万元，比上年增长42.7%。

2003年4—5月抗击“非典型性肺炎”期间，县医药公司克服资金短缺、仓储条件差等困难，开辟进货渠道，突击调入口罩3.59万只，体温计6050支，隔离服310套，护目镜400副，各类消毒剂5000公斤，实行平价供应。

生猪屠宰

生猪购销 1991年,县食品公司收购生猪6000头。1992年全县生猪生产滑坡,全年收购5375头,比上年减少625头。1993年12月,县内猪源不足、市场肉价上涨,食品公司赴安徽突击调入商品猪316头投放市场,抑制肉价。全年调入商品猪4500头。1994年10月,按照国务院、省市县政府抑制通货膨胀、稳定市场物价工作部署,县商业局、食品公司在大峃镇周村菜市场设立3个猪肉经营点,实行挂牌经营,带骨瘦肉每500克6.5元。并从安徽蒙城、浙江嘉兴调入160头商品猪,降价供应市场。另从德清、象山、黄岩等地组织鲜蛋12.5吨,限价供应市民。1997—1998年,收购上调生猪9720头投放市场,丰富城乡居民菜篮子。

扶持商品猪生产 1991年,扶持13户专业户饲养良种公猪6头、母猪92头,10月经市副食品办专业验收达标。全年收购商品猪5722头,外调生猪2110头。1992年,食品公司加强生产服务,投放生产扶持资金,为饲养户提供苗猪、防疫治病、科学饲养、猪肉销售等方面提供方便,同黄坦、樟台等地养猪专业村(户)签订购销合同,落实商品猪5820头,至1998年,计投放商品猪生产扶持资金686万元。

生猪定点屠宰 1996年开始,实行生猪定点屠宰制度,先在县城试行,后逐步向乡镇推开。县财政局拨款10万元,食品公司出资13万元,将位于樟台排门,原食品公司生猪仓库改建为生猪定点屠宰场。6月20日起,县城农贸市场猪肉产品开始由定点屠宰场统一批发供应,当年屠宰生猪1283头。2002年1月县机构改革后,生猪屠宰管理职能划归县经贸局。2003年投资420万元,开工兴建周村生猪定点屠宰场,占地面积3000平方米,建筑面积1500平方米,为半机械化屠宰场。6月建成并挂牌营业,全场19人,日均屠宰生猪30头,上市猪肉4.5吨,樟台排门生猪屠宰场停止使用。该年,生猪定点屠宰范围扩大到珊溪、巨屿镇。2005年扩大到南田镇、龙川乡等地。至2011年,全县定点屠宰生猪21.3万头,代收税费820.26万元。

1996—2011年文成县生猪定点屠宰情况一览表

表13-2

年份	屠宰数量(头)	代收税费(元)			
		税　金	工商管理费	检疫费	污染费
1996	1283	35101	36872	13897	23015
1997	2505	146329	76616	28911	47860
1998	2278	149060	95298	35898	59400
1999	7620	230194	103150	38815	25828
2000	6693	244603	105030	39422	22860
2001	10479	239749	104633	38985	35888
2002	10893	250539	108930	43572	38125
2003	11218	258014	112180	44872	39263
2004	11350	261050	112500	45400	39725
2005	11447	263281	114470	45788	40064
2006	11560	265880	115600	46240	40460
2007	11637	267651	116370	46548	40729
2008	12139	279197	—	48556	42486
2009	32451	746373	—	129804	113578
2010	37556	863788	—	150224	131446
2011	31556	725788	—	126224	110446

说明:2008年开始停止征收工商管理费。资料由县商业办、经贸局提供

经营效益

1991年，县办国有商业所属五交化、华侨友谊、食品、医药、烟草、烟糖、百货、石油、水产、燃料10家公司，商品购进总额4349.7万元，销售总额4090.44万元，缴纳税金41.27万元，亏损29.29万元。1992年，烟草公司、燃料公司分别划给烟草专卖局和物资局管辖；9月2日，成立县商业总公司。

1993—1994年，全面推行落实风险抵押承包经营责任制，经营、价格、用工、分配"四开放"，小型零售网点、门店实行"三自二保"国有民营等改革措施，并分解长期亏损、扭亏无望的百货公司，重新组建百货商场、针纺织品公司、百货批发公司。国有商业系统经营状况好转，开始盈利。1995年，销售总额4186万元，利润31.23万元，缴纳税金40.1万元。1996年，销售总额5286万元，比上年增长26.28%；利润63.33万元，比上年增加1倍；缴纳税金54.7万元，比上年增长36.41%。

1997年，推行工资分配制度改革，县属国有商业企业除华侨公司外，全面推行岗位技能工资制，全系统经营状况稳定。

1998年，石油公司划归中国石油化工集团公司，归口于浙江省石油公司管理。县办国有商业企业再次出现亏损。次年亏损加剧，全系统亏损332.8万元。2000年，食品、烟糖、华侨友谊、五交化、针纺、百批、水产公司和百货商场8家企业破产关闭，商业总公司歇业。至2002年才止损，获微利。2003年年后仅剩医药公司1家企业运作经营。2006年，随着县医药公司改制成为民营企业，县商业局所辖国有商业彻底退出文成商业舞台。

1991—2005年文成县商业局所辖国有商业经营情况一览表

表13－3　　单位：万元

年份	销售额	利润	税金	年份	销售额	利润	税金
1991	4090.44	−29.29	41.27	1999	3424.20	−332.80	113.10
1992	3634.00	−61.69	33.12	2000	5244.00	−335.90	223.70
1993	3683.89	8.37	38.80	2001	2512.00	−56.50	39.00
1994	3905.00	25.09	48.50	2002	4698.00	3.56	41.03
1995	4186.00	31.23	40.10	2003	8181	7.12	58.90
1996	5286.00	63.33	54.70	2004	7014	10.51	55.30
1997	4669.82	51.05	27.42	2005	1298	−80.25	27.10
1998	3677.10	−6.00	93.60				

说明：资料由县商业办提供

第二节　供销合作经营

1991年，县供销合作社商品购进总额3398万元，销售总额4375万元，利润亏损36.06万元；其中农副产品收购总额3228万元，农业生产资料销售总额1385万元，生活资料销售总额574万元。1999年，扭转连续7年亏损局面，开始盈利。2011年，购进总额8280万元，销售总额17398万元，利润116万元，其中农副产品购进总额5986万元，销售总额13754.5万元；农业生产资料销售总额1456万元，生活资料销售总额2188万元。2006—2011年，县吉祥烟花爆竹有限公司购进烟花爆竹381万元，销售422万元。

1991—2011年文成县供销社经营状况一览表

表13-4　　单位:万元

年份	购进	销售	利润	年份	购进	销售	利润
1991	3398	4375	−36.06	2002	2006	2065	3
1992	3380	3847	−48.13	2003	1602	1630	3.2
1993	2368	3142	−105.1	2004	1825	1990	3.3
1994	3176	3487	−54.37	2005	1978	2081	3.7
1995	3778	3709	−53.07	2006	1993	2097	4
1996	3935	4090	−49.93	2007	4344	5293	5
1997	3469	3958	−48.90	2008	4741	6807	21
1998	2642	2883	−24.05	2009	7616	9189	62
1999	3950	4528	0.22	2010	3037	9606	60
2000	4230	6121	2	2011	8280	17398	116
2001	2912	3116	3				

说明:资料由县供销联社提供

农副产品购销

20世纪90年代初期,县域木材、家畜、禽、蛋、水果、中药材、粮、油等大宗农产品,由国有企业木材公司、食品公司、医药公司、粮油公司等收购经销。县供销社主要购销茶叶、蚕茧、黄花菜、毛竹、杂竹、木柴、木炭、土纸、草席、枕席、棕片、牛皮、兽皮、兔毛、羽毛、废橡胶、破布、废纸、杂骨等。1991—1992年,收购茶叶496吨、蚕茧31吨、毛竹4100根、棕片2吨。之后随市场经济发展和国有企业改革,城关、汇溪、峃口、西坑、南田、大峃、石垟林场等基层供销社相继破产,供销社营销能力日趋薄弱;私营企业、个体户兴起,农副产品收购市场竞争激烈,销路较畅产品,被个体户揽购;毛竹、杂竹、木柴、木炭、兽皮等因森林和生态环境保护,采捕量剧减,全系统农副产品购销额直线下降。1998年,将峃口、西坑、南田3家破产供销社重新组建为农村供销股份制合作社。2002年6月,县供销社牵头成立县域首家峃口茶叶专业合作社,至2011年发展至23家,购销业务与合作社基地挂钩,全系统农副产品购销大为改观。2011年购、销总额分别为5986万元和13754.5万元,比2005年分别增加7.8倍和16.7倍。2005—2011年,购进商品总额14992.2万元,销售总额32213.1万元。

2005—2011年文成县供销社农副产品购销情况一览表

表13-5　　单位:万元

年份		2005	2006	2007	2008	2009	2010	2011	合计
购进总额		680	634	2028.8	1654.6	3163.8	845	5986	14992.2
销售总额		776.5	725.8	2580.3	3675.1	4466.6	6234.3	13754.5	32213.1
茶叶	购进	342	294	1205	918	1071	—	—	3830
	销售	386	352	1549	1567	1423	1639	1210	6916
棉花	购进	—	—	6.3	6.2	3.8	—	—	16.3
	销售	8.2	6.7	9.8	6.4	4.6	0.3	—	36
中药材类	购进	338	340	640	539	519	—	—	2376
	销售	380	364	808	816	773	377	573	4091

续表13-5

年份		2005	2006	2007	2008	2009	2010	2011	合计
畜产品	购进	—	—	—	605	1031	—	—	1636
	销售	—	—	—	926	1364	—	—	2290
干鲜菜类	购进	—	—	1.5	2.9	33	463	164	664.4
	销售	1.6	3.1	3.5	2.7	55	1032	1678	2775.9
肉食禽蛋类	购进	—	—	—	—	—	140	113	253
	销售	—	—	—	—	—	2061	3051	5112
干鲜果品类	购进	—	—	176	182	506	—	—	864
	销售	0.7	—	210	357	847	885	614	2913.7
食用菌类	购进	—	—	—	—	—	242	43	285
	销售	—	—	—	—	—	240	42.5	282.5
粮食油料类	购进	—	—	—	—	—	—	5666	5666
	销售	—	—	—	—	—	—	6586	6586

说明:资料由县供销联社提供

农资供应

1989年1月1日开始,化肥、农药、农膜实行专营。1991年县农资公司及各基层供销社,供应主要品种有化学肥料(氮肥、磷肥、钾肥、复合肥)、化学农药、中小农具、农用施药器械、农用薄膜、打稻机、草籽种等,全年销售化肥5883吨(氮肥835吨、磷肥3085吨、钾肥368吨、复合肥1595吨)、农药259吨、农膜50吨、中小农具4.15万件、喷雾器233架,销售总额1385万元,占供销社全年销售总额33.14%,完成年度销售计划125.9%,比上年增长23.4%。并改善经营方式,坚持送货上门,服务到田间,支持"科技兴农"。同年7—8月,先后在南田、大峃、珊溪等地建立"庄稼医院",实行农药配方,防治农作物病虫害。全年承包联合防治323.33公顷,下田头指导、出诊咨询1720次,开方配药480张次,深受农户欢迎。1992—1994年,计销售氮肥17226吨、磷肥3500吨、钾肥376吨、复合肥3141吨、农药269吨、农膜87吨、中小农具15.34万件、喷雾器896架,销售总额3479万元。1995年,销售总额2698万元。1996年,农业生产资料销售创历史最高纪录,销售额3113万元,占供销社年销售总额76.1%。嗣后数年,随着社会主义市场经济体制确立,农资流通体制发生深刻变化,农资商品市场竞争激烈,经营难度加大。1998年,县政府发布《关于整顿农资流通秩序切实做好农资供应工作的通知》,明确规定农资流通以供销社农资部门为主渠道。1999年1月国家取消化肥指令性计划,农资放开经营,实行市场调节,县农资公司坚持"微利经营、为农服务"宗旨,开拓组织货源,保证农资供应,稳定农资市场,平抑农资市场价格,维护农资流通秩序,发挥农资供应主渠道作用。2006年3月,县农资公司改制重组为股份制企业,实行农资连锁经营,发展经营网点46个,更好地为"三农"服务。2006年起销售额开始回升。2011年销售额1456万元,其中销售各种化肥7002吨1456万元、农药39.7吨88.2万元、农用薄膜15吨22.8万元。

1991—2011年文成县供销社农业生产资料供应情况一览表

表13-6

年份	销售额(万元)	化肥(吨)	农药(吨)	农膜(吨)	中小农具(万件)	喷雾器(架)
1991	1385	11883	259	50	4.15	233
1992	1125	10644	151	38	4.69	331
1993	587	4668	24	15	5.32	427

续表13-6

年份	销售额(万元)	化肥(吨)	农药(吨)	农膜(吨)	中小农具(万件)	喷雾器(架)
1994	1767	10469	94	34	5.33	138
1995	2698	16750	170	79	—	—
2004	869	6609	—	—	—	—
2005	952	6738	111	2.5	—	—
2006	1039	5986	179	12	—	—
2007	1302	7145	309	24	—	—
2008	1416	8104	285	35	—	—
2009	1434	6422	240	19	—	—
2010	1424	8582	81	24	—	—
2011	1456	7002	39.7	15	—	—

说明:资料由县供销联社提供

生活资料销售

1991年县供销社生活资料销售,形成以副食品、日用品、工业品3家公司为龙头,以各基层供销社门市部为依托的分购联销经营体系。销售商品好几百种,食品类主要为盐、糖、烟、酒、榨菜、黄花菜、水产品、水果、茶叶等;衣着类主要有棉布、化纤布、毛线、汗衫背心、棉毛衫裤、卫生衫裤、各种服装、鞋、帽、袜、床单等;日用品类有火柴、肥皂、洗衣粉、暖水瓶、锅、碗、面盘、口杯、电筒、电池、灯泡、煤油、手表、缝纫机、自行车、收音机、家用电器等。全年3家公司销售总额574万元,其中副食品公司117万元、日用品公司总额374万元、工业品公司总额83万元。1992年,供销系统食品类销售食盐817吨、食糖71吨、卷烟250箱、酒182吨;衣着类棉布4.37万米、棉花化纤混纺布6.30万米(其中涤棉混纺布5.46万米)、化纤布6.03万米、绸缎2400米、毛线1600公斤、汗衫背心8800件、棉毛衫裤6700件、各种服装1万件、胶鞋4.75万双;日用品类火柴1800箱、肥皂4700箱、洗衣粉3吨、暖水瓶3800个、缝纫机1806台、自行车388辆、手表3000只,半导体收音机36部、黑白电视机495部、彩色电视机251部、录音机107部、电风扇1134台、洗衣机42台、电冰箱20台、抽排油烟机13台、煤油160吨。供销系统全年商品销售额3847万元,占全县商品销售总额35.33%。后随商品生产快速发展,商品销售走向市场化,各类食品店、服装店、鞋店、专卖店、电器商场迅速掀起,供销系统销售市场份额逐步压缩。2003年销售额1630万元,仅占全县消费品零售总额2.3%。2006年开始实行开放办社,实施新农村现代流通服务网络工程,2011年被全国供销总社列为县级经营服务网络建设重点扶持单位,与文成县南联超市有限公司组建文成县日用消费品薄弱县域经营网络,发展连锁经营网点229家。2011年销售额2188万元,比1991年增加近3倍。

2006年1月,国务院《烟花爆竹安全管理条例》颁布实施,县供销总社独资成立文成县吉祥烟花爆竹有限公司,注册资金200万元,为全县唯一合法经营烟花爆竹批发企业。2008年公司实行经营体制改革,改为股份制公司。同年9月投资400多万元兴建烟花仓库,并发展烟花连锁经营网点。2009年,烟花仓库通过A级验收,2010年,认定为市级烟花爆竹经营安全标准化达标企业。2011年,评为省级烟花爆竹经营安全标准化一级企业。2006—2011年年底,全县经营网点30个,购进381万元,销售422万元。

2006—2011年文成县烟花爆竹购销情况表

表13-7

年份	单位	2006	2007	2008	2009	2010	2011	合计
购进	万元	38	75	58	50	80	80	381
销	万元	29	93	74	40	96	90	422

说明:资料由县供销联社提供

第三节　粮油购销

1991年,粮食收购2015.2吨,销售21354.8吨,油脂收购519.4吨,销售181.2吨,加工生产饲料1557吨,销售2011吨,粮油加工产值329.71万元。1993年1月,全省开始放开粮食购销及价格,取消粮票、油票,粮食实行指导性计划收购,食用油按市场价敞开供应。1998年8月,成立县粮食收储有限公司。国有粮油企业不再从事粮油、饲料加工,停止饲料销售。2000年停止油脂购销业务。2001年1月取消粮食定购任务,改为"订单收购"。1991—1998年,加工生产饲料6322吨,销售饲料7462吨,粮油加工产值1183.28万元。1991—1999年,收购油料1091吨,销售油脂1100.9吨。1991—2011年,收购粮食32590.2吨,销售粮食150156.8吨;粮油保管每年均达"一符四无"(即账实相符、无霉变、无鼠害、无虫害、无事故)标准。

粮食购销

粮食收购　1991年收购议价粮食2015.2吨,完成计划100.76%。1992年议价收购1870吨,完成计划93.5%。1993年1月1日起,全省放开粮食购销和价格,实行指导性计划收购。温州市政府下达指导性计划收购稻谷1500吨,实际收购470吨,仅完成计划任务31%。

1994年秋粮上市前,县政府发布《关于做好1994年度秋粮收购工作的通知》,确定稻谷收购价格,杂交稻谷分为4个等级,每50公斤一等81元、二等79元、三等77元、四等75元,晚糯谷85元,晚粳谷82元。并制定农户售粮奖励政策,对向国家粮食部门投售商品粮2500公斤以上的种(售)粮大户给予化肥奖售。每投售50公斤商品粮,奖售平价尿素2公斤,价格每公斤0.93元,议价尿素10公斤,价格每公斤1.45元;对投售商品粮在2500公斤以下的其他售粮户,每投售50公斤奖售议价尿素10公斤,奖售化肥由当地供销部门凭粮食收购单供应。当年市政府下达定购任务2500吨,仅购890吨,完成35.6%。

1995年收购1656吨,完成市政府下达定购任务110%。1996年,省物价、粮食、财政3部门联合发文,确定粮食定购价格,每50公斤早籼谷68元、晚粳谷83元、晚籼谷78元,从当年新粮上市起执行。全年收购实绩1288吨,超额完成128.8%。1997年,省政府确定当年秋粮计划收购价格,杂交稻谷一律按每50公斤68元保护价收购。市政府下达粮食定购任务1000吨,实际收购1370吨,完成137%。继超额完成定购任务后,县粮食部门对农民要求出售余粮,做到不限收、不停收、不打白条、不代扣各种提留款,敞开议购,共收购议价粮218吨。

1998年县政府确定,杂交稻谷除按保护价收购外,对优质杂交稻谷收购每50公斤另加4元补贴;陈粮收购基准价每50公斤53元。县物价局确定当年杂交晚稻谷收购,新粮混入20%以上陈粮的每50公斤68元;混入20%以下的72元。被工商行政管理部门没收的粮食收购作价,每50公斤早籼谷、晚籼谷、小麦、玉米、大豆各50元,晚粳谷、晚糯谷各55元,早籼米、晚籼米各70元,粳米、糯米、面粉各80元。1999年10月,县政府确定中等质量标准(即水分14%、杂质1%、出糙76%)晚稻谷收购价格,每50公斤58元。2000年年底,停止执行余粮保护价收购政策,改为最低保护价收购,确定中等质量标准晚稻谷收购最低保护价每50公斤53元,定购价60元,陈粮收购基准价46元。1998—2000年,先后收购定购粮1606吨、2369吨、1090吨,分别完成省市下达计划任务107.1%、118.5%和109%。

2001年1月,国家进一步放开粮食购销市场,取消粮食定购任务,粮食实行"订单收购"。粮食部门制定《文成县2001年秋粮收购政策》,确定合同收购价每50公斤稻谷60元,优质品种63元,比市场价高5元。"订单收购"任务,由县粮食收储有限公司承担。当年与377户农户签订"订单"粮食1000吨,合同履行率100%;订单外收购963吨。2002年及时出台秋粮收购政策,做到粮食品种、价格、数量三落实,确定合同收购价稻谷每50公斤58元,优质品种增加品种补贴2元;订单外收购价每50公斤52元。全年签订订单933份,落实订单粮食1000吨,共收购粮食1465吨,其中订单外收购465吨。2003年3月,收储公司组织30人分7个调查组,到81个行政村743户农户调查摸底,与712户农户签订订单粮食合同2050吨。10月间因受粮食价格上涨影响,部分农户没有履行合同,全年收购1537吨,订单合同履行率75%。2004年签订订单合同736份,其中大户335户,订单数量2650吨。秋粮登场后,组织30多人设立6个收购站,修理仓库15座,腾空库容2750吨,水分测定仪7台,准备周转金100多万元,顺利完成收购任务。2005—2011年,签订订单9900吨,实际收购10354吨,其中订单外收购480吨。除2005年合同履行率为98.27%外,其他年份均达100%。

1991—2011年文成县粮食收购情况一览表

表13-8

年份	定购计划(吨)	收购实绩(吨)	其中:议价粮(吨)	完成任务率(%)	年份	订单数量(吨)	收购实绩(吨)	其中:订单外(吨)	合同履约率(%)
1991	2000	2015.2	2015.2	100.8	2002	1465	1465	465	100.0
1992	2000	1870	1870	93.5	2003	2050	1537	—	75.0
1993	1500	470	—	31.3	2004	2650	2429	—	91.7
1994	2500	890	—	35.6	2005	1500	1474	—	98.27
1995	1500	1656	—	110.4	2006	1750	1765	15	100.0
1996	1000	1288	—	128.8	2007	1800	1819	19	100.0
1997	1000	1588	218	137.0	2008	1350	1352	2	100.0
1998	1500	1606	—	107.1	2009	1500	1741	241	100.0
1999	2000	2369	2369	118.5	2010	1000	1016	16	100.0
2000	1000	1090	—	109.0	2011	1000	1187	187	100.0
2001	1000	1963	963	100.0					

说明:资料由县粮食局提供

粮食销售 1991年5月1日起,国家调整粮食统销价格,每50公斤早籼谷17.5元、晚籼谷19.5元、晚粳谷21元、晚糯谷25元,早籼米26.5元、晚籼米29.5元、晚粳米30.5元、晚糯米35.5元。全年销售粮食21354.8吨,其中平价粮14804吨,议价粮4225吨,全县安排救灾粮4批次,发放2325.8吨(其中五保户、特困户救济粮1005.5吨)。

1992年4月1日,早籼米统销价每50公斤调升至36元,晚粳米提高到45元。全年销售平价粮6430吨,议价粮12340吨,救灾稻谷175吨。1993年1月起,放开粮食购销及价格,取消粮票,除继续保留城镇定量人口粮食供应关系外,全面敞开供应。个体粮店开始进入市场,方便居民购粮。全年粮食部门销售粮食10568吨。1994年因上年水灾、干旱、台风灾害并发,市场粮价居高不下,县粮食部门坚持"保价、保质、保供应", 标一早籼米、标一晚籼米、特二粉等按国家规定挂牌价格销售,不断档、不脱销,不以次充好,不有价无货;各基层粮管所先后二次让利供应，销售国家专项储备移库粮7000吨，让利销售48万元；同时安排发放救灾原粮500吨。储备移库粮销售，凭居民粮食证计划供应，挂牌销售价格：每50公斤标二早籼米77元、杂交稻米112元。

1995年，全县粮食生产喜获丰收，各地粮源充足，粮市价格平稳，全年销售粮食16590吨。温州市物价局、粮食局发布调整定购粮销售价格，县域标一早籼米每50公斤，批发价从85元调整为121元，零售价从92元提高至130元，从同年11月1日起执行。1996年开拓粮源，组织优质大米、面粉供应城乡，稳定粮食市场，销售粮食8590吨，其中定购粮销售1288吨。同时向农村缺粮、缺钱户销售优惠价粮食1650吨。市物价局、粮食局公布定购粮食销售目标价格，确定每50公斤标一早籼米146.5元、标二晚籼米142元、标一晚粳米148元。1997年粮食总销售8046吨，其中纯销售4090吨，分3批销售优惠粮1010吨；供应农村受灾户、缺粮户、五保户专项救济粮36吨。1998、1999年，原粮支出分别为8318吨、11960吨，其中纯销售议价粮分别为3013吨、6399吨，向农村缺粮户销售优惠粮各1000吨。

2000年，开办粮食收储公司门市部，组织人员深入市场，采取灵活销售政策，全年顺价销售4750吨，顺价销售量100%；分3批供应农村种粮缺粮户、城镇居民最低生活保障对象优惠价粮食2030吨。同年起，全县进一步放开粮食销售市场，支持引导多渠道经营，鼓励超市、商场、便民店经营粮食零售业务，鼓励农村经济合作社及农民自产自销粮食。市场上本地二源绿色稻米、南田米，外省江苏米、东北米、珍珠米，国外泰国香米，应有尽有，粮食销售呈现市场化。2001年1月粮食销售实行市场化后，县粮食部门不再直接从事粮食销售业务，仅经营储备粮管理和优惠价粮食供应等政策性粮食任务。2003年，应对“非典”，首次制定《文成县粮食预警系统和应急预案》，全县设立4个粮食应急加工点、8个供应点，储备应急成品粮，确保粮食供应。2001—2011年，销售粮食27809吨，其中顺价销售6604.5吨，抛售储备粮陈化粮10201.5吨，供应农村种粮缺粮户优惠粮10403吨，2005年因受台风“泰利”影响，受灾严重，发放农村救灾粮食600吨。

1991—2011年文成县粮食销售情况一览表

表13-9　　　　单位：吨

年份	总销售量	其中	
		优惠粮	救灾粮
1991	21354.8	—	2325.8
1992	18945	—	175
1993	10568	—	—
1994	7500	—	500
1995	16590	—	—
1996	10240	1650	—
1997	9092	1010	36
1998	9318	1000	—
1999	11960	1000	—
2000	6780	2030	—
2001	7578	900	—
2002	8128	1000	—
2003	4000	1000	—
2004	1000	1000	—
2005	1600	1000	600
2006	500	500	—
2007	1000	1000	—
2008	1000	1000	—
2009	1000	1000	—
2010	1000	1000	—
2011	1003	1003	—

说明：资料由县粮食局提供

油脂购销

1991年5月1日开始，调整粮油统销价格，每500克二级菜油从0.76元调至2.08元，茶油2.35元。全年收购食用油料519.4吨，完成年度计划129.85%。销售食用油114.2吨，完成年度计划77.1%；议价销售食用油67吨。

1992年4月,二级菜油统销价每500克调至2.20元。全年食用油菜籽收购计划240吨,其中国家定购140吨,实际收购入库212吨,完成88.3%;议购油菜籽123.9吨。销售平价食用油44.5吨,议价食用油111吨。1993年取消油票,食用油按市场价敞开供应。当年3月、11月两次涨价,二级菜油每500克从2.25元涨到2.98元,1994年涨到4.80元。1991—1997年,全县议购食用油料197.1吨,其中油菜籽54.3吨、茶籽129.9吨、油茶籽12.9吨;议销食用油725.6吨,其中菜油501吨、茶油224.6吨。

1997年以后,油脂供应已完全市场化,货源除县内仍有加工少量菜油、茶油外,绝大部分由供应商从外地调入。城乡居民开始食用瓶装色拉油、调和油,品种以玉米油、花生油、大豆油居多,畅销品牌为金龙鱼、鲁花、福临门等,超市、商场、便民店、连锁店均有出售,实现油脂销售市场化。1998年,县粮油管理部门食用油及油料折油收入131.9吨,其中纯购进7.6吨(其中茶油5.8吨、茶籽折油1.8吨),从批发零售贸易业购进(省内粮食系统内)78.7吨,其他商业5.2吨,储备转商品40吨,其他0.4吨。食用油支出114.2吨,其中纯销售13.6吨(其中茶油0.8吨),对批发零售贸易销售(省内粮食系统内)54吨,其他商业6.6吨,商品转储备40吨。1999年,食用油及料折油收入28吨,其中纯购进茶油3吨,从零售贸易业购进16吨,省内粮食系统内购进6吨,加工成品回收3吨。食用支出31吨,其中纯销售25吨(茶油6吨,菜油19吨),对零售企业销售2吨,加工原料付出4吨。2000年开始,国有粮油企业不再从事油脂购销业务。

1991—1999年文成县食用油料购销情况一览表

表13-10　　单位:吨

年份	收购量	油菜籽	茶籽	销售量	菜油	茶油
1991	519.4	—	—	181.2	—	—
1992	363.9	363.9	—	155.5	—	—
1993	49.2	5.5	43.7	232	135	97
1994	27.5	6.0	21.5	214	100	114
1995	55.6	25.5	30.1	64.4	55	9.4
1996	41.9	7.3	34.6	174.5	171	3.5
1997	22.9	10	12.9	40.7	40	0.7
1998	7.6	5.8	1.8	13.6	12.8	0.8
1999	3	—	3	25	19	6

说明:资料由县粮食局提供

粮油储运

仓储设施　1991年年初,全县拥有各类仓房61幢,库容20010吨。1998年成立县粮食收储有限公司,将部分粮食企业优质粮库划归县粮食收储有限公司继续用于储粮外,其他粮库不再储粮。县粮食收储有限公司拥有各类仓房23幢,库容9510吨,并开始新建中心粮库。县城中心粮库坐落樟台泉台村包塘垟自然村,占地面积2.87万平方米。1999年被县政府列入为民办实事十件大事之一。2003年 5月,举行奠基仪式和开工典礼,首期工程建设规模建仓库3幢,库容6000吨,投资1400万元。2005年12月通过竣工验收,完成省定粮食2100吨压库任务。2010年完成仓容电脑测温等技改工作,同时启动筹备二期工程建设,落实建设资金600万元,完成工程招投标。二期工程规模新建仓库2幢,库容5000吨,投资600万元。至2011年年底,县粮食收储有限公司拥有各类仓房26幢,库容15510吨。

粮油库存　1991年,调入粮食主要品种有籼米、上白粉、富强粉及玉米等,全年调入粮食17215.6吨,完成

112.32%。年末库存议价粮食5240吨、议价食用油19.4吨。1992年，调入平价粮食(原粮)11040吨，完成64.2%。1994年从嘉兴、鄞县、瑞安等市县调入国家专项储备粮移库抛售早籼谷5500吨，县上调温州市储备调剂粮750吨，其中早籼谷500吨、晚籼谷250吨。年底库存议价粮4750吨，食用油141吨，其中菜油91吨、茶油50吨。1995年，从武义县调入杂交早稻谷6500吨。年底库存粮食3522吨，食用油65.9吨，其中菜油61.5吨、茶油4.4吨。1996年，省粮食局下达计划从武义县调入定购粮6500吨，因产粮区与销区出现价格倒挂状况，调拨计划调减为1500吨，按时保质完成调入任务；另从省内对口县分两批调入早籼谷2500吨。年底库存粮食2084吨，食用油25吨，其中菜油13.2吨、茶油11.8吨。1997年，从武义县调入定购粮3256吨，完成计划任务100.2%。年底库存粮食47吨，食用油6.3吨，其中菜油5.2吨、茶油1.1吨。1998年年后，调运粮食为数不多，2000年年后出入库多为储备粮油。2000年轮换储备粮1200吨，2001—2002年轮换5470吨，2006—2009年轮换出库11791吨。2010年轮换出库3500吨，其中省级1500吨、县级2000吨。

1991—1997年文成县粮食调运油脂库存情况一览表

表13-11　　　　单位：吨

年份	调运合计	其中		粮食库存	油脂库存	其中	
		县外调入	县内调出			菜油	茶油
1991	17215.6	17215.6	—	5240	19.4	—	—
1992	11040	11040	—	—	—	—	—
1994	6250	5500	750	4750	141	91	50
1995	6500	6500	—	3522	65.9	61.5	4.4
1996	4000	4000	—	2084	25	13.2	11.8
1997	3256	3256	—	47	6.3	5.2	1.1

说明：资料由县粮食局提供

粮油保管　坚持“以防为主，综合防治”保粮方针，开展“四无”(无虫、无霉、无鼠害、无事故)粮仓、油库活动，确保储粮安全。1991年，鉴定粮食45180吨，油品1750吨，器材室24个，均达“四无”粮仓、油库标准，自1988年起连续4年获省粮食局命名“四无”粮仓县称号。1992—1994年，分别鉴定总仓容量26220吨、5730吨、17510吨，皆符“四无”标准。1993年6月，成立清查粮食库存小组，历时7天，清查下属7个粮管所、1个直属粮库、2个公司、10个单位、仓库40幢、仓房45间，清查粮油5374.83吨，实际清查数5381.46吨，实际数与账面数多12.8吨，差率0.24%。1995年，全县3375吨储备粮和40吨食用油，均达到“一符四无”(即账实相符，无霉变、无鼠害、无虫害、无事故)标准。1996年，鉴定总仓容量1.65万吨，保持省“一符四无”粮仓县称号。1997年，粮食保管开始推行“双低”(低氧、低药剂量)技术。全年鉴定总仓容量12050吨，其中“一符四无”粮仓容量11830吨，占总仓容量98%。1998年，鉴定粮食仓容量13555吨，重获省“一符四无”粮仓县称号。1999年，鉴定仓容14010吨，存粮数7003吨，存油数40吨，再获省“一符四无”粮仓县称号。2000年，开展“仓储建设年”活动，全县总仓容26955吨，报废仓容1160吨(其中南田朱阳站270吨、大峃总站石头仓890吨)。投入资金10.3万元，维修仓容2500吨、绿化面积1015平方米，整改消防隐患2处，改善仓库环境，确保粮食安全。全年鉴定仓容量26955吨，粮油7312吨，油脂40吨，均符合“一符四无”标准，考核得分98.6分。熏蒸粮食7680吨，投入科技经费10万元，储备粮“双低”储存率从上年60.3%提升至90.3%。2001年，投入消防维修经费8.3万元，购置灭火器材21只，新建消防池9处，改造输电线路8000米，消除安全隐患。全年清查全县粮食库存8093吨。投入科技经费2.6万元，熏蒸粮食6965吨。2002年，投入科技经费3万元，熏蒸粮食6890吨。2006年，添置粮油检测设备投资5万元。2001—

2011年,储备粮保管“一符四无”率、“双低”储存率每年均达100%。

粮油加工

1991年,粮油加工企业总产值329.71万元,其中国营企业326万元,集体企业3.71万元。副食品加工年糕15吨、糕点6吨、面包4吨、面条510.31吨。1992—1993年,加工总产值435.28万元,其中国有企业313.78万元、集体企业121.5万元。1995年粮油加工总产值291万元,副食品加工面条155吨。1996—1997年加工总产值127.29万元,其中国有企业84.97万元、集体企业42.32万元。1998年起不再从事粮油加工。

饲料经营

饲料加工 1991年,县饲料公司生产配合饲料1557吨,其中全价饲料138吨,占配合饲料生产总数9.8%,完成市公司下达任务155.7%。从外地组织及本地议购饲料433吨,平价调入饲料1912吨。1992年,县饲料工业公司生产配合饲料2086吨,完成上级下达年计划任务173.8%,其中生产全价饲料862吨。1993年,县饲料加工厂设备技改,生产配合饲料895吨。1994年加工饲料1068吨。1995年生产配合饲料580吨。1996年生产配合饲料118吨。1997年生产配合饲料18吨。1998年县饲料工业公司不再从事饲料加工。

饲料销售 1991年,县饲料公司销售饲料2011吨,其中销售议价饲料755吨,单一饲料501吨,其中全价饲料销售125吨,完成市公司下达指标任务125%。1992年,县饲料工业公司饲料总销售量2120吨,其中全价饲料830吨。1993—1994年,饲料销售总量2615吨。1995年起,主要销售配合饲料。1991—1997年销售量716吨,1998年停止销售。

第四节　物资经营

1991年,县物资总公司销售钢材、水泥等物资,销售总额1710万元,利润9.5万元。1997年6月起转换职能,全面实行资产经营。1998年10月开始经营民爆物资。2011年,商品销售收入436万元,利润-22万元,资产总额1559万元。

销售额与利润 1991年,物资供销企业调整经营策略,努力扩销增收,金属材料、化工建材两公司向驻温州龙湾开发区外商独资企业“德荷东方贸易公司”基建工程,供应钢材61吨,水泥518.5吨。全年商品购进1565万元,销售1710万元,其中对外销售782万元,占总销售额45.7%。

1992年生产资料市场全面放开,县域市场对物资需求量有限,销售额难以提升,物资部门制定“走出山门,参与竞争,开拓市场,扩大销售”经营策略,以投资补偿、联购联销等多种形式,在温州、杭州、上海、柳州、南京等地,与大中型厂家建立长期协作关系,建立较稳定资源基地,并在当地设立固定或临时经营网点10余处,形成销售网络。1992—1996年,销售3.61亿元(其中外向销售额占80%以上),实现利税57万元,销售额比前5年增长6倍多,其中1994年销售额1.02亿元,达历史最高水平,受到省市物资部门通报表彰。此后两年,因受国家宏观调控、压缩基建规模影响,销售量连年滑坡,1995年下降至7892万元,1996年再降至4617万元。

1997年6月开始,物资系统职能转换,全面实行资产经营。全年销售额降至1457万元,比上年下降216%;税利、盈亏相抵,净亏159万元,比上年增亏39.62%,其中金属材料、农业机械两公司近资不抵债。

1998年,商品销售收入1282万元,利润总额亏损630万元(含往年累计亏损),物资流转费用289万元,上缴税金68万元,库存商品价值110万元,短期借款1507万元。1999年,扭转物资系统多年连续亏损局面,全年商品销售收入832万元，差价128万元，毛利润总额73万元，净利润4.1万元，物资流转费用151万元，上缴税金35万元，库存商品价值65万元。2000年，商品销售收入480万元，利润总额-62万元，商品购进总额424万元，期末库存价值77万元，企业总资产1325万元，负债1781万元，所有者权益-456万元。2001—2010年，销售收入3137万元，利润盈亏相抵盈利45万元。2011年，商品销售收入436万元，利润-22万元，资产总额1559万元，负债1631万元，所有者权益-72万元。

1991—2011年文成县物资系统经营状况一览表

表13-12　　　　单位：万元

年份	销售额	利润	年份	销售额	利润
1991	1710	9.5	2002	279	8
1992	8008		2003	210	-7
1993	10000		2004	326	11
1994	10200	57	2005	390	11
1995	7892		2006	210	-11
1996	4617		2007	313	8
1997	1457	-159	2008	286	-12
1998	1282	-630	2009	386	5
1999	832	4.1	2010	500	22
2000	480	-62	2011	436	-22
2001	237	10			

说明：资料由县物资总公司提供

煤炭销售　全县无煤炭资源，生产生活用煤炭全部外购。1991年煤炭由县燃料公司经营，燃料公司属于商业局下属企业。同年在峃口检查站开展煤炭检查，控制外地煤源流入，查扣流入煤炭1000多吨，全年煤炭销售量3601吨，比上年增加854吨，销售额162.14万元，利润近5万元。1992年燃料公司划归县物资总公司管理，因经营不善1998年破产。2000年12月，成立民营企业文成恒顺燃料有限公司，主要从事煤炭加工经营服务，注册资金50万元，地址位于樟台排门村，另有蜂窝煤球加工厂2家。2000年国家煤炭经营体制改革，生产企业可自行采购生产用煤。2003年年后，随着巨屿、百丈漈工业基地引进金属冶炼压延业、泵阀铸造业等厂家相继投产，以及星级宾馆、商务宾馆开办，生产用煤需求日益增大。2007年，全县实际用煤量达到1.7万吨。2008年，国家加大节能减排力度，减少污染与排放，金属冶炼压延业、泵阀铸造业企业和医院等公共卫生机构逐步弃煤改电，宾馆业逐步淘汰燃煤锅炉，改用天然气或电锅炉，用煤量逐年下降，至2011年，全县用煤量6195吨，其中生产用煤5615吨，生活用煤580吨。

民爆物品购销　1997年10月，县化轻物资公司投资70万元，在大峃镇樟台樟岭村崖头垄兴建炸药仓库，库区占地面积4200平方米，建筑面积363平方米，库房容量55吨，于1998年10月建成并投入使用，其功能当时列温州全市第一。

1998年10月，从县化轻公司析置县民用爆破器材专营有限公司，属国有物资流通企业，专业从事炸药、雷管、导管等民爆物资经营。2001—2011年，购进炸药3824.4吨、雷管470.96万发、导管412.88万米，购货总额2573.7万元；销售炸药3854.4吨、雷管272万发、导管452.87万米，销售总额3802.79万元。

2001—2011年文成县民用爆破器材购销情况一览表

表13-13

年份	购进				销售			
	炸药(吨)	雷管(万发)	导管(万米)	购货总额(万元)	炸药(吨)	雷管(万发)	导管(万米)	销售总额(万元)
2001	369	24.92	30	186.4	342.6	31.4	29.38	256.6
2002	363	29.58	35	189	340	33.51	39	266.9
2003	480.72	25.90	23	148.5	497.70	21.10	21.78	209.8
2004	358.6	27.9	29	225	369.60	32.96	30.92	325.9
2005	464.67	39.18	35	277	467.783	35.236	37.28	390
2006	384.40	30.40	30.9	247	398.761	24.38	32	339
2007	296.388	15.55	77	202	282.261	17.41	83	312.9
2008	195.46	13.2	76.65	183.5	213.55	18.6	69.96	286
2009	237.68	220	11.48	231.9	237.68	12.7	47.13	355.39
2010	400.5	28.74	54.35	404.5	409.5	26.64	44.42	623.7
2011	273.984	15.59	10.5	278.9	295.045	18.07	18	436.6
合计	3824.402	470.96	412.88	2573.7	3854.48	272.006	452.87	3802.79

注:资料由县物资总公司提供

第五节　液化气经营

1991年,全县液化气用户2600户,销售液化石油气360吨,利润16.15万元,税金5.85万元。1999年2月建成液化气钢瓶仓库,2004年11月建成新液化气储配站。2006年液化气用户40781户。2011年,液化石油气销售量4644.64吨,利润27.53万元,税金127.63万元。

液化气储配站

1994年6月建储配站。原址在樟台包塘,占地面积5817.5平方米,总投资392万元。1999年2月投资4.5万元,建成液化气钢瓶仓库,建筑面积68平方米。2001年,56省道改建液化气储配站需搬迁,5月通过搬迁方案会审。次年12月能源总公司与中油集团浙江分公司签订56省道文成城东加油(气)站联合开发协议。2003年新储配(加气)站破土动工,2004年11月建成通过综合验收。新站总造价350万元,占地面积9254.39平方米,建筑面积654平方米,库容350平方米,其中残液罐50立方米,同月10日投入使用。

液化气运输

1991年,县城液化气运送工人14人。送气人员,每年集中培训1~2次,送气时做到价格公开、挂牌服务。运送工资按劳计酬,每瓶液化气加收2元,2005年每瓶加至3元,高层建筑每层再加收1元。2011年运送工人19人。

1991年液化石油气用户少,供气量有限,由县能源办公室指定专门车辆,专业驾驶员按需运输。后随着用户与供气量逐年增多,2002年组建县危险物品运输有限公司,同时投资6.6万元,购置南京产“跃进”钢瓶运输车。并添置监控设备,液化气运输实行全程电脑监控,步入专业化、规范化轨道。1991—2011年,运输1万多趟次，行程50多万公里，实现安全无事故。

液化气销售

1991年，全县液化气用户2600户，销售液化石油气360吨，销售额181万元，实现税利22万元，其中纯利润16.15万元。1992—1996年，销售液化气5229.8吨，钢瓶33481只，销售总额2169.82万元。1998年，新增液化气用户5000户，全县用户增至2.5万户。1999年，液化气销售量突破5000吨，销售额突破1500万元。2003年，液化气用户突破4万户。2005年，县城使用液化气人口达100%，液化气销售额冲破2000万元。2007—2009年，连续亏损12.4万元，原因是职工增资、基础设施投入开支过多。2011年，销售量4644.64吨，销售额3359万元，比1991年分别增加11.4倍和17.56倍；实现利润27.53万元，税金127.63万元，创历史最好水平。

1991—2011年文成县液化石油气经营情况一览表

表13-14

年份	新增用户（户）	累计用户（户）	销售量（吨）	销售额（万元）	税金（万元）	利润（万元）
1991	1000	2600	360	181	5.85	16.15
1992	3400	6000	526	265.4	—	7.10
1993	2700	8700	656	364	—	2.50
1994	3000	11700	780.3	334	—	0.60
1995	2300	14000	1257.5	531.52	—	5.56
1996	2000	16000	2010	674.9	4.01	1.64
1997	4000	20000	2251.5	728	10.27	7.94
1998	5000	25000	3394	925.52	2.00	24.20
1999	4500	29500	5104	1508.04	31.52	18.17
2000	3800	33300	4295	1659	23.08	−3.41
2001	3000	36300	4703.6	1619.6	32.22	3.82
2002	3500	39800	5054.68	1609.7	33.03	26.8
2003	400	40200	4790.4	1757.1	31.00	8.91
2004	200	40400	4677.7	1983.16	33.00	2.70
2005	150	40550	4200.98	2074.15	34.74	9.86
2006	231	40781	3865.4	2224.06	34.30	11.45
2007	—	—	4068.22	2371.09	34.30	−0.40
2008	—	—	4314.90	2726	36.51	−0.40
2009	—	—	4664.5	2176	44.21	−11.60
2010	—	—	4662.97	2952	47.35	22.29
2011	—	—	4644.64	3359	127.63	27.53

说明：资料由县能源办提供

第六节　药品经营与烟草专卖

药品经营自1991年至2003年发展快速。县医药公司1991年销售收入仅370万元，1997年迅速达到1000万元，2003年销售收入达到8181万元。之后，药品销售逐渐推向市场。至2006年，国家对烟草实行专卖政策。至2011年,县域烟草上缴税利达1281.02万元。

药品经营

1991年县医药公司销售药品3500余种,收购桔梗、泽兰、白术等中药材十余种77.4吨,外调74.8吨,全年销售收入370万元。1992年中药材加工车间停产,地产中药材同时停止收购,供应药材全部从县外调入。1997年先后在珊溪、南田、玉壶3镇设立零售药店,扩大销售量,年销售收入首次超过1000万元。1999年,实行药品配送和"假一赔十"制度,提升企业信誉度。2001—2004年拓展县外销售业务,销售额大幅增长,其中2003年销售收入8181万元,为历史最高值,比2000年增加近4倍。2005年,因市场竞争、资金短缺和内部管理问题,经营业务萎缩,销售额急速下降,出现经营性亏损。2006年列入企业改制程序,改为股份制企业国药控股文成县医药有限公司。

1991—2005年文成县医药公司药品销售情况一览表

表13-15　　单位:万元

年份	销售收入	其中:			
		药品	中药材	中成药	医疗器械
1991	370	202	34	32	2
1992	529	411	64	51	3
1993	426	317	57	49	3
1994	863	653	123	92	5
1995	911	675	126	105	5
1996	916	672	133	106	5
1997	1083	815	151	109	8
1998	1169	831	183	147	8
1999	1269	811	245	204	9
2000	1679	1032	288	347	12
2001	2391	1478	406	490	17
2002	4698	3323	674	698	30
2003	8181	6550	813	764	54
2004	7014	5948	469	486	111
2005	1298	655	435	189	19

说明:资料由县商业办提供

烟草专卖

1991年销售卷烟4799箱,购进总额1078.9万元,销售总额1200万元,利润10.39万元,缴纳税金33.48万元。1992—1993年,销售额、利润、税金持续增长。1994年起经营效益呈现跳跃式增长,公司成为全县利税大户和明星企业。全年销售卷烟4609箱,销售总额1842.21万元,利润100.01万元,缴纳税金57.72万元。

1997年公司投入100余万元资金,增设西坑、黄坦批发网点,实现县域城镇烟草批发网点全覆盖;同时赴北京、云南卷烟交易市场争取货源;在县城建设路建立"三无"(无假冒烟、无走私烟、无无证经营)一条街,全年销售卷烟9525箱,销售总额6866.78万元,实现利润500万元。1998年,实施城乡销售网络建设、省产烟市场培育双跃进的省产中档烟上规模工程,全年销售卷烟9253箱,销售总额7558.61万元,实现利润508.12万元,实现利税639.64万元，公司人均创税21.32万元。1999年实施“大品牌”工程，推进销售网络双延伸工作。投入网络建设资金90万元，成立城关卷烟配送中心，接管4个经营网点，增加网点人员38人。全年销售卷烟10329箱，销售量创烟草公司建立以来最高水平，比1990年增长115.23%。

2000年销售卷烟9923箱，销售总额9578.66万元，获毛利1868万元、纯利润1056万元，利润首次超千万元大关。2001年推行“大访销、大配送”运行机制，全年销售卷烟8513箱，销售额8281.86万元，其中省产烟5229箱，占总销量59.69%。2002年实施大品牌拓展工程，优化品牌结构，扩大主干品牌规格，培育高效益品牌。2003年推进“三网”（销售、专卖、信息）建设，全年销售卷烟9118箱，比上年增长8.35%；毛利润2682.86万元，增长35.4%；净利润1210.08万元，增长20.52%；创税1293万元，增长39%，税金总额位居全县前列。

2004年起，推行“电话访销，网上配货，电子结算”销售。全年购入8262箱，销售8521箱。2005年6月27日，并入温州市全区呼叫中心，电话订货率99.28%，城区电子结算额率86%，入网销售率100%。全年购入8408箱，销售8765箱。2006年，电话订货入网零售客户比例100%，城区电子结算率90%，卷烟入网销售率、卷烟落地销售率、卷烟落户销售率均达100%。全年购进额7768.27万元，销售额10849.22万元，首次超过亿元大关。2007年购进额9162.24万元，销售额13229.69万元，电子结算率91.85%，扣款率90.54%。

2008年，公司更名为温州市烟草公司文成分公司，深化全市行业一体化运作，推进烟草行业从形式组合、机制整合向全面融合阶段跨越。全年销售卷烟9043.07箱，购入额9596.52万元，销售额13770.45万元，创毛利4157.3万元、纯利2329.91万元，税金1656.51万元，为历年上缴税金最高额。电子结算率97.4%，电子结算额99.35%。

2009年起尝试订货新模式，试行手机订货和网上订货业务，培育零售示范店。全年购入额10531.83万元，销售额14618万元。2010年网上订货率70.86%，网上销量占79%，销售额占81.56%，居温州全市第一位。并选取不同业态63户零售客户（占零售总户数5%），开展终端库存采集工作。

2011年，开展标准化市场部、标准化零售示范店建设，网上订货率83.76%，网上销量占87.96%，销售额占87.23%。全年批发销售卷烟9496.5箱，销售总额22587.69万元，比1991年增加17.82倍；获利润3950.98万元，税金1281.02万元，分别为1991年380倍和38倍。

1991—2011年文成县卷烟经营情况一览表

表13-16

年份	销售量（箱）	销售额（万元）	利润（万元）	税金（万元）	年份	销售量（箱）	销售额（万元）	利润（万元）	税金（万元）
1991	4799	1200.00	10.39	33.48	2002	8431.60	7531.03	1004.38	896.00
1992	4302	1176.09	78.84	57.81	2003	9118	9136.17	1210.08	1293.00
1993	4909	1970.85	34.80	25.88	2004	8520.97	9411.96	1222.41	1200.00
1994	4609	1842.21	100.01	57.72	2005	8764.63	9783.21	789.50	773.09
1995	6077	2655.27	84.58	60.96	2006	8985	10849.22	1370.57	1312.23
1996	6888	5301.90	555.91	368.90	2007	9059.53	13229.69	2242.49	1524.60
1997	9525	6866.78	500.00	322.39	2008	9043.07	13770.45	2329.91	1656.51
1998	9253	7558.61	508.12	131.52	2009	9050	14618.00	2204.93	1492.14
1999	10329	9278.85	850.26	271.00	2010	8438.97	16067.20	2500.40	809.08
2000	9923	9578.66	1056.44	711.33	2011	9496.50	22587.69	3950.98	1281.02
2001	8513	8281.86	766.44	548.43					

说明：1箱=250条。资料由县烟草公司提供

第七节　石油与食盐专营

石油、食盐原为国家战略物资,实行专营政策。1991年年前石油实行专营政策,1992年开始打破专营业,实行系统外市场竞争。1994年开始,县石油公司实行承包经营。1998年县石油公司上划中石化集团。2011年,食盐推行专营政策、独家经营。

石油专营

1991年石油由县商业局石油公司经营。汽油、柴油销售实行以计划调节为主、市场调节为辅的流通体制,油价实行平价、议价"双轨制"。当年全县销售汽油193吨、柴油106吨、煤油33吨,销售额661.51万元,利润10.12万元。1992年年后,石油公司独家经营局面被打破,系统外市场竞争激烈。县石油公司内部实行工效挂钩形式的承包经营责任制,增强干部职工竞争意识,开展扩销活动,外销议价成品油1659吨,增加销售额265.4万元。1992年,外销石油成品油1013吨,新增液化气及灶具经营业务。1993年,在县城垟桥头油库沿建设路新开辟8间店面,面积221平方米。1994年3月,县石油公司对排门加油站进行内部承包经营,承包期5年。1991—1997年,销售成品油4514吨,其中柴油2669吨、汽油1558吨、煤油287吨,销售总额6392.82万元,利润62.51万元,税金31.06万元。

1998年6月,县石油公司上划中国石油化工集团公司后,对公司所属排门、九龙井加油站有效资产进行收购、改造和营运。2001—2002年,分两批对原县石油公司员工实行工龄买断,进行人员分流。从此公司走上正常发展轨道,石油成品油销售量平均每年以2000吨左右增量攀升。2003—2010年,大峃西山、珊溪、南田、百丈漈、玉壶、县城城关6个加油站相继建成营业,储油能力增强,客户加油更为方便。2011年,销售石油成品油26298吨,其中柴油13568吨、汽油12730吨,比1998年分别增加13倍和26倍。

1991—2011年文成县石油成品油销售情况一览表

表13-17　　单位:吨

年份	销售总量	其中		润滑油	年份	销售总量	其中		润滑油
		柴油	汽油				柴油	汽油	
1991	299	106	193	—	2002	8852	5856	2996	—
1992	298	71	227	—	2003	11219	7106	4113	—
1993	468	33	435	—	2004	14814	9953	4861	—
1994	581	540	41	—	2005	15356	9923	5433	—
1995	492	433	59	—	2006	17655	11388	6267	66.7
1996	599	374	225	—	2007	19687	12077	7610	84.8
1997	1490	1112	378	—	2008	21022	12329	8693	67.7
1998	1411	947	464	—	2009	19047	9795	9252	53.3
1999	2089	1354	735	—	2010	20856	10303	10553	52.4
2000	3118	1775	1343	—	2011	26298	13568	12730	40.6
2001	6179	3668	2511	—					

说明:资料由文成石油分公司提供

食盐专营

1990年3月，国务院发布《盐业管理条例》。1991年1月，盐业由县糖业烟酒公司经营。时日晒海盐零售价每500克0.3元，全年销售食盐1469吨。1992、1993年销售量，分别为1777吨和1274吨。1994年10月起执行盐政条例，组织碘盐供应，开始销售日晒加碘海盐，每500克零售价0.48元。1995年曾出现食盐抢购风波，全年食盐销售量猛增至3482吨，比上年的1488吨净增1994吨，增长1.34倍。1996年5月，国务院发布《食盐专营办法》，开始实施盐业专营制度，全年销售量2834吨。1997年10月起，销售袋装加碘食盐，每袋500克装零售价0.64元。全年销售2647吨，其中加碘食盐915吨，占全年销售量34.56%。所销售加碘盐，经卫生防疫部门检验合格率98%以上。1998—2000年销售食盐3227吨，其中加碘盐1485吨。盐业专营后，每年向省公司申报年度要盐计划，食盐品种和数量，合理安排计划调运和计划供应，小包装食盐常年保持4个月以上当年月度平均销售量库存数，确保县域食盐市场稳定。公司设批发部，在珊溪、巨屿、峃口、玉壶、南田、黄坦、西坑等中心集镇设立食盐委托转批点，全县设立食盐零售网点402家，采取公司批发、中心城镇委托转批和边远山区终端配送营销管理模式，实行销售供应。2001—2010年，销售食盐11847吨，其中加碘盐6560吨，销售收入1520.26万元。2011年销售食盐1113吨，其中加碘盐608吨，销售收入226万元，上缴税金14万元。

2001—2011年文成县食盐经营情况一览表

表13-18

年份	销售总量（吨）	其中			销售收入（万元）	上缴税金（万元）	利润总额（万元）	总资产（万元）	净资产（万元）
		食品加工盐	袋装碘盐	小工业盐					
2001	1232	404	806	22	88.24	—	−5.57	190.7	86.79
2002	1238	611	656	—	117.95	—	2.08	206.84	88.87
2003	1679	952	727	—	167.66	—	4.86	186.56	92.83
2004	977	477	500	—	99.21	—	0.3	229.44	91.43
2005	1063	428	635	—	115.39	13	−26.83	164.74	64.6
2006	1055	441	614	—	138.81	12	11	174.87	75.92
2007	1144	402	718	24	172	14	−14	175.89	62.23
2008	1006	328	668	10	197	15	−31	185	31
2009	1186	474	705	7	229	19	−22	170	9
2010	1267	736	531	—	195	8	−28	148	−19
2011	1113	501	608	4	226	14	−27	159	−46

说明：资料由县盐业公司提供

第三章 贸易市场

县域集贸市场建设始于20世纪80年代。1981—1990年,先后建成大峃镇周村、陈宅,玉壶、珊溪、南田、峃口、西坑农贸市场和县城工业品、香菇、干鲜果专业市场。1991年10月,制定《文成县"八五"时期市场建设总体规划》,推进集贸市场建设与发展,全年市场交易额7529万元。1992—2010年,先后建成城南机动车交易市场、城南(良种场)综合商品市场、县前街兴合市场和巨屿农贸市场;迁建南田、西坑农贸市场;扩建周村、陈宅、玉壶、珊溪农贸市场,对市场设施进行改造提升,并随市场变化,受自然灾害影响,关闭市场7个。至2011年年末,全县拥有周村、陈宅、珊溪、巨屿、玉壶、南田、西坑农贸(综合)市场和县前工业品专业市场8个,其中浙江省星级文明规范市场5个。全县城乡集贸市场活跃,上市商品丰富,交易秩序良好,全年交易额2.91亿元。

第一节 集贸市场

1991年,全县各类市场15个,占地面积24900平方米,摊位2910个。1992—2010年改建新建市场建筑面积39352平方米,其中改扩建周村、陈宅、珊溪、玉壶市场建筑面积10900平方米,新建城南、兴合、巨屿市场,迁建南田、西坑市场,建筑面积28452平方米。2011年全县8个市场,总占地面积20398平方米,建筑面积23047平方米,摊位558个。

县城集贸市场

大峃镇周村农贸市场 原名大峃综合市场。位于大峃镇(建设路89号)周村,由县工商局、周村村委会联办。1984年年初建时,占地面积4932平方米,砖木结构交易棚8幢,摊位400个,总投资18.3万元,1985年1月开张营业。1986年投资35万元,扩建1幢9间4层楼房,建筑面积1590平方米,总摊位数增至751个。1990年交易额1277万元。1991年8月至1992年6月,投资90万元,拆除原交易棚,改建为钢筋水泥结构3层交易大楼,建筑面积2800余平方米,一层设计摊位88个,二楼出租给公司办公,三楼为村委会、市场管理办公室。1998年,成交额12166万元,管理费15万元,上缴利税48万元。2003年,注册成立文成县周村农贸市场。市场总营业面积6522平方米,室内摊位207个,经营户124家,从业人员400余人,主要从事干、鲜水产品,肉食禽蛋、蔬菜、熟食、速冻食品、豆制品、粮食复制品等行业,品种繁多,交易活跃,日上市2万人次,日交易额50万元。市场设有服务站、治安分队、食品快速检测点、消费者投诉服务站、消防分队等机构。2010年8月,市场获准"大鹤"商标,商标证第7042681号。2011年,市场交易额约1.8亿元,管理费200余万元,利税20万元。2002年省工商局确认为一星级、2005年晋升为二星级文明规范市场。2009年县政府授予创建国家卫生县城先进集体。

大峃镇陈宅农贸市场 位于大峃镇陈宅村(建设路207号)。1986年3月,由陈宅村捐资21万元始建,棚顶结构,建筑面积3400平方米,摊位200个。1990年交易额100.6万元。后将棚顶结构改为钢架结构,至1998年建筑面积2000平方米,摊位115个,交易额5655万元。2008年起对市场进行改造提升,入口处安装电子显示屏、防盗系统,粉刷墙壁,设置公示栏,改装熟食店,实行商品摊区划行归市等。2011年年底,占地2600平方米,摊位82个。2008年被省工商局确认为一星级文明规范市场。

县工业品市场 位于大岙镇县前村(建设路129号),由县前村投资兴建。前身为大岙镇干鲜果杂市场,1985年在县政府围墙外水田中稍加填土,搭临时性竹棚而成。1988年8月,县前村投资90万元,在县政府围墙外西、建设路南地段划出农田3300平方米重建。1989年建成投入使用,为钢筋混凝土结构,总建筑面积6000平方米,固定营业房174间,交易大棚4幢,设摊位314个,改名为大岙镇小商品市场。主要经营化纤布料、服装鞋帽等,以产销为主,批零兼营。市场凭借区位优势,交易兴旺。1992年,复称县工业品市场,工商所派人驻场领导,协助市场管理。1998年,成交总额达2315万元,创利税2.8万元,上缴管理费1万元。2005年,对市场进行改造,改为鞋、服装、布类专业市场。

其他市场 1990年11月,大岙镇陈宅村在苔湖路建香菇市场,棚顶结构,占地面积3300平方米。1998年交易额24万元。2000年年后,该市场转为综合性市场。

1990年12月,县农机监理站在县城城南路建(露天)温州市旧机动车交易市场文成分场,1991年2月建成开业,初建占地面积300平方米,之后建筑面积扩建至2000平方米。1998年交易额308万元。2005年以后,因地块开发该市场迁移。

1994年,县良种场兴建城南综合商品市场,1997年12月建成开业,建筑面积1.79万平方米,摊位448个。1998年交易额800万元。至2011年,该商品市场渐成家俬城专业市场。

1997年,县供销总社自筹资金100余万元,在县前街兴办兴合市场,1998年12月建成开业,建筑面积5670平方米、店面56间,主要经营五金交电、摩托车、服装布料、百货商店等。1998年交易额1186万元。2001年县前街改造拆除,市场关闭停业。

乡镇集贸市场

珊溪综合市场 位于珊溪镇东门垟,1981年4月始建。原名珊溪小商品市场,原址珊溪垟头,利用供销大楼前空闲地搭棚而成,后陆续沿街扩建至珊溪桥上,共占地面积1350平方米,搭棚屋400余间,1990年交易额734万元。因该地处文(成)泰(顺)公路交通要道,存在事故隐患,1990年3月,县工商局、珊溪街头村联合投资55万元,迁建东门垟新市场,占地面积2387平方米,建筑面积3599平方米,其中砖混结构3层楼房729平方米,钢筋水泥结构及棚屋4幢1600平方米,砖木结构棚屋70平方米和竹木交易棚1200平方米,共有摊位302个。1991年3月竣工开业。市场分两部分,南部钢混结构棚屋为工业品市场,经营百货、布料、服装等;北部竹木交易棚经营农副产品、蔬菜等。1995年对竹木交易棚进行改造翻建。1998年成交额3885万元,创利税20万元,管理费17万元。2005年12月注册珊溪综合市场,承担市场摊位租赁、物业管理服务。2008—2010年,对市场进行改造装修提升。2011年年底,市场建筑面积3275平方米,按商品种类划分为粮油干货区、熟食卤味区、水产区、鲜肉区、家禽区和蔬菜区,共88个摊位。全年交易额6700万元。2008年确认、2011年延续确认为一星级文明规范市场。

玉壶天妃宫农贸市场 位于玉壶镇中村天妃宫。1983年1月,由县工商局、中村村委会联合创办。初期市场占地面积868平方米,棚顶摊位40～50个。1990年交易额673.2万元。后几经扩建,至1996年5月建筑面积扩大至2500平方米,摊位增至154个。1998年交易额1665万元。2005年12月注册成立玉壶天妃宫市场有限公司后,对市场设施进行改造,实现防雨防晒顶棚全覆盖。2008年被评为浙江省一星级文明规范市场。2009年开始实行商品交易市场信用分类监管制度,实行“划行归市”。2011年有摊位88个,其中固定摊位52户临时摊位36户,主要经营各种蔬菜类、肉食类、禽蛋类、粮油类、熟食类、水产品类、干货类、水果类等商品20个大类,花色品种500余种,年交易额1200余万元。

南田镇农贸市场 1984年始建,由县工商局和南田村联办。原址在南田镇牌坊坦为街道市场,占地面积800平方米,设摊位70个。1990年交易额497万元。1994年乘城南新区开发,择南田街和市场路之间最热闹地段,政府划拨土地5333平方米,由刘永梯个人出资220万元建新市场。1995年12月完工,建筑面积3400平方米,摊位96个,1996年11月开业。1998年交易额1822万元。1999年年后经2次修缮。2003年5月成立南田农贸市场有限公司。2008年确认为省一星级文明规范市场。2011年有摊位66个,分水产、蔬菜、鲜肉和熟食4区,其中经营猪肉31家、牛肉2家、羊肉1家,水产6家,蔬菜6家,熟食5家,杂货店15家。全年交易额1200万元,服务全镇及周边5万余人。

西坑农贸市场 位于在西坑乡金星村(西坑车站边)。原称西坑综合市场。1987年5月由县工商局投资1.2万元创办。占地面积55平方米,为马路市场。1990年交易额8万元。后经扩建、安装顶棚,至1994年3月建筑面积372平方米,摊位50个。1998年交易额增至145万元。2001年镇政府实施城镇改造,市场拆除、关闭停业。2009 年开工建设新市场,由温州中厦房地产有限公司承建,位于镇站前路30号,2～5楼为商品楼,底层为小菜场,2010年3月竣工投入营业。新建市场建筑面积480平方米,摊位28个,经营户20户,其中自产自销8户。2011年10月成立西坑农贸市场有限公司,全年交易额400万元。

巨屿镇农贸市场 位于巨屿镇稠泛村(沙洲开发区政府路)。2004年建成开业,由稠泛村创办管理。市场占地面积501.44平方米,两层钢混结构,建筑面积1002平方米。底层设45个摊位,营业按商品类型划分为肉食、禽蛋、海鲜水产和蔬菜区;二楼配备快速定性检测室。2011年交易额1600万元。

乡村牲畜市场 1991年,平和园口、黄坦后巷、珊溪下爿坦、南田枫树坪、西坑敖里坳头5处为牧畜市场,大牲畜交易量5349头,交易额409万元。次年交易5832头,交易额554万元,为历史最高值。1998年,南田市场停办,全年交易1344头,交易额530万元。2001年,西坑、峃口市场关闭,年交易量降至160头,交易额37万元。2002年年后,已无牲畜交易市场。

第二节 市场交易

县域集市贸易较大宗商品主要为粮食、油脂、鲜肉、禽蛋、蔬菜等农副产品。1991年全县集贸市场交易总额7529万元,其中农副产品5787万元,占76.9%;工业品和其他商品1742万元,占23.1%。1995年交易总额超1亿元,2000年超2亿元。2011年交易总额2.91亿元,比1991年增加2.86倍。

商品成交量

1991年,大峃、陈宅、珊溪、玉壶、南田、峃口、西坑7个农贸(综合)市场,农副产品成交额5787万元,占全县商品交易市场成交总额76.86%,其中粮食类成交量2669吨、肉食禽蛋类2565吨、水产类983吨,干鲜菜类3115吨、干鲜果类2764吨、柴草类7687吨。之后市场交易量逐年稳步上升,1995年粮食类成交量超5000吨,1998年蔬菜类成交量超亿吨,2000年肉食禽蛋类超5000吨、水产类超1000吨、干鲜果类超4000吨。2006年,粮食类成交10037吨、肉食禽蛋类成交6450吨,分别比1991年增加2.76倍和1.51倍。2007年开始,统计部门不再统计市场贸易成交量。

1991—2006年文成县消费品市场主要商品成交量一览表

表13-19

年份	粮食(吨)	其中大米	油脂(吨)	肉禽蛋(吨)	其中猪肉	水产品(吨)	蔬菜(吨)	干鲜果(吨)	大牲畜(头)
1991	2669	—	168	2565	—	983	3115	2764	5349
1992	3447	—	168	3566	—	844	3468	2587	5832

续表13-19

年份	粮食(吨)	其中大米	油脂(吨)	肉禽蛋(吨)	其中猪肉	水产品(吨)	蔬菜(吨)	干鲜果(吨)	大牲畜(头)
1993	3182	—	122	3108	—	728	3624	1803	2665
1994	4512	—	246	3687	—	704	3677	2030	955
1995	5743	—	304	4205	—	902	3676	2823	1052
1996	5312	—	254	4741	—	860	4417	2782	1454
1997	5844	—	291	4526	—	972	5527	3046	1292
1998	5368	4277	267	4414	3659	933	10259	2685	1344
1999	5639	—	283	4452	—	926	5988	2812	893
2000	6877	6071	366	5288	4063	1280	8087	4099	520
2001	7137	1346	413	5779	4604	1442	7992	4355	160
2002	8826	8730	402	6741	5366	1573	9519	6035	—
2003	9710	9008	218	6597	5048	1485	10210	6288	—
2004	9941	9764	332	6363	5262	1625	10420	6530	—
2005	9972	9788	334	6385	5331	1672	10438	6849	—
2006	10037	9162	387	6450	5646	1810	9350	4920	—

说明：资料来源为《文成统计年鉴》

市场成交额

1991年全县各类市场15个，城乡集市贸易成交额7529万元，其中农副产品5787万元、工业品783万元、其他（包括生产资料、日杂用品、柴草、废旧品等）961万元。1997年成交额1.83亿元，其中农副产品1.4亿元，占77.2%；工业品2393万元，占13.1%；其他1771万元，占9.7%。2000年成交总额突破2亿元。2011年成交总额2.91亿元，比1991年增加2.86倍。

1991—2006年文成县商品交易市场成交额一览表

表13-20　　单位：万元

年份	市场个数	成交总额	农副产品	其中							工业品	其他
				粮食	油脂	肉禽蛋	水产品	蔬菜	干鲜果	牲畜		
1991	15	7529	5787	285	52	1377	397	2456	486	732	783	961
1992	15	8745	7212	374	78	1818	450	3126	478	887	869	664
1993	15	7495	5663	473	49	2113	627	1468	444	489	1055	777
1994	15	8642	7029	928	153	3254	740	846	586	301	1213	621
1995	15	13013	10007	1653	260	3965	1223	1249	1180	477	1425	1581
1996	15	16599	12742	1639	324	6555	1204	1070	1040	892	1909	1948
1997	15	18300	14136	2116	385	5786	1377	1535	1402	1130	2393	1771
1998	14	18591	15544	1503	237	8053	1727	1642	1679	703	2644	403
1999	14	18573	15786	1549	247	8148	1759	1645	1748	690	2648	139
2000	14	20510	17657	2015	324	8872	1999	1912	2034	501	2853	—
2001	10	20948	18034	2041	350	9117	2260	1963	2015	259	2914	—
2002	8	21595	18465	2198	354	9262	2457	1989	2205	—	3130	—
2003	8	21989	18807	2379	377	9160	2376	2224	2291	—	3182	—
2004	8	24237	20663	3583	351	9294	2763	2292	2380	—	3540	34
2005	7	24644	21194	3594	353	9509	2852	2386	2500	—	3436	14
2006	8	26036	22647	3513	348	10532	3060	2608	2528	—	3383	6

说明：其他栏数据包括生产资料、日杂用品、柴草、废旧品等。资料来源为《文成统计年鉴》

第三节　超市　专业店

2000年12月,创办益加益超市。2005年5月,浙江人本超市文成中欧店开业。2006年6月,开办南联超市有限公司。至2011年年末,发展城镇各类专业店85家,生活消费品连锁超市总门店26家;农村放心店(便利店)50家,日用消费品连锁经营网点229家。

超　市

益加益超市　位于大峃街130号。2000年12月7日成立,营业面积400多平方米。2003年扩通二新街门面,邀请温州市"龙凤佳人"珠宝进场销售,营业面积2500平方米。并先后在珊溪、玉壶、黄坦、南田、县城栖霞路、建设路、栖云路、文中等地开设分店。2011年门店12家,大型配送中心1座,营业面积7500平方米,销售额2726万元。经营食品、粮油、糖酒、化妆洗涤、服装鞋帽、小家电、珠宝、手表等15大类18000多种商品,从业人员150人。收银、库管、配送、财务系统实行现代信息化管理。为温州商会会员单位,市、县消费者信得过企业,县首家商品准入试点单位,优秀诚信民营企业。

人本超市　位于大峃镇县前街中欧大厦1～2层。全称浙江人本超市文成中欧店,2005年5月创办,经营面积2000平方米。超市实行精品化服务,主要经营预包装食品兼散装食品、乳制品、酒类、保健品、销售五金交电、化工(不含化学危险品)、机械设备、电工产品、纺织品、皮革、服饰、日用百货、保健品、副食品、其他食品、文体用品、家用电器、儿童玩具、器皿、装潢材料、通信器材、卷烟、商品陈列服务、农产品、鲜活水产品、鲜冻畜肉等500多种商品。从业人员50余人,日均营业额8万多元,年营业额近3000万元。2011年销售额3970万元。

南联超市　2006年6月18日成立,注册资金300万元,由县南联超市有限公司创办。2010年与县供销社联合组建县域日用消费品经营网络,建千村连锁农村便利店;同时选址峃口镇龙车村,新建南联配送中心,占地面积3919平方米,建筑面积10189平方米。至2011年年底,组建农村专业经济合作社23家,其中市级示范社9家、省级示范社6家;发展农村连锁经营超市1家、农村放心店(便利店)50家;日用消费品连锁经营网点229家,年销售额649万元。获浙江省城乡连锁超市重点龙头企业、温州市放心粮油店等称号。

专业店

鑫美家电　位于大峃镇建设路83号,店面两间,营业面积280平方米。前身为县供销社,经营家电30多年。2009年5月成立温州市鑫美家电有限公司,注册资金50万元,主要经营销售家用电器、办公用品等。2011年主营总收入1127万元,缴纳税金30万元。2010年县第八届消费者信得过单位,2011年获诚信工商户称号。

新起点电器　位于大峃镇建设路104号。门店面积350平方米,2009年5月开业,注册资金20万元。主要经营家用电器、大中型中央空调、中央热水器等,前身为"文成华联家电"。2011年主营总收入1305万元、缴纳税金18万元。公司曾获县重合同守信用单位、消费者信得过单位、温州市文明经营单位等称号。

日日顺家电　位于大峃镇建设路75号。2008年12月开业,县日日顺家电有限公司创办。注册资本20万元,法人代表林毅强,营业面积600平方米左右。主要经营家用电器、商用电器批发零售;家电安装、维修;电瓶车、手机批发与零售等。2011年销售额450万元。

第四章　服务业

1991年以后，全县餐饮服务业快速发展，设施从普通大众型向高档舒适型转变，几家上规模、上档次宾馆、酒店相继建成。至2011年，全县有三星级旅馆3家，有床位598张，餐位900个。新兴服务业不断兴起，全县服务企业、经营户800多家。2011年全县第三产业生产总值25.8亿元，占全县地区生产总值的54.4%。

第一节　餐饮住宿业

1991年，全县餐饮业经营单位298家，社会消费品零售额200万元；住宿旅馆75家，营业收入341万元。2000年前后文成宾馆、阳光假日大酒店、国际大酒店、新凯悦大酒店相继落成开业。2011年，全县餐饮业经营单位300家，社会消费品零售总额22320万元；经济型旅游饭店、家庭旅馆41家，“农家乐”民宿50家，营业收入4305万元。

餐饮业

1991年，全县餐饮业经营单位298家，从业人员462人，其中国营3家22人、集体11家54人（其中供销社7家42人），有证个体经营户284家386人；分布县城83家、乡镇215家，全县餐饮业社会消费品零售额200万元，营业收入341万元，税利45万元。规模较大的有县前饭店、城西饭店、四海酒楼、华侨饭店等。

随着改革开放深入，1992年年后个体私营餐饮业快速发展，国有、集体饭店效益下降、经营亏损，相继实行转让、改制或歇业停办。1998年文成宾馆建成开业，为当时全县规模最大、设施最完善旅游饭店。年末全县餐饮业248家，从业人员501人，营业收入2800万元。

2000年县前街改造，县前饭店、四海酒楼拆除。后随着伯温路、体育场路、城南小区开发，县前街改造等相继竣工，县城城区不断扩大，人口集聚增加，以及旅游业发展，一批颇具特色、装潢精致的酒店、会所、茶座、饭庄、菜馆、快餐店应运而生。随后国际大酒店、阳光假日大酒店、新凯悦大酒店、金瓯食府、丽晶酒店、铜铃山森林度假村等陆续开业，酒店、宾馆业档次大为提升。2004年年底，全县餐饮业228家，餐饮业社会消费品零售额4967万元，营业收入4812万元。

2005年县政府号召发展乡村旅游业，各地纷纷创办“农家乐”餐馆。据2010年县城大峃镇店面调查，共办餐饮业147家，其中酒店（宾馆兼营餐饮）宴席类9家、饭庄快餐类15家、面馆点心类28家、早餐早点类30家、特色小吃类16家、火锅烫煲类12家、海鲜美食类16家、排档菜馆类12家、会所茶座类9家。

至2011年，随着社会经济持续向好，城乡居民消费水平提高，社会消费额大幅增长。同年，全县餐饮业社会消费品零售总额22320万元，比1991年增加110.6倍。

住宿业

1991年，全县旅馆75家，从业人员85人，其中县城47家48人，乡镇28家37人。主要有国营文成旅馆、县前旅馆，部门办的县政府招待所、华侨旅馆、县人武部招待所、农资公司招待所、县联社招待所，总铺位630个；大峃街个体旅馆客栈40家。1993年县饮服公司投资100多万元,对文成旅馆进行装修,并更名为文成大酒店,为当时县境设施最好旅馆,承担全县政府及社会团体高档接待任务。

1998年,总造价2106万元、建筑面积10687平方米的文成宾馆落成,是县内首家配置电梯的宾馆。1999年,城乡个体旅馆增至49家,从业人员76人,注册资金124万元,营业收入315万元。2000年,城南小区开发全面竣工,陆续创办个体旅馆14家,其中车站东路11家。随着全县旅游业掀起,促进乡镇旅馆业发展,珊溪有珊溪宾馆、飞云湖宾馆、望江宾馆、银耳宾馆;南田有诚意宾馆、伯温宾馆、金兴饭店;百丈漈有清风山庄;石垟林场有石林山庄、林海山庄;铜岭山森林公园有度假村、铜铃山庄。2002年7月,文成宾馆获评三星级宾馆。

2004年,阳光假日大酒店、国际大酒店、新凯悦大酒店相继落成开业。2005年,城乡个体旅馆46家,从业人员106人,营业收入902万元。2006年6月、2007年12月,阳光假日大酒店、国际大酒店先后晋升三星级宾馆。2010年县城旅馆26家,其中纯住宿旅馆20家,兼营餐饮业旅馆6家。

2011年年底,全县经济型旅游饭店、家庭旅馆41家,床位1651张;"农家乐"民宿50家,客房200多个,床位500余张。其中三星级旅馆3家、床位598张,固定资产3001万元,营业收入4305万元。

第二节 美容保健业

1991年县城有理发店36家,1992年化妆品经营户21家。2000年年后美容保健业兴起,按摩桑拿、保健品店、金银珠宝饰品店逐渐增多。2011年,县城有理发店70家、美容保健院33家、按摩桑拿屋6家。

理 发

1991年,全县城乡个体理发店549家,从业人员588人,其中县城36家48人、乡镇513家540人。城乡理发店大多以个人或夫妻店为主,农村从事理发的大多走村串户,流动服务。后随农村人口向城市集中,农村理发业逐渐萎缩。1999年,全县个体理发店减少至184家,其中城镇78家、乡村106家,注册资金162万元,营业收入121万元。进入21世纪,随着社会消费观念和人员结构转变,理发追求美观,烫发、染发成为时尚。2004年,全县个体理发店171家,其中城镇128家、乡村43家,注册资金102万元,营业收入711万元。2005年,有187家,营业收入742万元。2008年美发店148家,其中县城82家、乡镇66家(不含农村流动服务人员),从业人员配置1~5人、年营业收入2~15万元不等。2011年,县城理发店70多家。

化妆美容

1992年全县化妆品经营户21家。2006年美容店51家。2008年县城美容店12家,店内人员3~5人,年营业收入10~25万元。2011年,县城美容保健经营户33家,其中化妆及化妆品店20家,美容美体店13家。

按摩桑拿

20世纪90年代,县内按摩、桑拿、泡脚等保健休闲行业逐步兴起。2001年长寿足浴会所开办。全县最大的新康康保健按摩足浴中心,年营业收入约40万元。2008年2月,城南小区邮政路27号建成阳光健侨足浴会所,装修典雅,集足疗、泰式 SPA、指压等保健项目为一体,营业面积1500平方米,同时可接纳100人。同年全县按摩保健经营户10家,从业人员配置10~20人、年营业收入10~30万元不等。2011年,县城按摩足浴店6家,除上述3家外,另新增了3家。

第三节　娱乐业

1991年，全县舞厅、卡拉OK厅、台球、电子游戏、网吧、音像店等娱乐场所91家，从业195人，注册资金102万元，营业收入266万元。1999—2005年，营业收入3328万元。2000年室内舞厅日渐消失，逐渐被广场舞替代。2009年，县城音像店发展到25家。至2011年，县城各式娱乐场所仅剩24家。

歌　舞

1992年，县城舞厅1家，卡拉OK厅2家。其时，一些经济条件较好的单位办卡拉OK或舞厅，用于接待客人及供单位人员娱乐。县文化局、文联率先创办歌舞厅。1994年县供销社建成天马夜总会（歌舞厅），经营面积400多平方米。1995年全县舞厅13家，卡拉OK厅10家。2000年年后因其噪音扰民，室内舞厅逐渐消失，广场舞随之兴起。2011年9家，县城除3家三星宾馆酒店KTV外，另有新凯悦、新时代音乐、嘉乐迪量贩KTV；乡镇有巨屿蓝月亮、珊溪运力、南田月盛、玉壶鑫琪会所KTV。

音　像

2004年，创办星河音像中心、佳佳乐超市音像制品零售部和蓝艺、齐全等影像店。2005年增至9家，2009年发展到25家。2011年，县城音像制品经营户8家，主要有经典、星河、兴旺、卓越、诚信等店家。

台　球

1992年，台球经营户11家、球台23张。1995年增至39家。1996年增至76家133张。2000年年后逐步减少，至2011年，县城仅留县总工会、电影院球台城和新世界台球俱乐部3家。

电子游戏、网吧

1992年，电子游戏经营户28家，1995年增至40家。1996年48家，电子游戏机280台。1997年严禁未成年人进入电子游戏厅（室）游戏。2000年对全县电子游戏经营场所和娱乐场所实行专项整治，从60家减少至18家。2001年再减至4家。2011年县城有奔腾、时代、兴乐、热浪4家网吧。

第四节　其他服务业

1991年，全县修理经营户218户、照相馆26家。1992年5月成立石墨广告装潢社。1997年县蓝鸟服务、大拇指帮办有限公司相继成立，陆续开办鲜花速递和顺丰、天天、韵达、圆通、申通等快递公司。2011年县城修理业经营户73户，摄影照相馆12家，计算机应用维护、广告服务65家，航空、火车票代购服务7家，快递公司8家。

日用品修理

1991年，全县从事修鞋、换拉链、配锁匙，修理钟表、家用电器、自行车、摩托车等行业218户，从业人员276人，营业额180万元。1992年286户369人，其中县城78户124人、乡镇208户245人。随着经济社会发展，城乡居民生活质量提高，家电使用普及化，带动修理业发展。且修理项目物品日趋多样化，如小到换鞋跟、剪裤脚、钉纽扣、冲皮带孔，大到维修冰箱、彩电、热水器、洗衣机、空调器等。1999年全县修理业202户，注册资金80万元,营业收入810万元。2000—2003年,营业收入分别为977万元、1005万元、1001万元和967万元。2011年年底,县城修理业经营户73户(人),其中修理自行车、电动车、摩托车25户,家电、电脑、手机16户,手表、眼镜、配锁匙5户,服装干洗、剪缝裤脚14户,擦鞋、修鞋、修伞13人。

摄　影

1990年县城个体照相馆8家。1991年全县照相馆26家,除县前街文成照相馆属国有外,其余为个体经营。1992年城乡照相馆增至29家,从业人员40人,其中县城15家19人、乡镇14家21人。2000年县前街改建,文成照相馆拆除停业。随着社会消费水平提高,摄影器材设备更新和技术进步,摄影服务从黑白照、彩照、艺术照,提升至录像、数码、3D摄影;照相馆也发展成为摄影中心。进入21世纪,拍摄婚纱照、写真照成为时尚。2011年县城个体摄影照相馆有摄影中心和3D摄影等11家。

计算机应用服务

20世纪末期,计算机应用服务业快速发展,传统机械打字,手工拣字排版、印刷,迅速被电脑输入、激光排版、一体胶印所代替,城乡打字、复印、名片制作、电脑雕刻、广告服务等行业应运而生。1992年5月,成立石墨广告装潢社。1999年全县信息广告、计算机应用服务业经营户42家,从业人员143人,其中县城30家117人,注册资金396万元,营业收入187万元。尔后信息广告、计算机应用服务业持续稳步发展,2000—2002年,营业收入分别为138万元、163万元和179万元。2006—2008年,注册资金分别为252万元、371万元和347万元。2011年县城经营户65家,其中计算机及软件销售维护30家、打字复印13家、广告制作11家、印章雕刻2家。

代购机(车)票

1997年,县蓝鸟服务有限公司、大拇指帮办有限公司相继成立,开办代购国内外机票等业务。之后蓝鸟服务有限公司在玉壶设分公司。1998年6月金温铁路开通后,在县城建设路(栖霞路口)设立火车票代售处。2011年,全县航空、火车票代购服务7家。

快　递

1991年邮寄快件需到邮政营业厅办理,1994年邮政局开办国内外特快专递。后随市场放开,顺丰、天天、韵达、圆通、申通快递逐渐落户县城,给市民收寄物品、网上购物带来极大方便。2009年成立县邮政速递物流公司,2011年县城有快递公司8家。

第五章　对外贸易

1991年全县外贸出口总额226万美元，1995年县外贸公司获得进出口经营权。后随着对外经济贸易发展和国际市场拓展，大批企业步入外经贸行列。1998年始有货物进口。2010年4月，县政府制定《文成县2010年度鼓励开放型经济发展若干扶持措施》，鼓励引导生产企业申请进出口经营权，开拓国际市场。1991—2011年，全县进出口贸易总额37859万美元，其中出口37197万美元、进口662万美元。

第一节　外贸企业

1991年，全县外贸公司1家，非通过外贸公司出口企业11家。1997年自营出口企业16家。2011年全县拥有贸易公司6家、自营出口权企业24家、出口备案企业30家。

县外贸公司

1991年，称县对外经济贸易公司(为正科级单位)，时公司尚无进出口经营权，其主要经营方式是向省、市进出口公司提供、组织货源。1995年9月29日，经外经贸部批准取得进出口经营权，实现产品自营出口。同时，改称县对外贸易公司。1997年5月23日，成立县对外贸易公司温州分公司。1999年10月，经国家外汇管理局杭州分局和省对外经济贸易厅联合考核，被评为出口收汇A级企业。2000年获温州市政府出口创汇进步奖。2001年公司实行承包经营。2011年有工作人员55人。

自营出口企业

1991年全县非通过县外贸公司出口企业，有华城石材有限公司，港城针织服装有限公司，县二轻局所属的工艺品厂、烟花厂，县乡镇工业局所属的竹木工艺总厂、电器仪表元件厂、橡塑鞋厂、华兴竹木工艺厂，县麻塑纺织厂、县福利皮件厂、县食用菌开发公司11家。1992—1997年，县工艺玩具厂、县摩托车配件厂、县菇业公司、县酿造厂、珊溪酿造厂、县冰菇厂、县兴达机械厂、县长城鞋厂、县粮食冰菇厂、珊溪舟农冰菇厂、县皮件公司、县成港皮件有限公司、县大顺机动车配件有限公司、县竹木机械实验厂、县胶鞋二厂、珊溪农副产品加工厂，陆续进入自营出口企业行列。1998年之后，县亨哈山珍食品公司、县雪山胶鞋厂、县华夫鞋业有限公司、诚意皮件制造公司、冰洋实业有限公司、金谷机械有限公司、万喜精密铸造有限公司、县烟花总厂、县力士鞋厂、龙益集团、绿叶食用菌有限公司，中意伟达力回有限公司，颜宇建材有限公司、飞成鞋业有限公司，伯温酿酒有限公司、山哥哥农业开发有限公司、周山茶叶发展有限公司、中星钢管机械有限公司先后获得自营出口经营权。2011年新增出口经营备案权企业5家，其中农副产品自营出口企业1家。年末，全县拥有自营出口权企业24家，在县内注册成立贸易公司6家，出口备案企业30家，有进出口实绩企业14家。

第二节　出　口

1991—1998年，县境出口商品[①]主要为农副产品，较大宗商品为香菇。1996年全县出口总额507万美元，其中香菇出口额124.85万美元，占全年出口总额24.62%。2000年开始外贸出口商品向多样化发展，外销货物品种从1991年13种增至50余种；涉贸国家从10多个增至59个。其中，较大宗商品有服装、鞋、阀门及零部件等。2006年鞋类制品出口3706万美元，2008年阀门及零部件出口443.6万美元。2011年，出口商品12类120余种，出口贸易额2620万美元，其中服装纺织品出口442.3万美元，占16.9%。

出口额

1991年，外贸出口商品总值226万美元，其中县外贸公司与自营出口企业各占50%。1992—1996年，出口1830万美元。1997年，外贸出口国家和地区19个，贸易额最多为波兰391.32万美元。1999年外贸出口商品36种，涉外贸易国家36个。2000年出口国家增至 59个，出口商品增至41种，出口额首次突破千万美元大关。2001年出口额大幅度增长，全县出口贸易总额2217万美元，比上年增长70.1%，其中外贸公司出口1722万美元，比上年增长63.22%。2002年出口额有所下降，比上年减少679万美元，下降30.6%。2004年回升，比2003年增长31.4%。2005年对外贸易步上新台阶，贸易涉及53个国家，全年出口额3280万美元，比上年增长38.87%。2006—2007年出口额持续增长，2008年达到3843万美元，为历史最高值，其中县外贸公司出口3384万美元，占全年外贸出口额88.1%；自营出口企业459万美元，占11.9%。2009年出口2980万美元，同比下降22.47%。2010年出口3129万美元，同比增长5.02%。2011年，全县出口贸易额2620万美元，比1991年增加10.6倍。

出口商品

农副产品　香菇　1991年出口76吨，金额452.2万元，其中通过县外贸公司调拨出口68吨447万元，县食用菌开发公司8吨5.2万元。1992—1996年，县菇业公司、县冰菇厂、县粮食冰菇厂、珊溪舟农冰菇厂、珊溪农副产品加工厂5家企业，出口6609.8万元。1997年县菇业公司730万元，珊溪农副产品加工厂363万元。1998年出口日本9.77吨、意大利2.31吨，总值70.44万元。1999年出口2.16吨13.89万元，此后无统计数据。

粉丝　1996年开始出口。主要生产企业为浙南薯业产销合作社、山哥哥农业开发有限公司、双龙食品有限公司等，主要销往欧洲、非洲、东南亚等地。1996—2006年，销售量3～10吨。2008年6月，“文成粉丝”经国家工商总局商标局核准注册为中国地理标志产品。当年出口量超100吨，出口额超1000万元。

山珍食品　县亨哈山珍食品有限公司产品。分脱水蔬菜、淀粉制品、即食包装酱俺菜、食用菌4大类100多个品种。出口产品主要为“亨哈牌”黑木耳和菜心、黄花菜、笋干、刀豆干、四季豆干等干菜系列产品。1998—2005年，出口额2.16亿元。

其他食品　冷冻鱼、罐头、米酒、黑木耳、蔬菜、面条等。1995—1999年出口水果罐头14吨、蘑菇罐头15.65吨、蔬菜罐头14.7吨、米酒0.5吨、黑木耳2吨；2000—2001年，出口冷冻黄花鱼96.6吨、蔬菜12吨、面条2.76吨，总值390.66万元。2011年出口食用蔬菜35.35万元，水果72.41万元，罐头、黄酒等137.17万元。

服装　由县外贸公司自营或调拨出口，主要生产企业为县港城针织服装有限公司等。1991—1995年，主要产品为童装、成人衬衫、领带。1996年年后品种增多，有运动服、夹克衫、羊毛衫、兔毛衫、毛线衫、棉毛衫裤、女衫、内衣、裙子、T恤衫、针织外衣、西装、风衣、大衣等，主要出口匈牙利、罗马尼亚、捷克、波兰等国。1996—

① 出口商品：根据中国海关统计口径，包括了输出国外的商品与输出境外的商品。

2003年，出口各类服装311.26万件(套、条)，总额3351.42万元。其中童装103万件710.92万元，衬衫107.81万件154.07万元，领带2.8万条15.52万元，运动服、夹克衫28.88万件(套)939.53万元，羊毛衫、兔毛衫、毛线衫、T恤衫8.44万件581.88万元，棉毛衫裤5.96万套154.3万元，针织外衣16.04万件121.46万元，男式西装、化纤男上衣、男大衣2.02万件(套)128.6万元，女衫、女套装、女式防水风衣7.75万件(套)215.37万元，内衣、裙子28.56万件(条)83.12万元，服装辅料、其他服装、机织物、纺织品247.25万元。2011年出口服装等纺织品2792.1万元。

鞋袜帽 鞋类为县域主要出口产品。生产企业为县橡塑鞋厂、长城鞋厂、胶鞋二厂等，主要出口捷克、罗马尼亚、匈牙利、波兰等国。1991—2002年，鞋类出口总值47042.11万元。其中以胶鞋出口量最大，出口2047.94万双，价值23023.41万元，占鞋类出口总值48.94%；凉鞋次之，出口1060.94万双，价值9600.57万元，占20.4%；再次为童鞋，出口83.68万双，价值6054.46万元，占12.87%。其他分别为合成革鞋101.17万双1357.67万元，男鞋58.48万双1340.03万元，女鞋198.03万双4062.74万元，运动鞋、漫步鞋、旅游鞋、篮球鞋25.64万双615.5万元，雪地靴、皮鞋3.1万双88.88万元，塑料鞋、拖鞋55.42万双898.85万元。2003—2005年，出口鞋靴、护腿等59122.98万元。2006年鞋类制品出口29544.23万元。2007—2010年，出口塑料及鞋类86013.29万元。2011年塑料及鞋类出口14512.9万元，占当年全县出口额87.75%。帽出口量甚少，仅1999年出口634打5.79万元。袜出口产品主要为腈纶袜，1995—1998年出口35.05万打，总值643.15万元。

包装用品 主要商品为各类包、箱、带、扣、拉链、包装袋等。1991—1995年，县福利皮件厂、工艺玩具厂出口角子包1.6万打66万元。1995年，县外贸公司调拨出口塑料包、人造革箱，县兴达机械厂出口珠边扣等21.5万元。1999年出口日用包箱1238只、铜制弹簧扣2.75吨、女包3.62万只、皮帆布包407万只、棉絮袋29.3万条、面粉袋257.68万只、套袋4.63万套，总值624.49万元。2000—2011年，出口包箱41.52万只、皮公文包1200只、纽扣6424.23万粒、拉链2210.24米、织带457.06万米、松紧带307.71万米、包装袋34万条，价值4030.43万元。

竹木制品 为县境传统出口产品。1991—1997年，主要产品为县华兴竹木工艺厂生产的竹筷、竹签、木衣夹和县竹木工艺总厂生产的竹木工艺品。其间，出口竹筷51808箱、竹签1018箱、木衣夹2114箱，总值374.8万元；绣帘等竹木工艺品101.87万元。1998年年后，县冰洋实业有限公司生产的“冰洋牌”系列产品竹凉席、竹炭保健制品、竹工艺品等，加入出口行列，销往美国、德国、意大利、日本、韩国、新加坡等20多个国家。1998—2005年总出口额3088万元。

摩汽配 县摩托车配件厂、县大顺机动车配件有限公司产品。1993—1999年，出口摩托车配件661.71万元。2000年出口摩托车、汽车、自行车配件2437.48万元，2001年出口摩托车配件1173.19万元。2010—2011年，出口车辆及配件410.87万元，汽摩配及零部件877.47万元。

阀门及零部件 县万喜、兴达、旭日、莱利斯等铸造有限公司产品。2006年，出口阀门及零部件180万元，2007年1654.52万元，2008年3080.84万元，2009年2998.81万元，2010年1880.83万元。

光学照相设备 1996—2001年，县外贸公司自营出口眼镜20725打、太阳镜32070打、眼镜架29.65万副，总值223.61万元。2001—2002年，出口照相器材40.06万只，总值416.79万元。2003—2005年，出口光学照相医疗设备1748.92万元。2009—2010年，出口光学设备156.93万元。

电子电器 1992—1998年，县电器仪表元件厂出口蜂鸣片14455万片1400.37万元；县外贸公司自营出口电动剃须刀12240把、打火机15478打，价值133.04万元。1999—2004年，出口电子手表6934只、计算器6200只，及家用电动器具、电器零配件等，总价值30.66万元。

文体娱乐用品 主要商品为书包、文具盒、笔、乒乓球拍、扑克牌等。1994—1998年，出口书包5300个、文具盒200打、水彩笔36.59万打、铅笔12.64万打；1999—2001年，出口水彩笔17.81万打、画笔4.6万打、铅笔1万打、文具17.74万套、乒乓球拍3500副、扑克牌2000副、玩具3.74万只(箱)，价值358.26万元。

其他产品 塑料橡胶制品 1998年出口，罗马尼亚橡胶化工设备24.35万元。1999年，出口注塑设备3.57万元，AC发泡制5吨6.74万元。2002年出口背景布745件28.14万元。2003—2005年，出口塑料橡胶制品297.2

万元。

皮革制品　县皮件公司、县成港皮件有限公司产品。1993—2004年，出口皮革服装、PVC皮革、皮带、生皮等商品143.82万元。

海生袋　县麻塑纺织厂产品。1991—1993年，出口241万条，总值385.5万元。

花岗岩板材　县华城石材有限公司产品。1991—2002年，出口12.96万平方米，总值256.89万元。

杂项百货　主要有冥票、烟花、雨伞、剪刀、梳子、锁、灯具等商品。1991—2000年出口242.63万元。2007—2010年，出口剪刀等用品580.69万元。

第三节　进　口

县域商品进口贸易始于1998年，县外贸公司首次进口商品[①]为塑料粒子，数量294.5吨，价值14.84万美元。1999年，从韩国、意大利、美国、阿根廷、德国进口皮革制剂、机械、化工原料、香调料等6种商品，总值115万美元。2006年，进口137万美元为历史最高额，其中进口有机化学品128万美元。2009—2011年，货物进口208万元，其中塑料及制品188万美元，红酒及饮料5万美元。1998—2011年，进口贸易额662万美元。

1991—2011年文成县对外贸易进出口额一览表

表13-21

年份	进出口总额（万美元）	出口额（万美元）	其中		进口额（万美元）	备注：1美元=人民币
			外贸公司	自营企业		
1991	226	226	113	113	—	5.3233
1992	264	264	159	105	—	5.5146
1993	431	431	202	229	—	5.7620
1994	266	266	117	149	—	8.6187
1995	362	362	83	279	—	8.3542
1996	507	507	208	299	—	8.3142
1997	979	979	781	198	—	8.2898
1998	892	877	226	651	15	8.2791
1999	863	748	271	477	115	8.2783
2000	1337	1303	1055	248	34	8.2784
2001	2229	2217	1722	495	12	8.2770
2002	1547	1538	1515	23	9	8.2770
2003	1816	1797	1797	—	19	8.2770
2004	2382	2362	2359	3	20	8.2768
2005	3372	3280	3280	—	92	8.1917
2006	3877	3740	3708	32	137	7.9718
2007	3729	3728	3494	234	1	7.6040
2008	3843	3843	3384	459	—	6.9451
2009	3012	2980	2504	404	32	6.8310
2010	3218	3129	2794	335	89	6.7695
2011	2707	2620	2303	317	87	6.3127
合计	37859	37197	32075	5050	662	—

说明：资料由县经贸局提供

①进口商品：根据中国海关统计口径，包括了输入国内的商品与输入境内的商品。

第十四卷

旅 游 业

境域风景旅游资源丰富，以全国第一高瀑百丈漈、明朝开国元勋刘基故里、铜铃山峡壶穴“十二埕”最为著名。1992年成立县旅游资源开发领导小组。1993年编制百丈漈风景名胜区总体规划，并被省政府命名为浙江省风景名胜区。1996年建立铜铃山、石垟森林公园。至此，旅游开发开始起步。1998年后，陆续出台《文成县加快旅游业发展若干优惠政策规定》《文成县加快推进风景旅游业发展的若干政策》《关于创建旅游经济强县的实施意见》；编制旅游总体规划及景区详细规划，合理开发和保护风景旅游资源；实行招商引资，加快景区开发和旅游设施配套建设；举办中国刘基文化暨生态旅游节、中国温州森林旅游节暨浙江山水旅游节、万种“枫”情节、中国文成生态旅游文化发展战略研讨会、中国森林旅游发展高峰论坛暨全国森林公园科学发展研讨会等全市、全省、全国性大型节庆、研讨活动，提高旅游产品知名度。1992—2011年，全县景区开发建设投资2.85亿元，其中政府部门投资1.45亿元，社会招商引资1.40亿元(其中捐资47万元)。发展经济型旅游饭店30家，家庭旅馆100多家，其中三星级饭店3家；国内旅行社5家，持证导游158人，其中国际导游28人；旅游餐饮、购物、娱乐等服务性单位200多家，从业人员4000余人。铜铃山国家森林公园、百丈漈景区先后评为国家AAAA旅游景区，刘基故里景区评为AAA旅游景区；南田镇、百丈漈镇、西坑畲族镇被命名为浙江省旅游经济强镇，文成县被命名为浙江省旅游经济强县。2011年景区接待游客283.69万人次，门票收入738.44万元，实现旅游综合收入16.08亿元，旅游外汇收入8351万美元。

第一章　旅游景观

文成风景旅游资源得天独厚，拥有百丈漈—飞云湖国家重点风景名胜区、铜铃山国家森林公园、全国重点文物保护单位刘基庙墓、国家级生态示范区、国家级非物质文化遗产刘伯温传说等旅游金名片。创建2个国家AAAA旅游景区（铜铃山、百丈飞瀑）、1个国家AAA旅游景区（刘基庙墓）。形成以自然观光、生态休闲为重点，文化旅游、红色旅游、佛教旅游、健身户外运动等旅游方式为辅。文成风景名胜区可概括为百瀑雄奇、秀湖碧潭、奇峰异石、壶穴奇观、峡谷险幽、刘基史迹、生态王国。风景名胜区东接瑞安市寨寮溪、南接平阳县南雁荡山、西倚泰顺县乌岩岭自然保护区，距温州市区85公里，自然风景和人文景观兼长，具有旅游、休闲、养生功能的生态旅游区。主要游览项目有百丈漈观瀑、天顶湖泛舟、飞云湖度假、铜铃山避暑、刘基故里游等，景区总面积137.16平方公里。

第一节　自然景观

县域自然景观以山水风光为主，最具代表性的有峡谷、奇峰、壶穴、瀑布、湖泊等，尤以百丈飞瀑、铜铃山峡、飞云湖最为著名。百丈飞瀑（一漈）落差207米，为中国最高瀑布，有“天下第一高瀑”之称；铜铃山峡经万年激流旋冲形成众多壶穴奇观，被誉为“华夏一绝”；飞云湖水域面积3540公顷，为浙南最大人工湖泊。

名山奇峰

铜铃山　地处县域西北高台屏障，属叶胜林场辖地。总面积27.25平方公里。距县城62公里。地貌呈东、西、北高，南低走向，属洞宫山脉罗山支脉。地形起伏变化大，峰峦叠起，山形陡峭，山岭盘亘交错，峡谷惊险狭隘。海拔500～1100米，最高峰割草坳尖1196.5米，主要山峰22座，其中海拔1000米以上山峰17座。境内溪流纵横，山涧清泉遍布，长年瀑布飞泻，溪水淙淙，山峡中经万年激流旋冲而成的壶穴奇观最为著名，人称“华夏一绝”。

图14-1　铜铃山（胡希隆 2005年摄）

石圃山　古名鹤峰，海拔1133米。系南田境内最高峰。山上灵岩怪石、岩壁、岩坦、岩垄在缥缈的白云迷雾中时隐时现。清进士端木国瑚七言律诗云：“云围石圃万峰稠，水绕平田百涧流。林静四时遗鹤羽，山深五月有羊裘。移家好逐葛仙去，弃世谁从松子游。叹息文成归未得，南阳零落草庐秋。”

华盖山　为刘基庙后山。周围景点众多。东端为天耳山，分别建有辞岭亭、观稼亭。西端为钟山，建有盘谷亭和擎天亭。正南向为南阳山岗，岗南旧称泉谷，为北宋名相富弼高祖富韬隐居地，遗存物较多。东南向麒麟岗有徐忠勇祠。

金龟山 在武阳村口左首,山不高,形似金龟伏地。龟山左侧有山似弓箭,名弓箭山,水口右首横卧有宝剑山。左弓右剑,龟护水口,景观别具一格。

蝙蝠山 佛山斜对面,三座山相拥,形如扑翅欲飞的蝙蝠,故名。

月老山 位于石垟森林公园,原名水牛塘山,总面积约305公顷,距县城40公里。生态极佳,森林覆盖率97%,为天然大氧吧;生长水杉、云松、红豆杉等几十种珍稀树种,荫翳蔽日;常年平均气温12.8℃,适宜度假休闲。有月老庙、水杉林、双乳峰、舍得石、云顶观日楼等景观。

凤凰山 位于龙麒源景区入口"天开画屏"观景台对面。山势嵯峨,奇峰耸立,左边山峰延伸至湖面像鸟的头颈,称凤山;右边山峰延伸下来也像鸟的头颈,称凰山,总称凤凰山。山峰苍翠欲滴,飞翠湖波光粼粼宛若一幅硕大的中国山水画。

图14-2 龙麒源凤凰山(邱珍钱摄 2010年10月)

枫门山 位于县城樟台樟岭村。山上古刹,始建于清康熙五十一年(1712),俚称枫门寺。寺坐巨崖如钟,俗称僧岩。寺后有仙人洞,高丈余,深数丈,冬暖夏凉;另有摩天阁,登阁凭窗俯视,下为万丈深渊,令人毛骨悚然。

金鱼山 位于县城,俗称林店尾山,位于大峃镇林店尾村。山上建真如寺、五显爷殿、三官宫及太阴宫等。

百万山 位于珊溪镇东侧、飞云江畔,山上建刘英纪念馆,周围环境幽雅宜人,山下秀水萦绕,风光独甲。

老虎山 飞云湖景区双溪口外,山为南北走向,北高南低,恰似一只蓄势待发的猛虎。

亢五峰 位于华盖山北向,海拔800米。巅上有石如飞蝶,咸呈紫红色;峰下为天然平坦石,长方形岩床。清代青田知县万里赋七绝云:"天骄游龙势已穷,敢夸群山一般同。若将五姥峰移倒,极目寒云天地空。"附近有神仙崖、仙叠岩、老鹰岩、龙壁洞、石馨洞等自然景观。

老鹰峰 百丈飞瀑右侧,一峰如硕大无比的苍鹰欲展翅翱翔,故名。

一帆峰 百丈飞瀑西侧,一峰俏然而立,似船帆鼓风,人称一帆峰。换个角度看似情侣相依相偎。

大象峰 七星寨北向群峰聚集,居中一峰,翘鼻前耸,两耳生风,状如大象。

三尖峰 大象峰西边,三岩连成一体,状如笔架,形似刀戟,露出三个峰尖,故名。

将军峰 大象峰东侧,紧倚一巨峰,状如戴盔披甲的将军。

玉笙峰 过岩廊一峰拔地而起,形如千古石塔,回视如一座精雕细琢的玉笙峰,细看却像 一家老少正共享天伦之乐。

一剑峰 过玉笙峰,一峰形似越王剑"刺破青天锷未残,昂然倒插天地间"。

图14-3 朱阳九峰之玉笙峰(选自2004《山水文成》画册)

双屏峰 过一剑峰直视双屏峰，高数百米，远看如两堵描龙绣凤屏风，近看如一对夫妻在窃窃私语，侧看似一对紧偎孔雀。

猴王啸天 位于猴王谷景区隐秀谷口西侧。三座石峰耸立，直刺蓝天，其形秀美。其中最高大石峰背倚群山，形似仰首啸天的猴王；最小石峰，依偎于两座石峰之间，如受到精心呵护的小猴。

石牛栏 居岩门大峡谷景区中心地带，此处四周山峰拔地而起，像栓牛石栏，故名。且有大、小牛栏之分。

名山奇峰还有钟山（天顶湖景区）、龟山（天顶湖景区）、佛山（百丈漈景区）、天蚕山（峡谷景廊）、五指山（峡谷景廊）、罗汉山（峡谷景廊）、傍山鹰（峡谷景廊）、刺史山（天顶湖景区）、曦山（铜铃山景区）、五叶莲花（铜铃山景区）、九鲤朝山（铜铃山景区）、云峰山（县城周边）、玉泉山（县城周边）、栖云山（县城周边）、寨山（县城周边）、林窑山（飞云湖景区）、鹤山（石垟森林公园）、伏虎山（石垟森林公园）、老子岗（岩门大峡谷景区）、五角仙峰（刘基故里景区）、日月双峰（峡谷景廊）、马鞍峰（峡谷景廊）、笔尖峰（百丈漈景区）、西天屏（峡谷景廊）、宝塔峰（百丈漈景区）、骆驼峰（朱阳九峰景区）、猴头峰（朱阳九峰景区）、白岩峰（朱阳九峰景区）、歧指峰（朱阳九峰景区）、石柱峰（飞云湖景区）、通天塔（百丈漈景区）、弓箭峰（铜铃山景区）、杨顶岗（石垟森林公园）、猴山关（石垟森林公园）、天狮戏珠（百丈漈景区）。

危崖怪石

神鹰崖 位于国师观瀑台上首。崖高约9米，突兀峥嵘，似神鹰伸颈作超脱状，蔚为奇观。崖下为峭壁深涧，人莫敢俯视。

古棺崖 位于猴王谷景区狮子潭至锯板坦溪谷。有块巨石，上部外突，下部内凹，凹部空间有一间房大，内存放“金瓶”8个，白棺一具。白棺葬于清嘉庆年间，至今不腐，令人称奇。

道士崖 在朱阳九峰将军峰旁。一崖兀立，形如道士，道士帽、道袍皆具，栩栩如生。

佛掌崖 龙麒源景区龙麒峡，一巨崖如掌，故名。

仙叠岩 位于南田亢五峰东侧朱垄村。岩高20余丈，叠成品字形，中有洞，可容纳数十人。洞内壁岩上有当地人刘耀东“磊落光明”题刻。

月印岩 位于飞云湖景区蟾宫埠。清光绪版泰顺《分疆录》载：“蟾宫埠上流石壁有圆痕，半在水上，大盈丈，影入潭中，日光掩映，恰似蟾宫月色，村因此得名。”该岩取名“月印岩”。

夜鹰岩 位于双龙景区金龙溪北山峦之巅。一岩似鹰，鹰眼炯炯有神，注视着溪中众鼠，馋涎欲滴，作迫不及待叼食状。

危崖怪石还有将军崖（百丈漈景区）、罗隐秀观瀑崖（百丈漈景区）、狮子崖（百丈漈景区）、金鸡崖（百丈漈景区）、母子崖（百丈漈景区）、宝塔崖（百丈漈景区）、翠屏崖（天顶湖景区）、鹤台崖（天顶湖景区）、笔架崖（刘基故里景区）、稻桶崖（峡谷景廊）、灵崖（铜铃山景区）、钻山牛（铜铃山景区）、将军崖（飞云湖景区）、金钟崖（飞云湖景区）、天师崖（石垟森林公园）、石角崖（石垟森林公园）、雨伞崖（铜铃山景区）、串钱崖（石垟森林公园）、龙嘴崖（县城周边）、神仙崖（刘基故里景区）、龟寿崖（刘基故里景区）、倒架仙梯（铜铃山景区）、擎天壁（峡谷景廊）、摩天壁（峡谷景廊）、仙垒壁（龙麒源景区）、九龙壁（石垟森林公园）、龙门（峡谷景廊）、三仙岩（峡谷景廊）、观音岩（百丈漈景区）、八仙岩（百丈漈景区）、八戒岩（百丈漈景区）、天王琴（百丈漈景区）、孔雀开屏（百丈漈景区）、岩廊（朱阳九峰景区）、守龙双神（朱阳九峰景区）、狮子岩（石垟森林公园）、仙叠岩（飞云湖景区）、食人岩（岩门大峡谷景区）、龙须岩（铜铃山景区）、野猪岩（铜铃山景区）、卧狮岩（铜铃山景区）、摇动岩（石垟森林公园）、抱子岩（石垟森林公园）、敬客岩（石垟森林公园）、浴阳龟（石垟森林公园）、仙人足迹（石垟森林公园）、沙僧岩（百丈漈景区）、铜铃石（铜铃山景区）、中流石柱（铜铃山景区）、龙珠石（峡谷景廊）、眠石（峡谷景廊）、龙珠石(峡谷景廊)、天狗追月(峡谷景廊)、仙人床(铜铃山景区)、仙人居(百丈漈景区)、木鱼石(飞云湖景区)、鳄鱼石(岩门大峡谷景区)、老童生(石垟森林公园)、青龙吐珠(石垟森林公园)、迎客僧(峡谷景廊)。

飞瀑碧潭

百丈一漈 在天顶湖下游外侧约200米,天然深壑巨涧,峭壁巨嶂。漈口宽约60余米,垂直高度207米,素有"天下第一瀑"之称。三面绝壁如削,瀑从百丈悬崖绝壁冲泻而下,声如怒雷,震撼山谷,十里之外,可闻其声,可谓旷世奇观。明刘基曾赋七绝云:"悬崖峭壁使人惊,万壑长空抛水晶。六月不辞飞霜雪,三冬更有怒雷鸣。"1935年杭州名士陈叔通一行七人,从天台山、雁荡山游览至百丈漈,叹为观止,谓远胜于雁荡龙湫。其中著名金石收藏家、西泠印社创始人之一丁铺之赋诗赞曰:"天台雁荡来,我性喜观瀑,对此百丈漈,余子皆碌碌。"

百丈二漈 从一漈顺涧而下约1000米即至。瀑高68米,宽50多米,分上下二折,上折高25米。瀑布后悬壁中凹为廊洞,呈月牙形,两头通行,瀑口如帘,人称水帘洞,可容数百人。岩廊西侧,为600多平方米石坪坦,中有长5米、宽3米龙井,水碧清;瀑流跌入深潭,面积2000平方米,曰龙潭;潭中有大方石,称仙女梳妆台。

百丈三漈 在二漈下游,漈头石滩宽广,巨石奇古。漈高12米,宽80余米,俚称"头漈百丈高,二漈百丈深,三漈百丈宽"。下有浅潭,面积1300平方米。顺流而下深壑有日月湫、青石滩、蝙蝠洞等景观。

山坑三瀑 在峡谷景廊入口处山坑、离谷口里许。分3级,总高86米。一级名太平瀑,高56米,帘宽4米,瀑从绝嶂巨壁飞泻而下。二级俗称怒瀑,高20米,从上级深潭狭窄出口奔腾冲出,声若雷鸣,30米范围内水雾笼罩,雾气冲天,气势雄奇壮观,堪称一绝。三级俗称姐妹瀑,高10米,漈口有凸崖,瀑分2股,左股水大为姐,右股水少为妹。

阴阳瀑 在峡谷景廊景区,与通天峡相对。瀑分二级,上级为阴瀑,隐于石缝内,高20米,深5米,缝口宽米余,只能在对岸石台上方见飞瀑。缝内珠光雾影,梦幻神奇。二级为阳瀑,高15米,如白绸飞泻入溪。一阴一阳,合于一瀑,鬼斧神工,佳景天成。附近另有"孔雀峰""擎天壁"等景观。

三叠瀑 位于峡谷景廊金狮潭附近,三瀑相叠于绝壁,称三叠瀑。一叠瀑高20米,二叠高30米,旁有岩庵,可容数人;三叠高15米。叠叠绝壁叠叠瀑,煞是诱人。三叠瀑下有可仰卧观瀑石。瀑下碧潭,潭水清澈可人。瀑布东边山脊岭似马鞍,称"马鞍峰";山如鹰,叫傍山鹰。三叠瀑西,有巨嶂"摩天壁"。

西天屏瀑 屏顶天漏一角,溪流从天而降,分二折直泻而下,跌入瀑下白龙峡中,高达百米。

虎口二瀑 位于铜铃山峡十二埕口。瀑口两旁悬崖峭壁直耸云天,两边悬崖对峙,形似虎口。悬崖岩纹奇特,状如虎头,称虎头崖。水从虎口飞泻而出,直下绝壁,形成二漈。一漈高7米,注入水晶宫,称为虎口一瀑;二漈高14米,注入虎穴潭,称虎口二瀑。

仙叠瀑 在双龙景区,深藏在仙叠岩左方,瀑高百米,悬崖分别为嶙峋巨石堆叠而成,乡人称仙叠瀑。

临湖瀑 飞云湖景区排前对面山,瀑临飞云湖,瀑流从悬崖窜下,以宽、厚、亮著称。

图14-4 西天屏瀑(选自2004《山水文成》画册)

三重漈 是岩门大峡谷瀑布群最具代表性景观。其地处峡谷险要地带，两旁悬崖绝壁，形成三重瀑布，便称“三重漈”。有着一漈野、二漈幽、三漈秀自然特色。壶穴碧潭硕大无朋，乃天下绝景。

虎口瀑　位于石垟公园水云谷。瀑高120米。漈头岩壁酷似虎口，水从虎口喷出，故名。瀑布下跌至10米处，分为主、副双瀑，主瀑飞流直下；副瀑绕岩壁一弧，至高70米处两瀑合一，形成巨大水帘。丰水季节，势大气雄，数里之外可闻其声，百米之内烟雨蒙蒙，抛珠泻玉，寒气袭人。

白龙潭　在峡谷景廊离枫岭石林约200米溪谷中。潭口两爿石壁相夹，宽仅4米，名龙门，龙门内豁然开宽；潭内，绿波粼粼如碧玉，似翡翠；潭中央，一条白色石梁，酷似蛟龙戏水，故名。潭头，有一块赤红圆形巨石，名龙珠。白龙潭左侧，五座石峰刺云簇天，名五指山。五指山上有一巨石，其状似僧，咧嘴笑迎天下客，名迎客僧。此处还有“大肚将军”“饮马峡”“罗汉山”“金狮潭”“稻桶崖”等景观。稻桶崖从溪谷拔地而起，高达百米，形似巨桶，如利斧劈就，乱云飞渡，险峻异常。

金牛潭　在峡谷景廊景区，潭深不可测，水清且绿。潭上有千急瀑，虽只有七八米高，但瀑布入潭之势却凶猛异常，独有韵味。潭边两块巨石，状如牛头被一劈为二，“牛头后脑壳”内一“岩庵”，可容数人站立。其中有个小洞，状如树叶，透过小洞，可见洞外蓝天青山，称“一叶天山”。

青龙潭　在金牛潭上游，能见状似青龙碧潭，长达40余米。碧潭之上，飞瀑泻落，形似千年辗转水磨，激流冲击右侧悬崖，状如磨槽。右侧悬崖一洞，名青龙洞，人不可攀，远望洞中黑幽幽一片，不知其深浅，传说古时有一金鲤鱼从此飞潭跃瀑，终上洞中修道而成龙。潭与洞之名，由此而得。

金龟潭　在百丈飞瀑景区，过击石瀑，一潭清清幽幽，潭旁一岩似龟，传说为神龟。龟旁一洞，深10余米，可容10余人，四壁沁水，人称神龟洞。

海龟潭　在百丈飞瀑景区，潭中一巨岩似龟，传说为东海龙王遭贬海龟。龟旁一洞，深10余米，可容数十人，四壁沁水，人称海龟洞。

龙井潭　位于铜铃山峡野猪岩下游200米处。潭长38米，宽25米，深15～18米。潭周四壁陡直，环绕圆形。潭边有岩，形似龙头，睁着两只龙眼，伸向潭中汲水。潭壁上小瀑布分为两股，终合一处注入潭中。潭边杂石遍地，大小不一，形状各异，水流经年不息。潭背五角凉亭，凭栏观景极佳。

大清潭　位于岩门大峡谷出口处，潭大数亩，上为飞瀑泻潭，下为卵石沙滩，潭水清澈喜人。

飞瀑碧潭还有纯阳瀑（百丈漈景区）、凹瀑（百丈漈景区）、击石瀑（百丈漈景区）、中曲瀑（百丈漈景区）、含羞瀑（百丈漈景区）、石林飞瀑（峡谷景廊）、天际瀑（峡谷景廊）、龙瀑（朱阳九峰景区）、百折瀑（朱阳九峰景区）、和水漈（朱阳九峰景区）、三潭三瀑（朱阳九峰景区）、武阳三瀑（刘基故里景区）、白郎漈（铜铃山景区）、白水漈（铜铃山景区）、金龙叠瀑（飞云湖景区）、仙人瀑（飞云湖景区）、滑水漈（岩门大峡谷景区）、中和瀑（石垟森林公园）、月潭瀑（石垟森林公园）、洞珠瀑（石垟森林公园）、神牛瀑（石垟森林公园）、映虹瀑（石垟森林公园）、水云九帘（石垟森林公园）、三重漈（石垟森林公园）、白水漈（石垟森林公园）、白水二漈（石垟森林公园）、龙凤瀑（石垟森林公园）、仙人瀑（仙人谷景区）、五折瀑（仙人谷景区）、金龟潭（峡谷景廊）、狮猪潭（峡谷景廊）、龙潭（百丈漈景区）、日月潭（百丈漈景区）、小月潭（朱阳九峰景区）、碧玉潭（铜铃山景区）、金鸡潭（铜铃山景区）、虎穴潭（铜铃山景区）、水晶宫（铜铃山景区）、金杯潭（铜铃山景区）、脚印潭（铜铃山景区）、连心潭（铜铃山景区）、葫芦潭（铜铃山景区）、阴阳潭（铜铃山景区）、藏酒潭（铜铃山景区）、墨鱼潭（铜铃山景区）、红心潭（铜铃山景区）、龙潭（铜铃山景区）、斗潭（铜铃山景区）、鳄鱼潭（铜铃山景区）、坑口潭（铜铃山景区）、白龙井（铜铃山景区）、青龙井（铜铃山景区）、鳄鱼大潭（岩门大峡谷景区）、门槛潭（岩门大峡谷景区）、狮子潭（石垟森林公园）、静水潭（石垟森林公园）、九龙潭（石垟森林公园）、葫芦潭（石垟森林公园）、牛角潭（石垟森林公园）、仙瓢潭（石垟森林公园）、情缘潭（石垟森林公园）、三涧三潭（石垟森林公园）。

秀湖幽谷

天顶湖 位于百丈漈上游，原为百丈漈电站水库，1992年后辟为旅游景区。水域面积5.4平方公里，镶嵌于海拔630米高山顶，民谣曰："南田九条岭，条条通天顶"，因此得名。湖内水盈千顷，白鹭野鸭翔集，湖光山色，美不胜收。且四周高旷绝尘，水质洁净，堪称游览、泛舟、避暑、休闲、健身胜地。

图14-5 天顶湖(选自2004年《山水文成》画册)

飞云湖 位于飞云江上游，为珊溪电站水库、浙南第一大人工湖泊。水域面积35.4平方公里，两岸群山连绵，高亢云霄，其间多奇崖怪洞；湖面碧波浩渺，江水如带，澄如明镜，"江作青罗带，山如碧玉簪"，湖面白鹭飞舞，水中锦鳞浮光，风光旖旎。

图14-6 飞云湖(选自2004年《山水文成》画册)

隐山湖 在石垟森林公园吴垟西南，系县高岭头电厂水库，隐于群山之中，未至近前难见其容，故名。湖广约60公顷。湖水曲折，沿山谷蜿蜒，宛若游龙飞腾于深山丛林之间。四周茂林修竹，苍翠欲滴。湖水青绿凝碧，两岸青山倒映，湖光山色浑然一体。白天湖面常有野鸭白鹭嬉戏，入夜林中时有猴猿悲啼，缠绵万分。游人可体验"山麓水滨"游钓之乐，亦可欣赏"舟行碧水"荡舟之趣。

猴王谷 位于石垟森林公园南部新演林区，面积约835公顷。境内遍布原始次生常绿阔叶林，"千章夏木如连叶，百折山溪不作泥"，生态环境极佳。峡谷深邃，山峰奇伟，瀑潭相连，古藤缠树，以古朴、原始、幽静、粗犷、奇险见长，时有猴鹿鸟雀等野生动物出没林间，极富"山中秋信来得真，树张清荫风爽神，鸟似有情依客语，鹿知无害向人亲"山野情趣。

通天峡 距峡谷景廊入口2公里处。万丈断壁，成对角之势，直插云霄。峡内草木成荫，泉瀑隐隐，涧水潺潺，有"洞帘飞雾"等景观。洞帘飞雾在公路上方约30米远峡内，三面岩壁环抱，成桶状，高20余米，上狭下宽，二股巨泉从洞顶泻入洞底岩面上，水花似烟似雾。

铜铃山峡 位于铜铃山公园，峡长500多米，呈S形延伸。峡内有经万年激流旋冲形成，大小不等、肚大口窄、奇形怪状壶穴深潭，以十二埕(葫芦潭)最为奇特，瀑叠瀑，潭连潭，似一串碧绿珍珠。峡谷两侧山崖形似刀削，崖壁几近垂直，连环石壁呈黄褐色，光滑如磨。其间瀑布众多，姿态各异，似蛟龙喷水，如银蛇出洞，像银河倒挂，像喷珠泻玉。壶形深潭似酒埕，如茶壶，像金杯，像葫芦，潭水碧绿，深不见底。游走于悬空栈道，仰望高空，两侧悬崖峡峙，陡峭兀立，天若飘带，神奇万千；俯视谷底，奇潭怪岩，目不暇接，鬼斧神工，叹为观止。

龙麒峡 在龙麒源景区，峡谷幽深，狭窄惊险，两旁奇峰如剑如戟，魏巍峥嵘，壶穴、深潭、金黄色峡底，水声潺潺，两岸植被葱郁。峡中有佛掌崖、仙桥墩、神龟、仙人足和脚印、对歌台、龙舌岩、金龙戏珠、弥勒脐石、石憨蟹、双龙会、对鹰岩等景物景观，令人为之陶醉。

金壁滩 在龙麒源景区，长约500米，宽50米，分为流金滩、龙珠滩等。均由桃花岩河床构成，经溪水千万年冲刷而成。

孝竹滩 位于铜岭山峡中段峡谷开阔处，水之湄茶亭上首。滩长100多米，宽60余米。滩内散置大小岩石，有一石自溪滩沙石中探出头和身来，状如一只白鳍豚，惟妙惟肖。滩旁长满华丝竹，拇指般粗，高约2米，当地人称孝顺竹。此竹奇处：竹笋顶部老，根部嫩。相传有母子，逢荒年，山中野菜、草根挖尽，其子祈求老天救母命，老天见怜，令这一带小竹出笋，以救饥民，故称孝顺竹，滩称孝竹滩。

秀湖幽谷还有翡翠湖（铜铃山景区）、源头湖（铜铃山景区）、仙女湖（石垟森林公园）、隐秀谷（石垟森林公园）、水云谷（石垟森林公园）、锁龙谷（百丈漈景区）、白龙峡（峡谷景廊）、擎天峡（朱阳九峰景区）、龟背滩（飞云湖景区）、青石滩（飞云湖景区）、金石滩（石垟森林公园）、过龙沟（铜铃山景区）、月亮湾（铜铃山景区）、胜川溪（石垟森林公园）、龙井坑（飞云湖景区）、清潭曲流（石垟森林公园）、猕猴岛（天顶湖景区）。

台岭洞窟

炼丹台 位于百丈飞瀑左侧山巅，天门上方，有一奇峰耸峙，相传南朝陶弘景（真人）曾于峰顶平台炼丹，称为炼丹台。遗址中仅存石墙、石床、石桌，占地面积约50平方米。

刘基观瀑台 位于百丈飞瀑前方山巅。当年刘基曾多次到此观瀑。

梳妆台 在百丈二漈下龙潭中，长约10米、高5米大方石，称梳妆台。

观音洞 位于百丈三漈左旁悬崖之中，洞深20余米，宽10多米，高30余米，洞壁岩石晶莹如白玉，居中立观音及善财童子、龙女三尊佛像。由旅意华侨胡长钦捐建。洞旁建有慈惠亭，洞右山巅，有岩像狗，名天狗岩。岩上方，两岩高耸，形如母子，人称送子观音。

红军洞 在岩门大峡谷景区岭后，因地壳运动，山顶大块乱石下滑、堆砌形成大小不同石洞。洞穴很多，洞中有洞，洞洞相连。红军挺进师在文成活动期间，曾有伤员在此养病。

洞背洞 位于飞云湖景区小溪口洞背山。洞分上下2级，上洞小下洞大。下洞似穴居式，口高约18米，宽达20米多，深至14米。清初曾建庙宇，塑神像，香火鼎盛。上下两洞相通，深莫测。洞西南金山村，有节孝石坊，石雕艺术精美，为县级重点文物保护单位。

银坑洞 位于壶穴潭外右旁悬崖峭壁下。洞口狭窄，侧身可进，高3米，洞内空旷，可容纳100人。据传此洞由宋代采银者陈淌开凿，附近遗有石磨盘、踏碓、捣臼、洗银石槽等。1983年，湖南一老翁曾在此洞捕猴子15只。

藏金洞 铜铃寨遗址旁山腰有石洞，相传为吴成七藏放金银珠宝之所，故名。有兴趣者可进洞探险寻宝。

双龙石窟 在双龙景区，石窟长300多米，深30多米。

西里奇窟 位于天顶湖畔西里，俗称奇窟底。三面悬崖峭壁，飞瀑如练。窟口两旁，有巨崖如武士峙立。石窟北向交坑村，有崖分上下二洞；石窟南向虬松盘曲，有峭壁相向夹峙，俚称峡门，内有三折瀑，蔚为奇观。

台岭洞窟还有垂钓台（天顶湖景区）、伯温晏观台（刘基故里景区）、对歌台（龙麒源景区）、观景台（铜铃山景区）、观日台（石垟森林公园）、通天岭（百丈漈景区）、好汉岭（朱阳九峰景区）、逍遥坡（朱阳九峰景区）、忘魂坡（石垟森林公园）、罗汉道（飞云湖景区）、金猫洞（百丈漈景区）、藏潭洞（百丈漈景区）、老鹰洞（刘基故里景区）、龙壁洞（刘基故里景区）、石馨洞（百丈漈景区）、风洞（岩门大峡谷景区）、酒袋洞（岩门大峡谷景区）、圣泉洞（县城周边）、观音洞（县城周边）、岩门洞（岩门大峡谷景区）、探儿洞（飞云湖景区）、藏佛洞（飞云湖景区）、凉风洞（石垟森林公园）、炼丹洞（石垟森林公园）、通天洞（石垟森林公园）、清矿洞群（石垟森林公园）。

季相时景

季相时景有飞云晨雾(飞云湖景区)、瑶池映月(铜铃山景区)、曦山观日(铜铃山景区)、林海烟云(铜铃山景区)、铜铃雾凇(铜铃山景区)、朱阳冰瀑(朱阳九峰景区)、奇木珍林(铜铃山景区)、莺啭青林(铜铃山景区)、九涧音韵(飞云湖景区)、曲流清溪(飞云湖景区)。

第二节　人文景观

唐宋至清末,县域佛道两教活动延续不衰,香火鼎盛,寺庵宫殿、庙阁祠堂、墓葬牌坊等古建筑众多。现录寺庵宫殿92处,庙阁祠堂56处,墓葬牌坊41处,古居民宅66处,摩崖石刻23处,古迹遗址77处,街亭桥井79处。

寺庵宫殿

寺　61处。唐代宪宗元和三年(808)建西坑安福寺、七年(812)建黄坦栖真寺、十五年(820)建大峃玉泉山七甲净慧禅寺。宋代景德二年(1005)建巨屿花前云居寺、南宋淳熙十一年(1184)建李井飞云寺、庆元六年(1200)建巨屿葛峰禅寺。元代大德四年(1300)建李井青云寺、至正三年(1343)建富岙灵隐寺、至正间建大峃真如寺。明代建大峃屿根净福寺、双桂庆云寺、福聚寺、珊溪西山西安寺、小林山福源寺、玉壶玉泉寺、周壤联丰灵应禅寺、黄坦占里合觉寺、稽垟宝华寺、清代建大峃净福禅寺、龙川花园清福寺、樟台鹫峰禅寺、宝崇禅寺(枫门寺)、双桂净因禅寺、公阳普济寺、新丰禅寺、巨屿垟尾报因寺、二源谈阳明星寺、下垟都铺广福寺。另有大峃垟丼圆通寺、珠岭会云寺、垟山头温泉寺、中堡福安寺、樟岭万明山寺、金炉陈庄崇德寺、南田妙果寺、三滩护国寺、底新屋云峰寺、珊溪罗山九台寺、西黄南峰寺、西山千云寺、平坑圣岩寺、巨屿垟尾贞莲寺、龙前南屿寺、方前碧云寺、双桂垟山净国寺、峃口马宗福清寺、鱼局龙潭寺、平和梅垟下灵德寺、垟塆求化寺、公阳九莲寺、周山乡净德寺、玉壶金钟寺、狮岩禅寺、联民安福寺、雅龙高峰寺、中村观音禅院、周壤岭头宫放鹤禅寺、麻山普靖寺、黄坦邢宅水云寺、西坑葛绳塆葛寿寺、百丈漈景区云崖寺等。(详见宗教卷佛教章)

庵　7处。大峃云峰山白云庵,唐代始建,明永乐十五年(1417)重建;南田西湖降龙庵,始建唐五代,清乾隆四十六年(1781)重修;清代建李井岩洞庵、巨屿龙前叶山庵、大峃周村栖云庵、双桂垟山净境庵、西坑垟源岭峰林庵。

宫　12处。大峃林店尾山太阴宫、玉壶长枫观音宫、周壤联丰灵应宫、周墩圣母宫、峃口马鬃岭头宫、黄坦高峰下仙岩宫、桂山平溪燕溪宫、樟台瑞宁宫、二源温树根马氏娘娘宫、巨屿垟尾太阴宫、平和方坑太阴宫、公阳上岳头九星宫。

殿　12处。南宋晚期建大峃林店尾山五显爷殿,明清时期建大峃屿根周一公殿、泉台地主殿、南田五显爷殿、九都新宅兴福王殿、黄垟坑马氏天仙殿、百丈漈岭头观音殿、外大会周六相公殿、珊溪徐岙地主殿、玉壶五岭观音殿、东溪茗垟地主殿、周壤新南三港殿。

庙阁祠堂

庙　9处。南田刘基庙,旧称诚意伯祠,明英宗天顺二年(1458)始建,五年(1461)告成,正厅塑刘基及其子刘琏、刘璟坐姿仪像。元至正三年(1343)建富岙徐三公庙。明清建筑玉壶水口庄济公庙(俗称三港殿)、黄坦周岙凤尾墩董公庙、大峃岩庵许真君庙、林店尾山三官庙、杨府爷庙、巨屿穹口包公庙、公阳福德庙。

祠 39处，其中元明清建筑35处，近现代建筑4处。

县级文保单位14处。南田九都谢塘岸刘基次子刘璟忠节公祠、九都旧宅底刘基长子刘琏参政祠、张坳麒麟岗徐伯龙忠勇祠、西坑梧溪宋相富弼富相国祠、大峃城南金鱼山邓氏宗祠(原址珊溪东龙)、黄坦塘底垟陆氏宗祠(原址黄坦坑)、百丈漈上石庄林氏宗祠、大峃石坟垟文成公祠、凤垟陈公祠、珊溪李井武威将军祠、黄坦富岙培头钟氏宗祠、周岙蒋氏宗祠、稽垟朱氏宗祠、西坑石门叶公祠。

2008—2009年，文物普查25处。金星蔡坑朱氏宗祠、公阳叶氏宗祠、上岳头陈氏大宗祠小宗祠、南田九都刘圣诗祠、横山底刘昆祠、黄曲寮吴氏宗祠、三滩刘宗亮祠、三源梅氏宗祠、金垟谷山郑氏宗祠、桂山桂库毛氏宗祠、大峃黄凤垟王氏宗祠、巨屿柳山柳氏宗祠、富岙双坑黄氏宗祠、莲头郑氏大宗祠、小宗祠，西坑让川叶氏大宗祠小宗祠、桂山凤狮包氏宗祠、珊溪新建王氏宗祠、黄坦依仁叶氏宗祠、百丈漈下石庄祠堂山赵氏宗祠、大塘后赵氏宗祠、乌支岗赵氏宗祠、上石庄庙后林氏宗祠。

阁 7处。西坑镇梧溪文昌阁、龙川下村后宅观音阁、周壤周墩文昌阁、岙底文昌阁、黄坦塘底垟文昌阁、双桂旁岸山下观音阁、百丈漈头凌云阁。

墓葬牌坊

墓葬 35处。南田西陵夏山刘基墓、黄坦王宅阮底苦马塘岩葬墓群、十源龙虎丘周攀龙墓、百丈漈下石庄有蒋介石、张学良题词的蛙蟆圩富松亭墓、县城官山革命烈士墓、珊溪坦岐革命烈士墓(列为国家及县级文保单位)。南田刘基家族刘集墓、刘濠墓、刘庭槐墓、刘爚墓、刘琏墓、刘璟墓、刘廌墓、刘貊墓、刘瑜墓。南田刺史山北宋名相富弼高祖富韬墓、十源马堡元代平阳州判、中宪大夫副都元帅蒋守诏墓，龙川中樟鼓后山麓南宋著名政治家、文学家、观文殿大学士周必大墓、稽垟宝华寺后山元末农民起义军首领吴成七墓、玉壶金星“一门六烈士”墓。2008—2009年，文物普查发现林氏始祖墓群、陈定瑚墓、富敦仁墓、徐绍伟墓、徐希进墓、严日曦墓、叶葵墓、张家祥墓、赵廷儒墓、周乘龙墓、周开盛墓、周冕墓、周莲溪墓、云湖叶山吴鸿祯墓、下垟桂竹岩洞“金瓶”罐葬群。

牌坊 6处。南田联簪坊、黄坦金山节孝石坊、上坪陈山墓道坊、稽垟百岁坊、西坑让川叶刘氏节坊、大峃徐村百岁坊。

古居民宅

名人故居 9处。南田刘基故居、刘璟故居、刘廌故居、刘耀东旧居、刘元旧居、刘兆祥旧居、周壤大坑陈御史故居、东溪南河(南茶、黄河合并)胡清泰故居、龙川下村赵超构故居。

图14-7 岭后雅庄古村落(选自2004年《山水文成》画册)

宅第民居 57处。西坑双田谢林大宅院、叶岸双龙东路徐宅、梧溪金星岗富宅、南阳富宅(南阳旧家)、敖里三口圩田门台(周定故居)、岭后雅庄古村落；南田九都祠堂下刘宅、盘谷底刘廷祯宅、刘凤书宅、谢塘岸刘廷梁宅、新宅刘宅、底园刘维瓒宅、横山岗背老屋、坑边垟刘宅、南田外宅刘宅、刘劲持宅；大峃陈宅村陈宅、周宅(大峃街530号)、林店尾新宅巷陈宅、下沙垟陈宅、龙川中村石门台赵宅、龙川街赵宅、周墩卢家古民居;珊溪下山郑世鸿宅、驮份郑世杰宅、桂库黄泥坳毛宅、朱川坑底朱宅、外条坑包宅、外条坑朱宅、南阳街刘宅、新西坑魏宅;玉壶中村下新屋胡宅、玉北路胡宅、底村上金垄胡宅、南河胡泰清故居及新宅、上林木湾陈宅;黄坦后巷村菜园田张宅、石门台张宅、前巷雅梅张宅、云峰王宅王焕章宅、邢宅王世修宅、云湖金山吴宅、包山垟岩门坑夏宅;峃口平和方坑草垄叶宅、新楼叶宅、公阳第三份叶宅、木樨树叶宅、桥头队叶宅、金垟渡渎郑宅、双桂桂阳叶宅、宝丰后半垄民居;百丈漈上石庄林桂芬宅、下石庄林宅、外大会陈宅、巨屿花竹岭夏宅、周山养根施宅。

摩崖石刻

石刻 6处。大峃龙川樟山元代摩崖造像、龙溪“磻岩”宋代摩崖石刻、峃口九溪岭摩崖石刻、百丈二漈岭头摩崖石刻、县城白云庵青云梯摩崖石刻、黄坦稽垟寨沟洞摩崖石刻。

题记 7处。珊溪百步崖南宋摩崖题记、玉壶李山石良坎清代摩崖题记、百丈飞瀑景区未遂亭题记、南田石圃山“漥泉”题刻、郑复初题记、刀马图刻画、无名氏题记。

石碑 10处。周壤大坑陈府庙石碑、周山水井头奉宪严禁碑、桂山桂库反腐碑、金炉岚岩兰盘胜会碑、玉壶李山禁赌碑、南田三源无为观青田县公署公告碑、周山养根舍地定界碑、黄坦新楼叶胡氏双碑、龙川中村赵金存宅兴隆祠祀田碑、南田张坳文武二帝殿魁星阁新建碑。

古迹遗址

古迹 4处。西坑安福寺、邢宅水云寺、共宅石鼓楼文物古迹、玉壶狮岩寨西寨门古迹。

新石器址 3处。珊溪鲤鱼山、巨屿垟地边、潘岙龟背山新石器时代古遗址。

古窑址 6处。珊溪坦岐碗岗山、汇溪蟾宫埠林窑山宋代古窑址、南田石圃山古窑址、陵山窑址、煤窑岗窑址、珊溪西山清代砖瓦窑址。

古人活动址 5处。百丈飞瀑景区国师观瀑台、罗隐秀观瀑崖、陶真人炼丹台、吕洞宾道庐遗址、南田武阳刘基读书路。

古建筑址 11处。县城玉泉山七甲寺遗址、南田三源高村刺史山无为观址、百丈漈二源谈阳巡检司址、金炉元末洗马塘址、明代峃口堡址、樟岭堡址、铜铃山峡宋代银矿洞址、黄坦周岙凤尾墩董公庙抗元址、稽垟朱祠私塾址、富岙驮丘边明代泗洲石佛塔、百丈漈石钟山宋代比丘尼经幢。

古山寨址 《文成县地名志》载48处。大峃金炉金山寨(吴成七寨)、石垟垟牛头寨、岚岩单田寨、小龙乌石寨、徐村金鸡寨、中堡南屏寨、坪山庵基寨、马山姜庄寨、黄坦稽垟香炉寨、严垟龙须寨、依仁虎龙寨、潘山狼丘寨、青龙寨、峃口溪口金鸡寨、双桂西山鹤嘶寨、平和双垮雷公寨、珊溪毛坑天丘寨、南田十源象鼻寨、玉壶狮岩寨、东头黄河寨、金垄双漈寨、铜铃山铜铃寨、石垟公园金竹寨、石门马鬃寨、鸽湖寨等。

街亭桥井

街 2处。珊溪老街、龙川老街。

亭 38处。南田伯温公园辞岭亭、玉壶底村佑善亭、黄坦依仁胡山全德亭、樟台樟岭万明山滴水亭(以上为文保单位)。巨屿花竹岭茶亭、黄坦占里黄呈垟路亭、龙川季马三官亭。百丈飞瀑景区观瀑亭、知风亭、沁心亭、陶然亭、慈惠亭、刘基故里景区盘谷亭、擎天亭、观稼亭、云来亭、武阳亭、故里亭。铜铃山森林公园昭烈亭、铃峰亭、瑶池小圆亭、瑶池岭竹凉亭、瑶池坳廊亭、山峡南廊亭、水之湄茶亭、龙潭五角亭、山峡北廊亭、电瓶车道凉亭、铜铃山半岭亭。石垟森林公园邀月亭、知青亭、怡心亭、听涛亭、沐风亭、观云亭、缘也亭、舒心亭、福禄亭。

桥　26处。大峃双垟坑口木廊桥、黄坦依仁石拱桥、西坑双龙桥、周壤周墩水口安定桥(以上为文保单位)。大峃大会岭脚会吉桥、里阳余山石拱桥、峃口金垟渡渎口石拱桥、溪口桂溪桥与木廊桥、西坑梧溪渡南桥、南田高村石板桥、三甲甲边洞桥、百丈漈西段周济桥、镇头镇西桥、玉壶碧溪金系桥、枫树龙百步岭脚安定桥、上林新林安庆桥、黄坦富岙桥、莲头木廊桥、柿树根石拱桥、高峰下驮垟水库大垟桥(又名大仙桥),珊溪福首源溪石拱桥、仰山松坑千秋桥、桂山桂库古廊桥、平溪燕溪桥、巨屿穹口永安桥。

图14-8　穹口永安桥(来自文成新闻网 2006年摄)

井　13处。县城大峃街桥头井、老文中古井、承文祠堂井、二新十三石井,龙川季宅温泉井,花园石门台水井,南田九都盘谷古井,三源水井,后塘水井,金垟李山石水井,黄坦王宅第四份水井、第七份水井,珊溪街尾水井。

第三节　红枫古道

“红枫古道”之名,源于文成。1996年9月,中国风景园林环境学系风景研究室主任、建设部风景名胜专家顾问谢凝高教授到文成考察风景名胜时说:“红枫古道,江南少有。存之不易,堪称佳景。”此即“红枫古道”名称之由来。

县境红枫古道,大多修建于元明清时代,经历代积累、修复,全县尚存较为完好古道70余条,古枫香树3000多棵,遍布乡村,其中县城周边有十余条,以大会岭、道岭、龙川岭(五十二岭)、松龙岭、岩庵岭最为著名。秋日丹枫似火,一条条红枫古道蜿蜒盘绕于群山之中,形成独特人文景观。

大会岭　东起大峃镇西北岭脚村,西终百丈漈镇富垟村。元末明初古道,文成至景宁大路重要路段,亦是“九都九条岭”之一,上通百丈漈、南田,下达大峃。全程5公里,台阶4500多级,宽1.2～1.7米,梯式台阶,用花岗岩条石铺筑,排列整齐,陡直而上,雄伟壮观。岭两侧枫松竹林浓荫蔽日,其中高大苍劲古枫树84株,沿途有会吉桥、岭脚亭、半岭亭、会云寺、云亭庵、云顶寺等建筑点缀其间,景色如画,游人不绝。

图14-9　大会岭古道(来自《山水文成》画册 2004年摄)

五十二岭　位于大峃镇龙川,村头村至过山村山丘口亭。南北走向,明末清初古道,九都九岭之一,上通百丈漈、南田，下达黄坦、大峃，全程3.5公里。古道两侧遍布枫香、松、樟等树木，其中岭头马坳头“三十六拐”古枫群最为著名，拥有500年树龄红枫55株，属一级保护古枫群。沿途有圣泉洞、元代摩尼教石刻、古桥等人文景观及板栗、葡萄、梨、桃、柚、李等农业观光园。

松龙岭 位于大峃镇泗溪左岸，沙垟村至里阳垟外村猫狸塘。南北走向，明末清初古道，里阳至大峃大路。全程约2.4公里，宽1.5米，多拐，路面以块石、条形桃花石铺筑，其中中段以天然卵石拼成，极富韵味。岭两旁遍布枫松竹林，古枫香190株，苍朴遒劲，如伞如盖，沿路峙立，首尾相连，宛似一条蜿蜒游龙，美不胜收。途中香枫树下设有山泉水井，条石长凳，供路人休息。沿途有徐三公庙、龙儿头路亭、金畔相公殿、石拱桥等人文景观。环境优美，景色宜人，成为居民最喜爱的健身绿道。

岩庵岭 位于大峃镇泗溪左岸，珊门村至里阳西山村漈头庵，南北走向，明末清初古道，全程约2公里，宽1.2米，用规整条形桃花石铺就。岭旁植被丰茂，树木遮天，古枫香树117株，逶迤连绵，沿岭升高、蓊郁。云峰亭至十八拐段，名青云梯，石阶757级；十八拐建在两座垂直崖壁之间，迂回转折，盘旋而上，拐弯18个，石阶208级，行之令人胆战心惊。沿途建云峰亭(半岭亭)、云江亭、青云亭、怡然亭、双枫亭，供路人休息。岭间寺宇林立，人文景观众多。另有石柱峰、仙人桥、透天洞、滴水岩、迎客僧等景观，为县城旅游胜地。

道岭 亦称长岭、潭岭、苔岭。南起大峃镇吴垟村靛青山岭脚，北至百丈漈镇二源程岭村岭头，九都九岭之一。明代始建，是沟通南田山与大峃、瑞安重要驿道。山岭沿高450米陡峻岗脊，呈“之”字形铺筑，计36拐，3800余步台阶。全程约5公里，历经数百年，仍保持原貌。岭脚起步石阶选材讲究，为青石板铺设，约50米；余皆乱石铺设。岭两旁古枫香树109株，苍劲挺拔、枝叶繁茂。沿途有古石碑、路亭、岭头景福堂等景观。

猫狸擂岭 在大峃镇凤溪右首，环城南路三岔路口至垟丼村。明末清初古道，旧为文(成)平(阳)大路路段之一，以山高岭陡著称，岭头海拔300余米。岭长2.5公里，宽1～1.5米，台阶用长1.3～1.4米、宽0.35～0.36米的青石板铺设。沿路现存红枫59棵。半岭建永福堂(俗称茶堂亭)，岭脚有清泉亭。清晨、傍晚行人众多，多为县城健身居民。

岭根岭 南起南田镇武阳村，北至青田县岭根乡岭根村滩坑水库南岸埠头，九都九岭之一，南田通往青田、丽水大路。明代建筑，全程10.1公里，早期路面大多为不规则块石，民国时期维修部分改用条石铺设，平均路宽1.2米。途间古枫香树86株，送客松、迎客松等古松树数百株。沿途建有岭头过廊、路亭、云来门，半岭茶屋、两通亭，“一勺堂石碑记”等。

八都岭 明末清初时期，西坑属青田县柔远乡八内都，故名。南起西坑畲族镇塘垟村蒲斜桥头，北至南田镇横山村横山底，西坑通往南田大路，九都九岭之一。明代建筑，全程约3.6公里，平均宽0.9米，路面以毛石为主，台阶用条石铺就。沿途古枫香树38株，大松树8株。古道整体保存完好，古枫香树和大松树生机盎然。道路设施有八都岭石板桥、凉亭、塘塆水井等。

吴垟岭 南起大峃镇吴垟村靛青山电厂，北至里阳余山村下余自然村。西南—东北走向，明代古道，全程约2.5公里，路面以不规则块石、花岗岩条石铺筑。两旁植被茂盛，名木古树众多，以古枫树为主。沿途路亭3座，及杨府殿、瀑布崖石拱桥、“望夫石”等景观。

以上红枫古道为县级以上文保单位。

2011年文成县未列为文保单位的红枫古道情况一览表

表14-1

古道名称	古道长度（公里）	古道宽度（米）	古道建造时间	古道情况
五十都岭	3	1.1	明、清	东南始玉壶镇龙坑村枫树龙，西北至二源岭头村榅树下，路面以块石为主。沿途古枫香树105株，有天然瀑布、崖景观2处，桥3座，亭3处
枫门岭	3	1.0	明代	樟台东城村樟岭至双马村黄坭岗头，早期路面为不规整天然毛石，中晚期为规整条形桃花石。道旁以古枫树为主，岭上巉岩峭壁，奇峰怪石幽洞等景观，建有亭3处，殿2座，寺1座
余姚岭	1.5	1.6	清代（1808）	始于峃口镇桂东村岙底山洞口，止于与平阳县交界瑞平堂，路面初以不规整块石铺筑，后改铺桃花岩条石。道旁古枫香树51株，平均胸径80余厘米，有瑞平堂、城底净因寺、清代石碑
石门岭	7.2	1.1	明代	西坑古洞坑至枫龙村枫树亭，路面为规整块石和条石。沿途古枫香树17株、古洞坑石拱桥、石门村叶氏宗祠
千秋门岭	1.5	1～1.5	明、清	黄坦镇（云湖）千秋门村，底厂至坳亭，旧时双溪通泰顺大路，路面为毛石、石块。道旁古枫香树50多株，千秋门坳有路亭
分水岭	12.5	0.8	明代	西北起珊溪镇西坑村西坑口，东南至桂山乡分水村枫门头坳，路面为毛石铺筑。道旁古枫香树19棵，另有树龄上百年古榅树，雷虎宫、包仙宫等景观
际坳塘岭	2.5	1～1.75	清代	黄坦镇云峰村，潘庄至际坳塘，路面为乱石、山土。道旁古枫香树48株，有云峰亭、云峰岭凉亭、邢宅三官桥等景观
盘　岭	3.1	1.1	明代	珊溪镇南阳村岙头底至东坪村上坪，前期路面以毛石混山土铺筑，后期用条形桃花石修缮。道旁古枫树12棵，其中2棵胸径超过2米，岭旁建亭
罗山岭	2.7	1.2	清代	珊溪镇街头村公湾巷至罗山村九台盟寺，路面前期由毛石铺就，后期中规整块石修缮。道旁枫香树36棵，有九台寺、帝师祠、教堂、罗峰寺等人文景观
均山岭	3	1.1～1.5	明代	珊溪镇西山村驮路外至君阳村均山，路面为乱石。道旁古红枫57棵，白岩前建双通亭
黄龙岭	5	—	明、清	巨屿镇飞云江左岸，东南起花前村云居路198号，西北至黄龙村缸靛自然村，路面为天然块石。道旁古枫树数十株，有石拱桥、歇雨亭、指示石碑
叶山庵岭	1.5	1.1	明、清	巨屿镇龙前村龙翔南路202号至南屿寺，路面为天然毛石与山土。道旁200年树龄古枫香树3棵，有陈府庙、张公墓、屿安亭、南屿寺、许真君庙、韦驮殿等景观
包宅岭	2.55	0.5～1.4	清代	南起峃口镇双桂旁岸村文平路94号，北止周山畲族乡养根村包宅自然村，前期路面由毛石铺筑，中后期用条石修缮。道旁枫香树44棵，有建步云、风月等凉亭5座及棋盘岩指路碑
吴垟岭	2.5	1.2	清代	西北起飞云江右岸、峃口镇吴垟岭根，东南至周山畲族乡周垟村徐山自然村，路面为山土、毛石。道旁枫香树65棵，大槠树14株。
驮　岭	2.5	1.1	清代	周山畲族乡境内，周垟村徐山至养根村，路面为条石。道旁古红枫香树25棵，有凉水井、路亭，有娘娘殿、观音殿、三孔石梁桥
丁坑岭	2.2	1	清代	黄坦镇富岙黄岙村至西坑鳌里坳头，路面为块石。道旁枫香树41株，有丁坑岭堤梁桥、碇步、凉亭
垟源头岭	2.6	1.1	明代	西坑畲族镇叶岸桥至旁边垟村垟源头，路面为条形桃花石。道旁古枫香树52株，有岸水井、洞桥，亭4处

续表14-1

古道名称	古道长度（公里）	古道宽度（米）	古道建造时间	古道情况
新亭岭	2.2	0.5～1.2	清代	黄坦镇驮坳村至严垟村岭头，路面为乱石、山土。道旁枫香树35株，井1口
吴山岭	3	0.5	明、清	峃口镇金垟渡渎村至小龙村，路面为天然块石。道旁古枫香树30余株，有岭脚碇步、岭头双枫树土地庙
西山岭	2.5	1.2	清代	珊溪镇街头村西岭巷13号至西山村白仰丘水塘，路面为水泥台阶，沿途有白仰丘水塘、茶塘地主宫、驮垟头永福殿、双枫树亭
八直盖岭	15	—	明代	南起毛坑风门头坳，北至珊溪西坑，沿途亭3处
孔坑岭	3	—	清至民国	玉壶镇樟山自然村至瑞安东岩，路面为毛石。沿途建民间桥梁16座、路亭22座
叶山岭	10	—	—	东南起于黄坦镇(原双溪乡)下坟坪村，西北至叶胜林场割草坳，沿途经7个山坳、6个峡谷
黄狮垄岭	2	0.8	明代	峃口镇原平和乡新田村，自季家源始，穿过南门，至黄狮垄，路面以毛石为主。沿途古苦槠树、香楠树、古枫香树数棵
双甲田岭	2.1	0.8	明代	峃口镇平和新田村，季家源至驮坪，路面为天然毛石。沿途有竹林、榅树林、数棵古香枫树
良坑岭	2.5	—	明、清	峃口镇金垟驮垟尾村至李山村，路面为条形桃花石、天然毛石、山土混合路面。沿途有青潭坑石板桥，李山娘娘殿
山坑岭	2	—	明代	大峃镇樟台，山坑至双马村外岭头，路面为规整条形花岗石。道旁古枫香树84株，有清代建筑五福桥、古墓、外路岭亭
乌岩岭	5	—	唐代	峃口镇公阳，自上岳头始，通平和、抵平阳，路面为石板。沿途有亭5座
水坑岭	2.5	1	清代	峃口镇双桂旁岸岭岩根，至周山畲族乡水井头村，路面为条石。沿途古香枫树5株，凉亭2座
孔山岭	2.5	1.2	明、清	巨屿镇孔山村孔岙至黎明村柳山水口，路面为条形花岗岩。沿途有孔山村农家乐、孔岙石板桥、孔山岭路亭
叶山亭岭	2.5	0.8	明、清	巨屿镇项坑边村东垟至黎明村柳一山，路面为天然块石。沿途古枫香树、凉水井、无字碑路亭、石拱桥
潘山岭	2	0.5	明、清	巨屿镇潘岙村至潘山村青峰亭，路面为毛石、山土。潘岙水口桥头500年古枫香2株、笔管榕1株
徐村岭	3.5	0.7	明代	大峃镇上徐村至里阳外村，路面为天然块石铺。道旁古枫香树76株，另有娘娘殿、崇德亭
西山岩头岭	2	1～1.4	明、清	大峃镇珊门村至里阳西山岩头，路面为较规整花岗岩条石、块石。沿途古枫香树93株，清风亭等路亭5座
樟坑岭	2.7	0.3～1	明、清	大峃镇龙川基坑至龙马十字路口，路面为不规整块石、山土。沿途古枫香树84株，有亭、桥、碇步
岱根岭	1.5	0.5～1	清代	西坑镇，岭后苍岗三板桥至雅庄水口，路面为不规整青石、花岗石。沿途古枫香树20余株
南坑岭	1.5	0.5	明代	大峃镇周壤南坑至樟台山茶花，路面为花岗岩条石。沿途古枫香树数棵，路亭2座
郭山岭	3	1.2	清代	峃口镇平和郭山村，张宅至二十五村，路面为天然毛石。沿途有枫香、苦槠、笔管榕等古树

说明：资料由县旅游局提供

第二章 旅游开发

1993年，县域风景名胜区分百丈漈、天顶湖、峡谷景廊、刘基故里、朱阳九峰5个景区。1996年7月，铜铃山、石垟森林公园成立。2004年1月，百丈漈·飞云湖景区晋升为国家级风景名胜区，划分百丈飞瀑、飞云湖、刘基故里、铜铃山峡(国家森林公园)、朱阳九峰、岩门大峡谷、天顶湖、龙麒源、峡谷景廊、双龙10个景区。2010年10月，成立金朱森林公园。2011年年底，全县景区12处，其中森林公园3处。创办“农家乐”50家，创建国家AAAA旅游景区2个、AAA旅游景区1个，浙江省旅游经济强镇3个。2011年1月，文成县被命名为浙江省旅游经济强县。

峡谷景廊、龙麒源、双龙景区和石垟森林公园，为招商引资股份制开发景区。2005年9月，岩门大峡谷、双龙景区遭“泰利” 台风水毁；2006年朱阳九峰因配套设施滞后等原因关闭，尚在招商引资待开发。

第一节 勘查 规划

1992年始，组织人员勘查旅游资源。1993年3月，启动编制《百丈漈风景名胜区总体规划》。1998年7月，编成《文成县风景旅游总体规划》。2004年1月，重新编制《百丈漈·飞云湖风景名胜区总体规划(2007—2025)》。并编制天顶湖、百丈飞瀑、刘基故里、朱阳九峰、岩门大峡谷、飞云湖等景区详细规划和铜铃山、石垟森林公园规划。

风景资源勘查

1992年年初，县委、县政府提出“走山路、吃山货、观山景、唱山歌、住山庄”旅游发展新思路。同年3—6月，县委宣传部部长徐世征带领风景旅游、文联、文化等部门人员深入百丈漈、峡谷景廊、刘基故里、朱阳九峰等景区勘察，前后历时96天，收集到大量资料，勘查记录景观378处，其中一级景观32处，二级景观86处，三级景观260处，并形成《百丈漈风景区勘查报告》，邀请专家、学者及新闻媒体单位，召开百丈漈风景名胜区开发研讨会。1996—1997年，着重对县境西部风景资源进行考察，先后勘查铜铃山、石垟、飞云湖、双龙、龙麒源、岩门大峡谷等景区，发现景观景点1200多处。1997年9月，全国著名风景专家谢凝高到文成考察，对县境风景资源尤其是铜铃壶穴、红枫古道作高度评价。

风景旅游规划

总体规划 1993年3月，委托江西省园林设计院负责编制《百丈漈风景名胜区总体规划》，规划设计百丈漈、天顶湖、峡谷景廊、刘基故里、朱阳九峰5个景区；9月编成规划文本；11月通过省级专家评审。2001年11月，通过规划初审。原《百丈漈风景名胜区总体规划》已不适应景区建设需求，为合理利用、有序开发风景旅游资源，2004年1月重新委托江西省城乡规划设计研究院编制《百丈漈·飞云湖风景名胜区总体规划(2007—2025)》。规划文本经多次修改完善，于2006年9月在杭州经建设部联席会议审查通过，并上报建设部待批复。新编规划景区总面积137.16平方公里，辖百丈飞瀑、飞云湖、刘基故里、铜铃山峡、朱阳九峰、岩门大峡谷、天顶湖、龙麒源、峡谷景廊、双龙等十大景区。规划根据国家部颁标准和风景资源分布特征,将风景区内自然景观保护区和史迹保护区,以及部分风景恢复区和风景游览区,划定为核心景区,面积47.88平方公里。

1998年7月,委托杭州大学旅游研究所编制《文成县风景旅游总体规划》,规划范围包括百丈漈风景名胜区,铜铃山、石垟两个森林公园及飞云湖景区。1999年8月编制完成,9月进行评审。

景区详细规划 1996年3月,开始编制《天顶湖景区详细规划》,同年7月对规划方案进行初审,10月通过省级专家评审。2005年分别编成《百丈飞瀑景区详细规划》《刘基故里景区详细规划》。2007年6月,通过会审。同年12月,编制完成《朱阳九峰景区详细规划》。2008年11月,相继编成《天顶湖景区详细规划》《岩门大峡谷景区详细规划》《飞云湖旅游景区控制性详细规划》。2009年9月,编制完成《飞云湖景区详细规划》。2010年4月,编制完成《天顶湖景区详细规划》。10月19日,评审通过《仙人谷旅游景区规划》。2011年4月,评审通过《百丈飞瀑景区修建性详细规划》。

森林公园规划 1996年6月,石垟林场委托浙江省林业勘察设计院编制《石垟森林公园总体规划》。公园规划依照林业部"森林公园设计规范"设计,先对公园各类旅游资源进行全面调查和资料收集整理,同时结合公园特色,对公园空气、气候、地面水环境质量,旅游资源,风景资源定量进行评价,形成总体规划原则方案。7月邀请县委、县政府领导和县林业、旅游等部门负责人、专家及技术人员20多人对公园规划原则方案进行讨论、修改完善。次年9月编成并通过会审。1997年12月,叶胜林场委托浙江林学院园林系编制《铜铃山森林公园总体规划》。1998年5月,县政府召开铜铃山森林公园总体规划初审会。6月30日,在杭州四季青大酒店,通过浙江林学院、杭州商学院、杭州大学旅游学院、浙江农业大学,林业部华东规划设计院、省林勘院专家学者的评审。

2002年委托宁波远景旅游规划研究所编制《石垟森林公园水牛塘景区建设详细规划》,11月通过评审。2006年8月,委托浙江省林学院园林设计院编制《石垟森林公园猴王谷旅游景区详细规划》。2007年6月通过专家评审,8月批准实施。2010年5月,评审通过《月老山旅游风景区控制性详细规划》。

旅游发展规划 1998年11月,编制《文成县风景旅游发展十五计划及15年规划》。2006年7月,编成《文成县旅游发展"十一五"规划及项目计划》。2011年1月,委托北京大地风景旅游景观规划院、北京交通大学风景与旅游规划研究所编成《文成县旅游发展"十二五"规划》。

第二节 景区开发

1993年3月,百丈漈风景名胜区被命名为浙江省级风景名胜区,正式对外开放。1996年10月开工维修刘基庙,1998年始售旅游门票。1998年8月开发朱阳九峰景区,2000年10月对外开放。2001年招商引资开发峡谷景廊,2002年开发岩门大峡谷。2004年引资开发龙麒源景区,2007年5月开始接待游客。1993—2011年,7个景区总投资13350万元,其中政府投资7335万元,社会投资(捐资)6015万元。

百丈漈景区

国家AAAA级旅游景区,亦为县域旅游核心景区。位于百丈漈镇,海拔638米高山平台上。由百丈飞瀑、天顶湖两个景区组成,总面积10.15平方公里。南入口百丈漈电厂处距县城4公里、北入口天顶湖大坝外侧距县城20公里。1993年3月正式对外开放。

景区特色 百丈漈为"V"形深壑巨涧,涧长1200米,落差达353米,为全国之最。南田腹地,清泉万泓,聚汇百丈悬崖之巅,突奔深壑,形成一漈、二漈、三漈瀑布群。一漈高207米,宽30米,瀑流泻下深壑峡谷,声如雷鸣，状若银河倒挂，誉称中华第一高瀑；二漈高68米，中成水帘洞；三漈犹如长纱白练，横穿6里秀谷，以一漈雄、二漈奇、三漈幽著称。一帆峰、笔尖峰、老鹰峰、观音送子岩、一指观音峰与碧潭瀑布相映成趣。还有陶氏真人炼丹台、罗隐秀观瀑崖、观音洞、三圣殿、吕洞宾道庐遗址、刘基观瀑台、击石瀑、海龟瀑、仙人居、八仙岩、八戒岩、天王琴、凹瀑、将军崖、金猫洞、通天岭、天门、孔雀开屏、天狮戏珠和陶然亭、沁心亭、观瀑亭、知风亭、凌云阁等自然和人文景观。

图14-10　百丈漈二漈(来自文成新闻网 2008年摄)

天顶湖为百丈瀑布之源。湖广5.4平方公里。民谣曰："南田九条岭，条条通天顶"，故名天顶湖。湖畔林木茂盛，秀竹掩映。湖面犹如一面明镜，宽阔处水天一色，烟波浩渺；狭窄处岸边野花，伸手可摘。湖中大小岛屿十余个，湖串湖，湾套湾，山绕水，水环山，湖光山色，相映成趣。枯水期更是红沙绿洲，湖水如玉。石桥通幽。可观天湖映日、清波夜月、水天飞鹭、长虹落彩、松林听涛等景色；浏览湖畔湖神殿、翠屏崖、西里奇窟、钟山经幢、龟山天然浴场等景观，是一处泛舟、游览、避暑、休闲、健身胜地。

开发建设　1992年3—5月，组织力量对风景旅游资源进行勘查。10月开工修建步云岭。1993年6月，开工建设南入口至一漈观瀑亭游步道。同年起，邀请引荐企业家、名人、旅外华侨、台胞捐资，陆续建成陶然亭、观音洞、凌云阁、慈惠亭、沁心亭、三圣殿、知风亭等设施。1996年2月，二漈度假村落成，百丈飞瀑首期引水工程开工。2004年修建南、北入口停车场，制作安装"国家重点风景名胜区"标志。2008年5月，再次建设引水工程。9月，北入口游客中心投入使用。1992—2004年，投入建设资金2530万元，其中省级财政930万元，市级180万元，县级620万元，地方自筹及社会捐资800万元。2005—2011年，投资1350万元。1993—2011年，建设游步道6公里，凉亭6座，殿阁2座；公厕3处；添置游船(艇)14艘，南北入口管理房2处，休闲度假村1处。

1993年3月，百丈漈风景名胜区被命名为浙江省级风景名胜区。2004年1月，晋升为国家级重点风景名胜区。2009年10月，获评国家AAAA级旅游景区；12月，被评为温州市2009年度十佳旅游景区。2010年12月，通过省、市生态旅游区检查验收。

游步道　百丈漈原山岭陡峭，溪谷荆棘丛生，游人寸步难行。1992年10月筹措资金3万余元，其中贷款2万元，县企业家蒋观松赞助1万元，开工建设二漈步云岭游步道，建造石阶108级，1993年3月建成，景区开发建设迈出第一步。至1996年6月，景区南入口至通天岭游步道全部建成，总长6公里，造价80万元。2000年建造三漈"迷宫路"550米。

风景建筑　1993年5月，由吴鸣皋捐助1.78万元，在百丈三漈滩旁崖台建造陶然亭，此为景区第一座凉亭。1995年3月，建成二漈边沁心亭，由旅荷华侨胡克盛捐助4.5万元兴建。同年6月，旅意华侨胡长钦捐资4.5万元建成观音洞、慈惠亭。1996年元月，旅意华侨胡志潺捐资6.5万元，在一漈潭边建观瀑亭。同年12月，吴仁清捐资6万元，在百丈漈头建造凌云阁，次年6月落成剪彩。1997年3月，旅德华侨胡允斌投资18万元，在观音洞下悬崖石壁上修建三圣殿、石质七层积善塔。2001年7月，西班牙华侨胡绍微、高月娥出资6万元，在百丈漈山巅建造知风亭。

二漈度假村　坐落百丈二漈龙潭旁。1995年春破土动工，1998年1月扩建，两次建设总投资35万元。属小型餐饮、住宿、购物等旅游服务配套设施，有床位20铺，试营业后暂停，旋拆除。

引水工程　1958年建设百丈漈一级水电站，水源被截，百丈漈时常处于“有瀑无水”尴尬境地。1993年，百丈漈风景旅游区成立后，曾于1996年、1998年分二期投资118万元，实施引水工程，从小溪坑引水，在一漈漈头筑拦水坝，恢复瀑布。2001年1月建成，但水流量小，效果一般。2008年5月，县政府与百丈漈电厂签署协议，决定直接从水库取水。引水隧道总长337米，公路600米，总投资796万元。同年5月31日进场施工，2009年4月25日，试放水成功。引水工程建成后，年总取水量约1500万立方米，每天上午8时至下午6时为放水时间，每秒流量1.105立方米，重现中华第一高瀑雄姿。

景区北入口工程　位于天顶湖大坝外侧。2006年3月开工建设，工程项目包括景区接待游客中心、景观长廊、生态型停车场、三星级公厕、客务中心、旅游购物商铺、售票房、喷泉小广场、林荫休息场和服务处，给排水、电力、环境绿化等旅游设施，总用地面积12520平方米，其中建设面积1334.63平方米，绿地面积为3134.9平方米，总投资610万元。2008年9月，游客中心投入使用，建筑面积776.3平方米，设有咨询服务台、休息桌椅、邮政信箱、电子触摸屏等设施，为游客提供旅游、交通信息服务。

图14-11　景区入口标志(来自文成新闻网 2004年摄)

天顶湖山庄　位于百丈漈镇篁庄西山背天顶湖边，为全县首个旅游招商引资项目。1995年2月破土动工，由温州经济开发区房地产开发公司投资兴建。建筑面积2000多平方米，床位80多铺，配套多功能厅、会议室等设施，总投资400万元。1998年年底落成。

百丈飞瀑景区基础设施建设与环境整治一期工程　2011年启动。主要建设内容为南入口游客中心、售票处，二漈桃源堂、云崖寺、北入口餐厅、自驾车营地、游步道、观景平台、景观亭阁、景观环境、给排水、电力等配套设施，工程总用地面积52854平方米，建筑面积5139平方米。新增游步道1857平方米，新增绿化面积65000平方米。总投资2913万元，当年完成投资500万元。

刘基故里景区

国家AAA级旅游景区，位于南田镇海拔600米高山平台上，距县城34公里。南田平台面积196平方公里，万山深处，忽辟平畴，高旷绝尘，北宋《云笈七签》称为“天下第六福地”，誉驰古今，闻名遐迩；近人誉之曰“浙南庐山”和“江南天府”。景区自然风光优美，胜似世外桃源；文化厚重，人文悠远，才俊辈出。拥有国家级文保单位刘基庙(墓)、国家级非物质文化遗产“刘伯温传说”“太公祭”等“国字号”金名片。

图14-12　刘基庙(来自文成新闻网 2008年摄)

景观景点　以刘基文化人文景观为主，有刘基庙、墓，刘基故里、故居，刘府旧宅、参政公祠、忠节公祠、天葬坟、刘集墓、辞岭亭、盘谷亭、观稼亭、武阳亭、故里亭、云表门、联簪坊、郁离长廊、刘伯温纪念馆等。辅以亢五峰、石圃山、笔架崖、伯温晏观台、七星落垟、武阳三漈等自然景观。其中刘基庙为特级景点。刘基庙始建距今550多年，合院式木结构建筑古香古色，正厅刘基及其两子刘琏、刘璟坐姿塑像庄严肃穆，头门"王佐""帝师"木牌坊独具特色，庙内"钦建诚意伯庙""古之名世""万古云霄""玄机洞鉴"等明、清、民国、现代名人撰写匾额、楹联众多。明天顺五年(1461)礼部侍郎姚夔所撰《敕建祠堂记》碑文，详载刘基生平。

开发建设　1995年编制南田镇《历史文化名镇保护规划》《刘基故里景区修建性详细规划》。1998年始售刘基庙及武阳景区门票。1999年建成武阳刘基故居、刘基书院，投资60万元。2001年6月，刘基庙、墓列为国家级重点文物保护单位；设立刘基庙、墓文物保护所。2004年开通南田至刘基墓连接西坑通景公路。2005年投资550万元，开工建设刘基庙文化广场、刘基雕塑铜像、《郁离子》长廊，至2006年7月10日落成。2008年1月，建成刘伯温纪念馆，投资350万元。同年，刘伯温传说列入国家级非物质文化遗产名录；11月被命名为国家AAA级旅游景区。2009年8月，投资500万元，石刻摩崖"铭廉壁"。2011年7月开工建设刘基文化生态园，占地面积156.8公顷，建筑面积14.12万平方米，投资2.8亿元。

刘基庙修缮　1996年8月，委托省古建筑设计研究院编成维修方案；10月刘基庙正厅(一期)维修开工，次年年底完工。2002年11月，启动二期维修工程，主要维修木牌坊、头门、仪门、厢房、正厅、追远祠等，并对庙宇周边环境进行清理和整治。2004年3月通过竣工验收。

刘基故里　位于南田镇武阳村。1999年3月开工建设，5月底竣工。恢复刘基故居，占地面积1600平方米；建设伯温书院，占地面积5000平方米，以及游步道、凉亭、荷花塘、停车场等设施，总投资60万元。

刘基广场　位于华盖山，南田新宅村。2005年8月开工建设，占地面积4000多平方米。广场左侧为刘基庙，右侧为刘伯温纪念馆。广场正中为刘基全身铜像，像基高3米，像高5米，气宇轩昂。广场投资100万元，刘基铜像40万元。

刘伯温纪念馆　郁离长廊　铭廉壁摩崖石刻　纪念馆在刘基广场右侧，2006年7月10日落成。郁离长廊位于伯温路亲水平台。2005年开工一期，次年7月建成。铭廉壁摩崖石刻坐落刘基庙广场，2009年8月开工，2011年7月14日举行揭幕仪式。(详见二十九卷刘基文化·刘基与文成文化)

刘基文化生态园　位于南田镇，整体布局结构以刘基文化为主题，集文化旅游、学术研究、休闲居住、教学实践为一体，为综合性文化生态园区。2011年7月15日举行开工仪式。总占地面积1252亩，建筑面积 141230平方米，投资2.8亿元。

峡谷景廊景区

位于县城西侧4公里处，源头与百丈飞瀑景区相连，面积16.7平方公里。峡长4.5公里，最宽处不过百米，最窄处不足5米。两岸群峰高抗云霄，峡谷绝壁、飞瀑、湫潭风光如画。

景观景点　峡长谷深，宽窄错落，逶迤曲折，景观别致。自然景观30余处，通天峡、西天屏、擎天壁、摩天壁巨嶂峭壁，日月峰、宝塔峰、通天柱直耸苍穹；三仙崖、观音崖、弥勒崖、罗汉崖、孔雀崖、石笋岩、"迎客僧""天神骑麒麟""天狗追月"，形象生

图14-13　高空溜索(来自文成新闻网 2008年摄)

动逼真,惟妙惟肖;青龙潭、金牛潭、金龟潭、白龙潭、猪狮潭,波光粼粼,水碧似玉;石林飞瀑、阴阳瀑、三折瀑、三叠瀑、天际瀑,泻珠溅玉,蒸烟吐雾,视其势或从天而降,或飘若白练,闻其声或咆哮如雷,或婉若龙吟,刚柔相映,妙趣横生。整条景廊,步步皆景,四季各异,犹如一卷山水画作,故称"峡谷景廊",有"华东第一峡"之誉。

开发建设 1993年3月,列入百丈漈省级风景名胜区建设规划。2001年实行招商引资,由县峡谷景廊旅游开发有限公司建设。景区设施投资700万元。2003年10月1日建成对外营业。2004年1月14日晋升为百丈漈·飞云湖国家级风景名胜区十大景区之一。2007年后陆续投资460万元,新增皮筏艇漂流,拓展真人CS(生存游戏)、野外烧烤、篝火晚会、露天酒吧、网墙、独木桥、浮桥、吊桩、天梯、梅花桩、高空溜索、飞檐走壁、凌空漫步等户外休闲娱乐项目。

飞云湖景区

位于飞云江中游,属珊溪水利枢纽工程拦江截流而成。水域面积35.4平方公里,西倚泰顺乌岩岭,北邻铜铃山国家森林公园,与双龙景区相连,为浙南最大淡水湖泊。

景观特色 飞云湖两岸群山连绵,高亢云霄,四围青山屏立,竹木掩翠,具湖秀、洞幽、峰雄、潭奇特色。有石柱、葫芦岛、七星岛、梅坑底、洞背洞等自然景观,为水上旅游、度假休闲生态乐园。

双龙景区位于飞云湖畔,境内翠谷深幽、绝壁擎天,仙洞嵌壁、景色迷人。瀑、洞、滩、岩景物奇特,瀑有仙叠瀑、仙人瀑、金龙叠瀑、擎天瀑、银龙瀑、马尾瀑;洞有罗汉洞、双龙石窟、观音洞、月老洞;滩有青石滩、龟背滩;岩有仙叠岩、卧狮岩,以及石塔峰、东公潭等景点。

珊溪飞云江沿岸历史文化悠久,早在新石器时代就有人类活动,自唐五代迄至明清,古文化遗存颇丰。江畔刘英纪念馆,陈列刘英、粟裕率领红军挺进师在文成战斗革命史迹,是市级爱国主义教育基地。

开发建设 1997年珊溪水库主体工程开工,2000年5月建成蓄水。2001年通过招商引资,建成飞云湖项竹垟等4处码头,并开通飞云湖至云湖乡和百丈口两条航线;同时动工建设飞云湖至铜铃山峡通景公路。2004年1月,飞云湖风景名胜区被命名为国家级风景名胜区。10月,成立飞云湖水上交通旅游有限公司,举行飞云湖景区水上交通运输通航典礼,投入接待营运快艇4艘、铁板船1艘,为旅客提供80多个座位,景区正式对外接待游客。2010年1月,开工建设新交通码头。原码头改为乡镇码头。新码头设计规模为300吨级客货泊位兼停靠车渡,年通过能力3万人次;候船室及管理用房建筑面积807平方米,并建有停车场等陆域配套设施。2011年完工,概算投资394万元。

刘英纪念馆 1994年3月动工兴建。坐落飞云江畔百万山麓。由望江亭、怀英门、纪念碑亭、刘英铜象、石阶梯、广场、纪念馆展厅等组成。纪念馆主体建筑参照北京人民大会堂形式缩小建造,高11米,有圆柱24根,各高7.8米,占地1127平方米,建筑面积784平方米。刘英铜象高4米,石阶梯分216级,广场占地2000多平方米。总投资(集资)250万元。1996年5月18日落成。

图14-14 刘英纪念馆(珊溪镇提供 2010年摄)

文物搬迁、修缮 1996年7月,因珊溪水利枢纽工程建设需要,县文物管理部门对百步岩摩崖石刻、邓公祠、陆公祠等3处县级重点文物进行发掘、搬迁。百步岩摩崖石刻移至县文物馆库房保存，邓公祠移至大峃镇金鱼山，陆公祠移至黄坦镇塘底垟村。2005年10月珊溪镇井市村退休老教师带头捐资并发动群众集资40多万元，修缮武威将军祠、通天都府大殿、徐三侯王石殿等县级文保单位，并新建成武威将军门亭、望都亭、侯王亭，成为当地一道靓丽风景。

烟雨湖　位于百万山脚，是百万山电站水库，2007年8月21日建成蓄水并通过验收。总库容871万立方米。每日清晨，湖面上水汽弥漫，烟雾袅袅，水面披上一层薄纱，如烟似云，周边村庄、房屋、树林若隐若现，缥缈沉浮，宛如仙境，漫步湖滨，似细雨扑面。故名“烟雨湖”。

白鹭广场　2009年12月建成。广场地处镇中心黄金地段，占地面积3800平方米，其前身是珊溪镇大礼堂。镇政府放弃价值3000万元土地收入，投入200万元建白鹭文化广场，购买大型电视荧屏，每天定时转播新闻等节目，成为居民从事文化活动和健身、休闲好场所。

双龙景区　2003年实行招商引资开发，由县双龙风景旅游发展有限公司投资建设。先后建成崇阳门、罗汉道、藏佛洞、求财洞、观音洞、月老洞、双龙石窟等景观。2004年4月竣工，对外营业。2005年9月受“泰利”台风影响，设施严重受损而关闭。

龙麒源景区

位于西坑畲族镇梧溪村北端，距县城35公里。总面积6.82平方公里，其中一级保护区面积2.19平方公里，森林覆盖率96%，景区峡谷幽长，层峦叠嶂，苍翠欲滴，溪水千姿百态，绿潭串连，畲族风情浓郁。

图14-15　龙麒源金壁滩（来自文成新闻网 2003年摄）

景观景点　以“游奇山秀水、赏畲家风情”为特色，主要景点30多处，有畲源、飞翠湖、凝碧潭、金壁滩、凤凰山、仙垒壁、老鹰崖、穿龙峡、月亮岛等自然景观，铁索桥、人生隧道、桃源洞、水碓房、溪雨亭、鸳鸯亭、观景台和畲族民俗文化展示厅、畲乡风情苑、十二生肖吉祥门、山哈茶亭、畲源世家等人工建筑。最佳景点为金壁滩，500多米长崖壁河床，无片石粒砂，光秃秃、金黄色崖壁与流泉碧潭交相辉映，蔚为壮观。更有对歌、打七塔、婚嫁习俗、跳竹竿舞等民族风情歌舞演出；品尝畲乡糯米酒、糯米饭糍、香竹饭、黄糕、畲家火锅等畲家宴，让人回味无穷。

开发建设　由西坑畲族镇招商引资开发，业主为县龙麒源风景旅游开发有限公司，2004年启动开发。2005年建成梧溪至驮湖通景公路（水泥路）6公里，停车场2处1.4万平方米，人行铁索桥365米，钢筋栈道、森林栈道、游步道2公里。2006年动工兴建景区管理房、宾馆，宾馆按三星级宾馆标准建设，占地面积620平方米，建筑面积1240平方米，设套间2个、标准客房28个，餐厅可容纳300人同时用餐。同时建成电信、移动、联通信号基站4处，改造输电线路5公里。2007年4月底全面竣工，5月1日对外营业。总投资4000万元。

2010年投资407.5万元，装修会议室、宾馆客房，改建游客中心、管理房、休息室、餐厅、生态停车场，新建茶楼2座、生态厕所4座，购置接送车辆2辆，安装景区垃圾桶及各类指示牌等。

朱阳九峰景区

位于二源朱山村，景区入口距县城36公里、天顶湖景区15公里。总面积10.18平方公里，陡峻异常，自然景观以峰奇瀑秀称著。

景观景点 山峦嵯峨堆叠,奇峰擎天,形象巧变,移步换景,天开画图,宛如岩峰雕塑群:玉笙峰、一剑峰、骆驼峰、大象峰、猴头峰,无不惟妙惟肖,栩栩如生,其大、其高、其势、其神,令人惊叹。一剑峰形似越王剑,刺破青天锷未残,昂然倒插天地间。玉笙峰三岩连一体,远望似巨大玉笙,近观却是一家老少团圆天伦之乐图。龙瀑、百折瀑、三潭三瀑、白水漈等瀑布千姿百态,点缀于奇峰之间,碧水清潭同奇峰相映成趣。每年冰冻季节,水流结冰,形成冰瀑,堪称绝世奇观。

图14-16　好汉山庄雪景(来自文成新闻网 2004年摄)

开发建设 1993年3月,列入百丈漈省级风景名胜区建设规划。1998年8月开工建设,2000年10月1日,好汉山庄落成,对外开放。主要建设内容:景区游步道3.5公里,通景公路2.2公里,好汉山庄建筑面积700平方米,管理房建筑面积200平方米,山庄配套32张床位及餐厅、会议室,廊亭3座,公厕2处等。总投资235万元。2000年12月,建设淡阳入口管理工作用房。2001—2002年8月,铺设二源至好汉山庄通景水泥公路。2004年1月,经省政府批准,为百丈漈·飞云湖国家级风景名胜区十大景区之一。2006年因配套设施滞后等原因而关闭。2007年12月,编成《朱阳九峰景区详细规划》。招商引资待开发。

岩门大峡谷景区

位于岭后、云湖、富岙三地交界处。景区下通飞云湖,上接铜铃山峡,距县城28公里、龙麒源景区15公里。

景观特色 景区面积11.8平方公里,峡谷长18.5公里,以山青、水秀、峰奇、谷幽、滩美、潭丽、岩怪、洞绝为特色。境内山高壑深,两岸悬崖翠壁,万泉甘霖。石滩奇秀、碧潭叠翠,龙以"壶穴奇潭"称雄于世。主要景观分别有:石柱峰、将军崖、猴孙岩、风洞、岩门、三板桥、映月潭、鳄鱼潭、三重漈、大清潭、石牛栏、酒埕洞、红军洞、红军办公遗址及雅庄古民居等自然人文景观构成。是一处休闲度假、探秘观光好去处。

开发建设 2002年入谷勘查、测绘,开工建成游步道3公里。2003年6月起,投资 1000万元,建设小火车专用道路9.8公里。2004年5月1日建成对外开放。2005年9月,受台风"泰利"影响,惨遭水毁。2006年9月,纳入《百丈漈·飞云湖风景名胜区总体规划(2007—2025)》。2008年11月,编成《岩门大峡谷景区详细规划》。

第三节　森林公园

1996年7月1日,省林业厅批复同意建立铜铃山森林公园和石垟森林公园。铜铃山森林公园于1997年开工建设,1999年5月1日建成对外开放;2001年11月晋升为国家森林公园;2007年11月被评为国家AAAA级旅游景区,景区建设投资6700万元。石垟森林公园于2003年、2006年分别启动月老山(原称水牛塘)、猴王谷景区建设,至2011年投资7766万元,其中月老山景区投资6166万元,猴王谷景区投资1600万元。2010年12月,省林业厅批准建立金朱森林公园。2011年启动建设,投资620万元。

铜铃山国家森林公园

国家AAAA级旅游景区，位于县境西部，距县城62公里，石垟森林公园11公里。1996年7月省林业厅批准建立，总面积2725公顷，由铜铃山峡、小瑶池、铜铃寨3个景区组成，共有景点50多处。铜铃寨旁有巨岩，形似铜铃，故名“铜铃山”。

景观特色 公园以林茂、谷深、瀑急、潭碧、湖秀、岩奇、穴怪为特色。境内山峦叠翠，峡谷幽深，溪流潺潺，空气清新。铜铃山峡长3公里，峡谷宽处百余米，狭窄处仅2～3米，环视周围，峭壁高耸，天若飘带，银瀑碧潭，神奇万千，尤以因激流旋冲而形成系列“壶穴景观”最为著名，享有“铜铃壶穴，华夏一绝”之美誉；铜铃山峡以深涧密林、青山秀水、古朴纯野为特色，人称“小九寨沟”。高山顶上有一“风湖”，海拔1070米，多个涌泉一年四季不断，湖周围地势平坦，林木茂密，云绕鸟鸣，尽集湖光山色，俗称“小瑶池”。 动物资源丰富，属国家重点保护珍稀动物有黄腹角雉、娃娃鱼、穿山甲等20多种。景区自然山水风光独特，森林植被完整，生态环境优美，森林气候宜人，是人们回归自然、“森林沐浴”、避暑度假、旅游观光理想胜地。

图14-17 铜铃山国家森林公园标志（铜铃山国家森林公园提供 2008年摄）

开发建设 铜铃山森林公园在叶胜林场基础上建立。1995年冬，林场领导班子决定创办森林公园，走发展森林旅游新路子。1996年3月，组织人员对森林资源、风景旅游资源进行详细考察调查，形成建立“铜铃山森林公园”可行性报告，由县政府上报省林业厅审批。同年7月1日，省林业厅批复同意建立铜铃山森林公园。11月，建成纪念浙南工农红军战士英勇战斗、壮烈牺牲的昭烈亭，公园开发首个景点取得成功。1997年8月，建成“铜铃山庄”，开始接待游客。1998年7月，建成铜铃山峡十二埕段悬空栈道。11月，叶胜至岭脚9.2公里公路竣工。1999年5月1日，森林公园正式对外开放。2000年4月，开工建设小瑶池景区。2001年11月，国家林业局批准，晋升为国家森林公园。2002年8月，公园游客中心、湖头至铜铃山峡景区水泥路、停车场、电瓶车道、游步道、森林栈道、水之湄茶亭等一批旅游设施相继建成，游览条件得到改善。9月，举行国家森林公园开园仪式。并通过招商引资，引进资金2080万元，兴建铜铃山森林度假村。2004年9月，石垟林场至湖头公路改建工程竣工，公园度假村落成，旅游接待能力和服务档次大为提高。2005年9月，受13号台风“泰利”影响，公路、游步道、电力、通信等基础设施严重受损。2006年年初，结合灾后重建，对山峡水茶亭、游步道等设施进行改建。4月，建成割草坳铜铃山汽车站、生态停车场；启用“中国国家森林公园专用标志”。5月1日，小瑶池景区对外开放。2007年11月，国家旅游局授予公园“国家AAAA旅游景区”称号；12月，省林业厅授予公园“浙江省五星级森林旅游区”称号。

1996—2011年，公园旅游设施建设投入资金6700万元，其中省级财政340万元，市级620万元，县级520万元，自筹2240万元，招商引资2080万元，电力通信设施900万元。其中修建通景公路4条37.3公里，电瓶车道1条1280米，游步道2条3922米；新建汽车站、电瓶车站各1座，建筑面积365平方米，停车场5处18300平方米；建成办公楼、管理房13幢，建筑面积3569.5平方米，新建装修宾馆2所6845平方米，公共厕所7处198平方米；建筑牌坊4座，廊亭12处，建筑面积690平方米。

石垟森林公园

位于县境西部,距县城49公里、温州市区160公里。1996年7月在石垟林场基础上建立,面积1970公顷,由水牛塘(后改称月老山)、猴王谷、水云谷、隐山湖、石角、九龟6个景区组成,景观60余处。

图14-18 水牛塘日光池滨水长廊(来自文成新闻网 2011年摄)

公园特色 境内森林广袤,群峰耸翠,飞瀑碧潭多彩多姿,奇岩怪石惟妙惟肖,天象奇观变幻莫测,可谓胜景荟萃,魅力无穷。场境气候属中亚热带季风湿润气候区,其特点是雨多、雾重、湿度大,夏凉冬冷,春秋宜人。气候清凉沁骨,公园总部吴垟海拔840米,7月平均气温23.6℃,全年感觉舒适期192日,故盛夏特别凉爽,"夏无酷暑拥衾眠",素有浙南"明珠""森林王国""清凉世界""森林大氧吧"之美誉。

开发建设 1992年6月,林场管委会结合林场实际,就开发森林旅游资源提出规划设想。1996年开始探索森林公园建设途径,决定将林场建成以森林旅游业为主的高山避暑旅游区。同年3月,组织人员对风景资源进行详细考察调研,形成《石垟森林公园考察报告》,呈浙江省林业厅审批。7月1日,省林业厅批复同意建立石垟森林公园。同时委托浙江省林业勘察设计院编制森林公园总体规划。1997—2011年,主要开发建设月老山、猴王谷两个景区。

月老山景区 原名水牛塘景区,位于公园北部,距石垟公园总部4公里,总面积305公顷。2003年启动开发建设,投资110万元,装修水牛塘山顶瞭望台,建成外个垮生态广场和景区牌坊;清淤、筑坝、蓄水,建成占地面积2700平方米的日光池和4000平方米的月华池。2004年投资120万元,先后建成小溪游步道510米,日光池滨水长廊92米,月华池滨水长廊78米,两廊宽皆为4米,仿古木构建筑。2005—2007年,投资770万元,建成通景公路水泥路面14公里,沟通水牛塘、石角景区;投资225万元,陆续建成日光池、听月台、月华池游步道2600米,沟通水牛塘景区全部景点;建成月老寺、怡心亭、听涛亭、沐风亭、观云亭、缘也亭、舒心亭、福禄亭和景区入口、日光池管理房,以及景区交通、通信、游览设施。

2009年实行招商引资,转由县月老山旅游开发有限公司开发经营,改称月老山景区。至2011年,先后投资5000万元,修建爱情海、心心相印船、婚纱廊、爱情长廊、爱之翼、爱之屋、双乳峰、月老庙、舍得石、红双喜字、中国生态馆、云顶观日楼、健康养身道、"度"字石等景观,滑翔飞翼、滑索、篝火晚会、童趣园等户外参与性项目,以及提供餐饮、住宿、KTV、商务会议、购物中心等为一体的月老仙庄。

猴王谷景区 位于公园南部,景区入口距石垟公园总部5公里,总面积835公顷。景观以古朴、原始、幽静、粗犷、奇险见长。境内有2万余亩原始次生常绿阔叶林,生态环境极佳。景区分布于隐秀谷、捣臼源、吴坑3条溪域,有隐秀谷、三重漈、猴王啸天、猴山关、明溪暗流、九龙潭、三潭映翠、曲流奇坦、狮子岩等景观。

2006年推向市场,实行招商引资,由石垟林场和杭州宏利石材开发公司共同投资开发,总投资概算3900万元。9月,成立县猴王谷风景旅游开发有限公司。12月24日,举行开工典礼。至2011年年底完成景区人文、自然景观资料收集及规划编制;修建电瓶车道4.2公里,游步道900米,挖掘隧洞1970米,安装景观平台3处及道路安全防护设施；建成景区入口游客中心、售票处、检票处，总投资1600万元。

金朱森林公园

位于县城北部，为金星、朱阳交界地，大峃、玉壶、百丈漈三镇交界处，西北与朱阳九峰景区相连，距县城36公里、百丈漈景区16公里。2010年12月，省林业厅批准建立，总面积约1667公顷。公园山清水秀，林木茂盛，空气清新，森林覆盖率97.5%。森林植物景观有古道红枫、古道绿浪、高山林海、长湾松涛、高山湿地群，自然景观有擂打岩、高尖顶、荷花台、仙人座、龙井、靴峰、岩门石壁群、大坑溪、上漈瀑布，人文遗迹有刘伯温勘墓处、刘元是墓、祈雨台等，风景旅游资源丰富。2011年启动建设，建造森林绿道和游步道24.3公里，自驾游公路12公里，停车场2处面积2000平方米，游客中心和管理房建筑面积500平方米，以及入口标志、生态公厕等。总投资620万元。

第四节　乡村旅游

2005年开始，县政府在建设新农村中提出发展农业观光园区。先后发展了休闲旅游“农家乐”18家，掀开文成乡村旅游崭新的一页。

“农家乐”发展

2005年7月，县委、县政府提出要大力发展休闲旅游“农家乐”和精品果园“农家乐”，吸引城市居民到文成休闲、观光、消费。大峃苔湖山白云景园、坪头美味园、龙川山水果园，南田九都、武阳，西坑梧溪，峃口九溪、平和九龙山等一批农家乐应运而生。2006年10月，首次命名县级农家乐经营户10家；县旅游公司推出刘基故里、峃口九山村农家乐休闲游等旅游专线；县旅游局组织全县50名农家乐从业人员进行上岗培训，赴永嘉县岭上人家考察学习。2009年6月，命名县级农家乐特色村2个、示范点4处、经营户9家。10月，全县农家乐特色经营户发展至46家，召开全市首家县级农家乐协会成立大会，在徐村红枫农家乐举行挂牌仪式。2010年10月下旬，组织农家乐考察团40余人，赴临安、安吉、浦江等市县考察农家乐特色村。2011年2月，县政府发布《关于加快发展农家乐休闲旅游业的若干意见》。10月举办农家乐厨艺大赛，展现文成农家名菜，打造农家乐特色品牌。至年末，全县在册农家乐经营户50户，其中省级农家乐特色点3个、市级特色村2个、市级示范点5个、县级特色村2个，四星级经营户3家、三星级13家、二星级17家。总餐位7500多个，床位300多张。乡村旅游业从业人员604人，年接待游客63万人次，实现营业收入3536万元。

2011年文成县二星级以上农家乐一览表

表14-2

级别	序号	农家乐名称	所在乡(镇)村	依托资源	年接待(万人)	评定年份
☆☆☆☆（省级）	1	龙麒源	西坑镇梧溪村	龙麒源景区	3	2009
	2	白云景园	大峃镇苔湖山村	岩庵景区	1	2009
	3	山水果园农庄	龙川村头村	200亩果园	2	2010
☆☆☆（市级）	1	石垟林场	文成县石垟林场	森林公园	2	2007
	2	天顶湖	百丈漈篁庄村	天顶湖	1.2	2007
	3	西坑龙溪餐馆	西坑镇梧溪村	龙麒源景区	0.8	2008

续表14-2

级别	序号	农家乐名称	所在乡(镇)村	依托资源	年接待(万人)	评定年份
☆☆☆(市级)	4	阿杰生态	百丈漈篁庄村	天顶湖	1.5	2008
	5	西坑畲乡	西坑镇梧溪村	龙麒源景区	0.7	2009
	6	金　龙	百丈漈篁庄村	天顶湖	0.5	2009
	7	老百姓鱼庄	峃口镇桥头	—	2	2009
	8	红　枫	大峃镇徐村	红枫古道	2	2010
	9	东方红餐厅	南田镇诚意路202号	刘基庙	3	2010
	10	山城特色酒店	峃口双桂桂东村	—	0.8	2010
	11	文一角	大峃镇城南村	—	5	2011
	12	山城溪鱼庄	大峃镇体育场路	—	6	2011
	13	峃口饭店	峃口镇峃口村	—	1.2	2011
☆☆(县级)	1	周壤富强酒店	大峃镇联丰村	—	0.5	2008
	2	西坑铜铃	西坑镇西坑村	龙麒源景区	0.5	2008
	3	绿野美味饭馆	百丈漈镇中学对面	天顶湖	1	2009
	4	一家人饭店	南田镇朝阳路60号	—	0.8	2009
	5	建春渔家乐	珊溪水库码头	飞云湖	1	2009
	6	山野味	文成县石垟林场	森林公园	1	2011
	7	丰农观光园	大峃镇龙川下田村	200亩现代农业园区	1	2011
	8	坦仙果园艺场	黄坦镇	300亩果园	1	2011
	9	逢左花卉园艺	黄坦镇	花卉基地	0.5	2011
	10	吴杰餐饮店	黄坦镇新楼村	—	1.5	2011
	11	垟头富裕	玉壶镇垟头村	—	1	2011
	12	桂溪番鸭店	峃口镇桂溪村文平路2号	—	0.5	2011
	13	王朝阳饮食店	珊溪镇新建东路230号	飞云湖	1.5	2011
	14	珊溪饭店	珊溪镇新建东路185号	飞云湖	1.5	2011
	15	烟雨阁菜馆	珊溪镇滨江路	飞云湖	2	2011
	16	阿发饭店	珊溪镇大桥路21号	飞云湖	1.5	2011
	17	王朝阳饮食店	珊溪镇大桥路	飞云湖	1.5	2011

说明:资料由县旅游局提供

重点农家乐选介

山水果园农庄

位于大峃镇龙川村头村,距县城2公里,周边有龙川岭红枫古道、将军岩、纱帽岩等名胜古迹可供游客游览观赏,清溪、瀑布位于庄园前,由栈道与外界相连。2006年4月创办,以"品农家菜、摘农家果、体验农家生活"为特色。建梯田果园200多亩,游客可在不同季节采摘樱桃、桑葚、无花果、黑李、杨梅、葡萄、杏、油桃、梨等水果。农庄拥有标准房3间,餐饮包厢17个,一次性就餐可容纳350人。同时提供挖番薯、掰玉

图14-19　龙川山水果园农庄(来自文成新闻网 2004年摄)

米、磨豆腐等系列农家生活体验活动，推出农家土菜、土鸡、猪肚、杀猪宴等特色农家菜肴和桑葚酒、土烧酒等特色酒。年接待游客4万多人次，营业额240万元。2007年被评为温州市市级农家乐休闲旅游示范点、温州市三星级农家乐，2008年被评为浙江省农家乐特色点，2009年被评为温州市首届十大魅力农家乐。2011年11月获浙江省农家乐休闲旅游“十佳特色点”称号。

白云景园

位于大峃镇苔湖山村。全称白云景园休闲中心，距县城以东2公里。2003年始建，前期占地面积20亩，后扩大至300亩。拥有杨梅果园200亩，可供游客自行采摘。餐位300个，床位30铺，日接待能力达500人次。娱乐设施较全，有室内多功能厅、演出舞台，可唱卡拉OK，举办舞会；露天场地可举办篝火晚会；户外活动，可举办野外登山比赛；运动场所设滑梯、攀岩、迷宫、鱼池，可进行游戏；备帐篷10顶，可露天宿营。2009年获“浙江省农家乐特色点”、2011年11月获“浙江省四星级农家乐”称号。

阿杰生态农家乐

位于百丈漈镇篢庄村（湖滨路164号）天顶湖畔大坝头，依托百丈飞瀑、天顶湖景区而建，前有全国最高的百丈飞瀑，后有5.4平方公里广的天顶湖。游客在这里，可租钓具去湖畔垂钓，可租艇游湖，可观看瀑布，可于夏日在此避暑。2008年7月创办，注册资金100万元，经营面积500平方米，主要从事餐饮服务，年接待游客1.5万人次。曾先后获市级农家乐示范点、省三星级农家乐称号。

第五节　旅游强县创建

2007—2011年，创建国家AAAA旅游景区2个、AAA旅游景区1个；浙江省旅游经济强镇3个，特色旅游村4个。2011年1月，文成县被命名为浙江省旅游经济强县。1995年始，先后安排旅游配套工程项目18个。

国家级旅游景区创建

2007年11月，铜铃山景区通过国家旅游局考核验收，被命名为国家AAAA旅游景区。2008年，刘基故里景区经浙江省旅游区（点）质量等级评定委员会评定，被命名为AAA级旅游景区。2009年，百丈漈景区成功创建国家AAAA旅游景区。

2005—2008年文成县国家级旅游景区创建一览表

表14-3

景区级别	景区名称	始创时间	命名时间
国家AAAA旅游景区	铜铃山国家森林公园	2005年	2007年
	百丈漈景区	2008年	2009年
国家AAA旅游景区	刘基故里景区	2006年	2008年

说明：资料由县旅游局提供

省级旅游强县（镇、村）创建

2007年起，启动创建浙江省旅游经济强镇、特色旅游村活动。南田镇、百丈漈镇、西坑畲族镇先后被命名为浙江省旅游经济强镇；西坑畲族镇梧溪村、珊溪镇街头村、大峃镇（龙川）村头村、大峃镇大会岭脚村被命名为浙江省特色旅游村。2011年1月，文成县被命名为浙江省旅游经济强县。

2008—2011年文成县省级旅游强县(镇、村)创建一览表

表14-4

单位名称	命名名称	始创时间	命名时间
文成县	浙江省旅游经济强县	2008年	2011年1月
南田镇	浙江省旅游经济强镇	2008年	2009年1月
百丈漈镇	浙江省旅游经济强镇	2008年	2010年1月
西坑畲族镇	浙江省旅游经济强镇	2009年	2011年2月
西坑畲族镇梧溪村	浙江省特色旅游村	2008年	2009年1月
珊溪镇街头村	浙江省特色旅游村	2008年	2010年1月
大峃镇(龙川)村头村	浙江省特色旅游村	2010年	2011年2月
大峃镇大会岭脚村	浙江省特色旅游村	2010年	2011年2月

说明:资料由县旅游局提供

旅游配套工程

1995年2月引资400万元,兴建百丈漈天顶湖山庄。2002年8月铜铃山国家森林公园实行招商引资,建设公园度假村。2003年向华侨引资建设文成国际大酒店(日月度假村)。至2011年年底,立项建设旅游配套工程项目18个,概算总投资60.53亿元,其中政府性投资(旅游交通、产品营销项目)5项,投资2.55亿元,占总投资4.21%;招商引资(旅游服务项目)13项,投资57.98亿元,占总投资95.79%。18个工程项目,已投资6.96亿元,占总投资11.5%;待投资53.57亿元,占总投资88.5%。建成4项,投资0.61亿元,占总投资1%;在建工程11项,概算投资29.27亿元,占48.36%;已选址未动工3项,概算投资30.65亿元,占50.64%。

1995—2011年文成县旅游配套建设工程项目一览表

表14-5

序号	项目名称	投资建设情况
1	百丈漈天顶湖山庄	位于百丈漈镇篁庄村西山背。1995 年2月破土动工,1998年底落成。建筑面积2000多平方米,床位80多铺,配套多功能厅、会议室等设施,总投资400万元
2	铜铃山森林度假村	2002年8月开工,2003年9月一期工程竣工。主要建筑主楼客房、副楼多功能用房,占地面积1371.2平方米,建筑面积5628.5平方米,投资1356.5万元
3	县城日月度假村(国际大酒店)	位于大峃镇珊门村。2003年开工兴建,2004年9月竣工。占地32.55亩,建筑面积22038平方米,总投资3000多万元
4	石垟林场至胜坑通景公路	全长21公里,宽5~6米,山岭重丘标准四级公路,总投资1350万元。其中底湖头至石垟11公里为柏油路面,2003年7月开工,2004年8月建成;底湖头至胜坑10公里为水泥路面,2004年9月开工,2007年3月竣工
5	县城客运中心(旅游集散中心)	位于大峃镇徐村垟。2009年立项,2010年6月进场施工。总占地面积60亩,建筑面积25212.8平方米,其中旅游集散中心服务用房2240平方米,计划总投资8543万元。至2011年,完成投资7700万元,占90.13%
6	百丈飞瀑通景公路改造工程	起点56省道58km+300m花园桥,沿经徐村、大会岭脚、百二电、峡谷景廊景区、吴样、百一电、百丈飞瀑景区,依地势展线,终点百丈漈镇长埄村,全程14.15公里,投资概算2853万元。2011年5月动工兴建,当年投资1560万元,占54.68%

续表14-5

序号	项目名称	投资建设情况
7	铜铃山至泰顺黄桥通景公路	全长5.267公里，按三级公路标准建设，设计时速30公里，其中文成段长1.395公里，路基宽7.5米，行车道宽6.5米，概算总投资5449万元。2011年投资500万元
8	铜铃山森林旅游配套服务中心(英格堡小镇)	在石垟林场境。2003年11月签订开发协议，一期用地378亩，建筑面积105847平方米，概算投资6.4亿元。建设内容为四星级度假酒店、室内滑雪场、商业风情小镇、室内恒温泳池、天然露天泳池、德欧式乡村住宅等。2010年11月进场施工，至2011年末投资7303万元，占11.41%
9	天顶湖旅游接待中心	2004年立项，2007年9月开工。项目总投资3.2亿元，用地面积281亩，建筑面积93000平方米，其中接待用户别墅133栋65656平方米；大酒店(含地下室)25192平方米，迎宾馆7918平方米。至2011年末完成投资1.4亿元，占43.75%
10	安福寺重建项目	位于西坑畲族镇天圣山。2003年省政府批准重建，2008年4月2日奠基典礼。总占地60亩，建筑面积623760平方米，总投资1.3亿元，至2011年，完成投资6000万元，占46.15%
11	在外温州人之家	位于黄坦镇塘垄村。项目总用地860亩，建筑面积20万平方米。其中一期用地369亩，建筑面积3万平方米，投资5亿元。2008年立项，2011年9月奠基开工，至2011年，完成投资10107万元，占20.21%
12	下湾旅游接待中心	位于珊溪镇。2008年立项，项目总投资7亿元，规划建设用地380亩，建筑面积3万平方米，建设内容为星级酒店、休闲度假、企业会所、会务中心、产权式商务宾馆等。至2011年，投资8300万元
13	百万山旅游配套中心	位于珊溪镇。2005年立项，项目总投资1.8亿元，占地70亩,总建筑面积56092平方米，建设星级酒店、企业会所、别墅等。至2011年，投资5000万元
14	刘基文化生态园暨浙江工贸职业技术学院文成教学基地	位于南田镇。2006年立项。园区规划用地面积1252亩(其中水库面积218亩)，建筑面积 141230平方米，总投资2.8亿元。2011年7月举行开工仪式。当年投资950万元
15	旅游产品营销中心(农产品展示中心)	位于大峃镇珊门村。2008年立项，2009年开工。总占地面积9.88亩，建筑面积15908.35平方米，总投资7336万元。至2011年，完成投资2150万元，占29.3%
16	珊溪龙珠岛旅游接待中心	位于珊溪镇岩塔头。2010年立项，总投资13.9亿元，总用地面积192051平方米，建筑面积为52960平方米，将建120幢自助式旅馆及接待中心、会所中心、休闲中心等。未开工
17	樟台鸭头山旅游配套项目	位于大峃镇樟台东城村。2010年立项，占地约275亩，一期项目建设用地面积108092平方米，总投资16亿元。建设包括五星酒店、酒店公寓、酒店别墅客房及配套服务设施等。未开工
18	毛泽东像章文化博物馆	2006年立项，几经选址，最终确定大峃镇樟台东城村。总投资750万元，建筑面积6000平方米。未开工

说明：资料由县旅游局提供

第三章 旅游市场拓展

1992年起开展风景旅游宣传促销,利用报刊、电视等新闻媒体作专题报道,建立旅游网站,邀请媒体记者采风、拍摄风光、制作风光片、纪录片、微电影,印制图书、画册等宣传品,展示文成山水风光;邀请专家、名人到文成考察、题词,研讨刘基文化、旅游发展战略;举办中国刘基文化暨生态旅游节、"三月三"畲族风情旅游节、万种枫情节、森林旅游节等节庆和各项赛事活动。并调整营销策略,拓展扩大旅游市场,提高旅游风景知名度,把文成风景逐步推向浙南、华东地区、全国大中型城市,乃至走出国门、推向世界,促进文成旅游经济从无到有、从小到大、从弱到强。2011年,全县旅游接待总人数283.69万人次,旅游综合收入16.08亿元,其中各景区接待游客32.1万人次,门票收入738.44万元;接待海外游客9.92万人次,旅游外汇收入8351万美元。

第一节 旅游宣传

县域旅游宣传主要措施有媒体宣传、宣传品促销、组织赛事、考察采风、风光拍摄等活动。1992—2011年,在各类报纸、杂志刊登宣传旅游文章、信息1200余篇;建立旅游、刘基网站,发布信息1330余条;印制旅游宣传画册、书籍、导游图、明信片等60万余册(份);组织赛事、考察采风活动50多次;拍摄文成山水风光片,在央视四频道和省、市电视台播放,提高县域旅游景区知名度。

媒体宣传

新闻广告 1992年起先后在《人民日报》海外版、《浙江日报》《温州日报》《温州侨乡报》《浙江市场导报》《江南游报》《旅游时报》《新民晚报》《风景名胜》《温州人》等报刊,宣传文成山水风光文章。至1996年,发表宣传文成旅游开发新闻、信息600多篇,照片120余幅。1997年开始在省、市、县电视台报道百丈漈风光。1998年3月15日,《文成风景旅游报》创刊,全年发行6期,各期发行量2万份。1999年文成风光上杭州、温州电视台气象栏目。2000—2001年,拓展旅游市场,拓宽宣传路子,投入宣传经费支出67.6万元,在华东地区及省、市、县三级报纸杂志刊登文成风景旅游新闻500余篇,电视台播放文成风光48次;首次在温州火车站、江心屿、岀口桥头设立广告宣传牌。2002年在温州电视台播放"山水文成"风光专题片,文成风光上央视四频道天气预报栏目。在《江南游报》和文成报社、电视台推出旅游专题报道。同时投入资金70万元,对县城至大垟口公路沿线进行策划形象包装,立杆张挂宣传广告;在各景区、县城制作广告宣传牌、大幅标语500余幅,打造生态旅游新氛围。2003年10月,举办首届刘基文化暨生态旅游节期间,《浙江日报》《温州日报》刊登整版广告;《光明日报》《经济日报》和省、市报刊、电视台等对整个节会进行全程跟踪报道;《文成报》、县电视台、广播电台开辟专栏专版,进行全程系列专题宣传报道。2004年邀请上海、江苏等地晚报,新华社、《上海航空》杂志记者到文成采访,登出介绍文成山水风光文章30多篇,其中上海《新民晚报》整版专题介绍文成山水,上海航空杂志刊登5个页面专题介绍文成旅游文章和照片。2008年征集旅游宣传主题口号和形象标识,确立"刘基故里·山水乐园"宣传口号。2009年邀请省、市媒体记者到文成采访16批次。在举办中国森林旅游节期间,邀请省、市媒体编辑、记者来文参观、拍摄报道,省市媒体播报文成新闻80多篇。

旅游网站 2005年6月，县新闻中心建立文成新闻网，制作“旅游新闻”网页。7月，开通铜铃山国家森林公园网站(www.wztls.com)。网站以“壶穴奇观”开篇，配以动感画面以及幽幽鸟雀声，让人顿觉身临其境；主页展示景区景点、旅游资讯、休闲服务以及各式特产等相关内容。2007年10月1日，县旅游局开通文成风景旅游网站(www.wcly.gov.cn)，设有旅游资讯、风景名胜、旅游线路、旅游服务、旅行相册、风光视频、特别推荐、招商引资等旅游服务项目。2008年12月，开通中国刘基网站(lj.66wc.com)。设置信息资讯、刘基生平、刘基研究、论著手记、刘伯温传说、家族文化、文化旅游、地域文化、大众刘基、风水术数、廉政文化、视频中心12个栏目。并制作《纪念刘基诞辰700周年活动专题》，设专题首页、刘基文化节开幕式、刘基文化节系列活动、新闻报道、图片花絮、活动视频等。至2011年年末，旅游网站发布新闻信息574条；刘基网收集发布信息757条、视频26个。

宣传品促销

1992—1996年，印刷导游图、画册及文字资料12万份。1998年10月，出版百丈漈·飞云湖风景名胜《山水览胜》《诗词·楹联·匾额选》《民间故事选》等三部丛书 1万套；10—12月，印刷风光通讯录、风景览胜折页、图片、明信片10万份；分发各种宣传资料16万份，景区图片展出50余幅。1999年8月30日，县集邮协会启用刘伯温、刘基故里、百丈漈、飞云湖4枚风景日戳。2002年印制旅游画册、导游图、地图册3万多册。2003年制作具有文成特色、展示文成生态旅游、名人文化及畲族风情的外宣品《山水文成》集邮画册。2004年邀请知名摄影家拍摄照片，制作集文成山水文化、畲乡文化、名人文化、侨乡文化为一体的《山水文成》画册，共印1万册。2006年制作《文成山水》邮资明信片10万枚。2007年制作旅游纪念扑克牌、景区风光贺年卡。2008年制作《文成旅游景区导游词》《魅力文成画册》《文成旅游手册》等图册；发行“文成风光”个性化邮票一版16枚。2009年5月，举办“山水文成”摄影展，展出“百丈漈杯”全国摄影大赛作品150余幅。2011年制作旅游导游图宣传折页、农家乐画册。

赛事活动

1999年4月，举办“文成杯”生态览胜摄影大赛。下半年举办“百丈漈杯”散文比赛，收到参赛作品100多件。2001年2月，在朱阳九峰举办登山比赛。9月1日，中国电视吉尼斯在百丈飞瀑景区举办徒手攀登百丈漈悬崖大赛。2007年7月，举办首届避暑纳凉旅游节，分别在铜铃山国家森林公园、百丈飞瀑和刘基故里景区举办“吃西瓜”“喝啤酒”“吃梨子”比赛。2008年7月，在峡谷景廊举行第二届避暑纳凉节暨“激情漂流”比赛。11月，举办“百丈漈杯”全国摄影大奖赛，收到全国各地参赛摄影作品800余幅，次年5月举行颁奖仪式。

2009年5月，邀请北京、天津、广东、江苏、福建、浙江、杭州、台州、绍兴、宁波等12家省、市电视台，参加《刘基故里·山水乐园》电视专题片摄制大赛。大赛围绕“刘基故里·山水乐园”“魅力文成·和谐文成”“百丈飞瀑·天下奇观”“世外桃源·伯温故里”“铜铃探秘·天然氧吧”等12个主题摄制，全方位展示文成风光特色。11月，举办“红枫杯”登山比赛，来自杭州、宁波、温州等地13支登山队与县3支代表队共180余人参加比赛。同时启动“游览千年古道，领略万种枫情”网络摄影大赛，至翌年6月，收到作品1260幅。

2010年5月，在龙麒源景区广场举行以“山水文成时尚旅游”为主题的迎世博“文成杯”摄影大奖赛开拍仪式，来自省内外130位摄影家及爱好嘉宾参加。6月，举办“百丈漈”摄影大赛。6—7月，在百丈飞瀑景区举办第17届世界旅游小姐年度冠军大赛浙江赛区总决赛暨温州分赛区首场海选活动。2011年举办以红枫古道为主题的朗诵音频比赛和网络征文比赛。

考察采风

1996年9月,中国风景园林环境学系风景研究室主任谢凝高到铜铃山峡考察,对壶穴景观赞不绝口,称为“壶穴奇观,天下绝景”。1999年1月,苏州旅游协会组织新闻单位及旅行社40人到文成旅游考察。4月下旬,苏州书法家李大鹏一行到文成开展书画采风活动。2000年5月,中国美术学院教授周沧米携夫人考察铜铃山;6月,邀请上海、南京等地新闻摄影记者19人到文成专线采风;温州市电视台、温州晚报社记者在铜铃山森林公园采访,并拍摄风光片。2001年7月,省9家新闻单位采访团到百丈漈、龙麒源、岩门大峡谷进行探险考察。2003年11月,省政协“诗画之友”采风团到铜铃山国家森林公园采风。2004年4月,全国30多家新闻单位及旅行社到百丈漈采风,并开展百名画家画文成活动。10月,中国科学院院士陈梦熊、中国社会科学院历史研究所研究员刘重日等专家到文成考察山水风光,并题词留墨。2006年8月,铜铃山国家森林公园被市委宣传部命名为“温州市对外宣传采访基地”。2009年4月,浙江理工大学教授、著名画家陈冰心应西坑畲族镇政府邀请,创作《印象西坑》画册问世。2011年5月,铜铃山公园被命名为《人民文学》创作基地、温州大学科研实践基地。

图14-20　图为2000年5月19日中国美术学院教授周沧米携夫人在铜铃山考察(铜铃山国家森林公园提供 2000年5月摄)

风光拍摄

1994年4月,台湾《华视》电视摄制组到文成拍摄百丈漈、刘基庙等景观,制作《万里江山·大陆寻奇》专题片。1995—1996年,先后邀请浙江电视台、钱江电视台、温州电视台到文成拍摄《世外桃源又一片》《绝天雄奇·百丈漈》等风光片,并在省、市电视台播放。1999年5月,20集大型历史电视连续剧《刘伯温》在百丈漈风景名胜区开机,6月初拍摄结束。县里分别举行开机仪式和首播式,提高文成知名度。2000年6月,温州晚报社、温州电视台记者在铜铃山森林公园采访、拍摄风光片。2001年,举办百丈漈溯源大赛,百丈漈风光相继在全国50多家电视台播放。2002年4—8月,邀请温州电视台经济频道和瑞安广播电视台拍摄“文成山水”专题片,9月在温州电视台播放。9月23日起,百丈漈山水风光在央视四套节目黄金时段气象栏目中播出,文成生态旅游知名度大为提高。2003年6月、11月,央视七频道、上海东方电视台《新时尚》栏目组,先后在铜铃山公园拍摄专题片。2004年,邀请浙江电视台拍摄主题片《山水文成》VCD,并在浙江卫视《江南好》栏目播出。11月,邀请央视4台国际频道拍摄百丈漈·飞云湖、铜铃山、刘基故里风光专题片和周末专题6集;12月20—25日在央视4台国际频道播出,将文成山水推向国际市场。2008年12月,《大明第一谋臣·刘伯温》在央视《百家讲坛》播出,由明史学家毛佩奇主讲。

2009年5月14日,央视《乡村大世界》走进铜铃山公园;16日到南田刘基庙广场演出,演出节目有畲族敬茶歌、捣饭糍,木偶剧《武松打虎》,山歌《伐木号子》《铜铃山歌》等,富有文成地方民俗特色。7月4日晚6:05、11:15,央视七频道《乡村大世界》播放中国·文成森林旅游节晚会盛况。12月10日,央视七频道《乡土》栏目组在龙川五十二岭红枫古道拍摄反映县域独具特色的乡土风情专题片《畲乡婚嫁》《古道人家》。次年1月20

日首播。

2011年温州电视台《公众民生》频道和多家媒体到文成拍摄景区和农家乐专题片10期，并在当地媒体上推介宣传文成旅游。6月27日，举行文献电视纪录片《刘基》首播仪式，8月22日开播。该片由温州市委宣传部、温州市电视剧制作中心出品，片长约60分钟，从历史角度为观众展示一代谋臣刘基的传奇人生。

第二节　节庆与专项促销

2003年10月，举办中国首届刘基文化暨生态旅游节。2007年7月，举办避暑纳凉节。2008年，举办“万种枫情节”。2009年3月、5月，先后举办“三月三”畲族风情旅游节和森林旅游节。至2011年，共举办中国刘基文化暨生态旅游节、“万种枫情节”各4次，畲族风情旅游节3次，避暑纳凉节2次。县旅游部门注重节庆促销的同时，更加主动参加全国各种旅交会、旅博会，并举办多次旅游洽谈会、推介会，开展文成的旅游促销工作。

节庆促销

中国刘基文化暨生态旅游节　首届中国刘基文化暨生态旅游节，2003年10月9日至11日，分别在县体育中心和南田镇举行。第二、第三、第四届中国刘基文化暨生态旅游节分别于2006年11月6日至11日、2008年7月17日至12月、2011年7月13日至19日举行(详见第二十八卷文化·文化活动与管理)。

万种枫情节　2008年始办，此后每年冬季举行1次，每次节会延续时间月余。由县委、县政府主办，县委宣传部、县风景旅游局等单位承办。旨在挖掘红枫古道文化，展示红枫古道魅力，提升红枫古道品牌，促进县域旅游经济发展。

首届万种枫情节　2008年12月13日在县体育场拉开序幕。主题为“漫步红枫古道，心动山水文成”，开展“登古道、赏红枫、访农家、品土菜”活动。同时开展自驾游，150多名自驾游游客、300多散客游人、媒体记者等参加。

第二届万种枫情节　2009年11月28日，在县求知中学操场举行开幕式。节会以“游览千年古道，领略万种枫情”为主题，举行“红枫杯”登山邀请赛，来自全省各地16支参赛队伍100多名选手，在松龙岭红枫古道进行比赛；并开展“我为红枫古道捐一元”活动及名博客、名论坛、名网站访文成，网络征文，摄影比赛等活动。

第三届万种枫情节　2010年11月26日，开幕式在县城泗溪河畔举行。11月底开展“聚焦文成最美秋色”摄影比赛，杭州快拍快拍网150名网络摄影高手前往大会岭拍摄红枫古道风光。并举办摄影讲座，摄影作品评奖。12月开展“万人畅游文成醉红枫”活动，由县旅游局组织宁波、台州、温州等地记者、网友、游客，畅游红枫古道、景区，设立万种枫情节红枫展览室，陈列红枫古道和文成山水图片等。

第四届万种枫情节　2011年12月2日，在县体育场路湖滨公园和岩庵岭举行。主题为“寻梦伯温故里，领略万种枫情”。次日启动“登古道、赏红枫、访农家、品土菜”农家乐万人游，200名腾讯网微博体验游游客到松龙岭红枫古道领略美景。

“三月三”畲族风情旅游节　首届“三月三”畲族风情旅游节　2009年3月25日，在富岙培头民族村举行。“三月三”是畲族传统节日，各村寨畲民会聚一起，穿戴民族盛装，载歌载舞，蒸“乌米饭”，祭祀祖先，以这种独特形式庆祝传统节日。首届畲族风情旅游节活动内容有畲族居住、饮食、服饰、民歌、舞蹈、婚嫁等风情习俗表演，举办畲家宴等。

第二届“三月三”畲族风情旅游节　2010年4月25日，在龙麒源景区广场开幕。由县委宣传部，县文化广电新闻出版局，西坑畲族镇党委、政府主办，浙江理工大学校友总会等6家单位协办。主题活动有畲歌组唱、畲族舞蹈、畲族婚嫁等系列民族风情表演，现场制作橡泥十二生肖吉祥物、民间木偶戏等节目。同时举办《印象西坑·美丽畲乡》大型画展，画展作品由浙江理工大学教授、著名山水画家陈冰心创作完成。《印象西坑》组画由22单幅和1长卷组成，展现西坑畲族镇山水人文风貌，展示畲乡山水、人文、和谐之美。

温州市第二届瓯越“三月三”畲族风情旅游节　2011年4月1日，在龙麒源景区举行。中央军委办公厅少将雷炳成，中国武警医学院原政委少将叶松海，省、市、县有关领导出席开幕仪式。来自平阳、苍南、泰顺等地畲族同胞和上万名游客云集畲乡，观看舞龙、婚嫁表演、竹竿舞、捣糍粑、打草鞋、编竹篮、山歌对唱、木偶戏等精彩节目，参观百名将军书画展、畲族特色农具展示、畲族药膳展，品尝畲家山珍，感受民族文化和瓯越畲乡风情。

避暑纳凉旅游节　首届避暑纳凉节2007年7月5日，在文成国际大酒店开幕。由县委、县政府、温州市林业局、温州日报社联合举办。温州青旅等15家旅行社与百丈漈·飞云湖、铜铃山公园等景区管理处签订旅游合作协议书，避暑纳凉节活动地点包括百丈漈、铜铃山、刘基故里、龙麒源、峡谷景廊等景区。推出小住休闲项目，可在南田或铜铃山小住3~6天，享受两地夏季平均温度25℃凉爽天气。

图14-21　温州市第二届瓯越“三月三”畲族风情旅游节现场（来自文成新闻网 2011年摄）

第二届避暑纳凉节　2008年7月18日在峡谷景廊景区举行。为第三届中国刘基文化暨生态旅游节内容之一，在峡谷景廊举行“激情漂流”比赛。游客代表队、温州大学生态旅游实践队、县部门单位等24支队伍48名选手参加比赛，并现场举行颁奖仪式。

森林旅游节

2009年5月15日晚，2009中国(温州)森林旅游节暨第五届浙江山水旅游节在文成中学大操场拉开帷幕。旅游节主题为“走进山水温州，体验森林旅游”，由浙江省人民政府、国家林业局主办，温州市人民政府、浙江省旅游局、浙江省林业厅承办。国家林业局局长贾治邦讲话并宣布开幕，副省长龚正讲话，温州市委书记邵占维致辞，市长赵一德主持开幕式。央视七套《乡村大世界》演出“魅力文成”大型文艺晚会。

专项促销

1998年10月，参加温州市首届旅游节、上海国际旅游博览会期间，分别召开百丈漈风景名胜推介会。

2000年提出“立足温州、面向沪杭、拓展华东、走向全国”促销思路，拓展旅游市场。1月，参加首届福建旅游博览会，先后在宁德、福鼎、苍南等市、县举行风景旅游推介会。4月首次组织人员赴温州、瓯海、瑞安、平阳、苍南等地，到街道、工矿企业分发文成旅游宣传资料。9月，会同苍南、平阳两县旅游局到温州各地巡回宣传。11月初参加上海旅游博览会，把文成山水推向上海市民。

2001年2月，组织宣传促销队伍再次到温州、苍南、瑞安、乐清、温岭等地巡回开展宣传促销。同年3月赴海南一带旅游促销，4月组织县域旅游企业参加省旅交会和市旅游节，文成展台获“最佳奖”；同时组织人员赴上海进行旅游促销。

2001年起每年投入经费70万元，加大旅游宣传促销力度。5月第三次组织人员分别到温州、苍南、平阳、瑞安、永嘉、乐清、台州、温岭、椒江等周边市县和沿海地区，在都市街头设点摆摊，分送宣传资料。

2003年4月受“非典”影响，县内旅游一度处于停滞状态，适时推出“生态健身”活动，受到市民青睐；并组织人员到上海、苏州等地召开推介会，到苍南、平阳、瑞安、永嘉和台州等沿海地区促销，促进旅游业复苏。

2004年成立县旅游宣传促销领导小组，确定“立足沪杭、面向全国、走出国门”宣传促销思路，开发旅游市场。同年3月，邀请市领导、全国各地新闻媒体、旅行社400多人，在温州召开新闻发布会及百丈漈·飞云湖景区晋升国家重点风景名胜区授牌仪式。5月参加台州之春旅交会及旅游推介活动，分发资料万余份。先后参加市旅游局组织的赴福州、厦门等地开展旅游宣传促销，温州原野旅行社举办的全国八方旅联推介会。

2005年3月28日至4月8日，分别在温州、杭州、上海召开百丈漈·飞云湖国家重点风景名胜区大型风景旅游推介会。4月17日至18日、8月15日，由县政府领导带队，分别到台州、衢州举行旅游洽谈会。

2008年7月，联合瑞安、平阳、苍南、泰顺4县(市)风景旅游管理局成立温州·瓯之南区域旅游合作组织，并在温州、台州等地开展“五彩瓯之南”品牌推广活动。

2009年制定《外地旅行社组团来文旅游的奖励政策》，鼓励外地旅行社向文成输送游客，并多次到温州、杭州、上海、台州、宁德等地开展旅游推介，加强区域旅游交流合作。3月，组织百丈飞瀑、铜铃山、龙麒源、刘基庙四大景区到宁波、上海联合推介，推出联票优惠券1万张，总价值200万元。4月30日，参加“全国百城旅游宣传周”温州丽水互动推广宣传。8月举办温州·瓯之南区域旅游推介会。9月23日，举办“2009温州文成(台州和嘉兴)旅游推介会”。11—12月，前往湖南、湖北开展旅游宣传促销。

2010年1月9日，组织铜铃山、百丈漈、刘基故里、龙麒源、峡谷景廊5个景区和县旅、大众、好日子、假日、明煌5家旅行社，在温州松台广场首次开展“新春旅游服务百姓”迎春旅游产品大展卖活动。9月10日，赴温州开展“刘基故里·山水文成”品牌宣传促销，并举行座谈会，市旅游局领导和20多家旅行社负责人参加座谈，为文成旅游发展出谋献策。

2011年2月，再次组织参加温州新春旅游大展卖活动。3月，随同温州旅游大篷车分别开展北线(安徽—湖南—湖北)、南线(厦门—广州—深圳)宣传促销。先后参加重庆旅游宣传周、义乌商品博览会、云南昆明国际旅游交易会，强势宣传文成旅游品牌。

第三节　经营效益

县域旅游业发展，可分两个阶段，1992—2005年为夯基起步阶段；2006—2011年为档次提升阶段。1992—1996年，接待游客25.5万人次。1997年开始销售旅游门票，当年景区门票收入29万元，旅游综合收入3000万元。2011年接待游客283.69万人次，其中海外旅客9.92万人次，门票收入738.44万元，实现旅游综合收入16.08亿元。

起步阶段

1992年县域旅游业开始起步，至1996年接待游客25.5万人次，游客主要以县内及周边市县为主。1997年开辟百丈漈游览、双汇溪漂流、铜铃山峡探险等旅游线路，县内景区接待游客11万人次，其中海外游客1000多人次；同时推出国内旅游线路20多条，县旅游公司组团159个，其中外出团队23个，全年旅游营业收入29万元，社会间接收入3000万元。1998年旅游客源市场由周边市县逐步向华东地区辐射，县旅游公司全年接待团队

168个,各景区接待游客13万人次。1999年县域列为对外国人开放地区,开机拍摄《刘伯温》电视剧,铜铃山森林公园、朱阳九峰景区相继建成对外开放,旅游景区、游客增多,全年接待旅游团队176个,组织外出旅游团队41个。2000年全县接待游客13.5万人次,门票收入45万元,社会综合效益5500万元,其中县旅游公司接团180多个,约5000余人次,收入20万元,比上年增长13.5%。

2001年确定全县"十五"期间旅游市场"立足温州,拓展华东,走向全国"发展思路,每年投入促销经费70万元,扩大旅游客源市场。同年铜铃山森林公园升格为国家森林公园,刘基庙、墓列为国家重点文物保护单位,举办百丈漈溯源大赛,景区品位档次提高。全年接待国内旅游人数18.5万人次,比上年增长45.9%;接待海外游客7086人次,旅游天数2.9万天;实现社会综合效益6500万元。2002年成立百丈漈风景名胜区开发服务有限公司,开通飞云湖旅游航线,百丈漈景区被评为温州市文明风景旅游区,促进旅游业快速发展。全年接待国内游客20.68万人次,海外游客8755人次,其中县旅游公司接送团队384个,游客6539人次,门票收入54.89万元,比上年增长3.57%,实现社会综合效益达9500万元。2003年10月,峡谷景廊景区建成对外开放。全年接待游客21.25万人次,海外游客首次超过1万人次,其中县2家旅游公司接送团队377个,游客8478人次。旅游门票收入首次突破百万元,达163.17万元,比上年增长1.97倍;实现社会综合效益达1.1亿元,同比增长15.79%。

2004年多个星级酒店建成营业,旅游接待能力大为增强。全年接待游客30.42万人次,比上年增长43.2%;海外游客2.11万人次,比上年增长104.9%,其中县旅游公司接送团队581个、游客10422人次。旅游门票收入240.67万元,总收入1.52亿元,分别比上年增长47.5%和38.2%。2005年旅游业实现大幅增长。5月1日至7日旅游黄金周,全县各景区旅游接待5.33万人次,门票收入48.64万元,综合收入3100万元,同比分别增长19.24%、10.84%和20%。全年旅游景点门票收入236.34万元。接待团队905个,国内游客39.3万人次,海外游客2.96万人次(其中接待外国人29465人次、港澳台同胞152人次)。旅游外汇收入1125.25万美元,总收入2.34亿元。

提升阶段

2006年全面推进生态旅游业发展,"红枫古道"游异军突起,以"进农家院、吃农家饭、喝农家酒、饮农家茶、干农家活、住农家房、享农家乐"为特色的"农家乐"休闲旅游掀起,成为繁荣县域经济、转移农村劳动力、促进农民增收的重要载体。全年接待游客75.17万人次,其中海外游客3.52万人次,比上年分别增长78%和18.9%。各旅游景区接待游客12.29万人次,门票收入303.58万元,比上年分别增长28.5%;总收入4.33亿元,其中旅游外汇收入1447.2万美元,分别比上年增长85%和28.6%。2007年铜铃山国家森林公园成功创建国家AAAA级旅游景区和浙江省五星级森林旅游景区;建成龙麒源景区,"五一"节前对外开放;举办首届避暑纳凉旅游节、仰山杨梅节。全年接待游客85.34万人次,其中海外游客4.38万人;各景区接待游客15.59万人次,门票收入392.76万元,实现旅游总收入5.6亿元,其中旅游外汇收入1586.2万美元。全县"农家乐"经营户发展至150家,从业人员3000人,其中星级示范户15家,接待游客26.63万人,直接创收7000万元。

2008年制定《创建旅游经济强县的实施意见》,建成刘基庙广场、刘伯温纪念馆,刘基故里景区评为国家AAA旅游景区,南田镇被评为浙江省旅游经济强镇;推出生态精品游、万种枫情自驾游等旅游产品。国庆节期间,全县旅游接待创历史新高,全县各景区接待游客10.94万人次(1日接待游客3.13万人),门票收入79.38万元,旅游综合收入6782.8万元,同比分别增长4.29%、21.21%和11.1%。全年接待游客106.63万人次,其中各景区接待游客21.5万人次,门票收入538.05万元,全县旅游总收入7.09亿元。全年"农家乐"接待游客36.13万人次,综合收入1.08亿元。2009年文成县被评为"浙江省十大生态旅游名城",百丈飞瀑评为国家AAAA旅游景区,百丈漈镇评为浙江省旅游经济强镇；出台《外地旅行社组团来文旅游的奖励政策》。全县接待游客151.54万人次，其中各景区接待游客22.13万人次，门票收入562.89万元，旅游综合收入9.08亿元。全县星级“农家乐”55家，接待游客46.7万人次，营业收入2430万元。

2010年5月，建成百丈飞瀑引水工程，重现天下第一高瀑雄姿。6月5日迎来首个千人旅游团队。先后举办赵超构100周年诞辰、第三届万种“枫”情节、第二届“三月三”畲乡风情节和刘伯温700华诞大型纪念活动。全年接待游客213.96万人次，其中国内游客207.19万人次，海外旅客6.77万人次。全县各景区接待游客24.77万人次，门票收入626.18万元，比上年分别增长11.93%和11.24%。实现旅游综合收入12.54亿元，其中国内旅游收入9.29亿元，国际旅游收入4778万美元。2011年县域旅游业影响力进一步扩大。县与西坑畲族镇先后评为浙江省旅游经济强县、强镇。10月1—7日旅游黄金周，全县旅游接待再创新高，接待游客22.54万人次，门票收入86.74万元，旅游综合收入1.24亿元，同比分别增长27.34%、10.99%和20.63%。全年接待游客283.69万人次，比上年增长32.6%，其中国内游客273.77万人次，增长32.1%；海外旅客9.92万人次，增长46.5%。全县各景区接待游客32.1万人次，增长29.6%；门票收入738.44万元，增长17.9%。实现旅游总收入16.08亿元，增长28.2%，其中国际旅游收入8351万美元，增长74.8%。

1997—2011年文成县旅游接待人数、收入情况一览表

表14-6

年份	景区接待人数（万人次）	景区门票收入（万元）	旅游接待总人数（万人次）	其中：海外人数（万人次）	旅游综合收入（亿元）	其中：外汇收入（万美元）
1997	11.00	29.00	11.00	0.10	0.30	—
1998	13.00	28.00	13.00	0.17	0.40	—
1999	13.00	22.00	13.00	0.18	0.40	—
2000	13.50	31.00	12.22	0.14	0.55	—
2001	14.50	53.00	18.50	0.71	0.65	—
2002	5.80	54.89	20.68	0.88	0.95	—
2003	6.98	163.17	21.25	1.03	1.10	—
2004	10.03	240.67	30.42	2.11	1.52	—
2005	9.73	236.34	42.24	2.96	2.34	1125.25
2006	12.29	303.58	75.17	3.52	4.33	1447.20
2007	15.59	392.76	85.34	4.38	5.60	1586.20
2008	21.50	538.05	106.63	5.13	7.09	2291.05
2009	22.13	562.89	151.54	—	9.08	—
2010	24.77	626.18	213.96	6.77	12.54	4778.00
2011	32.10	738.44	283.69	9.92	16.08	8351.00

说明：资料由县旅游局提供

第四章 管理与服务

1992年10月,成立县风景旅游管理局。勘查风景名胜资源,编制风景名胜区总体规划和景区详细规划,制订旅游发展优惠政策,保护风景旅游资源,加强管理服务,促进旅游业发展。至2011年年底,全县旅游饭店30家,家庭旅馆100多家,床位1651铺;旅行社5家,持证导游158名。

第一节 管理机构

1992年10月,成立县风景旅游管理局。1994年6月,成立百丈漈风景名胜区百丈漈中心管理处。1996年7月,成立铜铃山森林公园管理处和石垟森林公园管理处。2000年9月,成立飞云湖水上旅游管理处。

机构沿革

1992年3月,成立县旅游开发领导小组办公室;6月成立县风景旅游开发办公室。同年10月撤销县风景旅游开发办公室,成立县风景旅游管理局,为全民事业单位,编制5名。1999年12月,旅游局扩编为县政府直属正科级单位,编制18名。内设办公室、风景规划建设管理科、旅游市场管理科、风景旅游监察科。2011年年底,科室、人员未变。

下属机构

1994年6月,成立百丈漈风景名胜区百丈漈中心管理处,后相继成立南田管理处、朱阳九峰管理处。2000年9月,成立飞云湖水上旅游管理处。2005年4月,百丈漈中心管理处、南田管理处、朱阳九峰管理处合并,更名为县百丈漈·飞云湖风景名胜区管理处,隶属县风景旅游局,三大景区原核定的自收自支事业编制35名核减为7名。

相关机构

森林公园管委会 1996年7月,建立铜铃山、石垟森林公园,两个公园随之成立森林公园管理委员会,与林场实行“两块牌子、一套班子”管理体制。林场增设森林公园办公室。

县龙麒源风景旅游开发有限公司 2004年成立并启动景区开发。

第二节 资源保护

县域风景旅游资源主要有风景名胜区、红枫古道及人文景观刘基庙墓等。1992—2011年,制定风景名胜区管理规定、红枫古道保护意见4个,编制刘基庙墓规划和刘基庙维修方案。2002年成立刘基庙墓维修工作领导小组,对刘基庙进行维修。2009年4月,确定枫树为文成县县树。2009年确定9条红枫古道为县级文保单位。

风景名胜区保护

1992年6月，县政府发布《关于加强百丈漈风景名胜区管理的通知》，对风景资源实行严格保护，统一管理，合理开发利用。1995年10月，制定《关于百丈漈风景名胜区管理的暂行规定》，保护风景区山石、瀑布等自然环境和林木、鸟兽等动植物资源，规范景区开发建设、旅游经营行为。1998年9月，颁布《全县风景旅游区内坟墓进行迁移(或深埋)的通告》，并禁止在风景旅游区内新建坟墓。2009年4月，飞云湖风景名胜区获“中国最佳生态环境保护十大风景名胜区”称号；2010年2月，在“浙江省十大生态旅游名城”读者推选活动中，文成县被评为“浙江省十大生态旅游名城”。

刘基庙保护修缮

1996年8月至1997年12月，委托浙江省古建筑研究设计院编制维修方案，对刘基庙正厅大殿进行维修。2001年7月，委托东南大学编制刘基庙、墓保护规划；9月再次委托浙江省古建筑研究设计院设计维修方案。2002年11月，成立刘基庙墓维修工作领导小组，对木牌坊、头门、仪门、厢房等进行维修，2004年3月通过竣工验收。2009年5月，国家文物局评审通过刘基庙墓保护规划。

红枫古道保护

2008年10月，开展“县树”征集评选活动；次年4月，县人大常委会确定枫树为文成县县树。2009年1月，县政府决定将大峃大会岭、道岭、猫狸揺岭、岩庵岭、松龙岭、吴垟岭、五十二岭，武阳岭根岭，西坑八都岭9条红枫古道列为县级文物保护单位。2010年11月，发现枫树缀叶纵螟虫害，县林业局邀请浙江农林大学教授陈安良、马良进，给枫树“诊病”。次年4月，通过给枫树注射自流式注干剂和喷洒药粉方式，保护红枫免受虫害。2011年2月，大会岭、道岭红枫古道晋升为省级文保单位。8月，县政府出台《文成县红枫古道保护和开发工作实施意见》。

图14-22 省专家为红枫“治病”(来自文成新闻网 2010年摄)

第三节 旅游管理

县风景旅游管理局承担全县旅游开发和旅游行业、旅游安全管理职责。1992—2011年，县政府颁发加快旅游业发展政策、规定、意见6个；县旅游、公安、交通、工商、物价等部门联合发布旅游行业管理通告、通知、实施办法4个；制定旅游安全事故应急处理等预案5个。并开展“旅游服务质量提升年”“旅游安全隐患治理年”活动，提高旅游服务质量，确保旅游安全。

旅游业优惠政策

1998年10月，县政府颁发《文成县加快旅游业发展若干优惠政策规定》，按“谁投资、谁受益”“只求所在、不求所有”原则，鼓励国家、集体、股份、私营等多种形式兴办旅游项目，并就财政、税收、工商、土地、规划、建设、环保、水电、教育等方面作出优惠规定。2002年12月出台《文成县加快推进风景旅游业发展的若干政策》12条。2005年10月，县委出台《关于加强建设生态旅游县的意见》，发挥县域生态优势，促进旅游业发展。同年

12月,县政府发布《加快旅游业发展的若干意见》,强调高起点编制旅游规划,妥善处理旅游资源保护、开发、发展三者关系,提出旅游配套设施建设、形象宣传、产品促销、旅游信息化建设、人才培训及考核奖励等措施。2008年5月,县政府发布《关于创建旅游经济强县的实施意见》,决定逐步推进观光旅游向休闲度假旅游转变,旅游资源大县向旅游经济强县转变。2010年1月,县委、县政府颁发《关于加快旅游业发展的优惠政策》,涵盖财政金融支持、旅游项目开发建设、旅游星级饭店建设、旅行社行业发展、乡村旅游发展、旅游创优创强六大领域,扶持旅游产业发展。

行业管理

1992—1996年,主要做好风景旅游区治安、防火、卫生、安全等管理。1997年6月,县旅游、公安、交通、工商、物价等部门和百丈漈镇政府联合发布《关于百丈漈风景名胜区天顶湖游览区管理的暂行规定》,加强天顶湖游船管理,添置救生衣、救生圈等设备;同年12月,县公安局发布《关于加强百丈漈风景名胜区管理的通告》,营造景区安全、舒适、文明旅游环境。2006年出台《关于进一步加强旅游行业管理的通知》《旅行社奖励政策的具体实施办法》。2007年制定《文成县旅行社地接团队奖励实施办法》,鼓励各旅行社开展旅游宣传促销,做好旅游地接业务,开辟新客源市场。组织开展旅行社和导游员日常管理及年检活动,开展旅游市场监管,规范旅游市场秩序。2008年指导旅游经营单位开展创优评星活动,其中百丈飞瀑景区、龙麒源景区获“市级文明风景旅游区”称号(前者为保持、后者为新增)。2009—2010年,对各旅行社旅游合同、广告、保险、明码标价、服务质量等开展监督检查,打击恶性竞争、购物欺诈等违规活动,畅通游客投诉渠道,维护旅游消费者和经营者合法权益。2011年开展旅游行业“旅游服务质量提升年”活动,在各个黄金周前,会同工商、物价、卫生、安全等部门,开展联合检查,确保黄金周健康、有序,提高旅游服务质量。

游客安全管理

2004年1月,制定《文成县风景旅游安全事故应急处理预案》。2005年3月12日中午突降大雪,道路积雪结冰,200多名游客滞留铜铃山公园无法下山,县旅游、林业、交警、交通等部门迅速组织人员,前往公园维持秩序,安排游客吃住,请有经验向导带领游客安全下山。2006年开展“安全生产月活动”,对旅游安全事故应急处理预案进行完善,陆续出台《关于落实处置突发事件工作预案的实施方案》《文成县旅游重大传染病疫情应急预案》《文成县旅游突发公共卫生事件应急预案》《文成县旅游安全事故应急预案》《旅游安全注意事项24条》等预案、规定。7月,获悉“碧利斯”“格美”台风消息,县旅游局分别召开紧急会议,暂时关闭景区确保安全。2007年完善旅游安全、景区森林消防、食品卫生、交通安全保障等设施。2008年开展“旅游安全隐患治理年”活动,重视做好“春节”“五一”“十一”等节假日旅游安全监管。2009年树立“安全就是旅游生命线”理念,专门举办旅游安全生产培训班,旅游从业人员参加培训100多人。2011年出台《关于在全县旅游企业中开展安全生产标准化建设及实施安全生产考核工作的通知》,开展旅游安全生产工作督察。实行一月一查制度,同时与安监、质监、体育、运管、消防等部门联系,建立安全生产演练机制,分别在铜铃山、百丈漈、龙麒源等景区开展安全生产预案演练。

第四节　旅游服务

1995年成立县首家旅行社。1997年首辟百丈漈一日游、二日游,双汇溪漂流,铜铃山峡探险游旅游线路。至2011年,全县有旅行社5家、县内旅游线路24条;对外旅游交通4条304公里,县内通景公路14条208公里,景区停车场9处,面积13590平方米;经济型旅游饭店、家庭旅馆、“农家乐”餐馆180家,总床位2150铺,其中三星级饭店3家,床位598铺。

旅行社

1995年5月19日成立县旅游有限公司，为县内首家旅行社。2002年5月28日，县政府批准成立百丈漈风景名胜区开发服务有限公司。2004年后好日子、大众、假日、快乐之旅旅行社相继开业。2008年县旅游有限公司获"市级青年文明号"称号。2011年全县旅行社5家，持证导游158名。

旅游线路

1997年首辟百丈漈一日游、二日游，双汇溪漂流，铜铃山峡探险游等旅游线路。1998年推出百丈漈奇山秀水游、刘基故里探访古迹游、刘英公园爱国主义教育游线路。2006年相继推出"红枫古道""农家乐"等旅游产品。后随县域旅游产品日益丰富，旅游线路逐步完善，至2011年，全县旅游线路一日游、二日游、三日游3种16条，其中一、二日游线路各5条，三日游线路6条。另根据县域旅游产品特色，推出"山水乐园经典游""纯净自然休闲游""山水福地文化游""自驾逍遥游""张扬个性康体游""红色之旅"6种特色旅游模式8条线路，旅游团队、游客可按专业或爱好自由选择。

2011年文成县旅游线路一览表

表14-7

类别	序号	旅游线路
一日游	1	县城—百丈飞瀑—峡谷景廊—送团
	2	县城—刘基故里—朱阳九峰—玉壶送团
	3	县城—刘基故里—百丈飞瀑—峡谷景廊—送团
	4	县城—铜铃山—飞云湖—送团飞云湖—铜铃山—送团
	5	黄坦—岩门大峡谷—铜铃山—隐山湖—送团
二日游	1	县城—峡谷景廊—百丈飞瀑—天顶湖—住天顶旅游接待中心(好汉山庄)—刘基故里—朱阳九峰—玉壶—送团
	2	飞云湖—岩门—雅庄—红军洞—飞龙湖—飞龙山庄—大峡谷—铜铃山—送团
	3	黄坦—岩门—雅庄—红军洞—飞龙山庄—大峡谷—黄坦—送团
	4	飞云湖—生态乐园—岩门—雅庄—红军洞—飞龙山庄—大峡谷—黄坦—送团
	5	飞云湖—生态乐园—湖头—铜铃山峡—住宿—大峡谷—雅庄—黄坦—送团
三日游	1	玉壶—三潭—九峰—刘基故里—住南田—天顶湖—百丈飞瀑—峡谷景廊—铜铃山(住宿)—大峡谷—红军洞—雅庄—岩门码头—黄坦送团
	2	黄坦—岩门—雅庄—红军洞—住飞龙山庄—大峡谷—铜铃山峡—飞云湖—生态乐园—住大峃镇—峡谷景廊—百丈飞瀑—刘基故里—好汉山庄—朱阳九峰—玉壶送团
	3	玉壶—朱阳九峰—刘基故里—天顶湖—住天顶湖旅游接待中心—百丈飞瀑—峡谷景廊—住县城—黄坦—岩门—雅庄—红军洞—大峡谷—铜铃山—住湖头—飞云湖—生态乐园—珊溪送团
	4	飞云湖—生态乐园—湖头—住宿—铜铃山峡—大峡谷—红军洞—雅庄—龙麒源—住南田—刘基墓—刘基故里—百丈飞瀑—峡谷景廊—县城送团
	5	飞云湖—生态乐园—湖头—住宿—铜铃山峡—大峡谷—红军洞—雅庄—龙麒源—住南田—刘基墓—刘基故里—朱阳九峰—玉壶—送团
	6	飞云湖—生态乐园—岩门—雅庄—住飞龙度假村—龙麒源—住南田—刘基故里—朱阳九峰—天顶湖—百丈飞瀑—峡谷景廊—县城送团

续表14-7

类别	序号	旅游线路
特色旅游	1	山水乐园经典游　百丈漈—天顶湖—天顶湖夜游—刘基故里—铜铃山—龙麒源—飞云湖
	2	纯净自然休闲游　2条线路:县城—铜铃山森林公园—飞云湖,住宿飞云湖;县城—峡谷景廊—二源高山生态农业示范园—天顶湖—县城
	3	山水福地文化游　县城—玉壶—天顶湖—刘基故里—西坑—飞云湖
	4	自驾逍遥游　县城—百丈漈—铜铃山—飞云湖
	5	张扬个性康体游　县城—飞云湖—岩门大峡谷—铜铃山
	6	红色之旅　2条线路:刘英纪念馆(珊溪革命历史纪念馆)—珊溪水利枢纽工程—国家重点风景名胜区百丈飞瀑;铜铃山壶穴奇观—红军照烈亭

说明:资料由县旅游局提供

旅游交通

对外交通　县域对外交通主要凭仗公路,铁路、水路、航空交通均需停靠周边市县。铁路金温线青田站至文成60公里,瑞安站70公里,温州站90公里;水路平阳鳌江港口直达文成50公里;航空温州机场至文成100公里。

内部交通　境内交通较为便捷,56省道将县城和百丈漈、龙麒源、森林公园等景区连珠成串,但其他通景公路14条,尚需改善。水上交通主要是飞云湖景区,其机动游船和快艇等均具一定规模。

景区停车场9处13590平方米,其中百丈飞瀑景区3处4240平方米;天顶湖景区1处500平方米;刘基故里景区2处1000平方米;铜岭山峡景区1处2000平方米;朱阳九峰景区2处5850平方米。

2011年文成县旅游交通状况一览表

表14-8

类别	公路名称	里程(公里)	公路宽度(米)	路面状况
对外交通	文成至温州	90	10.5	沥青
	文成至青田	61	8.5	沥青
	文成至平阳	84	8.5	沥青
	文成至瑞安	69	10.5	沥青
景区公路	飞云湖至双溪	25	4.0	砂石
	56省道至刘基故里	16	6.0	沥青
	二源至朱阳九峰	12	5.5	水泥
	刘基故里至西坑	14	4.5	混凝土
	西坑至岩门	12	4.0	砂石
	56省道至铜岭山	12	4.5	沥青
	南田至武阳	6	3.5	水泥
	县城至百一电	9	4.5	沥青
	县城至玉壶	20	8.5	沥青
	黄坦至云湖	20	4.5	砂石
	峃口至飞云湖	17	6.0	沥青
	县城至百丈漈	18	7.5	沥青
	县城至黄坦	14	5.0	沥青
	黄坦至岩门	13	6.5	沙石

说明:资料由县旅游局提供

餐饮住宿

1998年建成文成宾馆。2004年，文成国际大酒店、阳光假日大酒店、铜岭山森林度假村相继开业。2005年建成新凯悦大酒店。至2011年年底，全县经济型旅游饭店30家，家庭旅馆100多家，床位1651张，其中三星级饭店3家，床位598张。另有"农家乐"餐馆50家、客房200多个、床位300余铺。2008年阳光假日大酒店先后评为浙江省、温州市"优秀品质饭店"。

2011年文成县重点旅游饭店(宾馆)一览表

表14-9

名　称	地　址	创办时间(年月)	建筑面积(平方米)	床位(张)	星级	评选时间(年月)
文成宾馆	县城文青路1号	1998.9	10687	138	☆☆☆	2002.8
文成国际大酒店	县城城东大道	2004.9	22038	300	☆☆☆	2007.12
阳光假日大酒店	县城伯温路5号	2004.10	11386	160	☆☆☆	2006.3
铜岭山森林度假村	铜岭山国家森林公园	2004.10	5628.5	130	—	—
新凯悦大酒店	县城城南路1号	2005.4	6352	130	—	—

说明：资料由县旅游局提供

第十五卷

银行　保险　证券

1991—2011年，文成县银行业、保险业迅速发展，证券业实现零的突破。初步建立起宏观调控机构、银行业监管机构和国有银行、商业银行、保险、证券等金融机构并存的金融组织体系，服务网络遍及城乡。

2011年，全县各类银行11家，相比1991年增加6家；存款余额持续增长，城乡居民存款余额51.72亿元，同比1991年增长57.83倍，外币存款余额5.59亿美元，同比1993年增长128.08倍；各项贷款余额67.54亿元，同比1991年增长44.64倍，为工业、农业、商业发展以及农村农民的经济生活提供有力保障；各大银行坚持利率优惠、信贷优先政策，在扶贫脱贫、助农助学、惠工惠企、救灾救济等重大民生工程建设中发挥至关重要作用。

2011年，全县各类保险机构4家，向社会推出人身险、财产险、意外险等1000多个险种，成为全民防灾防损的重要补偿支撑；当年保险收入1.06亿元，赔付3071.1万元，同比1991年分别增长46.64倍、35.51倍。

第一章 银 行

1991年以后，全县银行业随着商品经济发展而兴起，形成既有宏观调控性银行，又有政策性银行与商业性银行分离，国有独资和股份制商业性银行为主体，信用合作等多种银行机构并存的银行组织体系。中国人民银行文成县支行（简称县人民银行）专门履行中央银行职能。2004年5月，监督管理银行以及其他存款类金融机构的职能划分给中国银监会文成办事处（简称银监会文成办事处）。1998年5月，专门办理农村政策性金融业务的农业发展银行机构——农业发展银行文成信贷组（简称农发行文成信贷组）成立。

中国工商银行文成县支行、中国农业银行文成县支行、中国银行文成县支行、中国建设银行文成县支行等专业银行转变为国有独资商业银行以后，中国工商银行股份有限公司文成支行（简称县工商银行）、中国农业银行股份有限公司文成支行（简称县农业银行）、中国银行股份有限公司文成县支行（简称县中国银行）和中国建设银行股份有限公司文成支行（简称县建设银行）成为全国性股份制商业银行分支机构，取消中央银行对商业银行贷款规模控制，实行资产负债比例管理，信贷投向与县域经济结构逐渐吻合，提高信贷资金使用效益。

1996年，县农村信用合作社联合社（简称县农村信用合作联社）从县农业银行脱钩以后，深化改革，更加优质地为农村、农业和农民"三农"提供服务。2008—2011年，中国邮政储蓄银行有限责任公司文成县支行（简称县邮政储蓄银行）、温州银行股份有限公司文成支行（简称县温州银行）和浙江文成北银村镇银行股份有限公司（简称县北银村镇银行）相继成立，全县银行业规模扩大，民间融资渠道拓宽，服务经济社会建设能力增强。

第一节 组织机构

中国人民银行文成县支行

2004年年前，县人民银行按照国家信贷计划控制信贷规模，调节全县信贷资金和货币流通，协调、指导、监督和检查各专业银行和其他金融机构业务活动，经营管理国家金库。2004年5月，将监督银行业的管理职能划给新成立的中国银行业监督管理委员会温州监管分局文成办事处。中国人民银行文成县支行作为中央银行基层派出机构，履行货币政策执行、支付清算、国库经理、货币发行（包括反假币）以及金融稳定等职责。2000—2004年，其内设机构为办公室、信贷调统股、货币金银股、保卫股和营业室等5个。2005—2011年，完成发行库撤销、会计核算业务流程改造、股室重组和业务整合，建立新的组织架构，支行内设机构为办公室、综合管理部和基础业务部，全行在职员工20人。

图15-1 1998年12月，中国人民银行文成县支行大楼外景（人行文成县支行提供）

中国银监会温州监管分局文成办事处

2003年12月,中国银监会温州监管分局(筹)文成监管组成立。2004年5月,经浙江银监局批准更名为中国银监会温州监管分局文成办事处,正科级单位,在职员工3人。主要职责是负责对辖区内银行业金融机构业务活动监督管理,审核银行业金融机构及分支的设立、变更、终止及其业务范围;根据温州银监分局授权负责组织实施对银行业金融机构的现场和非现场监管,依法对违法违规行为进行查处;审查辖区内银行业金融机构及其分支机构高级管理人员任职资格;负责上报辖区内银行业金融机构的有关数据、信息,并依据授权进行通报披露;负责对辖区内金融风险进行分析、研究,并会同有关部门及时提出辖区内存款类金融机构紧急风险处置意见和建议;维护辖区内银行业金融机构公平竞争,指导当地银行业金融机构开展自律工作;会同有关部门打击和取缔擅自设立银行业金融机构或者非法从事银行业金融机构业务活动。

农业发展银行文成信贷组

1980年1月1日中国农业银行文成县支行恢复后,全县农业政策性金融业务由县农业银行承担。1998年5月农业发展银行文成信贷组成立。该信贷组为承担国家规定的农业政策性金融业务的特殊金融机构。主要业务是向粮油农产品收购企业吸收存款、发放国家专项储备、农副产品收购、粮油调销加工和农业综合开发贷款,资金封闭运行,在职员工2~3人。

中国工商银行股份有限公司文成支行

1991年,中国工商银行文成支行设立行长室、办公室、营业部、稽核科、业务科、保卫科、科技科、国际业务(牡丹卡)部和房地产信贷部等科室9个,设立县前街、西门街、林店尾、建设路和玉壶等储蓄所5个。1994年,新增珊溪分理处。1996年,林店尾储蓄所升格为第一分理处。1998年,撤并建设路储蓄所。2006年10月,林店尾分理处撤并,营业部网点缩减为1个。2010年10月,侨汇业务发展,增设网点——玉壶支行。2011年,支行下设综合部、市场部、营业部、珊溪分理处和玉壶支行,全行在职员工51人。

图15-2　2005年8月,中国工商银行股份有限公司文成支行乔迁县前街新办公楼(工行文成支行提供)

1994—2004年,中国工商银行文成县支行处于国有商业银行时期。2005年中国工商银行完成股份制改革,相应地"中国工商银行文成县支行"更名为"中国工商银行股份有限公司文成支行"。

中国农业银行股份有限公司文成支行

1991年,县检察院派驻中国农业银行文成支行检察办公室成立。1992年,为适应全县行政区域调整,信用社62个调整为12个。

1996年,根据国家金融体制改革决定,县农村信用合作社联合社与中国农业银行文成支行脱钩,中国农业银行文成支行原承担政策性业务划给农业发展银行。"一分一脱"以后,中国农业银行文成支行进入快速发展阶段。同年,西坑营业所并入八达分理处,西坑设立储蓄所;撤销岀口部和华侨新村储蓄所,业务并入大岀营业所。

1997年,支行根据业务发展、经济效益情况,内设科室由年初7个调整为4部1室,全年净减人员5人,岗位轮换35人,待聘1人。撤销西坑营业所和南田营业所,对八达、大岀营业所进行合并,全行营业网点由年初10个调整为8个,营业所由7个调整为5个,使网点分布趋于合理(其中当年撤销大岀营业所、岀口营业所、西坑营业所、石垟林场分理处、华侨新村储蓄所、珊溪储蓄所、南田营业所和黄坦分理处,两个营业所分别更名为珊溪分理处、玉壶分理处)。年末,全行员工人数96人。

2000年支行实施"三定"方案,内设机构由"4部2室"调整为"3科1室",员工从40人减少至24人。2002年,其内设机构调整为办公室、计划财务科和保卫科,经营机构为客户部、营业部、八达分理处、玉壶分理处和珊溪分理处,撤销城关储蓄所。2006年玉壶分理处升级为二级支行。

2009年中国农业银行完成股份制改革。2010年7月,"中国农业银行文成县支行"更名为"中国农业银行股份有限公司文成支行"。同时,支行内设机构调整为综合管理部、业务管理部和公司业务部(个人金融部)。

2010—2011年,支行组织机构保持不变。其中2011年,金垟乡(金融服务空白乡)金融服务点开业。

中国银行股份有限公司文成县支行

1993年6月,中国银行文成县支行筹建。9月支行正式开业。内设机构为人事秘书科、计划信贷科和会计出纳科。营业用房租用大岀镇县前街65号(原县百货公司批发大楼)。同时,第一储蓄所设立,位于县城大岀镇建设路108号,主要经营外币存款、外汇汇款、外汇兑换和人民币存贷款、个人储蓄、票据贴现、转账结算、现金结算、商业汇票承兑和非贸易结算等业务。全行员工15人。

图15-3 中国银行股份有限公司文成县支行中银大厦(中行文成支行提供)

1994年第二储蓄所成立。2000年,支行内设机构改为行长办公室、业务管理部、业务发展部、营业部和保卫部,撤销原来办公室、财会科、计划信贷科、存汇科和保卫科,对外统一称部、室。第二储蓄所进行机构迁移,并入温州市中国银行经济技术开发区支行黎明储蓄所。2001年,第一储蓄所升格为大岀分理处,并由建设路106-1号迁址到建设路71号。2004年,中国银行文成县支行正式更名为中国银行股份有限公司文成县支行。

2005年,支行各部室及营业部搬迁至县前街中银大厦一、二层营业场所办公。11月,内设机构改为综合管理部、业务发展部、营业部。新大楼投入使用后,将为公业务、侨汇业务和大客户进行分区服务,营业部服务柜台由原来8个扩大到17个,二楼为外汇大厅。2011年玉壶支行开业,地址设在玉壶镇玉壶街28~40号。

中国建设银行股份有限公司文成支行

1991年,中国建设银行文成支行房地产信贷部设立,主要任务是办理有关住房生产、消费及其资金的筹集、融通和信贷结算业务。支行内设机构由计划综合股、筹资股、投资管理股和保卫股,变更为计划信贷科、筹资科、投资管理科和会计出纳科。1992年国际金融代办机构设立,代理温州市建行办理文成的国际外汇业务,主办外汇存款和外币兑换。同年,支行内设机构增设办公室,为内部股级机构。1993年,国际业务部、信用卡业务部和房地产开发公司成立,房地产开发公司为支行下属企业,承办房地产开发业务。1994年珊溪储蓄所设立,1995年南田分理处设立,支行内设机构增设营业部、计算机管理科。

1996年支行内设机构增设督导科。1997年支行开展清理"三部",即房地产信贷部、国际业务部和信用卡业务部,从而房地产信贷部、国际业务部为支行内设机构。珊溪储蓄所撤销,业务并入珊溪分理处。1998年,支行办公楼由建设路79号迁入伯温路6号。南田分理处迁址至大峃镇建设路79号,更名为建设路分理处,南田分理处业务并入建设路分理处。撤销房地产信贷部,房地产信贷部业务并入大峃储蓄所;大峃储蓄所撤销,业务并入建设路分理处。1999年栖云路储蓄所撤销,全部业务并入建设路分理处。支行内设机构调整为办公室、保卫科、信贷经营部、计划财务科、筹资科、信贷管理委员会办公室、风险管理委员会办公室、审价中心和营业部;下辖建设路分理处、珊溪分理处。2001年信贷管理委员会办公室撤销,2003年珊溪分理处撤销,业务并入邮政储蓄银行文成县支行。

1996年,中国人民建设银行政策性业务分离,由原来专业银行转变为国有商业银行,中国人民建设银行文成县支行相应更名为中国建设银行文成县支行。2004年,中国建设银行实行股份制改造,中国建设银行文成县支行相应更名为中国建设银行股份有限公司文成支行。

2004年,支行内设机构调整为办公室、客户部和营业部,下辖建设路分理处。2006年,支行本级办公楼回迁至建设路79号。同时,建设路分理处撤销,业务并入营业部。2007年玉壶支行设立,办理本外币存款、外币结售汇、个人外币买卖和本外币资金结算业务。2008—2011年,支行组织机构保持未变。2011年,全行员工44人。

中国邮政储蓄银行有限责任公司文成县支行

2008年5月,邮政、银行业务分营,中国邮政储蓄银行有限责任公司文成县支行成立,位于大峃镇县前街126号,珊溪、县城城关邮政储蓄所划归县支行。6月,珊溪、玉壶二级邮政储蓄支行成立。支行以"进步,与您同步"为服务宗旨,坚持服务"三农"、服务社区、服务小微企业,投身地方经济和社会主义新农村建设,致力打造立足基层、贴合一线的全功能特色零售国有商业银行。

2011年,支行内设综合管理部、会计核算部、信贷业务部和个人业务部。下辖营业部、珊溪镇支行和城关支行。仰山乡、周山畲族乡、桂山乡和上林乡(4乡为金融服务空白乡)金融服务网点设立。全行员工46人。

文成县农村信用合作联社

1991年,全县各信用社、信用分社、储蓄所等网点及人员处于中国农业银行文成县支行管理时期,日常业务管理部门归为中国农业银行文成县支行信用合作股。1993年5月,县农村信用合作社联合社成立,属二级法人体制。

1996年9月,县农村信用合作社联合社与中国农业银行文成县支行脱离行政隶属关系。县农村信用合作社联合社对全县安全条件差的单双人网点进行撤、并、迁或改为定期服务,原机构网点71个降为51个。

1998年开始,农村基金会、金融服务社和城市信用社归口县农村信用社联合社管理。2002年,城南信用社峃口储蓄所、双垟信用社马山分社、峃口信用社周山分社撤并。2003年,大峃镇农村信用社周村分社撤并,将双垟农村信用社降格为大峃镇农村信用社双垟分社。

2005年,县农村信用合作社联合社上升为一级法人体制,负责全县信用社管理。改制后,县农村信用合作社联合社更名为县农村信用合作联社。同时,城南信用社融光分社撤并,把大峃信用社中侨分社搬迁到建设

图15-4 2006年11月，新落成的文成县农村信用联社信合大楼（县农村信用联社提供）

路。全联社下辖网点29家，其中营业部1家、信用社8家、信用分社20家。

2009年，大峃信用社一分为二，大峃信用社和城南信用社成立；把经营效益较差的徐村分社搬迁至县城中心位置，并更名为县前分社。2010年，金星乡、富岙乡等（金融服务空白乡）设立金融服务点8个。2011年，县农村信用合作联社内设办公室、财会科技科、计划信贷科、业务拓展科、国际业务部、风险合规科、审计科、保卫科和监察室9个科室，下辖营业网点37家（个），其中营业部1家、信用社9家、信用分社19家和金融服务点8个。在职员工247人。

温州银行股份有限公司文成支行

2008年10月，温州银行股份有限公司文成支行成立，位于大峃镇建设路133号。支行坚持"立足地方、立足中小、立足市民"市场定位，以打造"精品零售银行"为目标，依托灵活经营管理模式和高效决策运行机制，结合自身特点和产品优势，以全县中小企业和城市居民为主要服务对象，竭诚提供灵活、专业、便捷、高效、亲和的金融服务。2011年，支行内设机构有行长室综合部、业务部和营业部，在职员工22人。

浙江文成北银村镇银行股份有限公司

2010年，浙江文成北银村镇银行股份有限公司开始筹建。2011年5月开始对外营业。该银行是由北京银行发起，并经中国银监会浙江省分局批准成立的法人股份制商业银行，注册资本金5000万元，坐落于大峃镇县前街中银大厦101～106号。在职员工15人。

银行坚持"立足县域，服务三农，面向华侨"经营宗旨，秉持"差异化+合适"经营理念，坚持小额分散，以真诚实惠深耕农村金融市场，以专业精细服务侨胞、侨属和侨眷，传承北京银行"领先源自专注，真诚所以信赖"服务理念，打造天下文成人自己的银行。2011年年末，内设机构有业务发展部、营业部、风险合规部和综合管理部，下辖玉壶支行。

第二节 货币管理

货币管理是指国家授权银行有计划地组织、调节货币发行和货币流通金融活动。县内货币流通有现金流通和非现金流通（即转账结算）两种形式。

货币种类

人民币 县域内使用的法定货币是人民币。人民币单位为元，人民币的辅币单位为角、分。1元等于10角，1角等于10分。2011年，全国已经发行5套人民币，形成纸币与金属币、普通纪念币与贵金属纪念币等多品种、多系列的货币体系。除1、2、5分三种硬币外，第一套、第二套和第三套人民币已经退出流通，正在流通的是1987年以来发行的第四套人民币(俗称1980版)和1999年以来发行的第五套人民币(俗称1990版)。

1991年使用第四套人民币。主币有壹元、贰元、伍元、拾元、伍拾元、壹佰元，辅币有壹角、贰角、伍角和铝币壹分、贰分、伍分。1992年6月，新版面值壹角铝币、伍角铜币、壹元钢芯金属硬币发行，主图案分别为菊花、梅花、牡丹花。8月，1990版壹佰元、伍拾元纸币发行。

1999—2004年，第五套人民币分5年陆续发行。主币有壹元、伍元、拾元、贰拾元、伍拾元、壹佰元。在此期间，还发行1999年版的壹角、伍角、壹元3种硬币。2005年8月，第五套人民币2005年版壹佰元、伍拾元、贰拾元、拾元、伍元和不锈钢材质壹角硬币发行。与1999版第五套人民币同时流通。

纪念币　是国家纪念国际或本国政治、历史、文化等方面重大事件、杰出人物、名胜古迹、珍稀动植物和体育赛事等而发行的法定货币，它分流通纪念币和贵金属纪念币2种。质量一般为精制，限量发行。

流通纪念币发行，与现行流通人民币具有相同职能，与同面额人民币等值流通。贵金属纪念币理论上是可以参与流通的，具有流通手段职能。纪念币具有纪念意义、发行量少，以及样式迥异、美观等特点，人们把它视为一种特殊工艺品加以收藏。

1984年10月，第一套流通纪念币“中华人民共和国成立35周年” 发行，至2011年贺岁流通纪念币发行，总共发行纪念币96枚，纪念钞3种。其中1999年10月，“庆祝中华人民共和国成立50周年”伍拾元面值纪念钞发行。2000年11月，“迎接新世纪纪念钞”壹佰元面值的塑料人民币发行。2008年，以奥运为主题的拾元面值纪念钞发行。2003年1月，首发第1枚羊年生肖纪念币，之后每年发行1枚。

货币投放

银行对全社会的现金收入与支出相抵，收小于支时称为货币投放，收大于支时称为货币回笼。而对于某一时期的收支差额，则称之为货币净回笼或货币净投放。1991—2011年，1992年为货币净回笼，其他年份为货币净投放。

1991年，银行现金收入26193万元，现金支出27974万元，收支轧差，现金净投放1781万元，同比上年增长8%。其中信用回笼占现金总收入38.4%，商品回笼占现金总收入30.3%，信用回笼超过商品回笼，成为现金收入中最主要渠道。

1993年，全县国民经济高速度增长，资金需求激增。银行现金收入68166万元，同比上年多收25626万元，增长60.23%。现金支出70930万元，同比上年多支28396万元，增长66.76%。收、支相抵净投放 2764万元，首次突破2500万元大关。

1995年开始，全县基本建设规模扩大，第三产业迅速发展，农副产品采购急增，企业投资加大，职工工资总额增加，货币流通量逐年扩大，银行现金投放呈现快速增长趋势。1995年，银行现金收入157906万元，现金支出180044万元，现金净投放22136万元，同比上年增加投放11748万元，增幅113%。1998年，银行现金收入447641万元，支出480981万元，现金净投放33340万元。

1999年，县人民银行做好日常货币投放回笼，加强大额现金支付管理，建立健全大额提现备案、审批制度，重点对非基本账户、银行卡及个体工商户的违规现金支付进行检查，尤其是对为拉业务、争存款而放松现金管理的银行予以严肃查处。当年银行现金收入505999万元，现金支出534987万元，现金净投放28988万元，同比上年减少投放4352万元。

2000—2010年，随着国民经济稳定增长，10年期间总体情况是现金投放和回笼呈同步增长趋势，只有个别年份因经济发展需要而货币政策调整有所波动。2000年，银行现金收入566133万元，现金支出584459万元，现金净投放18326万元，同比上年减少投放10662万元。2008年，银行现金收入2448930万元，现金支出2483644万元，现金净投放34714万元，同比上年减少投放5774万元。2009年，全县银行现金净投放达到41000万元，达到较高规模。2010年始，银行机构和统计部门不再统计货币投放和回笼。

1991—2009年文成县银行机构货币投放和回笼情况一览表

表15-1　　单位：万元

年份	银行现金收入	银行现金支出	货币净投放
1991	26193	27974	1781
1992	42540	42534	-6
1993	68166	70930	2764
1994	109755	120143	10388
1995	157906	180044	22136
1996	211958	238045	26087
1997	246207	275999	29792
1998	447641	480981	33340
1999	505999	534987	28988
2000	566133	584459	18326
2001	738131	762483	24352
2002	1332731	1354468	21737
2003	1622769	1646794	24025
2004	1996405	2023990	27585
2005	1975572	2001288	25716
2006	2351962	2385547	33585
2007	2874411	2914899	40488
2008	2448930	2483644	34714
2009	—	—	41000

说明：数据资料由人行文成县支行提供

现金管理

1977年11月，国务院颁布《关于实行现金管理的决定》，县域遵照执行。1988年8月，《现金管理暂行条例》经国务院第十八次常务会议通过，县域于1988年10月1日开始施行。

1991年，银行贯彻执行稳定增加存款政策，以及"控制总量、调整结构、强化管理、适时调节、提高效益"货币信贷方针，合理调剂资金，用足切块规模。银行现金收入26193万元，银行现金支出27974万元，其中工资性支出4445万元。现金收支双线上升，收、支相抵投放正常，现金计划执行情况良好。此后连续3年，现金计划执行情况也均维持较好水平。

1995年，现金计划实行"双线下达，条块结合"管理体制和大额现金"三级审批"制度。并规定存款户一次性在农村信用社支取3万元以上、在商业银行支取5万元以上，需要经过县人行审批。1997年，根据市场经济发展需要和现金要求，各银行重建大额现金支出审批、登记、报备制度，规定在各家商业银行开户的单位，支取现金超过20万元以上的必须经过县人民银行审批，1999年开始放宽到50万元以上，使现金管理进一步规范。

1999年，县人民银行加强大额现金支付管理，建立健全大额提现备案、审批制度，重点对非基本账户、银行卡及个体工商户的违规现金支付进行检查。2000年，全县对10家银行网点进行现金检查，对检查中发现的个别机构在大额现金审批制度执行不规范等问题进行处理。2001年，县人民银行按金融机构数80%的要求对现金管理情况进行抽查,于5月、8月分别对辖区银行的现金管理政策执行情况开展专项检查。查处未审批登记现金支出29笔,金额253万元,对现金管理中大额现金支付台账不规范、台账漏登、越权审批和个别银行没按规定自查等问题进行整改。

2005年,县人民银行与县教育局联合发出《唤醒沉睡的硬币倡议书》,开展"打破钱罐子,硬币回流银行周"活动。7月制定《文成县现金管理联席会议制度》,确保现金管理制度贯彻落实,打击利用现金结算进行经济违法犯罪行为,解决金融机构在体制改革过程出现的现金管理职能逐步弱化问题。

2006年,银行更加严格大额现金支付分级审批制度,推进辖区非现金支付结算工作,成效显著。其间,上级行根据对县级支行发行库管理的总体安排以及基层行今后业务发展方向和安全等方面因素,结合文成县当前货币发行现状,下发《关于撤销人民银行文成县支行发行库的批复》,撤销文成发行库。

2007—2009年,县人民银行每年召开现金管理和支付结算联系会议,并由专人担任农村金融机构支付结算指导员,推行"三票一卡"。继续严格执行大额现金支付分级审批制度,现金管理效果明显。

2010—2011年,县人民银行继续完善、推广农村支付结算指导员制度,推进"刷卡无障碍街区"和乡村金融服务点建设。其中2010年将指导员制度推广到8个中心集镇,并做好8位结算指导员、219位农村支付结算辅导员配备和培训。推动辖内17家金融服务点全面开张,实施每周一天定点服务,为农村小额存款支付提供便利。2011年,实现全县17个空白乡镇118个行政村助农取款服务全覆盖。同时,规范设立其他服务点,开展"便农支付工程"知识宣传、增加机具配置。

金银管理

1991年,县人民银行发挥统一管理金银市场职能,与县公安局、工商局等部门单位联系,研究整顿全县金银加工市场方法、步骤和目标,并积极落实整顿措施。

1993年,国家取消金银饰品计划配给制,实行市场调节为主,主管部门监督指导为辅,扩大饰品销售单位自主权。县人民银行针对自身业务情况,及时进行清理整顿,自办金店在人财物上实施全面脱钩。

1994年,县人民银行发布《关于加强对金银首饰加工行业管理的通知》,着手清理整顿未持有《金银首饰加工牌照》《营业执照》的经营店面,对个体金银饰品加工统一核发黄金制品零售业务"核准登记证"。并且要求其依法经营,照章纳税,按规定缴纳管理费。1995年,县人民银行、检察院、公安局和工商行政管理局联合开展专项行动,对非法熔毁人民币伍角硬币加工首饰行为进行查处,查获利用人民币伍角硬币加工首饰案件12件,没收伍角硬币500余枚、成型手镯31只、戒指17只及未成型毛坯和制作工具,吊销首饰加工户执照2户。有效地禁止损害人民币和妨碍人民币流通行为。

2004年开始,放宽金银饰品零售和加工限制,经营者和加工户向工商行政管理局申请登记即可。年底,全县登记的金银饰品零售店和加工点12家。2011年,全县登记的金银饰品零售店和加工点达到152家。

2005年,中国银行文成县支行除了传统存贷业务外,逐步推出"纸黄金""黄金宝"业务,为广大客户提供资金增值服务(所谓"纸黄金""黄金宝"买卖,是指个人客户通过银行柜台或电话银行、网上银行服务方式,进行的不可透支的美元对外币金或人民币对本币金的账面交易,以达到保值、增值目的)。 其中2006年,纸黄金交易额14.9万克。2008年,黄金宝人民币金7.6087万克。

残损币处理

人民群众随着生活水平提高,对人民币的需求和使用急剧增加,因此保持市场流通的人民币整洁度,维护人民币信誉,是银行部门尤其是人民银行重要职责。对此,县人民银行通过各家银行采取多项措施科学处理残损币，提高人民币整洁度。主要是开展宣传提高民众爱护人民币意识；推广非现金结算减少人民币市面流通；健全商业银行残损币回收机制强力回收（流通中人民币票面磨损、脏污而不宜流通时，由各商业银行负责回收交由市人民银行负责销毁）；推进小面额现金硬币化。

1991—1995年，各商业银行逐步收回第三套人民币。1995年上半年，根据《中国人民银行法》开展残损币兑换和反假币咨询活动，在各自营业场所设立残损币兑换窗口。

1996年根据上级要求，各行临柜人员严格执行对第三套人民币只收不付，以实现1997年年末第四套人民币单一流通。1997年，上级行提出实现人民币2000年达到七成新目标。5月，各银行营业网点均悬挂“损伤券兑换责任点”铜牌。6月，各银行开展“爱护人民币宣传活动周”宣传咨询活动。

2004年2月，《中国人民银行残缺污损人民币兑换办法》颁布实施，第三条规定：“凡办理人民币存取款业务的金融机构，应无偿兑换残缺、污损人民币，不得拒绝兑换。”下半年，县工商银行率先办理火烧币、霉烂残损币的兑换业务。2005—2011年，各银行贯彻执行市人民银行制定的《温州市金融机构回笼残损人民币管理办法》，认真做好残损币兑换和处理。

第三节 存款业务

存款业务是银行主营业务，是银行信贷资金主要来源。根据存款对象不同，可划分为对公存款（财政存款、机关团体存款、企业存款）、储蓄存款、农业存款和其他存款等种类。1991—2011年，全县银行存款业务呈现连续增长趋势。

1991年，各银行坚持“存款立行、存款兴行”方针，把存款工作放在首位。落实存款责任制和内部激励机制，不断推出代发工资、礼仪储蓄、有息有奖和通知存款等吸储措施，大力组织各项存款，以壮大资金实力，全县银行机构各项存款余额14069万元。此后7年，各项存款保持不断增长。至1998年，各项存款余额97752万元，比1991年增长5.95倍。

1999年，受开征储蓄存款利息所得税（税率为20%）等因素影响，全县银行机构各项存款余额96052万元，同比上年减少1700万元，下降1.74%。

2000—2004年，各项存款继续保持增长。其中，2004年，全县银行机构各项存款余额达到294027万元，比1991年增长19.90倍。

2005年，县域停止信用社存款利率上浮10%～30%规定，城乡居民储蓄存款同比下降7.62%。

2006—2009年，全县受国家对房地产投资调控，导致众多民间资金回流。同时，加上华侨回国探亲带现钞和外地务工经商人员汇入增多因素，银行存款增势强劲，呈现较高增长幅度。2009年全县银行各项存款余额789159万元，同比上年增加206398万元，增长35.42%。

2011年，全县银行各项存款余额915893万元，其中财政存款21727万元，城乡居民储蓄存款余额517200万元，其他存款28万元。

对公存款

1991—2011年全县对公存款总体趋势呈现逐年增加。

1991年，全县各项银行存款余额中对公存款余额4956万元，占比35.23%。其中企业存款余额3626万元，财政性存款余额742万元，机关团体存款余额588万元，分别占73.16%、14.97%和11.86%。

1993年，全县对公存款增长相对缓慢，对公存款余额6128万元，同比上年增加391万元，同比增6.82%。对公存款与银行存款总额占比偏低,对公存款仅占银行存款总额24.64%,同比占幅下降 4.95%。

1999年,各银行切实加大对公存款揽储力度,实行“龙头突破、上下联动,抓大促重”运行机制,确保对公存款增加。全县对公存款余额37000万元,同比上年增加3203万元,增长9.48%。其中,企业存款余额32585万元,财政存款余额1199万元,机关团体存款余额3216万元。

2005年,对公存款余额达到60477万元。其中企业存款余额45240万元,财政存款余额4793万元,机关团体存款余额10444万元。企业存款余额占对公存款余额74.81%,上升幅度较大。

2008年,全县对公存款余额当中的企业存款出现较大幅度下降,企业存款余额57756万元,同比上年减少14185万元,其中企业活期存款余额41800万元,同比上年减少15800万元。企业存款余额下降主要是受国际金融危机及上半年宏观紧缩的惯性影响,企业经济效益下滑,许多企业处于保本微利和亏损状态,企业留作生产性结余资金偏少,出现用现金购买原材料现象。

2011年,全县各银行除了维护现有对公存款老客户,还积极拓展中小企业业务,如保障性住房公司新入户在县温州银行,其银行新增企业存款4000余万元。

储蓄存款

储蓄存款可分为活期和定期两大类。2011年,全县储蓄存款余额517200万元,比1991年增长57.14倍。

1991年,城乡储蓄存款总体是增加趋势,全县城乡储蓄存款余额8896万元,同比年初增加1066万元,增长13.6%。但其中也存在一些较大下降因素,波动性大。内部结构性下降有三个主要因素:全县经济回升与发展,资金需求大量增加,致使大量“生产性”储蓄存款重新回到生产经营领域中去,引起储蓄存款下降。“出国热”影响较大,出国人员由农村转向城镇,由农民转向干部、职工和工人,全年出国人员约1000人,需要路费等支出约10000万元,其资金来源主要靠提取银行储蓄存款和各方借款;储蓄存款利率再次下调,民间借贷趋向活跃,使部分储蓄存款流入民间。

1992年,全县城乡储蓄存款转为大幅度上升,其余额达到13239万元。主要表现在以大额存单为主的定期储蓄存款增加,大额存单的定期储蓄存款主要是个体经营者间歇资金和积累资金、劳务输出者的货币收入、出国者路费定付金及非工资性其他收入。

1997年,各家银行从专业性经营逐步转变为商业性经营,纷纷实行“储户第一、信誉至上”承诺服务制,形成激烈吸储竞争。各家银行在办好传统业务同时,不断开辟新储蓄品种,提高人均吸储率。全县城乡储蓄存款余额49403万元。

1999年11月,开始开征储蓄存款利息所得税,税率为20%。城乡储蓄存款受到影响,全年城乡储蓄存款大幅度下降。其年终余额为53383万元,同比上年下降6658万元,下降11.09%。

为配合利息税开征,2000年4月对个人在金融机构开立的储蓄存款账户实行实名制管理,全县城乡储蓄存款形势总体仍然保持稳定。全年城乡储蓄存款余额达到64594万元,同比上年增加11211万元,增长21.0%。

2004年,报经人民银行温州市中心支行批准后,在原来4家农村信用社利率试点基础上,增加6家农村信用社作为利率试点网点范围,带动城乡居民储蓄存款大幅度上升。储蓄存款余额221562万元,同比上年增加34569万元,增长18.49%。

2005年,全县城乡居民储蓄存款受2004年11月25日全面停止农村信用社试行存款利率浮动幅度10%~30%规定影响,止增趋降,下降明显,其余额为204686万元,同比上年减少16876万元,下降7.62%。

2008年,全县储蓄存款增幅稍微有所下降,储蓄存款余额399363万元,同比上年增加11752万元,仅增长3.03%。主要影响因素:一是受物价上涨和通胀预期的影响,居民储蓄意愿减弱;二是通过贷款投入股市的居民被套后无意退出，贷款到期向民间借贷寻求周转；三是房价下跌至预期底部，许多侨资结团到大中城市抄底；四是本县楼盘陆续开盘，居民购房需要办理首付款。

2009年，各银行围绕“进区入户、争抓账户，扩大个人客户群体”主题，通过开展“春蕾营销行动”“映山红营销计划”“结算通营销月”和“信用卡营销月”等系列揽储活动，全县储蓄存款大幅度增长。储蓄存款余额536222万元，同比上年增加136859万元，增长34.27%。

2010—2011年，各银行通过运行主管、营业经理履职考评和员工业绩奖罚挂钩办法，开展系列揽储活动。由于2009年储蓄存款增长速度过快，致使2010年无法保持继续增长，储蓄存款余额483122万元，同比上年减少53100万元，下降9.90%。2011年储蓄存款止跌回升，储蓄存款余额517200万元，同比上年增加34078万元，增长7.05%。

农业存款

随着农村经济迅速发展，1991—2011年，全县农业存款总体呈逐年增加趋势。

1991年，全县农业存款与存款总额占比相对较少，其年终存款余额为2185万元，占全县银行各项存款余额15.53%。

1992年，农业存款保持增长势头，增长量虽然不大，但增长速度较快。其余额为2505万元，同比上年增加320万元，增长14.65%。

1993—1996年，由于统计口径不一致等因素影响，农业存款余额大幅下降，年终余额分别为606万元、224万元、220万元和290万元。

1997—2001年，县农村信用合作社联合社与中国农业银行文成支行于1996年9月脱钩后，两家银行农业存款均快速增加。1997年全县农业存款余额3036万元，2001年增加到8959万元，其中1997年县农村信用合作社联合社农业存款余额3036万元，2000年上升为6225万元。

2002年农业存款余额首次突破亿元大关，达到12141万元，同比上年增加3185万元，增长35.56%。此后6年，全县扩大“三农”服务面，确保全县“金融支农无死角”，有力提升支农效果，促进“三农”发展，农业存款随之稳定提高。2008年农业存款余额达40056万元。

2009年，全县制定《深化县域金融服务、支持新农村建设实施方案》，一是争取到位6000万元支农再贷款；二是推出农村绿色生态贷款5大品种，农业贷款超过8亿元。促使全县对农业的资金投入增加，农业存款短期内大幅度提高，余额57135万元，同比上年增加17078万元，增长42.63%。

2010年，农业存款继续保持增长趋势，余额73930万元，同比上年增加16795万元，增长29.4%，占全县银行各项存款余额9.31%。此后，银行金融业统计指标调整，农业存款余额不再列入统计。

1991—2011年文成县银行机构存款余额情况一览表

表15-2 单位：万元

年份	总计	财政存款	机关团体存款	企业存款	储蓄存款	农业存款	委托存款	其他存款
1991	14069	742	588	3626	8896	2185	—	590
1992	19389	1004	775	3958	13239	2505	—	686
1993	24870	944	869	4315	16960	606	—	1221
1994	33667	1210	903	8909	23141	224	—	9
1995	47160	1652	910	12037	31087	220	—	12

续表15-2

年份	总计	财政存款	机关团体存款	企业存款	储蓄存款	农业存款	委托存款	其他存款
1996	60870	1295	812	18090	41180	290	—	—
1997	82817	1621	1349	26757	49403	3036	272	283
1998	97752	1240	1893	30664	60041	3118	368	428
1999	96052	1199	3216	32585	53383	4543	179	948
2000	112796	2373	4983	33609	64594	6225	380	632
2001	143070	2450	4475	37353	88756	8956	191	889
2002	196214	6308	9355	38921	128363	12141	300	826
2003	268026	5139	11044	47737	186993	16215	-33	931
2004	294027	4673	9432	42603	221562	15438	37	282
2005	285475	4793	10444	45240	204686	19285	243	784
2006	442671	11632	15283	60284	325831	27145	392	2104
2007	538039	17013	22148	71941	387611	36286	703	2338
2008	582761	21579	47844	57756	399363	40056	692	15470
2009	789159	32882	57963	82450	536222	57135	259	22249
2010	793973	34971	118694	78198	483122	73930	—	5258
2011	915893	21727	—	—	517200	—	—	28

说明:数据资料由人行文成县支行提供

第四节　贷款业务

根据贷款对象不同可划分为工业贷款、农业贷款、乡镇企业贷款、私营企业及个体贷款、其他短期贷款等。贷款期限可分短期、中期和长期,贷款形式可分抵押和信用两种。

1991年,全县执行"控制总量、调整结构、保证重点、压缩一般、适时调节、提高效益"货币信贷总方针。年末,各项银行贷款余额14784万元,同比上年增加1432万元,增长10.7%。基本能够满足工农业生产和商品流通的资金要求。

1992—1994年,随着全县经济建设迅速发展,各项贷款快速增长。1994年各项贷款余额达到31469万元,同比1991年增长1.13倍,平均每年增长率为28.64%。

1995—1998年,贯彻"适度从紧"货币信用政策,利用各种有效手段,加强监管,化解金融风险。1995年4月开始,"贷款证"在全县范围内颁发,推行"贷款证"制度。其中1997—1998年,全县银行重点增加农业贷款有效投入,支持住房建设和消费信贷,增加新经济增长点。1998年各项银行贷款余额65913万元,同比增加11776万元,增长21.75%。

1998年,中央对商业银行取消贷款限额控制,在推行资产负债比例管理和风险管理基础上,实行"计划指导、自求平衡、比例管理、间接调控"信贷管理体制,贷款规模不再作为指令性计划。各银行贷款规模和存贷比例,由各自上级银行授权下达。

1999年,全县各银行重点加大对基础设施、农业生产、科技型中小企业贷款和个人住房消费、经济适用房开发贷款的投入,支持地方经济发展。企业贷款向AA级企业和县重点企业倾斜。银行在存款总量下降1700万元情况下,仍然增加各项银行贷款,其年终余额77096万元,同比上年增加11183万元,增长16.97%。

2000—2003年,各项银行贷款与经济建设保持同步增长,有力地促进地方经济发展。各项银行贷款余额分别为:2000年80204万元,2001年94298万元,2002年107137万元,2003年为123394万元。2002年,全县各项银行贷款余额突破10亿大关;2003年存贷比例为46.04%,存在大量资金上存现象。

2004年,县人民银行向上级争取较科学和灵活的信贷政策,同时制定下发《文成县信贷政策指导意见》,促使全县银行在宏观调控背景下仍然保持贷款总量较快增长。各项贷款余额158555万元,同比上年增加35161万元,增长28.49%,存贷比例同比上年上升7.89个百分点。

2005年,县人民银行为了给达不到AA贷款信用等级企业贷款创造条件,提议组建担保机构。县工商银行推行信贷资金集体土地担保试点;县农村信用联社推广完善农户信用贷款和农户联保贷款政策。

2006年,县人民银行制定《文成县金融支持社会主义新农村建设指导意见》《文成县利率定价指导意见》,引导银行机构调整信贷结构,减低利率,支持农民增收。促使全县农村贷款利率接近市、区信用社贷款利率,远低于其他县(市)。

2008年开始,国家货币政策经历"从紧"到"适度宽松"跨越性转折。县政府出台《文成县银行业金融机构支持地方发展考评奖励办法》,确定由财政出资、以新增贷款万分之六的高点数激励银行增加信贷有效投入,有力保障地方经济发展的合理资金需求。全县各项贷款余额291751万元,同比上年增加55691万元,增长23.59%。

2010—2011年,制定《文成县金融业发展政策意见》,做好集体土地房产抵押贷款、农民下山搬迁脱贫贷款和农村青年创业贷款等品种。同时,实现林权抵押贷款零的突破。2010年为有效缓解支农资金缺口,取得支农再贷款额度9500万元,各项贷款余额达到547203万元。2011年全县各项贷款余额675415万元,同比增长23.43%。其中短期贷款余额592757万元,占各项贷款余额87.76%,中长期贷款余额78087万元,占各项贷款余额11.56%。

工业贷款

工业贷款主要种类有流动资金贷款、结算贷款、大修理贷款和中短期设备贷款。

1991年,全县工业贷款重点支持县重点企业和国营企业进行技改,增强企业活力。同时,调整和优化信贷结构,压缩一般和效益差企业的信贷指标。县重点企业11家贷款余额1068万元,占工业贷款余额42.2%。全县银行工业贷款余额2531万元,占短期贷款19.7%。

图15-5 2011年11月28日,中国农业银行股份有限公司文成支行举行"双百"行动银企合作恳谈会(农行文成支行提供)

1993年,银行针对全县工商企业资金需求量大实际,想方设法争取信贷规模,全县总共增加信贷规模4930万元,实际执行4915万元,执行率为99.7%。其中,帮助国营、集体工业企业13家进行技术设备改造,发放固定资产贷款1300万元;为改变山区通讯长期落后面貌,对邮电企业发放程控电话安装项目贷款780万元;对重点工程高岭头水电站建设发放贷款1409万元。

1996—1998年,全县实施信贷倾斜政策,重点支持高岭头电站等重点水电建设项目和县骨干企业,压缩"小而散"企业贷款。1996年,向高岭头二级水电站建设项目发放贷款2756万元。1998年,县建设银行为水电资源开发和重点企业发展累计发放贷款1.2亿元。当年,全年工业贷款余额7231万元,同比上年减少104万元,下降1.42%,仅占各项贷款总额10.97%。

2002—2006年,县人民银行出台政策,引导信贷资金重点支持工业园区建设。2006年搭建银企沟通平台,制定《文成县银行与企业座谈会制度》,成立中小企业贷款营销小组,建立重点项目联动机制,向全县重点工业企业23家派驻金融协理员。推出"速贷通""成长之路"贷款,推行"经营家"贷款(500万元以下贷款直接审批权),增加对全县成长型企业和支柱特色产业投入,及时解决企业融资困难。

2008—2009年,县人民银行对重点企业20余家和工业园区、挂钩企业进行信贷情况分析和市场调查,制定《文成县企业服务年活动方案》《文成县"良性互动、共谋发展"银企结对挂钩制度》,实现银行与企业项目有效对接和金融服务的及时对应,奠定银企共赢基础。2008年,全县工业贷款余额11241万元,同比上年增加2199万元,增长24.32%;2009年,全县工业贷款余额27356万元,同比上年增加16115万元,增长143.36%。

2011年,县人民银行制定《加强帮扶小微企业发展指导意见》,引导银行不断优化信贷结构,落实淘汰落后产能政策,将信贷资金更多地投向实体经济和生态工业,并多次召开银企、银项合作沟通、对接和恳谈会,县域企业贷款额度同比上年增长30%。

农业贷款

农业贷款可分为农业短期贷款和农业中长期贷款。1991—2011年,随着全县农业经济发展,农业贷款总体保持增长趋势。

1991年,全县大力支持全县农业基础设施,农副产品收购及农业大项目发展,当年累放农业贷款2005万元,占累放总额32.3%,同比上年增加投入589万元,增长41.6%。全县农业贷款余额5226万元,占各项贷款余额35.35%。

1992—1996年,全县银行机构继续加大贷款支农力度,促进农业稳定发展。其间,县农业银行累计发放农业贷款30600万元;农资化肥贷款8647万元,占28.26%;农副产品收购贷款6029万元,占19.70%。

1998年,县农业银行、县农村信用合作联社,不断增加农业贷款,重点支持种养业、以农副产品加工为主的龙头企业、农产品生产基地、农村市场体系、农业基本建设等"三农"方面的资金需求,有力推动全县农业生产向产业化转变。全县农业贷款余额8670万元,同比增加2003万元,增长30.04%。

2000—2002年,全县简化支农信贷手续,解决农民贷款难问题,继续加大对农业生产信贷投入。2000年,全年发放再贷款1600万元,用于资金调剂和支持农村种、养业。2001年,县农业银行开展专项业务承担全县扶贫贷款、林业贷款、农业基本建设贷款和粮食附营贷款等,年末专项贷款余额3314万元。2002年,县政府制定《关于加强支农力度的指导意见》,派员深入农户进行实地抽样调查。继续通过支农再贷款,保障种养殖业资金需求,扶持一批农业龙头企业,创建一批"绿色"品牌农产品。

2003—2004年,推广农户小额信用贷款和农户联保贷款,扩大规模、简化手续、加强管理。按照农民生产需要,适当提高农户小额信用贷款发放的权限和额度。继续用足、用好、用活支农再贷款,妥善解决农民生产、生活困难问题,促进农业和农村经济发展。每年发放支农再贷款3000万元,重点支持毛猪专业户、种粮大户、大棚蔬菜种植户等。

2006年,县人民银行制定《文成县利率定价指导意见》,引导银行机构降低利率,支持农民增收,贷款利率远低于其他县(市)。县农村信用联社开展信用工程建设,评定出"信用村"34个、信用农户6600余户,有效改善农村信用环境。9月推出地震灾区重建户建房贷款,以6.03%低利率、期限为2年的贷款方式让利给农民。

2008—2009年,县人民银行制定《文成县深化县城金融服务、支持新农村建设实施方案》,引导银行针对性地推出"农业绿色生态"系列贷款5大品种,受到广大农民欢迎。2008年争取上级支持,支农再贷款2笔总额6000万元顺利到位。2009年，全县384个行政村全部实现“村村有贷款”，年末农业贷款余额突破10亿元，达到100367万元。

2010年，县农村信用联社开办林权抵押贷款，实现林权抵押贷款零的突破。开展增户扩面工程，继续做好集体土地房产抵押贷款、农民下山搬迁脱贫贷款和农村青年创业贷款等品种。同时，创新推出异地房产抵押贷款、抵押保证组合贷款和欧元质押贷款等服务方式。

图15-6 2011年8月，县农村信用联社员工到田间地头走访农户了解农业生产信息(县农村信用联社提供)

2011年，县农村信用联社、县邮政储蓄银行和县农业银行结合自身业务特点，继续创新金融服务品种，服务“三农”，增加服务“三农”经济和新农村建设的信贷资金供给。县农村信用联社参与“三位一体”联合服务体系建设，与文成县兴合农业信用担保有限公司签订担保业务合作协议，发放农业贷款6户合计125万元。

商业贷款

主要包括国营和集体商业、粮食、医药、外贸、供销社和其他商业发放的信贷资金。一般为短期贷款，通常为9个月，最多不超过一年，也有少量中长期贷款。随着流通体制改革深入，商业贷款于1997年达到最高点。此后10余年，商业贷款逐年减少，个体私营贷款逐年增加。

1991年，全县在“紧缩”货币方针指导下，贷款重点支持国营商业节日商品采购和外贸部门收购的季节性、临时性资金要求。年末商业贷款余额3451万元，占流动资金贷款的42.35%，其中收购农副产品贷款498万元。

1992年，本着“保证重点、平衡兼顾”原则，重点倾斜解决农副产品收购、外贸出口收购和适销对路的消费日用品、原材料生产收购等引起的临时性资金需求。全年调剂210万元，发放临时资金1690万元，拆借资金1050万元，及时解决资金供需矛盾。

1993—1996年，商业贷款保持稳中有升、逐年增长。商业贷款余额分别为4472万元、6206万元、6900万元、8950万元。

1997年全县商业贷款达到最高点。年末商业贷款余额12734万元，占短期贷款的32.27%，占各项贷款余额的23.52%。随着流通体制改革深入，市场经济进一步发展，国营商业和供销合作社等商业企业大量撤销经营网点，有的甚至破产兼并，导致商业贷款逐年下降。

1998年5月，农业发展银行文成信贷组成立，承担向粮油农产品收购企业发放国家专项储备、农副产品收购、粮油调销加工和农业综合开发贷款，资金封闭运行。

1999—2011年，全县商业贷款直线下降。其中2005年、2006年、2008年商业贷款余额统计数据为零。2007年商业贷款余额285万元，仅占各项贷款余额的0.12%。2009年商业贷款余额400万元，仅占各项贷款余额的0.1%。其间，各个银行的个体私营贷款额度逐年快速增加，均能满足城乡市场繁荣信贷资金需求。

不良贷款

由于经济发展形势变化较快,银行员工发放贷款时政策导向把握不准,不可预测的自然灾害等原因,不良(非正常)贷款时有发生。一些年份,个别银行不良(非正常)贷款居高不下,有增无减,影响信贷资金安全、周转和效益。

1991年,县农业银行累计收回非正常贷款2134万元,其中"二呆"贷款489万元。向县人民法院起诉借款合同纠纷案件1238件、金额475万元,成功调解和判决139件、金额103.15万元。

1992—1993年,县人民银行为盘活资金存量,配置专项贷款专职管理人员,聘请法律顾问2人,发送诉前催款通知单和强制扣款,以法律和行政手段收回逾期专项贷款270.7万元。

1995—1996年,随着专项贷款职能划归政策性银行,县人民银行监管重点转移到防范金融风险上,按月对商业银行、非银行金融机构实行信贷规模、资产负债比例管理与监控,实行贷款大额报备制度,降低金融信贷风险。

1997年,县属一些企业不顾高风险挪用信贷资金投向外地企业、公司以获取较高利差。商业系统13家企业,借款资金合计6499万元,其中银行机构贷款5173万元,占企业借款总额79.8%,向广东、贵州、上海、武汉、大庆、杭州和温州等地企业投资6015.5万元。事件引起县政府高度重视,将情况向有关银行通报,要求银行对挪用信贷资金企业实行只收不贷的信贷政策,尽快收回信贷资金,降低金融风险。

1999年,全县银行不良贷款增幅较大,不良贷款余额达到16616万元,占银行贷款总额20.7%,同比上年增加9207万元。全县银行清收转化不良(非正常)贷款工作力度加大,其中县工商银行当年清理收回不良(非正常)贷款500万元,转化不良贷款2487万元,对信用差的贷款企业依法起诉,起诉金额为967万元。

2002—2003年,全县银行建立大额贷款监控台账、质询单制度和通报制度。如实登录所有信贷业务信息、逃避债务的企业、信贷高风险的企业和不良贷款记录等信息。对不良贷款上升的银行进行质询和通报,并要求其对存在问题及时整改,致使全县银行不良贷款实现"双降"。2002年,全县银行不良贷款余额9442万元,同比下降328万元;不良贷款率8.77%, 同比下降1.73%。2003年不良贷款余额3748万元,同比下降6124万元;不良贷款率3.11%,同比下降6.08%。

2004—2005年,县人民银行开展贷款卡年审和银行信贷登记咨询制度执行情况大检查。年审借款人贷款卡1926个,年审率达94%,超过上级规定年审率85%的要求。对检查发现的借款人信息漏登、错登和迟登问题,以及对无卡或无效卡借款人发放贷款签发承兑汇票等问题,发出整改通知书责令限期整改。

2006—2008年,社会信用意识不断提高,社会信用体系建设不断完善,银行大力加强信贷风险管理。全县信贷资产质量逐步转好,银行不良贷款率处于较低水平。2008年,全县银行不良贷款余额下降为996万元,同比减少858万元;不良贷款率0.43%,同比下降0.52个百分点。

2010年,县人民银行、县公安局等部门单位联合开展银行卡专项整治,对利用银行信用卡恶意透支、非法套现等行为开展集中打击和整治,有效改善用卡环境。全年有6件合计6.12万元恶意透支户进行偿还,有2件合计3.64万元恶意透支行为被县公安局立案侦查。

2011年,全县银行深化"两综合、两管理",开展信贷业务执法检查与综合评价。对存在不规范经营行为的银行机构负责人予以风险提醒,促进银行信贷形势整体平稳。

征信系统

县人民银行组织各银行建立的企业和个人征信系统,成为企业和自然人的信用档案。

2000年,全县银行对1999年发放的事业单位、法人企业和非法人企业的贷款卡进行年审,完成上级年审率80%的要求。县人民银行组织开展对县中国银行贷款卡制度执行情况进行抽查,提出整改意见,以提高其防范信贷风险的能力。

2003年,县人民银行做好银行信贷咨询系统日常维护、升级和发卡工作。根据《银行信贷咨询管理办法(试行)》,开展上年度贷款卡年审。同时,要求各银行在银行信贷登记咨询系统中,认真登录逃避债务的企业、信贷高风险的企业、不良贷款记录等信息,发挥该系统防范信贷风险作用。

2004年,县人民银行对2003年度以前申领的贷款卡进行年审,年审借款人贷款卡1926个,年审率94%,对没有参加年审的企事业贷款卡146个和身份证过期的其他借款人贷款卡65个作出暂停处理;对借款人代码不规范的贷款卡4个和近3年没有参加年审的贷款卡101个进行调销,并予以公告。

2005年,加大信贷征信宣传力度,开展企业信用建设,配合地方政府打造"信用文成",加强企业和个人征信体系建设,全面推进"信用工程"建设。全面核对贷款卡数据库中企业基本信息资料真实性,核对率达到100%。

2006年,制定《开展征信进社区宣传活动方案》,全面推进农村信用工程建设,为信用村34个、信用农户6600个进行授信,给予信用户实在优惠。县人民银行、县工商局等有关部门单位联合印发《关于开展全县中小企业信用调查的通知》,并且针对县工商局的资信及年检情况、县统计局的综合信息资源优势联手开展征信调查,提前完成中小企业基本信息征集(规定征集时间为3年)。

2008年,加快中小企业信用体系建设,法院已判决而未执行的个人信用信息15户纳入个人信用信息数据库。分档次将新注册资金在50万元、100万元、主营业务规模500万元以上的企业信息进行征集,建立涵盖固定营业场地、生产经营状况和融资信息等信息数据,企业信息进入数据库达到213户。农村信用工程建设继续推进,全县农村信用村达到44个,信用农户达到9914个。

2009年,县人民银行、法院、工商局等部门单位实现相关数据共享,并推进中小企业信息征集。引导县农村信用合作联社运用信用系统,建立农户信用档案,通过科技手段,增强农村信用建设实用性和可持续性。全县农村信用村上升至52个,信用农户上升至1.5万户。

2011年,县农村信用合作联社继续"走村入户",评定信用村、信用农户,推进农村信用体系建设。全年累计走访农户4.97万户,建立农户电子经济档案4.81万个,评定信用村308个、信用农户4.72 万户。

1991—2011年文成县银行机构贷款余额情况一览表

表15-3　　单位:万元

年份	总计	工业贷款	农业贷款	商业贷款	建筑业贷款	乡镇企业贷款	三资企业贷款	个体私营贷款	其他短期贷款
1991	14784	2531	5226	3451	520	1122	—	—	—
1992	18538	3099	5723	3872	640	802	—	—	—
1993	24205	4970	6898	4472	790	631	—	—	—
1994	31469	6238	2978	6206	649	1108	211	1431	5216
1995	37645	7503	4277	6900	546	898	215	1570	6362
1996	44078	8428	5119	8950	1493	547	186	2389	7974
1997	54137	7335	6667	12734	735	174	186	1865	9769
1998	65913	7231	8670	11066	475	341	—	2813	22244
1999	77096	7534	11836	9845	200	312	186	3950	21140
2000	80204	4637	8081	6066	200	134	—	2925	43541

续表15-3

年份	总计	工业贷款	农业贷款	商业贷款	建筑业贷款	乡镇企业贷款	三资企业贷款	个体私营贷款	其他短期贷款
2001	94298	3429	12342	5949	—	—	—	2609	39309
2002	107137	3685	18308	5155	530	25	—	3523	43124
2003	123394	2560	30118	2540	7	—	—	6331	40756
2004	158555	1524	34600	1785	—	180	—	14264	61015
2005	165972	1721	43370	—	—	170	—	10861	61015
2006	184437	3971	62402	—	400	1405	—	13096	50691
2007	236060	9042	63934	285	800	1155	—	11326	89199
2008	291751	11241	74809	—	—	760	—	23132	121656
2009	410073	27356	100367	400	1090	1453	—	38567	173392
2010	547203	—	—	—	—	—	—	—	—
2011	675415	—	—	—	—	—	—	—	—

说明:数据资料由县人行提供

第五节　外汇业务

外汇业务是全县银行业务一大特色,主要是侨汇和存款。银行按照“增加国家外汇收入,节约外汇支出,用好用活外汇,促进地方经济发展”原则做好外汇业务。1993年,外币存款业务起步,全县银行外币存款余额为188万美元。之后逐年提升,至2011年上升为55892万美元,同比1993年增加55704万美元,增长296.30倍。

外汇存款

又称外币存款,从开户对象来划分,可分为单位外汇存款和个人外汇存款。全县银行外汇存款主要是个人外汇存款,也是银行重要存款业务。随着“出国热”到来,大批出国人员打工、经商和办工场等,带回大量外汇资金,每年全县外币存款均呈现两位数增长趋势。

1991年,县工商银行开始下设国际业务(牡丹卡)部。1992年,县建设银行设立国际金融代办机构,代理温州市建行办理国际外汇业务,主办外汇存款和外币兑换。

1993年报经上级批准,县中国银行和县工商银行、县建设银行国际业务部开办外汇存贷业务。全县外币存款余额为188万美元,外币存款中主要是城镇个人外币存款,占到98%。

1994—1996年,全县外币存款保持逐年增加趋势。1994年,外币存款余额433万美元。1995年604万美元,1996年705万美元,平均每年增加90.67万美元,增长率为27.6%。

1997年,县中国银行经过中国银行总行批准,开办意大利里拉存款业务。仅在10月16日开办当天,意大利里拉存款净增5.43亿意币,折合人民币达到260万元。全年完成外币存款年度计划161.6%,年度增长量在全省中行系统中列第五位。当年全县外币存款余额996万美元,同比增加291万美元,增长41.3%。

1998年,县农业银行在县城八达分理处开办外币业务,与玉壶分理处共同开拓外币市场,外币存款616万美元,同比增加454万美元,增长280%,外币存款市场占有率上升14.7%。玉壶分理处被评为省农行系统十佳外币储蓄所。加上其他银行外币存款业务也大幅度增长,全县外币存款余额达到2488万美元,同比增加1492万美元,增长1.50倍。

2000年,外币存款业务仍然保持强劲增长态势。全县银行外币存款余额8041万元,同比增加3070万美元，增长61.76%。当年汇率1美元等于8.2705元，外币存款余额折合人民币，首次超过同年度的全县城乡居民人民币储蓄余额64594万元，达到66503万元。

2002—2004年，全县银行外币储蓄存款业务受汇率变动强劲冲击，存款余额呈回落趋势，连续3年下降。2002年全县外币存款余额11648万美元，同比减少581万美元；2003年9261万美元，同比减少2387万美元；2004年9164万美元，同比减少97万美元。

2005年，县中国银行深化股份制改革，突出做好"侨"字文章，打造"华侨贴心银行"。外币存款余额快速上升为7806万美元，同比上年增加3222万元，增长70.29%，市场占比为49.14%。全县银行外币存款余额大幅上升，余额15885万美元，同比上年增加6721万美元，增长73.34%。

2007年，全县银行机构外币储蓄存款业务受汇率变动等综合因素影响，外币存款大幅度下降，外币存款余额为9715万美元，同比上年减少2817万美元，下降22.48%。

2008年，县温州银行、县邮政储蓄银行经过批准，开办外币存款业务。由于当年欧元汇率下降、外汇汇入减少，外汇结汇减少，全县银行机构外币存款大幅度增加，外币存款余额23645万美元，同比上年增加13930万美元，增长143.39 %。

2010年，县农村信用联社围绕侨乡优势，拓展外汇业务。有中心社6家及分社2家成功开办国际业务，全社外币存款折算为人民币同比上年增加2.14亿元。县建设银行以外汇业务为重点，抓汇款源头营销，外汇存款首次超过亿美元，达到1.18亿美元，同比上年增加7094万美元，成为温州分行第一个个人外汇存款超过1亿美元的支行，受到省行表彰。全县外币存款余额53697万美元，同比增加29188万美元，增长119.10%。

2011年，县温州银行明确市场定位，根据需要做好侨民返乡出国等各种接送，开展逢年过节、红白喜事祝福及慰问，建立感情，拉近客户距离，外币存款止住下滑趋势，年末外币存款632万美元。县邮政储蓄银行外币存款余额873.02万美元，其规模在全国代理金融网点中名列前茅。同年，全县外币存款继续保持增长，余额55892万美元，同比上年增加2195万美元，增长4.09%。

1993—2011年文成县银行机构外币存款余额情况一览表

表15-4　　　　单位：万美元

年份	余额	年份	余额
1993	188	2003	9261
1994	433	2004	9164
1995	604	2005	15885
1996	705	2006	12532
1997	996	2007	9715
1998	2488	2008	23645
1999	4971	2009	24509
2000	8041	2010	53697
2001	12229	2011	55892
2002	11648	—	—

说明：数据资料由县人行提供

结售汇制

结汇是指取得外汇收入后，按照国家外汇管理条例规定，必须将规定范围内的外汇收入及时调回境内，按照银行挂牌汇率,全部卖给外汇指定银行。售汇是指境内企事业单位、机关、社会团体和个人因对外支付需用外汇时,可按照国家外汇管理条例规定,用人民币到外汇指定银行购买所需外汇,从用汇单位和个人角度讲,售汇又称购汇,结售汇是结汇与售汇统称。

1993年11月,国务院决定改革汇率制度实现汇率并轨。次年1月,开始取消官方汇率,实现以市场供求为基础的单一的有管理的浮动汇率制度。

1994年4月,外汇汇率实行并轨后全县外汇结汇售业务很活跃。县中国银行自并轨至1996年年底,累计结汇达4905万美元,折合人民币4亿余元。自1995年4月1日开始实行外汇买卖平仓交易至1996年年底,兑换收益57万美元。

1997年,县中国银行全年结汇累计1973万美元,同比上年增加280万美元,增长16.5%;年侨汇解付达到1.6亿人民币,外汇买卖平仓交易兑换收益35万美元。

1998年,县农业银行在县城八达分理处开办外币业务,与玉壶分理处共同开拓外币市场。

2000年,县工商银行国际结算业务量600万美元,完成计划数120%。发放牡丹国际卡2张。县中国银行全年累计侨汇量6089万美元,折合人民币超5亿元。

2003年11月,县中国银行获得通过上级行代客外汇买卖业务(包括个人实盘外汇买卖业务)开办权。借助电子化网络,在属辖所有网点开办个人外汇买卖电话银行业务,不断满足客户的需求。县工商银行国际结算量为220万美元,个人外汇买卖交易额达23亿元,占全市工行总交易额46%。县农业银行国际结算业务、西联汇款快速发展,同比上年增加340笔127万美元,全年国际结算2049万美元,同比上年增加1472万美元,如果剔除汇出结算数800万美元,汇入结算量仍比上年同期增加672万美元。县中国银行个人外汇买卖业务交易笔数32537笔,交易额20.07亿美元,汇入汇款11563.8万美元,结汇14845万美元。

2004年,县农业银行国际结算量2498万美元,比上年增加402万美元,完成年度计划125%;外汇宝买卖首次实现交易额38242万美元。8月县建设银行开办个人外汇买卖业务。

2005年,县中国银行个人外汇交易笔数15356笔,累计交易额2.16亿美元,汇入1.29亿美元,累计结汇1.12亿美元。

2006年,县工商银行国际结算量为2180万美元,比上年增加1660万美元,办理结汇售业务3833万美元,个人外汇买卖交易额3.94亿元。县农业银行外汇宝交易量5.85亿美元,占全市农行的20.38%,国际结算量6143万美元,结售汇16746万美元,实现中间业务收入626万元。县建设银行外汇结售汇交易量6130万美元,外汇买卖交易量9102万美元,外汇中间业务收入127万元。县中国银行侨汇解付与往年相比明显提高,汇入汇款1.94亿美元,解付1.93亿美元,累计结汇2.07亿美元;个人外汇买卖交易笔数20011笔,累计交易额2.6亿美元。

2008年,欧元汇率下降,外汇汇入减少,外汇结汇减少,广大居民手持外汇观望。县中国银行汇入2.35亿美元,累计结汇2.22亿元,实现外汇宝交易量2.49亿美元。完成黄金宝本币金25529克和美元金1415盎司,同比上年分别增加10213克和美元金1344盎司。县农业银行办理结售汇13737万美元,外汇宝业务量43939万美元,同比增加13873万美元。县工商银行国际结算量13983万美元,办理结售业务12199万美元。县农业银行全年国际结算量19912万美元,同比增加4921万美元,完成任务124.45%。

2009—2011年,各银行继续以外汇业务为重点,抓外汇汇款源头营销,在个人外汇业务上有新突破。2011年,县建设银行实现外汇汇款额3.28亿美元,结售汇额3.42亿美元,外汇买卖额累计7.41亿美元。县农村信用合作联社实现国际业务结算量1431万美元,结售汇量1.04亿美元。县中国银行改变单纯依赖个金板块、个金板块又过度依靠结售汇价差收入的单一局面。县温州银行累计国际结算量151.7万美元,完成年度计划37.93%。

外汇管理

外汇管理是对外汇收支、买卖、借贷、转移以及国际结算、外汇汇率和外汇市场等实行控制和管制行为。1996年1月,国务院发布《中华人民共和国外汇管理条例》,是外汇管理基本行政法规,主要规定外汇管理的基本原则与制度。1991年12月,全县开办境内居民参与外汇调剂业务。允许县境内居民按照当地外汇调剂市场价格出售其外汇及因私出境可向国家购买外汇,个人外汇管理迈出重要一步。1992年11月试点取消侨汇券,全部以居民调剂价解付人民币。12月取消侨汇券。

1994年4月,全县开始实施《结汇、售汇及付汇管理暂行规定》,对县域内机构经常项目下的外汇收支实行银行结汇和售汇制度。汇价挂牌按照人民银行总行公布的人民币对美元等可自由兑换货币的交易基准汇价,在规定的浮动幅度内对外公布外汇买入价、卖出价和现钞买入价。1996年,县人民银行根据稽核掌握的情况,要求县中国银行取消外汇兑换款后在该行存款7天的违规业务,获得社会公众好评,有效地促进银行规范化经营外汇兑换业务。

2004年,县人民银行加强外汇指定银行市场准入管理,组织开展结售汇业务重新备案工作,报经上级批准重新确认县中国银行等4家银行结汇售业务经营资格。2006年,县人民银行与县公安局联合建立工作组,打击外汇黑市买卖,规范外汇买卖市场。此后,随着外汇管理体制改革,转变外汇管理方式,每年外汇检查工作的侧重点作相应调整。

2008—2011年,根据合理布局、适度发展原则,全县开办结售汇业务的银行机构稳步发展,先后又有县农村信用合作联社、邮储银行和温州银行等3家银行获得市场准入。至2011年,全县共有县工商银行、县农业银行、县中国银行、县建设银行、县农村信用联社、县邮储银行和县温州银行等7家具有结汇售业务经营资格。

第六节 存贷规模

随着全县国民经济迅速发展和人民生活收入水平的提高,各银行存贷业务大量增加,存贷规模不断扩大。1991—2011年,全县各银行人民币存款、外币存款和人民币贷款,除个别年份或个别银行有所减少,总体呈现持续增长态势。

中国工商银行股份有限公司文成支行

2011年,各项银行存款余额165881万元,占比为18.11%,其规模位列全县第三;外币存款余额10295万美元,占比为18.42%,其规模位列全县第三;各项银行贷款余额116260万元,占比为17.21%,位列全县第二。

银行存款 1991年,县工商银行贯彻总行提出“银行存款稳定增加”指示精神,取得较好成绩。各项存款余额3281万元,比计划3210.3万元增加70.7万元。其中,城镇储蓄存款余额2203.2万元,同比上年增加244.3万元;企业存款余额816.7万元,同比上年增加25.2万元。

1992—1996年,探索商业银行化经营路子,存款业务取得长足发展。1996年各项存款余额15585万元,同比1992年增加10379万元,增长1.99倍。

1998年各项存款继续增加。其余额25130万元,同比增加3872万元,增长18.21%,其中储蓄存款余额11922万元,同比增加1830万元;对公存款13208万元,同比增加3071万元。各项存款增长额同业占比达到40.76%。

1999—2000年,受国家宏观经济政策调整,开征储蓄存款利息所得税(税率为20%)等因素影响,人民币储蓄存款出现大幅减少，各项存款余额下降。1999年，各项存款余额同比上年减少1737万元，下降6.9%；2000年，各项存款余额同比减少307万元，下降1.31%。

2001—2002年，各项银行存款开始回升。其中2002年增长幅度是支行成立以来最快一年，各项存款余额达到34162万元，同比上年增加7592万元，增长28.57%。其中对公存款余额增加4675万元，完成市分行任务数234%，同业占比为69.9%，被市分行评为公存先进集体，储蓄存款增加2917万元，完成市分行任务146%。

2003年，各项存款增加额、增长率、完成率均创历史最好水平。各项存款余额达到43055万元，同比增加8893万元，增长26.03%。其中对公存款增加4682万元，完成市分行下达任务数156%，增加额同业占比为45.06%；储蓄存款增加4211万元，完成市分行任务数132%。

2004年，顺利实现2002年提出的3年存贷总量翻1倍目标。各项存款余额44197万元，同比上年增加1142万元，增长2.65%。其中储蓄存款增加4952万元，完成市分行任务数225%；对公存款下降3810万元，下降额控制在市分行下达目标4000万元以内。

2005—2009年，各项存款继续保持平稳增长。2007年各项存款余额达到85940万元，同比增加21017万元，增长32.37%，增长幅度是此前增长最快的一年，增量同业排名第一，各项存款增加额、增长率和完成率均创历史最好水平。2009年，各项存款余额超过10亿元大关，达到129316万元，同比增加33681万元，增长35.22%。

2010—2011年，各项存款跃上新台阶。2010年各项存款余额135724万元，其中储蓄存款余额99811万元，同比增加14792万元；对公存款余额80943万元，同比增加13780万元。2011年，各项存款余额达到165881万元，同比增加30157万元，增长22.22%。

外币存款 1993年，经县人民银行报经上级批准，县工商银行国际业务(牡丹卡)部开办外汇存贷业务 。

1994—1997年，各项外币存款业务开始起步，增长幅度较缓。1996年，各项外币存款余额折合美元为281万美元。1997年各项外币存款余额311万美元，同比上年仅增加30万美元，增长10.68%。

1998—1999年，实施本外币一体化战略。根据“一行一品”要求，做大全行特色业务外币储蓄。1998年外币存款余额547万美元，同比增加265万元，完成市行下达任务883.3%。1999年达1023万美元，同比增加476万美元，增长87%，完成市行计划366%。

2000—2003年，外币存款持续保持较快增长势头。2003年外币存款余额1700万美元，同比增加683万美元，增长67.16%，完成市分行任务数137%。

2004—2006年，外币储蓄存款业务受汇率变动影响，外币存款余额呈现回落趋势。2004年外币存款余额1416万美元，同比减少284万美元，下降16.71%。

2007—2009年，全面落实市分行“三年规划”，坚持以发展为第一要务，外树形象、内强管理，上下齐心、奋力拼搏，外币存款大幅度增长。2008年外币存款余额2918万美元，同比增加2036万美元，增长2.31倍。

2010—2011年，外币存款继续保持快速增长势头。2011年外币存款余额10295万美元，同比增加3063万美元，增长42.35%。

银行贷款 1991年，贯彻“控制总量、调整结构、强化管理、适时调节、提高效益”信贷方针，取得较好效益。累计发放贷款4244万元，同比增长6.2%。各项贷款余额3600万元，同比增加189万元，增长5.5%，完成计划99.97%。其中，工业贷款余额1885.9万元，农业贷款余额60.9万元，商业贷款余额1323.7万元，信托贷款余额5万元，个体工商贷款余额119.2万元。

1992—1996年，优化资金投向，支持重点企业，扶助困难企业。同时加大国企技改投入，促进地方经济快速发展。5年累计发放贷款20余亿元，其中1996年各项贷款余额9620万元，同比1992年增加5436万元，增长129.92%。

1997年各项贷款保持增长。各项贷款余额达12395万元,同比增加2775万元。其中流动资金贷款增加1675万元,固定资产贷款增加1100万元。三项贷款占比9.7%,同比上年下降2.92%,其中逾期贷款占比6.5%,呆滞贷款占比3.2%,呆账贷款为0,BBB级以下贷款清户数26户,BB级企业贷款余额下降157万元。

1998—1999年,坚持"新增贷款必须服从质量,质量不好宁可不放"原则,银行资产结构进一步调整,资产质量明显好转。1998年各项贷款余额16075万元,同比增加3680万元,增长29.69%。AA级以上企业贷款余额占25.5%,全年清收转化不良贷款2000余万元。1999年,新增贷款规模3513万元和压缩收回贷款指标2543万元合计6056万元,全部投向优质市场。全年收回不良贷款500万元,转化不良贷款2487万元,同时上报拟剥离不良贷款57户,拟剥离资金7100万元。

2001—2003年,贷款总量和资产质量同步提高。2001年各项贷款余额为15583万元,同比增加2992万元;三项不良贷款余额为386万元,同比下降890万元,占比为2.48%,低于全市平均水平。2003年,各项贷款余额32315万元,同比增加16063万元,完成市分行下达任务数233%。三项不良贷款为237万元,同比下降19万元,不良率为0.73%,下降0.85%。

2006—2008年,贷款规模和资产质量再创新高。2006年各项贷款余额46437万元,同比增加5603万元,增长13.72%。三项不良贷款首次达到零,名列全市前茅。2008年各项贷款余额62814万元,同比增加5204万元,增长9.03%,三项不良贷款继续保持为零。

2010—2011年,各项贷款余额首次超过10亿元大关。2010年各项贷款余额100705万元,同比增加14133万元,增长16.33%。2011年各项贷款余额116260万元,同比增加15555万元,增长15.45%。

中国农业银行股份有限公司文成支行

2011年各项存款余额达到178106万元,占比为19.45%,其规模位列第二;外币存款余额达到12800万美元,占比为22.90%,位列第二;各项贷款余额103255万元,占比为15.29%,位列第四。

银行存款 1991年各项存款余额7216万元(包含县农村信用社4153万元),同比上年增加967万元,增长15.5%,完成任务数124%。

1996年进入快速发展阶段,各项存款余额突破亿元大关,达到10206万元。

1999年完善揽存机构,扩大筹资渠道,各项存款余额18213万元,同比上年增加131万元,增长0.72%,各项存款占有率为18.96%。

2002—2003年,存款业务保持稳步发展,竞争能力、经营质量稳步提高,存款余额连续2年保持全县4行1社第一。2002年各项存款余额45399万元,同比上年增加13817万元,增长43.75%。2003年各项存款余额达到66225万元,同比上年增加20826万元,增长45.87%,各项存款占有率为24.71%。

2004—2009年,存款业务波浪式增长,存款余额有增有减,但是总体水平保持向上增长。2006年各项存款余额突破10亿元,达到108551万元。2009年各项存款余额达到152596万元,超过15亿元。

2010—2011年,各项存款保持快速增长,存款余额跃上新台阶。2011年各项存款余额突破17亿元,达到178107万元,同比上年增加39287万元,增长28.30%。

外币存款 1997—1998年,外币存款业务起步。1997年外币存款余额为162万美元。1998年开拓外币市场,在县城八达分理处开办外币业务,与玉壶分理处共同开拓市场,外币存款余额达616万美元,同比增加454万元,增长2.80倍,外币存款市场占有率上升14.7%,玉壶分理处被评为省十佳外币储蓄所。

1999—2000年,外币存款稳定增长。2000年外币存款余额1665万美元,同比增加695万美元,增长71.6%。

2002—2004年,外币储蓄存款业务受汇率的强劲冲击,存款余额呈回落趋势。2002年外币存款余额2863

万美元,同比上年下降412万美元,下降16.81%。2003—2004年,外币存款余额继续下降。

2005—2008年,外币储蓄存款业务逐步回暖,外币存款余额逐年增加。2008年外币存款余额达到6248万元,同比上年增加2921万美元,增长87.80%。

2009—2011年,外币存款继续保持快速增加。2011年,外币存款余额12800万美元。

银行贷款 1991年各项贷款余额8688万元(包含县农村信用社3299万元),同比上年增加751万元,增长9.5%。全年累计发放农业贷款7822万元,占累放贷款总额61.2%,同比多放2239万元,增长40.1%。扶贫贷款余额1506万元,同比增加230万元,其中支持发展香菇生产贷款230万元。累计收回非正常贷款2134万元,其中"二呆"贷款489万元。

1992—1996年,严格控制信贷总量。坚持区别对待、择优扶植原则,调整信贷结构,优先支持重点骨干企业、种养殖业和小水电开发。累计发放农业贷款3.06亿元,其中农资化肥贷款8647万元、农副产品收购贷款6029万元;累计发放重点骨干企业贷款1.74亿元。1996年各项贷款余额8560万元(不包含县农村信用社,下同),同比上年增加量仅为968万元,严格控制在全年计划以内。

1998年投放贷款资金3.1亿元,重点支持特色农业、重点项目和小水电开发,全部落实县委县政府1998年十件实事中经济项目的信贷资金。其中城区开发项目5个、文教系统项目3个、电站项目5个,累计发放贷款4900万元;水果基地和天蓬公司等种养业大户贷款520万元。各项贷款余额17836万元,同比上年增加8293万元,增长86.90%。

1999年支持全县农村经济发展,投入县重点基础设施贷款790万元,水电贷款5625万元,农业基本建设和农业开发贷款2280.5万元,专项贷款4306万元。各项贷款余额22430万元,同比上年增加4594万元,增长25.76%。

2002年各项贷款继续稳定增长。在盘活、清收、核销大量贷款前提下,年末各项贷款余额仍然达到29308万元,同比上年增加250万元,增长0.86%。其中存单质押贷款11473万元,占人民币常规业务各项贷款39.15%;不良贷款余额5485万元,同比上年增加335万元,不良贷款率达18.72%,同比上年上升1个百分点。全年新发放贷款实现无逾期目标。

2004—2007年,加强信贷管理,各项贷款稳定增长,提高信贷资产质量。2004年各项贷款余额26590万元,同比上年增加6517万元,增长32.47%。其中存单质押贷款8604万元,同比上年增加4300万元,占新增贷款66%。按五级分类,不良贷款余额4784万元,同比上年下降314万元。全年收回不良资产638万元,利息收回率计划100%。2007年资产质量进一步提高,各项贷款余额34593万元,同比上年增加7994万元,新进入AA级以上客户2户,市场占比提升0.44个百分点。新发放贷款收回率、利息收回率达100%。

图15-7 2011年5月20日,市分行信用卡部联合县农业银行在文成开展信用卡业务宣传并现场办理(农行文成支行提供)

2009—2011年,各项贷款继续稳定增长。2009年各项贷款余额60709万元,同比增加18628万元,增长44.27%,占全县4家专业商业银行比例27.25%。其中农业龙头企业贷款余额近1000万元、农户小额贷款余额达到2375.5万元。2011年各项贷款余额突破10亿元,达到103255万元,人民币存贷比例为57.97%。

中国银行股份有限公司文成县支行

2011年各项存款余额84725万元，占比为9.25%，其规模位列第五；外币存款余额19118万美元，占比为34.21%，位列第一；各项银行贷款余额46747万元，占比为6.92%，位列第五。

银行存款 1993—1996年，各项存款余额从578万元增加到5319万元，年均增长1580万元。三年增长幅度分别为365.22%、78.77%和10.65%，分别完成年度计划44.5%、104%、102.19%和21.52%。各项存款余额中城镇储蓄存款占77%，企业存款占21%，信用卡等存款占2%。

1997年，各项存款余额6748万元，同比增加1429万元，增长26.87%，完成年度计划71.4%。其中储蓄存款4914万元，同比增加810万元，增长19.7%；企业存款1769万元，同比增加656万元，增长58.9%。

1998年，牢固树立“存款立行、存款养行、存款出效益”理念，把存款工作作为一项综合性工程来抓。各项存款余额10302万元，同比增加3554万元，增长52.67%，完成市行下达年计划的209%，完成市下达奋斗目标115%，完成三年滚动计划44%。各项存款市场占有率14.57%，同比提高3.12个百分点，新增存款市场占有率30.19%，年度增长量在全县银行业金融机构中位居榜首。

2000年，立足侨乡抓好存款业务拓展。年末，各项存款余额13279万元，同比增加2421万元，增长22.30%，完成市中行下达年度计划的122%。

2002年“坚持以人为本，内控优先”，打好存款营销战。年末，各项存款余额达到28675万元，同比增加11887万元，增长70.81%，市场占比为21.2%。

2003年实施联动营销策略，培育、拓展优质客户群。各项存款余额达到47927万元，同比增加19252万元，增长67.14%，市场占有率为25.67%，同比增加4.46个百分点，其中储蓄存款余额占有率达32.76%。

2006年，突出做好“侨”字文章，打造“华侨贴心银行”。各项存款余额80503万元，同比增加32592万元，增长68.03%。

2009—2011年，发展个人存款业务，存款规模不断扩大。2009年各项存款余额突破10亿元，达到100700万元，同比增加19756万元。其中储蓄存款余额86744万元，同比上年增加17842万元；企业存款余额13956万元，同比上年增加1914万元。2011年各项存款余额84725万元，同比增加2786万元，增长3.40%。

外币存款 1993—1996年，外汇业务在全县银行业中占有相对优势，外币存款分别完成年度计划188%、56.97%、77.72%和63.1%。外币存款中主要是城镇个人外汇存款，占98%。1996年外币存款余额705万元，同比1993年增加517万元，增加2.75倍。三年增幅分别为130%、39.5%、16.7%。外币存款余额在全省中行83个县级支行中列第14位，温州市中行辖内排名第3位。

1997年外币存款继续增加，外币存款余额996万美元，同比增加291万美元，增长41.3%。

1999年拓展新品种，增强吸引力。外币存款余额2097万美元，同比上年增加1095万美元。外币存款在全市中行系统综合考核评比中获得第一名。全县外币存款市场占有率41.15%，同比提高0.83个百分点。

2002—2004年，外币存款业务稳健发展。2002年外币存款余额7083万美元，同比增加1061万美元，市场占比达到62.1%。2004年外币存款余额4584万美元，汇入汇款15506万美元。

2006—2008年，践行“中国银行、全球网络、服务世界文成人”服务理念，外币存款持续增长。2006年，外币存款余额达到5973万美元；2008年外币存款余额突破1亿美元，达到10415万美元，同比上年增加5808万美元。

2009—2011年，外币存款持续保持增长。2011年外币存款余额达19118万美元，同比增加2886万美元。

银行贷款 1993—1996年，根据“择优扶强、保大放小”信贷原则，注重资产质量，优化信贷投向，强化风险管理，确保贷款效益。从县中国银行建立至1996年，累计发放各项贷款33327万元，收回30134万元，贷款逾期率控制在1%以内。各项贷款均为流动资金贷款,其中主要是生产企业贷款,占96%以上,外商投资企业贷款占4%。

1997年,坚持信贷投向"四个优先"原则,调整行业结构,防范化解风险。发放各项贷款15002万元,收回14302万元,贷款余额达3893万元,同比增加700万元,增长21.92%。贷款严格控制在市中行监核指标内,逾期率控制在1.06%以内。

1998年加强风险管理。健全贷款责任制,强化不良贷款清收,实施"贷款活化工程",确保资金有效投放。年末,各项贷款余额5693万元,同比增加1800万元,增长46.24%,不良贷款率为7.55%,贷款收息率为86.89%。

2000年,继续健全贷款责任制,强化不良贷款清收,信贷结构日趋优化。各项贷款余额10468万元,同比增加2776万元(未包含资产剥离部分),其中存单质押贷款余额5262万元,占比50.27%,住房、消费贷款余额1331万元,占比12.71%,三项贷款余额合计占总余额62.98%。通过资产剥离,改变长期以来商业系统贷款风险大、不良率占比高的信贷结构。

2002年坚持打好贷款清收战。各项贷款余额18935万元,同比增加4880万元。其中存单质押贷款余额14049万元,同比增加4438万元,占比贷款总量74.2%。清收不良贷款本息190万元,资产不良率为6.5%,同比下降3.3个百分点。

2005年支持地方基础设施建设,保持有效资金投入。各项贷款余额10264万元,同比增加1937万元,增长23.26%。不良贷款余额17万元,不良率0.17%,同比持平。其中企业贷款余额1400万元,与上年持平;个体贷款余额8864万元,同比增加1937万元。

2008年,坚持有所为、有所不为原则,把握信贷有效投放,调整信贷投放节奏,合理控制信贷总量。各项贷款余额仍然达到12014万元,同比增加3668万元,增长43.95%。

2009—2011年,各项贷款继续保持高速增长趋势。2011年贷款余额达到46747万元,同比增加16097万元,增长52.52%。

中国建设银行股份有限公司文成支行

2011年,各项存款余额90677万元,占比为9.90%,其规模位列第四;各项外币存款余额1.43亿美元,占比为25.59%,位列第二;各项贷款余额103586万元,占比为15.34%,位列第三。

银行存款 1991年,一般性存款余额2445万元(不包括财政性存款),同比增加337万元,增长15.99%,完成上级核定指标115.3%。储蓄存款余额1018万元,同比增加271万元,增长36.3%,完成上级核定指标117.5%,占全县各专业银行城镇储蓄存款19.9%。

1993—1995年,外部抓宣传,内部强管理,落实目标责任,各项存款增加明显。1993年各项存款余额4591万元,完成市核定任务,同比增加906万元,增长24.59%。1994年各项存款余额5725万元,完成年度计划111.99%,占全县四家专业银行存款25.44%,其中储蓄存款余额2845万元。1995年,实行目标责任考核制度,一般性存款余额8290万元,同比增加2565万元,增长44.80%。

1996年开始试行柜台制,开展优质文明服务,提高服务质量,各项存款明显增加,存款余额突破1亿元,达到12047万元,同比增加3757万元,占全县四家专业银行新增存款26.34%,同比1994年上升1.75个百分点。

1997年,一般性存款余额18139万元,占全县商业银行存款余额30.07%,同比增加6092万元,增长50.57%。

1999年,受到开征储蓄存款利息所得税(税率为20%)等因素影响,各项存款下降。各项存款余额17886万元,同比减少46万元,下降0.26%。其中对公存款余额9457万元,同比增加311万元;储蓄存款余额8429万元,同比下降362万元。

2000—2002年，人民币存款业务发展良好，同比增幅较大。2000年各项存款余额22348万元，同比增加4462万元，其中对公存款11574万元，同比增加2117万元；储蓄存款余额10775万元，同比增加2346万元。在全县4大国有商业银行中，新增存款余额和市场占比等指标获得两项第一，三项第二。2002年，一般性存款余额26987万元，同比增加4485万元，完成上级下达新增计划114.18%。其中企业存款余额10116万元，同比增加406万元；储蓄存款余额16840万元，同比增加4047万元。

2005年，存款增加额居全县4大国有商业银行之首。各项存款余额31146万元，同比增加3324万元，增长11.95%。其中对公存款余额13721万元，同比增加2387万元；储蓄存款余额17254万元，同比增加839万元。

2008年，快速提升综合实力和竞争水平，资金实力进一步增强。各项存款余额81369万元，同比增加18833万元，增长30.12%。

2011年，完善绩效管理体系，绩效目标管理结果与个人薪酬分配挂钩，调动员工积极性和创造性，存款业务得到快速提升。各项存款余额90677万元，同比增加10632万元，增长13.28%。

外币存款 经省外汇管理局批准，1992年支行设立国际金融代办机构，代理温州市建行办理国际外汇业务，主办外汇存款、外币兑换。1993年年初，支行成立国际业务部；8月国际业务部开业，代理市分行办理外币储蓄业务。

1994—1997年，代理市分行办理外币储蓄业务，外币存款逐年增加，相关数据并入市分行。1998—2000年，增强特色业务营销力度，促进各项存款快速增长。1998年外币存款余额323万美元；1999年881万元，同比增加558万美元，完成市建行计划930%；2000年1318.3万美元，比上年增加437.3万美元。

2002—2004年，外币储蓄存款业务受汇率的强劲冲击，存款余额呈现回落趋势。2002年下降幅度较大，外币储蓄存款余额706万美元，同比减少480万美元，下降40.47%。2004年8月，开办个人外汇买卖业务。2005—2006年，外币储蓄存款业务开始回暖；2007年外币储蓄存款业务受汇率变动等综合因素较大影响，外币存款余额大幅度下降。

2008—2009年，欧元汇率下降，外汇汇入减少，外汇结汇减少，致使外币存款大幅度增加。2009年，实现个人外币存款新增952万美元，个人外汇总额4734美元，境外汇款1.32亿美元，是2008年境外汇款2倍。2011年，推行绩效目标管理结果与个人薪酬分配挂钩，调动员工积极性和创造性。个人外币存款突破1亿美元大关，实现1.43亿美元，同比上年增加7094万美元。

银行贷款 1991年各项贷款余额1677万元，同比增长24.8%，控制在年度计划指标以内。9月县房地产信贷部(与投资管理科合署办公)筹建，承担全县房改金融业务。

1993—1995年，调整信贷结构，盘活信贷存量，提高资产质量。重点支持县离合器片厂、县花岗岩总厂和县竹木工艺厂等县级重点企业的建设项目。1993年各项贷款余额3659万元，1995年各项贷款余额5556万元。

1996年，重点支持县高岭头电站等重点水电站建设项目和县骨干企业，压缩“小而散”贷款，总共向高二电站等水电项目发放贷款2756万元。年末，各项贷款余额7475万元，同比增加1919万元，增长34.54%。

1997—2000年，贷款结构仍以中长期信用为特色，重点支持大行业、大企业发展，尤其是水电等资源开发型行业和重点骨干企业。1999年累计发放贷款9558万元，回收8036万元，新增投放贷款1142万元，年末各项贷款余额12062万元。2000年各项贷款余额14128万元，同比增加2066万元。

2001—2002年，信贷规模缩小，资产质量趋好，信贷结构得以实质性调整。2001年，重点支持资源开发型企业和AA级企业，以及个人住房贷款和个人存单质押贷款等。各项贷款余额13305万元，同比同期减少823万元，下降5.83%。2002年，成功地退出一般企业贷款127万元，同比减少1648万元。各项贷款余额11655万元，同比减少1650万元，下降12.40%。

2003年,重点支持基础设施建设项目和AA级企业,以及个人住房贷款和个人消费贷款。各项贷款余额13817万元,同比增加2162万元,增长18.55%。

2005年,资产结构不断优化,资产质量得以提高。各项贷款余额21512万元,同比增加3624万元,增长20.26%。不良贷款率为0.15%,以5级分类口径划分不良额为28万元,不良率仅0.14%,新发放贷款不良率为零。

图15-8 2010年11月,中国建设银行股份有限公司文成支行开展业务宣传活动(建行文成支行提供)

2008—2009年,各项业务实现跨越式发展。2008年,各项贷款余额46364万元,同比增加11275万元,增长32.13%,创造历史新高度。2009年,各项贷款余额51331万元,同比增加4967万元,增长10.71%。累计发放小型企业贷款1.4亿元,同比增加5945万元;个人类型贷款3.88亿元,同比增加5320万元,其中个人住房贷款增加9372万元,完成计划468.58%。

2011年,推行绩效目标管理结果与个人薪酬分配挂钩,调动员工积极性和创造性,各项贷款余额突破10亿元大关,达到103586万元,同比增加20288万元,增长24.36%。

中国邮政储蓄银行有限责任公司文成县支行

2011年,各项存款余额42087万元,占比为4.60%,其规模位列第七;外币存款余额达873万美元,占比为1.56%,位列第六;各项贷款余额31358万元,占比为4.64%,位列第七。

银行存款 2008年,致力打造立足基层、贴合一线的全功能特色零售国有商业银行,开展"金秋创丰收"旺季营销活动,出台系列工作奖励措施,激发员工揽储积极性。年末,各项存款余额24921万元,其中企业存款95万元,储蓄存款24826万元。

2009年,各项存款快速增长,余额达到33790万元,同比上年增加8869万元,增长35.59%。其中企业存款999万元,同比增加904万元,增长9.52倍;财政存款1621万元,同比增加1621万元;储蓄存款31173万元,同比增加6347万元,增长25.57%;机关团体存款2万元,同比增加2万元。

2010年,提高金融服务质量,扩大服务范围,开拓代发工资、代收水费、代收烟草款等业务,营销财政、社保等客户。同时,在仰山、周山、桂山和上林等空白乡镇设立金融服务点4个。金融服务点采取每月定期营业方式,每月至少提供4次,每次不少于4小时工作时间。年末,各项存款余额38852万元,同比增加5062万元,增长14.98%。

2011年,实行"自营+代理"金融服务模式,凭借"品牌、网络、规模"三大优势,拥有邮储绿卡客户数6.5万户。各项存款余额达到42087万元,同比增加3235万元,增长8.33%。其中企业存款余额5984万元,财政存款余额1849万元,储蓄存款余额34196万元。

外币存款 2008年开始办理外币存款业务,其余额为24万美元。2009年,通过"办理西联业务、绿色大米扛回家""周年庆典""中秋共团圆"好礼相送和发放国际业务优惠券等业务推广活动,外币存款增加,其余额达到154万美元,同比增加130万美元,增长5.42倍。

2010年，外币业务欧元币种成为邮储银行全国试点行之一。9月欧元币种成功上线，不到3个月，欧元存款达400余万，位列邮储银行全国第一。年末，外币存款余额659万美元，同比增加505万美元，增长3.28倍。

2011年，外币存款余额873万美元，其中欧元存款余额近200万元，余额规模在全国邮政代理金融网点中名列前茅。

银行贷款　2008年，银行贷款业务刚刚起步，全行把信贷业务作为重中之重，投入大量人力和物力。各项贷款余额为2170万元，其中农业贷款1072万元、私营企业及个体贷款990万元。

2009年，贷款业务逐步成熟，贷款业务当中增加个人中长期消费贷款，开办商务贷款与二手房按揭贷款，促进贷款业务增长。各项贷款余额迅速达到10734万元，同比增加8564万元，增长3.95倍。其中农业贷款余额2908万元，私营企业及个体贷款余额7539万元、个人中长期消费贷款余额133万元。

2010年，围绕"夯基础、抓转型、控风险、促发展"四大任务，扎实开展"邮储之星"大擂台、"虎啸祥瑞·双亿迎春"开门红竞赛、"庆周年、共成长"竞赛等活动，贷款业务快速增长。年末，各项贷款余额24599万元，同比增加13865万元，增长1.29倍，其主要是私营企业及个体贷款增加。其中农业贷款余额4083万元、私营企业及个体贷款余额19768万元、个人中长期消费贷款余额540万元。

2011年，完善信贷经营管理体制，坚持服务"三农"、服务社区和服务小微企业。年末，各项贷款余额达到31358万元，同比上年增加6759万元，增长27.48%。其中农业贷款余额5790万元、私营企业及个体贷款余额245812万元、个人中长期消费贷款余额824万元。

文成县农村信用联社

2011年各项存款余额280912万元，占比为30.67%，其规模位列第一。外币存款余额5418万美元，占比为9.69%，其规模位列第五。各项贷款余额22.77亿元，占比为33.72%，其规模位列第一。

银行存款　1996年，县农村信用合作联社与中国农业银行文成支行脱钩，年末各项存款余额为9294万元。

1998年开始，全县农村基金会、金融服务社和城市信用社归口农村信用联社管理，各项存款余额达21345万元(其中城市信用社2328万元)。

2000年各项存款保持上升，年末各项存款余额达24161万元，同比增加5435万元，增长29.02%。其中企业存款725万元、城镇储蓄存款17190万元、农业存款5992万元、其他存款254万元。

2002—2003年，拓展业务领域，创新营销机制，存款业务稳步发展。2002年各项存款余额43909万元，同比增加11096万元，增长33.82%。其中企业存款878万元、机关团体存款211万元、储蓄存款31043万元、农业存款11424万元、其他存款353万元。2003年各项存款余额61008万元，同比上年增加17099万元，增长38.94%。人民币存款市场占有率22.76%，同比上升0.38个百分点。

2005—2006年，着力抓好业务发展，各项存款迅速增长。2005年各项存款余额75694万元，同比增加9436万元，增长14.24%。其中企业存款1221万元、机关团体存款484万元、农业存款18379万元、其他存款94万元。2006年各项存款余额超过10亿大关，达到111433万元，同比增加35739万元，增长47.22%。

2007—2008年，各项存款继续保持迅速增长。2008年，各项存款余额突破15亿元大关，达到153658万元，同比增加19644万元，增长14.66%。

2009—2011年，保持存款业务连续快速增长。2011年实现各项存款余额280912万元，同比增加26786万元，增长10.54%。

外币存款　2009年开办外汇业务。外币存款余额197万美元，折合人民币1566万元。

2010年，服务网点遍布全县城乡，方便侨民存款。外币存款余额达3468万美元，同比增加3271万美元，增长16.60倍。

2011年，开展“走千家、访万户、共成长”劳动竞赛，激发全员营销热情。外币存款继续保持快速增长，年末外币存款余额上升到5418万美元，同比上年增加1950万美元，增长56.23%。

银行贷款 1996年，累计投放农业贷款7038万元，重点支持春耕备耕生产、粮食蔬菜基地和专业户、重点户等生产资金需要。年末各项贷款余额为9294万元。

1997年加大对农业投入，累计投放农业贷款9085万元，同比增加2047万元，增长29.08%。年末各项贷款余额11041万元，同比增加1747万元，增长18.80%。

1998年，确保支农信贷资金重点支持种养业、以农副产品为主的龙头企业、农产品生产基地、农村市场体系、农业基本建设等，推动农业产业化发展，累计投放农业贷款14954万元。年末各项贷款余额15391万元(其中城市信用社1385万元)，同比增加2757万元，增长21.82%。

2000—2001年，加大对农业生产信贷投入，简化支农信贷手续，基本解决农民贷款难问题，促进农业稳定发展。2000年，累计投放农业贷款15210万元，年末各项贷款余额达到18470万元。2001年，支持西坑花菇、黄坦养猪、南田粮食种植、峃口猕猴桃等特色农业发展贷款4000余万元，累放农业贷款26717万元，年末各项贷款余额21079万元。

2003年，进一步加大信贷支农力度，农业贷款30007万元，同比增加12689万元，增长73.27%，占各项贷款比例为82.5%。年末各项贷款余额45125万元，同比增加15622万元，增长52.95%。

2006年，在加强信贷支农力度的同时做好抗震救灾贷款发放，支持服务灾区农户解决生产生活困难。全年发放抗震救灾贷款450户650万元。

2007年继续加大对农业投入。累计发放农业贷款11.35亿元，农业贷款余额7.7亿元，占比76.86%，同比增加1.51亿元，增长24.39%。农业贷款余额占全县金融机构农业贷款97.53%，其中为支持珊溪、黄坦等地地震灾区建设，发放低利率抗震救灾贷款1335户2027万元。

2008年，坚持服务“三农”市场定位，走村入户，增户扩面，加大农户贷款投放力度，重点支持农业专业户、农村个体工商户和农民外出创业人员。累计投放贷款12.01亿元，发放农户小额信用贷款3533万元，农户联保贷款3043万元。农业贷款余额89589万元，占全县农业贷款98.6%。

2009年，创新推出异地房产抵押贷款、抵押保证组合贷款、欧元质押贷款和林权抵押贷款。各项贷款迅速增加，贷款余额突破15亿元，达到156255万元，同比增加36176万元，增长30.13%，完成计划278%。其中涉农贷款余额12.17亿元，同比增加3.41亿元，增长38.93%。

2011年贷款业务迅速发展。各项贷款余额达22.77亿元，同比增加3.95亿元，增长20.99%，完成计划158%。其中涉农贷款余额19.54亿元，小企业贷款余额5698万元，二项贷款增速均高于全部贷款增速。

温州银行股份有限公司文成支行

2011年，各项存款余额44375万元，占比为4.85%，其规模位列第六。外币存款余额632万美元，占比为1.13%，位列第七。各项贷款余额37552万元，占比为5.56%，位列第六。

银行存款 2008年，结合自身特点和产品优势，竭诚提供灵活、专业、便捷、高效、亲和金融服务，存款业务起步良好，各项存款余额为8249万元。

2009年，发挥激励机制，提高季度综合奖励力度，调动干部员工积极性，银行存款迅速增加。存款余额达到25075万元，同比上年增加16826万元，增长2.04倍。

2010年，加大存款考核力度，增强员工竞争意识。各项存款余额上升到30356万元，同比增加5281万元，增长21.06%。

2011年，开展各种劳动竞赛，做好华侨服务。各项存款大幅度增加，年末余额达到44375万元，同比增加14019万元，增长46.18%。其中成功营销保障性住房公司开户，存款余额4000余万元；储蓄存款同比增加9917万元。

外币存款　2008年，开始办理外币存款业务，外币存款余额313万美元。

2009年，调动员工揽储积极性，外币存款迅速增加，达到558万美元。同比增加245万美元，增长78.27%。

2010年，突出高效优质服务和业绩奖罚，促进外币存款快速增长，外币存款余额达1293万美元，同比增加735万美元，增长131.72%。

2011年，做好侨民返乡、出国等各种接送，拉近客户距离，尽量减少外币存款不断下滑趋势。但同比仍然减少661万美元，下降51.12%。

银行贷款　2008年，围绕"小微"企业开展信贷工作，贷款业务刚刚起步，各项贷款余额为6229万元。

2009年贷款业务迅速增长。年末各项贷款余额20305万元，同比增加14076万元，增长225.98%。

2010年提升服务质量，在行业内树立良好口碑。年末各项贷款余额29943万元，同比增加9638万元，增长47.47%。

2011年，新激活有效信用卡380张，新增个人优质客户数286户。年末各项贷款余额达到37552万元，同比上年增加7609万元，增长25.41%。

浙江文成北银村镇银行股份有限公司

2011年各项存款余额8525万元，占比为0.93%，位列第八。各项贷款余额8939万元，占比为1.32%，位列第八。

银行存款　2011年5月银行开业时，就把吸收存款作为重点。6—12月，牢固把握"存款立行"经营思想，调动员工揽储热情，形成上下联动、群策群力。年末，各项存款余额8525万元，完成2011年度计划106.56%，其中个人储蓄存款户数2262户、个人储蓄存款2860万元，占比33.55%；对公存款5665万元，占比66.45%，大幅度占比为资金高收益率创造良好条件。

银行贷款　2011年5月开始，立足"三农"、做"精"做"强"市场定位不动摇，坚持"适合、差异化、错位竞争"服务原则，坚持"小额、分散、流动、特色"信贷理念，为农户、微小企业、个体经营户、归国华侨、侨属和侨眷等提供零距离的正规金融服务。年末各项贷款余额8939万元，完成全年目标的89.39%；户数为143户，户均余额62.51万元，其中涉农贷款7429万元，占比83.11%。

1991—2011年文成县各银行机构存款余额情况一览表

表15-5　　单位：万元

年份	总计	人行	工行	农行	中行	建行	农发	邮储	农信	城信	温银	北银	委托
1991	14069	831	3281	3063	—	2445	—	—	4153	296	—	—	—
1992	19389	381	5206	4274	—	3685	—	—	5273	570	—	—	—
1993	24870	914	6698	4658	578	4591	—	—	6427	1004	—	—	—
1994	33667	408	8788	5706	2689	5725	140	—	9027	1184	—	—	—
1995	47160	665	11990	7006	4807	8290	121	2126	10350	1805	—	—	—
1996	60870	346	15585	10206	5319	12047	143	2377	12635	2212	—	—	—
1997	82817	1611	21258	14183	6748	18139	425	2622	15318	2241	—	—	272

续表15-5

年份	总计	人行	工行	农行	中行	建行	农发	邮储	农信	城信	温银	北银	委托
1998	97752	1240	25130	18082	10302	17932	—	3353	19017	2328	—	—	368
1999	96052	1189	23393	18213	10858	17886	—	3826	18726	1782	—	—	179
2000	112796	2263	23086	22269	13279	22348	—	5010	24161	—	—	—	380
2001	143070	2146	26570	31582	16788	22502	989	9489	32813	—	—	—	191
2002	196214	5936	34162	45399	28675	26987	823	10023	43909	—	—	—	300
2003	268026	4708	43055	66225	47927	28921	584	15631	61008	—	—	—	-33
2004	294027	4239	44197	76447	59443	27822	569	15015	66258	—	—	—	37
2005	285475	4620	45692	66984	47911	31146	—	13185	75694	—	—	—	243
2006	442671	11466	64923	108551	80503	43900	—	21503	111433	—	—	—	392
2007	538039	16950	85940	128840	84187	62536	—	24869	134014	—	—	—	703
2008	582761	20867	95635	116426	80944	81369	—	24921	153658	—	8249	—	692
2009	789159	30137	129316	152596	100700	108896	—	33790	208390	—	25075	—	259
2010	793973	34112	135724	138819	81939	80045	—	38852	254126	—	30356	—	—
2011	915893	20605	165881	178106	84725	90677	—	42087	280912	—	44375	8525	—

说明:数据资料由人行文成县支行提供

1991—2011年文成县各银行机构贷款余额情况一览表

表15-6　　单位:万元

年份	总计	人行	工行	农行	中行	建行	农发	农信	城信	温银	邮储	北银
1991	14784	567	3600	5389	—	1677	—	3299	252	—	—	—
1992	18538	585	4184	6516	—	2969	—	3832	452	—	—	—
1993	24205	761	6027	7395	1000	3659	—	4602	761	—	—	—
1994	31469	908	7147	7103	2228	4509	2366	6380	828	—	—	—
1995	37645	905	8719	7592	2963	5556	2986	7660	1264	—	—	—
1996	44078	830	9620	8560	3193	7475	3623	9294	1453	30	—	—
1997	54137	354	12395	9543	3893	10258	5060	11041	1593	—	—	—
1998	65913	—	16075	17836	5693	10918	—	14006	1385	—	—	—
1999	77096	—	19584	22430	7692	12062	—	14169	1159	—	—	—
2000	80204	—	12591	24547	10468	14128	—	18470	—	—	—	—
2001	94298	—	15583	29058	14055	13305	1218	21079	—	—	—	—
2002	107137	—	16252	29308	18935	11655	1484	29503	—	—	—	—
2003	123394	—	32315	20073	10674	13817	1390	45125	—	—	—	—
2004	158555	—	38949	26590	8327	17888	1985	50664	—	—	—	—
2005	165972	—	40834	32833	10264	21512	—	60529	—	—	—	—
2006	184437	—	46437	26599	7371	25715	—	78315	—	—	—	—
2007	236060	—	57610	34593	8346	35089	—	100185	—	—	237	—
2008	291751	—	62814	42081	12014	46364	—	120079	—	6229	2170	—
2009	410073	—	86572	60709	24167	51331	—	156255	—	20305	10734	—
2010	547203	—	100705	89820	30650	83299	—	188187	—	29943	24599	—
2011	675415	—	116260	103255	46747	103587	—	227717	—	37552	31358	8939

说明:数据资料由人行文成县支行提供

第七节　银行利率

正确利率政策是筹集与运用资金，促进生产发展和扩大流通有效杠杆。温州自1980年起步试点利率改革，经过30余年改革试验和不断完善，形成以国家基准利率为主，浮动利率和市场利率多种利率并存的多层次利率体系。文成没有参与温州利率试点，其利率变化依据人民银行总行对基准利率的调整，加点执行。

法定利率

法定利率即国家计划利率，亦称基准利率。1991—2011年，全县银行机构存款和贷款基准利率分别作了28次和32次调整，利率调整次数频繁，总体利率水平呈下降趋势。

2002年开始，人民银行总行在全国8个县（市）进行农村信用社利率浮动改革试点。至10月，试点工作作为温州金融体制改革的内容之一在全市推广，信用社利率全面上浮，文成地区的农村信用社存款利率上浮10%，相对其他地区上浮30%水平，文成上浮幅度较小。

2003年7月，境内英镑、瑞士法郎、加拿大元的小额存款利率放开，由各商业银行自行确定并公布。小额外币存款利率由原来国家制定并公布7种减少到境内美元、欧元、港币和日元4种。8月，人民银行总行在推进农村信用社改革试点时，允许试点地区农村信用社的贷款利率上浮不超过贷款基准利率的2 倍。11月，小额外币存款利率下限放开。商业银行可根据国际金融市场利率变化，在不超过人民银行公布的利率上限的前提下，自主确定小额外币存款利率，赋予商业银行小额外币存款利率的下浮权。

2004年是国家实施货币政策较多的一年。首先在年初实行扩大贷款利率的浮动区间，3月下旬实行再贷款浮息制度，4月25日金融机构存款准备金率在上年度提高的基础上再次提高，10月29日开启贷款利率市场化运作，11月25日全面停止农村信用社利率试点。

至2011年，银行机构人民币贷款利率已经基本过渡到上限放开、下限管理阶段。利率市场化改革顺利实现“贷款利率管下限、存款利率管上限”阶段性目标和总体框架。

1991—2011年文成县银行存款基准利率（年利率）一览表

表15-7　　单位：‰

调整时间	活期存款	定期存款					
	—	三个月	半年	一年	二年	三年	五年
1991-04-21	1.80	3.24	5.40	7.56	7.92	8.28	9.00
1993-05-15	2.16	4.86	7.20	9.18	9.90	10.80	12.06
1993-07-11	3.15	6.66	9.00	10.98	11.70	12.24	13.86
1996-05-01	2.97	4.86	7.20	9.18	9.90	10.80	12.06
1996-08-23	1.98	3.33	5.40	7.47	7.92	8.28	9.00
1997-10-23	1.71	2.88	4.14	5.67	5.94	6.21	6.66
1998-03-25	1.71	2.88	4.14	5.22	5.58	6.21	6.66
1998-07-01	1.44	2.79	3.96	4.77	4.86	4.95	5.22
1998-12-07	1.44	2.79	3.33	3.78	3.96	4.14	4.50
1999-06-10	0.99	1.98	2.16	2.25	2.43	2.70	2.88
2002-02-21	0.72	1.71	1.89	1.98	2.25	2.52	2.79
2004-10-29	0.72	1.71	2.07	2.25	2.70	3.24	3.60

续表15-7

调整时间	活期存款	定期存款					
	—	三个月	半年	一年	二年	三年	五年
2006-08-19	0.72	1.80	2.25	2.52	3.06	3.69	4.14
2007-03-18	0.72	1.98	2.43	2.79	3.33	3.96	4.41
2007-05-19	0.72	2.07	2.61	3.06	3.69	4.41	4.95
2007-07-21	0.81	2.34	2.88	3.33	3.96	4.68	5.22
2007-08-22	0.81	2.61	3.15	3.60	4.23	4.95	5.49
2007-09-15	0.81	2.88	3.42	3.87	4.50	5.22	5.76
2007-12-21	0.72	3.33	3.78	4.14	4.68	5.40	5.85
2008-10-09	0.72	3.15	3.51	3.87	4.41	5.13	5.58
2008-10-30	0.72	2.88	3.24	3.60	4.14	4.77	5.13
2008-11-27	0.36	1.98	2.25	2.52	3.06	3.60	3.87
2008-12-23	0.36	1.71	1.98	2.25	2.79	3.33	3.60
2010-10-20	0.36	1.91	2.20	2.50	3.25	3.85	4.20
2010-12-26	0.36	2.25	2.50	2.75	3.55	4.15	4.55
2011-02-09	0.40	2.60	2.80	3.00	3.90	4.50	5.00
2011-04-06	0.50	2.85	3.05	3.25	4.15	4.75	5.25
2011-07-07	0.50	3.10	3.30	3.50	4.40	5.00	5.50

说明:数据资料由人行文成县支行提供

1991—2011年文成县银行贷款基准利率一览表

表15-8　　单位:‰

调整时间	六个月以内（含六月）	六个月至一年（含一年）	一至三年（含三年）	三至五年（含五年）	五年以上
1991-04-21	8.10	8.64	9.00	9.54	9.72
1993-05-15	8.82	9.36	10.80	12.06	12.24
1993-07-11	9.00	10.98	12.24	13.86	14.04
1995-01-01	9.00	10.98	12.96	14.58	14.76
1995-07-01	10.08	12.06	13.50	15.12	15.30
1996-05-01	9.72	10.98	13.14	14.94	15.12
1996-08-23	9.18	10.08	10.98	11.70	12.42
1997-10-23	7.65	8.64	9.36	9.90	10.53
1998-03-25	7.02	7.92	9.00	9.72	10.35
1998-07-01	6.57	6.93	7.11	7.65	8.01
1998-12-07	6.12	6.39	6.66	7.20	7.56
1999-06-10	5.58	5.85	5.94	6.03	6.21
2002-02-21	5.04	5.31	5.49	5.58	5.76
2004-10-29	5.22	5.58	5.76	5.85	6.12
2006-04-28	5.40	5.85	6.03	6.12	6.39
2006-08-19	5.58	6.12	6.30	6.48	6.84
2007-03-18	5.67	6.39	6.57	6.75	7.11
2007-05-19	5.85	6.57	6.75	6.93	7.20
2007-07-21	6.03	6.84	7.02	7.20	7.38

续表15-8

调整时间	六个月以内（含六月）	六个月至一年（含一年）	一至三年（含三年）	三至五年（含五年）	五年以上
2007-08-22	6.21	7.02	7.20	7.38	7.56
2007-09-15	6.48	7.29	7.47	7.65	7.83
2007-12-21	6.57	7.47	7.56	7.74	7.83
2008-09-16	6.21	7.20	7.29	7.56	7.74
2008-10-09	6.12	6.93	7.02	7.29	7.47
2008-10-30	6.03	6.66	6.75	7.02	7.20
2008-11-27	5.04	5.58	5.67	5.94	6.12
2008-12-23	4.86	5.31	5.40	5.76	5.94
2010-10-20	5.10	5.56	5.60	5.96	6.14
2010-12-26	5.35	5.81	5.85	6.22	6.40
2011-02-09	5.60	6.06	6.10	6.45	6.60
2011-04-06	5.85	6.31	6.40	6.65	6.80
2011-07-07	6.10	6.56	6.65	6.90	7.05

说明：数据资料由人行文成县支行提供

利率优惠

利率优惠是指当地政府通过制定政策鼓励、引导银行业机构对重点发展的某些经济部门、行业或产品制订较低利率。目的在于刺激这些部门和行业生产，调动生产积极性，实现产业结构和产品结构调整。

2005年，县人民银行制定《文成县农村信用社人民币贷款利率浮动管理暂行规定》。在做好利率政策传达和构建利率监测体系基础上，着重抓好信用社对“三农”贷款利率优惠。县农村信用合作联社全年发放支农再贷款3000万元，支持南田茶叶、黄坦生猪、玉壶中药材、里阳养兔等基地发展，扶持农户1200余户。

2006年，县政府出台《关于进一步降低企业成本减轻企业负担的若干意见》，加大优质企业融资支持。鼓励、指导各银行在风险可控前提下，合理设定企业贷款利率，对领军企业、高成长型企业、年度上缴税费100万元以上企业等优质企业给予贷款利率优惠。

同年，为推进社会主义新农村建设，增加信贷资金投入，县人民银行制定《文成县利率定价指导意见》，引导银行机构降低利率，支持农民增收。全县农村贷款利率接近市区信用社，远低于其他县（市）。9月，适时推出地震灾区重建户建房贷款。以6.03%低利率，期限为2年的贷款方式让利给地震灾区重建户。

2007年，全县对农副产品遭受自然灾害损失农户，每户发放5000元低息6.03%为期2年信贷资金，并采取延长贷款期限、减免贷款利息方式补助农户，引导农民科学改变种、养结构，尽快走出困境。

2008年，县人民银行支持县邮政储蓄银行以较低利率、更优品质向农村、农户延伸服务。县财产保险公司、县农村信用联社联合推出“安贷保”品种，在低利率让惠于农户同时，既增加保费收入，又保障信贷资金不受损失。全年此类贷款约7亿元，占县农村信用联社全部贷款60%。

2009—2011年，县农村信用联社开办低收入农户扶贫小额贴息贷款。累计向5533户低收入农户、种养殖大户投放1.47亿元专项扶贫资金，基本以信用免担保方式发放，全部实行基准利率。其中2009—2011年8月，发放小额扶贫贴息贷款7402万元、2676户。推广丰收“爱心卡”，向全县扶贫名单内低收入农户发放丰收“爱心卡”3.58万张，并以整村授信方式，向1.34万户农户进行批量授信，授信金额4.03亿元。

2011年，县人民银行制定《加强帮扶小微企业发展指导意见》，引导银行机构加大金融产品创新，有效支持“三农”与小微企业发展。给予县农村信用合作联社奖励支农再贷款966.06万元及法定存款准备金率下调1个百分点优惠政策,增加服务“三农”经济和新农村建设信贷资金供给。

助学贷款

政府主导、财政贴息、财政和高校共同给予银行一定风险补偿金,银行、教育行政部门与高校共同操作的专门帮助高校贫困家庭学生的银行贷款。借款学生不需要办理贷款担保或抵押,但是需要承诺按期还款,并承担相关法律责任。借款学生通过学校向银行申请贷款,用于弥补在校期间各项费用不足,毕业后分期偿还。主要有四种贷款形式:国家助学贷款、生源地信用助学贷款、高校利用国家财政资金对学生办理的无息借款和一般性商业助学贷款。

2001年始,结合本县实际,文成实行生源地信用助学贷款。主要工作是政策宣传和生源情况调查,发生生源地信用助学贷款7.1万元。2002年,县人民银行针对2001年全县助学贷款业务进展缓慢情况,加强与县教育局、财政局等部门联系,多次召开银行负责人会议落实助学贷款政策。按照生源户口属地原则和银行布局情况,实现分片包干承贷,并实行助学贷款审核、发放承诺限期办理等措施,有力地推动生源地财政贴息助学贷款业务开展。全年各银行发放生源地财政贴息助学贷款141.4万元,同比增加134.3万元,帮助197名贫困学生走进高校校园。

2003年,县人民政府出台《文成县助学贷款工作实施意见》,县人民银行及时协调、解决助学贷款工作存在问题,督促各银行机构实行助学贷款审核、发放承诺期限办理制,鼓励发放商业性助学贷款。全县银行总共发放生源地财政贴息助学贷款138.1万元,发放人数201人。此后,全县银行助学贷款业务成为常态化,各大银行也没有对此类贷款数据统计。

利率管理

利率管理是指银行监督管理部门每年对银行机构执行利率政策规定情况,组织稽核和检查,做好监督、协调,并对违反利率政策规定行为,酌情作出处罚,予以整改纠正。

1991—1993年,县人民银行每年开展打击非法金融活动,严肃利率、结算行为,维护公平有序竞争。1993年,根据中共中央政治局常委、国务院总理朱镕基“约法三章”要求,对全县银行的利率执行情况开展大检查,情况良好。

1995年,上级三令五申不准擅自提高和变相提高利率,但这种现象仍然在全县银行中发生。县人民银行设立举报电话,对擅自提高利率行为发现一件查处一件,严厉处罚。

1996年,县人民银行在宣传贯彻总行《关于禁止非法提高利率的公告》,召集各银行和邮政储蓄所负责人,共同制订并通过《文成县金融系统利率管理同业公约》,为建立公平有序竞争环境创造条件。

1997年,县人民银行针对一些银行欲在春节前后竟相发放纪念品等变相提高利率苗头,出台《关于重申严禁非法提高利率的通告》。并在县有线电视台宣传,有效地消除不良苗头。6月,全县银行负责人共同签订《文成县金融机构利率自律管理公约》,然后层层签订,有效制止银行业中利率无序现象。

1998年,根据人民银行总行《关于坚决制止和严肃查处高息揽存的紧急通知》精神,在各银行自查基础上,县人民银行重点抽查县工商银行、县建设银行,对擅自提高利率违规行为,予以罚款5万元。

1999年,县人民银行对利率监管做到普查与重点检查相结合,开展利率检查4次。重点检查银行经营性个人住房信贷利率、中长期贷款利率、贷款浮动利率执行情况。认真处理利率举报事件,做到有举报必查复。全年对10个银行网点进行检查,查处贷款违规金额1009万元,其中2个网点被没收利息违法所得2073元、罚款5.8万元。

2000—2001年,县人民银行对各商业银行继续进行利率检查。2000年检查银行网点10个,对检查中发现的逾期贷款罚息、欠息计息复利的执行不规范等问题进行处理,责令其进行整改并予以罚款。2001年抽查银行机构80%,在利率抽查和举报件检查中,发现1个银行网点利率违规,金额为0.18万元,责令整改。

2004年10月29日利率调整后,对辖区银行机构执行情况进行全面报备。强化农村信用社利率试点管理,及时跟踪利率试点情况,按月汇总上报利率试点月报表。

2009—2011年,县人民银行及时对各商业银行存在的各类违规经营现象予以纠正。同时出台政策措施,严禁贷款硬性搭售基金、购买保险和"搭车收费";严禁在所谓"优惠利率"之外,以向客户收取与资产业务高度相关的"贷款承诺费、财务顾问费"等;严禁将部分利息收入转化为中间业务收入,扰乱正常金融秩序。

第八节 结算业务

结算业务包括现金结算和非现金结算。非现金结算亦称转账结算,是以信用收付代替现金收付,通过银行账户的资金转移所实现收付的行为。分同城结算和异地结算两种。2011年期间,结算办法主要有银行汇票、商业汇票、银行本票、支票、汇兑、委托收款和异地托收承付以及信用卡等方式。

现金结算

现金结算是转账结算的对应名称。指在商品交易、劳务供应等经济往来中直接使用现金进行应收应付款结算行为,是货币结算形式之一。主要适用于单位与个人之间款项收付以及单位之间在转账结算起点金额以下零星小额收付。

1988年8月,国务院第十八次常务会议通过《中华人民共和国现金管理暂行条例》,1988年10月开始施行。按照规定,现金结算起点为1000元,凡在银行和其他金融机构开立账户的机关、团体、部队、企业、事业单位和其他单位,必须依照本条例规定收支和使用现金,接受开户银行监督。开户单位之间经济往来,除按本条例规定范围可以使用现金外,应当通过开户银行进行转账结算。2011年1月,国务院重新修订《中华人民共和国现金管理暂行条例》。

银行开户的个体工商户、农村承包经营户异地采购的货款,应当通过银行以转账方式进行结算。因采购地点不确定、交通不方便必须携带现金的,由客户提出申请,开户银行根据实际需要予以支付现金。未在银行开户的个体工商户、农村承包经营户异地采购,可以通过银行以汇兑方式支付。凡加盖"现金"字样的结算凭证,汇入银行必须保证支付现金。

转账结算

转账结算是以信用收付代替现金收付,通过银行账户的资金转移所实现收付的行为,分同城结算和异地结算两种。跨行结算需经同城票据交换完成资金清算,异地结算需通过联行来进行清算。同城、异地均可结算的有商业汇票(分商业承兑汇票、银行承兑汇票),委托收款和信用卡。

2000年,银行机构实现电子联行业务到县,全县银行资金周转速度加快。

2005年,县人民银行从改善结算渠道入手,严格结算行为,下发《关于加强金融机构支付结算管理的通知》,积极创造条件争取加入温州市资金清算大同城。

2006年,县人民银行制定《文成县支行会计核算业务流程改造方案》。全县有农村银行机构5家新增开办银行本票,有农村银行机构1家开办全国汇票业务,有农村银行机构1家开办华东三省一市汇票,有农村信用社19家开办省辖汇票业务,仅4个月签发银行本票近3亿元。6月19日,辖内银行机构正式参加温州区域同城票据交换。

2008年,经上级批准县域新增设立县温州银行和县邮政储蓄银行2家。县人民银行为便利城乡居民支付结算,迅速上报批准加入温州大同城,并同意开办本票业务。至此,全县有银行机构网点45个,有32个开通大小额支付系统,19个开办本票业务。

2009年,建设农村地区支付结算基础设施,建立农村支付结算指导员制度,创建"刷卡无阻碍街区",县城44个银行网点中有33个开通大小额支付系统,34个开办本票业务,较好地满足城乡支付结算需求。

2010年,深化"便农支付",做好8位结算指导员和219位农村支付结算辅导员人员配备和业务培训。增加机具配置,推进"刷卡无阻碍街区"和乡村金融服务点建设。实施国库集中支付改革试点,5月1日TCBS系统成功上线。

2011年,推进一级财政预算单位全部纳入国库集中支付范围,落实内控制度,提高国库核算质量。以助农取款服务点设立为重点,实现全县17个空白乡镇118个行政村助农取款服务全覆盖。其间,银行结算业务种类有:银行汇票、商业汇票、银行本票、支票、汇兑、委托收款、托收承付和信用证。

结算管理

支付结算实行集中统一和分级管理相结合的管理体制。县人民银行负责支付结算工作的组织、协调、管理和监督,调解和处理银行之间支付结算纠纷。

1991年,县人民银行健全结算举报制度,做到有举必查,落到实处,保证汇路畅通。开展结算大检查,清理多头开户,全年清理发证企业账户447个、机关账户692个,撤销账户109个。

1993年,经过上级支行审查县人民银行会计顺利达标。同时完成会计记账向借贷记账法转变,以及汇兑业务划归县人民银行。

1994年,银行机构针对结算基础工作薄弱,结算秩序混乱等状况,认真贯彻执行"三不准",推行"三公开一监督",健全社会监督制度,自觉纠正资金逃避汇入人民银行、结算纪律制度执行不严等问题,使结算秩序得到根本性好转。

1997年,全县执行开户许可证制度,加强账户管理,纠止多头开户、乱立户头等违规问题。全年登记各类账户1549个,撤销账户325个,初步形成银行开户情况的电脑档案,加强管理监督。同时,开展结算纪律大检查,被查9家银行机构多数能够认真执行《中华人民共和国票据法》和结算"三不准"规定,对查出违规问题予以通报,维护客户正当利益。全年处理各种结算投诉、纠纷15件,接受结算咨询38次。5月,对已获签发市辖汇票业务的24家银行网点进行摸底调查,对内部管理制度欠佳,"印、押、证"三分离制度执行差机构,限期整改并跟踪检查,直至整改合格后才予以上报审批。同时,对这部分机构要求统一使用市辖汇票编押机。

1998年,严格市辖汇票和重要空白凭证管理,加强对交换、联行等资金"进出口"的风险防范。将交换清算由原来的一手清,一分为三。严格执行联行"印、押、证" 三分离,使用手续三分离。

1999年,全县严格执行开户许可证制度,开展机关事业单位的账户和财政周转金账户清理,按照一个单位一个基本存款账户、一个工会账户、暂时保留基本建设账户(工程完工结算后自行销户)的原则,撤销183个不符合规定账户。

2004年,各银行组织员工学习《金融机构反洗钱规定》《人民币大额和可疑支付交易报告管理办法》《金融机构大额和可疑外汇资金交易报告管理办法》,专门成立反洗钱检查工作领导小组,配备专人进行监测。

2005年,出台《关于加强金融机构支付结算管理的通知》,创造条件争取加入温州市资金清算大同城。全年按照《人民币结算账户管理办法》规定，清理核实各类账户2562户，撤销各类不规范账户617户。

2006年，多次召开支付结算行长联席会议，推进非现金支付结算管理。规定由专人担任农村金融机构支付结算指导员，推行“三票一卡”。制定《文成县支行会计核算业务流程改造方案》，于6月下旬实施。

2008年，制定《文成县金融机构支付结算管理工作考核办法》，通过对支付结算管理工作考核，强化全县银行机构支付结算工作，全面提高支付结算管理质量。

2009年，制定《农村支付结算指导员制度》，农民可以通过指导员详细了解现代化支付结算工具，随时咨询结算中遇到困难，并及时得到指导员的指导和帮助。

2010—2011年，继续做好结算指导员和农村支付结算辅导员的业务培训。同时，以助农取款服务点设立为重点，“便农支付工程”建设取得实质效果。实现全县空白乡镇17个行政村118个取款服务全覆盖后，又规范设立其他服务网点。

经理国库

国库是国家金库简称，又称金库。县人民银行负责办理全县财政预算的收纳、划分、留解和支出的拨付。1995年颁布实施的《中国人民银行法》，首次以立法形式明确经理国库是人民银行职责之一。

1991年，微机应用于国库部门，会计核算和国库业务已完全脱离手工，并入全市通信网络，大大加速资金运转和信息传递。同年，符合支行库房标准的新库房年底竣工验收，投入使用。

1997年，制定《退拨款三级审批制度》，针对退拨款凭证由单位自行传递存在较大风险情况，经与县财政局协商，决定退拨款凭证一律由县财政部门专人传递。

1999年，建立拨款和收入退付登记簿，按照会计内部控制要求，落实岗位责任制，坚持行长、科长定期检查制度。严格执行三级审批制度，确保国库资金核算准确与安全。全年办理拨款1326笔，支拨库款32685万元，办理收入退库91笔，退付税款886万元。

2000年，改进税款保解方式和国库资金退拨款管理方式。县人民银行和县财政局联合对全县商业银行4家国库经收处进行检查，规范税款的收纳、保解和退款行为，确保预算收入及时、足额入库。全年办理退库88笔、金额808万元，拨款1479笔、金额18698万元。

2001年，严格落实新《中国人民银行财务制度》，规范财务收支核算。规范落实内部控制制度，规范会计国库操作行为，履行国库监督和服务职能，确保库款正常支付。

2002年，县人民银行根据市对县国库业务工作检查发现的问题进行责任认定，形成有效纠错机制。

2003年，国库会计核算系统2.0版正式运行。为切实防范会计风险，确保结算资金安全，各银行进一步明确岗位责任制，加强资金进出口环节的内部控制，落实凭证传递交接登记制度，严格交接手续。县人民银行制定《会计国库系统操作流程》，严格会计操作程序。

图15-9　2011年12月，中国工商银行股份有限公司文成支行开展国库集中支付业务培训（工行文成支行提供）

2004—2006年，各银行按照《会计国库系统操作流程》,严格办理支付结算业务,畅通支付结算渠道,使得全县银行资金运转和信息传递规范、有序。

2007年,利用平台健全支付结算体系、畅通支付结算渠道。推进国库“一户通”电子缴税系统开通,推动税费征收入库的电子化和网络化发展。做好国库系统升级维护,严格备份、口令操作。

2008年,继续推进“一户通”电子缴纳系统,使纳税人资金划出至入库实现全程电子化,实现“减轻工程量、方便纳税人、提高入库率”的“三赢”目标。自主开发“国库拨款管理系统”,利用办公网实现网络互联、信息共享、及时监督,实现“一次录入、多种用途数据生成”,减少重复劳动,提高拨款业务效率。

2009年,推行国库信息处理系统TIPS上线,县人民银行组织员工参加TIPS上线培训、调试,确保TIPS系统联网运行。

2010年,实施国库集中支付改革,TCBS系统5月1日成功上线。完成信息维护、国库信息业务主管维护、用户和机构绑定设定、库存账户信息维护、历史数据移植等工作。

2011年,全县一级预算单位全部纳入国库集中支付范围。探索国库服务和国库监督相结合手段,做好非税收入的非现场监管和定期分析,开展所有财政专户的专项复核审查,确保全县经济金融运行状况平稳。

第九节　民间信贷

民间信贷方便灵活,形式多样。20余年来,其形式除了居民生病、建房、婚丧等临时应急,向亲朋好友不计息或低息短期借贷之外,主要还有直接借贷、企业集资、挂户企业融资、农村互助金调剂服务部(农村合作基金会)和个协储金会(个协服务部)借贷等。

直接借贷

最原始和最普遍的民间信贷形式就是直接借贷。借贷双方直接商定借贷金额、期限和利率等。它是借贷双方建立在互相信任基础上自发分散进行。不论是经济富裕地方,还是贫困山区,到处可见直接借贷活动。

全县民间直接借贷一般只为小额、短期借贷。借贷规模较小,一般在10万元以下规模居多。直接借贷活动中大部分资金来源为放款者,少部分借贷活动资金来源掺和了自有和亲朋好友的资金,而利用银行借款来放贷赚取利息差价仅为极少数。

直接借贷利率并不是一个平均水平,利率与借贷对象、资金用途、借贷期限以及借贷不同区域都有关系。年利率一般在10%~20%,少数部分超过上下限额。

企业内部集资

企业在自身的生产资金短缺时,在本单位内部职工以债券等形式筹集资金的借贷行为。一般遵循自愿原则,不以行政命令或其他手段硬性摊派。

县域企业内部集资始于20世纪80年代,有的乡镇企业要求“带资进企业”,即职工进企业,需要向企业集资若干人民币。之后几年,乡镇企业发展对资金需求量大大增加,而银行又不能较好地满足其需要。因此,一些企业采取多渠道、多方式向企业内部职工集资,个别职工家属、亲朋好友也可向企业集资。一般除按规定还本外,还参加企业分红或付息。

1993年,全县国民经济快速增长,资金需求激增。县人民银行为企业不断拓宽筹资渠道,批准发行企业债券300万元,其中县物资总公司200万元,县富荣染料公司100万元;批准企业内部集资200万元。

1994年,县政府出台《关于加快我县小水电资源开发的若干规定》,走多种经济成分兴办水电站路子,允许县机关单位预算外资金和干部职工自有资金参股兴建水电站。

1995年11月，县政府出台《关于在县机关干部职工中开展参股办电的实施办法》，发动县机关干部职工参股办电，参加数量1200股、总额1200万元，以计划形式分配县机关部门单位，由干部职工自愿认股。

1997年，县政府出台《关于批转县电力开发投资有限公司东溪三级水电参股办电实施办法》。为解决电站建设资金困难，面向文成籍的国外华侨和县属机关干部职工筹措工程配套资金4480万元。同时，由县政府办公室牵头，经过县人民银行、县财政局等职能部门同意，在县电力开发投资有限公司内部设立筹资部，吸收部分参股红利转化为股金来解决企业流动资金不足问题。

2001年，县政府下发《关于同意高岭头一级水力发电有限公司股份出让的批复》，按照评估总值1.18亿元人民币，向水电站内部职工（实际已经扩展到全社会）出让股份32.5%，所筹资金3848万元。同时，通过企业内部融资方案，当年在系统职工内部融资3000余万元。

2003年，县政府下发《关于同意东溪三级水电站股份出让的批复》，出让电站股份49%，收回股份出让金3900万元。

2004—2011年，没有发生类似的企业内部集资情况。

挂户企业融资

挂户经营是在独特历史条件和现实中诸多因素下形成的一种特殊生产经营方式，存在于20世纪80年代中后期和90年代初期。随着农村经济体制改革深入，个体经济和私营经济较快发展，一些个体经营户和外出供销员因不具法人资格，没有银行账户，不能独立对外开展经营活动。因此，挂靠在企业名下，由企业代签合同、代开发票代缴税金，借给挂靠户介绍信、银行账号、垫付部分借款，于是出现一些挂户公司。

挂户公司是一种提供合同书、介绍信及银行账户等为主的组织形式，20世纪80年代中后期和90年代前期存在的工业供销公司属于此类。这些公司本身自有资金较少，主要依靠挂户取得管理费或手续费，一个公司挂户少则几户，多则几十户，以挂户和信贷相结合，吸收存款，办理贷款业务。后来，随着城市信用社、农村合作基金会等机构兴起和银行机构贷款额度增加，这种非银行机构办理银行业务的挂户公司逐渐消退。

挂户公司资金来源主要是挂户者汇入资金及存款，吸收社会闲散资金，或者向银行贷款。其资金投向主要是用于挂户经营者的流动资金需要。存款利率一般月利息21‰～25‰，最高时也可达月利息30‰；贷款月利率一般高于同期存款月利息5‰左右。

农村互助金调剂服务部（农村合作基金会）

农村互助金调剂服务部（农村合作基金会，简称基金会）这种组织于20世纪90年代初出现，主要由县体改委、农办等部门依据市体改委、市人民银行联合下发《关于试办农村互助金调剂服务部若干意见的通知》而批准设立。这些机构自诞生之日始，就不同程度地偏离各级政府对其所规定的经营范围和方向，比如未经县银行监管部门批准就擅自对外办理存贷业务，擅自频繁调整利率等，一直处于非法经营状态。因此陆续不断进行清理、整顿，至20世纪90年代末期清理整顿完毕。

1993年，县内陆续设立未经人民银行批准、从事存贷业务的农村互助金调剂服务部（农村合作基金会）。其中9月25日，农村互助金调剂服务部（农村合作基金会）开业3家。至1998年，全县农村互助金调剂服务部（农村合作基金会）达到14家。1999年，国务院正式宣布全国统一取缔农村合作基金会，于是全县农村互助金调剂服务部（农村合作基金会）全部被清理整顿，退出民间信贷市场。

个协储金会(个协服务部)

储金会是县个体工商业户协会成员自愿集资,以储金借贷方式开展互救互济活动,为共同克服经营资金短缺、自然灾害及其他困难,以保证基本生活需求的一种民间合作性自我保障组织。

1991年,全县"个协互助储金会"改名为"个协服务部",年内8个服务部收发(存贷)金额623万元。1999年,个协服务部清理整顿领导小组成立,依据国务院宣布的全国统一取缔农村合作基金会规定,清理整顿全县个协服务部,撤销城关个协服务部等机构9个。

第十节　银行监管

长期以来,全县银行机构监督管理职能一直由县人民银行承担。1995年3月《中国人民银行法》公布实施,县人民银行依法对辖区内金融机构设立、撤并及存款、贷款、结算、呆账、利率等业务实施监督管理。2004年5月,将监督管理银行以及其他存款类金融机构职能划分给中国银监会文成办事处。

市场准入

银行机构的市场准入主要包括机构准入、业务准入、高级管理人员准人。1986年开始,县人民银行对辖区银行机构实行年检制度,同时对新增加机构实行严格的审批程序,并颁发经营金融业务许可证。

1991年,全县调整银行机构布局,县人民银行上报撤销银行分理处1个、银行储蓄所3个,同意搬迁银行储蓄所2个。

1992年,根据县银行布局和房改政策需要,首家房地产信贷部和温州国际信托投资公司文成代理处开办,报批设立储蓄所2家。

1993年,为完善县内银行组织体系,报经温州市中心支行批准,先后设立中国银行文成县支行、农村信用联社、金融服务社2家、国际业务部2家、房地产信贷部2家、储蓄所9家。

1994年,实行先筹建、经验收合格、后开业的严格准入制度,增设储蓄所5家。

1997年,严格执行银行开户许可证制度,加强账户管理,纠正多头开户、乱立户头等违规问题。

1998年,严把银行机构准入退出关和高级管理人员资格审查关,对银行机构撤并、迁址进行事前检查,对高级管理人员任职资格进行审查。全年设立机构(网点)4家,迁址的银行机构(网点)6家(其中农村信用社3家),更名的银行机构(网点)3家,撤销的银行机构(网点)24家(其中农村信用社13家)。通过高级管理人员的资格审查(包括初审)7人。

1999年, 继续做好银行市场准入。全年迁址的银行机构1家,撤销的银行机构4家,同意延迟开业的银行机构1家,降格的银行机构11家。通过高级管理人员的资格审查(包括初审)6人。

2000年,全县撤销农村信用分社13家、储蓄所2家,农村信用社降格为分社1家,增设农村信用社分社1家、储蓄所1家,城市信用社更名改制为农村信用社1家,迁址到温州的机构2家。通过高级管理人员的资格审查(包括初审)5人。

2001年,全县撤销大峃镇金兴储蓄所等农村信用社网点11家,降格农村信用社为非法人机构1家,县工商银行等银行机构迁址8家(其中异地迁址2家),农村信用社储蓄所升格为分社1家,升格为分理处1家。通过高级管理人员的资格审查(包括初审)4人,接受市行委托谈话3人,备案4人。

2003年,全县批准撤并信用社分社1家,信用社降格为分社1家。撤销分理处1家,邮政储蓄所迁址备案2

家;新增业务开办回访1次;高级管理人员备案2人,高级管理人员委托谈话2人。

2004年,加强外汇指定银行市场准入管理,组织开展结售汇业务重新备案工作,重新确认县中国银行等银行机构4家结汇售业务经营资格。在原农村信用社实施利率改革试点4家基础上,报经上级批准,增加农村信用社实施利率改革试点6家。

2006年,全县推进大小额支付系统上线,加入温州区域同城票据交换,开办银行本票业务。农村信用社网点开办省辖汇票业务19家,信用社开办全国汇票业务和华东三省一市汇票2家。

2008年,全县新增县温州银行和县储蓄银行等2家,为便利城乡居民支付结算,上报审批加入温州大同城,开办本票业务。全县银行网点45家,有开通大小额支付系统32家,开办本票业务19家。

2010年,县人民银行制定《关于推动文成县辖内零网点乡镇金融服务实施意见》,召开县农业银行、县农村信用联社、县邮政储蓄银行等3家涉农银行协调会,将17个无金融网点的乡分割给3家涉农银行,其中县农业银行5个、县农村信用联社8个、县邮政储蓄银行 4个,实现无网点17个乡的金融服务全覆盖,网点全部落实并顺利开业。

2011年5月4日,经批准设立浙江文成北银村镇银行开业,并于9月9日顺利通过加入人民银行金融管理与服务体系的审批。这是温州辖内首家按照《浙江省金融机构金融管理与服务指引(试行)》《温州市金融机构管理与服务操作规程》等规定正式加入人民银行金融管理与服务体系的新设县域法人金融机构。

稽　核

稽核是银行对稽查和审核的传统说法,是指对银行经济活动监督检查。

1991年,全县银行机构实现专项稽核项目5个,查处并纠正不合规定存款300余万元,划转被转移财政性存款100余万元。

1992年,对各银行机构的信贷资金结构、投向、效益等情况进行监督管理,完成稽核项目13个,提出处理措施建议29条,派员进驻协助其完善规章制度,培训业务人员,提高信贷质量,将贷款逾期率从88.7%降至20.8%。

1993年,重点监管法人金融机构,对其资本金比例、偿付能力、资产质量指标、贷款额度等内容加强日常稽核、限期整改,降低资产风险。

1994年,对设在县城的银行机构开展检查,查处违规办理大额可转让定期存单和特种储蓄业务现象,纠正计算混乱问题。运用现场和非现场监管形式,围绕宏观政策执行、资产质量、信贷结构、资产负债比例管理、资本金充足性、清偿能力和存款组织等方面的稽核,查出违规金额1518万元,罚息、追缴利息合计3万元。

1996年,制定《关于城市信用社信贷管理规则》,从股东贷款、大额贷款、逾期催收等方面作出明确规定和处罚措施,规范法人金融机构的经营行为。查出违规金额4073万元,责令限期纠正2494万元,罚款11万元,提出建议措施16条。

1997年,以风险性稽核监督预警为重点,进一步规范金融机构的经营行为。县人民银行全年投入稽核工作日130天,现场稽核金融机构32家(次),完成稽核项目12个。通过稽核查出违规金额8378万元,提出整改措施意见36条。

1998年,全县完成稽核项目6个,稽核检查金融机构21家,查处违规资金8462万元,限期纠正7376万元,提出处理意见和整改措施23条。

2001年,按银行机构的80%对现金、利率管理情况进行抽查,查处未审批登记金支出29笔、金额253万元,查处1家机构利率违规金额0.18万元。

2002年,县人民银行完成上级银行统一布置的稽核项目9个。通过对账户、结算和国库经收处的检查,对3

家延解积压税款的予以处罚,有效提高辖区金融机构合法经营的自觉性。

2003年,县人民银行根据上级银行统一部署,完成2002年会计年终决算、养老保险统筹基金管理、暂付款项挂账情况、邮政储蓄转存款和邮政汇兑资金往来核算管理情况、再贷款管理专项内审检查项目5个,涉及被查部门5个,提出整改意见建议3条。对辖区存款秩序和个人存款实名制情况在各银行机构自查面达100%基础上,通过查阅会计凭证账表、暗中查访等形式抽查全县国有商业银行,维护正常金融秩序和公平竞争的经营环境。

2006年,县人民银行综合性检查县农业银行和县建设银行国库经收处,引起高度重视,银行"一把手"亲自落实存在问题的整改措施。

2007年,县人民银行组建一支统筹集中、职责清晰的监管队伍。出动40余人次综合检查县农业银行、县中国银行,对违规行为行政处罚6.9万元。

2009年,县人民银行开展以1家机构为重点、5家机构为辅助的点面结合、综合和专项检查相配套的监管活动,行政罚款5.5万元。

2010年,县人民银行对1家银行机构进行重点检查,4家银行机构和1家保险机构进行专项检查,对县农村信用合作联社和县温州银行的违规行为予以行政处罚70948元。

2011年,县人民银行开展综合业务检查1次、专项检查8次,涉及金融机构6家,对2家机构分别实施5.5万元和0.3万元的经济处罚。

查　处

主要依据《中华人民共和国人民银行法》《中华人民共和国商业银行法》《中华人民共和国银行业监督管理法》《中华人民共和国非法金融机构和非法金融业务活动取缔办法》等法律规定,对非法金融机构和非法金融业务进行查处。

1993年,县内陆续设立未经县人民银行批准、从事金融业务的农村互助金调剂服务部(农村合作基金会)。县人民银行立即开展调查,掌握情况上报上级人民银行。大力开展金融法规宣传,遏制非法金融活动蔓延。1994年,把1993年9月批准开业的3家农村互助金调剂服务部,纳入规范化渠道。对1994年上半年设立的2家农村互助金调剂服务部,按区域性、封闭型的要求进行规范。

1995年,《中华人民共和国人民银行法》出台。全县开始依法清理、规范农村合作基金会,按"划时为界"的原则,以并入和搬迁改组方案2个,将设在县城的农村合作基金会(菇城、周村)2家并入中侨金融服务社,纳入全县农村信用管理轨道。1996年,县人民银行在摸清农村基金会、个协储金会(个协服务部)等组织非法经营金融业务事实基础上,与其他部门单位采取联合行动,查处非法金融案件6个,取缔擅自设立机构1家和非法从事存贷业务个协储金会1家;对2家个协储金会和1家农村合作基金会从事非法存贷活动罚款合计5.2万元。

1997年,全县采取"堵源、规范、查处"方针,遏制非法金融活动。"堵源":县政府撤销县农办突击审批的新设立农村合作基金会5家,并予以强制摘牌关闭。"规范":针对非法或变相办理存贷业务的机构18家,不同违规手段采取不同规范手段和措施,促使萎缩其金融业务。"查处":对非法金融活动,从严从重处理。利用通报、冻结账户、罚款等手段,检查一件,当即处理一件,绝不手软。

1998年,成立打击破坏金融秩序犯罪活动领导小组。全县将非法金融活动按违反形式、程度划分为3大类:非法金融机构、有关部门批准而设立非法从事金融业务的机构和变相办理金融业务的机构。根据《非法金融机构非法金融活动取缔办法》,对该3类非法金融机构分别采取查处、取缔和规范措施。

1999年,国务院正式宣布全国统一取缔农村合作基金会。全县农村互助金调剂服务部(农村合作基金会)经过全面清产核资后,有符合条件的2家机构并入农村信用合作社,予以上报审批;另外3家农村合作基金会按照自愿原则自行清盘关闭。制定《整顿乱办金融业务实施办法》,成立取缔"两非"工作办公室,关闭非法金融机构2家,在债权债务清退中支付存款4434万元,支付率为54%;收回贷款3154万元,收回率为47%,没有发现有继续吸收存款和发放贷款行为。

2000年,继续做好农村互助金调剂服务部(农村合作基金会)等清理整顿扫尾工作。县人民银行制订《2002年年底前防范和化解金融风险工作规划》,指导监管工作围绕创建金融安全区进行。县昌盛金融服务社经县政府批准予以自行清盘关闭。中侨金融服务社因其下属的鹤城储蓄所资产质量较差,严重资不抵债,经县政府批准后,剥离后的中侨金融服务社经清产核资和认定并报上海分行审批同意并入农村信用合作联社。

2001年,组织对邮政储蓄情况开展检查活动3次。对未经县人民银行批准核发金融经营许可证的邮政储蓄网点5家予以撤并,剩余4家合法的邮政储蓄网点从业务经营、内控制度、人员管理、安全设施等方面提出规范要求。

2003年12月以后,中国银监会温州监管分局(筹)文成监管组成立。对辖区内银行业金融机构业务活动,纳入全市金融统一管理,查处工作也属于银监会市管工作。

反假币

1991年以后,反假币法制化进程不断加快。已经公布实施的法律法规主要有《中国人民银行法》《中华人民共和国人民币管理条例》《中国人民银行假币收缴、鉴定管理办法》,规范反假币工作操作与管理。

1991—1993年,全县银行机构通过形式多样反假币宣传,采取多种手段进行防范和打击假币,做好反假币基础和服务。1991年,没收假人民币98张、金额4270元。1993年,没收假人民币1088张、金额41366元。

1994—2001年,继续开展反假币宣传,加大反假币力度。1997年5月,在"反假币宣传周"期间,各银行机构组织员工上街摆摊设点,开展便民服务,树立人民币良好形象。1999年,通过"99反假币宣传周",增强全民反假币意识,全年收缴假币1208张、金额64793元。

2002年,开展"反假人民币宣传周"活动,银行系统临柜出纳人员进行人民币反假知识考核2次,提高反假币技能。全年收缴各种假币997张、金额75457元,还对使用代币购物券超市1家予以处罚。

2004年,县人民银行对营业网点开展《中国人民银行假币收缴、鉴定管理办法》执行情况检查,规范假币收缴和鉴定行为。2005年,各银行开展"了解人民币、爱护人民币,自觉与制贩假币违法犯罪活动作斗争"为主题反假货币宣传月活动。组织人员到街头、学校、农村和市场开展识别人民币大宣教,分发各种宣传资料1.8万份。县人民银行严格假币收缴和票样管理,迅速查清县建设银行将收缴假人民币流入市场事件,依法作出罚款,并在辖内银行进行通报;对县农村信用合作联社、县邮政局人民币票样丢失,迅速予以处理上报。全年收缴假币1439张、金额124655 元。

2006年12月,县人民银行与县公安局联合制订《反洗钱、反假币联合办公制度(试行)》,加强双方沟通与协作,严厉打击洗钱与制售假币等犯罪。聘请农村反假币"协理员"和抽调精干人员深入反假币知识匮乏的贫困乡村,开展识别人民币和反假币宣传。全县银行基层网点开展反假币宣传80余次,分发宣传资料3.4万份。

2008年,各银行健全农村反假货币网络队伍,建立乡镇反假币网点33个,并着手建立村级反假币工作站。参加反假币培训及考试64人,对商户、居民发送人民币知识资料及竞赛题目8000份。开展"爱护人民币、争做文明人"反假币有奖知识竞赛,增强反假币宣传力度和效果。

2008—2009年,县邮储银行利用宣传单和咨询台等形式,向广大群众宣传反假币知识,提高反假币能力,防范现金风险。

2010年,县人民银行与县公安局等部门单位继续联合开展反假币工作,同年收缴假人民币299张、金额26956元。

反洗钱

洗钱是指将犯罪所得及其收益通过交易、转移、转换等各种方式加以合法化,以逃避法律制裁行为。《金融机构反洗钱规定》规定:"中国人民银行是国务院反洗钱行政主管部门,依法对金融机构的反洗钱工作进行监督管理。"

2004年,全县银行机构启动反洗钱工作,做好对大额和可疑支付交易进行监测。县人民银行成立反洗钱检查工作领导小组,对各银行反洗钱工作情况进行专项检查,督促辖内各个银行成立反洗钱工作领导小组,配备专门反洗钱工作人员,指导其建立相关的内控制度。举办反洗钱业务知识讲座,学习《金融机构反洗钱规定》《人民币大额和可疑支付交易报告管理办法》《金融机构大额和可疑外汇资金交易报告管理办法》等有关法规。

2005年,全县银行建立反洗钱机制,行长联席会议定期研究反洗钱,推动反洗钱深入开展。县人民银行对6家银行机构反洗钱情况进行专项检查,并通报检查结果。与县公安局协调合作,互通信息、资源共享,加强大额支付和可疑支付信息收集。

2007年县人民银行机构改革后,组建了一支统筹集中、职责清晰的金融监管队伍,在规范金融经营、打击各种金融犯罪起到积极作用。

2008—2011年,各银行制定反洗钱内控制度,预防不法分子利用银行进行洗钱活动。组织银行员工发放宣传单以及设立咨询台,向广大市民宣传反洗钱知识,提高反洗钱意识。

2010—2011年,县人民银行"文成金融讲坛"开办,举办《打击洗钱行为、维护金融稳定》《预防职务犯罪、保障金融安全》等专题讲座多次。并组织各银行利用"6·14信用记录关爱日""9·20公民道德宣传日"等平台,开展金融知识宣传和金融业务知识送下乡活动,以有奖竞答和发放传单、发送短信等方式,宣传打击洗钱、拒绝假币、维护信用记录等法律知识。

打击非法吸收公众存款行为

根据群众举报,2011年3月,县工商局、县银监会开展联合行动,对位于玉壶镇府前街10号的信达投资有限公司进行现场检查,最终从该公司工作人员胡某的手提包里查获开具给存款户的个人存款凭证50余份,涉及金额400余万元。由于该案已涉嫌犯罪,县工商局、县银监会依法将该案移交县公安局进一步查处。

县公安局经侦大队调查,信达投资有限公司成立之后,以公司法人或工作人员名义,向社会公众即不特定对象非法吸收34人54笔存款,涉及金额470余万元,其中个人最高存款105万元、最低存款9150元;最高月息为1分5厘、最低月息为8厘;最早一笔存款为2010年12月15日,最迟一笔存款为2011年3月4日;单笔最高存款100万元、单笔最低存款2000元。这些存款人存钱后都会拿到信达公司开具"个人存款凭证",分活期和定期两种,注明:凭条一式两份,借款人一份、存款人一份。凭证没有公司印章,均以经办人个人名义开具,在"公司"这层合法外衣下,许多存款人对信达投资有限公司深信不疑。其公司法人代表叶某和工作人员胡某等人的行为已涉嫌非法吸收公众存款罪。3月8日,公安局依法对到案的犯罪嫌疑人胡某采取取保候审措施,并要求该公司立即开展存款清退,尽一切可能减少存款人经济损失。经对部分存款人调查取证,该公司已陆续退回存款。

信达投资有限公司非法吸收公众存款罪发生后，县委、县政府高度重视，多次牵头召开维稳分析会和协调会，时任县委书记要求相关部门健全宣传教育机制，引导公众增强风险防范意识，培养正确投资理念。同时，进一步加大防范、打击非法吸收公众存款力度，进一步规范民间借贷活动，保护人民群众切身利益，维护社会和谐稳定。5月6日，中共文成县委召开协调会，县委政法委、工商局、银监会、公安局等就宣传教育工作和联动监管达成共识。公安局专门制作文成警视专题片《理性投资，远离非法吸存活动》，以案说法，起到较好普法效果。

第十一节　银行服务

银行机构通过开展业务活动为客户提供包括储蓄、信贷、结算和信息咨询等多方面服务，以促进经济与社会发展。

营业网点优化

选址主要是以布局规划确定的城市功能区的不同金融服务需求为依据，一般优先考虑重点经济区域，选取经济环境好、市场潜力大、地理位置优越、交通便利地区设置银行营业网点。

1991年，县人民银行符合标准的新库房竣工验收，办公室投入使用，改善办公条件。

1992—1996年，县工商银行先后对各营业网点进行装修美化，使之上等级。同时完善各项安全设施，营业网点全部安装报警器和监控系统，增强防范能力。县农业银行投入资金760万元，对支行办公楼、南田营业所、城关储蓄所，新建珊溪营业所、黄坦营业所大楼进行装修，并购进八达分理处营业楼。装修和改建的建筑面积达5781平方米，行容行貌得到彻底改观。县建设银行投入资金50余万元装修支行营业办公楼。并且征地新建办公大楼，总面积达到6000平方米。

1997—1998年，县人民银行建设新办公楼。1998年11月，入迁办公。

1999年，县中国银行合理布局营业网点，提高网点吸存力。对辖属第二储蓄所进行迁址、扩增营业面积，方便客户。

2003年，县农村信用合作联社投入200万元资金用于网点营业场所装修改造、电视监控及110报警安装、中心库建设、防弹运钞车购置，确保安全经营。

2004年，县中国银行位于县前街中银大厦的营业办公大楼，使用面积达到2054.29平方米，按省行的统一标准进行装修，硬件设施有了明显改观。营业部服务柜台由原来8个扩大到17个，对公业务、侨汇业务、大客户进行分区服务，为广大理财客户提供互通信息、交流分析良好环境。

2007年，县人民银行更新改造机房设施，更新维护大楼防雷设施。县中国银行增设低柜区及理财室，新增叫号机，客户可以为自己业务进行分类，节约等待时间。

2008年，县温州银行租用大峃镇建设路133号营业办公楼进行全面装修，于10月21日开业。县邮政储蓄银行租用大峃镇县前街126号营业办公场所进行全面装修，于5月28日挂牌成立。

2009年9月，县邮政储蓄银行为解决二楼办公场地不足，三楼办公室全部投入装修，11月竣工使用。并且，珊溪支行进行全新改造装修，网点破旧状况得以改变。

2011年5月，浙江文成北银村镇银行的大峃镇县前街中银大厦101～106号营业场所，经过全新装修并投入使用。

电子化管理

随着信息化社会不断发展,计算机技术逐步渗透银行业各个环节,电子化管理给银行业带来很大优势,使银行的业务经营突破时空限制,推进金融市场全球一体化,也促进金融创新迅速发展。

1991年,电子计算机(微机)已经应用于全县银行机构的会计、国库、统计等部门。会计核算和国库业务已经完全脱离手工,并入全市通信网络,大大加速资金运用和信息传递。

1992—1996年,县工商银行基本实现业务处理电子化,先后开通电子汇兑系统和全省通存通兑。县农业银行投入大量人力、财力,开通温州市农行系统公文传递电子化,实现办公自动化。营业部、珊溪所门市业务实现计算机处理并开通全国电子汇兑、省辖电子汇兑。县建设银行于1993年实现全行储蓄所结算电算化。1994年4月,在县城范围内实现储蓄业务通存通兑,成为全市建行系统第一个实现储蓄业务通存通兑的县支行。12月又与珊溪分理处联网,实现异地通存通兑。

1997年,县工商银行顺利实现储蓄数据库上收市分行工作,全行各营业网点全部实现柜员制,配备电视监控,所有网点装上110报警系统。县农业银行建立电脑中心,县域网点与珊溪营业所开通储蓄远程终端系统。营业部出纳业务和电脑中心实行电子监控。

1998年,县农业银行电子化建设加快。6月开通省辖个人储蓄通存通兑业务和金穗卡业务,12月开通AS/400对公业务。

1999年,全县重视计算机“千年虫”问题,确保县人民银行与各家银行顺利步入新世纪新千年。县农业银行加快硬件建设,丰富服务内容。门市业务进入AS/400对公业务平台,推出金穗卡、理财卡等业务。县中国银行成功完成电脑版本转换工作,支行会计、储蓄、信用卡三大系统进行电脑BAIS Ⅱ 2.5版本转换,并与浙西电脑中心数据并轨,实现全省联网运行。借助先进的电子化网络,推出定期储蓄一本通、长城电子借记卡、多功能借记卡等业务。

2000年,实现电子联行业务到县,加快银行资金周转。县工商银行顺利完成综合业务处理系统第一期工程投产运行。县中国银行借助先进电子化网络,在辖属所有网点开办侨汇解付业务、个人存单质押贷款一柜通业务,开办意大利里拉、奥地利先令、西班牙比塞塔现钞现汇业务,拓展长城电子借记卡为龙头的“四代”业务。

2001年,县人民银行加强计算机安全管理,根据《计算机安全管理实施细则》进行自查,拆除可接入国际互联网而又不符合规定的网络设备。县工商银行电子化建设再上新台阶,顺利完成综合业务上机二期工程,新装一台ATM机投入使用,实现该行自动取款机零突破。

2003年,县工商银行电子银行业务客户数达到1184户,其中电话银行491户、网上银行693户。县建设银行网上银行、电话银行等电子银行业务逐步启动。全年网上银行签约客户新增5户,电话银行客户新增34户,企业B2B客户新增1户,企业简版新增客户4户。

2004年7月开始,县建设银行业务操作平台成功运用全国建设银行统一操作系统,实现DCC上线。

2006年,各专业银行大小额支付系统上线,加入温州区域同城票据交换,新布设POS机5台,ATM机4台。

2007年,县人民银行国库“一户通”电子缴税系统开通,加快税费征收入库的电子化和网络化步伐。演练和完善《计算机网络应急方案》。

2007—2008年,县农村信用合作联社安装POS机12台、ATM机12台。其中2008年安装POS机8台、ATM机9台。

2009年,TIPS在县城顺利联网运行,国库信息化建设又向前迈进。同时完善“国库拨款管理系统”,利用办公网实现网络互联、信息共享、及时监督,实现“一次录入、多种用途数据生成”,提高拨款业务效率。

2010年实施国库集中支付改革,5月1日TCBS系统成功上线。全县增加机具配置,推进“刷卡无障碍街区”

建设。县农业银行开展“走千家、访万户、共成长”活动，走访农户4.9万余户，建立农户电子经济档案4.8万余份。

2011年，县农业银行探索与社区合作的金融服务模式。通过在玉壶东溪和巨屿花前2个社区装壁挂式自助通，为村民提供便利。县工商银行落实“刷卡无障碍街区”创建任务。县农村信用联社ATM机总量达到18台，POS机163台（其中丰收电话宝100台），新增丰收借记卡1.8万张，发卡总量达9.6万张。县温州银行办理有效个人网银85户、企业网银7户，实现电子银行收入1.59万元。

服务质量提升

市场经济条件下，银行机构之间竞争环境是平等的，比较的是服务、质量、效率、安全。由此，一直以来，各银行机构致力改善服务态度，提高服务质量，推出特色服务，创造优质银行服务环境。

1991—1992年，县人民银行致力通过岗位培训、新业务新技术培训、专业知识教育等手段提高员工业务知识水平，改善服务质量。

1993年，县人民银行经过上级审查，会计工作顺利达标，完成汇兑业务划归人民银行，为各银行机构提供优质服务创造条件。县建设银行开始试行柜台制，提高银行服务质量；制定《创建省级文明单位活动规划》，开展优质文明服务。7月专题开展“迎行庆，增存吸储优质服务月” 活动。

1995年，县人民银行与县团委组织创建“青年文明号”活动，进一步提高金融服务水平。县建设银行在全市建行系统率先实行储蓄网点“双休日”不休息和夜市服务。1996年，县建设银行制定实施《提高服务质量管理办法》，当年被省委、省政府命名为省级文明单位。1997年，县农业银行开展行风评议和“三项承诺”服务，提高员工业务水平和服务质量。1998年，县人民银行开展全员培训，树立“培训第一”观念，并将学习表现与考核奖惩相结合。县中国银行始终坚持“以人为本、提高素质”方针，把教育培训和岗位技术练兵作为一项长期任务，涌现出一批岗位技术能手；推行柜台窗口规范服务、站立服务、微笑服务。

2000年，县农业银行全面推行客户经理制，通过理论测试和竞岗走上岗位客户经理7名。推行综合柜员制，对营业部进行定员、定岗、定职责，临柜人员比原来减少3人。并且，增加对外服务窗口，开办夜市服务。县建设银行开展行风建设整顿，加强管理、规范服务，争创一流商业银行。

县中国银行开展岗位技能练兵，加大奖罚、考核力度，员工岗位业务和技能素质日益提高，经过省中行测评，员工技术能手及格率达100%，能手率达87%。窗口继续推行“两声两立一双手”规范服务，规范临柜操作和礼仪标准，推出承诺服务。

2002年，县工商银行完善《文明服务管理和扣罚标准》，规范服务。县中国银行确立“客户至上，服务第一”经营理念，深入开展文明优质服务，树立良好社会形象。

2005—2006年，县中国银行从实际出发，突出做好“侨”字文章，打造“华侨贴心银行”，深入开展“诚信、标准、快速、安全、满意”5S服务。

2009年，县人民银行组织各银行有关人员到重点企业和工业园区、挂钩企业进行信贷情况分析和市场调查，主动为中小企业提供服务和支持，引导银行机构积极探索和创新信贷品种，扩大银行服务内容。10月，组织有关银行

图15-10 2009年8月4日，中国建设银行股份有限公司文成支行召开提升服务管理动员会（建行文成支行提供）

人员489人次,对重点集镇集中开展为期7天"便农支付工程"大型巡展。县中国银行推出优质服务月和服务精细竞赛,及时奖优罚劣。县建设银行按照网点转型和星级服务标准,设置岗位,配备人员,确保大堂经理角色正常运行。县农村信用合作联社制订"普惠金融工程"三年行动计划,在全县偏远山区开办农信服务点149家,着力解决"金融服务最后一公里"难题。利用点多面广优势,以组建流动宣传队、利用流动服务车、开办"夜市银行"等方式普及金融知识,将防范金融诈骗、反假币及爱护人民币等金融知识普及至各乡镇、村居。

2010年,县农村信用合作联社开展"万名农信干部下基层办实事"活动,领导班子率先垂范,农信干部下基层109人次,征求意见或建议54条,帮助解决难题50个。县邮储银行制定实施《员工行为规范》和《从业人员经营质量考核办法》,每季举办"邮储之星大擂台"活动,提高员工业务技能。同时,通过"邮储之声",每周定期向广大农民介绍便农支付知识和银行业务产品。

2011年,全县以助农取款服务点设立为重点,便农支付取得实质性成效,空白乡镇17个行政村118个实现助农取款服务全覆盖。开展刷卡无障碍街区创建和农村支付结算指导员、辅导员队伍建设。县中国银行推行"摆一摆、晒一晒、比一比"文明优质服务竞赛,提高员工整体素质。县工商银行和县农业银行通过"金融下乡",向广大农民宣传普及金融知识。

第十二节　金融机制改革

全县银行体制随着市场经济发展,根据上级部署,不断探索与实践,进行一系列改革。

浮动利率

主要是实行存贷利率浮动,县域银行与温州市整个金融市场大致相同,也经历四个阶段。第一阶段,存贷款利率同时上浮,1980年农村信用社起步。第二阶段,贷款利率"双轨制",实行成分差别利率,从20世纪90年代初开始,主要解决对非公经济贷款在政策上的限制。第三阶段,贷款利率统一浮动,实行以效益差别利率,从20世纪90年代末实行,主要为打破企业成分论,以效益配置资金。第四阶段,2002年以后,实行新一轮利率市场化改革,主要对农村信用社实行存款利率浮动,以壮大农村信用社实力,支持"三农"发展,努力解决自身欠发达地区经济发展的资金要求。

创新信贷

主要是重点解决中、小、微企业融资难的问题。银行信贷业务创新主要有四个方面:实行"三包一挂"小额贷款,即对50万元以下贷款实行由信贷员包放、包收、包管理,信贷员的业绩奖励与信贷效益挂钩。创新信贷抵押保全方式,异地房产、集体土地房产、林权、存款单据等均可用于信贷抵押。组建中小企业贷款担保公司,利用担保公司与银行合作为中小企业贷款服务创造条件。在农村还大力推广信用村建设,进行整村授信,实行自然人联保贷款制度。

规范民间借贷

主要是引导、规范民间借贷,实行两条腿走路。民间借贷是不可替代的,适度的民间借贷存在,有利于缓解银行直接融资的比重,有利于支持"三农"发展,缩小城乡差别,有利推动经济发展,增强发展动力。具体措施是加强在资金投向上引导、借贷利率和运行机制上引导,开展民间利率监测,发挥正面积极作用,防止和减少负面影响,坚决打击社会乱集资等金融"三乱"行为。

第二章　保　险

1997年4月，中国人民保险公司文成县支公司分设为中保财产保险文成县支公司和中保人寿保险文成县办事处，实行财产与人寿保险分业经营。此后全县保险机构增加，保险险种增多，服务领域扩大，社会效益日益显著。2011年，全县保险机构有中国人民财产股份有限保险公司文成县支公司（简称：县财产保险公司，也称县财保公司）、中国人寿保险股份有限公司文成县支公司（简称：县人寿保险公司，也称县人保公司）、中国太平洋财产保险公司文成支公司（简称：县太平洋保险公司，也称县太保公司）、中华联合财产保险股份有限公司文成支公司（简称：中华保险文成支公司，也称县中华财产保险公司）4家。主要险种有机动车辆保险团体人生意外伤害保险、国内公路运输随车行李物品定额保险、企业财产保险、家庭财产保险、医疗责任保险，非机动车第三责任保险、风景旅游责任保险、公众责任险、校方责任险、学生幼儿平安险、车辆维修企业责任保险、承运人责任保险、长期个人和团体人寿保险和长期健康保险等险种1000余个。

第一节　保险机构

中国人民财产保险股份有限公司文成支公司

1991年，机构名称为中国人民保险公司文成县支公司。10月公司增设玉壶区服务所。12月公司员工共有11人，其中副经理和业务人员7人，财务和业务内勤4人。

1993年实行分级分保的新财务体制。县公安局交警大队安排营业场所，由公司派出代办员2人与县车管所干警合署办公，机动车辆进行先保险后审验发证。1994年增设珊溪服务所，并建造珊溪和玉壶服务所的网点用房，各服务所有员工4人。1995年，在珊溪服务所增设珊溪办事处。公司用人制度和分配制度进行改革，实行员工和报酬聘任聘用制。

1997年4月，实行财产与人寿保险分业经营。中国人民保险公司文成县支公司随之撤销。1997年4月，设立保卫科。

1998年，公司内设运工险部、财产险部、营业部、计划财务部、综合管理部，拥有正式职工17人，其中业务员15人。同时，经过县交警大队、中保财产保险文成县支公司、县中医院三方协商，设立县交通事故医疗急救中心。

1999年1月，中保财产保险文成县支公司恢复中国人民保险公司文成支公司名称。公

图15-11　中国人民财产保险股份有限公司文成支公司办公楼（财保文成支公司提供 2005年摄）

司内设调整为综合管理部、计划财务部、运工险部、市场开发部，下设大峃保险服务所、珊溪保险服务所。2000年公司取消业务部，设置展业部、理赔部、综合部、市场开发部(由代办员自主管理)，实现保赔分离。正式员工5人，临时员工5人。

2001年，公司改设办公室、计财部(科)、展业部(科)、理赔部(科)、市场开发部(科)。5月大峃保险服务所设立。2002年10月，公司设立第一营销服务部和第二营销服务部，原大峃服务所和市场开发部随之撤销。

2003年10月，中国人民保险公司文成支公司实行股份制改革后，改现名为中国人民财产保险股份有限公司文成支公司。2004年10月，公司内部改设综合部、营业部、业务部。

2009年，公司内部改设办公室、人力资源部、客户服务部、营业一部和营业二部。2010年，增设营业三部。2011年6月，县城苔湖街片区旧城改造需要，公司原办公用房将被拆除，租用民房办公，组织机构保持不变。

中国人寿保险股份有限公司文成县支公司

1997年4月，中国人寿保险股份有限公司文成县支公司从原中国人民保险公司文成县支公司分设筹建。1998年4月9日，中保人寿保险公司温州市文成县办事处正式成立，公司属于国有独资商业保险公司。内设营业部、营销部、业务部，有员工37人(含招聘人员)。

1999年1月，更名为中国人寿保险公司温州市文成县办事处，注册变更为股份保险有限公司。2002年4月，更名中国人寿保险股份有限公司文成县支公司，设立首家下属机构——珊溪营销服务部。2003年1月，在玉壶设立第二家营销服务部。至2011年，公司组织机构基本保持不变。2011年，公司有员工15人，代理人员200人。

图15-12　中国人寿保险股份有限公司文成县支公司办公楼
(人保文成县支公司提供 2002年摄)

1997年4月，办公地址大峃镇建设路116号。1998年4月，办事处从建设路116号搬迁到建设路75号新址办公。1999年，购置县前街移动大楼6～7楼作为办公用房。2002年10月，办公地址由建设路75号迁至县前街移动大楼6～7楼。

中国太平洋财产保险公司文成支公司

2002年9月，中国太平洋财产保险股份有限公司文成营销部成立。10月，公司人员有经理、财务和业务内勤4人。2005年11月，县公安局交警大队安排营业场所，公司派出1名代办员与车管所干警合署办公，先保险后审验发证。2006年2月，办公地址由大峃镇伯温路5号搬迁至邮政路72号。

2007年11月，中国太平洋财产保险股份有限公司文成营销部更名为中国太平洋财产保险股份有限公司文成支公司，承接财产、车辆、责任、信用、短期健康和意外伤害保险业务的综合性国有商业保险。2008年，公司内设经理室、财务部(科)、业务管理部(科)、理赔部(科)，正式工6人，临时工3人。2009—2011年，公司组织机构保持不变。保险市场份额稳居全县产险各公司第二，主要经营指标在产险市场上继续保持领先地位。

中华联合保险股份有限公司文成支公司

图15-13 中华联合保险股份有限公司文成支公司办公楼(中华联合保险文成支公司提供 2007年摄)

2003年6月,中华联合保险股份有限公司文成县营销服务部正式开业。2007年8月经中国保监会批准,中华联合保险股份有限公司文成县营销服务部升格为中华联合保险股份有限公司文成支公司。2008—2011年,公司组织机构基本保持不变。2011年,公司设有经理室、综合管理部、理赔科、公司业务部和综合业务部。公司在编员工10人,地址:大峃镇伯温路教委职工宿舍103~106号。公司主要经营业务为机动车交通事故责任强制保险、机动车商业保险、各种企业财产保险、家庭财产保险、货物运输保险、责任保险、信用保险、健康保险、医疗保险、人身意外保险等业务及中国保监会批准其他业务。

第二节 主要险种

保险业内习惯把保险险种分为财产保险、人寿保险、医疗保险三大类。随着全县保险事业不断发展,保险市场逐步成熟,民众对保险接受度提高,具体保险险种也越来越多。1991年,全县只办理企业财产险、家庭财产险、机动车险、货物运输险、养老年金险、人身意外险等险种20余个。至2011年,达到办理机动车辆保险团体人生意外伤害保险、国内公路运输随车行李物品定额保险、企业财产保险、家庭财产保险、医疗责任保险,非机动车第三责任保险、风景旅游责任保险、公众责任险、校方责任险、学生幼儿平安险、车辆维修企业责任保险、承运人责任保险、长期个人和团体人寿保险和长期健康保险等险种1000余个。

县财产保险公司主要险种

1991年,主要经营企业财产险、家庭财产险、机动车险、货物运输险、养老年金险、人身意外险等险种20余个。

1992年,扩大保险服务范围,开办师生平安保险,增办附加住院医疗险。另外,增办附加机器损坏险、企财附加现金险、长效还本个体工商业户保险、水稻保险、香菇保险、池塘养鱼保险、货车承运险、母婴平安保险、人工流产险、医疗手术险和满期还本意外险等新险种16个,保险种数达到40个。

1993年,增办运输工具险和人身险。1994年,增办储金性人险、团体人身满期还本意外险、厂长(经理)综合保险、职工住院险等。1995年,停办长效还本家财险中的城市条款业务。

1996年,新增在建工程、雇主责任、个人建房综合险、银行抵押物保险等险种9个。1997年,增办车上责任保险。9月,同县人寿保险公司有争议的原“承运人责任保险”换为“车上责任保险”。1998年,停办县制药厂和峃口供销社的企业财产综合险。

2001年,建筑工程一切险实现零突破。同时,新增医疗责任保险、金锁家财保险、供电责任保险。7月,承保56省道改建工程瑞东线56km+200m至53km+600m及瑞东线45km+600m至50km+200m两个标段建工险，收取保费17.08万元，该险种开办及保费收入是公司建立以来最高值。

2002年，成功续保56省道文成段改建工程C标段的建工险，保费收入近10万元。统保本县境内医疗机构责任险，保费收入15万元。统保县内拖拉机交强险和第三者责任保险，保费收入近30万元。新增校方责任险、旅游责任险、餐饮场所责任险、金锁险等业务，保费收入10余万元。

2004年，独家代理个人住房抵押贷款保证保险，保费收入近100万元，成为公司非机动车险的第一大险种。

2006年，收取农机站代理拖拉机保费40余万元，意外险保费收入50余万元。2007年增办政策性农房险，投保房屋数73596间。2008年新增未成年医疗保险的补充保险，实收保费达40余万元。

2009年，开展未成年医疗保险的补充保险，保费收入40余万元，责任险实收保费60余万元，政策性农房保险费收入113万元。2010年，继续开展未成年人医疗保险的补充保险，保费收入40余万元。7月增办车上人员补充意外险。

2011年，完善2004年开始的全县行政事业单位公务用车保险统保机制，通过县财政局下发《全县行政事业单位公务用车保险统保实施办法》。开办的机动车车辆团体人身意外伤害保险、国内公路运输随车行李物品定额保险、企业财产保险、家庭财产保险、医疗责任保险、非机动车第三责任保险、风景旅游责任保险、公众责任险、校方责任险、学生幼儿平安险、车辆维修企业责任保险、承运人责任保险等险种达到100余个。

县人寿保险公司主要险种

1997年4月，公司正式独立分设，承接原中国人民保险公司文成县支公司人身保险业务，主要险种有子女教育婚嫁金保险、养老金综合保险、个人养老金保险、福寿安康保险、定期定额寿险、简易人身保险、集体养老金保险和老人福寿保险。

1998年，主要销售险种有潇洒明天、银色金秋、重大疾病保险、66鸿运A、B少儿保险及相关意外险产品等险种，以上险种于1999年6月10日停止销售。

1999年6月开始，中国保监会及上级公司发出通知，要求停止签发利息高于0.25%的寿险保单，保险市场开始由储蓄型向保障型转轨，此间重点销售康宁重大疾病保险，松柏、松鹤养老金保险，及祥运、祥和等险种。

2001年5月，中国人寿保险公司统一推出首款分红型险种——国寿千禧理财保险。6月，推出第一款团体分型保险——团体年金(补充养老型)保险。11月，首款银行系分红险、鸿泰两全保险在县农行、建行、中行、工行、邮储银行等柜台岗位销售，银行业首次经营保险业务，首提金融超市概念。

2002年9月，为村干部提供人身保险，全县参保2000人。2003年推出改版后康宁终身保险，对重大疾病的案例进行升级，提高客户保障水平。2004年，推出鸿鑫两全保险、祥和定期保险和祥运定期保险。

2005年，推出关爱成长定期寿险以及英才少儿保险。2006年加大对银行保险认知，推出银行保险与理财保险。适时推出鸿丰两全保险、康裕重大疾病保险。2007年，以传承资产，推出美满一生新保险产品。

2008年，为适应市场推出金彩明天，并对康宁重大保险再次升级为瑞鑫重疾病保险，集养老、重疾、意外保障于一身的保险产品。2009年，在银保渠道陆续推出康恒重大疾病保险、鸿禧年金保险鸿星少儿两全保险。

2010年，推出福禄双喜、安享一生两全保险、福禄满堂养老年金保险、国寿瑞丰两全保险、国寿鸿赢两全保险。2011年，公司在产品进行全面升级，产品涵盖健康保险、意外伤害保险、养老金保险、投资分红等理财保险业务，共计险种1000余个。

县太平洋保险公司主要险种

2003年，企业财产险实现零突破。2004年，新增代理个人住房抵押贷款保证保险，成为公司非机动车险的一大险种之一。

2006年，承保团体人身意外伤害保险保费收入20余万元，建筑工程施工人员团体人身意外伤害保险保费收入30余万元。2007年，承保建筑工程施工人员团体人身意外伤害保险、团体意外险保费收入30余万元。

2008年，新增境外旅行综合及紧急救援保险，承保建筑工程施工人员团体人身意外伤害保险、团体意外险保费收入20余万元。同时，开展长运公司、车管所摩托车的统保及交叉业务。

2009年，承保57省道文成段暨文青公路改建指挥部建筑工程险，民用爆破器材专营有限公司的企财险，统保全县非机动车辆第三者责任保险，新增政策性能繁母猪保险、林木火灾保险和水稻种植保险。

2010年，意外伤害保险保费收入26.1万元，签单保费收入占比23.65%，新增家庭财产险，统保县境内医疗机构执业责任险，保费收入30.5万元，签单保费收入占比32.79%。

2011年，增办电销、网销保险业务，民用燃气责任保险。继续统保医疗责任险、56省道南田接线工程一切险项目，险种有财产一切险、机器损坏险、公众责任险、码头营运人责任险、雇主责任险和船舶险。

县中华财产保险公司主要险种

2003年，开办机动车辆保险、企业财产险、校方责任险和建筑安装工程险。2004年，意外险、责任险实现零的突破。2005年，个人住房抵押贷款综合保险、家庭财产综合保险、学生平安险实现零的突破。2006年，新增机动车交通事故强制保险、建筑工程施工人员团体人身意外伤害保险、家庭成员人身意外伤害保险。

2007年，新增道路危险货物承运人责任保险、电梯安全综合保险、能繁母猪养殖保险、观光景点、娱乐场所人身意外伤害保险。2008年，新增水稻保险、机动车辆(船舶)承运货物责任保险、中华出境人员意外伤害保险。2010年，新增公众责任保险。

2011年，新增私家车家庭成员人身意外伤害保险、中华出入平安驾驶员人身意外伤害保险。

第三节 保费收入与赔付

保险公司为履行保险合同规定的义务而向投保人收取的对价收入，构成保费收入。而保险赔付也称赔款及给付，赔款是指保险人根据保险合同的规定，向被保险人支付的赔偿保险责任损失的金额。给付是指死伤医疗给付和满期给付。死伤医疗给付是指保险人根据人寿保险及长期健康保险合同的规定，因被保险人在保险期内发生保险责任范围的保险事故支付给保险人(受益人)的金额。满期给付是指被保险人生存期满，保险人按人寿保险合同规定支付给被保险人的满期保险金额。

保费收入

1991—2011年，全县保险业务保持快速增长，保费收入不断增多。2011年全县实现保费收入达到10647.1万元，同比1991年增长46.64倍。

1991年保费收入223.5万元，完成计划118%，同比增长68.40%。其中国内业务收入163.9万元，寿险业务收入59.6万元。财产承保金额20157万元，各类人身保险7.2万人次。

1992年保费收入520万元，同比增长132.66%。财产保险承保金额49587万元，各类人身险承保总额23313

万元。同年，文成县被评为省级保险先进县。

1993年，保险事业相对上年快速发展略为下降，其中主要是人身险收入幅度下降较多。保费收入为285.7万元（不包括储金624.9万元）。参加财产保险企业有59家，参加家庭财产保险居民有10187户，参加人身保险个人有64655人次。国内各类财产承保总额58743.4万元，人身险承保总额38580.5万元。

1994年，保险事业进一步发展，保费收入714.6万元。参加财产保险企业有88户，参加家庭财产保险居民有4428户，参加人身保险个人有64097人次。各类财产承保总额71017.7万元，人身保险承保总额38000万元。

1995年保费收入突破1000万元，达到1051.5万元。参加财产保险企业有65家，参加家庭财产保险居民1177户，参加人身保险69248人次。财产险承保额28252万元，人身险承保额42479万元。

1996年，保险业务数据由于人寿保险业务从中保财产保险文成县支公司划出，因此当年暂时未能包含人身保险部分。中保财产保险文成县支公司实现保费收入605.8万元，参加财产保险企业有67家，参加家庭财产保险居民458户，财产险承保额229176.5万元。

1997年保险业持续发展，保费收入1245.5万元。其中财产保费收入754.7万元，同比增长24.6%；人身保险费收入490.8万元。当年参加财产保险企业50家、家庭145户。年末，家庭财产险有效数8981户，参加人身保险人数96150人次。

1998年保费收入1693.7万元，同比增长35.99%。其中财产保费收入640.2万元，人身保险费收入1053.5万元。当年参加财产险企业有45家居民232户，承保额27525万元，增长23.8%；参加人身保险居民89702人次。

1999年，保险业在市场营销力度加大、服务领域不断拓展中健康发展。保费收入1804万元，其中财产保险保费收入693万元，人身保险费收入1111万元。当年参加财产保险企事业单位有35家，居民有457户和机动车有3023辆，承保总金额105866万元，当年参加人身保险76446人次。

2000年保险业稳中有降，保费收入1912万元，同比上年增长5.99%。其中财产险保费收入736万元，同比上年增长6.20%；人寿险保费收入1176万元，同比增长5.85%。全年参加企业财产保险31笔，家庭财产险542户，参加人寿保险居民9.27万人次。年末，财产保险金额30611万元，同比下降71.1%。

2001年保险事业不断发展壮大，保费收入2142.1万元，同比增长12.03%。其中财产险保费收入723.7万元，同比稍有下降；人寿险保费收入1418.4万元，同比增长20.61%。

2002年保险事业快速发展，保费收入3134万元，同比增长46.31%。其中财产险保费收入819万元，同比增长6.50%；人寿险保费收入2315万元，同比增长63.21%。

2003年，保险事业持续快速发展，保费收入4122万元，同比上年增长31.52%。其中财产险保费收入853万元，同比增长10.70%；人寿险保费收入3146万元，同比增长35.90%。

2004年保险市场繁荣。保费收入4862万元，同比增长17.95%。其中财产险保费收入1244万元，人寿险保费收入3618万元，同比分别增长45.80%和15.0%。

2005年保险业务平稳发展。保费收入4393万元，同比上年下降9.65%。其中财产险保费收入1439万元，同比增长15.70%；人寿险保费收入2954万元，同比下降18.35%。

2006年保险业务继续平稳发展。保费收入4972万元，同比上年增长13.18%。其中财产险保费收入1800万元，同比增长25.09%；人寿险保费收入3172万元，同比增长7.38%。

2007年保险事业较快发展。保费收入达到6389万元，同比上年增长28.50%。其中财产险保费收入2524万元，同比增长40.22%；人寿险保费收入3865万元，同比增长21.85%。

2008年保费收入达到8385万元，同比增长31.24%。其中财产险保费收入2949万元，同比增长16.84%；人寿险保费收入5436万元，同比增长40.65%。农村住房保险顺利推进，承保农户7.36万户，承保率95.0%，收取承保费110万元。

2009年保险事业平稳发展。保费收入8619万元，同比增长2.79%。其中财产险保费收入3367万元，同比增长14.17%；人寿险保费收入5252万元，同比下降3.37%。

2010年保险市场稳健运行。实现保费收入突破亿元大关，达到10434.5万元，同比增长21.06%。其中财产险保费收入4349.9万元，同比增长29.19%；人寿险保费收入6084.6万元，同比增长15.83%。

2011年实现保费收入10647.1万元，同比增长2.03%。其中财产险保费收入4895.8万元，同比增长12.55%；人寿险保费收入5751.3万元，同比下降5.48%。

1991—2011年文成县保险业务保费收入情况一览表

表15-9　　单位：万元

年份	全县保费收入		其中:		其中:	
	保费收入	同比上年(%)	财产险保费	同比上年(%)	人寿险保费	同比上年(%)
1991	223.5	+68.40	163.9	—	59.6	—
1992	520.0	+132.66	263.0	+60.46	257.0	+3.31
1993	285.7	−45.06	200.0	−23.95	85.7	−66.65
1994	714.6	+150.12	313.7	+56.85	400.9	+367.79
1995	1051.5	+47.15	529.2	+68.70	522.3	+30.28
1996	605.8	—	605.8	+14.48	—	—
1997	1245.5	—	754.7	+24.58	490.8	—
1998	1693.7	+35.99	640.2	−15.17	1053.5	+114.65
1999	1804.0	+6.54	693.0	+8.24	1111.0	+5.46
2000	1912.0	+5.99	736.0	+6.20	1176.0	+5.85
2001	2142.1	+12.03	723.7	−1.67	1418.4	+20.61
2002	3134.0	+46.31	819.0	+6.50	2315.0	+63.21
2003	4122.0	+31.52	853.0	+10.70	3146.0	+35.90
2004	4862.0	+17.95	1244.0	+45.80	3618.0	+15.00
2005	4393.0	−9.65	1439.0	+15.70	2954.0	−18.35
2006	4972.0	+13.18	1800.0	+25.09	3172.0	+7.38
2007	6389.0	+28.50	2524.0	+40.22	3865.0	+21.85
2008	8385.0	+31.24	2949.0	+16.84	5436.0	+40.65
2009	8619.0	+2.79	3367.0	+14.17	5252.0	−3.37
2010	10434.5	+21.06	4349.9	+29.19	6084.6	+15.83
2011	10647.1	+2.03	4895.8	+12.55	5751.3	−5.48

说明：上述文成县保险业务保费收入情况表当中，1991—2003年统计数据不包括储金，2004—2011年包括储金。数据资料由人行文成县支行提供

保险赔付

1991—2011年，全县保险业务能够做到及时赔款、给付，有力促进人民群众社会生活安定和社会经济建设发展。2011年，全县保险业务支付各类赔款及给付达到3071.1万元，同比1991年增长35.51倍。

1991年，全县保险业务处理各种保险赔案680件，赔款支出95.7万元，同比下降56.40%，综合赔付率为42.90%。其中，财产险赔款78.9万元、人身险赔款16.8万元。

1992年,处理各种保险赔案2594件,支付已决赔款249万元,同比增长160.40%。其中处理财产保险赔案1779件、支付财产保险赔款170.9万元,处理人身保险赔案815件、支付人身保险赔款78.1万元。

1993年,处理各种保险赔案1601件,支付赔款267.1万元,同比增长7.27%。其中,处理财产保险赔案416件、支付赔款194.3万元,处理人身保险赔案1163件、支付赔款72.8万元。

1994年,处理各种保险赔案2205件,支付赔款726万元,同比增长171.81%。其中,处理财产险赔案676件、支付赔款404万元,处理人身险赔案1529件,支付赔款322.0万元。

1995年,处理各种保险赔案1732件,支付赔款376万元,同比下降48.21%。其中,处理财产险赔案435件、支付赔款269万元,处理人身险赔案1297件、支付赔款107.0万元。

1996年,由于人寿保险业务从中保财产保险文成县支公司划出,因此全县保险业务数据暂时未能包含人身保险部分,其中中保财产保险文成县支公司处理国内财产险赔案493件,支付赔款387.6万元。

1997年,及时处理各种保险赔案,支付赔款549.5万元,同比增长41.77%。其中,处理国内财产险赔款金额501万元,处理人身险赔款金额48.5万元。

1998年,及时处理各种保险赔案,支付赔款530.8万元,同比下降3.40%。支付财产赔款425.8万元,支付人身赔款105万元,分别同比上年下降15%和增长280%(包含300农户447自然间受灾,赔付损失金额83万元,赔付率74.7%)。

1999年,及时处理各种保险赔案1986件,支付赔款559万元,同比上年增长5.31%。其中处理财产保险案件530件,已决赔款392万元,赔付率56.57%,同比下降7.93%;处理人身险赔案1456件,支付赔款167万元,同比上年增长44.7%。

2000年,及时处理各种保险赔案2263件,支付赔款595万元,同比增长6.44%。已决赔财产险案件725件,赔款金额391万元,同比下降0.3%;处理人寿险赔案1538人次,支付赔款204万元,同比增长22.2%。

2001年,及时支付各类赔款582.1万元,同比下降2.17%。其中,财产险赔款369.5万元,同比下降5.5%;人寿险支付赔款212.6万元,同比增长4.3%。

2002年,及时支付各类赔款694万元,同比增长19.22%。其中,财产险赔款510.6万元,同比增长39.5%;人寿险支付赔款178万元,同比减少16.5%。

2003年,及时支付各类赔款631万元,同比下降3.74%。其中,财产险赔款392万元,同比增长24.0%;人寿险支付赔款239万元,同比减少23.8%。

2004年,及时支付各类赔款及给付1270万元。其中,财产险赔款973万元,人寿险赔款及给付297万元。

2005年,及时支付各类赔款及给付1370万元,同比增长7.90%。其中,财产险赔款1045万元,同比增长7.40%;人寿险赔款及给付325万元,同比增长9.43%。

2006年,及时支付各类赔款及给付1629万元,同比增长18.91%。其中,财产险赔款1416万元,同比增长35.50%;人身险赔款及给付213万元,同比下降34.46%。

2007年,及时支付各类赔款及给付2714万元,同比增长66.60%。其中,财产险赔款1362.0万元,同比下降3.81%;人身险赔款及给付1352万元,同比增长5.34倍。

2008年,及时支付各类赔款及给付3089万元,同比增长13.82%。其中,财产险赔款1816.0万元,同比增长33.33%;人身险赔款及给付1273万元,同比下降5.84%。

2009年,及时支付各类赔款及给付3400万元,同比增长10.07%。其中,财产险赔款1899.0万元,同比增长4.57%;人身险赔款及给付1501万元,同比增长17.91%。

2010年,及时支付各类赔款及给付3177.1万元,同比下降6.56%。其中,财产险赔款2132.7万元,同比增长

12.27%；人身险赔款及给付1044.4万元，同比下降30.42%。

2011年，及时支付各类赔款及给付3071.1万元，同比下降3.34%。其中，财产险赔款2334.5万元，同比增长9.46%；人身险赔款及给付736.6万元，同比下降29.47%。

1991—2011年文成县保险业务赔款及给付情况一览表

表15-10　　单位：万元

年份	件数	赔款及给付	同比上年(%)	其中:财产险部分		其中:人身险部分	
				财产险	同比上年(%)	人身险	同比上年(%)
1991	680	95.7	−56.40	78.9	—	16.8	—
1992	2594	249.0	+160.40	170.9	+116.60	78.1	+3.65
1993	1601	267.1	+7.27	194.3	+13.69	72.8	−6.79
1994	2205	726.0	+171.81	404.0	+107.93	322.0	+342.31
1995	1732	376.0	−48.21	269.0	−33.42	107.0	−66.77
1996	493	387.6	+3.09	387.6	+44.09	—	—
1997	—	549.5	+41.77	501.0	+29.26	48.5	—
1998	—	530.8	−3.40	425.8	−6.59	105.0	+116.49
1999	1986	559.0	+5.31	392.0	−7.93	167.0	+59.05
2000	2263	595.0	+6.44	391.0	−0.26	204.0	+22.16
2001	—	582.1	−2.17	369.5	−5.50	212.6	+4.22
2002	—	694.0	+19.22	516.0	+39.65	178.0	−16.27
2003	—	631.0	−3.74	392.0	−24.03	239.0	+34.27
2004	—	1270.0	—	973.0	—	297.0	—
2005	—	1370.0	+7.90	1045.0	+7.40	325.0	+9.43
2006	—	1629.0	+18.91	1416.0	+35.50	213.0	−34.46
2007	—	2714.0	+66.60	1362.0	−3.81	1352.0	+534.74
2008	—	3089.0	+13.82	1816.0	+33.33	1273.0	−5.84
2009	—	3400.0	+10.07	1899.0	+4.57	1501.0	+17.91
2010	—	3177.1	−6.56	2132.7	+12.27	1044.4	−30.42
2011	—	3071.1	−3.34	2334.5	+9.46	736.6	−29.47

说明：上述文成县保险业务赔款及给付情况表当中，1991—2003年统计数据不包括给付；2004—2011年统计数据包括给付。数据资料由人行文成县支行提供

第四节　市场份额

随着全县国民经济迅速发展和人民生活收入水平提高，以及人们对保险作用认知度增加，各公司保险业务大量增加，保费收入（包括年金）和赔款及给付支出规模不断扩大。虽然在个别年份或个别公司有所减少，但总体均呈现持续增长态势。

中国人民财产保险股份有限公司文成支公司

1991年，机构名称为中国人民保险公司文成县支公司。保险业务收入223.5万元，其中财产保险收入163.9万元、人寿保险收入59.6万元。赔款支出95.7万元，其中财产保险赔款78.9万元、人寿保险赔款16.8万元。

2011年保险业务收入达到2386.72万元，同比1991年增加216.66万元，增长9.68倍。占全县保险业务收入

23.25%,保险收入市场份额位列全县第二。保险赔款及给付支出1189.4万元,同比1991年增加1093.7万元,增长11.43倍。占全县保险业务支出37.51%,保险支出市场份额位列全县第一。

1991—2011年文成县财产保险公司保险业务情况一览表

表15-11

年份	保险业务收入(万元)	赔付件数(件)	赔付金额(万元)
1991	223.5	680	95.7
1992	520	2594	249.0
1993	906.4	1601	267.1
1994	1241.4	1506	728.3
1995	1504	1733	382.4
1996	1052.3	493	387.6
1997	754.8	594	501
1998	640.32	683	425.91
1999	692.90	530	392
2000	771.5	—	390.7
2001	723.7	675	369.5
2002	770.4	560	515.7
2003	853.1	839	392.2
2004	722.9	758	720.4
2006	881.7	778	697.9
2007	1177.7	1137	618
2008	1437	2793	821
2009	1592	2350	878
2010	2113.16	2076	1051
2011	2386.72	1560	1189.4

说明:上述表格数据为财保文成支公司提供

中国人寿保险股份有限公司文成县支公司

保险业务数据从1997年开始统计。1997年,保险业务收入490.8万元,赔款及给付支出84.5万元。

2011年保险业务收入5751.3万元,同比1997年增加5260.5万元,增长10.72倍。占全县保险业务收入56.03%,保险收入市场份额位列全县第一。保险赔款及给付支出736.6万元,同比1997年增加652.1万元,增长7.71倍。占全县保险业务支出23.23%,保险支出市场份额位列全县第二。

1997—2011年文成县人寿保险公司保费收入理赔支出情况一览表

表15-12

单位:万元

年份	保费收入	赔款支出	年金支出
1997	490.8	27.5	57
1998	1053.5	105	135
1999	1111	167	343
2000	1176	203.8	243.7
2001	1418	212.6	367

续表 15-12

年份	保费收入	赔款支出	年金支出
2002	2315	176.6	401
2003	3146	239.4	583
2004	3618	297	698
2005	2594	325	763.5
2006	3172	213	979.2
2007	3865	218	1134
2008	5436	155	1118
2009	5253	283	3117
2010	6084.6	374	670.4
2011	5751.3	354	382.6

说明:上述表格数据为人保文成县支公司提供

中国太平洋财产保险公司文成支公司

2003年,保险业务收入126.7万元,赔款支出18.5万元。2011年,保险业务收入1223.2万元万元,同比2003年增加1096.5万元,增长8.65倍。占全县保险业务收入11.91%,保险收入市场份额位列全县第三。保险赔款及给付支出732.7万元,同比2003年增加714.2万元,增长38.61倍。占全县保险业务支出23.11%,保险支出市场份额位列全县第三。

2003—2007年中国太平洋财产保险公司文成支公司业务经营情况一览表

表15-13　　单位:万元

项目	2003年	2004年	2005年	2006年	2007年
保费收入	126.70	210.10	302.10	370.50	661.20
同比增长%	—	65.82	43.79	22.64	78.46
企财险保费	6.40	10.00	7.20	6.30	12.80
车辆险保费	119.90	197.30	216.20	303.60	629.40
赔款支出	18.50	132.40	127.70	238.90	276.20
赔付率%	14.58	63.01	42.27	64.48	41.77
企财险保费	—	—	1.40	0.70	0.80
赔付率%	—	—	19.44	11.11	6.25
车辆险赔款	18.50	132.40	102.20	203.40	264.70
赔付率%	15.41	67.11	47.27	67.00	42.06

说明:上述表格数据为太平洋保险文成支公司提供

2008—2011年中国太平洋财产保险公司文成支公司业务经营情况一览表

表15-14　　单位:万元

项目	2008年	2009年	2010年	2011年
保费收入	723.00	824.00	1093.00	1223.20
同比增长%	9.35	24.43	32.64	11.90
企财险保费	8.00	8.03	8.00	23.90
车辆险保费	631.50	741.50	832.00	951.00

续表15-14

项目	2008年	2009年	2010年	2011年
赔款支出	567.50	462.10	571.90	732.70
赔付率%	78.49	55.85	52.32	59.90
企财险保费	1.60	0.50	0.32	0.80
赔付率%	20.00	6.23	4.00	3.30
车辆险赔款	558.10	462.10	—	—
赔付率%	88.38	55.85	—	—

说明:上述表格数据为太平洋保险文成支公司提供

中华联合保险股份有限公司文成支公司

2003年,保险业务收入73.06万元,赔款支出6.63万元。2011年,保险业务收入904.24万元,同比2003年增加831.18万元,增长11.38倍。占全县保险业务收入8.10%,保险收入市场份额位列全县第四。保险赔款及给付支出512.38万元,同比2003年增加505.75万元,增长76.28倍。占全县保险业务支出16.16%,保险支出市场份额位列全县第四。

2003—2011年中华联合保险股份有限公司文成支公司业务经营情况一览表

表15-15　　单位:万元

年份	保险金额	保费收入	赔付	
			件数	金额
2003	3487.51	73.06	25	6.63
2004	32033.61	239.45	231	116.02
2005	24660.28	259.28	328	227.94
2006	40259.03	378.91	400	472.17
2007	93149.40	482.08	717	318.39
2008	81959.22	486.40	1285	268.39
2009	133984.00	575.40	1765	312.24
2010	73085.25	766.82	882	388.77
2011	73841.32	904.24	1085	512.38

说明:上述表格数据为中华联合保险文成支公司提供

第五节　重点理赔与防灾防损

重点理赔是指保险业务赔付的重点项目和重要环节,理赔工作做得好,被保人损失才可能得到应有补偿,保险职能作用才能发挥。通过保险理赔可以检验承保业务质量,改进和提高经营管理。而防灾防损则是指保险人与被保险人采取各种组织措施和技术措施,预防和减少保险标的发生灾害事故,以及在灾害事故发生后,尽可能地减轻保险标的损失。全县保险业务的重点理赔与防灾防损工作于1997年以前属于县财产保险公司一家所为。县人寿保险公司(1997年)、县太平洋保险公司(2002年)和县中华保险公司(2003年)等3家公司成立相对较晚。

重点理赔

1991年4月，特大龙卷风袭击县域，造成重大财产损失，县财产保险公司3天内将9万余元理赔款理赔到位，吕溪、东头、东背、玉壶4个乡镇32个村788户灾民受益。8月，全县遭受16号台风袭击，保险房屋倒塌300余间，县财产保险公司对22个乡镇77个行政村300余农户、7个企业和13户个体户损失予以理赔。

1992年，县财产保险公司总共理赔台风、洪水受灾款60万元。9月，县长运公司浙CH××××大客车在黄坦地段翻车，造成2人死亡、36人受伤重大事故，县财产保险公司及时进行理赔。

1993年2月，峃口供销社因民房起火造成火灾，烧毁营业楼5间及库存商品，县财产保险公司及时赔款4.67万元。7月，浙CH××××大客车在永嘉朱涂出险，车翻入瓯江12米，重伤1人、轻伤20余人。县财产保险公司连夜赶赴150公里外出险现场查勘，及时进行理赔。8月，县消防中队车在南田救火返回途中翻车，造成死亡1人、重伤2人、车损严重的重大事故，县财产保险公司及时赔款6.8万元。

1994年，全县先后发生火灾、龙卷风、冰雹和17号台风的大灾，造成保险企业39家、保险家庭1890余户受灾，损失严重，县财产保险公司给予赔付金额达到107.5万元。

1996年，县域遭8号台风袭击受损，县财产保险公司及时赔款20万元。

1999年10月，首次重大疾病保险案件出险，中华保险公司文成支公司及时赔付郑某某重疾金2万元。

2000年2月，县长运公司浙CH××××在马屿上安地段出险，造成人员伤亡，县财产保险公司及时赔款15.26万元。

2001年5月，玉壶至大峃途中发生重大交通事故，县人寿保险公司及时查勘理赔98.5万元，为当年最大理赔金额。8月，首次发生个人营销最大赔付案件，县人寿保险公司赔付6万元。

2004年4月，省交通工程建设集团有限公司浙A××××车辆在文青公路8km+770m地段发生碰撞，造成人伤事故，县财产保险公司及时赔款17.99万元。6月，被保险人温某某被洪水冲走死亡，县人寿保险公司及时赔付金额20万元。

2005年，县××鞋业有限公司因受台风损坏，中华保险公司文成支公司支付财产综合险赔款16.21万元。3月，陈某驾驶鲁PD××××车辆在樟台路口地段发生碰撞，造成人伤事故，县太平洋保险公司及时赔款11万元。

2006年，县××鞋业有限公司因火灾损失，中华保险公司文成支公司支付财产综合险赔款45.66万元。文青公路遭受台风损坏，中华保险公司文成支公司支付建筑安装工程保险赔款196.44万元。8月遭受台风袭击，全县被刮断大量电杆电线，县财产保险公司及时赔款53.87万元。

2008年，省电力公司因受积雪大面积压断电线杆，县财产保险公司及时赔款17万余元。2月，张某某驾驶浙CH××××车，在城市道路发生碰撞造成人伤，县财产保险公司及时赔款12万余元。同月，被保险人周某某驾驶轻型货车经过玉壶东头村时，由于急转避弯摔下山体，当场致死。县人寿保险公司及时赔付金额26万元。

2009年，中国电信集团公司浙江网络资产分公司因台风造成电缆、变压器等设备损失，县财产保险公司及时赔款10万余元。8月，县长运有限公司机动车驾驶员培训学校浙C×××××发生碰撞，造成人员伤亡，县财产保险公司及时赔款23.52万元。同月，被保险人于某某在建设珊溪大桥时触电身亡。县人寿保险公司及时赔付金额18万元，为当时建设工程进度解决后顾之忧。9月，张某某驾驶浙C×××××号轿车途径义乌市车站路149号地段时。

2010年，县长途汽车运输有限公司浙CH××××车，在杭宁高速（湖州北出口）撞到隔离带，车辆侧翻，车内死亡1人，受伤9人，县财产保险公司及时赔款40万元；吴某某驾驶浙CHA×××在新56省道文成往瑞安方向发生车祸，县财产保险公司及时赔款47.15万元；县太平洋保险公司及时给予医疗责任险赔款26.79万元。5月，钟某某、周某某因交通事故死亡,每人获赔40余万元,创个案赔付之最。县人寿保险公司分别赔付每人金额40余万元,创造个案赔付金额最大案件。

2011年,百丈漈电厂电缆被盗,获保险公司理赔64.63万元。5月,被保险人周某某在泰顺与文成交接处路段发生意外致死,县人寿保险公司及时赔付金额20万元。

防灾防损

1991年,县财产保险公司建立重点企业防灾档案和汽车技术档案。同时,配合县公安、消防、交管、民政等部门,深入8区(镇)进行冬防检查,其中上路检查5次。

1992年,县财产保险公司建立全员防灾责任制。在汛期之前,会同防汛办、气象局、交警大队、消防大队等进行安全防灾检查,防灾档案建立86个,整改意见提出286条,有效地防止或减少损失。

1993年,县政府召开安全生产专题会议4次和1992年度安全生产表彰会。县财产保险公司组织安全生产检查4次。检查中,对有隐患单位由公安局消防科和保险公司发放整改通知书,如不按期整改发生灾情时拒绝赔付。能源公司等单位在检查后按整改通知书进行房屋修理和整改,添置防火设施。

6月,县财产保险公司在台风暴雨季节来临之际,分3个组对全县境内飞云江沿岸的保险户进行安全检查。与供销总社联合下发文件通知,要求基层供销社对商品进行全面盘点。在汇溪、珊溪、岀口3个供销社,对价格高金额大商品,当场研究应急抢险措施。9月,配合公安局交警大队自行组织一次小百日安全竞赛活动。

1995年,县财产保险公司实行防灾防损责任制,把企财保户按区域、系统划分开来,实行奖罚。全年共建立防灾档案67个,19名职工进行防灾检查93次。发现隐患,及时提出建议、限期整改,还给部分企业发放防灾补助款。10月公司补助1.2万元,配合县消防部门举办全县消防运动会。

1995年,发现机动车车主出险后投保案件5件,拒赔金额30余万元。

1996年7—8月,县财产保险公司开展防灾减损宣传月。县政府宣传橱窗展出防灾减损图片,利用《文成保险》通报上半年直接经济损失6万元以上特大车险案。

1997年,县财产保险公司做好上门防灾宣传,公司对车险、企财险落实全员防灾责任制,要求各险联系人每年上门帮助保户做安全防灾工作不少于2次。

2000年,县财产保险公司制订核保管理办法,对新保企财险全部实行先验收后核保,对家财险划分区域承保,努力提高承保质量。同时,落实全员防灾责任制,定期对保户进行检查,发现问题及时提出整改意见。

2003年,县财产保险公司对驾驶员进行交通安全宣传。制定《中国人民保险公司文成县支公司防灾理赔预案》《中国人民财产保险股份有限公司文成支公司财产保险防灾减损工作规范》。

2004年,县财产保险公司与交警大队、广播电台联合制作《交警伴我行》电视节目。5月,与法院、交警大队一起召开《中华人民共和国道路交通安全法》座谈会。6月,在县府门口设摊开展“安全生产咨询日”活动。县人寿保险公司组织员工学习公司产品、理赔实务、保全实务、短期意外险实务。

2005年,县中华保险公司加强员工管理和培训,提高查勘定损知识水平,对骗赔案件及时识破,做到不惜赔、不滥赔,既使客户满意,又不使公司利益受到损失。

2008年,县财产保险公司集中各部门组织学习新条款、理赔制度、事故处理方法,提升大灾处理能力。县中华保险公司严把理赔关,规定理赔人员廉洁奉公、秉公办事,在核赔核损权限未收到省公司之前,凡是赔案均要领导亲自审批。

2009年,县财产保险公司落实“车险保效益工程”举措,降低车险案均赔款,理赔质量得到市公司检查组好评。

2010年,县太平洋保险公司开展冬季防灾检查,对防火、防爆重点单位进行逐一走访检查,帮助客户制订预防措施。发现存在事故安全隐患点时,及时提出书面整改建议。

2011年,县财产保险公司制定非车险防汛防台预案,组织相关人员多次进行学习,对驾驶员进行交通安全宣传,并落实汛期前走访企业检查。县中华保险公司开展“承保质量年”和“客服服务年”活动,规范承保、客服和单证等内部管理机制,对伤人案件一律予以及时跟踪,调查取证,参与调解。

第六节 保险服务与改革

全县保险业提升保险服务质量的主要途径是通过加强保险业务宣传、保险代理员业务知识培训、营业网点合理设置和保险技术电子化。

保险服务

1991年,县财产保险公司印发《文成宣传》保险专刊4期,《温州日报》新闻稿刊登3篇,广播新闻稿18篇,放映宣传幻灯90场次,文艺演出3场,宣传窗8期。同时,开展全县保险作文竞赛,5万余名师生参加。

1992—1996年,县财产保险公司通过广播、电视台、报纸杂志发表保险新闻、信息200余条,召开座谈会20余次,保险简报和宣传窗100余期,上街服务咨询5次,悬挂宣传广告横幅100条。并与书协联办“保险杯”书画大赛1次,与教委编印保险安全知识竞赛试题1000份。1995年举办首期保险代理员业务知识培训班,提高员工服务水平。1996年开展“四讲一服务”活动。

1997年,县财产保险公司组织开展以“树行业新风,创优质服务,防金融风险,促经济发展”为主题行风建设活动,紧紧围绕“顾客为本、服务为先”做文章。对外推出“四项”承诺服务:服务上门、一次告知有效、限时理赔、提供汽车抢修服务,对内提出“文明服务十条要求”。中保人寿保险公司温州市分公司文成办事处提出“立足最大诚信,遵守职业道德,重视保户权益”优质服务理念。

1998年,全县举办保险代理人员业务培训班,参与培训20余人,获代理资格证书12人。县财产保险公司开通966111电话服务专线,实行24小时值班制,开通交通事故绿色生命通道,提供优质服务,使保户满意。同时,重要业务实行全员联系责任制,规定联系责任人,每年至少走访保户2次,与保户交朋友,倾听保户意见和建议。县人寿保险公司按CI战略对办公用房进行装潢设计。结合公交车的车体广告、电视台,加强宣传,树立良好形象。

1999年,县财产保险公司根据中国人民保险公司CI战略要求,加强电子化建设,内部实现电子化管理。

2000年,县财产保险公司以机动车险创名优为重点,切实做好企财险、货运险名优工程,促进优质服务上台阶。营业大厅按照名优工程要求装饰、布置,拓展95518服务专线功能,发放救援卡、洗车卡、担保卡。县人寿保险公司建立客户服务中心,为客户处理案件及相关服务提供方便。

2001年,县财产保险公司坚持以“客户为中心”理念,加快和改进特色服务,把车辆保险创名优工程活动推广到企业险、货运险等各个险种,推出在全国领先的CALLCENTER客户服务系统。理赔部门树立“五优”新形象,以快速理赔为突破口,改进服务方式,提高办事效率,做到小额立等可取,作出大额赔款在手续齐全情况下7天内赔付的承诺。县人寿保险公司推出“服务承诺制”“大额赔款送上门”服务承诺,在大案要案方面做到专人负责。3月,县人寿保险公司开通67831234客户服务专线电话,为广大客户提供报案登记、挂失登记、投诉受理、客户回访等服务。

2002年,县财产保险公司组织学习新条款、实务、理赔制度、事故处理方法、事故损伤赔偿标准等与理赔有关的知识。县人寿保险公司设立珊溪营销服务部,为珊溪片区客户办理理赔等相关业务提供方便。

2003年,县财产保险公司开办新险种,找保源,挖掘新业务增长点,扩大保险服务领域。相继开办汽车消费贷款保险、校方责任保险、旅游责任保险、餐饮场所责任保险和金锁保险等业务。县人寿保险公司设立玉壶营销服务部,为玉壶片区客户办理理赔等相关业务提供方便。开通"95519"全国电话服务专线,实行24小时报案值班制度。

2005年,县财产保险公司严格参照市总公司理赔无忧——"金牌服务"规定,抓好理赔质量年工作,实行双休日、法定节假日照常值班,24小时全天候服务。对发生案件,全部通过95518专线报案,执行首问责任制,只要接到保户报案,均立即转专线报案,而且立即进行立案,快速查勘定损,快速进行结案。

2006年,县财产保险公司立案率、赔案结案率在全市名列前茅,获得全市理赔质量管理一等奖。县中华保险公司规定对客户实施一条龙服务,比如汽车年审、违章处理、新车上牌等,凡是能够帮助的就耐心、周到地提供服务。

2007年,全县自然灾害严重,尤其台风"韦帕""圣帕"对全县财产造成重创。县财产保险公司立即组织多个查勘理赔小组奔赴各地,及时准确地把赔款送到保户手中。

2008年,县财产保险公司坚持"促发展、保效益、防风险"战略决策,强化管控,优化服务,树立竞争意识。县中华保险公司规定对续保业务提前一个月联系,及时联系掌握客户思想动态,落实对策。

2009年,全县加强行业自律,争取合作共赢,和谐发展。加强行业协会、同业协会、同业公司联系沟通,既竞争又合作,进行友好协商,力争实现共赢、共存、共发展。

2010年,县太平洋保险公司通过提供移动服务、上门服务等举措,大力发展新车保险业务。同时,做好大客户的服务和跟踪,巩固原有保险客源。

2011年,县财产保险公司为客户提供报案、咨询、投诉、保险卡注册、车辆救援、预约投保和客户回访等多功能、个性化服务。县人寿保险公司秉持"专业、真诚、感动、超越"服务理念,通过专业高效、安全快捷的95519客户服务专线,为客户提供优质的保险产品和服务。县中华保险公司针对客户"理赔难"问题,通过"诚信中华,理赔不难"和"客服服务年"等活动,优化快速理赔流程,加快理赔速度。

保险改革

1996年以后,全县保险机构相继成立中国人寿保险股份有限公司文成县支公司(县人寿保险公司)、中国太平洋保险公司文成支公司(县太平洋保险公司)、中华保险文成支公司(县中华保险公司)。至2011年,全县保险机构达到4家。2003年10月,中国人民保险公司文成县支公司(县财产保险公司)实现股份制改革,建立商业化经营体制、险种结构逐步优化,险种数量不断增加,服务领域不断扩大。同时,随着保险市场逐步成熟,民众对保险接受度在不断提高。至2011年,达到办理机动车辆保险、团体人生意外伤害保险、国内公路运输随车行李物品定额保险、企业财产保险、家庭财产保险、医疗责任保险,非机动车第三责任保险、风景旅游责任保险、公众责任险、校方责任险、学生幼儿平安险、车辆维修企业责任保险、承运人责任保险、长期个人和团体人寿保险和长期健康保险等险种1000余个,基本实现国民经济建设各行各业和人民群众生活各个方面保险全覆盖。同比1991年全县办理的20余个险种,增长近50倍。

保险险种越来越多同时,保险服务领域不断扩大,服务质量水平也不断提高。2011年,县财产保险公司为客户提供报案、咨询、投诉、保险卡注册、车辆救援、预约投保和客户回访等多功能、个性化服务。县人寿保险公司秉持"专业、真诚、感动、超越"服务理念,依托覆盖全国城乡服务网络,提供专业高效、安全快捷的95519客户专线服务,为客户提供优质保险产品和服务。县太平洋保险公司提供移动服务、上门服务等举措。县中华保险公司针对客户"理赔难"问题,优化快速理赔流程,加快理赔速度。

第三章　证　券

进入20世纪后期，县域证券业从无到有。80年代开始，全县国民经济运行过程中先后出现过企业证券、国家债券、地方政府债券、股权转让等。网络炒股形式和内容与省、市面上同步，要求和特点也一样。2001年8月，申银万国证券股份有限公司温州人民路证券营业部文成证券服务部初始登记，是县域证券业唯一设立经营机构。2009年10月19日，变更登记为申银万国证券股份有限公司瑞安安盛路证券营业部文成证券服务部。

20世纪80年代中期开始，县域证券监督管理由县人民银行负责。1998年，建立全国统一监管体制，证券经营机构、人员以及业务监督管理由人民银行移交至中国证监会及其派出机构。由于全县证券业刚刚起步，故还没有专门设立证券经营监督管理机构。县域证券监督管理的途径有行业内自律管理和行政监督管理。

第一节　债券机构与发行

债券是一种金融契约，是政府、金融机构、工商企业等直接向社会借债筹措资金时，向投资者发行，同时承诺按一定利率支付利息并按约定条件偿还本金的债权债务凭证，具有法律效力。债券购买者或投资者与发行者之间是一种债权债务关系，债券发行人即债务人，投资者（债券购买者）即债权人。县域发行的债券包括债券企业债券、地方政府债券和国家债券，但发行量较少。

证券机构

初始登记企业名称为申银万国证券股份有限公司温州人民路证券营业部文成证券服务部，营业场所为文成县大峃镇伯温路6号，经营范围为证券代理买卖、代理还本付息、分红派息、证券代保管、鉴证、代理登记开户，企业类型为股份有限公司分公司，行业代码为7239 ，行业名称为其他专业咨询，核准日期为2001年8月15日，登记机关为文成县工商行政管理局。变更登记企业名称为申银万国证券股份有限公司瑞安安盛路证券营业部文成证券服务部，营业场所为瑞安市安阳街道安盛路196号侨联大厦二楼，核准日期为2009年10月19日，登记机关为瑞安市工商行政管理局。

企业债券

20世纪80年代，全县出现极少量乡镇企业要求“带资进企业”，即职工进企业，需要向企业集资若干人民币。之后，乡镇企业发展较快，对资金需求量增加，而银行业又不能较好地满足其需要。因此，个别企业采取多渠道、多方式地向企业内部职工集资，个别职工家属、亲朋好友也可向企业集资。企业内部职工集资一般除按规定还本外，也有参加企业分红或付息，于是形成企业内部债券。1993年，全县经济建设增长高速，资金需求激增。为了拓宽企业筹资渠道，县人民银行批准发行企业债券300万元，其中县物资总公司200万元、县富荣染料公司100万元；同时批准有关企业内部集资200万元。此后，随着全县经济建设迅速发展，全县金融业各项信贷资金也快速增长。1994年各项贷款余额达到31469万元，同比1991年增长1.13倍，平均每年增长率为37.62%。由此，企业对资金需求基本依靠银行机构提供的信贷资金来满足。

20世纪80—90年代,县人民银行对企业内部集资实行统一管理,分级审批。1989年3月,国务院发布《关于加强企业内部集资管理的通知》。1993年8月,国务院出台《中华人民共和国企业债券管理条例》对债券发行规定规模控制和审批制,并强制要求银行担保,规范企业债券发行管理。

从此以后,县域企业的资金需求主要通过银行信贷、民间借贷和股份集资等筹资渠道,没有发生企业内部集资形式。

国家债券

国家债券是中央政府根据信用原则,以承担还本付息责任为前提而筹措资金的债务凭证。通常简称为国债,或国债券。国债是由国家发行的债券,由于国债的发行主体是国家,所以它具有最高的信用度,被公认为是最安全的投资工具。

1981年,国家首次发行中华人民共和国国库券,以后每年都发行一定数量的国库券。发行对象为国营企业、集体企业、企业主管部门和地方政府,其他单位和个人可以自愿购买。1994年财政部第一次发行半年期、一年期和二年期国债,实现国债期限品种的多样化。短期国债的出现促进货币市场的发展,同时也为中央银行公开市场操作奠定基础。

1991—2002年,全县购买1995年特种定向债券28.7万元;1996年特种定向债券21.3万元,累计兑付利息共计38.6万元,累计兑付本息88.6万元。

2002—2003年,全县购买1997年特种定向债券18万元;1998年特种定向债券40万元,累计兑付利息10.5万元,累计兑付本息68.5万元。

2004—2005年,全县购买1997年特种定向债券18万元;1998年特种定向债券40万元;1999年定向(二期)国债60万元,累计兑付利息12.6万元,累计兑付本息130.6万元。2006年后,全县不再购买特种定向债券。

图15-14 国库券

地方债券

2009—2011年,全国人大常委会每年批准的地方政府债券额度均为2000亿元。最后,该地方政府债券发行的收入"可以用于省级(包括计划单列市)直接支出,也可以转贷市、县级政府使用"。地方政府债券一般用于交通、通讯、住宅、教育、医院和污水处理系统等地方性公共设施的建设。地方政府债券一般也是以当地政府的地方可支配财力作为还本付息的担保。2010—2011年，文成县可用财政资金当中，财政部代理发行地方政府债券收入各3000万元。

第二节 股权转让

股份制企业是以3人或3人以上（至少3人）的利益主体，以集股经营方式自愿结合的一种企业组织形式。20世纪90年代，全县股份制企业较快发展，主要的股份制企业是小水电开发。至2011年年底，县属83座电站，有57座为股份制经营。

发行股票

全县的股份合作企业特征主要是：1、发行股票，作为股东入股的凭证，一方面借以取得股息，另一方面参与企业经营管理；2、建立企业内部组织结构，股东代表大会是股份制企业最高权力机构，董事会是最高权力机构的常设机构，总经理主持日常生产经营活动；3、具有风险承担责任，股份制企业所有权收益分散化，经营风险也随之由众多股东共同分担；4、具有较强动力机制，众多股东都从利益上去关心企业资产运行状况，从而使企业重大决策趋于优化，使企业发展能够建立在利益机制基础上。1991—2011年，全县县属所有股份制企业都不是上市公司，企业的股权、股票均不能自由交易和流通。

参股办电

1994年，县政府出台《关于加快我县小水电资源开发的若干规定》，走多种经济兴办电站路子，允许机关、单位预算外资金和干部职工自有资金参股兴建水电站。此后，全县小水电资源开发有国有企业合股投资、定向募集入股投资、合伙入股投资、“双层”联合投资、集体与个人联合投资5种形式。2011年年底，县属电站85座，其中股份制电站57座，占县属电站总数的67.9%。

1995年11月，县政府出台《关于在县机关干部职工中开展参股办电的实施办法》，发动县机关干部职工参股办电，参加数量1200股、总额1200万元，以计划形式分配县机关部门单位，由干部职工自愿认股。

1997年，县政府出台《关于批转县电力开发投资有限公司东溪三级水电参股办电实施办法》的通知。为解决电站建设资金困难，面向文成籍的国外华侨和县属机关干部职工筹措工程配套资金4480万元。同时，由县政府办牵头，经过县人民银行、财政局等职能部门同意，在企业内部设立“筹资部”，吸收部分参股红利来解决企业流动资金不足的困难。

2001年，县政府下发《关于同意高岭头一级水力发电有限公司股份出让的批复》，按评估总值1.18亿元人民币，向电站内部职工（实际已经扩展到全社会）出让股份32.5%，所得资金3848万元。同时，通过企业内部融资方案，当年在系统职工内部融资3000余万元。

2003年，县政府下发《关于同意东溪三级水电站股份出让的批复》，出让电站股份49%，收回股份出让金3900万元。

第十六卷

财政　税务

1991年，文成县结合省级经济欠发达县的实际，抓住分税制财政管理体制和“两保两挂”“两保两联”等省对县财政管理体制，壮大培植财源作为县财政的工作重点，对乡镇财政实行“划分收支、核定基数、超收分成、自求平衡”的管理机制，推动财政增收。至2011年，全县财政总收入达到63950万元，与1991年的831万元相比，增长75.95倍；财政总支出达到206282万元，与1991年的4389万元相比，增长46倍。

1994年开始实行分税制，税收制度改革形成多税种、多层次、多环节，以流转额课税与按所得税课税为主体，其他税种相配合体制。同年，全县税收收入1905万元，上划中央税收986万元，地方财政收入919万元。中央实行分税制改革后，全县地方税收入和国家税收入快速增长。至2011年，全县税收收入47266万元(其中国税24253万元，地税23013万元)，同比1994年增加45361万元，增长23.81倍。进入新世纪后，全县推行农村税费改革，2001年10月1日开始，暂停征收屠宰税和农业特产税；2004年停止征收农业税。

第一章　财　政

1991年，全县财政总收入831万元。2011年达到63950万元，同比1991年增长75.95倍。县财政收入结构也发生很大变化，税收收入占地方财政收入比重从2003年45.8%上升到2011年56.8%。随着财政收入大幅度增加，财政支出也相应大幅度增长，支出优先保障民生支出，主要用于教育、文化体育与传媒、社会保障和就业、医疗卫生、环境保护、城乡社区事务、农林水事务、交通运输。1991年，全县财政总支出4389万元。2011年为206282万元，同比1991年增长46倍。

第一节　机构与管理体制

县财政税务局1991年内设机构10股、1室、1队、13所、1站。1997年分设为县财政局、县国家税务局、县地方税务局。2002年1月撤销县国有资产管理局，其职能并入县财政局。2011年5月，县财政局内设职能科室16个。

机构沿革

财政管理体制明确财权和事权分配方式，是国家财政体系重要组成部分。1990年以前，全县财政管理体制经历了集中管理，统收统支和权力下放等几个阶段，特别是中共十一届三中全会以后，对财政体制进行全面改革，立足于发挥中央和地方两个积极性，明确规定各级政府的财政管理权限、收支范围以及资金使用等相互关系，促进了国民经济的稳定发展。1990年以后，全县从计划经济逐步向社会主义市场经济体制转变，与此相适应，财政体制也逐步向公共财政方向发展。

1991年，称县财政税务局。内设人事秘书、监察、预算、税政、企业财务、农业财务、计划会计和会计事务管理等8个股，税务检察办公室1个，财税稽查队1个。下设大峃区、峃口区、珊溪区、玉壶区、南田区、西坑区、黄坦区7个财税所与直属所、大峃所、大峃二所及峃口、大峃、西坑3个税务检查站。

1994年，县财政税务局分设为财政、地税、国税3个机构。机构分开、合署办公。1995年，县财政税务局成立社会保障科，与预算科合署办公，初步形成财政对社会保障资金的管理体系。1997年，县国家税务局和县地方税务局分别独设。7月，将1994年设立的县国有资产管理委员会更名为县国有资产管理局。2002年1月，撤销县国有资产管理局，其职能并入县财政局，保留县国有资产管理委员会办公室牌子。

1999年9月，计算机信息中心设立。2001年10月，县机关会计核算中心成立，为副科级全额预算拨款事业单位，归县财政局直属领导和管理。2002年6月，县财政局内设办公室（法制科）、人事教育科、预算科（行事财务科、社会保障科、税政科）、国库科（资金管理科）、财政监督科、综合科、农财科（农业税收征收管理科）、经济建设科、会计管理科、国有资产管理科（县清产核资办公室、企业财务管理科）、乡镇财政管理分局、纪检监察室等职能科室12个（其中，内设机构办公室、人事教育科同县地税局办公室、人事教育科合署办公）。不再保留县税收财务大检查办公室；保留县政府采购办公室、县控制社会集团购买力办公室（县政府采购办公室与县控制社会集团购买力办公室合署办公）、县农业综合开发办公室。

2005年4月，将原先职责关系隶属于农财科的县农业综合开发办公室单独分设出来，由股级升为副科级事业单位。2008年5月,社会保障科从预算科中分出,单独设置,为股级机构。12月,县机关会计核算中心从副科级调整为股级,隶属县财政局下属的全额拨款事业单位,其职责不变。

2011年5月,县财政局内设职能科室16个:办公室(法制科)、预算局(税政科、行政政法科、教科文科)、乡镇财政管理科、预算执行局、综合科、农业科、行政事业资产管理科(企业科)、国有资产管理办公室、社会保障科、经济建设科、财政监督局、绩效管理科、会计科、政府采购监管科(县控制社会集团购买力办公室)、行政审批科、人事教育科(干部培训中心)。行政人员编制51名(含工勤和退管各2名)。内设机构为办公室、人事教育科(干部培训中心)和行政审批科,与县地税局办公室、人事教育科(干部培训中心)和行政审批科合署办公。2011年5月,县机关会计核算中心和国库集中支付中心合署办公,同隶属县财政局预算执行局下设单位。

财政管理体制

收支挂钩、分灶吃饭的财政管理体制 20世纪80年代至90年代初期,随着农村改革的不断深入,施行以扩权让利为主要特征的承包制,调动了农民、企业、地方政府发展生产的积极性。与此相适应,省财政也实行了收支挂钩、分灶吃饭为特征的"划分范围、核定基数(或基数递增)、收支挂钩、超收分成(全留)、超支不补、结余留用"的财政管理体制。1992年以后,省财政按照"定额补贴"方式对文成县财政进行结算。

分税制的财政管理体制 1994年,国家实施以调整分配关系为重点的分税制财政管理体制改革,分税制改革的基本原则是按税种划分中央、地方财政收入,分设中央税制和地方税制,分设国家税务局和地方税务局分别征收本级税收。中央对地方财政返还数,以1993年为基础年,按照1993年地方实际收入以及税制改革中央与地方收入划分情况核定返还基数,保证地方既得财力。1994年后,税收返还基数在上年基数上逐年递增"两保两挂"省县财政管理体制。1995年,省财政为了调动地方财政的积极性,结合分税制财政管理体制,先后推行"两保两挂""两保两联"等省县财政管理体制。对欠发达县(市)实行"两保两挂"财政政策,规定这些县(市)在确保完成中央"两税"收入任务和当年财政收支平衡的前提下,省财政的补助和奖励与地方财政收入增长相挂钩。1998年,国地税机构分设后,对"两保两挂"进行调整,即将原确保完成中央"两税"收入任务改为确保消灭历年累计赤字,并增加财源建设补助和奖励机制。2003年进行较大幅度的调整,政策调整后,补助基数不再包括财力性专项增列"两保两挂"体制计算的补助数;体制补助挂钩比率逐年下调;"两保两挂"奖励从过去的25%下降为10%。

调整和完善时期的财政管理体制 2002年,全面推行所得税分享体制改革,将企业所得税和个人所得税改革为中央与地方共享税,中央与地方分享比例为5:5;2003年为6:4。2003年,中央又出台出口退税机制改革,并在全国逐步推行农村税费改革。省政府调整省、县财政收入体制,将电力企业税收和利息所得税上划为省级收入。以支出预算管理制度改革为龙头的财政各项改革全面推进,先后推行部门预算编制、国库集中收付制度、政府采购等制度改革。文成县税收制度改革按照简税制、宽税基、低税率、严征管的原则,稳

图16-1 2006年10月,举行文成县政府收支分类改革培训班(县财政局提供)

步推进税收改革。改革出口退税制度。统一各类企业税收制度。增值税由生产型改为消费型,将设备投资纳入增值税抵扣范围。完善消费税,适当扩大税基。实行综合和分类相结合的个人所得税制。财政管理体制改革方面,健全公共财政体制,明确政府的财政支出责任。深化部门预算、国库集中收付、政府采购和收支两条线管理改革。清理和规范行政事业性收费,凡能纳入预算的都要纳入预算管理。改革预算编制制度,完善预算编制、执行的制衡机制,加强审计监督。建立预算绩效评价体系。实行全口径预算管理并对有负债的实行有效监控。2008年,省财政建立分类分档激励奖补机制,对欠发达地区实施三档激励奖补政策和两档激励奖励政策,文成县财政亦享受该政策,并延续至2011年之后。

第二节　财政收支

全县社会经济发展迅速,财政收入取得长足进步,为推动地方经济发展提供坚实财力保障。县财政收入结构发生很大变化,税收收入占地方财政收入比重从2003年45.8%上升到2011年56.8%,财政收入结构日趋合理,县财政收入增长主要是依靠税收收入来拉动。财政总支出优先保障民生支出,用于教育、文化体育与传媒、社会保障和就业、医疗卫生、环境保护、城乡社区事务、农林水事务、交通运输等。2007—2011年,用于民生方面支出42.33亿元,占总支出68.38%。

财政收入

1991—1995年,第八个五年计划时期,省财政结合分税制财政管理体制,先后推行"两保两挂""两保两联"等省对县财政管理体制,调动地方财政增收积极性,全县财政总收入达到8359万元,年均收入1672万元,同比"七五"时期年均收入625万元增长1.68倍。1996—2000年,第九个五年计划时期,保持收入持续快速增长,财政总收入为27092万元,年均收入5418万元,同比"八五"时期年均收入增长2.24倍。2001—2005年,第十个五年计划时期,推行所得税分享体制改革,将企业所得税和个人所得税改革为中央与地方共享税,其中2003年实行省补助和奖励与其地方财政收入增长、增收额挂钩办法,调动地方财政增收积极性。财政总收入70355万元,年均收入14071万元,同比"九五"时期年均收入增长1.60倍。2006—2010年,第十一个五年计划时期,省财政建立分类分档激励奖补机制,对欠发达地区实施三档激励奖补政策和两档激励奖励政策。财政总收入170161万元,年均收入34032万元,同比"十五"时期年均收入增长1.42倍。2011年,县财政收入继续保持快速增长,财政总收入63950万元,同比"十一五"时期年均收入增长87.91%。县财政收入结构发生很大变化,税收收入占地方财政收入比重从2003年45.8%上升到2011年56.8%,财政收入结构日趋合理,县财政收入增长主要是依靠税收收入来拉动。

1991年,全县深化改革、扩大开放各项政策措施,支持生产,搞活流通,大力推进各项事业发展,国民经济和财政收入保持3年快速增长。当年全县财政总收入831万元。1992年全县财政总收入1005万元,同比上年增长20.9%。1993年全县财政总收入1462万元,同比上年增长45.5%。

1994年,国家实行分税制改革,税源稳定、税基广、易征收的税种大部分划归中央。消费税、关税划为中央固定收入;企业所得税按纳税人隶属关系分别划归中央和地方;增值税在中央与地方之间按75∶25的比例分成。因此,分税制后财政总收入按规定部分上划中央,留存部分为地方财政收入。全县财政总收入1905万元,同比上年增长30.3%,其中上划中央税收986万元、地方财政收入919万元。1995年全县财政总收入3156万元,同比上年增长65.7%,其中上划中央税收1200万元、地方财政收入1956万元。1996年全县财政总收入3709万元,同比上年增长17.5%,其中上划中央税收1405万元、地方财政收入2304万元。1997年全县财政总收入4205

万元,同比上年增长13.4%,其中上划中央税收1570万元、地方财政收入2635万元。

1998年,全县国税、地税部门在上年基础上进一步分设,税制和收入科目得到进一步完善。同时,县政府加大基础设施建设的投资力度,拉动经济发展,工商税收增长较快。地税部门加大税收征管稽查力度,防止税收流失,全年补税罚款达到103万元。全县财政总收入5097万元,同比上年增长21.2%,其中上划中央税收1845万元,地方财政收入3252万元。

1999年,财政收入增长快于经济发展速度(GDP增长10%),尤其是地方财政收入比上年增长34.5%,明显高于经济增长指标。全县财政总收入6239万元,同比上年增长21.2%,其中上划中央税收1865万元、地方财政收入4374万元。2000年全县财政总收入7842万元,同比上年增长25.7%,其中上划中央税收2593万元,地方财政收入5249万元。其中增值税622万元、营业税1542万元、企业所得税835万元,个人所得税408万元,资源税1万元,城市维护建设税196万元,房产税102万元,印花税25万元,城镇土地使用税3万元,土地增值税3万元,车船使用税18万元,屠宰税33万元,农业税159万元,农业特产税77万元,耕地占用税27万元,契税65万元,国有企业计划亏损补贴-320万元,罚没收入和行政性收费收入1083万元,专项收入100万元,其他收入270万元。

2001年财政收入创历史新高,全县财政总收入10174万元,首次突破1亿元大关,同比上年增长25.7%。其中上划中央税收3198万元,地方财政收入6976万元。2002年,财政收入在上年高增长基础上,继续保持大幅增长。全县财政总收入12876万元,同比上年增长26.6%,其中上划中央税收4358万元、地方财政收入8518万元。2003年,财政收入增幅同比上年回落较大,但是基本实现与GDP同步增长目标。全县财政总收入14599万元,同比上年增长13.4%,其中上划中央税收5427万元、地方财政收入9172万元。

2004年,受出口退税机制改革、电力企业税收和利息所得税上划等因素影响,收入口径发生很大变化,全年出口退税机制改革影响财政总收入达到1817万元,其中减少地方财政收入454万元;电力企业税收和利息所得税上划减少地方财政收入462万元。全县财政总收入14518万元,同比上年下降0.5%,其中上划中央税收4836万元、地方财政收入9682万元。

2005年健全非税收入征缴体系,切实抓好各项基金规费征缴。同时,《文成县土地出让金管理暂行办法》出台,规范土地出让金征收使用管理。并且,加强国有资产收益和政府资源性收入管理,增加地方政府可用财力。全县财政总收入18188万元,同比上年增长24.8%,其中上划中央税收6080万元、地方财政收入12108万元。

2006年,全县深入实施"生态旅游县"发展战略,加大招商引资力度,推进生态工业"55工程"。同时,加强基金、规费等非税收入管理,强化社保基金、土地出让金、国有资产经营收益、资源有偿使用收入等收缴,全县财政总收入成功突破2亿元大关。当年全县财政总收入达到23103万元,同比上年增长27.0%,其中上划中央税收7748万元、地方财政收入15355万元。

2007年开展政府收支分类改革,根据《财政部关于印发政府收支分类改革方案的通知》,新的收入分类没有再按资金管理的要求分一般预算收入、基金预算收入、债务预算收入等设置科目,而是将上述收入纳入统一的收入分类体系,按收入形式分类,如税收收入、非税收入,以及税收收入下的增值税、消费税、营业税,非税收入下的行政性收费、罚没收入等。全县财政总收入28489万元,同比上年增长23.3%,其中上划中央税收9432万元、地方财政收入19057万元。其中税收收入10893万元、非税收入8164万元。

2008年,全县深入实施"三个文成"建设战略部署,大力推进招商选资"一号工程",国民经济保持平稳较快发展。全县财政总收入34298万元,同比上年增长20.4%,其中上划中央税收11067万元、地方财政收入23231万元;其中税收收入13236万元,非税收入9995万元。

2009年,努力克服国际金融危机给全县经济发展带来一系列不利影响,财政收入继续保持平稳增长。全县财政总收入36893万元,同比上年增长7.6%,其中上划中央税收10123万元、地方财政收入26770万元;其中税收收入15495万元、非税收入11275万元。

2010年全县财政总收入47378万元,比上年增长28.4%,其中上划中央税收12556万元、地方财政收入34822万元;其中税收收入22183万元、非税收入12639万元。税收收入占地方财政收入比重为63.7%,同比上年提高5.8个百分点。

2011年,加大重点税源监控力度,做到应收尽收。同时,加强基金、规费等非税收入征管,强化社保基金、土地出让金、国有资产经营收益、资源有偿使用收入等收缴。全县财政总收入首次突破5亿大关。当年全县财政总收入63950万元,同比上年增长35.0%,其中上划中央税收16575万元、地方财政收入47375万元;其中税收收入26983万元、非税收入20482万元。

1991—1993年文成县财政收入情况一览表

表16-1　　单位:万元

年份	财政总收入	工商税收类	农牧业税和耕地占用税	国有企业所得税	国有企业调节税	国有企业上缴利润	国有企业计划亏损补贴	国家能源交通重点建设基金收入	其他收入	国家预算调节基金	专款收入
1991	831	885	99	31	-11	18	-317	2	88	8	28
1992	1005	1016	139	36	-13	—	-396	2	177	8	36
1993	1462	1411	105	84	-17	—	-311	1	129	3	57

说明:数据资料由县财政局提供

1994—1997年文成县财政收入情况一览表

表16-2　　单位:万元

年份	财政总收入	上划中央税收	地方财政收入	工商税收类	农牧业税和耕地占用税	企业所得税	国有企业计划亏损补贴	国家能源交通重点建设基金收入	其他收入	国家预算调节基金	专款收入	罚没收入、行政性收费收入
1994	1905	986	919	651	124	99	-274	1	250	1	67	—
1995	3156	1200	1956	961	290	199	-519	1	404	1	45	574
1996	3709	1405	2304	1339	317	204	-518	—	441	—	67	454
1997	4205	1570	2635	1814	254	300	-590	—	303	—	—	554

说明:数据资料由县财政局提供

1998—2006年文成县财政收入情况一览表

表16-3　　单位:万元

年份	财政总收入	上划中央税收	地方财政收入	增值税	营业税	企业所得税	个人所得税	资源税	固定资产投资方向调节税	城市维护建设税	房产税	印花税	城镇土地使用税	土地增值税	车船使用税	屠宰税	农业税	农业特产税	耕地占用税	契税	国有资产经营收益	固有企业计划亏损补贴	罚没收入和行政性收费收入	土地和海域有偿使用收入	专项收入	其他收入
1998	5097	1845	3252	507	1196	269	224	—	19	193	70	17	2	3	20	35	159	74	17	25	43	−568	737	135	75	—
1999	6239	1865	4374	529	1372	321	347	2	23	184	86	16	3	2	17	38	159	54	36	42	—	−301	1022	200	107	115
2000	7842	2593	5249	622	1542	835	408	1	—	196	102	25	3	3	18	33	159	77	27	65	—	−320	1083	—	100	270
2001	10174	3198	6976	693	1661	1518	742	—	—	214	85	19	3	5	17	35	163	180	500	100	—	−260	1130	—	150	400
2002	12876	4358	8518	759	1845	805	766	—	39	467	150	27	5	3	21	—	234	—	802	—	—	−260	1818	—	299	400
2003	14599	5427	9172	778	2075	938	781	—	—	403	351	40	18	—	22	—	224	—	750	310	—	−181	1775	—	282	606
2004	14518	4836	9682	222	2393	965	604	—	—	445	243	42	15	32	26	—	—	—	150	405	—	—	1316	—	299	2525
2005	18188	6081	12107	1126	2447	1172	588	4	—	436	292	49	27	44	30	—	—	—	124	720	—	—	1572	—	316	3160
2006	23103	7748	15355	1460	2747	1604	592	—	—	706	316	90	31	51	37	—	—	—	124	811	—	—	1617	—	332	4632

说明:数据资料由县财政局提供

2007—2011年文成县财政收入情况一览表

表16-4　　单位:万元

				税收收入														非税收入						
年份	财政总收入	上划中央税收	地方财政收入	增值税	营业税	企业所得税	个人所得税	资源税	城市维护建设税	房产税	印花税	城镇土地使用税	土地增值税	车船使用税	耕地占用税	契税	税收收入合计	专项收入	行政事业型收费收入	罚没收入	国有资本经营收入	国有资源有偿使用收入	其他收入	非税收入合计
2007	28489	9432	19057	1963	3732	1592	723	5	707	324	140	45	134	56	102	—	10893	414	1450	1600	800	3359	541	8164
2008	34298	11067	23231	4614	2144	1989	1059	12	793	483	173	105	291	161	231	1181	13236	621	1624	1601	614	5531	4	9995
2009	36893	10123	26770	1873	5287	1763	1186	11	999	527	204	204	726	146	1045	1524	15495	730	1910	1615	—	5730	1290	11275
2010	47378	12556	34822	2184	7874	2344	1617	47	1424	659	273	319	1635	322	352	3133	22183	1274	1750	1602	—	6569	1444	12639
2011	63950	16575	47375	2810	8006	3547	1837	81	1702	625	362	265	2308	341	1700	3345	26983	1298	3570	1634	—	11428	2552	20482

说明:数据资料由县财政局提供

1991—1993年文成县财政收入决算情况一览表

表16-5　　单位:万元

年份	财政总收入	"分税制"体制未入地方库收入	省市地补助	上年结余	兑付有价证券本金收入	兑付有价证券利息收入	社会保险基金收入	上年社会保险基金结余	其他调入资金	总计
1991	831	—	3205	629	—	—	—	—	37	4702
1992	1005	158	3017	520	3	1	309	—	16	5029
1993	1462	—	3470	450	4	—	400	176	27	5989

说明:数据资料由县财政局提供

1994—2006年文成县财政收入决算情况一览表

表16-6 单位:万元

年份	地方财政收入	省补助收入	上解市地收入	市地补助	地方政府兑付有价证券本金收入	社会保险基金收入	上年结余收入	其他调入资金	总计
1994	919	5268	—	93	10	515	349	19	7173
1995	1956	8136	—	85	7	632	-392	21	10445
1996	2304	8596	—	124	7	758	1088	23	12900
1997	2635	9731	—	159	5	1748	1823	—	16101
1998	3252	10663	-5	98	—	—	1685	28	15721
1999	4374	12110	-5	285	—	—	1860	42	18666
2000	5249	14314	-6	652	—	—	2391	31	22631
2001	6976	17974	-5	627	—	—	4257	130	29959
2002	8518	22099	-13	1193	—	—	4559	—	36356
2003	9172	24467	-28	940	—	—	4968	—	39519
2004	9682	28045	-25	1911	—	—	6832	—	46445
2005	12107	31677	-30	3334	—	—	9176	—	56264
2006	15355	46947	-32	7088	—	—	12168	—	81526

说明:数据资料由县财政局提供

2007—2011年文成县财政收入决算情况一览表

表16-7 单位:万元

年份	地方财政收入	返还性收入	一般性转移支付收入	专项转移支付收入	转贷财政部代理发行地方政府债券收入	上年结余	调入资金	市补助县收入	总计
2007	19057	2766	34242	15488	—	21046	—	4615	97214
2008	23231	2805	39219	20679	—	24745	—	5920	116599
2009	26770	2883	52908	42319	—	29629	—	—	154509
2010	34822	2952	61596	41913	3000	45728	—	—	190011
2011	47375	3080	97149	44851	3000	42939	1683	—	240077

说明:数据资料由县财政局提供

财政支出

1995年以前由于收不抵支,财政赤字逐年增加,财政经费主要用于政权机构的运转费用和解决干部职工的工资支出。省财政"两保两挂"政策出台以后,文成县财政状况逐步好转,在确保国家政权机关的正常运转和干部职工工资的及时足额发放的基础上,加大了支出结构的调整力度,筹措资金支持经济和社会各项事业的发展。1991—1995年,第八个五年计划时期,全县财政总支出29923万元,年均支出5984.6万元,同比"七五"时期年均支出2997.2万元增长99.67%。1996—2000年,第九个五年计划时期,全县财政总支出71507万元,年均支出14301.4万元,同比 "八五"时期年均支出增长1.39倍。2001—2005年,第十个五年计划时期,全县财政总支出169641万元,年均支出33928.2万元,同比"九五"时期年均支出增长1.37倍。2006—2010年,第十一个五年计划时期，全县财政总支出475735万元，年均支出95147万元，同比“十五”时期年均支出增长1.80倍。2011年县财政支出继续保持增长，全县财政总支出206282万元，同比“十一五”时期的年均支出增长1.17倍。

全县财政总支出优先保障民生支出，用于教育、文化体育与传媒、社会保障和就业、医疗卫生、环境保护、城乡社区事务、农林水事务、交通运输等民生方面支出比重很大，促进全县经济建设和社会发展迅速发展。2007—2011年，用于民生方面支出42.33亿元，占总支出68.38%。其中，教育支出13.86亿元，科学技术文化支出4919万元，文化体育与传媒支出1.33亿元，社会保障和就业支出4.78亿元，医疗卫生支出5.82亿元，环境保护支出2.46亿元，城乡社区事务支出1.47亿元，农林水事务支出8.20亿元，交通运输支出3.92亿元。尤其是2011年，用于民生方面支出15.03亿元，占总支出达到72.9%。其中，加大农业农村倾斜力度，安排资金1.34亿元，用于农村公路安保、大中修及养护，实施农村饮用水工程和农村文化体育建设工程；安排资金5500万元，用于农村劳动力素质培训、农民下山脱贫、低收入农户集中村发展和少数民族地区特殊扶持。支持社会事业发展，安排“教育强县”资金7000万元，用于农村中小学“校安工程”建设、农村中小学校舍维修、办学条件改善和布局调整，扶持职业、民办和学前教育发展；安排资金1.98亿元，支持医疗卫生体制改革、养老保险体系建设、城乡合作医疗制度改革；安排资金8000万元，用于公务员和农村医疗补助、城乡居民最低生活保障、“五保”集中供养、残疾人“共享小康”工程；加大农民补贴力度，发放农资综合直补、粮食直补、稳定农民收入补贴和粮食风险金740万元，兑付“家电下乡”“汽车摩托车下乡”“以旧换新”补贴资金747万元。安排资金1亿元，用于保障性住房项目建设。

1991年，县财政预算内资金仅保“吃饭”，为发展社会各项事业，县财政和有关部门积极向省、市财政争取资金，促进各项事业顺利开展。当年全县财政总支出4389万元。1992年，县财政收入总额增长赶不上支出总额增长，财政资金供需矛盾日益增加。县财政部门在抓好预算执行、搞好增收节支、缩减赤字上下功夫，确保财政平稳运行。当年全县财政总支出4537万元，同比上年增长3.4%。

1993年，全县通过千方百计完成年度财政收支任务，财政总支出实现平稳增长。其中乡镇财政支出达1601.9万元，占全县财政总支出30.3%，同比上年增长49.6%，实现财政年终滚存结余116.8万元，首次实现财政结余。当年全县财政总支出5192万元，同比上年增长14.4%。

1994年，全县各方面建设事业对资金需求大量增加，财政资金周转困难。为此，县财政部门本着“节约、效益”的原则，预算内外一起抓，加强资金管理，提高资金使用效益。主要方法是加强行政经费管理，保证重点开支；加强预算外资金管理，实行财政专户储存和收支两条线，增加专储600余万元；加强社会集团购买力管理，在严格审批控购物资的同时，对行政事业单位公车进行清理；加强乡镇财政管理，开展乡镇财政财务检查，组织乡镇长财政基本知识培训班，提高乡镇长当家理财能力。当年全县财政总支出7050万元，同比上年增长35.8%。

1995年，虽然物价指数上升，各项政策性增支陆续出台，带来县财政总支出猛增。但是，县财政部门抓住省定“两挂钩、两确保”的财政政策，采取一系列增收节支措施，当年实现地方财政收入1956万元，同比上年翻了一番多，达到财政收支平衡，略有结余，首次突破了财政困境状况。当年全县财政总支出8725万元，同比上年增长23.8%。

1996年，强化预算刚性规范财政资金供应范围，改变县财政对部门单位和乡镇财政的资金需求大包大揽做法。保证人员工资发放，压缩一般性非生产支出。开展预算外资金专项清理，从清理开户中划入财政专户102.7万元，并扩大财政专储范围，规范管理程序。对乡镇财政实行“两保两挂”政策，对部门经费实行“一包两促”办法。由此，县财政步入良性发展轨道，县财政收入不断增长，财政支出严格控制。当年全县财政总支出10312万元，同比上年增长18.2%。

1997年，县财政部门强化约束机制，调整支出结构，确立一手抓收入一手抓支出原则，做到增收和节支并重，严格执行预算方案，不任意追加和变更年初预算，维护预算权威性和严肃性。当年全县财政总支出12691万元，同比上年增长23.1%。

1998年，实施增收节支政策，严格控制“人、车、会、话”等非生产性支出，严格控制社会集团购买力。县财政资金重点保证农业、教育、科技支出和公检法等民生支出需要。制定新一轮乡镇财政管理体制，落实“两保两挂”财政政策；完善对部门单位“一包两促”经费包干办法，调动乡镇、部门增收节支积极性，有效地控制财政支出过快增长。当年全县财政总支出13858万元，同比上年增长9.2%。

1999年，全县财政支出增长比率低于地方财政收入增长比率，但是地方财政收入绝对额的增加远远赶不上全县财政总支出增支的需求。主要增支的因素：两次工资改革增加支出614万元，退职、定补等增支52万元；支援农村生产支出同比上年增支188.7万元；公费医疗经费同比上年增支135.5万元；社会保障补助支出和抚恤社救同比上年增支194.4万元。当年全县财政总支出16274万元，同比上年增长17.4%。

2000年，全县各项政策增支性项目出台，如行政事业单位养老保险、医疗保险，住房改革和其他改革等，财政支出压力增加。重点支出项目主要是支农支出1749.6万元，教育事业费支出3465.6万元，社会保障支出1081.8万元，公检法司支出2208.9万元。当年全县财政总支出18372万元，同比上年增长12.9%。

2001年，全县一般性预算支出增长加快，重点支出基本得到保障，促进各项改革和社会事业发展。一般预算支出从分项目看，首先是关系到社会保障和稳定方面的支出如社会保障补助支出增幅较大，同比上年增长142.4%；其次是各项重点支出如农林水事业费、文体事业费、教育事业费、城市维护费支出分别比上年增长70.2%、62.4%、31.6%、142.8%。当年全县财政总支出25039万元，同比上年增长36.3%。

2002年，全县重点支出全面得到较好保证。按照公共财政要求，在财力安排上，存量通过支出结构优化，力保全年支出预算；新增财政收入主要用于解决事关改革、发展、稳定大局突出问题，并逐步向公共领域倾斜。加大财政对基础设施建设投入力度，改善生态环境，努力实施打造“生态旅游县”战略。增加教育、科技、农业三项重点支出，推进“科教兴县”战略。按照“两个确保”要求，加大财政对社会保障的投入力度。当年全县财政总支出31242万元，同比上年增长24.8%。2003年，全县财政支出结构进一步优化，重点支出继续得到较好保证。当年全县财政总支出32131万元，同比上年增长2.8%。

2004年，优化和调整支出结构，确保重点支出需要，促进经济和社会协调发展。主要采取四项措施：确保国家政权机关的正常运转和干部职工工资的及时足额发放。筹措资金，支持经济结构调整，加大对工业基础设施建设、农业等扶持力度。县财政安排专项资金5000多万元，用于水、电、路及市政设施等基本建设，支持56省道、新文中、县城引水工程、泗溪河道整治、旅游基础设施等重点工程建设。加大县财政对社会保障的资金投入，当年全县财政总支出37252万元，同比上年增长15.9%。

2005年，全县按照“五个统筹”和建设和谐社会要求，加大对“三农”的资金投入力度，扶持村级组织建设，改善农村生产生活条件。按照“两个确保”要求，加大县财政对社会保障的资金投入力度，努力构建完善的社会保障体系。同时，加大对文教科卫等各项事业投入，确保义务教育经费和各项教育正常经费的开支。当年全县财政总支出43977万元，同比上年增长18.1%。

2006年，全县优化财政支出结构，保障重点支出。支持医疗、养老等社会保险制度、低保建设。向省、市财政争取抗震救灾资金9100余万元，支持地震灾区抗震和灾后重建。在确保干部职工工资及时足额发放的同时，通过增收节支，提高干部职工住房公积金交纳标准、落实公务员工资制度改革。全县人员经费从2003年的1.8亿元提高到2006年的2.65亿元，3年增资支出达8500多万元，干部职工工资待遇水平逐步得到提高。完善县乡财政管理体制，加大对乡镇财政转移支付力度，保障基层政权正常运转。当年全县财政总支出60334万元，同比上年增长37.2%。

2007年，全县增加民生方面投入，促进社会事业健康发展。按照公共财政的要求，财政支出重点向社会事业倾斜，突出向社会发展的薄弱环节倾斜。县财政安排资金2400万元，争取省、市财政资金1.51亿元，重点支持教育、公共卫生、科技、社会保障等事业发展，支持全县实施“十大民生工程”，促进社会各项事业发展。当年全县财政总支出72311万元，同比上年增长19.9%。

2008年，全县集中财力办大事，以实施“十大民生工程”为重点，财政支出重点向社会事业倾斜，突出向社会发展的薄弱环节倾斜，重点用于教育、公共卫生、社会保障和就业、生态建设和环境保护、公共服务和公共安全体系建设等支出。全县用于“三农”支出的财政性资金达4.77亿元，增长22.6%。同时，稳步推进预算编制改革，推行政府收支分类，规范部门支出项目和口径。深化“收支两条线”改革，预算内外资金实行“统一计划、统一项目、分别编制、综合预算”。当年全县财政总支出86909万元，同比上年增长20.2%。

2009年，全县按照保障性和公共性兼顾原则，进一步优化支出结构，提高政府公共服务能力。全年教育支出26483万元，增长25.9%。统筹安排资金6700万元，用于城乡居民最低生活保障、“五保”集中供养以及农房补助、灾后重和医疗救助，支持养老保险体系建设，实施残疾人共享小康工程和促进再就业工程。统筹安排资金4450万元，用于城乡居民健康体检、突发公共卫生事件应急处置，支持社区卫生服务中心和乡镇卫生院标准化建设，实施城乡合作医疗制度。统筹安排资金1240万元，用于生态环境和生态公益林保护。统筹安排资金2050万元，用于政法机关基础设施建设和执法装备更新，完善公检法公用经费保障机制，支持“平安文成”建设。当年全县财政总支出106521万元，同比上年增长22.6%。

2010年，全县坚持“突出重点、统筹兼顾”的原则，保障改善民生力度加大。县财政全面落实各项惠民政策，提高政府公共服务能力，全县用于民生方面支出13.15亿元。当年全县财政总支出146990万元，同比上年增长38.0%。

2011年，全县围绕中共十七大提出要求，把解决好基本民生问题作为财政工作重中之重，调整和优化财政支出结构，将政策支持和财力保障的重点向民生领域倾斜。全年用于民生方面支出达150293万元，占总支出的72.9%。当年全县财政总支出206282万元，同比上年增长40.3%。

1991—1997年文成县财政支出情况一览表

表16-8　　单位：万元

年份	总支出	基本建设支出	企业挖潜改造资金	简易建筑费	科技三项费用	支援农村生产支出	农林水气象等部门事业费	工业交通等部门事业费	商业部门事业费	城市维护费	城镇青年就业经费	文教卫生事业费	科学事业费	其他部门事业费	抚恤和社会福利救济费	行政管理费	公检法支出	价格或政策性补贴支出	支援不发达地区支出	其他支出	专款支出	农业综合开发支出
1991	4364	—	—	—	10	136	254	91	—	67	6	1447	22	131	467	728	230	229	371	175	—	—
1992	4537	—	24	30	12	127	268	54	—	97	14	1704	21	129	206	903	247	181	310	183	27	—
1993	5192	—	—	15	22	246	279	65	—	91	11	1923	25	160	229	1031	280	214	191	350	60	—
1994	7050	—	55	15	25	179	499	109	—	187	—	2964	35	229	364	1476	508	110	182	34	79	—
1995	8725	110	50	15	22	219	486	115	—	275	—	3420	33	229	370	1727	603	198	269	460	71	53
1996	10312	107	60	—	20	177	557	85	1	247	—	3661	38	224	473	2089	783	164	518	836	87	185
1997	12689	114	45	10	22	208	662	93	—	225	—	4830	45	380	567	2517	868	93	554	1221	—	237

说明：数据资料由县财政局提供

1998—2002年文成县财政支出情况一览表

表16-9　　单位：万元

年份	总支出	基本建设支出	企业挖潜改造资金	简易建筑费或地质勘探费	科技三项费用	支援农村生产支出	农业综合开发支出	农林水气象等部门事业费	工业交通等部门事业费	流通部门事业费	文体广播事业费	教育事业费	科学事业费	卫生经费	部门事业费	抚恤和社会福利救济费	社会保障补助支出	行政管理费	公检法司支出	城市维护费	政策性补贴支出	支援不发达地区支出	其他支出	专项支出
1998	13888	346	102	35	78	210	217	682	118	—	475	3336	47	1007	398	510	63	2578	1054	429	453	951	717	82
1999	16274	275	115	—	65	399	235	876	119	—	517	3859	63	1273	795	601	166	2974	1405	240	368	842	996	91
2000	18372	105	95	—	91	482	251	1016	134	42	515	3466	70	1388	1011	612	1082	3191	2209	242	445	932	903	90
2001	25039	1015	144	26	112	347	222	1729	245	50	836	4559	85	860	1233	679	2622	3711	1933	587	380	1051	2453	160
2002	31242	1266	120	—	111	552	170	2181	401	75	1323	8356	116	1250	1658	1072	1524	4915	2332	559	355	643	1966	297

说明：数据资料由县财政局提供

2003—2006年文成县财政支出情况一览表

表16-10　　单位:万元

年份	总支出	基本建设支出	企业挖潜改造资金	地质勘探费	科技三项费用	农业支出	林业支出	水利和气象支出	工业交通等部门事业费	流通部门事业费	文体广播事业费	教育支出	科学支出	医疗卫生支出	部门事业费	抚恤和社会福利救济费	社会保障补助支出	国防支出	行政管理费	公检法司支出	城市维护费	政策性补贴支出	支援不发达地区支出	其他支出	专项支出
2003	32131	1003	227	53	295	1538	923	800	398	72	1385	8915	119	1421	1719	1381	777	—	5046	2297	722	357	476	1851	356
2004	37562	1661	102	343	383	1847	973	538	1012	87	1596	9740	145	1718	2315	1611	1669	16	5829	2825	463	556	291	1601	241
2005	43977	450	121	50	247	1970	1705	699	1770	100	1752	11104	171	1963	2491	2233	2063	10	6676	3466	452	616	223	3267	378
2006	60334	672	140	145	349	3512	1721	1290	2184	102	2426	12249	170	3423	2411	9342	2269	54	7320	3433	1073	673	115	4976	285

说明:数据资料由县财政局提供

2007—2011年文成县财政支出情况一览表

表16-11　　单位:万元

年份	总支出	一般公共服务支出	国防支出	公共安全支出	教育支出	科学技术支出	文化体育与传媒支出	社会保障和就业支出	医疗卫生支出	环境保护支出	城乡社区事务支出	农林水事务支出	交通运输支出	电力信息等事务支出	粮油物资储备及金融监管等事务支出	工业商业金融等事务支出	住房保障支出	国土资源气象等事务支出	商业服务业等事务支出	其他支出
2007	72311	15752	36	5247	17347	546	1836	7189	5482	1662	3047	7093	3290	—	—	1934	—	—	—	1850
2008	86911	17559	42	6347	21028	737	2424	6969	7371	2375	3735	9910	1469	—	—	2346	—	—	—	4599
2009	106521	18914	42	5447	26483	962	300	8092	10209	3919	1974	12885	5211	391	2095	—	—	—	—	9597
2010	146990	21016	84	8035	33560	1219	3434	9911	11742	6511	3022	16762	12751	310	1079	—	336	1477	2596	13145
2011	206282	26243	230	11003	40199	1455	5311	15590	23403	10096	2874	35341	16525	702	744	—	5021	1947	4860	4738

说明:数据资料由县财政局提供

第三节　财政管理

指县、乡镇政府对全县财政收支所进行的管理，是县、乡镇政府为了履行社会管理职能，对所需的物质资源进行的决策、计划、组织、协调和监督活动的总称。简言之，就是县、乡镇政府对财政资金的筹集和使用全过程所进行的管理。它是政府管理活动的重要组成部分，具体承担财政管理工作的是政府的财政部门。财政管理手段是政府所能采取的一切手段，包括行政手段、经济手段和法律手段。

财政预算管理

主要职责是正确、及时编制好全县财政预算，安排好各项收入计划，合理编制各部门单位预算支出计划，打足收入，紧缩支出；实行预算监督，有计划地完成预算经费拨款和收支结算工作；定期检查预算执行情况，作出分析，采取增收节支措施，确保预算收支任务的完成。各年度财政预算、决算按时编制，决算收支数与金库、税务等职能部门核对无误；预决算的形成以及收支调整，均按国家规定报经县人大以及常委会审查通过，接受县人大监督。

1991年开始，强化约束机制，全面推行预算支出管理包干制，对各单位的小汽车、公务费、业务费依据工作量和有关规定核定，包干使用，超支不补，对会议费实行总额控制，分次拨付；对单位工资、未经县编委、县财政审批的新增人员，其工资由单位自理，财政不予解决；对公费医疗包干；把好经费追加关，实行县长负责制。2001年10月，县机关会计核算中心成立。负责实施全县机关行政单位和国有基础投资项目会计统一核算制度，实行单一账户，集中支付，统一核算，有效降低行政成本，严肃财经纪律。之后，稳步推进预算编制改革，逐步扩大部门预算编制范围，逐步细化部门预算编制内容，逐步规范部门支出项目和口径。

综合财政管理

主要职责是负责全县政府非税收入的管理以及行政事业性收费、政府性基金收入的管理，并负责全县财政票据的管理和检查等。

1991年开始，对预算外资金实行统一收费收据，加强预算外资金专户存储及加强票证复核，并开展预算外资金专项检查。1998年，出台《文成县预算外资金管理办法》，预算外资金管理中心成立，取消公检法等部门预算外收入账户10个，实行“收支两条线”管理；不断强化预算外资金管理，明确非税收入管理概念、范围和要求。2000年，进一步规范“收支两条线”管理，加强部门单位银行账户、收入项目标准、收费票据等管理，建立健全以票款分离、罚缴分离为基础的非税收入征缴体系；出台《非税收入收缴管理暂行办法》《文成县预算外资金管理办法》《文成县预算外专项资金管理暂行办法》等，加强非税收入收缴、监督与管理，确保预算外收入及时足额缴入财政专户；加强与国土等部门配合，规范土地出让金征收管理，做好土地出让金收缴和清欠工作。2005—2011年，加强对非税收入监督检查，维护财经纪律严肃性和统一性。对乱收乱罚、收缴分离、私设“小金库”和截留挪用收费资金行为，采取停止供应票据、下发检查结论和处理文书、追缴违纪资金、暂停财政拨款等办法给予处理，查处违规违纪资金累计461万元。其中2007年，还将非税收入（全县行政事业单位的预算外资金）全部纳入会计集中统一核算管理。2011年，按照国务院关于把政府所有收支全部纳入预算管理的规定，在1月1日以前将全部预算外收入纳入预算管理。

会计事务管理

主要内容是会计从业资格证管理、会计专业技术资格评审与考试、会计法规制度贯彻执行和注册会计师与会计师事务所管理。

会计从业资格证管理 1990年始，实行会计工作岗位持证上岗制度。1992年始，实行会计证考试、持证会计人员年度考核、会计证年检制度。1995年始，实行会计证注册登记制度。1999年始，实行会计人员继续教育办法。

会计专业技术资格评审与考试 1991年12月，县财政局设立会计事务管理股。1992年始，会计专业技术资格实行全国统一考试制度。2000年始，会计专业技术资格分为初级资格、中级资格、高级资格。2004年开始，高级资格(高级会计师资格)实行资格考试与评审结合的评价制度。

会计法规制度贯彻执行 1995年，开展《中华人民共和国会计法》检查，收自查表300份，参加会计法规培训达5000余人次。1996年，开展贯彻《中华人民共和国会计法》宣传活动，举办培训讲座14期，接受培训3557人次。2002年，开展《企业会计制度》执行情况检查，促进会计基础工作规范化。2003年，开展会计职业道德宣传工作。同时，对持有"会计证"资格的在职人员分期分批进行后续教育，对考试合格者发给结业证书。

注册会计师与会计师事务所 1993年5月，经省财政厅批准，成立第一家会计师事务所，即文成会计师事务所，挂靠单位为文成县财政局。随后，经省审计厅批准，成立文成审计师事务所，挂靠单位为县审计局。1999年，文成会计师事务所和文成审计师事务所与挂靠单位改制脱钩，合并而设立合伙制会计师事务所。

社会保障资金管理

1995年，社会保障科成立，与预算科合署办公。2008年，社会保障科从预算科中分离出来，单独设置。社会保障体系包括社会保险、社会救助、社会福利和优抚安置4个部分，其中具体职能工作主要有县民政局和县人事劳动社会保障局承担。

社会保险 包括养老保险(企业职工养老保险、机关事业单位人员养老保险、农村养老保险等)，医疗保险(城镇职工基本医疗保险、城镇居民基本医疗保险、新型农村合作医疗保险)，失业保险，工伤保险，生育保险等。(1)养老保险：1992年始，改革养老保险制度，覆盖范围包括国有企业、集体企业、三资企业、私营企业和个体劳动者及农村养老保险。(2)失业、工伤、生育保险全部纳入社会保障基金财政专户，实现收支两条线管理。1995—2008年，累计筹集失业保险基金1489万元；1996—2008年，累计筹集工伤保险基金698万元。(3)医疗保险：2000年，建立以城镇职工基本医疗保险为主，以公务员补助和特殊人员医疗保障为辅的城镇职工基本医疗保险制度。2003年，文成县列入浙江省第一批建立新型农村合作医疗制度的试点县之一。2004年，全面推行新型农村合作医疗制度。2007年，又把个体劳动者纳入基本医疗保险范畴。2008年，建立城镇居民基本医疗保险制度。

社会救助 包括城乡最低生活保障，城乡医疗救助，五保供养，灾民救助，流民收容，教育救助，租房救助，特困救助，扶贫等。(1)最低生活保障：1997年，开展城乡居民最低生活保障制度试点工作。1998年，正式建立城乡最低生活保障制度。(2)孤寡老人集中供养：2004年开始，对农村五保对象和城镇"三无"对象集中供养工作。(3)城乡(农村)医疗救助：2004年，县政府出台《城乡医疗救助制度暂行办法》。2005年，全面实施城乡医疗救助。

行政事业单位财务管理

1991年严格控制单位预算支出进度，实行"红绿灯"制度，超预算支出进度单位被挂"红灯"2个。1996年行政事业单位实行“一包两促”经费管理办法，即包死预算内经费指标，节余留用、超支不补，促使单位增收节支和加强预算外资金管理，提高资金使用效益。2001年始，对教育、卫生系统进行部门预算编制改革试点。2003年，全县行政事业单位全部纳入部门预算编制。2006年始，试行政府收支改革。2007年，按新的政府收支科目运行。

机关会计统一核算

2001年10月始，县机关会计核算中心负责实施全县机关行政单位和国有基础投资项目会计统一核算制度。至此，全县实施机关行政单位和国有基础投资项目会计统一核算制度，即实行单一账户，集中支付，统一核算。行政机关单位不再设立专职会计、出纳岗位，单位确定一名履行财务管理与财务结算职责的财务主办，财政部门对单位财务主办人员实行资格认证制度。随后，全县乡镇财政、乡镇政府会计施行由乡镇财政管理分局管理的核算大厅进行统一集中核算；教育、卫生下属单位施行由其主管局管理的核算机构进行统一集中核算；粮食流通企业实行代理式集中统一核算。2011年5月，县机关会计核算中心和国库集中支付中心合署办公，共同隶属财政局预算执行局下设单位。

支农资金管理

主要职能是争取上级支农资金，整合县级支农资金，增加农业有效投入，加强支农资金及项目管理和农业企业财务管理。1991—2011年，县财政每年都安排1000万元以上支农资金用于农业，仅2009—2011年，就向上级财政争取到各种支农资金4.98亿元，拨付农业资金4.55亿元，用于加强基础设施、农产品质量标准体系以及动植物防疫体系建设、农业产业化经营组织建设、生态保护和农村环境整治、库区群众异地脱贫、重点欠发达乡镇下山脱贫和重点地质灾害补助等。2000年之后，为确保支农资金及时足额到位，防止支农资金被挤占、挪用，提高资金使用效益，出台《文成县扶贫资金县级报账制管理办法》《文成县财政农业专项资金县级报账制管理办法》《文成县大中型水库移民后期扶持资金管理办法》《文成县“百村整治、十村示范”工程专项资金管理办法》等管理性文件。同时，全面实行县会计核算中心和乡镇集中统一核算分中心县级财政报账制度，规范支农资金报账手续，实行财政支农专项资金实行专户(账)管理，封闭运行，加强支农资金监督检查。

财政性建设资金管理

1998年9月经济建设科设立，管理主要职责是负责全县财政性建设资金管理。2001年开始，参与政府性投资建设项目开发、建设、管理和监督。2005年参与“515”等县重点工程项目建设，涉及项目工程15项，累计计划投资总额133356万元。2006年参与县重大工程项目建设，涉及项目工程33项，累计计划投资总额330156万元。2007年参与市重点项目6项，涉及计划投资总额63480万元。同时，参与县“811”重点工程、民生工程和其他工程建设18项，累计计划投资总额79003万元。2008年，参与21项市、县重点工程项目，累计计划投资总额651869万元。2009—2011年，累计拨付建设资金102893万元，支持县重点工程、民生工程和其他工程建设。

财政监督

1999年3月成立财政稽查大队。2002年设立财政监督科，其主要职责是对行政机关、企事业单位及其他组织执行财税法律法规和政策情况，以及对涉及财政收支、会计资料等事项依法进行监督检查活动。

会计信息检查　2002—2011年，财政稽查大队牵头对39户企业年度会计信息质量进行检查，查处违法违纪金额1804万元,补交税款44万元。

财政资金检查 2000—2008年,组织预算、农财等科室对县财政下达的自来水经费、农业发展资金、水利补助资金、蔬菜发展资金、土地复垦基金、生态效益补偿基金、社会抚养费、水土保持补偿费、少数民族地区补助费和救灾支出等专项资金使用情况进行检查,检查单位231个,检查资金总额8990万元。

小金库专项治理 2009—2011年,发现存在"小金库"问题单位4个,涉及金额51万元。问题经查处后,其他部门单位均得到及时纠正。

组织内部监督 2004年和2006年,先后2次对县财政局10个业务科室进行检查和整改,规范财政收支管理。其涉及主要内容包括财政政策贯彻执行、内部控制制度制订和实施、专项资金拨付使用、单位部门预算审核批复和追加和会计基础工作等方面。

绩效评价

2006年7月设立绩效评价科,与财政监督科合署办公。11月,出台《文成县财政支出绩效评价实施意见(试行)》。3月,根据《浙江省财政支出绩效评价专家管理暂行办法》精神,建立县绩效评价专家库。2007年9月,制定《文成县财政局绩效评价内部协调工作制度(试行)》。2009—2011年,每年均完成年度财政绩效评价计划编制下达及自评工作,建立评价结果应用机制,发挥绩效评价工作应有作用;3年内完成单位(部门)115个以上的绩效评价自评和复评工作,完成省、市、县上下联动绩效评价项目6个,财政部门绩效评价项目2个。

国库管理

县财政预算资金统一纳入国家金库结算。1993年实行分税制后,县财政收入划分为中央收入和地方收入,中央收入纳入中央金库,地方收入纳入地方金库。1993年始,对行政事业单位财政拨款实行统一管理,对资金实行动态控制,正确引导资金使用方向。根据年度预算报告、部门预算编制、政府采购计划,把年度预算按季度或月度细化,规范资金拨付程序,确保资金拨付安全,发挥财政资金使用效益。2003年开始,对县本级机关行政单位人员和学校教师工资实行财政统一发放。做好预算执行分析和预测工作,关注中央、省政策的变动以及重大政策调整对财政收支变化的影响,及时编制预算收支旬、月报表,定期进行预算执行分析,提高预算执行分析质量和财政收支的预测水平。2005年开始,稳步推进国库集中支付改革,出台《关于财政国库集中支付改革扩面的通知》《文成县公务卡管理暂行办法》等文件,将全县63个预算单位纳入国库集中支付改革扩面范围,并顺利开展公务卡改革试点。

政府采购管理

1991—1992年,为配合综合财政预算改革,开始探索实行政府采购办法。1993—2005年,压缩消费膨胀,加强控购管理。在全县行政、企事业单位中健全社会集团购买力辅助账,实行指标管理、带账审查、定点供货、源泉管理的管理办法。2005—2009年,加强政府采购管理,逐步扩大政府采购范围。通过采购中心进行集中采购,开展政府采购执行情况专项检查,规避政府采购行为;制定《文成县政府采购协议供货供应商考核管理制度》,规范协议采购供货行为;组织全县行政事业单位公务车辆保险、办公自动化采购等政府采购项目,计采购资金6086万元,节约财政性资金1280万元,节约率达到17.4%;严格把好车辆购置政府采购关,控制无指标车辆167辆,节约资金180万元。2010—2011年,加强对供应商的监督管理,推行政府采购售后服务反馈制度,施行《通用类商品政府采购意见反馈表》,对在投标、供货过程中以次充优以及售后服务不到位的供应商进行处罚,全力维护采购人合法权益;推进阳光采购,建立健全政府采购规章制度,规范采购行为,重大招标和竞争性谈判活动邀请县纪委、县监察和县审计等部门对采购信息发布、专家评委抽取、开标、评标过程、中标结果进行全程法律监督，确保采购程序及行为合法合规；定期联合县监察局、县审计局对采购单位进行政府采购例行检查；全县政府采购项目集中采购总计8246万元，实际成交合同金额6645万元，节约资金1601万元，资金节约率达到19.42%。

第四节　国有资产管理

国有资产管理是指对所有权属于国家的各类资产的经营和使用，进行组织、指挥、协调、监督和控制的一系列活动的总称。具体地说，就是对国有资产的占有、使用、收益和处置进行管理，其基本目标是实现国有资产的保值与增值。1992年县财政局国有资产管理股设立，1993年，县国有资产管理办公室设立，与县财政局国有资产管理股二个牌子一套人员。1994年县国有资产管理委员会成立，1997年7月县国有资产管理局成立。2002年1月，县国有资产管理局撤销，其职能并入县财政局，县国有资产管理委员会办公室仍然保留。

资本运营

经县政府批准后，于2001年3月经县工商局注册登记，县国有资产投资经营有限公司设立，注册资本2000万元。该公司代表县政府行使出资人职责，承担政府授信贷款管理，国有资产投资项目的控股或参股、委派产权代表和财务经理等工作职责，是县政府对外投资的有效载体和建设资金的集聚平台，下辖文成宾馆。2008年11月，根据《文成县国有资产投资经营有限公司经营方案》，整合56省道瑞东公路公司、文成宾馆和其他资产，强化经营性国有资产管理，注册资本增资到7039万元。

2001—2009年，累计对外投资达到9145万元，投资项目主要有56省道、樟山生态产业基地等。2010—2011年，县财政利用财政间隙资金提供有偿融资服务，通过县国有资产投资经营有限公司对巨屿二期工业园区、小九溪电站、县广播电视台和县电力投资有限公司进行有偿融资服务，有力地推进工业园区经济建设和优势产业发展。同时，也为全县重点工程、民生项目等提供担保和有偿融资服务，为基础设施建设筹集大量建设资金。

国企改革

产权登记　1992年，企业国有资产产权开始进行登记。1996年，首次对186个行政事业单位进行产权登记，并核发国家统一“国有资产产权登记证”。1997年始，对行政事业单位产权实行年度检查制度。

资产统计与评估　1992年，国有资产开始进行统计，企业数据由主管部门汇总上报。1995年以后，行政事业单位、国有企业单户改为直接上报。2011年，全县国有企业46家，资产总额135383万元，负债总额87174万元，资产负债率64.39%，所有者权益48208万元。国有资产总量41537万元，全年主营业务收入61103万元，同比上年增长28.18%，实现利润5608万元，年末从业人数1318人。

破产改制　为破产改制企业提供清产核资、产权登记、资产评估、资产处置、清理债权债务和职工安置等服务工作，防止国有资产流失。1992年11月始，全县对资不抵债、长期亏损、扭亏无望工业企业进行破产改制。1992—1999年，国有企业进行依法破产（终止解散）26家，其中工业企业破产6家、整体资产出售1家、终止解散5家，商业企业破产8家、终止解散1家，物资企业破产3家，粮食企业破产1家，其他企业破产1家。县财政在财力有限情况下，盘活闲置国有资产，清理多头债务，安置下岗职工，为支持国有工业企业进行破产改制安排资金530万元。

1999年，全县加快企业破产改制步伐，成立县企业改革领导小组，理出国有城镇集体改制企业名单，并印发《文成县加快国有城镇集体企业改革实施意见》《关于加快国有城镇集体改革的若干政策规定(试行)》《文成县国有城镇集体企业实行股份制改革的若干意见》三大政策文件，对全县国有城镇集体企业改革的指导思想、基本原则、改制形式、改制要求、职工安置等方面做出明确规定。

2001—2005年，全县进行改制破产的国有企业31家、集体企业28家，财政全额返还企业土地出让、财产处置等收入7500余万元；预算内安排资金840万元，减免企业财政周转金、财政借款等资金600万元，保证企业下岗职工安置标准不降低，总共安置下岗职工3126人。

2007年，县财政继续加大对国有企业改制支持力度，共盘活存量国有资产6000余万元。2009年，全县加快企业改制步伐，做好改制企业职工安置和信访工作。共安排企业改制资金539万元，重点用于下属改制企业职工安置。2011年，妥善处理企业改制遗留问题，做好县"五七"厂和县建筑公司破产改制，审核拨付资金4200余万元，用于职工安置补助。

清产核资

国有企业 1997年，全县进行清产核资的商业、物资、工业系统国有企业27家。1998年，进行清产核资国有企业28家。经过清查核实，共有国有资产总额16050万元，负债总额12361万元，所有者权益3689万元，查出资产损失519万元、经营性亏损676万元，有问题长期投资17万元。

城镇集体企业 根据城镇集体企业清产核资的职责分工，产权界定，产权登记工作由县经贸部门负责，资金核实由县税务部门负责，其他由县清产办负责。1997年，全县进行清产核资的集体金融企业14家、集体工商企业6家。1998年，进行清产核资的工商集体企业26家，合计46家。经过清查核实，共有资产合计33004万元，负债合计29404万元，平均资产负债率为89.1%，核定集体资本3156万元，国家资本167万元，法人资本9万元，待界定实收资本352万元。金融企业查出不良资产973万元，工商企业查出资产损失464万元、政策性亏损挂账39万元、经营性亏损挂账680万元。企业申报处理数1057万元，批复处理563万元。留待以后年度消化的资产损失590万元。

行政、事业单位 2002年，全县对行政、事业单位共计200家进行清产核资，资产总量分布情况：行政单位资产总额17180万元，负债总额7611万元，资产净额10022万元；事业单位资产总额33696万元，负债总额4348万元，资产净额29128万元；企业化管理事业单位资产总额4652万元，负债总额1446万元，所有者权益3206万元。实际批复资产盘盈总额5103万元，批复资产损失总额948万元，单位自行处理固定资产损失总额12万元。2007年，全县对行政事业单位进行资产清查246家，资产总额为89504万元，负债总额为25340万元，净资产为64164万元。查出资产盘盈3185万元，资产损失1139万元，待处理资产损失累计1894万元。2011年，全县又对行政事业单位全面实行资产清查，对县本级行政事业单位国有资产建立资产管理信息系统，实施动态管理。以乡镇撤扩并为契机对原33个乡镇的国有资产进行全面清查，建立固定资产实物台账，由专人负责资产管理。资产管理信息系统将于2012年1月1日开始正式使用。

优化结构

1998年，制定《文成县技术改造项目财政贴息资金管理暂行办法》，投入财政贴息资金145万元，促进企业技术改造，优化全县经济结构。

2000—2006年，配合县政府提出生态工业"55"工程，采取多项措施，发展资源加工型、清洁型和科技型工业企业，以培育农产品加工、矿产资源开发、小水电资源开发、旅游产品开发和承接沿海地区产业转移为重点，加快发展生态工业。设立生态工业发展专项财政贴息资金，用于推进全县生态工业“55”工程目标完成；财政按小企业每年贷款净增额的一定比例给银行作为对小企业贷款风险补偿，鼓励商业银行加大对小企业信贷支持力度，缓解小企业的融资困难；建立风险补偿基金，对担保机构的代偿损失给予一定补偿（实行限率补偿），以提高担保机构担保能力，改善全县中小企业融资环境。

2007年，加大全县工业企业财政贴息，拨付工业企业7家技改贴息266万元。2008年，根据县政府《关于进一步加快工业经济发展的若干意见》，优先安排支持中小企业的财政资金198万元；鼓励企业进行工业性投资和零增地技术改造，对7户企业安排财政贴息资金148万元；支持供销系统各种专业合作社、千镇连锁超市和万村放心店建设，促进现代流通业发展，争取省市财政专项资金37万元。2009年，出台《关于进一步加快工业经济发展的若干意见》《文成县开放型经济若干鼓励政策》，并且拨付中小企业扶持资金42万元。

2010年，依据县委、县政府《关于进一步加快工业经济发展的若干意见》，安排工业企业奖励178万元，技改贴息117万元，支持再生资源企业退税贷款贴息60万元；出台《节能降耗财政专项资金管理办法》，安排节能降耗资金68万元，促进中小企业节能降耗升级；印发《文成县鼓励开放型经济发展若干扶持措施的通知》，完善外经贸发展政策，全年拨付外贸发展资金20万元；印发《文成县进一步加快服务业发展实施意见的通知》，积极扶持服务业集聚区建设，促进全县服务业快速发展，拨付旅游发展资金30万元，扶持农家乐18万元、供销社30万元。

2011年，根据《关于印发文成县2010年鼓励开放型经济发展若干措施的通知》，综合运用贷款贴息、经费补助、奖励等多种扶持形式，支持中小企业发展，下达开放型经济发展专项扶持补助资金26万元。同时，印发《文成县人民政府关于印发加快商贸流通业发展若干规定的通知》，加大对商贸流通业扶持力度，明确商贸流通企业在优先享受土地利用、税费减免、优质服务、财政补助等方面政策。并且，按照再生资源回收企业销售额的一定比例给予资金奖励，扶持再生资源回收行业，即年销售额2000万元（含本数）~6000万元企业，按年销售额的2%给予资金奖励，年销售额6000万元（含本数）~1亿元企业，按年销售额的3%给予资金奖励，年销售额1亿元（含本数）以上的企业，按年销售额的4%给予资金奖励。

资产监督

1995年，县政府出台《关于加强企业国有资产监督管理的若干规定》，以提高国有资产配置效益，保证国有资产保值增值。2000—2007年，针对行政事业单位“重钱轻物、重购轻管”状况，依据《文成县行政事业单位固定资产管理若干规定》《文成县行政事业单位固定资产明细核算管理暂行办法》规定，强化行政事业单位资产管理与检查，规范行政事业单位对国有资产采购、日常管理、核算及处置行为。

2008年，根据《行政单位国有资产管理暂行办法》《事业单位国有资产暂行办法》，加强行政事业单位的固定资产采购、日常使用维护、会计核算管理，规范行政事业单位国有资产处置、报废、报损行为的管理和检查。采取合并、出租、出售、置换、投资等多种形式，盘活国有企业存量资产。合并和组建新的公司，提出县供水公司资产重组方案，完成供销总社天马商厦拍卖。根据省检察院、国资委《关于积极运用检察民事督促起诉保护企业国有资产的意见》，收回国有改制企业产权转让欠款；加强改制破产商业企业8家对外投资欠款清收；做好小九溪水电站改建项目世行贷款结汇、提款报账及付息。

2009年，出台《文成县行政事业单位国有资产管理暂行办法》《文成县国有资产出租管理办法》《文成县国有资产监管领域惩防体系建设2008—2012年实施细则》，规范全县国有资产监管和处置。对县疾控中心办公大楼、乡校等多宗资产进行协调调拨使用，并对拍卖机构进行全程监督，充分运用市场手段，实现资产处置收入最大化。

2010年对国有企业出资人加强管理,统一规定为县财政局(县国资办)出资,成功处置坑下山水力发电公司债务股权同系统转让。同时,规范行政事业单位国有资产处置、报废、报损行为管理,全县报废资产30宗,公开处置资产23宗,资产调拨86件、房屋2处,并实现大额资产出租要进行招投标的管理要求。

2011年,出台《文成县行政事业单位国有资产配置管理办法》,规定各行政事业单位申请使用财政性资金配置国有资产时,财政将按照勤俭节约、从严控制和调剂、租赁、购置相结合的原则进行审核。出台《文成县行政事业单位国有资产配置标准》,对全县各行政事业单位的办公装修、办公设备、辅助设备等资产19项的配置数量和金额提出最高限制标准,统一规范资产配置标准。

第五节　乡镇财政管理

全县于1987年6月建立乡镇级财政管理制度。1991年,对乡镇财政实行"划分范围,基数递增,收支挂钩,一定两年"的财政体制。1992年6月撤区扩镇并乡后,根据全县35个乡镇行政区域情况,合并收支数据,当年实现乡镇财政收入584万元,同比上年增长14.5%,财政支出1071万元,同比上年增长32.2%。全县27个乡镇完成收入任务,12个乡镇财政出现赤字。1993年,对乡镇实行"划分范围,基数递增,收支挂钩,一定三年"的财政体制,财政收入977万元,同比上年增长67%;财政支出1602万元,同比上年增长49.6%,当年有13个乡镇出现赤字。1995年,乡镇财政收入增长速度放慢,同比上年增长2.6%,有18个乡镇出现赤字。1996年,实行"两保两挂"乡镇财政管理体制,即在确保乡镇财政收入任务完成和确保实现当年财政收支平衡的前提下,县对乡镇财政补助和奖励与乡镇财政收入增长挂钩。1998年,加大"两保两挂"力度,对乡镇财政收入实绩超过基数部分划分三类乡镇分别按六四、五五、四六分成;对屠宰税、农业特产税收入实绩总额超过基数部分,除参与收入总额超收分成外,县财政再按其超收金额给予50%的奖励补助。此外,为鼓励乡镇"消赤保平",消除财政赤字,规定县财政对消赤乡镇按消赤额的1:0.5系数给予奖励补助。2003年,农村税费改革后,乡镇财政收入下降的实际,调整县乡财政管理体制,调整后乡镇级收入仅留农业税一项。推行乡镇财政集中统一核算改革,将全县33个乡镇财政、政府及下属单位全部纳入集中统一核算范围。制定《文成县乡镇财政财务管理若干规定》《文成县财政扶贫资金管理办法》,落实防范和化解乡镇财政赤字的各项措施,逐步完善扶贫资金乡级专户管理、县级报账制,乡镇政府赤字得到有效控制。

1992—1997年文成县各乡镇财政收支情况一览表

表16-12　　　　单位:万元

乡镇	1992年		1993年		1994年		1995年		1996年		1997年	
	收入	支出	收入	支出	收入	支出	收入	支出	收入	支出	收入	支出
大峃镇	283	113	458	154	210	234	281	255	361	280	453	351
龙川乡	11	36	16	73	10	112	18	115	21	142	19	153
樟台乡	11	60	27	76	12	—	17	112	19	134	19	141
里阳乡	4	19	4	22	3	30	6	34	5	45	5	48
金炉乡	2	15	4	22	3	33	5	33	5	42	5	50
峃口乡	18	28	41	52	20	77	12	85	14	95	21	106
金垟乡	7	23	4	29	4	39	7	47	7	58	7	63
双桂乡	13	29	19	38	7	55	14	63	10	81	8	99
周山乡	5	17	1	25	1	34	—	34	1	48	—	45

续表16-12

乡镇	1992年		1993年		1994年		1995年		1996年		1997年	
	收入	支出	收入	支出	收入	支出	收入	支出	收入	支出	收入	支出
公阳乡	7	20	5	27	3	35	6	39	6	46	6	51
平和乡	6	18	7	23	3	33	4	38	5	44	5	99
珊溪镇	35	85	96	151	62	239	80	251	76	268	86	295
巨屿镇	12	63	29	82	16	109	23	127	27	162	31	202
仰山乡	5	11	9	16	3	25	3	22	4	31	6	34
东龙乡	4	21	4	26	3	35	5	40	5	45	5	48
桂山乡	4	13	5	19	3	25	3	29	3	53	4	42
玉壶镇	24	57	34	105	18	160	37	172	47	192	62	223
周壤乡	10	41	19	49	8	67	14	77	15	95	18	114
东溪乡	5	29	5	34	3	46	6	51	6	60	6	69
朱雅乡	2	10	3	14	2	21	3	22	3	25	3	38
金星乡	3	13	3	22	2	24	4	25	6	31	4	36
上林乡	1	10	1	13	1	19	1	19	1	28	2	30
南田镇	20	59	31	110	22	187	37	182	47	216	49	227
百丈漈	16	36	34	46	11	64	14	77	22	86	19	101
二源乡	18	41	24	54	11	75	15	81	18	98	18	116
十源乡	5	26	6	28	4	46	7	43	8	53	15	65
黄寮乡	2	6	3	10	2	14	4	15	3	19	6	20
西坑镇	6	30	10	60	5	93	7	104	9	117	16	147
石垟乡	7	11	13	12	6	18	6	18	9	22	12	30
下垟乡	2	8	4	11	3	16	4	21	5	23	4	24
岭后乡	1	7	3	13	2	18	2	15	2	19	2	23
黄坦镇	17	69	26	113	19	173	38	195	46	228	77	254
富岙乡	4	21	3	27	—	—	4	39	3	45	4	52
双溪乡	2	12	9	19	3	24	2	24	5	31	3	31
汇溪乡	13	21	17	27	6	39	6	45	5	53	5	55

说明:数据资料由县财政局提供

1998—2003年文成县各乡镇财政收支情况一览表

表16-13　　单位:万元

乡镇	1998年		1999年		2000年		2001年		2002年		2003年	
	收入	支出	收入	支出	收入	支出	收入	支出	收入	支出	收入	支出
大峃镇	534	419	669	494	745	489	784	570	17	877	29	1045
龙川乡	20	172	22	191	23	165	21	207	12	384	23	208
樟台乡	25	163	28	182	27	170	18	259	9	379	20	215
里阳乡	5	66	6	72	6	77	16	108	4	179	14	73
金炉乡	6	54	6	69	6	68	5	77	4	646	10	75
峃口乡	14	124	17	128	19	137	16	159	3	237	12	164
金垟乡	7	68	7	82	7	80	7	93	6	166	17	83
双桂乡	9	105	11	115	12	106	9	123	7	197	9	92

续表16-13

乡镇	1998年		1999年		2000年		2001年		2002年		2003年	
	收入	支出	收入	支出	收入	支出	收入	支出	收入	支出	收入	支出
周山乡	1	53	2	67	2	55	2	105	—	119	—	60
公阳乡	6	55	6	66	6	83	6	97	5	165	11	76
平和乡	5	60	5	67	5	78	4	101	4	169	6	81
珊溪镇	92	341	108	406	129	456	92	508	15	848	22	422
巨屿镇	34	216	34	271	29	258	24	302	10	496	17	248
仰山乡	8	38	6	47	6	58	9	66	2	96	4	63
东龙乡	2	48	—	—	—	—	—	—	—	—	—	—
桂山乡	4	52	4	68	4	62	4	75	3	133	10	74
玉壶镇	77	240	79	303	89	297	89	375	12	551	28	353
周壤乡	19	129	19	163	19	162	18	209	11	406	24	141
东溪乡	8	73	8	87	7	94	8	131	5	197	12	98
朱雅乡	6	35	6	50	6	41	7	48	3	89	6	58
金星乡	5	37	4	61	6	52	6	68	3	123	8	65
上林乡	2	26	2	73	2	43	2	68	1	81	7	55
南田镇	56	263	69	304	79	305	85	388	17	567	38	314
百丈漈	20	119	23	188	26	166	12	188	6	299	15	145
二源乡	20	127	21	155	23	140	18	216	9	320	18	147
十源乡	13	68	10	84	12	76	10	94	6	188	16	120
黄寮乡	5	22	9	32	8	32	7	40	2	59	3	45
西坑镇	18	147	25	190	26	194	47	246	—	331	5	209
石垟乡	16	27	11	44	9	46	14	45	3	69	5	61
下垟乡	2	22	8	29	7	52	6	36	1	61	3	49
岭后乡	3	24	4	30	3	31	4	41	1	56	5	52
黄坦镇	74	289	60	343	59	341	52	342	18	576	24	323
富岙乡	3	64	3	83	4	77	4	93	3	154	11	86
双溪/云湖乡	2	33	5	117	6	94	8	93	2	152	6	83
汇溪乡	4	61	—	—	—	—	—	—	—	—	—	—

说明:(1)2002年农村税费改革后,文成县对乡镇财政体制进行调整,调整后,乡镇级财政收入仅农业税一项;(2)2003年全县教育经费上划县级管理,因此,2003年乡镇财政支出不再包括中小教育支出。

数据资料由县财政局提供

管辖范围为:大峃镇、龙川乡、樟台乡、里阳乡、金炉乡、南田镇、百丈漈镇、二源乡、十源乡、黄寮乡、西坑镇、岭后乡、石垟乡、下垟乡、黄坦镇、云湖乡、富岙乡、珊溪镇、巨屿镇、仰山乡、桂山乡、峃口乡、金垟乡、双桂乡、周山畲族乡、公阳乡、平和乡、玉壶镇、周壤乡、东溪乡、上林乡、金星乡、朱雅乡33个乡镇和大峃镇环卫所、大峃镇城管大队35个核算单位。

2000年,乡镇财政管理中心建立。2002年全县实行机构改革时,乡镇财政管理分局成立。

统一核算

2002年4月始,全县33个乡镇财政实行集中统一核算。乡镇财政实行集中统一核算后,保持“五个不变”:

预算管理职能不变，年度经费预、决算仍按原渠道编报；财务管理权不变，资金使用权和审批权仍按原规定执行；会计主体法律责任不变，各项财务收支仍按原规定负责，并承担相应的会计法律责任；会计核算的业务运作程序不变，所有资金流入、资金使用、财产物资管理、会计核算与报表的报送、会计档案管理等会计事项仍按原规定办理；银行账户不变。

乡财县管

2008年10月，根据《浙江省财政厅关于对部分乡镇实行"乡财乡用县管"财政管理方式的指导性意见》，县政府出台《关于对部分乡镇实行"乡财乡用县管"改革试点工作的通知》。2009年2月，对经济财源相对薄弱、财政收支规模相对较小的朱雅乡实行"乡财乡用县管"改革试点，由县财政部门直接管理并监督乡镇财政收支，同时对实行试点乡镇加大财政转移支付力度，给予财政政策优惠。

乡财乡管

2011年，全县乡镇33个撤扩并成9镇1乡，乡镇财政机构和管理进行改革，改"乡财县管"为"乡财乡管"。各乡镇政府内设财政财务管理办公室，下设乡镇财政所，乡镇财政财务管理办公室与财政所合署办公，内设财政所长、副所长、预算总会计等岗位。同时，明确撤扩并后乡镇财政管理职责，按照《中华人民共和国预算法》"一级政府一级财政"要求，乡镇财政事务由乡镇政府自行管理，县财政加强业务指导和财政监管力度。县财政对乡(镇)财政实行"划分收支、核定基数、超收分成、自求平衡"的财政管理体制，实行"两保一奖"财政政策。建立以丰补歉制度，按乡镇财政当年所得分项分成收入20%提取债务准备金，用于弥补赤字和以后年度以丰补歉资金。2011年，全县乡镇财政总共完成收入27757万元，其中预算内收入27522万元，其他收入235万元；累计汇总支出26465万元。

2000—2011年文成县乡镇财政基本情况一览表

表16-14

年份	乡镇数	乡镇财政机构数	财税所数	乡镇财政所总人数	乡镇财政供养人口	乡镇财政一般预算收入分档		
						(100万元以下)	(100～500万元)	(500～1000万元)
2000	33	33	0	138	3800	31	1	1
2001	33	33	13	77	2818	32	—	1
2002	33	33	13	65	3111	6	20	7
2003	33	33	13	62	1392	33	—	—
2004	33	33	13	64	1392	33	—	—
2005	33	33	13	52	1380	33	—	—
2006	33	33	13	51	1407	32	1	—
2007	33	33	13	57	1422	30	3	—
2008	33	33	13	57	1406	26	7	—
2009	33	33	13	48	1369	28	5	—
2010	33	33	13	58	1384	26	7	—
2011	10	10	9	49	1325	1	8	1

说明：数据资料由县财政局提供

2000—2011年文成县乡镇财政一般预算收支平衡情况一览表

表16-15　　单位:万元

年份	收入总计	支出总计	年终结余
2000	5167	4680	487
2001	5939	5671	268
2002	9667	9372	295
2003	5885	5383	502
2004	6392	5757	635
2005	8465	7230	1235
2006	10289	9155	1134
2007	10554	9016	1538
2008	13146	11641	1505
2009	15624	15624	2382
2010	16845	16845	1473
2011	17315	15641	654

说明:数据资料由县财政局提供

2000—2011年文成县乡镇政府性基金预算收支平衡情况一览表

表16-16　　单位:万元

年份	政府性基金收入	政府性基金支出	年终结余
2000	414	219	195
2001	195	195	0
2008	4398	1841	2557
2009	9167	9167	1242
2010	5104	5104	1836
2011	19827	19827	2119

说明:(1)2002—2007年,没有发生乡镇政府性基金收入与支出;(2)数据资料由县财政局提供

2000—2011年文成县乡镇财政预算外收支情况一览表

表16-17　　单位:万元

年份	收入总计	支出总计	年终结余
2000	2759	2230	529
2001	3223	2770	453
2002	3116	2749	367
2003	2601	2156	445
2004	2117	1813	304
2005	2805	2420	385
2006	3767	3188	579
2007	2645	2244	401
2008	1735	1337	398
2009	1408	1408	455
2010	1694	1694	0
2011	0	0	0

说明:数据资料由县财政局提供

第六节　财源培植

为实现经济发展和财政增收的良性互动，解决财政增收困难严峻形势，始终把壮大培植财源作为县财政重点工作。发挥财政政策和资金的引导作用，全力支持和促进全县经济持续健康发展。

工业转型升级

1991年开始，综合运用财政资金和财政政策支持全县工业企业转型升级发展。1995年，出台《关于扶持工业企业发展的若干规定》《关于推进工业企业发展若干激励政策的规定》，通过考核兑现，企业32家获奖25万元。1996年，县政府出台《文成县企业破产若干意见》，明确企业破产管理改制、企业职工安置等规定；县委、县政府出台《关于推进农业综合开发实施意见》，旨在加大农业综合开发资金投入，提高农业综合生产能力和促进农民增收，提升农业整体效益。1997年，出台《文成县国有资产经营责任制试行办法》，完善国有企业承包经营责任制，以签订合同形式确定资产保值增值指标，根据经营业绩确定经营者的奖赔。设立风险抵押金，修订考核指标体系，确定经营期为3年。

1998年，出台《文成县技术改造项目财政贴息资金管理暂行办法》，支持优势企业、资源开发型企业和出口创汇型企业技术改造，促进国有企业改制转制。1999年，出台《文成县工业及主要重点产业财政贴息资金管理暂行办法》，鼓励企业技术进步，支持企业技术改造、新产品新技术开发和引进，发展旅游服务企业和促进国有企业改制转制。对当年重点技改项目、重点旅游服务企业项目、重点新产品新技术开发和引进项目、国有企业股份制改造项目、外地引进企业新投资项目贴年息6%，其他企业3%。2000年，出台《文成县工业园区建设若干政策》，设立工业发展基金，县财政安排100万元启动资金，加快工业园区建设。出台税收优惠政策，新办内资企业免征企业所得税三年，外资企业所得税实行“二免三减半”。对新办企业的固定资产投资，以年息6%给予贴息一年。同时，出台奖励政策，鼓励金融机构增加对工业园区企业固定资产投资贷款，按照贷款增加额给予奖励0.5%。

2002年，出台《关于加快我县工业经济发展的若干政策》，县财政每年安排一定资金对县优秀企业、明星企业和对县财政做出突出贡献企业进行奖励。出台贴息政策，对技改项目上缴税金与贴息额在1:1以上企业，给予一次性财政贴息，年贴息率为4%；国家、省级批准的技术创新、新产品试制给予一次性贴息，年贴息率为6%。落实税收优惠政策，新办企业从盈利之年起，给予所得税优惠。外商企业所得税实行“二免三减半”，其他企业所得税在三年内减征或免征。2006—2007年，县财政每年安排技改贴息资金300万元，支持企业增加技改投入和新产品研发。2008年，县财政出资245万元、县供销社出资255万元，县农信担保有限公司建立支持农村信用担保体系建设。2009年出台《关于进一步扶持工业发展的若干意见》，设立工业

图16-2　2009年4月，举行第二届“地税杯”青年辩论赛（县财政局提供）

制造业企业贡献奖,鼓励企业争创品牌、管理创新。设立节能降耗政府专项资金,鼓励企业引进节能基数,进行节能改造,推进清洁生产,争创省级清洁生产企业、绿色企业。

2009年,出台《关于财税支持我县企业分离发展服务业意见》,在落实国家、地方有关税费优惠政策的基础上,从2009年开始对本县企业分离创办服务业当年实际上缴营业税中,其地方留成部分的财政收入按比例给予扶持。2010年,印发《文成县促进再生资源回收行业稳定发展若干意见的通知》,县财政局根据上级文件规定,做好再生资源回收企业增值税退税工作,并按照再生资源回收企业销售额的一定比例给予资金补助。

培养绿色农业

2007年,出台《关于扶持来料加工和农家乐休闲旅游业的若干意见(试行)》,县财政安排资金150万元,对来料加工和农家乐休闲旅游业实行以奖代补扶持政策。

2008年,出台《文成县扶持油茶产业发展实施办法》,加快油茶产业发展。2008—2012年,每年从全民创业基金中安排资金100万元,用于油茶基地建设补助、名优品种引进、良种选育、推广应用等,扶持油茶产品加工龙头企业发展。2008年出台《文成县扶持淡水渔业经济发展暂行办法》,加快渔业产业化发展步伐。2008—2010年,每年从全民创业基金中安排100万元,扶持苗种繁育、沟坑式稻田养鱼、山塘水库养鱼、江河增殖放流、休闲渔业和水产加工业等淡水渔业经济发展。同年出台《文成县扶持茶叶产业化开发暂行办法》,加快茶叶产业化开发步伐。

2011年,出台《文成县人民政府关于加快发展农家乐休闲旅游业的若干意见》,县财政设立"农家乐"发展专项资金,每年安排不少于50万元专项资金,并积极争取省、市补助资金。

发展第三产业

2002—2011年,运用财政扶持政策,促进以旅游业为龙头的第三产业快速发展,培植新兴财源。其中2002年,出台《文成县推进风景旅游业发展的若干政策》,对经营期10年以上,投资额在100万元以上投资旅游业企业,实行三年内减征或免征优惠政策;县内收取的行政性收费全免,事业性的收费减半收取,土地出让金实行先征后返。

2005年,县财政设立旅游发展专项资金,每年安排旅游专项资金,用于旅游宣传促销、品牌创建和基础设施建设,2005—2008年,每年安排300万元,2009—2011年,每年安排800万元。2007年,出台《关于扶持来料加工和农家乐休闲旅游业的若干意见(试行)》,安排资金150万元,对来料加工和农家乐休闲旅游业实行以奖代补扶持政策。2009年,根据县委、县政府《关于加快旅游业发展优惠政策的通知》,设立旅游发展专项资金,并明确支持旅游发展的优惠财税政策。

2011年,根据县政府《关于加快发展农家乐休闲旅游业的若干意见》,安排省重点欠发达县群众增收致富奔小康特扶资金1500万元,用于扶持发展农家乐休闲旅游业。

种粮农民补贴

2007年始,全县启动农民补贴网络建设及农资综合直补,涉及全县农民7.5余万户30余万人。年初开始,组织人员参加省、市培训,成立工作领导小组,下发文件,召开动员大会。并且发放农户基础信息表10余万份,在行政村公示农户相关数据及补贴金额7.5余万户,并形成农民补贴网数据库。以二轮土地承包面积为依据,通过"一折通"将农资综合补贴资金发放到种粮农民手中,共计243万元。

2008年始,农资综合直补资金按种粮农民的实际粮食播种面积为标准进行补贴,不再按农户承包面积为标准补贴。全县共发放人数7.3万户，发放直补资金达到625万元，同比上年增加382万元，增长157.2%，亩均48元，同比上年亩均增加30元。2009年，下发《关于对种粮农民直接补贴的实施方案的通知》，加强“一折通”和农民补贴网建设，全年共发放7.3万户，补助资金573万元。2010年共发放7.3万户，补助资金626万元。2011年共发放7.5万户，补助资金744万元，亩均达到56.61元，走在全省前列。

第二章 国 税

国家税(中央税)与地方税对称,由中央政府征收、管理和支配一类税收,是根据税收的征收管理权及收入支配权进行分类。1994年,国家实行中央与地方分税制,将一些收入充足和稳定的税种作为中央税。1997年全省国税系统实施省属垂直管理体制,随之全县国税系统完全独立运行。1997年全县国家税(中央税)收入1958万元,2011年达到24254万元,同比1997年增加22296万元,增长11.39倍。

第一节 机构沿革

文成县国家税务局于1994年8月设立,1997年8月独设,内设机构6个,直属机构3个,直属单位1个,派出机构10个。2011年内设机构10个,直属机构1个,事业单位1个。

图16-3 县国税局新办公大楼于2003年1月落成(县国税局提供)

内设机构

1994年8月,文成县国家税务局(简称县国税局)设立,1997年8月,国税局独立运行,内设机构为办公室、人事教育科、监察室、税政科、征收管理科和计划财务科。

1997年8月,县国家税务局独设,机构、编制、经费和领导干部职务审批等方面实施省属垂直管理领导体制。内设机构为办公室、人事教育科、监察室、税政科、征收管理科和计划财务科。

2001年12月,计划财务科更名计统征收科。税政科更名税政法规科。管理局、征收局因机构改革撤并,改设为管理科(内设企业管理股、个体管理股)。2003年7月,增设纳税评估科。

2005年6月,撤销纳税评估科。税政法规科更名政策法规科。计统征收科更名计划征收科。撤销管理科,增设税源管理一科、税源管理二科和税源管理三科。

2009年12月,内设办公室、政策法规科、收入核算科、纳税服务科(办税服务厅)、征收管理科、人事教育科、监察室、税源管理一科、税源管理二科、税源管理三科10个机构,另设机关党委办公室

2011年,内设机构未变。全局行政编制人员81名,事业编制人员9名。

直属(派出)机构

直属机构3个:稽查大队、计算机中心和发票管理所;直属单位1个:税务师事务所;派出机构10个:直属税务所、大岀镇第一税务所、大岀镇第二税务所、大岀区税务所、岀口税务所、珊溪税务所、玉壶税务所、南田税务所、西坑税务所和黄坦税务所。全县国税系统在职人员85人。1997年11月,稽查局(税务稽查大队)设立,内设综合股、稽查股、案审股、执行股,下设第一稽查中队、第二稽查中队。

1998年1月,撤并9个税务所,设立县国税局征管分局。征管分局设综合股、企业管理股、个体管理股、征收股及玉壶、南田、黄坦、西坑等纳税申报站4个。12月,珊溪税务所撤销,设立珊溪办税服务厅,作为征管分局下属单位。同月,明确县税务师事务所划归县国税局主管,机构性质为下属全民自收自支事业单位。

1999年9月,撤销税收征管分局企业管理股、个体管理股、申报征收股、综合股,设立征管分局综合管理股,将税收征管分局原有4个内设机构征管业务分别并入分局综合管理股和县局计财科、征管科、税政科业务科室。撤销西坑、黄坦、玉壶、南田纳税申报站和珊溪办税服务厅,申报职能统一归口县城的征管分局办税服务厅;成立税收征管分局,设立珊溪、玉壶、南田税务管理站作为征管分局下属单位。

2000年3月,税务师事务所注销。7月,计算机中心改名计算中心。8月,撤销征收管理科(增挂政策法规科牌子并入税政科)、征管分局、珊溪、南田、玉壶税务管理站和稽查局稽查一中队和二中队,设立管理局、征收局。计算中心改名信息中心。管理局内设综合股、业务股;征收局内设综合股、征收股。稽查局内增设增值税专用发票协查股,原稽查股改名检查股。

2001年12月,管理局、征收局因机构改革撤并。

2007年11月,稽查局下设协查股,重新恢复设立综合股,将检查一股和检查二股合并为检查股。

2009年12月,直属机构1个:稽查局;事业单位1个:信息中心。

2011年,直属机构和事业单位设置未变。

第二节 税种税率

税种指税收体系中具体税收种类,是基本课税单元。根据征税对象不同可将税收划分成不同种类。税率,是对征税对象征收比例或征收额度。税收开征、停征以及减税、免税、退税、补税,依照法律规定执行。

县国税局成立初期,主要负责县域范围的中央税收和中央地方共享税征收管理工作,税种主要包括增值税、消费税、中央企业所得税、地方银行及非银行金融企业所得税,并且负责全县进出口税收管理。

1997年1月开始,负责金融保险业营业税税率调整后增加的3%部分征收管理。1999年12月开始,负责储蓄存款利息所得个人所得税征收管理。

2002年1月开始,县国税、地税部门根据国家税务总局《关于所得税收入分享体制改革后税收征管范围的通知》,将国、地税企业所得税征管范围明确如下:2001年12月31日前国税、地税征收管理的企业所得税,以及按现行规定征收管理的外商投资企业和外国企业所得税,仍由原征管机关征收管理,不作变动。

2002年1月1日开始,在县工商行政管理部门办理设立(开业)登记的企业,其企业所得税由县国税局负责征收管理。但是下列办理设立(开业)登记的企业仍由地方税务局负责征收管理:两个以上企业合并设立一个新的企业,合并各方解散,但是合并各方原均为地方税务局征收管理的;因分立而新设立的企业,但是原企业由地方税务局负责征收管理的;原缴纳企业所得税的事业单位改制为企业办理设立登记,但是原事业单位由地方税务局负责征收管理的。在工商行政管理部门办理变更登记的企业,其企业所得税仍由原征收机关负责征收管理。

2003年,停止征收调增的3%部分金融保险业营业税。2005年按照国家税务总局统一部署,县国税局收回原委托交通局稽征所征收的车辆购置税征收管理权限,自行负责征收与管理。

2009年按照国家税务总局规定,县国税、地税部门对新增企业的所得税征管范围作如下调整:以2008年为基年,2008年年底之前国家税务局、地方税务局各自管理的企业所得税纳税人不作调整。2009年开始新增企业所得税纳税人中,应缴纳增值税的企业,其企业所得税由县国税局管理;应缴纳营业税的企业,其企业所得税由县地税局管理。

2009年新增企业的所得税征管范围实行以下规定,企业所得税全额为中央收入的企业和在国家税务局缴纳营业税的企业,其企业所得税由国家税务局管理;银行(信用社)、保险公司的企业所得税由国家税务局管理,除上述规定外的其他各类金融企业的企业所得税由地方税务局管理;外商投资企业和外国企业常驻代表机构的企业所得税仍由国家税务局管理。

增 值 税

增值税是对在国家境内销售货物、进口货物以及提供加工、修理修配劳务的单位和个人,就取得货物的销售额、进口货物金额、应税劳务销售额计算税款并实行税款抵扣制的一种货物劳务税。增值税是共享税,中央政府分享75%,地方政府分享25%。1994—2008年,全国实行生产型增值税。2009年,开始实施消费型增值税,允许企业抵扣其购进设备所含的增值税。

增值税税率分为:基本税率17%、低税率13%和出口零税率。纳税人销售或进口下列货物,税率为13%:粮食、食用植物油;自来水、暖气、冷气、热水、煤气、石油液化气、天然气、沼气、居民用煤炭制品;图书、报纸、杂志;饲料、化肥、农药、农机、农膜;国务院规定的其他货物。除此之外,纳税人销售或进口货物,提供应税劳务,税率为17%。纳税人出口货物的税率为零;国务院另有规定的除外。

小规模纳税人销售货物或应税劳务,按照销售额和征收率计算应纳税额,不抵扣进项税额。1994年1月,小规模纳税人增值税征收率定为6%;1998年7月,小规模纳税人中的商业企业增值税征收率调整为4%;2009年1月,小规模纳税人增值税征收率统一调整为3%。

消 费 税

主要对在中国境内从事生产、委托加工和进口应税消费品的单位和个人就列举的产品销售征税。1993年12月,国务院发布《中华人民共和国消费税暂行条例》,从1994年1月1日开始施行。该条例于2008年11月5日国务院第34次常务会议修订通过,自2009年1月1日开始施行。消费税属中央税,为中央政府固定收入。

企业所得税

以取得应税所得、实行独立经济核算的境内企业或者组织为纳税义务人,包括国有企业、集体企业、私营企业、联营企业、股份制企业,以及有生产、经营所得和其他所得的其他组织。税收由中央政府和地方政府共享,铁道部、各银行总行及海洋石油企业缴纳的部分归中央政府,其余部分中央与地方按60%与40%比例分享。

1994年对企业所得税进行合并,保存企业所得税、外商投资企业和外国企业所得税,税率为33%。包括文成县在内的“老、少、边、穷”地区新办企业,可在3年内减征或者免征所得税。2000年1月1日始,依照中国法律、行政法规成立的个人独资、合伙性质的私营企业,不予征收企业所得税。

2008年，新的《中华人民共和国所得税法》合并内外资企业所得税法，规定一般企业所得税的税率为25%，符合条件的小型微利企业按20%的税率征收，国家需要重点扶持的高新技术企业减按15%的税率征收。除从事国家限制和禁止发展的项目外，企业从事海水养殖、内陆养殖，或花卉、茶以及其他饮料作物和香料作物的种植项目，减半征收所得税，其他农、林、牧、渔业项目所得，免征所得税。

金融保险营业税

金融保险营业税是对金融保险企业的经营收入征收的税种，中央政府与地方政府共享收入，铁道部、各银行总行、各保险总公司集中缴纳的部分归中央，其余部分归地方。

1994年税制改革，金融保险企业营业税税率为5%。1997年国务院政策调整，金融保险企业的营业税税率从5%提到8%。按原5%税率征收的部分由地税部门征收，归地方财政收入；按提高3%税率征收的部分，由国税部门征收归中央财政收入。2001年始，每年下调一个百分点，分三年调整到5%，下调部分是中央收入部分。2004年始，国税部门停止征收金融保险营业税。

车辆购置税

车辆购置税是对有取得并自用应税车辆行为的单位和个人征收的税，是在原交通部门收取的车辆购置附加费的基础上，通过“费改税”而来。2000年10月，国务院颁布《中华人民共和国车辆购置税暂行条例》。2001年1月，国家开征车辆购置税，收入全部归中央政府固定收入。

车辆购置税的税率为10%，对2009年1月20—12月31日购置1.6升及以下排量乘用车，暂减按5%的税率征收；对2010年1月1—12月31日购置1.6升及以下排量乘用车，暂减按7.5%税率征收；2011年1月1日开始，对1.6升及以下排量乘用车统一按10%税率征收。

储蓄存款利息所得个人所得税

1999年11月始，对储蓄存款利息所得恢复征收个人所得税。从中国境内的储蓄机构取得人民币、外币储蓄存款利息所得的个人，缴纳个人所得税，适用20%的比例税率，税收归中央政府。2007年8月始，税率由20%下调为5%。2008年10月开始，国务院决定对储蓄存款利息所得暂免征收个人所得税。

第三节 税收征管

国税机关根据有关税法的规定，对税收工作实施管理、征收、检查等活动的总称。税收征管是保障税收职能得以实现的一系列管理活动，其内容包括税务登记、税源管理、纳税申报、税款征收、税务稽查、纳税评估、发票管理、票证管理和税收计划等。

税务登记

税务登记是税务机关对纳税人的经济活动进行登记并据此对纳税人实施税务管理的一种法定制度。既是纳税人根据税收法律法规的有关规定，自觉接受税务机关管理，履行纳税义务的一项必要的法律手续，也是税务部门进行税源管理的一项基础性工作。

1996年12月开始，在全县范围内，除了税务登记证用计算机打印外，其他工作主要依靠建立户管档案和管理名册，以人工管理为主。

2001年8月开始,通过CTAIS系统录入纳税人登记信息,进行计算机管理。

2006年9月按照省局相关部署,县国地税税务登记窗口开始联合办证。纳税人取得营业执照后(企业或者需要申请一般纳税人资格的个体工商户还需要取得质量技术监督局的组织机构代码证),到国税、地税联合窗口办理税务登记。窗口国税、地税任何一方均可接受企业申请,将资料录入国税地税中间平台,双方同时审核后,统一发放国税、地税联合税务登记证。

2003—2011年文成县办理税务登记户数情况一览表

表16-18

年份	登记数	企业(家)	个体(户)	年份	登记数	企业(家)	个体(户)
2003	409	51	358	2008	1054	155	899
2004	675	116	559	2009	1244	126	1118
2005	656	114	542	2010	848	115	733
2006	1171	181	990	2011	1059	193	866
2007	857	103	754	合计	7973	1154	6819

说明:数据资料由县国税局提供

税源管理

税务管理部门为达到一定目的而进行的计划、监督、控制和协调等活动,从而实现将税款转交等目的,主要包括税前监控、税中征收和税后稽查。

2004年始,着眼提高税收征管质量和效率为目标,将税收征管工作的重心逐步转向深化税收管理、提高征管质量上来,大力推进税源管理的科学化和精细化。巩固、完善和提高增值税申报纳税"一窗式"管理,落实货物运输发票抵扣新办法,推广应用货物运输发票管理软件,加强对农产品收购发票、废旧物资收购发票管理。

2006年全面落实税收管理员制度,推广应用税收征管辅助系统,为税收管理提供一个具有"一户式"存储管理功能的、覆盖全税种、贯穿全过程、监控多层级操作、分析、监控辅助平台,用信息化手段推进税收管理规范和高效。

2007年,开始开展行业建模工作。建立行业税源监控评估模型并推广行业税源动态分析监控系统,根据行业的生产工艺流程和投入产出规律及指标,测算出产品产出数量,结合库存变化,计算出销售数量、销售收入及应纳税额。并与纳税人实际纳税数额进行比较,对其是否足额纳税进行评估。实施纳税评估模型化,创新纳税评估方法,提升税源管理手段,推进纳税评估规范化和税源管理精细化。

2010年8月开展税源专业化管理。推行税源一体化管理,通过明确界定税收征管各部门、各环节工作职责,不断建立和完善各部门之间横向综合协调机制,加强税源管理、税收分析、纳税评估和税务稽查各环节之间联动,构建职责明确、信息共享、协调互动、统一高效的税源一体化管理工作联动机制。2011年继续开展税源专业化管理工作,推行税源一体化管理。

纳税申报

纳税人或者扣缴义务人向国家税务机关提交书面报告的法律行为,是界定纳税人或者扣缴义务人法律责任的主要依据。根据《中华人民共和国税收征管法》及其实施细则规定,纳税申报方式有直接申报、邮寄申报、电子申报、简易申报和其他方式。

1997年，全面建立纳税人自行申报纳税制度。1998年，在上门申报基础上试点推行邮寄申报。1999年，申报方式更趋多元化：在农村、偏远山区个体工商户实行邮寄申报；企业原则上集中县城上门申报；鼓励有条件的纳税人实行电子申报；对税源少、交通偏远的零星税源实行定期巡回征收；对自愿委托中介机构代办纳税事宜纳税人实行代理申报等。2001年，对个体工商户实行批量扣款，对增值税小规模纳税人实行电话（网上）申报，对增值税一般纳税人实行网上申报。2005年11月，推行全省统一的VPDN网上申报系统。该申报平台基于电信的VPDN技术，纳税人使用报税专用账号和密码，通过宽带上网或拨号上网，走VPDN专用报税通道登录省国税局网站，从而完成网上申报的全过程。至2011年，纳税申报主要方式是个体工商户的以征代报（银行批量扣款）以及企业的VPDN网上申报方式。

2006—2011年文成县纳税网上申报情况统计表

表16-19　　单位：户

年份	申报户次	企业	个体	年份	申报户次	企业	个体
2006	48693	5514	43179	2009	59571	7881	51690
2007	50305	6634	43671	2010	63335	8740	54595
2008	52883	7207	45676	2011	66060	9864	56196

说明：数据资料由县国税局提供

税务稽查

税务机关担负着打击偷税、抗税、骗税等税收违法行业重要职责。稽查工作职责主要是负责有关涉税违法案件的查处以及开展各地税务机关间、部门间有关涉税问题协查工作。同时负责对各类涉税违法犯罪案件司法移送。

1998年开展全县商业零售发票违法行为专项检查，查补税及罚款收入78万元。

1999年开始，开展出口企业和生产供应出口货物的企业出口货物税收问题专项检查，查补税及罚款收入65万元。

2000年，开展银行通信民航所得税、增值税专用发票、金融保险证券业营业税、个人所得税和储蓄存款利息所得个人所得税专项检查，查补税及罚款收入110万元。

2001年，开展涉外税收、出口退税、企业所得税专项检查，查补税及罚款收入51.2万元。

2002年，开展2001年度销售收入在5000万元以上增值税税负率偏低企业、省局重点监控企业、跨地区及异地分支机构企业、摩托车行业、烟酒企业、集贸市场、加油站及石化企业的专项检查及企业所得税、涉外企业税收、建筑行业税收专项检查，查补税及罚款收入153万元。

2003年，开展化妆品护肤护发消费税、个人所得税、建筑安装企业和旅行社（旅游公司）企业所得税、生产企业出口货物“免抵退”税、预提所得税专项检查，查补税及罚款收入54万元。

2004年，开展欠税100万～500万元企业、1998年以前设立的从未稽查企业、新办和注册资金在50万～100万元的商贸企业、实行“一窗式”管理之前增值税缴纳企业、货物运输企业、医药生产购销企业、房地产行业、汽车市场等专项检查，查补税及罚款收入231万元。

2005年，开展对钢铁生产企业、煤炭生产及运销企业、摩托车生产及销售企业、废旧物资回收经营企业及用废企业、以农副产品为主要原料生产加工企业、房地产行业、生产企业出口货物“免、抵、退”税专项检查、个人所得税专项检查,查补税及罚款收入213万元。

2006年,开展煤炭运销企业、烟草经营企业、汽车销售行业、涉外企业出口"免、抵、退"税企业专项检查,查补税及罚款收入79.77万元。

2007年,开展食品药品生产企业、服装生产加工企业、房地产行业和家装建材企业税收专项检查和对中国石油化工股份有限公司、中国银行、中国移动通信有限公司3个企业税收专项检查,查补税及罚款收入102万元。

2008年,开展品牌营销总代理商(总经销商)、房地产行业、烟草行业、证券行业专项检查和对中国平安集团股份有限公司、烟草行业、工商银行3个企业的税收专项检查,查补税及罚款收入324.92万元。

2009年,开展大型连锁超市、建筑安装业、金融保险业、汽车销售行业、重点税源企业、总局定点企业专项检查和办理出口货物退(免)税业务的重点企业专项检查,查补税及罚款收入561.05万元。

2010年,开展房地产业及建筑安装业、交通运输业、药品经销行业、家具制造经销行业、非居民企业所得税专项检查,查补税及罚款收入363万元。

2011年,开展广告业,办理电子、服装类产品等出口货物退(免)税的企业,酒、饮料贸易经销企业、纺织服装行业、眼镜生产销售行业、汽车配件及用品生产销售行业专项检查,查补税及罚款收入金额合计830.62万元。

2001—2011年度文成县国税稽查情况统计表

表16-20

单位:万元

年份	检查户数	查补收入	年份	检查户数	查补收入
1998	23	78	2006	16	79.77
1999	18	65	2007	18	102
2000	26	110	2008	25	324.92
2001	12	51.20	2009	8	561.05
2002	22	153	2010	12	363
2003	31	54	2011	35	830.62
2004	36	231	合计	309	3216.56
2005	27	213			

说明:数据资料由县国税局提供

纳税评估

税务机关运用数据信息对比分析的方法,对纳税人和扣缴义务人(以下简称纳税人)纳税申报(包括减免缓抵退税申请,下同)情况的真实性和准确性作出定性和定量的判断,并采取进一步征管措施的管理行为。主要内容包括:根据宏观税收分析和行业税负监控结果以及相关数据设立评估指标及其预警值;综合运用各类对比分析方法筛选评估对象;对所筛选出的异常情况进行深入分析并作出定性和定量的判断;对评估分析中发现的问题分别采取税务约谈、调查核实、处理处罚、提出管理建议、移交稽查部门查处等方法进行处理;维护更新税源管理数据,为税收宏观分析和行业税负监控提供基础信息等。

2007—2011年,总共纳税评估企业51家,累计补缴税款382.84万元。其中,补征增值税182.24万元,补征消费税2.16万元,补征所得税198.44万元;弥补亏损40.46万元。

2007—2011年文成县纳税评估情况一览表

表16-21 单位:万元

年份	评估户数	税款	其中:增值税	其中:消费税	其中:企业所得税	调整以前年度亏损
2007	12	36.07	2.76	—	33.31	27.51
2008	5	6.32	4.12	2.16	0.04	10.55
2009	7	187.70	172.21	—	15.49	2.4
2010	16	146.75	3.15	—	143.60	—
2011	11	6	—	—	6	—

注:数据资料由县国税局提供

发票管理

发票是财务收支的法定凭证,一切单位和个人在销售商品、产品和提供劳务(包括工业加工)以及从事其他业务活动取得收入时,所提供给付款方票据,均属发票范畴。

增值税专用发票 是根据增值税征收管理工作需要而设计的专供增值税一般纳税人使用的一种特殊发票。

1993年12月,国务院公布《中华人民共和国发票管理办法》,明确增值税专用发票由国家税务总局监制,并进行防伪处理。县域内经县国税局认定的增值税一般纳税人,填写《领取增值税专用发票领购簿申请书》并加盖专用章领购发票。1994年1月,按照国家税务总局印发《增值税专用发票使用规定(试行)》,县国税局对增值税专用发票的领发、使用、抵扣、管理、违章处理等作了明确规定。2002年1月开始,增值税防伪税控系统全面推行,开票金额在万元以上的增值税专用发票必须通过防伪税控系统开具。2003年6月开始,全县增值税一般纳税人全部通过增值税防伪税控系统开具增值税专用发票,停止手工版增值税专用发票。2004年6月,全县推行VPDN网上安全认证,纳税人凭网上办税安全认证卡进行网上申报和网上增值税发票的认证。2006年5月,全县推行防伪税控一机多票系统,增值税一般纳税人开具的增值税普通发票纳入增值税防伪税控系统管理。2008年,运输发票认证纳入网上认证。2009年7月,全县推广防伪税控网上远程抄报税,纳税人可以不受区域、地点、时间和方式限制,随时报税。

2005—2011年文成县国税纳税人发票使用情况表

表16-22 单位:份

年份	数量	年度	数量
2005	1065700	2009	165308
2006	1022325	2010	168327
2007	964835	2011	746978
2008	965828	合计	5099301

说明:数据资料由县国税局提供

普通发票 是区别于增值税专用发票不具有抵扣功能的国税发票,适用于所有国税纳税人。

1997年1月1日开始,县国税局在全县更换使用具有统一防伪措施的新版普通发票,启用刻有税务登记号的椭圆形发票专用章。1997年10月,规范普通发票印制、领购、发放、验收、票款结算的操作规程。1998年1月1日开始,启用浙江省国家税务局普通发票。1998年12月,规范全县普通发票工本费收费标准。1999年1月1

日为配合车辆购置税开征,全县开始启用全国统一的机动车销售统一发票。1999年根据国家税务总局要求,对1997年和1998年纳税人使用的纳入发票管理的各种收付款凭证开展清理检查。2001年1月,为解决“大头小尾”开具发票问题,在加工、修理修配行业开始推行裁剪式发票,2001年3月1日开始,加工、修理修配行业全面使用裁剪式发票。2001年9月和10月,为适应税收征管改革和CTAIS系统上线运行管理的需要,修改发票代码和种类码及发票样本,启用G字头的17位发票代码,具名发票的名称改为“企业衔头发票”。2004年开展普通发票换版工作,统一使用全国普通发票分类代码和号码,发票代码由17位改为12位。2005年10月,启用全国统一的二手车销售发票。2007年9月,为支持农业发展推行“农民办税方便卡”,切实解决农民销售自产农产品时开具发票难的问题。2010年12月和2011年2月,简并票种、统一式样,实施普通发票换版,并全面推行万元版普通发票网络开具。2010年8月1日启用新版发票,2011年1月1日全面使用。

票证管理

税收票证是指税务机关、扣缴义务人依照法律法规,代征代售人按照委托协议,在征收税款、基金、费、滞纳金、罚没款等各项收入的过程中,开具的收款、退款和缴库凭证。包括税收缴款书、税收收入退还书、税收完税证明、出口货物劳务专用税收票证、印花税专用税收票证以及国家税务总局规定的其他税收票证。

1997年开始,一直严格执行票款制度,切实加强税收票证管理。从抓基础、抓落实、抓监督、抓检查等措施入手,切实做好税收票证管理。每年有计划有组织地开展税收票证管理工作自查、交叉检查等,有效监督税收票证管理制度执行情况。征收人员每月领购、核销税收票证手续时,税收票证管理人员与征收人员双方相互要签字;税收票证管理人员按期要对征收人员的结存、填写质量进行盘点和审核。

税收计划

税收计划是指国税机关对一定时期的税收进行预测而确定的收入指标。按年限分长期计划和年度计划,季度计划是执行年度计划的具体保证。采取上下结合的编制和分配计划程序,先自下而上提出计划建议和意见,逐级上报,由国家税务局编制,然后再自上而下核定分配计划指标。年度税收计划由国家税务局核定下达各省、自治区、直辖市税务局执行。季度执行计划由市、县税务机关根据年度计划要求进行安排,下达基层征收单位落实执行。

1994年实行分税制体制,列入国税系统税收计划考核口径税种为国内增值税、国内消费税、外商投资企业和外国企业所得税、中央企业所得税、进口增值税和进口消费税、海洋石油资源税、证券交易印花税和外贸企业出口退税(以负数列入)。

1997年,增加金融保险营业税3%税率部分收入。1999年,进口增值税和进口消费税以及外贸企业出口退税不再列入计划考核口径,同时增加中央控股国有企业、股份制企业所得税和联营企业所得税收入。2002年,增加储蓄利息所得个人所得税和当年起新设登记企业的企业所得税收入。2003年,原国税系统负责征收的金融保险营业税3%税率部分停止征收,不再列入计划考核口径。2005年,车辆购置税由国税系统负责征收(当年未列入计划考核口径)。2006年,车辆购置税列入计划考核口径。2009年,增加新办企业中应缴纳增值税企业的企业所得税收入。

县国税局税收计划编制采用“基数法”,主要是根据省国税局下达的年度税收收入计划任务,充分考虑计划期内的增减变化因素,经过深入细致的分析和调查研究计算编制。

第四节　税收收入与分析

税收收入是国税机关依照国家税收法律、行政法规的规定将纳税人应当缴纳的税款通过不同方式征收入库的收入。2010年12月开始，全县推行税银库联网，税款解缴实现批量处理和税银库电子化对账，提高征纳效率。而税收分析是指国税机关运用各种科学的手段和方法，对大量的经济税源调查资料进行综合统计分析，对税收政策执行及税收征收管理活动做出客观的评估和预测，找出引起税收增减变化的原因，揭示影响税收收入进度的因素，预测税收发展的趋势，为编制税收计划、完善征管措施、开展纳税评估以及实施税务稽查提供依据。

税收收入

1994年，国税与地税分开征收，同年国税收入为1995万元。1995年为1956万元，1996年为1176万元。1997年国税局独立设立。同年，县国税局始有列表数据。2011年，县国税局国税收入2.43亿元。

1997—2011年，累计税收收入13.59亿元，其中增值税9.36亿元，占总收入68.91%；消费税930万元，占总收入0.68%；企业所得税2.15亿元，占总收入15.79%；车辆购置税1.23亿元，占总收入9.03%；个人所得税5827万元，占总收入4.29%；外商投资企业和外国企业所得税954万元，占总收入0.7%；营业税805万元，占总收入0.59%。

1997—2011年文成县国税税收入库情况一览表

表16-23　　单位：万元

项目 年份	国税收入合计	其中													
		增值税		消费税		企业所得税		车辆购置税		个人所得税		外商投资企业和外国企业所得税		营业税	
		收入	占比例(%)	收入	占比例(%)	收入	占比例(%)	收入	占比例(%)	收入	占比例(%)	收入	占比例(%)	收入	占比例(%)
	1	2	3=2/1	4	5=4/1	6	7=6/1	8	9=8/1	10	11=10/1	12	13=12/1	14	15=14/1
1997	1958	1763	90.02	79	4.04	5	0.26	0	0.00	0	0.00	0	0.00	111	5.68
1998	2361	2121	89.86	54	2.28	11	0.46	0	0.00	0	0.00	0	0.00	175	7.40
1999	2464	2237	90.79	42	1.70	16	0.65	0	0.00	1	0.04	0	0.00	168	6.82
2000	2969	2598	87.50	25	0.84	7	0.24	0	0.00	184	6.20	0	0.00	155	5.22
2001	3677	2988	81.26	67	1.82	3	0.08	0	0.00	504	13.71	0	0.00	115	3.13
2002	4042	3053	75.53	54	1.34	185	4.58	0	0.00	556	13.76	131	3.24	63	1.55
2003	5063	3154	62.30	74	1.46	1135	22.42	0	0.00	650	12.84	32	0.63	18	0.35
2004	5209	3511	67.40	58	1.11	934	17.93	0	0.00	700	13.44	6	0.12	0	0.00
2005	7979	5847	73.28	61	0.76	1135	14.22	54	0.68	650	8.15	232	2.91	0	0.00
2006	10706	6935	64.78	74	0.69	1888	17.63	730	6.82	824	7.70	255	2.38	0	0.00
2007	13395	9384	70.06	70	0.52	1538	11.48	1119	8.35	986	7.36	298	2.23	0	0.00
2008	14710	9878	67.15	62	0.42	2986	20.30	1230	8.36	554	3.77	—	0.00	—	0.00
2009	15464	11011	71.20	80	0.52	2110	13.64	2083	13.47	180	1.16	—	0.00	—	0.00
2010	21621	14734	68.15	62	0.29	4075	18.85	2724	12.60	26	0.12	—	0.00	—	0.00
2011	24253	14417	59.44	68	0.28	5431	22.39	4325	17.83	12	0.05	—	0.00	—	0.00
合计	135871	93631	68.91	930	0.68	21459	15.79	12265	9.03	5827	4.29	954	0.7	805	0.59

说明：数据资料由县国税局提供

税收分析

1998年开始,全县国税系统实行按旬掌握收入进度,编制税收收入进度表,按月、季编写收入分析报告,定期通报收入情况制度。通过税收收入分析得知,全县税收收入各年度具有各自特点。1998年,行业之间税源发展不够均衡。商业增值税增幅高于工业增值税增幅30.07个百分点。电力行业、食品加工、机械制造业等同比增长明显,同比上年分别增长47.91%、78.87%、22.43%,而酒类、造纸业、服装业、黑色金属冶炼及压延加工和电子通信设备制造等行业同比上年下降幅度都超过50%,因为这些行业税收大幅度回落,抑制全县国内增值税、消费税"两税"收入增长幅度。

1999年,国有企业税收收入1176万元,同比上年下降18.11%;集体企业税收收入242万元,同比上年下降5.47%;私营企业税收收入71万元,同比上年增长165.22%;个体税收收入530万元。同比上年增长37.66%;外商投资企业税收收入16万元,同比上年增长260%。出现工业企业税收呈负增长,个体税收收入增长幅度较大特点。从预算收入级次分析,中央级入库1678万元,同比上年增收83万元,增长5.2%;地方级入库559万元,同比去年增收28万元,增长5.23%,二者之间增长幅度基本保持一致。

2000年,从预算收入级次分析,省级税收入库同比上年增长18.18%,增长幅度高于中央和县级税收增长幅度4.29个百分点。从经济类型收入分析,外商投资企业和私营企业增幅较大,同比上年分别增长170%和177.22%;国有企业增幅较小,同比上年仅仅增长6.06%;股份合作企业、个体经济和集体企业同比上年下降36.52、3.95和3.87个百分点。

2001年,从主要税种分析税种之间增减不平衡。消费税入库67万元,完成单项计划279.17%,同比上年增长168%,增收42万元;国内增值税入库2988万元,完成单项计划103.64%,同比上年增长15.01%;营业税入库115万元,同比上年下降25.81%,减少40万元;储蓄利息个人所得税税收收入504万元,同比上年增长1.74倍。

2002年,主体税种增值税、消费税"两税"入库不理想,所得税同比上年大幅度增长,营业税减收。增值税入库3053万元,同比上年增长2.18%,增收65万元;剔除免抵调库数48万元,同比上年增长仅仅为0.01%;内资企业所得税入库185万元,同比上年增长66.67倍,增收182万元;个人所得税入库556万元,同比上年增长10.32%,增收52万元;涉外企业所得税入库131万元,上年该税种入库数为零;营业税入库63万元,同比上年减少45.22%,减收52万元。

2003年,增值税入库不理想,消费税、个人所得税有所增长。内资企业所得税大幅上扬,成为增收最主要来源。营业税、外资企业所得税减收。增值税入库3154万元,同比上年增长3.31%,增收101万元,完成年度增值税计划97.53%。消费税入库74万元,同比增长37.04%,完成年度计划132.14%。营业税入库18万元,完成省核计划112.5%,同比上年减少71.43%,减收45万元。内资企业所得税入库1135万元,同比上年增长513.51%,增收950万元,完成年度计划567.50%。个人所得税入库650万元,同比上年增长16.91%,增收55万元 。外资企业所得税入库32万元,同比上年减少75.57%。

2004年,税收收入同比上年略有增长,但是税收弹性系数和宏观税负较低。全年税收收入5209万元,同比上年增长2.88%。全县实现生产总值191900万元(按可比价计算,下同),同比上年增长11.30%。宏观税负为2.71%,税收弹性系数为0.25。重点行业税收下降。电力、煤气及水生产供应业税收入库2167万元,同比上年下降9.06%,减收216万元,税收比重由上年47.07%下降为41.60%。金融保险业税收入库182万元,同比上年下降14.95%,减收32万元。批发和零售贸易业税收入库1030万元,同比上年下降7.79%,减收87万元。制造业税收入库887万元,同比上年增长61.86%,增收339万元。增值税和个人所得税有所增长,其他各税均下降。私营企业税收增势喜人,国有企业税收略有增收,外商投资企业、集体企业、股份企业和个体经营税收减收。

2005年,增值税与涉外企业所得税增速迅猛,个人所得税同比上年有所下降。从分税种分析,增值税入库5847万元,同比上年增长66.53%,增收2336万元,占全部税收增收额86.01%,增值税占税收总收入比重从上年67.40%上升到73.78%,提高6.38个百分点,成为税收增长决定性力量。涉外企业所得税入库232万元,同比上年增长3766.67%,成为全县增长最快一个税种。个人所得税入库650万元,同比上年下降7.14%,减收50万元。企业所得税入库1135万元,同比上年增长21.52%;消费税入库61万元,同比上年增长5.17%。

2006年,三项所得税快速增长,增值税收入所占比重下降。三项所得税入库2967万元,同比上年增长47.1%,增收950万元,对税收增量贡献率达到34.84%,其占总收入比重为27.71%,同比上年提高2.43个百分点。股份制企业税收增幅继续保持领先地位,占总收入比重超过一半。制造业占据第一大行业,电力、煤气及水的生产和供应业税收同比下降。增值税零负申报率逐月下降,一般纳税人增值税税负率高于全省水平。

2007年,税收与经济的弹性系数大于1,宏观税负稳中有升、微观税负略有下降。全县实现生产总值27.5亿元,按可比价增长16%,按现价增长19%;税收收入同比上年增长25.12%,税收收入与经济的弹性系数为1.32。税收收入占生产总值的负担率为4.87%,同比上年提高0.26个百分点,不含车辆购置税,宏观税负率达到4.46%,同比上年提高0.16个百分点。全县增值税一般纳税人平均税负率(剔除出口企业)为4.1%,同比上年下降0.16个百分点。

2008年,全县实现生产总值31亿元,按可比价增长10.1%,按现价增长11.27%;税收收入同比上年增长9.82%,税收收入与经济的弹性系数为0.87。税收收入占生产总值的负担率为4.74%,同比上年提高0.33个百分点,不含车辆购置税,宏观税负率达到4.35%,同比上年下降0.11个百分点。全县增值税一般纳税人平均税负率(剔除出口企业)为3.89%,同比上年下降0.21个百分点。全县财政总收入中属于国税部门组织的收入为11605万元,占国税总收入比重为78.89%,占全县财政总收入比重为33.84%,对财政总收入增量的贡献率达到31.80%,拉动全县财政总收入增长6.48个百分点,国税部门直接为地方财政组织税收收入为3331万元,同比上年增长23.51%,增收634万元。

2009年,全县实现生产总值33.6亿元,按现价增长10.2%,税收与经济的弹性系数为0.5,税收增长慢于经济增长速度。宏观税负率为4.6%,同比上年下降0.14个百分点,不含车辆购置税,宏观税负率为3.98%,同比上年下降0.37个百分点。全县财政总收入中属于国税部门组织的收入9668万元,占国税总收入比重为62.52%,国税部门直接为地方财政组织的税收收入2712万元。

2010年,主要税种增长明显,税收组成结构呈现较大变化。主体税种如增值税、企业所得税增长态势良好,同比上年分别增长33.81%、93.13%,对税收增长贡献率分别为60.47%、31.91%。车辆购置税继续保持增收态势,同比上年增长30.77%。个人所得税由于政策调整效应继续显现,仍然减收。全县财政总收入中属于国税部门组织的收入为12873万元,同比上年增长33.15%,占国税总收入的比重为59.54%,国税部门直接为地方财政组织的税收收入为3814万元,同比上年增长40.63%。

2011年,受到上年同期基数抬高影响,增值税有所下降。随着个人车辆消费增长,车辆购置税快速增长,入库4325万元,同比上年增长58.77%,占税收总收入比重的17.83%,对税收增长贡献率达到60.81%。企业所得税入库5432万元,同比上年增长33.3%,占税收总收入比重22.4%,对税收增长贡献率达到51.54%。二者成为国税收入增长"主力军"。全县财政总收入中属于国税部门组织的收入为16739万元,同比增长30.02%,占国税总收入比重为69.02%,国税部门直接为地方财政组织的税收收入4983万元,同比上年同期增长30.65%。

第五节　纳税宣传与服务

国税机关依据税收法律、行政法规的规定，在税收征收、管理、检查和实施税收法律救济过程中，向纳税人提供纳税宣传与服务。

税收宣传

1992年4月，开展第一个税收宣传月活动，此后将每年4月作为税收宣传月，围绕确定的宣传月主题开展税收宣传。初期，全县税收宣传月活动一般在街道上开展，主要是写几条标语，贴几张宣传画等等。进入21世纪，税收宣传活动逐渐向形式多样和特色化发展。开始运用网络、报纸、办税服务厅等多种载体，通过发放宣传资料、举办税收知识讲座、猜灯谜、送税法下乡村，送税法进社区、送税法进学校等多种形式开展税收宣传。

图16-4　2011年1月，县国税局干部走访企业，宣传税收知识(县国税局提供)

1997—2011年，全县国税系统共开展税收宣传咨询活动36次；送税法进企业、乡村、学校19次；举办税法知识竞赛3次；举办税法培训班21期，参加人数2100人；接受咨询、热线咨询电话557人次；举行纳税人座谈会21次；悬挂宣传标语200余条；印发各种资料6万余份。在县级及以上报纸、杂志、网站采用新闻稿件325篇。通过开展税收宣传月活动，公民依法诚信纳税意识提高，依法治税环境改善，为税收工作顺利开展发挥促进作用。

办税服务

2001年，推行“全程服务”制度，规范办税服务厅的窗口设置，根据纳税人办税需要统一设置一台二窗，即“全程服务受理台”“申报纳税窗口”和“发票管理窗口”，实行“一窗式”服务。同年8月，推行集政务公开、办税承诺制、首问责任制、绿色通道、预约办税、提醒办税和办税流程服务等纳税服务内容于一体的全程服务。2008年9月，推行“一人双机、一窗统办”服务模式，每一窗口可同时办理多项涉税业务。同年10月，推出电子智能叫号系统，利用计算机信息管理技术来代替传统排队，实现对多个窗口、多种涉税业务和已取号纳税人自动进行分类管理，并利用叫号系统的主叫排序优势，顺序呼唤纳税人到对应窗口办理业务，

图16-5　2005年9月，举办文成国税系统VPDN网上报税培训会(县国税局提供)

解决纳税人重复排队的问题。2010年8月，对办理税务登记、发票购买、纳税申报等涉税事项推行“免填单”服务，解决部分纳税人反映的“填表烦、填表难”等问题。2010年9月，推行办税服务厅标准化规范化建设，统一设置全职能的综合服务窗口，实现内部标识规范化，完善“一窗统办”办税模式，推行智能排队叫号系统和服务满意度评价系统，完善自助服务区建设，设立税务争议协调窗口。

税收优惠

增值税优惠政策包括法定优惠和其他优惠。法定优惠包括《中华人民共和国增值税暂行条例》第十六条所规定的八个项目。其他税收优惠主要包括：对民政福利企业实行先征后退优惠政策，对部分资源综合利用产品实行即征即退优惠政策，对软件产品、集成电路产品实行超税负退税优惠政策（其中集成电路产品优惠政策2005年4月停止执行）；对校办企业、废旧物资回收经营单位、国有粮食购销企业以及部分资源综合利用产品、饲料产品、农业生产资料实行免税优惠（其中校办企业优惠政策2004年停止执行；废旧物资回收经营企业免税政策2009年停止执行，改为2009年按70%比例、2010年开始50%的比例财政退回企业已缴销售废旧物资实现的增值税）；对部分资源综合利用产品、销售旧货和旧机动车等实行减征优惠。2011年11月1日开始，全县个人销售货物、应税劳务的起征点分别由月销售额5000元、3000元统一调整为月销售额2万元；按次纳税的起征点为每次（日）销售额200元调整为每次（日）销售额500元。

企业所得税减税免税优惠政策主要分为以下几个阶段：1994—2007年，企业所得税的优惠政策以《关于企业所得税若干优惠政策的通知》（财税字〔1994〕001号）、《浙江省财政厅、浙江省税务局关于企业所得税若干优惠政策的通知》（浙税二〔1994〕63号、〔1994〕财办13号）为依据。1999年为鼓励企业加大投资力度，支持企业技术改造，促进产品结构调整和经济稳定发展，财政部、国家税务总局联合制定《技术改造国产设备投资抵免企业所得税暂行办法》（财税字〔1999〕290号）。2000年，下发《国家税务总局关于印发〈技术改造国产和设备投资抵免企业所得税审核管理办法〉的通知》（国税发〔2000〕13号），该项优惠政策一直执行到2008年年底止。2007年3月，第十届全国人民代表大会第五次会议通过《中华人民共和国企业所得税法》，并于2008年1月1日开始实施。新税法将企业所得税以区域优惠为主的格局，调整为以产业优惠为主、区域优惠为辅的新的税收优惠格局。新税法主要优惠方式：免税收入，对国债利息收入、股息红利等权益性投资收益和非营利组织收入确定为免税收入；定期减免税，对企业从事农、林、牧、渔业项目的所得，从事公共基础设施项目投资经营的所得，从事环境保护、节能节水项目的所得，技术转让所得和征收预提所得税的所得，予以减免税优惠。民族自治地方的自治机关对本民族自治地方的企业缴纳的企业所得税中属于地方分享的部分，可以决定减征或者免征；降低税率，对小型微利企业，减按20%的税率征收企业所得税，对高新技术企业，减按15%的税率征收企业所得税；加计扣除，对企业为开发新技术、新产品、新工艺发生的研究开发费用和企业安置残疾人员及其国家鼓励安置的就业人员所支付的工资，实行加计扣除的优惠政策；加速折旧，企业的固定资产由于技术进步等原因，确需加速折旧的，可以缩短折旧年限或者采取加速折旧的方法；减计收入，对企业综合利用资源取得的收入，由现行直接减免税，调整为按收入的90%比例计入应税收入的方式；税额抵免，对创业投资企业从事创业投资的投资额和企业购置用于环境保护、节能节水、安全生产等专用设备的投资额，可以按一定比例实行税额抵免。

2004—2011年文成县减免税金情况一览表

表16-24　　　　单位:万元

项目	2004		2005		2006		2007		2008		2009		2010		2011	
	民政福利企业	其他减免	民政福利企业	其他减免	民政福利企业	其他减免	民政福利企业	其他减免	民政福利企业	其他减免	残疾人就业	其他减免	残疾人就业	其他减免	残疾人就业	其他减免
1.增值税	287	189	389	0	885	1721	262	27	703	1	708	0	364	9	407	2
征前减免	0	189	—	0	0	1721	0	4	0	1	0	0	0	9	0	2
先征后退	287	0	389	0	885	0	262	0	703	0	708	0	364	0	407	0
减免退税	0	0	0	0	0	0	0	24	0	0	0	0	0	0	0	0
2.企业所得税	0	525	0	529	0	752	0	1095	0	859	0	649	0	138	0	167
征前减免	0	525	0	529	0	745	0	1095	0	859	0	649	0	138	0	167
减免退税	0	0	0	0	0	7	0	0	0	0	0	0	0	0	0	0
3.车辆购置税	0	—	0	0	0	0	0	0	0	20	0	18	0	50	0	35
总　计	287	714	389	529	885	2473	262	1122	703	880	708	667	364	198	407	204

说明:数据资料由县国税局提供

第三章 地 税

地税是地方税简称,地方税与中央税(国家税)对称,由地方政府征收、管理和支配的一类税收。地方税即属于地方固定财政收入,由地方管理和使用的税种。具有税种多,税款零星而分散,征管难度较大,与地方经济和个人、家庭财产关系密切等特点。1994年,全县地方税收入874万元,2011年达23013万元,同比增长25.33倍。

第一节 机构沿革

县地税局机构于1994年8月建立,1998年8月独设,2002年内设5个职能科室,下设6个机构。2011年内设职能科室10个,下设直属机构2个和派出机构3个。

内设机构

1994年8月,成立文成县地方税务局(简称县地税局)和文成县国家税务局(简称县国税局),机构分开、合署办公体制。内设办公室、人事教育科、税政科(法规科)、征收管理科和计划财务科等职能科室。

1997年8月县地税局机构独设。由县政府和温州市地税局双重领导,实行市属垂直管理体制。

2011年11月,县地税局内设职能科室10个,其中办公室、人事教育科、政策法规科和行政审批科为综合科室,税政管理一科、税政管理二科、规费管理局、征收管理科、纳税服务科和计划财务科为业务科室。县地税局机关行政编制20名。

直属、派出机构

1994年8月,下设大峃区、峃口区、西坑区、黄坦区和大峃、大峃第二财税所。

1998年,撤销大峃区、峃口区、西坑区、黄坦区和大峃、大峃第二财税所,成立县地税征管分局(此后,几经更名为"大峃征管局""直属征收分局""直属征管分局""直属分局")和地方税务稽查局。

2002年6月,下设征管局、稽查局、珊溪地税所、玉壶地税所、南田地税所和计算机信息管理中心等基层单位,其中办公室、人事教育科和计算机信息管理中心与县财政局相应科室合署办公。

2011年11月,下设直属机构2个和派出机构3个,分别是稽查局、直属分局和珊溪税务分局、南田税务分局、玉壶税务分局。省定基层地税专项行政编制81名。

第二节 税制改革

税收制度变革以2000年为分水岭,2000年之前主要有1994年实行分税制改革和1998年开设"社会保障基金财政专户"改革,2000年之后紧跟国家税制改革步伐,重点加大农村税费改革力度,逐步完善财产税和所得税制。

分 税 制

1978—1991年,随着经济发展和改革深入,国家工商税制改革取得很大进展,初步建成一套内外有别,以流转税和所得税为主体、其他税种相配合的新税制体系,为贯彻国家的经济政策,调节生产、分配和消费,起到积极促进作用。1994年全面实施分税制改革,统一税法、公平税负、简化税制、合理分权。主要内容:统一内资企业所得税,开征统一的个人所得税,废止个人收入调节税和城乡个体工商户所得税;改革营业税,主要以第三产业为课税对象,商品批发零售改征增值税;开征土地增值税。

社会保险费征收

1998年11月,实施开设"社会保障基金财政专户"改革,实行社会保险基金收支两条线管理,县社保经办机构经费支出由财政预算统一安排,停止从保险基金中提取管理费。2002年1月始,养老保险、失业保险,工伤保险、医疗保险等社会保险费改由地方税务部门征收。

农村税费改革

2000年10月,全县进行农村税费改革试点,主要内容有:取消统筹费、农村教育集资等专门面向农民征收的行政事业性收费和政府性基金、集资;取消屠宰税;取消统一规定的劳动积累工和义务工;调整农业税和农业特产税政策;改革村提留征收使用办法。2001年10月1日,暂停征收屠宰税和农业特产税,2004年1月1日,停止征收农业税。

完善财产税制

2006—2007年,先后将车船使用税和车船使用牌照税合并为车船税。此外,根据省财政厅、省地税局统一部署,陆续调整原油、天然气、煤炭、盐、大理石等若干资源产品资源税的税额标准。同时,将船舶吨税重新纳入财政预算管理,取消筵席税,不再提及开征遗产税和证券交易税。

完善所得税制

2007年,将过去对内资企业和外资企业分别征收的企业所得税合并为统一征收,新的企业所得税法从2008年1月1日开始施行。

图16-6　2009年2月,举行全县企业所得税培训班(县财政局提供)

第三节　税种税率

现行税收体系主要税种有工商税收和农业税收2大类，而税率是计算税额的尺度，是衡量税负轻重与否的重要标志，全县执行的主要有比例税率、超额累进税率、超率累进税率和定额税率。

工商税收

工商税税源大、范围广，收入比较稳定，在适应社会主义经济建设需要过程中在进行不断调整与变革。

1990年，开征税种有：产品税、增值税、营业税、国营企业所得税、集体企业所得税、私营企业所得税、城乡个体工商业户所得税、国营企业工资调节税、个人收入调节税、建筑税、筵席税、印花税、城市维护建设税、城镇土地使用税、房产税、个人所得税和工商统一税等25个。

1991年，实征税种有：产品税、增值税、营业税、国营企业所得税、国营企业调节税、个人收入调节税、集体企业所得税、屠宰税、房产税、车船使用税、城市维护建设税、集市交易税、牲畜交易税、国营企业奖金税、集体企业奖金税、事业单位奖金税、印花税、筵席税、盐税等19个。其余税种因无税源而未征收。

1994年，全面实施分税制改革，统一税法、公平税负、简化税制、合理分权。主要内容有：统一内资企业所得税，开征统一的个人所得税，废止个人收入调节税和城乡个体工商户所得税。改革营业税，主要以第三产业为课税对象，商品批发零售改征增值税；开征土地增值税。

2000年，县地税局负责征收管理营业税、城市维护建设税、企业所得税、个人所得税、资源税、房产税、城镇土地使用税、土地增值税、印花税、固定资产投资方向调节税、车船使用税和屠宰税等税种12个。此外，还负责征收管理由中央和省政府明令开征的教育费附加、文化事业建设费、社会事业发展费、基础设施建设附加费、以工建农资金和预算外资金调节费等规费。

流转税　即营业税。主要以第三产业为课税对象，是地方税的主税种之一。1994年按行业特点设置税目9个、税率3档：交通运输业、建筑业、邮电通信业、文化体育业税率为3%；金融保险业、服务业、转让无形资产、销售不动产税率为5%；娱乐业为5%～20%弹性税率。1997年7月1日始，提高金融业营业税税率到8%，另增加的3%划归中央财政收入。

所得税　包括企业所得税和个人所得税。企业所得税，整合原国营企业所得税、集体企业所得税和私营企业所得税等3个税种。1994年统一调税率为33%，并实行低档优惠税率政策。即对盈利水平较低或规模较小企业，年应税所得额3万元以下（含3万元）暂按18%征收，年应税所得额在10万元以下（含10万元）至3万元的，按27%征收。1994年1月个人所得税开征，工资、薪金所得个人所得税实行九级超额累进税率；个体工商户生产、经营所得和企事业单位承包经营、承租经营所得，实行五级超额累进税率；劳务报酬所得，稿酬所得，特许权使用费所得，利息、股息、红利所得，财产租赁所得，财产转让所得，偶然所得均适用20%的比例税率。但是在实际计算时，又依照不同扣除费用标准，具体如下表：

2000年文成县个人所得税税率一览表

表16-25

全月应纳税所得额	税率(%)	速算扣除数(元)
不超过500元	5	0
超过500～2000元部分	10	25

续表16-25

全月应纳税所得额	税率(%)	速算扣除数(元)
超过2000~5000元部分	15	125
超过5000~20000元部分	20	375
超过20000~40000元部分	25	1375
超过40000~60000元部分	30	3375
超过60000~80000元部分	35	6375
超过80000~100000元部分	40	10375
超过100000元部分	45	15375

说明:数据资料由县地税局提供

2000年文成县生产、经营所得税税率一览表

表16-26

全年应纳税所得额	税率(%)	速算扣除数(元)
不超过5000元	5	0
超过5000~10000元部分	10	250
超过10000~30000元部分	20	1250
超过30000~50000元部分	30	4250
超过50000元部分	35	6750

说明:数据资料由县地税局提供

财产税 1994年,财产税包括房产税、城镇土地使用税、土地增值税、车船使用税等四项。其中,房产税征税范围是县城、建制镇和工矿区,税率分两档(依照房产余值计算缴纳时为1.2%,依照房产租金收入计算缴纳时为12%);城镇土地使用税以国有土地为征税对象,征税范围是县城、建制镇和工矿区。县城的土地划分为甲、乙、丙3个等级,每平方米税额分别为1.00元、0.80元、0.50元,建制镇和工矿区每平方米0.50元;土地增值税:课税对象是有偿转让国有土地使用权及地上建筑物和其他附着物产权所取得的增值额,税率分别为30%、40%、50%和60%;车船使用税:乘人汽车10座以下每辆年税额200元,11座以上年税额300元,载货汽车按净吨位计税,年税额每吨40元,三轮摩托车每辆年税额40元,二轮摩托车每辆年税额30元,三轮汽车每辆年税额60元,拖拉机每吨30元,非机动车年税额每辆4~18元,机动船按净吨位计税,年税额每吨1.20~5.00元,非机动船按载重吨位计税,年税额每吨0.60~1.40元。

行为税 1994年,行为税包括城市维护建设税、印花税、屠宰税。城市维护建设税:以缴纳增值税、消费税、营业税的单位和个人为课税对象,实行差别税率(县城、建制镇为5%,非县城、非建制镇为1%);印花税:对经济活动中书立、领受的应税经济凭证进行课税,实行比例税率和定额税率,税率分为4档(分别为1‰、0.5‰、0.3‰、0.05‰),权利许可证照及部分营业账簿按件贴花5元;屠宰税:以屠宰或收购猪、牛、羊等牲畜的单位和个人为课税对象,按头定额征收(其中:猪10元/头、牛15元/头、羊2元/头)。

目的税 即固定资产投资方向调节税。凡在县内进行固定资产投资的单位和个人,均应缴纳固定资产投资方向调节税。1994年,税率分别为0%、5%、10%、15%、30%。直至1999年7月,调整征收标准,即当年7月1日至12月31日实行减半征收。2000年停征。

资源税 1994年开征,课税对象为在县内开采应税矿产品及生产盐的单位和个人。征税范围:原油、天然气、煤炭、其他非金属矿原矿、黑色金属矿原矿、有色金属矿原矿、盐等产品。县内税额:煤炭税额为每吨0.50元,石灰石每吨2元。

2011年,实征税种有:增值税、消费税、营业税、个人所得税、企业所得税、车辆购置税、城市维护建设税、土地增值税、房产税、城镇土地使用税、印花税、资源税、车船税、烟叶税、契税和耕地占用税等税种16个。

营业税税目税率 交通运输业3%、建筑业3%、金融保险业5%、邮电通信业3%、文化体育业3%、娱乐业5%-20%、服务业5%、转让无形资产5%、销售不动产5%。

城市维护建设税税率 以纳税人实际缴纳的增值税、消费税、营业税税额为计税依据,适用比例税率(市区为7%、城镇为5%、农村为1%)。

企业所得税税率 企业所得税法定税率为33%,同时还设置两档优惠税率:年应纳税所得额在3万元(含本数)以下的,减按18%计算;年应纳税所得额超过3万元至10万元(含本数)减按27%计算。

个人所得税税目税率

(1)工资、薪金所得适用5%~45%的九级超额累进税率。

(2)工资薪金收入个人所得税税率表:

2011年文成县工资薪金收入个人所得税税率一览表

表16-27

级数	全月应纳税所得额	税率(%)	速算扣除数(元)
1	不超过500元	5	0
2	超过500元~2000元的部分	10	25
3	超过2000元~5000元的部分	15	125
4	超过5000元~20000元的部分	20	375
5	超过20000元~40000元的部分	25	1375
6	超过40000元~60000元的部分	30	3375
7	超过60000元~80000元的部分	35	6375
8	超过80000元~100000元的部分	40	10375
9	超过100000元的部分	45	15375

说明:数据资料由县地税局提供

(3)稿酬所得适用20%的比例税率,并按应纳税额减征30%。

(4)特许权使用费所得,利息、股息、红利所得,偶然所得和其他所得,均适用20%的比例税率。

印花税税目税率

2011年文成县印花税税目税率一览表

表16-28

税 目	范 围	税 率
1.购销合同	包括供应、预购、采购、购销结合及协作、调剂、补偿、易货等合同	按购销金额3‰贴花
2.加工承揽合同	包括加工、定做、修缮、修理、印刷、广告、测绘、测试等合同	按加工或承揽收入5‰贴花
3.建设工程勘察设计合同	包括勘察、设计合同	按收取费用5‰贴花
4.建筑安装工程承包合同	包括建筑、安装工程承包合同	按承包金额3‰贴花

续表16-28

税目	范围	税率
5.财产租赁合同	包括租赁房屋、船舶、飞机、机动车辆、机械、器具、设备等	按租赁金额1‰贴花。税额不足1元按1元贴花
6.货物运输合同	包括民用航空、铁路运输、海上运输、内河运输、公路运输和联运合同	按运输收取的费用5‰贴花
7.仓储保管合同	包括仓储、保管合同	按仓储收取的保管费用1‰贴花
8.借款合同	银行及其他金融组织和借款人(不包括银行同业拆借)所签订的借款合同	按借款金额0.5‰贴花
9.财产保险合同	包括财产、责任、保证、信用等保险合同	按保险费收入1‰贴花
10.技术合同	包括技术开发、转让、咨询、服务等合同	按所载金额3‰贴花
11.产权转移书据	包括财产所有权和版权、商标专用权、专利权、专有技术使用权等转移书据	按所载金额5‰贴花
12.营业账簿	生产经营用账册	记载资金的账簿,按实收资本和资本公积合计金额5‰贴花。其他账簿按件贴花5元
13.权利、许可证照	包括政府部门发给的房屋产权证、工商营业执照、商标注册证、专利证、土地使用证	按件贴花5元

说明:数据资料由县地税局提供

房产税税率

(1)以房产原值(评估值)为计税依据的,税率1.2%;

(2)以租金收入为计税依据的,税率为12%。

房地产税税率 1.2%。

文化事业建设费 费率3%。

教育费附加 以纳税人实际缴纳的增值税、消费税、营业税税额为计税依据,适用比例税率3%。

城镇土地使用税税率 2005年,根据《浙江省人民政府关于城镇土地使用税征收若干问题的通知》(浙政发〔2004〕8号)精神,结合全县土地收入级差大的实际,将原四档税额再次进行调整,即对原来的每平方米1元、0.70元、0.40元、0.20元四档适用税额调整为每平方米2.00元、1.20元、0.80元、0.50元。

农业税收

农业在很长时期内是文成县主要产业。建县以来,农业生产持续稳定发展,实现从单纯的粮食生产向基地化、规模化、产业化的多元生态农业的发展,农业税、耕地占用税、契税等农业税收对其起着重要的支持和调节作用。

农业税 是国家对一切从事农业生产、有农业收入的单位和个人征收的一种税,俗称“公粮”。1991年,开征的农业税是根据计税面积、粮食单产,测算出常年产量,结合税率(按全国规定为15.5%)和当年粮食计税价格,核算出年度依率计征正税额,再加上省、县两级附加,确定年度预征额,也称三项税额,由县财政部门征收。1999年随同农业税征收适量地方附加。地方附加的征收率,1999年为15%,其中省附加3%,地区附加2%。2001年,根据省地税局指示开始停征农业特产税。2003年,对种粮油农户停征农业税,同时停止执行地方附加的征收率。2004年,继中央一号文件和省委一号文件出台后,开始停征农业税。

2002年全国全面停征农业特产税,对全省欠发达乡镇361个停征农业税。按照《浙江省财政厅关于做好全省361个经济欠发达乡镇农业税减免工作的通知》要求,文成县有乡镇28个享受这一减免政策。2003年总共批准减免17523户,占全县总农户52563户33%,减免农业税36万元。除以上减免农业税的其余农户继续征收农业税,对这部分农业税税款使用,文成县制定《文成县经济欠发达乡镇农业税减免返还资金使用管理办法》《文成县经济欠发达乡镇农业税减免返还资金使用管理办法(试行)的通知》,资金实行乡管村用,由乡镇统一专户管理、专款专用、以村为单位进行明细核算。县财政局直接将资金拨入专户,实行封闭式运行,用于全县28个欠发达乡镇的村级公益事业支出,主要是村级农田、水利、道路、学校、文化福利、卫生设施等项目建设。农业税减免总共返还给乡镇用于村级公益事业支出资金218万元。

1991—2001年,全县农业特产税大部分是由原木、原竹、水产品征收入库。1998—2001年,全县征收农业特产税402万元。2003年,全县农业税计税面积130329亩,计税产量为32924419公斤,正税为587万元、附加为88万元,正附加合计675万元,金额为311万元。2004年,全县农业税计税面积为125343亩,计税产量为31661371公斤,正税为565万元,附加为85万元,正附加合计649万元,金额为299万元。负担率均为8.92%。

耕地占用税 1987年4月,国务院发布《中华人民共和国耕地占用税暂行条例》,开征耕地占用税。凡建房或者从事其他非农业生产占用国家所有、集体所有耕地的单位和个人,均按其实际占用面积交纳此税。根据占用地区和对象,按每公顷6万元至7.5万元征收,即县政府所在镇及建制镇每公顷7.5万元,其他乡镇每公顷6.0万元。1991年开始,耕地占用税统一调整为每平方米9元,即每公顷9万元;公路建设占用耕地按每平方米2元征收。2008年以后,根据省财政厅《关于印发浙江省耕地占用税实施办法的通知》(浙财农税字〔2008〕17号),文成县耕地占用税税率为每平方米25元。涉及占用农田的,其适用税额在上述规定的税额标准基础上再提高50%。1998—2011年,全县耕地占用税征收5960万元。

契税 1991年,凡土地、房屋不动产权发生买卖、典当、赠予、交换等变动,均按双方当事人签订的契约价格,按比例税率交纳此税。比例税率分别为买契税率、典契税率、赠予税率。买契税率6%按买价征收;典契税率3%按典价征收,先典后买的按买契计征。赠予税率6%按现值征收。交换房屋双方价值相等的免征契税,不相等的由多得方按买契计征。1997年开始,对购进用以自住的房产契税按实际成交价计征6%,其中由地方补贴3%,实征税率3%。1997年,国务院发布国务院令第224号《中华人民共和国契税暂行条例》第三条规定契税税率为3%~5%;省人民政府发布《浙江省实施<中华人民共和国契税暂行条例>办法》,规定浙江省契税适用税率为3%。1998—2011年,全县契税征收16211万元。

第四节 税收收入

税收收入是地方财政税收收入一种主要形式,既是衡量国民经济重要指标,也是经济运行状况综合反映。其间,国税和地税机构分设前后两个时期的全县地方税收收入指标均稳步增长,也反映出全县国民经济一直平稳向前发展。1997年全县国税和地税机构彻底分设,分设前后两个时期税收收入项目情况有所变化,但是总体趋势均呈稳定增长。1991—1996年,全县税收收入12461.6万元。其中,工商税收10587.4万元,国营股份制企业所得税576.1万元,能源交通建设基金74.1万元,国家预算调节基金74.1万元,其他收入1179.9万元。从增长速度看,1996年税收收入是1991年2.92倍,其间年均增长48.8%。从税收占比来看,工商税收占税收收入84.9%,是全县税收收入主要来源。1997—2011年,全县地税收入124837.4万元。其中,营业税49609.1万元,企业所得税19160.8万元,个人所得税24691.3万元,资源税170.1万元,城市维护建设税9029.6万元,房产税4350.5万元,印花税1446.6万元,土地使用税1046.3万元,土地增值税5239.2万元,车船使用税1253.3万元,固定资产投资方向调节税124.4万元,屠宰税169.4万元,税收滞纳金和处罚收入17.2万元,耕地占用税2052.1

万元,契税6478万元。从增长速度看,2011年地方税收总收入是1997年13.6倍,其间年均增长34.7%。从地方税收占比看,营业税、个人所得税、企业所得税为最主要税种,分别占39.7%、19.8%和15.4%,三大税种占了地方税收总收入74.9%;随后是城市维护建设税、契税、耕地占用税、土地增值税、房产税、印花税、车船使用税、土地使用税、资源税、屠宰税、固定资产投资方向调节税,占了地方税收总收入25.1%。

1991年,全县深化改革、扩大开放,支持生产,搞活流通,大力推进各项事业发展,国民经济出现保持多年快速发展势头。但是由于全县经济体量小,税收收入总量仍然偏少。当年全县税收收入1151万元,其中工商税收1030万元。

1992年,全县贯彻落实邓小平视察南方重要讲话和中共十四大精神,进一步解放思想、发展生产,国民经济出现加速发展势头,税收收入实现稳定增长。当年全县税收收入1377.4万元,同比上年增长19.67%,其中工商税收1229.2万元,同比上年增长19.34%。

1993年,全县税收工作面临外有压力、内有困难形势,但是财税部门解放思想、转变观念,在支持生产同时,加强个体行业检查、税收清理和发票检查等征管措施,税收收入增长较快。当年全县税收收入1745.2万元,同比上年增长26.7%。其中工商税收1518.5万元,同比上年增长23.54%。

1994年实行分税制改革,按照“统一税法、公平税负、简化税制、合理分权”的原则,对原有工商税收制度进行一次大规模改革,促使全县税收收入比较上年较大幅度增长。当年全县税收收入2110.9万元,同比上年增长20.95%,其中工商税收1718.7万元,同比上年增长13.18%。

1995年,全县经济继续保持较快增长势头,使得工商税收增加较多。同时,又是国家实行分税制改革后开始之年份,由于严格执行新税制,狠抓地方税和零星税种的征管工作,使得税收收入实现较快增长。当年全县税收收入2727.8万元,同比上年增长29.2%,其中工商税收2236.7万元,同比上年增长30.14%。

1996年,全县税收收入继续保持较快增长,主要原因是地税部门在加强税收征管、提高征管水平上采取许多种切实有效措施。开展形式多样税法宣传,增强纳税人的纳税意识,促使企业和个体户申报率提高和税款增加。同时强化公检法等部门配合,发挥协税护税作用,查补工商税收入库157.4万元。当年全县税收收入3357.2万元,同比上年增长23.07%,其中工商税收2854.3万元,同比上年增长27.61%。

1997年国税机构和地税机构分设,税收收入划分。全县地税部门加强征管积极性提高,聚财力度增强。成功实现“五合一”征管改革方案,创建办税服务厅,建立起以计算机系统为依托的征管模式,提高办税效率。完善《岗位目标年终考核制度》《税务稽查档案管理制度》等,加大稽查查处力度,全年查出大案要案13件,查补税款82万元。当年全县地税税收收入1925.9万元,其中营业税1124.1万元,企业所得税306.6万元,个人所得税178.1万元,资源税0.6万元,城市维护建设税160.2万元,房产税37.9万元,印花税6.5万元,土地使用税2万元,土地增值税2.1万元,车船使用税18.1万元,固定资产投资方向调节税43.5万元,屠宰税29万元,税收滞纳金和处罚收入17.2万元。

1998年新旧征管模式转换初步到位,全县地税部门建立珊溪、西坑、南田、玉壶、黄坦办税服务厅。税务代理得到迅速发展,纳税申报制度日趋完善。税务稽查选案、检查、审核、执行“四分离”,工作机制逐步完善。同时,采取“一季抓进度、二季抓过半、三季抓平衡、四季抓提高”思路,使全县地税收入保持良好增长势头。当年全县地税税收收入2292.9万元,同比上年增长19.05%。

1999年全县地税收入实现稳定增长,增长主要因素有三方面。企业所得税清欠税算入库194万元;个体税收增长32.2%;旧城改造启动、珊溪电站建设进度加快和第三产业发展,拉动营业税和契税大幅度增长。当年全县地税税收收入2640.3万元,同比上年增长15.15%。

2000年,政府鼓励社会投资、拉动经济增长,金融危机带来不利影响逐步减轻。同时,国务院决定自2000

年1月1日开始，暂停征收投资税。全县地税部门落实“加强征管、堵塞漏洞、惩治腐败、清缴欠税”方针，加强税收征管，促进税收收入快速增长。当年全县地税税收收入3421.8万元，同比上年增长29.6%。

2001年，全县地税部门继续落实“加强征管、堵塞漏洞、惩治腐败、清缴欠税”方针，加强对所得税、增值税、营业税等主体税种征管，企业所得税和个人所得税同比上年增长82.5%和81.9%，所得税增收额度达到1034万元，占地方财政收入增收额59.9%，成为增收主要税种。当年全县地税税收收入4562.6万元，同比上年增长33.3%。

2002年，全县地税收入增长和GDP增速(12%)基本持平。地税部门在经济发展的良好形势下，坚持依法治税，切实加强征管和加大稽查力度，积极清理欠税和清理漏征漏管户，提高全县纳税申报率和入库率，促进税收收入增长。当年全县地税税收收入5160.5万元，同比上年增长13.1%。同年，开始取消屠宰税。

2003年，全县地税收入增加额在财政收入增加额中所占的比重明显提高，成为地方财政收入稳定增长主要来源。当年全县地税税收收入5816万元，同比上年增长12.7%。

2004年，全县地税部门坚持以组织收入为中心，加大税源监控力度，贯彻出口退税机制改革，简化办税流程，建立与国税、工商部门的税务协管制度，强化建筑业、房地产等行业营业税征管，开展房地产开发企业、货物运输企业税收检查。当年全县地税税收收入6356.2万元，同比上年增长9.29%。

2005年，国家宏观调控政策对全县建筑业、房地产业和固定资产投资规模造成一定影响，房地产、建筑等主体行业税收大幅下降。同时，连续4次台风灾害对全县国民经济造成较大影响。种种因素叠加，导致全年地税收入增长不快。当年全县地税税收收入6361.2万元，同比上年增长0.08%。

2006年，全县深入实施“生态旅游县”发展战略，加大招商引资力度，推进生态工业“55工程”，全县经济实现又快又好发展。地税部门加强税收精细化和信息化管理，加大重点税源监控力度，大力清缴欠税和打击税收违法行为。当年全县地税税收收入7113.2万元，同比上年增长11.8%。

2007年，税收收入增长继续保持上年良好势头。全县地税税收收入8415.9万元，同比上年增长18.3%。其中营业税3731.8万元，企业所得税1465.4万元，个人所得税1807.6万元，资源税5.2万元，城市维护建设税706.6万元，房产税324.2万元，印花税140.1万元，土地使用税45万元，土地增值税134.3万元，车船使用税55.7万元。

2008年，全县深入实施“三个文成”建设战略部署，大力推进招商选资“一号工程”，国民经济和税收收入保持平稳较快发展。当年全县地税税收收入10534.1万元，首次突破1亿元，同比上年增长25.17%。

2009年，全县地税部门努力克服国际金融危机给经济发展带来一系列不利影响，及时制定落实相应的征管措施，努力挖掘潜在财源，增加政府财力，地税收入继续保持平稳增长。当年全县地税税收收入12648.8万元，比上年增长20.07%。

2010年，全县地税部门面对复杂多变的宏观经济形势，坚持“做大总量与优化结构并重”思路。一方面，加大对重点财源的监控力度，确保应收尽收；另一方面，切实加强对地方小税种的征管，优化税收结构。当年全县地税税收收入21421万元，同比上年增长69.35%，增长较快的原因是耕地占用税和契税由财政部门划到地税部门统一征收管理，剔除契耕两税因素，地税税收收入17935.6万元，同口径增长41.8%。

2011年，全县地税部门加强税收精细化和信息化管理，加大重点税源监控力度，及时开展税收分析，增强工作的主动性，努力做到应收尽收。当年全县地税税收收入26167万元，同比上年增长22.15%。其中营业税8005.6万元，企业所得税2876.1万元，个人所得税4593万元，资源税80.6万元，城市维护建设税1702.5万元，房产税625万元，印花税325.7万元，土地使用税265.4万元，土地增值税2308.1万元，车船使用税340.6万元，耕地占用税1700万元，契税3344.7万元。

1991—1996年文成县各项税收收入情况一览表

表16-29 单位:万元

项目 \ 年份	1991	1992	1993	1994	1995	1996	合计
一、工商税收	1030	1229.2	1518.5	1718.7	2236.7	2854.3	10587.4
1.产品税	314	325.6	327	—	—	—	966.6
2.增值税	288	364	529.7	1113.5	1298	1524.9	5118.1
3.营业税	291	391.3	498.1	343.4	533.7	778	2835.5
4.消费税	—	—	—	62.3	72.5	86.8	221.6
5.工商统一税	7.8	8.7	4.5	—	—	—	21
6.集体企业所得税	20	19.4	16.5	18.5	29.9	52.6	156.9
7.城乡个体工商业户所得税	1	0.5	8.2	—	—	—	9.7
8.个人所得税	—	—	—	49.7	79.6	123.9	253.2
9.个人收入调节税	19.2	20.2	17.7	—	—	—	57.1
10.土地增值税	—	—	—	—	—	1.3	1.3
11.私营企业所得税	0.2	0.3	—	—	—	—	0.5
12.城市维护建设税	44	44.8	73.5	74	136.3	171.6	544.2
13.车船使用税	8.1	7.7	8.9	10.7	12.9	13.7	62
14.房产税	13.8	14.7	13.5	14.3	31.3	43.7	131.3
15.土地使用税	2.5	3.8	2.8	4.5	3.3	3	19.9
16.屠宰税	7.8	8.1	10.1	9.5	17.7	17	70.2
17.印花税	2.4	3.2	2.3	3.4	4.1	23.7	39.1
18.牲畜交易税	0.2	0.2	0.2	—	—	—	0.6
19.固定资产投资方向调节税	—	—	—	—	6	1.5	7.5
20.税款滞纳金和罚款收入	10	16.5	5.5	14.9	11.2	11.2	69.3
二、国营股份制企业所得税	31	40	88.5	82	171.1	163.5	576.1
三、能源交通建设基金	15	29.2	14.4	8.8	6.7	—	74.1
四、国家预算调节基金	16	17.6	9.4	5	4	—	52
五、其他收入	59	61.4	114.4	296.4	309.3	339.4	1179.9
1.教育费附加	28.1	30.5	55.8	77.7	48.5	52	292.6
2.粮食附加税	—	—	—	12.6	17	—	29.6
3.粮食补偿金	—	—	—	18.9	20.8	—	39.7
4.水利建设基金	—	—	—	34.5	32	50.8	117.3
5.社会养老金	—	—	—	110.5	143	148.4	401.9
6.地方交通建设基金	29.1	30.9	58.6	42.2	48	88.2	297
合计	1151	1377.4	1745.2	2110.9	2727.8	3357.2	12469.5

说明:数据资料由县地税局提供

1997—2011年文成县地税各项税收收入情况一览表

表16-30　　　　单位：万元

项目＼年份	1997	1998	1999	2000	2001	2002	2003	2004	2005	2006	2007	2008	2009	2010	2011	合计
税收收入合计	1925.9	2292.9	2640.3	3421.8	4562.6	5160.5	5816	6356.2	6361.2	7113.2	8415.9	10534.1	12648.8	21421	26167	124837.4
1.营业税	1124.1	1429.6	1593.4	1785.1	1893.4	2101.8	2407	2569.8	2446.7	2746.9	3731.8	4613.6	5286.7	7873.6	8005.6	49609.1
2.企业所得税	306.6	280	329.6	848.8	1548.1	1371.8	1272	1472.5	1565.3	1650	1465.4	1253.6	1579.3	1341.7	2876.1	19160.8
3.个人所得税	178.1	223.4	346.9	408.1	742.1	975.5	1303	1510.8	1467.2	1479	1807.6	2648.8	2966.1	4041.7	4593	24691.3
4.资源税	0.6	0.4	1.9	0.9	0.2	0.4	—	0.4	4.4	5.4	5.2	12.2	10.9	46.6	80.6	170.1
5.城市维护建设税	160.2	192.8	184.1	195.7	214.2	466.8	403	444.5	436.2	707	706.6	793.2	999.2	1423.6	1702.5	9029.6
6.房产税	37.9	69.9	85.8	102	85	149.7	351	243.2	291.8	315.8	324.2	482.8	527.3	659.1	625	4350.5
7.印花税	6.5	16.8	15.5	24.7	19.4	26.6	40	41.9	48.8	90.3	140.1	173	204.3	273	325.7	1446.6
8.土地使用税	2	2.3	2.5	2.9	2.8	5.1	18	14.7	27.3	30.8	45	104.5	203.6	319.4	265.4	1046.3
9.土地增值税	2.1	3.2	2.1	3.3	5.2	2.8		32.1	43.7	50.8	134.3	291.2	725.8	1634.5	2308.1	5239.2
10.车船使用税	18.1	20.4	17.4	17.6	17.4	21.4	22	26.4	29.8	37.1	55.7	161.2	145.7	322.5	340.6	1253.3
11.固定资产投资方向调节税	43.5	19	23.3	—	—	38.6	—	—	—	—	—	—	—	—	—	124.4
12.屠宰税	29	35.1	37.8	32.7	34.8	—	—	—	—	—	—	—	—	—	—	169.4
13.税收滞纳金和处罚收入	17.2	—	—	—	—	—	—	—	—	—	—	—	—	—	—	17.2
14.耕地占用税	—	—	—	—	—	—	—	—	—	—	—	—	—	352.1	1700	2052.1
15.契税	—	—	—	—	—	—	—	—	—	—	—	—	—	3133.3	3344.7	6478

说明：数据资料由县地税局提供

第五节　税务管理

税务管理是对税收分配全过程进行决策、计划、组织、监督和协调，以保证税收职能得以实现的一种管理活动，它包括税收征管、税务稽查、发票管理三大部分。

税收征管

包括税款征收过程的组织、管理与检查等工作。由于税收的政策性强、变动性大，因此税收征管模式也在不断完善中。

征、管、查三分离模式　20世纪80年代中期至90年代初期，根据税源分布及纳税人不同情况在基层税务征管中实行税款征收、纳税管理和纳税检查相分离。1991年6月税务稽查队成立，试行"多员进厂，征、管、查分离"征管模式，强化内部约束监督机制。

集中征收重点稽查征管模式　1997—2004年7月，实行"以申报纳税和优化服务为基础，以计算机网络为依托，集中征收，重点稽查"征管模式。1997年"一个制度，四个体系"建立即建立纳税人自行申报纳税制度，建立以税务机关和社会中介组织相结合服务体系、以计算机网络为依托管理监控体系、人工与计算机结合稽查体系和以征管功能为主机构设置体系。建立局域网，实行税收征管系统TaxFriend98应用。2004年，推出网上纳税申报服务尤其是企业纳税人和扣缴义务人网上申报方式。

税源间接控管征管模式 2005年,基于信息化基础上的税源间接控管模式开始确立。2006年,实行"人对事、事对户"的税源间接控管模式,推广应用《税源间接控管平台》,实现税库银联网的"一户通"税款缴库方式。2008—2011年,各办税大厅在"延时服务""预约服务""首问责任制"等优质服务基础上,推出"一次性告知制",开展"一窗式"全程涉税服务和同城通办服务。

税务稽查

税务稽查既包括税务法律、法规、制度等贯彻执行情况,也涵盖纳税人生产经营活动及税务活动合法性,即偷、逃、抗、骗、漏税及滞纳情况。

稽查规定 1991—1995年12月,实施《税务稽查工作规程》。1999年6月,实施《浙江省地税系统税务违法案件举报奖励实施办法》(2008年1月1日停止执行)。2000年3月,实施《税务稽查案件复查暂行办法》。2000年5月,实施《浙江省地税稽查人员主、协查工作制度》。2000年10月,实施《浙江省地税系统稽查错案责任追究工作制度(试行)》《税务稽查业务公开制度(试行)》。2005年10月,实施《税务检查证管理暂行办法》。2006年1月,实施《浙江省地税稽查系统档案管理办法》《浙江省地税系统稽查下查一级管理实施办法(试行)》。2007年1月,实施《浙江省地税系统涉税检举案件分类管理暂行办法》《浙江省地税系统稽查协查工作制度》。2007年6月,实施《浙江省地税系统税务稽查案件证据管理办法(试行)》。2008年1月,实施《检举纳税人税收违法行为奖励操作办法》。2008年10月,实施《浙江省地税系统稽查建议制度》。

稽查成效 1987年9月,县财税稽查大队成立(1998年下半年,改为地方税务稽查局)。税务机关主要力量转向日常、重点的税务稽查,加大对偷逃骗税行为打击力度。1992—2008年,地税稽查局查处偷逃骗税各类案件506件,查补税收金额2162万元。2009—2011年,查处偷逃骗税各类案件223件,查补税收金额540万元。

发票管理

县域境内工商企业营业发票一直由税务部门统一负责管理。1993年12月28日,国家税务总局发布《中华人民共和国发票管理办法实施细则》,把发票管理纳入法制化轨道。

1991年发票定厂印刷。设立专人负责对全县企事业单位、个体工商户所用发票的发售、保管、使用、检查等。1994年分税制实施后,开始使用浙江省税务局印制的增值税专用发票,和原有普通发票同时流通。按照分税制要求,增值税实行价外计征,根据发票注明税金进行抵扣。同时明令规定,增值税专用发票在填开时必须按时序如实填写一次填开,并在抵扣联和发票联加盖财务印章,不得转借、转让、代开,不得拆本使用,不得扩大范围或进行倒买倒卖。1999年1月始,使用新版地税发票、农业"四税"完税证及缴款书。2000年,开始细化发票管理环节,规范发票发售行为,把严发票领购、审批、缴销关。核实用票单位及个人使用、开具发票内容与其经营范围是否相一致,严格大额手工票的用票范围,提倡小规模经营纳税人使用定额发票。运用发票的信息化数据,作为税源案头分析的重要组成部分,加强日常税源管理。2010年,开始使用最新版地税发票,按行业和用途分为9大类38种,涉税管理凭证1种。主要有通用机打发票、通用手工发票、通用定额发票。新版地税发票采用物理性防伪技术和高科技防伪技术相结合的防伪措施印制,全省所有地税发票的代码由浙江省税务票证管理中心统一编制。同年,出台《关于印发推广应用电脑版普通发票工作实施方案的通知》,推进电脑版发票推广应用,全县有纳税人85户应用浙江省电脑版普通发票开票软件。

第六节 纳税服务

纳税服务指税务机关依据税收法律、行政法规的规定,在税收征收、管理、检查和实施税收法律救济过程中,向纳税人提供的服务事项和措施。

税收宣传

1992年4月,开展第一个税收宣传月活动,此后将每年4月作为税收宣传月,围绕确定的宣传月主题开展税收宣传。1992—2011年,全县地税部门结合普法工作,积极开展税法宣传教育。1993年,已税务咨询、设立宣传窗、张贴宣传标语等形式开展宣传活动。1994年,开展税法宣传月活动。期间,组织70余名干部走上街头,宣传新税制政策法规,发放宣传资料2000余份,接收咨询500余人次。1995年4月,开展税务咨询活动,在电视上进行税法宣传,开展"税务杯"演讲比赛。1996年4月,举行声势浩大的千人上街税法宣传大游行和咨询活动。5月,全县举办有35支代表队参加的"财税杯"拔河比赛。1997年,主要利用电视、广播、标语等形式开展税法宣传,开展普法学习和行政执法培训。1998年4月,县城和主要乡镇的街道设立税务咨询点8个,向群众发放税收宣传资料1万余份,接受咨询2000余人次。1999年4月,通过电视台发表电视讲话,组织上街咨询等形式开展税收宣传。2000年,主要开展面向党政机关、学校、纳税人、群众的"四个面向"税收宣传活动。2001年,举办税收法制普及抽奖相结合的税收知识竞赛活动,收到县企事业单位、行政机关和个体工商户的参赛答卷2000余份。召开纳税大户(10万元以上)和个体户代表座谈会。2002年4月,安排财税干部到中小学校开税法课,开展"小小税收宣传员"和税法扶贫结对等活动。2003年,开展税法进社区等活动。2004年4月,举办街头税收咨询活动;6月,举办2003年度地方税收纳协税先进单位座谈会。2005年,开展税歌闹山城主题税法宣传活动。2006年,开展"新农村建设地税与你同行"系列活动。2007年4月,以"依法诚信纳税,共建和谐社会"为主题,组织开展"和谐征纳、关注民生"系列活动。2008年,编写地税版"三字经"在全县范围内发放。2009年,以"税收·发展·民生"为主题,"税孝同行"税务宣传文艺巡演深入农村,共巡回演出16场次,受众10000余人次。2010年,开展税收知识竞赛和"税收与民生"有奖征文比赛活动,增强税收宣传的互动性和有效性。2011年,制作税收宣传画册,重点加强税收优惠政策的宣传和落实。开展"企业服务季"活动,着重宣传中小企业的减免政策;组织税务人员和纳税人参加税政综合知识、企业所得税汇算清缴、土地增值税清算、营业税政策业务、新个人所得税政策调整等业务培训,参训人员达500多人次。

图16-7 2011年8月,县财政地税局组织开展税法宣传活动(胡慧积 摄)

办税服务

1995年始设立办税服务厅,纳税集中到征收大厅申报和缴税。1997年,全县税务部门实施"五合一"征管改革方案,撤销原直属分局、大岀第一税务所、大岀第二税务所、大岀税务所和岀口税务所,成立县地方税务局征管分局,初步建立以计算机为依托的征管模式,为纳税人创造良好纳税环境。1998年,又建立珊溪、玉壶、南田、西坑、黄坦地税办税服务厅。同时,加快信息化建设步伐,加强《浙江地税信息系统》征管软件和OA软件的应用,先后应用TF98、TF2000征管软件。并加强大厅制度化建设,规范办税程序。2001年开始,改革纳税申报方式,简化纳税手续,推行"税银联网、实时(批量)扣款"。2008年实行税务登记免填制度,免收税务登记工本费,规范办税服务厅标识,并对各办税厅配备服务评价器,设置一米等候线,配备POS刷卡机,设置网上自助服务区,推行"补正承诺制"等服务措施。2009年,清理简并纳税人涉税资料的报送,印制《办理纳税人涉税事项操作指南》8000本,优化办税流程,提高办税效率。2010—2011年,推广应用浙江地税视觉识别系统,办税服务厅实现功能区块划分设置,分为导税、等候、自助、填单、办税等五个区域;办公区域的环境规划事物实现统一化、清晰化,其中包括门厅楼层总索引标识、本楼层科室分布索引标识、科室门牌和工作人员去向信息标识等八项,实现办税环境的统一规范。

税收优惠

1992—2000年,运用税收的杠杆作用,扶持企业发展。如1992年为企业减免税180万元,其中鼓励企业发展生产减免为58万元,占41%。2000—2003年,落实各项税收优惠政策,努力营造建立市场经济体制的良好氛围,为企业改革和发展创造较为宽松的经济环境。2004—2007年,尽量用足优惠政策,扶持新办企业快速发展,帮助亏损企业摆脱困境,支持国有、集体企业顺利改制。共复核减免新办企业所得税14户,减免税额206万元;减免困难企业房产税110户,减免税额157万元。同时,落实下岗失业人员再就业税收优惠政策,使原国有企业下岗失业人员从事个体经营的都享受到税收优惠。2008年落实各项税收优惠政策,为11户下岗失业人员、退役士兵和残、孤、烈、灾等有关人员减免个人所得税3万元;办理企业所得税税前扣除项目企业6户,减免税额82万元;办理2008年度困难企业房产税减免41户,减免税额109万元,帮助困难企业走出困境。2009年落实各项税收优惠政策,为26户下岗失业人员、退役士兵和残、孤、烈、灾等有关人员减免个人所得税3万元,办理下岗失业人员再就业减免税12人;办理2009年度困难企业房产税减免39户、城镇土地使用税减免16户,减免税额149万元;出台《关于财税支持我县企业分离发展服务业意见》,认真落实相关政策。2010年,主要把握六个方面优惠政策:下岗失业人员、退役士兵和残、孤、烈、灾等弱势群体减免19户1.5万元;福利企业、综合资源利用、困难企业的房产税减免42户127万元;城镇土地使用税减免18户48万元;城乡公共交通车船税减免15户7200元;加强分离发展服务业的企业税收减免以及小额农户贷款利息收入免营业税等备案管理。

图16-8　2009年5月,召开税企沟通会议,给企业落实有关税费优惠政策(胡慧积 摄)

第七节　税源扶持

经济决定税源,税源决定税收,如何涵养经济税源、优化税源结构、壮大地方税收,为全县经济社会发展提供坚实可靠财力保障,税源扶持尤为重要。

税源涵养

1991—1995年,根据择优扶持、突出重点的原则,帮助企业发展生产。1994年开始,与各乡镇、县国土、县规划等部门建立协作联系制度,及时掌握企业动态信息、深入做好调研工作,抓好房地产项目建设、招商引资、政府性投资项目等一些大型建设项目,发展税源。1994年帮助企业发展生产153户;1995年支持企业技术改造17家,扶持企业及种养大户发展生产44家。利用贴活息资金,并制定财税优惠政策,帮助企业搞好扭亏增盈,依靠地方优势,大力发展农业生产,重点扶持对香菇、茶叶等十大种养基地,谋划“种、养、加”一体化,“产、供、销”一条龙经营战略。

1996—1998年,发挥财政政策导向和税收收入调节作用,参与企业、产品结构调整和优化,推动企业加快以国有企业为重点“改制、改组、改造”步伐;对企业实行“两保两挂”激励机制,增强企业“自我加压、自我发展、自我寻求占领市场”优势,不断提高经济效益。

1999—2005年,落实税收优惠政策,重点培育:1.农业龙头企业如山珍公司、冰洋实业有限公司、天蓬动物养殖有限公司等,鼓励农民发展市场适销的大棚蔬菜、水果、中草药等。2.配合有关部门制定工业园区优惠财税政策,设立工业发展基金,支持温州浙南管桩有限公司等企业10多家进行技术进步和发展。3.重点支持旅游景区建设,发展旅游业为主第三产业。4.支持县体育中心、县殡仪馆、巨屿沙洲开发、百丈飞瀑引水工程、新56省道公路和县城引水工程等重点工程建设。

2006—2011年,支持工业基地的配套设施建设,和支持企业技改和产品研发。继续加大对以旅游业为主导第三产业支持力度,支持刘基庙(墓)、铜铃山森林公园、百丈飞瀑等景区建设等旅游资源开发和旅游基础设施建设。支持新56省道、新文中、环城南路、县城供水工程、泗溪河治理和体育中心等重点工程及基础设施建设。继续扶持来料加工、家庭工业和特色农业产业发展。推进企业分离发展服务业,加大现代服务业扶持力度,优化地方财源结构。

税源分析

1991—2000年,开展税源调查,深入分析税收结构和特点、税源变化情况,以及政策、体制、气候等因素对税收收入影响,并采取相应的征管措施。坚持开展收入分析调查,撰写月、季度和年度税收收入分析报告。

1996—2011年,对税源进行分类化分析和管理,普通税源实行常规化管理。确定各个行业最低税负预警值,每年选取1~2个行业分片区对其开展纳税评估,并从中抽取低于税负预警值的企业进行纳税辅导,以此规范企业纳税。零星税源实行特殊化管理。主要是针对门征临时开票和起征点以下税源实行特殊化管理:要求起征点以下纳税人及时登记,严格发票领用管理,每年审核发票开具额,达到或超过起征点额度的于下一年及时调整定额;要求门征临时开票人提供受票方单位证明和开票人身份证件,如果企业开票,则先进行临时登记,再审批开票;一次性税源实行社会化管理。通过县政府层面推进部门协作,与工商、国税、财政、住建、土地、招投标等部门单位建立协税护税网络,完善信息传递机制。利用社会各部门信息和协税护税网络力量,及时掌握一次性税源情况,并将其纳入税务管理。

2009—2011年,建立日常税源管理质量考核通报制度,对各基层分局16项日常税源管理和3项数据清理情况进行考核,并通报考核结果,形成税源管理竞争激励机制,提高税源管理质量。

税源管理

1991—1996年,坚持税收例会制度,随时掌握任务落实情况,经常深入到基层征收单位督促收入,积极开展税源调查,挖掘潜在税源,增加税收收入,从而保证税收及时足额入库。

1997—2005年,开展税源调查,摸清税源分布和变动情况,每季对收入和税源变动情况进行及时分析预测。建立重点税源监控变化舆情机制,按月选取2~3户重点税源开展下户及税情分析,对重大税源变化实行报告制,全面掌控重点税源情况。做好受"非典"、特大台风、干旱、雨水等自然灾害影响行业服务和支持。重点加强对建筑业行业管理,通过完善个人所得税征管考核办法,拓宽代扣代缴范围,坚持"抓大放小",加大对房产税、土地使用税等小税种征管力度。

2006—2011年,加强重点税源行业、重点税源企业监管,开展重点行业税源调查,加强税收调查分析,运用计算机管理手段实施全面监控。建立地税、国税、工商协管和例会制度,实现部门信息互通共享,对重点税源进行全面监控。

第十七卷

市场监督管理

1991—2011年,县工商、技术监督、食品药品、发展计划、安全生产等职能监督管理部门,各司其职,各负其责,协调运转,有效制衡,对各类消费品市场、生产资料市场、商品交易市场开展全面监督管理,完善市场体系,规范市场交易行为。2005年10月,全省首个县级工商局信用监管网——文成信用监管网开通启用,为稳定全县市场经济运行,保护广大消费者合法权益,促进社会全面和谐,起到积极的作用。持续开展对医药、食品行业质量、计量和特种设备的监测和安全监察。2005—2011年,省市县监督部门抽查食品安全553批次,合格472批次,合格率85.4%;全县小食品作坊整顿规范195家,停产23家,取缔7家,整规率100%。开展物价检查和规范,维护消费者的合法权益。1991—2011年,查处各类价格违法案件2485件,没收违法所得468.98万元,退还消费者494.87万元。坚持防治结合,维护人民群众的生命安全。2005—2011年,全县安全生产事故、死亡人数和直接经济损失3项主要指标连续6年保持“零增长”。

第一章　工商行政管理

1974年8月，县工商行政管理局（简称县工商局）在县打击投机倒把办公室基础上建立。初始时，负责对投机倒把行为的专项斗争，重点打击、遏制当时破坏山林、偷运木材等违法活动。至1991年，县工商行政管理局主要职能是对私营企业、个体工商户强化证照管理，把好审查、登记关。1992年开始，工作重点从证照管理向扶持发展转变，对个体、私营企业放宽登记政策、经营范围和经营方式，支持骨干企业提高经营效益，打破行业、部门所有制界限，开展公平竞争。2001年以后，其主要职能明确为市场主体登记管理、市场规范合同监管、市场经济监督检查及消费维权服务。

第一节　机构沿革

1991年，县工商行政管理局内设7个股室，下辖8个工商行政管理所。2011年，内设11个科室，下辖4个工商行政管理所。挂靠县工商行政管理局有个体劳动者协会、民营企业协会和消费者权益保护委员会。

县工商行政管理局

1991年，局机关设置办公室、监察室、经济监督检查股、企业登记管理股、经济合同管理股、市场管理股及个体私营经济管理股。全系统在册工作人员110人。

1998年6月，县96315举报投诉中心成立。12月，全省工商行政管理系统实行垂直管理。局机关设置办公室、政工科、经济检查科、企业登记管理科、个体私营经济登记管理科、市场管理科、经济合同管理科、商标广告管理科和消费者权益保护科。

2001年，县工商行政管理局列为全市工商行政管理系统人事机构改革试点单位，改革后局机关设置办公室、人事教育科、注册监管科和经济检查科。

2011年，局机关设置办公室、法规科、企业注册科、个体私营经济监管科、市场规范管理科、食品流通监管科、人事教育科、注册分局、网络经营监督管理办公室、消费者权益保护分局和经济检查大队。县编制委员会核定全局人员编制109名，实际在编干部职工98名。办公地点设在县城体育场路420号县工商局大楼。

下属机构

1991，按全县行政区域下设大岀、南田、西坑、黄坦、珊溪、岀口、玉壶、城关市场管理所等工商行政管理所（工商所）8个。另设局经济仲裁委员会，下属大岀、珊溪、岀口、南田、西坑派出仲裁庭5个。1998年12月，下设大岀、珊溪、南田、玉壶、岀口、西坑、黄坦工商行政管理所7个。另辖个体劳动者协会、私营企业协会、消费者权益保护委员会和工商事务中心。2001年，下设大岀、珊溪、南田、玉壶工商行政管理所。2011年下设单位与2001年一致。

第二节 企业登记及个体工商户经济管理

全县市场经济主体类型为企业及工商户,其中企业包括全民、集体、股份合作等形式,个体私营企业在农、工、商、贸各行业有广泛分布。后期,市场主体类型主要由国有企业、私营企业、农民专业合作社和个体工商户组成。

工商登记

1991年,个体私营经济发展继续有所下滑。全县在册登记企业及个体工商户7893户,其中企业793户、个体工商户7100户。

1992年开始,全县支持企业深化改革,简化登记程序,减少不必要行政干预。市场趋于活跃,企业登记数量大幅增加。在册登记企业及个体工商户8063户,其中企业1046户、个体工商户7017户。

1996年,全县在册登记企业及个体工商户达到9784户,其中企业1274户、个体工商户8510户。1997—2002年,引导企业改制、改组,上规模、上档次,个体私营经济实现市场竞争,优胜劣汰,在册登记企业及个体工商户有所下降。2002年,在册登记企业及个体工商户5883户,其中企业732户、个体工商户5151户,同比1996年分别下降42.54%和39.47%。

2009年,设立以土地承包经营权出资的农民专业合作社4户,以林地承包经营出资的农民专业合作社1户。2011年,联合县国税、地税部门在玉壶、珊溪两个工商所试点工商营业执照和国、地税务登记证等“三证联办”运行平台。同时,优化“个转企服务”平台,为个体工商户转型升级为企业登记30户。至此,全县在册登记企业及个体工商户6135户,其中企业1069户,个体工商户5066户。

1991—2011年文成县登记在册企业、个体工商户数量情况一览表

表17-1

年份	企业数(个)	个体工商户数(户)	年份	企业数(个)	个体工商户数(户)
1991	793	7100	2002	732	5151
1992	1046	7017	2003	733	5188
1993	1123	7128	2004	738	5841
1994	1282	7963	2005	787	5554
1995	1284	8127	2006	826	5120
1996	1274	8510	2007	879	5295
1997	1195	6101	2008	1021	5664
1998	1155	6106	2009	990	5609
1999	1168	6184	2010	1088	5099
2000	748	6013	2011	1069	5066
2001	858	6222			

说明:数据资料由县市场监督管理局提供

1991—2011年文成县登记在册企业数据变化情况一览表

表17-2

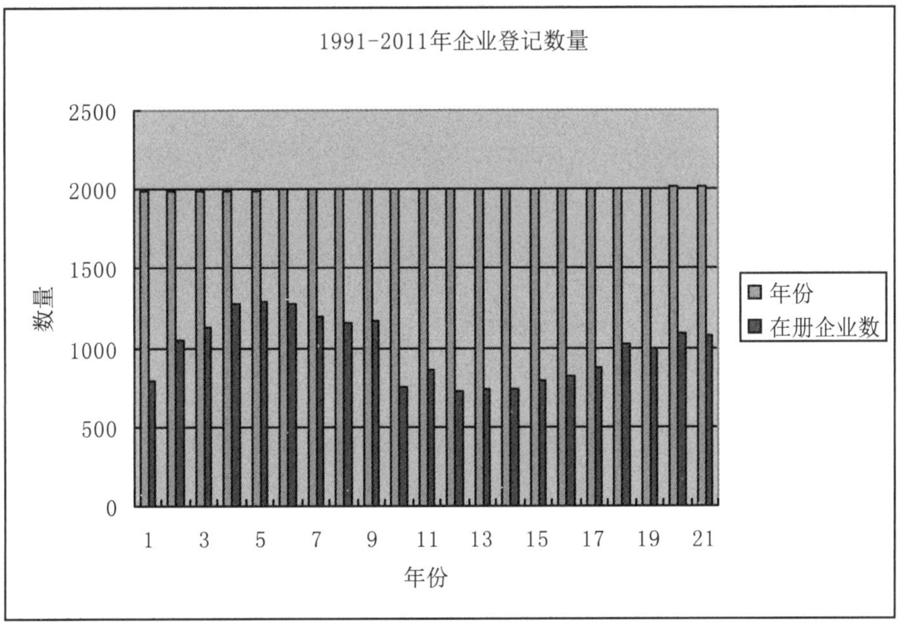

说明:数据资料由县市场监督管理局提供

1991—2011年文成县在册登记个体工商户数据变化情况一览表

表17-3

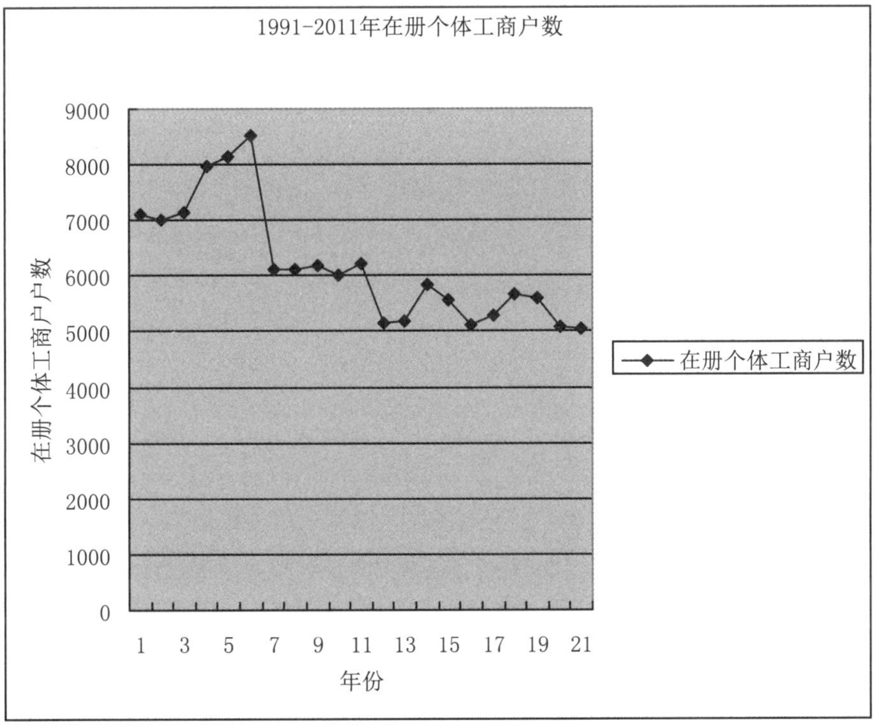

说明:数据资料由县市场监督管理局提供

政策与措施

1991年，制定《关于支持我县企业搞活生产经营，促进经济发展的若干意见》20条，内容涉及企业登记、经济合同、商标和广告管理以及经济监督等方面。1992—1996年，实行管理与扶助并举，引导与鼓励相结合管理办法，个体私营企业迅速发展。

图17-1　2004年3月，文成县开展无证无照整治工作“旋风2号行动”(县市场监督管理局提供)

1997年，下发《关于支持和鼓励下岗职工再就业若干意见的通知》，实施再就业工程，鼓励国有、集体企业下岗工人和珊溪移民从事个体私营经济。

1998—2001年，推行“宽进严出”方针，制订支持和鼓励企业发展措施23条，引导农民开展规模农业和农副产品加工业，重点发展小水电工业。

2002年实施企业登记管理制度改革。“企业登记管理”业务进驻县行政审批服务中心，实行“一门受理、抄告相关、同步审批、限时完成”操作流程，推行企业注册前置并联审批制度。

2004年，推出《关于推动文成县民营经济新飞跃的若干意见》，推行前置审批告知承诺制。2005年，出台贯彻落实国务院规定36条意见，促进非公经济发展新举措。从登记注册、扶持发展、品牌支持、信用建设和市场监管等方面给予支持，推行以“工商行政指导建议书”为主要内容的行政指导制度。

2006年，在全市率先推行“准注册官”制，将企业部分登记事项由原来“一审一核”改为由“准注册官”直接核准登记注册。2007年，《文成县工商局富民创业23条举措》出台，鼓励金融资本与技术资本优势互补，允许设立有限合伙企业，放宽准入条件，吸纳工业资本进入农业领域，鼓励更多的投资者设立农民专业合作社。

2008年，按照“非禁即入”原则，凡法律法规未禁止的所有行业和领域，一律向各类创业市场主体开放。取消农民专业合作社注册资金最低规定，免除法定验资程序，凭出资清单直接到登记机关办理登记手续，免收登记费用；放宽冠市名条件，科技型企业、农民专业合作社冠“温州”市名的，注册资本放宽到50万元。9月，全面取消工商行政管理费。

2009年，民营经济助动发展工作领导小组成立。县工商局局长任组长，牵头全县工商系统民营经济助动发展工作。《中华人民共和国食品安全法》6月1日实施，食品流通许可证由工商行政管理机关负责发放，然后凭食品流通许可证予以办理工商注册登记。食品流通许可证相关管理办法出台实施之前，暂凭食品经营申请人的健康证明和流通环节食品经营工商注册登记实地核查表，予以办理工商注册登记。

2010年，印发《服务经济转型升级十条举措》，促进全县经济及现代服务业加快发展。在工商窗口实行“首席代表”制度，提高县行政审批中心工商窗口办事效率及服务水平。

2011年，出台《关于鼓励和引导个体工商户转型升级为企业的登记注册指导意见》，支持具备一定条件的个体工商户转型升级为企业，引导全县个体工商户做大做强。

管理与服务

1991年，开展以“遵纪守法好、经营作风好、服务态度好、整洁卫生好、履行义务好”为主要内容的“五好经营”竞赛。参赛622户，占个体工商户25%，评出“五好经营户”32户。7月，对县城500余辆人力三轮车进行清理整顿，批准营运200辆，予以登记发照，并作单、双日轮批上街规定；余下300辆强制压缩，县城交通秩序大为改观。9月，协同市工商局对大峃、玉壶、西坑个体工商户200户收入情况进行抽样调查，户均收入3744元（大峃4474元、玉壶3434元、西坑2592元）。最高为修理业，户均收入5145元，其次饮食业为4473元，最低为服务业为2598元。

1995年3月，全县私营企业工作会议首次召开。近100位私营企业主参加会议，县人大、县政府、市私营企业协会领导到会并作讲话。注重企业发展同时，加强对市场主体规范，通过年检注销或吊销主体不合格企业197家。

1996—1997年，樟台花岗岩工业区纳入省工商局20个重点培育私营工业开发区，县龙益集团公司纳入市局20家扶优促强私营企业。同时，动员外地企业家到文成投资，金刚石刀片加工厂等外来企业在文成县安家落户。

1998—2001年，支持企业改制、增强市场竞争力，帮助国有、集体企业改制。拓宽登记领域，把种植业、养殖业、农产品加工、小水电开发等资源开发型行业纳入登记渠道，成为个体私营经济一族。对个体私营企业、各类市场开展消防和安全生产管理，保障企业安全生产。

2002年实施“企业信用工程”。投资60余万元资金建设局域网，完成全县企业、个体工商户基本数据输入，实行“经济户口”管理。组织个体工商户、私营企业主1200人举行“创省级文明县城、打造信用文成”誓师大会和千人签名仪式。

2003—2004年，完善经济户口管理制度。对全县8800余家企业与个体户进行登记信息输入。健全企业评价机制，充实企业信用档案，对企业实行信用分类管理。开展“访企业、学企业、帮企业、促企业”活动，推行“亲近”“亲商”“亲情”的“三亲”服务。实施“5511”培训工程，举行非公企业促进再就业招聘大会。

2005年，建立信用监管网。文成县率先实施企业网上注册登记。建立重点企业联系制度和企业联络员制度，对县重点企业开展定期或不定期上门服务。次年，县企业信用建设领导小组成立，企业信用建设办公室设在县工商行政管理局。

2007年，全县举办企业管理、品牌建设“高峰论坛”。邀请浙江大学、温州大学教授授课，表彰一批科技创新、服务创新、信用创新、管理创新和品牌创新的典型企业代表和一批个体自主创业先进代表。推行“联系一个农村专业合作社，助推农业生产组织化进程，联系一家农业龙头企业，助推农业产业化程度”等“十联十助”倾情服务“三农”，推进农业订单、农字号品牌、农民专业合作社、农村经纪人等工作，利农惠农成效明显。温州电视台对此

图17-2　2005年10月，全省首个县级工商局信用监管网——文成信用监管网正式开通启用（县市场监督管理局提供）

特制专题报道,《浙江市场导报》对此整版报道。"十联十助"倾情服务"三农"工作举措,被温州市工商行政管理局评为2007年度全市六大创新性工作之一。

2008年,县审批中心工商注册窗口获省工商系统四星级文明规范注册窗口、十佳阳光工商窗口称号。2010年,县工商局干部走访调研巨屿、百丈漈工业园区骨干企业42家,记录并落实工作意见建议26条,帮助基层所、企业、个体工商户解决难题56个,走访县四套班子领导、相关部门与乡镇、"两会"代表和社会监督员总计126人次。

2011年正式实施《个体工商户条例》。11月7—11日,开展贯彻实施《条例》《办法》学习宣传周活动,举办各类培训班、学习会、座谈会5场次。

第三节　市场建设管理

1991—2011年,全县大力推进市场基础建设和农贸市场改造提升工程,通过新建、扩建、改造,逐步建成门类功能齐全、结构合理和交易环境优良的集贸市场。

市场建设

1991年,调研《文成县"八五"时期市场建设总体规划(草案)》,为全县市场发展制定总体目标。同时,筹集市场建设资金71万元。全县新建珊溪综合市场、大峃陈宅香菇市场、南田综合市场和大峃城南旧机动车交易市场,改建西坑综合市场,新、扩建市场占地面积达到5000余平方米,有固定摊位220个、临时棚顶摊位320个。批准建立"大峃陈宅香菇市场""珊溪、西坑香菇交易所",向全国百余个市县发布本县香菇产、供、销信息。

1995年,珊溪综合市场食品类市场扩翻建工程开工。1996年,培育和发展市场体系,市场由露天马路向大型综合室内市场发展,市场建设呈现规模化、多元化格局。全县有各类市场18个,其中综合市场9个、专业市场6个。专业市场分别是工业品、仔猪、香菇、牲畜、旧机动车等市场。

2005年,建成县城北片"菜篮子"市场,投资10万元资金改造提升玉壶天妃宫市场,将周村农贸市场确定为重点扶持培育市场。并提出"大市场"观念,即在原有基础上征地100亩,建成集农贸市场、商品交易市场、大型购物中心等综合性市场。同时,县工业品市场改造成鞋类、服装、布类专业市场。大峃桥头农贸市场改造成农副产品批发市场。南田一星级农贸市场,经改造和提升,成为山区旅游农产品购物中心。

2008—2009年,周村农贸市场、陈宅农贸市场等根据县政府创建省级文明县城和国家卫生县城的要求进行改造提升。统一规范畜禽屠宰点,在入口处安装电子显示屏、市场防盗系统,改造龙头巷下水道,粉刷天平及墙壁3000余平方米,全面维修改造,改装电表、电线线路和熟食店,市场商品摊区明显标示划行归市牌。市场成立管理办公室,配备服务台、投诉处、公平秤、指示牌、垃圾箱(桶)和铁皮柜等设施,建造公示栏,实行市场商品摊区划行归市。

2010年,周村农贸市场、玉壶天妃宫市场、珊溪综合市场按上报改造计划分项目投入装修。西坑马路市场成功迁入新建农贸市场。全县农贸市场共有7个,完成交易额2.86亿元。

2011年,对农贸市场建设、改造、管理过程中涉及问题进行整改提升。全县设施和场地比较完善的综合市场周村农贸市场、珊溪综合市场、巨屿农贸市场、玉壶天妃宫农贸市场、南田农贸市场、陈宅农贸市场、西坑农贸市场7个,及县前工业品专业市场。

2011年文成县集市贸易市场情况一览表

表17-4

市场名称	地点	办场单位	占地面积（平方米）	结构	摊位（个）	市日	成交额（万元）
周村农贸市场	大峃镇周村	周村村委会	2800	钢结构	130	每天	18000
珊溪综合市场	珊溪镇东门村	县工商局后勤中心、街头村、街尾村	3275	钢结构	88	每天	6700
巨屿农贸市场	巨屿镇镇府路	稠泛村委会	501.44	钢筋混凝土	35	每天	1600
玉壶天妃宫农贸市场	玉壶镇迎春路	县工商局后勤中心、玉壶镇政府	750	钢结构、砖混结构	52	每天	1200
南田农贸市场	南田镇城南新区	南田农贸市场有限公司	1200	混凝土	50	每天	1200
陈宅农贸市场	大峃镇陈宅村	陈宅村委会	2600	钢结构	82	每天	
西坑农贸市场	西坑镇双龙西路49号	西坑农贸市场有限公司	347	混凝土	28	每天	400
县前工业品市场	大峃镇县前村	县前村委会		混凝土	80	每天	

说明：数据资料由县市场监督管理局提供

市场管理

1991年，评出大峃综合市场、县香菇市场、珊溪综合市场、南田农贸市场及西坑综合市场等县级文明集贸市场5个。检查衡器2823支，收缴不合格衡器181支。查处违章案件423件，罚没款11945元。

1992年，对市场实行制度化、规范化、法制化“三化”管理，划行归市，摊位公开招标，教育个体工商户奉公守法，文明经商。

1994年，开展市场管理规范化达标活动，明显改善农贸市场占道经营、环境卫生差、交通堵塞状况。1995年，大峃综合市场举行建场10周年座谈会，总结办场经验，研究建设措施。

1997年，推行市场巡查监管方式，实行两级市场巡查制。即各工商所成立巡查小组，每天定期对辖区内市场进行巡查，发现问题及时汇报解决；县工商局成立督查小组，不定期对一级巡查小组进行监督，解决市场难以管理的问题。1998年，与大峃镇政府联合对大峃综合市场脏、乱、差进行整治，并对城镇流动摊点进行整顿，有效规范流动摊点经营行为，改善农贸市场环境。

2004—2005年，落实“一场一策”措施，开展创星级市场活动。周村农贸市场、南田农贸市场分别被认定为省级二星级和一星级文明规范市场，大峃陈宅农贸市场创建成一星级农贸市场。

2008年，县政府出台扶持农贸市场改造提升奖励政策，对创星达标的，在总额限定前提下由县政府按市场举办者实际投入改造提升金额50%以下幅度给予补助奖励。对经改造提升、获得浙江省星级文明规范市场称号的三星级、二星级、一星级市场，分别给予奖励4万元、3万元、2万元，对经复评重新获评农贸市场，分别按照上述奖励标准50%给予奖励。

2009年9月，一星级文明规范市场评审委员会成立，组织开展星级市场考核验收和评审认定。10月，延续确认陈宅农贸市场为2009年度一星级文明规范市场。

2010年，组织县物价局、大峃镇政府等单位及农贸市场业主负责人召开协调会，到洞头县考察取经，并向县政府提交《文成县城两大农贸市场存在的问题及对策建议》。9月，延续确认南田农贸市场、玉壶天妃宫农贸市场为2010年度一星级文明规范市场，星级文明规范市场有效期为三年（2011—2013年度）。

2011年10月，延续确认珊溪综合市场为2011年度一星级文明规范市场。

食品监管

1995年,开展农贸市场"工商预赔,吃放心肉"活动。1996年,开展"满意在市场、有事找工商"活动。并对生猪屠宰实行"定点屠宰、集中检疫、统一收税、分散经营"措施。

1999年加强粮食市场监管。推进粮食流通体制改革,清理整顿粮食批发企业10户,粮食零售加工户44户,查处粮食案件24件,粮食44.93吨,罚没款4.76万元。

2003年,大型商场、超市、交易市场等8户实施商品准入制度,把食品、饮料等商品10类作为试点商品。2004年,县流通领域食品质量安全检测中心成立,在大峃、珊溪、玉壶、南田等主要集贸市场设立食品快速检测点4个,开展定期不定期抽检。检测点抽检上市商品1520份,其中不合格商品256批次,销毁不合格商品256公斤,退市处理批次130个。

2005年,制定《文成县工商局重大动物疫情管理应急预案》,防控禽流感、猪链球菌等疫情,全面检查市场6个,检查禽类及其制品经营户56户,督促签订责任书56份,查处违法经营户2户。

2006年,检测蔬菜、水果、豆制品、粮食、水产品、肉禽类等批次17790个,超额完成全年1.4万个批次的任务,发现不合格食品453个批次、2301公斤,不合格率2.55%,其中退市处理425个批次(涉及商品数量2138公斤),销毁处理28个批次(涉及商品数量163公斤)。

2009年,全县监测点1个、监测箱4个和监测车1辆,累计检测蔬菜、水果、豆制品、粮食、水产品、水发产品、肉禽类等批次16356个,检出不合格食品410个批次,其中退市处理152个批次、销毁处理258个批次。

2011年,实施食品批发单位索证索票规定,"一票通"使用率80%以上。落实食品监测批次102个、监测经费13.4万元。

第四节　经济合同管理

《中华人民共和国经济合同法》规定,凡以公司名义对外发生经济活动的,应当签订经济合同。订立经济合同,必须遵守国家的法律法规,贯彻平等互利、协商一致、等价有偿的原则。为了实现依法治理企业,促进公司对外经济活动的开展,规范对外经济行为,提高经济效益,防止不必要的经济损失,县工商局依据国家有关法律规定,对全县以公司名义对外发生经济活动所签订的经济合同实施监督和管理。

鉴定检查

1991年,办理经济合同鉴证62份,合同金额801.5万元。帮助27家企业追回被拖欠货款211.54万元。受理立案经济合同纠纷案件351件,争议金额98.4万元,最大合同争议金额7.25万元。仲裁结案338件(其中裁决2件、调解333件、确认无效限期返还2件、撤诉1件),结案率97.3%,完成市工商局下达目标任务225%。清理裁决、调解尚未执行经济合同纠纷积案29件,合同金额7.9万元,已执行17件,部分执行8件4.35万元。检查重点企业各类经济合同1047份,合同金额1085万元,其中不合格经济合同52份87.6万元,占检查数5%和8%,无效合同6份,使企业避免损失410万元。查处违法经济合同案17件,合同金额169.5万元,罚款5.5万元。

1994年,调解、仲裁经济合同案件11件,鉴证经济合同22份。对240家企业经济合同进行检查,发现含有欺诈性的经济合同214份。1995年,与县城建局统一清理在建工程承包合同,对新开工建筑项目,进行强制鉴证,鉴证经济合同10份、金额1150万元。1996年,鉴证经济合同21份、合同金额5314万元,办理抵押登记6件、合同金额300万元,推行合同示范文本1053本。1997年,鉴证经济合同359份,挽回损失10件、金额41万元。

1998年鉴证经济合同364份。

2008年，查获一起涉嫌利用工程承包合同进行欺诈的大案。当事人郑某某以丽水市路桥工程公司（该公司文成办事处的执照已无效）资质和名义，参加文成工程承包招投标，分别中标承包南田镇南田至祠堂垄通村公路工程和下垟乡都铺至桂竹通村公路工程，承包金额295.88万元。2009年，查处合同违法案件1件。

合同备案

2004年，开展7大类格式合同监管，格式合同备案30份。2005年，对前几年办理格式条款备案的旅游、有线电视、固定电话、小灵通、ADSL上网、供用电、借款和房屋委托等法定备案格式条款合同实行回访，办理格式条款消费合同备案手续15份。对房屋中介委托购房消费合同进行备案管理。对县电信公司和联通公司常用电信服务格式条款进行检查，对存在消费者责任等不公平、不合理条款提出修改意见，对经审查符合规定的小（全）灵通优惠活动协议书（新）等11条格式条款进行备案。同时，会同县旅游局对国内旅游合同进行备案。

2007年，开展格式合同备案23份。2008年，主动对地产、旅游、电信、供用水消费合同进行备案管理，受理各类格式条款备案20份，办理备案手续20份。继续对农业订单格式合同进行备案管理，对10家农业产业化龙头企业的农业订单格式合同10份备案。

2009年，对专营专卖产品的商标注册证以及授权书或专卖合同等相关文件材料进行备案登记，共进行备案登记108份。2010年，对农业订单格式合同备案管理，对7家农业产业化龙头企业的7份农业订单格式合同备案。2011年，继续开展格式条款备案，受理各类格式条款备案13份，办理备案手续13份，办理房屋、汽车拍卖备案和现场监督拍卖8起，拍卖确认书14份。

合同服务

1992年，开展《中华人民共和国经济合同法》颁布10周年纪念活动和《中华人民共和国经济合同法》宣传。接受宣传的企业150余家，受理经济合同纠纷案件87件。

1994年，县化工厂等8家企业被命名为市“重合同，守信用”单位、19家企业被命名为县“重合同、守信用”单位。

1996年，举办企业法人合同法规培训班6期，命名县“重合同、守信用”单位（企业）21家。1997年开展“重合同、守信用”评选，命名县“重合同、守信用”单位（企业）21家。县离合器片厂被命名为省级“重合同、守信用”先进单位。1998年，命名县“重合同、守信用”单位（企业）25家。

2001年命名县“重合同、守信用”单位（企业）13家，2003年命名县“重合同、守信用”单位（企业）16家。2004年组织“守合同、重信用”企业评定，其中获得省AAA级“守合同、重信用”企业1家、省AA级“守合同、重信用”企业2家。

2005年，帮助涉农企业审查农业订单合同、技术指导合同、技术服务合同等，制定规范合同文本推广使用，修改、完善、指导签订农业订单合同100余份，订单农作物1万余亩。认定文成县冰洋实业有限公司等13家企业为2003—2004年度“浙江省工商企业信用 A 级守合同重信用单位”。

2006年，为13家农业产业化龙头企业的11个大类农产品合同提供签约指导，签约订单合同823份，涉及自然村81个农户2000余户，订单总金额7000余万元。农业订单工作作为全市工商系统四大创新性工作之一，受到市工商管理局肯定。县政府出台《关于发展和规范订单农业的意见》，培育订单农业主体，发展农村专业合作社29个。举办农村经纪人执业资格培训班，提高农村经纪人队伍执业水平。

2007年，为13家农业龙头企业、24家农民专业合作社和1676户农户签订油茶籽、优质稻谷等新一轮农业订单1710份，金额9162万元。中央电视台二套经济信息联播报道县工商管理局通过农业订单帮助农户致富的经验做法。同时,推荐评定AAA级守合同重信用企业2家、AA级守合同重信用企业2家、A级守合同重信用企业13家;帮助家庭工业业主审查指导承揽加工合同,提供示范文本,以降低加工户的加工风险,保障加工方与委托方合法权益。

2008年,制定《文成县"订单农业先进村"A级"守合同重信用"农户认定实施意见》,开展订单农业先进村、A级守合同重信用农户评选活动;认定浙江迦密山重型锻造有限公司等5家单位为浙江省工商企业信用A级"守合同重信用"单位。2009年,认定"文成县昌业金属制造有限公司"等6家企业为浙江省工商企业信用A级"守合同、重信用"单位。

2010年,执行农业订单"一金二保"制度,订单履约率大幅提升,签订农业订单3724份,金额首次突破亿元大关。推进农村土地承包经营权流转,促成周壤中南村村委会、农户90家和专业合作社签订近206亩土地承包经营权转让合同。认定"温州荣源特种模具钢有限公司"等9家(其中2家续展)企业为浙江省工商企业信用A级"守合同、重信用"单位。

2011年以转包、入股流转形式,在全县范围内签订土地承包经营权流转合同300份,流转面积1056亩,基本用于中药材、水果、蔬菜等种植。推荐浙江南翔电工有限公司新认定,推荐文成县华大饲料有限公司、温州冰洋实业有限公司续展认定浙江省工商企业信用等级AA级"守合同、重信用"单位。

第五节　商标监督管理

工商行政管理部门对商标使用行为进行监督管理,依职权或应权利人请求查处侵犯注册商标专用权行为,保护商标权人和消费者合法权益。

商标培育

1991年,全县申请商标18件,累计注册商标54件。46家企业的50件注册商标产品,使用正常26件,占总数52%;使用不正常或停用20件,占40%;核准后一直未使用4件,占8%。1994年,县酒厂"鹤城"米酒商标被评为市知名商标。

1997年,为企业进行商标策划,提供查询服务,指导重点企业注册申请等级商标、联合商标。县离合器片厂"灵光"商标被评为第二届温州市知名商标。

2002年,"亨哈"牌商标被评为省著名商标,"日省"牌商标被评为市知名商标。2003年,实施"六千三百"工程和品牌战略,把县亨哈山珍有限公司等20家企业列为"六千三百"工程重点帮扶企业。2家农业龙头企业取得省著名商标,2家企业获得市知名商标。

2004年,成立县创品牌领导小组,制订五年品牌培育战略计划。县政府出台《文成县实施品牌发展战略的若干意见》,对获得县名牌商标、市知名商标、省著名商标、国家驰名商标及地理标志证明商标的企业给予物质奖励和政策支持。开展商标指导服务发展工作,认定县名牌商标3枚、农产品商标43枚、省著名商标2枚、市知名商标2枚。

2005年,日省名茶开发有限公司"日省"商标被评为省著名商标,伯温酿酒有限公司"西山"牌商标被评为市知名商标。2006年,县双凤食品有限公司"双喜凤"被评为市知名商标,"亨哈"商标被评为"浙江省十大特色农产品"商标,温州市伯温酿酒有限公司"西山"牌申报省著名商标。2007年,加大省著名、市知名商标培育力度,累计培育省著名商标4枚,市知名商标3枚。

2008年,成功注册"文成粉丝"证明商标,为温州市首只地理标志证明商标。2009年,引导"文成粉丝""山哥哥”商标向欧盟、美国、日本、韩国等国家申请国际注册,向中国香港、台湾地区申请注册。全县有农产品注册商标147枚、著名商标6枚、市知名商标2枚、地理标志证明商标1枚。2010年,全县有农产品注册商标182枚、省著名商标6枚、市知名商标4枚、地理标志证明商标1枚。

2011年8月,出台《文成县涉农行业、旅游休闲服务行业申请注册商标政府补助实施方案》,落实专项经费4.5万元,启动马德里国际商标注册。出台《中共文成县委、文成县人民政府关于推进农业转型升级加快现代农业发展的实施意见》《文成县人民政府关于实施品牌发展战略的若干意见》,成立大峃镇品牌工作指导站,持续做好品牌服务进民企、进农企,做好省著名商标培育、申报和保护。县樟坑薯业专业合作社“樟坑粉丝”集体商标成功注册,为全县首枚集体商标。同年,全县注册商标246枚,其中省著名商标7枚、地理标志证明商标1枚、市知名商标4枚、集体商标1枚。

1991—2011年文成县商标注册情况一览表

表17-5　　单位:枚

年份	申请商标数	累计注册商标	年份	申请商标数	累计注册商标
1991	18	54	2002	28	147
1992	11	54	2003	22	152
1993	19	65	2004	15	154
1994	25	83	2005	13	161
1995	13	93	2006	12	177
1996	5	89	2007	12	169
1997	8	93	2008	22	170
1998	8	99	2009	农产品商标75枚,其中集体商标3枚	188
1999	7	113	2010	61	216
2000	6	116	2011	45	246
2001	11	125			

说明:数据资料由县市场监督管理局提供

商标管理

1991年,查获假冒劣质皮鞋12940双、珍珠膏52瓶、宝剑及半成品各10把、假冒商标标识168730张;查办商标案件9件,罚没款2.4万元。1993年,查处商标侵权案件2件。1995年,开展夏季饮料打假专项行动,捣毁制假窝点3个,查获假冒伪劣果子水40万瓶、雪碧119箱、金银花茶等300余箱及一批商标标识和制假工具。

1996年,开展非法定点印刷企业专项整治行动,查处商标侵权假冒案件5件。1997年,在黄坦镇捣毁一处制售假冒文成鹤泉米酒窝点,查获假冒鹤泉米酒177箱,空酒杯3.2万只及相配套的商标标识、制假工具,价值近10万元。1998年开展非指定商标印制单位检查。在峃口乡丁埠头村捣毁陈某某制售假冒全国名酒窝点,案值达20万元。组织检查假冒伪劣商品2次,查获标值35.8万元。

1999年,捣毁苍南陈某等3人组成的制假窝点,缴获假冒德国名烟“大哥大”包装盒26.95万件,商标标识2.5万件及其违法物品,案值30余万元;捣毁苍南陈氏兄弟制假窝点,假冒“中华”牙膏盒9.6万只及其制假物品,案值10余万元。

2000年,开展“打假保节日、打假保农业、打假保名牌、打假保健康”和百日执法大行动,其中在春耕期间查获一件无证照贩运销售杂交稻种子案,被省工商局列为“红盾打假保农业”10大案例。

2001年,开展“剿假保平安”“剿假保健康”“重点商品市场打假”专项执法整治,出动执法人员2855人次,查获一大批大要案,其中商标案件3件。

2003年,查获县求知中学校内一无照经营户经销伪造生产日期、假冒厂名厂址商标标识食品案件。

2005—2009年,查办商标案件231件。2005年,查办案件39件、罚没款26.9万元。2006年查办案件38件,其中涉嫌犯罪移送公安机关线索2件。2007年查办案件45件,罚没款26.7万元。2008年查办案件42件,罚没款28.8万元。2009年查办案件67件,罚没款29.08万元。

2010年,在县益加益(1+1)超市试点推行《商标授权经营制度》。组织执法人员对辖区内商场、服装店、鞋帽店和文具店进行检查,加强世界博览会标志和亚运会标志保护,出动执法人员152人次,检查经营场所1476处。

2010—2011年,查办案件88件。2010年查办案件39件,罚没款26.7万元;2011年查办案件49件,罚没款27.8万元。

第六节　广告监督管理

县工商行政管理部门主要行使广告经营登记、监督检查、接受违法广告投诉和指导广告业健康发展的广告监督管理职能。

广告登记

依据《中华人民共和国广告法》实施分类监管,对广告主、广告经营者、广告发布者、广告信息以及广告收费进行管理,重点开展户外广告登记。

1991年,县内广告经营单位1家,广告从业人员10人,全年发布广告1582条。1992年帮助21家企业筹建户外广告群,面积169平方米。

1994年,绅士乐矿泉水等产品首次在省电视台、省报刊发布广告。1995年,在中央、省、市等电视台发布广告17条,新增开办广告经营单位2家。为确保《中华人民共和国广告法》顺利实施,全县各地开展《中华人民共和国广告法》宣传学习。

1996年,县内广告经营单位6家。1997年举办企业法制培训班,企业负责人120人参加,培训内容主要有《中华人民共和国公司法》《中华人民共和国合同法》《中华人民共和国反不正当竞争法》《中华人民共和国广告法》等法律,培训后进行书面考试,考试合格者发放证书。

2005年,建立部门联席会议制度,强化媒体违法广告自查自纠。县电视台签订"广告诚信承诺书"。

2006年,实行户外广告远程分类登记监管,开发户外广告网上审批登记系统,对户外广告实行网上审批登记。监测新闻媒体广告186条次,监测网络广告58条次,登记户外广告383件。

2010年,监测新闻媒体广告596条次,监测网络广告290条次,登记户外广告89件。开展广告监测开放日活动,邀请社会各界代表30人参观媒体广告监测业务流程。

2011年,广告行业经营单位发展到近100家。开展新闻媒体广告监测32条次,网络广告监测483条次,登记户外广告59件。

广告管理

重点规范户外广告发布,降低全县广告违法率,查处各种违法广告案件,维护市场经济秩序。1991年,查处广告违法案件7件,查获虚假广告8000份,罚没款0.24万元。1993年,全面整治广告制作企业,查处违法广告案件2件。1998年，加强户外广告登记管理，开展广告经营单位经营资格和指定、非指定商标印制单位检查。

2005年，开展"打虚假、树诚信"广告专项整治，重点整治医疗、药品、保健食品、媒介及网络虚假广告，对县有线电视台刊播广告进行抽样检查，抽查广告326条次，发现违法违规广告70条次。巡查全县各网站，发现违法网络广告51条次。全年查处虚假违法广告案件39件，其中万元以上大要案3件。县电视台发布的违法药品广告案件被查获，突破电视媒体监管难的瓶颈。2006年，查处广告违法案件36件，其中大要案2件、网络广告3件。

2008年，开展"蓝光二号"违法广告专项整治，出动执法人员128人次，检查电视台1家、个体药品及保健食品经营户421家。查处违法广告案件12件，罚没款3万元，责令县电视台停播医疗、药品、保健食品媒体广告13条。贯彻国家工商总局《关于禁止在广告中使用"免检"内容的通知》，开展"免检"内容广告监管，检查沿街户外广告96个，监测检查媒体广告14条。发现20个户外广告中出现"国家免检产品"或"免检标志"，发放《责令改正通知书》20份，约见法定代表人、广告部门负责人27人次。

2009年，开展整治未经登记擅自发布店招店牌等户外广告或已登记发布过期的违法行为，办理或补办店招店牌等户外广告登记手续265份，立案查处擅自发布户外广告案件5件。

2010年，严查医疗、药品、医疗器械、保健食品、美容化妆品等5类重点违法广告以及电视购物、手机网络广告。立案查处各类广告违法案件19件，罚没款7.17万元，其中虚假广告5件，药品、保健品广告3件。

2011年，开展广告市场"百日整治"。以医疗、保健食品、药品、房地产、涉农涉性虚假广告和其他涉及民生的虚假违法广告为整治重点，联合县委宣传部、县公安局、县纠风办等部门对发布虚假违法广告行为进行综合整治，查处各种违法广告案件9件，罚没款2.38万元。

第七节　经济监督检查

其主要工作职责是组织查处市场交易中的垄断、不正当竞争、流通领域走私贩私及其他经济违法违章案件；组织开展打击经销假冒伪劣商品和传销及变相传销活动；与有关部门协调承担市场监督管理的专项整治工作；承担上级交办的执法任务。

日常执法

1991年，对各行业市场进行清理整顿，重点清理整顿生产资料市场，查处非法经营各类石油产品12.5吨、煤炭105.8吨、化肥27.2吨、聚丙烯19.5吨；取缔公路沿线无证石油经营点37户，收购柴油6.6吨。与有关部门审定后在县公路沿线安排集体、个体加油点9个；对宝剑加工行业进行规范整治，查处商标侵权行为，引导企业创建自有品牌。

1997年，验证机动车823辆，旧机动车交易额3190万元，处理无牌证摩托车罚没款78万元。1998年，成立县粮食市场管理领导小组，与各工商所签订粮食市场管理责任状，严格把好经营粮食主体准入关，严厉打击非法收购经营粮食违法活动。同年，验证各类机动车1199辆，旧机动车交易额2276万元。1999年，清理整顿粮食批发企业10户，粮食零售加工户44户，查处粮食案件24件，粮食44.93吨，罚没款4.76万元。

2002年，加大食品、药品整治和农资打假力度。出动执法人员2629人次，专项执法整治42次，重点开展不正当竞争行为等6个方面整治。2003年，开展打击假冒伪劣食品专项执法整治，打击公用企业限制竞争行为专项整治，打击走私贩私、节日市场整治，规范企业出资行为，取缔无照经营，整治网络广告，市场预防"非典"整治，毒鼠强专项整治和学校周边环境整治等。出动执法人员9846人次,检查市场96个次,检查经营场所32304处,有效地规范市场秩序。

2004年,制定《企业逾期年检行政处罚案件罚款执罚标准》,约束自由裁量权,规范行政执法行为。相继开展消费安全百日执法行动、"旋风"行动、"雷霆"行动、围剿劣质奶粉等食品安全专项整治。整治劣质奶粉、劣质大米、有毒龙口粉丝等一系列专项行动。其中查获劣质大米27.25吨,捣毁无证无照生产销售纯净水等地下窝点10余个,查获劣质奶粉、伪劣酒等近1万瓶(袋)。同时,查获地条钢"钢坯"445.2吨,不合格化肥21.9吨;查扣种子418公斤,农药239瓶(袋);查获液化危险品4吨。

2005年,开展以国家工商总局关于食品安全专项整治、保护注册商标专用权专项整治和虚假违法广告专项整治为重点的3项整治,整治与规范并举,出动执法人员9885人次,检查市场128个次。

2006年,检测蔬菜、水果、豆制品、粮食、水产品、肉禽类等17790个批次,超额完成全年1.4万个批次任务的127%,检出不合格食品453个批次,不合格食品2301公斤,不合格率2.55%。其中,退市处理425个批次(涉及商品数量2138公斤),销毁处理28批次(涉及商品数量163公斤)。

2007年实施柔性执法制度。以行政指导为手段的柔性行政执法方式贯穿于发挥职能全过程。建立登记事项提示、轻微违法告诫、苗头违法预警、较大案件回访、典型案件公示、处罚决定说理、登记争议听证和关注问题约见等8项具体制度。实施行政指导项目42个,变"严管重罚""以罚代管"为温情执法、人性化监管,实现"权力本位""利益本位"向"责任本位"转变。

图17-3　2006年2月,开展日常市场监督执法活动(县市场监督管理局提供)

2008年,推行食品经营"一票通"制度。温州市工商局在县城召开"一票通"经验推广现场会。副省长王建满通过批示肯定文成县"一票通"做法,该项工作被评为当年全市工商系统四大创新性工作之一。

2009年,抽检县城3家铝合金经营户经营的铝合金型材质量6批次,结果全部不合格,暂扣不合格铝合金型材5吨。

2010年,投入监测经费12.66万元,监测商品106批次,立案查处违法案件10件,罚没款5.52万元。流通环节食品安全监管实现"一票通"源头监管全覆盖,食品安全简易即时处罚104件,食品专项整治中没收各类过期变质食品493公斤。全县食品安全示范店完成星级考核评定167家。

2011年,推行行政指导,细化行政"戒小过"行为。发放行政告诫书和责令改正通知书147份,案中约谈60份,案后回访99份。查处两虚一逃、无照挂靠案件6件,查处无照经营案件109件。开展"剑啸11"流通领域食品安全专项整治大行动,出动检查人员56人次,检查各类食品市场主体(企业、个体工商户、市场等)41个次,查获案件4件,查扣假冒伪劣食品和不合格食品10公斤。

要案查处

1995年，开展打假扫劣大行动，查扣劣质化肥99吨、农药4007公斤。

1996年开展“公平交易执法年”活动。在“打假保节日、打假保春耕、打假保健康、打假净市场”等打假治劣行动中，捣毁制假售假窝点12处，移送司法机关处理案件2件。

1997年，与县公安局、县检察院联合捣毁大峃镇苔湖新村一手表制假售假窝点，查获假冒上海牌、双狮牌、金锚牌、西铁城牌等各种机械手表4964只，半成品、零部件600余公斤及制假设备和工具，总案值200余万元，为县工商局成立以来捣毁规模最大制假窝点，被省工商局列为1997 “红盾打假保节日”12件典型大要案案例之一。

2000年5月，查获并取缔一起特大传销案，当事人非法组织他人传销涉及金额40万元，被移送公安机关，参加传销160余人被遣散回家。与县粮食局联合打击非法粮食购销，查获案件11件，查扣粮食39983公斤。

2001年6月，查处珊溪岭坳门防洪堤工程串通投标案件，标的额200万元。

2004年，查处文成中学迁建土方开挖工程串投标大案、生牛皮无主大案、无照加工销售家具大案等大要案。

2005年办结文成中学土石方开挖工程串通投标案，分别对11名当事人作出处罚，合计罚款44.7万元，是县工商局查处此类案件中历次最大一件，总共涉及30支标的。

图17-4　2004年6月，开展假冒伪劣商品销毁活动（县市场监督管理局提供）

2009年查处商业贿赂案件42件，其中罚没额20万元以上特大案件1件，为历史新高。查获一外地客商将建筑用带肋钢筋销售给某个建筑工地，经检测106吨钢筋全部不合格，没收全部钢筋，消除安全隐患。

2010年加大对“两虚一逃”案件查处力度。查获“两虚一逃”案件7件，罚没款117万元，是历年来查办此类案件数、罚没款数最多一年，其中罚没款10万元以上7件。

2011年，出动执法人员31人次，对辖区内重点区域进行暗中摸排，依法查处两件涉嫌侵犯商业秘密的案件，为文成首次破获商业侵权案件。同时，出动执法人员35人次对宾馆、居民小区、学校等传销重点区域进行暗中摸排，查处直销案件4件。与公安局联合执法，开展“2011红盾维权”知识产权专项整治，立案查处案件2件。

1991—2011年文成县各类经济案件查处情况一览表

表17-6

年份	案件数(件)	罚没款(万元)	年份	案件数(件)	罚没款(万元)
1991	433	21.6	1996	381	42.9
1992	277	11.8	1997	380	148.64
1993	263	22.86	1998	233	43.40
1994	241	30.1	1999	197	30.7
1995	134	8.5	2000	317	32.8

续表17-6

年份	案件数(件)	罚没款(万元)	年份	案件数(件)	罚没款(万元)
2001	401	120	2007	287	199.41
2002	274	128.3	2008	293	321
2003	347	176.33	2009	327	321.8
2004	264	273.93	2010	587	361.51
2005	285	156.35	2011	330	200.42
2006	246	155.36	合计	6497	2807.71

说明:数据资料由县市场监督管理局提供

第八节　县个体劳动者协会

1986年4月,全县个体劳动者协会(简称县个协)成立,从此,城乡个体劳动者有了自我管理组织。1991—2011年,全县个体私营经济的地位和作用发生了深刻的变化。1991年,全县在册登记企业及个体工商户7893户,其中企业793户、个体工商户7100户。2011年,全县在册登记企业及个体工商户6135户,其中企业1069户,个体工商户5066户。全县个体私营经济在推动经济增长、增加财政收入、活跃城乡市场、方便群众生活、缓解就业压力、维护社会稳定等方面都发挥了积极作用,成为全县促进国民经济和社会发展的重要力量。

组织机构

1986年4月,全县个体劳动者协会(县个协)成立,并且召开首届会员代表大会。1990年6月20日,召开全县个体劳动者协会第二届会员代表大会。1995年,召开全县个体劳动者协会第三届会员代表大会。1996年,召开县个体劳动者协会四届四次理事会,县个协4个分会成立妇委会,并在杭州成立县个体劳动者协会杭州分会筹备会。

1999年,个协服务部清理整顿领导小组成立,撤销城关个协服务部等9个。

2003年,县民营企业协会成立。2006年,大峃、珊溪、玉壶、南田民营协会分会成立。

2010年,召开全县个体劳动者协会第七次、民营企业协会第五次代表大会,对今后五年协会工作总体走势进行分析探讨,并且推行个民协会员及其从业人员住房公积金制度。

2011年,南田、玉壶分会党支部由镇政府发文撤销,重新设立大峃、珊溪、南田、玉壶分会党支部,组织关系挂靠县工商局机关党委;8月,经过县委批准,个民协党委成立,属于文成县委两新工委下属党委。同年,中共文成县个民协会党校成立,为全省首个。

服务与活动

1991年,"个协互助储金会"改名为"个协服务部",年内8个服务部收发互助储金金额623万元。同年,向苏浙皖特大洪灾和残疾人献爱心等捐资7500元人民币和一批衣物。

1992年,在县城县前街、二新街开展"无假冒一条街"创建活动。对个体工商户进行社会主义思想教育和法制教育,利用会议、广播、电视、墙报、标语、文艺演出等形式开展教育43场次,接受教育1万余人次。同年,全县还发动个体户424户参加社会养老保险,进行社会养老保险登记和缴费。

1994年,组织举办"绿叶工程"演讲比赛,树立全县个体私营企业"勤奋、自信、开拓、助人"新形象。开展个体私营企业法规教育和职业道德教育,以组织师资培训班、上门动员和文艺宣传巡回演出等形式,编发宣传提纲及试卷等6500余份，受教育1万余人次。

1996年，县个协上交扶贫建校款3500元，赠送县残联助残费2000元和聋哑学校茶杯50只，结对助学2人，赠送十源乡扶贫建校2000元，资助珊溪镇个体工商户2000元。

1997年，筹建“绿叶幼儿园”，向全市个协发出倡议书，收到温州市属各县、区个协捐款38万余元，代收嘉兴市工商局、杭州市工商局、海宁市工商局为文成扶贫学校捐资款198万元。开展“形象工程”建设，个体工商户结对扶贫41对，结对助学13对，筹集扶贫款12万元。代收瓯海区工商局、个协为建县绿苗幼儿园的捐资6.18万元。全市个协系统在文成召开温州市个协创建形象工程经验交流会暨筹建文成绿苗幼儿园捐资仪式，捐资38万元。1998年，为社会公益事业捐款28.8万元。

2002年，组织1200余名个体工商户、私营企业主参加“创省级文明县城、打造信用文成”誓师大会和千人签名仪式。

2003年，组织22家非公企业参加人才招聘会，208名大专院校毕业生和下岗工人与招聘单位达成就业意向。实施“六千三百”工程和品牌战略，支持民营企业做大做强。2004年，举行非公企业促进再就业招聘大会，培育和壮大全县市场主体。2005年，推荐10余名个体户和民营企业主参加县委党校举办的秋季经济管理大专班学习和考试。

2004年，招募“创建省级文明县城”志愿者23人，发放以“创建文明卫生县城、树立文明生活新风”为主题活动倡议书500余份，并且前往县光荣院开展志愿者服务活动，进行义务看病、量血压和免费理发。同心大药房和平安大药房给县光荣院老人送去58份价值3200余元的参茸滋补品。大峃个民协分会给县光荣院老人送去1000元慰问金。

2008年，推出“十联十助1+1+1”助农模式，以全局的科、所为单位，每个科室、基层所联系一个行政村，即“一村一部门”，科室、基层所的每位干部则帮助该行政村一个农民市场主体创业，如材料加工、种养专业户等，即“一户一干部”，把推进农民创业的内容时限、目标要求和保障措施等一一落实到干部和责任主体，即“一事一跟踪”，并结合民企联村帮扶，扶持农民市场主体创业，全县有23个“十联十助”项目得到落实。春节来临期间，大峃个民协分会对32户困难家庭及残疾人进行节日慰问，给每人送上慰问金200元。

2009年，成立乡下流动工作队、品牌服务指导组、订单农业服务队、融资协调沟通小组和科学发展宣讲队5支专业工作队，为企业提供创牌、信用增值、货源组织等实实在在帮扶服务。

2010年，联合温州市经济技术开发区、县就业中心举办新年首场招聘会，联合县人事劳动社会保障局、经贸局举办2010年春季人力资源交流大会，组织40家用人单位积极参加，提供涉及操作普工、文秘、营销管理、会计、园艺、机械制造类等专业工种岗位2500余个，400人与用人企业达成意向，当场录用200余人。同时，联合县人事、劳动等部门单位举办万名工商户免费技能培训，当年参加培训380余人次。并且，启动21家企业“文成县民企读书活动”。

2011年，开展非公经济组织党组织和党员情况调查摸底，全县共有非公企业640家，其中已单独建立党支部的非公企业72家，建立党支部100个（其中28家成立联合党支部），各分会成立党支部，党员419人。个体户党员235人，从业人员党员5人，5个专业市场党员20人。同年，开展“光彩服务日”活动，来自文成1+1商场、联华超市、电信公司、移动公司、司法局、家电、手机维修等行业和单位的十余个个私协会成员单位，提供免费的健康咨询、法律咨询、家电维修和美容美发等各种便民、惠民服务，县司法局工作人员开展现场法律咨询服务，吸引群众500余人参与，发放《个体户工商管理条例》宣传材料200份，接受法律咨询与服务15个。

第九节　县消费者委员会

1991年,县消费者权益保护委员会(简称县消费委)依法成立。县消费委是全县对商品和服务进行社会监督的保护消费者合法权益的公益性组织。其主要职能是向广大消费者提供消费信息和咨询服务;参与有关行政部门对商品和服务的监督、检查;就有关消费者合法权益的问题,向有关行政部门反映、查询,提出建议;受理消费者的投诉,并对投诉事项进行调查、调解;就损害消费者合法权益的行为,支持受损害的消费者提起诉讼;对损害消费者合法权益的行为,通过大众传播媒介予以揭露、批评。1991—2011年间,县消费委为稳定全县市场经济运行,保护广大消费者合法权益,促进社会全面和谐,起到了积极的作用。

组织机构

1991年,县消费委成立,经过民主协商选出委员56人,常委15人,聘任副县长严中杰为名誉主任。

1994年,县消费委大峃分会组建,在主要乡、镇建立办事组,在重点商场、企业设立联络站,聘请社会联络员73人。

1998年,县96315举报投诉中心成立,开展以"为了农村消费者"为主题消费者权益保护举报投诉。1999年,完善"96315"消费者权益举报中心运行机制,建立统一、高效消费者权益网络。2月,县消费委三届一次全会召开,选举出新一届常委19人。聘请江海滨、徐世征、陈永造、蒋炳发为名誉会长。

2002年,建立维权监督联络网,设立维权监督联络站(点)49个,工商监管进乡村、市场、社区、风景旅游点等场所,形成消费多层次、动态性、全方位工商监管模式。

2004年,建立消费维权联络站(点)54个,基本形成县消委—消委分会—乡镇(街道)联络站—行政村(居委会)消费维权联络点4级维权网络。

2005年,设立消费维权监督站30个、消费维权监督点99个,聘请消费维权监督员414人。消费者协会组织监督网、新闻舆论监督网、社会群众监督网"三网"建设初具规模,并作为欠发达地区,在全省部分市县"三网"建设座谈会上交流经验。

2008年,建设消费维权监督站11个与消费维权监督点28个,发挥一员多用功能。新设县实验小学消费维权监督点,以"消费与责任"为主题开展国民消费教育。

2010年,将消费维权监督员、12315食品安全联络员整合,从原来129个消费维权监督站(点)提升成为33个全县消费维权示范监督站(点)。

2011年,组建生态消费教育讲师团开展宣讲活动。5月,全县首个生态消费体验基地在龙川山水果园农庄挂牌成立,并组织消费体验员到农庄开展生态消费体验。

维权宣传

通过评选消费者信得过单位、建立消费维权监督点以及消费知识进校园等载体开展消费者维权宣传,提高消费者维权意识。

1991年,开展"政治思想好、经营作风好、服务态度好、商品质量好、整洁卫生好"为内容五好经营单位竞赛,参赛企业71家,达标企业23家,获得消费者信得过单位称号,评上五好经营单位称号的企业4家。

1992年,组织国有商业企业开展五好经营"诚信杯"竞赛、"消费者信得过商店"评比,193家企业、616户个体户参加。被评为省级"五好经营户"1户、市级"五好经营户"3户、县级"五好经营户"43户。

1994年，开展《中华人民共和国消费者权益保护法》实施和“3·15”国际消费者权益日纪念活动，利用广播、电视、墙报、培训等形式开展法律法规宣传和咨询服务。组织对仪器、家用电器、化妆品和煤气等进行检查整顿，开展消费者信得过单位评比和争创“无假冒店、摊”活动，增强消费者权益保护意识。

1995年，开展纪念“3·15”国际消费者权益日活动，宣传《中华人民共和国反不正当竞争法》《中华人民共和国消费者权益保护法》《中华人民共和国公司法》《中华人民共和国广告法》等，分发宣传资料2015份，接受现场咨询投诉，受教育人数达3万余人。

1996年，重大节日及“3·15”国际消费者权益日、法律颁布实施日等开展法律法规咨询活动18场次，通过设立投诉台、伪劣商品识别台等形式，接受教育群众达到10万余人次。

1997年，大峃、珊溪、南田、玉壶、峃口、西坑、黄坦等镇政府所在地建立文明经营示范街。评定县医药公司门市部等6家单位为1996年度消费者信得过单位。

1999年，开展以“安全健康消费完善”为主题消费维权咨询。

2005年，推出“农资消费明白纸”“农资理赔联系卡”服务项目；挂牌设立“放心示范店”79家、“放心准入单位”20家。

2006年，成立“放心店”专业委员会，制定《章程》，发布《自律公约》。明确对放心店专业委员会职责规范、放心店经营行为规范、业主权利义务和违规处理办法。制定《文成县放心店先行理赔暂行办法》，引导业主诚信经营，快速化解消费纠纷。同年，成立“放心店”监督委员会，对监督委员会工作宗旨、机构与职责、工作制度等作出明确规定。

图17-5　2005年3月，开展“3·15”消费维权日宣传活动（县市场监督管理局提供）

2009年，举办法律法规和消费维权知识培训会议2次，增强工作人员消费维权重要性认识。

2010年，开展消费监督员业务培训4期，消费教育8次，消费宣传8次，消费体验1次，消费调查4次，消费警示发布5期。选出守法意识强、诚信度高的企业和个体工商户23个为“第八届消费者信得过单位”。

2011年，“3·15” 国际消费者权益日，消费者1300余名参与现场咨询活动。发放《消费知识手册》宣传资料3900余份，《人人参与消费，共建生态和谐文成》倡议书1000余份，生态消费调查问卷500余份，现场接待各类咨询 82件。5月19日是首个“中国旅游日”，向广大消费者发放大量《生态旅游倡议书》《旅游消费提示》，提醒消费者增强维权意识，提高旅游质量。同时，联合县教育局举办以生态消费为主题的“红盾杯”校园征文比赛，收到征文192篇，其中有68篇分别获一、二、三等奖和优胜奖，合编为《文成县中小学生生态消费征文集》。

权益维护

重点畅通消费投诉渠道，做好消费投诉举报处理，为消费者挽回经济损失。

1991年，受理消费者投诉案件42件、金额6533元。处理39件，处理率92.9%，为消费者挽回损失5391元，罚款3000元。

1992—1998年,处理消费投诉案件数逐年略有递增。1998年县96315投诉中心成立,消费者权益保护工作更加规范有效。

1999年接到各类电话403个,其中举报电话17个、投诉电话151个、咨询电话203个和其他电话32个;受理举报投诉总数147件,处理142件,为消费者挽回经济损失37.43万元。

2000年,开展以"明明白白消费"年为主题消费者维权咨询,办理消费者投诉229件,为消费者挽回经济损失25.5万元。

2001年,开展以"绿色消费"为主题的消费维权,受理投诉案件115件,调解105件,为消费者挽回经济损失40余万元。8月,查获玉壶镇王某非法办理出国签证、公证和认证等业务,非法收取"包快签"费。经处理裁定,王某退还消费者费用6.63万元,该案件被评为全市十大消费者维权案件。

2002年受理投诉案件162件,为消费者挽回经济损失55万元。

2003年,以"营造放心消费环境"为主题继续做好投诉举报受理工作,受理投诉案件95件,为消费者挽回经济损失37万元。2004年,以"诚信维权"为主题做好消费维权工作,受理消费举报投诉107件,为消费者挽回经济损失28万余元。

2005年,全省率先推行农资质量先行理赔制度,尝试将农资消费纠纷从单纯调解向受理、调查、调解和理赔等综合方式转变,温州市委副书记包哲东对此予以批示肯定。

2007年,以"消费和谐"为主题,调解消费纠纷72件,为消费者挽回经济损失8万余元,查处侵害消费者权益案件20件。同时,启用消保基金援助弱势群体诉讼维护合法权益,为龙川残疾人赵某某退还保险金5.7万元。

2009年,以"消费与发展"为主题开展消费维权,受理消费投诉87件,成功调解87件,调解率达100%,为消费者挽回经济损失10.9万余元。

2010年以"消费与服务"为主题,受理消费投诉举报99件,办理消费仲裁案件4件,处理消费投诉99件,处理率100%,回访满意率100%,为消费者挽回经济损失6.5万元。

2011年,消费警示发布7条,举报案件查处23件;受理各类消费者申诉61件(撤诉2件),解决59件,办结率为100%;接受消费者咨询258人次,争议涉及金额102112元,为消费者挽回损失96190元。

第二章　质量技术监督

1985年，县计划经济委员会设立县标准计量所。1988年，根据《中华人民共和国计量法》建立社会公用计量标准器，计量工作从狭义的单纯量值传递转向广义的工矿企业实施全面计量管理。1989年县标准计量所改为县标准计量局，负责计量的标准化管理和商品质量管理。1991年1月，县标准计量局改建为县技术监督局（县技监局）。1997—2005年，机构名称和职能几经变化，县技术监督局改建为县质量技术监督局（县质监局），管理全县质量、计量、标准化、合格评定和特种设备安全监察等工作，行使行政执法监督职能。

第一节　机构沿革

1991年1月，县标准计量局改建为县技术监督局，列为县政府职能部门。1997年4月，县技监局并入县计经委，对外挂“县技术监督局”牌子，机构职能不变。2001年1月，县质量技术监督局设置，实行省以下垂直管理。8月，流通领域商品质量监督管理职能划给县工商行政管理局；10月，特种设备安全监管职能划归县质监局。2005年1月，食品加工环节质量安全监管职能划归县质监局。11月，局机关通过ISO 9000管理体系认证。

2011年，县质监局内设职能科室4个：办公室（行政审批科）、质量与标准计量科、产品质量监督稽查科和特种设备安全监察科；下设基层队所5个：质量技术监督稽查大队、产品质量监督检验检测所（食品农产品质量检验中心）、计量检定测试所、大峃质量技术监督所和珊溪质量技术监督所。人员编制29名，技术机构中有专业技术人员7人。

第二节　质量管理

1991年，县技监局列为政府职能部门，负责全县质量监督管理。1994年开始，围绕“质量立县”目标，推进质量振兴，实施品牌战略。1994—2011年，农业方面创建浙江名牌产品4个和温州名牌产品11个，工业方面创建浙江名牌产品1个和温州名牌产品2个，全县许可生产目录内7家企业5个品种工业产品均按照国家要求取得工业产品生产许可证。

管理措施

质量预警　2006年11月，县政府出台《文成县区域性产品质量问题预警机制实施方案》。区域性产品质量预警分为黄牌预警和红牌预警2个等级，予以红牌警告的，县质监局向县政府作书面报告，由县政府向有关企业、所在乡镇政府发出《质量预警通报》，被通报单位应在接到《质量预警通报》后1年内完成整治；予以黄牌警告的，由县质监局以《质监通讯》的形式向有关乡镇政府、企业发出通报，有关单位应在接到通报后9个月内完成整治。2006—2011年，没有企业被黄牌或红牌警告。

产品质量档案　2004年12月，根据省质监局关于建立全省统一企业产品质量基础信息数据库要求，通过企业质量普查，建立重点工业企业质量档案20家，500万元以上产值企业均建立质量信用服务体系。2008年3

月,建立家具、玩具、服装、油漆涂料、仿真饰品、汽车配件、絮用纤维制品、人造板、装饰材料和洗涤用品等10类重点产品生产企业质量档案。经排查,全县有2家家具企业符合要求,建立质量档案。2009—2011年,无企业符合建档要求。

质量奖励 2005年7月,县政府出台《关于实施品牌发展战略的若干意见》奖励获各类名牌产品企业。2009年3月,县委、县政府出台《关于进一步扶持工业发展的若干意见》,对参与国家标准、行业标准和地方标准起草工作的企业,分别给予资金奖励3万元、2万元和1万元;当年"采标"企业给予资金奖励1万元;当年获得中国出口名牌、浙江省出口名牌称号企业分别给予资金一次性奖励50万元、10万元。2011年9月,县政府印发《文成县县长质量奖评审管理办法》,引导企业全面推进卓越绩效管理,申报政府质量奖励,对获得县长质量奖的企业或单位给予奖励20万元。2011年10月有2家企业报名参评,次年评选首届县长质量奖。

工业产品生产许可 1984年国务院颁发《工业产品生产许可证试行条例》,对涉及人体健康和人身财产安全的重要工业产品实施生产许可证管理制度。2004年,县兴达酿酒厂等3家酒类生产企业取得工业产品生产许可证书。2005年,7家企业生产的防爆开关、工业气体、配制眼镜产品取得工业生产许可证。2006年,浙江南翔电工有限公司生产的漆包圆铜线产品取得工业产品生产许可证。2008年,温州久龄久有限公司生产的电动自行车取得工业产品生产许可证。2009年,3家白酒生产企业的工业产品生产许可证转换为食品生产许可证。2010年,温州名泰钢铁有限公司生产的圆条钢取得工业产品生产许可证,大众眼镜行等4家配制眼镜店通过工业产品生产许可证复审。2011年,全县7家企业5种工业产品持有工业产品生产许可证书。

质量管理体系认证 2004年,县亨哈山珍有限公司、南翔集团有限公司、文成县万喜精密铸造有限公司、浙江慧康暖通设备有限公司4家企业通过ISO 9001质量体系认证。2006年,温州伯温酿酒有限公司、温州珊溪水泥制品有限公司、浙江巨华锻造有限公司、温州通奥实业有限公司、温州鸿华精密铸造有限公司、文成县万标铸造有限公司6家企业通过ISO 9001质量体系认证;温州巨峰机汽锻造有限公司、温州通奥实业有限公司2家企业通过ISO 14000环境管理体系认证。2007年,浙江双凤食品有限公司、浙江名泰钢铁有限公司、文成县日省名茶开发有限公司3家企业通过ISO 9001质量体系认证。2009年,文成县中星钢管设备制造有限公司通过ISO 9001质量体系和浙江金飞车辆配件制造有限公司通过ISO 14000环境管理体系认证。2010—2011年,无新增质量管理体系认证企业。

质量诚信体系建设 1992年6月,下发《关于在商贸企业开展评选"无伪劣商品商店"和"质量信得过单位"活动的通知》。1996年,县农用车总厂、县帝师集团、县离合器片厂和县电器仪表元件厂等4家企业被评为产品质量信得过单位。2008年6月,下发《关于在生产加工企业中建立和落实质量诚信制度的通知》,建立质量诚信教育和奖惩制度、质量检验制度、售后服务制度、原材料及产品溯源体系。至2011年,全县生产加工企业均建立质量诚信制度。

品牌建设

名牌培育 1994年3月,印发《关于认真组织实施"三五八"质量系统工程的通知》,将农业标准化和名牌培育列为重点工作。

1994—2003年,制订农产品标准45项、县级农业地方标准规范2项,获"质量信得过单位"企业4家,创浙江名牌农产品1个、温州名牌产品3个。2004年5月,召开全县打造产业品牌动员表彰大会,总结1994年以来质量工作经验,对2003年度获得浙江名牌产品和温州名牌产品企业分别给予奖金奖励3万元和1万元,鼓励企业创名牌。

2005年7月,县政府出台《关于实施品牌发展战略的若干意见》。对首次获得文成名牌、温州名牌、浙江名牌和中国名牌产品称号企业分别给予奖金奖励5000元、5万元、10万元和50万元，对通过温州名牌、浙江名牌、中国名牌产品称号复评企业给予减半资金奖励。8月，编制《文成县2006—2010年名牌产品培育发展规划》，珊溪牌预应力管桩、兔肉松等15个产品被列为省、市名牌产品培育对象。

2006年2月，建立全县实施品牌战略联席会议制度。县长为总召集人，县委宣传部、县政府办、县法院、县质监局、县安监局、县工商局、县经贸委等27个部门单位主要负责人为成员，联席会议办公室设在县质监局，负责品牌建设日常工作。4月，召开全县名牌创建工作会议。8月，县政府出台《县名牌培育质量提升工程实施方案》，成立以分管副县长为组长协调小组，重点围绕食品农产品加工、金属加工、建筑材料三大行业开展名牌培育质量提升工作。召开全县实施名牌培育质量提升工程暨质量协会成立大会，推动名牌培育质量提升。

2010年，对2009年度在名牌创建和管理创新体制建设等方面成绩显著的14家企业给予表彰，奖励资金41万元。2011年，对2010年度获名牌产品称号企业给予表彰。

名牌认定　1994年，开始开展名牌创建。1999年，县亨哈山珍食品有限公司生产的“亨哈牌”野生蕨菜干、四季豆干等干菜产品首获“温州市名牌农产品”称号。2003年省质监局开展名牌产品评选，县亨哈山珍食品有限公司生产的“亨哈牌”野生蕨菜干、四季豆干等干菜产品首获“浙江名牌产品”称号。2003—2011年，全县获得浙江名牌产品5个，温州名牌产品13个。

图17-6　浙江名牌产品证书

图17-7　温州名牌产品证书

第三节　计量管理

1991—1996年，重点规范全县计量器具，依法开展计量监督工作，查处不合格计量器具。1997年重点开展强制检定工作，2009年重点开展计量惠民服务工作。县计量检定测试所重点构建社会公用计量标准，开展计量检定、校准和检测工作，依法开展强制检定，强制检定合格率从1991年88.2%上升到2011年97.2%。

计量认证

1998年，县产品质量监督检验所白酒、黄酒、酱油、食醋等4个计量检验项目通过计量认证。2003年12月，县疾病预防控制中心88项计量检测项目和县建设工程检测所59种建筑产品质量检测项目通过计量认证。2004年3月，县环境监测站27项检测项目通过计量认证。2005年4月，县防雷设施检查所9项检测项目通过计量认证。2008年12月，县食品农产品检测137个检验项目通过计量认证或审查认可。2010年，县安顺机动车性能检测站71项检测项目通过计量认证。2011年,县技术机构均通过计量认证。

器具检定

社会公用计量标准 1991—1996年,县计量检定测试所建有千分尺、游标卡尺、百分表、砝码、天平、压力表、血压计和衡器等计量标准8项,并取得"计量标准考核证书"和"社会公用计量标准证书"。1997—2002年,标准证书过期失效。2003年,县计量检定测试所重建F1砝码、F2砝码、血压计、压力表,新建加油机等计量标准5项。2006年,新增天平、衡器计量标准2项。2007年9月,通过省质监局法定计量检定机构授权考核,准予在授权区域内开展计量检定、校准和检测工作。2007—2011年,全县社会公用计量标准无变化。

强制检定 1991年,强制检定压力表、衡器、血压计等384台件,合格338台件,合格率88.2%。1992—1996年,检定计量器具3152台件,合格率89.7%。1997—2003年,县计量检定测试所暂停对外开展工作,检定业务工作一度由市质量技术监督检测院承担。2003—2008年,陆续恢复开展天平、砝码、加油机、衡器、血压计和压力表等强制检定,检定计量器具2681台件,其中合格2553台件,检定合格率95.2%。2009—2011年,例行开展强制检定,检定计量器具1384台件,合格率98.3%。

计量监督

计量器具监督 1992年,居民对瓶装液化石油气缺斤短两问题反映强烈,但是行业主管部门和监督部门均无充装量计量允差规定而无法对违法行为进行处罚。县技监局、县物价局联合发出《关于加强液化石油气销售监督管理的通知》,规定10公斤、15公斤钢瓶充装误差为0.5公斤,50公斤钢瓶充装误差为1.0公斤;空瓶残渣不大于0.5公斤,并要求在经营场所设公平秤,规范液化气充装计量行为。1995年,配合县计经委等部门完成燃料油经销企业整顿,对全县加油机进行计量检查,失准的进行调整,计量准确率提高34%。1992—1996年,出动1277人次复校计量器具3915台件次,没收失准计量器具210台件,销毁不合格计量器具200余台件。依法对失准计量器具使用者罚款2298元,退还赔偿消费者货款450元。1997年开始,全县范围内基本使用符合国家标准的计量器具,计量器具监督以强制检定方式管理,强制检定规定外的计量器具实行自愿检定。

定量包装商品计量监督抽检 按照《中华人民共和国计量法》规范市场计量行为,开展定量包装商品计量监督抽检。1992—1996年,抽检定量包装商品1236批次,合格率85.1%。1997—2003年,抽检895批次,合格率91.4%。2004—2011年,抽检定量包装商品768批次,合格率93.5%。

惠民服务

2009年3月县政府印发《关于开展民生计量惠百姓专项行动方案》,在全县范围开展以"诚信计量进市场、健康计量进医院、光明计量进镜店、服务计量进社区"为主要内容的民生计量惠百姓专项行动。县计量检定测试所联合市计量技术研究院对涉及民生领域的5家农贸市场、7家乡镇以上医疗卫生单位和4家眼镜装配店的相关计量器具开展免费强制检定。2009年,检定民生计量器具734台件,一次检定合格率98.8%。2010年,在周村集贸市场开展在用衡器"四统一"试点,对计量器具进行统一配备、统一管理、统一检定、统一轮换。对重点乡镇集贸市场的计量器具开展免费检定。检定各类计量器具634台件,检定合格率97.4%。2011年,全县重点乡镇集贸市场全面推开"四统一"工作。免费检定各类计量器具640台件,检定合格率97.9%。

第四节　标准化管理

1991—2011年，制定农业地方标准规范26项（含林业1项）。1993—2011年，代码、条码工作有序开展。1996年，通过市技监局消灭无标生产县验收。2007年2月，在全市率先开展县级农业标准化推广实施示范项目评选。2011年，全县有国家级1个、省级11个、市级16个和县级61个农业标准化推广实施示范项目。

农业标准化

农业标准体系　2005年1月，编制发布《文成县兔业技术标准体系》。该体系包括养殖标准、加工标准、产品标准、检验标准以及物流标准等5方面内容。标准体系收集到农业标准化法规6个，相关标准101个，其中国家标准66个、行业标准29个、地方标准6个。

农业地方标准　1998年8月，发布DB330328/T1　1998《高山秋茄生产技术规程》首个县级地方标准规范。1999—2002年，制定《毛竹低产林改造技术》《文成半天香茶》《无公害优质米》《无公害蔬菜》《文成蜜梨》等县级地方标准规范5个。2003年开始，农产品标准制定向产前、产中、产后技术要求的系列标准发展，制定《文成肉兔》《冰洋竹海基地毛竹林》《相思龙藤》《富贵菜》《文成贡茶》《无公害杨梅》县级地方标准规范6个系列。2004年，发布《无公害食品——文成西瓜》等县级地方标准规范5项。2005年，发布《粉丝专用番薯生产技术操作规程》县级地方标准规范1项。2006年，发布《无公害食品·文成粉丝》等县级地方标准规范3项。2007年，发布《无公害山地辣椒生产技术规程》县级地方标准规范1项。2008年，发布《无公害杨梅生产技术规程》等县级地方标准规范4项。2011年，对现有县级地方标准规范进行清理，保留县级农业地方标准规范15项、林业地方标准规范1项。

农业标准实施　2004年，编制《文成县农业标准化推广实施工作规划（2004—2007年）》。县日省名茶开发有限公司承担的《日省牌半天香茶叶农业标准化推广示范项目》，通过市级农业标准化推广示范项目验收，成为全县首个市级农业标准化推广示范项目。2005年7月，县政府成立以分管农业副县长为组长的县农业标准化和农产品安全监督检测协调会议领导小组，负责领导全县农业标准化工作，领导小组办公室设在县质监局。2005年，浙江双凤食品有限公司承担的《文成县肉兔标准化推广实施示范项目》通过市质监局验收。2006年8月县政府出台《关于推进农业标准化工作的若干意见》，启动县级农业标准化示范基地认定工作，县财政予以安排专项资金10万元。2007年2月，在全市率先组织开展县级农业标准化推广实施项目认定工作，首批县级农业标准化推广实施项目10个，涉及全县茶叶、蔬菜、水果、中药材、大米等产业。2008年，通过"公司+基地+农户+标准"模式，浙江双凤食品有限公司承担的第六批全国农业标准化推广实施示范项目《肉兔养殖标准化推广实施示范项目》立项。2010年10月，《肉兔养殖标准化推广实施示范项目》顺利通过国家局验收。文成县成为全市唯一拥有国家、省、市和县四级农业标准化示范项目的县级单位。2011年，全县有国家级1个、省级11个、市级16个和县级61个农业标准化推广实施示范项目。

2004—2011年文成立县农业标准化推广实施示范项目一览表

表17-7

序号	示范区名称	承担单位	项目时间	项目级别
1	文成县肉兔标准化推广实施示范	浙江双凤食品有限公司	2008—2010年	国家级
2	文成县肉兔标准化推广实施示范	浙江双凤食品有限公司	2006年	省级
3	刘基贡茶标准化生产推广实施	文成县经济特产站	2006年	省级
4	无公害番薯标准化种植推广示范	浙江山哥哥农产品开发有限公司	2007年	省级
5	无公害厚朴标准化推广示范	文成县石垟林场、县林业技术推广站	2008年	省级
6	无公害杨梅标准化栽培推广示范	文成县仰山果业有限公司	2008年	省级
7	绿色蔬菜标准化种植推广示范	文成县农技推广总站	2008年	省级
8	“日省”牌半天香茶叶农业标准化示范	文成县日省名茶开发有限公司	2009年	省级
9	无公害板栗标准化栽培推广示范	文成县黄寮农产品产销合作社	2009年	省级
10	金银花推广实施示范	文成县银星种植场	2010年	省级
11	仔猪标准化饲养技术推广实施示范	文成县黄坦镇占里毛猪养殖产销合作社	2011年	省级
12	无公害渔业生产基地推广实施示范	文成县铜铃养殖专业合作社	2011年	省级
13	“日省”牌半天香茶叶农业标准化示范	文成县日省名茶开发有限公司	2004年	市级
14	文成县肉兔标准化推广实施示范	浙江双凤食品有限公司	2005年	市级
15	无公害番薯标准化种植推广示范	浙江山哥哥农产品开发有限公司	2006年	市级
16	美国白羽王鸽标准化推广实施	文成县兴飞有限公司	2006年	市级
17	无公害杨梅标准化栽培推广示范	文成县仰山果业有限公司	2007年	市级
18	肉兔养殖标准化示范	文成县双凤兔业合作社	2007年	市级
19	金银花推广实施示范	文成县银星种植场	2007年	市级
20	有机茶农业标准化种植推广实施示范	文成县周山茶业发展有限公司	2008年	市级
21	毛竹笋竹两用林改造推广示范	文成县绿水尖竹笋专业合作社	2009年	市级
22	珊溪镇无公害杨梅标准化种植推广示范	文成县珊溪镇农技站	2009年	市级
23	刘基贡茶标准化推广示范	文成县峃口茶业专业合作社	2009年	市级
24	无公害杨梅标准化种植推广示范	文成县珊溪镇奕样水果种植场	2009年	市级
25	无公害渔业生产基地推广实施示范	文成县铜铃养殖专业合作社	2010年	市级
26	东魁杨梅标准化生产推广实施示范	文成县双丰水果专业合作社	2010年	市级
27	笋竹两用毛竹标准化推广实施示范	文成县桂山乡农产品产销专业合作社	2010年	市级
28	无公害胡柚标准化实施示范	文成县葛洋胡柚种植专业合作社	2011年	市级
29	县肉兔标准化推广实施示范	浙江双凤食品有限公司	2005年	县级
30	“日省”牌半天香茶叶农业标准化示范	文成县日省名茶开发有限公司	2005年	县级
31	无公害杨梅标准化栽培推广示范	文成县仰山果业有限公司	2006年	县级
32	无公害板栗标准化栽培推广示范	文成县黄寮农产品产销合作社	2006年	县级
33	金银花推广实施示范	文成县银星种植场	2006年	县级
34	有机茶农业标准化种植推广实施示范	文成县周山茶业发展有限公司	2006年	县级
35	珊溪镇无公害杨梅标准化种植示范推广	文成县珊溪镇农技站	2006年	县级
36	生姜种植标准化推广示范	文成县西坑畲族镇农技站	2006年	县级
37	无公害蔬菜标准化推广示范	文成县樟台乡农技站	2006年	县级
38	绿色食品红茄标准化推广示范	文成县南田经济开发总公司	2006年	县级
39	无公害蔬菜标准化推广示范	文成县百丈漈镇天顶湖农产品专业合作社	2006年	县级

续表 17-7

序号	示范区名称	承担单位	项目时间	项目级别
40	A 级绿色食品大米标准化推广示范	文成县二源乡农技站	2006 年	县级
41	蔬菜标准化推广示范	文成县周壤乡农技推广站	2006 年	县级
42	水果无公害基地建设	文成县黄坦仙果园艺场	2007 年	县级
43	无公害辣椒标准化种植推广实施示范	文成县桂山农产品产销专业合作社	2007 年	县级
44	上林杨梅推广实施示范	文成县上林杨梅专业合作社	2007 年	县级
45	朱雅稻田养鱼推广实施示范	文成县朱雅乡人民政府	2007 年	县级
46	番薯标准化种植推广实施示范	文成县植晶皇农产品加工厂	2007 年	县级
47	无公害厚朴标准化推广示范	文成县石垟林场 、县林业技术推广站	2007 年	县级
48	肉兔养殖标准化示范项目	文成县双凤兔业合作社	2007 年	县级
49	绿色蔬菜种植农业标准化推广实施示范	文成县绿源食品开发有限公司	2007 年	县级
50	毛竹笋竹两用林改造推广示范	文成县绿水尖竹笋专业合作社	2008 年	县级
51	仔猪标准化饲养技术推广实施示范	文成县黄坦镇占里毛猪养殖产销合作社	2008 年	县级
52	无公害马铃薯标准化推广实施示范	文成县双龙食品有限公司	2008 年	县级
53	铁皮石斛规范化种植	文成县英桥石斛有限公司	2008 年	县级
54	笋竹两用毛竹林种植标准化示范	文成县舒心竹业有限公司	2008 年	县级
55	无公害树莓标准化实施示范	文成县绿野苗木繁育场	2008 年	县级
56	无公害渔业生产基地推广实施示范	文成县铜铃养殖专业合作社	2008 年	县级
57	无公害胡柚标准化实施示范	文成县葛洋胡柚种植专业合作社	2009 年	县级
58	无公害雪梨推广实施示范	文成县十源农产品专业合作社	2009 年	县级
59	笋竹两用毛竹标准化推广实施示范	文成县桂山乡农产品产销专业合作社	2009 年	县级
60	肉兔推广实施示范	文成县西坑畲族镇永盛兔业养殖场	2009 年	县级
61	土鸡标准化饲养技术推广实施示范	文成县山城土鸡养殖场	2009 年	县级
62	东魁杨梅标准化生产推广实施示范	文成县双丰水果专业合作社	2009 年	县级
63	无公害肉兔养殖基地推广实施示范	文成县强凤獭兔养殖专业合作社	2009 年	县级
64	西瓜推广示范	文成县利农农业专业合作社	2009 年	县级
65	绿色食品蔬菜盘菜推广实施示范	文成县二源绿色农业种植专业合作社	2009 年	县级
66	杨梅标准化生产技术推广示范	文成县西方水果种植专业合作社	2009 年	县级
67	野生兰花大棚种植驯化推广实施示范	文成县四季春兰花培育场	2009 年	县级
68	无公害稻田养鱼推广实施示范	文成县十源农产品专业合作社	2010 年	县级
69	笋竹两用林推广实施示范	文成县叶胜林场	2010 年	县级
70	毛竹笋竹两用林推广实施示范	文成县鹤翔农业专业合作社	2010 年	县级
71	无公害肉兔养殖标准化推广示范	文成县利民农产品产销专业合作社	2010 年	县级
72	浙贝母推广示范	文成县兴隆中药材种植专业合作社	2010 年	县级
73	山区土鸡标准化养殖推广实施示范	文成县培头农业专业合作社	2010 年	县级
74	肉兔标准化养殖推广实施示范	文成县绿环农业专业合作社	2010 年	县级
75	非洲菊标准化推广实施示范	文成县后巷蔬菜花卉种植专业合作社	2010 年	县级
76	东魁杨梅标准化生产推广实施示范	文成县鸿运农产品产销专业合作社	2010 年	县级
77	美国白羽王鸽标准化养殖推广实施示范	文成县龙凤山鸽业有限公司	2010 年	县级
78	黑木耳大田种植标准化推广实施示范	文成县农家乐食品有限公司	2011 年	县级
79	黑木耳等食用菌标准化种植实施示范	文成县明康菌类专业合作社	2011 年	县级
80	驮尖茶叶标准化种植推广示范	文成县公阳乡高云茶叶专业合作社	2011 年	县级
81	杨梅标准化种植推广实施示范	文成县南阳杨梅专业合作社	2011 年	县级

续表 17-7

序号	示范区名称	承担单位	项目时间	项目级别
82	香水百合种球多次利用技术实施示范	文成县利鑫花卉种植专业合作社	2011年	县级
83	高效水果草莓生产推广实施示范	文成县鑫鑫有机农业开发	2011年	县级
84	东魁杨梅标准化种植推广实施示范	文成县里阳红枫林农业种植专业合作社	2011年	县级
85	杨梅标准化种植推广实施示范	文成县金垟杨梅专业合作社	2011年	县级
86	“龙麒源”牌刘基贡茶农业标准化实施示范	文成县茶龙茶叶专业合作社	2011年	县级
87	规模生猪养殖污水零排放生产技术标准化推广实施示范	文成县新伟畜牧养殖有限公司	2011年	县级
88	肉兔养殖标准化推实施广示范	文成县国栋科技实验兔场	2011年	县级
89	厚朴标准化推广实施示范	文成县绿野苗木繁育场	2011年	县级

说明:资料由县市场监督管理局提供

农产品认证 2002年,县绿源食品开发有限公司的无公害稻米基地产地认证首获省无公害农产品认证。2004年,“双凤牌”肉兔首获县首批有机农产品认证。2005年,县绿源食品开发有限公司生产的“兴绿”牌茄子、毛豆、白银豆、盘菜等首获绿色农产品认证。2011年,全县39家企业通过有机食品认证、绿色食品认证或无公害农产品认证,认证总面积7288.87公顷。其中,27家企业27个产品获无公害农产品产地证书,认证面积6102.67公顷;绿色食品认证企业4家产品8个,认证面积966公顷;有机食品认证企业8家产品8个,认证面积221.20公顷。

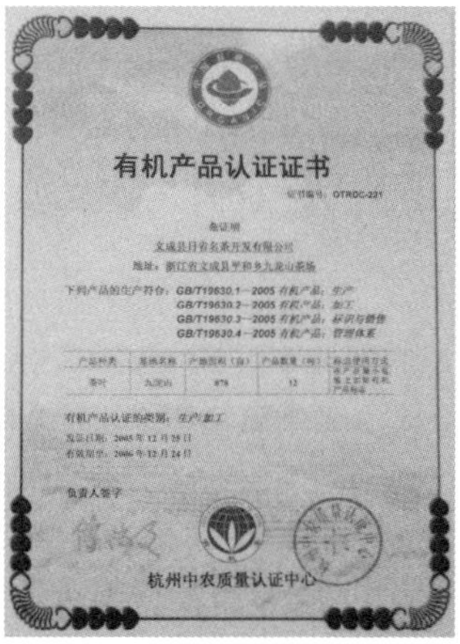

图17-8 有机产品认证证书

工业标准化

消灭无标生产 1991—1996年,116家企业制定或修订产品标准118个,均有备案。1995年,举办《标准工作导则》(GB/T1.1-1993)国家标准培训班,培训50余人。1996年,通过市技术监督局消灭无标生产县验收,持标率95%,成为全市第一个消灭无标生产县。1997年后,持续开展消灭无标生产工作。

企业标准化 1991年,110名厂长经理参加国家标准化知识培训。举办全国标准化函授班1期,获得国家标准化函授结业证书学员15人。县电器仪表元件厂等8家企业通过标准化整顿验收。7月,联合企业主管部门宣传贯彻GB/T 10300/ISO 9000《质量管理和质量保证》国家标准。1992—1996年,先后举办GB/T1499螺纹钢筋国家标准、GB/T7718食品标签通用标准和GB/T5296消费品使用说明等国家标准学习班4期,培训230余人。1997年,县防爆开关厂通过标准化水平确认。1998年,县亨哈山珍食品有限公司取得四级标准化水平确认。2001年,县质监局对浙江双凤食品有限公司等2家企业进行四级标准化水平确认,帮助企业通过温州知名商标评选。2003年,对县日省名茶开发有限公司进行四级标准化水平确认。2004年5月,对县冰洋实业有限公司进行四级标准化水平确认。2006年,温州珊溪水泥制品有限公司生产的预应力混凝土管桩2个产品采用国外先进标准,使全县企业采标工作实现零突破。浙江双凤食品有限公司等3家企业通过AA级标准化良好行为确认(之前为“标准化水平确认”)。2008年,县规模以上企业中可采标企业14家,已有12家18个产品采标,采标率86%。2009年,县委、县政府出台《关于进一步扶持工业发展的若干意见》,对当年“采标”企业给予资金奖励1万元。同年,县日省名茶开发有限公司等2家企业通过AA级标准化良好行为确认。2011年,26家县规模以上企业中采标企业18家,采标率为69.2%。

服务业标准化

2003年，首个文成县服务业县级地方标准规范《洗衣业服务质量等级划分操作规程》(DB330328/T3-2003)发布实施。2010年，对全县422家服务业企业单位进行业分类排查、逐级筛选，确定旅游服务业作为服务业标准化推进重点，向县政府递交专题调研报告。同年，《农家乐服务标准化试点》等4个项目列入温州市"十二五"服务标准化规划。2011年8月，出台《文成县进一步加快服务业发展的实施意见》，提出积极推进服务领域标准化，在现代物流、旅游商贸、社区服务和政府服务等领域开展服务业标准化试点示范工作，对试点企业给予资金支持；加快地方标准规范制定，对制订服务地方标准规范的单位(企业)给予资金支持。同年，文成县米兰春天摄影部承担的婚纱、人像摄影服务标准化等2个项目通过市级服务标准化项目立项。

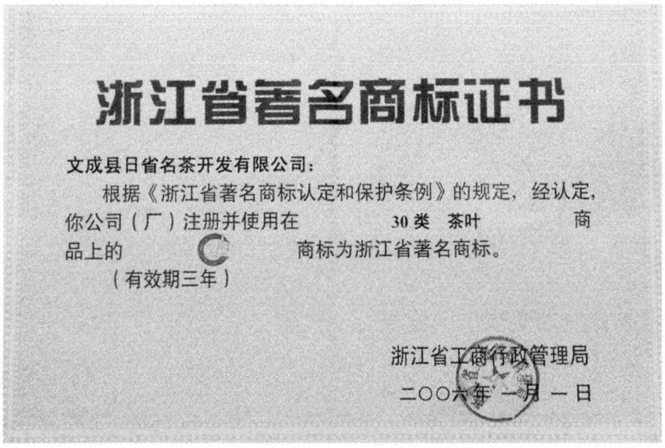

图17-9　浙江省著名商标证书(2006年1月)

图17-10　浙江省著名商标(2003年1月)

信息服务标准化

组织机构代码　1993年10月始，实施统一代码标识，成立文成县统一代码标识制度办公室，设在县技监局。至1996年12月，办理代码575份，具体分布：机关机构50份，事业法人与非法人122份，社团法人与非法人5份，企业法人336份、非法人62份。1993—2011年，全县办理组织机构代码3497份(不含已过期)。

商品条码　1992年12月，县竹木工艺总厂为全县首家注册商品条码企业(1996年12月注销)。1992—2011年，累计注册商品条码企业40家。2011年，全县商品条码保有量企业17家。

第五节　质量监督

1991—2001年，检查流通环节商品质量2.5万余批次。1992—1996年，依法抽检抽查企业产品质量163家。1997年始，县计量检定测试所建立理化和机电实验室，开展酒类产品质量检验，县域产品合格率明显提高。1997—2003年，监督检验商品1054批次。2004—2011年，开展国家级、省级、市定检385批次及专项监督抽查211批次。

产品质量抽查

1992—1996年，依法监督抽查企业产品质量163家。产品质量抽检合格率低于省、市平均水平15～25个百分点。1992年检查混凝土多孔板生产企业5家；1993年对6家螺纹钢丝生产企业抽查的9批次产品全部不合格，抽查31批次钢坯均不合格；1994年，跟踪检查混凝土多孔板生产企业15家，仅2家基本合格。

1992—1996年文成县企业抽查情况一览表

表17-8　　　　单位:个

年份	抽查企业数	品种数	总批次数	合格率(%)
1992	32	9	32	82
1993	58	11	66	23.8
1994	21	8	30	47
1995	24	11	26	56.2
1996	28	24	31	62.7
合计	163	63	185	54.34

说明:数据资料由县市场监督管理局提供

1997—2003年,开展以酒类为重点的监督检验,监督检验商品1054批次,综合合格率69.8%,合格率在56.7%~82.9%范围内波动。其中酒类391批次,综合合格率71.6%,合格率在57.7%~87.7%范围内波动。2003年后,县计量检定测试所暂停开展白酒、黄酒、酱油、食醋等检验项目4个。

1997—2003年文成县酒类企业抽查情况一览表

表17-9

年份	酒类批次	合格率(%)	总批次数	合格率(%)
1997	36	66.6	136	56.7
1998	32	65.6	207	67.1
1999	38	65.8	224	71.5
2000	26	57.7	108	68.5
2001	121	71.1	228	74.6
2002	65	69.2	75	70.6
2003	73	87.7	76	82.9
合计	391	71.6	1054	69.8

说明:数据资料由县市场监督管理局提供

2004—2011年,完成国家级定检2批次、省级定检51批次、市级定检332批次及专项监督抽查211批次,合格508批次,综合合格率为85.24%。

2004—2011年国家、省、市定检及专项监督抽查情况一览表

表17-10　　　　单位:个

年份	国家定检	省定检	市定检	专项抽查	合格率(%)
2004	—	3	12	20	91.4
2005	—	11	95	35	83.0
2006	2	9	91	25	82.7
2007	—	9	56	18	85.6

续表17-10

年份	国家定检	省定检	市定检	专项抽查	合格率(%)
2008	—	6	8	72	81.4
2009	—	4	36	14	90.7
2010	—	6	24	12	88.1
2011	—	3	10	15	96.4
合计	2	51	332	211	85.24

说明:数据资料由县市场监督管理局提供

商品质量检查

1991—1992年,检查企业(含个体)214家、商品16类,销毁电线4900米、鼓风机29台、酱油3273.5公斤、各种食品290件、啤酒7630瓶。1993年检查商店110家,对经销不合格电线、食品、电烤箱的18家商店罚款5500元。1994年整顿全县钢材市场,检查经销点17个、品种钢材22个,对不合格商品作降价、降级处理,并对经销商罚款8000元。1995年,抽检商店8家、品种8个,合格品种5个,合格率62.5%。检查经销农药、化肥的单位17家,商品128个批次,查获过期农药1735公斤、无证化肥650公斤。检查市场1个及3家企业的饮料、食品标签,没收过期变质食品28种,价值3.7万元。检查化妆品931批次,没收无证、过期变质化妆品327件,销毁有毒樟脑丸1万余颗。1996年,检查经销企业75家,检查商品2170批次,处罚经销企业31家,罚款8.9万元;受理投诉案件3件,现场处罚案件9件,立案查处21件。1997年,查处制售假冒伪劣产品案件15件,铲除制假窝点2个。1998年,检查商店769家,检查商品15380批次,抽检207批次,合格率67%;查处违法案件66件,罚款13.7万元,端掉售假窝点1个。1999年,检查商店380余家,检查商品3800余批次,抽检224批次,查处违法案件68件,罚款5.9万元。2001年8月,根据国家质检总局三定方案规定,将原县质量技术监督局负责的流通领域商品质量监督管理职能划归县工商行政管理局。

产品质量专项整治

建材市场整治　2003年10月,市政府发布《全市开展建材市场专项整治工作的通知》。县政府成立建材市场专项整治领导小组,制订专项整治工作方案,确定专项整治的重点市场、重点建筑工地、重点产品和重点企业。出动执法人员95人次,检查重点工地、企业、市场25家,查处违法案件11件,立案查处无证生产建筑门窗案2件。2006—2008年,持续开展建材市场整治。立案查处销售不合格建材案3件、生产国家明令禁止生产的地条钢案9件、使用无证塑钢门窗案1件,捣毁非法生产窝点3个。

桶装水整治　2005年3月和7月,分别对全县6家纯净水生产企业进行质量监督抽查,合格率分别为33.3%和20%。出台《关于开展桶装饮用水质量专项整治工作的意见》,成立整治领导小组,开展桶装纯净水产品质量专项整治。对质量不合格1次的责令限期整改,对连续不合格2次的责令停产整顿,并严格督促其申报QS认证。全县6家企业中,通过整治,取得QS认证2家,责令停产整顿3家,关闭1家。

“十小”行业整治　2008年7月,县政府印发《文成县“十小”行业质量安全整治与规范工作实施方案》,开展为期3年以农村为重点的食品加工小作坊、小食杂店、小餐饮店、小药店、小农资店、小菜场、小音像店、小美容美发店、小客运和小液化气供应点等行业质量安全整治行动。8月,印发《文成县“十小”行业质量安全整治与规范试点工作实施方案的通知》,在珊溪镇开展试点工作。7—12月,召开行业整治会议10次,举办培训班65期,培训1690人次,发放宣传资料7000份;出动执法人员1431人次,检查经营单位1854家,立案查处11件。2009年4月,分别召开动员会和现场会,与33个乡镇和9个牵头部门签订整治与规范目标责任书,纳入对乡镇年度目标责任制考核内容。建立乡镇指导员制度,开展“百镇百村(街)创先示范活动”,确定示范点110个、综合示范街1条。制定《2009年文成县“十小”行业整规工作评价标准》。与相关部门、乡镇之间开展联合执法56次,出动3715人次,检查经营单位1867家,查处违法案件95件,其中立案23件。2010年6月,开展“查漏补缺”和“回头看”工作。11月,出台《关于促进“十小”行业规范提升的若干意见》《“十小”行业质量安全监管长效机制》,巩固整治成果。通过3年努力,全县“十小”单位1884家,符合规范1868家,规范率99.2%,通过省、市考核组验收。

打假治劣

1992年3月,印发《通告》3000份,逐户分送全县生产、经销企业和个体工商户,告知自查清理假冒伪劣商品要求和时限。10月,县打假扫劣领导小组组织相关部门单位当众销毁电线、鼓风机等假冒伪劣商品,价值15万余元。1996年4月,市政府与县政府签订打假治劣目标管理责任书;5月,县政府与县技监局等14个政府部门单位、35个乡镇签订打假治劣目标管理责任书。全年受理投诉案件3件,现场处罚案件9件,立案查处21件。1997年查处制售假冒伪劣产品案件15件。1998年,查处违法案件66件,立案20件,现场处罚46件,罚没款13.7万元,端掉制假窝点1个。1999—2000年,查处制售假冒伪劣产品案件68件。2001年,查处违法行为17件,立案7件,其中万元大案2件,查处违法总标值14.7万元,罚没款4.95万元。2002年,查获违法生产、经营单位(个人)61家(人),立案51件,现场处罚10件,涉案金额14万元,罚没款21.4万元。2003年,查处生产、经营单位(个人)97家(人),立案63件,现场处罚34件,移送市局案件1件,涉案金额23.1万元,罚没款42.9万元。2004年,查处违法案件165件,立案40件,涉案金额38万元,罚没款50.3万元,端掉制假窝点6个。2005年,查获违法案件66件,立案35件,涉案金额19.16万元,罚没款23.36万元。2006年,查获违法案件58件,立案28件,罚没款30.4万元。2007年,查获违法案件68件,立案查处14件,罚没款22.4万元。2008年,查获违法案件15件,立案11件,罚没款14.59万元。2010年立案查处9件,其中气瓶充装单位违法充装掺有二甲乙醚液化石油气案件,移送温州市质监局处理。2011年立案查处12件,涉案金额16.7万元。

第六节　特种设备监察

2001—2011年,县质监局依法履行安全监管职能,开展起重机械、液化气钢瓶、锅炉、厂内机动车等专项整治,开展安全监察及隐患治理,全面保障特种设备安全运行,确保特种设备安全零事故。开展特种设备注册登记 769台,压力管道注册登记4852.5米。举办特种设备操作人员培训33期和管理人员培训4期。发出安全监察指令书666份,整治隐患设备425台,立案查处60件。

特种设备行政许可

2001—2011年,开展特种设备注册登记,注册锅炉41台、压力容器72个、电梯98台、起重机械211台、厂(场)内专用机动车21辆,压力管道4852.5米。2011年12月,开展特种设备数据库注册登记清理,清理后在用锅炉11台,压力容器54台,电梯86台,起重机械162台,厂(场)内专用机动车21辆,压力管道41个单元,4652.5米。

2001年,县能源总公司获得市质监局核发气瓶充装许可,负责全县液化石油气瓶充装。2003年3月,县宏发气体有限公司通过温州市质监局竣工验收,开展工业气瓶充装业务。2007年8月,出台小型锅炉房建造设计方案行政许可公示制度,许可设计锅炉房11个。2008年许可设计锅炉房9个。2009年后,锅炉房建设执行告知制度取消行政许可。

2002—2011年，开展特种设备操作人员培训班33期，取得资格证书1153人；特种设备管理人员培训4期，取得资格证书120人，其中2007年40人、2008年20人、2009年60人。

2002—2011年文成县特种设备操作人员培训情况一览表

表17-11

名　称	取证人数	培训时间
锅炉操作人员（司炉工）培训班	45	2002年
起重机械操作人员培训班	81	2003年
锅炉操作人员培训班	29	2003年
起重机操作人员培训2期	50	2004年
厂内机动车辆操作人员培训1期	61	2004年
特种设备作业人员培训班8期	234	2005年
特种设备作业人员培训班3期	106	2006年
特种设备作业人员培训班2期	74	2007年
特种设备作业人员培训班2期	72	2008年
特种设备作业人员培训班4期	64	2009年
特种设备作业人员培训班2期	112	2010年
特种设备作业人员培训班6期	225	2011年
合　计	1153	

说明：数据资料由县市场监督管理局提供

特种设备检测

2005年9月，县计量质量监督所同县能源总公司共同出资建立县顺兴钢瓶检测有限公司，对外开展液化石油气钢瓶检测业务，设计年检测3万只。2006—2011年，年均检测钢瓶2万只。

特种设备专项整治

起重机械整治　2003年4月始，全县范围内开展起重机械专项整治，查处土制行车31台、简易升降机3台、码头吊4台。经过整改，行车取得监护使用证31台、码头吊检验合格4台，简易升降机报停3台。2009年，冶金领域开展起重机械专项整治，整改隐患起重机6台。2010年开展起重机械专项整治，封存停用无证简易升降机3台。

液化气钢瓶安全整治　2003年　9月，开展液化石油气钢瓶普查整治。至2004年4月，全县液化石油气瓶13.37万只，工业气瓶6017只，产权转移13.94万只，定检瓶3.66万只，报废气瓶327只。工业压力管道普查单位18家，登记管道总长4600米，通过市级验收。2008年8月，联合县有关部门开展气瓶专项整治，发现存在对充装气瓶未能进行自行检查、警示标志不明等问题的企业2家，责令企业严格执行气瓶充装技术要求。2009年7月，开展为期1个月的气瓶充装站和检验站专项整治，检验液化气钢瓶2.45万只、工业气瓶445只，报废液化气钢瓶1052只、工业气瓶62只。2010年8月，启动“螺丝瓶”淘汰工作，全县“螺丝瓶”2.23万只，经检验，有效期已过的4000余只即时淘汰，有效期未过的，限期2011年年底前全部淘汰。

锅炉整治　2002—2004年，拆除使用油桶改制或木桶土制锅炉68台。开展服装干洗业专项整治行动，更换小型蒸汽锅炉10台。2005—2006年，强制拆除土锅炉3台，强制报废锅炉3台。2009—2010年，拆除用水桶、油桶改装的土锅炉17台和非承压锅炉做承压使用1台。

厂内机动车辆整治 2004年3月,开展厂内机动车辆专项整治。登记上牌厂内机动车辆51辆,处罚使用无牌厂内机动车辆单位7家。

特种设备安全监管

监管制度 2002年,建立《锅容管特巡查制度》,制定《锅容管特巡查表》。2005年,出台《县特种设备巡查暂行办法》,对全县特种设备实行全面巡查,巡查制度规定"每季度一计划一汇总一专题会议",建立巡查档案。制定《县特种设备重特大事故应急预案》,列为《县突发公共事件总体应急预案》之一。2010年,县政府出台《落实企业安全主体责任工作的实施方案》,建立乡镇网格化监管网络,实行特种设备全过程安全监管,形成"党委领导、政府监管、行业管理、企业负责、社会监督"常态化工作机制,建立特种设备台账及乡镇级特种设备数据库。2011年,县政府出台《县特种设备安全管理标准化示范乡镇创建实施方案》,在全市率先开展特种设备安全管理标准化示范乡镇创建。制定《文成县特种设备安全使用管理标准规范(试行)》《文成县特种设备生产使用单位实施ABC分类监管实施细则(暂行)》等地方标准规范。

安全监察及隐患整治 2002—2011年,县质监局检查特种设备单位1579家,发出特种设备安全监察意见通知书(2009年以后,称特种设备安全监察指令书)666份,发现隐患设备数425台件,当年整治418台件,立案查处数60件。2006年开展特种设备专项监督检查,检查发现周某某等未注册使用特种设备案件4件,程某某等无证使用特种设备案件2件,温州映山红幼儿园等司炉工无证上岗案件2家。针对检查中发现无证操作情况,开展特种设备操作人员培训。2007年,开展厂车专项检查,检查发现林某某雇佣无操作证人员操作挖掘机,陈某某未注册使用挖掘机,以及蒋某无证操作未注册登记压路机等案件,给予及时处置。2009年1月,检查发现县能源总公司充装超定期检验周期液化石油气瓶,已完成充装2瓶,待充装区发现未充装超期检验周期瓶84只。对86只超期瓶现场予以扣押,罚款7100元。2011年11月,配合市局开展充装单位专项监督,检查发现县宏发气体实业有限公司在充装许可证失效后,无证生产工业液氧、液氮,案值2万元,罚款3.03万元。

2002—2011年文成县特种设备安全监察及隐患整治情况一览表

表17-12

年份	检查企业数(家)	发出意见书(份)	隐患设备数(台/件)	当年整治数(件)	立案查处数(件)
2002	185	30	62	62	11
2003	198	76	44	44	5
2004	215	90	37	35	19
2005	285	89	23	23	9
2006	143	104	24	24	10
2007	192	68	20	20	3
2008	107	63	65	64	0
2009	130	69	57	56	1
2010	57	40	40	37	0
2011	67	37	53	53	2
合计	1579	666	425	418	60

说明:数据资料由县市场监督管理局提供

第七节　食品安全监管

2005—2011年，开展食品生产许可证管理，配合县食品药品监管局开展风险监测，开展食品安全检验，全县食品安全总体较好，无发生食品安全事故。至2011年，全县17家食品生产企业取得单元生产许可证26个。2005—2011年，省、市、县监督抽检553批次，合格472批次，合格率85.4%。全县小食品作坊整顿规范195家，停产23家，取缔7家，整规率100%。

食品生产许可

2005年，开展肉制品等10类食品质量安全市场准入取证。2006年，开展糖果、茶叶等13类食品质量安全市场准入取证。1月浙江双凤食品有限公司取得首张食品生产许可证，全年取得食品生产许可证企业7家，其中大米加工3家、饮用水2家、黄酒1家和肉制品1家。2007年，指定专人上门帮助、指导"低、小、散"食品加工企业取证，全县应取证的17家企业全部取证。2008年，伯温酒业公司等3家白酒生产企业的工业生产许可证期满，按期换取食品生产许可证。年审食品生产许可证企业7家，实地抽查3家，核查率43%，年审合格率100%。2009年，年审食品生产许可证企业10家，实地抽查4家，核查率45%，年审合格率100%。2010年，年审食品生产许可证企业11家，实地抽查5家，核查率45%，年审合格率100%。2011年，开展食品生产许可证年度审查5家，年审合格率100%。全县有17家26个获证单元，涉及白酒、黄酒、肉制品、含乳饮料、酱腌菜、茶叶、桶装纯净水、粉丝、大米、山茶油、糕点、炒货和挂面等产品13种。

食品生产加工安全检验

2005—2008年，省、市、县监督抽检白酒、茶叶、矿泉水、兔肉松等食品410批次，合格346批次，合格率84.4%。2009年，省、市、县监督抽检食品企业(小作坊)食品52批次，合格49批次，合格率94.2%。2010年，省、市定检及专项监督抽查42批次，合格37批次，批次合格率88.1%，基本与往年持平，主要不合格产品有糕点、年糕和豆制品。2011年，省、市定检及专项监督抽查49个批次，其中省、市定检28批次，涉及安全指标合格27批次，合格率96%；县定检21批次，合格13批次，合格率61.9%。

食品生产加工安全整治

2005年5月，县政府办公室发出《关于文成县食品生产加工业普查及整治活动实施方案的通知》《关于切实加强食品安全工作的实施意见》。5—7月，全县查清茶叶、豆制品、肉制品、乳制品、卤制品、菜籽油、大米、面条、白酒、黄酒、糕点等食品生产加工企业(小作坊)242家，其中证照齐全44家，占18.2%；证照不全198家，占81.8%。对证照齐全企业建立"一镇一台账""一企一档案"制度；对证照不齐的198家企业，向县政府提交《关于我县证照不齐的食品生产加工企业的情况报告及整治建议》报告。同时，县政府召开专题会议，由县工商、卫生部门牵头对无证无照食品生产加工小作坊进行综合治理。为44家企业建立档案，与全部企业签订食品质量安全承诺书。2007年7月，全县召开食品安全整治动员大会，制定《文成县白酒、饮用水、豆制品等行业质量安全专项整治实施方案》。经过整治，食品生产加工企业100%取得QS认证、小作坊100%签订食品质量安全承诺书、10类产品生产企业100%建立质量档案。2008年4月，全县召开产品质量和食品安全工作会议，县政府印发《2008年文成县重点产品质量专项整治实施方案》，将家具、桶装饮用水、豆制品及豆芽、茶叶等确定为重点产品。排查省五类重点整治食品加工企业8家，属小作坊3家，全部建立企业质量档案。2009年，县政府印发《文成县食品加工小作坊质量安全整治与规范宣传工作方案》《文成县食品生产和加工企业巡查办法》《文成县食品加工小作坊监管暂行办法》。县质监局印发《关于开展扶持食品加工小作坊整规工作的通知》,到食品生产加工小作坊所在乡镇开展宣传和贯彻,推动食品生产加工小作坊更加规范。2010年,县政府出台《文成县食品加工小作坊质量安全整治与规范长效监管机制》《文成县食品加工小作坊发展规划》。全县小食品加工作坊整顿规范195家,停产23家,取缔7家,整规率100%。2011年,开展食品生产许可证监管,期满应换证12家,换证9家,责令停产3家(注销2家,重新取证1家)。

第三章　食品药品监管

2001年以前，全县药品监督管理职能由县卫生局承担。2001年12月，县药品监督管理局开始组建，作为县政府职能工作部门，承担全县药品监督和管理。2005年6月，县政府决定建立县食品安全委员会（县食安委），主任由县政府分管食品安全副县长担任，成员单位包括县政府办公室、县发展计划局、经贸局、公安局、卫生局、农业水利局、科技局、财政局、环保局、文化局、工商局、质监局、法制办、供销总社和县食品药品监督管理局等20个单位。食品安全委员会下设办公室，设在食品药品监管局，食品药品监督管理局局长兼任办公室主任。2005年，县药品监督管理局新增食品、化妆品和保健品等综合监督管理职能，在原基础上重新组建县食品药品监督管理局（县食品药品监管局）。至2011年年底，县食品药品监管局核定编制17名，内设综合办公室、食品安全协调监察科、药品医疗器械监管科和药品医疗器械稽查科等科室4个，挂县食品药品监察稽查大队牌子。

第一节　机构沿革

2001年12月，组建县药品监督管理局，承担全县药品监督管理职能。原县医药管理局承担的药品、医疗器械生产流通监督管理职能，原县卫生局承担的药政、药检管理职能，原县质监局承担的西药、中药和医疗器械质量监督管理职能划入县药品监督管理局。2005年，撤销县药品监督管理局，重新组建县食品药品监督管理局，新增食品、化妆品和保健品等综合监管职能，于3月30日正式挂牌成立。2011年年底，县食品药品监管局内设综合办公室、食品安全协调监察科、药品医疗器械监管科和药品医疗器械稽查科等科室4个，挂县食品药品监察稽查大队牌子。核定行政人员编制17名，其中领导干部职数3名，中层干部职数7名。实有在职干部职工13人。

第二节　食品安全监管

协调和督促县食品安全委员会成员单位和乡镇落实监管职责，开展食品安全“三网”建设，发布各类食品安全报告和警示，应急处置重大食品安全事故灾难，组织打击和整治涉及食品安全的违法犯罪行为，确保全县食品安全。

监管责任

2005年8月，县政府下发《关于分解落实2005—2007年食品安全重点工作任务的通知》，明确部门单位职责，分解未来3年食品安全重点工作任务，加强食品安全制度保障，推进食品放心工程三年规划出台，整顿和规范食品生产、流通、消费等环节。2005—2011年，县政府每年均与各乡镇、县食品安全委成员单位签订年度《食品安全工作目标管理责任书》，并将食品安全列入年度全县乡镇工作目标责任制考核内容，明确县、乡镇和部门单位监管责任。2008—2011年，根据上级食品安全工作重点和全县实际，县政府拟定年度食品安全重点工作任务,指导职能部门单位开展食品安全工作。2009年,“食品安全放心工程”首次列入县政府年度“十大民生工程”。县食品安全委员会办公室以督考等方式,定期考核,发布通报,推进食品安全监管责任落实。2011年下发《食品安全工作要点》,进一步督促食品安全工作责任落实到位,为食品安全工作有效开展奠定良好基础。

图17-11　2006年11月,文成县举行食品卫生监督量化分级管理授牌仪式(县药品食品监督管理局提供)

三网体系

2005—2007年,根据省政府《关于切实加强食品安全工作的实施意见》,开展食品安全“三网”建设,加快实施“千镇连锁超市”和“万村放心店”工程,实现食品安全“监督责任网”“农村现代流通网”“群众监督网”构建到位。落实农村村委会、居民委员会监管责任,将职责向村(居)延伸,形成一级抓一级、一级对一级负责的食品安全责任体系,改选提升“夫妻店”和“代销店”,以加盟形式推进连锁。县政府落实补贴政策,发放扶持资金65万元,用于新建、扩建龙头企业配送中心。

至2007年,全县建立消费委分会4个、农村消费维权监督站30个、消费维权监督点99个,聘请消费维权监督员415人。建立景区、企业、商场、学校等消费者投诉监督站12个、农村放心店167家、放心店配送中心1家。建设发展连锁超市(加盟店)47家、覆盖乡镇30个。文成县被浙江省食品安全委员会评为全省2007年度食品安全“三网”建设先进单位。

信息发布

2005—2011年,全县发布各类食品安全报告、警示和简报92期,有效提高食品安全突发舆情处置能力,使公众及时了解食品安全信息,引导公众理性消费。2005年,县食安委办公室开始编制《文成县食品安全信息》4期,在《文成政府门户网站》上开通《食品药品安全专栏》,强化食品安全舆情监管,推进信息报送,每月定期发布。2006年发布食品安全检测信息4期,并形成每年常态化工作机制。2008年首次开通文成县食品药品安全短信平台,向社会公众编发食品药品安全短信5万条。2009年发布食品安全警示信息4次。2010年开发设立食品检测信息平台,实现与质监、工商、卫生部门单位信息互联共享,通过手机短信公布食品药品安全警示信息3次,公布视频安全质量报告1期。2011年构建食品检测网络体系,通过电视、网站、公开栏等多种方式公布食品安全质量报告6次,通过手机短信发布食品安全警示信息3次,编撰《食品安全工作信息》9期。

安全抽检

2008年开始,全县开展食品安全抽检工作,组织县工商、卫生、经信、质监、农业、林业、水利等部门单位开展不定期食品抽检。2008年,食品抽检14089个批次,合格率为96.35%。2009年,定性检测16261批,合格率为98.4%,定量检测1175批,合格率为85.28%。2010年,定性检测12520批,合格率为95.44%,定量检测2715批,合格率为79.05%。2011年,定性检测7445批,定量检测826批,样品覆盖茶叶、豆制品、水产品、肉类、蔬菜、水果等几大类,并且定期公示,有效保障全县食品安全。

专项整治

2005—2011年，联合县卫生局、工商局、质监局、农业局、公安局等单位，开展非法添加和滥用食品添加剂专项整治、打击地沟油违法犯罪行为，以及开展春节和国庆等节日食品专项检查和校园食品安全检查等一系列食品安全专项整治行动。出动各类检查人员1.2万余人次，检查各类食品生产经营单位7100余家次，较好维护食品安全。其中2006年10月至2007年6月，联合多部门单位对农村和城乡接合部食品安全进行专项整治。以小作坊、小食品店、小商贩、小餐店（馆）、流动饮食摊点、建筑工地食堂、农贸市场为重点对象，出动执法人员700余人次，检查各类企业1500余家次，查处问题食品235公斤。

2008年，开展奥运食品专项整治和兴奋剂治理隐患排查，奥运期间食品药品安全事故实现零报告。同年，针对"三鹿"奶粉事件开展紧急核查行动，启动食品安全应急预案。全县出动执法人员1007人次，检查奶粉和液态奶经营户971家，封存问题奶粉83.6公斤，下架退市问题奶粉和液态奶102.4公斤。2010年，开展世博会食品安全保障专项行动，世博会期间未出现食品药品安全事故。2011年，开展"地沟油"和餐厨废弃物专项检查，重点检查食用油的采购索证和台账验收记录，未发现有采购和使用"地沟油"餐饮企业。

应急处置

2006年4月，县政府出台《文成县重大食品安全事故灾难应急预案》，健全食品安全预警和应急机制，并组织相关部门单位参观学习温州市和洞头县食品安全应急预案演练，为全县开展应急演练工作积累经验。2007年6月，起草《文成县重大食品安全事故应急预案操作手册》，并于8月牵头联合县公安、教育、食药、工商、卫生、质监、农业、经贸8个部门，开展重大食品安全事故（Ⅳ级）应急演练，提高食品安全监管部门在应对突发重大食品安全事故的应急处置能力。2008年5月13日，百丈漈中心学校发生学生食物中毒事件，各职能部门单位及时做好应急救援和事故调查工作，有效地进行应对处置。

第三节　药品医疗器械监管

完善行政审批事项，建立药品监管信息系统，推进药品（器械）不良反应报告和监测，开展农村药品"两网一规范"，加大药品和医疗器械违法案件打击力度，确保全县药品和医疗器械质量安全。

行政审批事项

2004年，开展审批、变更、注销和各类GSP（复）认证、跟踪检查，进行行政审批事项清理。上报并废止原医药管理局的规范性文件2个，保留GSP认证、核发"药品经营许可证"及医疗器械备案等审批事项初审权3个。2006年，对通过GSP认证的药品零售企业的药品购进渠道、药品分类管理和外聘药师在岗情况等内容进行现场跟踪检查。2007年，对GSP跟踪检查中发现违法的药品零售企业7家，责令停业整顿。2009年，在珊溪镇召开药品零售企业换证工作座谈会，药品零售企业通过换证2家，6家甲类非处方药店中4家转为乙类非处方药店。2011年进一步简化审批流程，对不需要现场验收的行政审批实现当场办结，其他行政审批时限压缩60%以上。2011年年底，全县有涉药单位164家，其中药品零售企业45家、药品批发企业1家、医疗机构118家。2002—2011年，完成行政许可195件，跟踪检查GSP认证企业87家。

两网一规范

2005年始,完成60家农村医疗机构药房规范化建设,其中县、乡、村三级医疗机构全部建设到位。对全县183个医疗机构和药店全面实行药品配送,配送面达100%。同年,对原来的监管网络进行人员调整和充实,聘请药品协管员33个、药品信息员125个。2006年依托计生网络,合理调整药品协管员33个和信息员334个。

2009年3月,出台《文成县药品监督协管员管理办法》《文成县药品监督信息员管理办法》《文成县药品监督协管员考核评分细则》,并对全县药品供应网络情况进行调查摸底。4月,为切实推进农村医疗机构药品规范化建设,建立运行有效药品监管网络和群众满意的药品供应网络,县政府办印发《文成县创建农村药品"两网一规范"建设示范县工作实施方案》,县政府成立创建工作领导小组。在全县药品供应网络情况前期调研摸底的基础上,逐步建立完善农村医疗机构基础档案,实现农村基层医疗机构药品质量规范化管理。全年在各乡镇开展药品监督协管员和药品监督信息员培训27次,培训率达100%。文成县被浙江省食品药品监督管理局评为农村药品"两网一规范"建设示范县。2011年年底,全县药品监督协管员32人,药品监督信息员394人,县、乡、村三级监管网络覆盖面为100%。

过期药品回收

2001年开始,由县食品药品监管局工作人员定期开展过期药品回收工作。2008年2月,出台《关于开展家庭过期药品回收服务工作的实施方案》,制定《文成县过期药品回收管理制度》《文成县回收过期药品登记册》制度,设立第一批家庭过期药品回收点24个。3月,对县人民医院、同心大药房、宝康大药房等10家单位进行首批家庭过期药品回收服务定点单位授牌,发放过期药品回收箱。

2004年,利用新修订《中华人民共和国药品管理法》实施3周年之际,公开销毁非法药品70余箱、3200余品规,价值16.5万元。2008年,回收过期药品600余个品规1000余个批次,价值5万余元,并进行集中销毁。2011年,经过整合和规划,全县有家庭过期药品回收点27个,覆盖全县各乡镇,常态化开展回收工作,对回收的过期药品,以集中焚烧等方式进行处理,起到良好社会效应。

药品(械)不良反应监测

2007年开始,开展药品不良反应和医疗器械不良事件监测工作。2007—2011年,每年分别上报药品不良反应62、127、86、104、212例和医疗器械不良事件0、11、1、10、20件,未发生漏报、瞒报、迟报现象,上报率100%。2009年8月,县食品药品监督管理局与县卫生局联合发文,成立县药品不良反应监测中心和领导小组,县食品药品监管局局长任组长。2011年,全县设立县人民医院、中医院、口腔医院等12个药品(械)不良反应监测站,监测网络覆盖全县9镇1乡。

药品医疗器械广告监测

2005年开始,开展药品医疗器械广告监测,并发现违法药品广告2条,按规定给予处置。2008年,发现违法虚假广告6条,按规定给予行政告诫。2009—2011年,连续3年对全县媒体和零售药店等发布的药械、保健食品广告情况进行日常监测,未发现违法的药品医疗器械广告。

监管信息体系建设

2006年,通过药品、医疗器械经营企业的信息资料收集、分类和整理,全县建立药品经营企业56家和医疗单位6家的经营电子档案。2008年进一步健全数据库，初步建立药品经营企业药监部门监管信息的交换平台。2009年开展网络信息化建设，将药品批发企业每年不少于2次和零售企业每年不少于1次监管信息录入省局政务网站并进行信用评定。2011年启动电子监管信息系统中心建设。邀请相关专家到县指导软件和系统使用，县医药有限公司开展药品电子监管码入网、核注、核销等工作，大峃镇范围的7家处方药店均实行计算机管理信息系统全过程管控，为全面推进电子监管信息系统建设打下基础。

药品日常监管

2008年，开展“小药店”药品质量安全整治与规范工作。7月，制定《文成县“小药店”药品质量整治方案》，通过摸底调查，整治、提升和淘汰，“小药店”通过达标验收10家。12月，由县同心大药房、宝康大药房、平安大药房、东信大药房等企业牵头发起，成立文成县药业协会，首届会员51人。2009—2010年，持续开展督查和回头看工作，以帮扶促进提升。利用电子监管网络、计算机系统管理软件、QQ视频等非现场监管手段，开展驻店药师在职在岗专项检查，落实处方药进、销、存全程监管。2011年，在42家全县药品零售企业的店中醒目恰当位置设立监管信息公示栏，评出笑脸3家、无表情26家和哭脸13家。

特殊药品监管

主要是严格麻醉药品、一类精神药品的供应把关，对特殊药品的购入、使用申请指定专人负责，定期对各使用、经营单位落实精神药品、麻醉药品的采购、储藏、处方等制度进行督查，完善有关特殊药品经营单位的管理制度，规范硬件设施及相关记录，对医药有限公司进行重点监管。

图17-12　2008年4月24日，召开药械监管与兴奋剂治理工作会议（县食品药品监督管理局提供）

2007年，监督销毁过期失效盐酸麻黄碱注射液和强痛定注射液3650支。2008年，开展兴奋剂规范治理。全县医疗机构和药品经营企业销售使用含兴奋剂药品均贴有“运动员慎用”标示。46家企业和64家医疗机构均未发现有违规经营蛋白同化制剂和肽类激素现象。2009年，对县医药有限公司的特殊药品销售、流转和储存等情况做到每周一次上网检查和记录。6月，市食品药品监管局对该公司的麻醉药品、精神药品和蛋白同化制剂进行现场检查。2011年，对含麻黄碱复方制剂、疫苗等高风险品种展开专项治理行动，未发现有违法行为。

第四节　药品医疗器械稽查

整合执法力量，调整充实执法队伍，以典型案件为抓手，开展专项整治，严厉打击各种制售假劣药品（械）的违法行为。2006年，建立县公安局驻食品药品监督管理局联络室，推进案件稽查和办理有效衔接。

药品抽验

2004—2011年，药品监督抽验重点放在农村和基层单位，将基本药物纳入抽样重点，提高抽验的针对性，通过快检车下乡等方式,强化边远地区的抽检工作。对于抽检不合格药品,采取销毁形式,防止不合格药品再次流入市场。其中抽样数(批次)分别为31、50、50、59、56、107、124和129,合格率分别为83.9%、94%、92%、88.1%、98.2%、94.4%、96.8%和98.4%。

专项整治

2002—2011年,开展"打假保健康""药品打假在农村"、打击侵犯知识产权和制售假劣药械、打击含麻黄碱类复方制剂和中药饮片专项检查等各类专项行动。出动执法人员1.38万余人次,检查各类涉药单位3500家次,立案408件,罚没款200余万元。

2003年,开展防治"非典"的有关药械专项检查,对直销药品实施打击,查处非法医药代表7名,罚没款17.2万元。2004年,查处邮寄"复方川羚定喘胶囊""神效咳喘平""风湿骨友灵胶囊""壮骨通痹胶囊"等假药62瓶,邮寄假药现象得到初步控制。2006年,开展"齐二药"药品查控,紧急叫停"欣弗"和鱼腥草注射液等问题药品。并针对性地开展商业贿赂治理,深挖线索,配合县公安、工商和卫生等部门单位对药品经营企业在经营活动中商业贿赂行为进行查处。2008年,查处杨某某使用假发票非法经营药品大案,涉案值达86万元,该案移送县公安局侦办,该案被评为浙江省"药品医疗器械十大典型案件"。2011年,打击利用互联网宣传销售假劣药品为重点,开展打击侵犯知识产权和制售假劣药械专项行动。检查涉药单位40余家次,立案1件,责令改正2家。

图17-13 2006年7月20日,全县整顿和规范药品、医疗器械市场流通秩序专项动员大会召开(县食品药品监督管理局提供)

第五节 食品药品安全建设

每年开展药品、医疗器械、保健食品、化妆品和餐饮服务食品安全监管法律法规宣传。2006年,推进食品安全信用体系建设。2008年,开展食品安全示范乡镇创建。2009年始,开展"放心药房""放心药店"和市级药品安全示范乡镇创建。

食品药品宣传

2001—2011年,利用"3·15"消费者权益保护日、食品安全宣传月和用药安全月等开展各类食品药品安全宣传,推进食品药品安全知识进社区、进学校、进企业、进机关、进家庭。发放各类食品药品知识读本、宣传资料和宣传画11.34万余册,制作宣传展板、条幅800余块,现场接受咨询4700余人次,促进食品药品知识在全县普及。

2001年9月,举办药品零售企业从业人员继续教育培训班2期,参加人员127人。2002年,利用报刊、电台和电视台等新闻媒体宣传新修订《中华人民共和国药品管理法》。11月,《中华人民共和国药品管理法》在文成电视台及《文成报》开展为期一周专题宣传。2004年开展送法下乡7次,利用有线电视播放宣传法律30天次。2005年,在县有线电视台对食品药品安全知识及法律法规等内容进行宣传，播出14次。2006年，结合“百场演出进农村”活动编排小品“进口奶粉”演出30余场。2007年，全县开展中小学生食品安全有奖征文，收到参赛作品213篇，并且选送优秀作品至市食安委办48篇。完成课题调研4篇，其中获得全市食品药品监管系统调研论文评比三等奖1篇。2008年，在县政府大院门口举办食品药品安全知识有奖竞答，发放答题卡500份，收回有效答卷450余份。2010年，组织各乡镇和部门单位工作人员参加全国餐饮服务食品安全知识竞赛。2011年，开展食品药品专题宣传10余次，举办专题讲座3期，培训人员500人次。召开生产企业法人代表和质量监督负责人专题会议，不断强化企业第一责任人的食品安全意识。

食品安全信用体系建设

2006年12月，县食安委印发《文成县实施食品安全信用体系建设试点工作方案的通知》，推进食品安全信用体系建设试点工作。2008年，在全省率先采用分类评估、统一平台、多渠道公示办法，引导消费者对食品进行“安全消费”，县辖区1119户食品经营主体均能在该食品安全信用评价系统内找到对应的信用评价类别，全县评出三星级放心店4家、二星级放心店10家、一星级放心店21家、信用A级小食杂店示范店45家。2011年，进一步构建食品安全信用评价体系，制定《文成县四类食品行业主体信用评价项目及标准》，依托信用评价系统对全县167家食品经营企业和个体店进行放心店考核评定。

食品药品示范创建

2008年7月，县食安委办公室下发《文成县食品安全示范乡镇创建实施方案》，制定《文成县食品安全示范乡镇创建考评标准》，推进农村食品“三网”建设，实施食品放心工程。同时，县政府成立食品安全示范乡镇创建领导小组，郑建华副县长任组长，加大指导和监督力度。2009年6月，南田镇通过县级食品安全示范乡镇验收。2009—2011年，每年定期对各示范乡镇创建单位进行督导，对南田镇开展县级食品安全示范乡镇回头看活动。2011年，巨屿镇通过县级食品安全示范乡镇验收，南田镇、巨屿镇通过市级食品安全示范乡镇验收。

2009年开始，开展“放心药房”“放心药店”和市级药品安全示范乡镇创建工作，指导各个创建乡镇进一步健全机构、制度，广泛宣传，落实经费补助，定期指导，完善相关台账记录。至2011年，县人民医院、西坑畲族镇卫生院、巨屿镇卫生院、峃口镇大垟口村卫生室、珊溪镇卫生院和玉壶镇卫生院等6家获得“放心药房”称号；县平安大药房有限公司、同心大药房有限公司、东信大药房有限公司、宝康大药房等4家药店获得“放心药店”称号；玉壶镇、巨屿镇通过市级药品安全示范乡镇验收。

第四章　物价管理

1984年3月撤销县物价委员会,成立县物价局。1991年内设秘书股、价格股,有工作人员12人。1997年4月,与县计划和经济委员会合署办公,设价格管理科、收费管理科,下辖物价检查所、价格事务所。2002年1月,并入县发展计划局(县计划和经济委员会改称)成为内设机构,对外挂县物价局牌子,价格管理科、收费管理科合并为价格收费管理科,保留物价检查所。2005年9月,县发展计划局(统计局、粮食局)改称县发展和改革局(粮食局),对外保留县物价局牌子,设置价格收费科物价检查所、涉案物品价格鉴证中心。2011年年末,有物价管理工作人员9人。

第一节　价格改革

1985年后,国家逐步放开农副土特产价格,提高粮、棉、油、猪、蛋、水产品、蔬菜等主要农副产品的收购价格,以及猪肉、牛羊肉、鲜蛋、家禽等副食品销售价格。并实行合同定购与议价收购并行的"双轨制"价格政策,继续提高农副产品价格,并逐步放开由国务院及省政府确定的197种小商品价格,实行工商企业协商定价,下放价格管理权限,改进作价办法。随后价格改革开始向工业消费品领域深入,对工业消费品以及工农业生产资料价格实行"双轨制"管理,计划内生产部分继续实行政府定价管理,计划外超产部分允许企业自行定价销售,由原单一的计划价格变为政府定价、政府指导价和市场调节价三种形式相结合的物价管理模式。

1991年,工业消费品以及工农业生产资料价格仍实行"双轨制"管理,省定取消提价申报品种有袜子、铁包锁、民用剪刀、铁笔蜡纸、打字蜡纸、电冰箱、平转仪石蜡、进口油漆、空调器、洗衣机、黑白电视机、录像机、沪产自行车、沪杭产缝纫机14种;保留、新增提价申报的品种有毛巾、电池、学生簿、食用小苏打、明矾、民用电度表、摩托车、电风扇、照相机、液化气钢瓶灶具10种。1992年,继续加快"双轨制"价格向市场形成价格机制转换,除关系国计民生的如食盐、居民生活用煤等少数重要商品外,相继取消部分商品价格申报制度,取消重要商品价格与收费标准调整报国务院特批的规定,取消计划外生产资料价格最高限价,商业系统继续放开45种国家管理的商品价格和54种实行国家指导价的商品价格。

1993年,先后放开统配煤、钢材、水泥、通信设备价格,工业生产资料中85%以上的商品价格正式并轨,由企业自行定价;全面放开粮油购销价格,对计划外重要农业生产资料实行最高限价管理。因价格放开步伐过快,县境市场物价普遍上涨,物价总体水平一度出现乱涨价、乱收费现象。1994年,对化肥、种子、农药、农膜、农业用电分别实行国家定价、最高限价、差率控制的管理办法,取消成品油双轨制价格,实行国家统一定价。国务院《加强对居民基本生活必需品和服务价格监审的通知》发布后,全县列入价格监审的商品4类18种,其中农副产品类面粉、籼米、杂交米、食用植物油、猪肉5种;日用工业消费品类自来水、食糖、酱油、食盐、本地产白酒、洗衣粉6种;燃料类计划外液化石油气1种;收费类公房房租、学校学杂费、托儿费、医疗费、客运票价、电费6种。9月,执行国务院通知精神,对化肥等农业生产资料流通体制进行改革整顿,成立县农资价格管理领导小组,出台《关于迅速平抑尿素价格的紧急通知》,对尿素等农资销售作出最高限价,县城国产尿素零售价每吨不得超过1400元。

1995年,全县列入价格监审品种24种,由县政府发文向全县公布。平抑市场物价方面,将农业生产资料、粮油价格纳入监审范围,针对粮食、化肥涨价风,县政府组织相关部门增调尿素300吨,以每吨1400元的价格抛售市场,平抑化肥价格;凭票供应城镇居民杂交旱稻米650吨、泰国米250吨、菜油60吨,每500克价格分别为1.20元、1.25元、4.00元,以稳定粮价。收费方面开展春运检查,检查车辆1263辆次,退回给旅客的不合理收费2.81万元,规范收费行为;对全县39所中小学收费情况进行检查,退回给学生的不合理收费48.73万元。1996年,突出居民基本生活必需品价格监审,管好"菜篮子""米袋子""油罐子"价格,稳定市场物价,抑制通货膨胀。成立县物价局信息股,开始编报商品零售物价指数、居民消费品价格指数、农资价格指数,定期向上级汇报。1997年,实行国家定价的工业消费品有食盐、报纸、中小学教材、入网配售移动电话机、自来水价格等19种。取消每月一千瓦时表损和城网建设费;取消空调、家用电器用电限制,鼓励居民用电。通过治理价格秩序,规范价格行为,清理整顿收费,物价大幅度上涨势头基本得到遏制,实现市场物价相对平衡。1997年农业生产资料价格明显回落,县城议价尿素每吨零售价2150元,比上年下降14.3%;过磷酸钙每吨零售价585元,比上年下降5%;钙镁磷肥每吨零售价638元,比上年下降4.6%;3×16复合肥每吨零售价2380元,比上年下降5.5%。

1998年5月1日,《中华人民共和国价格法》实施后,县内价格管理重点从具体价格审批逐步向规范市场价格秩序转移,取消前期制定的限制消费的价格政策,取消不合理的收费项目,削减价格行政审批项目。采取收费公示,推行明码标价,提倡价格诚信,制止暴利欺诈,查处价格违法行为等方法,规范市场价格行为。全年出动检查568人次,检查摊位7200个,复(校)秤682支,没收不准秤18支;销售牌价卡9万张,县城主要街道明码标价率保持90%以上。1999年查处价格违法案件230件,其中万元以上案件11件,没收上缴财政44.1万元,经济制裁金额201万元,退还消费者金额157万元。出台《关于商品房价格管理若干问题的通知》,规范商品房销售价格申报审批行为,加大房地产市场调控力度。

2000年1月,开始取消综合电价,执行全省统一销售电价。9月组织人员开展农村电价调查,全县农村平均电价每度比上年同期下降0.183元,减轻用户负担760万元,增加小水电收入330万元。11月起取消农业生产资料价格管理,全面实行市场调节价。2001年全面推行收费公示制度,整顿收费秩序,制止乱收费行为;配合粮食流通体制改革,落实粮食收购保护价政策,调控农产品收购价格;推进农村电价"两改一同价"政策,规范电价管理。县域物价总体水平在低价位上稳中略升,全县居民消费价格指数101.3%,商品零售价格指数100.2%,其中居民消费食品类价格指数100.9%、衣着类99.2%、居住类101.1%、交通和通信类93.2%、服务类108%。2002年,实行政府定价的工业消费品仅保留食盐、中小学教材、城市供水、液化气,其他工业品零售价格全部放开,由企业按价值规律灵活作价,实行市场调节价。按照定价程序,召开听证会,对县内短途客运票价、城郊公交车票价、普通高中学费标准等进行适当调整。

2003—2011年,价格调控管理重点逐步转向协调服务。贯彻落实国家和地方资源价格、环保收费、民生价格和行政事业收费等改革措施,实行差别电价政策,提高水资源费收费标准,推行污水处理费、继续清理整顿行政事业性收费,取消不合理收费项目,缓解"上学难、看病贵"等难题。转变价格管理方式,实行政府价格决策听证制度、重大价格决策集体审议制度,强化成本监审制度。推进价格公共服务,开展"价格服务进万家"活动,开通12358价格举报电话,完善群众诉求机制。完善价格监测和价格预警网络,制定应对价格突发事件预案,"非典"疫情期间实施临时价格干预措施,保持价格总体水平稳定。

第二节　价格管理

1991—1993年,随着价格改革深化,逐步放开商品价格管理权。1994—1997年,遏制物价上涨势头,农业生产资料价格实行最高限价。1998年实施《中华人民共和国价格法》,价格管理重点从具体价格审批逐步转向规范市场价格秩序。2002年开始实行价格听证制度。2003年后,价格调控管理重点逐步转向协调服务,完善价格监测和价格预警网络。本节着重对农产品、农业生产资料、工业消费品、交通运输、统配电、自来水、液化石油气、食盐、房地产价格变化情况进行分述。

农产品价格

1991年5月调整粮油统销价格,标一大米每50公斤从14.00元调整为26.50元,调高幅度89.3%;食油每50公斤从77.00元调整为208元,调高幅度170.1%。10月出台麻菇收购指导价,每公斤2.70元,其中甲级每公斤3.00元、乙级每公斤2.40元。调整行业用油和居民补助食用油价格,菜油每50公斤从227元调整为210元,调低幅度7.5%;茶油每50公斤255元,保持不变。1992年3月,执行省定毛茶收购中心指导价,分特级、一至七级14等、脚茶上中下3等,共9级18等。收购品种为温炒青、浙毛烘青。特级温炒青每百公斤872元;一级1等830元,七级14等172元;脚茶上等144元,中等108元,下等66元。浙毛烘青每百公斤一级1等798元,七级14等168元;脚茶上等142元,中、下等同温炒青价。1993年1月,全面放开粮油购、销价格,取消粮票。由于市场粮价上涨推动物价上升,通货膨胀加剧。1994年制定蚕茧收购价格,确定春茧收购价每50公斤850元,夏、秋茧每50公斤800元。6月,国家决定恢复粮油定购,订购粮食购销价格实行国家定价,订购外的粮食实行市场调节。9月,县粮食局、物价局出台《县城粮食价格管理暂行办法》,标一杂交米每500克批发价1.11元,零售价米1.20元;标二杂交米每500克批发价0.97元,零售价1.05元。1995年县饲料公司玉米供应价每吨1558元;玉米配方“872”“873”1号和2号全价饲料价格,每50公斤分别为95.9元、91.5元和88.2元。5月,下达春蚕鲜茧收购价格,每50公斤825元,目评收购最高限价每50公斤860元。7月,下达夏、秋蚕茧收购价格,夏茧收购价每50公斤710元,秋蚕茧收购价50公斤770元,目评收购最高限价分别为50公斤620元、730元。1996年7月1日,制定出台粮油价格。经市物价局核定,县标一早籼米每50公斤146.50元,标一晚籼米每50公斤142元,标一晚粳米每50公斤148.30元。全县粮食市场价格基本稳定,大米价格每500克1元至1.20元。1998年,核定稻谷收购价,早稻谷每50公斤59元,杂交晚稻谷68元,晚粳谷69元。1999年4月,核定稻谷收购价,早稻谷每50公斤54.3元,杂交晚稻谷62.6元,晚粳谷63.5元。县物价局调查,生猪收购价格每百公斤335元,仔猪出售价格每50公斤210元;饲料销售价每公斤1.80元。2000年4月,核定1999年陈粮(中等晚稻谷)收购价,每50公斤50元。10月,核定秋粮收购价,中等晚稻谷每50公斤60元,保护价53元,上年陈粮收购基准价46元。10月,核定秋粮收购价格,籼稻定购价每50公斤60元,保护价53元,省定定购粮任务100万公斤,陈粮收购基准价46元,保持粮食市场货源充足、价格平衡。生猪收购价格每百公斤340元,饲料销售价每公斤1.60元。2001年5月,县粮食、物价、财政3部门联合发布秋粮收购政策,对县种粮大户的余粮,县粮食收储公司以“农业订单”形式与农户签订合同的,收购合同价每50公斤60元;“D优68”等优质稻谷,每50公斤另加品种补贴3元,即每50公斤收购价63元。生猪收购价格每百公斤345元。

农业生产资料价格

1991年为县域实行农资专营第三年。1月,协调制定农用薄膜和化肥供应价格,聚乙烯0.014m/m地膜每吨批发价3940元、零售价4172元，聚乙烯0.05m/m中膜每吨批发价3859元、零售价4087元，聚氯乙烯0.08m/m农膜每吨批发价3808元、零售价4033元；春耕生产计划外尿素，每吨综合销售价1420元。3月，制定早稻、玉米种子价格，杂交早稻种子实行全县统一销售价，每百公斤批发价100元，零售价每公斤1.10元；杂交玉米种子每百公斤批发价280元，零售价每公斤3元。6月，制定"双夏"生产尿素综合销售价，每吨1370元，比春耕生产计划外尿素每吨下降50元。12月，杂交稻种子每百公斤批发价760元，零售价每公斤7.80元。1992年4月，春耕生产计划外尿素综合销售价，每吨1280元，比上年同期下降140元。12月，杂交稻种子每百公斤批发价720元，零售价每公斤7.40元，比上年同期分别下降40元、0.40元。1993年8月，调整城乡计划平价农用柴油销售价，县石油公司对基层供销社调拨价从每吨540元调整为585元。销售价城关供销社每吨从540元调整为610元；9个乡镇（林场）供销社，每吨从550～595元，分别调至635～750元。1994年2月，县农资公司粮食专用农膜、地膜调拨价每吨分别为7174元、7374元，县城零售价每吨分别为7568元、7768元。9月，发布《关于迅速平抑尿素价格的紧急通知》，确定国产尿素零售价，大岀、城关每吨1400元；珊溪、岀口、玉壶等地每吨1450元；进口尿素按国产尿素价格加价不得超过10%。核批草籽种子供应价，每公斤10.6元。1995年，为抑制物价上涨，将农业生产资料价格纳入国家管理范围。2月，发布1995年度粮食、经济作物农膜分配计划，县农资公司调拨价每吨9410元，县城零售价每吨9880元。3月，调入早稻生产尿素498.4吨，批发价每吨1997元，县城零售价每吨2100元。1996年1月起杂交稻种子销售实行预约制。早稻、Ⅱ优6216晚稻、其他晚稻杂交种子，预约内每公斤销售价分别为17.6元、15.6元、20元；预约外每公斤分别为19.2元、17.2元、21.6元。组织销售粮食、经济作物农膜30吨，县农资公司调拨价每吨1.07万元，县城零售价每吨11330元，比上年同期增长幅度分别为13.7%和14.7%。3月，春耕生产化肥最高限价，优惠价尿素批发价每吨1528元，全县统一最高零售限价每吨1600元。4月，调整综合价尿素价格，县公司批发价每吨2357元，县城中心零售价每吨2481元；各基层社每吨零售价：大岀2496元，岀口2506元，珊溪、玉壶、南田、西坑、黄坦2511元，石垟林场2526元。1997年，杂交稻种子预约内每公斤批发价18.2元，零售价每公斤19元，预约外每公斤批发价19.8元，零售价每公斤20.6元。4月，春耕生产化肥最高限价，优惠价尿素批发价、最高零售限价同上年，议价尿素每吨2040元，县城最高零售限价每吨2150元。1998年1月，预约内杂交稻种子批发价每公斤17.8元，供应农户价18.6元；预约外批发价每公斤19.6元，供应农户价20.4元。1999年1月，预约内杂交稻种子每公斤批发价21.8元，供应农户价22.6元；预约外批发价每公斤22.4元，供应农户价23.2元。2000年1月，预约内批发价20.2元，供应价21元；预约外每公斤批发价21.2元，供应价22元。2000年11月后全部取消农业生产资料价格管理，实行市场调节价。

工业消费品价格

1991年制定调整工业消费品价格6次。3月，调整70号汽油、灯用煤油和0号柴油批发价，70号汽油每吨从728元调整为860元，提高幅度18.1%；灯用煤油每吨从650元调整为760元，提高幅度16.9%；0号柴油每吨从540元调整为709元，提高幅度31.3%。制订计划外钢材产品价格，混凝土用钢筋等于、大于14毫米的每吨出厂价1700元、销售价2170元，小于14毫米的每吨出厂价1630元、销售价2090元，炼钢生铁、铁合金（硅铁）、钢坯等产品出厂价、销售价作相应调整。8月，调整城镇居民生活用煤（煤饼）和市场生活用煤价格，县煤球厂供应的煤饼，每50公斤从3.30元调整为5.30元，提高幅度60.6%；县燃料公司供应给煤球厂的大同块煤，每吨从135.10元调整为184.10元，提高幅度36.3%。1992年执行省规定，放开毛巾、毛毯、卫生衫裤、床单、漂色布、胶鞋、照相机、摩托车、皮革、暖水瓶、洗衣粉、肥皂、火柴、彩色电视机、部分纸张等数十种工业消费品价格。7月，调整煤饼、生活用煤价格（凭票供应），煤饼每50公斤零售价从7.30元，调整为11.30元，调高幅度54.8%；生活用煤大同统煤每50公斤从161.10元调至225.20元；阳泉混煤每50公斤从145.10元调至239.20元。1993年后工业消费品零售价格全部放开，由企业按价值规律灵活作价，实行市场调节价。1994年，因物价上涨势头过猛，执行国务院“加强对居民基本生活必需品和服务价格监审”通知精神，县域将自来水、食糖、酱油、食盐、本地产白酒、洗衣粉等六种工业消费品列入监审范围。1997年，实行国家定价的工业消费品有食盐、报纸、中小学教材、入网配售移动电话机、自来水价格等19种。8月，执行省规定，县域灯用煤油批发价每吨2613元，零售价每吨3135元。2002年，实行政府定价工业消费品仅有食盐、中小学教材、城市供水、液化气4种。2006年，国家调整成品油价格形成机制，确定成品油价格实行政府指导价。2007年1月，省定90号高标准清洁汽油零售基准价每吨5505元，每升4.06元。2008年12月，90号汽油最高零售价每吨6390元，每升4.71元。2011年10月，90号汽油最高零售价每吨9090元，每升6.73元。

交通运输价格

1991年县域短途客运票价，普通客车每人公里0.036元，高靠软座0.046元，空调大客普通型车0.06元，豪华型车0.075元。1993年县内短途普通客车每人公里0.103元，即县城至珊溪2.80元、黄坦1.80元、玉壶2.90元、南田3.50元、西坑3.20元。1994年客运票价纳入监审范围。6月，县内短途普通客车客运票价，调整为每人公里0.147元，调升幅度42.3%，即县城至珊溪4元、黄坦2.50元、玉壶4.10元、南田5元、西坑4.50元；乡镇至村支线票价允许调升80%。1995年7月、11月，先后开通县城中樟至樟台(1路)、靛青山至七甲寺(2路)公交车，起点票价(1~6个站点) 每人每次1.00元，乘坐7个站点以上1.50元；11月，开通文成至福建三明客运线路，全程553公里，票价每人103.6元。1996年执行省定县内短途客运票价，中客每人公里0.135元，小客每人公里0.16元。2月、10月，县城至桂山(3路)、县城至新联(6路)公交车先后营运，起点票价每人1元，乘坐6个站点1.50元，11个站点以上2元。2月，文成至福建三明客运票价调至每人141元，调升幅度36.1%。3月，核定人力、机动三轮车客运票价，县城2公里内起点票价2元，超过1公里加收1元；乡镇1公里内起点票价1元，超过1公里加收1元。1998年执行省汽车货物运输调整管理范围规定，除特种货物运价外，汽车货物运输价格不再列入政府定价范围，货运价格全面放开，实行市场调节。1999年，针对县内客运票价居高不下状况，物价局会同有关单位对县内票价进行整顿，票价有一定程度的下降。2000年6月，在玉壶镇组织召开大峃至玉壶客运班车票价听证会，将该路线客运票价每人每次8元下调至7元。2001年4月，调整县内短途客运票价，普通客车每人公里0.25元，配置空调客车0.30元。6月1日起，调整县城至中樟、县城至新联、县城至桂山公交车票价，每人每次从1元调整为1.50元。11月，核定县城奥托出租车试运票价，2公里内起步价每次3元，每增加1公里加收1.20元。2002—2011年，为加强交通运输价格管理，先后对县内短途普通空调客运票价进行适当调整。2005年9月、2009年先后两次按照省市规定调整跨县、市客车票价。

文成县跨县市道路班车客运基准运价一览表

表17-13　　(2009年6月10日起执行)

车型	客车类别	客车等级	参考车价	运价(元/人公里)
座席	30座以上(大型车)	普通级	20万元(含)以下	0.155
		中一级	20万~40万元(含)	0.185
		中二级	40万~60万元(含)	0.215
		高一级	60万~120万元(含)	0.255
		高二级	120万~180万元(含)	0.295
		高三级	180万元以上	0.335

续表17-13

车型	客车类别	客车等级	参考车价	运价(元/人公里)
座席	30座(含30座)以下(中小型)	普通级	20万元(含)以下(无冷暖空调)	0.175
		中一级	20万元(含)以下(有冷暖空调)	0.195
		中二级	20～40万元(含)	0.235
		高一级	40～60万元(含)	0.255
		高二级	60万元以上	0.275
卧铺		普通级	20万元以下(含)	0.205
		中　级	20～60万元(含)	0.225
		高一级	60～120万元(含)	0.245
		高二级	120～180万元(含)	0.285
		高三级	180万元以上	0.325

说明:数据资料由县发改局提供

统配电价

1991年实行综合电价,城乡居民生活用电实行限额供应,每户每月限电基数30千瓦时,每千瓦时0.20元,超出基数每千瓦时加收0.15元;非生活照明用电每千瓦时0.287元;普通工业用电每千瓦时0.257元;农业排灌用电每千瓦时0.05元。1992年1月,对全县9个农电站和9个并网电站进行清理整顿,制定各电站的村关口价格,并执行新电价。居民生活照明用电每千瓦时0.265元;普通工业每千瓦时0.275元。1993年开始,工业用电开始实行峰谷分时电价。1996年5月,对原核定的村关口价格,改为核定到户,并把农村商店用电纳入物价管理政策轨道,营业性照明用电每千瓦时1.35元。1997年,县域综合电价每千瓦时0.67元,比上年提高0.04元。1998年,综合电价由市物价局、电业局统一规定,开始按电压等级计费。2000年1月开始,取消综合电价,实行抄见电量,执行全省统一销售电价。城镇、农村居民生活用电分别计费。2001年,全县农网改造村,到户电价基本降到0.85元/千瓦时以下。2003年7月1日开始,工业用电高峰、低谷二费率电价,调整为尖峰、高峰、低谷三费率电价。城乡居民生活用电全面实现同网同价。2004年,居民生活用电实行二费率峰谷电价,电度电价0.53元,其中峰电0.56元,谷电0.28元。2005年开始,居民生活用电实行阶梯电价,"一户一表"用电分50千瓦时及以下、51～200千瓦时、201千瓦时及以上三档计费,不满1千伏的每千瓦时电价依次为0.53元、0.56元和0.63元;2006年6月30日,调整为0.538元、0.568元和0.638元。2009—2011年,不满1千伏的商业用电每千瓦时0.866元,农业生产用电0.686元,其中排灌、脱粒用电0.397元,贫困县排灌用电0.168元。

1991—2009年文成县电价调整(部分)情况一览表

表17-14　　单位:元/千瓦时

调整时间	城镇居民生活用电	商业经营用电	工业用电						农业排灌用电
			大工业			普通工业			
			综合	峰电	谷电	综合	峰电	谷电	
1991.3	0.20	0.287	0.217	—	—	0.257	—	—	0.05
1992.1	0.265	—	0.23	—	—	0.275	—	—	0.05
1993.10	0.35	0.60	0.36	0.46	0.19	0.42	0.54	0.23	0.06
1995.2	0.40	1.00	—	0.78	0.33	—	0.85	0.50	0.24
1996	0.53	1.35	0.55	0.655	0.39	0.95	1.13	0.68	0.142
1997	0.60	1.50	—	0.56	0.47	—	1.20	0.825	0.116

续表17-14

调整时间	城镇居民生活用电	商业经营用电	工业用电						农业排灌用电
			大工业			普通工业			
			综合	峰电	谷电	综合	峰电	谷电	
1998	0.53	1.50	0.52	0.56	0.47	1.00	1.15	0.78	0.38
2000.1	0.51	0.879	0.51	0.611	0.382	0.688	0.772	0.551	0.38
2004	0.51	0.927	0.556	0.657	0.428	0.736	0.82	0.599	0.38
2005	0.51	0.955	0.584	0.685	0.456	0.764	0.848	0.627	0.38
2006.6	0.538	0.916	0.605	0.725	0.453	0.785	0.879	0.628	0.621
2009.11	0.538	0.866	0.663	—	0.415	0.866	—	0.558	0.397

说明:①1992—1997年为综合电价。②1998—2009年为电压等级电度电价,居民生活用电为不满1千伏电价;商业、工业、农业排灌为1~10千伏电价。③居民生活用电2005年起为阶梯一级50千瓦时以内电价。县发改局提供

自来水价格

1991年,县城居民生活用水每吨0.27元,每吨加收自来水建设费0.10元,公共事业费附加10%,实际综合水价每吨0.40元。后随县城自来水厂扩建,供水成本提高,对水价实行分步到位方法进行调整。1994年3月,县城综合水价调整为每吨0.51元(含二费,下同);1995年,县城综合水价每吨0.71元;珊溪、玉壶、南田每吨分别为0.71元、0.72元、0.62元。1997年1月,县城综合水价调至0.91元,南田调至0.72元。9月,珊溪、玉壶每吨调至1元,南田每吨调整为1.2元。1998年9月,县城自来水每吨增设水资源费、防疫监测费各0.01元,县政府集资费0.20元,每吨综合水价调整为1.10元。2002年后,县城自来水价格又经两次调整。2010年4月,县城自来水价格调整实行分类定价,居民用水到户每吨2.10元,其中含污水处理费0.50元;非居民生活用水每吨3.40元,特种用水每吨3.80元,其中均含污水处理费1.20元。

液化石油气价格

县域液化石油气销售价分议价气、集资气2类。1991年,液化气装瓶规格13公斤、1500元集资户每瓶31.5元。1993年8月调整为35.8元,调高幅度13.7%。1994年将液化石油气价格列入监审范围。同年3月,每瓶价格调至41元,调高幅度14.5%。1997年6月,执行省液化石油气管理办法,液化气装瓶规格由原13公斤改为15公斤,因计量变化,价格作相应调整,1500元集资户每瓶从36.5元调至43.7元,2000元集资户从29.5元调至37元;议价气每瓶从50元调至57.5元。7月,市场液化气价格上涨时,县物价局及时采取措施,确定最高限价为每瓶48元,以稳定液化气市场价格。1998年后液化石油气价格调整日趋频繁,县物价管理部门按照进销差价作价办法,适时进行调整。当年调整液化石油气销售价5次。议价气9月16日至10月20日价格最低,每瓶42元;11月5日至12月底价格最高,每瓶50元;集资用户分500元、1500元、2000元、2500元、3000元5档,同11月议价气每瓶50元相比,1500元集资户每瓶为43元,3000元集资户每瓶为24元。1999年调整9次,议价气价格3月底至5月初最低,每瓶43元;12月中下旬最高,每瓶59元。2000年调整9次,议价气价格4月上旬最低,每瓶60元,比上年同期上升39.5%;8月下旬至年底最高,每瓶70元,比上年同期上升18.6%。2001年调整7次,议价气价格1—2月最高,每瓶70元;12月中下旬最低,每瓶52元,比上年同期下降25.7%。3月起,集资用户分1500元、2000元、3000元、5000元4档。与9月议价气每瓶57元相比,1500元集资户每瓶为47元,5000元集资户每瓶为21元。2009年4月15日至7月28日,每瓶装液化气价格65元。2010年起执行省规定,放开瓶装液化气价格管理。创新明码标价形式,县城液化气运送车辆,统一张贴液化气价格标示牌,让液化气用户明明白白消费。

食盐零售价

食盐属国家专营商品，其价格实行中央和省两级管理。全省所有市、县食盐零售价格，均经省物价行政管理部门发文批准并签署意见执行。1991年食盐由县糖业烟酒公司经营，日晒海盐零售价每500克0.26元。1992年10月，县烟糖公司日晒海盐批发价每吨431.6元调整为498元；零售价每500克0.26元调整为0.30元，调高幅度15.4%。1994年3月，省产食盐批发价每吨763.6元，零售价每500克0.46元。同年10月开始，执行盐政条例，组织碘盐供应，开始销售日晒加碘海盐，每500克零售价0.48元。1996年5月开始，实行盐业专营制度。1997年10月开始，销售袋装加碘食盐，每袋500克装零售价0.64元；散装碘盐批发价每吨878.6元，无碘盐每吨782.34元；散装碘盐零售价每500克0.52元，无碘盐每500克0.45元。1999年8月，提高至0.70元。2005年6月，袋装350克加碘精制盐、400克加碘食盐、300克日晒自然盐，每袋均售1.00元；500克日晒自然盐每袋零售价1.50元。

1991—2005年文成县食盐零售价格一览表

表17-15

时间	食盐品种	包装	规格(克)	价格(元)
1991	日晒海盐	散装	500	0.26
1992-10-01	日晒海盐	散装	500	0.30
1994-03-15	日晒海盐	散装	500	0.46
1994-10-01	日晒加碘海盐	散装	500	0.48
1997-10-18	日晒加碘海盐	散装	500	0.52
1997-10-18	加碘食盐	袋装	500	0.64
1999-08-12	加碘食盐	袋装	500	0.70
2001-09-04	精制食盐	袋装	500	1.00
2005-05-15	加碘腌制盐	袋装	5000	7.00
2005-06-15	加碘精制盐	袋装	350	1.00
2005-06-15	加碘食盐	袋装	400	1.00
2005-06-15	日晒自然盐	袋装	300	1.00
2005-06-15	日晒自然盐	袋装	500	1.50

说明：数据资料由县发改局提供

房地产价格

1992年7月制定公房出租收取标准，由房管部门收取，每平方米租金0.5元。1993年3月5日，县物价、城建、财政、建设银行4部门联会发布《关于商品房价格管理若干问题的通知》，确定县域商品房价格管理范围、定价原则、价格构成和商品房地段、楼层、朝向差价。1995年，县物价局会同县房管部门测算公房成本价，经省物价局核定县域公房成本价每平方米580元。县城大峃镇管辖范围房价，一等砖混结构成本价每平方650元；市场价每平方米1100元。现住房折旧按3%执行。1996年，执行市政府《商品房价格管理办法》《销售商品房明码标价的暂行规定》，把商品房价格纳入价格管理范畴，并参与县安居工程价格管理，会同县建行、城建等部门核定安居工程价格，每平方米造价710元。1997年，县域商品房开发开始起步。4月，调整公有住房价格，成本价每平方米从580调整为620元，市场价每平方米从1000元调整为1100元，最低价每平方米从150元调整为160元；现住房折旧率4%；公房租金每平方米1.25元。推进县域房改工作顺利进行。8月，制定县城非住宅指导租金，按坐落地段划分为6个等级：一等甲级（建设路县前街口至二新街口）地段每间每月指导租金800～1000元，五等地段指导租金每间50～100元，规范租赁市场行为。1998年，国务院决定停止住房实物分配，逐步实行住房分配货币化。此后,公房售出逐步减少。1999年5月,再次下发《关于商品房价格管理若干问题的通知》,规范商品房销售价格申报审批行为。全年商品房销售平均价格每平方米1691元,其中住宅每平方米1166元。2000年起县域商品房价格开始攀升。3月制定县城房屋租赁指导租金,按坐落地段划分三等四级:一等甲级地段建设路(县前街口至二新街口)每间每月指导租金1200~1500元,乙级地段县前街(建设路至大岱街)、建设路(二新街口至洋桥)、二新街(建设路至大岱街)800~1000元;二等地段500~800元,三等地段300~500元。2000年调整全县公有住房租金标准,比原有标准上调20%;并开始审核商品房价格,加强房地产价格调控管理。2001年公房月租金每平方米从1.5元调整为2元。2003年3月,原公房出售成本价为每平方米680元,最低限价每平方米185元。调整出售成本价为每平方米715元,最低限价每平方米195元。2005年9月,公房出售成本价从原来的每平方米715元,最低限价每平方米195元,调整为每平方米800元,最低限价每平方米220元;调整公有住房租金标准,砖混公房使用面积月租金原每平方米2.30元,调整为每平方米2.50元。全年商品房住宅每平方米均价4294元,比1999年增长268.3%。2010年商品房住宅每平方米均价5933元,2011年每平方米均价5899元,比上年降低34元。

第三节　收费管理

行政事业性收费管理包括制定和调整收费标准,审核、清理和整顿收费项目、收费范围、执收票据,取消和纠正不符合规定、超标准的收费项目等。1993年成立县行政事业性收费年审办公室,每年开展行政事业单位收费审验工作。1996年建立县收费负担监测点和推行收费登记卡制度。2001年推行收费公示制度,整顿收费秩序,制止乱收费行为。至2011年累计取消涉农(企业)收费项目165项,减少收费1505万元。同年底,全县行政事业性收费单位71个,其中政府收费单位17个、事业收费单位54个。全年收费总额6958.67万元,占全县财政收入10.6%。

收费标准

1991年制定交通部门联运收费价格,简易机动车、手把三轮车驾驶员培训等收费标准6个。8月,县电影院电影票每张从0.25元调整为0.45元,各区电影院每张从0.20元调整为0.30元。1992年制定、调整房屋所有权登记发证费、河道采砂管理费、护林防火费、木材采伐作业设计费等行政事业单位收费标准8个。上报市物价局批准县旅游公司代购机票收费标准,内宾(含华侨、港澳台同胞)每张机票收费20元,外宾每张收费30元。调整中小学校收费标准,小学、初中学费全免,县小杂费13元、代管费25元;乡村小学杂费9元、代管费20元;县城初中杂费22元、代管费40元、住宿费20元;文中高中学费55元、杂费25元、代管费45元、住宿费20元。1993年,全年制定、调整个体行医管理费、公路营运车辆运管费(定额征收)、汽车驾驶员培训费等行政事业单位收费标准15个。县电影院冷气收费每人从0.05元调至0.10元;单冷式空调器每千瓦收取设备容量费100元,冷暖式收取200元。1994年制定、调整建筑物验线放样费、劳动就业培训费、娱乐场所经营服务费、县中心幼儿园保育费等收费标准10个。百丈漈景区门票每张2元。娱乐场所舞厅门票每张4元,卡拉OK点歌3元,台球2元,电子游戏机每次0.3元。县中心幼儿园收费,大班(6岁)75元、中班(5岁)85元、小班(4岁)95元。1995年制定、调整县旅馆、客栈住宿费,长运公司停车场停车费,计划生育手术费等收费标准17个。县电影院包厢每场20元。百丈漈二漈度假村小木屋住宿每夜60元,日间休息每小时10元。自行车钉牌照每辆从2元调整为4元。1996年制定、调整建设工程合同审查费、公务员考试培训费、公证服务费、有线电视广告费、计算机应用能力培训费等收费标准38个。县城公厕开始实施收费,统一全县打字、复印行业服务价格。县人民医院CT检查收费标准，脑部每次260元，胸部340元，颈、腹、肾、脊柱、骨盘310元。1997年制定、调整行政事业单位收费标准25个。7月，县有线电视台节目从12套增至20套，年加收视听维护费10元。12月，百丈飞瀑景区门票每张从6元调整为15元，刘基庙景区从2元调至4元，峡谷景廊门票每张3元。1998年制定、调整公安特种行业培训费、"121"气象自动应答服务费，社会福利院护理费等收费标准13个。1999年制定、调整房地产交易手续费、物业管理费、建设工程招标投标管理费等收费标准18个。百丈漈景区、铜铃山国家森林公园门票每张调整为30元，峡谷景廊景区调整为15元。2000年制定房地产档案利用服务费等收费标准4个。2001年制定房屋装修现场勘察服务费、县殡仪馆火化等收费标准12个。刘基庙景区门票每张从4元调整为5元。2002年，开始按照定价程序召开听证会，对县内短途客运票价、城郊公交车票价、普通高中学费标准进行适当调整，审核办理临时培训费13项。2004年秋季新学期开始，九年制义务教育普通中小学全面实现"一费制"。2007年秋季，对义务教育阶段中小学生免收课本费和作业本费，调整出售公有住房成本价和公房租金标准及白蚁防治费标准，核定县城供水一户一表安装收费标准。2010年，规范高中阶段代收费管理，收费包括课本、作业本、开展国防教育、爱国主义教育、体检等五项内容。

收费年审

1991年新办理"收费许可证"单位9个，变更单位服务收费项目6个，计74个收费标准。1992年，对行政事业性收费项目、标准、范围、执收票据进行全面审核与清理整顿，取消不符合规定、纠正超标准的收费项目。1993年，成立县行政事业性收费年审办公室，每年对全县所有行政、事业单位进行收费审验。县政府下发《关于印发浙江省收费许可证管理办法的通知》，重申收费许可证制度，实行亮证收费。全年核发收费许可证134本，全县收费单位81个，收费点260个，收费项目294个，收费标准1408个。当年收费总额1140万元，纠正不当收费17起，收取审验费2.35万元。1994—1996年，发证164本。1996年年底，审验收费许可证298本，发现违法收费16项，违纪金额58.63万元。1997年审验收费许可证270本，收费项目440个，收费标准1400个，收费总额4685.92万元。审验结果合格单位263个、基本合格单位6个、不合格单位1个。发现违法收费4项、金额114.7万元，均交县物价检查所查处。至1998年年底，全县累计发放收费许可证338本，临时许可证12本，涉及部门单位57个、收费点350个。1999年应审验许可证280本，实际审验279本，审验率99.6%。共审验收费项目440个、收费标准1430个，收费总额5430.89万元。发现违法案件2起、金额30.5万元。2000年审验收费许可证350本，审验率100%，换证率90%。审验收费项目410个、收费标准1420个，收费总额3354万元，审验合格率99%。发现违法案件3起、金额94万元，交县物价检查所处理。2007年全县行政事业性应审验收费单位85个，换发收费许可证195本，审验率100%，收费总额7735万元。2008年审验收费单位84个，行政事业收费总额6747.38万元，其中行政性收费2968.67万元、事业性收费3778.71万元，与上年相比收费总额减少1161.31万元，降幅为17.22%。审验中发现违规行为单位7个，其中整改单位5个、移交检查分局2个。2010年审验收费单位67个，收费总额5663.82万元，与上年相比收费总额增加767.41万元，增幅15.67%。占县全年财政收入的11.95%。2011年年底，全县行政事业性收费单位71个，其中政府收费单位17个、事业收费单位54个。全年收费单位审验率100%，全县行政事业性收费总额6958.67万元，占财政收入10.6%。

清费减负

县域减轻农民负担工作开始于1996年。同年，建立了县收费负担监测点和收费登记卡制度，确定5家企业、5户农户、5所学校为监测点，并在全县各收费单位配备物价员、乡镇政府配备物价助理员，共计300余人。并根据上级安排及时调整邮电资费，对通话次数费、邮电建设附加费等收费情况进行督查。1997年，成立县清费减负工作领导小组，举办物价员、物价助理员培训班，将上级明令取消的收费项目整理汇编成册，发放各收费单位。全年取消农村劳动力就业跟踪服务费、施工企业使用临时工管理费、规划保证金、建筑物验线放样费、企业贷款抵押风险费等收费项目26项，减轻企业、农民负担93万元。1998年，清费减负重点是跟踪检查上级已经公布取消的收费项目是否已真正停止收费，降低的收费标准是否已经变更，群众反映强烈的部门单位是否按规定标准收费。全县取消收费项目29项，撤销收费许可证2个，降低收费标准3项，全年减轻企业与农民负担394.26万元。1999年，取消自来水增容补助金和户外广告管理费等不合理收费，减轻农民负担540万元。2000年加大清费减负力度，开展涉农、涉企收费及中小学收费专项整治，公布取消农村劳动力使用调节费等收费项目88项，降低收费标准9项，涉及县公安、规划、工商、银行、邮政、电信等10多个部门单位，年减轻企业、农民负担228万元。经企业非生产性费用调查，当年行政事业收费负担约占企业管理费用的17.8%～22.4%，广告费占30%，捐资赞助费占26.8%～32.9%，征订书籍报刊费占20%，各种名目接待费占47.7%～51.6%。农民直接承担的乡统筹费，占上年农民人均纯收入的1.25%。2001年4月，组织力量检查大峃、珊溪、巨屿、峃口、双桂、玉壶、南田、百丈漈、二源、西坑10个乡镇20多所中学、中心小学春季招生收费情况，查出自立名目收取书法材料费，以家长委员会名义收取第二课堂辅导费、代管费，双休日晚自修辅导费，应退未退代管费，乡镇政府搭车收取教育事业附加费等，违规金额104.6万元。12月，县物价局、监察局、农民负担监督管理办公室联合发布《关于全县机关事业实行收费公示制度的通知》，在全县所有收费单位建立收费公示制度。2002年，对农村教育收费、农民建房收费和有线电视费等8大类84个项目127个标准进行公示，向全县33个乡镇562个行政村、农户发放涉农价格收费公示手册10万册。2003年，调整中小学杂费收费标准，取消原县内跨学区每学生每学期借读费400元。2004年，县政府批转《关于全面实现收费公示制度实施意见》，在全县范围内推行收费公示制度。后随着清费减负力度加大及每年收费审验，行政事业性收费单位逐步减少，收费行为逐步规范。2007年，取消小水电管理费等收费项目18个；秋季开始，取消公办高中择校生学费。2008年，清理整顿涉鲜活农产品销售环节收费，减免收费386户，减轻经营户负担3.8万元。2009年，开展城市市政基础设施配套费、电力价格及收费专项检查，查出违规收费，返还用户148.13万元。2010年，开展教育收费专项检查，没收擅自提高收费标准等违法所得20.85万元，退还给家长7.08万元。2011年行政性收费总额6788.48万元，其中涉企收费1341.84万元，涉农收费9.27万元，分别占收费总额比重19.77%和0.13%。

第四节　物价监管

县物价管理部门每年开展物价检查。1996年成立价格违法案件审理工作领导小组。1999年开始实施重要商品价格监测报告制度。2004年出台《文成县应对价格异动事件工作预案》，建立物价监督监测应急机制。物价检查主要围绕县域涉企、涉农、城建、交通、电力、教育、卫生等重要领域收费项目及举报案件开展综合、专项检查活动，实行“节日期间全面查，调价出台跟踪查，群众举报及时查”。1991—2011年，累计查处各类价格违法案件2485件，没收违法所得金额468.98万元，退还消费者494.87万元。

价格监测

1991—1993年，每年开展省定香料烟、市定香菇生产农本调查。1994年后香料烟生产农本调查取消，每年仍实施香菇生产农本调查。1996年起，增加县定毛猪生产农本调查。1997年市定香菇生产农本调查取消，杂交稻制种列入调查范围。1998年继续实施杂交稻制种、毛猪生产农本调查。1999年，开始实施重要商品价格监测报告制度。监测项目和内容主要有：农副产品零售价格监测、农业生产资料零售价格监测及服务价格监测。农副产品价格包括粮食、食用油、肉禽蛋、水产品、蔬菜、水果6大类68种，农业生产资料价格包括农膜、农药等6大类30种；服务价格监测包括交通运输、水电燃料等8大类。2003年发生“非典”疫情后，浙江部分地区出现抢购板蓝根、米醋现象，为应对这类商品价格异常上涨，县物价部门启动价格监测预警机制，对部分中药材、药品价格实行每日监测上报制度，并对部分药品、口罩、消毒液进行限定差价率，直至疫情控制。2004年，制定出台《文成县应对价格异动事件工作预案》，并建立健全间隔监督监测应急机制。2008年，市场奶制品等价格异常上涨，遂实施临时价格干预措施，将4家企业和8个品种列入调价备案目录。并建立首批价格监测点16个，对52种商品和服务价格实行一月两报制度，建材类商品价格实行每月一报制。2009年，县域重要商品和服务价格总体特点为粮食价格稳中有升，食用油价格大幅下降，肉禽蛋价格稳中略降，水产品价格小幅下降，蔬菜价格上涨，副食品价格平稳，成品油、线材、瓶装液化气价格下降。2010—2011年，列入日常监测商品和服务价格93种，并实行一月两报制，液化气价格实行每周一报制，定时定责上报监测数据及价格动态分析。在节日或价格异动较为明显时，增加跟踪监测频次，密切关注价格变化，第一时间掌握情况，着重对群众生活密切相关的粮食、食用油、肉禽蛋、蔬菜、液化气、线材等价格的监测。并开展殡葬服务收费、小水电企业生产经营情况调研，景区门票价格变动、污水处理收费制度实施情况调查，为上级政府价格决策提供依据。

物价检查

1991年，重点开展农业、林业、土地、邮电收费，农资、石油、药品价格，同居民生活密切相关的粮、油、盐、煤饼价格检查，查处价格违法案件190件，其中一般价格违法行为181件，经济制裁金额15.28万元，其中退还消费者0.87万元。全年明码标价检查出动1069人次，检查国有、集体、个体商店1674家，查处价格违法行为164件，经济制裁金额1.01万元，复秤1240支，校秤1894支，查获失准或短斤缺两秤109支，没收失准衡器60支。1992—1996年，物价部门出动3825人次，查处价格违法案件1341件，罚没金额37.87万元，退还消费者11.34万元，上缴财政37.87万元。处理来信来访来电76件。为稳定市场价格秩序，打击价格欺诈，维护消费者合法利益。组织离退休干部组成职工物价监督站，出动3099人次，检查摊位59542个，复秤1859支，校秤9204支，没收不合格秤和其他计量器具192支，罚款2667元。1997年春运期间，检查县内短途及过境车辆872辆，处罚擅自提价行为；4月，开展以化肥为主的农资价格执行、计划落实情况检查；4—7月，对全县35个乡镇50多所中小学收费情况进行检查；取消邮电管道预埋费、设施配套费、建筑验线费、红线放样费和水表消耗费等不合理收费。全年出动检查1526人次，处理违法案件228件，其中大案4件，罚款3.9万元，没收20.7万元，退还消费者17.2万元。1998—2002年，查处价格违法案件651件，接受办理信访59件，没收违法所得495.54万元，上缴财政137.82万元，退还消费者245.2万元。2003年开始，全县33个乡镇分别设立价格监督站，聘请价格监督员120名，基本形成县、镇（乡）、村三级价格监督网络。2003—2007年，受理

图17-14　2006年4月30日，县物价局在县政府门口举行《中华人民共和国价格法》咨询活动（县发改局提供）

"12358"咨询举报145件次,涉及交通运输、教育、医疗卫生、宗教事务等领域;查处各类价格违法案件62件,涉案金额441.99万元,经济制裁金额50.57万元,罚没金额292.35万元,退还消费者52.89万元。2008—2011年,开展涉农、涉企等专项检查,推出价格服务进校园、进医院、进企业等活动,查处各类价格违法案件13件,没收违法所得71.68万元,核减各类不合理成本688万元,退还消费者167.37万元。

1991—2011年文成县价格案件查处情况一览表

表17-16　　单位:万元

年份	查处件数	退还金额	罚没金额	经济制裁金额
1991	190	0.87	—	15.28
1992—1996	1341	11.34	26.53	37.87
1997	228	17.20	24.60	41.80
1998	287	39.60	14.30	—
1999	230	157.00	44.09	201.00
2000	67	3.42	34.82	38.24
2001	49	31.80	22.90	54.70
2002	18	13.38	36.10	49.48
2003	19	11.50	38.85	50.57
2004	22	5.71	107.10	—
2005	6	2.45	2.74	—
2006	6	9.73	20.95	—
2007	9	23.50	24.32	47.82
2008	2	—	8.54	—
2009	6	53.99	5.20	5.28
2010	4	7.08	45.07	—
2011	1	106.30	12.87	—
合计	2485	494.87	468.98	542.04

说明:数据资料由县发改局提供

第五章　安全生产监管

1991—2001年,全县安全生产监督管理职能由县劳动人事局承担。2002年1月,县经济贸易局成立安全生产管理科,对全县安全生产进行管理和监督。2004年7月,县安全生产监督管理局成立,为县政府职能组成部门单位,强化安全生产管理和监督。2005—2011年全县推进安全生产责任落实,组织开展安全生产宣传教育,强化安全生产基层基础建设和隐患排查整治。全县事故起数、死亡人数和直接经济损失等安全生产3项主要指标连续6年保持"零增长"。

第一节　机构沿革

县安全监督管理局　2004年7月,县安全生产监督管理局成立,定为副科级行政机关单位。11月,升格为正科级行政机关单位,内设机构为办公室、综合安全监督管理科和危化(矿山)监督管理科。核定行政人员编制5人,工勤人员编制1人。2005年1月,增设安全生产监察大队,事业人员编制7人。2010年 8月,增设宣教中心,事业人员编制2人。办公地点设在县城西门街原县人武部内。

下属机构　2005年,15个乡镇成立安全生产监察中队,配备管理人员53人。并健全其他各乡镇、行政村及县属部门、企事业单位安全生产管理机构,配备专(兼)职安全生产监督管理员462人。全县初步具备县、乡(镇)、村三级和县、行业主管部门、企事业单位三级安全管理机构,形成全县统一协调的安全生产管理网络。

2010年,针对乡镇安监员频繁更换现状,适时配备调整和培训乡、村两级安全生产管理人员。

2011年,机构改革前的乡镇监察中队继续保留,未设中队的乡镇配备兼职安监员1人,大峃镇增加专职安监员编制2人。

第二节　安全宣传教育

组织、指导全县安全生产宣传教育工作,负责安全生产监督管理人员、煤矿安全监察人员的安全培训、考核工作,依法组织、指导并监督特种作业人员(特种设备作业人员除外)的考核工作和生产经营单位主要经营管理者、安全管理人员的安全资格考核工作;监督检查生产经营单位安全培训工作。

日常宣传教育

2005—2011年,每年均组织县安监系统及县安全生产委员会(县安委会)成员单位,对生产单位进行安全宣传教育,提高企业负责人、安全管理员和广大职工安全意识。以中小企业为重点对象,以落实安全生产责任制和普及安全知识为重点,推进安全生产知识宣传进社区、进学校、进企业、进机关、进家庭。全县累计参与安全宣传教育15万余人次。

2005—2011年,每年均组织安全生产基层服务,动员各有关单位积极参加,形成联动。深入到所属乡镇、企业、厂矿和村居等基础单位,将安全法律法规、安全技术、安全管理、应急管理和安全文化方面的知识,以咨询服务形式送到基层单位,直接面对企业职工和村居居民,帮助基层单位和企业找漏洞、查隐患、抓整改,提高安全生产管理水平。2005年,组织全县有关部门与乡镇干部1000余人参加《中华人民共和国安全生产法》《中华人民共和国消防法》等法律和安全生产知识竞赛。还在各乡镇、重点村居、重点企业开展百场文艺晚会巡回演出。2011年举办安全生产法律法规和安全知识竞赛2场,开展重特大交通事故及火灾事故应急预案演练5次。

2005—2011年,每年均运用报刊、书籍、广播、电视、数字电影、互联网和手机短信等形式,开展日常宣传教育,加快安全生产知识在全县普及。全县累计发放各类安全生产知识读本、宣传资料和宣传画共计10.56万余册,制作安全生产宣传展板和条幅计1000余块,现场接受安全生产咨询服务16.45万余人次。

专题宣传教育

2005年6月,主题为"遵章守法、关爱生命"。在县政府门口和各乡镇人民政府门前开展安全生产咨询服务。全县悬挂安全生产宣传标语(横幅)298条,张贴宣传画1875张,翻印发放《安全生产法律法规选编》《职工安全知识读本》等宣传品5500册,群发安全生产提示短信3.2万条,刊出安全生产宣传栏350篇次,出动安全生产宣传车125辆次,电视报道12次,广播报道9条。对各个乡镇进行文艺下乡,播放以宣传安全生产法律法规为片头数字电影1000余场次。

2006年6月,主题为"安全发展、国泰民安"。县安全生产监督管理局联合国土局、公安局、质监局、交通局、电信局和县保险公司等25家单位在县政府大院门口开展咨询服务。全县悬挂安全生产宣传标语(横幅)300条,张贴宣传画1750张,刊出安全生产黑板报110期,群发手机短信1300条。"安全生产月"期间,县有线电视台全程滚动播放安全生产宣传内容,局机关刊出安全生产简报14期,通过新闻媒体报道宣传13次,召开各级动员会议26场,组织安全宣传文艺演出22场,开展安全咨询服务24次,发放安全生产宣传资料19774份。

2007年6月,主题为"综合治理、保障平安"。各机关单位及乡镇政府工作人员参加"致家人的一封信"活动和安全生产有奖征文。通过"咨询日""执法周"、安全生产知识竞赛和"安康杯"等载体,开展安全生产宣传,全县发放宣传资料11840册,悬挂安全生产宣传标语(横幅)232条,张贴宣传画2100张,群发安全生产提示短信3万余条,刊出安全生产宣传专栏264篇次。出动安全生产宣传车赴工矿企业、乡镇街道等场所累计宣传170余小时,电视专题新闻报道23次,广播新闻报道10条,组织大型安全生产宣传8次。

图17-15　2007年6月,巨屿镇、县安监局、县重点办联合举办《生产安全事故报告和调查处理条例》知识竞赛(县安监局提供)

2008年6月,主题为"治理隐患、防范事故"。组织有关单位参加安全生产基层服务。深入乡镇、企业、厂矿和村居,采取专题节目、文艺演出和安全知识竞赛等群众性宣传教育,让安全发展的科学理念深入人心。全县悬挂安全生产宣传标语(横幅)298条,张贴宣传画1875张,翻印发放《安全生产法律法规选编》《职工安全知识读本》等5500册,群发安全生产提示短信3.2万条,刊出安全生产宣传专栏350篇次,出动安全生产宣传车125辆次,电视新闻报道12次,广播新闻报道9条,送文艺下乡及播放以安全生产法律法规为片头数字电影1000余场次,开展安全生产咨询服务45次。

2009年6月，主题为“关爱生命、安全发展”。全县悬挂安全生产宣传标语（横幅）267条，张贴宣传画2650张，翻印发放《安全生产常识必读手册》《安全生产法律法规》《安全生产知识扑克牌》《道路交通事故警示录》《燃气使用安全指南》《农机监理服务指南》等1.26万余册，刊出安全生产宣传栏96篇次，出动安全生产宣传车65辆次，电视新闻报道1次，送文艺下乡宣传26场次。

2010年6月，主题为“安全发展、预防为主”。全县悬挂安全生产宣传标语（横幅）241条，张贴宣传画1120张，印发《安全生产常识必读手册》《安全生产知识扑克牌》《安全生产法律法规》《小学生交通安全读本》《安全用电科普常识》《农机监理服务指南》等980册，刊出安全生产宣传专栏89篇次，出动安全生产宣传车67辆次，开展安全生产咨询服务30次。

2011年6月，主题为“安全责任、重在落实”。全县悬挂宣传安全生产宣传标语（横幅）228条，张贴宣传画1026张，发出安全温馨提示短信3500条，摆放交通安全宣传展板1100块次，出动安全生产宣传车17辆次，刊出黑板报26期，刊出动态简报5期。开展安全生产咨询服务58场次，发放宣传资料3.4万余份，分发安全宣传小礼品3000余份，接受群众咨询1万余人次。

实施安全培训

2005—2011年，每年均以树立“以人为本”理念，提高“培训不到位，就是重大安全隐患”意识，开展安全培训。

2005年，联合县重点企业管理办公室在巨屿工业园区开展《中华人民共和国安全生产法》《中华人民共和国消防法》《特种设备安全监察条例》和安全生产知识为主要内容安全生产知识竞赛。组织有关单位和企业开展重特大交通事故及火灾应急预案演练1次。

2006年，为营造全社会关注安全生产、参与安全生产的良好氛围，开展员工教育培训数次，全县累计培训员工12020人次，其中发证1800人。

2007年，全县培训企业主要责任人172名，安全生产管理员226名，完成任务率为199%；培训企业员工13260名，完成任务率为110.5%。先后在7月下旬、9月下旬和10月上旬，举办水利安全生产培训班3期，对各乡镇水利员、山塘水库巡查员、电站负责人及安全员、在建工程单位负责人及安全员进行安全生产知识培训。

2008年，相关单位联合将安全法律法规、安全技术、安全管理、应急管理和安全文化等方面的咨询服务送到基层单位、村居，直接面对企业职工、村居居民，开展培训各类人员10577人次。

2009年，组织相关单位开展进村入户消防安全宣传，培训各类人员1943人，其中企业负责人和安全管理人员再培训200人，员工培训1606人，专业人员培训97人，特种作业人员培训40人。2010年，相关单位开展安全知识咨询28次。

2011年，组织相关单位和重点企业（单位）开展安全事故应急预案演练5次，培训企业负责人47人，安全管理人员102人，特种作业人员50人，企业员工1300人，乡镇部门分管领导及乡镇安监员75人。

第三节　综合安全监管

依法行使全县安全生产综合监督管理职权，指导、协调和监督有关部门安全生产监督管理工作；制定全县安全生产发展规划；定期分析和预测全国安全生产形势，研究、协调和解决安全生产中的重大问题。并针对具有毒害、腐蚀、燃烧、助燃等性质，对人体、设施、环境具有危害的剧毒化学品和其他化学品进行完全监管。针对矿山、烟花爆竹安全生产工作进行安全监管。

日常安全检查

图17-16　2010年5月，召开敬老院安全生产工作会议暨龙川乡敬老院消防演练（县安监局提供）

2005—2011年，按照执法计划要求，每年均对生产经营单位进行日常安全检查，确保生产经营单位安全生产。全县累计检查单位23705家次，出动检查人员24114人次，平均每年检查单位3950家次，出动检查人员4019人次。其中2006年1月，县政府主要领导带队对全县工矿商贸及消防、交通、学校、建筑工地、食品药品、旅游等行业领域进行检查。2007年，开展“危化2007”行动，出动检查人员2240人次，检查审查经营单位1850家次，发放指令书限期整改75份。2008年出动排查人员12655人次，检查各类单位企业、出租房等5150户次。2009年出动检查人员6828人次，检查生产经营单位6657家，查出各类事故隐患933处，当场纠正或整改696处，发限期整改通知书237份。2010年，对20个重点行业和领域集中开展安全隐患排查治理。组织执法检查879次，检查生产经营单位925家，发现隐患325个、整改隐患214个，发放限期整改指令书111份。2011年，继续对重点行业和领域继续集中开展安全隐患排查治理，出动检查人员11685人次，排查单位2584个，排查隐患502处，整改隐患498处。

2005—2011年文成县安全生产检查情况一览表

表17-17

序号	年份	监督检查			
		检查单位(家次)	出动检查(人数)	监督检查覆盖率(%)	监督检查复查率(%)
1	2005	6657	6828	48.3	74.2
2	2006	5460	4320	45.4	82.3
3	2007	1850	2240	46.2	60.8
4	2008	777	2034	49.2	70.5
5	2009	925	879	49.8	78.1
6	2010	2584	2185	47.9	94.8
7	2011	5452	5628	25.1	70.0

说明：数据资料由县安监局提供

危险化学品安全监管

2005年开始危险化学品安全监管，主要针对具有毒害、腐蚀、爆炸、燃烧、助燃等性质，对人体、设施、环境具有危害的剧毒化学品和其他化学品进行安全监管。2008年，查处非法危化品加工点1家，普查登记重大危险源7处。2010年，开展危险化学品安全检查，检查了危险化学品生产经营单位84家，发现一般安全隐患10处、重大安全隐患23处，全部整改到位。

矿山安全监管

2005年开始矿山安全监管，主要针对非煤矿山领域进行安全监管，重点是深化非煤矿山安全专项整治，加大整顿取缔力度。其监管工作重要年份是2007年和2008年，2007年取缔非法开采矿山12处，2008年开展联合执法，取缔非法开采矿山5处，公安机关拘留当事人9人。

烟花爆竹安全监管

2005年开始烟花爆竹安全监管，2007年收缴非法烟花爆竹601箱，2008年查获非法烟花爆竹1680箱，2009年没收非法烟花爆竹1162件。2010年，与烟花爆竹监管职能部门联合执法10次，出动人员98人次，收缴非法烟花爆竹2030箱，取缔非法烟花爆竹经营店11处，公安部门立案10件，行政拘留当事人10人。2011年，检查烟花爆竹经营单位68家次，收缴非法烟花爆竹658件，公安部门行政拘留从事非法烟花爆竹经营当事人14人。研究制定烟花爆竹零售布点实施方案。

安全专项整治

2005—2011年，县安委会办公室（县安委办）、县安监局每年牵头，组织县交通局、住建局、工商局、卫生局、旅游局、教育局、消防局、质监局、公安局等单位，在元旦、春节、五一、国庆等重点节点，对全县安全生产进行专项整治，严厉查处非法违法生产销售烟花爆竹，打击生产经营单位从事非法经营。全县累计出动各类检查人员2.4万余人次，检查各类生产经营单位2万余家次。其中2006年开展安全生产“铁网三号行动”，全县出动检查人员4320人次，检查生产经营单位5460家，查出各类事故隐患460处，当场纠正或整改380处，发放限期整改指令书80份。2008年，以“隐患排查治理年”活动为重点，进行全面隐患排查。全县出动排查人员12655人次，检查各类单位企业、出租房等5150户次，处理交通违法行为12145人次。立案处理11件，做出处罚决定7件，处罚金额53.58万元。普查登记重大危险源7处，查获非法烟花爆竹1680箱、价值30余万元。查获非法储存炸药15公斤、雷管38枚、导火索150米。取缔非法炼油厂7家，非法危化品加工店1家，非法矿山开采点5处，公安机关拘留当事人9人。2011年，集中开展重点行业和领域安全隐患排查治理，加大对交通、消防、安全生产等重点领域和重点部位的安全隐患排查整治力度，出动检查人员11685人次，排查单位2584个，排查隐患502处，整改隐患498处。在开展在建工程消防、文明施工、起重机械和危险性较大工程等四个专项整治或限期行动中，检查在建项目65个，督查落实隐患整改事项117个。在开展气瓶专项整治、电梯专项整治、特种设备作业人员专项执法检查和起重机专项整治中，整改检验不合格起重机3台，拆除非法安装起重机5台。

安全隐患整改

2005—2011年，县安委办按照《中华人民共和国安全生产法》的属地与产权归属相结合原则和“政府统一领导、部门协调监管、企业全面负责、各方联合行动”要求，每年均组织有关单位对全县的地质灾害和非煤矿山、危化品、交通秩序、旅游安全、特种设备、消防隐患、道路交通、学校安全和学生接送车、山塘水库、农机安全和建筑安全等安全隐患进行整改。其中2006年，全县投入2476万元资金进行隐患整改，整改率100%。2007年，联合县工商局、规划建设局、电业局、国土资源局等部门单位开展安全生产执法检查。对“焚音寺”与加油站安全问题、巨屿宏伟和中星钢管安全隐患久拖未决问题和玉壶超市安全隐患问题进行全面整顿和治理。2009年，完成省级道路交通隐患整改2处，落实樟台敬老院和巨屿敬老院消防安全措施，完成县公路段的瑞东线、峃院线和仰矾线增设波形钢质护栏整改。梳理县级重点安全隐患7处，发现隐患325个，整治隐患214个，发放限期整改指令书111份。2011年，县政府分管领导带队，对“危险化学品”“非煤矿山”“烟花爆竹”排查的隐患进行专项治理和整顿，对使用碳化钙的企业进行专项整治，自动拆除设备的企业9家，强制拆除设备的企业2家，成功解决碳化钙企业使用造成环境污染及安全隐患拖而不决难题。

2005—2011年文成县安全隐患整改情况一览表

表17-18　　单位:件

序号	年份	安全隐患整改				
		一般隐患	整改数	非煤矿山(处)	危险化学品	烟花爆竹
1	2005	933	696	3	47	9
2	2006	420	380	48	98	102
3	2007	499	322	8	61	3
4	2008	1128	819	6	93	6
5	2009	325	214	31	21	0
6	2010	502	498	19	42	3
7	2011	19945	19350	1	52	0

说明:数据资料由县安监局提供

第四节　安全执法与检查

县安全监管部门机构自2004年成立后,按照监管、监察职责,找准在安全生产工作格局中定位,转变职能、转变观念、转变工作方式、转变工作作风,健全和完善安全监管体制,提高监督执法权威性,履行安全监管职能。2005—2011年,坚持安全第一、预防为主、综合治理方针,强化安全生产基层基础建设和隐患排查整治。全县安全生产形势持续稳定好转,事故起数、死亡人数和直接经济损失等安全生产3项主要指标连续6年保持“零增长”。

日常安全执法

2005年1月,增设安全生产监察大队,以确保日常安全执法人员到位,有力打击非法、违法生产行为。

2005年,县人大常委会副主任带领执法检查组6人,于4月4—13日对全县贯彻执行安全生产法情况进行检查;对全县发生工矿企业事故处理案件4件进行评估检查,均符合执法要求。

2006年,全县监督检查生产经营单位622家次,总计制作现场检查记录370次,查出事故隐患247处,发放限期整改指令书23份,并全部整改完毕。全年行政处罚立案5件、结案5件,行政处罚金额16.8万元。

2007年,县安全生产执法年活动领导小组成立,精心制定安全生产执法年工作方案。各乡镇和有关部门也分别成立相应领导小组,深入开展执法检查。全县上下通过排除整治等形式,广泛发动群众,动员各方力量查找和治理事故。其间,责令停产整顿7家,实施行政处罚16件,处罚金额26.4万元,联合执法取缔非法矿山12处,收缴非法烟花爆竹601箱,刑事拘留当事人3人。

2008年,全县行政处罚立案11件,已做出处罚决定7件,处罚金额53.58万元。全县普查登记重大危险源7处,查获非法烟花爆竹1680箱,价值30余万元。查获非法储存炸药15公斤、雷管38枚、导火索150米,取缔非法炼油厂7家,非法危化品加工点1家,联合执法取缔非法矿山5处,公安机关拘留当事人9人。

2009年,全县开展执法检查879次。总计检查生产经营单位925家次,承办案件10件,处罚金额56.5万元,责令非法违法生产停产停业2家,没收非法烟花爆竹1162件,公安机关行政拘留当事人4人,刑事拘留当事人1人。

2010年,全县加大对交通、消防、安全生产等重点领域和重点部位安全检查。全年开展联合执法10次,出动人员98人次,收缴非法烟花爆竹2030箱,取缔非法烟花爆竹经营点11处,公安部门立案10件,行政拘留当事人10人。

2011年,继续开展联合执法,检查烟花爆竹经营单位68家次,收缴非法烟花爆竹658件,公安部门行政拘留从事非法经营当事人14人。

专项执法检查

2005—2011年，每年均在“元旦”“五一”“国庆”和“春节”等重要时间节点开展安全专项执法检查。2006年2月，县政府开展全县性安全生产大检查，促进生产经营单位依法安全生产。2008年开展“百日攻坚行动”，由县政府分管副县长带队，分成3个组进行执法检查。出动检查人员2034人次，排查企业777家，排查出租房2035户，整改出租房914户，排查“三合一”场所6处，整改“三合一”场所5处。2011年，开展“三超一疲劳”违法行为集中整治。出动人员1628人次，查处交通违法行为2795件。开展旅行社用车安全专项检查，对检查中发现问题要求业主及时整改或限期整改。开展在建工程消防、文明施工、起重机械和危险性较大工作等四个专项整治行动，检查在建项目65个，督查落实隐患整改事项117个。开展气瓶专项整治、电梯专项整治、特种设备作业人员专项执法检查和起重机专项整治，整改检验不合格起重机3台，拆除非法安全起重机5台。

2005—2011年文成县安全执法情况一览表

表17-19

序号	年份	行政处罚		
		立案(件)	结案(件)	处罚金额(万元)
1	2005	4	4	—
2	2006	5	5	16.8
3	2007	16	16	26.4
4	2008	11	11	53.58
5	2009	10	10	56.5
6	2010	0	0	0
7	2011	4	4	24

说明:数据资料由县安监局提供

2006—2008年文成县伤亡事故明细情况一览表

表17-20

序号	日期	发生事故单位	死亡人数	重伤人数	事故简要情况	经济类型	事故类型	事故原因
1	2006-11-23	浙江八咏工程建设有限公司	1	—	7月23日11时40分许，该单位在57省道26K+700M处组织6名民工进行施工。在吊卸过程中，配电箱滑动，1名工人跑去扶配电箱，不慎摔倒致头部受伤，经送医院抢救无效死亡	有限责任公司	其他类别	违反操作规程或劳动纪律
2	2006-11-20	金华市金顺路桥工程有限公司	1	—	该单位组织民工利用木料铺设轨道和卷扬机及钢管将桥梁预制梁拉离预制场时，被拉的预制梁发生倾斜倾覆，1名民工当场压死	有限责任公司	物体打击	安全设施缺少或有缺陷
3	2006-05-24	浙江立达工程建设有限公司	1	3	该公司在巨屿镇项坑边至葛底村公司工程施工中发生桥梁坍塌，桥上施工4名工人坠落，1死3伤	有限责任公司	坍塌	技术和设计有缺陷

续表17-20

序号	日期	发生事故单位	死亡人数	重伤人数	事故简要情况	经济类型	事故类型	事故原因
4	2007-12-20	—	1	—	7月20日,该单位组织民工在拆除文成县南田镇中学综合楼5楼时,一面墙体倒塌,1名民工躲避不及,被砸中头部,当场死亡	有限责任公司	物体打击	安全设施缺少或有缺陷
5	2007-09-18	福建省隧道工程有限公司	1	—	该单位承建57省道改建工程B标段李山隧道,1名工人(未系安全带)在修理变形的衬砌钢模台车模板时,不慎从5米高作业平台坠落,经抢救无效死亡	有限责任公司	高处坠落	个人防护用品缺少或有缺陷
6	2007-01-01	温州兴仕铜材有限公司	1	—	该单位拉丝车间1名工人在拉铜丝操作过程中,右腿被拉丝机滚筒绕进去,整个人随滚筒旋转,在旋转过程中头部着地,导致头部严重受创伤,经送医院抢救无效死亡	股份有限公司	机械伤害	个人防护用品缺少或有缺陷
7	2008-11-23	浙江迦密山锻造有限公司	1	—	3月23日,该单位2名客户进入公司冶炼车间,在原料提升机前询问原料有关情况,其中1客户何某在其他人不知情情况下,擅自进入原料提升机底下,被下行原料提升机压住,经送医院抢救无效死亡	有限责任公司	起重伤害	安全设施缺少或有缺陷
8	2008-05-29	上海天远通信工程有限公司	1	—	该公司承建文成至百丈漈变通信光缆工程,在大峃镇徐村施工段发生触电事故,造成1死3伤	有限责任公司	触电	设备设施工具附件有缺陷

说明:数据资料由县安监局提供

2009—2011年文成县各类事故情况统计表

表17-21

年份	工矿企业			道路交通			火灾			合 计					
	事故(件)	死亡(人)	直接经济损失(万元)	事故(件)	死亡(人)	直接经济损失(万元)	事故(件)	死亡(人)	直接经济损失(万元)	事故(件)	与上年同期比(%)	死亡(人)	与上年同期比(%)	直接经济损失(万元)	与上年同期比(%)
2009	1	1	20	72	10	18.7	5	3	2.7	78	-9.3	14	-12.5	41.4	-33.8
2010	1	1	28	57	7	14.1	4	2	2.3	62	-7.5	10	-23.1	44.4	-41.1
2011	1	1	40	66	9	14.4	5	—	45.0	72	-4.0	10	-9.1	99.4	-2.7

说明:2009—2011年事故统计报表格式变更;数据资料由县安监局提供

第十八卷

计划　统计　审计

1991—2011年，在构建社会主义市场经济过程中，文成县综合经济管理职能逐步完善。计划各部门承担研究经济和社会发展政策、指导经济体制改革的职能，管理年度计划、中长期规划和专项规划。共编制国民经济和社会发展计划21个、五至十年中长期规划5个；“十一五”期间编制专项规划17个，“十二五”期间编制专项规划21个。

统计改革深入，调查内容日益广泛，统计执法力度加强。全县统计工作实现从单一的全面统计到主要指标的抽样调查，从实物数量统计到价值指标计算，从专业统计到新国民经济核算体系的转换；加强统计分析、统计预测和统计监督，以详实、公开的统计数据服务于国民经济建设和社会发展。

审计部门加强财政同级审，查处违纪违规、严重损失浪费等问题，促进资金使用、管理规范化。1991年以来，重点突出经济责任审计、专项资金审计。拓宽审计领域，优化审计职能，加强审计结果运用。1991—2011年，完成审计项目623个，发现各类违法违规及管理不规范资金40282.93万元，督促上缴财政资金5755.2万元，追回被侵占、挪用资金7368万元，减少财政拨款和补贴16万元，核减工程造价3330.24万元。

第一章 计 划

计划管理职能由县计划经济委员会(之后改称发展计划局、发展和改革局)承担。1991—2011年编制年度全县国民经济和社会发展计划21个,五至十年中长期规划5个,"十一五"期间编制专项规划17个,"十二五"期间编制专项规划21个,促进了监督经济运行、计划和重大项目实施,保障县域经济和社会平衡、快速发展。

第一节 机构与体制

计划管理体制亦称"计划体制",是对国民经济和社会发展进行计划管理的管理体系、管理制度和管理方法的总称。计划分国民经济和社会发展两大类,国民经济主要包括农业、工业、交通运输、财贸、服务等,社会发展包括人口与计划生育、教科文卫、城建、土地管理、环境保护等。1991—2011年,县政府对经济、社会事务管理,由直接调控转为间接调控、微观经济管理转向宏观经济管理,指令性计划逐步改为指导性计划。

管理机构

1991年,称县计划经济委员会(简称县计经委),下设办公室和计划、劳资、生产技术、企业管理4科,工作人员25人。1997年4月,更名为县计划与经济委员会(与县物价局合署办公),县乡镇企业局、技术监督局并入县计经委,对外分别挂乡镇企业局、技术监督局牌子,下设办公室、政工科(纪检监察室)、综合计划科、工业管理科、技术改造科、财务统计科、对外经济贸易科、价格管理科、收费管理科、乡镇企业科、技术监督科、农业区划办公室12个科室,编制人员52名。2002年1月,撤销计划与经济委员会,组建县发展计划局(统计局、粮食局)。县物价局并入县发展计划局作为内设机构,对外挂物价局牌子。2005年9月,县发展计划局(统计局、粮食局)改组为县发展和改革局(粮食局)。承担综合研究拟定经济和社会发展政策,主管物价管理,增加原县经济体制改革委员会办公室承担的体制改革职能,对外保留县物价局牌子。2011年年末,内设15个科室,工作人员49人。

管理体制

1991年的指令性计划指标,工业计划有全县工业总产值、独立核算工业总产值、工业净产值、乡镇工业总产值、工业产品销售率、主要产品产量6项指标;农业计划包括全县年度农村经济计划主要指标与农业生产计划,有农业总产值、播种面积和造林(经济特产林)面积、主要产品产量、农民人均纯收入5大指标。固定资产投资计划含基建、技改两部分,全民投资实行指令性计划,集体和个人投资实行指导性计划。社会发展计划包括年末总人口、出生率、人口自然增长率、小学入学率、普通初中招生、普通高中招生、职业高中招生人数等指标,实行指导性计划。

1998年开始,独立核算工业总产值指标变更为全部国有工业企业及年销售收入500万元及以上的非国有工业企业(简称规模以上企业)产值指标;商业批发零售贸易业指标改为限额以上(指年主营业务收入2000万元及以上的批发业企业、500万元及以上的零售业企业、200万元及以上的住宿餐饮企业)批发零售贸易业指标。2002年,固定资产投资项目指标改为限额以上(投资金额500万元及以上的项目)固定资产投资项目指标。2003年开始,工业计划、农村经济计划改为指导性计划指标,并入年度国民经济和社会发展计划综合指标。至2011年,除交通、电力、通信、城市基础设施建设重大工程仍由政府投资,农业、水利等项目政府实行补助外,其余项目全部实行市场化。

第二节　计划编制

国民经济和社会发展计划(规划),分年度计划和中长期计划(一般中期计划为5年,长期计划为10年),均由县计划部门编制。专项规划是以国民经济和社会发展特定领域为对象编制的规划,是总体规划在特定领域的细化。县政府各主管部门单位负责组织全行业计划(规划)的编制。

年度计划编制

国民经济和社会发展年度计划草案编成后,报县人民政府常务会议讨论,形成征求意见稿,广泛征求社会各界意见定稿,由县政府提请县人民代表大会审议批准,再由县政府组织实施。如执行过程中某些计划指标确需调整的,也要提请县人大常委会审议批准。若上级对县计划安排的变动,则报县人大常委会备案。国民经济和社会发展计划年度、半年度执行情况,要向县人民代表大会或人大常委会报告,半年度执行情况一般在当年七八月间向县人大常委会报告,年度执行情况在次年向县人民代表大会报告。

中长期计划编制

亦称远景规划,由县计划部门编制,报经县人民政府同意后,提请县委全体会议讨论,由县委提出制定国民经济和社会发展规划纲要建议,由县政府提请县人民代表大会审议批准。1991—2011年,全县编制中长期计划5个,其中1991—2001编制的3个"五年计划"与"十年规划"合编;2005—2011年编制的2个"五年计划"改称"五年规划"。 即1991年编制《文成县国民经济和社会发展十年规划和第八个五年计划纲要》;1996年编制《文成县国民经济和社会发展"九五"计划和2010年远景规划纲要》;2001年编制《文成县国民经济和社会发展第十个五年计划纲要和2010年远景规划纲要》;2005年编制《文成县国民经济和社会发展第十一个五年规划纲要》;2011年编制《文成县国民经济和社会发展第十二个五年规划纲要》。中长期计划经县人民代表大会审议批准后,成为政府的工作目标。

专项规划编制

1991—2011年,全县在编制国民经济和社会发展五年计划及远景规划纲要时,县人民政府有关部门均会根据当时国民经济和社会发展状况,选择特定领域为对象编制专项规划。其中,"十一五"期间的2006年编制完成生态工业、农业经济、水利、商贸流通业、旅游、交通建设、国民经济和社会发展信息化、环境保护、基础测绘、教育、科技、卫生、体育、文化广电新闻出版、人才事业、劳动和社会保障、人口和计划生育等"十一五"专项规划17个;"十二五"期间的2011年编制完成生态工业、农业、林业、水利、气象、生态环境保护、公路水路交通运输、旅游、建设项目、电网、基础测绘、教育、科技、文化、卫生、体育、妇女、儿童、残疾人事业、老龄事业、法治政府建设、法制宣传教育等"十二五"专项规划21个。

第三节 计划执行

计划(规划)编制的目的是为了有计划地实施。计划(规划)执行是指县政府及主管部门单位依据经批准的发展计划(规划),组织和监督计划(规划)的具体实施过程。国民经济和社会发展计划(规划)的科学编制,对全县国民经济和社会发展起到基础性的作用。

年度计划执行

1991—1995年,坚持以经济建设为中心,深化改革开放,开展解放思想、转变观念大讨论,加强宏观经济调控,治理整顿经济秩序,加大农村扶贫开发力度,发展“一高两优”农业,注重资源开发,扶持重点企业,强化基础设施建设,增强综合经济实力。1991年,全县国内生产总值22889万元(当年价,下同),工农业总产值23822万元,农民人均纯收入567元,地方财政收入831万元,全社会固定资产投资完成9701万元。1992年,国内生产总值27830万元,同比上年增长21.6%;工农业总产值完成28844万元,同比上年增长21.1%;财政收入1005万元,同比上年增长20.9%;农民人均纯收入644元,同比上年增长13.6%。1993年,国内生产总值37268万元,同比上年增长33.9%;工业快速增长,全年工业总产值20526万元、增加值5580万元,同比上年分别增长79.3%和84.6%;财政收入1462万元,同比上年增长15.5%;全社会固定资产投资16518万元,同比上年增长128.3%。1994年,工业经济持续增长,总产值26743万元、增加值7957万元;全社会固定资产投资20347万元,其中小水电建设投资6189万元;农民人均纯收入1084元,同比上年增长58%,首次冲破千元大关。1995年,粮食生产喜获丰收,总产量73102万吨,农业生产总值35081万元,同比上年分别增长10.9%和49.1%;集中连片开发板栗、杨梅、红柿等基地1.18万亩,蔬菜基地1.13万亩;财政总收入1956万元,同比上年增长112.8%。

1996—2000年,正确处理改革、发展、稳定三者的关系,以1997脱贫为目标,重点发展农业、农副产品加工业、旅游业,加快基础设施建设步伐,全县经济整体运行态势良好。1996年,农业生产稳步发展,粮食总产量79479万吨,为历史最高值;工业组建帝师、金锋、龙益集团,全县15家重点骨干工业企业产值1.12亿元,占全年工业总产值26.2%;全社会消费品零售总额34878万元,同比上年增长22.9%;农民人均纯收入1677元,同比上年增长15.1%。1997年,工农业产总值96432万元,完成计划的129.6%,同比上年增长20%;财政收入2635万元,完成计划105.4%,同比上年增长14.4%;全社会固定资产投资32607万元,完成计划102.5%,同比上年增长40%;农民人均纯收入1825元,完成计划114.1%,同比上年增长8.8%。1998年,国内生产总值94438万元,工农业产总值94769万元;农民人均纯收入突破2000元,同比上年增长14.5%。1999年,国内生产总值突破10亿元,达到10.23亿元;农业总产值37666万元,工业总产值53883万元;全社会固定资产投资43660万元,同比上年增长15%。2000年,国内生产总值11.3亿元,完成计划93.4%,同比上年增长10.6%;财政收入5249万元,完成计划109.4%,同比上年增长20%;全社会消费品零售总额51890万元,完成计划101.7%,同比上年增长6.9%;农民人均纯收入1825元,完成计划114.1%,同比上年增长8.8%。

2001—2005年,经受非典疫情、台风灾害考验,以培育“山水经济”为导向,发挥山水资源优势,着力发展生态产业、创生态品牌、建生态城镇,调整经济结构,转变经济增长方式,提高经济质量、效益。2001年,国民经济稳定增长,全县国内生产总值12.44亿元;农业结构优化,工业快速增长,工农业总产值首次突破10亿元,达到11.02亿元;财政总收入首次突破亿元,其中地方财政收入6976万元。2002年,国内生产总值13.84亿元,其中第一产业2.85亿元、第二产业3.36亿元、第三产业7.63亿元,三大产业比重为20.6∶24.3∶55.1,人均生产总值3743元。2003年,国内生产总值15.62亿元,全社会固定资产投资5.6亿元,全社会消费品零售总额6.95亿元,同比上年分别增长12.9%、19.9%和9.98%。2004年,全县工农业总产值15.96亿元,其中工业总产值首次冲破10亿元大关,达到11.56亿元,分别同比上年增长23.8%和31.1%。2005年,全县地区生产总值突破20亿元,其中第三产业11.64亿元,占生产总值比重58%;地方财政收入突破亿元,实现1.21亿元。

2006—2010年,围绕"生态旅游县"发展战略,走"生态立县、工业富县、旅游兴县、开放活县"路子,加快生态经济化、经济生态化进程,促进经济、社会事业更快更好发展。2006年,地区生产总值23.43亿元,其中第一产业3.14亿元、第二产业7.04亿元、第三产业13.25亿元,三次产业对经济增长贡献率分别为1.4%、46.4%和52%;固定资产投资增势强劲,消费品市场稳中趋旺,全年固定资产投资、社会消费品零售总额双双首次超过10亿元,同比上年分别增长55.5%和14.9%。2007年,农业稳定发展,工业增势强劲,全县工农业总产值超30亿元,其中工业总产值26.88亿元,同比上年分别增长34.1%和38.2%;财政总收入2.85亿元,其中税收收入超亿元,同比上年分别增长23.3%和27.1%。2008年,全县地区生产总值突破30亿元,其中第二产业超10亿元,分别达32.11亿元、10.61亿元,同比上年增长16.5%和14.4%;地方财政总收入超3亿元,其中地方财政收入超2亿元,分别为3.43亿元、2.32亿元,同比上年增长20.4%和21.9%。2009年,实现地区生产总值35.31亿元,三次产业比重10.2∶33.0∶56.8,对经济增长贡献率分别为8.55%、26.54%和64.91%;农民人均纯收入5311.78元,同比上年增长11.6%,高出计划3.6个百分点。2010年,国民经济持续增长,全县地区生产总值超40亿元,其中第三产业超20亿元;工业总产值超13.6亿元,全社会固定资产投资超20亿元;地方财政收入超过3亿元,其中税收收入超过2亿元。

2011年,"十二五"开局良好。全县实现地区生产总值47.41亿元,同比上年增长17%;人均GDP12431元,增长15.8%;财政总收入6.4亿元,增长34.98%;全社会固定资产投资34.2亿元,增长64.5%;农民人均纯收入7434.54元,增长20.7%。

中长期计划执行

"八五"计划(1991—1995年) 1991年4月县第十届人民代表大会第二次会议批准,1993年4月县第十一届人民代表大会第一次会议调整。计划指标:至1995年全县国内生产总值达4亿元,年均增长14.3%;人均生产总值1047元,年均增长13.2%;农民人均纯收入650元,年均增长16.4%。固定资产投资5年累计1.33亿元。发展重点:重在打基础,继续治理整顿、理顺关系,稳定粮食生产,推进农业综合开发,调整产业结构,发展"一高两优"农业,重点开发林业、香菇、茶叶、水果、生猪、香料烟等农副产品生产基地。完成实绩:1995年完成国内生产总值6.37亿元,完成计划的126%;工农业总产值完成6.98亿元,完成计划的155.11%;完成财政收入2957万元。固定资产投资规模:5年累计7.47亿元;社会消费品零售总额5年累计6.9亿元;实现农民人均纯收入1457元;期末人口总数36.84万人。

"九五"计划(1996—2000年) 1996年3月县第十一届人民代表大会第四次会议批准。计划指标:到2000年全县实现国内生产总值16亿元(现行价),年均增长21.6%;人均生产总值4124元,年均增长20.3%;工农业总产值12.5亿元,年均增长20.1%;2000年固定资产投资6亿元,年均增长20.6%;社会消费品零售总额10亿元,年均增长28.6%;农民人均纯收入2000元,年均增长27.2%;期末人口总数37.8万人。发展重点:发展农业、资源型工业,新建、扩建农副产品加工企业;发展旅游业,初步建立起旅游框架;基础设施建设完成瑞东线文成段、文青公路、文平公路等重要通铁、通港、通航出口公路改造;实现村村通程控电话;实现97脱贫。完成实绩:2000年完成国内生产总值11.31亿元;农村居民人均纯收入2130.08元;地方财政收入4800万元;工农业总产值9.79亿元;粮食总产量70852吨;全社会固定资产投资总额3.60亿;社会消费品零售总额5.19亿元;三产比重21.3∶29.1∶49.6。

“十五”计划(2001—2005年) 2001年3月县第十二届人民代表大会第四次会议批准。计划指标:到2005年全县地区生产总值21.5亿,年均增长12%;工农业总产值15.43亿元,年均增长9.5%;地方财政一般预算收入8454万元,年均增长10%;全社会固定资产投资6.9亿元,年均增长14%;全社会消费品零售总额10亿,年均增长14%;外贸出口总额2410万元,年均增长13.28%;农民人均纯收入2590元,年均增长5%;年末人口总数38.5万,人口出生率控制在13‰以内。发展重点:实施“生态旅游县”发展战略,发挥山水资源优势,重点培育山水经济,推进生态农业、生态旅游、生态工业和基础设施建设,国民经济保持持续协调发展。完成实绩:2005年全县地区生产总值20.04亿元,比上年同期增长11.4%;农业总产值4.30亿元,年均增长2.7%;工业总产值14.41亿元,年均增长19.09%;财政总收入18180万元,年均增长18.4%,其中地方财政收入12107万元,年均增长18.4%;社会消费品零售总额8.72亿元,年均增长10.5%;农民人均纯收入3184元,年均增长8.4%。农村居民人均纯收入低于1500元的人口减少13022人。居民储蓄存款余额20.47亿元,5年增长2.17倍。建成巨屿一期工业基地,引进企业16家,实现销售额5亿元。

“十一五”规划(2005—2010年) 2006年3月县第十三届人民代表大会第四次会议批准。计划指标:至2010年地区生产总值38亿元,年均递增13%;三次产业结构调整为10.8∶33.2∶56.0。社会消费品零售总额16亿元,年均增长13%;财政总收入3.66亿元以上,年均增长15%;外贸出口总额6200万美元,年均增长10%;全社会固定资产投资总额60亿元,年均递增20%;农民人均纯收入5100元,年均递增10%。发展重点:实施“三个文成”(生态文成、魅力文成、和谐文成)战略,加快发展生态农业、生态工业、生态旅游业,培育品牌,提升传统产品质量;建设57省道暨文青公路、文泰线峃口至珊溪段、56省道花园至西坑段等重大项目。完成实绩:2010年全县实现地区生产总值40.52亿元,完成计划106.63%;一、二、三产业的结构比重11.1∶33.6∶55.3;财政总收入3.48亿元,完成计划95.08%;全社会固定资产投资33.5亿元,完成计划55.8%;社会消费品零售总额18.94亿元,完成计划118.4%;城镇居民人均可支配收入18326元,农村居民人均纯收入6158元,完成计划120.7%。

“十二五”规划(2011—2015年) 2011年1月县第十四届人民代表大会第五次会议批准。计划指标:至2015年,全县地区生产总值70.5亿元,年均增长12%以上;地方财政收入6.4亿元,年均增长13%以上;全社会固定资产年均投资率保持在60%以上,力争达到80%以上;城镇化率达到50%以上;城镇居民人均可支配收入和农村居民人均纯收入年均分别增长8%和13%以上;单位生产总值能耗和主要污染物排放总量继续下降,生态质量继续保持全省领先水平,人口自然增长率控制在6.5‰以内。发展重点:城镇化建设实施“小城大县”战略,推进县城西南、城东、城北3片开发,推进苔湖街改造。基础设施建设实施投资驱动战略,安排农林水、交通、能源保障,文教卫体、生态环境、集镇建设5大类155个建设项目,计划投资175亿元,启动十大民生工程建设,计划投资21.7亿元。经济发展构筑以现代农业为基础、生态工业为支撑、现代服务业为主导的现代产业体系,培育农业主导产业示范区5个、粮食功能区28个,建设水果、茶叶等精品园40个;开发百丈漈、整合提升巨屿工业基地,扶持来料、农产品、旅游产品加工业;加快发展服务业。发挥在外文成人资源优势,创新招商方式,利用内资25亿元以上。因地制宜培育经济强镇、文化名镇、特色城镇,推进美丽乡村建设,把县域建设成为生产发展、生活富裕、生态良好的宜游宜居生态小康县。

专项规划执行

是指专项规划经过上级批准以后,编制部门及时对规划的主要目标和任务进行分解,明确责任,保障规划的实施落到实处。专项规划实施过程中,编制部门加强跟踪监测,适时对实施情况进行评估,并向审批机关提交评估报告。为了确保规划编制质量及顺利实施,专项规划经评估或者因其他原因需要进行修订的,编制部

门要将修订后的规划报原审批机关批准。规划期十年及以上的,定期进行滚动修订,

"十一五"期间,面对国际金融危机带来的宏观环境重大变化,面对发展中资源环境制约加剧、社会矛盾增多等种种压力,全县上下认真贯彻落实科学发展观,奋力克难攻坚,不断开拓创新,保持了全县经济较快发展和社会和谐稳定。规划确定的20个主要指标,除工业总产值、外贸出口总额等外,多数指标顺利完成。

文成县"十一五"规划主要经济社会指标完成情况一览表

表18-1

序号	指标名称	单位	2010年规划目标值	2010年实现指标	完成比率%
1	地区生产总值	万元	380000	405163	106.62
2	人均生产总值	元	10000	10803	108.03
	工业生产总产值	万元	500000	319801	63.96
	农业生产总产值	万元	52300	67253	128.59
3	财政总收入	万元	36600	47378	129.45
	地方财政收入	万元	21300	34822	163.48
4	全社会固定资产投资	万元	170000	207788	122.22
	五年累计投资总额	万元	600000	774860	129.14
5	社会消费品零售总额	万元	160000	189380	118.36
6	外贸出口额	万美元	6200	3053	49.24
7	初中升高中率	%	85以上	96.8	113.88
8	千人口拥有医生数	人	1.62	0.94	58.02
9	城镇居民可支配收入	元	17200	18326	106.55
10	农村居民人均纯收入	元	5100	6158	120.75
11	人口出生率	‰	11.5	18.1	157.39
12	总人口	万人	37.76	37.64	97.03
13	城市化率	%	38	34	89.47

说明:数据资料来自《文成统计年鉴2011》

第二章 统 计

1978年中共十一届三中全会以后，国家实施改革开放政策，全县国民经济和社会建设迅速发展，统计工作也被越来越重视。通过统计调查，搜集和整理并提供统计基础资料，对国民经济和社会发展情况进行统计分析、统计预测和统计监督，并服务于国民经济建设和社会发展。1991—2011年，全县统计实现从单一的全面统计到主要指标的抽样调查，从产品实物量统计到价值量指标计算，从相对独立的专业统计到新国民经济核算体系的转换。

第一节 机构沿革

县统计局

1953年4月，县计划经济委员会设立县统计科，负责全县统计管理。1954年5月改称为计划统计科，1963年6月改设为县统计局，1964年12月撤销县统计局。1977年4月，县计划委员会计划统计组设立。1980年3月统计科复设。1984年3月，县统计局复置，局内设综合股和农业股。1993年11月，县统计局增设办公室。1997年，县统计局内设办公室、综合农业科和工贸科。2000年，增设纪检监察室（挂靠办公室），增设普查办公室和计算机机房。2002年1月，县统计局与县发展计划局（粮食局）合署办公，设统计业务科（普查中心）1个。2004年9月，建立县统计普查中心、县社会经济调查队等事业单位2个，2005年10月，县统计局作为主管全县统计工作的政府组成部门从县发改局分离出来，内设办公室、法规社会统计科和产业统计科等科室3个，下辖社会经济调查队和统计普查中心等事业单位2个。2009年11月，增设统计执法稽查大队，2011年10月，增设投资统计科（行政科室）。2011年年底，全局行政人员编制9名、事业人员编制15名，实有干部职工21人（含临时工4人）。其中，拥有高级统计师资格1人、中级统计师资格2人，具备本科以上学历7人、专科学历12人。

乡镇统计机构

1992年，全县撤区扩镇并乡后，35个乡镇没有建立乡镇统计站，没有固定统计人员，给统计工作带来被动。1996年，全县35个乡镇均确定统计负责人和兼职统计人员。1997年，全县行政单位、行业主管部门、重点企业均配备专职或兼职统计人员。

2003年，健全33个乡镇统计机构，落实乡镇一、二、三产业统计人员。2004年，全县33个乡镇督促成立统计工作办公室，挂牌和落实具体统计工作人员。

2006年，13个撤并乡镇专职统计员人员编制13人，其他乡镇配备兼职统计员，实现全县乡镇专职统计员零的突破。2008年，13个撤并乡镇专职统计员到岗到位，同时大峃镇新增专职统计员人员编制1人。

2011年，全县行政区划调整，各镇设置统计站（统计信息中心），落实乡镇统计员人员编制30人。

第二节 常规统计

1991年,按照统计制度规定,通过布置、收集基层统计调查单位相关统计报表,汇总上报年度、季度、月度国民经济数据资料,翔实反映国内生产总值、农业总产值、工业总产值、社会消费品零售额、固定资产投资额、职工年平均工资和农村居民人均纯收入等主要经济指标完成情况。至2011年,相继增加其他服务业(1995年开始)、科技(1996年开始)、建筑业(1998年开始)、城镇住户(2006年开始)等统计调查,常规报表统计主要有:综合统计、农林牧渔业统计(包括规模畜牧抽样调查)、工业统计(包括规上工业统计、规下工业抽样调查和工业品价格统计)、建筑业统计、房地产开发统计、商贸业统计、其他服务业统计、固定资产投资统计、能源统计、科技统计、劳动统计、城镇和农村住户调查等。统计制度适应社会经济发展的客观要求不断改革,常规统计调查项目、口径、内容和方式等也随着相应变化。

综合统计

1981年,综合统计的内容主要是地理位置、气候、人口、土地面积、全社会总产值和国民收入,及农业、工业、建筑业、邮电业、商业、饮食业总产值和净产值。1983年,增加种植业、林业、牧业、渔业、副业构成情况的统计。1984年,增加国民经济和社会发展的基本情况综合指标统计。1989年,增加计划生育综合率情况。1990年,增加国内生产总值和一、二、三产业等内容统计。1993年,国内生产总值开始全面分行业核算。2004年,温州市开始执行GDP(地区生产总值)统一核算制度,县统计局承担GDP核算基础指标数据搜集、审核及报送工作。

1991—2011年文成县人口状况一览表

表18-2　　单位:万人

年份	年底总人口	按性别分		按农业非农业分		人口出生率(‰)	人口死亡率(‰)	人口自然增长率(‰)
		男	女	农业	非农业			
1991	36.49	19.98	16.51	34.30	2.19	10.40	4.30	6.10
1992	36.66	20.06	16.60	34.46	2.20	10.50	4.20	6.30
1993	36.87	20.17	16.70	34.63	2.24	11.70	4.30	7.40
1994	37.03	20.24	16.79	34.79	2.24	11.60	4.60	7.00
1995	36.84	20.12	16.72	34.55	2.29	11.76	4.87	6.89
1996	37.04	20.22	16.82	34.74	2.30	14.64	4.68	9.96
1997	37.17	20.24	16.93	34.81	2.36	11.88	4.46	7.42
1998	37.00	20.14	16.86	34.61	2.39	17.81	4.35	13.46
1999	37.25	20.18	17.07	34.81	2.44	22.87	4.91	17.96
2000	37.24	20.04	17.20	34.67	2.57	42.49	5.57	36.92
2001	37.16	19.97	17.19	34.56	2.60	11.67	4.03	7.64
2002	36.80	19.74	17.06	34.13	2.67	10.35	5.30	5.05
2003	36.36	19.52	16.84	33.53	2.83	19.18	5.51	13.67
2004	36.33	19.51	16.82	33.41	2.92	12.23	5.13	7.10
2005	36.47	19.57	16.90	33.47	3.00	13.20	5.18	8.02

续表 18-2

年份	年底总人口	按性别分		按农业非农业分		人口出生率(‰)	人口死亡率(‰)	人口自然增长率(‰)
		男	女	农业	非农业			
2006	36.67	19.66	17.01	33.57	3.10	12.58	4.35	8.23
2007	36.93	19.78	17.15	33.73	3.20	14.77	4.85	9.92
2008	37.20	19.89	17.31	33.90	3.30	13.11	5.18	7.92
2009	37.37	19.95	17.42	34.01	3.36	11.15	6.37	4.78
2010	37.64	20.01	17.62	34.24	3.40	18.12	12.92	5.20
2011	38.65	20.51	18.14	35.11	3.54	28.11	5.67	22.45

说明:数据资料来自于《文成统计年鉴》

1991—2011年文成县国民经济主要指标一览表

表 18-3 单位:万元

年份	全县地区生产总值	人均生产总值(元)	粮食总产量(吨)	农业总产值	工业总产值	固定资产投资	公共财政预算收入	公共财政预算支出
1991	22889	629	73215	15431	8391	5987	831	4389
1992	27830	761	70425	17397	11447	7234	1005	4537
1993	37268	1014	70247	19223	20526	16518	1462	5195
1994	50925	1378	65939	23527	26743	20347	919	7050
1995	63750	1726	73102	35081	34711	24564	1956	8725
1996	75159	2035	79479	35635	44751	23285	2304	10312
1997	90236	2432	77768	38094	58338	32607	2635	12691
1998	94438	2546	78996	35766	59003	37969	3252	13857
1999	102287	2755	78850	37666	53883	43660	4374	16274
2000	113146	3038	70852	37409	60501	36045	5249	18372
2001	124412	3345	65593	40822	69398	37009	6976	25039
2002	138427	3743	62105	38893	74666	47466	8518	31242
2003	156204	4270	58802	40736	88209	55968	9172	32131
2004	176172	4848	57500	43960	115591	64492	9682	37252
2005	200473	5507	53801	42973	144132	66874	12107	43977
2006	234297	6407	57323	35524	194478	103978	15355	60334
2007	275612	7490	52555	39581	268756	133750	19057	72311
2008	321118	8664	53338	45381	295240	144081	23231	86909
2009	353088	9470	58024	54504	295703	185263	26770	109191
2010	404906	10796	61554	67253	319801	207788	34822	146990
2011	483071	12665	63752	81237	372563	341821	47375	206282

说明:数据资料来自于《文成统计年鉴》

1991—2011年文成县地区生产总值发展指数和结构一览表

表18-4　　单位:万元

年份	生产总值发展指数					生产总值结构				
	地区生产总值	第一产业	第二产业	工业	第三产业	生产总值	第一产业	第二产业	工业	第三产业
1991	109.4	122.1	79.9	—	109.6	100	53.6	15.9	9.9	30.4
1992	108.5	103.1	143.4	116.7	100.2	100	50.6	20.9	10.1	28.5
1993	114.2	85.3	128.6	162.7	158.4	100	38.2	25.0	14.9	36.8
1994	108.8	89.7	128.8	121.5	116.3	100	34.3	27.2	15.5	38.4
1995	110.6	113.8	104.8	108.7	112.0	100	35.1	25.0	15.1	40.0
1996	110.9	103.5	119.6	128.5	111.3	100	32.1	26.0	17.3	41.9
1997	119.9	107.2	122.6	125.8	127.5	100	27.6	25.4	17.0	47.0
1998	110.7	93.3	106.0	103.8	124.6	100	24.2	24.9	16.1	50.9
1999	109.0	106.8	106.5	99.0	111.5	100	23.9	24.6	14.7	51.5
2000	109.9	102.0	111.9	116.3	112.5	100	22.5	24.4	15.3	53.1
2001	111.2	109.2	116.0	123.2	109.8	100	23.0	24.9	16.2	52.0
2002	111.2	103.8	109.1	113.6	115.3	100	20.6	24.3	16.0	55.1
2003	111.8	103.4	109.9	117.1	115.9	100	18.8	24.1	17.4	57.0
2004	110.2	103.8	108.8	111.6	113.0	100	17.7	24.0	17.6	58.3
2005	111.8	93.6	125.1	136.0	111.7	100	15.4	26.5	21.4	58.1
2006	115.3	100.7	131.1	131.0	112.0	100	13.4	30.1	24.3	56.5
2007	116.1	100.1	128.7	129.7	113.3	100	9.6	33.7	27.2	56.7
2008	110.6	100.5	108.7	109.7	114.0	100	9.2	33.0	26.6	57.7
2009	110.6	109.9	110.9	108.4	110.6	100	10.3	32.9	25.5	56.8
2010	110.5	107.6	110.4	107.1	111.0	100	11.1	32.4	23.8	56.6
2011	110.9	104.4	112.1	109.1	111.4	100	11.1	33.5	23.7	55.4

说明:以上年为100统计。资料来自于《文成统计年鉴》

农业统计

2002年开始,将农林牧渔业产值中农业项中的"农民家庭兼营工业"产值,划归为工业产值。2007—2011年,畜牧业调查承担生猪、牛、羊、家禽生产情况等4项抽样调查任务。

1991—2011年文成县农林牧渔业总产值一览表

表18-5　　单位:万元

年份	农林牧渔业总产值	发展速度(上年=100)	年份	农林牧渔业总产值	发展速度(上年=100)
1991	15431	135.5	1997	38094	101.6
1992	17397	102.4	1998	35766	100.1
1993	19223	101.5	1999	37666	105.2
1994	23527	95.7	2000	37409	97.9
1995	35081	104.7	2001	40822	115.3
1996	35635	106.9	2002	38893	92.7

续表18-5

年份	农林牧渔业总产值	发展速度(上年=100)	年份	农林牧渔业总产值	发展速度(上年=100)
2003	40736	101.3	2008	45381	104.5
2004	43960	106.0	2009	54504	110.0
2005	42973	99.5	2010	67253	107.7
2006	35524	103.7	2011	81237	102.7
2007	39581	102.4	—	—	—

说明:数据资料来自于《文成统计年鉴》

工业统计

1981年,主要统计全民、集体、私营、个体工业企业数与职工人数、工业总产值和分行业产值等内容。1985年,增加工业企业主要指标内容。1990年,增加城乡合作经营企业、个体企业各项主要指标。1991—1997年,工业统计范围包含全部企业。1998年,工业统计分为规模以上工业企业和规模以下工业企业,其中规模以上工业企业是指全部国有及年主营业务收入达到500万元及以上的非国有工业法人企业,采用全面调查方式;规模以下工业企业指年主营业务收入500万元以下的非国有工业企业和全部个体经营工业单位,采用抽样调查方式。2003年,规模以上工业企业统计报表开始以电子直报的方式报送。至2005年,规模以上工业企业全面采用网上直报方式统计。2007年,规模以上工业统计范围调整为年主营业务收入达到500万元及以上的工业法人企业;规模以下工业统计范围调整为年主营业务收入500万元以下的工业企业和全部个体经营工业单位。2011年开始,规模以上工业起点标准提高到年主营业务收入2000万元;规模以下工业企业和单位统计标准也相应调整为年主营业务收入2000万元以下。

1991—2011年文成县工业总产值一览表

表18-6　　单位:万元

年份	工业总产值	规模以上	总产值发展指数(以上年为100)
1991	8391	—	102.0
1992	11447	—	136.4
1993	20526	—	179.3
1994	26743	—	130.3
1995	34711	—	129.8
1996	44751	—	128.9
1997	58338	—	130.4
1998	59003	19407	101.1
1999	53883	13940	91.3
2000	60501	16748	112.3
2001	69398	22297	114.7
2002	74666	23125	107.6
2003	88209	31448	118.1
2004	115591	47899	131.0
2005	144132	77659	124.7
2006	194478	145178	134.9
2007	268756	208897	138.2
2008	295240	232104	109.9

续表18-6

年份	工业总产值	规模以上	总产值发展指数(以上年为100)
2009	295703	224965	100.2
2010	319801	239606	108.1
2011	372563	246506	116.5

说明:数据资料来自于《文成统计年鉴》

建筑业统计

1998年开始,增加建筑业统计专业,统计内容包括企业活动单位基本情况、生产情况、财务状况、房屋建筑完成情况及劳务分包建筑业企业生产经营情况。2004年开始,对建筑业进行季度统计。2005—2011年,实行网上直报方式报送统计报表。

2005—2011年文成县资质建筑业产值一览表

表18-7 单位:万元

年份	资质建筑业产值	发展速度(以上年为100)	年份	资质建筑业产值	发展速度(以上年为100)
2005	52339	132.6	2009	78105	123.8
2006	53742	102.7	2010	82299	105.4
2007	58842	109.5	2011	92501	112.4
2008	63073	107.2			

说明:数据资料来自于《文成统计年鉴》

商贸统计

1983年,统计国营、供销合作商业经济效益主要指标、各类社会消费品零售量及金额。1993年,实行全社会统计,新增批发零售贸易业商品销售,库存总额、总量、分类情况及财务状况;商业流转和物资流转合并为大流通统计指标体系,通称为批发零售贸易业统计。1994年,商品流转报表的执行范围,扩大至除个体户以外的批发零售贸易企业。2010年,社会消费品零售总额指标体系改革,不再包括其他行业附营的消费品零售额。

1991—2011年文成县社会消费品零售总额一览表

表18-8

年份	社会消费品零售总额(万元)	发展速度(以上年为100)	年份	社会消费品零售总额(万元)	发展速度(以上年为100)
1991	9701	112.7	2002	63180	108.9
1992	13169	135.7	2003	69486	110.0
1993	18144	137.8	2004	78643	113.2
1994	26455	145.8	2005	87182	110.9
1995	28373	107.3	2006	100120	114.8
1996	34878	122.9	2007	115301	115.2
1997	48140	138.0	2008	133709	116.0
1998	47755	99.2	2009	162094	121.2
1999	48518	101.6	2010	189380	116.8
2000	51890	106.9	2011	226587	119.6
2001	58016	111.8			

说明:数据资料来自于《文成统计年鉴》

其他服务业统计

1995年,开始统计范围包括第三产业中除批发和零售业、住宿和餐饮业、房地产业以外的交通运输仓储邮政业、信息传输计算机服务和软件业、金融业、租赁和商务服务业、科学研究技能服务和地质勘查业、水利环境和公共设施管理业、居民服务和其他服务业、教育及卫生社会保障和社会福利业、文化体育和娱乐业、公共管理和社会组织以及国际组织等门类12个。

2006—2011年,服务业统计范围包括13个门类:即交通运输、仓储和邮政业,信息传输、软件和信息技术服务业,金融业,房地产业,租赁和商务服务业,科学研究和技术服务业,水利、环境和公共设施管理业,居民服务、修理和其他服务业,教育;卫生和社会工作,文化、体育和娱乐业,公共管理、社会保障和社会组织,国际组织。服务业统计调查以经济普查为基础,以全面报表和抽样调查为主体,对限额以上单位实施全数调查,对限额以下单位和个体经营户实施抽样调查。

2006—2011年文成县其他服务业增加值一览表

表18-9　　单位:万元

年份	其他服务业增加值	年份	其他服务业增加值
2006	55238	2009	74718
2007	62463	2010	89538
2008	70820	2011	102641

说明:本表其他服务业增加值涉及门类为:信息传输、软件和信息技术服务业,租赁和商务服务业,科学研究和技术服务业,水利、环境和公共设施管理业,居民服务、修理和其他服务业,教育,卫生和社会工作,文化、体育和娱乐业,公共管理、社会保障和社会组织,国际组织。数据资料来自于《文成统计年鉴》

固定资产投资统计

1981年,主要统计基本建设投资情况、新增固定资产、建筑面积和房产价值等内容。1984年,增加统计全民零星基建、集镇集体单位及集镇私人建房情况。1985年,增加农村私人投资情况。1991年,增加全社会固定资产投资情况。至2005年,投资统计包括固定资产投资统计基层标准表,限额以下农村非农户固定资产完成情况参考表,农村建房投资情况,房地产开发企业财务状况,房地产开发企业投资、资金和土地情况,房地产开发企业施工、销售和空置情况,房地产物业管理企业情况。2011年,固定资产投资统计范围从计划总投资50万元及以上调整为500万元及以上;将投资项目信息纳入储备库管理系统,加强项目设计、立项、开工和竣工等过程跟踪监督。

1991—2011年文成县固定资产投资一览表

表18-10　　单位:万元

年份	固定资产投资总额	国有单位投资	房地产投资	发展速度(上年=100)
1991	5987	1586	67	96.5
1992	7234	2346	34	120.8
1993	16518	5410	151	228.3
1994	20347	5011	—	123.2
1995	24564	7280	—	120.7

续表18-10

年份	固定资产投资总额	国有单位投资	房地产投资	发展速度(上年=100)
1996	23285	7373	—	94.8
1997	32607	9517	77	140
1998	37969	19936	310	116.4
1999	43660	21670	5913	115
2000	36045	15563	3581	82.6
2001	37009	18856	6399	102.7
2002	47466	19772	3178	128.3
2003	55968	17753	7520	117.9
2004	64492	30384	8368	115.2
2005	66874	30774	2547	103.7
2006	103978	41102	13137	155.5
2007	133750	31829	25864	128.6
2008	144081	25254	17310	107.7
2009	185263	55998	31910	128.6
2010	207788	83929	46965	112.2
2011	341821	118074	35827	164.5

说明:数据资料来自于《文成统计年鉴》

能源统计

1991年,开展“双增双节”节能降耗工作,增强节能降耗形势统计监测预警。2000年,对国有及销售500万元以上工业企业的能源购进、消耗及库存综合情况进行统计。2006年开始,能源统计调查范围由规上工业企业扩大到规下工业企业、资质建筑企业和限额以上住宿餐饮企业,建立全社会能源消耗统计制度,扩大能源统计范围、完善能源统计方法,每半年核算1次。2007年5月,将重点用能月度监测范围从省定的年耗能5000吨标准煤及以上扩大到3000吨标准煤及以上。同年10月,将能源统计纳入统计规范化建设。

2006—2011年文成县能源消耗情况一览表

表18-11

年份	单位GDP能耗(吨标准煤/万元)	单位GDP能耗降低率(%)	规上工业企业增加值能耗降低率(%)	单位GDP电耗降低率(%)
2006	0.65	-4.70	—	-18.20
2007	0.64	0.10	11.00	-2.50
2008	0.58	9.70	16.40	11.20
2009	0.52	10.50	17.30	26.30
2010	0.49	6.00	21.70	-5.60
2011	0.43	2.00	-1.50	-5.50

说明:数据资料来自于《文成统计年鉴》

科技统计

1996年,开展科技进步统计监测评价工作。1998年设立科技统计制度,反映企业(单位)科技活动情况,包括科技活动经费投入与支出、科技活动机构、科技活动人员、科技活动成果等指标。1991—2011年,全县开展科技清查2次,第一次全社会R&D资源清查的标准时点为2000年12月31日,时期资料为2000年1月1日至12

月31日，清查单位为具有法人资格的企业、事业、机关（社会团体）；第二次全国R&D资源清查的标准时点为2009年12月31日，时期资料为2009年1月1日至12月31日，清查对象是国民经济中R&D活动相对密集行业的法人单位。

2005—2011年文成县科技投入情况一览表

表18-12

年份	科技投入（万元）	其中：研究与试验发展（万元）	年份	科技投入（万元）	其中：研究与试验发展（万元）
2005	921	348	2009	2384	1422
2006	1374	466	2010	3588	2315
2007	1763	899	2011	2368	1732
2008	2184	1140	—	—	—

说明：数据资料来自于《文成统计年鉴》

劳动情况统计

1981年，统计全民所有制及集体所有制职工、工资及劳动生产率情况。1990年，劳动工资统计范围扩展到全民、集体和其他所有制等经济单位。2001年，年报统计范围由18个行业扩大到24个行业。2008年，实施劳动工资统计报表制度改革。

1991—2011年文成县职工人数与工资情况一览表

表18-13

年份	职工人数（万人）	职工工资总额（万元）	职工平均工资（元）
1991	1.42	2238	1872
1992	1.36	3102	2338
1993	1.45	4182	3029
1994	1.55	6190	4218
1995	1.53	7163	4834
1996	1.53	8314	5707
1997	1.51	9961	6951
1998	1.53	11524	7960
1999	1.50	12514	8795
2000	1.41	14080	9818
2001	1.49	16563	11992
2002	1.32	20103	15798
2003	1.19	21675	18373
2004	1.23	26324	21241
2005	1.18	28390	24129
2006	1.17	31346	27132
2007	1.59	40826	28275
2008	1.58	45989	33858
2009	1.79	49334	37473
2010	1.67	53700	41241
2011	1.96	67716	44791

说明：数据资料来自于《文成统计年鉴》

住户调查

1991年,开展农村住户调查,主要包括农村住户基本情况,农业生产、产品出售情况,农村住户收入、支出及消费情况,农村住户购买商品及对主要商品需求量情况,农村住户食品消费和营养情况,农村住户价格调查等。2006年开始,为满足领导决策与社会各界需要,开展城镇居民住户调查,主要包括城镇住户基本情况、城镇住户现金收支情况和城镇住户消费支出情况等。

1991—2011年文成县农村居民生活水平一览表

表18-14

年份	人均纯收入(元)	人均纯收入指数(去年为100)	人均消费性支出(元)	#食品(元)	恩格尔系数	人均居住面积(平方米)
1991	568	109	480	321	66.87	19.5
1992	644	113	615	357	58.04	24.3
1993	711	110	554	344	62.09	23.4
1994	1084	152	851	553	64.98	26.9
1995	1457	135	1576	1035	65.67	23.7
1996	1677	115	1617	1062	65.67	27.5
1997	1825	109	1846	1111	60.18	30.0
1998	2090	115	1812	1232	67.99	32.2
1999	2102	101	1551	959	61.83	29.5
2000	2130	101	1714	950	55.42	36.5
2001	2324	109	1820	955	52.47	32.8
2002	2547	110	1919	982	51.17	38.8
2003	2734	107	1917	1050	54.77	38.8
2004	2990	109	2020	1096	49.72	38.1
2005	3184	106	2150	1069	49.72	39.4
2006	3604	113	2688	1271	47.28	43.5
2007	4185	116	3177	1493	46.99	45.3
2008	4761	114	3533	1693	47.91	45.9
2009	5312	112	3552	1695	47.71	46.9
2010	6158	116	3920	1835	46.81	52.0
2011	7435	121	5521	2645	47.90	59.5

说明:数据资料来自于《文成统计年鉴》

2005—2011年文成县城镇居民生活水平一览表

表18-15

年份	人均可支配收入(元)	人均可支配收入指数(上年=100)	人均消费性支出(元)	#食品(元)	恩格尔系数	人均住房建筑面积(平方米)
2005	12234	—	—	—	—	44.0
2006	12802	105	6733	2906	43.16	44.7
2007	13838	108	8449	3937	46.59	50.9
2008	15277	110	10054	4774	47.48	52.0
2009	16853	110	10643	4458	41.88	50.9
2010	18326	109	11603	5461	47.06	46.8
2011	20810	114	12923	6302	48.76	47.2

说明:数据资料来自于《文成统计年鉴》

第三节 普查与专项调查

1994年,县统计局对基本单位普查5年1次外,其他普查10年1次。其中基本单位普查逢1、6年份进行,人口普查逢零年份进行,第三产业普查逢3年份进行,工业普查逢5年份进行,农业普查逢7年份进行。2003年8月,县统计局根据国家统计局、国家发改委、财政部下发《关于调整国家普查项目和周期安排的通知》,将周期性普查由每10年5项6次普查调整为每10年3项4次普查,分别为逢0年份开展人口普查、逢3和8年份开展经济普查、逢6年份开展农业普查。同时,承接国家、省、市和县布置的各项抽样调查。

农业普查

第一次农业普查 以农业生产要素的普查为基础内容,同时全面了解农村经济和社会发展的基本情况。普查对象为全县范围内各种类型的农业生产经营单位、农村住户、乡镇企业、行政村和乡镇,共有38个调查项目、687个指标。普查时点标准是1996年12月31日,时期标准是1996年1月1日至12月31日。全县、乡镇和村建立农普机构,选调培训普查人员1200余人,对全县7.43万户农户、571个行政村、35个乡镇、70个非农村住户类农业生产经营单位和270家非农乡镇企业,进行逐个查点和填报。

文成县第一次全国农业普查数据一览表

表18-16

指标名称	计量单位	总量	指标名称	计量单位	总量
农村户数	万户	8.04	茶园面积(农业用地)	万亩	0.22
#生产经营	万户	7.43	果园面积(农业用地)	万亩	1.48
农村人口	万人	32.19	有林地面积(农业用地)	万亩	46.33
#生产经营户从业人员	万人	20.14	渔业养殖面积(农业用地)	万亩	0.82
农业从业人员	万人	8.87	农作物种植面积	万亩	16.66
耕地面积(农业用地)	万亩	12.51	#粮食种植面积	万亩	14.25
#水田	万亩	8.60	—	—	—

说明:数据资料来自于《文成统计年鉴》

第二次农业普查 主要是为查清农业、农村和农民的发展变化情况,掌握农业生产、农田水利和农村基础设施建设、农村劳动力转移等方面的基本信息,为研究确定经济发展战略和规划,制定经济社会政策提供依据。普查对象为全县区域范围内的农村住户、城镇农业生产经营户、农业生产经营单位、村民委员会和乡镇人民政府。普查标准时点是2006年12月31日,时期资料为2006年度。2006年和2007年先后组织实施普查机构组建、划区绘图、业务培训、清查摸底、入户登记、报表审核、编码录入和数据评估等环节工作,完成普查登记对象55542户、199885人,农业生产经营单位51个,产业活动单位213个,涉及报表10种99986张。

文成县第二次全国农业普查数据一览表

表18-17

项　目	计量单位	总量	项　目	计量单位	总量
一、农村登记户数			四、农村住户从业人员		
总　计	万户	5.55	#第一产业	万人	4.89
#家庭户	万户	5.52	第二产业	万人	2.97
常住户	万户	5.49	第三产业	万人	4.92
农业生产经营户	万户	4.21	五、农村住户从业人员受教育程度		
二、农村登记人口			大专及以上	万人	0.34
总　计	万人	19.99	高　中	万人	0.65
#家庭户	万人	19.36	初　中	万人	5.35
常住户人口	万人	19.25	小　学	万人	4.89
农业生产经营户人口	万人	15.25	未上学	万人	1.54
三、农村年末居住人口			六、农业生产经营情况		
总　计	万人	14.85	农产品销售总收入	万元	11561
#家庭户	万人	14.22	#农作物种植业	万元	5506
常住户	万人	14.13	农作物露地播种面积	万亩	12.09
农业生产经营户	万人	10.69	#粮食	万亩	7.73

说明:数据资料来自于《文成统计年鉴》

工业普查

1995年,进行第三次全国工业普查,普查本年全部工业企业,重点是国有企业、乡镇企业和外商投资企业,包括生产、销售、库存和成本、费用、价格、盈利情况,资产负债状况及其构成,生产能力利用及技术装备等情况。普查结果表明,自1985年第二次工业普查以来,全县工业经济总量规模显著扩大,发展水平明显提高。

文成县第三次全国工业普查全部工业企业和生产单位主要数据一览表

表18-18

项目	工业企业和生产单位数(个)	工业总产值(万元)(当年价格新规定)	年末从业人员(人)
总计	870	34711	9905
总计中:国有工业	26	7920	1810
集体工业	196	17632	4101
私营工业	26	1774	284
个体工业	618	5940	3539
总计中:轻工业	393	14462	4129
重工业	477	20249	5776

说明:数据资料来自于《文成统计年鉴》

第三产业普查

1993年，开展首次全国第三产业普查，普查年度为1991年和1992年。普查范围为全县所有的第三产业（包括各种经济类型）企业、事业、行政单位和社会团体。

全国第三产业普查文成县概况一览表

表18-19

行业类别	增加值（万元）		行业类别	增加值（万元）	
	1991年	1992年		1991年	1992年
#交通运输、仓储及邮电通信业	416	418	教育、文化艺术及广播电影电视业	1036	1157
批发和零售贸易、餐饮业	232	433	国家机关、党政机关和社会团体	1230	1397
金融、保险业	773	863	#国有经济	3749	4356
房地产业	704	1025	集体经济	583	695
卫生、体育和社会福利业	295	364	个体经济	4211	5139

说明：数据资料来自于《文成统计年鉴》

经济普查

主要目的是为全面掌握文成县第二产业和第三产业的发展规模、结构和效益等信息，建立覆盖国民经济各个行业的基本单位名录库及数据库系统等。普查对象是文成境内从事第二产业、第三产业的全部法人单位、产业活动单位和个体经营户。普查主要内容包括单位基本属性、从业人员、财务状况、生产经营情况、生产能力、能源消耗、科技活动情况等。第一次经济普查的标准时点为2004年12月31日，时期资料为2004年度。第二次经济普查的标准时点是2008年12月31日，时期资料为2008年度。

文成县第一次、第二次全国经济普查第二、第三产业数据一览表

表18-20

指标名称	计量单位	第一次经济普查	第二次经济普查
法人单位	个	1229	1428
#企业	个	408	503
事业、机关	个	262	328
社会团体	个	45	56
其他	个	514	541
产业活动单位	个	1633	1832
个体经营户	户	8121	7582
就业人员	人	32840	38822
#法人单位	人	18956	24164
#大专以上学历	人	5696	9046
#企业	人	8339	12068
事业、机关	人	7686	8181
社会团体	人	149	267
其他	人	2782	3648
个体经营户	人	13884	14658

注：数据资料来自于《文成统计年鉴》

人口普查

文成县第五次、第六次全国人口普查均采取长、短表技术,抽出10%户填《普查表长表》,其余填《普查表短表》,普查表短表包括反映人口基本状况的项目,长表包括所有短表项目和人口的经济活动、婚姻家庭、生育和住房等情况的项目。第五次、第六次人口普查的标准时点,分别为2000年11月1日0时、2010年11月1日0时。第六次人口普查首次将中国境内的境外人员作为普查对象。

文成县第五次、第六次全国人口普查数据一览表

表18-21

项　目	计量单位	第五次人口普查	第六次人口普查
一、户数(常住)	万户	8.54	8.23
#家庭户	万户	8.47	8.11
家庭户规模	人/户	3.08	2.54
二、人口(常住)	万人	26.49	21.21
#男	万人	14.14	11.07
性别比(女=100)	—	114.51	109.16
人口自然增长率	‰	6.67	3.77
城镇人口比重	%	29.93	39.56
三、少数民族人口	万人	0.97	0.75
占总人口比重	%	3.64	3.56
四、受教育程度	—	—	—
大专以上	万人	0.34	0.97
高中	万人	1.58	1.75
初中	万人	7.45	6.03
小学	万人	11.76	7.68
文盲(15岁及以上)	万人	2.69	2.87
五、年龄结构	—	—	—
0岁~4岁	万人	1.46	1.42
5岁~14岁	万人	4.56	2.24
15岁~59岁	万人	16.16	12.73
60岁及以上	万人	4.31	4.83
#65岁以上	万人	3.17	3.55
六、户籍管理人口(含户口待定)	万人	37.29	36.32

说明:数据资料来自于《文成统计年鉴》

基本单位普查

主要目的是查清全县各行业的单位底数,为观察和分析全县基本单位的地区、行业、经济类型分布与发展变化情况提供基本的统计信息。第一次基本单位普查对象为所有的法人单位及法人单位所附属的产业活动单位,标准时点为1996年12月31日。1996年,完成3000余个单位的登记。1997年进入扫尾阶段,圆满完成普查工作。第二次基本单位普查对象为全县范围内除农户和个体户以外的所有从事社会经济活动的法人单位和产业活动单位,标准时点为2001年12月31日。

人口抽样调查

除人口普查的年份外，每年被抽中为人口变动抽样调查样本点。在逢5的年份开展全国1%人口抽样调查；其他年份，2004年以前，每年开展1‰人口抽样调查，2006年年后调整为每年开展5‰人口抽样调查，以反映常住人口的流动变化趋势。

1‰和5‰人口抽样调查的标准时间为当年11月1日0时。调查以户为单位填报，既调查家庭户，也调查集体户。1‰人口抽样调查的对象，是常住在被抽中地区具有中华人民共和国国籍的人，调查采用按常住人口登记的原则。5‰人口抽样调查的对象，为抽中调查小区内具有中华人民共和国国籍的人，抽中调查小区内各户登记的人包括：当年10月31日晚居住在本户的人；户口在本户，当年10月31日晚未居住在本户的人。

1995年，全国1%人口抽样调查时点为1995年10月1日0时，完成对8000人的登记工作，调查摸清全县近5年来人口数量变动、区域分布、基本结构和居住环境等方面变化情况。2005年全国1%人口抽样调查时点为2005年11月1日0时，调查内容为住户基本情况和个人年龄、性别、受教育程度、职业、迁移流动、生育、社会保障、住房情况等指标。调查涉及6个乡镇的11个行政村，抽中调查小区12个，调查样本1827户6017人。

农村专项监测

欠发达乡(镇)农村居民纯收入调查 2002—2007年，建立并实施欠发达乡镇农民家庭纯收入统计调查制度，监测欠发达乡(镇)农村居民纯收入情况。全县33个乡镇有30个乡镇列入监测名单，2005年和2006年，全县分别有17个和29个监测乡镇的农民人均纯收入高于全国平均水平。

低收入农户奔小康统计监测调查 2008—2011年每年组织开展低收入农户奔小康统计监测调查工作，涉及低收入农户集中村138个，以及143个村低收入农户6000余户。每年的调查样本均有扩充调整，每年开展一次入户访问调查，准确及时掌握低收入农户和低收入农户集中村的发展状况。

民情民意调查及其他调查

2001年始，每年开展群众安全感调查。2002年始，每年开展工业品价格调查。2001和2002年，开展文成县居民住所接待入境旅游者调查。2002年、2003年和2005年，开展文成县信用状况调查。2006年，开展文成县中小企业信用调查。2003年和2005年，开展公安系统行风建设调查。2006年和2009年开展劳动力情况抽样调查。2009—2011年，连续开展文成县组织公信度调查。2009—2011年，连续开展杨梅生产情况调查。2010年始，每年实施粮食生产监测抽样调查。2011年始，开展茶叶生产情况调查。2007年和2008年，配合温州市统计局开展交通运输用油情况调查。2005年和2011年，开展人才抽样调查。2005年始，开展社会发展水平综合评价每年一监测工作，涉及人口与就业、经济发展、环境保护(生态环境)、科技与教育、卫生与文化、生活质量、社会保障与公平、公共安全等八个领域指标46项。2008年，全市修订后的社会发展综合评价指标体系包括人口发展、生活质量、公共服务、社会稳定和生态环境等五个领域指标40项。新指标体系增加一系列反映民生、关注和谐的指标，更好地体现和谐社会、科学发展的要求，满足社会发展动态需求。2009年始，实施每年1次环境综合统计。

2002年，开展规模户畜牧业生产、温州市外来人员素质、温州市10大轻工行业、浙江省体育产业、浙江省城镇户籍改革试点调查。2003年，开展物业管理和服务企业抽样调查、家电商场问卷调查。2006年，开展社会主义新农村建设和农产品加工调查。2007年，开展来料加工情况调查，配合市局开展标准厂房建设、资源环境和富民攻坚等调查，2008年，开展新型农村合作医疗、乡级换届选举问卷、农村法制建设情况等调查。2009年，开展软环境调查、城乡划分清查。2011年,开展宗教信仰、居民旅游消费,境外温州人等调查。此外,协同县妇女联合会开展妇女儿童统计监测。

第四节　统计基础建设

随着全县社会经济发展,统计工作的重要性愈显突出,乡镇统计队伍实现新突破,统计业务能力明显提升。1995年开始,统计名录库建设纳入统计工作重要议程。1997年,启动统计信息化建设。2007年开始,统计基层基础规范化建设有序推进。

业务建设

1991年开始,抓好日常调查业务和年报会议业务知识的普及培训,辅以专题培训和下基层多方位指导,统计业务建设多元化展开。1992—1996年,举办统计业务培训班15期,受训1000余人次;突出集中授课后的个别巩固指导、一对一座谈,梳理共性问题进行答疑解惑。1997年,举办业务培训班2期。2000年,第五次人口普查开始,组织普查讲师团,分赴乡镇进行分片培训与指导,及时解决基层普查过程中出现的问题,当好普查"一线老师"。

2001—2004年,组织统计业务专题培训班3次、蹲点指导活动3次,推进基层统计队伍素质建设;做好基础走访情况记录,对问题企业逐一回访跟踪。2005年,"统计法制和业务培训班"与"统计从业资格考试培训班"成功举办,对乡镇统计分管领导、综合统计员、重点企业法人代表及统计员进行全面培训,加强源头数据管理。2007—2009年,赴乡镇、企业着重开展"双基"建设情况调研指导;对未到访企业、数据异常企业开展专项指导活动。2009—2010年,开展工业、农业和商贸等专业统计业务培训40余期,受训人员1600余人次。2010年,利用短信、QQ群等网络平台,快捷、直观地对报表单位进行上报提醒、指标释疑答惑和远程协助等业务指导。2011年,为应对好全市投资热潮压力,集中开展重点项目建设现场入库统计业务指导以及项目建设推进情况查看工作;突出企业一套表联网直报工作指导,帮助解决基层统计联网直报的设备配置、业务操作及统计盲点等问题。

1992年,开始组织初级统计技术职称考试。1995年,要求统计专业人员持证上岗,组织中级统计技术职称考试。1997年,统计人员持有上岗证300余份,有统计人员70人参加中、初级技术职称考试。2006年,开展统计从业资格认定工作,并对2004年12月前已领取"统计上岗证"人员进行换证排查,对无证上岗人员进行清理登记,强化统计人员自身素质。2007年,组织开展统计从业人员继续教育175人次。2008—2010年,组织统计从业资格认定92人。2007—2011年,组织中、高级统计职称考试分别46人、14人。2007年,组织县统计局干部参加全市统计执法资格培训、考试,实施统计执法人员持证上岗制度,培养统计执法骨干力量。

统计名录库

1995年,统计单位登记制度建立和推行,在制定实施方案的基础上,通过电视视频宣传、标语张贴等多种形式广泛地宣传发动。1996年登记统计单位为422家,1997年增加至522家。1998年,统计单位登记增加了98家,统计单位年检500家。1999年,统计单位登记数增至1238家,年检单位464家,占应检单位的78.9%。2000年,完成年检单位1038家,年检率96.1%,其中清查单位561家,变更登记单位61家,新登记单位27家。2003年,做好12个主管部门单位统计名录库的完善、更新和维护工作,单月年检365家单位。2011年对2000余家单位进行基本信息核查,推进全县基本单位名录库建设,为"企业一套表"统计改革奠定基础。

统计信息化

1979年年前均用算盘统计，1980年开始使用袖珍计算器。1984年，购置第一台电子计算机及其他电子设备，年报启用微机录入和汇总，但算盘仍为统计人员主要运算工具。1996年年底，县统计局计算机3台、传真机1台。1997年，基本运用计算机进行数据处理存贮，并向上级业务主管部门报送电子资料，统计工作自动化建设有新进展。

2006年，完成乡镇VNP统计网络联网工作，文成县统计信息网正式开通，规模以上工业企业率先推行网上直报，资质建筑业、服务业和基本单位名录库等专业网上直报相继实施，为及时、便捷、准确的收集统计数据构建信息化平台。2009年争取专项经费20万元，落实33个乡镇统计专用电脑和打印机，提高乡镇统计工作效率。2011年，年报正式实施“企业一套表”调查制度。

统计规范化

1999年，为保持乡镇兼职统计队伍稳定，提高业务素质，县政府发出《关于进一步加强统计工作的通知》，规范和加强全县统计工作。2004年，出台《关于文成县统计改革工作实施意见》《文成县乡镇统计工作规程》，以规范乡镇统计活动行为，督促乡镇加紧落实统计基础建设措施，加快推进统计基础台账建设。

2007年，确定1个重点乡镇、3个村居和3家重点企业，作为全县首批统计基层基础规范化建设创建单位。2008年，印发《关于进一步加强统计基层基础建设工作的通知》，为全县铺开统计基层基础强化年活动。2009年，全县33个乡镇和所有规模以上工业企业全部纳入创建对象，并于年底分组分片进行考核，深入推进统计基层基础建设巩固年活动，统计基层基础规范化建设取得较大突破。

2010年启动新一轮统计基层基础建设。结合县情制定《关于开展新一轮统计基层基础建设活动的实施方案》《2010年文成县统计基层基础建设“提高年”工作进度安排表》，印发《文成县新一轮统计基层基础建设活动复评验收标准》，对统计档案规范化建设、基层名录库建设、数据质量监管评价体系、依法统计与依法执法和统计人员教育培训机制等做进一步完善。其间，建立并完善《乡镇统计工作规程》《统计资料管理办法》《出具统计数据证明工作制度》《统计调查工作制度》等规章制度。

2011年，规范统计流程，加强统计业务培训，先后开展投资、工业、能源、农业、商贸、劳动情况等专业统计业务培训20余期，受训人员1000余人次。开展统计从业资格认证，提升统计人员业务素质。

第五节 统计监督与宣传

1991—2011年，通过统计法制宣传、统计检查，强化全民特别是领导干部和统计人员法制意识，统计执法水平得到不断提高，全县统计环境和秩序明显好转。通过统计数据公开、统计分析报告和统计考核服务等手段做好统计工作，为社会经济建设献计献策，发挥统计部门综合职能作用。

法制宣传

1990年5月，省政府第21号公告发布《浙江省统计工作监督管理条例》，文成县1990年7月1日起施行。1994年12月，省政府以第25号公告发布实施《关于修改〈浙江省统计工作监督管理条例〉的决定》，经过修改的《条例》共27条。根据《条例》修改重点，县域统计调查中有针对性地加强宣传：“胁迫、授意他人提供不真实统计资料的”“因玩忽职守造成错报、漏报统计资料的”“逾期不办理统计登记变更、注销统计登记手续的”“违反规定,任用未取得《统计证》的人员担任专业的统计工作,经指出不纠正的”均可以对有关领导或直接责任人员处罚,而且提高罚款的额度。

1997年,通过资料印发、入企检查、悬挂横幅、张贴标语和县有线电视台播放宣传口号等形式,宣传和贯彻执行1996年5月15日新修改的《中华人民共和国统计法》及其他统计法规制度。1998年,编发简报2期,电台报道2次,发放宣传资料500余份,宣传和贯彻执行《中共中央办公厅、国务院办公厅〈关于坚决反对和制止在统计上弄虚作假的通知〉》及其他统计法规。2000年,是新《统计法实施细则》颁发实施第一年,县政府宣传窗专题刊登《统计法实施细则》内容,配合市统计局组织统计法制知识竞赛,下发2000余份。2001年,组织《浙江省统计工作监督管理条例》颁发实施宣传年活动,并在“12·4”全国法制宣传日开展依法统计广场宣传活动。2002年,利用电视、广播和报纸等媒介,广泛宣传《中华人民共和国统计法》《统计法实施细则》《浙江省统计工作监督管理条例》《浙江省统计行为行政处分规定》,在《文成报》上专版刊登《浙江省统计违法行为行政处分规定》全文和其他统计法律法规。

2003年,以《中华人民共和国统计法》颁布20周年为契机,采取电视节目插播、报纸专版宣传、发放手册等形式加强统计法制宣传。2004年,对县机关干部和乡镇党委政府工作人员开展统计普法教育,发放《浙江省领导干部统计函授学习测试题》《浙江省统计人员统计普法函授学习测试题》1000余份。2005年,悬挂法制宣传条幅62条,分发宣传单5000余份,发送法制宣传短讯3000余条。2009年,新的《中华人民共和国统计法》于6月27日修订通过,自2010年1月1日起施行。2009年下半年—2010年,开展形式多样的新《中华人民共和国统计法》宣传活动。2010—2011年,结合“9·20”统计开放日、“10·20”世界统计日等活动开展普法宣传,促进公众了解统计、走近统计和感受统计的同时,树立“守法纪、促和谐”的统计新风尚。

同时,法制宣传坚持在普查中进行宣传。1993年,开展第一次第三产业普查宣传时悬挂横幅42条,分发宣传单3000余份,并对全县1200名普查员进行总动员。1995年,第三次工业普查编印宣传提纲300余份,制作宣传条幅50余条。1996年,相继开展第一次农业普查和第一次基本单位普查,将普查宣传资料送到调查单位(调查户),做现场宣传解释。2000年第五次人口普查时,分路段挂宣传彩旗,在主要街道、车站、集镇等场所及有关单位,张贴和悬挂人口单位普查宣传画、标语、横幅等。2001年组织开展第二次基本单位普查时,专题介绍基本单位普查的目的、意义和两次普查间的变化,使社会公众了解普查、配合普查、支持普查。

2004年进行第一次经济普查时,充分运用宣传车、广播、宣传栏、展板、横幅等宣传媒体,发放经济普查宣传单6000余份。2006年,各乡镇设立宣传点,悬挂标语横幅、设置宣传栏,散发普查宣传单1万余份,广泛宣传《全国农业普查条例》和统计法规,也为依法开展第二次农业普查营造良好社会环境和舆论氛围。2008年,报刊专题报道、经普负责人节目访谈,开设《聚焦第二次全国经济普查》栏目,刊发《关于开展经济普查入户摸底核查的公告》,宣传员统一着装深入辖区单位、社区,进行第二次经济普查宣传。

2010年通过致调查户的一封信及手机短信、电视字幕滚动、电视公益广告和文成新闻网等形式,宣传第六次人口普查工作。乡镇便民服务大厅均设立宣传牌,摆放《第六次全国人口普查手册》供前来办理业务者阅读。

2011年,实施统计“六五”普法规划,把统计法制工作贯穿统计工作全过程。围绕日常统计工作,结合专项调查及“9·20”统计开放日、“10·20”世界统计日等纪念日活动,开展统计普法宣传活动。

执法检查

1991年8月,省统计局发出《关于印发贯彻二五普法规划实施意见的通知》,将统计法规宣传纳入“二五”普法宣传规划。之后,县统计局加强统计处罚力度和检查力度,从无处罚转向有处罚,从突击性检查转向经常性检查;统计检查范围扩大,检查对象由企业扩大到机关、事业单位。1997年和1998年,县政府成立统计执法大检查领导小组,抽调统计、监察、法制等部门单位有关干部分成4组,开展全县统计数据质量检查。其中,1997年,组织乡镇和部门领导及专业统计人员召开统计执法大检查动员会5次;7月份抽调20余名有关部门干部分成4组分赴乡镇、企业开展以提高统计数据准确、及时为主题的统计大检查。1998年,开展反对和制止在统计上弄虚作假大检查,发现和处理违法案件11件。

2001年,开展《中华人民共和国统计法》和"两办通知"执行情况大检查。查处统计违法案件13件,其中罚款处理2件。2002年检查11家单位,立案查处6件,罚款2万元,对6家单位予以警告并通报批评。2003年8月,检查15家单位,对8家进行警告和罚款处理。2004年,组织开展《中华人民共和国统计法》《统计法实施细则》执行情况自查和统计执法大检查,通报统计违法单位9家,严重警告并予以罚款1家。2005年警告处理5家企业,同时规范统计法律文书和统计执法程序,制订报表报送登记制度和定期通报制度。

2006—2011年,统计稽查160家,警告并处以罚款14件,罚款2.67万元。2008年,针对统计报表布置难、统计资料收集难、统计数据质量不高等问题,组织开展服务业统计专项执法、第二轮重点用能企业能源统计数据专项检查等;检查企业22家,进行警告并处罚款企业3家。2010年2月,行政处罚自由裁量权工作领导小组成立,《文成县统计局规范行政处罚自由裁量权工作实施方案》出台。同年12月,《文成县统计局统计行政处罚裁量标准》出台。2011年,组织专业人员参加全市的统计执法资格考试,确保执法人员持证上岗,依法行政。先后对投资、工业、住宿餐饮业等统计进行数据检查,开展统计稽查26次,查处统计违法行为6件,对查处的问题,限期落实整改。

数据公开

1991—1998年,坚持每月10日前为县委、县政府及有关部门提供《文成经济信息》(1月份除外,下同)88期。1999年,《文成经济信息》改版为《文成经济统计信息》。1999—2005年,编发《文成经济统计信息》77期。2006—2008年,按月编发《文成统计信息》33期,发送县四套班子领导、有关部门和乡镇政府参阅。2009—2011年,按月编发《文成统计月报》33期,分发对象增加上级统计局及市内其他县(市、区)。1991年以来,每年4月份左右发布《文成县国民经济和社会发展统计公报》,按年编发《文成县统计年鉴》。

第三章 审 计

1984年县审计局正式成立,行使财经监督职能。1991—2011年,完成审计项目623个,查出各类违法违规及管理不规范金额40282.93万元,上缴财政资金5755.2万元,追回被侵占、挪用资金7368万元,减少财政拨款和补贴16万元,核减工程造价3330.24万元。推动县政府及相关部门单位出台或完善制度46个。

第一节 机构沿革

1984年5月县审计局成立,未设置业务科室,审计人员4人。1986年7月,局内设办公室、审计一股和审计二股。9月启用"文成县审计局"印章。

1991年11月,审计局内设机构调整为办公室、财政金融政业审计科和企业基建审计科。同年,设立县审计师事务所归属县审计局管理,核定人员编制5名,为依法独立承办审计查证和咨询服务的事业单位,经济上实行有偿服务、自收自支、独立核算。

2001年4月县经济责任审计中心设立,隶属县审计局,核定全额拨款事业人员编制5名。2002年6月,县机构"三定方案"核定县审计局行政人员编制12名(含工勤人员编制2名),核增县经济责任审计中心全额拨款事业人员编制2名。

2005年7月,设立县基建审计中心,为全额事业单位,隶属县审计局,核定全额拨款事业人员编制2名。2011年,确定县经济责任审计中心、基建审计中心为公益一类事业单位。

至2011年,县审计局设有办公室、财政金融行政事业审计科和企业基建审计科等3个科室,下设经济责任审计中心和基建审计中心,有干部职工22人。

第二节 审计监督

县审计局成立初期,主要对地方政府财政收入、企业财务收支、乡镇财政收支、行政事业单位、专项资金使用情况和基本建设竣工决算等开展审计。1993年,开始对基本建设项目开展审计;1995年开始开展对领导干部任期审计及县人大常委会任命前评议审计。

财政审计

初期,财政收支审计采取的是"上审下"方式,1996年年前主要以乡镇财政收支审计为主。

1992—1996年,先后审计珊溪、玉壶等9个乡镇的财政、预算外资金收支情况,查出违规金额22万元,并针对一些乡镇普遍存在的违规购买通信交通工具、滥支接待费和白条子入账等违纪问题,向县政府专题报告,引起县委县政府主要领导重视。

1995年,"同级审"与"上审下"相结合的财政审计监督制度取代单一的"上审下"制度,审计机关不能监督本级财政的历史宣告结束。《中华人民共和国审计法》公布施行,从法律上强化财政审计监督在国家财政经济运行中的重要地位，为财政审计的突破提供坚强的法律依据和良好契机。自此，新体制下“大财政审计”概念开始形成，行政事业单位审计、固定资产投资审计、专项资金审计等相关领域的专业审计，与“上审下”时期的财政审计一道，共同构成全面的综合性的财政审计监督。并实行“两个报告”制度，即审计机关既向本级政府作预算执行和其他财政收支的审计结果报告，又受政府委托向同级人大常委会作预算执行和其他财政收支的审计工作报告。“两个报告”成为政府加强预算管理和人大加强预算监督的重要依据。

1996年，首次实施“同级审”。结合专项资金审计调查、财务收支审计等项目，对预算管理薄弱环节提出审计建议，将乡镇财政赤字审计调查作为财政同级审的外围重点审计项目，加强对财政周转金和财政信用资金的审计监督；注重审计广度和深度，通过开展延伸审计，发现问题，再向深度追根求源，从而提出建议。

1997—2003年，全县财政预算执行情况审计紧跟财政支出改革步伐，实现对财政性资金的经常性、规范化监督。财政同级审计结合财务收支、专项资金、经济责任、工程绩效审计和审计调查，并针对审计发现一些不容忽视问题，结合实际情况，提出切实可行审计建议。

2004—2011年，全县财政预算执行和其他财政收支审计，查出违法违规金额5132万元，管理不规范金额7035万元，审计处理上缴财政金额3903万元。

经济责任审计

20世纪80年代中期，国家审计署对各地开展厂长离任经济责任审计的做法给予充分肯定，并把厂长离任经济责任审计作为一项经常性审计制度在全国推行。进入20世纪90年代后，一些地方在厂长离任经济责任审计基础上，尝试性地开展党政干部任期经济责任审计。

1995年开始，县审计局探索科局级领导干部经济责任审计。全年对6个乡镇和3个科局机关单位的主要领导干部进行任期审计。重点审计干部任期内经济发展情况、公用事业发展情况、债权债务情况、群众反映较大的经济活动、承包合同情况、按规定上交税费上缴情况及执行财经纪律和廉政建设等情况。在乡镇领导干部任期审计当中，县委根据任期审计报告，平调干部职位7人、提升干部职位1人、降职免职5人。同年4月，与县委组织部联合制发《关于建立领导干部任期审计制度的通知》。由于没有具体审计操作规范，该时期经济责任审计仍以财政财务收支审计为主要方式。

2000年，县委、县政府出台《文成县领导干部任期经济责任审计实施办法》《文成县经济责任审计联席会议制度》《领导干部经济责任离任审计交接办法》等规定，完善科局级领导干部经济责任审计制度体系。

2001年，县经济责任审计中心成立，具体负责经济责任审计的组织管理和实施，经济责任审计正式走上制度化、规范化道路。

2004年4月，经济责任审计联席会议召开，讨论通过《关于党政领导干部任期经济责任审计的若干指导意见》，明确划分县纪委监察局、县委组织部和县审计局三家单位的职责分工。全县在十源开展乡镇领导干部经济责任审计规范化试点，并加强对村级财务的延伸审计。

2005年，与县检察院联合出台《关于加强检

图18-1　2010年4月16日，文成县召开经济责任审计自查自纠工作布置会（县审计局提供）

察机关与审计机关在反腐败工作中协作配合的若干规定》。利用经济责任审计联席会议制度,加强与纪检、组织等部门单位的协调配合,还把审计监督与法律监督紧密衔接起来,加大对违法违纪案件的查处力度。

2008年,首次开展仰山乡书记、乡长“捆绑审计”,并作为绩效审计试点。把玉壶镇、林业局主要领导干部经济责任审计作为公共政策审计试点,从而把领导干部“问责”和“问效”有机结合起来,推进经济责任审计从“财务型”向“绩效型”转变。将干部离(调)任“人离账未清”现象向县委县政府主要领导反映,引起领导高度重视。由此,县委、县政府出台《文成县党政领导干部离任交接制度(试行)》,规范领导干部离任交接工作。

2009年,开展经济责任审计项目延伸审计。部门单位延伸审计到下属有关单位及相关部门,乡镇延伸审计到部分村、户。

2010年,乡镇经济责任审计全部实行书记、乡长“捆绑式审计”。在双桂首次尝试全部政府性资产试点审计。同年,首次外派开展全市县级人民法院领导干部经济责任异地交叉审计,并且成为常态。配合省审计厅对县级党政领导干部的经济责任审计。

2011年,经济责任审计基本实现全覆盖。继续以全部政府性资金为主线,探索经济决策执行效果等经济责任审计方式、方法,优化经济责任审计。乡镇经济责任审计,结合乡镇财政审查,整合资源,利用财政人员力量,做到一次性审计,报送领导干部经济责任审计报告和单位的财政审查工作报告。

1999—2011年,开展经济责任审计项目155个,对171名领导干部进行经济责任审计,查出违法违规金额3567万元,管理不规范金额4277万元,移送纪检、检察部门案件线索7件,21人受党纪政纪或刑事处理。开展经济责任审计,有效地拓宽干部监督管理渠道,为促进党风廉政建设和干部廉洁自律,以及组织部门干部任用和管理发挥重要作用。2011年,根据县委组织部《2011年度领导干部经济责任审计任务建议书》,完成经济责任审计单位9个、领导干部14人。主要发现专项资金未及时发挥效益,工程管理不规范、往来款未及时清理、对下属单位管理不严等问题。

行政事业单位审计

1991年,财务收支审计基本以真实、合法为重点,主要是打假治乱,严肃财经法纪,治理和规范财政经济秩序,促进廉政建设,在保障国民经济健康发展等方面发挥积极作用。1992—1996年,全县对24个行政事业单位开展财务收支审计,重点查处漏交“两金”、变相搞干部福利、国家扶持生产资金疏于管理、乱收费乱摊派和扩大消费基金等问题。查出违法违纪金额91万元,追回被侵占挪用基金29万元。1997年,对县公安局1995年度财务收支开展审计,查出少缴“两金”和罚没款99万元及时上解财政、未经物价和有关部门批准收费和私设“小金库”等违纪问题。1998—1999年,重点加强对行政性收费、罚没收入,以及政府部门落实上级规定情况进行审计监督,处理纠正收费账外核算和公款私存等违纪现象。

图18-2　2007年3月10日,审计干部开展现场实施审计工作(县审计局提供)

2000—2011年,以行政事业单位财务收支真实性审计为基础、突出绩效性,开展对经济、效率、效果等方面审查,完成县交通局、县公路段、县公路运输管理所、县东三电、大峃镇小、玉壶卫生院和县能源公司等16个单位财政财务收支进行审计，发现存在违规发放补贴、应转未转经营收入、工程项目管理不够规范和以现金支付大额工程款等问题，提出整改建议，促进被审单位健全内控制度，加强财务管理。

国有企业审计

1991年，开展国有企业资产、负债、损益审计，重点审计真实性合法性发展到与效益性并重，进而又开展厂长(经理)离任(任期)经济责任审计、承包经营责任审计等。审计方式也由单一单个企业财务收支审计向资产负债损益审计、经济责任审计和众多企业专项审计或调查转变。对企业经营不善、效益差、对外投资风险大等情况监督和管理力度，促进国有资产安全、增值和保值。向对外投资程序不符合规定、投资额度大和风险大等违反财务会计制度的企业，提出审计处理意见和建议。

1992—1996年，完成企业审计项目7个。探索企业审计从单纯的财务收支审计转向经济效益和内控制度审计的路子。为促进企业深化改革、保障国家资产完整，重点放在企业对外投资联营、国有企业的转制、改组和党政机关创办的经济实体保值增值方面。1995年，对9家国有企业亏损情况进行审计调查，并增加业务合同履行情况的审计内容，提出改进建议。由此，县政府针对全县工业企业规模小、效益差的实际，决定将县原酿造厂、县印刷厂和珊溪酒厂等单位组建成立文成县帝师集团公司。

1997年，就全县经济与企业存亡有重大影响的对外投资问题，调查审计国有企业20家。1999年，对全县16家商业企业对外投资情况进行审计调查。主要发现以下问题：对外投资程序不符合规定，未经县财政国资部门审批，有的甚至没有签订合同书；投资额度占所有者权益比重大，对外投资余额7513万元，占所有者权益的559.84%，靠借款进行对外投资；投资收益核算不规范，3年累计虚增利润1259万元；潜伏风险大，未按原约定期限收回投资款6718万元，占投资余额89.42%。县审计局向县委县政府作专题汇报后，引起县主要领导重视。立即责令相关部门及企业，组成专门清理小组进行全面清理整顿，催收到期投资款，防止国有资产损失。

2001年，审计县电力投资开发有限公司2000年财务收支。发现该企业对外投资、担保失误较多，损失较大，引起县主要领导的重视，进一步规范企业经营行为。2004年，作为自定项目对自来水厂进行财务收支审计。审计发现县自来水厂违规收费46万元，少计少缴税金5万元。2006年，对高岭头二级水力发电有限公司和县民用爆破器材专营有限公司财务收支进行审计。2007年以后，没有发现类似的审计问题。

外资使用审计

1992—1996年，审计世界银行贷款的公路建设项目3个。通过审计及时向上级提供客观公正的审计报告，保障外资借款真正全部落实到工程项目，保证配套资金落实，受到外资外援单位好评。

1997年，审计县农业银行等5个单位及世界银行贷款双垟——珊溪公路资金使用情况。查出漏缴企业所得税、个人所得税和房产税等违纪金额39万元，追缴财政及罚款9.97万元。

1999年，审计世界银行贷款协议执行情况。发现由于工程自行变更设计，使项目投资超出合同价232万元；在项目工程成本中预计边坡挡土墙支出23.50万元，预计行车标志支出15.2万元。

2010年，完成世界银行贷款可再生能源规模扩大化项目第一期后续项目小九溪2009年度项目执行情况和财务收支情况审计。

固定资产投资审计

1993年，开始固定资产投资审计。1995年，进行基本建设开工前审计。即固定资产投资项目立项前，须经审计部门审查并签署意见后，县计经委方可发文批准立项。1993—1996年，全县完成工程决算审计项目4个。

1997年开始，主要审计世界银行贷款公路资金使用情况和领导交办的工程项目。2000年4月,根据县委“三讲”巡视组意见和县政府交办,审计文成宾馆工程竣工决算。

2004年,审计固定资产投资效益,完成对泗溪河道治理一期工程和珊溪水利枢纽工程文成县移民安置建设项目竣工决算的绩效审计。

2005年,县政府出台《文成县国家建设项目审计实施办法》,确立审计工作在地方政府投资项目决策及建设中的地位和权限,明确政府投资项目审计的任务、目标、内容和范围,并成立县基建审计中心,负责固定资产投资审计和管理,使全县投资审计进入发展快车道,向纵深推进。审计方式、内容、方法、程序等方面日趋成熟和完善,从重点关注政府投资工程造价结决算监督向投资决策、资金使用、项目管理和投资效益全过程、全方位进行跟踪监督转变,将事后监督与事前预防、事中控制有机结合起来,既关注真实性合法性也关注效率性效果性。2008年始,县审计局在基建审计力量不够的情况下,做好资源有效整合,委托中介机构进行审价。

2004—2011年,全县完成校安、康庄、环保、农田、水利等政府投资项目审计43个,送审金额27053.77万元,核减工程造价3267.06万元,核减率达12.08%。建立审计结果整改落实和成果综合分析研究制度,规范审计成果管理,突出对典型问题的分析研究,丰富审计成果内涵,扩展审计成果外延,实现审计成果的增值,提高审计成效。其中,2009年反映的《文成县工程建设“超预算、超工期”现象值得关注》信息,引起县领导关注。为此,县政府及相关部门先后出台《文成县政府投资重点项目建设问责暂行办法》《文成县小额建设工程招标投标管理实施细则(试行)》《文成县招管委关于进一步加强建设工程项目招标投标管理工作暂行规定》等一系列配套政策制度。特别是政府投资项目建设问责问效制度推出,为加快政府投资重点项目建设,规范工程项目管理,提高政府投资绩效发挥重要作用。2011年,重点开展对政府投资重大工程项目的审计,进行监督和服务,扩大覆盖面。在审计监督中,将事前预防、事中控制和事后监督有机结合起来,掌握项目的管理、进程和建设质量等情况,抓住工程造价、招投标管理、概预算执行及竣工决算等环节开展监督,全年完成公安武警营房、56省道文成县城绿化景观二期、李井坑山区小流域农业生态等13个工程造价审计,送审金额7964.32万元,核减工程造价1731.73万元,核减率21.74%。

图18-3　2007年4月,审计人员在县重点工程项目现场开展审计调查(县审计局提供)

专项资金审计

1991—2011年,为充分发挥审计在全县经济建设中监督作用,紧紧围绕县政府重点民生工程和社会关注热点,从“关注民生、保障民生和改善民生”角度出发,以“揭露问题、规范管理、促进改革、完善制度、提高绩效”为目标,每年有重点地选择教育、科技、卫生、民政、社保、住房、环保和支农等民生资金项目进行专项审计或调查。全县先后对教育经费、科技三项经费、水利资金、造田造地、下山脱贫致富区建设项目、139富民攻坚计划、千万农村劳动力素质培训工程、五项社会保险基金、促进再就业资金、职业教育六项行动计划、百万农户生活污水净化沼气工程、农村饮用水、生态公益林建设项目、地方储备粮、城乡居民养老保险和城镇居民医疗保险等专项资金项目开展审计或调查100余个。其中,还对一些重点资金和项目实施几年连续审计,2008—2011年,连续3

年组织开展社会保障资金审计；2010—2011年，连续2年对校安工程进行跟踪审计。

通过加强民生审计，及时披露存在的问题，从体制、机制上提出审计建议，为各级政府及领导提供参谋决策依据。1997年，通过扶贫资金专项审计，提出关于加强扶贫资金管理建议6条，为县人大常委会出台《关于加强扶贫资金使用管理的决定》提供素材；2008年139富民攻坚计划专项审计调查项目当中，根据审计发现情况及时编报审计信息或专报6篇，通过各级审计宣传媒体和省市政府《每日要闻》呈报给领导参阅。其中"文成反映欠发达地区下山异地脱贫'三难'问题需引起关注"的专报信息得到浙江省副省长陈加元批示。该项目最终帮促县政府及相关职能部门制定或完善《关于加快城乡社区卫生服务的实施意见》《文成县农村公路养护与管理办法（试行）》等一系列民生政策措施。

2011年，围绕县委、县政府工作重点，对关系经济社会发展、涉及人民群众切身利益的项目进行审计，完成各种专项资金的审计或审计调查项目9个。对于审计中发现的涉及政府投资、地方债务、农民居住和社保基金等重大民生安全问题，向县政府和有关部门提出审计建议。

1991—2011年文成县审计情况一览表

表18-22

年份	审计单位（个）	违法违规及管理不规范金额（万元）	上缴财政收入（万元）	追还被侵占挪用资金（万元）	减少财政拨款和补贴（万元）	应核减工程造价（万元）
合计	623	40282.93	5755.2	7368	16	3298.49
1991	46	205	36	155	—	—
1992	23	94	6	—	—	—
1993	22	87	19	—	—	—
1994	23	76	8	—	—	—
1995	26	238	48	—	—	—
1996	26	649	131	—	—	45
1997	29	331	166	—	—	—
1998	23	844	52	31	—	—
1999	20	4056	96	—	—	—
2000	22	6383	76	236	—	—
2001	30	2076	215	1728	—	—
2002	40	2729	146	2578	—	—
2003	36	2404	403		—	—
2004	38	1506	417	1033	—	28.55
2005	32	1415	609	617	—	42.54
2006	32	3096	389	75	—	68.73
2007	36	2967	701	174	14	17.74
2008	28	2752	927	12	2	145.91
2009	28	2149	696	427	—	745.5
2010	29	2395	603	522	—	486.36
2011	34	3830.93	11.2	16	—	1731.73

说明：数据由县审计局提供

第三节　审计基础建设

以规范管理和提高效率为重点,通过审计质量管理、审计队伍建设、内审工作指导和委托社会审计等方面的“人、法、技”建设,夯实审计基层基础,确保审计事业科学发展和全面转型。加大资金和人力,创新电子审计技术,提高审计工作能力、质量和效率。推进对各部门单位计算机信息系统安全性、可靠性和经济性审计。探索在审计实践中运用大数据技术途径,加大数据综合利用力度,提高运用信息化技术查核问题、评价判断和宏观分析能力。

廉洁从审

把廉洁从审作为重点工作,探索和建立完善一系列内控制度来约束、规范审计人员行为。2000年,制定《机关工作人员个人重大事项报告制度》《机关工作人员礼品登记制度》。2001年建立《局机关工作人员“八小时”之外汇报制度》,2003年落实《重要岗位监督检查考核办法》,2004年实施《审计纪律监督卡制度》,2005年下发《关于审计组廉政责任和职业道德的规定》,2006年全面实行党风廉政建设责任制。2008年,在全市率先推出党员干部廉政电子档案制度。2009年创新推行审计组廉政承诺制。2010年始,所有的审计项目全部实行被审计单位纪检监察部门协助监督审计组制度。2011年推出即办制,开展廉政风险防控机制建设,制定《规范权力运行制度汇编》。同时,全面执行审计纪律“八不准”,实行廉政考核一票否决。设立举报邮箱,加强审计回访,委托协助监督,加强审计全程监督,规范审计行为,确保廉洁从审。其中2005年、2006年、2008年度被评为县级落实党风廉政建设责任制优秀单位。

内审管理

单位内部审计组织是指在有关部门单位内部从事组织和办理审计业务的专门组织,它是审计主体的重要组成部分。在稳定各部门单位原有内审组织的同时,发展新的内审组织和人员,并在工作上给予指导和帮助,使内审组织在监督本部门单位经济活动,提高资金使用效益等方面发挥作用。1987年,县供销社内审股成立,配备2人。1989年县林业局和教育局分别建立内审股(室),林业内审配备3人,其中专职2人;教育内审配备专职人员2人。1995年,县公安局、农业局以及各金融系统内审机构建立,配备一定数量的专职人员。至1996年,全县各部门单位当中有内审机构22个,专(兼)职内审人员42人。1997年,各乡镇的村级财务内审机构也逐步建立,均相应配备专(兼)职内审人员。

县审计局严格遵循“管理、宣传、服务、交流”宗旨,加强对内部审计工作指导、监督和管理。全局每年都把内审工作列入局机关工作议程,局长每年至少要在党组会议上研究和部署内审工作1次,听取分管领导和具体内审工作人员关于开展内部审计工作的汇报,并对内审工作提出要求。1995年,与县农业局共同草拟《文成县农村合作经济内部审计试行办法》,报经县政府三十四次常务会议通过,使村级经济的审计监督走上法纪化的道路。1996年发挥农村审计站作用,协助县委、县政府完成乡镇村级财务清理工作37个,帮助各乡镇建立村级财务管理制度;对于县纪委批转的农村上访上告案件内容,采用农村审计站委托审计事务所审计。1997年,县政府出台《文成县村级财务管理的若干规定》,建立村级财务的内审机构。2006年,出台《文成县审计局内部审计指导监督和工作联系制度》。同年,温州市内部审计协会文成分会成立,由局分管政工纪检的党组副书记担任分会会长,由总审计师担任内审工作指导员,指定一名办公室人员担任内审工作联络员。2011年,秉承“服务、管理、宣传、交流”八字方针,履行指导、监督和管理职责,保证内审工作正常、有序地开展。

2006—2011年，与县卫生局、农业局、教育局和农村信用合作联社等部门单位，共同完成审计项目852个。2008年，县农经站完成全县村级财务“三年一轮审”，发现现金管理不规范、凭证手续不齐全、财务支出较随意、收支入账不及时等问题，移送县纪委案件2件2人，移送乡镇处理案件2件2人；县农村信用合作联社内审经济责任审计项目7个，发出整改意见书12份，提出整改意见72条，处罚违规人员5人。2011年，完成内审项目137个，查处违规金额5694万元，挪用资金2.09万元，收回款项2.09万元，提出整改意见698条。1个内审会员单位获浙江省内部审计先进单位荣誉称号，2个审计项目获温州市内审协会2010年度优秀项目奖。

委托审计

1991年11月，县审计师事务所设立。1992—1996年，机构逐步健全，不断完善内部管理制度，拓展服务领域，5年内完成委托社会审计项目692个。其中，验资575个、企业财务收支项目74个、村级财务收支项目25个、基建项目6个、经济集体鉴定和资产评估等12个。

1998年，按照中国注册会计师协会规定进行清理整顿，并由上级进行验收，当年完成委托项目107个，业务收入创历史新高。1999年12月，县审计师事务所改制，与县审计局脱钩，新组建合伙制事务所。

专业人员培养

20世纪90年代始，机关企事业单位会计电算化趋向普及。审计机关以查账为主要手段的审计职业遇到来自计算机技术挑战。1995年，县审计局在省审计厅支持下，派员到省厅电脑房接受培训，开始审计信息化建设。

1999年，国家审计署提出审计人员不掌握计算机技术，将失去审计的资格。县审计局应对现实情况，加大培训力度，提高审计业务水平，紧跟“金审工程”建设步伐，推进计算机审计和办公系统应用。

2004年12月，县审计信息化建设工作领导小组成立，组织开展审计信息化建设。2005年4月，制订“计算机审计应用推广”年活动实施计划，贯彻落实省、市审计信息化发展规划。

2005—2011年，组织审计业务人员和计算机操作骨干参加市局举办的“现场审计实施系统”应用培训；选派8名审计业务人员参加省厅“数据采集与转换”“审计分析”和计算机审计中级职称等培训班；组织全体一线审计人员参加国家审计署AO认证考试，全部合格通过；引进计算机专业人员1人专门负责信息化建设、指导处理计算机难题和参与计算机审计项目等工作。

2006年12月成立计算机审计技术组，2009年3月扩充技术组成员，负责审计人员的计算机辅导，不定期开展技术交流，并组织审计干部参加省、市举办的各类计算机审计培训和考试。

硬件设施投入

县审计局在省厅支持下，1995年购买了电子计算机，一线审计人员给予全员配备。1999年，紧跟“金审工程”建设步伐，给每个各科室配备电子计算机，加快电子计算机审计和办公系统电子化应用。此后，逐年配备和更新电子计算机设备。

2007—2009年，在原有硬件设施基础上分两次投入大量资金，对电子计算机等电子产品进行升级与更新换代，且购入笔记本电脑15台。

2011年，采用计算机审计技术，将计算机审计项目进行亮分考核。全年计算机辅助审计项目（除政府投资审计项目外）达70%，具备计算机审计条件的审计项目全部采用计算机审计。8月开始，实现笔记本电脑1人1台、移动U盘1人1个，每个科室数码照相机1台和大容量移动硬盘1个。并置办普激光打印机3台、扫描机1

台、传真一体机2台,基本实现审计工作电子信息化。

门户网站创立

2005年4月开始,将计算机审计与传统审计(AO)方法有机结合,安排计算机辅助审计试点项目2个。

2008年1月,县审计门户网站开始创立。2009年7月,依托全市审计专网,建设文成审计专网,为全局人员提供一个上网学习审计业务、了解审计动态和下载审计软件的平台。充分利用全市审计管理系统,实现无纸化公文流转处理。结合审计质量管理流程,推行审计项目全过程的电子化管理。

2009年,审计项目(除基建造价审计外)均使用AO现场审计实施系统进行审计,与计算机审计方法(OA)审计管理系统进行交互,推动审计的加速转型。编写AO审计应用实例,对经验做法和创新成果进行广泛宣传。在对2008年城镇居民基本医疗保险专项审计调查中,运用数据式审计方法,采集相关数据导入SQL数据库进行比对分析,查出重复参保和多头报销医疗费用等问题;在社保基金审计中利用SQL语句查出医疗保险基金支出中部分参保人同一天在多家医院就诊和部分特殊人员普通门诊存在重复用药、超量用药等问题,该项目AO应用实例在2009年被审计署评为鼓励奖。

2009年始,评比考核计算机审计项目,详细规定评比考核的对象、范围、指标、评分标准及组织领导等内容。对AO实例撰写从数量、要求、指标等细化到人,纳入科室岗位责任制考核。要求在财政、地税、社保等海量数据单位审计中开展数据式审计,以系统内部控制测评为基础,总结审计过程中的业务数据采集、转换、验证、整理和分析等步骤,积累数据审计经验。

第四节　审计法制化建设

审计机关必须依法审计,在法定职责范围内,按照法定程序开展审计监督,行使审计权利,这是依法治国在审计领域的具体体现。它包括依法审计的水平、状态、环境和效果。

制度建设

2003年,制订审计机关首问责任制、审计质量考核办法,健全审计项目质量考核制度。从审前调查、审计方案到审计回访等一系列环节控制审计质量,促进审计规范化建设。

2004年,出台《审计工作综合考核办法》《审计质量控制试行办法》《优秀审计项目评比办法》等考核制度,奖优罚劣。

2006—2008年,修订完善审计项目质量控制环节,执行审计实施方案审议、审计组定期交流等6项制度,把审计质量责任制度、审计预告制度、审计复核制度、审计会议制度、审计结果跟踪落实责任制度和审计纪律监督卡制度等贯穿于每一个审计项目。

2009年,修改、完善、梳理、分类审计工作的基本方针、机关及各科室的职能职责、审计职业道德和廉洁自律有关规定、审计基本程序等内部管理制度26个,编制一套《创建市级文明单位制度汇编本》。

2011年,组织开展上年度的审计综合工作和优秀审计项目考核评比活动,把检查和评比结果作为年终考核的重要依据,表彰先进,鞭策后进,促使审计人员牢固树立质量意识。

依法审计

1998年开始,开展审计档案质量互查和审计工作考核评比活动,即于每年春节前后,对上年度所有审计业务档案进行集中交叉互查，要求各主审对照检查结果，及时进行完善和补充，确保每个审计项目做到程序合规、事实清楚、证据充分、定性准确。

1999年，行政执法责任制实施，把审计法规规定的职责、权限和程序，用责任制的形式分解到各部门有关人员，用法律、法规和国家其他有关财政收支、财务收支的规定作为审计评价和处理、处罚的依据，提高行政执法水平。

2003年试行审计预告制度。公布审计时间、范围、审计组成员及举报电话等内容，鼓励群众向审计组反映情况，以降低审计风险，提高审计质量。

2005年，推进审计结果公告制度。首次对全县2004年度城乡居民最低生活保障资金审计调查结果通过文成新闻网、县委、县政府宣传窗等向社会公告，接受公众监督。

2010—2011年，开展审计档案质量互查。年初，组织全体干部开展为期一周的审计业务互查学习，挖掘审计工作亮点和先进经验，交流分析审计过程中存在的问题。结合审计新准则进行探讨，促使审计行为规范。同时进行审计质量控制，贯彻落实审计新准则。坚持符合性质量和适应性质量并重原则，实行审计计划、审计实施、审计报告的全过程控制，分解落实各级责任，加强对审计方案制定、审计证据收集、工作底稿编制、重要管理事项记录、审计评价和审计处理等环节的质量控制，提升审计工作质量。

文成县志

（1991—2011）

下 册

文成县地方志编纂委员会 编

方志出版社
Publishing House of Local Records

图书在版编目(CIP)数据

文成县志：1991—2011 / 文成县地方志编纂委员会编. — 北京：方志出版社，2019.10
ISBN 978-7-5144-3922-9

Ⅰ. ①文… Ⅱ. ①文… Ⅲ. ①文成县—地方志—1991-2011 Ⅳ. ①K295.54

中国版本图书馆CIP数据核字(2020)第005861号

文成县志（1991—2011）

编　　者： 文成县地方志编纂委员会
责任编辑： 李志瑜
出 版 者： 方志出版社
地址　北京市朝阳区潘家园东里9号(国家方志馆4层)
邮编　100021
网址　http://www.fzph.org
发　　行： 方志出版社图书经销中心
电话(010) 67110500
经　　销： 各地新华书店
印　　刷： 杭州万星印务有限公司
开　　本： 889×1194　1/16
印　　张： 116
字　　数： 3746千字
版　　次： 2019年10月第1版　2019年10月第1次印刷
印　　数： 0001～5000册
ISBN 978-7-5144-3922-9　**定价：** 680.00元

文成县百丈漈风景名胜区(吴志伟 摄)

文成县地方志编纂委员会

主　　任　章寿禹（2016.11—　）

副 主 任　徐清雨（2016.08—　）

张行安（2018.07—　）

成　　员　县委办、县人大办、县政府办、县政协办主任，县人武部政工科科长，县委组织部、县委宣传部、县委统战部常务副部长，县公安局常务副局长，县委编办、县委党史研究室（县地方志研究室）、县档案馆、县发展和改革局、县经济商务和信息化局、县教育局、县民政局、县财政局、县人力和社会保障局、县自然资源和规划局、县住房和城乡建设局、县交通运输局、县文化和广电旅游体育局、县卫生健康局、县统计局、县机关事务管理中心主要负责人，各乡镇长。

文成县地方志编纂委员会下设办公室，负责日常工作

办公室主任　周建东（2017.04—　）

副 主 任　季志娥（2016.04—　）

《文成县志》编辑部

主　　编　周文锋（2016.12—　）

副 主 编　邢松棋　张周昌　陈挺巧　余西建　季志娥

特邀编辑　陈建敏

编　　辑　刘国平　叶凤新　余贤福　纪迎春　朱慧敏　王晶晶

编　　务　刘凤钗　林津津　郑威威　张理娜

曾任文成县地方志编纂委员会成员

主　　任　谢作雄（2008.12—2009.08）

　　　　　汪　驰（2009.08—2011.11）

　　　　　王彩莲（2011.11—2016.11）

副 主 任　朱云华（2008.12—2009.08）　刘　峰（2008.12—2010.12）

　　　　　应希克（2009.09—2011.12）　麻胜聪（2010.12—2011.12）

　　　　　谢逢越（2011.12—2015.05）　李建业（2011.12—2016.05）

　　　　　杨　洲（2016.07—2018.06）

办公室主任　钟雪华（2014.08—2017.04）

副 主 任　兰潮平（2008.12—2016.04）

《文成县志》曾任编辑部人员

主　　编　朱　礼（2008.12—2016.12）

副 主 编　廖海成（2011.05—2015.03）

编　　辑　郭少云　林秉中　郑宝积　胡珍敏

编　　务　朱一巧

总目

上册

下　册

下册目录

第十九卷　中国共产党文成县委员会

第二十卷　文成县人民代表大会

第二十一卷　文成县人民政府

第二十二卷　政协文成县委员会

第二十三卷　社会团体

第二十四卷　政　法

第二十五卷　军　事

第二十六卷　教　育

第二十七卷　科学技术

第二十八卷　文　化

第二十九卷 刘基文化

第三十卷 广播电视新闻

第三十一卷 医疗卫生

第三十二卷 体 育

第三十三卷 华 侨

第三十四卷 民政 扶贫

第三十五卷 移民 安置

第三十六卷 人事劳动 社会保障

第三十七卷 民族 宗教

第三十八卷 语言 习俗

第三十九卷 人 物

丛 录 文件选辑

第十九卷

中国共产党文成县委员会

1991—2011年，中共文成县委先后召开6次党员代表大会，选举产生6届中共文成县委员会(简称县委)。20年来，历届县委坚持解放思想、与时俱进、开拓创新，加强对本地政治、经济、社会、文化和生态文明建设的领导。因地制宜制定本地发展战略，加快经济建设，带领全县人民脱贫奔小康；不断加强和改进党的思想建设、政治建设、组织建设、作风建设，开展反腐败斗争，为改革和发展创造良好环境；坚持总揽大局、协调各方，抓大事、出思路、管干部，逐步完善对人大、政府、政协和“两院”党组织的领导，加强对工、青、妇等群众组织的领导，充分调动和发挥各方积极性、主动性。使各单位各司其职、同心协力、团结奋斗，努力实现生态县建设目标任务。

第一章　县委及工作机构

1991—2011年，历经6次党员代表大会选举产生6届中共文成县委。1993年年前每届县委任期3年；1993年始，县委任期改为5年。

1991年，县委工作机构设办公室、组织部、宣传部、统战部、政法委员会、机关工委、党史研究室、党校、老干部局、保密局。纪委为市县双重领导机构。2011年设纪委、办公室、组织部、宣传部、统战部[与台湾工作办公室（县政府台湾事务办公室）、民族宗教局合署办公]、政法委员会、机关党工委、史志办、党校、老干部局、信访局等11个工作机构。

第一节　历届中共文成县委

1991—2011年，选举产生第七届至第十二届6届县委。1993年3月第八届县委开始，每届任期5年。

第七届县委（1990年4月至1993年3月）

第七届县委任期3年，由25名委员会委员和4名候补委员组成。县委常委8人。其间，上级党委先后任命县委书记1人、副书记2人、常委3人。

第八届县委（1993年3月至1998年3月）

第八届县委任期5年，由25名委员会委员和4名候补委员组成。县委常委9人。其间，上级党委任命县委书记1人、副书记3人、常委5人。

第九届县委（1998年3月至2003年3月）

第九届县委由县委委员25人和候补委员4人组成。县委常委9人。其间，上级党委任命县委书记1人、副书记5人、常委11人。

第十届县委（2003年3月至2006年12月）

第十届县委任期4年，由县委委员25人和候补委员5人组成。县委常委10人。其间，上级党委任命县委书记1人、副书记2人、常委6人。

第十一届县委（2006年12月至2011年12月）

第十一届县委任期5年，由县委委员33人和候补委员6人组成。县委常委10人。其间，上级党委任命县委副书记4人、常委13人。

第十二届县委(2011年12月始)

第十二届县委由县委委员38人和候补委员7人组成。县委常委9人。

中共文成县委第七届至第十二届书记、副书记、常委名录一览表

表19-1

届别	职务	姓名	性别	籍贯	任职时间
第七届(1990年4月—1993年3月)	书记	金邦清	男	浙江瑞安	1991年1月—1993年1月
	副书记	钱成良	男	浙江苍南	1991年1月—1993年3月
		廖梅柳	女	浙江文成	1991年1月—1993年3月
	常委	陈永造	男	浙江文成	1991年1月—1993年3月
		唐元清	男	湖南祁东	1991年1月—1993年3月
		毛马金	男	浙江景宁	1991年1月—1993年2月
		徐世征	男	浙江文成	1991年1月—1993年3月
		张纯一	男	浙江瑞安	1991年1月—1991年3月
		夏瑞洲	男	浙江永嘉	1991年3月—1993年3月
		施德扩	男	浙江文成	1991年3月—1993年3月
		胡立同	男	浙江文成	1993年2月—1993年3月
第八届(1993年3月—1998年3月)	书记	钱成良	男	浙江苍南	1993年3月—1995年11月
		高育厅	男	浙江乐清	1995年11月—1998年3月
	副书记	夏瑞洲	男	浙江永嘉	1993年3月—1997年10月
		陈积榜	男	浙江平阳	1993年3月—1995年7月
		胡立同	男	浙江文成	1993年3月—1998年3月
		周维亮	男	浙江平阳	1995年1月—1997年5月
		江海滨	男	山东沂源	1997年10月—1998年3月
	常委	盖爱萍	女	山东垦利	1993年3月—1997年11月
		周跃进	男	浙江文成	1993年3月—1996年11月
		胡立同	男	浙江文成	1993年3月—1997年5月
		徐世征	男	浙江文成	1993年3月—1998年3月
		姜伟钢	男	浙江江山	1993年3月—1998年3月
		唐元清	男	湖南祁东	1994年1月—1994年9月
		赵汉荣	男	浙江文成	1995年6月—1998年3月
		江海滨	男	山东沂源	1996年12月—1997年10月
		郑贤望	男	浙江文成	1997年10月—1998年3月
		沈　伟	男	浙江瑞安	1997年11月—1998年3月
		赵松涛	男	浙江乐清	1997年11月—1998年3月
		陈建明	男	浙江文成	1997年12月—1998年3月
第九届(1998年3月—2003年3月)	书记	高育厅	男	浙江乐清	1998年3月—2001年10月
		陈作荣	男	浙江温州	2001年12月—2003年3月

续表19-1

届 别	职 务	姓 名	性 别	籍 贯	任职时间
第九届（1998年3月—2003年3月）	副书记	江海滨	男	山东沂源	1998年3月—2000年7月
		胡立同	男	浙江文成	1998年3月—1999年2月
		谢　浩	男	浙江温州	1999年2月—2001年11月
		陈作荣	男	浙江温州	2000年7月—2001年12月
		吴开锋	男	浙江泰顺	2001年12月—2003年3月
		陈建明	男	浙江文成	2002年1月—2003年3月
		胡　侠	男	浙江平阳	2003年1月—2003年3月
	常委	赵松涛	男	浙江乐清	1998年3月—2001年2月
		郑贤望	男	浙江文成	1998年3月—1999年11月
		赵汉荣	男	浙江文成	1998年3月—1999年10月
		沈　伟	男	浙江瑞安	1998年3月—2003年1月
		陈建明	男	浙江文成	1998年3月—2002年1月
		姜伟钢	男	浙江江山	1998年3月—1999年6月
		赵文斌	男	浙江文成	1999年10月—2000年9月
		姜增尧	男	浙江温州	1999年11月—200年1月
		叶望庆	男	浙江温州	2000年5月—2003年1月
		蔡阳光	男	浙江瑞安	2000年9月—2001年9月
		胡　侠	男	浙江平阳	2001年6月—2003年1月
		张德玉	男	山东莱州	2001年9月—2003年3月
		潘玉花	女	浙江文成	2003年1月—2003年3月
		朱云华	女	浙江洞头	2003年1月—2003年3月
		刘建忠	男	浙江文成	2003年1月—2003年3月
		刘玲玲	女	浙江文成	2003年1月—2003年3月
		陈建国	男	浙江乐清	2003年1月—2003年3月
第十届（2003年3月—2006年12月）	书记	陈作荣	男	浙江温州	2003年3月—2006年11月
		吴开锋	男	浙江泰顺	2006年11月—2006年12月
	副书记	吴开锋	男	浙江泰顺	2003年3月—2006年11月
		陈建明	男	浙江文成	2003年3月—2005年3月
		胡　侠	男	浙江平阳	2003年3月—2006年11月
		谢作雄	男	浙江平阳	2005年3月—2006年12月
		朱云华	女	浙江洞头	2006年11月—2006年12月
	常委	潘玉花	女	浙江文成	2003年3月—2006年2月
		朱云华	女	浙江洞头	2003年3月—2006年11月
		刘建忠	男	浙江文成	2003年3月—2006年12月
		刘玲玲	女	浙江文成	2003年3月—2006年12月
		陈建国	男	浙江乐清	2003年3月—2006年4月
		丁柏强	男	浙江余姚	2003年3月—2005年6月
		朱　敏	男	浙江淳安	2005年6月—2006年12月
		刘　峰	男	浙江文成	2006年4月—2006年12月

续表19-1

届别	职务	姓名	性别	籍贯	任职时间
第十届（2003年3月—2006年12月）	常委	李维中	男	山东龙口	2006年4月—2006年12月
		胡永锋	男	浙江瑞安	2006年11月—2006年12月
		卢 斌	男	浙江苍南	2006年11月—2006年12月
第十一届（2006年12月—2011年12月）	书记	吴开锋	男	浙江泰顺	2006年12月—2011年12月
	副书记	谢作雄	男	浙江平阳	2006年12月—2009年8月
		朱云华	女	浙江洞头	2006年12月—2009年8月
		汪 驰	男	浙江永嘉	2009年8月—2011年12月
		刘 峰	男	浙江文成	2009年9月—2010年12月
		麻胜聪	男	浙江平阳	2010年12月—2011年12月
		王彩莲	女	浙江温州	2011年8月—2011年12月
	常委	刘 峰	男	浙江文成	2006年12月—2009年9月
		刘玲玲	女	浙江文成	2006年12月—2009年11月
		朱 敏	男	浙江淳安	2006年12月—2008年14月
		李维中	男	山东龙口	2006年12月—2008年12月
		胡永锋	男	浙江瑞安	2006年12月—2011年12月
		卢 斌	男	浙江苍南	2006年12月—2010年9月
		吴高宏	男	浙江文成	2006年12月—2009年9月
		王 勇	男	江苏高邮	2008年4月—2009年5月
		姜国良	男	浙江衢州	2008年4月—2010年3月
		伍建利	男	浙江温州	2009年1月—2010年12月
		章寿禹	男	浙江苍南	2009年1月—2011年10月
		陈志坚	男	浙江浦江	2009年7月—2010年9月
		郑建华	男	浙江文成	2009年9月—2012年1月
		应希克	男	浙江瑞安	2009年9月—2011年12月
		陈 黎	男	浙江台州	2010年9月—2011年9月
		徐清雨	男	浙江泰顺	2010年9月—2011年12月
		黄小中	男	浙江温州	2010年12月—2011年12月
		周永家	男	上海崇明	2011年9月—2011年12月
		钟方成(畲)	男	浙江平阳	2011年10月—2011年12月
		刘金红	女	浙江文成	2011年10月—2011年12月
第十二届（2011年12月始—）	书记	汪 驰	男	浙江永嘉	2011年12月—
	副书记	王彩莲	女	浙江温州	2011年12月—
		谢逢越	男	浙江泰顺	2011年12月—
	常委	李建业	男	浙江文成	2011年12月—
		刘金红	女	浙江文成	2011年12月—
		钟方成(畲)	男	浙江平阳	2011年12月—
		徐清雨	男	浙江泰顺	2011年12月—
		黄小中	男	浙江温州	2011年12月—
		周永家	男	上海崇明	2011年12月—

说明:资料由中共文成县委办公室提供

第二节　机构设置

1991年，县委工作机构设办公室、组织部、宣传部、统战部、政法委员会、机关工委、党史研究室、党校、老干部局、保密局。纪委为市县双重领导机构。

1996年11月机构改革，县纪律检查委员会与县监察局合署办公，一个机构两块牌子，为县委内设机构；县委老干部局由县委组织部管理；县级机关工作委员会改名为县直属机关工作委员会，挂靠县委组织部；县委台湾工作办公室（县政府台湾事务办公室）并入县委统战部作为内设机构，对外保留县委台湾工作办公室（县政府台湾事务办公室）牌子；县宗教事务局并入县委统战部，作为内设机构，不再保留原机构名称；县委保密委员会办公室（保密局）由县委办公室代管。1997年4月，中共文成县委党史研究室与文成县地方志办公室合并，更名为中共文成县委党史县志办公室。

2002年1月，县委工作机构再次作出调整，保留县纪律检查委员会（监察局与其合署办公）、县委办公室、组织部、宣传部、统一战线工作部〔台湾工作办公室（县政府台湾事务办公室）与其合署办公〕、政法委员会（社会治安综合治理委员会办公室与其合署办公）。县直属机关党工委由挂靠组织部改为独立设置。

2007年8月，成立县委建设“法治文成”工作领导小组办公室，挂靠县委办。划出县委农村工作办公室的机构和职能单独设置。

2008年5月，中共文成县委、文成县人民政府来信来访办公室从县委办公室析出，独立设置，更名为中共文成县委、文成县人民政府信访局。县委建设“法治文成”工作领导小组办公室更名为文成县法治工作中心。

2011年设纪委、办公室、组织部、宣传部、统战部[与台湾工作办公室（县政府台湾事务办公室）、民族宗教局合署办公]、政法委员会、机关党工委、史志办、党校、老干部局、信访局11个工作机构。

县委办公室

1991年，内设秘书科、新闻信息科、机要科、调研室，代管《温州日报》文成报刊发行站5个职能科室，核定编制21名。

1996年，增设综合科，代管县保密局。1997年4月，原1989年归口县政府领导的中共文成县委、文成县人民政府来信来访办公室作为内设机构并入县委办，改称文成县信访局。5月，综合科、新闻信息科整合，设新闻科、综合信息科，增设县委督查室、县信访局。

2000年，新闻科改称新闻科（文成记者站），增设“反邪教”办公室，挂靠县委办。

2002年6月，机构改革，重新调整职能科室，内设人事秘书科、县委政策研究室（综合科）、县委督查室（县委巡视工作办公室）、机要科（县委计算机网络处理中心）、新闻信息科、县委农村工作办公室、县信访局、县委保密委员会办公室（县保密局）、记者站9个职能科室。核定行政编制28名、事业编制4名。

2007年，县委农村工作办公室从县委办析出。

2008年，县信访局从县委办析出。

2009年，县委办政研室（综合科）分设县委政研室、综合科。11月，县委办机要科更名为县委机要局，增挂“县委密码管理局”牌子。

2011年3月，组建文成县考绩委员会办公室，作为文成县考绩委员会的常设机构，与县委办公室合署办公。同年，内设人事秘书科、政研室、综合科、考绩办、机要局（县委计算机网络处理中心）、新闻信息科、保密局、法治中心、记者站9个职能科室。核定行政编制16名、事业编制7名。

组织部

1991年,县委组织部内设办公室、组织科、干部科、干部审查科。同年,增设县委处理“三种人”工作办公室、县委落实政策办公室与干部审查科合署办公,县委处理地下党历史遗留问题办公室与组织科合署办公。

2002年,干部科分设为干部一科、干部二科,干部审查科改称干部监督室。同年,县委设立组织员办公室与组织科合署办公,管理各乡镇组织员。

2004年,增设县委人才工作办公室挂靠县委组织部。2006年,设立干部教育科与县委人才工作办公室合署办公,原由干部二科承担的干部教育培训工作职能划归干部教育科负责。

2006年,增设中共文成县社会工作委员会,作为县委派出机构,挂靠县委组织部,内设党建指导办公室。

2007年,党建指导办公室更名为两新科,其职能、规格和人员编制均维持不变。分设原与干部一科合署办公的参照公务员制度管理办公室,并更名为干部综合科,主要负责参照公务员制度管理及干部档案工作。

2009年,县人才办增挂文成县高校毕业生到村(社区)工作人员管理办公室牌子,不再与干部教育科合署办公。同年,增设县党代会代表联络办公室,设主任1名(兼),专职副主任1名,下设党代表工作指导科。

2011年,中共文成县社会工作委员会更名为中共文成县委非公有制经济组织和社会组织工作委员会,继续作为县委派出机构挂靠县委组织部,内设党建指导办公室。年底,内设办公室(组织史编纂办公室)、组织科、两新科、干部一科、干部二科、干部综合科(参照办)、干部教育科(干部教育培训中心)、人才办、干部监督室、电教中心、党代表工作室11个科室。

1991年,核定行政编制15名。2000年,核定行政编制21名。2011年,编制41名。

1991—2011年中共文成县委组织部部长名录一览表

表19-2

姓 名	性 别	籍 贯	职 务	任 期
毛马金	男	浙江景宁	县委常委 组织部部长	1990年4月—1993年2月
胡立同	男	浙江文成	县委常委 组织部部长	1993年2月—1997年11月
沈 伟	男	浙江瑞安	县委常委 组织部部长	1997年11月—2003年1月
朱云华	女	浙江洞头	县委常委 组织部部长	2003年1月—2006年11月
卢 斌	男	浙江苍南	县委常委 组织部部长	2006年11月—2010年9月
徐清雨	男	浙江泰顺	县委常委 组织部部长	2010年9月—

说明:资料由县委组织部提供

宣传部

内设机构 1991年,县委宣传部内设办公室、宣传科、党教科、理论科、文明办5个职能科室,核定行政编制11名、中层职数6人,2002年,原县委对外宣传办公室、县政府新闻办公室并入宣传科,党教科、理论科合并称党教理论科,文明办独设为正科级单位。2007年,宣传科增挂文化事业、产业发展指导科牌子。2008年,宣传科增挂县互联网宣传管理办公室牌子,建立文成县外宣中心和文成县互联网新闻宣传管理中心,为县委宣传部所属事业单位,实行两块牌子一套人马,增事业编制3名。2011年,内设机构与人员编制未变。

下属单位 文成报社、文成新闻中心。

1993年,35个乡镇选配10名专职乡镇宣传委员,25名兼职宣传委员。2001年,选配97名农村宣传员,建立“学生宣传员”队伍,在黄坦试点。2002年,配齐村级宣传员546人。

1991—2011年中共文成县委宣传部部长名录一览表

表19-3

姓 名	性 别	籍 贯	职 务	任 期
徐世征	男	浙江文成	县委常委宣传部部长	1990年4月—1998年4月
陈建明	男	浙江文成	县委常委宣传部部长	1998年4月—2003年3月
刘建忠	男	浙江文成	县委常委宣传部部长	2003年3月—2007年1月
吴高宏	男	浙江文成	县委常委宣传部部长	2007年1月—2009年9月
郑建华	男	浙江文成	县委常委宣传部部长	2009年9月—2011年12月
刘金红	女	浙江文成	县委常委宣传部部长	2011年12月—

说明:资料由县委宣传部提供

统 战 部

内设机构　1991年,县委统战部内设办公室、台湾事务科、民族宗教管理科3个职能科室。1992年,县宗教事务管理科单独设立,改称宗教事务局,人员编制4名。同年,县人民政府台湾事务办公室定为正科级机构,挂中共文成县委台湾办公室牌子,人员5人。1997年4月,宗教事务局改为县委统战部内设机构,对外挂县政府民族宗教事务局牌子。1998年,县委台办与县委统战部合署办公,机构仍挂中共文成县委台湾工作办公室与文成县人民政府台湾事务办公室两块牌子。2002年,县民宗局被提升为一级行政局与县委统战部和县台办合署办公,核定编制10名。2005年,设立民族宗教事务管理所,事业编制1名,2010年增事业编制2名。2010年,增设联络科。2011年,内设办公室、联络科。

下属机构　1999年,配齐全县62个乡镇统战委员,2003年,建立乡镇统战工作领导小组,400余个村居配备统战工作联络(信息)员。2009年,33个乡镇党委书记兼任各乡镇统战工作领导小组组长。

1991—2011年中共文成县委统战部部长名录一览表

表19-4

姓名	性别	籍贯	职务	任职时间
雷开勤(畲)	男	浙江文成	县政协副主席、统战部部长	1985年3月—1997年10月
纪仕胜	男	浙江文成	县政协副主席、统战部部长	1997年12月—1998年3月
周圣忠	男	浙江文成	副部长(主持工作)	1998年3月—1999年4月
刘建忠	男	浙江文成	县政协副主席、统战部部长	1999年4月—2003年3月
刘玲玲	女	浙江文成	县委常委 统战部部长	2003年3月—2009年2月
章寿禹	男	浙江苍南	县委常委 统战部部长	2009年2月—2011年12月

说明:资料由县委统战部提供

县直属机关工作委员会

内设机构 1991年,县直机关党工委挂靠组织部,内设办公室,核定行政编制7名。1997年6月,内设办公室,核定行政编制5名。2002年1月,县直机关党工委独立设置,按照三定方案调整科室职能,内设办公室(组宣科),核增中层职数1人。2011年,内设机构未变,实际在职干部7人。

直属机构 1991年,直属县直机关单位57个党支部。2001年,直属1个机关党委、2个党总支、68个党支部,党员1096人(其中预备党员41人)。2010年,县机关19个部门(单位)党委划归县直机关党工委,并新设立19个机关党委、19个机关纪委。2011年,县直机关党工委管辖20个机关党委、39个党组、5个党总支、233个党支部、3860名党员。同年,乡镇机关党委划归县直机关党工委管辖,分别建立10个乡镇机关党委、机关纪委,下设机关党支部142个,党员2258名。

老干部局

内设机构 1991年,内设办公室,行政编制3名。1997年4月,归口组织部管理,内设办公室、管理服务科。2002年,县关心下一代工作委员会办公室和老干部局合署办公。2011年,核定行政编制6名,事业编制6名,实际在职行政干部8人,事业干部6人。

下属机构 老干部活动中心、老年大学。17个离休干部党支部。

党校

1991年,县委党校行政科并入办公室,组教科并入教研室。1993年,增设教务科。1995年9月,与县行政学校,与县党校合署办公。2011年,内设办公室、组教科。全校教职员工13人。

信访局

1977年称文成县革命委员会来信来访办公室。1982年改称中共文成县委来信来访办公室。1983年又改称中共文成县委、文成县人民政府来信来访办公室。1989年归口县政府领导。1997年4月,作为内设机构并入县委办公室,名称改为文成县信访局。2008年5月,从县委办公室析出,作为县委、县政府处理人民群众来信、来访、来电的工作机构单独设置,更名为中共文成县委、文成县人民政府信访局,为正科级行政单位,列党委序列。内设办公室(办信科)、接访科、督查科(复查复核科)、民情接访中心4个职能科室,核定行政编制7名。其中民情接访中心隶属为县信访局管理的事业科室,核定全额事业编制3名。11月,成立县信访局党组。2009年11月,核减局行政工勤编制1名;增加民情接访中心事业编制1名。2010年3月,建立中共文成县委、文成县人民政府信访局纪检组。2011年内设办公室(办信科)、接访科、督查科(复查复核科)、民情接访中心。人员编制未变。

第二章　县党代会与县委重要会议

1990年4月至2011年12月，历经第七次至第十二次中共文成县党员代表大会(以下简称“党代会”)，选举产生七届至十二届县委。召开县委全委会62次、县委常委会452次；党员代表大会听取与审议工作报告12个，作出决议12项；县委全委会听取与审议工作报告41个，作出决议50项；选举县委委员171人次、候补委员30人次；选举县委常委93人次、县委副书记27人次、县委书记10人次。20年间，中共文成县委对文成发展生态旅游、扶贫开发、农业综合开发、侨务工作、生态文明建设、刘伯温文化研究、深化农村改革、教育强县等方面作出重大决策。

第一节　中共文成县党员代表大会

1990—2011年，县委召开第七次至第十二次党代会，选举产生七届至十二届中共文成县委，并选举产生出席市党代会代表94人次。

县历次党代会

第七次党代会　1990年4月7—10日在县城大峃镇召开，出席代表342人，列席代表19人，特邀代表6人。大会听取金邦清代表第六届县委作题为《振奋精神，艰苦创业，为改变文成的贫困面貌而努力奋斗》、廖梅柳代表上届县纪委作题为《加强党的纪律检查工作，保证党的路线方针政策顺利贯彻执行》的工作报告。经过讨论，大会分别作出相关决议。会议选举产生第七届委员会委员25人、候补委员4人、纪委委员13人。七届委员会一次会议选举产生县委常委8人，金邦清为县委书记。七届一次纪委会议选举常委4人，陈永造为书记。

第八次党代会　1993年3月23—26日在县城大峃镇召开，出席代表349人，列席代表26人，特邀代表5人。大会听取钱成良代表第七届县委作题为《解放思想，加快步伐，为实现小康目标而努力奋斗》、陈永造代表上届纪委作题为《总结经验，开拓前进，以改革创新精神做好纪检工作》的工作报告。经过讨论，大会分别作出相关决议。大会选举产生第八届委员会委员25人、候补委员4人、纪委委员13人。八届委员会一次会议选举产生县委常委9人，钱成良为县委书记。八届一次纪委会议选举常委5人，盖爱萍为书记。

第九次党代会　1998年3月9—13日在县城大峃镇召开，出席代表316人，列席代表30人，特邀代表13人。大会听取高育厅代表第八届县委作题为《抓住机遇，加快发展，为文成胜利迈向21世纪而努力奋斗》的工作报告；听取赵松涛代表上届县纪委作工作报告。经过讨论，大会分别作出相关决议。大会选举产生第九届委员会委员25人，候补委员4人，纪委委员15人。九届委员会一次会议选举产生县委常委9人，高育厅为县委书记。九届一次纪委会议选举常委7人，赵松涛为书记。

第十次党代会　2003年3月4—8日在县城大峃镇召开，出席代表308人，列席代表33人，特邀代表19人。大会听取陈作荣代表第九届县委作题为《以党的十六大精神为指导全面加快生态旅游县建设步伐》、胡侠代表上届县纪委作题为《以党的十六大精神为指导深入推进党风廉政建设和反腐败斗争》的工作报告。经过讨论，大会分别作出相关决议。大会选举产生第十届委员会委员25人、候补委员5人、纪委委员15人。十届委员会一次会议选举产生县委常委10人,陈作荣为县委书记。十届一次纪委会议选举常委7人,胡侠为书记。

第十一次党代会 2006年12月18—21日在县城大峃镇召开,出席代表309人,列席代表46人,特邀代表19人。大会听取吴开锋代表第十届县委作题为《全面落实科学发展观为加快生态旅游县建设进程而努力奋斗》的工作报告;听取胡永锋代表上届县纪委作工作报告。经过讨论,大会分别作出相关决议。大会选举产生第十一届委员会委员33人、候补委员6人、纪委委员21人。十一届委员会一次会议选举产生县委常委10人,吴开锋为县委书记。十一届一次纪委会议选举常委7人,胡永锋为书记。

图19-1 中共文成县第十一次代表大会(县委办提供 2006年摄)

第十二次党代会 2011年12月18—22日在县城大峃镇召开,出席代表309人,列席代表46人,特邀代表22人。大会听取汪驰代表第十一届县委作题为《推进三生融合,打造幸福文成,努力提升宜游宜居生态县建设水平》的工作报告;听取钟方成代表上届县纪委作工作报告。经过讨论,大会分别作出相关决议。大会选举产生第十二届委员会委员38人、候补委员7人、纪委委员20人。十二届委员会一次会议选举产生县委常委9人,汪驰为县委书记。十二届一次纪委会议选举常委7人,钟方成为书记。

出席省、市党代会代表

市党代会代表由县党代会代表选举产生,1991—2011年选举产生出席市党代会代表94人次。省党代表由市党代会代表选举产生。1991—2011年县域被选上省党代会代表10人。

1994—2011年文成县出席中共温州市第七次至第十次代表大会代表名录一览表

表19-5

次数	时间	代表名单
第七次	1994年7月12—16日	陈积榜 胡立同 富正宽 夏瑞洲 雷开勤(畲) 吴志强 蓝仕环(畲) 林长聪 郑丽霞(女)
第八次	1998年10月26—30日	毛刘娟(女) 孔 璋 叶 飞 叶文武 刘化月 刘金红(女) 江海滨 李居轩 吴宇凌(女) 沈 伟 陈永光 陈永格 陈永富 陈建明 陈思成 郑贤望 胡立同 胡碎钗 赵汉荣 赵松涛 冒康夫 钟信友(畲) 施彩微(女) 姜伟钢 高育厅 雷开勤(畲) 蔡日省 潘玉花(女) 魏 华(女)
第九次	2003年4月23—27日	陈作荣 吴开锋 陈建明 胡 侠 潘玉花(女) 朱云华(女) 刘玲玲(女) 张德玉 陈建国 吴育民 郑明权 陈敏傍 刘金红(女) 季昌丰 雷本汉(畲) 陈杰 金学高 郑文东 吴昌亮 蔡建国 胡永锋 富晓春 王海燕(女) 钟爱珠(畲、女) 厉旭光 张世林 黄华宽
第十次	2007年2月27—3月3日	王向阳 王金凤(女) 卢 斌 叶文芳(女) 叶方贵 邢慧芳(女) 朱 敏 朱云华(女) 刘 峰 刘玲玲(女) 李标 李维中 吴开锋 吴昌亮 张 胜 陈三柳(女) 陈敏傍 林爱武(女) 金一玲(女) 金光宇 郑文东 郑长进 赵建荣 胡永锋 钱成良 黄德康 谢作雄 雷本汉(畲)

说明:资料由县委办公室提供

1993—2007年文成县出席中共浙江省第九次至第十二次代表大会代表名录一览表

表19-6

代表大会名称	次数	时间	代表名单
中共浙江省代表大会代表	第九次	1993年12月19—24日	钱成良　陈积榜　钟圣闹(畲、女)
	第十次	1998年12月21—25日	高育厅　胡立同　叶　飞
	第十一次	2002年6月12—16日	陈作荣　陈建明
	第十二次	2007年6月12—16日	吴开锋　谢作雄

说明：资料由县委办公室提供

第二节　县委全委会议及常委会议

1991—2011年，第七届至第十二届中共文成县委召开62次县委全委会、452次县委常委会，讨论与决定国民经济和社会发展的各项事务，引领全县经济与社会健康高速发展。

县委全委会

县委全体委员会议每年召开几次、何时召开，由县委常委会根据形势与任务的要求研究决定，没有具体的次数限制。通常情况下每年召开1～2次，特殊情况下适当增加。每次会议召开都由县委委员、候补委员参加，纪委委员列席会议，由县委书记作工作报告，作出全县政治、经济、社会发展的重大决议或补选县委委员。截至2011年12月，七届至十二届中共文成县委召开62次全委会。

第七届县委　召开5次县委会，县委书记、县纪委书记作工作报告8次。在加强县委思想作风建设、建立领导干部谈话制度、“八五”期间加强扶贫开发和老区工作、加强农村基层组织建设、发展壮大村级集体经济等方面作出决议决定。

第八届县委　召开16次县委会，县委书记、县纪委书记作工作报告15次。在县委议事规则、加强县委自身建设、深化经济体制改革、加强党的基层组织建设、完善领导干部奖励办法、保护和调动工商企业厂长（经理）积极性、加强干部组织纪律、建立农村农用土地使用权流转机制实施办法、开展农村党支部带领群众奔小康活动、召开文成县党代表会议、健全乡镇和县机关单位党委（党组）民主集中制、抓紧抓好培养选拔优秀年轻干部、加强农村基层组织建设的三年规划与实施意见、国民经济和社会发展“九五”计划和2010年远景目标计划、文成县97脱贫攻坚计划、“九五”脱贫奔小康的若干规定、社会主义文明建设实施纲要（1997—2000）、加强乡镇和县机关单位领导班子思想政治建设、召开中共文成县第九次代表大会等方面作出决议决定。

第九届县委　召开15次县委会，县委书记、县纪委书记作工作报告14次。在县委工作规则、加强县委自身建设、农业和农村现代化发展纲要、制定文成县国民经济和社会发展第十个五年计划的建议、召开中共文成县第十次代表大会等方面作出决议决定。

第十届县委　召开11次县委会，县委书记、县纪委书记作工作报告11次。在县委议事规则、加强县委自身建设、建设“平安文成”、加强党的执政能力建设、认真实施“富民攻坚计划”、县委全委会民主推荐提名工作实施办法、县委全委会对重要职位拟任人选和推荐人选表决办法、制定文成县国民经济和社会发展第十一个五年规划的建议、加强文化建设、加强法治建设、召开中共文成县第十一次代表大会等方面作出决议决定。

第十一届县委　召开14次县委会，县委书记、县纪委书记作工作报告15次。在贯彻中共十六届六中全会精神构建和谐社会、县委议事规则、加强县委自身建设、扎实推进创业富民创新强县、全面改善民生促进社会和谐、贯彻中共十七届三中全会精神,加强推进农村改革发展、推进生态文明建设、制定国民经济和社会发展第十二个五年规划的建议、加强和创新社会管理、召开中共文成县第十二次代表大会等方面作出决议。

第十二届县委 召开1次县委会,县委书记、县纪委书记作工作报告2次,未作出决议。

常委(书记办公)会议

县委常委会领导全县党、政、军、民和工、农、商、学等各个方面和各个阶层、各个行业的工作,研究和决策本县经济、社会发展和党的自身建设等方面的重大问题。常委一班人实行集体领导下的分工负责制,书记主持全面工作,负总责;副书记协助书记工作,负分工之责;常务委员按分工负责。对重大问题的决策,先由书记办公会议研究,再召开常委会集体讨论决定。常委会一般每月召开两次,如遇特殊情况随时召开。

1991年,召开县委常委会议24次、书记办公会议9次、六套班子领导成员会议18次,研究人事、社会治安、计划生育、机关干部思想作风整顿、廉政建设等40余个议题。

1992年,召开县委常委会议14次,研究制定发展壮大村级集体经济、加强农村基层组织建设、鼓励发展外向型经济和创办经济实体等政策规定。研究确定召开县委七届五次全会、旅游开发问题、综合体制改革试点工作、召开县人大、政协会议的有关事项、贯彻省老区扶贫工作会议、泗溪路开发政策处理和建设路建房历史遗留问题、社会主义新农村试点单位;撤区扩镇并乡方案、乡镇换届人事安排、县乡两级换届选举工作有关事项。研究解决反偷渡、计划生育、农业开发、电力管理体制、瑞安江南扶贫开发区投资、县城有线电视建设及拔尖人才选拔等问题。

1993年,召开县委常委会议7次,研究县第八次党代会的筹备工作、文成县住房制度改革实施方案、合资建设高岭头水电厂、推荐省第九次党代会代表、毛泽东同志100周年诞辰纪念活动内容安排、县旅游开发机构、规划、政策、宣传等方面问题,研究部署农村十四大精神再教育活动,研究制订关于严格控制集团购买力和财政支出的实施意见及关于近期反腐败斗争工作部署实施意见等两个政策性文件。

1994年,召开县委常委会议10次,讨论通过《关于加强干部组织纪律决定》《关于建立农村农用土地使用权流转机制实施和办法(试行)》《关于开展农村党支部带领群众奔小康活动决定》《关于进一步鼓励机关兴办经济实体的若干规定》《关于党政一把手负总责的试行办法》等政策性文件。研究出台农业、工业、城镇拓展、电力、交通等领域开发的优惠政策。研究解决公安派出所设置、科教先导、有线电视台建设和文明集镇创建、户籍改革试点、机关兴办经济实体等问题。研究部署防腐败工作。

1995年,召开县委常委会议6次,研究制订文成县国民经济社会发展"九五"计划和2010年远景规划、农业综合开发规划、工业规模效益工程规划、基础设施工程规划、城镇拓展工程规划、科教先导工程规划和坚持民主集中制、农村基层组织建设规划。研究召开县人大十一届三次会议与县政协四届三次会议的有关工作。研究落实经济、"普九"教育、扶贫建校、社会治安、计划生育、基层组织建设和反腐败等工作。研究解决珊溪水利枢纽工程移民工作初步方案、召开县委八届十次全会及农业规模经营会议、研究移民、综治、爱国主义教育基地、计划生育、乡镇人大换届选举、县城精神文明建设等有关问题。

1996年,召开县委常委会议8次,研究制定关于公开选拔县机关副局级领导干部的意见、机关干部调离文成的若干规定、"九五"计划和2010年远景目标规划、社会治安综合治理"三建三创"、乡镇目标考核目标管理、机构改革方案、后进党支部整顿转化工作意见等文件。研究落实人武部划归军队建制、"一推双考"、"严打"整治、"青山白化"和寺观教堂治理工作。研究确定设立县政府驻北京、上海、深圳、温州四个办事处、市下派干部人事安排等事宜。研究解决老龄工作、依法治县、扶贫捐资等问题。

1997年，召开县委常委会议18次、书记办公会议23次、四套领导班子成员会议16次，研究农业、工业、社会治安、计划生育、反腐败斗争、思想作风建设、人事等多个议题。

1998年，召开县委常委会议22次、书记办公会议27次、四套领导班子成员会议14次，研究农业、工业、社会治安、计划生育、机关干部思想作风整顿、廉政建设等议题。

1999年，召开县委常委会议26次、书记办公会议33次、四套领导班子成员会议27次，研究农业、工业、社会治安、计划生育、机关干部思想作风整顿、廉政建设等议题。

2000年召开县委常委会议42次、书记办公会议32次、四套领导班子成员会议27次，研究农业、工业、社会治安、计划生育、机关干部思想作风整顿、廉政建设等议题。

2001年，召开县委常委会议31次、书记办公会议44次、四套领导班子成员会议25次，研究农业、工业、社会治安、计划生育、"三个代表"重要思想学教活动、党风廉政建设、乡镇换届等议题。

2002年，召开县委常委会议15次、书记办公会议21次、四套领导班子成员会议8次，研究农业、工业、社会治安、计划生育、转变作风年和调查研究年活动、党风廉政建设、乡镇换届等议题。

2003年，召开县委常委会议25次、书记办公会议25次、四套领导班子成员会议6次，研究旅游业、招商引资、农业、工业、社会治安、计划生育、机关作风建设、党风廉政建设、非典疫情、人大换届、政协换届等议题。

2004年，召开县委常委会议21次、书记办公会议21次、四套领导班子成员会议9次，研究生态旅游、招商引资、"平安文成"建设、农业、工业、党建、计划生育、人大换届、政协换届等工作。

2005年，召开县委常委会议25次、书记办公会议28次、四套领导班子成员会议7次，研究招商引资"一号工程"、"139富民攻坚计划"、生态工业"55"工程、省级文明县城创建、"平安文成"建设、生态旅游、农业、工业、党建、计划生育等工作。

2006年，召开县委常委会议32次、书记办公会议17次、四套领导班子成员会议26次研究农业、工业、抗震救灾、创建文明县城、乡镇换届、计划生育、社会治安、党风廉政建设等议题。

2007年，召开县委常委会议27次、书记办公会议24次、四套领导班子成员会议3次，研究农业、工业、抗震救灾、文明创建、计划生育、社会治安、党风廉政建设等议题。

2008年，召开县委常委会议28次、书记办公会议26次、四套领导班子成员会议4次，研究农业、工业、文明创建、计划生育、社会治安、党风廉政建设等议题。

2009年，召开县委常委会议32次、书记办公会议25次、四套领导班子成员会议6次，研究农业、工业、抗震救灾、文明创建、计划生育、社会治安、党风廉政建设等议题。

2010年，举行9次县委常委会议，全体会议2次。传达全市组织工作会议暨后进村集中整治工作总结表彰会议精神；研究公安、人事及县委近期重点工作、丧葬陋习整治、巨屿（二期）工业用地、珊溪水源地保护、计划生育、县机关单位实施"阳光工资"、作风建设等方面的议题。

2011年，全年召开县委常委会议30次，书记办公会议20次，研究部署产业发展、城乡统筹、环境建设、项目建设、社会民生、维稳和谐、党风廉政建设等议题。召开全县性会议45次。

第三章 重大决策

文成县委从文成实际出发,促进文成县的经济社会发展。抓决策、抓大事,在不同阶段、不同时期,制定不同阶段的重大决策或发展战略。

1985—1991年,县委确定了"发挥文成优势;靠山吃山,靠水吃水"的指导思想,提出"走山路、唱山歌"的发展思路,制定资金扶持,发展交通,调整农村生产结构等10项治贫措施,为全面推进脱贫致富注入强大动力。

1992—1998年,县委发出"解放思想,加快步伐,为早日实现小康目标而努力奋斗"的号召。提出"立足山水,开发资源,加强基础,改造环境,深化改革,跳跃发展"思路,掀起基础设施建设热潮。转变经济发展思路,形成了"山水乐园"发展战略,先后作出加快资源开发和水电资源开发、支持农业股份合作决策。

2000—2008年,县委以实现富民强县为目标,提出"生态旅游县"发展战略,把建设"生态文成、魅力文成、和谐文成"作为三大战略任务来实施,形成了系统的"12345"发展战略体系。

2011年12月在中共文成县十二次党代会上提出"推进三生融合、打造幸福文成,努力提升宜游宜居生态县建设水平"的战略目标任务。

第一节 旅游开发与生态文明建设

1992年县委决定进行旅游开发,10月成功申报省级风景名胜区;2000年成功申报国家级风景名胜区。此后,县委把旅游作为主导产业来抓。2002年,县委适时提出建设生态旅游县,重视旅游开发的同时更加重视生态保护和建设。2006年,县委提出生态文明建设,生态旅游县建设目标更高,内涵更广泛。

旅游开发

1992年,县委成立旅游资源开发领导小组,召开旅游资源论证会,设立县风景旅游开发管理办公室。1993年,县委第八次党代会提出把旅游业作为发展第三产业的龙头来抓,以百丈漈为中心开发建设风景名胜区;1994年,县委决定成立县风景旅游管理局,下设百丈漈中心、南田与朱阳九峰管理处。

1996年,中共文成县第八次代表大会提出:开发好建设好以百丈漈为中心的风景名胜区,使之成为浙南的旅游避暑胜地,从而带动相关的商业、饮食服务业、交通运输业、信息业和旅游商品生产的发展。

1997年,县委八届十三次全会决定:旅游资源开发,进一步加大投入,搞好百丈漈瀑布引水工程建设,重现百丈飞瀑雄姿。抓紧石垟林场、叶胜林场森林公园建设,筹建旅游接待服务中心;开工建设文成宾馆,改善接待设施;进一步扩大对外宣传,形成新的旅游开发热潮,逐步把文成建设成为风光优美、设施完善、功能齐全、面向温州的"山水乐园"。

1998年,县委九届九次全会提出:随着珊溪水利枢纽工程开工建设,加快旅游资源开发。以建设温州的"山水乐园"为目标,全面启动旅游开发,做好"宣传、保护、管理、建设"的文章,致力把文成县建设成为国家级旅游风景区;确立和发挥旅游业在文成县国民经济中的主导位置和重要作用,把旅游业培育成为文成县跨世纪发展的新的经济增长点,带动全县经济快速发展;按照"高起点、树特色、大旅游、大产业"的要求,制定好全县跨世纪的旅游发展规划。在旅游市场目标上要“立足文成、拓展浙南、开辟闽北、吸引三胞、接轨全省”;在项目开发上要发挥刘基故里、百丈飞瀑、高山秀湖、民族风情、森林风光的优势,形成“山在碧湖旁、水在密林间、人在水云上”的旅游特色;充分发挥刘伯温的名人效应;按照市场经济的规律来发展旅游;逐步形成多元化、多形式、多渠道的投资体系,形成“大投入、大开发、大产业、大发展”的格局。

1999年,县委九届五次全会提出:稳妥地推进旅游体制改革,成立文成县风景旅游工作领导小组,为旅游业的发展提供有效管理和服务;坚持“立足浙江,面向华东”的方针,精心研究宣传促销策略,不断开拓国内外旅游市场。

2000年,县委九届六次全会提出:把握旅游发展机遇,尽力加快旅游产业发展步伐;树立“旅游产业主导化”的思想,加快旅游产业化的发展,逐渐形成以玉壶—县城—百丈漈—南田—西坑—石垟、叶胜林场—云湖—珊溪为环线,集侨乡风貌、人文景观、湖光山色、溪流飞瀑、畲乡风情、壶穴奇峰为一体的旅游黄金圈。

2001年,县委九届九次全会提出:进一步树立“品牌山水、名牌山珍、精品旅游”的综合旅游发展意识,切实加快旅游产业发展;围绕千古人豪—刘伯温、华东第一峡谷—峡谷景廊、全国第一高瀑—百丈漈、全国唯一现存万年古河床—铜铃壶穴景观和浙南最大的人工湖—飞云湖等五大资源开发利用,努力构筑以百丈漈—铜铃山峡—飞云湖为支点的旅游“金三角”;编制完成《全县旅游总体规划》,加快通景公路改建,逐步改善全县旅游交通状况;进一步加强旅游促销力度,拓展旅游市场;加快旅游产品的开发;培养合格的旅游管理和建设人才,提高服务水平和质量,推进旅游产业主导化。

2002年,县委九届十三次全会提出:通过5年至10年的努力,力争把文成县建成在全省有一定影响力的旅游大县目标。加快通景公路及景区服务接待设施建设,不断提高文成县旅游档次和接待能力;紧紧抓住刘基庙(墓)列入国家级文保单位、铜铃山列入国家级森林公园机遇,积极争取百丈漈列入国家级风景名胜区。

2003年,中共文成县第十次代表大会提出:旅游经济是今后文成经济希望之所在,“旅游兴、经济兴”,“旅游强、文成强”,“旅游有希望、文成的未来就有希望”;加快大投入,形成大建设,抢占大市场,促进大发展,努力把文成建设成为具有较强影响力的生态旅游县。

2004年,县委十届三次全会提出:旅游资源丰富是文成县的比较优势,旅游经济是今后文成经济的发展重点。坚定信心、形成合力,加速发展旅游经济,共同开创生态旅游业新局面;按照“立足温州、主攻沪杭、面向全国”的对外宣传促销思路,多渠道、多形式对文成生态旅游形象进行全方位的宣传,使文成旅游在全市乃至全省家喻户晓,人人皆知。

2005年,县委十届五次全会提出:紧紧抓住全省建设旅游经济强省的有利时机,全力实施旅游产业提升计划,旅游发展目标要从旅游资源大县向旅游经济强县提升。

2006年,县委十届八次全会提出:把旅游业作为主导产业来培育,做好“山上、海上、晚上”三篇文章。打造精品景区,做好铜铃山、百丈漈、刘基故里AAAA级旅游景区创建工作,提升景区档次和品位;完善旅游设施;按照“留得住、住得下、玩得好”的要求,启动天顶湖旅游接待中心、刘基文化生态园等一批高档旅游配套设施建设,增强重点旅游城镇的集散、购物、餐饮、住宿等服务功能。

2007年,中共文成县第十一次代表大会决定:尽快促进由旅游资源大县向旅游经济强县跨越。做精旅游景区,突出抓好百丈飞瀑、铜铃山峡、刘基故里、朱阳九峰、飞云湖、龙麒源等六大景区的深度开发,加强旅游基础设施,配套设施和旅游信息化建设,着力建设一批旅游精品,不断提升文成县旅游业的档次和水平;充分发挥4张“国”字号金名片的品牌效应和市场效应,组织开展形式多样的主题促销活动,加快融入全市旅游大格局,加强与长三角城市间的旅游交流与合作,融入旅游经济圈,全面提升、美化文成旅游形象。

2008年,县委十一届五次全会提出:坚持“旅游兴县”不动摇,坚定不移地把生态旅游作为生态经济的主导产业来抓;争取全年接待游客93万人次以上,旅游综合收入达6亿元以上;通过几年努力,逐步实现文成由旅游资源大县向旅游经济强县转变。

2009年,县委十一届七次全会提出:着力推进观光旅游向休闲度假旅游转变;以创建旅游经济强县为目标,充分利用文成自然资源和人文资源,以更宽的视野、更大的手笔把全县作为一个大景区来规划、来建设;同年,百丈飞瀑景区获得国家AAAA称号,使文成县成为温州市唯一拥有两处国家AAAA旅游景区的县;5月份成功举办中国森林旅游节暨第五届浙江山水旅游节,11月份成功举办第二届万种枫情节;文成县还被评为"浙江省十大生态旅游名城",文成旅游的知名度进一步提高,旅游产业带动效应日益明显;实现旅游综合收入9.08亿元,同比增长28.1%。

2010年,县委十一届九次全会提出:扎实开展旅游经济强县创建活动,推进"观光旅游向休闲度假旅游转变,旅游资源大县向旅游经济强县转变",力争全年实现旅游综合效益11.5亿元以上;加大旅游地产开发力度,加快推进在外温州人之家、天顶湖旅游接待中心、刘基文化生态园等一批旅游配套续建项目,大力提高旅游接待能力;整合"瓯之南"五县(市)旅游资源和产品,加强与客源地主流媒体、重点旅行社之间的合作,发挥华侨、商会资源优势,拓展客源市场。

2011年,县委十一届十一次全会提出:加快以旅游业为龙头的第三产业发展,推进旅游产业与关联产业的融合,延伸旅游产业链;按照"培育大产业、发展大旅游、推进大发展"的思路,加大景区环境治理,强化要素保障,加大投入力度,加快推进旅游"十大中心"建设和"八大景区"的改造提升,做大做强旅居经济;以中心城区和中心镇为依托,加快推进商贸物流、金融服务、旅游休闲、保健养生等现代服务业发展,推动中心镇第三产业的快速发展。

生态文明建设

2002年,县委九届十三次全会提出:创建全国生态示范县;通过几年的努力,把文成建设成为全省乃至全国著名的生态旅游县;文成县拥有得天独厚的风景旅游资源、优良的生态环境和独特的民族风情,通过近几年的发展,生态经济和旅游经济已经有一定基础,特别是随着56、57两条省道的即将贯通,将为文成县生态旅游的发展带来良好机遇;生态旅游县的发展目标决定文成城市化必须向生态型山水旅游城市方向发展,尤其是县城的建设更要体现生态旅游的风格。将青山、碧水、绿色引入城市发展规划和建设中,逐步树立起整洁、优美、文明、有序的生态旅游城市新形象。

2003年,中共文成县第十次代表大会提出:实施《全国生态示范县建设规划》,全面进行封山育林、封山护林,抓好飞云江及支流两岸以景观和水源涵养为主要功能的生态公益林建设,合理开发利用资源,严格环境保护,实现开发建设与保护生态环境互相结合、互相促进,争取在2005年年前成功申报国家级生态示范县;全面发展生态农业、生态工业,致力构筑生态效益型经济新结构,全力建设"生态文成"。生态农业发展要上新台阶。抓紧实施产业培育、人口迁移、环境优化、山海协作、困难群众援助等五项计划,加快农村经济发展;重点是培育特色农业,各地结合实际,发展适合本地发展的七大特色农业产业;创建"省级文明县城",突出抓好社会风气、环境卫生、交通秩序的大整治,继续实施县城周边环山绿化计划、亮丽工程和泗溪、凤溪整治工程,不断加大城镇基础设施的投入和卫生意识、文明意识的宣传教育力度,进入省级卫生县城和省级文明县城创建先进县行列。

2004年,县委十届三次全会提出:大力发展以旅游业为龙头的第三产业;继续按照近年到文成县进行产业布局战略性调整的方向和思路,加大工作力度,努力形成以生态旅游为主体、生态农业和生态工业为两翼的产业布局新结构,促进文成县产业布局的优化和主导产业的加速发展。

2005年，县委十届五次全会中提出：全面开展生态乡镇、生态村建设顺利通过国家级生态示范区考核验收。大力发展生态高效农业。发展生态工业“5.5”工程。大力发展生态旅游产业，实现生态旅游快速提升。

2006年，中共文成县第十一次党代会提出，精心实施“生态旅游县”发展战略；生态是文成最鲜明的特征，也是文成最重要的优势，生态是文成加快发展的基础，要实现又快又好发展，必须打好生态牌，走好生态路，以“生态县”建设为主要抓手，走生态经济化，经济生态化的发展路子；通过“生态保护，生态建设，生态发展”，使文成成为一个生态良好、环境优美、充满生机可持续发展的“生态县”。

2007年，县委十一届三次全会提出：牢固树立“抓生态就是抓科学发展、抓生态就是抓产业调整、抓生态就是抓促进开放”的发展观，坚定不移地走“生态经济化、经济生态化”的发展路子。

2008年，县委十一届五次全会提出：坚持“生态立县”不动摇，按照建设“生态文明”的要求，深入实施生态县建设，努力建设资源节约型、环境友好型社会；以解决重点流域、重点区域、重点行业的环境污染为着力点，突出抓好流域治理、珊溪库区环境综合治理、农村面源污染治理和节能减排工作，切实解决环境污染问题；深入开展生态乡镇、生态村建设，年内争创全国环境优美乡镇1个、省级生态乡镇3个，市级生态乡镇5个，建成市级生态村20个、县级生态村50个。

2009年，县委十一届八次全会提出：着力推进经济转型升级，加强生态基础设施建设，年内完成县城垃圾填埋场改扩建工程，建设一批乡镇生活污水处理设施和垃圾转运设施；确保年内完成3个省级生态乡（镇）、4个市级生态乡（镇）、20个市级生态村创建任务，力争创建1个国家级生态乡镇。

2010年，县委十一届九次全会提出：坚持生态优先，着力打造一流的生态环境；围绕“生态文明建设走在前列”这一目标，做到“一手抓创建、一手抓整治”，着力打造一流的生态环境；以创建省级生态县为抓手，加大环境综合治理力度，力争生猪养殖污染整治有突破性进展，切实保护好浙南重要的生态屏障和温州人民的“大水缸”。

2011年，县委十一届十一次全会提出，把加强生态文明建设作为提升文成核心竞争力的主工程。把生态文明建设作为加快文成发展，增强区域核心竞争力的基础工程，努力把生态环境做美、生态文化做优、生态产业做大、生态家园建好；围绕集聚发展、绿色发展、借力发展、创新发展、和谐发展理念，建设“生态文成、魅力文成、和谐文成”三大战略任务。

第二节　农村改革与农业综合开发

县委始终坚持深化农村改革，建立健全社会化服务体系，强化村级合作经济组织的服务功能，把农业放在经济工作的首位，在资金、物资方面向农业倾斜，千方百计满足农业发展所需的各种服务。县委提出农业综合开发决策，推进农村经济快速发展。

农村改革

1991年，县委七届三次全会提出，把家庭联产承包责任制作为农村的一项基本政策和制度，长期坚持下去，并不断加以完善；进一步健全双层经营体制，完善承包合同，重视解决占全县70%的“空壳村”问题，增强村集体的经济实力，健全集体积累与民主理财制度，保证集体经济取之于农用之于农；逐步建立以县为中心、乡镇为纽带、村为基础、户为补充的多层次、多形式的社会化服务体系，在安排计划时真正把农业放在经济工作的首位，在资金、物资方面真正向农业倾斜，千方百计满足农业发展所需要的各种服务。

1992年，县委七届五次全会提出：深化农村改革，稳定以家庭联产承包为主的责任制，完善统分结合的双层经营体制;健全村级农工商合作社,强化服务功能,帮助农户解决一家一户解决不了的问题,做到集体资产有人管理,利益关系有人协调,资源开发、基本建设有人组织,带动农户共同发展;切实加强领导,从农户最急需的生产、技术、销售等服务项目入手,在抓好服务载体、办好服务实体上下功夫,逐步建立起以村为基础,乡为龙头,经济技术部门为依托,农民自办服务为补充的社会化服务体系。

1996年,中共文成县第八次代表大会提出:继续深化农村改革,进一步建立土地使用权流转机制,推广股份合作制,组建股份合作制水电站、农村经济组织。

1997年,县委八届十三次全委扩大会提出:广泛地把股份合作制机制引入农村各个领域,促进农村土地、资金、劳动力等生产要素的合理流动和重组;在稳定家庭联产承包责任制和林业生产责任制的前提下,进一步建立和推广土地使用权流转机制,采取土地使用权招标承包、"四荒"使用权拍卖、经营权出让、转让果园管理权等办法优化农村各种生产要素配置;在巩固提高现有20余家农业龙头企业的基础上,组建一批贸工农、产供销、种养加一体化的农业龙头企业。

1998年,中共文成县第九次代表大会提出:大力发展农业产业化经营,优化农村经济结构;牢固树立以农业为本的思想,任何时候、任何情况下,都要把农业特别是粮食生产放到经济工作的首位。

1999年,县委九届五次全会提出:继续深化农村改革,确保在春耕生产之前完成土地二轮承包工作,进一步完善统分结合的双层经营体制,完善土地使用权流转机制,积极稳妥地发展土地适度规模经营。

2000年,县委九届九次全会提出:全面完成第二轮土地承包任务,继续完善土地使用权流转机制,加快推行农业股份合作制和水利经营体制改革。

2002年,县委九届十三次全会提出:在长期稳定家庭承包经营制度的前提下,坚持依法、自愿、有偿的原则,积极稳妥开展农户承包地使用权的流转,进一步规范企事业单位和城镇居民租赁农户承包地,促进生产要素的合理流动和优化配置;同时,稳步推进农村管理体制改革,认真开展行政村撤并工作。

2003年,在中共文成县第十次代表大会上,县委提出:建立健全土地使用权流转机制,推进农村行政管理体制改革;深化农村税费改革,治理涉农乱收费,切实减轻农民负担。

2004年,县委十届三次全会提出:进一步改革户籍制度,完善城乡统一的户籍管理体系,建立农村人口向城镇集聚的激励机制;长期稳定并不断完善以家庭承包经营为基础、统分结合的双层经营体制,依法保障农民对土地承包经营的各项权利;改革土地征用制度,完善征地程序。加快发展旅游业、房地产业,大幅度提高第三产业在文成县经济中的比重,鼓励和支持各类环保型企业落户中心城镇,稳妥推进行政村的规模调整。

2005年,县委十届五次全会提出:大力发展生态高效农业,促进农业增效、农民增收;全力扶持生态工业,扩大农民就业空间;重点培育生态旅游业,提升现代服务业;鼓励发展来料加工业,实现农民"在家就业";继续按照"一户一表、一村一册、一乡一本"的要求落实帮扶措施,努力使人均纯收入低于1500元且有劳动能力的贫困户逐步实现脱贫。

2006年,县委十届八次全会提出:着力探索新形势下农村工作的新机制、新方法,努力化解影响农村稳定的深层次矛盾和问题,促进农村经济社会全面进步;继续深化农村改革,进一步减轻农民负担,探索和扩大农村税费改革成果,加快推进户籍管理、土地征用、劳动就业、社会保障等城乡配套改革。

2007年,中共文成县十一次代表大会提出:深入实施"139富民攻坚计划"和新农村建设"1234"工程,促进农村经济社会全面发展。努力建成一批示范村,发挥典型带动效应,全年力争完成整治村30个、示范村2个;把新农村建设与"139富民攻坚计划"紧密结合起来,加大实施力度,落实各项政策,积极推进产业培育、劳务输出、来料加工、农民培训、下山脱贫、结对帮扶等一系列富民行动,加快农村脱贫致富奔小康步伐,确保2007年全县33个乡镇农民人均纯收入高于全国平均水平,全面完成"139富民攻坚计划"的目标任务。

2008年，县委十一届五次全会提出：突出农业基础地位，以建设现代化、发展特色化、推进产业化、打造品牌化为重点，深入实施“基础建设、产业培育、龙头带动、绿色品牌”四项农业促进工程；突出农业基础建设，抓好以农田水利、农业机械化、农业科技为重点的现代农业体系建设；突出特色农业发展，在继续扶大扶优七大农业特色产业的基础上，积极培育“油茶”和“淡水养殖”两大产业，拓宽农民增收渠道。

2009年，县委十一届七次全会提出：深化农村改革，着力推进农业产业化、农民非农化、农村城镇化。着力推进农业产业化，确保16万亩粮食播种面积和5.5万吨粮食生产能力；加快农业结构调整，继续扶持兔业、茶叶、水果、山地蔬菜、中药材、油茶、淡水养殖、文成粉丝等区域特色农产品，大力发展无公害产品，绿色食品和有机食品；积极培育扶持农业龙头企业和农民专业合作社，延伸农业产业链，提高农业经济综合效益，力争实现农业总产值同比增长4%以上；着力推进农民非农化，在坚持农民自愿的前提下，加快土地承包经营权的流转，通过对农民技能培训，鼓励农民“走出去”转产转业，增加非农收入；着力推进农村城镇化，大力推进下山搬迁工程和地质灾害异地搬迁工程，稳步推进城乡统一的户籍制度改革；深化农村改革，建立健全农村土地承包经营权流转市场，引导和鼓励农民采取转包、出租、互换、转让、股份合作等形式流转土地承包经营权；逐步建立城乡统一的建设用地市场，加大对农村金融政策支持力度，引导更多信贷资金和社会资金投向农村。

2010年，县委十一届九次全会提出：加大农村基础设施和公共服务设施建设，改善农村生产生活环境；把农房改造作为推进城乡协调发展的一大举措，积极整合各种政策资源，把下山脱贫、库区移民安置、地质灾害点搬迁、农村困难群众住房救助、农房改造等项目结合起来，统筹推进，切实抓好一批新建示范区，抓好一批旧村改造，抓好一批危房改造，全面提高新农村建设水平。

2011年，县委十一届十一次全会提出：推进城乡统筹综合改革，加快推进“美丽乡村”建设。深入实施中心村培育工程，把中心村建设与旧村改造、村庄整治等工作有机结合起来，打造一批布局合理、环境优美、生活舒适、文明和谐、自然人文特色彰显的农村新社区。

农业综合开发

1991年，县委七届三次全会提出：推进农业综合开发，加快脱贫致富步伐。继续发动全社会力量，开展科技扶贫，医疗扶贫、先富帮后富等活动，抓好扶持一家一户发展生产、解决温饱问题；把扶贫工作转入以开发为主要形式的新阶段，确定八大农业开发项目，项目责任人真正负起责任，帮助解决实际困难。

1992年，县委七届五次全会扩大会提出：加快农业开发步伐，大力发展多种经营，全面发展农村商品经济；农业开发的主要目标：种植香菇2500万筒，改造冷浸田3万亩，生产香料烟125吨，发展名优果园1100亩，提前一年完成林业灭荒任务，其他项目都要有新的进展；并提出从文成实际出发，“不唯上，不唯书，只唯实”，进一步解放思想，开拓创新，以超常规思维，定出超常规思路；以超常规措施，求得超常规发展。

1997年，县委八届十三次全会提出：把农业综合开发作为发展农村经济的主要增长点，力争开发性农业继续在“基地规模化、机制市场化、布局区域化、管理科学化”方向上迈出大步；全县每年发展“万亩果类万亩竹，改造万亩低产园”目标和任务不变；每年每个大镇发展经济林基地1000亩以上，大乡600亩以上，小乡400亩以上，每个村50亩的要求不变；集中连片50亩以上的才给予验收的标准不变；财政、金融部门加大对开发性农业的扶持力度；村级集体大部分资金用于生产性投资，发展开发性农业；每年建设一个50亩连片以上的开发性农业示范基地，发展一批“名优特”品种，推广发展一批“短、平、快”项目，恢复大面积的香菇生产，推广发展大面积的蘑菇、花菇生产；巩固发展大面积的蔬菜生产。

1998年，中共文成县第九次代表大会提出：以农村经济产业化为努力方向，大做“兴山富民”文章；围绕“每年发展万亩果类万亩竹、改造万亩低产园”的目标，以林竹、菌蔬、畜禽、淡水养殖为主导，建立一批各种生产要素集约经营、各种配套建设齐全的主导产品示范基地;引进推广一批名特优稀品种,打出自己的名牌,以名牌产品占领市场、提高效益;扶持和发展一批内联基地和农户、外联国内外市场的农业龙头企业,搞好农副产品产后深加工,提高产品附加值和效益;逐步形成企业带基地、基地连农户、贸工农一体化、产供销一条龙体系。

1999年,县委九届五次全会提出:抓好一批主导产品的基地建设,重点抓好名特优新干水果、蔬菜、食用菌、名优茶等的开发;积极发展节粮型、草食型畜禽饲养业;充分利用山塘水库发展淡水养殖基地;坚持重点培育一批农业龙头企业;引导鼓励乡镇企业参与农业产业化经营。促进农副产品生产、加工、销售各环节有机结合,提高农业产业化水平。

2000年,县委九届六次全会提出:深入实施《农业和农村现代化建设纲要》,通过"效益农业十百千"工程实施,使千家万户农业生产根据市场变化,围绕主导产品,实行产加销一条龙、贸工农一体化产销方式,形成比较合理的农业组织形式、产品结构和产业结构,促进农业增效、农民增收。

2001年,县委九届九次全会提出:实施"良种工程",实现特色创优。根据文成县"高山平台经济圈、低山谷地经济圈"特点等及现有规模,科学规划发展品种,确定一个或一定数量的品种作为全县、全片、全乡(镇)、全村拳头产品,培育一定的良种基地,实行特色创优、规模发展;按照资金向大户集中,土地向能手集中,能人向效益农业集中原则,依据"小农户、大连接,小山头,大规模"思路,进一步优化土地、资金、劳力、技术等生产要素流转机制,形成统一开发、统一管理、统一受益格局;加大农业龙头企业扶持力度,增强其引导生产、深化加工、服务基地综合功能;努力培育骨干龙头企业,争取在几年内发展2~3家年产值超亿元农业龙头企业。发挥水资源优势,加快水资源综合开发利用。

2002年,县委九届十三次全会提出:抓好几个具有较强带动能力、较强科技开发能力、较强加工增值能力、较强市场开拓能力的农产品加工企业,根据一个产业配套一个龙头,一个龙头创建一个品牌,一个品牌带动一个产业的思路,在县城周边规划建设农产品加工园区,引进和建设几家农产品加工企业;立足文成县资源优势,重点扶持几个具有市场竞争力的特色产业,不求四面开花,抓住重点求突破;通过一段时间培育,形成2~3个超亿元产值的特色产业。

2003年,中共文成县第十次代表大会提出:加强政府服务,抓好兔业等七大特色支柱产业,建好一批特色优势农产品基地,组建一批农产品营销组织,培育一批带动力强、具有一定竞争力农业龙头企业。

2004年,县委十届三次全会提出:加快实施一批新上龙头项目,培植发展一批专业合作社、专业协会等农村合作组织,发展壮大一支运销大户、加工大户、农业经纪人队伍;争创农业特产品牌,在文成县七大农业产业中申报1至2个品牌,对已获得的绿色食品品牌要加强宣传。

2005年,县委十届五次全会提出:一手抓生产规模的扩大,一手抓农产品品牌建设,尤其要打好"绿色品牌",做到"以绿取胜",最终培育1~2个重点的、有文成特色的、有较好经济效益的主导产业;进一步扶持扶强全县十大龙头企业,同时扶持培育几个与主导产业相配套的龙头企业;发展农业流通企业、中介组织、行业协会,发挥农技110作用,提高农业市场化程度,增强农民致富能力。

2006年,县委十届八次全会提出:按照绿色、生态、安全的要求,进一步加大农业产业结构调整,大力发展生态高效农业,培育优势特色产业,构建"一乡一品,一村一特"的格局,做大做强区域特色经济。

2007年,中共文成县第十一次代表大会提出:大力发展现代农业,切实提高农业产业竞争力,实现农业增效与农民增收的有机统一;以实施"强龙兴农"工程为载体,以培育茶叶、兔业、蔬菜、水果、绿色大米、花卉苗木、中药材等七大农业特色产业为重点,加快扶持一批农业龙头企业、建设一批特色农业产业基地、培育一批农业产业品牌、建设一批农业专业市场、发展一批专业合作社,努力实现规模化生产、集约化经营。

2008年,县委十一届五次全会提出:突出农业产业化,继续实施"强龙工程",对农业龙头企业实行更大的政策、资金倾斜，努力将其扶强扶大；发展农业专业合作社和农村服务组织，着力提高农民的组织化程度和抢占市场的能力。

2009年，县委十一届七次全会提出：按照“发展农业、激励创业、鼓励外出、合力帮扶、增加收入”的思路，以增加农民务农收入、转产转业非农收入和外出务工收入为重点，想方设法提高城乡居民特别是低收入农户的收入水平。

2010年，县委十一届九次全会提出：深入实施“龙头带动”战略，加快推动传统农业向现代农业转变。力争实现农业总产值5.6亿元以上，同比增长5%以上；重视粮食安全，确保17.2万亩粮食播种面积和5.3万吨粮食生产能力。重视龙头企业的培育，通过扶龙头、创品牌、拓市场，做大做优特色农业产业，拉长农业产业链，提高农业经济综合效益；重视农业经营制度创新，制定出台土地流转和大学生从事农业就业、创业政策，推进农业规模化、产业化水平；重视主导产业升级，建设一批现代农业功能区、特色产业精品园区、标准化示范农业基地，推进农业产业升级。重视农业功能拓展，有效地把供给功能、生态功能、安全功能、文化功能和休闲功能融合一体，充分发挥农业的整体功能；充分调动社会各界力量，努力加快低收入农户奔小康。力争2010年农民人均纯收入超过5700元。

2011年，县委提出：按照因地制宜、分类指导的原则，加快粮食生产功能区、现代农业园区建设，推进农业规模化、标准化和生态化，着力提升农业综合生产能力、抗风险能力、市场竞争能力；继续培育壮大传统特色优势产业，大力发展观光采摘型、休闲度假型、农事民俗体验型农业，推进生态农业与旅游业的结合。

第三节　生态工业与扶贫脱贫

1991—2011年，县委从发展工业到发展生态工业过程的转变，从抓企业数量到抓质量、从全数接纳外来企业到限制污染型企业进文成的转变。县委的决策，既发展了文成工业，又保护了文成优美自然环境。

工业发展

1991年，县委七届三次全会提出：实行倾斜政策，抓好产品结构性调整和适应性调整。重点扶持一批生产正常，规模和前途企业。重点帮助一批虽然处于困境，但有发展前景的企业。通过联合、改组、兼并、参股等方式，打破地区、部门、所有制界限；争取组建几个有一定规模和发展前景骨干企业、龙头企业或企业集团，增强文成县工业的竞争能力。

1992年，县委七届五次全会提出：加快企业的经营机制转换，把企业全面推向市场。理顺产权关系，实行政企分开，使企业真正成为自主经营、自负盈亏、自我发展、自我约束的法人实体和市场主体；按照规范化要求，发展股份制企业；以优势产品为龙头，组建花岗岩、陶瓷、宝剑、竹木工艺、鞋类等一批企业集团。

1996年，县委提出：逐步把文成县工业生产从零打碎敲转到规模出效益上来，调整结构，转换机制，强化管理，促进国营集体工业企业走出困境；对产品质量高、销路好、竞争力强的给予重点扶持。力争在近几年内形成一批产值上千万元的骨干企业，形成一两个产值上亿元的主导行业，确定的15家重点企业1997年实现产值1.12亿元，占全县工业总产值26.2%，花岗石、竹木制品、绿色食品、矿泉水等工业产品逐步形成系列和规模，外部市场占有率不断提高；全县资源型工业总产值达1.26亿元，占全县工业总产值的29.4%。

1999年，县委九届五次全会提出：深化企业改革，完成6家预算内国有企业的改革任务，重点抓好帝师集团、农用车总厂、制药厂、化工厂等4家国有工业企业的改制工作，加快发展资本经营，尽快形成新的发展优势；大力调整产业结构，注重培育壮大文成县原有的水电、机械、轻工和农副产品加工等优势行业，继续加快发展水电开发、竹木制品、酒类加工、山珍食品等资源型工业，提高其在工业总产值中的比重，形成有地方特色的块状经济；大力调整产品结构，在争创名牌产品上求突破。大力扶持一批拳头产品。

2000年，县委九届六次全会提出：进一步立足本地优势，做好特色文章，通过适应性调整，实行优势重组，全面提高工业经济整体水平；按照“人有我早，人早我好，人好我转”的原则，坚持以特取胜，以特增收，发展特色产品的深加工、精加工，加快特色产业的发展；加快大峃珊门、樟台山坑口、巨屿沙洲等工业园区建设，逐步改善工业发展条件。

2001年，县委九届九次全会提出：根据文成县实际，结合周边发达地区经济发展特点，重点发展“环保生态型、劳动密集型、资源特色型、城镇带动型”工业企业；采取“回迁一批、接纳一批、引进一批、发展一批、激活一批”等措施，吸引本地外出能人、外地企业、产业转移的企业到文成发展；引导来料加工从手工加工向机械加工发展，从家庭作坊式加工向创办企业发展，从分散加工向专业化加工基地发展；把特色工业园区的建设作为一件大事来抓，吸引更多企业向工业园区集聚，加快工业园区建设速度。

2002年，县委九届十三次全会提出：鼓励企业向工业园区集聚，进一步加快巨屿等工业园区建设步伐，努力创造条件，争取建立县外扶贫工业园区，充分发挥园区的集聚功能，努力培育块状特色经济；力争通过3年的努力，重点帮扶3~5家年产值超亿元企业，真正把文成县的特色工业做大做强。

2003年，中共文成县第十次代表大会提出：精心培育生态工业；以提高行业技术含量、减少污染、保护环境为重点，通过吸收新技术、新工艺、新材料，加快对传统产业和现有企业改造，大力发展以农特产品、旅游产品为重点的企业，推进工业结构战略性调整；增加企业科技含量，加强对企业家的培养，努力改善工业经济发展环境。推行绿色管理，发展绿色企业，着力培育一批绿色管理示范企业。

2004年，县委十届三次全会提出：充分发挥生态工业基地的作用；以县城总体规划调整和土地利用总体规划修编为契机，积极盘活原有的工业企业用地，加快工业基地的建设；继续争取尽快上马体外工业园区，为文成的发展提供新平台。

2005年，县委提出：发展资源加工型、清洁型、科技型工业企业，培育以农产品加工、矿产资源开发、小水电资源开发、旅游产品开发和承接沿海地区产业转移等五个重点产业；合力推进生态工业“55”工程。就是利用五年时间，到2010年，确保全县工业总产值达50亿元以上，这是五年内文成县工业发展的总目标。

2006年，县委十届八次全会提出：集中精力抓好工业项目供地率、企业进场率、开工建设率和竣工投产率，确保年内完成工业性投入3亿元以上的年度目标；坚持“大发展大支持，小发展小支持，不发展不支持”原则，全面落实鼓励企业做强做大扶持政策，重点在技术改造、品牌建设、人才引进、金融支持、拓展发展空间等方面加大扶持力度；重点抓好巨屿(二期)、大峃(樟山)、百丈漈、玉壶、周壤等生态工业基地和生态工业功能区建设，加快培育一批有市场潜力、有发展前景、带动力强的企业。

2007年，中共文成县第十一次党员代表大会提出：坚持“以量为先、质在其中”，大力实施生态工业“55工程”，切实加大工业性投入，不断壮大工业经济总量。注重产业发展集约化，牢固树立集约发展理念，引导企业加强合作，加大自主创新，参与标准化活动，不断增强产业综合实力和市场竞争力，推进经济增长从粗放型向集约型转变。

2008年，县委十一届五次全会提出：按照“优化产业结构、打造块状经济、推进集聚发展”的思路，切实抓好巨屿工业基地(二期)、樟山生态产业基地、百丈漈工业基地三大平台建设，以及有关乡镇的工业功能区建设。

2009年，县委十一届九次全会提出：加大对工业企业的信贷力度，全年新增工业企业贷款1.6亿元，及时解决企业融资难问题；加大对工业企业服务力度，开展“进村入企驻点送服务”集中行动，采取“一企一策、一企多策”等措施，支持企业实行产业转型技改、产品创新和结构优化升级，帮助企业脱困解难。

2010年，县委十一届九次全会提出：坚持以工业化推动城镇化，为城镇发展提供产业支撑。着力打造工业平台，精心培育工业经济，强化政企联动，努力促进一批企业上水平、扶持一批企业渡难关、引进一批企业增后劲，加快推进工业经济转型升级，力争全年完成工业性投资5亿元以上，工业总产值35亿元以上。

2011年，县委十一届十一次全会提出：重点开发百丈漈生态工业基地，整合提升巨屿生态工业基地，有序开发樟山生态产业基地，积极争取设立体外工业园区，促进工业集聚、集约发展；切实改造提升传统产业，优化产品结构，提高技术含量，降低生产能耗。加大对来料加工业的扶持力度，在中心镇、中心村以及有一定规模的下山移民小区建设一批标准厂房，发展来料加工业。

扶贫脱贫

1991年，县委作出“八五”期间进一步加强扶贫开发和老区工作的决定，出台《关于加快八个农业项目开发的若干政策规定》《关于鼓励县机关科技管理人员支援国营、大集体工业企业发展经济的若干决定》等系列政策，加快扶贫开发。

1992年，县委七届五次全委扩大会议提出：用足、用活、用好中央、省、市赋予贫困地区的优惠政策，并制订一套简明、规范、优惠政策，使本地企业留得住，外地企业引得来。

1996年，县委提出：落实好中央、省、市和县里制订的各项扶贫政策，把富民与富县结合起来，把扶持贫困户脱贫同扶持发展集体经济结合起来，做到领导、规划、措施、人员、责任五落实；继续开展富村帮穷村，富户帮穷户，先富帮后富活动，坚持走共同富裕道路；全力打好脱贫攻坚战，实现经济社会全面发展。

1997年，县委八届十三次全委扩大会议提出：建立乡镇领导脱贫目标责任制和县机关单位扶贫帮困责任制；建立县级领导分片联系乡镇、重点村、重点户，县机关各单位挂钩一个乡镇和1～2个重点村；广泛开展机关干部、企业厂长经理、个体工商业主与农村贫困户进行结对扶贫活动；扶贫工作要以贫困村为重点，以贫困户为对象，把扶贫任务分解到村，把扶贫措施落实到户，做到“真扶贫，扶真贫”；1997年以脱贫为目标，实现经济社会的全面发展，全年实现国内生产总值9.5亿元，比1992年增长83.4%。

1998年，中共文成县第九次代表大会提出：继续保持对贫困村的扶贫政策不变，组织开展扶贫“一对一”活动，动员县机关和乡镇科级以上干部拿出实际行动，与贫困户结对扶贫，切实解决贫困户在发展生产中的资金、技术、信息等方面困难，进一步拓宽村级集体经济收入来源，盘活集体资产存量，收足各项承包费和集体提留。

1999年，县委九届五次全委扩大会议提出：全县还有贫困村157个、贫困人口1.58万人，扶贫攻坚任务还很艰巨；要继续发动全社会各方力量打好扶贫攻坚战，多方筹资改善贫困村的基础设施建设；全面开展“扶村帮户”活动，根据贫困村、户的实际情况，依托当地资源，因地制宜选择扶贫开发项目，做到项目到户、资金到户、技术推广到人；到2000年实现全县无贫困村的目标。

2000年，县委九届六次全会提出：继续深化以“扶村帮户”为重点的系列扶贫活动，继续采取扶贫迁村等有效扶贫方式，大力发展效益农业以带动农村扶贫由输血式向造血式的转变，抓住机遇加强与挂钩扶贫单位的沟通与联系，努力争取最大的支持，切实提高扶贫成效。

2001年，县委九届九次全会提出：抓住实施“百乡扶贫攻坚”的有利时机，继续深入实施“扶贫百千万工程”，加快资源综合开发，培育一乡一品、一村一品的特色经济；继续选择有条件的边远山村农民扶贫迁村，实行下山脱贫、异地致富；实行适当的倾斜政策，进一步发展工业和第三产业，为下山脱贫对象谋求更多就业机会，使下山群众能安得下、富得起；通过土地整理、造田、造地等方式，探索扶贫迁村对象的土地流转机制，使更多的下山农民从土地上分离出来发展二、三产业。

2002年,县委九届十三次全会提出:抓住全省“百乡扶贫攻坚”进一步摸清贫困乡村基本情况,理清每一个贫困乡村的发展思路,制订完善每一个贫困乡村的脱贫规划;继续深入实施扶贫“百千万”工程,做好以贫困户、贫困村为重点的扶村帮户工作,加大扶贫力度,强化扶贫工作责任,真正做到不脱贫、不脱钩;切实抓好扶贫资金和专项资金的管理和使用,采取扎实措施减轻企业和农民负担,取消各种不合理收费项目。对被列入全省“百乡扶贫攻坚计划”的14个乡镇,切实抓出成效,确保农民人均纯收入全部达到1500元以上。

2003年,中共文成县第十次党员代表大会提出:以实施“欠发达乡镇奔小康计划”和“困难群众援助计划”为载体,在加快经济相对发达乡镇发展的同时,高度重视和做好欠发达乡镇的发展工作,把欠发达乡镇奔小康作为新的经济增长点来抓,不断增强欠发达乡村、群众的发展能力和致富能力,逐步缩小区域经济发展差距,全面加快小康社会建设步伐。

2005年,县委十届六次全会通过《关于认真实施“富民攻坚计划”的决议》,提出深入贯彻省委“干在实处、走在前列”的要求和市委“139富民攻坚计划”精神,全县实施“产业培育、农民就业、下山脱贫、素质培训、结对帮扶”五大富民行动,制定出台人才队伍建设、交通、教育、旅游等7个方面配套文件并加以落实。

2008年,县委十一届五次全会提出:大力实施“人力素质提升”“低收入农户就业创业”“欠发达乡村产业开发”“欠发达乡镇环境改善”“社会救助和保障”“社会帮扶”六大行动,重点促进农民增收;审议通过《关于扎实推进创业富民创新强县的决定》,促进全面创新和全民创业。

2009年,县委启动实施“低收入农户奔小康”工程,重点推进农民增产增收;2011年,县委启动实施“群众增收致富奔小康三年行动计划”,推进三大产业融合发展。

第四节　侨务、教育与刘基文化

1991—2011年,县委就侨务、教育、刘基文化工作作出决策。县委的侨务决策,激发了在外侨胞的报效祖国热情,回乡投资开发、兴办实体、建设家乡。教育工作经20年不懈努力,成功实现省级教育强县目标。刘基文化挖掘与研究工作成效显著。

侨　务

1991年,县委七届三次全会提出:充分发挥华侨优势,进一步争取侨心,引进侨资,掀起华侨回乡投资开发、兴办实体、建设家乡的热潮。

1998年,中共文成县第九次代表大会提出:“打好侨牌,走好侨路。”

1999年,县委九届五次全委扩大会提出:做好与国外有实力的商会、侨办机构和文成籍华侨的联谊工作,建立稳定的招商合作关系,利用这些机构吸引外商、华侨到文成县投资。

2000年,县委提出:充分发挥侨乡优势;文成县作为位居全省第二的华侨大县,优势的发挥远远不够。6万余名华侨的资金、技术、人才、信息是文成县经济发展不可低估的潜在财富,必须花大力气、加以挖掘。努力发挥商会、侨务机构及其他华侨团体的作用,加强沟通和联系,促进信息、资金、人才的流通,实现感情引资求发展。进一步扩大侨乡声誉,凝聚侨乡人心,舍得拿好的地段和项目,通过规范的程序,鼓励华侨投资开发,实行以侨引侨,以侨引外,以外引外,实现政策引资促发展。

2003年,中共文成县第十次代表大会提出:充分发挥侨乡优势,弥补文成县自我发展能力的不足;要树立大侨务观念,走“双赢”道路,推出一批回报率高、有吸引力的项目,吸引华侨参与竞争、发展文成。

2004年，县委决定凡华侨人数在500人以上的乡镇都要成立侨联组织，推动基层侨联的组织建设；县委在十届三次全会上提出：培育“全国著名侨乡”品牌，挖掘和弘扬善良纯朴、吃苦耐劳精神，并把这种精神作为资本来培育、来开发、来经营；鼓励和引导华侨、工商企业主创办农产品加工企业。

2006年，县委决定在全县范围内开展侨情调查工作，为做好对侨服务和决策夯实基础；2007年，县委批准设立县侨联法律顾问办公室，为侨界群众提供法律咨询和法律服务。

2008年，县委十一届五次全会提出：高度认识华侨和华侨经济在文成县的重要地位，认真落实党的侨务政策，深入研究新形势下侨务工作的新特点和新问题，研究制订做强做大做好华侨经济的政策措施，切实把海外侨胞和在外文成人的优势发挥出来，努力把散布在国内外的人力资源、财力资源、信息资源和市场资源汇聚起来，合力加快文成的发展。

2009年，县委十一届七次全会提出：文成有近10万人在国内外创业发展，这是一笔巨大的财富，要想方设法利用在外文成人的优势，通过商会、联谊会等途径把他们组织起来，大力实施“回归工程”，共同推进文成经济社会的发展；通过选择效益好的项目，以亲情、乡情吸引在外文成人回乡投资创业。

2010年，县委十一届九次全会提出：大力发展华侨贸易，积极为文成产品扩大出口创造条件。努力引回一批在外文成人和旅外华侨的大项目、好项目；凝侨心，今后在政治上要更加关心华侨，人大代表、政协委员等安排上要提高归侨、侨眷的比例。邀请华侨代表参加县里举办的各种大型活动，以真情凝聚侨心；通过新闻媒介、编撰书籍等多渠道、多形式地把家乡改革开放的成就和国内的大好形势通报给广大海外侨胞，增强广大华侨爱国爱乡的热情；维侨权，认真落实党的各项侨务政策，高度重视侨胞侨眷合法权益的保护；引侨资，通过制定和完善优惠政策，鼓励广大侨胞踊跃回乡投资创业。

2011年，县委批准成立文成县侨界名媛会，引领侨界女性支持参与祖国家乡建设；5月，县委决定深入实施依法护侨、联谊留根、内外互动、关爱侨胞、华侨爱乡、文化兴侨等“六大工程”建设，加强新形势下的侨务工作。

教　育

1991年，县委七届三次全会提出：从战略高度重视教育的发展；逐步实施九年制义务教育，加快中等教育结构改革步伐，多渠道、多形式、多层次地办好职业教育，继续抓好扫盲工作，逐步形成普通教育、职业教育和成人教育“三位一体”的体系，使教育更好地为农村经济建设服务。

1992年，县委七届五次全委扩大会提出：始终把教育放在优先发展的战略地位；教育要实现三个突破、四个好转、上五个台阶；三个突破是，教育与经济在结合的范围、途径、力度上实现突破；教育管理体制改革实现突破；发展校办产业上实现突破；四个好转是，教育经费短缺、来源渠道偏少的状况基本好转；师资素质偏低的状况明显好转；各类人才总量不足的状况有所好转；拔尖人才匮乏的状况初步好转；五个新台阶是，劳动者素质上一个新台阶；各级各类学校办学条件上一个新台阶；职业技术教育上一个新台阶；教育质量上一个新台阶；办学效益上一个新台阶。

1996年，县委提出：加强教育“两基”工作，“普九”工作进入实质性阶段，扫盲工作通过省验收；“希望工程”继续得到实施，扶贫建校取得显著成果。

1998年，中共文成县第九次代表大会提出：进一步改善办学条件，巩固提高教育“两基”成果，实现向素质教育转轨；加快发展高中教育，积极发展职业技术教育、成人教育、幼儿教育和特殊教育，调整教育结构；深化教育体制改革，鼓励部门、社会、企事业单位、个人办学，形成大社会办大教育的新格局。

1999年，县委九届五次全委扩大会提出：合理配置教育资源，加快校网布局调整，鼓励社会力量办学，巩固“普九”成果，推进素质教育，加强职业教育，切实提高教育质量和办学效益。

2000年,县委九届六次全会提出:严格按照《文成教育现代化建设纲要》的要求,增加投入,深化改革,强化师资队伍建设,加快发展高中教育,尽快组织实施县城学校联动方案,优化教育资源配置,努力提高教育质量。

2001年,县委九届九次全会提出:全面加快教育发展步伐,组织实施《文成教育现代化建设纲要》。

2002年,县委九届十三次全会提出:全面实施素质教育,加快人才的培养和引进。巩固“两基”教育成果,高标准普及九年制义务教育;继续推行“名师工程”、校长负责制和教师聘任制;做好新文中等教育基础设施建设;有条件的公办学校可引进民办机制,鼓励社会办学;做好校网撤并,优化布局;重视人才的培养、引进和使用,制订优惠政策,创造良好环境,使人才引得进、留得住、出业绩。

2003年,中共文成县第十次代表大会提出:深化教育改革,建立健全校长公开招聘、竞争上岗和教师双向选择制度,加快建设高素质的教师队伍;全面推进素质教育,高标准实施九年义务教育,发展幼儿教育和高中段教育;深化办学体制改革,鼓励社会力量办学。

2006年,县委十届八次全会提出:深化农村义务教育管理体制改革,巩固提高九年义务教育,扩大和普及十五年教育;从秋季入学起,全县城乡义务教育阶段学生免收学杂费。

2008年,县委十一届五次全会提出:优化教育结构,加强基础教育,发展职业教育,重视学前教育,关心特殊教育,支持民办教育,促进义务教育均衡发展。

2009年,县委十一届七次全会提出:全面启动教育强县创建工作,按照学前教育规范发展、义务教育均衡发展、普高教育提升发展、职业教育做大做强、民办教育做活做优的要求,进一步整合教育资源,动员社会力量支持教育事业,努力办好人民满意教育;集中财力、加大投入,争创5个市级教育强镇、5所省级标准化学校、5所市级示范学校,完成一批农村学校危旧房改造工程和学生数50人以下学校的撤并工作。

2010年,县委十一届九次全会提出:开展省级教育强县等创建工作,切实优化公共服务;按照“立足当前、着眼长远、尽力而为、惠及多数”的原则,扎实推进新一轮民生工程建设;优化校网布局,加快各类教育均衡协调发展,加强教师队伍建设,办好人民满意教育;2011年,县委提出的教育创强创优工程得到全面贯彻实施,顺利通过省级教育强县验收。

刘基文化

1998年,中共文成县第九次代表大会首次提出:利用举办文成文化节、刘伯温名人效应宣传、“三胞联谊”等多种形式,全方位开展对外宣传,扩大文成的知名度和美誉度。

1999年,县委九届五次全委扩大会提出:努力争取开机拍摄《刘伯温》电视连续剧、充分利用各种媒体宣传刘伯温。

2002年,县委九届十三次全会提出:充实刘基文化研究会,深入研究刘基文化,挖掘刘基文化,推动旅游业的发展;站在全局和战略的高度,抓住树立“大文化”的观念,积极发挥名人效应,塑造刘基文化品牌,努力建设文化名县;以刘基文化为品牌,大力推进文化创新,繁荣文化事业,以文化力促进经济社会的快速发展。

2003年,中共文成县第十次代表大会提出:进一步深入研究刘基文化,逐步构筑刘基特色文化体系;做精“刘基故里”这一文化品牌。努力建设既充分体现“侨乡文化”的现代气息,又富有“刘基文化”的历史韵味,更具有“山水文化”的生态魅力的县城。

2004年,县委十届三次全会提出:全力以赴做好《刘伯温传说》申报第二批国家级非物质文化遗产名录的有关工作,确保“百家讲坛·刘基篇”在央视播出;2005年,县委十届五次全会提出:着力打响“刘基故里”“畲族风情”“华侨之乡”“生态旅游”四大品牌。

2006年,县委十届八次全会提出:打响刘基文化品牌;以挖掘刘基思想的现代意义为重点、不断加强刘基

图19-2　国内外百名专家学者聚集刘基故里纵论刘基文化与文成发展（来自文成新闻网 2006摄）

文化研究，进一步丰富刘基思想内涵，争取刘基进入央视《百家讲坛》；以整合利用刘基文化研究资源为手段，不断加强与国内外刘基研究机构的联合、拓展刘基文化研究平台、提高刘基文化研究水平；以包装刘基文化项目为载体，加强文艺创作、场景建设和相关产业的开发，把刘基文化资源转化为经济资源，促进文成的发展。2007年，县委十一届四次全委扩大会提出：坚持以特点创品牌，加大刘基进央视“百家讲坛”的攻关力度，致力打响刘基品牌。

2008年，县委十一届五次全会提出：加强旅游文化的挖掘和整合工作，组织举办文成县第三届刘基文化暨生态旅游节。坚持文化引领，着力打造积极向上的人文环境；以创建省级文化先进县为抓手，认真落实《文成县2009—2012年文化大发展大繁荣实施纲要》，全面提升文化软实力。

2009年，县委决定将刘基庙及纪念馆作为廉政文化教育基地，并成功申报为浙江省廉政文化教育基地。

2011年，县委决定举办纪念刘基诞辰700周年系列活动暨第四届中国刘基文化旅游节。纪念活动主要包括举办刘基诞辰700周年纪念大会暨中国（温州）刘基文化高峰讲坛、第十四届明史国际学术研讨会暨第二届刘基文化国际学术研讨会、刘基文献电视纪录片首播仪式暨中国刘基网开通、刘伯温系列丛书、刘伯温广播剧首发仪式和刘基“铭廉壁”摩崖石刻揭幕仪式、刘基文化生态园开工仪式、组织刘基故里旅游推介会、举办刘基祭祀——太公祭。

第四章　纪检监察

中共文成县纪律检查委员会(简称县纪委)是负责全县党员纪律检查的工作机关,受中共文成县委和市纪委的双重领导。文成县监察局是负责县人民政府行政监察工作的职能部门。

1993年6月,县纪委、监察局合署办公。实行一套工作机构、两个机关名称的体制,履行党的纪律检查和政府行政监察两项职能。1993—2011年,立案查处各类违纪违法案件1181件,涉及乡(科)级以上领导干部268人,给予党政纪处分1586人次,为国家挽回经济损失1489万元。

第一节　组织机构

1993年,县纪委、监察局合署办公,内设9个科室。2010年8月,新设3个部门纪检组,配齐5个部门纪检组长。20个设机关党委的县直部门建立纪委。2011年,内设12个科室。

内设机构

1991年,县纪委内设办公室、案申室、审理室、调查研究室,编制16名。县监察局内设办公室、信访室、监察科、案件审查科,编制14名。1993年6月,县纪委、监察局合署办公,内设办公室、案申室、执法监察室、信访室、宣教室、纪检一室、纪检二室。2002年6月建立县经济环境投诉中心。2003年8月,建立县效能监察中心,与县经济环境投诉中心合署办公。2006年7月,设行政效能监察室,与县效能监察中心、县经济发展环境投诉中心合署办公。2008年11月,增设申诉复查室。2009年3月,增设纠正部门与行业不正之风室。2010年8月,设立干部监督管理室。2011年,内设机构未变,编制35名。

派驻机构

1991年,机关部门设立监察室,配备专职监察干部。1992年,设置机关部门纪委8个、纪检组5个。县机关部门设党委的设部门纪律检查委员会,设立党组部门设纪律检查小组。部门机关纪委、纪检组为县纪委的派驻机构。2010年8月,新设3个部门纪委、配齐5个部门纪检组长。2011年,设机关党委、党组的县直部门全部建立纪委、纪检组。

乡镇纪委

1991年,7区和大峃镇及机关部门设立监察室,配备专职监察干部。1992年撤区扩镇并乡后,35个乡镇全部建立乡镇纪委和乡镇监察室,配齐纪委书记。1993年,县纪委、县监察局合并后,乡镇纪委和监察室合并。2011年,全县有乡镇纪委10个。

1991—2011年中共文成县纪委书记名录一览表

表19-7

姓名	性别	职务	籍贯	任职时间
陈永造	男	县委常委、纪委书记	浙江文成	1990年4月—1993年3月
盖爱萍	女	县委常委、纪委书记	山东垦利	1993年3月—1997年11月
赵松涛	男	县委常委、纪委书记	浙江乐清	1997年11月—2001年3月
胡　侠	男	县委副书记、纪委书记	浙江平阳	2001年6月—2006年10月
胡永锋	男	县委常委、纪委书记	浙江瑞安	2006年11月—2011年11月
钟方成	男	县委常委、纪委书记	浙江平阳	2011年11月—

说明：资料由县纪委办提供

第二节　监督与纠风

1991—2011年，县纪委重视党风廉政建设，实行党风廉政建设责任制，制定各项制度、规定、措施，建立健全直接掌握人、财、物岗位的防范以权谋私的制约制度，规范行政领导干部的行政行为，保证党员干部廉洁从政。县纪委依据群众反映强烈问题，大力开展纠正治理乱收费、“三违”建房住房、党政机关公费移动电话、超规配服装、违规购置小汽车电脑、对口扶贫专项资金、公路“三乱”、村级财务、减轻农民和企业负担、医药购销不正之风。

廉政建设

1991年，抓好机关自身的思想政治工作，要求机关坚持过好每月一次党支部民主生活会和开展谈心活动。协助有关部门和单位建立健全“两公开一监督”制度以及党风和廉政建设制度。建立健全直接掌握人、财、物岗位的防范以权谋私的制约制度，解决群众反映的公款吃喝、公务接待超标等问题。

1993年，督促36个部门单位行文公布领导干部廉洁自律措施。协同县委聘请的党风廉政建设监督员督查21个重点部门和单位干部的廉洁自律情况。1994年，严格执行领导干部廉洁自律和厉行节约制止奢侈浪费的规定、健全民主生活会制度、内部监督机制、执行审计制度。1995年，印发《关于规范接待工作的通知》，对全县各机关单位的接待工作作出具体规定。1996年，在全县建立乡(科)级领导干部廉政档案制度。先后实行领导干部个人廉政档案、领导干部个人重大事项申报、领导干部廉洁自律年度自查登记、党政机关及其工作人员国内外公务活动收受礼品登记等四个制度。

1998年，着重抓好控制会议和严禁会议发放纪念品、制止公款吃喝工作，压缩会议43个，节约经费26余万元。建立乡镇食堂，推行“廉政灶”，提倡吃工作餐、会议餐，实行公务接待申报审批、单项列支和监督检查等制度。公安、工商、财政等11个部门首先推行政务公开试点工作。1999年，成立以县委书记为组长的党风廉政建设责任制领导小组，并执行干部提拔任用实行党风廉政建设“一票否决”制度。围绕《廉政准则》抓好反对奢侈浪费各项规定，严格公务接待。出台《文成县严格控制外出学习考察的通知》等规定，严禁公费旅游，严查公费旅游问题。

2000年，制定实施《关于党政机关及其工作人员接受和赠送礼品的处理规定》，建立党政“一把手”党风廉政建设情况年度报告制度，印发《关于党风廉政建设责任追究的实施办法(试行)》征求意见稿。此外，建立94

个行政机关单位和乡镇800余名县管、中层正职干部的廉政档案,设立"581"廉政账户。利用乡镇换届和县机构改革之机配齐纪检干部,县直单位设置派驻机构。

2001年,针对新形势下党员干部中出现的新情况、新问题,建立健全党风廉政建设制度,陆续出台《关于进一步加强公务车辆管理使用的若干规定》《关于加强公款外出旅游管理的若干规定》《企业、事业单位领导人员廉洁自律暂行规定》《领导干部个人重大事项报告制度实施办法》《国家公务员从政道德行为规范》《乡、村康庄工程建设保廉制度》《文成县党政机关公务接待管理工作实施意见》等制度,加强对公务接待、公车使用、建设工程等领域的管理监督,普遍推行任前公示制,建立和完善领导干部个人重大事项报告、党政"一把手"年度总结报告、诫勉谈话、干部廉政档案等制度,对53名县管领导干部实行信访监督和信访跟踪。执行干部提拔任用和评优评先党风廉政"一票否决"制,对因党风廉政方面存在问题的乡科级拟任干部予以"一票否决"或暂缓使用。

2003年,县政府直属部门建立"纪委组织协调,部门负责主抓,建立健全制度,强化内外监督,明确奖惩规定"的预防重要岗位职务违纪工作机制。20个县政府直属部门、2个事业单位及5个协管单位54个科室列入建立预防职务违纪工作机制的重要岗位。2004年,清理党政领导干部拖欠的50余万元公款。严格控制公务接待范围和标准,制止无实质性内容和不具备外出条件的学习考察事项26批315人次。落实公务用车统一保险和入库管理制度。

2005年,推行部门单位"一把手"向社会公开廉政承诺制度,全县各乡镇、部门单位"一把手"、部分新提任乡科级领导干部及47名中小学校长向社会公开廉政承诺;推行部门单位"一把手"不直接分管财务、人事、工程和物资采购等"四个不直接分管"工作制度。2006年起,全面推行党风廉政建设"三书两报制度",加强对部门单位"一把手"向社会公开廉政承诺制度落实情况的监督检查,全面推行部门单位"一把手""四不直接分管"工作制度。

2007年,落实公务车辆"三统一两定点"制度,全县218辆公务车辆实行定点维修。制定《文成县党政机关公务接待管理工作实施意见》,全县推行公务接待总额控制、公务接待公示、审结、联控等制度,严格责任追究,竭力控制乱接待、超标准和异地接待等现象。加强党政机关工作人员外出学习考察的监督管理,严格审查审批,制止各单位无实质性内容的外出学习考察活动21批计156人次。

2008年,进一步完善党风廉政建设责任制考核办法,推行廉情记分、民主测评、部门鉴评和重点检查考核制度相结合的动态考核机制,增强责任制监管的针对性和实效性。2009年,加强"三公"管理,推行公务接待总额控制、内部公示、部门联控、每月通报和重点监督等制度,64名领导干部主动上交礼金、礼券,领导干部任前廉政谈话261人次,领导干部述职述廉1696人次。2010年,健全廉情记分制度,对全县纳入党风廉政建设责任制考核的128个单位实时廉情预警,建立廉情预警信息倒究机制,对廉情预警信息反馈意见执行不力的进行责任倒究。

2011年,严格执行领导干部个人重大事项报告、党政一把手经济责任审计等制度,65名领导干部在《文成廉政网》上作廉政公开承诺。开展"故事兴廉、学术论廉、祭祖恩廉、崖壁写廉、晚会助廉、媒体传廉、参观学廉"等系列刘基廉政文化教育活动和廉政文化"六进"示范点创建活动。

专项清理

1991年,协助抓好清房扫尾工作,全县48名"三违"建房党政干部作出处理,收取罚没款5.1万元。处理15个部门单位超规着装问题,收缴服装工本费29880元。解决群众反映强烈的44名副科级以上干部超范围用公费安装私人住宅电话。电话机"公转私",收缴经费26472.47元。

1992年，对1982年以来国务院、省、市及有关部门通过专业银行、县民政局、县财政局向全县100余家企业投放各种扶贫资金，开展专项检查，检查专项资金8139.06万元，整治扶贫资金效益不显著、企业产品滞销、经营不善、管理混乱、资金项目乱投放等问题。

1993年，对乱收费项目进行清理。通过自查自纠停止乱收费16项，调低标准3项，单位主动清理乱收费1.2万元；取消不合格收费项目17个，纠正擅自提高标准收费项目5个，责令清退非法收入2.1万元。

1994年3—7月，对45个部门204个收费点及重点乡镇的行政事业性收费、农资销售价格、居民基本生活必需品和服务价格等5个热点开展大检查，对个别顶风收费的单位作没收经费的处理。对12家党政机关兴办的经济实体进行清理，撤销2家，划转1家，"四脱钩"5家，报批1家，另3家属省、市金融系统批办。对52个党政机关、企事业单位和群众团体，1992年以来购置使用小汽车、电脑、通信设备进行检查核实登记，对个别单位违反规定用集资款、赞助款购买小汽车，作清退、划缴处理。

1995年，对大峃镇小、周山乡小等10余所学校的收费情况开展监督检查，查出乱收费项目16个，退还学生34879.5元。成立县清理公路"三乱"领导小组，督促公安、交通、林业、财税、工商等部门通过自查自纠，重点对峃口等4个木材、税务检查站进行清理，规范检查行为。

1996年进行村级财务清理。全县35个乡镇570个行政村全部建立村级民主理财小组；35个乡镇实行"村财乡管、乡管村用"制度，乡管村用的资金达720.54万元。收回各种欠款103万元，清出并收回失散固定资产4790万元收回登记入账，调整财务人员139人，撤销、合并多头开设银行账户269个。县邮电局、公管所、珊溪镇等45个单位的1995年度预算外资金收支情况进行重点清查，查出违规收费项目183个，收取资金4716.4万元，占全县预算外资金总收入的72%。对县人民医院、中医院、医药公司、各镇中心卫生院等9个医药部门进行药品回扣专项检查，查出2.98万元药品回扣罚没上缴国库。

1997年，对党政机关事业单位干部、职工的住房作全面清理。清理出在住房上有问题的干部职工78人，其中科级干部20人。退出住房45套，建筑面积2941平方米。以低于市场价购房7套，建筑面积306.6平方米，补收房价款32.9万元。超标加租4套。清理9个单位235套集资建房，违反集资建房规定的29套，建筑面积1724平方米，补收差价7.8万元。对全县各乡镇(除下垟、黄寮乡外)1994—1996年的计划生育费进行清理检查。33个乡镇三年计划外生育费收入1091.34万元，支出789.42万元，其中符合规定支出517.24万元，不符合规定支出272.18万元。发现计划外生育费押金管理不规范、独生子女养老保险不规范、计划外生育费支出随意性、未入专款专用等9个问题。县政府制订计划外生育管理实施细则，以规范计划外生育费的管理制度。

1998年，清理党政机关、企事业单位和群众团体公费移动电话116部、住宅电话131部，收回折价款17.1万元。开展治理中小学乱收费工作，通过整改、整治等措施，对有关学校擅自设立的9个收费项目计14万元予以清退，减轻学生家长额外负担404.4万元。进行全县33个乡镇和22个部门单位减轻农民负担工作的督查，累计减轻农民负担1800余万元；全面清理涉企收费项目，取消不合理收费项目79个

1999年，开展扶贫专项资金的执法监察。采取全面自查和重点抽查的办法，查处违规金额6.4万元。针对扶贫资金使用上存在的问题，逐项落实整改措施，下发《文成县扶贫资金管理使用暂行规定》《关于上报扶贫项目建立县扶贫项目库的通知》，加强对扶贫资金的规范化管理。

2000年，开展"小金库"专项清理整治，查处"小金库"5个，收缴资金91.6万元。继续抓好减轻农民负担和企业负担工作，印发10万余本涉农收费手册到乡村、农户，张贴收费公示表格600余份。2001年，落实"收支两条线"规定，清理"小金库"2个，上缴资金42万元。取消个别单位银行多头设立的账户。

2002年，全面落实预算外资金"收支两条线"管理。全县上缴财政专户的预算外资金9216万元，罚没收入入库799万元。102个单位进入会计核算中心，取消银行账户131个。巩固治理公路"三乱"工作成果，加强对

公安、交通、林业等部门及基层站所的监督检查,达到公路基本无“三乱”。狠抓医药购销不正之风,严格实行药品和医疗器械集中招标采购制度,对国有9所医疗单位实行药品集中招标采购,采购金额达565万元,节约资金40万元。实行医疗服务收费和常用药价格公示制,县级医院逐步推行“住院费用一日清单”制度和药品销售收入实行“收支两条线”管理。继续整顿和规范药品流通秩序,保证人民群众用药安全有效。

2003年,全县上缴预算外资金9655万元,其中罚没款上缴国库1564万元。150所中小学的财务集中县教育系统会计核算分中心统一核算,22个医疗单位集中卫生系统会计管理中心做账。33个乡镇的财务全部纳入县乡镇财务核算中心实行集中核算。继续在全县9个医疗单位扩大药品(器械)集中招标采购,让利给患者15.8万元。减轻农民负担728.5万元,企业减负、农民减负工作得到全面落实。

2004年,加强教育收费监督检查,清退违规收费3.5万元;实行学生簿册采购统一招标制度,节约经费40余万元。全县中心卫生院以上医疗机构药品和器械纳入全市统一集中招标采购。按照“顺加作价、差别差率”的政策,降低药价,让利患者600余万元。开展乱收费问题的治理,查处多个领域的涉农收费案件,收缴违规收费计400余万元。加强对民政扶贫资金、扶贫有偿资金和财政周转金的执法监察,清收“三项资金”538.13万元。

2005年,贯彻落实减轻农民负担政策,制止加重农民负担行为,受理各类投诉举报件15件,查纠乱设卡、违规收费等问题5个,没收和清退违规收费110万元。开展贯彻执行《中华人民共和国行政许可法》情况专项检查,发出整改通知书11份,提出整改意见43条。开展土地出让金和基础设施配套费的清理检查,催收拖欠的土地出让金和基础设施配套费1732万元。开展国有资产管理使用情况专项检查,157个单位对国有资产使用管理进行纠正。

2006年,贯彻落实减轻农民、企业负担政策,减轻农民负担204万元,减轻企业负担39.5万元。开展国有资产管理使用情况专项检查,对42个部门单位的公房出租、出让行为进行纠正和规范,防止国有资产流失。制定《地震救灾款物管理使用若干纪律规定》,加强对地震救灾款物的管理使用情况监督检查,对各单位在公务员工资制度改革过程中福利发放情况进行检查,有效制止公务员工资制度改革前后及乡镇在换届过程中滥发福利的问题。

2007年,督促全县义务教育阶段学校严格执行免费教育政策,坚决取消以各种名义自定的收费项目,清退违规收费20余万元。农村义务教育阶段通过取消代收费、服务性收费减轻学生家庭负担154万元。通过查处涉民乱收费、乱罚款、集资摊派和哄抬农资价格、制售假劣等坑农害农行为,减轻农民负担18.4万元。

2008年,组织对教育和涉农乱收费的专项检查,解决涉农问题35个。开展企业减负“服务企业百日活动”,促进相关部门服务企业工作的顺利开展,优化企业生产经营和发展环境。2009年,开展涉农、涉企和教育收费等方面情况的专项检查,查处涉农“三乱”问题3个、教育乱收费案件1件。深入治理医药购销中的不正之风,着力塑造良好的医德医风。县级三家医院开展收受红包专项治理活动,严格执行药品采购制度、收费公示制度和住院费用清单查询制度,集中采购药品占95%以上,群众满意度有所提高。

2010年,查处涉企乱收费、乱罚款和各种摊派问题涉及金额64万余元。落实农民减负和企业减负政策,查处涉农涉企负担案件11件,涉及金额13.62万元。坚决纠正医药购销和医疗服务中的不正之风,继续在县级医院开展“无红包医院”创建活动。加强医用耗材采购工作规范化管理。

2011年,对全县179个单位584辆公务用车情况进行登记、检查,制止无实质性外出学习参观考察12批次92人。实行公务接待经费总额控制、公开公示等五项制度。纠风治乱,围绕教育医疗、环境保护、食品药品安全等群众反映强烈的突出问题,深入开展专项治理。以群众满意站所创建、民主评议行风为抓手,深化行风建设。

基层督查

1991年，组织6区1镇50个乡干部纪律作风检查，撰写出《关于全县干部纪律作风状况的调查报告》上报县委，并作出《关于加强干部、职工组织纪律作风建设的若干补充规定》。1992年，抽查27个乡镇政风廉政建设和工作情况，包括乡镇政府财务管理，各项制度建立执行和干部到位情况、思想状况、经济发展规划工作。

1993年，纪检组织5家重点企业挂牌服务，依法为企业排除干扰和阻力，维护企业合法权益。促推企业领导班子廉政建设。1994年后，监督和促进农村、企业、学校、机关等基层的党风廉政建设，纠正基层组织和党员、干部中存在的不正之风。重视基层纪委（纪检组）岗位目标管理责任制，推进基层纪委向规范化建设迈进。

1998年，全县推行村务公开工作，清欠村集体资金20余万元，解决难点、热点问题35个，群众满意度达95%以上。确定35个乡（镇）政府实行政务公开。2000年，持续推进政务、村务、厂务、校务、院务公开，并对工作落实情况进行监督检查。

2001年，加强村（居）基层组织的党风廉政建设，制定制度，强化措施，对村（居）干部的廉洁自律行为施以有效的约束和监督。严格按照"四规范、四结合、一满意"要求，突出"权、钱、人"监督，把握好"内容、范围、措施"三个度，规范"五公开"工作。全年，全县政务、厂务、校务、院务深化公开面达100%，村务公开面达98%。

2003年，全县33个乡镇、545个行政村、70家企业、47所学校、12家医疗卫生单位着重突出公开内容和保证公开时间，各项工作不断深化。2004年，加强工程建设项目监督管理，159个20万元以上工程建设项目全部进入工程交易服务中心进行公开招投标。

2008年，制定《关于进一步推进农村基层党风廉政建设的实施意见》，完善乡镇、基层站所和村级组织三位一体的工作布局。开展农村基层党风廉政建设"130"工程试点工作和创建省、市两级党风廉政"示范村"工作。全县384个行政村全部建立并运行村务监督委员会，14个乡镇建立便民服务中心，部分乡镇推行农民建房审批"一条龙"服务。完善村账乡镇代理和县、乡（镇）、村财务联网监管制度，开展村级财务"百村审计"行动，解决村级财务管理中的突出问题。

2010年，推行村级财务上网公开，加强村务公开和民主管理。深入开展农村基层党风廉政建设示范单位创建活动，20个行政村被评为县级"五星村"，3个省级"示范村"顺利通过复评，4个行政村被推荐为第二轮省级"示范村"候选单位。开展纪委常委班子成员包案、"听民声、解难题、促和谐"等专项活动，集中梳理一批矛盾集中、情况复杂的重点村，妥善解决损害群众利益的突出问题。

2011年，出台《关于进一步加强村（居）党风廉政建设的若干规定》，创建以"三资管理三公开三中心建设"为主要内容的"农村基层廉洁工程"。健全完善上网公开、乡（镇）代理和三级联网监管制度，组织开展村级财务"三年轮审"，完成行政村审计80个，审计金额5000余万元。推进社区（村）便民服务中心建设，建立"一站式"社区便民服务中心56个、"代办式"便民服务站327个，实现便民服务全覆盖，在全市率先完成社区便民服务示范中心建设。

行风评议

1995年开始，分别在公安、教育、卫生、电业等系统主要部门开展行风建设和行风评议。各系统结合各自实际，制定评议方案，采取有效措施，查纠突出问题，收到一定的社会效果。

1996年，对财税、工商、邮电、规划四个单位开展行风评议。各系统深入宣传发动，充分发挥社会监督作用，抓住群众反映的热点问题，开展自查自纠，评议活动取得实效。5月，组织10个行风建设单位开展行风投诉活动。接受65人次计47个问题，除6个不属于行风问题交有关部门处理外，其余41个问题全部得到解决落实。

1997年,相继开展创建公安、教育等13个部门“行风建设文明窗口”活动和教育、金融、交通、建设、土管等5个系统行风评议活动。2000年,19个单位开展民主评议行风工作,纪委不定期组织人员对18个重点窗口进行明察暗访,促进行业风气进一步好转。

2002年,开展现场行风投诉活动。对全县的重点中小学收费情况开展现场投诉,着力解决群众反映强烈的热点问题,巩固治理公路“三乱”工作成果,加强对公安、交通、林业等部门及基层站所的监督检查,达到公路基本无“三乱”。

2003年,深入开展公路执法部门民主评议行风活动,切实纠正公路执法部门在执法过程中存在的问题。2004年,开展对环保系统、电信系统开展民主评议行风活动。2005年起,组织社会各界1000人对71个县直机关单位进行“满意和不满意单位”评议。对重点单位、重点部门和窗口工作人员的作风建设情况进行经常性的监督,5次查访63个单位,查获违反“四条禁令、八项制度”人员31人。2007年,开展县公安、国土资源、规划建设等29个部门(单位)所属的基层站所队(办事窗口)行风建设现状进行民主评议。

2008年,深入推进满意基层站所(办事窗口)和行风建设先进个人创建,强化监督检查,开展对行政管理部门与驾校脱钩问题的整顿工作,清理规范43家行业协会;开展对社保基金、住房公积金和扶贫、救灾专项资金的监管,确保756.73万元地震救灾捐赠款的规范管理。深入治理商业贿赂,查处1起商业贿赂案件,督促行业主管部门加强行业规范建设。

2009年,开展县民政、国土资源、农业系统等涉农部门的民主评议行风,着力解决农民群众关心的热点难点问题。深化满意基层站所(办事窗口)创建,引导29个部门所属的基层站所积极服务于新农村建设,新增省级满意基层站所1家,市级满意基层站所4家。开展全县清理规范各类评比达标活动,最终保留49项。

2010年,开展“千局万站优化发展环境”主题活动,建立完善服务企业长效机制17项,开展工商系统民主评议行风,梳理出8条意见,督促予以整改落实。推进群众满意基层站所(办事窗口)创建,2家单位获得温州市群众满意基层站所荣誉称号。

2011年,开展“千局万站优环境促发展推进年”活动,全县党员干部走访联系基层(企业、群众)1485人次,开展重点项目专项检查40次,帮助企业解决实际难题61个。深入开展专项治理,认真解决教育、医疗卫生、环境保护、征地拆迁、食品药品安全等方面群众反映强烈的突出问题。教育部门取消义务教育择校费、推进师资平衡。深化基层站所民主评议行风,创建市级满意基层站所(办事窗口)3个,省级满意基层站所(办事窗口)1个。

第三节　案件审查

1993—2011年,落实信访举报工作目标责任制。开展信访监督和重点信访跟踪制,对适宜于信访监督的信访件实施信访监督,受理群众来信来访近万件次。立案查处各类违纪违法案件1181件,涉及乡(科)级以上领导干部268人,给予党政纪处分1586人次,为国家挽回经济损失1489万元。

信访举报

1991—1992年,全县各级纪检干部以信访举报为线索,主动出击,自找案源,以查处以权谋私、贪污受贿、违反财经纪律为重点,2年间全县纪检监察系统受理群众来信1643件,接待来访1295人次,其中县纪委受理来信899件,接待来访466人次,属于纪检范围来信750件次。

1993—1996年受理群众来信2309件，信访工作均实现上级规定的“四达标”要求。信访工作先后三次分别被评为市、县先进单位。合并后的县纪检监察系统受理群众来信，提供立案线索35件。给予存在轻微违纪行为干部予以批评教育63人，为70名党员干部澄清是非。

1998年，全县受理群众来信来访和电话举报944件。办理上级交办信访件10件。县有关领导批交、交办的重要信访件127件，办结127件，转办202件，提供立案71件，批评教育43人，给予核查澄清事实29人，挽回经济损失15万余元。

1999年，受理群众来信来访和电话举报857件（次），初核初查202件（次）。办理省、市纪委交办件6件，办结5件；县有关领导批办、交办的重要信访件196件，办结196件；批评教育27人；给予核查澄清事实31人，挽回经济损失18.6万元。按照信访目标管理的要求，信访问题当年办结率达91.2%，当年结案率达100%，信访案件按期结案率达90.3%，优质结案率达85%。

2002年，开展信访举报工作“责任年”活动，落实信访举报工作目标责任制。开展信访监督和重点信访跟踪制，对适宜于信访监督的信访件实施信访监督。2003年，开通网上举报，拓宽信访举报渠道，营造良好的工作环境。2005年，试行信访代码举报制度。

2008年，畅通群众利益诉求渠道，开通12388信访举报免费电话，推行信访举报免费制度。建立健全领导包案、下访和信访接待日等制度，创新信访听证、直查快办、信访直通车等措施，解决一批热点、难点问题。

2009—2010年，建立健全实名举报优先处理反馈机制，改进信访工作机制和流程，重复访、越级访有所下降。2011年，深入开展“为民解忧、为党增辉”活动，加强信访举报查处工作。受理信访举报229件，自办16件，督办44件，转办114件，发信访通知书6件，查处142件。

违纪案件查处

1991年，党内处分31人，其中开除党籍11人；县监察局立案调查违反政纪案件11件，其中，开除公职5人，挽回国家经济损失9万余元，其中没收追缴各种违纪金额58000余元。

1992年，全年查处违反党纪案件27件，处理违纪党员33人，其中开除党籍10人，处理乡科级领导干部4人。县监察局立案查处13件，政纪处分11人，其中乡科级领导干部4人，撤职1人，挽回直接经济损失10万余元。

1993—1996年，立案查处各类违纪违法案件140件，给予党政纪处分155人，其中开除党籍30人，开除公职9人，涉及乡科级领导干部34人，为国家挽回直接经济损失77.25万元。

1997年，立案查处各类违纪违法案件47件，给予党政纪处分45人，其中，涉及乡科级领导干部7人，要案5件，为国家挽回直接经济损失21.58万元。

1998年，立案查处各类违纪违法案件71件，给予党政纪处分68人。其中经济大案17件，涉及乡科级领导干部16人，为国家和集体挽回直接经济损失150万元。

1999年，重点查处珊溪水利枢纽工程移民款侵吞和非法占有国家财产案。该案涉及11个部门单位，涉及党员干部违纪违法90余万元，立案27人，其中乡科级干部12人，移送司法机关7人。2000年，重点查处水利水电领域的重大窝案串案，该案涉及20余个乡镇和单位部门，涉案人员达100余人，立案检查46人，其中乡（科）级干部20人，万元以上经济大案18件，移送司法机关处理10人，涉案金额达260余万元。

2002年，查处违纪违法案件116件，处分党员干部108人，其中涉及乡科级干部16人，万元以上经济大案10件，挽回直接经济损失51万余元。

2003年，查处违纪违法案件91件，其中涉及乡（科）级干部9人，万元以上经济大案7件，处分党员干部91

人,移送司法机关处理5人,挽回直接经济损失90余万元。2004年,查处违纪违法案件67件,处分党员干部67人,万元以上经济大案4件,挽回直接经济损失90余万元。开展党员干部赌博问题专项治理工作,17名党员干部被查处。

2005年,查处百丈漈镇财会人员贪污案件,涉案金额达30余万元;查处文成县农业系统违反财经纪律窝案,涉案人员6人,涉案金额达40余万元,其中4人被立案检查;查处公安系统违反财经纪律、失职渎职案件,涉案人员达14人,6名干警被立案查处。

2006年,查处原百丈漈镇主要领导贪污受贿窝案串案,该案涉及8个乡镇部门和单位,涉案违纪违法党员干部29人。其中乡科级干部16人,涉案总金额50余万元,立案处理9人,移送司法机关处理5人。查处卫生医疗系统医药购销领域商业贿赂窝案串案,涉及7个部门和单位,涉案107人,涉案总金额400余万元,移送司法机关处理2人。

2007年,查处县国土资源局受贿案,涉案金额2万余元;查处县规划建设局干部参与违章建筑、失职渎职案件。2008年,查处黄坦镇旺山村干部受贿案,涉案金额8万余元。两名腐败村干部被移送司法机关追究刑事责任;查处县规划建设局干部违反规定,利用职务为违法改建房屋者提供便利,从中收受37万元的受贿案;查处大峃镇屿根村干部贿选窝案;查处下垟乡干部受贿案,涉案人员3人均被司法机调查处理。

2009年,查处县水利系统工程腐败窝案串案,涉案6人,移送司法机关处理2人,其中乡科级领导干部1人,追缴违纪款40余万元;查处农村合作医疗系统窝案,立案6人,移送司法机关处理2人,涉案金额20余万元。

2010年,查处原樟台乡干部腐败窝案串案,涉案违纪违法党员干部8人,立案检查6人,移送司法机关处理4人,其中乡科级干部2人,涉案金额30余万元;查处仰山乡鳌洋村干部贪污窝案,涉案金额6.8万元,移送司法机关处理3人;查处广播电视台干部受贿窝案串案,涉案人员4人,立案2人,移送司法机关3人。

2011年,立案查处各类违纪违法案件106件。本级立案5件,大要案2件。重点查处县移民办干部受贿案,涉案2人,移送司法机关处理2人,涉案金额13.5万元;查处县花园新区保障性住房二期工程串标窝案串案,涉案21人,移送司法机关处理21人(非对象16人),追缴违纪款470余万元。

1991—2011年文成县党员干部党纪处分情况一览表

表19-8

年 份	警 告	严重警告	撤销党内职务	留党察看	开除党籍
1991	4	4	—	12	11
1992	8	10	3	2	10
1993—1996	—	—	—	—	30
1997	10	6	1	2	8
1999	31	24	6	8	15
2000	28	22	3	7	41
2001	21	18	1	3	14
2002	40	22	2	11	16
2003	24	11	2	5	13
2004	13	4	1	4	8
2005	10	12	0	4	6
2006	1	5	0	3	6
2007	2	3	0	7	5

续表19-8

年 份	警 告	严重警告	撤销党内职务	留党察看	开除党籍
2008	13	7	3	3	18
2009	7	6	0	5	15
2010	8	4	0	2	25
2011	5	5	0	0	95

说明:资料由县纪委办公室提供

第四节　党风廉政教育

1991—2011年,纪委采取上党课、党纪教育培训、播放党纪条规录像片、专题广播节目、开辟专栏、开展以反腐倡廉文艺演出、专家讲课、知识测试、发送短信等形式进行党风廉政教育。

廉政教育内容

1991—1992年,主要采取上党课、党纪教育培训、播放党纪条规录像片等多种形式对党员进行党风廉政教育,两年间全县各级纪检监察组织上党风廉政教育课322场次,受教育党员2.66万人次;举办各类培训班100余期,培训党员4万余人次;播放20余部党规条纪教育录像片259场次,受教育党员1.93万次。

1993年,县纪委、县监察局开始合署办公后,主要采取上党课、开设专题广播节目、举办专题培训,宣传讲解法规、树立勤政廉政典型、剖析反面典型案例等形式,对干部进行廉政教育与宣传。1994年,举办首次“党风廉政演讲比赛”。1997年开始,开设“廉政之声”专题广播节目,加强党性党风党纪教育。

1999年,在全县范围内开展“廉内助”评选活动。2000年开始,开展以警示、从政道德、廉政之窗、从政十德、廉政建设为主要内容的廉政教育。2001年,在《文成报》开辟《反腐倡廉好新闻竞赛》《加强作风建设,实践“三个代表”》专栏。2006年,开通文成廉政网。

2004年至2006年,整合宣教资源,开展以反腐倡廉文艺演出、反腐倡廉书画展、创作廉政歌曲和廉政小品等为主要内容的廉政文化宣传教育,推进廉政文化进机关、学校、农村、社区、企业和家庭(廉政文化“六进”)工作。2008年,继续深化廉政文化“六进”活动,重点开展村级组织换届后的两委干部廉政教育。

2009年开始,组织《中国共产党党员领导干部廉洁从政若干准则》的学习宣传贯彻,通过专家讲课、知识测试、发送短信等形式,组织领导干部学习,增强廉洁自律意识。至2011年,全县各级纪检监察组织上党风廉政党课2600余场次,受教育党员25.6万人次;举办各类专题培训班近1000期,培训党员近20万人次;组织15.3万人次观看廉政专题教育片与图片展览;开展党的基本知识竞赛、演讲比赛和党纪知识考试等80余场次。

廉政教育基地

刘基廉政文化教育基地位于南田镇,2006年依托国家级文物保护单位刘基庙开始创建,2008年12月被浙江省纪委等七个部门命为第二批浙江省廉政文化教育基地,是温州市第一个省级廉政文化教育基地。基地由刘基庙、刘基墓、郁离子长廊、铭廉壁、刘基故居、武阳书院、刘伯温纪念馆等部分组成,占地面积近100亩。其中刘伯温纪念馆占地面积350平方米。

第五章　组织工作

1991—2011年,中共文成县委加强党的组织建设,为全局工作提供坚强的组织保障。20年间,相继进行5次换届选举工作,各级党政领导班子配备日益优化,年龄结构和文化结构更趋科学合理。重视加强基层党组织建设和发展党员工作,发挥党支部的战斗堡垒作用和党员的先锋模范作用。1991年全县建有基层党组织1044个、党员12719名;2011年有基层党组织1043个、党员19823名。同时,创新发展非公有制经济党建工作,拓展基层党建工作新领域。通过抓干部队伍建设和党的基层组织建设,加强人才培养和政策扶持力度,全面加强了组织部门的思想建设、组织建设、作风建设。

第一节　党　员

严格执行《中国共产党章程》《中国共产党发展党员工作细则》,严格遵循"坚持标准、保证质量、改善质量、慎重发展"方针,坚持有领导、有计划地进行党员发展工作,切实改善党员队伍结构,全面提高党员队伍素质,增强党的战斗力。截至2011年,全县党员19823人。围绕提升党员党性修养和干事创业能力素养,通过开展"双学双比双争"活动、党员先进性教育、推动党员下基层蹲点调研、开展优秀共产党员评选和"党员富民工程"等一系列抓手,抓紧抓实党员思想作风建设。

党员发展

1991年,全县党员12719人(女党员1564人)。其中,正式党员12357人,预备党员366人;具有大专以上文化的375人,中专文化的805人,高中文化的1355人,初中及初中以下文化的10184人。

1991—1996年,根据"坚持标准,保证质量,改善结构,慎重发展"的方针,注意吸收知识分子、知识青年和少数民族中积极分子入党。全县发展党员2870人。新党员中妇女899人,高中以上文化程度433人。1997—1998年,培养入党积极分子3662人,发展党员1338人,其中农村党员1038人,女党员393人,初中以上文化程度1201人,35岁以下926人。1999年,全面推行发展党员"公示制"。2000—2003年,提出在新的社会阶层中发展党员,抓非公布制党建工作。全县通过公示接收预备党员1964人,预备党员转正1745人。公示后,62人考察对象被取消预备党员资格,73人预备党员转正被取消或延长预备期。2010年,建立发展党员工作重点单位管理、公推优选入党积极分子制度。该年,发展党员637人。2011年,加强农村党员的发展与管理。全县党员19823人,其中正式党员18884人,预备党员939人,女党员4269人,具有大专以上文化的4169人,中专文化的1418人,高中文化的3048人,初中及初中以下文化的11188人。

1991—2011年文成县党员发展情况一览表

表19-9

年份	发展总数（人）	其中					
		男（人）	占比（%）	女（人）	占比（%）	35岁以下（人）	占比（%）
1991	366	298	81	68	19	179	49
1992	312	204	65	108	35	156	50
1993	477	302	63	175	37	—	—
1994	560	374	67	186	33	214	38
1995	493	317	64	176	36	—	—
1996	662	476	72	186	28	—	—
1997	685	492	72	193	28	474	—
1998	653	453	69	200	31	452	69
1999	710	521	73	189	27	468	66
2000	615	438	71	177	29	391	64
2001	601	439	73	162	27	368	61
2002	598	417	70	181	30	359	60
2003	642	447	70	195	30	432	67
2004	593	407	69	186	31	354	60
2005	493	352	71	141	29	283	57
2006	579	447	77	132	23	322	56
2007	529	408	77	121	23	286	54
2008	590	438	74	152	26	318	54
2009	664	521	78	143	22	348	52
2010	637	493	77	144	23	326	51
2011	641	483	75	158	25	346	54

说明：资料由县委组织部提供

党员教育

专题教育　1991年，分区、镇、乡组织党员集中上党课，开展党史知识系列讲座。1992年，组织党员干部学习邓小平南方讲话精神，进一步解放思想。1993—1996年，开展党员解放思想、深化改革的“大学习、大讨论”和中共十四大精神及四中、五中、六中全会精神教育。1997—1999年，开展《社会主义初级阶段理论》《加强社会主义精神文明》专题教育活动。

2000年开始，开展党员“讲学习、讲政治、讲正气”教育活动，并开展农村党员活动室建设。2006年，组织开展“先进性”教育活动，为农村党员发挥先锋模范作用搭建平台，组织建立党员志愿服务队。2009年，组织党员开展“科学发展观”教育，组织开展“专项行动”，着力解决基层存在的一批重点、难点、热点问题。

2010—2011年，围绕“推动科学发展、促进社会和谐、服务人民群众、加强基层组织”的目标，全县121个单位、866个基层党组织、18980名党员开展创先争优。各级党委、支部结合“转作风、优环境”、“讲党性、重品行、作表率”的学习型党组织创建，开展党组织和党员公开承诺工作，全县71个机关单位基层党组织、33个乡镇党委和384个村党支部结合岗位职责和工作实际，12350名党员按照“量力而行、尽力而为”的要求，分别作出1～2件承诺事项。

远程教育与培训　1991年,开展学习型党组织创建活动,建立健全党的组织生活、三会一课、党员干部定期学习、民主生活会等制度,逐渐利用媒体、网络、远程教育站点、党建网等现代化信息化手段开展党员教育。全县建成党校35个、农村党员活动室557个、电化教育播放站28个,原撤销的乡范围内设立64个党员教育点。利用校、室、站、点四大平台开展党员培训教育工作,全年党员培训面达86%以上。1993年举办农村实用技术培训73期,受训党员干部13941人次。

1995年,党员中普遍开展"三学三比"活动,重点抓好邓小平理论、《中国共产党党章》的学习和实用技术培训教育。70%以上的村"两委"成员和5600名农村党员不同程度地受到教育。28个乡镇电化教育播放站,播放电教片165场次。1997年始培训工作力度加大,引导党员学习"十五大"精神、邓小平理论、《中国共产党党章》和农村实用技术知识,分期分批对党员进行集中培训。1997年全县90%以上的村两委成员和9270名农村党员不同程度地受到教育。1998年全年上科技知识课190次,授课12750人次;1999年举办各类农村实用技术培训242期,906人参加绿色证书培训,760人参加农函大学习,受训人数达1.5万余人。

2000—2001年,实施党员电教科技富民工程,建成466个行政村电教播放点和33个乡镇规范化党员电教播放站,基本形成党员电教播放网络。建立农村党员指导制度,分别配备党建工作指导员121、152人,到各行政村上课654、618次,全县举办各类培训班53、56期,两年拍摄制作党员电教专题片18部,引进党员电教片32部,发放党员电教片1.5万盒,播放电教片8780场次,观看达115768人次。2003年,举办各类培训班62期,培训2781人次。全年放映电教片1000部,播放9000场次,受教育达2.54万人次。制作有地域特色的党建电视节目12期,县有线电视台《党建之窗》栏目定期播放。

2006年9月,组织全面实施农村党员干部现代远程教育基础设施建设项目,2007年9月完成。该项目覆盖原全县33个乡镇、372个村级组织406个远程教育站点,购置投影仪1台、电视机328台、电脑388台。同年,开展远程教育"学用推进年"活动,全年举办讲解班60期。

2009—2011年,探索"让党员经常受教育,使农民长期得到实惠"的长效机制,深化拓展远程教学功能。其中2009年组织全县33个乡镇、372个村级站点收看省市直播课堂,参学党员干部达5万余人次。

党 员 管 理

制度管理　1991年,出台《关于共产党员、干部职工因私事申请出国或去港澳地区的若干问题的暂行规定》。根据规定,对6名擅自出国的党员作自动脱党处理。1992年开始,对各党支部发展党员作出规定,五年内未发展新党员的支部,挂黄牌警告。

1997—1999年,全县1030名外出党员颁发"流动党员活动证",77名党员办理出国保留党籍手续,32名党员办理出国停止党籍手续。2000年,建立流动党员登记卡制度。通过组建破产企业党组织、挂靠部门、迁移到户口所在地等多种形式,使全县72名破产企业和下岗职工党员的组织关系得到合理迁转。

2003年,全面实行农村党员活动日、农村党建指导员和驻村干部列席农村党日活动制度。建立"党员信息库",推行农村党员档案信息化管理。2004年,规范党员队伍管理,健全发展党员群推众选、评议制、公示制、预审制、责任追究制、票决制、建立外出党员联系制度。2005年,通过向经济管理人才、致富能手、非党村干部、管理骨干发展新党员规定,吸收素质好、肯吃苦、善学习的优秀青年入党,逐步优化党员队伍结构。加强外出党员管理,建立县、乡、村3级台账。2006年,探索"1+1"结对帮学、帮扶助学、领读听学、邮寄送学等形式。建立杭州、义乌、温州、瑞安商会流动支部,为外出经商党员集中学习搭建平台。在全县33个乡镇建立党员流动服务站,为外来流动党员服务。2007年,全力推进"党员富民工程",深入开展"向我看齐"活动,培育党员致富示范基地、党员致富带头人典型。

2009年，探索党员服务群众新机制，推行农村党员联户代言、农村党员经纪人制度。此举《共产党员》《温州日报》《温州党建》等杂志、党报曾作深度报道。2010年，建立“12371”党员咨询服务热线，及时受理党员咨询服务，为党员办实事解难题。2011年，扎实推进村级党组织“转并联”工作，构建全县“1860”的网络型、组团式党组织设置模式。深入实施“党员人才工程”，明确发展党员的重点对象，完善发展党员工作规划，优化农村基层党员队伍结构。

民主评议　1991年，全县953个党支部12000余名党员参加评议。评议后给予党纪处分5人，开除党籍5人，取消预备党员资格8人。

1996—1999年，全县党支部分别为970、970、955、955个，14887、14887、15147、15204名党员参加评议。其中，通过评议1996—1997年给予党纪处分18人；1998年确定不合格党员7人，限期改正错误7人；1999年评出优秀党员1541人，合格党员10475人，基本合格党员2919人，不合格党员269人。

2000年，全县15132名党员参加评议，被评为不合格301人，其中开除党籍9人，劝退、除名10人，取消预备党员资格11人，其他违纪处分12人，限期改正错误的263人。2001—2002年，全县884个党组织采取“两票制”开展民主评议，参加评议的党员14909名，被评为不合格157人，取消资格、除名46人，其他违纪处分40人，限期改正错误56人。

2009年，全县党的基层组织874个，其中党委41个、总支部8个、支部825个，开展民主评议的支部151个，参加民主评议的党员2895人，评议出优秀党员49名，取消预备党员资格15人。

2010年，全县党的基层组织876个，其中党委41个、总支部8个、支部827个，开展民主评议的支部132个，参加民主评议的党员2040人，评议出优秀党员104名，取消预备党员资格13人。

2011年，全县党的基层组织1043个，其中党委41个、总支部64个、支部938个，开展民主评议的支部307个，参加民主评议的党员7092人，评议出优秀党员104名，被评为不合格党员的2人，取消预备党员资格11人。

第二节　基层党组织建设

2011年，全县党的基层组织1043个，其中党委41个、总支部64个、支部938个。组织部紧抓农村党支部建设，抓村党组织活动场所建设，抓村党组织后备干部选拔培养，村党组织调整充实，使农村党组织充满生机活力。2000年开始，抓两新组织（新经济组织和新社会组织的简称）党组织建设，至2011年，两新组织实行党的组织和工作全覆盖，新建党组织80个（其中单独组建52个，联合组建28个），下派77名党建工作指导员。

农村基层党建

1991年，选拔村级后备干部1079人。为569个行政村的1563名村干部投保养老金综合保险25.4万元。组织159个届期已满的农村党支部进行换届选举。

1992年，组织对全县571个农村党支部进行定情分析和定量测评，评出一类支部152个、二类支部346个、三类后进支部71个。各级党组织采取“抓两头，促中间”的工作方法，对先进支部抓巩固提高，对后进支部抓整顿转化。5个乡镇选派16名干部下村任职，并确定一名乡镇党委成员联系1个后进支部的整顿转化工作。7月，全县表彰1991年度县级先进党支部45个、优秀共产党员123名。调整、充实村委会班子143个、农工商合作社79个，整顿农村团支部158个，调整充实村妇代会87个、调解组织64个，56个行政村建立农村基层组织建设工作档案，选拔村级后备干部1079名，其中党支部领导班子后备干部230名。同年，为全县571个行政村的1659名村干部投保养老金综合保险30.9万元。

1993年,543个行政村党支部换届选举,占村党支部总数的95%。新任党支部书记265人,新任村委会主任242人。全县培养农村后备干部793人,其中女干部45人,初中以上文化程度占61.4%。根据《农村党支部战斗力评估标准》重新对农村党支部战斗力状况进行全面评估,评出一类支部196个、二类支部330个、三类支部45个。下派22名乡镇干部到村任职或兼指导员,后进支部转化工作成效明显,29个后进党支部上升为一、二类支部。

1994年,调整充实村“两委”领导班子成员,新任村支部书记23名,充实副书记53名。1994年年初,对全县571个行政村支部重新进行评估,评出一类支部115个、二类支部411个、三类支部45个。同年,注意将农村中的优秀青年、经济能人、致富带头人选进村级领导班子。选拔130名干部,充实到党支部、村委会和农工商合作社领导班子中,选拔716名优秀分子作为村级后备干部。1091名村干部参加该年度的养老金保险工作,投保金额211160元,102名离任村干部兑现养老金。

1995年,县委制定《关于在全县农村开展创“五好”党支部活动的决定》,要求年内12%左右的支部达到“五好”标准。对列入整顿的64个后进支部,通过下派干部、充实班子、项目扶持、资金投放等措施,48个后进支部改变面貌。决定全县奔小康活动分三批进行,根据“分类指导、分村规划、分步到位、整体推进”的原则,确定100个村为全县首批奔小康村,其中县级示范村11个。成立县委农村奔小康活动协调小组。3月,建立县委、县政府联系奔小康试点(示范)村制度。县委、县府14名领导每人分别重点联系1个示范村(试点村)及1个后进村。同月,县委制定《就进一步现固和发展村级集体经济、加强财务清理、解决村干部的误工报酬问题作出若干规定》。5月,县、乡机关选派125名干部到奔小康试点村和后进村任职,其中县机关下派15名。7月,在县委党校举办奔小康示范(试点)村干部培训班,220名奔小康示范村、试点村的村书记(村长)和县乡(镇)下派干部参加培训学习。9月,全县招收村干部中专学历班3个、139人,其中脱产班1个、45人。11月,协助县委制订扶持奔小康示范村、试点村建设的11条优惠政策,加大奔小康力度,促进奔小康活动的深入开展。12月,建立县乡村三级创“五好”活动目标管理责任制,将创“五好”的具体星级基数分别下达到乡(镇)村。县委组织部制订“五好”党支部的考核细则,实行县、乡、村的三级考核。结合村级支部换届,改选支部147个,充实年轻支部书记81名,培养选拔村级后备干部1514人,提拔村长助理125名。12月根据“上级拨一点、乡镇补一点、村级支一点”的办法,珊溪、巨屿、黄坦等镇率先实行村干部报酬工资制。

1996年,全县571个行政村中568个村党支部进行换届工作,选出村支书562名,其中新当选308人,占总数的54.8%;559个行政村进行村委会换届工作,选出村委会主任539名,其中新当选的309人,占总数的57.3%。选拔村级后备干部1262名,该次村级换届选举,1059名后备干部进入“两委”班子。落实创星目标管理责任制,全县98个农村党支部达到“五星”标准,占17.1%;128个农村党支部达到“四星”标准,占22.4%;总星数1770颗,村均星数达到3.1颗。8月,建立“村财乡管,乡管村用”的“六统一”制度。全县35个乡镇的571个行政村,普遍开展村级财务清理工作。

1997年,开展农村后进支部整顿转化工作,对无支部书记的农村党支部,通过“内选、下派培养”等方式进行充实调整。1998年,全县563个行政村全部建立村务公开领导小组、监督小组和民主理财小组,设立村务公开栏,全面推行村务公开制度。

1999年,全县550个行政村党支部和村委会全部完成换届选举工作,党支部委员2016人,其中初中以上文化程度1321人,35岁以下的271人,妇女220人;村委会委员2134人,其中初中以上文化程度2134人,高中以上1490人,45岁以下1049人,妇女269人,党员853人。2000年,在玉壶镇开展理顺村级组织关系试点工作,建立村党支部与村委会联席会议、双向沟通制度,农村党支部推行实行党务公开制度。

2001年,推行民主听证会、民情征询会制度。制定《关于进一步发展壮大村级集体经济若干规定》,建立村级集体经济发展资金。编写《文成县村务公开民主管理规范化建设工作手册》,并在双桂乡西洋村、山下村开展村务公开规范化建设试点工作。

2003年,出台《村级组织工作规则》《村干部管理办法》《村级财务管理暂行规定》《村干部经济责任内容审计办法》《村干部目标管理考核办法》5项制度,建立健全村民代表会议、村务公开、村账乡镇代理、村两委联章联签、村委会向村党支部报告工作等5项配套制度。2006年,全县第一、二批131个村级活动场所在全市率先竣工并投入使用。

2007年,创新实施村干部误工绩效机制,把村干部的误工报酬分基本报酬、绩效报酬、效益报酬3部分发放;实施村干部"关爱服务卡"工程,由县财政安排专项经费13万元,对全县2916名村"两委"成员进行人身意外保险。为845名离任村级正职干部发放一次性补助资金58.6万元,发放纪念章643枚。分别在黄坦镇、周壤乡、平和乡、岭后乡等4个乡镇选择6个不同类型的行政村,采取村党组织"两推一选""党内直选"和村委会"有候选人选举""无候选人选举"等方式,进行村级组织换届选举工作试点。

2008年,实施"双向述职评议"、推行候选人竞职演说、出台村干部"创业承诺"等阳光选举机制,在全市率先探索试行"组队竞选村干部"的选举方式,在全省率先推行"视频委托"的投票方式。全县384个行政村选举产生村党支部书记361人,党支部委员1266人,村委会主任378人,村委会委员1457人。

2009年,出台《关于进一步加强农村基层组织建设的若干意见》《关于加强乡镇专职组织员队伍建设的意见》等19个配套文件。实行村干部周二集中服务日制度,推行"四议两公开"(即村党支部委员会提议、村"两委"联席商议、党员审议、村民决议、决议公开、实施结果公开)工作法,完善村干部报酬激励保障机制,安排村干部绩效报酬激励保障资金600万元。

2010年,出台《调整不适任村党支部书记的实施办法》,明确村党支部书记不适任的8种情形。加强村党支部书记队伍建设。村两委干部按"正职两备、副职一备"的比例要求,从致富能手、示范大户、大学生村干部等优秀人才中选拔产生村两委班子主要负责人人选256人。

2011年,率先全市完成384个行政村的换届选举工作,选举产生村"两委"成员2812人,其中大专以上学历175人,高中或中专学历702人。76名大学生村干部、564名妇女干部、286名35岁以下的农村优秀青年人才进入村"两委"班子。

"两新组织"党建

2000年始,加强"两新"组织(新经济组织和新社会组织的简称)党建工作。选择文成冰洋实业有限公司进行试点,全面推进非公有制企业党、工、团组建工作。至年底,3名以上党员的11家企业全部单独建立党组织,占应建总数100%,5家较小的企业联合组建1个党支部。

2001年,加强机关、企业、学校党建工作,开展创建"规范化党支部"活动。贯彻《中国共产党和国家机关基层组织工作条例》,推行机关党支部的规范化建设。选派13名非公有制企业党建工作指导员,举办1期非公有制企业党支部委员培训班。抓好国有企业党建工作,开展"爱岗敬业"活动,做到"一个支部一个堡垒、一个党小组一个阵地、一个党员一面旗帜"。以"爱党工程"为重点,推进学校党建工作,组织中、小学校学生参与"七一""十一"等重大节假日文艺演出,紧扣"知党、爱党、跟党走"主题,开展党的知识启蒙教育,为党储备后备力量。

2002年,抓好社区、社团、机关、学校、非公企业党建工作。对全县的非公企业、社区、社团进行专题调研,抓好符合建党条件的14家非公企业党支部组建工作的基础上,不断健全党支部各项制度,加强非公企业党建规范化建设。全年发展非公企业新党员15名,入党积极分子16人,派出党建指导员14名,举办非公企业党支部书记培训班1期。在县机关开展争创“四好一满意”(好班子、好队伍、好作风、好机制,让群众满意)和“规范化党支部”活动。全年41个机关党支部通过“规范化党支部”的检查验收。以“爱党工程”为载体,以业余党校为抓手,加强对学校党组织的管理,加强青年教师和优秀高中生入党工作。全年推优入党46名。在西坑畲族镇开展以“六带六共建”为主要内容的党团共建试点活动中,通过联建村团支部、建立青年俱乐部、团员互帮互助活动、建立外出团支部等载体,发挥农村、学校团员和外出团员的先锋作用。

2003—2005年,对全县167家非公有制企业进行分类,通过村厂联建、单独组建、挂靠组建等多种方式,党员人数在3名以上和职工人数在50名以上的非公有制企业全部建立党支部,全县组建非公有制企业党支部14个。探索党组织的运行机制,推行党员激励机制,对成绩突出、在某个岗位有特殊贡献的党员进行表彰奖励。以冰洋实业有限公司、城郊公交有限公司等经济效益和经营状况良好的企业为重点,规范“三课一会”制度,设立党员先锋模范岗,规范党员活动室建设,实施“精品工程”。

2006年,建立社工委,落实编制、人员,对全县“两新”组织进行全面调查摸底。建立县委常委联系非公企业党建制度、非公企业党建工作责任制、季报通报制度和党建指导员制度。确定温州伯温酿酒有限责任公司作为市级构建活力和谐企业试点单位,通过实施“党员人才工程”,开展“7个双活动”,推进活力和谐非公企业党组织规范化建设。

2007年,贯彻全市非公有制企业“党组织组建年”和“活力和谐企业推进年”活动要求,建立县委常委联系挂钩非公企业党建制度、季报通报制度,下派非公企业党建指导员帮助开展党建工作完成县迦密山重型锻造有限公司等4家非公企业的党组织组建任务,并确定巨屿镇的南翔电缆有限公司党支部作为全市第二批“活力和谐企业”创建单位。

2008年,深入开展“活力和谐企业”创建活动。对全县规模以上企业党组织组建工作和活动开展情况进行“回头看”,确定浙江双凤食品有限公司党支部作为全市第三批“活力和谐企业”创建单位,南翔线缆有限公司为全县党建块状培育典型,新组建杭州文成商会党支部、文成县树人学校党支部、巨屿镇中兴党支部。探索建立“两新”党建工作长效机制,制定《中共文成县委关于理顺和加强社工委组织体系的工作意见》《文成县“两新”组织党建工作规范化建设的实施意见(试行)》,促进“两新”组织健康发展。

2009年,扩大党组织覆盖面,采取单独、挂靠、联合等形式,指导成立仰山乡杨梅合作社党支部和温州康宏铸造阀业有限公司党支部、县盖伦英语培训学校临时支部。至12月,全县建立“两新”党组织35个,其中临时党支部2个;培养入党积极分子15名,吸收预备党员4名,转正1名。开展全县“两新”组织的自然情况和党建工作情况普查,建立“两表三册”,工作情况普查登记注册新经济组织640家,新社会组织106个。开展“活力和谐企业”创建、非公企业党建典型培育和区域化党建工作,确定县级非公企业党建工作典型培育对象2个、区域示范点3个,发挥示范创建作用,提升“两新”组织党建工作水平。

2010年,开展非公企业区域化党建工作、争当“发展强、党建强”先进企业的创先争优活动,以“诚信服务先锋”活动为抓手的新社会组织“党组织组建年”活动和社区“三有一化”党建示范社区创建,新组建非公企业党组织3家,新社会组织4家,创建非公企业区域化党建示范点3处,党建示范社区1处。建立完善社工委议事、非公有制企业和新社会组织党建工作联席会议等各项制度;创新异地党员教育管理现代化模式,建立“社工委党员学习教育网”、视频Ⅵ通及“Q视频”约谈的党员发展模式,有效破解商会党组织覆盖瓶颈。开展示范点创建、结对共建活动,明确市级非公企业学习型党组织2处,新社会组织党建示范点2处,并组织10家企业党支部与10个经济薄弱村结对,5家协会党支部与5个经济薄弱村结对,3家商会党支部与3家民办学校党支部结对。全县非公有制企业640余家,个体户5433家,党支部21个,党员213名。

2011年,推行“两新”组织“大工委”工作机制,采取跨行业、跨部门、跨类别、跨层级等形式,组建民办教育党委、总商会党委、广民协党委、社会组织联合党委，并在10个乡镇成立“两新”党工委，在全县形成“1410”组团式、网络型的两新党建工作新体制。建立“两新”党工委委员负责制，县工商联、经贸局、教育局、民政局、工商局等8个部门分管党建领导兼任工委委员，分工负责两新党建工作，实现两新工委实体化运作机制。新建非公企业党组织100个(其中单独组建72个，联合组建28个)，挂靠农村新社区及非公企业党支部53个，377家无党员企业通过下派党建工作指导等形式100%达到党的工作覆盖。社会组织单独组建21个，联合组建4个，并通过组建四个行业协会党委100%覆盖没有党员的社会组织。新组建工会64家，共青团79家，“妇女之家”98家。参与温州市第四届“活力和谐企业”、第二届“劳动关系和谐企业”评选企业和新经济组织和社会组织“永远跟党走”红歌合唱比赛，文成县双凤食品有限公司荣获市第四届活力和谐企业和市级“双强”企业，红歌合唱队获全市银奖。

第三节　干部队伍建设

县委组织部严格坚持党管干部原则，以构建有效管用、简便易行的选人用人机制为抓手，在强化干部推荐、考察责任、扩大干部选拔民主范围、提升重要岗位干部选拔透明度、公信力等方面不断探索、实践。对干部推荐工作责任制、干部考察工作责任制、任前公示制、任期制、试用期制、公开选拔、竞争上岗和考察预告制、差额考察制等进行认真总结完善，出台各项人事制度十余项，不断提高干部人事制度改革科学化水平。抓干部监督工作，坚持个人重大事项报告制度、领导干部经济责任审计制度、党风廉政“一票否决制”和干部监督工作联系通报制度，对执行《中国共产党和国家机关基层组织工作条例》情况经常进行监督，把好选人用人关。

干部思想作风建设

1991年，组织5期625人的工作队下基层。3—5月，组织纪律作风检查组，重点检查82个机关单位领导干部。7月，集中副科级以上领导干部在教师进修学校培训学习，解决部分领导干部超规定安装私人电话、乱着装及干部“三违”建房问题。1992—1997年，系统学习社会主义市场经济理论和党建理论，树立干部以经济建设为中心的思想。

1998—2000年，结合“三清”(清理党政干部职工多占住房和违反集资住房规定建房，公费配置电话、住宅电话，部门擅自设立收费项目)“双禁”(严禁会议发放纪念品、严禁公款吃喝)“行风评议”工作，坚持边学边查、边学边改的原则，重点在县机关党委党员干部特别是副科级以上领导干部中开展以“三讲”(讲学习、讲政治、讲正气)为主要内容的党性党风教育，着重解决理想信念、思想作风、学习风气、党性观念和民主决策方面的突出问题。开展“优质服务、优良秩序、优美环境、当人们满意公仆”为主要内容的创建文明机关活动，改进党员领导干部作风，增强为人民服务意识。

2001年，巩固“三讲”教育成效，开展县直机关单位思想作风教育，通过“思想发动，学习提高”“自我剖析，听取意见”“交流思想，开展批评”“认真整改，巩固提高”4个阶段的教育整改。

2002年，开展党员领导干部“三个代表”重要思想学习教育活动，通过“学习培训”“对照检查”“整改提高”3个阶段，作风明显好转。2003年，组织领导干部学习中共十六大精神和新党章，学习谷文昌、郑培民和张朝究同志先进事迹，增强干部为民意识。2004年，举办学习研讨会，邀请5名复旦大学、浙江大学教授，围绕依法治国、旅游经济“三农”工作热点为题，为领导干部进行专题辅导。设立干部作风投诉专线电话，建立组织部特约监督员制度，不定期听取干部思想作风反馈意见。

2005年，开展机关“效能革命”和“千名干部下基层”活动。机关“效能革命”活动旨在建立优质高效的全程服务机制、求真务实的“四风”(学风、会风、文风、事风)整顿机制和过硬动真的责任追究机制。下派680名干部担任农村工作指导员,其中县机关干部95名、乡镇干部585名、省下派1名、市机关下派23名。活动中,各级下基层干部以“抓党建、强经济、促发展”为主线,探索建立整合资源、统分结合、优势互补的“县乡互动,分级处理”工作机制。

2008年始,开展党员先进性教育,按照“科学发展创新业,为民办事树风范”主题实践活动的整体安排,坚持县、乡联动,引导各级党员领导干部走进基层、走进困难、走进矛盾,切实破解一批难题。活动期间全县领导干部走访群众20143人次,办理实事、好事488件,帮助基层及群众破解难题461件,帮扶资金523万元。

2009年3月始,全县开展“讲党性、重品行、做表率”活动,树立党员干部可信、可靠、可敬、可亲的形象。采取“一日一读”“一周一学”“一月一讲”等有效形式,深入开展“三学三比”活动,切实提高干部政治理论和业务知识水平。开展“开门纳谏找差距”活动,着力查找组工干部与“讲党性、重品行、做表率”要求不相符的突出问题。

2010—2011年,结合学习实践科学发展观活动,全面开展以“五联五助”为主要内容的“组工干部下基层”活动。通过理论研讨、领导导学、集中学习等多种形式,提高全县干部的理论水平和业务水平。

干部人事制度改革

1991年,坚持干部下派任职锻炼制度和乡镇干部招聘制度,选派3名青年干部到区任职,5名县机关干部和42名乡干部下村任职。1992—1997年,采取公开、平等、竞争、择优的原则,采取公开招考乡镇干部,通过考试考核政审,从应届大中专毕业生中公开招录乡镇干部50名。

1998—2000年,实行干部推荐和考察责任制。出台个人向党组织推荐领导干部人选有关问题的补充规定,明确干部推荐的原则、资格条件、程序、纪律和责任。推行公开选拔制和公开选调制,采取“一推双考”的方法,选拔出粮食局副局长、县妇联副主席各1人;实行干部任前公示制,规定对拟提拔任用的县管干部和部管干部,向全社会公示。

2001年,对已出台的改革措施如干部推荐工作责任制、干部考察工作责任制、任前公示制、任期制、试用期制、聘任制等,认真加以总结完善。2002—2003年,实施干部制度综合配套改革,探索建立选人用人失察失误责任追究制度。制订《文成县机关事业单位工作人员末位淘汰制度(试行)》《文成县直属机关、乡镇机关中层干部和重要岗位工作人员轮岗制度》《文成县领导干部引咎辞职和责令辞职暂行规定》《文成县领导干部谈心谈话制度》《文成县干部调配工作的暂行规定》。

2004—2008年,县委试行全委会对重要职位拟任人选和推荐人选表决办法和全委会成员民主推荐提名制度,健全党委内部讨论决定干部任用的议事和决策规则。实行干部考察政绩公示制,干部考核考察中实行政绩公示、政绩解说和政绩核查三个环节,让广大干部群众对考察人选工作实绩进行监督核实,并进行写实性评议;试行县委常委会干部任免无记名票决制,对3批107名干部进行票决。

2009—2010年,制定《关于试行乡镇中层干部任免“票决制”的意见》,试行乡镇中层干部任免“票决制”。推进干部人事管理规范化,县委制定《关于规范县机关党委委员(党组成员)选拔任用工作的有关规定》,出台《文成县机关单位中层干部管理办法(试行)》,修改县委组织部干部管理的范围及任免程序,将部分干部管理权限下放,由各单位党组织自行任免。

2011年,出台《关于进一步加强领导干部选拔任用工作的意见》《文成县领导干部绩擢法(试行)》《文成县乡科级领导干部预备人选选拔任用试行办法》《文成县乡科级领导职位空缺预告提名工作试行办法》,为规范领导干部选拔任用、凭实绩擢用干部、规范干部初始提名和加强后备干部队伍建设等方面提供操作性意见。

出台《文成县机关单位中层干部任免表决办法(试行)》,规范中层干部的选拔任用工作。

干部选拔任用　1991年,筛选、确定200名部、委、办、局和区、镇、乡后备干部,平均年龄33.1岁,大专文化程度占21.16%,中专占33.45%,高初中占45.05%。调整29个单位30名干部进入部、委、办、局和区、镇、乡领导班子。1992年5月,调整“撤扩并”后的33个乡镇领导班子253人。1992—1996年,从后备干部中提拔任用39名副科级以上干部。重新调整后备干部名单,选拔405名后备干部进行重点培养。调整充实县机关局级领导班子成员28人。

1997—1998年,对全县63个乡科级单位领导班子进行全面考察,调配198名科局级领导干部,提拔28名优秀中青年干部进入局机关班子,选拔68名优秀年轻干部进入乡镇党政领导岗位。结合机关和乡镇干部考察工作,以群众推荐和自荐等形式,确定230名优秀青年干部作为县管后备干部到重要岗位任职锻炼,对成绩突出的年轻干部予以提拔使用。

2000年,全县33个乡镇党委、政府进行全面换届,选出乡镇党委委员169人、乡镇纪委委员124人、乡镇长33人。对县直机关单位领导班子进行“回头看”考核工作,对78个单位285名领导班子成员进行考核。结合乡镇集中教育整顿活动和县直机关单位“回头看”考核工作,推荐考察确定276名优秀中青年干部作为县管后备干部。2001年12月,采用“一推双考”的办法,从248名参与竞选的年轻干部中公开选拔5名副科级领导干部、6名乡镇团委书记和4名妇联主席。

2002年,对县直单位、乡镇领导班子及后备干部进行全面考察,完成98名乡镇党政正职和党委副书记的人事调配工作。对部门和乡镇班子现状进行分析,研究制订培养选拔年轻干部的总体目标和具体措施,制订实施《文成县年轻干部、女干部和党外干部工作方案》。对全县506名后备干部,采取培训、上挂、下派、交流、轮岗等形式,加大对年轻干部的培养和使用力度。2003年,实行干部任前公示制和中层干部竞争上岗制度。

2004年,严格按照深入考察、民主评议、民主测评和民主推荐等程序,坚持把思想政治素质放在首位,注重群众公认性,全年交流乡镇、机关正职32人,新提任担任正职领导25人、担任副职领导52人。加大年轻干部、妇女干部、党外干部、少数民族干部的培养力度,提任77名副科级以上领导干部,其中35岁以下41人,女干部12人,党外干部4人,少数民族干部5人。选派680名优秀年轻干部担任农村工作指导员。

2005年,完善干部调配和顶岗轮训制度,采取“凡进必考”的办法,全年组织2次统一考试,选拔21名优秀乡镇年轻干部到机关部门工作。2005年,试行干部公开选拔制度,严把报告、资格审查、笔(面)试、考察和决定任用各环节,确保公选工作质量。制订出台干部年度考核方案,对全县党政群机关、事业单位科级干部进行年度考核。

2006年,注重优化县机关部门和乡镇领导班子,调整交流干部121人。注重改善领导班子的年龄结构和知识结构,提拔使用30岁左右优秀年轻干部40人,18名年富力强、农村工作经验丰富的中青年干部担任乡镇人大主席、副主席。

2007年开始,注重选优配强党政“一把手”。新提任10名乡镇党政正职,调整交流干部121人,从企事业单位中提拔非公务员身份副职领导干部8人。全面掌握县直机关67个单位258名科技领导干部的德才表现、工作实绩、廉洁自律和群众公认程度等情况,确定正科级后备干部84人、副科级后备干部126人,提拔10人政治素质好、工作能力强的优秀年轻干部担任县机关副科级领导干部。

2008年,新提任乡镇党政领导“一把手”16人,调整交流干部66人;2009年,选拔17名经验丰富的干部担任县机关部门“一把手”,调整交流干部107人。2010年,优化配强班子结构,先后调整7个乡镇党政正职干部,提任1名干部担任乡镇一把手,提任5名干部担任县机关部门“一把手”,提任4名干部担任机关副科级领导干部。同时,组织开展竞争性选拔领导干部,公开选拔国土资源局、科学技术局等10个乡科级领导职位。

2011年,成立县公开选拔工作办公室,开展公开选拔副科级领导干部预备人选2名,面向优秀大学生村干部公开选拔乡镇领导干部1名。全年县机关单位调整干部15批109人次。通过组织报名、资格审查、笔试面试、素质考核、组织考察等环节,面向各乡镇、县直属各单位公开选拔30周岁以下副科级领导干部预备人选2名,并安排乡镇挂职锻炼。

第四节　人才管理

1991—2003年,组织部主要抓科技人才管理工作。2004年,成立县人才工作领导小组,设立县委人才工作办公室,开始全面抓人才管理工作。至2011年,全县各类人才19582人,其中党政人才1763人,占9.0%;企业经营管理人才844人,占4.3%;专业技术人才4570人,占23.3%;技能人才1016人,占5.2%;农村实用人才11389人,占58.2%。县级农村乡土人才500人,市级优秀农村乡土人才31人。

人才计划制定

2004年,制定《2004—2008年文成县人才发展行动纲要》《关于进一步加强人才工作的决定》。2005年,编制《文成县"十一五"人才规划》《文成县2005—2008人才开发目录》,完善文成籍在外人才信息库。制定出台加强农村乡土人才队伍建设和优秀农村乡土人才评选的具体措施。2006年,制定出台《文成县"十一五"人才发展规划》和2006年人才工作实施意见。2008年,制定《文成县拔尖人才和县优秀青年人才管理办法》。2009年,率先全市完成人才队伍建设中长期规划编制前期调研工作,落实"百万人才专项基金",与183名高层次人才兑现人才津贴,发放高层次人才津贴46万元。2011年,编制完成《文成县中长期人才规划纲要(2011—2020年)》,修订完善《文成县关于进一步加强人才工作的决定》,制定《文成县高层次人才流动管理办法》《文成县专业技术拔尖人才和优秀青年专业人才管理办法》。

人才选拔与引进

2004年,成立县人才工作领导小组,设立县委人才工作办公室,明确县直属机关各单位的人才工作职责。开展全县第四轮专业技术拔尖人才和第三轮优秀青年专业人才评选,在全县范围评选拔尖人才和优秀青年专业人才各5人。组织《全县专业技术人才与企业经营管理人才调查与思考》的课题调研。编制2004—2006年人才开发目录,确定文成县急需引进紧缺人才类型,建立人才信息库。按照全县七大农业主导产业,探索《农业型乡土人才认定标准、评价体系》,做好全县优秀农业型乡土人才评选筹备工作。

2005年,编制《文成县"十一五"人才规划》《文成县2005—2008人才开发目录》,完善文成籍在外人才信息库。制定出台加强农村乡土人才队伍建设和优秀农村乡土人才评选的具体措施,选拔出第一届农村乡土人才200名和第一轮优秀农村乡土人才30名。全面启动"非公企业人才素质工程",深入18家重点企业开展调研,撰写完成《非公有制经济组织人才队伍建设存在的主要问题及措施建议》调研报告。成立全县企业家协会,指导协会制订企业家培训计划,并于10月在青岛海尔集团海尔大学组织对部分企业管理人才进行综合培训。做好人才支援工作,抽调85名县直机关干部下派到有关乡镇担任农村指导员和科技特派员。

2006年,开展人才课题调研和全县人才普查工作,完成中高级专业技术人才、企业经营管理人才、农村乡土人才的"三库一台"建设。高度重视本土人才的开发利用,根据文成实际,制定出台优秀农村乡土人才年度考核及政府津贴补助机制,改善文成本土人才的开发利用现状。着眼于提升乡土人才综合素质,开展农村乡土人才职称评定,通过开办讲座、参观学习、现场指导等方式,抓好本土人才队伍培养。鼓励专业技术人才在职自学、带薪进修，鼓励企事业单位的优秀青年人才到知名大学、科研机构深造培养，组织企业经营管理人才到台湾等地考察学习，组织拔尖人才、优秀青年专业人才到韶山、张家界等地疗养。

2007年，设立100万元的人才奖励基金，出台加强人才工作的若干政策意见。评选表彰20名第五轮专业技术拔尖人才和第四轮优秀青年专业人才。加大乡土人才培养和政策扶持力度，落实30名优秀乡土人才的政府津贴，探索开展乡土人才职称评定工作，完善乡土人才库，成为全县人才工作的一大特色品牌，省委机关刊物《今日浙江》对此作大篇幅报道。组织农村乡土人才培训54期，培训5500人次。开展人才普查和人才工作难点问题调研，夯实人才工作基础。建立人才工作联席会议制度、人才重大事项通报制度等，形成有利于激发人才队伍活力的工作运行机制。

2008年，完善农村实用人才培养、激励、服务等机制，组织开展第二轮文成县优秀农村乡上人才选拔，评定县级农村乡土人才200名，表彰40名优秀农村乡土人才，多层次、有针对性地对农村乡土十人才进行培养，组织培训60余期，培训人员1200余人次。继续实施"企业经营管理人才素质提升工程"，开展企业经营管理人才培训，对企业人才进行监测统计。继续引导和鼓励高校毕业生到农村工作，做好"一村一名大学生"村干部管理。完善领导小组成员单位联席会议制度、重大事项通报制度、督促检查制度、联络员制度等人才工作制度。开展农村乡土人才工作调研，建立394名农村乡土人才数据库。向省、市委上报《文成县旅游人才培养项目》并列入省"希望之光"计划人才开发项目。兑现人才相关政策待遇。研究制订人才百万专项资金使用方案，选择8个人才重点项目落实资金。开展人才宣传服务，进行"七个一"人才系列宣传，即召开人才表彰会，在"文成讲坛"举办人力资源开发专题讲座；录制一篇"文成论坛"——人才篇；开展以"人才与创业创新"主题征文活动，编印《文成人才风采录》；举办全县人才交流大会。制作优秀农村乡土人才先进事迹专题片送文成电视台播放，营造尊重知识、尊重人才的浓厚氛围。

2009年，依托"农村乡土人才创业园""农村青年诚信创业贷款工程"等创业载体，培养农村乡土人才。继续实施"名师名校长""企业经营管理人才素质提升"工程，培养年轻专业技术人才。做好大学生村干部选配工作，招聘51名高校毕业生到农村和社区工作，全县在村大学生288名。

2010年，组织开展第六轮专业技术拔尖人才和第五轮优秀青年专业人才评选，评选出拔尖人才和青年人才各10名。搭建"农村乡土人才科技示范基地""大学生村官创业实践基地""农村青年诚信创业贷款工程""大学生村官信访挂职锻炼""企业经营管理人才素质提升工程"等创业培养平台，发挥各类人才推动文成科学发展的支撑作用。落实120万元人才专项资金，健全政府、社会、用人单位和个人的多元人才投入机制。举办干部培训班21期，培训党政人才1200余人次；举办"星火课堂"40余期，培训人员2000余人次；制作《希望之光——树立和落实科学人才观》《文成新型农民风采录》等宣传手册，广泛开展人才工作宣传。

2011年，组织开展评选文成县第三轮农村乡土人才和选拔第三届优秀农村乡土人才活动，评选出第三轮县级农村乡土人才100名和第三届优秀农村乡土人才40名。成立文成县农村乡土人才联合会加强人才住房保障工作，从限价商品房中确定一栋为人才公寓，面积2048平方米。注重大学生村干部的选拔培养，通过竞争性选拔方式，在具有2年以上村官工作经历的人员中公开选拔乡镇领导班子成员1名。创新人才柔性引进方式，通过将县人民医院全权委托温州医学院第一附属医院管理的方式，团队引进卫生人才50余名。开展文成人才流失原因调研活动，提出对策措施，防止人才流失。

第六章　宣传教育

宣传工作围绕党的各个历史阶段的中心任务和县委在各个时期的中心工作而开展。县委宣传部组织、指导全县理论学习、理论宣传、理论研究和党员教育工作。制定理论教学规划，组织编写辅导材料，培训基层理论骨干；对全县各级党委中心组的学习进行规划、培训、指导、考核、评比；会同有关部门做好党员、干部的教育工作。1991—2011年，全县确立珊溪革命历史纪念馆(刘英纪念馆)、玉壶岩门六兄弟烈士墓、坦岐烈士墓、百丈漈风景名胜区、大峃官山背烈士陵墓、叶胜林场铜铃山、百丈漈水力发电厂等一批爱国主义和革命传统教育基地，开展爱国主义、社会主义思想和形势教育。组织开展庆祝中国共产党成立70、75、80、90周年和中华人民共和国成立45、50周年，改革开放20、30周年，以及庆祝香港、澳门回归祖国，纪念毛泽东100周年诞辰等大型活动。开展刘伯温文化专题宣传和围绕县委各时期重点工作主题宣传，组织县委中心学习组、县机关与乡镇中心学习组的理论学习与探讨。

第一节　理论学习

抓县委中心学习组理论学习与研讨，督促机关、乡镇中心学习组学习与理论研讨，创建《讲堂》，提高干部队伍理论水平与执行政策能力。

县委中心学习组

1991年，健全县委中心学习组学习制度。组织学习《中共中央关于制订国民经济和社会发展十年规划和“八五”计划建议》、江泽民“七一”讲话、反和平演变教育、中共十三届八中全会决定及中央、省、市、有关文件等12次。全年发《学习通报》12期。

1992—1993年，主要学习内容有《中共中央十三届八中全会决定》、邓小平视察南方重要讲话精神、中共十四大文件、《中共十四届三中全会决定》《邓小平文选》第三卷、党史、党建理论及中央、省、市有关文件。1994年，学习组成员结合实际撰写学习体会文章30余篇，部分论文在《温州日报》《温州探索》等报纸杂志上发表。

1995年3月份，县委中心学习组学习扩大到县机关副科(局)以上干部、乡镇党委书记与乡镇长，集中6天时间系统学习社会主义市场经济理论和党建理论。10月，由县委书记、县长、常务副县长、分管农业副县长等人带队外出学习考察，结合文成实际写出考察报告，在中心组上交流。

1996年8月，举办《中华人民共和国行政处罚法》学习会，学习会扩大至乡镇主要领导、县机关副科以上领导干部，邀请杭州大学教授作专题辅导，会上还组织观看《关于依法治国，建设社会主义法制国家的理论和实践问题》录音讲座。

1997年，主要学习《深切悼念敬爱的邓小平同志，满怀功绩继承遗志共创伟业》《领导干部一定要讲政治》《努力建设高素质的干部队伍》《邓小平“和平统一、一国两制”的构想》、十五大精神等系列重要文献。邀请省市专家、学者作《邓小平说民主法制建设》《领导干部一定要讲政治》和党性党风教育专题报告。学习会上，县委领导就《社会主义初级阶段理论》《加强社会主义精神文明建设》两个专题作辅导讲座。

1998年，县委领导就加强党的建设、社会主义初级阶段理论、党风廉政建设等内容上36次理论课。2000年，邀请有关专家教授作《金融知识》《讲学习、讲政治、讲正气》《从世纪之交的经济发展态势》《中华人民共和国刑法》《现代科技和知识经济》等专题讲座。2001年，邀请有关专家教授作《按照“三个代表”重要思想要求、全面加强党的建设》《社会主义市场经济体制下公共财政与会计法制》《WTO知识》等专题讲座。

2002年，中心组与机关部门和乡镇领导一起集中学习10天，邀请有关学者作《认清形势，坚定信念，按照“三个代表要求加强党的建设”》《江总书记“七一”重要讲话精神》专题讲座。

2003年，开展《WTO知识》《江泽民论有中国特色社会主义》中共十六大精神等专题学习。7月1日，邀请复旦大学教授作《中国加入WTO后面临的机遇、挑战以及对策》专题讲座。

2004年，开展“三个代表”重要思想、中共十六大精神、十六届三中全会精神、郑培民先进事迹、开放型经济等专题学习9次。邀请省委党校和浙江大学教授作《学习贯彻“三个代表”重要思想、加快中国特色社会主义建设》《从政治文明到法治社会》专题讲座。

2005年，组织进行十六届四中全会精神、科学发展观、生态旅游建设、经济运行形势等专题学习相关领导和专家作《科学发展观》《生态建设与社会经济可持续发展》专题讲座。

2006年，开展中共十六届四中、五中全会精神以及贯彻落实科学发展观、构建社会主义和谐社会、加强党的执政能力建设、坚定理想信念等专题学习。

2007年，开展贯彻落实科学发展观、社会主义新农村建设、《江泽民文选》等专题学习。2008年，开展贯彻落实中共十七大精神和胡锦涛6·25讲话精神、省市党代会精神、中央经济工作会议精神等专题进行集中学习。同年，县委中心学习组被评为全市先进集体。

2009—2011年，开展台海形势、循环经济、落实科学发展观、中共十七届三中全会精神、省委全会、省纪委全会、省组织宣传工作会议、市两会精神等专题内容集中学习。中心组获全市先进集体第一名（与鹿城并列）。

机关、乡镇中心组

1996年开始县机关单位与乡镇相继建立中心学习组并开展理论专题学习，1997—2000年县机关单位和乡镇中心组开展专题学习530余次。2001年，各机关党委（党组）中心组采取多种有效形式，开展理论学习1400余次。2002年，乡镇与机关各单位党委（党组）采用集中学习与座谈交流等形式，学习次数达790余次。该年，全县乡镇机关部门还统一安排时间10天，组织党员干部进行集中学习。2003年后，县机关单位和乡镇中心学习组的学习行形成规范化制度，一般每月组织学习1次，学习内容主要以时政、党的理论和制度建设、党风廉政建设以及专业知识为主。

创建三坛（堂）

2008年，开始进行创建学习型社会活动。召开动员大会并下发县委《关于全面深入开展创建学习型社会活动的意见》，开展具体创造活动。开设文成论坛、文成讲坛两个平台，举办文成讲坛6期。举办“建设三个文成，实现共同跨越”论坛5期。至2011年，举办文成讲坛19期、文成论坛8期、百姓学堂12期。编辑整理出版《文成讲坛》《讲稿》《科学发展观学习资料汇编》三本资料。

第二节 宣传与理论研讨

县委宣传工作围绕县委重点工作开展,坚持把握舆论导向、打造宣传平台、巩固宣传阵地,以主题活动、理论研讨为主要抓手,通过报刊、电视、广播、网络等新闻载体,广泛宣传文成的发展成就,充分发挥党的喉舌作用。

主题宣传

庆祝中华人民共和国成立45、50周年 1994年,举办中华人民共和国成立45周年庆祝活动,开辟庆祝专题栏目,举办"庆国庆"电影晚会、"祖国颂"文艺晚会、图片展、演讲比赛、"卡拉OK"比赛等活动,反映文成县经济建设和改革开放的重大成就,讴歌各条战线的优秀典型和先进模范人物,颂扬社会主义制度优越性,揭示有中国特色的社会主义的宣传教育。1999年中华人民共和国成立50周年大庆前后,召开50周年庆祝大会、推出"五十年辉煌、新世纪畅想"读书教育、"高歌颂中华"大型歌咏比赛、《50年巨变》电视专题放映、编写出版《改革颂》、群众文艺晚会和体育比赛等系列活动,从各个角度展示新中国50年间的变化。

纪念中国共产党建党70、75、80、90周年 1991年举办建党70周年宣传活动,推出"党在我心中"演讲比赛、"七一"新闻大奖赛、"七一"征文比赛、党史知识系列广播讲座、"文成人民革命斗争史"图片展、组织理论研讨会和文艺会演等活动。1996年纪念建党75周年,推出以思想道德建设为重点,放映《世纪行》《中流砥柱》《谷文昌》《焦裕禄》等录像、电影,召开各种纪念会、党章知识竞赛等系列活动,宣传中国共产党的辉煌历史。2001年,组织纪念建党80周年系列宣传教育。通过召开庆祝会、报告会、座谈会、慰问老党员、举办"红船颂"文艺演出、书画展、开展理论征文和组织"老区行"系列采访,营造隆重、热烈的氛围。2011年,本着"喜庆热烈、务求实效"原则,举行庆祝大会、理论研讨会、系列座谈会、红歌传唱、纪念征文、党史知识竞赛、党员志愿服务活动、主题报告会、主题书法展、媒体宣传等活动纪念建党90周年活动。

纪念改革开放20、30周年 1998年,结合文成98金秋招商引资联谊会,组织开展纪念改革开放20周年系列活动。开展《邓小平理论与文成改革开放实践》征文活动、召开研讨会、组织纪念改革开放20周年演讲比赛和文成改革开放20年十件大事评选活动、编印反映文成改革开放取得巨大成就和文成山水等资源优势的《文成画册》《山水览胜》《民间故事选》《诗词楹联匾额》风景名胜丛书、举办文成改革开放成就展、赤子情展、名人书画展,如实反映全县人民20年来在邓小平理论指导下走过的光辉历程,讴歌20年的丰功伟绩。

2008年,开展"文成改革开放十大人物、文成改革开放十件大事、文成改革开放十大成果"和"首届十大感动人物"评选,举办"改革开放与文成发展"理论研讨会,开展"纪念建党87周年暨改革开放30周年"大合唱比赛、纪念改革开放30周年千人排舞比赛,开设《回首三十年》《足迹·记忆》专题专栏,全方位、多角度、多层次地反映文成县30年来社会经济发展日新月异变革的巨大成就。

图19-3 文成县纪念改革开放30周年(县委宣传部提供 2008年摄)

纪念毛泽东100周年诞辰 1993年，为纪念毛泽东100周年诞辰，在全县开设广播电视专题讲座，县委领导发表系列讲话，举办“纪念毛泽东100周年诞辰”革命歌曲大合唱比赛，举行“纪念毛泽东100周年诞辰”演讲、征文比赛，召开理论研讨会、纪念大会和“毛泽东同志颂”文艺晚会，宣传毛泽东的伟大实践，激发广大干部群众为建设新文成做贡献的热情。

庆祝香港、澳门回归祖国 1997年，举办庆迎接香港回归系列活动。开展以悼念邓小平逝世、学习宣传邓小平“一国两制”构想为主要内容的知识讲座、知识竞赛、演讲比赛、文艺会演、庆祝游行、焰火晚会等十大“庆回归”活动。1999年，举办庆祝澳门回归，开展以“迎回归、迎新世纪”为主题的知识竞赛、演讲比赛、“庆回归”文艺会演、“新世纪之光”火炬接力等系列活动。

对外宣传

1998年，开展建设“山水乐园”战略目标宣传。广泛宣传文成98金秋招商引资联谊会，《温州日报》2次专版刊登联谊会的新闻广告，《人民日报·海外版》作专门报道。

1999年，成立对外宣传工作领导小组，制定出台《关于加强对外宣传工作的意见》《关于进一步加强对外宣传品制作和发送管理的意见》。

2000年，以拍摄电视连续剧《刘伯温》为契机，加大对外宣传力度，联系省、市报纸、电视台、电台宣传文成发展成就、山水资源优势；并举行电视剧开机仪式和首播式，提高文成的知名度。

2002年，利用电视剧《刘伯温》在中央电视台播出、电视剧《三等小县》在文成开机、举办中国电视吉尼斯百丈漈溯溪比赛等有利时机，组织宣传文成县旅游优势和良好的投资环境，扩大文成的知名度。县内各新闻单位、报道组选送优秀文章在中央、省、市各大报刊上发表。全年在市以上报刊发稿1200余条，市级以上电台 、电视台播出300余条。定期将文成报寄往国外华侨以及上级有关部门领导、兄弟县(市)新闻单位等，扩大宣传文成的力度。加强互联网的宣传管理，全面更新文成“山水乐园”网站的数据。

2003年，利用全国刘基文化学术讨论会在文成召开机会，在《浙江日报》《温州日报》上刊登整版广告。邀请40余位全国知名专家学者以及省市电视台、报社参加讨论会，大力宣传文成。全年县内各新闻单位、报道组选送优秀文章在中央、省、市各大报刊上发表，市级以上报刊发稿480余篇，市级发上电视台、广播电台播出新闻作品170余篇。

2004年，开展旅游宣传促销活动。邀请上海、江苏等华东地区15家晚报社33名总编和记者到文成，开展“帝师故里山水情”采风活动，刊出介绍文成山水文章30余篇，其中上海《新民晚报》整版专题介绍文成山水；邀请新华社记者、上海航空杂志社记者到文成采风，上海航空杂志刊登5个页面专题介绍文成旅游的文章和照片；邀请温州日报社、温州都市报社记者到文成专题采访，刊出专题报道5篇。举办文成县首届刘基文化暨生态旅游节，光明日报社、经济日报社、浙江电视台、浙江日报社等10余家新闻单位记者，对整个节会进行全程跟踪报道；《温州日报》《温州晚报》进行节会广告宣传；《文成报》、县电视台、广播电台和文成热线、文成政务网、山水网上开辟专栏专版进行全程系列专题宣传报道。邀请知名摄影家到文成采风，制作集文成山水文化、畲乡文化、名人文化、侨乡文化为一体的《山水文成》画册；邀请浙江电视台记者到文成拍摄主题片《山水文成》VCD，并在浙江卫视《江南好》栏目播出。百丈漈、铜铃山景区在央视一、四套的“全国景区天气预报”“露脸”。

2005年，设立“文成生态旅游文化创作奖”，进一步提升宣传广度和高度。做好“绿色、古色、红色”外宣。2006年，铜铃山国家森林公园被市委宣传部授予“温州市对外宣传采访基地”称号，成为首批温州市对外宣传采访基地之一。

2007年，开展专项宣传活动。做好“三大工程”，即招商引资“一号工程”、生态工业“55”工程、富民攻坚计划的宣传。在温州市举办招商引资推介会期间,制作专题片《文成——投资的乐园》,宣传文成良好的投资环境和优惠政策。县广播电视台和县新闻中心设立"富民攻坚计划"专栏,连续报道全县"富民攻坚计划"的实施情况,报道攻坚典型、帮扶范例,曝光负面行为。协助温州电视台《求是论坛》栏目到文成摄制《全力打造生态旅游县》《农民知识化工程》《139富民攻坚计划》等专题片。开展抗台救灾宣传报道,各新闻单位刊播新闻400余条次。召开全县抗台救灾宣传报道总结表彰会,组织抗台救灾先进事迹报告团巡回宣讲。举办文成县纪念中国人民抗日战争暨世界反法西斯战争胜利60周年图片展、文艺会演和电视电影展播等纪念活动。广泛开展形势政策教育,统一思想,凝聚力量。配合市委宣传部到文成举办"李学生、吴美角、周光荣"事迹宣讲。宣传"构建和谐社会、建设'平安文成'"的措施和做法。同时,做好"三家"工作、安全生产、计划生育百日攻坚、食品安全、维护社会稳定、青山白化治理、党风廉政建设和民主法制建设等重要工作的宣传。

2008年,成立对外宣传中心和互联网新闻宣传管理中心,开展征集旅游宣传主题口号和形象标识,确立"刘基故里、山水乐园"的外宣口号。

2009年,举办"2009中国森林旅游节"。通过活动,展示文成"刘基故里·山水乐园"的外宣形象,展示文成人民投身"三个文成"(指"生态文成、魅力文成、和谐文成")建设的工作态度和精神风貌。加强与省市台各频道栏目的联系与沟通,经常邀请省市台的领导、编辑、记者到文成参观、拍摄报道。全年广播新闻上送省市台80余篇;电视新闻上送省市台80余篇,邀请省市台记者到文成采访16批;协助组织温州电视台的《实事面对面》栏目组到文成采访摄制专题4期,使文成在国内外的知名度和影响力扩大,逐步成为世界的文成。

2010年,邀请中央电视台《乡土》栏目为文成制作红枫古道专题节目;向省、市级媒体选送电视作品、广播稿件280余篇(条);邀请市级以上媒体记者到文成采访70余批(次);中央媒体到文成宣传报道20批次。贯彻执行《公共事件新闻发布制度》,建立完善舆情专报制度和网管队伍建设,正确引导县内外媒体及时、准确报道新闻事件,不断净化网络环境。2011年,与江南游报社、温州日报社、温州都市报社、温州电视台等媒体合作开辟旅游宣传专栏,在温州市区出租车、楼宇视频,温州电视台栏目设置字幕宣传广告。并在国内外旅交会、义乌中国国际旅游商会博览会、中国万里行活动等多方拓宽外宣渠道。

理论研究

1991年,组织9篇论文参加温州市纪念建党七十周年理论研讨会,1篇获市优秀奖,3篇入选温州市"纪念建党七十周年论文集";组织5篇论文参加市反和平演变理论研讨会。1992年,组织撰写论文7篇 ,其中《党的奋斗历程之启示》《积极开展经济宣传》《深入开展社会主义思想教育是反和平演变教育的有力措施》等3篇论文分别在省《理论学习》《温州日报》《温州论坛》刊登,《党的奋斗历程之启示》荣获市委宣传部评选的1992年第一季度理论宣传好稿。1993年7月,开展历时25天的解放思想、深化改革"大学习大讨论"活动,全县收集调研文章40余篇,意见、建议100余条。

1997—2000年,开展学习钟郑光等先进典型事迹活动;举办一次邓小平理论暨路线教育十周年理论研讨会;举办邓小平理论与文成改革开放实践理论研讨会;组织举办全县领导干部读书暨理论学习经验交流会,开展庆祝建国50周年理论研讨征文。县领导干部撰写24篇理论文章,在省市级刊物上发表;副科级以上干部在县级以上刊物发表的文章150余篇。《贫困山区基层组织建设的成功做法》一文,被评为优秀论文上报省委宣传部。

2001年,开展以加强和改进思想政治工作为主题的理论研讨,对在新形势下如何加强思想政治工作进行研究和探讨。2002年4月,召开加强和改进思想政治工作理论研讨会,3—6月,在全县范围内开展纪念建党80周年征文活动,收到论文27篇,汇编成论文集;组织参加市委宣传部组织的征文,《浅论新时期工作实践中的

“实事求是”》《强化公仆意识教育，建设高素质干部队伍》文章分别获得市一、三等奖：6月27日，召开纪念建党80周年理论研讨会。11月，县委领导带队的8个调研小组深入到基层，对全县各乡镇、各部门党的作风建设情况进行调查研究，并撰写调研文章。全年，县领导撰写理论文章30余篇，在省市级刊物上发表；副科级以上干部在县级以上刊物发表的文章有160余篇。

2003年，县委中心组成员在市级以上刊物发表的文章45篇，《建设绿色文成》等8篇文章先后在市级以上刊物发表，引起很大的反响。全县广大党员干部全年开展调研次数达200余次，撰写调研文章200余篇。2004年，县委组织撰写一批有分析、有对策的理论文章和调研报告，在市级以上刊物发表的文章有25篇。开展“三个代表”重要思想理论征文活动，收到理论文章25篇，汇编成论文集，并召开理论研讨会。

2005年，组织撰写理论文章和调研报告70余篇，其中在市级以上刊物发表的文章有20余篇。开展“邓小平理论与文成实践”理论征文研讨，收到理论文章23篇，并汇编成《邓小平理论与文成实践》论文集。2006年，开展“以科学发展观为统领，建设社会主义新农村”为主题的理论征文活动；5月，召开社会主义新农村建设理论研讨会。全年，县委理论学习中心组成员在市级以上刊物发表的理论文章和调研报告有30余篇。2007年，组织撰写理论文章和调研报告56篇，其中在市级以上刊物发表或获奖的文章有30余篇。

2008—2010年，开展解放思想大讨论优秀文章征集，收到大讨论文章43篇，评出优秀文章12篇，鼓励奖文章14篇，将获奖文章和县领导文章汇编成册，印发各乡镇、各单位作为学习参考资料。2011年，县领导带头撰写调研报告和理论文章41篇，在市级以上刊物发表或获奖的文章10余篇。编写《文成往事》，在全市宣传文化系统开展优秀理论评论栏目、通俗理论读物和理论文章评选中评为优秀通俗理论读物。

第三节　教育活动

县委宣传部通过乡镇党校平台，开展爱国主义、社会主义思想和形势教育，基层党员受教育面达95%以上。会同县委组织部、县机关工委共同举办县机关干部周末学习会，使基层党员干部接受较系统的邓小平理论和党章的学习及科技知识的教育。搭建创建教育平台，开通文成县机关党员干部在线学习网。发挥“农村党员干部现代远程教育网”和“文成学习网”等网络教育平台作用。

专题教育

1991年5月，开展党员干部社会主义理论专题教育。组织县机关各部、委、办、局和股以上干部及教委系统中小学教研组长以上干部、政治教师1238人进行社会主义理论与七中全会《建议》的统一考试。

1992—1996年，开展学习宣传邓小平视察南方重要讲话精神，深化改革为主题的教育活动。开展中共十四大会议精神，中共十四届四中、五中、六中全会会议精神宣传，开展党的路线、市场经济理论、基层组织建设、发展壮大农村集体经济等专题教育。

1997年，开展《社会主义初级阶段理论》《加强社会主义精神文明》两个专题教育活动。邀请省、市专家和学者作专题报告。

1998年，开展中共十五届三中全会精神宣传教育，组织140人成立35支宣传教育指导组，分赴各个乡镇进行专题宣讲。组织县业余讲师团和理论骨干到各部门单位、各乡镇讲课200余场次。

2000年6—7月，县直属各单位抽调134名精干人员组成32支工作组进驻各乡镇，帮助指导制定全县33个乡镇375个行政村的农业农村现代化发展规划；组织宣讲团、文艺宣传队、10支电影放映队下乡宣传教育；拍摄社会主义新农村教育电视专题片。同年，文成县被评为省级农业农村现代化教育先进单位。

2001年,在南田镇开展社会主义新农村教育试点工作,继而在全县范围内铺开。教育活动重点是开展中共十五届三中全会精神、农业产业化、农村城镇化、农民知识化以及农村基层党组织建设和精神文明建设教育。县里抽调人员成立督查指导小组,到各乡镇进行巡回督查指导。组织县讲师团和全国劳模蔡日省先进事迹报告团到各乡镇进行宣传教育,组织有关部门进行科技、文化、卫生"三下乡"。

2002年,全年调整农村宣传员95名,配缺97名,举办培训班81期,发放宣传员手册600余册。开展社会主义新农村经常性教育,重点开展"双整治"专题教育活动。

2003年6月,在大峃镇开展"双建设"试点工作;8月,向全县铺开。组织"我为农村图书室捐书"活动,收到适合农民群众阅读的书籍3万余册,书架30个,建立巨屿镇方前村、上林乡联民村等12个农村图书室。新建黑板报、宣传栏、阅报栏482个。新建97所村民学校和成人夜校,配强配齐村级宣传员546人。举办35期上岗业务培训班。大峃、珊溪、玉壶等乡镇投入资金10余万元,设立50个固定公益广告牌。大峃镇林铮等10位老人自发组织,创办一家拥有4200余册图书的社区阅览室。组建家庭美德宣讲团深入到全县各地开展巡回宣讲,讲课次数达670课(次)。11月开始,在珊溪镇开展为期1个月的主题教育试点工作。县十六大精神宣讲团分赴5个重点村、镇属部门巡回宣讲10余次,听课群众达1800人次。把主题教育与创建市星级文明镇和市教育强镇、发展效益农业、基层党建、解决热点难点问题等内容紧密结合起来,促进各项工作开展。

2004年,组织《文成报》、电视台、广播电台等新闻媒体都开辟专栏专题开展宣传。全县媒体刊播稿件251篇,各地利用基层党校、村民学校、农民夜校、宣传栏等阵地向干部群众宣传"三个代表"重要思想和十六大精神。成立22人组成的讲师团,赴农村、学校、机关企事业单位开展中共十六大精神和"三个代表"重要思想宣讲,授课230场次,受教育人数达5.51万人。到农村播放电影34场,组织文艺宣传队下乡演出20场,观看人员达7.5万人次。组织开展科技、文化、卫生、法律"四下乡"活动,所到村(居)累计450余个,受教育群众13万人次。全县举办各种培训班228期,培训1.26万名党员干部,全县党员干部的参训率达90%以上。

2005年,围绕"立党为公、执政为民"主题,结合"效能革命"和"千名干部下基层",举办各种培训班72期,培训1.12万名党员干部,召开各层次座谈会专家学者讲座40次,参加人员4630次。围绕"弘扬创新精神,增强创业能力"主题,通过演讲、文艺演出、图片展览、知识竞赛等形式,广泛开展宣传教育活动;在农村开展的反邪教活动中,授课191场,受教育21030人次。

2006年,开展"以科学发展观为统领,建设社会主义新农村"为主题的教育活动。召开社会主义新农村建设理论研究会。开通"宣传之窗"网站进行专题宣传。

2007年,开展中共十七大会议精神、胡锦涛"6·25"讲话精神、中央、省市农村工作会议和中央经济工作会议精神等专题宣传教育活动,创建三坛(堂),开展农村宣教、文艺活动等形式的专题教育。

2008年,组织人员参加师资骨干培训班3期,举办中共十七大精神专题讲座200余场次,文艺演出团下乡演出21场,采访团记者播放与刊登报道150篇,发放辅助学习资料4000余册。抓好社会主义新农村主题教育,组织县讲师团赴基层农村授课33场次,各乡镇组成宣讲组到各村宣讲授课290余场次,受教育人数达2万余人次。

2009年,贯彻学习中共十七大和十七届三中全会精神,在机关、农村基层召开各类座谈会150余次,举办各种培训班80余期,受训人员达3.8万人次。组织宣讲团到农村、学校、企事业单位进行宣讲,授课348次,受教育4.2万人次。组织人员到各乡镇各单位宣讲50余场。健全"宣传之窗"网站,开设文成讲坛、理论学习等栏目,为广大干部和群众的理论学习提供网络服务。

2010年,组织干部参加省市理论师资骨干培训、中共十七届四中全会专题培训等。十源乡"干部陪读"制度被列入省委宣传部马克思主义大众化典型案例。弘扬孝道的"街头村经验"被列入"浙江省基层宣传思想教育三贴近创新百例”。成立学习实践科学发展观活动宣讲团，到乡镇和县直有关部门宣讲500余场。

2011年，在温州市2011年社会科学普及周活动期间，安排读书活动、宣传咨询、文艺演出等8个方面内容的社科普及。开展“党员五个一学习提升工程”(即一天一小时、一周一本书、一月一讲坛、一季一调研、一年一成果)和“四查四比”(即查思想觉悟比党性意识、查服务质量比工作奉献、查工作业绩比能力本领、查作风建设比党员形象)活动。开展“虎年书市”活动，县四套班子领导、创建学习型党组织领导小组成员 、机关工作人员、各人民团体、企事业单位、学校、农村基层的党员干部等2300余人到现场参观学习。开展全民学习进机关、进企业、进村居、进社区、进学校、进家庭的“六进”主题实践活动，举办各种专题讲座、报告9场，举行演讲比赛2场，送书下乡1300余册，举办读书沙龙1场，举办系列评选2次，发放全民读书倡议书1700余份。

设施建设与培训

1991年10月，召开全县基层党校工作经验交流会，基层党校校长70余人参加会议。发展乡镇党校16所(其中企业党校2所)，全县乡镇党校达70所(其中企业党校、政校4所)。继续做好基层党校达标工作，落实培养一级党校6所。乡镇党校举办培训班341期，上党课852次(政治课580次、科技文化课272次)。

1992年，全县乡镇党校办班305期，上党课625课。抓好乡镇党校达标工作，其中达到一级党校水平7所、二级党校水平8所、三级党校水平10所。11月，在黄坦镇举办全县乡镇党校观摩教学现场会。1993年，扩镇并乡后，乡镇、企业党校35所。全年办班282期，上党课581期。加强基层党校设施建设，9所基层党校电教设备齐全。1994年，全县乡镇、企业党校39所，县机关党校1所。全年办班336期，上党课613课，受教育10.5万人次。

1995年，把岀口试点经验宣讲资料汇编成册，以指导面上“双学”活动。乡镇党校办班312期，上党课(包括科学文化及其他)820课，受教育党员干部达3.2万人次。珊溪镇等4所党校被评为市级先进基层党校。

1996年，全县乡镇党校办班280余期，9000余名基层党员干部接受较系统的邓小平理论和党章的学习及科技知识教育。印发并实施《文成县基层党校规范化建设管理规定》。

1997年，加强辅导工作，到各单位、各乡镇上辅导课100余场次。发挥基层党校阵地作用，全县基层党校办培训班280期，9000余名基层党员干部接受较系统的邓小平理论、党章、科技知识、法律知识教育。岀口、黄坦、龙川、上林4个乡镇基层党校安排经费增加硬件投入，完善基础设施。

1998年，提高基层党校规范化建设。全县投入基层党校硬件设施经费20余万元，重新对基层党校装修布置70所，征订党员学习资料8000余册。全县3所基层党校被评为县级先进基层党校。

2000年，加强基层党校阵地建设。全县33个乡镇、11个机关单位、企(事)业党(政)校配备电教设备，172名基层党校专(兼)职教师，新增4所市级基层党校，新建党(政)校6所，黄坦镇党校被评为市级“示范党校”。全县基层党校办班260余期，农村党员受教育面达3万余人次。

2001年，全县投入基层党校建设经费20余万元，改善硬件设施。通过在农村新建一批黑板报、宣传窗及配备宣传员等途径，加强农村宣传网络建设。

2002年，为7所基层党校配备电视机、VCD等电教设备。组织党校负责人、教员30余人分2批到乐清、平阳、瑞安等县(市)基层党校学习考察。7月，组织黄坦镇党员参加全省基层党校建设经验交流会。全县各基层党校开展规范化建设，被命名为省级基层党校1所、市级基层党校14所、县级基层党校有13所。发挥基层党校主阵地作用，开展党课教育，全年上课达570余课，教育面达3万余人次。

2003年5—12月，全年投入资金10余万元为5所基层党校配备电视机、VCD等电教设备。组织基层党校负责人、教员分2批参加市委宣传部组织的学习培训班。各基层党校发挥主阵地作用，全年上课数达550课，教育面达90.2%。

2004年,组织党校负责人和师资骨干21人参加市委宣传部培训班学习,组织基层党校负责人23名赴平阳、乐清、永嘉等基层党校考察学习;发放省编2003年党员教育读本4000余册,中共十六大、《“三个代表”重要思想学习纲要》和中共十六届三中全会文件学习辅导2300余册,电教片2422部。全年,经市检查组检查验收,评定县财税局党(政)校为市级示范基层党校,保留原15所市级先进基层党校,新命名3所市级先进基层党校,组织对县级先进基层党校进行检查复查,对新申报先进基层党校进行检查验收,保留10所县级先进基层党校,新命名6所县级先进基层党校,批建县经贸局党(政)校。

2005年,组织人员对基层党员进行不定期督查指导,开展评选优秀学员和党校先进工作者活动。2006年,开展“宣讲形势送政策”活动,宣讲600场,受教育人数达5.2万人次,指导和督促全县20个市级先进基层党校、发放2006年党员教育读本4600本。

2007年12月,对原县级先进基层党(政)校和新申报的县级先进基层党(政)校进行检查考核验收。珊溪镇基层党校被评为省级基层党校示范点,县财政局党校被评为市十佳基层党校,19所基层党校达到市级先进,16所基层党校达到县级先进。

2008年,抓基层党校规范化建设。按照《温州市其层党校规范化建设标准》的要求,以“提升,拓展,延伸”为手段,完善工作机制,加强督查,加大设施投入,提高办学水平。周壤乡基层党校被评为省级基层党校示范点,县财政局被评为市十佳基层党校,19所基层党校达到市级先进,16所基层党校达到县级先进。

2009年,配合市委宣传部复评20所市级先进基层党校,检查1所新申报的市级先进基层党校,其中玉壶镇党校被评为市级示范先进基层党校,桂山乡党校首次被评为市级先进基层党校。

2010年,以基层党校规范化建设为抓手,巩固和拓展基层党校阵地。组织有关人员,对原已命名的15所县级先进基层党校进行复查。通过检查验收,决定保留樟台乡等15所县级先进基层党校,并予以公布表彰。10月,新成立中共文成县老年人体育协会党校1所。

2011年,按照《温州市基层党校规范化建设标准》要求,推荐年度先进基层党校、优秀党教工作者和基层党校优秀教员。全县4所基层党校获温州市先进基层党校荣誉称号,1人被评为浙江省基层党校优秀教员;县级基层党校规范化建设。5月初,批复成立中共文成县个民协党校。

形势教育

1991年,对县机关、学校、企事业单位的干部、职工、师生及区(镇)、乡党员干部、群众进行反和平演变的形势教育。深入基层上形势辅导课90余场次。组织企业、农村社会主义思想教育工作队(简称“路教”),在珊溪镇开展路教试点工作。向农民进行党的基本路线和社会主义思想教育。刊出《文成宣传》14期、《宣传窗》14期。

1992年,组织436名机关干部,深入全县62个乡镇和部分重点企业,开展中共十三届八中全会精神宣传。组织深入学习、宣传、贯彻邓小平视察南方重要讲话精神,开展以解放思想、深化改革为主题的大学习、大讨论活动。11月中旬,牵头抓县委确定的中共十四大精神宣传教育的3个试点(1个农村试点、1个企业试点、1个学校试点)。12月中旬,抽调110余名机关干部,分赴百丈漈镇、龙川乡等乡镇,进行为期一个月的中共十四大精神宣传教育。抽调理论工作者,组成一支中共十四大精神宣讲团进行巡回宣讲,宣讲团和县委工作队在全县乡镇宣讲34场、90余课,培训乡镇党员干部和所属部门干部及村支书、村主任6578人。

1993年3月,县委宣讲团到基层和县机关单位上中共十四大精神辅导课30场次,受教育党员干部3000余人。9月,抽调10余名干部组成工作队进驻珊溪镇,中共十四大精神再教育试点工作。10月中旬,以挂钩扶贫单位为基础，组织144名机关干部，组成33支工作队，分赴各乡镇开展为期40天的中共十四大精神再教育。

1994年，抽调骨干分别到县委确定的路线教育试点单位二源乡和联系扶贫挂钩单位岗口乡帮助搞好路教，宣传部设立路线教育办公室，协调全县路教工作。全年上辅导课116场次，受教育的干部、群众达1.7万人次。

1995年，县机关各单位抽调147人进驻全县35个乡镇，把学习贯彻中共十四届四中、五中全会精神、学习邓小平理论、学习党章作为教育的重点内容，把促进农村的“三冬”工作和整治青山“白化”作为路教的主要任务来抓。由县委宣传部牵头，抽调15名理论干部，分3个团到各乡镇巡回讲课各2天以上，9067名农村党员干部普遍受到一次教育，受教育的干部群众3.6万余人次。

1996年10月初，县委抽调县委宣传部、组织部、农经委、农业局、科协等单位的骨干力量，进驻二源乡，进行为期1个月的路教试点工作。抽调宣传部、组织部、党校、农经委等单位的业余理论工作者组成县农村路教宣讲团，宣讲140余场次，使全县乡镇、部门和农村党员干部1.5万人受到教育；配合县委从机关抽调干部203人，组成35支路教队，分赴35个乡镇帮助路教工作。

1997年，从县机关各单位抽调250余名干部，组成35支工作队分赴各乡镇指导路教工作。抽调理论骨干16人组成路教、企教宣讲团，到各乡镇、企业单位讲课200余场次，受教育党员、干部、群众、职工达1.7万人次。组织“中共十五大精神文艺宣传队”下乡镇、企业及重点工程建设工地巡回演出15场，观众达2万余人。

2000年，加强舆论引导工作。加强以美国为首的北约悍然袭击我驻南使馆事件的正确舆论引导。开展反邪教斗争宣传，组织宣讲团到乡镇，对党员群众进行深入马克思主义唯物论和无神论教育。

2001年，组织讲师团到全县和乡镇、机关、企业、学校进行邓小平理论、“三个代表”重要思想巡回宣讲。全年，党员干部受教育面4万余人次。

2002年9月，县委组织“七一”重要讲话宣讲团，分赴全县7个片区作宣讲报告，1500余名乡镇干部听取报告。全年讲师团授课800余课，听课的党员干部群众达5.7万人次。组织殡葬改革宣传工作，广播、电视开辟“殡葬改革系列报道”栏目，在《文成报》开辟“改千年陋习、树殡葬新风”专栏。全县出动宣传车100余辆（次），悬挂横标语350余条，张贴标语1500余条，刊出黑板报、宣传窗600余期，下发殡葬改革通告、工作手册等宣传资料1.5万份。全县各乡镇还纷纷组建各娄宣传队，进村入户面对面宣传殡改政策。

2003年，组织理论宣讲团下乡巡回宣讲，宣讲课数达620余（课）次，受教育人数达4.5万余人次。在《文成报》上开辟“求是”理论专版，定期对中共十六大精神进行重点宣传，刊登理论专版12期。广播电视不定期开展理论宣传，全年宣传次数达100余次。各乡镇各部门也采取集中学习、理论测试、知识竞赛、上党课等形式深入开展理论宣传教育与大讨论活动。刊出专题宣传栏12期，大讨论活动办公室编发大讨论专题简报25期。

2004年，组织县讲师团开展156场次宣讲，受教育人数达1.32万人次，县领导带头为党政“一把手”研讨班、三期主体班和新任副科级以上培训班作辅导授课、为老干部上党课等。《文成报》开辟“求是”理论专版，刊登12期。

图19-4　基层党校师资骨干说课培训班（来自文成新闻网2005年摄）

2005年，组织县讲师团到乡镇、部门宣讲145

课次，受教育人数达1.22万人次。并通过广播、电视、宣传栏和黑板报等形成，全面宣传党的基本理论和路线方针政策。2007年，组织县讲师团成员分赴各乡镇、部门宣讲195课次，受教育人数达1.2万人次。

2008年，组织实施建设“三个文成”动力工程。开设“两坛”，解读“三个文成”。举办“文成讲坛”6期，举办“建设三个文成，实现共同跨越”论坛5期。开展大讨论，献计“三个文成”。组织“建设‘三个文成’，实现共同跨越”解放思想大讨论。树立先进典型，献力“三个文成”。开展“2007·感动文成十大人物”评选和“学九万、比仕玉、掂分量”活动。开辟媒体专题专栏，解读“三个文成”。2009年，为“三个文成”建设营造良好的舆论教育氛围。全年播出电视新闻稿件3200余篇，播出专题稿件、系列专栏600余篇。播出广播新闻稿件1400余篇，播出专题稿件1600余篇。

2010—2011年，召开各类会议730余场，参加人员4.36万人次；成立“四团”宣传学习型党组织创建，县委讲师团成员到乡镇、单位宣讲100余场。大学生村官宣讲团到自己所在乡镇的村，以“百姓学堂”为载体，开展140余场贴近农村基层政策的宣讲。

第七章　统战工作

统战部门充分发挥对台、民族宗教、工商联工作机构的职能作用，开展对台、民族、宗教、非公经济、党外干部、党外知识分子各方面工作。县域在台人员1.70万人，1991—2011年接待到文成台胞、台商、旅游团1947人次。2006年5月，台北市温州同乡会一行21人到文成观光访问。2008年，县台办组织经贸考察团6人到台湾联谊交流。帮助办理涉台公证867件，帮助解决涉台纠纷45件，牵线搭桥台胞台商捐资文成公益事业465万元。

2011年，引导非公经济人士反哺家乡，参与光彩事业，造福桑梓。开展系列扶贫慰问、贫困生结对和公益捐赠活动捐资626万元。组织商会、协会慰问贫困户及“三老”人员600余人次，落实资金29万元。牵线落实结对贫困生35名，落实助学资金10万元。纪念刘基诞辰700周年活动，全县非公经济人士捐资577万元。

第一节　党外人士工作

县委统战部1991年来建立党外干部、党外知识分子资料库，确定近远期培养规划。2009年5月，建立党外干部联席会议制度，建立党外后备干部人才库，推荐优秀党外干部。引导全县无党派人士助推新农村建设。并做好文成台联、文成黄埔军校同学会、工商联等方面工作。

无党派干部工作

2000年开始，向组织部门推荐优秀党外干部，建立党外后备干部人才库，比例达到6.7%；做好政协委员的增补工作，考察推荐4名年轻干部为县政协委员；县政协五届三次会议非党政协委员达67名。

2001年，进行全县党外、少数民族干部、政协委员情况调查，建立党外、少数民族干部、政协委员资料库。考察提名增补2名县政协委员，向组织部门推荐9名优秀少数民族干部和党外干部。2002年，协助选派部分党外干部担任14个贫困乡镇的科技镇长助理。

2003年，形成六届县政协189名委员推荐名单，新提名委员126名，占66.7%。会同组织部门做好13名市政协委员人选推荐考察报送。乡镇班子换届中，推荐选派3名党外干部，2名当选乡（镇）长。

2005年，制定《关于举荐党外干部工作规范》，新配备机关党外副职2名、乡镇副职6名，党外副处级干部4名、科级干部16名，达到省、市委的要求。2006年举办1期党外中层干部学习培训班。9月，成立文成县党外人士知识分子联谊。

2009年5月，建立党外干部联席会议制度，出台《关于进一步规范党外干部工作的若干意见》，明确规范党外干部工作；出台《关于聘请无党派人士担任政府部门特约人员的意见》，健全民主监督；引导全县无党派人士助推新农村建设。开展送医下乡1场、送文艺下乡4场，受益群众6000余人次；开展送教下乡1场，结对助学贫困学生6名；纪念多党合作制度确立60周年，组织举办党外干部“与党同行、与时代同行”征文比赛、走访慰问党外人士。

2009年,组织全县党外知识分子举办各类培训班6期,培训人员425人,发放科技资料3000份,推广技术项目5项,传播致富信息1080条,开展各类调研活动12次,撰写调碉报告、科技论文9篇,提出合理化建议18条。5名联谊会成员的3项科技成果受到省、市、县表彰奖励。

2010年,推动落实联系走访、谈心交友、特约人员等制度,确定35名党外人士担任政府、司法部门特约人员,并举办全县党外中青年干部培训班。

2011年,指导县党外人士联谊会联合创办《党外建言》内刊,推动落实特约人员制度,确定45名党外人士担任政府、司法部门特约人员,组织培训,规范程序,加强管理,形成制度。

县党外人士知识分子联谊会及工作

2005年9月,成立文成县党外人士知识分子联谊会,副县长刘华侃担任会长。联谊会成立后,紧紧围绕科教兴县战略开展工作,并在广大党外知识分子中开展"献良策,比贡献"活动。从党外知识分子中推荐28人当选市、县人大代表,推荐118人担任市、县政协委员。

台胞台属联谊会及工作

1986年4月召开第一届台胞台属联谊会代表大会,120余名代表参加,会议选举产生11名理事,张云库为会长。2000年12月召开第二届台胞台属联谊会代表大会,113名台胞台属代表参加会议,选举张云库为会长、张小南为副会长。2007年12月5日召开全县第三次台胞台属代表大会,县台联进行换届,张云库当选为会长。

台联做好台胞回乡考察访问的接待服务工作,加强与文成在台的第二、第三代胞之间的交流,增进他们对家乡的感情。开展对台民间联谊交流往来,利用每年祖国传统节日,互致电话和贺卡书信,同时采取请进来和走出去的方法,注重与台湾台北浙江同乡会、台北温州同乡会的交流联谊。

黄埔军校同学会及工作

1985年成立黄埔军校同学会,23位同学会成员享受政府生活补贴。1985年7月,县委统战部召开文成籍黄埔军校同学会,16名参加座谈会的对象填写黄埔军校同学会入会申请表。1986年11月,县政协和县委统战部联合举行纪念孙中山先生诞辰120周年活动,参加活动的有黄埔军校历届同学和各界人士40人,并颁发黄埔军校同学会会员证。黄埔军校同学会通过各种途径,与台湾黄埔军校同学建立联系,开展统战工作。

工商联组织建设

1987年5月,成立工商联筹备工作小组,随后恢复工商业联合会。1997年6月,成立工商联党组,党组书记由分管经济统战部副部长兼任,以加强对工商联工作领导与组织建设。(详见社会团体卷工商联章)。

第二节　对台事务

1991—2011年,开展对台交流交往,在联谊接待中以诚相待,帮助台胞排忧解难,在衣、食、住、行等方面提供热情周到服务,以加深对家乡的感情,增强对大陆家乡的向心力和凝聚力。做好台胞捐助家乡建设工作和台企服务工作,做好对台宣传工作,对二、三代台胞的交往接触突出乡亲乡情外,还介绍祖国古代的灿烂文化、历史、名胜古迹,尤其是改革开放大好形势,使他们对祖国逐渐产生一种向往和认同感,转化台湾新生代的思想感情。

交流交往

1994年4月，邀请台湾《华视》电视摄制组到县拍摄电视专题片《万里江山——大陆寻奇》第300集，把百丈漈、刘基庙等的奇山、奇水、奇景、奇观搬上荧屏，在台湾各地电视台放映。

1997年7月，台胞原国民党少将刘兆祥率儿子、媳妇、孙子一家8人回乡探亲，统战部做好接待工作。4月，台北同乡会理事长陈立中偕夫人张惠秋到文成探视期间，受到县四套班子领导的热情接待。第二天陈立中考察百丈漈、刘基庙等名胜风景旅游区，并提出在百丈漈风景旅游区投资的意向。同月，台湾《杭高校友通讯》总编辑朱杞华先生赴百丈漈、刘基庙考察。

1999年，杭州高校《大陆与台湾》校友考察团一行80余人到文成，召开文成风景旅游、农业项目开发座谈会。邀请在温州创办升灿汽配有限公司台胞张木河，在温州创办嘟嘟美食有限公司台胞黄清宗等到文成考察。2000年，接待台北温州同乡会参访团一行23人、台北水利考察团一行5人。

2001年开展台胞台属情况普查，对台湾商界保持通讯联系，对有经济实力的人物加强联系后，扩大辐射面，工作重点放在吸引台资上，并做好大财团、大公司的联络工作。

2002年，全面开展对台胞台属的基本情况普查，对文成籍在全国各地经商的台胞保持联系，与之建立联络、增进感情。2003年，第一次组团赴台经贸考察交流。2004年，台办牵头组成10人团队赴台进行农业经济和文化考察交流。2007年，进行台胞台属普查，全县在台同胞1.7万人。2008年，县台办组织经贸考察团6人到台湾考察交流联谊；2011年组织文成商会赴台进行经贸考察。

联谊接待

1991年，接待到县探亲、从事经商办企业的台胞57批136人次，为历年之最。其中，军界47人（将级以上3人、校级29人、尉级15人）、教职员工61人、商界15人、工程师3人、家庭妇女6人、其他4人。

1992—1996年，接待探亲、旅游、观光、经商、台胞252批，536人次。其中，曾任将级25人次、校级125人次、尉级163人次、其他3人次、博士5人次、高级教师4人次、高级工程师3人次、新闻摄影8人次、歌唱家2人次、高级教徒3人次、律师5人次及经商团组56个92人，妇女儿童96人。接待台属4860余人次，来信来访2650余人（件）次。

1997年，接待62批126人次。其中，将级6人、博士1人、高教1人、总编1人、富商1人、律师1人、校级22人、尉级18人、工商界36人、音乐家1人、电视摄影1人、妇女儿童32人、其他5人。接待台属758人次，来信来访56件次。

1998年，接待探亲访友、观光旅游、经商的台胞132人，其中博士2人、高级教师2人、歌唱家1人、新闻摄影5人、政界29人、工商界48人、妇女界22人、儿童9人、其他14人。接待台属368人次。办理来信来访35件次，为台胞台属办实事9件，为23名台胞办理出入境延长手续，办理涉台婚姻2件，处理涉台案件3起，突发性事件2件；帮助台属因私赴台手续18人，其中探亲13人、定居3人、继承遗产2人。

2000年，接待到文成探亲、访友、祭祖、旅游、观光、考察、经商的台胞162人。其中，博士、硕士8人，教授2人，歌唱家1人，经理6人，军政界36人，妇女30人，儿童15人，从事经贸活动52人，其他12人。接待台属582人次。

2001年，接待探亲、祭祖、访友、旅游、观光、考察、参观、访问、经商的台胞252人，比上年增加80%，其中第二、三代的台胞占50%以上。主要层次有将级8人、校32人、尉级36人，经商52人，妇女45人，儿童21人，博士、硕士6人，教授3人，歌唱家1人。接待台北温州同乡会参访团一行23人，台北水利考察团一行5人。接待台属

650余人。

2002年,接待到文成探亲、祭祖、访友、旅游和民间经商的台胞134人。其中,将级1人、校5人,经商39人,妇女40人,儿童7人,大学毕业生32人。接待台属392人。

2003年,接待台胞57人次。2004年至2011年,华侨工作归口统战部管理,华侨与台胞接待一起统计,分别为356批次1100余人次、132批次1067人次、1065人次、952人次、1200人次、1000人次。

捐资、引资与台企引进

1991年,台胞吴仁清为当地小学建造教学楼捐资1.6万元。全县15位台胞为家乡公益事业捐资8万元。5月南田镇台属刘允宽自筹资金、自培训技术工、自找厂房,办起"文成县华丰再生棉纺厂",生产棉纱等产品,至年底产值约15万元。同年,发动广大台属与在台的亲人通信通话,吸引在台亲人到文成投资经商办企业。台胞14人应邀到文成考察,县长城鞋厂同台商潘厚哲签订各类皮鞋购销业务,金额300余万元。余宗模创办台联经贸部与外商草签各类毛石、块石合同金额5000余万元。

1992—1996年,台胞捐资280余万元。其中,张植和夫人倪咏彬捐资台币400万元,刘兆祥捐资50余万元,吴仁清捐资6个项目35万元,林葱捐资3个项目25余万元。

1994年8月,由台胞刘兆祥发起的温州文成县建设开发基金会成立,董事长由县长夏瑞洲担任,常务副董事长由副县长郑国启担任,顾问由县委书记钱成良、台胞刘兆祥担任,理事62名。至1996年,创办台湾企业6家,注册资金826万元,产值1000余万元。

1997年,台胞捐资66.2万元,用于公路、教育、风景、文化、广播电视等建设。并引进花岗岩、风景旅游2个项目。5家台企在文成注册资金826万元。1998年,到文成交流项目1个,达成投资意向5000万美元;引进企业1个,即温州芳特凯有限公司,注册资金128万元;接受台胞捐资45.6万元、投资38万元,用于教育、旅游、风景、宗教等。

2000年,接受台胞公益捐资35.5万元,2001年加大对台商引资力度。在台胞台属中继续开展"6个1"活动:即向台湾亲人写1封信,提供1条信息,介绍1个来访团组,促成1个项目,引进1笔资金,推销1种产品。开展对台经贸和双向交流活动。徐秀珠与台胞投资120万元创办温州芳特凯化妆品有限公司,年产值380万元。西坑畲族镇田寮村从台湾引进肉姜种植80亩,年收入25万元。

2002年,开展对台双向交流,组织赴台经贸考察、交流、招商引资活动。及时介绍县域经济社会发展和投资环境,同时做到有计划邀请台湾工商界人士到文成考察,不断促进文台两地经贸交流与合作。西坑畲族镇田寮等村引进台湾肉姜种植发展到100余亩,年收入50万元。

2003年,台胞捐资51万元。台胞张植夫妇创立的海外文成建设资金集资400余万元,支持公益事业。2007年,经台北文成同乡会会长张汉光牵线,台湾农业企业在平和、黄坦、周山等地开发试种茶叶500亩。

服务台胞

1991—1996年,安排台属赴台探亲68人次、继承遗产19人次、赴台定居7人,办理涉台婚姻18对,办理涉台公证173人次,出入境手续62人次。1997年,帮助办理出入境手续36人次、赴台22人次、婚姻登记2人。2000年,开展去台人员和台属有关情况普查工作,特别是第二、三、四代的情况普查。全年,办理来信来访16件,为台胞台属办实事12件,办理台属入台公证19件,其中赴台探亲14人,定居2人,继承遗产3人。赴台探亲25人,为15名台胞办理出入境延长手续,帮助办理涉台婚姻2件。10月台湾"9·21"大地震后,及时向温州台北同乡会发慰问电,及时向台湾知名人士打电话慰问,询问地震有关情况。同时还在全县走访台胞台属,召开座谈会等。

2001年，为台胞办理延长手续28人，帮助台胞台属入台公证32件，赴台湾探亲22人，其中定居2人，帮助台胞办理婚姻手续2人，办理来信来访16件，为台胞台属办实事5起。2002年，为台胞办理延长暂居手续3人，办理台胞台属入台公证16件、赴台探亲21人，办理来信来访7件，对32名特别困难的台胞台属进行慰问，为台胞台属办实事11起。2004年，做好《中华人民共和国台湾同胞投资保护法》宣传工作。进行困难台胞、台属调查，开展台胞台属扶贫慰问工作。2005年，华侨工作列入县委统战部工作职责。至2011年，为侨胞、台胞排忧解难431件。

对台宣传

1992—1996年，充分发挥桥梁纽带作用。五年来召开各种座谈会135场、1200余人次；春节慰问185人次；向台湾同胞发信326封、春节贺年卡660余份、宣传资料2800余份；向台湾的温州台北同乡会《温州会刊》投稿15篇，提供风景照片30余幅。

1998年，发挥本县台胞台属众多的优势，春节期间向文成籍的台胞发贺年卡80余份，发台属50余份，同台胞台属联系信件50余封，印发宣传资料2000余份，征订《台湾工作通讯》2份、《港澳台》2份、《两岸关系》2份、《海峡情》30份。向台湾温州台北同乡会会刊投稿8篇，向台湾各种报纸杂志提供文成旅游风景照片50余幅。并召开中秋、新春等节日座谈会12场次，计80余人次，进行涉台教育28人次，形势教育16场次，以此牢牢把握文台两地联络的落脚点，使更多的台胞从了解文成到热爱文成。特别是对知名台胞和第二、三代的台胞，不失时机向他们介绍文成，宣传文成，以激发他们的爱县爱乡热情。在工作中拓展思路，“引资先引人，引人先引心”，综合开发台湾事务资源，为文成经济建设服务。

2000年，召开台胞台属迎春茶话会，向文成籍台胞发贺年卡100余份、台属80余份。注重与台湾台北浙江同乡会、台北温州同乡会联系，利用《温州会刊》宣传文成改革开放、社会发展、风景名胜和经济发展成就、文成人文、历史、风光、海峡两岸同胞的深情友谊等。

2001年，加强“反台独”宣传，打印“和平统一的十大好处”材料寄给文成藉台胞和台属。加强对台胞台属教育工作，变坐守宣传为主动宣传，深入台胞、台属中去开展涉台教育。继续宣传《中华人民共和国台湾同胞投资保护法》《浙江省台湾同胞投资保障条例》。全县中学生中开展“祖国宝岛在我心中”知识竞赛。新春召开台胞台属新春茶话会，向台胞发恭贺新春卡片120余份，台属150余份，台联会120余份。发台湾同胞联系信件80余封(次)。印制宣传资料1500余份。全年进行涉台教育6次1200余人次，形势报告5场1300余人次，入台教育32人次；编对台简报6期，提供对台信息10条，稿件8件(幅)，其中入台被录用5件(幅)。同时，发放《祖国宝岛台湾》中学生课本500册。还与台湾台北浙江同乡会、台北温州同乡会、台湾杭高校友杂志社加强联系，并利用台湾台北《温州会刊》宣传文成改革开放、经济发展所取得成就及风景名胜。

2002年，全面开展“反台独”宣传，提高台胞台属对和平统一和两岸人民利益的认识。并在台胞台属中宣传文成改革开放以来，经济社会发展情况，投资环境宽松政策，增强文成在台湾的知名度。先后召开台胞台属新春茶话会，黄埔军校同学会和投诚起义人员代表座谈会，学习讨论中央关于实现祖国和平统一的8项主张和大陆加入世贸组织与对台湾的政策关系。给文成籍在台同胞发送节日贺年卡130份、台属200份、台联会150份、有关台湾同胞联系信50封(函信1件)；开展入台教育21人次；编导对台简报2期，提供对台信息13条，接受涉台事务咨询37人次；与统战部合办涉台工作培训和对台知识竞赛各一期。通过台北《温州会刊》等大力宣传文成各项事业的发展所取得成就。

2008年，创新统战宣传平台，改版文成统战网，加强对台宣传。2009年，利用传统节假日向台胞台属寄发贺卡1200份、短信800条。2011年，扩大涉台宣传，举办全县中小学生“宝岛台湾在我心中”知识竞赛。

第三节　民族宗教工作

2011年，全县少数民族人口1.75万人，占全县总人口4.7%。其中，畲族1.63万人，占全县少数民族总人口93.14%。全县有少数民族乡镇2个，少数民族行政村28个。1991年来，重视做好少数民族招干及招生工作，召开全县少数民族生产、生活会议，协助抓好发展少数民族地区经济和扶贫工作。改善少数民族地区办学条件、医疗卫生条件，促进民族地区社会事业全面发展。

县域有佛教、道教、基督教。20世纪90年代，一些信徒一度出现乱建活动场所现象，也曾经出现邪教活动。经过不断宣传与落实党和政府宗教政策，整治规范宗教活动，严厉打击邪教组织，邪教活动得到遏制。进入21世纪，全县宗教场所管理有序，宗教活动规范正常。

（详见民族宗教卷）

第八章　机关党建

1991年，县直属机关工作委员会挂靠组织部，2002年1月成独立建制单位。其管辖范围也从县直机关单位党支部到县直机关党委、党组及乡镇机关党委全面管理。2011年，工委直辖20个机关党委、39个党组、5个党总支、233个党支部、3860名党员。同年，乡镇机关党委划归机关工委管辖，分别建立10个乡镇机关党委、机关纪委，下设机关党支部142个、党员2258名。20年间，协助恢复部门（单位）党组17个，成立部门（单位）机关党委20个、党总支4个、党支部175个。党支部进行换届选举422次。发展吸收新党员688人，组织关系接转1420人，办理出国保留（停止）党籍157人，党内除名13人。

第一节　党员发展与组织建设

1991—2011年，县直机关党工委抓组织管理，通过党支部批准新建、换届选举实现组织建设。通过机关文明活动、"规范化党支部"创建活动实行目标管理。通过党员发展与管理、评议工作，加强对党员干部理想宗旨教育，增强党性观念。

党员发展

1991年，培养考察积极分子72名，吸收新党员27名，21名预备党员办理转正手续。1992—1996年，发展新党员152名，预备党员转正201名，办理出国保留党籍31名，取消预备党员资格1名；42名优秀党员受县委表彰。组织查处下属支部1名党员违反计划生育规定超生二胎，并报县经委予以开除党籍处分。根据下属支部的报告，对1名党员在原单位越权贷款5万余元进行调查取证，协助司法部门通过法律手段追回贷款本息7万余元，给予作自行脱党予以除名的处理。对擅自出国的4名党员作除名处理。

1994年，为加强对党员干部的理想宗旨教育，增强党性观念，组织播放《抉择》等党纪教育系列录像，举办惩腐促廉演讲比赛，全机关300余名党员参加。1995年，抓好党员的理论学习和思想教育，加强机关党的思想建设，开展建设有中国特色社会主义理论和党章的学习活动：开展学习孔繁森、争做人民的好干部活动；抓好民主集中制的再教育和党风党纪教育。1996年"双学"活动，全机关1500余名党员通过"双学"活动统一考试，占党员总数的95%以上。

1997年3月，组织县直机关1166名党员进行推荐和自荐评选，评出10名优秀共产党员；同年，审批发展新党员43名，批准49名预备党员转为正式党员。11月，县机关党员800余人在县电影院上大课，听取《关于再创明天辉煌》《关于正确把握社会主义初级阶段基本理论，坚持党的基本路线和基本纲领》专题讲座。12月，县机关72个单位，1003名党员干部进行测试，平均得分94.1。办理10名党员保留党籍、7名党员要求出国定居停止党籍手续。办理组织关系手续379人。

1998年，办理停止、保留党籍22名，吸收新党员43名，预备党员转正49名，培养考察积极分子45名。评出13名优秀共产党员。

1999年坚持领导干部上党课制度。组织机关党员干部听《思想和纪律教育》专题讲座，参加听课500余人。坚持督促各单位的主要领导对单位党员干部上党课1次以上。督促各单位定期按时开好1年2次的民主生活会,主动掌握召开情况,对县直各单位召开领导干部民主生活会情况进行通报。同年,审批接收新党员27人,预备党员转正30人,列入考察对象45人。办理155位党员组织关系接转手续和20位出国(境)党员的保留、停止党籍手续。1名不合格党员被党内除名。

2000年,做好党员入党前的培训、培养工作,全面推行“公示制”,确保新发展党员的质量。强化党员的管理。全年发展新党员46名,批准预备党员转正38名,取消预备党员资格1名,列入考察56名;办理党员调动手续142人,办理出国(境)保留(停止)党籍手续13人;批准党内除名2人。该年,“七一”庆祝纪念大会上,组织所属支部党员1000余人听取《按照“三个代表”重要思想的要求,全面加强党的建设》为主题的党课;组织146名新党员举行入党宣誓。

2001年,审批接收新党员46人,预备党员转正70人,列入考察对象84人。及时办理123位党员的组织关系接转手续和16位出国(境)党员的保留、停止党籍手续。对1名不合格的党员作出党内除名的决定。2002年至2007年,直接审批接收新党员229人,预备党员转正411人,列入考察209人。办理1211位党员的组织关系接转手续和49位出国(境)党员的保留、停止党籍手续。

2002年,直接审批接收新党员45人,预备党员转正45人,列入考察78人。强化党员管理。办理358位党员的组织关系接转手续和21位出国(境)党员的保留、停止党籍手续。全年收缴党费13万余元。

2003年,审批接收新党员23人,预备党员转正65人,列入考察对象78人。“七一”期间,145名新党员举行集体入党宣誓仪式。强化党员管理,办理252位党员的组织关系接转手续和16位出国(境)党员的保留、停止党籍手续。

2004年,全年接收预备党员107人,预备党员转正160人。县直机关党组织办理85名党员组织关系接转手续和12名出国(境)党员保留、停止党籍手续。在“七一”建党纪念大会上组织59名新党员进行入党宣誓。加强民主生活会管理。派员参加指导,提高民主生活会的质量和效果。

2005年,全年审批接收新党员11人,预备党员转正21人,列入考察对象17人。强化党员管理,办理150位党员组织关系接转手续。组织做好2005年度民主评议党员工作。开展“关爱党员”活动,春节、七一期间,对24名老党员、困难党员进行慰问,发放慰问金6000余元。

2006年,审批接收新党员28人,预备党员转正85人,列入考察对象20人。强化党员管理,办理169位党员的组织关系接转手续。组织做好2006年度民主评议党员工作。

2007年,审批接收新党员15人,预备党员转正35人,列入考察对象16人。强化党员管理,办理197位党员的组织关系接转手续;组织做好年度民主评议党员工作。开展“关爱党员”活动,对25名老党员、困难党员进行慰问,发放慰问金1万元。

2008年,审批接收新党员13人,预备党员转正24人,列入考察对象16人。办理148位党员的组织关系接转手续。四川汶川大地震发生后,党员自愿交纳特殊党费31.50万元,用于灾区建设。

2009年,审批接收新党员15人,预备党员转正18人,列入考察对象16人。办理148位党员的组织关系接转手续,慰问走访机关和农村老党员、困难党员183人次。

2010年,审批接收新党员21人,预备党员转正19人,列入考察对象42人。走访机关和农村老党员、困难党员178人次。2011年,审批接收新党员19入,预备党员转正26人。开展慰问和党员帮扶工作,对240余名老党员、困难党员进行慰问,发放慰问金7.2万元。

组织建设

1991年，下辖57个党支部，党员708人。组织指导31个支部进行换届选举。实行工委联系支部制度，确定以农业局、商业局、物资局、司法局，新华书店5个支部为联系点。1992—1996年。新建党支部24个，到届改选97个党支部，建立9个离退休干部党支部，全机关评出17个先进党支部。

1997年3月，68个党支部进行推荐和自荐评选，评出县人民银行、县纪委(县监察局)、县人民医院党支部及县财税局第三党支部为先进党支部。11个党支部进行换届改选工作；批准新建6个党支部；任命6名党支部书记。

1998年，换届改选党支部33个。12月下旬对县机关16个党委的181个党支部进行目标管理考核。参加考核支部149个，其中一类支部33个、二类支部101个、三类支部15个。同时，党工委直管的68个(一、二类支部)中评选出7个先进党支部。开展创建县级机关文明活动，经考核、联评，评选出县级"文明机关"8个，"创建文明机关活动先进单位"5个。

1999年5—6月，协同县纪委等单位开展"廉内助"评比，评出县级"廉内助"13名，上报市级"廉内助"1名。继续开展创建县级文明机关活动。12月下旬，经考核、联评，评选出县委办公室等9个县级文明机关单位。

2000年，县直机关单位16个党委的195个党支部实行目标管理。12月，从列入考核的165个党支部，评出一类支部53个、二类支部96个、三类支部16个；从直管的76个党支部中评选出4个县级先进党支部，10名县级优秀共产党员。同年，审批新设党支部5个，批准改(补)选党支部15个。

2001年4月，发起"规范化党支部"创建活动。年底，经检查考评，确定县委办等41个党支部为首批"规范化党支部"。评出6个党支部为县级先进党支部，审批新建文成报社、县残联、县人民法院机关第一、第二、第三和老干部党支部等6个党支部。县委史志办设立支部委员会，电力投资公司和县人民法院建立党总支委员会，县国税局设置机关党委。督促25个党支部进行换届改(补)选，新任党支部书记基本达到规定的要求，由单位副职以上领导兼任。同年，全县机关设置18个党委、1个机关党委、4个党总支、235个党支部，党员3078人。党工委下属设1个机关党委、2个党总支、68个党支部，党员1096人(其中预备党员41人)。

2002年3月，开展规范化党支部建设。经年底考核验收，确定32个支部为2002年度"规范化党支部"。调整机构改革后党组织的隶属关系，明确机关党工委、发展计划局、经济贸易局、规划建设局、商业工作办公室等5个单位党委的管辖范围。健全部分单位的党支部设置。审批新建县气象局、县扶贫办、县行政审批中心等3个党支部，分设县司法局、县广电局等2个老干部党支部。同年，16个党支部进行换届改(补)选。

2003年3月，继续开展规范化党支部建设。经过连续3年的创建工作，县直机关党支部硬件条件有明显提高，组织生活开展更加生动，支部活动更加丰富多彩。全年申报创建"规范化党支部"的单位有82个，经考核验收，52个达到规范化标准。同年，县电力投资开发有限公司党总支升格为党委；新建药监局、工业园区管委会、文明办、科协、诚意律师事务所等5个单位党支部，建立县冬泳协会临时党支部，县委老干部局、县信用联社分设离退休老干部党支部。27个党支部进行换届改(补)选。

2004年，25个党支部到届先后进行换届改(补)选。下发《关于进一步加强"规范化党支部"建设，提高机关党建工作水平的通知》，经过连续4年的创建工作，截至2004年，县机关党支部单位136个达到规范化标准，占全县机关、企事业单位党支部总数的71%。

2005年，审批新设质监局、招投标中心、百丈漈飞云湖风景名胜区管理处等3个党支部，设立县先进性教育办公室临时党支部，分设县纪检监察离退休老干部党支部。12个党支部进行换届改(补)选。2006年，调整健全工委下属基层组织设置。审批新设县统计局党支部和县统计局退休党支部。做好支部换届改(补)选工作。全年26个党支部进行换届改(补)选,新任党支部书记全部达到《条例》规定的要求,由单位副职以上领导兼任。

2007年,整体接收县水利局等3个党支部。做好支部换届改(补)选工作。2008年,县机关工委审批新设2个党支部,做好支部换届改(补)选工作。全年25个党支部进行换届改(补)选,

2009年,审批新设2个党支部。做好支部换届改(补)选工作,12个党支部进行换届改(补)选,新任党支部书记全部达到《条例》规定,由单位副职以上领导兼任。2010年县机关19个部门(单位)党委划归机关工委管辖,新设立19个机关党委、19个机关纪委。审批新设1个党支部。17个党支部进行换届改(补)选。

2011年,2个机关党委改选,65个党支部进行换届改(补)选,10个乡镇里通过选举建立10乡镇机关党委、机关纪委。年底,工委管辖20个机关党委、39个党组、5个党总支、233个党支部,3860名党员。同年,10个乡镇分别建立机关党委、机关纪委,下设机关党支部142个,党员2258名。

第二节　思想作风教育

开展机关作风整顿与党性党风教育,开展对党员和党员领导干部在执行党的路线、民主科学决策、勤政廉政、遵章守纪和民主集中制原则等方面监督工作,与50个单位制定和完善公务接待制度、机关学习制度、议事制度、谈心谈话家访制度、诫勉制度、廉政制度和公开办事、依法行政、文明办公等规章制度。清理县行政机关、事业干部职工的超标准住房,清理公款购买通信设备。

1991年7—8月,利用50余天时间开展机关作风整顿工作,44名副局级以上干部,自觉解决超规定用公款安装私人住宅电话问题,11个单位232人纠正扩大着装范围问题,上交标志和大盖帽,并收缴应交制装费19265元。

1992年,组织机关党员听取县委书记金邦清关于邓小平视察南方重要讲话精神的学习报告;组织直属机关党支部500余名党员观看《烟雨茫茫报春晓》《90·1例证》等党风党纪纪录片,并在映后召开座谈会;组织"七一"纪念系列活动,请党史办人员给机关全体党员讲浙南革命斗争史;请经济专家给机关党员干部作国情、县情经济发展报告;组织全体机关党员听取关于党的基本路线专题报告形势报告以及中共十四大精神专题报告。

1993年,组织全机关党员干部开展以"经济建议为中心,以建立社会主义市场经济体制为目标,促全县经济跳跃式发展"为主要内容的解放思想、深化改革大学习大讨论活动。要求全机关党员干部通过调查研究理清机关各单位各部门主要存在的问题,促进干部思想解放和观念更新;通过学习发扬民主,增进广大干部参与感和主人翁责任感;各单位面向全局,立足本系统的职能,研究落实整改服务措施,强化为经济建设服务的思想,转变机关工作作风。

1994年,加强机关党员干部理想、宗旨教育,增强党性观念教育。筹备资金设置小型电化教育室。"七一"前后,举行系列活动,播放《抉择》等党纪教育录像,举办惩腐倡廉演讲比演。

1995年,开展对党员和党员领导干部在执行党的路线、民主科学决策、勤政廉政、遵章守纪和民主集中制原则等方面监督工作。6月开展机关党政干部违反规定建房、违反房改政策的专项清理工作。

1997年6—9月,组织全机关党员干部开展以"讲学习、讲政治、讲正气"为主要内容的党性党风教育。整个活动分为宣传发动、集中学习、党性分析、民主评议、整改提高5个阶段。通过明察暗访、大会通报、电视曝光等形式,促先进、鞭落后,活动取得明显效果。50个单位制定和完善公务接待制度、机关学习制度、议事制度、谈心谈话家访制度、诫勉制度、廉政制度和公开办事、依法行政、文明办公等规章制度。彻底清退县行政机关、事

业干部职工的超标准住房，清理公款购买通信设备。为巩固活动成果，县党性党风教育办公室撤销后，县委决定在机关工委保留一部举报电话、一部摄像机、一班人马，继续履行县党性党风教育办公室职责。10月，召开县机关党委负责人和各党支部书记学习会。

1998年6—11月，开展以“讲学习、讲政治、讲正气”为主要内容，以“学理论、找差距、建制度、求实效”为基本要求的党性党风教育和开展以“学理论、创业绩、转作风、办实事”为主题的机关作风整顿。通过2次活动，促进县机关干部队伍思想建设，转变县机关工作作风，树立县机关新形象。其间，组织县机关副科级以上领导干部260余人参加理论知识考试，集中观看《步步深渊，幕后行动》等反腐录像片。

1999年，抓好党员干部的民主生活会制度，强化党内监督。配合县纪委、组织部联合发出《关于加强县直机关部门单位民主生活会管理的通知》《关于召开党员领导干部民主生活会的通知》等文件。其间，督促各单位定期按时开好1年2次民主生活会，主动掌握召开情况并及时通报，各单位学习计划、学习内容、学习对象、学习制度四落实。58个县直机关单位制定中心组理论学习的年度计划，占机关单位的80.3%，47个理论中心组达到每两月学习1次的要求，占中心组67%。

2000年9—10月底，在全县机关党员干部中开展以成克杰、胡长清等反面典型案例为主要内容的警示教育。坚持领导干部上党课制度，各单位主要领导对单位党员上党课一次以上。

2001年，抓党委(党组)中心组和一般干部职工的学习，下发《关于加强和改进县直机关党委(党组)中心组理论学习管理的意见》《党员教育读本》《WT0知识读本》各3000册。各单位党委(党组)中心组理论学习达到每两月1次的要求。“七一”期间，广大党员干部听取上海交通大学教授等所作《加入WTO与我国面临的机遇和挑战》《新形势下党风廉政建设面临的形势和任务》的党课讲座和专题报告，1000余名党员干部受到教育。组织“解放思想、加快发展”大讨论活动，党员干部“从政十德”教育活动。2002年，开展县直部门转变作风和调查研究年活动。

2003年8月，全县组织开展机关作风建设活动。县委出台严禁办事不公、严禁吃拿卡要、严禁工作不落实等“三条禁令”，配套推出“八项制度”(县级机关“满意单位和整改单位”评选制、末位淘汰制、中层干部重要岗位轮岗制、领导干部下基层蹲点调研制、领导干部谈心谈话制、预防政府部门重要岗位职务违纪工作制、领导干部引咎辞职和责令辞职制、投诉查实下岗制)。县直机关党工委对下属支部1名违纪参与赌博党员，做出党内警告处分。

2005年，县机关单位相继完成3批先进性教育。确立以部门党委(党组)理论学习中心组为龙头、以中层干部为重点、以战略高度加强青年党员教育，各单位坚持每周半天或每月2天的政治学习日制度，县直机关初步形成多读书、多调查、多思考、多研究的良好氛围。同年，严格执行“四条禁令”及“八项制度”，突出抓好重点部门和服务窗口单位的机关效能建设。

2006年，加强服务窗口建设，推进政府形象的树立，主要抓好重点部门和服务窗口效能建设，并通过明察暗访，加强监督促进。继续开展群众评议机关的活动，把评议权交给群众，把群众的满意度作为检验机关效能的标尺。

2007年，开展以“科学发展创新业、为民办事树风范”为主要内容的主题实践活动。组织政务公开情况大检查、大曝光，注重规范行政审批行为，减少审批环节，切实缩短审批时限。

2008年，开展以“讲学习、敢创新，讲发展、敢负责，讲民生、敢作为，讲落实、敢碰硬”为主要内容的“四讲四敢”活动，着重解决“学风不浓厚”“工作不落实”“部门不协调”“服务不到位”“形象不佳”等五个方面的问题。紧密联系各地各部门实际，增强服务意识，深化政务公开，严格执行“收费必公开、不公开不收费”制度。

2010年，开展“转作风，优环境”专项活动，把党风廉政建设责任制纳入各机关党组织的整体工作格局，以机关纪委为平台，开展理想信念、党风党纪、廉洁从政和警示教育，建设廉政文化。

2011年，组织县直机关74个单位开展责任型、服务型、效率型、学习型、廉洁型的创建活动。开展明察暗访135人次，督查3次，召开动员会、推进会、例会等7次。按综合日常考核50分和年终考核100分的评分细则，对各单位年度考核成绩按类别进行排名送县考绩办，评出先进集体单位18个和先进个人18名。在县机关、乡镇全面推行即办制，按简单事立即办、复杂事限时办、特殊事紧急办的工作方式，提高机关办事效能，改进工作作风，机关办事速度加快，各类审批时限比上年压缩30%，其他事项办理时限压缩30%以上。

第三节　活动与培训

1991—2011年，抓住各个时期的新情况、新要求、新特点，利用重大节日，特别是"七一"活动，开展形式多样的党员教育服务活动。以机关党务干部和机关党员干部为重点教育对象，利用培训班、理论中心组学习、专题讲座、季度交流会、知识竞赛等形式，举办各种培训会121次，接受培训7260人次。

活　动

1991年，组织纪念建党70周年歌咏比赛。县小、二中、计经委系统等12支演唱队700余名机关干部、职工参加。1992年，开展"公仆杯"竞赛活动。5月开始，组织2584名机关干部参加修复百三电水毁渠道工程。

1996年8月，开展"八大形象工程"建设。12月，组织800余名党员观看温州市反腐败斗争成果展览。1997年5月，组织先进党支部的书记和优秀党员外出学习考察。1998年，组织县机关股级以上460余名干部参加"七一"庆祝纪念会，204名新党员举行入党宣誓仪式。1999年，组织县直机关1000余名党员参加"七一"庆祝纪念会。

2000年，组织全县500余名机关党员干部参观"为了明天——预防青少年犯罪大型图片展览"。2001年，组织庆祝建党80周年活动，参观揭露"反对邪教、崇尚文明"图片巡回展览。2002年，开展评选先进党支部、优秀共产党员和优秀党务工作者3项活动。县委办党支部、县委组织部党支部、县财政局党委机关第二党支部、县公安局党委政工法制党支部、县冰洋实业有限公司党支部5个党支部为县级先进党支部，推荐2个单位参加市级先进基层党组织评选。评选出19位党员为县级优秀共产党员，推荐3名党员参加市级优秀共产党员评选。

2003年，组织优秀共产党员评选活动，2个单位被评为年度市级先进基层党组织，3人被评为市级优秀共产党员，1人被评为市级优秀党务工作者。组织县直机关75个单位开展"满意单位和整改单位"评选活动，分别评选出6个"满意单位"和3个"整改单位"。

2005年，开展"满意单位和不满意单位"评选活动，12月，对全县机关66个评选单位和5个评议单位进行评选，选出7个满意单位和2个不满意单位。2006年举办庆祝建党85周年以"党在我心中"为主题的文艺演出活动，县直机关工20余个单位参加演出活动。

2007年，组织满意不满意单位评比和行风评议，将评议对象向重要部门、重要岗位、重点环节、服务窗口、基层站所(中心)和机关工作人员延伸，开展一次自下而上的评议。2009—2010年，组织各单位开展各种节庆娱乐、野外交游和各类比赛，活跃机关的氛围。开展建党88周年纪念活动、"最佳党员活动日"、庆祝中华人民共和国成立60周年棋类比赛和党支部书记登山比赛。

2011年，开展"关爱党员""红七月服务月"等活动，组织县机关各党组织开展挂钩乡镇结对走访慰问。组织纪念建党90周年系列庆祝。举办"纪念建党90周年党建知识"抢答赛、组织党员干部参加"党团知识网络骞关赛"、红歌大合唱比赛等16个系列活动。6月，组织党务干部45人赴廉政文化教育基地开展廉政文化建设教育。开展“清风廉政”服务品牌建设，发送“警示短信”900条，发放“廉政台历”1200份，在“机关党员干部在线学习网”上播放反腐警示片7期。

培 训

1991年，组织机关各党支部书记培训。学习《中国共产党基层组织选举工作条例》《中国共产党发展党员工作细则(试行)》。1992年，举办机关党支部书记培训班和新党员及入党对象培训班。1996年6月，举办一期机关党支部书记岗位培训班，主要学习邓小平理论和党章及中共十四届四中、五中、六中全会精神。其间，组织机关党支部书记、支部委员到珊溪刘英纪念馆参观并请老同志讲解浙南革命斗争史，参观温州市重点工程——珊溪水利枢纽工程。

1998年12月，举办新党员和入党对象培训班一期，培训206人。1999年9月、10月，分别举办新党员和入党对象培训班2期，培训251人。协助有关部门举办2期县直机关副科(局)以上领导干部理论学习班，受训人数200人；举办一次为期2周的机关党支部书记理论和业务知识培训班，受训支部书记140余人。

2000年，举办新党员和入党对象培训班1期，参加培训128人。会同县委组织部举办机关党支部书记培训班1期，参加人数127人，结业116人。2001年9月初，会同县委组织部在石垟林场举办为期3天的机关党支部书记学习会，县直机关、企事业单位65名党支部书记参加邓小平理论、江泽民“七一”重要讲话、“三个代表”重要思想、《中国共产党和国家机关基层组织工作条例》和省、市委贯彻《条例》的《实施意见》及有关党的业务知识培训。11月举办入党积极分子培训班，县直机关、企事业单位以及部分乡镇125名入党积极分子参加培训。

2003年11月，举办县直机关企事业单位党务干部培训班，130余人参加培训。12月，举办入党对象培训班，县直机关、企事业单位145名申请入党积极分子参加培训。2004年9月，举办县直机关企事业单位党务干部培训班，170余人参加培训。11月举办入党积极分子培训班，县直机关、企事业单位102名申请入党积极分子参加培训。

2005年12月份，工委举办县直机关企事业单位党务干部培训班，160余人参加培训。举办入党对象培训班，县直机关、企事业单位82名入党积极分子参加培训。

2006年10月，工委在市委党校举办县直机关企事业单位党务干部培训班，160余人参加这次培训。12月，在县委党校举办入党对象培训班，县直机关、企事业单位85名入党积极分子参加培训。

2007年11月，工委在市委党校举办县直机关企事业单位党务干部培训班，80余人参加这次培训，并组织部分党务干部外出学习考察。12月，在县委党校举办入党对象培训班，县直机关、企事业单位65名入党积极分子参加培训，

2008年11月，举办县直机关企事业单位党务干部培训班，80余人参加培训，并组织部分党务干部外出学习考察。2009年11月，举办200余人参加的县直机关企事业单位党务干部培训和县机关、企事业单位78名入党积极分子培训班。

2010年，举办69名入党对象培训班。举办机关党务干部培训班1期，参加培训学习36人。2011年8月，举办县直机关、企事业单位90名党务干部培训班。9月，举办县直机关、企事业单位95名入党积极分子参加培训班。

第九章　老干部工作

1983年建局时为政府工作机构。1984年3月改为县委工作机构,挂靠县委组织部;全县离休干部513人。1991年,全县离休干部508人。2011年12月,离休干部202人,其中担任实职和享受县处级待遇87人,代管担任县处级职务26人。1991—2011年,县委老干部局每月组织各支部开展学习,为老干部作形势报告,列席党代会、人代会、政协会议,开展重大决策执行情况和重点项目落实、重大工作推进情况监督,积极为文成社会经济发展建言献策。

第一节　待遇落实

1991—2011年,县委重视离休干部政治待遇和生活待遇落实,从1998年起,将全县70余名企业离休干部的工资及各种补贴发放纳入社会保险统筹,确保企业离休干部的生活待遇。从2000年起,将全县企业离休干部的药费报销纳入社会保险统筹,享受与行政事业单位的离休干部同等待遇。落实好老干部的特需费、公用经费、护理费。1997—2011年,特需费:从150元提高到500元;公用经费:从500元提高到600元;护理费:抗战前的离休干部从260元提高到650元,抗战后的从230元提高到580元,解放时期的从200元提高到500元,对所有离休干部给予900元的护理补贴。

生活待遇

1991年,从特需经费中拿出6090元,解决63名离休干部的生活困难问题,离休干部书报费每月提高到8元。1992年,全县400多名离休干部进行健康检查。为享受地专级待遇离休干部和县(处)级离休干部家中安装电话机,给地专级离休干部每人每月享受电话费70元,县处级离休干部每人每月50元,抗日战争时期参加革命工作的一般离休干部30元。

1993年7月始,高龄离休干部护理费每人每月51元提高到100元。解决已故抗日战争时期参加革命的离休干部无固定收入遗孀享受公费医疗问题。离休干部的公用经费从350元提高到500元。1994年,全县400多名离休干部进行健康检查。春节走访慰问每位离休干部。1995年,解决抗日战争时期参加革命工作离休干部无固定收入的配偶享受公费医疗问题。全县离休干部医疗费实报实销,工资如数发给。

1997年,解决县药厂和木材公司等亏损企业10名离休干部的工资和医疗费等问题。县委专题研究落实有关提高老干部生活待遇新规定:提高101名离休干部电话费补贴标准,县处级每人由每月从40元提高到50元,地专级每人每月从40元提高到70元;给没有享受县处级待遇的抗战时期参加革命的离休干部每人每月发放30元电话费补贴;解决企业离休干部每人每月20元的岗位津贴;离休干部公用经费标准从原来的每人每年500元提高到600元,特需经费标准从原来每人每年150元提高到300元,交通补贴费在原来的基础上每人每月提高10元;享受护理补贴费的范围扩大到全体抗战时期参加革命工作的离休干部,以及解放战争时期参加革命、年满70周岁的离休干部;组织全县离休干部进行身体健康检查;解决离休干部的误餐补贴,每人每月50元。

1998年,全县70名企业离休干部的生活待遇全部纳入社会保险统筹,彻底解决企业离休干部的后顾之忧;

部分老干部解决误餐费、福利费等补贴；定期走访慰问老干部，建立重要节日、患病住院、家庭发生困难和纠纷的必访制度；落实好省、市、县出台有关老干部待遇的政策规定。

2000年，全县95名企业离休干部和部分自收自支事业单位的离休干部药费报销全部纳入社会保险统筹。统筹后，企业离休干部的药费报销由社保局支付，与行政事业单位的离休干部一样实报实销。解决干部的误餐费和电话费补贴。调整提高红军时期、抗战时期入伍的离休干部的护理费标准和抗战时期入伍的离休干部的政治待遇。举办祝寿会，走访慰问患病住院、生活有困难的老干部。

2001年，做好企业离休干部医疗费和生活费纳入社保统筹后的善后和巩固工作，健全和完善离休干部的“两费”保障机制。协调解决老干部的误餐费和电话费补贴。调整提高红军时期、抗战时期入伍的离休干部和生病瘫痪生活不能自理离休干部的护理费标准及抗战时期入伍的离休干部的政治待遇。

2002年，建全财政保障机制，协调解决老干部的误餐和电话费补贴问题，调整患病老干部护理费补贴标准。做好老干部的信访工作，想方设法帮助老干部解决生活困难。

2003年，做好老干部服务工作，由单一服务向综合性全方位服务转变，帮助老干部在生活中碰到的困难。落实老干部货币分房政策，全县360余名享受货币分房政策的老干部及遗属得到总现。

2004年，经过协调，企业离休干部的增资政策得到落实。2006年，“三机制”（离休费保障机制、医药费保障机制和财政支持机制）全面落实，“两费”（离休费、医药费）全员保障。

2008年起，享受副县级以上的离休干部享受年终慰问费500元不变，一般离休干部享受年终慰问费300元。红军时期、抗战时期离休干部的配偶药费报销从1000元提高到1500元。走访慰问老干部，解决老干部实际困难。

2010年，全年召开离休干部党支部书记会议4次，举办老干部政治理论学习讲座1次。3月，举办十一届全国人大三次会议《政府工作报告》专题解说讲座，副县级以上离退休干部以及文成老年大学全体学员210余人参加。4月中旬，举办老干部读书班，县处级离退休干部、全县离退休干部党支部书记、担任过正科级实职的退休干部等120余人参加学习。6月25日，县委、县政府召开庆祝建党89周年纪念大会，全县50余名享受副县级离退休干部参加会议。

2011年，建立离休干部医药费备用金，为10名离休干部办理医保代管社会保障卡，“七一”前，增发生活补贴。5月，组织全县离退休干部229人在县人民医院进行体检。拨付30万元，设立离休干部帮困机制专项经费，用于解决离休干部生活、医疗等方面的特殊困难；慰问住院老干部92人次。为全县离休干部安装“一键通”电话，做好应急服务和家政服务。6月，县政府召开专题会议研究决定，给离休干部无固定收入的配偶及遗属医疗费每年包干5000元，县财政拨款40万元用于患大病者补助资金，解决解放战争时期参加革命工作的离休干部无固定收入配偶及遗属医疗保障问题。

政治待遇

离休干部党支部每月确定一日为学习日，组织老干部学习政治理论、国内外形势。县委组织部、宣传部，每年定期举办老干部学习会、报告会，学习政治理论或通报重要会议精神。县委、县政府及有关单位召开的重要会议或举办庆典活动，都邀请老干部代表参加。每年组织召开老干部读书班，建立老干部阅文制度，县城县处级老干部可到老干部局办公室阅读文件，其他老干部可到原单位阅读文件，县城离休干部还可到老干部局报刊阅览室阅读各种报纸和杂志；为离休干部每人订购一份《浙江老年报》。加强离休干部党支部建设，党支部建设纳入县委党建工作总体规划，健全和完善党支部各项规章制度，珊溪、南田、玉壶老干部党支部多次评为市、县先进党支部，南田离休干部党支部还被评为全国先进老干部党支部。

第二节　活动与老有所为

1991—2011年,每年组织老干部开展文艺、体育、聚会、庆祝、参观、考察等活动。细心为老干部们服务,使老干部们老有所为,老有所乐,老有所养。

活　动

1991年,举办离休干部第四届中国象棋赛。组织离休干部参加市第三届离休干部中国象棋赛,获团体第六名。1992—1996年,组织老干部开展“六一”老少同乐、七一座谈会、中秋赏月、重阳登高、元旦新春迎新茶话会。组织首届老干部文艺会演,老干部自编自演的舞蹈、表演唱、独唱、快板、戏曲、小品等文艺节目参加会演。12月,与体育部门联合举办由全县10支老干部代表队参加的运动会,比赛项目有田径、乒乓球、篮球、拔河等。同年,参加温州市离休干部第二届中国象棋比赛获团体第二名。

1997年,举办“迎七一、庆回归”文艺晚会。组织300余名老干部参观珊溪水利枢纽工程等县内外工农业建设项目。举办老干部摄影展,展出摄影作品70余件。举办象棋、麻将、乒乓球、钓鱼等比赛和老干部金婚、银婚纪念活动以及老干部集体祝寿活动。出版发行文成县老干部革命回忆录《峥嵘岁月》。

1998年,举办春节文艺晚会、“五一”活动、“六一”老少同乐、“七一”书画展、“八一”走访军营看望子弟兵和国庆文艺晚会等活动。举办春节麻将比赛、灯谜竞猜活动和老干部花卉展览。举办第二届老干部文艺会演,11个代表队参加。11月,组织370余位曾在文成工作过的温州、瑞安等地老干部重聚文成进行参观。12月,举行建局15周年、老年大学建校5周年庆祝活动。同年,获得温州市老年体育工作先进集体称号。

1999年5月,组织举办庆祝“五一”文艺庆祝活动与文成解放50周年老干部座谈会。10月,举办国庆50周年庆祝活动,县人民政府给离休干部颁发中华人民共和国50周年纪念章。10月17日,举行国际老人年庆祝大会。举办首届老年人文艺会演,11支代表队、150余名老年人参加演出。12月,举办庆澳门回归文艺晚会。

2000年,举办建党79周年文艺晚会,与文化馆联合举办中秋“夕阳情”文艺晚会和“庆国庆”戏曲联欢会,举办书法展览5期,展出书法作品200余件。召开纪念抗美援朝50周年座谈会及抗美援朝功臣李鉴臣战地重游报告会。2001年,举办“五一”国际劳动节联欢会,与文化馆联合举办“迎中秋庆国庆”戏曲联欢会,举办老干部书画展4期。2002年,组成合唱团参加县庆五一“信合杯”职工文艺会演。2003年,举办建党82周年文艺晚会,举办庆春节、国庆及新老干部活动中心落成等3期书画展,展出作品200余件。

2004年,举办建党83周年文艺晚会、庆祝中华人民共和国成立55周年暨中秋联欢晚会。组织纪念红军长征70周年缅怀先烈活动。2005年,举办建党84周年文艺晚会,纪念抗日战争胜利70周年联欢会和纪念会,举办《关爱老人　真情永久》庆祝重阳节文艺晚会。组织老干部到平和乡茶叶基地、巨屿工业园区等地参观考察。2006年,组织离退休老干部38人赴井冈山、南昌、韶山等地学习考察。联合县委史志办等单位举办为期20天的《长征,英雄的史诗》大型展览。组织老干部参加温州市老干部庆祝建党85周年文艺演出,获银奖。

2007年,老干部门球队参加温州市老干部门球邀请赛获一等奖。组织纪念中国人民解放军建军80周年、新四军成立70周年以及粟裕大将100周年诞辰活动,先后组织老干部赴江苏盐城等地参观学习。2008年,举办迎奥运老干部书画展,组织老干部参加魅力文成第二届歌舞音乐晚会、纪念建党87周年暨改革开放30周年大合唱比赛。举办庆“三八”女子健身展示活动。2009年,组织70余位老干部参加庆祝中华人民共和国成立60周年暨文成政协成立60周年大型文艺晚会。2010年,举行庆祝建党89周年暨文成老年大学春季班期末文艺演出。举行老干部乒乓球友谊赛。5月,组织离退休干部30余人参加“老干部乒乓球友谊赛”。参加温州市第六届老干部乒乓球比赛，获团体第二名。

2011年，结合建党90周年，组织全县离退休干部开展“忆党史、讲传统、颂党恩、看发展、促转型”为主题的“我为党旗添光彩，我为发展做贡献”活动。组织离退休老干部30余人赴革命圣地延安学习及中国古都西安参观考察。4月，组织开展追寻先烈足迹活动，离退休老干部和老年大学学员150余人参加。

老有所为

县委老干部局不仅组织老干部参加各种文体活动，使老干部老有所乐，并通过其他各种活动，使老干部老有所为发挥余热。

当好监督员、调解员　1997年，老干部调解家庭、邻里村乡纠纷、社会治安等各种纠纷193件。2000年，老干部参加社会调解组织，参与调解家庭婚姻纠纷、邻里和财产纠纷、社会治安等70余件。2001年，30余名老干部被县委抽调组成“三个代表”重要思想学习教育指导组，参与调解家庭婚姻纠纷、邻里和财产纠纷、社会治安等50余件。县人武部邀请15位老干部帮助监督新兵体检工作。40位老干部被卫生、邮电等单位聘请为行风监督员。2002年，县委、组织部、文教、卫生、邮电等部门邀请老干部为行风监督员。2004年，10位老干部担任机关效能革命监督员，18位老干部担任创建省级文明县城监督员。70余名老干部被聘请担任校外辅导员。10位老干部被县委宣传部聘为老干部讲师团成员。2005年，206名老干部组成“五老护苗”志愿队。2008年，老干部组建监督组，分别对全县多家网吧进行安全、卫生等监督。同年9月，监督组还参与到“监督员看创建”专项活动。1991—2011年，全县100名从领导岗位上退下来且有一定威望的老干部被交通、司法、教育、卫生、城建、环保、文明办等单位聘任为行风监督员。50名老干部参与农村各种矛盾纠纷的调解，被有关乡镇聘任为调解员。15位老干部被聘为交通安全监督员。

为社会捐资　1992年，离休干部姜佐程捐资2万元在林店尾建造“洞春亭”。1997年，离休干部赵圣灿、刘开盛为公益事业捐款72万元。1998年，离休干部胡永斋、胡从玺、胡绍桢等积极动员国外子女亲属捐资、引资100余万元，建造玉壶中心卫生院。1999年，离休干部潘明都于中华人民共和国成立50周年和澳门回归之时先后两次交特殊党费4000余元。

2000年，南田镇离休干部集资3000余元修建伯温公路，离休干部刘璋瑯捐资1万元修建刘基庙古牌坊。2001年，离休干部刘开盛动员儿子捐资10万元，改造西坑街路；南田镇离休干部刘麦良筹资建造南三村长约2公里的自来水；县城离休干部林炳钱动员国外亲属子女、华侨子女捐资30余万元建造朱雅乡下寮至吴坑朱寮公路。2006年，离休干部彭正出资5万元在樟台塔山村建造“正华亭”。2007年，离休干部姜佐程捐资8.8万元在西坑塘垟村修建一座二层的“红桥楼”。2008年，离休干部张志满出资6万元在南田新鹤村鹤岸桥头建造“清幽亭”。

1991—2011年，广大老干部为贫困生结对、老年人活动室捐资26万余元。离休干部潘明都、彭正每年捐赠一定的资金，扶贫济困，帮助农村困难户渡难关，潘明都被评为2008年温州市“十大慈善人物”。

先进表彰　1991年9月，举办全县离休干部暨老干部先进集体、先进个人表彰会，授予珊溪区、南田区离休干部党支部为先进集体32人获“五好离休干部”称号。

1997年，南田镇离休干部党支部被评为省先进老干部党支部，全县有36名离休干部被评为县先进离休干部。2010年，珊溪、南田、玉壶老干部党支部多次评为市、县先进党支部。南田离休干部党支部1999年被评为全国先进老干部党支部，党支部书记胡永梯到北京授奖，受领导的接见。

第三节　活动中心与老年大学

1993年,创办文成县老年大学。2001年,开工建设老干部活动中心。

活动中心

老干部活动中心坐落大峃镇沙垟村体育场路旁,总投资590万元,2001年11月动工兴建,2003年12月竣工,活动中心共五层,占地面积2619平方米,总建筑面积3045万平方米,集学习、活动、娱乐、健身为一体,内设象棋室、麻将室、乒乓球室、报刊阅览室、书画室、健身房、舞厅、会议室、多功能厅等活动场所。

协　会

2000年,老干部活动中心设有花卉、书画、钓鱼三个协会。2004年,书画协会进行换届选举产生新一届理事会。2005年,增加腰鼓、乒乓球、门球、象棋、舞蹈、京剧等9个协会。

老年大学

创办于1993年12月,租用县委党校一个教室,设一门综合课程,聘请3名学校老师,有学员65名。1994年,老年大学迁至县委老干部局办公楼四楼会议室。1999年,老年大学设5个班级,290名学员。

2002年,老年大学学员275人,设老年保健、英语、综合、戏曲等9个班级。2003年,老年大学迁至老干部活动中心,教学面积1230平方米。2007年11月,老年大学通过浙江省委老干部局验收,为规范化建设示范学校。

图19-5　2006年2月24日,老年大学城东教学点举行开学典礼

2011年,开设政史、保健、电脑、音乐、戏曲、舞蹈、书法、太极、腰鼓、健身球等10个专业,12个班级,聘请6名兼职老师到校上课,注册学员476人。投入20余万资金对学校的基础设施进行修缮改造,使老年大学的硬件设施迈上新台阶,夯实学校发展基础。老年大学9个活动室,有电脑、音响、风琴、电子琴、影碟机、电视机等教学设施。

第四节　县关心下一代工作委员会

1993年,改称为县关心下一代工作委员会(简称为县关工委),县关工委会员1450人,发展“关协”分会8个,小组45个。599人次老干部担任校外辅导员,为学校作193场次报告会,受教育学生89270人次。组织10余支志愿者队伍500余名深入扶贫帮困、社区服务、环境保护等领域,为广大群众提供各种各样的志愿服务。开展代理家长与留守儿童结对,全县有468名留守儿童被代理家长结对受到关爱。

机　构

1990年10月成立县关工协，下设办公室。县关心下一代工作者协会（简称县关工协），是以老干部、老战士、老专家、老教师和老模范等离退休老同志为主体、有关职能部门负责人以及社会各界人士参加，以加强对青少年思想道德教育、关心爱护青少年健康成长为宗旨的群众团体组织。2002年与县委老干部局合署办公。2003年配备1名专职干部。2007年，县关工委办公室纳入参照公务员法管理事业单位。2010年7月，办公室工作人员编制1名，增专职领导职数1名。

1991—2011年文成县关心下一代工作委员会（协会）主任（会长）名录一览表

表19-10

名称	职务	姓名	任职时间
文成县关心下一代协会	名誉会长	金邦清	1990.10—1992.4
		廖梅柳（女）	
		严中杰	
		叶永案	
		林炳齐	
	会　长	毛马金	
	常务副会长	彭　正	
文成县关心下一代工作委员会	顾　问	廖梅柳（女）	1992.4任命
		叶志谦	
		夏瑞洲	
		雷开勤（畲）	
	主　任	毛马金	1992.4—1993.2
		胡方同	1993.2—1997.11
		沈　伟	1997.11—2003.1
	副主任	刘　中	1992.4任命
		李存斋	
		梅蔡源	
		胡立同	
		彭正（聘请）	
		周日俊	1992.9任命
	名誉主任	陈建明	2003.9—2007.7
	主任	陈延炮	
	常务副主任	陈敏傍	
	名誉主任	朱云华（女）	2007.8—2009.8
	顾问	陈延炮	2007.8—2011.7
	主任	严中杰	
	常务副主任	周成高	

续表19-10

<table>
<tr><th>名 称</th><th>职 务</th><th>姓 名</th><th>任职时间</th></tr>
<tr><td rowspan="7">文成县关心下一代工作委员会</td><td>顾问</td><td>卢 斌</td><td>2008.10—2011.7</td></tr>
<tr><td>名誉主任</td><td>麻胜聪</td><td rowspan="5">2011.7—</td></tr>
<tr><td>顾问</td><td>徐清雨</td></tr>
<tr><td>顾问</td><td>陈延炮</td></tr>
<tr><td>主任</td><td>严中杰</td></tr>
<tr><td>常务副主任</td><td>周成高</td></tr>
<tr><td>副主任</td><td>张志敏</td><td>2011.4—</td></tr>
</table>

说明:资料由县关工委提供

基层组织建设

1990年,建立县级关心下一代工作协会分会4个,乡村“关协”基层组织20个,发展会员960人。1991年发展会员1450人(其中离退休干部710人),发展“关协”分会8个、小组45个。1992年县关工委召开扩大会议,重点研究基层组织网络问题。截至年底,建立大峃、南田、黄坦、珊溪、西坑、龙川6个乡镇关协小组,发展关协会员1450名。

2005年,部分乡镇、县机关单位对关心下一代领导机构进行调整、充实人员,乡镇“一把手”担任领导小组组长。2006年,县政法系统关心下一代工作委员会成立;县教育系统投身关心下一代事业的老教师从原来180余人增加到300余人。

2008年,县委、县政府下发《关于进一步加强关心下一代工作的意见》,要求各乡镇和教育、政法、卫生、文化、人事劳动、科技、工会、团委、妇联等部门和系统建立关工委组织,组织网络进一步扩展。县关工委还将“三无”村创建工作与“五好”关工委活动相联动,推动基层关工委工作的全面展开。

2010年,县委组织部与县关工委联合下发《加强民营企业关心下一代工作的意见》,召开非公企业建立关工委组织座谈会,加强民营企业关心下一代工作。

2011年,县关工委开展关心下一代工作“基层工作年”、争创“五好关工委”活动,对乡镇、社区(村)、教育系统、民营企业、青少年科普基地建设和“五老”队伍建设等提出要求,规范关工委组织建设。截至年底,全县有55个社区关工委组织和214个村级关工委组织。

青少年思想道德教育

1991年,县关协传统教育宣讲团在县关协第二次常务理事(扩大)会议上进行试讲活动。试讲后,县关协组织10名宣讲人员到珊溪、玉壶、南田等地机关、学校进行革命传统教育30场次,受教育青少年1.5万人次。1992年,珊溪镇关协在清明节期间,组织学校、社会人士2000余人到革命老区坦岐烈士墓前,由当地老党员为青少年介绍坦岐革命斗争史,进行革命传统教育。

1995年,南田、西坑、珊溪等离休干部党支部邀请革命传统教育宣讲团,为当地中小学学生宣讲革命斗争史和革命先烈的英勇事迹。离休干部毛友明多方收集资料,编写出版《以革命先烈为榜样,努力培养“四有”新人》一书,作为学校乡土革命教育教材,帮助学生了解文成革命斗争史。

1996年8月为纪念红军长征胜利60周年,县关工委与县委组织部、县委老干部局、团县委等单位联合发出倡议,决定在叶胜林场当年红军战斗过的地方,建造红军纪念碑和昭烈亭,以缅怀先烈、教育后人。“五老”捐资

1.30万元，相关工程得以顺利启动。

1997—2003年，700余人次老干部担任校外辅导员，作辅导报告180余场次，教育学生近7万人次。县关工委与县委老干部局联合举办“六一”老少同乐文艺会演。组织老干部讲师团成员，深入学校、单位对青少年进行革命传统教育。向师生赠送《苦娃子将军》《峥嵘岁月》等革命传统书籍。

2005年，建立一支268名“五老护苗”志愿者和206名校外辅导员组成的队伍，开展革命传统教育、帮困助学等工作，促进青少年健康成长。联合团县委、县国防教育委员会办公室、县教育局等单位，举办国防教育暨革命传统教育夏令营，增强学生的国防意识，强化国防观念。

2006年，组织报告团赴各校作社会主义荣辱观主题讲座，开展主题讲座81场次，受教育学生达26270余人次。开展“文明礼仪我先行”“小手牵大手，文明一起走”“城乡学生手拉手、共建美好新农村”等主题活动40余次。联合团县委、教育局、公安局交通巡逻警察大队举办革命传统教育夏令营，组织132名学生代表参加为期4天的夏令营。联合县委老干部局、县委史志办、民政局、老区开发建设促进会、新四军研究会举办为期半个月的《长征，英雄的史诗》大型展览，纪念中国工农红军长征胜利70周年。

2007年，组织各类报告团赴相关学校举办112场次报告会，受教育学生6.3万人次。开展禁毒宣传，使2000余名学生认识到毒品的巨大危害，增强他们的防毒、拒毒意识。联合城东小区关工委举行庆“六一”暨社会主义荣辱观学习会，为200余位小朋友发放学习用品。

2008年，全县各级关工委利用清明节、建党87周年、第29届奥运会、改革开放30周年和传统纪念日和时机，挖掘本地资源，深入学校、社区、村庄，开展中国特色社会主义理想信念、爱国主义、改革创新精神和社会主义荣辱观教育。各级关工委开展爱国主义、法治教育、科技服务等报告会102场，受教育青少年1.85万余人次。组织宣讲团为青少年讲解抗震英雄事迹，开展以“无违法犯罪、无不孝子女、无辍学失学”为主要内容的“三无”村创建，更好地发挥关心下一代组织在农村、社区未成年思想道德建设中的重要作用。

2009年，各中小学校通过不同形式举办“五好”教育报告会88场(次)，参加“五老”报告员156人次，受教育青少年达3.2万人次。与文化、公安、工商、电信等部门联合开展“黑网吧”、无证游戏厅专项整治，取缔1家“黑网吧”、3家无证游戏厅。

2010年清明节期间，县关工委联合新四军历史研究会、实验小学等单位，组织100余名“五老”、400余名在校学生，到官山背烈士陵园开展革命传统教育活动，让青少年铭记历史，珍惜如今美好生活。5月，联合城东小区关工委，举办老少共庆“六一”国际儿童节庆祝会，为城东小区260余名小朋友送上印有“四好”内容的笔记本等节日礼物。

2011年3月，县关工委召开关工委成员(扩大)会议暨纪念建党90周年“学党史、颂党恩、跟党走”活动动员会，部署纪念建党90周年主题活动。5月，联合县教育局在珊溪镇白鹭广场开展“学党史、颂党恩、跟党走”活动，中小学生、教师及家长1800余人在现场聆听演讲。围绕纪念建党90周年主线，通过开展唱红歌、读红书、讲革命故事、看红色影视作品、写自己的感受等活动形式，向广大青少年宣传中国共产党的光荣历史和丰功伟绩。举办主题教育报告会118场，受教育学生2.95万人次。其中，举办“感恩让我们飞”主题教育16场，受教育1.20万人次；中小学校自行组织和邀请县讲师团讲座42场，受教育学生9000余人次。

帮教与帮困助学

1995年，大峃、珊溪、南田等地“五老”成立“帮教小组”，对违法犯罪的劳教青少年进行帮教。“帮教小组”还派人到金华、杭州、温州等地劳教场所，对全县关押在外的劳教青少年进行走访教育。

2003年，全年通过开展以中共十六大会议精神为主题的教育，举办文成县青少年公民道德建设现场书法比赛,加深青少年对公民道德的认识。联合司法、工商、妇联、公安部门开展防范青少年违法犯罪大型现场宣传、咨询,增强青少年的自我防范和保护意识。建立科技、文艺、卫生、教育、礼仪、护绿、防火等,使参与者从中体验助人的乐趣,感悟奉献的高尚和价值;推出"与千名特困生结对助学""爱心卡"等活动,动员企事业单位、商家及社会各界广泛参与希望工程行动。联合团县委、教育局等部门,动员社会各界人士的大力结对助学,解决362名贫困中小学生及少数大学生濒临失学的后顾之忧,为他们提供继续上学的机会。组织"五老"开展"一帮一"结对农村未成年人帮教活动。2004年,举办庆祝"六一"纪念会并进行六一慰问,为贫困学生送上关爱。

2005年,"六一"开展贫困生帮扶。县关心下一代工作委员会获得温州市关心下一代工作先进集体称号。离休干部彭正、李鉴臣、毛友明等6人在全市表彰青少年思想政治教育千场报告会上获优秀报告员;陈延炮、魏王宽等2人被评为温州市关心下一代工作先进个人。

2006年,县关工委被评为温州市关心下一代工作先进单位,教育局被评为温州市思想政治建设教育先进集体,离休干部魏王宽、赵松镇、赵汉益、陈延炮、李鉴臣、毛友明等人被评为市级优秀报告员,第二中学、实验小学被评为温州市家庭教育工作先进集体,蒋淑珍、刘芬芬、陆咏洁等被评为先进个人。

2007年,县关工委组织"五老"人员赴贫困山区学校——云湖乡校开展送温暖、献爱心活动。组织有关人员"六一"到贫困山区岭后乡希望小学进行慰问,为200余名小朋友送去印有社会主义荣辱观内容的学习笔记本等节日礼物。联合县妇联、文明办、教育局、团县委等,开展代理家长与留守儿童结对关爱行动,举行庆"六一"关爱大行动暨代理家长与留守儿童结对仪式,69名留守儿童与代理家长现场结对,全县468名留守儿童与代理家长结对。县关工委被评为温州市关心下一代工作先进集体,5人被评为温州市青少年思想道德教育优秀报告员。关工委主任严中杰获2007年、2008年浙江省关心下一代工作先进个人。

2009年,县关工委根据省市关工委工作部署,开展"千名'五老'结对关爱农村未成年人"工作。"五老"慰问结对未成年人315人次,帮扶412人次,落实帮扶资金和实物6.5万元。二源乡中心学校、成人教育职业教育中心等被评为温州市关心下一代工作先进集体,毛瑞言、李鉴臣、赵汉益、李向阳等被评为先进个人。

2010年,联合县教育局、科协、团县委等相关单位联合组织"山娃看世界"系列活动。围绕"四信"教育为主题,先后开展活动112场次,参加活动的青少年达2.3万人次。关心下一代委员会主任严中杰被评为浙江省关心下一代工作先进个人。2011年,开展民族精神宣传月教育活动,与宣传部、电影公司联合开展"革命电影进校园",为各学校放映82场,观看学生达1.6万人次。

第十章　党校教育

1991—2011年，举办主体班次培训班170期13831人次，举办公务员培训班16期2110人次，接受部门办班或联合办班157期20786人次。为37个部门和乡镇作辅导或讲座。1993年，设立中央党校函授学院文成党校辅导站，2009年停办。其间，党校函授班累计毕业1566人。国民教育系列学历班累计毕业生400人。2009年，有党校函授班在校生64人，国民教育系列在校生76人。

第一节　师资与办学条件

2011年，文成党校干部职工12人。教学中，采取集中授课、现场教学、分组讨论和社会调研等形式，开展案例式、互动式、体验式、演讲式、辩论式、情景模拟式、现身传授式等现代教学方法；实施开放性办学模式，打造现场教学示范基地和科研基地。

师　资

党校坚持每年开展教研活动，研究探讨新形势下干部教育的特点和规律，制定和完善教学评估制度，开展坚持听课、评课活动。1991—2011年，先后派出教师65人次参加省委党校、市委党校、县委宣传部组织的理论研讨会以及县委调研活动，10名教师编写的教研（调研）论文、调研报告79篇在省、市、县级刊物上发表。先后派出教师100余人次参加中央、省委、市委党校举办的各类专题培训班，有10名教师先后参加中央、省委党校等举办的大学本科学习。落实职称评定和职工待遇问题，先后评定聘任高级讲师2人、讲师6人。1997年12月开始，党校行政人员执行公务员序列工资。2011年，党校有教职员工12名，其中专职教师2人、兼职教师5人。

办学条件

教学内容　20世纪80年代专以哲学、政治经济学、科学社会主义、党史、党建为主要内容的教学模式；90年代，突出党在社会主义初级阶段的基本路线、社会主义市场经济理论、邓小平建设有中国特色社会主义理论的教学；21世纪开始现代企业制度、世界政治与经济形势等专题教学，逐步形成针对实际学习马克思主义经典著作辅之以学习社会主义现代化建设所需的各种新知识为教学内容的新格局。

校舍设施　党校位于大峃镇大峃街64号，占地面积27350平方米，校舍建筑面积3530平方米，拥有教学楼、住宿部、综合楼各1幢，大小教室8个（其中多媒体教室6个、多功能教室1个），电脑室（配备电脑18台）、多功能报告厅、图书阅览室各1个。从2000年开始，为每个办公室陆续购置电脑、空调、打印机，并安装宽带。2009年与省、市党校联网，实现资源共享。多媒体教室添置大屏幕彩电、磁性黑板、空调等设备。2002年投入资金10万元建立中央党校远程教育基站。2004—2005年，投入资金65万元，建成中央党校远程教学三级网站。2006年开通文成党校网站。2007年投入资金15万元对多媒体教室清卫系统进行改造。2008年购置朗逸轿车一辆，并投入资金210万元对住宿部和办公室进行装修。2009年投入资金6万元对报告厅和多媒体教室的音响投影设施进行更新。

第二节　干部培训

1991—2011年,举办主体班次培训班170期13831人次,举办公务员培训班16期2110人次,接受部门办班或联合办班157期20786人次。2004年始,开展异地办班,组织企业经营管理人员到浙大、省委党校、青岛海尔大学等高校进行培训。派出骨干教师参加县委业余讲师团,为有关部门和乡镇辅导党的重要会议精神及法律法规知识。至2011年,为37个部门和乡镇作辅导或讲座。

主体班次

1991年3月,举办培训村支部书记4期569人。9月,举办乡(镇)书记、人大主席培训班。同月,举办乡(镇)妇女主任培训班,受训65人。协同县纪委、百丈漈电厂、县供销总社六个单位,办好党纪和"双基"(基础知识和基本技能)教育培训班,受教育达536人。

1992—1996年,举办村干部、乡镇领导干部、县机关科局长、中青年及妇女干部等多种类型的轮(培)训班43期3500人次。1997年,举办乡镇组织、纪检、宣传干部,县机关科局长、机关党支部书记,乡妇联主席、团委书记,中青年后备干部及村党支部书记等多种类型的轮(培)训班10期970人次。

1998年,举办乡镇党委书记、乡镇长、人大主席,知识分子(专业技术人才),中青年后备干部及农村基层干部培训班10期、780人。举办农村基层领导干部岗位培训,被省、市授予优秀办学点称号。

1999年,完成县机关科(局)长、乡镇党务领导干部、离退休干部、县组织人事干部、政协干部、农村干部等培训班13期,培(轮)训干部1280人。与人事局、组织部联合举办公务员培训班2期144人。充分利用党校教学与场地资源,接受部门办班和联合办班,举办各类班次24期2023人。

2000年,高度重视干部教育培训工作,举办各类干部培训班15期,培训党员1360人。其中,分别完成县处级离退休老干部、县机关一把手贤内助、乡镇人大主席、中青班、行政村一把手等7期主体培训班681人。接受部门办班和联合办班,举办各类班次28期2530人参加。2001年,举办县处级离退休老干部、中青班、乡镇常务副乡镇长、行政村一把手等主体班5期343人。接受部门办班和联合办班,举办12期1630人。2002年,举办主体班8期561人次。

2003年,举办中青年干部培训班、预防职务违纪业务培训班、经济强村村干部培训班、一把手研讨班、科级干部任职培训班;举办公务员更新知识暨"四五"普法培训班10期767人;接受部门办班和联合办班10期1030人。

2004年,举办主体班次12期433人,其中离退休老干部读书班82人、乡镇人大主席培训班52人、党务干部培训班104人、中青年干部理论学习培训班42人、新村两委主要干部培训班109人、企业经营管理研修班44人。举办公务员更新知识暨"四五"普法培训班6期812人。首次开展异地办班,组织企业经营管理人员到浙大继续教育学院进行培训。做好学习辅导,为教育局、农业水利局、财政局、会计核算中心、老年大学、珊溪镇、巨屿镇等单位作十六届四中全会精神的学习辅导,为县交通局、黄坦镇、百丈漈镇、樟台乡等单位作行政许可法的学习辅导。

2005年,举办主体班次9期726人。其中,村干部培训班123人、保持共产党员先进性教育业务骨干培训班76人、乡(科)级新提任干部党风廉政建设培训班98人、中青年干部培训班42人、政法综治干部培训班51人、企业经营管理研修班30人,妇女、共青团干部140人,招商引资培训班86人;举办初任公务员培训班1期80人。继续开展异地办班,分别组织保持共产党员先进性教育业务骨干培训班、企业经营管理研修班到省委党校和青岛海尔大学进行培训。

2006年，举办主体班次8期528人。其中，乡科级领导干部执政能力建设培训班43人，老干部读书班154人，村两委主要干部岗位培训班70人，党外干部、妇女干部和少数民族干部培训班71人，优秀乡土人才培训班35人，乡镇党委换届业务知识培训班80人，县第四轮专业技术拔尖人才和第三轮优秀青年专业人才培训班10人，县乡人大换届业务知识培训班100人。继续开展异地办班，组织乡科级领导干部执政能力建设培训班和优秀乡土人才培训班学员分别到温州市委党校、浙江农科院进行培训。组织县第四轮专业技术拔尖人才和第三轮优秀青年专业人才培训班学员赴韶山、长沙、张家界考察。

2007年，举办主体班次6期，培训446人。其中，乡镇人大主席培训班55人，新提任乡(科)级领导干部任职培训和党风廉政教育培训班59人，县直机关、乡镇党政"一把手"培训班89人，科(局)级领导干部执政能力建设培训班38人，党务工作实务与公共管理知识培训班63人，第十二期中青年干部培训班46人，老干部读书班96人。继续开展异地办班，组织乡科级领导干部执政能力建设培训班学员到温州市委党校进行培训。中青班培训期间创下三个"第一"：第一次在主体班次中开展评比，第一次组织参加拓展训练，第一次将主体班活动照片与论文制作成集。

2008年，举办主体培训班7期579人。其中，乡科级领导干部党的十七大精神轮训班4期245人，老干部读书班1期110人，中青班1期165人。承办部门培训10个班次1075人。继续开展异地办班，邀请省市专家教授来校讲课，拓宽学员视野。

2009年，举办中共十七届四中全会精神培训班，385个行政村419名党支部书记、副书记、村委会主任接受培训。举办主体班次8期，培训各级干部660人次。举办2007—2009年新任干部培训班110人，高层次人才服务新农村专题研讨班25人，全县基层党建工作例会暨乡镇党务干部培训班107人，共青团、妇女干部培训班120人，企业应对金融危机培训班71人。协助人事劳动社会保障局开展大学生村干部知识更新培训3期214人次。2010年，举办主体班次9期培训1256人次；举办部门班次45期，培训9000人次。

2011年，实施主体班次、部门培训和社会培训"三轮驱动"。先后举办老干部读书班、优秀年轻领导干部培训班、新当选村两委主要负责人培训班、优秀大学生村官培训班、全县项目管理实务培训班(乡镇党政正职、分管的副职领导，项目具体负责人、县直机关相关单位一把手及具体审批的科长等)，县城乡统筹综合改革土地政策研讨班(对象为乡镇党委书记、镇长和分管领导、县国土资源局部分中层干部)，公共管理进修班(对象为2007年以来县直机关单位副职、乡镇副职未参加过市、县组织部门举办学习期限累计7天以上培训班和副科级领导干部或刚提任副科级领导干部)。举办主体班次8期，培训1256人次；举办部门班次42期，培训2650人次；举办社会班次35期，培训1756人次。

教学改革

20世纪80年代，主要教学方法是课堂集中辅导。90年代后，逐渐开始课堂集中辅导与分组讨论相结合，分组讨论中密切联系本地本单位实际，消化课堂上所学的内容，使学员在自我教育和相互启发中提高；教员讲授与学员典型交流相结合，发挥以点带面的作用；校内教学与校外参观考察调研相结合，使学员在参观中学到一些课本上和本地学不到的东西，拓展视野，开拓思路，激发创新求实意识；集中党校学习与下乡就地辅导相结合。20世纪，教学形式基本采取灌输式、说理式教育形式。进入21世纪，教学形式有重大改进，逐渐开展案例式、互动式、体验式、演讲式、辩论式、情景模拟式、现身传授式等现代教学方法；实施开放性办学模式，打造现场教学示范基地和科研基地；开展"订单式"培训工程，采取"自主"选课、"菜单"订课等方式，以满足不同部门、不同岗位的培训需求，实现由过去的"单项传输"培训向"多向互动"培训转变。

第三节 学历教育

1993年始,县党校设立中央党校函授学院浙江省委党校函授分院文成党校辅导站,开设中央党校函授大专班、中共浙江省委党校函授大专班。1995年开设浙江省农村中专学历班。1998年开设杭州商学院"专业证书"大专班。

中央党校函授学院浙江省委党校函授分院文成党校辅导站于2009年停办。其间,党校函授班累计毕业1556人,其中本科609人、专科833人、中专114人。国民教育系列学历班累计毕业生400人,其中本科47人、专科143人,大专专业证书210人。2009年下半年党校函授班在校生64人,其中本科46人、专科18人。国民教育系列在校生76人,其中本科33人、专科43人。1997—2000年间,协助浙江社会科学进修学院招生并进行教学管理,其间共举办专业证书班4届,培训学员290人。

中央党校函授大专班 1993年12月开始承办,学制为3年,设哲学、党史、政治经济学、干部写作知识等学科,考试由中央党校函授学院统一命题、统一时间,各县(市、区)对调监考,市函授学区派员巡视。共办1届,毕业学员36人,1996年停办。

中共浙江省委党校函授大专班 1994年开始承办,设现代企业管理、行政管理、经济管理、法律等专业,学制为3年,2008年停办。其间,举办11届,毕业学员797人,考试由省委党校函授学院统一命题、统一时间,各县(市、区)党校教师对调监考,市函授学区派副主考。

浙江省农村中专学历班 1995年举办,其中脱产班学制为2年,函授班学制为3年,1998年停办。办1届,毕业学员114人,设法律、党建、市场经济等学科,考试由浙江省委党校函授学院统一命题、统一时间,教育局负责监考。

杭州商学院"专业证书"大专班 1997年创办,行政管理专业,学制为1.5年,办1届,毕业学员72人,设哲学、公共行政学、领导科学等学科,考试由杭州商学院统一命题、统一时间,县纪委、县委组织部、县人事局、县委党校负责监考,杭州商学院派员巡视。为使"专业证书"大专班学员达到大专学历,通过全国统一成人高考,2001年又承办行政管理、经济管理后续大专班。录取需持有"专业证书"大专班文凭,上高考分数线的学员入学,学制为1.5年,毕业学员101人,其中行政管理专业71人、经济管理专业30人。

浙江大学"专业证书"大专班 1999年创办,行政管理和经济管理专业,学制为1.5年,办2届,毕业学员138人,其中1999级经济管理34人、行政管理81人,2000级行政管理23人。考试由省人事厅组织,浙江大学统一命题,统一时间考试,县纪委、县委组织部、县人事局、县委党校负责监考。

中央党校函授本科班 2001年创办,学制为2.5年,2008年停办。其间举办6届,毕业学员609人,设行政管理、公共管理、法律等学科,考试由中央党校函授学院和省委党校函授学院统一命题、统一时间,全市党校系统教师轮流交换负责监考。

国民教育系列学历班 2006年开始承办,2010年停办,其间与浙江人才专修学院等机构合作,为浙江理工大学、嘉兴学院、北京大学、山东大学等近十所院校的成教学院招生,并协助教学管理。所涉专业有临床医学、护理学、法律、会计等几十个专业,学制为2.5~4年。毕业学员本科80人、专科85人。

第十一章 信访工作

1991—2011年，做好群众来信、接待工作。2008年6月开始，开展县委书记大接访活动，全年县党政领导参加248人次，乡镇部门主要负责人参加624人次，接待群众来访290批726人次，其中县委书记和县长接待62批189人次；初访154件，占53%，当场解决信访问题77件，交办有关职能部门和当地政府213件，化解188件，化解率为88%。

第一节 信访接待

1991—2011年，受理群众来信8279件次，接待来访21033人次。县委书记和县长接访工作，解决县域一批重大的长期不能解决的老大难问题。想信访群众所想，急信访群众所急，释信访群众所疑，解信访群众所难，扎实推进信访工作，为经济社会发展创造稳定环境。

来信来访

1991年，受理来信792件，接待来访251人次，区乡受理来信来访24298件次，信访量比上年大幅度下降，集体来信来访较突出，占信访总数的22.44%。1992—1996年，受理来信分别为576件、332件、564件、414件、427件，接待来访分别为261人、373人、688人、543人、542人。信访内容为党的建设、经济建设、干部违纪、土地管理、社会治安、党政处分、计划生育等检举揭发类问题。

1997年，受理来信来访1241件次，信访内容为检举揭发398件次，要求解决类273件次，建议申诉195件次，其他类375件次，二、三季度处理"5·26"大峃镇个体医生医疗意外事故案、"6·29"珊溪镇街尾村摩托车祸致人死亡案和"8·10"大峃镇派出所滞留嫌疑人致死案3起重大案件的群体信访。

1998—1999年，受理来信723件次，接待来访1848人次。集体来访是1997年的3倍。2000年，通过实施"一把手工程"，完善信访工作机制，创建文明信访窗口，突出重点遏制"三访"，信访案件较往年有明显的回落。接受群众来信来访1057件次，同比下降5.3%，其中来信276件，来访639人。上级交办要信7件，报结7件，报结率100%。

2001年，接待群众信访1538件次，其中来信455件，来访350批1083人。2002年，继续深化信访工作"一把手"工程，加大对信访案件的排查调处，畅通信访渠道，做好信访案件督查督办，全年接待群众信访件1370次，其中来信455件，来访1083人次。2003—2005年，开展"化纠纷、解难题、办实事"活动，信访工作保持良好态势。接待群众来信来访4149次。

2006年3月，县人代会期间，县人大常委会办公室信访科接待来访855人次，受理来信372件。

2007年，受理群众来信来访1143件次，同比下降6.85%。其中，来信268件，来访169批875人次；上京信访6批9人次，到市上访53批87人次。主要特点：日常受理的信访总量下降，同比下降7个百分点，来信量同比下降28%；来访批次与上年同期相比下降27%，人次基本持平。集体访较为突出。集体访批次与上年持平、人次有所上升。非正常上访问题依然存在，群众信访行为的择机性、群体性、无序性特点相对突出。反映的主要问题:土地征用问题、涉法涉诉问题、珊溪水库文成库区移民安置遗留问题、交通、水电等工程建设引发的政策处理纠纷等问题、村级财务管理问题、劳动和社会保障方面问题、老访户和历史积案问题。

2008年,接待信访1116件,同比下降2%。其中,来信305件次,来访376批811人次,进京上访17批26人次(其中2批2人属精神病患者),同比均上升2.8倍;赴省上访19批37人次,同比分别上升2.7倍和5.3倍;赴市上访37批102人次,与上年持平。全县群众信访望现“两增一减”的特点,即个人来访数量增多、群众来访数量增多,集体上访数量减少。

2009年,接待群众信访1003件次,同比下降10%。其中,来信278件,同比下降9%;来访228批725人次,同比分别下降39%和下降11%;集体访36批422人次,同比分别下降37%和下降14%。进京上访分别为10批12人次,同比分别下降9%和下降48%;赴省上访19批29人次,同比分别下降10%和人数下降24%;到市上访分别为20批32人次,同比分别下降49%和67%。2010年,接待群众信访426件次,同比下降27%;初信初访总量309件次,占信访总量的60.95%。来访309人次。2011年,收到群众信访371件次,来访523人次。

1991—1998年文成县县级来信来访情况一览表

表19-11

年份	县级处理信访数		县领导接待来访数
	来信件次	来访人次	来访人次
1991	792	251	—
1992	576	261	1748
1993	332	373	
1994	564	688	
1995	414	543	1748
1996	427	542	
1997	454	787	—
1998	413	1042	—
2000	276	231	165
2001	185	223	173
2002	455	1083	—
2003	512	858	543
2004	466	940	296
2005	393	980	160
2006	372	855	155
2007	268	875	177
2008	305	811	726
2009	278	725	86
2010	426	309	489
2011	371	523	1667
合计	8279	12900	8133

说明:资料由县信访局提供

领导约访

2007年1月开始县领导大接访，县委书记先后主持召开2次县委书记办公会议、6次调解会议和多次工作汇报会。历时十年之久的吴坳坑水电站土地纠纷案，最终得到妥善化解。同年，县领导接待来访117人次。

2008年6月，继续开展县委书记大接访活动。同年，县党政领导参加726人次，乡镇部门主要负责人参加624人次，接待群众来访290批726人次，其中县委书记和县长接待62批189人次，初访154件占53%，当场解决信访问题77件，交有关职能部门和当地政府办理213件，化解188件，化解率为88%。

2009年，县领导接待来访86人次。建立各乡镇各部门大接访活动创新工作机制，大峃镇通过新闻媒体滚动公告，敞开大门，开展县委书记大接访活动。西坑镇创新接访形式，县领导现场接访，实行包案负责，探索建立"对口接访""点名约访""联合会办""心理疏导"的接访模式。玉壶镇推行领导干部定期接待群众来访制度，全面推行综治、司法、信访"三位一体"的联动工作机制。同年，全县推行"谈心和事"制度，将"谈心和事"作为一种理念不断向基层延伸，将其发展为进村入户谈心和事的流动平台，构起干群"连心桥"。全县各村(居)384个"谈心和事室"接待群众1.8万人次，反映纠纷及各类建议4500件，和事化解近4000起，引导诉讼25件，转移办理448件。

2010年，县委发出《关于开展县委常委、副县长带头"下基层、抓项目、解难题"专项活动的通知》《关于2010年县委书记和县级领导下访接访日安排的通知》。全年，参与联合接访的县领导干部865人次，其中县级四套班子领导286人次，各乡镇和各部门主要领导579人次，联合接待群众231批次489人次，解决信访事项345件(包括上级批转交办的来信案件)，其中县委、县政府主要领导15日法定接待日、下访和约访群众68批223人次，占接访总量的29%~46%。

2011年，县委、县政府始终把信访工作作为平安建设的首要任务，坚持"一周一碰头、半月一催办、一月一研判、两月一报结、一季一分析"，县四套班子成员每日至少安排一名县领导信访值班、每月15日安排两名县领导到信访局接访、每月片区领导下访一次、每季安排一次联合接访落实领导接访下访，并专门制定《2011年全国"两会"期间和"七一""八一"期间及近期文成县主要领导下访、约访时间安排表》。全年，领导干部参加联合接待775人次，其中县级领导240人次，乡镇部门主要负责人535人次，接待群众来访211批(件)次1667人(件)次。在重要节点安排县主要领导下访约访50人次，部门和乡镇领导干部266人次，约访重大疑难案件20件。

第二节　信访机制

1994年，建立信访办公会议和约访人民群众制度，把信访工作摆上重要议事日程，领导亲自过问、亲自处理重要信访问题。

1995年3月，县人民政府发布《给予实行逐级上访接待处理制度的通告》；5月，县委、县政府发布《关于建立和健全信访工作责任制的决定》。1997年县委、县政府制定《文成县各级党政领导信访工作责任制》，县委办、县政府办制定《文成县信访工作目标管理检查考核办法》。基层信访网络基本形成。

2000年开始，先后建立信访工作定期汇报制度和信访反馈制度；建立组织部长接待来访日制度，健全部领导信访工作责任制和信访工作定期汇报、反馈制度；制定《关于开展排查调处重大信访问题和信访积案专项活动的意见》《关于对重大土地信访问题和信访积案开展排查调处专项活动的通知》；制订实施《文成县信访工作目标管理考核办法》，县、乡镇、村三级签订信访工作目标管理责任书，实行百分制考核，严格奖惩，对考核在90分以上给予奖励，80分以下的实行"一票否决"；严格实行"一把手"工程，县四套班子领导和各乡镇、各部门一把手亲自安排部署、督查落实、协调解决。

2006年后,健全信访工作责任制,各级党委、政府主要领导为信访工作第一责任人,分管领导为直接责任人,其他领导均实行“一岗双责”制。坚持县领导每月公开集中接访、县乡领导下访约访、领导包案、落实月通报月分析、每月越级访的考核通报制度。将信访稳定工作列入县委、县政府重点工作责任制内容和县委常委会年度工作重点;县领导坚持亲自阅批群众来信,接待重要来访,亲自过问研究协调解决重大信访案件;建立矛盾纠纷排查调处机制。

2007年,确立“一月一排查、一月一分析、一月一通报、一月一反馈”的排查预警机制,坚持领导下访约访制度,实行信访问题三级终结制,下派工作组解决群体性事件制度,确定科学的信访工作考核机制。探索推行“谈心和事”制度,实行“三三”(即健全县、乡镇、村三级网络,提倡虚心主动、耐心细致、真心实意“三心”服务,强化谈心说事、多方和事、解疑评事“三步”工作法)做法,至2008年全县146个村居建立“谈心和事室”;按照“件件有着落、事事有回音”的要求,对所有信访件实行“星级化解”(即三星级为1个月内化解、二星级为1.5个月化解、一星级为2个月内化解)的动态管理;出台《关于进一步加强新时期信访工作的意见》《文成县信访工作领导责任制、领导接待日、领导干部下访、领导包案解决信访问题、矛盾排查化解稳控制度》等信访维稳“1+5”工作制度。

2009年,相继完善出台信访维稳“1+10”制度(即《文成县维稳工作责任制及责任追究制实施办法(试行)》《关于进一步加强新时期信访工作的意见》《文成县信访工作领导责任制、领导接待日、领导干部下访、领导包案解决信访问题、矛盾排查化解稳控的制度》《文成县进京赴省到市非正常上访劝返接回机制和加强依法处理工作的实施意见》《关于成立文成县重大政治活动期间信访工作领导小组的通知》《关于领导干部定期接待群众来访的意见》《关于加强乡镇信访工作的若干意见》《文成县府机关大院非正常上访处置工作预案》《文成县信访工作责任追究办法(试行)》《文成县群众信访事项代理工作实施意见》《文成县处理信访突出问题及群体性事件联席会议成员单位职责分工》)等文件。

2010年,建立信访局党组会商研判机制、相关部门联合办理机制、协调化解机制、来信来访统一办理机制、信访事项办理督查督办机制,出台《关于在全县开展“县乡领导包积案”活动的通知》《关于在全县深入开展“信访积案化解年”活动的实施意见》等文件,为各乡镇、各部门开展信访积案化解活动明确目标。6月,由南田镇驮湖村、石垟乡吴岙村代表签订协议书,妥善化解这起争议近三十年的山林纠纷案件。同年,在全市率先出台《规范共产党员和公务员信访行为的规定》。

2011年严格执行“一把手”负责和“一岗双责”制度,对信息预报不及时的乡镇发通报;建立健全信访联席会议机制、信访工作综合协调机制、信访信息汇总分析机制、联合接访机制、信访督查工作机制、重大活动期间信访工作机制、信访工作社会参与机制、县府大院上访应急处置联动机制和处置预案等一系列机制措施,推进信访工作机制化、规范化、法制化建设;出台《文成县特殊利益群体上访事件应急化解处置办法(暂行)》,做好事前、事中、事后“三篇文章”。

第十二章　党史工作

文成为革命老根据地县。从土地革命战争到解放战争胜利，文成县是红十三军永嘉中心县委农民武装中心区域之一，是红军挺进师游击根据地，是中共青景丽(中心)县委常驻地。至1949年，文成县境内中共党支部367个，党员8099人。长期的革命斗争，形成文成具有可歌可泣的革命斗争史资料。1981—1990年，县委开展征集回忆材料、革命文献资料、重要报刊资料、人物材料、国民党政权滞留材料，总计200万字。1991—2011年，编写刊发文成党史资料总计131万字。编修出版《中共文成历史》(第一卷)，县委组织部编印出版《中国共产党浙江省文成县组织史资料》3卷。

第一节　组织机构与编写研究

1957年6月，成立文成县征集革命历史档案小组，1958年10月随县撤销。1981年6月，复建文成县地方党史资料征集小组。1985年11月，改称为文成县党史资料征集委员会。1991年，改为县委党史研究室，开始党史的编写研究工作。

组织机构

1991年，称县委党史研究室，隶属县委，下设综合科、党史科。1997年4月，县委党史研究室与县地方志办公室合并，组建县委党史县志办公室，为县委直属正科级事业单位，下设综合科、党史科、县志科，人员编制7名。2011年，机构编制人员未变。

党史编写研究

党史资料征编　1991年3月下旬，开展《中共文成党史大事记》《中共文成县组织史资料》审稿，曾在青景丽地区坚持革命斗争的张金发、邓福坦、刘日亮参加资料修改会议。4月，4万余字的《中共文成党史大事记》定稿；6月底，印刷1200册。6月，与组织部合编《为党旗增辉》一书，收集反映社会主义时期先进集体和优秀共产党员事迹的18篇文章，计6.5万字，印刷1456册。完成党史部门建立11年来的300余卷档案的归档立卷工作。

1992—1996年，县委党史研究室不断深化党史工作。征编完成《中共文成历史大事记》(1949—1993年)，记述文成县44年间社会主义革命和建设的历程，计20万字。编写《文成县妥善处理地下党历史遗留问题》《文成、平阳边境的农民暴动》《反动会道门七星会的覆灭》《文成香菇市场》《文成水电建设》《文成县希望小学》《文成私立求知中学创业史》，计10万字。编纂《文成革命老区的形式和演变》《坦岐星火》《革命老区岭后乡》《红军洞》《文成解放》《解放珊溪》《解放黄坦》《南向战斗》《金山岭脚战斗》《历史的丰碑》，计8万字。征编《文成县第一位农民共产党员周福坦传略》《征途维艰、意志弥坚——郑贤塘传略》，计3万字。完成《新坑岭头战斗与岭后红军洞》《歼灭顽敌夏守素》编写，计1.5万字。编写历史文献电视片脚本《刘英、粟裕在文成》，计2万字。撰写党史论文《建国初期毛泽东同志廉洁奉公的作风与反腐败斗争》《党史研究工作在社会主义建设新时期的重要意义》《论加强新时期共产党员的党性修养和锻炼》，计3万字。

1997年,完成党史人物《周醉樵传略》、党史故事《革命老妈妈》、历史文献电视片脚本《历史的丰碑》《血染的风采》和党史专题《文成县农业的社会主义改造》《建国初期文成县的廉政建设》编写。征编完成1996年的《中共文成历史大事记》初稿;编辑刊出《文成党史》第31期。

1998年,编写文成改革开放20年党史专题《发展才是硬道理》,计1.1万字;2000年,编写中央党史研究室下达的《中国共产党革命英烈大典》;完成中央红旗出版社下达的《中国党政领导手册》(文成部分)和省、市委党史研究室下达的《浙江党史人物小传》(文成部分)编写。

2001年,完成省、市委党史研究室下达的地方党史《中共文成历史》(第一卷)征求意见稿;编写《浙江党史部门工作成果资料目录集(1995—2000)》(文成部分)。2002年,参与审编《中共浙南党史》(第一卷),2002年《中共文成历史大事记》。2003年,编写完成省、市党史研究室下达的地方党史《中共文成历史(第一卷)征求意见稿》第二稿。编写2003年《中共文成历史大事记》。参加审编《中共浙南党史》(第一卷)。

2004年,修订核实《中共文成历史》(第一卷),完成征求意见稿第三稿。编写2004年《中共文成历史大事记》。参加审编《中共浙南党史》(第一卷)。

2005年,编写完成《中共文成历史大事记》,参加审编《中共浙南党史》(第一卷)。2006年,编写《中共文成历史》(第一卷)。对第三次征求意见稿所收集的有关史实、人名、地名、文字表述等方面的修订意见和建议,逐步进行梳理核实,初审稿基本完成。抓好《中共青景丽(中心)县历史》的编写工作,完成初稿,全书约18万字。抓好《青景丽历史人物传》的编写工作,完成初稿,全书约20万字。抓好《中共文成党史大事记》(1925—2005)的编写工作,形成初稿,全书约30万字。协助组织部开展《中共文成组织史(第四卷)》的编写工作。

2007年,征求全县退离休老同志对《中共文成历史》(第一卷)的修改意见。12月上旬,组织人员到温州再次召开退离休老同志座谈会,于12月中下旬形成送审稿。落实《文成抗战时期人口伤亡和财产损失》课题调研任务。6月开始组织调研组,深入全县各村展开社会调查,寻访全县75周岁以上的老同志,进行面对面访谈,搜集有关资料。

2008年,6次召开《中共文成历史》(第一卷)的修改会审初评会及《中国共产党文成历史》(第二卷)资料征集工作方案座谈会。2010年,启动《中国共产党文成历史(1949—1978)》(第二卷)编写工作。征集《青景丽中心县委组织沿革》《青景丽县委武装、政权和群众组织》《革命老区认定与分布》《纪念红十三军创建暨瑞西区苏维埃成立80周年》等资料。继续开展革命遗址普查,确定29处作为第一批重点挖掘、保护和建设对象。

2010年3月,县委发出《关于加强和改进新形势下党史工作的实施意见》。2011年9月,《中共文成历史》(第一卷)出版,10月举行首发仪式。收集县第十二次代表大会、纪念建党90周年、解放战争时期青景丽党的宣传工作等党史资料26篇。

第二节　党史资料简介

1991年以来,先后出版《中共文成历史》(第一卷)、《不灭的星火》与《中国共产党浙江省文成县组织史资料》(1~3卷)等。

《中共文成历史》(第一卷)　2001年,《中共文成历史》(第一卷)编纂工作启动,2011年由中共党史出版社出版发行。全书编写时限,始于20世纪20年代,下限至1949年10月1日中华人民共和国诞生。编写地理范围,以今文成县为中心的中共浙南"青景丽(中心)县委"革命根据地。全书包括序、绪论、正文、照片、图表、附录、后记、大事记。全书10章19.2万字。

《不灭的星火》 介绍坦歧村1935年以来革命斗争历史和20名烈士可歌可泣事迹，是进行爱国主义、集体主义、社会主义、革命传统教育的生动教材。该书由坦歧村党支部、珊溪镇党委、县委党史研究室组织编写，主编黄岳龄。原浙南游击纵队张金发、余龙贵、程美兴、邱清华、邓福坦、刘日亮等老同志为该书题词。全书12万字，印刷5000册。

《中国共产党浙江省文成县组织史资料》 中共文成县委组织部、中共文成县委党史研究室、文成县档案局编，中国国际广播出版社出版。全书77.5万字，印刷800册。资料分为五部分：第一部分为中国共产党文成县地方党组织系统组织史，设7章25节。第二部分为文成县政权系统组织史，设3章14节。第三部分为地方军事系统组织史，设3章6节。第四部分为群团系统组织史，设3章18节。第五部分为企事业单位组织史，设3章15节。资料全面记述1926—1978年来党、政、军、群团、企事业组织发展情况；收录组织机构1771个，收录领导成员4157人。

第三节　宣传教育与重大活动

1991—2011年，县委党史县志办公室发挥红色资料源优势，广泛开展爱国主义的教育，特别是青少年的革命传统教育。利用重大节假日，派人到学校、机关、企业进行"文成革命斗争史"讲座，通过开展各种"文成革命史"展览及重大节庆活动，尽力发挥党史的教化作用。

宣传教育

1991年清明节和"七一"前后，党史研究室开展学校、机关单位党史教育活动，向干部、职工、师生讲授"文成地方党史"21课，受教育6315人。编写"文成地方革命斗争史"资料，分4课在县广播站设立"党史专题讲座"中播出。1992年，拍摄《老同志审稿会》《老同志到文成革命烈士墓前敬献花圈、植树》《文成县革命斗争史展览会》3部录像片，在县电视台、温州电视台播出。

1993—1999年，每年清明节，党史研究室派员到烈士陵园和有关机关单位、学校宣传文成革命斗争史。1999—2000年，在党政机关、中小学校持续开展"文成革命斗争史"专题教育。

2006年，联合县老干部局、民政局、老区促进会、机关工委、新四军研究会举办《长征英雄的史诗》大型图片展，展出历史图片300余幅，历时2个月，约2万人参观。

2008年，开展党史、地方志宣传工作。7月，开展全县党史胜迹普查和重要遗址、史迹的保护工作。编发《文成史志》期刊第一期。

2011年，配合县委开展纪念建党90周年系列活动。到机关单位、学校、企业宣讲文成党的历史。

重大活动

1991年7月，组织选送县域革命斗争历史5帧图片在《浙江革命斗争史画册》中刊出，并列入浙江革命历史展览馆《浙江十年党史成果》展览。

1993年,协同县委组织部、宣传部、党校举办毛泽东同志100周年诞辰纪念活动;开展“毛泽东思想与文成实践”理论研讨,23篇论文与会交流。

1994年,协同有关部门开展纪念文成解放45周年活动。1995年,协同有关部门举行抗战胜利50周年纪念活动。1998年配合宣传部,举办周恩来总理100周年诞辰图片展览。2003年,向乡镇、农村捐赠史志书籍、资料、画册。

2007年2月,根据浙江省委办公厅〔2007〕41号和文委办发〔2007〕147号文件精神,县委史志办牵头县档案局、县图书馆等单位开展抗战时期浙江人口伤亡和财产损失(文成部分)课题的调研,形成口述史料86份,计8000余字。调研报告于2008年6月通过省市验收。

2009—2011年,全县普查、登记革命旧遗址及纪念设施42处,其中重要的29处。县政府划拨专项资金500万元,用3年时间,分批对全县的革命遗址进行维护和修缮。2011年8月,云湖乡和珊溪镇启动罗列生烈士纪念亭建设和珊溪革命历史纪念馆的维护修缮工作。

第十三章　精神文明建设

精神文明建设始于1983年。2002年，县委宣传部内设科室的文明办，升格为正科级单位，担负组织、领导、协调省级文明县城创建和全县精神文明建设工作。随后，又增加未成年人思想道德建设工作。县文明办通过抓基础设施建设、环境卫生整治、市容市貌美化、交易秩序治理四大工作，推进文明县城创建。开展文明社(小)区、文明家庭、文明单位(村)、文明服务示范点、文明风景旅游区创建活动，关爱弱势群众，引导开展未成人开展社会实践，提高思想道德等建设工作，实现全县的精神文明创建和思想道德的提高。

第一节　文明卫生县城创建

2002年，县委、县政府提出省级文明县城创建目标，成立以县委、县政府主要领导担任组长、副组长和各局办主要领导为成员的创建省级文明县城领导小组、日常活动协调小组及专项责任小组，召开创建省级文明县城动员大会，以签订责任书的形式，把创建的目标、要求和任务落实到单位，聘请离退休老干部为创建工作监督员。2011年列入浙江省文明县城复评整改单位。

环境整治

2002—2011年，精神文明建设工作主要抓创建省级文明县城。以抓改善环境卫生、抓美化市容市貌、抓交通秩序治理为重点，清理违章摊点、乱停乱放、乱搭乱建、乱堆乱摆、乱贴乱挂及卫生死角，改变“脏、乱、差”形象，提升县城品位。

改善环境卫生　2002年，组织开展机关企事业单位干部、县四套班子领导参加千人卫生大清扫，4000名学生上街开展“大洗脸”，百名干部义务清理泗溪河道，整治卫生死角50个，整顿周村市场边的鸡、鸭屠宰点。

2003年，组织全县72个机关单位、9所学校、33个乡镇3.5万人，清理630个卫生死角、26条河道、240条阴沟，清运垃圾700吨。投资30万元，在县城主要街道、社区、单位设置350个垃圾收集箱、50个果壳箱，配备1辆垃圾清扫车，对县城路段进行划分，实行环卫工人集清扫和收费两项职责于一体。将建设路列为环境卫生严管街，对沿街各经营户、住户落实“门前三包”(包秩序、包卫生、包绿化)。

图19-6　2006年4月9日，召开文成县创建省级文明县城动员大会(县文明办提供)

2004年，推行“路段长”制度，即18个路段确定18个部门为责任单位，并由该单位主要负责人任“路段长”，确定1～4个单位为配合单位。在各责任路段路口设置告示牌，标明该路段的责任单位、配合单位、责任人，接受群众监督。

2005年，投资12万元购买2辆垃圾收集车，在人口密集的建设路、县前街实行垃圾袋装化收集试点管理工作。试点管理工作取得成功后，延伸至二新街、大峃街、伯温路、幸福东路、桥头路路段。2006年、2007年，继续推行垃圾袋装化收集管理制度，并扩大收集范围。组织消防大队开展“清洗一条街、美化环境”活动，定期冲洗伯温路和县前街。

2008年，组织建设、环保、广电等部门，协调解决怡景公寓污水外溢问题、中欧大厦周边环境卫生管理问题，初步确定幸福堂老的垃圾场为建筑垃圾临时堆放场所。2009年，开展以“清洁城乡、保护健康”为主题的第二十一个爱国卫生活动及春季统一灭鼠活动，拆除建成区露天粪坑畜禽禁养等工作取得成效。

2010年，深入开展爱国卫生运动，发动村居掀起新一轮全员开展春、秋两季“灭鼠、灭蝇”。拆除幸福堂、新文中下首养猪场等城乡接合部的违章搭建20处700余平方米、户外广告30条，整治珊门桥头、新丰巷的马路市场，将建设路蔬菜交易早市迁移到幸福堂统一管理。

2011年，重点开展“美化环境 洁化绿化”专项行动和城乡环境卫生综合整治，以县城建成区（包括龙川、樟台片区）为重点，各乡镇政府以所在地的村为主阵地，发动社区市民、各行政村村民对主次街道、房前屋后开展环境卫生大清扫活动。

美化市容市貌 2002年，深入县城各街道、角落巡查，对空中标语残留布条、主要街道占道经营、绿化杂乱现象予以登记，反馈到有关部门落实解决。对栖霞路占道经营摊点、华侨新村停车场群众反映的热点问题，协调有关部门，采取相应的整治措施予以搬迁。

2003年，交警、城管部门联合执法，处理占道经营、违章停车、沿街打牌不遵守公共秩序人员。2004年，开展三次大行动，组织城管中队、路段长单位拆除117个破损遮阳篷、58个户外广告牌、28个灯箱，取缔502处跨门占道经营、83个流动摊位，清理356处空中残损条幅及布条，清除38根废弃电线杆，清洗2000处“牛皮癣”，清运150吨石块、杂物。

2005—2007年，重点打击乱设摊、乱停车、乱搭建、乱张贴顽症，对1555处店外经营、523处流动摊点的业主进行教育或处罚，扣留物品855件，取缔6个无证经营的夜市排档，拆除2处违章搭篷，扣留214件违章板车，拆除46个残损广告灯箱，清理1614条污损的横、条幅布条，查处1115例乱倒垃圾，清洗11884处“牛皮癣”，没收114副算命占卜用具，捕杀110只放养鸡犬，没收1000张小广告，查处18例乱贴乱画行为，拆除138座露天粪坑，拆除并重新规范安装沿街160台空调室外机，查处4例带泥车辆污染道路事件，罚没款1.73万元，限期整改57处户外广告装潢，清理246个塑料泡沫花盆，清理807立方米街道堆放的石头、石块、建筑垃圾，查处38例乱挖道路，4起乱砍人行道绿化树木。确定大桥路为夜市烧烤摊区，划定18个水果摊点，统一制作板车篷架，划定1处擦鞋点、4处补鞋点，聘请2名临时工长期清洗县城的“牛皮癣”。对大峃街（县前街至桥头路）和栖云路（建设路口至电视台）的空中电线、电视线、电话线，实行下埋。

2008年，禁止建城区悬挂条幅，56省道迎宾坊下首的石材、木材加工点全部搬迁，开展对沿街算命、占卜、看相、摆道场、出大殡的管理。针对限制养犬问题，公安部门牵头制定《文成县人民政府关于加强县城建城区养犬管理的通告（草案）》。

2009年，在建城区内安装了110个分类垃圾箱，将全县的烧烤流动摊贩统一搬迁至牌坊下首，进行集中管理。2010年，文明办牵头开展占道修理机动车和非机动车专项整治活动，出台《文成县开展机动车和非机动占道修理专项整治活动的意见》，加大对建城区内的畜禽犬禁养的管理力度。

2011年，投入资金14万元，落实“门前三包”制度，与2000户临街店面签订“门前三包”责任书，对不落实或落实不到位的经营户在新闻媒体上予以曝光，为果农搭建10余处爱心遮阳棚，并规定定点经营，卫生自理，督促规划建设局对道路两侧破损的环卫设施进行更新和维护，督促城管中队对垃圾坞、垃圾箱布局进行合理调整。

治理交通秩序　2002年，处理违章3213起、无证驾驶149次。2003年交警与城管部门联合执法，对占道经营、行人乱穿马路、违章停车系列问题进行反复整治。2004年，组织出动警力65人次、协管员15人次，暂扣机动车20辆、非机动车17辆，查处违法超载3起、无证驾驶6起、未系安全带9起、违法停车42起、骑乘摩托车不戴头盔263起，取缔流动摊点3处，规范非机动车停车109起。

2005—2006年，制定临时停车设施工作方案，在农业水利局、交通局、电影院、老车站设置4个临时停车场，在新车站边划出8个临时停车位。在县城主要路段和交通出入口安装12个交通监控、4个红绿灯，并安排人员站立红绿灯旁指挥交通和对乱行、乱停、乱闯不文明行为进行规劝和处罚。重新施划交通标线9.5公里，更新县城交通标志标线3500平方米，对县城破损、陈旧的交通标志牌进行刷新、维修。

2007—2008年，开展"文明出行、和谐谦让、争做文明安全驾驶员"活动。在全县范围内开展春季交通大整治行动和夏季交通安全专项整治活动。规范县城车辆停放通行秩序，加大对无牌无证、假牌假证、逆向行驶、不按规定安装机动车号牌、闯红灯、机动车违反禁令标志指示等违法行为的处罚力度。为缓解建设路的交通拥堵，对健康路、县府门口至洋桥头路段实行规定时间内禁止停放机动车，禁止汽车掉头。县前街、县府门口至苔湖街、栖云路、体育场路城东大桥至沙垟中路路口路段除停车泊位外，禁止停放车辆，禁止车辆逆向停放。二轮摩托车、电动自行车、自行车允许停放在县前街人行道上划出的停车泊位内，建设路须呈45度角停放在人行道上划出的停车泊位内。

2009年，出台关于进一步加强县城交通秩序管理的通告，加大对无牌无证逆向行驶、闯红灯等违法行为的处罚力度，规范停车和对部分路段实行禁停等措施。2010年，文明办联合县交警大队举行"文明交通行动计划"暨春运启动仪式，号召社会各界共创文明交通，实现平安春运。对建设路上段、县前街和体育场路、伯温路等主要路段实行严管，投入经费4万元在伯温路增设300个停车位，加大对酒驾、无牌无证、闯红灯以及逆向停车等违法行为处罚力度。2011年，县文明办协调卫生、工商、交警等部门针对三门桥、新丰巷、新中巷、菜场南路等地段的马路市场，开展专项政治，予以取缔。

重视投入

县委、县政府重视精神文明建设，狠抓环境整治，特别重视投入美丽环境建设。泗溪河道整治、污水处理厂建设、城区改造，周边环山绿化、青少年活动中心、河滨公园景观工程等一批项目兴建，助力文明县城创建。

2002—2003年，28层高楼中欧大厦、人民医院住院大楼、体育场、移动大楼、国税大楼、法院大楼、电信大楼、邮政大楼、民兵训练中心相继落成并投入使用，县城公园、新文成中学、文化中心、广播电视中心、科技培训中心、青少年活动中心、妇女儿童中心选址、城南垃圾中转场扩建工作已完成，垃圾填埋场无害化处理即将启动，污水处理厂进入论证规划，泗溪河道一期整治完成，二期工程顺利展开。

2004年，县城的建设框架不断拉大，泗溪河二期整治工程完成，阳光假日大酒店、国际大酒店一批重点工程项目相继建成，县城周边环山绿化从2002年的928亩扩大到2130亩，城内绿化面积逐步扩大，56省道和文青公路改建工程进展顺利，城南隧道开通。

2005年，县财政安排500万元资金用于省级文明县城创建。县城城南入城口绿地建设、56省道文成段改造工程、县前小区改造工程均已完成，县城水厂改建、泗溪流域治理、56省道入口、徐村入城口建设工程进展顺利，启动伯温路休闲音乐广播安装工程。

2007年，安装新56省道新文中段的路灯，投资200万元完成建设路（洋桥头至县前街段）给排管网和人行道改造工程,并投资280万元做好县前街至物资巷段给排管网和人行道改造工程的招投标工作;更换和修复窨井盖和雨水井盖20座;修复泗溪河亲水平台不锈钢栏杆和花岗岩面层;投资10万元对泗溪河二期景观灯进行改造,投资2万元对鹤川大桥青石栏杆进行修复,投资8.5万元对农贸市场边和珊门桥城东路4267平方米的路面进行改造;投资5万元新建伯温路凉亭二座,投资10万元启动老水厂边的公厕建设;投资5万元补植和维护伯温路和县前街绿化带。

2008年,凤溪污水接入泗溪河北岸涵箱,投入试运行,完成县城街灯箱广告的设置,室内体育中心和游泳馆结顶。垃圾填埋场工程、泗溪河治理四期、五期工程、56省道河滨公园景观工程进展顺利;医院门诊楼、赵坑垄大桥开工建设;疾控中心、青少年活动中心、广播电视大楼、新车站(旅游集散中心)前期工作基本完成。

2009年,县城污水处理厂投入试运行,青少年活动中心、生活垃圾填埋场无害化改造扩建工程、56省道河滨公园景观工程、泗溪河治理工程(四、五、六期)、粪便无害化处理工程等项目建设基本完成;文化中心(包括图书馆、文化馆)、建筑垃圾中转站等配套设施建设项目正启动建设;新客运中心(旅游集散中心)、公共卫生服务中心、青少年活动中心等项目前期工作基本完成。

2010年,县城污水处理厂正常运行,垃圾填埋场工程、56省道河滨公园景观工程、公共卫生服务中心、泗溪河治理工程(一至六期)完成。凤溪整治初见成效,新客运中心(旅游集散中心)开工建设。实施建设路(县府以上)人行道和路灯改造工程、垃圾填埋场水保工程、县城建筑垃圾消纳场工程、县城至龙川给水管网延伸工程、环城南路三岔口接口处道路工程。完成对县城白云广场、城南等四座公厕的改造。2011年,在珊门村投入7万元,上徐村、下徐村各投入2万元进行城郊村整治,投入8万元对县城周村、陈宅农贸市场两个市场进行集中整治和改造提升。

强化督查

精神文明建设指导委员会办公室注重文明县城创建宣传督查。通过动员会、报纸、电视等新闻媒体宣传“创建活动”,动员老党员、老同志和广大干部职工参与各类志愿活动,组建“夕阳红”志愿者、青年志愿者、巾帼志愿者等服务队伍,统一制作文明监督证,对文明创建进行强有力监督。

机构 1983年,原“五讲四美三热爱”领导小组办公室改称精神文明建设指导委员会办公室(简称文明办),为县委宣传部内设科室。2002年,县文明办从宣传部析立,确定为正科级单位,内设综合科、城镇文明建设协调科、农村文明建设指导科。2005年,增未成年人思想道德建设办公室。2008年,未成年人思想道德建设办公室改称文成县未成年人思想道德建设办公室,为下属单位。2002年,行政编制9名,事业(编制)4名。2005年增事业编制3名,2011年机构编制未变。

督查 2003年,组织召开创建省级文明县城千人动员会。报纸、电视等新闻媒体开辟“创建活动”“我说创建”“创建在行动”等栏目,及时报道全社会开展创建活动的情况,并设立“曝光台”,对不文明现象进行曝光。2004年,组织学生上街开展劝导不文明行为、清洗城市“牛皮癣”、发动机关干部清理河道、绿化带内垃圾等行为。

2005年11月,县文明办、电视台、新闻网组织开展“文明创建大家谈”电视网络大联动,分别就食品卫生、市民素质、市容市貌等三个方面通过网上网下的互动展开讨论。聘请18位离退伍休老干部担任创建工作特邀监督员,开展实施“门前三包”制度和沿街经营户“星级评定”活动。2006年,继续聘请创建省级文明县城工作特邀监督员,定期上街开展巡视活动,劝导不文明行为。给老干部、学生等发放《倡议书》,动员老党员、老同志和广大干部职工参与各类志愿活动,组建“夕阳红”志愿者、青年志愿者、巾帼志愿者等服务队伍,对不文明行为实施劝导和监督。

2008—2010年，建立健全工作人员联系创建责任部门和创建重点工作责任制、创建专线和来访等制度；开展创建工作"每月一主题，每周一报道"主题活动；成立宣传报道领导小组，在县电视台、《今日文成》及文成新闻网统一设立"创建在行动"专栏，及时报道每周创建工作动态，督促工作落实。

2011年，实行"一周一督查、一月一通报"制度，开展创建工作"每月一活动、每周一报道"活动，编发《创建信息》6期，在电视台、《今日文成》及新闻网设立"创建在行动"专栏，刊出145期。通过出台方案、下发任务分解表、营造复评氛围、资料收集等措施，将各项行动具体落实到责任单位，突破工作重点，提升文明的整体创建水平，做好县城常态管理。上半年，与2025户临街店面签订"门前三包"责任书，对不落实或落实不到位的经营户在新闻媒体上曝光14户次。

成效　经过创建，2005年1月，文成县被浙江省委、省政府命名为"浙江省创建文明城市工作先进县"，2006年3月被命名为"浙江省卫生县城"，2006年12月被命名为"浙江省文明县城"，2010年通过浙江省卫生城市复评。

2003—2010年文成县文明(卫生)县城创建工作先进集体名录一览表

表19-12

年份	荣誉称号	授予部门
2003	灭鼠先进县	浙江省爱国卫生运动委员会
2004	灭蟑先进县	浙江省爱国卫生运动委员会
2005	创建文明城市工作先进县	浙江省委、省政府
2006	浙江省卫生县城	浙江省委、省政府
2006	浙江省文明县城	浙江省委、省政府
2007	通过四年一轮灭鼠先进县复评	浙江省爱国卫生运动委员会
2008	灭蝇先进县	浙江省爱国卫生运动委员会
2008	通过四年一轮灭蟑先进县复评	浙江省爱国卫生运动委员会
2010	通过浙江省卫生城市复评	浙江省委、省政府

说明：资料由县文明办提供

第二节　文明单位(行业)创建

开展农村、城镇、机关、行业、学校等5大系列创建活动，重点实施县委提出的精神文明"十百万工程"创建活动。创成省级文明单位14个、市级文明单位(村)36个、县级文明单位(村)79个。

文明单位创建

文明单位(行业)创建申报对照《文明单位测评体系》进行自查自评，逐级申报，县文明委负责本级机关单位的评选，协助做好全国、省级、市级文明单位的评选工作。县文明办采取抽查暗访、问卷调查、实地考察、材料审核、擂台竞赛等方法进行全面测评，择优推荐，保证文明单位(行业)创建工作有序进行。1991—2010年，创成省级文明单位14个、市级文明单位36个、县级文明单位79个。

1991—2011年文成县获省、市级文明称号单位名录一览表

表19-13

单位	年份	荣誉称号	授予部门
文成县实验小学	1992	文明单位	省委、省政府
文成县新华书店	1992	文明单位	市委、市政府
文成县档案局	1992	文明单位	市委、市政府
文成县新华书店	1994	文明单位	省委、省政府
文成县建设银行	1994	文明单位	市委、市政府
文成县大峃镇小	1994	文明单位	市委、市政府
文成县玉壶中心小学	1994	文明单位	市委、市政府
文成中学	1996	文明单位	市委、市政府
文成县工商银行	1996	文明单位	市委、市政府
文成县老干部局	1996	文明单位	市委、市政府
县人民法院	1996	文明单位	市委、市政府
县公路段	1996	文明单位	市委、市政府
文成县新华书店	1997	文明单位	省委、省政府
文成县工商局西坑工商所	1997	文明单位	省委、省政府
文成县公路段	1998	文明单位	市委、市政府
文成县大峃镇中心小学	1998	文明单位	市委、市政府
大峃镇中心小学	1999	文明单位	省委、省政府
文成县档案局	2000	文明单位	市委、市政府
中国工商银行文成县支行	2002	文明单位	市委、市政府
农业银行玉壶营业所	2002	文明单位	市委、市政府
玉壶工商所	2002	文明单位	市委、市政府
文成县国税局	2003	文明单位	省委、省政府
浙江电信有限公司文成县分公司	2003	文明单位	省委、省政府
南田电信支局	2004	文明单位	市委、市政府
中国人民银行文成县支行	2004	文明单位	市委、市政府
西坑供电所	2004	文明单位	市委、市政府
文成县邮政局	2005	文明单位	省委、省政府
文成县人民法院	2005	文明单位	省委、省政府
中国银行文成县支行	2005	文明单位	市委、市政府
文成县环保局	2006	文明单位	市委、市政府
文成县公安局消防大队	2006	文明单位	市委、市政府
文成县会计核算中心	2006	文明单位	市委、市政府
温州港航管理局文泰分局	2006	文明单位	市委、市政府
文成县地税局	2006	文明单位	市委、市政府
文成县烟草专卖局	2006	文明单位	市委、市政府
大峃供电所	2006	文明单位	市委、市政府
玉壶垟头村	2006	文明单位	市委、市政府
峃口乡九山村	2006	文明单位	市委、市政府
文成县公路段	2007	文明单位	省委、省政府
浙江移动通讯有限公司文成分公司	2007	文明单位	省委、省政府

续表19-13

单位	年份	荣誉称号	授予部门
文成县审计局	2008	文明单位	市委、市政府
文成县人民检察院	2008	文明单位	市委、市政府
中国联通公司文成县分公司	2008	文明单位	市委、市政府
珊溪电信支局	2008	文明单位	市委、市政府
文成县电业局	2008	文明单位	市委、市政府
文成县公路运输管理、稽征所	2008	文明单位	市委、市政府
中国建设银行文成县支行	2008	文明单位	市委、市政府
文成县气象局	2009	文明单位	省委、省政府
中国银行文成县支行	2009	文明单位	省委、省政府
温州百丈际水力发电厂	2009	文明单位	省委、省政府
文成县光明外国语学校	2010	文明单位	市委、市政府
中国农业银行文成县支行	2010	文明单位	市委、市政府
温州住房公积金管理中心文成分中心	2010	文明单位	市委、市政府
文成县电业局玉壶供电所	2010	文明单位	市委、市政府
文成县电业局珊溪供电所	2010	文明单位	市委、市政府
文成县电业局峃口供电所	2010	文明单位	市委、市政府
文成县烟草专卖局(分公司)	2011	文明单位	省委、省政府
中国人民银行文成县支行	2011	文明单位	省委、省政府

说明:资料由县文明办提供

文明行业创建

文明行业创建活动是在发展社会主义市场经济条件下,转变行业作风,规范行业行为,提高服务质量,促进行业两个文明建设协调发展的有效载体。

创建类型　2000年,县电信、交通系统被命名为市级文明行业。2001年,开始组织农村、城镇、机关、行业、学校等5大系列创建活动,重点实施县委提出的精神文明"十百万工程"创建。制定《文成县创建文明行业试行办法》《文成县文明行业考核评分细则》,县电信、工商、邮政、电业系统根据标准,成立创建文明行业工作领导小组,一把手亲自抓,分管领导具体抓,班子成员共同抓,形成条块结合、分工负责、上下联动、各方参与的工作格局。

2002年深入开展行风治乱、"百城万店无假货"等创建活动。浙江移动文成分公司营业厅获得市级文明示范点称号。2003年,完成第十五批县级文明单位(村)和首批县级文明行业检查考核工作。深入冰洋实业公司、宏发气体有限公司、浙南管桩有限公司、万喜精密铸造有限公司等非公有企业开展精神文明建设情况调研,引导企业开展文明单位创建工作。

2004年,第二批县级文明行业的复评检查分命名工作,命名8个文明服务示范点和1个文明小区。确定县冰洋实业有限公司和县宏发气体有限公司为非公有制企业创建试点。周村农贸市场被评为省二星级文明规范市场。

2005年,县邮政系统被评为第二批县级文明行业。2006年,县前街被命名为"百城万店无假货"示范街。2007年,在全县窗口服务行业中开展"国税杯·讲文明礼仪、比服务水平、创服务品牌"竞赛,开展讲文明、知荣辱、争创"三满意"和"共铸诚信、和谐文成"活动,开展"电力杯·创文明、讲诚信、比贡献、守纪律"演讲比赛,县电业系统被命名为县级文明行业。

2009年，开展“文明用餐”进酒店宣传活动。向全县餐饮行业、市民发出“文明用餐”倡议书5万份，印制各类宣传标语、提示牌免费发放给各餐饮行业。2010年，县文明委发出《关于开展评选和复评县级文明行业、文明单位(村)工作的通知》，对参加申报和复评的行业、单位加强督促指导工作。2010年开始，文明行业创建工作并入文明单位创建工作。

服务示范点创建　2002—2003年，指导创建珊溪财政地税所、浙江移动通信有限责任公司文成分公司经营部、温州飞云江海事处珊溪办事处文明服务示范点。

2004年，制定《文成县文明服务示范点检查考评标准》，全县12家“窗口”单位中评选首批县级文明服务示范点，通过检查考核，8个“窗口”单位命名为文成县首批文明服务示范点。飞云江海事处珊溪办事处加大创建力度，被命名为市级“文明服务示范点”。

2006—2009年，不断提高“窗口”服务质量，树立“窗口”良好形象，组织督查组，对县城窗口行业单位规范化服务开展明察暗访，提出建议、限期整改。中国移动文成分公司玉壶营业厅、中国电信文成分公司城关营业组、中国移动文成分公司南田营业厅获县级文明服务示范点称号；中国银行股份有限公司文成县支行营业部、中国工商银行股份有限公司文成支行营业部、县机关会计核算中心大厅、县国家税务局办税服务厅、中国移动文成分公司南田营业厅获市级文明服务示范点称号。2010年开始，文明服务示范点评选工作纳入文明单位创建评选工作。

风景旅游区创建　2001年，制定《文成县创建文明风景旅游区(点)活动实施意见》，要求各旅游区环境整洁优美、基础设施齐备、服务热情周到、经营文明守法、安全保障有力、治安秩序优良、资源保护完好、管理严格规范。

2002年，为加快创建省级文明县城创建步伐，制定《创建文明省道线实施方案》《创建文明风景名胜区旅游线总体规划和年度创建工作计划》，要求公路、风景旅游区沿线各级机关、企事业单位、乡镇、村居积极参与创建活动。百丈漈风景旅游区被市委、市政府命名为首批市级文明风景旅游区。

2003年，组织县旅游局、百丈漈风景旅游区、铜铃山森林公园负责人到乐清雁荡山旅游管理局和森林公园参观文明风景旅游区，学习该景区的创建活动先进经验，创新工作思路。2004年，铜铃山国家森林公园创造条件，改善环境，完善设施，被命名为第二批市级文明风景旅游区(点)。

2005—2009年，做好铜铃山、百丈漈风景旅游区市级文明风景旅游区创评工作，做好龙麒源风景区申报市级文明风景旅游区工作，推荐铜铃山、百丈漈风景旅游区申报省级文明风景旅游区工作先进单位。2010年开始，文明风景旅游区创建评选工作纳入文明单位创建评选工作。

第三节　文明乡(镇)村创建

至2011年，创成省级文明镇3个、文明市场1个、文明村1个，市级文明镇10个、文明村4个、优胜单位1个，县级文明乡镇16个、文明村52个。开展“文明家庭”“绿色家庭”“平安家庭”“学习型家庭”等系列创建评选活动。被评为省级“文明家庭”10户、“学习型家庭”6户、“绿色家庭”15户；市级“文明家庭”20户、“学习型家庭”17户、“绿色家庭”20户、“敬老家庭”3户；县级“文明家庭”4672户、“绿色家庭”172户，乡镇“文明家庭”27256户。

创建类型

至2011年，创成省级文明镇3个、文明市场1个、文明村1个，市级文明镇10个、文明村4个、优胜单位1个，县级文明乡镇16个、文明村52个。

文明乡(镇)村　1991年,李井乡新建村被评为第5批县级文明村(单位)。1992年,巨屿镇垟地边村、大峃镇坑口村、珊溪镇新建村被命名为县级文明村。1993年,大峃镇华侨新村等2个村被县委、县政府命名为县级文明单位(村)。1994年,巨屿镇方前村等3个村被县委、县政府命名为县文明单位(村)。1995年,玉壶镇龙背村等3个村被县委、县政府命名这县级文明单位(村)。

1999年,组织实施精神文明建设"十百万工程",即创建10个文明乡镇、100个文明村、1万个文明户。全县各乡镇紧紧抓住文明言行、环境卫生、交通秩序、服务质量突出问题出动1200人次,进行大整治。同时,把"讲文明树新风"活动与科技、文化、卫生"三下乡"活动有效结合起来。通过创建活动,命名表彰文成县首批文明乡镇2个和4个创建文明乡镇先进集体、7个文明村。2000年,大峃镇、南田镇顺利通过温州市星级文明镇考核验收。

2001年2月,召开重点乡镇党政一把手创建工作汇报会。各乡镇开展群众性绿化、清理镇容镇貌。南田镇创建市二星级文明镇;珊溪镇全镇上下齐抓共管,创建市级文明镇。4月,下发《关于开展评选第十四批县级文明单位(村)的通知》。2002年,大峃镇创建市二星级文明镇;南田镇、珊溪镇创建市一星级文明镇,被列入温州市"文明村镇2630示范工程"。

2003年,南田镇加大创建力度,创建市二星级文明镇。2004年,组织举办申报文明单位(村)负责人60余人参加的创建工作培训会暨经验交流会。督促大峃、珊溪、南田等3个市星级文明镇巩固创建成果,争取加星晋级,督促玉壶镇加大创建力度。

2006—2007年,继续加强省、市级文明村镇申报和验收工作。2008年,组织制定以"六大工程"为内容的《关于开展新一轮文明乡镇创建实施意见》,示范文明县城创建工作向乡镇延伸。

2009—2011年,玉壶镇获省级文明镇称号,周墩村、三垟村、方前村获省级文明村称号;玉壶镇、南田镇获市级二星级文明镇称号,西段村、三垟村、梧溪村、季马村、新联村、新富村获市级文明村称号。

文明家庭　2004年,在樟台乡开展创建"十星级文明家庭户"试点工作。2006年至2011年,重点开展"文明家庭""绿色家庭""平安家庭""学习型家庭"等系列创建评选活动,被评为省级"文明家庭"10户、"学习型家庭"6户、"绿色家庭"15户,市级"文明家庭"20户、"学习型家庭"17户、"绿色家庭"20户、"敬老家庭"3户,县级"文明家庭"4672户、"绿色家庭"172户,乡镇"文明家庭"27256户。

2006—2010年文成县创成省、市级文明家庭名录一览表

表19-14

序号	户主	年份	荣誉称号	授予部门
1	魏小娅	2006	学习型家庭	省文明办
2	陈建高	2006	学习型家庭	市文明办
3	刘万潘	2006	学习型家庭	市文明办
4	余立清	2007	学习型家庭	市文明办
5	陈建高	2007	学习型家庭	省文明办
6	郑　彬	2007	学习型家庭	省文明办
7	雷　霄	2007	百佳文明家庭	市文明办
8	王永梅	2007	百佳文明家庭	市文明办
9	胡允拘	2007	百佳文明农户	市文明办
10	赵东京	2007	百佳文明农户	市文明办
11	刘日洪	2007	百佳文明农户	市文明办
12	钟清养	2007	百佳文明农户	市文明办

续表19-14

序号	户主	年份	荣誉称号	授予部门
13	周光南	2007	百佳文明农户	市文明办
14	严汉民	2007	百佳文明农户	市文明办
15	赵颖颖	2007	百佳文明农户	市文明办
16	李丘梅	2007	百佳文明农户	市文明办
17	郑建银	2008	学习型家庭	市文明办
18	余立清	2008	学习型家庭	市文明办
19	郑　彬	2008	学习型家庭	市文明办
20	潘爱国	2009	百佳文明家庭	市文明办
21	郑　彬	2010	学习型家庭	省文明办

说明:资料由县文明办提供

创建措施

县委、县政府制定实施意见,建立奖惩机制,规定党政一把手和分管领导年度考核定为不称职或不合格,并取消年终各种评先评优资格。成立督查组,分3个片到33个乡镇督查指导,通过听取汇报、查阅资料、现场查看,了解创建工作进展情况及下步创建工作目标、计划和安排,推动文明创建扎实开展。

建立奖罚机制　2002—2006年,根据温州市星级文明镇的创建要求,指导大峃、珊溪、南田镇创建并巩固市级星级文明镇。2007年,县委、县政府制定《关于开展新一轮文明乡镇创建活动的实施意见》,规定全县33个乡镇全部参与县级文明乡镇创建工作。文明办制订以素质提升工程、环境优化工程、文化建设工程、社会治安综合治理工程、富民强乡工程、乡风文明工程为内容的《文成县文明乡镇创建活动评分标准》,每一工程为100分,共计600分,奖项分为县级文明乡镇和单项工程突出奖。对获得县级文明乡镇和单项工作突出奖的乡镇,分别给予奖励1万元和3000元;对考核总分400分以下且无单项工作突出奖的乡镇,当年给予通报批评;对连续两年考核总分400分以下,无单项工作突出奖的乡镇,党政一把手和分管领导当年考核定为基本称职或合格;对连续三年考核总分在400分以下,且无单项工作突出奖的乡镇,党政一把手和分管领导年度考核定为不称职或不合格,取消年终各种评先评优资格。

督查指导　2007年成立督查组,分3个片到33个乡镇督查指导,各乡镇已把文明乡镇创建工作列入重要议事日程,分别召开班子会、动员会,成立创建工作领导小组,明确主抓领导,交通秩序、经营秩序和环境卫生都有明显改善,但店外经营、马路市场、垃圾清运不及时、保洁不到位现象不同程度存在。该年,命名大峃镇、珊溪镇、玉壶镇、东溪乡为县级文明乡镇,表彰大峃镇、东溪乡、周壤乡、金垟乡、玉壶镇为县单项工作突出奖。

2008年,县委、县政府召开文明乡镇创建工作动员大会。向群众发放创建宣传单,在主要路段、出入路口处设立宣传牌。组织3个督查组到乡镇开展新一轮文明乡镇创建工作督查活动,通过听取汇报、查阅资料、现场查看,了解创建工作进展情况及下步创建工作目标、计划和安排。

2009年通过考核验收,命名南田镇、黄坦镇、巨屿镇、龙川乡、樟台乡为第二批县级文明乡镇,表彰二源乡等6个乡镇为县单项工作突出奖。

2010年经综合评定,报县委、县政府命名表彰西坑畲族镇等4个新一轮县级文明乡镇,十源乡等6个文明乡镇创建单项工作突出奖。

2011年通过考核验收,报县委、县政府命名表彰仰山乡、平和乡、金垟乡等3个新一轮县级文明乡镇,峃口乡等6个文明乡镇创建单项工作突出奖。玉壶镇被命名为省级文明镇,南田镇被评为市二星级文明镇。10月,受市文明办委托,对33家前十四批市级文明单位及8家市级文明服务示范点进行复评检查。

第四节 文明共建与公民道德建设

2002年,选择20个文明单位、8个文明村、4个社(小)区开展文明共建活动。2005—2009年,有96个文明单位参加共建,结对45个村、4个社区、2条示范街。2011年,新结对120个村的负责人在南田镇召开全县文明创建培训会暨"双百结对共建文明"工作会议。会上,表彰14个先进单位、4个先进村。2009年县首届"十佳"道德模范评选表彰,2010年、2011年,相继开展第二届和第三届道德模范评选活动,全县掀起学习道德模范事迹、参与道德模范评选、争做道德模范的热潮。

文明共建

结对共建 2002年,组织实施"一帮一"工程,选择20个文明单位与8个文明村、4个社(小)区开展文明共建活动。创成4个省级文明单位、23个市级文明单位。2003年,20个文明单位出资出物计22万元,资助黄坦镇前巷村建成菜市场,西坑镇田寮村建成办公楼,朝阳新村、华侨新村、城东小区、城南社区添置宣传牌、健身器材、办公用品等。

2004年,选择49个文明单位与朝阳新村、华侨新村、城南小区、城东小区结对共建,制订共建计划,投入资金20万元,落实8个建设项目,设立20个宣传牌、8个宣传栏和4个图书室,捐献3000册图书。

2005—2009年,96个文明单位参加共建,结对45个村、4个社区、2条示范街。各文明单位积极发挥本单位的优势,加大人力、物力、财力的投入,县电信公司为结对村建立电子阅览室;县人民银行等单位为结对社区完善文体活动场所、市民学校、老年活动室、图书室;港航管理局文泰分局投入共建资金45万元,帮助结对村建立1000平方米的村民体育健身场所,对通村3公里的公路植树绿化,对100亩的板栗林进行改造,对路边露天粪坑进行整治;宏发气体实业公司为结对村解决67名农村剩余劳动力就业;县地税直属分局为结对村硬化通村公路;珊溪工商所为结对村成立"消费者学校";县公路管理段为金炉乡陈庄村投入资金12万元对通村公路路肩硬化;温州市住房公积金管理中心文成分中心投资6900元为结对大峃镇上徐村修复排污管道300米,投资1.1万元为该村农田引水渠道埋管230米。共建单位还利用多形式开展扶贫帮困活动,县电业局及大峃供电所、西坑供电所组织慰问共建村的低保户,免费更换维修共建村低保户、贫困家庭的室内线路,对共建村办公楼进行修理;邮政系统文明单位为结对村送对联、送报刊;公安系统文明单位开展送证便民服务活动。

2010年,投入共建资金115万元,新增8家文明单位与村结对、调整1对。2011年8月,组织各乡镇、各参评文明单位、新结对村负责人120人在南田镇召开全县文明创建培训会暨"双百结对共建文明"工作会议。表彰14个先进单位、4个先进村。

2005—2010年文成县获文明共建活动先进单位与个人名录一览表

表19-15

单位(个人)	年份	荣誉称号	授予部门
港航管理局文泰分局	2005	先进单位	市委、市政府
文成县财政局	2007	先进单位	市委、市政府
文成县烟草专卖局	2007	先进单位	市委、市政府
文成县文明办	2007	二等奖	市委、市政府
文成县文明办	2008	三等奖	市委、市政府

续表19-15

单位(个人)	年份	荣誉称号	授予部门
兰大潘	2008	先进个人	市委、市政府
傅华文	2008	先进个人	市委、市政府
陶　熠	2008	先进个人	市委、市政府
王　波	2008	先进个人	市委、市政府
林观忠	2008	先进个人	市委、市政府
文成县文明办	2009	先进集体	市委、市政府
文成县文明办	2010	结对共建先进组织奖	市委、市政府

说明:资料由县文明办提供

共建文明社(小)区　创建管理有序、服务完善、治安良好、生活便利、人际关系和谐的高标准文明社区,是文明创建总体要求。它需要多渠道筹措资金,制定奖励机制,配套小区各项设施,完善小区功能。

2000年,制定《文成县文明小区创建工作实施意见》,组织重点乡镇分管领导参加创建文明小区培训,到鹿城、龙湾、瓯海学习考察文明镇、文明社区创建工作。12个获省、市、县级文明单位结对帮助四个(社)小区开展"一帮一"文明共建活动,使四个社(小)区的健身器材、健身点、宣传牌、办公用品先后落实。

2005年,文明社(小)区创建深化,各社区结合实际进行改革,其中城南社区改革当年完成,选出并成立新一届城南社区领导班子。县文明办选派4位指导员进驻朝阳、华侨、城东、城南小区,指导社(小)区创建活动,组织49个文明单位集中人力、物力、财力帮助4个社(小)区完善图书室、阅览室、文体活动室,建好宣传牌、宣传栏,并开展系列文体活动及社(小)区环境卫生整治。

2006年,城南小区树立"文明生态同关注、道德行为共遵守"的意识,带头实行垃圾袋装管理,当年跻身市、县级文明社区行列,市级"绿色社区",城东小区被评为市级最佳学习型社区。

2007年,县委、县政府发出《关于对文明村、文明社区实行奖励的通知》,限定被命名为县级文明社区的,县委、县政府给予奖励0.5万元;当年复评合格的,给予奖励0.3万元;被命名为市一星级文明社区的,给予奖励1万元,每加一个星再奖励1万元;当年复评合格的,给予奖励1万元。华侨新村、朝阳新村、城南、城东4个社(小)区先后召开以"讲文明、敢作为、促和谐"为主题的社区共建座谈会,开展"雅言传承文明,经典浸润人生","移动杯"首届社区"邻居节"系列活动。城东小区开展"垃圾不落地、文明在手上"活动;华侨、城南小区提出创文明乡村、做文明村民、建美好家园的倡议,开展"出行不违规、文明在身边""脏话不出口、文明在嘴上"主题教育活动;华侨小区、朝阳小区举行"乡村文化、邻里文明、和谐社区"邻居节庆中秋纳凉晚会,成立"夕阳红"俱乐部,定期组织老年群众学习卫生保健知识,邀请县老年大学老师辅导健身舞蹈、太极拳健身运动知识,举办"迎奥运、创文明、庆六一"庆祝活动;城南小区就如何处理好邻里关系召开"花好月圆、和谐社区"中秋座谈会,举行"健康、文明、积极向上"为主题的露天联欢晚会,组织12个共建单位、社区30名党员,与24名留守儿童,开展"党心连童心"结对关爱活动,举办首届"我为第二故乡做贡献、新文成人"卡拉OK比赛。该年,城南社区、朝阳新村由原来的市级文明社区套改为市一星级文明社区。

2009年,召开以"讲文明、敢作为、促和谐"为主题的社区共建座谈会2个;组织共建单位与小区共同举办以"雅言传承文明、经典浸润人生"为主题的端午节联欢晚会4场。

2011年,组织文明单位开展"四红"(唱红歌、走红路、看红书、讲红事)活动,为建党90周年献礼。在县政府礼堂隆重举办文成县文明单位"齐唱红歌、共创文明"合唱比赛。15个单位的21人参加走红路活动,参观革命圣地宁波的四明山、绍兴的鲁迅故居、嘉兴的南湖等。每个文明单位挑选10本爱国主义读物，在干部职工中传阅，并撰写读后感。在县电信局十楼会议室，举办“忆党恩，著新篇”红色革命故事会，16名来自各级文明单位的干部职工、学校师生参加。

2011年，文明委印发《文成县文明社区建设管理办法》《文成县文明社区考核标准及评分细则》，加强文明社区的建设和管理。联合共建单位，精心设计活动载体，开展系列健康有益的文化娱乐活动。

公民道德建设

2002—2011年，在机关、企事业单位、村居、商店开展文明礼仪展示、低碳环保知识有奖问答、现场咨询、发放资料、演出等各种宣传方式进行公民道德思想教育。开展争做文明公务员、从政十德、文明经营户、文明私营企业等一系列创建活动。

公民道德日宣传　自2002年以来，持续开展公民道德日宣传工作，至2011年，已连续开展10次“公民道德宣传日”活动。2003年，由文明办牵头，全县20余个单位参加的文成县第二个“公民道德宣传日”咨询活动在县政府门口进行。

2008年，组织20个文明单位及窗口单位在县政府门口开展公民道德、文明礼仪知识现场咨询和公民道德、文明礼仪知识现场有奖问答活动。2009年，27个省市县的文明单位参与第七个“公民道德宣传日”活动。2010年，在“9·20”全国公民道德宣传日活动期间，县文明办组织开展低碳环保、文明礼仪、法律常识等知识宣传竞答活动，并投入4.5万元与县烟草专卖局联合制作印有“垃圾入筒，从我做起”字样的垃圾筒宣传品，发放宣传品5000份、宣传资料8000份。

2011年，联合县供电局、人民法院、县妇联、人民医院等20余个部门单位开展全国第十个“公民道德宣传日”现场宣传咨询活动，针对食品行业、窗口单位和公共场所等领域存在的突出道德问题进行宣传和教育。

道德模范评选　2009年，县委宣传部于6月上旬下发《关于开展文成县首届道德模范评选表彰活动的通知》，全面部署文成县首届“十佳”道德模范评选表彰。经广大群众推荐、各乡镇审核，全县收到各类道德模范推荐材料31份，经评委会投票核审，及县委常委会专题审定，林炳良等10人因事迹较突出被评为文成县首届“十佳”道德模范，林秋花等5人荣获提名奖。2010年、2011年，相继开展第二届和第三届道德模范评选活动，全县掀起学习道德模范事迹，参与道德模范评选，争做道德模范的热潮。

孝德文化宣传　2008年，连续17年评选孝顺子孙、连续18年为村中老人祝寿的文成县珊溪镇街头村感动温州，获评“2008年感动温州十大人物”集体奖。县文明办以此为契机，把孝文化纳入精神文明的公民道德宣传建设。

2009年，弘扬孝文化成为全县精神文明建设的重要内容。开展“孝文化”“五进”活动。把孝文化列入创建文明村居、文明单位的重要内容，开展孝文化进村居、进校园、进机关、进家庭和进企业活动，以此来推动广大干部群众形成孝行意识。

2010年，贯彻《公民道德实施纲要》，组织孝文化等系列活动，开展推广珊溪镇街头村孝道文化，成立文成县孝文化教育基地，编写成《孝行街头》一书，在全县各中小学中免费发放。首届“浙江孝贤”评选，玉壶镇胡作品的4个儿子与平和乡翁陈兰的子女被评为“浙江孝贤”称号，珊溪镇街头村获得提名奖。

文明礼仪宣传　2005年，出台《关于开展文明礼仪宣传教育活动的实施意见》，发放《文明礼仪ABC》2000本、“会计核算杯”文明礼仪知识有奖竞赛试题5000份，在县电信分公司开展文明礼仪宣传教育试点工作，开展以宣传“八不行为”、文明上网、文明驾(乘)车为主要内容的“文明我先行，礼仪伴成长”活动，向驾驶员和乘客发放3000份文明礼仪公开信。

2006年，举行“移动杯”文明礼仪知识“三进”(机关、学校、村居)活动、“公路杯社会主义荣辱观暨文明礼仪小品大奖赛”、“知荣辱、明礼仪”文明礼仪电视大奖赛，评选十佳“文明礼仪使者”、十佳“文明礼仪示范窗口”、十佳“文明礼仪宣传栏目”、十佳“文明市民”，会同审计局进行“文明礼仪一条街”创建。在青少年中开展“文明我先行，礼仪伴成长”宣传活动，发放日常文明礼仪知识和倡议书2万份，开展“创文明校园，做文明礼仪使者”、“做文明礼仪使者童谣儿歌(主题演讲)比赛”、文明礼仪漫画比赛，评选文明礼仪小标兵。组织青年志愿者开展文明礼仪进社会、进机关企事业单位、进社区、村居宣传活动，各机关、企事业单位、学校开展专业性的文明礼仪培训100余次。在文成广播电台、文成电视台、文成新闻网等新闻媒体播放50余篇文明礼仪相关内容，刊发16期文明礼仪专栏，各社区村居刊出300余期文明礼仪知识黑板报。

2007年，开展机关单位“建行杯”共建文明、共创和谐为主要内容的有奖知识竞赛。

2008年，开展“司法和文明”“文明和气象”“文明与法律”有奖知识竞赛，在城东小区、珊溪镇街头村开设百姓讲堂——文明礼仪知识讲座。2011年，县文明办依托学校、活动中心、黑板报、宣传栏等基层宣传教育阵地，利用报刊、电台、电视、互联网、手机等媒体，运用知识竞赛等多种形式，在全县宣传普及文明礼仪知识、倡导文明言行、勤俭节约之风、改善城乡环境、提高服务质量的良好形象。

文明出行宣传　2007年开始，文明出行列入精神文明建设创建的重要内容。全县开展联通杯“知荣明耻，文明出行”活动，在宣传橱窗刊出相关知识，向社会发放2000份文明出行有奖知识竞赛试题，通过文艺联欢、现场有奖知识答题、图片展、签名仪式等形式进行宣传，发放《文明出行倡议书》《文明出行新三字经》等宣传资料5000份，交通安全警示录500本，在公交车站点、出租车上、大小会场、办事窗口设置文明宣传标语及文明格言300条，呼吁广大干部群众重视一言一行，在日常工作和生活中做文明言行的实践者。实施“十百千万”工程，即在交通系统开展“运管杯”十佳文明驾驶员活动、百名志愿者上街文明劝导、千人有奖知识竞赛、万人“文明出行、和谐谦让”签名。

2008年，与县交警大队、县气象局联合开展“气象杯”“迎奥运·文明出行”和深入开展“情暖文成、共创和谐、共享文明”活动；与县交通局和交警大队联合组成气象杯“迎奥运·文明出行”整治组，到县城主要街道和几个停车站点进行检查；开展文成县中行杯“红灯停绿灯行、礼让斑马看文明”宣传教育活动；组织青年、巾帼、夕阳红志愿者50人次在各十字路口“红绿灯”设置点执勤，对不遵守交通规则，乱穿马路的行人和车辆进行劝导。

2009—2010年，组织开展“文明出行”活动，举行“文明交通行动计划”暨春运启动仪式，围绕“关爱生命，文明出行”这一主题，突出“文明交通行动计划”，加大对闯红灯、乱穿马路、乱停靠、乱掉头等不文明行为的劝导和执法力度。

2011年，加强公民思想道德建设。以庆祝中国共产党成立90周年和纪念辛亥革命100周年为契机，广泛开展爱国主义教育活动。组织开展文成县第三届道德模范评选活动，做好温州市第三届道德模范和第二届浙江孝贤推荐工作。深化“学习道德模范，争做文明市民”主题活动，筹备做好第九个“公民道德宣传日”活动，继续开展道德模范基层巡讲活动。组织开展“垃圾不落地”文明行动，督促落实“门前三包”，促进养成市民文明健康生活方式。继续实施“文明出行”行动计划。

未成年人思想道德建设

2004年开始加强未成年人思想道德建设，通过制定实施意见与计划，在学校和社会开展法律知识宣传教育。组织“千名青少年文明督查”“告别不文明行为、共建文明县城”、青少年上街文明劝导、护绿、清洗“牛皮癣”大洗脸系列活动。开展“我为旱区小朋友捐一元”“情系玉树、抗震救灾”“一对一捐赠大爱心公益”等活动。继续深化“民族精神代代传”“雏鹰争章”“手拉手”“三下乡”等传统道德实践活动。实施“春蕾计划”，关注留守儿童生活，送去“绿色通道”邮票、读者卡、图书及文具用品，为70名留守儿童各找一个“代理妈妈”，组织全县代理家长人数2852人；开展结对助学，资助贫困学生583人次。

体制机制建设　2004年，制定《关于进一步加强和改进未成年人思想道德建设实施意见》，并将《实施意见》的工作内容分解落实到相关单位。2007年，成立未成年人思想道德建设工作领导小组。

2008年，制定《文成县未成年人思想道德建设工作职责》《文成县未成年人思想道德建设工作联席会议制度》，定期召开未成年人思想道德建设工作联席会议、文成县未成年人思想道德建设工作推进会，与38个责任单位、33个乡镇签订未成年人思想道德建设责任书，年终组织人员到17个重点单位督查，评选10个先进单位、10名先进个人、10名文明礼仪标兵。

2009—2011年，印发《文成县未成年人思想道德建设“十件实事”任务分工》，推动未成年人思想道德建设工作进程；制定《未成年人联席会议成员单位同“春泥计划”实施村联系表》《文成县“春泥计划”实施村考评标准》，定期召开全县未成年人联席会议成员单位会议，组织成员单位与挂钩“春泥计划”实施村开展各项活动，确保“春泥计划”实施工作稳步推进；制定《关于进一步建立完善预防未成年人犯罪工作机制的意见》，贯彻落实对违法犯罪未成年人“教育、感化、挽救”的方针及“教育为主，惩罚为辅”的原则。

道德实践活动　2003年，县城各中、小学校开展“千名青少年文明督查”“告别不文明行为、共建文明县城”大洗脸系列活动，组织青少年上街文明劝导、护绿、清洗“牛皮癣”。

2004年，文成中学成立“卫生监督志愿者队伍”，利用课余时间到大峃街、桥头井、苔湖居民区巡视和监督，挨家挨户宣传保护环境卫生、保持社区卫生清洁知识。县实验小学设立“红领巾文明监督岗”，利用上学、放学时间段，到校内外及附近巡查。在县实验小学、大峃镇小开展《公民道德实践监督卡》试点活动。

2005年，安排学生定期为社区打扫卫生，为社区孤寡老人义务服务，上街劝导不文明行。2006年，县城2000名中、小学生到县城主要街道、社区打扫卫生、清理卫生死角、清洗“牛皮癣”，组织学生到老弱病残的老人家里、县福利院帮助打扫卫生、送慰问品。2007年，全县中小学开展以“爸爸妈妈，我想对您说”“谦让、感恩、和睦”为主题的书信大赛，举办“烟草杯”文成县青少年文明礼仪作品大赛。清明节，组织2000名青年团员和少先队员赴县官山背烈士陵园缅怀为国捐躯的革命烈士。

2008年，开展中行杯“公德在心中、文明在身边”征文比赛、举办首届以“环境与人”为主题的高中学生辩论赛、“荣辱我先知，文明我先行”青少年演讲比赛。在二源乡二源村启动“春泥计划”试点活动，以“做一个有道德的人”为主题，先后开展演讲比赛、讲故事比赛、“唱一首感恩之歌”活动；联合浙江万里学院到文成支教的大学生实践队，以“让山乡孩子离奥运更近”为主题，开展制作奥运吉祥物、模拟火炬传递系列宣传活动。

2009年，组织开展“建行杯”文成县青少年“清明节祭英烈”网上有奖征文活动、“移动杯”首届小学生中华经典古诗文诵读比赛，举办以“诚信与礼孝”为主题的第二届“地税杯”青年辩论赛，在珊溪中学、周墩村校，通过演讲、24孝图展板、珊溪街头村孝，开展“孝道文化进校园”活动，庆祝中华人民共和国成立60周年“爱我文成、创建文明卫生县城”青年演讲比赛，树立传统美德和现代意识，受教育人数2500人次。温州市首个村级“未成年人活动之家”在文成县二源乡二源村挂牌，并为该活动室配备电脑、电视、图书及运动器材。在“春泥计划”实施村之一，周壤乡大坑村周南学校，举办“我们的节日·我快乐”端午节主题活动。联合团县委、县教育局、县少工委在南田镇刘基庙广场，组织南田镇小1200名少先队员开展“歌唱祖国歌唱党，快乐童年大家唱”主题教育，共同表达“红领巾心向党”“星星火炬代代相传”“祖国发展我成长”的坚强决心。

2010年，在巨屿、黄坦、南田、百丈漈等乡镇开展以“心手相牵、快乐成长”为主题的关爱农民工子女志愿服务；组织以“创新、体验、成长——走近低碳生活”为主题的文成县第十一届青少年科技节暨科技创新大赛、“红五月”大型文艺会演等活动；开展“我为旱区小朋友捐一元”“情系玉树、抗震救灾”“一对一捐赠大爱心公益”等活动。继续深化“民族精神代代传”“雏鹰争章”“手拉手”“三下乡”等传统道德实践活动,激励少年儿童坚定信念,展示良好风貌;组织70余名边远乡校学生到温州科技馆、博物馆参加“山娃看世界”活动;组织送电影进校园服务,全年放映学生专场电影151场,科教片电影365场。

2011年,开展“我与祖国共奋进”形势政策教育活动,邀请浙江大学教授为130名新文成人作“健康心理、快乐工作”专题讲座;全县少先队员开展“红领巾心向党,四好少年我争当”系列活动,倡导少先队员们“学党史、唱红歌、跳红舞、写箴言、争奖章”。在白云景园组织70余名青少年,以农事体验、拓展训练、真人飞行棋、自护知识竞猜和树叶贴画为主要内容的校外实践体验活动;开展“山城放飞童心,乐园挥洒暖爱”、“欢乐集市”和留守儿童“我当小老板”等道德实践教育活动,未成年人参与人数达3.1万人。实施“春泥计划”十百工程,制定《文成县创建“春泥计划”示范村(社区)实施方案》。以行政村(社区)为单位,集聚整合人才、资金、活动、场所等资源,将“春泥计划”实施村从110个扩大到192个,实施率占全县总村数的50%;未成年人参与人数达30802人,参与率占全县未成年人总数的41.2%。创建“春泥计划”示范村(社区)10个,“春泥计划”达标村(社区)、100个,全面改造提升“春泥计划”示范阵地1个。实施净化未成年人成长环境的阵地、精品、绿网、净化、帮护等“五大工程”,开展“校园周边文化市场整治”行动。指导巨屿镇方前村未成年人活动中心等示范阵地实行改造提升,推进西坑镇校的“乡村学校少年宫”建设和珊溪镇平溪村的“爱心乐园”建设。实施未成年人思想道德实践活动,开展“励志成长”“知荣明耻”“读书成才”“实践育人”“阳光心灵”“净化优化”六大行动。

关爱弱势孩子 2002年,实施“春蕾计划”,帮助22名贫困儿童落实资助任务。开展“百城万店无假货”示范店活动,深入朱雅、上林偏远乡、村学校捐献学习用品和衣物。2006年,开展留守儿童生活、学习情况调研,并撰写调研文章。2007—2008年,浙江省爱心基金会结对文成358名贫困生,安排资助款4.33万元资助第一批158名学生;2008年12月,安排资助款3.38万元资助第二批学生。制定《结对关爱留守儿童行动方案》,在二源乡校开展代理家长与留守儿童结对关爱行动试点工作,为70名留守儿童各找一个“代理妈妈”,全县代理家长人数2852人。

2009年,对受助学生做问卷调查,了解受助学生的学习与生活需要及其心理活动。2010年,深入实施“低收入农户青少年关爱行动”,组织开展“迎新春、送温暖”活动,先后为二源、西坑、平和等低收入农户青少年送上慰问金5000元;以“六一”儿童节为契机,为“留守儿童”送去“绿色通道”邮票、读者卡、图书及文具用品等。2011年,开展结对助学,主动与省爱心事业基金会联系,全年发放助学资金13.63万元,资助贫困学生583人次,新申报贫困助学学生200名。

第二十卷

文成县人民代表大会

1953年5月，文成县召开第一届县人民代表大会(简称县人代会)。1990—2011年，文成县召开第十届至第十四届人民代表大会，选举产生5届人民代表大会常务委员会；组织乡镇人民代表大会代表的换届选举6次，2007年乡镇人大换届后，全县33个乡镇配备专职主席15名、副主席29名，兼职主席21名、副主席5名。

县人大及其常务委员会和乡镇人民代表大会依法行使各自职权，在坚持和完善人民代表大会根本政治制度，建设和发展社会主义民主政治、健全社会主义法制工作中，发挥重要职能作用。至2011年，共召开人民代表大会21次，听取并审议“一府两院”工作报告133个，作出决议133项；加强人大监督，开展执法监督、人大评议和履职监督工作，任免地方国家机关工作人员978人次；办理议案建议4336件。

第一章　代表与会议

人大代表，代表人民依法行使职权。1953年3月颁布的《中华人民共和国全国人民代表大会及地方各级人民代表大会选举法》规定，乡镇人民代表大会代表，由选民直接选举产生，县人大代表由乡镇人民代表大会选举产生。该选举办法一直沿用至1979年。1979年7月，新修改的选举法颁布实施，规定县、乡（镇）人民代表大会代表均由选民直接选举产生。1989—2011年，历经1989年12月、1992年9月、1997年12月、2002年11月和2006年10月5次换届选举。选举产生县人大代表1155名。

第一节　代表选举

县人大代表由选民直接选举产生。一般按成立县选举委员会，划分选区，分配代表名额，选民登记，公布选民名单，公布初步候选人名单，酝酿协商代表候选人，公布正式代表候选人名单，投票选举、公布当选代表名单的程序进行，候选人自下而上提名，实行差额选举。市人大代表由县人代会选举产生。

历届选举简况

十届人大代表　选举工作于1989年12月中旬至1990年4月中旬进行。1989年12月16日，县人大常委会第十七次会议，确定县人大代表名额。1990年1月4日县九届人大常委会第十八次会议，任命各乡镇选举委员会组成人员。在双垟乡进行选举工作试点。全县62个乡镇划分117个选区，选举产生县十届人大代表268名。

十一届人大代表　选举工作于1992年9月下旬至1993年4月上旬进行。1992年9月28日，县十届人大常委会第十六次会议决定建立选举委员会。10月上旬至11月中旬，在西坑畲族镇进行选举工作试点。全县35个乡镇划分120个选区。选举产生县十一届人大代表275名。

十二届人大代表　选举工作于1997年12月上旬至1998年4月上旬进行。1997年12月4日，县十一届人大常委会第三十一次会议，通过县人大代表的“名额分配”方案。12月11—12日，召开全县换届选举工作会议，进行换届选举工作培训。在百丈漈镇进行选举工作试点。全县33个乡镇，划分为103个选区，选举产生县十二届人大代表203名。

十三届人大代表　选举工作于2002年11月上旬至2003年1月中旬进行。2002年12月19日，县十二届人大常委会等三十八次会议，通过县人大代表的“名额分配”方案。12月上旬，召开全县换届选举工作会议，进行换届选举工作培训。全县33个乡镇，划分为105个选区，选举产生县十三届人大代表204名。

十四届人大代表　选举工作于2006年10月下旬至2007年1月初进行。2006年11月22日，县十三届人大常委会第三十一次会议，通过县人大代表的“名额分配”方案。11月19日，召开全县换届选举工作会议，进行换届选举工作培训。全县33个乡镇，划分为108个选区，选举产生县十四届人大代表205名。

历届代表选举与结构

第十届至第十四届县人民代表大会，代表人数、选区划分、参选率、代表结构均有不同变化。

文成县第十届至第十四届人民代表大会代表选举情况一览表

表20-1　　单位:个、万人、人、%

届别	乡镇数	总人口	选举情况					
			选区数	选民人数	参选人数	参选率	当选代表人数	选举时间
十届	62	35.62	117	225918	208016	92.1	268	1989年12月—1990年4月
十一届	35	36.15	120	221603	204536	92.3	275	1992年9月—1993年4月
十二届	33	37.17	103	266418	250852	94.2	203	1997年12月—1998年4月
十三届	33	36.80	105	274470	244059	88.9	204	2002年11月—2003年1月
十四届	33	36.67	108	208234	175860	84.5	205	2006年10月—2007年1月

说明:资料由县人大办提供

文成县第十届至第十四届人民代表大会代表结构一览表

表20-2　　单位:%

届别	代表总数	代表比例								
		工农	军人	干部	知识分子	其他	中共党员	妇女	青年	少数民族
十届	268	63.06	0.37	25.75	9.70	1.12	77.61	16.79	16.04	7.46
十一届	275	57.46	0.36	27.27	13.82	1.09	75.64	14.18	13.82	6.18
十二届	203	45.81	0.49	32.52	19.70	1.48	76.85	13.79	17.24	3.45
十三届	204	63.24	0.49	25.00	7.84	3.43	84.31	19.12	11.80	4.91
十四届	205	50.24	0.49	37.07	12.20	—	85.85	12.20	10.24	3.41

说明:其他为归侨侨眷、台胞台属(十四届未单独统计);青年为年龄在35周岁以下。资料由县人大办提供

文成县市级以上人大代表名录

市人大代表由县人代会选举产生。县十届至十四届人民代表大会选举产生出席温州市七届至十届人民代表大会代表145人次。省人大代表由市人代会选举产生,全国人大代表由省人代会选举产生。县域出席浙江省七届至十一届人民代表大会代表18人次。

1988—2011年文成县出席温州市人民代表大会代表名录一览表

表20-3

代表大会名称	届 次	代表名单
温州市人民代表大会代表	七届(1988—1993年)	王吼狮、叶永案、刘颖(女)、刘飞翔(女)、刘德耀、庄华庭、朱隆良、朱德二、李居轩、李学林(畲)、李修民(畲)、李树祥、吴维勤、陈平、陈俐俐(女)、陈福涛、林沂、金邦富、胡越、胡振中、赵沛亨、赵沛枢、钟金莲(畲、女)、高忠勋、高景云、黄齐院、潘碎花(女)
	八届(1993—1998年)	王长松、叶志谦、邢慧芳(女)、刘颖(女)、刘飞翔(女)、苏德华、刘德耀、李加枝、李居轩、李修民(畲)、吴正超、何包根、陈延炮、陈建明、陈明拾、陈柏林、陈智华、林云云(女)、林爱梅(女)、罗露文、金云良、金邦富、周伟光、周国光、赵峥嵘、夏瑞洲、钱成良、徐定梁、韩娟娣(女)、虞世章、薛振安

续表20-3

代表大会名称	届 次	代表名单
温州市人民代表大会代表	九届(1998—2003年)	王玉兰、王明灿、邢慧芳(女)、刘建忠、刘爱菊(女)、江海滨、池文峰、李建敏(女)、李居轩、严中杰、吴其南、余序现、张汉、张真聪、陈永造、陈建明、陈积榜、林红(女)、季景凤(女)、金邦清、金邦富、金学高、金宪树、周有铭、周湘浙、郑建华、夏克栋、高育厅、曾洪荣、潘亦建
	十届(2003—2007年)	王明灿、王金娅(女)、王碧琰、叶飞、叶文武、刘万斌、刘爱菊(女)、江海滨、池文峰、孙成堪、吴开锋、吴其南、吴宇凌(女)、吴持平、张汉、陈波、陈永造、陈作荣、陈莲莲(女)、林红(女)、林永熙、季云妹(女)、金邦富、郑华(女)、胡彩芬(女)、赵岳际、钟雪华(畲、女)、黄祝华(女)、蒋美森、虞克永
	十一届(2008—2011年)	叶飞、叶李林、朱应磊、刘万斌、刘爱玲(女)、李顺华、严朝晖、吴开锋、吴柳萍(女)、陈永造、陈钦迪、陈彩兴、林红(女)、金盾、金邦清、金邦富、孟建新、项志峰、胡立同、胡绍超、赵岳际、赵洪生、钟雪华(畲、女)、施巨盛、姜杰、徐世征、徐尔习(女)、黄作兴、黄德康、谢作雄

说明:在温州市人民代表大会代表中,七届补选吴一骏、余序现、陈延炮;八届钱成良代表资格终止,补选严中杰;十一届陈彩兴被撤销代表职务,严朝晖、黄作兴代表资格终止,补选朱贤良、汪驰、周德光、胡慧雷为代表;资料由县人大办提供

1988—2011年文成县出席浙江省人民代表大会代表名录一览表

表20-4

代表大会名称	届 次	代表名单
浙江省人民代表大会代表	七届(1988年1月—1993年1月)	王丹萍(女)　王玉明　叶永案　蒋运帷　蓝金莲(畲、女)
	八届(1993年1月—1998年1月)	朱隆良　夏瑞洲　钟金莲(畲、女)　雷昌友(畲)　蓝金莲(畲、女)
	九届(1998年1月—2003年1月)	王碧琰　江海滨　夏冰梅(女)　雷明华(畲)
	十届(2003年1月—2008年1月)	吴开锋　夏冰梅(女)　雷鸣(畲)
	十一届(2008年1月—)	谢作雄　王金凤(女)　雷衍开(畲)

说明:资料由县人大办提供

2003—2008年文成县出席全国人民代表大会代表名录一览表

表20-5

代表大会名称	届 次	代表名单
全国人民代表大会代表	十届(2003年1月—2008年3月)	蔡日省

说明:资料由县人大办提供

选举委员会

选举委员会是主持办理本级人大代表选举工作的临时机构,选举工作结束后即行消失。其人员由本级党委、人大常委会(人大主席团)有关领导以及组织、纪委监察、宣传、统战、民政、司法、工会、共青团、妇联等部门负责人组成。选举县人大代表时县设立选举委员会,乡镇设选举领导小组;选举乡镇人大代表时设立乡镇选举委员会,县人大常委会设立乡镇人大换届选举办公室。县、乡选举委员会(选举领导小组)组成人员,由县人大常委会任命。

文成县第十届至第十四届人民代表大会选举委员会组成人员名录一览表

表20-6

届次	主任	副主任	委员	备注
十届选举委员会	叶永案	叶志谦 张纯一	陈岩兴 刘化治 张意潮 程学超 雷开勤(畲) 刘中 梅蔡源 陈汉民 邱文忠 张全省 胡克当 周凤燕(女) 金光宇 潘志员	县十届人大常委会第19次会议,增补廖梅柳(女)为选举委员会副主任;县十届人大常委会第21次会议,任命胡立同为选举委员会副主任,免去毛马金的选举委员会副主任职务
十一届选举委员会	陈延炮	叶志谦 毛马金 钟金莲(女,畲)	王光坑 王奎叶 刘斌 郑贤望 雷开勤(畲) 李存斋 叶方贵 陈绍贤 郑国启 刘化焕 潘志员 吴育民 盖爱萍(女)	—
十二届选举委员会	严中杰	胡立同 钟金莲(女,畲) 王奎叶 陈思成	金益柱 赵东华 陈建明 刘峰 叶方贵 陈永富 刘际伟 陈隆隆 严东一 刘金红(女) 林霄 吴宇凌(女)	—
十三届选举委员会	陈作荣	陈永造 陈建明 沈伟 钟金莲(女,畲) 陈思成 金益柱	廖海成 刘金红(女) 包晓龙 吴高宏 陈永富 胡文演 叶飞 林加会 苏德捐 张明亮 李建业 廖忠明 叶方贵 董学德 张楠(女)	—
十四届选举委员会	陈永造	陈思成	叶方贵 叶晓东 包晓龙 刘金红(女) 苏德捐 李建业 余云初 张周昌 陈明腾 周琦峰 赵华 赵东银(女) 蒋海波	—

说明:资料由县人大办提供

第二节　代表大会

1991年4月—2011年1月,举行21次会议。1991—2011年,历经第十届至第十四届县人民代表大会会议。历届会议的重要议程:听取和审查县人民政府工作报告、上一年国民经济和社会发展计划执行情况和当年计划报告,县人大常委会、人民法院、人民检察院工作报告,表决通过上述各项报告决议。历届第一次会议,选举产生新一届人大常委会主任、副主任、委员,县人民政府县长、副县长,县人民法院院长和人民检察院检察长,并选举产生出席市人民代表大会代表。

历届人民代表大会

十届人大　1991年4月—1993年4月,举行2次会议。

第二次会议　1991年4月7—11日在大峃镇举行。出席代表267人,列席168人。会议听取和审议县政府工作报告和关于县国民经济和社会发展十年规划和第八个五年计划纲要的报告,听取和审议计划、财政、人大常委会、法院、检察院工作报告。批准1991年国民经济和社会发展计划、1990年财政决算和1991年财政预算,通过上述各项报告的决议。收到代表议案52件,建议179件。

第三次会议　1992年4月7—11日在大峃镇举行。出席代表264人,列席206人。会议听取和审议县人民政府、计划、财政、人大常委会、法院、检察院工作报告;批准1992年国民经济和社会发展计划、1991年财政决算和1992年财政预算,通过上述各项报告的决议。收到代表议案23件,建议113件。

十一届人大 1993年4月—1998年3月，举行5次会议。

第一次会议 1993年4月13—18日在大峃镇举行，出席代表275人，列席151人。会议听取和审议县政府、计划、财政工作报告，县十届人大常委会工作报告，法院、检察院工作报告；批准1993年国民经济和社会发展计划及“八五”计划和10年发展规划调整方案，通过上述各项工作报告的决议。会议选举产生县十一届人大常委会主任1人、副主任3人、委员12人，县长1人、副县长5人，法院院长和检察院检察长各 1人；温州市第八届人民代表大会代表31人。收到代表议案109件，建议189件，并通过代表议案处理意见的决定。

第二次会议 1994年4月8—12日在大峃镇举行，出席代表273人，列席169人。会议听取和审议县政府、计划、财政、人大常委会、法院、检察院工作报告，通过相应决议。会议补选人大常委会委员2人，收到代表议案115件，建议108件，并通过代表议案处理意见的决定。

第三次会议 1995年3月28—31日在大峃镇举行，出席代表272人，列席165人。会议听取和审议县政府、计划、财政、人大常委会、法院、检察院工作报告，通过相应决议。收到代表议案93件，建议87件，并通过代表议案处理意见的决定。

第四次会议 1996年3月26—30日在大峃镇举行。出席代表272人，列席197人。会议听取和审议县政府关于国民经济和社会发展“九五”计划和2010年远景目标纲要的报告，计划、财政、人大常委会、法院、检察院工作报告；批准县国民经济和社会发展“九五”计划和2010年远景目标纲要，通过上述各项工作报告决议。会议同意接受辞去县人大常委会主任、副主任、委员职务各1人；补选人大常委会主任、委员各1人。收到代表议案92件，建议88件，并通过代表议案处理意见的决定。

第五次会议 1997年3月18—21日在大峃镇举行，出席代表271人，列席190人。会议听取和审议县政府、计划、财政、人大常委会、法院、检察院工作报告，通过相应决议。收到代表议案107件，建议93件，并通过代表议案处理意见的决定。

十二届人大 1998年3月—2003年3月，举行5次会议。

第一次会议 1998年3月2—3日在大峃镇举行，出席代表203人，列席147人。会议听取和审议县政府、计划、财政、人大常委会、法院、检察院工作报告，通过相应决议。选举产生县十二届人大常委会主任1人、副主任4人、委员14人，县长1人、副县长5人，法院院长、检察院检察长各1人；出席温州市第九届人民代表大会代表30人。收到代表议案157件，建议152件，并通过代表议案处理意见的决定。

第二次会议 1999年3月16—19日在大峃镇举行，出席代表193人，列席163人。会议听取和审议县政府工作报告，“山水乐园”总体规划说明报告，计划、财政、人大常委会、法院、检察院工作报告；批准“山水乐园”总体规划，通过上述各项工作报告的决议。收到代表议案120件，建议80件，并通过代表议案处理意见的决定。

第三次会议 2000年3月13—16日在大峃镇举行，出席代表193人，列席187人。会议听取和审议县政府、计划、财政、人大常委会、法院、检察院工作报告；通过相应决议；审阅县政府1999年十件实事落实情况、“山水乐园”总体规划实施情况2个书面报告。收到代表议案146件，建议86件，决定将加强集镇建设和管理，改善市容市貌的议案列为大会议案。

第四次会议 2001年3月12—17日在大峃镇举行，出席代表196人，列席190人。会议听取和审议县政府关于国民经济和社会发展第十个五年计划纲要的报告，计划、财政、人大常委会、法院、检察院工作报告，并通过相应的决议。9位代表就“山水乐园”总体规划实施情况作大会审议发言。会议补选县长、法院院长、检察院检察长、人大常委会委员各1人。收到代表议案106件，建议44件，决定将深入研究宣传名人文化、旅游文化的议案列为大会议案。

第五次会议 2002年3月12—16日在大峃镇举行。出席代表190人，列席187人。会议听取和审议县政府、计划、财政、人大常委会、法院、检察院工作报告，并通过相应决议。会议补选人大常委会主任、县长各1人，人大常委会委员2人。收到代表议案154件，建议100件，决定将搞好风景旅游资源开发的议案列为大会议案。

十三届人大　2003年3月—2007年2月，举行4次会议。

第一次会议　2003年3月17—22日在大峃镇举行，出席代表203人，列席147人。会议听取和审议县政府、计划、财政、人大常委会、法院、检察院工作报告，通过相应决议。选举产生县十三届人大常委会主任1人、副主任4人、委员14人，县长1人、副县长6人，法院院长、检察院检察长各1人；出席温州市第十届人民代表大会代表30人。会议收到代表议案216件，建议138件，决定将完善政策深化户籍制度改革的议案列为大会议案。

第二次会议　2004年3月9—13日在大峃镇举行，出席代表201人，列席138人。会议听取和审议县政府、计划、财政、人大常委会、法院、检察院工作报告，通过相应决议。会议补选人大常委会委员3人。收到代表议案138件，建议51件，决定将加大"五项资金"催收力度，减少国有资产流失等2件议案列为大会议案。

第三次会议　2005年3月7—11日在大峃镇举行。出席代表201名，列席141人。会议听取和审议县政府、计划、财政、人大常委会、法院、检察院工作报告，通过相应决议。补选人大常委会主任、委员各1人。收到代表议案141件，建议54件，决定将加快农村殡葬改革力度的议案列为大会议案。表彰2004年度优秀代表议案领衔人16人。

第四次会议　2006年2月28—3月4日在大峃镇举行。出席代表201人，列席168人。会议听取和审议县政府关于国民经济和社会发展第十一个五年计划纲要的报告，国民经济和社会发展计划、财政预算报告，县人大常委会、法院、检察院工作报告；批准县"十一五"规划，并通过相应决议。补选人大常委会委员2人，法院院长、检察院检察长各1人。收到代表议案59件，建议116件，决定将加快工业经济发展的议案列为大会议案。表彰2005年度优秀代表议案和建议意见领衔人12人。

十四届人大　2007年2月—2012年1月，举行5次会议。

第一次会议　2007年2月5—10日在大峃镇举行，出席代表205人，列席169人。会议听取和审议县政府、计划、财政、人大常委会、法院、检察院工作报告，并通过相应决议。选举产生县十四届人大常委会主任1人、副主任4人、委员18人，县长1人、副县长5人，法院院长、检察院检察长各1人；出席温州市第十一届人民代表大会代表30人。收到代表议案90件，建议163件，决定将恢复百丈漈飞瀑加快旅游业发展等2件议案列为大会议案。表彰2006年度优秀代表议案建议领衔人9人。

图20-1　县人民代表大会第十四届一次会议(县人大办提供　2007年摄)

第二次会议　2008年3月5—7日在大峃镇举行，出席代表204人，列席163人。会议听取和审议县政府、计划、财政、人大常委会、法院、检察院工作报告，并通过相应决议。会议补选县人大常委会委员2人。收到代表议案31件，建议162件，决定将加快生态旅游、加快旧城改造2件议案，交由县人大常委会审议。表彰2007年度优秀代表议案建议领衔人12人、优秀代表22人、人大先进工作者10人。

第三次会议　2009年3月8—12日在大峃镇举行，出席代表205人，列席185人。会议听取和审议县政府、计划、财政、人大常委会、法院、检察院工作报告，并通过相应决议。会议补选县人大常委会副主任1人、委员4人。收到代表议案18件，建议177件，决定将深化殡葬改革、加强教育发展2件议案，交由县人大常委会审议。

表彰2008年度优秀代表议案建议领衔人11人、优秀代表22人、人大先进工作者10人。

第四次会议　2010年1月31—2月4日在大峃镇举行，出席会议代表202人，列席 183人。会议听取和审议县政府、计划、财政、人大常委会、法院、检察院工作报告，并通过相应决议。会议补选县人民政府县长1人、县人民法院院长1人，增选温州市第十一届人民代表大会代表2人。收到代表议案14件，建议178件，决定将加大全县旧村改造力度的议案交由县人大常委会审议。表彰2009年度优秀代表议案建议领衔人8人、优秀代表22人、人大先进工作者10人。

第五次会议　2011年1月19—23日在大峃镇举行，出席会议代表197人，列席 196人。会议听取和审议县政府关于国民经济和社会发展第十二个五年规划纲要的报告，国民经济和社会发展计划、财政预算报告，县人大常委会、法院、检察院工作报告；批准县“十二五”规划，通过相应决议。补选县人民检察院检察长1人。收到代表议案10件、建议83件，决定将《关于要求移平寨山，拓宽城区，美化县城的议案》(02、04、07、09、10号)交县人大常委会审议。表彰2010年度优秀代表议案建议领衔人9人、优秀代表22人、人大先进工作者10人。

文成县第十届至第十四届人大常委会主任、副主任名录一览表

表20-7

届　期	职　务	姓 名	性 别	籍　贯	任　期
第十届	主　任	陈延炮	男	浙江文成	1990年5月—1993年4月
	副主任	叶志谦	男	浙江文成	1990年5月—1993年4月
		钟金莲(畲)	女	浙江文成	1990年5月—1993年4月
		陈岩兴	男	浙江文成	1990年5月—1991年9月
第十一届	主　任	叶志谦	男	浙江文成	1993年4月—1996年3月
		严中杰	男	江苏无锡	1996年3月—1998年4月
	副主任	钟金莲(畲)	女	浙江文成	1993年4月—1998年4月
		王奎叶	男	浙江文成	1993年4月—1998年4月
		王光坑	男	浙江文成	1993年4月—1996年3月
第十二届	主　任	高育厅(兼)	男	浙江乐清	1998年4月—2001年11月
		陈作荣(兼)	男	浙江温州	2002年3月—2003年3月
	副主任	陈永造	男	浙江文成	1998年4月—2003年3月
		钟金莲(畲)	女	浙江文成	1998年4月—2003年3月
		陈思成	男	浙江文成	1998年4月—2003年3月
		金益柱	男	浙江文成	1998年4月—2003年3月
第十三届	主　任	陈作荣(兼)	男	浙江温州	2003年3月—2007年2月
	副主任	陈永造	男	浙江文成	2003年3月—2007年2月
		钟金莲(畲)	女	浙江文成	2003年3月—2005年2月
		陈思成	男	浙江文成	2003年3月—2007年2月
		周文锋	男	浙江文成	2003年3月—2007年2月
		吴宇凌	女	浙江泰顺	2005年3月—2007年2月
第十四届	主　任	徐世征	男	浙江文成	2007年2月—
	副主任	吴宇凌	女	浙江泰顺	2007年2月—
		周文锋	男	浙江文成	2007年2月—
		陈永富	男	浙江文成	2007年2月—
		李建业	男	浙江文成	2007年2月—2008年2月
		林乐融	男	浙江文成	2009年3月—

说明：资料由县人大办提供

第二章　人大常务委员会

1991年1月—2011年12月,县人民代表大会常务委员会(简称县人大常委会)历经五届,召开171次常委会会议。依法行使重大事项决定权、监督权和人事任免权,密切联系代表,发挥地方国家权力机关作用,为全县经济、社会发展服务。

第一节　工作机构

县人大常务委员会由主任、副主任、委员若干人组成,均由县人民代表大会会议依法选举产生,除第十届外,其他各届任期均5年。第十、十一届各16人,十二、十三届各19人,十四届23人。

机构设置

1990年设置"一办六委",即办公室、法制工作委员会、财政经济工作委员会、教科文卫体计划生育工作委员会、民族华侨工作委员会、农村工作委员会、代表工作委员会。

1998年5月机构改革,原农村工委改称农业资源建设环保工委;原教科文卫体计划生育工委与民族华侨工委合并,改称教科文卫民侨工委;财政经济工委对建设、规划、环保、电力、资源管理的监督工作职责划归农业资源建设环保工委。共设"一办五委",即办公室、法制工委、财政经济工委、农业资源建设环保工委(简称农工委)、教科文卫民侨工委、代表工委。至2011年,机构设置未变。

常委会办公室内设人事秘书科、行政事务科、信访科3个职能科室。

1990年8月设立人大工作联络组。1992年5月,撤区扩镇并乡后消失。

人大常委会办公室、各工委主任、副主任由人大常委会任命。十届至十三届办公室与各工委主任由人大专职常委担任;十四届起,大多数办、委副主任亦由人大专职常委担任。至2011年,机构设置未变。

工委委员在同届县人大代表和政府工作人员中选任,由主任会议提议人大常委会任命产生。除个别外,一般为兼职。

县人大机关工作人员,十届14人,十一届13人,十二届16人,十三届26人,十四届32人(包括退二线人员6人)。

人大常委会选举与结构

常务委员会组成人员必须是同一届的县人大代表。其候选人由大会主席团或代表10人以上联合提名,实行差额选举。届中补选可等额选举。十届至十四届人大历次会议,选举产生常务委员会组成人员115人次,其中历届人大第一次会议选举93人次,二次至五次会议补选22人。

常务委员会组成人员由人大常委会机关、县委、组织、工会、共青团、妇联、教科文卫人员及工人、农民等构成,亦适当考虑党外人士、妇女、归侨侨眷、少数民族的比例。为保持人大工作的稳定性和连续性,上届常委会组成人员继续留任的占一定比例。

2007年2月,县十四届人大一次会议选举产生县第十四届人大常委会主任1名、副主任4名、委员18名。

常委会组成人员平均年龄44.2岁，其中35岁以下2名，占8.7%；36～45岁12名，占52.2%；46～50岁4名，占17.4%；51岁以上5名，占21.7%。中共党员19名，占82.6%；非中共党员4名，占17.4%。大学学历11名，占47.8%；大专学历10名，占43.5%；中专、初中学历各1名。妇女干部4名，占17.4%。继续提名当选的9名，占39.1%；新提名当选的14名，占60.9%。与十届人大常委会组成人员相比，其特点：人数增加。从16人增至23人，增43.75%。人员年轻化，平均年龄从49.1岁降至44.2岁，其中51岁以上人员的比例从50%降至21.7%，下降28.3个百分点。文化程度提高，大学学历的从6.25%提高到47.8%，中专以下学历的从68.75%降至8.7%。结构更趋合理。专业技术人员比例从18.75%提高至43.5%；专职委员比例从56.25%提高到69.56%，常委会各委、办副主任进入常委会，人大机关工作实力明显增强。

文成县第十届至第十四届人民代表大会常务委员会组成人员一览表

表20-8　　　　单位：人

届别	历届人大第一次会议选举				历届人大二至五次会议补选			
	合计	主任	副主任	委员	合计	主任	副主任	委员
十届	16	1	3	12	—	—	—	—
十一届	16	1	3	12	4	1	—	3
十二届	19	1	4	14	4	1	—	3
十三届	19	1	4	14	7	—	1	6
十四届	23	1	4	18	7	—	1	6

说明：资料由县人大办提供

文成县第十届至第十四届人民代表大会常务委员会组成人员结构一览表

表20-9　　　　单位：人

届别	组成人员总数	常委会组成人员构成													
		人大机关	县委	组织部	人武部	工会	共青团	妇联	教科卫	乡镇人大	工农	中共党员	妇女	归侨侨眷	少数民族
十届	16	9	—	1	1	1	—	—	1	—	3	12	1	1	1
十一届	16	10	—	1	—	1	1	1	1	—	1	13	4	—	2
十二届	19	10	1	1	—	1	1	1	1	1	2	16	4	—	1
十三届	19	11	1	1	—	1	1	1	1	—	2	14	4	1	2
十四届	23	16	—	1	—	1	1	1	1	—	2	19	4	—	1

说明：本表对历届人大二次至五次会议补选的人大常委会组成人员构成情况未予统计；资料由县人大办提供

第二节　历届人大常委会会议

县人大常委会会议依法每两个月举行一次，听取和审议县人民政府及组成部门、县人民法院、县人民检察院的工作报告和有关议案。常委会会议经充分审议，对一般问题作出审议意见，对重点问题审议后，经人大常委会组成人员过半数通过，作出决议、决定。

十届常委会会议　1990年5月—1993年4月，十届人大常委会举行22次会议，听取和审议县政府、法院、检察院报告60个，作出决议、决定19项，审议意见6项，任免国家机关工作人员189人次，撤职1人。

十一届常委会会议 1993年4月—1998年3月,十一届人大常委会举行35次会议,听取和审议县政府、法院、检察院报告82个,作出决议、决定52项,审议、评议意见38项,任免国家机关工作人员247人次。

十二届常委会会议 1998年4月—2002年2月,十二届人大常委会举行41次会议,听取和审议县政府、法院、检察院报告119个,作出决议、决定80项,审议、评议意见40项,任免国家机关工作人员253人次,撤职2人。

十三届常委会会议 2002年3月—2007年2月,十三届人大常委会举行33次会议,听取和审议县政府、法院、检察院报告137个,作出决议、决定58项,审议、评议意见35项,任免国家机关工作人员195人次。

十四届常委会会议 2007年3月—2012年1月,十四届人大常委会举行44次会议,听取和审议县政府、法院、检察院报告189个,作出决议、决定124项,审议、评议意见26项,任免国家机关工作人员216人次。

文成县第十届至第十四届人大常委会会议与主要工作情况一览表

表20-10

届别	任期	常委会会议					主要工作				
		次数	审议报告	决议决定	审议意见	人事任免	调研视察	执法检查	评议工作	督促办理	
										议案	建议
十届	1991年1月—1993年4月	18	40	16	6	67	8	6	1	2	356
十一届	1993年4月—1998年4月	35	82	52	38	247	20	15	11	14	1056
十二届	1998年4月—2003年3月	41	119	80	40	253	29	21	8	7	1137
十三届	2003年4月—2007年2月	33	137	58	35	195	18	20	7	5	877
十四届	2007年2月—2012年1月	44	189	124	26	216	19	8	11	8	910
合计	—	171	567	330	145	978	94	70	38	36	4336

说明:资料由县人大办提供

第三节 主任会议

县人大常委会主任会议由主任、副主任组成,办公室主任列席会议,处理常委会的重要日常工作。1990—2012年1月,召开主任会议366次,十届49次,十一届67次,十二届94次,十三届71次,十四届85次。

主任会议的主要工作:

决定每次人大常委会会议的召开日期,拟定会议议程、日程草案,会议需要作出的决议、决定草案,以及决定列席会议的人员。

研究提出常委会年度工作计划、工作报告草案和重要专题报告。

研究决定向常委会提出议案、质询案的处理方案。

依法向常委会提请人事任免事项。

研究常委会机关建设,听取各工作机构重要工作安排及工作情况汇报,协调各工作机构的日常工作。

根据常委会工作安排,组织县人大代表开展执法检查、评议以及视察、调查研究等活动。

听取县政府及其所属部门、法院、检察院的有关专题工作汇报,提出建议意见,并督促、检查办理结果。

督促人民代表大会议案,代表建议和人民群众来信来访案件的办理工作。

办理上级人大常委会交办的事项。

处理属于常委会职权范围内的其他重要日常工作。

第三章　依法履行职责

县人大常委会依法行使重大事项决定权、监督权和人事任免权,密切联系代表,发挥地方国家权力机关作用,为全县经济、社会发展服务。

第一节　决议、决定

十届至十四届人大常委会,对本行政区域内的重大事项作出决议、决定330项。内容涉及法律实施、经济社会发展、城乡建设及资源保护等诸方面。1996年12月,通过《决定重大事项的规定》,使讨论决定重大事项规范化。2009年10月,通过《文成县政府投资项目监督办法》,对政府性投资项目的监督更加有力。2010年11月,通过《县级预算审查监督办法》,加强对预算的审查监督。

十届人大常委会

1990年8月,作出《关于进一步做好〈行政诉讼法〉实施准备工作的决议》。1991年6月7日,作出《关于在全县深入开展法制宣传教育的决议》。1992年3月,决定批准县检察院设立县供销社检察办公室。1992年7月,决定批准县政府提出的《"八五"科学技术发展计划和十年规划纲要》。1992年9月,决定原则批准县政府提出的《1991—2000年教育发展纲要》,批准县政府的《实施初级卫生保健规划》。

十一届人大常委会

1993年7月,决定批准县政府提出的《"八五"儿童少年事业发展规划》。1993年9月,决定批准县政府提出的《县城总体规划(修订)》《住房制度改革方案》,决定原则批准县政府提出的《1991—2000年教育发展纲要(修订)》。1994年10月,决定批准县政府提出《城镇生活污水治理实施办法(试行)》。1996年5月,决定批准县政府提出的《基本农田保护区规划》。1996年5月,作出《关于深入开展依法治县工作的决议》。1996年7月,决定批准县政府、法院、检察院分别提出的《关于开展依法治县工作的实施方案》,通过并作出《关于继续开展法制宣传教育的决议》《关于加强预算外资金管理的决定》。1997年2月,决定批准县政府提出《关于调整县体育中心用地规划的议案》。1997年6月,作出《关于加强风景名胜资源,加快发展旅游业的决定》。1997年7月,作出《关于加强文化市场管理的决定》《关于实施〈浙江省华侨捐赠条例〉的决定》。1997年7月,作出《关于全面贯彻实施〈行政处罚法〉的决定》。1997年9月,作出《关于加强扶贫资金管理的决定》。1997年12月,决定撤销汇溪乡、双溪乡设置云湖乡,撤销东龙乡并入珊溪镇。

十二届人大常委会

1998年9月,作出《关于加大建筑法执法力度的决定》。1999年5月,作出《关于进一步加强水土保持工作的决定》。1999年7月,通过《关于进一步加强公安执法工作的意见》。2000年1月,决定批准县政府提出《县城总体规划(修编)》。2000年7月,决定批准县政府提出的《县域城镇体系规划》。2000年11月,通过并作出《关于加强重点工程建设管理的决定》。2001年2月,决定撤销法院告诉申诉庭,设立立案庭、审判监督庭。2001年5月,通过《关于进一步贯彻实施〈城市规划法〉的决定》。并对县人民检察院检察长孔璋《关于犯罪嫌疑人朱某某的行为是否构罪的请示》进行审议,根据相关法律法规,县人大常委会反复多次调查十源朱某某对梨树施用农药有人中毒的情况,在全面充分了解的基础上,经第26次、27次、28次会议审议,作出同意检察长"犯罪嫌疑人朱某某的行为不宜作犯罪处理"意见的决定。2001年7月,作出《关于进一步开展法制宣传教育的决议》。2001年9月,通过《关于加强县级预算审查监督的决定》《关于加强审计工作监督的决定》《关于加强经济工作监督的决定》。2001年11月,通过《关于依法征收珊溪水利枢纽工程耕地占用税的决议》。2002年9月17日,作出《关于要求"一府两院"修订依法治县实施方案的决定》,2002年9月18日,通过《关于同意改变文岙底规划用地功能的决定》《关于同意百丈漈风景名胜区总体规划的决定》《关于同意文成中学迁建的决定》,同意文成中学迁建大峃镇文岙底。

十三届人大常委会

2003年8月,决定批准同意县政府提出《文成县法律援助实施办法》。2003年10月,决定批准同意县政府提出《新文中建设贷款解决方案》。2004年5月18日,制定《关于重要情况通报的实施办法》。2004年5月19日,决定批准《文成生态县建设规划》。2004年9月,制定《干部任前法律知识考试暂行办法》。2005年2月,作出《关于同意缓建"县城综合市场"工程的决定》。2005年5月,作出《关于同意县人民政府对县城总体规划用地功能布局进行调整的决定》。2005年7月,制定《个案监督暂行办法》《文成县人大常委会机关信访工作办法》。2005年9月,制定《关于邀请人大代表列席常委会会议的暂行办法》。2005年10月,制定《关于县乡(镇)人大机关档案管理暂行办法》《关于代表开展活动的办法》《关于代表约见暂行办法》。2005年12月,制定《文成县人民代表大会代表议案处理办法》《文成县人民代表大会代表建议、批评和意见处理办法》《文成县人民代表大会代表持证视察办法》《文成县人民代表大会常务委员会联系代表办法》。2006年9月,通过《关于加强法治建设的决议》。2006年11月,作出《关于原则同意〈文成县旅游发展总体规划〉的决定》。

十四届人大常委会

2007年5月,修订《干部任前法律知识考试试行办法》。2007年8月,作出《关于同意建设56省道文成县城段绿化景观工程(河滨公园)的决定》。2007年12月,修订《文成县人民代表大会代表议案处理办法》。2008年1月,制定《文成县人大常委会与"一府两院"工作联系办法》。2008年9月,作出《关于同意〈文成县城总体规划(2006年至2020年)〉的决定》。2009年3月,作出《关于确定文成县县树的决定》,确定枫树为文成县县树。2009年10月,作出《关于同意〈文成县产业发展规划(2008—2020年)〉的决定》,制定《文成县政府投资项目监督办法》。2010年5月,作出《关于同意建设百丈漈通景公路改建工程的决定》,制定《文成县爱乡楷模和荣誉市民称号授予办法》。2010年11月,制定《文成县县级预算审查监督办法》。2010年12月,作出《关于同意建设浙江省廉政文化教育基地(文成县刘伯温纪念馆)基础配套设施建设工程的决定》。2011年3月,作出《关于文成县乡镇行政区划调整方案的决议》。

第二节　监督工作

十届至十四届人大常委会通过视察检查调研、审议工作报告、工作评议。听取审议报告、视察调研、执法检查、工作评议、述职评议、司法评议等方式行使监督职权。制定《监督“一府两院”工作的试行办法》《督查工作暂行规定》等规章制度，保证常委会决议、决定及审议意见的贯彻落实。

1991—2011年，组织较大规模的视察调研活动94次。视察检查调研后，常委会会议听取审议相关报告567个。其中县政府及其部门506个、法院31个、检察院30个，作出决议、决定11项，提出审议意见33项。组织开展执法检查71次，开展司法执法评议18次，评议法院、检察院、县政府部门单位43个，其中公安执法评议4次，法院、检察院司法评议各2次。1994年，开始对常委会任命干部进行述职评议，至2006年12月，开展述职评议活动13次，评议县政府副县长、委办局主任局长，县法院庭长36人次；开展书面述职评议2次，评议38人次；开展工作评议7次。2005年评议县政府工作，2007—2010年分别评议县政府下属部门工作，促进公正司法、依法行政。

执法检查与视察

1991年10月，视察县城总体规划实施情况。10月21日，第十次会议听取和审议县规划局《关于县城总体规划执行情况和调整意见的报告》和人大常委会视察组的视察报告。会议要求规划工作尊重现实，符合客观实际。对于旧城改造和私人住宅拆建，从地面到空间都从严把关。新区开发的公建项目，定点服从规划要求，相对集中、合理布局、方便群众。

1992年5月，检查打击假冒劣质商品专项斗争开展情况。5月27日，第十四次会议听取和审议《工商行政管理局关于打击制售假冒伪劣商品违法活动情况的报告》和人大常委会视察组的视察。会议要求县政府及部门集中力量查处制售假冒劣质药品、食品等危害人民群众健康和人身安全的、制售假冒劣质农药、化肥、种子等破坏农业生产的和制售其他假冒产品的案件。并对上垟啤酒厂产品质量不符合卫生标准，且假冒商标的侵权行为坚决予以纠正。

1993年7月，开展《中华人民共和国土地管理法》执法检查。听取土地管理局的汇报，分别到大峃等13个乡镇开展检查。7月21日，第二次会议听取和审议土地管理局《关于〈土地管理法〉贯彻实施情况的报告》和人大常委会执法检查组的报告。会议要求县政府及土地管理部门深化土地使用制度改革，抓紧处理县城建设路两旁的遗留问题，建立和培育规范的地产市场，加强土地管理队伍和网络建设。

1994年9月，开展《中华人民共和国教师法》执法检查。听取县教委的汇报，分别到大峃镇等6个乡镇及中小学开展检查。10月，第十次会议听取和审议副县长郑国启《关于宣传贯彻教师法情况的报告》和教科文卫工委《关于检查教师法执行情况的报告》。会议要求县政府依法增加对教育的投入，改善教师工作环境、生活待遇，强化师德教育，理顺管理体制，提高办学效益，为经济发展服务。

1995年7月，视察国有企业改革和生产经营情况。7月25日，第十五次会议听取和审议副县长江海滨《关于国有企业改革和生产经营情况的报告》和人大常委会视察组的报告。会议要求县政府加快国有企业改革步伐，狠抓扭亏增盈工作，增强服务观念，加强领导，全力支持企业发展。

1996年7月，视察民族工作。重点视察西坑畲族镇、周山畲族乡、双桂乡及孙山、漈下等少数民族居住比较集中的乡村。7月25日，第二十二次会议听取和审议民族事务科《关于民族政策落实与民族地区发展情况的报告》和民侨工委的民族工作视察报告。会议要求县政府继续加大对少数民族地区的扶持力度，加强基础设施建设，大力开发自然资源，增强民族经济发展后劲；重视培养少数民族干部，提高少数民族干部队伍素质。

1997年8月，调查扶贫资金使用管理情况。调查发现扶贫资金存在“重投轻管”，管理不规范，多头投放，投放分散等问题。要求县政府建立管理规范、职责明确、考核严格的管理机制。对历年投放的扶贫资金使用情况每年进行清查，发现问题及时处理，努力盘活资金。审计部门对扶贫资金的使用情况进行审计，对移用、挪用、拖欠、挤占扶贫资金的必须如数追回,并依法追究责任。

1998年12月,检查视察国有企业改革和三年解困计划的实施情况及生产经营情况。1999年1月,第七次会议听取和审议县计经委《关于国有企业改革和生产经营情况报告》和财经工委的视察报告。会议要求县政府依法加强对国有资产管理,依法追回商品综合市场和原仪器仪表工业公司、工业供销公司流失的国有资产。解决商业系统国有资产连环风险,切实清查国有企业真实资产,纠正个别企业虚报或少报国有资产的不正之风。1999年9月,调查个体私营经济发展情况。11月,第十二次会议听取和审议县长助理钟信友《关于个体私营经济发展情况的报告》和财经工委《关于个体私营经济发展情况的调查报告》。会议要求县政府为非公有制经济发展营造和谐宽松环境,抓紧抓好工业园区建设,尽快完善园区优惠政策,狠抓落实到位,让个私经营者有实惠。

2000年11月,视察民政工作。了解民政扶贫、救灾救济、优抚、安置及村居组织情况。视察十源等9个乡镇,走访云湖乡移民后靠新建村等。11月22日,第二十一次会议听取和审议副县长潘玉花《关于民政工作情况的报告》和人大常委会视察组的报告。会议指出扶贫周转金回收进度缓慢,民政款物、队伍管理有待加强,对乡镇民政工作、村委会选举工作指导不力等问题,要求县政府及民政部门务必引起高度重视,切实整改。

2001年11月,视察全县风景旅游总体规划编制情况。召集部分县人大代表、老干部代表和计经委等11个部门单位负责人、技术人员进行座谈,视察飞云湖、岩门大峡谷、双龙等景区。视察组建议加大人文景观的比重,做好做大做足刘基的“国”字号文章。把县城周围的景观和泗溪梯级拦河工程加以规划。对景区、景点应加以锤炼,力创精品,适当控制风景区面积。

2002年8月19—9月3日,检查县政府、法院、检察院贯彻执行县人大常委会依法治县决议的情况。9月17日,第三十六次会议分别听取和审议县长助理许强、法院院长陈晔、检察院副检察长刘际当《关于贯彻人大常委会依法治县决议情况的报告》以及人大常委会视察组的报告。会议要求县政府加强政府法制机构建设,完善依法行政的监督机制,切实推行执法责任制、评议考核制,建立和完善行政行为过错责任追究制度,加强执法人员的培训和管理,严格执法程序,规范执法行为。要求法院、检察院建立公开、公正、高效、廉洁的现代司法运行机制,致力公正司法,维护法律尊严。

2003年5月20—6月6日,开展《中华人民共和国民事诉讼法》执法检查。7月3日,第三次会议听取和审议县法院《关于贯彻执行〈民事诉讼法〉情况的报告》和县人大常委会执法检查组的检查报告。会议要求县法院加强法官职业道德教育和业务知识学习、规范法律文书送达方式、充分发挥合议庭的作用、加大执行力度和强化监督制约机制。

2004年3—4月,检查县法院、检察院、公安局贯彻执行《中华人民共和国刑事诉讼法》情况。听取公、检、法、司关于执行《中华人民共和国刑事诉讼法》情况的汇报;召集有关队科庭室、律师事务所以及有关乡镇和部门单位负责人、人大代表、人民陪审员进行座谈,观摩刑事庭审,调阅案卷348卷。检查组建议公检法部门提高认识,以正确的司法理念实施刑事诉讼法;强化宣传,开展刑事诉讼法的普及工作;规范程序,充分发挥合议庭的作用;合理调配检察官,纠正书记员办案问题:按规定随案移送赃款赃物,协商财政拨付办案经费;强化内部监督制约机制,加大执法监督工作力度。

2005年4月,开展农村土地承包执法检查。检查采取听取汇报、座谈、走访村庄和农户,重点情况专题调查相结合的方式进行,听取县农业局、林业局、国土资源局的相关工作汇报,并到黄坦镇、百丈漈镇、珊溪镇、公阳乡检查。5月25日,第十八次会议听取和审议县政府关于贯彻实施《中华人民共和国农村土地承包法》执行情况的报告和县人大常委会执法检查组的检查报告。会议要求县政府做好农村集体土地所有权证核发、耕地承包扫尾工作,规范和引导土地承包经营权流转,规范发放征地费,健全农村土地纠纷解决机制。

2006年6月20—7月7日，开展国有资产监督管理工作的调研。调研组先后到县财政、发改、教育、卫生、林业、农业(水利)、广播电视台、国土资源、机关事务管理局、电力投资公司、物资总公司等单位和企业以及玉壶、上林等乡镇进行调研。7月20日，第二十七次会议听取和审议县政府《关于文成县国有资产管理情况的报告》和县人大常委会调查组的调查报告。会议要求县政府加大法规宣传力度，强化基础管理，提高资产使用效益，加大监督处罚力度。

2007年8月13—19日，调研县城等地城镇改造开发的规划和实施情况。调研组分别到大峃镇、城镇改造开发指挥部、规划建设局、国土资源局、房管局、老干部局召开座谈会，征求意见和建议。10月10日，第五次会议听取和审议县政府《关于城镇改造开发的专项工作报告》，会议要求县政府进一步增强规划意识，争取最广泛的民意支持，准确定位，切实履行政府职能。

2008年4月28—5月15日，调研全县重点景区规划及实施情况。调研组先后到红枫古道、朱阳九峰、百丈漈景区及百丈飞瀑引水工程、龙麒源景区、石垟森林公园及猴王谷景区实地调查，并听取风景旅游、规划建设、旅游公司等相关单位工作汇报。7月31日，第十二次会议听取和审议县政府《关于文成县生态旅游工作专项报告》，会议要求县政府优先发展旅游交通、加快老景点改造和新景点建设、提高"农家乐"发展水平、加快旅游纪念品开发和加大宣传促销力度。

2009年4月，调研重点工程招标投标和工程监督情况。调研组先后到县招管办、招投标中心、文中、体育局、环保局、水利局等单位了解重点工程招标投标、工程监督相关情况，召集县发改局、财政局、国土资源局、规划建设局、交通局、房管局、工商局、大峃镇等单位进行座谈，并到文中迁建、体育馆、泗溪河整治等工程进行实地调研。5月26日，第二十一次会议听取和审议县政府《关于重点工程招投标专项工作报告》，会议要求县政府理顺招投标监督体制，明确监管职责，加强项目前期工作，强化标后管理，加强市场培育和招投标平台及招投标队伍建设。

2010年4月，组织检查组对全县贯彻实施食品安全法情况进行检查。通过实地察看、查阅资料、走访、座谈、听取汇报等形式，先后深入到农产品生产基地、食品生产加工企业、小作坊、大小餐馆、食品配送(批发)中心、食品商场(店)、集贸市场、屠宰场等进行检查，听取县卫生局、农业局、质量技术监督局、工商行政管理局、食品药品监督管理局等相关职能部门依法履职情况汇报，并抽查定性检测了农产品、水产、干货等不同品种95个(其中合格92个)。

2011年8月，调研非物质文化遗产保护工作。调研组查阅非物质文化遗产普查成果汇编，先后到大峃、南田、西坑、周山等乡镇了解当地非物质文化遗产的传承保护情况，并与部分普查员、传承人、非遗管理人员等进行座谈，广泛了解非遗挖掘和保护方面的情况。9月21日。第三十九次会议听取和审议县政府《关于非物质文化遗产保护工作的报告》。会议要求县政府建立健全非物质文化遗产保护长效机制，对全县非物质文化遗产进行梳理，实行分类传承保护。坚持"以保护带动开发，以开发促进保护"的思路，形成经济开发利用与传承保护的良性循环。

工作评议

1991年11—12月，组织评议县公检法司机关执法、司法工作。12月，组织省、市、县人大代表分别到南田、黄坦、玉壶3区7个乡镇视察调查，听取意见，对公检法司四机关的执法和司法工作进行面对面评议。充分肯定公检法司机关的工作成绩，坚持"严打"方针，多次开展专项斗争，打击严重危害社会治安的刑事犯罪分子，维护社会稳定、保护人民合法权益，促进社会主义两个文明建设等方面所取得的成绩。并指出公安机关打击刑事犯罪不力，检察机关侦破重大经济犯罪没有突破性进展，司法机关的律师队伍有待整顿，法院法律文书质量有待提高等问题。要求公检法司机关加强队伍建设,坚持“严打”不放松,集中时间、力量,开展专项斗争,实现社会治安进一步好转。

1993年9—12月,组织县人大代表对公安执法、法院和检察院的司法工作进行检查、评议。组织走访118位省、市、县人大代表,先后在珊溪等7个乡镇召开8次100余位代表参加的座谈会;视察基层派出所、法庭、司法所及县看守所,广泛听取意见。11月,常委会召集县人大代表22人,邀请县委、县政府及部门领导38人,参加公检法3家分别召开的评议会。代表们对公检法3家的工作分别作实事求是的评估,并指出他们执法工作和队伍建设中应引起注意的问题。12月,十一届人大常委会第五次会议,分别听取县公安局、法院、检察院关于县人大代表评议意见整改情况的报告,评议中代表提出51条意见(案件),公检法3家机关对49个问题作整改,占应整改数的96%;公安机关处理内部违法违纪案件3起5人。

1994年11—12月,组织部分县人大代表,对物资局、广播电视局、物价局的行政执法工作进行检查评议。评议检查组到6个乡镇、12个县机关部门单位了解情况,召开座谈会21次,征求140余位县人大代表的意见,并到物资局、广播电视局、物价局同102位干部职工进行个别谈话。12月11日,召开物资行政执法工作评议会,听取县物资局关于行政执法工作的自查报告;12日,召开广播电视行政执法工作评议会,听取广播电视局关于行政执法情况的自查报告;13日,召开物价行政执法评议会,听取物价关于行政执法情况的自查报告,代表们对物资局、广播电视局、物价局进行评议,提出存在的问题,并要求3单位进行整改。

1995年10月,组织部分县人大代表,对规划局、卫生局、粮食局的行政执法工作进行检查评议。评议检查组深入大峃等8个乡镇及10余个部门单位了解调查,召开22次座谈会,向200余位县人大代表发函征求意见,同3局机关95名干部职工进行个别谈话,并查阅部分台账和相关资料。10月18日,召开规划行政执法工作评议会,听取县规划关于行政执法情况的自查报告和审计局对规划局财务收支情况的审计报告;19日,召开卫生行政执法工作评议会,听取卫生局关于行政执法情况的自查报告和审计局对卫生局财务收支情况的审计报告;20日,召开粮食行政执法工作评议会,听取粮食局关于行政执法情况的自查报告和审计局对粮食局财务收支情况的审计报告。代表们肯定规划局、卫生局、粮食局工作成绩,提出存在的问题,并要求3单位进行整改。

1996年10月,组织县人大代表检查评议劳动人事局、工商行政管理局的行政执法工作。到计经委等15个部门单位,珊溪镇等7个乡镇政府调查了解情况,听取审计局对两局财务审计情况的报告,向190余位人大代表征求意见。10月24日,召开劳动人事行政执法工作评议会。代表们认为,劳动人事局在宣传贯彻劳动法律、法规,落实劳动就业,加强劳动行政执法,贯彻县人大及其常委会决议决定和办理人大代表建议,加强队伍建设等方面做了大量工作,取得较好成效。但是还存在劳动法宣传面不广,执法力度不足,执法机构和职能不相适应,执法力量薄弱,调查研究较少,工作作风有待转变。要求劳动人事局加大对劳动法的学习宣传力度,提高全民法制意识,严格依法行政;完善劳动执法机构,重视加强对劳务市场的建设和管理,加强劳动执法检查;完善社会保障制度,做好下岗职工再就业工作;努力加强自身建设,提高执法水平。10月25日,召开工商行政执法工作评议会。代表们认为,工商局在认真学习宣传贯彻工商法律、法规,积极维护市场秩序,着力培育市场经济,寓服务于管理之中,积极为企业、个体工商户服务,认真抓规范化建设,在全县率先实行“两公开一监督”,接受社会监督等方面取得较好成绩。要求工商局抓住“三五”普法教育的有利时机,突出宣传消费者权益保护、反不正当竞争法、经济合同法、广告法和产品质量法等法律、法规;进一步加大工商行政管理执法力度,突出打击伪劣商品,取缔无证经营,及时查处投诉案件,切实保护消费者合法权益;努力搞好自身建设,提高执法队伍整体素质,加强廉政建设,认真处理“以捐代罚”问题。

1998年11月,组织部分县人大代表,对科委、环保局的行政执法工作进行检查评议。检查期间,听取科委、环保局行政执法工作情况的汇报。到科委、环保局与干部职工进行个别谈话,查阅有关规章制度的制订和落实情况；到法院等12个部门单位和大峃等7个乡镇进行调查了解。先后召开19个座谈会，听取200余位县、乡镇人大代表、县机关部门单位、乡镇干部的意见。11月16日上午，召开科技行政执法工作评议会，听取县科委关于科技行政执法工作的自查报告和审计局关于科委财务收支的审计报告；16日下午，召开环保行政执法工作评议会，听取环保局关于环保行政执法工作的自查报告和审计局关于环保局财务收支的审计报告；23日，十二届人大常委会第五次会议，分别听取教科文卫民侨工委、农业资源建设环保工委关于评议科委、环保局行政执法工作情况的报告，就两单位执法中存在的困难和问题向县政府提出改进意见。

1999年5月，十二届人大常委会第九次会议，分别听取科委、环保局关于执法评议意见整改情况的报告。5—10月，组织评议检察司法工作。5月，召开评议动员会；6月初，开始调查了解情况，8月，召开检察司法评议会。11月，十二届人大常委会第十二次会议，听取检察院关于检察司法评议整改情况的报告。对7个案件进行复查，纠正其中2个案件，制定《办案质量考核办法》《关于加强与人大代表联系的规定》等制度。

2000年5—11月，组织县人大代表评议公安局执法工作。8月，召开公安执法评议会。根据代表的评议意见，整理出13个案件，交公安局整改。11月，十二届人大常委会第二十一次会议，听取县公安局《关于接受人大代表评议整改工作情况的汇报》。公安机关在整改中，对自查出来的15个案件和县人大代表在评议中提出的13个案件进行认真复查、纠正；对2名干警作出辞退处理；对15起案件有办案过错行为的责任人进行责任追究；着重解决干警"拜亲家"问题。

2001年6—11月，组织县人大代表评议法院司法工作。到检察院等31个部门单位和珊溪等7个乡镇调查了解情况。根据代表的评议意见，整理出11个案件，交法院整改。11月，十二届人大常委会第二十九次会议，听取法院《关于接受人大代表评议整改工作情况的报告》。整改期间，法院加大改革力度，建立审判监督庭，首次实行民庭、经济庭、立案庭3位庭长竞争上岗，首次选任审判长10名；加大执行力度，9月份执行完毕56件。对代表提出的11个案件进行复查，对提高司法水平和加强队伍建设的起到较好作用。

2002年5—9月，组织县人大代表评议县政府工作。召开评议工作动员会；致函全县人大代表，按照评议内容，印发评议政府工作征求意见表，向全县各界征求意见；7月上旬开始评议调查，到县机关50余个部门单位和全县33个乡镇调查了解情况；8月，分7个调查小组，深入各地开展专项调查。9月，召开评议政府工作会议，15位代表作评议发言。9月18日，人大常委会第36次会议通过关于县人大代表对政府工作的评议意见，交县政府整改落实。

2005年10月，组织县、乡镇人大代表检查评议县公安局2001年以来的执法工作。11月，召开县人大代表评议公安执法会议，听取县公安局关于公安执法自查自纠情况报告、县人大常委会执法评议调查组的调查报告、县审计局的经济责任审计报告，2位代表围绕公安执法和队伍建设作重点发言。对县公安局工作给予充分肯定。会议要求县公安局加大打击各类违法犯罪活动力度；加强内部监督，提高执法水平；转变作风，提高公安队伍整体素质；增强自觉接受监督意识，切实办理好人大常委会交办的事项。

2009年8—9月，组织评议调查组对教育局、规划建设局工作开展评议调查。11月，召开十四届人大常委会第二十五次会议听取和审议两个局工作报告、县人大常委会评议调查组的调查报告、县审计局对两个局的审计结果报告进行评议和满意度测评。2010年5月，十四届人大常委会第二十九次会议听取和审议县教育局、规划建设局关于评议意见整改落实情况报告，并进行整改满意度测评。

2010年8—9月，组织评议调查组对民政局、国土资源局工作开展评议调查。9月，十四届人大常委会第三十一次会议听取和审议两个局的工作报告、县人大常委会评议调查组的调查报告、县审计局对两个局的审计结果报告。进行评议和满意度测评。2011年6月，十四届人大常委会第三十七次会议听取和审议县民政局、国土资源局关于评议意见整改落实情况报告，并进行整改满意度测评。

述职评议

1994年,县人大常委会开始对一府两院及组成部门主要领导进行述职评议。述职者接到人大常委会述职与审计决定通知后,述职者向人大常委会写出书面述职报告。人大常委会组织人大代表、常委会组成人员对述职者履行职务情况进行调查考察。召开常委会会议,听取述职者述职报告、审计局对述职者的审计报告、调查考察组对述职者的考察报告,并对履行职责情况展开面对面的评议和胜任度测评,通过评议意见并提出限期整改。限改期到后,述职者再次就整改情况作出报告,调查考察组作出再次调查考察报告,审计局作出审计整改情况通报,述职者再次接受胜任度测评。评议分为述职评议与书面述职评议。书面述职只需提交书面报告,经常委会形成评议意见,向任命干部反馈、并要求做好整改工作。

1994—2011年文成县领导干部述职评议情况一览表

表20-11

年月	述职者姓名	职务
1994.1	蒋炳发	计经委主任
	陈绍贤	司法局局长
	刘化农	城建局局长
	纪仕胜	土地管理局局长
	郑建文	水利电力局局长
	刘际梯	粮食局局长
	曾家和	公安局局长
	刘际伟	民政局局长
	陈永久	物资局局长
	潘亦建	教委主任
	郭瑞桐	计生委主任
1994.11	陈永久	物资局局长
	张益铁	物价局局长
	邢建文	广播电视局局长
1995.8	冯　俊	副县长
1995.10	胡绍钗	卫生局局长
	刘际梯	粮食局局长
1996.10	张明亮	财政局局长
	刘化农	城建局局长
1997.6	县人大常委会任命的县政府办主任、局长(主任)、法院副院长、检察院副检察长等23位任命干部作书面述职	—
1997.12	汤修华	副县长
1999.8	夏逸峰	水利水电局局长
2000	潘亦建	教委主任
	张明亮	财政局局长
2001.5	王大顺	建设局局长

续表20-11

年月	述职者姓名	职务
	邢坚成	文化局局长
2003.9	胡碎钗	农业局局长
	廖忠明	民政局局长
2004	蒋学高	法院民二庭庭长
	王大顺	规划建设局局长
	徐旭华	国土资源局局长
2005	刘建华	经贸局局长
	黄齐根	计生局局长
2006	胡文演	交通局局长
	叶国培	教育局局长
	张真聪	发改局局长
	廖海成	司法局局长
2006.9	县人大常委会任命的县政府办主任、科学技术局局长、民宗局局长、监察局局长、人事劳动社会保障局局长、规划建设局局长、农业局(水利局)局长、林业局局长、文化广播电视新闻出版局局长、卫生局局长、审计局局长、环境保护局局长、安全生产监督管理局局长、统计局局长作书面述职报告	—
2008.1	县人大常委会听取县政府办主任、发展和改革局局长、经贸局局长、教育局局长、科学技术局局长、民宗局局长、公安局局长、监察局局长、民政局局长、司法局局长、财政局局长、人事劳动社会保障局局长、国土资源局局长、规划建设局局长、交通局局长、农业局局长、水利局局长、林业局局长、文化广播电视新闻出版局局长、卫生局局长、人口与计划生育局局长、审计局局长、环境保护局局长、安全生产监督管理局局长、统计局局长、行政审批中心主任、体育事业发展局局长、风景旅游管理局局长的述职报告，房产管理局、城镇改造开发指挥部、电业局、国家税务局、工商行政管理局的工作报告，并作工作满意度测评	—
2009.11	赵超美	县规划建设局长
	赵东佐	教育局局长
2010.9	王新亮	民政局局长
	吴涛涌	国土资源局局长

说明：资料由县人大办提供

第三节　人事任免

1983年4月制定《任免本县国家机关工作人员暂行办法》。经1987年6月、1993年6月、1996年12月和2004年9月4次修改，形成较完善的《人事任免办法》，并制定《干部任前法律知识考试试行办法》，将原来任免的“举手表决方式”改为“无记名投票表决方式”；充实完善任前考察、拟任人员法律知识考试、承诺发言、颁发任命书、宣誓就职、履职监督等程序，任免工作更趋规范化。

人事任免包括决定代理人选、接受辞职、任免职务、撤销职务。1991年1月至2011年12月，任免地方国家机关工作人员978人次，其中决定代理人选16人，接受辞职53人，任职643人次，免职263人次，撤职3人。按届别分即十届67人次,十一届247人次,十二届253人次,十三届195人次,十四届216人次。按机关分则人大机关240人次,政府机关307人次,审判机关299人次,检察机关132人次。

文成县第十届至第十四届人大常委会人事任免情况一览表

表20-12 单位:人次

届次	合计	按任免机关				按任免类别				
		人大机关	政府机关	审判机关	检察机关	决定代理人选	接受辞职	任职	免职	撤职
10	67	23	16	15	13	1	12	33	20	1
11	247	51	86	76	34	2	8	176	61	—
12	253	48	88	87	30	5	8	167	71	2
13	195	65	49	59	22	3	10	128	54	—
14	216	53	68	62	33	5	15	139	57	—
合计	978	240	307	299	132	16	53	643	263	3

说明:资料由县人大办提供

第四节 代表工作

县人大常委会制定《代表开展活动办法》《代表持证视察办法》《代表议案处理办法》《联系代表办法》等制度,保障代表活动正常化。

联系代表

联系方式主要有建立代表小组、走访代表、开展评优活动等。每次换届后,常委会均及时作出常委会主任、副主任及办公室、各工委联系代表的决定;1991年开始走访代表,至2011年组织10次较大规模的走访活动,走访代表1256人次,了解代表的学习、生活、工作情况,征求代表对人大常委会和"一府两院"工作的意见,共收集建议、意见1542条。1993—2011年,表彰先进代表小组12个,优秀代表161人次,优秀议案、建议领衔人96人次,人大先进工作者53人。邀请代表列席常委会会议840人次,拓宽代表知情知政渠道,不断增强代表履行职务的能力和水平。

代表活动

代表活动内容主要有走访选民、工作视察、执法检查、执法评议、专项调查、征求意见等。十届至十四届,依次建立45、27、12、14、13个代表小组,开展代表履行职务各项活动。

宣传教育

十二届人大以来,每次召开人民代表大会前,都选取部分先进代表事迹和典型材料由县电视台拍摄并进行播放。2000年、2005年,分别集先进代表事迹和典型材料汇编成册,取名《代表风采录》出版发行。省人大常委会主任李泽民、副主任孔祥有,市人大常委会主任连正德分别为该书题词。

为代表提供学习资料,1999年编印《县人大常委会建立20周年纪念文集》《人大工作实践与思考》论文集,2000年汇编县人大常委会机关规章制度。编印县人大常委会决议决定(上下册和三、四册)。2001年始,编辑《文成县人民代表大会志》。2004年编印《纪念宪法颁发50周年文集》。

第五节 议案建议与信访督办

1991—2011年，历次人民代表大会会议，代表10人以上联名提出议案1991件，经县人民代表大会决定，列为大会或常委会审议的议案80件(归类为36件)，交县政府组织实施。历次人民代表大会代表提出建议、批评和意见(包括代表议案作为建议处理的)4336件，交有关机关办理，答复代表。常委会高度重视代表议案、建议办理工作，每年对办理工作进行检查，两次听取办理结果情况报告。2004年起每年确定常委会重点督办的议案，分层次进行督办，不断提高办结率和代表对办理工作的满意率。

议案建议督办

十届人大 二次会议议案1件，代表建议228件。对"加强县城建设和管理，切实改变脏乱差面貌"的议案，县政府抽调大峃镇、公安等6个部门人员，加强集镇管理：限制上街营运三轮车数，设置交通隔离带，拆除违章建筑、雨棚，清除摊位、路边堆积物，落实门前三包责任制，街道脏乱差状况得到改善。代表建议解决71件，占31.1%；列入计划解决73件，占32%；因条件限制不能解决的67件，占29.4%；提供参考的17件，占7.5%。三次会议议案1件，代表建议128件。针对"深入调查研究，加强公路建设和管理"人大常委会重点督办的议案，县政府在办理中解决黄西公路中段、玉壶至上林公路、金炉至赤砂公路、城南车站、鹤川大桥等久拖未决的遗留难题；同时增强公路定向的民主性、科学性，加速申报立项工作，加强对资金使用和工程质量的监督管理，推行公路建设投资分段包干责任制。代表建议解决53件，占41.4%；列入计划解决36件，占28.1%；因条件限制不能解决的32件，占25%；提供参考的7件，占5.5%。

十一届人大 一次会议议案1件，代表建议294件。针对"理顺县、乡(镇)财政管理体制，促进财税工作"人大常委会重点督办的议案，县政府在办理中对干部调动、退离休人员变动大的乡镇，在预算安排或调整时给予适当补助，减轻乡镇工资支出负担。同时对乡镇财政改革提出"建立乡镇财税国库，配备税务专管员，分设税收稽征组，加强预算外资金管理，建立综合性乡镇财政"等改革措施。代表建议解决150件，占51%；列入计划解决89件，占30.3%；因条件限制不能解决的55件，占18.7%。

二次会议议案7件，代表建议213件。针对"清理车霸，搞好客运票价管理"人大常委会重点督办的议案，县政府14次组织人员上路，检查客运车辆3996辆次，补交规费22万元，罚款3.95万元，退还旅客3.41万元；运管部门开展优质文明服务活动，设立举报箱，接受社会监督；公安部门打击车霸7名。办理6个代表议案、建议124件，占58.2%；列入计划解决51件，占24%；因条件限制不能解决的38件，占17.8%。

三次会议议案2件，代表建议174件。针对"搞好用电管理，清理不合理收费"人大常委会重点督办的议案，县政府决定：对营业性商店实行每月向用户收取25千瓦时的综合电费，超过部分仍按居民生活用电电价标准收取；对申请用电或增加用电的只收取每户340元配电工程贴费，免收供电工程贴费210元。代表建议解决119件，占68.4%；列入计划解决40件，占23%；因条件限制不能解决的15件，占8.6%。

四次会议议案3件，代表建议176件。其中，针对"加强自来水管理，改进水费收取办法"人大常委会重点督办的议案，县政府组织城建、规划部门对县城华侨新村、苔湖新村、石坟垟、栖霞路、上林宅巷、洋桥头路、泗溪路、珊门村的用户实行拆总表安装独立水表，当年安装水表281只。针对"加强猪肉市场管理，让市民吃上'放心肉'"人大常委会重点督办的议案，县政府先后出台对生猪等畜禽屠宰检疫作出管理规定，付诸实施，建立生猪屠宰场，对毛猪屠宰实行统一管理；每天派出三位检测人员，对猪肉进行集中检疫；成立县屠工协会，办理期间烧毁病猪、死猪18头。办理代表建议解决109件，占62%；列入计划解决37件，占21.0%；因条件限制暂时不能解决的24件,占13.6%。提供参考的6件,占3.4%。

五次会议议案1件,代表建议199件。针对“治理县城环境卫生”人大常委会重点督办的议案,县政府召开“讲文明、树新风”动员大会,开展“你丢我捡”活动,出台《县城市容和环境卫生管理暂行规定》,并组织实施,经市创建文明集镇检查组验收,县城基本达到文明集镇标准。代表建议解决或基本解决108件,占54.3%;列入计划解决49件,占24.6%;因条件限制不能解决的42件,占21.1%。

十二届人大 一次会议议案2件,代表建议306件。其中,针对“加强卫生投入,加大卫生扶贫力度”人大常委会重点督办的议案,县政府制定《卫生发展基金管理实施细则》,向上级和扶贫挂钩单位争取资金1173万元,多方筹资900万元,兴建县人民医院住院楼和改善医疗设备。代表建议解决或基本解决160件,占52.3%;列入计划解决39件,占12.7%;因条件限制暂时不能解决的107件,占35%。

二次会议议案2件,代表建议198件。针对“加强旅游景区环境保护”人大常委会重点督办的议案,县政府开展景区环境整治宣传月、垃圾清理突击周、环境秩序整治和水污染专项治理等活动;拨款1万元用于改善景区环境卫生设施;制定《风景名胜区环境保护管理办法》。代表建议解决或基本解决115件,占58.1%;列入计划解决21件,占10.6%;因条件限制暂时不能解决的62件,占31.3%。

三次会议议案1件,代表建议231件。针对“加强集镇建设和管理,改善市容市貌”人大常委会重点督办的议案,县政府开展“打地霸、净环境”“净化环境、从我做起”等活动来增强市民的集镇意识,出台《城镇市容、环境卫生、绿化和市政设施管理暂行规定》,启动县前街旧城改造工程;巨屿、百丈漈等镇投入100万元用于集镇建设。代表建议解决或基本解决135件,占58.4%;列入计划解决26件,占11.3%;因条件限制暂时不能解决的70件,占30.3%。

四次会议议案1件,代表建议149件。针对“加强对文成名人文化、旅游文化的研究和宣传”人大常委会重点督办的议案,县政府做好“国保”申报工作,2001年7月,刘基庙、刘基墓被国务院批准为国家级重点文物保护单位;9月,成功举办中国电视吉尼斯百丈漈溯漈大赛;11月,铜铃山被批准为国家级森林公园;同时搞好招商引资,引进旅游建设项目两个,总投资3600万元。代表建议解决或基本解决73件,占49%;列入计划解决26件,占17.5%;因条件限制暂时不能解决的50件,占33.5%。

五次会议议案1件,代表建议253件。针对“进一步搞好风景旅游资源开发”人大常委会重点督办的议案,县政府拍摄制作《文成旅游风光》VCD光盘,制定《刘基庙、墓文物保护规划》,重点抓好百丈漈入口公路、飞云湖码头至铜铃山景区水泥路建设。代表建议解决或基本解决83件,占32.8%;列入计划解决45件,占17.8%;因条件限制暂时不能解决的125件,占49.4%。

十三届人大 一次会议议案1件,代表建议347件。针对“进一步完善政策,深化户籍制度改革”人大常委会重点督办的议案,县政府作出《关于进一步深化户籍管理制度改革若干问题的批复》,就全县户籍管理制度改革的有关事项进行明确规定。决定扩大小城镇户籍管理制度改革的范围,在大峃、玉壶、珊溪和南田等4个镇试点的基础上,在全县33个乡镇各行政村统一实行户籍改革,按照“自愿申报、人户一致,按居住地登记”的原则办理户口迁移、登记手续。代表建议解决或基本解决128件,占37%;列入计划解决103件,占30%;因条件限制暂时不能解决的115件,占30%。

二次会议议案2件,代表建议171件。针对“强化五项资金催收,减少国有资产流失”人大常委会重点督办的议案,县政府出台《关于全力抓好“五项资金”催收清收工作的实施意见》,按照“谁主管、谁整顿,谁发放、谁回收,谁用钱、谁还款,谁担保、谁负相应责任”的原则,把清收任务落实到单位及个人,2004年收回“五项资金”760.30万元。代表建议解决或基本解决31件,占18%;列入计划解决78件,占46%;因条件限制暂时不能解决的62件,占36%。

三次会议议案1件，代表建议194件。针对“进一步加大农村殡葬改革力度”人大常委会重点督办的议案，县政府出台《关于集中开展“青山白化”专项整治的意见》，截至2005年12月31日全县拆除坟墓45座，迁移坟墓34座，深埋治理1343座，植被绿化治理751座，全县青山白化治理率达82%。代表建议解决或基本解决73件，占37.6%；列入计划解决62件，占32%；因条件限制暂时不能解决的59件，占30.4%。

四次会议议案1件，建议165件。针对“加快工业经济发展”人大常委会重点督办的议案，县政府完成《文成县“十一五”生态工业发展规划》编制，完善3个生态工业基地和2个乡镇工业功能区建设方案。重新制定出台《关于进一步加快全县工业经济发展的若干意见》，及时兑现以前相关优惠政策。2006年，组织外出招商10余次，引进落地工业企业26家（其中百丈漈工业基地18家、巨屿工业基地3家、周壤乡工业功能区3家、玉壶与南田各1家）。26家引进企业计划总投资约4.6亿元，安排用地38.4公顷。代表建议解决或基本解决的63件，占38.2%；列入计划解决的64件，占38.8%；不能解决的38件，占23%。

十四届人大　一次会议议案2件，建议254件。其中，针对“攻坚天顶湖水库引水工程，实现文成旅游跨越式发展”人大常委会重点督办议案，2007年4月，在多次协商未果的情况下，县政府根据《百丈漈一级、二级水电站报废重建及文成旅游社会经济发展等有关问题专题会议纪要》《关于文成县百丈漈一级、二级水电站报废重建工程可行性研究报告的批复》等文件精神，要求县水利局对百丈飞瀑引水工程初步设计报告进行审查和审批，同时函告百丈漈电厂。百丈漈电厂于4月30日复函县政府，以打洞引水方案未经双方同意确定和不利于水库大坝安全为由，再次反对打洞引水方案。为此，县政府先后两次召开紧急专题会议，研究百丈飞瀑引水工程有关事宜，于5月11日抄告县水利局，要求按照法定职责和规定程序，尽快组织力量将百丈飞瀑引水工程初步设计报告进行审批。在全县迅速开展各项工作的同时，百丈漈电厂以及新一任电厂班子也从经济效益、社会效益的角度出发，协助百丈飞瀑引水工程建设工作，并在2007年6月初，百丈漈电厂提出一个从一级站调压井取水恢复百丈飞瀑的方案。该方案设计取水工程设隧洞取水，隧洞进口设在调压井上下闷头盖之间，工程所需费用由百丈漈电厂承担，县政府只需负责征地等有关政策处理。6月7日的县政府第3次常务会议讨论通过该方案。11月底，完成《百丈飞瀑取水工程初步设计报告》，并在12月6日通过会审。2008年1月21日完成水土保持和环境评价会审，2008年1月30日举行百丈飞瀑引水工程开工仪式。代表建议解决或基本解决116件，占45.7%；列入计划解决77件，占30.3%；因条件限制暂时不能解决的61件，占24.0%。

二次会议议案2件，建议189件。针对“关于加快旅游发展、进一步加快旅游事业发展步伐”人大常委会重点督办的议案，2008年5月下旬，县政府出台《关于创建旅游经济强县的实施意见》，明确今后全县旅游发展目标为“二转变一基地”，即从观光旅游向休闲度假旅游转变、旅游资源大县向旅游经济强县转变，全力打造成“浙南最佳旅游休闲度假基地”。百丈漈景区顺利通过国家AAAA级旅游景区初审检，刘基故里景区顺利通过国家AAA级旅游景区初审，猴王谷景区、西坑安福寺重建等项目进展顺利。牵头筹建瓯之南旅游合作组织并开展联合推介活动。7月初，温州·瓯之南区域旅游合作组织成立大会暨旅游推介会召开，并签署《瓯之南区域旅游合作计划书》。7月17日，隆重举行第三届刘基文化节暨生态旅游节。2008年，全县接待游客106.6万人次，同比增长25%；门票收入538万元，同比增长37%；旅游综合收入7.09亿元，同比增长26.6%。针对“关于加快旧城改造的议案和关于加快旧城改造，放开老屋翻建和插空房审批的关口，使民安居乐业”人大常委会重点督办的议案，县政府对凤溪片区的有关房屋间数、建筑面积、单位公房、土地等情况进行初步的调查摸底，委托上海中旭公司编制凤溪片区规划设计方案。加快推进苔湖街小区改建工作，后半垟征地取得实质性突破，苔湖村、陈宅村已签订征地补偿协议书，上报省政府批准农转用、征收。县政府认真研究、妥善处理老屋翻建和插空房审批，从2008年5月1日起除苔湖街改造小区和凤溪片区规划范围内的房屋外，经房管部门实地鉴定为危房的，在符合规划的前提下，经有关部门签署意见后原拆原建。代表建议意见解决或基本解决的81件，占

42.9%;列入计划解决的70件,占37%;因条件限制暂时不能解决的38件,占总代表建议的20.1%。

三次会议议案2件,建议206件。针对“加强全县教育发展”人大常委会重点督办的议案,县政府出台《关于优先发展教育,争创教育强县的决定》《关于加快学前教育改革与发展的若干意见》《关于大力发展职业教育的实施意见》。2009年8月,全县学校重新进行划分,调整学区设置,设定6个相对平衡的施教区。即:县城直属学校、大峃学区(含黄坦片学校)、珊溪学区、南田学区(含西坑片学校)、玉壶学区、峃口学区。将文成二中更名为县实验中学,停办县现代实验学校,在老文中校址新创办县实验二中,两所初中学校形成竞争格局。学校办学条件得到改善。投入1118万元,改造和新建珊溪镇小、黄坦镇小等学校教学楼和餐厅。投入708万元,对县实验小学、实验中学、成职教中心等学校操场进行改造。完成1.78万平方米的校舍改造任务,投入670余万元为学校添置教学设备,加大民办教育扶持力度。2009年起,县财政每年安排50万元设立民办教育发展专项资金。针对“继续深化殡葬改革”人大常委会重点督办的议案,县政府制定《关于进一步加强青山白化治理工作的若干意见》《关于进一步加强丧葬陋习整治工作的意见》《关于进一步严肃殡葬改革工作纪律的通知》,全县组织有关部门出动人员1000余人次,治理“一沿三区”视线范围内的坟墓1372座,其中拆除34座,迁移41座,深埋658座,植被绿化639座,坟墓治理率达到65%。对丧事酒席、赠送礼金、乐队以及做道场的时间等进行严格限制,对县城6个社区、14个行政村实行丧事严管。代表建议意见解决或基本解决的120件,占58.3%,列入计划解决的47件,占22.8%。因条件限制暂时不能解决的39件,占18.9%。

四次会议议案1件,建议178件。针对“加大全县农村旧村改造力度”人大常委会重点督办的议案,县政府制定《文成县中心村建设布局规划》《文成县农村住房改造建设规划》从根本上改变农民建房无规无序的状况,确定农民住房建设和旧村改造的区位和规模,出台《文成县旧村改造实施意见(试行)》,对有关规费的减免做出比较详尽的规定,在不违反上级明确规定的前提下,在县政府权限内尽量让利于民。有土地收益的项目,为平衡建设费用,对土地出让金的返回比例做出明确规定;偏远山区的旧村改造则与解决农村困难群众住房问题、扶贫迁村、村庄整治等资金补助政策相结合,集众家之力和多方面资金,减轻改造项目的资金压力。代表建议意见解决或基本解决的90件,占50.5%,列入计划解决的56件,占31.5%,因条件限制暂时不能解决的32件,占18%。

五次会议议案1件,建议83件。针对“移平寨山拓宽城区美化县城”人大常委会重点督办议案,县政府高度重视,主要领导和分管领导多次召集相关部门进行分析讨论,并充分地倾听社会各界人士和人民群众的意见。7月8日上午,县政府第三十七次常务会议对该议案的答复进行研究讨论。会上与会各领导与相关部门负责人就是否移山进行分析和阐述,大家一致倾向“保山”观点。7月25日,县委常委、常务副县长应希克专门牵头召集议案办理领导小组成员单位负责人,邀请温州市勘测协会会长马辉、温州市规划局城乡处处长冯植、温州市城市规划设计院总工林观众、温州市城市规划设计院丁俊清等相关专家和县人大、县政协相关领导以及部分县人大代表、政协委员、新闻界人士召开专题会议,对是否平移寨山再次进行讨论。会上与会人员各抒己见、“移山与保山”两种观点相互碰撞、争论激烈。但专家们的态度较为一致,都较为赞成保山观点,建议将其规划建设成城中公园。代表建议解决或基本解决38件,占45.8%;列入计划解决的31件,占37.3%;因条件限制暂时不能解决的14件,占16.9%。

信访督查

县第十一届人大常委会,五年共收到信访件1574件次,接待来访4002人次。县十二届的1998—1999年收到代表和群众来访820件,接待来访3332人次。1999年县人大办公室设立信访科,配备专职干部,2005年7月县人大常委会制定《个案监督办法》《机关信访工作办法》。

第四章　乡镇人民代表大会

20世纪50年代初，120个乡镇建立人大选举制度，每个乡几乎是建一个临时主席团选出乡长、副乡长后即告结束。1956年，120个乡镇撤并为6区51个乡镇，6区为县人民政府派出机构，51个乡镇先后按人大选举制度，建立人大会议主席团，选举产生了51个乡镇长。“文化大革命”期间，乡镇人大会议选举制度消失。1984年4月，人民公社改乡建制。樟台为恢复人大制度试点。1984年，全县62个乡镇恢复人大会议选举制度。2011年12月，全县10个乡镇人大会议设主席、副主席，为常设机构。

第一节　乡镇人大沿革与人大主席团

1953年5月—1954年4月，开展乡镇第一届人大代表普选工作，并召开各乡镇第一届人大代表大会，至1966年3月，先后召开六届人民代表大会。1984年8月恢复乡镇人民代表大会，至2011年召开八届人民代表大会（总第十四届）。

乡镇人大沿革

1983年8月，樟台人民公社改为樟台乡。作为全县人民公社改为乡镇人大试点乡，举行第七届人大会议，进行换届选举。1984年8月，全县恢复乡镇人民代表大会制度时，樟台乡同步进行换届选举，故以后樟台乡届次均多一届。

1990年乡镇第九届、1993年乡镇第十届人民代表大会，均与县第十届、十一届人民代表大会同步换届。1995年2月，八届全国人大常委会修改的《中华人民共和国地方组织法》规定，县级人大任期每届由3年改为5年，乡镇人大每届任期仍为3年，故从1996年起，乡镇人大与县人大的换届时间错开。1996—2002年，乡镇人大历经第十一、十二、十三届3次换届。2004年10月，十届全国人大常委会修改《中华人民共和国地方组织法》，将乡镇人大每届任期3年改为5年，故从2007年起，县、乡（镇）人大实行同步换届。

一届至八届乡镇人民代表大会主席团属非常设机构，1990年，根据《浙江省乡镇人民代表大会主席团组织条例》，各乡镇人大设置主席团常务主席，处理闭会期间的乡镇人大的日常工作。1996年，根据《中华人民共和国地方组织法》，设置乡镇人大主席、副主席。

1992年5月，撤区扩镇并乡，扩并乡镇的人民代表大会届次沿用原所在地乡镇人民代表大会届次。

乡镇人大主席团

从1990年开始，根据《浙江省乡镇人民代表大会主席团组织条例》规定，在全县62个乡镇设立乡镇人大主席团，并设常务主席处理主席团的日常工作。1996年乡镇人大换届，根据《中华人民共和国地方组织法》规定，乡镇设立人大主席、副主席，负责乡镇人大日常工作。2007年乡镇人大换届，全县33个乡镇，配备主席33人、副主席29人，其中专职主席11人、专职副主席28人。2011年乡镇人大换届，全县10个乡镇，配备主席10人、副主席36人，其中专职主席9人、专职副主席36人。

乡镇人大主席团接受县人大常委会指导。自十二届人大开始,县人大常委会每年召开乡镇人大主席、副主席联席会议,交流乡镇人大工作经验,并就人大工作中出现重大问题进行理论探讨与工作指导。2001年7月制定《乡镇人民代表大会工作若干规定》,使乡镇人大开展工作有章可循。

第二节 乡镇人大选举

乡镇选举委员会

乡镇选举委员会(领导小组)组成人员由乡镇党委、政府提名,由县人大常委会任命。

1990年1月4日,县九届人大常委会第十八次会议,任命各乡镇选举委员会组成人员。

1992年5月,撤区扩镇并乡,县乡实行同步换届。9月28日,县十届人大常委会第十六次会议决定建立县选举委员会,领导县、乡镇选举工作。全县35个乡镇成立乡镇选举领导小组。

1997年12月4日,县十一届人大常委会第三十一次会议决定建立县选举委员会,全县33个乡镇成立乡镇选举工作领导小组。

2002年11月18日,县十二届人大会常委会第三十七次会议决定建立县选举委员会。11月29日,选举委员会第一次会议讨论通过大峃镇等33个乡镇的选举工作领导小组名单。

2006年10月30日,县十三届人大常委会第三十次会议决定建立大峃镇等33个乡镇选举委员会。

2011年年初,乡镇区划调整为9镇1乡。4月18日,县十四届人大常委会第三十六次会议决定建立新组建的8个镇选举委员会(除巨屿镇、周山畲族乡);9月21日,县十四届人大常委会第三十九次会议决定建立巨屿镇、周山畲族乡选举委员会。

选 举

1991—2011年,乡镇召开六届人民代表大会,选举产生六届乡镇人民政府乡(镇)长、副乡(镇)长,乡(镇)人大主席团主席、副主席。

文成县第九届至第十四届乡镇人民代表大会换届情况一览表

表20-13　　单位:个、人

届次	换届时间	乡镇数	代表数	历届乡镇人大一次会议选举产生			
				主 席	副主席	乡镇长	副乡镇长
九届	1990年4月	62	2976	59	—	62	79
十届	1993年3月	35	2314	32	—	35	52
十一届	1996年3月	35	1629	35	11	35	57
十二届	1998年8月	33	1587	33	17	33	67
十三届	2002年1月	33	1570	33	18	33	65
十四届	2007年2月	33	1571	33	29	33	86

说明:资料由县人大办提供

第二十一卷

文成县人民政府

1991—2011年，第十届至第十四届文成县人民政府在文成县委的领导下，在县人大和县政协的监督下，强化政府公共服务和社会管理职能，改善民生，保障民安，促进共享改革发展成果；城市化和新农村建设联动发展，推进城乡一体化进程；重视环境保护和资源节约利用，增强可持续发展能力；推进教育强县、旅游强县、文化名县、文明卫生县城创建，加快生态县建设进程；推进审批制度改革，加快职能转变，建设“高效、务实、廉洁、为民”政府，为创业创新、科学发展提供强力保障。

20年来，县人民政府带领全县人民破难题、抓落实，经济社会实现了跨越式发展。2011年全县地区生产总值达40亿元，比1992年的2.6亿元增长15.38倍；地方财政收入3.48亿元，比1992年的1005万元增长34.63倍；农民人均年纯收入6140元，比1992年的393元增长15.62倍。先后获评国家级生态示范区、中国农村水电之乡、浙江省“新农村电气化县”“扶贫开发先进县”以及省级文明县城与卫生县城。

第一章　政府机构

1991—2011年，县人民政府历经5届。1991年县政府设38个工作机构，历经1997年、2002年、2005年3次机构改革，2011年县政府为22个工作机构。

第一节　县政府领导成员

第十届县人民政府至第十四届人民政府，5届政府历届县长、副县长均由县人民代表大会选举产生，县长10人次，副县长计34人次。十届政府任期3年；十一届始，县政府任期改为5年。

第十届人民政府（1990. 5—1993. 4）　第十届县人民政府，设县长1人、副县长4人，任期3年。届内经县人大常委会决定，接受县长辞职1名、副县长辞职1名。

第十一届人民政府（1993. 4—1998. 3）　第十一届县人民政府，设县长1人、副县长5人，任期5年。届内，市委组织部任命陈永造、王江华为县长助理（副县长级）。经县人大常委会决定，接受县长辞职1名、副县长辞职1名。

第十二届人民政府（1998. 3—2003）　第十二届人民政府，设县长1人、副县长5人，任期5年。届内经县人大常委会决定，接受县长辞职2名，补选县长2名，副县长辞职2名、免职1名。

第十三届人民政府（2003. 3—2007）　第十三届人民政府，设县长1人、副县长6人，任期5年。届内经县人大常委会决定，接受县长辞职1名、副县长辞职2名，任命代理县长1名、任命副县长1名。

第十四届人民政府（2007. 2—2012）　第十四届人民政府，设县长1人、副县长6人，任期5年。届内经县人大常委会决定，接受县长辞职2名、副县长辞职3名，任命代理县长1名、任命副县长6名，补选副县长1名。

文成县政府第十至十四届县长、副县长名录一览表

表21-1

届期	职务	姓名	性别	籍贯	任职时间
第十届人民政府（1990年5月—1993年4月）	县　长	钱成良	男	浙江苍南	1990年5月—1993年2月
	副县长	金坚如	男	浙江文成	1990年5月—1993年4月
		严中杰	男	江苏无锡	1990年5月—1993年4月
		冯俊培	男	浙江丽水	1990年5月—1993年4月
		赵宪进	男	浙江文成	1990年5月—1993年3月
第十一届人民政府（1993年4月—1998年3月）	县　长	夏瑞洲	男	浙江永嘉	1993年4月—1997年10月
	副县长	周跃进	男	浙江文成	1993年4月—1997年5月
		江海滨	男	山东沂源	1993年4月—1998年3月
		郑国启	男	浙江文成	1993年4月—1998年3月

续表21-1

届期	职务	姓名	性别	籍贯	任职时间
第十一届人民政府(1993年4月—1998年3月)	副县长	严中杰	男	江苏无锡	1993年4月—1996年5月
		郑贤望	男	浙江文成	1993年4月—1998年3月
第十二届人民政府(1998年3月—2003年3月)	县长	江海滨	男	山东沂源	1998年3月—2000年7月
		陈作荣	男	浙江温州	2001年3月—2002年1月
		吴开锋	男	浙江泰顺	2002年3月—2002年9月
	副县长	郑贤望	男	浙江文成	1998年3月—1999年11月
		郑国启	男	浙江文成	1998年3月—2001年5月
		蒋炳发	男	浙江文成	1998年3月—2002年9月
		雷明远(畲)	男	浙江文成	1998年3月—1999年7月
		潘玉花	女	浙江文成	1998年3月—2002年9月
第十三届人民政府(2003年3月—2007年2月)	县长	吴开锋	男	浙江泰顺	2002年9月—2006年11月
		谢作雄	男	浙江平阳	2006年11月—2007年2月
	副县长	潘玉花	女	浙江文成	2003年3月—2006年4月
		刘峰	男	浙江文成	2003年3月—2007年2月
		钟信友(畲)	男	浙江文成	2003年3月—2007年2月
		吴高宏	男	浙江文成	2003年3月—2006年11月
		郑建华	男	浙江文成	2003年3月—2007年2月
		林霄	男	浙江文成	2003年3月—2007年2月
		刘华侃	男	浙江乐清	2005年12月—2007年2月
第十四届人民政府(2007年2月—2012年1月)	县长	谢作雄	男	浙江平阳	2007年2月—2009年8月
		汪驰	男	浙江永嘉	2009年8月—2011年11月
		王彩莲	女	浙江温州	2011年11月—
	副县长	刘峰	男	浙江文成	2007年2月—2009年9月
		钟信友(畲)	男	浙江文成	2007年2月—
		郑建华	男	浙江文成	2007年2月—2009年9月
		林霄	男	浙江文成	2007年2月—2008年2月
		刘华侃	男	浙江乐清	2007年2月—2009年4月
		刘金红	女	浙江文成	2007年2月—2012年1月
		李建业	男	浙江文成	2008年2月—2012年1月
		姜国良	男	浙江衢州	2008年6月—2009年5月
		钟方成(畲)	男	浙江平阳	2009年8月—2012年1月
		应希克	男	浙江瑞安	2009年9月—2011年11月
		吴育民	男	浙江文成	2009年9月—2011年11月
		许勇军	男	浙江浦江	2010年7月—2012年8月
		蔡爱东	男	浙江瑞安	2010年11月—2012年1月

说明:资料由县政府办提供

第二节　县政府工作机构

1991年，县政府设38个工作机构。至2011年，县政府工作机构历经3次重大体制改革。县政府直属事业单位、企业单位亦多次进行体制改革。

工作部门

1990年年底，县政府工作机构38个，设“6办7委25局”。6办即县政府办公室、信访办公室、侨务办公室、农村能源办公室、革命老区建设委员会办公室、经济技术协作办公室；7委为体制改革委员会、农业经济委员会、计划经济委员会、教育委员会、科学技术委员会、计划生育委员会、体育运动委员会；25局为劳动人事局、民政局、公安局、司法局、审计局、档案局、监察局、土地管理局、财政税务局、工商行政管理局、商业局、粮食局、农业局、林业局、水利电力局、交通局、城乡建设环境保护局、物资局、乡镇工业局、统计局、物价局、规划管理局、文化局、广播电视局、卫生局。1991年6月，新设立技术监督局。1992年1月，增设社会保险事业管理局，革命老区建设委员会办公室改称扶贫开发老区工作办公室。6月起，监察局与县纪委合署办公。1993年7月，新设宗教事务局。10月，增设风景旅游管理局。1995年12月，财政税务局改称财政局(含地方税务局)。

1997年4月机构改革，县政府工作机构24个。新设农村工作办公室。撤销工作机构11个，转为直属事业单位8个。办公室(县政府经济体制改革办公室)、计划与经济委员会(物价局、乡镇企业局)、教育委员会、公安局、司法局、监察局、财政局(地方税务局)、人事劳动局、土地管理局、农业局、林业局、水利电力局、建设局、交通局、粮食局、文化局、卫生局、计划生育委员会、审计局、工商行政管理局、统计局、农村工作办公室(县委农村工作办公室、县扶贫老区工作办公室)。撤销工作机构11个：体制改革委员会、来信来访办公室、外事侨务办公室(侨务办公室改称)、宗教事务局、物资局、物价局、乡镇企业局、技术监督局、农业经济委员会、扶贫老区工作办公室、农村能源办公室。改变机构名称4个：计划经济委员会改称计划与经济委员会(物价局)，劳动人事局改称人事劳动局，城乡建设环境保护局改称建设局，水利电力局改称水利水电局。1999年4月，工商行政管理局划归温州市工商行政管理局管理。

2002年1月，机构改革，县政府工作机构20个。新设立机构8个：发展计划(统计、粮食)局、经济贸易局、规划建设局、人事劳动社会保障局、农业局(水利局)、国土资源局、民族宗教事务管理局、环境保护局。撤销机构8个：计划与经济委员会、粮食局、统计局、建设局、人事劳动局、农业局、水利水电局、土地管理局。改变机构名称3个：县教育委员会改称县教育局，县科学技术委员会改称科学技术局，县计划生育委员会改称县计划生育局。保持不变机构12个：县政府办公室、农村工作办公室、监察局(与县纪委合署办公)、公安局、民政局、司法局、财政局(地方税务局)、交通局、林业局、文化局、卫生局、审计局。农村工作办公室列县委序列；监察局、民族宗教事务管理局分别与县纪委、统战部合署办公，列县政府序列，但不计政府机构个数。

2002年6月，建立县人民防空办公室，为县国防动员委员会的常设办事机构，也是县政府人民防空工作主管部门。县扶贫老区工作独立设置，为县政府扶贫老区工作领导小组常设办事机构。2004年8月，新设安全生产监督管理局。10月，国土资源局人事由市垂直管理，但仍属县政府工作部门。2005年9月，县政府工作机构22个。办公室(法制办公室)、发展和改革局(粮食局)、经济贸易局、教育局、科学技术局、民族宗教事务局、公安局、监察局、民政局、司法局、财政局、人事劳动社会保障局、国土资源局、规划建设局、交通局、农业局(水利局)、林业局、文化广电新闻出版局、卫生局、人口和计划生育局、审计局、环境保护局、安全生产监督管理局、统计局(其中监察局、民族宗教事务局分别与县纪律检查委员会、县统战部合署办公，不计县政府工作机构个数。国土资源局人事由市垂直管理,但仍属县政府工作部门)。2007年4月,农业局(水利局)析置为农业局、水利局。

2011年,食品药品监督管理局划归县管。2011年年底,县政府设工作部门24个。即:办公室(法制办、侨办)、发展和改革局(粮食局)、经济贸易局、教育局、科学技术局、民族宗教事务局(与县委统一战线工作部合署办公,不计政府机构个数)、公安局、监察局(与县纪律检查委员会合署办公,不计政府机构个数)、民政局、司法局、财政局、人事劳动社会保障局、国土资源局、规划建设局、交通局、农业局、水利局、林业局、文化广电新闻出版局、卫生局、人口与计划生育局、审计局、环境保护局、安全生产监督管理局、统计局、食品药品监督管理局。

直属事业单位

1997年县政府机构改革,转为直属事业单位8个。分别为经济技术协作办公室、档案局、风景旅游管理局、社会保险事业管理局、规划局(规划管理局改称)、商业局、广播电视局、体育事业发展局(体育运动委员会改称)。

2000年,建立机关事务管理局,为县直属事业单位。2002年机构改革,社会保险事业管理局并入人事劳动局。建立县行政审批服务中心,为县直属事业单位,后转为参照公务员单位。2004年12月,建立招标投标市场管理委员会办公室及其招投标中心。2006年6月,机构性质确定为县直属事业单位。2005年,广播电视局撤销,成立广播电视台,为县直属事业单位。

2011年直属事业单位:行政审批服务中心(审管办)、县级机关事务管理局、体育事业发展局、风景旅游管理局、经济技术协作办公室、房产管理局(房改办)、广播电视台、移民安置办公室、重点企业管理办公室、商业工作办公室、城镇改造开发指挥部、招标投标市场管理委员会办公室、招投标中心。

派出机构

1991年年前,各区人民政府为县政府派出机构,1992年撤销。1988年,建立县政府驻杭州办事处。1996年,建立县政府驻北京、上海、深圳、温州办事处。1998年,增设驻大连办事处、上海浦东新区办事处。1999年,增设驻南京办事处。2005年,撤销驻北京办事处、上海办事处、深圳办事处、大连办事处、上海浦东办事处、南京办事处。

乡镇人民政府

1991年,县政府下设7个派出机构——区公所,统辖65个乡镇人民政府。1992年,撤销大峃、峃口、珊溪、玉壶、南田、西坑、黄坦7个区公所,撤并27个乡人民政府。至此乡镇人民政府减少到35个,县人民政府直接管辖8个建制镇(1个民族镇)、27个乡(1个民族乡)人民政府。1999年,撤销珊溪库区的汇溪、双溪2乡人民政府,设立云湖乡人民政府,撤销东龙乡人民政府并入珊溪镇人民政府,调整后县政府下辖33个乡镇人民政府。2011年,启动乡镇区划调整,调整后县政府下辖大峃、峃口、珊溪、玉壶、南田、西坑、黄坦、巨屿、百丈漈9个镇人民政府和周山畲族乡人民政府。

1991年后,乡镇人民政府乡镇长、副乡镇长全部由县委酝酿提出初步人选,乡镇人民代表大会选举产生。

第二章　政府会议

县政府领导成员坚持执行民主集中制原则和集体领导与个人分工负责相结合的原则，县长主持县政府全面工作，副县长协助县长工作。对于政策性、原则性的重大问题，须经县政府领导成员集体讨论并通过政府会议作出决定。

第一节　县政府常务会议及其他会议

县政府常务会议对象为县长、副县长、县政府办主任、相关部门局长及有关人员，并邀请县人大、县政协领导参加。县政府常务会议学习党和国家依法治国、依法行政的基本理论、方针、政策及有关法律、法规和规章；讨论决定县人民政府工作的重要事项；讨论报请市政府和县委审定的重要事项；讨论报请县人民代表大会及其常务委员会审议的议案；讨论通过县人民政府规范性文件和其他重要文件。县政府常务会议始于1992年，至2011年共召开143次会议。

县政府常务会议

1992年，县政府召开13次常务会议。会议讨论和审议通过：关于推进科技进步的有关规定；农业八大开发项目实施意见；加强外来劳动力管理的若干规定；加强村镇规划管理和基础设施建设的有关问题；鼓励县级机关办实体的若干规定；鼓励发展外向型经济的若干规定；国营集体企业自主用工分配的若干问题；理顺县乡条块关系的方案；农民进城落户的方案；集资办店的问题；鼓励党政机关、企事业单位和个人参与农业综合开发的若干规定；建设县城有线电视及扶贫、城建、环保、卫生、通信、水电建设等有关规定。

1993年，县政府召开15次常务会议。会议讨论和审议通过：今后五年的思路、重点、措施和主要国民经济发展指标；县工业重点企业名单和扶持政策；乡镇林技员的管理体制和工业渠道问题；县“八五”儿童少年事业发展规划；加强公费医疗管理的试行办法；县政府驻外机构设立问题；高岭头水电站资金缺口问题；文成县地方发展基金征集办法；加快文成教育改革和发展的决定；减轻农民负担问题；确定国有土地有偿使用收费标准；县城总体规划修订；文成县住房制度改革方案；文成县教育发展纲要；电力建设问题；国有工商企业转换经营体制，深化改革总体方案；矿产管理办法等。

1994年，县政府召开14次常务会议。会议讨论和审议通过：加强行政事业单位预算外资金管理的有关工作；五大工程实施规划问题；交通先行工程配套基金筹集办法；泗溪路建设有关政策问题；小水电管理体制问题；铁合金厂改制问题；花岗岩资源开发问题；17号台风救灾工作；建立食用菌研究所；朱山引水工程；电价调整；公费医疗；加强国有资产管理等。

1995年，县政府召开10次常务会议。会议讨论和审议通过：土地使用权改革工作；百丈漈风景名胜区开发若干规定；加强国有资产管理办法；破产解散企业职工安置的规定；菜篮子工程实施意见；深化城镇住房制度改革实施意见；积极推进适度规模经营的规定；交通运输网规划；企业职工工伤保险保障办法；玉泉溪开发意见；变电所建设有关问题；加快乡镇集体企业产权改革意见；珊溪枢纽工程移民安置方案；帝师集团组建工作；

县城禁放鞭炮;加强社会保险工作;县棉织厂改革方案;加强建坟用地管理;行政事业干部参股兴建高二电厂等。

1996年,县政府召开10次常务会议。会议讨论和审议通过:林地管理实施办法;文青公路改造工程;县棉织厂破产拍卖;深化土地改革;干部职工集资建房;依法治县;计划生育实施办法;国有资产管理办法;农村社会养老保险;企业破产若干意见;农业发展基金暂行办法;筹建殡仪馆;组建和发展企业集团等。

1997年,县政府召开12次常务会议。会议讨论和审议通过:《文成县兵役义务费社会统筹办法》《文成县国有企业、国有资产保值增值责任制试点办法》;关于实行计划外生育费"乡收县管"管理体制问题;《关于扶持重点工业企业发展的若干意见》《关于推进工业企业发展若干激励政策的规定》《关于散装水泥管理实施意见》;县勘界领导小组办公室关于文青、文景边界主张线的上报方案;关于文成县"九五"计划及2010年电网规划情况;关于深化供销社企业改革总体方案;县东溪三级电站招股办电实施办法;《县城凤溪北路、栖霞路建设征地拆迁安置的暂行规定》和安置点的选址问题;《文成县机械厂破产后资产处置调整方案》。

1998年,县政府召开9次常务会议。会议讨论和审议通过:《巨屿沙洲开发总体方案》;关于提高年老病残民办教师离岗后生活待遇问题;建立乡镇教师住房公积金制度的问题;县木材公司债务情况及其处理意见;《文成县人民政府工作规则》《文成县人民政府政务督查工作规则》《文成县继续实行分税制乡镇财政管理体制的若干规定》《关于加快文成县工业企业发展的奖励政策》《文成县工业技改项目财政贴息资金管理暂行办法》。

1999年,县政府召开6次常务会议。会议讨论和审议通过:《文成县县前街改建房屋拆迁补偿安置暂行规定》《文成县凤溪北路、栖霞路改建房屋拆迁补偿安置的暂行规定》《文成县农村合作医疗实施办法》《文成县鼓励华侨捐赠管理办法》;全县招聘干部参加基本养老保险实施意见;文成县教育现代化建设纲要和关于多渠道筹措教育经费,加快全县教育现代化建设的若干规定;关于国有城镇集体企业实行股份制的若干意见和关于鼓励下岗职工自谋职业的若干政策规定;《文成县发展绩效农业财政贴息资金管理暂行办法》。

2000年,县政府召开4次常务会议。会议讨论和审议通过:《县前街改造实施细则》《文成县风景名胜区环境保护管理办法》;小型农田水利经营管理和投资体制改革的意见;物资总公司对农机公司出让改制方案;县前街改造房屋拆迁补偿安置实施办法;文成县工业园区优惠政策;《文成县城镇市容、环境卫生、绿化和市政设施管理暂行规定》;56省道(瑞东线)文成段改建工程建设若干问题的规定。

2001—2004年,县政府常务会议并入县长办公会议(详见县长办公会议内容)。

2005年,县政府常务会议恢复,县政府召开6次常务会议。会议讨论和审议通过:《重大工程钢筋、水泥结算价格调整方案》《文成县职工基本养老保险若干问题的意见》;关于文成县2005年对外招商引资推介项目;《文成县水电资源开发使用权出让管理暂行办法》《文成县招商引资项目收费优惠标准》;营养大米加工及安全食品配送中心项目问题;珊溪滨江公寓、新联56省道及峃珊公路拆迁安置用地审批有关问题。

2006年,县政府召开11次常务会议。会议讨论和审议通过:百丈漈库区群众下山脱贫有关工作;天顶湖旅游接待中心项目土地出让及相关问题;"在外温州人之家"项目有关事宜;《凤溪花园职工住宅楼工程代建挂牌须知》《关于对地震灾区个体工商户若干税费减免的通知》《文成县珊溪镇下湾旅游配套项目开发建设协议书》;56省道瑞安文成段收费站及文成瑞东公路公司有关事宜;《关于要求将全县小型客车特殊号牌实行拍卖的请示》《县城环城南路建设若干政策》。

2007年,县政府召开8次常务会议。会议讨论和审议通过:《关于来料加工业的若干意见》《关于国际大酒店"侨领之家"项目地块预收购方案及出让方案的请示》;新型农村合作医疗筹资标准上调的有关事宜;《文成县个体劳动者基本医疗保险实施办法》;龙川花园地块经济适用房建设的有关事宜;《文成县关于完善大中型水库移民后期扶持政策的实施意见》《文成县推进"富民攻坚"工作具体措施》;调整文成中学迁建工程首期总投资的事宜;《文成县行政审批服务中心窗口调整方案》;关于要求解决国有土地使用权出让契税及滞纳金有关遗留问题。

2008年,县政府召开9次常务会议。会议讨论和审议通过:珊门片区开发有关事宜;《凤溪花园职工住宅楼房源指标建议分配方案》;关于实施57省道文成段暨文青公路改建工程C合同段施工方案;《关于创建旅游经济强县的实施意见》;县城旧城控制区危旧房鉴定方案;关于巨屿金飞地块出让遗留问题汇报;《文成县爱乡楷模荣誉市民称号授予办法》《关于城镇零就业家庭和农村低保家庭劳动力就业救助方案》《关于全面推进农村合作"三位一体"建设的实施意见》;大峃镇开展社区建设工作实施方案。

2009年,县政府召开7次常务会议。会议讨论和审议通过:巨屿工业基地(二期)项目招商及其功能定位等有关事宜;"中国赵超构文化生态园项目投资协议书"有关事宜;珊溪新建村旅游配套设施项目地块出让有关事宜;鹤城公寓土地使用权证办理的有关事宜;研究讨论温州白雪实业有限公司提出的关于要求改变文成县旅游产品营销中心项目地块土地用途的有关事宜;通过《关于进步扶持工业发展的若干意见》;"龙珠岛旅游接待中心开发建设"有关事宜;"巨屿工业基地(二期)补充协议书";通过《文成县征收农民集体所有土地管理办法》《文成县自然灾害救助应急预案》《文成县银行业金融机构支持地方经济发展考评奖励办法》《再生资源增值税政策调整后扶持措施》;县国土资源局关于2009年用地指标预安排情况汇报和县前街1号地块开发面积核实有关问题汇报;县消防大队旧营房收购有关事宜;退役军人参加社会养老保险的方案;通过《文成县下山搬迁规划(草案)》《文成县下山搬迁项目管理办法(草案)》《关于加快残疾人事业发展的实施意见(草案)》《关于加快推进农村社区建设的实施意见(草案)》;研究讨论《关于加快旅游业发展优惠政策(征求意见稿)》;县财政局《关于加强文成房地产交易税收管理服务的通知》;通过《文成县国有资产出租管理暂行办法(草案)》《文成县行政事业单位国有资产管理暂行办法(草案)》;开发"仙人谷"休闲景区事宜;县招商引资管理局"在外温州人之家"项目基础设施建设问题汇报;县电投公司关于"九溪电站开发权出让协议书"有关事宜;通过《文成县政府投资重点项目建设问责暂行办法(草案)》;通过《文成县城乡居民社会养老保险实施办法(草案)》。

2010年,县政府召开7次常务会议、6次办公会议。会议讨论和审议通过:《文成县社会主义新农村规划》《文成县农村环境保护规划》《关于加快农村土地承包经营权流转的实施细则(试行草案)》《关于城镇关闭集体企业职工养老保障问题的处理意见》《文成县城区地名总体规划(2009—2020)》《文成县爱乡楷模和荣誉市民称号授予办法实施细则(试行)》《新56省道南田公路改建工程征地拆迁政策处理实施办法》。

2011年,县政府召开10次常务会议。会议讨论和审议通过:关于文成县乡镇行政区划调整有关情况的汇报;关于县文化中心直接委托设计的问题;通过《文成县人民政府会议制度》《关于实施农村宅基地置换推进农房改造积聚建设的若干意见》;县城天然气管道及门站项目有关事宜;56省道南田接线项目贷款等问题;社会保障卡(市民卡)工程建设事宜;《关于加快水利改革发展的实施意见》《关于进一步优化小额政府项目管理的若干规定》《刘伯温传说保护方案》《文成县政府投资项目代建制管理办法(试行)》。

县长办公会议

县长办公会议始于1998年,对象是县长、副县长、县政府办主任、副主任。主要研究决定县政府常务会议议题、县政府工作安排,讨论交流县政府重点工作进展情况等。2001年开始,县政府常务会议和县长办公会议合并为县长办公会议。2005年后,县长办公会议转为县政府常务会议。

1998年,召开县长办公会议8次。讨论研究综合平衡领导现场办公的有关事项和项目;举办'98金秋文化节有关事项;文成宾馆的投资体制等事项和承包责任制问题;县有关部门、单位要求减免税费和资产出让等问题;部署党风廉政建设问题;高二电工程4年工期3年完成的嘉奖问题;讨论研究云湖乡新乡址建设的有关问题。

1999年，召开12次县长办公会议。讨论研究文杭经济开发公司解散问题；1999年度全县用地计划安排方案问题；设立县政府驻南京办事处问题；成立石垟林场森林公园管委会问题；县前街74号地块权属问题；珊溪毛坑岭脚灌溉工程改制问题；旅游风景区环境保护问题；建立2个项目库；部分破产企业职工提出要求发放失业救济金问题；农村合作基金会清理问题；县木材公司破产，瑞安方债权人提出要求增加偿债比例问题；研究制订县“十五”计划、县工业园区建设；黄鹿电站二级开发建设；文杭公司破产处置实施等方案。

2000年，召开19次县长办公会议。讨论研究县政府1999年10件实事；电费加价问题；县府招待所承包问题；公阳乡小学新建教学楼选址问题确定；上海浦东、杭州办事处的人事问题；增设南京办事处问题；文成宾馆偿还贷款问题；原体育场出售后因县城规划修改面积减少问题以及九溪电站和山东潍坊市场等有关问题；县体育中心建设方案；县政府领导调研活动的课题；建立刘伯温研究会问题；新车站对面建设的各民房加层等问题；县十二届人代会二次会议议案、建议、意见和县政协委员提案的办理工作。

2001年，县政府常务会议并入县长办公会议。召开15次县长办公会议。讨论研究《县政府工作报告》《文成县1999年地方财政预算执行情况和2000年地方财政预算草案报告》《文成县1999年国民经济和社会发展计划执行情况与2000国民经济和社会发展计划草案报告》。县政府2000年10件实事筛选确定问题：“三讲”教育近期县政府需要整改的几项事项；县“两会”议案、提案办理问题；完善县域城镇体系规划纲要；安全生产大检查情况；珊溪库区周围基础设施建设问题与飞云湖库区水上航运问题，县电力开发投资公司缺口资金筹措问题；企业改制有关遗留问题；政府审批制度改革问题；县文化中心筹建问题；减轻农民负担检查情况；加快发展畜牧业遗留问题；原机械厂破产职工养老保险金落实问题；飞云湖开发与管理问题；珊溪电站增值税征收问题与珊溪码头、渡埠建设情况；黄坦镇、云湖乡森林防火伤员医疗问题；全县地质灾害情况；县工业园区开发建设公司筹建问题；县扶贫迁村工作问题；小水电上网电价测算方案；工资集中发放开户问题；政府性基金清理，客运市场整顿问题；政府审批制度改革首批部门、单位的改革方案；国有资产投资经管有限责任公司章程；树人学校办学有关问题；飞云湖管运船只审批及有关建设项目问题；56省道文成段开业典礼问题；办公车辆购置问题；“十五”计划编制问题；医疗保险补助问题；泗溪综合治理方案有关问题。

2002年，召开18次县长办公会议。讨论研究二轻公司职工集资宿舍楼问题、液化气储西站搬迁问题、税收先征后返文件的废止问题；《文成县国民经济和社会发展第十个五年计划纲要》《文成县国民经济和社会发展第十个五年计划纲要的报告》《文成县2000年国民经济和社会发展计划执行情况与2001年国民经济和社会发展计划草案的报告》《文成县2000年地方财政预算执行情况和2001年地方财政预算草案的报告》；会计核算中心和会计委派制工作实施办法；通过县政府审批制度改革第二批方案和土地出让金分配方案；讨论研究县前街第12号地块326平方米绿化用地改为建筑用地问题；盐业公司与烟糖公司分离案问题；商业企业依法破产问题；引进高层次人才问题；审批中心的筹建和运作问题；建设项目有关规费减免问题；文成二中搬迁问题；环城南路金鱼山隧道建设方案；信访办公楼的建设方案；县城镇房屋装修管理办法；商业企业改革改制加快国有企业改革若干政策规定；扶贫项目管理暂行办法；大峃供销社房屋拍卖土地收益金返还问题；东三电降息及高一电股份出让方案；县塑料制品厂的改制问题；县国有工业企业改制方案及农用车总厂职工安置方案、电机厂改制方案；原樟台至桂山公交车有关问题的处理方案；《关于加强本县中高级专业技术人员管理的若干规定》《关于进一步加强人口与计划生育工作，稳定低生育水平的若干规定》；县前小区平面安置定位方案和县前街房屋拆迁补偿安置实施办法的补充规定；研究小水电开发的有关问题；县十二届人大四次会议1号议案的办理工作；全委会经济工作报告；文成县“十五”规划期间扶贫迁村规划；便民服务中心筹建工作；发展村级集体经济的若干规定；机关行政单位会计核算中心实施方案；关于周村私人购买地基遗留问题。56省道文成段改建工程项目贷款问题；县机电公司破产方案的报告；县农村经济信息网建设方案的报告；开发东坑岭电站的报告；关于加强本县引进高层次人才和本县人才管理的暂行规定；研究文成宾馆承包经营问题；县市政基础设施配套费管理办法；推进殡葬改革实行遗体火化工作实施方案；城镇职工基本医疗保险补充规定；研究25米大道设计方案；扶贫工业园区方案；县城新市场选址方案；招商引资项目；加强丧事管理的通告。

2003年，召开12次县长办公会议，会议讨论和决定：《文成县人口与计划生育公益金管理暂行办法》《关于编制县城总体规划专项调整方案和县城近期建设规划的建议意见》；文成县二轮审批制度改革草案及说明；关于降低非典型肺炎影响若干政策的通知；县客运中心、县文化中心的选址方案；《关于加快推进城市化进程、加强村镇规划建设管理工作的通知》《关于"百村整治、十村示范"工程的实施意见》；县住房货币化分配实施办法；县集体非农建设用地使用权转让管理暂行办法；文成县消防大队新建办公用地选址方案。

2004年，召开14次县长办公会议，会议讨论和决定：《关于进一步加强党政机关事业单位小汽车配备管理的规定》《关于进一步加强全县工业发展的若干意见》《关于加大力度催收"五项资金"，减少国有资产流失》；《关于编制县城总体规划专项调整方案和县城近期建设规划的建议意见》《关于做好2004年度农业税免征工作的通知》《文成县经济社会紧急情况工作预案》；与大连市旅顺口区结为"友好城市"有关事宜；听取县帝师集团公司改制工作情况汇报；听取关于《浙江省温台地区城市群空间发展战略规划》有关情况的汇报；关于新建县人民医院门诊楼的方案；《文成县突发性地质灾害应急预案》。

2005年，县长办公会议撤销，并入县政府常务会议。

县政府全体会议

县政府全体会议设立于2002年，每年召开1次或2次，会议对象为县政府组成部门局长、副局长。会议主要内容听取县长半年或一年来政府工作总结，布置下半年或下一年度工作任务。

专题会议和乡(镇)长会议

县政府专题会议，主要是召集有关部门研究、协调县政府工作中的一些专项工作，处理具体业务工作，由县长或副县长按照分工主持，视工作需要安排会期。全县乡(镇)长会议，主要是通报和部署县政府工作，并就县政府的重大工作问题广泛征求意见。(专题会议具体内容均先列入县长常务会议与县长办公会议议题进行讨论)

第三章　施政纪略

县人民政府坚持改革开放，开拓进取，以建设“高效、务实、廉洁、为民”的政府为目标，走出一条独具特色的工业、农业、服务业区域经济发展道路，特别在旅游产业、民生事业、城乡建设、商贸金融、改革发展方面卓有成效，实现文成跨越式发展。同时县政府全面实施依法行政，建立行政执法责任制，规范执法监督与政府行政行为，健全各项管理制度，提高办事效率和服务质量，使全县经济建设和社会面貌发生深刻变化。

第一节　农业发展

1991年、1992年在“90特大洪灾”、播种面积减产的不利情况下，县政府抓好救灾工作，带领全县广大党员干部全力奋起，组织救灾物资，自力更生修复水路设施，抓抢收抢种，夺取丰收，年总产分别达到73215吨、70425吨，比1990年分别增长22.2%、17.6%。1993年，县政府抓“一优两高”农业发展，优化农业结构，粮食总产量70247吨。开发50亩以上集中连片的板栗、杨梅、红柿等经济林5330亩，改造低产果园3000亩，水果生产转向规模化、基地化。1994年，农业生产经受特大自然灾害和市场风险的双重考验，仍保持较好的发展水平。县政府加强农田水利，抓农业综合开发的规范化，集中连片开发板栗、杨梅、红柿等经济林1万余亩，改造低产果园2000亩；香菇生产效益提高。春淡和秋淡蔬菜基地初具规模。1995年，县政府抓林业生产向经济林转化，农业综合开发抓规模化发展，全县开发集中连片板栗、杨梅、红柿等水(干)果11815亩，发展春淡和秋淡蔬菜基地1.13万亩，成为温州市二线蔬菜生产基地。

1996年，县政府抓好农业综合开发，在人力、物力、财力方面实行重点倾斜，保证农业产业持续向好发展。全县新开发50亩以上连片经济林基地15815亩，巩固发展蔬菜基地3.5万亩，瘦肉型猪7.5万头，涌现出一大批上规模、上档次、上水平的农业规模经营大户，出现一大批林竹、茶果、菌蔬、畜禽专业村，发展了天蓬动物养殖有限公司、绿光山业有限公司、南方农业有限公司等一批农业龙头企业。以十源、二源雪梨老基地改造为典型的低产园林的技术改造得到加强并获得成效，食用菌、两系稻等农业新品种新技术推广进行试点。

1997年，县政府鼓励工商企业和能人投入农业开发、鼓励科技人员下乡承包搞开发、形成了公司和基地的结合，老板与基地结合，基地与农户结合机制。粮食生产面积达到23.87万亩，总产量达7.78万吨。全县生猪存栏6.69万头，出栏生猪6.36万头；扶持生猪专业户63户，年出栏1.25万头；在大峃、樟台、南田、二源等乡镇建立2000亩的市二线蔬菜基地和1.44万亩季节性蔬菜基地，在下垟乡建立250万筒花菇基地。

1998年，县政府抓稳定粮食生产，连续示范“菜篮子”工程，大力发展高山蔬菜，推广普收旱作农业，良种良法生进技术。全县农业总产值3.6亿元，比上年增长0.9%，第一产业增加值达到2.51亿元，比上年增长0.6%，农村经济总收入7.56亿元，农民人均收入1752元。粮食总产量7.79万吨，连续三年获省政府粮食生产先进县。全县造林面积达到11780亩，迹地更新造林1317亩，育苗26亩，城镇绿化面积7000平方米，荣获全市森林资源保护和发展一等奖。

1999年，县政府制定出台《发展效益农业大力推进农业产业化的意见》，全县新增经济特产林基地7262亩。粮食播种面积23.19万亩，比上年调减4800亩，粮食总产量7.89万吨。编制土地利用总体规划，全年新开垦和整理土地面积1913亩。开展“扶贫百千万工程”,7500人实现脱贫。全县农民人均纯收入达到1882元。基本完成珊溪水库二期移民,提前一年完成第三期移民任务,受到市政府表彰。

2000年,县政府加快农业结构调整,发展以经济效益农业为中心,推进农业生产战略性结构调整步伐,优先发展优质高效经济作物和畜牧养殖业。农业综合开发和产业化经营取得进展,建成名茶、蔬菜、花菇、杨梅、红柿、板栗、葡萄和雪梨等联片基地13万亩。

2001年,县政府调整农业结构,发展效益农业,用市场观念引导农民,按市场需求,改造和托肩老基地,开发新基地,大力培育和扶持贩销大户,创办农产品营销企业,建立营销网络。新增经济特产林基地4850亩,春粮和早稻面积分别比上年下降9000亩和2000亩,春夏蔬菜、西瓜等经济作物比上年增加1.8万亩。全年山羊饲养量4万头,肉兔饲养量100万头。“日省”牌半天香名茶在日本第三届名茶评比中获得银奖,在全国第四届“中茶杯”名茶评比中获得一等奖。在全省率先完成“十五”下山脱贫规划,建设扶贫迁村16个,2100人实现下山脱贫。

2002年,县政府农业结构迈出新步伐,“粮经”比例达到1.71:1,良种覆盖率达到86%。“日省”牌半天香名茶在韩国第四届国际名茶评比中获得金奖、中国精品名茶博览会金奖、第四届中国专利新技术新产品博览会特别金奖、中国国际专利与名牌博览会金奖。“刘基贡茶”等产品多次在国内外农博会和评比会上得奖。如期完成“八年绿化文成”的宏伟目标,森林覆盖率70.6%。

2003年,县政府培育生态农业,促进农业增效,农民增收和农村发展,提出重点建设生态农业示范园区,发展生态型效益农业。实施品牌战略,抓绿色农产品出乡。全县农业总产值4.07亿元,比上年增长4.2%,一批农产品相继在省内外得奖。2004年,县政府抓七大农业支柱产业、农业龙头企业发展良好,农业产业化经营步伐加快。百万只“文成肉兔”、五万亩“优质水果”、万亩“常年蔬菜”和万亩“名优早茶”等一批农产品基地初具规模,7个产品先后在省、市农业博览会上获得金奖。

2005年,县政府贯彻落实省、市农业、农村工作会议精神,以实现“农业增效、农民增收”为目标,克服禽流感疫情和特大台风暴雨等自然灾害,坚持科技兴农、合作强农、依法护农,发展生态特色高效农业,农业经济依然保持平稳健康发展。全年全县实现农业总产值4.30亿元,比上年下降2.1%;农民人均收入3184元,比上年增长6.5%。2006年,县政府组织开展水稻“万村优质高产示范”活动,落实农业产值29517万元,林业产值1885万元,畜牧业产值12518万元。

2007年,县政府实施139富民攻坚计划,按照指标要求,逐项对照检查,予以突破。加大扶持力度,促进农民增收,抓合作社建设,抓基地建设。新增农民专业合作社9家、农业企业6家、省级无公害农产品基地3个。新增省著名商标1枚、市知名商标1枚、绿色食品3个。2008年,新发展茶叶基地2825亩、水果基地4430亩、油茶基地1351亩、淡水养殖487亩;新增农民专业合作社13家、省级农业龙头企业1家、省级无公害农产品基地4个;新增省著名商标1枚、市知名商标1枚,新认证绿色食品1个、有机食品1个、无公害农产品6个。

2009年,县政府组织实施“产业培育、龙头带动、品牌创造”三项农业促进工程,大力扶持发展肉兔、名优茶、水果、山地蔬菜、中药材、油茶和淡水养殖。新发展农业龙头企业3家,新增农民专业合作社16家,新认定规范化农民专业合作社12家。新增省著名商标1枚、市知名商标1枚,温州名牌产品1个,省级农业标准化示范基地2个、市级农业标准化示范基地3个。

2010年,县政府率先设立农业风险保障专项资金。启动建设现代农业综合园区和粮食功能区。新农村建设取得新成就。大力实施“强龙兴农”工程。新引进农业龙头企业1家,新培育示范性农民专业合作社19家。申报建设南田、公阳和双桂三个重点粮食生产功能区,建设规模4081亩。继续抓好农村饮用水工程,续建了巨屿、南田、玉壶等自来水厂,新建61个村的农村饮用水项目,受益人口5.16万人。完成2座千库保安工程建设任务,累计完成26座千库保安工程建设。

2011年，县政府全面落实支农惠农政策，着力稳定粮食播种面积和总产量，建设粮食功能区1.3万亩。全年扶持培育10个粮食功能区、3个主导产业示范区、13个特色农业精品园，农业机械化水平不断提高。农业“两区”建设完成投资3653.3万元，建设粮食生产功能区10个、主导产业示范区3个、特色农业精品园13个，农业总产值达到8.4亿元。购置符合目录的农业机械1300台(套)，秧盘0.35万只。

1991—2011年文成县农业总产值增长情况一览表

表21-2

年份	总产值(亿元)	粮食总产量(万吨)	增长率(%)
1991	1.65	7.32	21.50
1992	1.74	7.04	17.60
1993	1.71	7.02	−2
1994	1.64	6.59	−6.10
1995	1.71	7.30	4.20
1996	1.83	7.95	7
1997	3.81	7.78	14.40
1998	3.57	7.79	−6
1999	3.77	7.89	5.20
2000	3.74	7.09	−0.68
2001	4.08	6.56	9.12
2002	3.89	6.21	−4.50
2003	4.07	5.90	4.40
2004	4.32	6.29	6.10
2005	4.30	5.39	−0.40
2006	4.46	5.73	3.60
2007	5.13	5.46	13
2008	4.54	5.33	−11.50
2009	5.45	5.80	9.40
2010	6.73	6.16	7.70
2011	8.12	6.38	17.10

说明:资料由县政府办提供

第二节　工业发展

1991年，县政府总结第一轮承包经验教训基础上，本着“大稳定，小调整”的原则，做好企业二轮承包工作，签订4家企业承包合同(3家待签)，74家股份企业进行验收发证。技改项目23个、总投资700余万元，新增产值达1200万元，新增税利100余万元，开发17个新产品20个品种(其中全民企业6个、二轻企业3个、乡镇企业8个)，年新增产值1000余万元，创税100万元。

1992—1993年，县政府抓优化企业组合，促进企业上规模。全年产值超百万元企业从1989年的6家增加到30家，其中产值500万元以上达2家。全县新投产企业62家，年产值达1200万元。开发投入生产的新产品76

个，其中鹤泉米酒、鹤城宝剑、竹木制品、新型农用车、五线包缝机、月季牌清凉油等产品多次在全国、全省产品质量评比中荣获金、银、优质奖。1994年，由于国家取消减免税等优惠政策，使占全县工业总产值20%的30余家外来企业几乎全部撤离：又由于电价等能源价格的大幅度上涨，使占全县工业总产值40%的50余家利用废铁粗加工的铸轧钢企业几乎全部处于停工状态，工业经济形势十分严重。针对这种情况，县委、县政府及时调整工业发展战略，确定"发挥资源优势，振兴文成经济"的工业发展思路，利用丰富的水电、竹木、矿产、生物等资源，发展资源型工业，使工业经济保持稳步发展的态势。1994年，县政府抓发展资源型工业，全县第一个工业小区樟台花岗岩加工区兴建。1995年，县政府突出扶持重点企业，注重资源开发，加快技术改造，加强企业管理。全年工业增加值9854元。

1996年，县政府通过结构调整，形成以水电、机械、食品、服装鞋革、竹木草加工等为主的行业生产：以"胶鞋系列""防爆电器系列""商标印刷""离合器总成""农用车系列""帝师白酒系列"等为主的适销对路产品。出现上规模重点骨干企业15家，全县重点企业进一步壮大，15家重点企业实现产值1.12亿元，占全县工业总产值的26.2%。花岗石、竹木制品、绿色食品、矿泉水等工业产品逐步形成系列和规模，外部市场占有率不断提高。全县资源型工业总产值达到1.26亿元，占全县工业总产值的29.4%。

1997年，县政府加大投入力度，全县工业企业固定资产净值1.8亿元，是1992年的4.3倍，初步形成以"胶鞋系列""防爆电器系列""商标印刷"等为主的适销对路产品。出现规模重点骨干企业16家，产值1.61亿元，占工业产值的29.2%。全县资源型工业产值达到1.54亿元，占全县工业总产值的28%。

1998年，县政府按照"扶优扶强"的原则，加强对15家重点骨干企业的扶持，实现产值1.36亿元，占工业总产值的23%。资源型工业加快发展，以花岗岩、竹木、山珍、水电为主的资源型工业逐步上规模上水平，实现总产值1.66亿元，占工业总产值的28.2%。完成工业技术改造投资金额5400万元，开发新产品86个。

1999年，县政府调整工业行业结构，水电、竹木、新型建材、食品加工等特色工业逐步成为工业发展的支柱，产值达1.69亿元，占工业产值的32%。扶持个私经济发展，制定出台《文成县发展个体私营经济的若干政策规定》，促进金谷公司、水泥电杆厂、金峰公司等一批个私经济的发展壮大。

2000年，县政府以产品为龙头，以资产为纽带，支持组建集团公司。立足本地优势，依托科技创新，鼓励资源工业发展。2001年，县政府支持特色工业快速发展，鼓励企业技改投入，启动巨屿工业园区建设。投入资金4000万元，完成云江大道建设工程，基本实现"三通一平"，已有6家企业落户园区。

2002年，县政府开展重点骨干企业的帮扶，完善工业园区优惠政策，工业经济出现较好势头。资源型特色工业加快发展，以沙石资源为主要原料的管桩业产值达到4035万元。在管桩业带动下，钢材工业增加1100万元；小水电行业产值达1.1亿元，比上年增加24.7%。技改力度进一步加大。全年完成工业技术改造3250万元，其中仅温州管桩公司、文乐冶金公司就完成技改投资1800万元。巨屿工业园区投资4000万元，有8家企业进驻园区，年产值达到5000万元。山珍公司、浙南管桩公司、文成宏发气体有限公司等11家重点企业技改相继完成。

2003年，县政府为增强巨屿工业园区的集聚功能，接纳发达地区产业转移，启动"农产品加工园区"建设。优化工业布局，扶强优势企业和优势行业，重点把县政府确定的宏发公司、山珍公司等11家重点骨干企业扶强扶优。完成工业技改投入8210万元，比上年增长180%。巨屿工业园区实现销售产值8200万元，比上年增长60%；工业园区发展良好，在建企业7家，签约企业3家。

2004年，县政府制订巨屿工业基地扩容计划，把巨屿工业基地做大做强；争取省、市支持，力争建设体外工业园区，为企业集聚提供更为广阔的平台。加强与正在洽谈企业的沟通联系，争取他们尽快到文成落户。广辟招商引资渠道，吸引更多的企业和人才到文成投资兴业。全年完成技改项目28个，工业性投资2.07亿元。

巨屿工业基地引进企业16家,实现销售额1.6亿元,比上年增长100%。

2005年,县政府决定加快工业发展步伐,重点抓好巨屿工业基地、各乡镇老工业用地、东垟沙洲开发等工业发展平台建设。在落实县外工业园区上做文章,走科技含量高、经济效益好、资源消耗低,环境污染少、人力资源优势得到充分发挥的工业发展路子,努力扩大工业经济总量。

2006年,县政府选商引资取得突破,签订外来投资项目67个,协议金额44.65亿万元。国有及年销售收入500万元以上工业企业实现产品销售收入13.35亿元。建筑业平稳发展,全县实现建筑业增加值1.24亿元,同比增长20.7%。完成巨屿工业基地(一期)建设,实现产值6.83亿元,占全县工业总产值的35.1%。

2007年,县政府坚持把项目带动作为经济工作"生命线",加快建设一批项目,努力争取一批项目,认真谋划一批项目,精心做好一批项目,实现用5年时间,争取工业产值达到50亿元。当年工业生产增势强劲,拉动经济增长7个百分点。实现工业总产值26.88亿元。抓节能降耗初见成效。万元GDP能耗同期下降0.14%,工业经济效益逐步提高。18家重点工业企业完成工业总产值14.9亿元,同比增长56%。全县产值超5000万元的企业9家,其中超亿元的企业5家。

2008年,县政府加大招商引资力度,新引进招商项目10个,协议金额6.75亿元。合同利用外资652万美元,完成工业性投资3.53亿元。规模以上工业总产值23.24亿元,增长10.3%。

2009年,县政府致力抓好工业发展平台建设,制定《文成县工业基地招商选资准入标准》《文成县工业基地企业准入条件及产业发展导向》。完善《文成县关于加快发展来料加工和农家乐项目的优惠政策》,全年县财政安排创业创新基金2000余万元,精心组织实施全面创新"143行动"和全民创业"一十百千万"计划。巨屿产业化项目(二期)、百丈漈工业基地(二期)、樟山生态产业基地等三大平台建设扎实推进,完成竣工投产项目28个。

2010年,县政府抓招商引资,合并实现到位内资4.29亿元,新推出包装项目23个,新引进招商项目20个,协议金额15.95亿元,总投资亿元以上项目3个。企业技改扎实推进,完成工业性投资4.5亿元,新引进工业企业18家。

2011年,县政府稳步推进工业基地建设,严格执行产业政策和环境准入标准,深入开展"企业服务年"活动,及时出台和兑现各项帮扶政策,推动生态工业健康发展,工业总产值年均增长16.5%。新增规模以上企业25家、年产值超亿元企业2家。实现规模以上工业销售产值23.39亿元,同比增长11.6%。实现规模以上工业新产品产值1.42亿元,同比增长53.9%。年末,拥有工业产值超亿元企业8家,比2010年增加4家,其中产值超5000万元企业14家,比2010年增加2家。

1991—2011年文成县工业总产值增长情况一览表

表21-3

年份	总产值(亿元)	增长率%	年份	总产值(亿元)	增长率%
1991	0.82	16.70	1998	5.91	2.50
1992	1.10	33.40	1999	5.39	-9.90
1993	2.04	86.25	2000	6.05	10.00
1994	2.63	28.90	2001	6.91	14.20
1995	2.80	7.70	2002	7.47	7.60
1996	4.28	52.80	2003	8.82	18.10
1997	5.82	27.16	2004	10.21	15.80

续表21-3

年份	总产值(亿元)	增长率%	年份	总产值(亿元)	增长率%
2005	14.41	24.70	2009	29.57	0.20
2006	19.45	34.90	2010	32.04	25.40
2007	26.88	38.20	2011	37.08	15.70
2008	29.52	9.90	—	—	—

说明:资料由县政府办提供

第三节　商贸、金融市场发展

1991年,县政府抓经贸领域拓展工作,连续开放个体商业,开展外贸出口。全县市场经济逐渐活跃,特别是个体商业市场十分活跃,1992年,全社会商品零售额达到15026万元,比1989年增长29.31%,从事个体经营工商户7071户、8772人,市场零售额达到4000万元,比1989年增长5.4%、24.8%和2倍。1996年,从农业银行分离成立县农村合作银行和农业发展银行信贷组,全县金融系统存款余额达6.09亿元,同比增长29.1%;贷款余额4.41亿元,同比增长17.1%;银行现金净投放2.61亿元,同比增长17.8%。

1997年,县政府抓金融工作,组织存款,增加银行信用回笼。组织资金支持重点建设和重点企业发展,加强银行信贷资金的分析,及时调整信贷结构,树立与企业共命运的思想,支持企业发展出乡,根据银企联手,扶优扶强的原则,推进全县经济和社会发展。社会消费品零售额4.5亿元,其中集市贸易成交额达到1.83亿元,分别是1992年的1.99倍和1.09倍。县烟草公司销售额达到6866万元,创利税860万元。全县金融系统存款余额8.37亿元,比1992年增长3.31倍。同年,全县社会完成出口供货值8188万元,比1992年增长4.58倍;实际利用外资700万美元,比1992年增长69倍。全县宣告脱贫。

1998年,县政府组织实施"计划指导、自求平衡、比例管理、间接调控"的新体制,积极发挥金融杠杆作用并抓好第三产业发展。全社会商品零售总额达到4.8亿元,比上年增长6.7%。第三产业增加值达4.63亿元,占国内生产总值的46.3%。地方财政总收入达到3252万元,比上年增长23.4%;财政总支出13857.6万元,比上年增长9.2%。全县金融系统存款余额达到9.78亿元,比上年增长16.7%;贷款余额6.59亿元,比上年增长19.6%。

1999年,县政府开展农村基金会和"两非"金融机构的清理整顿工作,维护金融秩序稳定。全县金融系统人民币存款余额为9.6亿元,比上年下降1.7%,外币存款2097万美元,贷款余额达到7.7亿元,比上年增长17%。全社会消费品零售额达到4.85亿元,比上年增长1.6%。全县地方财政收入达到4373万元,比上年增长14.5%。

2002年,县政府强化金融工作,加强金融监管,建立和完善社会信用体系。确保金融安全运行,保证商贸市场有序发展和增强百姓购买力。全社会商品零售总额6.32亿元,比1997年增长40%;社会各项存款余额16.6亿元,各项贷款余额10.7亿元,分别比1997年增长143.3%和194%;全县社会保险费收入达3085.5万元。2003年,社会消费品零售总额6.95亿元,比上年增长10%。全县金融机构各项存款余额26.8亿元,各项贷款余额12.34亿元,分别增长36.6%、15.17%。2004年,社会消费品零售总额7.72亿元,比上年增长11.1%。全县金融机构各项存款余额29.4亿元,各项贷款余额14.4亿元,分别增长9.7%和19%。2006年,社会消费品零售总额10.01亿元,比2002年增长58.5%,年均增长12.2%。

2007年,县政府组织"千镇连锁超市"工程,实现连锁超市乡镇全覆盖。全县实现社会消费品零售总额11.53亿元,同比增长15.2%。2008年,实现社会消费品零售总额13.37亿元,增长16.0%。全年财政总支出8.69亿元,增长20.2%。温州银行在县域设立支行。年末,金融机构贷款余额29亿元,比上年增长23.6%;贷存比

50.1%,比上年提高6.1个百分点。

2009年,县政府完善金融系统考核奖惩机制,鼓励金融机构加大贷款力度,各项贷款余额41亿元,有效缓解企业融资难问题。安排专项资金120万元用于人才引进、奖励、培训。实现社会消费品零售总额16.3亿元,增长21.7%。

2010年,社会消费品零售总额19亿元,年均增长16.8%。2011年,县政府重视加快地方金融创新发展,完善余元化金融组织体系,发展一批非银行金融机构,培育一批金融中介组织,切实防范金融风险。鼓励和保障民间资本顺利进军基础设施、公用事业、社会事业等领域。组建县级投融资平台6个和中心镇新农村建设投融资平台9个。

第四节 旅游产业发展

1992—1996年,县政府多渠道筹措资金1000万元,主要完成峡谷景廊、百丈飞瀑两大景区的步游道,建筑亭阁8处,添置旅游船(艇)14艘,建成百丈二漈度假村、天顶湖山庄等服务配套设施,初步形成"吃、住、行、游、购、娱"为一体的旅游体系。1992—1996年接待游客25.5万人次。

1997年,县政府支持组织建立石垟、铜铃山两大森林公园。完善百丈漈风景名胜区峡谷景廊游道、天顶湖山庄、二漈度假村等游乐设施,开工建设百丈飞瀑引水工程。全年旅游观光达11万人次,带动第三产业的发展。

1998年,县政府制订《文成县旅游总体规划》加强对百丈漈风景区的规划管理。五年中,景区建设总投入385万元,完成投资项目11个。百丈飞瀑、二漈度假村、森林公园等重要景点建成开放;天顶湖山庄、"通景"油路、天顶湖游船等一批旅游服务设施相继完善。多次组织人员到国内大中城市进行促销活动,景区知名度不断扩大,在"97中国旅游年""旅客喜爱的美景乐园"评选活动中,荣获全省第五名。

2000年,县政府修订《旅游总体规划》,抓住珊溪水库蓄水、《刘伯温》电视剧的开播和温州市申报全国优秀旅游城市三大机遇,加大旅游宣传和促销力度,加强景区景点保护和建设,丰富旅游内涵,推动旅游业加速发展。

2001年,县政府坚持以大手笔做大文章,以大旅游发展大产业,完成修订《全县旅游总体规划》,在此基础上研究制订旅游景区景点详细规划。下决心理顺旅游管理体制,把股份制、股份合作制等市场手段引入旅游开发。

2002年,县政府编制《文成县旅游总体规划》,以建成旅游大县为目标,精心勾画旅游发展蓝图。总体规划编制出台以后,组织编制阶段性开发计划和景区景点详细规划,为旅游有序开发打好基础。

2003年,县政府加快创建"国家级生态示范县"步伐。抓好重点景区建设,全县旅游投资达到1亿元。县政府对旅游的投入3000万元。其中,投资1000万元,开发岩门大峡谷景区;投资2000万元,开工改建石垟林场至铜铃山、黄坦至岩门、峃口至珊溪的通景公路。利用社会民间资金投入7000万元,完成"峡谷景廊""日月度假村""瑶池度假村"建设,开工建设"飞云湖度假村"。通过策划举办"刘基文化"暨生态旅游节,增强促销载体的魅力和吸引力。

2004年,县政府通过挖掘刘基文化,弘扬红色文化,营造山水文化,挖掘畲乡文化,推出侨乡文化,组织饮食文化,促进生态旅游的新发展。完成岩门大峡谷景区的开发建设;建成石垟林场至铜铃山通景水泥路和日月度假村;加快建设刘基故里、百丈漈、飞云湖等重点景区;上马改建黄坦至岩门通景公路,努力创造条件,扶持天顶湖度假村、大水桥度假村、泥鳅岭度假村等招商项目上马建设。紧抓百丈漈飞云湖被命名为国家重点风景名胜区的有利契机，开展旅游宣传促销，打响文成生态旅游品牌。

2005年，县政府以"大旅游、大产业"理念，实行有序开发、集约经营、科学管理，促进旅游业可持续发展。以三张"国家级名片"为重点，按照"立足沪杭、面向全国、走出国门"的思路，加强对文成生态旅游文化资源的宣传和促销，拓展客源市场，打响文成生态旅游品牌。

2006年，县政府以市场化运作的方式，发展休闲生态旅游。重点抓好百丈飞瀑景区及配套设施建设，刘基故里景区开发，龙麒源景区开发，以及铜铃山、峡谷景廊水毁设施建设。按照"留得下、住得久、玩得好"的要求，推进以休闲度假基地为重点的旅游配套设施建设，促进"吃、住、行、游、购、娱"六大要素协调配套，均衡发展。启动建设天顶湖旅游接待中心、龙珠岛旅游接待中心、飞云湖旅游接待中心和刘基文化生态园等一批旅游配套设施，增强县城、珊溪、南田、百丈漈等重点旅游城镇的集散、购物、餐饮、住宿等服务功能。发展农家乐旅游项目，挖掘和提升旅游文化内涵，创新旅游宣传的方式方法，提高旅游宣传的针对性和实效性。

2007年，县政府把旅游开发建设与创建国家AAAA级旅游景区紧密结合起来，突出"做景、连景、造景、出景"，以特制胜促休闲。做好"山上"文章，以观田园风光、吃农家饭菜、住农家房屋为重点，发展"牧歌经济"。做好"水上"文章，以游湖观光、垂钓休憩、品尝湖鲜为重点，发展"滨水经济"。做好"晚上"文章，以夜间餐饮、夜间娱乐、夜间休闲为重点，发展"月光经济"，努力形成"游山玩水、玩水观景、观景探奇、探奇赏俗"特色，把文成打造成为独具魅力的山水乐园和休闲胜地。整合当地特色产品，在温州、台州、宁德等重点客源市场召开旅游推介会。定期邀请各类新闻媒体、旅行社主管到全县观光旅游、洽谈商务，拓宽沪、杭、甬等大中城市旅游新市场。规划全县年接待游客80万人次、综合收入达5亿元。

2008年，县政府坚持规划推动、项目拉动、品牌带动、产业联动，逐步推进观光旅游向休闲度假旅游转变。加快猴王谷景区、刘基故里景区、西坑安福寺开发建设步伐。加快武阳通景公路和珊溪旅游码头的改造和建设步伐。编制飞云湖旅游详细规划、天顶湖景区详细规划、岩门大峡谷景区详细规划和红枫古道及其周边保护规划，并将岩门大峡谷景区、朱阳九峰景区进行精心包装，作为招商引资项目推向市场。抓好刘基故里、百丈飞瀑景区创建国家AAAA级旅游景区工作，促使文成旅游实现质的飞跃。启动"在外温州人之家"项目和文成铜铃山森林旅游配套服务中心建设。借助"百家讲坛·刘基篇"在央视播出的机遇，打响刘基文化品牌，扩大文成影响。

2009年，县政府开展省旅游"十百千"工程创建活动，创建旅游强镇2个，创建特色旅游村3个，加快推进观光旅游向休闲度假旅游转变，努力把文成打造成为"浙南最佳旅游休闲度假基地"。抓好重点景区建设，加快百丈飞瀑景区创国家AAAA级、刘基故里景区创国家AAA级进程，启动龙麒源景区创国家AAAA级工作。完成文成县服务业发展规划、西坑旅游集散中心详细规划、红枫古道保护规划、乡村旅游规划。抓好农产品展示中心(旅游产品营销中心)等项目建设:完成南田镇至武阳村通景公路、珊溪水库交通码头建设;开工建设黄坦镇至飞云湖(河背)通景公路;做好徐村至百丈漈电厂通景公路、铜铃山至泰顺乌岩岭通景公路、东溪至朱阳九峰通景公路、龙川赵超构生态文化园等项目前期工作。围绕国家旅游局"生态旅游年"主题，创新旅游营销方式，深入实施文成旅游宣传促销"八大工程"，精心办好森林旅游节、首届观瀑节等旅游节庆活动。全年实现旅游接待人数145万人次以上，景区门票收入680万元以上，旅游综合收入8.3亿元以上。

2010年，县政府以创建旅游经济强县为目标，打造"一山一湖一漈一名人"核心景区。安排生态旅游专项资金2100万元，支持旅游基础设施建设、旅游宣传、旅游品牌创建，扶持以"农家乐"为主要形式的休闲旅游项目发展。启动百丈漈景区改造工程，倾力打造"百丈飞瀑"旅游品牌。完善旅游交通网络，加快建设黄坦镇云峰村至云湖乡塘垄村联网公路，完成武阳通景公路工程。开展龙麒源景区创建国家AAAA级旅游景区工作。新开工建设赵超构文化生态园等5个旅游开发和配套项目，加快在外温州人之家等8个旅游开发和配套项目建设步伐。发展农家乐等乡村旅游,加大"绿色食品"和特色旅游商品开发力度。重点推出"生态奇观游""刘基文化游""红色旅游""畲乡风情游""红枫古道游"等精品游线。创新旅游宣传促销手段,精心办好首届百丈漈观瀑节,提升文成旅游知名度和美誉度。完成百丈漈引水工程,恢复百丈飞瀑雄姿,加快县客运中心暨旅游集散中心、旅游产品营销中心、天顶湖旅游接待中心等一批重点旅游配套项目建设步伐,开工建设百丈漈景区通景公路改建工程。举办赵超构100周年诞辰纪念系列活动、第三届万种枫情节。

2011年,县政府集中财力推进重点景区配套设施建设。加快百丈漈通景公路改建工程建设,开工建设铜铃山至黄桥(泰顺)公路工程;推进十大旅游接待中心项目建设,提升旅游综合接待能力;加快刘基故里仿古民居改造,打造峡谷景廊野外拓展、红枫古道健康游等新兴项目,培育壮大文成休闲旅游市场;加强金朱林场配套设施建设,申报建立金朱省级森林公园。开展整体促销、联合促销,办好刘基诞辰700周年节庆活动,推出一批特色旅游产品,提高旅游综合效益。加快发展交通运输、餐饮服务、休闲娱乐、商贸流通等与旅游相配套的行业。全县有国家AAAA级旅游景区2个、AAA级旅游景区1个和省级森林公园2个,创成省级旅游强镇3个、特色旅游村3个,发展"农家乐"经营户(点)54家。旅游综合收入达到16.3亿元。

第五节 城乡基础设施建设

1991—1993年,是全县基础设施投入最快的时期,县政府在基本建设投入累计1.62亿元,比前三年增长53.8%。其中,建设公路63.3公里、机耕路190公里。建成县城车站、珊溪坦歧大桥、玉壶克木大桥及瑞安营前至文成花园桥油路铺筑等一批重点交通工程;高岭头电站完成投资47.3%,靛青山电站、玉壶变电所改建、"官山背"至靛青山35千伏线路等工程竣工投入使用,珊溪输变电工程完成土建任务,三源引水工程、西坑驮漈头引水工程、胜天引水工程等基本完工投入使用。全县共建电视差转台24座、地面卫星接收站23座,电视覆盖率从1989年55%上升到84%。

1994年,县政府加大联网公路、水包、通信、自来水、开发区等建设。建成通乡和联网公路37公里,沟通双溪、汇溪、金星3个乡,实现乡乡通车(东龙乡因珊溪水利枢纽工程另作安排);铺筑瑞东线、文泰线油路20公里:投资1450万元瑞东公路岀口至大岀拓宽工程基本完成;完成机耕路29公里,14个村通车,行政村通车率提高到60.7%。水电建设:投资6189万元、装机1.6万千瓦高岭头一级电站建成,投资1100万元文平110千伏输电线路架设完毕。邮电通信发展迅速,玉壶、巨屿、双桂、樟台等乡镇开通程控电话,县城开通自动数字寻呼业务,玉壶、珊溪邮电大楼正在施工。年末城乡电话用户5647户。城镇建设不断加强,南田、玉壶、百丈漈、巨屿、周壤开发区建设步伐加快,大岀朝阳新村、珊溪东门新村基本形成,县城液化气储配站建成使用,县城自来水厂扩建工程继续进行,泗溪路开发全面铺开。大岀镇完成城镇总体规划,部分乡村建设计划开始实施或通过会审。

1995年,县政府审批水、电、道路建设等基础设施项目17个,计划总投资30945万元,完成投资5255万元。重点工程高岭头二级电站三通一平基本完成;瑞东线岀口至大岀段拓宽改道铺筑水泥路面已竣工使用;泗溪路的防洪堤、路基填方已经完成;县城自来水厂扩建工程完工投入使用,文泰线文成段和瑞东线敖里至西坑、花黄公路雅梅至际坳堂等20公里油路改造全部完成;贯通双珊、岀周等乡间联网公路20.6公里,新建桂山至平阳吴垟、泰顺横坑等县际联网公路。玉壶、珊溪邮电大楼已完成主体工程,黄坦、南田、百丈漈、二源程控光缆工程和双桂至平阳的瑶岭隧道正在加快建设。农村初级电气化通过省级验收,跨入全国农村初级电气化县行列。

1996年,县政府开工、续建县城110千伏输变电升压工程、泗溪路建设、文平公路瑶岭隧道文成段、巨屿水厂、通乡程控电话、高二电、坑下山水电站、黄坦水厂、县城邮政大楼、文青公路改建工程、巨屿大桥、百丈漈瀑布引水工程等一批水、电、路、桥和通信工程。县城城南小区开工建设，珊溪水利枢纽工程正式开工上马。

1997年，县政府全面实施通航、通铁、通港和乡间联网规划，提前一年实现乡乡通车，瑞东线改建工程完成。在建水电站14座，总装机64295千瓦，总投资4.23亿元，高一电、高二电、坑下山电站等一批股份制电站竣工。

1998年，县政府安排重点建设项目25个，当年投资1.9亿元，占全部固定资产总投资的51.1%。文成宾馆、文平公路、文青公路一期一段、高二电、云湖乡公路、花支线龙川段油路改造、南田和西坑变电所等一批重点项目竣工，东溪三级电站、县医院住院楼、体育场路等一批项目进入施工高潮。按照集镇化发展的要求，基本完成县城总体规划和14个乡集镇建设规划已经20个乡镇总体规划的新一轮修编工作。

1999年，县政府编制县城总体规划、城镇体系规划和城区重要区块、主要街道的详细规划。其中，基础设施建设项目完成总投资3.3亿元，占全社会固定资产总投资的75.6%。高岭头二级电站、县城垃圾场、鹤川大桥、城南小区、栖云小区等一批项目竣工投入使用，文青公路一期二段、殡仪馆、县城水厂引水工程、百丈漈水厂、东溪三级电站、黄鹿电站、高岭头三级电站等一批项目正在有序施工中。瑞东公路一级改造、老干部活动中心、地方粮食储备仓库、电信大楼、东坑岭电站、民兵训练基地、九溪电站等一批项目完成或基本完成前期工作。

2000年，县政府开工建设县前街小区。完成十八公里至南田、玉壶至东溪、大垟口至平和等路面改造。建成日供水2000立方米的巨屿、黄坦水厂，日供水6000立方米的县城引水工程进入实施阶段。2001年，县政府的县城总体规划通过市政府审查，拓宽中心城镇和次中心城镇的发展空间，优化乡镇发展布局。完成开发小区、重点项目、扶贫迁村、旧城改造等项目详细规划80个。文青公路一期改造项目全线竣工，县殡仪馆投入使用。56省道文成段二级改造工程完成投资4050万元，改造农村电网1670公里，完成投资4650万元。建设商品房3.5万平方米。

2002年，县政府完成珊溪水利枢纽工程文成移民动迁安置任务。完成县城公园初步设计，县前街进入二期改造。开工建设县城水厂，启动县城亮化工程；开工建设电信大楼，移动电话覆盖面达80%以上。2003年，56省道文成段改造工程完成总投资额的91%；57省道（文青公路）文成段二期改造工程顺利开工。县城“亮丽工程”和泗溪河治理一期工程初战告捷；县前街改造和安置工作进入扫尾阶段。

2004年，县政府组织的56省道文成段改造工程基本完成；57省道暨文青公路文成段改造二期工程完成投资1280万元，开工建设文泰公路文成段改造工程；“乡村康庄工程”全面铺开，投入9000余万元，完成通乡公路改造工程90公里，完成通村公路路基220公里、路面工程150公里。2006年，完成56省道文成至瑞安段改建、电网建设与改造、信息化基础设施等8个重点工程；行政村等级公路通达率达到83.2%，硬化路面通达率达77.6%；实现全县村村拥有办公场所。

2007年，县政府安排的市重点项目完成投资1.71亿元，完成年度计划的136.8%。青少年活动中心、公共卫生管理中心、广播电视大楼等项目开工建设。文泰线峃珊段公路改建工程建成通车，57省道暨文青公路改建工程（二期）完成路基工程；56省道花园至西坑段改建工程项目建议书得到批复，并被列入省重点项目。文成中学迁建工程顺利完工，县城污水处理厂投入试运行。

2008年，县政府组织的其中市重点项目完成投资1.17亿元，完成年度计划的109.3%。57省道暨文青公路改建（二期）主体工程、干部职工住宅楼、县电业局调度大楼、巨屿110千伏和西坑、南田35千伏输变电等工程顺利完成。

2009年，县政府完成泗溪河治理工程（Ⅳ期、Ⅴ期）、56省道县城段绿化景观工程、垃圾填埋场等项目。全县用于“三农”支出的财政性资金达6.07亿元，比上年增长27.2%，其中在实施新农村建设“六大工程”方面投入资金1.13亿元。2010年,34个重点项目完成投资9.32亿元。花园新区住房保障工程(一期)、农房改造、农村困难群众住房救助等项目顺利完成;凤溪花园市政工程、公共卫生管理中心、体育中心(二期)、广播电视大楼等项目基本建成;新56省道南田接线公路等项目开工建设。

2011年,县政府加快县城城西南片、城东片、城北片等新区开发建设步伐,完成嘉盛花园、鑫隆帝景、白云广场等商住地产开发项目,启动苔湖片区旧城改造工程和沙垟等旧村改造项目。开工建设县客运中心(旅游集散中心)等项目。

1991—2011年文成县城基础建设投资情况一览表

表21-4

年份	固定资产投资(万元)	增长率%	备注
1991—1993	16200	—	1991年5724万元
1994	2953	—	—
1995	5255	7.7	—
1996	26200	3.98	—
1997	32025	22.2	—
1998	83689	1.62	—
1999	43600	−92.7	—
2000	36045	−17.4	—
2001	44770	24.2	—
2002	50190	12.1	—
2003	55800	11.2	—
2004	64200	15.1	—
2005	68300	6.4	—
2006	104000	55.5	—
2007	133800	28.6	—
2008	144100	7.7	—
2009	185300	28.6	—
2010	210000	12.2	—
2011	341800	66.1	—

说明:资料由县政府办提供

第六节　“三农”改革发展

1990—1993年,县政府强化村合作经济组织的服务功能,全面建立村级农工商合作社组织,其中88个村进行规范化验收,543个村进行清财建账工作;200余个村通过完善各业承包合同,收取承包款140万元。制订政策措施,进一步理顺县、乡(镇)条块关系。

1996年,县政府根据所有权、使用权、承包权“三权分立”的原则,推进土地使用权流转制度。全面开展村级财务清理,查出失散的集体资产4790万元,并实行“村财乡(镇)管、乡(镇)管村用”制度。

1998年,开展土地二轮承包工作,在百丈漈、黄坦取得试点成功的基础上,向全县全面推开。全面完成农村集体资产产权登记工作。1999年，县政府推行双层经营体制，完善承包合同。全县有490个行政村3610个自然村（组）完成土地承包任务，签订土地承包合同6.70万份。2000年，县政府通过农业各层次的结构调整，通过合理规划、稳定推进。重点扶持已初具规模的黄坦猪养殖，南田、三源高山蔬菜种植，樟台大棚蔬菜种植，下垟花菇种植，百丈漈、峃口淡水养殖，金炉肉兔养殖等区域经济。

2001年，县政府以推行土地流转机制为抓手，大力推进土地向经营能手集中，有效促进农业开发规模效益。近万户农户参与土地流转8.3万亩。2002年，县政府加快农业结构调整，进一步优化种植结构、产业结构。“粮经”比例达到1.71∶1，良种覆盖率达到86%。全县建成各类经济特产林基地13余万亩，10家龙头企业发展良好。“日省”牌半天香茶叶“刘基贡茶”等产品多次在国内外农博会评比获奖。农业设施建设成效显著，累计投资7000万元，除险加固水库山塘70座，造地1.62万亩，森林覆盖率达70.6%。

2003年，县政府全力以赴抗大旱，一心一意谋发展。农业生产在大旱之年再夺丰收，全县农业总产值4.07亿元，比上年增长4.20%。农业龙头企业蓬勃发展，一批农产品相继在省内外得奖；农民人均纯收入2459元，比上年增长8%。实施欠发达乡镇奔小康工程，建成14个下山移民点，迁移人口902户4028人。开展“百村整治，十村示范”工作，新建和改建一批农村水厂和公厕。扩大养老、医疗和失业保险覆盖面，提高了城镇和农村低保补助标准。

2004年，县政府致力促进城乡统筹发展步伐，人民生活不断改善。农民人均收入2674元，比上年增长8.7%，农民负担首先“零税费”。全县农业总产值4.32亿元，比上年增长6.1%；粮食播种面积18万亩，总产值6.29万吨；七大农业专栏产业、农业龙头企业发展良好。百万只“文成肉兔”、5万亩“优质水果”、万亩“常年蔬菜”和万亩“名优早茶”等一批农产品基地初具规模，7个农产品先后获省、市农博会金奖。

2005年，县政府紧紧围绕“生态旅游县”发展战略，抓好“三农”建设。实现农业总产值4.30亿元，年均增长率2.7%。农业结构调整步伐加快，品牌培育成果显著，16个产品先后获全国、省、市农博会金奖。全面实施“百村整治，十村示范”工程。启动整治村52个，示范村建设4个；改善饮水条件5.15万人。全面完成行政村规模调整工作，全县行政村调整到384个。深入实施欠发达乡镇奔小康工程、投入扶贫专项资金8000万元，建成扶贫迁村点76个，迁移人口25747人。

2006年，县政府抓生态农业稳步发展，全县农业总产值4.46亿元。高效农业发展势头良好，7个农产品在全国、省、市农博会上获金奖。启动整治村116个，示范村建设6个，行政村公路通达率83.2%，路面硬化率77.6%，防治地质灾害隐患点48处，造田造地1.4万亩，建设标准农田1.7万亩，除险加固山塘水库32座。

2007年，县政府狠抓三农工作落实。实现农业总产值5.13亿元。新增农民专业合作社9家、农业企业6家、省级无公害农产品基地3个，新增省著名商标、市著名商标、绿色食品3个。深入实施“139富民攻坚计划”，29个欠发达乡镇通过达标验收。新增来料加工点40家，新增就业岗位1160个。农民知识化培训10469人，培训后就业3325人，招聘109名大学生到农村就职。新建续建下山移民点28个，完成整村迁移人口1545户5922人。完成整治村38个，创建省级示范村1个，乡村康庄工程完成路基142公里、路面工程181公里。解决2.5万农村居民饮用水问题。完成99个行政村“有线电视村村通”建设任务。防治地质隐患点12处，除险加固水库水塘18座。造田造地2000亩，建设标准农田1.6万亩。全县农民人均收入4185元，32个乡镇农民人均纯收入超过全国水平。

2008年，县政府克服困难，实现农业总产值4.54亿元。新发展茶叶基地2825亩、水果基地4430亩、油茶基地1351亩、淡水养殖487亩，新增农民专业合作社13家、省级农业龙头企业1家、省级无公害农产品基地4个；发展来料加工企业8个，新增农村就业岗位5000个，新增省著名商标1枚、市著名商标1枚，新认证绿色食品6个。

2009年,县政府坚持抓调整促转型,农业经济稳步发展。实现农业产值5.45亿元,山地蔬菜播种面积10.5万亩;新发展茶叶基地2825亩、水果基地4435亩、油茶基地3500亩;创建省级兴村富民示范乡1个、示范村3个。新发展农业龙头企业3家,新增农民专业合作社16家,新认定规范化农民合作社12家,新增省著名商标1枚、市知名商标1枚,温州市名牌产品1个,新认证绿色食品1个,无公害农产品2个,无公害产品基地1个,省级农业标准化示范基地2个,市级农业标准化示范基地1个。

2010年,县政府围绕"三个文成"建设,克难攻坚。相继制定扶持土地流转、油茶发展、茶叶发展、新造园地改良、淡水养殖一系列政策。建成茶叶、杨梅、花卉尚未连片基地14万亩,成功注册"文成粉丝"地理标志证明商标,农业产业化、规范化发展水平显著提高,农民人均纯收入达到6140元。

2011年,县政府一心一意谋发展,聚精会神抓建设。着力培育现代化农业立体、不断提升农业产业化、规模化、特色化、品牌化发展水平,农民纯收入超7000元。

至2011年,全县绿色农业基地15.2万亩,有机食品9个、绿色食品8个、无公害产品23个,农民专业合作组织66家。

第七节　推进民生事业

1990—1993,用于科技、教育财政支出3100万元,取得重要科技成果23项,其中获得省市科技进步奖、丰收奖、星火奖11项,获全国性展览会、博览会金奖、银奖7项。党校教学楼、希望小学、县医院X光楼全面竣工,玉壶镇小胡志榜教学楼、文中林太找教学楼、二中胡志潺实验楼主体工程完工。多渠道集资715万元,改造和新建校舍3.22万平方米。全县贫困户下降到1.3万户,比1989年下降7.6个百分点。

1996年,全县办学条件明显改善,办学渠道进一步拓宽。第一期扶贫建校26个项目全部竣工投入使用,第二期开工建设9个项目。县中医院住院楼竣工使用,玉壶卫生院"巴黎医技楼"开工建设,县人民医院住院楼、珊溪医院门诊楼前期工作就绪。建成黄坦、周壤、二源等3个有线电视站,全县电视覆盖率达92%。首部《文成县志》出版发行。

1997年,科技进步对经济增长的贡献率提高到39%,比1992年提高13个百分点。教育"两基"工作达到国家标准。创办文成有线电视台,全县电视覆盖率达92%。

1998年,投入资金848万元,新建、修建校舍18513平方米,"普九"工作通过省政府验收。改造乡镇卫生院危房5228平方米,增加农村卫生院仪器设备70万元。农村初保通过省政府验收。完成全县土地利用总体规划,加强耕地保护,鼓励支持造田造地和土地整理工作,全县新造耕地1904亩。

1999年,全县高考录取人数达到225人,有56所薄弱学校进行合并。撤并县妇幼保健所和县卫生防疫站建立预防保健中心,合并县牙防所和大峃镇医院建立口腔医院。投资1300万元的县人民医院住院楼建成投入使用。

2000年,计划生育符合率稳定在90%以上,基本实现"三为主"目标。基本消灭乡镇卫生院危房,通过省级卫生初保验收。

2001年,高考上线率比上年增长32%。改造学校危房10012平方米。殡葬改革顺利实施,火化区内火化率达到100%。

2002年,高中普及率从1997年的27%提高到59.7%。乡镇有线电视光缆联网率达72.9%,广播电视覆盖率达98%。"省级文明县城"创建活动扎实推进。

2003年,开展"百村整治、十村示范"工作,新建和改建一批农村水厂和公厕。学前、义务、高中教育入学率分别比上年提高11.2%、0.28%和5.49%。高考上线率82.88%,比上年提高2.92个百分点。刘基文化研究得到发展,圆满完成“东海明珠工程”试点工作,成功举办县第四届全民运动会。全面开展行政村规模调整,调减行政村152个。

2004年,全面推行新课程教学改革。学前、义务和高中教育入学率分别达到74.4%、99.7%和75.12%。继续实施“欠发达乡镇奔小康”工程,建成11个下山移民点,迁移人口892户3712人。获得省级文明县城创建工作先进县称号。

2006年,县城荣获“省级文明县城”称号。学前、小学、初中和高中教育入学率从2002年的62.8%、99.8%、98.9%和59.7%分别提高到82.2%、100%、99.7%和83.3%。农村五保集中供养率达94.9%。全县农民人均纯收入达3604元,有29个乡镇的农民人均纯收入超全国平均水平。

2007年,获全国县级防震减灾工作先进县称号。震后重建基本完成,重建房屋4033间,拆除危房7781间,维修加固房屋3.22万间。新建续建下山移民点28个,完成整村搬迁迁移人口1545户5922人。完成绿化造林1.45万亩。

2008年,财政扶持“三农”、教育、公共医疗卫生和社会保障事业发展资金分别比上年增长39.7%、21.2%、34.5%和26.9%,用于民生改善的支出比上年增长24.1%。幼儿、小学、初中、高中入学(园)率分别达87.0%、100%、99.9%、89.0%。启动《文成县志》续志编纂,《刘伯温传说》晋级第二批国家级非物质文化遗产名录。

2009年,优化支出结构,新增财力70%用于民生支出。创办县实验二中和县中小学生实践教育基地。完成县体育中心游泳训练馆和体育馆主体工程。刘基廉政文化教育基地成为全市目前唯一一个省级廉政文化教育基地。

2010年,成功通过省级卫生县城复评。完善城乡居民合作医疗保险制度,出台城乡困难人员医疗救助实施办法。

2011年,县人民医院由温州医学院附属第一医院成功托管。开工建设黄坦污水处理厂,完成珊溪—巨屿污水处理厂基础工作。完善“户集、村收、乡转、片区处理”的生活垃圾收集处理体系,生活垃圾集中收集无害化处理行政村覆盖率达93%。

2007—2011年文成县“十大民生工程”

县人民政府重视民生工作,2007年开始,每年在县人民代表大会上承诺完成十件民生实事,称为“十大民生工程”。第二年人民代表大会上向全体人大代表报告实施十大民生工程结果。

2007年文成县“十大民生工程”一览表

表21-5

序号	内　容	备注
1	抓好“120”急救体系建设,对参加新型农村合作医疗的农民进行免费体检,并实施参保农民门诊医药费按比例报销制度	—
2	对5所学校的教学楼、5所学校的食堂和宿舍进行改造,并免费为4700多名贫困生提供营养餐	—
3	在珊溪、黄坦、云湖、巨屿、仰山等乡镇建设5个地震监测台,加强对地震监测预报;建好“县食品农产品质量检验中心”,正式启动检测检验工作,为广大人民群众提供科学可靠的食品安全服务	—
4	开工建设经济适用房和廉租房3万平方米,改造农村危房940间,改善中低收入和住房困难家庭的居住条件(农村危房改造根据市里文件要求,任务调整为200间)	—
5	建设河滨公园,实施泗溪河治理(四期)、环山绿化和县城管线改造工程,优化县城人居环境	—

续表21-5

序号	内　容	备注
6	加强农村社会保障体系建设,在实现"应保尽保"的基础上,对低保人员的补助每月每人再提高10元;对农村住房实行政策性保险	—
7	完成农村劳动力素质培训1万人,新增就业岗位1000个以上	—
8	设立"全民创业行动专项资金",以促进广大群众创业致富	—
9	帮助震区4500户群众按照6度抗震设防的标准,完成震后重建工作	—
10	建成通村公路路基140公里,路面硬化180公里,使全县等级公路通村率和硬化率达到93.3%	—

2008年文成县"十大民生工程"一览表

表21-6

序号	内　容	备注
1	提高农民医疗保障水平,改善群众就医条件和减轻群众医药费负担。将新型农村合作医疗统筹费标准从每人每年60元提高到100元,将新型农村合作医疗门诊医药费报销比例从10%提高到25%。建立农村困难群众医疗救助制度和农村群众就医双向转诊制度。对3所乡镇卫生院危旧房进行改造	—
2	努力改善学生就学条件和减轻就学费用负担,实现普及十五年教育目标。学前、小学、初中、高中入学率分别达到87%、100%、99.85%;使7000名家庭困难学生得到资助,5000名贫困生享受爱心营养餐;免收义务教育阶段学生杂费和教材费,确保不让一名学生因家庭贫困而辍学。完成6所学校8000平方米危旧房改造,改造5所农村薄弱学校	—
3	继续实施文化建设"十大工程",丰富农村群众精神文化生活。建立农村文化建设专项基金,新建8个乡镇文化站,送数字电影下乡2141场次、送戏下乡198场次、建立33个农村图书流通点,创建农村文化示范户26户。加大农村广播电视建设力度,完成62个行政村广播电视"村村通"工程,实现广播电视进村率达100%,启动广播"村村响"工程	—
4	继续推进交通设施建设,着力解决群众"行路难"问题。继续实施乡村康庄工程,建成通村公路路基40公里,路面硬化40公里,使全县等级公路通村率和硬化率达到94.9%。加快乡际联网公路建设步伐,切实抓好通村公路安全防护设施建设和农村公路养护工作	—
5	加快社会保障住房建设力度,着力解决干部群众"住房难"问题。开工建设经济适用房和廉住房3000平方米,完成1万平方米经济适用房建设。加快实施农村困难群众住房救助工程,完成1200户农村住房困难群众的危房改建工作。加大住宅用地供应量,加强房地产市场和中介的管理,抑制县城房价非理性增长。加强全县重点公共避灾场所的防灾抗灾物资设备配套建设	—
6	继续实施农民素质提升工程,着力提高广大群众创业致富能力。继续加大农民知识化培训工作力度,完成农村劳动力素质培训5500人,新增就业岗位1000人以上。实施"创业富民"战略,继续设立"全民创业行动专项资金",加大对发展来料加工、"农家乐"项目的扶持力度,以促进广大群众创业致富。建立和完善年均收入在2500元以下的低收入农户救助和帮扶措施,帮助10%以上年均收入在2500元以下的贫困人口实现脱贫	—
7	扩大社会保险覆盖面,着力完善社会保障体系。进扩大城镇职工、医疗、工伤等各类社会保险覆盖面。落实被征地农民社会保障政策,对新征地农民实行"即征即保"。落实城镇居民基本医疗保险政策,继续实行农村住房政策性保险制度	—
8	继续实施千万农民饮用水工程,切实解决农民"吃水难"问题。完成47个村4.1万人的农民饮用水改造建设工程,全县安全饮用水普及率达到85%以上	—
9	大力实施异地脱贫工程,着力解决农民"下山难"问题。加大对居住在高山深山、重点库区、地质灾害隐患点群众的迁移力度,新建续建下山脱贫点10个,迁移人口500人	—
10	大力实施"净化、洁化、美化"工程,着力改善人居环境。完成县城河滨公园、泗溪河(Ⅳ标段)工程建设,完成县城下山绿化工程180亩,优化县城人居环境。深入组织实施"百村整治、十村示范"工程,完成整治村建设50个,示范村建设1个。认真组织实施珊溪库区周边乡镇环境整治项目101个	—

2009年文成县“十大民生工程”一览表

表21-7

序号	内容	备注
1	医疗健康工程。将新型农村合作医疗统筹费标准从每人每年100元提高到140元，新型农村合作医疗门诊医药费报销比例由25%提高到30%，门诊医药费报销封顶线从200元提高到300元。建立标准化社区卫生服务中心1家，标准化社区卫生服务站1家。实行免费婚前医学检查和孕前优生检测	—
2	教育提升工程。认真抓好校长、教师队伍建设，积极稳妥地推进中小学人事制度改革，重视教育拔尖人才和学科带头人的培养、选拔，激发教育活力，提高教育管理和教学质量。投资1127万元，建设新文成中学男生宿舍楼等附属项目；建设成职教中心、文成二中、实验小学塑胶操场；改造樟台乡校等6所农村中小学校舍。资助家庭经济困难学生1450人以上，让6000名以上的学生享受爱心营养餐	—
3	创业富民工程。建立低收入农户新型金融服务体系，实行扶贫小额信贷制度，发放扶贫小额信贷900万元；建立村级资金互助组织2家，资金互助社提供资金服务50万元。加强农村劳动力技能培训、就业服务和就业援助，完成农村劳动力技能培训5000人，实现低收入农户转移就业800人。继续实施下山搬迁工程，新(续)建下山脱贫小区11个，搬迁人口1000户、3500人	—
4	交通畅通工程。完成通村公路路基工程24.6公里，路面硬化30.2公里；384个行政村等级公路通村率和硬化率均达98.9%，原口径549个行政村等级公路通村率和硬化率分别达97.8%、97.3%。统筹资金2000万元，实施农村公路安保工程，建成农村公路钢质护栏100公里	—
5	住有所居工程。实施农村困难群众住房救助工程，今年完成农村困难群众危旧房改造780户。开工建设经济适用房和廉租房3000平方米，完成3000平方米。启动樟台乡东城村、鹤东村2个旧村改造项目	—
6	社会保障工程。净增城镇职工基本养老保险800人、城镇职工基本医疗保险1000人，对新征地农民实行“即征即保”。政策性农村住房保险率达95%以上	—
7	农村饮用水改造工程。投资1374万元，完成南田、巨屿水厂、玉壶水厂(水源工程)建设和30个村饮用水工程建设，新增日供水4490吨，解决20000人的饮水困难。	—
8	和谐文化共享工程。新建乡镇文化站5个，建立农村图书流通点15个；建成“省东海文化明珠工程” 1个、文化信息资源共享工程基层示范点2个以上、省(市)文化示范村(社区)2个以上；送戏下乡198场次，送数字电影下乡2408场次，送书下乡10000册；完成174个村的广播“村村响”工程。完成县体育中心塑胶跑道改建工程	—
9	人居环境改善工程。完成56省道绿化景观改造工程，完成泗溪河治理(Ⅳ、Ⅴ标段)工程并投入使用，启动建设路人行道、下水道疏通、路灯改造项目，启动伯温路给水管道改造项目，完成县城环山绿化工程180亩。深入组织实施“百村整治、十村示范”工程，完成整治村建设40个，示范村建设2个。认真组织实施珊溪库区周边乡镇环境整治工程，启动库区环境整治项目118个	—
10	食品安全放心工程。加大专项检测经费投入，加强食品检测，年评价定性检测品种16020批次，定量检测品种1250批次，每月一次将评价结果向全社会发布	—

2010年文成县“十大民生工程”一览表

表21-8

序号	内容	备注
1	将城乡居民合作医疗统筹费标准从每人每年140元提高到185元，并提高报销比例，对珊溪等10所乡镇卫生院危旧房进行改造	—
2	实施农村中小学校舍维修改造工程和校舍安全工程，维修改造樟台乡校等21所农村中小学校舍，改造学校办公楼42幢	—

续表21-8

序号	内容	备注
3	继续实施下山搬迁工程,新(续)建下山脱贫小区(点)14个,实现农民转移搬迁400户、1600人。完成农村困难群众危旧房改造1800户	—
4	开工建设经济适用房、廉租房工程(二期),完成4200平方米	—
5	对全县60周岁以上的48200名城乡居民发放基础养老金,符合参保条件的16～60岁的城乡居民纳入城乡居民养老保险体系。实施残疾人共享小康工程,落实好2000多名贫困重度残疾人的基本生活保障。改善提升14家乡镇敬老院基础设施和服务功能,建设星光老年之家30家	—
6	建设30个村饮用水工程,新增日供水4490吨,解决30000名农村人口的饮水困难	—
7	完成县城自来水管网延伸工程(龙川部分),完成城南路面及管道改造300米,建设路人行道改造9000平方米	—
8	新建双桂等7个乡镇文化站,配备20个村级文化活动室器材,送戏下乡200场次,送数字电影下乡2700场次,送书下乡10000册	—
9	加强食品检测,年评价定性检测品种18000批次,定量检测品种1300批次,每月一次将评价结果向全社会发布	—
10	加大平安建设的投入,在县城及重点乡镇安装100个全球眼视频监控点,在派出所建立视频监控分中心,在全县各主要路口安装4个智能卡点	—

2011年文成县“十大民生工程”一览表

表21-9

序号	内容	备注
1	开工建设文化中心;完成南田等乡镇文化站建设;完成大峃、珊溪、玉壶、南田等乡镇的数字电视整体平移工程	—
2	完成玉壶、巨屿、百丈漈、大峃(凤垟)等乡镇幼儿园建设;完成实验二中、周壤乡校、巨屿镇校、珊溪中学等学校教学楼和宿舍楼的拆建工程	—
3	推进花园新区保障性住房(二期)建设;完成农村住房救助工程1800户	—
4	完成南田、双桂、玉壶水厂大坝工程,完成农村饮用水改造工程55个	—
5	推进南田、黄坦、西坑等10个乡镇卫生院标准化建设,建成文成县医疗急救指挥体系	—
6	启动建设大峃、百丈漈、黄坦、珊溪、巨屿、玉壶、南田、西坑、龙川等9个下山搬迁小区	—
7	完成中心村培育项目2个、村庄整治提升项目40个	—
8	完成珊溪库区整治项目50个;搬迁、关停禁养区内养殖场149家,治理限养区内养殖场达标排放255家;开工建设泗溪河治理工程(六期);推进玉泉溪、珊溪坑等河道相关设施建设	—
9	建设天顶湖、云江、鹤川敬老院,改建周壤侨爱敬老院、黄坦敬老院、东溪敬老院	—
10	建设全民健身场所50个	—

说明:资料由县政府办提供

第四章　行政审批与政府机关管理

2002年6月，成立县行政审批服务中心，负责全县审批制度改革，协调和监督县政府各部门日常行政审批事务。设综合科、业务科、督查科三个职能科室，工作人员12人。2008年6月，建立县行政审批管理办公室（简称审管办），为县政府行政审批制度改革领导小组的办事机构，与县行政审批服务中心合署办公。2010年12月，县审管办由事业单位转为参照公务员管理单位。2011年6月，设立县行政审批代办服务中心。年末，科室不变，工作人员13人。1991年，县政府办行政科负责政府机关车队、接待等事务工作。1998年，从县政府办析置县机关后勤服务中心，2000年，更名为文成县县级机关事务管理局，主要负责县委、县政府的后勤事务管理工作。

第一节　审批制度改革

2002年8月，县行政审批服务中心正式对外办公。首批进入行政审批服务中心办事大厅的有县发展和改革局、民政局、规划建设局、工商行政管理局、经济贸易局、交通局、房产管理局、国土资源局、公安局、卫生局10个部门单位，设置审批窗口10个，审批事项18项，工作人员25人。2006年，县农业局、质量技术监督局、环境保护局进入服务中心办事大厅。2007年，县水利局、林业局、文化广电新闻出版局、气象局、招商局、地方税务局进入审批服务中心办事大厅。2008年，国家税务局进入服务中心办事大厅。2011年，县人事劳动社会保障局、大峃工商所进入服务中心办事大厅。年末，进入行政审批服务中心办事大厅部门单位22个，审批窗口25个，审批事项532项，工作人员74人。所有窗口工作人员均从各职能单位选调，原则上在中心办事大厅工作2年，保持相对稳定。

四轮改革

第一轮改革　2000年，启动第一轮行政审批制度改革。8月3日，发布《文成县人民政府审批制度改革实施意见》。改革的总体目标和重点内容是取消不合理的审批事项，取消50%以上的审批、核准事项，精简30%以上的审批环节；对保留的审批事项，制订科学、规范、高效的操作规程，建立审批约束、监督机制，基本形成与社会主义市场经济发展相适应的行政审批制度。全县56个政府工作部门和直属单位列入审改范围，分三批进行改革，其改革方案均经县政府常务会议审议通过。12月11日，县政府公布首批政府审批制度改革方案。首批20个单位原有审批事项127项，改革后保留46项，减少81项，减幅63.8%；原有审批、核准、审核等事项300项，保留144项，减少156项，减幅52%。

2001年1月31日，公布第二批政府审批制度改革方案。第二批20个单位原有审批事项156项，改革后保留57项，减少99项，减幅61.5%；原有审批、核准、审核等事项482项，保留241项，减少241项，减幅50%。2月22日，公布第三批政府审批制度改革方案。第三批16个单位原有审批事项200项，改革后保留77项，减少123项，减幅为63.5%；原有审批、核准、审核等事项516项，保留256项，减少260项，减幅50.4%。

2000—2001年文成县第一轮审批制度改革情况一览表

表21-10 单位：项

批次	列入审改单位数	审批事项				审批、核准、审核事项			
		原有	保留	减少	减幅	原有	保留	减少	减幅
第一批	20	127	46	81	63.8	300	144	156	52.0
第二批	20	156	57	99	61.5	482	241	241	50.0
第三批	16	200	77	123	63.5	516	256	260	50.4
合计	56	483	180	303	62.9	1298	641	657	50.8

说明：资料由县审管办提供

2002年7月，县政府公布县行政审批服务中心首批窗口单位及其审批事项，单位12个，审批事项219项。其中县发展计划局11项，经济贸易局23项，交通局23项，民政局7项，环境保护局6项，国土资源局17项，房产管理局7项，规划建设局47项，卫生局5项，工商行政管理局10项，公安局25项，司法局38项。发布《文成县行政审批服务中心审批事项办理实施办法（试行）》，对审批制度改革后的审批行为规范，审批事项和受理窗口，申请和受理，办理（简易、一般、联办）程序，审批事项结果处理，办理期限与终止，投诉、督办和业务管理等作出具有约束力的规定。

第二轮改革 2002年12月，启动第二轮行政审批制度改革。12月3日，县政府颁发《文成县第二轮行政审批制度改革实施意见》。决定继续削减审批事项，在第一轮审改的基础上再削减30%左右，继续减少审批环节，压缩办理时限，争取在现行时限基础上再压缩三分之一左右。对法律、法规、规章没有规定，与市场经济发展不相适应的审批事项，特别是涉及市场准入、企业经营活动等审批事项，取消审批。2003年6月5日，县政府公布《文成县第二轮行政审批制度改革审批事项》。全县45个职能部门单位对第一轮审改后保留的624项审批事项进行清理和规范，确定保留353项（新增30项），其中特别许可事项27项、一般许可事项196项、核准事项102项、登记事项28项。备案事项40项（新增8项），年检、年审事项9项（新增2项）取消224项，归并59项，总体减幅45%，时限压缩三分之一，成功实现县政府提出在第一轮审改基础上再削减两个三分之一的工作目标。同年10月10日，县政府公布《文成县行政审批服务中心窗口调整方案》，单位15个，审批事项179项。其中县发展计划局12项，规划建设局27项，交通局18项，国土资源局11项，公安局17项，经济贸易局26项，民政局5项，房产管理局13项，工商行政管理局5项，环境保护局4项，卫生局10项，文化局10项，林业局7项，农业（水利）局11项，计划生育局3项。

第三轮改革 2004年7月，《中华人民共和国行政许可法》正式实施。根据省、市相关要求，对全县的行政审批主体及事项进行全面清理，取消不符合《中华人民共和国行政许可法》规定的行政审批事项48项，并对保留的审批事项进行规范化管理。12月24日，县政府公布第三轮行政审批制度改革行政许可事项取消目录。

第四轮改革 2006年12月，落实国务院和省、市关于行政审批制度改革的有关精神，县行政审批服务中心进行清理规范非行政许可审批事项。全县共有44家部门单位的429项非许可审批事项纳入清理，其中35家有事项上报、9个单位0项目上报。进行初步地甄别、分类后，对各部门单位报送的355项非行政许可审批事项进行审查，对事项的申报条件、申报材料、审批流程、审批时限逐项进行规范，审核确认保留206项，合并1项，取消41项，纳入许可事项34项，非清理范围68项，不列入公布5项。2008年7月，公布《文成县第一批非行政许可审批项目保留目录》。

2011年3月，对全县所有部门的审批事项根据事项办理难易程度，实行科学分类、区别对待。规范清理全县35家审批职能单位的行政许可、非行政许可、服务类的事项共计830项，实现简单事立即办，复杂事限时办、特殊事紧急办的目标。

2011年，对全县所有部门的即办事项进行整理、核准、规范。对830项审批事项的流程进行再优化，审批时限在2010年的基础上压缩30%。增加直接可由审批科办理完结事项33项，取消不合理申报材料49项。

规范服务

审批流程规范　2007年11月，为推进招商选资"一号工程"的顺利实施，县人民政府颁发《文成县招商选资项目审批一条龙服务的实施意见(试行)》。

2007年，深化全县行政审批制度改革，促使各单位行政审批流程更加科学、规范。对纳入审批中心的19个部门的214项审批事项的审批流程进行改造，把其中23项承诺件改为即办件，并对部门内部的各个审批环节、时限等方面进行梳理、优化，缩短时限，简化程序。

2008年3月，加大对县行政审批服务中心各窗口的授权力度，提高行政审批服务效能。加快县行政审批服务中心一站式建设，决定启用发展和改革局等13家驻县行政审批服务中心单位窗口"审批专用章"。"审批专用章"只限于在县行政审批服务中心各窗口单位办理行政审批事项时使用(除需上报上级有关单位的事项外)。在县范围内，"审批专用章"与本单位公章享有同等效力。对进驻中心办理的事项进行全面规范，缩短审批事项，简化审批环节，并制作规范表上传到审批中心网站，方便群众查询和社会监督。

2010年8月，规范简化政府投资项目审批流程和前置条件。政府投资项目审批流程时限从78天压缩到43天，提速42%；减少申报相关材料72件次。

2011年1月起，全面执行《温州市优化政府投资项目审批流程实施办法(试行)》。将审批环节由22个简化为20个、审批时限从43天再次减到37天。同月，转发《温州市优化民间投资建设项目审批流程实施办法(试行)》，民间投资建设项目审批再提速，流程再优化。

审批办件管理　县行政审批服务中心办理审批事项以"公开、便民、廉洁、高效"为宗旨，实行审批内容、审批依据、申报材料、办事程序、承诺时限、收费标准"六公开"。所有进入行政审批服务中心的部门(单位)办理的行政审批事项，实行一个窗口受理，一个窗口出件，一个窗口收费的"一站式"服务。2002年，行政审批服务中心成立首年，进驻单位10家，收件1034件，办结996件，办结率96.32%。2007年，进驻单位增至19家，收件15037件，办结14857件，办结率98.80%。至2011年，进驻单位22家，收件38822件，办结37758件，办结率97.26%。2002—2011年，累计收件141924件，办结139860件，年均办结率98.55%。结合省、市审改工作部署，各相关职能部门承接省、市审批层级下放、权限下放或委托下放的事项达124项；县一级层面直接下放或委托下放乡镇的审批事项达171项。

2002—2011年文成县审批服务事项办理情况一览表

表21-11

年份	收件数(件)	办结数(件)	办结率(%)
2002	1034	996	96.32
2003	2439	2382	97.66
2004	2673	2622	98.09
2005	2653	2598	97.93

续表21-11

年份	收件数(件)	办结数(件)	办结率(%)
2006	4650	4573	98.34
2007	15037	14857	98.80
2008	23041	22894	99.36
2009	22210	22010	99.10
2010	29365	29170	99.34
2011	38822	37758	97.26
合计	141924	139860	98.55

说明:资料由县审管办提供

审批效能督查 审批中心办件实行一门受理制、一次性告知制、首问责任制、限时办结制等各项制度。2003年8月,县行政审批服务中心制定《文成县行政审批服务中心窗口及工作人员考核暂行办法》,加强行政审批业务管理。11月,开始实行首问责任制,开启审批服务作风建设工作。2005年,制定行政审批服务中心考勤制度、行政审批服务中心工作人员请销假制度、行政审批服务中心一次性告知制度、行政审批服务中心限时办结制度,标准化管理审批中心工作人员,规范审批办件程序。

2008年6月,开通行政审批中心网上审批系统(www.wcxzsp.com),为企业和公众提供24小时审批申报服务。公众只要轻点鼠标,登录网址,就可以足不出户地通过网络来解审批法规、咨询审批事项、提交办件申请和相关材料,实现网上预审批,并可及时了解审批办理情况。12月,建成审批中心电子监察系统,实现省、市、县三级监察数据联网,对审批业务的中间办理环节进行全过程监督,自动对各部门的行政效能进行量化评估,实现行政监察由事后监察向事前、事中、事后监察相结合转变,由人为弹性监察向有标准的刚性监察转变,由个人行为监督为主向个人行为和行政程序监督并重转变。2010年3月,开展机关部门行政审批科长(负责人)公开承诺活动。2011年5月,对市政府优化政府和民间投资项目审批流程“两个文件”执行情况进行“回头看”,并发布督查通报。每年开展审批服务工作考核、评优活动,评选年度先进集体、优秀窗口和先进个人。

第二节 公共资源交易

2004年年前,建设工程项目招标投标由县规划建设局负责,政府采购招投标由财政局管理,国有土地、产权交易分别由国土资源局、房管局承担。

2005年5月,原由县规划建设局负责的建设工程项目招投标,财政局管理的政府采购招投标,国土资源局承担的国土资源交易,房管局承担的房屋产权交易事项,全部划归(委托)招管办招投标中心运作。当年交易129宗,交易总额22746.06万元,建设项目交易、政府采购节约资金4319.3万元,国有土地、产权交易增值资金694.02万元,其中,全县行政单位公务车辆保险项目经公开招投标,保险费率比2004年下降40%,为国家节约资金近40万元。后随经济社会发展,投资力度加大,交易量、交易额逐年增加。至2011年年底,全县累计公共资源交易1170宗,交易总额51.18亿元,为国家节约与增值资金10.96亿元,其中建设项目交易节约资金2.92亿元,政府采购节约资金3200万元,国有土地增值资金7.35亿元,产权交易增值资金3700万元。

交易机构

2004年4月,成立县政府招投标统一平台工作领导小组。8月组建招投标统一平台筹建办公室,12月成立县招标投标市场管理委员会办公室及其县招投标中心。中心为县政府直属正科级事业单位,工作人员12人,办公地点在县人民检察院,代表县政府承担全县招标投标交易活动管理监督职能,2006年6月,机构性质由自收自支改为财政全额拨款。2010年6月,县招标投标市场管理委员会办公室更名为县公共资源交易管理委员会办公室;8月27日,县招投标中心改称县公共资源交易中心。2011年7,搬迁至县城西门街50号(原县人武部大院)办公。年末工作人员19人。

2005—2011年文成县公共资源交易项目一览表

表21-12

年份	交易宗数(宗)	交易总额(万元)	建设项目交易、政府采购节约资金(万元)	国有土地、产权交易增值资金(万元)
2005	129	22746.06	4319.30	694.02
2006	184	64557.01	6928.11	4852.90
2007	225	45186.33	4815.07	2161.33
2008	181	36460.04	2054.03	4048.36
2009	130	67055.38	2608.14	8417.27
2010	141	81384.89	5815.29	11753.89
2011	180	194359.22	5948.96	45272.78
合计	1170	511748.93	32488.90	77200.55

说明:资料由县公共资源交易中心提供

建设项目交易

2004年12月,县政府转发市政府《温州市工程建设项目招标投标管理暂行办法的通知等四个文件的通知》。2005年7月,县招管委先后发出《关于进一步加强建设工程项目招标投标管理工作的暂行规定》《文成县小额建设工程项目招投标管理实施细则》。全年建设工程项目交易87宗,标底造价21713万元,经招投标成交额17495万元,节约资金4218万元,平均节约率19.43%。2008年10月,县政府发布《文成县工程建设项目招标投标管理暂行办法》,规范建设工程项目招投标行为。2009年12月30日,县政府颁发《促进建筑业发展的若干意见(试行)》,确定政府性投资项目其单项合同估算价在200万元以下的工程施工项目,原则上由县内建筑企业进行公开招投标承建。至2011年,全县建设工程项目交易506宗,标底造价278196.56万元,中标造价248816.64万元,节约资金29379.92万元,平均节约率10.56%。

2005—2011年文成县建设工程项目累计交易一览表

表21-13

年份	交易宗数(宗)	标底造价(万元)	中标造价(万元)	节约资金(万元)	平均节约率(%)
2005	87	21713	17495	4218	19.43
2006	97	45300	38371.89	6928.11	15.29
2007	73	40100	35713.52	4386.48	10.94

续表21-13

年份	交易宗数(宗)	标底造价(万元)	中标造价(万元)	节约资金(万元)	平均节约率(%)
2008	66	22298.86	20697.52	1601.34	7.18
2009	44	27080.52	24782.98	2297.54	8.48
2010	67	53475	48527.71	4947.29	9.25
2011	72	68229.18	63228.02	5001.16	7.33
合计	506	278196.56	248816.64	29379.92	10.56

说明:资料由县公共资源交易中心提供

政府采购交易

2005年交易21宗,预算金额445.39万元,中标金额384.09万元,节约资金101.3万元,平均节约率13.76%。2006—2008年交易214宗,节约财政资金966.23万元。2009年9月,县招管办、财政局联合发出《文成县政府采购协议供货供应商考核管理制度》,实行量化考核评价办法,规范采购单位和有关供应商的协议供货行为。至2011年,交易政府采购项目398宗,采购预算金额18479.07万元;实际采购金额15325.14万元,节约资金3193.93万元。

2005—2011年文成县政府采购项目交易一览表

表21-14

年份	交易宗数(宗)	预算金额(万元)	实际金额(万元)	节约资金(万元)	平均节约率(%)
2005	21	445.39	384.09	101.30	13.76
2006	47	863.97	779.02	84.95	9.83
2007	96	2322.42	1893.83	428.59	18.45
2008	71	1984.39	1531.7	452.69	22.81
2009	47	2622.1	2311.5	310.6	11.85
2010	52	4593	3725	868	18.9
2011	64	5647.8	4700	947.8	16.78
合计	398	18479.07	15325.14	3193.93	17.28

说明:资料由县公共资源交易中心提供

国有土地交易

2005年交易8宗,标底金额2538.8万元;成交金额2799.29万元,增值资金260.49万元。2006—2008年,交易国有土地59宗,成交额3.47亿元,平均增值率38.3%。2009—2011年,交易国有土地57宗,成交额19.09亿元,高出标底金额6.27亿元。至2011年交易124宗,成交金额22.84亿元,增值资金7.35亿元。

2005—2011年文成县国有土地交易情况一览表

表21-15

年份	交易宗数(宗)	标底金额(万元)	成交金额(万元)	增值资金(万元)	平均增值率(%)
2005	8	2538.8	2799.29	260.49	10.26
2006	18	11100	15242.6	4142.60	37.32

续表21-15

年份	交易宗数(宗)	标底金额(万元)	成交金额(万元)	增值资金(万元)	平均增值率(%)
2007	24	5196	7281.59	2085.59	40.14
2008	17	8804.65	12181.3	3376.65	38.35
2009	19	29037.9	35777.1	6739.2	23.2
2010	12	17624.29	29365.18	11740.89	66.6
2011	26	80619	125801	45182	56.04
合计	124	154920.64	228448.06	73527.42	47.46

说明:资料由县公共资源交易中心提供

产权交易

2005年7月,县招管委发出《关于进一步明确国有产权统一进入县招投标中心交易的意见》,将全县所有国有资产拍卖行为纳入县招投标中心进行交易。当年交易13宗,成交金额2067.68万元,高于标底金额433.53万元,平均增值率26.53%。2006—2008年,交易81宗,成交金额5320.44万元,增值资金1457.75万元。2009年9月,县政府发布《文成县国有资产出租管理暂行办法》,明确将年租金底价在10万元以上的国有资产出租统一纳入县招投标中心进行公开招投标。至2011年,累计产权交易142宗,成交金额12419.12万元,增值资金3673.18万元。

2005—2011年文成县国有资产交易情况一览表

表21-16

年 份	交易宗数(宗)	标底金额(万元)	成交金额(万元)	增值资金(万元)	平均增值率(%)
2005	13	1634.15	2067.68	433.53	26.53
2006	22	2249.71	2960.01	710.30	31.57
2007	32	235.16	310.9	75.74	32.21
2008	27	1377.82	2049.53	671.71	48.75
2009	20	2505.7	4183.8	1678.1	66.97
2010	10	204	217	13	6.37
2011	18	539.4	630.2	90.8	16.8
合计	142	8745.94	12419.12	3673.18	42.00

说明:资料由县公共资源交易中心提供

第三节　机关事务管理

县机关事务管理局原为县政府办公室行政科,保障县委、县政府开展日常和重大活动的接待工作。1991年,行政科下辖车队、修理车间、食堂、招待所。1998年8月,从县政府办析出建立文成县机关后勤服务中心。1999年1月,内设办公室、财务科、接待科、车辆管理科、房产管理科,核定编制30名。2000年12月,更名为文成县机关事务管理局。2002年机构改革,更名为文成县县级机关事务管理局。2002年6月,增设保卫科。至2011年,内设办公室、财务科、接待科、车辆管理科、房产管理科和保卫科,在编人员30人。

招待所

1993年由行政科科长兼招待所所长、书记。1993年后,招待所由于经营管理不善、经济效益较差,开始由个体经营户林炳宝等人承包经营。

2001年,经县人民政府县长办公会议同意,招待所及在职职工、离退休人员均划拨给县教委。

2002年,县人民政府招待所撤销,11名在编人员和6名离休人员工资编制划至樟台中学。

会议服务

机关事务管理局负责会议的组织和服务工作,并配合会议承办单位做好重大会议及各级各类会议的会务工作。1999—2011年,每年安排的会议服务数量基本呈上升趋势,每年平均接待会议人员约2万人。

图21-1 1991—2011年文成县机关事务管理局会议服务示意图(县机关事务局提供)

安保工作

1991年,县府大院配备147辆自行车。当时通信设备简陋,个人无手机,住所无电话,传达室3名员工按一天三个班次轮流值班。1999年,县府大院29个单位,大院巡逻方式为6人轮班值守,由各单位人员轮流组成夜间巡逻,大院门卫通宵巡逻,参加全年巡逻达2800人次,机关事务管理局参加值班巡逻70余人次。2001年,召开安全主题会议6次,制定《县府机关大院门口责任追究制度》《社会治安综合治理工作实施意见》,签订消防安全责任书。

2005年,化解综合性事件发生9起,主要是三轮车夫要求解决营运、验审的案件,珊溪鞋帮厂职工要求解决厂方拖欠工资等信访案件。2007年,加大对大院内巡逻巡查力度,花费10万元在县府大院安装全球眼监控设备。12月21日在保安的协助下,抓住一名外籍到文成作案的小偷。2010年,投入5.3万元对大院的电子监控进行改造加密升级。

日常维护

保障县府大院内电器设施的使用,每年平均对大院内各种电器的维修达300余次。

2000年,更换维修所有办公用房和领导住房的电灯,更换老化线路500米,增设电路300米。配备3台电热全自动开水器,替换县府大院长期以来使用的锅炉烧开水方式,增添800余株树苗绿化县府大院。2001—2002

年，更换、维修县政府食堂、文教楼、防空洞等老旧线路。2004年，投入1.3万元完成县府大院花木整理、移栽，重新砌成花坛，机关大院总铺浇水泥地1350平方米。2005年始，为保证正常用电安全，对整个大院电线都加套保护管子。

2006年，完成党群楼前花坦绿化、花木栽植，增栽桂花8株，其他花木20余株。2008年，完成县府大院和县委、县政府领导宿舍的电线改装、县府大院受台风影响倒塌的围墙和厕所的维修、县府礼堂的装修等。2009—2010年，每年对消防设施进行维护保养2～6次，对洗手间、供电线路等相关公共设备设施进行维护检修达12次。2011年，对大院内电表进行分户安装，日平均出勤2次。

车辆运行

1991年，车队北京吉普三辆、伏尔加两辆、红星石一辆，驾驶员7人。主要负责县委、县政府领导用车，出车补贴县域内每公里1.5元。同时负责会议烧柴、稻谷的运输，运输工具为吉普车带拖斗。1994年，随着经济发展，县府车队车辆增多，车队只负责县委、县政府主要领导用车，人大、政协、宣传部、组织部、统战部、纪委自行管理本单位车辆。至2011年，车队14名驾驶员、23辆车。

1999—2010年文成县县级机关事务管理局车辆运行情况一览表

表21-17

年份	车辆数(辆)	出车总天数(天)	行车里程(公里)	用油(元)
1999	12	2986	45万	—
2000	12	3020	45万	—
2001	12	2987	47万	—
2002	14	2826	51万	—
2003	15	3154	46万	—
2004	16	3840	55万	—
2005	20	2700	51万	—
2006	20	2077	50万	—
2007	21	2400	45万	27万
2008	21	2723	48万	38.5万
2009	23	2958	57万	38万
2010	23	3210	59.69万	38.75万

说明:资料由县机关事务管理局提供

房建房管

2000年，机关事务管理局开始建立房地产档案，归属政府的房地产基本办理房地产权证登记。为方便大院工作人员停车，县府大院内建立2个停车棚。

2001年，增设一个40余平方米的自行车棚。为增加办公用房、业务用房面积，在车库库址上加盖一层，增加办公用房665平方米。投入21.2万元，在栖云路口平房上加建一层建筑面积为450余平方米的砖混结构的办公用房。投入1.93万元，完成县政府办公大楼室内涂料6000余平方米，油漆600余平方米，装修800平方米文教楼。

2002年，投入经费14.95万元，调整、装修县政府小会议室、县委机要科办公用房等。投入16余万元装修县委、县政府大会议室170余平方米，调配和改造、装饰领导宿舍50余平方米。

2006年，投资13.13万元改造县政府办公大楼的公厕8个；投资2.5万元装修县政府礼堂。2008年，完成县长热线办公室、县信访局办公室、县委组织部仓库改办公室的装修。2009年，加强对大院的改造工作，并投入40万元，用50天时间全面完成县府食堂的修缮和厨房设备更换。

2010年，房屋维修21.73万元，其中11个办公室、常委会议室的装修9.79万元，县政府礼堂公厕及场地平整8万元，县政府三楼会议室的桌椅、空调等设备更换3.94万元。2011年，全年完成大礼堂厕所建造工程，机关事务管理局办公用房装修工程，县政府大楼二楼公厕装修工程。同年，机关事业单位办公用房的调配使用、新建扩建、装饰维修等工作逐步实行规范化管理。

节能减排

2010年6月，成立县公共机构节能管理领导小组，由常务副县长任组长，县政府办、机关事务管理局、发改局、经贸局等16个单位分管领导任成员，领导小组下设办公室，办公室设在县机关事务管理局。县政府出台《文成县县级公共机构节能考核办法》，设立专人负责107家公共机构的能耗统计分析工作；向33个乡镇、100余个县机关、企事业单位分发《公共机构节能倡议书》，倡议机关人员在节能降耗中起表率示范作用。并利用各种会议和渠道分发宣传材料5000份公共机构节能宣传资料。

2011年，县政府大院内实行轮流24小时巡查制度，发送整改通知100余份。对设备设施的维修人员，增加耗材考核，坚持能改则改，能修则修，能替代则替代的维修原则，减少耗料耗材。

第五章　外事 侨务 港澳事务

文成县外事侨务办公室主要负责外事与侨务工作。外事侨务办公室在接待和处理侨胞、侨眷来信来访，落实华侨有关政策；贯彻《中华人民共和国归侨侨眷权益保护法》，维护归侨侨眷合法权益；开展对华侨宣传，激励广大侨胞爱国、爱乡热情；争取侨汇，华侨捐资投资，为引进侨资牵线搭桥，发展家乡经济建设等，做了大量卓有成效工作。1991—2011年，接待海外华侨团体招商引资23批次计273人次；组团出访经贸考察121批次计223人，其中党政部门203人、其他部门20人。

第一节　涉侨机构

文成县外事侨务办公室，属县人民政府主管全县外事侨务工作的职能部门，县侨联为归侨社会团体。县侨务办公室和县侨联致力为侨服务，抓好侨务工作。

外事侨务办公室

文成县华侨行政事务工作始于1950年。1950—1958年9月，侨务工作先后由县政府民政科、县人民委员会办公室兼管。1961年9月28日设置文成县人民委员会华侨事务科，开始配备副科长1名。1983年9月成立文成县人民政府侨务办公室。1987年4月，将县侨务办公室归属县人民政府办公室作为内设机构，管理华侨事务，核定行政编制4人。1996年4月，对外挂县人民政府外事侨务办公室牌子(简称“县外侨办”)。1999年6月，增设下属机构“文成县华侨服务中心”，核定事业编制2名。2011年，核定行政编制4名、事业编制2名，实有在职工作人员6人。

归国华侨联合会

文成县侨联于1962年11月建立。1991—2011年，下属乡镇侨联组织12个、村侨联30个。县侨联人员编制5名。(详见社会团体卷. 归国华侨联合会)

第二节　侨务工作

保护侨胞合法权益，是党和国家一贯方针政策。华侨在国内的故居、祖屋，是侨胞寻根问祖、寄托乡思的感情纽带。文成县侨务部门坚持“依法办事、注意政策、根据特点、适当照顾”原则，正确处理并落实侨胞私房产权和在治理“青山白化”中对侨坟照顾政策；坚决贯彻执行《中华人民共和国归侨侨眷权益保护法》，并做好对归侨贫困户救济补助工作。1991—2011年，协助解决涉侨案件和纠纷550件；协助办理涉外公证、护照、房产证和结婚证等18000余件(份)；代办护照遗失登报声明3100份；每年慰问病残老弱归侨与侨眷200余人次。并经常举办侨胞侨团联谊和华侨子女快乐营文化节。

维权工作

1990年,落实中共中央《关于落实华侨私房政策的补充意见》,清退原被集体单位占用或在土地改革时被分给农户的华侨私人房产。共计29户6016.17平方米、补偿经费64户25.4万元。

1991年,玉壶镇14户归侨、侨眷接连收到17封敲诈钱财的匿名恐吓信,勒索侨户送交巨款3万~5万元。在县侨办协助下,县公安局抓获7名犯罪分子予以严惩。1996年在防止"青山白化"专项治理工作中,贯彻浙江省关于在专项治理工作中对侨坟处理的几点意见,文成县侨办和侨联深入到大峃、玉壶、周壤、东溪等重点侨乡调研实施政策。至1997年2月,由县侨办出具证明保留侨墓230余座,在非禁坟区内按规定批建侨坟13座,赢得了侨心。

1996—2002年,文成县外侨办受理来信来访369人次,如期帮助解决涉侨纠纷46件;协助办理公证、护照12925件;出具涉侨各类证明423件;协办侨胞建房手续415间;为侨翻译外文证件2340件。

2003—2011年,文成县外侨办和县侨联加强依法维侨工作。受理来信来访1178件(其中县侨联协办690件);协助办理公证、护照、建房手续1980人次(其中县侨联协办360人次);代办护照遗失登报声明600余份。

保护华侨、归侨和侨眷的合法权益,是国家宪法的规定,归侨和侨眷完全享有参政、议政的权利。1991—2011年,文成籍归侨侨眷中,当选温州市人大代表2人、温州市政协委员1人、文成县人大代表38人、县政协委员24人。

救济补助

1998年开始,文成县侨务部门努力做好归侨贫困户的救济补助工作。1998—2011年,发放老归侨、侨眷生活困难救助款和慰问金20.48万元。具体为:1998—2000年,给生活上有困难的老归侨和探望年老体弱侨眷慰问金计2.13万元;2001—2003年,给20余位老归侨发放救济款和慰问金1.53万元;2004年,给13位困难老归侨发放补助款0.4万元;2005年,走访慰问侨胞侨眷100余人次计1万元,给13位困难老归侨发放每人每年生活补贴1200元合计1.56万元,全年发放2.56万元;2006—2010年,分别给11位生活困难老归侨发放生活补贴每人每月150元,5年时间累计发放9.9万元;2011年,给11位生活困难老归侨发放每人每月300元生活补贴费,全年发放救助款3.96万元。

联谊活动

出访庆典与节庆联谊 1993年1月,文成县委书记钱成良为温州市人民政府代表团成员,赴法参加旅法华侨俱乐部成立30周年庆祝活动。1997年9月,文成县委副书记胡立同应邀组团参加旅荷华侨总会成立50周年庆祝活动,考察访问法国、西班牙、德国有关侨团,历时14天。2006年11月,文成县侨联领导应邀参加在福州召开的全国部分省、市、县侨联工作经验交流会,加强横向联谊。2007年10月,县侨联应邀赴山东参加济南义乌小商品批发市场开业庆典仪式,慰问县籍华侨在外的投资企业;11月文成县侨联和山东菏泽市侨联互访,结对为友好侨联。2009年11月,文成县政协主席刘建忠为团长的6人考察组,赴美国参加旅美华侨华人社团举办的庆祝中美建交30周年系列活动,并考察访问美国和加拿大,实现全县历史上首次公务组团考察两个北美国家,拓展海外联谊工作的新领域。

2000年以来,文成县每年均开展形式多样的节庆联谊活动。2000年春节期间,给海外侨领与知名华侨发出贺年卡150余份;全年参加侨胞庆典仪式和侨眷葬礼近100次;《文成报》开始发行海外,得到10余个旅外侨团来电祝贺。2002年春节慰问病老归侨、侨眷130人次,寄海外新年贺卡150份;召开华侨、侨眷代表座谈会5

场155人次，编发《文成侨讯》4期4000份，海外联系传真电话300余次。2006年向旅外侨团侨领发贺电、资料传真100余份，电话300余个；组织召开华侨侨眷座谈会和培训会17场650人次。2007年向西班牙华侨华人文成联谊会等3个侨团组织和旅荷华侨总会等4个侨团组织发去成立或换届贺电21份；组织召开侨胞侨眷春节、清明和中秋等各种联谊座谈会14场500余人次参加。

2008年，推荐上报60余位侨界人士分别参加县委统战部"三胞新春联欢会"和县委、县政府2008年"新春团拜会"；推荐上报112名拟邀海外人士参加第二届世界温州人大会；分别向西班牙巴塞罗那文成同乡会、西班牙华侨工商会、法国文成联谊会和湖南省岳阳市侨联等7个单位发去换届贺电15份。组织召开春节、清明、中秋等各种联谊座谈会6场310人次参加。2009年，拜访、接待海外嘉宾1300人次，比上年增加300人次。1月份推荐上报50位海外嘉宾参加县委、县政府新春酒会；2月份推荐上报17位海外侨领列席文成县政协七届三次会议；9月份推荐上报100位"三侨"人士列入县委、县政府中秋慰问名单；10月，上报60位侨领拟聘省、市侨联海外顾问和海外委员。全县县、乡二级侨联组织召开清明和中秋联谊座谈会5场290人次参加；分别向米兰华侨华人妇女总会、米兰浙江华侨华人联谊会、罗马华侨华人妇女联谊会和意大利南部文成同乡总会等5个海外侨团换届发去贺电贺信；编印《文成侨讯》3期，向海外20余国寄发3000余份。

2011年4月6日，文成县侨联召开首届华侨"名媛会"成立大会，成为全省第5个侨界"名媛会"，海内外80余位侨界女士报名参加，与海外联谊拓展新的渠道。

侨胞节庆观光与探亲 1990年9月，应温州市人民政府邀请，文成旅荷、意、法3国侨领计15人，参加温州机场启用典礼后顺道回乡探亲。

1991年7月16日，旅荷侨领胡志光与兄弟等人回玉壶参加其亲属捐建的"克木大桥"落成典礼。1996年10月21日，旅荷华侨总会会长胡允革率访问团一行7人考察北京后回乡探亲。1997年3月21日，侨领胡允革参加温州市政协会议前回乡探亲；9月初意大利佛罗伦萨市华侨联谊会会长胡绍科一行11人应省侨联邀请访问杭州等地后，于21日回乡探亲，参观百丈漈风景名胜区。1998年7月13日，意大利领事一行9人到文成慰问归侨、侨眷；9月文成县举办首届金秋招商引资联谊会，以及玉壶镇小、玉壶中学分别建校90周年和40周年校庆，同年，接待全国、省、市和兄弟县侨务工作领导、旅外各国侨领200余人。

2000—2011年，接待旅外侨胞回国观光旅游、探亲会友10532人次，平均每年878人次。其间，侨界联谊渠道拓展到相关侨居国政府部门单位。2009年10月，由意大利米兰市议会副议长斯特法诺为团长外宾50人(其中米兰市议会官员10人、艺术团40人)到文成侨乡访问考察；2010年5月，荷兰乌特勒支省省长罗尔·罗伯特森在出席上海世博会后，在旅荷总会领导人陪同下，率领代表团一行5人专程到文成访问考察；2011年7月，法国奥拜赫维利耶市政府代表田琳一行2人，到文成进行友好访问，文成县相关领导陪同考察百丈漈景区，双方就拓展旅游资源和景区建设设计等方面进行探讨，达成加强交流合作意愿。

青少年夏令营 始于1988年7月。应浙江省侨办邀请，旅荷青少年夏令营代表团一行15人(其中文成藉5人)在杭州、温州活动后，首次组团访问故乡文成。1990年7月27日，荷兰华裔青少年夏令营一行21人(其中文成藉7人)到文成旅游观光。

1999年8月3—7日，旅荷华裔青少年夏令营回国参观团，其中文成藉华裔5名小团员应邀参观珊溪水利枢纽工程，浏览百丈漈风景区和南田武阳刘基故里。2010年8月，文成县侨办成功举办海外华裔青少年"中国寻根之旅"夏令营温州营文成分营活动，有来自意大利、法国、西班牙等7个国家的58名海外华侨青少年参加活动。

2011年9月，文成县侨联在周南小学举办首期侨界"留守儿童"快乐营，80余名华侨"留守儿童"参加为期15天的快乐营活动。活动期间举行快乐营开、闭营仪式，快乐文化节活动展，开设博学爱国主义、外语、交通安全、国外文化和心理辅导等课程,着重培养留守儿童心理健康和性格。

第三节　侨务与港澳事务

侨胞商贸活动

1994年12月9日,旅荷华侨胡志敏等7人应邀回乡参加中外合资兴建高岭头水电站合同签字仪式。1995年10月下旬,胡志敏一行12人回乡参观在建高岭头水电站。1996年6月30日,全荷华人社团联合会主席胡志光率旅荷侨领访问团一行8人考察高岭头水电站;7月,高岭头二级电站华侨股东代表陈生等6人回乡就电站合资问题共同协商并签订合同;11月1日,旅荷华侨胡志敏一行8人回国从事商务活动,参观投资兴建中的高岭头二级水电站。1997年6月29日,旅西华侨胡绍浦、旅荷华人林国斌合资开发高岭头三级水电站回乡签订协议。1998年5月20日,接待到访旅德浙江华人联合会商贸考察团一行10人;9月,旅外各侨团任副会长以上侨领50余人,应邀回乡参加县委、县政府举办的首次金秋招商引资联谊会。1999年,接待到访考察交流、经贸洽谈华侨团组6个,副会长以上侨领50余人。

2000—2011年,接待侨胞到访招商引资9批次计120余人次。开发较大工程项目有东溪五级水电站、文成国际大酒店、县城世纪大厦等。

领导考察指导

1994年1月,市人大常委会副主任李居轩一行到文成侨乡考察,与华侨、侨属座谈,并参观华侨集资兴建的李山中学;4月,省侨联顾问(省侨联原副主席)侯玉贞一行到文成视察,在县领导陪同下参观文成二中"胡志潺实验楼"、县实验小学"胡绍料教学楼"、文中"林太找教学楼"、文成县"胡守近图书馆",并前往玉壶镇观看东溪中学"胡克庞教学楼"、玉壶镇小"胡志榜教学楼";11月,全国政协侨务工作委员会常务副主任马庆雄一行5人,参观华侨捐资兴建的重点设施项目,对侨务工作给予指导。

1995年3月,省侨联、《浙江侨联30年》、市侨联有关人员到文成了解侨情,收集资料,拍摄侨乡风貌。

1996年1月,省侨办主任朱惠珍、省侨联主席周慧兰、秘书长赵向前,在旅意侨领胡志潺夫妇的陪同下,参观侨胞捐资兴建的教学楼等基础设施。9月,市人大常委会副主任李居轩率执法检查组到县检查华侨捐资条例执行情况,考察侨情。

1997年3月,省侨办副主任方土荣一行8人到公阳乡蹲点调研,挂钩扶贫;6月,中国侨联副主席、全国人大华侨委员会委员黄军军一行3人,到文成考察侨乡玉壶镇;7月,省侨联主席周慧兰与市侨联主席陈永光一行到文成,考察调研华侨工作。

1998年3月,省侨联主席周慧兰在市侨联主席陈永光陪同下来文成,调研考察侨务工作,参观侨资兴建的建设项目,并出席同时在文成县城召开的温州全市侨务工作会议。10月,中国侨联文化工作部副部长任梦云一行来县考察并指导工作。

2000年8月,省人大常委会副主任孙优贤到文成检查侨务法律执行情况,文成县就贯彻《中华人民共和国归侨侨眷权益保护法》《中华人民共和国归侨侨眷权益保护法实施办法》《中华人民共和国出入境管理法》作专题汇报。

2003年6月,全国政协副主席罗豪才在省政协副主席陈昭典、市政协副主席王成云陪同下,到文成指导侨务工作,并走访侨领胡允革、胡直光的眷属,召开座谈会详细了解文成侨务工作;10月,中国侨联办公厅副主任赵红英率"新世纪、新侨情、新对策"调研组到文成就独特的侨情进行调研；12月，公安部出入境管理局副局长韩玉生在省、市公安部门领导陪同下到文成就温州按需申领护照问题、如何制止非法移民问题等进行调研。同年，还接待中国侨联副主席郭麟恭、驻荷兰大使馆一等秘书岑建德、《欧洲时报》主编蒋明、意大利《晚邮报》高级记者奥索·拉瑞娃等高层领导、中外记者的参观考察。

2005年5月，省侨联主席周慧兰一行到文成就开展侨情，"文化节"活动及珊溪水库移民问题进行调研。

2007年6月，接待意大利米兰总领事张利民一行到文成考察侨情；8月，常务副省长陈敏尔、副省长金德水率省有关部门负责人到侨乡玉壶镇，接待群众来访21批53人次，听取群众利益诉求，现场研究解决实际问题；10月接待外交部行政司原司长陈宝顺夫妇；11月接待吉尔吉斯斯坦国家最高法院副院长一行到文成侨乡考察侨情。

2008年1月，省侨办副主任邱国栋一行到玉壶镇慰问胡从格、胡乙寞等贫困归侨；11月，中共中央候补委员、中国侨联党组书记、主席林军，在中国侨联文化交流部部长陈迈、省侨联主席王成云等陪同下到文成调研侨务工作，并专程参观玉壶镇侨联"华侨之家"，看望慰问旅荷华侨周克信、胡志东和胡允革的父母。

2009年2月，省委统战部副部长徐建华、市委统战部副部长潘一新一行，在文成县委统战部部长章寿禹陪同下，专程赴玉壶镇看望老侨领胡元绍。

2010—2011年，中国侨联副主席、省侨联党组书记李德忠等到文成考察侨务工作。

侨乡义诊活动

1986年9月和1987年10月，中国致公党温州支部率医疗团队2次到文成侨乡玉壶镇、大峃镇，开展义务门诊治病与咨询活动。

1997年9月，省侨联组织省有关医疗单位专家、教授组成医疗队，专程到文成侨乡开展为期一周的义诊活动，就诊人数达800余人次，其中在县城华侨新村就诊的有200余人，在玉壶就诊的有596人。

2009年1月，温州医学院附属第一医院派出医疗卫生队，到侨乡玉壶镇中心卫生院开展为期5天的义诊活动，就诊人数400余人次；6月，温州市九三学社派医学、农业专家，到金垟、珊溪等乡镇开展"送医送科技活动"。

港澳考察交流

2005年，县委书记陈作荣等带队，前往香港开展招商引资活动，并参加港澳浙江周活动。2008年，县委书记吴开锋等带队，前往香港地区进行干部经济管理、骨干教师培训及文化产业、水利工程建设等考察交流活动。2009—2011年，县委副书记刘峰等带队，考察香港、澳门地区的旅游产业、文化产业发展等相关工作。

第四节　外事活动

1993年2月，县委书记金邦清一行4人，访问意大利、法国、荷兰3国，了解当地华侨华人的生产生活情况，洽谈招商引资项目。

1995年12月，以县长夏瑞洲为团长的经贸考察团一行4人，访问奥地利、荷兰、法国3国，向海外华侨华人推介洽谈投资兴建高岭头二级水电站及花岗岩开发、矿泉水开发等投资项目。

1996年10月，以县委书记高育厅为团长的经贸考察团一行6人，访问意大利、西班牙等国，向海外华侨华人推介招商引资玉壶玉泉溪水电站开发等项目。

1997年5月，以副县长郑贤望为团长经贸考察团一行6人，访问荷兰、法国、西班牙等国，进行侨务考察和招商引资活动。

1998年9月,以副县长郑国启为团长的考察团一行4人访问荷兰、法国等国,开展文化交流活动。

2000年,文成县派出10批次14人由省、市组团的出访考察学习。其中,出访的有县纪委、大峃镇、珊溪镇、旅游局、教育局、农业局、公安局、林业局、科技局、电信局负责人,前往新加坡、马来西亚、泰国、美国、澳大利亚、新西兰、意大利、法国、荷兰进行旅游产品促销;小城镇规划发展考察;境外案件侦破调查取证工作;进行"发明创造和知识产权"知识交流、引智,参加城镇规划建设、光纤连接入网技术培训。

2001年,派出10批次17人出访考察学习。其中,随省、市团出访的有常务副县长潘玉花、县人大常委会副主任陈永造及县残联、农业局、计生局、土地局负责人,前往美国、法国、德国、荷兰进行花卉业商贸洽谈、土地利用开发考察,参加科技与残疾人大会、生殖健康管理服务学习。文成县组团3批次6人分别前往意大利、美国、法国进行商贸洽谈和社会保险金学习考察。

2002年,派出11批次16人出访考察学习。其中,随省、市团出访的有副县长郑国启及珊溪镇、大峃镇、县纪委、县委组织部、人民医院、供销总社、科技局、规划局负责人,前往美国、澳大利亚、荷兰、法国进行花卉销售考察、经贸交流、科技考察与交流。文成县组团2批次4人分别前往法国、荷兰、西班牙进行商贸洽谈和侨务考察。

2003年,派出8批次12人出访考察学习。其中,随省、市团出访的有县委副书记陈建明、副县长吴高宏及种子公司经理、县林业局、教育局、卫生局、县残联负责人,前往意大利、德国、荷兰、法国、英国、美国、加拿大进行花卉及城乡绿化、蔬菜种植、残疾人设施考察,参加国际蔬菜博览会、短期英语培训、卫生业务知识培训。文成县组团1批次3人前往意大利执行政法相关任务。

2004年派出10批次15人出访考察学习。其中,随省、市团出访的有县委组织部部长朱云华、副县长刘峰、副县长钟信友、文中教师及县纪委、林业局、民政局、体育局、外侨办负责人,前往德国、新加坡、澳大利亚、新西兰、法国、西班牙、美国、英国进行纪检、林业、体育、民政、侨务考察,并参加人力资源开发培训。文成县组团2批次5人前往西班牙、法国、意大利等国进行侨务和经贸考察及招商引资活动。

2005年派出10批次16人出访考察学习。其中,随省、市团出访的有县委书记陈作荣、县委统战部部长刘玲玲、副县长吴育民、副县长刘金红、文中教师及县林业局、农业局、经贸局负责人,前往英国、意大利、法国、德国、美国、日本、韩国开展招商引资活动,进行林业、农业、经贸考察。文成县组团2批次6人前往西欧进行经贸考察和招商引资。

2006年派出14批次30人出访考察学习。其中,随省、市团出访的有副县长刘峰、副县长郑建华、县检察院检察长江红鹰及文中、县残联、环保局、安监局、人事劳动社会保障局、公证处、水利局负责人,前往英国、南非、德国、美国、加拿大、荷兰、澳大利亚、新西兰、巴西、秘鲁进行林业、教育、环保、灾难防治、城建、人事和社会保障、水利资源开发考察。文成县组团3批次9人前往欧洲进行经贸考察和招商引资。

2007年派出8批次15人出访考察学习。其中,随省、市团出访的有县委副书记朱云华、县委组织部部长卢斌、县人大常委会副主任李建业及县工商联、林业局、自来水厂负责人,前往英国、法国、美国、德国进行林业种苗商业洽谈、水利考察,参加英国诺丁汉大学进修、法国公民旁听培训。文成县组团2批次5人前往欧洲进行经贸考察和招商引资活动。

2008年派出12批次23人出访考察学习。其中,随省、市团出访的有县委书记吴开锋、县纪委书记胡永锋、县人大常委会副主任吴凌宇、副县长钟信友、文中教师及县文化局、农业局、县委统战部、县妇联负责人,前往英国、法国、芬兰、澳大利亚、美国进行干部经济管理、文化产业、水利工程考察,参加骨干教师培训。文成县组团3批次9人前往澳大利亚、新西兰、西班牙、意大利、法国进行侨务考察和招商引资、经贸活动。

2009—2010年派出13批次27人出访考察学习。其中，随省、市团出访的有县人大常委会主任徐世征、县委副书记刘峰、县人大常委会副主任陈永富及二中教师、玉壶中学、县委统战部、县审计局、残联、林业局、计生局负责人，前往美国、英国、澳大利亚、新西兰、俄罗斯、丹麦、瑞士、埃及、南非、迪拜、墨西哥、古巴、捷克、波兰等国就生殖健康服务和管理、发达和欠发达国家政府为残疾人提供社会保障服务的相关制度情况考察，参加美国名大学与中国名高校校长高中教育研讨会、英国骨干教师交流研讨会。文成县组团3批次6人前往意大利、法国、荷兰、德国、西班牙进行侨务考察和招商引资活动。

2011年派出10批次13人出访考察学习。其中，随省、市团出访的有副县长许勇军及县旅游局、供销总社、统计局、计生局、监察局、县委统战部、团县委负责人，前往韩国、美国、加拿大、英国、瑞典、丹麦、南非、土耳其、津巴布韦等国进行友好访问，以拓展旅游推广、文化交流、农业学习考察。文成县组团1批次4人前往意大利、法国、希腊进行侨务考察和招商引资。

第六章　志鉴与档案

1986年,成立文成县地方志编纂委员会与县志编辑部,开始首轮县志编纂工作。1996年《文成县志》出版发行。2008年启动二轮修志工作。

1991—2011年,文成档案馆馆藏档案达到196个全宗,42591卷,图书资料15027册,声像档案51卷册(照片136帧、录像带2盒、磁带21盒)。

第一节　志鉴编修

1991—2011年,完成首部《文成县志》编修出版发行工作,编纂出版《文成县乡镇志》,启动二轮《文成县志》志书修编。完成《文成年鉴》16册。全县部门修编出版专业志15部;统计部门出版《统计年鉴》20卷。

机构沿革

1986年12月,成立文成县地方志编纂委员会与办公室。1997年4月,县委党史研究室与县地方志办公室合并,组建县委党史县志办公室,为县委直属正科级事业单位。下设综合科、党史科、县志科,人员7人。至2011年,内设机构编制人员未变。

志书编纂

《文成县志》编纂　首轮县志编修工作于1986年12月启动。1988—1991年4月,为修志搜集资料阶段。1993年5月,完成县志初稿编写任务。1994年,编辑部人员对评审会以及其他方面审议意见进行梳理、修改、补充。1995年5月,将修改后的文稿送省志办审批出版。6月将志稿送中华书局编审,根据出版编审意见,组织进行修改,10月志稿印刷。1996年,首部《文成县志》出版发行。全志上起所载事物的发端,下迄1990年,少数内容延伸至1996年志书成稿时。主编朱礼,全书计148万字,为16开本,志分33卷,卷首设序、凡例、概述,卷末设大事记、跋、索引。

二轮修志工作于2008年12月启动,并成立编委会办公室、编辑部。2008年12月15日召开《文成县志(续志)》编纂工作动员大会暨培训会。2010—2011年,编辑部指导各承编单位进行资料搜集整理。

《文成乡镇志》编纂　2010年,按照市委“1650”城镇总体布局和文成县域总体规划,将原有的33个乡镇调整为9镇1乡。2011年3月,启动《文成乡镇志》的编修工作。主编朱礼。该志记述时限,统贯古今,上限大多起于事物发端期,下限至2010年10月。2011年年底完成,全书约85万字，为16开本。

《文成县土壤志》编纂　陈永造、刘化补、沈宗文、胡志格合编。16开本，1982年定稿出版，2003年12月修改再版。

《文成县野生蔬菜资源志》编纂　郑华著，16开本，2010年出版。

1991—2011年，15个部门单位编撰15部专志。

1991—2011年文成县编纂出版的部门志书一览表

表21-18

志书名称	卷(编)数	主编	上限	下限	字数(万)	出版社	出版时间
文成中学简志	1	吴信甫	1941春	1989年12月	22	内部发行	1991年10月
文成县石垟林场中学校志	1	周玉潭	1969	1990年	15	内部发行	1992年7月
文成县民政志	1	郑国启	不限	1990年	18	内部发行	1993年6月
文成县水利志	1	朱　海	史籍记载	1989年12月	14.8	东南大学出版社	1993年10月
文成县建设志	1	林运表	不限	1990年12月	20	内部发行	1993年12月
文成县中心小学简志	1	刘增民	清末1903	1993年12月	15	内部发行	1993年12月
文成县工商行政管理志	1	林镜炎	事物起源	1992年12月	15	内部发行	1996年12月
百丈漈水力发电厂志	1	蔡定怀	事物发端	1994年12月	25	当代中国出版社	1997年12月
文成县教育志	1	徐世槐	南宋	1990年12月	30	华东师范大学出版社	1998年3月
文成县卫生志	1	王贵淼	明清	1999年12月	35.8	黄河出版社	2001年5月
文成华侨志	1	朱　礼	1905	1998年	85	中国华侨出版社	2002年12月
文成人民代表大会志	1	陈思成	1950.10	2002年9月	67.2	方志出版社	2003年2月
叶胜林场志	1	张周昌	1957	2007年	37.2	北京艺术与科技电子出版社	2010年12月
文成县政协志	1	陈挺巧	1984.1	2011年1月	60	内部发行	2011年12月
文成县公安志	1	潘宇恒	1949.5	2011年6月	46	内部发行	2011年12月

说明：资料由县委史志办提供

年鉴编纂

《文成年鉴》编纂　《文成年鉴》系县委史志办修编的地方综合性年鉴。编纂工作于1986年启动，每年一册。1992—1996年为合订本。1999年，《文成年鉴》未当年编修出版，故2000年开始，《文成年鉴》记载的内容，是前一年县域政治、经济、自然资源、文化、社会民生各部类部门单位重要工作、人和事。1991—2011年，文成年鉴出版16册，计263.68万字。

《文成年鉴》以类目、分目、条目(有的含子目)3个基本层次组成框架结构,用设类立目突出地方性和年度性,记述并展示全县经济社会发展的综合概貌。年鉴卷首设综览、特载,综览为县情概况、统计公报和大事记;特载为一年中县委会、人代会、政协会报告,均为综合资料。正文百科为类目,采用条目体记载,类目有自然环境、基础设施、机构人员、县委(含纪委监察)、县政府、人大、政协、群团工商联、武装司法、农业工业商贸、财税金融、经济管理与监督、科技教育体育、文化卫生、人事劳动社保、民政扶贫移民、民族宗教、计划生育、文明创建和乡镇概况,隐含自然、政治、经济、文化、社会5大部类。卷末附录,收集县委、县政府颁发的重要文件。

《文成统计年鉴》编纂 《文成县统计年鉴》是县统计局于1989年开始编修的部门专业年鉴。系反映文成县国民经济和社会发展情况的权威性、准确性的具体数据资料。资料来自政府统计部门和政府其他部门的年度统计资料,城乡居民收支情况根据城乡居民住户抽样调查数据整理汇编。全书200余页,收录内容以数据资料为主,分综合、农业、工业、交通、邮电业、固定资产投资、物资商业饮食业、财政金融保险、劳务工资、文化教育卫生人民生活等十篇。为了更好地体现全县的国民经济和社会发展情况,2010年对《文成统计年鉴》的十篇内容改编整合为七篇内容,分为综合、农业、工业和能源、固定资产投资和建筑业、国内贸易和对外经济、从业人员和劳动报酬、人民生活。《文成统计年鉴》编辑由县政府常务副县长担任顾问,统计局局长担任主编。

第二节 档 案

1991—2011年,全县档案管理工作日趋规范。档案收集收藏科技化、智能化,档案品种齐全、质量提升、服务功能增强。

机构与设施

机 构 1986年6月,县档案科改为县档案局,作为县政府直属局,档案局和档案馆合署办公,为正科级事业单位。1997年5月,县档案局与档案馆合并,履行县档案行政管理和档案保管、利用职能,保留县档案局牌子。1998年,列入参照国家公务员制度管理范围;2002年5月,内设办公室、保管利用科、监督指导科等3个职能科室。2010年,增设文成县电子文件和数字档案登记备份中心,负责对全县电子文件及业务数据的档案登记备份和管理,为下属事业单位。2011年,内设机构未变,人员编制11名,档案登记备份中心事业编制1名。县档案局和档案馆合署办公,人员编制11名。

设 施 1985年5月,县档案馆大楼竣工,建筑面积844平方米,使用面积564平方米,其中库房面积313平方米,其他用房有办公室、整理室、阅卷室、值班室、全宗管理室、接待室、会议室、陈列室、照相暗室、消毒室等面积251平方米。库房设计采用大通间,每层一大房(12.94米×7.02米)一小房(6.53米×6.68米),库房内设二道门,采用机械通风,湿温度自动记录,库房顶层用水泥空心板覆盖,再用小青瓦覆盖,库房基本符合《档案馆设计规范》的技术要求。

2004年,鉴于馆藏档案和资料的增多,对库房进行改造,馆内设有大库房1个,小库房1个,配有6×6密集架24组,可放档案5万余卷。设有图书、报刊资料室,实物陈列室及展览大厅。馆内配有复印机2台、数码相机两台,机房一个,配备全自动光盘库一个,登记备份存储中心一个。配有档案专业装订机、吸尘器、去湿机、空调机、温湿度自控仪，防火器材以及全方位监控等。

档案管理

档案收集与收藏　1990年年底，文成县档案馆馆藏档案157个全宗，22892卷，其中中华人民共和国成立前档案2个全宗328卷。中华人民共和国成立后档案以文书档案为主，计21177卷，其他依次是科技档案56卷，1999页；专门档案1280卷（会计档案185卷、统计档案892卷、人口普查档案167卷、工业普查档案36卷）；声像档案51卷、册（照片2136帧、录像带2盒、磁带21个）。馆藏图书资料和报刊共13类1.2万册。实物档案有印章615枚，矿石样品160余种，花岗岩样品64种。1991—2011年，接收档案19699卷，录音录像磁带、影片档案49盘，照片档案1028张，电子档案（光盘）16张。1991年以来，对此前形成的需永久、长期保存的档案进行接收，又分别对1992年、2011年两次行政区划调整，机关和乡镇档案进行及时的接收。1991—2011年，接收档案19699卷，录音录像磁带、影片档案49盘，照片档案1028张，电子档案（光盘）16张。至2011年年底，馆藏档案196个全宗，42591卷，图书资料15027册，馆藏全宗有党群、行政、区、乡和企事业单位，涉及工交、财贸、金融、文教卫生、城建等各行各业。馆藏档案以纸质档案为主，馆藏档案门类有文书、科技、统计、会计、地籍、婚姻、人事档案等，还包括录音、录像、影片、照片、光盘等特殊载体的档案。

1991—2011年文成县档案馆整理的馆藏档案一览表

表21-19

<table>
<tr><th>序号</th><th>档案类别</th><th colspan="2">卷(件)数</th><th>备注</th></tr>
<tr><td>1</td><td>民国档案</td><td colspan="2">236卷</td><td>—</td></tr>
<tr><td>2</td><td>革命历史档案</td><td colspan="2">92卷</td><td>—</td></tr>
<tr><td>3</td><td>文书档案</td><td colspan="2">37615卷</td><td>—</td></tr>
<tr><td>4</td><td>专门档案(会计、统计、人口普查等)</td><td colspan="2">1280卷</td><td>—</td></tr>
<tr><td>5</td><td>民生档案(知青、地籍、婚姻等)</td><td colspan="2">3283卷</td><td>—</td></tr>
<tr><td>6</td><td>科技档案</td><td colspan="2">85卷</td><td>—</td></tr>
<tr><td rowspan="3">7</td><td rowspan="3">特殊载体档案</td><td>印章</td><td>902枚</td><td rowspan="3">—</td></tr>
<tr><td>录音磁带光盘等</td><td>58张</td></tr>
<tr><td>照片</td><td>2486张</td></tr>
</table>

说明：资料由县档案馆提供

档案宣传　1991—2011年，以宣传档案法为主，采取悬挂横幅、讲课等方式，下发档案宣传手册309份、开展档案知识竞赛5次、举办展览7次，深入开展档案宣传活动。每年开展档案执法检查，从2006年开始，增加重点建设项目的执法检查。

1991—2011年，28家单位达省级标准、11家达市级标准，县国税局和供电局两个单位被评为省级示范化数字档案室，财政地税局等5个单位被评为市级规范化数字档案室；9个行政村、6个社区被评为省级行政村、社区示范档案室；44个行政村、8个社区被评为市级行政村、社区示范档案室。

利用服务　1991年，馆藏162个全宗中73个向社会开放，计7585卷。2006年，194个全宗中增加33个向社会开放。2011年，196个全宗中127个向社会开放，并单独编制开放档案目录供利用者直接检索。按浙档〔1991〕77号文件规定要求准确地划分限制件，全部限制件案卷封皮上打有明显的“限制”标记，以示区别于非限制件。1991—2011年,接待查阅档案资料16121人次,提供档案34943卷(册)次,利用资料5833册。

编写《文成县档案馆指南》《文成县纪事(1949—1999)》《文成县在外科技人员通讯录》《文成县志评论集》等专题材料13种、210万字。其中,《文成县纪事(1949—1999)》在全市档案系统评比中获得一等奖。

1999年1月,设立文成县档案经营服务部。服务部属全民企业,经济独立核算、自负盈亏,隶属县档案局管理。经营范围为档案用品零售和档案整理立卷等。2003年1月9日,成立"文成县现行文件查阅中心",2008年成为政府信息公开查阅点。2010年开始,购进数字档案馆一期平台,建立档案目录数据库。2010年,设立县电子文件和数字档案登记备份中心,对全县具有重要价值的电子文件和数字档案进行登记认证,确保档案信息的安全。2011年,借助档案登记备份平台,数字化纸质档案1035卷,98872页。

第二十二卷

政协文成县委员会

1984年1月，中国人民政治协商会议文成县委员会（简称县政协）成立。1991—2011年，第三届至第七届县政协在中共文成县委的领导下，贯彻执行“长期共存、互相监督，肝胆相照、荣辱与共”方针，突出团结、民主两大主题，履行政治协商、民主监督、参政议政职能，推动政协事业发展，在促进全县经济、政治、文化和社会建设中，发挥重要作用。

20年间，县政协广泛开展科技扶贫、捐资助学、下乡义诊、赈灾济困活动，为文成脱贫扶贫工作做出重要贡献；开展专题调查、民主评议活动，全县政协委员以提案形式提出各类意见建议2623件，立为提案2467件，交办提案2462件，解决或基本解决1133件。

第一章　政协委员与会议

县政协委员由中共文成县委与有关部门对推荐的名单进行综合评定，并同各推荐单位协商，形成建议名单，实行邀请制。1991—2011年，县政协5次换届，推荐产生887名政协委员。召开23次委员会会议。

第一节　政协委员

县政协三届至七届委员会，历经5次换届，产生887名政协委员。每届委员的辞职、增补由政协常务委员会决定。

委员构成

三届委员会　县政协第三届委员会由21个界别157名委员组成，恢复无党派爱国人士界别委员6名；增加经济界别委员6名；取消革命老区界别，减少5名委员。三届委员中，中共党员59人，占委员总数的37.58%；妇女25人，占15.92%。高中、中专以上文化程度94人，占委员总数的59.87%；二届委员继续留任的105人，占本届委员总数的66.88%；三届新增委员52人，占该届委员总数的33.12%。届中，委员病故2名；因出国、工作调动、离退休和当选为县人大代表等原因辞去委员职务的68人，占三届委员总数的43.31%。1991年3月16日，三届常委会第4次会议增补委员2名。

四届委员会　县政协第四届委员会由21个界别161名委员组成。四届委员中，中共党员63人，占委员总数的39.13%；女委员27人，占16.77%；高中、中专以上文化程度的115人，占71.43%；三届委员继续留任90人，占55.9%；新增委员71人，占44.09%。1994年1月14日，四届常委会第4次会议辞去委员3名，增补委员4名；1995年3月17日，四届常委会第9次会议增补委员6人；1995年10月31日，四届常委会第12次会议增补委员1人；1996年12月25日，四届常委会第17次会议辞去委员1人，增补委员8人；1997年3月9日，四届常委会第19次会议增补委员1人。

五届委员会　县政协第五届委员会由21个界别181名委员组成。其中，中共党员78人，占43.09%；妇女35人，占19.33%。届中，1998年11月6日，县政协常委会撤销委员资格3人；1999年3月2日，五届常委会第5次会议增补委员5人；2000年2月29日，五届常委会第10次会议辞去委员4人，增补委员4人；2001年2月23日，五届常委会第18次会议增补委员3名；2002年2月21日，五届常委会第21次会议撤销委员资格1人，增补委员3人。

六届委员会　县政协第六届委员会由21个界别189名委员组成。其中，中共党员81人，占42.85%；妇女47人，占24.87%。2003年9月26日，六届常委会第3次会议辞去委员5人，增补委员5人；2004年2月24日，六届常委会第5次会议辞去委员2人，增补委员3人；2005年2月24日，六届常委会第9次会议辞去委员7人，增补委员6人；2005年6月28日，六届常委会第10次会议辞去9名委员，增补11名委员；2006年2月27日，六届常委会第14次会议辞去委员1人，增补委员1人。

七届委员会　县政协第七届委员会由21个界别199名委员组成。其中，中共党员86人，占43.22%；妇女54

人,占27.14%;少数民族16人,占8.04%。届中,2009年9月7日,七届常委会第14次会议决定增加政协委员名额4名,该届政协委员名额由199名增加至203名;增加政协常委职数4名,该届政协常委会组成人员由31人增加至35人。该届委员辞职、增补频繁,辞去委员47人,撤销委员资格1人,增补委员49人。其中,2007年9月29日,七届常委会第4次会议辞去委员8人,增补委员8人;12月25日,七届常委会第5次会议辞去委员4人,增补委员4人。2008年1月25日,七届常委会第6次会议辞去委员3人,增补委员3人;9月18日,七届常委会第8次会议辞去委员12人,增补委员8人。2009年1月8日,七届常委会第10次会议辞去委员5人,增补委员6人;2月10日,七届常委会第11次会议辞去委员1人,增补委员1人;6月11日,七届常委会第13次会议辞去委员2人,增补委员2人;9月7日,七届常委会第14次会议辞去委员2人,增补委员3人;11月26日,七届常委会第15次会议辞去委员1人。2010年1月11日,七届常委会第16次会议辞去委员1人,撤销委员资格1人,增补委员6人;5月14日,七届常委会第17次会议辞去委员6人,增补委员6人;7月27日,七届常委会第18次会议辞去委员1人,增补委员1人。11月8日,七届常委会第19次会议辞去委员1人,增补委员1人。

文成县政协第三届至第七届委员届别构成情况一览表

表22-1　　单位:人

届别 界别	三届	四届	五届	六届	七届
中国共产党	10	11	12	13	13
工会	5	5	5	5	5
青年团	10	10	10	8	8
妇联	10	10	10	8	8
工商	7	9	9	11	18
经济	6	8	10	14	12
教育	11	11	12	12	12
体育	3	2	2	2	3
科技	12	14	14	5	6
文艺	5	5	5	5	6
新闻	3	3	3	3	3
社会福利保障	3	3	3	3	4
农林	12	12	13	14	14
医药卫生	9	9	9	9	8
少数民族	11	11	11	11	11
归侨侨眷	12	12	14	16	17
台胞台属	11	10	12	11	11
宗教	6	6	6	6	6
无党派爱国人士	6	6	4	4	5
特别邀请人士	5	4	17	19	17
社科	—	—	—	10	12
合计	157	161	181	189	199

说明:本表委员人数不含常委会决定增补委员人数。资料由县政协办提供

文成县市级以上政协委员

出席政协温州市委员会会议的文成委员由市政协常务委员会协商决定。参加省政协委员会会议的文成委员由省政协常务委员会协商决定。文成的省政协委员4名、市政协委员72名。

1983—2011年文成县出席市政协委员会委员名录一览表

表22-2

届次	时间	委员名单
四届	1983年4月—1988年4月	赵晓清、俞玉娟(女)、黄体波、钟金莲(畲、女)、周沛敖、吴志图、陈碎楼
五届	1988年4月—1993年5月	叶小微(女)、金光宇、刘敏松、李道銮、王美芳(女)、钟思清(畲)、钟维枢(畲)、胡仲平、陈碎楼、郑圣强、雷开勤(畲)、徐定梁
六届	1993年5月—1998年5月	吴全当、林绍银、金盾、潘玉花(女)、陈碎楼、高宗昌、刘敏松、李道銮、王美芳(女)、钟旭光(畲)、雷岳考(畲)、罗雄平、雷开勤(畲)、廖梅柳(女)
七届	1998年5月—2003年5月	吴全当、金一玲(女)、邢庆武、张远宽、蒋美森、周小春(女)、李道銮、陈方兰、雷本禹(畲)、雷岳考(畲)、胡允革、徐世征、刘建忠
八届	2003年5月—2007年3月	陈江、赵燕(女)、刘剑、张远宽、周小春(女)、蔡一敏、李道銮、李祥松、钟雪南(畲、女)、雷本禹(畲)、刘玲玲(女)、徐世征、胡绍超
九届	2007年3月—2011年2月	刘建忠、刘玲玲(女)、潘仲华、陈江、陈红兵(女)、张玲玲(女)、周小春(女)、张丽俊(女)、林德钗、雷旭燕(畲、女)、雷衍开(畲)、胡立井、章寿禹

说明:资料由县政协办提供

1983—2003年文成县出席省政协委员会委员名录一览表

表22-3

届次	时间	委员名单
五届	1983年4月—1988年1月	雷昌协(畲族)
六届	1988年1月—1993年1月	雷昌协(畲族)
七届	1993年1月—1998年1月	钟维枢(畲族)
八届	1998年1月—2003年1月	钟维枢(畲族)

说明:资料由县政协办提供

第二节　政协委员会会议

1991—2011年,县政协召开23次委员会会议听取并审议县政协常委会工作报告、政协提案工作报告、提案审查报告。列席文成县人民代表大会,听取和审议一府两院报告,并进行选举工作。

第三届委员会会议

第三届委员会分别于1990年5月3—8日、1991年4月7—10日、1992年4月7—10日召开3次会议。会议分别听取并审议县政协常委会工作报告、政协提案工作报告、提案审查报告。其中,第一次会议选举产生县政协三届常委会主席1人、副主席4人、秘书长1人、常务委员20人;第二次会议增选常务委员3人;第三次会议表彰了1991年度政协工作4个先进集体,20名先进个人。会议期间,与会委员列席县人大十届各次会议。

第四届委员会会议

第四届委员会分别于1993年4月11—16日、1994年4月7—10日、1995年3月27—30日、1996年3月25—29日、1997年3月16—20日召开5次会议。会议分别听取和审议县政协常委会工作报告、提案办理情况报告、委员提案审查报告。其中,第一次会议上,大会选举产生县政协四届常委会主席1人、副主席4人、秘书长1人、常务委员23人;第三次会议上,补选秘书长、常务委员各1人,表彰1994年度政协工作5个先进集体,22名先进个人;第四次会议上,表彰1995年度政协工作4个先进集体和24名先进个人;第五次会议上,表彰1996年度政协工作5个先进集体,10名提案工作积极分子,4名优秀信息员,增选陈永造为县政协四届委员会副主席。会议期间,与会委员列席县人大十一届各次会议。

第五届委员会会议

第五届委员会先后于1998年3月27—4月1日、1999年3月15—18日、2000年3月12—15日、2001年3月12—16日、2002年3月12—16日召开5次会议。会议分别听取和审议县政协常委会工作报告、提案办理情况报告、政协提案审查情况报告。其中,第一次会议会议选举产生新一届县政协常务委员会主席1人、副主席4人、秘书长1人、常务委员25人;第二次会议补选刘建忠为县政协五届委员会副主席、补选常务委员1人;第四次会议表彰4个先进集体,20名先进个人,9件优秀提案;第五次会议补选郑国启为五届委员会副主席,补选秘书长1名、常务委员3名,表彰6个先进集体,20名先进个人,8件优秀提案。会议期间,全体委员列席县十二届人大各次会议。

第六届委员会会议

第六届委员会分别于2003年3月17—22日、2004年3月9—12日、2005年3月6—10日、2006年2月28—3月3日召开4次会议。会议分别听取和审议县政协常委会工作报告、提案办理情况报告、提案审查情况报告,并审议通过有关决议。其中,第一次会议选举产生新一届政协常务委员会主席1人、副主席3人、秘书长1人、常务委员26人;第二次会议补选常务委员2人;第三次会议补选常务委员1人;第四次会议补选常务委员1人。会议期间,全体委员均列席县十三届人大各次会议。

图22-1 政协文成县委员会六届一次会议(县政协办提供 2003年摄)

第七届委员会会议

第七届委员会分别于2007年2月4—9日、2008年3月2—6日、2009年3月7—11日、2010年1月30—2月3日、2011年1月19—22日召开5次会议。会议分别听取和审议县政协常委会工作报告、提案办理情况报告、提案审查情况报告,并审议通过有关决议。其中,第一次会议选举产生新一届政协常务委员会主席1人、副主席4人、秘书长1人、常务委员25人;第二次会议补选常务委员1人;第三次会议补选刘建华为县政协七届委员会副主席,补选常务委员2人;第四次会议补选季昌丰为县政协七届委员会副主席,补选常务委员3人;第五次会议补选常务委员1人。会议期间,全体委员均列席县十四届人大各次会议。

第二章　政协常务委员会

《中国人民政治协商会议章程》规定，县政协常委会由县政协主席、副主席、秘书长和常委组成，其候选人由参加县政协的各党派、团体和各界代表人士协商提名，经全体会议选举产生。县政协主席主持常委会的工作，副主席、秘书长协助主席工作。同时由主席、副主席、秘书长组成主席会议，处理常委会日常工作。常委会按照工作需要，设副秘书长协助秘书长工作。副秘书长人选由秘书长提议，经常委会通过任免。

第一节　历届政协常委会

1991—2011年，产生三届、四届、五届、六届、七届政协常委会，常务委员会组成人员148人，主席、副主席30人。

文成县第三届政协常委会

1990年5月3—7日，举行县政协三届一次全体会议，选举产生常务委员会组成人员26名。其中，主席1名、副主席4名、秘书长1名、常委20名。届中，1991年4月10日，三届二次全体会议增补常委3名。

文成县第四届政协常委会

1993年4月12—16日，举行县政协四届一次全体会议，选举产生常务委员会组成人员29名。其中，主席1名、副主席4名、秘书长1名、常委23名。届中，1993年7月6日，常委会第2次会议任命副秘书长1名。1994年1月14日，常委会第4次会议免去秘书长、副秘书长各1名。1995年3月29日，四届三次全会补选常委、秘书长各1名。1996年12月25日，常委会第17次会议辞去常委1名。1997年3月20日，四届五次全体会议增选副主席1名。

文成县第五届政协常委会

1998年3月27—4月1日，举行县政协五届一次全体会议，选举产生常务委员会组成人员31名。其中，主席1名、副主席4名、秘书长1名、常委25名。常务委员会组成人员中，中共党员11名，占35.48%；妇女5名，占16.13%；大专以上文化程度12名，占38.71%；平均年龄48岁。

文成县第六届政协常委会

2003年3月17—22日，举行县政协六届一次全体会议，选举产生常务委员会组成人员31名。其中，主席1名、副主席3名、秘书长1名、常委26名。常务委员会组成人员中，中共党员11名，占35.48%；妇女7名，占22.58%；大专以上文化程度24名，占77.42%；平均年龄45岁。

文成县第七届政协常委会

2007年2月4—9日,举行县政协七届一次全体会议,选举产生常务委员会组成人员31名。其中,主席1名、副主席4名、秘书长1名、常委25名。常务委员会组成人员中,中共党员14名,占45.2%;民盟1名,占3.2%;妇女10名,占32.3%;大专以上文化程度25名,占80.6%;平均年龄42.7岁。

文成县政协第三届至第七届主席、副主席名录一览表

表22-4

届　次	职　务	姓　名	性别	籍贯	任　期
第三届	主　席	徐定梁	男	浙江瑞安	1990年5月—1993年4月
	副主席	雷开勤(畲)	男	浙江文成	1990年5月—1993年4月
	副主席	赵寿璜	男	浙江诸暨	1990年5月—1993年4月
	副主席	吴正超	男	浙江文成	1990年5月—1993年4月
	副主席	雷昌协(畲)	男	浙江文成	1990年5月—1993年4月
第四届	主　席	廖梅柳	女	浙江文成	1993年4月—1998年3月
	副主席	雷开勤(畲)	男	浙江文成	1993年4月—1998年3月
	副主席	冯俊培	男	浙江丽水	1993年4月—1998年3月
	副主席	赵寿璜	男	浙江诸暨	1993年4月—1998年3月
	副主席	雷昌协(畲)	男	浙江文成	1993年4月—1998年3月
	副主席	陈永造	男	浙江文成	1997年3月—1998年3月
第五届	主　席	徐世征	男	浙江文成	1998年3月—2003年3月
	副主席	雷开勤(畲)	男	浙江文成	1998年3月—2001年3月
	副主席	纪仕胜	男	浙江文成	1998年3月—1998年11月
	副主席	钟维枢(畲)	男	浙江文成	1998年3月—2003年3月
	副主席	李祥松	男	浙江文成	1998年3月—2003年3月
	副主席	刘建忠	男	浙江文成	1999年3月—2003年3月
	副主席	郑国启	男	浙江文成	2001年3月—2003年3月
第六届	主　席	徐世征	男	浙江文成	2003年3月—2007年2月
	副主席	郑国启	男	浙江文成	2003年3月—2007年2月
	副主席	钟维枢(畲)	男	浙江文成	2003年3月—2007年2月
	副主席	李祥松	男	浙江文成	2003年3月—2007年2月
第七届	主　席	刘建忠	男	浙江文成	2007年2月—
	副主席	吴育民	男	浙江文成	2007年2月—2009年9月
	副主席	林乐融	男	浙江文成	2007年2月—2009年3月
	副主席	张真聪	男	浙江文成	2007年2月—
	副主席	余云初	男	浙江文成	2007年2月—
	副主席	刘建华	男	浙江文成	2009年3月—
	副主席	季昌丰	男	浙江文成	2010年2月—

注:资料由县政协办提供

第二节　政协工作机构

1984年，县政协建立时只设立办公室。1990年设置4个专门委员会。1998年设置6个专门委员会。1987年建立4个联络组，1990年设10个工作组，2007年设13个工作组。

内设机构

1984年12月，常委会设立办公室。1990年5月，设置学习委员会、文史委员会、提案工作委员会、经济委员会4个专门委员会。1996年6月，办公室增设秘书科、综合科。1998年3月，调整专委会，设置学习文史委员会、提案委员会、社会法制委员会、经济委员会、三胞联谊委员会、教科文卫体委员会6个专门委员会。2003年6月，社会法制委员会更名为社会与法制委员会，三胞联谊委员会更名为港澳台侨委员会。2008年，办公室增设文史编辑部(属全额拨款事业单位)。2009年7月，办公室增设接待科。同年，提案委员会更名为提案与委员工作委员会。2011年2月社会与法制委员会更名为社会法制民族宗教委员会。

下属机构

1987年，建立南田、西坑、黄坦、玉壶4个联络组。1990年，设祖国统一、农林、教育体育、医药卫生、科技、妇女、工商、民族、华侨、文化新闻等10个工作组。1991年增设大峃联络组。1993年4月，设置南田、西坑、黄坦、玉壶、大峃、珊溪、峃口7个联络组，增设宗教、工会青年福利工作组。1998年3月，增设特邀工作组。2003年，设置祖统、农业、教育体育、医药卫生、社科科技、妇女、少数民族、归侨侨眷、文艺新闻、宗教、工青福利社保、经济、工商联、特邀等14个工作组。2007年2月，设置经济、工商联、农业、妇女、工青福利社保、教育体育、医药卫生、新闻文艺、少数民族、归国华侨侨眷、祖国统一、宗教、社科科技13个工作组。2011年，联络组和工作组机构未变。

第三节　政协常委会会议

1991—2011年，第三届至第七届政协举行98次常务委员会会议(简称政协常委会)。组织专题学习27次、内容47项，视察并听取相关领导及部门汇报63次，听取县委、县政府或相关部门通报82次，审议讨论通过事项228项。

第三届常委会会议

召开9次常委会(不包括1990年举行的3次会议)。组织专题学习7次、内容14项，重点学习中央和省市县委文件、领导人讲话。对县委提出8项决策或设想进行研讨；视察并听取相关领导及部门汇报5次；审议或讨论通过16项内容；听取县委、县政府或相关部门通报10次。

第四届常委会会议

召开24次常委会。组织专题学习12次、内容20项，重点学习中共中央文件、中共十四届三中全会、五中全会、中共十五大精神及中央领导讲话。视察并听取相关领导及部门汇报16次；审议或讨论通过35项内容；听取县委、县政府或相关部门的通报32次。

第五届常委会会议

召开27次常委会。组织专题学习4次、内容5项,重点学习邓小平人民政协理论、中共十五届三中全会公报、中共十五届六中全会精神。视察并听取相关领导及部门汇报25次;审议或讨论通过59项内容;听取县委、县政府或相关部门的通报18次。

第六届常委会会议

召开18次常委会。组织专题学习2次、内容5项,重点学习县委第十一次代表大会精神。视察并听取相关领导及部门汇报8次;审议或讨论通过48项内容;听取县委、县政府或相关部门的通报11次。

第七届常委会会议

召开20次常委会。组织专题学习2次、内容3项,重点学习中共十七大精神和市政协九届一次会议精神。视察并听取相关领导及部门汇报9次;审议或讨论通过70项内容;听取县委、县政府或相关部门的通报11次。

第四节　政协主席会议

1991—2011年,召开主席会议123次。主要内容为组织学习党的路线、方针、政策及相关领导的讲话精神或工作报告,对政协工作进行布置、检查、总结,讨论、决定委员会有关事项。其中,三届政协召开主席会议14次,四届召开9次,五届召开26次,六届召开22次,七届召开52次。

第三章　政协工作

政协文成县委员会充分发挥委员智力优势，履行政治协商、民主监督、参政议政三大职能，围绕县委、县政府中心任务，探索新时期人民政协工作新思路。建立和完善各项议事规则，使履职更加规范、民主渠道更加畅通。并努力营造讲真话、讲实话、反映民情、反映实情的民主氛围，参政议政，献计献策，维护改革、发展、稳定大局。同时，根据政协“人才聚集、联系广泛”的特点，深入开展科技扶贫、捐资助学、下乡义诊、赈灾济困等活动。通过开展专题调查、民主评议、听证会、视察、联谊等活动，加强与各阶层和人民团体的联系。

第一节　政治协商

按照协商的内容和层次，逐步形成县政协全委会整体协商以及主席会议、常务委员会会议和专委会专题协商的格局。参与讨论政府工作报告、发展总体规划和重大举措、重大问题与重要工作专题协商座谈。县委、县政府领导亲自或派人参加政协主席办公会议、政协常务委员会会议，听取政协方面意见，作为决策重要依据。

1990年，完善县委同各界党外人士协商座谈制度，提出的全县大政方针及重大问题进行协商，半年召开一次。每季度县政协常委会，如认为有关问题需与县委、县政府协商的，县委、县政府将派人参加，并就协商的项目进行共同探讨，求得妥善解决。政协委员视察、考察、专题调查，政协各专门委员会，工作组开展的活动，党政有关部门积极配合，虚心听取意见、建议和批评。

1991年9月，农林工作组分成二组，先后到二源、三源、毛坑、岭后等乡视察农林业生产。形成《一个应该引起注意和重视的问题——对农村劳力老龄化的思考》视察报告，与县、区、乡各级领导交换意见，引起各级领导关注和重视。

1993年12月，工青福利工作组赴南田镇粮管所进行调查，形成《粮价放开后，粮食系统职工的生产现状与对策》的调查报告，供县委、县政府参考。工商经济工作组到珊溪、南田等乡镇视察农村产业结构调整中的有关情况，形成《当前农村产业结构调整的现状及应采取措施》的报告，就个体经济场地小、资金短缺、贷款难等问题向县政府提出意见建议的对策措施。

1995年，工商经济工作组先后走访、视察大峃、峃口、珊溪等商品经营市场及几十户个体工商业户，调查经营机制转变及产品供销情况，向县政府提出意见和建议，促进个体工商户走向公司化、股份化，集约经营。

1996年12月，机关和大峃片联络组委员视察凤溪沿线污染和凤溪北路，提出“抽调有关部门人员参加负责凤溪北路通道的拆迁工作，全镇的环境污染都应采取严管重罚，建造由汽车南站经屿根至双垟与双珊公路衔接的环城南路”等建议。同年12月，南田片联络组针对坑边垟水渠多年失管丧失灌溉能力，猪肉购销价格差距大、市场肉价乱，南田电话费、电费价格过高，南田至三源的公路铺柏油等问题，分别组织委员进行视察，提出意见和建议，使一些问题得到妥善解决。文艺新闻工作组视察大峃镇文化市场，形成《文成县城文化市场管理的现状及其对策》视察报告，在县政协四届四次全会上作大会发言，得到县委、县政府及有关部门领导采纳。

1997年，组织教育界、医卫界、文艺界、新闻界部分委员，对县城环境卫生及文化市场管理再次开展视察，形成《关于县城环境卫生、文化活动场所视察情况的报告》，引起县委、县政府高度重视，县委书记高育厅作出批示，要求有关部门贯彻落实。农林工作组先后对樟台、周壤、南田、黄坦、玉壶5个乡镇的农业开发情况进行视察，形成《以市场为导向，抓好经济林建设》视察报告报送县委、县政府。

1998年6月，南田联络组到黄寮乡黄垟坑村调研，针对部分果园老化的现状，形成《文成县低产果园现状与对策》的调查报告，提出改进意见。同年，政协教科文卫体委员会组织委员，会同科委、农业局等单位一起到福建尤溪学习考察再生稻高产栽培技术，到省内磐安、衢州、常山等市县学习考察农业产业化的成功经验，为加快文成“一优两高”农业的发展向县政府建言献策。

1999年，经济委员会组织委员到衢州、淳安两地考察水库、山塘及网箱养鱼，形成《淳安、衢州淡水养殖考察报告》，并向县委、县政府报送《关于发展淡水养殖的建议案》，提出“发展淡水养殖业要摆上政府议事日程，要增加资金投入，给予政策扶持；要加强科技队伍建设，充分发挥现有科技力量的作用，加强技术培训；要注重树典型、抓示范、扶持特色；要加强渔政管理”等建议，受到政府和有关部门重视和采纳。

2000年，开展新建文成中学选址调研，提出最佳方案，供县委、县政府决策参考。同年4—5月，课题调研小组配合市政协联动调研活动，对文成农村医疗保健问题进行调研，形成《关于文成县农村医疗保健情况的调查报告》。经济委员会组织委员和蔬菜营销大户，赴杭州、上海进行市场调研，为菜农提供市场信息和交易知识，解决部分秋茄的销路问题；组织多个工作调研，形成《关于加强乡镇农技站建设的建议》《浅谈促进少数民族和民族地区经济发展的对策和建议》《浅析入世对文成农业的影响》的调查报告。

2001年，教育工作组到珊溪镇宏志中学、泰顺县育才中学进行教学调研，探讨民办中小学的发展思路。6月，组织委员开展学校德育工作调研活动，形成《当前学校德育教育工作的调研报告》。组织有关委员就效益农业发展情况进行专题调研，先后走访南田四季香农业开发园区、谢塘岸村效益农业基地、十源乡雪梨基地、南田横山村豆类蔬菜基地，针对存在问题，提出建议意见。并召开常委会议，形成《关于对〈文成效益农业发展情况调查报告〉的审议意见》。

2003年，关注基层“非典”防治工作，组织交通、卫生、教育系统部分委员参加的视察组，分别到大垟口检查点、峃口乡、巨屿镇、珊溪镇等“非典”防治一线阵地了解“非典”防治工作情况。对检查点工作人员少、设备缺乏、防护措施薄弱、应急物资匮乏等情况，及时反馈给县委、县政府，并就应对“非典”做好防治提出建议意见。

2004年，组织调研组对农业生产发展情况开展专题调研，形成《关于进一步推进农业生产发展的建议案》，报送县委、县政府作决策参考。7—9月，组织课题组开展关于建立珊溪水利枢纽工程生态补偿机制的调研。经9月16日召开的县政协六届七次常委会议审议通过，向县委、县政府报送《关于建立珊溪水利枢纽工程生态补偿机制建议》。提出建立珊溪水利枢纽工程生态补偿机制的建议。该建议作为市政协“加快欠发达地区发展”的调研成果之一，在市政协常委会和市政协八届三次全会上作书面发言，为市政府决策建立生态补偿机制提供重要依据。

2005年5月，组织调研组赴南田、黄寮、西坑等乡镇调研新型农村合作医疗实施情况。经6月28日县政协六届十次常委会议审议通过，形成《改进和完善新型农村合作医疗工作的建议案》。10月，南田片联络组到扶贫定点村驮湖村进行扶贫调研。对加快驮湖村经济发展，委员们向县政府提出“利用龙麒源景区必经驮湖村的地理优势，做好生态保护文章，为发展旅游业奠定基础；大力发展经济作物，并注重土特产的加工、包装，增加农产品附加值；大力发展养殖业；待龙麒源景区开发后，发展农家乐餐饮等”建议。

2006年6月，组织调研组，对全县乡村康庄工程建设情况进行专题调研。于6月28日召开县政协六届十五次常委会议，审议通过《关于进一步推进康庄工程建设的建议案》。

2007年7—9月,组织委员对全县教育工作进行调研,形成《关于全县教育工作的调研报告》。经9月29日县政协七届四次常委会议审议通过,向县委、县政府报送《关于促进教育发展的建议案》。提出“整合资源,逐步实现教育均衡发展;创新思路,不断完善教育管理机制;加大力度,全面提高教育教学质量;齐抓共管,努力优化教育发展环境”等建议。

2008年7月,组织调研组对在外文成人情况进行调研,形成《关于在外文成人的调研报告》。同年9—11月,开展留守儿童调研,形成《关于隔代教育的调研报告》。

2009年10月,对珊溪库区后靠移民教育医疗状况进行视察。11月26日县政协七届十五次常委会议审议通过《关于珊溪库区环境整治实施情况的视察报告》《关于珊溪库周村民教育医疗状况的视察报告》,就解决珊溪库周村民教育医疗问题提出实施二次移民、进行专项扶持、加大宣传力度等建议。同年5月,组织委员开展珊溪孝文化发展情况进行专题调研,形成《关于全县弘扬孝文化的调研报告》。6月11日县政协七届十三次常委会议审议通过《关于弘扬孝文化的建议案》,向县委、县政府提出“提高认识,加强孝文化研究;整合力量,加强孝文化设施建设;广泛动员,加强孝文化宣传工作”建议。7月,开展全县建筑企业发展情况进行调研,形成《关于全县建筑企业发展情况的调研报告》。9月7日召开县政协七届十四次常委会议,审议通过《关于促进建筑业发展的建议案》,提出“加强领导,切实把建筑业放到支柱产业的位置;加大扶持力度,建立健全发展激励机制,大力培育本地企业;积极引进外地优秀建筑企业,壮大全县建筑企业实力;建立健全招投标管理制度,规范市场秩序”等建议。

2010年3—5月,组织委员进行县城卫生资源配置状况调研,形成《县城医疗卫生资源配置状况的调研报告》。经5月14日县政协七届十七次常委会议审议通过《关于优化县城医疗卫生资源配置的建议案》,建议县委、县政府加大财政对卫生的投入,加强社区卫生服务功能建设,优化县城卫生资源配置,加快县城卫生事业发展步伐。9月开展少数民族工作调研活动,调研组通过听取西坑镇、周山乡的情况汇报,实地走访、召开座谈,广泛听取意见建议,形成调研报告。11月8日召开县政协七届十九次常委会议,审议通过《关于少数民族工作的建议案》。提出“进一步加强少数民族干部队伍建设;进一步加快民族地区经济社会发展;进一步弘扬少数民族传统文化”建议。

第二节　民主监督

2000年,文成政协建立民主评议制度、建立听政会制度。依照政协职能,县政协组织委员听取同级政府职能部门和单位情况通报,进行协商讨论,提出意见建议,实现有意义的民主监督。

民主评议

2000年8月,首次对县规划建设局履职情况进行民主评议。组织调查组到南田、玉壶、黄坦、大峃、珊溪、巨屿、百丈漈、樟台、周壤9个乡镇,组织当地政协委员和部分人大代表座谈,听取乡镇规划工作情况介绍,并就乡镇规划工作和县规划局履职情况广泛听取意见。组织召开土地、环保等相关部门负责人联席座谈会、大峃镇部分村干部座谈会、县离退休老干部座谈会,就县城、重点乡镇规划情况和规划局履职情况征求意见,形成《县规划局履行职能情况的调查报告》。9月,召开县政协五届第十四次常委会议,分别听取县规划局负责人作《关于规划局履行职能情况的自查报告》,听取县政协调查组的调查报告,与会委员作评议发言,对县规划局的履职情况进行评议。

2001年9月中、下旬,对县司法局履职情况进行民主评议。县政协组织调查组先后到玉壶、东溪等10个乡镇及县机关单位召开座谈会，听取县司法行政工作的意见、建议，向政协委员、干部、群众征询对司法局履行职能情况的评价，征求对司法行政工作的意见建议，分发问卷327份，回收167份，征求意见建议126条。10月18日，政协五届第十九次常委会议，听取司法局负责人履职情况的报告，听取政协调查组《关于对县司法局履行职能情况的调查报告》，与会委员作评议发言，对司法局的履职情况进行评议。审议通过县政协《关于县司法局履行职能情况的评议意见》，提出要“进一步加强普法宣传工作，加强队伍建设，继续加强对公证处、律师事务所的指导和监督，加强与公安、法院、民政等有关部门的沟通和协调”等意见和建议。

听政会

建立听政会制度是县政协探索民主监督形式的创新之举。2000年6月，县政协五届常委会第十三次会议审议通过《关于建立听政会制度的意见》，听取同级政府职能部门和单位情况通报，进行协商讨论、提出意见建议的一项制度。

玉壶片 2000年8月、2001年8月、2005年11月分别在玉壶片举行3次听政会。第一次与第二次听政会委员就集镇建设、环境卫生、扶贫迁村等内容提出意见与建议。第三次听政会，3位委员就改善环境、侨乡发展、侨乡文化作专题发言，提出意见与建议。

珊溪片 2001年8月、2003年11月、2004年11月、2005年11月、2009年12月分别在珊溪片举行5次听政会。第一次与第二次听政会委员围绕文明集镇创建、壮大村级集体经济、加快旅游业发展等内容提出意见和建议。第三次与第四次听政会委员分别就珊溪经济发展、文明城镇创建、改善投资软环境等内容作专题发言。第五次听政会委员就城镇总体规划、农村社会稳定、村级组织建设等方面提出意见和建议。

南田片 2001年7月、2005年12月分别在南田片举行2次听政会。第一次听政会，委员对集镇排污设施建设、环境卫生管理、噪声污染治理、集镇房屋及道路改造等工作提出建议。第二次听政会，3位委员就提升百丈漈景区旅游业建设、朱阳九峰现状分析及前景、打造刘基文化作专题发言。

黄坦片 2001年8月、2007年12月分别在黄坦片举行2次听政会。第一次听政会，委员就加强公共设施建设、加强环保工作、设立固定垃圾站、设立防疫站和婚前体检点、加快文化健身场所建设等内容提出建议。第二次听政会，委员就黄坦镇城镇化建设、发展工业经济、畜牧业发展与环境污染治理等内容提出意见和建议。

大峃片 2001年8月在大峃片举行听政会。委员就加大县城卫生管理力度、抓紧抓好县前街拆迁工作及拆迁户补偿、加强县城残疾人营运车摩托车管理、加强县城暂住人口管理、加大基础设施建设力度、规范学校收费等问题提出建议。

西坑片 2001年8月、2010年1月在西坑片举行2次听政会。第一次听政会，委员就解决农村电价高、加快垃圾站建设、改善镇容镇貌等问题提出建议。第二次听政会，委员就加强农村住房改造、发展兔业、加强旅游配套设施建设等作专题发言。

政府机关 2008年12月在县交通局举行听政会。委员就对外交通重点要抓好高速公路一级公路建设、撤销56省道收费站、改善投资环境、优化农村道路网、加强道路建设质量监管、分类扶持农村公路养护、加快建设安保设施和客运站、扶持农村小客运、加强客运票价监管问题提出建议意见。2009年10月在县发改局举行听政会。委员就改进发改局工作、促进决策更加科学民主、推进全县经济社会持续发展等问题提出建议。

县政协认真总结听政会经验，形成《履行参政议政职能的实践与思考》《听政会履行职能的有效形式》等研讨文章，分别在省、市政协工作研讨会上交流，获得省、市政协领导的高度评价。许多市、县政协到文成取经，温州市政协要求在各县(市、区)推行听政会制度。

第三节　参政议政

1991—2011年,县政协组织委员进行旅游开发、企业发展、老百姓关心的民生问题调研,提出意见和建议。促进县政府重点工作完成与改进。

旅游发展调研

1992年4月,县政协机关和在文的市政协委员前往百丈漈水库风景区调研,向县有关部门建议开发百丈漈旅游资源。

1997年5—6月,县政协主席廖梅柳带领县政协机关干部对县旅游风景区进行视察,形成《文成县的旅游资源及其开发利用的几个问题》的报告。

1999年,县政协选择"加快旅游业发展"的课题,勘探县域的自然景观和人文景观,查考有关文成的人文历史资料,县政协五届九次常委会议经过认真研究讨论,形成《关于加快旅游业发展的建议案》,成为政府和旅游等部门的共识。

2000年,根据县委意见,县政协在1999年12月开展的旅游开发考察基础上深入调研,向县委、县政府报送《关于文成县旅游开发的问题与建议》,多数建议被采纳。

2002年11月,县政协主席徐世征带领县旅游风景管理局干部赴西坑畲族镇调研,考察西坑沙洲、安福寺。建议结合畲乡民族特色优势,做好休闲旅游开发,促进经济发展,提高人民群众的生活水平。

2007年11—12月,政协组织委员对全县大会岭、松龙岭、猫狸擂岭、五十二岭等红枫古道进行视察。经12月25日县政协七届三次常委会议审议通过,向县委、县政府报送《关于红枫古道的视察报告》,建议县委、县政府尽快把这项工作列入议事日程,强化保护,合理开发红枫古道。

2009年3月,县政协组织委员开展调研组到县内景区、乡镇实地查看,并赴安吉、长兴、江山、遂昌等地调研,形成《创建省级旅游经济强县的调研报告》。经6月11日县政协七届十八次常委会议审议通过,向县委、县政府报送《关于创建省级旅游经济强县的建议案》。

2010年6—10月,县政协对全县打造刘基文化品牌发展旅游经济情况进行深入调研,形成《关于打造刘基文化品牌,促进旅游经济发展的调研报告》。经11月8日县政协七届十九次常委会议审议通过《关于打造刘基文化品牌,促进旅游经济发展的建议案》。

企业发展考察

1991年,组织28名委员和有关人员参加的4个视察组,分头到县制药厂、建材厂等重点企业进行考察。提出扩大生产,提高经济效益等建议。

1993年,科技工作组先后考察县力生机械有限公司、化工三厂、离合器片厂等厂的生产情况,提出加强科学管理,提高产品质量,注重企业技术改造,不断进行产品开发等建议意见。11月,县政协主席廖梅柳带领科技工作组视察高岭头水电站工程的技术、质量、进度等方面情况,并就工程资金短缺、移民政策处理、公路修建、电力供应、技术宣传等方面问题提出意见建议。

1994年,工商经济工作组组织考察港城针织服务有限公司和温州东方竹木工艺制品有限公司,提出"要看准市场,抓住机遇,克服困难,艰苦创业"等建设性意见。

1995年,工商经济工作组先后对县农用车总厂等10余家企业进行走访、考察,提出意见和建议。帮助企业经营机制转换,加强企业内部管理。

1996年,组织工商经济工作组、科技工作组委员对亏损严重的国有企业制药厂和发展势头好的集体企业离合器片厂进行对比调查考察,提出相应的对策和建议,并形成调查报告,为县委、县政府科学决策提供参考。同年,到文成帝师集团等国有企业进行考察,并形成考察报告,提出"加快技术改造步伐,优化企业产业结构;拓宽融资渠道,明晰企业产权;加强企业人才引进和职工技术培训,增强企业后劲"等建议意见。

1998年,组织工业经济建设问题调研,向县委、县政府报送《关于进一步发展文成工业经济的建议》,受到县委、县政府及有关部门的重视。10月县政协经济委员会组织委员,到帝师集团有限公司、胶鞋厂、胶鞋三厂开展调研,撰写《文成县工业产业和产品结构调查报告》,提出完善落实工业发展扶持政策,加强对工业经济领导等意见建议。

2000年5月,经济委员会组织委员和有关人员分别对亨哈山珍有限公司、冰洋实业有限公司等企业开展考察。6月27日召开县政协五届十三次常委会议,讨论通过《关于全县个体私营企业发展情况的调查报告》,提出加快文成个私企业发展的相应对策。

2003年4—6月,珊溪片联络组组织委员前往珊溪镇引进的首家外资企业明胶有限公司和巨屿工业园区开展调研活动后,提出随着珊溪水库的建成,镇内农村剩余劳动力不断增多,新一轮的工业经济发展工作中要着重抓好劳动密集型工业企业的发展,吸引本地外出能人、外地企业、产业转移的企业到珊溪落户。9月县政协组织专题调研组,到县交通局、规划建设局、旧城改造指挥部等单位召开座谈会,听取工程建设情况的介绍,并到工程现场考察。调研组针对工程建设问题,向县政府提出意见建议:进一步统一思想,加强领导;广辟筹资渠道,突破资金"瓶颈"制约;理顺机制,加快政策处理和征地工作;严把关口,确保重点基础设施建设质量;规范工程建设程序,确保重点基础设施建设进度。

2008年4月组织部分委员,对"811"重点工程和生态工业"55工程"进展情况进行考察,形成《关于"811"重点工程和生态工业"55工程"的视察报告》。就推进生态工业"55工程"提出"优化发展环境,努力形成合力扶工的良好氛围;深化措施,有效提供企业发展平台;强力推进节能减排,实现科学发展"等意见。

反映社情民意

1995年3月,大峃片联络组针对广大人民群众紧急呼吁要求解决县城大峃镇凤溪沿线和河头巷垃圾污染的问题进行视察,提出可行的建议,报送县委、县政府及有关部门。

2007年4—6月,开展创建省级文明示范县城情况视察。建议应着重抓好"拓展城市发展空间,推进省级示范文明县城创建的硬件设施建设;创新城市管理体制,切实加强省级示范文明县城创建的综合协调能力;狠抓县城社区建设,着力打造创建省级示范文明县城的基础平台;促进城市环境优化,兴起全民共建省级示范文明县城的高潮。"

2008年9—10月,组织部分委员对全县省级示范文明县城和国家卫生县城创建工作进行视察。经11月25日县政协七届九次常委会议审议通过,形成《关于创建省级示范文明县城和国家级卫生县城情况的视察报告》,提出"创新管理体制,为创建提供机制保障;加大投入力度,多渠道筹措创建资金;合力克难攻坚,逐个破解创建工作难题"等创建工作建议对策与措施。

2009年11月,组织部分委员视察珊溪库区环境整治项目实施情况,形成《关于珊溪库区环境整治实施情况的视察报告》。建议县委、县政府"突出整治重点,统筹兼顾;建立库区整治的长效运行机制和激励机制,完善的生态补偿机制;强化环保执法能力建设,加大环保执法力度"。

第四节　提案工作

提高提案办理实效，通过重点提案督办、组织提案办理面商、跟踪“不满意件”复办、协助开展提案办理“回头看”等措施，促使各类合理化建议得到落实和采纳，这是政协常委会重要工作，1991—2011年，一大批优秀提案成为党委政府科学决策的“领航员”，部门单位开展工作的“助推器”。

提案办理

1990—2011年，收到委员以提案形式提出的意见建议2623件，经提案审查委员会（提案委员会）审查，立为提案2467件，交办提案2462件，占立案数的99.8%。其中，解决或基本解决的1133件，占办理件数的45.93%。

文成县政协第三届至第七届委员提案办理情况一览表

表22-5

届别	会次	年份	收到件数（件）	立案件数（件）	办理单位数（个）	办理情况			
						办复数（件）	占立案数（%）	解决数（件）	占办复数（%）
三届	1	1990	158	154	34	153	99.35	71	46.41
	2	1991	144	144	36	144	100	65	45.14
	3	1992	51	51	32	51	100	25	49.02
四届	1	1993	112	109	29	109	100	67	61.47
	2	1994	67	64	19	64	100	41	64.06
	3	1995	115	114	39	119	100	71	59.66
	4	1996	147	141	40	141	100	74	52.48
	5	1997	181	178	40	178	100	88	49.44
五届	1	1998	147	143	36	143	100	80	55.94
	2	1999	120	120	36	120	100	43	35.83
	3	2000	161	158	45	158	100	86	54.43
	4	2001	143	140	36	140	100	79	56.43
	5	2002	115	113	36	113	100	45	39.82
六届	1	2003	112	108	29	108	100	43	39.81
	2	2004	92	89	32	89	100	34	38.20
	3	2005	85	82	28	82	100	30	36.59
	4	2006	100	98	37	98	100	34	34.69
七届	1	2007	83	77	29	82	100	28	34.15
	2	2008	88	79	27	80	97.56	22	27.50
	3	2009	103	102	31	104	100	37	35.58
	4	2010	108	108	33	108	100	42	38.89
	5	2011	79	78	26	78	98.73	28	35.90
合计			2623	2467	730	2462	99.80	1133	45.93

说明：资料由县政协提供

提案督办

2005年开始,在每年政协全体会议后,选择若干提案作为重点提案进行督办。为使提案督办工作更加有效,政协副主席和各专门委员会主任按各自分管部类领衔督办。2005—2011年,选择重点提案37件,其中2005年4件,2006年、2007年、2008年各5件,2009年、2010年、2011年各6件。主要内容为加强百丈漈景区建设、保护红枫古道、发展生态旅游、命名文成"县树"、加强农村公路管理、建造县城停车场、鼓励在外文成人回乡投资创业、扶持地震灾区建设、提高防灾减灾能力、巩固卫生县城创建成果、加强农村环境卫生建设、调控县城房地产市场、扶持农民专业合作社、发挥妇女作用、发展学前教育、弘扬传统孝文化等。

办理效果

提案是政协参加单位和政协委员特有的一项民主权利,是政协履行职能最直接、最有效的方式之一。高质量的提案,高标准的办理,高要求的督查,有效地提高提案实效,提升政协提案工作的影响力。多数提案获得良好的社会、经济效益,受到县委、县政府的肯定和社会各界的好评。

三届一次全会期间,周士利委员《关于治理大峃街河头》的提案,玉壶联络组《关于修建玉壶至上林公路》的提案,张宗孟委员《关于铺设黄坦区所在地街道水泥路面》的提案,周沛敖委员《关于铺设西坑区所在地街道水泥路面》的提案,叶锦华委员《关于建立县儿童少年工作协调委员会》的提案,吴信添委员《关于重修桥头井和县府宿舍后面公厕》的提案,均已引起有关部门重视,得到妥善解决。朱德平委员《关于文成自产香菇财政流失》的提案,县农委专门召开有县人大、县政协领导参加的座谈会,商计如何解决问题的办法。

三届二次全会期间,农林工作组14名委员《关于全县尚有29个乡未配备农民技术员问题》提案,得到县委、县政府重视,很快着手研究落实,配齐全县乡级农民技术员。祖统工作组《建议给黄埔军校同学会和台联划拨活动经费》的提案,和《加强县城三轮车管理》等提案,都得到有关部门的妥善解决。委员叶季运提出的山林权属提案,政协提案委会同县山林办到公阳乡和当地干部一起调查研究,予以解决。

三届三次全会期间,钟维枢等委员《关于改进春节期间居民食品供应办法》提案,县财税局采纳后决定改暗补为明补。委员黄齐芳《关于要求解决福首源药材基地粮食补贴》提案,县粮食局决定补助原粮1万公斤。

四届一次全会期间,委员柯珠眉《关于加强对县中医院环境管理》的提案,县卫生局采取措施在中医院后面筑建围墙,并将住院大楼的煤球炉改为蒸汽锅炉。委员王贵淼《关于鼓励和支持私人办学,为普及九年制义务教育而努力》的提案,县教委对求知中学、聋哑学校等私办学校增加资助,制订鼓励私人办学及提倡多种形式办学的具体计划。委员朱德平《关于县香菇市场乱收费问题》的提案,县工商局及时处理,退还多收的款项。

四届二次全会期间,南田联络组全体委员《建议县政府从速采取措施管理市场物价》提案,县政府十分重视,由县政府办牵头组织工商、物价等部门负责人,开展5次全县性的物价大检查活动。县政府还为此专门发出两个文件,对大米、猪肉等主要生活用品实行最高限价,并在财政十分困难的情况下拨出资金用于平抑市场物价。委员王贵淼《建议实行明码标价》提案,县政府召开大峃镇各经营行业组长和3个综合市场负责人会议,专题研究明码标价问题,对城关1120户经营单位逐户进行宣传,分发宣传手册,帮助各商品经营者和收费单位建立明码标价制度。《关于花园桥至十八公里公路柏油路面质量问题》提案,经有关部门检查确实存在不少问题,责令原施工队进行全面补修,费用由原来施工队自负。

四届三次全会期间,主席廖梅柳《关于加强学校党组织建设》的提案,县委组织部在贯彻中共十四届四中全会精神中把学校党建工作作为基层党建工作的重点来抓。委员刘敏松《建议县政府确定大峃镇镇容管理工作目标,彻底改变大峃镇脏、乱、差现象》的提案,受到县四套领导班子的重视。委员刘增民《建议关心少儿健康，继续查处危害少儿健康食品饮料》的提案，县卫生局会同有关单位组织20余人对大峃、南田、珊溪、玉壶4个镇的公共场所卫生进行全面检查，予以停业整顿3家、处罚13家，并将检查情况在县电视台上播放宣传。

四届四次全会期间，主席廖梅柳《关于加强精神文明建设，取缔县城街头各种迷信摊子》提案，县公安局立即会同大峃镇派出所进行分析研究，采取措施，取缔迷信摊点6处，收缴迷信道具16件，批评教育5人，基本刹住算命、求签、卜卦等封建迷信活动。周士利委员《关于治理青山白化》提案，切合形势，县政府及时发出《关于在全县集中反对封建迷信，制止非法建造寺观教堂、滥建坟墓的专项治理实施意见》。委员周沛敖《关于从严管理乱占土地良田葬坟及在良田挖土烧砖问题》提案，得到县土地局重视，对全县砖窑进行全面清理，拆除砖窑114座、补办审批手续98座，异地搬迁52座，使500余亩良田得以还耕。

四届五次会议期间，委员周圣忠《建议在县城建造城南、城北客运中心》提案，被县交通局采纳。委员吴长方《建议限制批办人力三轮车》提案，引起县政府重视，研究决定，以后其他任何单位不得擅自批办人力三轮车上路营运。委员吴成中《建议在全县各乡镇禁放烟花爆竹》提案，得到县政府采纳，决定先从八大集镇开始禁放，1—2年后全县铺开。政协农林组《建议依法提供猎具，恢复必要的狩猎队伍，确保山区人民生命财产安全》提案，县政府两次召开专题会议研究，上报省政府，批准朱雅等14个乡镇为省定猎区乡(镇)。

五届一次全会期间，政协南田联络组全体委员《提请解决南田镇移民村电价问题》提案，引起县政府的高度重视，多次召开协调会议进行专题研究，妥善解决南田镇移民村的电价问题。《建议增加对外招商引资前期工作资金投入》提案，得到县委、县政协采纳。《要求落实城镇职工和农村最低生活保障经费》提案，县政府决定将该项经费从1998年的20万元增至1999年的90万元。《建议打击封建迷信活动》《关于禁止电子旅游厅(室)向学生开放》《建议有关部门对社会和在校的中小学生加强交通安全知识宣传教育》等提案，都被有关部门采纳，并采取相应措施，对促进精神文明建设和青少年的身心健康发展起到重要作用。

五届二次全会期间，《关于发展农村经济的八项建议》提案，为提高农业的科技含量，县政府安排122名科技人员与122个农业开发基地结对帮扶，制定扶持农业产业化发展的具体政策措施。《关于规范县城机动车管理，保证少年儿童人身安全》《建议对大峃镇的残疾人专用车加强管理与控制发展》提案，县政府和公安部门积极采取措施，确保交通安全。《关于稻田养鱼作为农田开发项目》提案，建议实行沟坑方式稻田养殖，被县水利局采纳，在十源、百丈漈、公阳、大峃等乡镇推广，收到较好的经济效益。

五届三次全会期间，《原撤扩并乡镇政府的办公用房必须加强管理和妥善处置》提案，反映一部分原撤扩并乡镇政府办公用房存在失管和空置现象，县财政局专门成立调查工作小组处理此事，有效地防止国有资产流失。《关于实施"山水乐园"战略措施几点建议》提案，引起县委重视。县委常委会还专门召开专题会议，研究解决旅游发展中的管理体制和投资机制等问题。《关于打击偷窃势力，维护社会稳定》《建议整顿菜市场，关心人民生活》等提案，受到有关部门重视，收到较好的社会效益。

五届四次全会期间，《关于建造金星至十源联网公路》提案，县交通局领导多次向省、市主管部门争取，获准补助资金40万元。《关于规范网吧管理》提案，县公安局召开局长办公会议专题研究，查处无证违规经营行为，使网吧经营秩序明显好转。

五届五次全会期间，委员郑明文等《关于要求落实2000年后新增全民事业单位人员医疗保险财政补助经费》提案，县人事劳动社保局经与财政局协商，决定从2002年1月起对原享受公费医疗的人民医院、中医院、口腔医院和各乡镇中心卫生院中属全民事业编制的人员，由两家单位进行核准，将医疗保险经费的财政负担部分由县财政直接拨入各单位，再由县财政按标准统一征收医疗保险费。政协大峃镇联络组《关于县城路灯问题》提案，规划建设局经与电业局协商，签订县城路灯管理协议，明确双方的权利和义务，理顺县城路灯管理体系，使路灯亮灯率达到98%以上。

六届一次全会期间,委员蓝肖峻《建议大力挖掘畲族文化和民族风情,尽快把畲族文化转化为生产力》、赵文峰委员《关于落实生态旅游县工作责任制》、委员赵晓静《关于整治校园周边流动摊点,保证学生健康成长》等提案,引起有关部门的重视,采取相应的措施。《建议组织南田公交公司,拉动农村经济发展》等7件有关交通的提案,县交通局到有关乡镇与政协委员面对面进行协商,了解提案的初衷,共同商讨解决办法。

六届二次全会期间,对《关于加快催收"五项资金",减少资金流失》《关于文成县扶助残疾人若干意见》等重点提案,直接提请县政府办理,收到较好效果。《关于应对抛荒田采取强有力措施,制定优惠政策鼓励农民尽快恢复生产》等有关农业生产的提案,得到县委、县政府的重视和采纳。

六届三次全会期间,《生态旅游与环境保护》《提高村级班子妇女比例》《特色农产品加工》《学前教育发展》等重点提案,在促进"生态旅游县"建设中起到积极作用。

六届四次全会期间,《关于扶持地震灾区(珊溪)经济发展的几点建议》提案,事关地震灾区人心稳定。县政府为此专门召开工商、税务、财政等部门负责人参加的协调会,商议出台对珊溪企业和个体户税收和工商管理费优惠政策,为安抚民心、稳定震后灾区社会经济秩序发挥积极作用。

七届一次会议期间,《关于宏观调控县城房地产市场的提案》,符合民意,县政府结合实际,出台《文成县房地产交易秩序专项整治工作实施方案》,及时查处和打击房地产交易过程中扰乱市场秩序行为,促进房地产交易不断规范。加大对经济适用房的建设力度,在完成凤溪花园职工住宅楼的基础上,启动龙川花园经济适用房1万平方米建设项目,并继续在龙川乡花园开工建设经济适用房6万平方米。关于对红枫古道保护和开发的提案,引起县委、县政府的重视,经县委宣传部、县旅游局等部门和新闻媒体的大力宣传,红枫古道旅游格外红火,有效促进文成旅游事业发展。

七届二次会议期间,县委、县政府出台《文成县县域总体规划》《文成县扶持油茶产业发展实施办法》《关于县领导联系异地文成商会工作的通知》《关于创建旅游经济强县的意见》《文成生态功能区规划》《文成县产业发展规划》《文成县扶持茶叶产业化开发暂行办法》《文成县村道公路养护与管理办法(试行)》《关于开展文成县"县树"征集评选活动的通知》《关于加强避灾安置场所管理的若干规定》《文成县优待老年人规定》《关于开展窗口行业单位规范化服务专项督查的通知》《关于进一步加强农村文化建设的实施意见》《关于促进民办教育发展的若干意见》,都有政协提案的意见建议内容。

七届三次会议期间,如《文成县农房抵押登记工作实施方案》《文成县新型农村合作医疗报销规范》《关于进一步扶持工业发展的若干意见》《文成县人民政府关于对种粮农民直接补贴的实施方案》等文件,都采纳和吸收政协委员提案的意见建议。《解决学校土地历史遗留问题》的提案,国土、房管部门给予解决和落实,全县15所中小学22宗地已办理"两证"。

图22-2 县政协提案委调研提案办理实效(县政协提供 2007年摄)

七届四次会议期间,县委、县政府制定《关于推进农业转型升级加快现代农业发展的实施意见》《促进第三产业发展的若干意见》《关于加快农村住房改造建设的若干意见(试行)》《县城一级控制中心区危房改造管理暂行规定》《文成县2010年生活垃圾处理工作实施方案(试行)》等政策文件中吸纳政协委员提案内容。《规划建设文成县仓储物流中心》《开发建设县城闲置地块》《加快旧城改造》《优化卫生资源配置》等一批提案所提建议,在编制县“十二五”规划时被采纳。

七届五次会议期间，如《关于进一步放宽华侨回国定居、落实户口有关规定的建议》的提案，县公安局积极向省市公安出入境部门反映呼声，得到上级部门的采纳，华侨申请回国的受理时限，从原来的3个月缩短为70天。根据《浙江省公安厅关于出国人员所生子女落户问题的通知》等有关规定，县公安局结合县境侨情，于2011年4月15日专门下发《关于进一步规范办理涉侨户口事项的通知》，为华侨子女在国内生活、学习提供方便。

优秀提案

评选活动始于2000年，当年，张晓曙的《发展文成工业的几点建议》、刘爱菊的《文成中学异地迁建》、李军的《解决“执行难”问题的建议》等9件提案被评为优秀提案。尔后，每年评选一次，并在县政协全体会议上进行表彰。至2011年，评选、表彰优秀提案105件。

第五节　文史编研

1991—2011年，编辑出版《文成文史资料》18辑，计470篇、200余万字。

征集整理编辑

《文成文史资料》创刊于1984年12月，由县政协主办。县政协学习文史委具体负责文史资料的征集、整理、编辑工作，每年出1辑，印1000册，赠送给县内有关单位、政协委员、旅外文成乡贤及部分县市交流等。《文成文史资料》突出介绍中华人民共和国成立前及成立之初文成军事、政治、经济、地理、文教、科技、侨台、社会民俗、名胜古迹、历史人物及历史事件等方面情况。每辑内容各有侧重，除登载有关台港澳侨人士、地方文化研究、民俗民风等方面的文章外，还配合县内重要活动开设专栏。《文成文史资料》在海内外交流影响面不断扩大。

文史资料刊行

1991—2011年，《文成文史资料》刊行18期。

1991—2011《文成文史资料》刊行情况一览表

表22-6

第辑	年月出版	篇	字数(万)	内　容
7	1991.11	31	6.9	政治、文化、教育、卫生、体育、名胜古迹、人物
8	1992.12	28	6.2	文化、教育、工商、军事、民族风情、名胜、建筑
9	1994.11	28	8	文化、教育、军事、文物、人物传记
10	1996	30	8.3	文化、军事、习俗、诗词、人物
11	1997.12	41	15.6	这是一本记载文成县科技、教育工作者科研成果和创业之路的专辑，曾在省级以上学术刊物、杂志公开发表或获奖的优秀论文，其中《普、职两教“V”型教育》《语文教育与美育》《思想品德课教学正视社会现实的实践探索》《论平板式汽罩包装机行程可调问题》，分别获全国科技成果和科研论文一、二、三等奖
12	1999.12	40	13	纪念人民政协成立五十周年的专辑，以县委书记高育斤、县政协主席徐世征在庆祝人民政协成立五十周年联欢晚会上的讲话为序，徐世征题写了书名。全辑刊出政协盛事、委员风采、政协活动、提案效应、回顾政协、政协理论、委员诗赞7个部分

续表22-6

第辑	年月出版	篇	字数(万)	内　容
13	2000.1	25	7.5	文化教育、困难时期、革命史料、琐忆、说古、华侨小传6个部分
14	2001.2	29	12	文化名人、古诗文、革命史料
15	2002.2	34	12	人物、文物、古迹、革命史料
16	2003.2	28	12	乡贤名人、地方文献、县治沿革、革命史料
17	2004.1	34	12	地方名人、地方文献、名胜古迹、革命史料
18	2005.1	34	12	乡贤名人、地方文献、革命史料
19	2006.1	32	12	革命史料、乡贤名人、地方文献及南田文化人刘耀东的日记辑录
20	2007.1	15	12	乡贤名人、地方文献、革命史料、民情风俗、风景旅游大事记和南田文化人刘耀东的日记辑录
21	2008.1		15	该辑重刊刘耀东编纂的《南田山志》,是全县最早的地方乡土志,也是一部有着丰富史料价值和重要现实价值的著作
22	2009.1	23	14	革命史料、地方文献、乡贤名人、民情风俗、古诗文
23	2010.1		9	该辑重版刘基长孙刘廌的著作《盘谷集》
24	2011.1		16	该辑编辑《文成县对联集成》,还收录革命史料、乡贤名人等方面文章

说明:资料由县政协文史委提供

书画院组建

2009年10月23日,召开县政协书画院成立大会暨首届一次会议,选举产生书画院领导成员和理事会。首届书画院领导成员由名誉院长1人、顾问6人、院长1人、副院长3人、秘书长1人、副秘书长4人组成。理事会由理事16人组成。会员38人。

2010年12月23日,举行政协书画院首届二次会议,免去副院长1人,增补副院长1人、副秘书长1人。

2009—2011年文成县政协书画院理事会成员名录一览表

表22-7

职　务	姓　名	备　注
名誉院长	刘建忠	—
顾　问	徐世征　夏克梁　刘显佑　施昌秀　王素柳(女)　梅尚白	—
院　长	余云初	—
副院长	陈挺巧　钟雪华(畲、女)①　王国侧　张丽俊(女)②	① 2010年12月止 ② 2010年12月起
秘书长	陈挺巧	—
副秘书长	赵翁钦　李　武　李向阳　邓世标　雷武(畲)①	① 2010年12月起
理事会成员	王国侧　叶文华　叶茂告　余　锋　余云初	① 2010年12月起 ② 2010年12月起
	李　武　李向阳　李德岳　陈丕欢　陈挺巧	
	胡晓丽　赵东勇　赵翁钦　钟雪华(畲、女)　徐　铭	
	雷忠义(畲)　张丽俊(女)①　雷武(畲)②	

说明:资料由县政协书画院提供

第二十三卷

社会团体

1991—2011年，县总工会、共青团、妇联、科协、侨联、工商联、文联、残联等社会团体，发挥党联系群众的桥梁和纽带作用。履行围绕党在各个时期的中心任务，服务大局，维护群众利益，联系文成实际，根据各自特点、优势，探索开展各具特色的各项活动。为参与了中国特色的社会主义现代化建设，推进文成县两个文明建设做出应有贡献。

第一章　县总工会

县文成县总工会围绕大局、服务中心，动员与组织全县职工参与改革，开展劳动竞赛，发挥主人翁作用。1991—2011年，各级工会建立调解委员会103个，受理劳动纠纷案件79件，调解成功42件，参加劳动仲裁36次。组织推行民主管理厂(企)务公开制度，全县93个单位建立职工代表大会(简称“职代会”)制度。185个单位召开1241次职代会，提出提案3133件，提交职代会审议通过1457件。全县实行厂(企)务公开的单位有56家，其中国有企业41家、非公企业8家。组织职工参与建功立业竞赛与提合理化建议，265个基层工会开展各项劳动竞赛；93个单位、1858人提出合理化建议2321件，被采纳1375件，实施1215件。

第一节　机构与代表大会

1991—2011年，县总工会召开3次代表大会，选举产生五至七届工会委员会。全县有基层工会125个；至2011年年底，基层工会有265个。

内设机构

1995年，县总工会始设办公室、基层工作部。直属单位(事业)有县工人文化宫、县职工技术协作办、县职工业余学校。2002年撤销基层工作部，改建权益保障部，增设困难职工帮扶中心(职工维权服务中心)。2011年，内设机构未变。

1991年专职工会干部14人(县教育工会2人)，2011年专职工会干部15人(县教育工会2人)。

基层机构

1991年基层工会125个，全县职工总数7649人、工会会员7479人。1996年，19个单位成立女职工工作委员会，新建工会组织75个，135个基层工会建立经审组织或配置经审委员。全县208个基层工会、会员9545人。

2000年，工会组织逐渐向机关、事业单位和非公有制企业拓展。33个乡镇组建机关工会，其中13个撤扩并乡镇建立工会工作委员会，非公企业建立工会组织26家。

2011年4月底，全县乡镇工会工作委员会10个、基层工会265个(国有、集体企业工会14个，机关、事业单位工会88个，非公有制企业工会153个)；全县职工总数26590人、工会会员26518人(其中女会员6755人)。

代表大会

1995年11月，召开第五次代表大会。应到代表178名，实到169名，特邀代表12名。会议选举产生县总工会第五届委员会委员19名、常委5名，潘志员当选为主席，吴全当、赵斌当选为副主席。1997年5月23日召开县总工会五届四次全会，补选刘金红为主席。1999年2月2日，召开县总工会五届七次全会，补选郑士模为副主席。1999年10月13日，召开县总工会五届八次全会，补选叶方贵为主席。2002年3月7日，召开县总工会五届十三次全会，补选李小玲为副主席。

2002年4月,召开第六次代表大会。应到代表198名,实到189名,特邀代表25名。会议选举产生县总工会第六届委员会委员21名、常委5名,叶方贵当选为主席,郑士模、李小玲当选为副主席。2003年7月22日,召开县总工会六届三次全体会议,补选副主席1人。

2007年8月,召开第七次代表大会,应到代表200名,实到187名,特邀代表48名。会议选举产生县总工会第七届委员会委员21名、常委5名,叶方贵当选为主席,程宏远、李小玲当选为副主席。2008年6月11日,召开县总工会七届四次全会,补选刘建华为主席。

图23-1　文成县工会第七次代表大会(县总工会提供 2007年摄)

2011年5月12日,召开县总工会七届八次全会,补选副主席1人。

第二节　维权与推行企业改革

1991—2011年,县总工会接待来访职工753人,处理来信92件。各基层工会建立调解委员会103个,受理劳动纠纷案件79件,其中调解案件50件,占案件总数的63.29%;调解成功42件,参加劳动仲裁36次,占案件总数的45.56%;为劳动者挽回经济损失150万元。健全劳动保护制度,全县67家企业、职工12115人,签订劳动集体合同、用工合同、工资集体协议,占应签的97%,规模以上企业签订率100%。1991—2011年,全县93个单位建立"职代会"制度。185个单位召开职代会1241次,提出提案3133件,提交职代会审议通过1457件,实施1375件。17个单位职代会实行民主评议领导干部。实行厂(企)务公开的单位56家,实现工人当家做主、参政议政的民主权利。

维　权

1991年,县总工会会同县计经委等相关部门,审议8个企业承包的重大政策和改革方案。1994年10月,与县劳动人事局联合开展《中华人民共和国劳动法》咨询活动,分发2000余份宣传资料,接待38人有关劳动合同、劳动工资、劳动工时咨询。同年,接待职工集体(个人)上访事件4起,做到尽量不扩大事态,维护职工利益、集体利益、国家利益相统一。

1995年,联合县人事劳动社会保障局进行新颁布实施劳动法的宣传、贯彻、落实工作。并配合县人大常委会法工委开展劳动法等法规的执法检查;组织指导32家企事业单位工会就劳动报酬、工作时间、休息休假、劳动安全卫生、保险福利等进行平等协商,签订集体合同。

1997年新旧体制转换,部分企业停工停产等原因,在职职工因拿不到工资和退休职工拿不到退休金而上访的事件常有发生。仅县机械厂、印刷厂等企业职工就上访43人次、来信8件。通过及时与有关部门沟通,会同相关部门协商解决问题。

1998年,接待县帝师集团公司、珊溪电瓷厂等单位职工涉及工资争议等问题集体上访83人次、来信13件。接访干部做好记录,并依法解释,化解矛盾,解决问题。1999年,接待原县机械厂、石垟林场等单位职工上访45人次、来信3件。相关问题协同有关部门妥善解决。

2000年，接待原第二机械厂、石垟林场、粮食局、供销总社、长运公司等单位涉及单位招工、社会保障、企业职工安置等问题来访31人次，集体上访3次、来信15件。对合理诉求的22件提交县政府决策，对不合理诉求的8件，给予回复解释，相关问题基本得到解决。

2001—2002年，接待原第二机械厂、县城鞋厂、二轻总公司等职工来访57人次、来信11件。2003年，原县铁合金厂雷德宽等49人到省总工会上访，要求解决破产后三保险（生活、养老、医疗）的请求。省总工会批复按有关政策给予来信来访人解答，并酌情处理。县总工会受命协同劳动部门对符合政策规定的给予合理解决。

2004年，建立县处理信访突出问题及群体性事件联席会议制度，妥善处置群体性事件。会同县劳动部门、人民医院、电信局等单位，在3·15维权日印发5000余份《中华人民共和国工会法》《中华人民共和国劳动法》宣传资料，进行宣传、义诊活动。2005年，配合县劳动部门到企业做好劳动用工合同、集体合同、工资集体协议的签订工作。2006年，会同劳动部门受理劳动争议案7件，涉及理赔资金35.7万元（其中追回欠薪1万元、伤赔34.7万元），维护职工和工伤职工的合法权益。

2007年，制定《文成县协调劳动关系第三方会议制度》《办公室工作规则》；建立县创建劳动关系和谐企事业活动领导小组。成立县总工会女职委成立女职工法律顾问团，会同县妇联开展预防和制止家庭暴力宣传咨询活动。

2009年，组织浙江名泰钢铁有限公司、南翔电工有限公司、温州珊溪水泥制品有限公司等非公企业参加温州市三方协调组织举行的“共同约定书”签字仪式。同年春节期间，发现欠薪逃匿企业一家，涉及职工54名，拖欠农民工工资16万元，向县有关领导汇报后，县政府采取多项措施，平息该次风波。

2010年8月，开庭仲裁“浙江兴达阀门制造有限公司”与员工的工资争议案，员工胜诉，获工资、加班费等3912元。2011年，会同县人事劳动社会保障局、经信局，受理劳动争议案件8件，参与工伤事故调处3次。其中，调解4件、裁决2件，不予受埋1件，双方当事人合法权益得到维护。

关爱民工

县总工会成立以来，开展“关爱民工、和馨行动”。20年间，会同县领导、相关部门慰问春节前夕坚守岗位的外来务工人员980人，5次安排外来务工人员在酒店吃年夜饭。县领导与有关部门在高温炎热的天气里，21次到企业生产第一线送去防暑药品、草帽、矿泉水、毛巾等物品。13家企业结对帮扶13名困难女农民工，为她们送上慰问金13万元。

2010年始，设立帮扶中心服务窗口。组织民工403人，到医院或现场免费体验3次，受检181人次；全县参加职工互助保险单位15个，参保人数910名，保险总额70万元。

民主管理

1992年开始推行民主管理工作。至1996年，48个基层单位推行“职代会”制度，召开203次职代会，提出提案573件，实施308件；提交职代会审议通过157件。1999年，37个基层工会通过职代会进行民主评议企业领导干部，县电信局的民主评议面普及到中层干部。

2000年，县邮政局等67个基层单位，召开96次职代会，审议通过各种决议、制度143个，收集各种提案247件，并进行逐件研究、落实办理。县电业局等55个基层工会通过职代会的形式，民主评议企业领导干部，领导班子成员评议率达90%。2004年，全县175个企事业单位坚持以职（教）代会为基本形式，加强职工的民主管理、民主监督，履行职代会民主管理职能，保障职工的民主权利。

2006年，县电业局推行职工代表巡视制度，该做法获温州市总工会工作创新奖。2008年首次召开非公企业民主管理座谈会,邀请12家非公企业主就创办和谐企业、稳定职工队伍等内容进行探讨。

2010—2011年,县供电局、烟草专卖局、电信公司等国有企业和浙江金飞车辆配件制造有限公司、浙江百强汽车部件有限公司等30家规模以上非公企业均落实职代会制度。企业的重大决策,职工的切身利益问题均由每年召开的职代会审议通过。

厂(企)务公开

2000年,县委、县政府召开有100余人参加的“推行厂(企)务公开制度动员大会”,并在县长运公司等4家企业开展试点工作。县教育、林业、供销系统成立校务、场务、企务公开领导小组,18个企业和15个学校列入首批建立企、校务公开制度单位。2001年,37家国有和集体企业、1家国有控股企业、70家事业单位,全面推行厂(企)务公开制度,推行率100%。12月,对38家企事业单位的厂(企)务公开工作进行检查考核,合格率95%,县长运公司被评为市级推行厂(企)务公开工作先进单位。

2002年,厂(企)务公开工作逐步走向规范化。48家国有和集体企业,3家国有控股企业,87家事业单位全面推行厂(企)务公开制度,推行率100%。医药公司、长运公司等6家企业被评为先进单位。2003年,厂务公开制度向非公企业延伸,万喜精密铸造有限公司等5家非公企业进行试点工作。2006年,全面推行厂(企)务公开工作,加强企事业单位的民主管理、民主监督。物资总公司、温州冰洋实业有限公司被评为市级厂(企)务公开先进单位。

2008年,县委、县政府把厂(企)务公开纳入党委工作的议事日程,建立厂(企)务公开领导小组、工作小组、监督小组。下发厂(企)务公开实施方案,做到年初有部署、年中有督查、年终有考核,厂(企)务公开工作得到进一步发展。至12月,全县实行厂(企)务公开的单位有56家,其中国有企业41家;非公企业8家。

第三节　服务与活动

1991年以来,县总工会广泛宣传劳模的先进事迹,定期对劳模进行健康检查及慰问。帮扶253名困难职工子女就学,资助金额47.3万元,开展“主人翁杯”劳动竞赛活动,重大节日组织职工开展各种文体活动。举办各种培训班2395期,接受培训16.23万人次。

劳模管理服务

1994年始,劳模享受荣誉津贴。2007—2008年,加强对劳模服务工作,对全县被评为市级以上劳模的50名职工进行普查建档。至2011年,全县获全国“五一劳动奖章”2人、全国劳模2人、省级劳模6人、省“七五”劳模1人、省“五一劳动奖章”1人、市级劳模40人、市级模范集体14个,县级劳模62人。每年五一国际劳动节期间,均对获得劳模、“五一劳动奖章”等荣誉的个人进行表彰奖励,并对劳模进行健康检查及慰问。

帮　困

至2011年,全县建立特困职工档案285个。利用五一、七一、春节期间对困难职工开展帮困慰问活动,基层工会慰问退休职工3340户、3340人,慰问在职职工1169户、1169人,发慰问金345万元。结对帮扶253名困难职工子女就学,资助金额47.3万元,开展为困难职工子女助学献爱心活动。外地单位或企业到文成结对帮困150户,发放“结对帮困证”30件,慰问困难职工150户、150人,慰问金15万元。

活动与培训

文体活动　1991—2011年，全县各级基层工会举办体育竞赛、声乐大赛、图片展览、文艺晚会、文艺会演、歌舞音乐晚会、歌咏、演讲、征文、环城跑、音乐、钓鱼、拔河、书画比赛及羽毛球、篮球、乒乓球、歌咏、游泳、棋类、趣味游戏、摄影、保龄球等文体活动1425场(次)，参加人员140250人次。

2003年始，全县开展安全生产"安康杯"竞赛。至2011年，258家企事业单位基层工会参与安全生产"安康杯"竞赛活动，参赛职工24074人。

培训　全县各级基层工会举办各种培训班2395期，接受培训16.23万人次。培训内容主要有邓小平理论、"三个代表"重要思想、十二大精神、十五大精神、《中华人民共和国工会法》、《中华人民共和国劳动法》、《中华人民共和国劳动合同法》、《浙江省法律援助条例》、《工会劳动保护和安全生产》、《工会经审和财务工作》、《企业发展战略》、《企业工会工作条例》、《企业法律风险防范及自我法律保护》、工会劳动保护、安全生产、财务知识、消防知识、《怎样当好基层工会主席》及工会业务知识等。组织参加市总工会组织的培训班205人，参加省总工会组织的培训班135人。

高中业余学校　1991年，县总工会创办的文成县成人高中业余学校有专职工作人员1名，兼职教师8名，在校生129名。1996年，专职工作人员不变，增加专职教师1名，兼职教师7名，在校生306名。1997年停办。

第二章　共青团文成县委员会

共青团文成县委员会(简称团县委)围绕县委中心工作,动员组织全县团员青年发挥突击队、主力军作用,在改革开放和现代化建设中建功立业,开展各种活动。1991—2011年,全县共青团组织建有青年俱乐部、团员活动室等活动阵地88个,业余团校20个,建立4个市级青少年基地,举办各种培训会210次,接受培训1.89万人次。举办各类实用技术培训班735期,受训6万余人次;培养省、市、县青年星火带头人231名,创办青年效益农业基地118个。55个集体获青年文明号称号,其中省级2个、市级33个、县级20个。实施村村都有好青年人才发展计划,评选出好青年295名。组建青年突击队273支,成立"青年志愿者服务总队"开展志愿服务。"希望工程"筹资362万元,兴建希望小学17所,捐建希望图书库53个。20年间,资助各类学生7333名,其中大学生615名、中学生1985名、小学生4677名,资助款861.39万元,其中上级划拨676.70万元、本级筹资184.69万元。全县建有少先队学校46个,大队46个、中队510个、小队1659个,有队员16778人、辅导员556人。10个乡镇和56个社区成立乡镇(社区)少工委。

第一节　机构与代表大会

1991—2011年,团县委召开5次团员代表大会。至2011年,团县委有基层团工委3个、基层团委33个、团总支22个、团支部422个、团员26801人。

机　构

内设机构　1991年,内设办公室、基层工作部(组宣部),核定行政编制5名。2011年,内设机构和人员未变。

基层团委　1991年,基层团委48个、专职团干部47人、团总支12个、团支部802个、团员18678人。2009年,乡镇团委书记按副科级配备,机关、企事业单位、学校的团委书记按单位中层正职条件配备。2010年,配齐384个行政村团支部书记,其中75名大学生村干部兼任村团支部书记,6个社区通过直选统一换届。20年间,全县各级团组织发展团员43940人,1925名团员吸收为中共党员。

1995年,开始在"两新"(新经济组织和新社会组织)组织中建立团组织。至2011年,"两新"组织建立团支部66个,其中规模以上非公企业17个,新社会组织23个。巨屿镇工业园区成立县第一家外来青年团总支,在杭州成立温州市第一个文成县驻外团工委。

县青年联合会　1996年9月,成立以共青团为核心力量的各青年团体联合组织—文成县青年联合会。97名来自全县各族各界青联委员出席第一届委员会第一次全会。大会听取团县委常委、青联筹备组副组长陈永光作题为《解放思想、锐意进取,为文成的明天贡献青春和力量》报告。大会采用无记名投票方式选举产生首届青联常委会,王碧琰等31人当选为常委,林霄当选县首届青联主席,金宪树、陈永光、王晓敏、赵丹岗等4人当选为副主席,林绍银为秘书长。

代表大会

第八次团员代表大会　1991年9月，共青团文成县第八次代表大会在县府礼堂召开。该年全县团员18678名，215名代表出席大会。大会审议并通过吴育民代表共青团文成县第七届委员会所作的前五年工作报告，选举产生共青团文成县第八届委员会常委7人、委员22人，吴育民当选为书记，林乐融当选为副书记。1993年6月，补选林乐融为书记、刘金红为副书记。1994年12月，补选刘金红为书记、林霄为副书记。

第九次团员代表大会　1995年4月，共青团文成县第九次代表大会在县府礼堂召开。该年全县团员19784名，220名代表出席大会。大会审议并通过刘金红代表共青团文成县第八届委员会所作的《创一番功业，育一代新人，带领团员青年在文成的发展中肩负跨世纪的使命》的工作报告，选举产生共青团文成县第九届委员会常委7人、委员22人、候补委员4人，刘金红当选为书记、林霄为副书记。1997年5月补选林霄为书记，1997年7月补选陈永格为副书记，1998年5月补选董旭斌为副书记。

第十次团员代表大会　1998年6月，共青团文成县第十次代表大会在县府礼堂召开。该年全县团员20365名，230名代表出席大会。大会审议并通过陈永格代表共青团文成县第九届委员会所作的《高举旗帜，开拓进取，团结带领全县团员青年为实现文成跨世纪发展的宏伟目标而努力奋斗》的工作报告，选举产生共青团文成县第十届委员会常委9人、委员25人、候补委员9人。陈永格当选为书记、董旭斌为副书记。2001年1月，补选董学德为副书记。2002年2月，补选董学德为书记，周琦峰为副书记。

第十一次团员代表大会　2002年4月，共青团文成县第十一次代表大会在县府礼堂召开。该年全县团员21616名，197名代表出席大会。大会审议并通过董学德代表共青团文成县第十届委员会所作的《高举邓小平理论伟大旗帜，努力实践“三个代表”重要思想，团结带领全县青年为实现“山水乐园”战略目标贡献青春和力量》的工作报告，选举产生共青团文成县第十一届委员会常委9人、委员25人、候补委员9人。董学德当选为书记、周琦峰为副书记。2005年12月，补选周琦峰为书记、刘丽丹为副书记。

图23-2　共青团文成县第十二次代表大会(团县委提供 2007年摄)

第十二次团员代表大会 2007年4月，共青团文成县第十二次代表大会在县府礼堂召开。该年全县团员22213名，212名代表出席大会。大会审议并通过周琦峰代表共青团文成县第十一届委员会所作的《重创新、谋发展、促和谐，引领团员青年为建设“三个文成”实现共同跨越贡献青春和智慧》的工作报告，选举产生共青团文成县第十二届委员会常委9人、委员28人、候补委员7人，其中周琦峰当选为书记、刘丽丹为副书记。2008年5月补选周洁为书记，2010年9月补选周智华为副书记。

第二节 服务社会经济发展

1991—2010年，团县委加强对农村青年实用技术及订单式技能培训。举办各类培训班735期，受训6万余人次；培养省、市、县青年星火带头人231名，创办青年效益农业基地118个，初步形成“农户+基地+公司+市场”的良好格局。55个集体获青年文明号称号，组织组建青年突击队273支。

就业创业

1991年，发动团员青年3.5万人投入青年绿化工程建设，植树2450亩，营建青年绿化工程6个，青年绿化基地15个。发挥青年突击队的作用，投身农田水利基本建设等工作，办实事4500余件。

1992—1996年，全县273支青年突击队、2400名青少年参加春季植树造林75万株，建青年绿化工程101个，建成里阳、牛头寨、马坳头绿化基地3个。

1999年，创建农村青年科技图书馆(室)8个，青年星火基地9个，涌现出全国青年星火带头人1名、省级青年星火带头人 2 名。2000年，创办青年效益农业基地31个，形成“农户+基地+公司+市场”良好格局，青年星火带头人在农村脱贫致富中的“领头羊”作用日益得到发挥。

2001年，创办青年效益农业基地45个，其中规模较大的有全国青年星火带头人金玉堂创办的仙果园艺场，种植柑橘、杨梅、板栗等水果1100余亩，省农村青年星火带头人朱进洪创办的银星综合场，年收入达30余万元。

2002年，培养1名省级科技星火带头人和45名县级农村青年星火带头人。创办青年效益农业基地33个，省农村青年星火带头人朱进洪，让利10万元，带动全县青年发展3000亩太子参基地。2003年，省首届十杰农村青年邢慧芳创办的天蓬养猪场年饲养生猪达1万余头。

2005年，全省农村青年转移就业推介会，县荣光集团、庄吉集团等企业签订500份用工协议。2008年，建立低收入农户青少年详细档案。全县28周岁以下青少年中需助困的5902人、需助学的2149人、需助医的515人、需助业的8859人。此项工作被团省委授予2008年度低收入农户青少年关爱行动数据库建设优胜单位。

2009年，县农办、信用社联合开展农村青年创业小额贷款，三年申请小额贷款185人，贷款金额860万元。以县共青团网站为依托设立大学生就业创业服务中心。做好青年就业创业见习基地建设，设立见习岗位100余个，190余名青年参加见习，30名被相关单位录用。

2010年，建立青年创业导师团，聘请28位创业导师。建立见习基地11个，提供见习岗位100个，参加见习活动90余人。全年申请小额贷款36人，贷款金额195万元。

2011年，新建县级青年就业创业见习基地2家、申报市级青年就业创业见习基地2家。帮助83名青年申请到创业小额贷款417万元；开展县首届农村青年创业创新项目竞赛，评选出一、二、三等奖10名；推报9个项目参加全市青年创业大赛，一人晋级决赛。

大学生社会实践

1992—1996年，组织大中专学生开展暑期社会实践活动。5年间，来自温州农校等20余所大中专院校近1000余名志愿者，设立实践点50余个，服务对象达1.5万人次。1995年，县教委、团县委与温师院在杭就大学生志愿扫盲和科技文化服务活动举行结对签字仪式。

1998—1999年，配合大中专学生开展文化、科技、卫生“三下乡”活动，百丈漈镇团委获市级社会实践工作组织奖、玉壶镇获市级组织奖。

2000年暑假期间，团县委组织100余名大中专学生深入南田、西坑等地，开展形式多样的社会实践活动。2001年暑期，组织大中专学生开展“爱心助教”“农技培训”“旅游服务”“卫生义诊”等社会实践活动，团县委获市级暑期社会实践“三下乡”活动组织奖。

2003年7月，配合做好温州师范学院等8所高校师生到文成暑期社会实践活动。2006年，组织23支暑期社会实践队伍，开展环保宣传、农民信箱指导、文化科技下乡、畲乡和侨乡调研等活动。2007年，参加暑期社会实践活动的大中专学生队伍达100余支、3200余名。

2008年，10支大中专学生志愿者队伍到文成分别就“生态旅游”“关爱留守儿童”“春泥计划”“维权工作”“改革开放看浙江”等课题，开展社会实践调查。2009—2011年，设立“青年就业服务中心”，及时为大学生提供政策信息，组织暑期社会实践大学生，到各乡镇巡回演出和实践活动。

“双争”创建

1992年，开展争创青年文明岗位、争当行业能手的“双争活动”。全县“双争”参赛岗30个，获市级星级青年文明岗1个、青年文明岗2个、青年行业能手1个、青年岗位能手16人，县级青年岗位能手25人。1993年11月，县工行、建行等20个“窗口”行业统一亮牌参赛。1996年，全县70个单位亮牌参加争创青年文明号、争当青年岗位能手活动。县中医院、电业局等11个单位先后获市级青年文明号，县中行等6个单位获市星级文明号。

1998年，团县委与县人民银行组织开展金融系统创建“青年文明号”活动。同年，县财产保险公司营业部、县工商银行县前街储蓄所获市级“青年文明号”称号。

1999年，县中行储蓄专柜、县人民保险公司营业部获“温州市二星级青年文明号”称号，县邮政局储汇组、旭芳副食品店获“温州市一星级青年文明号”称号。

2000年，组织市级“青年文明号”申报复查工作。国税局办税服务厅等3个窗口单位获市级青年文明号称号。

2001年，4个单位的窗口申报市级青年文明。县移动公司、电信局营业组、县农行等3个窗口单位获市级青年文明号称号。

2003年，全县的开放性服务窗口统一开展青年文明号、青年岗位能手活动。县会计核算中心等5家单位获市级青年文明号，县移动公司营业部获省级青年文明号，4人被授予市级青年岗位能手称号。

2005年，围绕创建“省级文明县城”目标，将创建“青年文明号”作为创建文明行业的有效载体。文成移动分公司参与争创省级青年文明号；县中医院、县信用联社等19家单位参与争创市级青年文明号。

2007年，丰富创建内涵，提高创建质量。建成“青年文明号”33家，其中省级1家、市级25家，涌现出县级以上青年岗位能手25名。2009年，新增省级青年文明号1家、市级青年文明号4家、县级青年文明号7家。2010年，新申报创建县级11家、市级7家。

2011年，组织青年文明号单位开展“青年文明号在行动”等志愿服务活动。组织县第五届十大杰出青年评选。陈苏雯获市级青年岗位能手，消防大队青年突击队、供电所海霞电力青年突击队获市优秀青年突击队称号。全县共6家县级青年文明号，申报8家市级青年文明号，1家被列入省级青年文明号参赛单位。

志愿者行动

1995年，成立"青年志愿者服务总队"，开展以"重晚情、送温暖"慰问"三老"、贫困户等活动。1996年，全县有青年志愿者90余支小分队、青少年3200余人次为350户退(离)休干部、孤寡老人、五保户开展送温暖、综合包户活动。

1997年6月，成立青年志愿者民兵应急小分队，开展"雏鹰假日小队""手拉手宣传周"等五大活动。并开展"我为学校捐本书"活动，71个单位和个人捐书款51416.7元，图书近4000册。

1998年1月，200名志愿者参加"重晚情、送温暖"活动，服务对象300余人次。3月组织县中医院、人民医院100余人到县光荣院和贫困乡村开展"送医送药"及免费体检看病活动；大峃镇等10余个团组织近1000人参与卫生文明城镇的创建系列活动。10月，县"98金秋招商引资联谊会"期间，青年志愿者数百人为大会提供礼仪、会务咨询、维护秩序等服务。

1999年3月，组织青年志愿者参加文平公路双桂路段植树。9月，组织县城3000余名青年志愿者开展大规模"清扫卫生、整治环境"行动，迎接中华人民共和国成立50周年。

2000年，建立红领巾等志愿者队伍70余支3000多人，参与创建文明卫生城镇活动。3月，组织县消防大队等11个单位100余名青年志愿者在县府门口开展消防宣传，共发放宣传资料4100余份，接受咨询100余人次。植树节期间，300余名青年志愿者与县四套班子成员一起到峃口乡火烧迹地进行义务植树造林，植树300余亩5000株。3—4月，全县山林火灾频发，10个乡镇团委组织青年志愿者灭火突击队参加扑火救火，涌现出青年扑火勇士、市县优秀团干部蓝双一等先进人物。组织100名科技志愿者与100个贫困村、基地、企业结对，提供科技服务。文二中和人民医院的青年志愿者与敬老院的孤寡老人长期结对挂钩。

2001年，组织青年志愿者3500人深入社区农村，为群众提供各种志愿服务。组织县中医院、县科协等单位志愿者50余人，深入玉壶镇、上林乡等乡镇农村开展送科技、文化、卫生下乡活动。服务人数达300余人，发放科技资料2000余份，送文化图书200余册、光盘50余张。义诊1000余人，赠送价值1500余元的药品。组织口腔医院医疗志愿者与大峃镇8名孤寡老人建立"一对一"结对挂钩。

2002年，建立由100余人组成的"文成县青年活动中心"。

2004年，组织县农业局、中医院、文化局等机关团组织，利用专业特点联合开展"三下乡"活动。会同县教育局、文明办，组织县城4所中学、2400余名学生举办18岁成人仪式和环城大游行活动。

2005年9月，举行"争做文明青年，创建和谐文成"千人签名活动。来自全县各行业的3000余名青年志愿者参加此次活动。

2006年，抗击"桑美"台风期间，众多青年志愿者奋战在抗洪抢险救灾第一线。

2007年，完善青年志愿者注册制度，根据志愿者服务内容分别建立起相应的人才库。县人民医院、疾病防控中心等医疗机构青年志愿者组成医疗队，到偏远山区乡镇，开展现场义诊服务。

2008年，开展以"人人争做志愿者，人人关爱志愿者"为主题的浙江省首个志愿者日统一行动，送医下乡、慰问孤寡老人、关爱残障儿童等志愿活动20余次。

2009年，成立禁毒志愿者大队和八大镇禁毒志愿者中队，招募300名禁毒志愿者，开展八次禁毒志愿者活动。为全民健身日万人健身跑、"万种枫情节"登山比赛等全县性重大活动作志愿服务。

2010年，建立科技、卫生、环保、巾帼、禁毒、消防等70支注册登记的志愿者队伍，共计4381人。

2011年6月，开通“文成志愿者网站”。大峃镇6个社区开展禁毒宣传，10个乡镇分别组织禁毒活动10余次。组织70名志愿者参与刘基诞辰700周年纪念活动的后勤服务。县大学生联合会被评为市志愿服务优秀集体，包学冠、程明明被评为市优秀志愿者，赵洁被评为市志愿服务先进工作者。

保护母亲河

2002年始，团县委组织开展保护母亲河活动，引导青少年养成保护生态环境习惯，保护泗溪、凤溪、飞云湖，为母亲河捐款、植绿护绿。2006年，成立保护母亲河绿色护卫队，创建保护母亲河“号”“站”活动。

2007年，创建市级保护母亲河号7个、生态监护站4个、生态体验园2个、青少年绿色家园2个，省级保护母亲河号1个、生态监护站1个。2008年，巨屿中学等2家单位分获市级“保护母亲河号”和“保护母亲河号生态监护站”称号，珊溪中学等3家单位被评为省级“优秀保护母亲河号”和“保护母亲河号生态监护站”。

2009年，文成二中、县凤溪河保护母亲河生态监护站，分别获省级优秀达标“保护母亲河号”和“保护母亲河号生态监护站”。2011年5—10月，开展县级保护母亲河资助项目评比暨青少年环保社团评比活动，建成百丈漈花木基地等青少年绿色生态家园4家。

第三节　服务青少年健康成长

1991年以来，县团委开展实施“未成年人保护行动”，做好对不良行为未成年人的教育、矫治和挽救工作。举办青少年公民道德现场书法比赛、青少年法制座谈会、讨论会、“知心姐姐”心理教育讲座，设立心理咨询室，强化青少年的法制观念，增强青少年的法制意识；组织多次大型“平安自护促成长、少先队员齐争章”活动。筹资362万元，兴建希望小学17所、捐建希望图书库53个，资助各类学生7333名。

宣传教育

1992—1996年，分别开展“学雷锋、树新风”“十八岁公民成人仪式”“爱我中华爱我文成”知识大赛、“当代青年文明形象大讨论”，号召团员青年向因抢救落水儿童牺牲的陈晓伟同学学习。1997年，长江、嫩江发生特大洪灾，发动团员缴纳特别团费1万余元。年内，又为许奎、郑金贤两位病危青少年捐募医疗费16万元。

1999年，开展青工创新创效和“第三届十优少年”评选。林红、王碧琰、王玉兰、胡立春、周月钱5位青年入选温州市“十路人才、百名标兵”。

2000年，县公检法司等部门共同实施青少年维权创建活动，会同县文化局、县教委等单位参与文化市场及游戏机房的整治和学校周边环境的治理。

2001年，筹建青少年法制宣讲团。3月，在文二中等全县10余所学校开展拒绝邪教万人签名、创建文明社区等活动。

2002年5—6月，组织青少年公民道德建设宣讲团，主题讲课3场，印发宣传资料12580份，受教育青少年达4000余人次。

2003年8月，联合县文明办等单位开展“千名青少年文明督查”，并在县实验小学、大峃镇小召开相关动员大会，举行县第二届“少校交警营”仪式，组织开展“大手牵小手”“告别不文明行为”督查。

2005年，开展“感恩父母”和“我的荣辱观”征文比赛。5月，在县体育中心举办由300余名青少年学生参加的学习“八荣八耻”现场毛笔书法、漫画比赛。

2007年,建立代理家长志愿者队伍,全县482名代理家长与留守儿童结对。

2009年,成立县平安志愿者服务大队,开展"两法一条例"宣传进村居、学校6次,发放2000余份宣传资料。

2010年,制定《文成青少年平安行动实施方案》,组织1000余名少先队员参加"平安自护促成长、少先队员齐争章"活动。开展第四届"十佳少先队员""十佳少先队辅导员""少先队事业功臣"评选。

2011年,对全县3.3万名学生进行普查,将父母双方全年外出6个月以上,年龄3～17周岁的未成年人进行统计,建成留守少年儿童数据库。形成1.5万字的留守少年儿童调研报告。开展免费体检、爱暖童心论坛、关爱贺卡义卖等10余项活动,筹集善款10余万元,服务留守儿童2200余名。

爱心助学

1991年,县域被共青团中央确定为"希望工程"实施县。落实团中央援助的100名"希望工程"助学金名额。1992年,建立县希望工程实施领导小组及办公室,正式启动希望工程。

1993年,团县委希望工程实施办公室被评为省希望工程建设先进集体。1996年4月,县第二希望小学由中共中央政治局常委、中央军委原副主席刘华清题写校名。5年来,救助失学和即将失学儿童1902名,为成绩优秀的51名中学生和2名小学生提供特别奖学金。全县希望工程资金105万元。

1997年,救助学生500余名,其中捐资救助西坑、南田等地的100名贫困生;兴建希望书库6个,加强希望工程内部管理。

1998年结对救助失学或即将失学青少年286名,兴建希望书库2个。1999年,全年结对救助贫困中小学生100余名,结对助学3092名,资助特困大中专学生13名,4名特困生被温州市"高中希望班"录取。

2000年,县委书记高育厅等主要领导多次向希望工程捐资,与贫困学生结对助学;县委组织部19名干部每人结对资助1～2名贫困学生。企业、个体户,捐资助学结对救助贫困学生1906名,18名受资助学生考上大中专院校。通过网上结对资助特困大中专学生资金达50余万元。

2001年,结对贫困生1000余人次。2002年,县四套领导班子成员每人结对2名贫困生,全县副科(局)级以上领导干部每人结对1名贫困生,全年完成"千名特困生扶贫结对助学计划"。

2003年,全县结对贫困生402名,为22名贫困大学生解决就学难的问题,选送16名希望高中生免费进入市、县各中学就读。

2005年,实施"与千名贫困生扶贫结对"工程,1103名学生得到社会各界的资助。其中结对的238名学生,首期结对金额达31万元。温州永强机场员工结对46名中小学生,温州市紧固件行业协会会员结对30名贫困生,县四套班子领导分别结对1～3名贫困生。同时向省、市争取助学名额和政策倾斜,受助大学生46名,资助金额16万元。

2006年,为10所希望小学捐赠图书、购置乐器、电脑等价值8万余元的教学用具和设备。动员团员青年为受灾学生捐款捐物20余万元。2007年,资助贫困生519名,资助款达42.3万元。筹资50余万元援建2所希望小学,为10所希望小学捐赠希望图书。

2008年,结对600余名贫困生,发放各类助学金28万元。2009年,结对765名学生,结对金额50余万元。2011年,开展希望工程20周年纪念系列活动。进行希望工程故事征集、人物寻访、希望之星评选,表彰温州机场团委等27个单位和先进个人。全年救助贫困学生1627人次,落实帮扶资金70余万元。

20年间,资助各类学生7333名,其中大学生615名、中学生1985名、小学生4677名,资助款861.394万元,其中上级划拨676.704万元,本级筹资184.69万元。

希望小学

1992年12月8日下午，浙江省第一所希望小学“岭后乡希望小学”落成典礼在岭后乡举行。岭后乡希望小学总投资40万元，建筑面积1210平方米，分教学楼和综合楼两幢，设有9个教室，可以招收本乡以及附近林场240名学龄儿童入学，为当年全县最好的乡校。

图23-3　浙江省第一座希望小学岭后希望小学奠基仪式（共青团文成县委提供 1992年摄）

1992—2010年，先后建成樟台东升希望小学、平和希望小学、朱雅方慧新希望小学、桂山希望小学、云湖乡共青团希望小学等希望小学17所。捐建希望图书库53个。

2011年，桂山乡希望小学获浙江省希望工程20年模范希望小学称号；周智华、包绍宗被评为浙江省希望工程20年杰出建设者，朱鑫被评为浙江省希望工程20年希望之星；陈珊珊被评为省级优秀团员、许珍锋被评为省级优秀团干部。

第四节　阵地建设与教育培训

1991年在稽垟乡建立全县第一个乡级团校后，全县建有青年俱乐部、团员活动室等活动阵地88个，业余团校20个。1991—2011年，举办各种培训会210次，接受培训1.89万人次。全县各级团组织以“五四”“七一”“国庆”等节日，开展多种寓教于乐的文体活动。

阵地建设

1991年，稽垟乡建立全县第一个乡级团校。至1996年年底，全县建有青年俱乐部、团员活动室等青年活动阵地88个、业余团校20家，有团刊18份、黑板报阵地320处，参加社会实践教育活动4万人次。1998年，全县有各类爱国主义教育基地5个、大中学生社会实践基地10个、青年星火带头示范基地3个。2000年5—7月，在符合建团条件的16家非公企业建立团组织。2002年，建立团支部12个、团总支1个，17个非公企业建立团组织。西坑镇建立全县首个村级联合团支部和学生寝室团支部，成立西坑镇“青年俱乐部”。同年，全县983个团支部、17个团总支、82个基层团委。2003年，新发展4个团支部和1个团总支。2006年以来，建立西坑畲族镇龙麒源风景区青少年生态教育体验园等多个青少年教育基地。2008年，县青少年活动中心举行开工典礼。金星乡青少年科普教育基地被评为首批“温州市青少年教育基地”。2010年，县直机关建立县机关青年工作委员会，由机关团工委成员兼任，全县8家符合条件的单位建立青工委。与教育局联合出台《关于进一步规范文成县教育系统共青团和少先队组织建设的意见》，规范团组织使用名称，理顺团队隶属关系。新建非公企业团支部26家，规模以上非公企业符合建团21家。完成律师事务所建团1家、团属青年组织建团2家，非学历教育培训机构建团。

2011年，新建非公团组织35家。与县委组织部联合出台《文成县乡镇团的组织格局创新工作实施方案》，10个乡镇全部展开并顺利完成团组织格局创新工作。

爱国教育

1991年,团县委举办首届"山花杯"歌曲大奖赛、歌舞晚会、纪念座谈会多项活动。建党70周年时期,组织2万余团员青年参加学雷锋活动,做好事5000余件。

1992—1996年,举办"托运杯"青年歌手比赛,"百电杯"共青团知识竞赛,"爱心杯""中侨杯""诚实杯"卡拉OK大奖赛及庆国庆歌咏大赛、青年趣味运动会、"山花杯"少儿电子琴大奖赛、青年军事野营活动、"五四"青年联欢会。

1997年,团县委举办"庆五四、迎回归"青年联欢晚会;组织第一、第二届县十优青年代表及各界优秀青年代表召开"文成县优秀青年座谈会"。

1998年,举办五四运动79周年纪念大会暨"飞扬的青春"为主题的文艺晚会;各乡镇团委开展以"弘扬五四精神、争做世纪新人"为主题的各类活动。节假日期间,各团组织借助升旗仪式、入团入队仪式等有效手段,开展丰富多彩的爱国主义教育活动。

1999年,县委宣传部等单位联合举办五四运动80周年纪念大会主题晚会、"五四运动与走向新世纪"座谈会、五四运动图片展览等多项活动,开展丰富多彩的爱国主义、集体主义、社会主义教育和"两史一情"教育系列活动。

2000年,"五四"期间,团县委在珊溪水利工程指挥部举办世纪青年大联欢,400余名青年以劳动的歌声和欢乐的舞姿联欢。12月,团县委与县电信局、体育事业发展局等单位联合举办声势浩大的"越千年,跨世纪"环城跑比赛,全县1600余人参加比赛。联合南田镇小、南中、珊中等学校团组织"12·9"第一个成人节期间开展成人宣誓教育,组织文中、县教师进修学校等1500余名青年学生在文成中学操场举行18岁成人宣誓仪式。

2001年,"五四"期间,会同县委宣传部等单位开展文成县第四届"十优青少年"评选,县委办王建君等10位同志被评为县第四届十优青年。

2002年,组织举办建团80周年庆祝大会暨大型文艺会演,县委领导出席会议,并开展"举团旗、知团情、唱团歌、带团徽、干团事"主题活动。

2003年,全县各级团组织积极开展植树护绿、送科技、文化、卫生下乡等形式多样、内容丰富的活动。春节期间,召集县国土局、财税局、环保局等青年团员深入下垟乡、大峃镇老党员、老红军家中慰问,并送上慰问金与慰问品。"五四"期间,排除"非典"影响,举行"气象杯"机关青年棋类大赛。

2004年,利用文成解放55周年这一契机,教育青少年继承和发扬老一辈革命优良传统,陶冶爱国情操。

2005年6月至7月,团县委与县国防教育委员会等单位联合举办首届国防教育暨革命传统教育夏令营活动,文成二中、县实验小学的96名学生参加此次夏令营活动。9月,开展"泰利"台风灾后救助活动,把募捐到的钱转送受灾群众。开展党、团知识竞赛,组织"我为团旗添光彩"征文比赛、"我为文成发展做贡献"演讲比赛,组织团员参加全市增强共青团员意识主题教育活动的各项比赛。

2006年,清明节组织各中小学校及机关单位500余名青年团员祭扫官山背烈士陵园。

2007年,将官山背烈士墓、刘英纪念馆、刘基庙等作为青少年学生的德育基地,组织4000余名青年学生开展教育活动。

2008年,组织"五四"青年月系列活动,全县60余位单身青年参加活动,通过比赛、联谊,增强相互间的认识交流;参与浙闽青年文化月系列活动,选派15名代表到苍南参加"五四"文艺会演,充分展示文成青年的风采。

2009年，分别举行五四运动90周年纪念大会暨“国旗下的青春誓言”等主题活动。以建队60周年为契机，开展“红领巾心向党、祖国发展我成长”主题活动。举行“歌唱祖国歌唱党、快乐童年大家唱”启动仪式。

2010年，组织“我为灾区小朋友捐一元”“情系玉树、抗震救灾”“一对一捐赠大爱心”“奉献爱心、情暖青海”旧衣物捐赠等公益爱心活动，引导青少年从小培养互助互爱意识，增强爱国热情。

2011年，举办文成县第三届青年文化节。组织“红色旋律、青春之声”纪念建党90周年青春红歌大赛，开展第三届“地税杯”青年辩论赛。举办2期“品清茶、读红书、知党恩、跟党走”青年读书沙龙，100余名读书爱好者围绕红书展开交流。与县委宣传部等部门联合举办文成县“邮储之声”十佳朗诵比赛。选派2名县青少年朗诵艺术团成员参加省第六届青少年中华经典诗文诵读比赛，分获小学组、中学组一等奖。

第五节　少年先锋队工作

1991年，全县568所学校设立少先队，有少先队员48358人、少先队辅导员1001人。2011年，全县46所学校设立少先队，有少先队员16778人、少先队辅导员556人；在10个乡镇和56个社区成立乡镇(社区)少工委。有6所学校18个少先队大队获省雏鹰红旗大队称号，4支小队获“全国文明雏鹰假日文明小队”称号。全县获省级优秀少先队辅导员称号2名、市级9名，获市级十佳少先队辅导员4名，获省级少先队事业功臣1名、市级3名，获市级少先队事业贡献奖1名。全县获市级雏鹰奖章队员20名、市级十佳少先队员3名；表彰县级优秀辅导员320名、优秀志愿辅导员50名；县级五色奖章队员142名、雏鹰奖章队员700名。

历届少代会

1950年5月，文成县建立少年儿童队。1953年6月，少年儿童队改名文成县少年先锋队。至1996年，未有召开中国少年先锋队文成县第一次代表大会的记载。1997年召开中国少年先锋队代表大会时，把该次代表大会作为第二次代表大会。

1997年1月，中国少年先锋队文成县第二次代表大会在县城隆重召开。140名少先队员代表和少先队辅导员代表出席大会，县领导和有关部门、单位负责人出席会议。大会选举产生县第二届少工委，委员19人，林霄当选为主任，林建南、孟李芳当选为副主任。

2011年1月，召开县少先队第三次代表大会，通过《勤奋学习，快乐成长，全面发展，为文成宜居宜游生态小康县建设做好全面准备》的工作报告，选举产生第三届少工委员35名。会议通过少工委双主任制度，选举团县委副书记周智华、教育局副局长赵东平为少工委主任。下半年，成立10个乡镇和56个社区“少工委”，建立健全行政区划调整后的组织网络。

1997—2011年文成县少年先锋队代表大会一览表

表23-1

届次	年份	代表数	主要议题	选举结果			少先队员总数
				主任	副主任	委员	
二	1997	140人	听取与审议前期少先队工作报告，选举县少工委。	林霄	2人	19人	48358
三	2011	171人	听取与审议前期少先队工作报告，选举县少工委。	周智华、赵东平	5人	35人	16778

说明：资料由县团委提供

活　动

1991年,3.7万小学生参加“学赖宁,争五色奖章”活动,占小学生总数的93%。评选表彰县级少先队活动组织奖2个,红旗大队7个,优秀中队29个,优秀小队35个,优秀辅导员16名,五色奖章少先队员142名。

1994年,开始实施“雏鹰行动”。1995年10月,各级少先队组织“争章达标”活动,深入推广“雏鹰假日小队”经验,不断活跃少先队工作。

1996年,全县城镇“雏鹰行动”参赛面达80%,农村参赛面达30%,有1.2万余名少先队员参加“雏鹰行动”。县实验小学等6所学校分别获省、市雏鹰大队荣誉称号,4支小队获“全国文明雏鹰假日小队”称号,18个大(中)队被评为省级红旗大(中)队。

1998年1月,全县1万余名少先队员参加“红领巾助残统一行动日”活动。“六一”期间。同年,大峃镇小被命名为市级红领巾示范学校,玉壶镇小、黄坦镇小大队荣获市级雏鹰红旗大队。

1999年,文二中、大峃镇小开展“启明星”科技小发明活动,《远航》等10余件作品在市少代会期间展示风采。同年,大峃镇小大队获市级雏鹰红旗大队,文二中等6所学校获青少年读书教育活动先进学校。

2000年“六一”期间,组织优秀少先队员参加温州市“雏鹰少年大家乐”比赛。2001年5月,组织优秀少先队员参加温州市第二届雏鹰少年大家乐活动。11月,团县委、县教委、县科协在文成二中举办科技节活动,全县3000余名学生参加。团县委牵头,瑞安团市委组织青少年科技能手到珊溪中学“一对一”结对,进行现场观摩与指导。

2002年,组织广大青少年开展形式多样、内容丰富的教育实践活动。全县95%的小学全面开展“新世纪我能行”体验教育,80%的中学实施“曙光计划”。

2003年3月,中小学校开展《中华人民共和国未成年人保护法》宣传,印发宣传资料5000余份,主题讲课3场。2006年,各少先队继续开展“雏鹰争章”技能大赛、“新世纪我能行”体验教育。2007年,成功举办第十五届中小学艺术节、第八届体育节,促进学生德智体美和谐发展。

2008年,以纪念改革开放30周年为主题。以北京举办奥运会为契机,举行“快乐健身,我为奥运加油”为主题的红领巾校园集体舞大赛。

2009年,开展“孝文化进校园”活动,推进未成年人德育建设。召开少先队工作推进会,出台少先队辅导员考核制度,规范少先队工作,提高少先队工作者的积极性。

2011年,开展“红领巾心向党,四好少年我争当”系列活动。组织青少年到白云景园,以农事体验、拓展训练、真人飞行棋、自护知识竞猜、树叶贴画为内容校外实践体验活动。组织为见义勇为好青年夏思敏家属捐款,募集善款79980元。

第三章　县妇女联合会

1991—2011年，县妇女联合会（简称县妇联）围绕县委、县政府工作重点开展工作，带领各级妇女开展“双学双比”竞赛活动。举办实用技术培训班1288期，受训妇女83092人；举办法律知识培训126期，参加培训5190人；接待来信来访1996人，解救被拐卖妇女儿童122人。被评为全国先进集体1个、省级先进集体4个、市级先进集体7个、市级先进个人10人。慰问少年儿童273次，慰问金40.5万元，赠送书籍9万余册；免费体检26289人次。春蕾计划慰问744人，慰问金25.2万元。同年，全县有妇女干部3005人。

第一节　机构与代表大会

1991—2011年，县妇联召开4次妇女代表大会。1992年，下辖各乡镇妇联和村妇代会69个。2011年，下辖乡镇妇联10个、社区妇联56个、村妇联384个。

机构沿革

1991年，县妇联内设办公室、维权部，行政编制5名。2003年，增设县妇女儿童工作委员会办公室，核定事业编制1名。2011年，内设机构与编制未变。

1992年，下辖各乡镇妇联和村妇代会69个。1994年5月，召开县党政机关第一次妇女代表大会，成立第一个妇女委员会（简称“妇委会”），即机关妇委会。2003年，县属单位成立妇委会22个。2011年，全县设立10个乡（镇）妇联、56个社区妇联、390个村（居）妇代会、27个县直妇委会。有县、乡（镇）专职妇女干部16人，其中县妇联6人、乡（镇）妇联10人，有村妇代会主任384人、县直妇委会兼职干部27人。

代表大会

第七次妇女代表大会　县第七次妇女代表大会于1992年10月27—29日在县城召开。出席大会代表222人，特邀代表30人，选举产生县妇联第七届执行委员会委员25人、常务委员5人，盖爱萍当选为县妇联主席、潘玉花为副主席。1993年6月，补选潘玉花为主席。1995年11月，补选吴宇凌为副主席（主持工作）。1996年6月，补选吴宇凌为主席。

图23-4　县第七次妇女代表大会（县妇联提供 1992年摄）

第八次妇女代表大会　县第八次妇女代表大会于1997年10月27—29日在县城召开。出席大会的正式代表221人，特邀代表24人，选举产生县妇联第八届执行委员会委员27人、常务委员5人,吴宇凌当选为县妇联主席、金一玲为副主席。2000年4月,补选张楠为主席;2002年12月,补选刘金红为主席。

第九次妇女代表大会 县第九次妇女代表大会于2004年10月8—10日在县城召开。出席大会的正式代表221人,特邀代表25人,选举产生县妇联第九届执行委员会委员27人、常务委员5人,刘金红当选为县妇联主席、赵燕为副主席。2006年12月,补选陈红兵为主席。

第十次妇女代表大会 县第十次妇女代表大会于2009年11月4—6日在县城召开。出席大会的正式代表221人,特邀代表21人,选举产生县妇联第十届执行委员会委员27人、常务委员5人,陈红兵当选为县妇联主席、赵燕为副主席。2007年9月,补选钟雪华为副主席。

第二节 创建活动

1991年以来,县妇联开展双学双比竞赛,被评为全国"双学双比"女能手2名;省级"双学双比"先进集体4个,"妇字号"龙头企业2个,女能手10人;市级"双学双比"基地14个,"妇字号"基地18个,先进集体7个,先进个人10人,女能手21人。举办各类巾帼建功培训班51期,参加2636人。被评为全国"三八红旗手"3人,全国巾帼文明岗1个,省级巾帼文明岗12个,市级巾帼文明岗18个,市级巾帼建功标兵27人。开展"文明家庭""绿色家庭""平安家庭""学习型家庭"等系列创建评选活动。被评为省级"文明家庭"10户、"学习型家庭"8户、"绿色家庭"13户;市级"文明家庭"18户、"学习型家庭"17户、"绿色家庭"18户、"敬老家庭"3户。

双学双比

1991年,开展"双学双比"活动,被评为省级"双学双比"女能手1人、市级女能手2人。县妇联被评为市级"双学双比"先进集体。

1992—1996年,"双学双比"围绕"3663"工程的总体目标。建立30个"三八"示范基地,每年动员5000名妇女参加扫盲学习和技术培训,开展以"劳动致富杯""巾帼扶贫行动"为主题的一系列活动。162名农村妇女被评为女乡土技术员,45名农村妇女被评为女农民技术员以上职称,建立生产基地55个。全县被评为省级"双学双比"先进女能手2人、省级先进协调部门1个,市级"双学双比"先进协调组织1个、先进工作者1人、先进女能手5人。

1997年,举办实用技术培训班161班,受训妇女5640人。同年,全县被评为省级"双学双比"先进工作者1人,市级先进集体1个、女能手2人、"巾帼扶贫"先进个人1人。

1998年,举办实用技术培训班110期、5250人次,270名妇女被评为女农民技术员职称。黄坦镇王宅村的《瘦肉型商品猪基地建设》项目获市农业科技推广奖励基金四等奖,2人被评为市"双学双比"女能手,1人被评为市级"巾帼扶贫"先进个人,县科委被评为市级"双学双比"先进集体。开展农村妇女"双学双比"和维护妇女合法权益两个专题调研活动,撰写调研

图23-5 实用技术培训(县妇联提供 1992年摄)

文章14篇，其中2篇获市级优秀奖。

1999年，全县妇女参加实用技术培训4300人次，305名妇女参加农函大学习获得专业技术证书，210名妇女获得农民技术员职称。建立“三八”绿色基地22个，妇字号龙头企业1人，亨哈山珍食品公司林红、周山乡水井头村施秋莲获省级“双学双比”女能手，县财政局周月如获省级“双学双比”先进工作者。县科委获市级“双学双比”先进集体，4人获市级“双学双比”女能手。

2000年，“天蓬动物养殖有限公司”和“亨哈山珍食品有限公司”被授予省级妇字号龙头企业。

2001年，县妇联举办“十五”期间第一期农村妇女实用技术培训班。“双学双比”竞赛活动中，全县被评为省级“双学双比”女能手2人、省级先进协调单位1个，市级“双学双比”女能手2人、先进协调单位2个、先进工作者2人。

2002年，全县各级妇联举办实用技术培训班23期，参加培训2200余人次。“三百工程”竞赛活动中，黄坦镇奔月养兔场、黄坦镇王宅野菜基地、黄寮乡黄曲寮村杜仲基地、樟台乡山坑村综合基地获温州市认定的生产示范基地称号。“双学双比”活动中，王慧娟被评为全国“双学双比”女能手；吴云兰、王慧娟被评为省级“双学双比”女能手。

2003年，2100名农村妇女参加各类科技知识培训。174名妇女获得“农民技术员”职称。王金风、王咏梅被评为市“双学双比”女能手，县林业局被评为市先进协调单位。“三百工程”竞赛活动中，黄坦镇共宅野菜基地等4个基地被评为市“双学双比”先进生产示范基地，柳珠风被评为省级“双学双比”先进女能手，林红被评为全国“双学双比”女能手。

2004年，9168人次妇女参加各类知识培训。邀请市“双学双比”科技讲师团、温州医学院二医专家一行前往黄坦镇开展送科技卫生下乡活动，近1000名群众参加。县双凤食品有限公司获温州市妇字号龙头企业称号，龙川乡村头名特优水果基地、黄寮乡黄垟坑村板栗基地、巨屿镇柳一山村名优早茶基地、南田镇龙上村绿色水果基地获市第四批双学双比生产示范基地称号。

2006年，以“农村劳动力素质培训工程”为契机，实施“巾帼科技致富工程”，涌现出一批“双学双比”女能手，刘翠月、郑凤兰获市级“双学双比”女能手荣誉称号。同年，引进针织、制笔等来料加工业务，参与加工妇女达1000余人。

2007年，开展多方位、多层次、多渠道的培训教育，5100人次妇女参与各类实用技术和劳动技能培训。4月，省妇联到文成就农村妇代会新农村建设中的作用、妇女参与来料加工情况、“巾帼建功”“双学双比”活动开展等情况进行调研。

2009年，县妇联、县科协、扶贫办，联合举办“双学双比”女能手、村妇代会主任共100人参加的农村妇女劳动力素质培训班。

2010年，联合县科协举办农村妇女劳动力素质培训班；联合县人事劳动局开展家政知识培训；联合县扶贫办成立“文成县来料加工经纪人协会”，评选表彰“十大优秀来料加工经纪人”，创建来料加工专业村8个。

2011年，举办农村妇女创业能手培训班，150余名“双学双比”女能手、村妇代会主任参加培训。同年，推荐4个基地参与省、市级“双学双比”示范基地和“妇”字号农业龙头企业的评选。龙川“山水果园”农庄荣获浙江省首届农家乐休闲旅游“十佳特色点”荣誉称号，为温州全市唯一获此殊荣。

巾帼建功

1991年7月，27个单位相继开展“十杯”竞赛，争做“四有”“四自”女性，被评为市、省先进个人、“三八红旗手”各1人；市级“巾帼建功”先进集体1个。

1992—1996年，全县开展各种专业竞赛212次，参赛妇女871人次，提出合理化建议69条。全县被评为全国“三八红旗手”1人，全国“巾帼扫盲”先进个人1人，省级“巾帼建功”标兵1人、“巾帼建功”示范岗1个，市级“巾帼建功”先进个人14人、先进集体4个。

1997年，县机关部门有289名女职工参加大专以上函授学习；1800人参加各种业务培训。全县被评为省级“巾帼建功”标兵1人，市级“巾帼建功”先进协调部门1个、“巾帼文明示范岗”1个、“巾帼建功”标兵1人、“巾帼建功”先进工作者1人。

1998年，大峃镇信用社被评为市级“巾帼文明示范岗”，县财税局办税服务厅、国税局办税大厅、县农行营业部、邮政局营业厅4个“巾帼文明”参赛岗通过市级验收。县人民医院被评为市级“巾帼建功”先进集体，1人被评为省级“巾帼建功”标兵，1人被评为市级“巾帼建功”标兵。

1999年，在全县52个单位中开展巾帼创业活动。县财政局办税大厅获省级“巾帼建功”先进集体，县中行、电信局、县移动公司获市级“巾帼文明示范岗”称号，3人获市级“巾帼建功”标兵。

2000年，文成县各单位结合各自行业特点，积极开展岗位培训和行业竞赛，提高女职工的业务水平和服务技能。2001年，全县被评为省级巾帼文明示范岗2个，市级“巾帼建功”标兵2人。

2002年，县地税局征管分局办税厅被评为全国“巾帼文明示范岗”，农行文成县支行营业厅、县国税局征收局办税厅被评为省级“巾帼文明示范岗”，1人被评为市级“巾帼创业带头人”。

2005年，修订《文成县巾帼文明示范岗评选办法》，使创建活动更加规范有序。全县组建58支“巾帼志愿者”队伍，分别开展社区、科技、扶贫帮助服务。配合省级卫生文明县城创建工作，以妇委会为单位专门组建19支“巾帼文明监督队”，定期上街文明督导，协助有关部门做好交通秩序、环境卫生等整治工作。

2006年，开展“巾帼文明示范岗”创建活动。组织“巾帼志愿者”定期上街开展文明督导。组织实施“百岗联动建新村”计划，牵头组织县地税直属分局办税服务厅与双桂乡周山下村妇代会结对，开展帮扶再就业服务。县会计核算中心、电业局营销中心分别获2006年度省、市级“巾帼文明示范岗”荣誉称号。

2007年，中行文成县支行获省“巾帼文明岗”称号。省、市妇联对县地税办税大厅等国家级“巾帼文明示范岗”进行复查并给予保留原荣誉称号。

2008年，全县涌现出一批“巾帼文明示范岗”和“巾帼建功”标兵。其中县信用联社营业部获省级“巾帼文明示范岗”荣誉称号，人民医院监护室、育苗幼儿同获市级“巾帼文明示范岗”荣誉称号，1人获市“巾帼建功”标兵荣誉称号。县地税局办税服务厅等5个“巾帼文明示范岗”与村妇代会结对，各结对岗出资10万余元帮助结对村发展5个项目。

2009年，县电业局大峃供电所营业厅与东溪乡九南村妇代会结对，该岗出资5000元，支持村妇代会阵地建设；出资2万元，扶持油茶基地开发，帮助妇女脱贫致富。

2010年，组织指导浙江移动文成分公司第一营业厅成功申报全国“巾帼文明岗”、县中心幼儿园成功申报省级“巾帼文明岗”。2011年，召开“巾帼建功”活动20周年纪念暨表彰大会，并制作建功成果展光盘和画册进行展播。召开全县“巾帼建功”推进会，开展巾帼文明岗“互学互评”活动，表彰“巾帼建功”标兵和先进工作者。

文明创建

1996年，制定文明创建工作“九五”规划和工作意见。1997年，开展创建“文明家庭”，塑造家庭新形象活动。表彰获市级“文明家庭”3户、市级“敬老好家庭”3户、市级“双十佳文明家庭”1户，表彰县级“文明家庭”598户。

1998年，与环保局联合开展“妇女·家园·环境”活动。与老龄委联合开展“十佳孝敬公婆好媳妇”“十佳文明家庭”评选，2个家庭被评为市级“文明家庭”，县人武部家属楼被评为市级“文明楼幢”。

1999年，与县文明办在樟台乡双龙村、巨屿镇方前村开展“十星文明家庭”创建试点，并在樟台乡召开“十星文明家庭”创建现场会，树立“文明家庭”创建样板，参与“十佳孝敬公婆好媳妇”“廉内助”评选。2000年，组织“十佳好媳妇”评选，推进精神文明“十百万工程”，组织全县33个乡镇实施“十星级家庭文明工程”。

2001年，组织开展农村妇女素质调查，并在县《调查与思考》刊登《文成县农村女性素质现状调查与思考》。2002年，抓“自尊、自信、自立、自强”精神教育，评选出先进个人10人。20支志愿者队伍，390名巾帼志愿者继续开展送科技、送医下乡。

2003年，评选出县级“文明家庭”2470户，1个家庭获省级“学习型家庭”称号，1个家庭获市十佳“学习型家庭”称号，2个家庭获市优秀“学习型家庭”称号。

2005年，组织“文明村居”“文明乡镇”创建工作，评出“文明家庭”4000余户。2006年，全县评选出县级“绿色家庭”40户，5个家庭获省、市级“绿色家庭”荣誉称号。

2007年，1个家庭获市第二届“十佳绿色家庭”称号，1个家庭获温州市绿色家庭称号，1个家庭获市第三届“最佳学习型家庭”称号，2个家庭获市学习型家庭称号，1个家庭获市文明家庭称号。

2008年，结合实际开展“文明家庭”“绿色家庭”“平安家庭”“学习型家庭”等创建评选，2个家庭分别获省级“学习型家庭”和“文明家庭”荣誉称号；2个家庭获市级“学习型家庭”荣誉称号；2个家庭分别获省、市级“绿色家庭”荣誉称号。

2009年，启动新一轮“文明家庭”“绿色家庭”“学习型家庭”评选活动，2个家庭获省级“绿色家庭”荣誉称号。

2010年，开展文明家庭系列创建。1个家庭获第七届浙江省学习型家庭荣誉称号，2个家庭获省级“绿色家庭”荣誉称号，2个家庭获市级“绿色家庭”荣誉称号，1人获市级“学习之星”荣誉称号，2个家庭获市级“学习型家庭”称号。

2011年，巨屿镇花前社区挂牌成立全县首个农村新社区“家庭教育指导中心”，阳光假日大酒店挂牌成立首个企业家长学校。组织巾帼禁毒志愿者进村入户宣传禁毒知识及平安家庭创建，评出县级“文明家庭”“绿色家庭”“学习型家庭”“平安家庭”80户。

第三节　宣传与维权

宣　传

1991年3月，开展维护妇女儿童合法权益宣传月活动。县妇联法律顾问小组上街设点进行法律知识咨询服务，解决各类涉及维护妇女合法权益的问题和案件586个（件）。

1996年，县委、县政府发布实施《文成县妇女发展规划（1996—2000年）》。1997年，成立《妇女发展规划》中期评估统计小组和评估小组。逐项落实规划内容。“三八”期间，与县妇幼保健站等单位联合开展妇女病检查，为1800名妇女进行体检。1998年，举办法律知识培训班3期800人次。2000年开通“148”热线电话，与广播电台开办法制园地，开播妇女维权法。

2001年，邀请《中华人民共和国婚姻法》研究会秘书长李明舜主讲，新婚姻法，妇女听取专题讲座。组织机关妇委会主任14人参加中国政法大学举办的《中华人民共和国婚姻法》培训班。配备各乡镇专（兼）职妇联主席，派遣妇联干部参加全省妇联系统特邀陪审员培训班，推荐特邀陪审员人选。

2003年开展"148"法律维权周,分发有关宣传资料1000余份。2004年,与县妇幼保健站联合开展妇女病普查工作,1010名妇女参加普查。

2005年,协调16个单位建立妇女权益保障联席会议制度。与妇儿工委有关成员单位共同组织"婚前医学检查"知识和防治艾滋病知识宣传。2006年,联合县司法局等8家单位开展"拒绝家庭暴力,构建和谐家园"主题宣传活动,推进法律知识进农村、进家庭。

2007年,组织设计制作以"维权、致富、关爱"为主题的图片展获市"百岗联动建新村"摄影展三等奖。县妇联获市级妇女儿童工作创新三等奖。

2008年,联合县司法局、妇幼保健所开展以"提高妇女法律意识,维护妇女权益"为主题的"三八"妇女维权法制宣传系列,发放宣传资料5000余份。联合县委政法委、县公安局开展"反对家庭暴力,从我做起"签名承诺活动启动仪式,全县384个行政村1万余名男性公民在承诺书上签名。

2009年,联合县司法局开展以"十万妇女学法律、家庭平安促和谐"为主题的法律知识竞赛,收到有效答题卡2000余份,从中抽取出一等奖5名、二等奖10名、三等奖20名、优胜奖100名,评出组织奖10名。2010年,成立首支学生反家暴志愿者队伍。

2011年,成立文成县反家庭暴力委员会,建立健全社区(村)妇女维权站,完成《文成县"十一五"妇女、儿童发展规划》的终期监测评估工作。承办市妇联等单位主办的"情暖五月关爱母亲"活动,慰问57名贫困母亲、革命老妈妈、烈士遗孀老妈妈和1支巾帼志愿者服务队。

维　权

1991—1996年,县妇联接收来信68件,处理65件,办结率95%,接待来访34件(163人次),处理33件,办结率97%。法律咨询47人次,为受害妇女代写诉讼9件,配合有关单位解救、遣送被拐卖妇女18人。对境域拐卖妇女儿童犯罪状况进行调查。1997年,接待来信来访196件次,法律咨询19件,来信处理率100%。解救被拐骗妇女儿童3人。1998年,接待来信来访55件次,法律咨询18件,来信处理率100%。解救被拐骗妇女儿童4人。1999年,接待来信来访98件次,法律咨询7件,来信处理率95%,解救被拐骗妇女儿童4名。2000年,接待来信来访60件,处理率100%。县妇联叶美玉、周壤乡妇联张嫦云评为市级维权工作先进个人。

2001年"148"妇女维权周期间,接待来电来访48人次,法律服务咨询点现场答疑35人次。全年接待来信来访79人次,调解38件婚姻家庭纠纷,提交法院12起侵害妇女权益案件,调解劝合20对夫妻。2002年"148"妇女维权周期间,接待来电来访23人次,法律服务咨询点现场答疑29人次。全年接待来信来访79人次,调解45件婚姻家庭纠纷,调解劝合15对夫妻。

2003—2006年,加强信访接待工作,妥善处理群众来信来访,接待来信、来电、来访267件,结案率99%。2007年,县妇联聘请县诚意律师事务所律师为法律顾问,广大被侵权的妇女有了坚强的后盾。同年,接待来信、来电、来访85件,结案率98%。

2008年接待来信、来电、来访52件;2009年,接待来信、来电、来访60件。对群众反响强烈、处理难度大的妇女维权案件,加强与公检法司等部门合作,及时解决疑难问题,维护受害人权益。

2010年,加强与相关单位的联系,重点关注侵犯妇女儿童合法权益重大案件的查处。派员参加省、县人民陪审员培训。全年接待来信、来电、来访62件。2011年,实行AB岗及全员信访接待制度,接待来电来访53件,信访结案率达100%。

第四节　关爱少儿事业

1991年“六一”期间，配合卫生部门为0～7岁幼儿健康体检。进行独生子女“健优美”的评选，为255名不同年龄段的儿童发放健康奖。

1992—1996年，协助政府协调有关部门贯彻落实《九十年代儿童发展纲要》和少儿事业发展“八五”“九五”计划。牵头对“八五”期间《纲要》《规划》进行验收评估，协助县政府完成《文成县“九五”儿童少年事业发展规划》的制订。5年间，慰问215所（个）学校、单位，赠书9万余册，免费为0～7岁儿童体验11289人次。为加强学前教育，缓解幼儿入托难矛盾。1993年，县妇联创办育苗幼儿园，占地面积757.5平方米，建筑面积922平方米，投资65万元。

1997年，落实21名儿童结对帮扶。获评市级少儿先进集体2个、先进个人2人，获评县级少儿先进集体称号8个、先进个人18人。

1998年，完成“九五”少儿规划中期评估工作。为学校捐赠教学仪器价值4万余元。继续实施“春蕾计划”，助学结对38名女童。县育苗幼儿园通过教委二级幼儿园验收，县实验小学家长学校被评为省级先进家长学校。

1999年，开展“儿童发展规划”中期监测评估、查漏补缺，推进儿童少年事业的健康发展。大峃镇妇联获评市级少儿工作先进集体，县妇联夏美花、珊溪镇妇联王艳红获市级少儿工作先进个人。

2000年，县实验小学的示范性家长学校通过市级检查验收。县中心幼儿园率先实行园长负责制和教师聘任制。

2001年“六一”期间，省妇联副主席厉月姿一行到文成扶贫助学回访，省妇联为龙川小学的学生送去500份学习用品和100套服装。市妇联送给龙川小学一套旗鼓。全年落实结对儿童15名。被评为市“少儿”先进集体1个、先进个人1人。

2002年，组织实施“春蕾计划”扶贫助学，24名特困学生得到扶助。被评为市级春蕾工作先进个人1人、优秀春蕾女童2名。

2003年，开展“春蕾计划”活动，37名儿童得到资助。开展“我做合格小公民”有奖征文活动，收到来稿163篇，评出一、二、三等奖若干名。开展“十五”妇女儿童规划中期监测评估工作，“两规”中期监测评估报告，获市三等奖。

2004年，县妇儿工委成员到县聋哑学校等园校进行慰问，给小朋友们送去价值3万余元的图书、玩具、慰问金。开展“争做合格父母，培养合格人才”的“双合格”标准征集，收到89篇来稿。

2005年，市女企业家协会会员两次到文成结对助学，全县85名贫困女童得到资助。举办家庭教育知识培训，邀请全国知名家庭教育专家给家长作家庭教育知识专题讲座。县中心幼儿园家长学校顺利通过市检查组验收，晋升为市级示范性家长学校。

2006年5月26日，市委党校2002级中青年干部本科班资助文成县“春蕾女童”结对仪式在县人武部举行，28名贫困女童得到资助。10月，在文成举行，4000余名家长和教职员工参加报告会。县妇联、团委、民政、教育、文化广电等单位到桂山乡校、县聋哑学校、珊溪映山红、幼儿园等进行慰问，给孩子们送去价值2万余元的图书、玩具及慰问金。

2007年，为贫困女童发放助学资金12.2万元。同年，妇儿工委经费纳入财政预算。3月，在县政府召开“代理家长”与留守儿童结对关爱行动动员会，有关乡镇妇联主任等100余人参加动员会。4月，在二源乡校举行代理家长与留守儿童结对仪式,70名志愿者成为代理家长并向留守儿童赠送礼物。5月,市妇联、市教育局到二源乡校进行慰问,向学校赠送价值11250元的复印机1台。5月,以“关爱儿童共享和谐社会”为主题的庆“六一”文艺会演在县电影院举行,700余名家长及小朋友参加活动。10月,在县府礼堂举办家庭教育专题报告会,邀请全国巡回报告团成员为县城有关学校、幼儿园的家长作报告,1000余名家长听取报告。

2008年5月,市妇联、市民办教育协会等单位到珊溪映山红幼儿园进行慰问,向幼儿园赠送慰问金5000元。5月,县有关部门到县聋哑学校等进行慰问,给孩子们送去价值3万余元的玩具及慰问金。6月,组织人员到二源乡校、百丈漈、西坑镇小、下垟小学等学校探访慰问贫困留守儿童。7月在朝阳新村家教指导中心召开“争做合格父母、培养合格人才”家教座谈会,帮助家长树立家教新理念。

2009年“六一”期间,县妇儿工委成员单位给孩子们送去价值4万余元的玩具,为两所公办学校解决20余万元的维修空缺资金。到巨屿镇慰问5户贫困儿童家庭,联合巨屿镇妇联筹到善款30余万元,帮助潘大伟成功做骨髓移植手术。联合县文明办等单位在二源乡二源村成立温州市首个“未成年人活动之家”。

2010年“六一”期间,县四套班子主要领导率相关单位负责人到县中心幼儿园等校园看望儿童,赠送玩具84箱,发放慰问金1万元。体育局举办首届庆“六一”幼儿体操比赛,来自全县各幼儿园的900余名幼儿参加比赛。邀请市家庭教育讲师团成员周奇等在文成中学、县实验小学给家长作题为《关注孩子的心理健康》《今天,我们如何做家长》的家教知识讲座。

2011年,组织文成中学等3所学校进行以“树‘四自’精神,做阳光女孩”为主题的宣传教育,接受教育女生1500余人。进行“六一”慰问,给学校、幼儿园赠送价值4万余元的文体用具、玩具及慰问金。实施“春蕾计划”,23名春蕾女童得到资助。开展关爱留守儿童系列活动,二源学校建立全省首个“共享蓝天儿童图书室”,建立留守儿童俱乐部4个。

第四章　县科学技术协会

县科学技术协会(简称县科协),有下属县级学(协)会18个,乡(镇)协会15个,384个行政村科协协会组织。1991—2011年,召开第三次至第六次代表大会。其间,建立科普志愿者队伍,计600人,组织科技人员7000人次到全县各乡镇、村庄开展科普宣传。举办科普讲座72场,发放科普资料9.95万份,科技咨询2.4万人次,编排科普图片展览2500米,直接接受科普教育群众1.58万人次。举办23届"农函大"培训班,累计招收一年制学员7510人,共开办蔬菜、食用菌、淡水养殖等21个专业。举办各类技术培训710期,受训人数6.3万人次。举办十届青少年科技节活动,收到各类作品1.4万件,获市级一、二、三等奖100项。引进、推广新品种、新技术12项(个),建立示范基地39个,培育示范农户7650户,扶持(创办)企业14家,举办实用技术培训班362期,累计发放科普资料26280份,培训(咨询)19820人次,项目带动农民增收5150余万元。

第一节　机构与代表大会

1991—2011年,县科学技术协会召开4次代表大会。2011年,全县设立10乡镇和384个行政村科学技术协会。

机　构

内设机构　1991年县科学技术协会,内设办公室,核定编制4名,2009年增加人员1人。2011年,内设机构和人员不变。

基层协会　1991年,下属学(协)会18个、乡(镇)协会15个。1995年,增设县青少年科技教育学会。1998年,增设县工业科技协会、技术监督学会、测绘学会,气象学会。2000年增设花卉盆景协会,2002年增早芋营销协会和兔业协会。2008年,全县33个乡镇和384个行政村分别成立科学技术协会。

代表大会

1990年9月,召开县科协第三次代表大会。选举产生县科协三届委员会委员35名、常务委员13人,赵贞兰当选为主席。1993年6月,召开委员会会议,选举金云良为主席。

1998年9月,召开县科协第四次代表大会。选举产生县科协五届(原四届)委员会委员35名、常务委员13名,张晓曙当选为主席,胡立春为专职副主席兼秘书长。2001年1月,召开委员会会议选举钟维枢为主席。

2005年5月,召开县协第五次代表大会。选举产生县科协六届委员会委员31名、常务委员11名。施彩微当选为主席,刘炜珉为副主席兼秘书长。大会并决定,1956年11月召开首次县科普协会和1980年2月正式召开县科协代表大会,作为科协代表大会的延续,将本次大会(原为第五次调整为第六次)。

2008年6月,召开科协六届12次常委会,蓝昌盛当选为主席、俞东为副主席。2011年4月,召开科协六届十六次常委会,选举陈上都为县科协主席。

第二节　科普宣传与教育

县科协组织开展群众性、社会性、经常性科普活动。建立各种科普志愿者队伍，开展科技、科普活动周和中国浙江科普节活动。组织科技人员到乡镇及行政村进行科普宣传，举办科普讲座、发放科普资料、科技咨询、编排科普图片展览，推动全县科技进步。

宣传与培训

1991—1996年，贯彻实施《中华人民共和国科普法》。建立各种科普志愿者队伍600人。组织科技人员7000人次到33个乡镇、571个行政村进行科普宣传。

1997年10—11月上旬，举办全县科普宣传月活动。制成专题片“科技之光”，在县电视台及重点乡镇的有线电视站上播放。邀请有关专家、农业技术人员编写《文成农村实用技术读本》，发到农村和各单位，进行科技培训。

1998年，举办主题为“公众理解科学，科学造福人类”的县第八次科普宣传月活动，开展种养技术、医疗卫生保健、假冒伪劣商品识别、破除迷信等实用科技知识咨询。

1999年，举办科技讲座报告会29场、3500人次参加。邀请浙江大学教授何亚平作《现代科技与知识经济》讲座。农、林、医等10余个学会的40余名科技人员在县城、珊溪镇、南田镇进行3次大型科技服务5000余人次。组织举办各类实用技术培训班200余期，受训1800人次，发放资料8200余份。

2000年，分别到21个乡镇进行科技讲座、现场指导。在县电视台播放农村科技录像片150片目(次)，选派农业技术人员赴南田、二源针对效益农业问题进行调研，提出高山茄子种植标准化、雪梨栽培管理标准化、高山盘菜标准化。

2001年，深入各乡镇举办实用技术培训班和各种形式的科技咨询服务。举办各种技术培训班82期，受训农民达4000余人次，开展大型科技服务12次，发放各种科技资料3万余份。

2002年，实施《中华人民共和国科学技术普及法》宣传，到各乡镇举办农业科技知识培训班40期，受训农民4000余人次；举办大型科技咨询活动8次，发放科技资料8000份，受询人员3000余人次。

2003年，到各乡镇举办科技培训班和实用技术专题讲座80期，受训农民达4000人次，培训村干部8期400人。开展大型科技咨询3起，发放科技资料2.6万份，向乡镇赠送科普图书500余册，展出科普挂图800幅，受询群众2000余人次。

2004年，组织科技人员300人次到22个乡镇210个村开展科普宣传60场。邀请省农科院、浙大等有关专家到文成，到各乡镇巡回举办各种科技培训班与实用技术专题讲座受训，农村党员、基层干部1700余人次。组织10名科技教师举办4期150人参加的村干部培训，传授先进的农村实用技术。组织大型科技咨询活动3次，发放各种科技资料1.8万份，向乡镇赠送科普图书500余册，展出科普挂图600幅，受教育群众达2.8万人次。

2005年，组织科技人员到各乡镇巡回举办各种科技培训班与实用技术专题讲座60期，受训农民5000余人次。组织10名科技教师，举办4期农村实用技术培训班，150名村干部参加培训。组织大型科技咨询活动3次，发放各种科技资料2.2万份，向乡镇赠送科普图书600余册，展出科普挂图600幅，受教育群众3.8万人次。

2006年，与县电视台、县政府网站分别建立文成科普与科普之窗栏目。配合相关部门开展5次科技送下乡活动，组织科技人员进行各项科普知识咨询服务，累计参加服务团科技人员300余人次，受询群众5000余人次，发放各种科技资料1万余份，向乡镇赠送科普图书200余册，受惠群众2万余人。

2007年，配合相关部门在县城、珊溪、百丈漈、二源、上林举办大型科技宣传咨询。组织科技人员下乡村、进企业开展科技咨询25场次，发放科普资料2.52万份，服务群众3万余人。建立大峃镇、珊溪镇、二源乡、仰山乡、日省名茶公司5个培训教学示范点和南田、周墩、岭南、二源、南阳5个村级科技（科普）活动室。根据乡村实际需要，邀请省内外农业专家深入33个乡镇开展农村实用技术培训，开办茶叶、蔬菜、中药材等技术培训202场次，培训农民13980人次，发放科技资料2.8万份。

2008年，利用“科普宣传周”“科技三下乡”活动，组织举办大型科技集会2场次，出动科普大篷车展出2场。

2009年，深入社区、学校、机关、农村宣传科普知识，29个部门的300余人次参加活动。整合省、市科技特派员、专隶咨询服务团、县拔尖人才和优秀农村乡土人才、优秀农技人员等各类人才资源优势，举办“专家乡村服务行”活动，分别在珊溪、金炉、二源、周山等地开展活动6场次。

2010年，投入10余万元印发科普宣传资料，并定期更新科普画廊科普宣传图片资料。进行“创建低碳家庭、倡导时尚生活”知识竞赛，引导公众对节能减排形成共识。成功举办温州市第二届“瓯越学术论坛”文成分会场活动，为广大科技工作者开展学术交流，繁荣学术思想搭建平台。

2011年9月，与县文明办在建设路联合举办全国第九个“公民道德宣传日”暨第八个“科普日”大型宣传咨询服务。举办科普宣传周，县科技局等14个部门的各类科技人员、科普志愿者150余人次参加。深入基层、走进学校开展“气象进社区”“防震减灾”“安全生产”“科普进校园”等科普宣传。

青少年科普活动

1998年，面向青少年开展科普讲座，邀请全国劳动模范、全国青少年优秀辅导员、瑞安中学特级教师洪景椿为全县200余名师生代表作题为《青少年小发明、小创造、小制作》科普讲座。

1999年，组织多项多次青少年科普交流：县重点乡镇中小学师生听取《当代科技》讲座6期，3000余人次参加；邀请市科普学者2人到文成作《生物百项——生物环境科技知识》讲座；组织部分师生赴杭州参加全省青少年创造教育培训学习；组织青少年参加温州市第二届青少年科技节活动和欧海区科协举办的“青少年小发明科普展览会”。同年，成立县青少年科技教育协会。举办第十二届青少年科技节，累计收到各类作品1.4万件，评出一等奖308项，二等奖690项，三等奖1250项，获省级一、二等奖23项，获市级一、二、三等奖110项。

2002年，举办县第三届青少年科技节，有3万余名师生参加，1200余件作品展出。276件作品分获一、二、三等奖，5个单位获集体优秀组织奖。

2003年，组织50所学校、6所幼儿园、7个学区的5000余名师生参加创新大赛和观摩，展出作品1186件，有143项件作品分获一、二、三等奖，选出25件送温州参赛，获得一等奖3项、二等奖6项、三等奖13项。

2004年，青少年科技协会参加第十八届浙江省青少年科技创新大宗优秀科技实践活动，其中《文成旅游业发展的调查报告》获二等奖，《风的成因演示器》《神奇的帽子》获三等奖；参加温州市中小学智能机器人比赛，其中《机器人迷宫项目》获二等奖，同时该两项还获浙江省机器人比赛三等奖。举办县第五届青少年科技节。收到各类作品1087件，其中小制作551件、小发明84件、小论文226篇、科技实践活动32项、科幻画172幅、网页22个，评出一等奖32项、二等奖61项、三等奖138项，并选出32件送市级参赛。

2005年，会同县教育局、科技局等有关部门，成功举办第六届青少年科技创新大赛，收到38所中小学选送的各类作品839件，其中小制作270件、小发明102件、小论文171篇、科技实践活动36项、科幻画260幅。评出一等奖29项（篇）、二等奖65项（篇）、三等奖169项（篇）。

2006年，举办各类青少年科普讲座16次，参加同学7000余人次，举办青少年科技竞赛9次，成功举办第七届青少年科技创新大赛，大赛收到40所中小学1800余名同学选送的各类作品1000余件，论文100余篇。

2007年,举办第八届青少年科技创新大赛,40所中小学1470余名学生参加。评出一等奖24项(篇)、二等奖54项(篇)、三等奖175项(篇)。

2008年,举行文成县第九届青少年科技创新大赛,首次邀请市航空航海运动协会来文成体育中心进行航模表演,使青少年学生开阔视野,增添科学知识。组织50余名优秀青少年学生赴温州科技馆参观学习和观摩市科技大赛海陆空航模比赛。

2010年,组织8所边远山区乡村学校70余名优秀青少年学生赴温州科技馆体验智慧中华——古典益智游戏体验展、地震科普体验展和参观科技馆、博物馆。举办以"创新·体验·成长——走进低碳生活"为主题的县第十届青少年科技节科技创新大赛暨航模邀请赛,增加机器人创意赛和举行航模邀请赛,21所边远山区中小学校参赛学生、部分学生家长等近2000余人品味到科技盛宴。

2011年,与县教育局联合开展"春泥计划"和继续组织"山娃进城看世界"活动。

农函大分校工作

中国农函大文成县分校成立于1989年。至2011年,举办23届"农函大"培训,累计招收一年制学员7510名,开办蔬菜、食用菌、家禽、家畜、淡水养殖、果树栽培、茶叶、农村财经、农村建筑等21个专业。举办各类技术培训710期,受训人数6.3万人次。

1997年农函大招收第14届学员108名。其中,中级部13个专业、初级部11个专业,招收重点仰山乡和珊溪镇学员。

1999年,县乡两级科协通过广泛宣传、专人负责、正确引导、精心组织,并利用黑板报、广播电视、动员会、走访等形式做好农函大招生工作,招生数766人,完成市科协下达的招生任务数3.8倍。

2000年,第16届农函大招收学员创历史最高水平,达898名。其中,女学员622名,占68%。报名专业遍及20余个,其中种植业515人,养殖业348人,乡镇企业15人,综合类专业20人。

2001—2007年,"农函大"学习专业有畜牧、水果、蔬菜、淡水养殖、食用菌等7个专业。重点乡镇建立8个"农函大"辅导站。2008年开始,"农函大"辅导站停办。

第三节　科技服务与示范

县科协对"六大农业开发示范基地""十大系列新产品开发"等项目进行科技服务,开展"双百"科技行动计划,举办大型科技宣传咨询,组织青少年参观温州市科技馆、文成气象科普基地,组织科技人员下乡村、进企业开展科技咨询,开展"百名专家联百村帮千户"活动,坚持面向市场、突出特色、创新思路,助推科技服务新农村建设。

科技服务

1991—1993年,牵头全县食用菌生产及科技服务。1994年成立雪梨研究会,三次召开研讨会,聘请省市县有关专家,对二源、十源两乡200余亩梨园进行人工授粉为主的综合配套管理试验,做好80余项不同授粉品种、不同激素试验,摸出一套雪梨高产技术。

1995—1996年,从广东、安徽等地引进二系杂交稻和无籽西瓜在西坑、仰山、樟台等地试种,取得成功。与中国农科院、浙江大学、浙江农科院取得联系后,安排多点、多种作物,进行生物菌肥使用试验,取得成果。

1997年召开全县花菇生产现场会,指导下垟乡种花菇120万筒,产值600万元。1999年开展"双百"科技行动计划，选派县农学会会员44名、林学会18名、水利学会8名、质量管理协会30名，组成百名科技人员与百个企业（基地）挂钩结对。

2000年，引进蔬菜、水稻等优良品种42个和各种农业新技术；选派农业技术人员赴南田、二源针对效益农业问题提出搞农业标准化规划。

2006年，金炉乡的兔类养殖产业化经营项目被列入中国科协的“科普惠农兴村”计划。同时，兔业协会被评为2006年全国科普惠农兴村先进集体。成立金炉乡兔业协会，年推广优良种兔30余万只，发展养殖农户3100余户，通过技术提升，加工生产皮毛产品与兔肉松系列产品，年产值2500余万元。

2007年，在县城、珊溪、百丈漈、二源、上林等地举办大型科技宣传咨询，组织科技人员下乡25场次，发放科普资料2.52万份，服务群众3万余人。引进、推广新品种、新技术12项（个），建立示范基地39个，培育示范农户7650户，扶持（创办）企业14家，项目带动农民增收5150万元。

2008年，结合“富民攻坚计划”和培育发展兔业、茶叶、药材、油菜等7大优势特色农业产业，整合省、市科技特派员、县级专家、农村乡土人才、农技人员举办县百名专家“服务企业、服务基层”活动。

2010年，邀请浙江农林大学陈永根等16名省市县专家作专题讲座。5月26日，在十源乡举办农村实用技术培训班，省亚热带作物所历晓腊专家随组到现场技术指导，为十源乡果农，传授科技知识。6月11日，邀请省地震局叶建青专家给公众作防震减灾专题讲座。

2011年，开展市“百名专家联百村帮千户”活动。4—5月，组织市专家组吴振旺、胡乐园等专家赴周壤等乡镇开展科技培训、实地指导、互动交流5场次。春节期间，文成专家组组长、温州市畜牧局王柏强局长多次带队到黄坦镇察看生猪疫情，进行现场指导，及时控制疫情，为200户养殖户挽回经济损失保驾护航。

农民技术职称评定

1997年，经严格考试、考核和评审，县农民技术职称评定委员会评定全县农民技术员职称454人，其中农民技师6人、农民助理技师27人、农民技术员117人、农民助理技术员304人。同年，为农民技术职称评定人数最多的一年。

2000年，评定农民技术职称112人，其中畜禽养殖专业51人、果树专业49人、蔬菜专业7人、种植业和食用菌专业5人。

2004年11月评定农民技术职称20人，其中农民助理技师5人、技术员10人、助理技术员5人。2005年度选拔第一轮县级农村乡土人才200名，评选第一届优秀农村乡土人才30名。2007年评定农民技术职称86名，技术员66名、农民助理技师20名。评定县第二轮农村乡土人才200名和第二届优秀农村乡土人才40名。2008年开展第二轮乡土人才选拔，评定农村乡土人才2000名。2011年第三轮农村乡土人才选拔，评定农村乡土人才100名。

示范基地创建

1996年5月，导石垟林场等地试种食用菌18万筒，推动了石垟、下垟等乡掀起种菇热。

1999年，二源乡科协引进作物新品种，发展秋季瓜类、稻田养鱼、珍稀动物养殖，进行低产梨园改造，建立药材生产基地，水果生产年收入近100万元。珊溪镇科协引进新品种，发展连片东魁杨梅基地，建立畜禽新品种养殖基地。金炉乡科协引导与帮助农户发展肉兔养殖，全乡肉兔年产值达150万元。樟台乡科协成立蔬菜、粮食、水果、畜牧4个专业技术协会，全乡形成春淡蔬菜基地2000亩，其中大棚种植400余套、近150亩。春淡蔬菜单项收入800余万元。

2001年仰山乡发展经济林基地,种植面积扩大到1800余亩,其中东魁杨梅基地1100余亩,年水果单项产值280余万元。该基地被市科协列为欠发达乡镇扶贫攻坚科普示范基地。二源乡建成千亩“绿色大米”生产基地,填补浙江省绿色稻米生产的空白。平和乡名茶生产基地初具规模,拥有高产优质茶园660亩,建成以加工生产“半天香”名茶为主的茶叶加工龙头企业。同时,名茶“半天香”制定地方标准和企业标准。玉壶镇与金炉乡大力发展肉兔养殖业,养殖大户发展到220余户,肉兔养殖量发展到115万只。

2002年,仰山乡继续与省农科院、市农科所等科研单位建立横向联系,建立水果新品种母本园和种子种苗繁育基地300亩,优质经济林基地2400余亩。二源乡建立千亩“绿色大米”生产基地,“半天香”茶叶在全省名茶评比中被评为一类新产品。

2003年,仰山乡与省市两级农科院紧密联系,建立优质经济林3500亩。天顶湖名茶开发有限公司新建立的市级科普示范基地,开发茶园1100亩,精心培育,努力发挥示范辐射作用。

2004年,日省名茶开发有限公司九龙山茶场的市级科普示范基地初具规模。引进泰顺县茶叶局农艺师兰月明为公司总经理,使茶叶加工龙头企业规模日渐壮大,经济和社会效益逐年增加。在参加各种国际国内农产品展销会和名茶评比活动中,多次获得金奖和银奖。天顶湖名茶开发有限公司新亭茶场市级科普示范基地种植优质茶园400亩,发挥示范辐射作用。举办第一届杨梅;二源乡“绿色稻米”生产基地面积增加到3000亩,成为温州市放心农产品基地之一、浙江省首个绿色稻米生产示范园区。

2005年,建成县级科技示范基地10个、科技示范企业3个。2006年,县兔业协会获中国科协和财政部颁发的“科普惠农兴村”先进集体。2008年,仰山乡塘山村获得市级科普示范单位,周壤乡外南村、兔业协会获得市级科普示范基地。

2009年,十源乡山头坪果业合作社示范基地获评市级科普示范基地。2010年安排15万元,补助十源乡山头坪雪梨等8个市、县科普示范基地和支持周山畲族乡官坑村结对单位的新农村建设。十源乡被确定为“市级科普示范乡”。2011年,申报市级科普示范基地2个(巨屿镇葛洋胡柚基地、周壤乡岭南茶叶基地)。周壤岭南茶场顺利通过验收。至年末,全县有市级农村科普示范基地8个。

第四节　基层科普活动

1999年开始,科协下属学会进行学术研究与交流活动。发表各类学术论文,举办各类活动,为各行各业发展提供科技支持。

学术交流

1999年,县教育学会编辑出版文成乡土教材《刘伯温的故乡——文成》。县医学会、农学会、教学学会、会计学会在一年中就撰写交流材料300余篇,其中被省、市级以上刊物采用80余篇。

2001年,县医学会承担市级科研项目2个,发表各类学术论文22篇,其中国家级4篇、省级18篇。共有40篇论文参加国内学术交流,其中1篇在国际学术交流会上交流。2003年,县医学会等组织有学术研究项目40余个,其中,市级课题20余个,全年参加国内学术交流活动60余人次,国际学术交流活动7人次。

2005年,县级学会和协会推进科技与经济的紧密结合。学术研究方面,县教育学会等组织学术研究项目共有40余个,其中市级以上课题20余个。2006年县医学会承担与参加市、县二级科研项目10项,在国内核心刊物发表论文2篇、省级刊物54篇、市级2篇。县茶叶学会和县科协的《高山苦丁茶原生态栽培技术与产品精加工技术研究》课题,被列入2006年温州市科研项目。

2007年，县医学会承担科研课题11项，在国内核心刊物上发表论文11篇，省级刊物27篇，参加国内学术交流13篇次。县会计学会协助财政部门组织参加第三届全国会计知识大赛，举办会计人员继续教育培训班11期，培训会计人员1091人。

2011年成功举办温州市第二届“瓯越学术论坛”文成分会场活动，为广大科技工作者开展学术交流，繁荣学术思想搭建平台。

科普活动

1999年各乡镇科协结合本地实际，开展农村科普工作。二源乡科协开展科技培训，引进作物新品种，水果生产年收入近100万元。珊溪镇科协引进新品种，发展连片东魁杨梅基地，建立畜禽新品种养殖基地。金炉乡科协引导与帮助农户发展肉兔养殖，全乡肉兔年产值150万元。同年，县农学会参与农业科研及农业丰收计划项目20余项，其中14项荣获1999年度农业丰收奖。

2000年，樟台乡科协引进新品种10个，引进草莓种植技术员7名，由12名农技人员组成摩托车队深入田头指导。县会计学会举办11期1070人的培训班，还分别到各单位培训。县教育学会发动会员撰写教育论文800余篇。

2002年，县农学会重点推广无公害蔬菜、半天香茶叶生产、肉兔与皮用兔养殖等技术，建成一批优质高效的示范基地。县质量管理协会组织企业管理人员参加质量认证体系知识培训；县会计学会举办多期会计上岗培训班，300余人次参加培训。

2003年始，县医学会、教育学会、质量协会等组织确定和落实学术研究项目40余个、市级课题20余个，全年参加国内学术交流活动60余人次、国际学术交流活动7人次。

2004年，县会计学会等组织学术研究项目共40余个，其中市级以上下达的课题20余个。县农协会协同县农业局继续推广无公害蔬菜栽培、绿色稻米生产、旱芋种植、半天香茶叶生产、肉兔与皮用兔养殖、加工兔肉松等技术，以示范带农户，形成公司+基地+农户的规模经营方式，逐步推进农业产业化进程，促进农业增产、农民增收和农村稳定。

2005年，各涉农协会协同县农业（水利）局、林业局继续推广无公害蔬菜栽培、绿色稻米生产、旱芋种植、半天香茶叶生产、肉兔与皮用兔养殖、加工兔肉松、食用花卉和绿化苗木栽培等技术。

2006年，县会计学会举办“世界贸易与新会计准则”等知识培训班2期，参加培训学员200余人。县农产品产销合作社聘请组织专业技术人员举办专业技术培训班3期，提高高山蔬菜的栽培技术与营销水平。县茶叶学会开展高山苦丁茶原生态栽培技术与产品精加工技术研究，并被列入2006年温州市科研项目。

2009年，全年邀请省、市、县专家到33个乡镇开展农村实用技术培训，举办茶叶、蔬菜、药材、杨梅、油茶、油菜、兔业、花卉、绿色稻米、营销等科技培训讲座100余场次，培训农民1.2万人次，编印发放科普手册及科技资料10万份。

2010年6月，组织市老卫协医学老专家10余人赴珊溪水库库区云湖乡为老百姓进行义诊，并免费赠送价值5000余元的药品。10月，联合市科协组织专家赴朱雅乡进行送医送药送科普下乡活动，赠送价值5000余元的药品。流动科技馆（科普大篷车）进校园，侨乡留守群众和学校学生200余人得到医学专家诊治和科学知识教育。

2011年5月，县花卉盆景协会展出盆景作品300余盆，观赏市民5000余人次。10月，邀请温州市航空航模车模表演队和温州市《科普大篷车》一同进校园，让南田中、小学的2000余师生吸纳、增长科普知识。

科普活动中心建设

2006年,投资80万元开始修建县科普活动中心,2007年年底投入使用。活动中心拥有建筑面积800平方米,设有科普办公室、多媒体活动室、科技图书馆、阅览室、科普知识展览厅、科技成果陈列厅、科普交流中心、网上技术市场、科技情报中心、科技远程教育培训中心等。

2008年,投入50余万元装修活动中心,投入20余万元建设仰山乡等20个乡镇的标准科普画廊21座。在富有民族特色的西坑民族学校和科普教育特色学校县实验小学建立科普图书馆、科普画廊等综合性科普活动场所,为青少年学生提供较为完善的科普教育平台。

至2011年,投入33.8万元建设10个乡镇的标准科普画廊。

第五章　县归国华侨联合会

1991—2011年，县归国华侨联合会(简称县侨联)海外华侨、侨胞8000余人次，累计向海外侨团、侨胞传发贺电、贺信、电话6000份(次)，寄发春节贺年卡2800份，刊发《文成侨讯》73期4.3万份，组织召开华侨、侨眷座谈会140次。接待侨界群众来访2400人次、来信850件次，协助解决涉侨案件和纠纷550件，协助办理涉外公证、护照、房产证和结婚证等1800余件(份)，代办护照遗失登报声明3100份，侨胞、侨眷20年间累计捐资人民币11402万元。全县累计侨汇3060153万元人民币(不包括随身携带)。1963年，由178位海内外侨胞、侨眷捐资3.48万元人民币，兴建一座坐落在原县前街17号、建筑面积450平方米，3间3层的县侨联办公楼。1998年，玉壶镇侨联建成3间5层，占地面积130平方米，建筑面积638平方米，设办公室、会议室、接待室和华侨历史陈列室的“华侨之家”。2003年，由270位海内外侨胞、侨眷捐资220万元人民币，兴建一座3间7层，建筑面积1180平方米的县侨联新大楼，各个办公室配有空调、电脑等。2005年，东溪乡侨联建成3间3层，建筑面积350平方米，设有接待室、办公室、会议室和华侨陈列室的“华侨之家”。

第一节　机构与代表大会

县侨联于1962年11月成立。1991—2011年，召开县第五次至第七次归侨侨眷代表大会，选举产生县侨联第五届至第七届主席、副主席22人次。先后发展下属乡镇侨联组织12个，村侨联30个。侨联设施不断完善。

内设机构

1991年内设办公室，核定行政编制5名。2011年，行政编制与内设机构未变。

基层机构

1986年3月，成立首个镇级侨联组织玉壶镇侨联。1990年9月，成立南田区侨联。1994年，成立周壤乡、大峃镇侨联。1997年12月，成立东溪乡侨联(1992年年前设东溪、吕溪两个侨联)。2002年11月，成立上林乡侨联。2007年9月，成立龙川乡侨联。2008年11月，成立樟台乡侨联。2009年4月，成立朱雅乡侨联。2010年9月，成立十源乡侨联。2011年1月，成立里阳乡侨联。2011年12月，成立百丈漈镇侨联。

玉壶镇龙背村等30个村先后成立村侨联。

2011年，有县侨联委员63人、乡镇侨联委员366人、村级侨联委员570人。

代表大会

1993年11月19日，县第五次归侨侨眷代表大会召开，胡克当当选为县侨联第五届主席，胡有志、夏昌勇、吴正超为副主席，夏昌勇兼秘书长。1997年5月8日，县侨联五届三次全委会选举夏昌勇为县侨联第五届主席。

2005年3月30日,县第六次归侨侨眷代表大会召开,胡文铰当选为县侨联第六届主席,施正社为专职副主席。

2010年4月1日,县第七次归侨侨眷代表大会召开,胡文铰当选为县侨联第七届主席,胡翠娥为专职副主席。

图23-6　县侨联第六次代表大会(县侨联提供 2005年摄)

第二节　工作活动

1991—2011年,接待外国政府考察团4批次,县领导出国考察14批次。外事侨务工作严格执行中央的对外方针政策和上级外办因公出国(境)管理的有关规定,采取一条龙服务。做好项目的选定、翻译和海外主要人士的联络。

海外联谊

县侨联与海外华侨社团组织及华侨华人保持经常联系。为了更加密切与海外侨团、侨胞的交往,县侨联负责人三次会同县政府经贸和县政协考察团出访考察意大利、荷兰、法国、西班牙、德国、奥地利及西欧,体验海外侨胞的产业和生活情况,取得海外联谊工作的新突破。

捐资与投资

县侨胞、侨眷20年间累计捐资11402万元。其中,东溪乡侨联利用在2005年10月召开纪念华侨历史100周年庆典活动和2008年4月第三次侨代会第2次会议,发动侨胞、侨眷捐资650万元;玉壶镇侨联在2009年为筹建玉壶龙坑至二源朱阳公路,发动侨胞捐资200余万元,其中旅意侨胞胡圣銮个人捐资100万元。旅意华侨胡立赣捐资200万元建造周壤乡周墩村和平塔;旅意侨胞胡志潺捐资60次,计235万元;林太找、叶董茂、胡绍光、胡绍查、胡华锋、胡立井、胡绍料和周克信等8人捐资均在100万元以上。

1991—2011年文成县侨胞、侨眷捐资情况一览表

表23-2　　单位:万元

年　份	捐资金额	年　份	捐资金额
1991—1999	3019	2003	313
2000	192	2004	621
2001	211	2005	486
2002	228	2006	700

续表23-2

年　份	捐资金额	年　份	捐资金额
2007	750	2010	963
2008	1396	2011	848
2009	1675	累计	11402

说明:资料由县侨联提供

1985年,旅荷华侨胡克盛与县华侨友谊公司、县外侨办三方合资建设文成华侨饭店,拉开华侨回乡投资的帷幕。1995年以来,由旅荷兰、意大利、比利时等华侨与文成县电力开发投资有限公司、温州市电力投资公司共同投资1.26亿元(人民币)建设高岭头二级水电站,其中侨资投入6000余万元。此后,侨资还参与投资建设高岭头三级水电站、周壤坑下山水电站以及玉壶东溪三级水电站等水电资源开发项目。据不完全统计,文成华侨在全国投资房地产的资金近100亿元,结汇后的资金70%以上流向其他大中城市。华侨华人回国投资的项目中,大部分集中在水电、房地产、商贸等行业,投往农业、工业、旅游业的项目数量很小。

为侨服务

1993年至2011年,全县侨联组织接待侨界群众来访2400人次,来信850件次,协助解决涉侨案件和纠纷550件,协助办理涉外公证、护照、房产证和结婚证等1800余件(份),代办护照遗失登报声明3100份,每年慰问病、老、残、弱侨胞、侨眷200人次。关心重视侨界留守儿童工作。2011年在周南小学举办首期侨界"留守儿童"快乐营,80余名侨界"留守儿童"参加为期15天的快乐营活动。活动期间举行了快乐营开、闭营仪式,快乐文化节活动,活动成果展,开设博学爱国主义、外语、交通安全、国外文化和心理辅导等课程,着重培养留守儿童的心理健康和性格。(详见华侨卷·为侨服务)

第六章　县工商业联合会

文成县工商业联合会(简称县工商联)是全县工商业界组织的人民团体。县总商会是商人依法组建的社会团体,从维护会员合法权益,促进工商业繁荣为宗旨,于2010年建立。县工商联与总商会两个牌子合署办公。20年来,县工商联开展“法律服务民营企业”活动,20余家企业通过县工商联法律服务中心进行法律咨询和维权;与县建行签订集体办理建行创富精英卡和建行结算通卡的协议,为县工商联执委以上成员60余家企业办理此项业务。联合县劳动人事局、县农业局举办秋季人力资源招聘会,帮助企业解决用工难问题,为招聘者提供100余个就业岗位。引导非公经济人士,投身光彩事业,支援新农村建设、扶贫助教、办公益事业、关爱困难群体与灾区等。捐资2978万元助学结对贫困生797人,助学资金98.4万元,慰问困难群众2800人次。

第一节　机构与代表大会

1991—2011年,县工商联召开4次会员代表大会。2010年5月,县总商会与县工商联合署办公。至2011年会员755个。

内设机构

县工商联为正科级单位。1991年内设机构有办公室,核定编制4名。1995年5月增挂县总商会牌子。1997年6月成立党组、党组书记由分管经济统战副部长兼任。2010年5月县总商会与县工商联合署办公,总商会会长由工商联主席兼任。2011年内设机构和人员未变。

基层机构

工商联分会　1992年始,相继成立县工商联珊溪、南田、大峃镇分会,巨屿镇与平和乡工商联办事处。2010年10月,双桂乡成立县工商联基层联络会。2010年10月后,成立县法人代表资格基层商会,与工商联合署办公。

1991年,会员总数267个,其中企业会员23个、团体会员8个、个体会员236个。1997年增会员192个,会员总数为516个,其中企业会员56个、团体会员13个、个体会员447个。1998年会员总数528个,其中企业会员59个、团体会员13个、个体会员456个。2011年会员755个,其中企业92个、团体会员19个、个体会员644个。

基层商会　2010年12月成立巨屿镇商会,2011年3月成立黄坦镇商会,2011年11月成立西坑镇商会。

2004年12月成立杭州文成商会,2006年1月成立义乌文成商会,2007年7月成立温州文成商会,2009年10月成立上海文成商会,2010年1月成立瑞安文成商会,2011年9月成立丽水文成商会,2011年12月成立广州文成商会。

代表大会

1992年11月召开第三次会员代表大会，出席代表96人。选举产生执行委员会委员24人、常务委员12人、副会长4人、名誉正副会长3人，吴维勤当选为会长。1996年4月召开五次执委会议，增选副会长1人、聘任名誉副会长1人，执行委员会委员增5人。

1997年7月召开第四次会员代表大会暨四届一次执委会，出席代表92人、特邀代表158人。选举产生执行委员会委员37人、副会长4人、常务委员15人、吴维勤当选为会长。1999年12月，召开四届三次执委会议，林观宝当选为会长。2001年6月召开县工商联四届四次执委会议，免去执委委员3人，增补执委委员2人。

2003年9月召开第五次会员代表大会，出席代表125人。选举产生执行委员会委员36人，常务委员15人、副会长7人(兼职副会长6人、专职副会长兼秘书长1人)、名誉正副会长7人，周有铭当选为会长。2007年3月召开五届五次执委会议，增补副会长兼秘书长1人。

2011年3月，召开第六次会员代表大会，出席代表161人，选举产生执行委员会委员69人、常务委员31人、名誉正副主席12人，赵聪当选为主席，胡曙明为专职副主席兼秘书长；选举产生县总商会理事会理事69人、常务理事31人、副会长30人。赵聪当选为会长、胡曙明为专职副会长兼秘书长。

图23-7　文成县工商联(总商会)第六次会员代表大会(县工商联提供2011年3月摄)

第二节　建言与服务

1991—2011年，县工商业联合会从服务着手，了解会员企业的生产经营情况，建立会员数据库、帮助解决一些问题和困难、开展“法律服务民营企业”活动、为会员企业搭建融资平台等服务工作。有建议、提案526件次。

建言献策

1991—2011年，先后提出《调整产业结构，加快农业改革力度》《搞好用电管理，清理不合理的收费》《加强猪肉市场管理》《加快樟山工业园区建设进度》《关于加快学珊线公路建造进度》等建议、提案526件次。其中，《关于进一步改善文成投资环境，创新招商引资工作的提案》等提案被市工商联、县政协评为优秀提案；《关于筹建文成县总商会大厦的提案》被列为2011年度县领导督办重点提案。就《加大改革力度，促进全县经济发展》《关于进一步改善文成投资环境，创新招商引资工作》等建议，利用不同形式先后10次在县政协大会上发言，得到县政府和有关部门的重视和采纳。

对外联络

1991年开展横向联系,为会员推销介绍产品。组织征集县竹木工艺总厂、鹤城宝剑厂、山华林场工艺厂的产品图片,参加温州市工商联出口产品展览。

2006年2月,瑞安市工商联第八届执委会暨总商会第三届理事会第五次(扩大)会议在文成召开,县工商联借机适时建议安排县领导在会上介绍文成的情况,并邀请他们参与文成的经济建设,开展两地山海项目协作,实现合作双赢。

2010年,组织温州文成商会、义乌文成商会在温州召开主题为"共话新形势下文商的发展机遇与合作"经验交流会。5月下旬,组织县企业家和异地商会会长、行业协会会长30人赴上海、江苏等地考察交流;坚持"内外互动",组织引导义乌文成商会与温州文成商会、县总商会与江阴市总商会缔结为友好商会。

服务工作

1991年从服务着手,了解会员们的生产经营情况,建立会员数据库,帮助解决一些问题和困难。

2009年10月,与工商银行合作解决5家中小企业"融资难"问题,帮助5家中小企业融资800余万元;开展"法律服务民营企业"活动,20余家企业通过县工商联法律服务中心进行法律咨询和维权,调解会员企业经济纠纷22件次。

2010年5月,为会员企业搭建融资平台,与县建设银行、县工行建立合作关系,帮助成立文成县百川小额贷款公司,为中小企业提供低息贷款1200万元,解决全县中小企业资金周转困难。6月,根据与县建行的合作协议,为全县60余位会员企业负责人批量办理创富精英卡和结算通卡。10月,组织相关人员前往杭州会同杭州文成商会,处理好杭州滨江博得朋服日用百货市场纠纷,维护赵玲芝等19户在杭文成商户的合法权益,挽回经济损失100余万元。

2011年8月,县工商联联合县劳动人事社会保障局、农业局举办秋季人力资源招聘会,24家企业参与招聘会,为前来招聘者提供100余个就业岗位,签订就业意向30人。

第三节　光彩事业

1991—2011年,县工商联引导非公经济人士,投身光彩事业,捐资2978万元,助学结对贫困生797人,助学资金98.4万元,慰问困难群众2800人次。

1992—1995年,发动会员捐资扶贫、助教、办公益事业66.55万元,1996年捐资97.1万元。

1997年,做好非公有制经济代表人士思想工作,继续推进"光彩事业"扶贫工作的开展。县烟草公司黄坦分会、县农用车总厂、天蓬养殖场、山珍食品有限公司等单位捐资扶贫建校、道路、水厂等公益事业。

1998年,长江流域发生特大洪灾,县工商界纷纷捐资捐物20余万元支援灾区人民抗洪救灾、重建家园。另外,扶贫助教和办社会公益事业捐资48.8万元。合计捐资捐物68.8万余元。

1999年,企业会员致富不忘回报社会和人民,募捐扶贫助教,为47名贫困学生解决学杂费。捐资45万元兴办公益事业。2000年,县冰洋实业有限公司等10余家工商联会员企业捐资60余万元,结对资助62名贫困学生就读。

2001年,引导会员投身到光彩事业,为全县的公益事业捐资38.2万元。

2002年,工商联会员全年资助捐款30余万元,结对扶持贫困学生69名。2003年5月,发动会员企业为抗击

“非典”等投资60余万元。8月开展结对资助活动，为182名贫困学子捐献助学资金91万元。

2004年，全年非公经济人士向基础设施、扶贫助学捐资达50余万元。工商联常委胡立井单独连续5年每年出资1.5万元，结对贫困学生20名。

2005年9月，杭州文成商会为文成遭受13号台风“泰利”袭击的灾民捐资20万元。2006年2月12日，文成义乌商会向文成地震灾区珊溪等地捐赠救灾物资4万余元。杭州文成商会会长陈建华助学结对6名贫困大学生，给予每位贫困生每年学费5000元。

2008年5月四川汶川发生大地震后，县工商界人士和异地文成商会向四川地震灾区捐资235.5万元，捐赠物资价值211.70万元。其中，温州文成商会向四川地震灾区捐资115.75万元、捐赠物资价值211万元，义乌文成商会捐资11.40万元，杭州文成商会捐资49.50万元，文成本地非公企业及工商界人士捐资60万元。

2009—2010年，县工商联牵线义乌文成商会、温州文成商会落实扶贫结对资金250余万元。2009年5月，牵线金华温州商会与上林的周山垟村结对落实帮扶资金10万元。4月和8月，分别联系上海文成商会筹备组、温州文成商会结对文成贫困生40名，结对助学金12.10万元。2010年4—10月，发动异地文成商会和县内非公企业为县域乡镇幼儿园建设捐资160余万元。8月，牵线温州文成商会助学结对全县贫困生100名，落实助学结对资金15万元。10月，牵线义乌文成商会为珊溪镇街头村孝文化建设捐资15.8万元。利用国庆节，邀请县领导对部分非公经济人士父母进行走访慰问；利用重阳节，带上慰问金、慰问品慰问百岁老人；利用春节，慰问贫困户、低保人员和“三老”人员。

2011年，开展系列的扶贫慰问、贫困生结对和公益捐赠活动，捐资626万元。组织商会、协会慰问贫困户3次，慰问贫困户及“三老”人员600余人次，落实资金29万元。牵线落实结对贫困生35名，落实助学资金10万元。7月，纪念刘基诞辰700周年活动，全县非公经济人士捐资577万元。

第四节　调研与宣传

县工商联信息宣传调研工作。向上级上报信息652条，刊发信息68期，与县电视台、文成报社联手，宣传报道县工商联有关重要活动78场次，有468条信息被省、市工商联采用。撰写调研文章20余篇，6篇被县委、县政府采用，为县委、县政府及相关部门提供决策参考。

调　研

1991年选择文成胶鞋厂、管子钳厂等单位进行调研。1996年先后到长城鞋厂、胶鞋二厂、竹木工艺总厂、离合器厂、制药厂及大峃镇、南田镇、珊溪镇的商品市场进行调研；2001年5月深入到珊溪镇、巨屿镇等乡镇的民营企业进行调研。

2004年5月，开展走访千家会员企业调研活动。走访43家企业，听取企业提出的用电、用地、用水、企业审批、优惠政策、道路交通等问题，形成书面调研材料向县相关领导汇报和相关单位反映。10—11月，开展全县非公有制经济代表人士综合评价试点工作，评价出由县级以上已作和拟作政治安排的非公有制经济代表人士27名，为全县非公经济人士政治安排提供依据。

2006—2011年，调研本地与在外地的文成籍非公经济企业工作。先后撰写多篇调研文章，反映企业意见和建议，并形成书面材料向县委、县政府作专题汇报，帮助企业解决发展中遇到的问题。

学习宣传

1991年始,广泛宣传新时期工商联的性质、地位、作用和任务,教育会员和工商界人士,自觉遵纪守法、照章纳税、文明经商、公平交易。1995—2005年,重点组织非公经济人士利用培训会、座谈会等形式,学习十四大、十五大、十六大会议精神,学习《关于鼓励支持和引导个体私营等非公有制经济发展的若干意见》即"非公三十六条"(国发〔2005〕3号)文件精神。

2005—2007年举办非公经济人士培训班5期,推荐30名优秀企业家到中央党校学习,组织2次企业家外出学习考察,组织10名文成在杭读书的大学生开展千里寻文商活动。2008年2月,编辑出版《正在崛起的文商》(文成籍企业家风采录)一书,记载41位在文成内、外经商创业的优秀非公经济人士的先进事迹。

2010年7月,组织全县70余位非公经济人士学习贯彻《关于鼓励引导民间投资健康发展的若干意见》。2011年,在县新闻网发表宣传文章12篇,《今日文成》报纸发表5篇,文成电视台宣传报道15次,市总商会网发表5篇,省工商联网发表10篇。举办县工商联顾问、执委80余人参加的非公经济代表人士素质提升培训班,培训工作后期组织执委以上人员到井冈山等地接受革命传统教育。

第七章　县文学艺术界联合会

文成县文学艺术界联合会(简称县文联)团体会员9个。1991—2011年,出版文学季刊《山风》72期,公开出版文学、书法、美术、摄影等文艺著作177部,拍摄电视连续剧3部、音乐电视1部,制作CD、VCD等19张。举办文艺活动207次,其中在全国有影响力的文艺活动16次;举办文艺赛事76次,其中在全国有影响力的文艺赛事5次;邀请著名文艺家到文成讲座17次。先后设立胡志敏文学艺术创作奖、文成生态旅游文化创作奖、文成县文化艺术精品创作奖,评奖21人次。

第一节　机构与代表大会

1991—2011年,县文联召开4次代表大会。1991年,县文联有8个文艺工作者协会;2011年有9个团体会员。

内设机构

1991年,成立县文联,实行团体会员制,人员编制2名。1997年增至4名,设主席、副主席各1名,中层领导职数1名。2008年,设事业单位刘基文化研究会办公室,全额事业编制1名;2009年增至2名。2011年,县文联内设办公室、《山风》编辑部、刘基文化研究会办公室。

基层机构

1991年,县文联设文学、音乐、舞蹈、戏剧、美术、摄影、书法、民间8个文艺工作者协会。1999年3月,文成县诗词学会成立。2002年5月,文成县民族音乐爱好者协会成立。文学、书法、民间文艺工作者协会分别更名为作家、书法家、民间文艺家协会。2009年,美术摄影协会析为美术家协会和摄影家协会。2009年11月,文成县朗诵艺术学会成立。至2011年,县文联共下设9个团体会员。

代表大会

1991年1月5日,召开县文联第一次代表大会。徐世征当选为主席,周文锋、胡绍好、项有仁为副主席。

1996年6月28日,县文联召开第二次代表大会。周文锋当选为主席,陈挺巧、邢坚成为副主席。2001年12月朱正选任副主席,2004年9月王国侧任副主席。

2005年5月19日,县文联召开第三次代表大会。蒋海波当选为主席,王国侧、叶世杰为副主席。2009年1月13日,县文联召开第三届委员会第四次全体会议,王国侧当选主席。

2010年7月15日,县文联召开第四次代表大会。王国侧当选为主席,叶世杰、王国健、陈丕欢为县文联第四届委员会副主席。

第二节　创作与活动

1991—2011年,县文联出版文学季刊《山风》72期,开展一年一度“山风”笔会,组织文艺家采风创作,就文联工作、文学创作等方面交流经验和做法。与部门单位联办“征文比赛”,合作编写出版书刊。与省市文学刊物编辑部一起举办创作活动,交流创作经验,以提高县域作家的文学创作水平。

征　文

1992年,县文联与土地局、教委联合举办“国土杯”征文大奖赛。1993年,与县教委联合举办“中小学生鹤城杯征文大奖赛”。1997年,与县教委联合举办“迎香港回归”征文比赛。1998年,与县无线电管委会联合举办“无线电杯”征文大奖赛。1999年8月,与县土地局、县教委联合举办“国土杯”征文大赛;与旅游局、县教委联合举办“百丈漈杯”游记散文征文比赛。

2000年6月,与县旅游局、县教委联合举办“百丈漈杯”散文大奖赛;7月,与县纪委、县国税局联合举办“反腐倡廉”征文。2003年2月,与县老干部局联合举办“长春杯”征文;5月,与县委宣传部、县妇联联合举办“我做合格小公民”征文。2004年,与县教育局、气象局联合举办“气象杯”征文;与老干部局、环保局、教育局联合举办“长征·环保杯”征文。

2006年,联合县委宣传部、教育局、电力投资开发有限公司举办“电投杯”诗歌征文活动。活动历时两个月,收到作品131件,其中成人作品70件。评出成人组及学生组一、二、三等奖32名和优秀奖26名。5月,联合县司法局、县普法办举办“普法杯”征文,收到作品110件,30篇作品获奖。7月,为纪念唐山大地震30周年,联合县科技局开展“科普杯”征文活动,收到作品72件,22篇作品获奖。

2007年,与县纪委、县委宣传部、县教育局、电业局等联合举办“伯温杯”廉政征文比赛,收到300余件稿件,出版《山风·廉政》专刊。2008年与县土地局、教育局、新闻中心联合举办“国土杯”散文、书法、美术、摄影比赛,并举行颁奖仪式。与县委组织部、县委宣传部、县司法局、环保局等有关单位开展“人才与创业创新”“普法杯”“环保杯”征文活动。

2010年3月,与《欧洲华人报》《诗林》《浙江作家》及铜铃山国家森林公园联合举办第二届“铜铃山杯”全国诗歌(散文)征文大赛。征文历时一年,收到来自全国各地的散文、诗歌6856件,经过评委会评审,21位诗人、作家的作品获奖,79位诗人、作家的作品入围。2011年5月16日,颁奖仪式在铜铃山镇举行,《人民文学》副主编商震、《诗林》主编潘红莉、县人大常委会主任徐世征、温州市文联副主席吴琪捷等出席颁奖仪式。出版发行获奖作品集《美哉文成》,该书由诗人慕白主编,大众文艺出版社出版,全国新华书店发行。

活　动

1994年,县文联组织文协会员参加“县重点工程采访团”采风;组织文协会员为刘英纪念馆、百丈漈景区撰写楹联。1996年,与县老干部局、县文学爱好者协会举办深入革命老区活动,撰写《革命回忆录》。1997年,与县旅游局合作编写《风景览胜》《民间故事集》《诗词·楹联·匾额集》。1998年,撰写《资源调查报告》《景区景点简介》《诗词·楹联》。1999年,与县委宣传部联合组织采访先进人物事迹,编写出版《改革颂》。2000年,与县人大常委会联合组织开展采访人大代表,编写出版《人大代表风采录》。

2005年,县文联组织“生态文化之旅”“畲乡之旅”“红色之旅”等文化采风。4月25日在县府礼堂开展“信合杯·春天送你一首诗”诗歌朗诵比赛。邀请诗刊社著名诗人林莽、刘福春进校园作诗歌知识讲座。2006—

2008年，连续举办第3届“信合杯·春天送你一首诗”诗歌朗诵会。

2011年5月，《人民文学》文成创作基地在铜铃山正式挂牌成立。这是《人民文学》在浙江省设立的第一个文学创作基地。《人民文学》副主编商震、《诗林》主编潘红莉、《十月》编辑谷禾、《中国青年报》记者商凝瑶、温州市文联副主席王手、作家马叙等和来自全国的20余位“铜铃山杯”全国诗歌（散文）获奖诗人、作家以及文成县领导等出席授牌仪式。商震为《人民文学》文成创作基地授牌。8月，文成县首届全民“伯温读书节”活动在县府礼堂拉开序幕。文联组织韩殇、余锋等10位作者开展签名赠书活动。10月，县作家采风团一行20余人到台州市黄岩区、仙居县采风创作，就文联工作、文学创作等方面交流经验和做法。组织县部分作家开展百村行采风活动，撰写《畲乡培头采风杂感》等散文。

交　流

1992年，县文联与市文联、县文化局联合在石垟林场召开“绿色笔会”。1998年，县文联与瑞安市文联召开“百丈漈之夏”笔会。1999年，与泰顺县文联联合承办温州市文联发展研讨会。2004年，邀请韩春旭等著名作家到文成交流文学创作。2005年12月，组织承办温州市文联工作联谊会；邀请市文联副主席钟求是到文成作文学讲座。

2006年4月，向中国作协《诗刊》社申请举办“移动杯·春天送你一首诗”朗诵会。县领导徐世征、吴高宏、刘华侃及文成县部分诗歌爱好者、中小学生400余人参加诗歌朗诵会，著名诗人林莽、寇宗鄂、沈泽宜、李自强、一级作家子川、著名朗诵艺术家朱珠等到文成参加诗朗诵会。本县数十名诗歌爱好者在阳光假日大酒店先后聆听林莽、沈泽宜等诗歌老前辈的精彩讲座，与著名诗人开展面对面的交流。

2008年11月，举行“铜铃山杯·美丽的文成”全国诗歌大赛颁奖仪式。来自北京的唐力组诗《文成诗章》获得一等奖；文成徐清组诗《文成组章》及永嘉小路《文成·百丈漈》获得二等奖；台州柯健君的组诗《文成行》、安徽八零组诗《文成赋》、山东苏振学《阮郎归·咏文成山水》获得三等奖，收到稿件1万余件，2万余首诗歌。

图23-8　“铜铃山杯·美丽的文成”全国诗歌大赛颁奖仪式（县文联提供 2008年11月摄）

2009年4月，县文联与《人民文学》杂志社联合举办《人民文学》作家采风团到文成采风，活动邀请李存葆、陈世旭、商震、韩作荣、熊召政等作家、诗人深入百丈漈、刘基庙、龙麒源、铜铃山、飞云湖等景区采风创作。

2010年8月，县文联与中国作协《诗刊》社联合举办第26届“青春诗会”。

2011年3月，县文联与《诗探索》联合举办“《诗探索》·文成诗歌”活动。5月，与中国作协《诗刊》社联合举办中国著名诗人走进文成采风活动。11月，县文联与《青年文学》杂志社联合举办盛世文成·2011年度《青年文学》诗歌奖颁奖典礼暨获奖诗人作品研讨会。

《山风》和“山风笔会”

《山风》是由文成县文学艺术界联合会主办、文成县教育局协办的县级文学季刊。主要刊登小说、散文、诗歌等纯文学作品。《山风》创刊于1991年3月,至2011年12月,《山风》出版72期。

“山风笔会”是由文成县文学艺术界联合会主办的县级文学活动。主要开展文学创作、交流、采风、研讨、讲座等活动。“山风笔会”活动创办于1991年,至2011年,举办21次笔会。

第三节　创作成果

1991—2011年,县域文学艺术作品在《人民文学》《十月》《诗刊》《萌芽》等刊物上发表3528篇;市级以上书法作品入展117人次,作品集8部;美术作品29件,作品集6部;摄影作品69件,作品集6部;音乐、舞蹈、戏曲作品73件,作品集1部,出版VCD、CD19张。(详见文化卷)

第八章　县残疾人联合会

1989年成立县残疾人联合会(简称县残联)。20多年来,县残联全力开展爱残、助残、扶残工作,全县3868名残疾人得到不同程度的训练和康复。先后举办残疾人专用车、种植、养殖、服装裁缝、电脑打字等各类职业技术培训班22期,培训残疾人1624人。1998—2011年,全县收取残疾人就业保障金483万元,集中安置残疾人274人,分散安置575人,扶持残疾人个体和种养业1148人。1999年始,做好残疾人基地扶持工作,下拨残疾人扶贫贴息资金100万元,帮助残疾人扶贫发展。2004年2月,县残疾人"安居工程"正式启动,至2011年,解决无住房或严重危房的贫困残疾家庭395户,受益人口1306人(其中残疾人478人)。2008年,投入资金100万元,实行重度残疾人托(安)养工程,集中托养80人,居家安养831人。2011年,全县残疾人23576人,占全县总人口38.65万人的6.1%。同年,建立文成县首个残疾人小康阳光庇护中心,省、市、县三级发放残疾人扶贫资金1000万元。

第一节　机构与代表大会

1989年10月召开文成县残疾人联合会,第一次代表大会,至2011年召开五次代表大会。2011年,县残联下设残疾人康复服务指导站和10个基层残联。

内设机构

1989年6月,成立县残联,属全民事业。1997年,内设办公室(县残疾人工作协调委员会秘书科)和教育就业部(康复办公室)2个职能科室,核定事业编制5名。1998年8月,建立县残疾人劳动就业服务所和残疾人康复服务指导站,残疾人劳动就业服务所属全民事业,差额拨款,核定事业编制2名;残疾人康复服务指导站,与县残联内设机构康复办公室实行一套人马、两块牌子。2011年,行政编制5名、事业编制3名、中层职数2名,内设机构未变。

基层机构

1992年,各乡镇开始成立基层残联。2011年乡镇机构撤并,全县设10个基层残联。

代表大会

第一次代表大会　1989年10月,召开第一次代表大会,会议选举产生首届残疾人联合会。推举陈式超为联合会理事长,王海治为副理事长。

第二次代表大会　1994年,召开第二次代表大会,出席代表114人。大会选举产生主席团主席1人,执行理事会理事长、副理事长各1人。1998年6月,金帮信调任县残联副理事长。

第三次代表大会　1999年3月,召开第三次代表大会,出席代表121名。大会选举产生文成县残联第三届主席团及执行理事会。第三届主席团由42名委员组成。陈思成、雷开勤为名誉主席,郑国启当选为主席,夏良芬、朱明阳、金帮信、胡希勉、蔡锦熙为副主席,金帮信当选为理事长。2002年8月,补选叶世杰为理事长、王圣跳为副理事长。

第四次代表大会 2003年5月,召开第四次代表大会,出席代表118人。大会选举产生主席团主席1人、副主席4人、名誉主席2人,叶世杰当选为执行理事会理事长、副理事长为王圣跳。

第五次代表大会 2007年11月,召开第五次代表大会,出席代表220人。大会选举产生主席团主席1人、名誉主席2人,执行理事会理事长、副理事长各1人。

第二节 服 务

1991年以来,县残联开展为全县残疾人服务工作。换发第二代残疾人证4474本,3868名残疾人得到不同程度的训练和康复。帮助数百名残疾儿童进学校就学,并帮助解决残疾人家庭生活困难。

基础设施

1999年3—5月,筹资42万元(其中,中央补助8万元、省残联15万元、市残联5万元、县财政5万元,自筹9万元),建成残联综合楼,建筑面积368平方米,集残疾人教育培训、活动、残联办公等功能于一体。

2000年8月,县残联投资10万元扩建办公楼,使用面积达到660平方米,集残疾人康复、职业培训、活动及办公等功能于一体。

2002年,向省残联争取到基础设施建设费和县政府配套经费6万元,改善县残联的办公环境。

2011年,出台《文成县残疾人小康·阳光庇护中心实施办法(试行)》,指导全县庇护中心建设。5—8月,依托原峃口镇慈善敬老院进行改扩建,全县首个残疾人小康·阳光庇护中心——峃口镇残疾人小康·阳光庇护中心正式运行。中心占地3660平方米,建筑面积1200平方米,拥有床位80张,吸纳该辖区"五保"老人和各类残疾人50余人入驻。

办 证

1991年,全县残疾人1.8万人,占全县总人口的5.05%。2000年,进行第二次全县残疾人状况调查,全县各类残疾人17460人,占全县总人口5%。2011年,全县残疾人23576人,占全县总人口的6.1%,比1989年上升1个百分点。

1989年持证残疾人2100人。至2007年,共为残疾人办理"中国残疾人证"6472本。2008年,全国第二代残疾人换证工作全面启动,通过审批为全县残疾人换发第二代残疾人证768本。2009年,为全县残疾人换发第二代残疾人证2570本。至2011年,全县办理换发第二代残疾人证4474本。

2008—2011年文成县第二代持证残疾人分类情况一览表

表23-3　　单位:人

年份	合计	肢体残疾	视力残疾	听力、语言残疾	智力残疾	精神残疾	多重残疾
2008	768	379	127	82	57	115	8
2009	2570	1264	321	558	223	154	50
2010	664	429	60	60	54	53	8
2011	472	284	34	47	47	52	8
合计	4474	2356	542	747	381	374	74

说明:资料由县残联提供

康　复

1991年，61名白内障患者在县中医院施行摘除手术，8名小儿麻痹病人得到矫治。1993年，香港“关怀行动”在温州开展少儿麻痹病矫治手术，为文成籍患者矫治手术38例。1994年5月、10月和1995年3月，省医疗队前后三次在县中医院开展义诊，做少儿麻痹病矫治手术127人178例。1995年，建立残疾人用品供应站，供应15种品种，数量200余件。至1996年，县中医院开展白内障摘除手术800例。

1997年，全县进行小儿麻痹矫治手术18例，配用低视力助视器10例，供应残疾人用品用具960件，聋儿语训2人。11月，国务院残工委、中残联组派出国家医疗队到文成开展“视觉第一、中国行动”活动，做白内障摘除及火工晶体植入手术73例。1998年，两次配合“温州市汽车眼科移动医院”到文成开展白内障摘除复明手术。完成白内障复明手术196例，小儿麻痹症矫治38例，聋儿语训8人次，假肢和矫形器装配27例，肢体功能康复训练16例，给14名低视力残疾人配用助视器。

1999年，通过组派医疗队健全康复网络，认真实施康复计划。全年使209名残疾人得到不同程度的康复，其中完成白内障复明手术116例，肢残矫治14例，聋儿语训12人，假肢和矫形器装配5例，肢体功能康复训练9例，给18名低视力患者配用助视器，精神病防治5例，其他30例。供应残疾人用品用具128件。

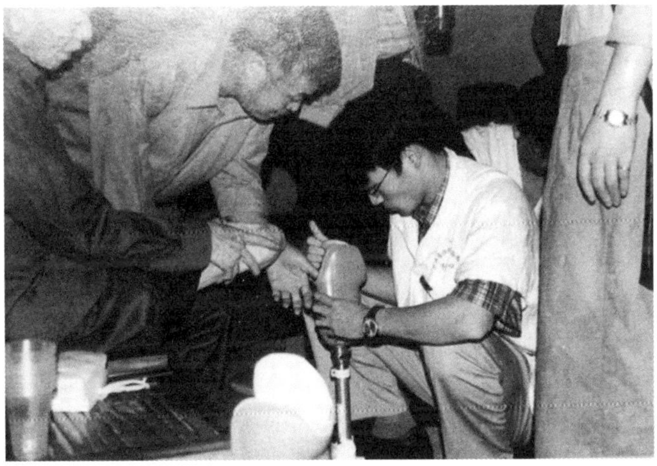
图23-9　残疾人康复中心（县残联提供 2005年摄）

2000年，残疾人康复179名，其中白内障复明手术150例，肢体矫治3例，聋儿语训2人，肢体功能康复训练9例，低视力康复10例，精神病防治5例。供应残疾人用品用具100件。2001年春节期间，组织人员赴十源、南田、二源等乡镇对白内障康复对象进行术后复查，并对32户贫困康复对象发放慰问金1.43万元。10月，由县委宣传部和县残联联合发起“给你一条腿、让你站起来、还你美好人生”为主题的“助行工程”。助行工程得到全社会各界的大力支持，县实验小学、县二中、大峃镇小分别举行捐资仪式，捐资21513元，使52名截肢贫困残疾人重新站起来。11月，县财政拿出10万元用于白内障患者摘除手术，199名残疾人得到不同程序的康复，完成白内障复明手术150例，低视力康复13例，肢体矫治9例，聋儿语训5例，供应残疾人用品用具208件。

2002年，省残联医疗队到文成为残疾人安装假肢，12名残疾人安装了假肢。全年完成白内障复明手术150例，低视力康复10名，低视力家长培训2例，聋儿语训5名，聋儿家长培训5名，肢体残疾成人康复训练10名。供应听力助残助听器2台，用品用具100件，假肢配装4例，全面完成市里下达的康复年度任务。

2003年开展“千人复明行动”，温州市第二人民医院为11名白内障患者免费做手术。全年完成白内障复明手术150例，低视力康复10名，低视力家长培训2人，聋儿语训5名，聋儿家长培训5名，肢体残疾成人康复训练11名，听力助残助听器供应2台，用品用具供应180件。

2004—2005年，开展“全国第五个、第六个爱耳日”，为30位聋人免费赠送助听器，在瑞安市为9名文成籍肢残者免费安装7例假肢。2005年，完成白内障复明手术255例，低视力康复21人，低视力家长培训5人，聋儿语训10人，聋儿家长培训10人，肢体残疾成人康复训练22人，用品用具供应362件。听力助残助听器供应12台。

2006年，为10位聋人免费赠送助听器，在温州市第二人民医院为23名文成籍肢残者实施免费安装假肢。全年完成白内障复明手术131列，免费发放残疾人轮椅50辆，低视力康复14人，低视力家长培训3人，聋儿语训5人，聋儿家长培训5人，肢体残疾成人康复训练12人，听力助残助听器供应10台。全年投入康复资金6万余元。

2007年，一次性为21名贫困肢残人进行筛选排查和安装取模工作。完成白内障复明手术176列，低视力康复12人，低视力家长培训6人，聋儿语训5人，聋儿家长培训5人，肢体残疾成人康复训练16人，听力助残助听器供应10台。发放残疾人轮椅200辆，全年投入康复资金6万余元。

2008年3月，联系温州眼视光医院为贫困白内障患者免费施行复明手术117列。联系温州西门子听力有限公司为贫困听力残疾人免费验配助听器250台；杭州明聪眼镜有限公司为贫困低视力者免费验配助视器10台；北京奥托博克假肢矫形器工业有限公司为贫困下肢缺失者免费安装假肢27例。免费发放残疾人轮椅190辆，低视力家长培训5人，聋儿语训4人，聋儿家长培训4人，肢体残疾康复训练10人。投入资金77.44万元，完成残疾人康复工程、托(安)养工程。

2009—2010年，完成白内障复明手术306列，低视力康复35名，低视力家长培训6列，聋儿语训8名，聋儿家长培训8名，免费为贫困残疾人安装假肢16条。脑瘫儿童康复训练4人，智残儿童康复训练3人，助听器适配100人，免费配发轮椅、拐杖等辅助器具250件。浙江省彩票公益金贫困残疾儿童矫治手术项目，3名贫困残疾儿童进行矫治手术。

2011年，完成白内障免费复明手术201列，低视力康复20人，低视力家长培训13人，脑瘫儿童康复训练7人，聋儿语训6人，聋儿家长培训4人，智残儿童康复训练5人，孤独症训练3人，矫形器装配1例，人工耳窝3人，假肢装配6例，助听器适配100名。浙江省彩票公益金贫困残疾儿童矫治手术3例。为残疾人免费配发轮椅、拐杖等辅助器具50余件。成立县社区康复工作领导小组，出台文成县《关于进一步做好残疾人社区康复服务工作的实施意见(试行)》。全年投入资金20余万元，大峃、珊溪、南田、峃口4镇建立4个残疾人社区康复示范点。完成0～6岁儿童抢救性项目实名制调查、登记工作。

至2011年，全县3868名残疾人得到不同程度的训练和康复。其中，白内障复明3108例，低视力及家长康复训练194人，聋儿及家长语训109人，小儿麻痹、肢体残疾矫治训练457人，助听器、助视器、轮椅等辅助性器具发放2195件。

助学济困

1991年，拨款2300元支持赵玉怀办好县育才聋哑学校，解决学生生活困难。“六一”，送每个学生新衣服一套。推送两位盲童到省盲人学校上学。1994年，选送6名盲童到省盲童学校读书。至1996年，全县20名残疾考生被大中专院校招收入学。上线的残疾人考生入学率为100%。

1998—1999年，向省、市残疾人培训学校输送学员36名。

2000年，残疾儿童入学纳入“普九”总体规划，残疾儿童入学率城镇达到82%，农村达到71%。全年举办残疾人种养业培训班4期，培训各类残疾学员210人，向省市残疾人职业培训学校输送残疾学员7名、盲人2名。2001年，培训残疾学员98名，3名肢残学生被高校录取，向省市残疾人培训学校输送肢残学员3名、盲人6名。2003年，全县有3名残疾学生和8名低保家庭残疾子女达到普通高等院校或特殊教育高等院校录取分数线被录取。对考上大、中专的低保残疾家庭子女或残疾学生本人给予资金补助。11户(人)发放助学金4.7万元。

2004—2005年，对考上大、中专的家庭残疾子女或残疾学生本人给予资金补助。9户(人)发放助学金3.85万元。2006—2007年，举办残疾人实用技能培训班，培训人数679人(其中残疾人447人)。

2008年,补助残疾学生及贫困残疾人子女助学44人,补助金额6.1万元。2011年,对全县102名残疾学生及贫困残疾人子女进行助学补助和申请市级助学补助,全年发放补助资金4万余元。

扶残助残

1991年,在第一个助残日(5月19日)前后,发动社会各界开展为残疾人"捐一元钱,献一片爱心"活动,捐资10746.92元。1992年,县民政局拨专项扶贫资金10万元,直接扶持1020名残疾人发展种、养、加工业。

1996年,推荐残疾人合同工32人到温州鹿城区民政工业公司就业。县残联帮助创办叶碎玲残疾人五金厂、巨屿残疾人综合养殖场等8家企业。县交警队、县残联对100余名残疾人专用车驾驶员采取培训、考核、上牌营运等措施,解决他们生计问题。5月,市残联、《温州侨乡报》社等单位在文成联合开展"救助失学残疾儿童"特别行动,18家单位及个人与52名残疾儿童结对。

1997年5月,发放50名失学残疾儿童助学金8000元。举办残疾人职业培训班2期,培训60人次。1998年,拨出6600元救助44名贫困失学残疾儿童。680余人次参加走访慰问残疾人活动,慰问品价值计3万元,受益残疾人700余人次。举办培训班2期,培训各类残疾人97人次。收取120家单位的残疾人劳动就业保障金14万元,集中安置残疾人就业20名,分散安置25名,协助个体开业260名。

1999年10月,配合市红十字会、县民政局做好温州市有关单位(个人)与21名白内障患者结对工作。市政府下拨残疾人扶贫贴息资金100万元,帮助残疾人扶贫发展。举办农业科技培训班3期,受训残疾学员298人,集中安置残疾人31名,分散安置198名,收取残疾人劳动就业保障金18.8万元。

2000年,县残联建立残疾人长毛兔、山羊、鹅、肉鸽、鸭基地33个。239名残疾人贫困户得到帮扶结对。县残疾人服务社陆续从新昌县引进长毛兔种2800只,扶持15位残疾人养殖毛兔;并创办残疾人饲料加工厂,为养殖户提供一条龙服务。

2001年,下达残疾人扶贫周转金5万元,帮助残疾人扶贫基地发展生产。购买优质长毛兔种240只,无偿投放到南田镇竹园底村30户残疾人。出资购买长毛兔种178只,投放十源乡24户残疾人。收取残疾人就业保障金223万元,集中安置残疾人28人、分散安置21人,先后2批下达残疾人扶贫贴息资金29870元,个体就业42人,扶持种养87人,劳务输出35人。

2002年,组织人员下乡,走访17个乡镇、考察24个村、近百户残疾人家庭,确定周山乡茶叶基地、富岙乡培头村獭兔基地、黄寮乡板栗、药材基地,西坑镇梅花鹿养殖基地、金炉乡养鸡基地等为重点扶持基地。协助龙湾区残联和当地的一个福利企业到文成招收残疾人,80余人被录取到该福利企业上班。全年收取残疾人保障金23.5万元,按比例就业34人,集中安置残疾人34人,分散安置21人,扶持个人就业24人,扶持种养业87人。

2003年,发展公阳乡红柿基地、里阳乡白鹅基地、大峃镇生猪基地,残疾人基地增加到10个。下达残疾人扶贫贴息资金15万元。2004年2月,启动"安居工程",解决无住房与严重危房的贫困残疾人家56户,新建5396.9平方米,受益残疾人75人、正常人110人。增加黄坦后巷村邢信勇杨梅基地、黄坦沙垟母猪基地、黄坦富民饲料厂3个残疾人基地。全年下达残疾人扶贫贴息2万元。全年增加就业134人,集中安置残疾人32人,分散安置32人,扶持个人就业50人,扶持种养业20人,劳务输出26人。向温州聋校培训机构输送残疾人学员3人。

2004年,按比例就业10人,残疾人集中安置13人,分散安置32人,扶持个人就业28人,扶持种养业20人,向温州聋校培训机构输送残疾人学员3人,残疾人劳务输出28名。

2005年,继续推动残疾人家"安居工程"。解决无住房与严重危房的贫困残疾57户(其中,无房户为17户、危房户为40户2530平方米),新建5500余平方米,受益人口210人(其中残疾人73人)。残疾人基地——周山茶叶有限公司被列入温州市循环经济重点项目,被评为市级扶贫示范基地。增加南田武阳水果基地、平和陈光弟茶叶基地,重点扶持基地增加到15个。12月,下达残疾人扶贫贴息4万元。按比例就业23人,集中安置残疾人17人,分散安置40人,扶持个人就业41人,扶持种养业11人,向温州聋校培训机构输送残疾人学员3人,残疾人劳务输出27名。

2006年,收取残疾人就业保障金50万元。继续推动残疾人“安居工程”,完成危房改造55户,其中新建(扩建)52户、修缮1户、闲置房调剂1户,新建(扩建)5333余平方米,受益人口185人(其中残疾人为61人)。残疾人按比例就业16人,集中安置24人,分散安置26人,扶持个人就业24人,扶持种养业30人,劳务输出36人。全年各大银行为残疾人发放扶贫贷款296万余元、补助贴息资金15万余元,县残联从残疾人就业保障金中下达扶持资金10余万元,使138户残疾人受益。

2007年,自筹资金30万元,下达补助资金16万余元,完成危房改造20户,其中新建(扩建)15户、修缮2户、闲置房调剂3户,新建(扩建)1800余平方米,受益人口76人(其中残疾人26人)。5月起,全县各企业、县直属单位的残疾人就业保障金由县财政直接划拨,对于逾期不缴纳或不足额缴纳的,还将从滞纳之日起按日加收5‰的滞纳金,全年残保金收取70万元。

2008年,按比例就业7人,集中安置残疾人12人,分散安置73人,扶持个人就业13人,扶持种养业20人,向温州聋校培训机构输送残疾人学员4人,劳务输出12人。2009年5月,征收残疾人保障金60.2万元,10月协助对考入高中以上的残疾学生或贫困残疾人子女进行补助,受益11人。投入资金77.44万元,支持残疾人工程,其中康复工程46.15万元,托安(养)工程31.29万元。按比例安排就业6人,集中安置8人,分散安置31人,扶持个人就业11人,扶持种养业12人。全县投入培训资金3万元,举办各类残疾人实用技术培训班2期,培训残疾人劳动力139人次。

2010年,2257名贫困重度残疾人单独施行最低生活保障,全额享受最低生活保障金。完成省市下达的15名集中托养、60名日间照料、100名居家安养。完成市下达45户危房改造任务。全年投入资金104.98万元,集中安置19人,分散安置21人,扶持个人就业29人,扶持种养业6人。全年完成残疾人职业技能培训90名(包括残疾人家属),盲人按摩培训4人。

2011年,建立县首个残疾人小康阳光庇护中心,吸纳“五保”老人和各类残疾人。对全县已办理二代证的一、二级符合条件的2489名重度残疾人,进行应保尽保,农村每人每月260元,城镇每人每月425元。通过各种渠道推荐和安置残疾人就业550人,其中6个社会福利企业安排就业125人,县机关、企事业单位安排就业121人,个体经商就业304人。年末,县内残疾人扶贫基地和种养大户20余家。其中,省AAAA级扶贫示范基地1家、市AAA级扶贫示范基地2家、县级扶贫示范基地10余家。吸纳残疾人就业近200人。

第三节　关爱与维权

关　爱

1993年3月,中残联沈毅君、韩长年到文成调查县残联组织建设。县政府协调会议决定县聋校3位教师由教委列入代课教师编制,困难学生由民政部门给予补助。1994年,县政府颁发文政〔1994〕6号文件,对残疾人实行16条优惠政策。1995年10月,台北曹氏基金会向文成捐赠50辆残疾人轮椅车。

1997年,四套班子领导赴珊溪、巨屿等镇慰问残疾人,调查残疾人基本状况。县广播站设立残疾人专题节目。10月,十源乡被市政府评为市级先进助残集体。

4月，制定《文成县关于推行按比例分散安置残疾人劳动就业的实施意见》。8月，县委办、县政府办印发《乡镇残联建设标准》，建立残疾人服务社、助残志愿者联络站，与乡镇残联合署办公、协同工作。

1999年，310人参加走访慰问残疾人活动，捐钱捐物计8.5万元，受益残疾人217人。通过报刊等媒介宣传残疾人自强不息的先进事迹，达40余篇（次）。12月7日，《人民日报》华东版以大篇幅报道赵东勇身残志坚，在艺术领域追求人生价值的先进事迹。9月，肢残教师郑泉录获评全国首届“烛光奖”并到北京领奖，受到国务院副总理李岚清接见。

2000年春节期间，赴百丈漈等乡镇慰问残疾人贫困户61户，发放慰问金1.5万元。2001年2月，投资3万元成立县残联康复门诊部，作为残疾人的等级评定、康复调查、康复咨询及日常康复治疗。11月26日，省残联理事长傅颂怒一行5人在温州市残联理事长林加新陪同下到文成进行工作调研。2002年，法国华侨文化中心捐赠30辆残疾车。

2003年，副市长冯志礼到富岙乡慰问残疾人，省残联副理事长陪同省残工委领导，到文成检查残疾人事业“十五”计划的执行情况。开展第十三个“全国助残日”活动，向没有经济购买能力的残疾人赠送55辆轮椅。举办1期种养殖业农户业务培训班，48名残疾人农户参加学习。到桂山乡、仰山乡、珊溪镇3个乡镇开展上门办证服务，为近260名残疾人办理残疾证。

2004年，“助残活动周”，开展一系列扶残、助残活动。其间，联合县人民医院内科、外科、骨科、眼科等科室的医生到富岙乡举行为残疾人义诊，接待门诊人数达136人次；联合玉壶镇政府为100余名残疾人办理残疾证。分管副县长走访慰问贫困残疾人，向3位截瘫患者送去轮椅车，5位无劳动能力的贫困残疾人送去慰问金。联合县电视台制作特别节目介绍近5年来县残疾人事业发展情况，弘扬残疾人自强不息精神。

2005年，联合县电视台，制作《第十五次“全国助残日”特别节目》。县残联、教育局等单位领导下乡慰问带去学费补助金1.08万元给残疾学生，每位聋哑学生获得600元学费补助。并规定每年将有同等数额的聋哑学生补助金，以保证这些聋哑学生有学可上。回访全县10户2005年以来做了白内障复明手术的贫困家庭，并送去康复经费每户1000元计1万元；在全县范围内筛选出10户特困残疾人家庭，送去每户500元计5000元的慰问金。

2008年5月，征收残疾人保障金49.2万元。向残疾人和特殊教育学校发放慰问金13700元，为贫困残疾人送去190辆轮椅车、10台电视机、1台电脑，为多户贫困残疾人家庭送去康复器具，总价值达10万元。

2011年，市残联分配文成残疾人危房改造任务45户，县政府出台特惠政策，使残疾人危房改造与县政府农房集聚、安居工程同步实施。同年，残疾人集中托养20人、居家安养531人，全县征收保障金90万元。

维权与信访

1992年，各乡镇成立基层残联。同年，聘请法律顾问妥善处理10余起侵犯残疾人合法权益案件。1993年5月，县政协廖梅柳主席带队到周壤乡进行残疾人保障法执法检查。1997年，接收来信181件，处理161件，办结率89%。2006年，接待来访34人次，处理来信30件；2008年，接待来访36人次，处理来信18件，及时处理来信来访；2009年，接待来访39人次，处理来信13件；2010年，接待处理来信来访170余人（件）次，办结率99%。2011年，接待来信1件，来访3件（次），办结4件，办结率100%。同时，援助解决侵害残疾人合法权益案件10件。

活 动

1999年，残疾人运动员参加各类体育比赛，获省级金牌3枚、市级金牌14枚。2001年6月，张新新在温州市第四届残疾人文艺会演越剧独唱“身残志坚好思想”获表演三等奖。

2002年，县文艺会演上残疾人赵东勇配乐朗诵三名聋哑女手语表演“我在那条路上寻求”引起轰动，被评为特别演出奖。同年，有奖征文60篇，被《温州时报》刊登3篇，得奖6篇。2003年，3名优秀残疾人参加省第六届维权残运会。张仁泼参加全国残运会，获得400米和600米的接力赛2枚金牌。2004年，选派5名运动员参加温州市首届聋人运动会，取得1个第2名，1个第4名，2个第五名。

2005年，5名优秀按摩师参加温州市首届盲人按摩职业技能大赛，获得团体三等奖，个人二、三等奖。温州市第六届残疾人艺术大赛，赵国林的扬琴独奏《春到沂河》获金奖。2006年，选派10名残疾人运动员参加全市第六届残疾人运动会，1位运动员被选中参加省残疾人运动会。

2007年，运动员张仁泼参加全国第七届残疾人运动会，获得男子4×50米混合自由泳、S4男子100米自由泳、S4男子200米自由泳第一名、S4男子50米自由泳第一名。选派7名优秀残疾人参加温州市首届残疾人职业技能比赛，获得按摩个人二、三等奖。残疾人赵东勇的作品根雕“对酒当歌”，被选为118件中国残疾人艺术优秀作品之一。

2008年，赵东勇等3位残疾人参加“感动文成十大人物”评选活动，赵东勇获选2008“感动文成十大人物”。并获“浙江省民间艺术优秀人才”称号，享受国务院特殊津贴。

2010年8月，全省第八届残运会，肢残运动员张仁泼获游泳比赛项目金牌5枚；肢残运动员郑献东获乒乓球比赛项目银牌1枚。

2011年7月，残疾人文化艺术周期间，组建文化艺术团队，启智实验学校建立全县首个残疾人文化艺术基地。会同县慈善总会、县新闻中心，推出“孝行200”慈善、助残活动。全年向省市残联网站发送信息20余条，并在县电视台、广播电台开通手语节目和残疾人专题栏目。建立残疾人运动示范点，搞好残疾人运动员的选拔、训练，第八届全国残疾人运动会获得金牌2枚。

第二十四卷

政　法

20世纪90年代开始，文成县不断加强责任体系建设，优化防控措施，持续开展专项整治、综合治理、平安创建和基层治理，公、检、法、司等部门各负其责、各司其职、通力合作，为政治社会稳定和经济社会发展创造了良好环境。20年间，综合治理工作一票否决73单位26人，黄牌警告26单位，通报批评16单位，对12个单位发放整改通知书。公安机关大力开展以“打黑除恶”为重点的“严打”整治斗争，破获刑事案件6614起，查处治安案件13034件、21326人。检察机关依法独立行使检察权和职务犯罪侦查权，查办各类贪污贿赂案件283件，公诉刑事案件3685件、5796人。审判机关积极推进司法体制改革和司法规范化建设，审结刑事案件3335件、民事案件13457件、商事(经济)案件4690件、各类行政案件688件。司法行政机关认真履行法律援助、普法教育、社会矫正、人民调解等职能，调处民间纠纷38312起，安置帮教刑满释放人员1440人。

第一章　政法委及综治

中共文成县委政法委员会(简称县委政法委)狠抓公、检、法、司干警队伍建设,抓好机关单位内部治安防范工作的管理。1991—2011年,对26个单位发出黄牌警告,对16个单位进行通报批评,对12个单位发放整改通知书,一票否决73单位26人。保证公正执法,狠抓司法督管。55名民警被查处,引咎辞职4人,调离7人,暂缓岗位资格37人;通过连续多年抓司法案卷问题检查,查出问题案卷176卷,需纠案件30件,重新依法批捕11人。

第一节　组织机构

1984年3月县委政法委员会成立。1988年改称为县委政法领导小组,1990年8月复称为县委政法委员会。1991年5月,成立县社会治安综合治理委员会及其办公室,与县委政法委合署办公。2011年,全县有乡镇政法(综治)办10个、乡镇综治中心10个、社区综治工作分中心56个。

内设机构

1991年年前县委政法委为非常设机构。1991年5月,成立县社会治安综合治埋委员会及其办公室(简称"县综治委"与"县综治办"),县委书记金邦清任县综治委主任。从县公、检、法、司四部门抽调5人到县委政法委(与县综治办合署)办公,内设办公室。1998年,内设县委政法委办公室和综治办(综治科)。2002年5月,县委政法委(县综治办)核定编制7名,设办公室(政治处)、执法监督科、社会治安综合治理协调指导科3个职能科室。2011年内设机构未变,核定编制7名,在职人员9人。

基层机构

1992年,全县设乡镇综治办35个、人员131人。1999年12月,全县设乡镇综治办33个、成员131人,村设治保会550个、成员1979人。2005年,全县33个乡镇均建立综治工作中心。2006年,乡镇综治委主任由乡镇党委书记担任,乡镇党委副书记分管政法综治工作并兼任综治办主任,另设副主任1人为乡镇中层正职,并配专(兼)职综治干部,319村(居)建立了综治工作站。2008年,推进村居民企综治室规范化建设,推行"谈心和事"制度,村(居)建立谈心和事室。2010年,明确从事综治工作满5周年且在现岗位担任乡镇综治办专职副主任(正股长级)满3年的可以享受副科长级待遇。2011年,全县乡镇政法综治副书记10人,综治办10个,综治办专职副主任10人。建立乡镇综治工作中心10个,社区综治工作分中心56个,专职"谈心和事员"628人。

1991—2011年中共文成县委政法委员会书记名录一览表

表24-1

姓名	姓别	籍贯	职务	任职时间
施德扩	男	浙江文成	县委政法委书记	1990年8月—1993年5月
姜伟钢	男	浙江江山	县委政法委书记	1993年5月—1999年8月
谢　浩	男	浙江龙湾	县委政法委书记	2000年8月—2002年1月
陈建明	男	浙江文成	县委政法委书记	2002年3月—2003年1月
胡　侠	男	浙江杭州	县委政法委书记	2003年1月—2006年12月
朱云华	女	浙江洞头	县委政法委书记	2006年12月—2009年9月
刘　峰	男	浙江文成	县委政法委书记	2009年9月—2010年12月
麻胜聪	男	浙江温州	县委政法委书记	2010年12月—2011年11月
谢逢越	男	浙江泰顺	县委政法委书记	2011年11月—

说明:资料由县委政法委提供

1991—2011年文成县社会治安综合治理委员会主任名录一览表

表24-2

姓名	姓别	籍贯	职务	任职时间
金帮清	男	浙江瑞安	主任	1991年5月—1993年8月
钱成良	男	浙江苍南	主任	1993年8月—1996年4月
高育厅	男	浙江乐清	主任	1996年4月—2002年1月
陈作荣	男	浙江温州	主任	2002年1月—2007年7月
吴开锋	男	浙江泰顺	主任	2007年7月—2011年11月
汪　驰	男	浙江永嘉	主任	2011年11月—

说明:资料由县委政法委提供

第二节　综合治理

县委政法委(县综治办)根据各个时期的治安特点,组织公安机关及有关部门适时通过集中统一行动、开展专项斗争和经常性工作,从重从快惩处一批严重刑事犯罪分子,为全县营造良好社会环境,保障社会经济的稳定发展。

综治网络建设

1992—2000年,县委政法委(县综治办)重视基层综治网络建设,抓各乡镇综治领导班子、村级治保调解、民兵护村队建设,对各级综治领导小组进行全面调整充实。

2001年始,抓乡镇综治办规范化建设,配齐配好专职兼职政法干部,重视加强农村基层组织建设,整顿软弱涣散村级领导班子,构筑以基层党支部为核心,村村建立起治保、调解、普法、帮教、巡逻"五位一体"的综治网络,做到组织、制度、活动、台账、经费"五落实"。

2002年，各乡镇配齐配好专兼职政法、综治干部，使基层政法综治工作真正有人抓、有人管。上半年，通过对20余个乡镇的调研，出台《关于进一步加强乡镇综治办事机构规范化建设的实施意见》，全县33个乡镇有26个乡镇的综治办达到规范化要求，规范化程度达78.8%。

2003年，通过平时及年中、年终对乡镇综治办规范化建设考核，33个乡镇按规定配备综治干部102人，其中专职干部25人，重点镇配3名以上综治专职干部，其他乡镇配备1至2名专职干部。抓党支部为核心的村(居)治保调解组织与群防群治队伍建设。全县546个行政村，建立健全治保会、调委会、民兵护村队、村级综治领导小组。大峃镇组建协警队1支，人员11人，南田镇组建治安巡逻、交通秩序和环境卫生为一体的6人专业城管队。

2004年抓综治办事机构规范化建设，全县33个乡镇中，有26个乡镇综治办达到规范化。有关乡镇构筑以基层党支部为核心，村村建立治保、调解、普法、帮教、巡逻“五位一体”综治办，由村书记或村主任兼任村综治领导小组组长，做到统一领导和协调。2005年，解决综治工作组织机构、办公经费、专用车三大问题。

2004—2005年，解决工作中存在的“三大难题”。在组织机构人员问题上，决定设立县维稳办，增加专职干部1人，县平安办增加专职干部1人；在乡镇综治干部待遇问题上，除落实好基层综治干部每月60元的特岗补贴外，二、三、四类乡镇综治办增加1名中层副职职数，享受中层正职待遇；在办公经费和工作用车问题上，决定将平安、维稳经费列入县财政预算。

2006年，在全市率先以文件形式对综治基层组织机构予以明确，保证工作有人抓、有人管。《浙江综治》《温州综治》分别刊登文成县做法，并在全市推广。全县33个乡镇的综治委主任由党委书记担任，综治办主任由党委副书记担任，配备专职副主任主持日常工作，享受中层正职待遇，并配备专兼职综治干部。结合山区实际，全面推行“3类2级”乡镇综治工作中心规范化建设。

2007年，全县33个乡镇综治工作中心分成“一类高度整合型”“二类综合服务型”“三类方便实效型”3个类别进行建设、建立信访、综治、司法、调解四位一体综合调处中心。并推动工作重心下移到社区、行政村。推动“综治进民企”工作，建立“民企综治工作站”。

2008年，在146个村(居)建立“谈心和事室”，69个村完成综治工作室(站)规范化建设。玉壶镇试行“十户五联”综治制度，各自然村以10户为单位，推选一名中心户长，18个行政村建立606个小组，开展“联调、联防、联宣、联治、联帮”工作。2009年，聘任599名专职“综治九大员”。大峃镇组建协警队伍，较大中心镇建立专职巡逻队，其他乡镇组建100支业务巡逻队，各个村居建立护村队。

2010年，规范基层综治平台建设。根据“六化”目标，结合山区实际区别对待、分类指导，全县6个一类大镇建立“高度整合型”综治工作中心。把工作着力点放在强化中心职能发挥上，着重落实中心的接待、调处、例会、联动工作机制，切实发挥中心的“八位一体”作用。投入30万元，对146个1000人以上的村和乡镇中心村进行村(居)综治工作室规范化建设。安排专项启动经费80万元，推动综治网格化管理创建工作。2011年乡镇行政区划调整后，每个乡镇综治办至少拥有1～5名专职干部、2～5名兼职干部。在村(居)继续聘请专职“谈心和事员”628名，抽选村(居)中坚力量、充实新生力量在社区建立“平安和谐服务队”，全县共有“平安和谐队员”4900余名、农村工作指导员43名、大学生村干部211名、挂钩联系的机关单位100余家。全县56个社区分别建立综治工作分中心，社区综治工作分中心设立“一办二室一窗口”即“综治办、人民调解室、警务室、接待窗口”，开展“一站式”服务。建立社区网格56个、村(居)网格386个、片组网格1596个。

综治严打工作

1991年，县委政法委(县综治办)组建社会治安综合治理工作队进驻龙川乡，开展“抓教育、追逃犯、打现行、刹歪风、解积案、建组织”为主要内容的重点治理试点工作。破获刑事案件19件,查处治安案件和调解民间纠纷10件,抓获违法犯罪分子16人。开展以盗窃为重点的专项斗争,破获盗窃案件131件,摧毁盗窃犯罪团伙5个。

1992年,先后开展“反入室盗窃,拦路抢劫”为主要内容的专项斗争、“缉捕逃犯集中统一行动”和“重点整治农村治安斗争”,打击处理各类违法犯罪嫌疑人1373人,摧毁各类犯罪团伙35个、成员167人;开展打击城乡流氓恶势力专项治理,查处流氓恶势力案件23件,挖出“骷髅班、太阳会、ABC”等类似黑社会性质的帮伙组织13个、成员186人。

1994年,组织打击“车匪路霸”、打击团伙犯罪、打击城乡流动恶势力,反盗窃、反偷渡,严禁赌博的“三打二反一禁”斗争,查处治安案件72件,侦破刑事案件25件,处理各类违法犯罪分子150人,抓获1993年“5·13”特大车匪路霸案首犯郑海波等一批逃犯。开展农村治安集中整治,破获刑事案件72件,其中大案40件,查处治安案件152件,处理各类违法犯罪分子500余人,摧毁各类违法犯罪团伙10个48人。

1995年,开展“破大案追逃犯,打击车匪路霸”专项斗争、集中整治农村治安的“三打二控一治”斗争,处理违法犯罪分子191人。1996年,采取集中统一行动,三天成功破获“5·26”百丈漈信用社特大抢劫案。进行严打整治“冬季行动”,摧毁黑社会性质的帮会组织“天龙地虎帮”,抓获骨干11人。处理各类违法犯罪嫌疑人1442人,摧毁各类犯罪团伙18个94人。1997年4月,组织春季严打整治行动、禁毒、禁赌专项治理。10月,开展“打流窜、反盗抢、禁赌博、查积案”行动。

1998年4月至6月,全县范围组织“打、防、清”专项整治。6月至8月集中3个月时间开展以“防盗抢、攻大案、追逃犯、查积案”为主要内容的夏季严打整治行动。先后破获市、县挂牌案件2件,查处挂牌治安案件6件,摧毁各类犯罪团伙10个48人,处理各类违法犯罪嫌疑人678人。1999年7月至9月,组织以“追逃、扫丑、除恶”为主要内容的夏季整治专项斗争,抓获各类逃犯93人,其中上网逃犯43人,破获各类刑事案件101件,其中大案52件,挂牌案件2件,查处治安案件138件,其中挂牌必查治安案件7件,打击处理各类违法犯罪嫌疑人425人。

图24-1　公开处理大会(雷忠义 2009年摄)

2000年,组织摧毁一个利用恐怖和欺骗等手段,以学生为作案目标的“104”帮会非法组织。组织“打黑除恶”专项斗争,摧毁流氓恶势力犯罪团伙5个,抓获涉恶犯罪嫌疑人38人,破获涉恶案件35起。开展学校治安情况全面排查。对学校周边的流动摊位、饮食行业、电子游戏机经营场所进行整治。

2001年,组织“打黑险恶”、破案追逃、治暴缉枪、规范和整顿市场经济秩序、整顿和规范歌舞娱乐场所、打击盗销机动车犯罪、扫黄打非、禁毒和重点整治等一系列专项斗争。年初,全县通过深挖细查,坚持“露头就打”的方针,先后摧毁流氓恶势力犯罪团伙5个,抓获涉恶犯罪嫌疑人38人,破获涉恶案件35件。开展“破案追逃”战役,抓获各类逃犯198人,追捕率达74.5%。进行整顿和规范市场经济秩序、打击盗销机动车犯罪、扫丑整治专项整治行动,破获西坑假币案件,查处1件建筑串投标案,查处盗销机车犯罪嫌疑人95人,查处涉丑案件26件,处理涉丑人员91人次。

2002年，组织摧毁流氓恶势力犯罪团伙8个，抓获涉案人员62人。全年5起杀人案件全部破获，实现连续4年凶杀案件无积案。开展矛盾纠纷排查调处工作。全县开展34次不稳定因素的排查，排查出重点不稳定因素41件次。2003年，重点整治工作按照打、防、控一体化要求，加强防控体系建设。摧毁流氓团伙4个15人，抓捕各类网上逃犯13人。开展“破大案、追逃犯、扫毒品、收刀枪”“反两抢”“百日破案”会战，严厉打击刑事犯罪活动，破获各类刑事案件187件。

2004年，突出打击盗窃犯罪，整体推进刑事破案工作。全年破串并案件23串213起。破获发生在县城、珊溪、巨屿等地的利用千斤顶撬窗入室盗窃系列案件20余件，破获发生在县城系列盗窃案件7件。

2005年，开展“打黑险恶”专项斗争，抓获违法犯罪人员42人。开展“劲风一号”专项行动期间，破获各类刑事案件147件，抓获犯罪嫌疑人88人，抓获逃犯34人，摧毁犯罪团伙2个，刑拘52人，逮捕47人。大峃镇构建“治安巡逻承包责任制”和科技防控体系、侨乡玉壶镇和商人较多的双桂乡构建高科技防控网络，治安形势相对复杂但经济条件相对较好的珊溪镇进行民警带班治安专业巡防，刑事发案相对较少但治安问题突出的南田镇和黄坦镇开展村村联防。

2007年开展“强破案、禁赌毒、除隐患、保稳定”、破案追逃等专项行动，及时破获珊溪“3·21”抢劫出租车司机案、“9·7”特大运输毒品案、县城特大系列盗窃电瓶车、摩托车案等一批重大案件。2008年，开展以盗窃电动车、摩托车为重点的反“两抢一盗”专项整治，摧毁盗窃团伙15个，破获盗抢等侵财性案件295起，追缴赃款物价值达80余万元。组织“打流除恶”专项行动，重拳打击流氓恶势力，及时侦破大峃镇县前街“1·11”及“9·29”持械斗殴等涉恶案件27起，打掉涉恶团伙4个，处理涉恶人员86人。

2009年至2011年，县委政法委(县综治办)组织政法系统抓专项整治取得阶段性成果，社会治安各方面情况好转。县委政法委适时将“严打”及“专治工作”交公安部门作为常态工作处理。把重点工作放在抓基层组织建设，全面加强群防群治队伍建设，加强对各部门司法监督、综治监察平安文成建设工作。

第三节 管理协调

县委政法委(县综治办)履行社会治安综合治理的管理协调职能，抓公、检、法、司督管，加强对机关团体事业单位内部治安防范工作的管理。抓司法督管，20年来对26个单位发出黄牌警告，对16个单位进行通报批评，对12个单位发放整改通知书，一票否决73单位26人。抓综治监察，对违反治安综合治理规定的单位进行惩处，使县域经济发展、社会安稳。

司法督管

1991年，县委政法委(县综治办)牵头组织“四长”(公安局局长、法院院长、检察院检察长、司法局局长)每月轮流到区镇接待群众、现场办公。全年下基层13次，接待群众来访276人次。

1994年，开展民主评议政法干警工作。6月成立以县委副书记为组长，常务副县长、县委政法委书记为副组长的民主评议政法干警工作领导小组。经2个多月三个阶段的民主评议，评出10名最佳民警、20名优秀民警和5个先进集体，37名民警暂缓确定岗位资格，2名为不合格民警。

1995年4—5月，对公检法三家单位一年以来部分刑事案件的办理情况进行执法检查。通过检查，排摸出五种类型的案件32件，其中发现问题的9件15人，并对6人已经释放或已作其他处理的案犯重新按法律程序报请批捕，并依法加重处罚，改判1名罪犯。

1996年6—8月，与县人大法工委组织公、检、法、司四个单位的业务骨干并邀请县政协委员、县纪委工作人员、县人大代表等参加,组成18人的联合检查组,检查公安机关一年来逮捕、刑拘、收审在押的犯罪嫌疑人,予以取保候审、已经逮捕、刑拘后,又作无罪处理或以罚代刑的案件;检查检察机关决定取保候审、免诉、不捕、不诉或退查、理由不充足的案件;检查法院判处缓刑、免予刑事处分、作无罪判决或量刑过轻、假释的案件;并对人大代表和人民群众反响强烈的案件进行全面检查。通过检查,查出有问题的案卷35件,其中检查组认为需要纠正的案件11件。通过自纠和督促整改,公安机关移送审查起诉1人、报捕6人、收审5人,报劳教1人、治安处罚4人、撤销法医鉴定1件;检察机关撤销免诉重新起诉1件2人;审判机关撤销原判进行再审1件2人。检查中有3名中层干警被免职,7名干警转县纪委立案查处。

1998年6月,与县人大法工委、县政协社法委联合组成执法检查组,对1997年1月—1998年5月政法各部门所办理的刑事与治安案件、执行案件及公证文书进行检查,调阅145个案卷,经过梳理,罗列出有问题的案件8类28件,其中公安机关办理的案件中存在问题的有4类21件,法院2类3件,检察院1类3件,司法局1类1件。经过一个月的整改,公安局纠正刑事强制措施超期的案件11件,并对5名认为构罪而作降格处理的犯罪嫌疑人予以重新报捕或起诉;检察院撤销原不捕决定,重新批捕1件1人;法院撤销原判1件,执行完毕已审未执行案件2件;司法局撤销错办的公证1件。8月,开始清理政法机关所办的3家营业性企业,根据规定对其注销。政法各单位按照"收支两条线"的要求,严格对行政性收费、罚没收入进行管理。建立健全一整套规章制度,并采取一系列行之有效的队伍管理方法。其间,印发各类学习资料5类2000余份,向有关单位和个人发出公开信、征求意见信1175份,检查各类案件512件,其中有问题的案件31件;清理各类"小金库"72个,收缴预算外资金300余万元;查出有违法违纪问题的干警12人,并作出相应的处理。其中,调离政法机关4人、记大过2人、记过2人、警告1人、通报批评2人。

1999年5月,与县人大常委会联合抽调人员组成执法检查组,对1998年1月以来公安机关办理的治安案件进行检查,查阅案卷92个,发现公安机关执法过程中存在的问题,并限期要求公安机关对6类问题进行整改。在抓好执法检查的同时,还注重抓好个案监督。对群众反响强烈的案件和上级领导签批的5起案件进行督查,并及时报结。此外,政法各单位还对本单位的违法违纪案件严格予以查处。全年查处干警违纪案件8件13人。

2000年,抽调6名业务骨干组成执法检查组,于8月31日开始,对公、检、法3家1999年1月至2000年5月办理的199件258人次"取保候审、保外就医、留所服刑案件"进行执法大检查。通过查卷宗、与取保对象见面、对保外就医对象复查等方式,发现所办理的案件存在问题的50余件,其中问题较严重的10件。政法各单位对有问题的案件进行一一整改。

2001年5月开展"争创人民满意单位"活动。县委政法委作为全市唯一推荐单位被省委政法委授予"人民满意政法单位"称号。12月,协同县委组织部对近百名政法各单位拟提拔任用的中层以上干部进行考察审核。形成公开、平等、竞争、择优的用人环境和干部能上能下、能进能出、充满活力的用人机制。县法院通过竞争上岗,任命民庭、经济庭、立案庭3位庭长,并试行审判长选任制度。县公安局抓好干警的日常管理,严格政治纪律、组织纪律、工作纪律和生活纪律,严肃各项禁令,建立和完善干警违法预警机制,坚持抓早、抓小、抓苗头、抓倾向,防止不良现象蔓延。9月,进行政法综治工作的副职和政法各单位有关人员综治业务培训,并组织学员到福建省厦门市进行考察学习。

2002年,组织政法各单位开展"争创人民满意"单位。协同县委组织部对34名政法各单位拟提任的中层以上干部进行考察审核。7—10月,开展伤害案件执法检查。检查伤害案件513件,其中刑事案件102件、治安案件411件。发现13%的刑事案件和13.4%的治安案件不同程度存在程序违法、降格处理等问题。针对问题,落实整改措施,维护了当事人的合法权益。2003年,未发现司法干警违法犯罪案件。

2004年，组织政法督察部门开展经常性的民警工作作风、组织纪律、执法办案等方面的督察，并实行记分。法院的审判监督、案件督查部门，做好案中、案后的监督，确保把每个案件办成铁案；县公安部门严格执行公安部《五条禁令》，查处违反“五条禁令”案件1起，辞退民警1人。

2005年，重点抓“规范执法行为、促进执法公正”专项整治活动和涉法涉诉案件处理工作。专门成立以“公、检、法、司”一把手为组长的四部门整治活动领导小组，制定方案，开展执法自查、庭所自查、案件评查。公安局、县法院、县检察院、县司法局围绕重点环节、重点问题进行自查整改，取得一定成效。

2006年建立执法监督员制度，县政法各部门规范执法责任制和错案追究制度，预防和遏制政法队伍中的消极腐败现象。政法各单位公开办事制度，自觉接受社会监督，还聘请特邀监督员接受人民群众的监督。

2007年，会同县委组织部共同考察、审核、任免政法系统中层以上干部36人。加强执法监督，完善监督机制，落实执法责任制与错案追究制度，强调人大、政协等部门监督，并请监督员自觉接受社会监督。

2008年，会同县委组织部共同考察、审核、任免政法系统中层以上干部21人。完善执法监督机制，健全执法监督员、案件评查、执法考核等一系列监督制度。参与6个重大疑难涉法信访件监督办理，对其中2个信访件进行案件评查。通过全面阅卷、调查了解、召开案件分析会，对照6个方面的评查内容对所评查案件进行全面分析评判，并写出完整的评查报告，对执法行为的规范起到促进作用。

2009年，组织“政法队伍建设年”活动，发放征求意见函、召开座谈会、查摆问题，收集到有关政法工作和队伍建设意见建议69条、政法领导及干警撰写的剖析材料450份，结合问题抓好整改。开展干警岗位练兵，建立经常性普训、阶段性集训、年度性专训、大练兵比武和考核机制等一系列长效机制，有针对性地加强对政法干警战斗能力的培训教育，提高队伍的履行职责能力。落实“一岗双职”制度，明确中层干部职责，建立政法干警违纪苗头报备制度，全年，7名政法干警因工作不到位受到警诫，1名中层干部引咎辞职，1名中层正职诫勉谈话，5名政法干警被轮岗到艰苦环境再锻炼。

2010年，全县政法系统顺利完成上级下达的79个案件评查任务(其中，县公安局评查55个、县法院评查20个、县检察院评查1个、县政法委评查3个)。通过全面阅卷、调查了解、召开案件分析会，对照六个方面的评查内容对所评查案件进行全面分析评判，并写出完整的评查报告，发现11个执法方面的问题和不足，对19名干警进行责任追究(对15名责任干警进行扣分，对4名干警进行批评教育)，评查工作受到市评查抽查组的充分肯定，对全县执法行为的规范起到促进作用，开展涉法涉诉信访积案办理。

2011年开展系列执法监督活动。开展“下行案件”专项执法检查119件，发现45处问题和不足，对4个案件办案民警进行扣分、扣奖金。开展涉法涉诉信访积案办理，省委政法委交办的30件积案全部化解完毕，名列全市前茅，得到省委政法委的充分肯定。《温州政法》第37期对其中两个典型案例做法予以刊登。开展司法救助工作，发放10个案件司法救助基金13万元。

综治监察

1991年，县委政法委(县综治办)以治理各区(镇)大镇所在地和公路沿线的村为重点，本着“谁主管谁负责”、“以块为主，条块结合”的原则。做到党政齐动手，各部门密切配合，发动群众，齐抓共管，在打、防、管、教、建、改等方面取得较好成绩。经年终考核评比，玉壶区为第一名，大峃区为第二名，大峃镇、西坑区并列第三名。县建设银行、财税局、广播站、新华书店、百丈漈电厂、珊溪区花前乡为先进集体。评出46名先进个人。

1992—1997年，加强对机关团体事业单位内部治安防范工作的管理。县综治办对违反社会治安管理、安全生产管理、交通安全管理和消防管理等行为的单位，予以悬挂“限期整改单位”的黄牌警告，对单位和个人的评先授奖行使一票否决权。五年间，对23个因违反治安管理、交通安全管理的机关团体企事业单位予以悬挂黄牌警告。

1998年,贯彻落实责任书规定的各项责任。经年终综治考评,百丈漈镇等9个乡镇被评为综治标兵乡镇,县委老干部局等6个单位被评为综治标兵单位,37人被评为综治先进个人。193个内保列管单位中,县中行等15个单位被评为县级创安达标单位,县农行等4个单位被评为市级创安达标单位,1个单位被悬挂限期整改黄牌警告单位。

1999年,加强对机关团体企事业单位内部治安防范工作的管理,8个乡镇被评为综治标兵乡镇,4个单位被评为综治标兵单位,31人被评为综治先进个人。对165个集体和286名个人的评先授奖资格进行审核,否决15个集体和2名个人评先资格。2000年,对244个集体和357名个人的评先授奖资格进行审核,否决6个集体和2名个人,并对因管理不善发生盗窃案件的3个单位悬挂黄牌,予以警告。

2001年,县综治办对各部门和单位推荐的各项先进集体和个人的评先授奖资格进行审核,否决29个集体和3名个人,并对因管理不善、发生治安保卫问题的4个单位悬挂黄牌,予以警告。2002年,运用社会治安综合治理手段,促进综治责任制落实。县综治办对1个乡进行通报批评,对3个县属单位给予黄牌警告;对218个单位361人进行审核,否决27个集体和5名个人的评先授奖资格。

2003年,综治工作突出的9个集体和20名个人受到表彰。实施一票否决的集体9个、个人1名,受黄牌警告的单位1个。2004年,与33个乡镇、79个县直机关签订综治责任书。综治工作突出的7个集体和18名个人受到表彰。对4个单位实行一票否决,对7个单位发出综治问题整改通知书。

2005年,开展农村反邪教警示教育和"无邪村居"创建,实现"零进京""零滋事""零插播""零失控"目标。完善人民内部矛盾调处工作的情报信息、预测预警、调处化解、监督反馈"四张网",有效预防和化解各类预防矛盾纠纷。全年基层司法行政组织和乡镇综治工作中心受理纠纷582件,调处成功565件,调处成功率为97.08%。建立健全预测预警机制、排查调处机制、应急处置机制和责任追究机制等4项工作机制,对因重点工程建设、城镇改造、企业改制、经济活动过程中可能引起群体事件的动向和苗头,做到及时发现和掌握,并解决在始发状态。全县发生和发现群体性事件2件及苗头18件,均得到妥善化解和平稳调处。

2006年,全年全县开展矛盾纠纷大排查158次,受理各类矛盾纠纷425件,调处成功417件,调处成功率98%。狠抓预防和处置群体性事件工作。构建预防和处置群体性事件预测预警、排查调处、应急处置、责任追究和工作保障等"五大机制"。实行乡镇每月1次不稳定因素排查分析制度,重点排查曾发生过群体性事件的区域和部门,做到早发现、早掌控、早化解。全县排查涉及100人以上群体性事件苗头13起,均得到妥善化解。通过开展"聚侨心、反邪教"宣传教育年和"反邪教示范校园"及"无邪村居"创建,不断扩大宣传教育面。全县"无邪村居"创建面达到80.56%。

2007年,成立信访维稳工作督查办公室和10个督查小组,通过听取汇报、明察暗访等形式,开展维稳工作督查。按照市综治委提出的"六查六看"要求,通过发放征求意见函、召开座谈会等方式听取社会各界的意见和建议,深入查找问题,深刻剖析原因,切实抓好整改。

2008年,县委政法委、县综治办、县公安局成立督导组开展禁赌、禁毒、反邪专项督查。为做好奥运维稳安保工作。县委成立信访维稳工作督查办公室和10个督查小组,通过听取汇报、明察暗访等形式,实行包案领导定期汇报和县联席会议办公室每月书面告知、提醒,做到工作布置到哪里,督查工作就延伸到哪里,推动各项工作落实。

2009年,重点抓好乡镇、部门的平安建设和综治工作。经考评县级综治先进单位6个、先进个人27人、县综治工作单项先进集体3个,"一票否决"审核430个单位(村)和830名个人。

2010年,完善各级主要领导和分管领导综治工作档案制度,通过专项督查、半年检查、重点督导等形式,不断加大督促检查力度。行使综治“一票否决权”，否决3个单位和6名个人。2011年，进行综治一票否决审查，发生重特大事件或造成一票否决事项或给平安县考核造成重大影响的，启动行政问责。对850余个单位(村)和2149名个人进行综治“一票否决”审核，否决单位4个、个人6名。

第四节 平安文成创建

创建内容

平安文成建设始于2004年，但县域于1996年就开展了有平安文成创建内容的“创安”工作。

1996年开始“平安社区”创建。1997年，52个内保列管单位开展综治“创安”活动。同年，县帝师集团、县邮电局等9个单位被评为市级创安达标单位；县农行被评为省级创安达标单位；百丈漈镇被市委、市政府评为创建平安社区先进单位。

1998年，开展以“平安社区”建设为载体的第四次社会治安综合治理“三建三创”活动。大峃镇、百丈漈镇被评为市级创建平安社区先进单位。大峃镇综治办、珊溪镇街头村、县农行被确定为市级平安社区建设示范点。县中行等15个单位被评为县级创安达标单位，县农行等4个单位被评为市级创安达标单位。

1999年集中整治治安乱点，学习推广“枫桥经验”，深化平安社区建设，开展“争创人民满意”活动。大峃镇、珊溪镇被评为市级创建平安社区先进单位，百丈漈镇综治办、玉壶镇外村、百丈漈电厂被命名为市级平安社区建设示范点。同年，177个内保列管单位严格按照《浙江省机关团体、企业、事业单位治安保卫工作条例》的要求，开展“创安”活动。经过县“创安”领导小组的检查考评，县中行等12个单位被评为县级创安达标单位，县建行等6个单位被评为市级创安达标单位，县工行等2个单位被评为省级创安达标单位。

2000年经“创安”考评，县农行等12个单位被评为市级创安达标单位，成职教中心等2个单位被评为省级创安达标单位。2001年，县农行等13个单位被评为县级创安达标单位，县人行等3个单位被评为市级创安达标单位。

2002年4月，下发《关于在全县开展安全文明创建活动的决定》，开展创建安全文明乡镇、安全文明村(居)、安全文明单位、安全文明旅游区、安全文明校园、安全文明家庭等“六建”活动。建立县综治委成员及有关县直属单位领导挂钩创建制度，挂钩创建61个村(居)和7所学校。2003年，68个县直机关单位挂钩创建68个村居、学校。达标安全文明村(居)496个，安全文明单位114个，平安社区31个。

2004年，县委十届四次全会审议通过《关于建设“平安文成”的决定》，成立县委建设“平安文成”工作领导小组，县委书记任组长，县长、分管副书记为副组长，县委、县政府分管领导为成员。领导小组下设办公室，设立经济安全组、治安秩序组、综合督查组三个小组。为确保“平安文成”建设工作有效落实，县委召开“平安文成”建设责任制落实动员大会，县委、县政府与45个县直属部门签订责任书，将“平安文成”建设各项工作任务逐条分解落实到具体单位、具体人员，并落实建设“平安文成”专项经费。各乡镇、各部门也将责任层层落实到各村(居)或下属单位，形成横向到边、纵向到底的责任制落实网络。

2005年，开展“平安乡镇”“平安村居”“百业百企”基层创安活动，其中“平安乡镇”“平安村居”创建面均达100%。2006年成立企业综治工作领导小组，设立企业综治工作室，完善企业综治工作制度，把“平安企业”创建与“五五普法”“铁网行动”结合起来，推进综治进民企工作。

2007年开展各类基层创安工作。按照“点上抓深化、面上求拓展”的要求，广泛组织“平安乡镇”“平安企业”“平安单位”“平安场所”“平安校园”“平安村居”“平安家庭”创建。全县“平安村居”创建面达93.18%，“平安校园”创建达标率达100%,“平安家庭”创建面达85%以上。加强“平安示范点”建设,全年建立县级平安村(居)示范点15个、市级平安村(居)示范点3个、县级平安单位示范点10个、市级平安企业示范点3个。

2008年,创新建立责任年初一落实、信息月末一报送、问题月初一告知、形势季末一分析、情况每季一通报、半年工作一督查、难点适时一攻坚、成效年终一奖惩的平安建设“八个一”工作机制,完善部门单位责任制。在平安县考核中出现扣分事项的责任单位,要向县委写出分析检查报告;扣分值同系统中最多的,或扣分值超过15%的单位,原则上不予评先评优,进行综治一票否决;被否决的或给平安县考核造成重大影响的,启动行政问责。

2009年,先后召开5次全县平安综治工作大会、4次平安建设和维稳形势分析专题会议、6次维稳领导小组分析会、12次维稳专题会议。同年,文成县获省“国庆60年期间平安建设工作优秀县”、温州市社会治安综合治理基层基础规范化建设工作先进集体。全县评出2008年度县级综治先进单位6个、先进个人27名、县综治工作单项先进集体3个,评出“十佳平安创建示范单位”“十佳平安创建示范村”“十佳优秀调解员”“十佳优秀干警”,下发表彰奖励金7.5万元。县委、县政府组织考核组考核全县33个乡镇和40个重点部门平安建设和综治工作。

2010年,对3个不同类型的综治工作中心,从领导机构、办公场所、工作机制等方面提出不同的创建标准和要求。强化中心职能发挥,落实中心接待、调处、例会、联动工作机制,发挥中心的“八位一体”作用。开展“平安医院”“平安校园”“平安交通”等14项行业创安活动。各乡镇组织“平安乡镇”“平安村居”“平安家庭”等创建活动。全县“平安乡镇”创建率100%,“平安村居”达标率98%,“平安家庭”创建率90%。

2011年,进行平安综治维稳工作考绩,评出先进集体5个、先进个人5名、“平安创建示范村”10个、“十佳优秀讲解员”10名、“十佳政法干警”10名。

创建成果

2004年始,全县开展的“平安文成”创建,广泛组织“平安乡镇”“平安企业”“平安单位”“平安场所”“平安校园”“平安村居”“平安家庭”创建。全县“平安村居”创建面达到93.18%,“平安校园”创建达标率达到100%,“平安家庭”创建面达到85%以上。并进行“十佳平安创建示范单位”“十佳平安创建示范村”“十佳优秀调解员”“十佳优秀干警”评选。开展社会治安综合治理宣传教育,通过法律咨询、广播讲座、法律知识竞赛、座谈会、法律培训班、组建宣传队等形式,形成全县良好知法守法局面。根据省统计局问卷和暗访显示,文成县群众安全感高达97.36%,比全省、全市分别高出1.28和1.95个百分点,平安建设知晓率高达87.8%,比全省、全市分别高出8.9和5.7个百分点,群众参与度高达55.6%,比全省、全市分别高出14.8和12个百分点,位列全市第二。

第二章　公　安

1991—2011年，全县发生刑事案件14034件，现场勘察5307件，提取痕迹3965件，出具指纹鉴定382件，建立指纹档案9941份，尸体检验897具，提供刑事照片106462张，侦破6614件，破案率47.13%。全县发生治安案件14275件，查处结案13034件，查处率91.31%。查处违法人员21326人，其中移交预审634人、劳教少教228人、治安处罚19671人、其他926人。全县纠正违章车辆546843辆次，违章罚款2769.26万元，违章暂扣证90010本，酒后驾驶316件，醉酒驾驶51件。全县公民因私出国申请155915人次，批准发护照142540人，批准发照率91.42%。华侨回乡探亲93290人，定居3159人。破获组织偷渡案165件，查处非法出境人员9763人。查处外籍人员非法居留案20件，行政处罚20人。

第一节　组织机构

内设机构

1991年，县公安局内设政工科、办公室、侦察科、刑侦队、治安科、出入境管理科、保卫科、法制科、户政科、预审科、后勤科、消防科、监察室、纪检组、交警队、看守所16个职能科室。1991年3月，交警队改称交通警察大队。1995年9月，成立特警大队。1997年6月25日设立110指挥中心，与办公室合署办公，110报警系统建成开通并投入使用，11月成立经济犯罪侦察大队。1998年10月成立控申科。1999年，成立计算机安全监察科和计算机通信管理科，并合署办公，11月成立督察大队，与审计室合署办公。2001年撤销预审科，其职能由刑侦大队、治安大队和各派出所承担。4月，交通警察大队改称交通巡逻警察大队。

2004年3月成立禁毒大队。2006年10月，交通巡逻警察大队改称交通警察大队。2010年12月110指挥中心单列，同时成立情报信息中心，与110指挥中心合署办公。2011年成立行政审批科。至12月，设24个职能科室（大队），其中有6单位合署办公，即政治处、办公室、110指挥中心（情报信息大队）、督察大队（审计室）、监察室、控申科、后勤科、法制预审大队、户政科、出入境管理科（行政审批科）、网络警察大队、国内安全保卫大队、治安大队（经济文化保卫科）、刑事侦查大队、经济犯罪侦查大队、禁毒大队、特警大队、县看守所（县拘留所、监所管理大队）、交通警察大队。

派出机构

1990年，县公安局下设大峃、珊溪、玉壶、南田、峃口、黄坦、西坑区公安派出所和车站派出所、公路派出所、林业公安科。1992年6月撤区扩镇并乡，原大峃镇、南田、玉壶、珊溪、黄坦、西坑、峃口7个派出所不变；1994年4月正式挂牌建立巨屿、百丈漈和二源、龙川、樟台、周壤、东溪7个治安站；1997年11月—1999年11月，龙川、巨屿、百丈漈、樟台、周壤先后建立派出所。1998年撤销车站派出所，2004年3月成立飞云湖水上派出所。2004年4月，撤销东溪、二源乡治安站、公路派出所，林业公安科改称森林警察大队。2011年5月，撤销周壤派出所。至12月，派出机构设大峃镇、南田、玉壶、珊溪、黄坦、西坑、峃口、巨屿、百丈漈和二源、龙川、樟台、飞云湖水上派出所等13个公安派出所和森林警察大队，其中大峃镇、樟台、龙川派出所合署办公，珊溪派出所、飞云湖水上派出所合署办公。

编制与警衔

1991年，县公安局民警编制185名，实有民警172人。2011年，县公安局民警编制367名，实有民警333人（其中职工9人）。1992年7月，实施警衔制度，一级警督3人、二级警督10人、三级警督25人；一级警司34人、二级警司50人、三级警司21人；一级警员5人、二级警员7人。2011年，有一级警督59人、二级警督68人、三级警督47人、一级警司53人、二级警司27人、三级警司32人。

1991—2011年文成县公安局局长名录一览表

表24-3

姓　名	性　别	籍　贯	职　务	任职时间
李冠民	男	浙江文成	局长	1990年6月—1993年7月
曾家和	男	浙江泰顺	局长	1993年7月—1997年12月
叶望庆	男	浙江温州	县委常委　局长	1997年12月—2003年1月
陈建国	男	浙江乐清	县委常委　局长	2003年1月—2006年5月
李维中	男	山东龙口	县委常委　局长	2006年5月—2009年2月
伍建利	男	浙江温州	县委常委　局长	2009年2月—2011年2月

说明：资料由县公安局提供

第二节　刑事经济案件侦查

1991—2011年，县公安局以打击盗窃、抢劫、敲诈勒索、杀人、强奸、拐卖妇女儿童违法犯罪活动和流窜犯罪及追捕逃犯为重点，开展打击各项刑事犯罪活动的专项斗争。全县发生刑事案件14034件，破获6614件，破案率47.13%。重特大案件2634件，破获1439件，破案率54.63%。受理经济案件188件，立案182件，破获167件，挽回经济损失2595万元。

刑事案件侦查

侦破案件　1991年，立刑事案件369件，破获272起，破案率为73.7%。其中重特大案件117件，侦破76起；侦破年前积案、隐案41件；挖出刑事犯罪团伙30个86人；抓获刑事案犯211人。缴获赃款23.69万元，以及黄金、彩电、录像机、耕畜、自行车、香菇、黄豆等赃物折款13.11万元。全年进行多次专项斗争，5—6月，开展“打现行、查积案”，在南田、大峃两镇破案17件，在龙川乡破拦车抢劫案4件，抓获案犯11人。9—12月，进行“反盗窃”和打击拐卖妇女儿童的犯罪活动，破获拐卖妇女儿童案10件，挖出拐卖人口团伙2个，抓获人贩子21人，解救妇女儿童58人。受理经济诈骗案17件，破获15件，挽回损失20万元。

1992年，立刑事案件469件，破获373件，破获绝对数比上年多89件。破获重特大案件97件，占全部重特大案件136件的71.3%，破案绝对数比上年多21件。破获六类暴力犯罪案件111件（发124件）。4月29日夜10时许，大峃镇上房村青年王某某被杀致死案，经过两个多小时奋战即破案。年内挖出和摧毁各种犯罪团伙24个78人，涉案72件。抓获现行犯罪嫌疑人184人，缴获赃款3.3万元，赃物折款11.2万元，解救被拐卖妇女21人。

1993年,立刑事案件278件,破获各类刑事案件217件,其中年前积案13件。破重特大案件91件,其中年前大案5件,占全部重特大案件125件的72.8%。全部案件和重特大案件的破案率比上年分别提高0.8%和1.5%,发案数比上年分别下降40.7%和8.1%。破获六类案件39件(共45件),破案率为86.7%。挖出和摧毁各种犯罪团伙21个72人,涉案28件,抓获刑事犯罪嫌疑人197人,缴获赃款5.36万元,赃物折款12.37万元,解救被拐卖妇女39人。

1994年,侦破各类刑事案件262件。其中,重特大案件113件,破案绝对数分别比上年增加73件与45起。破获年前大案8件,协助外地破获20件(其中大案15件)。其中,杀人、强奸等六类恶性大案发46件,破获40件,破案率为86.95%。挖出犯罪团伙24个102人,缴获赃款76万元,赃物折款19.8万元。8月,开展集中整治农村社会治安斗争,先后破获"7·11"大垟口车匪路霸案、"9·12"富岙乡周岙底村入室强奸案、"9·18"黄坦镇山脚坑电站故意杀人案、"10·1"珊溪镇新建东路3名歹徒持钢珠枪入室抢劫案等恶性案件。

1995年,侦破各类刑事案件199件,其中重大案件97件。六类恶性案件发27件,破获25件,破获率为92.59%。先后破获"5·29"樟台乡双龙村杀人移尸案、"6·25"大峃镇吴某某持刀杀人案、"7·2"玉壶镇东坑村坳门特大持刀抢劫案等一批恶性案件。10月,开展百日破案攻坚战,各基层单位精心组织部署,采取定人员,定案件的办法,使一大批案件予以侦破。10月10日晚,珊溪镇南林路发生特大轮奸案,县刑侦大队与珊溪派出所迅速出击,于次日中午即破此案。南田"10·24"万元价值的物品被盗案、大峃镇"11·11"5.8万元现金被盗案,均于当日破获。

1996年,侦破各类刑事案件175件,其中重大案件59件。其中,六大类恶性大案发29件,破获25件,破案率86.21%。全年挖出并摧毁各类犯罪团伙18个犯罪嫌疑人94人。缴获赃款11.56万元,赃物折款696万元。年内,特别是"严打"斗争期间,先后破获全市第一批挂牌的"2·3"东溪乡南茶村特大持刀蒙面抢劫案、"4·30"珊溪镇小女学生被奸污案、"5·26"百丈漈信用社特大抢劫案、"8·12"龙川乡新岭村重大投毒案、"8·27"十源乡东埠利村奸污抢劫案、"9·2"汇溪乡排前村抢劫杀人案等一大批要案。

1997年,立刑事案件174件,破获131件。其中,重特大案件103件,破获73件。还破获年前积案2件,年前隐漏案件12件,破获外地区案件1件。挖出犯罪团伙16个、犯罪嫌疑人58人,挽回经济损失26.97万元,其中人民币9.76万元、外币0.2万元、桑塔纳轿车1辆、摩托车20辆、高档消费品11件、黄金及其制品110.57克,解救被拐卖妇女2人。组织多次专项斗争和侦破大会战。成功破获"6·9"大峃镇城东持刀抢劫案,"6·16"大峃镇屿根后山拦路抢劫轮奸案,"7·7"大峃镇百三电渠道轮奸案。

1998年,立刑事案件419件,破获181件,其中重特大刑事案件259件,破获86件,刑事案件的破案绝对数比上年多破50件。其中,大、要案破获13件,摧毁各类犯罪团伙25个83人,挽回经济损失33.8万元。5月31日,接到报案后仅用2个小时就破获发生在周壤乡新岭头村的杀害儿童案件,抓获集杀人、抢劫、绑架于一身的犯罪嫌疑人胡某某。破获5月4日发生在周村的胡某被抢劫的市局挂牌特大案件,追回价值1000余元的金项链。年内,破获"5·18"朱雅轮奸且致人受伤的特大案件,"1997·11·5"黄寮杀人抢劫案及大峃镇系列摩托车被盗案件。通过提高办案质量来加大打击力度,预审部门全年受理案件103件149人,报捕105件153人,受理移送案件99件169人,深挖案件5件,审结101件172人,审结率100%。

1999年,各类刑事案件587件,破获259件,其中大案发335件,破获125件,破案绝对数比上年多破78件,摧毁各类团伙25个抓获犯罪嫌疑人106人,挽回经济损失41.3万元。精心组织以追逃为重点的夏季严打整治专项斗争。先后抓获12伙44人流窜犯罪嫌疑人,破获发生在大峃镇系列盗窃案件7串53件。破获拐卖妇女案件6件,解救被拐卖妇女15人。

2000年,立各类刑事案件866件,破获314件,破案数比上年多55件。其中,杀人案件6件,破获6件,绑架、强奸、纵火、爆炸、劫持等6类案件52件,抢劫案件21件,破10件。4—7月的“打拐”专项斗争,破获拐卖妇女儿童案件68起,抓获人口贩卖嫌疑人53人,解救妇女533人、儿童7人,采集来历不明儿童血样25份,“打拐”工作被市公安局评为一等奖。6月,开展“打流除恶”专项斗争,摧毁流氓犯罪团伙6个,涉恶犯罪嫌疑人100余名,其中逮捕45名。集中优势警力攻坚克难,把杀人、强奸、抢劫和团伙犯罪作为侦破的重点,成功破获玉壶“5·17”绑架杀人案件、玉壶“3·1”投毒杀人、珊溪“10·2”致1死1伤的杀人案件和峃口“1999·12·25”投毒杀人案件,周壤系列入室抢劫案件和“12·3”南田寨垄纵火案等一批性质恶劣的大要案。

2001年,立各类刑事案件1019件,破获571件。实现连续3年无凶杀积案。绑架、强奸、纵火、爆炸、劫持、投毒等6类案件12件,破获11件,破案率为91.66%,“两抢”案件82件,破获60件,破案率为73.2%。抓获各类违法犯罪人员1563人。8月2日,经1个星期连续奋战,破获大峃镇“7·26”46万元巨款被抢夺案件。开展“打黑除恶”专项斗争,摧毁被省委政法委列为挂牌督办的县城7个流氓恶势力团伙,抓获涉案嫌疑人103人。

2002年,破获涉恶案件25起,摧毁流氓恶势力犯罪团伙8个,抓获涉案嫌疑人62人。经过3年零6个月的缜密侦破,于1月8日成功破获有史以来性质最为恶劣的“1998·8·3”大峃镇雇凶致人重伤案件,以张某某为首的涉恶团伙被彻底摧毁,5名团伙成员全部得到法律的严惩。立各类刑事案件839件,破获327件。破获年前案件152件,抓获犯罪嫌疑人364人,连续实现4年凶杀案件无积案,刑事案件发案数与去年相比下降7.19%。绑架、强奸、纵火、爆炸、劫持、投毒等6类案件12件,破获12件,破案率为100%。8月12日,县公安局经30余天的连续奋战,成功破获南田“6·23”入室抢劫杀人案件。

2003年,组织“破大案、追逃犯、扫毒品、收刀枪”集中打击行动、反“两抢”犯罪暨“铁掌”行动、“百日破案会战”等专项行动,严厉打击重大恶性刑事犯罪。立各类刑事案件988件,破获375件,破案率达37.96%,比上年多破48件,杀人案件8件,破获7件,故意伤害致死、绑架、强奸等5类案件发7件,破6件。当天破获发生在二新街的故意杀人案、玉壶镇绑架撕票案和大峃镇9件系列性飞车抢夺案、珊溪“10·30”诈骗10万元人民币案件等。

2004年,立各类刑事案件984件,破获331件。破获串并案件23串213件。先后破获市局督办的蒋某某为首的系列抢劫案件5件;破获发生在城关的赵某某为首的涉案价值达6万余元的系列盗窃案件30件等。先后破获“1·4”樟台故意伤害致死案、“11·17”黄坦故意杀人案及龙川“6·30”因强奸造成受害人坠楼死亡的恶性案件。

2005年,立各类刑事案件1042件,破获346件,其中破获“两抢一盗”案件172。8月24日,破获大峃镇系列性电动车盗窃和系列性入室盗窃案件30余件。成功破获“2005·2·17”周壤特大抢劫杀人和“2005·6·16”黄寮故意杀人等恶性案件。

2006年,破获各类刑事案件363件,同比上升4.91%,查处244人,2件杀人案件、11件强奸、放火、绑架案件全部破获。“两抢”案件破案率达到38.46%,抓获在逃犯罪嫌疑人125人。10月,组织以“扫黑枪、除黑恶、反盗抢”为重点的严打斗争,动员广大群众检举揭发涉枪等违法犯罪线索,开展破案攻坚,严查涉枪案件。开展涉黄、涉毒场所的专项整治,破获各类刑事案件147件。其中命案1件、涉枪案件8件、抢夺案件2件,抓获作案成员88人、抓获在逃犯罪嫌疑人34人、摧毁犯罪团伙2个、刑拘52人、逮捕47人,收缴枪支(土铳)13支、子弹22发,检查捣毁黄、赌、毒场所46个。

2007年,破获刑事案件318件,破案率同比上升2.8%。杀人案件发3件,破获2件。五类严重刑事案件破案率达100%,处理254人,抓获在逃犯罪嫌疑人117人。破获珊溪“3·21”抢劫出租车司机案、黄坦“6·14”杀人案等重大案件。成功破获涉案100余起的特大系列盗窃电瓶车、摩托车案件,破获侵财性案件数同比上升13.16%。

2008年，破获刑事案件387件，刑事破案数与2007年同比增加21.7%，查处刑事犯罪嫌疑人267人。破获十源“7·26”故意杀人案等七类严重刑事案件5件，破案率达到100%。侦破大峃镇县前街“1·11”“9·29”持械斗殴案等涉恶案件27件，打掉涉恶团伙4个，处理涉恶犯罪嫌疑人86人，处理数与2007年同比增加5倍。

2009年，破获刑事案件389件，破案数与上年同比上升0.52%。刑事拘留278人，逮捕213人，处理335人，与上年同比上升25%。移送起诉321人，劳少教14人，强制戒毒15人。侦破大峃镇官山背系列抢劫三轮车案、大峃镇徐村故意伤害致死案、东溪“8·19”杀人案、大峃系列汽车诈骗案等重大案件。破获命案4件、五类案件13件，五类案件破案率100%。发生“两抢”案件16件破获15件，铲除2个因“黄、赌”滋生出来的恶势力团伙，抓获处理团伙成员86人。破获一批年前聚众斗殴、寻衅滋事违法犯罪案件。

2010年，破获刑事案件397件，破案数与上年同比上升2.06%。刑事拘留287人、逮捕204人，处理350人，同比上升1.64%。其中，移送起诉328人、劳少教(妇教)22人、强制戒毒14人。侦破玉壶“5·21”报复性杀人案、峃口“11·30”故意伤害致死案、周某某系列抢劫案、大峃镇，“5·17”强奸抢劫案等重大案件，全年破获命案2件，命案破案率达100%，五类案件17件(其中10起为年前案件)，破案率100%；“两抢”案件发15件破获13件，“两抢”案件破案率达86.67%。查处胡某某，陈某某、林某等3个涉恶团伙，抓获处理团伙成员28人，破获一批年前聚众斗殴、寻衅滋事、故意伤害等违法犯罪案件。连续4年名列全市二类地区考核第一名。

2011年，发生刑事案件828件，破获刑事案件427件。其中，命案发1件，破获1件。五类案件7件破获8件。刑事拘留犯罪嫌疑人266人，逮捕犯罪嫌疑人120人。移送起诉犯罪嫌疑人309人，强制戒毒11人。对恶势力打早、打小、露头就打，对流氓恶势力持高压态势，县城涉恶违法犯罪活动明显减少，没有发现3人或3案以上够市局认定的涉恶案件，“打黑除恶”专项工作考核成绩连续五年列同类地区第一。

1991—2011年文成县刑事立破案情况一览表

表24-4 单位:件

项目/数字/年份	全部案件			其中重特大案件		
	立案数	破案数	破案率	立案数	破案数	破案率
1991	369	272	73.71	117	76	64.96
1992	469	373	79.53	136	97	71.32
1993	278	217	78.06	125	91	72.80
1994	303	262	86.47	137	113	82.48
1995	237	199	83.97	111	97	87.39
1996	208	175	84.13	72	59	81.94
1997	174	131	75.29	103	73	70.87
1998	419	181	43.20	259	86	33.20
1999	587	259	44.12	335	125	37.31
2000	866	314	36.26	672	247	36.76
2001	1019	571	56.04	109	87	79.82
2002	839	327	38.97	66	33	50.00
2003	988	375	37.96	46	29	63.04
2004	984	331	33.64	55	35	63.64
2005	1042	346	33.21	49	35	71.43

续表24-4

年份＼项目＼数字	全部案件			其中重特大案件		
	立案数	破案数	破案率	立案数	破案数	破案率
2006	890	363	40.79	63	42	66.67
2007	888	318	35.81	63	46	73.02
2008	886	387	43.68	40	25	62.50
2009	885	389	43.95	50	32	64.00
2010	875	397	45.37	26	11	42.31
2011	828	427	51.57	—	—	—
合计	14034	6614	47.13	2634	1439	54.63

说明:资料由县公安局提供

刑侦技术 1984年成立“三级技术点”,运用刑事技术手段直接破案。2000年,按照依靠刑事技术直接破案2件,连带破案17件,利用痕迹物证串案16串151件。

2002年,利用刑事技术直接破获刑事案件86件,其中通过指纹比对直接破案30件,利用刑侦信息破案231件。2006年,县局刑事技术室被公安部评为二级技术室。

2009年,刑侦信息深度应用,信息串并5串40件,利用信息破案156件,占总破案数的34.3%。2010年刑侦技术串并12串66件,指纹比对中直接认定犯罪嫌疑人11人,直接认定案件11件,完成“DNA案件”1427人。

2011年,现场勘察547件,提取痕迹464件,出具指纹鉴定6件,建立指纹档案127份,尸体检验56具,提供刑事照片956张。

追捕逃犯

1992年8月至年底,进行缉捕在逃犯罪嫌疑人(简称在逃犯)集中统一行动。县公安局领导分片包干,各派出所和业务科队密切配合,责任到人。9月份开始,在连续3个月出差无钱报销的情况下,干警自垫出差费外出缉捕。截至10月,缉捕归案在逃犯39人,占总数的40.05%,其中,追捕负案在逃犯2人。在逃犯缉捕率居全市榜首,受到市公安局通报表彰,县公安局被记集体三等功1次。至年底,全县缉捕归案在逃犯44名,占总数的46.3%,其中追捕负案在逃犯9人。在逃犯缉捕率居全市第一。

1993年,缉捕逃犯归案39人,其中批捕、刑拘、负案在逃犯28人。集强奸、抢劫、故意伤害于一身的重大在逃犯赵某某被抓获。

1994年,把追捕任务分解到各实战单位及具体民警,追捕在逃犯归案30名,其中包括8月份开展集中整治农村治安以来的逃犯19人,追捕率为20.1%。

1995年年初,以公、检、法、司的名义联合公布《关于敦促犯罪分子投案自首的通告》,使追逃工作再次掀起高潮,全县追捕逃犯归案26名。9月,玉壶派出所在江西省鹰潭火车站派出所的配合下,抓获“7·12”特大抢劫犯罪嫌疑人周某某。11月,刑侦大队与珊溪派出所经过缜密侦察,在福建省福安市抓获珊溪“10·10”特大轮奸案主犯刘某某。

1996年,先后2次把追逃任务分解到各实战单位,追捕在逃犯归案32名,追捕率20%。6月,黄坦派出所在富岙村抓获省公安厅通缉12年之久的重大拐卖人口犯严某某。8月,峃口派出所协助瑞安市公安局在公阳乡抓获2名杀害出租汽车司机抢劫钱财的重大犯罪嫌疑人。1998年,制定具体追逃措施、分解指标、落实责任制。追捕在逃犯31人，负案在逃犯10人。

1999年，抓获在逃犯70人，其中上公安部逃犯网的39人、杀人犯3人、福建省公安厅督捕逃犯2人，追逃率达35.5%，追逃数为历史最高。2000年运用网上追捕逃犯，抓获各类网上逃犯45人。2001年精心组织“破案追逃”战役，抓获各类在逃犯198人，其中外地杀人在逃犯3人。

2002年健全与完善追逃新机制，追捕各类在逃人员。缉捕逃犯77人，其中市局督捕在逃犯2人、县局督捕在逃犯3人、外地在逃犯9人，16名在逃犯投案自首。2003年缉捕在逃犯74人，追捕率达30.33%。其中，市局督捕在逃犯3人、协助外地公安机关缉捕在逃犯10人。

2004年，实行网上缉捕、外出追捕和督促投案相结合，使追逃工作继续保持强劲势头。缉捕逃犯73人，其中市局督捕在逃犯1人、外地在逃犯20人。12月，抓获鹿城“2004·12·5”绑架案主犯陈某某等4名犯罪嫌疑人。

2005年利用网侦技术缉捕逃犯。全年抓获各类逃犯99人，比上年多抓在逃犯26人，抓获外地在逃犯18人。9月通过网侦技术，抓获一名涉嫌在山东省邹城市的故意杀人犯付某，使该案成功破获。2006—2007年，抓获在逃犯242人。

2009年抓获逃犯121人，其中年前逃犯和外省逃犯42人。2010年抓获各类在逃犯137人，其中本省年前在逃犯57人、外省在逃犯6人。该年新增逃犯74人，列入全国在逃犯133人，与年初逃犯基数下降20.36%，追逃总成绩名列全市第一。2011年开展“清网行动”，抓获在逃犯73人，其中年前在逃犯和外省逃犯79人。

经济案件侦查

1991年，受理经济诈骗案17件，破获15件，挽回损失20万元。1992—1997年，受理经济犯罪案件55件，挽回经济损失516万元。

1998年，发生经济犯罪案件14件，破获13件，抓获犯罪嫌疑人26人，涉及案值283.25万元，追缴赃款赃物折合40余万元，协助外地公安机关追缴赃款赃物折合335万元。7月，经侦大队抓获中央督办的全国伪劣机械诈骗案文成籍犯罪嫌疑人陈某某。8月，又破获虚开增值税发票的特大案件，涉及案犯5人，金额140万元。12月，在工商局、地税局、国税局、烟草专卖局、技术监督局、人民银行等6个单位设立联络机构，加强协助，及时发现和打击经济犯罪活动。

1999年，立经济案件14件，案值达249.8万元，破获12件，挽回损失51.8万元，抓获经济犯罪嫌疑人18人。以假币犯罪、诈骗犯罪、破坏金融管理秩序、危害税收征管以及生产销售伪劣商品等犯罪作为打击的重点，破获假币案件6件、缴获假币235张19260元。破获偷税案件2件，非法吸收公众存款案件1件。参与清理整顿农村合作基金会和取缔“两非”工作。协助工商、技术监督、烟草、国税、地税、金融等行政执法100次，协助工商部门查获40万套假冒商标。

2000年，立经济案件12件，案值达2060万元，破获11件，抓获经济犯罪嫌疑人23人，挽回损失874.3万元。成功破获周某某夫妇非法集资诈骗数额达1000余万元、受害人达400余人的案件，追回135万元。先后对鑫鑫租赁公司、大峃镇个协服务部等非法吸收公众存款案件立案侦查，对10名犯罪嫌疑人采取刑事强制措施，追回财物650万元。

2001年，经济犯罪案件10件，破获9件，抓获经济犯罪嫌疑人39人，挽回经济损失70余万元。2002年，经济犯罪案件8件，破获7件，案值达739万元，抓获经济犯罪嫌疑人13人，挽回损失147.39万元。2003年，破获经济犯罪案件1件，抓获经济犯罪嫌疑人2人。成功破获陈某某非法制造注册商标标识2万余(套件)重大经济犯罪案件。

2004年，受理经济领域犯罪案件7件，立案2件，破案2件，追回经济损失316万元，处理经济犯罪嫌疑人4

人。2005年,破获各类经济案件4件,打击各类违法犯罪嫌疑人14人,挽回经济损失32.5万元。

2006年,受理各类经济犯罪案件12件,立案侦查11件,破案5件,破案率45%。抓获各类犯罪嫌疑人5人,其中刑拘5人,移送审查起诉4人,追缴赃款9万元,成功破获南田刘某某非法吸收公众存款案件。2007—2009年,经济案件纳入刑事案件统计,未单例。故无资料。

2010年,开展打击整治发票犯罪和银行卡犯罪等专项行动。经济案件18件,破获18件,刑拘9人,取保候审15人。全市考核名列同类地区第一名。

2011年,开展"亮剑"行动、"天网—2011"行动及打击工程建设串标案和商业贿赂犯罪等专项行动,经济犯罪案件16件,破获14件,其中破获信用卡诈骗案件5件,串通投标案件4件,商业贿赂案件2件,网络销售假冒注册商标的商品案1件,刑拘2人,取保候审29人,逮捕1人,移送起诉8起9人。

第三节 治安与监所管理

1991—2011年,县公安局开展查禁黄赌毒、查禁邪教组织,进行危险物品管理、特种行业管理等专项治安管理。保证社会安定,百姓生活平安有序。

治安管理

查禁黄赌毒 1991年,查禁赌博34件、私种罂粟11件。1992年1—3月,开展以查禁赌博为主要内容的扫"六害"专项斗争。查处和侦破"六害"案件37件,其中赌博26件、拐卖人口8件、卖淫嫖娼2件、传播淫秽物品1件,抓获违法成员及违法犯罪嫌疑分子251人,分别予以移交预审(11人)、罚款(12人)、治安拘留(17人)以及其他处罚(102人)。1995年加大查禁赌博力度,发布《关于查禁赌博的通告》,查处赌博案件109件,处理赌博违法人员823人。查处卖淫、嫖娼和违反严禁淫秽物品规定案件7件,查处违法人员17人。查处私种毒品类植物案件4件,处理违法犯罪嫌疑人524人,有效地遏制毒品的蔓延。1997年,查处赌博案件128起、卖淫嫖娼案件7起,查获卖淫团伙3个19人,取缔卖淫窝点3个,查获卖淫女13人、嫖娼人员14人,收缴淫秽录像带2盘。查处私种毒品原植物案件17件,铲除毒品原植物11247株。1998年,查处赌博案件187件,抓获涉赌人员1210人。2月,刑侦大队在平和乡文成与平阳交界处查获重大赌博案件,抓获涉赌人员37人,缴获赌资16万元。10月,特巡警大队、刑侦大队、峃口派出所等单位联手在双桂乡文平公路隧道口附近查获一重大赌博案件,缴获赌资14万元。全年查获涉黄案件14件,抓获涉黄人员51人,其中卖淫团伙3个22人。1999年,登记剧毒物品储存点2个,经营单位36家,收缴剧毒物品1公斤。

2000年,取缔10家电子游戏经营场所,搬迁4家,收缴带赌博性质的熊猫机、老虎机7台。严厉查处赌博、卖淫嫖娼等涉丑案件,全年查处涉丑案件119件,处理涉丑人员574人。2001年,组织夏季扫丑整治行动,严厉查处赌博、卖淫嫖娼等涉丑案件,查处涉丑案件26件,处理涉丑人员91人次。2002年,严厉查处赌博、卖淫嫖娼等涉丑案件,查处涉丑案件108件,处理涉丑人员507人。2003年,侦破涉毒案件9件,铲除罂粟167株,抓获吸毒人员7人,查处吸毒案件4件,处理各类涉毒违法犯罪嫌疑人14人,其中强制戒毒3人。6月1日,破获一起全县有史以来最大的贩卖毒品海洛因案件,缴获毒品海洛因18.9克。2004年,根据珊溪、桂山、仰山、巨屿等地"六合彩"赌博突出的问题,县公安局抽调精干力量,成立专案组,开展专项整治。先后查处"六合彩"赌博案件10件,摧毁"六合彩"赌博团伙3个,逮捕5人,取保候审3人,治安处罚11人。

2005年,侦破涉毒案件6件,铲除毒品原植物101株,缴获鸦片1027.6克,抓获吸毒嫌疑人员11人,打击处理各类涉毒违法犯罪人15人。2月28日,破获珊溪镇新建村一起特大制毒案件,抓获犯罪嫌疑人陈某,缴获自制毒品鸦片1000克。先后集中开展“禁赌一号”“海啸一号”等专项行动，出动警力1600人次，查处赌博案件63件，摧毁赌博团伙2个，治安处罚307人，收缴赌资6.65万元，罚款37.96万元。

2006年，查处涉毒案件9件，打击各类涉毒人员24人，停业整顿涉毒场所2家，缴获毒品7.4克，铲除毒品原植物226株。集中开展“猎鹰”禁赌、“迅雷”扫丑等专项行动，查处赌博案件30件，治安处罚124人。

2008年，组织对山头赌博和棋牌室、电子游戏厅、宾馆等公共场所涉赌问题集中整治，摧毁赌博窝点36个，查处赌博案件59件、赌博人员378人，其中18名组织赌博人员被追究刑事责任。组织“天剑”“狩猎”等禁毒专项行动，破获涉毒案件24件，移送起诉涉毒犯罪嫌疑人7人，查处涉毒违法嫌疑人员41人，缴获毒品海洛因173.72克，铲除罂粟236株。

2009年，出台“六个一律”规定和关于处理“黄赌毒”违法行为适用法律意见，查处赌博案件79件，行政拘留219人。查处卖淫嫖娼案件22件，行政拘留38人。查处涉毒案件37件，查获处理涉毒嫌疑人员71人，分别比上年上升106%和122%。强制关停按摩店100家次、棋牌室50家次。

2010年，查处黄赌毒案件154件，收容教育9人，其中刑事案件24件，处理涉黄赌毒人员762人次，行政处罚627人次。处理涉恶、黄、赌团伙6个，查处违法嫌疑人员42人。破获涉毒案件71件，其中涉毒刑事案件11件，查处吸毒人员98人，强制隔离戒毒人员14人，缴获冰毒990.26克，铲除罂粟幼苗103株。截至12月，全县在册吸毒人员553人，除六类对象外，实有吸毒人员503人，其中社区戒毒人员55人、社区康复人员43人，初次吸食新型毒品人员405人。社区戒毒有效执行率达到84.4%，社区康复比例完成达100%。

2011年，查破黄赌案件57件(其中，刑事案件7件、治安案件50件)，摧毁涉赌团伙3个，刑事拘留犯罪嫌疑人员38人，行政处罚310人。开展“天戟”“龙凤”禁毒大会战，查破涉毒案件128件，其中刑事案件20件，查获涉毒人员120人，刑事拘留22人，移诉19人，全年强制隔离戒毒14人，社区戒毒21人，行政处罚175人次，缴获毒品25克，铲除罂粟幼苗812株。至12月20日，全县在册吸毒人员665人，除六类对象外，实有吸毒人员610人，其中社区戒毒人员107人、社区康复人员41人，初次吸食新型毒品人员405人。全县社区戒毒有效执行率达88.3%以上，社区康复率达100%。

查禁邪教 1991年6—7月，开展打击取缔“呼喊派”反动组织，取缔聚会点8处。1999年先后对反动会道门活动及“十大功法”等4个专题进行调查，全面查清邪教组织在县境的传入、发展、组织体系、违法活动等情况，协助有关单位做好受蒙骗的一般练功者的教育转化工作，93名邪教练功者全部书写悔过和保证书。2000年，继续打击邪教组织非法活动。2001年5月，破获邪教组织人员向外地投寄80封反动信件的案件。2002年，开展宗教等专项排查，做好对宗教活动场所的管理和控制工作。2003年，成功破获双桂公路沿线张贴邪教组织宣传品案件和发生在平阳的系列性张贴邪教组织宣传标语案件。

2004—2011年，继续保持对邪教组织严格管理，全力维护社会稳定。加强应急处置能力建设，全面排查、及时掌握不稳定因素及苗头信息。实现“零进京”“零滋事”工作目标。

危险物品管理 1991年，加强民用爆炸物品管理。分7批对全县83名爆破员进行验审，吊销作业证4人；培训爆破员38人，炸药仓库保管员3人。新建3个临时炸药库。全县生产烟花爆竹3500箱，经审验合格后出售，并给182家商店发放销售证。开展安全检查2次，消除隐患3处。严格枪支刀具管理。对持枪单位进行2次检查，新登记民用枪支90支。整顿12家刀具厂，并建立规章制度。

1994年，对全县已配发的枪支弹药全面进行调查登记，重新清理发证。1996年，收回在册枪支400支，收回率为100%；收缴流散在社会上的非法枪支571支，并全部运回县公安局集中保管处理。1997年，收缴枪支3支，炸药6965.5公斤，雷管402枚，导火索126米，管制刀具19把。1998年以清理整顿的方式，取缔4家民爆物品储存室，吊销8人爆炸物品使用证，依法收缴非法使用的炸药772.25公斤，雷管7679枚，导火索21528米。

1999年,先后进行4次安全大检查,举办3期民爆“四大员”培训班,加强农村民爆服务队建设,责令整改有安全隐患33处,停业整顿8个单位,收缴炸药689.65公斤,雷管534枚,导火索978米,处罚单位2个19人次。全县“四大员”214人,没有发生爆炸物品被盗、丢失和安全生产事故。

2000年,吸取“3·19”县烟花厂爆炸事故教训,组织民爆“四大员”和业主进行培训,加强对运输、储存、使用等环节的检查管理。收缴炸药330.5公斤,雷管542枚,导火索979.1米,查处涉爆案件6件,处理违法人员12人。开展对流散在社会上土铳的收缴工作,及时查处私藏枪支行为,严格公务用枪保管制度,收缴土铳41支、军用手枪1支,查处涉枪案件8件,处理违法犯罪人员9人,其中刑拘逮捕4人,治安拘留4人。

2001年,将治爆缉枪专项行动作为严打整治三条战线之一。治安部门和各派出所深入各乡村,做好枪支和民爆物品的宣传收缴工作,加强对民爆物品储存、运输、使用等环节的检查管理,对违法行为从严查处。收缴枪支184支,土炮4门,炸药127.65公斤,雷管3603枚,导火索716.9米,导爆管50049米,烟花爆竹480箱,查处涉枪、涉爆案件23件,处理违法犯罪嫌疑人员43人。

2002年,为16个基层单位配备专用枪柜,继续深化治爆缉枪工作,根据全县山区实际,成立12支43名猎民狩猎队,狠抓日常管理,确保安全。制定出台《文成县民爆物品管理工作规范》,规范民爆物品现场管理,落实记分管理和“五级责任”制度。加强对剧毒、放射性物品和公共场所的管理,及时查处发生在场所内的治安案件。

2003年,修订民爆炸物品管理规范,加大民爆物品的现场督查力度,先后3次开展大规模的民爆物品管理专项检查。在全县范围内开展收缴“毒鼠强”专项行动,收缴“毒鼠强”790包。2004年,先后3次开展大规模的民爆物品管理专项检查,发现并整改安全隐患46处。加强对枪支、剧毒、放射性物品的日常安全检查,收缴枪支(土铳)13支,子弹22发。

2005年,改革民爆物品配送制度,做到既方便群众办事,又确保安全。加大对民爆物品、枪支、放射性物质等危险物的安全排查,排查出各类安全隐患30处,当场整改24处,限期整改6处,确保安全生产。2006年,强化日常的监管工作,发现隐患及时整改,排查出各类安全隐患162处,当场整改79处,限期整改32处,停止使用民爆仓库3家。

2007年,严格民爆物品等危险物品管理,强化对生产、运输、储存、使用各个环节的监管,发现整改隐患44处。2008年,收缴土铳(气枪)19支,管制刀具178把,炸药51公斤,子弹380发,雷管1143枚等一大批危险物品。

2010年,许可民爆物品使用点21处、367.403吨,非电雷管24.491万发,塑料导爆管36.927万米。办理危险物品管理案件6件,集中销毁烟花爆竹1000余箱,黑火药16.8公斤,硫磺3公斤,子弹1639发,枪支48支,管制刀具159把。打击涉枪刑事案件8件,破获8件,刑拘2人,取保候审5人,收缴土铳8支,子弹4发,管制刀具58把。

2011年,检查涉危单位500余家(次),发现治安隐患6处,当场提出整改5家,限期责令整改1家。许可民爆物品使用点14处,审批购买各类炸药274吨,非电雷管17万发,塑料导爆管23万米。办理危险物品管理案件23件,集中销毁烟花爆竹200余箱、黑火药1公斤。开展公务用枪、民用枪支持枪证年审。打击涉枪刑事案件7件,破获7起,刑拘6人,取保候审6人,收缴土铳7支,子弹238发,管制刀具42把。

特种行业管理 1991年,整顿公共场所237家,发给治安许可证235家,其中饮食业156家、录像厅44家、电影院15家、书店8家、电子游艺场6家、台球室1家、舞厅1家、农贸市场4家。整顿特营行业201家,发证190家,停业10家,吊销治安许可证1家。发治安许可证的旅店业122家,印刷业43家,刻字业3家,废品回收店7家,修理业15家,其他11家。

1992年,公共场所268家、特种行业202家、刀具生产厂家21家。通过清理整顿,分别发给治安1年许可证为253家、202家、13家，发证率分别为94.4%、100%、61.9%。1993年，完成公共场所225家、特种行业160家、爆竹烟花销售点165家的换证工作。吊销治安许可证14家、限期整改12家、缓审5家、予以停业的39家。

1994年6月，对全县生产宝剑厂家进行突击检查，查获管制刀具771把，依法从严处罚违法生产厂家及其主要责任人。1995年，除加强对公共场所、特种行业的管理外，开展对内保单位以防盗防火为主要内容的安全检查，禁止大峃镇范围内燃放烟花爆竹。

1997年，治安部门与基层派出所对全县范围内826家公共场所和216家特种行业以及爆炸物品实行严管重罚。1月，会同宣传、文化、工商等部门，对全县营业性电子游戏机场所进行清理整顿。4月，会同日用品公司对全县51家废品金属收购站、点进行专项治理。5月至6月，对全县的200余家旅馆、客栈等进行整顿，并全部与之签订治安责任书，落实治安责任制。

1998年，举办2期公共场所与特种行业的业主培训班，审验公共场所、特种行业573家，发证154家，其中停业整顿13家，限期整改4家，取缔违法经营20家。12月，对全县607家公共场所、特种行业进行审验。

1999年，检查、重新登记和审核公共场所、特种行业823家，责令整改128家，吊销许可证2家，取缔无证18家，收缴淫秽影碟片219盘。组织对按摩服务场所、印刷行业音像出版物市场、机动车修理业、电子游戏室以及珊溪水利枢纽工程周边的生产性废旧金属收购站点、剧毒物品等8个行业进行专项整治。通过整治，责令17家按摩服务场所限期整改，停业2家，治安处罚12家，取缔7家违法经营的摩托车修理店，查获赃车22辆，整治餐饮点33家、书摊2处、歌舞厅4家、电子游戏室17处，缴获电子游戏机23台，取缔录像厅1处，增设交通警示标志16个，为23个学校增设和完善消防设施。

2001年，开展整顿和规范歌舞娱乐服务场所秩序专项行动，整改场所硬件设施，规范管理，打击场所内的违法犯罪活动，落实场所管理责任制。整顿期间，查处各类场所108家，其中取缔无证场所82家，特种行业9家，治安处罚茶座1家，责令限期整改场所16家，查处案件3起，处理违法犯罪人员8人，遣送"三陪"人员12人。开展校园周边地区治安秩序整治和互联网上网服务营业场所专项清理整顿工作。4月，县公安局会同文化、工商、电信等部门对互联网上网服务营业场所进行全面清理整顿，使互联网上网服务场所健康有序地发展。

2003年，抓好治安管理的信息化建设，10家旅馆单独安装旅馆业信息管理系统，使全县旅馆业信息管理走在全市前列。开展旅馆业清理整顿，对16家不符合条件的小型旅馆予以停业。规范印章业的管理，安装印章业信息系统。

2005年，切实加强对违法犯罪分子易涉足的旅馆、歌舞厅、出租房、网吧等场所的管理，通过对72家旅馆日常检查和统一行动相结合，处罚旅馆30次。通过公共场所管理抓获逃犯4人。

2006年，开展公共场所的专项整治，净化社会风气。检查处理涉黄、赌、毒场所46个。2009年，加强公共场所管理和查处，查处卖淫嫖娼案件22件，行政拘留38人，强制关停按摩店100家次，棋牌室50家次。通过整治，群众反映强烈的黄、赌问题得到根本性解决。2010年，检查涉危单位420家(次)，发现治安隐患19处，当场提出整改10家，限期责令整改9家。2011年，通过对出租房、旅馆登记管理检查，破获二新街旅馆内2件市局挂牌督办麻醉抢劫案。

治安案件查处　1991年，受理治安案件308件，其中大峃镇79件，占全县的25.6%。侵犯公民人身权利行为132件，扰乱公共秩序行为169件，侵犯公私财物行为50件，妨害社会管理行为36件，违反户口管理行为2件，其他治安案件19件。处罚违法犯罪嫌疑人513人。治安纠纷调解结案55件。

1992—1996年，受理治安案件2179件。调处各类民间纠纷461件，打击处理各类违法犯罪分子5529人次。挖出摧毁各种犯罪团伙50个388人。开展打击流氓恶势力，整治农村社会治安的斗争。

1997年，受理治安案件385件。挖出各类犯罪团伙5个31人。打击处理各类违法犯罪分子1335人。年内，调解纠纷63件。10月21日夜，珊溪镇鱼山路发生一起性质恶劣的流氓行凶案件。案发后，县公安局仅用6个小时，便将9名犯罪嫌疑人在峃口桥头和大峃镇周村全部抓获。

1998年，发生各类治安案件599件，比上年上升55.6%，查处绝对数比上年多176件，打击处理各类违法犯罪嫌疑人1648人次，治安拘留137人，摧毁犯罪团伙6个31人。调处非正常死亡案件54件，对聚众斗殴、寻衅滋事等扰乱公共秩序的违法犯罪活动做到快速反应，及时查处。

1999年，受理治安案件662件，处理各类违法犯罪嫌疑人1522人次。摧毁流氓团伙8个44人。先后成功查处“2·2”赵坑隆桥结伙斗殴案、“3·3”金昌利结伙斗殴案、“2·24”龙川结伙斗殴案和大峃镇“十三飞鹰”流氓犯罪团伙等案件83起。在开展学校周边地区治安秩序整治工作中，除破获刑事案件6件外，查处治安案件11件，打击查处违法犯罪嫌疑人33人。

2000年，受理治安案件669件。摧毁流氓恶势力团伙9个68人，先后成功查处“4·9”大峃镇城东大桥结伙斗殴、“8·7”大峃镇故意伤害致人重伤等一批影响恶劣的案件。开展校园周边治安秩序整治，破获以学生为侵害对象的刑事案件10余件，其中绑架杀害学生案件1件，奸淫学生案件5件，洗劫学生财物案件1件，查处治安案件25件。

2001年，受理治安案件715件，处理各类违法犯罪嫌疑人1086人次。开展校园周边环境整治和互联网上网服务营业场所专项整治。先后出动警力403人次，对全县193家中小学及幼儿园进行安全检查。

2002年，全年受理治安案件757件，处理各类违法犯罪嫌疑人1769人次。对各类可能引发的群体性闹事苗头进行全面排查，并将苗头解决在萌芽状态。发生和发现群体性事件及苗头33件、非正常死亡事件57件，均得到妥善化解和平稳调处。

2003年，受理治安案件613件。处理各类违法犯罪嫌疑人952人次，其中查处赌博、卖淫嫖娼等涉丑案件72件，打击处理涉丑人员336人。

2004年，受理治安案件673件，查处率同比上升1.83个百分点。处理违法嫌疑人1114人次。加大对重大责任事故的查处力度，查处责任事故5件，依法追究责任人员7人，其中刑拘3人。

2005年，受理治安案件523件。查处各类违法犯罪嫌疑人678人次。2006年，受理治安案件571件，处理各类违法犯罪嫌疑人444人。2007年，受理治安案件875件，查处数上升43.8%，处理违法犯罪嫌疑人495人次。这三年主要集中开展禁赌、禁毒专项社会治安整治，查处各类违法人员。

2008年，及时破获“7·28”县前街大地照相馆10万元特大盗窃案，成功破获5个盗窃摩托车、电动车团伙，涉案近200件。快速破获“11·19”县城系列入室盗窃保险箱案件，涉及文成、瑞安、平阳、乐清等地的案件近100件，缴获价值达20余万元的财物。摧毁盗窃团伙15个，破获盗抢等侵财性案件295件，破案数与2007年同比增加36.74%，追缴赃款赃物价值达80余万元。

2009年，受理治安案件1205件，同比上升22.83%。年内，发生盗窃“两车”案件288件，与上年同比下降48件；破获“两车”案件98件，追回电动车、摩托车60余辆。

2010年，受理治安案件1429件，同比上升3.57%。全年发生盗窃刑事案件755件，同比下降17.40%，入室盗窃案件320件，同比下降34.59%。摧毁盗窃犯罪团伙5个，抓获犯罪团伙成员22人，侦破案件14串194件。侦破2009年9月以来的盗窃摩托车、电动自行车案件近140件；侦破玉壶、南田、周壤、百丈漈等地沿街店面被撬系列案件20余件，抓获违法犯罪嫌疑人5人。

2011年，受理治安案件1048件；全年发生“两抢”案件5件破6件，破获盗窃案件309件；入室盗窃案件发250件，破获129件，同比下降22.4%。先后破获发生在大峃镇二新街旅馆内的两起市局挂牌督办的重大麻醉抢劫案、大峃镇30余件系列入室盗窃案件。

1991—2011年文成县治安案件查处情况一览表

表24-5 单位:件、%、人

年份	发案	查处	查处率	查处违法人员							
				合计	移交预审	劳教少数	治安处罚				其他
							小计	警告	罚款	拘留	
	1	2	3	4	5	6	7	8	9	10	11
1991	308	290	94.16	567	25	1	492	20	294	178	49
1992	501	473	94.41	942	32	3	790	35	517	238	117
1993	341	320	93.84	618	19	14	577	21	372	184	8
1994	493	470	95.33	1182	41	19	1091	15	832	244	31
1995	434	412	94.93	1345	68	20	1216	11	990	215	41
1996	410	396	96.59	1226	29	18	1148	17	945	186	31
1997	385	368	95.58	1335	63	13	1213	7	1014	192	46
1998	599	569	94.99	1684	67	1	1518	10	1371	137	98
1999	662	611	92.30	1522	92	3	1350	34	1136	180	77
2000	669	635	94.92	1327	94	9	1293	37	969	287	53
2001	715	652	91.19	923	12	3	838	40	637	161	70
2002	757	710	87.41	709	8	5	673	6	509	158	23
2003	613	575	93.80	920	7	81	788	83	496	209	44
2004	673	643	95.54	1100	9	4	1057	31	843	183	30
2005	523	504	96.37	677	5	5	632	35	453	144	35
2006	571	534	92.55	444	17	3	395	7	168	220	29
2007	875	768	87.77	495	27	3	427	1	203	223	38
2008	1064	929	87.31	708	8	1	641		343	298	58
2009	1205	934	77.51	944	3	1	903	3	362	538	37
2010	1429	1248	87.33	1656	8	21	1627	—	876	751	—
2011	1048	993	94.75	1002	—	—	1002	19	335	648	—
合计	14275	13034	91.31	21326	634	228	19671	432	13665	5574	915

说明:资料由县公安局提供

监所管理

1991年,按《看守条例》安全检查13次,抽查15次,查获捎带危禁品107件,对案犯进行守法服罪教育45次。6—7月,进行一个月的“学监规、守监规,对照监规找违规”的专项治理,打击“牢头狱霸”2次,追回赃物赃款4800元。看守所保持26年安全无事故,受到省、市、县表彰。

1997年,通过“三会”“三教育”。全年进行政治攻势9次,教育人犯450余人。对人犯个别谈话教育3530人次。年内安全检查23次,抽查8次,查出香烟48包、打火机12个、烟丝2斤,消除隐患25处。年内对监区周边围墙进行翻修,并对房内的铁门、望风场、钢筋网进行一次大修理。做好筹建办公楼、人犯会见室、人犯提问室综合大楼的准备工作。

2001年,面对超负荷羁押、看守设施简陋的形势,严格各项规章制度,落实各项安全管理措施。全年收押各类人员1031人,出所786人,投牢10批126人,月均关押237人。打击“牢头狱霸”,改进监管工作,实现连续4

年安全无事故。2002年,开展人性化管理,加大牢头狱霸打击力度,实现连续5年安全无事故。开展狱侦工作,全年深挖犯罪线索144条,狱侦破案达42件。

2003年,落实收监、提审、出所就医、押解投牢等余个环节的安全,及时打击处理狱内的牢头狱霸行为,实现6年安全无事故。全年利用狱侦深挖各类违法犯罪线索146条,从中破获各类案件36件。2005年,落实监所安全管理责任,加强监所内部安全检查,开展监所秩序整治,严厉打击牢头狱霸行为,实现全年安全无事故。全年利用狱侦破获案件35件。

2006年,狠抓收监、提审、出所就医、押解投牢等各个环节的安全制度的责任落实,及时打击处理狱内的牢头狱霸行为。发挥监所破案的第二战场作用,全年深挖各类违法犯罪线索83条,从中破获各类案件40件。2010年,落实专人开展狱内侦查,深挖有效犯罪线索11条,直接或协助破获刑事案件121件,抓获逃犯1名。2011年,深挖有效犯罪线索22条,直接或协助破获刑事案件101件,抓获逃犯1人。县看守所、拘留所实行依法管理、严格管理、科学管理、文明管理。

第四节　出入境人员管理

1991—2011年,全县公民因私出国(镜)申请155915人次,批准发护照(通行证)142540人次,批准发照(证)率91.42%。年受理量均在1万件次左右,其中2007年突破1.5万件次的年受理量,创历史最高。

1991—2011年文成县公民因私出国(境)申请与批准人数一览表

表24-6

年 份	受理申请数	批准发照(证)数	年 份	受理申请数	批准发照(证)数
1991	2242	2139	2002	9865	8075
1992	1864	1964	2003	8823	8344
1993	1445	1720	2004	10047	10020
1994	1005	788	2005	9216	7715
1995	1766	1577	2006	10642	10441
1996	1807	1554	2007	15632	15601
1997	6410	4676	2008	9693	9687
1998	7001	5219	2009	10486	8009
1999	7263	6545	2010	9301	9221
2000	9663	8362	2011	11238	10486
2001	10506	10397	—	—	—

说明:资料由县公安局提供

赴港澳人员管理

公民短期赴港澳地区只通过探亲的形式,而且实行定额审批制度。1990—1996年,批准全县居民前往港澳地区有42人次。

1997年香港、澳门回归祖国后,内地与港澳地区之间的经济、文化交流日益频繁,人员往来更加密切,内地居民赴港澳地区探亲、旅游和从事商务活动等需求逐年扩大,赴港澳居民有所上升,1997—2002年批准前往港澳为138人次。

2002年3月，推出多项简化手续和放宽条件限制的政策，短期赴港澳地区从事商务活动按需审批，取消纳税、创汇等限制，明确省、地、县三级公安机关出入境管理部门在往来港澳地区审批管理工作中的职责和权限，规定内地居民申请往来港澳通行证和签注，由其常住户口所在地公安机关出入境管理部门受理。2003—2006年赴港澳的居民为1109人次。

2006年4月，短期赴港澳申请事由不断增多，签注种类繁杂，出入境管理部门受理、审批、签发往来港澳通行证，对申请事由、签注种类进行整合归类，延长团队旅游、个人旅游签注有效期，缩短异地核查回函时限，取消证件遗失须登报声明的规定，增加申请人所持证件遇到特殊情况的处理办法，为本地居民短期往来港澳地区提供便利。2007—2011年，赴港澳居民人数剧增，达到6373人次。

赴台湾人员管理

1988年以来，居民只能以探亲、探病、奔丧或处理其他事务的情形下才能申请前往台湾。凡理由正当，发给盖有“往香港去台湾”的“往来港澳通行证”转道香港前往台湾。

1990年，受理公民申请，省公安厅批准首次直接去台湾探亲3人。至2000年，批准前往台湾地区达90余人。

2004年4月1日起，开始实施《大陆居民往来台湾通行证、签注审批签发管理工作规范》，简化赴台审批程序。

2008年7月13日起，开放大陆居民赴台团队旅游。赴台旅行呈现以旅游为主，探亲、应邀、其他等事由为辅的发展势头。至2011年，赴台旅游达1366人次。

回乡华侨管理

1991年3月，方便华侨回国兴办企业和从事经贸活动，对在“三资”企业内的华侨及随同家属，连续居住3个月以上的，视其居住在温州市区或县境而定。分别由市公安局或县公安机关办理，发给《浙江省华侨港澳同胞暂住证》，有效期分3个月、半年、1年。期满后继续暂住的，可以延期办理。

1997年至2001年，各派出所对辖区内回乡华侨逐一进行登记，按时将数据传输给市公安局出入境管理处。

2006年10月，华侨回国定居由省公安机关出入境管理部门负责受理审批。被批准在浙江省定居的华侨，由省公安厅签发《批准定居通知书》、“华侨回国定居证”。

至2011年，批准到文成定居的华侨3159人，华侨回乡探亲93290人次。

国(境)外人员在文管理

1992年冬，对全县常住外籍人员进行一次验证工作，县内批准寄养外籍儿童7名。

1999年，县公安局出入境管理科制定《境外人员临时住宿登记计算机采集、录入、传输制度》，各涉外宾馆、饭店须在24小时内将境外人员临时住宿登记单录入计算机，输到县公安局出入境管理科。同年，先后210名外国人入县境办理临时住宿登记。

2001年调整外管联络员，全县有外管村(居)联系员311名、外管联络员17名。

2006年，外管工作着重提高户口申报率，对境外回归人员的姓名、证件号码等7大项目的登记准确率达到100%。

2009年开展清理“三非”(非法入境、非法就业、非法居留)外国人专项行动。

2009—2011年查处外籍人员非法居留案20件，行政处罚20人。

反偷渡斗争

1991—2011年,文成县公安局按照《中华人民共和国出入境管理法》规定,重视做好反偷渡工作,破获组织偷渡案件165件,查处非法出国(境)9763人,追缴罚没款4006.70万元。

1991—2011年文成县查破偷渡犯罪与非法出境情况一览表

表24-7

年份	破获组织偷渡		查处非法出国(境)(人)	追缴罚没款(万元)
	发案(件)	主犯(人)		
1991	4	3	—	3.6
1992	5	5	—	10.00
1993	6	9	—	14.50
1994	6	7	12	14.70
1995	15	18	47	32.70
1996	7	5	56	49.00
1997	5	6	770	230.00
1998	10	13	3386	1350.00
1999	5	11	200	114.00
2000	15	15	270	89.50
2001	9	9	270	121.50
2002	9	6	2979	1340.00
2003	11	8	286	128.70
2004	12	12	493	221.85
2005	23	24	253	248.85
2006	10	12	724	36.10
2007	7	7	8	0.40
2008	0	0	1	0.05
2009	3	3	4	0.20
2010	3	2	3	0.15
2011	0	0	1	0.9

说明:资料由县公安局提供

第五节　户政管理

1995年开展户籍管理制度改革试点工作,珊溪镇等14个重点乡镇管理的户籍制度,由公安局各派出所、治安站管理。至2000年,其他19个乡的户口簿册等资料移交附近9个派出所管理。全县37万人口信息全部录入计算机管理。

户籍改革与管理

1991年开展户口整顿，查清人口底数，纠正户口登记重漏差错，设立户口卡室，建立和完善户口管理制度。

1992年7月，全县进行撤区扩镇并乡，及时做好户口管理及户籍资料交接工作。

1995年，大峃镇和珊溪镇开展户籍管理制度改革试点工作，推行农村户口城市化管理。指导全县35个乡镇建立健全人口四项变动（迁入、迁出、死亡、出生）登记制度，派员协助百丈漈、东溪、二源、巨屿、周壤等5个治安管理站接管乡镇辖区的户口。指导14个派出所、治安站和21个代管户口的乡完善常住人口四项变动登记制度。全县公安机关直接登记管理的人口占全县总人口的68.67%。

1998年夏，各派出所进行人户分离调查登记，开展外来人口和租赁房屋户的集中整治工作。被确定为浙江省小城镇综合改革试点镇的珊溪镇开展户籍管理制度改革工作，上报珊溪镇小城镇户籍管理制度改革实施方案。10月，省公安厅原则同意该方案，年内组织实施。

2000年3月至4月，全县19个乡（约11万人）的户口簿册等户籍资料移交到附近9个派出所（站）管理。对户口底册进行整理编号后，22个乡（镇）约14.4万人的人口信息录入计算机。年内，全县人口信息全部录入计算机，常住人口信息实行计算机管理，并完成常住人口登记表更换工作。制定《关于解决人口普查户口整顿工作中有关问题的通知》，就办理户口对象、程序以及材料要求等问题做出具体规定。

2002年10月，在大峃镇、珊溪镇、玉壶镇、南田镇实施户籍管理制度改革试点工作。2003年8月，在全县各乡镇范围推行户籍管理制度改革，全面落实自愿申报人户。

2010年，开展第六次全国人口普查户口整顿和身份证重号纠错工作，为人口普查做好准备。做好上海世博会安保和亚运会期间重点人员活动情况大排查和入沪通行证发放工作，受理入沪通行证1452份、赴上海随行人员5032人。

2011年3月，启动全县城乡统筹综合改革工作准备工作，下发《文成县户籍改革试点工作实施方案》《文成县常住户口登记管理细则（试行）》。3月初，开展为期10个月的待定户口集中清理。清理整顿出外地婚嫁女1162人，解决1096人。排查出生未落户口待定人员8669人，解决8050人。

人口管理

1987年6月全县统一实行申领暂住证制度，居住3个月以上的需申领“暂住证”。1992年开展对暂住人口的核对、登记、发证。全县登记暂住人口7684人，发证4181人，占应发证的54%。1993年经全面核查，全县外来落户人口551人。暂住人口7261人，发证3748人。1995年登记管理外来暂住人口7129名，发放暂住证4379份。

1998年，以“打、防、清”专项整治为契机，全面开展实有人口清理、外来人口管理、出租私房登记和农村治保会整顿。经清理，实有人口6211人，登记暂住人口2898人，登记出租私房720户，调整和建立农村治保会589个。给9个派出所配备微机，其中大峃、珊溪、玉壶、南田开通并利用电脑办证。

1999年，以农村户口城市化管理为目标，以人口186信息计算机管理为契机，抓好户口管理工作。年内完成12个派出所的人口信息输入计算机，并推向窗口办公；基本完成珊溪小城镇户籍制度的改革。5月，在周壤乡开展实有人口的专项调查，取得较好成绩。全年登记暂住人口12848人，发证5816人。

2001年，加强常住户口管理，继续简化和下放户口迁移和项目的审批，制定大峃镇户籍制度改革方案，推出临时身份证快件制证业务。全年受理上报居民身份证17292份，登记暂住人口14903人，登记出租房屋183家。

2004年，继续抓好全县户口基础调查工作。完成全县户口数据核实工作，做好常住人口相片信息录入和相片扫描。全年核对户籍人口113477人，新登暂住人口9605人。7月，明确公安机关是暂住人口管理的主管机关。

2008年1月，历经21年的暂住证制度退出历史舞台，对已申领的“暂住证”，在证件有效期内仍然有效，有效期满后，换领“浙江省临时居住证”。同年，发放“临时居住证”433本，居住证12本。

2009年10月始施行流动人口办理居住登记，发给“浙江省临时居住证”。2010年，开展户口整顿，为第六次全国人口普查夯实基础。组织调查员1231人，核查125976户，总人口376361人。排查户口登记项目差错9182项，解决8866项，核对境外人员2309人，登记在册流动人口16356人，出租房5200余户，流动人口登记率、人户一致率和出租房屋登记率分别达到96%、91%和100%。至2011年，发放“临时居住证”14526本，居住证138本。

居民身份证管理

1991年后，转入经常的居民身份证申领、换领、补领等管理工作。全年制证13115份，领证12264份。

1997年，制作正式居民身份证30582份、临时身份证1968份，代办身份证遗失登报手续4000余人次，新底卡归档与原底卡清理30000余份。对十年期满应换证的13154份身份证进行受理并制卡换证，占实际应换证13929份的94.51%。

1998年，以“打、防、清”专项整治为契机，全面开展实有人口清理、外来人口管理、出租私房登记和农村治保会整顿。做好十年期身份证的换证工作和身份证的重码、错码纠正以及积极筹集资金加快派出所的微机建设。全年换发身份证41524份，纠正重码、错码1619人。

1999年10月1日始，全国实行公民身份证号码制度，居民身份证编码由原来的15位升至18位。年内12个派出所的人口信息输入计算机，并推向窗口办公。全年登记暂住人口12848人，发证5816人，换发居民身份证22945份。此外，开展对全县出租房的排摸登记和发证工作，使房屋租赁工作步入正常化管理轨道。

2000年，抓好换发居民身份证和征兵政审工作，全年换发居民身份证21044份。2001年，对现役军人公民身份证号码调查、核对和编制赋码。至年底收到部队寄来的“现役军人公民身份号码登记表”。做好全县应征入伍对象的政审工作。2002年至2004年，继续做好居民身份证等发放工作。

2005年，根据换发第二代居民身份证要求，做好“二代证”换发前的人口数据核对、常住人口照片录入等各项准备工作。7月1日顺利启动“二代证”换发。全年全县办理“二代证”32627件。2007年，换发“二代证”78511份，超额完成30.85%。修订户籍管理规定，规范户口管理，解决外来婚嫁妇女落户等户口难题。

2008年10月，办证服务到家门。组建便民服务队，先后到52个偏远山村为8000余名群众办理“二代证”和户口事项。12月，推出“服务企业、方便群众16项便民措施”。2009年，携带人像采集设备深入到113个行政村，为3万余村民上门办理第二代居民身份证并送证上门。11月，携带人像采集设备赴金星村、十源村等边远乡村，受理二代证1203人，并上门送二代证170余份，发放户口宣传资料160余份，受理群众对户口有关政策的咨询和解答120人次。2010年至2011年，继续做好二代身份证办理工作。办理回国定居人员身份证910人次。

第六节　道路交通管理

交通警察大队下设9个正股级职能单位：综合室、事故处理中队、秩序中队、车辆管理所、大峃镇中队、峃口中队、西坑中队、珊溪中队、玉壶中队。1991年至2011年，为保证交通道路畅通，依法查处交通违法违章车辆546843辆次，违章罚款2769.26万元，违章暂扣证90010本。并通过抓交通法规的宣传教育和路面管理。出动巡逻宣传车、印发交通安全宣传资料、上交通安全课、组织交通安全竞赛、建立驾驶员定期学习制度等方式，让驾驶员及全社会知法守法，保持良好交通秩序。

道路交通安全管理

1991年全县支道线连续发生重特大交通事故，为此开展为期60天的“刹事故、清占道、压事故、保安全”专项治理。全年发生交通事故94件，查处86起占91.4%。上报事故251件，死14人、伤25人，直接损失1.06万元，逮捕交通肇事犯3人，治安拘留11人，扣证79本，收规费，罚款21万元。

1992年撤销交通检查站，实行动态管理。全年上路执勤5180人次，检查机动车39121辆次，纠正违章14557辆次。车管部门做好车辆检验，全年车检1561辆次，核发牌证2239辆。全年发生交通道路事故131件，查结128件，查结率为97.7%。上报事故30起，查结30起，查结率100%。上报死亡10人，伤10人，直接经济损失9万元。死亡人数比市府下达的指标16人下降37.5%，比上年下降28.57%。查处交通肇事案件和纠正违章，处理违法人员9人，违章罚款14557人次，罚没款额301327元，规费收入125906元。

1993年上路执勤6703人次，纠正违章22918辆次。车管所检验车辆1498辆，核发牌证504辆；年审驾驶员1258人，合格率为91.8%。查结交通事故175件（发生186件），查结率94%。上报事故30件，查结25件，查结率83.33%。全年死亡21人，伤22人，直接经济损失137580元。处理违法犯罪人员13名，违章罚款43.9万元，规费收入16万元。

1994年，组织交通安全竞赛，清除路障，打击无牌证二、三轮摩托车。在县小创建少年交警营。与车辆单位及车主全部签订全年行车与治安2个安全责任制。成立全县驾驶员协会和下属32个基层驾驶员分会。年内培训驾驶员707人。全年交警上路执勤6949人次，人均达2395人次，检查各类车辆30227辆，纠违17572辆，罚款47万元。全年死12人，与市下达的22人指标减少45%，比上年减少42.86%。全年事故报结率为96%，重特大事故报结率为100%，并依法追究10人交通肇事的刑事责任。

1995年，出动巡逻宣传车33辆次、600余人次。印发交通安全宣传资料5.4万份，上交通安全课56课时。全年执勤8377人次，纠违31440辆次。年内发生交通事故279件，查结271件，查结率97.1%。上报事故47件，查结47件，查结率100%。全年交通事故伤33人，死14人，直接经济损失269万元。死人数比市下达标准少8人，下降36.4%。依法追究刑事责任5人，治安拘留6人。全年审验驾驶员2057人，审验率98.05%。培训驾驶员775人，检验车辆8637辆次，合格率83%；核发机动车牌号2080辆次。年内增设玉壶交警中队、机动中队、珊溪执勤点。

1996年，发生交通事故284件，查结280件，查结率98.6%。上报事故64件，查结63件，查结率98.4%。全年交通事故伤58人，死15人，直接经济损失72.9万元。死亡人数比市下达指标少7人，比上年下降31.8%。依法追究违章肇事人员的刑事责任7人，治安拘留5人。全年审验驾驶员3325人，审验率97.9%；培训驾驶员794人，检验车辆9726辆次，二、三轮车117辆次、三轮卡297辆次；核发机动车牌号420辆次，临时移动证25辆。

1997年，全县发生交通事故241件，上报事故46件，死亡15人，受伤49人，直接经济损失413980元。事故和上报事故数比上年分别下降15.1%和28.1%，死亡人数与上年持平，伤人数和直接经济损失数比上年分别下降15.5%和29.4%。此外，及时处理不属上报范围的重大交通事故10件。通过查处交通肇事案件，依法追究刑事责任的9人。全年检查车辆31535辆次。纠正违章28852辆次，教育1750人次，处罚27852人次，罚款602320元，吊扣驾驶证126本，暂扣证件1070本。全年审验驾驶员3520人，占应审验驾驶员3599人的97.8%。按标准评出先进单位2个，先进安全驾驶员42人，安全驾驶员413人。全年检验车辆6732辆次，检验合格率为89.6%。

1998年,纠正交通违章36401人次,处理交通事故378件,扣留机动车317辆,发放机动车牌照1172辆,审验车辆7274辆。

1999年,处理交通违章和事故责任37726人次,发放机动车牌照906辆,审验车辆6563辆,发生交通事故395件,死亡26人,受伤319人,损失122.7万元。

2000年,组织以“压事故、保畅通”为总目标,创建“平安大道”,强化交通秩序专项整治,规范管理行为。处理交通违章和事故责任34910人次,发放机动车牌照1222辆,审验车辆6951辆。发生交通事故386件,死15人、伤311人,损失157.59万元。与县交通局、大峃镇人民政府联合印发《关于加强大峃镇交通秩序管理的通告》,全县先后进行三次集中整治。依法查处无牌无证摩托车2750辆,暂扣无牌无证摩托车637辆,扣留报废车6辆,清理违章占道1218处和“马路市场”3处,查处违章超车、超载567辆次,查获盗窃嫌疑车17辆,行政拘留3人。

2001年,开展创建平安大道和查处无牌无证机动车上路行驶活动。全年发生交通事故344件,其中,上报事故308件,直接经济损失131.11万元,死亡20人,受伤215人。处理交通违章和事故责任26864人次,处罚26477人次,发放机动车牌照1838辆,检验机动车8911辆次。

2002年,加大治理超载、超速和无牌无证行驶的力度,加强道路交通管理和对驾驶员及车辆的源头管理。制止农用车违章载客。建立违章处理中心,规范交通违章处理等措施,维护道路交通秩序。道路交通事故相对稳定,发生交通事故264件,死亡14人,受伤238人,直接经济损失140.69万元,事故数、死亡人数、受伤人数和经济损失等4项指标分别比去年下降23.26%、40%和上升0.85%、4.21%。

2004年5月1日起,实施新颁布的《中华人民共和国道路交通安全法》,加大路面交通管理和事故安全隐患的整治力度,坚持开展针对酒后驾车、超速超载和无牌无证、假牌假证行驶等违法行为整治,营造安全、有序、畅通的道路交通环境。

2005年,首次在县前街、伯温路、体育场路等十字路口设置红绿灯,并施划行人道、行车道,规范交通秩序。以安全、有序、畅通为目标,加大路面交通管理力度和事故黑点的整治力度,将日常管理工作和开展各类专项整治相结合,确保道路安全畅通。全年查处各类交通违章案件20475件,发生各类交通事故688件,直接经济损失346.99万元;其中上报事故101件,死亡22人,受伤144人,直接经济损失68.28万元。先后开展针对酒后驾车、超速超载和无牌无证、假牌假证行驶等问题的整治和“奋战100天,确保零增长”等专项活动。

2006年,完善交警大队执法、执勤制度和队伍考核办法。规范县城交通标线,在主要路口设置红绿灯,在主要街道两侧划出停车位。开展县城无牌无照三轮的专项整治,销毁无牌无证机动车三轮车289辆。全县发生道路交通事故106件,直接经济损失6028万元,死亡19人,受伤167人。没有发生1次死亡3人以上的特大交通事故。

2007年,大力开展交通、消防安全宣传,严厉整治交通、消防违法行为,有效遏制各类安全事故的发生。全年发交通事故83件,死亡17人,受伤111人,直接经济损失22.3万元,同比分别下降16.1%、10.5%、33.5%、63%。

2008年,整治道路交通安全隐患31处,查处违反交通安全管理行为14970人次。

2009年,整治道路交通安全隐患92处,查处违反交通安全管理行为20175人次,严格执行严重交通违法行为五系常态严管措施,严厉打击酒后驾驶严重交通违法行为,查处酒后驾驶违法行为198件,其中醉酒驾驶30件,行政拘留30人。

2010年,排查出道路交通安全隐患点338处,其中省市级安全隐患点28处。查处无证驾驶307人次,酒后驾驶118件，醉酒驾驶21件。查处交通违法行为12226人次，行政拘留30人次，罚款215.4万元，吊销机动车驾驶证5本，扣留机动车747辆。上报交通事故65件，10人死亡、77人受伤、直接经济损失16.3万元。开展县城交通秩序整治，温伯路、体育场路等路段增划停车泊位600个，完善道路交通标志39块，施划标线3125米，并开展"三小车"(电动三轮车、外地牌证三轮摩托车和残疾人轮骑车)专项治理。

2011年，查处交通违法行为24198人次，行政拘留48人次，上报交通事故65件，死亡9人，受伤78人，直接经济损失14.6万元，四项指标与去年相比分别持平、下降10%、持平、下降3.33%。加大道路隐患的排查力度，排查出市级事故黑点3处，市级临水临崖高落差险路段25处，县级道路交通安全隐患点(段)233处，市级事故黑点和临水临高落差危险路段整改率达100%。

车辆管理

机动车管理 1991年全县机动车保有量仅为1000辆左右。2005年12月，全县机动车保有量为19722辆，其中汽车4442辆、摩托车15278辆。2011年，新增汽车3006辆，同比上升24.2%。截至2011年12月20日，全县机动车保有量达到32657辆，其中汽车16042辆，同比上升27.5%，摩托车16609辆，同比下降1.0%。

1995年3月份，建成机动车检测站并投入使用。1999年，车辆管理所实行公开办理车辆牌证、驾驶证程序，公开收费标准，公开办理结果的"五公开"承诺制度。2002年，淘汰厢式农用车，引导车主成立股份公司，进行集约化经营。至8月底，原186辆厢式农用车全部置换成新的面包车投入载客营运。

2011年，机动车注册登记3786辆，转移登记651辆。查验机动车15205辆，机动车检测12018辆16525辆次，核发机动车检验合格标志10570辆。注销登记67辆，签发临时号牌3584张，制发登记证书3971本，行驶证4904本。排除嫌疑车296辆，补换号牌182副，收缴号牌558副。

非机动车管理 1991年，为有效缓解县城交通拥堵现象，把原450辆人力三轮车压缩到200辆，并实行单、双号轮流上路。

1994年，制定《大峃镇人力三轮车管理办法》，并进行严格管理。

2011年6月始，在县城组织开展"四小车"综合整治，140辆残疾车进行换牌，271辆人力客运三轮车进行升级换代，并取缔一批非法改装的外省号牌三轮摩托车、擅自加装动力人力客运三轮车、无牌载客残疾车和电动三轮车。

驾驶员管理

1991年至1992年，驾驶员安全学习片组重新按系统、单位、区份划为26个片组。调整片组长、理顺关系、落实人员，抓好驾驶员片组学习和驾驶员的审验工作。1998年，改进全县36个驾驶员片组学习制度。职业驾驶员255人，每月学习一次；非职业驾驶员1069人，每年学习二次。

1999年，继续抓好驾驶员分类管理。全县5661名机动驾驶员中，职业驾驶员3321人、非职业驾驶员2340人。职业驾驶员分为营运驾驶员、非营运驾驶员。重点抓好职业驾驶员特别是营运驾驶员的交通安全教育管理工作。2000年以来，继续抓好驾驶员的安全教育和分类管理，并编印《驾驶员学习资料》，加强驾驶员的交通安全教育。至2009年，明确驾驶人户籍化管理工作分工，做好重点驾驶人采集和建档工作。

2011年，机动车驾驶人31468人，受理申领机动车驾驶证2907人；安全教育236人；驾证恢复38人；组织科目一考试56批次4470人次，合格3198人，合格率为71.5%。组织科目二、三考试各17批次567人次和562人次，合格540人和543人。

第七节　消防管理

1994年,县消防大队归属温州市消防支队和县公安局双重管理,下辖直属中队和珊溪、玉壶、南田镇3支政府专职消防队。1991—2011年,接警2231件,出动2231次(含增援),出动消防车5572辆次,消防人员22716人次,抢救被困人员163人,疏散人员96人,抢救财产价值1.34亿元。检查社会单位1925家,发现火灾隐患8762处,督查消除火灾隐患8531处,发放责令改正通知书1078份、政处罚决定书62份、行政强制决定书1份,临时查封5家,责令"三停"单位16家,罚款74.45万元,拘留54人。开展新《中华人民共和国消防法》宣传和消防安全常识教育,普及消防知识,举办消防培训班180期,培训1万余人次,消防常识咨询3万余人次。20余人荣立三等功以上奖励35次。

消防设施建设

1991年,购买1辆泡沫、水罐两用消防车。1994年,装备消防水罐车3辆、消防指挥车1辆。1996年7月,购置执勤车1辆。1999年7月,购置价值50余万元执勤车1辆。2001年购置执勤车、指挥车各1辆。2006年,消防装备达到中等站的配备水平,配备6辆消防车。2008年,购置行政车和1辆大功率五十铃消防水罐车。

2008年,大队新营房进入现场施工。2011年1月,建筑面积4085平方米、投资1270万元的新营房投入使用。营房装备消防水罐车4辆,抢险救援车1辆,登高平台车1辆,行政车3辆,并配备350兆天线电台、切割机、破门器、气电锯等一批特种装备,配有避火服、隔热服、防火服等防火工具。

督查管理

1991年,12个消防重点列管单位进行达标考核,平均为91.5分。农村消防"自防自救",按六项标准验收细则进行达标验收考评,合格率达84%以上。依法进行防火监督、定期检查,查得火险隐患200余处,发整改通知书6处。查处各种违反消防事故15件,取缔违法经营33户,各种罚款720元。对集镇的21支义务消防队进行一、二次轮训,上消防课5次。张贴防火标语2000余份。

1992年,实行三级消防管理制。消防列管单位由上年的12个增加到31个。同年,成为全市首个部队基层建设纲要达标合格单位,消防科被省公安厅、省计经委评为全省消防监督管理先进单位。

1994年,消防大队检查单位188个次,发现各种火灾隐患128件,发放整改通知书114件,消除火灾隐患122件;对化学危险物品的路检24次、78人次,实施消防处罚29件次;农村防火指导检查48次50天,群众义务消防队整顿组建35支。全年发生火灾事故17件,损失54.73万元,火灾次数与损失比上年分别下降32%和578%。

1995年,对全县55支义务消防队共650名队员进行培训。11月9日,举办全县首届消防运动会。

1996年,发生火灾事故24件。接警出动18次,出水扑救11次,灭火成功率100%。组织消防安全培训班4期计260人次。8月份开展夏季化学危险物品的专项治理,对路边加油店进行清理,对城镇的加油站按规定予以取缔或限期搬迁。

1997年,举办5期消防安全培训班,累计受训244人次。举办消防知识展览、消防灯谜竞猜等活动,受教育群众达5000人次以上。会同工商、文化等有关部门进行3次较大规模的安全检查。对100余个单位进行突击检查,查出火险隐患260余条,当场整改240条。处罚单位1件、个人8件,罚款5200元,没收财物折价3000元。

1998年,县消防大队作为温州市各县(市、区)消防大队唯一被抽检单位,接受省消防总队检查考核组的考核验收,取得较好成绩。

2000年，落实两级管理责任制，强化监督检查管理，治理火灾隐患。

2001年，开展对公共聚集场所消防整治工作，抓好群众性消防组织建设，消除各种火灾隐患。努力减少各类火灾的发生，杜绝重特大火灾事故的发生。

2002年，加强消防监督检查工作力度，落实消防工作责任制，开展公共聚集场所、旅馆业、网吧等专项整治工作。

2003年，落实消防工作责任制，加强消防监督检查，抓好公共聚集场所消防整治，火灾事故与上年相比下降25%。

2004年至2005年，开展消防进村居等消防宣传和防范工作，全面排查木质结构平房和各类公共聚集场所的消防隐患，深入推动火灾隐患整治工作，切实保障广大群众的生命、财产安全。

2006年至2007年，加大消防监督执法力度。以深入开展"火灾隐患普查整治"为中心，以消除出租房火灾隐患为重点，加大对消防监督的执法力度。全年没有人员伤亡，没有发生重特大火灾事故。

2008年，整治存在消防安全隐患的出租房798户，安全消防管理案件23起。2009年，查处消防安全管理23起，实现火灾事故零增长。

2010年，检查场所662家次，发现火灾隐患386处，当场整改隐患332处，强制关停存在较大安全隐患的1家，临时查封场所6家，拘留4人，处罚17家、金额25.15万元。

2011年，先后8次开展扫雷系列消防安全检查和"清剿火患"战役专项行动。出动警力1.12万人次，排查各类单位5319家，发现火灾隐患或违法行为9191处，督促整改火灾隐患或违法行为6965处，责令改正1786处，行政处罚77家次，临时查封6家次，责令"三停"11家，行政拘留28人，罚款47.25万元，逐步净化社会消防安全环境。年内，发生火灾事故5起，无人伤亡，财产损失43.41万元，火灾四项指标同比去年同期持平或者下降。

重大火灾救援

1991—2011年间，消防队伍接警火灾事故2231件，出动2231次(含增援)，出动消防车5572辆次，消防人员2.27万人次，抢救被困人员163人，疏散人员96人，抢救财产价值1.34亿元。立功受奖官兵27人次。

1993年22时许，南田镇牌坊坦发生火灾，烧毁电影院与民房22间，受灾群众12户57人。

2001年10月20日，珊溪镇珊溪街274号发生火灾，过火面积3300平方米，受灾34户，直接财产损失19.55万元。

2003年12月22日，玉壶镇玉壶老街火灾，过火面积3410平方米，受灾48户，直接财产损失61.20万元。

2004年8月10日，珊溪镇街尾村发生火灾，过火面积2467平方米，受灾20户，直接财产损失13.30万元。

2009年1月26日，大峃镇新殿巷28～2号民房火灾，烧毁一间三层砖木结构民房，过火面积约84平方米，造成3人死亡。扑救大峃镇新殿巷较大火灾，措施得力，有效保护周边群众生命财产安全。

2010—2011年未发生重大火灾事故。

1991—2011年文成县火灾四项数据一览表

表24-8

年份	火灾事故(件)	死(人)	伤(人)	直接财产损失(万元)
1991	24	0	0	99.97
1992	39	0	0	46.60
1993	32	0	8	62.00

续表24-8

年份	火灾事故(件)	死(人)	伤(人)	直接财产损失(万元)
1994	17	1	9	54.73
1995	26	2	0	90.72
1996	24	0	2	90.73
1997	12	1	0	91.25
1998	21	0	0	83.21
1999	20	0	0	54.40
2000	18	0	2	16.32
2001	30	2	8	76.56
2002	20	0	1	58.90
2003	15	4	0	150.99
2004	140	0	0	21.60
2005	120	1	0	8.40
2006	8	0	0	7.39
2007	10	2	0	2.30
2008	23	0	0	2.15
2009	23	3	0	45.00
2010	3	0	0	45.00
2011	5	0	0	43.41

说明:资料由县公安局提供

第三章　检　察

县人民检察院依照宪法与法律规定，开展检察工作。1990—2011年，立案查办各类贪污贿赂案件283件，挽回经济损失894.02万元。反渎职侵权案45件，侦查终结45件。受理公安部门提请批捕2667件4281人，审结2616件4202人。受理各类审查起诉案件3605件5689人，依法审结3207件4910人。依法对刑罚执行进行监督，发出检察建议101次，配合县看守所进行安全检查，纠正各种安全隐患162次，审查办理公安机关提请减刑案件30件30人。受理民事行政申诉90件，提请(建议)抗诉42件，执行和解11件，发出检察建议7件，法院改判22件。受理各类信访案件842件，举报案件395件，控告253件，申诉19件。经审查办理，开展初查162件，移送其他部门120件，申请刑事赔偿5件，接待群众来访713批次。1990—2011年，县人民检察院受市委、市政府表彰先进集体1个、先进个人2名；受市人民检察院及相关部门表彰先进集体27个、先进个人29名；受省委政法委、省高级人民检察院及相关部门表彰先进集体10个、先进个人3名；受最高人民检察院表彰先进集体4个。

第一节　组织机构

1991—2011年，县人民检察院根据不同时期任务和特点，设立机关科室。执行法定职责，依法对公安、法院等司法机关的司法行为进行检察，保证司法公正。

1990年，县检察院下设办公室、政工科、刑事检察一科、刑事检察二科、经济检察科、法纪检察科、监所检察科、税务检察办公室、控告申诉检察科。1991年8月，经济检察科改名为贪污贿赂侦查局。1992年3月，增设供销检察办公室、农业银行检察室。1995年5月，撤销供销检察办公室和农业银行检察室。1997年8月，增设民事行政检察科，10月撤销税务检察办公室，贪污贿赂侦查局更名反贪污贿赂局。1998年5月，刑事检察一科改称审查批捕科；刑事检察二科改名审查起诉科。1999年12月政工科更名政治处。2002年6月，审查批捕科又改称侦查监督科，审查起诉科更名公诉科。2002年7月，法纪检察科改称反渎职侵权科。2005年9月，反渎职侵权科更名反渎职侵权局。2006年3月，增设行政装备技术科。2008年，增设检察事务中心、司法警察大队。2010年内设12个职能科室，分别为办公室、政治处、侦查监督科、公诉科、反贪污贿赂局、反渎职侵权局、监所检察科、民事行政检察科、控告申诉检察科、检察事务中心、司法警察大队、行政装备技术科。2011年，内设12个职能科室不变。1997年，核定行政编制54名，实际在职干部38人。2002年，核定行政编制52名，实际在职干部43人、工勤人员2人。2008年，实际在职干部47人、工勤人员2人。2011年，核定行政编制56名，实际在职干部44人、工勤人员7人。

1991—2011年文成县人民检察院检察长名录一览表

表24-9

名称	性别	籍贯	职务	任职时间
赖登赞	男	浙江苍南	检察长	1990年4月—1993年4月
胡志升	男	浙江文成	检察长	1993年4月—1997年12月

续表24-9

名称	性别	籍贯	职务	任职时间
孔　璋	男	浙江温州	检察长	1997年12月—2001年2月
金　凯	男	浙江温州	检察长	2001年2月—2005年7月
江红鹰	女	浙江温州	检察长	2005年7月—2008年3月
王美鹏	男	浙江苍南	检察长	2008年3月—2010年12月
潘　勇	男	浙江温州	检察长	2010年12月—

说明:资料由县人民检察院提供

第二节　刑事检察

1991—2011年,县人民检察院受理公安部门提请批捕2667件4281人,审结2616件4202人,其中,依法批准、决定逮捕2425件3834人,不捕191件348人。受理各类审查起诉案件3605件5689人。经依法审结3207件4910人,起诉2959件4538人,提出抗诉8件8人,改判5件5人。

侦查监督

1991年,县人民检察院受理公安机关提请批准逮捕各类刑事案件118件193人。经审查,依法批准逮捕114件185人,退回公安机关补充侦查4人。受理自侦移送案件14件14人,决定逮捕14人。批捕人犯比上年同期增加25.8%。

1992—1996年,贯彻依法“从重从快”方针,牢牢抓住“两个基本”(基本犯罪事实清楚、基本证据确凿),提前介入,快捕快诉一批严重危害社会治安的刑事犯罪嫌疑人。5年间,受理公安机关提请逮捕案件981人,审查批准逮捕924人,不批准逮捕22人,退回补充侦查35人,增捕2人。

1997年,受理提请逮捕案件97件158人,审查批准逮捕85件126人。对重、特大案件,依法予以从快批捕、起诉。犯罪嫌疑人陈某、王某某等抢劫、故意杀人案,当天移送,当天批捕。

1998年坚持“严打”斗争,强化刑事检察职能,抓好批捕环节加大惩治刑事犯罪力度。全年受理公安机关提请逮捕案件120件178人,经审查批准逮捕107件158人,批捕数比上年增加26.7%。其中,批捕杀人、抢劫、强奸等暴力恶性犯罪案件36件47人。平均批捕时间为4天,批捕时间分别比法定期间缩短3天。

1999年,始终坚持“严打”斗争的方针,对杀人、抢劫、强奸、爆炸等严重暴力犯罪和团伙犯罪,依法从重从快予以批捕、起诉。坚持审查,严格把关,防错堵漏。受理公安机关提请批准逮捕案件149件285人,审查批准逮捕135件238人,不批准逮捕13件46人,增捕10人。

2000年,受理公安机关提请批准逮捕案件330件384人,审查批准逮捕294件319人,不批准逮捕52人,增捕13人。2001年,受理公安机关提请批捕案件165件270人,审查批准逮捕151件224人。批捕“严打”中的“三类”重点案件62件87人,批捕涉枪涉爆犯罪嫌疑人7人,起诉12人,批捕杀人、抢劫、强奸、绑架等严重暴力犯罪嫌疑人35人。

2002年,受理公安机关提请批准逮捕案件93件127人,审查批准逮捕77件106人,其中批捕“三类”案件22件32人。配合公安机关开展打击“双抢”案件专项治理活动,批捕“双抢”案件14件29人。集中力量办理破坏社会主义市场经济秩序的犯罪案件,批捕案件3件4人。

2003年,受理公安机关提请批捕案件104件133人,审查批准逮捕87件110人,不批准逮捕4件5人。针对侦查工作中存在的问题，提出口头检察建议20次，书面纠正意见6次。

2004年，受理公安机关提请批准逮捕案件123件179人，审查批准逮捕115件170人，不捕8件8人，纠正漏捕2件2人，增诉1件1人，发出书面纠正违法通知2件，提出口头检察建议11次。2005年，受理公安机关提请批准逮捕案件118件162人，经审查批准逮捕105件145人。

2006年，依法打击各类刑事犯罪，受理公安机关移送的各类刑事案件123件206人，同比增加34.64%，审查批准逮捕123件206人。通过提前介入，从快办理发生在百丈漈镇的犯罪嫌疑人赵某某入室盗窃后杀人灭口又奸尸的恶性刑事案件。2007年，受理公安机关和本院自侦提请批准逮捕案件132件182人，审查批准逮捕132件182人。

2008年，受理提请批准或决定逮捕各类刑事犯罪案件152件214人，经审查批准逮捕152件214人。2009年，受理公安机关提请批准逮捕案件110件249人，审查依法批准和逮捕97件230人。2010年，受理公安机关提请批准逮捕案件114件233人，经审查批准逮捕106件209人。

2011年，受理公安机关提请批捕案件88件147人，经审查决定批捕77件123人。从快批捕寻衅滋事、聚众斗殴等妨害社会管理秩序案件26件56人。纠正公安机关取保候审强制措施不当，决定予以逮捕3人。

1991—2011年文成县人民检察院审查批捕情况一览表

表24-10 单位：件、人

年份	受案		审结							批捕七类重点案犯情况							
			合计		其中					小计	杀人	放火	投毒	爆炸	强奸	抢劫	盗重大盗窃
					批捕		比增上年减	不批捕									
	件	人	件	人	件	人	%	件	人	人	人	人	人	人	人	人	人
1991	118	193	117	190	114	185	17.8	3	5	49	1	—	1	—	7	40	—
1992	107	217	105	211	105	211	14.1	0	0	77	6	—	—	—	16	55	—
1993	93	158	84	142	83	139	−34.1	1	3	65	2	2	5	—	11	45	—
1994	117	223	120	226	115	219	57.6	5	7	53	4	2	—	—	7	40	—
1995	129	240	121	227	114	219	0	7	8	42	2	2	1	2	13	22	—
1996	85	143	82	140	80	136	37.9	2	4	21	3	1	1	—	10	6	—
1997	97	158	96	156	85	126	7.4	11	30	23	3	1	—	—	13	6	—
1998	120	178	119	176	107	158	25.4	12	18	31	4	5	—	—	10	12	—
1999	149	285	148	284	135	238	50.6	13	46	49	2	1	—	—	17	29	—
2000	330	384	318	371	294	319	34.0	24	52	38	5	2	—	—	14	17	—
2001	165	270	165	270	151	224	−29.8	14	26	33	4	—	—	—	6	23	—
2002	93	127	91	124	77	106	−52.7	14	18	—	—	—	—	—	—	—	—
2003	104	133	91	115	87	110	3.8	4	5	13	2	1	1	0	3	5	1
2004	123	179	123	179	115	170	54.5	8	9	28	1	0	1	0	4	14	8
2005	118	162	117	171	105	145	−17.2	12	26	21	4	1	0	0	7	5	4
2006	123	206	123	206	115	195	34.5	8	11	38	3	0	0	0	11	12	12
2007	132	182	132	182	122	171	−12.3	10	11	19	1	2	0	0	9	6	1
2008	152	214	152	214	141	201	17.5	11	13	20	4	0	0	0	10	3	3

续表24-10

年份	受案		审结							批捕七类重点案犯情况							
			合计		其中					小计	杀人	放火	投毒	爆炸	强奸	抢劫	盗重大盗窃
					批捕		比增上年减	不批捕									
	件	人	件	人	件	人	%	件	人	人	人	人	人	人	人	人	人
2009	110	249	110	249	97	230	14.4	13	19	15	2	1	0	0	5	7	0
2010	114	233	114	223	106	209	−9.1	8	14	16	0	0	0	0	5	4	7
2011	88	147	88	146	77	123	−41.1	11	23	13	2	0	0	0	2	7	2
合计	2667	4281	2616	4202	2425	3834	—	191	348	—	—	—	—	—	—	—	—

说明:资料由县人民检察院提供

审查起诉

1991年,县人民检察院受理公安机关移送起(免)诉案157件220人。审查决定起诉157人、免诉45人,退回公安2人,不起诉1人,建议公安撤回起诉1人,补充起诉1人,移送市院审查起诉5人。受理自侦部门移送起诉35件36人,依法起诉11人,免诉25人。起诉数比上年同期增加32.0%。

1992—1996年,受理公安机关移送起(免)诉案件1015人。审查提起公诉89人、免诉123人、不诉8人,退回补充侦查62人,移送市检察院审查起诉51人,增诉8人。1996年"严打"集中统一行动中,从8—10月的近3个月时间里,审查批捕99人,审查起诉95人,提前介入21件次。

1997年,受理移送起诉案件115件142人。审查提起公诉84件105人,移送市检察院审查起诉2件5人。

1998年,受理移送起诉案件175件227人。审查提起公诉129件168人,报送市检察院审查起诉6件12人,起诉数比上年增加21.1%。其中,起诉杀人、抢劫、强奸等案件29件39人。平均起诉时间为18天,起诉时间比法定时间缩短12天。

1999年,受理公安机关移送起诉案件230件341人。审查提起公诉187件247人,报送市检察院审查起诉4件14人,退回补充侦查30件58人,不起诉7人,建议公安机关作撤案处理2件7人。

2000年,受理公安机关移送起诉案件298件489人。审查提起公诉205件287人,报送市检察院审查起诉12件16人,退回补充侦查67件147人,不起诉15人。

2001年,受理公安机关移送起诉案件311件559人。审查依法提起公诉259件420人,报送市检察机关审查起诉5件6人,退回补充侦查63件176人,不起诉79件108人。"严打"中的"三类"重点案件62件87人,起诉79件108人,其中涉嫌流氓恶势力犯罪嫌疑人起诉45人,涉枪涉爆犯罪嫌疑人起诉12人,杀人、抢劫、强奸、绑架等严重暴力犯罪嫌疑人起诉48人。

2002年,受理公安机关移送起诉案件189件271人。审查提起公诉143件187人,移送市院审查起诉2件7人,其中坚持"双从"方针,依法打击"三类"重点犯罪案件,起诉40件53人。配合公安机关开展打击"双抢"案件专项治理活动,起诉"双抢"案件16件31人。集中力量办理破坏社会主义市场经济秩序的犯罪案件,起诉4件5人。

2003年,受理公安机关移送审查起诉案件142件210人。审查不起诉13件14人,依法向法院提起公诉140件217人,报送上级检察机关审查起诉4件7人,其中起诉爆炸、杀人、抢劫、绑架等严重暴力犯罪和带有黑社会性质的流氓恶势力犯罪以及盗窃、抢夺等严重影响群众安全的多发性犯罪案件62件78人,飞车抢夺、入室盗窃、抢劫等多发性犯罪"两抢"案件6件7人,盗窃案件38件48人。

2004年，受理公安机关移送审查起诉案件168件217人。审查依法提起公诉182件239人，起诉案件数量同比上升39%。案件数量增加的情况下，案件质量提高，全年不起诉案件1件2人，比上年减少12件12人，撤回起诉案件为0，比上年减少5件6人，有罪判决率100%。

2005年，受理公安机关移送审查起诉案件177件246人。审查提起公诉141件185人，移送市检察院审查起诉2件3人。继续重点打击杀人、抢劫、强奸等严重暴力犯罪，黑恶势力犯罪以及盗窃、抢夺等多发性侵财型犯罪。参加“反偷渡”“禁赌”等专项整治工作。

2006年，受理公安机关及上级院交办的审查起诉案件151件249人，同比增加14.15%。经审查，依法提起公诉144件241人。

2007年，受理公安机关和本院自侦部门移送审查起诉案件154件232人。审查依法提起公诉146件226人，其中公诉故意杀人、放火、强奸犯罪嫌疑人10人，抢劫、抢夺、盗窃犯罪嫌疑人56人，寻衅滋事、聚众斗殴犯罪嫌疑人39人，破坏社会主义市场经济秩序犯罪嫌疑人12人。对轻微刑事案件依法妥善适用不捕的犯罪嫌疑人8人，不起诉9人。

2008年，受理移送审查起诉各类刑事犯罪案件178件283人。审查提起公诉162件252人。

2009年，受理公安机关移送起诉案件168件335人。审查依法向法院提起公诉151件305人，移送市院审查起诉3件7人。

2010年，受理公安机关移送审查起诉案件144件344人，受理本院自侦和上级院交办的移送审查起诉案件8件17人。审查提起公诉122件291人。

2011年，受理公安机关和本院自侦部门移送审查起诉案件174件309人。提起公诉154件285人，其中故意杀人、强奸、抢劫等严重暴力犯罪21件23人，“两抢一盗”案件22件33人，聚众斗殴、寻衅滋事案件12件15人，追诉漏犯5人，追诉漏罪8条，改变公安机关定性2件2人。

1991—2011年文成县人民检察院公诉情况一览表

表24-11

年份	受案		审结				抗诉					
			合计		起诉		提出抗诉		撤回抗诉		改判	
	件	人	件	人	件	人	件	人	件	人	件	人
1991	157	220	163	227	114	157	—	—	—	—	—	—
1992	149	216	139	194	103	149	—	—	—	—	—	—
1993	108	154	103	149	79	121	—	—	—	—	—	—
1994	135	189	120	166	95	131	—	—	—	—	—	—
1995	168	255	155	230	123	194	2	2	—	—	—	—
1996	114	201	117	166	96	134	—	—	—	—	—	—
1997	115	142	96	119	84	105	1	1	—	—	—	—
1998	175	227	134	167	129	168	—	—	—	—	—	—
1999	230	341	192	256	187	247	—	—	—	—	—	—
2000	298	489	223	302	205	287	—	—	—	—	—	—
2001	311	559	272	439	259	420	—	—	—	—	—	—
2002	189	271	120	190	143	187	—	—	—	—	—	—

续表24-11

年份	受案		审结				抗诉					
			合计		起诉		提出抗诉		撤回抗诉		改判	
	件	人	件	人	件	人	件	人	件	人	件	人
2003	142	210	128	213	140	217	—	—	—	—	—	—
2004	168	217	183	241	182	239	—	—	—	—	—	—
2005	177	246	144	189	141	185	1	1	—	—	—	—
2006	151	249	146	244	144	241	—	—	—	—	1	1
2007	154	232	158	240	146	226	—	—	—	—	—	—
2008	178	283	170	264	162	252	1	1	—	—	1	1
2009	168	335	157	313	151	305	1	1	—	—	1	1
2010	144	344	125	299	122	291	1	1	—	—	1	1
2011	174	309	162	302	154	285	1	1	—	—	1	1
合计	3605	5689	3207	4910	2959	4538	8	8	—	—	5	5

说明:资料由县人民检察院提供

第三节　职务犯罪侦查

1990—2011年,立案查办各类贪污贿赂案件283件,其中贪污案件68件、贿赂案件101件、其他114件。依法起诉158件,不起诉100件,撤案18件,挽回经济损失894.02万元。反渎职侵权案45件,侦查终结45件,其中侵权30件、玩忽职守10件、徇私舞弊5件,移送起诉30件,移送不起诉12件,撤案1件。

反贪污贿赂

1991年,县人民检察院侦查局受理各类经济案84件,比上年多27件,增长47%。立案侦查29件,逮捕10人。其中,重大案11件,占立案数的38%;贪污案9件,受贿案2件,挪用公款案7件,偷抗税案11件,办结24件25人。办结1990年积案2件,捕获逃犯2名。向人民法院起诉8名,决定免于起诉20名。撤销案件1件。为国家和集体挽回经济损失105.5万元。

1992—1996年,突出查办贪污贿赂等经济犯罪大要案。5年间,立案查处贪污贿赂等经济犯罪案件50件,其中贪污案12件、受贿案11件、挪用公款案11件、偷抗税案12件、其他案件4件。通过办案,直接为国家和集体挽回经济损失466万元。

1997年,立案查处贪污贿赂等经济犯罪案件5件5人,其中贪污案件1件1人、受贿案2件2人、挪用公款案1件1人、行贿案1件1人,为国家、集体挽回经济损失50余万元。

1998年,立案查处县建行投资管理科受贿20万元的特大案件。全年立案查办受贿大要案20件,其中犯罪数额在5万元以上的特大案件5件,内含受贿20万元案件1件,科(局)级领导干部受贿案件7件,挽回经济损失100余万元。

1999年,立案查处县移民办5名干部贪污移民款的特大案。全年立案查办贪污案件9件10人,其中5万元以上贪污大案件5件,占立案总数的55.6%。

2000年,立案查办贪污贿赂案件14件14人,其中5万元以上大案有6件,占立案总数的42.9%,科(局)级要案有9人，占立案总人数的64.3%。立案查处县水利水电系统贿赂窝窜案达10余人，数额最高的达17.5万元。

2001年，立案查办贪污受贿案件10件10人，为国家挽回直接经济损失50余万元。立案查处科（局）级干部2人，占总立案查处人的20%；立案查处5万元以上的大案7件，占立案总数70%；10万元以上大案1件。集中追捕在逃贪污受贿等职务犯罪嫌疑人专项行动中，成功抓获2名在逃犯罪嫌疑人，其中一名系最高人民检察院挂牌督捕逃犯。坚持把“打防并举、标本兼治”的综治方针列入反腐败斗争的整体格局，与县建设局联合开展建筑领域职务犯罪预防工作。

2002年，初查贪污贿赂案件线索40余条，立案侦查5件5人，侦查终结3件3人，其中乡科级干部1件1人，5万元以上大案1件1人。开展职务犯罪预防工作，提高广大党员干部防腐拒变的能力，从源头上遏制腐败。

2003年，立案查处贪污贿赂案件8件8人，办案数比上年增加60%。其中，贪污案件3件，受贿案件5件，5万元以上大案4件4人，涉及原副县级领导干部1件1人、正科级领导干部1件1人。全年为国家挽回直接经济损失20余万元。开展和巩固行业和重点工程的职务犯罪预防工作，分别在县电业、卫生系统开展预防职务犯罪工作。

2004年，初查职务犯罪案件线索18件18人，立案4件4人，其中贪污贿赂案件3件3人。坚持把查办贪污贿赂大要案作为工作的重中之重，突出抓好大要案的查处，查处的3件贪污贿赂案件均为5万元以上大案，其中正科级干部1人。对职务犯罪嫌疑人的追逃工作取得成效，2名涉案在逃人员投案自首。坚持打防并举、标本兼治的方针，开展职务犯罪预防，在电业系统开展专题警示教育。2005年，立案侦查贪污贿赂犯罪案件2件2人，抓获网上在逃职务犯罪嫌疑人1名。

2006年，立案查办贪污贿赂案件5件10人，立案人数同比增加400%，其中正科级干部1人、5万元以上大案2件5人。反贪污贿赂工作在全市检察机关综合考评中分别名列第三。开展治理商业贿赂专项行动。加强机制建设，提高办案质量和效率，建立大侦查工作格局，加强侦捕、侦诉协同机制，确保办案质量。落实自侦部门《提高工作效率的十条规定》和每周向院领导汇报、每日工作日程登记制度，提高工作效率。继续抓好重点工程预防、行业预防、专项预防和预防警示教育。

2007年，立案侦查工程建设领域贪污贿赂犯罪嫌疑人7人。加大抓捕工作力度，对涉案潜逃的职务犯罪嫌疑人跟踪追捕，从外地抓捕犯罪嫌疑人3人。2008年，立案查办贪污贿赂5万元以上案件2件3人、乡科级以上干部2人。查处农村基层组织从事公务人员贪污、贿赂、挪用公款案件4件5人。2009年，初查贪污贿赂案件线索40余条，立案侦查10件14人，侦查终结9件9人，其中5万元以上大案3件3人、乡科级干部5件5人。

2010年，注重以案带案，查办涉及民生领域、工程建设等方面窝案串案4件12人。查办5万元以上贪污贿赂案件11人，大案比例高达84.6%。起诉科级以上干部7人，要案比例达46.7%。

2011年，侦查贪污贿赂犯罪案件5件12人，立案侦查3件，办结3件，移送起诉3件，其中玩忽职守1件。该年，县检察院获“全国先进基层检察院”荣誉称号。组织百余名干部观看全国检察机关惩治和预防渎职侵权犯罪展。

反渎职侵权

1991年，县人民检察院受理案件29件。通过初查，立案侦查“侵权”渎职案9件9人，比上年同期增加450%。办结8件8人，结案率90%。移送二科起诉3件3人，免诉5人。为国家挽回经济损失11.4万元。通过办案，依法解救人质6名。

1992—1996年，受理各类法纪案件63件。立案查处的16件，其中重大责任事故案3件、非法拘禁案2件、破坏选举案3件、玩忽职守案1件、其他案件7件。通过办案解救人质12人。1994年，办结数年积案即原龙川乡马岙村赵某某“非法侵权”案。

1997年,受理各类违法违纪案件12件,初查7件,立案查处玩忽职守案1件。查处大峃镇派出所民警陈某某玩忽职守案。1998年,加大力度查办司法人员贪赃枉法、徇私舞弊、刑讯逼供等职务犯罪案件。全年受理各类法纪案件6件,其中立案侦查县公安局刑侦大队干警刑讯逼供案件1件3人。2001年,查处农业局原副局长刘某某在担任粮食局局长时,滥用职权给国家造成损失近百万元的重大渎职犯罪案件。2002年,初查国家机关工作人员渎职侵权案件线索5件5人,立案侦查1件1人。

2003年,查办渎职侵权犯罪案件1件1人。根据办案中发现的问题,有针对性地提出建议意见,帮助发案单位总结经验教训,建章堵漏,防止类似案件发生。2004年,渎职侵权案件1件1人。开展职务犯罪预防,先后在县卫生、国税系统举办专题讲座。2005年,渎职侵权犯罪案件1件1人,坚持惩治与预防相结合,加强职务犯罪预防,开展个案预防。2006年,立案查办渎职侵权案件3件3人,立案人数同比增加200%,且均为副科级干部。反渎职侵权工作在全市检察机关综合考评中分别名列第一。

2007年,立案侦查玩忽职守、滥用职权的国家机关工作人员3人。结合办案,开展“反渎职侵权宣传月”活动,发放宣传资料2000余份。以案说法、举办法制讲座、进行预防警示教育9次,1000余人接受教育。2008年,立案侦查渎职侵权案件6件9人,集中力量查办影响民生的职务犯罪案件,主要查处规划建设系统滥用职权案件2件2人。2009年,初查国家机关工作人员渎职侵权案件线索2件3人,立案侦查2件3人。坚持“打防并举、标本兼治”的方针,从源头上遏制腐败。

2010年,立案查处市检察院交办的原市看守所民警张某滥用职权、受贿案,同年8月被告人张某被判处有期徒刑3年6个月。2月,县反渎职侵权局被最高人民检察院授予“深入查办危害能源资源和生态环境渎职犯罪专项工作中表现突出集体”的荣誉称号。

2011年,以国有资产管理、农田水利和道路基础设施建设为重点,立案侦查涉及移民救灾款项、56省道建设和菜篮子工程等民生领域的职务犯罪案件5件12人,大要案比例100%、有罪判决率100%。成立服务和保障换届选举专题预防工作领导小组,主动加强职务犯罪预防工作,联合政府部门对新56省道工程开展专项预防,组织邀请有关人员旁听职务犯罪案件庭审,受理行贿档案查询30余次,到有关单位开展案例剖析会2次,剖析案件8个。

第四节　法纪与监所检察

1990—2011年,县人民检察院监所检察科依法对公安、法院及全县行政执法部门的执法行为和刑罚执行活动进行监督,发出检察建议101次。审查办理公安机关提请减刑案件103件103人,纠正法院刑期计算错误37件。监所检察科依法对刑罚执行活动进行监督,配合县看守所进行安全检查,纠正各种安全隐患162次,上法制大课123次,举办法律宣传栏80余期。通过对看守所的监督,维护监所的安全稳定,至2011年无任何事故发生。

法纪检察

1999年始,县人民检察院加强执法监督,从维护司法公正的高度来履行执法监督职责,重点抓好刑事立案、侦查、审判、刑罚执行监督和民事、行政诉讼监督。要求公安机关说明不立案理由刑事案件6件,通知公安机关立案1件(公安机关已立案3件),向法院提请刑事抗诉1件。刑罚执行监督向公安、法院提出检察建议5次,纠正意见37次。受理不服法院已生效的民事、行政判决裁定申诉案件10件,立案审查3件,其中市检察院支持抗诉2件、法院自行纠正1件。

2000年，监督公安机关立案2件，向法院提请刑事抗诉2件，向公安、法院提出刑罚执行检察建议13次，纠正意见44次。诉讼监督受理不服法院已生效的民事、行政判决裁定申诉案件6件，立案审查3件，审查后向市检察院提请抗诉1件，建议息诉3件。

2001年，针对司法工作中存在的有案不立、有罪不究等现象加强立案监督。全年监督公安机关立案1件，不批准逮捕案件14件26人，不起诉案件13件19人，建议公安机关作撤案处理5件10人。刑事羁押过程中不严格执法问题向公安、法院两家提出检察建议30次，提出纠正意见12次。对172名监外执行罪犯的监管工作进行检察，受理不服法院已生效的民事行政裁判申诉案件8件，其中立案审查5件，审查后向温州市院提请抗诉1件，建议提请抗诉3件。向法院提出检察建议1件，接受抗诉申请后，温州市院提出抗诉1件，提请的抗诉3件法院依法改判1件。

2002年，向公安机关发出《要求说明不立案理由通知书》10件，公安机关接到通知后直接立案6件，通知公安机关立案1件，完成市院下达任务的175%。全年不批准逮捕14件16人，其中无罪不捕1件1人，构罪不捕4件4人，退查不捕9件11人。针对侦查工作中存在的问题，提出口头检察建议20次，书面纠正意见7次。

2003年，全年监督公安机关立案7件，同比上升17%。加强对不该立案而立案的监督，纠正案件1件，发出《纠正违法通知书》3份。集中开展清理纠正超期羁押专项行动，使一些长期得不到处理的案件得到纠正。加强日常执法行为的监督，向有关部门依法提出检察建议25次，发出纠正违法通知书5份，对157名监外执行犯罪分子的执行情况进行检查。

2004年，对减刑、假释、保外就医案件进行专项检查29件。对160余名监外执行罪犯进行定期或不定期考察，杜绝超期羁押现象。

2005年，监督立案7件7人。既防止有案不立、有罪不究，又监督纠正违法立案，保障无罪者不受到刑事追究，重点加强对严重违反程序侵犯人权监督，不捕7件10人，不诉2件3人，追诉漏犯4人，增加罪名2件2人，改变强制措施10件11人，发出纠正违法通知书和检察建议3份。加强对刑事裁判不公的监督，提出抗诉的陈某某组织他人偷越国(边)境案获得改判。加强对违法减刑、假释、暂予监外执行的监督，审查案件17件，建议收监执行1人，纠正刑期计算错误案件4件，纠正混押现象19件。组织公安、工商、卫生、税务等15家单位召开行政执法与刑事执法相衔接工作联席会议，建立健全全县行政执法与刑事执法相衔接机制。

2006年，监察立案7件7人，重点加强对严重违犯人权问题监察，不捕7件10人，不诉2件3人，追诉漏犯4人，增加罪名2件2人，改变强制措施10件11人，发出纠正违法通知书和检察建议3份。提请抗诉立案3件，抗诉2件。加强对违法减刑、假释，暂予监外执行的督察，审查案件17件，建议收监执行1人，纠正刑期计算错误案件4件，纠正混押现象19件。

2007年，全年对应当立案而不立案的监督，立案5人；对应当逮捕而未提请逮捕、应当起诉而未移送起诉的，决定追加逮捕2人、追加起诉2人。此外到乡镇调研督查，纠正监外执行罪犯脱管、漏管专管情况，出台4项措施。依法监督侵犯诉讼参与人合法权益，对不应当立案而立案的，撤销案件4件4人；对依法不应当追究刑事责任或证据不足的，决定不批准逮捕3人；决定不起诉5人。对侦查活动中的违法情况，提出纠正意见22件次。深化人民监督员试点，完成人民监督员换届选任工作，新聘任5位人民监督员。邀请人民监督员对检察机关职务犯罪侦查活动进行监督，1件拟不起诉案件进入人民监督员监督程序。

2008年，加强对未成年犯罪嫌疑人的特殊保护。完善轻微刑事案件和解工作机制，将办案与综治工作有机结合起来，提升和解工作的成效。探索外来人员不捕不诉工作机制，推进对外来人员犯罪案件的平等办理。坚持慎捕慎诉原则，有效减少社会对立面。适用宽缓刑事政策，不捕8人、不诉11人。对被告人认罪的轻微刑事案件，建议法院适用简易程序审理并提出从轻处理量刑建议53件71人。

2009年,向公安机关发出《要求说明不立案理由通知书》5件,公安机关接到通知后直接立案4件。不批准逮捕12件19人,其中无罪不捕1件1人,构罪不捕8件15人,退查不捕4件4人。针对侦查工作中存在的问题,提出口头检察建议27次,书面纠正意见20次,不起诉8件10人,增加罪名2件2人,改变定性3件3人,改变强制措施5件5人。退回公安机关补充侦查26件40人,建议公安机关撤案7件7人。纠正法院错判刑期案件6件6人,提出贪污案件抗诉1件。并就一起不符合减刑条件的案件建议撤销减刑申诉,经市中院裁定予以撤销。就超期羁押问题向公安、法院发出检察建议5件,纠正4件。对150余名监外执行罪犯进行回访考察,并对其中5名违反管理规定的罪犯建议法院予以收监执行。

2010年,对侦查机关应当立案而不立案的刑事案件,监督立案5人;对侦查机关不应当立案而立案的,监督撤案5人;对应当逮捕而未提请批准逮捕、应当起诉而未移送起诉的,决定追加逮捕3人,决定追加起诉1人,追加罪名5个。针对刑事诉讼中的违法行为发出纠正违法通知书或检察建议31份,依法对法院判决的案件提出刑事抗诉1件,被市中院改判。对全县235名监外执行罪犯逐人核实检查,监督纠正脱管漏管8人,建议收监执行1人。向监管场所提出安全防范检察建议和纠正违法意见12件,促进监管单位的依法文明管理。

2011年,与县法院出台《关于在民事行政案件执行工作中加强监督和配合的若干意见》。3月,制定《关于建立行政执法监督工作联系与协作制度的意见》等5个文件,就线索移送、定期监督和个案监督方式等问题进行规定和完善。监督行政执法案件20件,涉及食品安全、环境保护等领域的行政执法监督案件线索13个,立案6个。开展核查纠正监外执行罪犯脱管漏管专项行动,对宣告缓刑和使用假释、暂予监外执行、保外就医人员及刑满释放人员为重点,开展监外执行专项检察2次。走访全县乡镇派出所和司法所,续办暂予监外执行案件3件3人,纠正脱管漏管13人,建议收监执行2人。安排专人走访县食药监局、县烟草专卖局等9家行政单位,掌握行政机关移送涉嫌犯罪案件情况,并抽取11个案件进行阅卷调查,建议行政机关移送涉嫌犯罪案件3件;对应当立案而不立案的刑事案件,监督立案3件3人;对应当逮捕而未提请批准逮捕、应当起诉而未移送起诉的,决定追加逮捕3人,追诉漏罪8条,追诉漏犯5人;针对不该立而立案件,监督撤案1件2人。针对刑事诉讼中的违法行为发出纠正违法通知书和检察建议10份。规范量刑活动,全年量刑建议率达91%。

监所检察

县人民检察院重视监所检察工作。1991年,打击"牢头狱霸"4人,并案处理3人,直接起诉1人。口头提出纠正监管人员违纪6次。对43名监外执行的五种人犯进行全面考察,发现重新犯罪2名,依法立案侦查。对在押人犯进行法制教育上大课10次,个别谈话205人次,受教育856人次。通过法制教育,收到在押犯检举揭发材料5件次,都及时转有关单位查处。为实现监所的制度化、规范化,坚持每月不少于25天驻所检察。

1992—1996年,对在押犯上法制教育课43次、安全检察61次,提出纠正违法建议110条次。打击"牢头狱霸"67人,其中移送并案处理58人,直接处理9人。对监外执行的"五类罪犯"(缓刑、管制、剥夺政治权利、保外就医、假释)进行专项检察,落实帮教措施。建立"五类"监外罪犯一览、在押犯诉讼期一览,使监所检察工作制度化、规范化。

1997年,监所检察主要通过对监管场所执法情况的监督,教育和改造在押犯认罪服法,打击"牢头狱霸",维护监管秩序。对在押犯上法制教育课1200余人次,安全检察10次,打击"牢头狱霸"案2件3人,提出纠正违法建议15条次,其中建议公安机关收监3人。

1998年,重点对违法超期羁押、保外就医等执法问题提出书面检察建议7次,提出口头纠正意见28次,对在押犯上法制教育课1500人次,同时对4名"牢头狱霸"予以追诉。2002年,发现留所服刑犯李某某因琐事殴打同监室刘某某,经法医鉴定刘某某为轻伤,后以故意伤害罪将李某某提起公诉。2004年,对分布在全县15个乡镇80个自然村的20名暂予监外执行罪犯和140余名监外执行犯进行不定期检察。

2006年，加强对违法减刑、假释、暂予监外执行的监督，审查案件17件，建议收监执行1人，纠正刑期计算错误案件4件，纠正混押现象19件。2007—2008年，加强监所日常检查监督，实现连续6年无超期羁押，驻所检察室被省检察院评为“二级规范化检察室”。2009年，就超期羁押问题向公安、法院发出检察建议5件，纠正4件。对150余名监外执行罪犯进行回访考察，并对其中5名违反管理规定的罪犯建议法院予以收监执行。

2010年，开展核查纠正监外执行罪犯脱管漏管专项行动。对全县235名监外执行罪犯逐人核实检察、监督纠正脱管漏管8人，建议收监执行1人。向监所提出安全防范检察建议和纠正违法意见1件。

2011年，开展核查纠正监外执行罪犯托管漏管专项行动，以被宣告缓刑和使用假释、暂予监外执行、保外就医人员及刑满释放人员为重点专项检查2次，走访全县乡镇派出所和司法所，续办暂予监外执行案件3件3人，纠正脱管漏管13人，建议收监执行2人。安排专人走访县食药监局、县烟草专卖局9家行政单位，掌握行政机关移送涉案犯罪案件情况，抽取11个案件进行阅卷调查、建议行政机关移送涉案犯罪案件3件。

第五节 民事行政与控告申诉检察

1991—2011年，受理民事行政申诉90件，提请(建议)抗诉42件，执行和解11件，发出检察建议7件，法院改判22件。受理各类信访案件842件，举报案件395件，控告案件253件，申诉案件19件，申请刑事赔偿案件5件。经审查，开展初查162件，移送其他部门120件。至2011年，共接待群众来访713批次，做到件件有落实有答复。

民事行政检察

1997年，县人民检察院设立民事行政检察科。受理各类当事人不服法院已生效民事、行政判决和裁定的申诉案件。负责对民事、行政诉讼和执行进行监督。1998年，受理不服法院已生效的民事、行政裁判申诉案件6件，其中立案审查并向温州市检察院提请抗诉1件，息诉5件。

1999年，受理不服法院已生效的民事、行政判决裁定申诉案件10件，立案审查3件。其中，市检察院支持抗诉2件，法院自行纠正1件。2000年，受理不服法院已生效的民事、行政判决裁定申诉案件6件，立案审查3件，审查后向市检察院提请抗诉1件，建议提请抗诉1件，息诉3件。

2001年，受理不服法院已生效的民事行政裁判申诉案件8件，其中立案审查5件，审查后向市中院提请抗诉1件，建议提请抗诉3件，向法院提出检察建议1件，向市中院提出抗诉1件，提请法院抗诉3件，县法院已依法改判1件。2002年，受理不服已生效民事行政判决申诉案件12件，经审查立案12件，提请市中院抗诉5件，建议市中院提请抗诉2件。2003年，受理民事、行政申诉案件10件，立案审查8件，息诉4件，建议提起抗诉3件，提请抗诉3件。

2004年，强化对民事行政诉讼的监督，受理民事行政申诉案件10件，审查立案7件，提请市检察院抗诉4件，建议市检察院提请省检察院抗诉2件。开展不起诉案件专项复查，并被最高人民检察院评为全国先进单位。

2005年，立案3件，提请抗诉2件，另外2005年提请抗诉的案件在2006年开庭审理后改判1件。2007年，对生效民事、行政裁判，提请抗诉2件，已改判2件。2008年，加强民事审判、行政诉讼监督，受理民事申诉案件5件，立案5件。对认为确有错误的民事、行政判决或裁定，依法提请抗诉3件，均被市检察院采纳。上年度提请抗诉2件，法院均已改判。

2009年,依法行使民事行政督促起诉权,介入珊溪水库养殖协议调查。2010年2月,成功办理该起涉案金额达242万元的环境保护案件。

2010年,对认为确有错误的民事、行政判决和裁定提请抗诉12件,市、县两级法院审结7件,其中改判、撤销原判发回重审、调解结案6件。提出再审的1件检察建议被法院采纳。继续探索对国有资产流失问题的法律监督,通过督促起诉方式,在国有土地使用权出让、扶贫资金借贷、财政周转资金和国有资产拍卖等领域开展民事督促起诉工作,追回国有资产5600余万元。

2011年,督促立案9件,办结9件,挽回国有资产2.3亿元。全年立案监督民事行政案件3件,发出检察建议3份,被省检察院确定为两法执行试点院。

控告申诉检察

1991年,县人民检察院受理举报案件和群众来信来访363件次,比上年同期下降18.7%。经审查,属检察机关管辖的82件,其中经济罪案举报48件、法纪案23件、控申案11件,其余281件均转给有关部门处理,做到件件有落实有答复。同时,建立检察长接待日,批阅来信来访。

1992—1996年,受理举报、控告、申诉819件,接待来访185人次,其中复查不服免诉、不诉和不服法院判决、裁定申诉案件9件. 改变原决定3件。执行《中华人民共和国国家赔偿法》审理刑事赔偿案件2件。1993年8月,经济犯罪举报室改称举报中心。控申科负责辖区内控告申诉、举报和刑事赔偿工作;受理公民和单位的举报、控告、申诉,统一管理本院受理的举报线索;对举报线索进行分流;对检察机关管辖的性质不明、难以归口处理的举报案件线索进行初查;办理由本院管辖的刑事申诉和刑事赔偿案件;负责职务犯罪预防工作的法制宣传。

1997年,受理举报、控告、申诉93件,接待来访37人次,其中复查不服检察院不诉申诉案件1件,改变原决定1件。同时执行国家赔偿法,审理刑事赔偿案件1件。

1998年加强内部监督制约,发挥检察“窗口”作用,热情、文明接待群众来信来访。受理举报、控告、申诉164件,接待来访70人次,并规范检察长接待日制度,确定每月13日、25日为检察长接待日。受理不服检察机关作出决定的申诉案件立案复查3件。

1999年,受理群众来信127件,接待群众来访250人(次),复查不服检察院处理决定的申诉案件3件,受理刑事赔偿案件2件,其中给予赔偿1件。第一次全国检察机关“举报宣传周”,深入全县各乡镇,宣传检察职责、案件管辖范围、立案标准及举报须知,鼓励群众举报,接受群众法律咨询。

2000年,及时疏导、化解各类矛盾。全年受理群众来信114件,接待群众来访61批次,复查不服检察院处理决定的申诉案件2件,受理刑事赔偿案件1件,依法予以赔偿。2001年至2003年,群众来信来访不再作举报控申案件。符合举报控申案件的由控申科受理立案。2004—2005年,受理控诉案件15件。

2006年,突出抓好群众信访工作和涉检信访问题的处理,化解社会矛盾。受理各类信访案件25件,接待群众来访29批86人,检察长接待12次58人。2007年,密切关注群众反映强烈与民生问题密切相关的突出问题,切实强化诉讼监督与听取群众来访工作。2008年,邀请人民监督员对检察机关职务犯罪侦查活动进行监督。成功化解县委督交反复上访,多方调解无效的郑某某信访案。2009—2011年,坚持检察长接待活动与检察长信箱制度,注意倾听民间呼声,了解民意、舒解民困,努力化解积案及时有效地化解信访隐患。

第四章　法　院

县人民法院发挥各项审判职能，严格执行宪法和法律，依法正确执行宽严相济的刑事政策，落实刑事案件指定辩护范围工作；高度重视保护公民的人身权和财产权，创新和完善民事诉调衔接机制。维护、监督与支持并举，加大司法审查力度，妥善化解行政争议；不断规范和完善立案工作，建设执行征信、执行查控、执行惩戒、执行监督和执行保障五大体系，坚持审执兼顾，切实维护法律权威。1991—2011年，受理各类案件30020件，审结29524件，审结率99.61%。其中，受理刑事案件3348件，审结3335件，审结率99.61%；受理民事案件12672件，审结12518件，审结率98.09%；受理（商事）经济案件4737件，审结4691件，审结率99.03%；受理行政案件685件，审结678件，审结率98.98%；受理执行案件7518件，执结7453件，执结率99.14%。

第一节　组织机构

县人民法院依照法定职能职责，设立职能机构。2011年，内设办公室、政治处、立案庭、刑事审判庭、民事审判第一庭、民事审判第二庭、行政审判庭、审判监督庭（督察办公室）、执行局（执行庭）、司法警察大队、纪检组、监察室、审判保障服务中心、执行实施科和执行监督科。

内设机构

1991年，法院内设办公室、政工科、刑事审判庭、民事审判庭、经济审判庭、行政审判庭、执行庭和告申庭。1994年11月增设调研室。1997年撤销调研室，增设司法警察大队和司法行政科。1999年6月政工科改为政治处。2000年3月增设纪检室。2000年10月撤销告申庭，设立案庭、审判监督庭。2001年撤销司法行政科。2002年设立督查办、执行局，改民事审判庭为民事审判第一庭，经济审判庭为民事审判第二庭。2002年6月机构改革，内设办公室、政治处、立案庭、刑事审判庭、民事审判第一庭、民事审判第二庭、行政审判庭、审判监督庭（督察办公室）、执行局（执行庭）、司法警察大队、纪检组、监察室、执法服务中心（事业）。2008年执法服务中心改称审判保障服务中心。2010年8月建立执行实施科和执行监督科，与执行局“两块牌子，一套人马”。2011年内设机构未变

1991年核定行政编制76人，在职干警74人，大专以上学历28人，占38%。1997年，在编人员80人。2000年，增事业编制5人。2009年，核定行政编制88名，事业编制5名，实际在职干警77人（含事业编制1人），法律本科以上学历55人。2011年，行政编制88名、事业编制7名，在编人员89人。在职三级高级法官1人、四级高级法官15人、一级法官13人、二级法官3人、三级法官6人、四级法官4人、五级法官2人，司法警察二级警督1人、一级警司1人、二级警司2人、三级警司2人。

下属机构

1991年，下设大峃、珊溪、南田、西坑、峃口、玉壶、黄坦7个人民法庭。2001年，撤销大峃、黄坦、西坑、峃口人民法庭，保留南田、珊溪、玉壶三个人民法庭。2006年，南田、珊溪、玉壶人民法庭升为副科级单位。2011年未变。

1991—2011年文成县人民法院院长名录一览表

表24-12

姓名	性别	籍贯	职务	任期时间
张全省	男	浙江文成	法院院长	1990年5月—1993年4月
陈明拾	男	浙江文成	法院院长	1993年4月—2001年3月
陈　晔	男	浙江永嘉	法院院长	2001年3月—2005年3月
陈卫国	男	浙江苍南	法院院长	2005年3月—2009年5月
周　虹	女	浙江温州	法院院长	2009年5月—

说明:资料由县人民法院提供

第二节　刑事民事案件审判

1991—2011年,刑事案件坚持严打方针,从重从快打击杀人、抢劫、强奸、流氓斗殴等严重刑事犯罪活动,保障社会稳定和谐。县法院受理刑事案件3348件,审结3335件,审结率99.61%。受理民事案件12672件,审结12518件,审结率98.09%。

刑事案件审判

1991年,县人民法院先后在南田、黄坦、龙川、大峃、玉壶、石垟林场、珊溪、李井等地召开公审大会,判处犯罪分子26人,旁听群众2万余人次。县城召开4次公审大会,公开宣判30名犯罪分子,旁听群众1.2万人次。1992—1996年坚持严打方针,从重打击杀人、抢劫、强奸、流氓斗殴等严重刑事犯罪,受理刑事案件1101件。1997年,刑事审判工作依法从重从快,对社会反响较大的重点打击对象,量刑上从重惩处。县城召开万人公审大会,依法对拐卖妇女、抢劫、故意杀人等17名罪犯进行判决,震慑犯罪,教育群众,扩大办案的社会效果。

1998—1999年,执行修订后的刑法和刑事诉讼法,坚持严打方针不动摇,在县城召开公审大会,依法严惩严重危害社会治安的犯罪分子。

2000—2001年,选择典型案件在县城先后召开6次公审大会,依法对胡某某等67名犯罪分子进行公开宣判。受市中院委托,依法对故意杀人犯胡某、朱某、绑架杀人犯胡某、故意伤害犯黄某执行死刑,剥夺政治权利终身。同时,对重大恶性犯罪案件依法从严判处,如张某、林某等26人强奸、抢劫、故意伤害、聚众斗殴、寻衅滋事一案,该案涉及指控的犯罪事实达25次,系建院以来涉及被告人数、罪名最多的案件。刑庭干警从该案实际出发,制定切实可行的分事实、分人数、分阶段审理预案。在审理查明事实的基础上,依法判处张某、林某等26名被告有期徒刑1年至11年,剥夺政治权利2年。

2002年,发挥刑事审判职能,开展严打整治斗争,贯彻依法从重从快方针,严厉打击黑社会性质的团伙犯罪,爆炸、杀人等严重暴力犯罪和盗窃等严重影响群众财产安全的多发性犯罪。对2001年度被判处缓刑的所有罪犯进行回访,及时总结缓刑适用经验。先后2次选择典型案件在县城和百丈漈镇召开公审大会。

2003年,全年开始实行一般刑事案件普通与简易办案程序。适用普通程序案件平均办案周期仅23天,适用简易程序案件平均周期仅15天。

2004年,履行禁毒整治工作职责,严厉打击毒品犯罪。并选择7个非法种植毒品原植物案件在案发地进行公开宣判,有力地促进全县禁毒工作的深入开展。

2005年，将打击重点放在寻衅滋事、抢劫、强奸、重大盗窃等严重危害社会治安和人民群众人身财产安全的多发性犯罪。

2006—2007年，刑事审判中，依法严惩黑恶势力犯罪及“两抢一盗”等影响群众人身、财产安全的多发性犯罪，审结案件38件，判处罪犯63人。严格贯彻落实“宽严相济”方针，对具有法定从轻、减轻情节的，依法予以从轻、减轻处罚。尤其是对未成年人犯罪案件的审理，坚持教育、感化、挽救方针，寓教育于审判之中，对犯罪情节较轻、具备社会帮教条件的被告人适用缓刑，所判处的40名未成年被告人中，17人被依法适用缓刑、1人被免于刑事处罚。

2008年，重点打击暴力犯罪和多发性犯罪，审结强奸、抢劫、故意伤害、盗窃等严重危害社会治安犯罪案件111件，判处罪犯118人。对过失犯初犯、未成年犯和轻微刑事犯罪，依法从轻、减轻处罚，对51名罪犯适用缓刑。注重刑事审判的社会效益，加大对刑事附带民事案件以及涉及面广、社会影响力大的刑事案件的调解、协调力度。

2009年，审理备受全县关注的“9·29”县前街聚众斗殴、寻衅滋事案，震慑了犯罪分子。重视开展巡回法庭工作，在罪犯住所地东溪乡碧坑村开庭审理一起失火案，对年迈有病又行动不便的被告人陈某某就地审判，突显法院人文关怀。

2010年，加强刑事附带民事案件的调解工作。2011年，对轻微刑事案件、未成年人犯罪以及初犯、偶犯、过失犯予以从宽处理，宣判缓刑69人。加强刑事被告人救助、轻微刑事案件调解工作，全年调解成功刑事附带民事纠纷案件8件，被害人或其亲属获得赔偿金额36.92万元，实现法律效果与社会效果的有机统一。

1991—2011年文成县人民法院刑事案件审理情况一览表

表24-13

年 份	受 理（件）	审 结（件）	审结率（%）	判处罪犯	
				总数（人）	其中：10年以上（人）
1991	116	113	97.41	121	8
1992	121	113	93.39	155	—
1993	108	106	98.15	166	7
1994	116	117	100.86	163	—
1995	149	150	100.67	241	4
1996	108	106	98.15	153	4
1997	97	97	100.00	104	—
1998	125	125	100.00	160	2
1999	191	193	101.05	256	3
2000	203	202	99.51	273	25
2001	244	244	100.00	409	13
2002	192	190	98.96	262	10
2003	120	119	99.17	156	2
2004	173	176	101.73	230	4
2005	156	157	100.64	197	3
2006	162	162	100.00	243	7

续表24-13

年 份	受 理(件)	审 结(件)	审结率(%)	判处罪犯	
				总数(人)	其中:10年以上(人)
2007	170	169	99.41	181	7
2008	188	189	100.53	195	6
2009	209	206	98.56	320	6
2010	183	183	100.00	306	6
2011	217	218	100.46	287	6

说明:资料由县人民法院提供

民事案件审判

1991—2011年,文成县人民法院共受理民事案件12762件,审结12518件,审结率98.09%,其中调解案件5575件。

1991年,5月至7月,县法院开展清理民事、经济积案大会战。抽调38名审判骨干,组成19个审判小组,深入积案多的重点地区,办结积案143件,其中1990年以前的积案70件。一批久拖不决且容易引起矛盾激化的老案、难案得以解决。

1992—1996年,受理民事案件1470件。民事审判贯彻执行《中华人民共和国民事诉讼法》《中华人民共和国民法通则》等民事法律。坚持公开审判,强调当事人举证责任,努力化解矛盾。为方便群众诉讼,就地解决纠纷,南田、西坑两法庭组建巡回法庭,下乡办案,解决各类民事案件79件,指导基层调解组织处理民间纠纷35件。

1997年,民事审判注重以调解为主。基层法庭坚持"便民"原则,依法收案,及时立案。西坑、南田等法庭根据辖区村落分散、交通不便的特点组建巡回法庭,开门办案。

1998年,所办民事案件中离婚案件占首位。1999年,民事审判着重注意特案特办与社会效果。对一些不能从速审理将会使矛盾激化影响社会稳定的案件,做到快审快结,力求调解结案。2000年,民事审判坚持两个"并重"(坚持依法裁判与依法调解并重、坚持正确裁判与及时结案并重),全年受理民事案件556件,审结441件。

2001年,民事审判重视适用调解。全年所办案件调解结案的占48%;2002年,民事审判,调解结案率为43%。

2003年,民事审判工作陆续推出巡回法庭等多项便民措施,以方便群众诉讼。调解结案率达53.6%。没有发生民转刑案件。

2004年,推广"枫桥经验",运用调解方式妥善化解人民内部矛盾。集中精力抓好大案疑案的审理,注重法律效果和社会效果相统一。建立民事审判工作例会制度,定期共同探讨疑难问题,交流审判经验。

2005年,受理民事案件759件,审结619件(含旧存案件)。在确保质量的前提下,突出一个"快"字,当事人自愿放弃举证期限和答辩期的,3天内审结的案件有95件。

2006年,民事审判提高调解率和服判息诉率。全年经调解或经调解后撤诉的298件。

2007年,受理民事案件1028件,审结864件。民事审判推行简易程序适用,缩短当事人诉讼用时,案件平均审理周期减少到55.3天。民事案件中调解或经调解后撤诉的案件571件。

2008年,受理民事案件1093件,审结886件。按照"调解优先"原则,努力提高调解结案率。审结的民商事案件，调解或经调解后撤诉的608件。

2009年，受理民事案件1342件，审结1143件（含旧件），结案标的金额5604.78万元。坚持"调解优先，调判结合"原则，并创新性地聘请华侨为特邀调解员。全年民事案件调解结案或经调解后撤诉的698件。

2010年，受理民事案件1382件，审结1168件（含旧件）。完善诉调对接机制，完善海外特邀调解员兼协助执行员制度，在立案大户和三个人民法庭建立人民调解窗口。

2011年，受理民事案件1393件，审结1210件。高度重视保护公民的人身权和财产权，依法审结买卖、借贷等纠纷案件278件，妥善运用财产保全措施，维护市场经济秩序。创新和完善民事诉调宿机制，推动人民调解、行政调解、司法调解相结合的大调解体系建设。

1991—2011年文成县民事案件审理情况一览表

表24-14

年份	审结(件)	审结率(%)	调解	年份	审结(件)	审结率(%)	调解
1991	363	93.08	226	2002	641	97.86	164
1992	336	97.96	215	2003	676	91.97	138
1993	257	98.47	140	2004	642	104.73	202
1994	286	103.62	186	2005	619	100.65	232
1995	253	102.02	173	2006	738	101.65	298
1996	324	99.08	114	2007	864	99.65	437
1997	304	95.60	157	2008	886	98.77	409
1998	244	94.94	135	2009	1143	99.39	483
1999	438	93.19	175	2010	1168	98.07	501
2000	441	93.04	226	2011	1210	101.17	575
2001	685	90.97	329	合计	12518	98.09	5515

说明：资料由县人民法院提供

第三节 商事(经济)行政审判

商事（经济）审判属于民事审判。1997年，拓宽为经济建设服务的渠道，依法保护公民、法人和其他组织的合法权益，把商事（经济）审判从民事审判中独立统计。1991—2011年，受理商事（经济）4737件，审结4691件，受理各类行政案件685件，审结678件。保证保护当事人的合法权益，又依法维护行政机关的权威。

商事(经济)案件审判

1991—2011年，县人民法院共受理商事（经济）案件4737件，审结4691件，审结率99.03，标的额43376.98万元。

1991—1996年，民事审判中的商事（经济）审判，立案为企业破产案件。审判中依法保护国家集体资产与企业职工两者利益和社会稳定为宗旨。办结破产案件14件，其做法被最高人民法院推广。

1997年，经济审判着重抓好两个方面工作：审理企业破产案件，促进经济体制改革，连续受理峃口、西坑等4个供销社破产案件。

1998年,审结各类经济纠纷案件145件,解决争议标的金额2251.6万元。审理县印刷厂、县木材公司、县机械厂、县花岗石总厂及供销社等多起企业破产案件及经济纠纷案件。

1999年,突出抓好破产企业案件与农村合作基金会引发的其他经济纠纷案件的审理,全年受理案件105件,法院专门组织力量及时立案、及时审理,做到快审快结。

2000年,受理经济案件817件,解决争议标的金额4355.7万元。继续审理好10起企业破产案件。并从11月开始,受理"两非"案件,审结53件,收回资金50余万元。

2001年,组织审理一批企业破产、金融信贷、建设工程合同和企业承包合同纠纷案件。对涉及面广、政策性强的企业破产案,采取积极慎重的态度,注重调研,加强与政府及有关部门的联系,做到既保障债权人的债权依法公平受偿,又妥善做好破产企业职工的安置。

2002年,审结24件国有金融资产管理公司处置商业银行不良资产案件,支持国家金融体制改革,防止国有资产流失。

2003年,配合县委工作组处理珊溪电瓷厂破产案件的遗留问题。顺利审结县机电公司破产案等3件企业破产案件,助推文成县国有(集体)企业改革步伐。2004年,审结珊溪电瓷厂破产案等5件企业破产案件,标的额2800余万元。2005年,审理民间借贷、合同纠纷等案件,审结案件88件;审结破产案件1件,普通债权分配率达到36.16%.

2006年,受理商事(经济)案件141件,审结137件,标的额828.31万元。2007年,受理商事(经济)案件161件,审结163件(旧存2件),标的额2539.11万元。2008年,受理商事(经济)案件196件,审结184件。

2009年至2011年,审结商事(经济)案件分别为197件、192件、196件。审判中,注重调解工作,妥善运用财产保全,维护社会经济秩序,建立人民调解、行政调解、司法调解相结合的大调解体系。

1991—2011年文成县人民法院商事(经济)案件审理情况一览表

表24-15

年 份	受 理(件)	审 结(件)	审结率(%)	标的额(万元)
1991	157	139	88.54	不详
1992	233	193	82.83	402.30
1993	266	258	96.99	683.00
1994	259	256	98.84	918.18
1995	174	171	98.28	665.84
1996	221	236	106.79	1766.20
1997	209	196	93.78	903.69
1998	126	145	115.08	2251.60
1999	259	254	97.68	4220.30
2000	817	772	94.49	4355.70
2001	310	308	99.35	4995.00
2002	192	238	123.96	956.93
2003	163	156	95.71	2760.91
2004	138	150	108.70	3774.35
2005	144	150	104.17	1521.06
2006	141	137	97.16	828.31

续表24-15

年 份	受 理(件)	审 结(件)	审结率(%)	标的额(万元)
2007	161	163	101.24	2539.11
2008	196	184	93.88	1446.83
2009	189	197	104.23	2412.00
2010	184	192	104.35	3714.25
2011	198	196	98.99	2261.42
合计	4737	4691	99.03	43376.98

说明:资料由县人民法院提供

行政案件审判

1991—2011年,文成县人民法院共受理行政案件685件,审结678件,审结率98.98%。

1991年,受理治安、土地、城市规划、林业等各类行政案件21件(含旧存1件),全部在法定期限内审结,结案率100%。结案维持的11件,撤销的1件,变更的3件,撤诉的1件。裁定驳回起诉的1件。

1992—1996年,审结的行政案件维持行政决定的17件,占28.8%;撤销和变更行政决定的9件,占15.2%;原告主动撤诉19件,占32.2%;驳回起诉及不予受理14件,占23.7%,依法保护公民和其他组织的合法权益,维护和监督行政机关依法行使职权。办结公路稽征、规划、环保等非诉讼执行案件72件,支持行政机关依法行政。

1997年,审结行政案14件,执行非诉讼案件68件。1998年,审结各类行政案件20件。其中维持行政决定的5件,撤销行政决定1件,驳回起诉和当事人自动撤诉7件,不予受理7件。依法执行非诉讼行政案件28件。1999年,办结行政案件17件,执行规划、环保等非诉行政案件19件。

2000年,受理行政案件167件,审结164件。同比增幅9倍之多,是实施行政诉讼法以来,收结案件最多的一年。

2002年,行政审判充分发挥行政审判"维护"和"监督"作用,既维护行政部门依法作出的各种具体行政行为,又认真监督行政部门依法行政,切实维护公民、法人和其他组织的合法权益。

2004年,审查城建、卫生、计生等部门申请执行的非诉行政执行案件35件,准予执行的21件,不准执行的14件,执行完毕19件。

2005年,受理行政案件117件,审查非诉强制执行案件53件,裁定准予执行的39件。通过授课方式,先后7次对有关行政执法部门讲解行政执法中涉及的法律知识。

2006年,以温州市人民政府出台《行政机关首长出庭应诉暂行办法》为契机,推动行政机关首长出庭应诉,全年出庭应诉的案件5件。

2007年,着眼于促进社会和谐,探索行政案件协调机制,1件案件在法院主持协调下得以顺利解决。推动行政首长出庭应诉制度的落实,行政首长实际出庭应诉案件9件。

2008年,发挥行政审判调节和减压作用,通过诉前、诉中、诉后、诉外协调,化解对立情绪,促进官民和谐。经过协调,5件案件得以顺利解决。继续推动行政首长出庭应诉制度的落实,实际出庭应诉的案件16件,占应出庭应诉案件(19件)的84.2%。

2009年,首次推行非诉审查意见反馈制度,并向有关机关发出司法建议4份,监督和支持行政机关依法行政。全年3件行政案件通过协调得以顺利解决。同年,行政首长出庭,出庭应诉率为80%。

2010年,发布《行政审判白皮书》,与县政府法制办建立联席会议机制,实行信息共享,召开"促进计划生育工作依法行政与非诉审查、执行工作"座谈会,有效促进依法行政。

2011年,健全与行政机关的常态沟通协调机制。4月份牵头召开全县首届府院联席会议,由法院院长与县政府分管副县长共同主持召开行政审判与行政执法联席会议,商讨改进依法行政、司法审查和司法建议等有关事项。

1991—2011年文成县人民法院行政案件审理情况一览表

表24-16　　单位:件

年份	受理	结案	维持	撤诉	撤销	驳回起诉	行政赔偿	变更	其他
1991	21	21	10	1	3	1	—	1	4
1992	10	10	3	4	2	—	—	—	1
1993	7	7	1	6	—	—	—	—	—
1994	2	2	—	1	1	—	—	—	—
1995	13	13	4	3	2	2	—	1	1
1996	20	20	9	8	3	—	—	—	—
1997	14	14	4	4	—	1	—	—	5
1998	20	20	5	6	1	1	—	—	7
1999	20	20	6	5	1	6	—	—	2
2000	167	164	6	102	9	43	9	—	7
2001	49	47	20	5	—	15	—	—	7
2002	23	23	6	6	3	3	1	1	3
2003	27	26	4	16	3	1	—	—	2
2004	61	59	2	13	18	2	14	0	10
2005	117	121	4	56	8	1	—	—	52
2006	14	10	5	2	1	—	—	—	2
2007	13	16	5	1	5	2	—	—	3
2008	27	26	6	4	4	4	—	—	8
2009	15	15	4	3	3	3	—	—	2
2010	13	16	1	7	4	2	1	—	1
2011	32	28	—	19	3	4	—	—	2

说明:资料由县人民法院提供

第四节　审判监督与救助

2001年,县人民法院成立审判监督庭。审判监督庭全面实行立审分立、审执分立、审监分立制度,充分发挥其审判监督作用;认真做好案中、案后监督,建立"一案一卷"案件督查工作制度,审理好申诉、再审和发回重审案件。至2011年,受理51件,审结184件(包括旧存136件),评查14294件。

案件评查督办

2001年，县人民法院成立审判监督庭。先后审查业务庭移送的法律文书90份，做好案中、案后的监督，发现存在程序、实体问题的，及时反馈给办案人员，全年没有发现错案和发回重审案件。

2002年，按照“公正与效率”目标，发挥审判监督庭的审判监督作用。建立和完善案件评查和督办制度，每月定期对各业务庭当月所有案件进行评查，并对所发现的问题进行讲评，提高法院审判质量。

2003年，强化案件评查和督办制度。对所发现的问题进行讲评，召开多次审判工作例会，对审判中发现的问题进行研究、探讨。

2004年，完善案件质量评查制度，强化案件评查和督办工作，切实把好案件质量关。评查各类案件1302件，对所发现的问题及时进行讲评。

2005年，对案件做到一案一查，及时反馈；集中讲评，切实把好案件质量关。全年评查案件1395件。监察室、督查办不断改进和加强案件督查工作，按照“一案一议”督查工作要求，建立“一案一卷”的案件督查工作制度。

2007年，强化案件质量评查，并将评查结果与法官审判业绩和岗位责任考核相挂钩，促进案件质量的提高。全年评查案件1793件。

2008年，加大案件质量评查的广度和深度。在逐案评查的基础上，建立完善案件评查反馈研讨制度，确保案件评查到位、问题反馈到位、整改落实到位。全年评查案件1750件，召开案件质量分析会2次。2008年，在全市法院刑事、行政案件检查中，市中院对县法院案件质量给予高度评价。

2009年完善审判监督机制，案件评查反馈研讨和改判，评查案件1678件。2010年，根据中央、省委政法委的部署，开展为期三年的案件评查，评查2023件，重点评查20件。

2011年，建立审判质量管理办公室，每月通报案件质效情况，每季召开案件质效评析会，点评分析案件质量。评查各类案件1744件，并及时予以反馈和整改。在“百万案件大评查活动”中，按照市、县政法委的统一部署，选择12件结案不息访、改判或发回重审和非监禁型刑事案件进行重点评查。

2001—2011年文成县人民法院再审和发回重审案件及案件评查情况一览表

表24-17　　　　单位：件

年 份	受 理	结 案	评 查	备 注
2001	13	10	90	—
2002	2	138	不详	138件案件其中136件系旧存
2003	0	0	1519	2003年开展司法大检查活动，检查了1519件案件包括2000以来的部分案件
2004	3	3	1302	—
2005	4	3	1395	—
2006	4	5	1000	—
2007	7	6	1793	—
2008	8	8	1750	—
2009	2	3	1678	—
2010	7	7	2023	重点评查20件，发回重审4件，再审3件
2011	1	1	1744	—

说明：资料由县人民法院提供

案件监督复查

2001年始，县人民法院实行重审，再审制度。至2002年，经案后监督，未发现发生错案和发回重审案件。2003年，自查2000年1月1日以来发生的1519个案件。审判委员会重点检查改判、重审、人大代表和群众反映强烈的200件案件，对存在的问题进行整改。2004年至2006年，分别评查1302件、1305件、1000件案件，未发现错案发回重审案件。

2007年，实行"一案一议"制度，把改判、发回重审以及信访案件作为评查重点，实行严格的监督复查。严格执行程序法和实体法，对认定事实不清、适用法律不当的案件，按照"有错必究"原则，坚决依法再审，办理审监案件6件，审结5件。

2008年，受理审监案件8件，旧存1件。2009年，推行院(庭)长不定期列席合议庭评议案件机制，加强内部监督力度。全年，受理当事人申诉或县检察院提请市检察院抗诉、市中院裁定再审的案件5件，申诉率0.39%，在全省排名第17位。其中维持原判4件，申诉改判率为0。

2010年，发回重审5件，再审2件。2011年，加大对发回重审或二审(再审)改判案件的研判力度，提升案件审判质量。全年经二审发回重审案件1件，改判案件8件，占总结案数的0.28%。

司 法 救 助

2000年，县人民法院下发《关于对经济确有困难的当事人予以司法救助的规定》。2001年，对老、弱、病、残等经济上确有困难的当事人进行减免、免交、缓交诉讼费用27件，让经济上确有困难的当事人打得起官司。2002年，实行司法救助，依法减、免、缓交诉讼费47件。2003年，依法减、免、缓交诉讼费16件，计8.30万元。2004年，减、免、缓交诉讼费17件6万余元。2005年，严格执行司法救助制度，依法减、免、缓交诉讼费14件，总计6.77万元。

2006—2008年，对101件案件实施司法救助，缓、减、免诉讼费29.35万元。为经济困难的被告人、未成年人、聋哑人等符合法律援助条件的被告人指定辩护人78人次。立案庭被省高院命名为"省级文明窗口"。2009—2011年，对59件案件实行诉讼费缓、减、免17.27万元，对16名当事人发放救助金21.9万元。为刑事案件中盲聋哑等残疾被告人、限制行为能力被告人和未成年被告人指定辩护人、翻译人员43人次。

第五节　立案与执行

1991—1999年，县人民法院设立告诉申诉庭(简称告申庭)，受理群众诉状，接待群众来信来访。群众诉状和来信来访符合告诉申诉案件的，转其他庭处理。其余群众诉状和来信来访则由告申庭负责答复办理。2000年后，法院撤销告申庭、建立立案庭，法院所有案件经立案庭立案，然后分送各庭审理。开展司法救助活动，保护弱势群体的合法权益。1991—2011年，执行案件7518件，执结7453件，占99.14%，执行标的金额25911.58万元。2001—2011年，依法减交诉讼费270件，金额74.63万元，建立并在全市县级法院率先启用司法救助基金，对个别案件不能执行而生活确实困难的申请人，启动司法救助程序，对22人困难申请执行人发放司法救助金29.98万元。

立案与信访

1991年，县人民法院受理告诉申诉案件24件，办结14件。人民来信比上年减少36.7%，涉及案件数比上年减少3.5%。

1992—1996年。办结各类申诉案件(包括假释)154件。对申诉案件,本着实事求是、有错必纠的原则,及时予以改判。复查改判历年来发生法律效力的案件17件。做好人民群众来信来访工作,为群众排忧解难。五年来,收到群众来信1694件,接待来访群众906人次,对群众来信来访做到件件有登记,事事有落实。其中,处理虐待和殴打妇女、老人行为71件,保护妇女、老人的合法权益。

1997年,办结各类申诉案件(包括假释)25件,收到群众来信808件,接待来访群众362人次。1998年,收到群众来信699件,接待来访群众235次358人。建立院长接待日制度,由院领导接待群众投诉,对反映的问题和案件逐件落实到有关庭室。

2000年,全年办结各类再审案件4件,裁定不予受理181件,办理支付令5件、赔偿案件1件。收到群众来信3210件,接待来访群众309次416人。2001年,全年收诉状1285件,立1256件,裁定不予受理2件。收到来信1489件,接待来访群众374次556人。2002年,全面实行统一立案、统一排期开庭、书记员统一管理等运作模式。全年收诉状1161件,立1138件,裁定不予受理23件。收到来信70件,接待来访群众130次195人。

2003年,将刑事审判纳入统一立案的范畴,形成“大立案、严审判、重执行”的工作格局。全年依法受理案件856件,裁定不予受理2件。收到来信71件,接待来访群众72次152人。2004年,受理案件1002件,处理来信320件,接待来访418次570人。

2005年,完善立案大厅和信访接待窗口的服务功能,树立窗口良好形象。立案庭对材料齐全的案件做到立案、排期一步到位,对材料不全的当事人,一次性口头或书面予以告知,当天立案率达到78.9%。

2006年,以落实“三项承诺”为契机,不断推进立案大厅规范化建设。完善服务设施和功能区域设置,增强司法礼仪和服务意识,做好导诉、立案审查、收费登记、信访接待等工作,以“整洁、有序、规范”的形象为当事人提供优质的窗口服务。首次组织开展判后答疑活动,耐心细致地做好息诉服判工作。按照《案件审判流程管理实施细则》,严把立案关口,加强审限跟踪管理。2007年,落实“三项承诺”,创新信访工作思路。

2008年,完善立案、导诉、法律咨询“一条龙”服务。坚持“一次性告知”、“一小时立案”,设立案调解窗口,有效地化解纠纷。全年服判息诉率达到97.5%。开展巡回审判,就地解决纠纷,全年开展巡回审判23次。

2009年,在西坑畲族镇、桂山乡和金星乡设立审判站点,推行“被告亲属联系单”制度。2010年,发挥立案庭窗口作用,接待来访82人次。试行网上立案与调解,成功调解案件3件。为省内外及国外华侨等通过导诉热线导诉314人次,对4件案件实行网上立案审查。受理口头起诉11件,远程调解2件。

2011年,继续推行“午间法庭”“夜间法庭”“双休日法庭”“节假日法庭”和“预约法庭”等做法,为行动不便的残疾人或老人实行口头立案、上门立案等便民措施,不断拓展司法便民渠道。全年非工作时间立案、审理、调解或送达278件次,开展巡回审判1次;受理口头起诉14件,上门立案4件。

1991—2011年文成县人民法院接待来信来访情况一览表

表24-18

年 份	群众来信(件)	接待来访(人次)	年 份	群众来信(件)	接待来访(人次)
1991	不详	不详	1996	289	322
1992	504	214	1997	808	362
1993	216	98	1998	699	358
1994	375	116	1999	1051	275
1995	310	156	2000	3210	416

续表24-18

年 份	群众来信(件)	接待来访(人次)	年 份	群众来信(件)	接待来访(人次)
2001	1489	556	2007	34	53
2002	70	195	2008	28	35
2003	71	152	2009	34	35
2004	320	570	2010	26	82
2005	206	231	2011	21	60
2006	156	176	合计	9917	4462

说明:资料由县人民法院提供

案件执行

1991—1996年,县人民法院办结申请执行案件1671件,执行标的金额1639.3万元,其中执行非诉讼行政案件114件。1996年10月,执行庭组织一次突击执行,依靠基层调解组织的协助,充分利用当事人举证等方法,在一个月中执毕37件,执行标的金额46万元。

1997年,根据文成经济落后、被执行人履行能力较差的实际,把和解原则贯穿执行工作的全过程。全年执毕237件,执行标的额561万元。

1998年,完成省高院规定的结案率80%以上的任务。9月开展为期3个月的执行大会战,对10名有偿还能力而拒不履行的被执行人实行司法拘留,促其履行。1999年开展"执行年"活动,执毕333件,执行标的额780.9万元,执毕案件数比上年增加56.3%,执结率86.7%。9月中旬,对20余名被执行人集中进行法制教育。

2000年,执结各类执行案件366件,执行标的2647.4万元。查封房屋44间,扣押汽车7辆,拍卖汽车、空调等财物价值216万元,并对拒不履行的22个被执行人采取司法拘留。

2001年,为执行庭配备15名干警。全年司法拘留拒不履行的被执行人42人,查封房屋110间,拍卖变卖房屋32间,标的额629.7万元,拍卖变卖其他财物20余万元。

2002年,依法执结642件,执结标的3740.5万元,比上年上升16.7%,执结率为86.28%。司法拘留拒不履行的被执行人32人,依法拍卖或变卖厂房、办公楼83间,机械设备、车辆等80件,标的额941万元。

2003年,受理各类案件278件(旧存106件),执结案件335件,执结标的额3867.9万元。全年司法拘留拒不履行的被执行人21人(次),依法拍卖或变卖被执行人财产25件,标的额301万元。发放再执行凭证的案件大幅度下降,仅占执结案件的16.8%。

2004年,受理执行案件290件,旧存49件,执结296件,执结标的金额568.89万元。优化机构设置,执行局内部分设执行裁决科、执行实施科、综合科3个科室,实现执行权的分离,严格控制案件再执行凭证的发放。对发放再执行凭证案件进行全面清查,规范发放程序,杜绝滥发再执行凭证,最大范围地保护债权人的合法权益。推行执行公开,制订执行公开制度,探索执行听证等方式,实现执行程序的透明化。全年司法拘留24人,依法拍卖被执行人财产7件,成交额210.2万元。

2005年,受理案件282件,旧存43件,执结282件,执行标的额371.6万元。成立计生非诉案件执行小组,加大计生非诉案件执行力度,立案执行计生案件36件,旧存2件,执结35件,标的额27.89万元。全年,外出广东、上海、兰州及本市其他市县执行案件20次,采取强制措施50人次。

2006年,受理执行案件289件,旧存43件,执结289件,执结案件标的额489.56万元。执结率为87.1%,有效执结率为51%。同年,县委成立综合治理"执行难"工作领导小组,各乡镇确定执行工作联络员,初步形成

“党委领导、人大监督、政府支持、综治牵头、各界配合、法院主办”工作态势，大力开展综合治理“执行难”问题。

2007年，受理各类执行案件344件，旧存43件，执结345件，执结案件标的额761.1万元，执结率为89.1%，有效执结率为54.74%。加强与房产、土地管理部门以及金融系统等部门执行信息网络建设，将2006年11月以后立案的执行案件全部输入该系统，实现资源共享，加大对被执行人的威慑力度。

2008年，受理各类执行案件481件，旧存42件，执结439件，执结案件标的额1439.27万元，有效执结率首次突破60%。2009—2011年，深化党委领导、人大监督、政府支持、法院主办、各界配合的执行联动新格局。落实司法警察派驻，执行局中队参与执行，成立执行指挥中心，开通24小时对外公开的执行举报电话，增强执行工作的机动能力和应变能力。三年执结各类案件1455件。

1991—2011年文成县人民法院执行案件情况一览表

表24-19

年 份	受 理(件)	办 结(件)	结案标的额(万元)
1991	358	332	212.2
1992	428	341	321
1993	350	313	202
1994	284	333	282.7
1995	159	161	239.9
1996	182	191	381.5
1997	239	237	561.34
1998	193	213	459.29
1999	332	333	780.9
2000	377	366	2647.4
2001	564	550	2290.4
2002	659	642	3740.5
2003	278	335	3867.9
2004	290	296	568.89
2005	282	282	371.58
2006	289	289	489.56
2007	344	345	761.1
2008	481	439	1439.17
2009	436	441	1050.57
2010	423	440	1143.99
2011	570	574	4099.69
合计	7518	7453	25911.58

说明：资料由县人民法院提供

第五章 司法行政

1991—2011年是文成县司法行政工作发展的重要时期,县委、县政府实施依法治国战略,深化法治文成建设,促进法律援助、普法宣传、社会矫正、人民调解、归正人员安置帮教监督管理各项工作全面发展。律师工作完成与行政脱钩过渡为司法行政机关宏观管理下合伙制到个人制,公证工作完成体制改革,基层人民调解初步形成大调解格局,实现调解委员会全覆盖。20年来,发生人民调解案件36174件,经调解成功35346件,成功率97.71%。办理公证209612件,办诉讼代理2396件,非诉讼代理416件,法律援助271件,办理见证3516件,代写法律文书4142件,解答法律咨询41008人次。落实1440人刑释解教人员的安置帮教。

第一节 组织机构

1991年县司法局内设5个职能科所,2011年内设6个职能科室,下设大峃镇、大峃、峃口、珊溪、巨屿、玉壶、南田、百丈漈、黄坦、西坑、周山10个基层司法所。

内设机构

1991年,局内设办公室、基层科、人民调解工作指导科、宣传科、公证处、律师事务所5个职能科室,1997年,设办公室(纪检监察室)、宣教科、基层科、刑释解教人员管理科、法律服务管理科、公证处6个职能科室。1999年4月,设立并开通文成县"148"法律服务专线。2000年成立文成县法律援助中心,与"148"法律服务专线指挥中心合署办公。2002年机构改革,内设办公室、政工科、法制宣传教育科、基层工作管理科(刑释解教人员安置帮教工作科)、公证律师管理科、"148"法律服务专线指挥中心(县法律援助中心)6个职能科室。2009年,"148"法律服务专线指挥中心更名为行政审批科,增设社区矫正工作管理科,增挂刑释解教人员安置帮教工作科牌子(从原挂靠基层工作管理科析出)。2011年,局内设机构未变。

下属机构

司法所 1991年,下设大峃镇、大峃、峃口、珊溪、玉壶、南田、黄坦、西坑8个司法办事处与法律服务所,司法办事处与法律服务合署办公。1992年,8个司法办事处、法律服务所管辖范围进行调整,实行指导片区内的镇与重点乡的人民调解和法律服务工作。1999年,万人以上的乡、镇建立司法所,龙川、樟台、周壤、百丈漈、二源、巨屿、东溪7个新建司法所正式挂牌成立。2002年,公证处由内设机构转为下属单位。2008年,县法律援助中心转为下属单位。2011年,行政区域调整,保留大峃、珊溪、巨屿、峃口、玉壶、南田、西坑、百丈漈、黄坦9个基层司法所,建立周山司法所,撤销龙川、樟台、周壤、东溪、二源5个基层司法所。

1991年,核定行政编制42名,实际在职干部42名,其中司法办事处18名。全县62个乡镇配齐专职或兼职司法助理员。2002年,核定行政编制42名。全额拨款事业编制8名,其中公证处5名、法律援助中心3名。2007年,增加行政编制2名。2011年,在职干部50名,基层司法所中层干部职数由原来的16名核减为12名。

公证处 1982年建立公证处。1991年有6名工作人员。1993年,针对公证人员变动大和新增人员业务生疏情况，从律师及其他科室抽调人员充实公证队伍。1994年，以玉壶法律服务所为依托，增挂“玉壶公证办事处”牌子。2000年因内部管理不善，省司法厅决定暂停文成办理涉外公证业务资格，公证业务由温州市中信公证处办理。2001年，从泰顺县司法局借调1名涉外公证员恢复公证业务。2002年，县公证处改制为全额拨款事业单位，为县司法局下属，核定事业编制5名。实际工作人员11名，其中行政编制7名、借用1名、临时工3名。同年，发生1996年公证水印纸被盗案件，省司法厅决定又暂停文成办理涉外公证业务资格，公证业务由瓯海公证处办理。2003年4月，司法部办公厅决定取消文成办理涉外公证业务资格。2005年7月，司法部办公厅决定恢复文成办理涉外公证业务资格。同时调进2名全国司法考试合格工作人员。2011年，增加一名国内公证员和一名涉外公证员。实际工作人员14名。

律师事务所　1981年6月，成立文成县律师顾问处，归县人民法院管理。1982年，归县司法局管理。1985年称文成县律师事务所。1991年，县律师事务所律师从3人增加到6人。1996年，成立刑事辩护工作指导组。1997年，文成县律师事务所更名为浙江诚意律师事务所。2002年，浙江诚意律师事务所与行政脱钩改制，建立合伙制律师事务所。2003年建立律师党支部，并成立温州市律师协会文成县联络组。2010年，浙江诚意律师事务所由合伙制变更为个人律师事务所。2011年，新增1家合伙制律师事务所—浙江兆佳律师事务所。全县执业律师8人，工作人员4人。

第二节　人民调解

1991—2011年，发生案件36174件，调解成功35346件，成功率97.71%。其中，防止矛盾纠纷引起非正常死亡113人，防止民转刑250件。

组织机构

1991年，全县基层调解委员会613个，调解干部2904人。2000年，全县33个乡镇建立调解中心，562个村调解委员会503个达标，241个达到规范化要求，调解员2638人。2011年，全县乡镇、村居、社区人民调解委员会447个，人民调解员2532人，专业行业性人民调解组织17个，专职人民调解员18人。

调解工作

1991年，发生民间民事纠纷2243件，调解成功率94.1%。防止民间纠纷引起非正常死亡事件34件39人。1992—1996年，全县基层司法行政干部13人，调委会584个、调解干部2904名。全县发生民间纠纷12188件，调解成功率达97.52%，防止民转刑案件86件，防止非正常死亡45人。

1997年，全县发生各类民间纠纷2370件，调解成功2322件，调解成功率98%；防止民转刑案件23件57人，防止民间纠纷引起自杀8件8人。1998年，全县各调解组织受理各类纠纷2407件，调解成功2369件，调解成功率99%。防止非正常死亡7件7人，防止民转刑19件32人，制止群众性械斗10件，防止群众性上访13件182人。全年举办各类培训班48期，1989名调解员受到业务培训，受训率达82%。

1999年，建立健全调解组织网络，及时调整充实调解队伍。抓住1999年农村基层组织换届选举的有利时机，依靠当地党委、政府，把一批年富力强、热心农村调解工作，在群众中又有一定威信的村民充实到调委会。其中高中、中专以上文化程度549人，比上年增加94人。组织调解员学习和推广“枫桥经验”，加强对调解员队伍的业务培训。7月，召开全县人民调解工作会议，学习“枫桥经验”精神。8月，全县14个司法所分别组织本辖区的调解员进行业务培训，举办培训班70期，培训2891人次，培训率95%。全年全县33个调解中心调处各类民间纠纷266件。开展4次纠纷和不安定因素排查调处及专项治理,排查出重大疑难纠纷和不安定因素212件,调处成功155件。全年全县各调解组织,受理各类民间纠纷2693件,调处成功2658件,调处成功率98.7%,防止民转刑案件23件46人,制止群众性械斗20件,防止群体性上访案件21件317人次。

2000年,全县调解组织受理各类民间纠纷2246件,调处成功2217个,调处成功率98%,其中,乡镇调解中心受理疑难纠纷80件,调处成功77件,调处成功率96%;防止民间纠纷激化转为刑事案件18件,涉及人数47人;制止群众性械斗案件23件;疏导劝阻群体性上访事件18件,涉及人数246人。开展专项纠纷排查调处工作,组织4次纠纷排查调处活动,排查出重大疑难纠纷和不安定因素161件,调处成功133件,防止纠纷激化24件。

2001年,开展在元旦、春节、"两会"、春耕和国庆期间的民间纠纷和社会不安定因素排查调处活动。基层调解组织受理各类纠纷2145件,调处成功2110件;防止民间纠纷引起自杀事件10件11人;防止民间纠纷化为刑事案件49件96人;制止群众性械斗29件;防止群众性上访事件22件273人;揭发犯罪线索17条。

2002年,协助乡镇抓好村居调解组织换届选举工作,全县558个村居调委会改选548个。加强调解干部的业务培训,全县2378名调解干部,受训2201人。春节、中共十六大、中央和地方"两会"等重大节日和会议期间开展矛盾纠纷和社会不安定因素的排查调处工作,确保各个时期社会稳定。全年全县各级调解组织,排查出疑难重大纠纷434件,组织调解517次;调处成功310件,涉及1450人,移交有关部门50件;联合职能部门调处50件,防止纠纷激化22件。受理一般民间纠纷1763件,调处成功1705件,调处成功率96%;防止民间纠纷引起自杀2件2人;防止民间纠纷转化为刑事案件19件103人;制止群众性械斗28件;防止群体性上访18件207人。

2003年,开展"人民调解年"活动,推进调解制度改革和创新。调解纠纷919件,调处成功880件。其中婚姻家庭类纠纷117件,调处成功111件;防止民间纠纷引起自杀3件3人次;防止民间纠纷转化为刑事案件13件,36人次;制止群众性械斗18件;防止群体性上访21件,181人次。6月,县委办、县政府办转发关于加强调解工作的实施意见,要求建立县人民调解工作指导委员会,突出抓好乡镇人民调解委员会建设,做好乡镇调委会规范化建设,使乡镇调委会达到"五有"(有牌、有印、有人民调解工作场所、有文书档案、有统计台账)。至年底,全县各乡镇聘任379名调解员,其中乡镇领导35人、司法所工作人员18人、村居调委会184人、其他志愿者142人,女委员27人,大专以上文化程度86人,聘任为人民陪审员8人。年龄结构35岁以下87人、60岁以上20人。

2004年,继续加强人民调解组织规范化建设,规范调解工作流程,推行庭式调解。继续深入排查调处各类矛盾纠纷,全县基层调解组织受理各类矛盾纠纷731件,调处成功710件,调处成功率97.1%。加大重大疑难纠纷的调处力度,受理重大疑难纠纷99件,其中婚姻家庭纠纷23件、邻里纠纷12件、债务纠纷7件、生产经营纠纷15件、赔偿纠纷14件、宅基地纠纷12件、其他纠纷16件,调解成功93件,移交有关部门12件,联系调解7件,并成功调处4件轻微伤害案件。

2005年,开展人民调解宣传年活动,扩大人民调解的影响力。加强村级调解组织建设,全县整顿调解组织92个,撤换调解人员187人。全县385个村级调委会全部调整完毕,有调解人员2064人,其中高中以上文化程度646人。先后组织66期培训班,村(居)调委会主任参加培训人员达2642人次,8名人民调解员走上人民陪审员岗位。开展矛盾纠纷调处。全年各司法所协助基层政府调处社会矛盾纠纷77件,调处成功71件;防止群体性上访10件;制止群体性械斗2件;参与严打整治专项治理55人次;调处8件非正常死亡案件和3件轻伤伤害案件,赔偿金额是97.28万元,受理各类民间纠纷582件,调处成功565件,成功率为97%;防止民间纠纷引起自杀事件1件,有效地维护农村社会稳定。8—9月在全县组织开展疑难复杂民间纠纷调处化解突击月活动中,成功调处疑难复杂、久调不决的矛盾纠纷18件。

2006年,以加强乡镇人民调解委员会规范化建设为核心,规范人民调解组织和人民调解程序及调解文书制作。5个人民调解先进集体和11名先进个人得到市政府表彰。深化“流动调解庭”建设，利用“流动调解庭”便利、适合农村实际的新型调解载体，开展矛盾纠纷调处。全县各流动调解庭受理重大疑难纠纷12件，调处成功12件。开展人民调解业务培训工作，全年调解员参加培训2100人次，参训率达90%以上。全年全县开展矛盾纠纷大排查158次，排查出各类重大疑难纠纷54件，调处成功46件，成功率达85%。全县受理各类民间纠纷425件，调处成功417件，成功率达98%；签订调解协议193份，协议所涉及金额达297.46万元。其中，受理非正常死亡和轻伤害案件4件，调处成功4件，涉及赔偿金额达22.1万元。防止群体性上访17件，制止群体性械斗1件。

2007年，出台人民调解“以奖代补”工作机制，与县财政局联合下发《文成县人民调解工作以奖代补经费使用试行办法》，根据各调解委员会所调解纠纷的难易程度和实际工作量予以奖励，每件最低奖励10元，最高奖励150元。深化流动调解庭建设，制订《流动人民调解庭工作规则》。狠抓矛盾纠纷排查调处工作，全县发生纠纷583件，调处成功569件，调处成功率为97.6%，签订调解协议书238份，协议所涉及金额195.24万元。

2008年，开展矛盾纠纷排解调处工作，对排查出来的重大疑难纠纷和社会不稳定因素进行逐件登记、梳理、调处。全年受理各类民间纠纷824件，调处成功791件，调处成功率96%。签订调解协议书286件，涉及金额550.90万元。其中，乡镇调委会受理121件，调处成功120件；签订调解协议107份，协议所涉金额340.85万元。流动调解庭成功调处各类纠纷135件。

2009年，开展调解组织进民企，建立健全人民调解组织，调解工作向交通、土地、医患、环保等矛盾多发易发领域拓展，成立消费者权益争议人民调委会。受理各类民间矛盾纠纷1160件，调处成功1125件，调解率和调解成功率分别为100%和97%。

2010年，建立侨联调委会、消费者权益纠纷调委会、劳动纠纷调委会、医疗纠纷调委会和民商事调委会等专业调解组织。全年各调委会受理民间纠纷1276件，调处成功1238件，调解率和调处成功率分别为100%和96%。其中，非正常死亡11件、轻伤害案件12件，得到及时调处。县民商事调委会受理7件、调处4件；县医调会成功调处医患纠纷3件；玉壶镇侨联人民调解委员会调处成功28件；县消费者权益争议人民调解委员会受理99件，调处成功98件。

2011年，建立“司法行政大调解”机制。乡镇区划调整后，各乡镇、村居、社区实现人民调解组织全覆盖，探索建立行业性专业人民调解组织和调解工作机制，并延伸到县重点工作项目，凸显“大调解机制”的工作格局。全年各类调解组织调处矛盾纠纷1619件，调处成功1554件，调解成功率96%。其中，非正常死亡案件32件、人身伤害案件257件。

1991—2011年文成县基层调解委员会人民调解工作一览表

表24-20

年份	案件发生数(件)	调解成功数(件)	调解成功率(%)	其中:防止矛盾纠纷引起非正常死亡数(人)	其中:防止民转刑(人)	备 注
1991	2243	2141	95.45	39	—	—
1992	2468	2391	96.88	21	63	—
1993	1997	1950	97.65	9	—	1—10月
1994	2364	2321	98.18	—	15	—
1995	2675	2656	99.29	15	—	—
1996	2684	2657	98.99	—	8	—

续表24-20

年份	案件 发生数(件)	调解 成功数(件)	调解 成功率(%)	其中:防止矛盾纠纷引起 非正常死亡数(人)	其中:防止民转刑 (人)	备注
1997	2370	2322	97.97	8	23	—
1998	2407	2369	98.42	7	19	—
1999	2693	2658	98.70	—	23	—
2000	2246	2217	98.71	—	18	—
2001	2145	2110	98.37	11	49	—
2002	1763	1705	96.71	2	19	—
2003	919	880	95.76	—	13	—
2004	731	710	97.13	—	—	—
2005	582	565	93.47	1	—	—
2006	425	417	98.16	—	—	—
2007	583	569	97.60	—	—	—
2008	824	791	96.00	—	—	—
2009	1160	1125	96.98	—	—	—
2010	1276	1238	97.02	—	—	—
2011	1619	1554	97.67	—	—	—
合计	36174	35346	97.71	113	250	—

说明:资料由县司法局提供

第三节　公　证

1990—2011年,文成县公证处办理公证209612件。其中,出生公证74896件,无犯罪公证41084件,亲属公证27590件,婚姻公证18317件,其他公证47720件。

1991年办公证总数7026件,其中涉外公证5857件、国内公证1169件、权利义务公证25件,人均办证1169.3件。办证和收费分别超额完成年度任务的250%和227%。1992—1996年,办证32651件,其中涉外公证31651件、国内公证1000件。1997年,公证处工作人员7名,全年办理涉外公证13738件、国内公证80件。

1998年,办理各类公证20182件,其中涉外公证18035件、国内公证2147件。11月,意大利政府允许非法移民办理居留手续,涉外公证量剧增,日均出证400余件。办结各类公证书4500余件,相当于20世纪80年代前期全年的总办证数。

1999年,办理涉外公证8249件,国内经济民事公证600件,移民公证700件,建设工程招投标公证25件。开展房产抵押贷款、旧城拆迁、开奖、政府采购等公证项目。公证工作实行政务公开,提高公证服务质量;树立公证新形象。

2000年,办理涉外公证7832件、国内经济民事公证320件。多层次拓宽证源,国内证源有建设工程招投标公证、房产抵押贷款公证、政府采购招标活动公证、移民公证等。

2001年,完善县公证处各项制度,充实办证人员,借调涉外公证员,建立公证办证大厅,加快办证队伍、设施建设。全年受理涉外公证8757件,办结7865件(其中11月份全县恢复自办涉外公证以来,受理1730件,办结

1326件),受理国内公证78件,办结78件。

2002年6月,县公证处改制为全额拨款的事业单位。改制后公证处加强内部管理,推行公证办证期限承诺制,简化办证手续,加快办证速度,全年受理涉外公证17321件,受理国内公证209件,办结209件。

2003年,公证处在没有涉外业务审批权的情况下,与瓯海区公证处协作,受理涉外公证10818余件,受理国内公证700余件。

2004年,办理涉外公证13610件,办理国内公证470余件。制定和完善公证处12项规章制度,明确公证处内部各工作岗位职责;对公证处业务档案进行整理;11月份派遣2名公证员到北京参加涉外公证业务培训班。

2005年,改善办公环境,购置4台电脑和1台服务器,采用公证业务软件(公证信息管理系统)。全年办理涉外公证达14723件,其中恢复文成公证处后全程办理的7500余件,因当事人提供虚假材料而被拒绝办理的5例,办理国内公证520余件。

2006年,《中华人民共和国公证法》正式实施后,组织公证人员学习公证法。在侨乡玉壶镇实行公证接待日制度,上门办理公证28人次,提供法律援助4人次。全年办理公证10807件,其中涉外公证10415件,国内公证392件。

2007年,公证处开展作风建设年和创建群众满意办事窗口活动,开展纪念公证法颁布2周年宣传,制定《公证办理时限制度》,完善急证急办等工作制度。全年办理公证12418件,其中涉外公证11732件,国内公证686件。

2008年,办理“三农”公证比上年增长5个百分点。参与县委、县政府为东坑岭水电站补偿安置协议的调解工作,办理补偿协议书公证。14个乡镇聘请农村公证信息员,制订信息员的职责和工作范围。全年受理涉外公证8861件,受理国内公证427件,未出现错、假证。

2009年,继续为贫弱群体提供上门服务。通过温州侨网、玉壶侨联网、县侨联、县侨办对外公示QQ和QQ信箱,接受华侨等当事人提出公证业务咨询。通过V2远程视频开展公证业务咨询,即远程公证咨询。全年办理国内公证920件,涉外公证9520件。

2010年,继续推行“八小时外电话预约服务”和“节假日值班”“为贫弱群体提供上门服务”等活动。县公证处受理涉外公证8842件,其中出证8488件,终止58件;受理国内公证759件,其中出证749件,终止8件。

2011年,开展“农房集聚”“三分三改”公证服务,在全省公证质量评比中获得优秀奖。全年受理涉外公证9651件,办理国内公证686件。

1991—2011年文成县涉外公证业务情况一览表

表24-21

年份	办证总数(件)	其中					使用地					
		出生	未刑	亲属	结婚	其他	意大利	西班牙	法国	德国	荷兰	其他
1991	5857	2702	412	1416	300	1027	3516	275	235	154	917	958
1992	3360	1698	278	798	255	331	1523	221	200	98	569	749
1993	4712	2027	478	1294	262	651	1892	108	253	229	991	1239
1994	4473	1723	429	1264	293	764	2521	134	175	183	575	885
1995	10173	4224	2762	1182	535	1465	6363	342	297	294	1134	1743
1996	8933	3617	3217	578	626	895	7457	90	765	223	90	308
1997	13738	4974	1793	3149	1287	2535	9883	623	1133	411	804	884

续表24-21

年份	办证总数(件)	其中					使用地					
		出生	未刑	亲属	结婚	其他	意大利	西班牙	法国	德国	荷兰	其他
1998	18035	6946	5402	1702	932	3053	14923	969	478	231	543	891
1999	8249	2693	1760	1037	599	2160	5198	851	442	260	498	1000
2000	7832	2310	1034	1120	609	2759	5366	673	403	237	494	659
2001	8757	3258	1250	1256	629	2364	6350	741	308	293	380	685
2002	17321	7183	5076	1202	556	3304	14960	370	318	318	363	992
2003	10818	3530	2151	1362	873	2902	7406	1126	462	222	413	1189
2004	13610	4578	2862	1469	1385	3316	9126	1028	390	264	600	2202
2005	14723	6008	3195	2155	2033	1332	9630	1905	365	233	549	2041
2006	10415	2992	1568	1167	1229	3459	6242	1364	409	201	481	1718
2007	11732	4247	3460	677	781	2567	7787	1609	407	151	479	1299
2008	8861	2553	1261	943	1027	3077	5789	1108	285	98	522	1059
2009	9520	2990	1354	1016	1148	3012	6773	798	262	112	465	1110
2010	8842	2295	687	1335	1430	3095	6016	553	238	133	868	1034
2011	9651	2348	655	1468	1528	3652	6815	600	258	89	945	944
合计	209612	74896	41084	27590	18317	47720	145536	15488	8083	4434	12680	23589

说明:资料由县司法局提供

第四节 律 师

1991—2011年,文成县律师、基层法律工作者受聘担任法律顾问616人,办理案件5547件,开展法律援助296件,非诉讼代理236件,代写法律文书235件,为人民群众解答法律咨询7075件。业务收入从1991年的4万元增至2011年的287.69万元。

1991—2008年,文成县只有一家律师事务所,律师最多时6人、最少时3人。至2011年,文成县新增1家合伙制律师事务所—浙江兆佳律师事务所。全县执业律师8人、工作人员4人。

1991年,在职律师担任企事业法律顾问46家,代理非诉讼32件,刑事辩护、民事代理154件,代写法律文书64件,接待法律咨询680人次,总收代理费50205元。有基层法律工作者22人,担任县级政府、企事业法律顾问50家,代写法律文书224件,代理诉讼和非诉讼53件,办理见征964件,总收费40000元。

1992—1996年,担任企事业法律顾问201家,代理非诉讼47件。刑事辩护318件,民事代理512件,接待法律咨询1500人次。全县7个法律服务所,担任乡镇政府、企事业法律顾问252家;代写法律文书601件,代理诉讼和非诉讼941件,办理公证2179件。

1997年,律师事务所民事代理95件,行政代理9件,经济案件代理10件,刑事辩护62件。开展法律援助案件8件,收费17.2万元。1998年,律师事务所办理刑事辩护85件,比上年增加23件;附带民事诉讼代理15件,民事代理81件,担任被害人代理2件;经济代理25件,比上年增加15件;行政代理12件,比上年同期增加3件;出具法律意见书6份,办理律师见证15件;代理治安行政调解、办理房地产审批及转让等非诉讼法律事务63件,为企事业及个人挽回损失378万元,提供法律援助15件。

1999年,律师事务所担任常年法律顾问24家,刑事辩护65件,附带民事代理21件,民事诉讼代理61件,经济诉讼代理14件，行政诉讼代理7件，代写法律文书37件，办理律师见证9件，非诉讼代理29件，为企事业单位及个人挽回经济损失400余万元，提供法律援助7件，办理县法院指定辩护23件。经律师提供法律帮助和辩护，6名犯罪嫌疑人获无罪释放，2名被告人获免予刑事处罚，21名被告人获判处缓刑和监外执行。

2000年，聘请律师担任常年法律顾问13家，刑事辩护及代理43件，民事诉讼代理75件，经济诉讼代理7件，行政诉讼代理4件，非诉讼法律事务44件。成立文成县法律援助中心，办理法律援助案件44件，其中民事法律援助15件、刑事法律援助22件、行政法律援助3件、公证法律援助4件。

2001年，律师事务所全年担任常年法律服务顾问11家，刑事辩护68件，附带民事代理111件，民事诉讼代理79件，经济诉讼代理7件，行政诉讼代理4件，办理律师见证9件，代理治安、行政、交通事故损害赔偿8件，企事业及个人挽回经济损失约2100万元。承办法律援助案件45件，其中刑事辩护22件，为当事人挽回经济损失25万元，免、减交代理费用42550元。

2002年，完成国资律师所脱钩改制工作，建立合伙制律师所，原2名公务员律师回到司法行政岗位工作，与执业律师脱钩。健全诚意律师事务所内部管理制度，规范律师办案程序，推行“一案一卡”制，提高律师服务意识，全年办理民事代理案件113件、经济代理9件、行政代理18件、刑事辩护23件、刑事附带民事1件，担任单位法律顾问7家。

2003年，诚意律师事务所办理民事代理210件、法律援助7件、行政代理17件、刑事辩护27件、刑事附带民事4件，担任法律顾问7家和办理非诉1件。7月建立律师党支部，为党员律师开创一个良好的活动场所。根据市局的统一安排，建立执业律师诚信档案。

2004年，全所收案277件，其中民事代理199件、刑事辩护27件、行政代理11件、刑事附带民事代理3件、法律援助29件。担任常年法律顾问4家，办理非诉4件。加强律师党建工作和诚信建设，全面落实“一卡两档”。

2005年，开展“合伙律师事务所规范建设年”活动。全年收案263件，其中民事代理224件、刑事辩护23件、行政代理10件、经济代理4件、刑事附民事代理2件。担任常年法律顾问7家，办理非诉9件。

2006年，开展社会主义法治理念教育，促进律师依法办案。11月对律师的执业情况、职业道德执业纪律及案件质量进行为期1个月的评查。律师所全年办理案件334件，其中刑事案件58件、民事案件268件、行政案件3件、非诉代理5件。担任法律顾问11家，办理指定法律援助和其他援助案件28件，接待法律咨询600余人次。

2007年，开展“律师送法进农村”工作。确定每名律师负责联系1个乡镇、10个村居，无偿担任法律顾问。组织律师开展法制讲座8次，赠送法律书籍500多本。开展对律师所的百分制考核，完成《文成律师纪事》的编纂工作。

2008年，收案457件，其中刑事辩护41件、民事代理364件、行政代理8件、其他44件，担任法律顾问15家，办理法律援助21件，接待法律咨询约600余人次。

2009年，组织律师参与县领导每月的大接访和涉法涉诉信访接待工作，建立农村法律顾问制度协调领导小组，指派律师、公证员、法律服务工作者担任农村法律顾问，与303个行政村签订常年法律顾问合同，覆盖面达78%，比省定指标高出4.8%，比市定指标高出1.90个百分比。担任4家企业的法律顾问，并为南田兴达阀门有限公司及巨屿镇的3家企业进行“法律体检”。做好民营企业法律服务和法律维权工作，开展“法律服务民营企业”活动。

2010年，全县律师、基层法律服务工作者担任村居(委)法律顾问366家，乡村法律顾问覆盖率达到87.76%，为全县各村居提供780件次的法律咨询和法律服务活动。

2011年，增设浙江兆佳律师事务所。推进法律服务进政府、进企业、进重点工程、进农村、进社区的“五进”活动，为政府依法行政、企业法律体检、重点工程的政策处理、农村矛盾纠纷化解提供法律帮助。组织6个法律服务单位40名律师(市局直属所指派33名律师)、4名公证员、5名法律服务工作者担任全县356个行政村、6个社区的常年法律顾问,行政村覆盖率达92%、社区覆盖率达100%。律师担任政府部门法律顾问24家、企业法律顾问17家、刑事辩护50件、民事代理466件、行政诉讼代理20件,法律讲座15场次。

1991—2011年文成县律师机构人员一览表

表24-22

年 份	律师事务所数(家)	专职律师(人)	兼职律师(人)	律师助理(人)	其他工作人员(人)
1991	1	6	—	—	—
1992	1	6	—	—	—
1993	1	5	—	—	—
1994	1	5	—	—	—
1995	1	6	—	—	—
1996	1	6	—	—	—
1997	1	5	1	—	—
1998	1	5	—	—	—
1999	1	5	—	—	—
2000	1	4	—	—	—
2001	1	4	—	—	—
2002	1	3	—	1	1
2003	1	3	—	1	1
2004	1	3	—	1	1
2005	1	3	—	1	1
2006	1	3	—	1	1
2007	1	5	—	2	2
2008	1	4	—	2	2
2009	1	4	—	2	2
2010	1	6	—	2	3
2011	2	8	—	2	4

说明:资料由县司法局提供

1991—2011年文成县律师业务情况一览表

表24-23

年份	受聘担任法律顾问(人)	办案总数(件)	其中					非诉讼代理(件)	避免挽回经济损失(万元)	代写法律文书(件)	解答法律咨询(件)	接待来访人数(人次)	上法制课时	业务收入(万元)	备注
			刑事辩护(件)	民事代理(件)	经济代理(件)	行政代理(件)	法律援助(件)								
1991	46	154	—	—	—	—	—	—	—	64	680	—	34	4.00	1—11月
1992	28	175	74	59	33	9	—	8	—	35	40	—	45	5.62	—
1993	43	138	57	81	—	—	—	—	—	27	—	—	—	7.06	1—11月
1994	52	138	62	76	—	—	—	—	—	—	2500	—	—	6.65	—

续表24-23

年份	受聘担任法律顾问（人）	办案总数（件）	其中					非诉讼代理（件）	避免挽回经济损失（万元）	代写法律文书（件）	解答法律咨询（件）	接待来访人数（人次）	上法制课时	业务收入（万元）	备注
			刑事辩护（件）	民事代理（件）	经济代理（件）	行政代理（件）	法律援助（件）								
1995	45	172	65	91	7	9	—	17	—	—	—	—	—	7.00	—
1996	33	174	60	75	32	7	—	22	—	—	3000	—	—	13.00	—
1997	52	184	62	95	10	9	8		150		—	—	—	17.20	—
1998	32	218	85	81	25	12	15	63	378	36	—	—	—	—	1—12月
1999	24	154	65	61	14	7	7	29	400	37	—	—	—	—	1—12月
2000	13	173	43	75	7	4	44	44	—	—	—	—	—	—	—
2001	11	158	68	79	7	4	—	6	2100	—	—	—	—	—	—
2002	7	163	23	113	9	18	—	—	—	—	—	—	—	20.40	—
2003	7	282	27	210	17	7	—	1	—	—	—	—	—	—	—
2004	4	277	27	199	—	11	29	4	—	—	—	—	—	—	—
2005	7	279	23	224	4	10	—	9	—	—	—	—	—	44.61	—
2006	11	360	58	268	3	3	28	5	—	—	600	—	—	67.00	—
2007	18	435	51	333	—	15	—	2	—	—	—	—	—	—	—
2008	15	457	41	364	—	8	21	10	—	3	89	64	—	110.00	—
2009	99	387	53	319	—	15	19	9	—	5	98	89	—	161.77	—
2010	28	533	47	469	—	17	50	4	—	12	32	82	—	195.97	—
2011	41	536	50	466	—	20	75	3	—	16	36	102	—	287.69	—

说明：资料由县司法局提供

第五节　法律服务与援助

县司法局推行基层法律服务，担任企事业单位法律顾问，开展诉讼与非诉讼代理，代写法律文书，解答基层群众法律咨询、调处疑难纠纷，开展法律宣传等工作，并开展对受困当事人及弱、残特殊社会群体提供法律服务，实现社会公平、正义。1991—2011年，办诉讼代理2396件，非诉讼代理416件，法律援助271件，办理见证3516件，代写法律文书4142件，解答法律咨询41008人次，挽回经济损失939万元。

基层法律服务

1991年，县司法局组织开展基层法律服务所创建，并进行检查验收。1992—1996年，7个法律服务所担任政府、企事业法律顾问252家，代写法律文书601件，代理诉讼和非诉讼941件。1997年，全县有法律服务所7家、法律工作者17人。全年调处各类纠纷118件，诉讼代理224件，非诉讼代理30件，办理见证225件，担任法律顾问33家，代写法律文书501份，解答法律咨询3240人次。

1998年，7个法律服务所担任政府、企事业单位常年法律顾问28家，办理诉讼代理109件，非诉讼代理21件，调解各类民间纠纷80件。其中，南田所全年为群众无偿代写法律文书13件，无偿调解纠纷15件，无偿提供法律咨询37人次。

1999年,基层法律服务所法律工作者13人。担任常年法律顾问24家,其中担任乡(镇)政府、村(居)委会的常年法律顾问11家,担任企业的常年法律顾问10家。民事诉讼代理170件,非诉讼代理23件,办理见证46件,调处纠纷30件,代写法律文书1266份,解答法律咨询3055人次,为生活困难的当事人提供法律援助15件,挽回经济损失100余万元。

2000年,按照"整顿、壮大、提高"的方针,合理调整法律服务所的布局和增强基层法律服务工作的辐射力的要求。经市局批准注销大峃、珊溪等7个基层法律服务所,成立县中心法律事务所。全年,担任法律顾问15家,其中担任基层政府、村(居)委会8家,各类企业7家代理诉讼事务108件,代理非诉讼事务19件,调处纠纷53件,代理见证69件,为贫困者、残疾者提供法律援助13件。

2002年,开展为期4个月的"宗旨、法制、廉洁"3项专题教育。并推行法律服务工作者办案监督卡制度,切实提高法律服务工作者队伍素质,规范办案程序。全年基层法律服务所担任法律顾问10家,代理诉讼86件,非诉讼法律服务23件,调解纠纷37件,代写法律事务文书145份。解答法律咨询1412人,为贫弱残疾者提供法律援助3件。

2003年,制定《基层法律工作若干规定》,以"一书一卡三服务"("一书"指通知书,"一卡"指监督卡,"三服务"指对服务对象、服务人员、服务态度)落实为主题,开展执业纪律教育评查。

2004年,加大教育监督和惩罚力度,并加强职业道德和诚信服务等方面教育。全县基层法律服务所担任法律顾问7家,其中担任基层政府、村(居)委会3家,各类企业3家,其他组织1家,代理诉讼事务137件,代理非诉讼事务3件,调解纠纷15件,办理见证12件,代写法律文书124份,解答法律咨询4416人次,办理法律援助事务19件,挽回经济损失55万元。

2005年,全县13名基层法律服务工作者均建立诚信档案,基层法律服务工作者担负法律顾问6家,代理诉讼事务118件,代理非诉讼事务2件,调解纠纷12件,办理见证5件,代写法律文书52件,解答法律询问2279人次,办理法律援助22件,避免、挽回经济损失72万元。

2006年,各基层法律服务所担任法律顾问10家,代理诉讼事务130件,代理非诉讼事务9件,组织调解纠纷25件,办理见证1件,代写法律文书92件,解答法律咨询2447人次,办理法律援助28件,挽回经济损失382万元。

2007年,基层法律服务所担任法律顾问6家,基层法律服务业务收费7.83万元,代理诉讼事务79件,代理非诉讼事务2件,调解纠纷11件,解答法律问611人次,接受法律援助中心指派的案件32件,挽回经济损失120余万元。

2008年,引导基层法律服务所参与"法律服务和法律援助工作为构建社会主义和谐社会服务"主题实践活动,深化"一书一卡三服务"活动。各基层法律服务所担任法律顾问6家,代理诉讼事务93件,代理非诉讼事务3件,组织纠纷调解15件,解答法律咨询1018人次,接受指派办理法律援助案件37件,挽回经济损失56.3万元。

2009年,建立健全各项规章制度,统一规范制作使用名片、格式文书,全面建立诚信档案。建立农村法律顾问制度,向村民发放法律服务联系卡400余份,与159个行政村签订法律顾问协议,占全县41%。全年代理诉讼案件82件,调解矛盾纠纷10件,解答法律询问860人次,接受法律援助指派69件,避免挽回经济损失98.4万元。

2010年,基层法律服务工作者9人与194个村居签订免费担任法律服务顾问合同。基层法律服务工作者代理诉讼事务63件,调解纠纷7件,解答法律询问736人次,接受指派办理法律援助43件。

2011年行政区域调整后,5名专职的基层法律服务工作者与88个行政村(社区)签订担任法律顾问合同,并为3家企业审查和完善规章制度,挽回经济损失30万元。基层法律服务工作者代理诉讼案件47件,调解纠纷11件,解答法律询问730人次,接受指派办理法律援助29件。

1991—2011年文成县基层法律服务援助情况一览表

表24-24

年份	基层法律服务所（个）	人员数（人）	法律顾问（人）	诉讼代理（件）	非诉讼代理（件）	见证公证（件）	代写法律文书（件）	解答法律咨询（人次）	挽回经济损失（万元）	法律援助（件）
1991	8	16	50	66	53	964	—	793	—	—
1992	8	15	47	128	—	—	182	—	32	—
1993	8	—	50	141	—	574	225	—	45	—
1994	7	20	55	144	—	669	—	2376	—	—
1995	7	21	55	127	157	365	—	1946	—	—
1996	7	19	46	108	46	571	—	13000	—	—
1997	7	17	33	224	30	225	501	3240	—	—
1998	7	12	28	109	21	—	—	—	—	—
1999	7	13	24	170	23	46	1266	3055	100	法律援助15件
2000	1	—	15	108	19	69	—	—	—	法律援助13件
2001	1	—	12	114	20	14	1520	923	—	法律援助11件
2002	1	—	10	86	23	—	145	1412	—	法律援助3件
2003	1	—	17	129	5	6	87	1712	38	法律援助4件
2004	1	—	7	137	3	12	124	4416	55	法律援助19件
2005	1	13	6	118	2	—	—	2279	72	法律援助22件
2006	1	—	10	130	9	1	92	2447	38	法律援助28件
2007	1	—	6	93	3	—	—	1018	56	法律援助37件
2008	1	—	6	79	2	—	—	611	120	法律援助32件
2009	1	10	8	68	—	—	—	520	80	法律援助30件
2010	1	11	7	70	—	—	—	530	70	法律援助28件
2011	1	11	67	47	—	—	—	730	133	法律援助29件

说明：资料由县司法局提供

“148”法律援助

1999年4月8日，县司法局“148”法律服务专线开通。专线开通后，解答法律咨询120余件，接待群众来访166人次，调解纠纷18件。县司法局先后两次组织公证处、律师事务所等局机关业务科室及大峃镇司法所的干警20余人，上街开展法律咨询活动，印发“148”宣传资料4000余份，县有线电视台播放“148”宣传节目8次，张贴“148”宣传画440张，刊出“148”宣传栏8期。

2000年，“148”法律服务中心组织律师、公证、司法所等部门工作人员上街开展法律咨询活动24次，解答法律咨询1930件，接待群众来访1010人次，调解纠纷3件。利用新闻媒体广泛开展宣传活动，开展“148”妇女维权法律咨询活动及“148”法律服务专线开展一周年纪念日法律咨询。2000年开始，“148”法律服务专线增设为当事人提供公证咨询服务的内容，催办公证96件，解答公证问题咨询1080件，接待办公证当事人来访600

人次。

2001年,全年解答法律咨询1073人次,接待来访717件1073人次,上门法律服务3件,法律援助25件,解决纠纷14件,催办公证545件。2002年,全年解答法律咨询1263件,接待当事人来访499件539人次,解决纠纷9件,催办公证310件。

2003年,"148"法律服务专线解答法律咨询1613件,接待来访204批334人次,交公证处承办533件,律师事务所承办37件,法律服务所承办37件,司法所承办33件,解决纠纷14件,"148"情况反映4期。健全完善工作制度,增加《"148"信息反馈制度》《"148"学习讨论制度》。以乡镇司法所为依托,在巨屿镇、樟台乡等7个司法所建立"148"乡镇工作站,拓宽"148"法律服务层面。

2004年,解答法律咨询1046件,接待来访207批265人次,交公证处承办398件,律师事务所承办51件,法律服务所承办23件,司法所承办10件,解决纠纷13件。"148"情况反映2期,法律援助案件32件,其中刑事辩护28件、民事诉讼案件5件,代写法律文书26件,为当事人挽回经济损失31万元,进行法律咨询活动2次。先后印发"148"法律援助有关材料5080册(页)。

2005年,实行"148"法律服务与法律援助统一服务窗口、统一接待、统一办案。健全法律援助工作站和联系点,加强各单位部门沟通协调。降低法律援助门槛,扩大法律援助覆盖面和受惠面,将民工讨薪、工伤事故、医疗事故等作为法律援助重点来抓。全年"148"法律援助中心解答各类法律咨询920件,接待来访235批341人次,办理法律援助案件68件,其中刑事27件、民事41件,代写法律文书135件,为当事人挽回经济损失78万元。开展法律咨询14次,发放资料41250册(页),组织法律援助听庭活动7场次,编辑"148"法律援助情况反映4期。

2006年3月,与县总工会联合组建县女职工法律顾问团。全年开展法律援助咨询宣传10场次,发放资料5200余份。10月与县公安局交巡警大队联合出台《交通事故法律援助案件合作处理暂行办法》,加强双方在交通事故领域中法律援助的合作。解答各类法律咨询724件,接待来访240批363人次,办理法律援助案件109件,其中民事案件81件、刑事案件28件,代写法律文书78件,为当事人挽回经济损失169万余元。

2007年,开展"148"法律援助咨询宣传活动。开通"12348"法律服务咨询热线短号电话。开展法律咨询宣传69场次,分发《浙江省法律援助条例》等宣传资料1.3万份。在县城创建接待服务办公窗口,33个乡镇建立法律援助工作站,所有行政村建立法律援助工作联系点。与县妇联联合印发《侵害妇女合法权益法律援助案件移送暂行办法》,协助县侨联设立法律顾问办公室。加强与县交警队合作,介入交通事故案件纠纷的调处,办理非诉案件8件。开展法律援助听庭活动14场次,编发"148"法律援助情况反映6期,解答各类法律咨询742件,接待来访137批191人次,代写法律文书87件,办理法律援助案件90件,其中民事案件58件、刑事案件32件,为当事人挽回经济损失108万余元。

2008年,加大法律援助工作宣传力度。《今日文成》报刊上长期刊登法律援助热线"12348"电视台播放1个月的法律援助宣传片。给乡镇领导和县人大代表、县政协委员寄送1封法律援助公开信;采取以会代训方式为乡镇、部门法律援助站点人员举行业务知识培训。发放《浙江省法律援助条例》资料5000余份、其他宣传资料1.2万份。全县9个重点部门、33个乡镇建立法律援助工作站。完善法律援助受理审批、听庭等工作制度,加强"12348"法律援助接待服务窗口建设,开通法律援助绿色通道,优先为老年人、农民工、残疾人、未成年人等弱势群体办理法律援助。出台《民刑申诉案件与法律援助相衔接机制》。办理法律援助案件137件,其中刑事31件、民事106件(非诉5件),接听电话1217件,接待群众来访67批103人次,法律援助听庭活动16场次。

2009年,出台《工伤、欠薪法律援助案件合作处理暂行办法》,保护经济困难当事人以及农民工的合法权益。开展"远程视频连线——法律援助进农家"活动,保障广大农民的法律权益。办理各类法律援助案件284件,其中刑事39件、民事245件。开展"148"法律援助宣传、法律咨询、送法进社区(村居)等系列活动达150场次。解答法律咨询电话1820个，接待群众来访500批658人次，发放宣传资料3万册（页）。

2010年，开展温州市“远程法律援助进农家”活动试点县建设。抓好农村法律援助工作。完成远教基层站点相关设备的安装、终端对接、网络调试等，并建立站点管理制度。受理并指派法律援助案件165件，其中民事案件129件、刑事案件36件。接待来访201件，来电咨询2185件。

2011年，与县人事劳动社会保障局联合出台《工伤、欠薪法律援助案件合作处理暂行办法》。推行法律援助“一小时服务圈”建设，乡镇、村（社区）法律援助工作站（点）实现全覆盖。在全省率先尝试建立县民政局法律援助工作站。法律援助中心受理法律援助案件178件，其中刑事案件35件、民事案件143件，接待来访、来电咨询2360人次，举办法律援助培训讲座150课时，发放宣传资料3.5万册（页）。利用农村党员干部现代远程教育网络和V2通系统远程视频互动交流的平台，发挥ECP平台和QQ群平台作用，保障广大农民的基本法律权益。

1997—2011年文成县“148”法律援助工作情况一览表

表24-25

年份	法律援助案件数（件）	其中		解答法律咨询（人次）	代写法律文书（件）	接听电话（人次）	接待群众来访（人次）	调解矛盾纠纷（件）
		刑事（件）	民事（件）					
1997	8	—	—	—	—	—	—	—
1998	15	—	—	—	—	—	—	—
1999	7	—	—	120	—	—	166	18
2000	44	22	15	1930	—	—	1010	3
2001	45	22	15	1073	2	—	1073	14
2002	24	16	7	1329	55	—	539	—
2003	11	8	3	1613	11	—	334	14
2004	32	28	5	2027	26	—	265	13
2005	68	27	41	920	135	—	341	—
2006	109	28	81	724	78	—	363	—
2007	90	32	58	742	87	797	212	—
2008	132	31	106	—	—	1217	103	—
2009	280	38	242	1448	1057	391	423	—
2010	165	36	129	2411	2185	226	71	—
2011	184	37	147	2049	1215	834	62	—

说明：资料由县司法局提供

第六节　法制宣传教育

1991—2011年，县司法局配合有关部门分别举办机关科（局）级以上领导干部、乡镇长（书记）、机关干部、县属厂矿企事业单位职工、外来务工人员、农村干部等普法培训班435期，参加培训人员28.54万人次。组织全县性的法律知识考试18次，参加38654人次。举办法律知识竞赛45次，举办法制演讲比赛21次，开展法制征文比赛18次，举办各类法制讲座720次。征订普法用书1.85万册，编印普法学习宣传资料1.90万份，发放普法宣传资料55.43万份。

普　法

“二五”普法　1991年，发行辅导材料1300册。征订“二五”普法材料800册，编印“二五”普法学习资料4000册。刊出《法制宣传》11期，计3100份。建立永久性法制宣传窗8个，永久性标语牌40条(块)，张贴宣传标语7000张，出动法制宣传车30次。1992年，各乡镇举办不同层次的普法师资培训班，培训普法骨干1000名，培训法制宣传员5789名。全县干部职工学习法律知识，占总数95%；全县86743名村民(居民)学习法律知识，占应普法对象39.8%。1993年，以宣传栏、图片、宣传车等形式，开展“三打一禁”法制宣传教育。1994年，张贴标语5200条，刊出墙报、黑板报150期。1995年，刊出公判大会图片和法制宣传资料85期。经市级检查验收，文成县被评为普法工作较好县。

“三五”普法　1996年开始“三五”普法与依法治县。8月，聘请杭大副教授来文为县四套班子领导及县机关副股级以上干部讲授《中华人民共和国行政处罚法》。9月，县普法办组织全县38个执法单位1100名干部分系统进行《中华人民共和国行政处罚法》《中华人民共和国行政诉讼法》《中华人民共和国国家赔偿法》的培训，经考试及格率达97％。1997年，订购普法用书6000册，编印、发放普法培训资料8000份。“双禁”斗争期间，张贴《通告》1000份，刊出专题宣传栏40期。1998、1999年，印发《村居民学法手册》2.46万册，印发、张贴法制宣传资料2.2万份。

“四五”普法　2001年制定《关于在文成县公民中开展法制宣传教育的第四个五年规划》，健全完善由县“四五”普法讲师团、33个乡(镇)普法宣讲组、561个村(居)法制宣传员构成的法制宣传网络。8月，召开“三五”普法总结暨“四五”普法动员大会，启动全县“四五”普法工作。开展“普法快车”送法下乡、纪念综合治理“两决定”颁布10周年、“12·4”全国法制宣传日、“148”妇女维权等法制宣传，接受群众咨询5000余人次，发放资料3.5万份。2002年，为全县个体工商户发放温州市个体工商户“四五”普法学习资料、企业经营管理人员及个体户从业考试资料4000册。分发法制宣传咨询资料2万份，印发禁毒宣传资料5万份。制作60面长达40米的青少年违法犯罪真实案例展板，在全县各中小学校巡回展览。配合县禁毒办、县人民法院等单位制作法制宣传照片60套，刊出法制宣传栏100期，悬挂禁毒宣传图片2500余幅。在县人民广播电台创办每周1期的“普法之声”节目28期。联合《文成报》创办每月1期的“普法园地”栏目12期。开通“文成普法网站”，日均有8000余人次登录网站。

2003年，举办外来人口法律咨询，分发法律知识读本300册，外来人员法制宣传资料1000份。成立由50人组成的禁毒宣讲团，编印《文成县禁毒宣讲团宣传材料》教材，开展送法下乡。2004年，征订普法用书1万册，发放法制宣传资料及《道路交通安全法读本》《禁毒手册》5.5万份。2005年，开展法制宣传，印发宣传资料8.5万份。全县各地巡回开展“12·4”法律咨询活动和纪念全民法制宣传教育20周年图片展览，制作20块法制宣传板图，展览130次，拍摄制作《走向法治——文成县普法电视专题片》，张贴宣传标语1.5万张，悬挂横幅300条。

“五五”普法　2006年全面启动“五五”普法。开展送法进农家活动，组织普法讲师团成员赴农村巡回举办法制讲座。4月，与县人事劳动局联合举办《中华人民共和国公务员法》知识竞赛。5月，与县文联联合举办“普法杯”征文比赛。全县各学校开展法制讲座、图片展览、现身说法系列法制教育。开展外来人员法制宣传教育，举办讲座16次，法律咨询3次，培训外来人员2700人次，发放外来人员学法手册2700册，发放宣传资料6000余份。同年，举行法律咨询23场，法制文艺演出26场次，法律知识竞赛2次，法律征文比赛2次，法制讲座107次，发放各种宣传资料15万份。“12·4”活动期间，组织县民政、公安等11个部门开展大型法律咨询宣传，举办法律咨询3次，开展法制讲座7次，组织文艺演出2次，接待法律咨询600人次。2007年，发放法制宣传手册2700本，宣传资料6000份。2009年，集中对外来人员开展《中华人民共和国宪法》《中华人民共和国刑法》《中华人民共和国治安管理法》等法律法规宣传，出动宣传车12车次，刊出黑板报4期、悬挂横幅9条，张贴宣传标语200余张。2010—2011年，围绕“3·8”妇女节、“3·15”消费者权益保护日、“6·5”世界环境日、“6·26”国际禁毒日、“12·4”法制宣传日等节点，发放《法制宣传挂历》《法律常识读本》《办理公证指南》等宣传资料5.8万份(册)。全县各地开展“12·4”法制宣传日活动，悬挂横幅40余条，制作45块法制宣传板图，出动法制宣传车4 8辆次。

“六五”普法 2011年，组织开展“六五”普法系列宣传和加强省级青少年法制教育基地建设。组织实施《在全县公民中开展法制宣传教育的第六个五年计划》和贯彻落实县人大常委会《关于进一步加强法制宣传教育的决议》，以“法律六进”活动为载体，加大对“六大创建”相关政策的宣传力度。开展法制宣传“春雨”专项行动，着力提高农村“两委”干部、党员、村民代表的民主法治观念。将法治建设工作列入各乡镇、县直属各部门、单位的年度目标考核内容。在原有省级民主法治村4个、市级民主法治村31个的基础上，2011年又完成创建并检查验收市级民主法治村8个(其中省级1个)。实现“民主法治村(社区)”建设由注重覆盖面到注重创建质量的转变。全年举办法律咨询18次，法制讲座24次，图片展览19次，印发宣传资料1.8万份(册)，发放法制小礼品1.5万余份。

依法治县

1996年，县司法局配合有关部门建立县普法、依法治县领导小组及其办公室，制订《文成县依法治县五年规划》，协助县委、县政府制定《关于开展依法治县工作的实施方案》。完成樟台乡、大峃镇周村“三五”普法、依法治理试点工作。

1997年，将“学习法律知识，如何实施依法治县战略”作为县委中心学习组理论学习的重要内容。分别邀请有关法制专家，为县四套班子领导、县机关副股级以上干部及乡镇书记、乡镇长作《中华人民共和国行政处罚法》《邓小平民主与法制理论》《依法治国理论与实践》《中华人民共和国刑法》《中华人民共和国婚姻法》《中华人民共和国物权法》专题讲座。

1998年8月，开展“送法进万家”活动月。开展依法治校工作，巨屿、南田中学分别成为县级、市级依法治校典型。

1999年开展企业普法。确定大峃镇、樟台乡、大峃镇周村、巨屿中学、温州百丈漈电厂、县工商局、县新华书店7个单位确定为市级依法治理示范点。

2000年，通过“以一带百，整体联动”的方法，各乡镇参照樟台乡试点经验，按照1996年制定的依法治乡(镇)实施方案，组织实施。各村参照《“三五”普法依法治村工作标准》抓好落实。各乡镇及学校根据《文成县依法治校实施意见》，结合开展校园周边地区治安秩序整顿，建立领导机构，抓好落实。全县33个乡镇、562个村(居)、245所中小学开展依法治理联动。以“两思”教育为契机，各乡镇中广泛开展法制讲座，使干部的学法用法真正做到时间、人员、内容、效果四落实。

2001年，结合试点村村民自治、村务公开工作，推行各村的民主法制建设。法制宣传员构成的法制宣传网络。在全县33个乡镇全面铺开村两委成员的法制宣传教育，举行法制讲座66场次。

2002年，继续开展普法依法治理试点工作，确定大峃镇、玉壶镇为农村普法依法治理试点镇，制定试点工作实施方案，召开试点动员大会。试点期间，县普法办组织自导自编“四五”普法文艺节目，先后到大峃镇、玉壶镇、南田镇、珊溪镇等地巡回演出。加强基层民主法制建设，出台《关于进一步加强农村基层民主法制建设的意见》。县讲师团成员、司法所干部分别到26个乡镇，为乡、村干部及村民讲授以《村委会组织法》为主要内容的法律法规知识讲座42场次，受教育3800人次。

2003年，组织县4套班子成员、副县以上离退休干部、各乡镇书记、乡镇长、县机关中层以上干部840人，参加在县城电影院举行的“现身说法”警示教育大会和法制专题讲座。全县各学校以《法制教育读本》为教材,每月都开设2节法制教育课,并将依法治县教育情况列入校长年度考核内容,使“课程制”教育工作做到教学计划、教材、课时、老师“四落实”。

2004年,开展 “民主法治村”建设。转发《温州市创建“民主法治村”百分制考核标准》,在“文成法治网”开设“基层民主法制建设”专题。全县289个村开展创建,创建率达80%以上,民主法治示范村创建率达30%以上。围绕农村稳定,突出减负维权、禁毒、禁赌、打击“六合彩”等热点问题,举办法制讲座60场次,受教育人数3700人次。

2005年,开展“民主法治村”创建。印发《关于进一步加强农村基层民主法制建设的意见》《关于开展民主法治村星级达标活动的通知》,深入开展民主法治村创建。全县385个行政村全部开展创建,创建率100%,建成“三星级”以上“民主法治村”189个,达标率51%。

2006年,对全县244个“三星级”以上民主法治村进行督查考评,查漏补缺,不断完善规范有关制度和台账资料,增加硬件设施及经费投入,对达标村进行评定命名。全县创建率达100%,三星级以上民主法治村达标率为63.5%。

2007年,利用各种形式在学校中开展校园法制讲座。举办外来务工人员法制讲座16次,参加2700人次。三星级以上民主法治村277个,达标率为72%,其中珊溪镇街尾村、玉壶镇中村、峃口乡九山村、百丈漈镇皇庄村、西坑镇南坑垟村、黄坦镇稽垟村和东溪乡碧溪村7个村被评为四星级民主法治村,城南社区被评为五星级社区。

2008年,对“四星级”以上8个民主法治村进行表彰奖励。做好“法治示范户”的创建和评定前期准备工作。开展“五星级”民主法治村创建活动,玉壶镇中村被评为“五星级”民主法治村。推进先进法治县创建工作,制定先进法治县、先进法治乡镇创建标准和实施方案,做到职责分明、任务明确、考核量化。利用巡回法制讲座的形式,开展校园法制讲座108次。2009年,全县被评为市级民主法治村16个、省级民主法治村1个。

2010年,新增市级民主法治村8个、省级民主法治村1个。举办各类法制讲座52场次、17场次、24场次。2011年,创建市级民主法治村7个、省级1个,实现“民主法治村(社区)”建设由注重覆盖面到注重创建质量的转变。

2011年,完成创建并检查验收市级民主法治村8个(其中省级1个)。实现“民主法治村(社区)”建设。全年举办法律咨询18次、法制讲座24次、图片展览19次,印发宣传资料1.8万份(册),发放法制宣传小礼品1.5万份。并将法治建设列入各乡镇、县直属各部门、单位年度重要目标考核。

第七节　帮教与矫正

1998年,列入安置帮教刑释解教人员308人,其中刑满释放94人、解除劳教少教16人、重新犯罪2人,犯罪率为1.82%。2011年,全县有刑释解教人员1440人,其中五年内刑释人员1359人、三年内解教人员81人,当年重新犯罪15人,当年重新犯罪率为1.1%。2008年,成立县社区矫正工作委员会及其办公室,启动社区矫正试点工作,制定《文成县社区矫正试点工作意见》《文成县社区矫正试点工作实施方案》。全县各乡镇完成社区矫正对象交接工作,4年接收社区矫正人员1112人。

组织机构

1998年,县司法局成立县刑释解教人员安置帮教工作领导小组及其办公室,全县14个乡镇成立刑释解教人员安置帮教组织机构，建立380个村帮教小组。1999年，建立健全全县33个乡镇、562个村(居)的刑释解教人员安置帮教组织机构，初步形成纵向到底、横向到边、上下统一的三级安置帮教网络。2002年，调整充实县、乡镇、村三级安置帮教机构人员，县级机构1个16人，乡镇级机构33个270人，村级帮教小组485个1911人。2008年成立社区矫正工作委员会及其办公室。对缓刑、假释、暂予监外协行、剥夺政治权利等矫正对象实行监督。2011年，加强归正人员安置帮教工作，建立健全全县归正人员三级安置帮教网络。

安置帮教

安置　1999年，制定《文成县刑释解教工作实施意见》。对全县343名刑释解教人员做到每人一卡、一档、一表、一册，健全县、乡、村3级刑释解教人员安置帮教规章制度，采取层层签订目标责任书，落实年度安置帮教工作任务。

2001年，建立文成县日省安置帮教基地和巨屿镇、玉壶镇、西坑镇、百丈漈镇、二源乡安置帮教工作联系点，鼓励刑释解教人员多渠道解决就业。全县562名刑释解教人员，落实帮教措施555人，落实安置措施554人，安置率98.6%。建立归正人员一人一档，实行电脑化管理。

2002年，全县522名归正人员大部分以落实责任田、从事个体经营、外出务工等形式，进行安置。县日省名茶安置帮教基地，先后解决15名归正人员就业。

2003年，全年回归122名归正人员，其中101人落实责任田，9人从事个体经营，12人外出务工。同时，县政府把安置帮教经费列入县财政预算，对符合低保条件的，纳入低保范围，全年落实低保26人。直接以资金济贫解困17人1.8万元。

2005年，全县有日省名茶有限公司、浙江双凤食品有限公司2个安置帮教基地。健全落实《亲情帮教可视电话管理制度》《报到衔接制度》《安置帮教工作制度》。调整和充实安置帮教组织，不断完善帮教工作网络。

2007年，建立文成县周山茶业发展有限公司岭南茶场安置帮教基地。制定《文成县归正人员安置帮教工作领导小组成员单位职责》，加强与公安、法院的协调与配合，做好衔接管理工作。

2008年，建立温州菲尔皮件公司安置帮教基地。2009年，建立县巨屿胡柚安置帮教基地。2010年，建立县力胜传动机械安置帮教基地，并建立帮教工作县季排查、乡月排查、村周排查制度。2011年，建立县黄坦仙果园安置帮教基地。

帮教　1998年，列入安置帮教刑释解教人员308人，其中刑满释放94人、解除劳教少教16人、重新犯罪2人，犯罪率为1.82%。1999年，刑释解教人员519人，被列为帮教对象343人，落实帮教率100%，重新犯罪1人，重新犯罪率为0.28%，比上年下降0.01%。向有关监狱及正在服刑人员去函、去信57次。

2000年，采取专人帮教与联合帮教相结合、家庭教育与社会帮教相结合方法，进行分层次帮教，对一时失足确已悔改的刑释解教人员由家长、亲属、村干部帮教；对尚有不良行为的，由村帮教小组帮教；对恶习较深、有重新犯罪倾向的重点帮教对象，由司法所、派出所、村帮教小组落实专人联合结对帮教。并做好帮教工作向监狱延伸，加强与文成籍服刑犯的联系沟通，全年向各监狱去信、去函109次，摸清在监狱服刑人员493人，劳动教养5人。全县5年内刑满释放人员555人，495人得到有效帮教，帮教率90%。3年内解除劳动教养人员30人，全部落实帮教措施。

2002年，全县归正人员522人，全年脱教191名。6月组成政府帮教团，分别赴十里丰、十里坪监狱对文成籍210名服刑人员开展政府帮教。2003年，采取多种方式学习、宣传《办法》及《关于贯彻实施〈办法〉的若干意见》。通过学习、宣传，让全社会了解、重视、关心、参与帮教工作。2004年，围绕“预防减少违法犯罪，维护稳定”工作目标，抓基层、抓基础、强管理、落责任。对新回归人员及时落实安置帮教措施，开展可视电话亲情帮教,通话30人次,对归正人员进行定期走访、谈心,了解他们的思想动态和生产、生活情况。全年新回归的归正人员147人,其中刑释人员101人、解教人员46人,重新犯罪4人,重新劳教1人。

2005年,组织力量进行2次归正人员摸底大排查。经排查,全县归正人员564人(其中刑释489人、解教75人),新回归人员80名,重新犯罪2人,重新犯罪率0.35%。全年脱教人员76人,其中因帮教期满脱教66人,因出国终止帮教5人,因表现突出提前脱教3人,因重新犯罪中止帮教2人。2006年,对全县归正人员进行2次大排查。并一一填写归正人员调查表。对吸毒、邪教组织人员及其他具有重新违法犯罪倾向的归正人员,实行跟踪教育、跟踪排查、跟踪管理、跟踪扶持。

2007年,县政府帮教团一行10人到收押文成籍服刑人员比较多的省十里坪、十里丰监狱开展狱内帮教。对2004—2006年714名归正人员进行调查摸底,建立归正人员一人一档。2008年,把“教育、感化、挽救”作为安置帮教一项重要内容,坚持以制度化、规范化为突破口,落实措施,抓好安置帮教。做好本地区下落不明、见档不见人的人员的查找甄别工作,做到“人能找到、帮教到位、管理到位”。全县归正人员总数为1207人,当年刑释人员129人,解教人员15人,重新犯罪16人,犯罪率1.4%。

2009年,全县五年内刑释人员1131人,当年刑释人员210人,解教人员19人,重新犯罪21人,重新犯罪率为1.86%。2010年,全县刑释解教人员1323人,当年刑释人员231人,当年重新犯罪33人,当年重新犯罪率为0.91%,帮教率98%。2011年,全县刑释解教人员1440人,其中五年内刑释人员1359人、三年内解教人员81人,当年重新犯罪15人,当年重新犯罪率为1.1%。

社区矫正工作

2008年,成立文成县社区矫正工作委员会及其办公室,启动社区矫正试点工作。制定《文成县社区矫正试点工作意见》《文成县社区矫正试点工作实施方案》。全县各乡镇完成社区矫正对象交接工作,接收在册建档对象212人,其中缓刑174人、假释7人、暂予监外执行10人、剥夺政治权利21人,期满解除社区矫正对象8人。

2009年,结合“社区矫正规范落实年”的开展,在全县各司法所开展温州市社区矫正管理信息平台和手机定位监管工作,强化对社区矫正对象的管理。理顺和规范社区矫正对象交付执行、法律文书送达等衔接工作,提高刑罚执行工作效率和质量,确保试点工作规范、有序进行。同年,社区矫正对象在册人员195人,本年度解除136人,接收社区矫正对象119人,再犯新罪2人,犯新罪率0.6%。

2010年,开展社区矫正“护城河”工程,全力做好世博会安保工作,出台《进一步规范社区矫正对象外出请假审批工作的通知》,强化社区矫正对象外出请销假管理。同年,在册社区矫正人员226名,本年度解除108人,接收社区矫正对象139名,再犯新罪1名,犯新罪率0.29%。

2011年,严格按照省市“三防”活动要求,紧紧围绕“防脱管、防漏管、防严重再犯罪”的目标任务,有效开展各类执法活动。文成县人民法院和县司法局联合出台《关于开展刑事审判前社区调查工作的规定》,严格规范调查程序、调查内容、文档材料等,做到有效衔接。同年,社区矫正对象年末在册人员307人,本年度内解除144人,接收社区矫正人员225人,再犯新罪2人,犯新罪率0.56%。

第二十五卷

军　事

1991—2011年，是国防和军队现代化建设的重要时期。这一时期，文成县人民武装部、武警县中队、县消防大队按照“政治合格、军事过硬、作风优良、纪律严明、保障有力”强军总要求，加强部队政治建设、组织建设、后勤建设，开展岗位练兵，做好打赢局部战争的军事斗争准备。1991年1月成立县国防教育委员会，1996年4月成立县国防动员委员会，2000年至2011年建立县国防教育基地，国防动员和国防教育持续化、制度化，全民国防意识不断增强，国防后备力量得到巩固和发展。

全县军事组织和国防后备力量坚持平战结合、应战应急相融，在参加社会主义经济建设和承担急难险重任务中，发挥了重要作用。2002年、2005年，县人民武装部被温州军分区授予抗台救灾先进单位；2005年，武警县中队被武警浙江省总队记集体二等功1次；2010年，县消防大队被记集体三等功1次。

第一章　军事组织

1991—2011年，军事组织有文成县人民武装部（下称县人武部），武装警察部队有武警温州支队文成县中队（下称武警县中队）、武警温州消防支队文成县大队（下称县消防大队）。人民武装领导机构和协调机构有文成县委人民武装委员会、文成县国防动员委员会、文成县国防教育委员会、文成县征兵工作领导小组、文成县人民防空办公室（下称县人防办）。

第一节　领导机构

20世纪90年代后，国防和军队建设的重点转移到打赢局部战争上来。县国防教育委员会和县国防动员委员会成立后，人民武装工作的领导和组织机构进一步健全，国防教育、国防动员、兵员征集、后备力量储备等得到全面保障。

县人武部

1951年4月，以中国人民解放军温州军分区独立第七营为基础组建县人武部，入编中国人民解放军序列，隶属温州军分区。1954年9月，改名为文成县兵役局。1958年10月文成撤县，兵役局一同撤销。1961年9月恢复文成县，重建县人武部。1986年6月，退出中国人民解放军序列，归属地方领导，全称“浙江省文成县人民武装部”。1996年4月重新入编中国人民解放军序列，更名“中国人民解放军浙江省文成县人民武装部”，正团级建制，隶属温州军分区。

县人武部受温州市军分区和中共文成县委的双重领导，担负县域人民武装的组织、指挥以及兵员征集等职能。主要任务：负责民兵组织建设和武器装备管理，组织开展民兵、预备役人员的军事训练和政治教育，组织带领民兵完成战备值勤工作，开展民兵、预备役人员登记、统计，开展兵员征集和退役军人安置、军烈属优抚工作，制订并落实辖区战时动员计划，带领民兵参军参战、支援前线、保卫后方等军事任务。

县人民武装委员会

县人民武装委员会成立于1953年12月，由县委书记或县长兼任主任，县人武部部长兼任副主任，下设办公室，配正、副主任。1954年9月，县兵役局建立后，撤销县人民武装委员会。1962年3月，在紧急备战期间，机构重建。1966年6月后，县人民武装委员会被迫停止工作，至1979年恢复机构和职能。1991—2011年，县人民武装委员会组成人员多次调整，机构设置不变。

县人民武装委员会是全县人民武装的领导机构。其主要任务和职责：制定战时作战方案，组织民兵训练，开展兵员动员，保障武器装备，组建和加强基层人民武装委员会等。

县国防动员委员会

1996年4月，成立县国防动员委员会，县委书记、县长分别兼任第一主任、主任，委员25人，分别由相关部门负责人兼任。1998年8月,县国防动员委员会领导成员进行第一次调整。2001年8月,县国防动员委员会增设国防动员综合办公室、人民武装动员办公室、经济动员办公室、人民防空办公室、交通战备办公室、政治动员办公室等6个工作机构。2002年8月,增设信息动员、科技动员2个办公室。2003—2011年,县国防动员委员会领导机构除工作需要调整外,其机构设置保持不变。

县国防动员委员会是全县主管国防动员的议事协调机构,承担组织实施国防动员、增强国防实力、提高平战转换能力的任务。主要职责:贯彻上级国防动员委员会有关国防动员工作的方针、政策和指示,组织编制全县国防动员规划和计划,检查监督国防动员法规、计划的实施和执行,协调和组织人民武装动员、国民经济动员、人民防空、交通战备等工作。

县国防教育委员会

1988年3月,成立文成县全民国防教育领导小组。1990年,《浙江省国防教育条例》颁布。1991年3月,成立县国防教育委员会,县委副书记任主任,县委宣传部部长、分管副县长、县人武部政委担任副主任,委员15人。1994—2011年,由于人事变动,数次调整领导成员。2011年,县国防教育委员会设主任1人、副主任5人,全县党、政、军机关及部门负责人担任成员。

全县国防教育开展较早,20世纪50年代,就组织开展抗美援朝爱国教育。县国防教育委员会成立以后,依法履职,推动全县国防教育走上制度化、社会化、规范化轨道。其职责是贯彻执行党和国家关于全民国防教育的方针、政策,依法开展全民国防教育,实现国防教育向法制化、规范化、社会化发展;领导、部署和落实全县国防教育,促进国防教育事业的发展;研究解决全县国防教育机构设置、人员配备、经费落实等重大问题;指导、督促基层单位开展全民国防教育。

县征兵工作领导小组

1984年之前,县征兵机构具有临时性,机构名称如"文成县征兵办公室""县人武部征兵领导小组""文成县征兵领导小组""文成县人民政府征兵办公室"等不尽相同。1984年,《中华人民共和国兵役法》规定县人武部兼县人民政府的兵役机关,设立的"浙江省文成县征兵办公室"被确定为常设机构。此后,在每年征兵期间,成立县人民政府县长为组长、县人武部部长为副组长的县征兵工作领导小组。2000年以来,县征兵工作领导小组得到加强,县长任组长,县人武部部长、政委、分管副县长任副组长,机构健全完善,下设办公室、体检组、政审组、纪检组、宣传组、后勤保障组等。

县征兵工作领导小组的主要职能:研究制定征兵工作重大措施和政策性问题,开展《中华人民共和国兵役法》《征兵工作条例》的教育宣传,开展全县兵员征集工作。

县人防办

1962年7月成立文成县防空指挥部,1969年10月成立文成县革命委员会战备防空领导小组。1998年,县国防动员委员会增设人民防空办公室。2002年6月,设立文成县人民防空办公室,增挂文成县民防局牌子。2009年5月,成立县人民防空指挥部,下设办公室和9个专业组,负责县人防工作的指挥和协调。

1997年1月1日《中华人民共和国人民防空法》施行后,县人防办的任务和职责是贯彻新时期军事战略方针,制定人民防空应急预案,开展《中华人民共和国人民防空法》的宣传教育,组织开展防空防灾演练,建立并培训人民防空专业队伍,加强人民防空工程等基础设施建设。

1991—2011年,县人民防空事业发展迅速。2003年8月,浙江省人民政府、省军区浙政函〔2003〕120号文件批准文成县为人民防空重点城市。2010年9月，珊溪镇、樟台乡、龙川乡被列为省级人民防空重点镇乡。2011年11月，制订《关于文成县人民防空事业发展“十二五”规划》，将人民防空事业发展列入“十二五”规划。

第二节　驻文成部队

文成是革命老根据地县，早在20世纪30年代，中国工农红军第十三军、中国工农红军挺进师都曾在这方土地上留下过战斗的足迹。1950年，中国人民解放军进驻文成，担负清剿匪特和巩固人民民主政权任务；1951年1月，中国人民解放军文成县大队整编为温州军分区独立第七营常驻文成；1963年，中国人民解放军8813部队驻军西坑，担负省道瑞（安）东（坑）文成西坑至景宁东坑段公路施工任务。1991年后，县人武部、武警县中队和县消防大队常驻文成。

县人武部

1991年，县人武部归地方管理；内设机构军事科、政工科、装备科、办公室。1996年4月，收归军队建制，归属温州军分区领导管理；机构设置为正团级，内设军事科、政工科、后勤科三个正营级科室。至2011年，县人武部内设机构未变。

1991年，县人武部管辖珊溪、南田、玉壶等58个乡镇人民武装部和石垟林场、百丈漈电厂、县计划经济委员会3个机关单位人民武装部，编制专武干部70人。1992年5月，撤区扩镇并乡后，基层人民武装部进行调整，下设大峃、珊溪、南田、玉壶等35个乡镇人民武装部。1996年，乡镇人武部专武干部编制58人。1997年12月，飞云江沿线的水库淹没区东龙、汇溪、双溪乡撤销，东龙乡并入珊溪镇，随之撤销东龙乡人民武装部。1999年，撤销汇溪、双溪乡人民武装部，组建云湖乡人民武装部。2011年，下设大峃、珊溪、南田、黄坦、玉壶、西坑、百丈漈、峃口、巨屿、周山10个乡镇人民武装部和发改局、石垟林场、百丈漈电厂3个机关单位人民武装部，有专武干部35人。

1991—2011年，县人武部坚持以邓小平新时期军队建设思想和“三个代表”重要思想为指导，贯彻落实科学发展观思想，加强队伍的政治建设、组织建设；加强基层人武部和民兵组织建设，组织开展军事训练和应急预案演练，战备意识和军事素质得到强化，应急作战能力大幅提升；落实国防教育，强化国防动员，开展兵役登记工作，兵员征集和国防后备力量储备得到保障；组织民兵参加地方经济建设，圆满完成抗台、抗疫等急难险重任务。

武警县中队

武警县中队组建于1983年1月，下辖3个战斗班、1个队部，正连级建制，隶属温州武警支队领导，主要担负警卫、看守、城市武装巡逻等固定勤务以及突发事件处置、反恐和其他临时任务。1991—2011年，武警县中队官兵“自律、自强、担当、奉献”，扎根山城、艰苦奋斗，圆满完成以执勤处突为中心的各项任务。1999年、2000年、2001年、2009年先后被武警浙江省总队评为基层建设先进中队，2次荣立集体三等功。

县消防大队

1974年4月，组建文成县消防队中队，配备消防战士10人，为义务兵役制。1980年后，中队增编至18人，设防火班、后勤班，入编中国人民武装警察部队序列，受温州市武警支队消防处和县公安局双重领导。1994年6月，增编至26人，升格为正营级建制，改称中国人民武装警察部队文成县消防大队，又称文成县公安局消防大队,属武警温州市消防支队和县公安局双重领导;大队下辖直属中队,实行大队长领导下的首长分工负责制。2002年起,实行党委统一领导下的分工负责制。

1991—2011年,县消防大队承担的主要职能:对辖区开展消防安全宣传教育培训,普及消防知识;定期进行防火检查,督促有关单位和个人落实防火责任制,及时消除火灾隐患;建立防火检查档案,按照国家规定设置防火标志;制定消防安全重点单位、重点部位的事故处置和灭火作战预案,定期组织演练;指导培训义务消防队;接受各单位和人民群众的报警求助,紧急处置灭火救援、抢险救援、社会救助、反恐防暴等各种灾害事故和突发事件;扑救火灾,保护火灾现场,协助有关部门调查火灾原因、处理火灾事故。

20世纪90年代以来,县消防大队按照《公安消防部队执勤条令(试行)》《中华人民共和国消防法》,根据社会经济形势的变化和消防工作的需要,注重部队组织、政治和基础设施建设,打造消防铁军;坚持"预防为主、防消结合"方针,以执勤为中心,以战斗力为标准,立足扑救现代化条件下的各类特殊火灾,苦练精兵,敢打恶战、善打硬仗,时刻担当人民群众生命财产的保护神;依法履行执法监督和应急救援职能,发展壮大社会消防组织,深化消防安全宣传教育,开展火灾隐患排查整治,推进城镇公共消防设施建设,构筑社会消防安全"防火墙"。

第二章　军事训练和后勤建设

20年来，县人武部以适应军事斗争为目的，常抓应急作战准备和日常战备执勤、战备演习及民兵科技练兵活动，军事训练由传统训练转入现代化训练，领导决策机关的谋略水平和作战指挥能力增强，武装力量的军事素养和作战能力逐步适应现代战争需要；坚持平战结合、统筹兼顾，实行科学决策、标准给供，后方支援保障能力大幅提升。

第一节　战勤训练

1991—2011年，县人武部投入大量训练经费，组织民兵和机关单位开展对台军事斗争、突发公共事件、抢险救灾等针对性训练演练30期，参加上级军事机关组织的大比武60余次；武警县中队和县消防大队以练精兵、打胜仗为目标，苦练技能、精武强军，展示了对党忠诚、作风优良、能打胜仗的人民卫士风采。

军事训练

县人武部以具备应急作战能力为目标，深入贯彻科学发展观，以军事训练为中心，坚持依靠科技创新与推进实现战斗力转变，推进军事工作全面协调发展。

县人武部按纲施训，组织开展以人武部机关、专武干部和民兵为主的指挥技能、业务基础、军事理论、实弹射击、防卫作战战术作业、指挥所演习训练等军事训练。

1993年，县人武部按照《民兵应急分队训练纲目》要求，训练民兵应急分队20余支。

1994年，以《民兵军训大纲》为依据，根据省政府、省军区民兵训练工作安排，分3期完成260人的民兵训练任务，优秀率15.52%，良好率35.58%，及格率100%。年底，被省军区评为“军事训练先进单位”。

1996年，按照“布局合理、优化结构、提高质量、精干队伍”的要求进行战术和勤务课目训练，努力提高民兵遂行参战、支前、保障能力。参加训练的步兵124人，专业技术兵136人，合格率100%，优秀率16%，良好率30%。

图25-1　文成县人武部组织民兵军事训练(县人武部提供 2004年摄)

1997年，围绕对台军事斗争准备，县人武部按照训练大纲，突出指挥机关、民兵干部两个层次的训练，全县军训普通兵131人、专业技术兵129人，考核及格率均达100%。

1998年，组织部机关干部学习新条令，全县军训普通兵53人、专业技术兵127人、民兵应急分队120人，及格率为100%。

2000年，完成训练任务362人，其中基干民兵步兵53人,民兵应急连182人,专业技术兵127人,及格率100%。

2001年6月,组织12个乡镇重点应急排以应付突发事件为主的军事技能训练,7月又组织县属应急小分队182人,进行射击、投弹等6个课目的集中训练,采取理论辅导、观摩示范、考核评比等形式,通过军分区考核,6个训练项目总评成绩均为优秀。

2002年,投入训练经费20.3万元,组织各种培训、集训、岗位练兵、自学等形式10余次,受训人员600人,训练时间近3个月。民兵应急连182人的射击、投弹、队列等6项内容,均通过军分区考核。

2003年,投入训练经费18万元,组织各种集训、民兵练兵、自学等形式14次,受训人员612人,训练时间3个月。9月,组织全县退伍军人进行动员集结课目演练。同月,组织民兵抢险分队进行消防演练。

2004年9月,围绕民兵在战时和平时可能担负的任务,以提高民兵应急分队和专业技术分队遂行任务能力为目的,先后进行点验、队列、捕俘技术、应急行动、应用射击、野战救护、灭火行动和退伍军人动员集结等8个课目的训练演练。

2005年,文成县民兵分队参加温州市战时综合保障研究性演习。同年7—8月,组织县直机关和企业职工720人的民兵专业技术和应急分队集训,组织实施“急造迂回公路”的训练和演练,被温州市国防动员委员会授予战时综合保障演习“贡献奖”。

2006年4月,组织民兵应急分队和民兵专业分队开展基地化封闭式训练,从退伍军人和武警中队官兵中选定优秀“四会”教练员,进行备课施教。

2007年9月,以作战任务为牵引,组织联防区编组联训演练,开展指挥所编组演练和作战能力评估为载体的机关训练。全年完成训练时间57天,399小时。

2009—2011年,每年均组织6支民兵分队500人进行军事训练。训练以大纲规定课目为基础,突出应对突发公共事件、抢险救灾、防汛抗台等非战争军事行动课目训练。

特勤训练

武警县中队结合岗位职责和形势需要,从20世纪50至60年代的队列、射击、看守、警卫、押解、防空降、防空袭训练,逐步开展守护、追捕、押送训练与反恐、防暴、维稳并举的联防联训。

1991—2011年,每年组织以“人犯逃跑”为背景、以“捕歼犯罪分子”为目标的实战演练;组织开展“队所”警力联动方案演练,为看守、维稳等重大工作提供有力保障。

消防演练

1991年以来,县消防大队结合文成消防实际,按照“打大仗打恶仗”的消防要求,实施战训改革,消防训练逐步由单一的消防体能、技能训练,向以满足火场战斗需要的应用型训练发展。

1991年,县消防大队开展战斗员等级达标训练12次,全年参训日达110天,参训人数达100%。

1992年年初,开展消防战士军事体能强化训练;举办专(兼)职消防员培训班2期,全员参训。

1995年,按照《公安消防部队训练若干规定》,围绕等级战斗员达标考核和消防实战需要,开展登高车、破拆装备、排烟机、空气呼吸器等操作训练。

1996年,县公安消防大队按照省消防总队《消防应用技术战术训练教材》开展全员基础训练。

1997年5月,开展三级战斗员训练考核。训练中,制定灭火预案10份,修订灭火作战计划17份;开展水源道路普查三次,绘制辖区水源道路图一份,战术研究会3次;重点单位全部开展实地消防演练。

1998年,开展“消防大练兵”活动。全年训练日达157天,修订灭火作战计划20份,制定跨区域灭火预案1

份，开展战术研讨6次，道路水源普查10次，重点单位消防演练1次以上。开展消防安全培训6次，组织64人次参加温州消防支队的消防安全培训。

1999年，按照温州市消防支队的普训要求，开展消防训练演练156天，新修订灭火作战计划24份，跨区域灭火作战预案1份，重点单位演练2次以上。

2000年，开展消防全训156天，专勤训练20天，修订灭火作战计划31份，组织开展灭火战术研讨6次，重点单位演练普遍2次以上。

2006年，以练为战，开展“执勤岗位大练兵”活动113天，签订岗位练兵责任状24份，完成消防业务理论学习90个课时，组织灭火战术研讨3次，参训率达到95%以上。

2008年，开展消防岗位练兵166天，其中消防业务理论学习75次，特勤业务理论学习11次，消防战术研讨3次；制订灭火作战计划20份，开展重点单位实地消防演练40多次。同年，参加温州市消防支队举办的第二届“瓯江卫士杯”消防体能运动会并获得团体总成绩第一名、一分钟铺设水带团体第一名。

2009年，开展“执勤岗位大练兵”138天，学习消防业务理论和特勤业务理论96次，消防战术研讨3次；制订灭火作战计划18份，开展重点单位实地消防演练40余次。参加全市消防部队执勤岗位练兵业务技能比武，获团体总成绩第二名。

2010年，开展岗位练兵126天，其中消防业务理论学习75次，特勤业务理论学习16次，消防战术研讨2次；制订灭火作战计划30份，制定跨区域灭火预案2份，开展重点单位实地消防演练38次。

2011年，开展“建设现代化公安消防铁军”执勤岗位大练兵126天，研讨消防战术3次；制订灭火作战计划26份，制定跨区域灭火预案2份，制定抗台防洪预案1份；开展重点单位实地消防演练40余次。

第二节　后勤保障

兵马未动，粮草先行。古往今来，后勤保障都是战争胜负的决定因素。1991年以来，驻文成部队和人民武装注重后勤建设，相继建起县民兵教育训练综合基地、县消防大队训练场所，强化军事训练和消防演练的实战效果。军事装备和武警部队装备配置迭代更新，消防救援设施设备日趋现代化、高科技化。

营区营房

县人武部老营区　县人武部老营区由办公楼、宿舍楼和招待楼组成。办公楼2栋，1967年建造；1号办公楼系两层砖木结构；外墙无粉刷，水泥地面，内墙水泥砂浆抹灰；2号办公楼系木结构，房屋结构状况与1号办公楼相同。宿舍楼3栋，1号宿舍楼为3层砖木结构，建于1987年，内外墙用水泥、砂浆抹灰，水泥地面，木制门窗；2号宿舍楼为两层砖木结构，建于1987年，3号宿舍楼为两层砖木结构，建于1967年。县人武部招待楼，为5层砖混结构，建于1987年，拥有200多个床位，主要用于部队内部接待，后也对外开放。

县人武部新营区　由办公楼、宿舍楼、民兵训练基地组成。办公楼为5层砖混结构建筑，2001年7月开工建设，2002年9月竣工。干部职工宿舍楼为6层砖混结构建筑，2001年9月开工建设，2002年11月竣工使用，宿舍楼餐厅、卫生间、厨房等生活设施齐全。招待楼属民兵训练基地配套设施，为7层砖混结构建筑，2002年5月开工建设，2003年1月竣工投入使用，集食宿、教学、会议、泊车等多功能于一体，具备承担全县民兵和机关单位干部职工集中军训的后勤保障能力。

县消防大队老营房　1986年开工建设，1987年11月竣工并投入使用，总造价20.5万元。主楼为四层砖混建筑，一层为消防车车库，二层为中队战士宿舍，三层为中队部、会议室和干部寝室，四层为干部寝室、招待室和消防观光室。副楼为两层砖混建筑,一层为大队行政车车库、储藏室、餐厅、训练房与器材库,二层为大队办公区。

县消防大队新营房 2009年3月开工建设,2011年1月全面竣工验收并投入使用,总投资1270万元。新营区由大队(消防站)办公楼、篮球场、训练塔组成。办公楼为4层砖混结构建筑,一层为8个消防车车库、大队指挥中心和餐厅,二层为消防官兵生活区、体能训练室、接待室和"红门"影院,三层为大队办公区、党委会议室及大会议室,四层为干部、文员宿舍和综合活动室。训练塔为6层(含地下1层)砖混建筑,与办公楼同年建成并投入使用。

训练设施

民兵综合训练基地 1998年年前,全县没有固定和规范的军事训练场所,训练时间和训练质量得不到有效保障。2001年,民兵综合训练基地纳入县人武部新营区整体规划,同步开工建设,于2002年9月竣工。民兵综合训练基地由轻武器射击场、战术训练场、综合教练场、教育训练综合楼、办公指挥综合楼等构成。

消防训练场 2011年与新营房同步建成的县消防训练场,设有60米跑道、单双杠训练场、篮球场等体能训练模块;标准化训练塔,设有避难逃生,举高车救援训练模块、绳索攀爬训练模块、横渡系统训练模块、深井救援训练模块、体能心理拓展训练模块,为爬绳训练、楼层速降训练、深井救援训练、登楼训练、楼层内攻操法等消防训练提供保障。

装备保障

1991年以来,县人武部和武警县中队随势维护更新武器装备,逐步满足现代战争条件下军事训练、维护社会治安和应急抢险的需要。2002年后,县人武部建成作战指挥室、战备资料室和战备器材库,补充通用车辆1辆,集中采购各类战备物资和应急抢险物资装备,建立网络视频会议系统,升级改造作战指挥系统。

军需保障 1990年,文成县人武部军官开始配发87式米黄色衬衣、军官腰带,女军官配发87式裙子、棉衣、绒衣,士兵配发87式士兵夏常服、冬常服、短袖制式衬衣、布鞋。1992年夏季,官兵配发迷彩作训服、作训帽。2000年夏季,官兵配发99夹克夏服上衣、长袖上衣和贝雷帽。2007年,开展07式官兵新式服装、被装配发工作。

消防装备 20世纪90年代后期,消防通道、消防供水和消防设施列入新区开发、旧城改造、街道改建等城镇建设规划。

1991年购买一辆泡沫、水罐两用消防车。1994年,装备消防装罐车3辆、消防指挥车1辆。

1996年7月,购置执勤车1辆,车上配备空气呼吸器4具、备用气瓶2具、1.0万链锯1台、手抬机动泵1台、隔热服、防火服各2套。

1998年,配备进口水抬泵1台。

1999年7月,购置价值50余万元执勤车1辆,车上配备空气呼吸器4具、备用气瓶2具、切割机1台、隔热服2套、避火服1套,器材装备达到最低标准。

2001年装备消防执勤车3辆、指挥车1辆。加强消防指挥中心建设,装备119指挥中心电脑1台、119报警电话3部。

2006年,消防装备达到中等站的配备要求,配备消防车6辆,总带水量为25吨,能满足山区火灾的需要。

2008年,装备行政车1辆、大功率五十铃消防水罐车1辆,一批宣传设备、火灾调查设备、消防产品检测设备和个人防护装备配置到位。2009年,添购特种器材,改善消防大队灭火救援硬件设施。

至2011年，县消防大队配备消防水罐车、抢险救援车、登高平台车(25米)消防车3辆，排烟机1个；配备350兆天线电台、大功率车载电台、切割机、破门器、气电锯、正压式空气呼吸器等一批特种装备，配备全身式安全吊带、消防救生衣、抢险救援服、灭火服、避火服、隔热服、防火服等防护装备。全县消防车5辆、消防栓256个，专业和业余救火队3支43人；各类商住、娱乐活动场所、高层建筑、人员密集场所、易燃易爆危化品、石油化工场所消防设施配备齐全。

第三章　兵役和民兵

1991—2011年,县兵役机构加强征兵动员宣传,严格兵役登记制度,为平时召集和战时征召工作打实基础。20年来,征集新兵22批次。民兵组织建设规范化、政治教育常态化、军事训练实战化,在国防建设、经济建设和抢险救灾中发挥重要作用。

第一节　兵员征集

按照《中华人民共和国兵役法》规定,对县域年满18~22周岁的中华人民共和国公民实行兵役登记;实行应征公民政治审查,县、乡镇、村三级联审和区域联审制度,确保兵员质量。

征　兵

全县各级兵役机关在兵役登记开始前,对兵役登记工作进行宣传报道。县征兵办适时下发兵役登记工作通知,召开兵役登记工作会议进行部署。兵役登记开始时,组织工作人员集中培训,统一标准和方法。以乡(镇、街道)进行调查摸底,掌握适龄青年分布、外出和思想情况,设置兵役登记站。村级一般以乡(镇)设站,每站配站长1人,宣传员和登记员若干人。普遍采取本人自登、家长代登或书信登记的办法,全面掌握全县适龄青年数量、质量和分布情况,为公民服兵役做好准备。1991—2011年,每年在9月30日以前对全县当年12月31日前年满18周岁男性公民进行兵役登记,经乡(镇)评议、县征兵办公室批准,发给"应征公民证"。

兵员征集程序

现役应征公民经兵役登记合格后,即进入体格检查、政治审查、新兵审定、交接运兵等程序。征兵体检工作在县级人民政府兵役机关统一安排和指导下,由地方卫生部门负责。以县为单位,抽调医务人员,根据征兵任务建立一组一站或一组多站进行体检。

全县新兵政审工作是在县人民政府征兵办公室统一安排和指导下,由公安部门负责,基层有关单位和兵役机关政治部门协助。实行村(居)、乡(镇)、县逐级政审和区域联审制度,对预定批准入伍的青年,城镇、农村兵员都要在全县范围内联审。

应征公民经过体格检查、政治审查和征接兵人员家访后,由县征兵办公室召开定兵会议,会议由人武部部长(征兵办公室主任)或政委主持,县长、分管副县长、体检组长、政审组长、主检医生、乡镇长和乡镇人武部长,以及接兵部队负责人、民政部门有关领导参加,按征集任务和应征公民情况择优定兵。

新兵交接工作采取由县征兵办向接兵部队集中交接的办法实施。各级兵役机关按照规定,与接兵部队沟通和协调,组织新兵交接工作。一般采取在新兵起运前一天办理交接手续,新兵集中与交接的地点通常选在县人民政府所在地,或在交通便利的地点进行。新兵到达部队后,进行复检复查,发现政治、身体不符合条件,不适合在部队服役的作退兵处理。

新兵回访

新兵起运后，县征兵办公室组织征兵领导小组成员单位相关工作人员和基层专武干部到部队进行回访新兵，是为做好稳兵心、砺斗志、暖军属工作，构筑起部队、地方党委政府、兵役机关、家庭“四位一体”的关爱体系。县人武部每年都组织开展新兵回访慰问活动，帮助新兵度过“磨合期”，为地方、部队、家庭架起“连心桥”。1991—2011年间，走访160多个部队。

第二节 预备役登记

1991—2011年，全县每年对退伍士兵以及地方与军事对口技术人员进行预备役登记。同时对储备区退伍技术兵进行预备役登记，通过预备役登记，掌握全县服预备役退伍军人和对口专业技术人员的数量、质量和分布情况，建立预备役兵员资料，拟订动员方案，制定平战转换措施，为平时召集和战时征召奠定基础。

退伍军人预备役登记

1991年，全县执行全国统一的退伍军人预备役登记制度，县人武部结合退伍士兵接收安置工作，对部队确定服预备役的退伍军人进行登记，并在“退伍军人证明书”上加盖“服预备役”专用章。1998年12月，根据修正后的兵役法，士兵预备役分为第一类和第二类，凡经过登记服预备役退出现役士兵和地方与军事专业对口的35岁以下技术人员，归服第一类士兵预备役。

对口技术人员预备役登记

1992年，执行地方与军事专业对口技术人员预备役登记制度。1998年后，每年对符合条件18~35周岁从事与军事专业对口的男性技术人员进行预备役登记核对。2003—2011年，对登记专业种类、对象范围进行调整，根据军事斗争准备和军队装备发展需要，突出重点行业和重点专业，提高预备役对口专业人员的技术含量。

第三节 民 兵

落实《民兵工作条例》，以服从经济建设大局、适应国防建设需要为指导，以军事斗争准备为方向，全面加强民兵组织建设。结合区域民营企业发展实际，开展民兵结构调整和改革，建立企业民兵队伍。20年来，民兵组织坚持“劳武结合”，参加应急抢险任务230次，出动民兵和武装干部7.8万人次；协助参与应急活动70次，出动民兵和武装干部8600人次。

组织建设

民兵组织建设是民兵建设的基础，县委、县政府、县人武部坚持“抓重点、抓质量、抓基层、抓落实”，紧紧围绕民兵“数量到位、质量达标、队伍纯洁、组织落实”和“便于领导、便于活动、便于执行任务”的要求，进行民兵组织调整。至2011年，全县民兵组织规模适当、布局合理、重点突出、可靠管用，成为一支平时应急、战时应战的强大后备力量。

1991年，成立县民兵工作“三落实”达标领导小组。调整县直属民兵快速小分队，组建1个直属连、2个直属排;各区分别建立29人民兵快速小分队。1993年4月,县委、县政府命名大峃、珊溪、巨屿、南田镇为基干民兵营,西坑、二源、樟台、龙川、周壤、峃口等乡镇及石垟林场基干民兵连为第一批基层民兵工作“三落实”达标单位。7月,县委、县政府对全县民兵组织进行调整。随后,县政府、县人武部命名玉壶镇为基层民兵营,金垟、仰山、双溪、汇溪乡基干民兵连为第二批基层民兵工作“三落实”达标单位。

1995年进行民兵整组,研究解决社会主义市场经济条件下民兵组编、布局、管理等工作出现的新情况、新问题,重点抓好整组的点验工作。基干民兵以营、连为单位,全部实行集中点验,到点率均在90%以上,使民兵整组点验走上规范化轨道。8—9月,对全县35个乡镇3个企事业单位民兵组织再一次进行组织调整。调整后已训合格民兵合格率为82.31%;全县在编普通民兵组建面为100%。中小型企业中建立民兵组织11个,调整充实基干民兵应急分队1个连、3个排、34个班。

1996年民兵整组,全县民兵建制营连609个,其中基干营连38个、普通连571个。成立民兵应急分队,人员选配做到现实表现、家庭状况、社会关系清楚。民兵应急分队组织,除年度整组外,做到随缺随补。1997年,重点提高民兵专业技术含量,对原有民兵专业分队进行调整,增加专业技术兵比例。

1999—2000年9月,全面推开民兵工作的调整与改革。调整与改革后,全县在编基干民兵营7个、民兵连29个;应急分队编为1个县属应急民兵加强连,35个应急排。

2003年,根据山区农村民兵外出打工、经商多、人员流动大、在位率低的现状,对全县民兵组织采取大分散、小集中,打破过去以人口为比例均衡编组的做法。组建专业对口技术分队、民兵应急分队各18支,组建单位拓展到25个部门。7月,县城民兵按照“一网”“九群”作战任务格局,全县基干民兵编4个营、17个连,各类专业对口技术分队18支,民兵应急排30支,初步形成以县直属单位为基础、以专业技术分队为主体、以应急分队为重点的城乡民兵组织格局。

2003年6月,对交通干线沿线的重点乡镇和重点目标附近的乡镇民兵组织进行调整。依托县机关各局的技术、装备、人才优势,组建各类对口专业分队18个,民兵组建单位拓展到25个部门、行业,专业技术人员的人数占基干民兵的53.6%;全县有基层武装部36个,专武干部51人。8月,全县33个乡镇和3个企事业单位的民兵进行组织整顿,基干民兵的到点率达到90%。

2006年,坚持以作战任务为牵引,从实战和实际情况出发,对重点乡镇、企业、各个行业逐个调查了解,拟制调整方案,民兵组织从乡镇向企业转移,从营连编制到群队式编制的转变,实现从数量规模型向质量效能型的转变。

2008年,召开全县民兵整组工作会议。按照“三个为主、三个确保”要求,以近5年退伍军人为主,优先落实应急动员兵员对象,确保专业对口、人员在位、快速动员。搞好军民通用物资储备,确保战时真正为“供得上、救得下、修得好”提供不间断保障。协调邮电、通信、医疗卫生、粮油物资等部门行业,完成全县国防动员潜力7个方面2460项内容的数据采集、统计、汇总、评估工作。

2009年2月,成立以县长为组长的县民兵整组工作领导小组,开展民兵整组。重点在科技局和发展与改革局等技术人才相对较多的单位,组建一批科技含量相对较高的民兵专业分队。

2010年,全县基干民兵总数调整。2011年,全县基干民兵总数未变。

政治教育

全县民兵政治教育以党的基本路线教育为主线,开展爱国主义、革命英雄主义传统教育,以及国防观念、国防理论、国防知识和战备形势、法制等教育,内容广泛。1991—2011年,组织民兵参加政治教育200多场,教育总人数达1.6万余人。

1991年，开展“爱党爱军”专题教育，牢固树立党对军队绝对领导的观念。

1992—1993年，贯彻学习中共十四大精神，开展党的基本路线教育，组织学习邓小平建设中国特色社会主义理论；开展党史国史、党对军队绝对领导和社会主义信念教育。

1995年，开展爱国奉献、革命人生观、尊干爱兵、艰苦奋斗教育，从根本上增强民兵爱岗敬业责任感和服从命令、严守纪律、爱军习武、献身国防的自觉性。

1997年，举办迎接香港回归和建军70周年庆祝活动，开展“庆回归，迎考验”为主题的爱国主义教育，深化教育效果。

1999年，开展以继续弘扬抗洪精神为主题的艰苦奋斗教育；开展马克思辩证唯物主义教育，揭批邪教组织本质。结合庆祝中华人民共和国成立50周年和恢复对澳门行使主权活动，加强爱国主义教育。开展讲学习、讲政治、讲正气“三讲”教育，提高政治素质，强化党性观念。

2002年，开展“聚精会神干事业，转变作风抓落实”“顾大局、守纪律、作奉献”“歌颂新成就，迎接十六大”等专题教育。

2003年，开展学习实践“三个代表”重要思想。2004年，开展“抵制酒绿灯红消极影响，严守法律纪律底线”“弘扬艰苦奋斗精神”等专题教育，组织开展“为谁入党、为谁当官、为谁尚武”思想大讨论，树立官兵正确人生观、价值观。

2005年，开展保持共产党员先进性教育和“强化战斗精神，提高打赢能力”专题教育，做好反“台独”应急作战的思想准备。

2006—2008年，持续开展“社会主义荣辱观”教育，确立知荣辱、树新风、促文明、做贡献的高尚情操。把国防教育融入民兵参建实践活动中，组织民兵扑火救灾，推动民兵思想建设水平跃升。

2009—2011年，开展以“为国争光，振兴中华”为主题的爱国主义教育，抓规范化建设，提高民兵队伍的整体素质。

应急预案演练

1991—2011年，县人武部每年根据县情制定本级应急演练方案，每季度组织机关带民兵应急连、排，进行成建制实施各项方案演练，主要开展警棍盾牌使用、投弹、爆破和反爆破、捕俘和处理突发事件等应急预案训练演练，随时作好应对各种突发事件。

1993年，根据上级军事部门要求，县人武部组织20余支民兵应急分队，开展《民兵应急分队训练纲目》训练演练。

1996年，制订应急分队训练计划，开展民兵应急预案演练，加强民兵应急分队维护社会治安和完成急难险重任务整体能力。

2003年9月，组织县民兵抢险分队进行消防预案演练。

2011年5月，组建森林防火民兵分队，组织82名队员开展高温强训。

第四章 国防建设

县国防动员委员会充分利用县域人才、教育、科技资源,掌握国防动员潜力情况,拟制战时动员支前方案、计划。加强民兵、预备役和人民防空、交通战备等专业队伍的组织建设、军事训练、装备管理;组织落实兵员、国防动员物资储备,实施战场建设和军事设施保护工作;强化全民国防教育,不断提高人民群众的国防意识。

第一节 国防动员

国家从平时状态转入战时状态时,对全县人力、物力、财力等进行全面动员。

1996年4月,县国防动员委员会成立,领导机构设第一主任、主任,分别由县委书记、县长兼任,委员25人,分别由相关部门负责人兼任。

2001年,着眼"打得赢,不变质"两个历史性课题,坚持以作战为牵引,确立真打思想,探索新形势下民兵预备役建设的特点和规律,推进军事斗争向深层次发展。建立健全组织,完善国防动员领导体制。8—9月初,完成"县国防动员委员会战时行动"为课题的室内演练,研究训练平战转换、战时动员、支前保障、全民防空等4个问题,加深对新时期军事战略方针的理解,了解未来高技术条件下作战的基本样式和战役进程,调整平时和战时县国防动员委员会及其部门的职能任务,初步形成战时行动预案。

2002年,继续突出战时和平时可能担负的任务,调整完善组织机构,明确平时和战时职能任务,开展战时行动预案演练,增强平时组织领导军事斗争准备和战时组织指挥人民战争行动的能力。

2003年3月,调整县国防动员委员会组织机构和人员配备。4月,开展"明职责、分任务、顺关系"业务培训;5月,制定出台《文成县通用装备征用实施办法》,为战时装备的需求提供依据;6月,组织开展对全县国防动员潜力7个方面2460项内容的数据采集、统计、汇总、评估。

2004年,抓好国防动员办事机构规范化建设。5月,结合全县战时所担负的任务和特点,调整县国防动员委员会成员单位,完善国防动员机构,初步形成"平时能应急、战时能应战"的国防动员工作运行体制。对全县1000多名退伍军人服预备役情况进行登记统计核对;以乡镇为单位开展1999年以来退伍军人的集中点验,到点率85%。2005年7月,开展入闽通道和重要目标等情况的收集,组织人员对56省道、文青、文泰、文平公路等迂回道路和珊溪水库、百丈漈水库等重要目标进行现场勘察,对重要隧道、桥梁的相关数据进行登记,结合县情的实际,拟制完成相关的战备动员保障方案。

2006年,集中力量对县境内的国防动员潜力进行调查核实。5月,组织召开国防潜力调查工作会议,部署国防潜力调查工作任务。根据上级指示,组织对原有国防潜力数据进行调查、复核,对物资的产权单位、品种、数量、技术状况、技术人员情况、管理体制以及战时需求等有关情况进行摸底核查;完成退伍军人服预备役以及地方与军事专业对口人员服预备役的登记、统计和核对。

2008年1月,对珊溪水库重要目标防卫与保障计划进行深入研究,梳理应急作战准备9个方面的问题,重新部署兵力配置,修订完善配套方案和保障计划。2月,完成重要目标基本数据统计和目标防卫(协防)部署,拟制专项方案预案14个。加强侦察情报网络建设,与县人防办以及各乡镇加强沟通协调,实现信息共享、情报互通。6月，完成全县兵要地志数据的采集和更新，形成系统配套的战场资料。

2009年，组织县国防动员委员会领导机关开展训练时间40天，完成军事理论、军事地形学、识图用图、战术基础、战略标图、指挥所演练、体能训练等课目。组织民兵等国防后备力量500余人开展为期55天的军事训练和应对突发公共事件、抢险救灾、防汛抗台等非战争军事行动课目。加强政治教育，开展专题辅导、典型事迹报告、观看警示教育片等活动，着力解决鉴别能力不强、精神不振、纪律观念淡薄等安稳思想，增强居安思危意识。

2010年3月，县委召开武装工作会议，县委主要领导、各乡镇书记、乡镇长及武装部部长参加。8月，召开县委议军会，研究部署国防动员工作；县四套班子成员全员参与“军事日”活动，领导干部国防意识和参与武装工作的热情进一步强化。

第二节 国防潜力调查

县境地处浙南沿海温州战区的战略浅近纵深地区，20世纪50、60年代，是浙南沿海对敌斗争前送后运的重要后方基地。县国防潜力调查主要内容是人力、财力和交通潜力调查。

经济动员潜力调查

2001年，完成新一轮国防潜力调查。对全县经济、社会发展14个方面70项内容数据进行采集、统计、汇总、评估，基本摸清全县国防动员潜力的状况。2002年8—9月，更新和补充有关国防潜力数据和资料，做好统计、汇总和评估工作，2010年，通过经济动员诸方面的潜力调查，构建“平战结合、军民结合”的经济结构，增强平战转换能力。

交通动员潜力调查

1996年6月，全面开展国防潜力调查，重点开展公路、桥梁等方面国防动员潜力调查，促进交通基础设施建设和发展。2003年6—10月，两次组织县国防动员委员会7个办公室相关人员，对全县交通运输内容展开调查。2004年，调研兵要地志、民用重要设施、主要交通干线、及时掌握并更新补充有关内容和资料。

第三节 国防教育

1991—2011年，县国防教育委员会及国防教育办公室共召开国防教育例会21次，制订《文成县全民国防教育意见和计划》，开展以国家安全观、国防历史、国防知识为主要内容的国防动员教育。

社会国防教育

1991—2011年，县国防教育委员会共举办国防教育知识培训班30期，培训骨干5120人次；讲座56次，参加人数1.83万人次；举办知识竞赛、征文、主题演讲等各类比赛12次；举办文艺晚会、歌咏比赛9场。全县国防教育覆盖面达95%以上。

1996年6月，在县剧院与县委宣传部、老干部局联合举办“纪念红军长征胜利60周年”文艺会演，驻军和民兵歌咏队参加歌咏比赛；民兵预备役人员和县城中学生2000多人开展重走模拟红军路活动。

1997年6—7月，开展以爱国主义教育为核心，以民兵和学生为重点的“庆七一，迎回归”宣传活动；组织3

万人参加迎接香港回归和纪念建军70周年活动和由百家新闻出版单位、国防教育委员会合办的“全国国防知识竞赛”。

2002年,在全民国防教育日与《文成报》联合举办“国防教育知识竞赛”和征文比赛。2003年,以“八个一”为教育载体,组织开展《中华人民共和国兵役法》《中华人民共和国国防法》《中华人民共和国国防教育法》宣传和图片展览等活动。

2008年,利用“第八个全民国防教育日”和征兵宣传时机,开展大规模的国防教育宣传活动;开展“爱我中华、办好奥运”为主题的国防征文活动,3220人参与。

2009年9月,县人武部、县文联、县教育局联合举办“庆祝建国60周年”国防征文活动,全县机关单位、中小学校参与,征集作品2500余篇。

2011年,开展以“为国争光、振兴中华”为主要内容的爱国主义教育,结合开展中国人民抗日战争胜利65周年纪念活动;县委宣传部、县人武部、县教育局、《今日文成》报社联合举办“爱我中华、强我国防”国防教育知识竞赛,全县有1.32万名干部群众参加。

学校国防教育

1992年,全县12所独立中学把国防教育纳入学校的教育计划,中学级段开设国防教育课。

1993年,按照“渗透、纳入、活动、军训”的学校国防教育要求,县国防教育委员会进行专题研究和部署。12月,预备役军人学校首批学生毕业,12名文成籍学生应征入伍。

1999年,庆祝中华人民共和国成立50周年之际,全县25所重点中、小学校学生以“做21世纪中国的保卫者”为主题,参加“迎国庆”全国万校国防教育活动。

2001年,印发《关于在中小学校开展国防教育活动的通知》,把国防教育列入学校教育计划,确保学校国防教育有规定课时、有规范教材、有专人负责、有兼职辅导员,推进学校国防教育规范化、制度化、经常化。

2005年,举办“走进军营,关注国防”国防教育夏令营活动,全县各中小学校“三好学生”和优秀班干部接受国防知识培训、军事训练和爱国主义教育。

2007年结合“第七个全民国防教育日和温州市第二个企业国防教育周”,组织学生到官山背祭扫革命烈士陵园,参观国防教育图片展。2010年,组织3000多名学生参观爱国主义教育基地。

1991—2011年,驻文成部队组织学校学生军训1200余批次,6万余名学生接受军事训练。2004年,县人武部被温州市国防教育委员会授予学生军训工作先进单位。

国防教育基地

珊溪革命历史纪念馆,又称刘英纪念馆,位于珊溪镇百万山,总占地面积13340平方米,建筑面积678平方米,于1996年5月落成并对外开放。同年被命名为文成县爱国主义教育基地,1999年被命名为温州市爱国主义和国防教育基地,2001年被命名为浙江省爱国主义教育基地。刘英纪念馆作为全县青少年的爱国主义教育基地和广大干部群众的经常性爱国主义教育基地,对于深化全民国防教育和爱国主义教育起到促进作用。

文成县革命烈士墓,位于大峃镇珊门村官山背。这里长眠着大革命时期以来为革命事业牺牲的345位烈士,是文成县重要的爱国主义教育和国防教育示范基地。

第五章　拥政爱民

战争年代，文成就有军爱民、民拥军的光荣革命传统。和平时期，驻文成部队和民兵组织与全县人民群众同命运、共呼吸、心连心，在参加地方经济建设、精神文明建设、维护社会治安、扶贫济困、抢险救灾中做出重大贡献。

第一节　军民共建

20年来，驻文成部队和民兵组织立足本职，投身经济社会建设，文明创建、平安创建、帮扶助困等工作取得了丰硕成果。

文明创建

1991年，组织民兵开荒山，营造“民兵基地林”；稽垟乡稽垟村民兵连指导员、转业军人朱隆良连续五年带领群众植树造林，营造“民兵基地林”300多亩。同年，县人武部组织2.1万名民兵参加水利建设96处，完成土石方人工挖掘41万立方米。

1996年，武警县中队成立“学雷锋小组”，坚持为社区和敬老院打扫卫生，照顾孤寡老人。

1998年，全县民兵投入“两个文明”建设活动。民兵预备役人员带头参加精神文明建设示范点153个，其中乡镇15个、行政村29个、企事业单位5个、服务行业4个；在全县范围开展民兵五好家庭评比活动，倡导民兵从事农业生产、文明经商、孝敬父母、邻里互帮、移风易俗、兴修水利、抢险救灾、维护社会治安等方面当先锋；在民兵中建立42个学雷锋小组，做好事538件。5月，组织县民兵应急连115人次参加“你丢我捡”活动；恢复和完善“青年民兵之家”42个。

2000年，全县400名民兵和预备役人员参加植树造林活动。2003年，组织2000多名民兵参加植树造林，创建民兵示范园区12个。

2006年，县人武部、武警县中队和县消防大队参加文明县城创建活动。其中，民兵参与文明创建1100人次。

2007年，县人武部组织民兵开展“双拥”参建活动，在创建省级文明卫生县城和新农村建设中发挥主力军的作用；全县民兵参建示范村2个，民兵参建示范基地5个，民兵参建示范岗3个。

2008年，全县民兵植树造林1200多亩，建设各类农业基地15个。

20年来，县消防大队官兵在春节、端午、中秋等传统节日组织慰问敬老、养老院和孤寡老人达60余次，不间断组织开展社会服务、公益劳动等活动，不定期为缺水山村、学校运送生活用水。

平安创建

1991—2011年，县人武部、武警县中队和县消防大队在平安创建中发挥了关键性作用。其中，武警县中队协助人民法院庭内审判和公开审判勤务警卫任务120多次，出动警力1200多人次；担负历年县“两会”安全保卫和重大活动警卫执勤，出动警力1000多人次；为地方建设工程警卫84人次。县消防大队开展消防联防活动，组建3个乡镇专职消防队、1个消防联防大队；检查社会单位1925家，发现火灾隐患8762处，消除火灾隐患8531处，发责令改正通知书1078份，发行政处罚决定书62份，责令“三停”单位16家，拘留54人。

1991年，县消防大队全面落实消防法规，开展消防监督，对重点企事业单位和旅游资源的消防列管实行科所分级管理，并列入派出所规范化建设内容抓落实。

1992年，县消防大队会同县保险公司、县民政局到各区、乡(镇)、厂矿等开展防火宣传，制作永久性标牌2万余块，放映电影幻灯片40余场，全县受教育达10万人次。

1995年开始，县消防大队按照“谁主管、谁负责”的原则，开展文化娱乐场所、石油行业、石油液化气行业的专项整治。

1998年，出动县民兵应急分队500多人次协同公安机关巡逻值勤；协助破获案件8件，抓获不法分子19名，制止群众性械斗1场。

1999—2000年，县消防大队立足防范，加强消防安全监督检查工作，先后开展电气消防安全、重点单位消防和易燃易爆物品等专项整治工作。

2000年，武警县中队协助县公安部门，成功处置珊溪镇群体事件。

2001年5月，民兵、武警县中队官兵、县消防大队官兵参加温州市“5·9”诈骗银行案件围捕行动，成功捕获逃到县境内的案犯；武警县中队荣立集体三等功。同年，组织民兵完成敏感时期和重大节日活动的战备任务。珊溪、巨屿镇动用80名应急分队民兵完成珊溪水库首台机组并网发电开机仪式的维护治安秩序和巡逻值勤任务；大峃镇、龙川乡、周壤乡、黄坦镇等应急分队多次完成战备值勤、维护社会治安和森林灭火等任务。全年，民兵应急分队共出动100多次计2500人次参加森林灭火、抢险救灾、维护社会治安等急难险重任务等活动。同年，县消防大队组织开展以企业火灾隐患、公共聚集场所消防安全、易燃易爆化学物品消防安全为重点的消防专项整治，开展拉网式安全大检查。

2002年，出动民兵应急分队10次计3000多人次，配合公安部门巡逻值勤，维护社会治安。

2005年，武警县中队根据县政府安排，协助公安部门开展拆违整治治安维护，出动警力300多人次，完成120处拆违点的治安维护工作。

2006年，组织110支民兵联防队和820支民兵护村队配合“平安千村工程”开展执勤巡逻。县消防大队组织开展“119天无特大恶性火灾事故”活动和“除隐患、保平安”活动，开展“多合一”建筑整治、消防固定设施整治、校园及周边消防安全整治、“火灾隐患大排查大整治”等活动，全面加强消防监督检查力度。同年，县公安局看守所搬迁，武警县中队组织185名在押犯安全转移，连创看守目标26年安全无事故。

2007年，全县出动8支民兵联防队、259支民兵护村队，配合“平安千村工程”建设，开展执勤巡逻，维护社会秩序。

2008年，武警县中队出动警力150多人次，参与“绿色风暴”行动的设卡堵截任务。同年，在执行2008年奥运安保任务中，成功制止一起群体事件。

2010年5月，武警县中队协助县公安部门在东溪乡千岩村山上成功设卡，抓获故意伤害致人死亡的犯罪嫌疑人5名。同年，出动警力40多人次，安全押解人犯10次98人。

2011年，县消防大队相继以居住出租房、高层建筑、电气消防安全专项治理为抓手，开展人员密集场所大整治、出租房屋安全大整改、违章棚屋大拆除的消防“扫雷行动”。

第二节　抢险救灾

1991—2011年，县人武部及民兵、武警县中队、县消防大队参与抢险救灾，保护人民群众的生命财产安全。仅县消防大队就接警2231件、出警2231次，出动消防车5572辆次、消防人员2.27万人次，抢救被困人员163人、疏散人员96人。

1991年7月24日凌晨，县消防大队参与扑救东龙乡东湾坑村火灾。这次火灾烧毁一批民房及供销社仓库，受灾群众91户497人，直接经济损失约135万元。

1992年1月25日，县消防大队参与扑救东垟乡垟头边村重大火灾。火灾烧毁房屋64间4.77万平方米，受灾群众64户306人。

1992年4月，县域遭受罕见暴风雨袭击，造成15个乡镇2.3万人受灾，倒塌房屋724间，直接经济损失450万元。县民兵、武警县中队、县消防大队参与救援，转移大批受灾群众和财物，救援遇险群众多人。

1993年8月12日晚10时许，县消防大队参与扑救南田镇牌坊坦火灾。13日凌晨回文成途中发生车祸，中队政治指导员申屠金洪不幸牺牲。1993年12月被武警总部批准为革命烈士，并追记一等功。

1994年8月，文成遭受台风“弗雷特”正面袭击，35个乡镇571个村30万人受灾，淹死、冲走牲畜1.4万头，农作物受灾14.6万亩，并造成人员伤亡。县民兵和武警县中队、县消防大队官兵奋战一线抗灾救灾。当年，武警县中队荣立集体三等功；县消防大队被省消防总队记集体三等功。

1996年7月底8月初，县域遭受8号台风袭击，35个乡镇受灾30万人，死亡3人、重伤6人，倒塌房屋624间，经济损失1亿元。县民兵和武警县中队、县消防大队官兵参与紧急救援，转移大批受灾群众和财物。

1997年8月，县民兵和武警县中队、县消防大队官兵奋力抗击11号、14号台风。

2001年10月，县民兵应急分队和县消防大队参加扑救珊溪镇珊溪街火灾。2003年12月，县民兵和武警县中队、县消防大队官兵联手扑救玉壶镇玉壶老街火灾。

2003年，全县民兵、武警县中队、县消防大队官兵协助地方党委、政府，坚守抗击非典型性肺炎一线，设点设卡，消杀消毒，为抗疫攻坚取胜做出了重大贡献。

2004年8月，县民兵和武警县中队、县消防大队官兵在抗击14号、18号台风中，分别紧急转移6720人、2.72万人。同月，县消防大队参与扑救珊溪镇街尾村火灾。

2004年，县境珊溪镇、仰山乡、黄坦镇等地发生长时间的频繁有感地震，造成一定破坏。县专武干部和民兵、武警县中队、县消防大队尽职尽责，奉命对重点地域、重要设施开展安全检查、长期守护。

2005年9月，县域遭受台风“泰利”重创，造成人员伤亡和巨额经济损失。县人武部和民兵、武警县中队、县消防大队临危受命，发扬不怕牺牲、连续作战精神，转移救援大量受灾群众，大力搜寻遇难群众和失踪人员。当年，武警县中队被武警浙江省总队记集体二等功。

2006年8月，县域遭受第8号超强台风“桑美”袭击，县人武部和民兵、武警县中队、县消防大队担负临山、临江、临溪、危房、地质灾害点、水库下游等危险地段抢险救灾任务。县人武部启动防台救灾预案，成立抗台领导小组，出动民兵1126人次，转移群众9866人，修复被毁路段49处，清理塌方土石5.8万立方米，转移各类物资约120吨。

2007年，县人武部和民兵、武警县中队、县消防大队全力参加抗台防洪、扑救火灾等自然灾害。其中，县人武部组织民兵5129人次抗击台风，转移群众1.43万人，解救受困群众316人；出动民兵3640人次，扑灭山林火灾11起，抢救森林面积达36.47公顷。

2008年,全县民兵应急出动抢险救灾1129人次,转移群众3285人次,解救受困群众73人,修复被毁路段38处,清理塌方土石约6.7万立方米,转移各类物资约260吨。同年,县人武部和民兵、武警县中队、县消防大队扑灭各类火灾20多起。

2010年7月17日,县消防大队调派3辆消防车、14名消防官兵救援被困铜铃山国家森林公园峡谷的多名"驴友",经过6个多小时的紧急营救,成功将15名被困人员安全救出;县消防大队因此被记集体三等功1次。

第二十六卷

教　育

20世纪90年代初，文成县实施“科教兴县”战略。加大对教育投入，教育经费逐年大幅增长。1991—2011年，教育经费拨款18.88亿元，平均年占县财政拨款的25%；2011年，预算内教育经费4.02亿元，占县财政的19.49%。1987—2007年，社会各界及侨胞、台胞捐资4.02亿元，建造教学楼、实验楼100余幢，总建筑面积12万平方米。2009—2011年，投入“校安工程”资金7859.02万元，加固、重建教学楼60267平方米。至2011年，中小学无危房、破旧房，强化了安全保障。

党的三中全会后，文成县的普通教育、职业教育、特殊教育、高等教育、成人教育取得较好成绩。1989年全面完成初等教育普及，1997年通过国家“两基”（基本普及九年制义务教育、基本扫除青壮年文盲）验收。2010年年前创成市“教育强镇”17个，人口覆盖率达76.5%。至2011年，全县在编教师2498人，小学37所、普通中学 23所、中等职业学校1所；全县幼儿、小学、初中、高中入学（园）率分别为92%、100%、100%、96.88%；全县高考总人数1009人，录取614人，高校录取率60.85%。

第一章　基础教育

1985年，浙江省实行《九年制义务教育条例》。1989年，文成县基本普及初等教育标准。1997年，文成县基本普及九年制义务教育，基本扫除青壮年文盲。1998年，开展中小学布局调整工作，全县撤并55所小学。至2011年，完成全县校网布局的调整规划。

第一节　学前教育

1981年，大峃镇创办第一所幼儿园。至2011年，增加到50所。入园幼儿从1991年的3956人，增加到2011年的8283人；保教人员从1991年的18人，增加到2011年的605人；3周岁至5周岁幼儿入园率从1991年的19.03%，增加到66.81%。1979年开始创办学前班，2002年停办。

学校设置

幼儿园　1991年，全县零至三周岁幼儿5302人，入托141人，入托率2.7%。3周岁至5周岁幼儿20203人，入园3956人，入园率19.58%。随着城镇化的进程，城镇人口逐年增加。1994年，县妇女联合会创办育苗幼儿园，占地面积757.5平方米，建筑面积922平方米，年入托幼儿300余人。1996年，西坑镇、周壤乡妇女联合会创办幼儿园。1999年，县直属珊溪映山红幼儿园创办。

2000年，新增幼儿园12所。全县26所幼儿园(班)，在园适龄儿童占56%，学前一年幼儿入园率86.25%。2001年，全县72所(班)幼儿园，其中大峃片20所、峃口片8所、珊溪片19所、黄坦片4所、西坑片3所、南田片8所、玉壶片10所。3~5岁入园5957人，入园率59.32%；学前一年入园3143人，入园率87%。

2002年，文成县艺术幼儿园创办，投资300万元，占地面积3300平方米，建筑面积4000余平方米。“快乐”幼儿园创办，占地面积700平方米，建筑面积500平方米。设5个班级，入园幼儿125人，教职工11人。2011年，全县幼儿园50所，入园幼儿8283人，教职员工604人。

学前班　1989年全县55个班，入班幼儿2283人，保教人员63人。1996年增至106班，其中大峃片28班、峃口片11班、珊溪片27班、黄坦片11班、西坑片6班、南田片6班、玉壶片17班。入班幼儿3602人，入班率71.17%。1998年56所。2000年45所，入班幼儿1454人；29所幼儿园、43所学校设学前班，班级151个，入班幼儿6072人，专任教师231人。2002年，全县停止招收学前班。

幼儿园选介

文成县中心幼儿园　位于大峃镇健康路。创建于1979年。1994年年底，县城40家单位捐助6.75万元为基础，建造一幢综合楼，1996年建成。2010年，占地面积1162平方米，建筑面积2272平方米。

1990年7个班，幼儿300人，教职工20人。2011年，小班104人、中班117人、大班165人；教职工41人，专任教师21人，其中幼教高级15人。

1998年，被评为县一级幼儿园，获省先进工作单位、市级巾帼文明岗、市级语言文字规范化示范校、温州市园本教研示范园。

温州珊溪映山红幼儿园 位于珊溪镇张老山脚,系县直属幼儿园。1997年3月,成立革命老区映山红幼儿园筹委会。温州市103所幼儿园的3万余名幼儿、2000余名教职员工捐资105.59万元。原副省长刘锡荣父子慷慨捐助。1999年1月建成,占地面积8000平方米,建筑面积4100平方米。设有多功能活动厅、音乐室、海洋球室、电子琴室、科学发明室等,为花园式幼儿园。

1999年,12个班级,在园幼儿462人、教职工46人,其中小高职称2人、幼教高级职称7人。2011年,教职工30人,其中专任教师24人。小班145人、中班176人、大班175人。

获市级示范性幼儿园、温州市校本教研示范幼儿园、市语言文字示范校、省二级幼儿园、市级先进教研组等荣誉。

金太阳幼儿园 原名金太阳早教中心,2005年创办。2010年从县前街迁科新园,再迁伯温路118号,占地面积3000平方米。2011年,全园648人,其中小班254人、中班185人、大班209人。教职工47人,其中专任教师32人。获优秀民办幼儿园、浙江省三级幼儿园、围棋教学实验园地、识字郎快速识字推广基地等称号。

1992—2011年文成县幼儿园情况一览表

表26-1

年份	园数(所)	班数(个)	在园幼儿数(人)	比率(%)	等级园(所)	教职工数(人)
1992	1	75	3282	—	—	18
1993	2	70	3424	—	—	94
1994	11	98	4042	—	—	117
1995	13	113	4528	—	—	143
1996	11	116	4639	—	—	134
1997	12	127	4788	—	—	155
1998	21	141	4433	—	—	186
1999	14	152	5095	—	—	189
2000	26	135	3583	—	—	175
2001	26	150	3817	—	—	98
2002	29	151	4286	—	—	171
2003	25	150	4451	—	—	186
2004	24	171	5274	—	—	211
2005	31	176	5493	29	0	265
2006	32	179	5966	43.75	0	309
2007	33	180	6971	55.18	9	376
2008	36	220	6871	57.13	14	397
2009	61	231	9381	58.66	14	483
2010	49	227	8918	63.8	12	522
2011	50	233	8283	66.81	18	605

说明:资料由县教育局提供

2011年文成县幼儿园情况一览表

表26-2　　　　单位：人

学校名称	在园(班)人数							离园(班)人数
	合计	其中：女	其中：少数民族	托班	小班	中班	大班	
合计	8283	3934	228	0	2535	2510	3238	2359
文成县中心幼儿园	386	181	6	0	104	117	165	122
文成县珊溪镇温州映山红幼儿园	496	242	0	0	145	176	175	155
文在县南田镇中心幼儿园	421	198	16	0	94	151	176	230
文成县百丈漈镇朱阳幼儿园	130	60	0	0	42	48	40	0
文成县西坑畲族镇中心幼儿园	177	77	20	0	42	70	65	56
文成县双桂乡中心幼儿园	41	23	8	0	0	17	24	0
文成县峃口镇溪口幼儿园	43	26	2	0	21	0	22	4
文成县百丈漈中心幼儿园	181	81	25	0	35	65	81	81
文成县博爱幼儿园	56	31	0	0	31	0	25	0
文成县育苗幼儿园	468	210	13	0	155	198	145	90
文成县艺术幼儿园	294	165	1	0	87	96	111	54
文成县童之乐幼儿园	520	249	12	0	187	120	213	160
文成县大峃镇珊门幼儿园	102	55	5	0	25	23	54	40
文成县大峃镇快乐幼儿园	125	58	10	0	61	32	32	30
文成县金太阳幼儿园	648	302	18	0	254	185	209	184
文成县佳艺幼儿园	455	231	8	0	158	130	167	222
文成县童之梦幼儿园	343	156	11	0	136	98	109	85
文成县樟台乡中心学校附属幼儿园	149	73	0	0	41	50	58	0
文成县龙川乡中樟小学附属幼儿园	30	14	0	0	0	0	30	0
文成县龙川乡小太阳幼儿园	74	27	0	0	24	29	21	6
文成县大峃镇徐村幼儿园	67	37	0	0	21	23	23	27
文成县峃口乡中心幼儿园	42	20	0	0	13	13	16	0
文成县公阳乡中心学校附属幼儿园	19	10	0	0	0	0	19	0
文成县珊溪镇李井小学附属幼儿园	126	70	0	0	50	36	40	0
文成县珊溪镇珊山幼儿园	126	60	0	0	48	29	49	65
文成县巨屿镇中心幼儿园	106	50	0	0	18	35	53	0
文成县巨屿镇天天乐幼儿园	197	65	0	0	49	65	83	62
文成县巨屿镇东垟小学附属幼儿园	25	13	0	0	0	0	25	0
文成县仰山乡中心学校附属幼儿园	28	9	0	0	0	0	28	0
文成县桂山乡中心学校附属幼儿园	25	15	0	0	0	0	25	0
文成县黄坦镇中心学校附属幼儿园	88	43	11	0	0	0	88	137
文成县黄坦镇红日幼儿园	187	87	5	0	28	78	81	72
文成县黄坦镇艺术幼儿园	151	53	12	0	53	50	48	39
文成县富岙乡中心学校附属幼儿园	20	11	0	0	0	0	20	10
文成县富岙乡培头小学附属幼儿园	43	9	9	0	0	18	25	16
文成县周山幼儿园	12	5	0	0	0	0	12	0
文成县南田镇阳光幼儿园	186	96	0	0	76	71	39	0

续表26-2

学校名称	在园(班)人数							离园(班)人数
	合计	其中:女	其中:少数民族	托班	小班	中班	大班	
文成县南田镇国励幼儿园	150	86	0	0	65	60	25	16
文成县二源乡中心学校附属幼儿园	179	72	4	0	18	74	87	86
浙江文成二源小丫丫幼儿园	118	54	8	0	30	45	43	0
文成县十源乡中心学校附属幼儿园	122	48	1	0	34	41	48	0
文成县玉壶镇小附属幼儿园	407	231	16	0	131	140	136	0
文成县玉壶镇春蕾幼儿园	237	102	2	0	86	75	76	137
文成县周壤乡附属幼儿园	282	133	0	0	150	62	70	68
文成县周壤乡周南幼儿园	69	26	0	0	23	20	26	45
文成县上林乡中心学校附属幼儿园	27	8	1	0	0	0	27	14
文成县东溪乡中心学校	40	19	0	0	0	0	40	14
文成县金星乡小附属幼儿园	20	13	0	0	0	0	20	20
文成县南田镇三源幼儿园	30	12	4	0	0	0	30	0
文成县朱雅乡中心学校附属幼儿园	15	8	0	0	0	0	15	12

说明:资料由县教育局提供

2008—2010年文成县公办、民办幼儿园比较情况一览表

表26-3

年份	在校幼儿(人)		教职工数(人)	专任教师(人)	园长(人)	保健员(人)	其他(人)	办学条件(平方米)		图书(册)	数学用录像录音带(盒)
								占地面积	建筑面积		
2008	教育部门	1835	66	50	3	1	12	8863	5640	—	—
	民办	6036	331	237	34	19	41	22531	19833	—	—
	合计	7871	397	287	37	20	53	31394	25473	—	—
2009	教育部门	1349	83	63	4	1	15	9463	6180	—	—
	民办	8032	400	291	39	19	51	27919	23117	—	—
	合计	9381	483	354	43	20	66	37382	29297	—	—
2010	教育部门	1443	95	78	5	2	10	9723	9723	6498	968
	民办	7475	427	303	44	21	59	21548	21548	25998	1942
	合计	8918	522	381	49	23	69	31271	31271	32496	2910

说明:资料由县教育局提供

第二节　小学教育

1989年,全县普及教育“四率”(入学率97%、普及率90%、巩固率97%、毕业率95%)经省市政府验收合格,达基本普及初等教育标准。1990年,全县小学480所、1470个班级、学生39775人,入学率98%、普及率98.24%、巩固率98.9%、毕业率99.85%。

学校设置

1991年,全县小学455所、1436个班级,在校生38608人,入学率98.19%,普及率97.62%,流生率0.54%。

1992年，全县小学435所、1409个班级，在校生36627人。5月，全县62个乡镇调整为33个乡镇，乡镇政府驻地中心小学以新的乡镇地址命名。12月8日，浙江省第一所“希望小学”——文成岭后小学落成，总投资40余万元，建筑面积1210平方米。此后，文成县第二希望小学、樟台东升、平和等希望小学相继建成。1997年，初等教育学龄儿童入学率99.78%，巩固率99.85%，毕业率99.93%。

1998年学校布局调整，全县撤并55所小学。1999年，撤并学生在23人以下的学校44所，校均学生上升到120.6人。至年底，民办学校10所，总投资3000余万元，在校学生2200余人。至2002年9月，全县小学113所，14个教学点，810个班，在校生22690人，其中少数民族学生101人，初等教育入学率99.8%、巩固率99.99%、毕业率100%。2011年，小学37所，438个班，在校生14703人。

2005年，全县小学68所（含九年一贯制学校的小学），在校生17103人。2007年，推进全县教育发展均衡化制度。撤并学校6所，合并龙川乡中小学，组成九年一贯制学校。2008年，大峃镇小升格为县实验二小，以实验小学与实验二小为龙头，周边的珊门、双垟、徐村三所小学为分校，实行资源共享。

2010年优化校网布局，撤并溪口、金垟、朱雅等6所微型小学，将办学条件较好的巨屿东垟小学、南田三源小学、龙川中樟小学和富岙培头民族小学升格办学。2011年，创办玉壶镇中心小学东背校区，完成南田镇中心小学扩建工程前期工作。同年，完成新一轮校网布局的调整。

1992—2011年文成县小学情况一览表

表26-4

年份	学校数（所）	班级数（个）	招生数（人）	毕业数（人）	在校学生数（人）	教工数（人）	专任教师数（人）
1992	435	1409	6696	7120	36627	1777	1650
1993	411	1338	5794	6786	35162	1686	1587
1994	357	1646	5960	7115	34091	1646	1548
1995	358	1231	5620	7420	32289	1576	1463
1996	343	1206	5506	7365	30409	1531	1397
1997	316	1162	5247	6910	29142	1652	1556
1998	252	1079	4777	6013	26853	1586	1502
1999	208	981	4355	5544	25103	1595	1493
2000	190	1008	6505	5137	26668	1605	1508
2001	150	948	3827	5260	25010	1628	1543
2002	113	810	3488	5090	22690	1635	1456
2003	87	714	2857	—	20203	1609	1411
2004	83	619	2763	4459	17836	1539	1394
2006	60	555	2774	3261	16335	1535	1334
2007	69	—	—	2938	15345	—	1336
2008	68	—	2640	2426	14562	—	—
2009	58	—	2422	2253	13991	—	—
2010	39	—	2874	2717	14333	—	—
2011	37	438	2922	2270	14703	—	—

说明：资料由县教育局提供

2011年文成县小学学生数情况一览表

表26-5

单位:人

学校名称	在校(班)人数																		预计毕业生数
	合计	其中:女	其中:少数民族	其中:寄宿生	其中:进城务工人员随迁子女		其中:外省迁入子女		其中:本省迁入子女		其中:农村留守儿童		一年级	二年级	三年级	四年级	五年级	六年级	
					小计	其中:女	小计	其中:女	小计	其中:女	小计	其中:女							
合计	14741	7118	712	903	439	150	198	59	241	91	5409	2422	2922	2712	2331	2273	2227	2270	2270
文成县实验小学	2730	1271	98	0	18	11	12	8	6	91	1011	606	427	466	435	513	455	434	434
文成县第二实验小学	1360	659	36	0	18	6	8	2	10	3	2	—	212	240	238	240	202	228	228
文成县金炉乡中心学校	17	8	1	0	0	0	0	—	0	4	0	—	0	3	3	6	0	5	5
文成县龙川乡中心学校	108	60	1	0	0	0	0	—	0	—	0	—	13	20	15	23	19	18	18
文成县公阳乡中心学校	56	25	4	0	1	0	1	—	0	—	0	—	12	8	8	10	9	9	9
文成县平和乡中心学校	94	46	0	0	0	0	0	—	0	—	46	—	7	16	12	19	20	20	20
文成县珊溪镇中心小学	1149	565	4	55	0	0	0	—	0	—	356	163	201	187	162	181	207	211	211
文成县珊溪镇李井小学	237	118	0	0	2	0	2	—	0	—	73	—	54	48	32	32	29	42	42
文成县巨屿镇东洋小学	120	56	5	0	0	0	0	—	0	—	120	56	24	18	18	20	21	19	19
文成县仰山乡中心学校	71	29	0	16	0	0	0	—	0	—	25	—	13	9	14	10	12	13	13
文成县桂山乡中心学校	90	48	0	32	0	0	0	—	0	—	66	23	7	15	20	16	17	15	15
文成县黄坦镇中心小学	713	361	108	29	34	14	12	6	22	8	225	112	156	117	103	128	99	110	110
文成县云湖乡中心小学	8	6	1	5	1	1	0	—	1	1	0	—	0	1	1	1	5	0	0
文成县南田镇中心小学	1196	613	26	32	92	34	2	1	90	33	599	287	237	220	201	172	193	173	173
文成县南田镇三源小学	121	59	17	0	6	0	6	—	0	—	0	—	29	33	9	16	15	19	19
文成县十源乡中心学校	213	123	3	38	0	0	0	—	0	—	105	53	53	40	29	34	22	35	35
文成县玉壶镇中心小学	916	487	42	11	24	6	13	3	11	3	547	330	263	177	157	112	101	106	106
文成县周壤乡周南学校	134	66	0	0	0	0	0	—	0	—	99	—	38	35	19	11	17	14	14
文成县上林乡中心学校	78	34	7	0	11	0	6	—	5	—	55	25	16	15	6	11	15	15	15
文成县东溪乡中心学校	85	51	1	14	0	0	0	—	0	—	38	—	14	23	16	13	10	9	9

续表 26-5

学校名称	在校(班)人数																		预计毕业生数
	合计	其中:女	其中:少数民族	其中:寄宿生	其中:进城务工人员随迁子女		其中:外省迁入子女		其中:本省迁入子女		其中:农村留守儿童		一年级	二年级	三年级	四年级	五年级	六年级	
					小计	其中:女	小计	其中:女	小计	其中:女	小计	其中:女							
文成县富岙乡培头民族小学	154	68	49	75	0	0	0	—	0	—	75	31	33	30	27	14	28	22	22
文成县金星乡中心学校	70	37	1	0	0	0	0	—	0	—	31	17	7	11	10	11	12	19	19
文成县朱雅乡中心学校	19	14	0	0	0	0	0	—	0	—	0	—	3	3	3	0	6	4	4
文成县少年业余体育学校	153	69	3	29	22	6	15	3	7	3	75	8	30	40	13	22	27	21	21
文成县峃口乡中心学校	136	68	3	16	0	0	0	—	0	—	93	—	20	27	11	29	31	18	18
文成县樟台乡中心学校	342	164	0	10	26	0	21	—	5	—	135	—	87	70	50	52	43	40	40
文成县龙川乡中心学校	246	126	5	0	19	5	11	3	8	2	46	21	88	46	35	27	18	32	32
文成县双桂乡中心学校	181	102	41	3	0	0	0	—	0	—	22	—	38	30	24	27	28	34	34
文成县巨屿镇中心学校	702	355	0	0	68	33	23	10	45	23	210	106	137	103	109	113	121	119	119
文成县西坑畲族镇民族学校	465	244	84	50	2	0	0	—	0	—	135	72	101	77	80	64	67	76	76
文成县百丈漈镇中心学校	563	263	67	293	27	10	19	8	8	2	256	111	96	115	93	77	92	90	90
文成县二源乡中心学校	521	247	35	31	0	0	0	—	0	—	274	131	106	96	71	72	75	101	101
文成县周壤乡中心学校	242	120	0	0	1	0	1	—	0	—	139	82	57	49	32	32	36	36	36
文成县树人学校(民办)	714	277	20	0	19	3	10	1	9	2	336	105	157	175	106	106	85	85	85
文成县育人学校(民办)	345	143	24	63	27	10	16	6	11	4	99	41	77	101	56	56	31	24	24
文成县青叶文武学校(民办)	90	11	0	101	0	0	0	—	0	—	0	—	8	12	16	16	18	20	20
文成县光明外国语学校(民办)	302	125	20	0	23	11	20	8	3	3	116	42	101	36	45	45	41	34	34

说明:资料由县教育局提供

学制学业

1986年全县实行六年制小学课程,1989年改为五年制。开设思想品德、体育与保健、语文、数学、常识、音乐、美术、生活与劳动等课程。一二年级语文、思想品德合并;小学复式班一至三年级,语文、思想品德、常识合并,进行合科教学。选修课有外语、自然科学、劳动(职业)、技术。活动分晨间活动、班团队活动、体育活动。小学每节课40分钟,晨间活动20分钟,上课34周,复习考试3周。小学第一学年不安排课外书面作业,第二、三学年每天作业不超过30分钟,第四、五学年不超过45分钟。

1993年秋始,所有小学和初级中学开始使用浙江省编写的义务教育五年制新教材。凡完全小学,配备和使用"二机一幕"(投影机、录放语言机与银幕)和音像教材。

1996年实行5天教学制。1999年秋五年制改为六年制,使用省编义务教育六年制新教材。2000年小学复式班教学基本结束,2001年将计算机列入课程。2002年秋,文成县实验小学、大峃镇小、珊溪镇小等学校三年级开始设英语。

2011年各校开发校本教材。2000年,县教委编的《刘伯温故乡——文成》发行各校,文成县实验小学编《书法》教程、《山水文成》等校本教材。

2011年文成县实验小学课程设量情况一览表

表26-6　　单位:班、课时

科目	年级					
	一	二	三	四	五	六
品德与生活	2	2	—	—	—	—
品德与社会	—	—	1	1	1	1
语文	9	9	7	7	6	7
数学	6	6	6	6	6	7
外语	—	—	3	3	4	4
体育	3	3	3	3	3	3
音乐	2	2	2	2	2	1
美术	2	2	2	2	2	1
科学	—	—	2	2	3	3
信息技术	—	1	1	1	1	1
综合实践活动	—	—	3	3	2	2
地方课程与学校课程	—	3	—	—	—	—
周课时	27	28	30	30	30	30

说明:资料由县教育局提供

学校选介

文成县实验小学　位于大峃镇建设路190号,为浙江省百年名校。创办于1903年,取名群益两等小学。1995年,改称文成县实验小学。学校占地面积10000平方米,建筑面积9098平方米。

2002年,教学班49个,学生2629人,教职工142人,其中专任教师115人。

1996年始设书法课,打造"书法特色学校"。2011年,浙江省书法教育现场会在文成县实验小学举行。1998年,开展古诗词诵读研究,要求学生每周一首,每学期进行考核,毕业时能背诵300余首古诗词。2000年,学校与西安科技节接轨，请专家作讲座，开展“小制作、小发明”活动。2005年，组建无线电小组，培养少年儿童热爱科学的兴趣。

1993年始，学校相继开设华侨子女留守儿童教育实验班、海外华裔青少年暑期中文学习班、华裔培训基地。2009年，被省教育厅、省侨联命名为“华文教育基地与意大利米兰中文结对学校”。

20年来，学校先后获“温州市教研先进集体”等市级奖62项；省“雏鹰红旗大队”“省级绿色学校”等省级奖17项，获“全国励志教育示范基地”“世纪之星全国少儿艺术教育成果展优秀组织奖”等国家级奖4项。

文成县第二实验小学　位于大峃镇城南小区，始建于1903年，原名大峃镇小，占地面积5520.01平方米，建筑面积8695.5平方米。

学校以“幸福教育”为办学理念，以“打造最具幸福感的现代化学校”为办学目标。让学生享受幸福教育、让教师体验教育幸福，把学校办成活泼轻松、文明和谐的“乐园”和书香洋溢、特长发展、幸福成长的“学园”。

学校努力打造特色校园。一是创建民乐教育艺术特色学校。投入37.5万元，配置室内室外音响、广播系统有2个民乐器材室、2个音乐室和1个多功能演艺厅，计230余平方米。投入6万余元建设民乐长廊。2012年，民乐合奏团首次代表县参加市第25届艺术节器乐合奏比赛获三等奖。合奏团社员毛索尔和王心瑶参加“才艺大赛——小演奏家”比赛，获全市银奖、省金奖。二是打造书香校园。

2011年，教学班24个，学生1059人；教职工76人，其中中学高级教师5人、小学高级教师48人。

学校获“浙江省课外阅读先进集体”“浙江省先进学校”“浙江省现代教育技术实验学校”“浙江省文明单位”“温州市示范学校”“温州市素质示范学校”等10余项荣誉。

培头民族小学　前身为青田县私立崇道小学，1935年由钟德彰创办。1950年改名培岙小学，转为公办学校。2010年升格为乡镇级学校，更名富岙民族学校。学校占地面积5150平方米，建筑面积1662平方米。

1995年开始，打造畲乡特色校园文化。2008年，命名为文成县非物质文化畲歌传承基地。学校定期举办校园畲族文化活动，组织学生唱畲歌，跳畲舞，让学生品尝糍粑等畲家美食，参与打草鞋，编制竹筐、彩带等手工活动，举行蹴球，操杆、高跷等体育竞赛。

2011年，在校学生152人，教职工14人。其中本科学历6人，小学高级教师7人。住宿生34人。

2000年以来，学校先后被评为温州市民族团结先进集体、温州市农村寄宿制学校、温州市未成年人道德建设优秀基地、温州市乡村少年宫优秀阵地、温州市“五好”关工委、浙江省义务教育标准化学校等荣誉称号。

西坑民族学校　位于西坑畲族镇西坑村求知路10号，九年一贯制义务教育学校。1992年5月，撤区并乡扩镇，西坑区中心小学改称西坑畲族镇中心小学。2004年9月，西坑中学与西坑第二希望小学合并，更名西坑民族学校。占地面积15827.8平方米，建筑面积6954.3平方米。

1995年，由团中央牵头，苏浙旅菲校友会捐资建“文成县第二希望小学”，中央军委原副主席刘华清题写校名。1996年，西坑中学与温州职业技术学院挂钩，开展教育合作和交流。2002年，瓯海房开公司总经理朱文达为西坑中学捐资20万元，用于平整操场，修建校门；瓯海中学捐资20万元建西坑中学综合楼。

2010年开始，学校开展民族文化进校园活动，打造畲族文化。举行以“排球”为特色的体育活动，初中女子排球连续四年获得县冠军，小学男子排球队多次获县冠军。2011年，编写出版校本教材《美丽畲乡》。

2011年，全校18个教学班，学生585人，其中畲族学生165人。教职工70人，专任教师51人，其中中学高级教师3人。

1991—2011年，学校先后评为市义务教育示范学校、市艺术体育特色学校、市教学规范化达标学校。

树人学校 位于城东开发区,创办于1998年,九年一贯制寄宿民办学校。学校占地面积30013平方米,建筑面积16200平方米。

学校秉承"勤奋、进取、立德、树人"的校训。注重教学过程管理,学校和教师及时了解教学新动态,做到教学评价的常态化、动态化、多维化、人性化,提高学校教学质量。学校还抓好学科特长生的培养工作,加强校际交流,整合校本研修资源,尝试网络研修和课堂开放,优化研修环境。

全校21个教学班,其中小学16个、初中5个;在校学生887人,其中小学661人、初中226人。教职工89人。2008年被评为温州市义务教育示范学校。

第三节 初级中学教育

1990年,全县完全中学3所、独立初中10所、28所乡校附设85个初中班,在校生13369人。2011年,全县初中23所,214个班级,在校生6281人。

学校设置

1991年,全县中学13所、296个班级,在校生14336人,其中高中生1440人。文成县被共青团中央确立为"希望工程"实施县。初中入学率64.21%、巩固率89.3%、流生率10.7%,比上年减少1.38个百分点。1992年,撤并珊溪片的东垟、花前、仰山、西山4所附设初中,黄坦、西坑、峃口中学各创办一个民族班。珊溪、周壤、周南、巨屿、樟台、二源、东溪共增7个班,初中入学率提高到66.4%。1993年,小学升初中入学率72.83%。1994年,在龙川、西坑、里阳、岭后、石垟、下垟6个乡普及初中。

1997年,文成县被授予"基本普及九年义务教育、基本扫除青壮年文盲县",获浙江省"两基进步奖"。经过2003年、2004年、2005年相继调整,合并樟台、双桂、西坑小学与初中,组成九年一贯制学校。2006年,全县中小学校平均学生466人。初中适龄人口入学率99.46%。中考成绩700分以上74人,其中上温州中学分数线39人。

2011年,做好东溪、龙川、周壤、周南4个微型初中部的撤并工作。完成校网的合理布局,全县有初中23所、214个班级,在校生6281人。义务教育阶段在校生20984人,其中女生10125人,少数民族学生1030人,寄宿生3155人,进城务工随迁子女597人,农村留守儿童6961人,残疾儿童47人。

1992—2011年文成县初级中学情况一览表

表26-7

项目/数字/年份	学校数(个)	班级数(个)	招生数(人)	毕业生数(人)	在校生数(人)	教工总数(人)	专任教师(人)	备注
1992	10	262	4681	3013	12427	784	668	教师数初高中在内
1993	11	259	4739	3063	11342	771	654	
1994	11	272	6008	2869	13377	851	731	
1995	11	305	7302	3067	16355	910	792	
1996	13	353	7302	3666	19279	1046	908	
1997	11	369	6865	5431	20373	1101	958	
1998	13	363	5614	6447	17504	1134	999	
1999	12	342	5332	5986	15112	1154	1018	
2000	13	336	5137	4895	14448	1148	1015	

续表26-7

项目 数字 年份	学校数（个）	班级数（个）	招生数（人）	毕业生数（人）	在校生数（人）	教工总数（人）	专任教师（人）	备注
2001	13	331	5367	4294	14762	1269	1072	教师数初高中在内
2002	12	335	5184	4368	14811	1374	1156	
2007	9	—	3229	2646	8649	945	795	专为初中教师数
2008	9	—	2881	2586	8490	981	832	
2009	14	215	2293	2762	7748	1005	815	
2010	16	198	2159	2499	6847	984	757	
2011	23	214	—	—	6281	—	655	

说明：资料由县教育局提供

2011年文成县初级中学情况一览表

表26-8

学校名称	班数（个）	学生数（人）	招生数（人）
合计	214	6281	2155
文成县平和乡校	3	53	19
文成县桂山乡校	3	52	16
文成县十源乡校	3	105	43
文成县周壤乡周南学校	2	29	0
文成县实验中学	20	845	324
文成县第二实验中学	20	878	372
文成县少体校	3	103	39
文成县岇口乡校	4	118	35
文成县樟台乡校	6	139	57
文成县龙川乡校	2	50	0
文成县双桂乡校	3	82	29
文成县巨屿乡校	9	310	105
文成县西坑畲族镇民族学校	6	165	54
文成县百丈漈镇校	7	243	72
文成县二源乡校	6	211	60
文成县周壤乡校	2	51	0
文成县黄坦中学	11	283	80
文成县玉壶中学	12	338	140
文成县珊溪中学	30	784	274
文成县南田中学	24	568	188
文成县求知中学（民办）	30	561	172
文成县树人学校（民办）	5	226	54
文成县青叶文武学校（民办）	3	87	22

说明：资料由县教育局提供

2003—2006年文成县教育普及情况一览表

表26-9

年份	小学情况			初中		
	入学率(%)	巩固率(%)	小学升初中比例(%)	入学情况		巩固率(%)
				学龄人口(人)	入学率(%)	
2003	18649	99.93	99.98	11949	99.98	99.05
2004	17147	100	99.98	10957	99.1	99.22
2006	14780	99.99	100	7797	99.58	99.97

说明:资料由县教育局提供

学制学业

1991年全县初级中学学制均为三年。课程的设置按照国家教委1981年全日制教学计划执行。必修课为公民、体育与保健、语文、数学、外语、自然科学、社会、音乐、美术、科学或综合实践活动、地方课程等。初中每节课45分钟。1993年使用省编义务教育新教材。1995年秋,初中使用调整后的省义务教育课程。2001年,“信息技术课程”列入初中必修课。2003年秋,在文成二中、县实验小学部署新课改试点工作。2004年秋,初中一年级开始实施新课程。

2011年文成县初中课程设量情况一览表

表26-10

科目			初一	初二	初三	备注
必修课	道德		2	2	—	—
	体育与保健		3	3	2	—
	语文		6	5	5	—
	数学		5	4	4	—
	外语		5	—	—	—
	自然科学		4	—	—	—
	社会		3	—	—	—
	音乐		1	—	—	—
	美术		1	—	—	—
	农业技术基础或劳动技术		1	—	—	—
	家庭生活		0/1	—	—	—
	职业指导		—	—	—	—
	周总课时数		31/32	27/26	23/19	—
	并开科目数		10/11	10/9	9/8	—
选修课	文化选修	外语	—	4*	4*	—
		自然科学	—	—	0/4*	—
		其他	—	—	1	—
劳动职业技术选修			—	—	1	—
活动	班级活动		1	1	1	—
	体育活动		3	3	2	—
	兴趣活动					

续表26-10

科目		初一	初二	初三	备注
周学习、活动总量		35/36	35/34	32	
综合实践活动	研究性学习	每周3课时，三年不少于270课时			
	社会实践	每学年一周			
	社会服务	三年不少于10个工作日			
选修11		每周至少安排1课时，三年并不少于108课时			

说明：符号“/”表示上、下学期的分划，“*”表示非必选科目。资料由县教育局提供

学校选介

文成实验中学 位于大峃镇周村水碓楼（朝阳新村对面），创办于1986年春。原名文成县第二中学，2009年8月改称文成县实验中学。2009年8月，原文成县第二中学和现代教育实验学校（2003年秋创办）合并析置为文成县实验中学和文成县第二实验中学。学校占地面积16647平方米，总建筑面积8576平方米，校园绿化面积3722平方米。

1991年后，先后出台《文成二中教学工作规定》《文成二中教师教学常规》《文成二中考奖教方案》等管理条例，制定《中学生日常行为规范》《文明班组考核细则》《文明学生评比细则》。

1998年，成立关心下一代工作委员会。2000年，在全县率先成立中学生法制学校。2003年，成立文成二中心理健康教育工作领导小组，设立心理咨询室。2006年，全校18个班级全部配备多媒体教学平台。

2011年，初中班级20个，学生845人；教职员工101人，其中高级教师10人，“三坛”（教坛新秀、教坛中坚、教坛宿将）教师15人。

获省文明学校、现代教育技术实验学校、师德群体创优先进单位、教科研先进集体、国防教育活动先进学校等荣誉。

文成实验二中 位于大峃镇大峃街566号（老文中）。全称浙江省文成县第二实验中学，2009年7月成立，属于县城的公办初级中学，建制24个班级。

校园分教学区和生活区（教学区15780平方米、承文宿舍区1490平方米）。总占地面积17270平方米，总建筑面积13129平方米，建筑占地面积4323平方米，操场占地面积6300平方米，绿化面积1340平方米。

2009年8月，政府拨款40万元维修校舍，67.9万元添置教学设施。2009年8月2日学校正式挂牌。8月25日开始招生，第一年6个班级，学生246人，教职工25人。

2010年，与宁波外国语学校帮扶结对。学校中学高级教师12人、市名师1人、市教坛新秀中坚3人。市级以上论文获奖6篇。

学校依托百年名校（老文中）文化底蕴，以“承文存底蕴，学子冠中华”为校训，推行“班级个性化管理培育人，分层流动性教学激励人，多元成功文化吸引人”的管理模式。

2011年，学校获温州市卫生先进单位，温州市小科学家培养基地，文成县小文学家、小科学家、小数学家培养基地等称号。

第四节 普通高中教育

1990年，全县普通高中13所，其中完全中学3所、24个班级，在校生1136人。2010年，全县高中796个班，普高在校生2998人。2011年，专任教师239人。

学校设置

1991年,普通高中招收8个班、388名学生,占初中毕业生的12.37%。1994年,求知中学增设2个高中班,招收高一新生102人。1995年,全县仅1所高中,班级10个,招生188人,在校生404人,教工37人。

1997年,文成中学停止初中招生,晋为高级中学。

2001年,县成职教中心设普通高中2个班,综合高中2个班。高中入学率比上年提高6.25个百分点,达42%。2002年,初中毕业生升入高中比例为59.7%,比上年提高17.7个百分点。2003年,普通高中5所,在校生5104人,初中毕业生升入高中阶段的比例为65.19%,比上年提高5.49%,普通高中与职业高中招生比例2.6:1。

2006年,普高6所,在校生5298人,入学率80.26%,比2005年提高3.9个百分点。2008年,高中教师学历合格率93.2%,普高专任教师中具有中级及以上职称的46.56%。高考上线总人数、上线率、上本科线人数分别比上年提高5.16%、5.31%、3.03%。

2010年,文成中学高中36个班,珊溪中学12个班、南田中学9个班、求知中学(民办)22个班,全县普高在校学生3668人。

2011年,专任教师239人。其中,硕士研究生7人,大学本科232人;中级以上职称153人,比率64%。

1992—2011年文成县普通高中情况一览表

表26-11

项目 数字 年份	学校数(个)		班级数(个)	招生数(人)	毕业生数(人)	在校生数(人)	教工总数(人)	专任教师(人)	备注
	完中	高中							
1992	3	—	26	429	349	1188	784	668	连初中教师在内
1993	3	—	27	339	371	1049	771	654	
1994	4	—	29	382	319	1126	851	731	
1995	4	—	32	646	364	1365	910	792	
1996	4	—	36	681	371	1719	1046	908	
1997	4	—	40	807	435	2010	1101	958	
1998	4	—	46	778	589	2117	1134	999	
1999	3	1	54	1090	604	2455	1154	1018	
2000	3	1	69	1370	688	3033	1148	1015	
2001	3	1	81	1281	665	3452	1269	1071	
2002	5	1	93	1793	983	4114	1374	1156	
2007	5	1	—	1507	1658	4733	401	317	专为高中教师数
2008	5	1	—	1200	1483	4037	363	292	
2009	5	1	—	1291	1307	3729	284	246	
2010	3	1	79	1246	1137	3668	278	237	
2011	3	1	76	—	—	3568	—	239	

说明:资料由县教育局提供

2011年文成县普通高中情况一览表

表26-12 单位:人

学校名称	合计	一年级	二年级	三年级	预计毕业生数
浙江省文成中学	1781	610	577	594	594
文成县珊溪中学	556	197	204	155	155
文成县南田中学	347	109	114	124	124
文成县求知中学(民办)	884	268	298	318	318
合计	3568	1184	1193	1191	1191

说明:资料由县教育局提供

学制学业

1991年,普通高中教学计划对1981年颁发的《全日制六年重点中学教学计划试行草案》进行调整,设必修课、选修课、活动课三类,各校以音乐、美术为单性选修课,增设社会实践活动课程。2001年,按教育部规定增设必修课"研究性学习"。课程按省教育厅《全日制综合高中班的指导性课程计划的实施意见》,文成中学、珊溪中学、南田中学率先施行。2006年秋,全面实施《新课程第一阶段实验课程方案》,设地方课程与校本课程。

2009年,文成中学设置的课程设语文、英语、数学、思想政治、历史、地理、物理、化学、生物、信息技术、通信技术、美术、音乐、体育健康,综合实践活动包括"研究性学习""社会实践""社区服务"。

2009年调整后的普通高中教学计划情况一览表

表26-13 单位:个

<table>
<tr><th rowspan="2">科目</th><th colspan="5">必修与选修1A</th></tr>
<tr><th>模块总数</th><th>高一</th><th>高二</th><th>高三</th><th>选修1B</th></tr>
<tr><td>语文</td><td>7</td><td>4</td><td>2</td><td>1</td><td rowspan="14">原则上在必修教学结束后即可开课,或与选修1A并行开课。学校应统筹开设所有选修1B模块,让学生有充分的选课空间,确保在二学年和高三学年上学期每周至少有两次走班教学,学生至少获得12个选修1B学分</td></tr>
<tr><td>英语</td><td>6</td><td>3</td><td>3</td><td>—</td></tr>
<tr><td>数学</td><td>7</td><td>4</td><td>2</td><td>1</td></tr>
<tr><td>思想政治</td><td>5</td><td>2</td><td>2</td><td>1</td></tr>
<tr><td>历史</td><td>5</td><td>3</td><td>1</td><td>1</td></tr>
<tr><td>地理</td><td>5</td><td>3</td><td>1</td><td>1</td></tr>
<tr><td>物理</td><td>5</td><td>2</td><td>1(文)
2(理)</td><td>1</td></tr>
<tr><td>化学</td><td>5</td><td>2</td><td>1(文)
2(理)</td><td>1</td></tr>
<tr><td>生物</td><td>4</td><td>—</td><td>3</td><td>1</td></tr>
<tr><td>信息技术</td><td>2</td><td rowspan="2">—</td><td rowspan="2">—</td><td rowspan="2">—</td></tr>
<tr><td>通用技术</td><td>2</td></tr>
<tr><td>美术</td><td>3</td><td colspan="3" rowspan="2">三年完成6个模块教学,每周1课时</td></tr>
<tr><td>音乐</td><td>3</td></tr>
<tr><td>体育与健康</td><td>11</td><td colspan="3">三年完成11个模块教学,每周2课时</td></tr>
</table>

说明:资料由县教育局提供

学校选介

文成中学 创办于1941年,位于大峃蟾背山脚王家宗祠。1948年7月,迁至大峃街苔湖娘娘宫,位于大峃镇大峃街566号。2007年8月,迁至体育场路666号。新校园占地13.34万平方米,建筑面积50263平方米。新校舍整体规划由教学区、生活区、运动区组成,有教学楼、科技楼、实验楼、图书楼、报告厅、网络中心、天文台、宿舍楼、食堂餐厅、后勤服务中心等。学校实行全封闭全寄宿管理。建有1200平方米图书楼,藏书9.2万册、500座学生阅览室、216平方米电子阅览室。

1997年,初中停止招生,学校升格为高级中学。

20年来,培养初中毕业生1270人、高中毕业生7739人。1990年,初中、高中各12班,合计1344人,教职员工110人。2011年,高中36班,学生1805人。专任教师135人,其中高级教师46人,中级以上职称占教师总数70%以上。省教坛新秀1人,市教坛新秀8人;全国及省、市优秀教师28人,全国"五一劳动奖章"获得者、省市劳模2人,省市师德标兵、优秀班主任7人。

学校先后获省文明学校、省现代教育技术实验学校、省师德群体创优先进单位、省教科研先进集体、省国防教育活动先进学校、市文明单位等荣誉称号。

求知中学 创办于1984年9月,是浙江省第一所民办中学。1993年5月,由初级中学升格为完全中学。1997年3月,省政府将学校搬迁列入省"9761"教育发展工程。征地24680平方米建设新校园,于9月迁入体育场路新校舍。2001年5月,省政府授予"浙江第一所民办中学"奖牌。2002年列入"温州市重点名校"。

20年来,学校从全国各地选聘100余名师执教,其中20位特级教师担任各科教师及教研组长。初中部980余名毕业生被重点高中录取,高中部为高校输送合格新生2580人。

2011年,12个班级、在校学生1445人。其中高中部18个班、学生884人,初中部12个班、学生561人。专任教师79人。

2001年,被评为"温州市文明学校"。

第五节 特殊教育与民办教育

全县特殊教育始于1988年。三类(视力、听力、智力)残疾儿童入学率逐年提高,1996年68.05%、1998年81.041%、2000年83.33%、2002年91.82%。1984年年前,文成县以政府办学为主。1983年后,社会人士办学逐渐兴起,形成以政府办学为主导,社会人士积极参与,共同走发展教育之路。

聋哑人教育

1998年4月,文成县创办聋哑学校,校名为文成县育才聋哑学校。址设县总工会大楼。首批招生13名。1990年,学校迁华侨新村私宅,设5个班级,学生42人。1996年,省教委拨款10万元、县教委拨款13.2万元、县民政局拨款15万元,建造新校舍,占地面积499.3平方米,建筑面积496平方米。1997年9月,迁入大峃镇屿根村三叉路口新建大楼。2009年12月停办。先后招收聋哑儿童90人,毕业21人,就业30余人。1989—1992年,连续评为县教育系统"先进集体"。

智力障碍儿童教育

2010年9月,县教育局创办公立特殊教育学校——文成县启智实验学校。位于峃口乡新联村。校舍由原新联小学旧址改建，占地面积1500平方米。投资120万元，搞好围墙、教室、食堂、寝室、厕所、浴室，及多媒体平台。

学校教材采用上海市智障学校的实验课本。

县教育局所属首家智障者寄宿制公办学校，为全县7至15岁智障者提供九年义务教育。首届招收一、二年级新生17名，教职员工10人。小学一年级、二年级两个教学班，学生24名，其中男生13人、女生11人。专职教师7人、生活老师2人，食堂管理员2人。

民办学校

1984年9月，李道銮创办初级中学“求知中学”，位于筏头砞附近的厂区，为全省第一所民办中学。1987年，育才聋哑学校创办，位于大岴镇屿根三叉路口。1995年东方少林武术学校创办，位于大岴镇梅谷山；敬业学校创办，位于龙川中樟；在大操场内创办少林精武学校，招收小学、初中学生。1997年育人学校创办，位于玉壶外村。1998年，树人学校、育英学校、珊溪宏志中学创办。此后，九年一贯制学校的石林公园、光明外国语、严处、英才、曙光、青叶文武等学校创办。2005年之后，部分民办学校停办。

2011年，全县独立法人学校49所。其中中小学27所（包括富岙、周山）、初中16所、完中3所、高中1所、职高1所、特教1所。

第二章　职业教育与业余高等教育

1983年,文成县农业技术学校创办。1984年峃口中学创办职业高中,为文成县发展职业高中之首。1986年,石垟林场创办林业职业高中班,玉壶、黄坦中学普通高中班改为职业高中班。1987年,文成二中创办职业高中班。1991年后,职业教育发展迅速。1993年,县教师进修学校创办文成县职业技术学校。

第一节　中等职业技术教育

1991—2011年,职业培训与职业学校教育并举,形成以文成县职业技术学校为主的教育网络。所设专业以支柱产业和特色产业为主。

职业高中

1991年,以黄坦中学职业高中为基础,创办文成县农业技术学校。设置2个专业,建立食用菌、生猪“五改”、香料烟、蔬菜、糕饼等基地。在新楼下店征地6670平方米,建种植实验基地。文成县林业局与石垟林场联合创办文成林业技术学校。设初中与高中两段林业职工技术培训班,学生80余人。在文成二中、玉壶中学、峃口中学招收预备军人、英语口语、裁缝各一个职业高中班。全县8个班,在校生292人。

1992年,创建双桂中学职业班。黄坦、玉壶、峃口等7个职高班招生230人。全县开设14个专业,初步形成农业、林业、服务三大专业;194所中小学建立农林各种基地,面积2150亩。文成农技校开设生态农业、果蔬、香料烟、麻芋、作物栽培、香菇、毛猪、长毛兔、稻田养鱼、服装加工、名茶加工、食品加工等12个项目基地,获温州市“最佳校办三场”称号。

文成县中小学综合素质实践基地

位于大峃镇龙川下村,2009年7月创建。基地占地面积200亩,包括学习实践区10亩、农事体验区120亩、林事体验区60亩、垂钓体验区10亩,分为室内教育实践、劳作制作实践、素质拓展训练和国防教育四个区和室外的农业实践及林事实践两个区。基地建筑面积3790平方米,其中实训楼1280平方米、食宿楼2510平方米,每次可接待300名学生参加实践活动。

实践动作概括为“八大类目设置”,即预防自护自救互救、手工制作、拓展训练、民俗文化、家政训练、科普创新、农事实践、林事实践,共80余个项目。

2011年,设主任室、办公室、实训处、德育处、后勤处,有教职工20人。龙川小学、中樟小学有两批260名学生参加实践活动。

获文成县教育系统重点工程建设工作先进单位、温州市勤工俭学先进单位等称号。

成人学校职高班

1993年,县教师进修学校创办文成县职业技术学校,职业高中编制,学制2年。招收幼师与财会专业两个班。后开设美工、宾馆服务、电脑文秘、电子电工、计算机专业。1995年开始，设职业中专，增设电子电工、计算机、电脑文秘、宾馆服务等专业，学制同职高，为三年。财会专业课程，有政治、语文、数学、英语、体育、音乐、基础会计，财政金融、珠算、企业会计、统计基础、成本会计、财务管理、计算机、审计、预算会计、经济法等17个科目。每周为30课时。

1993年，文成县农业技术学校学制2年。预备军人学校首批毕业生12人入伍。

1994年，县教师进修学校设瑞安师范文成教学点，招收首届普通师范学生40人，学制三年，前后连办四届，培养160名小学教师。1995年，全县职业高中班10个，在校学生404人，教职工37人，专任教师29人。1992—1996年，办班12期，培训501人。

1997年，文成县职业技术学校与湖南衡阳技工学校联办电脑文秘电子电工班。县职技校负责文化课教学，衡阳技工学校负责专业课培训、实习与分配。职业中学，举办4期工业会计班，林业知识专业班72人。

1998年，黄坦农业技术学校与文成县职业学校班级12个，在校学生414人，教职工59人，专任教师42人。1999年，招收职高生145人，在校生339人。

2000年9月，县电大工作站、教师进修学校、职业技术学校、成人文化技术学校合并成立县成职教中心，实行“四块牌子、一套班子、一套制度、一支笔审批”制度。当年，招收职高生112人，在校生300人。

2001年，县成职教中心、文成农技校、峃口中学、珊溪中学、县少体校开设综合高中班，招收学生255人，其中，招收电脑文秘专业90人、旅游专业46人、幼师30人。9月，县综合高中(职业高中)招生，学制3年。

2002年，开展职成教论文评比活动，收论文93篇，获奖28篇，其中县成职教中心教师李祥朝撰写的《在职高教师中实行研究性学习的探索》，获省二等奖，王亮、金孔书合写的论文获三等奖。招收职高、综合高中624人，普高与职高比例首次达到2.2∶1。2004年，文成县职业中学通过省级现代教育技术实验学校中期工作评估验收。

2008年，职业高中5所，设置旅游管理、市场营销、饭店服务、园艺、计算机应用等8个专业，42个教学班，在校生1497人，职高与普高招生人数比率1∶1.1。全县153名职高教师学历合格率91.95%，中级以上职称的占69.92%，比上年提高12.92%。其中，61名教师获高技能培训证书，比上年提高18.3%。同年，县成职教中心扩建，在校生设计规模1500人；以县农业技术学校为主体的黄坦校区，在校生600人；以玉壶中学为主体的玉壶校区，在校生450人。2011年，学校从成职教析置，更名文成县中等专业学校，设园林技术、电子商务、烹饪、旅游、学前教育、计算机六大专业。

1991—2009年文成县成职教中心情况一览表

表26-14

年份	月份	报考数		实考人数(人)	不合格人数(人)	合格人数(人)	实考率(%)	毕业人数(人)	合格率(%)
		人数(人)	课次(次)						
1991	4	92	267	142	82	60	53.18	—	3
	10	115	274	144	82	62	52.55	—	1
1992	4	145	367	162	88	74	44.1	—	1
	10	182	416	207	97	110	49.8	—	4
1993	4	110	255	156	48	108	61.2	—	8
	10	109	236	130	57	73	55.1	—	1
1994	4	112	243	156	59	97	64.2	—	5
	10	140	314	219	79	140	69.8	—	11

续表26-14

年份	月份	报考数		实考	不合格	合格	实考率	毕业	合格率
		人数(人)	课次(次)	人数(人)	人数(人)	人数(人)	(%)	人数(人)	(%)
1995	4	192	569	320	185	135	56.2	—	11
	10	273	704	446	244	202	63.4	—	3
1996	4	398	1263	749	364	388	59.54	—	4
	10	602	1579	1042	664	378	65.87	—	—
1997	4	577	1499	924	581	343	—	—	3
	10	457	1373	923	559	364	61.45	—	1
1998	4	—	1533	880	536	344	—	—	8
	10	730	1672	883	806	410	52.81	—	3
1999	4	610	1418	—	—	300	—	—	13
	10	656	1456	—	—	344	—	—	15
2000	4	736	1500	916	584	372	60.95	—	15
	10	736	1530	1062	568	494	69.3	—	22
2001	4	684	1543	929	—	—	—	—	15
	10	767	1843	—	—	—	—	—	40
2002	4	963	2555	—	—	—	—	—	—
	10	1064	2642	—	—	—	—	—	—
2003	4	1025	2497	529	781	244	51.61	—	46.12
	10	894	2442	430	697	197	48.1	—	45.81
2004	4	766	1980	393	556	210	51.31	—	53.44
	10	667	1863	365	430	267	54.72	—	64.93
2005	4	452	1132	263	287	165	58.19	—	62.74
	10	417	1173	263	238	179	63.07	—	68.06
2006	4	349	855	202	233	116	57.88	—	57.43
	10	292	709	160	202	90	54.79	—	56.25
2007	4	260	634	124	184	76	47.69	—	61.29
	10	192	498	82	149	43	42.71	—	52.44
2008	4	189	446	82	149	40	43.39	—	48.78
	10	133	341	63	93	40	47.37	—	63.49
2009	4	147	333	69	114	33	46.94	—	47.83
	10	122	303	69	75	47	56.56	—	68.12

说明:资料由县教育局提供

2010年文成县成职教中心情况一览表

表26-15

类别	专业名称	班级数(个)	学生数(人)	学习年限(年)	培训学历	办学性质	备注
职业高中	学前教育	31	142	3	高中	自主	文成成职教中心
	观光农业经营	1	56	3	高中	自主	文成成职教中心
	农资连锁经营及管理	2	108	3	高中	自主	文成成职教中心
	计算机应用	6	239	3	高中	自主	文成成职教中心

续表26-15

类别	专业名称	班级数（个）	学生数（人）	学习年限（年）	培训学历	办学性质	备注
职业高中	美术装潢	3	239	3	高中	自主	文成成职教中心
	中草药	1	16	3	高中	自主	文成成职教中心
	旅游管理	2	59	—	—	—	文成农业技术学校
	电子商务与市场营销	4	108	—	—	—	文成农业技术学校
	—	—	—	—	—	—	文成农业技术学校
	—	—	—	—	—	—	文成玉壶中学

说明：资料由县教育局提供

第二节　中等专业教育

1991—2011年，以教师进修学校办中专学历函授班为主。2011年，从成职教中心析置文成县职业中等专业学校。

函 授 班

1991—1992年，教师进修学校办三届中专学历函授班。1994—1997年，设立瑞安师范教学点，招收四届中师毕业生。开设中等师范学校课程。师范课程为政治、阅读与写作、汉语基础知识、数学、物理、化学、生物、历史、地理、教育学、教师口语、电教基础、计算机、体育、音乐、美术、书法、劳技、选修、语教法、数教法、心理学。

文成职业中专

位于县教师进修学校。创办于1993年9月，原名文成职业技术学校。开办之初，招收幼师与财会专业各1班。先后开设美工、宾馆服务、电脑文秘、电子电工、计算机专业。2011年从成职教中心析置，更名文成县职业中等专业学校。设园林技术、电子商务、烹饪、旅游、学前教育、计算机六大专业，28个班，学生1200人，教职员工93人，其中高级职称25人。

学校专业课程内容主要通过教学项目为单元进行教学，将新知识、新技术与新工艺等融入其中，实践性教学时间占专业课学时60.30%。

2009年，开始推广使用普智融通教学模式，根据课程设置模块化、课程内容综合化、教学管理学分化、教学手段现代化、产学一体化的教育基本思维进行教学改革。

1991—2011年，获浙江省级行风建设先进集体、卫生先进集体、治安先进单位、现代教育科技实验学校等荣誉8次，获温州市级文明学校、先进团组织、先进党校、先进集体、艺术教育特色学校等31项。

文成职业技术学校。2003年开始，先后开设文秘、计算机应用、艺术幼师、市场营销、旅游管理、装潢美术六个专业。2010年，开设农资连锁经营与管理、观光农业专业，职高22个班、800余名学生。2007年开始，学生就业率95%。2005年，学生刘锋、叶荣参加国际级定位测向比赛获一等奖，2006年被评为首届浙江“职教之子”。

文成县成人教育文化技术学校。2005年始，主要培训农村预备劳动力，每年招收高中后与初中学生300多人，分为全日制班与周六、日学习班。开设宾馆服务、市场营销、计算机应用班，学制一年半。免费入学，学费、代管费全部由国家资助。2005年,在原龙川小学设教学点,2010年搬回本部,5年培训1700余名学生。

第三节 业余高等教育

1991—2011年,文成县实施业余高等教育的主要形式是浙江省教育学院等在文成设立教学点,浙江广播电视大学进行电视教育。

学院教学点

1998年设立浙江省教育学院教学点,招收教管本科学员134人,开设本科课程。1999年设立温州师范学院教学点,开设小学教育专业课程。1999—2002年,招收小教大专班224人,开设大专课程。2002年,浙江广播电视大学开设现代远程管理学科工商管理类财务会计专业,学制两年。开设基础会计、经济教学基础、审计学原理等13门必修课,选修课三门。汉语言文学专业学制两年,开设中国古代文学、中国现代文学、外国文学等19门必修课,选修课为法学、语言学概论、简明中国古代史3门。法律专业学制两年,开设法理学、宪法学、民事诉讼等13门课程。财务会计专业,学制两年,开设统计学原理,成本、会计、财务管理等15门必修课,选修2门。法学专业(业余学习)学制两年,开设宪法学、刑法学、民法学等14门必修课,选修法律、逻辑学等3门。公共管理类行政管理专业,学制两年,开设行政管理学、领导科学等11门课,选修2门。大学各个专业共同开设的,必修课是邓小平理论概论、哲学和选修中的实习毕业作业等。考试使用学分制,达到一定的学分予以毕业。

文成县成职教中心教学点

位于大峃镇章龙路。由文成电大、文成教师进修学校、文成职业技术学校、文成成人文化技术学校组成。学校占地面积1.8万平方米,建筑面积8430平方米。职高生801人,成人教育学生1025人,农村预备劳动力学生365人;教职工91人,其中中学高级教师22人、中学一级教师41人,本科毕业83人、研究生2人,双师教师62人。

1999—2002年,学历培训774人。2003—2010年,对全县教师开展“提升工程”,培训2072人。2008—2010年,“领雁工程”(省长工程)培训,全县选拔117名教师与校长参加省级骨干培训,选拔82名教师参加市级骨干培训,选拔170名教师参加县级骨干培训。

广播电视大学文成分校

中央广播电视大学文成分校 2002年春,文成工作站升格为文成分校。开放招收教育专科法学、会计学专业学员,首期招收170人。先后开设汉语言文学、行政管理、学前教育、计算机信息管理、旅游管理等专业。2005年4月,通过中央电大“人才培养模式改革和开放教育试点”总结性评估验收。2008年,开设“一村一名大学生”班,开设园林专业,农民大学生46人。2006年,开始招收开放教育本科学员,首季42人。2000年培训1628人。

2003年,与浙江大学远程教育学校合作办学,招收专升本学员,开设法学、会计学等专业,培训学员1083人。2006年,与奥鹏远程教育中心合作办学,招收福建师范大学师范类专升本学员,培训学员118人。2010年,招收吉林大学药学、护理学专业学员38人。

2008年春季,设立文成社区学院,每年为社会进行短期培训1000多人。2009年,被评为市级合格学院。

浙江广播电视大学文成分校 1983年5月创办。招收财政学班25人、商业企业综合管理班15人。

1993年，成立温州广播电视中专文成分校，招收中专生，开设财会、文秘专业，培养学生277人。1995年，招收注册视听生，先后开设英语、法律、财务会计专业。

2000年9月，与县教师进修学校、县职业技术学校合并成立县成人教育中心，实行一套班子、多块牌子的形式办学。

2002年12月，学校升格为浙江广播电视大学分校。开展“人才培养模式改革和现代远程教育”试点工作，实行春秋两季招生，自行组织入学考试。

2003年，成立浙江大学远程教育系统文成学习中心，招收本科生。先后开设法学、会计学、公共专业管理、电子工程自动化、土木工程、计算机应用技术、汉语言文学等14个专业，招生990人。

2006年，设立浙江广播电视大学分校奥鹏远程教育学习中心、福建师范大学奥鹏远程教育学习班。2010年，开设吉林大学奥鹏班，培养学生85人。

2007年12月，经市教育局批准成立社区学院。2009年被评为二级社区学院，依托全县中小学在各乡镇逐年建立社区学校。至2011年，全县建立9所社区学校，21所社区分校(教育中心)。

2009年，开始实行“一村一名大学生计划”，开设园林树木专业，招收农村大学生，省财政补助每位学生学费5320元。

2011年，电大开设财政学、商业企业管理、工业企业管理、党政干部管理、英语、法律、汉语言文学、文秘、园林技术等16个专业，培养学生2130人。

第三章　教育行政

20年来,文成教育在办学体制、人事管理体制、经费投入机制等方面,有着深刻的变化。民办幼儿园兴起,教育投入多元化,实施校长责任制,有力地推动了教育事业的发展。

第一节　机构与管理

1986年撤销教育体育局,成立教育委员会。2002年更名教育局,设12个科室,派出机构设7个学区及直属的15所学校。1992年实行分级办学管理。1991—2011年,继续实行校长负责制。2002年始实行教师聘任制。

机　构

1986年8月文成县撤销教育体育局,成立教育委员会(同时成立县体育运动委员会)。12月,大峃镇与大峃、峃口、珊溪、黄坦、西坑、南田、玉壶区教育办公室建立。1991年,文成县教育委员会设主任室、纪检室、办公室、人事科、普教科、计财科、监保科、成教科、招生办、教研室、会考办、仪器站、教育学会、县教育工会,新成立教委督导室、勤工俭学办公室。高中会考办公室与教学研究室合署办公。1992年撤区扩镇并乡,原18个区镇的教育办公室更名为教育督导室,系县教委派出机构,主要管理教育业务。2002年1月,文成县教育委员会更名县教育局。县教育局机构调整为行政科室、事业科室、县派出机构三部分,教育局内设12个科室,派出机构设7个学区及直属15所学校。

2011年,县教育局行政系统设局长室、办公室、政工科、计划财务科、教育科(行政审批科)、教育督导科、安全保卫科、监察(审计)室;事业系统设教育考试中心、学生指导和资助管理中心、教育装备中心、教育信息中心、教育基建中心、民办教育指导中心、人事代理教育分部、教育工会、文成县会计核算教育分中心、文成县教育研究培训院、文成县退离休教育工作者协会。

分级办学管理

1992年,全县各级各类学校实行"分级办学、分级管理",乡镇中小学由乡镇、村两级管理。1993年,乡镇中小学校长以上的干部由县教委任免(征求乡镇意见),其他权力全部下放给乡镇和学校。

扩大学校办学的自主权,1998年始实行县、乡(镇)、村三级办学。各级各类学校实行分级办学、分级管理,乡镇中小学与村小学,由乡镇、村两级管理。撤区扩镇并乡,撤销的乡校更名为中心完小(附设初中班的更名为中心学校)。原峃口区塔山乡并入樟台乡,原乡小更名为塔山中心完小,改由大峃片教育督导室管理;原属大峃区的新东乡与黄岭乡分别并入二源乡、百丈漈镇,原乡小更名为新东完小与黄岭完小,改由南田片教育督导室管理。其他片教育督导室的管理范围不变。

教师管理

思想政治工作　1991年,国家教育、全国教育工会颁布《中小学教师职业道德规范》。县教委按规定组织教师学习政治时事。1995年，县教委对教师办班和带寄宿生作出规定。教师带寄宿生须申请，但不得超过3位；对违反纪律的，当年不给评优评先、不给晋升职务。1997年，县教委制定《关于教师职业道德建设的几项规定》《关于加强教师职业道德建设的若干意见》。2000年，县教委组织机关中层以上干部开展思想作风教育和警示教育。2005年，开展保持共产党员先进性教育活动。2010年，开展"人人知诚信，人人讲诚信"主题活动。2011年，县教育局对5所民办学校、5所省三级以上民办幼儿园进行规范性考核评估，让教师明确办学思想、办学目的，以提高学生的全面素质为宗旨。

业务工作　1991年，浙江省教委转发宁波市教委《关于加强青年教师队伍建设的若干意见》，文成县教委采取严格教学常规管理等6条措施。1993年，县教委以"校园抓规范、教师抓师德、学生抓纪律、总体抓质量"的指导思想，制定提高质量的相关规定。1996年成立文成县教育科学研究所，规划2000年年前开展100个重要课题的研究。1999年，文成县实施"星级教师"评定。2000年，县教委出台《文成县中青年骨干教师培养管理暂行方法》。2001年，县教委出台《关于"学科带头人"评定及管理办法》《关于文成县教师岗位学年度考核工作的通知》《文成县中小学校长年度考核评估办法（试行）》。2005年，县教育局制定《文成县中小学教师素质提升实施意见》。至2008年，全县有2075名教师参加县级培训。2010年，县教育局制定《文成县"6560"骨干教师培训行动计划实施办法》。

资格任用　1993年，县教委对全县教师的职称评定采取"四轮齐转"方法。对教师工作实绩量化打分和民主评议、业务测试和评委评审相结合进行评定。1997年，对师范毕业生实行任教服务期制度。1999年，县教委进行代课教师的整顿和清退工作。2000年，成立"教师聘任制"领导小组，制定实施细则（暂行）。至9月，全县27所学校实施教师聘任制。2001年，县教委在《中国教育报》《浙江教育报》刊登招聘广告，在全国范围内招聘县教委教研室中学语文、历史、英语、物理教研员。2002年，县教育局制定《文成县校长上岗实施意见》《关于做好师资管理和干部选拔任用工作的若干规定》，全县中小学教师由县教育局统一调配管理，全面实施教师资格制度、教职工聘任制度，推行职称评聘分离制度。全面实行教师编制管理，超编学校实行支教制度，执行教师流动程序。2007年，县教育局发出《关于开展中小学（园）规范化管理暨2007年度工作考核的通知》。

校长负责制

1988年8月，文成县进行校长负责制试点。1989年，5所中学、21所小学实行校长负责制。1991年，468所学校中的12所中学和36所区乡小，继续试行校长责任制。1993年学校实行校长责任制，实行"三定、二制、一包"，即定编、定岗、定责，校长责任制、教师聘任制，资金总额包干。1999年全县启动"名师名校长"工程，选拔校长后备力量，文成中学校长被定为省名校长培养对象。

2000年，制定《文成县中小学校长负责制和教师聘任制暂行办法》。文成中学、县电大工作站、县教师进修学校、县实验小学、文成二中的校长由县委任免；其余直属学校、乡镇学校校长和副校长由县教委征求乡镇意见后任免；乡镇学校中层干部、中心完小校长，由乡镇中学或中心小学校长提名，征求教育督导室意见后，由乡镇任免。县教委每学年对校长的德、能、勤、绩进行考核，实行等级制，发给校长岗位津贴。6月，成立"校长责任制"领导小组，制定实施细则（暂行），培养任用136名中小学中层以上干部，其中校长、副校长8名，小学校长提高班完成最后一轮培训。7月，峃口乡小、里阳乡小校长进行竞争上岗考核。至9月，全县27所学校实施校长负责制。11月，全县各级各类学校全面推行校务公开制度。

学籍管理

县教育局陆续出台《关于进一步规范学籍工作的通知》《学籍办理即办制规定》等，规范学籍管理。制订

《学期工作计划与操作说明》,增加学籍工作透明度。具体要求:参照《文成县中小学生基本信息核对指南》,应有的元素不能缺项,学生本户籍人证明材料、学生成长档案记录、学生毕业信息登记,其中综合素质报告单由各校自行设计,统一印制,报教育科备案。

第二节 创建工作

1996年12月,文成县被省人民政府授予"基本普及九年义务教育,基本扫除青壮年文盲县"。1991—2011年,县教育局着手创建绿色学校、文明学校等,着力创建教育强镇(乡)。

绿色学校创建

1991年以来,文成县共创成县级以上绿色学校64所,其中省级绿色学校5所、市级绿色学校19所、县级绿色学校40所。

1991-2011年文成县绿色学校一览表

表26-16

年份	县级	市级	省级
1991—2003	树人学校　南田中学 南田镇小　珊溪镇小 成职教中心　玉壶镇小 百丈漈镇校　玉壶中学 二源乡校　巨屿镇校 映山红幼儿园　珊溪中学	实验小学　文成二中 黄坦中学　树人学校 南田中学　成职教中心	文成中学
2004	珊溪镇小　南田中学 南田小学	—	—
2005	职业中专　玉壶镇小 百丈漈镇校	实验中学　黄坦中学	—
2006	二源学校　巨屿镇校 玉壶中学	县实验小学　南田中学	—
2007	周壤小学　珊溪中学 西坑民族学校　县幼儿园	职业中专	—
2008	桂山学校　上林小学 映山红幼儿园	珊溪镇小　南田镇小	县实验小学　黄坦小学
2009	黄坦镇小　双桂学校 十源学校　周南小学	珊溪中学　上林小学	—
2010	龙川小学　樟台学校 峃口镇校　平湖学校	百丈漈镇小　映山红幼儿园	职业中专　南田镇小
2011	县少体校　公阳小学 仰山小学　东垟小学	南田小学　县幼儿园	—

说明:资料由县教育局提供

文明(特色)学校创建

文成县文明(特色)学校创建工作始于2001年,至2011年31所学校创建文明特色学校,其中峃口中学、百丈濛镇校创成市级文明学校。

2011年文成县首批特色学校(特色项目学校)立项情况一览表

表26-17

序号	单位	项目	序号	单位	项目
1	文成中学	法制教育、德育导师制、健身操	16	桂山学校	礼仪教育
2	成职教中心	电子定向测向运动、足球、舞蹈	17	百丈漈镇校	传统体育与田径
3	实验中学	民乐团、田径、标本制作和航模	18	二源学校	阳光体育
4	实验二中	“方圆”教育、足球、书法	19	十源学校	校园吉尼斯
5	实验小学	书法、电子科技、文学、足球、乒乓球	20	南田镇小	诚信教育、泥塑
6	实验二小	民乐、星卡评价	21	峃口镇校	乒乓球
7	珊溪中学	孝道教育、篮球	22	玉壶镇小	侨情教育、毽球
8	南田中学	文学、感恩教育、武术、篮球	23	周壤学校	象棋
9	玉壶中学	留守儿童教育	24	周南学校	围棋
10	黄坦中学	综合实践、文学	25	上林学校	篆刻
11	县少体校	柔道	26	黄坦镇小	排球、刻纸和手编
12	龙川学校	剪纸	27	培头学校	畲族文化教育
13	樟台学校	乒乓球	28	西坑学校	民族体育和集体舞
14	珊溪镇小	星卡评价、排球	29	光明学校	侨情教育
15	巨屿镇校	励志教育	—	—	—

说明:表内所列单位于2011年6月2日正式立项,资料由县教育局提供

教育强镇(乡)创建

2009年,文成县出台《优先发展教育,争创教育强县的决定》。珊溪镇小通过市现代化学校考核验收,玉壶中学等7所学校通过省标准化学校验收,县实验小学通过市示范学校验收,桂山乡校等2所学校通过市农村寄宿制学校验收,南林小学等2所学校通过市合格农村学校验收;玉壶、黄坦、西坑、巨屿、百丈漈、二源6个乡镇通过验收,创市“教育强镇”。全县9个乡镇荣获市级“教育强镇”,覆盖人口22万人。

2010年,文成县财政性教育拨款3.25亿元,同比增长24.53%。校安工程完成投资5000余万元。总投资1000余万元,按新课程标准为19所农村学校配备29个实验室,新增计算机884台、多媒体小平台132套、图书14.7万册,新建校园网25个。同年,周壤乡、峃口乡、十源乡、龙川乡、樟台乡、桂山乡、上林乡、双桂乡通过市“教育强镇”验收,全县市级“教育强镇”17个,占全县乡镇数的51.5%,人口覆盖率76.5%。

第三节　招生工作

县高校招生委员会,由分管教育的县政府副县长、教委主任(教育局长)分别兼任主任、副主任。教育局设办公室,其职责是贯彻执行国家有关招生考试的方针、政策和法规,按照国家、省、市有关招生、考试改革和要求,研究落实县招生考试政策、措施和办法,指导考风建设,协助处理招生考试工作中的违纪违法案件,顺利完成高等学校、中等学校的招生工作。

报　名

每年由4—5月开始中等学校与高等学校招生报名工作，下设报名点。中等学校由各区镇中学负责其学区的应届、历届初中毕业生的报名工作。各区高中负责应、历届高中毕业生(或同等学力)高考报名工作。其材料汇总上报县、市、省招生委员会。考生填写“准考证”、“考生登记表”，贴上照片(另备一张体检表用)。高考科类分文科、理科、外语、艺术和体育。中考报考类别为重点高中、中师、中专、技校，各类可兼报普职高。报名后，逐项审查，审查后准考证盖上骑缝钢印，手工操作一直沿用至1992年。1993—1999年，采用机读报名卡采集报名信息。2000年，使用数码摄像采集考生肖像信息等现代化手段操作报名工作的全过程。2001年，高考条件放宽，取消年龄、婚否。

考试与录取

中考，一般由原行政区域中学设考点，分县城的实验中学、大峃中学、峃口中学、巨屿中学、珊溪中学、黄坦中学、西坑民族中学、南田中学、玉壶中学。

试卷由温州市招生办公室统一出卷。考试时间为7月14—16日。考试科目为语文、数学、英语、科学、社会、体育6科，总分690分。

录取前，先填学生志愿，然后依志愿，由普通高中、文成高中、各区高中、求知中学(文成二高)依次录取。职业中专，由县职业技术学校统一录取。

2003—2011年，高等学校招生考试，考试时间从原7月6—9日，改为6月6—8日三天。试卷由浙江省高等学校招生委员会统一出卷。考点设在文成中学。

2008年，先公布分数，再填志愿。第一批重点大学。文科成绩：语文+数学+英语+文综+模块；理科成绩：语文+数学+英语+理综+模块。

第二批录取，去掉模块成绩。

第三批录取，去掉模块、文理综，由语文、数学、英语加技计数科成绩组成。

2009年始，实行“平行志愿”录取。

1991—2000年文成县高校录取情况一览表

表26-18

单位：人

年份	报考总人数	文科			理科			外语	体育	艺术	保送计划	录取总人数	其中	
		国家计划	委培计划	高中专	国家计划	实践生	高中专	国家计划	国家计划	国家计划			重点院校	民族院校
1991	467	19	—	19	55	1	24	1	5	1	—	125	8	—
1992	577	20	—	32	50	1	24	4	3	1	—	135	9	—
1993	514	23	—	19	75	1	25	5	1	2	—	151	8	—
1994	453	40	1	22	100	—	27	14	2	5	—	211	18	1
1995	510	68	—	—	137	—	—	—	10	4	—	218	8	—
1996	522	84	—	—	138	—	—	—	3	5	1	231	14	—
1997	482	31	—	11	90	1	33	—	3	3	1	172	18	—
1998	627	29	—	13	75	—	24	—	1	6	—	148	15	—
1999	708	66	—	—	141	—	—	—	—	18	—	225	28	—
2000	756	100	—	—	274	—	—	—	1	24	—	399	31	—

说明：资料由县教育局提供

2001—2011年文成县高校录取情况一览表

表26-19　　单位:人

年份	报考总人数	录取总人数	其中					艺术类	体育类	高职类
			一本	二本	三本	合计	专科			
2001	747	453	25	57	74	156	268	25	4	—
2002	1149	719	36	108	133	277	376	53	13	—
2003	1253	882	28	87	147	262	559	55	6	—
2004	1245	886	29	90	130	249	473	75	4	85
2005	1451	964	27	89	149	265	556	55	6	82
2006	1849	784	21	81	130	232	444	43	3	62
2007	1862	740	24	47	144	215	469	46	5	5
2008	1923	926	23	88	186	297	540	76	8	35
2009	1577	957	20	290	—	—	526	78	3	40
2010	1462	917	36	265	—	—	445	65	3	103
2011	1009	614	11	202	—	213	359	41	1	—

说明:资料由县教育局提供

第四章 经费与设施

教育经费来源以政府财政拨款为主,辅以征收教育附加税、收取学杂费、校办三产创收和社会筹资等。教育设施以消除危房校舍、改造破旧房校舍、新建扩建校舍为主;教育教学设备变化主要是购置实验教学设备和信息技术教育设备。

第一节 教育经费

1985年开始征收教育费附加。1989年,成立县人民教育基金会。1986—2000年,设立14个侨胞教育基金会。1991—2011年,各级政府和社会各界开展多层次的"扶贫建校""扶贫助学"活动。期间,文成县建立勤工俭学办公室和校办企业公司,勤工俭学总收益510.19万元。

财政性教育经费

预算内教育经费 预算内教育经费主要是教育事业费拨款、基建拨款。1978—1990年,县财政预算内教育经费拨款5701.9万元。1991—2001年,拨款31130万元;2002—2007年,拨款69977.77万元。1991—2011年,预算内教育经费拨款188837万元,平均每年教育经费占县财政拨款25%左右。县教育经费拨款221336万元,占县财政943790万元的23.45%。

2002—2011年,财政性教育经费、预算内教育经费拨款等列入全省科技进步统计监测评价指标。2002年,全县财政性教育经费8792.82万元,人均财政性教育经费支出240.33元;2011年,全县财政性教育经费4.02亿元,人均财政性教育经费支出865.23元,财政性教育经费和人均财政性教育经费支出每年呈递增趋势。2002年,预算内教育经费拨款8792.82万元,占地方财政支出的28.14%;2011年,预算内教育经费拨款4.02亿元,占地方财政支出的19.49%,预算内教育经费拨款每年呈递增趋势。

1991—2011年文成县预算内教育经费投入情况一览表

表26-20 单位:万元

年 份	财政性教育支出	地方财政总支出	预算内教育经费支出占地方财政支出比例(%)
1991	970.00	4217.4	23.00
1992	1190.00	4556.00	26.12
1993	1300.00	5177.2	25.11
1994	2030.00	7060.9	28.75
1995	2040.00	8744.1	23.33
1996	2620.00	10310.9	25.41
1997	3340.00	12714.1	26.27
1998	3480.00	13875.6	25.08

续表26-20

年　份	财政性教育支出	地方财政总支出	预算内教育经费支出占地方财政支出比例(%)
1999	3860.00	16293.8	23.69
2000	4370.00	18369.1	23.79
2001	5960.00	25042.0	23.80
2002	8792.82	31241.87	28.14
2003	9305.94	32131.00	28.96
2004	10224.61	37252.00	27.45
2005	11559.18	43977.43	26.28
2006	12748.22	60334.11	21.13
2007	17347.00	72311.00	23.99
2008	21000.00	86909.00	24.16
2009	26500.00	109191.00	24.27
2010	32500.00	137800.00	23.58
2011	40199.00	206282.00	19.49

说明:资料由县教育局提供

教育费附加　1986年,国务院规定在全国范围内统一征收用于教育费附加。农、林、牧、副、渔业按农民上年纯收入的1.5%计征。城镇教育费附加按三税税额的百分比计征,在建制镇的企业按三税的6%计征,其他地区按三税10%计征。自2003年开始,各地停收农村教育费附加,由省政府转移支出。

1991—2001年县财政拨给教育事业费附加情况一览表

表26-21　　单位:千元

年份	1991	1992	1993	1994	1995	1996	1997	1998	1999	2000	2001	合计
城镇	254	300	516	580	600	750	932	1099	1149	1434	1600	9214
农村	269	180	770	1009	1000	1600	2350	2553	2674	3121	3606	19132
合计	523	480	1286	1589	1600	2350	3282	3652	3823	4555	5206	28346

校办三产收入　1991年,文成县建立勤工俭学办公室和校办企业公司,实行两块牌子、一套班子的管理模式。全县开展勤工俭学中小学校196所,开展面40%,比上年提高34.1%。有劳动基地35个,土地208.7亩。其中,茶园基地38个,面积130.8亩,比上年增加劳动基地22个,增加土地170亩。校办工农业总产值(包括营业额)82.5万元,利润12.15万元,其中补助教育经费8万元,上缴国家税金8.5万元。

1995年,全县开展勤工俭学中小学267所,开展面71.3%;建立生产劳动基地53个,土地面积327亩;工农业总产值(包括营业额)638万元,其中工业总产值430万元。

2001年,勤工俭学开展面86%。工农业总产值803万元,其中工业产值仅42万元。勤工俭学总收益62万元,其中补充教育经费18万元,上缴国家税金19万元。

至2001年,文成县勤工俭学的开展面逐年扩大,工农业总产值及营业额6980.2万元,勤工俭学总收益510.19万元,其中补充教育经费184.97万元,上缴国家税金157.11万元。此后,勤工俭学逐步退出教育领域。

学杂费

2005年秋开始，县义务教育阶段全部学生免交学杂费，6055名学生还免交课本作业本费、代管费、住宿费，占义务教育阶段学生总数的25.1%。2006年秋，九年义务教育学校一律停收学杂费。

县普通高中(职高、职中专)2002年秋季收费标准：重点高中学费每生每学期1100元，普通高中每生每学期800元。职业高中、职业中专收费标准由学校确定，报教育、计划(物价)、财政部门备案。重点高中住宿费每个学生每学期150元，普通高中每个学生每学期120元。学费收入的10%专款用于贫困学生的助学金。特困家庭、最低生活保障线家庭子女入学免收学费。

县中小学、幼儿园1988年秋季至1992年春季收费标准：凡住校学生，每生每学期另收住宿费(含水、电、搭伙)县城15元、区级以下学校10元。幼儿园每人每学期收杂费4～5.5元，保育费每人每学期40元。对家庭经济确实有困难的学生，学校可予适当减免，比例掌握在学校学杂费总收入的10%以内。

文成县中小学、幼园1988年秋季至1992年春季收费标准一览表

表26-22　　　　单位：元/学期

类别	学费	杂费
县城小学	免	10
区级小学	免	8
乡村小学	免	6
县城初中	免	18
区级中学	免	15
乡级初中(含附设初中)	免	12
文中高中	30	25
区中高中(含二中职高)	25	20

说明：资料由县教育局提供

社会捐资助学

人民教育基金　1989年，县人民教育基金会成立。首批从部门单位、中小学校和社会各界人士筹集40万元，其中中小学26万元。中小学校按学生数每人每学期征收：高中8元、初中4元、小学2元。对家庭经济确实有困难的学生，学校可予适当减免，比例掌握在教育基金的5%以内。1996年，调整为文中高中和职高班60元，直属高中55元，县城初中50元，直属初中45元，乡镇初中35元，小学按县、镇、乡、村四级分别为35元、30元、25元、10元收取。

地方教育基金　1989年11月，珊溪区西山乡成立全县第一个乡级教育基金会，筹资2.3万元。1994年9月至1998年5月，全县先后成立8个地方教育基金会，筹集基金110万元。基金会利息主要用于奖励品学兼优的学生和家庭贫困学生的学费。

1989—2002年文成县地方教育基金会情况一览表

表26-23　　单位:万元

基金会名称	筹资单位	数额	建立时间(年月)	备注
文成县教育基金会	中小学校及各单位	26.00	1989	首批集资13.00
西山乡教育基金会	西山乡单位、个人	2.30	1989.11	夏桂松捐0.10
汇溪乡教育基金会	汇溪乡单位、个人	2.80	1994.9	夏迎丰捐2.00
文成中学飞碟杯基金会	县教育、县农用车厂	10.00	1995	县教委出资4.50,县农用车厂5.50,2001年用于危房改造
敖里小学扶贫助教基金会	温州市建设银行、团委	5.00	1996.5	—
县教科研奖励基金会	县建设银行	25.00	1996.7	—
二源乡扶贫教育基金会	浙江省粮食局	10.00	1996.12	—
珊溪中学学生奖励基金会	东方通讯股份有限公司	20.00	1997.4	—
西坑镇小手拉手互助基金会	温州广场路小学	0.60	1998.5	—
东头中心校教育基金会	东溪乡外林村陈永算	2.00	2002.12	—

说明:资料由县教育局提供

海外侨胞和港、澳、台同胞教育基金会　1986—2000年,海外侨胞和港、澳、台同胞成立14个教育基金会,筹集基金150万元。

1986—2000年文成县海外侨胞和港、澳、台同胞教育基金会情况一览表

表26-24　　单位:万元

基金会名称	旅居地	受助单位	数额	建立时间(年月)
胡克聪教育基金会	荷兰	东头黄河小学	3	1986
李林教育基金会	荷意奥台(102人)	李林乡校	20	1987—1988
周克信教育基金会	荷兰	东背坪岩小学	2	1989
胡志光教育基金会	荷兰	东背东溪小学	1	1990
胡逸民教育基金会	荷兰	玉壶中学、玉壶镇小	5	1990
胡有钱教育基金会	意大利	东头黄河小学	1	1991
梅守平教育基金会	奥地利	玉壶中学	3	1992
胡志榜教育基金会	荷兰	玉壶镇小	9.6	1993.6
胡克聪教育基金会	荷兰	东头黄河小学	3	1993
张植教育基金会	中国台湾	黄坦中学	30	1994.3
胡立松等太场小学基金会	意大利	东背小学	3	1994
吴仁青教育基金会	中国台湾	二源乡榅树根小学	2.5	1996
玉壶中小学校友基金会	欧洲(校友)	玉壶中学、镇小	68	1998.8
林清他教育基金会	法国	上林乡校	5	2000.9

说明:资料由县教育局提供

扶贫建校资金　至1995年,文成县80所庙(祠)作为校舍。1995—1996年,省财政、省教委等20个单位向文成县捐助两期“扶贫建校”36个项目,资金1400万元。其中,省财政、省教委600万元,省教委拟定165万元,

邮电部杭州通信设备厂50万元,省粮食局30万元,省东方集团有限公司5万元,海宁市25万元,省乡镇企业局25万元,省烟草公司杭州卷烟厂50万元,省二轻工业总公司20万元,省工艺品进出口总公司20万元,省保健品进出口公司30万元,省包装进出口公司5万元,富阳市45万元,杭州铁路分局40万元,省建设银行50万元,杭州四季青商场40万元,嘉兴市工商联120万元,嘉兴市30万元,望湖宾馆50万元。

1995—2000年,上海大东实业公司、上海应善良福利基金会、浙江省办公厅、省教委、省财政厅、省民政厅、省粮食局与省内各市县200余个单位1000多人资助,全县共建100多幢教学楼、实验楼,总投资5000余万元,总建筑面积12万平方米。

此后,仍有省、市单位部门陆续提供经费支持,促进全县教育事业发展。

海外侨胞和港、澳、台同胞建校捐资 1987—2007年,有200多位海外侨胞和港、澳、台同胞捐资1180万元建校,计50余个项目。

1991—2002年海外侨胞和港、澳、台同胞建校捐资情况一览表

表26-25　　单位:万元

姓名	旅居地	捐资金额	建设项目	捐资时间(年月)
胡立松等	荷47人　意59人	10	玉壶中学图书楼	1987、1991
胡志重	荷兰	0.60	东背东樟小学	1991
周立中	荷兰	2	玉壶区小前校门	1991
徐玉媚	荷兰	0.40	里阳乡校教学	1991.7
胡元绍	奥地利	10	李林乡校舍	1991
周克信	荷兰	2	坪岩小学校舍	1991
胡志潺	意大利	23.70	文成县二中实验楼	1992
洪志成	荷兰	7	新东小学教学楼	1992
胡志榜	荷兰	25	玉壶镇小学教学楼	1992
林太找	荷兰	20	文成中学教学楼	1992
胡绍料	法国	24	文成县小教学楼	1992
胡绍麻	法国	17	周壤小学教学楼	1993
董文杨、董文党等4人	意大利	23	诸葛岭小学教学楼	1993
林德苍	中国台湾	2	仰山乡塘山小学教学楼	1993
陈文斌	苏里南	0.80	里阳乡校教学楼	1993.5
胡克祥	意大利	2	五四小学校舍	1993
胡金菊 胡志亨	日本	4	潘庄小学校舍	1993
胡立正	法国	25	玉壶中学教学楼	1994
叶兆禄	荷兰	15	峃口乡小学教学楼	1995
胡克球	意大利	30	玉壶镇小学教学楼	1995
林太找 林太松	荷兰 意大利	27	周南小学教学楼	1995
刘开聪	中国香港	3	南林小学教学楼	1995
严侃	中国台湾	1.08	南田镇小幼儿园	1995

说明:资料由县教育局提供

扶贫助学 2004年,县教育局争取到省、市政府"扶贫助学"拨款129万元,筹集社会各界捐资128.26万元,全县学校减免给学生的资金总额54万元，占学校学杂费总收入的12.35%。全年8259名中小学生受到不同程度的资助，占学生总数的21.7%，基本保证适龄少年儿童不因贫困而失学。

2005年，全县5635名学生享受爱心营养餐，占义务教育阶段学生总数的23.9%；1440名学生接受社会各界的资助，解决入学和生活困难，占义务教育阶段学生总数的6.1%。教育局机关52名党员每人结对资助1名贫困生。

2010年，县委号召开展“情系桑梓、关爱未来”捐资助教爱心活动，结对小学生340人、初中生200人、高中生88人、大学生38人，计资金69万元。

“四项工程”实施

2005年，浙江省政府提出优化农村中小学教育“四项工程”，由县教育局实施。资助扩面工程：对低保、革命烈士、少数民族、五保供养、低级收入家庭，因受灾、疾病等原因造成经济困难的家庭子女，在义务教育阶段的杂费、课本费、作业费、住宿费分别予以免交、减交、缓交。爱心营养工程：资助对象基本与资助扩面工程对象相同。自2005年秋入学开始，由学校每周对上述学生免费提供2～3餐营养餐。补助标准为每生每周5元，每学期100元。2006年，爱心营养餐资助10547人次，105.5万元。2007年资助面20.9%。食宿改造工程：2004年投入120万元，用于学校改水、改厕，完成52所“双改”学校。2005年实施省“农村中小学校食宿改造工程”，完成食堂宿舍12573平方米。至2006年，全县食宿改造工程规划改造项目30个，总建筑面积23764平方米，总投资2153.2万元。教师素质提升工程：2005年10月启动，制定《文成县教育局关于中小学教师素质提升实施意见的通知》《文成县中小学教师素质提升工程计划》，进行有序的培训。至2008年，全县2075名教师参加县级培训，第一批结业709人，第二批结业607人。评出各级各类先进137人次，其中省春蚕奖3人，市优秀班主任2人，市优秀教师4人，市优秀教育工作者3人，市园丁奖4人，县优秀教师、优秀班主任、先进教育工作者、教学积极分子121人。

第二节 教育设施

至1990年年底，全县13所普通中学占地面积9.98万平方米，建筑面积4.55万平方米；480所小学占地面积17.4万平方米，建筑面积21.98万平方米。1991—2002年9月，全县改造和新建校舍177600平方米。2006年始，进行“农村中小学食宿改造工程”“温州市百所薄弱学校改造”。1992—2002年，希望工程改造和新建校舍20800多平方米。

校 舍

1991—2002年9月，全县投资7740万元，改造和新建校舍177600平方米。学校危房面积占校舍建筑面积比例下降至2.04%。

1991年，投资173万元，改建校舍11070平方米。其中改造危房15所、3170平方米；改造破旧房7所、1950平方米，新建9所、5950平方米。1993年，社会办学之风进一步形成，全年社会集资、捐资150万元，改造和新建校舍10000多平方米。玉壶镇小胡志榜教学楼落成。1994年，筹集建设资金310万元，新建和改造校舍14500平方米。文成中学林太找教学楼落成。1995年投资2958万元，安排希望工程、破旧房改造项目55个，建筑63000平方米。

1997年投资1668.3万元，修建、改建、新建校舍43200平方米。由市直幼儿园捐资118万元兴建的映山红幼儿园在珊溪镇奠基。1998年,周山乡校、外马小学、金星乡校、桂山乡校、培头小学、平和乡校、黄寮乡校、上林乡校、黄坦镇小、东背小学、塘底小学、珊溪温州映山红幼儿园、仰山乡校、富岙乡校、项坑小学等16所学校(园)22幢教学楼、综合楼、宿舍竣工和新建,建筑面积18513平方米,投资848万元,1999年筹措预算外教育经费1112万元,新建教学楼15幢、12742平方米。2000年,筹措预算外教育经费800万元,建成教学楼、综合楼、宿舍12幢,新增校舍面积4600平方米。

2001年,桂山乡校宿舍、峃口中学学生宿舍,塔山小学教学楼、金炉乡校教学楼、公阳乡校教学楼等竣工验收。2001年5月,全县存在不同程度危房的学校74所,危房面积35310平方米,占校舍总面积13.7%,涉及在校生19659人。全县投入300万元资金改造学校危房,完成改扩建危房面积6036平方米。峃口中学等8所学校完成危改工程,黄坦中学等8所学校部分校舍重建,樟台小学等24所学校办理相关改造手续,百丈漈小学教学楼、西坑中学宿舍、玉壶中学宿舍进入危改招标阶段。

2002年9月,全县学校占地面积66.54公顷,校舍建筑面积274237平方米,其中教学及辅助用房142096平方米,行政办公用房24567平方米,生活用房88697平方米,其他用房18881平方米。校舍面积中,危房面积5600平方米。当年,新建7029平方米。

2004年,全县改造学校破旧房14座,竣工校舍面积8431平方米,在建6171平方米,完成投资831万元。同年,县政府投入8600万元,进行文成中学迁建工程。2006年完成主体工程,2007年8月完成整体搬迁工作。

2006年,结合"农村中小学食宿改造工程",加强学校基础设施建设。改扩建学校宿舍、食堂8个,改造食宿面积6476平方米,完成投资648万元。2007年全面完成新农村新校园建设工程,农村中小学食宿改造工程竣工项目17个、面积13792平方米。2008年,竣工13个食宿改造项目,竣工面积9758平方米。完成29所学校17433平方米危旧校舍的维修改造。列入"温州市百所薄弱学校改造"学校13所,投资640.5万元,11月全部完成校舍、运动场等37个项目的改造。2009年投入491.78万元,完成樟台乡校等4所农村学校校舍改造工程。

2010年,拆除或封闭学校危房44幢,文成中学男生宿舍楼建成。2011年投资1000万元,建成玉壶镇中心幼儿园。投资1000万元,开工建设巨屿、百丈漈、凤阳幼儿园。完成双桂、樟台、溪口、项坑边、朱阳社区幼儿园改建。中小学校舍安全工程(2009—2011)投资7959.5万元,加固重建面积60267平方米。至2011年年底,完成总投资7859.02万元,占规划总投资比例98.74%。

希望工程

1991年,改革办学体制,改革投资体制,教育政策向欠发达地区学校倾斜,中国青少年发展基金会确定文成为首批"希望工程县"。

1992年始,以救助失学儿童、改善办学条件为宗旨,实施希望工程。同年,浙江省第一所"希望小学"在岭后乡落成。1996年,西坑第二希望小学教学楼落成。1999年,富岙希望小学落成。至2010年,陆续建成平和乡希望小学、樟台东升希望小学、朱雅方慧馨希望小学、朱阳温州公交希望小学、东头中国移动通信希望小学教学楼、玉壶中学希望楼、十源乡希望小学综合楼、百丈漈希望小学教学楼、里阳乡希望小学综合楼、巨屿镇希望小学教学楼、樟台乡希望小学、周壤建行希望小学、云湖乡温州共青团希望小学17所,总投资430万元。

社会各界捐资希望工程近1500万元,用于建8所希望小学和教育基础设施建设。其中省市县教委、省市财政200余万元,瑞安、富阳、瓯海政府160万元,省建设银行50万元、省烟草专卖局50万元、杭州四季青商场42万元、嘉兴市财政40万元、省国际信托中心35万元、省药医保健品进出口公司和台装进出口公司合捐35万元、香港陈庭骅基金会30万元、上海应善良福利基金会25.355万元、海宁市扶贫办25万元、省二轻厅20万元、苏浙旅菲校友会21万元、杭州铁路分局20万元、温州饭店20万元,温州市108所幼儿园捐资118万元建温州珊溪映山红幼儿园。

1992—2002年,全社会参与希望工程行动,10年间结对贫困学生5959名,其中中学生2102名,小学生3786名,大中专学生71名。

希望工程改造和新建校舍20800多平方米。

教学设备

1990年,全县学校教学设备按第一类标准配备的有文成中学、文成县小,其他的按第二类、第三类标准配备。1991年,增添教学仪器13万元,义务教育乡(镇)普教仪器从原来6个点增加到9个点,图书设备增添8万多元。

1992—1996年,投资17万元增添中小学电化设备和教学仪器。

1997年,增添教学仪器60万元、电教器材20万元、音体美等设备装备35万元。教学仪器配齐率小学46.20%、初中52.78%。生均图书,初完小3.15册、中心小学7.62册、初中8.93册。

1998年,装备投入179.5万元,增添图书5万多册,建希望书库2个。全县7所中学按I类标准配备仪器,16所按II类配备;中心小学按新标准I类配备的有5所,II类配备的有29所;完小按II类配备的有43所。11月份通过省教委"普实"验收,获浙江省"中小学实验教学普及县"称号。

1999年,全县增添仪器投入资金40余万元,增添图书8万多册,添置"两机一幕"100多套。10所学校配备电脑微机设备,4所学校配备多媒体教学设备,文成中学配备双向闭路电视,9个中考点均装备广播系统,音像教材配备8万多元。

2000年,全县投入资金1000余万元置办教育技术装备。全县中小学建立计算机房15个,语音室5个,校园通信设备系统3个;文成二中等4所学校相继建成多媒体综合电教室;全县校园局域网4个,摄像一体机5台,扫描仪5台,数码相机2个,彩色打印机3台,光盘刻录机3台。文中等5所学校建立双向闭路电视。新增藏书9712册,共229614册。

2001年,全县投入电教经费224.38万元,5所学校按I类标准配备仪器(中学2所,小学3所),8所学校按II类标准配备(中学4所,小学4所)。全县学校现代教育技术与教育信息化设备器材情况:各种规格幻灯投影机749台,液晶投影仪8台,各式录音机819台,电视摄像机13架,磁带录放像机36台,VCD、DVD影碟机62台,电视机监视器211台,计算机944台,校园计算机网络系统6套,校园闭路电视系统4套,校园智能音响系统8套,现代教育技术工作室47间(多媒体综合教室12间、计算机教室24间、语言实验室5间、课件制作室6间),配有两机一幕的班级564个,卫星地面接收站2个,有线电视接口22个,其他电教设备62台,仪器设备总值817.57万元。全县中小学教育装备增249.8万元。

体育运动场(馆)面积288127平方米,达标学校31所;体育器械备配达标学校20所,音乐器械备配达标学校15所,美术器械备配达标学校14所,数学自然实验仪器达标学校30所,建立校园网学校9所。计算机1147台,图书藏量441796册,电子图书藏量364片。仪器设备总值1299.97万元,办学条件进一步改善。

1992—2001年,全县投入资金2200万元,用于增添教学仪器、电教器材、音体美装备及图书资料等,中小学教育条件装备(配备标准)达标学校64所。

2005年,教育局完成投资425万元基础设施经费,除建宿舍、食堂外,添置多媒体平台32套,为农村中小学配备光盘、播放设备80套,发放教学光盘76套。

2009年,全县投入学校教育配置专项经费达670余万元。2010年投入710万元。文成县教育装备达到省平均水平。

2011年度文成县学校设备情况一览表

表26-26

中小学所数（所）	学生数（人）	占地面积（平方米）	生均占地（平方米）	建筑面积（平方米）	人均占地（平方米）	图书（册）	生均图书（册/人）	电脑（台）	生机比（%）	体育达标学校数（人）	达标率（%）	体育器材达标所数（所）	达标率（%）	音乐器材达标所数（所）	达标率（%）
47	24552	810945	33	276818	11.27	769217	31.33	4665	5.38	35	74.46	47	100	47	100
美术器材达标所数（所）	达标率（%）	理科实验仪器达标学校数（所）	达标率（%）	建立校园网达标所数（所）	达标率（%）	中小学标准化学校（原）比例占比（%）	中小学资源开放率（%）	小学英语普及率（%）	—	—	—	—	—	—	—
47	100	46	98	42	89.36	55.81	53.91	96	—	—	—	—	—	—	—

说明:资料由县教育局提供

第五章　教师与教科研

1990年,全县中小学教职工3125人,其中公办教师2108人、民办教师242人、代课教师775人。小学专任教师2225人,合格学历的947人,占小教总数的42.56%;初中专任教师572人,合格学历的290人,占初中教师总数的50.7%。高中专任教师84人,合格学历的20人,占高中教师总数的23.8%。同年,全县高级教师12人、一级教师156人、二级教师278人、三级教师122人。2011年,全县在编教师2498人,幼儿、小学、初中、高中、职高教师学历合格率分别为97.1%、100%、99%、100%、93.75%,专任教师中级及以上职称的分别为29.33%、53%、52.67%、64%、67.5%。

第一节　教师队伍

20世纪90年代,逐步取消民办教师编制。1991—2011年,通过合格学历教育和招考合格学历教师等途径,中小学教师合格率逐步达到各类学校对相关学历的要求。

队伍建设

1991年,全县教职工3024人,其中民办教师231人、代课教师735人。1992年,全县小学教职工1777人,其中专任教师1650人,女教师924人,占总数的56%。初中专任教师576人,其中女教师194人,占总数的33.68%。高中专任教师92人,其中女教师23人,占总数的25%。

为缓解老师紧缺状况,从外地区、外省引进大专毕业生,鼓励本地非教育专业大专毕业生从教。1992—1996年,293名民办教师转为公办教师,录用298名代课教师。

1993年,全县教师3097人,其中代课教师612人,占总数19.76%。初中教师缺额414人。招收有实践经验的代课青年教师23人。民办教师转为公办教师28人,代课教师转为公办教师40人。

1994年,招收取得中师(中专)或大专毕业及以上学历、教龄四年以上青年代课教师40人,其中小学教师30人、中学教师10人。民办教师录用为公办教师74人。温州市下达给文成县104名指标,用于1978年年前任教、在中小学教育岗位的农村户口在编民办教师。在文成县设立瑞安师范文成教学点,县教学进修学校招收首届普师班学员40人,招收四届160人。

1995年,小学在编民办教师160人、代课教师400人。初中代课教师199人。录用有实践经验青年教师62人。从高中毕业并具有一定的高中或初中英语基础知识的社会青年中,招收初中英语代课教师40人到文成电大培训,安排到乡镇学校代课,择优录用为公办教师。从社会知识青年中录用小学教师28名、中学教师7名,充实到农村学校任教。

1996年,全县录用代课教师59人,向社会招考录用教师45人。全县开始实行非教育专业大中专毕业生为教育服务的制度。1997年,民办教师294人、代课教师185人转为公办教师。1999年,录用大中专毕业生161人,辞退代课教师321人。

2001年,录用大中专毕业生近110名。从陕西、湖南等地引进大专以上毕业生47人,公开向社会招聘英语等非师范类毕业生11人。2002年,从安徽、湖南、四川等地引进大专以上毕业生61人,招聘非师范毕业生12人。

2004年全县教职工2944人,其中小学专任教师1394人、初中专任教师862人、高中专任教师438人。从外省引进高等师范结业生6人,从非师范毕业生中招收38人。

2007年,全县教职工2729人,其中幼儿专任教师58人、小学专任教师1040人、初中专任教师581人、高中专任教师272人、中职专任教师106人。

2011年,全县在编教师2498人。

学历职称

至1996年年底,全县教职工2521人,其中代课教师443人。初中教师学历合格率70%,小学教师学历合格率90.96%。

1997年,小学专任教师合格率92.95%,初中专任教师合格率80.64%。晋升为中高级教师216人。

2000年,全县教师2943人,其中小学专任教师1502人、代课教师118人,占比7.28%;学历合格教师1351人,合格率90.61%;初中专任教师811人,代课教师63人,占比7.2%,学历合格教师656人,合格率80.88%。

2004年,幼儿园教师学历合格率为92.7%;小学专任教师学历合格率97.1%,取得大专以上学历的48.1%;初中专任教师学历合格率87.1%,取得本科以上学历的14%;普通高中专任教师学历合格率61.9%;职业高中专任教师学历合格率54.2%。

2007年,全县教职工2716人,幼儿、小学、初中、高中职高教师学历合格率分别为100%、97.5%、98.3%、91.5%。全县中级及以上职称的分别为37.9%、42.3%、45.6%、44.5%、48.1%。小学、初中高一级学历的教师分别占79.6%、53.7%。

2008年,全县2587名教职工,幼儿、小学、初中、高中、职高教师学历合格率分别为100%、98.08%、98.03%、93.20%、91.95%。幼儿、小学、初中高一级学历的教师比例分别为100%、83.32%、60.33%。幼儿、小学、初中、高中、职高专任教师中级及以上职称的比例为50%、47.08%、48.65%、46.56%、60.92%。

2010年,小学专任教师1140人,专任教师学历合格率99.74%;初中专任教师757人,专任教师学历合格率99.47%;普高专任教师237人,专任教师学历合格率98.31%;中职专任教师107人,专任教师学历合格率95.30%。

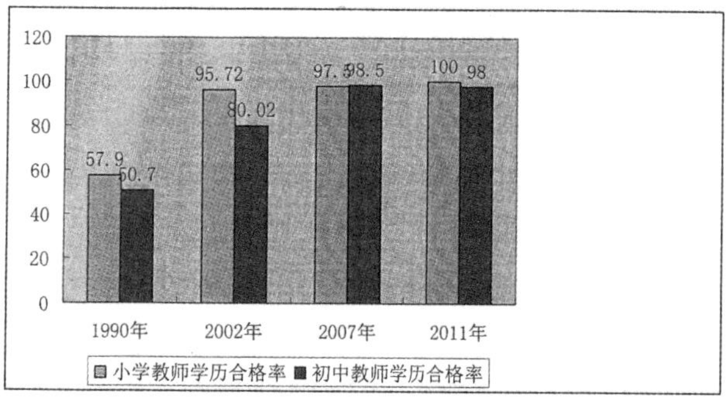

图26-1　1990—2007年文成县小学、初中教师学历合格统计示意图

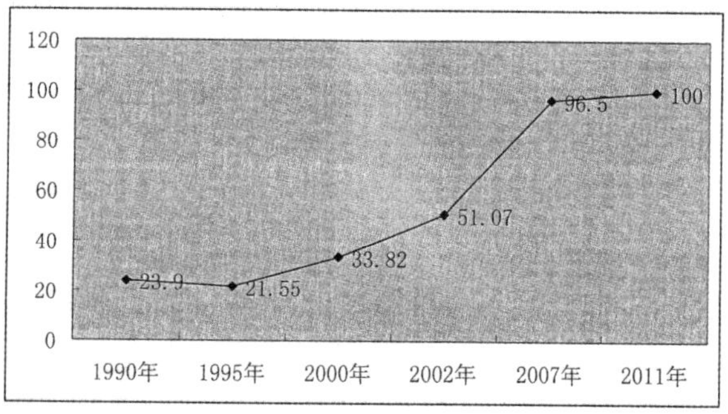

图26-2　1990—2011年文成县高中教师学历合格率统计示意图

2003—2006年文成县小学专任教师职称情况一览表

表26-27　　单位：人

年份	专任教师数	按职级分					
		中学高级	小学高级	小学一级	小学二级	小学三级	未评教师
2003	1411	2	496	577	243	14	79
2004	1394	6	494	651	166	18	59
2006	1334	4	527	696	41	11	55

说明：资料由县教育局提供

2003—2006年文成县初中专任教师职称情况一览表

表26-28　　单位：人

年份	专任教师数	按职级分				
		中学高级	中学一级	中学二级	中学三级	未评教师
2003	865	12	208	338	183	124
2004	862	18	209	349	183	103
2006	795	35	253	330	93	84

说明：资料由县教育局提供

2003—2006年文成县普通高中专任教师职称情况一览表

表26-29　　单位：人

年份	专任教师数	按职级分				
		中学高级	中学一级	中学二级	中学三级	未评教师
2003	335	29	114	126	40	26
2004	331	34	125	116	33	23
2006	372	55	128	103	54	32

说明：资料由县教育局提供

第二节　教师培训

教师培训包括学历进修、业务培训、素质提升工程等方面。

学历进修

函授和高师自考　1990年，部分初中教师选拔到高中任教，学历合格率23.8%，为历史最低。70位中学教师本科函授毕业，输送27位学员到大学深造。1993年，全县组织112名中学教师参加高师自考。1994年，对已取《专业合格证书》的小学公、民办教师，按照中师教学大纲要求培训，历时两年。考试合格后，发给中师函授毕业文凭。1994年，县教师进修学校第二期“青教班”开学。高师自考150多人。1993—1997年，1180多位教师参加高一级学历进修,占全县教师总数的三分之一。1997年,县教委出台《教师继续教育的若干规定》,对参加进修学习的教师在经费上予以优惠。浙江教育学校、温州教育学校在县教师进修学校设立本科、专科函授班。1998年,全县50多位教师参加高一级学历进修。1999年,浙江教育学院在文成教师进修学校设立本科班教学点,全县138位教师参加学习。2002年,538名教师参加县教师进修学校与浙师大、浙江教育学院、温师院联合办的函授班。2004年,组织自考4次,累计报名1760人次,88人取得本科毕业证书。2007年,全县2716名教职工中,幼儿、小学、初中、高中与职高学历合格率分别为100%、97.5%、98.3%、93%、91.5%。

业务培训

1991年,组织各中学初三、高三政治教师进行国情教育师资培训等各类培训19批。1992年,举办校长培训班、中学新教师培训班,小学语文、数学骨干教师培训班,自考函授辅导班等各类培训40期、975人次。1993年,举办各类培训班26期、1045人次,指导考核52名中师毕业生上岗实习。1995年,对100位新老教师进行岗位培训,300多位乡校、完小校长进行培训,500多位新老教师参加高一级学历进修。

1993—1997年,举办校长、新教师、骨干教师培训班等153期、5100人次。文成电大招收中文专业(政治、语文、历史)和师范类英语专业各30名。

1998年,校长、新教师、学科教师培训600余人次。为实现省教委关于到2000年小学教师大专毕业学历达到20%的目标,委托浙江电大文成工作站招收汉语言文学专业师资大专班。全年组织教研员和骨干教师参加省、市各类培训班120人次,到外地听课、学习180人次。

1999年,举办英语、自然科学、计算机培训各两期。10月始,全县分8大片进行小学教师学科教学技能培训,1400多人参加。

2001年,县教委向男55周岁以下、女50周岁以下的中学在职专任教师发放《中学教师继续教育登记卡》,每人每年必须达48学分以上,并作职务评聘条件。

2002年,开展小学音乐、美术、常识及各类骨干教师培训、受训500人次,举办校长、新岗位、计算机等培训班,受训1609人次,派往外地培训100余人次。

2008—2010年,选拔369名教师、校长参加省、市、县三级骨干培训。

2009年,举办中小学各学科新课程培训会,受训400余人次;开初中毕业复习课15节,讲座13个,培训700余人次。县十六届教学节开各类观摩课120节、讲座60场,2300余人次;举办学科骨干研修培训8期、600余人次。

第三节　教师待遇

教师待遇包括经济待遇、政治待遇。

经济待遇

工资　1990年民办教师实行基础职务工资制,全县501人月增资额11792元。1991年开始,民办教师实行以职务工资为主要内容的结构工资制,享受工龄和教龄津贴。1991年,在职民办教师工资平均每月89元。在编代课人员,县财政每年每人以850元包干,月均工资71元。

1993年,教育系统实行专业技术职务等级工资制。代课教师月增工资30元以上。1994年,逐步实现民办教师与公办教师同工同酬,1978年之前在编的民办教师实行技术职务等级工资制,固定部分(专业技术职务工资)70%,活的部分(津贴)30%。

1995年,给215位离退休教师增发10%工资,月增资142627元,全额拨款事业单位人均月增资20元。

1999年,基础工资标准每人每月110元提高到180元,级别工资标准由十级至一级,每月55元至470元,提高到85元至720元。2001年,基础工资标准每人每月180元提高到230元,级别工资由十五级至一级,85元至720元,提高到115元至1160元。2002年7月,平均加薪幅度为15%。由原来的50元到480元。2003年,提高教师职务岗位工资,平均月增资55元。2004年,提高教师地方岗位津贴和考勤考绩,平均月增资450元。2006年,教师基本工资构成进行改革,教师人均月增资300元。2008年,给农村义务教育教师增资任教津贴,平均月增资230元。

2009年1月起实行绩效工资。2010年1月起,对非义务教育学校的高中、幼儿教师,实行绩效工资。

福利　1993年,离退休教师慰问费活动费每人25元,在定额福利中支出。1994年,教龄津贴、特级教师补贴、中小学和幼儿园教师工资标准提高10%,中小学管理人员实行岗位津贴。

1996年,民办教师离岗后的生活补助参照当地公办教师计算退休费的办法计算,年老病残民办教师离岗后的医疗保健,按退休的公办教师待遇发给。离岗民办教师去世后的丧葬费和抚恤费,按照公办教师去世的规定执行。

1999年,乡镇教师住房公积金制度从第四季度开始实施,公助部分由县财政从预算外资金解决。2000年,全县59位民办教师增加离岗后生活待遇,月增9667元。2001年,全县教师公积金公助部分纳入县财政预算。

补贴　1991年,教职工每月补贴6元。1994年,设立教师课时津贴、领导职务津贴、职员岗位目标管理津贴、工人岗位津贴等。

1995年,给215位离退休教师增加教龄津贴,给67位退休民办教师增加生活费津贴,给277位教师增发教龄津贴。教龄满30年的小中学教师,在教师岗位上退休后,按其基本工资的100%发给退休金。

2000年开始,给被命名为县级名师的教师发月专项津贴100元。

2001年,调整教师人员夏令消凉饮料标准,每人每月80元,全年发放4个月。中小学实行校长津贴,分六个档次,省一级以上重点中学(职业中学)校长(书记)、副校长(副书记)每月津贴分别为300元、230元;省二级、三级重点中学(职业中学)、市级重点中学、18个班以上高中、24个班级以上完中的校长(书记)、副校长(副书记)每月津贴分别为230元、170元;其中高中、完中、县(市、区)以上职业中学、24个班以上初中、省市示范小学及24个班以上的实验小学、10个班以上特殊教育的校长(书记)、副校长(副书记)每月津贴分别为170元、120元;其他初中、乡镇职业中学、县以上城市完小、乡镇中心小学的校长(书记)、副校长(副书记)每月津贴分别为120元、80元;县以上城市完小、乡镇中心小学校长(书记)、副校长(副书记)每月津贴分别为80元、50元。其他规模在6个班以上的学校校长每月为50元。地方教师教龄津贴“教龄满五年不满十年的每月3元;满十年不满十五年的每月5元;满十五年不满二十年的每月7元;满二十年以上的每月10元。”班主任津贴:小学每班学生数(35人以下)从8元调整为24元;(36~50人)从10元调整为30元;(51人以上)从12元调整为36元,中学根据每班人数分别提高20~28元。中等专业学校根据班主任任课时数提高22~30元。

2002年,全县教师每人每月发放误餐补贴50元和煤气补贴25元。2004年,鼓励32名教师到岭后、下垟等边远山区学校支教一年,每学期补贴交通费800元。给云湖等10个边远山区乡的教师每月80元津贴。

2007年1月起,实行教师每人每月200元的农村学校教师生活补助。同时,县财政安排30万元专用于名师名校长津贴。

尊师重教

1985年,国务院规定9月10日为教师节。县政府照例每年召开庆祝大会或下乡慰问教师。

1993年,县委县政府召开教育工作会议,对15个尊师重教的先进集体、26名尊师重教先进个人进行表彰。

1994年,文成电视台摄制电视纪录片《"希望工程"带来了希望》《赵忠良艰苦创办教师进修学校》在温州电视台播放。省电视台开设"烛光颂"栏目,来文成拍摄教师镜头。县政府组织教委干部带5万慰问金到35个乡镇慰问教师。

1990—2002年,教师中,有县第八、九次党代表33名,有县第十一、十二届人大代表29名,有市第七、八届人大代表6名,省第五、七、八届人大代表3名,县第四、五届政协委员29名。

2003年5月,文成中学教师刘爱菊获评"全国五一劳动奖章"。2008年,开展"送温暖·献爱心"活动,慰问困难教职工73名,送出慰问金3.72万元。

2009年,在局机关开展"四好"科室活动。

第四节　教育科研

1990年,教研重点趋向整体育人工作。1991—2011年,开展"整体化"实验研究、新课程改革、"主题性"教研等活动。

教育教学研究机构

县教研组织　1991年,县教委成立小学"整体化"教改指导小组。1995年,文成县教育科学研究所成立。1998年,县中小学音乐、美术、常识、思想品德教研大组成立。2000年前后,全县乡中心小学、镇级以上初级中学建立"校长室—教导处—教研组或课题组"科研组织格局。

县教科研团体　1980年12月成立县数学学会,会员16人。1987年12月,县中学数学教学研究会成立,会员50人。1988年3月,成立县小学数学教学研究会,会员50人,1989年12月,成立县小学语文教学研究会,会员82人。

教学改革

1991年,推广宁波市小学"整体优化"教育改革经验,组织大峃、珊溪、玉壶、南田镇8所小学开展"整体化"实验研究。1992年"教学计划"改为"课程计划"。1993年,提出素质教育和新课程改革,突出以德育为首、德、智、体、美、劳五育并举全面发展的教育方针,将活动与学科并列为两类课程,加强技能学科教育,增加音、体、美周课时数。

1996年实施素质教育。三年级开始,每班开设一节书法课和电脑课。开设学科活动课程,开展课外兴趣活动。文成实验小学开始设书法课,每年艺术节举行300人以上书法现场比赛。1998年,每周诵读古诗词一首。大峃镇小举办数学奥林匹克竞赛、拼贴画、铅笔字学习。各乡镇学校设立电脑房,让学生初步掌握计算机技术。

1999年,文成县推广素质教育,纠正重智轻体倾向。课程体制弹性化,课程内容多元化。课程、结构由基础型课程、拓展型课程、探究型课程、研究型课程四个模块组成。包括学术知识性的课程和补足性学校自主性课程,加强综合课程的建设。三年级始设英语课。《自然常识》改为《自然科学》,由专任教师任教。

2000年，县教育局出版文成县乡土教材《刘伯温故乡—文成》，发行各校学习。文成县实验小学编写《综合实践活动方案》《体育与健康教案集》《书法教程》《山水文成》等校本课程。

2001年，新一轮基础教育课程改革启动。2002年起，文成义务教育阶段新课程改革推动课程理念、课程管理、课程结构、课程内容，课程实施、课程评价的系统改革。县教研室制定备课、上课、作业布置与批改、质量测评四方面基本规范标准。

2003年，《教学大纲》改为《新课程改革课程目标》。一年级开始使用人教版教材。此后，县教研室每学期举行全县教师新教材培训，到六年级一轮实验结束。

2004年秋季，全面实施新课程。投入新课改专项资金200余万元，培训教师1000余人次。2007年，抓紧新课程标准的学习和教材培训，组织培训46期、2500余人次，开研究课、观摩课、经验交流会等90多场次。

2007年，开展“主题性”教研活动。2008年开展“立足课堂，关注发展”课程改革展示活动。2009年，开展“综合实践，发展创新”综合实践主题活动。

2010年，探索“教师梯级培训”新路子。涉及初中语文、数学、英语、科学、社会思想品德，180多人参与。备课通过“名师指导—自主研习—合作探索—反思修改—说课教研—总结提升”方式，各学科备课教师在名优教师指导下，完成七年级课程的备课，评选出1至2套精品教案集。

2011年，“减负提质”，深化课程改革，启动“目标教育教学新实验”、小班化教学试点。开展目标教学培训15场、2000余人次。举办第十七届县教学节，150多教师团队参加各学科“目标教学”赛课。

教科研交流 1997年，省直机关11位青年教师来文成支教，杭州高级中学等五所省重点中学与文成二中等五所中学结对。2002年，文成教育网建设工程启动。2005年，县教育局选派46名教师到岭后、下垟等边远山区支教。

教育科研成果 1995年10月，创办《文成教育科研》，2008年1月改名《文成教育》。至2011年年底，每年出刊四期，计69期，平均每期20篇左右，发表作品1500余篇。

20年来，教科研论文在《温州教育》《浙江教育》《浙江教育报》《教育探索与研究》《教师报》《中国教育丛刊》等报刊发表，计1500余篇。

文成县在省、市教科研成果获奖情况：1996年，获市级二项一等奖、省级一项三等奖，2000年，完成课题的70%。1997年，科研论文获市级奖26篇，省级奖13篇，国家级奖12篇。2001年，获市级奖10篇，省级奖10篇。

2006—2011年文成县教科研课题立项情况一览表

表26-30

年 份	县级	市级	省级	合计
2006	51	18	7	76
2007	115	13	1	129
2008	108	17	—	125
2009	150	29	—	179
2011	101	39	1	141

说明：资料由县教育局提供

名师工程

1999年，根据《中华人民共和国教师法》，借鉴外地经验，构筑文成教育系统“名师工程”。召开全县“名师工程"动员大会,开展各学科带头人的评选,评出18位"学科带头人"、4位"星级教师"。县教委出台《文成县"星级教师"评定及管理办法》,建立年审制度,对受聘于文成县"三星级、四星级、五星级"的教师,从教师职业道德履行职责,教育教学业绩四方面进行考核。

2000年,县教委出台《文成县中青年骨干教师培养管理办法》。2001年,出台《关于"学科带头人"评定及管理办法》。2008年,建立名校长、三坛(教坛新秀、教坛中坚、教坛宿将)和学科骨干等三个层次教师评选机制。制定《文成县农村中小学教师"领雁工程"实施意见》。

1999—2002年文成县参加省市级名师名校长及县级名师培养情况一览表

表26-31

年份	人数	性别	学科	称号	单位
1999	1	男	体育	省首届名师培养对象	大峃镇小
	1	男	小学数学	省首届名校长培养对象	大峃镇小
	1	男	—	市首届名校长培养对象	文成中学
	2	男	小学数学	市首届名校长培养对象	大峃镇小、玉壶镇小
	4	男	高中数学、语文、化学、历史	市首届名名师培养对象	文成中学
	8	5男、3女	小学语文6、数学2	市首届名名师培养对象	县实验小学7、大峃镇小1
	2	男	高中化学、历史	县首届名师	文成中学
	2	男	小学语文、数学	县首届名师	实验小学、大峃镇小
2000	1	男	文中化学	省首届名师培养对象	文成中学
	1	男	小学语文	省首届名师培养对象	实验小学
	2	男	初中数学、小学数学	市第二届名校长培养对象	文成二中、乡校
	8	5女3男	高中地理1、小学数学1、小学美术1 小学音乐1、小学语文3、小学思品1	市第二届名师培养对象	文成中学1、实验小学6 大峃镇小1
	3	2男、1女	小学数学2、高中物理1	市第三届名师培养对象	文成中学1、实验小学2
	10	5男、5女	高中地理1、小学语文3、数学4 美术1、幼儿教育1	县第二届名师	文成中学1、实验小学6 大峃镇小2、县妇联幼儿园1
2001	2	男、女	小学美术1、小学思品1	省名师培养对象	实验小学2
	1	男	初中政治	市第三届名校长培养对象	峃口中学
	1	男	小学语文	市第三届名校长培养对象	玉壶镇小
	11	男6、女5	高中化学1、高中语文2、初中语文3 幼儿教育1、小学数学1、小学语文2 小学体育1	市第三届名师培养对象	文成中学2、县成职教中心1 文成二中3、县妇联幼儿园1 大峃镇小1、实验小学3
2002	14	男6、女8	小学语文、语文1、高中化学1 生物1、历史1、政治1 初中社会1	县第9届名师	实验小学5、文成二中1 南田镇小1、玉壶镇小1 大峃镇小1、文成中学5

说明:资料由县教育局提供

第二十七卷

科　学　技　术

1990年，文成县围绕“科教兴县”战略，先后制定“八五”至“十一五”期间科学技术规划，建立公共科技创新服务机构，实施“科教先导”工程、“双百”科技大行动计划，为可持续发展提供科学保障。1991年以来，抓住科技资金投入、科技人才培养、科技合作交流三大重点，突出农业农村科技示范基地、示范村和科技创新示范企业建设，肉兔养殖、绿色稻米种植等成为科技富民强县产业。至2011年，全县专业技术人员从1991年年初的4242人增至5686人，增加了34个百分点；科技经费投入从2002年的900万元增至4000万元，10年间增加3.44倍；全县共实施科技计划项目1218项，科技成果填补国内技术空白14项，科技开发项目获评温州市科技进步奖二等奖2个、三等奖3个，获评浙江省科技进步奖一等奖项目一个(2007年)。

第一章　科技机构

1978年9月，设立文成县科学技术委员会。1989年6月，全县8个区镇全部建立科学技术委员会，科技兼职人员40人。1992年撤区扩镇并乡，建立乡镇科学技术委员会和科普协会10个。1997年建立乡镇科学技术委员会24个。1997年建立乡镇农技推广站24个，配备农村科技辅导员（科技副职）540名，占行政村总数的90%。1999年，建立县地震办公室。2000年县级协会（学会）下属14个，会员6800人。

第一节　管理机构

2002年6月，县科学技术委员会更名县科学技术局。2011年，内设办公室、科技管理科、科技情报站、地震办、星火办5个职能科（室、站）。12个县级学（协）会，1个非公有制企业科协，3个农村专业技术协会，33个基层协会，384个科协分会组织；会员6800人。

文成县科学技术委员会

1991年，称县科学技术委员会。建立县科技情报站，在编9人。1992年，设立综合科和科技管理科。9月，县科委和科协合署办公，一套人马、两块牌子，财务分列，内设办公室、科技管理科、综合科、科技信息站、科普部、农函大分校办公室6个科（室、站）。1997年7月，内设办公室（纪检监察室）、综合科、科技情报站（事业）。编制7名。1999年，建立县地震办公室，同科技情报站合署办公，事业编制1名。

2002年6月，更名县科学技术局，为县政府管理科学技术和地震工作的综合职能机构。下设办公室（知识产权科）、科技管理科、科技情报站、地震办、星火办。2011年机构未变，编制13名，在编11人。

乡镇科学技术委员会

1989年6月，建立黄坦区、珊溪区科学技术委员会。1990年7月，建立南田区、玉壶区科学技术委员会。1991年6月，建立大峃区、峃口区、西坑区、大峃镇科学技术委员会，全县8个区（镇）全部建立科学技术委员会，有科技兼职人员40人。

1992年撤区扩镇并乡，全县设置35个乡镇。当年，建立乡镇科学技术委员会10个。1993年建立乡镇科普协会10个。1996年，新建立乡镇科学技术委员会6个。1997年，新建立乡镇科学技术委员会8个。1998年调整乡镇科委24个。

乡镇农业技术推广站

1992—1996年，从机关选派230名科技干部要到乡镇、村、企业任职或挂职。1996年配备专职科技副乡镇长14名，聘请农村科技辅导员529名。1997年建立乡镇农技推广站24个，配备农村科技辅导员（科技副职）540名。1998年，配备19个乡镇专职科技助理，调整乡镇农技推广站25个。7月，抽调19名县机关干部担任科技副乡镇长助理。

第二节 科研队伍

1990年,全县专业技术人员4242人。2011年,全县专业技术人员5686人。至2011年,开展6轮,专业拔尖人才选拔,选拔专业技术拔尖人才37人;开展5轮优秀青年专业人才选拔,选拔优秀青年专业人才33人。

专业技术人员

1990年全县专业技术人员4242人,其中高级职称20人、中级职称568人、初级职称2962人、未评聘692人。1994年,全县事业、企业单位专业技术人员3302人。按职称分,高级16人、中级420人、初级2528人;按专业类别分,工程技术114人、农业171人、卫生568人、教育2224人、经济121人、会计83人、统计18人、图书(档案、文博)24人、新闻(出版)3人、体育2人、艺术31人、政工3人。

2000年,全县事业单位专业技术人员4445人。按职称分,高级53人、中级1114人、初级3036人;按专业类别分,工程技术293人、农业248人、科学研究3人、卫生689人、教育2907人、经济102人、会计85人、统计16人、图书(档案、文博)69人、新闻(出版)7人、播音18人、体育3人、艺术4人、政工1人。同年,全县企业单位专业技术人员137人。

2005年,全县国有事业单位专业技术人员4645人。按职称分,高级108人、中级1606人、初级2794人;按专业类别分,工程248人、农业370人、卫生769人、教育2844人、经济144人、会计149人、统计9人、图书(档案、文博)44人、新闻(出版)12人、律师(公证)1人、播音8人、体育13人、艺术29人、政工5人。同年,集体事业单位专业技术人员73人,国有企业单位专业技术人员143人。

2011年,全县专业技术人员5686人。按职称分,高级355人、中级2019人、初级2386人;按国民经济行业分,农、林、牧、渔79人,采石矿业4人,制造业139人,电力、煤气及水的生产和供应401人,建筑605人、交通运输、仓储和邮政101人,信息传输、计算机服务和软件44人,批发与零售98人,住宿和餐饮57人、金融424人,房地产84人,租赁与商务服务46人,科学研究、技术服务与地质勘查68人,水利、环境和公共设施管理16人,居民服务和其他服务10人,教育2371人,卫生、社会保障和社会福利852人,文化、体育各娱乐70人,公共管理与社会组织217人。

1992—1996年,科普协会、研究会发展到80个,会员3900人。1997年,24个乡有协会83个、会员4000余人。2007年全县科技信箱注册600余户。

专业技术拔尖人才

1993年,文成县开始选拔专业技术拔尖人才,至2010年开展6轮,选拔专业技术拔尖人才37人。2001年,开始选拔优秀青年专业人才,至2011年开展5轮,选拔优秀青年专业人才33人。

第二章　科技管理

1991年，文成县开始编制科学技术发展规划。1992年，开始实施《文成县"八五"科学技术发展计划和十年规划纲要》。1994年实施"科教先导工程"。1999年始，实施"双百"科技大行动计划，科技经济一体化进程加快。县科学技术局组织实施各级科技计划项目，对1218项科技项目、科技经费、科技人员进行有效管理。

第一节　规划与政策

文成县于1992年4月、1996年10月、2001年12月、2006年8月，进行4轮科学技术发展计划制定。出台制定实施科教兴县战略，加速科技进步的若干意见等多项政策措施。

科技规划

1991年，文成县开始编制科学技术发展规划，明确全县科技工作的指导思想、主要任务和奋斗目标。1992年4月，县政府编制《文成县"八五"科学技术发展计划和十年规划纲要》。科技发展重点：农业科学技术方面，以粮食、食用菌、水果、茶叶、香料烟、蚕桑、畜牧（毛猪）和林业等开发项目的科技进步为重点。工业科学技术方面，以提高质量、品种、效益为目标，力争"八五"科技进步在工业产值增长中的贡献率达40%。环保、卫生科学技术方面，开展生态环境和保护技术的研究，推广环境污染控制技术，引进污水处理技术；进行常见病、多发病、传染病的防治技术和中医药的研究，提高科技含量。推广计划生育新设备、新技术，加强乡村医生培训，建立县、区、乡三级卫生网。

1996年10月，县政府编制《文成县科学技术"九五"发展规划》。科技进步目标：综合科技能力达到全市中等以上水平；到2000年，科技进步对工业总产值增长的贡献率为45%；引进、推广新工艺、新技术、新材料、新设备，扶植新产品开发，组织推广浙江省40项重点技术推广项目并取得成效；发展高产、优质、高效的现代化农业，形成合理的产业结构，2000年粮食年平均亩产达到730公斤以上；到2000年，科技进步对农业总产值增长的贡献率为50%左右。

2001年12月，县政府编制《文成县科学技术"十五"发展计划》。主要目标：到2010年，要逐步形成以高新技术为先导、先进适用技术为主体、一般实用技术和传统技术并存的分层次农村科技开发体系，紧紧围绕技术创新这一主线，在"十五"期间，组织实施"六个一"工程。即建立1个科技型示范乡（镇），培育1个以农产品加工为原料科技型加工产业，创建10个科技星火示范村，扶持10个科技型示范基地或科技型示范企业，培训和培养1000名科技人才和农村科技带头人，使1万名农民掌握1～2门实用技术。扶持和培育农业龙头企业，开发和利用山区资源，实施品牌战略，培育具有地方特色的高附加值品牌产品。

2006年8月，县政府编制《文成县科技发展第十一个五年规划》。主要目标：到2000年，要逐步形成以高新技术为先导、先进适用技术为主体的科技开发体系，科技进步贡献率持续提高。围绕科技创新这一主线，在"十一五"期间，组织实施"六个一"工程，即创建10个农业科技示范某地、10个农业科技示范村，为培育块状特色农业经济提供科技示范；创建10个科技星火培训学校，健全农民知识培训体系；扶持10家科技型（专利）工业示范企业，推进民营企业科技创新体系建设，引导企业提升知识产权战略意识；实施10个重点科技项目，引导科技创新，推进科技成果转化，促进产业结构调整；培养1000名农村科技“二传手”，提高农业生产科技水平。

科技政策

1991年11月，县委、县政府制定《关于依靠科技进步加快经济发展的若干政策规定》。1992年4月，县委制订《关于推进科技进步，提高国民经济整体水平的决定》。

1994年，县政府出台《文成县科教先导工程实施意见》。1996年10月，县委、县政府制定《关于深入实施科教兴县战略加速科技进步的若干意见》。11月制定《关于深入实施科教兴县战略，加速科技进步的若干意见》，贯彻落实“科学技术就是第一生产力”的方针，实施科教兴县战略。

1999年4月，县委、县政府制定《关于进一步推进企业技术进步工作意见的通知》，5月出台《关于实施“双百”科技大行动计划的若干规定》《文成县“双百”科技大行动计划》。

1992年11月，县政府制定《文成县科学技术进步奖励暂行办法》，建立文成县科学技术进步奖。1993年12月，县委、县政府颁发文成县首届“科技进步奖”，表彰优秀项目12个。1997年，建立科技奖励基金25万元。1998年6月，县政府印发《关于设立文成县科技奖励基金的通知》，12月制定《文成县科学技术进步奖励基金管理章程》，科技奖励基金增长到30万元。1999年8月，制定《文成县科技进步奖励办法》。至2010年3月，县政府6次表彰县科学技术进步奖。2008年7月，县政府办修订《文成县科学技术奖励办法》。12月县委、县政府制定《关于鼓励自主创新加快科技进步的若干意见》，建立健全财政性科技投入稳定增长的机制，以150万元为基数，设立“全面创新基金”。积极培育高新技术企业、科技中小型企业、农业科技企业，引导鼓励中小型企业向“专、精、特、新”高新技术企业方向发展。每年安排不低于三分之一比例的科技经费用于农业科技，提高科技服务“三农”能力。

第二节　计划项目管理

1991—2011年，全县实施各级科技计划项目1218项，其中国家级项目4项、省级200项、市级139项、县级875项。县科技局对项目立项、经费、成果验收实现全过程管理。

项目立项

1996年11月，县政府制定《文成县科技计划项目的申报与管理实施办法》。1999年，出台《文成县科技计划项目管理办法(试行)》，对全县的火炬、星火、新产品试制、科技成果推广等科技计划项目实行规范化管理，指导科技型中小企业技术创新基金项目及国家、省、市科技成果转化资金项目的申报和实施。2001年6月，制定《文成县科技三项费用管理暂行办法》。2007年3月，县科技局、县财政局联合制定《文成县农业科技成果转化资金项目暂行办法》。

2003年，“野生蔬菜加工技术开发利用”列入国家星火计划；2010年，“兔肉松产业化技术开发”列入国家星火计划；2011年，“文成粉丝规模化生产技术推广”列入国家星火计划。

2001—2011年，全县实施各级科技计划项目946项，其中工业项目110项、农业项目618项、软课题138项、医学项目80项、医学项目均为县级科技计划。

项目管理

1991—1995年，争取省、市科技计划项目22项，项目经费12.77万元；实施县级科技计划项目59项，项目经费58.13万元。1993年，银行发放技改贷款600余万元，组织企业进行技术改造30余家，60余家企业提取技术开发资金300万元。

1996—2000年，争取省级科技计划项目13项，项目经费54万元；争取市级科技计划项目15项，项目经费52.9万元；实施县级科技计划项目162项，投入科技经费224万元。1997年，落实星火项目财政贷款45万元，银行科技贷款700万元，重点企业按规定提足1%的科技开发资金。1999年，全年企业技改资金投入9090万元。

2001—2005年，省级科技计划项目37项，项目经费297万元；争取市级科技计划项目60项，项目经费425万元；实施县级科技计划项目216项，投入科技经费655万元。

2006—2010年，争取省级科技计划项目106项，项目经费919.8万元；争取市级科技计划项目64项，项目经费552万元；实施县级科技计划项目353项，投入科技经费990万元。2011年，争取省级科技计划项目22项，项目经费150万元；实施县级科技计划项目85项，投入科技经费260万元，落实创新基金150万元。

1996—2011年文成县国家、省级科技计划项目与资金情况一览表

表27-1　　单位：万元

年份	级别	项目名称	经费
1996	省级	万亩梨树花不结实研究	4
1997	省级	百亩梨花而不实研究	2
		农作物病虫害防治技术研究（N970305）	1
1998	省级	防水、防火、防腐天花板墙板开发	3
		猪粪尿混合污水处理技术	8
		周山畲乡族卫生院建设	6
		文成县十万亩毛竹综合利用及产业化建设	10
1999	省级	弹性竹凉席设备及工艺的研究与开发	6
		早熟优质梨开发（星火计划）	—
2000	省级	杨梅加工品种选育研究	4
		高山蔬菜技术研究	10
		复方鱼腥草口服液开发（星火计划）	—
		大棚种养配套技术推广（星火计划）	—
2001	省级	杨梅加工品种选育研究	4
		高山绿色蔬菜开发利用与研究（星火计划）	—
		网上技术市场建设	10
		野生食用花卉开发与利用（星火计划）	—
		野生倒刺鱼养殖技术研究（星火计划）	—
		新西兰肉兔良种繁育与推广（星火计划）	1
		飞云江沿岸万亩名优早茶技术研究与应用	—
2002	省级	红薯系列产品开发	10
		网上技术市场建设	10
		远程教育平台建	10

续表27-1

年份	级别	项目名称	经费
2003	国家	野生蔬菜加工技术开发利用(星火计划)	—
	省级	先张法预应力砼管桩开发	1
		人工砂综合开发利用	13
		文成县农民科技培训计划	15
		文成县星火扶贫基地建设	10
		优良肉兔配套系统培育研究	15
		网上技术市场建设	10
		妙竹席及其设备的专利科技成果转化	10
2004	国家	国家星火科技培训学校	5
	省级	白术无公害种植研究成果转化	10
		2004年省科技特派员科技扶贫项目14项	151
2005	省级	2005年省科技特派员科技扶贫项目4项	22
2006	省级	2006年省科技特派员科技扶贫项目18项	96
2007	省级	浙贝母等中药材GAP关键技术的示范与推广	15
		茶叶安全优质高效生产技术中试及产业化推广	15
		文成县肉兔产业提升与发展计划	50
		文成县肉兔产业科技创新服务中心	50
		文成县科技局信息化建设	10
		番薯粉丝生产技术提升和推广	10
		专利知识宣传经费	5
		2007年省科技特派员科技扶贫项目18项	98
2008	省级	野生蔬菜品种资源的保护、开发、利用与推广	5
		专利补助经费	10
		科技抗击冰雪及灾后恢复重建	15
		无公害金银花生产技术与推广	15
		2008年省科技特派员科技扶贫项目18项	100
2009	省级	文成县肉兔产业提升与发展计划省配套	125
		2009年省科技特派员科技扶贫项目18项	90
		文成粉丝规模化生产关键技术示范与推广	15
2010	省级 22项195万元	兔肉骨髓肠生产技术应用与产业化	15
		切花非洲菊优质高效生产技术中试与示范	15
		2010年省科技特派员科技扶贫项目18项	90
		科技富民强县专项资金	75
		省专利补助	0.8
2011	国家	文成粉丝规模化生产技术推广(星火计划)	—
	省级	山地辣椒无公害集成技术产业化示范与推广	15
		温郁金等中药材新品种GAP技术中试与示范	15
		2011年省科技特派员科技扶贫项目18项	90
		非洲菊繁育及高效设施栽培技术研究与示范	30

说明:资料由县科技局提供

1996—2011年文成县市、县级科技项目情况一览表

表27-2　　单位：个

年份	项目总数	其中	
		温州市级	本县级
1996	24	—	24
1997	40	2	38
1998	29	4	25
1999	37	3	34
2000	47	6	41
2001	47	5	42
2002	39	4	35
2003	50	16	34
2004	73	20	53
2005	66	14	52
2006	87	6	81
2007	78	16	62
2008	70	15	55
2009	102	12	90
2010	80	15	65
2011	85	—	85

说明：资料由县科技局提供

第三节　科技经费与人才管理

科技经费主要来源为政府投入科技三项经费：科学事业经费，科普经费，企业技术开发经费。1991年以来，全县制定科技人员管理办法6个，做到科技人员管理、科研成果形成与应用、经费保障与使用有法可依。

经费管理

科技投入　1991—1996年，县财政投入科技三项经费71万元。1997—2000年，县财政安排科技经费260万元。1997年，建立首期科技奖励基金25万元。1998年，科技奖励基金增加到30万元。1999年，企业技改资金投入90万元。2001—2004年，县财政安排科技经费507万元。2003年争取省级经费163万元，2004年276万元。2006—2008年，县财政投入科技经费550万元。2006年争取省级经费89万元，2007年省级253万元、市级109万元，2008年省级195万元、市级143万元。2008年，全社会科技经费投入总额2183.5万元，比上年增长23.8%，研究与试验发展经费支出1139.8万元，同比增长26.9%，占GDP比重0.37%；本级财政科技拨款737.8万元，同比增长35.3%；财政科普活动经费52万元，人均1.4元，同比增长134%。

科学事业经费　2002年，全县科技经费投入0.09亿元，相当于GDP的0.57%。2011年0.40亿元，相当于GDP的0.84%。2002年，本级财政拨款0.02亿元，占本级财政经常性支出的1.04%；2011年，本级财政拨款0.15亿元，占本级财政经常性支出的1.71%。

科普经费　2002年，全县财政科普活动经费8万元，人均科普活动经费0.22元。2011年，全县财政科普活动经费67.2万元，人均科普活动经费1.76元。

企业技术开发费 2002年,全县企业技术开发经费支出0.04亿元,占主营业务收入的1.39%;2011年,全县企业技术开发经费支出0.24亿元,占主营业务收入的1.03%。

科技人才管理

1991年,县委制定《关于鼓励县机关科技、管理人员支援国营、大集体工业企业发展经济的若干规定》。1994年,县委、县政府制定《关于科技副乡(镇)长配备管理工作的若干规定》。1996年,制定《文成县关于放活科技人员的若干政策》《关于大中专毕业生分配到乡镇企业工作的若干规定》。县委组织部、县科委联合制定《文成县科技副乡(镇)长或科技乡(镇)长助理工作职责》。1999年,县人事劳动局与县科委联合制定《关于提高大中专毕业生、科技人员部分离退休人员(生活费)工资待遇的通知》。

1993年,全县11名科技人员到企业、乡镇从事新产品开发和农村商品基地建设。1998年,从县机关抽调19名干部担任科技副乡(镇)长助理。全县15名科技副乡(镇)长参加温州科技业务知识培训班。1999年,122名科技人员与122个基地(企业)负责人签订结对帮扶协议。2004年,举办中青年科技干部知识更新培训班。2010年,县委、县政府首次表彰企业创新人才5名。

2010年,成立文成县大学生村官和农村乡土人才培训基地,举办首期大学生村官创业创新知识培训班。2011年,举办大学生村官创业知识培训班。

2002—2007年,人才资源列入全省科技进步统计监测评价指标。2002年,全县人才资源数7652人,每万人口中人才资源207.93人;2007年,全县人才资源数7500人,每万人口中人才资源202.68人。

2010年文成县首次企业创新人才名录一览表

表27-3

序号	姓名	单位	时间(年月)
1	虞安梅	浙江华广精工制造有限公司	2010.03
2	高飞	温州市威驰阀门有限公司	2010.03
3	郑小芳	浙江双凤食品有限公司	2010.03
4	李倜	浙江慧康暖通设备有限公司	2010.03
5	金明亮	文成县中星钢管设备制造有限公司	2010.03

说明:资料由县科技局提供

第三章　科技成果

1991—2011年，全县实施各级科技计划项目1218项，其中国家级项目4项、省级200项、市级139项、县级875项。科技成果填补国内技术空白14项，参加各类展览会、博览会获奖11项，获温州市科技进步二等奖以上3个、三等奖3个；2007年，获浙江省科技进步一等奖1个。2002—2011年，全县科技进步规模综合评价位次在全省排名80～87位之间，最好为2002年，全省排名80位。全县科技进步水平综合评价位次在全省排名83～90位之间，最好为2002年，全省排名83位。全县科技进步综合评价位次在全省排名60～90位之间，最好为2007年，比2006年提升了24位，全省位列第60名。

第一节　成果类型

1991—2011年，文成县科技人员潜心科研，取得较大科技成果，填补国内技术空白14项，参加各类展览会、博览会获奖11项，县级科技进步奖评奖74项。

新产品试制开发

1991年，县机电工具总厂研制的快速自锁管子钳获“七五”全国星火成果博览会金奖。1992年7月，“半天香”名茶通过农业部国家标准检验。1993年成果通过技术鉴定5项，其中国内先进水平2项，填补省内技术空白2项，获温州市科技进步奖1项、星火奖2项，全国星火展交会金奖1项。

1996年6月，“安达”牌汽车轮胎漏气报警器试制成功并投产，获国家专利局专利产品证书，填补国内技术空白。12月，文成帝师集团有限公司通过省级星火科技示范企业验收。1997年，“山区野生果蔬资源调查与开发利用研究”“山区公路简易砂改油路”2个项目通过省级科技成果鉴定，获温州市科技进步奖1项、星火奖2项。1998年9月，“安居”防盗锁通过公安部鉴定。1999年3月，文成县“电子门铃报警安全门锁”“精制多功能双笼头面机”“电缆盘型钢”3个产品列入99年度省级新产品试制计划。9月，冰洋公司专利产品编入第十二届全国发明展览会项目汇编。文成在全市率先II优162单季稻再生稻引种取得成功。

2000年，金谷有限公司与上海工业研究所联合研制建筑高空吊篮，产品通过鉴定，质量合格。2002年，温州杨梅酿酒股份有限公司成功研制“原汁发酵生产杨梅干红技术”通过省科技厅鉴定，生产工艺达到国家领先水平。冰洋公司竹制产品通过ISO 9001国际质量体系认证，“富山”牌多孔竹粒自动铣钻机、“冰洋”牌妙竹席通过省级新产品鉴定。2004年，县万喜精密铸造公司“熔模技术在蝶阀铸造中的应用”项目解决蝶阀铸件漏水漏气等质量难题，列入市级工业项目。

2007年3月，浙江山哥哥农业开发有限公司承担2005年度市级重点农业科技项目—出口番薯粉丝规模化生产关键技术研究，通过市级评审。2009年1月，农家乐食品有限公司利用番薯渣栽培蘑菇获得成功。

1991—2009年文成县新产品一览表

表27-4

时间	研制单位	产品名称	奖项鉴定单位
1991年	文成县机电工具总厂	快速自锁管子钳	全国星火成果博览会金奖 国家科委
1992年7月	文成县省名茶开发有限公司	"半天香"名茶	通过国家标准检验 农业部
1993年	—	—	—
1996年6月	—	"安达"牌汽车轮胎漏气报警器	国家专利局
1996年12月	文成帝师集团有限公司	省级星火科技示范企业	国家科委
1997年	县农业局、县科委 县亨哈山珍食品有限公司	山区野生果蔬资源调查与开发利用研究	科技部
1997年	文成县交通局	山区公路简易砂改油路	科技部
1998年9月	文成县安居锁厂	"安居"防盗锁	公安部
1999年3月	文成县安居锁厂	电子门铃报警安全门锁	—
1999年3月	—	精制多功能双笼头面机	—
1999年3月	—	电缆盘型钢	—
1999年9月	文成县冰洋实业有限公司	专利产品编入第十二届全国发明展览会项目汇编	—
1999年9月	文成县	II优162单季稻再生稻引种	—
2000年	金谷有限公司、上海工业研究所	建筑高空吊篮	—
2002年	温州杨梅酿酒股份有限公司	原汁发酵生产杨梅干红技术	省科技厅
2002年	文成县冰洋实业有限公司	"富山"牌多孔竹粒自动铣钻机	省经信委
2002年	文成县冰洋实业有限公司	"冰洋"牌妙竹席	省经信委
2004年	文成县万喜精密铸造公司	熔模技术在蝶阀铸造中的应用	市经信委
2007年3月	浙江山哥哥农业开发有限公司	出口番薯粉丝规模化生产关键技术研究	—
2009年1月	文成县农家乐食品有限公司	番薯渣栽培蘑菇	—

说明:资料由县科技局提供

展览会、博览会获奖

1991年,省星火项目"双重偏心管子钳"获1991全国展览会金奖,"鹤城泉酒""文成酱油"分别获全国新产品展览会金奖、银奖。1994年,竹木研究所的竹凉席获"94全国家用科技精品金奖",并被评为"94年国际家庭年国际家用精品"。1998年6月,"帝师杨梅红果酒"和"多功能防盗自动报警门锁"获温州市"百个重点扶持新产品"。1999年,帝师牌杨梅干红酒、冰洋牌妙竹席、亨哈牌野生蕨菜获"99北京国际农业博览会金奖"。2000年,冰洋竹凉席被评为温州市知名商标。2001年,冰洋竹凉席获全国第三届竹文化节金奖、浙江省国际农博会获金奖,亨哈牌干菜系列被评为全市唯一的浙江省名牌农业产品。

科技进步奖

1991—2011年,文成县进行六届县级科技进步奖评奖,评出74项奖次。1991年11月,县政府对获"室外香菇袋栽高产技术研究与推广"等3个市科技进步二等奖以上项目进行奖励。2002年12月,"早熟优质梨开发研究”和“原汁发酵生产杨梅干红技术”获2002年度温州市科技技术进步三等奖。2003年,“亚种间杂交稻示范推广和综合配套技术研究”项目获温州市科技进步三等奖。2007年,“肉兔优质安全高效产业化关键技术研究与应用”项目获浙江省科技进步一等奖。

1991—2011年文成县科技进步奖获奖情况一览表

表27-5

时间	届数	序号	获奖情况	项目名称	完成单位	主要完成者
1998年6月	第一届	1	一等奖	GJ2A1-150片皮机试制	文成县机械厂	夏曙光、赵平、张凤川
		2	一等奖	AX-100系列进口摩托车离合器摩擦片试制	文成县离合器片厂	刘万光、张晓华、刘万良、周月升、季洪满
		3	一等奖	半天香	文成县特产站 石垟林场	钟维枢、施巨盛、叶晓东
		4	一等奖	杂交稻制种优质高产试验	文成县种子公司 文成农业局农科站	杨熙形、陈体员、周月松、叶立坎、周海平
		5	二等奖	杉木柳杉混交林营造技术研究	文成县林业局	季昌丰、潘培秀、朱昌乐、刘建南、叶晓东
		6	二等奖	杂交稻引种试验与推广	文成县农科所 文成县种子公司 县农技推广中心等	吴一俊、梅则铭、金云良、杨希形、周月松
		7	二等奖	毛猪生产五改技术示范与应用	黄坦农技站 文成县农业局 文成县食品公司	叶飞、王关来、张德崇、叶海平、金江华
		8	三等奖	飞碟片FS2415X厢式农用运输车试制	文成农用车总厂	吴正新、胡直正、赵正社
		9	三等奖	番薯园套种玉米效益工程研究	文成县农经站	蔡史斋、刘利华、朱松林、李进平、胡文铰
		10	三等奖	沼气利用及猪粪净化处理技术	文成县能源办	宋炳坤、孟世权、叶茂良、余建寅、赵东升
		11	三等奖	垄(畦)栽技术试验与推广	文成县农业局 土肥站	周月松、刘化补、潘理胜、金云良、陈永坤
		12	三等奖	发展玉米生产,开发山区经济	文成县农科所 文成县种子公司 文成县植保站	梅则铭、刘利华、叶桂平、项永斋、施彩微
1998年12月	第二届	1	一等奖	帝师杨梅干红酒研制开发	浙江文成帝师集体有限公司	邓昌斌、金宪树、黄建军、王光速、赵飞熊
		2	二等奖	山区野生果菜资源调查及开发利用研究	县农业局、县科委、县“亨哈”山珍食品有限公司	郑华、钟伟荣、吴高宏、林红、梅则铭
		3	二等奖	竹凉席粒子自动铣钻机及专利技术	文成竹木机械研究所	王碧琰、李凤金、叶信展、严立海、王绍钱
		4	二等奖	文成县南田低产梨园改造	省亚作所、 文成县农业局	王建军、徐文荣、蔡建国、吴日峰、刘万民
		5	三等奖	山区简易油路技术	文成县交通局	汤修华、廖乾旭
		6	三等奖	高山粮食、盘菜、秋茄综合开发提高经济效益	文成县蔬菜公司、 二源乡农技站	梅则铭、吴日峰、郑国组、金再欣、钟伟荣

续表27-5

时间	届数	序号	获奖情况	项目名称	完成单位	主要完成者
1998年12月	第二届	7	三等奖	“山羊杂交”改良推广	文成县畜牧兽医站	吴跃华、赵燕、谢朝助、周小光、陈燎原
		8	三等奖	瘦肉型商品猪基地建设	县天蓬动物养殖有限公司	叶海平、赵燕、邢慧芳、李修勤
		9	三等奖	大棚与露地蔬菜多模式高产栽培五千亩	大峃镇农技站、樟台乡农技站	周月英、赵旭传、陈文英、郑国组、陈永坤
		10	优秀奖	文成县污染物排放情况调查及应用研究	文成县环保局	赵沛胜、刘俊峰、刘勇、周士永、吴文丹
		11	优秀奖	电子门铃报警安全门锁开发	文成县安居锁厂	吴建耀、周彩娥、张周建、孟胜利
		12	优秀奖	龙川葡萄优质高效栽培技术	龙川乡农技站、县葡萄协会	王永梅、王昌旺、叶高峰、林值俊、蒋海波
		13	优秀奖	新西兰兔良种繁育与杂交推广	金炉乡农技站、县农业局	田金星、谢朝云、赵燕、吴江、周灿媛
		14	优秀奖	帕尔玛固化酶筑路新技术	文成县交通局	张德、杜荣光、金学高、陈挺俊、程国成
		15	优秀奖	九龙井蛇酒开发	文成县建春蛇业有限公司	程建春、蒋海波
		16	优秀奖	花菇高产栽培技术推广	下垟乡政府	夏克美、徐万华、林理兵
		17	优秀奖	冠心病的预防	文成县人民医院	夏冰梅、周月明、程一峰、王亦胜、吴彩云
		18	优秀奖	门窗防盗报警锁具系列专利技术	县兴华建筑五金实业有限公司	吴国洋、吴德岳、张大彬
		19	优秀奖	科技之光的编写与拍摄	县科技情报站	陈燎原、吴高宏、刘树智、张大彬、周彩娥
		20	优秀奖	名优茶开发	文成县日省名茶开发公司	蔡日省、钟维枢、施明总
1999年10月	第三届	1	一等奖	绿色稻米生产技术研究开发利用	县科技局、二源乡政府	吴宇凌、周有铭、潘理胜、周海平、金再欣
		2	一等奖	优质茶生产加工技术研究	文成县日省名茶开发有限公司	蔡日省、钟维枢、王建军、施明总、潘理评
		3	二等奖	文成县森林火险预报专家系统	文成县气象局	张赛忠、董赛丽、刑文理、郑海棠、苗志华
		4	二等奖	冷转扁钢转圈机研究与应用	文成县顺昌金属实业有限公司	蒋观松、张周训、张大彬
		5	二等奖	蝶阀漏水漏气技术改进	文成县万喜精密铸造有限公司	林芳梅、吴龙军、黄自川
		6	二等奖	文成县古树名木的调查与研究	文成县林业局	赵斌、纪海潮、胡立微、赵锦泉、钟朝光
		7	三等奖	拖拉机优化节能技术推广应用	文成县农机管理总站	胡守业、赵晓军、郑建文、赵东明、富姣
		8	三等奖	猪场粪尿生物法净化处理及综合利用	文成县天棚动物养殖有限公司	叶海平、范云良、翁庆林、吴宇凌、吴飞翔

续表27-5

时间	届数	序号	获奖情况	项目名称	完成单位	主要完成者
1999年10月	第三届	9	三等奖	休闲肉类(兔)食品加工与开发	文成县双凤食品优有限公司	王金玉、田金星、华金中、郑林、王国清
		10	三等奖	优质早熟梨引种及配套技术研究	文成县经济特产站	吴昌旺、刘周文、施巨盛、周毅、林施铮
		11	三等奖	肉兔常见疾病防治技术推广	文成县兔业有限责任公司 益民良种兔繁育场	周灿媛、田金星、陈永坤、谢朝运、金碎微
		12	三等奖	全汁发酵型杨梅果酒稳定性工艺开发	温州帝师杨梅酵酒有限公司	邓昌斌、王建军、张周训、赵飞雄、
		13	三等奖	飞云江沿岸名优早茶技术推广应用	文成县经济特产站	施巨盛、吴宇凌、王建军、周月英、胡碎钗
		14	三等奖	大棚生姜早熟栽培技术推广	龙川乡农技站	叶高峰、吴日峰、刘万春、程慧斌、赵沛左
2003年8月	第四届	1	一等奖	野生蔬菜品种资源的保护、开发利用与推广	文成县农业局	郑华、刘利华、吴日锋、吴宇凌吴守灿、林世铮、蒋加勇
		2	二等奖	姜瘟的系统化控制技术研究与推广	文成县科技局	周月英、陈永兵、吴宇凌、张周训、张晓海
		3	二等奖	高强度特种耐磨钢研制	文成县合金铸钢厂	陈知柱、楼白杨、陆春芳、陈　钢、林陈夫
		4	二等奖	文成县全民食盐加碘与碘致性甲状腺疾病的研究	文成县疾病预防控制中心	周作卿、李绍飞、余　锋、胡成洁、邢建光
		5	三等奖	树脂砂铸造机械配件生产关键技术	文成县万喜精密铸造有限公司	林芳梅、丁少仁、郭克富、林方勇、夏丽珍
		6	三等奖	番薯加工品种引试与示范基地建设	文成县农业站	朱建军、周月英、刘利华、赵文法、叶高峰
		7	三等奖	容器苗木培育技术应用	文成县绿化工程建设有限公司	胡立微、赵　斌、刘　慧、吴世斌
		8	三等奖	茶叶安全优质高效生产技术研究	文成县日省名茶开发有限公司	蔡日省、钟维枢、周月英、沈升法、王建军
		9	三等奖	缬沙坦联合依普利治疗充血性心力衰竭的疗效观察	文成县人民医院	周月明、夏冰梅、程一锋、李顺华、吴小明
		10	三等奖	规模猪场呼吸综合症防治技术的应用	文成县天蓬动物养殖有限公司	杨金堂、毛建东、吴宇凌、潘伯琴、叶海平
2005年10月	第五届	1	一等奖	文成县茄子产业化体系建设与集成技术研究及应用	文成县农业局、二源乡农技站、樟台乡农技站、文成县科技局、南田镇农技站、百丈漈镇农技站	郑　华、金再欣、刘利华、周月英、钟伟荣、陈文英、胡守业、刘化亲、赵文法、王春竹
		2	一等奖	综合深加工兔肉儿童营养粉产品的关键技术研究	浙江双凤食品有限公司	华金中、郑林、王金凤 田金星、郑小芳
		3	二等奖	熔模铸造技术在阀门铸件生产中的应用	浙江万喜精密铸造有限公司	林芳梅、丁少林、郭克富、林芳勇、夏丽玲

续表27-5

时间	届数	序号	获奖情况	项目名称	完成单位	主要完成者
2005年10月	第五届	4	二等奖	绿色稻米强化栽培技术研究与应用	文成县二源乡农技站、文成县农业站、文成县科技情报站	朱建军、金再欣、张周训、张大彬
		5	二等奖	文成县风力资源调查	文成县气象局、文成县科技情报站	张赛忠、郑海棠、董赛丽、侯球锋、邢文理
		6	三等奖	出口创汇蔬菜及绿色蔬菜生产技术研究和推广	文成县二源乡农技站温州市农科院、文成县农业局、西坑镇农技站	金再欣、刘利华、郑圣斌、郑　华、钟伟荣
		7	三等奖	西瓜高效栽培技术研究	文成县黄坦镇农技站文成县科技局、浙江省农科院、温州市农科院	蒋加勇、张云云、张文彬、吴昌旺、王奕样
		8	三等奖	文成县野生大节竹资源调查和高产栽培技术研究	文成县林业技术推广站	王小玲、吴谷汉、赵斌、赵锦泉、刘建南
		9	三等奖	生态茶园病虫害控制技术研究	文成县日省名茶开发有限公司	蔡日省、翁宗创、赵晓军、王国法
		10	三等奖	水力自控翻板闸门在水利工程中的应用	文成县水利局、东溪五级水电站	王慧琼、潘理胜、卓跃飞、郑方舟
2010年3月	第六届	1	一等奖	载重汽车制动底板锻压技术研究	浙江华广精工制造有限公司	虞安whose、梁恩勃、熊鹏飞、蔡安程王裕、熊根秀、叶贤德、朱佳平范武兵、魏金明
		2	一等奖	出口番薯粉丝规模化生产关键技术研究	浙江山哥哥农业开发有限公司、文成县农业站	朱建军、邓昌斌、刘利华、郑华、李　忠
		3	二等奖	山地辣椒无公害集成技术研究及应用	文成县副食品办公室、文成县科技情报站、桂山乡农技站、公阳乡农技站	郑　华、刘利华、朱建军、刘小丽、徐云杰
		4	二等奖	免加工副产品综合利用研究开发	浙江双凤食品有限公司浙江科技学院	毛建卫、田金星、王金凤、郑小芳、郑建飘
		5	二等奖	数控钻床设计开发	温州市威驰阀门有限公司	高飞、徐永强、喻志勇、邵一忠、曹海军
		6	三等奖	LG60～HY冷轧管机设计开发	文成县中星钢管设备制造有限公司	金明亮、潘益忠、潘孝余、王国华、潘益洪
		7	三等奖	不锈钢阀门精密铸造关键技术研究	浙江万喜精密铸造有限公司、浙江科技学院	林芳梅、叶岳松、管爱枝、刘晶晶、夏天来
		8	三等奖	文成县台风预报智能性决策服务系统	文成县气象局	郑海棠、侯球锋、董赛丽、邢文理、章爱华
		9	三等奖	脑心通对急性冠脉综合征患者的临床疗效及其机制探讨	文成县人民医院温州医学院附属一医	田　毅、叶建利、朱海生
		10	三等奖	胰高血糖素水平与肝功能Child分级及门静脉内径的关系	文成县人民医院温州医学院附属一医	纪奕锋、朱启槐、黄庆科

说明：资料由县科技局提供

第二节　知识产权保护

1987年，文成县开始专利申请工作。至1990年年底，全县获专利项目3项。1991—2011年，全县专利申请量556件，专利授权量273件。

2004年，“易开啤酒盖”“特种保暖鞋垫”等专利作为技术成果上网交易。2008年，“文成粉丝”获得地理标志证明商标。2010年，文成县三夫贸易有限公司的“毛钩或假饵固定垫”发明专利向5个国家申请专利，获得中央补助专利专项经费17万元，为文成企业首次通过PCT国际申请国外专利并获得中央补助专利专项经费。2008年12月，根据县委、县政府《关于鼓励自主创新加快科技进步的若干意见》精神，设立文成县专利专项资金，制定《文成县专利专项资金管理办法》。设立文成县专利专项资金30万元。2009—2011年，落实专利专项资金37.7万元。2011年，全县专利申请量达232项，比上年增长465.8%，专利授权量达84项，比上年增长64.7%，专利申请量首次实现新突破。

2002—2011年，专利授权和发明专利列入全省科技进步统计监测评价指标。2002年全县专利授权8件，每万人口专利指数0.22件；2011年，全县专利授权135件，每万人口专利指数3.54项。2008—2010年，全县发明专利4件。专利授权和每万人口专利指数每年呈递增趋势。

1994—2011年文成县专利申请与授权情况一览表

表27-6　　单位：件

年份	申请量	授权量	年度	申请量	授权量
1994	—	3	2004	—	8
1996	6	5	2005	22	8
1997	9	6	2006	24	7
1998	8	5	2007	52	23
1999	—	2	2008	59	28
2000	3	—	2009	35	34
2001	11	—	2010	41	51
2002	15	—	2011	232	84
2003	39	9	合计	556	273

说明：资料由县科技局提供

第三节　科技进步统计监测评价

2002—2011年，全县科技进步规模综合评价位次在全省排名80～87位之间，R&D支出全县R支出0.17亿元，相当于GDP的比重0.36%。全县高新技术产业增加值0.22亿元，占工业增加值6.21%。

科技进步统计

2002—2011年，全县科技进步规模综合评价位次在全省排名80～87位之间，最好为2002年，全省排名第80位。全县科技进步水平综合评价位次在全省排名83～90位之间，最好为2002年，全省排名83位。全县科技进步变化情况综合评价位次在全省排名60～90位之间，最好为2007年，比2006年提升24位，全省排名60位。

R&D支出

2002—2011年,R&D支出列入全省科技进步统计监测评价指标。2002年,全县R&D支出0.09亿元,相当于GDP的比重0.56%;2011年,全县R&D支出0.17亿元,相当于GDP的比重0.36%。

高新技术产业增加值

2002—2011年,高新技术产业增加值列入全省科技进步统计监测评价指标。2007年,全县高新技术产业增加值0.65亿元,占工业增加值13.21%;2011年,全县高新技术产业增加值0.22亿元,占工业增加值6.21%。

2002—2011年,工业新产品产值、农业增加值、农业劳动生产率列入全省科技进步统计监测评价指标。2002年,全县工业新产品产值0.08亿元,工业新产品产值率3.22%;2011年,全县工业新产品产值0.93亿元,工业新产品产值率3.77%。2002年,全县农业增加值2.89亿元,每人农业劳动生产率3325元;2011年,全县农业增加值5.46亿元,每人农业劳动生产率8612元。工业新产品产值、工业新产品产值率、农业增加值和农业劳动生产率每年呈递增趋势。

2007—2011年,科技活动人数列入全省科技进步统计监测评价指标。2007年,全县科技活动人员数209人,每万人口中科技活动人员数5.66人;2011年,全县科技活动人员数188人,每万人口中科技活动人员数4.93人。

2010—2011年,R&D活动人员列入全省科技进步统计监测评价指标。2010年,全县R&D活动人员171人,每万人口中R&D活动人员数4.54人;2011年,全县R&D活动人员83人,每万人口中R&D活动人员数2.18人。

2002—2011年文成县科技进步监测数据一览表

表27-7

指 标	2002	2003	2004	2005	2006	2007	2008	2009	2010	2011
人才资源(人)	7652	7282	7440	5716	5531	7500	—	—	—	—
每万人口中人才资源数(人)	207.93	200.28	204.86	156.73	150.83	202.68	—	—	—	—
科技活动人员(人)	—	—	—	—	—	209	319	385	276	188
每万人口中科技活动人员数(人)	—	—	—	—	—	5.66	8.57	10.30	7.33	4.93
R&D活动人员(人)	—	—	—	—	—	—	—	—	171	83
每万人口中R&D活动人员数(人)	—	—	—	—	—	—	—	—	4.54	2.18
科技经费投入(亿元)	0.09	0.10	0.11	0.09	0.14	0.18	0.22	0.34	0.36	0.40
科技经费投入相当于GDP的比重	0.57	0.60	0.62	0.47	0.59	0.63	0.68	0.96	0.89	0.84
企业技术开发费支出(亿元)	0.04	0.04	0.07	0.05	0.11	0.15	0.10	0.27	0.31	0.24
企业技术开发费占主营业务收入的比例	1.39	1.22	1.55	0.63	0.84	0.71	0.45	1.34	1.37	1.03
本级财政科技拨款(亿元)	0.02	0.04	0.05	0.04	0.05	0.05	0.07	0.10	0.12	0.15
本级财政科技拨款占本级财政经常性支出的比重	1.04	1.54	1.67	1.13	1.01	1.09	0.97	0.99	0.92	1.71
财政科普活动经费(千元)	80	80	80	185	185	222	480	520	570	672
人均科普活动经费(元)	0.22	0.22	0.22	0.51	0.51	0.60	1.29	1.39	1.52	1.76
财政性教育经费(亿元)	0.88	0.95	1.01	1.15	1.25	1.63	2.07	2.61	3.51	3.30
人均财政性教育经费支出(元)	240.23	261.03	278.00	316.67	341.57	443.59	558.57	700.11	936	865.23

续表27-7

指 标	2002	2003	2004	2005	2006	2007	2008	2009	2010	2011
预算内教育经费拨款(亿元)	0.85	0.90	0.98	1.12	1.25	1.63	1.69	2.51	3.29	3.30
预算内教育经费拨款占地方财政支出的比重	38.83	33.72	26.38	25.38	20.70	22.51	23.83	22.99	22.38	16.00
R&D支出(亿元)	0.09	0.10	0.04	0.03	0.05	0.09	0.10	0.15	0.23	0.17
R&D支出相当于GDP的比重	0.56	0.56	0.21	0.18	0.20	0.32	0.35	0.43	0.57	0.36
信息化规模(千户)	163	176	175	182	220	241	237	269	266	266
信息化水平(户.百人)	44.29	48.52	48.13	49.99	59.92	65.15	63.86	72.10	70.69	68.74
专利授权(项)	8	9	8	10	10	27	45	59	93	135
每万人口专利指数	0.22	0.25	0.22	0.27	0.27	0.73	1.58	1.21	2.47	3.54
发明专利(项)	—	—	—	—	—	0	1	1	2	0
每百万人口发明专利授权量	—	—	—	—	—	0	—	2.68	5.31	0
高新技术产业增加值(亿元)	0	0	0	0	0	0.65	0.08	0.58	0.32	0.22
高新技术产业增加值占工业增加值比重(%)	0	0	0	0	0	13.21	22.06	10.86	5.96	6.21
工业新产品产值(亿元)	0.08	0.09	0.18	0.15	0.37	0.47	0.70	1.09	1.05	0.93
工业新产品产值率(%)	3.22	2.87	3.70	1.98	2.71	2.25	3.07	4.99	4.37	3.77
农业增加值(亿元)	2.89	3.01	3.13	3.06	3.21	3.55	2.96	3.64	4.52	5.46
农业劳动生产率(元.人)	3325	3675	4034	4397	4672	5379	4561	5661	7129	8612
地区生产总值(亿元)	15.28	17.23	17.92	19.73	23.23	27.86	32.11	35.25	40.52	47.41
人均地区生产总值(元.人)	4133	4711	4848	5421	6351	7571	8664	9454	10803	12431
规模综合评价位次	80	83	85	86	88	86	—	86	86	87
规模变化综合评价位次	—	—	—	90	—	—	—	8	43	77
水平综合评价位次	83	88	89	90	90	87	—	88	89	90
水平变化综合评价位次	—	—	—	90	—	—	—	9	41	75
变化情况综合评价位次	—	87	—	90	84	60	—	53	76	84

说明:资料由县科技局提供

第四章　农业科技

1997年,文成县启动"四个一"科技创业工程。组织实施100项"短、平、快"农业科技项目,创建100个"点、线、面"科技示范基地,培养1000名"德、才、能"优秀科技人才。2001年,实施"六个一"工程,即建立一个科技型示范乡(镇),培育1个科技型加工产业,创建10个科技星火示范村,扶持10个科技型示范基地和科技示范企业,培训和培养10000名科技人才与农村科技带头人。

第一节　科技示范基地、示范村

文成县科技示范基地20个,其中农业科技示范基地10个、科技示范村10个。

科技示范基地

1991年以来,金炉肉兔、樟台大棚反季节蔬菜、二源高山秋茄、日省茶叶、南林杨梅等科技示范基地为全县肉兔、大棚蔬菜、茶叶、杨梅产业发展做出示范。1998年,南田镇建立现代农村科技示范园,种植名特优水果320亩、1.8万株。珊溪镇建立科技扶贫示范园,发展农户150户,种植名优大棚蔬菜300亩。2000—2001年,全县建立科技示范基地19个。2010年3月,县政府表彰黄坦双龙山杨梅示范基地、金炉肉兔养殖示范基地等农业科技示范基地10个。2010年10月,黄坦花卉精品园与平和有机茶精品园名列省政府首批省级特色农业精品园创建点名单。

2011年文成县十大农业科技示范基地情况一览表

表27-8

序　号	名　称	所在乡镇
1	黄坦鲜切花科技示范基地	黄坦镇
2	周壤外南丁山药材科技示范基地	周壤乡
3	文成县双龙山杨梅科技示范基地	黄坦镇
4	二源乡湖底大棚蔬菜科技示范基地	二源乡
5	十源乡山头坪雪梨科技示范基地	十源乡
6	文成县良种肉兔繁育与推广科技示范基地	金炉乡
7	文成县山水果园科技示范基地	龙川乡
8	文成县岭南茶叶科技示范基地	周壤乡
9	文成县山城土鸡养殖科技示范基地	双桂乡
10	百丈漈花木科技示范基地	百丈漈镇

说明:资料由县科技局提供

科技示范村

1991年,建立农村科技开发试点示范点2个,建立王宅乡科技示范乡和岳梅乡岳岭后村等科技示范村2个。黄坦区王宅乡建立市农村综合开发试点,组织实施33221工程,11个农业开发项目实施,获得直接经济效益30余万元。2002年,在仰山乡开展县级星火示范乡创建活动,在樟台乡双龙村、云湖乡杜山村、西坑镇田寮村、仰山乡塘山村等创建星火示范村活动。2010年3月,表彰金炉乡陈庄村等科技示范村10个。

2010年文成县十大科技示范村情况一览表

表27-9

序 号	名 称	时间(年月)
1	金炉乡陈庄村	2010.03
2	珊溪镇南阳村	2010.03
3	二源乡山头村	2010.03
4	金星乡角山村	2010.03
5	珊溪镇新建村	2010.03
6	仰山乡雅坪村	2010.03
7	黄坦镇占里村	2010.03
8	平和乡田东村	2010.03
9	岭后乡岭垟村	2010.03
10	东溪乡碧溪村	2010.03

说明:资料由县科技局提供

第二节 农业品牌

1991—2011年,文成县形成"双凤牌"兔肉松、"半天香"茶叶、"南田"牌绿色大米、"山哥哥"番薯粉丝、"亨哈"牌干菜、"仰山"牌东魁杨梅、二源高山蔬菜等一系列农业品牌产品。1991年以来,全县引进农业新品种、新技术650多项,推广应用新西兰肉兔、枧茄一号、龙井43、东魁杨梅等一批优质品种和相配套的优质高效生产技术。1991年,三源乡套种玉米取得成功。2011年,文成县鑫鑫合作社引进"红颊"草莓、黑色番茄、南高丛蓝莓等,试种成功。牡丹花落户文成。金垟成功引进鲜食莲。

"双凤"牌兔肉松。浙江双凤食品有限公司生产。2005—2006年,"双凤"牌有机兔肉松,被评为温州市、浙江省名牌产品。2008年,"双凤"牌商标被评为浙江省著名商标。

"半天香"茶叶。文成县日省名茶开发有限公司产品。2002年"日省"牌商标被评为"温州市知名商标"。2004年获"温州名牌产品",2008年获"浙江名牌农产品""浙江名牌产品"称号。2005年"日省"牌注册商标被认定为"浙江省著名商标"。

"南田"牌绿色大米。2007年,文成县大山绿色食品有限公司"南田"牌大米被评为温州市名牌产品。

"山哥哥"牌番薯粉丝。2006年,文成县大山绿色食品有限公司"山哥哥"牌番薯粉丝被评为温州市名牌产品。

"亨哈"牌干菜。2002年,亨哈山珍食品有限公司的"亨哈牌"商标被评为浙江省著名商标。2003年,"亨哈牌"野生蕨菜干、四季豆干分别被评为"浙江名牌"、"温州名牌"农产品。

"仰山"牌东魁杨梅。2002年,"仰山"牌东魁杨梅获浙江省首届"杨梅精品"称号。

二源高山蔬菜。2010年,文成县二源绿色专业合作社"邱老汉"牌盘菜获中国(温州)农业博览会金奖。

第三节 特色产业

2009年,文成列入国家科技富民强县专项行动计划试点县。至2011年,全县建成县级一级种兔场1个、县级二级种兔场7个、生态养殖场2个、规模养殖示范场16个,金炉、周山等肉兔标准化生产示范基地8个;开发肉兔新产品2个。全县养兔从业人员2.3万人。2001年开始,县科技局在百丈漈、二源发展绿色稻米产业,2004年,百丈漈稻米基地被认定为浙江省无公害农产品产地,“科力”牌大米取得浙江省首个国家绿色食品认证A级绿色大米。2008年,百丈漈、二源、南田等5个乡镇累计建立绿色稻米基地面积5.07万亩,

肉兔加工业

2007年,县科技富民强县专项行动计划—“文成县肉兔产业提升与发展”项目经评审,文成被列入省级科技富民强县专项行动计划启动培育县。2008年,文成被列入省级科技富民强县专项行动计划试点县。2009年,文成被推荐为国家科技富民强县专项行动计划试点县。同年,项目获得省市科技富民强县计划项目经费300万元支持。

2007年,成立文成县科技富民强县工作协调领导小组,召开“科技富民强县—文成县肉兔产业提升与发展”座谈会,开展科技富民强县肉兔产业提升与发展情况调查。2008年,中国农业大学兼中国兔业协会副会长、著名养兔专家杜玉川教授来文举办肉兔养殖培训。2009年,出台《文成县科技富民强县专项行动计划资金管理暂行办法》。

2011年,全县养兔从业人员2.3万人,兔饲养总量205万只,肉兔总产值1.75亿元,兔农人均年增收1576元。

绿色稻米

2001年,文成县成立“绿色稻米产业化领导小组”,制订《文成县绿色大米发展规划》。2002年、2003年,连续召开绿色稻米产业化发展研讨会,组织优质高产示范竞赛。开展“双百工程”活动。“浙南绿色稻米生产技术及开发应用”课题列入市农业科研重大项目,制定《A级绿色食品稻米生产操作规程》。从中国水稻所等科研院校引进优质新品种22个,筛选出晚籼923、中浙优1号等新品种3个,中浙优1号成为绿色稻米主栽品种。2003年,“绿色稻米生产技术的研究开发利用”通过市科技局技术鉴定。2001年、2002年,每年与虹丰集团签订订单12200亩。

成功注册“刘基贡”“兴绿”等商标。2002年,“兴绿”牌大米获年度浙江省绿色农产品称号,在首届中国(温州)特色农业博览会获金奖。同年,二源稻米基地被认定为浙江省无公害农产品基地。2004年,百丈漈稻米基地被认定为浙江省无公害农产品产地,“科力”牌大米取得浙江省首个国家绿色食品认证A级绿色大米。

2002年,开始创建绿色稻米示范基地。至2008年,二源、百丈漈、南田等5个乡镇累计建立绿色稻米基地面积5.07万亩,其中,2008年种植面积0.89万亩,总产2.59万吨,稻谷商品率75.2%。绿色稻米比种植普通杂交稻每亩增收198元,农民增收1003.8万元。

第五章　工业科技

1998年，全县“四自”民营科技企业13家，年生产总值超1000万元，创利税200余万元。2001年，全县开发“四新”产品78个，其中新产品18个、新品种35个、新花色12个、新包装13个。2002年，巨屿工业园区列入省级“新型建材工业基地”。

第一节　示范企业

县科技局1991年开始抓民办科技机构建设，发展民营科技企业数十家，全县开发“四新”产品78个。抓企业科技创新，至2010年5家企业成首批“创新示范企业”，2011年1家企业被列为省级“新产品试制计划”。

民营科技企业

1991年，开办民营科技机构3家，全县10家，从业人员80多人。1994年，全县民营科技企业10家、从业人员150人。1996年，全县民营科技企业13家。1998年，批准文成县安居锁厂为科技型民营企业，“冰洋”竹凉席出口美国、巴西。“四自”民营科技企业13家，年生产总值超1000万元，创利税200余万元。2000年，成立文成县科技星火服务中心。2001年，温州浙南管桩有限公司成立，全县开发“四新”产品78个。

1993年12月，文成县竹木工业研究所、文成县星火科技服务部、文成县药用真菌研究所获1993年度温州市民营科技企业先进单位。1996年，县竹木工业研究所被评为温州十强民营科技企业。1999年5月，县冰洋公司、安居锁厂被评为1998年度温州市民营科技企业。2002年，巨屿工业园区被定为省级“新型建材工业基地”。

科技创新示范企业

2010年3月，表彰首批创新示范企业5家。2011年，浙江中星钢管机械有限公司“全自动高速伺服传动无缝冷轧管LG～30——HG”被列入2011年度浙江省第三批省级新产品试制计划。

2010年文成县首批创新示范企业名录一览表

表27-10

序　号	企业名称	时间(年月)
1	浙江华广精工制造有限公司	2010.03
2	温州市威驰阀门有限公司	2010.03
3	浙江双凤食品有限公司	2010.03
4	文成县中星钢管设备制造公司	2010.03
5	浙江山哥哥农业开发有限公司	2010.03

说明：资料由县科技局提供

第二节 科技创新平台

1991年以来,文成县培育省级农业科技企业7家,省级科技型中小企业4家,省级区域科技创新服务中心1家,省级农业企业科技研发中心5家,温州市高新技术企业1家,温州市专利示范企业1家,温州市企业技术研究开发中心2家,温州市兔行业技术创新服务中心1家,文成县企业技术研发中心5家。

2004年,文成县星火兔业科技服务有限公司被认定为温州市兔行业技术创新服务中心。2005年,文成县冰洋实业有限公司被认定为浙江省科技企业。2006年,浙江双凤食品有限公司被认定为浙江省农业科技企业,浙江慧康暖通设备有限公司被认定为温州市高新技术企业。2007年,"文成县肉兔产业科技创新服务中心"经批准为创建省级区域科技创新服务中心,并获得50万元资金支持。2008年,浙江双凤兔产品加工科技研发中心被认定为浙江省农业企业科技研发中心和温州市企业技术研究开发中心。2011年,文成出台《企业研发(技术)中心认定暂行办法》,建成首批文成县企业技术研发中心5家。

2004—2011年文成县科技创新平台一览表

表27-11

序 号	平台名称	具体单位	时间(年月)
1	温州市兔行业技术创新服务中心	文成县星火兔业科技服务有限公司	2004.05
2	温州市高新技术企业	浙江慧康暖通设备有限公司	2006.11
3	浙江省科技企业	文成县冰洋实业有限公司	2005.04
		浙江慧康暖通设备有限公司	2006.10
		浙江金飞车辆配件制造有限公司	2011.08
		浙江中星钢管机械有限公司	2011.08
4	浙江省农业科技企业	浙江双凤食品有限公司	2006.09
		文成县日省名茶开发有限公司	2008.09
		浙江山哥哥农业开发有限公司	2008.09
		温州逢左花卉园艺有限公司	2010.10
		文成县坪中药材种植有限公司	2010.10
		文成县华兴药材种植有限公司	2011.11
		文成县双龙食品有限公司	2011.11
5	省级区域科技创新服务中心	文成县肉兔产业科技创新服务中心	2007.11
6	浙江省农业企业科技研发中心	浙江双凤兔产品加工科技研发中心	2008.09
		浙江冰洋竹制品科技研发中心	2008.09
		浙江山哥哥农产品科技研究开发中心	2009.09
		浙江日省半天香茶叶科技研究开发中心	2009.09
		浙江文成星坪中药材科技研发中心	2011.11
7	温州专利示范企业	文成县冰洋实业有限公司	2003.12
8	温州市企业技术研究开发中心	双凤兔业食品企业技术研发中心	2008.11
		浙江华广锻造技术企业研发中心	2011.11
9	文成县企业技术研发中心	华广精工锻造技术企业技术研发中心	2011.06
		金飞动力消声器企业技术研发中心	2011.06
		中星无缝钢管设备企业技术研发中心	2011.06
		科明汽车部件企业技术研发中心	2011.06
		百强汽车部件企业技术研发中心	2011.06

说明:资料由县科技局提供

第六章　科技合作与培训

2008年始，文成县先后与省、市院校建立校地合作关系，签订校地科技合作协议近百个，共同建设五大科技合作交流服务平台。1991—2011年，全县民营企业700余人次参加“七五”全国星火成果博览会和全国专利技术成果展交会、全国适用技术展交会、中国新技术新产品展览会、93全国星火展交会、华东六省一市农交会、中国国际轻工产品（温州）博览会、温州科交会等，获金奖、银奖12项，签订技术开发服务合同25项、标的额810万元。1991年以来，网上技术市场技术合同登记90个，合同额3239万元。

第一节　合作交流

2008—2011年，县科技局牵头企业家与浙江师范大学等结成校地长期科技协作关系，组织全县民营企业参加各类博览会、科交会等18场次，指导企业网上技术市场技术合同登记90个、合同额3239万元。

校地合作

2008年以来，文成县先后与浙江师范大学、浙江科技学院、浙江工业大学、温州市农科院等建立校地合作关系。2008年，文成30多家企业与浙江师范大学签订校地科技合作协议，共同建设五大科技合作交流服务平台。2009年，文成30多家企业与浙江科技学院签订校地科技合作协议。同年，浙江华广精工制造有限公司和浙师大机械设备与测控技术研究所签订共建华广精工企业研发中心协议。2010年，浙江华广精工制造公司签约中科院沈阳金属研究所，投入1000万元研究开发“高速铁路轨道扣件金属垫板产品”，为浙江省首批省院合作“432”工程签约项目。2011年，20多家企业与浙江工业大学结成校地长期科技协作关系。

科技交流

1991年以来，全县民营企业参加各类博览会、科交会等18场次。1991年，组织参加“七五”全国星火成果博览会和全国专利技术成果展交会。1993年，组织25个项目20家单位参加全国适用技术展交会、中国新技术新产品展览会、93全国星火展交会等，获金奖2个、银奖4个，签订技术开发服务合同17项、81万元。1994年，参加全国性的技术交易、博览会4次，获金奖、银奖6项。二轻五金厂多功能防盗门获首届中国金榜技术产品博览会金奖。1998年，德国不来梅海外研究与发展协会专家来文成考察水锤泵。1999年，参加第十三届全国发明展览会、全国高新技术企业成果交易会。2000年，科技人员和农村经营能手参加华东六省一市农交会，引进新品种9个。2004年，企业家、科技人员132人参加中国国际轻工产品（温州）博览会，发布技术难题8个，其中重点难题2个，签订科技合作项目协议4项，交易240万元，签订意向合作项目协议4项、金额490万元。2009年，组织企业负责人、科技人员、青少年科技爱好者500余人参加温州科交会。2011年，浙江金飞公司到北京参观考察“国际科技产业博览会”。2010年，向中科院宁波材料研究所派遣科技特派员1名。2011年8月，组织浙江华广公司参加上海举办的2011年第七届中国国际轨道交通技术展览会。

网上技术市场

1991年以来,网上技术市场技术合同登记90个,合同额3239万元。

1991年技术合同登记2项。1997年,技术市场管理逐步纳入正常化,技术合同登记18份、合同额100万元。2002年,县政府办成立中国浙江网上技术市场文成分市场筹备小组;中国浙江网上技术市场文成分市场正式运行,投入经费35万元,上网企业52家,上网院校33家,上网成果203项,网上咨询专家47名,发布技术难题13项,人才需求信息14条,高新技术引资项目6项,网上成交合同130万元,意向成交项目2项,共提供研发经费333万元。2003年,浙江网上技术市场文成分市场有上网企业54家,上网院校和科研院所25家,咨询、洽谈专家31人,收集技术难题信息22条,发布人才需求信息11条,筹集招标研发经费1074万元,成交项目12项、金额769万元。2004年,新上网在线企业72家,收集发布技术难题信息25条,正式签约项目15项,合同成交金额1857万元,引进共建创新载体签约2家,高新技术产品交易正式签约任务数4项,合同金额210万元,英文网站难题信息登记1项。"乌笋无公害高产栽培管理"等5项网上签约合作项目获温州市科技经费补助,共计50万元。县双凤食品公司"综合深加工兔肉儿童营养粉产品的关键技术研究"项目被列为温州市对外重点技术难题招投标项目,获温州市科技经费资助20万元。"农副产品质量检测研究与应用"等4项网上签约合作项目获县科技经费补助8万元。

2005年4月,印发《关于加强网上技术市场建设的意见》,鼓励企事业单位和科技人员在网上发布信息、难题与项目对接。全年举办技术创新对接服务10余次,涉及33家企业,累计为企业开展10个项目的技术研究开发。

第二节 科技特派员

2003—2011年,浙江省向文成各乡镇派驻科技特派员140人次。2005—2011年,温州市向文成县各乡镇派驻科技特派员32人次。2005—2010年,向各乡镇派驻科技特派员60人次。省、市科技特派员为文成带来科技扶贫项目151项,争取项目经费781万元,引进种养新品种(新技术)600个,举办实用技术培训班700次,培训(咨询)4.5万人次,带动农民增收1.1亿元。

2003年,浙大、浙工大,浙江林学院、中国林科院亚作所、省农科院5所大学和科研院所派出的省科技特派员14人到文成,实施科技特派员项目31项,争取项目经费114万元,引进种养新品种113个,引进新技术55项,培育示范农户346户、示范基地5531亩,扶持(创办)企业10个,举办实用技术培训班111次,培训(咨询)9456人次,新增就业4982人,新增农民收入2406.9万元。

图27-1 科技特派员服务企业(县科技局提供 2005年摄)

2004—2005年,邀请浙大、省农科院等科研院校教授、专家22人次,组织驻文成省科技特派员52人次下乡科技培训,举办实用技术培训班165期、农民骨干培训班8期,培训8700余人次。周山乡特派员为文成县顺昌公司引入新的添加剂稀土硅钢工艺,解决了新产品离心铸造法兰盘裂纹技术难题,产品合格率由原来的75%提高到98%。5人被评为浙江省优秀科技特派员。

2006年，全年进驻文成县有省级科技特派员18人、市级5人、县级10人。实施扶贫项目34项，争取省市级科技经费136万元、其他经费（省畜牧业项目经费）40万元、县本级配套经费24.3万元，引进、推广新品种、新技术105项（个），培育示范农户3537户，扶持（创办）企业14家，举办实用技术培训197次，项目带动增加农民收入547万元，综合推动全县农民增加收入1700余万元。6人被评为浙江省优秀科技特派员，文成县被省委、省政府评为科技特派员工作先进单位。

2007年，全县有省科技特派员18人、市科技特派员5人、县科技特派员10人。实施省市级科技项目23个，争取经费124万元。按照省科技厅《关于建立健全科技特派员工作长效机制的指导意见》《温州市科技特派员基层工作管理办法》，完善特派员管理机制。文成县在温州市科技特派员会议上作典型发言，5人被评为省优秀科技特派员，县科技局、双桂乡等被评为市级科技特派员先进集体。

2008年，省、市下派23名科技特派员，县下派10名科技特派员，实现"乡乡都有科技特派员"目标。实施省市科技扶贫项目23个，争取经费130万元，引进推广新品种、新技术76项，创建23个省、市科技特派员示范宣传基地，举办实用技术培训班138次，培训农民8350人次，项目带动农民增收1820万元。文成县人民政府被省委、省政府评为省级优秀科技特派员工作先进单位。陈学智被评为全国优秀科技特派员，5人被评为省优秀科技特派员。

2009年，组建畜禽养殖、蔬菜水果、中药材、工业、信息化等6个专业技术联合服务组，面向全县范围开展技术攻关和联合服务。省、市科技特派员项目直接争取科技扶贫经费23项、120万元，引进推广新品种、新技术81项，建立省、市科技特派员宣传示范基地23个，举办实用技术培训班90次，培训（咨询）5350人次，项目带动农民增收1160万元。文成县政府再次被省委、省政府评为省级科技特派员工作先进单位，县政府、里阳乡、平和乡被评为全市科技特派员工作先进单位，1人被评为全国优秀科技特派员，5位被评为省级优秀科技特派员，3人被评为市级优秀科技特派员。

2010年，组建专业技术联合服务组和中药材产业团队科技特派员，向全县开展科技服务。科技特派员闫田力帮助南田高山蔬菜栽培基地、龙川"红颊"草莓基地完成项目课题，徐明飞、闫田力到里阳乡开展科技帮扶。经科技特派员陈永根牵线，浙江林学院专家为文成红枫诊病。省、市科技特派员直接争取科技项目经费23项、119万元，引进推广新品种、新技术76项，建立省、市科技特派员宣传示范基地23个，举办实用技术培训班68次，培训（咨询）4250人次，项目带动农民增收1220万元。4人被评为浙江省优秀科技特派员。

2011年，全县有省、市科技特派员20人，争取科技项目经费20项、112万元，引进推广新品种、新技术55项，建立省、市科技特派员宣传示范基地20个，举办实用技术培训班75次，培训（咨询）4550人次，项目带动农民增收1530万元。4人被评为第八批浙江省优秀科技特派员，3人被评为温州市优秀科技特派员，县政府被评为全市特派员工作先进单位。

第三节　普及与培训

2002—2011年，信息化列入全省科技进步统计监测评价指标。2002年，全县信息化16.3万户，每百户中有信息化户44.29户；2011年，全县信息化26.6万户，每百户中信息化户68.74户。1991—2001年，连续11年开展科技宣传月活动。2004—2011年，连续8年开展"全国科普日"宣传活动。2002—2011年，连续10年开展科技活动周活动。1991—2004年，举办实用技术培训1670期，14.5万人次，邀请省市专家现场指导200人次。

科普与信息宣传

1991年,在县城和珊溪镇建立科技宣传窗2个,发放资料10.6万份,服务群众8.5万人次;举办各类科技讲座64场;播放科教电影、电视录像670场;科技人员下乡200场次。1996年建立科普联席会议制度,印发《文成科普联席会议制度成员单位职责》。1997年,拍摄制作"科技之光"专题录像。

1998年,建立科技情报中心,开通CHINALNFO国家科技信息网、省、市科技信息网,可查找科技文献、国家专利、企业产品80余个数据库。2000年,开通"农技服务110"专线电话。举办"冰洋杯"专利知识大奖赛。与县教委联合建立农科教育示范基地6个。在大峃镇城南制作科普长廊。2003年,结合"抗击非典"知识宣传,发放科普资料8600份,挂图2200幅。2004年始,每年开展"4.26"世界知识产权日宣传活动。2005年,以县冰洋公司为示范,开展"知识产权进企业"宣传活动,发放资料800余份。2006年,创建文成科技信息网。至2011年,发布科技信息450条,其中科技政策信息45条。2007年,启动科技信箱工作。至2008年年底,全县科技信箱注册用户数600人,建立管理站(点)30个,科技人员的注册使用率90%以上。2009年,县电视台开播"科技之窗"栏目。

1991—2011年,连续11年开展科技宣传月活动。连续8年开展"全国科普日"宣传活动。连续10年开展科技活动周活动。刊出《文成科技信息》《科教兴县》70期、信息240篇。

至2011年,全县信息化户从2002年的16.3万户,每百户中信息化44.29户;达到2011年的26.6万户,每百户中信息化户68.74户,每年呈递增趋势。

科技培训

图27-2 科技二传手培训班(县科技局提供 2005年摄)

培训基地 2004年,向国家科技部申报成功,创建星火学校。2005年,建立日省九龙山茶场培训示范基地,设立大峃镇、二源乡、仰山乡农民科技培训教学示范点。2008年,完成国家级星火培训学校建设,建立南田、二源、周墩等5个村级科技活动室。

实用技术培训 1991—2004年,举办实用技术培训1670期、14.5万人次,邀请省市专家现场指导200人次。1998年,《科技之光——文成县农村实用技术指导》出版。2000年,成立县农民实用技术培训"讲师团",制订《万名农村实用技术培训计划》。2002年,制定《文成县万名农民实用技术培训暨科技星火培训计划的实施意见》,邀请市农业专家培训、现场指导5次。2003年,举办农村茶叶技术骨干培训班。2004年,举办农村名优茶叶加工技术骨干培训班。2005—2011年,主要是科技"二传手"培训。2005—2011年,编印肉兔培训、机械加工、中药材等培训教材5本,举办兔业、茶叶、杨梅、中药材、蔬菜、水果、机械加工等科技"二传手"培训班40期、6500人次。2005年,举办畜牧专业、中药材专业"科技二传手"培训班2期。2008年,举办茶叶科技"二传手"培训班,邀请专家到富岙乡双坑村指导培训蘑菇生产技术。2009年,开展"县百名专家乡村行"活动6场次。邀请专家开展知识产权培训,举办早熟梨种植"科技二传手"培训班、杨梅科技"二传手"培训。2010年,邀请番薯专家到公阳乡开展农民技术培训。

第七章　地震灾害与防震

文成县是浙江省地震多发县之一。1996年县域发生地震，2006年地震最高为4.6级。1999年，建立县地震办公室，同科技情报站合署办公。对地震灾害进行监测管理、震后组织调查、损伤房加固维修、危房拆除、重建。至2006年年底，重建4403户，拆除危房7947间，加固维修32191间。

第一节　地震灾害

1996年4月29日，文成西部岭后乡发生ML2.6级地震。

2002年7月28日19时39分、42分，县域珊溪水库周边乡镇发生强烈有感地震，经省地震台测定为ML3.2级、ML2.8级。云湖、黄坦、珊溪、仰山等地有震感。至7月31日，发生有感地震40多次，无人员伤亡。9月5日，发生ML3.9级地震。至2003年3月，共发生ML0级以上地震291次。

2006年2月4日4时46分、5时24分，县域发生强烈有感地震。经省地震台和珊溪、黄坦地震台测定，为ML3.5级、ML3.0级，全县各乡镇有强烈震感。至9月22日03时，共发生ML1.0级以上地震941次，其中ML1.0～ML1.9级677次、ML2.0～ML2.9级210次、ML3.0～ML3.9级地震43次、ML4.0级以上11次。最大震级发生于2月9日3时24分48秒，为ML4.6级。地震强度不是很大，但频率高、持续时间长、波及范围广。灾情波及珊溪、仰山、桂山、云湖、黄坦、巨屿、峃口、富岙、大峃9个乡镇。房屋倒塌6间，房屋开裂受损51911间，受灾人口79627人，直接经济损失12105万元。部分乡镇自来水管网受损，8860人缺少饮用水，5万多人不能正常供水。全县无人员伤亡。

2002年珊溪水库周边地震2.0级以上情况一览表

表27-12

序号	年	月	日	时	分	秒	北纬	东经	震级	来源
1	2002	7	28	19	39	10.1	27°44′	119°59′	3.5	台网
2	2002	7	28	19	41	10.4	27°42′	119°58′	2.1	台网
3	2002	7	28	19	42	13.4	27°42′	119°59′	2.8	台网
4	2002	7	28	22	24	47.8	27°40′	119°59′	2.1	台网
5	2002	7	29	0	13	50.2	27°43′	119°58′	2.3	台网
6	2002	7	30	17	43	47.5	27°41′	119°59′	2.5	台网
7	2002	7	31	0	2	24.8	27°41′	119°59′	2.5	台网
8	2002	7	31	4	22	26.8	27°41′	119°59′	2.2	台网
9	2002	7	31	12	52	54.4	27°40′	119°59′	2.2	台网
10	2002	8	2	20	33	29.9	27°42′	119°59′	2.4	台网
11	2002	8	3	3	6	09.0	27°40′	120°00′	2.0	台网
12	2002	8	7	4	43	50.8	27°42′	119°58′	3.3	台网
13	2002	8	7	5	52	45.7	27°42′	119°58′	3.0	台网
14	2002	8	18	22	34	14.3	27°41′	119°59′	2.2	台网
15	2002	8	30	16	31	49.8	27°41′	119°59′	2.6	台网

续表27-12

序号	年	月	日	时	分	秒	北纬	东经	震级	来源
16	2002	9	5	12	18	47.0	27°41′	119°59′	3.9	台网
17	2002	9	5	12	18		27°41′	119°59′	2.2	华东院
18	2002	9	5	14	44	04.5	27°41′	119°59′	2.6	台网
19	2002	9	5	20	53	42.8	27°42′	119°59′	2.5	台网
20	2002	9	5	23	35	28.8	27°41′	119°59′	2.4	台网
21	2002	9	6	2	5	24.8	27°42′	119°59′	2.9	台网
22	2002	9	7	20	25	52.9	27°42′	119°59′	2.9	台网
23	2002	11	12	15	29	22.1	27°41′	119°59′	2.6	台网
24	2002	11	13	13	8	41.6	27°41′	119°59′	2.1	台网
25	2002	11	13	13	10	28.8	27°40′	119°59′	2.1	台网
26	2002	11	29	11	43	50.3	27°42′	119°59′	2.8	台网

说明:资料由文成县科技局提供

2006年2月12—20日文成与泰顺相邻地点地震2.0级以上情况一览表

表27-13

序号	年	月	日	时	分	秒	北纬	东经	震级	地点
1	2006	2	12	19	1	6	27.66	120.02	2.4	文成与泰顺交界
2	2006	2	12	20	1	6	27.64	120.03	3.3	文成与泰顺交界
3	2006	2	12	20	1	6	27.67	120.04	2.1	文成与泰顺交界
4	2006	2	12	21	5	5	27.65	120.01	3.2	文成与泰顺交界
5	2006	2	13	8	0	6	27.7	120	2	文成与泰顺交界
6	2006	2	13	12	4	0	27.66	120.01	2.6	文成与泰顺交界
7	2006	2	13	16	1	1	27.66	120.03	2.1	文成与泰顺交界
8	2006	2	13	17	3	4	27.68	119.98	2.5	文成与泰顺交界
9	2006	2	13	20	2	7	27.64	120.03	2.2	文成与泰顺交界
10	2006	2	14	3	2	0	27.65	120.03	2	文成与泰顺交界
11	2006	2	14	8	2	6	27.67	119.98	2.5	文成与泰顺交界
12	2006	2	14	10	0	5	27.66	120.01	2.8	文成与泰顺交界
13	2006	2	14	19	4	0	27.68	120.04	3.4	文成与泰顺交界
14	2006	2	14	19	4	2	27.67	120.01	2.1	文成与泰顺交界
15	2006	2	14	23	1	3	27.67	120.01	2.6	文成与泰顺交界
16	2006	2	15	1	1	4	27.67	120	2.2	文成与泰顺交界
17	2006	2	15	1	4	6	27.67	120.02	2.8	文成与泰顺交界
18	2006	2	15	2	0	1	27.66	120.03	2	文成与泰顺交界
19	2006	2	15	5	1	8	27.66	120.01	2	文成与泰顺交界
20	2006	2	15	8	4	3	27.66	120.01	2.3	文成与泰顺交界
21	2006	2	15	22	2	9	27.67	120	2.7	文成与泰顺交界
22	2006	2	15	23	1	1	27.69	120	2	文成与泰顺交界
23	2006	2	16	4	0	8	27.66	119.99	2.1	文成与泰顺交界
24	2006	2	16	12	3	4	27.68	119.99	2.6	文成与泰顺交界
25	2006	2	16	12	5	3	27.68	119.99	2	文成与泰顺交界
26	2006	2	17	3	3	6	27.68	119.99	2.2	文成与泰顺交界
27	2006	2	17	12	2	2	27.68	119.97	2	文成与泰顺交界

续表27-13

序号	年	月	日	时	分	秒	北纬	东经	震级	地点
28	2006	2	17	13	2	3	27.69	119.98	2	文成与泰顺交界
29	2006	2	18	7	3	9	27.66	120.03	2.1	文成与泰顺交界
30	2006	2	18	10	0	1	27.66	120.01	2	文成与泰顺交界
31	2006	2	18	10	4	6	27.66	120.01	2.2	文成与泰顺交界
32	2006	2	18	11	2	2	27.68	120	2	文成与泰顺交界
33	2006	2	18	11	4	4	27.67	119.98	2.3	文成与泰顺交界
34	2006	2	18	14	1	6	27.66	120	2.4	文成与泰顺交界
35	2006	2	18	14	2	2	27.65	120.01	2	文成与泰顺交界
36	2006	2	18	20	2	1	27.65	120	2.1	文成与泰顺交界
37	2006	2	18	20	3	0	27.66	120	2.1	文成与泰顺交界
38	2006	2	19	5	2	3	27.66	120.01	2.7	文成与泰顺交界
39	2006	2	19	11	0	0	27.65	120	2	文成与泰顺交界
40	2006	2	19	11	0	9	27.66	120	2.6	文成与泰顺交界
41	2006	2	19	11	1	0	27.67	120	2.1	文成与泰顺交界
42	2006	2	19	11	5	2	27.68	119.98	2.1	文成与泰顺交界
43	2006	2	20	14	4	0	27.67	120.01	2.3	文成与泰顺交界
44	2006	2	20	15	2	2	27.68	120	3.9	文成与泰顺交界
45	2006	2	20	20	5	4	27.68	119.98	2.2	文成与泰顺交界

说明:资料由文成县科技局提供

第二节 防震减灾

2006年2月4日地震发生后,中共中央政治局常委、国务院总理温家宝,中共中央政治局委员、国务院副总理回良玉,省委、省政府主要领导分别对文成地震做重要批示。副省长茅临生受省委书记习近平、省长吕祖善的委托,专程到文成灾区现场指导抗震救灾工作。市委、市政府主要领导王建满、刘奇在第一时间赶到重点受震乡镇指导抗震救灾工作。

2006年2月4日,省地震局以副局长宋新初为组长,由18名省、市地震专家联合组成的地震应急小组到文成指导抗震救灾工作。2月7日,国家地震局监测司副司长吴书贵、省地震局局长陈修民到文成抗震救灾指导工作。来文指导防震减灾地震专家最多时42人。从福建省地震局调来2台强震仪安装在珊溪大坝,加强地震监测。专家深入珊溪、仰山、云湖、黄坦等乡镇18个村开展地震灾情调查。

制定预案

1999年,县政府制订《文成县地震应急预案》,成立防震减灾工作领导小组。2001年,县政府制定《文成县地震应急预案》。2006年,出台《文成县防震减灾"十一五"规划》。2010年,制定《文成县地震应急预案操作手册》,建立防震减灾应急救援队伍。

2006年2月4日以来的一系列地震,全县5个乡镇4500户房屋需要重建。至2006年年底,重建户4403户,完工1510间,占总数的34.3%;应拆除危房7947间,拆除6756间,占85%;加固维修32191间。4个防震避险安居小区落实重建指标1121间。26个安置点落实重建指标943间,完工297间,占31.5%。原拆原建落实重建指标1856间,完工830间,占44.7%。异地购房落实指标213户,全部完成。只拆不建170间,全部拆除。520万元的基础设施修复资金投入494万元,占95%。山塘水库、农村饮用水、城镇供水设施、农村卫生院修复基本完成。

2006年,制定《文成县地震应急预案》《文成县水库防震救灾应急处置预案》,调整文成县防震减灾工作领导小组和全县抗震救灾工作领导小组办公室,县委、县政府印发《关于进一步做好抗震减灾工作的通知》。成立抗震减灾指挥部,县委书记任总指挥,县抗震指挥部与市抗震指挥部视频会商20次。实行24小时震情监控值班,指挥部下设灾情核查和物资保障组、人员转移安置组、维护稳定组、房屋安全调查组、宣传报道组。

台网建设

2004—2011年,建成地震监测台网5个,建成县级防震减灾科技教育基地1个。

2004年,在黄坦镇和珊溪镇建立2个地震数字监测台。2007年投入200余万元,在珊溪水库库区周边建成仰山、黄龙地震监测台网2个,改造黄坦、珊溪、云湖地震监测台网3个,新建GPS基准观测站1个、钻孔应变1个。从电信部门租用DDN专线,用于台网的信息资料传输,提供准确震情数据。

抗震救灾

县委、县政府建立震后重建工作领导小组,县长为组长,下设危房鉴定、危房重建、基础设施重建、下山脱贫安置4个组。成立全县防震避险安居工程建设指挥部办公室,从9个县直属单位抽调18名精干工作人员,集中办公,综合协调指导,推进震区重建工作有序开展。县委、县政府领导带队,县机关科级干部组成抗震减灾工作队9支、68人,分别到9个重点受震乡镇指导抗震救灾工作,震区每个乡镇明确一名县领导带队蹲点,震区每个村和每个安置点配备一名以上干部。科技人员坚持24小时值班,向有关部门上报震情信息。市、县共派出5支房屋安全调查组,到重点受震5个乡镇,对房屋安全状况进行全面调查。珊溪、仰山、黄坦、云湖、巨屿5个重点受震乡镇11所学校推迟开学,确保学校师生人身安全。县公安部门加强治安巡逻,加强山塘水库、地质灾害隐患点的安全检查,市、县共组织6支医疗队赴各重点乡镇开展紧急医疗救助。

通过采访地震专家、互联网、宣传车、广播、电视等形式进行防震知识宣传,避免地震谣言传播。发放各种资料30000余份,发布各类防震知识2000多条,制作电视专题节目30余个。

震后重建

2006年,县政府制定《关于切实做好地震灾区重建工作的实施意见》《文成县地震救灾资金管理暂行办法》《重建户贷款贴息》等一系列政策。有关部门相应出台宅基地整理、康庄工程、子女入学、规费减免等方面的配套政策,其中仅规费减免,全县就达2000万元左右。

2006年以来,把建设工程抗震设防要求纳入建设工程前期审核工作之中,震后重建项目按照《中国地震动参数区划图》的要求设计施工,按抗6度的标准进行抗震设防。2006年7月,县委、县政府专门召开由震区全体乡(镇)村干部及相关部门技术人员参加的震后重建质量动员大会。出台《地震震区村镇民房重建技术指导意见》《地震震区受损房屋修复、加固技术实施意见》,引导群众正确选址,控制层高,统一用砖,严格按技术标准和质量要求进行重建。由县建设部门牵头,组织震区乡镇村干部和全县的泥水匠进行专门的技术培训。对震区的基础设施重建工程,严格按照"项目法人制、招标投标制、施工监理制、合同管理制和竣工验收制"的要求实施,县、乡两级分别成立由相关部门技术人员和驻村干部组成的震区重建工程质量指导组和巡查组,定期到现场,进行质量巡查和监督。

文成县在珊溪镇岭坳门地段规划防震避险安居小区,落实建设总用地面积3.46公顷,重建户229户。2008年5月,文成县岭坳门防震避险安居小区被认定为全省农村民居地震安全工程示范区,中国新闻网、"昨日要情"作专题报道。2008年12月,"地震及灾后重建"列入"文成改革开放30周年十件大事"之一。

第二十八卷

文 化

文成县文化历史悠久，积淀深厚。至2011年，有全国重点文物保护单位1处、省级重点文物保护单位5处、县级文物保护单位（含保护点）75处；库存藏品118件；非物质遗产121项，列入国家级2项、省级2项、市级35项。

20世纪90年代以来，经济社会各项事业全面发展。文化建设投入加大，2003年，集影剧院、文化馆、图书馆于一体、建筑面积20800平方米、概算总投资9980万元的大型综合性文化设施——文成县文化中心进入筹建阶段，2011年开工建设；基层图书馆、文化馆、文化站、基层文化俱乐部等文化设施逐步完善。2002年，文成县确定“文化名县”建设目标，政府制定政策措施，把文化工作纳入经济社会发展的总体规划；“文化三下乡”活动经常化、有序化，6个乡镇被命名为“浙江省东海文化明珠”、6个乡获评“温州市金海岸文化网工程”。传统风俗活动、广场社区活动等群众性文化活动内容丰富，形式新颖，品味提升。文化市场日趋规范。文化事业走上繁荣昌盛轨道，文学、音乐、舞蹈、书法、美术、摄影、戏剧、曲艺、民间文艺创作呈现出蓬勃生机，全县文艺工作者在市级以上刊物发表作品3153件，出版作品集1089部（件），637人次获国家级与省、市级奖励。国家一级演员陈芬芳获得维也纳国际声乐大赛“民族风格演唱第一名”和“最佳表演奖”。

第一章　历史文化遗产

历史文化遗产包括物质文化遗产和非物质文化遗产。县域物质文化遗产中，古建筑有35处，其中古庙宇15处、古祠堂10处、古宅第1处、古亭阁5处、古井4处。刘基庙是全国重点文物保护单位，主体建筑仍保留明代的形制与风格，是研究明代建筑的珍贵实物资料。古宅第谢林大宅院是浙江省文物保护单位，清代建筑，颇具建筑艺术价值。古墓葬3处，其中刘基墓是全国重点文物保护单位。古遗址1处，古迹3处，摩崖石刻1处，红枫古道9处，纪念建筑和革命遗址8处。县博物馆文物藏品194件。全县非物质文化遗产121项，其中国家级非遗2项、省级非遗2项、市级非遗35项，涵盖十大类。

第一节　物质文化遗产

1991—2011年，文成县全国重点文物保护单位1处，浙江省级重点文物保护单位5处，县级文物保护单位44处，县文物保护点31处，库存藏品118件。

庙　祠

刘基庙　位于文成县南田镇新宅村，旧称诚意伯祠，敕建于明代天顺三年(1459)。全庙为七开间回廊合院式木构建筑，由头门、仪门、正厅、追远祠及照壁、牌坊、厢房组成。坐北朝南，占地面积3024平方米，四周为块石砌筑的围墙。五百多年来历经数次维修，但主体建筑仍保留明代的形制与风格。(详见第二十九卷刘基文化)

文成公祠　位于大峃镇石垟坪村，建于清同治九年(1870)，坐西朝东，合院式木构建筑，由正厅、厢楼、前厅、戏台、门台组成。正厅面阔五开间；明间进深四柱九檩，设戏台，施八角式藻井，前厅前立二座旗杆夹，门台三山造、悬山顶。1992年11月列为文成县第四批文物保护单位。

刘琏祠　位于南田镇九都村旧宅底自然村，又名参政公祠。原址在三滩，明嘉靖四年(1525)建，1911年被毁，1946年重建于今址。坐东北朝西南，合院式砖木结构。门台双落翼式硬山顶；仪门面阔五开间，双落翼悬山顶；南北厢廊均三开间。正厅为重檐歇山顶木构建筑，面阔五开间。正厅正面开敞，设前廊。正厅后金柱与后檐柱间为神像位置，明间为刘琏塑像，次间为其长子士瑞和次子士祁塑像。1997年9月列为第五批文成县文物保护单位。

刘璟祠　位于南田镇九都村谢塘岸自然村。坐北朝南偏东，明嘉靖四年(1525)始建，清乾隆四十一年(1776)再建，1943年三建。合院式砖木建筑，门台为双落翼式硬山顶，仪门面阔五开间。正厅面阔五开间，正面开敞，设前廊。明间为刘璟塑像，次间为其长子士行和次子士捷塑像。1997年9月列为第五批文成县文物保护单位。

徐伯龙祠　位于南田镇新南村张坳自然村。坐西朝东，始建于元，重建于清乾隆四十五年(1780)，民国初易址重修。合院式木构建筑。门厅七开间，明间建四柱戏台，施藻井。花岗岩石质鼓形柱础，檐檩下雕刻花草图案，月梁、斗拱、牛腿，雕刻精细。正厅七开间。1997年9月列为文成县第五批文成县文物保护单位。

富相国祠 位于西坑镇梧溪村。清乾隆二十九年(1764)始建,道光二十二年(1842)重建,咸丰六年(1856)重修。两进合院式木构建筑,前厅与正厅均七开间,前院坦立清晚期贡生旗杆夹六座,明间后为戏台,厢廊各四开间。正厅单檐歇山顶,明间进深五柱十檩,五架梁带前后双步梁带后单步梁,后壁塑宋相富弼坐像及两侍从塑像。富弼(1004—1083),字彦国,北宋时期宰相。1997年9月列为第五批文成县文物保护单位。

陈公祠 位于大峃镇凤垟村凤垟自然村。清乾隆四十九年(1784)建,坐西北朝东南,二进合院式木构建筑。正厅面阔五开间,明间进深四柱九檩,左右厢房均三间。2003年11月列为文成县第三批文物保护点。

蒋氏宗祠 位于黄坦镇周岙村周岙自然村。坐南朝北,明永乐年间建,清光绪十九年(1893)重建。分头门、戏台、正厅、翼以两庑,周以石垣。正厅面阔五开间,平脊悬山顶。明间进深四柱九檩,五架梁带前后双步廊。后廊设神龛,供奉蒋氏祖宗牌位及画像。两翼廊轩对称各阔三间,头门面阔如正厅,明间后建方形戏台。戏台前立清光绪三十一年(1905)花岗岩质旗杆夹两座。2003年11月列为文成县第三批文物保护点。

林氏宗祠 位于百丈漈镇上石庄村上石庄自然村,坐北朝南,清道光七年(1827)建,民国及后多次维修。院坛立清咸丰九年(1859)贡生林桂芬旗杆夹四座,头门通面阔五开间加两套间,明间影壁后为方形勾栏式戏台;两侧廊轩上楼,各阔五间;正厅单檐歇山造。明间抬梁进深五柱十檩。脊檩正中段浮雕双狮戏球,两端雕刻飞凤对视,雀替和挑檐桁俱饰雕缠枝花草。2003年11月列为文成县第三批文物保护点。

叶公祠 位于石垟乡石门村。始建于明万历年间,清嘉庆十九年(1814)扩建。原属三进回廊合院式,周垒垣石墙,占地千余平方米。东西朝向,现祠纵轴布局,前为399.6平方米院坛,立清贡生旗杆座4对;头进由原头门与仪门改建成二层砖木结构小学校舍(今腾空),延当中间1.35米走道属1917年重修,边宽4.8米的方形亭阁式戏台,总高6.3米,挑戗翘角,柱斗与牛腿浮雕戏曲人物,台额花板镂雕,余饰从简;两侧廊厢对称五间13.85米,深作三立柱4.9米外加出檐廊2.1米,平脊高4.5米衔接正厅,中有9.8×6.35米内天井;正厅通面阔三开间加两耳房计22.6米,进深9米,全高6.15米,直脊歇山顶,明间宽6.7米,供奉南楚郡一世祖、光禄大夫巨文公坐姿塑像,金柱樟材抬梁,穿斗规模恢宏。2003年11月列为文成县第三批文物保护点。

宅 第

谢林大宅院 位于西坑畲族镇敖里双田村。宅主周铭祺。周氏祖宗靠担盐、炼铁发家致富。四面屋建于清光绪十四年(1886),光绪十八年(1890)整体建筑落成,坐东朝西偏南。由台门、头进、左右厢楼、上房、后花园组成二进合院木构上楼重檐歇山式,四周垒高大岩围墙,总占地面积约2320平方米,建筑面积约3200平方米。台门为三层出檐仿木牌楼式砖石构筑。头进与上房均面阔五开间加两翼套房四间,由两边横厢串接,放走马楼而四通八达。建筑选料严谨。屋面盖阴阳合瓦。施缠枝纹勾头滴水,天井踏道和檐条石平宽。大木用材粗壮,制作精工,檐柱头坐斗、格扇花窗等装饰考究,阑额、雀替、挑头悬柱俱刻雕工细。2005年3月列为第五批浙江省文物保护单位。

亭 阁

文昌阁 位于西坑镇梧溪村。清嘉庆十三年(1808)建,三檐歇山式木构建筑。地面一层高3.70米,四角各作五柱。藻井作八角出拱小斗,依次穹顶似覆盘。穿斗式抬梁,阑额和雀替浮雕云纹和缠枝花卉纹,脊面吻兽为龙。二层高2.70米,四角各作三柱,设吊顶,正壁设孔子圣贤神龛。三层高2.50米,四角各一柱,设吊顶,壁间设魁星神龛。1997年9月列为第五批文成县文物保护单位。

观音阁 位于文成县龙川乡下村后宅自然村,建于清道光二十二年(1842),由头门(天王庙)、仪门、套间、厢廊、观音阁组成合院式砖木结构建筑。坐北朝南,楼阁式、歇山顶三开间进深四柱九檩,五架梁带前后双步,平面呈正方形。二楼明间供奉观音菩萨站姿塑像,次间置座椅栏杆。梁枋、藻井彩画有花鸟、山水、戏曲人物等图案。屋顶挑戗翘角,脊饰为吻兽。1997年9月列为第五批文成县文物保护单位。

辞岭亭 位于南田镇南田村南田自然村伯温公园天耳山。坐北朝南,明崇祯元年(1628)建,1922年重建。砖木建筑,重檐歇山顶,三开间,明间进深三柱七檩,五架梁带前双步梁,通面阔5.7米,通进深4.5米。背面块石砌墙,开拱券门,高3米,宽2.2米。天耳山山道从亭穿过。亭为族人纪念刘基次子刘璟而建。刘璟于明建文四年(1403)被明成祖朱棣逮入京,与乡亲辞别于此,族人于辞别之处建亭纪念,名“辞岭亭”。1997年9月列为第五批文成县文物保护单位。

周墩文昌阁与圣母宫 位于周壤乡周墩村周墩自然村。坐南朝北,1925年重建,木构四层计高13米,通面阔11.8米,通进深10.9米。与永安桥相连,与圣母宫隔小溪相望。2001年6月列为文成县第一批文物保护点。

全德亭 位于黄坦镇依仁村胡山自然村坳头,俗名“坳头亭”。清嘉庆十六年(1811)建,单檐悬山造,面阔三开间,进深8.89米。供奉“徐三相公”神位。为全县少见之现存清代山村古道木构亭庙合一建筑。2001年6月列为文成县第一批文物保护点。

寺 庵

县域有佛教场所60余处,列为县文保单位有栖真寺、明星寺、云居寺、合觉寺、放鹤禅寺、净福禅寺、崇德寺、九台寺、滴水亭(万明山寺)、清福寺、水口宫和灵应禅寺、圣泉洞。(详见第三十七卷民族宗教)

古 井

桥头井 位于文成县大峃镇桥头井村,建于明嘉靖三十五年(1556),由三块自然岩石围成,称“凉水井”。万历四十七年(1619)井体用岩石砌成圆形,清道光二十六年(1846)改用块石砌成长方形。1990年重修,石砌长方形,井栏砖砌,周围铺石阶。1992年11月列为文成县第四批文物保护单位。

桥 梁

坑口木廊桥 位于大峃镇坑口村坑口自然村。清咸丰九年(1859)建,1953年重修。桥身五开间,悬山顶,长8.8米,宽2.63米,净跨11米,离水面高5米。桥高3.2米,五檩,廊柱与檐柱成“井”型穿斗梁架,五架梁立童柱支脊檩。2002年12月列为文成县第二批文物保护点。

安定桥 位于玉壶镇龙坑村枫树龙自然村百步岭脚,东西走向,横跨龙溪。1927年建造,单孔石拱桥,长10米、宽3米,拱券净跨8.50米、桥高4.40米。桥面用溪中块石铺设。2002年12月列为文成县第二批文物保护点。

古 塔

泗洲石佛塔 位于富岙富康村驮坵边自然村。明嘉靖十三年(1534)建,清嘉庆十三年(1808)加建亭宇,道光二十八年(1848)重修,为青邑八都十大古迹之一。1997年建通乡公路,易今址翻建。亭宇面阔三开间,单檐歇山顶;明间进深三柱九檩,置石佛塔。塔身方形逐级内敛,顶部外露翘檐,内安泗洲菩萨石雕坐像,盘坐莲花座。2002年12月列为文成县第二批文物保护点。

墓 葬

刘基墓 史称诚意伯墓,位于文成县南田镇西陵坟前村的夏山,距县城19.6公里。墓地占地面积1000余

平方米,建于明洪武八年(1375)元月。(详见第二十九卷刘基文化)

苦马塘岩葬墓群 位于黄坦镇云峰村王宅自然村阮底苦马塘山山腰处。坐北朝南,东西全长260余米,计60墓120墓室。当地岩葬起源于清末,为一些死后无钱无地下葬的山民。多处墓碑腐蚀风化或无原立墓碑,现认定最早年代的邢凤清墓为1933年建,1937年建的王孔玠墓洞口岩石上方阴刻楷书"王孔玠公墓"五大字,镌刻粗犷有力。该岩葬墓群属省内首次发现,是继发现石棚墓、土墩墓、悬棺墓后新添的一种特殊的墓葬形制。它的发现为研究浙南地区民风民俗提供更多的资料,具有较高的研究价值。2011年1月列为第六批省级文物保护单位。

富松亭墓 位于百丈漈镇下石庄村取基自然村蛙蟆坵。坐北朝南,1935年建,通进深8.5米,通面阔4米。墓门前置三块石碑,中间碑书"富公松亭/府君之墓",左碑为时任国民革命军副总司令张学良篆书题词"利其嗣人",右碑为蒋介石(蒋中正)行楷题词"既安既固"。墓主富松亭,其次子富文(1895—1965),字郁离,西坑镇梧溪村人。1921年与陈诚同时考入保定军校八期。抗战期间,任陕西省第一政区行政督察专员兼保安司令暨榆林县长。1945年任后勤部第一补给副司令,后任司令。2009年1月列为文成县第六批文物保护单位。

古遗址

狮岩寨西寨门 位于玉壶镇上村玉泉溪畔,为御倭防寇而建,其山壁有岩形如狮,故名狮岩寨。建于明嘉靖三十一年(1552),仅存西寨门,块石垒砌,高2.90米,宽1.60米,基脚厚1.40米,拱顶厚0.88米,寨门两拱壁凿有二个门闩孔。据清嘉庆《瑞安县志》载:"嘉靖壬子(1552),为防患,胡文轩辈谕众,筹集筑壁城……"光绪版《瑞安县志》载:"嘉靖壬子,海寇登陆,邑侯吴门刘公先事筑城,邑丞肖山赵侯以公务入境,捐俸助成,城高二丈,址阔一丈五尺,面阔九尺,中为寨房,题额曰'狮岩寨'。乙卯(1555)春,闽寇入境,老幼赖安。"2001年6月列为文成县第一批文物保护点。

凤尾墩董公庙抗元址 位于黄坦镇周岙村周岙自然村水口,坐东朝西,始建明初。董氏五兄弟,黄坦东(董)岗人,执义好侠,武艺高强,为吴成七"王府"守将,垒栅凤尾墩,操练士卒,劫富济贫。元至正十六年(1356)朝廷派兵征讨黄坦,八月攻破高阳、马坪两寨,屯兵稽坳堂,沿三岱岭直捣周岙村。董氏据墩孤军激战败北,隐迹董公潭。吴成七罹难,齐投深潭殉义,里人相传成神,立龛悼祭。明太祖一统天下,敕为"当境地主大法五位董公"建庙奉祀。1990年重修,由门台与正殿组成。门台单间,铺小青瓦,中置木门,两边与水泥围墙相连,脊首两侧设龙尾。正殿面阔三间呈方形,翘角重檐歇山顶,飞龙吻脊,塑八仙。明间进深三柱,设吊顶绘戏曲人物,中置四圆柱,设圆鼓形青石柱础,用材楮大,其余采八角柱。次间设坐凳,四周围墙彩绘周岙老村落图。庙存清代石雕香炉、香案、石龛,民国元年石方桌等古物。2001年6月列为文成县第一批文物保护点。

岭头宫与隔岸堂古迹 岭头宫位于峃口新桥村马鬃岭。因处马鬃岭头,故名。清康熙二十三年(1684)建,光绪十三年(1887)重建。单檐歇山顶合院式木构建筑。大殿面阔8.75米,供奉马氏娘娘为主尊坐姿塑像。1991年扩建附属建筑。隔岸堂古迹位于新桥村马鬃岭脚,清乾隆三十六年(1771)建,面阔七开间回廊式庵堂与路(茶)亭合一建筑。1986年,在原址后向复建面阔三开间12米、进深8米大殿,集放历代志碑及柱础等遗物。2003年11月列为文成县第三批文物保护点。

稽垟朱祠私塾址 位于黄坦镇稽垟村稽垟路27号。坐西朝东偏南,始建于明末,清乾隆三年(1738)重修。正厅面阔七开间,悬山顶,脊首设吻龙。明间进深五柱九檩,五架梁带前后单步梁再带前后单步梁,柱下设虎爪形柱础。戏台歇山顶,立四柱,施藻井。廊轩对称各四间。原兼作书院,清光绪二十九年(1903)改为私塾讲读场所。是县境唯一尚存可考私塾址。2001年6月被列为文成县第一批文物保护点。

古 迹

水云寺文物古迹 位于黄坦镇云峰村邢宅自然村海拔674米的水云尖峰巅，早名“水云庵”。元末开基，清康熙八年（1669）重建，乾隆四十八年（1783）扩建，咸丰十年（1860）重修，1965年倾塌，1996年修复。有大雄宝殿、观音阁、许府真君殿、娘娘殿。大雄宝殿面阔三间，翘角重檐歇山顶，置“水云禅寺”匾，供奉如来神像。观音阁阔三间，单檐歇山造。许府真君殿单间，单檐歇山顶。娘娘殿面阔三间，重檐歇山顶。明间立六柱，五架梁带前后双步梁，供奉陈十四、汤氏娘娘、土地公等。2001年6月被列为文成县第一批文物保护点。

安福寺文物古迹 位于西坑镇西坑村孙山自然村北山坳，建于唐元和三年（808），明崇祯九年（1636）重建，清光绪八年（1882）重修。分圣门、金刚殿、大雄殿、三圣殿四进。金刚殿面阔九开间，明间进深五柱九檩，重檐歇山顶，平脊叠瓦。1957年大雄宝殿、三圣殿原址改建成砖木结构苗圃工人用房。保存青石方柱单间阁楼式圣门，石刻阳字门联。2002年12月列为文成县第二批文物保护点。

石鼓楼文物古迹 位于黄坦镇共宅村，为元末浙南农民起义军首领吴成七“吴王府”鼓楼，前置大石鼓一对而沿称石鼓楼。元至正十三年（1553），黄坦吴成七揭竿抗元，建“吴王府”，鼓楼系吴氏观阅校场试石鼓比武艺选拔将才处。历时4年，元朝廷派大军征剿，“吴王府”焚毁，石鼓楼于清咸丰失火圮废。“吴王府”断垣残壁可辨，石鼓楼遗址留存同规格大石鼓一对，各重300余公斤，青石质圆鼓式，高44厘米，鼓腹径粗54厘米，上、下敛口直径43厘米，在离敛口3厘米处突雕一道乳钉状圈环；鼓垫座束腰式，上、下对称浮雕莲瓣，高17厘米，垫面直径44厘米。2003年11月列为文成县第三批文物保护点。

红枫古道

大会岭古道、道岭（苔岭）古道、大峃猫狸擂岭古道、大峃岩庵岭古道、大峃松龙岭古道、大峃吴垟岭古道、龙川五十二岭古道、武阳岭根岭古道、西坑八都岭古道为文成县文物保护单位。（详见第十三卷旅游业·第一章第三节红枫古道）

摩崖石刻

石窟寺及石刻 石良坎摩崖题记。位于玉壶镇光明村李山自然村石良坎岭旁。刻于高12米、阔7米的天然平面岩壁，面积5.6×1.5米。记事从右往左读为“□甲申礼山胡氏造”，每字规格64×38厘米；落款直读“介山题”三字，阴刻，行楷书。清光绪甲申年（1884），里人修造玉壶至李（礼）山石良坎梯路，铺成记事，题者胡希望，号介山，字兆熊。2002年12月列为文成县第二批文物保护点。

纪念建筑

玉壶中美合作所旧址 “玉壶中美合作所”全称为“中美特种技术合作所”。它是第二次世界大战中中国和美国军事情报机构合作建立的战时跨国情报机构，其目的是中美之间加强军事情报的合作，共同打击日本。玉壶中美合作所第八训练班曾以玉壶镇底村上新屋为学员宿舍。上新屋原为三进合院式木构建筑，建于清嘉庆年间（1796—1820）。坐西南朝东北。第一进为门屋，已毁。前屋为七间悬山顶建筑，室内明间做成鸳鸯厅结构，前后天井东、西侧各为三间厢房；正屋为七间两层悬山顶建筑，同厢房组成合院式。玉壶中美合作所另一处为教导营驻地“端廿八祠堂”，位于玉壶镇上村。抗战胜利后一场大火，将祠堂大门和厢房焚毁。后祠堂大门重建，而作为课堂的厢房则一直未能重建。2011年1月列入第六批省级文物保护单位。

坦岐炼铁厂旧址 位于珊溪镇坦岐村小学操场旁，建于20世纪50年代。原占地约3000平方米，内建2座炼铁炉、2座机房和2根烟囱。现存建筑面积约78平方米,由一座炼铁炉、一根烟囱和二幢机房组成。两幢机房呈南北向排列,为砖砌木屋架建筑。烟囱和炼铁炉分列热风机房东西两侧,均为砖砌筒体构筑物。旧址保留的建筑较完整地再现大炼钢铁时的生产工艺流程,是特殊时期的产物,为我们提供全民大炼钢铁的重要历史见证。2011年1月列为第六批省级文物保护单位。

革命遗址

九星宫革命遗址 位于公阳乡上岳头村紫华山西麓。又名九莲禅寺,明洪武年间建。1927年春瑞安西区公阳基层农会成立,1930年6月12日公阳苏维埃政权在西山龙寺院建立,地下党领导人常在九星宫秘密部署。浙南三年游击战胜争时期,刘英与粟裕等率部常在此活动。周围有红军疗伤的甘漈、踏碓洞。2001年列为文成县第一批文物保护点。

坦岐革命烈士墓 位于珊溪镇坦岐村坦岐自然村。1953年2月建,1982年重修。后壁中置一方0.87×0.58米青石碑,铭刻红军活动和解放战争时期烈士姓名。2001年列为文成县第一批文物保护点。

坦岐革命星火纪念址 位于珊溪镇坦岐村。一处原为地主宫,建于明代,1994年翻建。另一处原为朱氏宗祠,清光绪六年(1856)建,1914年重修。1934年10月,共产党人朱大孝在坦岐创建中共瑞泰边联络站。1935年7月,朱大孝在地主宫建立坦岐党小组。坦岐由此先后成为中共瑞青泰县委、青景丽中心县委的活动基地和常驻地。地主宫与朱氏宗祠是秘密聚会点。1941年11月,青景丽县委机关在"地主宫"举行中共浙南委员会书记叶廷鹏英勇就义追悼会。2002年12月列为文成县第二批文物保护点。

宝华寺革命纪念址 位于黄坦镇稽垟村城垟自然村。寺建于明初。1936年重阳日,红军挺进师政委刘英率部从珊溪到此开辟革命据点。1942年4月、1947年冬,遭国民党军两次"清剿"焚烧。2001年列为文成县第一批文物保护点。

中共大坑支部临水殿旧址 位于周壤乡大坑村大坑自然村。临水殿原建于清嘉庆五年(1800)。1942年春,共产党人朱玉发、许明载在大坑村发展柯上对等5名党员,1944年2月在临水殿入党宣誓,正式成立中共大坑支部。1947年冬,在临水殿周密部署,智捉谋杀地下党大峃区委书记赵体瑾(金牙齿)的柴介梅予以处决。1996年,旅外侨胞捐资翻建临水殿。2002年12月列为文成县第二批文物保护点。

中共济下支部活动旧址 位于黄坦镇济下村济下自然村水口。董公殿,单体建筑,原建清咸丰年间,现存建筑为1950年重建。该殿与相距约70米的"董公殿"同处水口,依山临水,环境幽僻,为当年中共济下支部革命活动旧址。2003年列为县第三批文物保护点。

第二节 非物质文化遗产

1979年,文成县文化部门向省市有关部门推荐一批刘伯温传说。其中10余个传说收集在浙江文艺出版社1984年出版的《刘伯温的传说》。1988年,《中国民间文学集成·浙江省文成县卷》收录民间故事280篇,歌谣240首,谚语1469条,计36万字。2006年11月,刘伯温传说、太公祭等11个项目入选第一批县级非物质文化遗产名录。2008年6月,刘伯温传说项目入选第二批国家级非物质文化遗产名录。2008年6月,文成县公布第二批县级非物质文化遗产名录,计89项。2009年5月,文成县公布第三批县级非物质文化遗产名录,21个项。2011年5月,文成县太公祭项目入选第三批国家级非物质文化遗产名录。

概 况

1991—2011年,文成县前后公布非物质文化遗产名录3批121项,涵盖全部10大类。其中,民间文学类16项,传统音乐类11项,传统舞蹈类7项,传统戏剧类6项,曲艺类3项,传统体育游艺与杂技类2项,传统美术类10项,传统技艺34项,传统医药类6项,民俗类26项。先后被列入市级非遗名录35项、省级2项、国家级2项。

2007—2011年文成县市级以上非物质文化遗产名录一览表

表28-1

序号	项目名称	类别	级别
1	刘伯温传说	民间文学	2007年第二批国家级 2007年第二批省级 2007年第一批市级
2	太公祭	民俗	2011年第三批国家级 2009年第三批省级 2008年第二批市级
3	畲族民歌	传统音乐	2008年第二批市级
4	畲族“打王”舞	传统舞蹈	2008年第二批市级
5	畲族刺绣	传统美术	2008年第二批市级
6	畲族剪纸	传统美术	2008年第二批市级
7	畲族医药(文成云芝堂儿妇科)	传统医药	2008年第二批市级
8	陈十四信俗	民俗	2008年第二批市级
9	畲族祭祖	民俗	2008年第二批市级
10	文成平和布袋戏	传统戏剧	2008年第二批市级
11	文成米塑	传统美术	2008年第二批市级
12	文成黄坦糖制作技艺	传统技艺	2008年第二批市级
13	抽梁换柱法	传统技艺	2009年第三批市级
14	文成木偶戏	传统戏剧	2009年第三批市级
15	温州鼓词	曲艺	2009年第三批市级
16	温州灰塑	传统美术	2009年第三批市级
17	文成吊九楼	传统体育游艺与杂技	2009年第三批市级
18	畲族医药(蛇伤疗法)	传统医药	2009年第三批市级
19	南田元宵舞龙	民俗	2010年第四批市级
20	文成民间八仙戏	传统戏剧	2010年第四批市级
21	文成集锦头通	传统音乐	2010年第四批市级
22	文成民歌	传统音乐	2010年第四批市级
23	吴成七传说	民间文学	2010年第四批市级
24	高机与吴三春传说	民间文学	2011年第五批市级
25	畲族谚语	民间文学	2011年第五批市级
26	下垟串灯舞	传统舞蹈	2011年第五批市级
27	周山养干马灯舞	传统舞蹈	2011年第五批市级
28	乌衣红粬酿制技艺	传统技艺	2011年第五批市级
29	畲族彩带编织技艺	传统技艺	2011年第五批市级
30	弹棉花技艺	传统技艺	2011年第五批市级

续表28-1

序号	项目名称	类别	级别
31	畲族婚俗	民俗	2011年第五批市级
32	杨府爷信俗	民俗	2011年第五批市级
33	畲族“三月三”	民俗	2011年第五批市级
34	扦柚球	民俗	2011年第五批市级
35	文成修谱习俗	民俗	2011年第五批市级

说明:资料由县文化广电新闻出版局提供

要目选介

刘伯温传说 凡是汉民族地区,都有刘伯温传说流传。刘基(1311—1375),字伯温,南田武阳村人,元末明初著名的政治家、军事家、文学家。在明清野史小说杂著和近代民间传说中,刘基以其字伯温知名。刘伯温传说广泛流传于温州、丽水、杭州、南京、北京等地。20世纪80年代以来,文成县多次搜集整理出版“刘伯温传说”。1989年出版的《中国民间文学集成·文成县民间文学故事歌谣谚语卷》录入“刘伯温传说”18篇。2005年,周文锋主编的《智谋大师刘伯温传说》由人民日报出版社出版。2011年,周文锋主编、重庆大学出版社出版的《刘伯温民间传说集成》,录入全国各地流传的刘伯温传说290余篇,浙江流传的传说近半。

太公祭 太公祭,是存续在浙江文成县南田镇,以明朝开国元勋刘基为对象的家族及地方先贤祭祀礼仪习俗,“太公”是浙南人民对刘基的尊称。刘基例享春秋二祭,均在刘基庙举行,春祭为农历正月初一举行的家族祭祀,秋祭为农历六月十五刘伯温诞辰地方举行的先贤祭祀。春秋二祭从明迄今,礼仪相沿,公祭时有时无,家族祭祀绵延数百年,“文化大革命”时期一度停止。1986年,重新恢复春秋二祭,并在当年农历六月十五日(刘基诞辰675周年)由文成县人民政府举行公祭。(详见第二十九卷刘基文化)

吴成七传说 吴成七,今文成县黄坦人,以农耕及贩盐为生,因不堪官府和盐霸压迫欺凌,愤而抗争,却被诬谋反,于是联合受苦的众乡亲举旗起义抗元。吴成七自号吴王,建立王府和百余座山寨,元政府多次招安均被拒绝,后被残酷镇压,起义失败。吴成七传说大多站在普通百姓立场,憎恨统治者,对吴成七义军持同情、歌颂的态度,神化吴成七。如说吴成七天生神力,铜皮铁骨,刀枪不入,能手持簸箕御风飞行;又如“天赐石鼓”“白象送水”“石洞流米”等,意在说明“天”助起义军。也有丑化吴成七,把他和义军将领描写成打家劫舍、欺男霸女、无恶不作的强盗山寇。还存在着褒刘(刘伯温)贬吴(吴成七)的倾向,如“刘基草茎击石鼓”“挑灯惑兵计”“火烧金山寨”等。

文成民歌 文成民歌具有自己地域特色的多调性、多调式、多形式、多状态。演唱内容大多为生产劳动、行业劳作、山水风光、谈情说爱、为人处世等。文成民歌以五声音阶为骨架音,往往单段体曲式,歌词变曲调不变,多次反复。以宫调式、微调式为主,多数用二四拍子,亦有一些三拍子和自由拍子的。文成民歌一个特点是借鉴:流传于文成县南部的“独自人”(光棍)借鉴于平阳县(现苍南县)和闽北的“十叹独自人”。“十月怀胎歌”借鉴畲族民歌“哭嫁”,曲调为泰顺的民歌“状元游街”。水江边的撑船、撑排、放排歌即为“号子”方式的即兴之作。畲族民歌“文成调”,浙江省内仅此一调。

集锦头通 集锦头通是一种套曲或集曲式大型民间锣鼓吹打乐曲,作为演戏前“闹场”吸引观众的一种演奏形式,俗称“打头通”,后逐渐扩展为农村婚丧、祝寿、开业喜庆和宫观庙宇道场仪式等不可或缺的吹打音乐。集锦头通由【七声号】【想当初】【吾阵东向】【莫不是】【弯弯弓】【佛前灯】【风吹荷叶煞】【尾声】八段乐章组成。各段唱腔表现雄壮、欢乐、闺怨、思念、缠绵、离情、悼亡等不同情感场面,喜怒哀乐错综变幻,兼以锣鼓相串其间，通过配套排序，巧妙融和锣鼓、吹奏、管弦等乐器的拟声、状形、达意、传情、描事等表现手法和演奏技艺。

畲族“打王”舞　俗称“打王”，相传起始于广州凤凰山的传统民族节日——“招兵”节。明嘉靖三十九年(1561)，雷法有第一支畲民迁入文成境内，打王舞即流传开来。“打王”之时，先由舞者发令，口念“左边请出打鼓手，右边招来敲锣师，左右齐鸣擂锣鼓，催我军兵下凡来”。舞者左手捏铃刀，右手握龙角，铃刀在桌边敲击，然后舞动龙角，旋角花。舞步姿态据念词所行，起王头排兵有铰剪花、运棋花，左右旗豆二人是不可缺少的舞伴，如上二花即三人舞，排兵系集体舞，多者十几人，都得跟随舞者舞步和路线才不易出错。在“打王”中兼有打七塔、吊九楼、翻三界等带有杂技性质的动作。

下垟串灯舞　串灯舞，又叫窜花灯，是一种以舞花灯为主要形式，舞蹈伴唱的民俗表演节目。表演时间一般为正月，为新春佳节增添喜庆热闹的气氛。在文成县主要流传于西坑、下垟一带，因此又称下垟串灯舞。串灯舞表演队一般有12人，由8名花灯演员(四男四女)和4名乐手组成。表演队边唱边舞进行串灯，挨家挨户演出。主人家一般要端出点心，包上红包给予答谢。串灯舞的舞蹈分为打圈、半边月、塔地龙、斜队、大变理、小变理、打圈、永琪灯(即八角，唱《天官赐福》)、斜队和平队(唱《保符调》)十个流程。

周山养干马灯舞　周山养干马灯舞由福建、平阳、瑞安等地传入，有100余年历史。在发展过程中，民间艺人改变唱词，改用当地语言和音乐，加入当地民众喜闻乐见的内容，逐渐形成一套自成体系的马灯舞表演方式。主要在本乡本土及周边乡、村穿街走巷，或以广场、晒谷场、祠堂口为表演地。周山养根马灯，骨架用小竹梗(杆)和竹篾捆扎，外面糊上纸，粘上彩纸剪的马鬃、马尾。马头和马尾分别扎于表演者前后。表演队伍前有二人擎高照，书“人寿年丰”“风调雨顺”字样。表演者穿大红大绿喜庆服装，头裹彩色头巾，右手执马鞭(彩色纸质)，唱着词，边舞边跳列队进退。马灯表演队由一马头军(一般男性，会腾翻动作)、一名铜钱爿(女性)、若干队员组成，凑双，不少于6名，一般8名，加上乐队、吹打，二十来人。演奏乐曲为《马灯调》《铜钿爿》，歌词为本地方言现编现唱。竹马颜色有红、黑、白、花，昂首圆眼，鬃毛高矗，尾巴上翘并左右摇摆，马脖子挂有铃铛。早年马头顶上点灯。马头军为男子，表演队核心人物，身着束腰紧身服，脚着快靴，武生打扮，有跌打滚翻功夫。马灯队员均为姑娘。乐队以打击乐为主，吹打乐为辅。

民间八仙戏　民间八仙戏又称“八仙庆寿”戏，是一种在正戏开演之前演出的吉祥小戏，分“大八仙”和“小八仙”。演出内容为神仙聚会，形式亦唱亦舞。主要借神仙聚会的热闹场面，烘托节令气氛，祈求风调雨顺、平安幸福。主要表演载体有大戏，即当地的民间京剧、瓯剧职业剧团；当地民间木偶剧团；当地民间的单档布袋戏剧团；当地的吹打班。八仙戏表演大同小异，或简或繁，离不开仙官赶赴蟠桃会等情节。出场的以福、禄、寿三星和文昌星唱主角的较为普遍。《堆仙》(又名《奉蟠桃》)一剧，八位仙人的戏服和冠帽都有固定的色彩配搭，制作精美。八套服饰，称为“八川一堂”。文成民间八仙戏主要有“蟠桃会”“跳魁星”“跳高官”“跳财神”“拜堂”五项演出内容和程序。最精彩的是“三跳”。“跳高官”如跳舞，有“跳男高官”和“跳女高官”。“跳财神”如哑剧小品。财神头戴大帽、面具，手捧金元宝，踩“财神锣”点，双脚成大八字，双膝弯曲半蹲，一步一跳。跳魁星时，魁星戴蓝面壳，踩“魁星锣”点矮步上场，左手捧斗，意斗量天下文章；右手持笔，意笔点状元，面向三方观众，连点三元，并由后场人员代为高喊：“解元！会元！状元！连中三元！”整个表演，舞、旋、踢等动作并用。八仙戏保存有20余套剧目。徐乃武先生收集整理的剧目有17套：《大红袍》《文武会》《新七星》《老七星》《大集福》《老集福》《天官赐福》《小赐福》《老三星》《小三星》《福建三星》《四喜》《王母蟠桃》《叠寿》《八仙拜寿》《小八仙》《简易八仙》。主要唱腔曲牌套数：《点绛唇》《新水令》《油葫芦》《天下乐》《神鹤令》《混江龙》《步步娇》《折桂令》《雁儿落》《侥侥令》《收江南》《园林好》《喜迁莺》《沽美酒》《清江饮》《刮地风》《醉花荫》等。

灰塑　又称“龙头塑”，因建筑屋脊二头俗称龙头而得名。分布在大峃、珊溪、巨屿及南田、西坑的几个乡村。明宪宗朱见深于成化十年(1474)赐匾给他当太子时的老师徐善政，后徐善政由福建迁至富岙乡吴垟村，树起牌坊，盖起祠堂，并在祠堂屋脊二龙头处塑起了龙头。灰塑艺术是师徒、父子间口传心记的手工技艺，从简到繁，从单一的龙造型到多种内容形式的群体塑像传承发展。主要载体是屋脊和照墙照壁等，有单体、群体、对称、挂角、封角、双头、横塑、吊塑、斜塑、瓦背塑、照壁塑、瞒天塑、斗拱塑、门头塑、围墙、壁塑、风景塑、香炉塑等形式。按题材分类主要有神仙佛像、飞禽走兽、民间故事、神话传说、山水花鸟、戏曲故事、历史典故、吉祥吉庆、节令习俗、法器物件、农事耕作等。主要作品：双龙戏珠、福禄寿三星、八仙过海、刘海戏金蟾、嫦娥奔月、桃园三结义、鲤鱼跳龙门、降龙伏虎、三打祝家庄、济公活佛、武松打虎、姜太公钓鱼、哪吒闹海、西游记、法轮金光、吊元宝、聚宝盆、玉树花、王母祝寿、闹天宫等。

南田民居营造技艺 南田民居主要分布在南田镇、西坑镇、百丈漈镇，泰顺县和文成县接壤东北部的黄桥乡等地。南田大型民居由多个合院组成，各院有独立的院墙、台门，互不干扰又连为一体。民居大多沿着一条中轴线安排建筑，横向安排隐蔽的小院落作为私塾弦诵地和内眷活动场所，或称之为倒厅。多数房屋整体低矮，有些地方伸手可及檐头滴水瓦片。位于中央的正堂为会客、礼仪之用，轩间略设楼板。屋脊无过多的装饰。南田民居营造技艺始于唐宋。乡土建筑基本保持唐宋固有的传统风格不变，有月梁、板壁隔断，使用嶂篱、安置侧脚等宋代旧法。至清代，南田民居营造技艺以北方《营造法式》为基础，并融合南方穿斗做法。木构建筑雕刻工艺精美，素材多为田园风光、农作物图案和历史故事。建筑脊梁上龙头凤尾的灰雕，其工艺是以苎丝绑扎瓦片、竹篾形成骨架，外抹石灰，勾勒图案，造型生动灵活。南田民居营造过程中涉及大木工、雕刻工、石工、泥水工、蔑工、夯墙工等余个工种，多道程序。选料：由木工依据屋架质量采购杉、松等木料或就地取材。动土驾马：先做三脚木马，将大梁放置在木马上制作，取梁、上梁、做神龛、中堂照正壁、起灶等需择吉时进行。画墨接榫：将各构件画墨线记号，做好接榫方式及各部尺寸。排架：将纵深同一轴线的构架按列进行试装。竖架上梁：木、砖、石、普工配合进行竖屋架，桁条的朝向规则是明间大头放左手，边间都是大头朝中间。南田民居营造讲究建筑环境。按风水基本原则和格局，负阴抱阳、背山面水，追求人居建筑与自然环境的和谐融合。

文成黄坦糖制作技艺 黄坦糖是文成县当地的传统民间小吃，它其实是一种麦芽糖，因制作贩卖这种糖的以文成黄坦人为主，又叫“黄坦糖”。黄坦糖以精细糯米为原料，用大麦麦芽发酵后煎成糖油，再添加芝麻、生仁与薄荷油为佐料，以民间特有工艺加工而成，可制作松脆的糖丝、柔韧的糖端(条)、坚实的糖饼，花样各式，味道多样，含在嘴里香甜、清凉可口，并有健脾胃增食欲之功效，是年节食用、馈赠亲友之佳品。“黄坦糖”历来由纯手工制作，有整套系统的制作工艺和严格的技术要求，其中尤以控制煮糖的火候为关键。主要工艺流程有发麦芽、浸米、炊饭、发酵、压榨糖水、煮汁煎糖、打糖、存放。

龙川索面制作技艺 索面是文成本地有名的传统农副产品，又叫纱面、素面。民间习俗凡生日庆寿，必食鸡蛋索面，称长寿面；产妇坐月子时，索面、鸡蛋、糯米酒是必不可少的滋补食品；亲友登门亦必以索面待客；索面也是馈赠佳礼。文成素面的上品一般来自龙川，它用上等面粉精制而成，色白、细长而韧、久煮不煳。龙川索面的配料简单，工序却复杂，原料配比、温湿度、时间都有严格的要求，和面、揉胚、上架、晾晒、收贮，一系列制作流程，都要熟练掌控好。

文成什锦粉丝制作技艺 文成什锦粉丝是番薯或蕉藕淀粉制成的传统食物，细腻可口，宜煮宜炒。一般每50公斤番薯可制粉丝7.5~9公斤。制作有磨粉、洗粉、浸粉、炊粉、刨粉几个流程，用到的工具有番薯磨(圆形洋铁皮用铁钉打上许多眼，钉眼突出的一面朝上放在无底的木桶内，手握番薯在铁皮上刨磨，现已由机器取代)大淀粉桶四只，豆腐桶一只，苎布袋(现改用尼龙袋)一只，方形木架一只，蒸笼，粉夹，刨(分二种，一为优质黄铜制成，有数排圆孔，可刨粉丝；一为铜或铁制，上有一条长槽，可刨粉皮)竹制番薯帘若干。

文成红酒酿造技艺 文成传统红酒，指的是利用优质糯米和红粬霉菌发酵而成的红粬酒，具有极佳的养生保健功能。宜酿酒的冬季,特别是农历十月十日,文成农村几乎家家户户酿制。取糯米洗净,挑去杂质,加清水浸泡,当用手捻米米会碎时就可捞出来控水,然后放到蒸锅里蒸熟。酿制红粬酒的顺序是先放水,再放红粬,最后放入蒸熟的糯米,0.5公斤米配1两半的红粬再加0.9公斤的水,将水、红粬、熟糯米饭搅拌均匀。必须注意的是要避开涨潮时,否则会沸腾溢出。过上一个月后,缸中的原料融为一体,颜色由清红逐渐变成深红。红粬所固有的微生物将糯米的蛋白质转化为氨基酸、维生素等营养,红粬酒初步酿成。最后用筛网过滤了,过滤后得到的红粬酒就可以作料酒或直接饮用。是招待客人的佳品。

文成竹编 文成县的竹编工艺从福建传入,主要流布于巨屿、珊溪一带。改革开放以前,文成竹编艺人众多,称为“做篾匠”,他们大多制作一些实用性强的器皿、家具,如竹篮、竹筐、竹席、竹椅、竹扇等。现在的竹编艺人制作的竹编主要是工艺品,如篾制情盒、匾额、对联等。竹材经过破竹、烤色、去节、分层、定色、刮平、划丝、抽匀等十几道工序,手工制作出精细的竹丝。工艺大体可分起底、编织、锁口三道工序。在编织过程中,以经纬编织法为主。在经纬编织的基础上,还可以穿插各种技法,如疏编、插、穿、削、锁、钉、扎、套等,编出的图案花色变化多样。需要配以其他色彩的制品就用染色的竹片或竹丝互相插扭,形成各种色彩对比强烈、鲜艳明快的花纹。

文成圆木制作技艺 圆木,是指木工师傅制作的圆形或近似圆形的实用器物,如各种桶、盆、盂、盒等。圆木器具制作要求形状雅致,实用耐用。师傅要有熟练的木工技艺,具备一定的雕刻和绘画的艺术素养。制作前要选取上好的杉木,将杉木锯断,去皮,晾晒三个月;杉木完全干燥后,将它按规定尺寸进行粗加工,并用净生漆涂于板缝黏合牢固,将外表面加工成形,用铜丝(铁丝)箍固定,然后用特制工具加工内壁,并在底部用桶底锯加工嵌缝,装上底板用漆黏合牢固,最后按需要装上盖和提梁。圆木初具模型后还要进行上漆、绘画或者雕刻。

畲族医药 文成县以百年老店“雲芝堂”最为著名,以儿、妇科见长。“雲芝堂”创始人为文成县上林乡周山垟村畲族妇女雷芝英。1965年,其第三代传人雷嵋莲在县城开设诊所,沿用“雲芝堂”名称。“雲芝堂”创办百余年,积累了丰富的儿、妇科治疗技术和经验,包括草药的内服外敷、配伍禁忌,草药的采收加工,常用药物的配制,挑风、针刺、刮痧、割脂、火灸、拔罐、药袋敷脐等特殊疗法的适应证和操作技术。

陈十四信俗 陈十四信俗指的是东南沿海地区人民对陈十四娘娘陈靖姑的信仰习俗。陈十四娘娘信俗覆盖面达十余个县。文成县内的陈十四娘娘庙宇,一般称为“太阴宫”,鲜有他称。庙宇集中在原瑞安析置区,即玉壶、大峃等地,其余地方较为少见。陈十四娘娘信俗中最重要的形式是唱“南侠大传”,又称“唱灵经”“娘娘词”“唱大戏”,它是“温州鼓词”的一个唱本,主要叙述陈十四娘娘出身、学法、收妖灭怪、为民除害、斩蛇救兄得道的传奇性人生。唱“娘娘词”有一套庄严独特的仪式。除了唱“娘娘词”外,还有许多民间信俗与陈十四娘娘有关。在文成县,最普遍的是认“亲娘”。过去,有的人家怕自己的子女难养或生辰八字有冲、刹,就拜陈十四娘娘为“亲娘”,以佑子女健康成长。认了亲的信众们在仪式结束后,还要聚在一起吃一顿吉利饭,或分享祭祀用品,以求得到陈十四娘娘的庇佑。

南田元宵舞龙 南田元宵舞龙的习俗由来已久。相传元朝末年,刘伯温为防备方国珍部兵勇勾结南田附近一带的山贼侵犯南田,暗中招募义勇训练,但又怕背上造反的罪名,不敢公开操练,故将军事上的阵法融入鱼、龙灯舞中进行布阵练兵的操习。后其孙刘仁瑞将其整理和发展,并在传承中逐渐加入了花灯、车灯等形式。此后,在元宵这一天南田镇就会举行庙会,开展鱼灯、车灯、花灯、舞龙灯等表演活动,庆祝过去的一年丰润祥和,祈求新的一年风调雨顺、国泰民安、五谷丰登、六畜兴旺。舞龙表演,龙的规制有严格的限定,舞龙的线路也有严格的规定。

畲族“三月三” 又称“乌饭节”“对歌节”,是畲族人民的传统节日。相传,唐代畲族英雄雷万兴率起义军抗击官军围剿,被围于华阳山之中,粮草断绝。时值隆冬,在万山中只有乌稔树的果实,军队以此充饥,终于等来援军,得以脱困,并于第二年的三月初三取得了最终胜利。畲民为纪念此事,每年三月初三都要吃乌米饭,集会对歌。文成县西坑畲族镇、培头畲族村都有着较为完整的畲族文化传承,畲族“三月三”是当地一年一度的盛大节庆活动,近年来发展成为畲族风情生态旅游项目。

吊九楼 又称翻九楼,是一种祈求国泰民安、风调雨顺、驱魔降妖、捉鬼祛病的民俗活动。流行于闽东北和浙南地区,传入境域已300余年。传人为西坑旁边垟雷法有。选择吉日良时,备齐供品。十门将军(东西南北中五方大元帅、五方大将军),一名沙王,锣鼓手三名,旗头两名,先锋猛将两名,兵士10余名。猪头一个,鸡一只,冥斋五个,酒缸一个,大秤砣一个,香烛、香纸若干。九张八仙桌,一张一张层叠,用青毛竹相连,搭成塔状。桌塔最高层桌面称为“台”,“九台”总高度10米左右。表演者为道士,称“师公”。表演时头裹红绸头巾、腰围麻布制的“师裙”。吊九楼主要用于除妖和求雨活动。做法事时,师公先请师祖,即骑马,藏身、变身、排兵、点兵。除妖怪:师公在锣鼓声、鞭炮声中从地面逐层翻身登上高台,另外八人跟着上楼依次在各层坐好。师公在台上金鸡走、竖天柱、打筋斗;把饭甑套在小腿上,沿桌边四方行罡做法,站在去了桶箍的饭甑上面沿边行走,吹龙角,摇刀铃,口念法咒,跳跃“禹步”。把米筛扣在饭甑上,坐在米筛上,召集阴兵去捉妖,把妖引入酒缸内(放着猪、牛、羊冥斋),念咒语将其封锁。把大秤砣从九楼扔下,大秤砣化作九天大雷公,把酒缸打碎,寓意着妖怪被打死。师公与其余八人一台台翻身而下,着地后,师公带来兵马,把病人的衣服拿来,命鬼交还病人的三魂六魄。拿些米、茶叶包在衣服内,放在病人胸部,意为病人魂魄回来,把病人的门锁好,封上咒符,不准鬼入内。最后,师公念咒语,送兵回阴间。求降雨:去佛殿请许老爷(或汤娘娘、徐三公等),抬着塑像巡游,沿途村民烧香、放鞭炮跪接。将接来的塑像置于九楼桌脚的香案上。师公上楼表演后坐在米筛上,发文书上诏天庭,唤来风婆雨神和行雨龙王降水,灌溉禾苗。当天下雨,九楼拆下;不下雨,三五天放着不动,每天上楼顶催求下雨,直到下雨拆楼,把佛直接送回佛殿。在佛殿谢恩,摆上豆腐、猪头、羊等三牲,希望继续保佑百姓,常常降雨。

非物质文化遗产普查

2007年5月,文成县被列为浙江省非物质文化遗产普查工作试点县。6月,县文化馆完成民族民间艺术普查,编纂《文成县民族民间艺术资源普查资料汇集本》,收集相关项目10个。至2008年7月底,完成全县384个行政村的非遗普查工作,搜集线索39539条,筛选有价值的线索8050条,调查项目2660个,完成《温州市非物质文化遗产普查成果汇编(文成县卷)》和33个乡镇卷的编印工作。8月,温州市“全市非物质文化遗产普查验收现场观摩会暨第三次例会”在文成召开。同日,县非遗普查工作通过市级验收。2009年1月,浙江省文化厅公布全省非物质文化遗产普查工作验收结果,文成县被评为优秀等次。

2011年12月,文成县人民政府办公室下发《国家级非物质文化遗产项目刘伯温传说保护方案》《国家级非物质文化遗产项目太公祭保护方案》。

第三节　文化遗产保护

文成县人民政府先后公布县级文物保护单位(文物保护点)6批共75处(县文物保护单位44处、文物保护点31处)。县文化部门根据法律法规规定,组织人员对珊溪水利枢纽工程淹没区文物进行考古发掘,做好刘基庙、墓与谢林大宅院等保护和修缮工程,并采取各种措施对其他文物保护单位(点)文化遗产保护工作。

1980—2009年文成县文物保护单位一览表

表28-2

县第一批文保单位		浙文革字〔1980〕第120号	1980年7月20日	
序号	县级文保单位名称	地　址	类别(年代)	备注
1	刘基庙、墓	南田镇九都村华盖山南麓 南田镇西垟村坟前自然村夏山	古建筑、古墓葬(明)	—
县第二批文保单位		文政〔1984〕44号	1984年4月18日	
2	樟山摩崖造像	龙川乡过山村樟山自然村	石窟寺及石刻(元)	—
3	白云庵	大峃镇珊门村云峰山半山腰	古建筑(清)	—
4	邓公祠	大峃镇城南村金鱼山半山腰(原文成东龙乡东民村猪头山南麓搬迁)	古建筑(清)	—
5	鲤鱼山遗址	珊溪镇街尾村鲤鱼山山顶	古遗址(新石器)	—
6	碗岗山窑址	珊溪镇坦岐村碗岗山南麓	古遗址(南宋)	—
7	百步岩摩崖题记	原位于珊溪镇项竹垟村峭壁上(因珊溪水利枢纽工程之故,现切割搬迁到县文物馆库房)	石窟寺及石刻(南宋)	消失
8	稽垟古樟树	黄坦镇稽垟村稽垟自然村小学南墙外	其他(北宋)	—
9	吴成七古寨址	金炉乡金山村洞尖山与黄坦镇后垟村交界处	古遗址(元)	—
10	陆氏宗祠	原位文成东龙乡黄坛坑村前山西麓,(现因珊溪水利枢纽工程之故,现搬迁到黄坦镇塘底垟村岩头光自然村水口)	古建筑(清)	—
11	林窑窑址	珊溪水库内(原汇溪乡驻地蟾宫埠村对面林窑山山坡)	古遗址(宋)	—
12	金山节孝坊	原位于汇溪乡金山村岭脚(因珊溪水利枢纽工程之故,现搬迁到云湖乡上金村金山自然村)	近现代重要史迹及代表性建筑(近代)	—
13	佑善亭	玉壶镇底村佑善亭路店楼墩	古建筑(清)	—
14	周攀龙墓	十源乡郑岙村龙虎丘自然村	古墓葬(清)	—
县第三批文保单位		文政〔1987〕174号	1987年12月27日	
15	七甲寺古迹	大峃镇呈树村玉泉山	古遗址(唐)	改为七甲寺遗址
16	庆云寺	双桂乡双垟包村新处自然村	古建筑(明)	—
17	净因寺	双桂乡桂东村城底自然村	近现代重要史迹及代表性建筑(近代)	—
18	龟背山遗址	巨屿镇潘岙村龟背山顶	古遗址(新石器)	—
19	湾里岗头遗址	巨屿镇垟地边村湾里岗头	古遗址(新石器)	—
20	灵隐寺	富岙乡石竹寮村严处自然村佛堂坑	古建筑(清)	—
21	依仁石拱桥	黄坦镇依仁村外垟自然村水口	古建筑(清)	—
22	刘基故里	南田镇武阳村	古遗址(明)	—
23	降龙庵	南田镇西垟村水垟自然村	古建筑(明)	—
24	县第四批文保单位	文政发〔1992〕181号	1992年11月17日	
25	文成公祠	大峃镇石坟垟村	古建筑(清)	—
26	桥头井	大峃镇桥头井村	古建筑(明)	—
27	明星寺	二源乡淡阳村后山	古建筑(清)	—
28	县第五批文保单位	文政发〔1997〕144号	1997年9月24日	
29	圣泉洞	龙川乡过山村樟山自然村狮子山东面	古建筑(元)	—
30	观音阁	龙川乡下村后宅自然村	古建筑(清)	—

续表28-2

县第一批文保单位		浙文革字〔1980〕第120号	1980年7月20日	
序号	县级文保单位名称	地　址	类别(年代)	备注
31	官山革命烈士墓	大峃镇珊门村官山	近现代重要史迹及代表性建筑(近代)	—
32	云居寺	巨屿镇方前村金岙	古建筑(元)	—
33	栖真寺	黄坦镇严本村柿树根自然村关山脚下	古建筑(唐)	—
34	徐伯龙祠	南田镇新南村张坳自然村	古建筑(清)	—
35	刘琏祠	南田镇九都村旧宅底自然村	近现代重要史迹及代表性建筑(近代)	—
36	刘璟祠	南田镇九都村谢塘岸自然村	近现代重要史迹及代表性建筑(近代)	—
37	辞岭亭	南田镇南田村天耳山	近现代重要史迹及代表性建筑(近代)	—
38	富相国祠	西坑镇梧溪村	古建筑(清)	—
39	文昌阁	西坑镇梧溪村	古建筑(清)	—
	县第六批文保单位	文政发〔2009〕2号	2009年1月7日	
40	大会岭古道	大峃镇大会岭脚村至百丈漈镇富垟村	古建筑(元)	—
41	道岭古道	大峃镇吴垟村岭脚至二源乡呈岭村岭头	古建筑(明清)	—
42	大峃猫狸擂岭古道	大峃镇屿根村三叉路口至垟井村	古建筑(明清)	—
43	大峃岩庵岭古道	大峃镇珊门村云枫路1号至里阳乡西山村漈头庵	古建筑(明)	—
44	大峃松龙岭古道	大峃镇沙垟村至里阳乡垟外村猫狸塘	古建筑(明)	—
45	大峃吴垟岭古道	大峃镇吴垟村靛青山电厂至里阳乡余山村下余自然村	古建筑(明)	—
46	龙川五十二岭古道	龙川乡村头村至过山村山丘口亭	古建筑(明清)	—
47	武阳岭根岭古道	南田镇武阳村至青田县岭根乡岭根村滩坑水库南岸埠头	古建筑(元)	—
48	西坑八都岭古道	西坑镇塘垟村洪桥自然村桥头至南田镇横山村	古建筑(明)	—
49	坦岐炼铁厂旧址	珊溪镇坦岐村	近现代重要史迹及代表性建筑(现代)	—
50	苦马塘岩葬墓群	黄坦镇云峰村王宅自然村源底苦马塘山	古墓葬(清至近代)	—
51	张学良、蒋介石题词墓	百丈漈镇下石庄村取基自然村蛙蟆坵半山腰	近现代重要史迹及代表性建筑(近代)	—

说明:资料由县文化广电新闻出版局提供

2001—2006年文成县文物保护点一览表

表28-3

县第一批文保点		文化发〔2001〕21号	2001年6月15日	
序号	县级文保单位名称	地　址	类别(年代)	备注
1	九星宫革命遗址	公阳乡上岳头村紫华山西麓	近现代重要史迹及代表性建筑(近代)	—
2	坦岐革命烈士墓	珊溪镇坦岐村	近现代重要史迹及代表性建筑(近代)	—
3	凤尾墩董公庙抗元址	黄坦镇周岙村水口	古遗址(明)	凤尾墩董公庙抗元遗址
4	宝华寺革命纪念址	黄坦镇稽垟村城垟自然村东庄	近现代重要史迹及代表性建筑(近代)	—
5	稽垟朱祠私塾址	黄坦镇稽垟村稽垟路27号	古建筑(明)	—
6	水云寺文物古迹	黄坦镇云峰村邢宅自然村水云尖峰巅	古遗址(清)	改为水云寺遗址
7	合觉寺	黄坦镇占里村岩头背自然村	古建筑(明)	—

续表28-3

县第一批文保点		文化发〔2001〕21号	2001年6月15日	
序号	县级文保单位名称	地 址	类别(年代)	备注
8	全德亭	黄坦镇依仁村胡山自然村坳头	古建筑(清)	—
9	狮岩寨西寨门	玉壶镇上村玉泉溪畔	古遗址(明)	狮岩寨西寨门御倭址
10	放鹤禅寺	周壤乡岙底村湖岙自然村岭头	古建筑(清)	—
11	周墩文昌阁与圣母宫	周壤乡周墩村周川溪边	古建筑(清)	—
12	双龙桥	西坑镇西坑村	古建筑(清)	—
13	县第二批文保点	文化发〔2002〕39号	2002年12月28日	
14	净福禅寺	大峃镇屿根村三叉路口	古建筑(明)	—
15	清福寺	龙川乡花园村	古建筑(清)	—
16	坑口木廊桥	大峃镇坑口村	古建筑(清)	—
17	崇德寺	金炉乡陈庄村水口	古建筑(清)	—
18	坦岐革命星火纪念址	珊溪镇坦岐村	近现代重要史迹及代表性建筑(近代)	—
19	武威将军祠	珊溪镇井市村	古建筑(清)	—
20	九台寺	珊溪镇罗山村山巅	古建筑(清)	—
21	钟氏宗祠	富岙乡培头村	古建筑(清)	—
22	泗洲石佛塔	富岙乡富康村驮丘边自然村	古建筑(明)	—
23	石良坎摩崖题记	玉壶镇光明村李山自然村石良坎岭边	石窟寺及石刻(清)	—
24	水口宫和灵应禅寺	周壤乡大壤片联丰村	古建筑(清)	—
25	安定桥	周壤乡周墩村水口	古建筑(清)	—
26	中共大坑支部临水殿旧址	周壤乡大坑村	近现代重要史迹及代表性建筑(近代)	—
27	安福寺文物古迹	西坑镇西坑村孙山自然村北山坳	古遗址(唐)	改为安福寺遗址
28	雅庄古民居	岭后乡下庄村雅庄自然村	古建筑(清)	—
	县第三批文保点	文化发[2003]43号	2003年11月19日	
29	陈公祠	大峃镇凤垟村凤垟自然村凤垟路80号对面	古建筑(清)	—
30	岭头宫与隔岸堂古迹	峃口乡峃口村马宗自然村马鬃岭头	古建筑(清)	隔岸堂古迹改为隔岸堂遗址
31	中共济下支部革命活动旧址	黄坦镇济下村济下自然村水口	近现代重要史迹及代表性建筑(近代)	—
32	石鼓楼文物古迹	黄坦镇共宅村	古遗址(元)	—
33	蒋氏宗祠	黄坦镇周岙村周岙自然村	古建筑(清)	—
34	林氏宗祠	百丈漈镇上石庄村上石庄自然村	古建筑(清)	—
35	叶公祠	石垟乡石门村	古建筑(清)	—
	县第四批文保点	文文〔2006〕58号	2006年12月28日	
36	太阴宫	平和乡东方村方坑自然村	古建筑(清)	—
37	滴水亭	樟台乡东城村樟岭自然村万明山滴水坳	古建筑(清)	—
38	大会岭古道	大峃镇大会岭脚村至百丈漈镇富垟村	古建筑(元)	—

说明:资料由县文化广电新闻出版局提供

考古发掘

1997年10—12月,珊溪水利枢纽工程施工,县文物馆配合省市文物部门发掘完整窑床一条,长31米,宽1.6~1.8米,窑壁石块砌筑,窑床置凹底匣钵。经鉴定,该窑烧制时间为唐宋时期。

馆藏文物

至2011年,县文物馆通过考古发掘、民间征集等方式,藏有可移动文物118件,主要有新石器时代石刀、石锛等石器,汉代至民国时期的瓷器、铜钱和民俗文物。破损的文物进行初步修复后入库,库房实行严格的管理,文物进出均有登记,文物安全技防达到国家标准。

刘基庙保护

刘基庙及墓管委会。1997年4月,调整充实省级重点文物保护单位刘基庙及墓管委会机构成员。2001年4月,成立文成县刘基庙墓文物保护管理所,为全民事业差额拨款单位,编制2名。

1996年8月,浙江省古建筑设计研究院设计《文成刘基庙维修方案》,10月浙江省文物局批准。临海古建筑维修公司对刘基庙正厅进行维修。至1997年12月,完成刘基庙大殿维修一期工程。

1996年10月,浙江省人民政府批准划定刘基庙、墓的保护范围及建设控制地带。2001年6月,刘基庙及墓列为第五批全国重点文物保护单位。6月,竖立全国重点文物保护单位刘基庙、墓标志说明碑。

2001年,县文化局委托东南大学编制《全国重点文物保护单位刘基庙、墓保护规划(2001—2010)》,委托浙江省古建筑研究设计院编制《全国重点文物保护单位刘基庙、墓维修设计方案》。2002年4月,全国重点文物保护单位刘基庙、墓保护规划论证会在文成召开。11月,全国重点文物保护单位刘基庙维修工程(共二期)由浙江中联建设集团中标。2003年11月,省财政厅、文化厅、文物局发文下达2003年度国家重点文物保护专项补助经费的通知,拨款80万元用于刘基庙及墓的维修。2004年3月,维修主管部门文成县文化局和县文物馆、施工单位、省验收专家组通过维修工程验收。

2006年3月,委托东南大学重新着手对《国家重点文物保护单位刘基庙墓保护规划》进行修改和完善,投入2万元资金为刘基庙安装电子监控设备。2009年5月,《刘基庙墓保护规划》通过国家文物局评审。2010年11月浙江省人民政府发文公布。2011年3月,刘基庙日常性保养维修(油漆、围墙等)工程启动。

文物宣传

2007年12月至2008年1月,举办首届“刘基故里——文成文物展览”。2008年2月,文成县第三次全国文物普查野外调查工作正式启动,同年12月至2009年4月,文物馆和非遗中心联合举办“文成县历史文化遗产巡回展”。

2009年12月,温州市第三次全国文物普查验收组专家对文成县第三次全国文物普查实地调查阶段的工作及成果进行文本、电子、现场的初级验收和校对,验收结论合格。2010年1月,浙江省第三次全国文物普查验收专家组对文成县第三次全国文物普查实地调查阶段工作及成果进行纸质文本、电子文本的省级验收,结论合格。编印出版了《古韵寻踪——文成县第三次全国文物普查成果选粹》。

2011年7月上午,纪念刘基诞辰700周年大型书画展在温州市博物馆举行,展出全国各地名家书画作品105幅。

第二章　文学　艺术

1991—2011年，文成县文艺工作者在全国、省、市级发表作品3153件，出版文艺作品集1089件（部），637人次获国家、省、市级奖励。

第一节　文　学

1991—2011年，县文学工作者发表文学作品3528篇，入编文学作品集1386篇，出版文学作品151部，85人次获市级以上文学奖。

小　说

20世纪80年代，文成的小说创作开始兴起。进入20世纪90年代，邢坚成长篇小说《瓯江风雨》1991年获第二届温州市文艺创作银鹿奖，长篇小说《三等小县》由四川人民出版社出版；富建旺《大学情事》载《萌芽》；陈挺巧小说《地之灵》获温州市小说大赛一等奖；徐伟宾小说《庄生的梦》获《中华文学选刊》优秀奖。进入21世纪，郑茹茹小说《云画扇，红泪未央》获“2009年第二届华语言情大赛”季军，《无端惹桃花：尾戒》获“2009年第二届华语言情大赛”最具潜力文学新人奖。

散　文

散文创作从20世纪80年代兴起。至2011年，文成县众多作者在全国各地报刊发表、获奖。邢坚成《认识百丈漈》获华东地市报“海螺杯”散文大赛三等奖，陈挺巧、王珏玮《一颗燃烧的心》1993年获《浙江日报》征文三等奖，周玉潭《夏走铜铃山峡》2000年获全国语文教师四项全能竞赛“下水作文”项一等奖；徐伟宾《柳》1995获河北文学院一等奖，《笑忘录》2004年获第二届“华夏作家网”文学大奖赛优秀奖。徐世槐《少年强则国强》2003年获《成功》杂志社征文优秀奖，《演出》获“2009年全国散文作家论坛征文大赛”二等奖，散文集《绿色长廊》获全国第二届中山图书奖。李德岳《飞云江畔觅奇石》2002年获浙江省文学作品征文比赛三等奖。

报告文学

20世纪80年代至90年代初，是文成报告文学兴起和发展的黄金期。严东一的《为了这块贫困的土地》《当代乡贤》《里程碑，请刻上他们的名字》《下林宅巷1号》等较有影响力。严东一、王岚亮、吴志强、胡志升的《光明使者》1992年获华东六省一市报刊副刊征文一等奖，陈挺巧、富晓春、王岚亮的《光棍村的传说》1994年获华东“二十家”省、市党报征文二等奖。

诗　歌

诗歌创作从20世纪90年代兴起，以徐世征、徐世槐、王珏玮、王岚亮、周怀春、王珏锋、王国侧等为代表，活跃在文成的诗坛。王国侧的《情寄濠上》《对一个静夜的描述》2001年获河南省作协举办的全国征文三等奖；

《情诗》2008年获《青年文学》全国征文三等奖,《仍想念你》获《人民文学》全国征文优秀奖,《桃花源记》获《诗刊》社全国征文优秀奖;《共和国的儿子》2009年获“中华神韵”诗歌创作大赛一等奖,《琼花扬州》获《人民文学》征文优秀奖;《为爱开一朵最小的花》2010年获《人民文学》全国征文二等奖;《路上的诗篇》获《十月》2011年度诗歌奖,《我把故乡弄丢了》获首届中国“红高粱”诗歌奖。徐世槐散文诗《南湖抒情》获“中华神韵”诗歌创作大赛三等奖。徐世征词集《凤溪词踪》在长江出版社出版,《念奴娇·飞云江》《杨柳枝·夜游飞云湖》等在《诗刊》《人民文学》上发表。

影视与剧本

王晓军编剧的《心灵的呼唤》,1991年由安徽电影制片厂拍摄并放映。2002年,以邢坚成小说《三等小县》拍摄的电视剧《阳光代表》,在中国电视艺术家协会、华威特影视文化传播中心播映。2003年,《阳光代表》获温州市“五个一”工程奖。

周文锋大型剧本《书剑冤》,1995年获浙江省“改革之光”剧本创作提名奖。

第二节　书　法

1991—2011年,全县书法工作者出版书法作品集8部,入编《全国风景名胜楹联荟萃经典》《中国泰顺廊桥全国书法百家作品邀请展作品集》《温州书法作品选》等作品集50余件,在市级以上获奖或入展117人次。

1995年叶诗斌作品获中国工会成立70周年书画艺术大赛三等奖,余锋作品1998年获“旅游杯”全国书法篆刻大赛佳作奖。余锋作品2001年获“世纪书香”全国书画大赛一等奖、全国名胜楹联书法大展优秀奖,2002年获中国书协中央分会优秀奖,2004年入展浙江省反腐倡廉书画展。2008年入展第六届全国创新书法大展。赵丽芳作品2009年获浙江省“哈尔斯杯”书法大赛优秀奖;柳晓峰、刘林蔚、叶茂告、赵沛包、陈佳佳、钟爱东、郑光等作品入展“浙江书法60年”系列大展之“浙江书法新人展”;刘林蔚作品入展第三届中国书法兰亭奖“尧山杯”新人展;叶茂告、赵沛包作品入展第三届中国(吴忠)中小学生书法节全国教师书法作品展;廖海成作品获“全省政法系统庆祝中华人民共和国成立60周年书画评展活动”三等奖;柳晓峰、叶文华等作品获“沙孟海奖”第七届全浙书法大展入展奖;郑光、叶文华等作品入展“浙江省第五届中青年书法篆刻展”;赵沛包作品入展“浙江省第五届中青年书法篆刻展”;柳晓峰2011年在《书法报》发表作品1件,作品入展“万山红遍——浙江书法大展”,入编《第三届中国(吴忠)中小学生书法节书法教育研讨文集》1篇;叶诗斌作品获2003年湖南省文联铜奖。陈丕欢书法作品曾获乾元杯全国书法篆刻作品展优秀奖(最高奖)、浙江省书法家协会会员年度奖。

第三节　美术　摄影

1991—2011年,全县美术工作者发表美术作品32件,入编作品集29件,出版美术作品集6部,在市级以上获奖或入展30人次。全县摄影工作者发表摄影作品69件,出版摄影作品集6部,在市级以上获奖或入展203人次。

美　术

雷明球的国画《橘林飘香》1995年获全国“雅典娜”书画大赛优秀奖,李德岳的国画《红枫古道》入选2001浙江省“东方杯”群星美术书法大展,根雕作品《孔雀》1997年获97浙江省迎回归民间美术邀请展二等奖。张新浩国画1999年获《农民日报·大地书画精品集》荣誉金奖，2002年获“四海”名人书画篆刻艺术展二等奖、“艺海精英”中国书画艺术作品大展精英人才奖、“嘉翰杯”全国中老年书画作品大展银奖，《山水》2003年获第二届全国中老年书画大赛优秀奖，2011年获浙江省“‘新星杯’美好生活·美丽乡村”书画大奖赛入选奖。王素柳绘画作品曾获全浙展提名奖，国画作品曾由中国国家博物馆、浙江画院、广州林风目民艺术馆、杭州国画院、台北中山堂等机构收藏。

摄 影

夏肇旭的《鹭影》获中国第14届国际摄影艺术展金奖，《转经》获“珠峰冰川杯·见证西藏60周年摄影大展”二等奖，《晨》获全国摄影艺术展览青年组银质奖，《老铺子》获“现代影像——首届中国国际网络摄影大赛”铜奖。赵德庆的《人勤舟行早》获“中国影像——全国摄影大奖赛”二等奖，《鹤鸣夜空》获“百丈漈杯”全国摄影比赛铜奖，《美丽家园》（组照）2010年获“游览千年古道、领略万种风情”网络大赛三等奖。刘化武的《晨江早歌》获第十三届国际摄影艺术展入选奖。余锋的《果市即景》获2010年“现代影像——首届中国国际网络摄影大赛”入选奖。徐铭的《冬林》获全国摄影艺术展览优秀作品奖，《闹元宵》获“百丈漈杯”全国摄影比赛银奖。邱珍钱的《百丈飞瀑》（组照）获“游览千年古道、领略万种风情”网络大赛一等奖。胡立雷的《民居》获“远大杯第四届美丽的中国全国风光”摄影大展入展奖。李武的《清纯山水龙麒源》2009年获第四届“关注森林”文化艺术奖三等奖。胡从学的《画里琴台》获“中国影像——全国摄影大奖赛”二等奖。雷忠义的《救援》2010年获浙江省第十三届摄影艺术展（纪录类）入选奖。金宏杰的《金光大道》2011获建党九十周年“锦绣浙江”摄影大赛入选奖。郑国健的《乌逢喜事精神爽》获浙江省第十三届摄影艺术展（艺术类）入选奖。叶玉峰的《致富之路》获浙江省“时代先锋”摄影大赛二等奖。

第四节 音乐 舞蹈 曲艺

1991—2011年，全县音乐、舞蹈、戏曲工作者发表作品73件，入编作品集12件，出版作品集1部，出版VCD、CD等19张，在市级以上获奖或展演200余人次。

音 乐

歌曲创作 江宏的《畲汉两家亲》获浙江省作曲二等奖、省第五届音舞节创作二等奖。马相亭的《西子歌》获省作曲三等奖，《山城飞来百灵鸟》获省第五届音舞节创作三等奖、省畲歌大赛一等奖，《畲乡阿妹闯世界》获省歌曲创作比赛二等奖，乐器曲《瓯越风》获省创作金奖、《畲舞“泼妮崽”》获铜奖。赵双吾的《畲山大瀑布》《情系江枫岭》获第四届“中国之春”歌曲演唱大赛金奖，《畲乡迎宾曲》获银奖。金盾的《小夜曲》获全国“星海杯”浙江赛区二等奖，《愿望》获省创作铜奖。施丽君的《采一束蒲公英》获浙江新歌新秀作曲银奖。

歌词创作 邢碎平的《愿望》获浙江省“社区之歌”创作铜奖。赵双吾的《比赛中》《绿色梦幻曲》获“西部之声”征歌一等奖，《江南雨》《喷画》获二等奖，《我家在树上》《岩门大峡谷》获三等奖。《的姐·的哥》获第十届“北极星杯”全国词曲大赛金奖；《星河》《山旮旯的金腰带》《天蓝蓝·海蓝蓝》获《歌词世界》年度最佳歌词精英奖。

歌曲演唱 自1991年以来，活跃于文成歌坛的歌手有陈芬芳、施丽君、刘宾良、陈静、刘华斌、叶一军等。国家一级演员、杭州歌舞剧院常务副院长陈芬芳曾获维也纳国际声乐大赛“民族风格演唱第一名”和“最佳表演奖”双料大奖。演唱的《我们是黄河泰山》1993年获浙闽边界歌手大赛一等奖，《畲汉两家亲》获浙江省第五届音舞节一等奖、“香菇杯”全国歌坛新秀金奖。施丽君曾获中国音乐国际比赛专业组金奖、全国“群星奖”；演唱的《山城飞来百灵鸟》1997年获浙江省第五届音舞节表演三等奖、省畲歌新编大赛一等奖;《采一束蒲公英》获浙江新歌新秀演唱银奖。刘宾良的《能不能牵住你》获浙闽边界歌手大赛优秀奖。陈静的《火把节的火把》获浙江省首届声乐大赛金奖,《愿望》获省“社区之歌”铜奖,《铜铃山之约》《文成公主》获省群众声乐大赛银奖。刘华斌的《山哈和党心连心》2009年获第二届中国畲族民歌决赛银奖、省民歌大赛演唱优秀奖,《天下第一漈》2010年获浙江省第五届“四进社区”文艺会演三等奖。

文成民乐团的《集锦头通》获2009年浙江省民族民间乐团(队)大赛表演银奖。

舞　蹈

陈黎的《大喇叭和女人》1995年获“泰隆杯”浙江省乡村舞蹈大赛创作奖。叶世杰、包月茹的《畲山红袋情》1999年获浙江省群舞大赛优秀节目奖。陈静、王金娅、罗丽琼等的《畲舞“泼妮崽”》2004年获浙江省表演银奖,王金娅的《畲舞“泼妮崽”》2004年获浙江省创作铜奖,刘文军的《羌笛悠悠》获浙江省首届乡镇文化员才艺大赛舞蹈铜奖,刘婕的《花非花》获浙江省首届乡镇文化员才艺大赛舞蹈银奖。2010年,黄坦镇政府表演队的《甜》获浙江省新农村建设题材舞蹈大赛铜奖,县文化馆表演队的《美国摇滚乐》获“下沙新城”杯浙江省第四届排舞大赛金奖。

曲　艺

罗陶慧的《雷雨》2011年获浙江省首届乡镇文化员才艺大赛戏剧、小品银奖。金晶晶的《秋天的二人转》获浙江省首届乡镇文化员才艺大赛戏剧、小品铜奖。县文化馆表演的戏剧小品《夜归者》获浙江省第二十二届戏剧小品邀请赛创作一等奖、表演一等奖。金晶晶的声乐《女兵电话》获浙江省首届乡镇文化员才艺大赛声乐金奖,刘文的声乐《给家捎个话》获浙江省首届乡镇文化员才艺大赛声乐铜奖。罗陶慧的曲杂《母亲》、刘婕的曲杂《杜鹃花开》获浙江省首届乡镇文化员才艺大赛曲杂铜奖。吴双双获省首届乡镇文化员才艺大赛表演艺术类戏剧、小品铜奖、曲杂银奖,刘国荣获曲杂金奖、曲杂铜奖。

第三章 文化机构与设施

1984年，称县文化广播电视局。1985年，分置文化局、广播电视局。2005年，更名为县文化广电新闻出版局。1991—2011年，县财政加大文化建设投入，加快群众文化设施建设。

第一节 文化机构

1991年，县文化局内设6个股室，下属6个企事业单位。2011年，内设4个职能科室，下属8个企事业单位。

内设机构

1991年，县文化局设置纪检组、办公室、业务股、文化市场管理办公室、演出管理站、文化稽查队，在编行政干部8名，事业干部5名。1998年，局科室调整，设办公室、社文科、文化市场管理办公室（兼文化稽查队与演出管理站）。2005年4月，文成县文化局更名为县文化广电新闻出版局。2011年，县文化广电新闻出版局内设职能科室为办公室、社会文化科（文化遗产科）、行政审批科、文化市场科。年末，人员70人（局机关13人，下属单位57人）。

下属机构

1991年，县文化局下属县文化馆、县文物图书馆、新华书店、电影公司、影剧院等6个企事业单位。1994年3月，县文物图书馆分置图书馆、文物馆。1998年，新建立文化发展有限公司。2001年6月，成立县刘基庙墓文物保护管理所。2005年，原文化稽查大队组建为县文化市场综合执法大队。2006年2月，县文化发展有限公司清算解散，10月建立文成县文物监察大队，与文成县文化市场行政执法大队合署办公。2007年8月，成立县非物质文化遗产保护中心。2011年，下属单位为文化馆、图书馆、文物馆、刘基庙墓文物保护管理所、电影公司、影剧院、非遗中心8个。

第二节 文化设施

20世纪90年代以来，县财政加大文化建设投入，群众文化设施建设进程加快。2003年，县委、县政府将文化基础设施建设纳入县城建设总体规划，筹建集影剧院、文化馆、图书馆于一体的大型综合性文化设施——文成县文化中心。至2011年，县文化中心建设完成地质勘查、可行性研究报告编制和审批、初步设计会审、概算审查、施工图设计、施工图纸送审、节能审查等前期准备工作。

文成县影剧院

位于大峃镇大峃街123号。1961年称文成电影院。1965年3月，改名文成县剧院。1978年10月改称文成剧院。1983年6月改为文成影剧院。1983年重修，改设铁折合椅1028个座位。20世纪90年代以来，主要为外来剧团演出提供场所及相关服务管理。1991—2000年3月,接待外来剧团147个,演出189场次,收入23.08万元。2000年4月,因影剧院设施老化、消防通道不合格而停业。

文成电影院

位于大峃镇建设路中段。1980年建,建筑面积1973平方米。随着电影行情的衰落,店面出租。至2011年,厅堂放电影与政府会议偶用。

电影发行放映公司

位于大峃镇迎新巷12号。1991年,全县35毫米放映单位7个,16毫米放映单位43个,75毫米放映单位8个。2006年6月,新农村数字电影院线成立。2007年1月,文成县电影公司和温州新农村数字电影院线有限公司签订农村数字电影设备使用合作协议,合作年限为3年。建立4支农村数字电影放映队,后发展到6支。至2011年,数字电影全部取代胶片电影放映。1991年,在职职工51人。至2011年,在职职工21人,6支农村数字电影放映队。

县图书馆

位于伯温路118号,1994年2月从文成县文物图书馆(1979年11月成立)析出,建立文成县图书馆。1999年,在第二次全国县以上公共图书馆评估定级中被评为三级图书馆。至2011年年底,县图书馆在编人员9名。

1994年3月,由旅意华侨胡守近先生捐资200万里拉(约10万人民币)装修县图书馆(位于大峃镇大峃街277号)开馆,馆舍面积553.1平方米。2002年租馆舍面积800平方米。设外借室、阅览室、电子阅览室等窗口,是文成县政府信息公开查询点之一。图书采购、编目、检索、流通实行自动化管理,并与温州市、龙湾区等6个图书馆联网,实行通借通还。免费为读者借阅图书、期刊、VCD光盘,免费提供网上数字资源和共享工程信息资源。至2011年,藏书97659册,年订报纸20种、期刊200余种,发放有效读者证1549本,借阅45万人次,借阅68万册次。

县新华书店

文成县新华书店原隶属于文成县文化局。2000年,全省各新华书店组建浙江省新华书店集团有限公司,文成县新华书店成为一家具有独立法人资格子公司。

1992—1996年,书店在册职工24人,1997年职工21人,2000年29人。1994年,县城泗溪路新华书店综合大楼奠基,1997年竣工,总投资150万元,建筑面积1009平方米。1992—1996年,发行图书912.09万册,销售总额1778.81万元。1997年发行1836178册,销售总额55.71万元。1998年,发行15377册,订8956册,销售总额710.27万元。1999年,销售总额663万元。2000年,销售总额727万元。

县文化馆

位于大峃镇二新街。1991年,设音乐舞蹈、文学创作、美术摄影3组,干部14人。2011年,在编人员10人,其中大学本科学历以上6名,副研究员1名,中级专业技术职称馆员6名。平均每年组织大型文化活动20多场,送文化下乡活动40多场。

1992年,投入2.8万元(其中省市及各县文化部门捐助2.2万元)修复并扩建在1991年失火中被烧坏的文化馆馆舍四楼大厅。1993年,经集资投入2万元,增部分扩音设备。

乡镇文化站

1992年，撤区扩镇并乡，文成县33个乡镇均建立文化站。2011年，全县行政区域合并调整为10个乡镇。各乡镇的文化站功能较齐全，设有多功能活动厅、图书阅览室、信息资源共享服务室、培训中心、排练厅、书画室等。

大峃镇综合文化站 成立于1974年，2010年新建大峃镇综合文化站，建筑面积1260平方米。2011年，有文化员编制10名。

珊溪镇综合文化站 成立1968年，2010年新建珊溪镇综合文化站，建筑面积3200平方米。2011年，有文化员编制4名。

玉壶镇综合文化站 成立于1963年，2011年改建为玉壶镇综合文化站，建筑面积780平方米。2011年，有文化员编制5名。

南田镇综合文化站 成立于1952年，2011年改建为南田镇综合文化站，建筑面积5000平方米。2011年，有文化员编制6名(刘基文化讲解员2名)。

黄坦镇综合文化站 成立于1963年，2001年由原黄坦电影院改建，建筑面积1800平方米。2011年，有文化员编制4名。

西坑畲族镇综合文化站 成立于1963年，2004年新建西坑文化中心，2011年改称西坑畲族镇综合文化站，建筑面积1800平方米。2011年，有文化员编制数5名。

百丈漈镇综合文化站 成立于1992年，2007年新建百丈漈综合文化站，建筑面积2513平方米。2011年，有文化员编制数3名。

峃口镇综合文化站 成立于1986年，2011年改建峃口镇综合文化站，建筑面积1500平方米。2011年，有文化员编制数5名。

巨屿镇综合文化站 成立于1992年，2010年改建巨屿镇综合文化站，建筑面积800平方米。2011年，有文化员编制2名。

周山畲族乡综合文化站 成立于1986年，2009年新建周山畲族乡综合文化站，建筑面积500平方米。2011年，有文化员编制1名。

浙江省东海文化明珠工程

1995年，省委宣传部、省文化厅等6部门联合在全省组织实施东海文化明珠工程。文成县创建工作注重对原有文化设施的资源整合和有效利用。2003年，周壤乡、富岙乡对文化中心进行优化整合、设施配套，率先通过省创建东海明珠工程工作验收组验收。此后，黄坦镇、西坑镇、石垟乡、仰山乡相继通过浙江省东海文化明珠工程验收组验收。

温州市金海岸文化网工程

1995年，温州市实施金海岸文化网工程，二源乡、金星乡、仰山乡、公阳乡、下垟乡、平和乡先后达到温州市基层文化基础设施建设标准，被评为温州市级金海岸文化网工程。

电子阅览室

至2011年，文成县10个乡镇、56个社区均建立公共电子阅览室，三分之二以上的行政村建立文化信息资源共享工程基层点。

县文化中心(筹)

2003年6月,县政府召开县长办公会议确定县文化中心选址在文成宾馆对面。完成文化中心前期规划后,委托上海同济大学编制第二期的规划。2006年,县文化中心建设被纳入县"十一五"规划,列为"811"重点工程。2009年6月,编制完成《文成县文化广场规划方案设计》(一稿)。2010年,拟建县文化中心大楼,规划建筑面积20800平方米、总投资9980万元,并完成项目建议书编制、用地预审、水土保持方案和环境影响评价、地质灾害评估等工作。2011年,县文化中心建设完成地质勘查、可行性研究报告编制和审批、初步设计会审、概算审查、施工图设计、施工图纸送审、节能审查等前期准备工作。

第四章　文化活动与管理

1991—2011年，县文化部门抓重大节庆活动，并抓好群众文化活动，使人民群众享受到丰富多彩文化生活。为使文化市场发展健康有序，县文化部门依据法律法规，开展音像制品、图书出版物、娱乐、演出、电子游戏、卫星电视接收设施、网吧、软件正版化等市场检查管理，组织扫黄打非行动，集中销毁非法音像制品12万余盒(张)、非法光盘12万张(盘)、淫秽光碟1150张(盘)、非法出版物3012本，电子游戏赌博机36台、电路板21块，总价值30余万元。

第一节　重大文化活动

县文化部门组织重大节庆文艺晚会；文化节、旅游节开幕式大型文艺演出，凸显刘基文化，展示畲乡风情。

中国刘基文化暨生态旅游节

首届中国刘基文化暨生态旅游节　2003年，文成县举办首届中国刘基文化暨生态旅游节，特邀福建省畲族文化歌舞团献演，以“名人文化，生态山水旅游”为主题，演出集“刘基文化”“民族文化”“山水文化”为一体的大型歌舞3场。

第二届中国刘基文化暨生态旅游节　2006年11月，文成县第二届中国刘基文化暨生态旅游节举行。文化节开幕式大型文艺演出凸显刘基文化、展示畲乡风情。

第三届中国刘基文化暨生态旅游节　2008年7月，文成县第三届刘基文化暨生态旅游节在南田镇刘基广场举行。开幕式以大型文艺晚会“印象·文成”拉开帷幕。

第四届中国刘基文化暨生态旅游节　2011年7月，文成县举行第四届中国刘基文化生态旅游节暨纪念刘基诞辰700周年活动，以“弘扬刘基文化、创建文化名城”为主题，大型演出委托浙江卫视中国蓝策划，分序曲、励志传承、美好山水、盛世华章等部分。

“三月三”畲族风情旅游节

2008年，畲族“三月三”被国务院列入第二批非物质文化遗产名录。2009年3月，文成县富岙乡培头民族村举办首届“三月三”畲族风情节。2010年4月，第二届“三月三”畲乡风情节暨“印象西坑、美丽畲乡”大型画展在西坑畲族镇拉开帷幕。畲民通过唱畲乡山歌、秀畲族民间艺术，展示畲乡的独特文化。2011年4月，温州市在文成县西坑畲族镇龙麒源景区举办第二届瓯越“三月三”畲族风情旅游节。(详见第十四卷旅游业·节庆促销)

重大节庆活动

1991年，在县城举办建党70周年革命歌曲大合唱比赛。1992年，纪念毛泽东《在延安文艺座谈会上的讲话》发表50周年，举办“山花杯”首届灯谜舞台赛。1993年，纪念毛泽东100周年诞辰，举办大合唱比赛、演讲比赛。1994年，庆祝国庆45周年，举办文艺晚会。1996年，举办“力量颂·庆五一”文艺晚会；纪念红军长征60周年和建党75周年文艺晚会。1997年,举办“迎回归”大型文艺演出。1998年,举办县“98金秋招商引资”联谊会开幕式,纪念改革开放20周年文艺会演。1999年,举办“高歌颂中华”建国50周年活动。2000年,举办“世纪青年大联欢”大型文艺活动。

2001年,中国共产党成立80周年,举办大型“红船颂”文艺晚会。2002年,举办庆祝建团80周年“青春飞扬”晚会,组织“高唱廉政歌”大型歌咏比赛。2006年,举办庆祝建党85周年文艺晚会;举办庆“八一”军民共建和谐社会联欢晚会,铜铃山迎园十周年文艺晚会。2007年,举办“庆建党86周年”文艺晚会。2008年,举办文成县“纪念建党87周年暨改革开放30周年”大合唱比赛,举办文成县纪念改革开放三十周年暨文成医院建院60周年庆典演出。2009年,举办2009中国(温州)森林旅游节暨第五届浙江山水旅游节“魅力文成”大型文艺晚会。2010年,举办文成县第三届群众声乐大赛暨首届音舞节。

2011年,协办温州市第二届瓯越“三月三”畲族风情节文艺演出及开幕式,举办开展文成县纪念五四运动92周年暨建党90周年红色诗歌美文朗诵会。文成县开展“永远跟党走,我为党旗争光彩”大型红歌合唱比赛。

第二节　群众文化活动

1991—2011年,县文化部门组织文化下乡千余场;举办图书下乡活动68场,参与活动1万余人次;组织剧团下乡送戏近千场。

下垟花鼓戏

流传于西坑、下垟一带。杂糅了瓯剧、越剧等地方剧种的曲调和唱腔的花鼓戏。正月演出,角色只有小旦、小丑、小生。角色为:赵欲(小生)、扬州表妹(小旦)、丫鬟小遥(小旦,持花鼓)及小丑(持小锣)。故事情节既定,以丑角为主线,讲述赵欲对扬州表妹的追求及丑角的插科打诨,加入乡俗俚语,恭贺人丁兴旺、财源广进等,音乐融入本地曲调,表演生动诙谐。

文成鱼灯舞

以鱼灯为舞具,与军事阵法相结合的配乐舞蹈。元末,境域深受方国珍、吴成七农民起义军骚扰,刘伯温将鱼灯舞与军事阵法相结合,教导乡民演习,以震慑起义军。为纪念刘伯温保境安民功绩,人们在节庆日和刘伯温纪念活动日演习鱼灯舞,表达对国泰民安、风调雨顺美好生活的追求和向往,对鱼米丰收的庆贺。表演时,锣鼓喧天、灯火辉煌。“红珠”领队,走各种阵图;众“鱼”时而上浮下潜、时而跃波游弋,舞出鱼的习性。舞虾灯者弯腰马步全蹲、横向弹跳,灯具接近地面,谓“江虾退紧水”;舞河豚灯者将河豚头朝下、尾朝上,不停地转动河豚的头,下蹲小跳。

文化下乡

文化下乡,注重以群众喜闻乐见的形式,各单位部门、各行业与文化馆等文艺团体联合,开展文艺宣传活动。1991年,县财政局与文化馆联合组建文成县税法宣传队,以文艺的形式到各区巡回宣演税务法知识。1997年,组建“党的十五大”文艺宣传队,下乡巡回演出。1999年,社会主义新农村教育文艺宣传队到各乡、镇演出,历时28天,演出19场,受宣传教育人数25000人次。2001,举办以“反腐倡廉”为主题的下乡巡回演出。2003年,举办文成县十六大主题教育、“电力杯”“禁止毒品”等文艺宣传。2005年,举办“税·人·自然”“党和人民心连心”“先进文化进社区”等为主题的文化下乡演出。2006年5月,举办“百场演出进农村”“真情送服务、走进新农村”为主题的文艺演出，在金星、周山、金垟、平和、里阳等28个乡镇会演。2007年，举办“新文成·新跨越”文化下乡，共98场，其中文化“大篷车”演出63场。2008年开展以贯彻十七大精神，“欢乐进乡村·和谐满文成”“真情送服务·走进新农村”为主题的文化下乡，分别在十源、二源、里阳等乡演出。2009年，举办“落实科学发展观、廉政文化进乡村”，文成县无党派人士“学习贯彻科学发展观、服务新农村”专场廉政文艺下乡，在石垟、下垟、西坑、珊门、龙川、双桂、周壤等地巡回演出。2010年，举办以“红七月·服务月”“为民司法·共创和谐”为专题的文化下乡演出。2011年，举办“永远跟党走”送文化下乡，在各乡镇巡回演出。

图28-1 文化下乡（余锋摄于2011年）

图书馆活动

1991年起，文成县图书馆每年围绕图书馆服务宣传周主题开展送书下乡、免费办证、主题图书推荐、图片展览、演讲比赛等活动。至2011年，举办活动115场，参与活动达2万人次。

2005年，文成县图书馆举办首届未成年人读书节。此后每年围绕未成年人主题开展征文比赛、诗歌朗诵、共读一本书、国学经典讲座、关爱留守儿童等活动。至2011年，举办活动68场，参与活动1万余人次。

文化展览

2007年12月—2008年1月，在文成中学举办首届“刘基故里——文成县文物展览”。分“文成历史文物”“文成革命文物”“文成民俗文物”“民间收藏文物——毛泽东像章”四个展区。重点突出具有文成地方特色的刘基文化、红色文化、畲族文化。其中“民间收藏文物——毛泽东像章”展出刘日进收藏的毛泽东像章。上海大世界基尼斯总部于2009年5月颁发“大世界基尼斯之最”证书，证明刘日进（浙江·文成）1966年8月至2009年5月1日收藏“最多不重样的毛泽东像章71611枚（材料有金、银、铜、铁、铝、玉、竹、木、骨、石等46种）”。

2008年12月—2009年4月，县文物馆和非遗中心联合举办“文成县历史文化遗产巡回展”。展出文成县价值较高的文保单位（点）、新发现文物、红枫古道、馆藏文物和非物质文化遗产普查成果，56块版面近300幅照片。

2011年7月，纪念刘基诞辰700周年大型书画展在温州市博物馆举行，展出全国各地名家书画作品105幅。

调研征文

2001—2011年，文化馆业务干部撰写50余篇群文论文和调研报告。其中获国家级奖2篇，获省级奖25篇，发表于国家级、省级报刊30余篇。

2004年，论文《浅谈挖掘、搜集、整理民间文化艺术资源与艺术档案的关系》获浙江省文化艺术档案优秀论文评比一等奖。2005年，《关于文成县民俗文化旅游资源开发的调查报告》获省文化厅颁发二等奖。2008—2011年，论文《农村基层文化站工作创新的误区和对策》获“全国乡镇（街道）综合文化站发展论坛”三等奖，《县级非物质文化遗产保护开发与利用之我见》获全国文化青年“推动文化大发展大繁荣”主题征文优秀奖、并刊登于2009文化部党建在线“文化建设”征文优秀论文集系列丛书《文化责任》，《从档案利用角度谈艺术档案的收集》获首届“浙江省群众艺术档案理论”征文二等奖，《当前文化馆如何应对“免费时代”管理难题?》获第十三届公共文化论坛征文二等奖,《开展民间特色活动,彰显旅游文化魅力——文成县文化馆办馆特色调研》入选《浙江100个文化馆创新报告》,《温州市残疾人文化生活调查》入编《浙江残疾人文化生活调查》。

第三节　文化市场管理

20世纪80年代,以音像制品市场为主的文化产业兴起。至1998年,全县各类娱乐场所286家。县文化管理部门紧抓文化市场管理,1991—2011年,全县出动7109人次,巡查印刷企业142家次、出版物448家次、打字复印155家次,网吧1321家次,娱乐场所268家次,电子游戏130家次,查扣电路板97块、赌博机89台,受理举报60起,取缔无证经营单位118家,责令停业整顿48家,限期整改3家,收缴非法出版物8395册、非法物品249件。

文化产业

20世纪90年代初,文成县文化市场初步发展。文化馆、总工会等单位相继出租场地“以文补文”“以文养文”,由私人承包经营文化娱乐场所。同时,餐饮伴宴卡拉OK厅兴起,各宾馆和餐饮业群起效仿。电子游戏室、台球室不断开设。从20世纪80年代兴起的音像制品市场,随着家庭录像机和VCD、DVD走进千家万户,音像制品出租零售业快速发展。1992—1995年,舞厅从1家增至13家、卡拉OK厅从2家增至10家,台球从11家增至39家,电子游戏室从28家增至40家。书摊10家、音乐餐座6家、旱地溜冰场地1家,文化录像放映队31支。1996年,电子游戏厅达48家280台游戏机。1997年,全县各类文化娱乐场所225家,上缴税款60余万元。同年,登记在册民间业余演出剧团7支。1998年,全县各类娱乐场所286家,为近千人提供就业机会。1999年106家。2000年,全国娱乐场所游戏机进行专项整治,电子游戏室进一步压缩,全县各类娱乐场所仅存86家。1999年7月,娱乐市场管理费停止收取,文化产业急剧衰退。

文化市场管理与扫黄打非

1991—2011年,全县出动7109人次,巡查印刷企业142家次、出版物448家次、打字复印155家次、网吧1321家次、娱乐场所268家次、电子游戏130家次,查扣电路板97块、赌博机89台,受理举报60起,取缔无证经营单位118家,责令停业整顿48家,限期整改3家,收缴非法出版物8395册、非法物品249件。县文化市场稽查队1996年被省文化厅授予“1995—1996年度规范执法合格稽查队”。

音像市场管理　录像放映是较早进入文成县文化市场的项目,1991年,全县文化录像放映队32支。1991—1993年,经县广播电视局批准,全县新建变更和兼映录像放映队(点)25个。

1990年,县广播电视局、工商行政管理局联合下发《关于加强录音出版物市场管理的通告》。1991年,取缔非法录音带出租点1个,查获非法录像带122盒、录音带345盒,罚款800元。1993年,县广播电视局、县公安局、县工商行政管理局联合发出《关于加强摄像服务、摄像设备管理的联合通知》,查获非法录音带、录像带156盒。1992—1996年,全县查处非法音像制品5000余件,取缔无证放映点12家,刑事拘留3人。1997年没收非法音像制品336件。1998年,没收非法VCD碟片548张、录像带265盒。1999年,没收非法VCD碟片5盒、音带240盒。

随着录像放映室和录像放映队的增多,音像制品店也不断增多。由于多头管理,导致无证经营、证照不全、无序竞争。2001年11月,统一音像制品场所管理。2002年12月,开展“金风行动”,查获非法音像制品15082张。2005年全县音像店9家,2008年发展到25家。同年,根据《浙江省“十小”行业质量安全整治与规范实施意见》的精神，开展以农村为重点的“小音像店”行业质量安全整治行动。2009年，开展以打击低俗音像制品专项整治行动，出动执法人员440余人次，日常检查23次，集中检查整治14次，检查音像制品经营场所83家次，取缔无证音像制品经营3家，共收缴非法音像制品1347盘(盒)。1991—2011年，清查音像876家次，查扣非法音像制品13512张(盒)，查处播放黄色录像经营户1家，吊销录像放映营业执照2家，集中销毁自2006年以来收缴的非法音像制品5246张。

图书出版物市场管理 1992年全县书摊10家，1994年发展到15家。2007年，开展“反盗版天天查”专项行动，查扣非法出版物及卡通类口袋书1079册。2008年，图书出版物经营法定代表人统一去市里参加个人从业资格证考试，以个人从业资格证考试为准进行年检，有13家取得出版物零售许可证。2009年，开展春、秋季盗版材料辅读物专项整治行动、保护知识产权专项行动及“两会”前期有针对性的专项治理行动，整改出售无证无照出版物2家。至2011年，发展到17家。

娱乐市场管理 1992—1995年，娱乐业从县城发展到主要乡镇所在地，甚至一些边远乡村也创办了娱乐场所。1994年7月起，全县开展“文明歌舞厅”匾流动竞赛活动，文化馆歌舞厅、天马夜总会、文联歌舞厅先后获“文明歌舞厅”竞赛流动匾。12月，会同公安、工商、消防等职能部门，禁止营业性歌舞厅、卡拉OK厅设置封闭式包厢。1997年3月，全县分为7个片，对文化经营户法人代表进行普法教育和上岗培训。1999年，以国务院颁布的《娱乐场所管理条例》为准绳，对娱乐业实行规范化管理。举办3期娱乐场所法人代表上岗培训班，对200多人进行知识更新培训。7月，停止管理费的收取。

演出市场管理 1997年，全县登记在册民间业余演出剧团7支。2000年，制定《文成县民间营业性乐队管理办法(试行)》，对民间营业性乐队实行规范化管理。举办文成县首届铜管乐队专业人员上岗培训班，核发营业性演出许可证、演员证。2001年，出台《文成县民间营业性乐队管理办法补充规定》。2004年，根据省厅《关于坚决打击淫秽色情表演全面整治文化市场秩序的紧急通知》精神，开展演出市场专项整治活动，严审批、重监管，除国家A类团体及国营团体外，一律不予演出。2006年，取缔26起非法演出活动。

卫星电视接收设施管理 2006年，依法加强卫星电视地面接收设施的管理，按照县广播电视局《关于开展卫星电视传播秩序专项整治行动实施方案》的统一部署，开展卫星电视传播秩序专项整治。摸底登记32处，非法安装卫星200多座，涉及20余个行政村、近40个自然村，查扣无证接收设备18座。4月，查获非法销售的卫星天线14套、高频头15个、接收机11个。2007年，联合县广播电视台组织7个技术服务队，完成全县农村个人卫星电视转星调整工作。2011年，实施创建无非法地面卫星接收设施乡镇工程。县文化广电新闻出版局开展整治活动2次，出动执法人员65人次，查处非法销售卫星地面接收设施商家1家，没收接收天线2套、卫星接收机4台，拆除卫星地面接收设施8座。

电子游戏市场管理 营业性游艺娱乐场所的管理重点是打击赌博活动，规范经营秩序。1994年，贯彻省厅《关于整顿电子游戏机的决定》，统一制发“禁止未成年人进入”牌子，停业整顿“剑明有奖”电游机1家，搬迁离学校较近的2家。1995—1996年，查封、没收带赌博性经营的电子游戏机共13台。1997年，会同公安、教委联合发布《严禁未成年人进入电子游戏厅(室)活动的通告》，与电子游戏机经营户法人代表签订《游戏机室经营户遵纪守法经营责任书》。2000年，对全县电子游戏经营场所调整结构，压缩总量，电子游戏室由原来的60家压缩为18家。9月，公开销毁赌博游戏机53台，销毁电路板82块。2001年，全县电子游戏经营场所从18家压缩到4家。1997—2011年，取缔无证照电子游戏厅29家，没收赌博电子游戏机86台。

网吧市场管理 2001年，网吧业纳入文化市场管理。根据《互联网上网服务营业场所管理条例》的规定，整治网吧过多、过小及违规经营情况。2003年开展网吧专项整治月活动，网吧接纳未成年人和超时经营的现象得到遏制。2004年，网吧管理执行“一罚二停三吊证”做法，在全县网吧安装“净网先锋”监管软件。2005年，全县网吧实行分片分段管理，与业主签订《网吧规范经营承诺书》，形成日常巡查、重点检查和网上监管相结合的管理机制。2008年，稽查网吧578人次，取缔无证经营网吧22家，查处违规经营105家次，办结行政处罚案件25起，罚没款8.1万元。县文化市场行政执法大队被评为全省2008年度文化行政执法监察工作成绩显著单位。2001—2011年，开展网吧日常巡查及专项整治，出动4859人次，吊销网络文化经营许可证47家，停业整顿32家，取缔无证照黑网吧18家。

软件正版化管理 2005年，做好政府部门使用正版软件工作。对全县机关单位所有软件进行调查摸底，制订政府采购正版软件方案，采购安装正版软件110套。2011年，组织全县文化市场经营业主参加相关法律法规培训2次。全面推行即办制，对所有审批项目的条件、要求、程序，进行逐一梳理、规范、优化，压缩时限30%以上。开展政府机关办公软件自查整改工作，购买300多套正版办公软件对非正版办公软件予以更换。

扫黄打非行动 1994年，根据全国第三次“扫黄打非”会议精神和省委、省政府《关于开展“扫黄”“打非”集中行动的通知》要求，文化稽查84次、394人次，其中9次由县委宣传部牵头，会同县公安、工商、消防等部门，查缴淫秽录像带10盒、非法出版翻录带600多盒、非法书刊130多册。2002年，出动154人次，查缴盗版VCD光盘1269张、淫秽制品11张、书报刊1686册、磁带4043盒，取缔无证经营15家，停业整顿13家。2005年，取缔无证照文化经营场所1家，非法书摊20余个。10月，集中销毁非法音像制品12万盒(张)、非法光盘12万张(盘)、淫秽光碟1150张(盘)、非法出版物3012本，电子游戏赌博机36台、电路板21块，总价值30余万元。

第二十九卷

刘基文化

刘基(1311—1375),字伯温,今文成县南田武阳人。刘基以“人生惜死非男儿,但有马革裹尸还”的济世抱负,“运筹帷幄,决胜千里”,辅佐朱元璋平定天下,开创明朝帝业,成就“一代帝师”。刘基才智“通天地人”,素有“三分天下诸葛亮,一统江山刘伯温”和“立德、立功、立言”“三不朽伟人”的美誉。刘基文学造诣高深,与宋濂、高启并称“明初诗文三大家”。

刘基遗珠富饶。他的哲学思想、政治思想、军事思想和文学思想,历来为人们关注、挖掘、研究、汲取。刘基作品《诚意伯文集》二十卷,更是广为传颂。刘基庙(墓)成为全国重点文物保护单位,《刘伯温传说》、民俗《太公祭》分别入选第二批、第三批国家级非物质文化遗产名录。如今,刘基故里南田创成国家级著名风景名胜区,武阳也成为远近闻名的精品民宿村。

本志试就刘基政治、经济、思想、宗教、民俗、艺术与社会的广泛联系和深远影响进行集中探究,并以“刘基文化”统称。

第一章　刘基身世

元武宗至大四年(1311)六月十五日,刘基出生于青田县南田武阳村(现属文成县南田镇)。其曾祖父刘濠,官至南宋翰林掌书;祖父刘庭槐,曾入元太学上舍;父亲刘爚仕官元遂昌县教谕。刘基从小受到良好的家庭启蒙教育,年幼时聪颖好学,过目不忘、神智绝人。入仕后,沉浮宦海,屡受排斥,不遂其志,辞官归隐。朱元璋攻下金华,邀刘基出山相佐,建立明朝一统天下。刘基既有文功武略,又有气昌而奇、沉郁顿挫的传世文章。他悲悯苍生,以人为本,做官清正,洁身检德,堪称“立德、立功、立言”的一代杰出历史人物。

第一节　刘基生平

刘基世出望族,兄弟三人,长兄刘舒,字伯洋,生平缺载未详;季弟刘陞,字伯演,历官为陕西镇抚。唯刘基一生经历勤学中进士、沉浮仕元路、佐命成帝业、功成识进退四阶段人生之路,终成一代旷世英杰。

勤学中进士

刘基年幼聪颖奇迈,“神智绝人”。《居业堂文集·刘诚意伯传》言:基祖父辈饱学,父亲以教育为业,有较丰富的家藏典籍,使刘基自幼有饱览群书机会,加之勤奋好学,幼受庭训及就学私塾的启蒙阶段,打下较为笃实文学基础。

元泰定元年(1324),刘基由父引导赴处州府治括城(今丽水附近)郡庠读书。黄伯生《诚意伯刘公行状》(如后简称《行状》)载:“年十四,入郡庠,从师受《春秋经》,人未尝见其执经读诵,而默识无遗。习举业,为文有奇气。决疑义皆出人意表,凡天文、兵法诸书,过目洞识其要。”其间,受到永嘉、永康功利之学濡染,故习举业而不忘览读“天文兵法”,以致这种重事功、重致用的精神贯及刘基一生。其中,对刘基影响最大的是“讲理学”恩师郑复初(今江西玉山县人,延祐年间进士,曾任德兴县丞,处州录事,是一位“精通伊洛之学,望重当世”的饱学之士)和结成忘年之交的吴梅涧(名自福,字梅涧。幼时好清静,稍长即入紫虚观从叶邦彦为道士,研读《道德》《黄庭》诸经。天师正一真人授其号为崇德清修凝妙法师)。泰定五年(1328),经恩师郑复初指点,转到青田石门书院继续修习举业,常到近旁石门洞中发奋读书。元至顺三年(1332),刘基赴杭州参加江浙行省乡试,得中第十四名举人。翌年,赴大都(今北京)会试。刘基“癸酉会试作”《龙虎台赋》,会试揭榜,中试第二十六名进士(汉人、南人第三甲第二十名)。

沉浮仕元路

刘基得中进士后,经过三年注官守阙,等待铨选,于元至元二年(1336)赴江西,任瑞州高安县丞,步入元季下层官宦之路。因属汉人,不得重用,纵然满腹经纶,仍难遂济世拯民抱负,四起四落,终致决离元廷,弃官归隐。

初登仕途　刘基少年饱学,有着强烈的政治抱负,决志要做一个为国为民、清正廉洁的好官吏。初次入仕,雄心勃勃,即作《官箴》自勉:“治民奚先?字之以慈。……弱不可凌,愚不可欺。刚不可畏,媚不可随……

人有恒言,视民如儿……无反厥好,以暴予知。是用作箴,敢告执羁。"他以民本思想任高安县丞,守信廉节,不避强御,为政严而有惠爱,经常微服察访,体恤民情,惩恶扬善,接连平反几件冤狱,被街头巷尾赞颂为"刘青天"。其中有一次,刘基化装成一个农夫来到一个村庄,忽地听有老年人悲凄哭声,便循声来到一座破房里,只见有一卧床病重老汉和一个瞎眼婆子正在哀号。原来,这对老人的儿子因冤案正被关在县狱内。家中无米下锅,也无钱买药,刘基买了点米和药,以解农夫燃眉之急。老两口忙问刘基是谁,刘基说是他们儿子的朋友,可老汉怎么也想不起儿子有这么一位好朋友。数天后,蒙冤儿子被释放回家,才知道这位恩人就是县丞刘基。

又一次,刘基受命接手复审信州一桩凶手以金钱贿赂初审官而结案为"误杀"的人命官司。刘基不畏强御,严密取证调查,审清"谋杀"冤案,导致初审官被革职。刘基为民请命得罪地方豪强并损害蒙古当权者利益,招致高安、信州两地恶势力联手告状,于元至元六年(1340)被免去高安县丞之职,改任行省职官掾吏。然而刘基恪尽职守,效忠朝廷,办事坚持原则,不讲圆通,竟与幕官论事不合而被构陷排斥。为此,结束了在江西7年宦游生涯。此为刘基的第一次起落。

屡历浮沉 刘基从江西弃官归里,过着为时三年青灯伴读生活,祈求从书本中寻求解决现实社会和人生价值答案。之后,以结识贤能上司、广交人杰俊士为目的,开始北上海宁、苏州、金陵游历。

元至正六年(1346),刘基曾赴京,时值黄河在济南南部决堤,百姓庐舍冲毁殆尽,满目疮痍,饥民塞途。刘基沿途挥笔赋诗,记述下长达五百余言的《北上感怀》。当看到"至今盗贼辈,啸众如蜂蚁。长戈耀白雪,健马突封豕。岂惟横山泽,已敢剽城市"场景,促使刘基再次升腾起匡世济穷愿望,成为重新步入仕途的思想动因。至正八年(1348),刘基寓居杭州。至正九年,当时江浙行省参政苏天爵慧眼识英才,终使刘基复出任江浙儒学副提举、兼行省考试官。他不嫌职位卑微,把振兴教育、兴办学校作为责无旁贷之职,还大力倡导教育要求学以致用,关注社会,主张"学成而以措诸用",做到学问博洽、经世致用。

至正十一年(1351)秋,刘基因建言监察御史失职事为台宪所忌恨,遂移文决去,刘基再度辞职。这一年冬,徐寿辉用兵一路告捷,饶州、信州告急,江西好友郑士亨、熊文彦都相继离杭返赣,刘基亦携家小,带病辞杭归里,这是刘基的第二次起落。

刘基辞职归里不久,于元至正十二年(1352)三月间,由省檄为浙东元帅府都事,自里返杭。复自杭赴浙东,在台州、温州一带参与戎事。《行状》载:"方国珍反海上,省宪复举公为浙东元帅府都事。公即与元帅纳琳哈喇,谋筑庆元(此指今宁波)等城,贼不敢犯。"元至正十三年正月,刘基由浙东元帅府都事改任江浙行省都事。他洞察方国珍屡降屡叛给朝廷和沿海百姓造成危害,为此竭力主张:方国珍兄弟为"首乱"者,罪不可赦,宜追捕诛杀之;而其他"胁从"者则宜宽大,予以招安。此议得到行省大臣采纳,并上报朝廷。方国珍得到信息后深为恐惧,立即派人"重贿"刘基,刘基"却而不受,执前议益坚"。于是方国珍转而"使人浮海至京师",向朝廷大员行贿。同年十月,元朝朝廷又一次作出招安方国珍,授予方国珍兄弟更大官职;同时否决江浙行省建议,认为是"伤朝廷好生之仁,且擅作威福",罢免特里特穆尔左丞官职,刘基也被革职,且"羁管绍兴"。刘基忠心耿耿,为朝廷"平乱"出谋划策,反而遭革职"羁管绍兴"处分,其内心悲愤难抑之情溢于言表。刘基首先回家接家眷,至正十四年(1354)春与夫人和两个儿子一同到绍兴。虽然被"羁管"绍兴两年多时间,但当地官员给予刘基在绍兴路以及下辖之县有较大活动自由。"放浪山水,以诗文自娱",写下诗歌近400首,其中有歌行、五言古、七言古、五律、七律、五言绝句、六言绝句、七言绝句、词;文50余篇,其中有序、记、跋、铭、碑铭、墓志铭,可谓众体皆备。在这两年中,正是刘基处于壮年有为时期,更是其文学创作处于高峰时期。这是刘基第三次起落经历。

随着朝廷对方国珍剿抚政策的改变,至正十六年(1356)二月,刘基复被起用为行省都事。次年,又改任枢密院经历,与行省院判石抹宜孙同守处州。当时,处州的青田、丽水、松阳、遂昌、缙云等县都爆发农民起义,刘基赴任后，作《谕瓯括父老文》。经刘基等人筹谋赞画，石抹宜孙指挥，或发兵进剿，或设计诱捕，不久即几乎殄歼无遗。至正十八年(1358)九月，元朝廷论军功升迁行省官员，刘基在处州“平乱”，功不可没，当应在升迁之列。结果却出人意料，如石抹宜孙一跃而为正二品大员，朝廷授以江浙行省参知政事之职；而刘基非但没升，反而降回原职，仍以儒学副提举格授处州路总管府判，且夺去兵权，不能参与军事。如此结局是刘基万没想到而绝对无法接受的，认清元廷腐败、奸佞当道、国将不国，终对元朝廷彻底失去信心，愤然辞官回故里南田。平叛有功无名，这是刘基的第四次起落。

隐居立说 刘基以“臣不敢负国，今无所宣力矣”之苦衷弃元归里。他仍不忘家国大事，洞悉时势，善用寓喻，雄辩阐述修身正己、防微杜渐、矫治法制、任用贤良、经济天下政治观点，用一年多时间，写成十八篇一百九十五章的寓言散文集《郁离子》传世。刘基门人、杭州府儒学教授天台徐一夔《郁离子序》评：“《郁离子》者，诚意伯刘公在元季时所著之书也。公学足以探三才之奥，识足以达万物之情，气足以夺三军之帅……”翰林国史院编修官吴从善《郁离子序》：“阐天地之隐，发物理之微，究人事之变，喻焉而当，辩焉而彰，简而严，博而切，反复以尽乎古今，恳到以中乎要会，不袭履陈腐，而于圣贤之道若合符节，无一不可宜于行，近世以来未有如《郁离子》之善者也。夫郁，文也；明两，离也；郁离者文明之谓也。非所以自号，其意谓天下后世若用斯言，必可底文明之治耳!”

佐命成帝业

元至正十九年(1359)四月，朱元璋下金华(原称宁越府)，开设郡学，延名士宋濂为五经师，闻知刘基、宋濂、叶琛、章溢乃浙东四大贤达，欲聘用之。同年冬，朱元璋部胡大海、耿再成克处州、定括苍，“求贤若渴”之朱元璋，即诏命处州总制官孙炎务必礼请刘基等出山，宋、叶、章三人皆应受聘，唯基婉言辞谢。复经孙炎再三固请，终于应允同赴金陵(南京)。元至正二十年(1360)三月，刘、宋、叶、章应聘赴金陵，和朱元璋第一次见面，刘基即“陈时务十八策”。刘基从容分析大势，提出要避免两线作战，利用矛盾，逐个击破，先灭陈友谅，后取张士诚之方略，使朱元璋赞叹为“相见恨晚”。于是留基于中枢，参与军机，辅助尚处弱势的朱元璋制定“西平江汉(陈友谅)，东定吴会(张士诚)，然后北逐中原(元顺帝)”战略决策。

首战龙江，改变朱、陈兵力悬殊态势 元至正二十年六月，正当刘基参与朱元璋军机不久，陈友谅率精兵30万人，战船五千艘，下太平驻采石矶，直逼金陵。时金陵朱元璋守军仅10万余人，双方力量悬殊。群臣谋降、谋奔、谋战意见纷纭，莫衷一是。唯刘基提出“倾府库，开至诚以固士心，且天道后举者胜，宜伏兵伺隙击之，取威制敌以成王业者在此时也。”得朱元璋嘉纳，击毁陈友谅战船数百艘，歼灭其主力军10余万人，乘胜收复太平、江州、信州、袁州诸地，遂使朱元璋在整个战局中赢得主动权。

再战鄱阳，为朱元璋平定天下扫除最大障碍 元至正二十三年(1363)七月，陈友谅重整旗鼓，号称60万大军再度与朱元璋在鄱阳湖(江西北部)发生生死存亡大决战。战争伊始，两军在鄱阳湖南部的康郎山相遇，朱元璋看到陈友谅舟巨樯高，阵势庞大，心中不免惊惧，仓促应战，连连失利，急忙遣人把留守在金陵的刘基请来坐镇。在这决定胜负关键时刻，刘基彻夜不眠，始终和朱元璋共乘一船，同舟共济指挥作战。刘基以“我兵必胜之气，当力敌”为朱元璋壮胆助威，利用陈友谅巨舰首尾相连运转不灵弱点，展开大规模火攻。大战正酣时，刘基建议朱元璋移军湖口，令常遇春、廖永忠诸将统率水军横截湖面，断其归路，又令朱文正遣兵于南康、都昌绝其粮道。鄱阳湖一战，陈友谅所号称“百万水军”全面崩溃，陈也死于乱箭之中。

“火攻鄱阳”和“移军湖口”战略，直接关系到战局的胜负。刘基参与指挥鄱阳湖大战全过程，朱元璋以20万人马智歼陈友谅60万人之众，成为军事史上以少胜多、以弱胜强的著名战例，史称“鄱阳湖之战”。这一决战的全胜，为朱元璋平定天下、夺取全国政权铺平道路。同时在这次战役中，刘基曾使朱元璋免过一难，有“救驾”之功。“太祖坐胡床督战,基侍侧,忽跃起大呼,趣太祖更舟。太祖仓促徙别舸,坐未定,飞炮击旧所御舟立碎。”(《明史·刘基传》)

平定苗军叛乱,稳定朱元璋在东南初创掌控局势 元至正二十二年(1362)二月,刘基归里奔母丧时,降将复叛时有发生。其年三月,洪都(南昌)降将祝宗、康泰反叛,刘基好友叶琛遇害。当刘基归里途经衢州时,金华苗军元帅蒋英、刘震、李福反叛,杀害金华守臣参政胡大海、郎中王恺等人,并联络衢州、处州两地苗军,相约同时起兵。处州苗军元帅李祐之、贺仁得等闻讯后随即反叛,杀害行枢密院判耿再成、都事孙炎等,浙东为之震动。衢州守将夏毅被这危急情势吓得无所适从。刘基至衢州后,安抚民众,又致书金华、处州各县属,告诫要固守各地,安定民心。其后,会同平章邵荣、元帅王佑、胡深等兵讨处州,李祐之自杀,贺仁得被缚,槛送应天问斩,处州得以恢复安宁。金华叛军也由于李文忠发兵平叛而逃亡,投奔张士诚,金华又重新被朱元璋收复。直到浙东局面得到稳定,刘基才回家葬母。至正二十三年二月,刘基回应天时,还协助建德守将李文忠一起击退张士诚进攻。

东定吴会,翦灭张士诚割据势力 元至正二十四年(1364)正月,朱元璋自立吴王,建百官司属。至正二十五年七月,置太史监,以刘基为太史令,仍由基参与戎机,密谋定计取张士诚。从至正二十五年十月至吴元年(1367)九月,在刘基谋划下,朱元璋对张士诚发动三次强大攻势。首先攻取江北,然后进军湖州、杭州,并对平江(今江苏苏州市)实行南北夹击,最后围攻平江,生俘张士诚,而张之通州守将亦随即降附,由是朱元璋又一劲敌被消灭。

谋划北伐南征,建立一统江山大明王朝 江南群雄中,陈友谅、张士诚军力最强。二雄先后败亡,除却朱元璋心中一大忧患。剩下的方国珍、陈友定、明玉珍等,割地一方,剿灭与否,对朱元璋来说,只是时间问题。而北方的元朝,虽号令不过长江,但百足之虫,死而不僵,如何攻取,仍是摆在朱元璋面前头等大事。在张士诚被俘自缢之后,便不失时机地与刘基等文武臣们商议下一步军事行动,确定南征北伐之策,分别派出汤和、吴祯率军南征方国珍、陈友定;胡适瑞、何文辉取福建;杨璟、周德兴等取广西。南征军都取得胜利。元至正二十八年(1368)正月,朱元璋即帝位,国号大明,建元洪武,随即动议北伐大事。当时骁勇善战的常遇春等提出以西吴百战之师(指朱军)敌北元久逸之卒,可以一举攻克大都(今北京),都城既克,其余则可乘胜长趋,建瓴而下。但这一方案被朱元璋和刘基拒绝,因为大都被元朝经营百年,城防必固,如果悬师深入,不能立刻攻克,则被屯于坚城之下,馈饷不继,元之援兵四集,将进退失据。经朱和刘周密谋划后,派出徐达、常遇春等率师二十五万人,由淮入河,北伐中原。其具体步骤为:“先取山东,撤其屏蔽,移师两河,破其樊篱,拔潼关而守之,倚其户槛。”在占据天下形胜之后,“元都势孤援绝,不战自克”再“鼓行而西,云中、九原、关、陇,可席卷”而下。各路军马先后出征,捷报频传,以至取得全面胜利,“略如基谋”。(《明太祖实录》卷二十七)

“开国文臣第一”,辅佐朱元璋立政大明基业 刘基力学致用,精通经史、天文历数,擅长谋略,倾不世之才,忠心辅佐朱元璋,开启明朝三百年基业。而对大明新王朝治理,刘基“进制”躬亲突显在如后诸不朽功绩。

一是营建新都。至正二十六年(1366)八月,刘基以太史令受命卜地拓建建康城新宫于钟山之阳。次年九月,新宫落成。在建成新宫同时,刘基还规划金陵古城拓建工程,南京成为当时世界第一古城。

二是制定律历。明朝法律“草创于吴元年,更定于洪武六年,整齐于二十二年,至三十年始颁示天下”(《明史》卷九十三《刑法一》)。吴元年(1367)置御史台,以刘基为御史中丞。刘基奏请立法定制,由中书省、御史台共同完成,与李善长等一起定《律令》。同年十二月,《律令》成,这是《大明律》的雏形。《大明律》条文简于《唐律》,量刑严于《宋律》,是中国法制史上的重要法典。

三是上《戊申大统历》。吴元年十一月,刘基上《大统历》四卷。朱元璋于洪武元年(1368)刊行天下。洪武元年，岁次戊申，故名其为《戊申大统历》。明三百年间，《戊申大统历》一直沿用不废。

四是奏立军卫法。洪武元年，刘基奏立军卫法，《明史·刘基传》："太祖即位，基奏定军卫法。"明王朝建立初，北方还有元兵残余势力，西北边防形势仍然很紧。刘基参照唐代府兵制度，奏建卫所兵制，朱元璋采纳后，改革元朝军事制度，创立独具特色的卫所制。在全国建立卫所，控扼要害，京师、郡县均立卫、所，军丁世代相继，给养仰赖屯田。以5600人为卫，1120人为千户所，112人为百户所。中央设大都督府，为最高军事机关，掌管全国卫所军籍；征讨、镇戍、训练等则听命于兵部。遇有战事，兵部奉皇帝旨意调军，任命领兵官，发给印信，率领从卫所调发的军队出征。战争结束，领兵官缴印于朝，官军各回卫所。《钦定续文献通考》："明太祖洪武元年以刘基言立军卫法，遂为一代定制，八年改在外都卫为都指挥，使司以统各卫、所。及永乐而后随时省置不一。"此卫所制有两大特点：一为军籍世系，兵农结合，此举在明初百废待兴，生产衰弱之时，兵源、粮饷得到可靠保证；另一特点是"将不专军，军不私将"。这种统军权与调军权分离和将不专军、军不私将制度，旨在保证皇帝对全国军队的控制，避免藩王割地，在维护明朝君主专制、中央集权统治中发挥巨大作用。

五是复兴科举。《明史》卷七〇《选举二》："科目者，沿唐宋之旧而稍变其试士之法，专取四子书及《易》《书》《诗》《春秋》《礼记》五经命题试士，盖太祖与刘基所定。"开科取士，刘基有谋划之功。

六是纠劾百司、整肃纪纲。吴元年，刘基任御史中丞。《明史》卷七十三《职官二》："中书总政事，都督掌军旅，御史掌纠察"。刘基纠劾百司、整肃纪纲，宽以待民，严惩贪吏，很有成绩。

七是敷陈王道。刘基屡屡强调"生息之道，在于宽仁"（《明太祖实录》卷二十九）。朱元璋的惠民政策，与刘基敷陈王道有关，和刘基民本思想一致。

"三分天下诸葛亮，一统江山刘伯温。"刘基以儒家有用之学，附会阴阳风角，以理智的决策，实践"格物、致知、诚意、正心、修身、齐家、治国、平天下"儒家思想，辅助朱元璋一统大明天下和开国立政、建立明初社会政治制度。

功成识进退

刘基以杰出的政治眼光和军事谋略，在群雄纷争之际作出较明智的政治选择，又能在风云变幻之际运筹帷幄决胜千里，建立佐命成帝业之巨大功勋。然而在辅助立国建政统治天下中，刘基忠勤制定法律并严格执行法律，推崇依法治国的理念却与现实相左甚远。最终导致跟明太祖及当时官场格格不入，使之走完悲剧晚年。

惩贪隙权臣　明洪武元年三月，朱元璋发京师（南京）赴汴梁，筹划北伐。"命丞相李善长及基等留守京师，且语基督察奸恶以肃辇毂，虽内府之事，亦宜纠举。基素刚严，凡中书僚吏有犯，即捕治之，宦者监工匠不肃，基启皇太子捕寘诸法。宿卫舍人弈棋于直舍，基按治之。人皆厕足畏基。会中书都事李彬奸事觉，彬素附善长，窃弄威福，善长托基缓其狱，基不允，遣人驰奏，请诛彬，上可其奏。时天旱，善长等方议祷于神，而诛彬之报适至。善长曰：今欲祷雨，可杀人乎？基怒曰：杀李彬，天必雨。遂斩彬，善长衔之。及上还，怨基者多诉于上前，善长亦言基专恣，语颇切。"（《明太祖实录》卷三十四，洪武元年八月丁丑）

"论相"祸构陷　明洪武二年十月，朱元璋欲罢李善长相位，召刘基议论丞相人选。刘基出自忠心，直言善长勋旧，能调和诸将。帝说："是数害君，君乃为之地耶。吾行相君矣。"基顿首答："是如易柱，须得大木，若束小木为之且立覆。"朱元璋又尝欲点杨宪为相，杨宪素与刘基友善，基却力言不可说："宪有相才无相器。夫宰相者，持心如水，以义理为权衡，而已无与者也。"帝问："汪广洋何如？"刘基答："此褊浅，殆甚于宪。"帝又问胡惟庸如何，刘基答："譬之驾，惧其偾辕也。"朱元璋感叹说："然则无逾先生。"刘基随即回答说："臣疾恶太甚，又不耐繁剧，为之且孤上恩。天下何患无才，唯明主悉心求之。目前诸人，诚未见其可。"及宪、广洋、惟庸皆败，如基言(《御批历代通鉴辑览》卷一〇〇)。然而,在胡惟庸知道“论相”事,誓要怀恨报复,后当政大权在握,便以“谈洋设司”事构陷刘基“争王气谋国”,致使刘基被夺禄羁待京都忧愤疾笃。

忠直被猜忌 朱元璋以布衣出身登上皇位后,便对开国功臣产生猜忌,而对于原本“言听计从”,尊敬为“老先生”、“吾之子房也”而不名刘基者,亦常有猜疑斥责流露。洪武元年八月,天气大旱,刘基处斩李彬,旱象并未解除。朝廷征询除旱建议,刘基针对时政借此提出三项条陈:一是士卒物故之人妻室共有数万之众,都集中在别营居住,阴气郁结导致久旱不雨;二是工匠死后,尸骸未敛;三是东吴张士诚的投降将吏都编入军户,干犯了中和之气。朱元璋求雨心切,刘基的开诚恩赦建议全部被采纳,但仍未下雨,致使受到朱元璋第一次斥责。时刘基因妻丧告归,临行之际,值朱元璋营建中都,又锐意用兵北伐拥兵数十万且足智多谋的扩廓帖木儿(王保保)之时,将行之际,基仍进说言:“凤阳虽帝乡,非建都地,王保保未可轻也。”从而违背朱元璋旨意。归里这一年,刘基已年近六旬,原本羸弱之躯,由于长期戎旅之劳,加上丧妻之痛,更由于朱元璋龙颜震怒、李善长等人的谗言构陷,对未来茫然无望,感到身心交瘁,很想告老居家。但未过数月,朱元璋又致书刘基,召赴京师,同盟勋策。

洪武三年(1370)十一月,封李善长、徐达等六人为公,汤和等二十八人为侯,而刘基则被封为诚意伯,授开国翊运守正文臣、资善大夫、上护军,列于忠勤伯汪广洋之后。受封者各食禄有差,最高的韩国公李善长岁禄四千石,刘基食禄仅二百四十石。洪武四年(1371)正月,刘基被恩准“赐归老乡里”。二月至家,遣长子琏捧表诣阙谢恩。八月,朱致书刘基问天象事,刘基条分缕析,一一详细作答。《明史·刘基传》云:“帝尝手书问天象。基条答甚悉而焚其草。大要言霜雪之后,必有阳春,今国威已立,宜少济以宽大。”复遣长子琏进《平西蜀颂》。洪武五年初,刘基居家察知温州与处州交界处的谈洋(今文成县谈阳),为官府势力所不到之处,一些流氓无赖曾依附方国珍,贩卖私盐和干海盗勾当,集结为巢穴,关系到地方百姓安危和大明王朝稳定。刘基写书奏请朱元璋设立谈洋巡检司以管理并派兵把守。洪武六年,发生周广三逃军在离谈洋数十里之温、处起兵叛乱,官吏们隐匿不报,于是刘基派刘琏径奏朱元璋,禀报实情。因没经过中书省,引起胡惟庸恼怒,于是便挟“论相”宿怨,指使刑部尚书吴云沐攻讦刘基。诬称谈洋有王气,刘基欲在此修墓,百姓不与,于是请立巡检司驱逐百姓。朱元璋对天象征兆、地理吉凶十分相信,刘基又素谙天文堪舆,胡惟庸的中伤,正切中朱元璋心病而顿生疑窦,对刘基剥夺俸禄惩处。谗言构陷、朱元璋却轻信,让刘基十分惊惧,为求自保避免嫌疑,以垂老之身重赴京师谢罪,唯有引咎自责,且居留京师,在朱元璋眼皮底下度日。

名山终千古 洪武八年(1375)三月,基病笃不起,朱元璋特敕归老桑梓,并制《御赐归老青田诏书》,虽然其中也肯定刘基帷幄运筹,“谒朕陈情,百无不当。至如用征四方,摧坚抚顺,尔亦助焉”的襄助建业之功,但一改“老先生”而直呼其“尔刘基”。垂暮之年得归乡里,算是承蒙皇上恩泽,带着如此诏书自然有一种莫名的苦涩和凄惶。四月十六日,即刘基归里一月离开人世。同年六月,葬于南田石圃山麓的夏山之上(今南田镇西陵村)。明正德九年(1514),加赠刘基为太师,谥文成。

图29-1　南田刘基广场刘基铜像(图片来源2010年《浙江廉政文化教育基地——刘基故里》图册)

第二节 刘基年表

年谱是用编年体裁记载人物生平事迹的著作,《刘基年谱》面世于现代,最早当属1936年浦江王馨一著《刘伯温年谱》、1939年南田刘耀东著《文成公年谱》。年表则是将重大历史事件按年月编排的表格。人物年表是对人物年谱更简明的提炼,一般按纪年对应公元年号、年龄大小、纪事始末等要素列表体现。

诚意伯刘基年表

表29-1

纪年	公元	年龄	纪事
元武宗至大四年	1311	1	农历六月十五日,诞生于青田县南田山武阳村(现属文成县)。出生书香门第,父爚,字如晦,曾任元遂昌教谕。爚共三子。基自幼博学强记,"于书无不窥","神知迥绝,读书能七行俱下"
元泰定元年	1324	14	入处州郡庠。黄伯生《行状》:"年十四,入郡庠,从师受《春秋经》,人未尝见其执经读诵,而默识无遗。习举业,为文有奇气;决疑义,皆出人意表。凡天文、兵法诸书,过目洞识其要。"从师郑复初习理性之学,郑谓其父曰:"吾将以天道无报于善人。此子必高公之门矣"
元泰定二年	1325	15	在处州郡庠读书
元泰定三年	1326	16	光绪《青田县志》谓刘基是年"举于乡"。元代举人试称"省试",故"举于乡"应属于秀才试
元泰定五年	1328	18	在青田石门书院读书。《春秋明经》即作于在此读书期间。朱元璋出生
元至顺三年	1332	22	赴杭州参加省试,中第14名举人。(中举名次据《元统元年进士录》)
元至顺四年,十月改元统元年	1333	23	赴大都(今北京)会试,中南人三甲第20名进士。会试作《龙虎台赋并序》。《行状》:"后应进士举,授江西高安县丞。揭文安公曼硕(揭傒斯)见公,谓人曰:此魏徵之流,而英特过之,将来济时器也"
元惠宗至元二年	1336	26	赴江西任高安县丞。张时彻《神道碑铭》:"甫弱冠,举元进士,授江西高安县丞。"刘基《季山甫文集序》:"至元丙子之岁,予宦游他方。"作《官箴》自勉
至元三年至五年	1337至1339	27至29	任高安县丞。《神道碑铭》:"以廉节著名,发奸擿伏,不避强御。为政严而有惠爱,小民自以为得慈父,而豪右数欲陷焉。时上下咸知其廉平,卒莫能害也"
至元六年	1340	30	任高安县丞。《行状》:"新昌州有人命狱,府委公复检,案核得其故杀状,初检官得罢职罪,其家众倚蒙古庇护,欲害公以复仇。江西行省大臣素知公,遂辟为职官掾史,以谠直闻"
至正元年	1341	31	任江西行省职官掾史
至正二年	1342	32	任江西行省职官掾史,已而投劾去。《行状》:"后与幕官论事不合,遂投劾去。"秋,经兰溪至桐庐,归隐于桐江。刘基《赠桐江临溪西庄华氏宗谱序》云:"予为中原不靖,遨游海内,寄迹于桐江晦冈李氏之家"(《桐江华氏宗谱》卷二)

续表29-1

纪年	公元	年龄	纪事
至正三年	1343	33	本年起至以后数年漫游江东(湖州归安、镇江丹徒和金陵等地),隐居力学。《行状》:“隐居力学,至是而道 益明。”《吴兴旧闻录》卷一引《西吴俚语》:“刘伯温元季馆于花城沈氏”。结交沈梦麟。光绪《丹徒县志》卷七:“元蛟溪书屋在巨村欧阳氏之西,元末刘基 初隐此,后归青田应聘”
至正六年	1346	36	赴京。作有《丙戌岁将赴京师途中送徐明德归镇江》诗
至正八年	1348	38	寓居杭州。长子琏(字孟藻)生。十二月,台州方国珍起事。刘基《刘显仁墓志铭》:“至正八年,予初寓临安”
至正九年	1349	39	任江浙行省儒学副提举。《行状》:“后为江浙儒学副提举、行省考试官。”刘基《句曲外史张雨墓志铭》:“至正乙[已]丑,刘基以提举儒学备员江浙,始获与外史一见,即如平生欢。明年七月,而外史卒。”(朱存理《珊瑚木难》卷五)张雨卒于至正十年,知刘基于是年提举儒学
至正十年	1350	40	作儒学副提举,次子璟(字仲璟)生
至正十一年	1351	41	闲居杭州。《行状》:“顷之,建言监察御史失职事,为台宪所沮,遂移文决去。”刘基《送三宝柱郎中之徐州兵马指挥序》:“儒学副提举刘基作而言曰……至正辛卯二月日序。”至年底徐寿辉兵锋直指饶州、信州,刘基虑时局有变,自杭归里
至正十二年	1352	42	省檄为浙东元帅府都事,自里返杭。复又从杭赴庆元、台州、温州一带参与戎事。《行状》:“方国珍起海上,省宪复举公为浙东元帅府都事,公即与元帅纳琳哈喇谋筑庆元等城,贼不敢犯。”三月,作《庆元路新城碑》。四月赴台州,刘基《赠柯遂卿一首并序》:“今年夏四月,至台。”八月,作永嘉之行。刘基诗《壬辰岁八月自台州之永嘉度苍岭》
至正十三年	1353	43	正月自台州赴杭,由浙东元帅府都事改任江浙行省都事。十月因建议杀捕方国珍,为上官所驳,革职“羁管”绍兴。《行状》:“及特哩特穆尔左丞招谕方寇,复辟公为行省都事,议收复。公建议招捕,以为方氏首乱,掠平民,杀官吏,是兄弟宜捕而斩之。……方氏乃悉其贿,使人浮海至燕京。省院台俱纳之,准招安. 授国珍以官. 乃驳公所议,以为伤朝廷好生之仁,且擅作威福,罢特哩特穆尔左丞辈,羁管公于绍兴”
至正十四年	1354	44	是年春二月开始,避地于绍兴。刘基《牡丹会诗序》:“甲午之春,予避地会稽”。刘基《棣萼轩记》:“至正十四年春二月,予以事至萧山……明日,予还居越”
至正十五年	1355	45	《行状》:“公在绍兴,放浪山水,以诗文自娱。时与好事者游云门诸山,皆有记”
至正十六年	1356	46	年初仍在绍兴。二月赴杭,省檄复为江浙行省都事。《行状》:“行省复以都事起公,招安山寇吴成七等,使自募义兵。贼拒命不服者,辄擒诛之,略定其地。”三月,从杭州赴处州,与石抹宜孙共谋“括寇”。《唱和集序》:“予至正十六年,以承省檄与元帅石抹公谋括寇。”朱元璋下集庆,改称应天府,授“吴国公”

续表29-1

纪年	公元	年龄	纪事
至正十七年	1357	47	石抹宜孙升任行枢密院判官，总制处州分院，刘基改任行枢密院经历。《元史·石抹宜孙传》："（至正）十七年，江浙行省左丞相达实特穆尔承制升宜孙行枢密院判官，总制处州分院，治于处。"《神道碑铭》："复以为行枢密院经历，与行院判石抹宜孙守处州"
至正十八年	1358	48	升任江浙行省郎中。年底，由于执政者抑刘基军功，仅以儒学副提举格授处州路总管府判，乃愤而辞官归里。《神道碑铭》："安集之后，受行省郎中。时经略使李谷[国]凤奏守臣功绩，而执政者皆右方氏，遂抑公功，仅由儒学副提举格授处州路总管府判。诸将莫不解体，公拜敕曰：'臣不敢负国，今无所宣力矣！'遂弃官归。"按《元史·石抹宜孙传》："十八年十二月……时经略使李国凤至浙东，承制拜宜孙江浙行省参知政事，阶中奉大夫。"年底，朱元璋亲率大军克婺州
至正十九年	1359	49	隐居家乡南田山武阳，著《郁离子》。朱元璋在宁越府（今浙江金华）开郡学，延宋濂为五经师。四月，朱元璋部将耿再成占领处州缙云黄龙山要塞。十一月，胡大海、耿再成克处州。处州总制孙炎奉朱元璋之命招刘基等
至正二十年	1360	50	三月，应朱元璋之聘，刘基与宋濂、章溢、叶琛赴金陵，刘基献时务十八策，遂留帷幄，参与军机，并为朱元璋定下先灭陈友谅后灭张士诚的征讨大计。闰五月，陈友谅攻应天，刘基坚决主战。《明史纪事本末》卷三："（刘）基曰：'天道后举者胜，吾以逸待劳，何患不克？莫若倾府库，开至诚，以固士心。伏兵伺隙击之，取威制胜，以成王业，在此举也。'"《行状》："帝遂用公策，乘东风，发伏击之，斩获凡若干万"
至正二十一年	1361	51	参与军机。力劝朱元璋摆脱小明王韩林儿自立。朱元璋克江州（今九江），降洪都（今南昌）。基母富氏卒，值兵事，未能返里
至正二十二年	1362	52	二月，回乡葬母。途中，协助地方守将平定金华、处州的苗军之乱。《行状》说，朱元璋数以书访基军国事。《明史·刘基传》："太祖数以书即家访军国事，基条答悉中机宜"
至正二十三年	1363	53	春，丁母忧毕。奉召回应天，仍参与军机。回京途中协助建德守将击退张士诚军。二月，张士诚围安丰，刘福通请兵救援，刘基谏不可轻出，朱元璋不听。四月，陈友谅乘隙围洪都，基与朱元璋同舟督战，与陈友谅大战鄱阳湖，灭之，陈友谅中矢死
至正二十四年	1364	54	正月，朱元璋自立为吴王，建百官司属。刘基仍参与军机。朱元璋与刘基密谋取张士诚，北定中原及拓土西北事宜。《行状》："帝还京，定计取张士诚，因定中原，拓土西北，公密谋居多。帝或时至公所，屏人语，移时乃去，虽至亲密，莫知其由"
至正二十五年	1365	55	在建康，仍参与军机。七月，吴置太史监，以刘基为太史令。《明实录·太祖实录》卷十七：乙巳秋七月壬午，"置太史监，设太史令……寻以刘基为太史令"

续表29-1

纪年	公元	年龄	纪事
至正二十六年	1366	56	在建康,仍为太史令。八月,承朱元璋命,卜地筑新宫于钟山之阳。小明王沉江死
至正二十七年即吴元年	1367	57	仍为太史令。正月,朱元璋称吴元年。十月,吴改太史监为太史院,以太史令刘基为院使。同月,吴置御史台,以刘基为御史中丞,仍兼太史院使,与李善长等共定律令。十一月,刘基上《大统历》。十二月律令成,朱元璋命去繁就简,减重从轻者居多,准唐之旧增损之,命有司刊行中外
明太祖洪武元年即元至正二十八年	1368	58	正月,朱元璋即皇帝位,国号大明,建元洪武。刘基仍为太史院使、御史中丞。复兼太子率更令。奏定天下卫所兵制,《明史·刘基传》:"太祖即皇帝位,基奏立军卫法。"朱元璋特令青田粮税按宋制起科,较处州其他县低,曰:"令伯温乡里世世为美谈也。"四月,朱元璋发京师赴汴梁,命李善长、刘基留守建康。基奏斩中书省都事李彬,触忤李善长。夏,因妻丧告归。十一月奉命还京。朱元璋颁行《戊申大统历》
明洪武二年	1369	59	在京,仍为御史中丞。十月,因与朱元璋讨论宰相人选,触忤胡惟庸。朱元璋以临濠为中都,惟基曰:"凤阳虽帝乡,非建都之地也"
明洪武三年	1370	60	在京,仍为御史中丞。四月,置弘文馆,以刘基为弘文馆学士。与朱元璋商定恢复科举制度。八月,任京师乡试主考官。十一月,晋封开国翊运守正文臣、资善大夫、护军、诚意伯。朱元璋颁《诚意伯诰》
明洪武四年	1371	61	正月,告老归里。《行状》:四年正月,赐归老乡里。二月至家,遣长子琏捧表,诣阙谢恩。八月,朱元璋致书刘基问天象事,刘基条分缕析,一一详细作答。《明史·刘基传》:"帝尝手书问天象。基条答甚悉而焚其草。大要言霜雪之后,必有阳春,今国威已立,宜少济以宽大。"复遣长子琏进《平西蜀颂》
明洪武五年	1372	62	韬光敛迹,屏居山中。建言谈洋设巡检。朱元璋以徐达为征虏大将军,北征扩廓帖木儿,徐达败绩
明洪武六年	1373	63	为谈洋司事遭胡惟庸、吴云沐构陷,朱元璋夺基禄。六月,基惧,入朝谢罪,引咎自责,不敢归。年底,作长诗《二鬼》。朱元璋颁《大明律》
明洪武七年	1374	64	仍留京,衰颓已甚。是年作《送宋仲珩还金华序》,有"予须发已白过大半,齿落什三四,左手顽不掉,耳聩,足�不能趋"之语。李文忠、蓝玉大败北元军
明洪武八年	1375	65	居京病重。《行状》:"正月,胡丞相以医来视疾,饮其药二服,有物积腹中,如拳石。公遂白于帝,帝亦未之省也,自是疾遂笃。"三月,朱元璋制《御赐归老青田诏书》,遣使护送刘基归乡,四月十六日,卒,临终前曾立有遗嘱。《明史·刘基传》:"抵家疾笃,以天文书授子琏曰:'亟上之,毋令后人习也。'又谓次子璟曰:'夫为政,宽猛如循环。当今之务在修德省刑,祈天永命。诸形胜要害之地,宜与京师声势联络。我欲为遗表,惟庸在,无益也。惟庸败后,上必思我,有所问,以是密奏之。'"葬于夏山

说明:资料由文成县刘基研究会提供

第二章　刘基著述

刘基传世文章后人编为《诚意伯文集》二十卷，包括《郁离子》《写情集》《覆瓿集》《春秋明经》《犁眉公集》等。作品收集诗1301首、词211首、散文《郁离子》195篇、《春秋明经》40篇，其他序、记、跋、赋等121篇，另有众多的如《灵棋经解》《多能鄙事》记载菜谱、风水俗事等杂文，作品内容涉及哲学、政治、经济、文学、管理、法律、建筑、书法、历法、传记等。鉴于刘基博通经史、精韬略、知天文、懂地理，故不断被神化。以题名刘基传世之作多达50余种，却多为托名之作。本章就刘基传世著述所汇编的不同总集版本、分集单行刻本以及后人选辑刘基作品之评注本，予以概略介绍。

第一节　文集版本

刘基著作，曾由其子刘璟、孙刘廌等分别编为《郁离子》5卷、《覆瓿集》并拾遗20卷、《写情集》4卷、《春秋明经》4卷、《犁眉公集》5卷。其中《覆瓿集》《犁眉公集》为诗文合集，钱谦益《列朝诗集小传·甲前集》"刘诚意基"条认为："公自编其诗文曰《覆瓿集》，元季作也；曰《犁眉公集》者，国初作也。"至明成化六年（1470），戴用、张僖等始将以上诸书交刘基之孙刘廌所辑《翊运录》合编为《诚意伯刘先生文集》二十卷。《翊运录》所收为关于刘基的诏、旨、制敕等，出于当时尊君观念，被编为第一卷。从明成化六年至清光绪年间，刘基传世著作经历7种大同小异总集版本。

《诚意伯刘先生文集》　明成化六年（1470）戴用、张僖刻本。现存北京图书馆、上海图书馆。二十卷，半页十一行，行二十一字，四周双边，黑口。首有杨守陈成化六年所作《重锓诚意伯文集序》。成化版本为首次以文集行世刻本。以《翊运录》《郁离子》《覆瓿集》《犁眉公集》《写情集》《春秋明经》次序排列，各分集之前分别列序。从其体例可明显看出是各单行集初次汇刻，通过作品所属分集不同，可以判断其大致创作年代，对于了解刘基思想变化轨迹意义甚大。

《重编诚意伯刘先生文集》　明正德十四年（1519）林富刻本。现存北京大学、复旦大学等图书馆。二十卷，二函十二册，半页十一行，行二十一字，四周双边。首为像赞，次列各集序，林富撰《重编诚意伯刘先生文集凡例》。

以该本与成化本相比，除偶有增补（如：列像赞，补《题风中水仙花图》等四首）和稍事调整外，几乎照摹原样。正德本排列次序是：《翊运录》《郁离子》《覆瓿集》《写情集》《春秋明经》《犁眉公集》。再次明确《春秋明经》写作于《郁离子》《覆瓿集》之后，澄清《春秋明经》创作年代。

《诚意伯刘先生文集二十卷》　明嘉靖七年（1528）方远宜增修刻本。今存六部，分别藏于民族学院、上海图书馆等处。

《太师诚意伯刘文成公集》　明嘉靖三十五年（1556）樊献科真定府刻本。现存北京市、南京市、温州市等图书馆。十八卷，半页十行，行二十三字，四周双边。该本首为礼部尚书武英殿大学士李本《重编诚意伯文集序》，次为樊献科《刻诚意伯文集引》。樊献科在重编时一改成化、正德本"以篇名统为全集"的传统，而是以文体作为编次标准，此后的刻本几乎无一例外地沿袭这一编次体例。

《太师诚意伯刘文成公集二十卷》 明隆庆六年(1572)谢廷杰、陈烈刻本。国家图书馆、浙江大学图书馆所藏即为明隆庆六年谢廷杰、陈烈刻本。该书目录编排与正文有违,目录显示为卷一至八、卷十九至二十,缺卷九至十八。验之正文,则正文卷一至十八的内容实为目录中卷一至卷八的内容。卷首载明隆庆六年谢廷杰序,洪武十三年(1380)叶蕃《写情集序》,洪武十九年(1386)徐一夔、吴从善《郁离子序》,永乐二年(1404)《翊运录序》,宣德五年(1430)罗汝敬《覆瓿集序》、李时勉《犁眉公集序》,成化六年(1470)杨守陈《重锓诚意伯文集序》,正德十四年(1519)林富《重锓诚意伯刘公文集序》,嘉靖七年(1528)叶式《题诚意伯刘公集》,嘉靖三十五年(1556)李本《重编诚意伯文集序》、樊献科《刻诚意伯文集引》,隆庆六年何镗《重刻诚意伯刘文成公集序》,末为陈烈后序。编次体例基本依循嘉靖本,仅增补《春秋明经》,移各"序"于总集之前,甚至行款都模仿嘉靖本。卷一卷端后题"后学丽水何镗编校",版心下镌刻工名字。

《刘文成公集》 明崇祯十年(1637)朱葵刻本二十卷。该书六册一函,雕版印本,封面不存,现有各册封面显系后人所补。四周单边,白口,单鱼尾。版心上镌"刘文成公集",中刻卷次,下标页码。各卷卷端皆题"刘文成公集卷×,诚意伯青田刘基著,栝苍守滇宁朱葵较[校]"。正文行款半页十行,行二十二字。书中有朱、墨二色批语,部分诗作上方钤有"选"字朱文方印,属为某选家编辑《明诗选》作底本。各卷卷端原本皆有印记,已多半被人挖空,现仅存卷十、卷二十卷端共六方印记。卷二十卷端白文方印为"姚德谟印"。卷十卷端两处印记皆为重叠,其上方两枚朱文印:一为"姚德谟印",一为"叶景彝印";下方一为六字朱文字印:"少谷别字子骧",另一朱文方印在卷二十卷端重见。另在卷首末面两方印记一为"双溪凤藻堂章"六字朱文方印,一为"理学家风"四字朱文方印。

是书卷首录成化本杨守陈序,次嘉靖三十五年樊献科刻本李本序,再次为崇祯丁丑岁仲冬,中宪大夫、贵州按察司奉敕整饬毕节等处兵备分巡贵宁道副使、前南京户部陕西清吏司郎中、浙江处州府知府、滇宁后学朱葵所作《刻刘文成公全集引》。此书虽然亦作二十卷,但与隆庆本比较,则缺《郁离子》《春秋明经》,而《翊运录》中的御书、诏诰亦未予收录,另于"记"类文章中,少收《富阳县重修文庙学宫记》一文。

《诚意伯刘文成公集》 清代雍正、乾隆、光绪年间曾屡次刊刻,体例同嘉靖本。

第二节 单行刻本

刘基诗文著作分集单行刻本,以散文《郁离子》于明洪武二年(1369)最早刊世。历经明宣德至清顺治年间,曾被汇编在刘基文集版本中诸如《覆瓿集》《写情集》《犁眉公集》《翊运录》《春秋明经》,包括刘基纂撰《灵棋经二卷》《多能鄙事十二卷》以及某名家对《刘文成公全集》评注等,分别予以单行刻本刊梓传世。

《郁离子》 明初吴从善在《郁离子·序》中,注明"御史中丞龙泉章公已刊置乡塾"。据《明太祖实录》卷四十二记载:"洪武二年五月己酉,御史中丞章溢卒。"可见《郁离子》在洪武二年之前,即刘基生前已刊世。这是今见最早有关《郁离子》的刊行记载。《郁离子》版本甚多,卷次也几次变动。早期版本已很难见到,所见最早版本是戴用、张僖成化年间刻《诚意伯刘先生文集》本。

《覆瓿集》 明宣德五年(1430),罗汝敬为刘貊刊刻《覆瓿集》作序。全集二十四卷,半页十行,行二十四字,黑口左右双边。现存北京图书馆。由数套残卷组成。其中一套残卷(1~10卷)前面有傅增湘题跋。傅氏说:"……密行细字,笔致婉秀,雕工精雅,尤具元代风范,当为洪武刊本。"其中另一套残卷(1~6卷、19~24卷)前有宣德五年罗汝敬序。傅增湘《藏园群书经目录》中述及的"宝应刘启瑞氏藏"《覆瓿集》也是存卷1~6、卷19~24,并明确标注"前有宣德五年罗汝敬序。"宣德本《覆瓿集》举世罕见,即今北京图书馆藏本。可推傅氏题跋本也是宣德本,而作"洪武刊本"之说应为误判。

《写情集》 刊刻最早记载见于洪武十三年(1380)叶蕃《〈写情集〉序》:“今先生既薨,其子仲璟与其长孙廌谋以是编锓梓垂远,以蕃于先生辱平昔之好,命为之序。”《写情集》的早期刻本今不可见,最早者也见于成化年间戴用、张僖《诚意伯刘先生文集》中。

《犁眉公集》 据黄伯生《行状》载,《犁眉公集》是刘基去世后由刘琏结集而成。今有明确刊刻年月记载的除上述外,还有宣德五年(1430)十一月李时勉《〈犁眉公集〉序》。北京图书馆善本特藏有宣德之前刻本五卷,分乾坤二册(1~3卷作乾册,4~5卷为坤册),半页十二行,行二十四字,黑口左右双边,缪荃荪有跋。

《翊运录》 内容虽不很多,但相当复杂,有诏诰、行状、墓碑铭,有赵天泽赠刘基之作,还有黄伯生为刘基之子刘琏所作的《〈自怡集〉序》,虽然间或有谓刘基所作表颂,但其主要内容并非刘基所作,仅是与刘基有关的背景材料汇编。《翊运录》最早刊刻年代记载见于王景《〈翊运录〉序》。今存最早刻本乃见载于成化本《诚意伯刘先生文集》中。据当代王重民《中国善本书提要》载:《翊运录》,明刘廌辑,永乐二年刻,此原辑原刻本。成化以后翻本,屡有增益。其分为二卷者,并非廌原编。是书明永乐原刻,今藏“台北中央图书馆”。书名《大明功臣诚意伯翊运录》一卷;又抄本,作《翊运录》二卷。

《春秋明经》 刘基诸集中,唯独不见《春秋明经》序文。罗汝敬在宣德五年作的《〈覆瓿集〉序》中明确指出:“先生之作有《郁离子》、有《春秋明经》、有《犁眉》《覆瓿》诸集,寿(筹)诸梓者久矣,惟《覆瓿》一编未有序之者。”可见罗汝敬作序时,其余刘基诸集均已有序,《春秋明经》自莫能外,而宣德之前即已“筹诸梓者久矣”,则《春秋明经》在成化之前即已梓行。

《灵棋经二卷》 《诚意伯集》作“灵棋经解”,《四库全书总目》一百十一:旧本题汉东方朔撰。明初刘基复仿《周易》象传本作注以申明其义,见于《明史艺文志》。其后序称:“灵棋象《易》而作,以三为经,四为纬。三以上为君,中为臣,下为民;四以一为少阳,二为少阴,三为太阳,四为老阴。少阳与少阴为耦,老阴与太阳为敌。得耦而悦,得敌而争。或失其道而耦反为仇,或得其行而敌反为用。阳多者道同而助,阴盛者志异而乖数语,足尽兹经之要。而青田一注,独为驯雅。或实基所自作亦未可知。观其词简义精,诚异乎世之生克制化以为术者。”此书善本,上海图书馆藏明成化十七年刻本、明正德十五年乔迁刻本,及明刻本;国家图书馆藏明正德十五年乔迁递修本,明正德十五年荣府刻本;南开大学图书馆藏明万历元年陕西布政使司刻本;重庆市图书馆藏明万历三年朱正民刻本;北京市文物局藏明万历刻本;南京图书馆除藏明刻本外,又藏明抄本。

《多能鄙事十二卷》 有上海荣华书局1917年石印本存世。首有嘉靖十九年(1540)冬青田县儒学训导鲁轩《叙》。十二卷的内容分别是:卷一至卷三,饮食类;卷四,老人疗疾方、老人养生方、服饰类;卷五,器用类;卷六,百药类;卷七,家圃类;卷八至卷十,阴阳类;卷十一,占卜类;卷十二,占断类。此书在嘉靖十九年鲁轩作序时已有刊本问世,成书于同年的《百川书志》已载录此书。其后隆庆六年(1572)何镗在《重刻诚意伯刘公文集序》中又载:“先生所编又有《多能鄙事》若干卷,方行人间。”该书是刘基“类编”而成。

《刘文成公全集十二卷》 明钟惺辑评,明末二乙堂刻本,现藏南京大学图书馆。刻本全选散文十二卷,留下数以千计评语。钟惺(1574—1625),明万历三十八年(1610)进士,授行人司行人(掌传旨、册封等事务),一官8年,迁工部主事,后改南礼部仪制司主事、迁祠祭司郎中,浮沉于冷官闲曹。

《刘文成先生集五卷》 清人张汝瑚辑评本。现藏南京大学图书馆。张汝瑚,清顺治十二年(1655)中乙榜进士,授清源县令。

第三章　刘基思想

刘基是元末明初一位重量级的历史人物。他聪颖好学,熟读儒家经典、天文兵法,运筹帷幄,能谋善断;而为文有奇气,诗词歌赋清新潇洒、底蕴厚重,在社会各个领域均有非凡建树。历被后人推崇为中国历史上杰出的思想家、政治家、军事谋略家、文学家。

第一节　哲学思想

刘基哲学思想,受浙东学派影响颇深,史学界将其与宋濂一并列入金华学派代表人物。

宇宙观

刘基认为"天,浑浑然气""以其气分而为物,人其一物也"(《郁离子·神仙》),"物受天之气以生者也"(《天说下》),"天下之物,动者植者,……出出而不穷,连连而不绝,莫非天之生也"(《郁离子·螇螰》)。"天之质,茫茫然气也,而理为其心,浑浑乎惟善也,善不能自行,载于气以行"(《天说上》),"气形而神寓焉,形灭而神复于气"(《雷说下》)。

刘基早期思想观念中有着唯心天道观。科举习作《春秋明经》两卷中,有多处"天人感应"理论阐述。他说:"善恶之事作于下,而灾祥之应见于上,此天、人相与之至理也""天之于人,各以类应""天灾流行必不于有道之国"(《公会齐侯伐莱……》)。然而,刘基在仕途上屡受挫折对元廷绝望之时,其天道观才发生根本转变。如针对"天道好善而恶恶"之论,刘基转而惊世骇俗地提出如"天不能降祸福于人",并认为"天有所不能而人能之"(《天说下》),这是对荀子"人定胜天"思想的进一步发挥。更富新意的是,刘基认为不仅人会患病,而气、天亦如人,间或也会得病。人病须求于医,天也同样。谁能医天?唯有孔子一类圣人。皇帝乃天之子,天尚且"有所不能",何况天之子呢?

刘基不信佛,所以基本否认有鬼存在。他认为生老病死是不可抗拒自然法则,"若使有生而无死,则尽天地之间不足以容人矣";"既死矣,而又皆为鬼,则尽天地间不足以容鬼矣"。刘基反对持斋、焚香、拜鬼神,认为这是一种"欺"、"媚"行为。他借司马季主之口说:"天道何亲?惟德之亲;鬼神何灵?因人而灵。"所以他为信占卜者辨"蓍,枯草也;龟,枯骨也。物也,人灵于物者也,何不自听而听于物乎"(《郁离子·天道》);也不信吉兆、凶兆一类迷信,认为"乌鸣之不必有凶,鹊鸣之不必有庆,是人之所识也"(《郁离子·牧豭》)。

辩证观

刘基的宇宙观、本体论思辨色彩较浓,而其方法论思想主要采取即事明理表述手法,集中展示在寓言体散文集《郁离子》和格言《拟连珠》中。其虽然逻辑性不够鲜明,却能避免枯燥、生涩、空疏的缺陷,于形象机敏言辞中透露出幽眇意趣,体现浙东学派"教人就事上理会,步步着实,言之必使可行,足以开物成务"(《宋元学案》)和"务实不务虚"(《水心〈文集〉补遗》)的学问特点。

如论德、刑关系:提出"刑,威令也,其法至于杀,而生人之道存焉;赦,德令也,其意在于生,而杀人之道存焉”(《郁离子·灵丘丈人·刑赦》)。如论自然现象:提出“蓄极则泄,閟极则达,热极则风,壅极则通。一冬一春,靡尽不伸;一起一伏,无往不复……一昼一夜,花开者谢;一秋一春,物故者新”(《郁离子·天道·东陵侯》)。如论人生态度:提出“善疑人者,人亦疑之;善防人者,人亦防之”(《郁离子·螇螰·任已者术穷》)。这种直接表现其辩证思想论述是警策、形象而全面的。在论述分清矛盾主、次之别,则提出:“食之于疗饥,其功在饱,而甘旨不与焉;衣主于御寒,其功在暖,而华饰不与焉”(《郁离子·公孙无人·寡悔》)。而在论述事物的质变,他提出“夫养人者津也,医家者所谓荣也。今化而为痰,是荣贼也,则非养人者也”(《郁离子·枸櫞·去蠹》)。他主张全面地、联系地分析事理,反对孤立的、片面的观点,提出:“罔与勿析土而农,耨不胜其草,罔并耰以焚之,禾来而草生如初,勿两存焉。粟则化而为粮,稻化为稗”(《郁离子·蛇蝎·种谷》)。对于讽刺混淆必然、偶然的错误,提出:“郲娄子泛于河,中流而溺,水涡煦而出之,得壶以济岸,以为天祐已也。归而不事鲁,又不事齐,鲁人伐而分其国,齐弗救”(《郁离子·瞽瞶·无畏阶祸》)。

刘基辩证法思想也往往是通过对前人哲学命题作重新阐释表现出来的。如“观著以知微,察其显而见隐”(《郁离子·麋虎》)等。对于论述“祸兮,福之所倚;福兮,祸之所伏”本是《老子》中朴素辩证法思想的重要表述,是以祸福之间所互倚关系说明事物的对立面会向它相反方面转化。刘基通过句章之野人得雉而后身亡故事,又一次形象地表述这一思想。他注意到章句之野人由福及祸转变,是因为其“见得而不见害,知存而不知亡”所致。以常变、普遍性与特殊性关系对其作进一步分析,得出“失意之事恒生于其所得意”结论,避免“祸福之论”中绝对化倾向。突出地显示其具有“度变”至“质变”意识。

认识论

“天”在刘基哲学体系中虽然有时被视为与地、人而三的一个范畴,但更多场合是具有衍化万物本体含义。他说:“天以其气分而为物,人其一物也。”虽然在《春秋明经》中“天”带有神秘色彩,但在其理性思维著作中,“天”具有客观世界含义,“天”是可知的。“天”之可知性,一方面表现为“可听”“可视”等感性认识,另一方面表现为可“心思”的理性思维。故“天”在刘基认识论中,不仅具有认识客观体含义,并且具有实践对象含义。他还提出“人为天地之盗”可贵思想:“人,天地之盗也。天地善生,盗之者无禁,惟圣人为能知盗,执其权,用其力,攘其功而归诸已,非徒发其藏,取具物而已也。庶人不知焉,不能执其权,用其力,而遏其机,逆其气,暴天其生息,使天地无所施其功,则其出也匮,而盗斯穷矣。故上古之善盗者,莫伏羲、神农氏若也,惇其典、庸其礼,操天地之心作之君,则既夺其权而执之矣。于是教民以盗其力以为吾用,春而种,秋而收,逐其时而利其生;高而宫、卑而池、水而舟、风而帆,曲取之无遗焉。而天地之生愈滋,庶民之用愈足。”

对认识主体——人,刘基通过与普通动物进行比较分析,认识到其重要特征。《郁离子·天地之盗·智力》:“虎之力,于人不啻倍也,虎利其爪牙而人无之,又倍其力焉,则人之食于虎也无怪矣。然虎之食人不恒见,而虎之皮人常寝处之,何哉? 虎用力,人用智,虎自用其爪牙,人用物。故力之用一而智之用百,爪牙之用各一,而物之用百。以一敌百,虽猛不必胜。故人之为虎食者,有智与物而不能用者也。是故天下之用力,而不用智,与自用而不用人者,皆虎之类也,其为人获而寝处其皮也,何足怪哉!”刘基认识到人与动物的根本区别在于能使用工具(物)、用智。

知行观

刘基还受永嘉学风熏染,认为“行”是其知行观的核心。在《送高生序》中提出:“圣人作经以明道,非逞其文辞之美也,非所以夸耀于后世也。学者诵其言,求其义,必有以见于行,言之无不通也。验之于事,则偭然而背驰,掲掲然不周于宜,则虽有班、马、扬、韩之文,其于世之轻重何如耶?”《沙班子中兴义塾诗序》说:“夫学也者,学为圣人之道也,学成而以措诸用,故师行而弟子法之……今之学主以文墨为教,弟子上者华而鲜实,下者习字画以资刀笔官司,应酬廪粟之外,无他用心,其亦异乎予之所欲为者乎?”

刘基认为行是推测一切“言”“义”的根本标准,即使作经明道圣人亦在其列。虽然并未明说圣人经论的正误,但以之“见于行”,足见其并非笃信不疑。刘基提出认识、判断真理的方法、标准是“必有见于行”。又说:“物有甘苦,尝之者识,道有夷险,履之者知”(《拟连珠》)。强调真知需亲历后方可得,学习的目的是“措诸用”,学与用的关系应当是学以致用。

格物致知

刘基理学思想集中表现为“格物致知”和“求诸心”的统一。

《赠弈棋相子先序》:“儒者之道,格物以致其知,贵能推其类也。故观水而知学,观耨田而知治国,善推之而已”。《胡离子·麋虎·论物理》:“观其著以知其微,察其显而见其隐,此格物致知之要道也。不研其性,不孛其故,梏于耳目而止”。刘基吸取朱熹格物论中合理因素,改变朱学格物的内容,以耨田、观水为“格物”,主客体具有明确的规定性,这一格物认识过程是由客体而及主体、由物及内的正确认识方式。如“天地之呼吸”“祸福之素定”“同声之相应”“同气之相求”“阴阳五行之消息”等人们五官难以体察的抽象内容,都是通过观察、推理研性、孛故等理性分析即“求诸心”的作用而获得。《自灵峰适深居过普济寺清远楼记》:“楼之名,子与之也,我安能知子之意哉?且盈目皆山水也,我不知其孰为清孰为远也。今夫天清而望远,无远之弗见也。及其云雨晦暝,则所谓远者安在哉?清无求诸目,而求诸心”。

刘基认为“人也者,天之子也,乎气以生之”。人心、万物是一气流行而成,而理是载气而行的,人心、万物都统摄于一理,因此,心外有物,心内有理。这种“格物”、“求心”的认识方法,虽然有过于强调“立乎其大”的内省倾向,却已具备认识过程两个阶段内涵,“格物”明确认识主、客体间的界限。

第二节　政治思想

刘基是传统儒家思想(圣人言行)的传承者。他怀着强烈经世济民思想,抱着学以致用出仕朝廷拯世救民政治愿望与人生理想,深究“民本”治国之道,主张“德政”治国之策,热呼“诚信”治国之理。刘基政治观点突出表现于对待民生、人才修选、廉政效法、兴学重教等领域主张。

民本思想

刘基关注民生,推崇“王道”“廉循吏”主张,提出“唯民食为命,王政之所先”,“家家有衣食,畏刑思保全”的民本思想。同时提出要实现百姓免受冻饿,就必须实现治平社会的“王政”。实现“王政”,吏道是关键。刘基极力称赞像洛阳县令王涣“擿奸若明神,外猛中有容,正狱除烦苛,平赋宽畸穷”。企盼“安得廉循吏,与国共欣戚。清心罢苍苴,养民疗国脉”(《田家》)。倡导“王政”“以德养民,则四方之贤望风而慕”(《拟连珠》)。“天以民为子,而王者代天以理。苟能以天心为心,天胡为而不喜?往者南征北伐,东狩西巡,虽日顺天以行道,能不遵众而劳民?乃命谒者四方,赈贫穷、察饥荒,寒者与之衣,馁者同其粮,六官罢文绣之餙,上林闲射猎之场”(《道天台赋》)。刘基借天威德政说明民本思想,一切要善待百姓为根本。同时,对老百姓须实行德主刑辅治民思想,进而提出为官者只有勤政与言路畅达,才能保持官员心中的民本思想。

刘基亲眼看见元末农民起义烽火四起,认为“黎民亦何辜、骨肉散草莱”离乱之苦,应当“法当究基源,剪锄去根荄”,检讨“人情各畏死,谁能坐捐身?所以生念虑,啸聚依荆榛”,正是官府横征暴敛使得民不聊生,是官府“况乃多横敛，殃祸动辄臻”所造成结果。

人才思想

刘基认为能否任用贤能，是关系社稷兴衰大事，分别以两则历史寓言故事说明之。在《公孙无人·待士》中，叙述齐王用贤而成霸业例：齐宣王喜发禽兽，“以肉饱其虎豹，果饱其猴猿，稻粱饱其鸿雁，鸡骛饱其狐狸。”不异桑麻之地，辟为山林沼泽，以求“唯其性之欲，而弗遂焉。”而待士则绳之以徽墨，范之以矩度，强迫其为能不愿之事。但在盼子诱导之下，惊警悔过，“豁然大寤，投案而丐，下令放禽兽，开沼泽，与民共之；礼四方之贤士，立盼子以为相。”由此齐国大强秦楚，遂成霸业。而在《郁离子·瞽聩》中描述一个反例：越王勾践励精图治，来吴复国，北会诸侯，成就霸业，曾得到文种、范蠡等著名才士的襄助。但霸业即成后便因文、范是楚人，或诛之，或走之，导致越国人才匮乏，险有步尘夫差亡国之忧虑。因此，择用忠荩贤达之士，“俾之提纪纲”是刘基重要的社会理想。

刘基称“才全德备”者为“大贤”，“贤”并非“全材”，得其所长便为贤。运磨之蹇驴、刈草之钩镰同样是有用之材，因此，贤不是完美人格。在《郁离子·枸橼·使贪》中，刘基论述吴起虽然“坐威魏国之师”，但生性贪婪，魏武侯听从公子成的敦劝，晋用吴起，终成大业。《拟连珠》说：“盖闻物无全材，适用为可。材无弃用，择可惟长。故一目之人可使视准，五毒之石可使溃疡。是以穰苴治师，治勇贪愚咸宜其任；公输构厦，栋梁栟棁各得其长。”

以“择可惟长”为核心，刘基还提出一系列用人原则：“君子之使人也，量能以任之，揣力而劳之；用其长而避其缺，振其怠而提其蹶；教其所不知，而不以我之所知责之；引其所不能，而不以我之所能尤之。诲之循循，出之申申，不震不暴，匪怒伊教”（《郁离子·麋虎·立教》）。怎样选择和使用人才？刘基对“自荐”的认识又是辩证的。自荐者之所以受到嘲讪往往确有虚骄自矜、华而不实的一面，因此，必须验之于事。《郁离子·枸橼·子余知人》中，子余并没有因贾人自荐而委任他为舟正，而是敏锐地认识其“好夸”而闇于自察性格。果然，在吴国驾船沉没。事实证明贾者的自矜、子余的正确。因此，判断人才、选拔人才“必试之事而能然后用之。”

以道养贤，选择、使用人才，就必须创造良好的用人环境。首先，用人者应当心怀仁德。刘基提出：“盖闻鱼无定止，渊深则归；鸟无定栖，林茂则赴。故以道养贤，则四方之民听声而来。以德养民，是四方之贤望风而慕”（《郁离子·千里马》）。刘基强调要创造良好的招贤、养贤、用贤环境。仅有君主、执事者礼贤还不够，还要清除嫉贤妒能者。《拟连珠》：“盖闻百廛之市不畜噬犬，八家之井不畜觝牛，是故士有悍妇则良友不至，国有妒臣则贤士不留”。

廉政思想

刘基廉政思想由法治思想、反贪思想、修养思想组成。刘基既是一个法治积极主张者、实践者，又是一个法制建设积极提出者和参与者。他自元朝任职实践至明初制定《大明律》的提出与参与，都在推行法治思想。在《诸暨重修州学记》提出“夫民之所以敢犯法者，以其不知人伦也。圣人之教行，则人伦明矣。人伦既明，则亦为民者莫不知爱其而不敢为不义而自累；为士者不知敬其君，而不敢自私以偾国事。盗贼何由而生，亦何由而滋蔓哉？诸君子可谓知法道之本矣，可无述乎。”在《郁离子·千里马》中用治病之道形象比喻治国之道：“治天下者其犹医乎。医切脉以知证，审证以为方。……故治乱证也，纪纲脉也。道德政刑方与法也，人才药也。夏之政尚忠，殷承其敝而救之以质；殷之政尚质，周承其敝而救之以文；秦用酷、苛法以籍天下，天下苦之，而汉承之宽、大，守之以宁壹。其方与证对，其用药也无舛，天下之病有不瘳鲜矣”。刘基提倡法治，建立法制，注重教化，要让天下百姓知法，守法。同时，应适时立法，更强调用民本思想去司法。《郁离子·羹藿》《感时述事十首》中提出不与民争利,刑罚适度等主张。

刘基对社会贪婪成风深恶痛绝,反贪思想也很明确。《郁离子·神仙》直斥“贪与廉相反,而贪为恶德。贪果可有乎?匹夫贪以亡其身,卿大夫贪以亡其家,邦君贪以亡其国与天下,是皆不知贪者也。”他指出动了贪念,那就走上一条不归路。他在《郁离子·虞孚》几则故事中,告诫人们,贪婪者必食恶果。并指出官多法乱、官多政乱的“十羊九牧”现象是造成贪婪成风根源,恶见成风、颠倒是非、黑白不清,是贪的温床。

刘基指出:拒绝腐败,洁身自好,要有良好的道德修养与品质。要持有检身自警、自重、自省行为与慎微尚俭的人生态度与做法。他在《饮泉序记》指出:一个人是贪是廉本是自身问题,要注重自身道德修养操守志向,更要自身自警、自重自省能力的把握。《送黄岩林生伯云还乡勤省》诗中直提:“读书不可迂,检身不可疏”。“沐发不如清神,浴身不如浴心。仁义非外铄,治容防内淫”(《沐浴子》)。做到检身自警,需要修德养身。如何去修德养身?在《沙班子中兴塾诗序》《郁离子·神仙》中提出学习圣贤,效仿圣贤,听他们声音,看他们行动。同时刘基还提出不仅“检身”“修德”,更要慎微尚俭。《牡丹诗会序》《苦斋记》《裕轩记》中分别提出反对吃喝纵欲,人要知足常乐,适可而止。《郁离子·玄豹》《送熊文彦归江西序》《官箴》中还提出交友要慎微与勤政尚俭。刘基要我们后人保持廉洁,做好检身、修德、慎微尚俭,保持清醒头脑,千万别妄为、别贪婪,否则万般悔恨也枉然。

教育思想

刘基认为教育是政治的核心内容,《杭州富阳县重修文庙学宫记》:“教,政之本也。知本始知政矣。”教育不仅仅是政治手段,教育本身就是政治,只有重教的社会必将是民风淳朴的治世,即教育为“治道之本”。他崇教兴教目的在于实现治道,与其民本思想颇多联系。他任儒学副提举期间,兴学重教,以期黎庶子弟能够“襟佩衣裳,肃肃有容,弦诵之音,蔼蔼旁达,教铎长鸣,风清俗淳”(《季氏湖山义塾记》)。刘基继承传统儒家思想,提出重德致用的教育内容,使教育应该具备“德成而不失其则”职能(《沙班子中兴义塾诗序》)。为教重德思想在明初荐举制度中得到体现。明初荐举是“以德行为本,而文艺次之。”荐举共分八目:聪明正直、贤良方正、孝悌力田、儒士、孝廉、秀才、人才、耆民。道德品尚是擢用人才首要标准。

明代科举制特点是将科举、教育乃至任用三者融为一体,而尤其重视教育,则是朱元璋招纳刘基、宋濂等人深受其益后,便以荐举作为取士的主要途径。

第三节　军事思想

刘基饱究兵书,广瞻群科,“凡天文、兵法诸书,过目洞识其要”。鄱阳湖大战,是刘基灵活运用气象等知识的成功战例。当双方在湖中相持三日后,刘基建议朱元璋移军扼守湖口,“以金木相犯日决胜”,结果陈友谅饮羽身亡,汉军大败。此所谓“金木相犯日”,当主要是根据气候变化而定。刘基以深奥的军事战略思想和天才的军事策略,享誉为历史上卓越军事谋略家。

以德致胜的战略思想

刘基认为“太上以德,其次以政”既是为政治国之道,又是治军克敌之策,在群雄纷起,时局难料之时,德胜者得天下。他在《郁离子·蟏蛸·德量》《郁离子·鲁般·德治》篇中,对德在军事活动中特殊作用加以系统论述。

刘基效法先贤,以更富哲理性的德、力关系对其进行分析。一方面德与力不同,以力胜敌,仅为一时之胜;以德致胜,才是久远的、根本的胜利。另一方面,德与力是完全可以统一的,德可生力,即高尚德行可以产生克敌制胜力量。刘基又区别两种不同的“力”,一是因德而生的“力”,即德行之力,这种“力”与德行相始终,是“天下无敌”之力;一是与“德”并列而对立的“力”,这种“力”是无德之力,会产生敌对因素,虽可逞一时之威,胜敌一时,但终不可长久。

省敌论的战争之道

《郁离子·省敌》中指出:“善战者省敌,不善战者益敌。省敌者昌,益敌者亡。夫欲取人之国,则彼国之人皆我敌也。故善省敌者,不使人我敌。汤武之所以无敌者,以我之敌敌敌也。惟天下至仁为能以我之敌敌敌,是故敌不敌而天下服。”刘基所谓“省敌”,就是要分化瓦解、孤立主要之敌,要以仁德为本,不能轻率地诉诸武力,发动战争,即“不使人我敌”。而省敌策略便是“以我之敌敌敌”“敌不敌而天下服”,这是“省敌”的最高境界,也是真正的“善战”者。刘基以“省敌”来论述战争之道,是对中国古代“不战而屈人之兵”传统思想的继承和发展。如在《郁离子·省敌》论及长平之战,赵国战败原因时,刘基认为秦国本想攻取韩国的上党,只因韩国上党郡守冯亭辞祸有术,将上党归之于赵,因此赵国便为秦之“的”,遂有秦赵长平之战,结果赵国几乎灭亡,韩国得以保全。刘基这种“不为的”军事思想在群雄争霸之混乱年代,颇具特殊战略意义。

以智取胜的军事策略

卓越军事家的军事业绩,并不是以强胜弱,而是以弱胜强见诸青史,而斗智不斗力又是以弱胜强的重要军事策略。刘基曾以虎用力、人用智说明“力之用一,而智之用百”(《郁离子·天地之盗·智力》)。“以智取胜”是刘基军事策略中主要内容。在安庆争夺战中,两军相持不下,刘基献策:“弹丸地,何足久劳我? 友谅胆破矣,急进,薄江州,彼必遁江州下皖城焉。”结果朱元璋全军西上,迳趋江州,陈友谅果然弃江州城,仓皇逃至武昌。随即朱元璋又嘱咐诸将“从基受策,行取蕲黄诸郡,师旋遂下安庆,具如基语”(《明史窃·诚意伯世家》)。此后,“太祖取士诚,北伐中原,遂成帝业,略如基谋”(《明史·刘基传》)。

洪武元年朱元璋御宝诏书说刘基“……从朕于群雄未定之秋。居则每匡治道,动则仰观乾象。察列宿之经纬,验日月之休光。发踪指示三军,往无不克。曩者攻皖城、拔九江、抚饶郡、降洪都、取武昌、平处城之内变,尔多辅焉。至于彭蠡之鏖战,炮声击裂,犹天雷之临首,诸军呐喊,虽鬼神也悲号。自旦日暮,如是者凡四。尔亦在舟,……”对刘基参与以上征战中军事谋略给予高度赞赏。

倡立卫所富兵于农

刘基首先提出和参与因防设卫,以军隶卫、以屯养军,屯戍结合,军户世袭世兵制,府兵制,合理继承元朝军籍制度。刘基倡立的军卫法渗透着高深建军思想。

第四节 文学思想

刘基以“师古”为宗旨之宏富道德文章,虽没为后人留下完整体系的诗文理论专著,但详察其生平、研读《刘基文集》以及刘基为其诗朋文友“文集”所作序文,仍可洞察刘基实用的文学思想。

文章师古“教化”的社会功用观点

刘基有鲜明的文学主张,针对元一代诗文创作内容空泛,一味追求艺术醇正博雅,甚为不满地指出:“今天下不闻有禁言之律,而目见耳闻之习未变。故为诗者莫不以哦风月、弄花鸟为能事,取则于达官贵人而不师古,定轻重于众人而不辩其为玉为石。惛惛怓怓,此唱彼和,更相朋附,转相诋訾,而诗之道无有能知者矣。”他坚决反对"诗贵自适"。《项伯高诗序》说:"世有治乱,而声有哀乐,相随以变,皆出乎自然,非有能强之者。是故春鸟之音悦,以豫秋虫之音凄,以切物之无情者然也,而况于人哉?予少时读杜少陵诗,颇怪其多忧愁怨抑之气,而说者谓其遭时之乱,而以其怨恨悲愁发为言辞,乌得而和且乐也!然而闻见异情,犹未能尽喻焉。比五六年来,兵戈迭起,民物凋耗,伤心满目,每一形言,则不自觉其凄怆愤惋,虽欲止之而不可。然后知少陵之发于性情真不得已,而予所怪者不异夏虫之疑冰矣。"

刘基认为元季社会已绝非升平盛世,作家应负起时代使命,更应发挥诗文对社会的干预作用。认为"言生于心而发为声,诗则其声之成章也"(《项伯高诗序》),说到底还是"感于哀乐,缘事而发"的创作观。刘基文论特点是针对性强,往往三言两语就切中时弊。《项伯高诗序》就是以切身呼吁世人要像杜甫那样,去关心民间疾苦,匡扶时势,发挥文学应有的社会功用。

说到文学的社会功用,刘基则力主讽喻之说:"余观诗人之有作也,大抵主于风谕。盖欲使闻者有所感动,而以兴其懿德,非徒为颂美也。"《送张山长序》又说:"夫诗何为而作也?情发于中而形为言"。认为文学须有裨于世教,而怎样才能有裨于世教呢?就是要使诗文起到应有的讽喻作用。若依此而作,"纵不能救当时之失,而亦可以垂戒警于后世"。

文章之理和气的辩证统一观点

为世有用文章,刘基力倡理、气并重主张。《潜溪后集序》说:"文以明理,而气以行之。气不昌则辞不达,理不明则言乖离。"(按是序刘基文集诸版本皆未收,此录自宣统三年《宋文宪公全集》)。入明后,在《苏平仲文集序》中又重申了这一观点:"文以理为主,而气以摅之。理不明为虚文,气不足则理无所驾。"

文之盛衰与世之泰否互动观点

刘基提出"文之盛衰实关时之泰否"的互动作用论有两层意思:"文之盛衰"取决于"时之泰否";"时之泰否"由"文之盛衰"而见之。他认为文学时代风格的形成与社会治乱兴衰密切相关。"三代之文,浑浑灏灏。当是时也,王泽一施于天下,仁厚之气钟于人而发为言,安得不硕大而宏博也哉"(《王师鲁尚书文集序》)。作者从正反两方面说明社会盛衰影响乃至决定着文风走向。

文学对社会具有反响作用,以前的文论家都未曾论及。刘基则看到了文学作品一旦问世,便不可避免地要对社会心理产生影响。这种影响可能是积极的,也可能是消极的;可能是一般性的,也可能是十分严重的。

第四章　刘基评说

刘基生前建立的功德勋业和不朽文学成就，使得刘基身后赞誉极高，历六百余年不减。后人对刘基的赞誉包括两个方面：一是他对明朝开国的贡献，二是他超人的智慧，以致渐被后人与诸葛亮并举。后人对这位“五百年名世、三不朽伟人”刘基的深切缅怀，自然形成历代士林对刘基的评赞与文人对刘基的书传。

第一节　名家书评

刘基被推崇为“万古云霄”“千秋景仰”的伟人。正史已有明代《太祖实录·刘基传》《明史·刘基传》记载，还有较详论述刘基生平的明洪武十六年(1383)黄伯生撰《故诚意伯刘公行状》、皇明隆庆元年(1567)张时彻撰《明开国翊运守正文人资善大夫赠太师谥文成护军诚意伯刘公神道碑铭》。历来文人和士林名流多有对刘基的评论赞颂，如明清时期，王世贞、沈德潜等大批名宿对刘基文学作品展开研究，著有诗评、词评、文评；民国时期，开始出现对刘基政治思想、人品价值予以研究评论，其中如章炳麟写《重刊诚意伯集序》，王馨一著《刘伯温年谱》等；20世纪八九十年代，随着改革开放，刘基文化研究逐渐兴起，杭州师院、南京大学、山东师大、大庆师专等全国20余所大专院校开展对刘基文化思想研究评论，出版一批学术论文。兹简要列举较有代表性的方家《评传》和士林赞颂题句，可见一斑。

方家评传

《刘伯温全传》　郝兆矩、刘文峰著，大连出版社，1994年7月第1版。全书34.8万字。该书在写法上，博采以正史为经、以宗谱所载为纬，摒弃于史无据的演义体虚构材料，力求还原历史人物本来面目，率先将距今六百多年前的历史名人刘基，比较全面而准确地介绍给世人和读者。

《刘基评传》　周群著，南京大学出版社，1995年12月第1版。全书30万字。出版本书《内容简介》：“刘基作为一位著名的思想家、军事家、政治家、文学家，后人对其神化较多而研究不足。本书是第一部全面叙述其生平、评析其思想的专著。特点有三：首先，考辨与思辨相结合，在辨清生平著述的前提下，探求其思想底蕴。其次，评传结合而侧重于评，注意从事功中寻绎其思想端绪。最后，从古代思想文化的历史长河与时代潮流的激荡交汇中透视其思想特色，厘定其历史地位。同时，通过对刘基生平思想的述评侧面反映了元明鼎革之际的时代特征。”

《千古人豪——刘基传》　吕立汉著，浙江人民出版社，2005年7月第1版。全书27.5万字。本书作者《后记》述：“……关于刘基的生平研究，前人已有不少研究成果问世，年谱方面有刘基后裔刘耀东编撰的《刘文成公年谱》、王馨一先生编撰的《刘伯温年谱》，温州师范学院郝兆矩先生又对王馨一先生《刘伯温年谱》作了修订，出版了《增订刘伯温年谱》；评传方面有南京大学周群博士的《刘基评传》和郝兆矩先生的《刘伯温评传》。随着刘基研究的不断深入，近些年来又发现了不少史料，我总想对刘基的生平行状作一次更为全面、深入的研究。”历时两年多时间才写成这部《刘基传》。

《刘伯温评传》　郝兆矩著，(北京)作家出版社，1998年出版发行。

《察经——刘伯温一生的九大决断》 司马烈人解译,(北京)中国华侨出版社,2002年4月第1版。全书22万字。

《刘基评说》 陈守文编著,(北京)人民日报出版社,2011年7月第1版。全书26.5万字。

《刘基故里楹联评注》 徐世槐著,(北京)人民日报出版社,2011年7月第1版。全书26.5万字。

士林评赞

历代名家评赞刘基文章逐年增多,恕未赘录。唯全国重点文物保护单位南田刘基庙内,古今士官名流撰题称颂和缅怀刘基勋业楹联,真、草、隶、篆书法俱有,为国内其他名人纪念建筑中所罕见。兹收录刘基庙楹联36帧,辑录无拘长短句式、不分间次进退次序,谨录原文随意编排。

占事考祥,明有徵验,开国文臣第一;
运筹画计,动中机宜,渡江策士无双。

(明正德御题)

嘉谋入告,想当年风云会合,真个是肇造区夏,弘济苍生;
元老投簪,到今日俎豆馨香,这才算名垂竹帛,谷贻子孙。

(各官赠联)

读尼父二百四十春秋,占天子气于金陵;虎之略,龙之韬,视叶琛章溢宋濂独属奇才,不减关山夫子。
定禹州三万六千山水,简上帝心于燕翼;电作旗,雷作鼓,较沐英花云徐达尤为豪士,依然诸葛先生。

(青田令张皇辅题)

只手擎天开日月;两楹兆梦壮山河。

(芝田令郑新命题)

江山有券烟霞老;诗礼无愧作述贤。

(邑令郑新命题)

奇勋绝学人千古;福地名山世一家。

(青田教谕章楹题)

应五百年之昌期,曰商曰周曰汉,邦建鼎定,后先同揆,群向皇明推帝佐;
建三不巧之大业,立功立言立德,学邃才全,古今罕匹,齐以东浙仰行踪。

(邑令唐敬题)

挺身一个人,观天察地,内运筹,外决胜,恍惚吕公再见;
特献十八策,韬文耀武,始济国,终善身,穆然张氏重光。

(处州知府雷学海题)

妙算拟留侯,翊运功勋开一代;
分封美诚意,祠堂俎豆享千秋。

(礼部主事翰韵海)

秉礼义于权衡,才优宰相;
定谋猷于帷幄,帝重先生。

(翰林院编修桂龄)

林下风云天下计;留侯筹策武侯心。

(邑令王觐光撰)

言陈圣道，术究天文，帷幄中不惭名士，兼故乡倡义，泽被枌榆，迄今日庙貌巍峨，奉蒸尝犹思遗爱；
学本帝师，才为王佐，草庐内早识真人，想开国元勋，望隆伊吕，宜后嗣馨香俎豆，笃忠贞以迪前光。

（后裔刘权之撰）

学贯天人，议论之端驰骋于千古；
才兼文武，扰攘之际控驭乎一方。

（后裔苕溪刘眉锡撰）

望气卜王兴，五百年天钟名世；
运筹开帝统，十六代鼎勒元勋。

（邑令刘荫棠题）

溯神州九万里域中，威弥弛而伏莽兴，窃学盗名，竖子争为秦鹿逐；
奠有明三百年天下，殄群雄以扶真主，拨乱反正，彼苍肯许蜀龙潜。

（裔孙刘绍宽撰）

勋名微管埒；出处有莘如。

（民国丁卯冬月　刘祝群撰）

五百年名世；三不朽伟人。

（民国辛未五月　刘耀东题）

时势造英雄，帷幄奇谋，功冠有明一代；
庙堂馨俎豆，枌榆故里，群瞻遗像千秋。

（民国廿四年九月蔡元培撰书）

出处进退与任圣冥符，运会启风云，旷代勋华民族史；
事业文章有姚江继武，桑梓崇俎豆，千秋祠宇栝苍山。

（林森撰并书）

隐居求素志，论春秋攸关，直与子房同际遇；
择主建殊勋，看出处大义，远追元晦溯渊源。

（梅川居正撰题）

功媲留侯，乱世风云成帝业；
才侔诸葛，宗臣遗像肃清高。

（方觉慧撰题）

芳躅绍留侯，摧廓胡雰，功成身退；
骚坛推盟主，滥觞越派，实载文舒。

（钱南扬题）

继留侯武侯千余载后，佐辅洪武建立明朝，运筹帷幄，献策定谋，开国文臣称第一；
经宋代元代四百年间，驱逐胡元重光华夏，收复燕云，功成身退，渡江俊杰应无双。

（辛酉季冬裔孙刘劲持题）

五十雄心重光汉业；千秋庙宇永护南田。

（裔孙刘劲持题）

开国帝师，兼传世文章，誉并潜溪崇俊杰；
济时王佐，忆当年勋业，功高伊吕仰人豪。

（裔孙刘少峰撰并书）

腹蕴经书真事业;笔开气数大文章。

(裔孙刘考图题)

异世论才,子房气象汉儒者;
同时显学,景濂文章明正宗。

(泰顺周禧题)

百世为人师表;一代开国元勋。

(浦江吴醒耶献)

青芝美石,毓山川灵秀;
天文兵法,见筹策奇才。

(壬戌春斐昌会题)

赞庙谟奄有四海,运帷幄底定中原,隆勋为开济宗臣,况学究天人,备见鸿文垂宇宙;
立朝廷大节凛然,归故庐高山仰止,盛德自扬芬国史,且泽流奕叶,长承燕翼祀春秋。

(壬戌年裔孙刘佑忠撰并书)

开国文章,匡时经济,冲天一鹤飞声远;
赤松偕隐,黄石传书,立庙千秋见道高。

(壬戌正月苏渊雷撰并书)

筹画如神定大计;指挥任意歼群雄。

(甲子春横阳张自怡题)

学业本程朱,立德立功,千古声名不朽;
经纶追张葛,作师作相,万年俎豆长青。

(谢稚柳撰并书)

白衣宰相山中有;黄石功名世外稀。

(唐云撰并书)

开国称元勋,作王佐,为帝师,一朝功成归隐逸;
立坛垂后世,精诗文,通易数,千秋庙享在乡邦。

(壬申仲秋林多梁撰)

承儒臣楷模,立功立德立言三不朽;
开朱明基业,定越定楚定吴六合匡。

(上海黎鲁、朱石基、范志民撰书)

第二节　民间传说

民间传说原创于民间口耳相传,内容广泛,经不断丰富流传,成为人们喜闻乐见的民间口头文学。中华民族素有崇尚和敬重历代名贤清官的智慧传统,认为治国、治军、治事,无不需要智慧;识天、识物、识人,无不需要智慧。大智令人震撼,巧智令人赞叹,希望赋予智者更加神奇力量。刘基所建勋业功绩备受世人敬颂,刘伯温民间传说就承载着这种希望和寄托。2008年,刘伯温民间传说被列入第二批全国非物质文化遗产。

搜　集

刘基故乡和周边地区以及他为官、游历过的地方，甚至波及于全国各地，由于百姓敬仰刘基的人品、智慧、业绩，被作为济世拯民的崇拜偶像，由是产生并广为传诵刘伯温民间传说。盛世兴文，挖掘、收集、整理颇富积极意义的民间故事已成为今人义不容辞之责。1984年，浙江人民出版社出版由温州市群艺馆、温州市民间文艺研究会征集，吴孟前、杨秉正主编《刘伯温的传说》。接着，刘伯温传说故事选集又陆续出版，如陈晓琴、郑士有编著的《中国仙话——刘伯温的传说》，伍明妹编著的《刘伯温的故事》等。特别是刘基故里文成县和青田县，更是做了大量工作。1986—1987年，在全国开展《民间文学三集成》普查采录工作中，两县对流传本县及附近地区的刘伯温传说故事进行全面搜集、整理，各搜集到数十篇。其中《文成县民间故事卷》收录18篇，《青田县民间故事卷》收录21篇。1998年，文成县风景旅游管理局编辑"百丈漈——飞云湖风景名胜"丛书，其中《民间故事选》收录刘伯温传说59篇。2003年9月，文成刘基文化研究会升格为县级学术机构后，加强对刘伯温民间传说搜集研究工作，于2005年由周文锋主编、人民日报出版社出版《智谋大师：刘伯温传说》，收录刘伯温传说72篇。2006年，由青田县文联、青田县民间文艺家协会编辑、曾娓阳总编，中国文联出版社出版《青田民间故事大观》中收录刘伯温传说60篇；2008年，复由青田县文联曾娓阳主编，中国文联出版社出版《刘伯温传说》，收录刘伯温传说156篇。尤其是文成县以《刘伯温传说》申报获准列入国家级非物质文化遗产名录后，加强对"刘伯温民间传说集成"资料搜集、采录整理工作。

集　成

刘伯温传说密集瓯越，盛传浙东，遍及全国，远播海外的韩国、日本、越南、新加坡等国家。2008年以来，文成县刘基文化研究会周文锋等，历经4年广泛搜集采录到刘伯温传说400余篇，经研究整理选录其中294篇，编纂为《刘伯温民间传说集成》，于2011年7月由重庆大学出版社出版发行。

本《集成》收录各省市刘伯温传说资料篇数分别为：浙江省138篇、北京市37篇、安徽省29篇、福建省7篇、甘肃省2篇、广东省3篇、广西壮族自治区1篇、云南省1篇、贵州省2篇、海南省2篇、河北省8篇、河南省1篇、湖北省1篇、湖南省5篇、吉林省1篇、江苏省20篇、江西省16篇、宁夏回族自治区1篇、青海省1篇、山东省12篇、上海市1篇、四川省4篇、天津市1篇（按"集成"书目录顺序统计）。就其内容题材分析，流传南方的刘伯温传说多智慧故事；流传北方的刘伯温传说，多武力、法力或神力故事，可谓"南智北力"。刘伯温传说又有"南实北虚"之别，流传南方的刘伯温传说大多属纪实性、现实性，有的就是"口传的历史"；流传北方的刘伯温传说多传奇性、超人间性，神话色彩较浓。

附：民间小故事三则

《书凑礼》　刘伯温天资聪明，五岁能识字，六岁能作对，七岁出口成章，塾师很喜欢他。

一天，先生想当众试试刘伯温的学业和志向，出了这么个对子："武定邦。"

刘伯温随口对答道："文治国。"

先生又念："成家立业。"

刘伯温接口回答："辟地开天。"

大家听了，都赞叹他有志气。

刘伯温爱书入了迷，除了正课外，还到处借书看。他逢人便问："你有书吗？好不好借给我看看？"

有一天,一个老汉看到刘伯温正在吃饭,逗趣说:“我表弟家里有本书真好,要看吗?”刘伯温立刻放下饭碗,迫不及待地问:“伯伯,什么书?”那老汉笑笑说:“什么书都有,可有趣呐!”“在哪里?”“天下村。”“多少路?”“十五里。”“好!”刘伯温忘了碗里还有半碗饭,就兴冲冲地向天下村奔去。见此,老汉急忙跟在后面大喊道:“快回来!我在跟你开玩笑呢。”

有一年正月,刘伯温上外婆家拜年。母亲拿出腊肉、粉干,吩咐儿子放进篮子里去。刘伯温一边捧着书在看,一边收拾好拜年礼物,也不再检点一下,就提着篮子匆匆走了。

到了外婆家,老人笑嘻嘻地将外孙迎进去。外婆拿出篮子上面的粉干,只见下面是一叠书,不觉惊住了:“怎么,拿书凑礼?这倒是件新鲜事儿。”

刘伯温这才想到,自己在收拾礼物时,一心只想到书,竟把桌上的一叠书当作腊肉放进篮子里了,到了外婆家才知道放错了,连忙出门准备回家去拿腊肉。外婆见此,一把抓住他,笑着说:“谁要你的腊肉!你这样喜欢读书,外婆比什么都高兴哩!”

(流传地区 浙江省青田、温州、丽水等地 搜集整理 叶中鸣)

《高安县判案》 元朝至正年间,刘伯温任江西高安县丞。一天,接到一张状纸,写的是县前卖烧饼油条的赵老汉一生积蓄的几十贯铜钿被偷走了。刘伯温马上传审赵老汉。赵老汉一把眼泪一把鼻涕地哭诉说:“昨夜三更,小人忽听见响动,急忙起床叫喊,等邻居们赶到,贼已经逃得无影无踪了。我年近古稀,无子无孙,无依无靠,叫我今后怎么过日子?求大人赶快缉拿窃贼,追回赃款,救我孤老头一命!”说罢,便不住地磕头。

当下,刘伯温随带衙役,前往赵老汉家察看了现场,知道贼是撬破板壁进屋,搬开放钱箱子上面的另一只箱子,把钱偷了去,但没有留下丝毫痕迹。看来,偷窃犯是详知赵老汉家底的近贼。但查询了四邻的情况,却一无所获。

为了破这桩无头案,刘伯温左思右想,终于想出了一条妙计。

第二天清早,县衙门外贴出一张告示,上面写着:“兹有赵老汉失窃一案,经本衙追查,殊难破案。今念赵某孤老无依,实属可悯,望离赵老汉家五百步以内的乡邻,务在今日辰时,齐到县衙内院商议周济之事,仰各知照,不得有违。”

告示一出,整个街坊就热闹了。有的讥笑县丞无能,有的说这是姑息养奸。大家都带着一种好奇心去了。

县衙院内,摆着一只大缸,缸里盛满了清水。等人们三三五五地进院后,地保当场宣布:县丞吩咐,每人向缸里投铜钿一枚。一个,二个,十个,一百个……铜钿越投越多,围观者也越来越多。

却说那个偷钱的李五,连日来提心吊胆,生怕吃官司,不敢抛头露面;现在听人说告示的事,暗自庆幸,料想可以瞒过去了。只是去不去县衙,心里拿不定主意。去吧,怕露出马脚;不去吧,又怕人说自己做贼心虚,引起怀疑。耳听敲过三遍铜锣,邻舍都走得差不多了,觉得再不去,等地保上门来叫便不好了。那告示上不是说“不得有违”吗?对,只要小心点,混在人群当中,就出不了事。于是,他大模大样地走进县衙。刚进内院,就听见地保大喊:“投钱!”李五不禁一愣,那双老鼠眼骨碌碌地转,把手伸进衣兜,好不容易掏出一枚铜钿,挤到缸边,抖缩缩地丢入缸内。

刘伯温居高临下,看见最后进来这个人的样子,心里已明白几分。这当儿,混在人群中穿便衣的捕快,来向县丞禀报说,大缸水面上漾开了一层薄薄的油渍。刘伯温说声:“带上堂!”便开堂审问了。

刘伯温问明李五的姓氏、住址以后,两眼利剑般直瞪着他,劈头喝道:“李五,你是怎样偷走赵老汉的铜钿的?赶快招来!”

李五镇定地说:“小人向来安分守己,哪会干这不端之事,望大人明察。”

“哈哈！刚才你丢进水缸里有油渍的铜钿,把你告下了。”

“这……嘿嘿,那枚铜钿吗？是我从赵老汉那里找回的。”

刘伯温一拍惊堂木,厉声说:“好个刁民,还要狡辩！我已查明,你近日并未到赵老汉那里买过烧饼油条。事到如今,不老实招认,罪加一等!”李五却口口声声叫“冤枉”。刘伯温向左右使个眼色,几个捕快退了出去。

没有多少时候,捕快提着几十贯铜钿回禀说:“大人,这是从李五床底下的小坑里挖出来的。”

李五在铁证面前,只得低头招供画押。赵老汉领回铜钿,对刘伯温千恩万谢。

(流传于浙江温州、丽水,林建南、周文锋搜集整理)

《撕碎坟墓图》 洪武八年三月的一天,刘伯温回到南田,已是病入膏肓,骨瘦如柴。腹中硬块也越来越大,痛得冷汗直流。一天,他把儿子刘琏、刘璟叫到床前,含着眼泪说:

“国有奸臣,朝政日苛。我儿若为官,应尽忠报国,忧民之所忧。我本想上遗表进谏皇上,奏明胡惟庸的劣迹,只是他正得宠,皇上难以听进,万一被胡惟庸得知,对我儿也不利。所以,不得不忍下这口气。我死后,胡惟庸还会图谋篡位,希望我儿奋力保卫江山,为父在九泉之下,也就心安了。”

刘琏、刘璟听了这番教训,一齐跪下,哭着说:

“阿爸放心,不孝之子一定继承父志,尽忠报国。”刘伯温点了点头,稍停一会儿,又嘱咐说:

“我活不上几天了,夏山我早已看过,左右有九条小山脉依附,四周有溪流,地势开阔。我死后就葬在那里,你们去料理后事吧!”

刘琏哭着说:

“阿爸,后事不用操心,我兄弟立即去办,一定会使你满意的。”

第二日,长子刘琏递上一张图,低声说:

“这是坟墓图,请阿爸过目。”

刘伯温接过图,一把撕得粉碎,生气道:

“要它作什么！江山才定,元气还未恢复。我们若花这么多钱去造坟墓,岂不被人说闲话！其实,我们也没有这么多的钱。唉！人死如灯灭,黄土之中砌上一穴就是了。”

刘琏没法,请亲戚友邻前来劝说,刘伯温解释说:

“你们看这‘墓’字,上是草、下是土,才能承受阳光雨露。若造石屋,怎么生草？没有百草长青,就不是墓。古人造字,大有讲究。后人为了沽名钓誉,显示豪富权势,不惜巨资,大造坟墓,这就违背了古训。人不能靠造坟墓、立牌坊流芳万世。你们想想,张良、诸葛亮他们的坟墓又在哪儿?”一番话讲得大家再也开不得口。

洪武八年四月十六日,刘伯温与世长辞,葬于夏山。后人瞻仰芳草丛生、松柏常青的刘基墓,自然会想起刘伯温的美德。

(流传于浙江温州、丽水,周文锋、朱礼搜集整理)

第五章　刘基与文成文化

刘基处世功德勋业“通天地人”(南田刘基庙悬匾),至其薨后139年,明正德九年(1514)十月十九日《赠刘基太师谥文成诰》:褒崇刘基“学为帝师,才称王佐……渡江策士无双,开国文臣第一。受爵能让,怀辞金蹈海之风;成功不居,从辟谷封留之请。可谓明哲,允矣清贞……今特赠尔为太师,谥号文成。”1946年冬,国民政府核准新置文成县,便是以刘基谥号“文成”而名。文成县为刘基故里,刘基文化与文成文明历史一脉相承,具有与世长存的刘基文化,极大丰富了文成文化的历史内涵。至2011年,刘基庙、墓入围全国重点文物保护单位,《刘伯温传说》、民俗《太公祭》列入国家级非物质文化遗产名录;同时,刘基庙、墓被定为省级廉政文化教育基地,南田镇分别被评为省级旅游强镇、省级历史文化名镇。

第一节　文成县名与刘基故里

文成县名以先哲刘基谥号“文成”得名。刘基故里武阳,历史文化遗存深厚,1987年列为文成县第三批文物保护单位。

县名来历

1946年12月,国民政府行政院核准从瑞安、泰顺、青田3县边地析置新县,其中从青田县划归新县管辖的有南田乡、西坑乡、黄坦乡、三阳乡和万源乡部分地方。1948年3月《东南日报》刊载《文成县界勘划记》注明:“武阳为明开国诚意伯文成公刘伯温之故里,有武阳堂,刘之祖考庭槐公、尚德公之墓亦在此处。新县定名,纯为纪念刘文成公而来。”同年7月1日,遵浙江省府命令在黄坦镇正式成立“文成县政府”。嗣后,除1958年10月至1961年9月,文成县被撤销并入瑞安县,改设文成工作委员会(简称文成工委)外,一直沿用文成县名未变。

故里遗迹

刘基故里位在今温州市文成县西北部海拔630米,史称“天下七十二福地之一”的南田山武阳村。村庄为一小盆地,背倚五角仙峰,民房倚山而建,坐北偏西,面东偏南。按“风水”模式,“四灵俱全”,北水归堂,山环水抱,深藏不露。左有弓箭山,右有宝剑山,前有金龟山,中有七星墩,形胜左弓右剑,七星落垟,金龟把水口之胜境。境内有刘基故居遗址,白鹤仙桥古迹,武阳亭(即武阳堂)遗存,还有保存神奇色彩的刘基祖辈“莲花坟”、“天葬坟”墓葬。清乾隆二十八年(1763),青田知县吴捧日在武阳村口敬立“明开国太师诚意伯文成公故里”石碑坊,毋庸置疑佐证南田武阳即为刘基故里,招引历代识者亲临其境寻访拜仰。

刘基故居　《明史·刘基传》载:“洪武四年正月赐老归,惟饮酒弈棋,口不言功。邑令求见不得,微服为野人谒见,基方濯足,令从子引入茅舍……”可见刘基当时住屋之简朴。后居址被夷为水田,1985年经文物部门勘定,并于原址边发现古水井、石臼、石畜槽等遗物。1999年以来,人民政府拨款仿古建筑式复建武阳“刘基故居”和“武阳书院”,对外开放,供人景仰游览。

图29-2　武阳刘基故居旧址（图片来源2010年《浙江廉政文化教育基地——刘基故里》图册）

莲花坟　墓主刘集，原居丽水竹州（今丽水太平乡）。相传南宋末年，为避元兵南下战乱，欲卜迁居，祈祷丽阳山神，夜梦执羊头而舞者。旋游南田山，上岭至一山村问地名，有告之“武阳”，恍然悟梦所示“舞羊”，遂举家自竹州徙居为此，乃为南田刘氏发族武阳之肇基始祖。薨葬武阳莲花墩，习称莲花坟，坐壬向丙兼已亥三分，立有“宋处士刘集之墓”碑志1方，建筑简朴。其墓于2012年12月列为县级文物保护单位。

天葬坟　墓主刘庭槐，刘基之祖父。曾跟其祖刘濠冒毁家和生命之险，智救抗元义士林融属众万余人。“积善必得好报”，相传刘基父刘爚经阴阳先生指点，将父亲尸骨罐，埋在五角仙峰山脚烂草湖。后烂草湖渐成一座小土包，被称为“天葬坟”。第二年，一个非凡孩子降世，刘爚为使孩子根基坚固，将来能成为有用之才，特取名为“基”，即刘基。天葬坟，在南田武阳旧居后山300米处，有民国期间竖立的“元太学上舍永嘉郡公刘庭槐墓”志碑一方。2012年12月被列入县级重点文物保护单位。

武阳古亭　位于武阳村口金龟山脚，面作五开间，单檐悬山式建筑，属古路亭风格。始建于明正德年间，由刘基第六世孙刘启节所建，并购置亭田，田租收入雇专人为过路客人施茶。路从亭内经过，出入口为石拱门，内有廊，廊有靠背式座位。廊后为木房，分正屋、厢房。有厨房、卧室等，如有过往行人需投宿，也可提供方便。正屋还设有小戏台，逢年过节有木偶戏在此演出，村里人都集中在这里看戏。给这幽静的小山村增添一份乐趣。

第二节　刘基文化现象

历史上名人赘述刘基文章，多见于梓刊《刘基文集》时“序”中，1990年以后渐有较为系统的刘基评传问世。刘基文化内涵丰富，其精髓是中华民族传统文化的瑰宝，也是文成非物质文化遗产的重要组成部分。

名人赞刘基

明武宗正德九年《赠刘基太师谥文成诰》：

奉天承运皇帝制曰：赠秩彰功，进崇阶于一等；饬名显德，加美号于百年。礼在褒崇，事关劝教。故开国翊运守正文臣、资善大夫、护军、诚意伯刘基，慷慨有志，刚毅多谋，学为帝师，才称王佐。属圣祖之聿兴，乃明良之再遇。孔明之任，岂间人言？敬舆之谋，不负所学，遂覃精诚之虑，益酬神武之知。占事考祥，明有徵验；运筹画计，动中机宜。盖始见异云而识王气，复仰指乾象以示天心。逮应聘括苍，陈时务于建业；即从征彭蠡，定大事于中原。渡江策士无双，开国文臣第一。受爵能让，怀辞金蹈海之风；成功不居，从辟谷封留之请。可谓明哲，允矣清贞。参前代之名臣，休声罔替；稽累朝之报礼，恩典尚遗。今特赠尔为太师，谥文成。於戏！青田薄赋，已为乡里之美谈；宝册易名，益重华夷之永誉。

正德九年十月十九日

明成化六年(1470)杨守陈《重锓诚意伯文集序》:

……汉以降,佐命元勋多崛起草莽,甲兵间谙文墨者殊鲜。子房之策,不见辞章;玄龄之文,仅办符檄。未见树开国之勋业而兼传世之文章如公者。公可谓千古之人豪矣!

清康熙张汝瑚《刘文成先生集·序》:

三代而下人才卓荦者莫如子房、孔明……尚论明刘文成,具择主之哲与子房同,怀拨乱之志与孔明无异。然愚以为如先生者,人但知其有过人之才与智,不知其有过人之学;但疑其为诞、为神,而不知其皆本乎道也。尝闻高皇帝之称先生也曰:"每于闲暇之时,数以孔子之言导(道)予,是以颇知古意。"又曰:"入则每匡治道。"又曰:"言非儒造,实以诚之意。"嗟乎!先生之引君当道,勤勤恳恳如此,此又子房、孔明之所未有也。

日本天保壬寅(1842)奥野纯《刘诚意文粹序》:

佐创业之英主,辟一代之规模。留侯以后,魏郑公之相太宗,赵韩王之辅艺祖,唐宋世有其人。然于文章,则有待乎韩、欧诸公之起矣。至际会风云,平定海宇,既辟一代之规模,又阐一代之文章,盖明诚意伯刘公一人而已矣。公生元末,苟全性命。及明祖起,献时务十八策,为其所纳,遂辅之以平天下。而其绪余,溢为文章雄篇,确说水涌云飞。魏、赵之功业,韩、欧之文章,并担之一身,岂不旷世之豪杰乎哉!

史称公为人慷慨有大节,遇事变勇气奋发。今观其文章,如其为人,笔势驰突,如骏马注坡,使读者鼓舞,不能自已。或曰公之文,奇则奇矣,而不若宋潜溪之宏丽。曰公与潜溪,譬犹兵家有李临淮、郭汾阳,宏大奇拔,并行而不相悖。潜溪固具体之大家,而长篇巨作或失于冗漫。公则奇骨苍劲,语简而意到,节短而味长,是公所独擅,而潜溪之所式乏。我邦学文者,大率失于冗漫,是余所以左袒公之文也……

1915年1月章炳麟太炎《重刊诚意伯集序》:

昔胡元陆梁,轶我保介百年。乃有韩、徐诸雄起于荆豫,顾骄侈不足与共大事;而张士诚、方国珍据吴越间,又羁属元,受其爵赏;其惟明祖,才荦确为长人之德,公以耆颐为之师保。其始经略不满千里,而能西刈陈、明,东羁张、方,命帅北征,胡酋鸟窜,奄有禹域。光复旧货,皆由公赞画为多,成功盛德,上方留侯,固无得而称焉。其性行刚廉,不随流俗,灼然于文辞,发言奘驵,刚健旁通,又为明一代宗师,其非后进所能褒颂也。顾世或以仕胡元为公诟病,抑或比伊尹五就汤、桀。妄者且言,公本为元,计穷乃归明:或又傅以谶记方术之辞……

案公文多胡元时作,入明差少,帷幄密议则绝,诚以篇第残夺,亦由军国大议造次立陈,君臣无壅,无待章奏封事云云也。世人怪公筹略广而文疏少,遂以神怪之事傅之。古之名世,若诸葛武侯、鲁横江者,其盛美独在定策数言,不于行军曲折,事事指而数之也。公与明祖所论方略,列传已详。及以御史中丞留守,惩宋元宽弛,以严为纪。其后明祖斩断逾溢。又言霜雪之后,必有阳春,为政宽猛如循环,徒恨明祖不尽采用。其言非少也,凡诸云物风角形法壬遁之言,前世豪杰或兼知之。公善为天官历象及《灵棋经》,明祖起香军,所任周颠、张中之徒甚众,性不可移,或时举占候令易听用,要其发踪指示,处以人事而不以方术断也。

炳麟去公久远,自明之戊申以逮民国纪元壬子之岁,五百四十有四年矣。平居问学,未能逮公毫末。独以怀志操行,大同幸而克济,非曰勤劳,其公在天之灵实式凭之。甚欲瞻礼颂德,敬荐酒脯,身在厄困,怀不可遂。以为古者,要离、梁鸿趣舍异路,犹以冢墓相连,炳麟于公非独要离、梁鸿也。咨于公之裔孙,而先为圹密迩于公,以申生死慕义之志。公之微旨亦非炳麟莫敢任其言也,是用斋栗叙次以归公祠。民国四年一月,后学章炳麟序。

历史文物

刘基庙 位于文成县南田镇新宅村华盖山南麓。据《刘氏宗谱》保存的姚夔撰《敕建祠堂记》与谢铎撰《敕建翊运祠碑记》载明,在刘基薨后80年,本在南田泉谷旁边低洼处之寝祠,已属毁废,由其七世孙刘禄奏请恩准,重新择址于高旷宝地,于明天顺二年(1458)敕建,翌年12月告成。该祠坐北朝南,为七间三进回廊合院式木构建筑，占地面积3024平方米，虽经清代三次整修，但主体建筑结构仍保持明代建筑风格。从头门踏道至正厅三幢叠视，沿纵轴线依次为头门、仪门、正厅，由两侧二轩回廊衔接，庙容宏伟壮观。头门前左右两侧建有“王佐”“帝师”两座木牌坊，高9米，中贯宽敞通道，与庙宇成丁字形。南田《刘氏族谱》记载：弘治（1488—1505）年间，门前通道旁立有“翊运元勋”木牌坊，正德九年（1514），御颂刘基“学为帝师、才称王佐”，追赠基为太师，赐谥文成。据此，现存两座木牌坊应是正德九年承袭“翊运元勋”牌坊改置题署所成。头门上方正中挂置一块《钦建诚意伯庙》直书龙凤大匾，以示奉旨钦建。头门山墙二界内壁嵌有《敕建诚意伯刘公祠堂记》《敕赐翊运祠碑记》《重修祠堂记》三通。二进回廊，现陈设有关刘基手迹等文物及名人题赞和照片。正厅营建法式重檐歇山顶，梁架结构穿斗式，厅高10.8米，面阔七开间28米，梁柱均由巨木构成，非一人所能合抱，青瓦屋面，正脊置太极图，气度恢宏。正厅明间塑有刘基、刘琏（刘基长子）、刘璟（刘基次子）三尊坐像。刘基像前正梁悬有章太炎旧题，沙孟海重书“千秋景仰”横匾。庙后，于民国间加建一座三开间“追远祠”，供奉永嘉郡刘基上七代祖先：一世祖刘延庆，北宋保安军（今陕西志丹县）人，出身将门，领节度使，抗金殉国；二世祖刘光世，宋高宗南渡“中兴四将”之一，携眷徙居临安，卒谥武僖，追封鄜王；三世祖刘尧仁，官右文殿修撰、知池州，由临安迁居丽水竹洲（今丽水太平乡）；四世祖刘集，处士，为避元兵南侵，自竹洲徙南田武阳，为刘氏武阳开基发族祖；五世祖刘濠，刘基曾祖，原官南宋翰林掌书，宋亡隐居武阳；六世祖刘庭槐，刘基祖父，官元太学上舍；七世祖刘爚，刘基父，官元遂昌教谕。

图29-3　南田刘基庙（图片来源2010年《浙江廉政文化教育基地——刘基故里》图册）

刘基墓　位于文成县南田镇石圃山东麓之西陵村坟前山（古称夏山，俗名九龙抢珠）。朝东偏北，依山势而建，呈座椅式，原建占地面积80余平方米。墓式甚简朴，以卵石封穴，背覆黄土，无一石板铺面，荆草葱茏。墓前立一“明敕建开国太师刘文成公墓”碑。1985年，文成县文物部门为其墓加建简朴的保护性拦山墙。墓地前为田垟，旁为刘氏后裔住宅，四周群山怀抱，环境开朗清幽。清道光候选直隶州判青田人端木百禄《谒刘文成公墓》诗云：“卧龙空黄土，终古此岩阿。流水逝不返，闲云出岫多。书犹藏石室，泪已泣铜驼。谁复后来者，临风发浩歌。”

中华人民共和国成立后，刘基庙、墓得到很好的保护管理。1980年7月，由文成县人民政府公布为第一批重点文物保护单位；1989年12月，列为浙江省第三批省级重点文物保护单位；2001年6月，由中华人民共和国国务院公布，列为第五批全国重点文物保护单位。为加强刘基庙、墓的保护管理，经文成县人民政府批准，于2001年专设刘基庙、墓文物保护管理所机构，金额拨款事业编制3名，驻刘基庙进行“有效保护、合理利用、加强管理”。

图29-4　南田夏山刘基墓（图片来源2010年《浙江廉政文化教育基地——刘基故里》图册）

非物质文化遗产

《刘伯温传说》 2008年被列入第二批国家级非物质文化遗产目录。2011年文成县刘基文化研究会周文锋编著《刘伯温民间传说集成》,由重庆大学出版社出版发行。详见本卷第四章记述。

民俗《太公祭》 刘基享誉历史圣贤名哲,与姜子牙、张子房相媲美。故在东南瓯越民间,不分姓氏族众,凡是对刘基祭祀活动,概尊称之为“祭太公”。太公祭不仅刘氏后裔世代相沿,还开始于明洪武九年(1376),时有官方祭祀(公祭)。明天顺三年(1459)钦建诚意伯庙后,至明正德九年(1514),浙江处州知府钦承圣命致祭,定例为春、秋二祭,规定春祭在正月初一,秋祭为农历六月十五刘基诞辰,全在刘基庙举行。俗成主祭为德高望重者,赞礼生由庠生以上且品行端庄之人担任。祭品有金银两山、三牲(全牛、全猪、全羊)福礼、五谷瓜菜、鸡鸭鱼鲜、山珍海味、糖果糕饼,还有预示吉利的文旦(大)桔(吉)梨(利)柿(市)等,十分丰盛。届时庙内张灯结彩,琴箫鼓乐齐鸣,爆竹声声,热闹非凡。晚上,各村舞龙灯,推车灯等活动,成为祭典文化传承独有特色。2011年,“太公祭”被列入国家级非物质文化遗产名录。

第三节　刘基文化研究

1985年农历六月十五日,文成县人民政府举办首次全国性纪念刘基诞辰675年大会,来自上海、浙江、湖北、湖南等地28位学者和知名人士,附近13个县(市)代表及当地群众共3万余人参加纪念大会。同时进行学术探讨、民间祭祀、实地观光、舞龙灯会等活动,成为南田史上最大一次刘基文化研究活动和民俗盛会。此后,多层次的刘基文化学术研究逐渐深入,较大规模的文化活动经常开展。2001年,县刘基文化研究会成立,成果明显。

研究机构

本着整合利用相关刘基文化资料,推动刘基文化的研究保护工作,构建以利工作顺利有序深入进行为目的,文成县于2001年率先成立刘基文化研究会。继而其他地方亦先后设立刘基文化研究机构。

文成刘基文化研究会 2001年7月成立,以南田镇为主体的社会团体。2003年9月,转为县级学术研究机构。下设办公室、编辑部。事业人员编制2名。2011年,有会员100余人,其中15人为温州市刘基文化研究会会员。先后任会长的有陈成武、周文峰。研究会定期出版年刊《刘伯温研究》。该刊物创刊于2001年9月,原题名为《文成县刘基文化研究会会刊》,2003年9月更名为《刘伯温研究》。至2011年12月,出版7期,刊发论文59篇、诗文赏析2篇、古典文献37篇、散文43篇、诗词29首、人物传记4篇、会议资料27篇、书法手迹8幅,约计60.3万字。

浙江工贸职业技术学院刘基文化研究所 成立于2003年9月,所长陈守文。研究所开展“二研”(研究学生研读)“三进”(刘基文化选修课进课堂、刘基文化研究课题立项、刘基文化进网站)工作。组建刘基文化资料室,开辟《学报》刘基文化专栏,以学术研究为底蕴,以刘基文化网站建设向社会辐射,以刘基文化研究会向学生辐射,以《学报》刘基文化研究专栏向学术界辐射。开展刘基文化基础研究和应用研究。

青田县刘基文化研究会 1988年由留葆祺发起建立。是国内成立的第一家民间刘基文化研究组织。2008年青田刘基研究会按照相关程序正式注册成立,由刘泽群担任会长。青田刘基文化研究会成立以来,开展刘基文化的研究、宣传、普及和对外交流活动。参与《刘伯温传说》《刘基散论》《刘基文化丛论》《刘基连环画故事》等书籍的编写出版;参加在青田举行的纪念刘基诞辰680周年、695周年、700周年等重大活动;为石门洞景区建设、刘基广场建设、刘府祠复建等提供咨询创意。研究会现驻刘府祠，并为刘府祠的对外开放提供解说服务。

温州市刘基文化研究会　成立于2011年，研究会是由温州市政府、文成县政府、浙江工贸职业技术学院发起筹建，由温州市民政局核准登记成立，主管单位为温州市社科联，挂靠单位为浙江工贸职业技术学院。研究会现有成员93人、理事31人。先后召开大小学术会议十余次，完成省市级纵向横向课题十余项，组织及发表论文近200篇，出版专著十七册。开设“国学之窗：刘伯温文化”选修课，开展刘基文化讲座近百次；并通过组织暑期社会实践活动，参与文博会及科普周活动以及借助公众号、网站进行刘基文化宣讲，惠泽人数超万人。协助规划文成县刘基文化研究与文化产业；引进资金60余万元，成功策划刘伯温御史楼等5大项目；刘基文化省科普基地获得两次评估优秀。

欧洲刘基文化研究学会　2007年11月于法国巴黎成立，是研究、推广、传承刘基思想方略的学术研究社团。由旅法、德、意、西班牙、荷兰等地华人组成，刘理颉被选为首届欧洲刘基文化研究学会会长。学会自创办以来，相继出版《千古人豪刘基之道》等中、英、法文版书籍；捐资助教，为刘基故里小学捐资修建教学楼，倡导刘基文化。为中法友好和中法文化交流搭桥牵线，刘基故里文成县与法国库尔博瓦市正式结成友好县市。

作品出版

1991—2011年12月，全县刘基文化研究者以及相关单位出版学术著作、论文集、古典文献、人物传记、民间文学等刘基文化书籍23部。其中已在本卷第四章《刘基评说》所列举的“方家评传”和“民间传说”著作不再赘载外，还有邢松棋主编的《刘基故里诗词楹联匾额选》公开印行（1998年）；刘宝怀《名节忠臣刘琏》公开印发（2004年）。并分别由人民日报出版社出版的有县刘基文化研究会点校的《灵棋经解》（2006）；周文锋主编的古典文学《刘伯温名言》（2006）；县刘基文化研究会主编《预言大师刘伯温·烧饼歌》（2007）；县纪委、监察局主编《刘基廉政文化集萃》（2008）。另在2011年出版的著作有县刘基文化研究会主编《诚意伯刘先生文集》由中国文史出版社出版；郑文清主编的民间文学《刘伯温传说》由中国戏剧出版社出版发行等。

学术研究

进入21世纪，刘基文化研究专题文章逐年增多。其中部分较为大型的刘基生平事迹考论学术专著（含价值观）有如后9种。

图29-5　国际刘基文化学术研讨会现场（图片来源《廉政文化教育基地——刘基故里》图册 2006年摄）

《刘基考论》　吕立汉著，中州古籍出版社，2000年5月第1版，全书26.6万字；**《刘基事迹考述》**　杨讷著，北京图书馆出版社，2004年6月第1版，全书约10万余字；**《全国刘基文化研讨会论文汇编》**　刘基文化研讨会编辑部，（温州），2004年10月；**《刘基与朱元璋》**　毕英春、胡一华合著，西北大学出版社，2005年9月第1版，全书29.5万字；**《国际刘基文化学术研讨会（中国·温州）论文集》**　浙江工贸职业技术学院，（温州），2006年11月；**《〈郁离子〉寓言新说》**　何向荣编，（北京）人民日报出版社，2011年7月第1版，全书22万字；**《刘基文化现代价值观研究》**　俞美玉著，（北京）人民日报出版社，2011年7月第1版，全书20万字；**《刘基文化旅游大观》**　吴高宏编，（北京）人民日报出版社,2011年7月第1版,全书10万字;**《刘伯温民间传说新探》** 陈胜华著,(北京)中国戏剧出版社,2011年7月第1版,全书7.7万字。

纪念活动

文化活动 1993年开始,刘基故里进行旅游开发,刘基文化建设引起重视。2001年1月,中共文成县委九届十次全会上,提出"要围绕千古人豪——刘基"等五大资源进行开发利用,构筑旅游"金三角"。2001年3月,文成县第十二届人民代表大会第四次会议上,县人民政府报告提出:要努力开展刘基纪念活动,充分挖掘"伯温"品牌文化内涵,积极开发关于"伯温"系列文化产品,打亮"伯温史迹"旅游王牌。2002年,县委九届第十三次全体扩大会议上,作出重大决策,明确提出"挖掘刘基文化,注重发挥文化力的支撑作用……积极发挥名人效应,塑造刘基品牌"。全面提升刘基文化研究会,调整充实研究会组成人员,深入研究刘基文化。开发推出刘基品牌产品,促进文化力对经济发展的推动;举办刘基文化研究活动,不断扩大文成县的知名度和影响力。此后,每年县委都围绕纪念刘基活动推动刘基文化的挖掘与建设,作出决策性部署与指导,取得一个个丰硕成果。

中国刘基文化节 首届刘基文化节于2003年举办。2006年、2008年、2011年,分别召开二届、三届、四届刘基文化节,每届文化节均邀请全国各地明史专家、学者会上进行学术交流。

央视播出《大明第一谋臣——刘伯温》 2008年12月,明史专家毛佩奇在央视《百家讲坛》主讲《大明第一谋臣—刘伯温》。

主题教育

刘伯温纪念馆 位于刘基广场右侧,2006年7月落成。纪念馆总投资350万元,占地350余平方米,为明清传统式的四合院建筑。纪念馆的陈列分为"刘基的生平""明代开国第一功臣""刘基的影响"三部分。2008年1月27日开馆,为温州市首个廉政文化教育基地。室内置放图表、照片、画帧、书幅、楹联、诗词、书籍、壁雕、塑像等,表现刘基"立功、立德、立言"三不朽伟人的内涵。

廉政教育基地 2006年开始创建,2008年12月被浙江省纪委等七个部门命名为第二批浙江省廉政文化教育基地,是温州市第一个省级廉政文化教育基地。配建铭廉壁摩崖石刻设施,坐落刘基庙广场,2009年8月开工,2011年7月举行揭幕仪式。"铭廉壁"摩崖石刻长约70米、高约8米。镌刻在崖壁上的文字选自体现刘基廉政思想的诗文章节,展现刘基廉政事迹,廉洁奉公、执法如山、不徇私情、不畏权势的"廉吏"形象。由全国书法家协会主席张海等十余名知名书法家撰写。总投资500万元。

郁离长廊 位于伯温路亲水平台。2005年开工一期,次年7月建成,投资50万元。廊长52米、高5米。全文由楔子(交代写《郁离子》的原因)《正已篇·德量》《量敌篇·良桐》3部分组成,数百篇字全用行楷体书写镌刻而成。

图29-6 摩崖石刻"铭廉壁"(图片来源《浙江廉政文化教育基地——刘基故里》图册2010年摄)

第四节 刘基文艺

刘基人物形象和他独特的传说故事，成为文艺创作最生动、最受欢迎的题材。明清以来，有关感叹刘基的诗词不少。现当代，除诗词、小说、戏曲、影视和绘画、雕塑外，还涉及商标等其他门类。

历代诗抄

纵观刘基一生，同样是英雄志士悲剧性的一生。他少年聪慧，怀抱奇才，科场得意；但仕途坎坷，屡受压制，有志难伸。五十岁应朱元璋聘，始得展其宏图大略，十年峥嵘岁月，缤纷造化，赢得明朝开国元勋殊荣。然而功成并未求得安享归闲，最终落得封建专制权谋争斗者之冷落陷害，忧愤悲哀空黄土。历正德九年《诰》赠太师、谥文成，肯定刘基历史功绩勋名。至天顺二年钦建诚意伯庙，刘基美名因此广被褒扬。此后，历朝名士多有游访刘基故里，拜谒刘基庙、墓，高山仰止，尊崇感叹，题诗抒怀。此特辑录数篇，以为共赏。

诏袭封诚意伯刘公贺诗 (明)陈中州

五百年来郁离子，宇宙堂堂垂大名。今日山河谁故物？太皇帷幄是先生。

累朝公议天初定，九世风流帝所惊。袖有虬髯理符册，高秋鹰隼厉飞腾。

[注：陈中州，字洛夫，号太鹤山人，青田县城人。明嘉靖七年贡生，著有《居学余情》《太鹤山人集》行世。该《贺诗》当为刘基九世孙刘瑜，复袭封诚意伯爵而喜赠。]

刘文成公祠 (明)杨文骢

只手开天启大明，巍然名世想先生。卿云五色西湖见，黄石千秋北斗横。

姓字已铭钟鼎重，道情自笑羽毛轻。于今四国干戈扰，谁乞龙韬洗甲兵。

[注：杨文骢，字龙友，江西吉安人。崇祯末年以举人官青田知县。明亡，南明隆武帝立，任兵部右侍郎；未久，死于抗清。]

谒刘文成公庙 (清)范承谟

万山绝顶地偏嘉，卜筑应须第一家。运际从龙题竹帛，功成骑鹤泛桃花。

赐衣国宝尊丹陛，录字传经护绛纱。偶为观风歌仰止，亦思买地种桑麻。

[注：范承谟，生平未详，清康熙年间浙江巡按。]

赠刘炆诚 (清)韩锡胙

犁眉勋业薄云天，奕叶於今见象贤。国史纵横虚白室，龙蛇飞舞硬黄笺。

短笻幽径山如画，妙语清灯醉欲仙。有客倦游思故里，肯分十亩住南田。

[注：韩锡胙，字介屏，号湘岩，青田县城人。清乾隆十二年举人，历官知县、知府。平生好学，多才多艺，尤以诗文出名，著有《滑疑集》18卷行世。]

题刘诚意故里 (清)吴捧日

一岭摩上天，风云拥古村。高疑通上界，俯可数中原。

地峻群山小，林疏老树尊。我怀诚意伯，犹有典型存。

[注：吴捧日，福建闽县人。监生，清乾隆二十六年至三十四年官青田知县。]

谒刘公祠 (清)孙有成

非关选胜仰灵泉，整我衣冠拜昔贤。无复书声随夜瀑，犹留遗像澹晴烟。

断碑残碣封尘土，白鹤苍松映远天。五百年推名世业，阿谁能不说青田？

[注：孙有成，青田人。清乾隆时贡生。]

谒刘文成公祠 (清)王觐光

迢递祠堂不易寻,南田天半客登临。芝溪回合渊源在,铁马雄尊向往深。

林下风云天下计,留侯筹策武侯心。谈洋岂意犹兴谤?直道难容自古今!

[注:王觐光,清乾隆五十七年至五十九年官青田知县。]

天葬坟 (清)刘眉锡

瞻拜先公上护军,葱葱封壤树栖云。彼苍果遣神为否?奕世犹称天葬坟。

[注:刘眉锡,苍南(原平阳)莒溪人,生于清乾隆年间,约卒于道光三年。著有《莒水诗集》《南雁荡山全志》等。]

谒刘诚意伯墓 (清)刘廷玑

王气金陵安在哉?犹留遗墓吊篙莱;卧龙名士终黄土,谁为铜驼洒泪来!

[注:刘廷玑,生平未详。清嘉庆时处州府教谕。]

题刘文成公故里 (清)端木国瑚

云围石圃万峰稠,水绕平田百涧流。林静四时遗鹤羽,山深五月有羊裘。

移家好逐葛仙去,弃世谁从松子游。叹息文成归未得,南阳零落草庐秋!

[注:端木国瑚,字子彝,晚号太鹤山人,青田县城人。道光十三年进士。有《太鹤山人诗集》《太鹤山人文集》等传世。]

题刘文成公授经图 (清)端木百禄

帝师上应少微星,道貌犹存古典型。乱世几人能择主,凌烟当日未图形。

勋名自足高千古,韬略原来本六经。王气消沉人事改,徒教想象入丹青。

[注:端木百禄,字叔总,青田县城人。清道光二十九年拔贡,候选直隶州判,咸丰十年染疟早殁。著有《石门山房诗钞》传世。]

谒刘文成公祠 (现当代)丁辅之

巍祠有丰碑,封墓无华表。我思赤松子,弓藏尽高鸟。

[注:丁辅之(1879—1949),浙江杭州人。著名金石收藏家,西泠印社创始人之一。]

谒刘公庙 (现当代)陈叔通

开国忠臣德不终,还山吾道未为穷。巍巍庙貌今犹昔,五百年来报餐隆。

[注:陈叔通(1876—1966),杭州人。曾任全国人大常委会副委员长、全国政协副主席。]

瞻仰南田诚意伯庙 (现当代)苏渊雷

生逢尧舜亦蹉跎,《二鬼》诗成寄慨多。早拟赤松从隐遁,何曾因梦就春波。

碧霄鹤语声非远,华盖山高天下摩。老我低徊未能去,南田福地说初过。

[注:苏渊雷,苍南县人。华东师大原教授(已故),1985年光临文成庆祝刘基诞辰675年纪念活动。]

题南田诚意伯庙二首 (现当代)苏步青

(一)辅佐元璋出草莱,《郁离》文字有余哀。

何因传世《烧饼歌》?委屈先生济俗才!

(二)华盖山高庙貌新,赤松紫柏几嶙峋;

功名难处亲尤烈,不信南阳有故人。

[注:苏步青,浙江平阳腾蛟人,近代著名数学家、教育家。历任中国社会科学院学部委员,全国政协原副主席、复旦大学原校长。]

历史小说

历来以刘基为题材所创作而较有影响的小说还属鲜见。

《大明军师》 长篇历史小说,邢坚成、宓津津合著,1987年6月由华夏出版社出版发行。

戏剧曲艺

《刘伯温火烧紫阳观》　吴鸣皋《文成乡土记》记载:清末,该剧目由县域农村木偶戏剧团在各地演出。

《九江口》　中国京剧院1959年演出本。范钧宏根据同名剧目《英列传·康茂才夜换桥梁》改编,别名《忠义臣》,又名《火烧陈友谅》《鄱阳湖》《张定边》。

《刘伯温出山》　郭瑞德编剧,1981年文成县越剧团演出。

《刘伯温拒婚》　顾锡东、郭瑞德编剧,1983年文成县越剧团演出。

搬上各大戏曲剧种舞台的还有:(清代)流行于河南省南部的罗戏(或称大罗戏、大笛子戏、罗罗头)《刘伯温访将》、周楫编剧的评弹唱本《刘伯温荐贤平浙》。(近现代)全剧4集湖南花鼓戏《刘伯温成婚》,由陈明等主演的汨罗花鼓戏《刘伯温访主》,评弹演唱家张鸿声演唱的《寻访常遇春》、张宏伟(唐派)演唱的苏州评弹《刘伯温设计收徐达》,京韵大鼓艺术家小岚云演唱刘基陪同朱元璋游览武庙的故事《游武庙》、北京琴书泰斗关学智演唱刘基治理北京水患的故事《刘伯温治水》(亦称"高亮赶水"),温州鼓词名家戴飞芸演唱刘伯温设计破敌的《英烈传——龙湾大捷》等。

影视作品

刘基怀才济世,官德厚民,人品高贵,光明磊落,历被世人缅怀赞叹。传承弘扬刘基文化,成为推动时代文明进步、满足中华民族精神理念需求。20世纪90年代开始,随着科教技术普及发展,刘基形象(影视作品)陆续被搬上荧屏银幕。至2011年,中国展现刘伯温传奇及与刘基相关大型影视剧10部。

《刘伯温传奇》　全剧193集,台湾宝莱利国际行销有限公司出品。1992—1996年上映。

《帝师刘伯温》　20集电视连续剧。1999年5月,文成县投资400万元在刘基故里举行拍摄《刘伯温》电视剧开机仪式,鲍国安、高强等出任主演。2000年3月,在温州电视一台首次开播。

《神机妙算刘伯温》　40集电视连续剧。北京紫禁城影业公司出品。主演:何冰、姜寒、王刚等。

《神机妙算刘伯温》　40集电视连续剧。又名《怪才军师》,笙华国际传播有限公司出品。主演:黄少祺、王美雪等。2006年8月于台湾电视台播出。

相继出品与刘基相关的影视剧还有:

《朱元璋》　46集电视连续剧。1993年由上海三九文化发展有限公司、中国国际电视总公司出品。主演:胡军、剧雪等。

《传奇皇帝朱元璋》　50集电视连续剧。北京华录下纳影视有限公司、世纪英雄电影投资公司出品。主演:陈宝国、徐帆、唐国强、侯无来等。

《乞丐皇帝传奇》　40集电视连续剧。中国台湾出品。主演:何家劲、李志希等。

《大脚马皇后》　30集电视连续剧。主演:吕丽萍、唐国强等。中国大陆出品。

《凤阳小子朱元璋》　20集电视连续剧。南京远东大悟文化艺术有限公司出品。主演:房斌、刘敏涛、陈长海等。

《朱元璋传奇》　78集电视连续剧。主演:王耿蒙、李罗等。剧说白眉老人预测元朝气数将尽,刘伯温奉命辅助真命天子登基的故事。

刘基雕塑

刘基庙原有刘基塑像,在"文化大革命"时期被捣毁。1980年7月刘基被列入文成县重点文物保护单位后,即请浙江美术学院根据北京图书馆珍藏的刘基肖像，结合史载刘基仪容，精心设计为“广颖削颌而颧隆然，髯三穗，黑色，戴梁冠，着朝服，神态祥和，神采奕奕”的刘基彩塑坐像于刘基庙内。2005年，在南田刘基(庙)文化广场安置刘基立姿大型雕塑铜像。此外，还有南田刘伯温公园、文成县文化大广场等刘基立姿大型石雕像。

其他刘基元素

除文艺形式外，名人刘基形象还反映在商标和打造名人效应品牌，包括街(路)及企业单位名称方面。

商标　20世纪90年代，文成县峃口茶叶专业合作社注册商标“文成贡茶”，产品被评为“生态旅游名茶”“国家金奖名茶”“历史文化名茶”等称号。1991—2011年，打着刘基名号成立(或改制)的酒类企业先后有文成帝师集团米酒有限公司、伯温酿造公司、浙江帝师集团酒业有限公司，注册商标有“帝师系列米酒”和“伯温系列白酒”等。2001年，“帝师”牌杨梅干红酒荣获国际农博会金奖。帝师集团公司还开发有“伯温家酒”商标系列。

街(路)名与单位名称　1985—1993年，南田原老街拓建为以牌坊坦为中点，东至坑边垟、西至刘基庙，全长1360米、路宽15米的“伯温大街”。1992—1993年，县城沿泗溪河边原泗溪路改线加宽改名为“伯温路”。1994—1996年，完成南田城南新区一期工程建设，新建大道定名为“诚意路”。至2011年，文成城区有好多与刘基名号相关的服务单位名称，如南田伯温图书馆、伯温药房、诚意大酒店、刘基家宴、伯温山庄，县城的伯温大酒家等。

第三十卷

广播电视新闻

20世纪80年代，文成广播网络进入全面整顿达标时期。90年代进入载体更新时期。1992年，开始无线广播调频试点，无线广播与有线广播共存。2000年后搭上有线电视的快车道，广播与电视共缆传输，调频广播进入千家万户。

文成电视事业发展起始于1979年。经历无线电视差转、录像转播、地面卫星接收站转播、微波站转播与共用天线接收等不同传播方式，从无线转为有线光缆传输。

2004年6月文成县新闻中心建立，负责承办文成新闻网、《今日文成》。2005年6月，文成新闻网正式开通。2008年6月，文成新闻网专题系统开发完成。2008年1月，文成新闻网导读版《今日文成》正式创刊。2011年9月，文成新闻网官方微博正式开通。

第一章　广播电视

1993年，开始建设县城有线电视网络，并逐渐向乡镇扩展。21世纪初，通过光缆联网信号覆盖全县每个乡村。至2010年12月，农村有线广播“村村响”工程完成384个行政村的建设任务，完成率96%，覆盖率86%，行政村广播电视覆盖率100%。

1979年开始电视差转。1990年后，过渡为卫星地面接收转播。1992年8月，开始筹建有线电视。至21世纪初，完成县城及乡镇联网光缆线路146825公里，电视用户37451户。2006年后，推进县、乡镇、村联网光缆工程与广播电视“村村通”工程建设，广播与电视信号实现共缆传送。

第一节　机　构

1985年，县广播电视局为行政局。1997年，转为县政府直属事业局。1999年，县广播电视局、县广播电视台并称。2005年撤销县广播电视局，称县广播电视台，为正科级社会公益类准公益性事业单位。

内设机构

县广播电视局　1991年，县广播电视局内设机构为行政股、事业股、财务股。1994年，撤销行政股设办公室、事业股、财务股。1997年7月，局机关内设机构调整为办公室、计划财务科、技术科、音像保卫科与音像制品发行站（合署）。

县广播电视局与广播电视台（合署）　1999年3月，实行县人民广播电台、县有线电视台、县电视转播台“三台合一”“局台合一”体制，广播电视局与广播电视台并称，两块牌子、一套人马。设办公室、政工科、计划财务科、事业管理科。

县广播电视台　2005年9月，“局台合一”体制结束，定名为文成县广播电视台。编委核定单位事业编制160名，其中台机关84名，确定单位类别为正科级社会公益类准公益性事业单位，县管领导干部保留原有公务员身份。11月，县委宣传部批复县广播电视台内设机构为办公室、人事监察科、总编室、计财科、保卫科、广播中心、电视中心、网络中心、播出中心。2006年3月，设立办公室、总编室、计财科、广播中心、电视中心、网络中心、播出中心。2007年10月，设立人事监察科。2008年12月，设立保卫科。2010年6月，设立广告中心。2011年10月，设立运营中心。至2011年年底，内设机构11个：办公室、人事监察科、总编室、计财科、保卫科、广播中心、电视中心、网络中心、播出中心、广告中心、运营中心。

下属机构

1991年，广播电视局下设县人民广播站、电视差转台、水泥杆厂、广播电视门市部、音像管理站、音像制品发行站，7区、62乡镇转播站。1992年撤区并乡，62个乡镇广播转播站合并为35个。12月，建立县有线电视站。1994年，增设县有线电视台、县广播电视服务部，6个片广播中转站、6个乡（镇）有线电视站、35个乡（镇）广播站。1998年1月，建立乡镇广播电视管理站。2002年7月，撤销县音像制品管理站。2002年后，乡镇转播站、广播中转站、有线电视站、广播站、广播电视站,作为局(台)派出机构。2005年,撤销乡镇广播电视管理站。2007年,广播电视水泥杆厂停办。

第二节 广 播

20世纪80年代,广播网络进入全面整顿达标时期。90年代,电视事业迅速兴起,广播事业进入弱势与载体更新时期。2000年后,搭上有线电视的快车道,实现广播与电视共缆传输,广播又走进千家万户。

有线广播

1991年,架设西坑至敖里、南田三源湖底至南田区、玉壶大壤地段30杆公里广播信号线。完成峃口、汇溪、富岙乡37个行政村广播网络达标任务。全县广播线路总长2024公里。1992年5月,文成县撤区扩镇并乡,广播网路改造更新,新增广播线路35.5杆公里,农村广播喇叭2881只。1993年,修复、改造、更新14杆公里广播信号线,维护整修乡以下346杆公里广播线路,新增喇叭1200只,喇叭入户率48%。1994年,修复、改造、更新近150杆公里广播信号干线,新增喇叭3000只,喇叭入户率49%。1995年,修复里阳、下垟等乡镇广播网路。

1996年,整顿大峃、峃口等乡镇343杆公里广播线路。1997年,改建大峃至玉壶信号干线2.5杆公里、珊溪滨江路干线2杆公里,修复黄坦双溪峃作口地段飞线1.0杆公里,县城至南田、西坑飞线2.3杆公里。整顿金垟乡、富岙乡、巨屿镇和黄坦镇黄垟、稽垟等部分村有线广播线路。1998年,根据上级行政村广播、电视全覆盖的要求,修复倒塌广播线路,恢复巨屿镇穹口村、黄坦镇塘底垟村、富岙乡东坑村、玉壶镇光明村、朱雅乡丰南村、南田镇龙二村、百丈漈镇上石庄村等41个不通村的广播。1999年,205个广播不通村通广播。县至乡镇广播专线324杆公里,喇叭21500只,覆盖人口31.45万人,喇叭入户率62%。2000年,实施县乡有线广播电视光缆联网建设,珊溪、巨屿、峃口、周壤、玉壶、百丈漈、二源、南田、西坑、黄坦等乡镇站广播与电视相继用光缆共缆传输,全县基本实现村村通广播电视目标。

2001年,启用光缆传输调频广播信号,接收频率为96.4MHZ。6月试行,县广播电台停开扩音机,结束农村有线广播用铁丝传输信号的历史。

1991—2000年文成县有线广播网络情况一览表

表30-1

年份	全县广播线路总长(条公里)	其中		全县喇叭数(只)
		县至乡(公社)广播线路(条公里)	乡至村(大队)线路(条公里)	
1991	2024	324	1700	20674
1992	2064	324	1740	20319
1993	1967	324	1643	21519
1994	1967	324	1643	22700
1995	1967	324	1643	23238
1996	1967	324	1643	23238
1997	1967	324	1643	22962
1998	1964	321	1643	22000
1999	1964	321	1643	25000
2000	1964	321	1643	25000

说明:资料由县广电局提供

无线广播

1992年，省广电厅补助文成县14万元专项经费，用于解决交通困难与开展调频广播试点。同年，无线广播调频试点播出。

1993年9月，马山电视转播安装100瓦调频广播发射机，建成调频广播台。同时，为25个重点乡镇广播站配备调播接收机，可以接收到有线和调频两套广播信号。

1996年，在黄坦进行调频广播信号与有线电视信号同光缆传输试点。增加调频广播喇叭2000余只。1998年1月，县人民广播站改称县人民广播电台。1999年，新一轮“村村响广播”任务开始实施。

2000年，实施县乡有线广播电视光缆联网，马山调频台扩容到300瓦。年底，全县调频喇叭3000余只。

2003年，改建马山无线广播发射转播台，新建23米高山发射铁塔。2004年，以调频音箱替代广播机、小前端联网、地面卫星接收。

至2010年12月，农村有线广播“村村响”工程完成384个行政村建设任务，完成率96%，覆盖率86%，行政村广播电视覆盖率100%，获省、市电视“村村通”和广播“村村响”工作先进集体称号。

技术设备

1991年8月，县广播站机房购置NICAM728型卫星广播数字声接收机，中央人民广播电台信号源音质达到CD质量。为提高接收效果，购置3.2M卫星接收天线，TSR－C2、TSR－C4卫星接收机，W2－1型卫星广播节目单路机，代替WS－430型专业短波收讯机。

购置杭州无线电厂生产西湖牌GY－2504－16型功放立框、GY－2502－16型功放立框，总输出功率1500瓦；杭州无线电厂生产西湖牌GK86－I型广播中心控制桌，12路立体声调音台，西湖GSP－8－24型广播线路输出配电柜，LB－2型立体声编码器，县站机房参扩音设备从两级提高到部标甲级。购买4.5米卫星接收天线，通过卫星直接接收中央人民广播电台和浙江人民广播电台信号。

2001年5月，投入30余万元，开通县台至马山发射台调频广播信号传输光缆，15瓦调频发射机无线发送信号改为光缆传输信号。6月县广播电台停开扩音机，各中转站启用光缆传输调频广播信号，接收频率为96.4MHZ，结束农村有线广播历史。2003年，投入20余万元改建马山无线广播电视发射转播台。与温州电台一起新建23米高发射铁塔，增加转播温州人民广播电台新闻台节目。

2008—2011年，投入资金77.51万元，用于采编播设备购置、服务器更换、购买广播电视专业器材。

广播节目

转播节目　有中央人民广播电台的“各地人民广播电台联播”（1995年改称“全国新闻联播”），浙江人民广播电台的“新闻节目”（1994年改称“810早新闻”、1996年改称“浙江早新闻”），温州人民广播电台的“全市新闻联播”。

自办“新闻”节目　1982年，“今日新闻”改为“本县新闻”。1999年5月，改为“文成新闻”。播出时间10分钟，每天播出三次，首播在当天18:20—18:30；次日早上6:20—6:30和中午11:30—11:40为重播时间。2008年，“文成新闻”改为“新闻101”。1989年，增办“报刊摘要”，1994年6月停。1997年8月，增办“一周新闻综述”，周六、周日播出。

专题节目　1994年，增办文艺节目，录制、播出地方特色音乐、歌曲。1996年5月，增办“山乡风采”“轻松节拍”“民政之声”“周末漫谈”“学子信箱”等专题，每档时间10分钟。2003—2008年12月，开办“周三有约”“文成警视”“党建之窗”“与法同行”“生活”“走遍文成”“少儿天地”“文化生活”“音乐地平线”“交警伴我行”等。每月两期,每期10～15分钟,每周一档,次周重播。其中“党建之窗”每月一期。2003年,增办“创建文明县城”“创建视点”等专题。2005年,开辟“文成全力打造温州都市后花园”“温沪杭叫卖文成山水”专题。2010年,“农民之友”改版,以服务“三农”为宗旨。2011年,对农栏目有“走乡村”“科普天地”“农民热线”。县广播站每年广播来稿3000至5000篇。

1994—2010年文成县广播新闻获省级奖情况一览表

表30-2

获奖者	体裁	稿　题	获奖时间	获奖级别
王贵淼	通讯	老台胞赤心终系教育	1994年7月	全国中等城市党报社会新闻二等奖
林永汉 陈云云	消息	文成跨入全国农村初级电气化县行列	1995年12月	省广播电视新闻作品优秀奖
林永汉	消息	露天电影再度风行文成山区	1995年12月	浙江省广播信息网好新闻三等奖
林永汉	消息	玉壶侨胞十年兴建十一座教学楼	1995年12月	浙江省广播台站信息网络联播节目优秀奖
陈云云	文艺	“抗战之歌”专题	1995年12月	浙江省广播文艺三等奖
林永汉	通讯	耀眼的生命火花——介绍文成县百丈漈村民刘左年	1999年3月	浙江省广播台站信息网优秀新闻作品三等奖
林永汉	通讯	为了大山里的孩子留下您的关爱	2006年	全省广播电台优秀新闻作品一等奖
郑国健 林永汉	通讯	侨乡文成创下单日欧元兑换量历史新高	2006年	2006年全省广播电台优秀作品三等奖
林永汉	通讯	文成23名偷渡者在乌克兰被警方抓获	2006年	全省广播电台优秀新闻作品二等奖
林永汉 赵海镇 郑国健	通讯	文成23名偷渡者受骗走上梦魇之路,塞进集装箱后被送到乌克兰,翻越森林和雪山之后被警方抓获	2006年	浙江省广播电视学会评为2005年度全省广播电台优秀新闻作品二等奖
林永汉	新闻	温州大学25名大学生成为代理家长	2007年	全省广播电台优秀新闻作品三等奖
林永汉	新闻	28年的山间邮路	2007年	全省广企业报年度好新闻竞赛一等奖
林永汉	通讯	农家乐吸引大量省内“中短线游”旅客	2009年1月	省广播电台优秀新闻三等奖
林永汉	新闻	台风中断的文成交通今天全部恢复通车	2009年	全省广播优秀新闻作品三等奖
林永汉	新闻	文成铜铃山崖生死大营救	2010年	全省广播优秀新闻作品三等奖

说明:资料由县广电局提供

第三节　电　视

电视事业发展始于1979年。历经无线电视差转、录像转播、地面卫星接收站转播、微波站转播与共用天线接收等阶段。1992年12月开始,发展有线电视。2000年开始架设光缆线路,县电视台全天不间断播出30套电视节目。

无线电视

无线电视经历电视差转、录像转播、卫星转播、微波转送、共用天线接收等过程。1979—1989年,文成县主要通过电视差转方式收看电视。1990年后,卫星电视普及应用,电视差转方式逐渐过渡为卫星地面接收转播。1993年后，有线电视普及，无线电视逐渐边缘化。2005年，按照国家“村村通”要求，全县启动无线电视全覆盖工程。2007年，开展中央无线覆盖工程建设。2012年，以直播卫星电视覆盖方式实施“户户通”工程，无线电视以创新传输媒介方式逐显生机。

录像转播　1990年，筹集2万元购置安装成都生产的3米抛物面天线一座，增装上海美多广播电视设备厂生产的SBTJzl-1图像伴音中频调制器等设备。1993年1月，县城有线电视网开通，录像转播台停止播出。

卫星地面接收　1986年，在马山建成文成首座卫星电视地面接收站。1992—1995年，建成43座。至2000年，建成各种功率地卫站79座，全县电视人口覆盖率95%以上。

微波转送　1995年，马山微波站建成开通。微波传输电路由温州莲花山发射信号，经瑞安圣井山，转发至文成马岩山，再送至泰顺天关山老鹰岩。文成马岩山和泰顺天关山老鹰岩分别将信号传送两县县城。微波干线共设4站，空中距离110公里。安装定向电视微波发信机2台、1米抛物面微波接收天线2座，向县城传送2套温州电视台节目和一套温州人民广播电台调频广播节目。工程总投资92万元，温州市广播电视局暨温州电视台投资20万元。1995年11月，温州市长到文成现场办公，将建设微波传输工程所需资金列入1996年市扶贫项目，帮助解决文成县电视微波转送建设资金问题。2005年，马山卫星电视地面接收站对原浙江台转播设备进行改造，新购置一台300瓦电视发射机和发射天馈线，白天转播浙江台节目，晚上转播文成有线台自办节目，文成有线电视台自办节目走上有线、无线同时传输的全覆盖。2007年，新增2台100W电视发射系统，分别用于13CH发射中央1套节目、19CH发射中央7套节目。

有线电视

共用天线电视系统　是一种天线接收无线信号小范围有线传播电视信号系统。1986—1992年，县粮食局宿舍、县财政局宿舍、县华侨饭店先后建成共用天线电视系统，有96个终端。

图30-1　文成县有线电视开播仪式(县广播电视台提供 1993年摄)

有线电视网络　1992年，浙江省广播电视厅到文成调研，要求文成无线电视有线化，进行有线电视网络建设，并拨17万元专款。12月，县城有线电视网4路干线搭架县城供电线路柱杆。1993年1月，2座成都产3米抛物面卫星信号接收天线、8套日本产TOP TSR-C2卫星电视接收机和德国产赫斯曼IM0126型顶级调制器等设备前端调试完毕并开通。1月，第一条至华侨新村干线架设，该地段用户率先收看到中央电视台一、二、四套，中国教育电视台一、二套，云贵台、川藏台、浙江台、温州台(录像)和自办录像台等10套有线电视节目。5月，县城有线电视网建设第一期工程结束，投资135.8万元。林店尾至苔湖新村10余个行政村和居民区4396用户开通有线电视。8月，珊门、沙垟两地新增728用户。至此，县城有线电视网安装干线放大器45只、用户放大器138只。

全县有线电视网从1992年冬筹建，至2000年投资1152.8万元，架设光缆线路146825公里。大峃、巨屿、珊溪、玉壶、百丈漈、南田、西坑、黄坦八大镇和平和、峃口、金垟、樟台、里阳、龙川、周壤、东溪、二源、仰山等乡实现光缆联网，37451用户。县电视台全天不间断播出30套电视节目。

至2000年年底,工程建设资金筹措:市级补助专项资金268.62万元,各有关乡(镇)、村筹集160万元,初装费收取149.5万元,挂钩帮扶单位如温州电视台支持8万元,县广电局从创收中和向银行贷款投入400万元(其中贷款60万元)。解决全县1163个盲点自然村通广播电视光缆。

至2003年,投资1566.12万元,架设光缆320公里,新增联网乡镇13个、联网行政村154个,发展用户5600余户,完成1224个广播电视盲点自然村通广播电视任务。其中,859个与县台直接联网,60个为4~10套节目的小有线,305个采用小无线或改造骨干转播台方式解决。

至2010年12月,文成县广电有线广播电视网络经营情况:广电"低保"工程完成8332户,完成率100%;广播电视"村村通"工程完成384个行政村的建设任务,行政村广播电视覆盖率100%。

2011年3月,有线电视用户5.03万户,其中数字电视0.8万户,电视综合覆盖率99%。

有线电视小系统 1995年10月,石垟林场每户收取200元初装费,11月开通电视小系统前端。主要设施有2.5米抛物面天线2座,日本产东芝TSR-C4卫星电视接收机8台。接收输出中央电视台一、二、四套和浙江、山东、云南、四川、福建电视台等8套节目。

1996年3月,富岙乡莲头村筹集资金43800元,自建20平方米机房,购置珠江卫星天线厂2.5米口径抛物面天线、杭州万隆无线电厂C38调制和8套卫星电视接收机以及放大器、分支器、干线、用户线电缆等器材设备。4月开通有线电视小系统,为全县第一个村办有线电视小系统。播出中央电视台一、二、四、七套和浙江、四川、云南、山东电视台等8套节目。

至2000年,建有线电视小系统78处、6852用户。小系统播出2~10套有线电视节目。

技术设备

1991年3月,文成县成立电视摄制站。配置SONY1820-SONY6800型摄像机,TVC1900型摄像机、松下1000型摄像机。调配采编人员4人。

1993—1999年,购置日产摄像机3台,ZM-18A字幕机1台,HR-S5600编辑机1套,3/4编辑机1套,非线性编辑系统1套,贝特康姆PVW637和PVW800+1600编辑机2套,WV8-566+AG-7450S-VWS一体化机1套。1997年,购置4台DSR4400加密电视接收机、3套压缩技术电视信号接收设备。

2004年4月,购买录播设备SONY DSR-135P摄像机、DVREX-RT-PRO非编、MX3000特技台、杰讯100三脚架、数字光端机、百灵达1604调音台、导演对讲系统、DM-24调音台、IN-225音频处理器、监视器、佳耐美线材等。

2006年12月,购置CANOPUS NX非编系统1套。2007年12月,投入75180元购置山特UPS电源1套,保障全台网系统不间断供电。

2008年,文成电视台全台网系统正式启用,标志着文成台电视节目制作、播出正式进入数字化、网络化时代。同年,气象节目素材文件可直接通过网络上传至播出服务器,实现节目自动化播出,结束长达十几年的录像带(光盘)播放历史。7月,宽带网节目传输交流平台建成。

2009年,购置SONY PDW-539P蓝光盘摄像机3台、蓝光盘驱动器1台,用于文成新闻节目摄像采访。

2010年,新闻演播室声学装修灯光项目工程竣工。

电视节目

1995年10月20日9时58分,文成有线电视台正式开播。全天播出18小时,转播中央电视台一、二、四套,中国教育电视台、浙江台、山东台、四川台、云南台、温州台一、二套和自办一套共12套节目。至1999年7月,县有线电视用户可收看30套节目。

省广播电视厅浙广厅通〔1998〕118号《关于批准文成县广播电视台重新登记的通知》,同意文成县有线电视台重新登记,登记后的台名为“文成县广播电视台”,可开办1套广播节目和1套电视节目,用有线方式传输可自办少量新闻和专题节目。播出时分别称文成县人民广播电台、文成县电视台。

1999年5月,文成县电视台实行24小时播出。

2011年3月,电视转播35套模拟节目和114套数字电视节目,模拟节目和数字电视节目采用共缆传输,全天24小时播出。

文成电视新闻 1991年3月,县电视摄制站摄制的“文成新闻”在自办录像台不定期播出,每周播三至五条。1995年10月,文成有线电视台正式开播,“文成新闻”在有线电视台每周一、二、四、五19点35分和21点35分定时定档播出。同年,播出新闻320条,其中浙江电视台采用3条,温州电视台采用50条。新闻广告部获温州电视台1995年度新闻协作三等奖。

1996年,“文成新闻”播出728条,其中浙江电视台和温州电视台采用141条。增播动态新闻和热点新闻,如《栖云路水道堵塞居民生活受影响得不到解决》《徐村溪倾倒废土阻塞河道污染水源》《项竹垟村冲走渡船邻镇村民拾而不还》等事关民生的新闻。

1997年,“文成新闻”播出624条,其中浙江电视台和温州电视台采用238条。《瑞东线大垟口、赵山渡路段改建工程长期堵车》上送温州电视台播出。

1998年,“文成新闻”播出时间增加到每周三档,周一、三、五19时35分和21时30分播出,周二、四、六19时35分播出。同时开辟“一周要闻”栏目,在周日19时35分、21时30分和下周19时30分播出。同年,播出“文成新闻”686条,其中浙江电视台和温州电视台采用167条。《珊溪水利枢纽工程建设职工接家属在工地过年》现场专题报道获温州市一等奖。

1999年,“文成新闻”播出936条,其中浙江电视台和温州电视台采用210条。《离别故土喜搬迁》春节特别节目,获温州市电视新闻一等奖。

2000年,“文成新闻”播出954条,其中浙江电视台、温州电视台采用215条。《生命在烈焰中闪光》反映黄坦镇、云湖乡森林救火勇士事迹。

2011年,播出电视新闻3100余篇,其中电视专题稿件120余篇,在中央台、省台、市台播出新闻240余条,在温州电视台新闻联播栏目播出113条,温州其他电视台播出94条,CCTV2“县域经济”栏目播出10条,浙江卫视新闻联播播出23条。

专题节目 1995年10月,县有线电视台正式开播。1996年始,文成电视台摄制播出专题电视节目。至2011年,先后开办专题“周三有约”“党建之窗”“娱乐大搜查”“代表委员风采”“十五回眸”“文明创建大家谈”“与法同行”“文成警视”“生活”等节目。

1996年,专题片《刘基故里,文成在前进》在温州电视台、温州有线电视台播出。

1999年,开辟“五十年巨变”专栏,播出8期。

2003年,开设“关爱健康、拒绝非典”专题节目,播出23期;反映民风民俗、百姓生活的“周三有约”专题节目;与县委组织部联合举办每月1期“党建之窗”;与县计生局举办计生专题,全年播出12期;“娱乐大搜查”每周播出1期。

2006年,与县文明创建办举办“文明创建大家谈”系列专题:市容市貌篇、卫生篇、市民素质篇。开办健康时尚栏目“生活”。

2007年,制作“代表委员风采”等3个专辑15篇专题报道、专题“十五回眸”系列报道。

2011年,自办电视栏目有“文成新闻”“关注”“农村直通车”“科技之窗”“文成警视”“创建在行动”等。

服务节目 1993年6月,有线电视台购置ZM-18A字幕机1台,承接县内外企业、机关、个人广告业务。1995年10月,点播文娱节目推出“弦歌寄情”栏目,有婚娶、祝寿、生日、问候、开业点歌等。每日19点50分播出,21点50分重播,显示接受点歌者和点歌者姓名、贺词。此后,服务节目扩展到企、事业单位。

第四节　综合管理

音像制品管理

1990年,县广播电视局设立音像制品发行站,经营音像片带的发行业务,与音像管理站一套班子两块牌子。经县广播电视局音像管理站准建的有32个录像放映队。2001年,由县文化部门统一音像制品场所管理,统一审批,重新审核。

小卫星地面接收站管理

县广播电视局统一管理小卫星地面接收站。安装、使用卫星电视地面设施的单位,县广播电视局根据实际情况审批,派员安装,定向收看境内电视节目。

1994年,县广播电视局会同县公安局对全县集体和个体安装的卫星地面接收设施进行调查、登记,对违反规定收视境外电视的个人卫星地面接收设施,强行转收国内卫星电视节目;对非法安装的个人卫星地面接收设施,予以取缔。

1995年,县广播电视局音像管理站对全县76座卫星地面接收站设施,进行登记发证,收取管理费。拆除非法卫星电视接收系统2座。

1996年,对已建立的卫星地面接收站,补办审批手续。集体办的,由承办单位填写《浙江省接收卫星传送境内电视节目许可证(甲种)申请表》,经县广播电视局同意,报温州市广播电视局批准。

2000年,小卫星地面接收站管理工作并入文化广电新闻出版局。

第二章　新闻网与报纸

2004年6月，文成县新闻中心建立。2005年6月，文成新闻网（www.66wc.com）正式开通。2008年1月，文成新闻网导读版《今日文成》正式创刊。2011年9月，文成新闻网官方微博正式开通。

2004年6月，文成县机构编制委员会核定新闻中心全额事业编制6名，其中主任1名、副主任1名，内设综合科。2008年6月，核定全额事业编制10名，其中主任1名、副主任2名。2009年2月，核定县新闻中心为行政副科级事业单位。

2004—2007年，县新闻中心址设文成县委党校一楼，2007—2011年，址设文成县大峃镇体育场路2～3号。

第一节　文成新闻网

文成新闻网2004年筹建，2005年开通。内容涵盖社会、时政、民生、经济、国际、科技、文化、生活等领域。2008年，开发文成人大网、文成卫生网、富岙乡人民政府网、珊溪镇人民政府网、欧洲华人网、文成文明网、中国刘基网、文成安监网、文成摄影网。2010年，开发文成消防网。

网站建设

网站开通　2004年，开始筹备文成新闻网。经浙江省人民政府新闻办公室批复同意，开设文成新闻网网页。2005年3月，文成新闻网开通试运行。6月，文成新闻网正式开通。8月，网站第2版开通。2006年6月，网站第3版开通。2008年6月，文成新闻网专题系统开发完成。下半年，网站第4版开通。2010年下半年，网站第5版开通。开发广告、友情链接、搜索关键词管理、新闻错误管理、用户评论、总编信箱等系统。2008年1月，文成新闻网导读版《今日文成》正式创刊。2010年，文成新闻网推出评论平台，实现网友与网站编辑无障碍交流互动。2011年9月，文成新闻网官方微博正式开通。

至2011年12月，文成新闻网开设色眼文成、海外侨讯、小敏热线、雷记吆喝、一周视点等70余个专题。共发布新闻信息41009条。

网站开发　2005年，开发文成县移动公司网站、文成党建网。2006年，开发文成统战网、文成党校网、文成冰洋事业有限公司网站、朱雅乡人民政府网、文成廉政网。2007年，开发中国银行文成支行网、文成总工会网、文成风景旅游网。2008年，开发文成人大网、文成卫生网、富岙乡人民政府网、珊溪镇人民政府网、欧洲华人网、文成文明网、中国刘基网、文成安监网、文成摄影网。2010年，开发文成消防网。

2005年6月—2011年12月，文成新闻网（www.66wc.com）总点击量1.5亿人次。文成新闻网点击量从2005年60万人次、日均2000人次，到2011年4200万人次，日均110000人次。

宣传报道

2005—2011年，文成新闻网（www.66wc.com）坚持“第四媒体，第一时间”理念，内容涵盖社会、时政、民生、经济、国际、科技、文化、生活等领域。

2006年，发布本地各类新闻信息3000余条，转载国内国际新闻15000余条。

2007年,文成网络“舆情资讯”专题对文成非物质文化遗产红枫古道的保护和开发进行报道。结合“万种枫情节”,提高群众的保护意识、参与意识和对红枫古道的开发利用自觉性,提升红枫古道的美誉度、知名度。文成县首部音乐电视《谁解“枫”情》,获“影像城市、文化温州”DV作品大赛三等奖。

2008年,在抗洪抢险救灾中,县消防官兵“八小时生死营救”,成功营救被洪水围困的一对养鸭夫妻。“小敏热线”栏目对救援首次进行网络直播,央视两度到文成采访。同年,文成新闻网获温州市网络新闻作品二等奖、浙江省网络新闻作品三等奖。

2009年,中国(温州)森林旅游节暨第五届浙江山水旅游节在文成举办。文成新闻网专题报道,助推文成森林生态旅游。

2010年,新闻专题《草根话题:丧事大操大办,你怎么看》获温州市网络新闻类作品二等奖;《孝行200》《百丈飞瀑试放水“飞瀑雄姿”恢复如何?》获温州网络新闻三等奖;《培头村见闻 畲寨渴望得到更多的关注》获年度浙江好新闻奖一等奖。

第二节 《今日文成》

《今日文成》创建于2006年。至2011年12月,出版214期。设政务要闻、部门乡镇要闻、社会经济等版面,设色眼文成、文化·乡土、文化、热点关注等专版。

创刊与发行

1956年,创办中共文成县委机关报——《文成报》。先为周报,八开二版,后改为隔日报、日报。1958年停刊。

《今日文成》是文成新闻网的导读版。2006年,出版4期《新文成》。2007年12月,《今日文成》编委会成立。2007年12月试刊,2008年1月《今日文成》正式创刊。报纸为四开八版,印刷以单面彩为主。周一刊(一周一报),发行量约1万份。2008年10月,增为周二刊(一周两报)。2009年1月,《今日文成》停刊。同年2月复刊,仍为周一刊(一周一报)。2011年7月始,《今日文成》扩至12版。至2011年12月,共出版214期。

栏目与专题

《今日文成》有政务要闻、部门乡镇要闻、社会经济等版面,设色眼文成、文化·乡土、文化、热点关注等专版,开小敏热线、阿超报信、雷记吆喝、文网看项目等专栏和一周热点评述、回音壁、网评精粹等言论专栏。

2009年3月,增设“老年天地”专版,开设“夕阳风采”“健康老人”“新闻专递”“履迹处处”“山水揽胜”“往事记忆”“民俗撷取”“晚霞艺苑”“霜居笔谈”等栏目。至2011年年底,共刊出50期,103位老年通讯员发稿362篇。部分稿件收录于《老年天地》集萃系列丛书。

2009年6月,增设“文成教育”专版,继增“人民医院”“电力专刊”“文成农行”“文成卫生”“文成公安”等专刊。

2009年7月,增设“一周热点评述”专栏。2010年,开辟“回音壁”“网评精粹”等栏目。

2010年年初,出版报网集粹《今日拾零》。

小敏热线 2008年5月,小敏热线开通,宗旨在于便民利民。栏目内容涉及民众生活各个领域,只要有困扰群众的事,都可以致电“小敏热线”寻求帮助。

色眼文成 栏目于2006年4月开通,为摄影爱好者搭建的展示平台。定期展示文成风光、人文、民俗类摄影作品。

雷记吆喝 着眼于文成小微经济领域的栏目,宣传本土品牌及特色农副产品。2008年6月正式上线。

微慈善 县新闻中心、县慈善总会联合发起“你来捐、我来送”爱心接力活动。为爱心人士提供受助者信息,把善款送到受助人手中,在文网“爱心墙”栏目公示捐助人、受助人相关信息及善款最终去向,接受社会各界监督。

第三十一卷

医疗卫生

1991年以来，文成县全面完善医疗卫生基础设施建设，推进初级卫生保健工作，加强疾病预防控制，提升城乡公共卫生管理水平，推进医疗卫生机制体制改革，人民群众健康得到保障。至2011年，全县医疗卫生单位11家、卫生监督机构4个，乡镇卫生院10家，村卫生室（社区卫生服务站）43家；卫生技术人员1146人，其中高级职称58人、中级职称209人。2000年，建立生命“绿色通道”，提高病人抢救成功率。2003年9月，文成县作为全国首批合作医疗试点县和浙江省合作医疗试点县，建立新型农村合作医疗制度。1991—2011年，妇女、儿童卫生保健和医疗工作不断加强和发展。1989年始，连续11年开展“爱国卫生月”活动。2005年1月，获得“省级卫生县城”称号。

第一章　卫生体制改革

1991年始，文成县贯彻落实上级卫生改革方针，推出一系列新举措。2001年进行人事制度改革，推行县卫生系统领导干部轮岗制度；局机关、县属医药事业单位和中心卫生院中层干部实行竞争上岗。2003年，建立新型农村合作医疗制度。2010年进行分配制度改革，社区卫生服务机构定性定编，建立绩效工资制。2011年公立医院改革，文成县人民医院的管理权、人事权、财务支配权全部交由温州医学院附属第一医院托管。

第一节　管理体制改革

1992年，县卫生局成立卫生服务总公司，下设血站、中心制剂室。1993年，医政股、药政股合并为医政药政股。1997年，人秘股改为政工科，计财股改为局办公室。

2001—2011年，县卫生局对干部任职、用人、人才引进等方面进行改革，实行以岗位管理为核心的绩效工资制，实施公立医院改革。

人事分配制度改革

推进领导干部轮岗制度　20世纪90年代前，县人民医院院长由县委任免。其他县级医疗单位正副职由县委组织部或卫生局任免。90年代起，卫生局正职由县人大常委会任免，副职由县政府任免，镇(区)医疗单位正、副职由县委组织部或卫生局任免。

2001年，县卫生局制订《文成县卫生系统领导干部轮岗实施方案》，对县属医疗卫生单位、中心卫生院、中心防保站正副职及局机关各科室中层干部实行轮岗；对当年考核确定为不称职或连续二年基本称职的正副院长给予免职。实行中层干部竞争上岗制。局机关、县属医药事业单位和中心卫生院结合本单位中层干部职数空缺的实际情况，实行竞争上岗。首先在县防保中心进行中层干部竞岗试点，试行乡镇卫生院院长公开招聘制。对全县26个乡镇卫生院的班子成员进行全面考察，制订《关于招聘乡镇卫生院院长的方案》，面向社会公开招聘，推行院长负责制。

推行人事聘用制　2001年，对全县医疗卫生事业单位的人员编制数进行核编，各单位严格按照人员编制，签订人员聘用合同。对临时防保人员一次性予以清退。

建立绩效工资制　2010年，开展社区卫生服务机构定性定编工作，对207名集体身份的正式职工，组织转编考试，按应考人数70%的比例录取转编159人(包括直接录入转编45人)。2011年，出台《文成县公共卫生与基层医疗卫生事业单位绩效工资实施细则和实施办法》《文成县基层医疗卫生机构绩效考核办法(试行)》《文成县基层医疗卫生机构实施国家基本药物制度责任追究办法》等文件。4月，启动实施岗位绩效工资制度。

公立医院体制改革

2011年8月,县人民政府与温州医学院附属第一医院正式签订托管协议书。文成县人民医院的管理权、人事权、财务支配权全部交由温州医学院附属第一医院;确保县人民医院的原隶属关系不变,原独立法人组织不变,资产归属不变,医院性质与功能不变,原财政拨款渠道和财政供养人员的工资拨款标准不变,原职工的身份不变;保证固定资产保值增值。托管时间十年。

图31-1 温州医学院附属第一医院文成院区举行签约授牌仪式(选自《文成年鉴》2011年摄)

基层医疗卫生改革

以实施基本药物制度为核心推动基层医疗卫生改革。2010年10月1日零时,启动实施国家基本药物制度。2011年3月,56个政府办社区卫生服务站(村卫生室)全面启动基本药物制度,做到实施基本药物制度和药品集中采购"全覆盖"。2011年,县财政以"药品补差"和"绩效工资"方式,补偿基层医疗卫生机构4745.83万元。全县基层医疗卫生机构实行分片管理,9个镇卫生院对辖区内基层医疗卫生机构实施"六统一"一体化管理(即:统一机构设置、统一药品采购、统一业务管理、统一人员调配、统一财务管理、统一绩效考核)。实施基本药物制度后,2011年全县基层医疗机构门急诊均次费用59.1元,同比下降36.1%;住院均次费用2322元,同比降低7%;全年药品收入2625.58万元,占总收入比例为57.9%,同比下降17.7个百分点,药品收入同比减少698.63万元,降幅21%。

第二节 医疗保障制度改革

1988年,公费医疗实行定额、全额包干管理办法。2000年改为医疗保险,原享受公费医疗人员纳入职工基本医疗保险制度。农村合作医疗制度改革,推行农村集资医疗制度、农村合作医疗大病住院保险制度、新型农村合作医疗制度。

公费医疗制度改革

定额管理 1988年始,公费医疗实行享受单位定额管理,门诊费定额包干到单位、超支部分由单位与个人负担。住院药费给予报销80%。离休干部药费全部报销。1990年,全县享受公费医疗人数6299人,药费开支90.8万元,年人均144.15元。

医疗保险 2000年1月,公费医疗改为医疗保险,县政府颁发《文成县城镇职工基本医疗保险实施办法》。2月,县社会保险局设医疗保险科,县医管会办公人员并入该局。

基本医疗保险 2011年,全县人均筹资标准340元,参保人数32.7万人,农业户籍参保率95.5%。全年对参保群众15370人次发放补偿款6266.88万元,政策范围内补偿61.88%。特殊病种门诊补偿1396人次,发放补偿款88.62万元;普通门诊补偿57.80万人次,发放补偿款1086.46万元。出台《文成县提高儿童白血病和先天性心脏病医疗保障水平实施方案(试行)》。县内定点医院实现实时自动报销,实现卫生系统"一卡通"。9月,完成城乡居民合作医疗与城镇职工基本医疗保险在制度上的衔接和并轨。进行第三轮参合农民健康体检，累计体检14.53万人，体检率61.83%。

新型农村合作医疗制度

2003年9月，启动以住院费用补偿和特殊病种门诊费用补偿为主的新型农村合作医疗制度。县合医办和33个乡镇设立结报点。2010年，建立文成县城乡居民合作医疗保险。收归33个乡镇结报点的结报权，建立并统一门诊病种范围由5种扩充到8种，推出顺产定额补助。建立起以住院大病补助为主，兼顾特殊病种和普通门诊补偿为辅的覆盖，除城镇职工外，其他所有城乡居民的医疗保障制度。2011年年初，县内所有医院的报销通过HIS医院管理系统，实现即时自动报销。资金筹集（个人缴纳和中央、省、市财政补助）每年进行一次，相应确定住院费用补偿、特殊病种门诊费用补偿和普通门诊费用补偿的比例。

2006年启动农民健康体检工作，对连续两年参加新型农村合作医疗的参合人员，享受免费健康体检。至2010年体检318930人，其中2006年102390人、2007年37112人、2008年28531人、2009年74869人、2010年76028人。2007年起，将普通门诊费用纳入补偿范围。2011年，参保人数从2004年的195679人增加到327002人，农业户籍参保率由82%提高到95.5%。至2010年12月底，累计大病住院补偿40054人次，特殊门诊补偿2042人次，发放补偿款11866万元。2010年始，医院医药费用补偿率32.84%，特殊病种门诊补偿率32.83%，普通门诊补偿率23.77%。

第二章 医疗事业

1990年,全县县级医院2所,区级卫生院7所,乡镇卫生院62所,村医疗点123个。卫生技术人员882人,病床474张,每万人中有卫技人员24.3人、床位13.1张。2011年,县属医疗卫生单位11家,乡镇卫生院10家,村卫生室(社区卫生服务站)69家,事业单位门诊部医务室9家,个体诊所25家。卫生技术人员852人,其中高级职称43人(正高3人)、中级职称209人。病床528张,每千人床位1.47张;执业医师与执业助理医师611人,千人均1.33人;注册护士246人,千人均0.78人。

第一节 医疗机构

1991—2011年,文成县医疗卫生机构从84个,发展到113个。2011年,床位528张,卫生技术人员852人。

县级医疗机构

文成县人民医院 1992年1月,县人民医院一级乙类医院达标、省级文明医院建设达标。2006年1月,被评定为二级甲等综合性医院。

医院位于文成县大峃镇健康路11～14号。占地面积18000平方米,医疗用房面积19478平方米。1991年,新建门诊输液观察室,建筑面积160平方米。1992年,新建放射科楼,建筑面积739.5平方米,投资35.00万元。1995年10月,门诊输液室改造,增加建筑面积139平方米。1999年,新病房住院大楼竣工启用,占地面积970平方米,建筑面积8052平方米,总投资1352万元,其中上级拨款450万元。2002年8月,建成病房大楼配套房,建筑面积900平方米,项目投资45万元。2003年7月,新医技楼(扩建)竣工,建筑面积1100平方米,工程投资100万元。2005年5月,重建传染病房,占地390平方米,建筑面积902平方米,总投资160万元(国债专项补助50万元)。9月,行政综合楼工程竣工,建筑面积2520平方米,总投资310万元。2009年10月,病房电梯改造装修,总投资48.60万元。2010年,重建门(急)诊大楼,占地面积3000平方米,建筑面积7838平方米,总投资2118.55万元(国家、省拨款1390万元,县财政500万元)。2011年10月,住院病区、传染病房改造装修工程竣工,总投资355.15万元。2011年12月,完成妇产科改造、内科三病区扩建,总投资70.11万元。

2011年,在编职工358人,其中卫技人员285人(高级专业技术职称30人,中级职称127人)。医院初步形成门类齐全、功能完善,集医疗、教学、科研为一体的县级医疗中心。设有一级临床科室14个,医技辅助科室12个,有心血管、内分泌、呼吸、普外与产科等五个重点学科和泌尿、妇、儿、麻醉、耳鼻喉、神经内科等12个专科,胃肠外科列温州市级重点专科。住院部设内一科、内二科、内三科、外一科、外二科、感染科、儿科、妇产科八个病区与ICU(重病监护室)、血透室。

1999年9月,医院实际开放病床位278张,其中老干部病床69张、重症监护病床21张、危重监护病床3张。2006年5月,浙江省卫生厅批复核定总病床位数250张。2011年4月,核定280张。医院实际开放病床位353张。12月,增加病床位56张。

医院有固定资产7850万元(未减原门诊楼资产值),其中医疗器械设备总值2768万元。医院主要医疗器械设备有螺旋CT、CR、彩色B超、X线胃肠机、C臂机、大型生化分析仪、血气分析仪、发光免疫分析仪、电子胃镜、电子肠镜、电切镜、呼吸机、麻醉机、血液透析机及远程网络视频医疗系统等。1994年11月,首例内科职工集资购买“心血管功能无创检测仪”(价1.68万元)用于临床检查。医院收20%管理费,余利润由出资者自行分配。三年后仪器归院方。1995年8月,召开职代会专题讨论通过集资购置医用CT机,同时民主选举CT管理董事会职工代表5人,院方指派代表6人。1996年1月,东芝TCT300-EZCT扫描机安装并投入临床使用。总投资260万元(其中CT机228万,配套辅助设备32万元)。院方出资51%以上,职工集资40%(108.6万元,人均出资4000元、退休人员人均出资2000元)。职工不担风险、不分红、只拿利息,期限五年。2002年12月,返还全部职工股本金,解散理事会。

2011年,接待门诊病人30.5万人次,其中急诊1.8万余人次,收治住院病人8773人次,开展手术1830例(三、四类手术661例)。业务总收入11372万元。

2011年8月,县人民政府与温州医学院附属第一医院正式签订托管协议书。

1991—2011年文成县人民医院职工队伍结构一览表

表31-1　　单位:人

年份	职工总数	医师数	护士数	医技数	行政	后勤	其他	编外人员	离退人员	高级职称(副)	中级职称人员
1991	255	55	97	50	9	44	—	—	—	—	31
1992	249	57	90	48	10	44	—	—	—	1	31
1993	246	55	91	48	12	40	—	—	—	1	26
1994	246	54	91	49	12	40	—	—	—	2	29
1995	255	60	88	53	10	44	—	—	—	10	36
1996	262	61	96	49	10	46	—	—	47	10	39
1997	278	63	105	53	12	45	—	—	50	12	48
1998	279	67	102	55	13	42	—	—	54	12	56
1999	291	69	109	56	14	43	—	—	54	12	54
2000	288	59	99	57	49	24	—	—	54	13	82
2001	320	61	101	64	50	27	—	17	57	14	81
2002	336	63	106	64	50	28	25	—	58	—	81
2003	339	62	105	66	49	27	30	—	60	—	89
2004	317	67	108	65	50	27	—	—	61	24	83
2005	317	64	112	65	49	27	—	—	64	22	78
2006	335	80	107	50	52	35	11	—	66	20	73
2007	353	83	104	48	52	34	15	5+12	76	20	104
2008	357	83	106	52	52	29	15	6+14	86	25	119
2009	368	86	104	53	48	16	16	45	89	22	111
2010	404	91	111	53	51	16	16	66	97	25	111
2011	435	97	123	54	51	17	16	77	99	30	127

说明:资料由县卫生局提供

文成县中医院　位于县城建设路85号。1998年1月,县中医院被省卫生厅评为国标二级丙等综合性中医院。1981年建院,设中医内科、妇科、儿科、针灸推拿科、中西药房、放射、注射7个医技科室。1983—1994年,增设中医眼科、伤科、草药科、中医外科、电脑门诊、心电图室、胃镜室、美容科。1997年,开设12个临床科室、7个医技科室。其中中医内科、骨伤科、眼科、肛肠科、五官科等科室成为有较高知名度的特色科室。设立中医结石症、中医脾胃病、腰腿病、白内障等专科专病门诊。

2003年,设置医院信息化管理科。2011年,开设中医内科、中医妇科、中医骨伤科、中医皮肤科、中医眼科、针灸推拿科、康复医学科、内科、妇产科、眼科等32个临床科室和医学检验科、放射科、B超室等11个医技科室。其中中医内科、骨伤科、眼科、皮肤科、美容科、针灸推拿等科室具有中医专科特色,就诊治愈率较高,在本县及周边县市享有较高知名度。

1990—2011年文成县中医院人员结构一览表

表31-2 单位:人

年份	总人数	卫技人员	中医				西医				中药				西药				检验			护理				行政后勤
			副高	主治	医师	医士	副高	主治	医师	医士	主管	药师	药士	药剂员	主管	药师	药士	药剂员	主管	技师	技士	副高	主管	护师	护士	—
1990	48	40	—	2	7	2	—	2	3	5	1	3	2	1	—	1	3	—	—	—	2	—	—	3	3	—
1993	57	44	—	2	8	2	—	3	5	2	1	2	2	1	—	1	4	1	—	1	2	—	—	2	5	—
1996	65	59	1	4	6	2	—	6	6	1	1	2	4	1	—	4	3	—	—	2	2	—	—	7	7	6
1999	75	65	2	8	2	3	2	4	7	3	1	6	1	—	—	4	4	—	2	2	—	—	1	7	6	10
2002	85	73	1	7	3	4	2	6	12	2	1	5	1	—	—	5	5	—	—	3	—	—	2	9	5	12
2005	91	80	3	5	5	1	2	8	12	5	3	5	—	—	1	3	4	—	1	2	—	—	9	7	4	11
2008	91	78	2	8	2	2	2	7	9	6	4	2	—	—	3	3	4	—	—	2	2	1	11	4	4	13
2011	95	80	1	9	4	—	2	7	9	5	4	2	1	—	2	5	2	—	1	1	1	2	10	9	3	15

说明:资料由县卫生局提供

文成县口腔医院 位于大峃镇二新街20号,前身为大峃镇卫生院。1999年,大峃镇卫生院及该院门诊一部、二部和县牙病防治所合并,建立文成县口腔医院。职工66人,其中技术人员54人。2000年1月对外营业,12月经省卫生厅验收正式开诊。设口腔内科、口腔外科、口腔修复科、正畸科、预防科、牙齿美容科6个特色科室和内科、外科、中医科、妇产科、皮肤科、康复保健中心、医学美容科等9个临床科室及相关医技、后勤保障科室,增设五官科。2003年增设中医肛肠科,10月与县劳动人事局联合创办社会医疗保险门诊部。2011年6月因医疗体制改革,门诊部撤销由县中医院接管。2011年9月、11月,分别通过浙江省规范化乡镇卫生院和温州市标准化社区卫生服务中心评审。

文成县口腔医院是一所二级专科全民所有制医院,又是一所具有综合医疗服务功能的社区卫生服务中心,下辖13家村卫生室。为文成县社会医疗保险定点单位,温州市慈善阳光门诊救助单位,文成县新型农村合作医疗定点单位。

文成县妇幼保健站 1991年,县妇幼保健站职工16人,其中卫技人员13人。1999年,县妇幼保健站与县防疫站合并建立县预防保健中心。2005年,建县妇幼保健所,编制28名。2006年,县妇幼保健所迁至大峃镇华侨新村35幢8号。2008年,设儿保科、妇保科、检验室、婚检室、信息宣教室、优生检测室、收费室、办证室、B超室、财务室、办公室等11个科室。职工增至22人,其中卫技人员19人(中级职称6人、初级职称10人)。2011

年，在岗职工24人，卫技人员17人，其中执业医师7人、执业助理医师2人、注册护士3人、检验及影像师2人、其他卫技人员3人。

乡镇医疗机构

全县中心卫生院7所，前身均为区卫生所。1979年8月改称区卫生院。1992年9月，更名中心卫生院，2005—2008年3月分别转型为社区卫生服务中心，2011年5月行政区划调整，更名镇卫生院。

珊溪中心卫生院　2008年3月，转型为珊溪社区卫生服务中心。2011年5月更名珊溪镇卫生院。1990年起陆续增设B超室、口腔科、皮肤科、肛肠科等科室。2009年设有内科、外科、妇产科、儿科、骨伤科、肛肠科、皮肤科、口腔科、五官科、中医科、理疗推拿科、B超、心电图等24个科室。2011年，设立院办、医务科、设备科等4个职能科室，财务科、中医科、急诊科、内科、外科、妇产科、儿科、全科医学科、留观室、口腔科、五官科等10个临床科室，手术室（处置室）、药剂科、西药房、中药房、药库、化验室、X光室、消毒供应室、治疗室、B超室、心电图室等11个医技科室。2011年职工87人，其中卫技人员78人（中级职称以上7人）。2001年，珊溪中心卫生院被列入省200强农村集镇卫生院项目建设单位。

玉壶中心卫生院　2006年，转型为玉壶社区卫生服务中心。2011年，更名玉壶镇卫生院。1990年，增设内科、妇科、小外科、化验室、外科手术室、草药房、针灸推拿科、小儿科、放射科、中医科、口腔科、骨伤科。1999年，增设肛肠科。2011年，增设医疗康复部、预防保健部、后勤保障部、全科医疗科、医学检验科、医学影像科、口腔医学科等临床及卫技科室。1990年职工31人，其中卫技人员25人，年诊疗35597人次，年住院4108日。2009年职工68人，其中卫技人员56人。年诊疗81253人次，业务总收入756万元。2011年职工72人，其中卫技人员57人（中级职称12人、医师22人、医士23人）。

南田中心卫生院　2005年，转型为南田社区卫生服务中心。2011年，更名南田镇卫生院。1998年，设综合门诊部、药房、外科、产科、手术、X光、化验室等科室。1999年，增设B超室、心电图室。2009年，设内科、外科、儿科、妇产科、放射科、化验室、药房、护理室、B超室、心电图等科室。1990年职工31人，其中卫技人员27人。2011年增至52人，其中卫技人员43人（中级职称4人、医师18人、医士21人）。2010年，创成温州市标准社区卫生服务中心。2011年，获浙江省“规范化乡镇卫生院”称号。

西坑中心卫生院　2006年10月，转型为西坑社区卫生服务中心。2011年，更名西坑畲族镇卫生院。1991年，设综合门诊室、西药房、注射室、化验室、放射科。1992—1993年，增设中医科、中药房、牙科、妇产科、急诊室等。1996年，增设B超室、心电图室。2006年，搬迁至新综合楼，陆续创建规范化乡镇卫生院、规范化预防接种门诊、规范化妇幼保健门诊。增设小手术室、康复科、全科医疗科、外科、内儿科、五官科等科室，开办住院部。1991年职工16人，2000年职工18人，其中卫技人员14人。2009年职工增至27人，其中卫技人员14人。2011年职工38人，其中卫技人员26人（中级职称4人、主治医师3人、执业医师4人、执业助理医师6人）。

峃口中心卫生院　2006年，转型为峃口社区卫生服务中心。2011年更名峃口镇卫生院。1991年设中、西门诊、中西药房、妇产科、注射室、化验室、伤骨科、痔疮科。2003年撤销妇产科门诊，增设预防接种规范门诊。1990年职工17人，其中卫技人员16人。2011年职工19人，其中卫技人员13人（主治医师2人、医师级7人、医士级4人）。

黄坦中心卫生院　1992年9月，更名黄坦中心卫生院。2007年，转型为黄坦社区卫生服务中心。2011年，更名黄坦镇卫生院。1991年，设综合门诊室、西药房、注射室、化验室、放射科。1992—1993年，增设中医科、中药房、牙科、妇产科、急诊室。1996年，增设B超室、心电图室。2006年，设规范接种门诊、手术室。2007—2011年，增设内科、外科、口腔科、护理等科室。2011年职工39人，其中卫技人员33人。

社区卫生服务中心 2001年，成立以分管副县长为组长，卫生、财政、物价、劳动和人事社会保障等部门参加的社区卫生服务项目领导小组，制订《文成县城镇社区卫生服务机构设置规划》《文成县发展城乡社区卫生服务实施意见》《文成县城乡社区卫生服务工作方案》。县卫生局制订《文成县社区卫生服务中心规范标准（试行）》《文成县社区卫生服务站规范标准（试行）》。在大峃镇和西坑镇开展试点工作，实行预防、保健、基本医疗、康复、健康教育、计划生育技术指导等“六位一体”服务。

2002年，建成大峃、南田、西坑、珊溪、玉壶等7个社区卫生服务中心，24个社区卫生服务站，服务覆盖人口16.5万人。在西坑片推行乡村一体化管理试点，建立以中心卫生院为枢纽，以社区卫生服务站或村卫生室为基础的农村医疗预防保健网络。2005年，县口腔医院作为社区卫生培训中心通过市卫生培训中心验收。2006年，在县口腔医院和各中心卫生院共设立7个社区卫生服务中心，对下辖社区卫生服务站实行人员、业务、财务、分配、药品、标识等六个方面的统一管理。2006年5月始，各乡镇卫生院与防保站合署办公，实行“两个牌子、一套人马”，防保人员并入卫生院统一管理。2007年，各社区卫生服务中心和社区卫生服务站实行责任医生制，按每1000～2000人左右的农村居民配一名责任医生，全县共配责任医生177名。

2008年，根据《文成县城乡社区卫生服务机构设置规划（2008—2010年）》，全县33个乡镇设立大峃、珊溪等9个社区卫生服务中心，下设52个社区卫生服务站。其中，一类社区卫生服务站13个，二类社区卫生服务站20个，三类社区卫生服务站19个。制定《建立和完善社区卫生服务机构与医疗机构双向转诊制度的实施方案》，全县7个社区卫生服务中心与2家县级医院签订双向转诊协议书，全年累计上转病人11人，下转57人。

2009年，开展标准化社区卫生服务中心（站）建设。玉壶和西坑社区卫生服务中心创建标准化社区卫生服务中心，周壤和石垟林场社区卫生服务站创建标准化社区卫生服务站。

2011年，全县7个中心对所属26个乡镇卫生院及部分社区卫生服务站实行一体化管理。南田被评为创建标准化社区卫生服务中心；十源、仰山、平和、双桂、富岙、龙川、桂山、石垟林场为标准化社区卫生服务站。

2011年文成县各中心卫生院基本情况一览表

表31-3

机构名称	建院（所）时间	人员数（人）	其中						医疗用房		病床（张）	业务总收入（万元）	备注
			卫技人员（人）	高级（人）	中级（人）	初级（人）	士级（人）	其他卫技人员（人）	占地（平方米）	建筑（平方米）			
珊溪中心卫生院	1952.1	87	78	1	6	45	—	26	2200	3874	30	851.6	—
玉壶中心卫生院	1953.1	72	57	—	12	22	23	—	9315	3135	18	821	—
南田中心卫生院	1952.7	52	43	—	4	18	21	—	2670	4473.07	30	559	1998年省文明卫生院
西坑中心卫生院	1955.1	38	26	—	7	4	6	9	—	3139.4	20	235.89	1987年省文明卫生院
黄坦中心卫生院	1957	39	33	—	—	—	—	—	—	2727	12	200.9	—
峃口中心卫生院	1956.10	19	13	—	2	7	4	—	—	960	10	161.38	1986年省文明卫生院

说明：资料由县卫生局提供

社区卫生服务站 2001年7月，县口腔医院成立大峃镇社区卫生服务中心，下设城南、林店尾、珊门、华侨新村、凤垟、朝阳新村、栖云、县前、苔湖新村、桥头村、徐村、石玟垟等12个社区卫生服务站。2003年10月，县口腔医院与县劳动人事局联合创办县口腔医院社会医疗保险门诊部。12个社区卫生服务站和医保门诊部，用房1150平方米，卫技人员31人（主治医师1人、执业医师7人、助理医师14人、药剂士2人、护士6人、检验1人）。社区卫生服务站配置氧气瓶、血压计、听诊器等医疗器械。至2011年年底，全县各乡镇共有社区卫生服务站43个、职工201人，卫技人员196人、病床33张。其中，百丈漈镇上石庄村卫生室、巨屿镇稠泛村卫生室转型为社会卫生服务中心。

村卫生室 1992年，开始推行农村初级卫生保健。2002年，全县村卫生室28个。2011年，全县村卫生室28个（其中政府办非营利性6个）、职工34人，其中卫技人员32人。

医疗室 门诊部 1990年，全县学校、林场、工厂医务室10所、医务人员17人。1998年国家颁布执业医师法，全县核准医务室2所，卫技人员2人。至2008年，县老干部局、县成职教中心、县实验小学、文成中学设立医务室，职工26人，其中卫技人员5人。1998—2007年，县疾控中心、县计生宣传技术指导站、县口腔医院、县医学会、县妇幼所、县红十字会先后设门诊部，有职工78人，其中卫技人员68人。至2011年，全县医务室、门诊部10所（其中政府办非营利性8所）。

个体诊所 1990年全县个体医生136人。经审查合格，1991年10家个体药店领到行医执照；65家个体诊所医生经资格考试，30人领到“乡村医生证书”；18名乡村医生获开业许可证。1996年全县个体医生122人。1998年国家颁布执业医师法，提高个体医开业准入条件。2002年全县个体医25家；2008年个体医10家、卫技人员17人，村卫生室28家。2009—2011年，着重做好10家个体诊所的巩固提高工作，没有再发展。

医药团体组织

文成县医学会 1980年1月，中华医学会文成分会成立，产生第一届理事会，会员438人。1986年，邀请省、市医院专家、教授、医师举办讲座8次，听课医务人员721人；开设门诊，就诊150人次。医学会换届2次，理事长：林炳钱、胡绍钗。至1996年，医学会高级职称者14人、中级职称百余人。此后，学会自然消失。

文成县中医学会 1985年3月，县中医学会成立，产生首届理事会，会员80人。县卫生局副局长季巧金兼任理事长，王贵淼、郑明文为副理事长，秘书长王贵淼兼。此后，学会自然消失。

文成县个体卫生工作者协会 1951年4月，文成县医务工作者协会筹备委员会成立。筹备小组由赵廷聪、周伯涛、周士强、赵臣达等组成，各区设执行委员1人，参加会员登记190人。1954年，文成县医务工作者协会改称文成县卫生工作者协会，各区成立分会，选举产生执委11人，会长余震，县总会下设组织、福利、宣传、学习组。1958年人民公社化后，该协会由县、区、社三级医疗网络代替。1987年重建个体卫生工作者协会，全县90余名个体医生组成。1991年，文成县卫生工作者协会改称文成县卫生协会。1992年8月，协会对已办行医执照的60多家个体诊所进行验证，并取缔一批无证游医。同年6月，对全县75家个体诊所检查评分，其中90分以上1家、80分以上70家、不及格4家。19名个体医生参加全市第二次乡村医生资格统考，均取得好成绩。此后，协会自然消失。

文成县个体医协会 1951年，成立文成县医务工作者协会（筹）。1954年4月，全县190名中西医人员进行登记，参加县政府召开的中医工作会议。80年代初，卫生部门确定个体开业医生的地位和作用，鼓励发展个体医。1985年加强对个体医的全面整顿。1988年成立文成县个体医协会，重新发放“个体医务人员开业执照”“行医许可证”“临时行医许可证”。1990年个体医发展到136人。1993年，市卫生局发证个体医64人，县卫生局发证35人，全县市乡村医生9人、县乡村医生35人。1999年，全县个体医144人。此后，协会自然消失。

第二节　医疗卫生服务

2011年，文成县医疗卫生机构113个，床位528张，卫生技术人员1146人。全县医疗卫生机构固定资产总值11954万元，医疗专用设备总值4585万元。医疗和服务水平全面提升。

卫生人员

1991年，县卫生人员1008人。2011年，卫生人员增加到1269人。

2011年，大学本科及以上277人，大专468人，人才资源979人。乡镇卫生院和社区服务站卫生人员503人，其中大专及以上学历272人、中专学历141人、高中以下学历90人。

1991—2001年文成县卫生机构床位、人员情况一览表

表31-4

年份	机构数(个)	床位数(张)	人员数(人)	卫生技术人员(人)	医师(人)	护士(人)	管理人员(人)	工勤人员(人)
1991	84	496	1008	865	143	133	110	33
1992	85	476	935	841	149	126	67	27
1993	75	435	863	751	149	123	79	33
1994	75	436	835	726	131	114	79	30
1995	75	436	874	765	133	114	79	30
1996	75	433	910	781	162	118	93	36
1997	75	503	774	642	161	116	97	35
1998	75	499	834	691	157	119	126	17
1999	71	446	902	708	157	134	102	36
2000	68	473	936	758	175	153	109	35
2001	74	—	950	804	180	166	79	53

说明：资料由县卫生局提供

2002—2011年文成县卫生机构床位、人员情况一览表

表31-5

年份	机构数(个)	床位数(张)	人员合计(人)	卫生技术人员(人)					其他技术人员(人)	管理人员(人)	工勤人员(人)
				小计	执业医师	执业助理医师	注册护士	其他卫技			
2002	70	486	964	774	209	78	153	334	18	152	20
2003	69	494	1031	828	196	93	173	366	48	119	36
2004	69	520	1017	771	212	64	176	319	64	144	38
2005	70	541	989	775	217	91	184	283	69	144	1
2006	69	560	964	776	208	80	169	319	66	119	3
2007	71	529	833	655	161	51	169	274	59	66	53
2008	93	539	996	803	218	286	187	112	78	76	39
2009	90	539	1039	867	239	326	178	124	57	33	82

续表31-5

年份	机构数（个）	床位数（张）	人员合计（人）	卫生技术人员（人）					其他技术人员（人）	管理人员（人）	工勤人员（人）
				小计	执业医师	执业助理医师	注册护士	其他卫技			
2010	113	541	1149	944	241	352	246	105	81	72	52
2011	113	528	1269	1146	309	302	246	289	95	28	—

说明:资料由县卫生局提供

职称评聘　1980年,文成县第一批晋升为中级职称3人,晋升医师职称16人。至1990年,全县累计晋升副高级1人、中级75人、医师级295人、医生级496人。2007年,全县卫技人员897人,其中高级23人、中级205人、初级669人。2008年全县卫技人员885人,其中高级29人、中级214人、初级642人。2009年全县卫技人员871人,其中高级31人、中级224人、初级616人。2011年,高级职称由1990年的1人增至43人(其中正副4人),中级职称由1990年的75人增至209人,初级职称302人,减少265人。乡镇卫生院执业医师职称288人,有执业助理医师144人。

业务培训　1991年和1993年,举办食品卫生检查员、监督员培训班二期,参加培训162人。1991年和1997年举办食品生产经营人员卫生知识培训班二期,学员3063名,培训率分别为94.9%和97.4%。2000年,组织全县规模较大的56家饭店、宾馆负责人进行餐饮卫生法律知识培训。2001年,对全县42名酒店餐饮负责人进行卫生知识培训。2002—2011年,每年举办1～2期全县各酒店、餐饮业负责人食品、饮食卫生和法律、法规知识培训班。

卫生经费

1991年,全县卫生事业费财政拨款200.06万元。1999年,卫生事业费财政拨款增至781.59万元,比1991年增加290.68%。2010年增至3122.68万元,比1999年增加289.71%。其中,中医院经费608.85万元,中医经费79.6万元,口腔经费171.33万元,防疫经费350万元,妇保经费204.55万元,爱卫经费83.45万元,卫生监督173.05万元,药检经费7.78万元,科研经费28.77万元,培训经费33.2万,乡(镇)经费953.79万元,乡镇防保经费363.51万元,红会经费19.9万元,血办经费12.9万元,其他经费32万元。

2011年财政拨款10187.55万元,比上年增加234.5%(含补足2010年部分)。其中,县医院1471.75万元,中医院387.1万元,防疫378.56万元,卫生监督241.52万元,妇保314.28万元,乡镇(包括口腔医院、乡镇防保、公共卫生经费)6564.45万元。

在岗职工年平均工资:1999年10814元;2009年41229元,比1999年增加281.26%;2010年45701元,比上年增加10.85%;2011年53974元,比上年增加18.1%。

医疗设备

器械　20世纪70—80年代,增添脑血流图、万能产床、电泳仪、分光光度计、酸度计、洗胃机、二进脑阻仪、心电监护仪、高频电刀、火焰光度计、电脑快速尿液分析仪、纤维子宫腔镜、胃电图仪、直肠镜、血球计数仪等。90年代,增添500毫安X光机、全身CT机、自动麻醉机、多功能手术台、彩色多普勒B超、电视胃镜、电子胃纤维肠镜、膀胱镜、三导心电图、胎产监护仪、二氧化碳激光仪、光量子血闻仪、酶标仪、电解质分析仪、血气分析仪、自动血球计数仪、自动生化分析仪、除颤监护仪、动态血压仪、心电监护系统、中心给氧系统等器械。

医疗器械添置更新。1999年投入86万元，为中心卫生院配备B超、心电图、全自动生化仪、血球计数仪、尿液分析仪、胃镜、多功能胎心监护仪、麻醉机。

1991—2011年，先后添置价值3.8万元以上的医疗器械500毫安X光机、全自动生化分析仪、彩色B超、电视胃镜、CT、三导心电图、彩色超声诊断仪等120余件。至2011年，全县医疗卫生机构固定资产总值11954万元，医疗专用设备总值4585万元。其中，县医院2768万元、县中医院629.63万元、乡镇卫生院及卫生服务站1187.37万元。

用房 1998年，建成玉壶中心卫生院大楼3248平方米，珊溪中心卫生院门诊楼1858平方米。1999年，建成县医院病房住院大楼8052平方米、南田中心卫生院门诊综合大楼1395平方米、黄坦中心卫生院门诊楼1125平方米。至1999年年底，全县完成乡镇卫生院(分院)拆、扩、迁、改建项目59个，总建筑面积36586平方米，改造危房21286平方米，改造破旧房2459平方米，投入资金1592万元。2009年，完成仰山乡、双桂乡、百丈漈镇、石垟林场等4所乡镇卫生院的竣工验收和决算。2010年，建成县医院门(急)诊大楼8000平方米、县公共卫生中心大楼4547平方米。改造南田、珊溪、龙川、金炉、富岙、十源、周壤、周山、平和、桂山10所乡镇卫生院危旧房。2011年，县人民医院住院部改造竣工，完成珊溪、大峃等5家卫生院改建，改造二源、金星等10家社区卫生服务站；卫生用房设施自年初累计完成投资547万元，比上年同期增加520万元，增长5.2%。全县卫生用房建筑总面积78846.86平方米，其中县医院21224平方米、县中医院7014.43平方米、县口腔医院1709平方米、县疾病预防控制中心和妇幼保健所6754平方米、乡镇卫生院19145平方米，总投资10547.09万元。

病床 1991年，全县卫生机构床位496张。2001年507张，2011年528张。其中县医院280张(省厅核定)、实际开放353张，中医院100张，乡镇卫生院148张。每千人拥有病床1.47张。

2011年文成县医疗单位病床情况一览表

表31-6　　单位:张

单位名称	核定病床数	实际开放病床数	备注
县人民医院	280	353	核定单位省卫生厅
县中医院	100	100	核定单位省卫生厅
大峃镇卫生院(口腔卫生院)	16	16	核定单位省卫生厅
珊溪中心卫生院	30	30	—
玉壶中心卫生院	18	18	—
南田中心卫生院	30	30	—
黄坦中心卫生院	12	12	—
峃口中心卫生院	10	10	—
西坑中心卫生院	30	20	—
百丈漈中心卫生院	2	2	—
合计	528	591	—

说明:资料由县卫生局提供

1991—1999年文成县卫生事业财政拨款经费一览表

表31-7

项目 / 年份	卫生经费（万元）	医院经费	中医经费	防疫经费	妇保经费	药检经费	科研经费	干部培训	区乡经费	爱卫经费	行政费用	其他
1991	200.06	39.00	7.5	28.9	11.16	2.82	3.17	8.08	57.73	1.35	5.79	34.56
1992	341.97	45.00	9.1	30.61	8.18	2.99	5.77	13.63	69.66	2.13	6.47	148.43
1993	235.1	50.15	9.23	31.63	10.41	2.28	3.74	6.53	65.73	2.89	7.79	44.72
1994	322.29	65.8	15.86	42.24	13.47	3.06	6.07	6.55	126.99	3.77	10.12	28.36
1995	426.97	76.63	31.86	40.31	14.56	60.4	6.24	6.20	140.65	4.72	16.37	29.03
1996	376.11	73.2	21.86	48.41	15.25	6.74	6.88	6.51	140.6	6.7	17.36	32.6
1997	527.71	95.06	16.36	60.42	—	—	—	—	—	—	—	—
1998	622.22	88.34	37.57	65.36	—	—	—	—	—	—	—	—
1999	781.59	153.48	41.08	80.98	—	—	—	—	--	—	—	—

说明：资料由县卫生局提供

2000—2011年文成县卫生事业财政拨款经费一览表

表31-8

项目 / 年份	卫生经费（万元）	医院经费	中医经费	口腔医院	防疫经费	卫生监督	妇保监督	爱卫经费	红会经费	科研经费	干部培训	血经费	乡镇防保	卫会中心	乡镇经费	行政经费	—
2000	700.9	106.26	27.24.	14	51.83	43.63	24.94	10.82	6.01	11.38	7.72	—	35.44	—	335.97	25.66	—
2001	784.6	186.57	39.25	26.69	157.28	36.53	81.86	11.09	6.55	8.26	9.11	—	35.92	—	148.41	37.08	—
2002	1257.65	246.86	55.76	47.25	168.21	42.78	—	23.26	6.76	13.79	13.24	—	200.03	—	352.75	43.94	43.02
2003	1176.01	251.01	72.66	31.39	186.07	56.98	—	30.36	7.36	11.49	13.3	—	148.48	33	284.01	49.9	—
2004	1446.09	226.76	80.33	43.76	211.83	68.33	—	37.43	7.76	14.66	13.15	—	226.75	33	348.62	133.71	—
2005	1611.99	243.85	80.6	37.56	267.45	74.15	—	44.53	9.57	19.55	13.9	—	278.75	33	299.92	209.16	—
2006	2358.36	263.92	62.6	81.56.	208.36	126.67	129.38	42.07	10.59	22.26	17.46	—	310.95	33	733.26	156.27	160.01
2007	2135.34	267.58	69.6	47.56	229.1	138.29	132.48	47.82	12.03	22.35	25.71	—	309.96	33	573.32	140.04	86.5
2008	2646.59	424.85	99.6	47.56	252.73	151.94	159.99	43.63	16.22	31.25	31.22	—	525.9	33	513.62	154.08	161.0
2009	2499.8	419.3	91.4	40.46	228.74	169.29	164.18	87.39	22.91	22.7	31.66	8.15	363.31	33	595.61	189.7	32
2010	3013.91	608.85	79.6	171.33	350	173.05	204.55	83.45	19.9	28.77	33.2	12.91	—	33	953.79	261.51	—
2011	9572.1	1471.75	387.1	—	378.56	241.52	314.28	—	—	—	—	—	—	—	6564.45	214.44	—

说明：资料由县卫生局提供

临床医疗

1991年，县人民医疗接待门诊伤病员79385人次，收治住院伤病员3685人次，开展无菌手术690例。门(急)诊危重病人抢救成功率97.01%，住院病人治愈好转率92.42%，病死率0.82%。1993年，成功抢救心搏骤停15分钟的县农械厂(电击事故)工人。1994年，外科成功开展"十二指肠加胰切除术""股动静脉神经离断吻合术"。1995年，外科下腔静脉交叉处断裂血管缝合术成功。1997年，放射科开展CT导向立体定向脑血肿穿刺抽吸术。1998年，腹部CT影像和诊断质量室间评价获全省乙级医院"十佳单位"。2000年省常规X线影像质量评价获全省“十佳”单位,全市第一。CT影像诊断质量室间评价获省“十佳”单位。2005年,放射科开展CT三维重建、多平面重建、曲面重建、多期动态增强扫描。2008年,与浙江大学附属第一医院开展协作开通卫星远程视频查房、会诊,及时获得上级医院专家的视频指导。2010年,外二科成功救治“左心房破裂、两侧胸部多发肋骨骨折、肺挫裂伤”伤员。外一科开展“右侧股骨粗隆间粉碎性骨折”手术,成功救治102岁伤员。2011年,引进开展“负压封闭引流技术”治疗各类皮肤伤口。妇产科救治“过敏性羊水栓塞综合征”产妇成功。外科、妇产科相继开展“腹腔镜微创手术”,其中包括腹腔镜胆囊切除术、肝囊肿开窗术、肾切除术、输尿管切除术、卵巢囊肿切除术、子宫肌瘤挖除术、膀胱电切镜手术等。成功施行“胆囊癌根治术”高难度Ⅳ类手术。

援非、援疆医疗

2002年7月,县人民医院妇产科主治医师池劲松、麻醉科麻醉师蓝肖波受省卫生厅委派,经5个月的短期培训,参加中国援非医疗队代表国赴中非共和国班吉友谊医院工作,历时两年。该医疗队于2003年,获卫生部等五部委和浙江省卫生厅的援外医疗先进集体称号;获中非比萨市长颁发的工作满意证书。2004年7月1日,获中非共和国荣誉勋章。

2011年2月,县人民医院中医伤骨科主治医师高灿参加浙江省援疆医疗队,时间2年。

第三章　疾病预防控制

1982年开始，县卫生防疫部门根据《中华人民共和国食品卫生法》《中华人民共和国传染病防治法》《中华人民共和国职业病防治法》《全国计划免疫工作条例》《学校卫生工作条例》《公共场所卫生工作条例》等卫生法规，依法管理和开展卫生防疫及疾病防控技术服务。2002—2011年，开展规范化预防接种门诊创建工作。2003年，做好防控非典型肺炎工作，同时制定《急性弛缓性麻痹(AFP)病例监测方案》。1991年至2011年，在规定时间内通过中国疾病预防控制信息系统进行网络直报，共报告法定传染病1238例。1995年，文成县卫生防疫站被卫生部评为全国计划免疫工作先进单位。

第一节　疾病预防控制机构

县卫生防疫站位于大峃街69号。办公用房建于1971年，建筑面积871平方米，几经翻建扩建，增至2207平方米。1991年，县卫生防疫站内设8个科室，员工48人。1999年9月，县卫生防疫站与县妇幼保健站合并称文成县预防保健中心。2003年5月，县预防保健中心更名县疾病预防控制中心。2008年12月，开始建造公共卫生中心大楼，位于大峃镇珊门村文青公路旁，建筑面积4547平方米，总投资1542万元，2009年结顶。

县卫生防疫站

1990年，县卫生防疫站设办公室、防疫、地病、宣教、学校卫生、环境卫生、食品卫生、检验等8个科室，职工48人。1993年，食品卫生、环境卫生、劳动卫生、地方病合并为卫生监督科；防疫科、学校卫生科合并为疾病防治科，检验人员并入以上两科；卫生宣教、总务并入办公室。1994年，实行站科两级管理的“一聘五定”责任制，有员工46人。1995年，卫生监督科、疾病防治科改为卫生监督所、疾病防治所，增设结核病防治所，对外挂三块牌子。1996年2月，分设检验科；10月，设立健康教育科。

县预防保健中心

1999年9月，县卫生防疫站与县妇幼保健站合并为文成县预防保健中心。下设办公室、卫生检验所，疾病控制所、卫生监测所、妇幼指导所、门诊部6个科室，编制67名。2001年撤销卫生监测所。2002年7月，设办公室、保卫科、疾病控制一科、二科、儿童保健科、妇女保健科、检验科、结防科、健康检查科、质量管理科和门诊部。

县疾病预防控制中心

2003年5月，县预防保健中心更名县疾病预防控制中心。2006年1月，县妇幼保健所从县疾病预防控制中心分设，县疾控中心人员编制减少为39人，设办公室、健康教育与促进、质量管理、总务、保卫、检验、传染病防控、免疫规划管理、卫生、结核病防治10个科室。2009年，县疾控中心职工37人，其中卫生专业人员34人(中级职称16人、初级职称18人)。2011年，卫生科拆分为卫生监测科和体检科，慢病科从传防科分设。3个职能科室，7个业务科室，在编人员36人，其中管理岗位2人、副高岗位1人、中级岗位16人、初级岗位16人、工勤岗位1人。

第二节　计划免疫和预防接种

1984年县卫生局印发《文成县计划免疫实施细则》,全县开展计划免疫和预防接种。1988年,推行为期7年的儿童计划免疫保偿制。1999年,实行计划免疫保偿制度。2002—2011年,开展规范化预防接种门诊创建工作。

计划免疫

1990年,全县流动儿童列入计划免疫管理。1991年开始实行定点接种制度,全县62个乡镇全部设立预防接种点,按月接种。1995年,通过以乡为单位儿童“四苗”免疫接种率达到85%的达标检查。至1998年,参保儿童32189人。1999年起,实行计划免疫保偿制度。2002年,全县开始规范化预防接种门诊创建工作。2003年通过省、市疾控审评,认定1个乡镇为示范接种门诊,16个乡镇为规范接种门诊。通过全县疾控审评,认定12个乡为合格接种门诊。2005年,启用浙江省免疫规划接种率监测系统。2007年,全县33个乡镇开始启用浙江省免疫规划信息化管理系统。2010年,按《浙江省规范化预防接种门诊评审标准》创建规范化预防接种门诊,至2011年年底,全县创建17个规范化预防接种门诊。

预防接种

1993年始,文成县小批量接种甲肝疫苗,每年的12月份和次年的1月份开展二轮“脊灰糖强化免疫活动”。1995年以来,没有发生脊灰(小儿麻痹症)病例。2000年,实现无脊灰目标。1992年,乙肝疫苗接种纳入计划免疫管理。2002年,乙肝疫苗列入免疫规划,实行免费接种。2007年始,根据《2007—2012年浙江省消除麻疹实施计划》,每年进行麻疹疫苗查漏补种。2008年扩大国家免疫规划,流脑等12个疫苗列入免疫规划接种。2009年起甲肝疫苗纳入国家免疫规划,对2008年1月1日以后出生儿童免费接种。2011年,文成县有25种预防性疫苗在使用。

第三节　传染病预防控制

1989年9月1日,《中华人民共和国传染病防治法》开始实施。1990年传染病发病408例。2011年,报告法定传染病1238例。

“非典”监测

2003年年初,广东等地暴发传染性非典型肺炎(SARS),文成县建立“非典”防治工作联席会议制度。在百丈漈镇建立隔离留验站,在大垟口、玉壶、石垟林场设立检查站,对过境车辆人员严格检查,出动工作人员1240人,登记体检过卡人员51081人。各乡镇卫生院配合当地政府对外出返乡人员和外来人员进行登记和医学观察,管理5987人。从4月22—8月7日,接诊发热患者2062人次,发热留观22例。非典监测于2004年春解除。

艾滋病

1995年,文成县发现首例艾滋病感染者。至2008年,累计报告HIV/AIDS22例,其中艾滋病病人4例,死亡2例。2006年,县疾控中心开通艾滋病免费咨询和检测,艾滋病初筛实验室通过市卫生局验收。1995—2011

年，报告HIV/AIDS病例46例，其中死亡6例，免费抗病毒治疗11人，自愿免费咨询（VCT）1658人，重点人群艾滋病毒抗体检测3076人。

AFP病

2003年，文成县制定《文成县急性弛缓性麻痹（AFP）病例监测方案》。2003—2010年，没有发现AFP病例。2011年，通过AFP信息报告管理系统，县中医院报告1例AFP疑似病例，按法定时间上报市、省级疾控机构，予以确诊。

人感染高致病性禽流感

2004年以来，中国部分地区发生人感染高致病性禽流感。县卫生局制订应急预案，建立防治工作领导小组，健全应急体系。县人民医院、县中医院等医疗机构，制定不明原因肺炎的会诊制度和排查制度，开展不明原因肺炎病例、不明原因死亡病例的监测。建立24小时疫情值班制度，加强疫情监测报告，实行人禽流感和不明原因肺炎病例的疫情日报告和零报告制度，及时开展疑似疫情的现场流行病学调查及疫点消毒处理。

鼠　疫(01)

1984年5月开始，县卫生防疫站每年对大峃镇第一、二、七村，周村、珊门及樟台乡的泉台、排门，双桂的三条碓等鼠疫历史疫区进行监测，内容包括鼠形动物种类、密度、血清抗体、内脏培养、蚤类鉴定等。2004年，文成县被省卫生厅列为浙江省鼠疫监测一类县。2008年11月，卫生部指派国家疾控中心鼠疫防治专家，会同省、市疾控中心领导及专家，到双桂乡桂东村和宝丰村开展人群血清F1抗体水平监测，发现5份血清呈阳性，对当地2位鼠疫幸存者进行采血检测。

霍　乱(02)

1990年开始，每年的5—10月份在中心卫生院以上的医疗单位开设肠道门诊，监测腹泻病人的带菌情况。1994年，报告12例、死亡2例。1995年报告4例，无死亡病例。1996年起，各疫点连续三年进行环境监测，无阳性标本。

疟　疾

1991—2011年，文成县报告疟疾病例11例，都为输入性病例。2010年8月，省疾控中心姚立农等一行3人到文成开展疟疾传播媒介调查，在2个调查点捕获传播疟疾媒介中华按蚊338只。其中，樟台乡泉台村捕获148只，巨屿镇方前村捕获189只。2011年，根据《中国消除疟疾行动计划（2010—2020年）》疟疾流行县分类标准，因文成县在3年内无本地感染病例报告，确定为浙江省疟疾流行区中的三类县。2011年，文成县制订《消除疟疾行动计划》，"三热"病人年检率为总人口数2%。

流行性脑脊髓膜炎（流脑）

1953—2008年，文成县发病2846例，死亡185例，病死率6.28/10万。1963年，玉壶、大峃一带发病342例，死亡43人，发病率168.81/10万。1968年，发病616例、死亡37人，发病率267.24/10万。1980年，发病272例、死亡8人，发病率84.58/10万。1991年，发病30例、死亡2人。1998—2011年，仅2004年发病1例。

麻　疹

20世纪90年代，发病558例，其中1991年发病209例。2000—2008年，发病189例。2007年9月，大峃镇小麻疹暴发，麻疹疫苗应急接种1339人次。2008—2011年，全县发病42例，无死亡病例。

痢　疾

1982年全县1365例，1985年1376例，1994年1043例。1994年5—6月，珊溪、玉壶镇分别发病250例、206例，罹患率分别为735/10万、1135/10万，采取综合防治措施，一个月内得到控制，无死亡。2000—2008年，发病65例。

脊灰(小儿麻痹症)

1957年，报告病人159例，死亡2例。实行计划免疫，发病率下降，1984年、1985年、1987年、1988年、1989年、1993年、1995—2011年，无病例报告。

流行性乙型脑炎

1971年为最高峰年，发病154例，发病率60.15/10万。1983年起明显下降，1991—2008年发病40例。

伤　寒

20世纪90年代，发病29例，无死亡。2000—2011年，发病24例，无死亡。

病毒性肝炎

1960年起，列入疫情报告。至2008年，报告发病20704例。其中60年代538例，70年代5152例，80年代7056例，90年代2682例，2000—2008年5276例。1992年10月9—11月6日，玉壶中学、玉壶小学甲肝暴发，发病94例，罹患率4.07%，流行病学调查发现为两校共同的自来水阀门渗漏，污水倒流污染自来水引起，疫情迅速平息。2007年，全县开展15岁以下儿童乙肝疫苗查漏补种。

肺 结 核

20世纪60年代开始，接种介苗。1984—1986年，温州市结核病防治所多次派人到文成培训人员，对全县15岁以下儿童分片普种卡介苗。同时对黄坦区王宅、邢宅、共宅、杜山4个村调查人口自然感染率，调查人口2265人，结素试验2244人，复查受检2089人，其中阳性722人，总阳性率为34.56%。

1988—1994年，全县报告结核病人1582例。1995年，县政府成立结核病防治领导小组，县卫生防疫站内设结核病防治所。启动“卫生部加强与促进结核病控制项目”，对涂阳肺结核病人减免50%的抗结核药费。2002年实施“浙江省结核病控制项目”，9月份启动“浙江省CIDA-WHO结核病控制项目”，对新发传染性肺结核病人实行免费检查和治疗。2007年3月，对痰检涂阳结核病人免费提供抗结核药品。2008年肺结核治疗辅助药品可报销45%。

1995年5月—1998年12月，报告结核病人840例，痰检涂阳病人275例，涂阳率为32.74%，列入项目内减免治疗212例。涂阳病人满疗程初治162例，治愈144例，治愈率88.89%；复治39例，治愈31例，治愈率79.49%。2000—2008年，发病2991例，死亡4人。2009年，满疗程治疗新涂阳病人治愈率90.63%，复治涂阳病人治愈率

83.33%。2009年4月,结核病定点诊治单位转至县人民医院。

其他重点传染病

1999年,发现1例输入性国际检疫疾病——黄热病。2007年,报告狂犬病死亡1例。2007年7月,报告1例布鲁氏菌病。2008—2009年,报告2例输入性登革热病例。2008年,报告手足口病131例。2009年报告250例,其中重症3例。2010年290例,2011年449例,无死亡病例。根据市疾控中心要求文成人民医院为手足口病监测定点医院,每月完成5例手足口病样本采集。全年采样本60例。

1991—1999年文成县主要传染病发病情况一览表

表31-9　　单位:人

年份	霍乱		乙脑		疟疾		痢疾		伤寒		流脑		麻疹		脊灰		百日咳		肝炎	
	患	死	患	死	患	死	患	死	患	死	患	死	患	死	患	死	患	死	患	死
1991	—	—	14	—	4	—	44	—	1	—	30	2	209	—	3	—	8	—	353	—
1992	—	—	3	1	3	—	22	—	1	—	6	—	39	—	1	1	6	—	419	—
1993	—	—	7	—	—	—	13	—	8	—	—	—	68	—	—	—	3	—	263	—
1994	12	2	3	—	1	—	1043	—	5	—	4	—	140	—	1	—	—	—	205	—
1995	1	—	2	—	2	—	115	—	6	—		—	5	—	—	—	2	—	202	—
1996	—	—	4	—	—	—	104	—	2	—	2	—	68	—	—	—	4	—	261	—
1997	—	—	—	—	—	—	23	—	—	—	2	—	3	—	—	—	4	—	289	—
1998	—	—	—	—	—	—	68	—	—	—	—	—	14	—	—	—	2	—	229	1
1999	—	—	—	—	—	—	19	—	4	—	—	—	—	—	—	—	—	—	202	1

说明:资料由县卫生局提供

2000—2011年文成县主要传染病发病情况一览表

表31-10　　单位:人

年份	肝炎		痢疾		伤寒		淋病		梅毒		麻疹		肺结核		流腮		手足口病		风疹	
	患	死	患	死	患	死	患	死	患	死	患	死	患	死	患	死	患	死	患	死
2000	247	—	12	—	1	—	29	—	7	—	43	—	238	—	—	—	—	—	—	—
2001	250	1	12	—	1	—	46	—	22	—	33	—	191	—	—	—	—	—	—	—
2002	234	—	4	—	7	—	56	—	21	—	—	—	279	1	—	—	—	—	—	—
2003	250	—	5	—	3	—	50	—	22	—	4	—	291	—	—	—	—	—	—	—
2004	462	1	2	—	5	—	51	—	33	—	27	—	393	2	45	—	—	—	1	—
2005	728	—	9	—	3	—	38	—	60	—	32	—	484	—	275	—	—	—	12	—
2006	1045	—	4	—	2	—	30	—	52	—	4	—	327	—	159	—	—	—	4	—
2007	917	—	8	—	—	—	23	—	122	—	14	—	414	1	59	—	—	—	22	—
2008	963	—	9	—	1	—	15	—	127	—	32	—	374	—	229	—	131	—	261	—
2009	350	—	4	—	2	—	7	—	179	—	7	—	249	—	99	—	250	—	49	—
2010	296	—	5	—	2	—	12	—	167	—	2	—	195	—	30	—	290	1	20	—
2011	200	—	6	—	2	—	6	—	161	—	1	—	184	—	54	—	449	—	25	—

说明:资料由县卫生局提供

第四节 地方病和职业病预防控制

地方病主要有地方性甲状腺肿和地氟病;职业病的预防控制主要是进行尘土检查和有害作业检查。

地方病预防控制

地方性甲状腺肿 1986年、1989年、1991年,治疗病人及生肿者11625人次,治疗率89.89%;预防治疗服药19309人次,有效率87.29%;治疗观察50人,治愈49例,治愈率98%。

1992年11月,省市联合考核,确认文成县为“基本控制地甲病县”。1993年起,每年进行学生病情监测和尿碘监测。至2011年,监测23737人次,服务率95%以上。1996年6月1日起,在全县推广并实行全民食用加碘盐。县疾控中心编写的《文成县全民食盐加碘与碘致性甲状腺疾病的研究》,获2005年文成县第四届科技进步二等奖。

地氟病 文成县大峃镇沙弯底村、屿根村,玉壶镇太场村、南林驮坑村原为地方性氟中毒病区村。沙弯底自然村移居到徐村,其他村采取改水降氟措施防治,1990年通过市级考核验收。2007年,制订《文成县地方性氟中毒调查方案》。2009年,选定《文成县地方性氟中毒流行现状调查与评估方案》。2010—2011年,原地氟病区村8—12岁儿童进行氟斑牙患病率调查和尿氟含量测定,均符合评价标准指标。

职业病预防控制

1991—1997年,县卫生防疫部门检查接触尘毒工人2624人次,参加体检1174人次,体检率44.7%。1991年报告3名疑似矽肺患者,1993年对1例不适合高温工作工人调换工种。1998年,对全县66个工矿企业有害作业点全部进行监测,合格47个,合格率71.2%。

2001年,对应监督的6家有害作业厂矿,全部进行监督监测,监督率100%。2002年,对全县25家厂矿企业建立职防基础档案。2003年,对全县23家工矿企事业单位建立劳动卫生档案,督促2家制鞋厂组织接触有毒、有害作业工人体检,建立健康档案。2004年,对33家存在职业病危害因素的企业建档,并责令整改。2005年,对19家具有粉尘危害的企业进行检查整改。2006年,对全县13家企业进行全面专项整治工作,下达整改通知书12份。对全县重点的9家企业及时进行安全检查,责令其限期整改。2007年6—9月,对全县18家企业进行检查,其中9家已进行体检,14家建立健康监护档案,5家建立完整健康监护档案,责令9家企业限期整改。18家企业中,70人参加体检。

2008年,重新对全县职业危害企业进行摸底,确定职业危害企业25家、职工1462人,接触危害人数866人。对全县25家职业危害企业全部进行项目申报,体检,并建立职业卫生台账档案。

2002—2008年间,县卫生监督所利用多种载体大力宣传《中华人民共和国职业病防治法》,发放宣传资料12450份,制作横幅、条幅43条,接受咨询120人次。举办职业卫生、法律法规等培训班5期,参加培训的厂矿负责人、管理人员140余人次。

2009年,检查职业病危害企业27家,全部限期整改,增加体检269人。2011年,对20家企业进行复查,发现问题或隐患33项。其中要求当场改正5项,限期改正28项。设置“职业病危害重点监控区”警示牌6个,经改进企业基本达标。

至2011年,全县确定职业危害企业28家,通过宣传教育、职业培训、检查整改、申报体检,企业职业卫生管理责任书签订率、职业卫生管理台账建档率均达到100%。

第四章　卫生保健

1991年,文成县妇幼保健站工作人员16人,设立儿保科、妇保科。1986年,文成县发出《关于开展妇女病普查的联合通知》,在全县城镇范围内开展妇女病普查工作。至1999年,查治妇女病107011人次,患病43947人,治疗2981人。1987年,文成县被列为全国儿童健康情况抽样调查县之一,体检2638人,受检率98.8%。至1990年,体检儿童102778人次。1992年,对全县各乡镇集居儿童进行健康监测。1991—2011年,妇女、儿童卫生保健和治疗工作不断加强和发展。

第一节　妇女保健

文成县妇女保健实行系统管理。2011年,妇女婚检率97.65%。2010年,产妇建卡率99.97%、产检率98.99%。

妇女病普查

1984年起,以防癌为重点开展妇女病普查。至1990年,全县普查16006人,患病6741人,其中宫颈癌2人、卵巢肿瘤1人、卵巢囊肿2人。1995年全县普查10020人,查出妇科病3155人,受治1184人,治疗率37.5%。1997年开展县城女职工妇女病查治,检查105人,查出妇科病81人,占77.1%。其中宫颈糜烂38人,患病率36.2%;阴道炎41人,患病率39%;宫颈腺体囊肿5人,宫颈息肉1人,外阴白斑1人。治疗80人,治疗率98.8%。1992—1999年普查60415人,查出妇科病27824人,患病率46.1%,以宫颈糜烂、阴道炎为主,另外查出淋病6例,尖锐湿疣1例。2002—2007年普查11477人,查出妇科病7805人,患病率68%,以宫颈糜烂、阴道炎为主,卵巢癌1例,宫颈癌9例,乳腺癌1例。2008年实施"妇女健康促进工程",结合农民健康体检,全面开展妇女病普查普治工作。全县普查7507人,普查率从2007年的13.85%,提高到30.76%;妇女病患病率67.42%,阴道炎患病率16.24%,宫颈炎患病率13.21%,宫颈癌2例、患病率0.03%。

1992—2011年文成县妇女病普查情况一览表

表31-11　　单位:人

年份	应查人数	实查人数	查出妇科病人数	滴虫性阴道炎	宫颈腐烂	淋病	尖锐湿疣	卵巢癌	宫颈癌	乳腺癌
1992	0	21025	11460	0	2	0	0	0	0	0
1993	0	12201	6336	0	7	0	0	0	0	0
1994	0	14790	5651	0	39	0	0	0	0	0
1995	0	10020	3155	0	1184	0	0	0	0	0
1996	9916	1738	837	415	416	4	0	0	0	0
1997	8500	105	81	13	38	0	0	0	0	0
1998	12101	376	170	93	140	0	0	0	0	0

续表31-11

年份	应查人数	实查人数	查出妇科病人数	滴虫性阴道炎	宫颈腐烂	淋病	尖锐湿疣	卵巢癌	宫颈癌	乳腺癌
1999	85802	160	134	48	83	2	1	0	0	0
2000	0	0	0	0	0	0	1	0	0	0
2001	93603	0	0	0	0	0	0	0	0	0
2002	87648	194	96	11	62	0	0	0	0	0
2003	44588	2661	1565	150	965	1	1	1	0	0
2004	48881	1001	641	51	516	0	1	0	1	0
2005	77886	0	0	0	0	0	0	0	0	0
2006	47925	2619	1912	87	477	0	6	0	3	0
2007	36126	5002	3591	247	735	0	0	0	4	1
2008	24404	7507	5061	1219	992	0	0	0	2	0
2009	71355	3857	1628	388	479	0	0	0	0	0
2010	86796	3660	689	280	195	0	0	0	0	0
2011	91706	8380	1245	673	506	0	0	0	1	0

说明:资料由卫生局提供

孕产妇系统管理

1985年,逐步开始加强孕产妇系统管理。1995年全县产妇3177人,建卡2762人,产前检查2172人,系统管理1654人,系统管理率59%。1996年聘请母婴保健监督员8人,1998年调整为10人。1997年,成立产科抢救小组。1999年全县孕妇2226人,建卡率99.2%,高危住院分娩率91%,系统管理率81.1%。

2001年,全县孕产妇建卡率99.57%,产前检查率99.74%,孕前早期检查率93.68%,产后访视率98.45%,系统管理率92.56%。2007年,全县孕产妇建卡率100%,产前检查率99.85%,孕早期检查率95.33%,产后访视率98.93%,系统管理率93.85%。2008年,继续实施"母婴健康工程",全县产妇1962人,孕产妇建卡率100%,产检率99.29%,早检率93.37%,产后访视率97.22%,系统管理率91.60%。

2009年,全县产妇1839人,孕产妇建卡率100%,产检率100%,早检率93.57%。产后访视率97.95%,系统管理率93.14%。2010年,全县产妇3425人,产妇建卡率99.97%,产检率98.99%,早检率94.10%。产后访视率97.34%,系统管理率94.01%。2011年,全县孕产妇死亡1例,为内科合并症,死亡率31.30%。

婚前检查

1992年9月1日起,文成县决定即将婚配的男女青年必须到县妇幼保健站进行婚前检查,再进行婚姻登记,领取结婚证。1994年婚前检查284对,婚检率16.04%。1995年全县婚前应检1897对,实检535对,婚检率28.2%。2000年,全县婚前医学检查男、女各1041人,婚检率42.68%;检出疾病男124人、女55人,疾病检出率8.6%。2001年,检查男、女各2477人,婚检率91.47%;检出疾病男390人、女190人,疾病检出率11.71%。2009年,全面开展免费婚前健康检查,7月正式启动婚姻登记免费婚检"一站式"服务。

2009年,全县婚检1875人,其中男性934人、女性941人。结婚登记7620人,其中新婚登记3576人,婚检率52.43%。检出各种疾病464人,占实检人数的24.75%。2010年,全县结婚登记4882人,婚前检查3877人,婚检率79.41%。检出疾病1212人,疾病检出率31.26%。2011年,全县免费婚检4445人,婚检率97.65%。检出疾病619人,疾病检出率13.93%。

计划生育技术服务

1990年，人口出生率10.55%，自然增长率5.99%。1991年，全县做计划生育技术服务10007例。全县已婚育妇女62829人，计划生育技术服务58101例。2008年，计划生育技术服务1526例。2011年，计划生育技术服务873例。（详见人口 居民生活卷）

第二节　儿童保健

文成县儿童保健实行系统管理。2011年，3岁以下儿童系统管理率95.51%，7岁以下儿童保健管理率95.04%，新生儿疾病筛查率101.66%

儿童保健系统管理

1994年，文成县出生儿童3098人，实行系统管理1750人，管理率56.49%；0～2岁儿童9515人，系统管理6991人，管理率73.47%。1995年，全县0～2岁儿童系统管理9792人，管理率75.06%；1岁儿童3244人，系统管理率69%。1997年，7岁以下儿童23646人，系统管理19656人，管理率83.13%；5岁以下15830人，系统管理13131人，管理率82.95%；3岁以下8581人，系统管理7288人，管理率84.93%。1998年，3岁以下儿童系统管理率95.98%。2008年，3岁以下儿童7251人，系统管理率90.53%。2009—2011年，3岁以下儿童系统管理率分别为92.03%、93.60%、95.51%。

托幼机构卫生保健管理

1995年，城关15所托幼所集居儿童2643人，建档率99.5%；体检12205人，受检率22.68%。1998年，7岁以下儿童保健管理率95.41%。2008年，7岁以下儿童保健管理率94.21%。2009—2011年，7岁以下儿童保健管理率分别为94.46%、94.53%、95.04%。

儿童健康体检

1992年，文成县各乡（镇）集居儿童健康监测5394人，儿童体检率95%。1994年，0～7岁儿童体检17909人，体检率73.7%。1995年，3～6岁儿童16854人，进行体格发育评价16588人，检查率98%。2008年，入园儿童体检5297人。2009—2011年，新入园儿童体检4452人。县妇幼保健所人员到各乡镇免费体检儿童14912人，并建立儿童个人档案，建档率100%。2009—2011年，入托前儿童体检4452人，检出乙肝表面抗原阳性37例，轻度贫血74例，龋齿2362例，扁桃体肿大125例，发育迟缓12例，弱视9例，佝偻病26例，沙眼7例，先天性心脏病1例，鼻炎7例，可疑苯丙酮尿症患儿7例，可疑先天性甲腺功能减低1例。

新生儿疾病筛查

1996年，全县查出5岁以下儿童营养不良1047人，占5.7%，佝偻病、贫血等845人。城镇儿童佝偻病及乙肝表面抗原阳性者明显高于农村，农村儿童贫血及寄生虫病高于城镇。2008年，新生儿疾病筛查率96.31%，听力筛查率93.22%。2009—2011年，新生儿听力筛查4292人，可疑听力异常患儿55例，确诊2例。新生儿疾病筛查率分别为98.81%、101.58%、101.66%。

第五章　卫生行政管理

县卫生局行使全县卫生行政管理，严格执行卫生工作法律法规，对食品、化妆品、饮用水卫生、公共场所卫生、学校卫生、医药市场实行经常督查、突击检查、重点监测与管理，保证全县卫生工作正常有序与安全。

第一节　管理机构

1983年7月，县革命委员会卫生局更名县卫生局。1997年，股室改称科室，设办公室、政工科、医政药政科、防保科初保办、合作医疗办6个科室，编制12名，实际13人。2001年，办公地点从县政府机关大院迁至大峃镇华侨新村35幢8号(原县妇幼保健站与县卫生进修学校办公教学楼)，建筑面积1600平方米。2009—2010年，设办公室、医政科、疾控监督科、初保办、合医办5个职能科室。2011年，撤销初保办、合医办，增设监督室、机关党委办公室。下辖县属医疗卫生单位11家、卫生监督分所4所、乡镇卫生院10家、村卫生室(社区卫生服务站)43家，并有事业单位门诊部、医务室10家、个体诊所10家。

第二节　食品与化妆品卫生监督

1991—2011年，县卫生监督抽查餐具24174份，检查食品生产经营单位18000户次，行政处罚528件，没收销毁劣质食品42.6万公斤，罚款61.2万元。对化妆品行业实行严格的督管。

食品监督

1991年，县卫生局重新任命食品卫生检查员75人。1993年，食品卫生监督员25人。

1997年，全县有食品从业人员2587人，体检率从1990年的82%提高到98.7%。食品检查合格率从1990年的61.8%提高到82.4%。

1999—2003年，抽检食品716件，合格558件，合格率77.9%。检查食品生产经营单位6291户次，行政处罚154件，没收销毁假劣食品31719.3公斤，罚款35.31万元，取缔食品非法经营户160户。2002年，查处毒猪皮8吨。2003年，监督养猪专业户深埋消毒病死猪138头。2004年，开展学校食堂及周边饮食摊点、乡镇食品安全、餐饮业卫生、酒类生产加工企业、熟食制品、保健食品、调制品、粮油制品、乳制品等专项整治，出动执法人员3116人次，检查食品生产经营单位2865户次，取缔无证生产经营113户，责令限期改正368户，当场处罚31件，立案查处81件，罚没款5.53万元，销毁劣质食品7915.6公斤。

2005年，检查食品生产经营单位3605户次，立案查处22件，当场行政处罚162件，罚没款39770元，限期整改6户。2006—2007年，检查4091户次，当场处罚66件，没收销毁劣质食品507公斤，罚款14.5万元；查处违法案件20起，立案65件，取缔无证经营5家。立案查处4家无证生产加工户，查封白酒950公斤、大米1050公斤、酒糟5000公斤、生产加工设备7台。

2008年，以珊溪镇为试点，开展小餐饮整治与规范工作。小餐饮中应实施量化分级管理196家，全部量化分级。共出动执法人员375人次，检查餐饮单位116家，出具卫生监督意见书42份，抽检餐具254件。对全县8

类食品检测样品60件，查处相关违法行为47家。

2009年，全县有小餐饮261家，14家无证单位通过整治达标予以许可。2010年，对全县263家小餐饮单位全部建立基础档案；对满一年的小餐饮，推行量化分级管理、采购索证制度；促进263家小餐饮单位建立原料进货登记台账；对40家小餐饮单位出具卫生监督意见书，对27家单位出具责令限期改正通知书。

2011年，以食品添加剂监督为重点，加强餐饮服务日常监管。开展餐饮服务火锅底料、餐饮服务环节、葡萄酒和白酒质量安全、“染色馒头”“地沟油”、劣质燕窝产品、“瘦肉精”等专项检查。检查餐饮服务单位990户次，出具监督意见书、责令改正通知书107份，立案查处3件，罚款19000元。

化妆品监督

县化妆品卫生管理监督始于1990年。1992年，检查21家经营单位，检查597瓶化妆品，有卫生许可证的581瓶，占97.3%。1993年检查35家经营户，对6家经销无合格证产品的洗发露、洗发水等20种54瓶，没收销毁43瓶，退回原厂处理11瓶。1997年检查22家化妆品经营户，不合格产品460件，予以没收销毁，价值2万余元。

1999年，对2家化妆品生产企业的7名从业人员进行体检；抽查19家经营户，40个品种50份，合格48份，合格率96%。2002年，检查化妆品73种，对不合格的45种进行销毁处理。

2006年，对全县51家美容美发场所、化妆品专卖店进行专项监督检查，检查化妆品104种，合格50种，不合格54种，销毁不合格化妆品65公斤，价值8000多元。组织48名从业人员进行法律知识培训。2008年，整治27家化妆品经营使用单位，其中理发店12家、化妆品店7家、超市4家、宾馆4家。

第三节 饮用水与公共场所卫生监督

县卫生监督所对全县水厂（站）和生活用水进行定期不定期监督监测，并对全县公共场所进行卫生管理。

饮用水监测监督

1990年，全县自来水站459座，受益19.60万人，占全县总人口的58.5%。2011年，全县水厂（站）1212座，受益34.86万人，自来水普及率95.6%。在普及自来水的同时，加强对自来水厂（站）和生活用水的监督监测。1994年，对县城建制镇6个自来水点，在丰、枯水期各采样一次进行水质全分析；平时每月一次进行5个项目（细菌总数、大肠菌群、余氯、浊度、锰含量）监测，采样610份，合格537份，合格率88%；对乡、村和分散式供水点5个项目监测，合格率分别为45%、36.7%和40%。1996年，对县城和各镇城管网水监测取样74件，合格30件，合格率40.5%，各项指标均未超过规定范围。1997年，对4个水厂进行“五定”监测，采样180份，合格率85%。2001年，对6家自来水厂和8个乡镇的生活用水进行定期监测，采集管网水91件、出厂水35件、水源36件，其中合格62件，合格率38.3%。2002—2005年，采样116件，合格73件，对5家集中式供水单位进行卫生指导，培训从业人员8名。

2001年，县卫生监督所对6家自来水厂和8个乡镇的饮用水进行定期抽查，合格率38.3%。2002—2003年，开展生活饮用水水质抽查，采样品104件，合格67件，合格率分别为75.4%、48.8%。2004年，对珊溪自来水厂、县自来水厂生活饮用水进行抽查，采样7个，全部合格。2008年，对2家集中式供水单位实施卫生监督量化分级管理，其中县自来水厂为B级单位，玉壶镇自来水厂为C级单位。对3家集中式供水单位按照量化管理条件进行限期整改。开展学校自备水监测，检查学校10家，监测10件，合格3件，合格率30%，出具整改意见书7份。2009年，检查7家二次供水单位、7所饮用自来水的学校、30家乡镇水厂，并对30家农村引水工程进行调查，提出监督指导意见。2010年，对全县7家集中式供水单位监督检查，对其中6家提出整改意见。2011年，对2家集中式供水单位实施卫生监督量化分级管理，实施率100%；对7家二次供水单位加强检查和指导，重点督促蓄水池的清洗、消毒。对天顶湖支流水、水源水(取水口)、出厂水、管网水采样,进行5轮抽检,采样30份,送县疾控中心检验。同时,重点督促百丈漈镇自来水厂严格按照《生活饮用水卫生规范》整改。

公共场所卫生监督

1991年,全县公共场所从业人员356人,体检337人,体检率94.7%,发现乙肝表面抗原阳性9人,调离岗位。巡回监督518户次,抽查监测30家旅馆口杯,合格率83.3%;监测20家理发店毛巾,合格率100%。对从业人员进行7期、135人业务培训。1995年,新开业经营户办证率95.2%;从业人员体检率86.8%,检出乙肝表面抗原阳性3人。1997年,公共场所从业人员263人,培训率96.5%。1999年,检查公共场所50家,行政处罚7家;培训从业人员324人;公共场所发证率99.1%;从业人员体检328人,体检率96.5%;调查"五病"人员4人。2001年,监督公共场所210户,其中警告63户次、停业21户次、罚款3户次。2003年,结合"非典"防治,出动执法人员313人次,检查427户次,监测864份,合格率93.86%;对30户公共场所出具意见书限期改正,当场处罚1件。"非典"期间,配合相关部门关停娱乐场所。2006年,监督公共场所406户,行政处罚26户次、罚款1950元,培训从业人员934人;监测样品1320件,合格1271件,合格率96.3%。2008年,监督公共场所434户次,合格411户次,合格率94.7%;查处案件23件,罚款3100元。

1999—2008年,共监督公共场所3599户次,监测样品5253件,合格率96.37%;当场行政处罚44件,罚款21000元。1999年、2005年、2006年,培训从业人员2077人。

2009年,开始推行公共场所卫生监督量化分级管理。将取得卫生许可证满一年的住宿场所、游泳场所作为卫生监督量化分级管理对象。住宿场所应量化分级41家(游泳场所无应量化分级数),量化分级27家,量化分级率65.9%,比省厅规定基本推行率增加15.9%。其中星级宾馆应量化分级4家,量化分级率100%;普通旅馆应量化分级37家,量化分级23家,量化分级率62.2%。

2010—2011年,出动执法人员2503人,监督公共场所906户次;公共用具消毒效果检测、空气质量检测121户631件,并向业主告知科学去除甲醛的方法;对58家住宿场所和1家游泳池规范卫生监督量化评定,建立公共场所卫生安全信誉度评价及查询体系。

第四节　学校卫生与综合执法

1991—2011年,严格执行有关规定,对学校学生进行体检。对学校食堂卫生及学校饮用水安全进行监测与管理。开展综合执法,出动11.5万人次,罚款258.64万元。进行医药市场管理,立案查处208起,取缔非法行医307人次。

校园卫生管理

1992年,对15所学校进行卫生监督,6所合格,合格率40%。全县33022名学生,体检24122人,体检率73.05%。1993年,监督9所中小学,合格5所,合格率55.56%。全县各乡镇中心学校有中学13所、小学37所,学生27463人,体检24434人,体检率88.97%。视力0.9以下2405人,占8.76%;龋齿4001人,占14.57%。1998年,对76所中小学37549名学生进行体检,龋齿患病占15.79%,视力不良占12.45%,扁桃体炎占9.33%,沙眼占6.77%。对县城5所学校6871名学生进行综合性健康监测,其中营养不良占37.42%,肥胖占3.20%,贫血占29.29%。1999年,对77所中小学36034名学生进行体检,其中龋齿患病率占22.07%,视力不良占11.59%,扁桃体炎占7.68%,沙眼占5.94%。

2001年,检测学校饮用水18份,合格12份,合格率67%;检测餐具68份,合格31份,合格率45.6%。10月,检查学校食堂19家，学校小卖部8家，其中责令整改25家。2002年9月，对8所学校食堂、小卖部立案查处。10月，取缔学校周边流动摊点41户，没收三轮车、板车40辆，销毁假劣食品0.7吨。2003年，检测学校26所，对7所不符合卫生要求的学校依法进行处罚，并限期整改。2006年9月，检查28所学校食堂、7所学校小卖部，抽检餐具214件，检验项目为大肠菌群，合格率83.6%。2007年3月，出动执法人员218人次、55车次，立案查处4件，当场行政处罚7件，取缔流动摊贩7家，没收劣质食品45公斤，罚款5400元，对11所学校食堂提出整改意见。2008年6月开始，开展以食品卫生、饮用水卫生、传染病防治等为重点的校园卫生检测，检测学校、托幼机构43家，其中提出监督意见28家、立案查处1家。及时掌握高考、中考前夕考生的饮食、食宿情况，对相关7个考点、26家餐饮单位、30家副食品店、10家旅店进行全方位检查。

2009年，对27所学校食品卫生状况进行检测，其中对9家学校食堂、10所使用自备水的学校进行水质采样；对33所学校传染病防治情况进行两轮检查，分别提出整改意见。2010年，联合县教育局等11个部门，在全县范围内开展幼儿园和非学历民办教育培训机构安全隐患监督检查，责令10所存在重点安全隐患的幼儿园停办。2011年，联合县药监局、工商局、农业局开展食品安全知识进校园活动共摆放展板20块、悬挂横幅10条、发放宣传资料1000份，主要内容为食品添加剂的相关知识，增强全体学生对食品质量劣优的辨别能力。

综合执法

1998年，县卫生监督执法中队建立。1999年，更名文成县卫生监督大队。2000年，撤销文成县卫生监督大队，建立县卫生监督所。2005年12月—2006年8月，先后成立玉壶、大峃、南田、珊溪4个分所。2008年，卫生监督员从1998年7名增至30名。1999年起，原由县卫生防疫站分管的食品卫生、职业卫生、学校卫生、饮水卫生、公共场所卫生等工作划归县卫生监督所。2006年，全县卫生监督机构人员由50名减为33名。2010年，疾控监督科增挂行政审批科牌子，行政审批科日常工作由县卫生监督所负责。2011年编制33名，实际在岗27人，其中在编在岗人员25人，外单位借入2人，被外单位借用6人。

监督监测 县卫生监督所建立以来，对有关法律、法规赋予的医疗卫生、食品卫生、公共场所、生活饮用水、化妆品、学校卫生、职业病防护、传染病防治、母婴保健、消毒管理等领域进行卫生监督。累计出动卫生执法人员11.5万人次，检查食品生产经营单位、医疗机构、公共场所等4.9万户次，行政处罚1442件，罚款258.64万元，没收、销毁劣质食品42.68吨，提出监督意见6038户次，移送公安机关追究刑事责任5件。

医药市场管理 1994年5月，成立县医药市场管理整顿领导小组。检查16个乡镇、130个医药企业与医疗单位、滋补品店、个体医药人员，没收伪劣药品36种。

1995年，对全县30余个乡镇开展药品大检查，查处违法案件55件，取缔无证行医12户，没收药品价值8.5万元。1996年抽调12名执法人员，于1月24—2月10日对医药市场进行整顿，查处无证经营药品案件13起，没收药品价值3万余元，罚款2.5万元。

1998—1999年2月，查处违法案件55件，取缔无证经营案件25件，没收药品价值11.5万余元，销毁板蓝根、玉竹等12种伪劣药品。加强乡镇卫生院、个体诊所、县医药公司的监督检查，共抽检194种次，其中中药128种次，不合格率75.8%；西药66种次，不合格率4.5%。

2000—2008年，出动人员6166人次，检查4808户次，立案查处208件，取缔非法行医307人次，罚款84.33万元，没收药品、器材计价21.2万元。

2009年，出动724人次，检查医疗机构309个次，其中出具整改意见26份，取缔非法行医3家，立案查处1件，罚款1500元。

2010年，开展中小医疗机构整治工作。出动913人次，检查医疗机构398户次，出具整改意见书89份，立案查处17件（持证医疗机构1户、无证行医16户），罚款6.75万元；对109户中小医疗机构进行依法执业分级监管；

100%完成小诊所整规任务。

2011年，重点开展医疗机构执业行为、医疗美容服务等多项专项检查，出动执法人员1320人次，检查医疗机构330户次，提出监督意见94个次，立案查处2件，罚款4800元。共出动卫生执法人员318人次，检查相关单位102户次。严厉打击无证行医行为，共检查相关单位258户次，其中立案查处15件，罚款16.95万元，取缔无证行医20户，移送公安机关追究刑事3件，移送药监局追究药品违法行为1件。

第五节　文明创建与其他管理

1991—2011年，县卫生局在医院管理方面重点突出创建文明卫生院，建立生命“绿色通道”、专科门诊。

创建文明卫生院

1984年，开展创建文明医院(卫生院)活动。至1990年，南田、西坑、石庄、公阳、李井、十源等12所乡镇卫生院达到省“文明卫生院”标准。1991年，县人民医院通过部颁二级乙等综合医院评审，获省“文明卫生院”称号。1998年，县人民医院被命名为市级“文明医院”，急诊科获市级“青年文明号”称号。10月，通过市卫生系统行风建设“回头看”及创建文明卫生行业工作检查，总满意率90%以上。

建立生命“绿色通道”

2000年以来，建立生命“绿色通道”，提高病人抢救成功率。建立病历、院感、护理、中医病历、临检与放射、药事急诊、影像7个医疗质量控制分中心。2002年，开展“信用工程”“满意工程”活动，10人被评为县级优秀医生，10人被评为县级优秀护士。2003—2005年，全县举办医疗质量管理、医疗文书书写、基层医技人员临床医学、大输液等培训班335期，受训12461人次。2006年，开展“办群众满意卫生、创群众满意医院、做群众满意健康卫士”活动。2008年，县中医院护士长刘文莉被授予浙江省劳动模范并获得全国“五一劳动奖章”。2005年，县人民医院通过部颁“二级甲类综合性医院”评审，2006年1月正式命名为“二级甲类综合性医院”。2008年，县人民医院病历合格率94.22%，“三基”理论、技术操作平均85分组以上，急救药品完好率100%，一人一管执行率100%，护患沟通护理服务满意度90%以上。同年12月，与浙江大学附属一医缔结为协作医院，开通专家远程视频会诊。

专家和专科门诊

随着医疗技术水平的不断提高，并结合群众对医治疾病的需求，县医院开设心血管、呼吸内科、内分泌、神经内科等专家门诊。县中医院加强中医内科、骨科、眼科建设，开设中医肝胆病、结石症、脾胃病、腰腿痛、白内障、视光等专科专病门诊。

医疗事故鉴定

1987年，文成县医疗技术鉴定委员会成立。至2001年，鉴定医疗事件8件，受理协调医疗纠纷12件，经济赔偿13万元。

2002年，国家《医疗事故处理条例》颁布实施。至2008年，全县受理协调医疗纠纷37件，经济赔偿154.59万元，其中2003年1月起，经济赔偿3.43万元；2009—2010年，受理医疗纠纷8件，经济赔偿43.04万元。2011年，鉴定医疗事件2件，分别为一甲、三丙级，经济赔偿17.2万元。

第六章　爱国卫生运动

1989年国务院下发《关于加强爱国卫生工作的决定》，将每年4月定为“爱国卫生月”。县政府发文建立爱国卫生运动月活动领导小组，组织开展“爱国卫生月”活动。1999年，文成县城、南田镇被市人民政府命名为“温州市卫生镇”，县邮电局、县农业银行被评为温州市卫生先进单位。1993年、1998年、2004年县爱国卫生运动委员会(简称爱卫会)成员分别作了调整。2007年，增加8个镇爱卫会委员及25个乡镇爱卫会联络员。2011年，县爱卫会办公室有工作人员10人。

第一节　管理机构

1953年2月，成立县爱国卫生运动委员会(简称爱卫会)。1985年设立县爱国卫生运动委员会办公室，配备专职或兼职人员，并相应建立各区乡(镇)爱卫会。1993年、1998年、2004年、2007年县爱卫会成员分别作调整。2007年调整后，县政府分管副县长为主任、副主任与委员由各部门分管领导担任，增加8个镇爱卫会委员及25个乡镇爱卫会联络员。2011年，县爱卫会办公室为正科级事业单位，有工作人员10名。

第二节　环境卫生

1990年开展春季灭鼠、灭蚤突击活动。1993年，组织动员全体党员干部上街清扫卫生垃圾，清除卫生死角。1994年以净化周围环境为主题，开展爱国卫生运动。1996年，投资37万元建县城垃圾转运场及配套设施。

1997年，新建垃圾中转站3个、公厕1座，县城清卫工人从27人增至67人。1999年度，市人民政府命名文成县城、南田镇为“温州市卫生镇”。2003年，文成县被温州市爱卫会命名为“灭鼠先进县城”。2007年，温州市爱卫会组织复查专家组对文成县“灭鼠先进县城”巩固工作进行复查，再次予以确认。

2004年，文成县城被温州市爱卫会命名为“灭蟑螂先进县城”。2008年，文成县被温州市爱卫会命名为“灭蝇先进城区”，继续确认为“灭蟑螂先进城区”。

2010年，文成县开展春秋季灭鼠、灭蟑活动，对城区17个行政村、6个社区18000余户居民(含流动人口)，机关、单位、经营户等5000余户用户及外环境，投放各种毒饵8.7吨，投入灭鼠经费9.3万元，投入防鼠设施经费1.0万元，分发灭蟑毒饵2.5万盒、灭蟑粉笔2万盒、消杀药物100公斤，培训投药员232人次。

2011年，县城17个行政村、6个社区18000余户居民，机关单位、经营户等5000余户用户及周围环境，开展春秋二季灭鼠、灭蟑活动。共投入灭蟑毒饵3万盒、灭蟑粉笔2.5万盒、氯氰菊酯类杀虫药水150公斤，投入灭蟑经费9.8万元，投放各种灭鼠毒饵9.2吨，培训投药员242人次。全县9镇1乡累计投放灭鼠毒饵16吨，消杀药物250公斤，投入消杀经费22.0万元。

第三节　农村改水改厕

1980年县城建自来水厂,城镇98%以上居民用上自来水。1992年投资650万元,建成日供水万立方米的南田镇自来水厂。1997年,投资140万元建设日供水2000立方米的巨屿镇自来水厂。投资400万元建设日供水2000立方米的黄坦镇自来水厂,投资100万元建设日供水1000立方米的西坑畲族镇自来水厂。1999年,全县8个镇全部供水到户。2011年,全县卫生厕所99282户,卫生厕所普及率78.8%。

改　水

至1990年年底,全县自来水受益人口19.6万人,占全县人口的58.5%。1992—1996年,建成简易自来水站168座,受益人口增加7.67万人。1998—1999年,新增受益居民2.85万人。建水厂(站)717座,受益人口占农村总人口82%。2005年,全县农村人口36.99万人,自来水受益居民34.27万元,改水普及率92.6%,农村饮用水卫生合格率97.2%。

2008年,全县农村人口36.47万人,全县水厂(站)1136座,自来水受益居民34.86万人,自来水普及率95.6%,卫生水监测合格率97.8%。历年农村改水总投资3917.5万元。

2010年,全县新(改)建集中式供水设施总投资2680万元,当年新增受益居民7180人。全县水厂(站)1098座,受益居民351824人,自来水普及率96.4%,农村饮用水水质卫生合格率80%～82%。

2011年,全县新建改造集中式农村饮用水安全工程56个,总投资2369万元,当年新增受益居民6900人。全县受益居民359016人,农村饮用水普及率95.39%。

2011年文成县农村改水年报一览表

表31-12

单位	农村总人口(人)	累计受益(人)	受益率%	当年受益(人)
合计	376360	359016	95.39	6900
周山乡	5175	4987	96.37	200
峃口镇	38007	36506	96.05	850
玉壶镇	39570	36517	92.28	980
百丈漈镇	24358	22922	94.10	1260
西坑镇	20556	19753	96.09	770
南田镇	33364	31834	95.41	750
黄坦镇	35124	33186	94.48	480
巨屿镇	22027	21095	95.77	250
珊溪镇	51352	50553	98.44	800
大峃镇	106827	101663	95.17	560

说明:资料由县爱卫办提供

改　厕

1993—1994年,实行每改厕户补助100元的措施,补助改厕资金5.83万元。

1997年，县政府要求每个乡镇建好政府、学校、卫生院3座公厕。至1999年，全县建公厕318座，其中公共卫生厕所241座。

2000年，新建改建卫生公厕10座，拆除露天粪坑和不卫生厕所280多间。全县卫生厕所普及率50%，粪便无害化处理率15%。

2008年，全县农村总户数10.72万户，累计农村卫生厕所数7.97万户，卫生厕所普及率74.3%，无害化卫生厕所普及率68.2%。全县累计新建改建公共厕所332座。

2010年，文成县列入省整治村40个，各项整治经费3470万元，其中无害化处理资金756万元；新增无害化卫生厕所2040户，累计卫生厕所85768户，卫生厕所普及率80.01%，三格化粪池79768户，其他类型6000户，使用卫生公厕6300户，无害化卫生厕所普及率74.41%。

2011年，中央资金农村改厕项目全面推动全县农村改厕。文成县列入省整治村42个，投入2875万元，其中粪便无害化处理资金618万元。同年新增无害化卫生厕所2850户（其中中央和医改农村改厕1000户、整治村1500户、扶贫迁村350户），使用其他类型6000户，累计卫生厕所99282户，卫生厕所普及率78.8%；累计无害化卫生厕所87181户，无害化卫生厕所普及率69.20%。大部分改厕户采用“三格式”，小部分是“集中式化粪池”纳管建造模式。

2011年文成县农村改厕统计年报一览表

表31—13

单位	农村总户数（户）	累计卫生厕所户数（户）	卫生厕所普及率（%）	无害化卫生厕所普及率（%）	累计卫生厕所分类（户）	当年新增无害化卫生厕所户数（户）
					三格化粪池式	
（1）	（2）	（3）	（4）	（5）	（6）	（13）
合计	125976	98680	78.33	69.44	87479	2850
大峃镇	36883	28769	78.00	73.19	26993	235
珊溪镇	16888	13302	78.77	72.12	12180	880
南田镇	10719	8827	82.35	69.18	7415	245
玉壶镇	13792	10821	78.46	65.83	9079	210
黄坦镇	11936	8960	75.07	60.77	7254	300
百丈漈镇	7316	6142	83.95	70.26	5140	260
巨屿镇	7449	6168	82.80	88.17	6568	210
西坑镇	6966	5011	71.94	54.36	3787	182
周山乡	1647	1245	75.59	55.43	913	38
峃口镇	12380	9435	76.21	65.83	8150	290

说明：资料由县爱卫办提供

卫生单位创建

1992—1996年，开展第四个至第八个爱国卫生月活动。1998年，开展第十个爱国卫生月活动，发动群众2500余人次，清除卫生死角80多处，平整道路650米，改建下水道2500多米。1999年，全县各乡镇、单位开展创建卫生城镇、卫生单位活动。同年，被命名为省级卫生单位2个、市级卫生单位4个、县级卫生单位13个。

2000年，南田镇被温州市爱卫会命名为温州市卫生镇。2001年，玉壶镇被温州市爱国卫生运动委员会命名为温州市卫生镇。2005年，文成县城被浙江省爱国卫生运动委员会命名为浙江省卫生县城。

2007年,县委、县政府提出用四年时间(2007—2010年)争创“国家卫生县城”和“省级文明示范县城”目标。

2000—2008年,被省爱卫会命名为省级卫生先进单位:县财政局、卫生局、工商局、环保局、人民法院、气象局、公路管理段、文成二中、浙江省电信有限公司文成分公司、实验小学、中国人民银行文成支行、大峃镇小学、中医院、口腔医院、疾病预防控制中心、县机关幼儿园、南田中心卫生院、玉壶中心卫生院、县成职教中心、文成中学。省级卫生村:大峃镇城南村、凤垟村、朝阳新村。

2000—2008年,被温州市爱卫会命名为市级卫生先进单位:文成县国税局、南田中学、玉壶镇小学、峃口中心卫生院、丽晶大酒店、阳光大酒店、求知中学、县艺术幼儿园、县长运公司、西坑中心卫生院、县稽征所、县规划建设局大峃所、珊溪映山红幼儿园、县树人学校。市级卫生村:大峃镇林店尾村、坑口村、周村村、县前村、沙垟、城东小区、周壤乡周墩村。2008年1月,省爱卫会授予大峃镇人民政府2007年度“省爱国卫生工作先进集体”称号。

2010年,大峃镇桥头井村、上房村、二新村、苔湖村获省级卫生村称号;县规划局、黄坦卫生院、珊溪卫生院等6家单位获省级卫生先进单位;大峃镇城西社区、红枫社区等4个村获市级卫生村;文成广播转播台、电业局等4家单位获市级卫生先进单位。

2011年,大峃镇陈宅村、岭脚村、上徐村、峃口镇新联村通过省级卫生村验收,获省级卫生村;文成县电业局、阳光酒店,第二实验中学、文成广播转播台获省级卫生先进单位;峃口镇岭头村、珊溪镇五新村、黄坦镇培头村、峃口镇渡渎村获市级卫生村称号。

第三十二卷

体　育

改革开放初期，文成县体育基础设施建设薄弱，竞技体育水平较低。1991—2011年，坚持“竞技体育和群众体育协调发展、普及与提高相结合”的方针，排球、篮球、武术等群众性体育组织日臻完善，作用明显。县体育馆、县少体校、县综合训练馆、县游泳馆、文成中学田径馆等大型体育场馆以及乡镇、社区、行政村全民健身设施相继建成，至2011年，全县有各类体育场地134个，人均体育面积0.8平方米。广泛开展全民健身活动，群众参与率大幅提高，每天晨晚练的人数均达5000~6000人，经常参加体育健身人数占总人数的30%以上，各项体育指标不断创新。竞技体育、学生体育、职工体育、农民体育、老年人体育、残疾人体育取得显著成绩，涌现出境域第一个奥运会运动员王瑾（柔道）、蔡颖颖（武术）、张仁泼（残疾人体育）等一批优秀运动员。

第一章 体育管理

1986年，文成县教育体育局析置县体育运动委员会(简称县体委)。1997年，县体委更名县体育事业发展局(简称县体育局)。2011年，全县有社会体育指导员839名，平均每万人有体育指导员22名。全县各类体育场地134个，占地面积79872平方米，场地面积70558平方米，人均体育面积0.8平方米。

第一节 组织机构

文成县体育事业发展局管理、组织、指导县体育事业发展。县体育局下设办公室、训竞科和群体市场科。体育总会有篮球、足球、乒乓球、羽毛球、冬泳、钓鱼、老体协、排球、围棋、太极、气功等单项体育协会。

行政管理机构

1984年，县体委和县文教局合并为县教育体育局。1986年，再次析置县体委。1997年，县体委更名县体育事业发展局。2002年，县体育局设办公室、综合科、体育市场管理科，核定事业编制8名。2003年，新增体育教练员全额拨款事业编制6名。2008年，县体育局综合科和市场管理科更名训竞科和群体市场科。2009年，建立县体育中心，为全额拨款事业单位，核定事业编制12名。2010年，核增体育中心财政全额拨款事业编制1名，体育中心编制增加到14名。2011年机构人员未变。

行业管理机构

1983年起，先后成立排球、篮球、武术、棋类、田径、钓鱼、老年体协等协会。1991年，排球协会、田径协会、棋类协会换届改选。2003年7月，县体育总会换届，县委常委、常务副县长潘玉花为体育总会主席。全县有冬泳、钓鱼、围棋、足球4个协会。2004年，县老年体育管理办公室和县老年人体育协会成立。2005年，篮球、羽毛球协会成立。2010年，新增排球协会和太极拳协会。2011年，全县设立篮球、足球、乒乓球、羽毛球、冬泳、钓鱼、老体协、排球、围棋、太极、气功等单项体育协会11个，会员1000余人。

2008年，全县社会体育指导员215名，平均每万人中社会体育指导员5~6名。2010年，培训社会体育指导员185名。2011年，全县社会体育指导员839名，平均每万人体育指导员22名。

专业教育机构

县青少年业余体育运动学校(简称县少体校)创办于1979年3月，位于县前街。1998年旧城改造，在大峃镇沙垟村征地4.67万平方米，省、县政府拨款80万元，温州市企业家集资86万元，于1999年动工建设。2001年1月，迁入县体育中心新校舍。

少体校为县体育局、教育局直属全日制学校。设有排球、柔道、跆拳道、田径、摔跤、举重六个业余训练项目,专业教练员10名。1992—1996年,向省、市体工队和体校输送近40名体育苗子。2008—2010年,参加省田径运动会获金牌1枚、银牌1枚、铜牌3枚;参加第十四届市运会获金牌23枚、银牌26枚、铜牌29枚;县级获奖86人次。2011年,获省级金牌5枚、银牌2枚、铜牌1枚,市级金牌37枚、银牌27枚、铜牌20枚。其中,柔道、排球、摔跤获市团体总分第一名,举重获市团体总分第二名,跆拳道获市团体总分第三名。2008年,被省体育局命名为"浙江省青少年体育俱乐部",被温州市体育局、教育局授予"温州市首批阳光体育后备人才基地(2008—2011)";2004年、2008年、2009年、2011年,分别被温州市体育局评为"业余体育训练先进集体"。

第二节　设施与产业

2004年,文成县开展为期2个月的第五次全国体育场地普查工作。至2011年,全县各类体育场地134个,占地面积79872平方米,场地面积70558平方米,人均体育面积0.8平方米。随着体育设施的不断完善、人民群众健康意识的提高,体育产业市场化得到提高与发展。

体育设施

体育中心　1998年,县体育中心进行前期工程建设,选址县城上沙垟村,征地4.67万平方米。2000年,全年完成投入1800余万元,建设标准田径场、少体校教学楼、宿舍楼。2002年,县体育中心一期工程结束,包括征地、填方、围墙、400米标准田径场、1500座看台、少体校教学楼、宿舍楼、门厅、门球场、综合训练馆、绿化带等,总投资2150万元。2005年,体育中心二期工程开始筹建,总用地面积4928平方米,建筑面积7309平方米,总投资2000万元。先后完成体育馆工程建设的立项、扩初设计方案会审、地质勘查、地质灾害评估、工程监理招投标、主体工程招投标等工作,顺利进入工程施工阶段。2007年4月体育馆开工建设,年底基本完成主体工程。11月游泳训练馆工程进场施工,设计总价205万元。2009年,开工建设体育中心二期工程项目,项目包括投资2861万元、建筑面积为7309平方米的体育馆,投资430万元的田径场改造工程(包括田径场400米煤渣跑道塑胶改造、草坪足球场、网球场、门球场和300平方米的配套用房,总面积2.16万平方米)和投资250万元的游泳训练馆(总建筑面积1122平方米,由25米标准短池和儿童戏水池及配套用房等组成)。游泳馆、田径场改建工程先后竣工验收。2010年年底县体育馆竣工,占地面积4928平方米,建筑面积7314平方米,工程概算2861.43万元。2011年,县体育中心场馆建成。

全民健身工程　2003年筹集资金12万元,新建珊溪街尾村和城南小区健身点,增加和完善朝阳新村文化体育活动室。2004年,全县有健身苑点13个。2005年,争取室外健身苑点器材5套、乒乓球桌20台、篮球场2个(二源、珊门),折资金22万元;全县健身苑点增加到18个。2006年,争取室外健身苑点器材6套、篮球架3副、2个门球场和1片地掷球场地,折资金25万元;全县健身苑点增加到24个。2007年,落实省市58个健身点、2个篮球场、2个门球场,筹资8万余元支持建设5个健身点,遍布26个乡镇的68个村居。2008年,完成省市40个小康村的健身场馆建设及170所村居的72个健身苑点、70个室外乒乓球场、2个羽毛球场建设,场地设施遍布32个乡镇。同年,全县共增加群众体育场地面积约6万平方米,有健身苑(点)164个。2009年,总投资245万元用于农村体育设施建设,增加体育场地面积3万平方米,完成50个省级小康体育村、市政府31个"为民办实事工程"、6个市级小康体育先进村的建设任务,共建成93条健身路径、2个灯光球场、2个门球场。2010年,落实全民健身工程,省级小康体育村40个,市级健身苑(点)100个,乒乓球室8个,2个灯光球场,1个网球场,2个门球场，新增体育场地面积6.70万平方米。2011年，新建全民健身苑(点)264个、篮球场36个、乒乓球室15个，改建灯光篮球场10个，新增体育场地面积10.78万平方米。

体育产业

体育彩票　2000年，成立文成县体育市场管理领导小组，下设办公室。1月，首次发行即开型500万元大奖组中国体育彩票，销售258.26万元，取得公益金30.82万元；增添中国电脑体育彩票销售点4个，取得公益金20余万元。2001年，县城、珊溪、南田、玉壶4个点销售电脑体育彩票约180万元，取得公益金11.63万元。2004年，体育彩票销售额252万元，取得公益金10.50万元。2011年，体育彩票销售1226.59万元，取得公益金64.24万元。

2000-2011年文成县体育彩票销售额与公益金一览表

表32-1　　单位：元

年份	体育彩票销售额	体育彩票公益金
2000	2582592	308183.71
2001	1799885	116347.80
2002	3253842	94361.42
2003	3599780	269983.50
2004	2520000	105000.00
2005	7754892	335194.69
2006	10161946	435532.88
2007	10119257	434799.78
2008	10582239	522624.57
2009	11184436	288191.79
2010	11984463	635902.48
2011	12265898	642386.39

说明：资料由县体育局提供

体育市场　2001年，全县有2所武术馆、4个台球城、2个游泳池。2005年，县体育局与各体育场所负责人签订责任书，严格游泳场所经营许可证、救生员证、初学者教练证前期年审工作。2006年，加强体育与旅游结合，开发游泳、漂流及球类等健身娱乐产业和体育培训业等。2008年，促进体育与文化、旅游的结合，开发体育赛事经济。2010年，命名龙麒源景区为县体育旅游示范基地。2011年，发挥龙麒源、峡谷漂流、九溪漂流等体育旅游示范基地作用。县体育中心举办游泳、羽毛球、乒乓球、瑜伽、围棋等少年儿童培训班，培训800余人次。

第二章　学校体育

每年举办一次中小学生田径运动会，进行规定体育项目比赛。学校注重德、智、体全面发展，通过体育运动增强学生体质。为使中小学生体育达标，各学校开展体育“达标”活动。2004年，全县学校“达标”施行面98%、优秀率23.8%。1979年，创办县青少年业余体育运动学校(少体校)，引领全县各中小学生体育工作。

第一节　体育活动与达标

1992—2002年，文成县每年举办一次中小学生田径运动会，开展多项赛事。2002年后，县中小学生田径运动会每2年举办1次，并与全县青少年体育节同时进行。2004年，全县学校“达标”施行面98%，实现“达标”。

体育活动

1991年年末举办全县中小学生田径运动会。1992—2002年，文成县每年举办一次中小学生田径运动会。

1992—2002年文成县中小学生田径运动会一览表

表32-2

年份	届次	学校(所)	运动员(名)	项目(个)	各组团体总分第一名	记录
1992	21	17	309	11	文成中学、黄坦中学、大峃镇小	9人次破6项县田径纪录
1993	22	22	361	14	文成中学、黄坦中学、文成县小	29人次破16项县田径纪录
1994	23	20	286	14	文成中学、黄坦中学、文成县小	9人次破8项县田径纪录
1995	24	21	305	14	文成中学、黄坦中学、大峃镇小	8人次破7项县田径纪录
1996	25	18	218	14	文成中学、黄坦中学、文成县小	6人次破7项县田径纪录
1997	26	21	296	14	文成中学、南田片、文成县小	12人次破11项县田径纪录
1998	27	20	308	15	文成中学、珊溪中学、文成县小	35人次破23项县田径纪录
1999	28	19	356	14	文成中学、大峃片、县实验小学	20人次破13项县田径纪录
2000	29	24	—	17	求知中学、文城二中、县实验小学	15人次破12项县田径纪录
2001	30	22	360	11	文成中学、峃口中学、县实验小学	22人次破15项县田径纪录
2002	31	24	402	18	文成中学、文成二中、县实验小学	5人次破5项县田径纪录

说明：资料由县体育局提供

2004年开始，县中小学生田径运动会纳入全县青少年体育节，每2年举办1次。县第三十二届中小学生田径运动会暨全县青少年体育节设棋类、乒乓球、篮球和田径等6大项目，田径有14人次破9项县最高纪录。

2006年，第三十三届中小学生田径运动会暨全县青少年体育节举办田径、排球、篮球、游泳、棋类、乒乓球等10余场比赛，12人次打破12项县田径最高纪录。2010年，第三十四届中小学生田径运动会暨全县青少年体育节活动，举办田径、排球、篮球、游泳、棋类、乒乓球等10余场比赛。

达标活动

1991年，全县有237所学校开展“达标”活动，占全县学校数91.5%；体育达标率：小学94.19%，初中83.1%，高中95.5%。全县适龄学生35060人，“达标”学生32262人，占92.02%。其中，优秀级7950人，占22.68%；良好级13106人，占37.38%；及格级11206人，占31.96%。1992—2002年，开展国际体育锻炼标准达标活动。

1992—2000年文成县中小学开展国家体育锻炼标准达标活动情况一览表

表32-3

年份	学校	应开展学校数（所）	实开展学校数（所）	所占（%）	应开展学生数（人）	已达标学生数（人）	所占（%）	优秀（人）	所占（%）	良好（人）	所占（%）	及格（人）	所占（%）
1992	中学	20	19	95	9976	8130	81.5	1853	18.6	3119	31.3	3158	31.7
	小学	239	220	92.1	25084	24017	95.7	6157	24.5	10103	40.3	7757	30.9
1993	中学	20	14	70	9451	8929	94.5	1798	19	2956	31.3	4175	44.2
	小学	293	195	66.6	25609	19580	76.5	3847	15	7451	29.1	8282	32.3
1994	中学	17	17	100	9976	8490	85.1	1853	18.6	3119	31.3	3518	35.3
	小学	239	220	92.1	25084	24017	95.7	6157	24.5	10103	40.3	7757	30.9
1995	中学	19	19	100	9378	9187	97.9	2155	23	4190	44.7	2842	30.3
	小学	238	214	89.9	20973	20387	97.2	4560	21.7	8077	38.5	7750	37
1996	中学	18	18	100	9946	8570	86.2	1736	17.5	3019	30.4	3815	38.4
	小学	259	239	92.3	25274	24017	95	6157	24.4	10103	40	7757	30.7
1997	中学	18	18	100	9961	9244	92.8	—	—	—	—	—	—
	小学	259	239	92.3	25473	23344	91.6	—	—	—	—	—	—
1998	中学	18	—	—	36039	35154	97.5	8372	23.2	15159	42.1	11623	32.3
	小学	218	—	—									
1999	中学	17	—	—	31723	31024	97.8	7502	23.6	12889	40.63	10633	33.5
	小学	168	—	—									
2000	中学	14	—	—	24172	23666	97.91	6526	27	10082	41.7	7058	29.2
	小学	173	—	—									

说明：资料由县体育局提供

2001年，文成县学校“达标”施行面97.8%，达标率98.9%、优秀率27%、良好率41.7%、及格率67.3%。玉壶中学、黄坦中学、县实验小学、玉壶镇小、珊溪镇小被评为2001年度市级学校体育达标工作先进集体。2002年，全县学校达标施行面98%，达标率98%、优秀率23.8%、良好率39.6%、及格率34.4%。2004年，全县学校达标施行面98%、优秀率23.8%。2005年后，全县实现“达标”，不再进行“达标”统计。

第二节 体育教学

文成县中小学与县少体校按照《体育工作条例》和"两个标准"要求,进行体育教学。要求课外每天安排"两操"。

体 育 课

学校一般每周安排两节体育课(有条件的安排三节),要求体育教师遵循学生身心发展规律,按《教学大纲》要求制定形式多样、内容丰富的教学计划,传授体育知识,启发引导学生积极参加体育锻炼。学生体育成绩的考核,按照《体育工作条例》和"两个标准"要求进行测试,准确评定每位学生的体育成绩。体育考核不及格的不准毕业。身体有缺陷、确实不能参加体育活动的学生,准予免修体育课。对体育特长生或参加省市级以上体育竞赛取得好成绩的学生,在升学中给予适当加分。

课 外 活 动

文成县各校每天安排一节课外活动课,根据场地、器材、人员配备等实际情况,进行体育或文娱活动。活动课有老师辅导,实行点名制度,检查学生参加活动情况。活动内容针对各年级学生特点,开展一些学生感兴趣的跳绳、跑步、篮球、乒乓球等活动,以增强学生体质,为完善体育教学打下基础。每天安排"两操",上午第二节课后安排课间操,下午第二节课前安排眼保健操。

第三章　群众体育

1991—2011年，文成县各单位举办羽毛球、乒乓球、拔河、足球、排球、篮球、田径、自行车慢骑、登山、长跑、舞龙灯和棋类等大中型活动。1999年，县教委、交通局、县移动通讯分公司、县金融系统、县妇联、祥龙保龄球馆联合举办"迎春杯"篮球赛、羽毛球邀请赛、迎"三八"妇女干部职工保龄球比赛、金融系统游泳比赛，7000余人次参加。2003年6月，全县68个单位1万余人，开展全民健身抗击"非典"活动月。珊溪镇、巨屿镇及玉壶片相继举行长跑活动，4000余人参加；西坑片组织8个单位职工，开展拔河比赛。2005年，开展体育创强活动。2007年，玉壶镇成为全省第二批体育强镇。2008年，西坑畲族镇创成省级体育强镇。2009年，创成一乡一镇（周壤乡、珊溪镇）体育强（乡）镇和6个市级体育先进村。2010年，巨屿镇、二源乡被命名为浙江省体育强镇（乡）。2011年，峃口镇、南田镇、百丈漈镇被命名为浙江省体育强镇。同时，老年人体育、残疾人体育方面取得较大成绩。

第一节　职工与农民体育

1991—2011年，文成县总工会等单位组织县乡机关单位开展职工体育活动，进行拔河、羽毛球、乒乓球、足球、排球、象棋、篮球、登山、长跑、田径等项目比赛。2005年始，组织举办农村趣味体育运动会，开展体育进农村、社区活动。

职工体育

1991年，县体委、县教委、县总工会等单位联合举办乒乓球、羽毛球、篮球等比赛7场，325名职工参加。1992—1996年，文成县连续举行5届（七届、八届、九届、工行杯、十届）"迎春杯"篮球赛，每届10支以上代表队参赛。

1997年，文成县举行金融系统首届运动会，7个直属单位340名运动员参加中国象棋、乒乓球、拔河、趣味性游戏、田径5个项目比赛。1998年，举行"交通杯"迎春篮球赛和"移动杯"羽毛球比赛，14支代表队120多名运动员参加比赛。

2000年，各单位和乡镇开展拔河、乒乓球、象棋、篮球、登山、长跑、舞龙灯等活动。2002年，冬泳协会、周壤乡、总工会、妇联等单位和乡镇，开展田径、拔河、自行车慢骑、篮球、乒乓球、游泳、围棋、中国象棋、跳绳等健身活动。2003年年初，全县举办"迎春杯"篮球比赛、公安系统篮球比赛、庆"三八"趣味体育比赛、机关系统乒乓球赛、"五人制"足球赛和垂钓比赛。6月，南田片举办篮球赛。2004年，体育局、总工会、卫生系统及有关社区联合举办"五一"拔河比赛。

2006年，县体育局联合工、青、妇等相关组织，举办"迎春杯"篮球比赛、"三八"妇女节女子广播体操赛、"五一”干部职工拔河比赛、“六一”儿童节亲子趣味运动会、“房管杯”干部职工乒乓球比赛、重阳节老年人登山比赛等。2007年，各单位举办羽毛球、乒乓球、拔河、足球、排球和棋类等大中型活动11次，7200余人参赛。2008年，各单位举办篮球、乒乓球、钓鱼、足球、排舞、健身操球和棋类等大中型比赛活动12次，1.5万余人参赛。2009年，县体育局联合县妇联、总工会、团县委等单位和部分乡镇，组织篮球、拔河、乒乓、钓鱼等15个单项比赛，举办干部职工运动会、“全民健身日”万人健身跑等18次系列活动。

2011年，举办“迎春杯”篮球赛、“三八”妇女运动会、“五一”拔河比赛、“六一”亲子趣味运动会，全县“三对三”篮球联赛，“农信杯”教职工篮球赛。

农民体育

1984年，省体委等部门授予西坑乡“体育之乡”称号。2005年，组织全县农民代表参加“龙谷丽人”杯浙江省全面健身展示活动，组织西坑畲族镇10位农民参加浙江省首届农民健身演示大会。大峃镇周村、朝阳新村作为国民体质检测试点，对2个村300多名农民进行身体素质检测。2007年，玉壶镇列为全省第二批体育强镇。开展体育进农村、进社区活动，东溪乡、里阳乡等举办农村趣味体育运动会，24支队400人参加。2008年，西坑畲族镇创建省级体育强镇。2009年，创成一乡一镇（周壤乡、珊溪镇）体育强（乡）镇和6个市级体育先进村。2010年，巨屿镇、二源乡被命名为浙江省体育强镇（乡）。2011年，峃口镇、南田镇、百丈漈镇被命名为浙江省体育强镇。

第二节　老年人与残疾人体育

开展老年人运动会与伤残人运动会，增强特殊人群体质，使他们健康生活。组织他们参加上级体育比赛，获多项奖次。

老年人体育

1995年12月，文成县举行首届老年人运动会，12个代表团315名运动员参加中国象棋、乒乓球、篮球、田径等项目的比赛。2011年4月，承办温州市第六届老年人运动会健身球操比赛，文成县代表队获甲组一等奖。266名运动员参加温州市第六届老年人运动会其他项目比赛，获团体2金6银1铜，最佳组织奖和体育道德风尚奖。5月，举行文成县第三届老年人运动会。同时举办第三届老年人象棋比赛。

残疾人体育

1991年始，残疾运动员张仁泼4次参加全国、浙江省举办的残疾人运动会，取得游泳项目多个第一（详见社会团体卷）。

第三节　全民健身运动

1991—2011年，举办第三届、第四届全民运动会。组织8次环城跑比赛。举办老年人运动会、全民健身日健身跑等活动。

1992—1996年，文成县基层群众体育活动普遍开展，除棋类、田径、球类、武术等项目，每天有数以千计体育爱好者坚持晨练，项目为太极拳、太极剑、气功等。举行7次大型群众体育活动，7600人次参加。1996年8—11月，举办县第三届全民运动会，31个代表团近1000名运动员参加中国象棋、围棋、乒乓球、排球、篮球、羽毛球、田径等项目比赛。

图32-1 “全民健身与奥运同行”系列活动暨万人健身环城跑启动仪式（邱珍钱2007年7月摄）

1997年6月，开展全民健身宣传月活动，组织600多名机关干部参加环城跑比赛。为迎接香港回归，组织县机关干部职工乒乓球比赛和干部职工第二次环城跑活动。1998年，举办乒乓球、篮球、拔河、田径、环城跑、保龄球、钓鱼等7次全民健身活动，2000余人参加。

1998年11月，县交通局、黄坦镇、邮电局、农用车总厂、峃口中学、大峃镇小、少体校、钓鱼协会等8个单位被评为市十一届全运会群众体育先进集体。1999年，全县各乡镇组织开展中国象棋、篮球、乒乓球、拔河、象征性长跑、舞龙、登山等全民健身活动。

图32-2 健美操（邱珍钱2008年4月摄）

2001年，300人左右参加晨练，练点增到20多处。开展拔河、乒乓、象棋、篮球、登山、长跑、舞龙灯等活动。2003年9—11月，举办县第四届全民运动会，设棋类、乒乓球、篮球、拔河、排球、田径6大项目，45个代表团、4000名体育健儿参加比赛。

2005年举办各类活动10多次，在县城举行全民健身宣传月启动仪式暨长跑活动，1万余人参加。2007年，晨晚练达5000～6000人次，经常参加体育人数占总人口数30%以上。9月，组队参加2007年浙江省片区全民健身活动比赛和温州市体育系统“体彩杯”趣味运动会，取得全省第六名和全市第二名的佳绩。

2008年，组队参加浙江省片区全民健身活动比赛和温州市体育系统“体彩杯”趣味运动会，获全省第六名和全市第一名。承办温州市公开水域游泳比赛、温州市体育系统趣味运动会和市青少年排球比赛，首次被评为温州市最佳赛区。2010年，举办“迎春杯”篮球赛、“三八”妇女运动会、“五一”拔河比赛等20场（次）体育活动，1万余人次参与。

2011年，举办全民健身日健身跑等50余场（次）。举办“迎春杯”篮球赛、庆“三八”趣味运动会、“五一”拔河比赛、“六一”亲子趣味运动会、县“三对三”篮球联赛、“农信杯”教职工篮球赛、全民健身日健身跑等50余场（次），3万人次参与。

第四章　竞技体育

1991—2011年,文成县运动员在竞技体育竞赛中取得较好成绩。为培训优秀运动员,注重业余训练点建设。2011年,业余训练布点在县实验小学(田径、乒乓球)、县实验二小(田径、乒乓球)、黄坦镇小(男、女排球)等8所学校进行布点训练,形成面向全县的业余训练普及网络体系。

第一节　竞赛成绩

1991—2011年,文成县运动员参加市田径、排球、拳击、武术散打、皮划艇、跆拳道、女子柔道等项目的比赛、竞技体育竞赛中取得较好成绩。

1991—2011年文成县运动员体育竞赛成绩一览表

表32-4　　单位:人

年份	运动员	主要成绩
1991	81	市少年儿童柔道比赛团体总分第二名;市中学生田径分龄赛团体总分第三名
1992	80	省市田径团体总分第一名3个,第二名2个,第三名2个;重点中学运动会个人第一名37人,第二名35人,第三名18人
1993	87	参加市田径、排球、女子柔道等项目比赛,获团体总分第一名1个,第二名2个,第三名2个;获个人金牌20枚,银牌1枚,铜牌12枚
1994	—	参加省市女子柔道、拳击、女子排球和田径等项目比赛,获金牌26枚,银牌13枚,铜牌20枚
1995	70	参加五个项目的省、市级比赛,获金牌17枚,银牌10枚,铜牌9枚
1996	100	参加省市田径、排球、拳击、女子柔道等项目比赛,获团体总分第一名2个,第二名1个,第三名3个;获个人金牌45枚,银牌13枚,铜牌20枚
1997	—	参加省、市田径、排球、女子柔道、武术散打、拳击等项目比赛,获金牌19枚,银牌33枚,铜牌16枚
1998	70	参加省、市及市十二届全运会(青少年部)女子排球、女子柔道、男女田径、男女武术等项目比赛,获团体总分第一名1个、金牌8枚,银牌13枚,铜牌19枚
1999	83	参加省、市有关项目比赛,获团体总分第一名1个、第三名一个,金牌11枚,银牌17枚,铜牌15枚
2000	80	参加省、市有关项目比赛,获金牌8枚,银牌、铜牌各14枚,女子柔道获市级项目团体总分第一名
2001	70	参加温州市第十二届青少年运动会的田径、武术、散手、皮划艇、女子柔道等项目比赛,获金牌9枚,银、铜牌各14枚;金牌数、团体总分名列全市第九,女子柔道项目连续14年获市级团体总分第一名
2002	46	参加省、市有关田径、武术、散手、皮划艇、女子柔道等5个项目的比赛,获金牌6枚,银牌4枚,铜牌11枚,其中参加省十二届运动会获金牌、银牌、铜牌各3枚,总分88.5分
2003	50	参加温州市青少年体育比赛的武术、柔道、田径3个项目比赛,获金牌8枚,银牌14枚,铜牌17枚;女子柔道项目获市级团体总分第一名

续表32-4

年份	运动员	主要成绩
2004	60	参加温州市青少年(儿童)体育比赛的武术(套路)、柔道、田径、排球4个项目比赛,获金牌7枚,银牌12枚,铜牌9枚;女子柔道项目获得团体总分第二名
2005	70	参加青少年柔道、排球、田径、赛艇、游泳等比赛,获金牌12枚,银牌11枚,铜牌13枚,总分349分
2006	—	参加省第十三届运动会获金牌3枚、铜牌1枚;参加温州市田径分龄赛、排球、女子柔道等项目比赛,田径队获金牌7枚、银牌4枚、铜牌5枚,柔道获得2金4银,排球获第三名
2007	—	在省第八届田径运动会和省体操、跆拳道、武术、柔道等项目比赛中取得金牌4枚、银牌3枚、铜牌5枚;在市田径、排球、跆拳道、柔道、艺术体操等项目比赛中,获金牌13枚,银牌10枚,铜牌6枚
2008	—	向外输送的运动员(输送到上海、北京体院等运动员)获世界冠军1人,全国冠军2人,省级银牌2人,铜牌2人;参加市级田径、排球、跆拳道、柔道、举重、乒乓球、篮球、艺术体操等9个项目,获金牌20枚,银牌35枚,铜牌30枚
2009	134	参加十四届市运动会,举重获团体第三名,柔道获团体第二名、女子团体第一名,排球第四名;田径比赛打破一项400米市级记录;棋类和武术等的布点项目实现金牌的突破。获金牌23.3枚,银牌26枚,铜牌29枚,总分761分。在省第九届县级田径运动会获第一名1个、第二名1个、第三名2个
2010	—	参加省市级田径、跆拳道、摔跤等各项比赛,获42金、17银、12铜
2011	—	参加省、市田径、跆拳道、摔跤等各项比赛,获金牌56枚,银牌46枚,铜牌33枚;摔跤团体第一名,女排甲组、乙组第一名,举重团体第二名,柔道团体第二名,跆拳道团体第三名

说明:资料由县体育局提供

第二节 业余训练

1991年,县少体校设立田径、排球项目,“三集中”运动员34人。文成县小、珊溪区小、大峃镇小、黄坦区小作为田径传统学校,文成中学、珊溪中学作为田径点;文成二中、珊溪中学、玉壶中学分别作为柔道、举重、田径训练点。2007年,县少体校新增游泳、跆拳道、举重、乒乓球、散打、拳击和武术等7个项目,业余训练运动员105人,输送到省、市体育院校运动员6人。2008年,业余训练点分设在文成二中、文武学校、育才武术学校、县实验小学和成职教中心等5所学校,开设棋类、乒乓球、拳击、武术、点子制作和无线电测向、定向等7个特色项目,初步形成以少体校业训为龙头,面向全县的业余训练普及网络体系。业余训练运动员145人,向省、市体育学院输送运动员22人。2010年,柔道队员刘晓慧正式被八一队录取,并获全国少年柔道比赛亚军。射箭队员林亚希、体操队员金轩昂被省体育职业技术学院选调为长期集训。2011年,业余训练布点在县实验小学(田径、乒乓球)、县实验二小(田径、乒乓球)、黄坦镇小(男、女排球)等8所学校进行布点训练,形成面向全县的业余训练普及网络体系。

第三节 竞赛体育项目简介

文成体育传统强项为柔道、排球、田径、散打等,获得较好成绩。

柔 道

柔道是文成体育传统强项。10多年来,文成陆续向上级体育部门输送优秀苗子10余人。王瑾1991年获全国“月兔杯”青年女子柔道锦标赛女子52公斤级全国冠军,1992年代表省女子柔道队参加全国锦标赛获52

公斤级银牌,1994年代表国家队参加在日本广岛举办的第12届亚运会女子柔道比赛获52公斤级铜牌。1996年,代表国家队参加第二十六届亚特兰大奥运会52公斤级柔道项目比赛,为文成首位参加奥运会的运动员。同年,代表省女子柔道队参加全国锦标赛获52公斤级冠军。2001年,文成组队参加市十二届全运会,女子柔道项目连续14年获得市级团体总分第一名。2002年,浙江省第二十届全运会(青少年部)女子柔道比赛于7月在文成县举行,文成籍运动员吴苗苗获女子丙组44公斤级冠军,王海燕获女子甲组57公斤级亚军。2009年,陈珊珊、胡娟娟参加省柔道锦标赛,分别获第三名和第五名。陈芳芳获全国青少年柔道比赛第一名。刘晓慧获全国少年男女柔道锦标赛63公斤级第二名。陈芳芳获全国青年柔道锦标赛52公斤级第五名。

排　球

1991年,县少体校设立排球项目作为重点训练项目。1992年,包金兰代表省少年队参加全国女子排球比赛获第五名。1997年,王晓兵代表省队参加在上海举行的第八届全运会男子排球比赛获得亚军。2006年,组队参加温州市排球分龄赛,取得第三名。2009年,文成籍运动员叶岑获全国女子排球大奖赛总决赛第二名。2010年,组队参加十四届温州市运动会,排球项目获第四名。

田　径

1991年,获市中学生田径分龄赛团体总分第三名。1995年,第一次组队直接参加在浦江举行的首届省县级田径运动会,取得中等成绩。2006年,组队参加温州市田径分龄赛,田径队获金牌7枚、银牌4枚、铜牌5枚。2009年,组队参加十四届市运动会,田径比赛打破一项400米市级纪录;组队参加省第九届县级田径运动会,获第一名1个、第二名1个、第三名2个。

散　打

2008年12月,蔡颖颖参加第二届世界青少年武术锦标赛,获女子52公斤级冠军;2009年,参加“莱州勇士杯”国际散打邀请赛,获冠军;2010年,参加全国武术散打冠军赛,获季军;2011年,参加全国武术散打冠军赛,获冠军。

第三十三卷

华侨

清光绪三十一年(1905),玉壶东头黄河村胡国恒出国西欧开创县域华侨历史。至20世纪70年代,县域旅外华侨华人1774人。1978年改革开放后,文成县迎来新的移民潮(出国热)。据1990年统计,全县华侨华人1.56万人,分布在世界28个国家。2006年文成县进行侨情普查,全县归侨、侨眷16698户47321人,华侨华人72028人,留学生62人。侨情也起重大变化,开始从单向出国,到回国定居归侨的转变。2011年,华侨华人侨居国增至52个,数量增至10.50万人。

21年来,华侨华人心系故国,热爱家乡,造福桑梓,一颗赤子之心未变。1991—2011年,文成县侨胞、侨眷累计捐资人民币1.14亿元。在全国水电、房地产、商贸等行业以美元注册的侨资企业17家,投资近100亿元,其中,投资家乡建设资金计2.57亿元。全县累计侨汇302.80亿元(不包括随身携带),其中2007—2011年的5年间,全县侨汇191.80亿元。在新世纪构建美丽中国蓝图中,广大侨胞更是发扬爱国爱乡光荣传统,参与祖国现代化建设,成为一支“爱我中华、振兴文成”的重要力量。

第一章　华侨华人概况

县域华侨史发端于清光绪三十一年(1905)。至1949年,全县出国(境)1312人;1950—1978年出国(境)462人;1979—1990年出国(境)10449人;1991—2005年出国(境)51098人,在外出生7432人。2011年,华侨华人人数10.50万人。改革开放以来,华侨华人从业结构呈现多元化趋势,逐步从传统的加工制造业、营销服务业转入国际商贸、科技教育、文化艺术、医疗卫生、从政、律师等领域。

第一节　华侨华人分布

首部《文成县志》(中华书局1996年11月版)载:1979—1990年,全县旅外华侨华人10449人,占已移居海外华侨华人(含华裔)总数的70%。其中玉壶区(镇)出国华侨9119人,占全县旅外华侨华人总数的87.3%。侨居地以欧洲为主,具体分布于日本、泰国、新加坡、马来西亚、菲律宾、印度尼西亚、波兰、捷克、匈牙利、罗马尼亚、阿尔巴尼亚、意大利、奥地利、德国、丹麦、瑞典、瑞士、荷兰、法国、比利时、西班牙、葡萄牙、加拿大、美国、苏里南、厄瓜多尔、摩洛哥、澳大利亚28个国家。本节对1991—2011年县内各乡镇旅外华侨人口与侨居国华侨分布予以简略记述。

文成华侨华人人口

20世纪90年代,文成移居海外人数猛增,年轻华侨人口大量增多。1998年年底,35个乡镇实地调查华侨华人58076人,玉壶片区的玉壶镇、周壤乡等6个乡镇25582人,占全县移民海外总人数44.05%;大峃镇13024人,占22.42%;樟台乡、黄坦镇、南田镇、二源乡4327人,占7.44%;其他24个乡镇15143人,占移民海外总人数26.10%。

1998年文成县各乡镇华侨华人人口情况一览表

表33-1　　　　单位:人

乡镇	旅外数	占旅外总数(%)	乡镇	旅外数	占旅外总数(%)
玉壶镇	15531	26.74	大峃镇	13024	22.42
周壤乡	3527	6.07	樟台乡	1123	1.93
东溪乡	3095	5.33	南田镇	1193	2.06
朱雅乡	1489	2.56	二源乡	1009	1.74
金星乡	1015	1.75	黄坦镇	1002	1.71
上林乡	925	1.59	其　他	15143	26.10
合　计				58076	100

说明:"其他"栏数据,系在表中没有注明的珊溪、峃口、西坑等片24个乡合计旅外人数。资料由县侨联、侨办提供

2006年开展侨情调查,旅外华侨华人总计72028人。2011年按县侨务部门统计,全县旅外人口达10.5万人,遍及全县各乡镇。

侨居国华侨华人分布

1990年年底,全县旅外华侨华人15600余人,分布世界28个国家,以欧洲为主,其次为亚洲、美洲。1991年后,出国华侨继续不断增加,加上华侨华人创办实业领域的拓展,华侨华人分布的侨居国大量增加,分布人数变动也较大。

1905—1998年,华侨华人58235人,其中,分布欧洲55314人,占华侨华人总数94.97%;其次为亚洲1744人,其他依次为南美洲、北美洲、澳洲与非洲。其中,意大利有25048人,占全县华侨华人总数的43.19%,占旅游华侨华人总数的45.48%。

2006年,全县侨情调查,旅外华侨华人增至72028人,相比1998年华侨华人数58076人净增13952人,增长率24%。2011年,县侨联统计旅外华侨华人为10.5万人,分布世界52个国家。

1998年文成县华侨华人在海外各国分布情况一览表

表33-2　　单位:国/人

洲别	侨居国(地)	人数	洲别	侨居国(地)	人数
欧洲	意大利	25084	亚洲	新加坡	645
	法　国	9257		马来西亚	356
	荷　兰	8837		印度尼西亚	27
	西班牙	4030		菲律宾	75
	德　国	4028		日　本	150
	奥地利	1993		泰　国	152
	比利时	653		缅　甸	135
	葡萄牙	301		柬埔寨	128
	英　国	75		越　南	45
	卢森堡	5		韩　国	13
	匈牙利	129		蒙　古	7
	捷　克	250		土耳其	11
	斯洛伐克	36	小计	12	1744
	罗马尼亚	94	非洲	摩洛哥	20
	南斯拉夫	43		肯尼亚	19
	阿尔巴尼亚	15		尼日利亚	8
	瑞　士	25		突尼斯	16
	瑞　典	29		埃　及	10
	挪　威	20		南　非	9
	丹　麦	150	小计	6	82
	波　兰	55	南美洲	苏里南	289
	俄罗斯	150		厄瓜多尔	86
	乌克兰	55		玻利维亚	35
小计	23	55314		巴　西	35

续表33-2

洲别	侨居国(地)	人数	洲别	侨居国(地)	人数
北美洲	美　国	353		阿根廷	32
	加拿大	66		秘　鲁	24
小计	2	419		古　巴	13
澳洲	澳大利亚	125	小计	7	514
	新西兰	37	合计	52	58235
小计	2	162			

说明：资料来自《文成华侨志》中国华侨出版社，2002年12月，第28～29页。

2006年文成籍华侨华人在各侨居国分布情况一览表

表33-3　　单位：人

洲别	国家(地区)	人数	洲别	国家(地区)	人数
欧洲	意大利	54284	亚洲	马来西亚	15
欧洲	荷　兰	5353	亚洲	泰　国	7
欧洲	法　国	4284	亚洲	老　挝	4
欧洲	西班牙	3501	亚洲	柬埔寨	2
欧洲	德　国	1699	亚洲	阿联酋	2
欧洲	奥地利	351	亚洲	吉尔吉斯斯坦	1
欧洲	比利时	205	亚洲	菲律宾	1
欧洲	希　腊	127	亚洲	印　度	1
欧洲	捷　克	99	美洲	苏里南	1261
欧洲	罗马尼亚	53	美洲	美　国	182
欧洲	俄罗斯	52	美洲	巴　西	15
欧洲	匈牙利	26	美洲	加拿大	13
欧洲	葡萄牙	25	美洲	厄瓜多尔	6
欧洲	瑞　士	19	非洲	埃　及	33
欧洲	南斯拉夫	17	非洲	南　非	6
欧洲	丹　麦	12	非洲	多米尼加	4
欧洲	乌克兰	11	非洲	埃塞俄比亚	2
欧洲	英　国	7	非洲	突尼斯	2
欧洲	摩尔多瓦	2	非洲	马　里	1
欧洲	波　黑	1	非洲	加　蓬	1
欧洲	克罗地亚	1	非洲	马耳他	1
欧洲	立陶宛	1	非洲	科特迪瓦	1
亚洲	土耳其	5	非洲	贝　宁	1
亚洲	新加坡	166	非洲	牙买加	1
亚洲	日　本	60	大洋洲	澳大利亚	80
亚洲	蒙　古	20			
合计：亚洲284人，欧洲70130人，美洲1477人，非洲53人，大洋洲80人					

说明：资料由文成县侨联提供。

第二节　文化与职业

华侨华人的职业构成，由于祖国的日益强大、华侨华人国际地位提高和侨胞本身文化素质紧密相关。1991年后，随着华侨华人社会地位提高、子女学历提升和在国内高等院校毕业生出国人员增多，使华侨华人完全摆脱早年只能从事单一苦力谋生行业，进入从事社会各领域发挥技能挣钱致富的多种职业结构。

文化程度

1997年，省侨联致浙江省人民政府《关于浙江省新移民情况的调查报告》中所显示“20世纪70年代末至80年代初出境新移民，以40~50岁为主，其后趋向年轻化，现在15岁到20多岁的青年已不少。以农民最多，其次为工人，再次为商人(个体户)、学生、干部。接受的基本上是新的教育，因此熟悉新中国的政治、经济、文化情况，对改革开放也比较了解，是一批年富力强有闯劲的人。老华侨中目不识丁的文盲占了很大比例，如文成境域1928年有一批人赴新加坡，在上海办护照，40余人中竟无一人识字，被迫雇请他人填写护照。新移民中则大多具有初中或高中文化水平，掌握侨居国语言能力强，整体文化素质明显高于老华侨，这对于他们在侨居国的发展是大有益处的”。(转载《文成华侨志》，中国华侨出版社，2002年12月版第80页)

改革开放后，原来已有工作单位、有固定工资收入的干部职工(即通常所称的城镇工薪阶层)出国华侨逐年增多。1998年，文成县侨务办公室对机关单位干部职工出国人员调查统计，全县工薪阶层出国华侨842人。以其出国前所从事的原工作单位按系统划分，分别为原来从事教育工作的出国华侨较多，计380人(男208人、女172人)，占干部职工出国华侨总数的45.13%，其中小学教师271人，约占总数的三分之一；其次为县机关团体(40人)和乡镇干部(51人)，合计91人，占总数10.81%；医护人员出国72人，占总数8.55%；出国人员较多的单位还有商业供销部门43人、金融系统职员34人、邮电职工32人、粮食物资部门员工26人、财税干部18人、侨务系统干部职工18人、文化部门职员18人。此外，政法机关、农林水系统、交通运输、工矿企业等单位部分干部职工，计出国110人，大部分具有高中以上文化程度。

2006年，据《文成县侨情调查》显示，全县旅外华侨华人72028人，除去未到适龄学童和老弱退休者，列入文化程度调查对象65886人。其中初中及初中以下文化59447人，占被调查的华侨华人总数90.23%；高中5212人、中专543人、大专398人、大学本科199人、硕士33人、博士54人。此后，华侨文化程度在高中以上学历比率继续逐年上升。

职业构成

华侨从业结构，随着20世纪80年代服装业蓬勃发展，90年代商贸业崛起，华侨实业经济多元化而不断变化。1990年周壤乡移居海外华侨调查统计实际在业华侨943人。其中，从事餐馆业558人，占在业总数的59.17%；服装业243人，占25.77%；皮革业64人，占6.79%；商贸业78人，占8.27%。至1997年年底，职业构成发生明显变化。从业门路增多，新增建筑、木工、石工、装潢、医药、录像等业，从业类别较大变动。全乡实际在业华侨为2568人，其中从事餐饮业879人，占在业总数34.23%，较1990年下降24.94个百分点；服装业1458人，占56.78%，较1990年增长31.01个百分点。另有从事商贸业114人、皮革业69人、木工业36人、建筑业7人、石工业2人，装潢和医药等业3人。

据1998年对玉壶原东溪乡侨情调查结果，全乡移居海外正式在业华侨2529人。其中1991—1998年新移民2027人，约占在业人数的80%，还处在帮工赚钱阶段；另有20%为1990年年前移居海外的华侨，已具一定的经济实业，成为经营业主或实业老板。分别为餐饮业老板214人，服装业老板174人，皮革业老板93人，商店老板21人。

2006年文成县侨情调查统计，全县旅外华侨在业人口61861人，职业构成分别为：加工制造业29471人，占在业总数的47.64%；餐饮服务业13348人，占在业总数的21.58%；商贸业4318人，占6.98%；科技教育业91人，占0.15%；医药卫生51人，占0.08%；另有文化艺术业16人、金融保险业8人、从政10人、律师6人，占0.06%；其他行业14542人，占总数23.51%。

2007年以来，华侨的产业规模和经营范围进一步扩大，向着股份有限公司、连锁店等现代企业经营模式的转变，使华侨经济拓展走向市场开发投资的多元化和跨国化，华侨职业构成更趋丰富多彩（详见本卷第三章华侨创业历史）。

1997年周壤乡旅居海外华侨职业构成情况一览表

表33-4　　单位：人

行政村	华侨人口	在业人数	职业构成						
			餐饮	服装	皮革	商贸	木工	建筑	其他
联丰	373	294	122	154	8	6	—	3	1
项山	241	184	69	102	2	2	6	2	1
岙底	265	217	77	131	3	3	2	—	1
新岭头	202	156	86	59	1	1	9	—	—
南坑	99	78	27	45	6	—	—	—	—
岩井	153	118	70	48	—	—	—	—	—
麻山	193	152	34	115	3	—	—	—	—
诸葛岭	120	112	15	71	1	13	12	—	—
路山	52	44	9	34	—	—	1	—	—
上龙	55	41	8	17	2	12	1		1
周墩	461	366	136	184	5	36	2	2	1
大坑	458	342	107	176	17	39	3	—	—
林山	231	212	54	157	—	1	—	—	—
湖岙	24	24	1	20	3	—	—	—	—
半岭	52	47	17	19	11	—	—	—	—
底南	23	22	5	16	—	1	—	—	—
中南	83	75	24	44	7	—	—	—	—
外南	56	48	6	42	—	—	—	—	—
孙岭	18	16	7	9	—	—	—	—	—
周龙	32	20	5	15	—	—	—	—	—
合计	3191	2568	879	1458	69	114	36	7	5

说明："其他"栏包括医药业（联丰村）、石工业（项山村及上龙村）、装潢业（岙底村）、文化录像业（周墩村）等各1人。县侨办、侨联提供

第三节 归侨与侨眷

文成县是具一百多年历史的著名侨乡。一直来有关侨情普查,都注重于移民海外人数分布、华侨创业历史与职业构成,以及侨胞对家乡社会经济建设所做的贡献,而对于归侨与侨眷具体情况则少有调查资料记载。1990年9月7日,《中华人民共和国归侨、侨眷权益保护法》(简称《权益保护法》)颁布,从此将归侨、侨眷的合法权益得到保护。各级政府和侨务部门大力开展学习宣传《权益保护法》,具体落实解决存在问题的措施,使归侨、侨眷利益得到依法保护。2006年,县人民政府全面开展以归侨、侨眷为专题的首次普查登记工作。全县侨属16698户、侨眷47321人、归侨39人。至2011年,未曾进行新的归侨与侨眷调查统计数据。

归 侨

文成籍归国华侨,概为1949年以前出国苦力谋生的老一代华侨。他们饱受生活磨难后,年老回乡、叶落归根。1993年以来,通过《中华人民共和国权益保护法》贯彻实施,县侨务部门对老归侨、侨眷进行不定期走访慰问,并对年衰体弱、没有依靠的特困侨户发放生活经济补助费。其中,玉壶镇垟头村老归侨胡希顺,20世纪30年代在新加坡谋生时曾为抗日救亡运动做出过贡献后回国,至1995年80多岁,身边没有子女照顾,生活相当困难。当县侨务部门前往慰问且送上补助金时,他感动得热泪盈眶。1998年,全县73位老归侨,一直享受国家发给的生活困难补助款。

2006年侨情普查,全县归侨39人。其中玉壶镇31人、大峃镇7人、南田镇1人,玉壶镇归侨人数占归侨总数的79.49%。2011年,人民政府给11名老归侨发放每人每月300元的生活困难补贴费。

侨 眷

2006年侨情普查登记:全县侨属16698户,计侨眷47321人,平均每侨户在国内侨眷2.83人;旅外华侨华人72028人,每侨户平均旅外4.3人。从全县侨情统计数据显示,凡旅外华侨华人数多的乡镇,则分布的侨眷户数与人口数相对占多数。

著名侨乡玉壶镇旅外华侨华人24976人,占全县总数的34.68%;侨眷4059户计8928人,分别为全县侨户总数24.31%和侨眷人口总数18.87%。大峃镇旅外华侨华人14720人,占全县总数的20.44%;侨眷3134户计9142人,各占全县侨户总数18.77%和侨眷人口19.32%。周壤乡旅外华侨华人10188人,占全县总数的14.14%;侨眷2506户计7723人,各占全县侨户总数15.01%和侨眷总人口16.32%。东溪乡旅外华侨华人6570人,占全县总数的9.12%;侨眷1432户计3015人,各占全县侨户总数8.58%和侨眷人口6.37%。其他乡镇侨眷分布依次见表。至2011年,尚未进行新的侨眷普查登记。

2006年文成县各乡镇侨眷归侨分布情况一览表

表33-5

乡镇	归侨侨眷		侨眷		归侨		华侨华人		旅外留学		
	户数(户)	占比%	人数(人)	占比%	人数(人)	占比%	人数(人)	占比%	人数(人)	留学生(人)	家属人(人)
玉壶镇	4059	24.31	8928	18.87	17	43.59	24976	34.68	—	—	—
周壤乡	2506	15.01	7723	16.32	8	20.51	10188	14.14	74	14	60

续表33-5

乡镇	归侨侨眷		侨眷		归侨		华侨华人		旅外留学		
	户数（户）	占比%	人数（人）	占比%	人数（人）	占比%	人数（人）	占比%	人数（人）	留学生（人）	家属人（人）
东溪乡	1432	8.58	3015	6.37	3	7.69	6570	9.12	—	—	—
朱雅乡	486	2.91	1252	2.65	2	5.13	2759	3.83	9	6	3
金星乡	472	2.83	1386	2.93	1	2.56	1413	1.96	—	—	—
大峃镇	3134	18.77	9142	19.32	7	17.95	14720	20.44	77	33	44
龙川乡	393	2.35	1234	2.61	—	—	1129	1.57	6	1	5
樟台乡	769	4.61	2449	5.18	—	—	2092	2.90	7	2	5
里阳乡	289	1.73	1253	2.65	—	—	757	1.05	5	1	4
金垟乡	90	0.54	314	0.66	—	—	178	0.25	—	—	—
金炉乡	120	0.72	321	0.68	—	—	185	0.26	—	—	—
南田镇	593	3.55	2142	4.53	—	—	1365	1.90	4	2	2
十源乡	267	1.60	1213	2.56	1	2.56	556	0.77	—	—	—
黄寮乡	26	0.16	96	0.20	—	—	35	0.05	—	—	—
百丈漈镇	132	0.79	445	0.94	—	—	235	0.33	—	—	—
二源乡	558	3.34	1501	3.17	—	—	1220	1.69	—	—	—
珊溪镇	136	0.81	535	1.13	—	—	379	0.53	9	2	7
仰山乡	7	0.04	30	0.06	—	—	9	0.01	—	—	—
桂山乡	9	0.05	38	0.08	—	—	15	0.02	—	—	—
西坑镇	135	0.81	434	0.92	—	—	247	0.34	—	—	—
下垟乡	14	0.08	56	0.12	—	—	41	0.06	—	—	—
岭后乡	13	0.08	38	0.08	—	—	32	0.04	—	—	—
上林乡	338	2.02	1086	2.29	—	—	1272	1.77	—	—	—
石垟乡	24	0.14	89	0.19	—	—	33	0.05	—	—	—
巨屿镇	109	0.65	460	0.97	—	—	218	0.30	6	1	5
峃口镇	159	0.95	642	1.36	—	—	382	0.53	—	—	—
双桂乡	40	0.24	148	0.31	—	—	108	0.15	—	—	—
平和乡	68	0.41	238	0.50	—	—	186	0.26	—	—	—
公阳乡	24	0.14	106	0.22	—	—	57	0.08	—	—	—
黄坦镇	213	1.28	738	1.56	—	—	516	0.72	—	—	—
富岙乡	32	0.19	87	0.18	—	—	69	0.10	—	—	—
云湖乡	21	0.13	82	0.17	—	—	41	0.06	—	—	—
周山乡	30	0.18	100	0.21	—	—	45	0.06	—	—	—
合计	16698		47321		39		72028		197	62	135

说明：资料由文成县侨联提供

第二章　侨团组织

旅外华侨本着爱国爱乡、团结互助、合力艰苦创业为宗旨建立的社团组织，往往先是以血缘宗亲或地缘同乡或业缘同行为纽带组成的“同乡会”“联谊会”。在侨居国某一地域开展互助自救，用共同的声音和实际行动维护侨胞自身的合法权益。1978年中国实行改革开放后，带动旅外创业人员逐年增多，华侨华人社团组织亦不断发展壮大。1990年，全县移居海外华侨华人15600人。文成籍侨胞为主组建且任会长或副会长职务的侨团有：旅法华侨俱乐部、意大利米兰华侨华人工商联合会、都灵华侨华人联谊会、旅荷华侨总会、荷兰皇家中国饮食业公会等社团组织，担任副会长以上侨领24人。1991—2011年，文成籍移居国外华侨华人10.5万人，分布于世界52个国家。以县籍为主建立的旅外华侨华人社团机构52个，担(曾)任各个侨团会长、名誉会长、副会长、秘书长职务计1047人次。

第一节　欧洲华侨社团联合会

为使事业更好发展，并维护侨胞合法权益，文成籍旅荷侨领胡志光会同相关侨领，首先发起创建欧洲华侨华人社团联合会(简称欧华社团联合会)。1992年5月，在荷兰首都阿姆斯特丹市正式成立欧华社联会，与会代表有侨居法、英、德、荷兰、西班牙、比利时、意大利、奥地利、葡萄牙、挪威计10个国家26个华侨华人社团领导人，其中文成籍侨领有胡志光(旅荷)、梅旭华(荷)、胡元绍(奥)、胡志潺(意)等4人。欧华社团联合会决定每年召开一次全会，选举产生理事、副主席、主席。至1999年，历经七届，增加芬兰、丹麦、罗马尼亚、俄罗斯、卢森堡、匈牙利、希腊、南斯拉夫、瑞典、苏格兰、北爱尔兰等国华侨社团，计旅居21个国家地区华侨社团。文成籍侨领任该机构职务18人，计36人次。2001年起欧华社团联合会停止活动。

欧洲华侨华人社团联合会文成籍侨领名录一览表

表33-6

会址	届次时间	名誉主席	主席	副主席	常务理事人数	备注
荷兰阿姆斯特丹	第一届 1992.5.8	胡志光(荷) 梅旭华(荷)	—	胡元绍(奥)	1(意)	旅欧10国26个社团为成员
法国巴黎	第二届 1993.11.13	—	—	—	1(意)	成员有旅欧12个国家侨团
苏格兰 格拉斯哥	第三届 1994.6.19	—	—	胡元绍(奥) 梅旭华(荷)	—	旅欧11个国家华侨社团
挪威 奥斯陆	第四届 1995.10.29	胡志光(荷)	—	胡元绍(奥)	6	成员有旅欧12个国家华侨社团
荷兰阿姆斯特丹	第五届 1996.12.7	—	胡志光 (荷)	—	12	旅欧12个国家侨团

续表33-6

会址	届次时间	名誉主席	主席	副主席	常务理事人数	备注
匈牙利布达佩斯	第六届 1998.8.8	—	—	—	2	旅欧19个国家华侨华人社团
德国法拉克福洲际饭店	第七届 1999.8.9	—	—	—	6	旅欧21个国家地区华侨华人社团
—	—	—	—	—	—	2001年后未见活动资料

说明：资料来自《文成华侨志》，中国华侨出版社，2002年12月版第135～136页。

第二节 旅意大利侨团

意大利是文成县旅外华侨华人人数最多的国家。1970年11月中意建交后，旅意侨胞即着手建立侨团机构。1991—2011年，以文成籍侨胞为主且担任副会长以上职务的旅意华侨华人社团组织23个，其中2001年停止活动侨团2个。意大利系文成旅外侨团组织和侨领最多的侨居国。

米兰华侨华人工商会

早在20世纪30年代，旅居在意大利米兰华侨就组织成立米兰华侨总会。1970年11月中意建交后，米兰华侨总会改名为旅意北部华侨工商会。1982年，中国驻意大利使馆派员帮助对工商会进行改组扩建，又将旅意北部华侨工商会改名为米兰华侨华人工商会。该会文成籍侨领胡克格为主要成员之一并兼秘书长。1990年进行第三届选举，文成籍华侨胡志潺任会长。至2011年，已历8次机构换届。

罗马华侨华人联合总会

成立于1985年。1998年进行第三次换届，改名为罗马华侨华人联合总会。文成籍侨胞董志清连任第四至第七届会长，第八届为名誉会长。

意大利都灵华侨华人联谊会

成立于1986年10月。其会员大多数是文成、瑞安、青田籍人士，外省市华侨华人不多。联谊会创办《都灵华声》小报，报道会务活动情况与祖国建设成就，开设中外文学习班、开办小型图书馆、开展各种文娱活动，举办各种竞赛和春节及华俗传统节日联欢等文娱活动，组织侨胞学习业务，联络感情、增进友谊。

佛罗伦萨华侨华人联谊会

成立于1992年3月。文成籍侨胞胡绍科于1997年担任该会第三届会长。担任过第二、三届副会长的县籍华侨各1人。第三届后未见换届。

意大利热那亚华人工商联谊会

成立于1996年4月。文成籍侨胞吴正光担任首届会长，担任过副会长3人。2000年后未见换届。

意大利普拉托华商会

成立于1997年2月。首届会长董文扬,至2011年已历六届。

雷焦·艾米利亚华侨联谊会

成立于1998年5月。至2011年,已历四届选举产生侨团领导人。文成籍侨胞胡梅魁和胡文胜连任第二届至第四届会长、名誉会长。

意大利那不勒斯华商会

成立于1998年9月。文成籍华侨胡圣銮当选第一届至第四届副会长兼副秘书长。2008年5月进行第五届换届选举,胡克钦任总监,文成籍华侨5人任副会长。

意大利米兰文成同乡会

成立于1999年4月。意大利米兰是文成侨胞居住最集中的地区。至2011年,已历五届选举产生同乡会领导人。

意大利坎帕尼亚华商会

成立于1999年。2009—2011年,文成籍侨胞蒋作干担任该会第五届会长。

意大利华侨华人佛教总会

成立于2000年6月。至2011年,已历4次换届选举总会领导人。文成籍华侨胡克吉担任第一、第二届会长,第三、第四届名誉会长。

布雷西亚华侨华人联谊会

成立于2001年。至2011年,已历四届。文成籍侨胞胡守坦担任第一、第二届会长,胡克赞担任第三届会长,胡克祺担任第四届会长。

米兰浙江华侨华人联谊会

成立于2001年11月。首届会长吴昌文,至2011年已历三届。

意大利米兰华侨华人妇女联谊总会

成立于2002年。文成籍女士廖小平连任两届会长,2009年3月举行第二次换届,选举产生第三届会长团,赵晓敏接任会长。

米兰华侨华人妇女会

成立于2002年5月。首届会长胡月燕(文成籍),至2011年已历四届。

意大利摩德纳华商会

成立于2002年。摩德纳华商会的宗旨是保护华侨华人权益，丰富华人社会文体活动，帮助华侨华人了解中意文化，促进中意经贸文化交流。至2011年，已历三届。

中意商务文化交流协会

成立于2004年1月。至2011年，文成籍侨胞董志清一直担任会长。

意大利马尔凯大区华侨华人企业联谊总会

成立于2004年1月。首任会长胡梅魁（文成县玉壶华侨）。2008年2月举行换届，文成籍侨胞胡奶麻担任第二届会长（2008年2月—2016年2月）。

意大利北部华人经贸总会

成立于2004年7月。至2011年已历三届。

意大利威尼托华侨华人工商联合会

成立于2005年。每两年一届。文成籍侨胞王国华、胡胜煊、胡建平分别担任第一、第二、第三届会长。

中意青年会

成立于2007年9月。其主要工作为：语言培训、职业培训、社会性问题研究、文化交流、展览会、青年企业咨询中心。至2011年年末进行换届，会长陈铭（文成籍）。

意大利南部文成同乡总会

成立于2007年6月。首届会长胡海峰，至2011年已历二届。

意大利佛罗伦萨华侨华人商贸联谊会

成立于2009年9月。文成籍侨胞周钢担任首届会长、荣誉会长王金勇、秘书长郑仕意。至2011年未换届。

普拉托华侨华人联谊会

成立于1997年3月。第一届有文成籍侨胞王晓安等3人任副会长，1999年4月换届，文成籍侨胞姜建华等2人任第二届副会长。2001年起停止活动。

意大利华侨华人友好协商会

成立于1999年3月。文成籍侨胞余序周、董志清任名誉会长，陈金满等7人任副会长，吴正亮等4人任顾问。2001年起停止活动。

第三节　旅荷兰、法国、西班牙侨团

县域早期出国华侨，多数依靠小贩生意维生。本着自救，联合起来进行货物营销。旅荷侨胞余忠(原籍文成县大峃镇)首先发起成立同乡会倡议，即得到广泛响应。1947年11月，率先在荷兰阿姆斯特丹市创立瓯海同乡会侨团组织。此后，各侨居国普遍建立起旅外华侨华人社团机构。本节分别简述文成籍侨胞参加组建且担任副会长以上的旅荷侨团6个、旅法侨团5个、旅西班牙侨团4个。

旅荷华侨总会

成立于1947年11月。旅荷华侨总会前身为“瓯海同乡会”，由文成籍老华侨余忠等发起组织。1953年，“瓯海同乡会”为更广泛地团结广大旅荷华侨，将“瓯海同乡会”更名为“瓯海华侨会”。1972年，“欧海华侨会”更名为“旅荷华侨总会”。旅荷华侨总会下属十二个分会，遍及荷兰各地。1991—2011年，总会经过第八至十三届理事会换届选举，知名文成籍侨领胡志光先后任该总会副会长、会长、永远名誉会长。

荷兰中国商会

成立于1999年9月。文成籍侨领胡志光进行先期调研、考察、恳谈、交流和策划，广泛联络荷兰各社团及企业家，历经8个多月的筹备，得到荷兰贸易促进会、海牙市政府和商会官员的大力支持，120多位来自不同行业的华侨和荷兰的企事业代表参加，在荷兰海牙宣告成立。至2011年，已历四届。

荷兰中国和平统一促进会

成立于2000年9月。由荷兰30多个华人社团和来自中国台湾、香港，以及印尼、马来西亚、越南等华裔代表所组成。其宗旨是广泛联系和团结荷兰各界人士，高举爱国主义伟大旗帜，推动台湾海峡两岸的民间交流与往来，反对制造“台湾独立”“两个中国”“一中一台”“藏独”“疆独”等分裂祖国的活动，促进海峡两岸民间经贸、文化教育、科学技术、新闻出版、体育旅游等方面的交流与合作，不断增进两岸同胞的了解、情谊和共识，发挥海内外人士的积极作用，努力推动中国和平统一进程。首届会长团文成籍会长：胡允革、胡志光，胡允革为会长团召集人。2007年1月，荷兰中国和平统一促进会会长团进行调整，会长团会长11人，文成籍有胡允革、胡志光、周守局。胡允革为会长团召集人。

荷兰文成同乡会

成立于2007年11月。文成籍侨胞胡振款当选首任会长。

荷兰中医药学会

成立于1995年3月。至2011年，文成籍侨胞董志林连任第一、二、三、四、五届会长。

全欧洲中医药学会联合会

全欧洲中医药学会联合会以旅荷华侨社团为主，于2001年9月在荷兰阿姆斯特丹市成立。至2011年，文成籍旅荷侨胞董志林连任第一、二、三届主席。

法国文成联谊会

成立于1991年11月。法国文成联谊会前身为旅法华侨文成联谊会，首届会长朱体载。2005年第六次换届更名为法国文成联谊会。会长胡直光。至2011年，第八届会长胡绍料。

法国北方华人协会

成立于1992年10月。文成籍侨胞周亭、周运员均为创始人之一。周亭为首届主席。1996年周运员当选为第三届主席，2002年至2011年均为名誉主席。

旅法华人经贸协会

成立于1996年12月。文成籍侨胞胡浦忠在1999年2月当选为第二届会长，2001年连任第三届会长。胡绍麻、温曙光、董文款等在该会担任过副会长。至2011年，尚未有换届记载。

欧洲刘基文化学会

2008年成立欧洲刘基文化学会，址设法国巴黎郊区。文成籍侨胞刘珵颉任首届会长。2011年换届，文成籍侨胞刘哲罡任第二届会长。经常出刊刘基研究文献和刘伯温传说文章。

法国贸易促进会

成立于2009年6月。首届名誉会长胡绍麻，会长包志诚。至2011年已历二届，名誉会长、会长延续第一届，选举常务副会长16人、副会长17人(概为文成籍侨胞)。

西班牙华侨工商会

成立于1992年2月。至2011年已历八届。

西班牙巴塞罗那文成同乡会

成立于2001年3月。首届会长胡克鲁，至2011年已历四届。

西班牙地中海中国和平统一促进会

成立于2003年4月。首届会长胡建国，至2011年已历二届。

西班牙华侨华人(文成)联谊会

成立于2007年3月。

第四节 旅其他侨居国华侨华人社团

作为其他侨居国华侨华人社团，仅是根据本章篇幅编排的需要而言。兹辑主要侨居国华侨社团，包括文成籍旅奥地利、德国、美国、埃及华侨社团各2个，旅丹麦、希腊、苏里南侨团各1个，7个侨居国计11个华侨华人社团。

奥地利华人总会

成立于1991年9月。是奥地利成立最早、影响最大的华侨华人组织,由文成籍侨胞胡元绍等人发起创建。1994年设立上奥州和下奥州两个分会。至2011年,胡元绍从第一届开始连任会长,县籍侨胞胡三绍、李尧良、胡立井、梅守取等在该会担任过副会长。

奥地利文成同乡会

成立于2002年10月。首届会长梅守取,至2011年已历四届。

旅德浙江华人联合总会

成立于1997年11月。文成籍侨胞吴昌树在2004年的第四届理事会当选为会长,胡志钮从第一届开始担任荣誉会长至2011年,县籍侨胞在该会担任过副会长有11人。

德国文成华侨华人联谊会

联谊会于2010年6月在法兰克福成立。首届会长叶增雅,至2011年年末换届。

美中友好协会

成立于1980年5月。文成籍侨胞毛祥调于2008年3月当选为美中友好协会第四届董事局第一副主席,2008年10月当选美中友好协会代会长。

美国北加州温州同乡会

成立于1994年10月。该会10%以上的会员从事高科技工作,有不少会员是博士、教授,有的直接在加州硅谷就职,也有不少会员长期从事进出口贸易。文成籍侨胞陈永坤担任首届会长。1999年2月举行换届产生第二届理事会,陈永坤蝉联第二届会长,并担任会长至2011年。文成籍侨胞林培炼当选为执行会长。

丹麦中华工商联合协会

成立于1996年。每3年换届一次。文成籍侨胞林洲从1996年开始担任第一、第二届常务副会长,从2002年开始连续担任第三届至第六届会长。

希腊华人华侨妇女联合总会

成立于2005年。文成籍侨胞陈爱琴选任第一届和第二届常务副会长。2010年10月进行换届,陈爱琴被选任为第三届会长。

埃及华人联谊理事会

成立于2001年。是由旅埃20多家私营企业和部分华人自发组织创立的非营利性团体。设有常务理事会、理事、财务组、突发事件应付组,每4年一届,设有理事280名。文成籍侨胞陈建南蝉联三届会长。

埃及中国和平统一促进会

成立于2009年5月。至2011年年末换届,文成籍侨胞陈建南被推选为会长。该会宗旨:加强中埃友谊互利，广泛联络和团结旅居世界各地华侨华人高举中国同胞一家亲大旗，努力推动中国海峡两岸和平统一做出积极贡献。

苏里南浙江同乡会

成立于2005年。共有会员2800余人，设有理事57人。至2011年已历四届，文成籍侨胞郑国庆蝉联选任为会长，并有7位侨胞连任副会长，侨胞杨熙富任第三届会长顾问。

第五节　侨领名录

改革开放以来，文成华侨足迹遍及世界各地。1991—2011年，全县旅外侨胞达10.5万人。直接组建并领导侨团机构的有52个，累计任副会长以上职务华侨华人1047人。其中，担任会长和名誉会长116人，任秘书长46人。本节侨领名录仅辑入曾任各侨团会长（含名誉会长或名誉主席）、秘书长人员，而副会长与侨团顾问只载明届次人数。

1991—2011年全县旅外侨团部分侨领名录一览表

表33-7

侨居国	侨团名称	届次 时间	名（荣） 誉会长	会长	副会长 人数	秘书长	顾问	说明
意大利	米兰华侨华人 工商会 （1982年成立）	第三届 1991	胡守近	胡志孱	4	陈金满	—	—
		第四届 1993—1996	胡守近 胡志孱	—	6	陈金满	—	
		第五届 1996—1999	胡守近 胡志孱	—	5	陈金满	—	
		第六届 1999—2006	胡守近 胡志孱	陈金满 （理事长）	3	陈建宗	—	
		第七届 2006—2010	胡守近 胡志孱 陈金满	胡光利	20	—	—	
		第八届 2011	胡守近 胡志孱 陈金满	胡光利	40	—	—	胡守近终身 名誉会长
	罗马华侨华人 联合总会 （1985年成立）	第二届 1991	—	—	1	—	—	—
		第三届 1993—1998	—	—	1	—	—	
		第四届 1998—2004	—	董志清	—	—	—	
		第五届 2004—2007	董志清	—	2	—	—	

续表33-7

侨居国	侨团名称	届次 时间	名(荣) 誉会长	会长	副会长 人数	秘书长	顾问	说明
意大利	罗马华侨华人联合总会(1985年成立)	第六届 2007—2010	董志清	—	3	—	—	
		第七届 2011	董志清	胡海峰(理事长)	2	陈正溪	—	
	都灵华侨华人联谊会(1986年10月16日成立)	第二届 1991	胡允迪	周王京	7	胡立松	—	—
		第三届 1994—1997	胡允迪 胡允适 周王京	夏昌发	5	余序钻	—	
		第四届 1998—2002	胡允迪 胡允适 周王京 夏昌发	余序闹	8	刘如刚	1	
		第五届 2002—2006	胡允迪 胡允适 夏昌发 余序闹	胡守棒	22	胡志滔	6	
		第六届 2006—2010	胡允适 夏昌发 余序闹	胡守棒	24	余序钻	9	
		第七届 2011	夏昌发 余序闹 胡守棒	余序钻	27	—	9	
	佛罗伦萨华侨华人联谊会(1992年3月14日成立)	第二届 1994—1997	—	—	1	—	—	第三届后未见换届
		第三届 1997—?	—	胡绍科	1	—	—	
	热那亚华人工商联谊会(1996年4月成立)	第一届 1996.4—?	—	吴光正	3	—	—	2000年后未见换届
	意大利普拉托华商会(1997年2月17日成立)	第一届 1997—2001	—	董文扬	1	—	—	—
		第二届 2001—2005	—	董文扬	4	—	—	
		第三届 2005—2009	董文扬	—	23	—	—	
		第四届 2009—2011	董文扬	—	20	—	—	
	雷焦·艾米利亚华侨联谊会(1998年5月成立)	第一届 1998—2000	—	胡文胜	2	夏意涨	—	—

续表33-7

侨居国	侨团名称	届次 时间	名(荣) 誉会长	会长	副会长 人数	秘书长	顾问	说明
意大利	雷焦·艾米利亚华侨联谊会(1998年5月成立)	第二届 2000—2004	胡文胜	胡梅魁	1	胡惠勋	—	
		第三届 2004—2008	胡梅魁	胡文胜	1	胡惠勋	—	
		第四届 2008—2011	胡梅魁	胡文胜	29	胡惠勋	—	
	意大利那不勒斯华商会(1998年9月18日成立)	第一至四届 1998—2008	—	—	1	胡圣銮(副)	—	总监胡克钦
		第五届 2008—	—	—	5	—	—	
	意大利米兰文成同乡会(1999年4月成立)	第一届 1999—2004	—	胡长钦	22	胡光绍	12	—
		第二届 2004—2007	胡长钦	胡光绍	41	周　慧	18	
		第三届 2007—2010	—	周　斌	46	吴步双	23	
		第四届 2010—	胡长钦 胡光绍 周　斌	胡立新	51	蔡志荣	32	
	坎帕尼亚华商会(1999年成立)	第五届 2009—2011	—	周作干	—	—	—	—
	意大利华侨华人佛教总会(2000年6月10日成立)	第一至二届 2000—2006	—	胡克吉	—	—	—	—
		第三至四届 2006—2011	胡克吉	—	—	—	—	
	布雷西亚华侨华人联合会(2001年成立)	第一至二届 2001—2007	—	胡守坦	—	—	—	—
		第三届 2007—2010	—	胡克赞	—	—	—	
		第四届 2010—	—	胡克祺	—	—	—	
	米兰浙江华侨华人联谊会(2001年11月成立)	第一届 2001—2005	—	吴昌文	53	朱金亮	1	—
		第二届 2005—2009	—	吴昌文 胡小明(执)	21	朱金亮	1	
		第三届 2009—2011	吴昌文 陈国华	胡小明	24	朱金亮	11	
	米兰华侨华人妇女联谊总会(2002年成立)	第一至二届 2002—2009	—	廖小平	—	—	—	—

续表33-7

侨居国	侨团名称	届次 时间	名(荣) 誉会长	会长	副会长 人数	秘书长	顾问	说明
意大利	米兰华侨华人妇女联谊总会(2002年成立)	第三届 2009—	廖小平	赵晓敏	39	陈银燕	—	
	米兰华侨华人妇女会(2002年5月成立)	第一届 2002—2005	—	胡月燕	20	周小燕	—	
		第二届 2005—2009	—	胡月燕	36	—	—	—
		第三届 2009—2011	—	胡月燕	64	季淑琴	—	
	意大利摩德纳华商会(2002年成立)	第一届 2002—2007	—	吴方方	17	蒋孔夫	—	
		第二届 2007—2010	—	蒋孔夫 吴晋华(执)	33	—	1	—
		第三届 2010—	吴方方 蒋孔夫	吴晋华	37	徐洁		
	中意商务文化交流协会	历 届 2004.1—	—	董志清	—	—	—	机构任职一直未变
	马尔凯大区华侨华人企业联谊会(2004年1月29日成立)	第一届 2004—2008	—	胡梅魁	—	—	—	—
		第二届 2008—	胡梅魁	胡奶麻	41	—	—	理事长周友榜
	意大利北部华人经贸总会(2004年7月18日成立)	第一届 2004—2011	—	胡体图	27	赵东明	—	—
		第二届 2011—	—	周月高 赵东明(执)	44	戴乃陆	—	
	威尼托华侨华人工商联合会(2005年3月成立)	第一届 2005—2007	—	王国华	—	—	—	—
		第二届 2007—2010	王国华	胡胜煊	—	—	—	
		第三届 2010.3—	王国华 胡胜煊	胡建平	32	胡绸弟	7	理事长胡运对
	中意青年会(2007年9月5日成立)	第一届 2007—2011	—	陈铭	3	—	—	—
	意大利南部文成同乡总会(2007年6月10日成立)	第一届 2007—2010	—	胡海峰	33	陈正溪	3	—
		第二届 2010—	董志清 胡海峰	陈正溪 董义深(执)	54	胡晓章 蒋忠南	24	
	佛罗伦萨华人华侨商贸联谊会	第一届 2009.9—	王金勇	周 钢	62	郑仕意	—	副秘书长2人

续表33-7

侨居国	侨团名称	届次 时间	名(荣) 誉会长	会长	副会长 人数	秘书长	顾问	说明
意大利	普拉托华侨华人联谊会 (1997年3月14日成立)	第一届 1997—1999	—	—	3	—	—	2001年 停止活动
		第二届 1999—	—	—	2	—	—	
	意大利华侨华人友好协商会	第一届 1999.3—	余序闹 董志清	—	7	—	4	2001年 停止活动
荷兰国	旅荷华侨总会	第八届 1991	胡克林	—	3	—	—	—
		第九届 1993—1996	胡克林 胡志光 胡志东	—	5	胡允革	—	
		第十届 1996—2000	胡克林 胡志光 胡志东	胡允革	7	—	—	
		第十一届 2000—2004	胡志光 胡志东 胡允革	胡允央	11	胡克勋	—	
		第十二届 2000—2004	胡志光 胡志东 胡允革	胡允央 胡克勋(执)	30	—	—	
		第十三届 2007—2011	胡志光 胡志东 胡允革 胡允央	胡守局 胡克勋(执)	27	—	—	
	荷兰中国商会 (1999年9月8日成立)	第一届 1999—2000	—	胡志光	1	林 斌	—	会址在荷兰 海牙市
		第二届 2000—2003	—	胡志光	4	—	—	
		第三届 2003—2007	胡志光	—	4	—	—	
		第四届 2007—2011	胡志光	—	3	—	—	
	荷兰中国和平统一促进会 (2000年9月18日成立)	第一届 2000—2006	—	胡允革 胡志光	—	—	—	胡允革为 会长团召集人
		第二届 2007—2011	—	胡允革 胡志光 周守局	—	—	—	
	荷兰文成同乡会 (2007年11月成立)	第一届 2007—2010	胡志光 胡允革	胡振款	63	胡克寅 胡允镐	9	胡允镐为荷文 秘书长

续表33-7

侨居国	侨团名称	届次 时间	名(荣) 誉会长	会长	副会长 人数	秘书长	顾问	说明
荷兰国	荷兰文成同乡会 (2007年11月成立)	第二届 2011	胡志光 胡允革 胡振款	胡季普	66	胡克寅 胡允镐 胡马区	10	
	荷兰中医药学会 (1995年3月19日成立)	第一至五届 1995—2011	—	董志林	—	—	—	设乌特勒支市
	全欧洲中医药学会联合会 (2001年9月29日成立)	第一至三届 2001—2011	—	董志林 (主席)	—	—	—	设阿姆斯特丹市
法国	法国文成联谊会 (1991年11月3日成立。原旅法文成联谊会,2005年第七届更名)	第一届 1991—1993	胡守益 周　亭	朱体载	3	胡绍麻	—	—
		第二届 1993—1996	胡守益	洪才虎	8	胡绍麻	—	
		第三届 1996—1998	朱体载 洪才虎	胡绍查	15	胡忠演	—	
		第四届 1998—2001	朱体载 洪才虎 胡绍查	程延梳	17	胡忠演	—	
		第五届 2001—2003	朱体载 洪才虎 胡绍查 程延梳	胡克哲	16	胡忠演	—	
	法国文成联谊会 (1991年11月3日成立。原旅法文成联谊会,2005年第七届更名)	第六届 2003—2005	朱体载 洪才虎 胡绍查 程延梳 胡克哲	胡直光	20	胡忠演	—	
		第七届 2005—2008	朱体载 洪才虎 胡绍查 程延梳	胡忠演	29	朱庭秀	—	名誉会长有 胡克哲 胡直光
		第八届 2008—2011	朱体载 洪才虎 胡绍查 程延梳 胡克哲 胡直光 胡忠演 朱茂宗 余序文	胡绍料	35	林炳遇	—	名誉会长有 罗启旦 郑仕亮 朱冠华 郑建华 吴紫亮 胡翠英 胡志业

续表33-7

侨居国	侨团名称	届次 时间	名(荣) 誉会长	会长	副会长 人数	秘书长	顾问	说明
法国	法国北部华人协会(1992年10月11日成立)	第一届 1992—1994	—	周　亭 (主席)	1	—	—	
		第二届 1994—1996	—	—	1	—	—	—
		第三届 1996—2000	—	周运员 (主席)	—	—	—	—
		第四至六届 2000—2011	周运员	—	—	—	—	
	旅法华人经贸协会(1996年12月成立)	第一届 1996—1999	—	—	—	—	—	资料缺失
		第二届 1999—2001	—	胡浦忠	14	胡绍麻	—	—
		第三届 2001—?	—	胡浦忠	—	胡绍麻	—	
	欧洲刘基文化学会(2008年成立)	第一届 2008—2010	—	刘珵颉	—	—	—	—
		第二届 2011	—	刘哲罡	—	—	—	
	法国贸易促进会(2009年6月成立)	第一届 2009—2011	胡绍麻	包志诚	42	杨建新	—	—
		第二届 2011	胡绍麻	包志诚	32	周海胜	—	
西班牙	西班牙华侨工商会(1992年2月27日成立)	第一届 1992—1995	—	胡绍枢	5	胡克钏	—	—
		第二届 1995—1997	—	胡绍枢	6	胡克钏	—	
		第三届 1997—1999	胡绍枢	胡克钏	7	胡立商	—	
		第四届 1999—2001	胡克钏	胡绍枢	6	胡克钏	—	
		第五届 2001—2004	胡克钏	胡绍枢	6	胡克钏	—	
		第六届 2004—2006	胡克钏 胡绍枢	胡绍甫	10	胡克钏	—	
		第七届 2006—2008	胡克钏 胡绍枢	胡绍甫	13	胡克钏	—	
		第八届 2008—	胡克钏 胡绍甫	胡绍枢	12	胡克钏	—	

续表33-7

<table>
<tr><th>侨居国</th><th>侨团名称</th><th>届次
时间</th><th>名(荣)
誉会长</th><th>会长</th><th>副会长
人数</th><th>秘书长</th><th>顾问</th><th>说明</th></tr>
<tr><td rowspan="9">西
班
牙</td><td rowspan="4">巴塞罗那文成
同乡会
(2001年3月成立)</td><td>第一届
2001—2004</td><td>—</td><td>胡克鲁</td><td>32</td><td>林　福</td><td>—</td><td rowspan="4">—</td></tr>
<tr><td>第二届
2004—2007</td><td>胡克鲁</td><td>周青云</td><td>36</td><td>林　福</td><td>—</td></tr>
<tr><td>第三届
2007—2010</td><td>胡克鲁</td><td>胡圣昆</td><td>37</td><td>胡晓炜</td><td>—</td></tr>
<tr><td>第四届
2011—</td><td>胡克鲁
周青云</td><td>赵汉光</td><td>37</td><td>周　峰</td><td>—</td></tr>
<tr><td rowspan="3">地中海中国和平
统一促进会
(2003年4月28日
成立)</td><td>第一届
2003—2006</td><td>胡克钏
周克斋</td><td>胡建国</td><td>13</td><td>—</td><td>2</td><td>—</td></tr>
<tr><td>第二届
2006—2010</td><td>夏忠义
胡建国</td><td>—</td><td>31</td><td>—</td><td>2</td><td>—</td></tr>
<tr><td>第三届
2010—</td><td>—</td><td>—</td><td>—</td><td>—</td><td>—</td><td>主要领导人
非文成藉</td></tr>
<tr><td rowspan="2">西班牙华侨华人
(文成)联谊会
(2007年3月29日
成立)</td><td>第一届
2007—2010</td><td>—</td><td>胡立多</td><td>38</td><td>周爱国</td><td>—</td><td>—</td></tr>
<tr><td>第二届
2011—</td><td>—</td><td>胡立多</td><td>38</td><td>周爱国</td><td>—</td><td>首届机构连任</td></tr>
<tr><td rowspan="7">奥
地
利</td><td rowspan="3">奥地利华人总会
(1991年9月23日
成立)</td><td>第一届
1991—1998</td><td>—</td><td>胡元绍</td><td>4</td><td>—</td><td>—</td><td rowspan="3">—</td></tr>
<tr><td>第二届
1998—2005</td><td>—</td><td>胡元绍</td><td>3</td><td>—</td><td>—</td></tr>
<tr><td>第三届
2005—</td><td>—</td><td>胡元绍</td><td>4</td><td>—</td><td>—</td></tr>
<tr><td rowspan="4">奥地利文成同乡会
(2002年10月10日
成立)</td><td>第一届
2002—2005</td><td>李尧良
胡元绍
胡三绍</td><td>梅守取</td><td>25</td><td>胡晓文</td><td>—</td><td>—</td></tr>
<tr><td>第二届
2005—2007</td><td>李尧良
胡元绍
胡三绍</td><td>梅守取</td><td>25</td><td>胡晓文</td><td>—</td><td>首届机构连任</td></tr>
<tr><td>第三届
2007—2010</td><td>李尧良
胡元绍
胡三绍</td><td>胡晓文</td><td>20</td><td>林贵平</td><td>—</td><td>常务理事26人</td></tr>
<tr><td>第四届
2011—</td><td>李尧良
胡元绍
胡三绍
梅守取
胡国荣</td><td>胡晓文</td><td>20</td><td>林贵平</td><td>—</td><td>会长团机构同
第三届连任</td></tr>
</table>

续表33-7

侨居国	侨团名称	届次 时间	名(荣) 誉会长	会长	副会长 人数	秘书长	顾问	说明
德国	德国浙江华人联合总会（1997年11月5日成立）	第一届 1997—1999	胡志钮	—	3	—	—	核心小组4人
		第二届 1999—2001	胡志钮	—	3	—	—	—
		第三届 2001—2004	胡志钮	—	3	—	—	
		第四届 2004—	胡志钮	吴昌树	9	—	—	
	德国文成华侨华人联谊会（2010年6月27日成立）	第一届 2010—	吴昌树 胡允庆 胡凯兴 陈世洪 林希成	叶增雅 胡立备(执) 余光金(执)	14	2	—	—
丹麦	丹麦中华工商联合协会（2006年1月成立）	第一至三届 1996—2002	—	—	1	—	—	—
		第三至五届 2002—2011	—	林洲(舟)	—	—	—	
希腊	希腊华人华侨妇女联合总会（2005年成立）	第一至二届 2005—2010	—	—	1	—	—	—
		第三届 2010—	—	陈爱琴	—	—	—	
美国	美国北加州温州同乡会（1994年10月成立）	第一届 1994—1999	—	陈永坤	—	—	—	—
		第二届 1999—	—	陈永坤 林培炼(执)	—	—	—	
	美中友好协会（1980年5月成立）	第四届 2008.3— 2008.10—	—	陈永坤 毛祥调(代)	1	—	—	—
埃及	埃及华人联谊理事会（2001年成立）	第一至二届 2001—2008	—	陈建南	—	—	—	旅埃20多家私企华侨
		第三届 2008—	—	陈建南	—	—	—	共有理事280人
	埃及中国和平统一促进会	第一届 2009—2011	—	陈建南	—	—	—	2009年5月成立
苏里南	苏里南浙江同乡会（2005年成立）	第一届 2005—2007	—	郑国庆	6	—	—	—
		第二届 2007—2009	—	郑国庆	7	—	—	
		第三届 2009—2011	—	郑国庆	3	—	1	
		第四届 2011—	—	郑国庆	—	—	—	理事57人 会员2800多人

说明：文成县侨联提供《侨团组织》资料整理

第三章　创业史略

20世纪70年代后，移居西欧的华侨华人，开始进入创办实业型企业阶段。随着中国改革开放不断深入，80年代中期文成县出国热渐趋高峰。大量劳动力移居西欧，加速华侨实业经济的发展。意大利成衣工场、皮革工场，法国商店、贸易公司，荷兰的餐馆业、外贸进出口业等不断涌现。其间，相继产生一大批实业家，这是文成华侨在海外创业高峰期。据1998年不完全统计，全县侨胞在欧洲各国开设实业计996家。投资国内建设，合计创办侨资企(事)业38家，其中餐饮业2家、服装制造业3家、鞋革业3家、商贸业12家、房地产开发业6家、其他业8个、县内水力发电站4座。进入21世纪，侨胞的产业规模和经营范围亦不断扩大。旅意文成侨商沈平控股自营13家大中型超市，年销售额3000万欧元，并在意大利、法国、西班牙、瑞士等国拥有12个海外仓和集运仓。借助海外资源与欧洲1800多家厂家达成合作，组成供应商联盟，成为华侨富商。华侨经济走向多元化和跨国化，成为世界商贸市场的重要角色。

第一节　海外创业

县域旅外华侨华人创业历史大致可划分为20世纪前半叶苦力谋生；50—70年代，侨胞开始创办小型中餐馆，开办皮革小工场；80年代，服装工场开始兴起并渐占主导地位；90年代，商贸业开始崛起并很快扩大到欧洲各国。21世纪初，餐饮业、商贸业不断壮大，实业类型范围更加广泛。

创办实业型企业(20世纪80年代)

县域早期出国华侨，经历长期的苦力谋生、摆地摊与沿街提篮叫卖小商贩行当。20世纪70年代开始，侨胞风行创办实业性小企业，其中以中餐馆业为主，仅在法国、荷兰、意大利三国就开设了餐馆酒楼179家。进入80年代，除法国、比利时等国的餐饮业尚有些发展余地外，其他各国开办的中餐馆已日趋饱和。至1984年，文成籍侨胞在荷兰国开设的餐馆、酒家、酒楼121家。由于餐饮业日趋饱和，华侨华人开始谋求新经营门路，朝着多元化实业经济方向发展，木器家具、百货商店、商贸企业均是侨胞们的首选。尤以兴办皮革工场和服装工场发展迅速，成为文成移居西欧和西南欧华侨华人20世纪80年代职业变化的主要特点。

皮革工场　县境出国华侨从事皮革业小产品，最早出现于法国。第二次世界大战(简称“二战”)前后，周亭、董玉琳、金东鸿、陈体济、洪志如、胡仁义等的合股或独资开设过小型皮革工场与销售皮革产品小店。1951年，旅法华侨金东奖和蒋运银合股在巴黎开设一间皮革工场，温存范于1957年在巴黎开设一间皮革商店。其间，旅意华侨20余人在别人开设的皮革工场从事帮工。直到20世纪70年代，兴办皮革工厂仍不多，尚未形成侨资企业格局，唯意大利先后出现23户自己开办的皮革工场和经营皮革商店。

20世纪80年代始，侨胞开办皮革工场在意大利和法国得到长足发展。1981年旅意华侨胡克格独资在米兰市开设一家皮革工场后，1984年胡允迪、胡仲山、胡守近等33人分别开设了33家皮革工场。1987年旅意华侨胡克助在佛罗伦萨创建“皮革业进出口公司”，公司内部办事员工22人。胡绍雄于1989年年底在普拉托开办皮革工场，常年工人多达50名以上。据1989年年底不完全统计，侨胞在意大利各地开办规模较大的皮革工场和专营皮革产品批发商店达43家。法国侨胞吴昌智、胡浦忠、朱德云等独资开设皮革工场6家，其中由朱冠华创建的“岱华皮件公司”，在当地颇有影响力。

服装工场　文成籍侨胞在欧洲从事服装加工业，始于20世纪80年代初，继而蓬勃发展。最早要数周壤乡旅法华侨赵沛视。赵于1981年率先在巴黎创办一家有6名车工的服装工场。此后，侨胞开办服装工场不断增加，至1987年，朱体载、蒋慧众等10多位旅法华侨在巴黎开办了11家服装工场。旅意华侨兴办服装加工业，始于1982年。分别由朱彩华与朱东华，在普拉托创办各有14名车工的服装工场，继而在意大利的米兰、佛罗伦萨、罗马、都灵、布雷西亚、雷焦·艾米利亚　、普拉托、娜乌里等城市迅速发展，成为旅意华侨主业之一。因文成籍华侨的服装加工费用低，交件时限短、质量好，深受当地服装销售商欢迎。至1989年，意大利各地创办规模较大的服装工场已达16家。旅西班牙侨胞开设服装工场始于1987年，由王郁微创办一家工场后，逐步发展。

1990年，对重点侨乡玉壶区6648名华侨的职业抽查表明：从事餐馆业4017人，占60.42%；皮革业987人，占14.85%；服装业1330人，占20%；商业191人，占2.87%；杂工83人，占1.25%；职员、医师、美术、科教等工作的40人，占0.6%。

1990年玉壶区华侨职业概况表

表33-8　　单位：人

职　业	人　数	职　业	人　数
餐　馆	4017	杂　工	83
皮　革	987	职　员	9
服　装	1330	医　师	5
行　商	191	美　术	4
木　器	6	科　教	6
旅　馆	2	合　计	6648
食品加工	8		

说明：资料来自首部《文成县志》，中华书局出版社，1996年11月版第229页

商贸业崛起（20世纪90年代）

20世纪80年代，侨胞逐渐进入商贸行业打拼。据1989年统计，文成籍旅欧华侨华人兴办商店及贸易公司有10家。分别为：1985年，旅荷华侨胡志光在乌特勒支创建“荷兰玉壶国际贸易公司”；胡志敏任董事长、胡守锡任副董事长在海牙创立“利荷华集团公司”；旅意侨胞胡长钦在米兰市创办“利华贸易有限公司”；胡美翠在佛罗伦萨开办“贸易进出口公司”；旅法华侨温玲玲在里尔开设“百货商场”；旅西班牙华侨林伟华开办的“百货商店”等7家。1987年分别有旅法华侨朱茂宗、旅意华侨胡小文等创办2家“装潢公司”。1989年，陈晓英在比利时创建从事进出口业务为主，兼营餐饮业为一体的“凯特琳国际发展公司”。

20世纪90年代，商店、公司与外贸进出口业蓬勃发展，在华侨华人实业经济中开始占主导地位，形成一种新的职业结构格局。特别是外贸进出口业崛起，推动着从已“饱和”的餐馆与皮革业转向广阔国际贸易市场竞争，涌现出大批爱国侨商。旅意华侨胡志潺，于1990年在米兰创建“意大利国际贸易集团有限公司”，将中国产罐头、龙口粉丝、青岛啤酒、高档丝绸、精美工艺品等销向意大利各大城市与周边国家。1991年，旅意华侨胡小兵、胡小秋、胡小珍等共同创办“胡氏兄弟贸易公司”，拥有冰冻库房和一般食品库房2000余平方米，配备运输

车5辆(其中运输冰冻车4辆),批发冰冻食品和东方食品,把中国食品打入意大利国市场。旅荷华侨胡志敏为主创建“荷兰利荷华集团公司”,进一步扩大商品贸易、开发房地产业务,分别在意大利、法国等地设立分支机构。先后在香港、天津、上海、武汉、杭州、温州等地开展房地产,累计投资金额达2亿多元人民币。

侨领胡志光,于1992年牵头10多位华商共同成立“荷兰华人投资控股有限公司”,开展外贸进出口、房地产市场开发等业务。并于1994年创建“荷中农业设备技术有限公司”,开展商贸交易活动,引进荷兰先进农业技术和设备做出贡献。

二源乡华侨董志林,至1995年在阿姆斯特丹市创建“荷兰神州医药中心”,专门从事推广传统医药业务。并与其兄董志清联手在意大利罗马成立“神州医药中心”,聘请中医师到罗马为华人和意大利人治病。开设一家以经营中药材为主的国际贸易公司,成为经卫生部中药出口公司认定、在意大利以至全欧洲唯一经营中药批发业务的企业。

旅西班牙华侨胡绍枢,1993年在阿立坎特创建“中国烟花批发中心”,营业额高达数百万欧元。1995年,合作建立“欧洲鳗苗进出口公司”。

1993年开始,旅法华侨的商贸业发展较快。至1999年,开办商店和外贸进出口集团公司33家,占文成籍侨胞在欧洲开办商贸实业总数的三分之一强。

1998年,县境华侨华人在欧洲各国及投资国内创办实业1035家。分别为餐饮业571家、服装业226家、皮革业73家、家具木器业7家、中医药业12家、商贸业及带商业性的其他企业146家。

1998年文成旅欧华侨华人在各国创办实业(部分)统计表

表33-9　　单位:家

国家	餐饮	皮革	服装	木器	商贸	医药	其他	合计
荷兰	196	—	—	—	15	3	13	227
意大利	155	64	201	—	24	6	11	461
法国	137	6	14	7	31	—	3	198
德国	30	—	—	—	1	—	—	31
奥地利	12	—	—	—	2	—	—	14
西班牙	17	—	8	—	10	—	—	35
比利时	17	—	—	—	2	—	—	19
葡萄牙	3	—	—	—	—	—	—	3
丹麦	2	—	—	—	1	—	—	3
希腊	—	—	—	—	2	—	—	2
瑞士	—	—	—	—	—	1	—	1
匈牙利	—	—	—	—	2	—	—	2
阿尔巴尼亚	—	—	—	—	1	—	—	1
中国(投资国内)	2	3	3	—	12	2	16	38
合计	571	73	226	7	103	12	43	1035

说明:资料来自《文成华侨志》,中国华侨出版社,2002年12月版,第79页

多行业拓展(21世纪前10年)

进入21世纪,华侨华人的产业规模和经营范围不断扩大。一些有经济实力的侨胞,通过家族集团向股份有限公司、连锁店等现代企业经营模式转变,使华侨经济走向多元化和跨国化。

2008年世界金融危机爆发,文成华侨华人开始寻找新商机,调整产业结构,在当地国经济圈中寻找最佳创业目标。从传统产业领域向金融、旅游、房地产开发、中文教育、中医药、律师、会计、物流、电商、国际贸易等多种行业拓展,华侨职业结构变化更为明显。第二代、第三代华侨华人开始调整思路,重视子女教育、培养子女进入世界名牌大学,提高移民社会地位。华侨传统注重积蓄添置产业观念淡化,逐渐转向对子女进行智力投资,形成向医生、律师、会计、工程师等职业发展。

第二节　国内投资

1991年年前华侨国内投资项目前志已载,本志列叙1991年后项目。1991—2011年,侨胞在国内投资近100亿元。本节只对侨胞涉及投资家乡(文成县)的工程建设,总投资25717万元,已竣工使用发挥效益的八大工程项目,予以记述。

水电站

文成县水力资源丰富,水能蕴藏量50万千瓦,可开发资源达42.96万千瓦。1990年年底,全县共建小水电站96座,装机总容量1.15万千瓦,包括百丈漈一、二级电站在内,水力开发资源利用率为11.5%。尽管1998年至2000年兴建的珊溪水利枢纽工程珊溪水电站装机容量可达24万千瓦,但全县的水力开发潜力仍很大。1993年以来,为引进华侨华人资金,投资家乡水电开发项目,县人民政府也出台了相关优惠政策和提供便利条件。1996—2004年,中外合资兴建水电站4座,其中侨胞投资共15054万元。

高岭头二级电站　文成县首座中外合资股份制水电站。总装机容量2.5万千瓦,1995年动工,1998年发电。总投资14138万元,侨胞集资8800余万元,占总股份的62.2%。

高岭头三级电站　中外合资。总装机容量5000千瓦,1998年动工,2001年竣工发电。总投资2983万元,其中旅西侨胞胡绍浦和旅荷侨胞林国斌投资2900万元,占总股份的97.2%。

东溪三级电站　坝址位于玉壶镇朱雅境内。1998年1月动工,2000年4月竣工发电。总装机容量1万千瓦。工程总投资8818万元,其中1997年先由旅法侨胞程花菊、程延梳、胡绍麻、胡允多和胡志载共同投资1300万元建造。

东溪五级电站　位于玉壶镇上林木湾村。装机容量2900千瓦,2004年12月竣工发电。工程总投资2054万元,由旅意大利侨胞胡守坦等投资兴建。

饭店宾馆

1992年,县侨务部门为便利接待侨胞回乡探亲和从事商贸活动,率先发动侨胞在县城投资兴建华侨饭店。2000年始,随着文成旅游业兴起,急需上档次旅馆、大酒店予以相适应。旅外侨胞热情投资家乡餐饮住宿服务业,1991—2011年,由侨胞投资(含合资)在县城兴建的饭店宾馆2座,投资金额3163万元。

文成华侨饭店　位于大峃镇建设路,楼高6层,建筑面积1954平方米,1985年动工兴建,1992年竣工使用。由旅荷兰华侨胡克盛、文成县侨办和商业局华侨公司三方合资兴建,总投资163万元。

文成国际大酒店 位于大峃镇珊门村,占地30680平方米,建筑面积22038平方米。2004年9月竣工,总投资3000余万元,由旅德侨胞胡云光等人投资兴建。2007年12月被评为三星级酒店。

房地产

全县房地产开发起步较晚,投资规模小。2000年始,文成县人民政府加大招商引资力度,结合旧城改造规划,推进房地产业发展。旅外侨胞看准商机,于2003年,投资7000余万元,加入县城商品房建设。

世纪大厦 位于大峃镇县前街,楼高28层,是全县第一座高楼,建筑面积42000平方米。2004年落成,总投资7000余万元,由旅德侨胞胡少斌投资兴建。

民办教育

1985年开始,社会有识之士参与办学,形成以政府办学为主导,社会民办教育共同发展之道路。1997年,旅荷兰侨胞叶兆禄投资500万元,筹建文成树人学校。学校位于大峃镇珊门村(城东开发区)。1998年开工建设,2000年建成使用。校园占地面积3万平方米,总建筑面积1.5万平方米,总投入资金1500万元。

第四章 捐资 侨汇

1991—2011年，侨胞（含侨眷）捐资公益事业总额达1.14亿元；全县外汇302.80亿元。

第一节 捐 资

侨胞爱国爱乡。报效祖国、祈盼祖国繁荣富强是他们虔诚的信念；不忘家乡养育之恩，反哺家乡社会经济建设是他们的夙愿。

捐资概况

县域侨胞为家乡公益事业捐资正式统计始于1960年，有0.08万元。1970年后逐年增加，至1990年累计捐资总额1056.06万元。

1991—2004年，侨胞（包括侨眷）捐资金额3112.59万元。捐资的重点领域是文化教育、交通设施、风景旅游、赈济灾害等。2005年10月，东溪乡召开纪念华侨历史100周年庆典活动与2008年4月召开第三次侨代会第2次会议，侨胞、侨眷捐资650万元支援家乡建设。2009年，玉壶镇侨胞捐资200余万元筹建玉壶龙坑至二源朱阳公路，其中旅意侨胞胡圣銮个人捐资100万元。旅意华侨胡立赣捐资200万元建造周壤乡周墩村和平塔。旅意侨胞胡志潺捐资60次，计人民币235万元。林太找、叶董茂、胡绍光、胡绍查、胡华锋、胡立井、胡绍料和周克信8人捐资均在100万元以上。

为鼓励和表彰对文成县经济建设、社会发展、对外交流合作等方面做出重大贡献的外国人、外籍华人、华侨、港澳台同胞以及其他社会人士，县人大常委会于2010年5月第儿次会议决定，颁发《文成县爱乡楷模和荣誉市民称号授予办法》。

捐资类项

1991—2011年，文成籍侨胞侨眷捐资家乡公益事业，可分为教学楼舍、乡村公路、道路桥梁、文化卫生、赈灾济困、风景名胜与其他设施7个大类合计76个项目。分别捐助资金为教学楼舍27项581.30万元、乡村公路16项1373万元、道路桥梁13项619.20万元、文化卫生7项566万元、赈灾济困2项283万元、风景名胜6项507万元、其他设施5项1038.49万元，总计捐助资金4967.99万元。

教学楼舍 胡绍麻教学楼 周壤乡校。建筑面积750平方米，1992年由旅法侨胞胡绍麻捐资17万元建造。

胡志榜教学楼 玉壶小学。建筑面积1048平方米，1993年由旅荷兰侨胞胡志榜捐资25万元建造。

胡克球教学楼 玉壶镇小。建筑面积1143平方米，1996年由旅意侨胞胡克球捐资30万元建造。

胡志潺实验楼 文成二中。建筑面积1256平方米，1993年由旅意侨胞胡志潺捐资23.60万元建造。

林太找教学楼 文成一中。建筑面积1424平方米，1993年由旅荷侨胞林太找捐资20万元建造。

胡绍料教学楼 文成县小。建筑面积1200平方米，1993年由旅法侨胞胡绍料捐资22万元建造。

洪志成教学楼　新东乡小。建筑面积410平方米,1993年由旅荷侨胞洪志成捐资7.20万元建造。(总造价8.50万元)

叶兆禄教学楼　峃口乡校。建筑面积941平方米,1994年由旅荷侨胞叶兆禄捐资32万元建造。

胡立正教学楼　玉壶中学。建筑面积1100平方米,1994年由旅法侨胞胡立正捐资25万元建造。

董文扬教学楼　周壤诸葛岭村。建筑面积840平方米,1995年由旅意侨胞董文扬等人捐资23万元助建。(总造价64万元。)

林氏教学楼　周南小学。建筑面积1030平方米,1995年由旅荷侨胞林太找、林太松两兄弟捐资27万元建造。

程延林实验楼　玉壶中学。建筑面积1080平方米,1996年由旅西侨胞程延林捐资15万元助建。(总造价50万元)

林杏琴教学楼　珊溪坦歧小学。建筑面积1143平方米,1996年由宁海籍旅印尼侨胞林杏琴捐资25万元建造。

程花菊教学楼　龙川乡中樟村。建筑面积700平方米,1997年由旅法侨胞程花菊捐资50万元建造。

胡振中教学楼　玉壶镇东背小学。建筑面积957平方米,1997年由旅荷侨胞胡振中捐资25万元建造。

胡克聪教学楼　玉壶中学。建筑面积1000平方米,1998年由旅荷侨胞胡克聪捐资25万元建造。

李尧良宿舍楼　黄坦中学。建筑面积1088平方米,由旅奥侨胞李尧良捐资10万元助建。

叶永根综合楼　峃口中学。建筑面积290平方米,1998年由旅荷侨胞叶永根捐资12万元助建。(总造价18万元)

赵汉波教学楼　里阳乡西山村。建筑面积533平方米,1998年由旅荷侨胞赵汉波捐资10.6万元建造。

叶董茂综合楼　东溪乡校。建筑面积500平方米,1999年由归侨叶董茂捐助资金15.5万元建造。(总造价23万元)

胡希读综合楼　玉壶镇小。建筑面积1033平方米,1999年由旅意侨胞胡希读捐资25万元建造。

胡克胜、周奶荪琢玉楼　玉壶中学。建筑面积1050平方米,2003年由旅意侨胞胡志潺的父母胡克胜、周奶荪捐资30万元助建,总造价55万元。

梅花叶综合楼　玉壶中学。建筑面积1050平方米,2003年旅奥侨胞胡立井捐资25万元助建,以其母梅花叶命名。(总造价55万元)

南田中学校门　2003年由旅意侨胞刘化标捐资10万元建造。

周克信综合楼　玉壶镇二小。建筑面积1020平方米,2004年由旅荷侨胞周克信捐资26万元助建。(总造价55万元)

叶茂信希望小学　双桂乡。建筑面积1600平方米,2004年由叶茂信捐资22万元助建。(总造价55万元)

林氏宿舍楼　周墩村。建筑面积700平方米,2004年由林太找、林太松两兄弟捐资17万元建造。

璋琅花园　南田中学。2005年由旅西侨胞刘伟光捐资13万元建造,以其父璋琅命名。

刘伟光综合楼　南田中学。2006年由旅西侨胞刘伟光捐资23.4万元建造。

胡建肥、周阿茶教学楼　玉壶中学。建筑面积2000平方米,2008年由玉壶镇侨眷胡建肥捐资30万元建造。

乡村公路　上林公路　玉壶至上林,全长11公里,造价50万元,1993年竣工。由旅意侨胞胡允迪(15万元)、胡允适(5万元)、旅法侨胞洪财虎(10万元)及侨胞周王京、余序闹、余序浪等集资助建。

茗垟公路　茗垟至岱根,全长5.6公里。1994年开工,水泥路工程2004年建造,总造价225万元。由旅意侨胞胡振明和旅荷侨胞胡克顺等人捐资125万元助建。

朱雅公路　朱雅乡雅龙至朱寮，全长6.5公里，1996年兴建。水泥路工程2005年修建，总造价250万元。由旅法侨胞朱体载、朱体留等人捐资130万元助建。

李林公路　文青公路冲山坳至李山谷底村，全长3.5公里，1997年兴建。水泥路工程2002年修建，由旅奥侨胞胡三绍等人捐资160万元修建。

叶坪公路隧道　文青公路至叶坪村，全长380米，1997年由旅外侨胞董光曹等人捐资75万元兴建，2005年又捐资15万元铺设隧道水泥路。

图33-1　玉壶朱雅公路（图片来源2002年《文成华侨志》）

平和公路　大垟口至平和乡政府，全长5.3公里，总造价161万元。1999年由旅德侨胞叶友如（51万元）等人捐资70万元助建。

大壤水泥路　文青公路大壤隧道口至鹭丝桥水泥路工程，全长1.2公里，总造价120万元。2001年由旅德侨胞胡少斌等人捐资60万元助建。

金星公路　东溪至金星通乡水泥路工程，全长10.3公里，总造价300万元。2003年由旅意侨胞胡多等人捐资30万元助建。

东头公路　东溪碧溪至黄河村水泥路，全长16.5公里，总造价450万元。2004年由旅荷侨胞胡绍光（50万元）和旅法侨胞胡绍查等人捐资140万元助建。

周壤联丰水泥路　联丰至麻山水泥路，全长6公里，总造价170万元，2004年由旅意侨胞胡允维等人捐资60万元助建。

雅龙公路　朱雅乡雅龙至东溪乡黄河村水泥路面工程，全长8公里，总造价300余万元。由旅荷侨胞胡绍光等人捐资65万元助建。

汤垟公路　朱雅乡雅龙至汤垟村水泥路工程，全长7.2公里，总造价190万元。2005年由旅外侨胞高明锁等人捐资53万元助建。

林龙公路　玉壶镇太场至林龙水泥路工程，全长9公里，总造价300余万元。由旅荷侨胞胡克琼等人捐资50万元助建。

坪岩公路　玉壶东三电公路至坪岩村，全长4公里，总造价180万元。2005年由旅荷侨胞周克信等人捐资60万元助建。

二源坑底村公路　全长4.5公里，总造价170万元，水泥路工程2005年动工兴建。由旅德侨胞陈永钞等人捐资30万元助建。

龙坑至朱阳公路　2009年玉壶镇华侨集体捐资200余万元助建龙坑至二源乡朱阳公路，其中旅意侨胞胡圣銮捐资100万元。

道路桥梁　克木大桥　玉壶镇冰心街至龙背村，全长80米，1991年由旅荷侨胞胡克木子女胡志荣、胡志光、胡志榜、胡彩娟捐资30万元建造。

寿星桥　玉壶镇玉泉溪中段，全长130.5米，总造价37万元，1991年8月22日竣工。由旅荷侨胞胡志敏、胡志郎、胡克球等集资兴建。

吴锡顺大桥　大峃镇徐村，1993年由侨眷吴正超8兄弟捐资10万元兴建，以其父吴锡顺命名。

满为桥　玉东公路至九了村，全长40米，1993年由旅意侨胞胡允启捐资10万元兴建。

上林大桥　上林联民村，全长70米，总造价82万元。1997年由旅法侨胞胡克哲等人捐资32万元助建。

玉壶外婆桥　玉壶镇五一村，全长30米，系胡立井外婆所在地。1997年由旅奥侨胞胡立井捐资16.2万元兴建。

东溪大桥　东溪乡碧溪村，全长60米，总造价37万元。1998年由东溪乡旅外侨胞和归侨叶董茂等人兴建。

图33-2　玉壶东溪大桥(图片来源2002年《文成华侨志》)

玉壶镇潘庄大桥　1998年由旅外侨胞胡荣墟、胡小博、胡小平、胡绍淡等捐资26万元兴建。

昌稳桥、吉祥桥、如意桥　位于玉壶镇五一村至垟头村之间，2011年开建。由旅荷侨胞梅守超等230名侨胞、侨眷捐资200余万元兴建。

平安桥　南田镇新南村三滩水口，长18米，配套水泥路100米。2011年由新南村刘广田及其在意大利的子女、女婿捐资21万元兴建，总造价30余万元。

芝水大桥　连接玉壶镇外村酒厂和玉壶华侨医院。由旅意侨胞蒋运泽、蒋运敢各捐100万元建造。

文化卫生　胡守近图书馆　1992年由旅意侨胞胡守近捐资12万元，位于大峃镇大峃街建造胡守近图书馆。

胡中杰颐上楼　位于玉壶镇光明村。1997年旅荷侨胞胡中杰捐资21万元兴建。

胡仲森影剧院　位于玉壶镇光明村。建筑面积264平方米，200座位1998年由旅荷侨胞胡仲森捐资13万元兴建，分别以荷兰楼、巴黎医技楼、意大利楼命名。

玉壶华侨医院　位于玉壶镇，建筑面积3248平方米，总造价350万元。1998年由荷兰、法国、意大利侨团出面捐资助建。

图33-3　玉壶华侨医院(图片来源2002年《文成华侨志》)

文成医院住院部大楼　1998年由旅法侨胞郑士亮捐资38万元助建。

捐赠医用救护车　2003年春夏非典期间，旅法华侨文成联谊会向县卫生部门捐赠救护车一辆，时价90万元。

诸葛岭村文化娱乐活动中心　位于周壤乡诸葛岭村。2005年由旅意侨胞董西北等人捐资42万元兴建。

赈灾济困

2005年9月1日，13号台风“泰利”给文成县造成重大经济损失和20余人死亡失踪，广大侨胞迅速开展赈灾帮困。至10月收到捐资款100余万元，其中意大利米兰文成同乡会捐资22800欧元。

2008年5月四川汶川大地震，文成旅外侨胞和侨眷捐款183万元。

风景名胜　乐颐阁　位于玉壶镇寿星桥畔。1991年由玉壶旅外侨胞侨眷199人集资27万元建造。

千秋塔　位于县城寨山顶。塔基海拔104.3米，占地225平方米，呈六角型七层砖砌框架结构，总高37.8米，1993年由旅意侨胞胡奶荪女士捐资6万美元建造(当年可兑换人民币50万元)。

玉壶三港殿　位于玉壶镇玉泉溪水口。1993年因火灾损毁。1994年由旅法侨胞胡立正等人捐资100余万元重建。

和平塔 位于周壤乡周墩村。由旅意华侨胡立赣捐资200万元建造。

金钟寺 位于玉壶镇外村金钟山。1995年由旅意侨胞胡绍钱捐资30余万元建造。

玉泉寺 位于玉壶镇外楼。原称崇福寺，明代古刹，属县首批佛教开放寺庙。1994年至1996年，由侨胞侨眷363人次集资100万元重建。

其他项目投资 玉壶镇侨联大楼 3间5层，建筑面积550平方米，1997年11月动工，1998年竣工，总造价60万元。由旅外侨胞（137人次）集资58.99万元建造。

1998年编写县华侨志，收侨胞捐款30万元；玉壶中小学旅外校友建立“玉壶中小学校友基金会”捐款68万元。

2002年县侨联大楼在原址重建，2003年10月竣工，3间7层、建筑面积1180平方米，由侨胞269人捐资231.5万元兴建。

图33-4 玉壶华侨之家（侨联）大楼（图片来源2002年《文成华侨志》）

2005年10月，玉壶（东溪乡）召开华侨历史100周年纪念活动，侨胞捐资150万元。

2008年4月，玉壶镇侨联召开第三届侨代会第2次会议。其间，侨胞、侨眷合计捐资支援家乡公益事业建设500万元。

第二节 侨 汇

侨汇是侨民汇回国内的款项，文成民旅居海外华侨合法地将钱款汇回家乡，既是供奉侨属亲人生活经济来源，又为家乡社会经济建设做出积极贡献。从1985年始，全县侨汇大幅度增长，在国民经济中占有很大比例。1994年全县侨汇1.17亿元，突破亿元大关。2011年全县侨汇达到40亿元。1991—2011年，全县侨汇计302.80亿元。

侨汇政策

1955年2月，国务院颁布《关于贯彻保护侨汇政策的命令》，指出：“侨汇是侨眷的合法收入，国家保护侨汇政策不仅是国家当前的政策，而且是国家的长远政策”。规定“任何个人或团体不得向侨眷强迫借贷，不得积压侨汇，不得擅自检查侨批和以任何借口变相侵犯侨汇”，“国家鼓励华侨和侨眷把侨汇投入生产或者向国家投资公司入股，同时鼓励华侨、侨眷修建房屋，各级地方国家行政机关对此应给予便利”。“对于华侨兴办学校、医院、兴修水利、造桥、修路等公益事业，各级地方国家行政机关应给予指导、帮助，必要时予以表扬”。争取侨汇是侨务工作的一项重要内容，县侨务部门协助国家银行本着“保密、准确、迅速”要求，做好侨汇解付工作，并以“便利侨汇，服务侨胞”为宗旨，尽量为侨户的临时资金需要提供方便。1993年4—9月，侨汇由人民银行温州市分行解付，县银行汇额数仍有235.7万元。1994年，全县侨汇首次突破亿元人民币，开始归由中国银行文成支行解付。2000—2011年，除县银行汇额大幅度增长外，许多侨户将汇款存入温州、杭州等地银行

侨汇收入

文成籍侨胞外汇收入始于1955年,计币1.66万元。1962年正式列入银行侨汇运转9万多元。1990年,全年侨汇结账额613.18万元。1991—2011年,侨汇总额累计302.80亿元,21年时间平均每年侨汇14.42亿元。

1991—2011年文成县侨汇收入情况一览表

表33-10 单位:亿元

年份	金额	年份	金额
1991	0.05	2002	15
1992	0.05	2003	11.80
1993	0.02	2004	15.50
1994	1.17	2005	16
1995	2.10	2006	22
1996	1.80	2007	33
1997	2.20	2008	39
1998	2.19	2009	38.90
1999	2.42	2010	40.90
2000	5.10	2011	40
2001	13.60	合计	302.80

说明:资料由文成县侨联提供

第五章　传统文化传播

随着中华人民共和国国际地位的提高，经济建设快速发展，全世界学习汉语的人已越来越多。旅居海外的华侨、华人弘扬中华优秀文化传统，对促进与侨居国之间文化交流，增进各国人民之间友好关系，加强对华裔青少年"扎根祖国，爱我中华"的母语教育，起到很好的桥梁纽带作用。

第一节　华文教育

文成籍老一辈华侨，很少具有初中以上学历，身居海外，只能从祖国传统文化宝库中汲取精神食粮，以适应在异国他乡艰辛谋生、奋斗、发展。新一代华侨华人子女，一般能在侨居国正规学校接受教育却少懂中文，"代沟"问题越来越严重。20世纪70年代以来，有识之士疾呼必须兴办母语教育，决不让新一代华裔子女因不懂中文而与中华民族文化断缘，成为"黑头发、黄皮肤的外国人"。特别是中共十一届三中全会后，华侨社会人数猛增，解决华裔子女母语教育尤显必要。于是，许多侨团侨领承担华文学校的董事或赞助人，使侨团开办的中文学习班从90年代以来得到大力发展。

旅荷华侨总会中文教育

文成籍侨胞在荷兰开办中文教育历史较早。1948年瓯海同乡会会长余忠（原籍樟台马山）力主办起华文学习班。1968年"同乡会"正式定名旅荷华侨总会后，县籍侨胞胡克林、胡志光、胡允革、胡允央相继出任会长，中文教育得到大力发展。1986年，荷兰政府决定在全国公开推行中文教育。1992年4月，荷兰教育部决定拨款资助全荷华人社团联合总会实施《中文教材发展计划》，编写一套适合荷兰教学环境，较为完善的中文教材，以提高教学效果与增加学习兴趣。1998—2011年，在中、荷政府积极协助和旅荷华侨华人共同努力下，中文学校在发展中继续实现自我完善。全荷36所中文学校，有些还开设中学班。其中旅荷华侨总会属下中文学校17所，拥有学生包括荷兰儿童在内每年在校生人数达2000多名。

旅法华侨文成联谊会中文学校

1991年11月，旅法华侨文成联谊会成立以来，侨胞朱体载、洪才虎等会长，一直把联谊会中文学校作为首要任务之一。该校创办于1992年，首任校长杨步庆，专聘4位中文教师授课。教材分一、二、三、四册，每星期三、六下午上课。1998年统计已举办6期中文班，共有近300名学生结业。中国驻法大使馆参赞李平特地在第六期中文班学生结业典礼上，用中、法两国语言向学员讲话，勉励学员继续勤奋学习。至2011年，学校保持程序化、规范化学习，每年平均近60名学员结业，是文成籍旅法华侨唯一的中文学校。

旅意大利侨团华文教育

2011年统计，文成籍侨胞在意大利兴办4所受欢迎的中文教育学校。

意大利米兰华侨华人工商会中文班，创办于1996年年底，招收2个班级学生60余人，入学率达98%。时为工商会副会长朱静怡(女)任中文教育负责人,配备2名中文任课教师。2006年后,名誉会长陈金满具体负责工商会中文学习班工作,规定坚持每学年在10月份开学,深得华侨子女家长支持好评。

意大利米兰文成同乡会第一中文学校,创办于2002年。2004—2011年,侨胞胡光绍先后担任同乡会会长与名誉会长,一直兼任米兰第一中文学校校长。

罗马华侨华人联合总会中文学校,创办于1994年。县籍侨胞董志清任联合总会副会长(1994年)、会长(1998年)后,积极支持并力主推行华文教育,直至2011年,每年均举办一期中文学习班。

意大利都灵华侨华人联谊会中文学习班开办于1991年,侨胞夏昌法、余序钻等7人先后担任历届会长。至2011年已多次举办中文学习班和外文学习班。

其他侨居国侨团华文教育

科隆中文学校,创办于1992年。旅德浙江华人联合总会于1978年12月成立后,曾不定期地多次举办过中文学习班。从20世纪90年代开始至2011年,总会配备专人负责中文教育,并在科隆市创办"科隆中文学校",由全德华人联合总会副主席、旅德浙江华人联合总会会长胡少斌(周壤人),担任该校董事会主席,推进了旅德华人的中文教育。

奥地利华人总会中文教学班,创办于1992年。奥地利华人总会于1991年9月在维也纳成立,至2011年,县籍侨胞胡元绍连任历届会长,中文教学班办得有声有色,越办越受到大家欢迎。

西班牙华侨子弟中文学校,创办于1996年。其校是由西班牙华侨华人联合会与西班牙华侨华人妇女联合会(该两侨团何时更名资料缺失),于1996年10月在马德里联合创办华侨子弟中文学校,有学生128人,对增进中华民族传统观念,起到良好作用。

第二节 中文媒体与著作

文成籍华侨华人社团或个人直接创办华文报刊,始于20世纪70年代。当时,欧洲华侨社会很少有中文报刊,《人民日报·海外版》尚未问世,侨胞在当地报摊可购到的中文报刊寥寥无几。不谙外文的绝大多数华侨,极难及时获悉来自祖国故乡的最新消息,甚至无从了解自己所生活的侨居国家与华侨社会变化情况。中文宣传媒介极度缺乏,讯息闭塞,侨胞文化食粮匮乏,渴望着能在异国他乡读到汉语文字的报纸。随着华侨人数增多,实业扩大,络绎出现华侨华人新侨团群体,为加强侨团间联系和友谊,创办中文报刊迫在眉睫。20世纪70至90年代,文成籍华侨在西欧创办了10家中文报刊,文成侨乡亦相应刊出《文成侨讯》。1991—2011年,多种涉侨专著、画册面世。诸多报刊著作,大力宣传介绍祖国成就,宣传发扬华侨华人业绩,加强与兄弟侨团之间沟通往来,促进华侨与侨居国公民友好情谊。

华侨报刊、专著

荷兰《华侨通讯》 1977年8月创刊,是荷兰华侨总会创办的第一份中文报刊。1983年总会配备专人负责经办,将原来每月一期改为半月刊,并从每期8版增至12版,发行量达到6000余份。1991年后,《华侨通讯》发行量增至万余份,内容形式不断丰富与改善,成为各侨团从事社会活动的重要宣传工具和联系媒介。

法国《旅法华声报》 旅法华侨俱乐部主办的《旅法华声报》,原名为俱乐部会刊《简讯》,创刊于1984年。报纸内容除报道会务活动外,还设有政治经济评论、法律简介、法国消息、中国和国际新闻等内容。1996年,根据华侨社会新形势发展,增加版面、提高利用质量,改特刊为《旅法华声报》,发行范围扩大到德国、比利时、荷兰、意大利、瑞士等国家以及国内有关部门单位。

意大利《罗马侨讯》 1985年罗马华侨联谊会成立之初，创办了会刊《简讯》。罗马华侨华人总会成立时，会刊更名《罗马侨讯》，由罗马华侨华人联合总会主办。

米兰《华侨通讯》 1990年8月创刊，意大利米兰华侨华人工商会主办，每月1期6版，首任社长胡志潺。1993年春，全国政协副主席钱伟长特地为《华侨通讯》题写报名。

意大利《侨报》 1996年1月在意大利米兰创刊。每月1期，每期4～8版，发行量千余份，免费赠阅。由文成籍旅意华侨王国强主办与主编。《侨报》创刊阐明办报宗旨为："向侨胞介绍意大利的社会动态、政策、法令等，熟悉意大利社会，更好适应环境；向侨胞报道中国大陆、台湾、香港、侨乡要闻，使侨胞了解中华文化和历史；选登一些鲜为人知的题材供大家参阅。"1996年4月，全国人大常委会副委员长田纪云访问意大利期间，为《侨报》题词："办好侨报，为国增光，促进中意友谊。"该报从创刊以来，体现内容丰富、新颖、翔实，并承办刊登业务广告，颇受大家好评。是意大利唯一私人创办的中文报纸。

華僑通訊
OVERZEESE CHINEZEN BULLETIN

图33-5 荷兰《华侨通讯》(图片来源2002年《文成华侨志》)

意大利《都灵移民报》 为意大利都灵移民劳工会主办，创刊于1998年3月。主要向定居意大利华侨介绍相关法规常识，告知移民办理各种手续或申请某种事由"须知"。《都灵移民报》第1期注明，从1998年5月1日起，免费给所有都灵移民劳工会的会员赠阅。该报由陈铭、陈丽任编辑部负责人，余银翠任编辑部秘书。

《米兰同乡报》 1999年10月创刊。由米兰文成同乡会创办，法人代表由米兰文成同乡会副会长兼秘书长胡光绍担任。

意大利《新华时报》 1999年3月创刊。由一批爱国华侨华人企业家和侨领集资创办。罗马华侨华人总会会长董志清担任总监，意大利华商总会常务副会长曹高茂、万志美任社长和总编。社址驻罗马。

《欧华杂志》 创办于1991年8月(双月刊)，由奥地利华人总会主办，会长胡元绍(文成县玉壶镇光明村人)担任发行人，特聘欧洲10余个国家20名侨领任顾问。1992年6月由《奥华》杂志从第五期起更名为《欧华》杂志。

《都灵华声》 由意大利都灵市华侨华人联谊会主办。创刊于1993年秋，每月1期。1994年10月联谊会换届后，该报顾问为胡立松、总编胡绍通、责编王晓荣、编辑胡少刚。

《杨叔尧先生旅欧诗文集》 1994年9月华东师范大学出版社出版。杨叔尧(1902—1980)，名汝庭，原籍玉壶周壤乡蓬岩人，1937年旅法华侨。

《文成县旅法华侨历史概况及其光荣的爱国爱乡传统》 1997年3月印发(打印本)，作者杨步庆。杨步庆，玉壶周壤乡人，1963年杭州大学毕业，1981年旅法，担任旅法华侨文成联谊会中文学校教师、校长。

新华时报
LA NUOVA CINA
首都将隆重热烈庆祝建国五十周年
中共中央国务院决定

图33-6 意大利《新华时报》(图片来源2002年《文成华侨志》)

歐華
歐華聯合會第八屆年會在維也納隆重召開

图33-7 奥地利《欧华杂志》(图片来源2002年《文成华侨志》)

《旅荷华侨总会50周年纪念特刊》 旅荷华侨总会编发。1997年11月,为旅荷华侨总会走过50周年光辉历程的纪念日。在会长胡允革(玉壶人)主持下,由名誉会长梅旭华(祖籍玉壶)担任执行编辑,编撰出版《旅荷华侨总会50周年纪念特刊》。特刊详细记述旅荷华侨总会50周年的历史和现状。全书有中共中央领导、中国和荷兰政府有关部门负责人、社会知名人士、艺术家等的题词、贺信、贺电、书画;有总会各方面负责人撰写的总会有关历史文字材料,还有历届总会会长、副会长、秘书长和常务理事、理事的名录及历届名誉会长、名誉副会长的彩照或黑白照片。特别是收集刊登反映总会历史的珍贵照片,使《特刊》显得图文并茂,更具存史性和可读性。

侨乡报刊、书画

《文成侨讯》 1994年1月创刊,由文成县侨联创办。规格为8开小报,每两月一期。初期为铅印,后来改为胶印,每期近万字,向国内外发行,每期1000份。至2011年均按时刊发,是浙江省县级侨联唯一的一份小报,受到国内外侨界的好评。

《文成华侨历史资料1905—1984》 上、下册,创刊于1985年10月,作者:王忠明。

《文成华侨溯源录》 1991年出版,作者:侨眷吴明皋。

《文成华侨志》 2002年12月中国华侨出版社出版,县外事侨务办公室编。

《玉壶镇侨情纪事》 2005年1月发行,作者:余序整。

《侨情和侨声》 2006年2月出版,作者:余序整。

《玉壶华侨百年》画册 2005年发行,玉壶侨联印发。

第三节　中医药文化传播

拥有四千多年悠久历史传统的中医药学,是中华文化的重要组成部分。20世纪80年代,由于国际文化科技交流,中医药学加快走向世界,迅速发展。仅欧洲就有中医药医疗机构1万多个,中医学校30多所。除欧洲较有名气的荷兰神州中医大学外,1996年5月与1997年9月,英国和英格兰各有1所大学分别开设针灸系、针灸与中医课程,学生同样可获得本科学位;德国和意大利的一些医院,开设针灸、推拿和中医门诊部。

刘万里中医诊所

1981年11月,文成医院伤骨科医师刘万里出国后,在荷兰阿纳姆市开设中医门诊工作。1987年1月,刘万里中医诊所经荷兰司法部、卫生部核准予以注册登记。

神州天士力医药集团

原名荷兰神州医药中心,1986年7月由董事长兼总经理董志林医师创办,是一家集医疗、研究、教学和中草药、中医器材进出口贸易为一体的中医药机构。董志林,二源乡朱阳人,原为一名针灸医师。1981年2月旅居荷兰后,立志要为"中医西进"干一番事业。1983年开始,先在荷兰《华侨通讯》上开辟"中医专栏",宣传中医理论和治病知识。1986年7月,在乌特勒支市开设诊所时有3张病床。1989年,神州医药中心略露雏形,1992年开始已具有临床、培训、贸易等相当规模的医疗机构。1995年,把乌特勒支中草药机构作为分部,投资80多万美元,在阿姆斯特丹唐人街兴建神州医药中心总部,于同年10月开业。设立中医门诊部、欧洲中医针灸培训中心部、中草药进出口贸易部等机构。

荷兰神州医药中心一直得到中国卫生部、中医药管理局的关心支持，被视为中国传统医学在海外发展的“模式”。曾受中国卫生部与政府高级领导数次访问考察，董事长董志林亦经常被邀请回国参观、研讨。荷兰政府对神州医药中心的建立亦十分重视，当中心新址落成时，荷卫生部长致信表示祝贺，主管传统医学的高级官员还曾亲临剪彩。

欧洲中医针灸培训中心，开设基础班与提高班，课程有中医学基础、中药、针灸、推拿及各科临床，聘请中国教授执教，并附设一个西医基础班。1997年8月，把提高班扩充为神州中医大学，得到中国政府有关部门的支持，保证师资质量，致力于培养和提高欧洲中草药水准。为了对欧洲中医、针灸从业人员的专业技术水平作出客观鉴定，与中国国际针灸考试中心合作，在欧洲推行和组织实施《国际中医、针灸专业人员水平考试办法》。

荷兰中医药协会

1999年4月，荷兰中医药协会在“神州医药中心”宣告成立，并选举产生首届理事会7人，董志林当选会长。荷兰中医药协会，为荷兰中医药界组织的大联合机构，包括绝大多数在荷的中国医生和部分荷兰医生。以中医药为主体的中国医生多数具备大学以上学历，其中20%以上的会员具有硕士、博士或各种高级职称，不少医生还具有多年丰富的临床经验。

第三十四卷

民政　扶贫

文成县始终把脱贫扶贫和提高人民生活水平作为社会发展的重中之重。1991年3月制定《文成县"八五"期间扶贫规划》,1996年出台《文成县97脱贫攻坚计划》,1998年1月实现脱贫目标。2000年后,扶贫工作由比较单一的扶贫帮困、救灾救济等形式转向扶贫和开发相结合路子,从根本上改善贫困地区和贫困人口的状况。2011年,全县农民人均纯收入7435元,比1991年净增20.18倍。

全面推进救灾救济和社会福利工作。1997年起,在城乡实行最低生活保障制度,对低保对象按季发放生活保障金;不断提高城镇"三无"人员和农村五保户对象的供养标准;2005年起建立社会医疗救助制度,对城乡困难群众实行医疗救助。20年间,共发放财政救济资金9927.83万元、社会救济款5691.30万元,发放最低生活保障金11073.75万元、医疗救助金1492.61万元、其他社会救助金4958.53万元。

优化村(居)建制,加强村(居)民主建设,推行村务公开制度,深化基层自治组织建设。在进行的9次村(居)撤并中,共撤并行政村308个。至2011年调整后的行政村为123个,居民委员会1个、社区居民委员会6个,建立农村新社区56个。

第一章　民　政

文成县民政局是管理有关社会行政事务的职能部门，主要负责专项社会行政事务管理、基层民主政治建设、社会救助与福利，服务军队和国防建设等方面的工作。20年来，县民政部门在事关文成民生、民权、民利方面创新探索，在调节社会利益、化解社会矛盾、排解社会困难、促进社会公平、维护社会稳定、增强社会和谐等方面发挥了重要作用，民政工作取得了新的进展。2011年，全县纳入最低生活保障范围12298人，占总人口3.17%；年度民政事业费6293.6万元，同比1991年增长14.23倍，民政综合实力明显增强。

第一节　组织机构

1991年，县民政局内设6个股室。2011年，全局内设办公室（计划财务科）、优抚安置科、救灾救济科（县政策性农村住房保险倒房纠纷裁定办公室）、行政审批科、社会事务科（社会组织管理科）、县地名委员会办公室、县老龄工作委员会办公室。下辖县社会救助管理服务中心（县救助站）、县婚姻登记中心、县村务公开和民主管理办公室、县光荣福利院、县殡葬管理所（县移风易俗办公室）、县火化殡仪馆和县民政工业公司。

内设机构

1991年年初，县民政局内设财务秘书股、社会救济股、优待抚恤股、民政股、县移风易俗办公室、老区建设委员会办公室；4月，县地名委员会办公室归口县民政局，设立地名股。1995年10月，民政股更名为社会事务股。1996年9月，县政府成立文成县勘定县级行政区域界线工作领导小组，办公室设在县民政局，为非常设性行政机构。1997年4月，全县机构改革，民政局内设办公室（计划财务室）、优抚安置科、救灾救济科、社会事务科、地名委员会办公室（勘界办）、移风易俗办公室、老区建设委员会办公室。1998年，将农村社会养老保险职能交给劳动和社会保障部门。1999年，撤销勘界办。2002年1月，内设办公室（计划财务科）、救灾救济科、优抚安置科、社会事务管理科、地名委员会办公室、移风易俗办公室、老区建设委员会办公室，新增民非管理和社区建设工作职能；6月，县委老干部局承担的老龄委日常工作职能划入县民政局，设立县老龄工作委员会。同年，将老区建设委员会办公室职能交给县扶贫老区办。2006年，救灾救济科增挂县政策性农村住房保险倒房纠纷裁定办公室牌子。2010年，社会事务管理科变更为行政审批科和社会事务科，增挂社会组织科牌子。2011年，县民政局内设办公室（计划财务科）、优抚安置科、救灾救济科（县政策性农村住房保险倒房纠纷裁定办公室）、行政审批科和社会事务科（社会组织管理科）和县地名委员会办公室、县老龄工作委员会办公室。

下属机构

1990年，县民政局下辖民政工业公司。1993年4月，设立县光荣院，人员编制3人。1998年，县光荣院增设福利院。2000年9月，设立县殡葬管理所和县火化殡仪馆，人员编制分别为6人和10人。2004年9月，设置县社会救助管理服务中心和县救助站，实行二块牌子一套人员，人员编制3人。同日，设立县婚姻登记中心,人员编制2人。2007年8月,设立县村务公开和民主管理办公室,人员编制1人。2008年6月,移风易俗办人员编制并入县殡葬管理所,实行二块牌子一套人员。2011年,县民政局下辖社会救助管理服务中心(县救助站)、婚姻登记中心、村务公开和民主管理办公室、光荣福利院、殡葬管理所(县移风易俗办公室)、火化殡仪馆和民政工业公司。

第二节　基层自治组织建设

基层自治组织建设在不同时期有不同重点。1991年以来,县民政部门主要承担村(居)委会调整设立报批,村(居)换届选举,以及加强农村基层干部培训等民主自治制度建设。2005年开始,重点推广社区建设。至2011年,全县进行村(居)撤并工作9次,撤并行政村308个,调整后村委会为123个、居民委员会1个和社区居民委员会6个,建立农村新社区56个。

村(居)撤并

1991年,全县村委会569个(含石垟林场上斜村,下同)。1992—1999年,进行调整3次,涉及平和、东龙、双溪、汇溪4乡,撤并25村,新设5村。至1999年,村委会549个。

2002—2005年,开展村委会大撤并工作。2002年4月,朱雅乡首先试点,全乡9个村委会撤并为5个;10月,珊溪镇岙头底、见坑、驮寮、黄田和驮寨5村合并为五新村。2003年9月,全县行政村规模调整动员会召开,村撤并工作全面实施。至2005年,全县除石垟、黄寮外31个乡镇涉及调整行政村283个,调整后为118个,减少165个。至此,全县村委会384个。

1991年,全县居委会12个,均在县城。1999年,珊溪水利枢纽库区移民在珊溪镇建立富强新村居民区,全县居民委员会增至13个。2008年,根据《民政部关于在全国推进城市社区建设的意见》,撤销大峃镇徐岭、苔湖、石坟垟、上房、县前、二新、栖云、周村、城西、城东、城南和华侨新村等居民委员会12个,设立城南、城北、城西、城东、凤溪和红枫等社区居委会6个。调整后,全县下设1居6社区,居民委员会7个。

村(居)换届选举

1990年1月1日,《中华人民共和国居民委员会组织法》实施,居委会每届任期三年。到届进行选举。1991年,县民政局印发村(居)委会组织法1000份,进村入户宣传,村(居)委会依法选举逐渐普及。至1995年,全县村(居)委会全部实现依法选举,当年选举成功率96%。1998年,《中华人民共和国村民委员会组织法》正式施行,任期不变。1999—2011年,村(居)委会换届选举5届次。历届选举,县民政局均派人到村到户指导、监督,并制定选举实施细则,规范换届选举工作。选举成功率、选民参与率、妇女干部比率逐年提高,2008年三项比率分别达到100%、88.4%、19.77%。2011年,率全市之先完成村委会换届选举。同年,选民登记24.69万人,推荐产生村民代表1.11万人,选举产生新一届村委会主任381人、村委会成员1450人,换届选举成功率100%。

村(居)民主建设

20年来,为了保证人民群众直接行使民主权利,密切党群干群关系,促进农村改革、发展和稳定,推进村(居)民主建设,县民政局重视培训工作。全县农村基层干部培训始于1986年,培训地点大多在县、乡(镇)党校,培训内容主要是马克思主义基本理论、法律知识、科学技术和现代管理知识、党在农村的各项政策。

1991—2011年，举办村（居）干部业务培训班108期，培训村（居）干部6673人次。

1993—2002年，开展“自治示范”争创活动。至2002年，全县25个乡镇、407个村被评为市级村民自治模范乡镇、模范村。全县荣获“浙江村民自治模范县（市、区）”称号。

图34-1　2010年12月6日，全县召开村级组织换届试点工作推进会（县民政局提供）

1998年5月，县委决定在黄坦镇、石垟乡试点村务公开。6月，县政府出台《关于全面推行村务公开的实施意见》《文成县村务公开工作管理办法（试行）》。全县普遍建立村务公开领导小组，召开村务公开动员大会，全面铺开村务公开。至9月底，全县35个乡镇设立村务公开栏583个，把干部责任目标、村财务收支、计划生育和扶贫救济等8方面内容向社会定期公开。

2001年8月，为充分发挥村务公开民主监督作用，根据县委、县政府决策部署，县委组织部、县民政局在双桂乡山下、西垟2村开展村务公开规范化建设试点。当年，在试点成功基础上，县委组织部印发《文成县村务公开民主管理规范化建设工作手册》，对村务公开的内容、时间、程序、形式和监督管理进行刚性规范。

2002—2011年，村务公开规范化水平稳步提高。其中2002—2006年，135个村达到省标准，1个乡、3个村被命名为浙江省村务公开民主管理示范乡和示范村。2005年，在村（居）换届选举中推出“海选”，实行候选人自荐直选。全县换届村委会367个，实行“海选”117个，占换届村委会31.88%。“海选”方式进一步激发村民当家做主意识，当年参选率创下新高，全县20.5万人参加投票，参选率79%。2011年，全县98.18%的村即377个村，达到《浙江省村务公开民主管理规范化建设村测评标准》要求。

社区建设

全县社区居委会建设始于2005年。同年，在大峃镇城南社区进行社区居委会建设试点，选举产生居委会主任1名、成员7名，社区居民代表参选率96%。2008年12月，印发《文成县大峃镇社区建设工作实施方案》，将大峃镇城区划分为城南、城北、城西、城东、凤溪和红枫6个社区居委会。

农村社区建设始于2008年。2008年9月，县政府办印发《文成县农村社区建设试点工作实施方案》，在巨屿镇、周壤乡和峃口乡进行农村社区建设试点，建成方前、周墩和九山农村社区3个。2009年10月，出台《关于加快推进农村社区建设的实施意见》，县城乡社区建设领导小组成立，办公室设在县民政局。12月，建成农村社区37个，其中省示范点1个、市示范点4个。2010年9月，县政府办制定《文成县农村社区建设布局规划》，规划农村社区147个。2011年县政府调整社区设置方案，全县383个行政村通过“转并联”建成农村社区56个，实现农村社区全覆盖。

第三节　优抚安置

1991年以来，全县优抚安置工作持续发展，各项政策得到全面落实。1991—2011年，发放优抚安置经费9088万元。其中，拥军336.7万元，抚恤补助、家属优待和退伍安置等经费8751.3万元。

拥军优属

1991年6月5日，全县双拥工作领导小组建立，县委副书记廖梅柳兼任组长，办公室设在县民政局。每逢元旦、春节、"八一"建军节、国庆等重大节日，县主要领导都亲自率队组成慰问团，慰劳驻军，慰问烈军属、伤残军人、复退军人，送上慰问品、慰问信和慰问金。开展"双拥杯"竞赛，举办军民联欢、报告会、庆祝会，以及表彰在部队立功现役军人活动。2002年，慰问组分赴江苏、天津慰问文成籍官兵，激发官兵们爱国爱乡热情。1998年、2002年、2003年和2006年，拨款145.8万元支持驻文成部队建设，解决驻军训练场地、营房维修等实际困难，并且优先安排解决县人部、县武警中队搬迁用地和建设资金。2003年，县人武部屿根办公楼竣工、县武警双垟新营房如期开工。全县广大群众，特别是巾帼志愿者队伍、少先队员、共青团员多次主动到驻文部队、烈属军属家中，开展帮助拆洗衣被，打扫卫生等拥军优属活动。1991—2011年，慰问赠送年画、春联、水果、白糖、食用油、毛巾、棉被等物品合计16万余件，慰问金336.72万元。

随着经济社会迅速发展，拥军优属工作更加关注解决优抚对象面临的生活难、住房难和治病难（"三难"）问题。1998年，县政府举办"走千家、帮双百"为优抚对象排忧解难活动，组织机关单位与优抚对象结对帮扶，筹集资金12.4万元，帮助200余户军属、烈军属和老复员军人分别解决生产、住房和治病难等问题，为烈军属优惠安装电话45部。同年，珊溪镇、黄坦镇分别被市人民政府、市军分区命名为拥军优属先进单位。1999年始，全县持续开展"爱心献功臣行动"。各单位、团体、个人筹集20余万元，帮助347户优抚对象解决"三难"问题。2000年，正值中国人民志愿军抗美援朝出国作战50周年，县政府召开部分志愿军老战士座谈会，县领导率队走访慰问在乡志愿军老战士39人，13个单位和个人与志愿军老战士结成对子，捐赠帮扶款4.3万元。86个结对单位还在元旦、春节期间，向100余户优抚对象送去价值5万余元钱物。同年，文成县被民政部、全国双拥办评为"爱心献功臣行动"先进单位。1999—2011年，全县筹集"爱心献功臣行动"资金281.52万元，帮助1382户优抚对象解决"三难"问题。

抚恤补助

"三属"抚恤　革命烈士遗属、因公牺牲军人遗属、病故军人遗属（统称三属），县民政部门发给一次性抚恤和定期抚恤。一次性抚恤，根据死亡性质和本人死亡时的工资确定。烈士一般补发40个月工资，因公牺牲军人补发20个月工资，病故军人补发10个月工资，立功或获得荣誉称号的，按比例增发一次性抚恤金。2008年7月，《温州市军人抚恤优待办法》将一次性抚恤金标准提高。烈士一次性补发80个月工资，因公牺牲，补发40个月工资，病故，补发20个月工资。1984年开始，对"三属"中无固定收入的，每月发给定期抚恤。1992—2002年，文成县先后11次提高定期抚恤金标准。至2003年，全县年人均定期抚恤金高出当年人均收入10%。2005年，定期抚恤金开始参照上年度城乡居民可支配收入及纯收入的平均值测定，实现自然增长。2011年年末，全县享受定期抚恤待遇35人，其中烈士遗属26人、因公牺牲遗属3人、病故军人遗属6人，月定期抚恤标准分别达到1020元、918元、816元，全年发放定期抚恤金41万元。

伤残抚恤　因战致残、因公致残或者因病致残军人，按不同伤残等级，给予抚恤。1991—2006年，伤残疾等级根据丧失劳动能力的程度分为4等6级。即特等、一等、二等甲级、二等乙级、三等甲级、三等乙级。其中，因战、因公致残以及因病致残一等、二等甲级、二等乙级伤残的，享受抚恤。2007年，伤残等级由重到轻分为一级至十级。因战、因公致残，以及因病致残一级至六级，享受抚恤。伤残抚恤分在乡、在职两类。在乡革命伤残军人，发给伤残抚恤金；在职的（含享受离休、退休待遇的），发给伤残保健金。1991—2006年，调整伤残抚恤标准12次，每次都有较大幅度提高。2007年，伤残抚恤的增补标准在法律上予以明确。其中，在乡人员抚恤标准，依照上年度城镇职工平均工资结合伤残等级确定，在职的参照执行。此外，伤残军人在分配工作、医疗保障、乘车坐船等方面享有优待和照顾。一至四级残疾军人实行国家终身供养；分散供养且饮食起居需人扶助的，发给护理费。至2011年，全县革命伤残军人121人。其中，享受特殊护理3人。全年发放伤残抚恤138.60万元，其中抚恤金77.91万元、保健金56.29万元、护理费4.40万元。

2011年文成县伤残抚恤人员基本情况一览表

表34-1

伤残等级	定抚总数（人）	伤残性质	在乡				在职			
			人数（人）	抚恤标准（元/月）	其中享受护理（人）	护理费（元/月）	人数（人）	抚恤标准（元/月）	其中享受护理（人）	护理费（元/月）
二级	1	因公	—	—	—	—	1	3509	1	1212
三级	2	因公	2	2302	2	1228	—	—	—	—
五级	12	因战	2	1842	—	—	—	—	—	—
		因公	1	1688	—	—	1	1222	—	—
		因病	9	1535	—	—	1	1135	—	—
六级	19	因战	1	1535	—	—	1	1092	—	—
		因公	3	1381	—	—	5	1033	—	—
		因病	15	1228	—	—	5	873	—	—
七级	7	因公	7	1074	—	—	13	742	—	—
八级	51	因战	—	1074	—	—	3	524	—	—
		因公	8	921	—	—	40	480	—	—
九级	2	因公	2	767	—	—	—	—	—	—
十级	1	因公	1	614	—	—	—	—	—	—
合计	121	—	51	—	2	—	70	—	1	—

说明：资料由县民政局提供

定期补助　老红军战士和失散人员、在乡复员军人、丧失劳动能力生活困难的退伍军人，给予定期定量生活补助。20世纪90年代初，定补标准分为红军失散人员、抗战时期、解放战争时期、中华人民共和国建立后义务兵制四个类别。之后，定补面有所扩大。2007年，开展烈士子女和两参人员（参战和参加核试验退役人员）基本情况调整，并将认定两参人员和烈士子女纳入定补范围。2011年，全县定补对象726人，全年发放补助金332.82万元。

2011年文成县定期定量补助情况一览表

表34-2

<table>
<tr><th colspan="3">对象类别</th><th>定补人数（人）</th><th>定补标准（元/月.人）</th></tr>
<tr><td>烈士子女</td><td colspan="2">居住在农村和城镇无工作单位、18周岁以前没有享受过定期抚恤金待遇且年满60周岁的烈士子女和新中国成立前错杀后被平反人员的子女</td><td>89</td><td>420</td></tr>
<tr><td rowspan="3">复员军人</td><td rowspan="3">完全丧失劳动能力、生活困难的复员军人</td><td>抗日战争</td><td>1</td><td>670</td></tr>
<tr><td>解放战争</td><td>63</td><td>640</td></tr>
<tr><td>中华人民共和国建立后（1954.10.31前入伍）</td><td>78</td><td>630</td></tr>
<tr><td rowspan="4">退伍军人</td><td colspan="2">带病回乡退伍军人</td><td>23</td><td>430</td></tr>
<tr><td rowspan="2">参战退役人员、参加核试验军队退役人员</td><td>非农</td><td>100</td><td>450</td></tr>
<tr><td>农村</td><td>137</td><td>350</td></tr>
<tr><td colspan="2">特困退伍军人</td><td>235</td><td>200</td></tr>
</table>

说明：数据资料由县民政局提供

医疗补助 2002年，实行重点优抚对象医疗费减免政策。其中，烈士遗属、因公牺牲军人遗属、病故军人遗属每年减免5000元，复员军人2000～3000元，三等伤残军人2000元。2003年，报销减免优抚对象住院费及医药费7.8万元，涉及26人。同年，安排资金2万元，给复员军人和志愿军老战士3人免费做疝气、良性肿瘤摘除手术。2008年，1～6级在乡伤残军人纳入城镇职工医疗保险，惠及25人。2009年，县政府出台《文成县抚恤优待对象医疗保障实施办法》，明确"三属"、伤残军人、红军失散人员、复员军人、带病回乡退伍军人和两参人员的医疗保障待遇。县民政局根据文件要求，下达医疗保障金15余万元，按不同类别、档次、比例给予补助。至2011年重点优抚对象的医疗保障体系进一步健全。同年，下达医疗补助金138.55万元。其中，资助医疗保险14.3万元、减免医疗费18.6万元、门诊包干费47.65万元、医药费58万元。

军人优待

1954年10月31日前入伍的复员军人，国家给予减免医疗费，优先安排社会救济款、公房配购或建房宅基地审批、帮助解决临时困难等优待。生活有困难的复员军人，发给定期定量补助，安排到光荣院集中供养。1992年，建成县光荣院，总投资75万元，占地面积1073平方米，建筑面积780平方米。同年，首批老复员军人入院供养18人。现役军人，除给予土地承包、交通出行、退伍安置等系列优待外，每年发给家庭优待金。1991年，家庭优待金以县为单位统筹。1992年，颁布《文成县实施〈军人抚恤优待条例〉若干规定》，明确优待金标准与当地人均收入同步增长。至2002年，农村义务兵家庭优待金2180元、城镇义务兵家庭600元。同比1991年分别增加1880元、480元。2003年始，义务兵家庭优待金实现"城乡一体化"，户均2300元，并且逐年增长。2011年，全县义务兵家庭297户，发放优待金166.32万元，户均5600元。

退伍安置

军人退役后，实行"从哪里来，回哪里去"安置原则。设立退伍军人安置办公室，接收安置退伍义务兵、转业志愿兵（士官）。1991—2011年，国家顺应市场经济发展要求，不断调整完善退伍军人安置政策。1991年，城镇退伍兵、转业士官、伤残军人安置在企事业单位或乡镇；农村退伍兵回乡自主择业创业。2001年，城镇退伍义务兵"货币安置"试行。当年,接收城镇退伍义务兵29人。经考试择优录用20人,其余实行"货币安置",人均发给一次性自谋职业补偿金2.5万元。2004年始,城镇退伍义务兵全部实行货币补偿安置政策,政府不再安排工作。自此,除了符合政策条件的转业士官、伤残军人外,余者均实行自主择业。2009年始,国家对农村退役士兵实行一次性安置补助金制度。2011年冬,全县接收退伍士兵(士官)147人,其中转业士官安置到事业单位工作3人;退伍士兵144人,发给一次性经济补助金100.8万元(城镇退伍兵7人,10.5万元;其他高原兵17人,25.5万元;农村退役兵120人,64.8万元)。

当地政府安排专项资金,对回乡复员退伍军人帮助解决生产和生活困难。县安置办通过培训、推荐和选送等途径,帮助解决退伍回乡军人就业。1997—2011年,县民政局推荐439人回乡退伍兵到温州、瑞安、苍南及本县企事业单位工作。2006年、2009年,县民政局先后建立复员退伍军人数据库和农村退伍军人就业数据库,录入26960条信息,实现复员退伍军人安置就业动态保障。

1991—2011年文成县退伍安置情况一览表

表34-3 单位:人

年份	接收	就业安置	回乡创业	安置政策
1991	205	127	78	城镇退伍兵、转业士官、伤残军人安置在企事业单位或乡镇;农村退伍兵回乡自主择业创业
1992	118	42	76	
1993	96	11	85	
1994	131	49	82	
1995	121	34	87	
1996	93	12	81	城镇退伍兵、转业士官、伤残军人安置在企事业单位或乡镇;农村退伍兵回乡自主择业创业
1997	120	24	96	
1998	128	38	90	
1999	120	34	86	
2000	201	53	148	
2001	239	38	201	2001年,试行城镇退伍义务兵"货币安置"
2002	233	34	199	
2003	203	16	187	
2004	190	8	182	2004年,开始城镇退伍兵全部实行货币补偿安置
2005	165	11	154	
2006	143	4	139	
2007	164	7	157	
2008	148	6	142	
2009	154	10	144	2009年开始,给农村退役士兵发放一次性安置补助金
2010	133	10	123	
2011	147	3	144	
合计	3252	571	2681	

说明:数据资料由县民政局提供

烈士褒扬

1990年,全县在册县籍烈士332名。1991—2011年,继续加强革命烈士调查核定。1991年,省政府追认林志勇、张意锡、叶永笔为革命烈士,西坑乡入伍军人徐汉被所在部队追认为革命烈士。1994年、1996年、

2011年,胡绍秋、吴海峰、夏思敏3人分别被追认为烈士。截至2011年,县籍烈士345人。其中土地革命时期牺牲35人、抗战时期牺牲114人、解放战争时期牺牲106人、抗美援朝时期牺牲14人、抗美援越时期牺牲7人和社会主义建设时期为抢救和保护国家人民生命财产安全牺牲69人。

为褒扬革命烈士,县官山革命烈士陵园,乡镇烈士纪念碑、墓113处。1996年刘英纪念馆落成。馆址位于珊溪镇百万山,占地1.33万平方米、建筑面积678平方米。2005年,为纪念中国人民抗日战争暨世界反法西斯战争胜利60周年,县政府拨款7万元,在官山革命烈士陵园建立抗日阵亡将士纪念碑和怀英亭。2010年,县烈士纪念馆立项,位于官山烈士陵园旁,规划用地1538.51平方米,建筑面积873.9平方米,工程概算1100万元,初定工期三年。因馆内布展工程、烈士陵园绿化维修工程立项,工期延后。各级政府部门对革命烈士纪念设施定期修缮。每年清明时节,各级机关、学校、团体,组织干部、学生和群众前往革命烈士纪念地祭扫,接受爱国主义和革命传统教育。县委史志办、县民政局根据烈士翔实资料,写成传记,报送省民政厅,编入《碧血丹心——浙江烈士英名录》,褒扬革命烈士精神。

第四节　救灾救济

县域属灾害多发地区。台风、暴雨、洪涝、泥石流、干旱和霜冻等自然灾害几乎年年都有,火灾相对频繁。面对灾害,全县上下备灾抗灾救灾,尽量将损失减少到最低。县民政局进行必要救济,使灾民恢复正常生产生活。1991—2011年,县民政局下拨自然灾害救济款9927.83万元,火灾救济及其他社会救济5961.30万元。

防灾体系建设

为了加强防灾工作,县政府严格排查控制地质灾害点,加快灾区、震区迁居,预防自然灾害,危害得到一定程度遏制。重视应急体系建设,建立健全县、乡(镇)、村3级应急预案。要求灾害发生后,立即组织抢救,受灾时间、种类、范围、程度和损失情况在24小时内必须报至省一级。另外,全县还加紧建设"避灾点"。其中2007年,建成大峃镇屿根村等"避灾点"321个,总面积9.86万平方米,可容纳20474人。2008年,投入"避灾点"资金21万元,给地质灾害点避灾中心及其他"避灾点"37个,配备床、毛巾毯、应急灯和食品等物资。截至2011年,全县"避灾点"343个,安置灾民累计7万余人次。

图34-2　2007年1月18日,文成建成首个灾后重建安置点,总面积8200平方米(图为桂山乡村民喜迁新居,县民政局提供)

自然灾害救济

县域地处山区,干旱、霜冻、冰雹和龙卷风等自然灾害时有发生,主要影响局部,危害轻重不一。危害最严重是台风、地震。主要是台风带来强风、暴雨、泥石流等灾害。灾情最重有1994年、2005年、2006年。1994年8月21日,第17号台风侵袭文成。灾情发生后,县民政局及时将107.7万元救灾款送到灾民手中,解决特重灾民

1.27万人吃饭、治病和住房困难，帮助13余万名灾民平稳度过灾年。2005年9月1日，受第13号台风“泰利”影响，全县暴发严重山洪、泥石流等次生灾害，当年下拨救灾款653万元、救灾粮110吨、食用油1061箱、棉被3800条，救助灾民3万余人次，并且迅速帮助灾民重建房屋1638间。2006年，接连遭受8号强台风“桑美”正面袭击和“2·4”震群型地震，全县紧急下拨台风救灾款879.8万元、地震救灾款500万元，发放救灾粮20吨、棉被8800条、毛毯1135条、衣服14450件、帐篷700顶和钢管大棚75套，转移安置灾民3.07万人。灾后，下达重建资金5000万元，开工建设房屋4900间。1991—2011年，下拨自然灾害救济款9927.83万元，其中抗灾救济4407.83万元、灾后重建5520万元。

图34-3　2007年2月9日，温州市“冬天里的温暖—情系灾区特别行动”——文成县震后重建乔迁庆典(县民政局提供)

1991—2006年文成县重大自然灾害救济情况一览表

表34-4

年份	灾害	受灾人口(人)	直接损失(万元)	下达救济(万元)
1991	暴雨	41000	12	205.59
	龙卷风、冰雹	4518	31.17	—
1994	台风	130000	—	107.7
1997	台风	17000	—	206.26
1998	台风	188000	3086.75	95.39
1999	暴雨	133000	—	94.6
2000	台风	111500	4314	137
2001	台风	156000	3142	49
2002	台风	115600	1082	147.93
2005	台风	362200	123800	653
2006	台风	174500	34800	879.8
	地震	84500	16900	500
合计			187167.92	3076.27

说明：数据资料由县民政局提供

火灾救济

1991—2011年，全县火灾多发。仅1998—2004年就发生火灾184件，年均30.67件，导致1268户5411人房屋被毁。20年间，县有关部门下拨火灾救济款232.04万元、棉衣被4348套件、粮食108.19吨。

1991—2009年文成县主要火灾救济情况一览表

表34-5

年份	受灾户(户)	受灾人口(人)	直接经济损失(万元)	下达救济(万元)	发放棉衣被(条)	发放粮票(公斤)
1991	198	792	229.20	7.87	367	38420
1998	175	768	—	8.52	291	—
1999	61	588	60	7.30	335	—
2000	134	597	171	6.345	1500	15000
2001	170	602	187	15.92	425	15000
2002	184	739	1800	12.50	458	16500
2003	144	509	162.70	115	378	6750
2004	295	1180	—	20	—	—
2005	105	428	—	10.18	308	10500
2007	102	367	—	11.22	—	—
2009	115	363	—	17.19	286	6020
合计	1683	6933	2609.90	232.05	4348	108190

说明:数据资料由县民政局提供

社会救济

春荒救济 遭受严重自然灾害或火灾影响后,一些灾民属于缺粮又缺钱的"双缺户",还有一些家庭非常困难,甚至"缺衣少被"。针对这两类人群,县民政部门每年拨出救济款,购置粮食、棉被,及时发放到灾民和贫困户手中。1991—2011年,下发冬春荒救济款763.86万元、棉被13870条、衣服6.1万件。

临时救济 有贫病救济和贫困救济。1997年开始,贫困救济纳入城乡最低生活保障。2004年开始,贫病救助统一归入城乡医疗救助体系。但是对突发事故或重大疾病等临时困难,民政部门给予必要救济。2011年颁布实施的《文成县城乡居民临时救助办法(试行)》规定:因火灾等意外事件、疾病、意外事故和其他特殊情况造成的特困家庭,以及无力支付子女就学最低寄宿生活费的低保和低保边缘户等,县民政局按类别、程度,一次性给予最低500~5000元补助。1991—2011年,拨出临时救济款549.53万元,救济14383人次。

社救定补 实行对无法维持生活的孤老病残人员进行定期定量救济补助。1991年,社救定补范围涵盖孤老、精减退职老职工、台属、国民党原团级以上特赦或宽释人员、村老干部(1966年5月16日前任职、连任满5年,年满60周岁及以上的原村支书、村委会主任或农会主任)、黄埔军校生等人群。1991年,县定期定量救济(补助)193名。其中,孤老18人、月人均救济25元;精减退职老职工138名、月人均34元;台属5人、月人均16元;特赦或宽释人员23名、月人均42元;黄埔军校生9人、月人均15元;全年支出74256元。此后,定期定量救济(补助)标准随着经济社会发展逐渐增长,涵盖对象亦有所扩大。2009年,支宁返文人员纳入定补229人,月人均补助150元,当年仅此支出41.22万元。至2011年,全县定期定量救济(补助)对象361人,支出74万元。其中,精减退职老职工74人、月人均补助815元至910元;台属6人、月人均补助300元;特赦或宽释人员1人、月人均补助582元;黄埔军校生9人、月人均补助581元;支宁返文人员271人、月人均补助150元。

第五节 老区建设

文成县是革命老区，又属浙江省六个重点欠发达县之一。1991年以来，县政府从政策、资金、物资、技术信息、劳务和就业等方面扶持农村贫困户，帮助革命老区发展经济，给予中华人民共和国建立前入党的老党员、老游击队员和老交通员（统称“三老”）基本保障，提高老区人民生活水平。

老区慰问

20世纪50年代，县革命老区建设委员会及办公室设立，全面负责老区工作。老区工作机构几经调整，至1989年重新恢复。其后，挂靠县民政局直至2002年。1991年以来，老区工作主要职能是关怀慰问老区群众、支持老区基础设施建设、保障“三老”人员基本生活。1991年，省委书记李泽民、市委组织部长韩文德，先后到珊溪镇坦岐老区村和西坑、岭后、石垟3个老区村慰问，下拨老区建设经费20.3万元，帮助54个乡镇、99个老区村解决照明、饮水问题。2000年9月，县政府组织直属单位到33个乡镇现场办公，为革命老区解决基础设施建设和农业开发项目资金300余万元。1998—2002年，省、市、县领导每年到老区慰问，下达扶持资金439.5余万元，帮助珊溪、石垟、金炉、二源和周壤等乡（镇）的老区村解决生活用水、道路、粮食加工等基础设施建设。2002年6月，县扶贫老区工作办公室独立设置，老区慰问工作归口县扶贫老区工作办公室。

农村扶贫

中共十一届三中全会后，农村扶贫救济工作从过去的单纯物质救济改变为提高“输血”和“造血”功能，从根本上改善贫困地区和人口的贫困状况为扶贫重点。县扶贫老区办公室统筹负责扶贫日常工作，县机关各部门立足本单位业务特点，开展相应工作。经县委七届四次全委会决定，县民政局为因灾致贫的困难家庭发给救灾扶贫款，扶持他们发展生产。同时，签订救灾扶贫款发放合同，约定在合同期内归还的收取4%手续费、逾期的收取占用资金费、因灾的可缓期一年，以加强救灾扶贫款的周转管理。1991年，县民政局筹集下拨救灾扶贫款56.8万元，扶持东龙、花前、孔龙等37个乡镇、2322户9933人，发展种养、加工、运输等项目，全年新增脱贫户1650户。全年，回收到期周转金36.4万元，收回率90%。此后，为保证救灾扶贫款最大效益，县民政局继续加强周转金回收管理。1997年，回收上年沉淀的扶贫款46.5万元，安排资金20余万元，帮助部分老区乡配置碾米、饮水和照明等设施。1998年，根据县政府59号文件精神，县民政局分5个组，深入35个乡镇回收逾期、沉淀扶贫款75万元。1999年，随着农村贫困面貌改观，以及社会保障体制完善，县民政部门救灾扶贫工作纳入救灾救济救助范畴，不再承担具体的扶贫项目和业务。

“三老”补助

1991年，全县“三老”人员2964人，其中老党员2857人、老游击队员和交通员107人。县民政局将“三老”人员纳入社救定补，按照红军时期、抗战时期、解放战争时期三个档别发给补助，并逐年提高发放标准。2002年，县老区建设职能划归县扶贫老区办公室，县民政局继续负责“三老”人员社救定补工作。2011年，全县“三老”人员823人，分五个档别补助。其中1937年7月6日前入党的月补520元、抗日战争时期入党的月补420元、解放战争期间入党的月补360元，抗日战争时期的农村老游击队员和老交通员月补270元、解放战争时期的月补260元。

第六节　社会救助

20世纪90年代以来,国务院先后颁布城乡居民最低生活保障、困难群众医疗救助、流浪乞讨临时救助等弱势群体基本生活保障政策,社会救助工作开始单独立项,并且成为最重要的民政职责之一。1991—2011年,累计发放最低生活保障金11073.75万元、医疗救助金1492.61万元和其他社会救助金4958.53万元。

最低生活保障

1997年,县政府出台《文成县城乡最低生活保障制度暂行办法》,对达不到基本生活标准线家庭,采用补差方式予以补助。同年,在里阳乡进行试点。1998年,最低生活保障制度在全县正式实施。同年,全县核定低保对象3803人,发放保障金46.16万元。2000年,随着经济发展水平提高,城乡低保月人均补差标准提高到37.02元,同比1998年增加26.91元。其中,城镇低保对象月补差105元。农村分四类进行补助:一类,无经济收入的,月补差60元;二类,年人均收入500元以下的,月补差40元;三类,年人均收入501~800元的,月补差30元;四类,人均年收入801~1200元的,月补差20元。2002年,县政府修改完善《文成县城乡最低生活保障制度暂行办法》,将城乡保障线标准分别提高到年人均1680元、1080元;县乡财政负担由5:5改为8:2,明确低保金按季发放、凭证到乡镇政府领取。2004年,入院集中供养五保人员开始享有低保待遇,补差标准等同城镇全额标准,月人均补差150元。之后,全县低保对象"一户一档"制度和定期审核、新增、调整、注销的动态管理和最低生活保障自然增长机制相继实施,最低生活保障制度进一步健全。2011年,根据上级政策,县政府接连两次提高城乡低保补差标准,城乡低保月人均补差标准分别达到425元和260元。年末,全县有低保对象8914户12298人,其中城镇299人、农村11999人,全年发放保障金1825万元。

1998—2011年文成县最低生活保障发放情况一览表

表34-6

年份	保障对象(人)	发放保障金(万元)	年份	保障对象(人)	发放保障金(万元)
1998	3803	46.16	2005	10458	650
1999	3047	79.8	2006	10258	730
2000	5339	237.2	2007	10651	873
2001	7629	255.8	2008	11102	1105
2002	7259	362.46	2009	11502	1376
2003	7446	484.33	2010	11700	1438
2004	10282	611	2011	12298	1825

说明:数据资料由县民政局提供

医疗救助

中华人民共和国成立以来,贫病救济一直是县政府重要工作。对贫苦群众医药费问题,县民政部门都尽量安排解决。进入21世纪后,县政府加强贫病救济。2002年,县民政局组织人员深入乡镇33个,对年医药费支出5000元以上的人口进行调查,并且筹集80万元给重病户补助医药费,惠及1530户。2004年,根据《浙江省人民政府关于加快建立和完善医疗救助的通知》《浙江省医疗救助工作管理暂行办法》,县政府初步建立农村医疗救助体系,对社会救助对象给予大病统筹和门诊救助。2005年,县政府全面推行城乡医疗救助制度。同年,按人均不低于3元标准,统筹医疗救助金109万元,支出70余万元,救助1000余位困难群众,城乡困难人员医疗救助框架基本成型。2007年,《文成县城乡困难人员医疗救助实施办法》出台,医疗救助体系进一步完善。同年,支出医疗救助金117万元。其中,支出16万元资助低保对象参加合作医疗保险10651人,给1019位住院困难人员减免医药费97万元。2008年始,县政府实行困难群众"零起点"医疗救助,统筹金标准提高到人均6元。之后,统筹金逐年增加1元。2011年,人均统筹9元,统筹医疗救助金333.87万元,发放资金343万元,救助14060人次。同年,县政府修订完善《文成县困难群众医疗求助办法》,实行门诊救助和即时结报制度。2005—2011年,全县累计发放医疗救助金1492.61万元。

2005—2008年文成县医疗救助金发放情况一览表

表34-7 单位:万元

年份	金额	年份	金额
2005	70	2009	333.30
2006	95.11	2010	330.40
2007	117	2011	343
2008	203.80	累计	1492.61

说明:数据资料由县民政局提供

流浪乞讨人员救助

流浪乞讨人员救助源自收容遣送制度。中华人民共和国成立后,对流入县域的灾民、流浪乞讨人员,县政府组织县民政、公安等部门单位进行救助、教育、安置和遣返。1992年根据国务院规定,收容遣送对象扩大到无合法证件、无固定住所和无稳定收入的流动人员。2003年8月,《城市生活无着落的流浪乞讨人员救助管理办法》施行,收容遣送制度废止。2004年县救助站成立,对流浪乞讨人员给予临时性社会救助。2005—2011年,救助流浪乞讨人员1016人次,其中儿童11人、精神病人3人和外站转入4人。县救助站对救助的流浪乞讨人员,依法文明管理,提供卫生食物和干净住处,及时救治突发急病人员,并且尽量问明家庭地址,帮助他们联系亲朋好友,提供交通费,出具乘车凭证让其回家,并通过温州救助站进行跨省救助。

其他生活救助

春节困难慰问 2002年根据国家有关规定,县财政追加下拨150万元,给城乡低保对象发放春节临时生活困难补助,涉及4594户7243人。之后,每年春节县民政部门、当地政府都组织人员走访慰问低保对象和困难群众,发给节日临时补助。

重度残疾人补助 实施最低生活保障后,还有大量靠近低保线、又不能享受最低生活保障的贫困户(低保边缘户)。其中最为困难的是重度残疾人,迫切需要社会救助。2009年,低保边缘户中重度残疾人首先被纳入定补保障,基本生活补助标准参照残疾人低保对象。当年,单独施保1059人,下达基本生活保障金183万元。至2011年,重度残疾人补助对象1718人,城乡月人均补助425元、260元,发放454.6万元。2009—2011年,下达重度残疾人基本生活补助1084.6万元。

贫困家庭住房救助 2005年开始,施行低保家庭廉租房制度。2007年启动住房救助工程。至2011年,城镇38户低保家庭享受到住房补贴,3910户农村困难户的危旧房得到改造加固,支出1152万元。

基本生活物价补贴 低收入群体对价格变动承受能力较弱、反应敏感。2007年,县政府根据省政府有关规定对低保对象发放物价补贴。2007年,城乡低保对象月人均物价补贴标准分别为25元、15元,下发补贴192.77万元。其后,社会救助和保障标准与物价上涨挂钩的联动机制形成。2008年、2010年和2011年,分别发放低保家庭物价补贴410万元、194万元和415万元。

第七节　社会福利

1991—2011年,县政府财政状况不断改善,全县社会福利机构、特困人员集中供养、儿童福利保障,以及福利企业建设管理得到进一步加强,社会福利事业呈现新局面。

福利机构

县光荣院　建于1993年4月。位于大峃镇新华巷1号,占地面积1703平方米,建筑楼层为3层,建筑总面积895.44平方米,总投资48万元。县光荣院系县民政局直属全民事业单位,核定人员编制3名。主要职能:承担革命军人、复退、伤残的孤寡军人、烈属供养。1993—1997年,接收全县重点优抚孤老军人、烈属12人次。

社会福利院　1998年,县政府投入资金35万元,在县光荣院增设福利院,实行"两院合一"管理体制。1999年,县政府投入资金15万元,加强福利院硬件设施建设。此后,福利院基础设施不断完善。2004年,福利院积极创造条件,为社会"空巢"老人提供寄养场所,接收老人23人,为侨胞以及外出务工经商者解决后顾之忧,福利院影响力有所增强。至2011年,福利院拥有床位46张,入住40人。

敬老院　20世纪50年代始创,1962年陆续停办。20世纪80年代再度兴起,乡村敬老院稳步增长。1991年,大峃镇、东垟乡分别兴办周村和垟地边村敬老院。至1996年,全县乡镇敬老院达到18所。1997年,县政府采取"群众集体为主,国家适当补助"激励政策,敬老院建设进一步加快。年末,全县敬老院达到34所、拥有床位330张,基本实现"一乡(镇)一院"。1998—2006年,因五保集中供养和社会养老服务需要,县政府决定对乡村敬老院进行改建或扩建。1998年,县政府下达补助资金2万元,新办和扩建敬老院15所。1999年,拨款资金12.2万元,改扩建南田、黄坦、仰山等敬老院。2001年,投入资金10.3万元,对黄坦、仰山、南田等敬老院进行维修改造。2002年,再次投入资金12.5万元,改造黄坦、玉壶等敬老院。2004年,下达资金30余万元,新扩建敬老院13所。2005年拨款120万元,改(扩)建大峃、玉壶等敬老院3所,新增床位83张。2006年,投入资金70余万元,改扩建黄坦等敬老院24所。12月29日,总投资230万元的峃口慈善敬老院落成。2007年开始,随着敬老院改扩建工程推进,县政府有步骤地淘汰不符标准敬老院。至2007年年底,全县敬老院调整至18所,同比1997年减少16所。此后,敬老院淘旧建新和改扩建同步推进。至2011年,县政府启动乡镇敬老院提升改造三年计划(2011—2013),计划投资1460万元,新建鹤川、云江、天顶湖中心敬老院,改建或扩建周壤、黄坦、东溪等敬老院7所。年末,全县敬老院18所、床位590张。

敬老院以乡镇办为主,日常管理经费由乡镇、村公益金统筹解决,县民政部门适当补助。2005年始,县政府依据收养人数,按照每人每年500元标准落实敬老院管理经费。2011年,《农村五保供养服务机构管理办法》实施,敬老院建设、管理经费统一纳入县财政预算。

特困供养

对无劳动能力、无生活来源、无法定赡(扶)养义务人或义务人无相应能力的老、弱、孤、寡、残人员,党中央、国务院在全国推行城镇"三无"、农村"五保"人员特困供养政策。

中华人民共和国成立以来,文成县城镇"三无"、农村"五保"人员的供养经费主要依靠集体经济,县民政局进行适当救济。20世纪90年代始,城镇"三无"、农村"五保"的供养经费逐步向政府公共预算转移,供养方式也慢慢转向集中供养。1991年,五保供养实行"村负责赡养照顾、乡(镇)负责统筹、县财政负担40%供养金"。

1996年始，县政府推行农村“五保”供养方式改革。集中供养的，入住社会福利院或敬老院，由院所人员进行护理；分散供养的，乡镇、村（居）、受委托村居民与供养对象签订协议书后，由受委托人上门照顾。五保供养钱粮由乡（镇）、村统筹。乡村统筹供养金6.5万元，集中供养对象90人、分散供养1438人，分散供养率94.11%。2004年，《文成县农村五保对象集中供养工作实施细则（试行）》颁布，全县全面推进城镇“三无”、农村“五保”集中供养。至2005年，城镇“三无”、农村“五保”集中供养率分别达到100%、90.9%，入院人数比1996年增长3.54倍。2006年五保供养经费列入政府预算，五保供养从农村集体内部的共济互助转变为政府财政保障为主，特困供养得到稳定保障。2011年，县财政拨付五保供养金122.16万元、三无人员供养金1.24万元，年人均供养标准5100元。全县城镇“三无”人员3人、农村“五保”对象436人，集中供养率分别达到100%、97.34%。

每年春节、元宵节、中秋节、“九九”老人节，各级政府、机关部门、社会团体和群众都前往福利院、敬老院和五保户家中慰问，送钱送物，举办联欢会，为特困人员送去节日的问候。

儿童福利

全县弃婴情况较少。一旦发现弃婴，县民政局、当地政府、村居委会、村居民就千方百计寻找到生母，让他们抱回抚养。找不到生母的，县民政部门或当地政府介绍给不育的夫妇收养，极个别送往农民家寄养，县民政部门出钱寄养到成年。1991年《中华人民共和国收养法》颁布，规定收养应当向县级以上人民政府民政部门登记。除了收养三代以内同辈旁系血亲的子女外，收养人必须具备四个基本条件：无子女、有抚养教育被收养人的能力、未患有在医学上认为不应当收养子女的疾病、年满三十周岁。自此，依法收养观念开始普及。为了方便群众办事，2002年县民政局在行政审批中心设收养登记服务窗口。1997—2011年，县民政部门办理收养登记120人。

1991年，《中华人民共和国未成年人保护法》施行。县民政局开展未成年人保护法宣传，并拨款2300元，支持文成育才聋哑学校建设，较好解决在校学生生活困难。县民政局推荐玉壶吕溪乡胡银相（7岁）、胡永国（10岁）两位盲童到省盲人学校上学。进入21世纪，全县儿童福利工作向贫困助学、治病、生活保障方向推进。2003年，根据《浙江省义务教育收费管理办法》，县政府免除低保家庭子女、五保供养的未成年人，以及革命烈士子女等的学杂、代管、住宿、借读等费用。社会各界“结对助学”贫困儿童468人。2004年，低保和贫困家庭子女“免、助”教育救助制度施行。全县享有“免、助”待遇的学生覆盖学校102所，676人；实行“结对助学”贫困学生1480人。2007—2011年，县慈善总会募集助学金约211万元，帮助贫困家庭小学生顺利完成学业，给患有先天性心脏病、唇腭裂的贫困家庭幼儿免费施行康复手术，受益1864人次，其中贫穷小学生1861人、患病幼儿3人。其时，县民政局分门别类，采取统筹优抚、低保、五保、医疗救助、残疾人保障和流浪乞讨救助系列措施，解决贫困儿童基本生活费用。至2011年，全县纳入最低生活保障贫困儿童234人。

福利生产单位

指为提供有劳动能力残疾人就业的社会福利生产单位，由县民政工业公司负责日常管理。1991—2011年，全县福利企业在县民政部门的依法管理和帮助指导下，迅速健康向前发展。1991年，全县福利企业8家、职工174人，年产值370万元。县福利皮件厂、五金机械厂生产的“角子包”和“防风门窗阻”产品2个，送往北京、上海、杭州展销。1996年，全县福利企业发展到12家、职工158人，其中残疾职工90人，年利润58.5万元、年交税金39万元。此后，全县福利企业保持基本稳定。2000年，民政部应对经济社会发展提出新要求，全面推进福利企业减员增效工作。全县福利企业向“企业规模化、管理规范化、效益最大化”方向发展。2005年，全县经省福利企业年检年审办公室审定合格的民营福利企业6家，分别是华鑫金属精密铸造有限公司、华恒电力设备厂、鸿泰精密制造有限公司、伟业精密铸造有限公司、鸿月铸造有限公司和鑫翔铜业制造有限公司。2009年,文成县福利企业协会挂牌成立。经浙江省社会福利工业办公室年检合格的福利企业8家,福利企业减员增效明显。至2011年,全县福利企业10家,同比1996年减少2家;从业人员375人,其中残疾职工148人,同比1996年增加58人;年产值9182万元,年利润197万元,同比1996年增加138.5万元;发放残疾职工工资267万元、缴纳残疾职工养老金91万元。

慈善事业

慈善互济 县内素有"一人受灾、众人帮助,一地受灾,八方支援"优良传统。1991年,浙北遭遇罕见洪灾,县民政局协同县红十字会开展赈灾捐献,募集捐款2.8万元、粮票4500公斤,及时转送灾区。同年,全国第一个助残日(5月19日)前后,社会各界举办为残疾人"捐一元钱,献一片爱心"活动,募捐10746.92元。1998年长江特大洪灾,全县人民慷慨解囊,捐款39.25万元,以及鞋、衣、被等价值23.5万元物资。2002年12月,"爱心联动、扶贫济困"现场募捐,仅仅一天就募捐14万元。2003—2004年,县民政局会同有关部门相继开展慈善阳光门诊工程、白内障患者免费复明手术,以及其他慈善活动,累计发放慈善救助款55万元,为特困户和低保户进行慈善门诊660户,白内障老人重见光明20人,并且救助低保边缘户360人,人均补助500元。

图34-4 2003年4月1日,在县机关大院举行情系灾区特别行动捐赠仪式(邱珍钱 摄)

慈善总会 2005年11月,县慈善总会挂牌成立,慈善事业进入新发展阶段。同年,推出"慈善一日捐百日行"活动,募集创始基金189.52万元,其中单位160.69万元、个人28.83万元,为开展慈善活动奠定坚实基础。同年,开展"13号台风赈灾捐赠",募集并发放善款295万元。2006年,省、市慈善总会下拨善款32.16万元,县慈善总会筹募40余万元,全面开展救灾、扶贫、医疗救助、慈善门诊和助学活动,惠及2300余人。2007—2011年,县慈善总会募集捐款1641.03万元。慈善助学4022人,发放助医卡4700张,救助大病家庭1210户,实施慈善复明工程687人,救治精神病人45人,为残疾人发放轮椅1050辆,帮助改造危房55户,节日慰问贫困家庭1380户,发放百岁老人慰问金,举办慈善年夜饭4次。

2007年始,县慈善总会在开展全县慈善活动的同时,参与对外慈善活动。2008年,启动"5·12"四川汶川地震捐款,募集并向灾区捐款620余万元(其中县民政部门募集252.64万元)。2009年,全省因受"莫拉克"袭击损失惨重,县慈善总会募捐10万元援助灾区。2010年玉树地震,县慈善总会援助灾区16.12万元。

2008年8月,文成县被市慈善总会授予汶川地震慈善赈灾捐赠组织奖。2009年9月,廖梅柳被省慈善总会评为"优秀慈善工作者"。2010年1月,县慈善总会被市社会评估委员会评定为AAAA级社会组织。

慈善人物 县域内的慈善爱心人士层出不穷。1991—2011年,旅荷侨胞胡志光、胡志榜、胡志荣、胡克聪、洪才虎、朱冠华、胡绍麻,旅意侨胞胡志潺、董志清、胡守近,以及离休干部潘明都等,慷慨解囊,赈灾扶残,为文成公益慈善事业做出贡献。

潘明都,珊溪镇坦岐村人。1920年出生,1937年加入中国共产党组织,曾任乡镇党委书记、县财政局副局长、县供销社主任等职务。1979年离休后,他一直致力于文成公益慈善事业。集资数百万元,在县城官山背烈士墓边建造福全公园,创建“纪念香港回归和党的十五大召开的‘明珠楼’”“纪念中华人民共和国成立五十周年和澳门回归的‘澳门回归楼’”“纪念党的十六大胜利召开的‘中国冬泳第一楼’”“纪念抗日及反法西斯战争胜利的‘革命英雄桥’和500米长的傍山水泥路‘怀英路’”“纪念红军长征胜利70周年的‘长征纪念亭’和‘纪念塔’”“庆祝建国60周年和与台湾实现‘三通’的‘纪念楼’”和“青石碑雕刻的‘毛泽东诗词纪念馆’”。他宁愿自己节衣缩食,省吃俭用,将大部分离休费积存起来,捐献给公益慈善事业。2005年,为庆贺县慈善总会成立,他第一时间捐献6万元善款。从2007年开始,他每年向县慈善总会捐献3万元以上爱心款,又为四川汶川、甘肃玉树、北美海地等地震灾区和县境内修桥铺路总计捐款6.52万元。2007年,潘明都获得“首届温州慈善”奖;2009年,评选为温州市改革开放三十年“十大慈善人物”;2011年,荣获文成县第二届十佳道德模范称号和温州市首届百名慈善老人奖。

2006—2011年文成县慈善总会活动情况一览表(一)

表34-8

年份	慈善捐款(万元)	慈善助学					慈善助医			
		大学生(人)	高中生(人)	初中生(人)	小学生(人)	助孤助学(人)	助医卡(张)	贫病救助(户)	慈善复明(人)	精神病人救助(人)
2006	284.07	—	—	—	—	—	—	—	—	—
2007	202.36	81	109	354	561	—	700	150	115	—
2008	561.86	71	77	223	320	56	1000	380	110	30
2009	318.95	44	88	151	300	56	1000	232	125	15
2010	356.46	43	88	200	340	69	1000	259	198	—
2011	201.4	70	88	208	340	85	1000	189	139	—
合计	1925.1	309	450	1136	1861	266	4700	1210	687	45

说明:数据资料由县民政局提供

2006—2011年文成县慈善总会活动情况一览表(二)

表34-9

年份	慈善助行(辆)	其他慈善活动				
		危房改造(户)	慈善年夜饭(万元)	贫困户节日慰问(户)	百岁老人慰问(万元)	国内重大灾害捐款(万元)
2006	—	—	—	—	—	—
2007	100	45	—	—	—	—
2008	—	—	5.8	220	—	367
2009	300	10	5.8	220	—	10
2010	250	—	5.8	430	1.8	16.1
2011	400	—	5.8	510	7.5	—
合计	1050	55	23.2	1380	9.3	393.1

说明:数据资料由县民政局提供

第八节　老年事业

1989年，设立县老龄工作委员会及办公室。1990年8月，百岁老人纳入社救定补，月人均补助25元。1999年，县委老干部局承担的老龄委日常工作职责划给县民政局，全县老年事业发展进入新发展阶段。

老年人社团

1987年，大岙镇二新居民区成立全县首个老人协会。至1990年，全县有村（居）老人协会56个。1991年，建成区、乡（镇）老人协会38个。2005年，全县有老人协会179个。截至2011年，村（居）老年协会230个，县老年体协1个、分会8个，发展会员3000余人，创立老年文艺团队18支。老人团体秉承"老有所为、老有所乐"宗旨，为老人办实事，为社会做好事。各老协成立巡逻队，开展社会治安和防灾抗灾义务巡逻；老年体协和文艺团队，每年开展体育健身比赛和文艺表演，丰富老年人精神文化生活。2010年始，老年团体开展邻里守望、生活照料、精神关爱等"银龄互助"活动200余人次，解决部分体弱高龄老年人的养老问题。

图34-5　2010年2月4日，浙江省老年基金会在文成开展新春敬老送健康慰问活动（县民政局提供）

老年人教育

县政府发展老年教育事业。截至2003年，大岙、珊溪、玉壶、南田、黄坦、百丈漈、巨屿等7镇各设老年大学1所、在校学员500余人；老年电视大学2所、在校学员150人。2010年，省市福彩公益金扶持新建老年电大教学点3个。全县有老年电大教学点23个、学员498人。2011年，大岙镇鹤阳楼老年电大教学点获省福彩公益金资助，创成市级示范教学点2个，教学点乡镇覆盖率90%，学员500余人。

老年人服务设施

1999—2011年，星光计划、养老服务设施和老年活动中心（室）建设步伐加快。2001年根据国家规定，启动实施"星光计划"。2003年，下达"星光计划"资金24万元，给全县35所社会福利机构、13个老年活动中心（室）配备电视机、影碟机，创立社区老年福利服务星光计划点4个。社会福利院开始提供社会养老服务，吸引老人入住8人。2004年，入住社会福利院老人增加到23人。2006年，老年人活动中心（室）增加到182个。2008年开始，"星光计划"向农村延伸。启动县老年活动中心建设，投入资金200万元，建成农村星光老年之家20个。2009年，整合14所敬老院，增挂养老服务中心牌子，入住社会老人42人次。至此，为老服务设施体系初步形成。截至2011年，全县有老年活动中心（室）230个，社区星光老年之家50个、农村星光老年之家118个，县养老服务中心1个、乡镇养老服务中心14个，床位590张。

老年人优待措施

1990年1月始，县民政局给百岁以上的老寿星每月发放补助25元。2000年，百岁老人每月补助金增加到100元。2003年，百岁老人每月补助金调整到200元，老年优待从百岁老人延及70周岁老年人，凡满70周岁及以上的老人均可享受风景区免票、公交车半价优惠、挂号费减半并优先就诊等优待。2005年，县政府再次调高百岁老人补助金，每人每月补助230元。2006年，优待下降至60周岁老年人。当年，县人民医院、乡镇卫生院开辟老年专科门诊22个，保障老年人优先就诊。2007年，《文成县优待老年人规定》颁布。2010年，百岁老人月补助标准提高到300元，同比1991年增加275元。2011年4月始，年满80周岁的高龄老人享受高龄补贴，月人均30元。1991—2001年，县民政局下达百岁老人补助62.25万元。补助368人次，办理优待证20368份。

老年权益保障

1996年10月，《中华人民共和国老年人权益保障法》施行。县民政局切实保障优抚、五保、贫困、残疾和受灾等老年群体权益。2003年，按照《文成县2003—2005年老龄事业发展规划》，举办老年健康讲座3次；为离退休老人争取到足额养老金，受益5880人；县司法部门开通“绿色通道”，发放老年法律援助卡920份。2004年，开展空巢老人、易走失老人调查。涉及1416人，县民政局落实措施予以保障。2009年，县政府出台《文成县城乡居民社会养老保险实施办法》，全年参保47550人，发放养老金2606.9万元。指导并帮助3万余名农村老人参加新型农村合作医疗，建立60岁以上老人健康档案3万余件。2011年，制定《关于加快推进养老服务体系建设的实施意见》《文成县老龄事业发展“十二五”规划》《文成县2011—2012年为老年人办实事意见》，统筹保障老年人基本权益。

敬老文化传播

全县敬老爱老蔚然成风。1992年开始，珊溪镇街头村连续20年评选孝顺子孙、孝顺媳妇、五好孝顺家庭和关爱老协事业积极分子，获奖250余人次。2009年，温州东方道德文化学会一行上百人参观街头村孝文化，街头村孝文化逐步走出浙江，走向全国。

1999年，县老龄工作职责划归县民政局。“老年节”期间，县民政局牵头各个单位举办尊老敬老座谈会、联欢会5000余人次。县主要领导亲自走访大峃镇苔湖村107岁赵春菊老人。县人寿保险公司向全县11位百岁以上老人颁发“世纪老人之匾”。此后，每逢春节、元宵节、端午节、老人节，各级政府各部门都开展慰问活动，举办座谈会、庆祝会、祝寿会、文艺表演，以及义诊、免费送医送药等志愿服务。

第九节　社会事务

1991—2011年，县民政局根据有关法律法规和规定，登记管理民间组织94个，设置门牌号码22395块，办理婚姻登记及相关证明89036次。

民间组织管理

分社会团体、民办非企业单位和基金会。1991年，建立县社会团体复查登记领导小组，按照《中华人民共和国社会团体登记管理条例》规定，清理规范社会团体，重新核准登记社团50个。1995年，举办社团工作政策法规理论讲座，63个社团中62个社团负责人参加听课。1998年，再次清理1995年及之前登记的社团，注销14

个、撤并17个、保留36个重新发证，并在《温州日报》上公告。同年，复查准予登记发证的民办非企业单位34个。1997年和1999年，分别开展打击取缔“呼喊派”等非法邪教组织。此后至2008年，民间组织登记、年度检查、财务和业务规范管理制度逐渐成熟。2009年，首次开展民间组织评级，评出优秀民间组织3个，其中AAAAA级1个、AAAA级2个；新登记社团5个、变更2个、注销登记2个，变更民办非企业单位2个。至2011年，登记在册民间组织94个，其中社会团体62个、民办非企业单位32个。

地名管理

1991年4月，县地名委员会办公室划归县民政局。11月，邀请退离休干部和教师20人，开展全县地名补查、资料更新，查明地名信息8000余条。此后，地名管理和门牌设置转入正常性工作。1998年，开始清理整顿地名和门牌。在大峃、珊溪、玉壶、南田、黄坦、西坑、百丈漈、巨屿8镇，命名街、巷、路名83条，更名1条，撤销1条，制作路牌50块。2003年，县政府出台《文成县门牌整顿和设置工作实施方案》，全面开展清理整顿。至2008年，除云湖乡之外的32个乡镇全部完成路牌标志设置，大峃镇、珊溪镇、巨屿镇、樟台乡部分地名标志达到国标化水平。其间，地名标准化、信息化、规范化管理水平不断提高。2004年建立地名数据库。2006—2008年，编制完成《文成县城区地名总体规定(2006—2020年)》。2007年创办文成县地名网。截至2011年，开展全国第二次地名普查，地名标准化服务体系初步形成。1998—2011年，采集录入地名数据12959条，命名街、路、巷868条，住宅区和高层建筑物名称21个，变更和撤销路名各1条，制作发放街、路、巷牌836块，楼门牌22395块，门牌证18992本。

婚姻登记

根据《中华人民共和国婚姻法》，男女双方结婚、离婚或恢复婚姻，必须依法登记。1991—1995年，县内婚姻登记，到乡镇人民政府办理，涉外和涉港澳台居民以及华侨、出国人员的婚姻登记，由县民政局负责。1995年5月1日开始，涉外结婚、离婚登记集中到市民政局办理，县民政局负责涉外婚姻补领登记。1998年12月，全县进行婚姻登记改革试点，将县内离婚登记，以及县城机关工作人员的婚姻登记集中到县民政部门办理。2003年10月1日，《中华人民共和国国务院婚姻登记条例》颁布，对婚姻登记机关作调整。从该年开始，县民政部门、乡镇人民政府均可受理县内婚姻登记，同时登记双方不再需要提供婚前健康检查证明、所在单位(村居民委员会)出具的婚姻状况证明或介绍信。2004年1月，根据《浙江省人民政府办公厅关于做好婚姻登记工作有关问题的通知》，县内婚姻登记统一集中到县民政局，涉外婚姻登记全部移交给市婚姻登记机构。9月，县婚姻登记中心成立，驻县行政审批中心民政服务窗口。取消婚检后，为保障群众婚后幸福。2008年10月开始，全县实施免费婚前医学检查和免费孕前优生检测的惠民政策，鼓励婚检。为方便群众，县婚姻登记中心与县妇幼保健站一起办公。1991—2011年，办理结婚登记74250例、离婚3417例、补领结婚证1973例，补办结婚证2363本，出具无夫妻关系证明264份、无婚姻证明18464份，撤销不合法婚姻登记13例。

图34-6　2008年8月8日，吉利日子，婚姻登记络绎不绝(县民政局提供)

1991—2011年文成县婚姻登记情况一览表

表34-10

年份	结婚(对)	离婚(对)	补领结婚证(对)	补办登记证(本)	办理无婚姻关系证明(份)	办理无婚姻登记记录证明(份)
1991	4047	—	1	—	—	—
1992	2921	10	—	—	—	—
1993	3717	45	174	—	—	—
1994	3946	3	181	—	—	—
1995	3487	16	126	—	—	—
1996	3462	31	—	—	—	—
1997	2544	21	—	—	—	—
1998	4103	42	—	—	—	—
1999	4103	48	—	—	—	—
2000	3789	48	—	—	—	—
2001	3311	75	—	—	63	—
2002	3310	93	—	—	98	—
2003	3387	166	—	—	103	—
2004	3750	208	116	—	—	67
2005	3260	270	177	—	—	308
2006	3823	264	225	—	—	2507
2007	2838	376	973	659	—	2385
2008	3862	413	—	381	—	4329
2009	3810	453	—	449	—	3297
2010	3720	423	—	457	—	2763
2011	3060	412	—	417	—	2808
累计	74250	3417	1973	2363	264	18464

说明:1993—1995年数据有个别乡镇缺失,故全县数据为不完全统计。数据资料由县民政局提供

第十节　殡葬改革

中华人民共和国成立后,全县民间仍然盛行土葬,存在择吉地、建私坟、厚丧事、讲排场等陋习。1991—2011年,为适应社会发展新形势,县政府进一步推进殡葬改革,社会风气得到改善。2001年、2005年和2011年,文成县先后获得全市殡葬改革先进集体称号;2007—2008年,荣获全市殡葬改革工作三等奖;2009年,荣获全市殡葬改革工作一等奖;2010年,荣获全市殡葬改革工作二等奖。

遗体火化

1998年,县政府批准建造火化殡仪馆,计划在全县推行遗体火化。2001年县火化殡仪馆落成,馆址位于樟台乡排门村,占地9500平方米,建筑面积1500平方米,总投资460万元,设立火化间、冷藏室、整容室、告别厅、休息室、业务室和停车场。职工18人,殡仪服务用车4辆,火化炉3台,以及必要的设施、设备。2001年6月,县委、县政府召开动员会,规定凡可通机耕路的行政村、自然村必须实行遗体火化。同年11月28日零时起,遗体

火化工作顺利实施。至2001年12月30日,全县火化遗体187具,火化区遗体火化率100%。2002年5月28日,全县541个村全部实行遗体火葬。2002—2011年,累计火化遗体23591具,火化率100%。2010年9月1日开始,对未享受一次性丧葬补助的城乡居民给予基本丧葬费减免优待,每例880元。至2011年,全县减免火化费、遗体接运费、骨灰运送费、基本丧葬用品费(包括骨灰盒、装尸袋、红布、红袋)等共计75.24万元,惠及855户家庭。

2001—2011年文成县遗体火化情况一览表

表34-11　　单位:具

年份	火化数	年份	火化数	年份	火化数
2001	197	2005	2603	2009	2345
2002	2127	2006	2226	2010	2445
2003	2369	2007	2365	2011	2395
2004	2345	2008	2355	合计	23772

说明:数据资料由县民政局提供

青山“白化”治理

县域内传统墓式是温州地区常见的椅子坟。大量耕地、林地被浪费,加上椅子坟大都用花岗岩、青石铺设,造成山体大面积白化。1995年9月,县政府颁发《关于加强建坟用地管理的若干规定》。对建坟用地管理及范围、申请建坟对象、建坟用地标准、审批程序、收费标准及使用、奖惩等作出明文规定。11月,县委召开常委会议,研究土地管理、坟山治理问题。1996年4月,县政府颁布《关于殡葬改革与坟山管理的规定》,规定在耕地、旅游风景名胜区和文物保护区、已规划的农业开发区和工业区、“三沿两侧”(公路、河道、集镇沿途两侧)视线200米和非视线地带20米以内的坡地为禁坟区,不得翻新、扩建、重建和刷白坟墓。1997年,全县开展坟山绿化,植树24500株,被椅子坟破坏的山体生态得到一定恢复。但是,乱修乱建椅子坟风气未能杜绝,反复泛起。2001年11月,县殡葬管理所正式挂牌。同年,全面开展椅子坟专项整治。至2004年,依法拆除新建、扩建和翻新椅子坟127座、迁移130座。2005年始,集中整治“一沿三区”,即公路沿线,居民住宅区、农田保护区、风景名胜区视线范围坟墓。至2011年,治理椅子坟7937座,其中拆除102座、迁移427座、填土深埋5490座和植被绿化1918座。整治的坟墓中,约40%属于反复整治,青山“白化”仍有继续蔓延的可能。

图34-7　2008年8月6日,举行全县殡葬改革工作年中督查会议,落实殡葬改革工作

生态公墓建设

县域最早公墓设施是大峃镇周村万松山公墓和珊门村福全山公墓。两座公墓均兴建于1990年,1991年建成。墓穴489个。随着首座公墓的投入使用,全县公墓设施不断增多。据统计,20世纪90年代,全县先后建成万松山、福全山、鹤山、涨山背、西黄、五格山、塔坪、九九山、邢宅、梅垟下、双湾和上岳头12座公墓。这些公墓仍属于传统的遗体墓,占地广、绿化差、管理不规范问题突出。2003年11月,县政府出台《文成县推行生态墓区

建设、治理青山白化实施方案》,决定在全县推行以占地少或不占地的公益性骨灰公墓。2003年年底,县民政局会同下垟乡政府建成全县首座骨灰公墓。之后,为适应社会多样化的公墓服务需求,县民政局在推进公益性骨灰公墓的同时,于2004年筹建县级经营性公墓。2006年11月,县级经营性公墓安福陵园正式动工。至2011年,全县建成各类公墓39座,其中经营性公墓1座、乡村公益性墓地38座。县级经营性公墓安福陵园,位于龙川桥岩,总投资5000余万元,占地42788平方米,规划墓穴19240个,建有管理房和停车场,为全县规模最大园林式公墓。

破除丧事陋习

1991年,在大岦、珊溪、龙川等乡镇建立红白喜事理事会29个,引导丧事礼俗改革。2003年始,县民政部门启动县城丧事扰民整治行动,禁止出殡吹打乐器、燃放鞭炮。至2008年,累计管理县城丧事537件。2009年,县政府统筹民政、公安、文化、环保、工商、城管等单位,成立丧葬陋习整治联合执法工作组,划定县城丧事严管区,限定道场天数、酒席规模、治丧时间、出殡花圈、乐队数量和治丧送钱物,全面开展破除丧事陋习专项整治。至2010年,整治县城丧事185件,为群众节省丧葬费462.5万元。2010年始,丧事陋习专项整治在全县全面实施。

第二章 扶 贫

1985年4月,文成县被浙江省委、省政府确定为全省五个贫困县之一。当时全县贫困户20820户93174人,占当年总人口34.55万人的26.97%。至1990年,全县投入283.8万元,扶持59个乡镇12611户,脱贫8533户。1991年3月,编制《文成县"八五"期间扶贫规划》。1996年7月,县委八届十二次全体会议通过《文成县97脱贫攻坚计划》《关于"九五"脱贫奔小康的若干规定》,提出1997年实现无贫困乡镇,2000年实现无贫困村的工作目标。1997年12月,全县顺利通过省政府组织的脱贫验收,实现"97"脱贫目标,并且全面完成首批100个小康村考核验收工作。1998年1月5日,浙江省委、省政府授予文成"光荣脱贫县"称号。

2001年,下发《文成县扶贫开发"十五"规划》《文成县关于加快欠发达乡镇奔小康步伐的实施意见》。2011年,出台《文成县群众增收致富奔小康特别扶持项目管理办法》《2011年度群众增收致富奔小康特别扶持项目实施计划》等政策性文件。至2011年,全县减少低收入农户2.2万户6万人,占低收入农户82.3%;全县低收入农户人均纯收入达5555元,同比上年增长20.4%;低收入集中村农民纯收入达7040元,同比增长22.1%,人均收入2500元以下低收入农户全面消除,全县低收入农户生产、生活条件持续改善。

第一节 组织机构

20世纪50年代,县革命老区建设委员会及办公室设立,负责老区工作。老区工作机构几经调整,至1989年重新恢复。其后,挂靠县民政局直至2002年。2002年6月,县扶贫老区工作办公室独立设置。

1989年4月,恢复建立革命老区建设委员会办公室。1992年1月改称扶贫开发老区工作办公室。1997年4月改名扶贫老区工作办公室,与县委、县政府农村工作办公室合署办公。下设扶贫老区开发科,成立县扶贫服务中心。2002年6月,县扶贫老区工作办公室独立设置,作为县政府扶贫老区工作领导小组的常设办事机构,列入政府序列(正科级)。2007年8月,县委农村工作办公室机构和职能从县委办公室划出,与县政府扶贫老区工作办公室机构和职能进行整合归并,对外挂县委农村工作办公室、县政府农村工作办公室、县扶贫老区工作办公室牌子。县扶贫老区工作办公室仍然为县扶贫老区工作领导小组办事机构。下设县扶贫服务中心,事业编制3名。至2011年,其机构职能未变。

第二节 政策效益

1991年以来,县扶贫老区办公室统筹负责扶贫日常工作,县机关各部门立足本单位业务特点,从根本上改善贫困地区和人口的贫困状况为扶贫重点,制定扶贫政策,开展相应扶贫工作,取得显著效益。

扶贫政策

1991年3月,编制《文成县"八五"期间扶贫规划》。10月,县委、县政府发出《关于在全县范围内开展扶贫和老区建设捐资活动的通知》。提出调动一切可以调动的力量,多渠道筹集扶贫资金,帮助贫困地区和革命老区尽快改变面貌的重要举措。在职人员和个体工商户每人每年捐献一天工资(5～10元),并欢迎多捐。

图34-8　2011年10月25日,全县举行特扶项目推进会(县扶贫办提供)

1992年,温州市人民政府批准岭后等53个乡为老区乡,县人民政府批准坦岐等43个行政村为老区村。

1996年,县委八届十二次全体会议通过《文成县97脱贫攻坚计划》《关于"九五"脱贫奔小康的若干规定》,提出"1997年实现无贫困乡镇,2000年实现无贫困村"的工作目标。

2001—2007年,先后出台《文成县扶贫开发"十五"规划》《文成县关于加快欠发达乡镇奔小康步伐的实施意见》《文成县欠发达乡镇奔小康工程规划》《关于扶持来料加工和"农家乐"休闲旅游业发展的若干意见》等政策性文件,加快实施百乡扶贫攻坚计划。2010年编制《文成县群众增收致富奔小康规划》。

2011年,出台《文成县群众增收致富奔小康特别扶持项目管理办法》《2011年度群众增收致富奔小康特别扶持项目实施计划》等政策性文件。同时加强金融支持力度,相继出台《文成县扶贫小额信贷实施暂行办法》《文成县国家扶贫贴息贷款贴息实施办法》《文成县低收入农户集中村资金互助组织试点工作实施意见》等扶持政策。全县规划实施扶贫开发、产业发展和公共服务三大类项目37个子项目142个,计划投资6.39亿元,其中省特扶资金2.38亿元。扶贫开发类项目10个子项目35个,投资12775万元,其中省特扶资金4403.3万元;产业发展类项目13个子项目45个,投资13586万元,其中省特扶资金7391万元;公共服务类项目14个子项目62个,投资37543万元,其中省特扶资金11973万元。

扶贫效益

1991年,全县多渠道筹集扶贫资金,帮助贫困地区和革命老区尽快改变面貌。全年投入扶贫资金56.8万元,扶持37个乡镇2322户9933人,脱贫1650户。1992年起,实施项目扶贫。至1995年,全县投入扶贫资金440.2万元,扶贫项目131项。

1996年,实施97脱贫攻坚计划,扶持项目16项,投入扶贫资金1230.1万元。收到全县各单位和社会各界捐资93.27万元。大峃镇等22个乡(镇)率先脱贫。

1997年,全县国内生产总值9.02亿元,农民人均收入1825元;农村贫困人口从31.95万人减至2.1万人。12月,顺利通过省政府验收,实现"97"脱贫目标。1998年,开展挂钩扶贫、科技扶贫,全县贫困村从上年218个降至157个,贫困人口从2.1万人减至1.58万人,获省委、省政府"光荣脱贫县"称号。

1998年,开展全县村级集体经济收入情况调查,全县村级集体经济收入924.65万元,其中收入在万元以下的贫困村400个,占全县行政村总数的71.3%。1999—2000年,落实扶贫资金187万元,支持小城镇、欠发达乡镇道路及边远山区机耕路建设,扶持贫困村发展经济;会同财政部门给农林水、气象、有关乡镇47个单位70个项目,落实县级农业发展基金143.9万元;将省委领导到文成扶贫调研时确定的100万元扶贫开发资金落实到重点农业龙头企业。

2002年,全县人均纯收入在1500元以下贫困人口从1997年15万人减少到2.3万人,5年脱贫12.7万人,14个贫困乡全面实现脱贫,被浙江省政府评为扶贫开发先进县。

2003年起,实施省政府"低收入群众增收行动计划",贯彻实施市委"共同跨越、六大行动",开展"素质提升、就业创业、产业开发、环境改善、救助保障、社会帮扶"为核心的低收入农户奔小康六大行动,促进低收入农户增加收入、脱贫奔小康。至2007年全县人均收入在2500元以下低收入农户降至29838户73324人。

2008年,组织开展农村低收入农户状况调查,摸清低收入农户基本情况、贫困原因和发展愿望,分门别类,建档立卡。据统计,全县人均收入在2500元以下(含本数下同)低收入农户29732户73130人;1500～2500元低收入农户19524户56276人;1500元以下2448户5785人(不含低保五保户)。全县五保户353户354人,低保户7185户10002人,残疾人1861人。到2010年年底,全县减少低收入人口3419户、8811人,减少低收入农户集中村93个;低收入农户人均收入达到5334元,增幅30%;低收入农户集中村人均收入增长幅度达到21.5%。

至2011年,全县减少低收入农户2.2万户6万人,占低收入农户的82.3%;全县低收入农户人均纯收入达5555元,增长20.4%;低收入集中村农民纯收入达7040元,增长22.1%,人均收入2500元以下的低收入农户全面消除,全县低收入农户生产、生活条件持续改善。

1991—2011年文成县农村居民人均纯收入情况一览表

表34-12

年份	人均纯收入(元)	年份	人均纯收入(元)	年份	人均纯收入(元)
1991	351	1998	1752	2005	3184
1992	393	1999	1882	2006	3604
1993	426	2000	2030	2007	4185
1994	467	2001	2130	2008	4761
1995	600	2002	2277	2009	5312
1996	1152	2003	2459	2010	6158
1997	1608	2004	2674	2011	7435

说明:2005—2009年为农村住户调查数据。数据资料由县扶贫办提供

第三节　扶贫内容

1991年以来,扶贫工作主要是关怀慰问老区群众、支持老区基础设施建设、保障"三老"人员基本生活,关键是把农村救济工作从过去的单纯物质救济改变为提高"输血"和"造血"功能。扶贫主要内容为:挂钩帮扶、产业扶贫、下山搬迁、金融扶贫、农民培训和扶贫资金等。

挂钩帮扶

1992年12月,开展定点挂钩扶贫,省政府办公厅等14个省级单位、大专院校、科研单位和文成县结对挂钩扶贫。1995年2月,确定市进出口公司、瓯海区新桥镇等12个市级单位和经济强镇与二源等贫困乡镇结对挂钩扶贫。1996年7月,温州市委调整完善挂钩结对扶贫方案,市人事局等28个市级部门及经济强镇与仰山等13个贫困乡结成挂钩扶贫对子。12月,重新调整省直属单位17个,直接与文成县17个贫困乡挂钩结对,加强扶贫力度。1999年,深入开展"一对一"结对扶贫制度,在全县组织开展扶贫"百千万"工程,即发动

100个单位与100个贫困村结对，使村集体经济年收入达到1万元以上；发动1000名机关、乡镇干部与1000户贫困户结对，使10000人实现脱贫。2000年4月，省市扶贫挂钩单位进行调整，确定18个省级单位、2个市与全县14个贫困乡结对帮扶，市级72个行政企事业单位与60个贫困村结对。2002年，调整县本级挂钩扶贫方案，以14个贫困乡为重点，对挂钩扶贫方案进行调整，确定83个县级机关、企事业单位与67个贫困村挂钩。2003—2005年，实施“139富民攻坚计划”，市、县帮扶机制得到强化，市级扶贫挂钩帮扶单位实施“一户一册一干部”制度。2009—2010年，通过实施“百侨(企、会)结百村，千名干部扶千户”结对帮扶活动，协调落实省、市、县挂钩帮扶单位和干部结对帮扶资金2200余万元。2011年，加快落实“一户一策一干部”制度，统筹省、市、县挂钩帮扶单位和干部结对帮扶资金，协调落实省、市、县挂钩帮扶单位和干部结对帮扶资金1100余万元，重点帮扶低收入农户3200户。瑞安市与文成县进一步深化山海战略协作，落实帮扶资金230万元。

图34-9　2007年11月，省外经贸厅与文成开展结对帮扶座谈会(县扶贫办提供)

2000—2011年文成县扶贫挂钩帮扶项目情况一览表

表34-13　　　　单位：万元

年份	帮扶单位	落实帮扶资金	年份	帮扶单位	落实帮扶资金
2000	省级	420	2003—2005	市级	500
	市级	320	2006	省级	706.8
	县级	80		市级	200
2001	省级	410		县级	50
	市级	280	2007	省级	580
	县级	95		市级	500
2002	省级	761	2008	各级	96
	市级	254	2009	各级	1000
	县级	86.29	2010	各级	1226
2003—2005	省级	1500	2011	各级	1100
合计	10165.09				

说明：数据资料由县扶贫办提供

产业扶贫

农业产业　1998年，农业综合开发成为扶贫工作重点之一。2001年，落实冰洋实业有限公司、温州帝师杨梅酿酒有限公司等5家企业贴息资金104万元，有效带动周边农民脱贫致富。2002年，发展效益农业，重点抓好茶叶、水果、兔业、花卉苗木、绿色稻米、中药材、蔬菜等7大农业主导产业。2003—2005年，扶持发展东魁杨梅等水果基地5100亩,苗圃(主要为杨梅、茶叶)330亩、绿化苗木2000亩、茶叶基地3000亩、中药材11930亩、经济林基地抚育1800亩,畜禽养殖规模逐步扩大,中药材发展结构趋向合理。2008年,培育农业主导产业,投入产业发展资金3800万元,新发展农业基地1万多亩,带动低收入农户5100人。2011年,重点扶持2家农业(扶贫)龙头企业引进生产加工设备,实行技改,建设营销网络,扶持3家专业合作社建设生产基地配套设施,实施"一村一品"特色村项目,支持中药材基地加快发展,建设中药材示范基地5个。

来料加工业 2006年,受周边发达县市(区)的产业辐射,鼓励、扶持发展鞋帮、雨伞等来料加工业,发展来料加工点35个,直接或间接带动就业岗位3800个。2007年,制订全民创业计划,设立全民创业基金,出台扶持来料加工政策,全县雨伞、鞋帮、装饰品等来料加工企业发展到86家,为农民提供就业岗位5000多个。2009年,建立文成县来料加工专业协会,新增来料加工点24个。2010年,投入来料加工省级以奖代补扶持资金42万元,市级来料加工专项资金38万元,2个来料加工专业村补助资金10万元,6家来料加工点被认定为市级扶贫龙头企业,珊溪下爿坦村被命名为2010年省级来料加工专业村。2011年,将来料加工列入群众增收致富奔小康特别扶持项目,建设来料加工厂房,来料加工特色村、经纪人扩大加工网点以奖代补和加工业务对接,全县发展来料加工点182个,从业人员7050人,发放工资8460万元。

图34-10 珊溪镇下爿坦村来料加工企业加工车间(县扶贫办提供 2007年12月摄)

发展农家乐 2006年,新兴的"农家乐"休闲旅游项目发展势头良好,开发休闲旅游专业村14个,扶持发展农家特色餐馆20余家,"农家乐"专业经营户30余家,从业人员300余人。2007年,对农家乐项目实行用地优先、审批优先、信贷优先、费税优惠,扶持发展农家特色餐馆30余家,发展"农家乐"专业经营户46家,从业人员400余人。2008年开展农家乐评级工作,新评定二星级"农家乐"经营户7家、二星级经营户2家、市级示范点1家。全县有"农家乐"经营户34家,其中省级特色点3家、市级示范点1家、三星级10家、二星级10家。2009年,建立温州市首家农家乐协会——文成县农家乐协会,建成省级示范点3家、市级示范点2家、特色村2个、四星级农家乐2家。其中,文成县山水果园农庄被评为"温州市首届十大魅力农家乐"之一。2011年,组织开展全县"农家乐厨艺"大赛、从业人员岗位培训等活动,发展在册农家乐经营户(村、点)54个、总餐位7500多个。全年全县有省级农家乐特色点3个、市级农家乐特色村2个、其他农家乐特色村3个、市级农家乐示范点5家、县级农家乐特色村2个、四星级农家乐经营户(点)3家、三星级农家乐经营户(点)14家、二星级农家乐经营户(点)25家;全年直接从业人员581人,接待游客59万人次,实现直接营业收入3440万元。

图34-11 龙川乡山水果园农家乐(县扶贫办提供 2007年12月摄)

下山搬迁

1995年,省政府制定政策支持“下山脱贫”工作。全年全县安排30万元下山脱贫试点补助经费,支持巨屿镇花前村、珊溪镇新建村的下山脱贫示范点建设。1998年,落实下山搬迁项目17个,安排150万元补助资金帮助1075户、4200余人下山脱贫。1999年,县政府发布《文成县扶贫迁村实施意见》,确立23个迁村点,落实资金235万元,迁移1197户5025人。2000年,按照扶贫迁村与集镇建设、社会主义新农村建设、土地整理相结合的要求,推进扶贫迁村工作,确定迁村点12个,迁移农户1271户5007人。2001年,制订《文成县“十五”期间扶贫迁村规划》,全年新建、续建扶贫迁村点16个,迁移1509户6320人。同年,省里新增项目,对省重点扶贫的全县14个欠发达乡(镇)居住危险泥房、草房及无房的贫困户进行危房改造,落实资金113万元,首期改造226户。

2002—2008年,以生存条件恶劣地区群众、重点库区困难群众及地质灾害点群众为重点对象,先后推行整村迁移、整乡迁移、异地迁移等模式,加快推进凤垟扶贫迁村点(全县最大的扶贫迁村项目)、百丈漈镇扶贫迁村点(安置对象150户以上且以整村迁移为主)及南田镇迁移点(实施整乡迁移的黄寮乡)等重点迁建工程,新(续)建下山搬迁点143个,搬迁户数10136户41760人。

2011年,为确保下山搬迁项目管理的科学化、制度化、规范化,根据省扶贫办要求,修订完善《文成县下山搬迁规划(2011年—2015年)》《文成县下山搬迁项目管理办法》,新建、续建下山搬迁扶贫迁村点项目21个,完成搬迁920户3200人。

1993—2011年文成县下山搬迁完成情况一览表

表34-14

年份	新(续)建下山搬迁点(个)	搬迁户数(户)	搬迁人数(人)
1993—1999	151	3021	16847
2000	12	1271	5007
2001	16	1509	6320
2002	18	1540	7636
2003	14	902	4028
2004	22	1445	6071
2005	23	1737	7272
2006	26	2097	7321
2007	28	1545	5922
2008	12	870	3510
2009	11	1045	3650
2010	14	518	2100
2011	21	920	3200
合计	368	18420	78884

说明:数据资料由县扶贫办提供

金融支农服务

2009年开始加强金融支农服务,主要形式是开展“便民支付”活动,实行农房、林权抵押贷款,发放涉农贷款额度10.9亿元。其中,新实施扶贫小额信贷,发放小额贷款1050万元,缓解部分低收入农户筹资难题。2010年,开展科技支农、金融“便民支付”等系列活动,县农村信用合作联社向510户低收入农户(包括农业龙头企业、专业合作社)发放扶贫小额贷款1520万元,比上年增加45%。2011年,根据《文成县低收入农户集中村资金互助组织试点工作实施意见》等文件,在全县成立首家村级扶贫资金发展互助会——峃口镇田东村发展互助会,向27户农户发放借款13.5万元,大峃镇双西村、诸葛岭村,珊溪镇塘山村、五新村等互助会在全面筹备中;落实扶贫小额信贷财政专项资金1000万元,向1066户低收入农户(包括农业龙头企业、专业合作社)发放贴息贷款3372万元。

智力扶持

1991年,开始走以科技促发展的路子,多形式、多层次、全方位地加强农民知识培训。2004年,各欠发达乡镇基本完成农民培训规划的编制,组织1.7万人参加农产品种植、加工技术、家禽养殖、服装加工等各项知识化培训,举办以18个欠发达乡镇农民为主要对象的培训班60多期,受训人员8000余人次。2007年,加大农村劳动者培训力度,培训农民19824人,其中"专业农民"农业技术培训13197人,"转业农民"就业技能培训4647人,培训后实现转移就业4008人。2008年,组织实施"农民知识化工程",加强农民素质培训,做好劳务信息服务,引导农村富余劳动力外出务工经商,共培训农民5521人,发放培训证书4561本,发证率82.61%,培训后实现转移就业3552人,转移就业率为64.34%,农村预备劳动力培训315人。2009年,全县组织农民技能培训18391人次,农村劳动力培训后证书获证率82.7%,转移就业率达85.5%。2010年,配合县农培办组织农村劳动力素质培训2198人,其中转移农民培训1282人,培训后转移就业人数1087人,农民转移就业技能培训发证数1091人,农村后备劳动力培训298人。2011年,培训农村劳动力6537人,培训后转移就业3538人。

扶贫周转金支持

对于农户需要扶贫周转金支持的,只要条件符合,县扶贫老区工作办公室能尽量争取财政支持。1991年回收到期扶贫资金36.4万元,回收率90%。1993年9月,县政府发出《关于认真做好扶贫周转金清理整顿工作的通知》。对过去9年投放农村的339万元(包括回收转扶数)扶贫周转金进行清理。2000年,经公开选拔配备1名扶贫资金管理中心会计,制定出台《文成县扶贫资金管理使用暂行规定》。2003年,设立乡镇财政扶贫资金专户,规范资金管理,促使财政扶贫资金真正做到专款专用。2004—2005年,加强《浙江省扶贫资金管理办法》的宣传和学习,做好对逾期扶贫周转资金的回收,清收逾期扶贫周转金175.86万元及利息(占用费)6.15万元。2006年以后,对照《浙江省扶贫资金管理办法》的要求,严格规范扶贫资金使用和管理,对各级财政扶贫资金和挂钩帮扶资金做到专户管理、专款专用,执行省市关于扶贫项目资金公示制的有关规定,从项目库建立到资金拨付进行社会监督,定期做好专项检查,杜绝资金使用违规现象。

第三十五卷

移民　安置

县域移民安置重点是珊溪水利枢纽工程与百丈漈水库移民安置。珊溪水利枢纽工程位于飞云江干流中游河段，由珊溪水库工程和赵山渡引水工程组成，具有供水、发电、灌溉、防洪等综合效益。20世纪50年代开始规划，由于资金、技术等原因一直未能开工建设。1994年2月，温州市委、市政府成立温州珊溪水利枢纽建设领导小组及指挥部。1995年5月，县政府建立珊溪水利枢纽工程文成县移民安置办公室。1997年9月，珊溪水利枢纽工程被国家计委列入第三批基本建设新开工大中型项目计划，工程动态概算总投资43.48亿元，总工期为5年；至2000年，珊溪水库首台机组正式发电；珊溪水利枢纽工程移民安置3767户13564人，其中县域安置590户1584人，县外安置3252户11961人。

第一章 组织机构

1995年5月,珊溪水利枢纽工程文成县移民安置办公室建立。1997年5月,改称文成县移民安置办公室(简称县移民办)。1995年5月—2000年12月,县移民办主要负责珊溪水利枢纽工程文成县的移民和安置工作。2006年7月开始,主要负责全县大中型水库4座移民后期扶持工作。2009年开始,增加负责全县小型水库49座移民解困工作。其间,为促进珊溪水利枢纽工程建设,保证移民安置顺利开展,先后建立一些相配套的临时组织机构和移民对口支援单位。2005年、2008—2011年,县移民安置办公室获评温州市移民工作先进集体。

第一节 常设机构

文成县负责移民工作的常设机构是县移民安置办公室。

1995年5月,县政府建立珊溪水利枢纽工程文成县移民安置办公室,主任和副主任到位,其他人员编制尚未落实,由县其他单位临时抽调。1997年3月,内设综合科;5月设立动迁安置科。

1997年5月,正式改称为县移民安置办公室,为正科级全额拨款事业单位,人员编制11名。2002年5月,确定县移民办领导干部职数为1正1副,人员编制8名,比原来减少3人。2007年5月,增设发展扶持科。

2008年6月,县移民办重新确定为县人民政府管理和监督移民安置及后期扶持工作的常设办事机构,为监督管理类事业单位。核定人员编制11名,其中主任1人、副主任2人、中层领导干部4人。2010年,内部增设移民后期扶持服务中心,核定事业人员编制2名,其中中层正职1人。

2011年,县移民办内设机构为综合科(含信访室)、动迁安置科、发展扶持科和移民后扶服务中心。核定人员编制13名,其中主任1人、副主任2人、中层领导干部5人。

1995年5月,租用文成大酒店2个房间为临时办公室。1996年6月—1998年4月,转租大峃镇建设路220号房屋二楼作临时办公室;同时,在珊溪镇设立移民动迁安置办事处。1998年4月—2002年8月,改租县农业银行宿舍二楼作为办公室。1998年11月,县移民办公大楼动工兴建。2002年10月1日,县移民办公大楼竣工并投入使用。

第二节 临时机构

主要临时机构

1994—1999年,县移民工作调查队、移民搬迁指挥部、移民工作路教队、库底清理领导小组、云湖乡公路建设指挥部、云湖乡新乡址建设筹建领导小组先后建立,工作人员由县有关单位抽调。

移民工作调查队 温州珊溪水利枢纽工程经国家计委批准立项后,根据市人民政府及工程建设指挥部部署，文成县移民调查工作队成立，负责库区调查工作。1994年4月，抽调县机关15个单位22人，在珊溪、东龙、汇溪、双溪等乡镇分管负责人员协助下开展调查工作。

移民搬迁指挥部　1995年5月，温州珊溪水利枢纽工程文成县移民搬迁指挥部成立，县长兼任指挥，县委副书记、分管副县长兼任副指挥，成员由县31个部门单位和乡镇负责人组成。指挥部下设办公室，地点设在县移民办。

移民工作路教队　1997年10月，县移民工作路教队成立，主要对东龙试点乡移民进行思想宣传教育。

库底清理领导小组　1998年6月，水库库底清理领导小组成立，负责珊溪水利枢纽工程水库库底清理工作。下设办公室，地点设在县移民办。

云湖乡公路建设指挥部　1998年5月，建立云湖乡公路建设指挥部，负责云湖乡公路建设工程。

云湖乡新乡址建设筹建领导小组　1998年7月，云湖乡新乡址建设筹建领导小组建立，负责云湖新乡筹建工作，成员由18人组成。下设办公室，地点设在县政府办公室。

其他临时机构

1995年5月—1998年6月，随着珊溪水利枢纽工程文成库区建设推进，先后成立后靠移民工作调查组、试点村实物指标核定组、移民动迁安置工作组、坝区移民动迁工作组、移民实物核定工作组和移民对口支援单位等其他临时机构，工作人员从县、市有关部门单位抽调。

后靠移民工作调查组　1995年5月，后靠移民调查组建立，负责对后靠移民点安置调查。成员由10人组成。

试点村实物指标核定组　1996年1月，试点实物指标核定组建立，负责对坝区、试点库区移民人口及实物核定工作，成员由8人组成。

移民动迁安置工作组　1996年6月，移民动迁安置工作组建立，负责移民动迁、安置工作。分动迁与安置2个小组，动迁组由12名成员组成，安置组由8名成员组成。

坝区移民动迁工作组　1996年6月，坝区移民动迁工作组建立，负责对移民动迁思想宣传、业务指导和安置工作，成员由8人组成。下设坦歧片长、牛坑片长。

移民实物核定工作组　1996年12月，实物核定工作组建立，负责对东龙乡移民人口、实物核定工作。下设综合组、山林园地组和房屋组。

第三节　对口支援单位

1996年12月—1998年6月，珊溪水利枢纽工程文成县库区移民对口支援工作人员由市、县有关单位抽调组成，总共2期，负责移民宣传发动、思想教育和组织动迁。其间，还筹集资金608万元，帮助移民搬迁。

第一期移民工作对口单位　第一期移民工作对口支援单位有82家，其中市级单位29家，县级单位53家。

珊溪库区第一期移民工作对口支援单位一览表

表35-1

乡镇	行政村	动迁人数	动迁时间	市级单位	县级单位
珊溪镇	下山	110	1997年	市工商局	工商局、纪委监察局、文化局
	项竹垟	131	1997年	市土地局	土地局、法院、中行
	垟尾山	38	1997年	市统计局	农业局、统计局、人大办
东龙乡	东民	1018	1997年	市民政局	民政局、组织部、教委、邮电局
	东湾坑	505	1997年	市乡镇企业局	乡镇企业局、电业局、县委办
	黄坦坑	644	1997年	市审计局	工商局、审计局、人事劳动局
	林岸	503	1997年	市检察院	检察院、农办、林业局
	龙斗	1098	1997年	市交通局	交通局、宣传部、物资总公司
	松根	332	1997年	市统战部	机关工委、烟草专卖局、规划局
	项埠	649	1997年	市机关工委	水利水电局、县府办、农行
	焦溪垟	502	1997年	市水产局	财政局、老干部局、旅游局
	支坑	810	1997年	市老干部局	人武部
汇溪乡	河背	397	1998年	市总工会	总工会
	河垟	243	1998年	团市委	团县委
	库头	255	1998年	市妇联	县妇联
	南向	502	1998年	市体改局	体改办
	排前	665	1998年	市卫生局	卫生局
	蟾宫埠	1297	1998年	市司法局	司法局
	西北山	172	1998年	市技术监督局	技术监督局
	小溪口	290	1998年	市政协办公室	政协办公室
双溪乡	岭脚	391	1998年	市安全局	安全局
	龙井坑	362	1998年	市环保局	环保局
	石户	460	1998年	市保险公司	保险公司
	下尾	208	1998年	市粮食局	粮食局
	岀作口	380	1998年	市计生委	计生委
	严阵	410	1998年	市建行	建行
	岩门	262	1998年	市医药管理局	商业局
平和乡	大垟口	490	1997年	市城管局、市政公用局	城建局、政法委、广电局

说明：数据资料由县移民办提供

第二期移民工作对口支援单位 第二期移民工作对口支援单位有90家，其中市级单位27家、县级单位63家。

珊溪库区第二期移民工作对口支援单位一览表

表35-2

乡镇	行政村	动迁人数	动迁时间	市级单位	县级单位
汇溪乡	河背	370	1998年	市总工会	计经委、国税局、总工会、审计局
	河垟	224	1998年	团市委	民政局、农行、团县委、统战部
	库头	247	1998年	市地税、市纺织总公司	房管局、信用联社、妇联、林业局
	南向	494	1998年	市体改委、市陶建总公司	财政局、检察院、妇联、林业局
	排前	665	1998年	市卫生局、市外事办	规划局、中行、卫生局、人大办
	蟾宫埠	1205	1998年	市司法局、市机械总公司	司法局、烟草专卖局、文化局、地矿局、水电局
	西北山	172	1998年	市国税局、市技术监督局	人民银行、社保局、技监局、体育局
	小溪口	269	1998年	市政协办、市轻工总公司	农办、电业局、政协办、县委办
双溪乡	岭脚	312	1998年	市安全局、市进出口总公司	交通局、公安局、统计局、宣传部
	龙井坑	320	1998年	市环保局	工商局、环保局、机关工委
	石户	419	1998年	市财产、人寿保险公司	教委、邮电局、法院、保险公司
	下尾	183	1998年	市粮食局	粮食局、物资总公司、科委、党校
	岀作口	333	1998年	市计生委、市农发行	计生委、工行、二轻总公司、组织部
	严阵	361	1998年	市建行、市侨办	农业局、建行、纪委监察局、旅游局
	岩门	428	1998年	市医药管理局	土地局、商业局、人事劳动局、县政府办
平和乡	大垟口	490	1998年	市城管局、市政公用局	建设局、政法委、广电局

说明：1.集体户人口未列入；2.县单位中排第一位为牵头单位；3.数据资料由县移民办提供

第二章　库区淹没

水库淹没区情况包括珊溪水利枢纽工程库区（包括珊溪库区、赵山渡库区）和其他库区淹没情况。1997年珊溪水利枢纽工程建设，珊溪库区全部淹没的有：东龙、汇溪、双溪3个乡政府所在地及24个村；部分淹没的有3个乡镇的7个行政村；珊溪库区淹地不淹房的有5个乡镇11个行政村和3个自然村。赵山渡库区淹没的是：平和乡大垟口村、岃口乡垟岙村。

第一节　珊溪库区、赵山渡库区淹没

珊溪水库、赵山渡水库淹没区涉及有珊溪镇的坦歧、牛坑、下山、项竹垟、垟尾山、街尾等行政村6个和蔡宅自然村，东龙乡的东湾坑、项坑、焦溪垟、项埠、龙斗、林岸、东民、松根、支坑和黄坦坑等行政村10个，汇溪乡的蟾宫埠、河背、南向、小溪口、库头、河垟、排前、西北山等行政村8个，双溪乡的岭脚、石户、岃作口、下尾、严阵、龙井坑、岩门等行政村7个，岃口乡的垟岙行政村、平和乡的大垟口自然村。

珊溪镇及淹没村

珊溪镇　位于县境南部，飞云江中上游。1992年，撤区扩镇并乡，由珊溪、李井、南林、西山、毛坑5乡镇合并而成，全镇辖42个村、305个村民小组，总面积106平方公里。1997年，是县域次经济文化中心，浙江省重点综合改革试点镇，省、市文明镇，国家重点工程珊溪水库所在地。总人口10106户43001人，其中农业人口9500户33923人。工农业总产值4968万元，其中农业总产值3767万元、乡镇企业总产值1201万元。耕地7916亩，其中水田6188亩、旱地1728亩，主种水稻、番薯、蔬菜、瓜果，粮食作物播种面积22619亩，总产量5293吨；蔬菜种植面积3878亩，产量6018吨。茶园面积1341亩，年产茶叶6680公斤。果园面积3995亩，水果产量2304吨，其中杨梅2993亩，产量959吨。全镇饲养毛猪13848头，家禽76094羽，家兔75809只。主要乡镇企业花岗岩加工企业年产值50万元，竹木加工企业产值130万元，农贸市场成交额5039万元。全镇自来水受益42个村，通公路34个村，通电话27个村。镇财政收入228万元，农民人均纯收入1875元。大坝工程淹地涉及坦岐、牛坑、下山（焦溪圩）、项竹垟、垟尾山、街尾、蔡宅7个村。

坦岐行政村　据传：古时飞云江水流经坦岐，直下横岩，后因洪水泛滥，此处被冲积成为沙洲，江水遂改道。至今尚流传"冲掉林百万，涨起坦岐坛"，沙洲方言叫沙坛，又因此地有数条岔道，故名坛岐（同歧）。另说，因沙洲上多池沼，方言称塘池，后演变成方言谐音的坦歧。有坦歧、垮底、白岭脚、泥鳅垟、滩头5个自然村。耕地485亩。居住人口以朱、黄、蔡、叶姓为主。

牛坑行政村　该村背靠牛山，前有溪坑，名牛坑，村以水得名。有牛坑、水塘上、卫墩、垟谷培4个自然村，耕地162亩。居住人口以吴姓为主。

下山行政村　夏姓人在该地始居，原名夏山，因"夏""下"方言谐音，演变为下山。有下山、岩背、银珠坳、程山、了头、程山坪、焦溪圩7个自然村，耕地210亩。居住人口以吴、郑姓为主。

项竹垟行政村　据陈氏族谱记载：陈有茂于清雍正十年（1732）自黄坦迁此，见该地多竹，又有一片田垟，取名篁竹垟,后演变为方言谐音的项竹垟。有项竹垟、下山岭脚、焦溪岭脚3个自然村,耕地81亩。居住人口以吴、项姓为主。该地百步崖有宋景定三年(1262)至明万历年间(1573—1619)的摩崖题刻,为县级文保单位。

垟尾山行政村 位于田垟尾部的山坡上,故名垟尾山。有垟尾山、程坑、八眺、芦山底、下叶山降头、西垟、平头峰、岩背8个自然村。耕地239亩。居住人口为朱、池、李、刘、蔡、陈诸姓。

街尾行政村 位于珊溪街下段得名。耕地113亩,主种水稻、番薯。居民从事商业与手工业为主。居住人口以王、刘两姓为主。

蔡宅自然村 蔡姓自杭州迁此居住,故名蔡宅。

东龙乡及淹没村

东龙乡 位于县境南部、飞云江上游,东湾坑为乡政府驻地,海拔高度80米。全乡总面积21.58平方公里,辖东湾坑、项坑、焦溪垟、项埠、龙斗、林岸、东民、松根、支坑、黄坦坑、彭山、卓山、驮垄、岩塔头14个村、87个村民小组。1997年,总人口2389户8998人,其中农业人口2388户8768人。经济以农业为主。耕地2321亩,其中水田1631亩、旱地690亩,主种水稻、番薯、麦类。粮食作物播种面积6091亩,粮食总产量1283吨;蔬菜种植面积397亩,产量1030吨。有林地24438亩,其中用材林438亩。茶园面积730亩,茶叶产量700公斤。果园面积582亩,水果产量20吨,其中杨梅567亩,产量12吨。饲养毛猪2324头,家禽23850羽,家兔16550只。乡镇企业有工艺厂、砖瓦厂、茶厂、陶瓷厂等6家,年产值82500元,在黄坦坑、龙斗、支坑、焦溪垟、项坑等处建有小型水电站5座,装机容量213千瓦,年收入10500元。有个体手工业者1000余人,年劳务输出收入约40万元。自来水受益14个村,通车5个村。乡财政收入13万元,农民人均纯收入1212元。

珊溪水库汛后蓄水位144米以下,淹没东湾坑、项坑、焦溪垟、项埠、龙斗、林岸、东民、松根、支坑、黄坦坑10个村。

东湾坑行政村 位于飞云江边,距东湾坑村为乡政府、村委会驻地。因千秋坑在此来一个急转弯后向东注入飞云江,故名东湾坑。由东湾坑、溪头垟、金塆3个自然村组成。居住人口165户,以夏、邓姓为主。此地虽然未通公路,但是水上交通便利,商业繁荣,有一条百米长小街道,两边店铺林立,从前是泰顺县物资进出口的埠头地之一。设有供销社、学校、卫生院、信用社、农业银行等单位。

项坑行政村 项姓在该地坑边始居,得名。有耕地321亩,以种植水稻、番薯为主。有项坑、新屋、老屋、池龙、杨梅垄、毛岭、下朱坑7个自然村组成。地势稍高,淹没部分林地。

焦溪垟行政村 位于龙斗东面江畔,该地一片小田垟,原系上焦溪人所有,故名焦溪垟。辖竹园脚、滩头2个自然村。居住人口148户,以项姓为主,明嘉靖年间(1522—1566)项姓由瑞安东门先迁现巨屿镇项坑边,生三子,次子一珠迁项埠,复由项埠迁焦溪垟。

项埠行政村 位于飞云江北岸,原是一个埠头,夏姓人在此始居,取名夏埠。后项姓于明嘉靖时入住,改为项埠。项姓迁移焦溪垟后周姓迁入,仍用项埠村名。居住人口166户,以周姓为主。

龙斗行政村 龙斗村后一条山龙直冲江边,和北岸林岸山相峙,犹似两条龙隔江相斗,故名龙斗。古时为瑞、平、泰三县要冲地,清时曾在此设"龙斗汛",有兵把守。辖龙斗、下垄、上步底、岙底4个自然村。居住人口332户,以林姓为主。

林岸行政村 位于飞云江北岸,有一小湖湾,原名北湖,后林姓自泰顺迁此,改称林岸。有水尾、双条坑、钟塆3个自然村。居住人口142户,以林姓为主。

东民行政村 位于东湾坑与松根之间,与东湾坑以桥相连。1952年归属东龙乡,原名东湾坑村,后与松根，置连民高级社，公社化时析连民为东民大队（取东湾坑的“东”字和连民的“民”字组名）1984年改为行政村。耕地217亩，以种植水稻、番薯为主。有下岔路、旁面山、下段垟头、毛家塆、垟青5个自然村。村中有邓公祠一座，建于清乾隆五十二年（1887），是县域留存古建筑之一。居住人口284户，以邓、林姓为主。

树根行政村 村里原来有一株大松树，树根露出地面伸向四方，故名松根，由松根、旁坑、白岩根3个自然的村组成。居住人口96户，以林、吴姓为主。

支坑行政村 位于东湾坑西面飞云江北岸，一条发源于稽垟的小溪坑，流经本村注入飞云江，称为稽坑，村以水得名。后为书写方便，改名支坑。有黄飞峰、支坑口、支坑底、瑶峰、朝支背、金钟、竹段垟、仰偏岭8个自然村。居住人口221户，以林、徐姓为主。

黄坦坑行政村 村委会驻地。该地之坑水发源于黄坦茶寮山，故名黄坦坑，以水得名。坑口处瀑湫较多，风景秀丽，似世外桃源。耕地233亩，以种植水稻、番薯为主。由黄坦坑、中村、陈处、坑口、旁山地5个自然村组成。居住人口176户，以陆姓为主。

汇溪乡及淹没村

汇溪乡 位于县境西南端、飞云江上游沿岸。乡政府驻地蟾宫埠，海拔高度120米。全乡总面积44平方公里，辖蟾宫埠、河背、南向、小溪口、库头、河垟、排前、西北山、塘垄、包山垟、吴头垄、上金、上坪13村，79个村民小组。1997年，总人口1851户6247人，其中农业人口1575户6150人。经济以农、林业为主。耕地2675亩，其中水田1860亩、旱地815亩，以种植水稻、番薯为主。粮食作物播种面积5208亩，粮食总产量1535吨；蔬菜种植面积537亩，产量755吨。林业主产毛竹，为县毛竹基地，有林地54354亩，其中毛竹6100亩，占林地总面积10%强，立竹数14万株，年收入205万元。排前为毛竹生产重点村，有竹园3100亩，占林地总面积60%，立竹数8万株，年收入1.5万元。茶园面积979亩，年产茶叶600公斤。果园面积127亩，水果产量20吨。饲养毛猪789头、家禽9170羽、家兔6430只。乡镇企业有竹木综合厂7家、茶厂2家、竹纤维厂1家，小型水电站2座，年产值12.07万元。通公路3个村。乡财政收入8万元，农民人均纯收入1359元。因珊溪水库建设，全部淹没蟾宫埠、河背、南向、小溪口、库头、河垟、排前、西北山8个村，淹没部分林地的有金山、塘垄、上坪、包山垟、潘山5个村。

蟾宫埠行政村 乡政府、村委会驻地。该地南临飞云江，为泰顺与瑞安间船只来往之埠头地，称蟾宫埠，亦写作蟾宫步、上中步。“蟾宫”之名源自该地之“印月岩”。据《泰顺分疆录》载：“蟾宫步上流石壁有圆痕，半在水上，大盈丈，影入潭中，日光掩映，恰如月色，村因此得名。”街两边店铺林立。设有汇溪乡政府、卫生院、乡中心学校、信用社、运输社、温州线务站、综合厂等单位。有清朝四合院三座、渡船头亭、地主爷宫、大帝爷殿、娘娘宫、夏氏祠堂、叶氏祠堂等古建筑。耕地219亩，林地8532亩，经济特产有柑橘基地50亩、茶叶130亩、油桐160亩，以从事船筏业与商业为主，兼种水稻、番薯。居住人口293户，以夏、叶、王姓为主，夏姓始祖叔仓于明成化进由莒冈迁入，自始祖至“名”字行已传19代。

河背行政村 位于黄坦坑村与南向村之间，黄坦未通车前，是县城与黄坦大宗物资来往重要埠头。辖河背、野猪湖、河背岭头、猫儿尖、宫下、河头、陈坦下7个自然村。耕地128亩，林地2588亩，经济特产有油桐160亩，以林为主，兼种水稻、番薯。

南向行政村 坐北朝南，面对飞云江，距县城16公里，故名南向。原是荒凉小村，清光绪四年（1878）《泰顺分疆录》载董游《南向》诗：“傍岸人烟四五家，滩声呜咽石槎枺，山村寂寞无秋色，一片黄茅也作花。”20世纪90年代村舍鳞次栉比，村外阡陌纵横，江上船筏来往，已成为欣欣向荣的新农村。辖南向、东山头、梅坑底3个自然村，耕地154亩，林地3826亩。以林为主，兼种水稻、番薯。居住人口151户，以孟、夏、毛三姓为主。

小溪口行政村 位于峃作口溪与飞云江汇合处,峃作口溪亦称小溪,故名小溪口。房子依山而建,村后是陡峭崖壁,村脚下小江处有一渡船,为文成至泰顺主要渡口之一。辖小溪口与驮麦圩2个自然村。有耕地348亩,林地2032亩,主种水稻、番薯,兼营林业。居住人口73户,以郑姓为主。

库头行政村 原名"苦头",说祖先住此山林蓬窟吃尽苦头,后改名"库头"。辖库头与上垟训两个村。耕地74亩,林地2012亩,以林为主,兼种番薯、水稻。居住人口77户,以陈姓为主。

河垟行政村 相传约400年前,该村后面有一洼地,洪水流入时,白洋洋一片像个湖,取名湖垟。河垟行政村辖河垟、水碓寮、岩根、垟坑、垟坑底、岩头背6个自然村。耕地187亩,林地面积5550亩,经济特产有油桐376亩。以林为主,农业为副。居住人口58户,以叶姓为主,有畲族130余人。

排前行政村 因村民集居在一座半月形状山前,方言"一座山"叫"一牌山"故名牌前。后演变为谐音排前。辖排前、龙潭背、西岭、上庄圩、支山5个自然村。耕地138亩、林地5151亩,经济特产有茶叶110亩、柑橘50亩、毛竹12万株。以林为主,农业为副。居住人口215户,以李、叶姓为主,季姓于明永乐时由平阳凤卧镇马迹迁入,也有部分李姓来自大峃中堡村。叶姓于清初由黄坦新楼村迁入。

西北山行政村 只有湖地1个自然村,居泰顺江溪边。全村移民44户,以李姓为主。

双溪乡及淹没村

双溪乡 位于县境西南部,飞云江上游支流峃作口溪与胜坑两条溪流交汇处,故名双溪。乡政府驻地叶山岭脚,海拔高度140米。全乡总面积58平方公里。辖岭脚、石户、峃作口、下尾、严阵、龙井坑、岩门、横岗、取垟、千秋门、驮加、叶山、杜山、高西14村,54个村民小组。1997年,总人口1220户3581人,其中农业人口1110户3561人。经济以林业为主,主产毛竹,是省定点毛竹基地之一。有林业用地68827亩,其中毛竹10814亩,年产毛竹25万株,加之用材林和杂木出产,年林业收入18万元。有耕地1038亩,其中水田626亩、旱地412亩,以种植水稻、番薯为主,粮食作物播种面积2365亩,总产量582.1吨。蔬菜种植面积376亩,产量376吨。茶园面积200亩,年产茶叶200公斤。饲养毛猪318头,家禽7820羽,家兔4130只。乡镇企业有综合厂、草席厂等,年产值4万元。建有龙井坑、千秋门、岭脚3座小水电站,总装机容量90千瓦。自来水受益13个村,通公路10个村,通电话3个村。乡财政收入6万元,农民人均纯收入1601元。因珊溪水库建设,淹没岭脚、石户、峃作口、下尾、严阵、龙井坑、岩门7个村,淹没部分林地有杜山、高西、驮加、千秋门4个村。

岭脚行政村 距县城20.2公里。该地有一条山岭通往叶山,村庄位于岭脚,故称叶山岭脚。辖叶山岭脚、乌岩根、菖蒲塘、柿树眺、石柱脚、白沙岱、三角田、大元、朱英9个自然村。耕地99亩,林地5413亩,以林为主,农、副、牧结合。居住人口95户,以吴姓为主。

石户行政村 位于岭脚东面,原由石门台、下户、汀步头垟三处连成1个自然村,取石门台与下户各一字叫石户。辖石户、塔桥、金桥坑、茶新田、驮坳、驮头塆、石井、葛绳塆8个自然村。耕地面积137亩,林地11188亩。以林为主,农、副、牧相结合。居住人口54户,以夏姓为主。

峃作口行政村 位于峃作口溪、胜坑溪的汇合口,地形上宽下窄,取名下窄口,因方言"下"与"峃""窄"与"作"谐音,后来演变为峃作口。过去是二条溪源,竹木柴炭、兽皮、药材集散地,比较繁荣。辖峃作口、圩头坑、底村、渡船头4个自然村,耕地45亩,林地1564亩。以林为主,兼营农业、水上运输业。居住人口54户,以叶姓30户。

下尾行政村 位于龙岗山尾,故称"下尾"。隔溪对面三弯三峰都是竹林。耕地37亩,林地2982亩,以林为主,农、副、牧相结合。居住人口51户,以叶姓为主。

严阵行政村 岩门溪过去筏业兴盛,至村前一滩潭,潭下段流湍急,竹木筏下午至此,都要候阵互助,故叫"阵潭"。又因此地是200多年前是严姓人开基,即以严阵为村名,辖严阵、旱桃山2个自然村。耕地82亩,林地

6657亩,以林为主,农、副、牧相结合。居住人口107户,以严姓为主。

龙井坑行政村 位于龙井头悬崖削壁下,山中有龙井,水从山涧出,故称“龙井坑”,辖龙井坑、水上湖、铁炉、米筛降、四方坑、小园程、神坦、早桃山圩8个自然村。耕地68亩,林地8849亩。以林为主,兼种番薯、水稻。居住人口92户,以郑姓为主。

岩门行政村 峃作口溪流经村前,两岸石壁夹峙,状似门,故称岩门。两边山谷宽约百米,山势陡峭,崖壁林立,时有珍稀动物出没。辖岩门、岩头背、石柱、长潭、三条、白桑下、长潭降、上炉8个自然村。有耕地71亩,林地9219亩。以林为主,农、牧相结合。居住人口77户,以吴姓为主。

其他乡淹没村

平和乡大垟口自然村 位于飞云江右岸与大垟坑(方坑下段)之口,得名。村庄东部与瑞安市营前乡大树村毗邻。居住人口以陈姓为主。

峃口乡垟岙行政村 清时,陈姓人在此地山岙里开垦一丘垟田,可插1000秧,称单千秧垟田。后该垟田被洪水冲掉,在这里盖了些许房屋,渐成村落,故取名垟岙。村庄东部与瑞安市营前乡黄岙村接壤。辖垟岙、上厂、米来抖、下培4个自然村,耕地201亩。主种水稻、番薯。

第二节 珊溪库区淹没财产及迁移人口

珊溪水利枢纽工程建设,按汛后蓄水位珊溪库区144米(黄海高程)、赵山渡库区22米(黄海高程)设计标准。全县涉淹乡镇9个、行政村42个、自然村45个。其中,淹没东龙、汇溪和双溪乡政府所在地3个;全部淹没行政村24个,其中东龙乡行政村9个、汇溪乡行政村8个、双溪乡行政村7个;部分淹没乡镇3个、行政村7个,其中珊溪镇行政村5个,峃口乡、平和乡的行政村各1个;淹地不淹房乡镇5个、行政村11个、自然村3个,其中珊溪镇2个村、东龙乡1个村、汇溪乡5个村、双溪乡4个村、黄坦镇2个村。

珊溪镇淹没财产及迁移人口

珊溪水库坝址位于珊溪镇坦岐村鱼秀(泥鳅垟)自然村,大坝工程、库区淹地涉及坦岐、牛坑、下山、项竹垟(焦溪抖)、垟尾山、街尾和新建7个村,移民254户887人。全镇淹没耕地439.6亩,林地2108.89亩;房屋建筑面积20610.37平方米;附属房6149.68平方米。

珊溪镇坝区施工、库区财产淹没及迁移人口情况一览表

表35-3

行政村		迁移人口		财产淹没			
		户数(户)	人数(人)	耕地(亩)	林地(亩)	房屋建筑面积(平方米)	附属房面积(平方米)
珊溪镇	坦岐村	75	258	97.4	646.14	5772.35	1074.05
珊溪镇	垟尾山	11	38	32.3	86.71	1187.20	615.10
珊溪镇	牛坑村	39	151	7.4	544.36	3824.83	1031.31
珊溪镇	项竹垟	91	320	156.2	538.62	6192.60	2410.62
珊溪镇	下山村	35	110	146.3	168.75	3134.00	741.30
珊溪镇	蔡宅村	3	10	—	0.713	407.59	277.30

续表35-3

行政村		迁移人口		财产淹没			
		户数(户)	人数(人)	耕地(亩)	林地(亩)	房屋建筑面积(平方米)	附属房面积(平方米)
珊溪镇	街尾村	—	—	—	123.60	—	—
	焦溪丼村	—	—	—	—	91.80	—
	合 计	254	887	439.6	2108.89	20610.37	6149.68

说明:数据资料由县移民办提供

东龙乡淹没财产及迁移人口

珊溪水库汛后蓄水位144米以下,淹没东湾坑、黄坦坑、支坑、林岸、东民、龙斗、项埠、焦溪垟、松根和项坑10个村,移民1809户6395人。全乡淹没耕地2756亩;林地4901.45亩;焦溪、松根水电站2座,乡村企业6家,焦溪垟、龙斗、林岸、竹段垟和金钟等渡口5处;房屋建筑面积176408.13平方米;附属房36544.77平方米。

东龙乡淹没财产及迁移人口情况一览表

表35-4

行政村		迁移人口		财产淹没			
		户数(户)	人数(人)	耕地(亩)	林地(亩)	房屋建筑面积(平方米)	附属房面积(平方米)
东龙乡	东湾坑村	165	515	279	402.50	15216.52	1997.1
	东民村	314	1057	298	734.36	26655.83	4491.5
	焦溪垟	143	507	198	443.18	14380.66	3111.70
	项埠村	199	649	237	192.61	17644.18	3880.36
	龙斗村	319	1103	535	297.30	33736.31	6110.10
	林岸村	148	515	378	326.09	16646.70	3659.35
	松根村	107	387	94	227.42	7599.30	1633.22
	支坑村	235	839	368	869.75	23083.97	3984.00
	黄坦坑	179	645	369	1378.24	17489.56	4814.44
	项坑村	—	—	—	30.00	—	—
	各单位	—	178	—	—	3955.10	2863.00
	合 计	1809	6395	2756	4901.45	176408.13	36544.77

说明:各单位包括乡政府、学校、卫生院、供销社、信用社、农业银行和华东院仓库等。数据资料由县移民办提供

汇溪乡淹没财产及迁移人口

珊溪水库建设全部淹没蟾宫埠、河背、南向、小溪口、库头、河洋、排前、西北山8个村,淹没部分林地的有金山、塘垄、上坪、包山垟、潘山5个村。移民1026户3867人。淹没耕地1184.8亩;林地4831.21亩;排前、蟾宫埠小水电站2座,乡村企业10家,河背、南向、蟾宫埠、小溪口、排前渡口5处;房屋建筑面积99326.80平方米;附属房21845.80平方米。

汇溪乡淹没财产及迁移人口情况一览表

表35-5

行政村		迁移人口		财产淹没			
		户数(户)	人数(人)	耕地(亩)	林地(亩)	房屋建筑面积(平方米)	附属房面积(平方米)
汇溪乡	蟾宫埠村	353	1225	239	913.95	29602.50	3730.60
	河背村	104	371	192	367.56	9486.80	1289.00
	南向村	153	523	259.1	950.81	16084.00	2378.2
	小溪口村	73	275	100.8	355.03	5802.00	1544.60
	库头村	74	255	48.8	287.04	7469.30	1420.50
	河洋村	62	248	72	343.15	5096.50	1203.30
	排前村	163	634	178	659.31	16410.30	3358.00
	西北山	44	176	95.1	417.85	4332.00	885.40
	金山村	—	—	—	248.70	48.00	—
	上坪村	—	—	—	209.35	—	—
	塘垄村	—	—	—	8.00	—	—
	包山垟村	—	—	—	9.65	—	—
	潘山村	—	—	—	60.81	—	—
	各单位	—	160	—	—	4995.40	6036.20
	合　计	1026	3867	1184.8	4831.21	99326.80	21845.80

说明:各单位包括乡政府、学校、粮管所、卫生院、供销社、信用社、运输社、温州线务站、土产公司仓库和竹木工艺厂等。数据资料由县移民办提供

双溪乡淹没财产及迁移人口

淹没岭脚、岩门、石户、龙井坑、严阵、下尾和岴作口7个村,淹没部分林地的有杜山、高西、驮加和千秋门4个村。移民678户2415人。全乡淹没耕地503.33亩、林地1333.22亩;小水电站3座,乡村企业2家,岴作口、严阵渡口2处;房屋建筑面积58075.80平方米;附属房12068平方米。

双溪乡淹没财产及迁移人口情况一览表

表35-6

行政村		迁移人口		财产淹没			
		户数(户)	人数(人)	耕地(亩)	林地(亩)	房屋建筑面积(平方米)	附属房面积(平方米)
双溪乡	岭脚村	111	349	21.5	63.10	7875.80	1259.3
	石户村	122	464	63.5	190.36	9256.30	2621.40
	岴作口	114	377	79.75	325.85	9562.20	2248.80
	下尾村	54	202	97.6	153.64	5200.50	1353.50
	严阵村	106	392	137.2	239.87	8835.20	945.7
	龙井坑	91	352	64.25	191.54	6592.90	1013.9

续表35-6

行政村		迁移人口		财产淹没			
		户数(户)	人数(人)	耕地(亩)	林地(亩)	房屋建筑面积(平方米)	附属房面积(平方米)
双溪乡	岩门村	80	279	39.53	59.68	6492.00	658.20
	非移民	—	—	—	61.64	508.3	349.1
	杜山村	—	—	—	26.84	—	—
	高西村	—	—	—	19.80	—	—
	驮加村	—	—	—	0.30	—	—
	千秋门村	—	—	—	0.60	—	—
	各单位	—	—	—	—	3752.60	1618.1
	合计	678	2415	503.33	1333.22	58075.80	12068.00

说明:各单位含乡政府、学校、卫生院、信用社,汇溪运输社岭脚站、岱作口站、乡经济开发公司和双溪水电站等。数据资料由县移民办提供

黄坦镇淹没财产

稽垟村淹没山林7.00亩,塘底垟村淹没山林64.62亩。

第三节　珊溪库区淹没名胜古迹

飞云江沿岸珊溪、东龙、汇溪、双溪等地,山水风光如画,名胜古迹颇多。建造珊溪水利枢纽工程,4乡镇受淹名胜古迹15处,其中人文古迹7处、自然景观8处。

人文古迹

林窑岗窑址　原位于汇溪乡住地蟾宫埠村对面林窑山山坡,宋代古窑址,未考古发掘,原登记文件为县文政(1984)44号。1997年9月,因珊溪水利枢纽工程之故,被淹没于水库底部。

百步崖摩崖题记　原位于珊溪镇项竹垟村路边石壁上。百步崖,原为悬崖峭壁,北宋后由民间开掘为道路,遂成文泰交通要道。路壁颇多宋至清代摩崖题记,内容多为募援筑路事。题记始于宋景定三年(1262)迄于明万历间(1573—1619),时间跨度300余年。其内容丰富,居县内摩崖题记之首,为浙南少有。清乾隆间人钟山氏有《咏百步岩》诗云:岩名百步路悠悠,风景迷离一望收。山势翠低南北岭,江形霞中去来舟。奇花野草爽人意,古桧苍篁入目游。更羡鳞鲜炙脍口,数椽聊尔复何求! 1984年列为县级重点文物保护单位。水库蓄水前复制拓片,保存于县文物馆库房。

邓氏宗祠　原位于东龙乡新民村猪头山麓,建于清乾隆五十二年(1787),原为合院式建筑,部分建筑在"文化大革命"时拆毁,仅存正厅一幢,八柱七开间,建筑样式、柱础、山柱、内柱均保持明代风格,为县域留存罕见古建筑之一。1984年列为县级重点文物保护单位。珊溪水库蓄水前拆迁移至县城金鱼山公园。

陆氏宗祠　原位于东龙乡黄坦坑村。村内有陆氏古祠,建于清道光五年(1825),分头门和正厅两幢,两侧有厢轩衔接,为五开间合院式建筑,正厅前有戏台,龙状台顶,五环八角斗棚。构筑精巧,浮雕细致,设计颇具匠心。1984年列为县级重点文物保护单位。珊溪水库蓄水前拆迁移至黄坦镇塘底垟村水口。

节孝石坊　原位于汇溪乡金山村岭脚。1922年始建,1925年竣工。由时任大总统徐世昌赐建。整座石坊,全青石结构,饰有立体雕,雕刻精细,精巧别致。面分四柱三门,高6米,作5架梁,顶置大总统令座,第四层

石匾，上书“节励松筠”四字，落款“大总统题褒”，并有徐世昌印记一方。整座石坊，全青石结构，饰有立体浮雕，雕刻精细，精巧别致。1984年列为县级重点文物保护单位。珊溪水库蓄水前拆迁移至水库水位线以上。

河垟古民居门台　原位于汇溪乡河垟村，属蟾宫景区。河垟村位于小江（峃作口溪）右岸，与排前隔溪相望，河谷宽约120米。村前东北面是溪滩，宽约80米；村下首有座叶氏道公四合院式祠堂。村中有两座清代四合院，四周有围墙，建有青石门台，门前均有旗杆夹。两座四合院均焚于20世纪30年代，但青石门台与正面围墙都完好无损。上座四合院门台台额为：竹林别室。对联为：一泓碧水中和气，四面青山蕴藉人。下座四合院门台台额为：南阳旧族。对联为：室筑衡门容驷马，天开福地许栖莺。

贞节牌坊　位于蟾宫埠通往泰顺百丈方向的小岭中，建于清朝，采用黄色花岗岩石料，因此，这条岭也就叫牌坊岭。牌坊在20世纪60年代后期即“文化大革命”初期被拆。

自然景观

龙斗汛　原位于东龙乡龙斗村。村后黄龙山与隔江林岸山会于前江潭两岸，似龙搏斗然，故名“龙斗”。《泰顺分疆录》载：“百丈口溪合洪口、白鹤渡水，下江口合莒冈水，至马迹合北乡排前水，至黄坦坑合黄坦坑水，转至金钟潭，出龙斗，古总称龙溪”。龙溪亦名自龙斗。龙斗村依山面水，村前长潭，宽百米，设渡口，是水陆交通要地。明、清时为瑞安、泰顺和青田三县要冲。清初，泰顺县在此设“龙斗汛”，驻兵把守，至清末裁撤。

金钟潭　原位于东龙乡东湾坑与稽坑之间。清同治《泰顺分疆录》载：“潭旁有石，状如悬钟”，潭以崖名，故称“金钟潭”。金钟潭碧波逾顷，周围壁峻林密，山青水绿，风景秀丽。金钟崖岩高18米，径达9米，现存没于水底。附近另有白龙漈、狗爬岩等景观。白龙漈高达百米，风光旖旎。

蟾宫埠　原为汇溪乡政府驻地，古属飞云江上游大商埠，溯西直达泰顺县百丈口，东下与东龙乡东湾坑接埠，帆船如龙。村西有著名景观“月印岩”，清光绪《泰顺分疆录》载：“蟾宫埠上流石壁有圆痕，半在水上，大盈丈，影入潭中，日光掩映，恰似蟾宫月色，故名月印岩。蟾宫之名，亦由月印岩而得。”江边茂林修竹，秀水萦绕，风光秀丽。至今仍有邑人以“蟾宫”名修亭，以作纪念。

南向　原位于汇溪乡蟾宫埠村东2公里，清时尚烟家稀少，山村寂寞，泰顺罗阳人董游有《游南向诗》云：“傍岸人烟四五家，摊声咽呜石幢峨；山村寂寞无秋色，一片黄茅也作花”。2000年，水库移民搬迁前，这里村舍鳞次栉比，村外阡陌纵横，江上船排往来，岸边牛羊成群，犹如一幅优美的山水图画。

善叶训　古称“祥砚训”，原在汇溪乡库头村，蟾宫埠村西北2.5公里，飞云江上游支流峃作口溪西岸。村头有座倚山临江而建的木构四合院，建于清末，青石门台，有围墙，完整如初。院前小溪碧水流经，四周环山，翠竹绿林，风光如画。前清叶明静有《详砚训即景》诗云：基开详砚有遗荣，秀绕群山水一泓。最喜庭前环绿竹，禽声时觉杂书声。

玉祥洞　原为汇溪乡库头村隔水对面里北山村山脚处，以革命烈士朱寿进牺牲于此洞而得名。洞前竹、木成林，洞后是一悬崖绝壁。1948年春，地下党游击队领导朱寿进（又名朱玉祥），在小溪口去蟾宫埠的岭上与国民党便衣队交火受伤后在此洞疗伤，国民党部队以一个排的兵力几次搜山未果。因为缺药少医，朱寿进牺牲于洞内。中华人民共和国成立后，当地人为纪念烈士，将此洞命名为玉祥洞。

严阵　原为双溪乡严阵行政村驻地，位于岩门龙井坑村与下尾村之间。两岸峭壁峡峙，山坑密布，形成众多瀑布，有黄公山、碑崖、鱼伏坑、骑马岩、天旱山、马儿山等景观，古称“严阵六景”，前清文人各有赋诗。另岩门激流经其村前，经千万年冲刷，形成一个深水潭，深潭下段水流极湍急，竹木筏下行至此，都需艄公筏工互助，否则有排筏翻沉之虞，故此潭便称阵潭。又因潭岸村落系严姓祖先开基，遂以“严阵”名村。前清郑士谔有《严阵即景诗》云：峰峦环耸景清高，也可斯源拟以桃。竹护砂圩栖布谷，松横石壁挂葡萄。霞蒸山气观春色，雨涨溪声听晚涛。卜筑当年连以姓,村名严阵启贤豪。

岩门 位于梧溪、岭后溪、富岙溪三条溪流交汇点。此处两岸嶙峋峭壁,状如石城洞开,故美誉岩门。而清流挤出岩门,汹涌澎湃,涛声如雷,经至峃作口,与胜坑溪水汇合,便成峃作口溪,为飞云江主要支流之一,双溪乡亦由此而名。岩门景区主要有两岸的奇峰怪洞,苍壁秀林,清潭修竹等。珊溪水库建成蓄水后,其“鱼戏光摇山外月,舟横影倒水中天”的碧潭,村中古民居及村前数株古枫树、古渡口、二条长约百米的古磴步等已荡然无存。

第四节 赵山渡和其他库区淹没

赵山渡库区赵山渡水库建设,淹没平和乡大垟口村和峃口乡垟岙村的部分村庄,需要部分移民。其他库区主要指市属百丈漈一级、二级电站库区,县属高一、高二、东山、高三和坑下山电站库区,涉淹乡镇(场)16个、自然村70个。

赵山渡库区

平和乡大垟口村 位于平和乡北部,飞云江右岸与平和溪交汇处,村庄东部与瑞安市营前乡大树村毗邻。赵山渡水库建设,移民135户489人。淹没耕地49.79亩,林地13.246亩,房屋建筑面积9875.68平方米,附属房951.70平方米。

峃口乡垟岙村 位于峃口乡东北,飞云江两岸,村庄东部与瑞安市营前乡黄岙村接壤。赵山渡水库建设,移民10户34人。淹没耕地66.19亩,林地99.74亩,房屋建筑面积718.80平方米,附属房30平方米。

其他库区

包括市属百丈漈一级、二级电站库区,县属高一、高二、东山、高三和坑下山电站库区。涉淹乡镇(场)16个、自然村70个,淹没土地6811.67亩,淹没房屋面积63475.54平方米。动迁人口652户2466人。

百丈漈水库 1958年7月开始施工,1960年5月建成发电,1965年主坝加高进行第二次移民。水库东至白坟,西至丁坑口,南至普济桥,北至高村岭头,涉及篁庄、石庄、二源、三源4个乡,行政村12个、自然村32个。淹没耕地3121亩,淹没山林2827亩。淹没房屋面积40000平方米。其中1958年拆迁房屋35100平方米,1965年大坝加高涉淹房屋4900平方米。

高岭头库区 库区移民和工程建设征用土地涉及石垟乡坑下、岗山、上垟、石门、枫龙和东山6个村,西坑镇双田、南坑垟、五星、赤水垟和金星5个村,以及石垟林场和种羊场,即2乡镇、2场和11个行政村。移民工作自1985年开始,至1995年结束。库区淹没土地1349.92亩。淹没房屋195间,建筑面积17900平方米(正房1.54万平方米、附属房2496.96平方米)。其中民房28座、182间,建筑面积1.18万平方米,附属房1685平方米,村集体公房13间626平方米,石木结构村校1座300平方米。

高二电库区 库区淹没人口38户115人,淹没土地1402.98亩。淹没房屋建筑面积5575.54平方米(正房4968.79平方米,附属房606.75平方米)。其中,西坑镇赤水垟下贝自然村淹没房屋8424.46平方米(正房3277.25平方米、附属房5147.21平方米);五星村1712.68平方米(正房1627.14平方米,附属房85.54平方米,地主庙1座85平方米);岭后乡兰井湖房屋71.40平方米(正房64.4平方米,附属房7.00平方米)。

东三电库区 征用土地262.2亩。坑下山电站库区:工程建设涉及周壤乡、上林乡等9个行政村,征用土地234.46亩。

高三电库区 征地202.56亩。

靛青山电站 征用大岜镇呈岭村、吴垟村土地105.5亩。

龙井坑二级电站 征用叶胜林场横坑林区家窑坦林地47.34亩。

其他小型库区 另外，全县其他小型库区淹没土地3839.1亩，分布多个乡镇60个村2个林场。

第三章 库区移民动迁

珊溪库区和赵山渡库区移民动迁前,县政府分管领导及县移民办主要负责人参加温州市移民办组织的考察团,先后参观长江三峡电站、小浪底水利枢纽,听取闽水口电站和新安江电站移民工作经验介绍,吸取丽水紧水滩电站移民方式及政策处理问题经验与教训。妥善安排好移民的生产、生活出路,真正做到移民安置工作“移得出,安得牢!”,移民能够安居乐业。

第一节 坝区(试点村)和一期移民动迁

坝区范围涉及珊溪镇坦歧、垟尾山、牛坑、项竹垟、下山5个行政村和蔡宅自然村。试点移民东龙乡焦溪垟行政村,动迁人口143户507人。原定1996年8月工程开工,要求1996年6月至8月前坝区及试点移民全部迁出,实际是当年9月基本迁出。一期动迁范围,东龙乡位于珊溪库区71米黄海高程以下村民,市里规定在1998年3月底汛期前完成搬迁。实际时间是1997年3月开始至1998年6月完成。

坝区(试点村)移民动迁

坝区及试点区动迁工作,首先在库区广泛深入开展宣传教育;引导移民顾全大局,正确处理好国家、集体和个人三者关系,克服困难,并使移民真正理解具有温州特色移民和扶贫相结合、开发性移民优越性和发展经济前景;其次通过大小会议,家庭走访和广播、电视、印发宣传资料等多种形式进行广泛深入宣传教育活动,做到家喻户晓、人人皆知。

图35-1 珊溪水利枢纽工程移民搬迁情景(县移民办提供 1996年摄)

移民动迁前,县政府分管领导及县移民办主要负责人参加温州市移民办组织的考察团,先后参观长江三峡电站、小浪底水利枢纽,听取闽水口电站和新安江电站移民工作经验介绍,吸取丽水紧水滩电站移民方式及政策处理问题经验与教训。

1995年9月,县移民安置办顾问、县移民办主任等先后去平阳、瑞安、鹿城等有关安置点了解当地习俗、移民安置心理感受和发展前景等,分析研究,权衡利弊。县政府领导认为珊溪安置点是重中之重,是移民工作窗口,充分研究其生产出路,完善规划。

12月,县政府在珊溪水库工程征用施工场地召开《抓住机遇发展经济,顾全大局服务工程大会》大会。会后,坦歧村、山根村、街头村、街尾村在珊溪水库工程征地协议书上签字。

1996年6月，珊溪水利枢纽工程总指挥、温州市副市长狄乃云及市县有关部门领导20余人到珊溪召开现场办公会议。要求珊溪镇拿出开发区部分地作为移民安置点。并要求8月前坝区移民移出，自谋职业移民安置在镇邮电局边虾公山脚，其他移民外迁。为支援珊溪水利枢纽工作如期开工，同意在珊溪镇开发区下爿坦拿出50间宅基地，以时价出让给县移民办作为移民安置房使用。

8月，亚洲银行官员4人和翻译，工程建设副指挥柯明光、水利移民专家、市移民办顾问陈星明、市移民办安置处处长郑新桂、指挥部龚和平等一行人到珊溪，考察移民安置点富强新村及牛坑村、下山村、焦溪丼村、项竹垟村、焦溪垟村，环境评估组还考察东龙金钟等地。

9月29日上午，珊溪水利枢纽工程开工典礼在下爿坦电站生活区举行，参加典礼有省、市领导、各县代表、各县移民办主任、总指挥部、市移民办、文成县领导及有关单位代表、群众2万人。

9月，坦歧村31户105人全部移出，房屋基本拆除，第一批移民搬迁顺利完成。

10月确定：牛坑村安置瑞安桥里3户14人，安置下爿坦1户4人，安置富强新村21户90人，自愿后靠1户2人。鱼秀村安置鹿城双屿屿头7户24人，安置瑞安桥里1户6人，安置下爿坦22户76人，自愿后靠9户34人。共安置99户368人。

一期移民动迁

1997年3月，接温州市移民安置办公室通知，试点期库区移民本县962人（其中项竹垟村313人、垟尾山村38人、下山村109人、焦溪垟村502人）要求在1997年6月底前迁至安置点；珊溪库区水位达到71米黄海高程以下、赵山渡库区21米以下的移民，于1998年3月以前全部迁出库区。动迁与安置人数：珊溪库区5987人，安置在瑞安市3000人、平阳县2987人，赵山渡库区490人，均在县域安置。

县人民政府接到通知后，考虑到移民工作时间紧、任务重、难度大，便组织本县56个单位与部分市局单位一道结成对口支援工作。对口支援活动主要内容规定：各支援单位要确定一名领导干部专门负责，并建立专门工作班子；工作组要深入动迁村，做好宣传教育工作、帮助解决实际困难、做好移民分流、宅基地分配、动员移民建房、协助移民搬迁安置等全过程的各项工作。积极为移民提供人、财、物帮助。

1997年6月，召开全县移民动迁安置工作会议。一是明确珊溪、东龙、汇溪、双溪、平和、峃口等6个乡镇作为移民动迁安置工作第一责任单位，具体负责开展移民动迁安置工作。对各乡镇实行“任务包干、时间包干、经费包干”，由县政府与库区乡镇签订《珊溪水利枢纽工程移民安置工作目标管理责任书》，根据工作进度，分解全县移民工作任务，层层落实到位。二是明确移民办作为移民工作业务主管单位，是县政府在珊溪工程移民工作中的参谋和助手，负责移民动迁安置指导、协调工作。三是明确各自工作职责和工作内容及要求。为使各项任务落到实处，县委、县政府将移民工作列入各级领导年终目标责任制考核内容，对移民工作任务达标或完成任务出色的，实行奖励；对移民工作抓得不力，畏难退缩，敷衍塞责的实行处罚。

7月，东龙乡飞云江北边4个村、南边5个村部分村民在东龙乡校开会，形成《东龙乡移民者的紧急呼吁书》文字稿，并油印18份，准备寄往中央、省、市、县有关部门单位。24日晚，县移民办主任得知此事，立即和县委副书记赴东龙与乡干部一起对群众进行说服教育工作，问题得到解决。

大江堰坝即将合拢，但第一期移民尚未搬迁。坝址不宜随意爆破筑路，搬迁公路只能向上绕道西山乡脚至下山垟与文泰公路连接工程。长10.3公里，投资328万元。

1998年3月，温州市颁布“库区移民搬迁安置”紧急通知，规定珊溪库区71米高程以下，赵山渡库区21米高程以下，文成6900余移民在4月底全部迁出库区。

4月，文成县成立“第一期移民搬迁指挥部”。县长担任指挥，县委副书记、副县长担任副指挥，成员由县机关有关单位局长组成。该月,第一期移民工作正式启动。至1998年9月,东龙乡9个行政村1809户6217人全部移出库区,并完成库底清理工作。

第二节 二期和三期移民动迁

二期动迁范围,汇溪、双溪两乡位于珊溪库区71米黄海高程至144米黄海高程水位淹没线之间村民。三期动迁范围是位于赵山渡水库22米黄海高程以下到影响区25.4米黄海高程以下村民。

宣传发动

1999年2月,县委、县政府部署第二期移民动迁工作,各对口单位召集有关协助单位,进行协商、研究移民工作,成立县移民专项工作组,加强领导,并带领工作组人员奔赴所对口移民乡村,配合乡村干部深入各个移民村了解情况。

调查摸底 对口支援单位工作组成员一般驻进移民自然村里,分别召开村两委会议、党员会议、群众动员大会,进行目的、意义、脱贫致富等思想教育。随后挨家挨户询问,摸清移民"家底",问清移民在搬迁过程中的困难,并作记录。对记录情况进行分门别类列出具体名册,制订严密、切实可行的动迁工作时间安排和动迁措施。

耐心动员 对口单位深入对口所在地蹲点,张贴宣传标语、发放宣传画册,针对摸底情况有针对性地逐户做群众思想工作。使每个移民对动迁工作的意义、自身发展前景,有了深刻认识。

筹措资金 对口支援单位工作人员在移民点努力做好宣传工作的同时,积极筹集资金。各对口支援单位利用自认、分派任务、向单位职工募捐或到温州市与市对口单位联合搞捐款等的方法,筹措资金帮助移民解决燃眉之急。

搬迁奖励 第二期移民工作中,市级27个、县级63个对口支援单位筹措238万元资金帮助移民搬迁,同时开展扶贫帮困活动,有力推进移民工作顺利完成。搬迁奖励根据不同对口单位情况,各有一套奖励办法,一般采取对不同时间搬迁的人实行分等级进行不同奖励,对于限期内没有搬迁的不给奖励。奖励方法,有些对口支援单位按人口奖励,有些按户奖励,有些按货运车数奖励,有些规定提前一天奖励几百元等等。奖励数量一般是100元至400元不等,鼓励到安置点及时安置的奖励每人2000元至8000元。

检查验收

1999年2月24日(即农历正月初九),双溪乡岙作口村首先开始第二期移民大搬迁,县长,副县长等亲临现场指挥。2月26日,县委、县政府召开第二期移民大搬迁动员大会。要求1999年3月底汇溪、双溪两乡移民通过水、陆路后绕道黄坦移出库区到达各自安置点。

4月,通过市移民工作检查验收组验收。各项指标超过市政府下达指标:移民搬迁户数完成99.2%,人数完成99.1%,拆房率完成98.4%。仅用5天时间,225户882人全部移出库区安置到各自安置点。第二期移民工作在市委、市政府规定时间内超额了完成任务。

三期移民动迁涉及岙口乡垟岙村和平和乡大垟口村的145户523人。2000年10月,县政府开始组织动迁,12月,移民动迁任务全部完成。

组织回访

移民虽然在外地安置家园，但是移民工作者均负责到底。工作组奔赴移民安置点协调移民安置房建筑进度，并亲自带领移民群众到安置点新村了解情况，解决建房中遇到的问题与困难，帮助解决移民遇到的生活、子女上学等方面难题，以最大可能满足群众所提出的合理要求。移民遇事也仍能回"娘家"求救。2001年3月，100余位移居瑞安移民驱车返回文成县政府，反映瑞安阁巷、圣天基安置点房屋出现质量问题。第二天，县政府领导就亲自赶赴瑞安市与瑞安市长协商解决方案。最终，由温州市委办公室协调两市（县）有关部门解决问题，使移民安居乐业。

第四章　库区移民安置

库区移民安置采用移民自主选择与政府行为相结合原则,移民户可以根据自身情况作自主选择。珊溪水利枢纽工程移民分别安置在县域5个乡镇、县外40个乡镇。移民总数3843户13545人,其中县域591户1584人,县外3252户11961人。其他库区移民安置基本在本乡就近安置。

第一节　珊溪库区移民安置方式

珊溪库区移民安置方式采取的是移民自主选择与政府行为相结合原则。按照"三自选择(农转非自谋出路、农转非自谋职业、自愿后靠安置)、一定向(农业定向安置)、一特殊"(特殊安置方式)办法,移民户可以根据自身情况作自主抉择。其中农转非自谋职业、农转非自谋出路安置方式,是根据农民外出经商或务工而基本脱离土地实际情况而决定,该安置方式在浙江省尚属首创。

农转非自谋出路

是指以户为单位的库区移民家庭成员,一次性迁移到库区外自行选择的市、县、区或集镇,并自行解决生产和生活安置,移民管理部门给予相应的补助。对库区移民家庭中有一人以上在库区外有稳定职业的,如机关、企事业单位工作(属非农业人口,可自行解决家庭的生产、生活安置)和住房的移民户主要采取这种方式安置。凡符合本规定的移民户经本人申请,逐级审核批准,并经司法公证,可作自谋出路安置。移民政府给予办理"农转非",一次性发给移民安置补助费和生产开发补助费。其库区房屋占地面积给予补偿。

农转非自谋职业

是指以户为单位的库区移民家庭成员一次性迁移到移民部门规划的安置区内自建住房,但要自行解决生产安置。政府在市内提供第二、第三产业比较发达的乡镇街道,无偿给移民提供住宅基地优惠价商品房。该安置方式主要是针对那些主要成员在安置区内已有固定工作和经济收入移民家庭。凡移民具有自谋职业能力,有固定职业和经济收入来源,经本人申请、审查同意和司法公证后,安置在温州鹿城区双屿镇、仰义乡,龙湾区龙水镇,瓯海区永中镇及本县珊溪镇富强新村。政府提供宅基地或统一代建房,户口给予办理"农转非"手续。

农业定向安置

指库区内移民进行"三自选择"后,政府根据移民的生活习俗、经济条件、潜在发展能力,以及安置区生产、生活等因素综合考虑,统一由政府分配、统一安置。政府给移民提供生产用地,并提供相应生活用地,发给移民纳税人建房补助费。"三通一平"(即通电、通水、通路和平整地基)和地梁浇筑由安置区统一建设,地梁成本费由库区移民办向移民代收取后再转交安置区移民办。建房可自建、联建或委托安置区建。

自愿后靠安置

指库区内移民在库区水位线以上自愿选定安置点作为后靠安置，当地政府帮助安排宅基地和生产用地。政府发给建房补助费、安置补助费、平基费、地基征地费。此外，发给每人养老保险补助费，由县移民办统一投保。其建房手续按土地、规划部门程序审批，各种规费按政策给予优惠。

特殊安置方式

是对"五保户"和单身老人作特殊安置。温州市移民安置办公室在鹿城区双屿镇建一所可容纳260人的移民老人公寓，用于安置库区的"五保"老人和单身老人。移民中的"五保户"，可去移民老人公寓过集体生活，其实物补偿费划拨给安置地移民部门，不发放至个人。但也可由亲属或他人作为家庭成员赡养安置，办理赡养公证手续之后，其实物补偿费按规定发给。凡是移民赡养的"五保户"老人每人一次性补助5000元，凡是库外亲戚赡养的"五保户"老人每人一次性补助10000元，当地民政部门取消其"五保"待遇。子女在外地而身边无人照顾的单身老人，也可申请到温州移民老人公寓安度晚年，其生活费自理。

第二节　珊溪库区移民县域安置

县域移民安置分布在5个乡镇，安置移民590户1584人。其中，珊溪镇安置移民341户941人，大峃镇安置移民56户184人，云湖乡安置135户388人，黄坦镇安置移民4户13人，其他乡镇赡养老人54户58人。

珊溪镇安置

安置移民341户941人。移民来自珊溪镇143户504人，东龙乡193户418人，汇溪乡5户19人。

大峃镇安置

安置移民56户184人。移民来自珊溪镇项竹垟村1户3人，东龙乡2户4人，汇溪乡28户97人，双溪乡21户71人，平和乡大垟口村4户9人。

云湖乡安置

安置移民135户388人。移民来自原汇溪乡75户219人，双溪乡60户169人。

黄坦镇安置

安置移民4户13人，其中汇溪乡河背村2户8人、排前村2户5人。

其他乡镇安置

赡养老人54户58人。

珊溪库区移民的县域安置情况一览表

表35-7　　单位:人/户

安置方式/乡镇	农业定向	自谋出路	自谋职业	自愿后靠	亲戚赡养	合计
珊溪	—	97/30	479/135	365/176	—	941/341
云湖	—	—	—	388/135	—	388/135
大峃	—	184/56	—	—	—	184/56
黄坦	—	13/4	—	—	—	13/4
其他	—	—	—	—	58/54	58/54
合计	—	294/90	479/135	753/311	58/54	1584/590

说明:数据资料由县移民办提供

第三节　珊溪库区移民县外安置

县外安置分布在温州市下辖县(市、区)的39个乡镇及杭州市的建德市。其中,温州市鹿城区3个乡镇,龙湾区4个镇,瓯海区4个镇,瑞安市15个乡镇,平阳县10个乡镇,苍南县、乐清市、泰顺县和杭州市建德市各1个镇。县(区)外移民安置3252户11961人。

鹿城区安置

安置移民247户893人。分布在3个乡镇16个安置点。其中,安置珊溪镇18户59人,东龙乡114户402人,汇溪乡50户202人,双溪乡34户138人,平和乡8户41人,峃口乡2户7人,温州市移民老人公寓21户24人。

龙湾区安置

安置移民89户363人。分布在4个镇4个安置点。其中,安置东龙乡20户81人,汇溪乡22户85人,双溪乡46户194人。

瓯海区安置

安置移民124户449人。分布在4个镇12个安置点。安置珊溪镇1户3人,东龙乡2户11人,汇溪乡57户251人,双溪乡32户113人,平和乡31户67人,云湖乡1户4人。

瑞安市安置

安置移民1638户6105人。分布在15个乡镇23个安置点。其中,珊溪镇71户257人,东龙乡739户2709人,汇溪乡600户2258人,双溪乡177户659人,平和乡51户222人。

平阳县安置

安置移民1146户4122人。分布在10个乡镇25个安置点。其中,安置珊溪镇移民13户41人,东龙乡移民666户2425人,汇溪乡移民235户874人,双溪乡移民167户599人。2003年安置受水库影响村云湖乡移民47户125人,珊溪镇17户55人,平和乡大垟口村1户3人。

其他县(市)移民

苍南县宜山镇张北村安置东龙乡东民村1户4人。泰顺县罗阳镇安置5户25人(汇溪乡蟾宫埠村1户7人、库头村1户4人,东龙乡支坑村1户5人、东民村1户6人、龙斗村1户3人);乐清市虹桥镇安置汇溪乡1户5人;建德市三都镇文卫路安置双溪乡下尾村1户5人。

珊溪库区移民县(市、区)外安置情况一览表

表35-8　　　　单位:人/户

县(市、区) \ 安置方式		农业定向	自谋出路	自谋职业	老人公寓	合计
鹿城区	城区	—	46/10	—	—	46/10
	双屿	—	150/34	433/118	24/21	607/173
	仰义	—	—	237/63	—	237/63
	南郊	—	3/1	—	—	3/1
瓯海区	梧田	—	342/82	—	—	342/82
	星光	69/32	—	—	—	69/32
	新桥	—	33/9	—	—	33/9
	瞿溪	—	5/1	—	—	5/1
龙湾区	龙水	217/83	—	124/0	—	341/83
	沙城	—	12/3	—	—	12/3
	天河	—	5/1	—	—	5/1
	永昌	—	2/1	—	—	2/1
	永中	—	—	3/1	—	3/1
瑞安市	城关	—	78/14	—	—	78/14
	飞云	727/205	171/39	—	—	898/244
	云周	498/139	10/4	—	—	508/143
	林垟	273/73	—	—	—	273/73
	仙降	698/180	5/1	—	—	703/181
	阁巷	250/66	—	—	—	250/66
	海安	462/128	—	—	—	462/128
	场桥	603/164	—	—	—	603/164
	塘下	910/243	4/1	—	—	914/244
	罗凤	467/121	—	—	—	467/121
	梅头	704/192	—	—	—	704/192
	鲍田	221/63	—	—	—	221/63
	龙湖	—	8/2	—	—	8/2
	莘塍	—	12/2	—	—	12/2
	马屿	—	4/1	—	—	4/1
平阳县	鳌江	333/93	9/3	—	—	342/96
	榆垟	510/148	—	—	—	510/148
	万全	398/119	—	—	—	398/119
	钱仓	225/61	—	—	—	225/61
	昆阳	721/200	—	—	—	721/200
	肖江	627/169	—	—	—	627/169

续表35-8

县(市、区) \ 安置方式		农业定向	自谋出路	自谋职业	老人公寓	合计
平阳县	郑楼	524/146	5/1	—	—	529/147
	宋桥	281/78	—	—	—	281/78
	宋埠	298/82	—	—	—	298/82
	务垟	181/46	—	—	—	181/46
苍南县	宜山	—	4/1	—	—	4/1
乐清县	虹桥	—	5/1	—	—	5/1
泰顺县	罗阳	—	25/5	—	—	25/5
建德市	三都	—	5/1	—	—	5/1
合　计	—	10197/2831	943/218	797/182	24/21	11961/3252

说明:数据资料由县移民办提供

第四节　其他库区移民安置

其他库区移民基本在本乡就近安置。百丈漈库区采用以创建新村、集中居住为主,迁移外乡分散插社为辅;以本乡原社就近后靠、往高处迁等办法。以每人平均耕种一亩土地、居住12平方米为标准;保证有地可耕、有屋可住为原则。在本乡原社安置,按照土地多少,以保持住户原来生活水平为依据,以原屋拆建和拼屋插队两种方法解决。外乡插社安置,在土地多、劳力少、交通近便、生产潜力大的地方,由国家购买多余民房和一切可以利用的房屋(包括公有房屋、祠庙)两种办法解决。投亲靠友、动员迁回原籍居民,采取其原屋折价归公使用、自行解决房屋的办法处理。

百丈漈库区移民安置

1958年下半年至1966年,移民人数2103人。外迁南田、二源等乡788人,其余1315人均属就地后靠安置,其中原篁庄居民多数迁到水库西山背,形成一个新篁庄村,仍保持原生产大队建置。

高岭头电站库区移民安置

淹没石垟乡坑下村51户219人。分别安置在兰桥坑移民新村,西坑镇赤水垟村,就近移居下贝公路前自行建房安置,石垟林场移民按规定补偿,由林场自行调配。

高二电库区移民安置

移民安置38户116人。分布在西坑镇赤水垟下贝自然村28户83人,五星村8户27人,岭后乡兰井湖村2户6人。安置在西坑镇叶岸村,新建房屋6幢46间。

第五节　珊溪库区移民安置工程建设

珊溪水利枢纽工程建设产生大量移民安置,移民安置的同时需要建设相配套的生产和生活安置工程。县域的移民安置工程主要有云湖乡建设工程、富强新村建设工程、公路建设工程(包括云湖乡公路及双溪、东龙搬迁公路)、电力电信工程和广播电视工程等。

云湖乡址建设和富强新村建设

根据珊溪水利枢纽工程建设的总体要求,并经省民政厅批准,撤销汇溪乡和双溪乡,将原来的双溪、汇溪两个乡库区周围的行政村,建立一个新乡——云湖乡。同时,富强新村移民点是首批移民试点工程,该工程地处珊溪镇虾公山及下爿坦扶贫点二处,工程于1996年8月动工,1998年11月竣工。

图35-2　珊溪镇富强新村全景图(县移民办提供 1998年摄)

云湖乡址建设　新建乡——云湖乡辖14个行政村,总面积104平方公里,人口5130人。位于原汇溪乡排前村支山自然村,傍山依水,前为飞云湖,后是黄坦镇严垟行政村。新乡乡址征地34480平方米,乡中心学校征地11542平方米,乡卫生院占地面积266平方米。

云湖乡址是全乡人民的政治、经济、文化中心,也是飞云湖中唯一的新集镇,按照县委九届十三次全会提出"全力打造生态旅游县"的战略目标。根据云湖乡实际情况,把云湖乡作为贯通飞云湖—岩门大峡谷—铜铃山峡为中心的生态旅游、休闲度假的新集镇进行投资建设。

经过华东规划设计院和县规划建设局、交通局等部门勘测设计,云湖乡址建设于1998年6月《云湖乡总体规划》图纸会审通过。为加快云湖新乡基础设施建设,于1998年7月县政府成立云湖乡新乡址建设筹建领导小组。云湖乡迁建工程建设由县移民办组织部实施,县交通局、规划建设局等部门进行工程监督。经过六年多时间,工程项目基本完成。工程总投资759.58万元(不包括部门单位投资),其中征地政策补偿92.36万元,公用工程537.92万元,配套设施35万元,其他工程支出94.3万元(包括房屋拆迁、勘测设施费、招投标费、公路林地补偿费、青苗补偿费和工程管理费等)。

富强新村建设　该工程地处珊溪镇虾公山及下爿坦扶贫点二处,征用望天田12738.13平方米,旱地3175.27平方米,共15914.13平方米,合37亩。总地价26.74万元。安置移民135户474人,建设落地房150间。工程于1996年8月动工,1998年11月竣工。2001年3月通过验收合格,2004年5月组织结算验收通过。

富强新村安置点建设工程总投资287.02万元,其中一期工程"三通一平"、征地等139.77万元,二期工程扩建项目、道路和绿化等96.45万元,后山工程驳坎、栏杆和办公楼等50.8万元。

珊溪库区公路建设

珊溪库区公路建设主要包括岩门至岭脚公路、东龙乡移民搬迁道路和潘山小学至排前码头公路水泥路面。岩门至岭脚公路全长16.54公里,总投资1680万元。东龙乡移民搬迁道路工程全长22.3公里,总造价278万元。潘山小学至排前码头公路水泥路面全长4.2公里,总造价约140万元。

珊溪库区和赵山渡库区电力通信建设

珊溪库区和赵山渡库区电力通信建设工程,主要包括电力工程、电信工程和广播电视工程。电力设施和电话线路属于迁改建,电力设施在实施过程中结合县农网改造项目进行优化。广播电视设施改建采取有线广播无线化—调频广播,电视采用县电视台光缆联网、小前端联网、地面卫星接收站等多种手段。

电力工程 电力设施迁改建在实施过程中结合县农网改造项目进行优化。珊溪水库工程和赵山渡引水工程迁改建10千伏线路35.5杆公里、0.4千伏线路10.4杆公里和相关配变电设施,投资额为240.1万元。市移民办投资219.55万元,自筹20.55万元。输变电工程均已完工并通过验收。

该工程由县电力勘测设计室设计,由县电业局下属的兴业公司负责施工。工程于1998年3月进场开工,2002年8月全部竣工,历时3年余。

电信工程 珊溪水库工程迁改建电话线路57杆公里,投资额为264.8万元。赵山渡引水工程迁改建电信线路2杆公里,投资额为9.8万元。总投资274.6万元,自筹资金260.6万元。2000年年底,电信线路改建工程验收通过。

广播电视工程 广播电视设施改建采取有线广播无线化——调频广播,电视采用县电视台光缆联网、小前端联网、地面卫星接收站等多种手段。调频广播覆盖8个村,安装电视光缆联网2个村,架设光缆6.32杆/公里,安装小前端有线电视6个村。总投资额为124.54万元,其中补偿资金44.54万元、自筹资金80万元。广播电视按计划迁改建任务完成并验收通过。

第五章　库区移民扶持

移民扶持是一项系统工程，主要包括移民扶持政策的制定和实施，移民扶持资金的落实和管理，移民扶持资金的发放等。2001—2006年，市、县级移民系统投入扶持，包括项目建设或资金补助、抗灾救灾、送教下乡、小额现金直补和结对帮扶等。2006年下半年开始，根据国务院与浙江省水库移民政策，移民后期扶持方式分为资金直接发放与项目扶持两种形式，扶持时间20年。

图35-3　全县召开大中型水库移民后期扶持工作暨业务培训会议（县移民办提供 2006年摄）

第一节　移民扶持政策

自2007年下半年开始对全县水库移民全面实施一系列扶持政策，其中珊溪水库、高一电水库、高二电水库和百丈漈水库等实施大中型水库移民后期扶持政策。

小规划扶持

依据是《文成县大中型水库移民后期扶持规划》（简称小规划），其扶持范围为大中型水库（珊溪水库、高一电水库、高二电水库和百丈漈水库）农村移民。其中，2006年6月30日前搬迁水库移民为现状人口，2006年7月1日以后搬迁水库移民为原迁人口。资金直接发放范围不能超出扶持人口，项目扶持范围限于跨库村（组）。

小规划扶持涉及全县移民24449人，其中直补到人7514人，扶持标准每人每年600元，扶持期限，2006年7月1日始—2026年6月30日止，每年直补扶持资金508.05万元由中央和省下拨。跨库村扶持人数（移民后期扶持资金不能直接补助到人即淹地不淹房对象）16935人，涉及原乡镇14个行政村58个林场，扶持标准每人每年600元，扶持期限自2006年7月1日开始扶持20年，每年跨库扶持资金1016.1万元，由省和市、县地方财政各承担50%，用于扶持基础设施、生产开发和科技推广等三大类项目建设。其中基础设施项目采用“大工程”程序做法，即前期可研、预算、招标、组织验收和决算三大类项目资金支付采用县级报账制。

2007年，制订规划分近期规划与中期规划。于2010年完成，移民人均年纯收入达到5430元，超出原规划430元，顺利完成原规划任务。

大规划扶持

依据是《文成县大中型水库库区和移民安置区基础设施建设和经济发展规划》(简称大规划),大规划扶持范围规定为政府组织集中安置和分散插迁安置所在村(组);水库建设中涉及“淹地不淹房”村(组);水库蓄水引起库周浸没、塌岸、滑坡和内涝,以及生产生活受影响的库边地段、孤岛等影响人口所在村(组);为安置大中型水库移民调出土地村(组);现仍居住在农村非农业户口移民所在村(组)。

全县纳入大中型水库库区和移民安置区基础设施建设和经济发展规划涉及珊溪镇、黄坦镇、百丈漈镇、南田镇、西坑镇、大峃镇和峃口镇等7个镇1个林场,67个村60551人;其中移民7514人,跨库人数16935人。由于大规划扶持资金来源于小规划结余资金,故资金来源不固定,亦不需地方财政配套,扶持期限自2006年7月起扶持20年。也用于扶持基础设施、生产开发和科技推广等三大类项目建设,项目从2008年开始。主要有基本农田建设及水利配套设施建设、基础设施建设、生态建设与环境保护、劳动技能培训和生产开发项目等5大类项目。资金年度安排:在具体项目和投资安排上,按照“先生存、后发展”原则,分轻重缓急,做到科学、合理。在本规划分年投资计划中,优先考虑安排农田水利、人畜饮水和交通道路工程。生态建设及环境项目每年进行适当安排。

扶持近期目标是通过2006—2010年后扶资金投入,解决制约库区和移民安置区经济发展突出问题,使其基本达到当地“十一五”末平均水平。2010年规划任务完成后,制订2010—2015年规划。其目标是通过加大投入,解决部分制约库区和移民安置区经济发展突出问题,使其经济初值发展接近或基本达到当地“十二五”末平均水平。

十大项目扶持

指珊溪水库的十大项目扶持政策,该政策只针对珊溪水利枢纽工程移民实行后期扶持。该工程安置在本县原迁移民1804人,扶持资金来源于珊溪水库建设的结余资金。具体帮助移民培训、贷款创业、基地建设、教育补助、救助保障、安居建设、平安建设、温馨行动、“三下乡”活动和结对帮扶等。

小型水库政策扶持

主要解决小型水库移民困难问题,对全县49座10万～1000万立方米容量小型水库移民进行政策扶持。扶持期限2009年1月至2028年12月。扶持方式:不采取移民人口核定登记和资金直补办法,统一实行项目解困方式。资金使用和管理:采取小型水库移民解困年度专项资金,由省里根据上年筹集资金总量,综合考虑小型水库(含新建)原迁移民人数、小型水库库容和座数等因素确定,统筹分配到县,资金额度分配到村,落实到具体项目。在资金安排中,对欠发达乡镇实行适当倾斜;资金管理采取小型水库移民解困专项资金按“收支两条线”规定,纳入财政预算。具体按省财政厅和省移民办制定的资金征收使用管理办法执行。“十二五”期间解困资金500万元。

第二节　移民扶持实绩

按照《浙江省大中型水库移民后期扶持资金使用管理办法》《浙江省大中型水库移民后期扶持基金直接补助资金发放管理实施细则》,结合全县移民实际,扶持方式采用资金直接扶持与项目建设扶持两种方式。2006年下半年开始,对移民、跨库区移民实行资金直接发放扶持,每人每年600元,扶持20年。后期项目建设扶持也从2006年下半年开始，扶持20年，扶持项目有基础设施、生产开发和科技推广(其中包括移民培训)。

资金直接扶持

将扶持资金直接发放到人，按每个移民600元为标准，每年按季发放，减少人口从次年1月起停止执行。建立移民后期扶持资金直补到人员花名册，建档立卡，设立独立的账户，并逐步实现网络信息化管理。经济来源是由省级核定6726人，全额由省里补。

资金直接扶持有资金直接发放、十大项目扶持、前期扶持、应急扶持和小型水库解困扶持等。

直接发放 2006年下半年始，对移民实行资金直接发放扶持；每人每年600元，扶持20年。2006年下半年至2011年，共扶持资金2467.08万元。

十大项目扶持 是专门针对珊溪库区移民及周边村民基础设施、生活、生产等补助。2007年至2011年实际投入扶持资金119.22万元。

图35-4 2006年下半年，县移民办全县召开移民工作后期扶持项目实施培训会(县移民办提供)

前期扶持 指2006年以前，扶持政策尚未出来以前的扶持补助，主要采取资金直接补助的办法。投入扶持资金109.16万元。

应急扶持 是针对库区和移民安置区，因受台风等自然灾害引起的修建项目，由应急专项资金补助。应急补助从2008年开始实施，用于基础设施与生产开发。2008—2011年共投入资金130万元。其中，2008年度投入30万元，2009年度投入40万元，2011年度投入60万元。

小型水库解困扶持 根据实际情况，针对小型水库库区、移民安置区移民村基础设施建设、生产开发、科技推广和移民技能培训、保护生态环境及改善等方面进行扶持。2011年度投入资金90万元，其中库周道路修建投入资金47万元，渠道与水库维修投入资金43万元。

项目建设扶持

项目确定方法是根据移民村实际情况，由移民村提出需要解决的问题，由乡镇和县移民办根据《规划》实际需要，按照坚持尊重移民意愿、“先生存，后发展”和对大多数移民生产生活影响大的项目优先原则，确定扶持项目，提出具体实施方案，统筹安排，逐年逐项加以解决。项目管理措施是根据后期扶持资金管理办法，建立专门账户，实行专款专用，制定办法，实行计划审批制度、对项目预算和决算进行管理、变更报批、检查验收制度，实行审报尊重移民意愿并做到公开透明，接受移民群众监督，完工接受质检部门监督，项目落实情况接受移民主管部门监督。项目建设计划一般由移民村提出，乡镇人民政府审查，经县移民办审核后，分别报省、市、县三级审批，即50万元以上项目由省级审批，50万元以下～20万元以上项目由市级审批，20万元以下项目由县移民办审批。依数额档次必须编制《可行性研究报告》。其中，移民后期扶持资金投资规模超过50万元(含50万元)项目，必须根据项目所在行业规程规范编制设计。

后期项目建设扶持从2006年下半年开始,扶持20年。主要扶持项目有基础设施(其中包括人畜饮水、农田水利、地方交通、社会福利设施、文教卫生、供电设施、广播电视通讯等)、生产开发(其中包括种植业、养殖业、农产品加工业)、科技推广(其中包括移民培训)。2006—2011年,后期扶持项目投入资金总计4571.62万元(不包括2004年移民培训投入经费5万元)。

基础设施 全县2006年下半年至2011年基础设施项目共建设765个,投入资金4299.23万元,占后期扶持项目投入的94.70%。受益人口229335人次。

饮水工程 项目132个,投资512.19万元,占基础设施总投资的11.83%,受益人口42686人。

农田水利设施 项目39个,投资308.22万元,占基础设施总投资的7.12%,新增灌溉及除涝面积4134亩。受益人口21478人。

交通电力设施 交通项目399个,投资2010.95万元,占基础设施总投资的46.45%,解决交通困难村675个,受益人口108307人次。供电设施16个项目,投资70.93万元,占基础设施总投资的1.64%,受益36个自然村2833人。

社会福利设施 项目53个,投资752.49万元,占基础设施总投资的18.07%,受益人口22244人。

环境卫生与保护 项目67个,投资287.41万元,占基础设施总投资的6.64%,受益50个自然村25680人。

其他 项目59个,投资357.04万元,占基础设施总投资的8.25%,受益49个自然村6107人。

其中2006年下半年投资县批项目2个,投资3.46万元。受益2个自然村1254人。

2007年度投资县批项目1个,投资2.91万元,受益1个自然村434人。

2008年度投资项目4个,其中省批2个、县批2个。投资41.79万元,受益4个自然村298人。

2009年度投资项目3个,由市批复。投资22.46万元,受益2个自然村521人。

2010年度投资县批项目14个。投资106.05万元,受益20个自然村1300人。

2011年度投资项目35个,其中市批1个、县批34个。投资180.37万元,受益20个自然村2300人。

生产开发 2006年下半年至2011年度投资项目26个,投入资金100.44万元,占总投资的2.20%。受益9692人。

科技推广 主要用于移民培训。以县移民办自己举办与相关部门联合举办或委托乡镇、村委会举办为主要形式,2004—2011年,举办移民创业、就业技能培训、移民业务等培训近100期,培训人数5600人次,投入资金146.95万元。其中,用于建设培训基地等资金18.95万元,举办各种类型的技能技术培训的经费128万元。

第三十六卷

人事劳动　社会保障

1991—2011年，文成县干部人事制度改革不断深化，机构变动频繁，20年间先后进行了四次行政事业单位机构改革。通过调整职能配置、理顺职责关系、合理设置机构、核定人员编制及确定领导职数，逐步建立了与社会主义市场经济和民主法治建设相适应的行政管理体制。1993年，停止计划指令性招收全民单位和县属集体单位合同制工人，企业招聘和劳动者求职全部进入劳动力市场进行双向选择。

1991年开始，建立起社会保险制度，全民所有制企业职工实行退离休基金统筹和合同制工人缴纳养老保险机制。至2008年，覆盖面持续扩大，基本形成城乡一体的社会保障体系。2011年，全县养老、医疗、工伤、生育、失业“五位一体”社会保险制度相继建立和完善，群众生产生活和身心健康有了根本保障。

第一章　机构编制

县机构编制委员会办公室(简称县编办)是县机构编制委员会的常设办事机构,也是县委县政府主管机构编制工作的机构。1991—2011年,县人事劳动局局长兼任县编办主任,县编办挂靠于县人事局。县编办按照上级规定及下达的机构编制指标,对本级工作部门、部门管理机构、议事协调机构、派出机构和县直事业单位的职能、内设机构、人员编制、领导职数及乡镇机构编制、全县事业单位机构编制和事业单位法人登记进行直接管理。

第一节　组织机构

县机构编制委员会成立于1954年7月,"文化大革命"期间工作中断,县机构编制委员会被取消。1984年县级机构改革后,恢复县机构编制委员会,由县长兼任主任。下设办公室,日常工作由县人事部门负责,并由局长兼任县编办主任。2000年12月,建立县事业单位法人登记管理办公室,为全民事业全额拨款单位,隶属县编办管理,核定编制1名。2002年机构改革后,县编办作为常设办事机构,挂靠在县人事劳动社会保障局,由人事劳动社会保障局局长兼任主任,配备专职副主任,核定行政编制3名,内设综合科。县事业单位登记管理办公室隶属县编办管理,核定全额事业编制2名。2003年7月,实行参照公务员制度管理。2004年8月,县事业单位登记管理办公室更名为县事业单位登记管理局。

第二节　行政事业单位机构编制

县编办根据国家方针政策及行政事业管理的需要,对行政事业单位的职能进行配置、调整,对行政事业单位的机构设置与调整人员总额、人员结构、职位配置等方面进行管理。1991年,核定行政编制1511名,实有1767人。2011年,全县共有各类机关工作部门58个,核定省定编制1797名,实有1702人。各类事业单位335个,核定编制6373名,实有6034人。

行政机关机构及编制

1991年,中共文成县委转发温州市委、市政府《贯彻中共中央、国务院〈关于冻结机关、事业单位机构编制的通知〉的实施意见》,对各级党政群机关的机构、编制实行冻结,停止增设机构、增加编制、增加中层以上领导干部职数和提高机构规格。2月经市政府批准,县标准计量局改建为县技术监督局,为县政府职能部门。4月,县农村能源办公室增挂"县农村能源服务公司"牌子。

1992年5月,县撤区扩镇并乡方案经省民政厅批复,撤销大峃、珊溪、峃口、黄坦、西坑、南田、玉壶7个区公所机构。原辖62个乡镇(其中4个镇、58个乡)调整为35个乡镇(其中7个镇、1个民族镇、26个乡、一个民族乡),实行乡镇管村体制。同时,县委办印发《省委办公厅、省政府办公厅转发省机构编制委员会〈关于撤区扩镇并乡后乡镇党政群机关编制有关问题的意见〉的通知》,确定撤并后乡(镇)机构规格为科(局)级,党委书记、人大主席团主席、乡(镇)长的职级为正科级。6月,建立县风景旅游开发管理办公室。9月,县科委和科协合署办公,实行一套人马、两块牌子、财务分列。10月,经市编委批复,县政府台湾工作办公室定为正科级机构,并挂中共文成县委台湾工作办公室牌子,一套机构、两块牌子。

1994年9月,根据市编委批复,县城乡建设环境保护局分设为县城乡建设局和县环境保护局,县环境保护局为副科(局)级行政机构,核定编制5名。10月,建立县总商会,与县工商业联合会实行一套人马、两块牌子。同月,建立县兽医卫生监督所,与县畜牧兽医站合署办公。

1995年9月,县房改办确定为副科级单位,核定编制3名,归口县城建局管理。

1997年,开展县级机关机构改革。调整后,县级党政机构设置29个,其中县委机构5个、县政府机构24个,比原有机构49个减少20个,精减40.8%。县委、县政府原有的各种非常设机构大部分予以撤销,确需保留的改为协调机构或临时机构。县级机关行政编制为500名(不含政法系统编制),与原有961名相比,减少461名,精减48%。党委机关、政府机关与其他机关之间的编制分配,原则上按15:78:7的比例执行。领导职数的配备,按照中央、省、市的有关规定执行。同时,启动乡镇、人大、政协、法院、检察院与群众团体、事业单位等机构改革的相关工作。8月,县委统战部对外挂县政府宗教事务局牌子;同月,县财政局增挂县国有资产管理局牌子。10月,县政府法制科改称为法制局,归口县政府办公室管理,机构规格不变。12月,市编委批复县规划局、县环境保护局机构规格相当于正科级。

1999年4月,县委统战部台湾事务办公室(内设机构)调整为县政府台湾事务办公室,与县委统战部合署办公,挂中共文成县委台湾工作办公室与文成县政府台湾事务办公室2块牌子。6月,根据省民政厅批复,撤销文成县汇溪乡、双溪乡设立云湖乡,核定云湖乡行政编制18名。

2001年,县委成立机构改革领导小组,制定《文成县党政机构改革方案》,出台《关于县级党政机关机构改革组织实施中若干问题处理意见》等配套政策8个,为2002年县级党政机构改革作好准备。10月,建立县行政审批中心,为县政府派出机构,机构级别正科级,核定编制10名。

2002年,县乡实行新一轮机构改革。1月9日,县机构改革方案经过市委、市政府批准后,召开了机构改革动员大会。会议宣布了人员编制一次性定编定岗,3年完成分流任务。机构设置由改革前29个精简为27个(县委工作机构7个、县政府工作机构20个),减少2个,精简6.9%。核定县级机关行政编制由改革前的503名精简为376名,精简25.2%;按6.5%的比例上划省以下垂直管理33名;原有行政审批事项1227项,保留631项,转移8项,下放12项。乡镇行政编制由改革前的786名调减为605名,精减181名,精减比例为23%;乡镇事业单位原有编制928名,应有编制742名,核定编制控制数628名,现有人员528人。

2004年,对县政府机构改革进一步深化和完善。原非常设议事协调机构县国有资产管理委员会更名为县国有资产监督管理委员会,其办公室仍然设在县财政局。将县发展计划局改组为县发展和改革局,为县政府工作部门,县粮食局与其合署办公。撤销县经济体制改革委员会办公室,将其承担的相关职能划入县发展和改革局。县发展和改革局对外保留县物价局牌子。组建县统计局,为县政府工作部门。组建县安全生产监督管理局,为县政府工作部门,同时挂县安全生产委员会牌子。将县经济贸易局承担的全县安全生产监督管理职能划入县安全生产监督管理局。组建县文化广电新闻出版局,为县政府工作部门,不再保留县文化局、县广播电视局。原由县文化局、县广播电视局承担的职能交由县文化广播电视新闻出版局承担。原设在县政府办公室对外挂牌的县政府法制办公室调整为与县政府办公室合署办公。县计划生育局更名为县人口和计划生育局,为县政府工作部门。经过上述调整,县政府工作部门22个(其中县监察局、县民族宗教事务局分别与县纪律检查委员会机关、县委统一战线工作部合署办公,列入县政府工作部门序列,不计入县政府机构个数),另设议事协调机构的办事机构2个。

2005年，县供销合作社联合社由经济实体重新成为县政府直属的负责全县农村合作经济组织的综合服务管理机构。组建县招投标市场管理委员会办公室，为县政府负责招投标市场管理的正科级派出机构，下设招投标中心，相当于副科级事业单位。

2006年，组建县社会工作委员会，作为中共文成县委派出机构，挂靠在县委组织部。

2007年，县农业局(水利局)由合署办公分别独立设置为县政府工作部门。县委农村工作办公室从县委办公室划出，与县扶贫老区工作办公室进行整合归并，对外挂中共文成县委农村工作办公室、县政府农村工作办公室、县扶贫老区工作办公室牌子，占县政府议事协调机构数，县扶贫老区工作办公室仍为县扶贫老区工作领导小组的常设办事机构。

同年，深化完善乡镇机构改革。在2002年乡镇机构改革的基础上，主要对乡镇职能和权限，县乡权责关系和考核机制，乡镇党政内设机构规范和事业单位整合等方面进行深化和完善。全县33个乡镇保持不变，乡镇内设机构和事业单位总数由原来的247个核减为149个，核减39.7%。

2008年，县信访局从县委办公室划出，作为县委、县政府处理人民群众来信、来访、来电的工作机构单独设置，列党委序列。县移民安置办公室职能配置、内设机构和人员编制进行调整。

2009年，县编办向乡镇党委、政府以及县政府各部门发出《关于开展全县政府机构改革调研的通知》，开展为期一个多月的调研工作，完成文成县机构改革的调研报告。

2010年，设立县公安局情报信息大队，核增中层干部职数2名。截至12月底，全县有各类机关工作部门79个，核定编制1947名，实有在编人员1743人。

2011年，全县共有各类机关工作部门58个，核定省定编制1797名，实有在编人员1702人。

同年，拟定《文成县政府机构改革初步方案》，并报请市政府、省政府审批同意。

2011年文成县各系统行政编制情况一览表

表36-1

系统	系统类别	行政编制(名)	在职人数(人)
党政群系统	党委	342	318
	人大	18	24
	政府	844	798
	政协	11	16
	群众团体	19	19
政法系统	法院	88	83
	检察院	56	49
	公安	369	352
	司法	50	43
省以下垂直管理机构		114	93
总计		1797	1702

说明:数据由县编办提供

事业单位机构及人员编制

1991年，根据《贯彻中共中央、国务院〈关于冻结机关、事业单位机构编制的通知〉的实施意见》，对全部或部分由财政拨款的事业单位机构、编制原则上实行冻结。严格控制县以上党政群机关及财政拨款事业单位的人员增长。

1995年10月，设立县有线电视台，为副科级全民事业单位，隶属县广播电视局。

1996年3月，全县建立事业单位法人登记制度，登记工作由县劳动人事局负责。设立县政府驻北京、上海、深圳、温州等4个办事处，为县政府派出办事机构，核定各办事处编制3名。4月成立县石材管理委员会，核定事业编制12名。同月建立县牙病防治所，核定自收自支事业编制8名。

1997年5月，建立县移民安置办公室，为正科级事业单位，核编11名，由县财政全额拨款。

1998年9月，建立大连市文成办事处、上海浦东文成办事处，核定全额拨款事业编制各3名，隶属县政府办公室管理。

1999年，登记事业法人95家，审查材料82家。6月，根据省民政厅批复，撤销文成县汇溪乡、双溪乡，设立云湖乡，核定云湖乡事业编制16名。8月建立县政府驻南京办事处，核定事业编制3名，隶属县政府办公室管理。

2000年，根据全县实际情况，设立事业单位机构23个，增设科室9个，并对全额拨款和差额补助事业单位的编制和人员增长从严从紧控制，重新核编71个单位。

同年，完成事业单位法人登记38家，总共登记135家，并对70家事业单位进行年检。9月，确定县风景旅游局为县政府直属正科（局）级全额拨款事业单位，核定编制18名。12月建立县事业单位法人登记管理办公室，隶属县编委办管理，核定全额事业编制1名。12月建立文成报社，隶属县委宣传部管理，核定全额事业编制15名。

2001年，设立事业机构8个，更名事业机构2个，增设行政科室9个，更名科室4个，增加事业编制60名，增加领导职数1名；上报要求设立正科级事业单位8个，经市编委批准设立3个。

同年，完成事业单位法人登记30家，总共登记120家，基本完成全县事业单位法人登记工作。10月建立县机关会计核算中心，为县财政局管理的副科级事业单位，核定全额事业编制16名；建立县工业园区管理委员会，为正科级事业单位，核定全额事业编制12名。

2002年，出台《关于文成县教育系统事业单位机构编制的管理意见》，对全县的教育系统事业单位进行了核编，并且加强监督管理。

完成事业单位法人登记125家，应年检120家，已年检99家，基本完成全县事业单位法人登记、年检工作。

2003年，全县138家事业单位法人新登记12家、注销6家、变更100余家。2004年，县事业单位登记管理办公室更名为县事业单位登记管理局。全县共有事业机构458家（新增11家），事业编制6923名（新增21名），现有人员6289人。其中全额事业编制4418名，现有人员4204人；差额事业编制1581名，现有人员1358人；自收自支事业编制924名，现有人员727人。实现对全县编制的规范化、正常化管理。

全县135家事业单位法人，应年检数111家，已年检111家，完成率100%；新登记数17家，变更数14家。

2005年，组建县广播电视台，由县人民广播电台、县电视台（包括发射台、转播台、有线网络）等组成，为县委、县政府直属正科级事业单位，归口县委宣传部管理。组建县招投标市场管理委员会办公室，为县政府负责招投标市场管理的正科级派出机构，下设招投标中心，为副科级事业单位。该年，全县有事业单位466家、事业法人152家，共年检137家，变更30余家，新登记事业法人15家。

2006年，县畜牧兽医站更名为县畜牧兽医局（县动物卫生监督所），并且提升为副科级事业单位。全县共登记事业单位法人161家，新登记6家，变更28家，应注销未注销5家。

2007年，全县重点做好事业单位分类管理工作。确定为监督管理类的137家，其中对照省级监督管理类的事业单位23家；对照市级监督管理类的事业单位13家；法律、法规或规章等依据比较明确的事业单位35家；对应省、市为行政机构或参照公务员管理机构的事业单位27家；与省、市监督管理类事业单位或行政机构、参照机构不对应，并且法律、法规或规章等依据模糊的事业单位17家；原已列入参照公务员法管理的事业单位22家；确定为社会公益类事业单位244家，其中纯公益性的事业单位189家、准公益性的事业单位55家；确定为中介服务类的事业单位7家；确定为生产经营类的事业单位6家。

2008年，全县事业单位分类改革方案出台。确定监督管理类26家，社会公益类267家(其中纯公益类212家、准公益类55家)，中介服务类7家，生产经营类6家，不列入分类37家，暂缓分类51家。在全县467家事业单位中，共登记事业单位法人180家，新登记3家，变更25家，应注销未注销5家。

2009年，全县共有事业单位341家。共登记事业单位法人159家，应年检单位156家(2家为2008年10月新登记不需参加年检)，办理变更登记25家，注销登记5家。

2010年，全县共有事业单位(包括参照公务员管理事业单位)335家，核有事业编制6373名，实有在编人员6034人；登记的事业单位法人172家，应年检单位164家。新登记事业单位法人9家，变更法人单位23家。设立县移民扶持服务中心，为移民安置办公室所属财政全额拨款事业单位，核定财政全额拨款事业编制2名。

2011年，全县共有事业单位(包括参照公务员管理事业单位)377家，核有编制6554名，实有在编人员5990人。对22家承担行政职能事业单位、8家从事生产经营类事业单位和219家从事社会公益类事业单位发文予以确定，基本完成全县的事业单位分类工作。

第三节　行政事业单位机构改革

全县行政事业单位机构改革始终遵循“统一领导、分级管理”的原则进行。1991—2011年间，为使机构和全县行政事业单位进行了4次重大机构改革，分别是1992年的撤区扩镇并乡、1997年县级机关机构改革、2001年县级党政机构改革和2007年县级机关机构改革。

1992年撤区扩镇并乡区域调整

1992年5月8日，中共文成县委建立撤区扩镇并乡工作领导小组。5月29日，县委决定撤销中共大峃、珊溪、玉壶、峃口、南田、黄坦、西坑7个区委、区纪委、区机关委员会建制。同时，决定撤销中共双垟乡等33个乡委员会。5月29日，全县行政区划由4镇58乡撤并为8镇27乡，合计35个乡(镇)。

1997年党政机关机构改革

1996年11月，中共温州市委、市人民政府批准《文成县关于党政机构改革方案》。1997年4月启动党政机构改革，经调整，改革后县级党政机构设置29个，其中县委机构5个、县政府机构24个，比原有机构49个减少20个，精减40.8%。核定县级机关行政编制为500名(不含政法系统编制)，与原有961人相比，减少461人，精减48%。党委机关、政府机关与其他机关之间的编制分配，按15∶78∶7的比例执行。领导职数的配备，按中央、省、市的有关规定执行。对全县各乡镇人口、面积、行政村数以及其他因素(社会发展、交通条件等)进行重新核定(东龙、汇溪、双溪暂缓)，全县下核乡镇机关行政编制总数760名、机动数26名。

1997年文成县乡镇分类及综合性办事机构设置情况一览表

表36-2

乡镇分类	乡镇名称	限额内可设机构
一类(6个)	大峃镇、珊溪镇、南田镇 黄坦镇、玉壶镇、巨屿镇	1.党委政府办公室 2.党群工作办公室 3.农业经济办公室 4.民政综合治理办公室 5.计生文教卫办公室 6.工交财贸办公室
二类(7个)	西坑畲族镇、百丈漈镇 樟台乡、龙川乡、二源乡 周壤乡、东溪乡	1.党政综合办公室 2.农业经济办公室 3.民政综合治理办公室 4.计生文教卫办公室 5.工交财贸办公室
三类(12个)	双桂乡、平和乡、峃口乡、金垟乡、十源乡、富岙乡、公阳乡、金炉乡、桂山乡、里阳乡、周山畲族乡、金星乡	1.党政综合办公室 2.农村经济办公室 3.计生综合治理办公室
四类(7个)	石垟乡、仰山乡、朱雅乡、上林乡、岭后乡、黄寮乡、下垟乡	
注:建制镇可增设村镇建设管理办公室		

说明:资料由县编办提供

2002年党政机构改革

2001年,县委成立机构改革领导小组,制定《文成县党政机构改革方案》,出台《关于县级党政机关机构改革组织实施中若干问题处理意见》等8个配套政策。2002年1月,县机构改革方案经过市委、市政府批准后,全县启动机构改革。改革后,机构设置由改革前29个精简为27个,精简6.9%。其中,县委工作机构7个:县委办公室、县纪律检查委员会(县监察局)、县委组织部、县委宣传部、县委统一战线工作部(县台湾工作办公室、县民族宗教事务局)、县委政法委员会(县社会管理综合治理办公室)、县直属机关工作委员会。县政府工作机构20个:县政府办公室、县发展计划局(县统计局、县粮食局)、县经济贸易局、县教育局、县科学技术局、县公安局、县民政局、县司法局、县财政局、县人事劳动社会保障局、县国土资源局、县规划建设局、县交通局、县农业局(县水利局)、县林业局、县文化局、县卫生局、县计划生育局、县审计局、县环境保护局。

全县各乡镇内设机构的个数,均依据编制数作了明确规定。其中,一类的6个镇设立6个内设机构,二类的7个乡镇设立4个内设机构,三类的13个乡设立3个内设机构,四类的7个乡设立1个内设机构。全县乡镇机关的内设机构规格均为正股级,总计110个内设机构,比机构改革前的114个、精简3.51%。

2002年文成县乡镇分类及内设机构设置情况一览表

表36-3

乡镇分类	乡镇名称	限额内可设机构
一类(6个)	大峃镇、珊溪镇、南田镇 黄坦镇、玉壶镇、巨屿镇	1.党政办公室 2.党群办公室(文明办) 3.政法办公室(综治办) 4.经济发展办公室 5.村镇建设办公室 6.社会事务办公室 7.计划生育领导小组办公室(不占机构数)
二类(7个)	西坑畲族镇、百丈漈镇、樟台乡、龙川乡、二源乡、周壤乡、东溪乡	1.党政办公室(党群办) 2.社会事务办公室(综治办、文明办) 3.经济发展办公室 4.村镇建设办公室 5.计划生育领导小组办公室(不占机构数)
三类(13个)	双桂乡、平和乡、峃口乡、金垟乡、十源乡、富岙乡、云湖乡、公阳乡、金炉乡、桂山乡、里阳乡、周山畲族乡、金星乡	1.党政办公室(党群办) 2.社会事务办公室(综治办) 3.经济发展办公室 4.计划生育领导小组办公室(不占机构数)
四类(7个)	石垟乡、仰山乡、朱雅乡、上林乡、岭后乡、黄寮乡、下垟乡	1.党政综合办公室(综治办) 2.计划生育领导小组办公室(不占机构数)

说明:资料由县编办提供

县级机关行政编制由改革前503名精简为376名,精简25.2%,按6.5%的比例上划省以下垂直管理33名;原有行政审批事项1227项,保留631项,转移8项,下放12项。乡镇行政编制由改革前的786名调减为605名,精减181名,精减比例为23%;乡镇事业单位原有编制928名,应有编制742名,核定编制控制数628名,现有人员528名。

2007年党政机关机构改革

2007年,转变党政职能,优化组织结构,规范机构设置,力形成权责一致、分工合理、决策科学、执行顺畅、监督有力的行政管理体制,全县进行县级机关机构改革。机构由改革前29个增至31个,(其中:县委工作机构7个,县政府工作机构24个),增加2个,增加6.9%。核定全县行政编制1306名,其中县直党政群机关行政编制由改革前508名精简为417名,乡镇行政编制由改革前的786名调减为605名。县委机构调整后机构设置为县委办公室、县纪律检查委员会、县委组织部、县委宣传部、县委统一战线工作部(县台湾工作办公室)、县委政法委员会(县社会管理综合治理办公室)、县直属机关工作委员会。县政府机构调整后机构设置为:县政府办公室(县政府法制办公室)、县发展和改革局(县粮食局)、县经济贸易局、县教育局、县科学技术局、县民族宗教事务局、县公安局、县监察局、县民政局、县司法局、县财政局、县人事劳动社会保障局、县国土资源局、县规划建设局、县交通局、县农业局(县水利局)、县林业局、县文化广播新闻出版局、县卫生局、县计划生育局、县审计局、县环境保护局、县安全生产监督管理局、县统计局。其中县纪律检查委员会和县监察局、县委统一战线工作部(县台湾工作办公室)和县民族宗教事务局合署办公。同时,对乡镇内设机构与所辖事业单位进行整合。

2007年文成县乡镇内设机构与事业单位整合设置情况一览表

表36-4

<table>
<tr><th>乡镇分类</th><th>乡镇名称</th><th>内设机构数</th><th>内设机构名称</th><th>事业机构数</th><th>事业机构名称</th><th>备注</th></tr>
<tr><td>一类(8个)</td><td>大峃镇、珊溪镇、南田镇、玉壶镇、黄坦镇、巨屿镇、西坑镇、百丈漈镇</td><td>4</td><td>1.党政综合办公室
2.社会治安综合治理与信访办公室
3.村镇建设办公室
4.经济发展与社会管理办公室</td><td rowspan="2">2</td><td rowspan="2">1.农业技术推广服务中心(农技、农经、农机、畜牧兽医、水利、林业6大员组成)
2.社会事业服务中心(计生、文化、统计、财政、劳保5大员组成)</td><td></td></tr>
<tr><td>二类(5个)</td><td>龙川乡、樟台乡、二源乡、周壤乡、东溪乡</td><td>3</td><td>1.党政综合办公室
2.社会治安综合治理与信访办公室
3.经济发展与村镇建设办公室</td><td></td></tr>
<tr><td>三类(13个)</td><td>双桂乡、平和乡、峃口乡、金垟乡、十源乡、富岙乡、云湖乡、公阳乡、金炉乡、桂山乡、里阳乡、周山乡、金星乡</td><td>2</td><td>1.党政综合办公室
2.社会治安综合治理与信访办公室</td><td rowspan="2">2</td><td rowspan="2">1.农业技术推广服务中心(农技、农经、农机、畜牧兽医、水利、林业6大员组成)
2.社会事业服务中心(计生、文化、财政3大员组成)</td><td></td></tr>
<tr><td>四类(7个)</td><td>石垟乡、仰山乡、朱雅乡、上林乡、岭后乡、黄寮乡、下垟乡</td><td>1</td><td>1.党政综合与社会治安办公室</td><td></td></tr>
</table>

说明:资料由县编办提供

第四节　机构编制管理

县机构编制委员会及其办公室的机构编制管理的主要任务就是严格贯彻落实省、市有关行政管理体制和机构编制管理的法规、政策和规定,结合文成实际,做好全县行政机关、事业单位及事业单位企业化管理的职能配置、机构设置、人员数额及人员结构的管理。

行政单位机构编制管理

1998年,全县为加强行政机关和事业单位的日常机构和编制管理工作,巩固机构改革成果,严格履行机构和编制的审批程序,规定各部门不得自行设置机构和调入人员。凡因特殊情况需要增设机构和增加编制的必须按有关程序逐级上报,经县机构编制委员会审批后方能执行,严格控制机关、事业单位人员的膨胀;继续推行机关、事业单位进人"一人一卡"制度。各单位凭卡进入,凭卡办理工资、户口、聘用合同、行政介绍信等相关手续,实行经费财政包干方法。财政部门凭机构编制部门核定的编制核拨经费,超编人员除国家指令性安置的军转干部、计划内大中专毕业生、复退军人外,不予增加"人头费";开展机构编制的监督检查,县人事、编制、财政、纪检部门定期对各单位的机构编制情况进行监督检查,发现问题及时纠正。

2004年12月13日,县编办出台《关于做好国家公务员(机关工作人员)到非常设机构(各类指挥部)任职的科(局)级领导干部人事关系落实问题的通知》,规范全县国家公务员(机关工作人员)到非常设机构(各类指挥部)任职的科(局)级领导干部人事关系转移工作程序。

2007年,新一轮乡镇机构改革启动,从职能调整、机构设立、编制增减和人员进出入手,严格审核把关。新一轮乡镇机构改革完成后,核减乡镇直属事业人员编制85人,减少内设机构30个,整合减少事业单位66个。

2010年，县编办严格机构编制审批权限和审批程序，加强和规范机构编制管理，对5家单位提出增设机构和增加编制事项提出否决意见，对超编进人的4家单位在全县干部监督联席会议上进行通报，并提出建议意见。

事业单位机构编制管理

2001年，事业单位推行全员聘用制。对全县各乡镇和县机关70余个事业单位进行调查摸底，并在南田镇小进行学校内部管理体制改革试点。7月，聘用制在教育系统全面实施推行。至12月底，全县438个单位推行事业单位聘用制，签订聘用合同6430人。

2002年，县编办对全县事业单位实行增人计划卡管理，按卡增人，对于没有填报增人计划申请表的事业单位，除指令性增人外，当年不能增人。

2003年，全面推进乡镇广播电视站管理体制改革。将原来“以块为主、条块结合”调整为“以条为主、条块结合”管理体制，将原来由乡镇为主管理改为由县广播电视局管理。乡镇广播员招聘干部改由县广播电视局办理聘用手续。

2004年，开展在编不在岗和临时工清理工作。全县114个单位（行政单位89个、事业单位25个），清理擅自离岗25人，离岗创业132人，借用98人，临时人员576人，因病因事不能在岗人员134人，工资和行政关系分离32人。

2005年，根据浙江省机构编制委员会办公室有关文件精神，文成县乡镇超编、满编的事业单位一律停止进人。

2007年8月9日，出台《文成县机构编制委员会关于文成县事业单位分类工作的实施意见》。根据现有事业单位所承担的主要职能、市场化程度以及发展方向等综合因素，将其划分为监督管理、社会公益、中介服务和生产经营四个大类，规范全县事业单位分类工作。

2009年8月11日，出台《关于做好全县党政群机关和事业单位中文域名的通知》，明确“政务”“公益”中文域名的适用范围、中文域名的确定原则及中文域名注册工作的程序和办法，加强党政群机关和事业单位网上名称的管理工作。

2010年10月，事业单位岗位设置管理工作全面启动。至2011年年底，全县事业单位367个，上报设置方案和实施方案单位分别为313个和296个。

2011年，针对全县有关部门向县编委提出的52项机构编制申请事项，经过调研和初步审核并报请编委会研究审议后，同意全县增加事业编制196名，核增科级领导职数或享受科级待遇的领导职数1名。全县377家事业单位实施分类管理。对44家承担行政职能事业单位、8家从事生产经营类事业单位和226家从事社会公益类事业单位的发文予以确认工作。同时，对监督管理类事业单位控制增编进人，对暂缓分类的事业单位进行逐步明确归类和撤并，对社会公益类事业单位进行规范机构名称、理顺人事关系。

第二章 人 事

1991年之后,全县人事工作发展历程大体可以分为三个阶段:1991—1996年,干部人事工作贯彻“年轻化、知识化、专业化、革命化”方针和“德才兼备”原则,机关事业单位工作人员主要来源是国家统一分配大中专毕业生、军队转业干部,处于单项突破阶段。1997年开始,贯彻执行《国家公务员暂行条例》,机关事业单位工作人员主要来源转变为公开招考或聘用制,完善干部选拔任用、考核、交流和监督机制,处于整体推进阶段。2001年开始,稳步推进机构和人事制度改革,实施人才强县战略,以科学化、民主化和法治化为目标,进一步健全干部人事制度改革,进入深化改革阶段。

第一节 组织机构

2002—2011年,全县人事、劳动和社会保障部门同属县人事劳动社会保障局,为同一单位。人事、劳动和社会保障部门的机构、内设机构、人员编制等情况在第二章《人事》的内容当中一并记述,第三章《劳动》、第四章《社会保障》的内容当中就不再复述。

1991年,县劳动人事局内设机构为办公室、就业管理处、人事股、工资股、劳动股和退休干部管理股,在编人员19人。同年,县社会劳动保险委员会办公室升格为县社会保险事业管理局,正科级全民事业单位,由县劳动人事局代管,内设机构为办公室、社会保险业务股和社会保险财务股,人员编制12人。1997年10月,县劳动人事局更名为县人事劳动局,内设机构为办公室、录用调配科、劳动力管理科、考核培训任免科、工资福利科、劳动安全监察科和退休干部管理科,人员编制24人,其中领导职数局长1人、副局长2人,中层领导职数12人。

2002年1月,县人事劳动局、县社会保险事业管理局组建县人事劳动社会保障局,内设办公室、录用调配科、科技人员管理科、行政审批与劳动管理科、劳动监察大队、社会保险科、社会保险管理服务中心、就业管理处、县工资统发办、县人才交流咨询服务中心和县技能鉴定中心。行政人员编制29人、事业人员编制58人。其中社会保险管理服务中心属于副科级事业单位,核定全额拨款事业编制29名,内设机构为综合科、养老保险科、医疗工伤生育保险科、财务科、失业保险科和信息管理科。2005年,县社会保险管理服务中心增设农民养老保险科,核定全额事业编制3名。

2008年,县人事劳动社会保障局增设县人才交流咨询服务中心,核定全额事业编制1名。2009年,增设城乡居民社会养老保险管理中心,核定全额事业编制6名。2010年,设立县职业技能鉴定中心,为全额拨款事业单位,核定全额事业编制2名。2011年,县人事劳动社会保障局机构设置和人员编制与2010年相同。

1991—2011年文成县人事劳动社会保障局机构沿革情况一览表

表36-5

设立时间	机构名称	人员编制	内设机构名称
1991—1997年9月	县劳动人事局	行政编制19～23名	劳动股 人事股 工资股
1997年10月—2001年12月	县人事劳动局	行政编制24名	办公室 录用调配科 劳动力管理科 考核培训任免科 工资福利科 劳动安全监察科
2002年1月—2011年12月	县人事劳动社会保障局	行政编制29名、事业编制58名	办公室 录用调配科 科技人员管理科 行政审批与劳动管理科 劳动监察大队 社会保险科 社会保险管理服务中心 就业管理处 县工资统发办 县人才交流中心 县技能鉴定中心

说明：资料由县人事劳动社会保障局提供

第二节　干部队伍管理

1991—2011年，全县新增干部来源主要是大中专毕业生、军队转业干部，干部队伍总体趋势是总数逐年增加，党政机关干部人数基本稳定，事业干部占比例逐年增高，国企占比例逐年减少。干部队伍文化程度总体趋势是文化程度提高幅度很大，大专以上干部人数占74.8%，年龄结构得以优化，实现干部年轻化、知识化和专业化建设要求。

干部状况

1991年，全县党政机关、事业单位和国有企业干部总数5330人，其中党政机关1767人，占33.2%；事业单位3177人，占59.6%；国有企业386人，占7.2%。事业单位中教师2242人，占干部总数42.1%。至2011年，干部总数为7651人，其中党政机关1652人，占21.6%；事业单位5904人，占77.2%；国有企业95人，占1.2%；事业单位中教师2530人，占干部总数33.1%。

1991年，女干部1496人，占28.1%；共产党员2132人，占40.0%。文化程度大专以上1112人，占20.86%；高中及以下2104人，占39.5%。年龄35岁以下2314人，占43.4%；36～45岁1450人，占27.2%；46～54岁1252人，占23.5%；55岁以上314人，占5.9%。

至2011年，女干部3342人，占43.7%；共产党员3496人，占45.7%。在国家重视干部知识化政策下，干部文化程度得以很大提高。全县干部队伍中，有本科以上3274人（研究生31人），占42.8%；大专2784人，占36.4%；高中及以下819人，占10.7%。年龄35岁以下3246人，占42.4%；36～45岁2359人，占30.8%；46～54岁1526人，占19.9%；55岁以上520人，占6.8%。

1991—2011年文成县干部学历结构情况一览表

表36-6

单位:人

年份	总数	其中:			文化程度						年龄			
		女性	少数民族	共产党员	研究生	本科	大专	中专	高中	初中	35岁以下	36~45岁	46~54岁	55岁以上
1991	5330	1496	179	2132	—	187	925	2114	880	1224	2314	1450	1252	314
1992	5320	1720	189	2181	—	194	939	2212	859	1116	2319	1411	1194	396
1993	5350	1671	193	2210	—	195	1006	2273	895	981	2473	1392	1121	364
1994	5326	1656	196	2256	—	198	1095	2285	870	878	2483	1372	1120	351
1995	5385	1784	199	2284	—	201	1182	2375	812	815	2505	1397	1151	332
1996	5694	1906	206	2353	—	205	1292	2558	871	768	2611	1502	1244	338
1997	5800	2068	235	2432	—	209	1373	2711	830	677	2681	1548	1223	348
1998	6044	2463	237	2602	—	215	1599	2828	813	589	3173	1427	1082	362
1999	6170	2476	240	2663	1	238	1754	2900	790	487	3104	1613	1114	339
2000	6520	2790	264	2777	2	277	1907	3092	801	441	3448	2407	532	133
2001	6798	2959	269	2911	1	361	2018	3137	876	405	3523	1709	1220	346
2002	6781	2989	268	2955	2	543	2191	2948	765	332	3571	1627	1222	361
2003	6739	3049	265	3003	3	680	2647	2497	912	—	3525	1602	1306	306
2004	6815	3107	233	3161	5	903	3222	1845	840	—	3470	1698	1347	300
2005	6719	3061	256	3180	6	1122	3322	1564	705	—	3406	1719	1301	293
2006	6783	3104	248	3378	7	1427	3354	1359	636	—	3330	1881	1289	283
2007	6692	3065	265	3344	9	1928	2982	1201	572	—	3208	1926	1246	312
2008	6846	3134	245	3336	8	2318	2790	1263	467	—	3165	2002	1323	356
2009	7529	3245	260	3455	18	2690	2766	1143	912	—	3161	2353	1564	451
2010	7576	3218	263	3431	18	3023	2671	962	902	—	3133	2381	1571	491
2011	7651	3342	260	3496	31	3243	2784	774	819	—	3246	2359	1526	520

说明:资料由县人事劳动社会保障局提供

干部招录

1991—1997年，全县事业单位工作人员主要来源国家统一分配大中专毕业生、从农村优秀青年中招聘补员、社会录用、军队转业干部安置和“以工代干”转干等形式。1998年开始，事业单位进人主要来源是参照公务员录用程序，实行“凡进必考”制度。2007年6月，文成县在全市率先面向社会选聘大学生村干部。

1991—1998年，分配到事业单位大中专毕业生1064人，招聘录用乡镇农技、林业、文化、农经、计生和水利等干部415人，“以工代干”人员正式转为干部38人。

1991—2011年，安置军转干部46人，主要安置在政法、工商及乡镇等部门单位。1999—2011年，面向大中专毕业生公开招聘事业单位工作人员1153人。

2007—2011年，招聘优秀高校毕业生314人到全县33个乡镇支持新农村建设。其中，2007年公开选聘大学生109人，2008年9月公开选聘大学生128人。

1991—2011年文成县事业单位人员招聘录用情况一览表

表36-7　　单位：人

年份	合计	学校分配	公开招聘	乡镇聘用	录用干部	工人转干	军转干部
1991	131	113	—	17	—	—	1
1992	204	101	—	59	28	15	1
1993	154	75	—	46	31	—	2
1994	138	111	—	5	18	—	4
1995	184	110	—	46	27	—	1
1996	170	129	—	35	2	—	4
1997	319	191	—	51	50	23	4
1998	238	—	234	—	—	—	4
1999	145	—	139	—	—	—	6
2000	120	—	114	—	—	—	6
2001	44	—	43	—	—	—	1
2002	49	—	49	—	—	—	—
2003	91	—	90	—	—	—	1
2004	86	—	84	—	—	—	2
2005	63	—	60	—	—	—	3
2006	59	—	58	—	—	—	1
2007	70	—	68	—	—	—	2
2008	94	—	93	—	—	—	1
2009	113	—	113	—	—	—	—
2010	96	—	95	—	—	—	1
2011	148	—	147	—	—	—	1
合计	2716	830	1387	259	156	38	46

说明：资料由县人事劳动社会保障局提供

干部调配

2003年,出台干部调配工作暂行规定,在行政机关、参照公务员管理事业单位推行AB岗工作制度和新录用国家公务员中实行指导师制度,规范干部调配管理工作。2007年,县属事业单位工作人员开始实施选调资格考试办法。对已确定选调资格人员,县属事业单位根据单位工作需要,并在核定人员编制内,按正常调动程序选调到。1997—2011年,全县调配干部1839人。2007—2011年,进行事业单位选调资格考试3次,确定选调资格91人。

1997—2011年文成县干部调配情况一览表

表36-8　　单位:人

年份	调动人数	年份	调动人数
1997	88	2005	92
1998	67	2006	86
1999	171	2007	101
2000	118	2008	112
2001	205	2009	115
2002	124	2010	165
2003	100	2011	131
2004	164	合计	1839

说明:数据资料由县人事劳动社会保障局提供

干部考核

1991年,干部本职和业务技术性工作,由各主管部门负责考核,定期向组织人事部门上报考核结果。1993年,全县党政机关按照国家公务员考核规定,对工作人员进行年度考核,包括德、能、勤、绩4个方面,以考绩为主,考核结果分为优秀、称职、基本称职和不称职4个等次,事业干部考核结果分为优秀、合格、基本合格和不合格4个方面。优秀人员比例均控制12%左右,上年度目标考核或绩效评估为优秀单位比例可提高到15%左右。2002年,科(局)级领导干部由县委组织部牵头组织考核,一般公务员和事业干部由县人事劳动社会保障局牵头组织考核。2008年,年度考核优秀人员比例提高到15%左右,上年度目标考核或绩效评估为优秀单位比例提高到20%。考核程序:撰写个人述职报告(总结),在一定范围内述职,进行民主评议,确定考核等次,把考核结果书面通知被考核人,并将考核结果与干部提拔使用、工资晋级等挂钩。

2002—2011年文成县副科级以下公务员年度考核情况一览表

表36-9　　单位:人

年份	合计	优秀	称职	基本称职	不称职	不定等次
2002	1288	178	1083	2	6	19
2003	1278	180	1066	8	4	20
2004	1266	191	1037	2	1	35
2005	1268	184	1037	1	3	43
2006	1281	189	1046	3	3	40
2007	1218	211	965	3	1	38
2008	1185	224	909	1	3	48
2009	1248	232	974	0	2	40
2010	1222	239	914	6	1	62
2011	1281	227	978	1	0	75

说明:数据资料由县人事劳动社会保障局提供

公务员管理

1997年，出台《文成县公务员制度实施方案》《文成县公务员职位分类办法》，全县开始实施公务员招考录用制度，规定“凡进必考”，大中专毕业生一律通过考试进入公务员队伍。至年底，县级机关单位基本完成职位分类工作，并且进行机关工作人员过渡为国家公务员审批工作。

1998年，对机构职能进行分解，科学合理设置职位，制定职务说明书。初步建立结构合理、职责和任职条件明确的公务员职务和等级序列，严格按规定向公务员过渡。严格把握公务员队伍进入关口，认真组织公务员招考录用工作，保证招考录用公开、公平和公正。1998—2011年，过渡公务员843人，招考录用公务员591人。

1998—2011年文成县招考录用公务员人数一览表

表36-10　　单位：人

年份	招录人数	年度	招录人数
1998	46	2006	46
1999	32	2007	32
2000	31	2008	52
2001	30	2009	45
2002	14	2010	58
2003	52	2011	85
2004	27	合计	591
2005	41		

说明：数据资料由县人事劳动社会保障局提供

参照公务员管理

2007年开始，全县对符合参公条件的单位和个人纳入公务员系统管理。2007—2011年，参照公务员管理单位17家193人。

2007—2011年文成县参公单位及人员情况一览表

表36-11　　单位：人

单位名称	编制人数	实有人员数		
		登记参照人数	占编工勤人数	合计
县机关事务管理局	30	12	6	18
县房产管理局	13	8	—	8
县风景旅游管理局	18	16	1	17
县体育事业发展局	8	7	—	7
县人民政府经济技术协作办公室	10	7	2	9
县文化市场行政执法大队	10	8	—	8
县食品药品稽查大队	8	6	—	6
县移民办公室	11	10	—	10

续表36-11

单位名称	编制人数	实有人员数		
		登记参照人数	占编工勤人数	合计
县国土资源监察大队	8	7	—	7
县国土资源基层所	49	48	—	48
县供销合作社联合社	15	13	—	13
县质量技术监督稽查大队	5	3	—	3
县行政审批管理办公室	12	12	—	12
县防汛抗旱指挥部办公室	5	5	—	5
县安全生产监察大队	7	5	—	5
县种苗站	7	5	1	6
县水政监察大队	13	11	—	11
合计	229	183	10	193

说明:数据资料由县人事劳动社会保障局提供

公务员培训

1993年开始,开展国家公务员制度宣传,对国家公务员进行有计划的培训,给机关(含乡镇)干部进行《公务员基础知识》等五门公共课岗位知识培训1742人次,公务员整体素质不断提高。1994—1996年,举办国家公务员培训12期,参加培训干部1742人次。对机关、事业单位干部职工文化程度未达到高中文化程度的,为其进行高中文化补习,经考试合格达到高中文化程度。1994—1996年,补习干部职工文化195人。1997—2011年,按省市人事部门规定要求继续做好公务员培训。

第三节　人才开发管理

人才开发是指将人的智慧、知识、才干作为一种资源加以发掘、培养,以便促进人才本身素质的提高和更加合理使用。人才开发包括:挖掘人才、培养人才和引进人才。主要是从现有人才资源中发现有能力的人,进行培养、训练,提高领导能力和业务水平。人才开发是经济社会发展动力源泉,是提高党政机关企事业单位工作效能保证。

人才政策

1989年1月,县人才交流咨询服务中心成立,并挂牌县劳动人事局录用调配科。2007年,出台《关于进一步加强人才工作的若干政策意见》,从经费保障、人才培养、激励机制和招才引智等方面加强人才工作。设立全县人才工作专项资金,县财政每年安排人才开发专用资金,全力保障人才引进、培养、开发和使用上各项优惠政策。同年,建立高层次人才享受政府津贴制度,对具有高级

图36-1　2008年10月30日,文成县第二届优秀农村乡土人才座谈会召开(雷忠义 摄)

以上职称、被推荐为省、市人才工程培养人选及县内评选优秀人才实行政府津贴制度，对在科研方面取得成绩给予适当物质奖励。

2011年8月，出台《关于进一步加强人才工作的决定》，首次对国家"211工程"大学（本科）毕业生和全日制普通高校毕业硕士研究生，且专业对口、工作需要、人员编制空缺，经人事部门考核合格后，可直接聘用为事业编制工作人员。11月，制定全县专业技术拔尖人才和优秀青年人才管理办法，明确规定两类人才待遇保障。至年底，全县各类人才总量19582人。其中党政人才1763人，占9.0%；企业经营管理人才844人，占4.3%；专业技术人才4570人，占23.3%；技能人才1016人，占5.2%；农村实用人才11389人（其中县级农村乡土人才500名，市级优秀农村乡土人才31人），占58.2%。

人才引进

20世纪90年代，县内专业技术人才总体匮乏，尤其高学历、高层次教育和卫生领域人才紧缺。2002年，县组织、人事、教育和卫生等部门适时引进一批全日制专、本科学历专业技术人才，充实县内骨干学校和医疗单位技术力量。引才对象在双向选择、体检和政审合格后，直接予以正式入编聘用，与本地同类专技人员享受同等待遇。1999—2011年，全县引进各类人才154人。同时，开展海外高层次人才引进工作，结合温州"大水缸"水质要求和珊溪库区上游百丈漈水库水质保护工程建设重点课题，县污水处理有限公司从日本引进一支由水质净化专家组成团队9人，团队带头人日本九州大学教授郝爱民入选温州市"580海外精英"引才计划。

人才培养

为鼓励各类专业人才"创业、创新、创优"，在全县范围内公开选拔专业技术拔尖人才和优秀青年专业人才。1993年，开展首轮县专业技术拔尖人才选拔工作，选拔出5人。2001年，开展首轮县优秀青年专业人才选拔工作，选拔出5人。县委、县政府对当选县专业技术拔尖人才和优秀青年专业人才进行表彰。1993—2010年，开展全县专业技术拔尖人才选拔工作6轮，评选出37人次。2001—2011年，开展县优秀青年专业人才选拔工作5轮，选拔出33人次。

1993—2011年文成县专业技术拔尖人才名录一览表

表36-12

姓名	所属人才层次	工作单位	职务
金云良	县第一轮专业技术拔尖人才	县人大常委会	农工委主任
邢坚成	县第一轮专业技术拔尖人才	县文化局	党组书记、局长
王贵淼	县第一轮专业技术拔尖人才	县卫生进修学校	副校长
夏景清	县第一轮专业技术拔尖人才	县卫生局	医科所所长
胡振中	县第一轮专业技术拔尖人才	县少体校	总教练
胡直正	县第二轮专业技术拔尖人才	县农用车总厂	厂长
施巨盛	县第二轮专业技术拔尖人才	县农业总站	站长
张玉斋	县第二轮专业技术拔尖人才	黄坦中学	党支部书记、校长
陈挺巧	县第二轮专业技术拔尖人才	县文联	副主席、秘书长
陈方兰	县第二轮专业技术拔尖人才	县人民医院外科	主任
马相亭	县第三轮专业技术拔尖人才	县文化馆	馆长
刘利华	县第三轮专业技术拔尖人才	县农业局（水利局）	副局长
赵庆东	县第三轮专业技术拔尖人才	文成中学	教研处副主任

续表36-12

姓名	所属人才层次	工作单位	职务
邢庆武	县第三轮专业技术拔尖人才	县口腔医院	院长
周月英	县第四轮专业技术拔尖人才	县科技局	星火办主任
富晓春	县第四轮专业技术拔尖人才	原文成报社	党组成员、副总编
刘爱菊	县第四轮专业技术拔尖人才	文成中学	政教处副主任
周月明	县第四轮专业技术拔尖人才	县人民医院	党总支委员
王碧琰	县第三、四轮专业技术拔尖人才	县冰洋实业有限公司	董事长
叶　萍	县第五轮专业技术拔尖人才、	县人民医院	—
朱建军	县第三轮青年人才,县第五、六轮拔尖人才	县科技局	—
朱夏慧	县第五轮专业技术拔尖人才	县实验小学	—
吴柳萍	县第五轮专业技术拔尖人才	文成二中	—
吴越慧	县第五轮专业技术拔尖人才	县人民医院	—
周碎榜	县第五轮专业技术拔尖人才	县国土资源局	—
郑　华	县第五、六轮专业技术拔尖人才	县农业局	—
赵小飞	县第五轮专业技术拔尖人才	县规划建设局	—
施巨盛	县第五轮专业技术拔尖人才	县农业局	—
程一锋	县第五轮专业技术拔尖人才	县人民医院	副院长
郑爱忠	县第六轮专业技术拔尖人才	县审计局	财金行事科科长
田　毅	县第六轮专业技术拔尖人才	县人民医院	内一科主任
王国侧	县第四轮青年、第六轮拔尖人才	县文联	县文联副主席
严绍南	县第六轮专业技术拔尖人才	县人民医院	重症监护室主任
王小玲	县第六轮专业技术拔尖人才	县林业局	技术推广站站长
金伟民	县第六轮专业技术拔尖人才	县人民医院	感染科主任
郑媛媛	县第六轮专业技术拔尖人才	县教育局	教研室
张　胜	县第六轮专业技术拔尖人才	县广播电视台	党组成员、总工程师

说明:资料由县人事劳动社会保障局提供

2001—2011年文成县优秀青年专业人才名录一览表

表36-13

姓名	所属人才层次	工作单位	职务
金宪树	县第一轮优秀青年专业人才	县帝师集团有限公司	董事长、总经理
梅则铭	县第一轮优秀青年专业人才	县农业局	副局长
陈汉初	县第一轮优秀青年专业人才	文成中学	教导处副主任
周松玉	县第一轮优秀青年专业人才	县委办公室	新闻科
邢庆武	县第一轮优秀青年专业人才	县牙病防治所	副所长
林永汉	县第二轮优秀青年专业人才	县广播中心	主任
林　红	县第二轮优秀青年专业人才	县亨哈山珍公司	董事长
郑　华	县第二轮优秀青年专业人才	县农业局	植保站副站长
雷　鸣	县第二轮优秀青年专业人才	文成中学	副校长
王娅玲	县第二轮优秀青年专业人才	县人民医院	中医科副主任
邓昌斌	县第三轮优秀青年专业人才	县科技局	—
朱建军	县第三轮青年人才,县第五、六轮拔尖人才	县农业局(水利局)	农业站副站长
陈方树	县第三轮优秀青年专业人才	县人民医院	—

续表36-13

姓名	所属人才层次	工作单位	职务
金　盾	县第三轮优秀青年专业人才	县文化馆	党支部书记、副馆长
赵蓓莹	县第三轮优秀青年专业人才	文成中学	—
王国侧	县第四轮青年、第六轮拔尖人才	县文联	县文联副主席
王金娅	县第四、五轮优秀青年专业人才	县文化馆	—
刘文莉	县第四轮优秀青年专业人才	县中医院	—
刘茶芳	县第四、五轮优秀青年专业人才	县风景旅游管理局	—
纪奕锋	县第四轮优秀青年专业人才	县人民医院	—
陈小婷	县第四轮优秀青年专业人才	县人民医院	—
赵东平	县第四轮优秀青年专业人才	文成二中	—
胡必泛	县第四轮优秀青年专业人才	县实验小学	—
钟伟荣	县第四轮优秀青年专业人才	县农业局	—
程　斌	县第四轮优秀青年专业人才	县人民医院	—
赵雪微	县第五轮优秀青年专业人才	县委办	室务会议成员、记者站站长
张小文	县第五轮优秀青年专业人才	县财政地税局	信息中心干部
陈继淼	县第五轮优秀青年专业人才	浙江迦密山重型锻造有限公司	董事长
蒋加勇	县第五轮优秀青年专业人才	县农业局	—
邢　彬	县第五轮优秀青年专业人才	县人民医院	外一科兼骨科副主任
华国芳	县第五轮优秀青年专业人才	文成实验小学	—
吴昌旺	县第五轮优秀青年专业人才	县农业局	农业技术推广总站副站长
张　良	县第五轮优秀青年专业人才	文成实验中学	—

说明：资料由县人事劳动社会保障局提供

贯彻落实《浙江省跨世纪学术和技术带头人培养规划》(简称“151人才工程”)和《温州市跨世纪学术和技术带头人培养规划及其实施意见》(简称“551人才工程”)。1999—2011年，全县推荐纳入市“551人才工程”培养人选16人。

1999—2010年文成县入选市“551人才工程”培养人才名录一览表

表36-14

姓名	单位	职务	层次	入选时间	备注
王碧琰	县冰洋公司	董事长	第二层次	1999年	—
刘利华	县农业局	副局长	第二层次	1999年	—
郑　华	县农业局	—	第二层次	2000年	省第三层次
项永斋	县农业局	—	第二层次	2004年	省第三层次
郑明义	县教研室	—	第二层次	2006年	—
吴昌旺	县农业局	—	第二层次	2008年	—
朱建军	县农业局	—	第二层次	2008年	省第三层次
钟伟荣	县农业局	—	第二层次	2008年	—
蒋加勇	黄坦农技站	—	第三层次	2004年	—
周月明	县人民医院	—	第三层次	2004年	—
蒋加勇	县农业局土肥站	—	第二层次	2010年	—
刘恒旭	县农业局土肥站	—	第二层次	2010年	—

续表36-14

姓名	单位	职务	层次	入选时间	备注
邢伟济	县农业局综合开发办	—	第三层次	2010年	—
纪奕锋	县人民医院	—	第三层次	2010年	—
田　毅	县人民医院	—	第三层次	2010年	—
刘小昌	县畜牧兽医局	—	第三层次	2010年	—

说明:资料由县人事劳动社会保障局提供

人才服务

职称评聘是人才服务的重要工作。其间,对职称工作进行了系列改革。逐渐削弱原工程技术职称评审委员会、农业技术职称评审委员会的初级职称评审会职能,大部分初级专业技术职称评定工作由职称考试和职称初定替代;经济、会计、审计、统计和卫生类中初级专业技术资格由全国统一组织考试取得。

1996年推出全国各种执业资格考试,其中有造价工程师、房地产评估师、监理工程师等执业资格考试21种,取得执业资格专业技术人员可以聘任相应专业技术职务。1998年,全县专业技术职务,采取专业技术职务数额总量和专业技术职务结构比例相结合方法进行宏观控制。县属事业单位专业技术人员高级比例控制在10%～20%,中级比例控制在40%～50%。

2004年,全县实行专业技术职务评聘分离。2010年,全县事业单位进行岗位设置管理,所有事业单位岗位分为管理岗位、专业技术岗位、工勤技能岗位三类,对岗位实行总量和结构比例控制。管理岗位设八级、九级、十级职员岗位,专技岗位设一级到十三级岗位,其中高级(一、二、三、四、五、六、七级)、中级(八、九、十级)、初级(十一、十二、十三级)总结构比例1.5:4:4.5。工勤技能岗位一、二、三级岗位不超过总量20%。至2011年年底,设置事业单位436个,岗位6244个。其中,管理岗位1034个,占16.56%;专技岗位4878个,占78.12%;工勤岗位646个,占10.35%。全县有专业技术人员4534人,其中正高级职称3人、副高级职称258人、中级职称1824人、初级职称2233人、其他待聘人员216人。

2011年文成县具有专业技术职务任职资格情况一览表

表36-15　　　　单位:人

类别	合计	正高级职称	副高级职称	中级职称	初级职称	其他
教学人员	2513	—	192	1261	979	81
卫生技术人员	864	3	35	201	601	24
农业技术人员	266	—	14	52	180	20
工程技术人员	318	—	14	104	159	41
经济人员	236	—	1	97	100	38
会计人员	153	—	—	51	94	8
统计人员	46	—	—	14	32	—
图书档案、文博人员	82	—	2	29	47	4
新闻出版人员	38	—	—	15	23	—
律师公证人员	4	—	—	—	4	—
体育教学人员	11	—	—	—	11	—
播音人员	3	—	—	—	3	—
合计	4534	3	258	1824	2233	216

说明:数据资料由县人事劳动社会保障局提供

计算机应用能力培训　1997年，县人事劳动局设立计算机应用能力考核点。开始对年龄在50周岁以下的政府机关工作人员、企事业单位专业技术人员、管理人员及其他社会人员，进行计算机应用能力培训考核。1997—2011年，全县计算机应用能力培训考核共6912人。

人事代理　1999年开始，将过去由用人单位直接管理的一部分人事业务分离出来，由政府人事部门批准或授权的人才中介服务机构来承担。单位只管用人，一些技术性、专业性、事务性和咨询性具体人事业务，由人才中介机构实行代理，委托代理的个人，由代理机构提供有关人事保障。

2008年，县人才交流咨询服务中心更名为县人才市场管理办公室，系县人力资源和社会保障局下属全额事业单位，主要承担人事代理、人才交流和档案代管三大类业务。1999—2011年，全县办理人事代理手续4094人。

1999—2011年文成县办理人事代理人员情况一览表

表36-16　　单位：人

年份	人事代理人数	年度	人事代理人数
1999	38	2006	270
2000	205	2007	375
2001	303	2008	462
2002	438	2009	380
2003	376	2010	342
2004	320	2011	355
2005	230	合计	4094

说明：数据资料由县人事劳动社会保障局提供

第四节　工资和福利

工资总额由计时工资、计件工资、奖金、津贴和补贴、加班加点工资和特殊情况下支付工资6个部分组成。福利是单位对员工生活的照顾，是组织为员工提供的除工资与奖金之外的一切物质待遇，是劳动的间接回报。

工资改革

1993工资制度改革　1994年，全县270个机关、事业单位的6559人参加工资制度改革，其中机关单位105个1946人、事业单位165个4613人。机关、事业单位工资制度改革后月增资总额86.87万元。其中机关工作人员人均增资133.25元，全民事业单位工作人员人均增资132.41元；离休人员395人，月人均提高生活费206.57元；退休人员1037人，月人均提高生活费136.96元；退职人员64人，月人均提高生活费95.26元。

2006工资制度改革　2007年，全县268个机关、事业单位8519人参加工资制度改革，其中机关单位99个1774人、事业单位168个6745人。工资制度改革人均每月增资300元，月增资总额255.57万元。离退休人员2901人参加工资制度改革，其中离休155人，退休人员2686人，退职60人。

规范机关单位公务员津贴补贴　2010年1月1日，公务员津贴补贴人均年水平4.05万元。规范后津贴补贴项目包括生活补贴、工作津贴两项。生活补贴占规范后津贴补贴总量的55%，工作津贴占45%。离休人员按同级职在职人员规范津贴补贴的90%确定;退休人员按同级职在职人员规范津贴补贴的60%确定。2011年1月1日,公务员津贴补贴人均年水平调整到4.20万元。退休人员按同级职在职人员规范津贴补贴的60%调整到80%。

事业单位绩效工资 2009年1月1日,教育系统绩效工资人均年水平3.80万元。绩效工资分为基础性绩效工资(占70%)和奖励性绩效工资(占30%)两大部分。2010年1月1日,绩效工资人均年水平调整到4.05万元;2011年1月1日,绩效工资人均年水平从4.05万元调整到4.20万元。

2009年10月1日,公共卫生和基层医疗卫生单位绩效工资人均年水平36627元。2010年1月1日,绩效工资人均年水平调整到4.05万元。2011年1月1日,绩效工资人均年水平调整到4.20万元。

其他事业单位绩效工资 2011年1月1日,其他事业单位绩效工资人均年水平4.20万元。

标准调整

1997年9月1日,机关单位工作人员调整基础工资标准由原来每人每月90元调增为110元,增资20元;事业单位各类工作人员职务等级工资统一调增14元,活的津贴按工资构成比例计算确定。

1999年7月1日,离休人员提高生活费每人每月25元,退休人员提高生活费每人每月20元,退职人员提高生活费每人每月15元。机关单位工作人员调整基础工资标准由原来每人每月110元调增为180元,级别工资标准由十五级至一级每人每月55元至470元提高到85元至720元;事业单位各类工作人员工资构成的固定部分、活的部分按国家设置的标准统一调整,人均增资120元;离休人员,离休时有职务的按照同类在职人员增资额增加离休费,离休时没有职务的和中华人民共和国成立前的老工人,按每月120元增加离退休费。

2001年1月1日,机关单位工作人员调整基础工资标准由原来每人每月180元调增为230元,级别工资标准由十五级至一级每人每月85元至720元提高到115元至1166元;事业单位各类工作人员工资构成的固定部分、活的部分按国家设置的标准统一调整,人均增资120元;机关事业单位在职人员实施年终一次性奖金制度,标准为当年12月的一个月基本工资。

2001年10月1日,调整公务员各职务层次职务工资的起点标准和档差,职务档次未变。其中标准调整为:正县(处)级240~740元,档差50元;副县(处)级195~595元,档差40元;正科级(主任科员)160~490元,档差30元;副科级(副主任科员)136~378元,档差22元;科员117~325元,档差16元;办事员100~269元,档差13元。调整提高机关工人岗位工资标准和奖金部分。调整提高事业单位工作人员工资构成为固定部分和活的部分。中小学教师、护士在新的专业技术职务等级工资标准的基础上提高10%。全县调整机关事业单位工作人员职务工资标准工资10219人次。

2003年7月,调整公务员各职务层次职务工资标准,职务档次和档差未变。其中标准调整为:正县(处)级345~845元,副县(处)级280~680元,正科级(主任科员)225~555元,副科级(副主任科员)188~430元,科员157~365元,办事员130~299元。调整提高机关工人岗位(职务)工资标准和奖金部分。调整提高事业单位工作人员工资构成中固定部分和活的部分。中小学教师、护士可在新专业技术职务等级工资标准基础上提高10%。

机关事业单位工作人员工资正常调整,即增资机制,主要通过四种途径:年度考核合格晋升级别工资和级别工资档次或薪级工资;职务晋升或岗位变动增资;定期调整工资标准;调整津贴补贴标准。

2001—2011年文成县机关事业单位工资情况一览表

表36-17

年份	机关				事业			
	单位（个）	年末人数（人）	工资总额（万元）	年人均工资（元）	单位（个）	年末人数（人）	工资总额（万元）	年人均工资（元）
2001	77	1772	2440.0	13769	197	6619	7947.5	12007
2002	74	1736	3031.2	17461	171	6649	10119.5	15219
2003	80	1738	3117.8	17939	169	6652	11533.8	17338
2004	80	1748	3924.1	22449	179	6587	12900.5	19584
2005	78	1754	4423.7	25220	180	6449	14773.1	22907
2006	80	1735	4706.5	27126	185	6338	16342.7	25785
2007	80	1812	6149.2	33935	186	6052	18333.3	30292
2008	80	2005	7139.4	35607	186	6028	20695.6	34332
2009	82	1779	10270.5	57731	165	5816	27689.4	47609
2010	82	1796	9817.0	54660	174	5797	27116.2	46776
2011	59	1893	10517.0	55557	141	5818	27491.7	47252
合计	—	—	65536.4	—	—	—	194943.3	—

说明：数据资料由县人事劳动社会保障局提供

20世纪90年代开始，国有企业在按规定提取的工资总额内有权自主使用、自主分配奖金，即考核奖罚办法由企业自行决定，职工的奖金纳入工资总额，取消工资总额以外的一切单项奖。

1991年，浙江省对全民所有制单位职工工资实行总额控制办法，按计划增加数和年末到达数进行双控制。

1992年，企业的工资总额依据政府规定的工资总额与经济效益挂钩的办法确定，在相应提取的工资总额内，选择适合本企业的具体工资分配形式和分配档次，凡是实行工效挂钩的企业，逐步建立起以考工、考核为依据的职工升级制度；尚未实行工效挂钩的企业，根据企业的经济效益和承受能力，职工升级一般控制在职工人数的25%以内；其他特殊岗位的技术人员，在处理好内部各类人员工资关系的前提下，根据经济效益的情况，逐步提高相应的工资标准。

1994年1月，对1993年年末在册职工人数每月人均50元转增工资总额，部分经营性亏损企业和少数特殊困难企业采取逐步到位的办法。全县对企业职工实行最低工资，确立为每人每月200元。

1995年10月，企业的最低工资标准调整为230元，同时以新的基本工资参考标准的产业类别划分，一类产业执行起点为190元、195元、200元的工资标准；二类产业执行起点为185元、190元、195元的工资标准；三类产业执行起点为180元、185元、190元的工资标准，此年全部职工的货币工资达到6619元。“八五”时期全部职工货币工资实际平均递增8%。

1996年，取消指令性工资计划，实行以弹性工资计划为主，控制企业工资总量的宏观调控办法。全县各类企业分别采取工效挂钩、工资总额包干和按照“两低于”原则对企业工资进行控制，按照《工资总额使用手册》实行有关制度，加强对企业工资内外收入的监督管理，进一步落实企业内部分配自主权。

2001年以后，部分用人单位开始实行集体工资协商办法，由用人单位和从业人员代表对职工工资的分配制度、标准、形式、违约责任和双方认为应当协商的有关条款进行协商，从而稳定劳动关系，避免劳资纠纷。

1991—2011年文成县企业职工工资情况一览表

表36-18

年份	全民所有制单位				城镇集体所有制单位		
	人数		工资总额	年人均工资(元)	职工人数	工资总额(万元)	年人均工资(元)
	合计	其中:固定工	合计(万元)				
1991	9818	7736	1950.81	1987	3830	484.02	1264
1992	10145	7754	2516.3	2480	3122	585.84	1757
1993	10246	9565	3229.79	3152	3545	946.37	2670
1994	10248	10146	4653.3	4541	4405	1530.9	3475
1995	9774	9670	5174.1	5294	4985	1972.6	3957
1996	10821	10639	6275	5799	3537	1940	5486
1997	10651	10537	7538.8	7078	3497	2286.8	6539
1998	10731	9519	8723	8129	2475	1660	6709
1999	10752	9569	9976	9279	2204	1594	7413
2000	10780	9537	11122	10317	1690	1399	8278
2001	10523	9397	13160	12507	1681	1276	7590
2002	10096	8633	17200	17037	1123	977	8702
2003	10035	8963	19515	19447	1022	1199	11733
2004	10099	8575	23217	22990	1086	1632	15024
2005	9605	8432	24538	25548	822	1278	15551
2006	9398	—	26863	28691	723	1509	20284
2007	9561	—	31321	32907	504	902	17615
2008	9187	—	34823	40142	607	1116	18564
2009	9228	—	38221	44661	604	1268	22134
2010	9419	—	42356	49035	539	1308	25156
2011	9851	—	48070	55670	316	671	22010

说明:数据资料由县人事劳动社会保障局提供

福利制度

工时制度 1994年3月1日,国家规定实行职工每日工作8小时,平均每周工作44小时工时制度。1995年5月1日,将每周工作时间改为40小时,即实行双休日工时制。1999年9月,将春节、“五一”“十一”休息时间与前后双休日拼接,形成7天长假。2008年1月,“五一”长假被取消,增加清明、端午和中秋3个中国传统节日。

年休假 1991年6月,职工休假天数最多不得超过两周。2001年1月,实行年休假管理。2008年1月1日,实行职工带薪年休假管理。职工累计工作已满1年不满10年的,年休假5天;已满10年不满20年的,年休假10天;已满20年的,年休假15天。国家法定休假日、休息日不计入年休假的假期。用人单位应当在本年度内对职工应休未休年休假天数,按照其日工资收入的300%支付未休年休假工资报酬。

婚假 婚假3天,晚婚假12天。婚假包括公休假和法定假,再婚的可享受法定婚假,不能享受晚婚假。婚假期间工资照发。

探亲假 享受探亲假的对象为党政机关及参照、国家公务员管理的事业单位职工。职工在规定的探亲假期和路程假期内,按照本人的标准工资发给工资。

产假 产假是指国家对机关、事业单位的女工作人员,在怀孕和分娩期间给予的休息假期。正产产假90

天，难产的增加产假15天，多胞胎的每多一胎增加产假15天。晚育的，男方可享受7天护理假。女职工产假期间工资待遇照发。

哺乳假 2004年7月，根据《浙江省女职工劳动保护办法》规定，对领取“独生子女父母光荣证”的女职工产假期满后，经本人申请，用人单位可以给予6个月哺乳假；有条件的用人单位，可以给予1年假期。休假期间工资按不低于本人工资的百分之八十发给，不影响晋级、调整工资，并计算工龄。

事假 机关工作人员当年事假累计在30天以下（含30天）的，每天扣发本人日基本工资50%；当年事假累计超过30天以上的，从第31天停发本人基本工资。2008年7月，《浙江省人事厅关于机关事业单位工资制度改革后工作人员假期工资待遇的通知》规定，机关事业单位工作人员当年事假累计在20天及以下的，基本工资照发。

病假 1994年12月，《企业职工患病或非因工负伤医疗期规定》，企业职工因患病或非因工负伤，需要停止工作医疗时，根据本人实际参加工作年限和在本单位工作年限，给予3个月到24个月的医疗期。在规定的医疗期间内由企业按有关规定支付其病假工资或疾病救济费，病假工资标准不得低于当地最低工资标准80%。经过鉴定达到一定职业病残的，可办理退休、退职手续，享受退休和退职待遇。

丧假 职工直系亲属（父母、配偶和子女）以及岳父母或公婆死亡后，酌情给予1～3天丧假。职工在丧假和路程假期间，工资照常发放。

福利费 1991—1994年，县国家机关人员福利费按每人每月2.8元标准提取。1995年1月提高到10元，县事业单位工作人员福利费标准仍按工资总额2.5%提取。1991—1992年，县机关事业单位工作人员夏季清凉饮料费每人每月12元，每年享受3个月(7—9月)。1993—1994年，每人每月20元。1994年，调整为每年享受4个月(7—10月)。1995—1996年，每人每月30元。1997年，每人每月40元。1998—2000年，每人每月50元。2001—2009年，每人每月80元。2010年，县机关规范公务员津贴补贴和事业单位分步实施绩效工资后，停止发放清凉饮料费。

死亡抚恤 按照国家有关规定，对县机关事业工作人员死亡后主要有丧葬费、一次性抚恤金、遗属生活困难补助费等三项福利待遇。丧葬费标准：1994年11月由原规定600元调整为800元，1999年1月调整为2000元，2005年1月调整为4000元，均由原单位发放。一次性抚恤金标准：1994年11月，县机关工作人员死亡后，按职务工资、级别工资、基础工资和工龄工资之和计发一次性抚恤金，取消1986年国家机关工作人员病故后一次性抚恤金最高数额不得超过3000元的规定；县事业单位人员批准为革命烈士的，为本人生前40个月工资；因公死亡的，为本人生前20个月工资；病故的，为本人生前10个月工资。2007年7月，县国家机关人员批准烈士的，为本人生前80个月基本工资或基本离退休费；因公牺牲的，为本人生前40个月基本工资或基本离退休费；病故的，为本人生前20个月基本工资或基本离退休费。2008年6月，县事业单位人员因公牺牲的，为本人生前40个月基本工资或基本离退休费；病故的，为本人生前20个月基本工资或基本离退休费；调整时间均从2004年10月1日起。遗属补助费标准：一般以能维持当地群众生活水平为原则，按应享受遗属补助的人数和标准计算，其总额不得超过死者生前工资。

其他福利补助 对于生育待遇、医疗工伤待遇、计划外长期临时工生活困难补助、精简退职职工生活困难补助和遗属生活困难补助等，均按国务院及地方政府规定实施。

津贴补贴

工作性岗位津贴 国家规定机关事业工作人员工作性岗位津贴主要有机关工作人员津贴和事业单位苦、脏、累、险和保健性津贴。

2011年,机关工作人员津贴有司法助理员岗位津贴、税务征收津贴、人民武装人员补贴、人民法院办案人员岗位津贴、人民检察院办案人员岗位津贴、审计人员工作补贴、纪检与监察办案人员补贴、密码人员岗位津贴、人民警察警衔津贴、人民警察执勤岗位津贴、法院法官审判津贴、检察院检察官检察津贴及信访工作人员岗位津贴。

2011年,事业单位苦、脏、累、险和保健性津贴有艰苦地震台站津贴、艰苦气象台站津贴、农业工作人员有毒有害保健津贴及畜牧兽医医疗卫生津贴、城市下水道工人岗位津贴和环卫工人岗位津贴、环境保护监测津贴、卫生防疫津贴、艰苦广播电视台站津贴、医疗卫生津贴、城市社会福利工作人员岗位津贴、广播电视播音员津贴、特殊教育补贴、护士护龄津贴、殡葬工作人员特殊行业津贴、广播电视天线工岗位津贴、林业系统从事有毒有害工作人员岗位津贴、地质勘探职工野外津贴、艰苦岛屿作业津贴等。

工作性津补贴 1993年10月,机关事业单位新工资制度实施后,根据国家和省工资制度改革的有关规定,保留津补贴113元。2004年1月,建立机关事业单位地方岗位补贴,在职人均月增资420元,分2次兑现到位,当年兑现52%,即在职人员人均月增资220元;2005年继续兑现48%,即在职人员人均月增资200元。离退休的按人均月380元调整生活补贴,2004年当年到位200元;2005年兑现月人均180元。2008年1月兑现机关事业单位在职人员考勤考绩奖月人均300元。工作性津补贴在规范公务员津贴补贴和实施事业单位绩效工资时予以冲销,不再执行。

2001—2011年文成县干部职工奖金、津补贴情况一览表

表36-19

年份	机关			事业		
	年末人数(人)	奖金(万元)	津贴和补贴(万元)	年末人数	奖金(万元)	津贴和补贴(万元)
2001	1772	260.2	864.4	6619	796.9	2673.8
2002	1736	409.8	1185.1	6649	1252.4	3883.1
2003	1738	536.0	1066.4	6652	1422.3	4101.8
2004	1748	443.1	1741.5	6587	1856.4	5109.0
2005	1754	954.5	1846.1	6449	2483.0	6067.0
2006	1735	320.0	2775.2	6338	129.8	10144.3
2007	1812	371.1	3284.4	6052	146.5	10756.7
2008	2005	486.7	4302.4	6028	190.8	13043.2
2009	1779	859.3	7111.2	5816	800.7	11938.6
2010	1796	190.2	7387.1	5797	73.0	10586.9
2011	1893	181.5	7945.5	5818	235.5	8524.4
合计	—	—	39509.3	—	—	86828.8

说明:数据资料由县人事劳动社会保障局提供

离退休人员工资

离休人员工资 离休干部是指1949年9月30日前参加革命,已达到国家规定离休年龄的干部。至2011年,全县机关单位离休人员年人均工资64764元,事业单位离休人员年人均工资61710元。

2001—2011年文成县离休人员待遇情况一览表

表36-20

年份	机关			事业		
	离休人数（人）	工资总额（千元）	年人均工资（元）	离休人数（人）	工资总额（千元）	年人均工资（元）
2001	184	2821	15331	76	1242	16342
2002	166	3391	20427	63	1109	17603
2003	161	3465	21521	57	1522	26701
2004	150	3495	23300	54	1330	24629
2005	143	4565	31923	50	1347	26940
2006	143	4416	30881	49	1304	26612
2007	135	4890	36222	45	1254	27866
2008	144	5486	38097	57	1811	31771
2009	132	7406	56106	41	2260	55121
2010	115	7021	61052	38	2281	60026
2011	106	6865	64764	38	2345	61710
合计	—	53821	—	—	17805	—

说明：数据资料由县人事劳动社会保障局提供

退休人员工资　根据《国家公务员暂行条例》，男性年满60周岁、女性年满55周岁，应办理退休手续。至2011年，全县机关单位退休人员年人均工资42462元，事业单位退休人员年人均工资27609元。

2001—2011年文成县退休人员待遇情况一览表

表36-21

年份	机关			事业		
	退休人数（人）	工资总额（千元）	年人均工资（元）	退休人数（人）	工资总额（千元）	年人均工资（元）
2001	396	5440	13737	1447	16998	11747
2002	560	8324	14864	1304	19269	14776
2003	594	8511	14328	1635	22572	13805
2004	614	11122	18114	1900	30451	16026
2005	656	12156	18530	2009	34157	17001
2006	653	13788	21114	2011	48908	24320
2007	665	20103	30230	2075	53670	25865
2008	627	16981	27082	2355	53288	22627
2009	696	28081	40346	2316	60899	26294
2010	569	24003	42184	1846	49087	26591
2011	597	25350	42462	2263	62480	27609
合计	—	173859	—	—	451779	—

说明：数据资料由县人事劳动社会保障局提供

退职人员工资 国家机关、事业单位职工,不具备国家规定的退休条件,因老弱病残,基本丧失工作能力,本人自愿,可以退职。至2011年年底,全县共有在册机关事业单位退职人员44人,其中机关退职41人、事业单位退职人员3人。退职人员工资待遇按国家有关规定执行。

工资统发

2001年1月,县直属全额拨款机关事业单位在职人员工资由县财政直接拨款统一发放,包括教育系统。由县编办发文,成立工资统发办公室。全额事业单位,人员编制2人,承担全县机关事业单位在职人员的工资统发工作。机构挂靠在县人事劳动局,与工资福利科合署办公。

2001年,工资统发代发银行为农业银行文成县支行。2011年年底,纳入工资统发单位91家,90家县直属全额拨款机关事业单位由农业银行文成县支行统发,教育系统由县农村信用合作联社统发。

2001年和2011年文成县干部职工工资统发情况一览表

表36-22

	2001年						2011年					
	机关	事业	离休		退休		机关	事业	离休		退休	
			机关	事业	机关	事业			机关	事业	机关	事业
单位数(个)	77	197	—	—	—	-	59	141	—	—	—	—
年末人数(人)	1772	6509	184	76	396	1447	1893	5818	106	38	396	1447
工资总额(千元)	24400	79475	2821	1242	5440	16998	105170	274917	6865	2345	5440	16998
基本工资(千元)	13154	44761	2434	1057	4963	15729	23900	73042	1914	657	8659	27635
奖金(千元)	2602	7969	—	—	—	—	1815	2355	—	—	—	—
津补贴(千元)	8644	26738	387	185	477	1269	79455	85244	4951	1688	16530	34845
年人均工资(元)	13692	12210	15332	16342	13737	11747	55557	47252	64764	61710	42462	27609

说明:数据资料由县人事劳动社会保障局提供

第三章　劳　动

中华人民共和国成立以来，文成县劳动行政管理一直实行计划调配，劳动用工实行“统包统配”的就业政策。20世纪80年代始，劳动行政管理开始逐渐转向服务监督，开放劳务市场，劳动用工转变为“三结合”就业道路（劳动部门介绍就业、自愿组织就业、自谋就业）。1999—2011年，采取“劳动者自主择业，市场调节就业和政府促进就业”方针，完善劳动关系协调机制，开展就业失业管理服务、职业技能培训、农村劳动力素质培训、劳动争议仲裁和劳动保障监察，依法保护劳动者基本权利。

2006年，县政府出台《关于进一步做好就业再就业工作的实施意见》，实施新一轮就业优惠政策，加强就业服务和就业管理。培育和完善统一开放、竞争有序的人力资源市场，为劳动者就业和用人单位招用人员提供服务。2007年11月5日，劳动保障部以第28号令公布《就业服务与就业管理规定》，县境于2008年1月1日开始施行。2009年，县政府出台《文成县关于做好就业工作促进社会和谐的实施办法》，加强就业服务与帮扶工作。实施“送政策、送服务、送岗位、送补贴”为主要内容的就业帮扶政策。2004—2011年，全县新增城镇就业人员6620人，下岗失业人员再就业4018人。2011年，农村就业人数13.70万人，同比1991年净增0.46万人，增幅3.47%。

第一节　就业服务

进入20世纪80年代，县劳动部门为适应劳动制度改革的需要，积极创建劳动服务公司，统筹调节城镇社会劳动力。其任务是掌握社会各方面对劳动力的需求情况，对待业人员进行调查、登记、统计、组织培训，介绍和安排就业。县劳动部门或劳动服务公司通过举办劳动力交流（招聘）大会、专业职业介绍等多种形式，创造更多就业机会和途径。

技能培训

重点是职业技能培训和农民知识化培训。1991年开始，坚持“先培训、后就业，先培训、后上岗”原则，以县就业训练中心为主要平台，对企业在职职工、下岗失业人员以及社会待业人员等开展岗前、在岗就业技能培训。1991—2003年，举办下岗失业和待业人员培训班12期501人，举办在职人员培训班14期，培训工种有厨师、图书管理员、工程测量、电脑文字录入员、电工、电影放映员、电影拷贝检片员和汽车驾驶员等。其中取得高级工79人，中级工89人，初级工47人。

图36-2　2006年4月，文成县组织外来务工人员进行就业技能培训（县人事劳动社会保障局提供）

2004年4月,成立文成县农民知识化工作领导小组,办公室设在县人事劳动社会保障局,抽调专职人员负责农民知识化办公室日常工作。5月,县委、县政府出台《关于加快农民知识化工作实施意见》,县人事劳动社会保障局将职业技能培训工作与县农民知识化工作紧密结合,对全县法定劳动年龄内农村劳动力开展培训,全县参加农村实用人才和专业农民农业技能培训、农村富余劳动力转移培训、进城务工农民培训和农村后备劳动力培训17802人。其中,参与农村实用人才和专业农民技能培训13097人,参加职业技能培训2314人。培训后转移就业人数1548人,主要从事文字录入、餐饮服务、美容美发和商品营业等行业。

图36-3　2009年6月,百余名农村妇女参加县委党校劳动力素质培训(县人事劳动社会保障局提供)

2006年7月,经县机构编制委员会批复,县就业训练中心核定差额拨款事业编制3名,主要职能是承担全县就业前培训、劳动技能训练培训和农村劳动力转移技能培训。至2011年,参加农民知识化培训78329人,转移就业18995人。2008年,县人事劳动社会保障局获中共温州市委、市人民政府颁发的温州市农村劳动力素质培训优秀培训基地。

1991—2011年文成县职业技能培训和农民知识化培训情况一览表

表36-23　　单位:人

年份	实用人才专业农民培训	职业技能培训	务工农民培训	农村后备劳动力	转移人数	小计
1991—2003年	—	716	—	—	—	716
2004	13097	2314	2076	315	1548	17802
2005	16745	3063	4693	1833	2053	26334
2006	2787	3423	518	320	2726	7048
2007	2586	4263	851	577	3254	8277
2008	1412	3552	253	315	2500	5532
2009	795	2059	205	302	1688	3361
2010	1366	2113	138	365	1688	3438
2011	2698	3839	—	—	3538	6537
合计	41486	24626	8734	4027	18995	78329

说明:数据资料由县人事劳动社会保障局提供

技能鉴定

1994年开始,全县以提高劳动者素质,促进劳动者就业为中心,推行职业资格证书制度。2003年11月,经温州市劳动局批准,县就业训练中心职业技能鉴定站成立,鉴定工种为计算机类和美发师,等级为初级、中级和高级三种。2007年6月,经省劳动和社会保障厅批准,县职业技能鉴定中心成立。中心为全额事业单位,核定事业人员编制2人,负责具体组织、指导本县的职业技能鉴定工作。2003—2011年,参加职业技能鉴定10118人,发放合格证书8866本。

2003—2011年文成县职业技能鉴定情况一览表

表36-24　　　　单位：人

年份	鉴定	合格发证	年份	鉴定	合格发证
2003	141	120	2008	1196	1076
2004	810	767	2009	1312	1180
2005	1098	1033	2010	1290	1158
2006	1154	979	2011	1901	1520
2007	1216	1033	合计	10118	8866

说明：数据资料由县人事劳动社会保障局提供

就业帮扶

2006年，县政府出台《关于进一步做好就业再就业工作的实施意见》，实施新一轮就业优惠政策。2007年，全县新增就业人数2260人，其中安排就业困难人员就业227人。2008年，县政府出台《关于印发全县城镇零就业家庭和农村低保家庭劳动力就业援助方案的通知》，实施以"送政策、送服务、送岗位、送补贴"为主要内容就业帮扶政策，有力地促进全县城乡就业困难人员实现就业再就业。政策明确规定，对用人单位招用各类符合条件的就业困难人员，相应给予每人每月200元就业援助补贴、每人每月300元社保补贴；对来料加工就业援助基地吸纳就业困难人员就业的，予以基地每人每年1200元就业安置补贴；帮扶城镇零就业家庭、低保劳动力等就业困难人员294人实现就业，向258名生活困难下岗失业人员发放年终补助金18.58万元，城镇下岗失业人员实现再就业516人。2009年，县政府出台《文成县关于做好就业工作促进社会和谐的实施办法》，加强就业服务和管理。城镇下岗失业人员实现再就业398名，其中就业困难人员261人。1999—2011年，为下岗特困职工发放职工困难慰问金88.18万元。2010—2011年，向各乡镇下达岗位补助、就业援助、社保补贴和创业补助等就业资金499.86万元。

第二节　就业管理

加强就业管理是国家调节和干预劳动力市场的主要手段。它有利于促进劳动力就业，提高劳动力市场运作效率，增强劳动力市场信息透明度，促进劳动力市场健康有序发展。

劳动力状况

随着改革开放进程的加快，城镇集体经济逐步转型改制，个体、私营经济逐步发展壮大，劳动力不断从一产向二、三产业转移。1991年，全县总人口36.49万人，其中农业人口34.30万人，占总人口94%；非农业人口2.19万人，占总人口6%。全县劳动力总数14.66万人，占总人口40.18%，按产业分：一产9.70万人，占66.17%；二产0.90万人，占6.14万；三产4.06万人，占27.69%。按从业单位性质分：全民单位就业1万人，占6.82%；集体单位就业0.42万人，占2.86%；农村就业13.24万人，占90.31%。

至2011年，全县总人口38.65万人，劳动力总数15.37万人，占总人口39.77%，同比1991年增净0.71万人，增幅4.84%。其中，一产6.35万人，同比1991年减少3.35万人，降幅34.5%；二产2.07万人，同比1991年净增1.17万人，增幅130%；三产6.95万人，同比1991年净增2.89万人，增幅71.18%。全民单位0.94万人，同比1991年减少

0.06万人,降幅6%;城镇集体单位0.05万人,同比1991年减少0.37万人,降幅88.10%;其他所有制单位0.68万人,同比1998年净增0.55万人,人数增长至5.23倍;农村就业人数13.70万人,同比1991年净增0.46万人,增幅3.47%。

1991—2011年文成县劳动力资源情况一览表

表36-25　　单位:万人

年份	全县总人口	按户籍分		劳动力	按产业分			按单位性质分			农村就业人数
		农业人口	非农人口		一产	二产	三产	全民单位从业人数	集体单位从业人数	其他单位从业人数	
1991	36.49	34.30	2.19	14.66	9.70	0.90	4.06	1.00	0.42	—	13.24
1992	36.62	34.42	2.20	15.56	9.87	0.41	5.28	1.02	0.33	—	14.21
1993	36.87	34.60	2.27	15.87	8.68	0.53	6.66	1.30	0.15	—	14.52
1994	37.03	34.79	2.24	16.25	8.72	0.55	6.98	1.47	0.07	—	14.71
1995	36.84	34.55	2.29	16.71	8.56	0.62	7.53	1.41	0.11	—	15.19
1996	37.04	34.74	2.30	16.97	8.68	1.02	7.27	1.36	0.17	—	15.44
1997	37.17	34.81	2.36	18.42	9.01	1.85	7.56	1.40	0.10	—	16.91
1998	36.70	34.31	2.39	19.01	9.19	1.84	7.98	0.96	0.24	0.13	17.68
1999	37.25	34.81	2.44	18.71	9.00	1.95	7.76	1.01	0.27	0.15	17.58
2000	37.24	34.67	2.57	19.16	9.02	2.01	8.13	0.99	0.19	0.16	17.82
2001	37.16	34.56	2.60	18.58	8.98	1.83	7.77	0.98	0.16	0.28	17.16
2002	36.80	34.13	2.67	19.00	8.69	2.03	8.28	0.98	0.11	0.22	17.69
2003	36.36	33.53	2.83	17.34	8.19	2.04	7.11	1.00	0.11	0.08	16.15
2004	36.33	33.41	2.92	17.50	7.76	2.20	7.54	0.96	0.10	0.13	16.31
2005	36.47	33.47	3.00	14.99	6.96	1.79	6.24	0.94	0.08	0.34	13.63
2006	36.67	33.57	3.10	15.19	6.86	1.82	6.51	0.92	0.08	0.26	13.93
2007	36.93	33.73	3.20	15.09	6.59	1.91	6.59	0.92	0.08	0.26	13.83
2008	37.20	33.90	3.30	15.15	6.48	1.99	6.68	0.91	0.05	0.64	13.55
2009	37.37	34.01	3.36	15.19	7.72	0.10	7.37	0.92	0.06	0.61	13.60
2010	37.64	34.24	3.40	15.19	6.34	2.04	6.81	0.92	0.06	0.81	13.40
2011	38.65	35.11	3.54	15.37	6.35	2.07	6.95	0.94	0.05	0.68	13.70

说明:数据资料由县人事劳动社会保障局提供

城镇就业

1991年开始,继续贯彻"三结合"就业方针,按照"先城镇、后农村,先本地、后外地"原则,以安置劳务企业为主渠道,同时引导和鼓励城镇待业人员自谋职业,鼓励城镇集体企业、乡镇企业、私营个体经济增加就业岗位,当年安置城镇待业人员405人。

1992年9月,改革劳动用工制度,扩大企业用人自主权。实行"先培训、后就业,先培训、后上岗"就业原则,由企业自主面向社会,统一招考经就业培训结业人员,当年国有企业安置118人,集体企业安置36人。

1995年11月,建立再就业工程专项资金。对失业6个月以上(重点是一年以上)并有求职要求的失业职工,连续6个月以上基本生活无保障的企业富余职工进行转业训练和就业指导。

2003年开始,下岗失业人员可办理"再就业优惠证",凭证可享受免收行政事业性收费、税收减免、享受小额担保贷款、社会保险补贴等优惠政策。2004—2011年,办理"再就业优惠证"775本。

1993—2003年，安置城镇待业人员1811人。2004—2011年，新增城镇就业人员6620人，下岗失业人员再就业4018人。至2011年，城镇登记失业率为3.59%。

劳务输出

1991年6月，县职业介绍所建立。该所属事业单位性质，归口县就业管理服务处，人员由服务处内部调剂。1995年4月，农村劳动力跨地区就业实行总量控制。实行全省统一“外出人员就业登记卡”“外来人员就业证”管理制度，严禁无卡外出、无证上岗。同年，全县劳务输出4.5万人（含劳务输出未登记数）。其中外出从事建筑业2000人、服务业1.9万人、农林牧副业5000人、经商1000人、其他行业1.8万人。外出务工人员大部分集中浙江省的温州、瑞安、杭州等地。1997年，在本县珊溪镇设立职业介绍代办处，以方便珊溪水利工程劳务用工。当年登记介绍2285人，其中登记劳务输出1521人。

1991—2011年，登记求职人员3.26万人次，介绍18356人成功就业，办理“就业登记卡”5262人次，经公共就业服务机构介绍输出劳动力12365人次。

劳务代理

2005年8月1日，县人事劳动社会保障局就业管理处直接受理劳动事务代理业务，主要负责接受县内国有、集体企事业、股份制企业、乡镇企业、个体私营企业及无主管部门的用人单位或个人委托，为其代理劳务派遣、就业指导培训、档案代管和代办招工招聘等。

2009年8月1日，县就业管理处更名为县弘业人力资源有限公司。2005—2011年，就业管理处（弘业人力资源有限公司）代理档案管理44人，代理劳务派遣人员186人。

劳动就业服务企业

劳动就业服务企业是承担安置城镇失业人员就业任务、由国家和社会扶持、进行生产经营自救性质的集体所有制经济组织。1991—1994年，全县劳动就业服务企业发展至12家，从业人员400余人。1999年，县政府实行贴息贷款扶持政策，对劳动就业服务企业予以扶持。

1999年，劳服企业分别有县力士鞋业有限公司、县冰洋实业有限公司、县长城鞋厂3家。3家企业分别获得就业难贴息贷款扶持，其中县力士鞋业有限公司3万元、县冰洋实业有限公司4万元、县长城鞋厂4万元。2000年12月，给予县冰洋实业有限公司就业难点贴息贷款项目6.2万元，县长城鞋厂就业难点贴息贷款项目4.8万元，安置部分失业人员和企业下岗、富余职工。

2001年后，由于政府资金扶持政策调整，没有给予劳服企业就业难点贴息贷款项目。

第三节 劳动保护

劳动保护主要是宣传劳动保障法律、法规和规章；依据劳动法检查落实有关禁用童工、未成年工人和女职工特殊劳动保护等规定；对企业规章制度、劳动合同、社会保险、工资支付和劳动工时等实施监督与管理，保障企业职工合法权益。依法对用人单位和劳动者遵守劳动保障法律法规情况进行监督检查，并对违法行为进行行政执法处理。

权益保障

1991年以来，县人事劳动部门贯彻落实《中华人民共和国劳动法》《浙江省劳动保护条例》《浙江省〈禁止使用童工规定〉实施细则》《浙江省未成年人保护条例》《浙江省女职工劳动保护办法》，对企业招用职工、职工工资、社会保险、劳动保护、工时休假制度执行等方面进行监督与管理，保障企业职工的合法权益。

1994年，企业职工夏季防暑降温清凉饮料费享受月数由3个月调整为4个月，之后发放标准逐步提高。至2010年，清凉费标准为高温作业工人每人每月200元、非高温作业工人每人每月160元、一般工作人员每人每月130元。1995年5月，贯彻实行工伤保险制度。1996—2010年，查处非法使用童工用人单位13家、童工16名。2010年，建立建筑企业工人工资保证金制度，累计缴存建筑业企业工资保证金715万元。2005年11月，建立县农民工工资应急周转金制度，收取周转金10万元；2009年提高至100万元。2010年8月，劳动保障监察实行网格化管理，建立县一级网格4个、乡镇二级网格10个、村居三级网格391个，全县33个乡镇配备专（兼）职劳动和社会保障员4人，各村居、社区成立劳动保障站，配备专（兼）职劳动保障协管员391人，劳动保障服务体系向农村覆盖。

图36-4　2011年7月，举行全县乡镇劳动保障员及村级劳动保障协管员培训会（县人事劳动社会保障局提供）

劳动监察

1994年，县劳动人事局增设监察股；7月，配备劳动监察员8人。2000年，县劳动监察大队成立。2002年，更名为县劳动保障监察大队。其职能是依法对用人单位和劳动者遵守劳动保障法律法规情况进行监督检查，并对违法行为进行处理；宣传劳动保障法律、法规和规章；依据劳动法有关禁用童工、未成年工和女职工特殊劳动保护等规定，对规章制度、劳动合同、社会保险、工资支付和劳动工时等实施监察。

1994—2011年文成县劳动监察情况一览表

表36-26

年份	受、立案查处情况				常规及专项监察						
	举报投诉案件（件）	立案数（件）	被处罚单位（家）	被处罚金额（万元）	次数（次）	单位数（个）	涉及人数（人）	责令整改单位（个）	补签劳动合同人数（人）	追回民工工资（万元）	查处清退童工（人）
1994	—	—	—	—	2	48	1200	—	360	0.53	—
1995	—	—	—	—	2	16	905	—	—	—	—
1996	8	8	1	0.3	3	43	1020	8	—	0.035	1
1997	5	5	—	—	5	25	1800	5	577	—	—

续表36-26

年份	受、立案查处情况				常规及专项监察						
	举报投诉案件（件）	立案数（件）	被处罚单位（家）	被处罚金额（万元）	次数（次）	单位数（个）	涉及人数（人）	责令整改单位（个）	补签劳动合同人数（人）	追回民工工资（万元）	查处清退童工（人）
1998	12	12	2	0.7	3	160	4532	—	823	3.2	—
1999	8	3	3	0.8	2	31	—	5	700	—	—
2000	12	12	—	—	2	25	—	23	800	10.5	—
2001	21	—	—	—	3	53	—	21	—	2.7	—
2002	6	6	1	0.4	3	125	—	16	1238	38.78	—
2003	92	26	26	—	5	49	2619	—	—	82.5	—
2004	100	8	2	—	5	198	4263	2	—	130	2
2005	192	8	8	—	6	120	4313	15	2000	162	—
2006	120	8	8	11.8	5	174	2025	105	2000	152	2
2007	135	5	5	6.6	6	738	1836	52	814	80	3
2008	97	12	12	91.8	5	1143	4925	—	3000	89	1
2009	98	7	7	5.8	6	1100	2587	—	849	90	1
2010	152	5	1	2	5	1498	4899	4	495	80	6
2011	98	8	8	18.8	6	1563	4937	10	421	470	9

说明：数据资料由县人事劳动社会保障局提供

劳动保障书面审查制度是劳动监察的重要手段。1997年8月，全县所有企业、雇佣劳动力个体经济组织和企业化管理事业单位实行劳动用工年检制度。2005年7月，劳动保障年检制度改为劳动保障书面审查制度。1999—2010年，开展用人单位劳动保障书面审查3290家次。2007年，劳动保障诚信等级评定机制贯彻实行，2007—2010年，评定劳动保障诚信等级A级（守信）223家次，B级（基本守信）444家次，C级（限期整改）667家次，不定级888家次。

劳动仲裁

县劳动争议仲裁委员会于1990年成立，下设办公室，与县劳动人事局劳动股合署办公。

1993年开始，按照《中华人民共和国企业劳动争议处理条例》开展劳动争议仲裁。1998年11月，调整县劳动争议仲裁委员会，成员由县人事劳动局、县总工会和县计经委等单位人员组成，下设办公室，与县劳动人事局劳动力管理科合署办公。2002年，人事争议仲裁委员会成立。2002年10月，调整县人事劳动争议仲裁委员会，成员由县人事劳动社会保障局、县总工会和县经贸局等单位组成，下设办公室，与县人事劳动社会保障局劳动力管理科合署办公。2011年2月，根据上级机关对劳动人事争议仲裁机构实体化建设要求，经县机构编制委员会批准，设立县劳动人事争议仲裁院，机构性质为全额事业单位，核定人员编制3人。

1997—2011年，全县受理劳动争议案件96件，劳动仲裁9件，行政调解66件，不予立案20件，自动撤诉1件。其中2009年，受理人事争议仲裁案件2件，裁决2件。2011年，受理人事争议仲裁案件2件，裁决2件。2011年，县人事劳动社会保障局获浙江省劳动人事争议仲裁委员会颁发的全省劳动争议案件处理工作先进单位。

1997—2011年文成县劳动争议仲裁案件受理情况一览表

表36-27　　单位:件

年份	争议案件受理数	其中			
		裁决	调解	不予立案	撤诉
1997	2	—	2	—	—
1998	9	1	8	—	—
1999	2	0	2	—	—
2000	3	0	3	—	—
2001	3	—	3	—	—
2002	4	1	3	—	—
2003	3	2	1	—	—
2004	3	—	2	1	—
2005	4	—	4	—	—
2006	5	—	5	—	—
2007	11	—	11	—	—
2008	13	1	7	5	—
2009	15	2	5	7	1
2010	11	—	5	6	—
2011	8	2	5	1	—
合计	96	9	66	20	1

说明:数据资料由县人事劳动社会保障局提供

安全监管

1990—2001年,开展对全县的安全生产实行监督和管理。其中1990年,年度检验锅炉11台和压力容器8台。1991年,继续开展锅炉房综合治理工作,年度检验锅炉7台,液化气钢瓶2400只,定检率100%;协助和督促乡镇企业处理安全事故1件、限期整改违反安全卫生工作单位2家。1992年,举办安全生产知识培训班1期,企业负责人参加培训25人;检验锅炉8台。1993年,全县开展安全生产大检查2次,检验压力容器2台、锅炉8台,验收新装锅炉1台,调查处理工伤事故9件。1995年,全县开展安全生产大检查3次,调查处理重大伤亡事故2件,进行"三同时"验收新建企业3家;举办特种作业锅炉工培训班1期,培训人员26人,发给上岗操作证书。

1996年,重点对乡镇、私营企业进行安全生产检查,责令停产检修有严重事故隐患锅炉1台;查处珊溪镇一个体户使用土锅炉爆炸,造成死亡2人、重伤2人的重大安全事故。1997年,全县开展安全卫生生产大检查3次,检测液化气供应站2个钢瓶3000余只,检验锅炉压力容器4台;查处浙江西子电梯集团温州分公司擅自在县境安装电梯事件,并处以经济处罚;组织人员7次查处土制锅炉16台;发出劳动安全监察通知书17份;查处非矿山企业在生产过程中造成死亡2人、重伤4人的重大伤亡事故,并以经济处罚;对企业职工工伤进行伤残等级鉴定3人。

1998年,对珊溪、峃口等地个体户擅自使用土制锅炉进行突击检查8次。1999年,开展安全检查,向5所学校发出监察通知书;开展液化气钢瓶安全监测,检测到期钢瓶6000余只,报废90余只。

2000年4月,全面开展布置查禁伪劣锅炉专项整治活动。出动43人次,发出《劳动保护监察意见书》22份,更换、停止使用伪锅炉22台。2001年,组织75家单位的安全生产监督员、矿长16人和矿山安全员21人分别参加安全知识和资格培训。

2002年1月,安全生产由县经济贸易局进行监督和管理。2004年11月,转为县安全生产监督管理局(属县政府职能部门)实行更加全面监督和管理。

第四章　社会保障

随着社会主义市场经济体制的建立和发展，全县社会保险制度逐步健全和完善。其发展历程分为“单位保险”“险种单一社会保险”和“五位一体社会保险”三个时期。1991年，职工退休养老保险和待业保险金由各企业单位自行开支，属于“单位保险”时期。1992年，企业职工基本养老保险由国家、企业和个人三方共同负担，属于“险种单一社会保险”时期。1995年，《温州市企业职工工伤保险暂行办法》施行。2003年11月，《文成县新型农村合作医疗管理办法（试行）》出台。2004年4月，《文成县生育保险暂行办法》出台。2007年9月，《关于深化完善被征地农民社会保障工作的通知》出台。2008年7月，县政府出台《文成县城镇居民医疗保险实施暂行办法》。2010年1月，城镇居民医疗保险并入新农合，建立城乡居民合作医疗制度，城镇居民医疗保险基金并入新农合基金。2010年1月，《文成县城乡居民社会养老保险实施办法》施行。2011年，城乡居民合作医疗职能从县卫生局移至县人事劳动社会保障局。全县养老、医疗、工伤、生育、失业等“五大保险”相关制度相继建立和完善，步入养老、医疗、工伤、生育和失业等 “五位一体社会保险”时期。

第一节　养老保险

养老保险全称社会基本养老保险，是国家和社会根据一定的法律和法规，为解决劳动者在达到国家规定的解除劳动义务的劳动年龄界限，或因年老丧失劳动能力退出劳动岗位后的基本生活需求而建立的一种社会保险制度。养老保险是社会保障制度重要组成部分，是社会保险五大险种中最重要险种之一。养老保险目的是为保障老年人的基本生活需求，为其提供稳定可靠的生活来源。

城镇职工基本养老保险

1991年，全县实行全民所有制企业职工退离休基金统筹和合同制工人缴纳养老保险制度。保险基金由所属单位合同制工人工资总额的17%和本人月标准工资的2%缴纳。企业和职工个人缴纳的基本养老保险费转入社会保险管理机构在银行开设的“养老保险基金专户”，实行专户储存，专款专用制度。全县参加养老统筹全民企业66家，职工3123人，退休人员794人，劳动合同制工人974人。1992年1月，《文成县企业职工社会养老保险实施办法（暂行）》施行。机关事业劳动合同制工人，全民、集体、个体和私营等各种所有制企业单位职工，均纳入社会养老保险实施范围，进一步扩大养老保险覆盖面。年底，全县参保单位201个，在职参保3356人，离退休1264人。1993年，全县进一步健全社会保险体系，实行企业职工补充养老保险制度。1997年4月，实行养老保险费用社会统筹和个人账户相结合制度。建立基本养老保险共济基金，由企业缴纳的养老保险费扣除记入个人账户部分的余额和地方养老保险基金组成。企业职工离退休时，其基本养老金由社会性养老金和个人账户养老金两部分组成。月基本养老金=本县当年最低月缴费工资×20%+职工退休时个人账户储存额÷120。职工个人账户储存额，按不低于同期居民一年期银行定期储蓄率计算。1998年5月，出台施行《文成县建立统一的企业职工基本养老保险制度实施办法》，实行统一缴费标准、统一个人账户规模、统一计发办法。同年底，全县参加企事业职工基本养老保险5717人，退休人员1824人。缴费年度为当年4月1日至次年3

月31日,缴费基数每年核定一次,基本养老保险费改由税务部门代为征收。

2006年4月1日,参保人员基本养老保险个人账户规模统一由本人缴费工资的11%调整为8%,全部由个人缴费形成,单位缴费不再划入个人账户;城镇个体工商户和灵活就业人员按本人缴费基数的8%记入个人账户。企业职工失业及个体参保人员到达法定退休年龄前死亡,缴费年限满15年的,可享受企业退休人员同等标准丧葬费和一次性抚恤费。

2005—2011年,连续6年调整增加企业退休人员基本养老金。其中,2005年调资1648人,人均月普调44元;2006年调资2243人,人均月普调55元;2007年调资2424人,人均月普调96元;2008年调资2578人,人均月普调99元;2009年调资2711人,人均月普调111元;2010年调资2822人,人均月普调118元。

2011年,全县参加企业基本养老保险28013人,其中离退休3327人,月人均养老金1677元,累计基金结余29018万元,基金支付能力达25个月。

1999—2011年文成县城镇职工基本养老保险参保情况一览表

表36-28

年份	缴费比例(%)		在职职工数(人)	离退休人员数(人)	月人均养老金(元)
	单位	个人			
1999	16	4	3765	1335	611
2000	14	5	4760	1502	553
2001	14	6	4501	1453	661
2002	13	7	4809	1572	747
2003	13	7	4886	1612	806
2004	14	8	5086	1648	806
2005	15	8	5405	1724	897
2006	17	8	6065	1836	1023
2007	18	8	6884	1867	1148
2008	19	8	7606	1970	1305
2009	16	8	8336	2781	1415
2010	14	8	9569	2588	1593
2011	14	8	14768	3327	1677

说明:数据资料由县人事劳动社会保障局提供

机关事业单位养老保险

1991年,机关事业单位职工离退休养老金由国家负担。1992年1月1日,独立核算事业单位固定职工和国家机关、社会团体、事业单位的劳动合同制工人和各类临时工纳入社会养老保险实施范围,由单位和个人按比例缴纳基本养老保险费,单位部分按上年各类企业职工平均月工资总额17%缴纳,个人部分按当年标准工资2%缴纳。

1999年6月,实施《文成县机关事业单位工作人员基本养老保险暂行办法》,除国家公务员外,其他机关事业单位工作人员均纳入基本养老保险实施范围。

2000年1月1日,先在全额拨款事业单位中执行,机关事业单位合同制职工继续参加养老保险。基本养老保险基金由个人和单位共同负担。个人缴费部分以本人上年月平均工资收入2%缴纳,单位缴费部分按照单位在职工作人员上年月平均总额的一定比例缴纳,按照以支定收、收支平衡原则实行一年一定。同年,参加机关事业养老保险职工2684人,离退休574人。

2011年，全县参加机关事业单位养老保险8495人，其中离退休2757人，月人均养老金1883元，基金累计结余1179.49万元。

1998—2011年文成县机关事业单位养老保险离退休情况一览表

表36-29

年份	离退休人员(人)	月人均退休金(元)	年份	离退休人员(人)	月人均退休金(元)
1998	554	656	2005	2151	1507
1999	574	729	2006	2265	1510
2000	1640	764	2007	2362	1778
2001	1817	953	2008	2444	1787
2002	1890	1095	2009	2569	1801
2003	1978	1148	2010	2675	1802
2004	2072	1323	2011	2757	1883

说明:数据资料由县人事劳动社会保障局提供

农村社会养老保险

1996年9月，《文成县农村社会养老保险暂行办法》施行。凡属本县常住户口或暂住户口的公民，除已参加一体化企业职工社会养老保险外，均可参加农村社会养老保险。年末，全县参加农村社会养老保险450人。

参保人可根据实际，按每月20元、25元、30元缴纳，年龄在50周岁以上的，每人每月以30元、35元、40元三档缴纳；一次性缴纳的，最低300元，上不封顶。农村社会养老保险参保人年满60周岁后，参加养老保险年限满10年的，根据个人账户积累总额，确定养老金支付标准，按月领取养老金。参保人未满60周岁死亡或出国定居的，按其缴纳养老金个人账户积累总额（包括利息）返还给法定继承人。2000年，累计参保达3185人，投保金额96.53万元。

由于政策变动原因，农村社会养老保险没有连续投保，没有达到预期的养老保险作用。后根据省有关文件精神，在村民自愿前提下，对农村养老保险规范管理、进行清退。计息方法是前五年按1分利息计算，以后按银行同期存款利率计算。

城乡居民社会养老保险

2010年1月，《文成县城乡居民社会养老保险实施办法》施行。凡本县户籍、年满16周岁，且非国家机关、事业单位、社会团体工作人员和未参加职工基本养老保险的城乡居民（全日制学校在校学生除外），均可在户籍所在地参加城乡居民社会养老保险。参保人员按每年100元、200元、300元、400元和500元档次标准选择缴费，县财政补贴每年每人30元。

城乡居民养老保险待遇由基础养老金、个人账户养老金和缴费年限养老金三部分组成。2010年基础养老金月标准为每人每月60元，2011年7月调整至66元。1949年12月31日前出生，未享受国家机关、事业单位、社会团体工作人员离休、退休、退职待遇或职工基本养老金待遇的本县户籍城乡居民，不用缴费直接领取基础养老金，但其符合参保条件的子女应当参保缴费。2011年4月，高龄老人补贴制度建立，对年满80周岁高龄老人，在享受城乡居民养老金待遇的同时，每人每月发放30元高龄补贴。已领取养老金待遇的参保人员死亡时，可享受死亡当月基础养老金20个月的一次性丧葬补助费。

2011年，全县参加城乡居民社会养老保险109685人，其中享受养老金待遇50445人，当年基金收入6190.22万元，当年支出4723.68万元，累计结余5886.34万元。

2010—2011年文成县城乡居民基本养老保险情况一览表

表36-30

年份	参保人数(人)	领取养老金人数(人)	当年养老金收入(万元)	当年养老金支出(万元)	累计结余(万元)
2010	106172	48040	8090.59	3670.79	4419.8
2011	109685	50445	6190.22	4723.68	5886.34
合计	—	—	14280.81	8394.47	—

说明:数据资料由县人事劳动社会保障局提供

被征地农民社会保障

2007年9月,县政府出台《关于完善全县被征地农民社会保障工作的通知》,开始在本县范围内,经依法批准征地由县国土资源管理部门实施统一征地的被征地家庭中开展被征地农民社会保障工作。保障对象为被征地的年满16周岁及以上在册农业人员,实行基本生活保障形式,建立个人与社会统筹相结合的基本生活保障制度。

被征地农民基本生活保障实行缴费标准与保障水平相挂钩。参保人员可自行选择缴费档次,确定后不能再作变动。缴费资金由政府、村集体、个人按3:4:3比例共同筹集。按缴费标准一次性缴纳基本生活保障后,凡年满60周岁及以上的,次月享受基本生活保障待遇;凡年龄在60周岁以下的,从年满60周岁的次月开始享受基本生活保障待遇。基本生活保障金待遇根据参保时确定缴费档次,按一档每月240元、二档每月200元、三档每月160元,个人不缴费的按每月80元标准,由县社会保险机构按月发放。

2009年开始,全县参加被征地农民基本生活保障252人,其中已享受基本生活保障待遇67人。2011年,全县参加被征地农民基本生活保障397人,其中已享受基本生活保障待遇266人。

2009—2011年文成县被征地农民社会保险情况一览表

表36-31

年份	参保(人)	领取养老金(人)	当年养老金收入(万元)	当年养老金支出(万元)	累计结余(万元)
2009	252	67	158.41	7.28	1133.23
2010	270	72	1594.59	18.29	2709.53
2011	397	266	4153.27	47.34	6815.46
合计	—	—	5906.27	72.91	—

说明:数据资料由县人事劳动社会保障局提供

第二节　医疗保险

医疗保险一般指基本医疗保险,是为了补偿劳动者因疾病风险造成的经济损失而建立的一项社会保险制度。通过用人单位与个人缴费,建立医疗保险基金,参保人员患病就诊发生医疗费用后,由医疗保险机构对其给予一定的经济补偿。基本医疗保险制度的建立和实施集聚单位和社会成员的经济力量,再加上政府的资助,可以使患病的社会成员从社会获得必要的物质帮助,减轻医疗费用负担,防止患病的社会成员"因病致贫"。

公费医疗制度

1991年1月,干部职工的医疗费分门诊和住院两部分报销,公费医疗实行县、区、乡三级定点医疗机构就诊制度。1994年7月,公费医疗经费由医疗单位管理为主,按实际享受人员数定额经费,拨到医疗单位统一掌握使用。1997年1月,门诊医疗费按工龄档次定额发给各享受单位统一使用。2000年11月,县公费医疗办从县卫生局成建制划归并入县社会保险事业管理局。

城镇职工医疗保险

2000年1月,开始实施《文成县城镇职工基本医疗保险暂行办法》。建立城镇职工基本医疗保险制度,实行全县统一管理。基本医疗保险基金实行县级统筹,建立统筹基金和个人账户。基本医疗保险费由用人单位和职工共同缴纳,用人单位按本单位上年度职工月平均工资(退休人员按退休金)的7%缴纳;在职职工按本人上年度月平均工资的2%缴纳,全部记入个人账户;退休人员个人不缴费,由退休单位按退休人员退休金总额的3%缴纳。

个人账户主要用于门诊医疗费用和规定由个人负担的其他医疗费用。职工个人缴纳的医疗保险费全部记入个人账户,同时用人单位缴纳的医疗保险费也按一定比例划入个人账户。

2000年,参加城镇职工医疗保险8872人,其中在职职工7139人、退休人员1733人。2006年,参加城镇职工医疗保险达到13774人,其中在职职工9496人、退休人员4278人。

2000—2006年文成县城镇职工基本医疗保险(未包含其他医疗)参保人数一览表

表36-32　　单位:人

年份	参保人数	在职职工	退休人员
2000	8872	7139	1733
2001	10626	7766	2860
2002	11303	8272	3031
2003	12210	8699	3511
2004	12511	8751	3760
2005	13043	9055	3988
2006	13774	9496	4278

说明:数据资料由县人事劳动社会保障局提供

2007年7月始,《文成县个体劳动者基本医疗保险实施办法》施行。本县统筹范围内、本县户籍、在法定劳动年龄段的个体经济组织业主及其从业人员、自由职业者纳入基本医疗保险范围,符合条件的必须参加基本医疗保险。

2011年4月,《文成县城镇职工基本医疗保险大病医疗救助实施办法》施行。建立城镇职工医疗保险救助制度,主要解决本县参保职工年度内累计支付超过统筹基金最高限额的医疗费用。医疗保险救助基金主要来源为每年从基本医疗保险统筹基金总量中提取3%,在职参保职工按9元/人·月,退休(职)人员按7元/人·月缴纳。

为完善全县城镇职工基本医疗保险体系,保障参保人员的门诊医疗保险权益,2000年1月,《文成县城镇职工基本医疗保险特殊病种门诊费用管理暂行细则》施行,2011年4月,《文成县城镇职工基本医疗保险门诊医疗统筹办法》施行。

2000年1月,《文成县人民政府办公室关于印发公务员医疗补助管理的通知》施行,国家机关和全额拨款事业单位工作人员列入医疗补助范围,补助标准为80%。2011年4月,《文成县国家公务员医疗补助暂行办法》实施,在基本医疗保险的基础上,公务员医疗补助办法建立。公务员医疗补助经费由参保单位每月按全部公务员(含退休人员)缴费基数之和的8%缴纳,主要用于基本医疗保险支付范围内报销比例之外药费。

2011年,全县参加基本医疗保险单位634家,参保人员21648人。其中国家机关事业单位240家11168人,企业394家10250人,离休210人、退休20人。医保基金累计结余4613.2万元。其中统筹基金结余2983万元,个人账户结余1357万元,公务员补助金结余689.44万元,重大疾病救助金结余185.14万元,离休基金结余-582.78万元,伤残人员基金结余-18.6万元。

2007—2011年文成县城镇职工基本医疗(未包含其他医疗)保险情况一览表

表36-33

年度	参保单位(家)	在职职工(人)	退休人员(人)	基金征缴(统筹基金)(万元)	享受医保人数(人)	医疗费用(统筹基金)(万元)	累计结余(万元)
2007	450	12087	4702	1390	4905	1036	1602
2008	480	14126	4675	1680	2701	1196	2086
2009	608	15141	4932	1913	2922	1353	2646
2010	608	15636	4945	2338	3110	1782	3201
2011	634	15614	5804	2501	5789	2719	2983
合计	—	—	—	9822	—	8086	—

说明:数据资料由县人事劳动社会保障局提供

城乡居民合作医疗保险

2003年10月,县农村合作医疗管理委员会成立,由县分管领导担任主任,负责有关组织、协调、管理和指导工作。2003年11月,县政府出台《文成县建立新型农村合作医疗制度实施方案(试行)》(以下简称新农合)。凡本县户籍农村居民,以户为单位纳入新型农村合作医疗,实行个人缴费和政府资助相结合的筹资办法。2004年,新农合参保人数196597人,参保率达93.35%。2006年1月,全县范围内全面推开并逐步完善大病统筹为主的新型农村合作医疗。2007年1月,县内门诊补偿资金按参保人均10元的标准、县外门诊补偿资金按参合人数每人3元的标准,建立新农合普通门诊补偿基金。

2008年7月,县政府出台《文成县城镇居民医疗保险实施暂行办法》,全县未参加城镇职工医疗保险的非农户籍城镇非从业居民纳入城镇居民医疗保险体系。城镇居民医疗保险费由财政补助和个人缴纳组成,按年一次性缴费。

2010年1月,城镇居民医疗保险并入新农合建立城乡居民合作医疗制度,城镇居民医疗保险基金并入新农合基金。2011年9月,根据省、市文件精神,城乡居民合作医疗职能从县卫生局移至县人事劳动社会保障局。2011年年底,全县参加城乡居民合作医疗327002人,参合率达常住人口的100%。当年基金收入12139.08万元,住院补偿15370人次、门诊补偿544504人次,累计基金结余6750.27万元。

2004—2011年文成县城乡居民合作医疗情况一览表

表36-34

年份	筹资标准(元)		参保人数(人)	住院补偿(人次)	门诊补偿(人次)	基金收入(万元)	基金支出(万元)	累计结余(万元)
	小计	其中个人						
2004	40	20	196597	1805	—	677.6	317.32	361.09
2005	40	20	186254	2876	—	494.8	550.35	305.54
2006	40	15	200800	4470	147	1162.7	904.38	563.86
2007	50	15	227000	4955	24868	1449.5	1119.24	894.12
2008	100	20	228805	8029	169464	2495.1	2318.49	1070.73
2009	140	30	235135	10043	322568	3691.1	3718.17	1043.66

续表36-34

年份	筹资标准(元)		参保人数(人)	住院补偿(人次)	门诊补偿(人次)	基金收入(万元)	基金支出(万元)	累计结余(万元)
	小计	其中个人						
2010	185	45	235013	12377	539917	5621.6	4447.62	2217.64
2011	340	80	327002	15370	544504	12139.08	7606.45	6750.27
合计	—	—	—	59925	1601468	27731.48	20982.02	—

说明：数据资料由县人事劳动社会保障局提供

第三节　工伤保险

工伤保险又称职业伤害保险，是通过社会统筹的办法，集中用人单位缴纳的工伤保险费，建立工伤保险基金，对劳动者在生产经营活动中遭受意外伤害或职业病，并由此造成暂时或永久丧失劳动能力以及死亡时，给予劳动者或家属法定的医疗救治以及必要的经济补偿的一种社会保障制度。这种补偿既包括医疗、康复所需费用，也包括保障基本生活的费用。

范围对象

1995年5月，县政府出台《文成县企业职工工伤保险暂行办法》。工伤参保范围为本县已经参加社会养老保险的单位和职工（个体工商户及雇佣人员除外）。2004年1月，《工伤保险条例》施行，工伤保险参保范围为企业、事业单位、社会团体、民办非企业单位、基金会、律师事务所、会计师事务所等组织和有雇工的个体工商户。2005年5月，矿山等高风险企业职工纳入工伤保险范围。2008年5月，建筑施工企业农民工纳入工伤保险参保范围。

图36-5　2010年7月，县人力社保局开展工伤保险宣传活动（县人事劳动社会保障局提供）

享受待遇

职工因工负伤致残或死亡的，各项医疗费用由所在单位和社会保险机构共同负担。职工死亡或经鉴定为一至四级致残，各项医疗费在5000元以下的；五至六级致残，各项医疗费用在3000元以下的，七至十级致残，各项医疗费用在1000元以下的，全部医疗费用由县社会保险机构负担。超过上述标准的，可酌情予以补助。职工因工伤医疗期间，工资由企业照发。工伤医疗期一般不超过1年。职工工伤或职业病，医疗终结或医疗期满后致残的，须经市劳动鉴定委员会鉴定，并发给《职工因工残废鉴定证明书》。职工因工致残的分为十个等级，一级最重，十级最轻，按不同标准由县社会保险机构发放伤残补助待遇。因工伤亡职工的保险待遇均以伤亡职工本人指数化月平均缴费工资作计发基数（以下称基数工资），如本人的指数化月平均缴费工资低于上一年全省社会月平均工资的，按上一年省社会月平均工资计算。一次性伤残补助金标准是：一级18个月、二级16个月、三级14个月、四级12个月、五级11个月、六级10个月、七级8个月、八级7个月、九级6个月、十级5个月的基数工资。其中职工因工致残被鉴定为一级至四级的，按月发放伤残补助金和护理费，伤残补助金标准为：一级按月发给90%、二级85%、三级80%、四级75%的基数工资，直至死亡；护理费按完全护理依赖、大部分护理依赖和部分依赖3

级标准，分别按月发给60%、40%、30%的基数工资。职工因工死亡，县社会保险机构发放丧葬费、抚恤金和补助金。丧葬费按基数工资的3个月计发；遗属一次性抚恤金，按基数工资的24个月计发；供养直系亲属的定期生活补助金，按照浙劳险〔1994〕118号文件第二条规定办理，直至失去供养条件为止。

2004年1月，《工伤保险条例》实施，工伤保险各项待遇标准进行调整。职工一次性伤残补助金标准是：一级为24个月的本人工资、二级22个月、三级20个月、四级18个月、五级16个月、六级14个月、七级12个月、八级10个月、九级8个月、十级6个月。本人工资低于上一年全县社会月平均工资的，按上一年县社会月平均工资计发。其中职工因工致残被鉴定为一级至四级伤残的，保留劳动关系；退出工作岗位，按月支付伤残津贴，直至退休；之后享受基本养老保险待遇。基本养老保险待遇低于伤残津贴的，由工伤保险基金补足差额。伤残津贴发放标准：一级伤残为本人工资的90%，二级伤残为85%，三级伤残为80%，四级伤残为75%。生活护理费按照生活完全不能自理、生活大部分不能自理或者生活部分不能自理3个不同等级支付，支付标准分别为本县上年度职工月平均工资的50%、40%或者30%。职工因工死亡，由县社会保险机构发给丧葬费、一次性工亡补助金、抚恤金。丧葬补助费为6个月的本县上年度职工月平均工资。一次性工亡补助金为60个月的本县上年度职工月平均工资。抚恤金按照职工本人工资的一定比例发给由因工死亡职工生前提供主要生活来源、无劳动能力的亲属。标准为：配偶每月40%，其他亲属每人每月30%，孤寡老人或者孤儿每人每月在上述标准的基础上增加10%。

参保与征缴

1995年5月，工伤保险费按企业（单位）上年度全部职工缴费工资总额的0.3%～1.2%的幅度，根据各行业的工伤风险类别和工伤事故及职业病发生频率实行差别费率收缴，工伤保险费全部由单位缴纳。2004年1月，《工伤保险条例》实施，对工伤基金，实行按不同行业类别费率，将行业划分为风险较小的、中等风险的和风险较大的三种类别，实行三种不同的基准缴费比例。2005年5月，新参保的矿山等高风险企业的年缴费费率按2.4%执行。2008年5月，建筑施工企业按工程项目工程总造价的1.1‰缴纳工伤保险费。

1995年年底，全县参加工伤保险用人单位359家，参保职工4913人，收缴工伤保险基金5.82万元，工伤保险基金支出0.29万元，累计结余5.53万元。

2000年，全县参加工伤保险人数达到9016人。收缴工伤保险基金16.49万元，工伤保险基金支出14.81万元，累计结余53.76万元。2011年，全县参加工伤保险单位589家，职工19859人。最低缴费比例为0.5%，最高缴费比例为2.4%，征缴基金370.08万元，享受工伤保险待遇111人，支付工伤保险补偿金209.55万元，累计结余918.93万元。

1995—2011年文成县工伤保险参保情况表

表36-35

年度	参保职工（人）	享受人数（人）	基金征缴（万元）	基金支出（万元）	累计结余（万元）
1995	4913	1	5.82	0.29	5.53
1996	4762	1	12.29	1.59	16.23
1997	4749	2	3.1	—	19.33
1998	5199	2	14.34	1.11	37.67
1999	5319	4	15.78	1.37	52.08
2000	9016	10	16.49	14.81	53.76
2001	11932	5	14.38	9.3	78.85
2002	11866	9	35.94	14.34	100.44
2003	11756	8	36.1	6.09	130.46
2004	11781	4	33.63	11.8	152.28

续表36-35

年度	参保职工(人)	享受人数(人)	基金征缴(万元)	基金支出(万元)	累计结余(万元)
2005	10209	16	72.62	5.99	218.91
2006	10623	12	82.04	8.07	292.89
2007	17737	25	119.32	28.03	384.18
2008	18758	74	177.03	45.26	515.95
2009	18815	51	277.12	127.88	665.19
2010	19331	99	296.57	203.36	758.4
2011	19859	111	370.08	209.55	918.93

说明:数据资料由县人事劳动社会保障局提供

第四节　生育保险

生育保险是通过国家立法规定,在劳动者因生育子女而导致劳动力暂时中断时,由国家和社会及时给予物质帮助的一项社会保险制度。生育保险待遇主要包括两项。一是生育津贴,二是生育医疗待遇。其宗旨在于通过向职业妇女提供生育津贴、医疗服务和产假,帮助他们恢复劳动能力,重返工作岗位。

范围对象

2004年4月,县政府颁布《文成县职工生育保险暂行办法》。本县行政区域内各类企业和参加养老保险且没有享受公费医疗的事业单位、社会团体和民办非企业单位,其职工生育费用实行社会统筹,建立生育保险基金,为生育和实施计划生育手术的职工提供基本的生育医疗保健和基本生活保障。

享受待遇

参加生育保险并履行缴费义务满6个月的参保单位职工依法享受生育保险待遇,生育保险待遇包括:生育津贴、生育医疗费补贴、计划生育手术费补贴,由县社会保险经办机构发放。

女职工生育津贴=缴费工资÷30×产假天数。女职工妊娠7个月以上生产、引产或者妊娠7个月以下早产的,享受产假90天;妊娠3个月(含3个月)以上7个月以下流产、引产的,享受产假42天;妊娠3个月以下流产(含自然流产、人工流产)或者患子宫外怀孕实施手术的,享受产假30天。女职工生产时遇有难产实施剖宫产手术的,增加产假15天;多胞胎生产的,每多生产一个婴儿,增加产假15天。

女职工生育医疗费补贴:妊娠3个月以下流产(含自然流产、人工流产)或者患子宫外怀孕实施手术的,医疗费补贴200元;妊娠3个月(含3个月)以上7个月以下流产、引产的,医疗费补贴500元;妊娠7个月(含7个月)以上引产(含死胎、畸形)的,医疗费补贴1200元;妊娠7个月(含7个月)以上生产或者妊娠7个月以下早产的,医疗费补贴1500元;难产的,医疗费补贴2500元(其中剖宫产的,医疗费补贴3000元)。

计划生育手术费补贴:放置(取出)宫内节育器,补贴50元;皮下埋植术,补贴120元;绝育手术,补贴300元;复通手术,补贴2000元。

参保与征缴

生育保险费由用人单位每月每人按照缴费基数0.8%比例缴纳。2005年,全县参加生育保险单位7家,参保职工822人,征缴基金7.2万元,支付生育保险补偿金3.8万元,基金累计结余6万元。2009年,全县参加生育保险单位达到37家,参保职工达到1952人,征缴基金51.7万元,支付生育保险补偿金10.7万元,基金累计结余65.9万元。2011年,全县参加生育保险单位184家,参保职工3079人,征缴基金98万元,享受生育保险待遇49人,支付生育保险补偿金35.9万元,基金累计结余168.8万元。

2005—2011年文成县生育保险参保情况一览表

表36-36

年度	参保单位(家)	参保职工(人)	享受人数(人)	基金征缴(万元)	基金支出(万元)	累计结余(万元)
2005	7	822	10	7.2	3.8	6
2006	7	885	7	9	3.5	11.5
2007	8	1115	6	11	3.9	18.6
2008	8	1115	12	12.6	6.3	24.9
2009	37	1952	18	51.7	10.7	65.9
2010	102	2315	43	78.9	38.1	106.7
2011	184	3079	49	98	35.9	168.8
合计	—	—	145	268.4	102.2	—

说明:数据资料由县人事劳动社会保障局提供

第五节 失业保险

失业保险是指国家通过立法强制执行的,由用人单位、职工个人缴费及国家财政补贴等渠道筹集资金建立失业保险基金,对因失业而暂时中断生活来源的劳动者提供物质帮助以保障其基本生活,并通过专业训练、职业介绍等手段为其再就业创造条件的制度。失业保险是社会保障体系的重要组成部分,是社会保险的主要项目之一。

范围对象

1993年年前,职工待业保险制度(1994年3月起,待业保险改为失业保险)在国有、县以上集体企业和国家机关事业单位的合同制职工中实行。1993年,待业保险工作范围和对象扩大到各类城镇集体企业及职工。1996年1月,贯彻实施《浙江省职工失业保险条例》,国有企业、县以上集体企业和企业化管理的事业单位的全部职工,乡镇企业、股份合作企业、劳动服务企业和私营企业的从业人员、外商投资的中方人员,国家机关、社会团体和事业单位的劳动合同制工人、各类临时工等纳入失业保险范围。2002年7月始,全县所有事业单位及职工纳入失业保险范围。2003年9月,《浙江省职工失业保险条例》修正为《浙江省失业保险条例》。2004年2月,县内民办非企业单位、有雇工的城镇个体工商户及与其形成劳动关系的职工、雇工纳入失业保险范围。

待遇享受

1996年1月,将企业按法定程序宣告破产的,企业经批准停业整顿或者被兼并精简、裁员的,企业按国家有关规定被撤销、解散的,终止或者解除劳动合同的,被单位辞退、除名、开除的人员,列入失业救济金待遇支付范围。失业救济金的月发标准按本县最低工资70%确定。失业职工根据其失业前的养老保险年限来计算领取失业救济金的期限,具体标准:满1年至2年,按3个月计发;2年以上部分,按每满4个月增发1个月计发,依此类推至5年;5年以上部分,按每满1年增发1个月计发,合计不超过24个月。被开除、除名的职工,失业救济金减半计发。在领取失业救济金期间,给失业职工每人每月发给医疗补助金8元;住院医疗补助累计不超过2000元;失业职工生活困难的,视情况给予相当于本人2~4个月失业救济金的一次性生活困难补助金。同时，符合计划生育规定、在失业期间分娩的失业女职工，可申领相当于本人3个月的失业救济金的一次性生育补助金。2004年 1月，失业救济金计发标准调整为：本人及其失业前所在单位累计缴纳失业保险费的时间不满1年的，不领取失业救济金；缴费时间满1年的，领取2个月失业救济金；缴费时间1年以上的，1年以上部分每满8个月增发1个月失业救济金，余数超过4个月不满8个月的按照8个月计算，但享受待遇期限最长不超过24个月。农民合同制职工一次性生活补助的标准按照相同缴费时间的城镇职工可以享受的失业救济金（不包括医疗补助金）总额的40%确定。失业人员在享受失业保险待遇期间已参加基本医疗保险的，从次月起可享受月失业救济金10%的医疗补助金；未参加基本医疗保险的，可享受月失业救济金5%的医疗补助金，负担医疗费确有困难的，可按住院医疗费总额的50%给予一次性补助，累计补助的最高限额不超过6000元。

1992年7月，待业保险基金收缴标准由于按全部职工标准工资总额的1%缴纳，调整为按全部职工工资总额的1%缴纳。1992年10月开始，按省政府《关于完善城镇职工待业保险制度的通知》及省劳动厅《关于贯彻省政府浙政〔1992〕23号文若干意见的通知》有关规定，每季按收缴总金额5%上缴省级待业保险调剂金。1996年1月，根据《浙江省职工失业保险条例》，职工个人开始缴纳失业保险费，按本单位职工平均工资0.5%的标准缴纳。1998年7月，失业保险基金单位缴纳部分由1%调整到2%；个人部分由0.5%提高到1%。2004年1月，贯彻实施《浙江省失业保险条例》，失业保险金征缴职能移交到县地税部门。

参保与征缴

1991年，全县失业保险参保人数3731人，失业保险基金收入3万元，失业保险基金支出1万元，失业保险基金累计结余14万元。

2002年，事业单位及职工纳入失业保险范围，全县失业保险参保人数达8267人，失业保险基金收入达113万元，失业保险基金支出达29万元，失业保险基金累计结余378万元。

2011年，全县失业保险参保人数10068人，失业保险基金收入597万元，失业保险基金支出163万元，失业保险基金累计结余2389万元。

1991—2011年文成县失业保险情况一览表

表36-37

年份	失业保险金缴费标准（元/每人每月）	失业保险金月发放标准（元）	参保人数（人）	当年失业金收入（万元）	当年失业金支出（万元）	累计结余（万元）
1991	—	—	3731	3	1	14
1992	—	—	—	9	4	19
1993	—	—	—	12	6	25
1994	2.2	60	—	13	5	33
1995	3.2	96	—	20	8	45
1996	3.6	141	—	42	30	57
1997	3.6	141	—	36	13	80
1998	7.6	161	4439	66	41	105
1999	14.4	247	4351	94	20	179
2000	14.4	247	4232	62	15	226
2001	18	255	4228	83	15	294
2002	18	255	8267	113	29	378
2003	24	255	8483	163	45	496

续表36-37

年份	失业保险金缴费标准(元/每人每月)	失业保险金月发放标准(元)	参保人数(人)	当年失业金收入(万元)	当年失业金支出(万元)	累计结余(万元)
2004	24	255	8670	125	34	587
2005	30	255	8881	167	17	737
2006	33	360	9116	181	32	886
2007	36	396	9417	182	34	1034
2008	39	455	9657	214	39	1209
2009	39	507	9801	355	17	1547
2010	41.25	588	9873	440	32	1955
2011	46.2	742	10068	597	163	2389
合计	397.45	5416	113214	2977	600	12295

说明:数据资料由县人事劳动社会保障局提供

第六节　保险信息管理

社会保障制度经过多年的不断完善和加强,信息化建设起到非常重要的作用。近几年,社会保险管理水平有了很大提高,不但实现各地社保数据集中化管理,社保信息统计一个口径,社保查询动态化管理,并且与其他社会机构构建以社保为中心的信息共享平台,大大推进社保系统社会化、信息公开化、管理透明化发展进程,方便公民持卡就医,并实时报销。

网络平台开发

2001年10月前,全县社会保险经办机构业务办理一直采用手工进行操作。2001年10月,根据省市“金保工程”要求,以养老保险为核心的社会保险业务综合管理系统建成使用,系统主机为省厅下发的IBM RS6000 F50,数据库为省厅统一规定的ORACLE 8.0.6,全面实现养老保险缴纳、记录、核算、支付和信息查询等业务计算机网上操作办理,标志着社会保险信息化建设迈出第一步。2002年5月,医疗保险信息管理系统建成使用,实现县人民医院、县中医院2家定点医疗机构住院费用的实时结算。

2007年9月,养老、医疗管理系统合并成养老、医疗、工伤、生育和失业五险统征系统,与地税实时联网缴费。2010年1月,城乡居民养老保险系统建成使用。2011年7月,人事劳动和社会保障局标准化中心机房建成使用。2011年10月,医保“一卡通”系统建设完成,并于12月23日通过验收,实现城镇职工基本医疗参保人员在温州市内住院、门诊刷卡实时结算。

社会化管理

1991年之前,企业职工退休养老金由企业代发。1991年以后,逐步推进社会保险管理服务社会化进程,养老金由县社会保险经办机构委托银行发放。1997年,养老金社会发放率达20%。2000年,县公费医疗办划入县社会保险事业管理局,医疗保险报销费用一直由银行代放。2002年,社会化发放率达100%。2011年,全县实行基本养老金社会化发放的离退休人员6084人,其中企业离退休人员3327人、机关事业单位离退休人员2757人;实行城乡居民养老保险金社会化发放50445人;实行被征地农民社会保障金社会化发放266人;实行基本医疗费报销社会化发放124521人次;实行城乡居民医疗报销费用社会化发放544504人次;实行工伤保险报销费用社会化发放111人;实行生育保险报销费用社会化发放49人。

第三十七卷

民族　宗教

2011年文成县有少数民族26个1.75万人，占全县总人口4.70%，畲族人口1.63万人，占少数民族总人口的93.14%。设有西坑畲族镇、周山畲族乡及28个少数民族村。20年来，县委、县政府全面落实民族政策，重视民族经济扶持、民族民生工程建设、民族文化发展，黄坦镇培头村等一批民族村已经成为美丽乡村、经济强村和旅游旺村，“三月三”风情节、畲族婚俗、长桌宴等畲族文化都成为远近闻名的文旅招牌。

县域宗教历史源远流长，名寺古刹众多。唐宋时期为县域佛教鼎盛阶段，安福寺、栖真寺、七甲寺等比较有名的寺庙均建于唐元和年间(806—821)。清光绪六年(1880)，首座基督教教堂在大峃建成。新中国初期，规模较大的寺院、道观、教堂尚有十余处。“文化大革命”期间，宗教活动受到冲击。中共十一届三中全会以来，宗教场所得到修复，宗教活动恢复正常，宗教事业规范发展。至2011年，全县有依法登记的宗教和民间活动场所97处，其中佛教活动场所62处、基督教活动场所23处、民间信仰活动场所12处。

第一章 少数民族

畲族人口是全县主要少数民族,有畲族乡镇2个。全县少数民族人口80%以上居住在海拔500米以上的偏远山区、半山区。1991年,全县设有敖里畲族乡和周山畲族乡,民族村32个,少数民族人均纯收入281元。至2011年,全县人口当中有少数民族成分26个,占全县总人口4.70%。其中畲族1.63万人,占全县少数民族总人口93.14%;苗族、壮族、侗族、布依族、土家族、彝族、水族、瑶族、哈尼族、黎族、佤族、回族、白族、拉祜族等少数民族合计0.12万人,占全县少数民族总人口6.86%。

1992年,全县撤区扩镇并乡,保留周山畲族乡,原敖里畲族乡和西坑乡合并,建立西坑畲族镇。2003年,全县行政村区划调整后,民族行政村减至28个。2011年,全县行政区划调整为9镇1乡,保留周山畲族乡、西坑畲族镇;民族行政村保持28个。

第一节 畲族乡镇

20世纪80年代末90年代初,县域曾设有敖里畲族乡,1992年5月并入西坑畲族镇。至2011年,全县行政区域辖有2个民族乡(镇)——周山畲族乡和西坑畲族镇。

周山畲族乡

1958年4月4日,经浙江省人民委员会批准建立周山畲族乡。划出公阳乡的养根、包山底、水井头、际下;峃口乡的吴垟、官坑、周垟(徐山);双桂乡的周岩、东山龙、上坑等10个村建立周山畲族乡,驻地周垟。10月,周山畲族乡改为周山乡生产大队。1959年3月,改为周山管理区,驻地养根。1961年12月,改管理区为周山人民公社。1984年4月,撤销周山公社,改称周山乡人民政府。1985年4月3日,县人民政府批准恢复周山畲族乡。2011年区划大调整,保留周山畲族乡。设周垟民族村、际下民族村、上坑民族村、双新民族村,畲族人口1760人,占总人口34%。

(周山畲族乡详情见《政区卷》第三章第十节)

敖里畲族乡

位于县城西面,东与东南界富岙、北靠西坑、西接岭后,总面积约11平方公里,辖6个行政村、27个自然村。

敖里畲族乡建立前称敖里乡。1952年,敖里乡分置上田乡;1956年,复并入敖里乡。1958年,称敖里管理区。1961年,改称敖里人民公社。1984年,恢复敖里乡原称。1985年,成立敖里畲族乡。1992年5月,并入西坑畲族镇。

西坑畲族镇

1992年,西坑、敖里2乡合并建置西坑畲族镇。2011年4月行政区域调整,由原西坑畲族镇、上垟乡、下垟乡、岭后乡"1镇3乡"合并而成,下辖西坑、敖里、石垟、下垟、岭后5个社区,有西坑民族村、双前民族村、旁边垟民族村、江山民族村。总面积225平方公里,人口20524人。畲族居民以蓝、雷、钟为主要姓氏,畲族人口4220人,占总人口20.5%。全镇工业总产值6612万元,农业总产值3866万元,农民人均年收入6465元。

(西坑畲族镇详情见《政区卷》第三章第六节)

第二节　少数民族村

全县在少数民族聚居的山村皆成立少数民族村,至2011年有少数民族村28个。近年,县政府在农村全面实施“康庄工程”“美丽乡村”建设,在保护少数民族文化的政策指导下,民族村经济和社会各方面得到很大发展,具有民族特色的美丽新农村开始出现。

全县28个民族村名单(以分片为顺序)为:西坑民族村、双前民族村、旁边垟民族村、江山民族村、周垟民族村、际下民族村、上坑民族村、双新民族村、富康村民族村、石竹寮民族村、培头民族村、塘垄民族村、底庄民族村、新康民族村、驮岙民族村、洪地民族村、新林民族村、金岩民族村、周山垟民族村、外南民族村、余山民族村、乌田民族村、垟山民族村、周山下民族村、驮尖民族村、长垄民族村、陈钟民族村、高村民族村。

2011年文成县民族村人口基本情况一览表

表37-1

乡(镇)	行政村名		户数(户)		人口数(人)	
			总户数	少数民族	总数	少数民族
西坑畲族镇	西坑民族村	孙山	97	73	337	221
		龙埄	88	72	252	193
		溪后	171	92	531	278
	双前民族村		168	146	574	462
	旁边垟民族村		159	138	542	502
	江山民族村		227	85	630	193
周山畲族乡	周垟民族村		300	263	934	760
	际下民族村		95	95	276	276
	上坑民族村		135	112	525	445
	双新民族村		165	101	500	315
黄坦镇	富康民族村		161	43	523	127
	石竹寮民族村		113	87	291	223
	培头民族村		451	231	1298	711
	塘垄民族村		176	56	514	136
	底庄民族村		151	83	506	278
	新康民族村		215	77	786	276
	驮岙民族村		158	102	467	312
玉壶镇	洪地民族村		102	48	339	185
	新林民族村		60	53	180	160
	金岩民族村		94	49	212	87
	周山垟民族村		192	81	589	245

续表37-1

乡(镇)	行政村名	户数(户)		人口数(人)	
		总户数	少数民族	总数	少数民族
大岱镇	外南民族村	218	137	853	537
	余山民族村	196	60	632	220
	乌田民族村	67	221	231	221
岱口镇	垟山民族村	263	98	908	386
	周山下民族村	94	94	393	393
	驮尖民族村	97	57	356	195
百丈漈镇	长垄民族村	156	125	511	438
	陈钟民族村	98	307	344	307
南田镇	高村民族村	155	98	507	412
合计	28个民族村	4822	3284	15541	9494

说明：数据资料由县民宗局提供

西坑民族村

2003年，全县行政村区划调整，龙埄村、溪后村、孙山村合并成西坑民族村。三村合并后，原行政村机构、财务各自独立，故分村介绍。

孙山村　村委会驻地半山村，取孙岙、半山两自然村名各一字组名。位于西坑西面，由半山、吴坳坑、驮猫降、高坵、岩头降、孙岙、八角亭等自然村组成。

1947年，孙山村隶属青田县南田区西坑乡，又称一保(西坑部分、孙山、葛绳湾)。建县初期隶属南田区西坑乡。原名半山村，合作化时为半山初级社，后属金星高级社，公社化时析金星，改称半山大队。1981年9月，因重名更名为孙山大队。1984年改为行政村，隶属西坑乡。1992年，隶属西坑畲族镇。2003年，孙山村并入西坑民族村。

龙埄村　位于三星下让村北，由龙埄、净水垟、半岭三个自然村组成。龙埄因山丘上有田形像龙形，故名“龙埄”。

1947年，龙埄村隶属青田县南田区西坑乡，又称二保(赤水垟、龙埄)。建县初期隶属南田区西坑乡。之后，行政区划有调动，但是隶属关系基本没变。1984年，龙埄村隶属西坑区西坑乡。1992年，撤区扩镇并乡后，龙埄村隶属西坑畲族镇。2003年，龙埄村并入西坑民族村。

溪后村　位于西坑北，由山后、樟山、麻寮、马安埄4个自村组成，因位于梧溪后面，故名。

1947年，溪后村隶属青田县南田区西坑乡，又称三保(梧溪、西庄、溪后)。建县初期隶属南田区西坑乡。1952年属梧溪乡，1956年复归西坑乡。原名山后村，合作化时属梧溪社，公社化时析梧溪称山后大队。1982年，更名溪后大队。1984年，改为溪后行政村，隶属属西坑乡。1992年撤区扩镇并乡后，溪后村隶属西坑畲族镇。2003年，溪后村并入西坑民族村。

双前民族村

2003年调整并村时，双山村(肖山、卓山、天雷埄三个自然村)与前垟村、上堂自然村合并为双前民族村。

1947年，双山、前垟隶属青田县南田区岙里乡十一保。建县初期隶属南田区敖里乡。1952年，双山、前垟仍属敖里乡。1958年区称人民公社，乡称生产大队，增置西坑人民公社，随后行政建制时有变动。1984年，双山、前垟村隶属西坑区敖里畲族乡。1992年撤区扩镇并乡后，双山、前垟村隶属西坑畲族镇。2003年，双山、前垟与上堂自然村合并为双前民族村。耕地面积374亩,林地面积1548亩。2010年,实现通水、通电、通路、通电话、通电视的“五通工程”。2011年全县行政区划调整,双前民族村隶属关系未改变。

旁边垟民族村

由旁边垟、猫狸坑、北斗垄、垟源头、火棍垄、山头等自然村组成。旁边垟:由西坑到垟源头有条垟源岭,也叫“西坑岭”,岭边有田垟,叫“旁边垟”。

1947年,旁边垟隶属青田县南田区岙里乡,与垟源头一起称十五保。建县初期隶属南田区西坑乡。1952年,设西坑区旁边垟村隶属上田乡。1956年撤销西坑区,1958年设西坑公社,1961年12月复称西坑区。1966年3月撤销西坑区建制,西坑公社归石垟林场,敖里公社归南田区管辖。1969年恢复西坑区。1984年西坑公社改为西坑乡,敖里公社改为敖里畲族乡,旁边垟村隶属西坑区西坑乡。1992年撤区扩镇并乡时,西坑、敖里两乡合并为西坑畲族镇,旁边垟隶属西坑畲族镇。2003年,三星村垟源头、火棍垄、山头自然村并入旁边垟民族村。2011年全县行政区划调整,旁边垟村隶属关系未改变。

江山民族村

位于敖里坳东北,由包山、江下寮、坑头、岩头垄、国山、金山垒6个自然村组成。

1947年,江山村隶属青田县南田区岙里乡,又称十四保。建县初期隶属南田区敖里乡。1952年,江山村隶属敖里乡。1958年区称人民公社,乡称生产大队,随后行政建制时有变动。1984年,江山村隶属西坑区敖里畲族乡。1992年撤区扩镇并乡后,江山村隶属西坑畲族镇。2011年全县行政区划调整,江山村隶属关系没有改变。

周垟民族村

周坑、九条垟两个民族村合并,取两村名一字组成周垟民族村,辖周山、运坑、坑边、天堂坪、驮坪、九条垟、徐山、驮岭等自然村。

周坑村,取周山、坑边2自然村名首字组成。1946年隶属瑞安县桂阳乡。1948年7月,叫桂阳乡六保(九条垟、周坑、吴垟、官坑)。1949年文成解放后属峃口乡,后归周垟乡。1956年,复属峃口乡。1958年归周山公社,时名周坑村,后历称周坑社、周坑大队。1984年改为周坑村,隶属周山畲族乡。

九条垟村,因该村有九丘狭长的田,得名九条垟,文成畲族李姓在此开基。1949年属峃口乡,1952年改属周垟乡,1956年复归峃口乡,1958年后转入周山公社(乡)。1962年,周坑大队析置周垟大队。1981年,更名九条垟大队。1984年改九条垟村,隶属周山畲族乡。2003年调整并村时,周坑村与九条垟村合并成周垟民族村,隶属周山畲族乡。2011年全县行政区划调整,隶属关系未变。

周垟村有8个自然村,分布比较散,村域面积5平方公里,耕地面积1179亩,山地面积3531亩,是个以水稻、白茶、猕猴桃等水果为主导产业的农业村。由于山高地贫,农、林、牧等第一产业经济发展潜力有限,随着市场经济发展,使村民改变经营观念,农民外出务工创收和从事二、三产业人数逐年递增。

际下民族村

因村处西风漈下首,原名漈下,后演变为际下。1948年,属大峃区桂阳乡第五保。1949年文成解放后,建政公阳乡,漈下村隶属公阳乡。1950年析置养凤乡,漈下村属养凤乡。1956年养凤乡并入公阳乡,复归公阳乡。1958年成立周山畲族乡时,际下划属周山畲族乡;周山畲族乡改为周山管理区后,历称周山公社、大队,行政村皆称际下。1984年后隶属周山畲族乡。2010年,被命名为温州市生态村。

上坑民族村

以上钟、水坑两自然村名各一字组名。1949年上坑村隶属双桂乡。1950年上坑属桂东乡,1952年属宝垟乡,1956年复归双桂乡。1958年4月建立周山畲族乡,上坑村划归周山畲族乡;同年10月改称周山生产大队。1959年3月,改为周山管理区,称上坑大队。1961年12月实行政社一体制,改管理区为人民公社。1984年改为上坑行政村,1985年4月3日恢复周山畲族乡。

双新民族村

2003年,由东山龙、周岩两个民族村合并组成双新民族村。1949年,周岩、东山龙属双桂乡。1950年,周岩属桂东乡,东山龙属桂西乡。1952年,周岩属宝垟乡,东山龙属东岸乡。1956年,周岩、东山龙复归双桂乡。1958年划归周山畲族乡,周岩取周山下村和岩洞村首字组名。1958年称周岩大队,1984年改为周岩行政村。

1958年,东山龙村称东坑大队。1981年9月称东山龙大队,1984年改东山龙行政村。2003年,两村合并组成双新民族村,仍隶属周山畲族乡。

富康民族村

2004年调整并村时,驮垢边村、吴山垟垟自然村合并为富康民族村。富康村位于飞云江支流富岙溪上游,与培头村、上保垟村、富岙村长垄接壤。村域面积1.17平方公里,山林面积1293亩,耕地面积474亩。村里主要从事蔬菜与水稻种植等传统农业。

1948年7月,隶属青田县南田区岙里乡,时叫五保(驮垢边、吴山)。1949年9月,隶属黄坦区富岙乡。1952年隶属西坑区培岙乡,1956年3月复归黄坦区富岙乡。1958年10月,隶属于富岙生产大队。1959年3月,隶属富岙管理区。1961年,隶属于富岙人民公社,时称驮丘边大队。1984年改为行政村,隶属于黄坦区富岙乡。2011年,全县并乡扩镇后隶属黄坦镇。

石竹寮民族村

因山上原先长着一处石竹林,林边建有一座草寮而得名石竹寮。

明清时属青田八外都。1948年7月,隶属南田区岙里乡,时叫七保(塩后、石竹寮、东溪)。1949年9月,隶属黄坦区富岙乡。1952年隶属西坑区富岙乡,1956年3月复归黄坦区富岙乡。1958年10月,隶属于富岙生产大队。1959年3月,隶属富岙管理区。1961年,隶属于富岙人民公社。1984年,隶属于黄坦区富岙乡。2011年,全县并乡扩镇后隶属黄坦镇。

培头民族村

位于县城西部,距离县城12公里,海拔大约450米左右,是一个中山丘陵地带。村域面积约5平方公里,全村辖培头、呈山底、牛塘、富竹岭、山林、林斜、和平坵、梅树垟等8个自然村,培头是行政村的中心村。

清康熙五十六年(1717)始建培头自然村。清雍正六年(1728),隶属青田县八都之八外都的五源,称五源培头。清宣统元年(1909),设置城、乡制,培头村隶属青田县八都之八外都的黄坦乡。1930年,培头村隶属青田县二区富岙乡。1938年,二区改为南田区,培头村隶属青田县南田区富岙乡。1947年,富岙乡、敖里乡合并为岙里乡,培头村隶属青田县南田区岙里乡。

1948年7月,县域正式设县,培头村隶属文成县南田区岙里乡三保。1949年5月文成县解放后,培头村隶属文成县黄坦区富岙乡。1952年行政区域调整,培头村隶属黄坦区培岙乡(由富岙乡析出培岙、双莲两乡)。1956年,培头村所在的培岙乡复并富岙乡。1958年10月,文成县与瑞安县合并,区、乡、镇名称改变,区称人民公社,乡称生产大队,不久生产大队又称管理区。其时,培头村隶属瑞安县黄坦人民公社富岙生产大队。1961年,文成县又从瑞安县析出,此时,培头村(大队)隶属文成县黄坦区富岙人民公社。1965—1983年,全县建制虽然有所变动,但培头村(培头大队)隶属关系不变。1984—1992年恢复乡镇体制后,培头村隶属黄坦区富岙乡。1992年全县撤区并乡,培头村仍属富岙乡。2004年,培头村与汉族红星村合并,行政村名为培头民族村,全村辖培头、呈山底、牛塘、富竹岭、山林、林斜、和平坵7个自然村。2011年全县撤乡并镇,富岙乡并入黄坦镇,培头民族村隶属黄坦镇。

培头民族村文化底蕴深厚,有非常浓厚的畲族文化资源。村民日常生活中还延续传承着传统的语言(畲语)、传唱畲歌、服饰、信仰、传统手工艺、生活习俗、音乐、戏剧、舞蹈、医药等。有7个项目已列入县级非物质文化遗产名录,其中畲族婚俗、畲族民歌、畲族拳术、畲族医药、畲族祭祖、刺绣列入市级非物质文化遗产名录。村内还有一支庞大的文艺演出队伍,有擅长吹拉弹唱的民间文化艺术人才。2008年开始,培头民族村每年举办"三月三"畲族文化风情节,主题活动包括"畲族民俗文化参观、畲族歌舞表演、畲族风情表演、畲乡美食品尝"等内容。民俗表演活动独具特色,有畲族婚俗表演和对山歌、捣糍粑、米筛舞等,处处散发着浓浓的畲族文化气息。

培头民族村是省级文明村、全国美丽乡村创建示范点村。先后成立畲家乐农业专业合作社、圣山食品开发有限公司、培头农业专业合作社、畲山旅游开发有限公司、牛塘油茶种植基地、青钱柳凉茶种植基地、杨梅种植基地等。整合盘活村内土地和资金流转,提高集体收入。结合本村特色文化,走"畲族风情+休闲农业+乡村旅游"的畲族特色旅游之路。主要的旅游景点:畲乡村容村貌、文化礼堂畲俗文化、金钟山农庄、培头民族小学、呈山底清代钟氏老宅、牛塘千年古树、神仙脚印岩、解放战争炮台、青钱柳凉茶加工厂、四季观花游、水果采摘游等。

塘垄民族村

明、清及民国初期属泰顺县三都。1943年隶属泰顺县百丈区汇溪乡十一保(南向、塘垄、河背)。1948年文成建县后,隶属黄坦区汇溪乡,文成解放后乡名沿用。1950年析置双溪乡,塘垄村隶属汇溪乡,合作化与公社化时期,行政隶属关系没有改变。1984年至1997年,塘垅村隶属黄坦区汇溪乡。1999年1月,因珊溪水利枢纽工程所建设需要,撤汇溪、双溪乡,新设云湖乡,原汇溪乡河背村猫儿尖、河背岭头、野猪盂自然村及后靠移民52户189人,并入塘垄村,隶属云湖乡。2011年全县行政区划调整,云湖乡并入黄坦镇,塘垄村隶属于黄坦镇。

塘垄民族村、河垟垟坑中有部分地域属于飞云湖景区。湖面烟波浩渺,湖岸树木葱老,古村落散布其间,村民民风淳朴,极富民族特色。

底庄民族村

位于黄坦镇东北方向,因村处稽垟的底(里)面,故名。清光绪四年《泰顺分疆录》称"庄底"。正式置县前属泰顺县百丈区两岸乡,时叫七保(底庄、城阳),解放后属黄坦镇两岸乡,后历稽垟乡、济垟乡、济垟管理区、稽垟公社,公社化时改称底庄大队。1984年,改为底庄行政村。1984年至1992年,隶属黄坦区稽垟乡。1992年后隶属黄坦镇,底庄村原有底庄、塘头、下塘头、坟庵4个自然村组成,下塘头与坟庵两自然村整体扶贫建立新村。2011年县行政区划调整,底庄民族村隶属关系没变。

至2011年,底庄民族村由塘头、新村、底庄3个自然村组成,有耕地255亩、林地2022亩。村民以劳输出和水稻种植为主。2009年，全村进行百村整治，建成2公里水泥路和村污水处理池。2010年，被命名为温州市生态村。

新康民族村

2004年调整并村时，陈垟村、叶田下村、石井村、山背垟村合并为新康民族村，隶属黄坦镇。

明、清时隶属青田县八外都。1946年，隶属于青田县南田区黄坦乡。1949年文成解放后，隶属黄坦区雅梅乡。1950年隶属严垟乡，1958年隶属严垟管理区，1961年隶属严垟公社。1981年隶属黄垟人民公社，1984年隶属于黄坦垟。1992年撤区扩镇并乡后，隶属于黄坦镇。2004年调整并村时，四村合并成新康民族村。2011年全县行政区划调整，隶属关系没有改变。

驮岙民族村

明、清时隶属青田县八外都。1947年，隶属青田县南田区黄坦乡，时称黄坦乡七保(叶庄垟、驮岙)。1948年，建县时隶属黄坦区。1949年9月隶属黄坦区雅梅乡半岭村，后历属严垟乡、里岭乡、雅梅乡。1958年，公社化时为黄坦区半岭大队。1961年叫半三大队，1981年称改名驮岙大队。1984年改驮岙行政村，隶属黄坦区雅梅乡。1992年，隶属黄坦镇。20世纪90年代，黄壋公路通车后，逐步集中迁居村头石亭岙。

洪地民族村

位于金垄西南，由花地、洪漈头、花地岭脚等自然村3个组成，分村民小组6个，取洪漈头、花地两自然村各一字组名。

村域内有景点仙人岩。山岩洞有四根石柱，二长二短，像仙人一家在观赏山景，当地人称“仙人岩”。岩下有洞，甚深，传说有人入洞前行，点完八支蜡烛，未见洞尽处，恐惧而返。

明、清时属瑞安县嘉屿乡五十都。1946年，隶属于瑞安县金龙乡。1948年文成建县时，乡名没变，洪地村属金龙乡十保(朱岭、八格、洪地)。1949年文成解放后，建政属玉壶区金龙乡。1950年，隶属金岩乡。1952年，洪地村隶属朱格乡。1956年并乡后，隶属金星乡。1958年10月，金星乡称金星生产大队，村名改称洪地农业社。1959年，改称金星管理区。1961年，乡名改称金星人民公社，村名改为洪地大队。1984年恢复金星乡，洪地村隶属玉壶区金星乡。1992年全县撤区扩镇并乡后，隶属金星乡。2011年全县行政区划调整后，隶属玉壶镇。

新林民族村

原青坑民族村位于林岩西南山上，由青坑、张山、田厂自然村3个组成，该村四面环山，山下有一条小溪坑，故称青坑。明、清时属瑞安县嘉屿乡五十都。1948年7月，属玉壶镇。1949年文成解放后属周南乡。1950年归大南乡，1952年划入上林乡。1958年称青坑社，1961年称青坑大队，1984年改青坑行政村。2004年全县行政村规模调整，将青坑民族村并入新林村，故名新林民族村。2011年全县行政区划调整，隶属于玉壶镇。

金岩民族村

以金岩驮坪自然村名简称得名，辖有金竹坦、驮坳门、稻桶岩、金竹坪、金岩驮坪、长塆、外塆、白岩头、出水井9个自然村。

明、清时属瑞安县嘉屿乡五十都。1946年，隶属于大峃镇玉壶乡。1948年7月，隶属于玉壶镇十二保(李山、金岩)。1949年10月,隶属于李东乡。1950年7月,隶属于李林乡。1952年4月,隶属于李山乡。1956年3月,隶属于李林乡。至1992年,隶属关系都没有改变,只是1958年李林乡改称李林管理区,时称金岩社。1961年,改称李林人民公社时,称金岩大队。1984年,恢复李林乡,改称金岩行政村。1992年,全县撤区扩镇并乡后,隶属于玉壶镇。

周山垟民族村

原名周垟村,位于上店隔溪对面山外,由周山垟、丰田、驮垟、陈垟堂、周坑、岩坦下6个自然村组成,因与周山周垟村同名,故中间加一字,改为周山垟村。全村600余村民,共有15个姓氏,畲族人口325名,占50%以上。

明、清时周山垟村属瑞安县嘉屿乡五十都。1948年,从瑞安划入文成县管辖,属玉壶镇第十一保(上店、李广、林坑、周山垟等村)。文成解放后,始属龙背乡金埠村;1956年转属上林乡。1958年后,乡名改称生产大队、管理区。1961年12月改称人民公社,时称周垟大队。1981年改称周山垟大队。1984年改为周山垟行政村。2011年,全县行政区划调整后隶属于玉壶镇。

外南民族村

原名南垟村,位于上林与中南交界处,由外南垟、木湾岭、岭头、丁山坑、下处、中田、湖田、驮屋基8个自然村组成。

原隶属于瑞安县嘉屿乡五十都。1946年,隶属瑞安县周阳乡。1948年文成建县后,隶属周阳乡七保(孙岭、底南、中南、外南)。1949年文成解放后,隶属周南乡。合作化时期叫南垟高级社,公社化时析南垟为外南大队。1984年改为行政村,隶属于周南乡。1992年撤区扩镇并乡后,隶属周壤乡。2011年全县行政区划调整,外南村隶属大峃镇。

余山民族村

该村四周是山,原名"围山",方言"围"与"余"同音,演变为余山,取衣食有余之义。雷、蓝二姓是余山最早居民,畲族民众占40%。余山村位于鲤川与东山之间,由余山、田厂、下余、洞桥头、杨梅坳、陈地垟、余山岭7个自然村组成。村委会驻地余山村。

明、清至民国初期属瑞安县嘉义乡五十一都。1931年,隶属鲤川乡。1935年,属鲤阳乡管辖。1946年,隶属周阳乡。1948年7月,隶属于玉壶区周阳乡十一保(余山、孙岙)。1948年文成建县时,隶属玉壶区鲤阳乡。1949年5月文成解放后,隶属玉壶区里阳乡。1952年,析小乡时隶属于大峃镇里阳乡。1956年,并乡后属大峃区鲤阳乡。1958年后,乡称生产大队、管理区,此时称余山社。1961年,称鲤阳人民公社余山大队。1965年改名里阳,1984年恢复鲤阳乡,村名改为余山行政村。1992年撤区扩镇并乡时,余山村隶属里阳乡。2011年,全县区划调整时里阳乡并入大峃镇。

乌田民族村

位于茶龙与十字路之间,处于大峃镇与百丈漈镇的交界处,距离县城7公里。仅有一个自然村,原名"屋田",系雷氏祖先住老屋,屋前有口养鱼田,叫"屋田",后改成"乌田",住民雷姓,康熙时分自培头。

乌田村海拔680米,全村总面积1.7平方公里。有耕地164亩、林地1401亩,村民小组4个,是一个保留着纯朴的畲族传统文化的少数民族村,畲族文化丰富。村集体无任何经济收入来源,村民人均收入也在全镇中下水平,村民主要靠传统的农业种植收入。

清时隶属瑞安县嘉屿乡五十二都。1936年,置中樟乡、龙川镇。1946年,龙川镇与中樟乡合并为龙凤乡。1948年文成建县时,龙凤乡辖13保,乌田隶属十三保。1949年文成解放后,乌田并入林坑村。1952年,乌田隶属西林乡。1956年,复归中樟乡。合作化时时,林坑析置乌田社。公社化时,称乌田大队。1984年改为行政村,属中樟乡。1992年撤区并乡后,乌田村隶属龙川乡。2004年,村名改称乌田民族村。2011年,撤乡并镇后隶属于大峃镇。

垟山民族村

因村处山上,有梯田一片如垟,故名"垟山"。由垟山、仙洞、沟坑、垟山头、驮油垄、派柴岭6个自然村组成。总面积1100亩,山林面积573亩,耕地面积345亩,其中水田面积206亩。

垟山村民国初期属瑞安县嘉屿乡五十三都。1946年隶属瑞安县大峃区桂阳乡九保(垟山、城门)。1948年文成建县时,乡名没变,隶属于大峃区桂阳乡。1949年文成解放后,隶属珊溪区双桂乡。1950年隶属桂东乡,1952年隶属峃口区宝垟乡。1956年并乡后,隶属双桂公社(乡)。1958年改称垟山社,1961年称垟山大队。1984年改垟山行政村,隶属峃口区双桂乡。1992年至2011年,隶属双桂乡。2011年,并乡扩镇后隶属于峃口镇。

垟山村主导产业为种植业和养殖业,种植业以稻谷、番薯等为主;养殖业也是该村重要经济收入来源,其中养肉兔的农户较为普遍,有养兔大户20余户,合伙联户养兔场一个,占地面积3.5亩。通村公路(3.35公里)由文平公路起点绕村而上,经过村口的百年古枫树群,接着经垟山、乌石垟、高坑,直到桐油驮自然村为止。同时,也经过古老的净国寺和雷氏宗祠及牌坊等建筑物。

全村家家户户都住上高楼新房,旧老房屋逐渐消失,村容村貌有明显改观,垟山村呈现出一幅山清水秀,环境优美新农村景象。2011年,建成村活动场所,建筑面积340平方米,投入资金42万元。

周山下民族村

因村在周山下面,故名。民国初期属瑞安县嘉屿乡五十三都。1946年隶属瑞安县大峃区桂阳乡十一保(周山下、周岩)。1948年建县时,乡名没变,隶属于大峃区桂阳乡。1949年文成解放后,隶属珊溪区双桂乡。1950年隶属桂西乡,1952年隶属峃口区东岸乡。1956年并乡后,隶属双桂乡。1958年,划出周山下归周山管理区管辖,称周岩高级社。1961年周岩析周山下大队,复归双桂人民公社管理。1984年改周山下行政村,隶属峃口区双桂乡。1992—2011年,隶属文成县双桂乡。2011年,并乡扩镇后隶属于峃口镇。

域内有景点"安全洞",地处周山九龙山下。峭壁悬崖,多洞穴,较大有五个。最大洞高3米,宽和深各4米,冬暖夏凉,是个天然洞府,解放前是地下党秘密开会场所,对掩护革命同志如养伤避捕都起过很大作用。当时革命同志称它为"安全洞"。

2005年,建成村活动场所建设面积75平方米,总投入资金17万元。2011年上半年,全村自来水管进行全部更换,确保村民饮用水安全。2009年,通过市级村庄整治验收。2010年,通过省级村庄整治验收。至2011年6月,全村境内大小道路全部改建完成硬化。安装不锈钢栏杆320米,主干道路安装夜间路灯,确保村民行走安全。建设健身器材活动场2个,切实改善村民居住环境和生活质量。

主导产业为种植业,2009年创建瓯柑基地,种植瓯柑250亩;创建肉兔养殖场。2011年,肉兔养殖场被上级确定肉兔养殖示范村基地,肉兔存栏数达6900余只。

设立专项基金,专用于60岁以上老人重阳节、中秋节活动及低保户家庭子女上高中、大学奖金(高中每人300元,大学每人1000元)。村民参加新型合作医疗每人补助30元。

驮尖民族村

处驮尖山的山坳中,因山得名。坐落公阳的驮尖山顶,海拔700余米,辖驮尖、岩头两个自然村。

1946年,隶属瑞安县桂阳乡。1948年7月,称桂阳乡四保(垟垮、金岭、驮尖)。1949年文成解放后,驮尖隶属公阳乡。1956年,驮尖村并入岭头称金岭社。1961年,析金岭置驮尖大队。1984年改驮尖行政村,隶属公阳乡。2011年,全县行政区划调整时隶属峃口镇。

驮尖民族村自然资源丰富,适合开辟梯田种植水稻、茶叶等农作物。村有山林面积567亩,耕地面积193亩。茶叶是驮尖村的重要产业,刘基贡茶是其注册产品。由于地处海拔700米的高山上,驮尖非常适宜茶叶生长。驮尖村拥有完善的种茶制茶技术,不仅引进了乌牛早、龙井43号长叶等适合驮尖村发展的品种,还创造出高山云雾茶这个具有驮尖特色的品牌。在上海闸北区普善路茶叶市场开有驮尖村茶叶专卖店,直接销售驮尖村村民种出的茶叶。村民们共开发农业基地780亩,全村人均拥有茶叶基地超过2亩。2011年,获评浙江省民族团结进步小康村。

长垄民族村

位于百丈漈镇南面,以驻地长垄得名,由长垄、杨柳垄、八角垟、吴山4个自然组成。全村人口三分之二是畲族。

1949年解放初,属敖里乡,称长垄村。1954—1956年合作化时,先是石庄乡长垄初级社,后转为石西乡长垄高级社。1958年公社化时,为石西管理区长垄大队,后改属百丈漈镇公社、石庄公社,队名不变。1984年,设置为石庄乡长垄行政村。1992年5月,石庄、篁庄、黄岭三乡合并,成立百丈漈镇,长垄村隶属百丈漈镇。2004年10月,富岙乡吴山民族村吴山自然村并入长垄村,村名改称长垄民族村。2011年全县行政区划调整,长垄民族村的隶属关系未变动。

陈钟民族村

原名陈庄,村中有一座小山,形似悬梁之钟,而侧体半沉地中,故名沉钟,后演变成谐音陈庄。1981年,因与金炉陈庄同名,改名“陈钟”。位于潘山西面,由陈庄、山后、坑头垟、周垟寨4个自然村组成。

明清时属瑞安县嘉屿乡五十一都。1931年隶属于东山乡。1935年并入里阳乡。1946年,并入周阳乡。1948年7月,划归文成县管辖,隶属玉壶区周阳乡13保(陈村、陈钟、钟垟)。1949年文成解放后,隶属里阳乡。1950年归东山乡管辖,1956年并入里阳乡。1957年复从里阳分置,隶属大峃区东山乡。1958年,乡名称东山管理区,村名时称陈庄。1961年,改称东山人民公社,村名时称陈庄大队。1981年,更名为新东人民公社,村名改称陈钟大队。1984年改称新东乡,村名称陈钟行政村。1992年全县撤区扩镇并乡后,隶归属二源乡管辖。2011年,全县行政区划调整归百丈漈镇管辖。

高村民族村

位于南田镇东南部,平均海拔650米,接壤百丈漈镇,新56省道贯穿全村,是南田镇唯一的少数民族村。据说,高姓先人在该地首开基创业,故名高村。辖高村、源垟、岩头底、水碓垟、石坦头5个自然村。耕地面积620亩,山林面积2720亩,村域面积1.4平方公里,有溪流贯穿村中,流入天顶湖。全村有500余人,其中畲族有300余人,主要从事水稻种植,高山蔬菜与杨梅比较有名。

明、清时属青田九都管辖。1946年,属青田县南田区三滩乡。1948年7月,隶属南田区三阳乡。1949年文成解放后,始隶属三滩乡。1952年归三高乡管辖,1956年并入三源乡管辖。1958年后,乡称生产大队,后改称管理区，时村名改称高村社。1961年12月，隶属于三源人民公社，村名称高村大队。1984年，村名称高村行政村。1992年全县撤区扩镇并乡时，三源乡并入南田镇，高村村隶属南田镇，全称为高村民族村。2011年全县县行政区划调整，高村民族村隶属关系未变化。

第三节　县少数民族联谊会

2004年，县少数民族联谊会注册成立，雷开勤当选会长，聘请中央军委办公厅少将雷炳成、县委统战部部长刘玲玲为名誉会长。该会为居住在县境的少数民族群众自发结合组成的联谊性的非营利性社会组织，会址设县民族宗教事务局内。县少数民族联谊会接受业务主管单位——县民族宗教事务局和社团登记管理机关——县民政局的业务指导和监督管理。

职能范围

协助县政府民族工作部门宣传贯彻党的民族政策和宗教政策，主动了解倾听少数民族群众在工作、学习和生活等方面的意见和要求，及时反映民族政策的执行落实情况，做好民族事务工作，维护和增强民族团结。组织和调动本县少数民族科学技术力量，积极开展经济技术咨询、开发服务活动，帮助县属民族企业和县域各少数民族村发展经济社会各项事业，促进各民族的共同繁荣。协助县政府民族事务主管部门，组织多种形式的民族文化、教育、体育娱乐活动；为会员提供联络感情、交流思想、丰富生活、增进友谊的机会和条件；发掘和保存少数民族文化艺术及历史文物。加强与港澳台少数民族同胞、海外少数民族侨胞的联谊和交往，为祖国统一，振兴中华贡献力量。

理事组成

2004年5月，文成县第一届少数民族联谊会选出理事会。第一届理事会由1名会长、5名副会长、1名秘书长及若干名理事组成。

文成县第一届少数民族联谊会会长、副会长、秘书长名录一览表

表37-2

届别	姓名	职务	性别	任职时间
第一届	雷开勤	会长	男	2004年5月—2011年12月
	雷本汉	副会长	男	
	钟旭光	副会长	男	
	雷仁然	副会长	男	
	蓝昌盛	副会长	男	
	钟雪华	副会长	女	
	雷　军	秘书长	男	

说明：资料由县民宗局提供

工作业绩

县少数民族联谊会成立以来，围绕全县民族“共同团结奋斗、共同繁荣发展”的发展主题，发挥社团组织优势和作用，起到“桥梁与纽带”作用，在宣传党的民族宗教政策，协助政府做好民族工作，为少数民族族群众办

图37-1 “三月三”畲歌对唱赛(县民宗局提供 2004年摄)

实事等方面做了大量工作,为促进全县民族团结进步事业做出贡献。

弘扬文化 2004年5月—2012年,在县少数民族联谊会的呼吁下,县民族宗教事务局牵头在培头小学设立“畲汉”双语教学基地,教育学生学畲语、唱畲歌,使畲族语言得到传承;在西坑中学、黄坦中学设立畲族传统体育训练基地,开展畲族传统体育项目训练,使畲族传统体育项目得到继承;开展“三月三”活动,使畲族婚嫁、畲族山歌等传统文化得以挖掘、弘扬。成功举办“和谐之旅民族行暨中国畲族旅游发展论坛”、温州市第二届瓯越“三月三”畲族风情旅游节等活动,扩大畲族文化的影响力和知名度。

助学救灾 2007年始,开展少数民族学生助学活动。每年对考上大学本科院校的县籍学生当年给予一次性人均奖励1000元,至2011年共计奖励考上本科的学生76名,发放奖金7.60万元。2006年开始,对病困、困难畲族群众进行帮扶,至2011年共计帮扶贫困户24名,发放帮扶资金1.23万元。四川汶川地震、青海玉树地震、甘肃舟曲泥石流等自然灾害发生后,县少数民族联谊会组织全体会员和广大少数民族群众积极向灾区捐款捐物,体现中华民族“一方有难,八方支援”的传统美德。

结对帮扶 2008年开始,县少数民族联谊会响应省委统战部低收入农户增收帮扶行动计划,与玉壶镇金岩民族村结对帮扶。县少数民族联谊会几次到玉壶镇金岩民族村进行实地考察、论证,推荐致富项目,3年期间为该村争取扶贫资金15万元。

对外交流 2004年5月—2011年,以文化交流为纽带,促进对外联谊。先后接待上海、杭州、安吉、丽水、云和、景宁、宁德、福安、福鼎、霞浦、苍南、平阳、泰顺、瑞安及温州大学、丽水学院等市县及单位来文成县观光、考察和进行民族历史文化研究的少数民族同胞30余批180余人次。

2006—2011年文成县少数民族联谊会奖励县籍本科学生情况一览表

表37-3

年份	在校学生补助		病困、困难户补助	
	人数(人)	金额(元)	人数(人)	金额(元)
2006	—	—	1	300
2007	9	9000	13	5500
2008	7	7000	2	1000
2009	15	15000	2	1500
2010	14	14000	5	3500
2011	31	31000	1	500
合计	76	76000	24	12300

说明:数据资料由县民宗局提供

第四节　民族事务管理

1991年、1999年和2006年，县委、县政府分别出台《关于继续扶持少数民族地区两个文明建设的规定》《关于进一步加强少数民族工作的有关规定》《关于进一步加快少数民族和民族地区经济社会发展的实施意见》。县民族宗教事务局承担着全县执行党和政府民族政策，努力促进少数民族和民族地区经济、政治、教育、文化、科技等事业发展，保障少数民族合法权益，维护平等、团结、互助的社会主义民族关系健康发展，实现各民族共同繁荣的重要任务。其中2005年，县民族宗教事务局获得浙江省人民政府颁发的民族团结进步模范先进集体。

民族政策法规宣传

1991—1998年，每年开展民族政策知识宣传，累计发放宣传册5000余份，召开座谈会30余场次。1999年8月，县委出台《关于进一步加强少数民族工作的有关决定》，对少数民族地区经济建设、社会进步、科技、教育、文化、卫生、体育、人才和干部培养等方面作出全面部署。12月，召开第一次全县民族工作会议，参加会议有相关单位、乡镇和民族村干部近百人。印发《少数民族政策汇编》1000册，汇集中央、省、市、县有关民族政策和全县少数民族工作指南。

2007年12月，全县民族工作会议暨第一次民族团结进步表彰大会召开，浙江省民宗委副主任陈智慧，温州市民宗局局长王宁，县委、县政府领导出席会议并作重要讲话。

2008年开始，每年10月份作为全县民族团结进步宣传月，通过举办民族团结进步成果展、发放宣传册及在县广播电视台设立《民族之窗》专栏，宣传党的民族政策，全景展示全县民族乡村经济社会发展情况，营造民族团结的浓厚社会氛围。西坑、周山等4个民族社区开展民族团结进步模范社区创建活动；敖里民族社区、培头民族村分别设立畲族民俗展览馆；4个民族社区均开辟民族文化长廊、宣传橱窗等，使民族团结进步深入人心。

2011年，重点组织开展“八个一”活动，编发一本民族政策知识小册子，拍摄开播一档统战电视专栏《同心》民族团结进步专题片，开展一次广场民族图片展，举办一场民族知识趣味有奖问答，组织一次少数民族少年儿童“山娃看世界”夏令营，开展一场送医送药进民族乡村慰问少数民族困难户，开展一次民族政策法规贯彻落实情况检查，举办一次纪念建党90周年少数民族工作座谈会。9月，在县城体育场路电信大楼前举办大型广场民族团结进步宣传巡回展，发放民族政策知识、科普知识等宣传单、画册、倡议书等1200余份，参加民族政策知识竞答300余人次。

民族经济扶持

1991—1996年，省民宗委下拨民族补助款66.4万元，县拨民族补助款15万元，合计民族补助款81.4万元，重点用于民族村发展种养业、机耕路、自来水、照明电、碾米机等项目建设。五年开发柑橘、杨梅、红柿等名优水果2050亩，板栗等经济林4600亩，建造机耕路149公里；开通公路或机耕路的民族村23个，占少数民族人口比例64%；吃上自来水或清洁水的少数民族人口占85%以上，解决照明问题的少数民族人口占90%以上。1997年，省民宗委下拨民族补助资金23.5万元，县拨民族补助资金2.5万元，合计民族补助资金26万元，为历年最多一年。

1992—1997年，县民宗局与省、市、县有关单位牵线，联系建设项目，争取帮扶资金626万元，支持民族乡村发展农业生产，开发柑橘、杨梅、红柿名优水果2050亩，板栗等经济林4600亩。

1998—2011年，全县民族地区投入资金1520万元，建成茶叶、高山蔬菜、中药材、水果、畜牧业等为主的“五大产业基地”,总面积5100亩。周壤乡外南民族村成立中药材公司,发展中药材基地420亩;公阳乡驮尖村、周山乡周垟村发展新茶叶面积500亩;周壤乡外南村、公阳乡驮尖村、富岙乡培头村发展九坑桃550亩。富岙乡培头村、西坑畲族镇旁边垟村、双桂乡周山下村发展养兔业,其中2011年存栏1.5万只,出栏6万只。

1999年,县委出台《关于进一步加强少数民族工作的有关规定》,规定1999年开始,县财政按上年度地方财政收入2.2‰的资金,安排本年度少数民族发展专项资金。

2006年12月,县委、县政府出台《关于进一步加快少数民族和民族地区经济社会发展的实施意见》的规定。

2007年开始,县财政每年按上年度地方财政收入3‰的比例,安排本年度的少数民族专项资金。西坑畲族镇、周山畲族乡财政超收部分和财政支出节余部分,给予全部留用。

民族民生工程建设

1991年,石庄乡石庄至长垄畲族村3.3公里公路通过县交通部门验收投入使用。1992—1996年,全县民族地区建造机耕路49公里,开通公路或机耕路的民族村23个。至1999年,全县32个民族村有29个村开通公路或机耕路,安装有线电视9个村,实现村村通程控电话,村村喝上洁净自来水或清洁水的目标。

2000—2007年,通过自筹资金和向省、市争取项目资金,加强民族地区水电路等基础设施建设。投入资金2100万元,修建康庄公路142.8公里;投入资金1267万元,对全县所有民族乡村进行农网改造,享受城乡同价,实现民族乡村全部通电;投入资金262万元,为2715户少数民族农户安装闭路电视,占少数民族人口71%;投入资金623万元,为3212户少数民族农户安装电话,普及率达75.9%。建成西坑畲族镇中心卫生院。至2011年,全县除玉壶镇金岩民族村外,全部通康庄公路。

2011年,继续开展创建民族团结进步小康村活动,选择基础条件较好的驮尖民族村为创建浙江省民族团结进步小康村,实施创建计划,改善人居环境,各项指标均达到考核验收标准。

结对扶贫迁村

1997—2011年,向省、市申报结对扶贫资金60万元,各类民族扶贫资金100万元,投入资金400余万元分别帮助西坑畲族镇西坑新村、周山畲族乡周垟村、黄坦镇底庄村、驮岙村,百丈漈镇长垄村,公阳乡驮尖村等7个畲族新村,建成房屋330间,直接受益村民1395人。

2004年,开展“情系民族兄弟,共奔美好明天”活动。得到全县企业家、民主党派、华侨、宗教界人士,以及上级领导、兄弟县统战部门支持和帮助,为贫困民族地区捐赠物资及资金123万元,结对帮助民族贫困中小学生82人、大学生21人。

2007年,玉壶民族风情园(3幢5层80套商品房)开始建设,2011年竣工入住,玉壶片少数民族居住条件得以明显改善。

2008年始,嘉兴市的7个县(市、区)与文成县7个少数民族贫困村结对扶贫。温州市、县(市、区)委统战系统的16个单位与文成县16个少数民族贫困村结对扶贫。

2011年,实施少数民族低收入农户增收帮扶行动计划,建立少数民族村低收入农户“一村一册”档案,掌握村情户况,全县少数民族人均收入在2500元以下的低收入群众有601户2538人。全县实施结对帮扶的民族村28个,结对单位落实结对帮扶资金100余万元,争取到省、市级专项扶持资金181万元,落实项目40个,落实县级少数民族发展扶持资金104.47万元。

民族文化保护

20年以来，文成县为民族文化弘扬所通过举办外出考察举办少数民族运动会，召开民族风情文化座谈会，开发民族风情旅游，编写有关民族文化书籍，建设畲汉“双语”教学基地等形式，让民族文化尤其是畲族文化得以传承延续。

1991年11月10—17日，第四届全国少数民族传统体育运动会在广西南宁隆重举行，敖里畲族乡双山村钟玉福参加比赛。1995年11月，第五届全国少数民族体育运动会在云南昆明举行。文成县民宗局派出6人参加运动会。

图37-2 2008年12月，和谐之旅民族行暨中国畲族旅游发展论坛在西坑畲族镇举行（县民宗局提供）

2003年，全县组织人员对民族文化进行整理，做好《温州民族志》文成县部分编写工作。举办畲族文化培训班1期。

2007年7月，根据少数民族特有的语言文化、服饰文化、歌舞文化及风俗习惯，组织少数民族骨干到丽水景宁等地参观学习，并组织召开民族风情文化座谈会。8月，召开生态旅游研讨会期间，演出畲族风情节目。合力推进龙麒源景区的民族风情旅游开发，组织开展“走进龙麒源、体验新生活”“民俗与宗教文化之旅”等活动。

2008年12月，举行“和谐之旅民族行暨中国畲族文化旅游论坛”。邀请全国著名专家、学者为文成县畲族文化旅游献计献策。2008—2009年，发掘少数民族传统文化，重视少数民族文化保护和整理工作。由钟金莲主编的《畲族历史研究》《文成畲族文化》出版。分别在富岙培头村、西坑龙麒源举办“三月三”畲族文化节。指导办好培头民族学校畲族双语教学班、西坑民族学校和黄坦民族传统体育项目训练基地，加强民族文化教育。做好《中国少数民族古籍总目提要畲族卷》文成篇及《温州民族志》文成县部分编写工作。

2011年4月1日，温州市第二届瓯越“三月三”畲族风情旅游节在龙麒源景区成功举办。参加人数达2万余人。中央军委办公厅少将雷炳成，中国武警医学院原政委、少将叶松海，省民宗委巡视员邢越生，市委常委、市委统战部部长陈作荣，市人大常委会副主任钱成良，市政协副主席戴祝水，市委统战部副部长、市民宗局局长王宁，嘉兴七县（市）区委统战部有关领导，以及兄弟县（市）区领导和县四套领导班子主要领导出席开幕式。

图37-3 2011年4月1日，温州市第二届三月三畲族风情旅游节开幕式现场（县民宗局提供）

同年，黄坦镇培头民族小学畲汉“双语”教学基地开始建设。聘任畲族老师每周为学生上畲语课2节，教育学生学畲语、唱畲歌，让畲族文化得以延续和传承。

民族人才培育

1991年,全县少数民族在校学生3246人,普及率98%,初中生764人,高中生12人,分别在黄坦、西坑、峃口三所区中学开办民族班3个,招收学生120人。1992年,创办黄坦中学、西坑中学、峃口中学民族初中班。全县设有民族初中班6个,民族小学5所(其中完小4所、初小1所)。1991—1996年,少数民族考生考入各类大中专院校68人,其中成人高校7人、中专58人、其他学校3人。

1995年,在西坑畲族镇镇政府所在地兴建全县第二希望小学,投资68万元,占地面积9960平方米,12个教室4个办公室,可容纳700余名学生。1996年,县地方财政投入民族教育经费10余万元,赵章光捐资3万元,投入培头小学翻建教学楼。

1996年,全县有少数民族教师112人,其中中学教师30人、职高教师1人、小学教师80人、幼儿教师1人。全县少数民族干部职工235人,其中党政机关62人,企事业单位干部有文教122人、卫生44人、企业7人。按级别分有副县级4人、正科级7人、副科级8人,高级职称2人、中级职称17人。1990年5月,钟金莲当选为县人大常委会副主任,雷开勤当选县政协副主席,成为少数民族籍贯的实职副县级干部。此后有多人担任了实职副县级干部。

1997年,省、县烟草局捐资40余万元给培头民族小学翻建综合楼,建筑面积450平方米,1998年下半年投入使用。少数民族考生考入大中专院校14人,其中成人高校3人、少师7人、西南民院1人、其他技校3人。

1998年,少数民族考生考入大中专院校10人,其中成人高校7人、少师2人、音加班1人。中南民院毕业后充实到少数民族乡镇,从事行政工作3人。

1999年,补助资金3万元建成周壤乡外南民族小学教学楼,补助资金0.8万元为黄坦、西坑2所中学的民族班增添教学设备。全县少数民族考生考入大中专院校11人,其中成人高校3人。

2000年,通过“双推双荐”,少数民族教师担任乡镇长助理2人。2002年,通过选送培训、挂职锻炼和“双推双选”等方式,向组织部门推荐少数民族干部7人,均得到提拔任用。

2007年开始,对少数民族考生实行降分录取优惠政策,重点高中(文成中学)按规定录取分数线下降10分录取,普通高中、职业高中按规定录取分数线下降30分录取;文成中学还设立高中民族班,招收重点高中优惠政策以外的少数民族学生。县组织和人事部门在每年申报公务员录用计划时,计划安排1个名额或一定数量名额用于少数民族;在招考事业单位人员时,每年确定1个名额定向招考录用少数民族大中专毕业生,同时对少数民族公民在政策允许范围内适当放宽招考条件,在同等条件下优先录用。

2011年,配合组织、统战部门做好少数民族后备干部的培养和推荐工作。公开定向招考少数民族事业干部2人、公务员1人。全年招收少数民族高一新生48人,落实优惠100分录取和减半收取学杂费优惠政策。开展致富带头人培训活动,举办少数民族兔业养殖技术、农村政策、市场营销等农村实用技术培训班3期,受训165人;组织少数民族乡村干部省级民族团结进步小康村(安吉县郎村民族村)参观学习,提高劳动和创新技能。

2011年,全县有少数民族公务员54人,其中副县级2人、乡科级25人、一般干部27人;事业干部220人,其中教育系统125人、卫生系统46人、其他系统49人。每届均按规定安排一定比例的少数民族人大代表和政协委员,提高维护少数民族干部的参政议政能力。第十二次党代会有少数民族代表20人、市十一次党代会有代表2人;第十五届县人代会有少数民族代表13人、第十二届市人代会有人大代表2人、第十二届省人代会有人大代表1人,县八届政协委员会有少数民族委员21人、市十届政协委员会有少数民族委员3人。

第二章 宗 教

县域内佛教流传迄今已有千余年。道教源远流长，其活动始于南朝而盛于唐宋，后经历元、明、清各个朝代继承和发展，成为全真派和正一派，迄今全真派已无，正一派道士则散在民间流传不衰，成为富有地方色彩的民间道教。基督教传入县境，已有近二百余年时间。基督教最早于清光绪六年(1880)在大峃建立内地会教堂，为县域首座教堂。

1991年，全县有佛教寺院23处，僧尼49人；基督教地方教会"安息日会"31个，教堂10处，聚会点21处，信徒1904人。2011年，全县共有依法登记宗教和民间信仰活动场所97处，其中佛教62处(寺院38处、固定处所24处)，基督教23处(教堂12处、固定处所11处)，民间信仰活动场所12处；佛教、道教和基督教教职人员488人，其中佛教125人、道教300人、基督教63人。全县宗教场所管理有序，宗教活动规范正常。

第一节 佛 教

唐元和三年(808)，西坑首建安福寺。元和七年(812)，黄坦继建栖真寺。元和十五年(820)，大峃七甲玉泉山又建净慧禅寺(俗称七甲寺)。至宋，名僧辈出。元、明、清三代，佛教几经兴衰起伏。明初，温州金壁峰禅师因创玉苍道场，成为临济宗玉苍派开山祖师，大峃岩庵等禅门僧徒与之相承甚密。清代中期前后，因受檀香教影响，一度被取代而陷于低谷。清光绪三十三年(1907)，自著名高僧谛闲法师挂锡和重修七甲寺后，境内佛教遂转入天台宗为主。谛闲法师系天台第44世传持人，与当时国内著名高僧印光、月霞、圆瑛、弘一、太虚等齐名于世。持戒严谨，影响深而广。"文化大革命"期间，寺庵被拆毁严重，佛教活动停止。1978年后，人民政府认真贯彻宗教信仰自由政策，恢复寺庵建筑，僧尼宗教活动正常。2011年，全县依法登记佛教场所62处(寺院38处，固定处所24处)，佛教教职人员125人。

寺 庵

2011年，全县各寺庵建筑规模不等，西坑安福寺、大峃七甲净慧禅寺、双桂净因寺、黄坦栖真寺、玉壶玉泉寺等古刹较为显著。

安福寺 位于西坑畲族镇半山村，唐元和三年(808)始建，已有1200余年历史。乾隆年间曾为皇家寺院。历史上曾有37位高僧住持道场，弘扬佛法。自创建后在历史上曾几度兴衰，根据《青田县志》、安福寺碑记等资料记载，宋庆历八年(1048)，心空和尚与叶氏施主辟址重建；宋咸淳年间(1247—1265)又予重建。元代屡遭兵灾，殿宇朽坏，墙垣坍塌。明崇祯九年(1636)，僧人惟秀重修。清康熙二年(1663)，明真和尚重修；乾隆十六年(1751)，德信和尚继续予以重修；同治三年(1864)又予以重修。有山门、金刚殿、大雄宝殿、四方殿及僧厢、轩房数十间。1957年，被改成下放劳动干部宿舍。1963年，改为国营苗圃。2003年12月，浙江省人民政府正式批准安福寺在旧址重建。2007年8月，依照《宗教活动场所登记办法》向县民族宗教事务局登记(宗场证字03110092号)。2008年4月2日，安福寺重建奠基。安福寺从县苗圃购入周围山地共计100公顷。安福寺整体规划主要包括一期主礼功能区、二期文化区、三期药草园区和四期休闲景观区，总共占地100公顷。其中，一期主礼功能区的道场建筑主要包括:山门、灵山宝殿、藏经楼、钟楼、客堂、五观堂、僧寮、方丈楼、鼓楼、云水寮、六和楼和上客堂等;二期文化区的道场建筑主要包括:温州佛学院、安心寮、文化中心、广严城、放生池、停车场和如素馆。2011年1月11日(农历十二月初八),安福寺举行大雄宝殿、藏经楼、山门、客堂、云水寮、钟鼓楼的上梁法会。

七甲净慧禅寺 位于大峃镇呈树村玉泉山。据寺内遗存碑铭记载,该寺曾经三废四兴,历尽沧桑。唐元和十五年(820),由施照和尚募缘创建;唐广明元年(880)因兵乱而焚毁,不久闽僧石屋游此,观其圣迹非凡,于唐乾宁间(894—897)继在此重建僧院。宋端拱二年(989)复建大殿;大中祥符元年(1008),修整圣门。元末复遭遣乱而毁坏。明宣德年间(1426—1435)复建,正德六年(1511)住持法林徒弟能全、能亮募缘修建。清乾隆三十八年(1773),信众募缘重建金刚殿;清嘉庆八年(1803),大峃巡检司孟裕视其殿宇破损,再度修建;清光绪三十三年(1907),先比丘谛闲法师因念寺观年久失修,再度主持修葺。"文化大革命"期间,殿宇拆毁,遗址辟之为田。

图37-4 七甲净慧禅寺(县民宗局提供 2010年摄)

1984年,天台宗第四十五世住持僧释了识,倡持募缘复建三圣殿。1985年春,邑人推举周大森为首事,释了识偕周大森等人日夜操劳,共募资十余万元。同年十二月,建成大雄宝殿。后又募资重建成金刚殿、大悲殿、地藏王殿、僧厢房、斋堂、讲堂,净慧宝塔和玉泉佛塔等。

1987年12月,县政府以文政字〔1987〕第174号文件公布,七甲寺为县级文物保护单位,规定原殿址重点保护区7000平方米。

栖真禅寺 位于黄坦镇严坎村瑞峰山脚下。栖真禅寺与净慧禅寺、安福寺并称文成三大古寺。

栖真禅寺历史悠久,风雨沧桑,历经三建三毁。唐元和七年(812)始建佛院。会昌二年(842)张世仁扩建完成。其五弟世诚在寺出家。当时规模宏大,香火极盛。后因战火毁废。宋治平二年(1065)改建寺院。明正统年间(1436—1450)禅寺又毁于闽寇祸乱。明正德九年(1514),张好慎、严小邑、僧德秀又重建。明、清历代几经修葺,至民国殿宇尚属完整、香火相继。1949年后,因年久失修部分倒塌。后全部拆毁,仅存大门台、四周围墙及僧房三间。1993年,张仲亦重修。在村民大力支持下,历经三年,占地8000余平方米、建筑面积1200余平方米的禅寺重修。1997年,被列为第五批县级文物保护单位。

图37-5 栖真禅寺(县民宗局提供 2010年摄)

禅寺历经千余年,名僧众多。有历史记载

的：唐有心空，宋有空心；明有圆智、智慧、德秀；清有慧仪、天裕、宏真、砝见、法见、可增等名僧住持。时有修建殿宇。砝见、指沛和尚墓在净慧寺左侧，宏雨法师墓在安福寺垅边，性晓、素奠墓在禅寺左侧。

玉泉寺　位于玉壶镇外楼垟。原称崇福寺，称上阁寮。明永乐二年（1404）始建。经过清道光六年（1826）、清同治五年（1866）二度重建，易名玉泉寺。清光绪年间（1875—1908），复建观音阁于寺后。1924年，当地首事增斋厢房20余间。寺分头间、金刚殿、大雄宝殿、三圣殿，成三进二合院式。1987年后，重修西方殿。1990年之后，又重修大雄宝殿，二殿构作由单檐升为重檐歇山式，重塑金装佛像。同时，张意花与胡普程伉俪又募资于三圣殿后建造无量佛塔1座。

鹫峰寺　位于大峃镇鸡笼旗山下，相传唐朝始建，占地4万余平方米。几经兴衰，重建于清朝。1958年庙宇被拆，历史记载的碑文、佛像及一些古文物均散失。土地分给村民，成为一片废墟。

1989年春，欲集资重建大雄宝殿。寺院现有占地面积1610平方米，建筑面积约1420平方米。仍存清代的几处石墙及道光年间的青石香炉1个。

真如禅寺　位于大峃镇东南金鱼山，又名林典山、鼓山。禅寺始名静修庵，已难稽考始建于何时。清嘉庆年间（1796—1820），重建时改名三岩寺。清光绪二十九年（1903）因香客在寺院不慎失火而遭烧毁。清光绪三十二年（1906）后又重建。"文化大革命"期间，寺庙遭火烧毁。1983年，再次重修，改名真如禅寺。寺院内总用地面积2052平方米，总建筑占地为406.5平方米，筑有园墙、门台（供奉弥勒佛、韦驮菩萨）、大雄宝殿（供奉本师释迦牟尼佛、东方净琉璃世界药师佛、阿弥陀佛、观世音菩萨、地藏王菩萨）、三圣殿（供奉阿弥陀佛、观世音菩萨、大势至菩萨）和经库。

栖云庵　位于大峃梅谷山麓，清康熙三十五年（1696）始建。"文化大革命"期间，寺遭毁废。1989年，动工重建。重建栖云庵时栖云寺改称栖云庵。大雄宝殿砖木结构，通宽七开间，计25米，进深13米，中三间为大雄宝殿，其余为厢房。明间中设佛座，上塑三方如来三宝，外贴金彩。左次间塑观世音菩萨，右次间塑地藏王菩萨。2006年秋，重建西方殿。西方殿为水泥结构，殿宇通七间，宽25米，进深13米，其余有阅经室、往生堂、房室等，明中间西方三圣像，外贴金彩。周有围墙，总共占地约2800平方米，规模壮观。

清福寺　位于大峃镇花园村，始建于明中叶，距今已有600余年历史。1995年，明聪法师任清福寺住持。2001年开始扩建。2001—2004年，大雄宝殿建成。2005年8月，千佛殿、僧侣寮房开始建设，2007年8月竣工。2007年8月，天王殿、讲经楼、钟鼓楼开始建设，2010年竣工。

图37-6　清福寺（县民宗局提供 2010年摄）

温泉寺　位于龙川垟山头，清宣统三年（1911），老殿始建，原称观音堂，三间附两边各一间，内塑三圣像，占地面积108平方米；另有厨房64平方米、僧房64平方米。1999年，老殿旁边始建新殿，大雄宝殿五间（内塑释迦牟尼佛、迦叶尊者、阿难尊者、阿弥陀佛、药师佛、地藏菩萨、伽蓝菩萨，后有观音佛山、两边挂有十八罗汉画像），占地面积357.5平方米，前为门台占地面积62.16平方米，殿前两侧为僧房占地135平方米，其他均为园地，占地总面积1339.66平方米。

灵德寺　位于峃口镇平和梅垟下村。20世纪80年代，两位佛教居士在此建成占地100余平方米的灵德寺大殿。1999年，建成东边寮房，占地面积为560平方米，高三层，建筑面积1680平方米。2002年，始建中间大雄宝殿,此殿风格独特,由全石材结构而建,四周雕满栩栩如生飞龙盘柱,气势雄伟,中间玉佛由缅甸玉整体雕刻而成,庄严无比。2006年,占地面积560平方米,西边寮房落成。2009年,主体建筑完工。

西安寺 位于珊溪镇西山村。据寺内遗存香炉烧制年代记,原名千云寺,始建于明洪武三年(1370),清初损毁。1930年,重建上下堂,易名西安寺。1990年后,募资9万余元扩建大雄宝殿、斋厢房和道路等。大雄宝殿面宽五开间,砖木结构,重檐歇山式,明间中塑贴金佛像;寺僧房等计19间,占地13000平方米,规模壮观,环境幽雅。1995年2月15日,始由释达忍住持西安寺。

图37-7 西安寺(县民宗局提供 2010年摄)

福安寺 位于玉壶镇,明嘉靖五年(1526)始建,几百年来香火兴盛不衰,是县境著名佛地之一。20世纪60年代,"文化大革命"时期损毁。为挽救佛教历史古迹,经县政府和佛教协会批准,1995年重建新寺。

水云庵 位于黄坦镇水云峰山上。始建于清康熙八年(1669),清乾隆十八年(1783)修复。当时建有观音殿、大雄宝殿,前面壁坡上竖柱建山门,诸佛圣像俱全。左僧房,右厨房,组成合院式殿宇。清咸丰十年(1861)重修。1952年厨房倒塌,其木料瓦片拆至王宅乡小学扩建校舍所用。至"文化大革命"期间,殿宇年久失修倒塌,全部拆除。1998年动工重建。

宝华寺 位于黄坦镇稽垟村东15里双尖山西侧深弯,俗名东庄庵。坐东朝西。元文宗致和元年(1328)始建,原名宝华庵。明洪武二年(1369),重建山门、弥勒殿、大雄宝殿和观音殿,改名宝华寺。清同治十二年(1873),修建大雄宝殿、横轩。该寺处于原瑞安、青田、泰顺三县交界崇山茂林中。1936年重阳日,红军挺进师政委刘英率领部队开辟为革命根据地。1941年4月19日,中共青景丽县委在底庄召开会议,该寺是地下活动据点。1942年4月和1947年冬,遭受国民党军2次焚烧。1943年重建观音殿。1996年重建大雄宝殿,2006年重建观音殿。

合觉寺 寺在玉泉山南麓位于黄坦镇占里村岩头背自然村,原名玉泉观,离镇三公里。

相传在明洪武年间(1368—1398),此地建有古寺,香火旺盛。何时被毁,无法考查。后于清光绪五年(1880)春重建,时称玉泉观。有古石碑两块尚在。寺院塑有如来、观音、金刚诸佛圣像。大殿后面相距300米处,建有许真君殿宇,三处连成殿宇群。原寺有古铜钟一只,重达250余公斤。僧人早晚击钟鼓课诵,钟声嘹亮,黄坦全地均能听到。殿宇于"文化大革命"时期拆除。

图37-8 合觉寺(县民宗局提供 2010年摄)

1992年修建大雄宝殿三间及僧舍、厨房。后山再修汤娘娘殿,东侧修许真君殿,均为土木结构,单檐歇山造式。

明星寺 位于南田镇朱阳谈阳村后山,清道光二十四年(1844)始建,1928年扩建。"文化大革命"期间遭破坏,寺内横匾上铸“明星禅寺”和“民国二十一年”字样铁钟、八角古井和围墙仍然保持原貌。1988年,依照民国期间寺宇规模重修大雄宝殿、白衣丞相殿各七间。1990年修筑头门,有面积3500平方米。1999年建厨房5间。2006年,建三圣罗汉殿5间,围墙内建筑面积5320平方米。

求化寺　位于峃口镇公阳证道山(俗称积谷山),1955年始建。1989年,僧了定法师任住持,之后依次若真法师、果智法师、灵度法师任住持。求化寺建筑有大雄宝殿、厨房、僧人住房、净修正道阁,占地面积1237平方米。殿内塑有菩萨韦驮、伽蓝圣像,妙相庄严雅观。殿坛前面做有门台,四周围墙。1992年,省政府发布《宗教活动管理规定》,该寺经过浙江省及文成县宗教局审核,准予登记。

放鹤禅寺　位于大峃镇周壤湖岙桥岭头,俗称岭头宫,因寺前有山犹活鹤展翅俯首湖岙桥边,如吸深潭之水而名放鹤寺。该寺原建于清咸丰七年(1850),分金刚殿、大雄宝殿、观音殿。由厢楼衔接,因年久失修,一度圮废。1994年,经县民宗局批准登记,由海外华侨捐资,按原貌维修翻建。大雄宝殿和金刚殿均面阔五间18米,高7米,深分别9米与8米,砖木结构,明间抬梁穿斗式,歇山顶。寺内供奉如来诸佛金装塑像。两边厢房各二间7米,作僧舍和香客休息室。大雄殿后为观音殿,面阔五间20米,深12.5米,高15米,单檐歇山造式。共占地面积约2000平方米。

图37-9　放鹤禅寺(县民宗局提供 2010年摄)

九莲寺　位于峃口镇公阳紫华峰,风景优美,当地俗称九星宫。相传寺院自五代十国创建至北宋时均为佛教圣地。南宋乾道到元末明初曾一度改为道观。宋光宗皇帝赐号“光复大师”谢守灏,开禧元年(1205)来住持并扩建九星宫,终老并葬于九星宫。洪武年间(1368—1398)寺院发展到顶峰期,朱元璋曾钦赐“圣旨·九星宫”牌匾一块悬挂于寺院大门正上方。明清六百余年至中华人民共和国成立初期,寺院又历经数次修缮,保护良好。现存碑志记载:清乾隆三十三年(1768)、清嘉庆九年(1804)、1947年,都先后进行重修。寺院周柱、梁、画、栋、门拱、飞檐,气势宏伟壮观、庄严肃穆。寺内珍藏牌匾楹联、题词、书画及经书文物愈数百件,堪称文物宝库、佛教圣地。土地革命时期,刘英、粟裕率领部队曾数次到九星宫休整,现为重要革命遗址纪念地。2005年,各方信众集资重建寺院,改名为“九莲寺”。

云居寺　位于巨屿镇方前村,始建于宋景德二年(1005),建寺时现白云而名。元至元二年(1336),由夏万光奏准,刺封“云居院”。清光绪十七年(1891)重建,1997年9月24日列为第五批文成县文物保护单位。

崇德寺　位于金炉乡陈庄村水口。清咸丰三年(1853)建,1976年翻建。2002年12月28日列为文成县第二批文物保护点。

九台寺　位于珊溪镇罗山村山巅。清咸丰年间(1851—1861)建,1991年重修。其后山岩硐庵为6.9×4.3米的天然壁硐。2002年12月28日列为文成县第二批文物保护点。

滴水亭(万明山寺)　位于大峃镇樟台东城村樟岭自然村万明山滴水坳。因部分梁柱构件由状元捐助,而称为“状元亭”。清康熙五十年(1711)建,1929年重修,改名“万明山寺”。2006年12月28日,列为文成县第四批文物保护点。

灵应禅寺(水口宫)　位于大峃镇周壤联丰村联丰自然村水口。明万历元年(1573)建。2002年12月28日列为文成县第二批文物保护点。

圣泉洞　位于大峃镇龙川过山村樟山自然村狮子山东面,修建于元至正二年(1342)。由门台、汤仙亭、圣泉门、三宝殿、积善亭、汤娘娘殿、陈十四娘娘殿、圣泉洞、观音洞等组成。1997年9月24日列为第五批文成县文物保护单位。

高 僧

达照法师　1972年出生,字性远,俗姓林,笔名天台子,峃口镇平和人。1991年就读于福州鼓山佛学班,同年秋考入南京栖霞山佛学院。1992年,礼江苏宝华山茗山大和尚受具足戒。1993年,入温州大罗山静修。1994年,考入中国佛学院本科。1998年本科毕业后入学中国佛学院研究生院,并于2001年获得佛学硕士学位。2001—2004年,在浙江普陀山佛学院担任讲师、研究生导师。2005年,受温州妙果寺达崇法师之邀,担任温州市妙果寺监院。2007年,出任文成县安福寺修建委员会主任,开始全面主持安福寺重建。至2011年,先后担任中国佛教协会理事、普陀山佛学院研究生导师、浙江省佛教协会常务理事、温州市佛教协会副会长、文成县佛教协会会长、县政协常委,文成安福寺、七甲寺住持,温州妙果寺方丈,山东济南元音寺住持。出版专著有《金刚经赞研究》《超越死亡》《〈天台四教仪集注〉译释》《永嘉禅讲座》《楞严大义》《禅心密印》《退一步并不难》,散文集《一股清泉》、诗集《雪莲花》等。

协 会

1987年12月,县佛教协会在双桂净因寺召开成立大会,佛协成员由全县僧尼、在家弟子合计60余人组成。净因寺住持僧释了云任顾问,净因寺僧释世成(平阳人)任会长。1988年,会长释世成住持福聚禅寺,继回平阳某寺挂锡,会长改由顾问释了云担任。1991年9月28—29日,县佛教理事扩大会议在双桂净因寺召开。

1996—2003年,县佛教协会会长由七甲寺住持释了识担任。1999年5月24日,全县第二次佛教代表大会在双桂乡净因寺召开,与会代表67人,其中女代表17人、特邀代表22人;选举产生县佛协第二届理事会。其中理事35人,常务理事17人,选举释了云为名誉会长,释了识为会长。2003年8月,了识长老圆寂。

2004年7月、2010年11月,全县佛教协会分别召开第三、第四次代表大会,选举释达照为会长。

第二节　道　教

道教源远流长,县境道教活动始于南朝而盛于唐宋,后经历元、明、清各个朝代,继承和发展成为全真派和正一派。2011年,全县依法登记道教教职人员300人。

2005年12月,全县道教协会成立暨第一次代表大会召开,林一当选会长。

图37-10　2005年12月20日,县道教协会成立暨第一次代表大会在县政府礼堂召开(县民宗局提供)

第三节　基督教

基督教是对奉耶稣基督为救世主的各教派统称，它建立根基是耶稣基督的诞生、传道、死亡与复活，也俗称耶稣教。基督教最早于清光绪六年(1880)在大峃建立内地会教堂，为县域首座教堂。2011年，全县依法登记基督教场所23处(教堂12处、固定处所11处)，基督教教职人员63人。全县地方教会有17个，信徒有1800余人。

教　堂

基督教传入县境，已有二百余年历史。清光绪六年(1880)在大峃建立的内地会教堂，为县域首座教堂。其后，分别于清光绪九年(1883)、光绪十年(1884)、光绪十三年(1887)、光绪十五年(1889)建立珊溪、龙川、二源、黄坦、富岙5处教堂。进入20世纪后，又先后建立双桂(1908)、叠石垅(1920)、峃口(1935)、大南(1980)4处教堂。解放后亦建有多个教堂。至2011年，文成县域有基督教活动场所23处，其中教堂12处、固定处所11处。

教　会

清光绪二十八年(1902)，黄坦王宅正式设立中华基督教自治内地会，为县域第一个教会，时有结社人数108人。至2011年，全县地方教会有17个，信徒有1800余人。

协　会

1991年10月7—8日，召开全县基督教代表大会，吴成中被选为基督教协会第一任会长。1999年5月，全县基督教协会第二届代表会议召开，吴成中当选县基督教“三自”爱国运动委员会主席，蔡炳林当选县基督教协会会长。2004年7月、2010年11月分别召开县基督教“两会”第三、第四次代表会议，选举赵小文为县基督教“三自”爱国运动委员会主席，蔡炳林为县基督教协会会长。2009年6月9日，为加强同各宗教场所妇女联系和交流，共建共享改革开放及其成果，大峃基督教堂举行基督教妇女工作联络站成立仪式，标志着全市首个基督教妇女工作联络站成立。

第四节　宗教事务管理

宗教事务管理基本内容是要切实保障宗教信仰自由，保证正常宗教活动有序进行，保护宗教团体合法权益。实行政教分离原则，任何宗教都没有超越宪法和法律的特权，都不能干预国家行政、司法和教育等国家职能的实施。绝不允许恢复已被废除的宗教封建特权和宗教压迫剥削制度；绝不允许利用宗教反对党的领导和社会主义制度及破坏国家统一和国内各民族之间的团结；绝不允许利用宗教损害国家和社会的利益及妨碍其他公民的合法权利。

宗教场所登记

1993年，县政府同意对全县首批24个宗教活动场所予以登记发证。1997年，同意对玉壶镇玉泉寺等33个宗教活动场所予以登记发证。至2011年，全县共有依法登记宗教和民间信仰活动场所97处。其中佛教62处(寺院38处、固定处所24处)，基督教23处(教堂12处、固定处所11处)，民间信仰活动场所12处。基督教、佛教、道教三大教教职人员488人，其中佛教125人、道教300人、基督教63人。

2011年文成县宗教活动场所登记情况一览表

表37-4

序号	场所名称	教别	地　址	场所类别	登记证号	登记时间(年月)
1	大峃镇七甲净慧寺	佛教	大峃镇呈树村	寺院	F030080001	1993.6
2	大峃镇圆通寺	佛教	大峃镇垟井村	寺院	F030080002	1997.1
3	峃口镇灵德寺	佛教	峃口镇梅垟下村	寺院	F030080003	1997.1
4	大峃镇净福寺	佛教	大峃镇屿根村	寺院	F030080004	1997.1
5	大峃镇栖云庵	佛教	大峃镇周村村	寺院	F030080005	1993.6
6	大峃镇真如禅寺	佛教	大峃镇林店尾村	寺院	F030080006	1993.6
7	大峃镇会云寺	佛教	大峃镇珠岭村	固定处所	F030080007	2002.9
8	大峃镇温泉寺	佛教	大峃镇垟山头	寺院	F030080008	1997.1
9	大峃镇清福寺	佛教	大峃镇花园村	寺院	F030080009	2002.9
10	大峃镇福安寺	佛教	大峃镇中堡村	寺院	F030080010	1997.1
11	大峃镇观音阁	佛教	大峃镇龙川后宅	寺院	F030080011	1998.1
12	大峃镇宝崇寺	佛教	大峃镇枫门山	寺院	F030080012	1997.1
13	大峃镇鹫峰寺	佛教	大峃镇排门村	寺院	F030080013	1993.6
14	大峃镇万明山寺	佛教	大峃镇樟岭村	寺院	F030080014	1998.1
15	百丈漈镇明星寺	佛教	百丈漈镇谈阳村	寺院	F030080015	1999.3
16	百丈漈镇观音殿	佛教	百丈漈镇岭头村	固定处所	F030080016	2003.12
17	南田镇妙果寺	佛教	南田镇南田村	寺院	F030080017	2002.9
18	南田镇护国寺	佛教	南田镇三滩村	寺院	F030080018	1997.1
19	南田镇云峰寺	佛教	南田镇底新屋村	固定处所	F030080019	2002.9
20	百丈飞瀑景区云崖寺	佛教	百丈飞瀑景区	固定处所	F030080020	1999.3
21	黄坦镇栖真寺	佛教	黄坦镇严坳村	寺院	F030080021	1997.1
22	黄坦镇合觉寺	佛教	黄坦镇占里村	固定处所	F030080022	1997.1
23	黄坦镇水云寺	佛教	黄坦镇邢宅村	寺院	F030080023	1999.3
24	黄坦镇宝华寺	佛教	黄坦镇稽垟村	固定处所	F030080024	1997.1
25	黄坦镇灵隐寺	佛教	黄坦镇石竹龙村	固定处所	F030080025	1999.3
26	西坑镇葛寿寺	佛教	西坑镇葛绳垮村	寺院	F030080026	2001.09
27	珊溪镇西安寺	佛教	珊溪镇西山村	寺院	F030080027	1993.6
28	珊溪镇南峰寺	佛教	珊溪镇西黄村	寺院	F030080028	1997.1
29	珊溪镇福源寺	佛教	珊溪镇新西坑村	寺院	F030080029	1997.1
30	珊溪镇飞云寺	佛教	珊溪镇新建村	寺院	F030080030	1997.1
31	珊溪镇千云寺	佛教	珊溪镇西山村	固定处所	F030080031	2003.12
32	珊溪镇圣岩寺	佛教	珊溪镇平坑村	固定处所	F030080032	1999.3
33	珊溪镇青云寺	佛教	珊溪镇新建村	寺院	F030080033	1997.1
34	巨屿镇贞莲寺	佛教	巨屿镇垟尾村	固定处所	F030080034	1997.1
35	巨屿镇南屿寺	佛教	巨屿镇龙前村	固定处所	F030080035	1997.1
36	巨屿镇葛峰寺	佛教	巨屿镇岙底村	固定处所	F030080036	1997.1
37	巨屿镇云居寺	佛教	巨屿镇方前村	固定处所	F030080037	1997.1
38	巨屿镇碧云寺	佛教	巨屿镇方前村	固定处所	F030080038	1997.1
39	峃口镇净因寺	佛教	峃口镇城底村	寺院	F030080039	1993.6
40	峃口镇福聚寺	佛教	峃口镇外了村	寺院	F030080040	1993.6
41	峃口镇山下观音阁	佛教	峃口镇旁岸村	固定处所	F030080041	1997.1
42	峃口镇净国寺	佛教	峃口镇垟山村	固定处所	F030080042	1993.6

续表37-4

序号	场所名称	教别	地　址	场所类别	登记证号	登记时间(年月)
43	峃口镇庆云寺	佛教	峃口镇双垟包村	固定处所	F030080043	1993.6
44	峃口镇净境庵	佛教	峃口镇垟山村	固定处所	F030080044	1993.6
45	峃口镇福清寺	佛教	峃口镇马宗村	寺院	F030080045	1998.1
46	峃口镇龙潭寺	佛教	峃口镇鱼局村	固定处所	F030080046	2002.9
47	峃口镇求化寺	佛教	峃口镇垟塆村	寺院	F030080047	1993.6
48	峃口镇普济寺	佛教	峃口镇水碓宅村	寺院	F030080048	1993.6
49	峃口镇九莲寺	佛教	峃口镇公阳村	寺院	F030080049	2002.9
50	峃口镇新丰寺	佛教	峃口镇上岳头村	寺院	F030080050	1993.6
51	周山乡净德寺	佛教	周山乡水井头村	固定处所	F030080051	2003.12
52	玉壶镇玉泉寺	佛教	玉壶镇外楼垟	寺院	F030080052	1993.6
53	玉壶镇观音禅院	佛教	玉壶镇中村	寺院	F030080053	1997.1
54	玉壶镇金钟寺	佛教	外村岑头垟	寺院	F030080054	1997.1
55	玉壶镇狮岩禅寺	佛教	玉壶镇上村	寺院	F030080055	2003.12
56	玉壶镇五岭观音殿	佛教	玉壶镇五岭村	固定处所	F030080056	2002.9
57	玉壶镇观音宫	佛教	玉壶镇长枫村	固定处所	F030080057	2002.9
58	玉壶镇安福寺	佛教	玉壶镇联民村	固定处所	F030080058	2001.9
59	玉壶镇高峰寺	佛教	玉壶镇雅龙村	寺院	F030080059	1998.1
60	大峃镇栖鹤寺	佛教	大峃镇岭头宫	寺院	F030080060	1998.1
61	大峃镇灵应寺	佛教	大峃镇大壤宫	寺院	F030080061	2001.9
62	大峃镇普靖寺	佛教	大峃镇麻山村	固定处所	F030080062	2001.9
63	大峃镇大峃教堂	基督教	大峃镇县前村乌垟坑	教堂	J030080001	1993.6
64	大峃镇第二村安息日会聚会点	基督教	大峃镇第二村	固定处所	J030080002	1993.6
65	大峃镇周村安息日会聚会点	基督教	大峃镇周村	固定处所	J030080003	1993.6
66	大峃镇龙川教堂	基督教	大峃镇龙川中村后山垅	教堂	J030080004	1993.6
67	黄坦镇际头龙教堂	基督教	黄坦镇际头龙村	教堂	J030080005	1993.6
68	黄坦镇塘底垟教堂	基督教	黄坦镇塘底垟村	教堂	J030080006	1993.6
69	黄坦镇济下桥楼聚会点	基督教	黄坦镇济下村	固定处所	J030080007	2003.12
70	黄坦镇稽垟教堂	基督教	黄坦镇稽垟村	教堂	J030080008	1997.1
71	黄坦镇雅梅安息日会聚会点	基督教	黄坦镇后巷村	固定处所	J030080009	1993.6
72	黄坦镇周岙底教堂	基督教	黄坦镇周岙底村	教堂	J030080010	1993.6
73	黄坦镇杜山聚会点	基督教	黄坦镇杜山村	固定处所	J030080011	1998.1
74	峃口镇峃口教堂	基督教	峃口镇峃口村	教堂	J030080012	1993.6
75	峃口镇金加堂聚会点	基督教	峃口镇金岭村	固定处所	J030080013	1997.1
76	峃口镇山下聚会点	基督教	峃口镇山下村	教堂	J030080014	1998.1
77	珊溪镇街尾教堂	基督教	珊溪镇街尾村	教堂	J030080015	1993.6
78	珊溪镇移民新村聚会点	基督教	珊溪镇龙虾村	固定处所	J030080016	1999.3
79	珊溪镇双面山教堂	基督教	珊溪镇福全村	教堂	J030080017	1999.3
80	珊溪镇毛山聚会点	基督教	珊溪镇毛山村	固定处所	J030080018	1998.1
81	珊溪镇塘山聚会点	基督教	珊溪镇塘山村	固定处所	J030080019	1997.1
82	珊溪镇松坑教堂	基督教	珊溪镇松坑村	教堂	J030080020	1997.1
83	百丈漈镇山头聚会点	基督教	百丈漈镇山头村	固定处所	J030080021	1997.1
84	南田镇下堡聚会点	基督教	南田镇下堡村	固定处所	J030080022	1998.1
85	大峃镇大壤教堂	基督教	大峃镇项山村	教堂	J030080023	1993.6

说明:资料由县民宗局提供

非法宗教整治

1991年6月,开展宗教政策教育,对坚持反动立场的教徒给予处理。1996年,开展专项整治活动,对全县100余处非法宗教场所进行整治。1997年,开展“制非1号”集中统一行动。10月,对全县9个基督教场所、24个佛教场所(院)予以依法登记发证。2001年,拆除非法宗教活动场所32处,取缔非法聚会点22处。2003年,依法查处制止封建迷信活动2次。2007年,落实乡镇、村宗教工作目标管理责任制。全县宗教和民间信仰活动场所予以验审、换证97处。2011年,全县创成省级达标场所16处。引导宗教团体对宗教教职人员进行认定备案和宗教教职人员社会保障工作。至年底,完成认定备案131人,社会保障71人。

宗教人员培训

1991—2011年,举办宗教教职人员培训班25期,参加人员2500余人次。邀请专家学者为宗教教职人员讲解党的宗教政策法律法规知识,提升他们的依法治教的能力和水平。其中2001年,培训基督教教职人员24人,佛教教职人员51名。2005年,利用3月15日二源明星寺修建18周年时机,组织县佛教协会副会长以上人员学习《宗教事务条例》;4月10日,在县基督教“两会”举办《宗教事务条例》培训班,参训人员52人;10月18日,在道教界举办《宗教事务条例》培训班2期,参训人员219人。

和谐寺观教堂创建

2009年,根据国家宗教局和省民宗委的统一部署,在全县宗教活动场所中开展和谐寺观教堂创建。2010年,大峃镇七甲寺、大峃教堂、玉壶镇玉泉寺等3个场所被评为首批省级和谐寺观教堂达标场所。

2011年6月,召开全县宗教工作暨“和谐寺观教堂”创建工作表彰会。珊溪镇西安寺,峃口镇求化寺、普济寺、灵德寺、净因寺,玉壶镇金钟寺、高峰寺,百丈漈镇明星寺,黄坦镇栖真寺、周岙底教堂、际头垄教堂,大峃镇圆通寺、清福寺、温泉寺、大壤教堂等16个场所被评为省级和谐寺观教堂达标场所。

公益慈善活动

1991—2011年,宗教界人士捐资207万元,帮助贫困生及1998年长江洪灾、2005年泰利台风、2007年四川汶川地震灾区、2010年舟曲特大泥石流灾害等公益事业。其中1998年,宗教界人士为长江洪灾发出《倡议书》100余份,捐资1.2万元、衣裤17大包。2003年,引导宗教界人士做好事、善事,向失学儿童、特困户和社会公益事业捐资2万余元。

宗教场所建设

2003年,省人民政府批准安福寺在原址上重建。2008年4月2日,成功举行安福寺奠基开工仪式。2011年1月11日(农历腊月初八),安福寺隆重举行大雄宝殿、藏经楼、山门、客堂、云水寮、钟鼓楼的上梁法会。

安福寺属于县重点建设工程,总投资人民币约5亿元,至2011年年底,累计完成投资15724万元。

民间信仰管理

改革开放以来,当地政府尊重信仰、规范管理、分级负责、注重引导,注重发挥民间信仰在道德教化、文化传承、民间交流等方面作用,深入挖掘民间信仰当代文化价值,赋予新时代内涵。鼓励民间信仰活动场所参与社会公益慈善,回报社会。倡导民间信仰和谐共生理念,引导不同信仰群众相互尊重、和睦相处。2011年,全县贯彻执行市委、市政府《关于加强民间信仰事务管理的意见》,并召开全县民族宗教工作会议,全面部署加强民间信仰事务管理。同时,开展民间信仰场所调查排摸工作,为下一步民间信仰纳入管理提供第一手资料。并为下一步按照“纳入管理一批”“整改规范一批”“布局调整一批”“取缔拆除一批”等“四个一批”要求实行分类管理打下基础。

第三十八卷

语言　习俗

随着世界空间的拉近和语言的推广普及，普通话已经成为文成的官方语言，也在公众场合和年轻人群中盛行。文成人讲普通话，通常“平舌音”与“翘舌音”、“前鼻音”与“后鼻音”不分，也称“文成普通话”。文成方言极具地域特征，有瑞安方言、青田方言、泰顺方言、景宁方言，有畲语、闽南语等。普通话与本地方言的相互交融，使传承久远的方言词汇在书写、表达以及语义把握上渐趋含糊，同音代替、以简代繁现象大量存在。20世纪90年代初，网络语言产生并大量应用于网络交流，对普通话和地方语言都带来了较大的冲击。

改革开放以来，文成经济跨越式发展，人们的物质生活水平极大改善，生活方式和行为习惯发生显著变化，一些时代新元素开始融入传统风俗，逐渐形成丰富多彩、特色鲜明、洋溢着现代气息的社会风尚。

第一章　语　言

语言是人们最重要交际工具，是进行沟通交流主要表达方式。文成人日常沟通交流主要用文成方言和普通话。文成方言主要有汉族方言和畲族方言，汉族方言大体可分文成话和福建话两种，畲族方言当地称为“畲客话”。文成方言当中汉族方言的内容在《文成县志》（中华书局1996年出版）已有全面记载，此处不再复述。

第一节　普通话推广与方言保护

1949年，新中国规定汉语改称普通话。一直以来，全县推广普通话和保护方言工作，既与国家、省市同步进行，要求也差不多，但又有一些自身特点。

普通话推广

机构　长期以来，推广普通话工作职能由政府教育文化部门负责。2006年，县政府成立文成县语言文字工作委员会（简称语委），分管副县长潘玉花担任委员会主任，办公室设在县教育局，副局长林发高担任办公室主任。

2011年，县政府把推广普通话纳入政府议事日程，形成政府统筹、语委组织、上下联动、齐抓共管的语言文字工作格局。

图38-1　2009年11月1日，县朗诵艺术学会举行成立大会（县朗诵艺术学会提供）

推广　1958年，全国人大常委会批准、公布《汉语拼音方案》。全县小学开始用汉语拼音进行识字教学。

1982年，《中华人民共和国宪法》明确规定“国家推广全国通用的普通话”。确定“大力提倡、重点推行、逐步普及”的推广普通话工作方针。城镇学校普通话教学已经初见成效，但是城乡差距大，偏远乡村虽然在小学低段进行拼音教学，但由于教师的教学用语、学生之间、师生之间的交流语言仍然全是本地方言（当地也称土话），因此汉语拼音教学巩固率很低，普通话推广相对国家改革开放后期进展速度显得较为缓慢。

1998年，经过国务院批准，每年9月第三周为全国推广普通话宣传周。明确规定普通话的定义，成立推广普通话工作委员会。

自1998年第一届推普周开始，至2011年为第14届推普周。推普周活动以“普通话——情感的纽带，沟通的桥梁”“构建和谐语言生活 弘扬中华优秀文化”“热爱中国语言文字，构建和谐语言生活”“推广普通话，共筑中国梦”等为主题，开展演讲、展板宣传、小广播、发放宣传资料等推广普通话宣传。每年约1万人次参加“推普”活动,约100人次获得国家、省、市级“推普”活动奖励。普通话成为学校的教学语言、校园语言。同时,全县机关企事业单位也大力推广普通话,平时工作交流、汇报和开会,尽量普遍使用普通话。

2000年开始,文成县每年围绕一个选定的主题开展爱国主义读书教育活动,促进全社会学讲普通话良好氛围。

2009年11月始,县朗诵艺术学会以推广朗诵艺术、普及普通话为己任,为致力推广标准普通话起到推动作用。先后合办中国诗刊社第26届“青春诗会”,开展“抗震救灾”“中国少年梦亲子读书会”“共筑中国梦·同创文明城”为主题中秋诗歌朗诵会和“亨哈山珍杯”中国梦电视朗诵大赛,在县广播电视台开辟以朗诵为内容“诗情话意”节目。

2011年,文成县与腾讯微博联合举办第四届万种枫情节“红枫颂”网络朗诵比赛,来自浙江、四川、广西、新疆、内蒙古等省、自治区、直辖市及境外的朗诵爱好者参加比赛,共收到朗诵作品120余件。同年,文成籍学生参加在省语委举办的第六届浙江省青少年中华经典诗文诵读活动,获中学个人组、小学个人组第一名。

方言保护

随着社会改革开放程度提高,人与人之间沟通交流越来越广泛、频繁,人们为了适应社会生活、工作和文化交流需要,推广普通话,学讲普通话,使用普通话。小孩从小就说普通话,老人也在学习使用普通话,使用普通话交流渐成习惯。因此,年轻人和小孩对自己家庭或祖上讲的方言不会说或者逐渐淡忘不会说,已经成为一种趋势,也是社会普遍现象。这种趋势和现象已经引起语言文字方面专家学者及境域有识之士的高度重视。因此,人们在积极推广使用普通话的同时,有意识地保护老祖宗留下的古老语言活化石——方言。文成方言汉语拼音方案从该地方言实际语音状况出发,全面涵盖文成方言的全部读音,不但可以起到规范文成方言读音作用,而且便于学习使用。县人常委会原副主任陈永造把多年思考的《文成方言拼音方案》梳理出来,陆续在《今日文成》刊登,期盼抛砖引玉,求得文成方言精准保留和世代传承。故将陈永造文成方言拼音辑录。

文成方言拼音情况一览表

表38-1

声母(28个)	b(巴、半)〔p〕、ḃ(爬、盘)〔b〕、p(朴、潘)〔ph〕、m(么、瞒)〔m〕、ṁ(麻、没)〔ɱ〕、f(勿、欢)〔f〕、 ḟ(傅、血)〔v〕、d(端)〔t〕、ḋ(团)〔d〕、t(吞)〔th〕、n(暖)〔n〕、l(銮)〔l〕、g(甘、街)〔k〕、ġ(贯、街)〔g〕、 k(刊)〔kh〕、h(鼾)〔x〕、ḣ(含)〔ɦ〕、り(玩)〔り〕、j(机)〔ʨ〕、J̈(其)〔ʥ〕、q(欺)〔ʨh〕、x(西)〔ɕ〕、 ṅ(尼)〔ȵ〕、z(知)〔ts〕、ż(持)〔dz〕、c(雌)〔tsh〕、s(思)〔s〕、ṡ(时)〔z〕
韵母(39个)	a(埃)〔a〕、ɑ̂(否)〔æ〕、o(鸦)〔o〕、ô(凹)〔ə〕、e(安)〔ə〕、ê(庵)〔ɛ〕、i(衣)〔i〕、u(乌)〔w〕、 ü(威)〔せ〕、ŋ̂(儿)〔ŋ〕、î(而)〔ɳ〕、ao(瓯)〔au〕、ai(艾)〔ai〕、au(和)〔ou〕、ei(爷)〔əi〕、ia(呀)〔ia〕、 io(哟)〔io〕、ie(怨)〔iə〕、iu(育)〔iu〕、iü(遗)〔iせ〕、iɑ̂(央)〔iæ〕、iô(腰)〔iə〕、iê(烟)〔iɛ〕、 ua(歪)〔wa〕、uo(罚)〔wo〕、ui(微)〔wi〕、uɑ̂(浮)〔wæ〕、uô(亡)〔wə〕、üe(温)〔yə〕、üô(枉)〔yɔ〕、 iao(优)〔iau〕、uai(会)〔wai〕、aŋ̂(痕)〔aŋ〕、iaŋ̂(英)〔iaŋ〕、oŋ̂(翁)〔aŋ〕、ioŋ̂(荣)〔ioŋ〕、 iŋ̂(应)〔iŋ〕、uaŋ̂(文)〔waŋ〕、üŋ̂(晕)〔せŋ〕
声调符号	꜀平声 ꜂上声 去声꜃ 入声꜄ 发音时“平声平道莫低昂,上声高呼猛烈强,去声分明哀远道,入声短促急收藏”。书写时在音节的四角分别标明符号꜀和꜄,例:低꜀di 底꜂di 帝di꜃的di꜄梯꜀ti 体꜂ti 剃ti꜃踢ti꜄

注释:括号中( )的汉字是文成方言注音代表字,中括号中〔 〕的音标是国际音标符号。

《文成方言拼音方案》(简称《方案》)提出,县域方言有许多分支。大峃、玉壶、峃口、巨屿、珊溪等地和飞云江下游的瑞安市紧紧相连,该地区属瑞安方言语系。南田、黄坦、西坑等地,历史上称九都、八都,属青田县,与青田方向的语言相通,属青田方言。石垟、下垟等地与景宁接壤,语音与景宁方言相似,俗称“山底话”。珊溪的桂山、仰山,原来黄坦的汇溪、双溪以及稽垟,均带有泰顺口音。此外,境内还有畲族聚居的畲族语言,在峃口、巨屿靠近平阳县一带有说“平阳话”的,即闽南话。但是,县域各地都处县城大峃周边,大峃又是全县政治、经济、文化和交通的中心。大峃话自然成为祖辈言传口授,代代传承的,而且和各地相通的,就代表文成的“本地话”,即文成方言。

《方案》当中,一是借用汉语拼音字母,直接用汉语拼音的声母、韵母组合拼成方言汉字的语音;二是用汉语拼音字母难以拼成的方言汉字语音,另外增加拼音字母。否则不能涵盖方言汉字的全部语音。因为文成方言语音的声母虽然大致与普通话的相应划一,但是方言存在的浊音,少了卷舌的舌尖硬鄂声的声母,单韵母可作声母用(即零声母)。方言韵母与普通话比较大致划一,但是也有明显的变音。另外方言的前鼻音和后鼻音分不清,方言声调变化较复杂,主要有清浊四声音调。对声母变声的元声字母上方加“·”符号标注,独立成为声母字母,例:b(巴)字加点成ḃ(爬)字母,g(甘)字加点成ġ(贯)字母等。对韵母变音的在元音字母上方加“⌒”符号标注,独立成为韵母字母,例:a(埃)上加“⌒”成ȃ(忝)字母,o(鸦)上加“⌒”成ȏ(凹)字母,e(安)上加“⌒”成ȇ(哀)字母等。除此之外,方言还存在一个特别声母“り”(玩、牙)和两个特别韵母即在“ȏり”上加“⌒”成“り̑”(耳、儿)与î(而)。

《方案》当中,方言汉语拼音字母67个,其中声母28个和韵母39个。声母按发声部位分五组:1、唇齿声组:b(巴)ḃ(爬)P(仆)m(么)ṁ(麻)f(勿)ḟ(缚)。2、舌尖齿声组:d(端)ḋ(团)t(吞)n(暖)l(銮)。3、舌根(含喉声)声组:g(甘)ġ(贯)k(刊)h(鼾)ḣ(含)り(玩);4、舌面声组:j(机)j̈(其)q(欺)x(西)ṅ(尼)。5、舌尖声组:z(知)ż(持)c(雌)s(思)ṡ(时)。韵母有单韵母9个、复韵母21个、鼻韵母7个和特别韵母2个。单韵母:a(埃)ȃ(忝)o(鸦)ȏ(凹)e(安)ȇ(哀)i(衣)u(乌)ü̈(威)。复韵母:ao(瓯)ai(哎)ou(和)ei(爷)ia(呀)io(哟)ie(怨)iu(育)iü(遗)i͡a(央)i͡o(腰)i͡e(烟)u͡a(歪)u͡o(罚)ui(微)u͡a(浮)u͡o(亡)üe(温)ü͡o(枉)iao(优)uai(会)。鼻韵母:aり̑(痕)iaり(英)oり̑(翁)ioり̑(荣)iり̑(应)uaり̑(文)üり̑(晕)。特别韵母:り̑(儿)î(而)。

《方案》认为,文成方言声调高低和升降变化比较复杂,用普通话的“阴平阳平上声去声”法办理,难以覆盖全面,表达不了全部语意。历史上文化人有过许多研究,提出较好表述。《李山书》中说,方言声调用“平上去入”的“四声法”,“平声平道莫低昂,上声高呼猛烈强,去声分明哀远道,入声短促急收藏”。而且,其中“上去入”都是“仄声”。并且,列举18对句式,如“低底帝的、梯体剃踢”,“歌古故谷、科苦库哭”,“该改盖鸽、开坎咳克”,“官管贯骨、瞒满幔末”,“皆解界格、斑板扮不”等。其表达方式是从方言汉字拼音音节的四个角标记符号。即:在音节左下角标平声,以“(”为号;在左上角标上声,以“(”为号;在右上角标去声,以“)”为号;在右下角标入声,以“)”为号。方言“四声法”与普通话的“四声”的主要区别:普通话中没有入声,平声分阴阳,方言四声中有清浊之分。

文成方言与瓯语系的瑞安语系的单字调类基本相同,但有自己的特殊性。一般的平声尾音拉长些,上声调门高些粗亢些,去声有降升调,有的其尾音要上扬些,入声也有降升调的,有时去声和入声分不大清,只在组词联句中表现出来。文成方言汉字还有很多字有好几种语音声调表达不同字义。这个复杂性增加了方言认读使用和传承的难度。例如“恶”字就有四种读法,平声的“恶足道”,上声的“恶心”,去声的“可恶”和入声的“罪恶”;“划”字有平声的“划(O)船”和“刻划(ua)”,入声“划(fa)分”和“划(fa)拳”;“拗”字有平声的“执拗”,上声的“拗断”和去声的“拗回”;“欸”字有平声的“打招呼”的语音,上声的“不以为然”的语气和去声的“表示应答”的腔调;“倒”

字有上声的“打倒”和入声的“倒水”,“铺”字有平声的“铺床”和去声的“床铺”,“不”字有入声的ba和上声的fu之读,“破”字有平声的“破(pu)解”,上声的“破(pa)了”和去声的“破(pu)烂”,入声的“破(pu)坏”,等等。

第二节 畲 语

文成畲族有蓝、雷、钟、李四姓,均系外地迁入,雷姓最早,于明嘉靖三十九年(1560)从景宁迁入,蓝、钟、李也都在明末清初陆续迁入。绝大部分居于县域山区、半山区,村庄沿山而建,开始为同族聚居,后来逐渐与汉族杂(混)居。县域属浙江省、温州市少数民族重点县,2011年设有周山畲族乡和西坑畲族镇2个民族乡镇。同年,全县少数民族人口1.75万人,其中畲族1.63万人,占少数民族总人口93.14%,占全县总人口的4.70%。

畲语是畲族人民使用的语言,属汉藏语系,畲族内部称之为“山哈话”。畲族没有自己独立的文字,通用汉字。一般畲族人都会说三种语言,同汉族同胞交往时说当地方言或普通话,在本族人之间则用畲语。畲语拉近畲族同胞间区域距离,增进民族内部认同感和亲切感,是民族情感连接纽带。在畲族内部有句谚语,叫“离祖不离腔”,凡是畲族后裔都得会说畲语。

沿 革

畲语发展大致经历三个阶段:古畲语—新畲语—现代畲语。

古畲语 早在隋唐时代,闽、粤、赣结合部就已经形成相当广阔的畲族聚居区,从当时畲民的多次军事行动来看,聚居的畲族人口数量相当多。这些畲族先民交流的语言,就是古畲语。

新畲语 隋唐时期,随着汉族人特别是客家先民的大量迁入和畲民的流徙,古畲语便在民族交流中逐渐融合。在古畲语的基础上吸收融合客家方言和其他地方方言的基础上形成新畲语。

现代畲语 元末明初,畲族人因或奉旨征讨、迁徙,或避祸而分徙各地。受当地汉语方言影响及外来词增多,散居在各地的畲族人在新畲语基础上吸收当地方言与外来词,形成大同小异的畲语,即现代人所使用的畲语。

畲族没有自己独立文字体系,采用汉字。有了拼音注音以来,畲语也采用汉语拼音注音,但是也有不同的地方。各地的畲语声母、韵母、声调略有出入。畲语的声母有16到26个不等,没有翘舌音,有声母[ɳ]、[ɳ]、[ʔ]、[h];韵母28个到70个不等,二合元音、三合元音比较多,有入声韵尾[p]、[t]、[k]、[ʔ]等;声调6到8个,在语流音变中的变化很复杂。

特 点

文成畲语中词序和虚词是表达语法意义主要手段。名词、形容词、代词和数量词组作修饰语时,一般在中心词前面,只有少数几个形容词在中心词后面。指示代词有近指、中指、远指之分。形容词和量词重叠后表示某种语法意义。数词有基数、计位数、计月数、计日数4套,各有不同使用范围。句子的主语在谓语前面,宾语、补语在谓语后面。词根基本上是单音节的。构词方式大部分是词根与词根相结合,带附加成分的词不多。合成词比较丰富,以修饰结构的居多。汉语借词特别丰富。

文成畲语基本统一,差异不大。由于受各地汉族方言影响,各地的畲语腔调略显不同,但独立性没有改变,人们走到一起均可以用畲语对话。由于地域不同,文成畲语与相邻景宁、平阳、苍南、泰顺等县域的畲语,有些词汇稍有差样。

文成畲语与邻县畲语异同比较一览表

表38-2

汉语词汇	文成畲语	平阳畲语	苍南畲语	泰顺畲语	景宁畲语
芭蕉	蕉新	蕉新	蕉新	蕉新	接叶菜
花生	肚叨	花生	花生	泥豆	落花生
梨	肖梨	梨	梨	肖梨	果垒
衣袋	衫袋	衫袋	衫袋	衫袋	冬褂
大酒壶	酒煠	酒煠	酒煠	酒煠	烹沏
火柴	自烈火	火划	火划	贼立火	火药
窗	窗门	窗门	窗门	窗门	门眼
丈夫	男人客	男人	男人	男人	丈布
妻子	女人客	女人	女人	女人	泼娘
悬崖	石壁	崎石崖	崎石崖	石壁	石额
岳父	凯爷	凯爷	凯爷	凯爷	戴公
外公	帝公	娘公	娘公	帝公	帝公
拇指	手公娘	手公	手公	手公娘	手公
穿山甲	龙甲	甲狸	甲狸	龙甲	龙甲
翅膀	翅刀	翅刀	翅刀	翅刀	翅刀
雪霰	雪米	雪米	雪米	雪米	米落雪
浇	荫	荫	荫	荫	淋
挖	掘或捞	掘或捞	掘	捞	留
抱	揽	揽	揽	揽	掺
贤惠	会	会	会	会	俏
忘记	不记得	记不牢	记不牢	不记得	脱娘
这里	该位	该位	该位	该位	个地
那里	哪遭	哪位	哪位	哪遭	那地
对	兑	调	调	兑	抵

说明：资料由县民族宗教局提供

词汇特点

1. 单音节的词较多。例如：

文成畲语与汉语词意表达差异比较一览表

表38-3

汉语——畲语	汉语——畲语	汉语——畲语
房间——间	东西——拿	苎麻——苎
没有——冇	稻草——秆	油麻——麻
蚂蚁——蚁	草席——茬	姑妈——姑
毛竹——竹	茄子——茄	祖父——公
姐姐——姐	妹妹——妹	祖母——白
爸爸——爹	母亲——娘	

说明：资料由县民族宗教局提供

2. 保留了相当的古汉语词汇。例如:

文成畲语与古汉语词汇差异比较一览表

表38-4

汉语——畲语	汉语——畲语	汉语——畲语
吃——食	亮——皓	勿——莫
筷——箸	走——行	黑——乌
红——赤	屋——寮	稻——禾
小——碎	穿——着	脚——足
陡——崎	看——睇	锅——镬
窝——窠	奉——给	咬——啮

说明:资料由县民族宗教局提供

3. 把修饰、限制的偏词放在主词之后。例如:

文成畲语与汉语词法结构比较一览表

表38-5

汉语——畲语	汉语——畲语	汉语——畲语
公鸡——鸡公	母鸡——鸡娘	客人——人客
公猪——猪牯	热闹——闹热	干菜——菜干
孙女——女孙	母猪——猪娘	拖鞋——鞋拖

说明:资料由县民族宗教局提供

4. 与汉语完全不同的词。例如:

文成畲语与汉语词意表达差别比较一览表

表38-6

汉语——畲语	汉语——畲语	汉语——畲语
太阳——日头	台风——风水	彩虹——降龙
雾——云露	今年——记年	去年——喜年
早上——日头	中午——日昼	下午——食了
晚上——安晡	明日——太日	昨日——大日
近——逡	蟑螂——婆察	蝉——蜢蜊
蜗牛——滥蜒	泥鳅——蚨溜	蝙蝠——老鼠锦
门槛——门垫	板壁——槓壁	爪篱——捞箅
菜刀——刀拜	扁担——栋干	下边——卡下
衣柜——昆图	外边——卡边	烟尘——火渣煤
小姑娘——泼妮仔	青年人——佛生仔	太公——公白
父子俩——俩子爷	母女俩——俩子娘	喉咙——呼生管
背脊——背龙	下巴——嘴蒂	口水——呸来水
肚子饿——肚脐巨	玉米——呸来愁	插秧——播田
柿——气	向日葵——仰头舅	谷穗——禾脑
躲——匽	不要——呒迪	不用——呒帅

续表38-6

汉语——畲语	汉语——畲语	汉语——畲语
不会——倈	什么——式拿	为什么——做拿
看——睇	上面——面头	叫——喔
有——何	下雨——落水	岩石——石鼓
溪坑——坑沟	自己——独介	娶妻——罗亲
耳朵——纽困	苍蝇——白蚊	

说明：资料由县民族宗教局提供

5. 与汉语表义相同的字和词。例如：手、老、路、女、墨、纸、笔、水、穷、碗、茶、棕、谷、门、醋、你、苦、弯、高、矮、早、柴、花、嫂、赔、回、功夫、富贵、安全、金银、山林、埋怨、棉布、好汉、官府、凤凰、钻洞、留恋、猪肝、算盘、床铺、烟灰。

6. 音同义异。例如：(1)山、线　(2)茶、搽　(3)马、骂　(4)伯、百　(5)富、裤、付　(6)煎箭　(7)盏、剪　(8)吹、猜　(9)针、金　(10)赶、秆　(11)焚、文、纹、晕、云　(12)新、信　(13)刷、戌　(14)认、韧　(15)听、厅、添　(16)帮、放　(17)家、嫁、瓜、挂、卦、驾、架、价、加　(18)火、苦、虎　(19)肚、赌　(20)菜、催(21)苎、柜、箸、坠。

7. 畲语与汉语称谓不同的本县部分地名。例如：

文成畲语与汉语对本地名称谓差别比较一览表

表38-7

汉族称谓	畲族称谓	汉族称谓	畲族称谓
九条垟	九头垟	垟棚漈	掌牛山
水头山	水路山	梅树垟	培头岭
石竹寮	大　片	月门头	寮半天
塘垄塆	郑　山	驮塆脚	迪斯岭
牛　塘	五肖山	猫狸坑	米斗坑
周阳寨	猪娘寨	西坑半岭	窑　岭
呈山底	山　内	孙　岙	山　岙
江下寮	高户寮	周山垟	金　岭
龙丘垟	林　丘	外南垟	南　垟
马鞍垟	樟山东	石坦头	石栏头
石良坎	如凉坑	马　岩	米　岩
山背垟	山　背	天雷垟	田螺冈
马路垟	牛筋岭	长　垄	长　蓝

说明：资料由县民族宗教局提供

语法特点　文成畲语的语法结构一般与汉语的语法结构差不多，以特定的语序、虚词和语感来表达思想感情，但是也具有一些本民族的特点。略述几例，来做比较。

1. 反词句式表示断定。例如

我讲个何错有？(我说的没有错)。

好睇甚好睇？(难看得很)、

2. 词序与现代汉语不同

(1)谓语前置。例如：

烂头啦啊!(头烂起来了)

你行先。(你先走)

(2)宾语前置。例如:

饭食了就来。(吃了饭就来)

你寮人客来啦。(你家来客人啦)

(3)定语、状语后置。例如:

佢寮猪捉来了,壮壮咯。(他家买来了肥肥的猪)

你寮个田丘丘都有水。(你家的每丘稻田都有水。)

(4)补语前置。例如:

我寮个猪要好食甚。(我家的猪要吃好料)

这一节体格松显松。(身体这一段时间不大好)

(5)省略句子成分。例如:

(我)今日又碰着你。(省主语)

没(一)日好。(省量词)

打(得)他半死半活。(省助词)

(6)使动、意动、被动的用法。例如:

该真气人。{(这件事)真使人气恼}——使动。

懒得动。{(我觉得)身体不舒服}——意动

莫打水。{不要(被)雨打(湿)}——被动。

隐语 是本族先民历代流传下来的语言,在一定的场合说一定的隐语,带有防范性、忌讳性、助趣性等。

1. 防范性。例如:

上山干活叫他人吃饭——“撑船”,回家——“草鞋扳转头”

下雨——“长足人来了”

蛇入屋——“地龙入府”

母鸡啼——“扁毛报”

吃狗肉——“吃地羊”。

2. 忌讳性。例如:

奉祭神佛的猪头——“刨头”

猪肉——“硬捞”

鸡——“地爬”

酒——“红汤”

棺材——“硬壳”。

3. 助趣性。例如:

挑粪桶——“担重盛”

拉肚子——“放水花”

肚饿——“下四府造反”

吃饭打嚏同饭喷出——“打铳”

第三节　网络流行语

网络语是从网络中产生或应用于网络交流的一种语言。20世纪90年代初，网虫们（网民）为了提高网上聊天效率或诙谐、逗乐等特定需要而采取方式，久而久之就形成特定语言——网络语。文成县与全国各地一样，进入21世纪10余年，随着互联网技术革新，这种有别于传统平面媒介的语言形式在互联网媒介传播中发展神速，它以简洁生动形式，一诞生就得到广大网友偏爱，得以广泛流行。

网络语言包括中英文字母、标点、符号、拼音、图标（图片）和文字等多种组合。这种组合，往往在特定的网络媒介传播中表达特殊意义。这类语言出现与传播主要依存于网络人群，还有为数不少手机用户。网络语言越来越成为人们网络生活中必不可少一部分，但是部分网络语言并不符合现代汉语的语法规定。因此，网络语言并不具备教学意义，还不能引进教学领域。

词组类型

字母型　字体输入作为网络聊天最基本形式，需要通过键盘或触屏将字符输送到对方显示屏上，打字速度肯定难与思维同步，也远非直接对话那样方便，故以简约高效的字母替代汉字就成为网民聊天首选，它的内涵丰富程度已经超过正规文字表达模式。

如：GG（哥哥）、JS（奸商）、PFPF（佩服佩服）、ZT（转贴）等，这类语言通常是提取中文词组的首个字母，比较容易理解和识别，所以能够被广泛采用传播。与它相似的还有以英语词组缩写或变化而来的网络用语，如GF（girl friend，女朋友）、PK（来源于网游中的“playerkill”一词，挑战、杀死、末位淘汰之意），这类用语有很多也不符合英语语法规范，甚至是错误的，如CU（see you ，再见）、good good study，day day up （好好学习，天天向上），但是因其形式简单、输入便捷、表达内涵确切，所以在网络上有相当高使用频率。

数字型　阿拉伯数字在聊天中应用更为普遍，网民借助数字字符谐音和寓意，将很多生活用语以数字组合形式表达出来，写起来简单，看起来也一目了然，如：886（拜拜啦）、9494（就是就是）等。一般情况下，10个阿拉伯数字所指代意思如下：0——你，1——意、你，2——爱、饿，3——生、想、深、真、散，4——思、输、是、死、子、世，5——我、往、呜、舞、苦、惟，6——啦、了、聊、老、溜、理，7——气、妻、亲、歉、去，8——拜、别、不、吧、帮，9——就、走、救、加、久。根据这种约定俗成规定，很多丰富内容都可以通过阿拉伯数字不同排列组合来表达。

混合型　当单纯字母和数字不足以表达网民情感诉求时，将它们与文字、英语单词等根据需要分门别类混合在一起的模式便成为网络上一种非主流表达方式，如：幸福ing（中文词与英语动词后缀组合，表示正在享受幸福过程）、3q（数字与英语字母组合，谢谢你）、me2（metoo，英语单词与数字组合，我也是）、+U（运算符号与英文字母的组合，加油），这种多种字符混杂的网络用语无疑不符合任何一种语言规范，甚至无章可循，但是它是以简约为基础、以“看得懂，说得清”为目的的表达形式，使网民可以不必拘泥于传统语言语法的桎梏而自由发挥。

词意变异型　在网络上，以文字、词组或英语单词等原生词衍变而来的谐音化用语相当普遍，变异后的网络词，其表达的含义与字面原意已相差甚远，但是它的流行程度和使用环境决定多数网民不会产生歧义。这类网络词比较常用的，如：粉丝——英语fans的音译，对某人或某物超级迷恋的意思；果酱——过奖；稀饭——喜欢；斑竹（或板猪）——版主；腐竹——服主；群猪——群主等。谐音词大量运用，克服网络交流时文字的生硬和呆板，增加文字的灵性，因此很受网民喜爱。除谐音词外，更多在传统语言中耳熟能详的词组也被赋予了新含义，如：“恐龙”——长得不漂亮的女性网民，词性贬义，与之相当的是“青蛙”，指长得丑的男性网民。

口语型　网络语言聊天虽然主要是字面交流，但是其实质还是类口语化，故日常生活中语气助词在网络中应用也非常普遍,加上网络缺少面对面交流所具备的其他肢体和表情语言,语气词便能充分烘托和调动网络交流时气氛。如:“哇噻,你总算露面啦!”“哦,是酱紫啊!”等,在这两个例句中,“哇噻、哦”在生活中也经常用到,此类词不管其原来属性如何,在网络上均作为语气助词使用。

图画型 电脑及手机等网络聊天设备不具有面对面交流时情感同步功能,仅凭字符表达网民情绪,难以达到完美效果,利用键盘上特殊符号组合形成有趣的人物表情,则较好地弥补这一缺憾,如:“(^_^)”——微笑、“(╯^╰)”——愁眉苦脸、“:D”——张嘴大笑等。据调查,网络上比较流行的表情符号有近200个,都是网民模拟现实交流中的语境情态创造出来的,它形象、生动,对受者的视觉刺激强烈而有效,理所当然地受到众多网民追捧。

很多即时聊天软件如qq、微信等迎合网络需求,利用gif图片创作并固化相当多的人物和动物表情,方便网民在使用时直接发送给对方,这些图片更加传神有趣,它节省网民聊天时大量时间,并使聊天时感情色彩更为浓厚。如今,无论是电脑还是手机,表情符号都已经成为聊天工具中必备网络语言。

词汇演变型 创新是网络用语基本要素,任何一种类型网络语言,都有不同于传统语言新意,但是多数是建立在传统语言基础之上的,随着社会发展和科技进步,新的词汇也在不断出现,这种创新首先体现在网络上,由网络延伸到生活中,最终被学术界所接受,如:“屌丝”——原是“苦B青年”本着自嘲精神而创造一个名词,本意是对具有穷、丑、老、呆、矮、胖等特征的一类男人嘲讽用语,随着网络群体追捧,它从最初产生时不文明的含义已经演变为一种文化现象,归根结底是文化现象与社会突出问题的某种折射。“高富帅”——形容男人在身高、长相、财富上都无可挑剔,由日本漫画演化而来并在网络上发酵成为流行词汇,它对应反义词是“矮矬穷”。

开放网络环境使新词汇迅速普及,几乎每一年都有相当多的网络流行词语出现,例如2011年流行新词就达1350个之多。而“当代汉语中每年大概出现1000个左右的语文性新词语”。

缩略和扩张型 网络语言追求简约、创新、生动和表达清晰,不会去迎合传统语言的规范,这就为它的任意发挥消除障碍,构成词组或句子也就充满与传统语法相悖之处,如:“喜大普奔”——喜闻乐见、大快人心、普天同庆、奔走相告这四个成语的缩略用法,“人艰不拆”——人生已经如此艰难,就不要拆穿了吧等。这些网络“成语”都有一个共同特点,就是把一个相对完整长句子缩略为四个字,而这四个字在句中并非唯一支撑点,构成新词也不符合汉语词组模式,当然,它的流行是否能决定其生命力长久,仍需经过时间考验。除此之外,还有一种由文字拆分构成的新词,如走召弓虽(超强),这也是一种非标准网络用词,相对于上述那种浓缩为四个字的句子来说,它的特征和意义都较为明显。

语句型 网民对现实社会和互联网上热点具有敏锐嗅觉,反之这些热点也会催生出一些新的网络用语,如“待我长发及腰,少年娶我可好”,该句出于网络上一首诗词,而“我爸是李刚”则是一则社会新闻引发的强大反弹,类似还有“元芳,你怎么看”“我和小伙伴们都惊呆了”等等,随着这些句子走红,它们使用范围和内涵也在不断变化。

网络语言不仅是语言上表意、表音或表象的一种简单替换,它的特征基本上涵盖网民对自身、对社会、对时代的一种态度。开放和虚拟的互联网络,数以亿计的网民,决定网络语言发展多元化,时间和历史终将淘汰与时代脱节的语言,也必然会顺应时势产生大量新的词汇和语句。

网络语言运用

2010年11月10日,网络语“给力”一词登上《人民日报》头版头条,网友惊呼“太给力了”。从最初“火星文”到而今流行语,网络语言越来越被大众接纳。网民把这一事件看成是网络语言被认可一个大事件,更有网民提出:报纸给力能否带动网络语言“转正”。有的网民网络认为,语言已不再属于小众语言,而变成与人们生活密不可分一部分,已有少量网络语言被词典收录,然而这只是其中很小一部分,期待着大部分网络语言正式

“转正”那一天。下文辑录一部分文成比较流行的一些网络语言。

例如:

砍柴——难道我不行吗(can't I)

MM——美眉——漂亮女生

BT——变态

GF——girl friend 女朋友(也可译为good friend 好朋友)

BF——boy friend 男朋友(也可译为best friend 最佳朋友)

菜鸟——差劲的新手

286——落伍

Lw——礼物

OUT——老土

V587——威武霸气

被无数蚊子咬了——新蚊连啵

Y——“ why”,为什么

坛子——论坛

驴友——旅友谐音,喜欢旅游的人,一般指背包一族

MS——貌似

偶——我

小P孩——年轻人

小强——蟑螂

虾米、神马——什么

表——不要

稀饭——喜欢

好——女子

顶——支持

汗——语

寒——吃惊

灰常——非常

纸牌游戏——杀人

fans——粉丝

么么——亲亲

sg——帅哥(帅锅、色鬼、色棍……)

3q——thank you

bc——白痴

bb——拜拜——抱抱

Pf——佩服

lr——烂人

RP——人品

zt——转贴

ZNL——正能量
Dd——顶顶
==(两个等号)——等等
PP——图片(通常在帖子里面用到)
RB——烧烤或RB音乐
BD——百度
RMB——人民币
QB——Q币
CP——情侣(或者电视里情侣,通常在前面加上两人名字二字缩写)
MB——麦霸
XB——学霸
CB——才霸
童鞋——同学
桑心——伤心
滴——的
LZ——楼主的意思,同样LS和LX也分别代表楼上和楼下,4L代表第四个在帖子里发言的人(四楼)。
F——就是浮,为了不让帖子沉下去;W——就是挖(坟),对沉下去的帖子进行无意义回复。
打酱油——过路无关或纯粹看热闹。
候住——就是Hold住(翻译:控制住)。
ST——刷帖/刷图,为了镇楼或得到积分。
水——即没有什么意义。如“水帖”指没有多大用处的帖子。
长发及腰——原文:待我长发及腰,少年娶我可好?
赞一个——也就是对文帖子点击投花、点赞、粉一个、打赏、棒极了等话语。
累觉不爱——很累,觉得自己不会再爱了。
人干事——这是人干的事吗?
我伙呆——我和我的小伙伴们都惊呆了……
秀下限——炫耀自己的超级低智商。
喜大普奔——是“喜闻乐见、大快人心、普天同庆、奔走相告”缩略。
社病我药——“社会生病了,为什么让我吃药”意思。
人品值——当一个人最近运气不好或考试不好时会被朋友说人品不好。
草泥马——神兽羊驼,通常以“心中一万头草泥马奔腾而过”表示心中崩溃或者无语。
也是醉——“我也是醉了”缩写。
小黑屋——原意指的是监狱,也指禁言,比如“小黑屋一日游”就是被禁言一天。
BFF——best friend forever——永远最好的朋友。
BFFL——best friend for life——一生最好的朋友。
GTG(等于got to go)——要走了。
TTYL——talk to you later——等下再跟你聊。
GLHF——good luck have fun——祝你玩得开心快乐。
NOOB——菜鸟。

第二章　习　俗

县域地处中国东南沿海，又属山区、半山区地带，民众习俗种类丰富，内容各异。随着国民经济快速发展，人们衣食住行等物质追求提升，一些岁时习俗、生活习俗、礼仪习俗和其他杂俗明显增添时代特征。同时，党委政府开展精神文明建设，发扬优良传统道德，摒除陈规陋习；一些传统习俗通过改造、提升，被赋予新的时代内涵，丰富了人们精神文化生活。同时，国家改革开放政策，一些西方国家的习俗如圣诞节、情人节等亦渐渐为年轻人所接受，由此衍生出新的节日习俗。

第一节　岁时习俗

县域主要传统节日和时令节日基本沿袭，如除夕团圆吃年夜饭、清明扫墓做清明馍糍、端午包粽子插艾蒿、中秋赏月吃月饼、冬至祭祖吃冬节圆等，但是内容形式略有变化。随着改革开放，国民经济快速发展，人们工作和生活节奏加快，一部分人过节意识逐渐趋淡，过节形式逐渐简单。同时，西风东渐，西方一些节日也传入当地，如圣诞节、情人节、父亲节、母亲节等，一些年轻人也很热心投入。年轻人之间还流行赠送鲜花、巧克力、贺卡、礼品等，在短信、QQ、微信等留言、发送祝福话语，通过微信等赠送金钱红包。

除夕守岁

合家团圆吃年夜饭是人们最为重视习俗。已经分门立户或外出务工子女，也大多在这一日回家团聚，合做年夜饭，与父母等长辈共进团圆饭。通常是在男方父母处吃年夜饭，随着观念变化，在女方父母处吃年夜饭为年轻人普遍被接受。独生子女家庭的或过年人数较少的，则姻亲两家在一起吃年夜饭。年夜饭前，和正月初一零点，几乎家家户户燃放烟花爆竹，喜迎新年。

21世纪以来，到餐馆、酒店和宾馆吃年夜饭成为一种时尚。餐馆、酒店和宾馆大多从农历十一月开始预订席位。除夕之夜，各餐馆、酒店和宾馆往往爆满，供不应求。

1983年中央电视台春节联欢晚会节目开播，随着电视普及进入寻常百姓家，观看春节晚会则成为百姓欢度除夕的主要活动。进入21世纪后，文化娱乐方式日渐丰富，年轻人很多选择与朋友一道上歌舞厅、咖啡厅、酒吧和网吧等娱乐场所，传统守岁日渐式微。

正月拜年

正月初二至十五为拜年时间，也有提前到年前，即“拜早年”。这个时间内，人们按照辈分大小，走亲访友。旧时，拜年礼物是年糕、猪肉、素面等。20世纪80年代由糕点、水果、烟酒类逐渐变化为高档保健滋补品、高档酒类和饮品。长辈向晚辈送红包，近年来也出现子女或晚辈以红包形式孝敬长辈。

近20年来，人们特别是年轻人也逐渐接受贺卡、电话、短信和新媒体等现代拜年方式。20世纪90年代，贺年卡是很多人首选的拜年方式。随着时间推移，各种拜年方式层出不穷，当年“流行元素”小贺卡已经渐渐退出拜年习俗。随着通信手段日益发达，许多人选择打电话、发短信拜年。近几年来，电子红包逐渐成春节拜年新方式,只需要准备一张银行卡,绑定在微信、QQ、支付宝等软件上面,也不用跑去银行取钱,也不需要去买红包,简单快捷。

正月十五元宵节

正月十五元宵节,人们迎来一年之中第一个月满之夜,理所当然地被看作是吉日,被人们用作祭祀、祈福,祈求来年五谷丰登、风调雨顺。

元宵节也是全县城乡重视的民俗大节。旧时,乡村有请木偶戏班“唱太平戏”习俗,城镇有较大剧团演出、猜灯谜、放烟花等。如大峃镇有听越剧、看花灯、板凳龙节目,黄坦镇有在三官大帝殿诵《三官经》活动,桂山乡有小孩儿沿街挨家“讨豆”风俗,南田镇、西坑镇等地有舞龙灯活动。正月十五圆夜,南田镇、西坑镇等地舞龙灯活动达到高潮,人们往往举家出门,赏月观灯。龙灯到谁家门口,预兆谁家来年大吉大利,于是人们争先恐后迎接至自己家,放鞭炮迎喜龙,场面热闹非凡。当日,吃汤圆更是全县人民元宵节必不可少的风俗习惯。

图38-2　板凳龙(吴进弟 2008年摄)

图38-3　钟氏祭祖仪式(县民宗局提供 2006年摄)

每年正月十五,以黄坦镇培头村为中心的四乡畲民都集中祭祀共同的始祖。届时,村里随处可见原始图腾凤凰的形象,畲民们杀猪宰羊、摆设祭品,忙碌而兴奋。祭祀时,畲民身着畲族服装列队进入宗祠祭祖。祭祀典礼与汉族大致相同,但是司赞主持仪式及主祭宣读祝文均操畲族语言。除了祭祀大典外,畲民还进行对歌、舞蹈、捣饭糍、织彩带、打草鞋等民俗活动。

每年元宵节,县文化馆及一些乡镇文化中心基本上都举办“猜灯谜”活动。只见场地和周围都挂满各类谜题,猜对有奖,大量读者乐在其中。每次的谜语都会涉及文学、旅游、日常用语、人名、地名、文字、成语等多种内容。灯谜可谓是包罗万象,雅俗共赏,内容丰富,寓教于乐。

中秋团圆会

八月十五中秋节,自古便有祭月、赏月、拜月、吃月饼、赏桂花、饮桂花酒等习俗。流传至今,经久不息。中秋以月之圆兆人之团圆,为寄托思念故乡,思念亲人之情;祈盼丰收、幸福,成为丰富多彩、弥足珍贵的文化遗产。中秋节与春节、清明节、端午节并称为中国四大传统节日。

2008年开始，国务院将中秋节列为法定假日，如当天与周六、周日重合，则在下周一补休一天。

近些年来，外来务工人员及外来引进人才增多，每逢中秋节，全县一些部门单位（企业）以联欢会、茶话会等形式集体过节日，进行团拜活动，鼓励他们安心工作，积极创业。

同时，县民政局、县慈善总会等部门单位组织关爱孤寡老人活动，对一些孤寡老人进行慰问，县文明办、县妇联等单位组织关爱留守儿童系列活动，进一步弘扬传统美德，倡导敬老爱幼文明新风尚。

重阳老人节

又称重九节，为九月初九。庆祝重阳节一般包括出游赏秋、登高远眺、观赏菊花、遍插茱萸、吃重阳糕等活动。

1989年，农历九月九日被国务院定为老人节，倡导全社会树立尊老、敬老、爱老、助老风气。2006年5月20日，重阳节被国务院列入首批国家级非物质文化遗产名录。每至重阳日，县、乡（镇）有关部门单位和村（居）均会组织人员宣传尊老爱老社会风尚，关爱老年人，赴敬老院进行慰问，走访百岁老人。社会志愿者、爱心人士和学校学生也开展相关的敬老爱老活动。重阳节慰问老人渐成习俗。

珊溪镇街头村长期坚持在重阳节等传统节日期间评选孝子孝孙，奉行"养老、敬老、尊老、亲老、送老"社会风尚。每年举办"百老宴"，给年届七八十岁老人祝寿，给90岁以上"老寿星"送寿礼，已成约定俗成之事。

2011年4月，全县高龄老人补贴制度建立，对年满80周岁高龄老人，在享受城乡居民养老金待遇同时，每人每月发放高龄补贴30元。

第二节　生活习俗

人们生活习俗大致包括衣、食、住、行等方面，随着改革开放深入和经济社会发展，与外界经济、文化交流和外出旅游不断增多，生活习俗既有沿袭传承又有较大变化。

服　饰

20世纪90年代以后，衣服款式变化一日千里，尤以女装变化千姿百态，吊带装、露脐装、低腰裤等不绝于目。春、秋两季以夹克衫为主，夏装以T恤、西裤、短裙等为主，冬装以羽绒服、皮衣、裘毛衣类为时尚，牛仔裤因其结实、耐穿、款式老少皆宜的优点，广为流传，成为最主要裤类。老年人和婴幼儿的衣服款式，也一样丰富多样。

21世纪以后，人们穿着讲究个性、休闲和时尚，流行以透气性好、质地柔软的天然棉、麻、毛类服装，图案和色彩丰富多彩，年轻人尤其是女性以美丽、漂亮、风度为衣着第一追求，夏天内衣外穿的吊带装及露脐装、超短裙为时髦。传统的男式对襟外衣（又称唐装）和女性旗袍也开始逐渐流行。

上班时间，政府执法单位基本穿着统一制式服装，企业员工普遍统一厂服，餐饮、娱乐、金融、电讯等服务行业也统一着工作服。全县各中小学生都统一着校服，校服多为运动服款式。

人们普遍穿着各式皮鞋，年轻人尤其是女性，特别讲究服饰与皮鞋的搭配。各种款式运动鞋和休闲鞋也逐渐成为人们喜爱，一些知名品牌特别受到年轻人的日益青睐。

为了美化个人仪表，很多人佩戴饰品，让佩戴者焕然一新、心旷神怡。现代饰品如钻石、珠宝、金银、玉石等丰富多彩、琳琅满目。其崇尚人性和时尚，不断塑造个性和魅力，已成为人们普遍的追求。

男女新人举行婚礼,新郎多为西装领带,新娘多为洁白婚纱,并且备有其他喜庆色彩衣服。近些年来,传统婚礼时兴,新郎着马褂、新娘着旗袍也渐渐成为时尚。

这一时期,服装消费绝大部分为成衣制品,很少有人买布料做衣服。除少数老年人和儿童的服装、鞋帽,因喜爱传统民俗式样,仍有手工缝制外,绝大多数是从市场选购。同时,消费也日趋高档化、品牌化,一套服装几千元乃至上万元已经司空见惯,阿迪达斯、梦特娇、鳄鱼、李宁等名牌成为年轻人追求的衣着。

发　型

辛亥革命以后,时兴剪发。20世纪30年代国外妇女的烫发传入国内,人们开始仿效。于是少部分人追求西方烫发而产生时髦发型,改变了传统的挽髻,向着简洁的方向过渡演变。

中华人民共和国成立时期,人们发型发生巨大转变。男士发型兴起三七、四六、中分、等分发型,女士的三齐发型也相继诞生。20世纪60年代,由于人们生活条件还一般,发型一直没有什么突破性改变。

20世纪70年代后,城市开始兴起烫发,乡镇、农村亦开始效仿。80年代后,随着生活质量的提高,顺时产生时尚发型。影响最大的是吹发,男士吹发三七、四六、中分、老板头等,女人吹晚装、高刘海、菊花头、烫爆炸式、剪长碎发等,一时间发廊群起,人们情绪高涨。美发也进入演变、改革和繁荣时期。之后染发再度兴起,开始流行黄发、红发、兰发等各色头发(漂染头发)。进入21世纪,烫发、染发更加流行。标榜理发、美发的教育机构影响日益增大,通过扎实基础和专业知识教育推动发型美容艺术发展。

饮　食

县域地处山区,但又靠近沿海,山珍海味俱有。旧时,百姓饮食口味喜甜偏咸,现在随着人们生活提高和医疗保健知识普及,此种状况逐渐改变,饮食清淡、营养合理、符合保健观念日趋深入人心。

20世纪90年代以后,城乡差别缩小,城乡居民日常饮食逐渐趋同。除了主粮仍为大米外,麦类面粉制品普及,面包、包子、大饼、油条、豆浆、牛奶等成为最为主要早餐食物,番薯、洋芋、芋头等作为主粮已经稀见,洋芋、芋头等基本转为制作菜品食用。

由于交通便利,市场繁荣,食物也日益多样化。市场上传统和外来的原料、食品应有尽有,极为丰富。五谷杂粮、山野蔬菜、土鸡土鸭、农家猪羊和有机水产等食物因其卫生、保健功能,成为人们餐桌上的最爱,成为餐馆时鲜货,备受欢迎。

由于人们生活节奏加快,饮食也日益快餐化。外出餐馆就餐增多,自己烧煮的减少,特别是请客吃饭大多在餐馆、酒店、宾馆举行。城镇上快餐店、小吃店越开越多,极为方便。酒水以各式饮料、啤酒、红酒、白酒为主。白酒则以高度酒居多,喜食酒精度42°～52°,本地大米烧酒、谷糟烧酒、米仁烧酒、红梅烧酒是首选,一部分人喜欢杨梅、猕猴桃等果类泡烧酒,也有一部分人钟爱中药材泡酒。原来乡村比较普遍的番薯丝烧酒逐渐淡出人们餐桌。红酒多为国内几大知名的葡萄酒(如张裕、长城等品牌)和进口葡萄酒。冬令时节,也有喝农家自产自酿的糯米酒、红曲酒等。

宴席上菜肴习惯通常先上冷盘菜六(顺,如六六大顺)个,或八(发,如恭喜发财)个,或十(全,如十全十美)个,酒店时兴四大拼盘(搭配菜品不少八样),冷盘菜荤素搭配,然后再上热炒菜。主菜、主食、点心和汤羹等上菜讲究习惯顺序,最后一般是上水果拼盘,“无声”地告诉客人,菜肴上齐了。传统大宴席上,有四道菜必不可缺少的,烧制很有讲究,十分看重。其中有以番薯粉丝为主料的什锦粉丝,以农家猪为主料的红烧猪蹄,以盐卤点豆腐为主料的家烧豆腐,以本地红花芋、水芋或槟榔芋(也有叫人头芋,福建传入)为主料的农家香芋。

居　住

1991年，县域内城镇居民人均住房面积15平方米，农村居民人均居住住房面积19.5平方米。至2011年，城镇居民人均住房建筑面积达到47.15平方米；农村居民人均住房面积达到59.5平方米；全县人口居住面积宽敞。农村房屋设施也有所改善，城镇套房和高楼大厦建设逐步普及，别墅型住房逐渐增多。

人们购房地段一般首选是城镇中心地带，热闹繁华商业区，子女就学附近，靠近工作单位。选择房屋条件主要考虑是阳光充足空气好，周边环境适合人居，道路交通条件尚可，等等。

使用柴草的旧式灶台基本被使用天然气或电力的新式综合灶取代，只有极少部分人在使用旧式灶台。厨房一般都会安装油烟机和热水器，配备电冰箱和消毒柜等家用电器。

家具变迁较大，呈现百花齐放姿态。一些传统的单一家具逐步被现代的组合家具取代，使用组装的新家具具备的功能越来越多。沙发是在家具的众多门类中，扮演重要角色，也是常用现代家具之一。进入20世纪90年代以后，家家户户重视沙发，美其名曰“一条发”。

旧时，喜迁新居的习俗大致有：①清宅。在新居装饰好后，第一件要做的事是清宅，即用松柏枝蘸盐水、糯米水遍洒各处，把不洁净东西清理出去。②择吉搬家。择日不仅看皇历，还结合男女主人的八字命理来选择适合的。③父亲暖宅。在儿子正式喜迁新居之前，首先要请父亲来“暖宅”，即请父亲在新房子里先住几天，为子孙积福。④张贴红对联。搬家前新居门上要贴红对联，取红红火火之意，也为告知天地神灵、左邻右舍。⑤燃放鞭炮。在搬物品进入新居前，先燃放鞭炮，告知诸位神灵，求其佑护。⑥续财水。风水中有“水主财”说法，为了保证迁入新居后财运不断，所以要从原来家里提上半壶水，到新家后续满水壶，取混合后的水做饭、饮用。⑦祭拜新宅宅神。搬入新宅后，要祭拜新居的“宅神”，以祈求神灵保家宅平安。⑧全家共进“团圆饭”。搬家当日，务必要在新居中做一顿饭，全家一起吃，以表示合家团圆，和睦幸福。

进入21世纪，随着人们经济条件、居住环境趋好，文化水平、思想观念提高，对搬家习俗禁忌讲究越来越少，讲究更多是相信科学。一般情况下，搬家习俗基本保留有：①择吉日。选好的日子、吉日，看农历上哪天宜搬家入宅，很多“上班族”喜欢直接定在节假日，图个喜庆和便利。②当天开火煮汤圆甜茶。搬家那天“灶”一定要开火，不冷灶。可以煮些甜的东西，像甜汤圆或甜茶，吃点甜，求个喜气，恭贺乔迁之喜。③当天或事后请客。搬了新家之后，常常邀请亲朋好友来泡茶、喝酒吃饭，让家里人气更旺一点。

出　行

旧时，出行必择吉日。有“七不出门、八不回家”“三、六、九，扬长走”之说。现代人讲究这方面习俗越来越少，尤其是年轻人，想走就走，没有太多忌讳。

1978年改革开放以前，全县交通条件相对落后。人们出行除了用双脚行走之外，可以代步的交通工具也就是公共汽车、拖拉机和自行车了。相比之下，最方便交通工具当属自行车。当年，永久、凤凰、飞鸽等品牌自行车开始风靡一时，一度供不应求。20世纪80年代中期，燃油动力摩托车开始流行，成了人们出行新选择。雅马哈、本田、铃木等进口车，价格比较昂贵，但是一般民众也开始光顾。

20世纪90年代以后，交通工具开始呈现出多元化的趋势，人们出行更快更便捷，社会变化日新月异。最明显特征是私家车普及，越来越多寻常百姓把轿车当作生活、出行、谋生的必备的现代化工具。随着居民生活水平不断提高，很多人具备汽车消费能力，不少民众告别自行车、电动车、摩托车，将私家车作为日常生活出行交通工具。私家车大量出现，不仅改变了出行方式和效率，也改变着市民生活方式和理念。

第三节 礼仪习俗

习礼仪俗是人们生活和社会交往中约定俗成的行为准则,主要包括生育、婚嫁、赡养、庆寿、丧葬等内容。在社会活动中,交谈讲究礼仪可以变得文明;举止讲究礼仪可以变得高雅;穿着讲究礼仪,可以变得大方;行为讲究礼仪可以变得美好。总之一个人讲究礼仪,就可以变得充满魅力。

生 育

生育习俗自古以来都是人们所重视的礼仪习俗,随着社会不断进步,其生育习俗的封建礼教糟粕也逐渐剔除,新社会伦理道德,也将会成为社会美德而延续下去。

20世纪80年代始,随着计划生育国策严格贯彻执行,提倡晚婚晚育、一对夫妻只生一个孩子、生男生女一个样等观念深入人心,渐渐成为城乡大多数育龄夫妇共识。但也有少数人仍然存在重男轻女、传宗接代等封建礼教意识,以致出现计划外生育、超生和多生现象。

90年代后,孕妇基本上在乡镇以上医疗机构分娩,确保产妇及新生儿健康与安全。近年来,孕妇选择剖宫产(俗称剖腹产)也比较常见。

孩子出生以后,大部分地方仍然保留坐月、做月里、送月里饭、送对周等传统习俗,至于报喜、三旦、剃满月头、背巾、交椅轿等习俗逐步淡化和消失。孩子出生满100天,要到照相馆拍照片作纪念,名曰:“百日照”。随着家庭经济条件越来越好,一般人家都能够自己给孩子留下记录成长过程的照片、录像等音像资料。

孩子取名一般随父姓,男方入赘女方的一般随母姓;若生育二胎的,有的第二个子女随母姓或父姓。取名通常双字居多,单字居少,也出现三字或以上的名字,父姓+母姓+名字的取名形式比较常见。姓名取用体现出男女平等和个性化等观念,体现出新时代风貌。

婚 嫁

县域内传统婚嫁礼俗各地大同小异,通常需要经过合婚、订婚、担羹、摆酒、婚礼、回花等环节。结婚之前,男方要布置好新房,俗称“洞房”。结婚之日,女方在嫁妆内必须放置红枣、花生、桂圆、爆米花、糖果等,寓意“富贵花开”“甜甜蜜蜜”“早生贵子”。结婚之后,第三天和第六天有“三日回花”“满六天”礼俗,一般都必须当天返回自家门。

婚期选择,一般长辈普遍相信“皇历”黄道吉日,于是会出现一天当中男女青年扎堆举行结婚典礼现象,部分年轻人愿意在“五一”劳动节、“十一”国庆节等法定节假日举行婚礼。婚礼当天,一般男方都要用小轿车迎娶新娘,以小轿车越多越高档为体面,小轿车讲究颜色统一,大多红色、白色或黑色,意寓“一心一意”。随从伴郎、伴娘均统一礼服,或八位或十位不等。

农村青年一般在自家各自操办婚礼,置办喜宴,城镇青年结婚大多在宾馆、酒店各自或双方合并举办,婚宴酒席以桌数越多菜品越高档为体面。赴宴者均向新人赠送红包,金钱数目有数百元、几千元;赠送红包后主人均会回礼一个红包,金钱数目一般一至二百元。

进入21世纪以后,婚礼流行举办典礼,请证婚人证婚,主持人介绍新人婚恋情况。有的举行婚礼聘请专门人员或婚庆公司主持。随之,专营婚庆的公司应运而生。

随着时代发展,越来越多女性在职场、生意、事业上取得成功,男主外女主内传统逐渐打破,妻子掌握家庭决策、财政大权的家庭越来越多,丈夫理家带孩子已经不是新鲜事。也有部分家庭,结婚前进行财产公证和约定，婚后经济收入实现AA制。

赡　养

一般情况赡养老人都是由儿子承担，出嫁的女儿不再承担父母的赡养责任。随着人们思想观念的变化，这一习俗逐渐淡化。有经济负担能力的成年子女，均基本能够做到履行赡养义务。赡养主要内容是为父母提供必要的生活用品和费用，生活上、精神上和感情上对父母尊敬、关心和照顾。

农村赡养习俗当中，比较注重“子女谁受益，谁主要赡养老人”传统。按照农村规矩，谁继承或使用老人财产，就要承担起主要赡养义务。处理这方面问题，子女们往往会形成一个赡养协议，在子女及老人都同意情况下，约定对老人具体赡养方式，由谁承担主要赡养义务。

赡养方式是一般根据赡养人的赡养能力和有利于被赡养人的生活以及身心健康来确定。有的子女将老人安置在家中，自己照料；有的子女将老人安置在敬老院等养老机构，委托照料；有的老人住在家中，子女、保姆或社区服务者共同照料。

对无劳动能力、无生活来源、无法定赡（扶）养义务人或义务人无相应能力的老、弱、孤、寡、残人员，即城镇“三无”人员、农村“五保”人员的供养经费主要依靠集体经济，县民政局进行适当救济。20世纪90年代开始，城镇“三无”人员、农村“五保”人员的供养经费逐步向政府公共预算转移，供养方式也慢慢转向集中供养。

每年春节、元宵节、中秋节、重阳节，各级政府、机关部门、社会团体、村居干部、志愿者和爱心人士都会前往福利院、敬老院、“三无”人员和五保户家中开展慰问，送钱送物，有的还举办联欢会。

庆　寿

俗称做寿。凡男女不到50岁的，只称过生日，不称做寿。60岁开始逢十的生日，才能做寿，接受儿孙和亲朋好友的祝寿。做寿习俗一直沿袭至今，绵延不断，也是新时代敬老风尚一种表现。但是，做寿礼仪已有较大改革，往往从简，一般由小辈买生日蛋糕、寿面、菜肴，举行家宴，或者选择宾馆、酒店设宴，欢聚一餐，表示庆贺、敬意与祝福，也有个别大操大办，追求热闹和高档的。寿宴菜肴中，猪蹄、长寿面是不可或缺的，祝福寿星身体健康、长命百岁。宴席上，有的寿星还会给子孙发红包，祝福一家人红红火火、大吉大利。吃寿面时，要将寿面拉高拉长，表示寿星将会福寿绵长。

图38-4　寿面（赵德庆 2008年摄）

做寿讲究各地有些不同，有的也因人而异。比如，做寿的年龄有男做九，女做十足的说法（男性59岁做60岁的寿，女性60岁整做60岁的寿），也有男做单，女做双的说法（男性做70、90岁的寿，女性做60、80岁的寿）；有的做寿在农历生日，也有在公历生日。做寿规律是年龄越高越隆重，70岁为大寿，80岁为上寿，90岁为老寿，100岁为期颐。100岁以上，有的老人每年生日做寿。

丧 葬

传统习俗称，老人去世为“寿终”“正寝”，通俗讲法“老了”“过辈”“走了”。丧事则称“白喜事”“白事”。病者临终，子女、家属到场送别，为“送终”。20世纪90年代，丧葬习俗基本沿袭旧俗，但是迷信内容逐渐减少，送花圈、花篮、举行追悼会、遗体告别仪式等方式普遍被人们接受。县域内仍然实行土葬，讲究择吉地、建私坟。

1998年，全县推行遗体火化。2001年，1月28日零时起，县域内全面实现遗体火化，通常由县殡仪馆专用车辆送遗体至火葬场，家属及亲朋好友也护送同行。2003年开始，县民政部门启动县城丧事扰民整治行动，禁止出殡吹打乐器、燃放鞭炮。2009年，全县全面实施丧事陋习专项整治，划定县城丧事严管区，限定道场天数、酒席规模、治丧时间、出殡花圈、乐队数量和治丧送钱物，但是丧事攀比、讲排场风气现象仍然存在，根深蒂固。

传统墓式是过去常见的“椅子坟”，方砖、块石、水泥混合结构，占地面积较多。1996年4月，县政府颁布《关于殡葬改革与坟山管理的规定》，规定在耕地、旅游风景名胜区和文物保护区、已规划的农业开发区和工业区、“三沿两侧”（公路、河道、集镇沿途两侧）视线200米和非视线地带20米以内的坡地为禁坟区，不得翻新、扩建、重建和刷白坟墓。1997年开始，全县开展青山白化治理。

1990年建成的大峃镇周村万松山公墓和1991年建成的珊门村福全山公墓系县域最早公墓。20世纪90年代，全县先后建成公墓12处。这些公墓仍属于传统的遗体墓，占地广、绿化差、管理不规范问题仍然相当严重。2003年11月，县政府出台《文成县推行生态墓区建设、治理青山白化实施方案》，推行以占地少的公益性骨灰公墓。至2011年，全县总共建成各类公墓设施39处，其中经营性公墓1处、乡村公益性墓地38处。

第四节 民间信俗

县域以农业为主，农耕社会相关习俗是民间信俗的集中表现。其内容相当庞杂，主要包括1.祖先崇拜，内含牌位崇拜和坟墓崇拜，其中牌位崇拜又分家内崇拜与祠堂崇拜；2.神灵崇拜，内含自然崇拜和精灵崇拜；3.岁时祭祀；4.农业祈仪；5.占卜风水；6.咒符法术。本节主要记载、七月半判祠堂、陈十四信俗、三港爷信俗、三官信俗和杨府爷信俗。

七月半判祠堂

七月半即农历七月十五，是传统节日中元节俗称，民间也称鬼节，佛教称盂兰盆节，汉文化圈不少地区都有相关节日活动。

据传，这一天为地官赦罪之辰，阎王下令大开地狱之门，让那些终年受苦受难禁锢在地狱的冤魂厉鬼走出地狱，享受人间血食。这天，民间普遍进行祭祀鬼魂活动，系民间最大祭祀节日之一。中元节这一天，人们都会备上黄馍糍、九层糕等点心来祭祀祖先。

七月半与县域当地民间文化相结合，形成自己独特文化内涵。县域内但凡传统节日均有祭祀祖先习俗，当地人俗称“请公”，一般都是摆上一桌羹饭水酒，象征性地请祖先享用。而中元节这天，则是最为隆重民间祭祀活动，当地人又称“判祠堂”，家家祭祀祖先，供奉时行礼如仪。七月半前两三日，各姓族长就要着手准备祭祠堂的各项事宜，打扫祠堂，摆设祭台、神案，杀猪宰羊，陈列祭品，写祭文，号束包，筹备酒席。七月半当天，每个宗族老老少少都会聚集在祠堂，参加相应仪式，以祭祀先祖以及迎接一年内新亡的灵魂进祠堂。

“祭祠堂”时间一般为一天一夜，程序繁复，庄严肃穆，并且融入本地的诸多因素，如当地风俗、鬼神信仰、民间音乐、民间戏曲和杂技表演等内容。上午，祭祀开始，道士5～6人闹场打禅堂、一封书等头通，敕坛洒净，呈文发牒，启圣接佛，召众先灵降座。鸣炮奏乐，礼生唿祭，族中子孙按辈分分批叩拜，献酒献茶、献馔献果、诵读祭文，木偶艺人打八仙庆贺。下午，诵盂兰盆经，拜地藏忏，供午醮。入夜打集锦头通，迎新逝亡灵入祠，普施十类孤魂散食，焚化祭文、束包纸锭，送佛。

旧时，县域乡村一些民众极为信奉鬼神，中元节比“七夕”“清明”还要重要。人们传承着以家庭为单元的祭祀习俗，并把它凝练成一种精神寄托。随着社会发展，带有封建迷信色彩的中元节逐渐变得冷冷清清，盛极一时的七月半判祠堂热闹场面，随着岁月流逝而褪色。

陈十四信俗

陈靖姑，亦名陈静姑、陈进姑，福建古田县(莆田县)临水人。唐大历元年(766)正月十四出生，故名陈十四。在民间传说中，陈十四娘娘法力无边，为世人“医病、除妖、扶危、解厄、救产、保胎、送子、决疑”，护国佑民，功德无量。作为能够“救产扶胎，佑赤保婴”的妇幼“保护神”，在旧时更是受到乡间妇女朝夕礼拜。有关陈十四娘娘口传故事和神话描述以及信仰形成和传播也是从唐代开始。

图38-5 唱《娘娘词》(陈琪 2005年摄)

陈十四娘娘信俗在闽北、浙南、浙中广为流传。在县域陈十四娘娘庙宇，一般称为“太阴宫”，鲜有他称。庙宇集中在原瑞安析置区，即玉壶、峃口、大峃等地，其余地方较为少见。陈十四娘娘信俗中最重要形式是唱《南侠大传》，又称《唱灵经》《娘娘词》或《唱大戏》，它是“温州鼓词”一个唱本，主要叙述陈十四娘娘出身、学法、收妖灭怪、为民除害、最终斩蛇救兄得道的传奇性人生。唱《娘娘词》有一套非常庄严独特仪式。演唱一般是在下午和晚上，连续七日七夜。

除了唱《娘娘词》外，还有许多民间信俗与陈十四娘娘有关。在县域内最普遍的就是认“亲娘”。过去，有的人家怕自己的子女难养或生辰八字有冲、刹，就拜陈十四娘娘为“亲娘”，以佑子女健康成长。认了亲的信众们在仪式结束后，还要聚在一起吃一顿吉利饭，或分享祭祀用品，以求得到陈十四娘娘庇佑。

三港爷信俗

“三港爷”庙会为玉壶镇特有，玉壶水口建有三港爷殿。其活动范围涵盖上林、东溪、周壤等乡部分村庄。

“三港爷”道德高尚，一生济危救弱，慷慨扶贫，不污江水，且事母、婶至孝，深得民心。传说他殁后，仍显灵救助海商，助造战船抗倭，玉壶等地民众视其为神。尤其是历代皇帝累次加封，民众对其尊崇更甚，认为他能护佑地方太平安康，明初即为之建庙塑像奉祀，祈保风调雨顺，国泰民安，并逐渐演化为每年定期“游垟”活动，并辅以舞龙、马灯等表演。其间，商贩云集，各种地方特产和风味食品买卖兴隆，具有庙会性质。这一民俗活动延续数百年，直至20世纪40年代因战乱频繁、民不聊生，才停止举办。

每年农历六月初一，玉壶一些殷实富户提供资金，由德高望重者牵头组织，置办祭品，率众乡民到三港殿祭祀后，抬着三港爷神像到附近村庄巡游，祈保太平安康。一般从玉壶出发，经上林、周壤、东溪等乡的木湾、上店、林坑、诸葛岭、南坑、大壤、岙底、周墩、半岭、东头和黄河等村庄，一路上鸣锣开道，锣鼓和火铳、炮仗声震撼四野，旌旗令幡招展，遮天蔽日，黄罗伞盖护着神像。乡民们各司其职，舞龙、马灯及扮“无常”、七星、三十六行者进行各种表演,场景非常壮观。所到各村,当地头家均摆设香案,备三牲福礼恭迎神像并致祭,乡民夹道欢迎,观看表演,一些村庄还要提供食宿。整个巡游过程约需二天,因有专人管理,故秩序井然。巡游之日,附近各地商贩云集玉壶,甚至跟随巡游队伍到沿途村庄做生意,地方特产和风味食品买卖兴隆,乡民像重大节日一般,热闹而欢乐。

三官信俗

分布黄坦、南田、大峃、玉壶、珊溪一带。

东汉时,张道陵创立天师道,就有祭祀天、地、水三官礼仪。上三官手书作为道教徒请祷治病方法。南北朝时期,天地水三官神和上中下三元神合二为一。在道教神系中,天、地、水三官就是其中之一,其是道教最早敬奉的神灵之一,并且神阶很高,亦称"三官大帝""三元大帝"和"三官帝君"。县域内三官信俗广泛,有天官赐福、地官赦罪、水官解厄之说。各地信奉之神,称呼虽不一致,但大致归一。三官信俗在县域流传广泛,各地均有祭祀。人们通过祭祀三官以希望赐福、赦罪、解厄,表达美好生活的愿景。一般情况下,逢年过节均会祭祀三官,其中上元、中元、下元三节比较隆重。

杨府爷信俗

是浙南地区一种较为突出的民俗现象,主要分布于温州市区、苍南、洞头、文成等地,其表现特征为民众对杨府爷这个真实历史人物的传说神异化和崇拜民俗化。正因为杨府爷有诸多佑民的民间传说,在老百姓心目中地位如同妈祖林默娘一样。而杨府爷信俗,要比妈祖信俗早三百年。杨府爷信俗,作为海洋文化遗存而一直流传至今。浙南民间,人们信仰杨府爷能带给他们平安,杨府爷成为人们心目中保护神。

县域内杨府爷庙与温州其他地区出现的杨府庙奉祀的海神"杨府爷"不同。县域北面大都信奉由青田一带传入的北宋忠烈杨家将杨宗保,南面为由泰顺一带传入的北宋忠烈杨家将杨文广,东面为由温州市区方向传入的北宋忠烈杨家将杨文德(实为五郎杨延德),西面基本上信奉北宋忠烈杨家将杨六郎。不知从何时开始,县域内出现大量的杨府爷殿,而且建筑屡屡翻新扩建,现存清代建筑也仍存较多。在当地人眼中,并没有区分杨宗保或杨文广、杨文德,统称为"杨府爷"或"杨老爷";其神庙也统称为"杨府殿"或"杨府庙"。

县域内上香还愿之风盛行,各村多在村口建杨府爷庙并塑像供奉。某些村无力兴建的,则在村口用整块石头打成一座仿木构式神龛,刻上"杨府爷殿"或对联等,内摆一香炉作供奉。

每逢除夕或春节,村人备三牲斋礼到庙内焚香点烛祭拜,报告一年来收获并感谢"杨府爷",祈求杨府爷保佑来年合境平安,风调雨顺,人丁兴旺,无病无灾,并许下心愿。正月初一至初五每户都会去供拜,正月十三至十五则在庙内放花灯。家中有人患病久治不愈或家有急难无法解脱,也会备祭品去祭拜,求神保佑,消除灾厄。若病愈或急难得解,则备祭品还愿,感谢神灵。杀猪时,把全猪摆在自家厅堂,焚香礼拜,请"杨府爷"做贺喜。

第五节　畲族习俗

畲族人民经过长期迁徙,离乡不离俗。入迁县域以来,经济社会逐步稳定发展,人口增加,在原有基础上,形成崇拜凤凰、孝敬祖先和信仰自由等具有民族特色的传统习俗。随着中华人民共和国成立,特别是改革开放深入和经济社会不断发展,畲族人民与外界经济、文化交流和外出旅游不断增多,现代化的生产生活方式逐渐深入人心,于是整个畲族的传统习俗,既有沿袭传承又有较大变化,而且变化很快。

特殊习俗

崇拜凤凰　凤凰是畲族人民的文化标志和情感纽带。凤凰乃百鸟之王、祥瑞之鸟，以和美、自新、秉德、兆瑞、崇高、重情、达天、献身的精神象征，昭示畲族独特的文化心理现象。凤凰文化浸透着畲族人民生产、生活、习俗方方面面。建造房子上栋梁时，必在栋梁上挂一只金凤凰，意喻凤凰居住的地方。请雕刻师傅在正门的大门梁上雕上展翅欲飞的凤凰，表示凤凰至此居住，吉祥如意，一切凶神恶煞远避。畲族民族服装叫作凤凰装，常在衣服花边上绣上凤凰图案，女人头饰叫凤冠，女人常把自己装扮成凤凰一样美丽动人，隐喻畲族人民像凤凰一样和美、自新、善良、勤劳。畲家灶间、脸盆架、床、柜子、酒壶、糖糕印等生活与生产的地方都可看见凤凰图案，体现凤凰在畲族人民心目中具有崇高地位。

孝敬祖先　家家户户在楼上正中堂壁都设有祖先香火神龛（香火佛），每月初一和十五，早晚焚点茗香。逢年过节食物都必须先奉祖先，后才自己吃。凡是女儿出嫁，儿子娶媳都要敬请祖公，出生孩子第三天必“做三旦”，投报上代祖先。人死后，经过做功德仪式，把灵前的利禄并入老祖宗香炉，叫“迭炉”或“带上座”，表示同样能接受下辈的祭祀，人死若不做功德，没经迭炉，谓称“山外鬼”，是进不了家庭的，也就不能得子孙的祭奉。

信仰自由　县域畲族人民主要信奉佛教、道教、基督教。每个畲族村庄都会建有地主爷庙，家中若养有毛猪，都对地主爷、五显爷进行许愿，记下愿账，待猪仔长大宰杀酬还。若遇旱晴，备上三牲福礼到许老爷、汤夫人塑像前面求雨，以赐甘霖，雨水充沛。

生活习惯

饮食　县域畲族人民多居山区，旱地多、水田少，以种山为主，靠山吃山。在长期生产生活过程中，形成自己的饮食习俗。主要粮食作物有：稻谷、番薯、洋芋、大小麦、玉米；主要菜品有：叶菜类、豆类、瓜果类及各种野菜；食用油有：山茶油、菜籽油、猪油。食品制作方面以稻米、番薯、豆类、野菜为主原料。

喝三泡茶——喝茶是传统习惯，客人来访或邻舍串门，都以茶相待。一般喝两泡，有的喝三泡。畲民称“一泡苦、二泡补，三泡洗洗肚”。一泡是无情茶，只要接过主人的茶，定要喝了第二泡才走。

喜饮红酒——常年备有糯米、红粬做的一种红酒。男女喜饮，自认红酒能滋补身子，是款待贵宾佳品。

喜食糯米糍与豆腐儿（糯米糍也称“糯米饽”，豆腐儿也称“豆腐女”“豆腐崽”）——是节假日或款待贵宾的必备食品之一。

分食大块肉——以往畲乡的喜事酒席都设有大块猪肉（畲语称一双驮肉），两块为一份，用棕榈叶丝或细篾条把它串在一起，让客人散筵后带回去，邻里以比猪肉大块为酒席“排场”，两块猪肉大约重8两。

尝新——当年新米头碗饭先敬天地，第二碗饭敬祖先，后给上辈父母品尝，待上辈尝过新米饭，才给小孩们吃。尝新时，稻草和米汤用来饲牛，意为耕牛犁田辛苦。

服饰　畲族一直保留着传统服饰。婴儿不分男女，上穿无领无扣婴儿服，下包围裙，头戴虎头帽，帽额当中镶有银打的彭祖图像，左右分“长命富贵”字样的薄银牌，帽子后系两颗银铃，啷啷发响。

成年男子穿青蓝色或黑色大襟长衫，穿布鞋和土布袜。上山劳动和热天时穿直襟短衣，脚肚打绑腿，脚拖“草笼”（鞋草编的拖鞋）。无论冬夏全穿大管直筒裤。

少年女子用红色绒线将头发编成三股单辫，盘在头上，额前留刘海，两鬓夹两支银簪，订婚后取下一支，以示已许人家。一般穿淡红和草绿色方格大襟衣，衣脚、袖口、襟边绣有花纹。

中年妇女用红头绳扎头髻，高盘头顶插上三朵银花，两则梳成凤凰形，称“凤髻”。老年妇女脑后梳发髻，银簪穿插当中,额包黑色绉纱,绉纱中间插有一银簪。中、老年妇女穿大襟衣,青灰色或黑色。衣领至胸前衽襟处绣红、青、白、黑、黄五色直绺花纹,纹间绣云朵,表示金、木、水、火、土五行,袖口有大红、墨绿、青紫三色图案。腰系彩带花拦腰,裤管稍大,裤脚绣花边。布鞋为黑色布底,较厚,鞋头鞋面中间处有两脊连成,鞋面绣荷花、莲花。手戴银手镯、银戒指等装饰。老年人衣裳纽扣采用圆珠铜纽。

新娘服饰头戴凤冠,身穿精绣"通盘领"花衣,下空花裙或花裤,花鞋也特别精致。如今,县域内凤冠已无存,老一辈收藏的也都逝后入棺随葬。

上述服饰,如今也已无人制作。男女青年都到市场购买大众化服装。

住宅 畲族人民把自己居住的房子称为"寮",不管是以前草寮、泥墙寮、瓦房、洋房,还是现在的套房,都统称为"寮"。

草寮结构简陋。当中竖立三五根树丫,架上圆筒树作梁,两边用细长的杂树斜搭为椽,椽背上托小横条或竹片,交成方格井字形,盖上稻秆苫或茅草苫,取杉、榅树皮钉夹为门,拨开草苫用篾片弹成小窟窿作窗。中华人民共和国成立之前,贫穷的畲民大多数居草寮,底矮黑暗,雨漏地潮,人畜同住。

泥墙寮比草寮好用。用黄泥夯成围墙,半腰架上横木,横木间钉木地板。上盖瓦片或草屏,围墙半腰可放门窗。泥墙宜酸性高较粘的土质才能捣夯,沙性泥土是不能夯筑的,县域畲村大部分土壤属沙性,泥墙楼不多见。

瓦寮与当地汉民的房屋无异。有多间连排"一"字形的,有正堂加两厢"凹"字形的,有"凹"形加门台成"回"字的四面寮。瓦寮大多为一层半木结构的"谷籍楼"建筑,也有外墙砌砖或垒石的。一幢寮有一家独建的,也有兄弟或家族共建共住的。无论哪种形式,正寮中间都有一间较宽的中堂,是做红白事、接客迎宾场所。中堂楼上设祖龛,敬放列祖列宗牌位。

"洋房"为现代农村主要的住房模式。随着时代的发展,建房主要采用钢筋水泥结构,如今大多钢筋水泥框架结构,牢固便于装修。不管是进城购置套房,还是在农村自己用砖块钢筋水泥结构所盖新式房子,畲语中都叫作"寮"。从过去发展到现在,"寮"是一种统称,也是一种谦称。

岁时节令

正月初一,早晨起床当家人按历书的吉时开门,持香朝大利的方向拜三拜,放鞭炮迎喜神和财神。早上,祭祖公,俗称"做新年"。在房子厅堂中间门口摆好供桌,桌上摆放猪肉、豆腐、鸡肉、红酒、香烛米制祭品等供品祭拜天地及祖先。户主先跪拜祭天地,口中说一些吉利方言;祭拜完天地后将供品加热摆到二楼中堂的祖龛前,再跪拜祖先。

正月初一至初五,对祖龛、灶神、门神、天地,早晚烧香祭拜。初一至初四,不往屋外扫地。

正月初五,送年。早晨天刚蒙蒙亮,当家人向祖龛上香后再手捏三支香,将垃圾、纸钱、茶米包一起送到屋外,进行焚烧,鸣放鞭炮,口中念道:"新年过了,初四过了初五来,人人都讲年架(人家)开,送你年神上西天,凶神恶鬼出远乡,伤风咳嗽不再来,一年四季永太平",此为"送年"。早饭后,炒包箩花(玉米花)大家分食,以示新年花开。

正月初二至正月十五,拜年。晚辈要向长辈、亲戚拜年。旧时,拜年常见物品有一块肉、年糕(6条、8条、12条不等)、糯米糍。

正月初五至二月十五,村里乡亲要请道士择吉日做年头醮,扎草船送瘟神,祈保村庄太平。

正月十五,俗称"过小年"或"过年仔"。家家户户设宴聚餐,席间要吃炒糖年糕,意喻年年高,一年比一年高,这样过年就算结束。

正月二十，俗称“天穿日”“二十天漏”，吃糯米饽。这一天，家家户户要吃糯米糍、年糕等黏性强的食品，意为可以补天，相传吃后可避免暴风雨等灾害，农作物长势良好，喜获丰收。

二月二，吃芥菜饭。传说这天吃了芥菜饭，上山不怕乌蚊叮咬。也有芥菜加年糕，烧年糕汤。

三月三，畲族传统节日。这一天，青年男女穿民族服装，通宵达旦盘歌对歌；祠堂里，戏班唱大戏；广场上，村民自编自演传统小节目；家家户户杀家禽斩家畜，捣糍粑、蒸红豆饭、温红酒、炒山菜，热情款待乡邻、亲戚朋友。

清明节，最重要的祭祀节日之一，是祭祖和扫墓的日子。

端午节，俗称“重五节”。家家包粽子（畲语“裹棤”），人人分吃红蛋（鸡、鸭蛋）。一般是家里的大人把红蛋用蛋络网起来，选一个挂在小孩子胸前，以图吉利。如果小孩玩够或者想吃，可以随时剥壳吃掉。一般家里每个人都要吃一个红蛋，以期皮肤像蛋白一样光滑，不会得皮肤病。端午节期间，家家户户门框挂艾叶和菖蒲驱邪。成年男子吃雄黄酒，以期从此不怕蚊叮虫咬；小孩戴巧（大人用五色线做成一个手环，给小孩戴在手腕避邪消灾，直到七月初七再把它剪掉，然后给小孩吃巧食）。

七月七，巧食节。把小孩手上戴巧剪掉，给小孩子吃七巧食（一种食品）。

七月十五，俗称“七月半”，秋季宗祠祭祖的日子。这一天，吃“黄饽”。黄饽的制法是：用槐花米（籽）的水浸粳米，使米成黄色，舂粉甑炊捣成馍糍条。

八月十五，中秋节。期间，刚好是稻谷收割季节，家家户户捣糯米糍粑，庆祝中秋。

九月九，重阳节，吃九层糕。

冬至，吃汤圆。旧时山区糯米极少，畲民即用高粱磨粉做圆，如今都已采用糯米加工。流传有“冬节不做圆，出个矮人团；冬节不做饽，出个矮人卵”的口头禅。意为冬至节若不吃汤圆与馍糍，人会长不高，必定矮小。旧时，冬至前几天，是焚棺木拾尸骨时间。

十二月二十四，俗称“入年架”，家家户户掸尘（扫“火渣煤”，即“烟尘”），打扫卫生，送灶神回天过年。此后，人们准备过年。

除夕，农历十二月最后一天。家家户户做糯米饽，做豆腐，杀猪宰羊。午饭后要进行“三请”：一祭土地爷、二祭天地、三祭祖先，俗称“做晚年”。吃年饭，除夕晚饭叫吃年饭，全家老少欢聚一堂吃饭。守岁，彻夜灯火通明，照着全家人长大一岁，在谷仓、神龛、灶神前及房间点上灯火，整夜通明。吃隔岁，午夜把家里最好食品拿出来吃，俗称吃隔岁。吃完隔岁，大人向小孩分“压岁钱”。封年，将粮仓贴上封条，落款为除夕这一天的日子，直到正月初五才开封。“烧年猪”——睡前，在火炉塘暗焚柴头“俺火种”，称“隔年火”，也有叫“隔年猪”，正月初一烧早饭用火炉塘火种接燃，意为烟火不熄，新年旺盛。

婚姻嫁娶

畲族传统婚姻，以族内结婚为主，不反对族外通婚。同姓不同祠堂，或同祠堂相隔五代以上血缘者可以结婚，实行一夫一妻制。

婚姻形式　女嫁男　畲族主体婚配形式。女嫁男后保留女方姓氏，对生父母不负供养义务，也不继承生父母财产，只在年节按当地礼俗给父母送礼。对男方父母同称父母，不称公公、婆婆，所生子女从夫姓。寡妇有出嫁自由，不嫁者允许招亲上门继承男方财产，亦可带子女出嫁，族亲不得干涉。

男嫁女　男方称“给人当崽”，女方称“㖞崽”。男嫁女后，男方一般不负生父母供养义务，不继承生父母财产，只在年节按当地礼俗给生父母送礼。对女方父母称父母，不称岳父岳母，所生子女从女方姓，可继承女方财产，可以以亲生子身份加入女方宗谱。男嫁女者，大多为女方父母只有女儿，没有儿子，男方儿子较多；亦有女方父母所生子女，女儿为大，儿子年幼，先为女儿娶子。

两头亲　俗称做两头家、种两头田。做两头亲一般为男女双方都是独生子女对象恋爱婚姻。夫妻双方共同赡养双方父母，继承双方财产。所生子女亦分别一个随父姓，一个随母姓。

子媳缘亲　俗称“还亲”。旧时，生活困难畲族家庭，生有儿子怕长大成人后难娶媳妇，就抱养他人幼女作童养媳，长大后与儿子婚配；亦有婚后有女无子的，抱养一个幼子抚养长大后与女儿结婚。

姑换嫂　俗称“兑亲”。甲方女儿嫁给乙方儿子，乙方女儿亦嫁给甲方儿子。婚礼条件和形式与女嫁男一样。

婚娶礼仪　婚姻一般经历相亲、合婚、定亲、订婚、送日子、结婚几个礼仪，这些礼仪都需要媒人从中撮合。男女双方自愿婚配，也需要托媒。

相亲　男方先派媒人往女方求婚说合，征得女子和女方父母同意，便可商定日期到男方“看人家”。所谓“看人家”即了解男方家庭情况。“看人家”该日，媒人、母亲、女儿一同前往男家。男方宴请女方返回时，男子送女子一份礼物(手帕为多)为信物，女子收下即表示同意。

合婚　双方同意后，媒人将双方生辰八字拿给算命先生合婚，由他来择定定亲、结婚日子。

定亲　俗称“落定”。合婚之后，男方择吉日，备少量礼物由媒人送往女方，初步确定婚姻关系。

订婚　订婚当日，由媒人挑着猪脚一个(约10公斤)、索面3公斤、鱼鲞4尾、衣服2套、银手镯、银戒指等到女方家中。女方请来舅父、姑爹、姨丈等嫡亲吃订婚酒，商定财礼，并当媒人之面写好羹帖。羹帖一式两份，用大红纸写成，双方各执一份。羹帖格式非常讲究，彩礼数量要凑双，写下文字也得凑双。一般彩礼是猪肉、糖糕、蛏子、蛤肉、明蛹、鱼鲞等物。男女双方都要摆订婚酒席，宴后男方备些薄礼送给女方嫡系亲属，俗称“认亲”。

订婚吉日要挑双月双日，一般是农历的初二、十二、十六、二十二、二十六等日，逢四、八、十不定亲，因四同死谐音，不三不四，七七八八、七上八落、逢十断节、十日满旬等说法，逢单日不订婚。

送日子　订婚后，嫁方将生辰八字交给媒人带往娶方，由娶方去择定结婚日期，并备些薄礼由媒人将结婚日期送给嫁方确认。结婚日期一经双方确认，男女双方便开始准备嫁妆与家具。

送“轿头羹”　婚期前两天，宰猪、舂糖糕，备足羹帖内商定彩礼送与女方。这些彩礼叫“轿头羹”，是无代价送给女方的，俗话说“养女白白生，赚担轿头羹”。“轿头羹”送往女方时，所有礼物都要放上一块红纸条，束万年青或柏树枝。猪肉得用红布袋套装，其他礼物用“重盛”(一种精制篾器具、长圆形，分八格套叠)送往女方。“重盛”内除羹帖所定彩礼外，还需要送一套衣料给岳母，“主家衫”“主家鞋”，有祖父母健在的还要送上一个猪脚，称“太公肉”。外备“主家肉”(不在羹帖之内)，要两块相连，叫“双刀肉”，女方家收一“刀”，另一“刀”返还给男方。猪心一只女方不收，表示双方有心成亲；洞房夜猪心炖熟，新郎新娘就寝前同食，表示男女双方心连心。

出门酒　结婚前一天中午，男方所设酒宴叫“出门酒”。宴后，由媒人带行郎、弹唱班、伴郎、接姑往女方家迎亲，媒人要备足女方所需各种红包。如做衫包、火笼包、尿盆包、姐妹包、厨头包、内厨包、泡茶泡、祭祖包、开额包等。行郎、伴郎、接姑等进入女方人数需凑双，不得逢单，并且需要父母双全。女方晚上所设酒宴叫“嫁女酒”。宴后，准新娘分姐妹包，村上女歌手和行郎一起对歌，谓之“打大铺”。在女方家正堂，摆上茶果桌子，男女歌手分坐两边，一边喝茶、一边盘歌，通宵达旦，若对不上者，脸上常被抹“烟尘”。

出嫁　吉日早晨，新娘按吉时开额，由父母双全的姑娘修去额上细头发，梳妆打扮，新娘头戴凤冠，身穿新娘装。嫁方男主人备福礼在香火神龛前祭祖，告示先祖孙女长大出嫁，保佑去到男方百年好合、白发齐眉。早餐后，行郎把嫁妆按件一扛一扛整理好，准备抬往男方家。新娘上轿前，新娘流泪啼哭向上辈和嫡亲告别，上辈嫡亲纷纷给新娘一个红包。上轿时，由姐妹或兄嫂、接姑扶上轿，媒人忙锁轿门后便起轿，红轿抬动时，轿夫把轿三进三退，叫“退轿神”。这时，村上妇女、姑娘一拥而上，拉一下轿杠，不让轿夫抬走，以示挽留。

迎亲 行郎抬着嫁妆先行赶往男方。整个迎亲队伍，最前面是一人打铳开路，而后由女方嫁给男方的一头身披大红绸黄牛踏路，两个男童各提着一个大红灯笼，随后，再后面是两个年轻男子鸣锣开道。队伍中间是新娘坐的大红花轿，媒人、伴娘、伴郎、接姑紧跟轿旁。后面有弹唱班，唢呐、二胡、镲、钵演奏。迎亲队伍在铳声与锣鼓声中浩浩荡荡向男方一家行进。

剃新郎头 结婚当日早上，男方请来理发师为新郎"剃新郎头"。新郎梳妆打扮一番，身着新郎装，身披红绸布，头戴礼帽，出发去迎接新娘。

进门 迎亲队伍到了男家，轿停正门外，鸣铳放鞭炮迎接。新娘兄弟把准备好的米向花轿顶上抛撒，叫"撒轿米"。撒毕轿米，媒人开轿门。新娘由两名"接姑"牵扶出轿，先踏过五只米筛。每踏过一只米筛，将米筛从新娘新郎头上绕过，放至旁边，米筛眼很细很多，犹如满天星星，意为吉星高照。接着走红布袋，走红布袋时，每踏过一只，便把红布袋传至前面接上，直到厅堂，这叫"传宗接代"。

拜堂 新娘"传代"到中堂后，即行拜堂礼。先由长辈宣读《娶亲通天祝文》，后行拜堂礼。一、拜天地，二、拜父母，三、夫妻对拜。夫妻对拜时，男拜女不拜。

吃点心 拜堂礼成以后，新娘到洞房休息片刻。后厨把准备好的"点心"端到中厅的连桌上，点心由红酒炖鸡蛋，每碗两个，又称"蛋酒"。随后，新娘新郎领着伴娘、伴郎、行郎、媒人、接姑等一起吃点心。碗里两个鸡蛋吃一个，一个留着不吃，表示懂礼数。吃完蛋酒，新娘将事先准备好的"点心包"放到端点心的木盆上，表示感谢。

敬酒 中午酒宴称"正酒"，即娶亲酒。厅堂左边头桌为娘舅桌，右边头桌为新娘桌。酒至半筵，新娘、新郎由伴娘、伴郎从娘舅桌开始向众亲一席一席依次敬酒。

请祖公 晚上酒宴称"谢庚酒"，宴后摆设福礼请祖公，禀报先祖娶来某地某氏之女，纳入本郡某孙为妻，仗神功保佑夫妻恩爱、藕入莲池、子衍昌盛。

闹洞房 结婚当晚，男女双方在正堂两旁落座，盘歌至午夜。午夜时举行送洞房仪式，两位父母双全伴娘、伴郎，各扶新郎、新娘向父母和嫡亲长辈叩拜。拜毕，伴娘伴郎点燃一对红烛，引领新人进洞房。洞房红烛要常夜点着，两支蜡烛若同时点完，表示夫妻齐眉偕老。

回娘家 婚后第三天，称"三日回花"。夫妻两人备上礼物双双回娘家看望父母亲。

拜头年 结婚后第一年正月，要去岳父母家拜年，一般是正月初二就得前往。拜头年礼物为猪肉、年糕，礼物准备多少依据岳父母家的亲房叔伯多少而定。猪腿一只送岳父母家，其余亲戚送猪肉与年糕。收到礼物亲戚都要请新客（即新郎）吃点心正餐。新郎拜头年期间，村上姑娘组织歌手进行对歌，且通宵达旦。若无山歌唱或调皮不唱的，定会受到"担炭"（锅烟向脸上抹黑）惩罚。新娘欲回时，岳父母家设宴招待请新人吃过饭或点心的亲戚，叫"回盆饭"。

生育习俗

是指妇女在怀孕生产期间及产后一定时间内的习俗，畲族居民普遍比较重视。

妊娠 妇女怀孕，畲语称"带身"或"含仔"，孕妇产期叫"掌寮"或"做月"。一旦知道妇女怀了孕，家人就对她特别照顾，注意营养与休息。并有许多禁忌，如孕妇忌看木偶戏，忌他人对正前身剪东西，忌正面劈柴，有"孩子生来会软骨与裂唇"之嫌。

出生 婴儿出生后，乡村接生婆将其沐浴洗净，穿上衣裙，抱到灶房，让婴儿灶膛进锅圈出，意为"过关"，日后不怕任何关煞犯冲。随后，将婴儿抱回产妇身边，取一根红头绳捆在手上，叫"缚手"，意为缚过手的孩子长大后不会"手搔"（是指未经允许，乱翻、乱动、乱拿别人的东西）。所以，畲乡对"手搔"的小孩有句骂话："你娘生你未缚手"。胎衣由父亲送出村外，男婴的埋路中央石板下，让人踩踏。认为小孩胎衣被踩踏，将来孩子长大后会胆大,有作为;女婴则埋路边或茶树下,祝愿其长大采茶得心应手,灵巧自如。

报喜 家中婴儿出生当天,家中主人备一只公鸡,一壶红酒、索面若干公斤。三样东西要用红纸缚上,放上万年青和柏树枝,挑到外婆家报喜。生第二胎的就不必报喜,也不办三旦酒。

三旦 婴儿出生第三天,主人先要置办供品祭祀祖先。祭祀完毕以后,主人家给邻居每个小孩分一个用茜草(畲语称染蛋草)染红的"凤凰卵"(熟红鸡蛋),表示吉庆。同时,还要邀请亲戚朋友、接生婆等过来喝三旦酒。这一天,还要拔来韭菜、薄荷、芝麻秆等,在锅里煎沸,凉后给婴儿洗身体,叫洗三旦。

满月 小孩满月时,摆满月酒,以答谢亲朋好友。还要给婴儿剃满月头,在后脑处留一绺头发,称"孝顺毛",剃完头,母亲用煮熟的鸡蛋在婴儿头上滚动,希望孩子的头能像鸡蛋一样圆平饱满。滚过头的鸡蛋分给其他孩子吃,期望他们今后气量大,有事能大家一起帮忙。

坐月子 产妇产后都要休息一个月,月内产妇忌吹风,忌吃生、酸、冷食品,三餐主食是白米饭,忌食红薯和竹笋等;菜以各种肉、蛋为主,每天还吃点心。并用上等的红酒,加糖、姜,温热起来给产妇吃。

送月里 产妇坐月子期间,亲戚朋友邻居们都给产妇送鸡蛋、红糖、素面、鸡、兔等,一般是鸡蛋20—30枚,给产妇送食物叫"送月里羹",回礼一般是一个拦腰或一条毛巾,体现了民间的互助精神。

手巾 孩子满月后,带孩子出门,一般用自家织的背带(畲族称"手巾")背。背带为一丈长,一米宽左右,以精纱织成再染蓝色,两头经线残留尺余长结络缨。没织有背带的人家买块蓝土布代替。

对周 幼儿周岁生日称对周,要摆对周酒。凡参加过三旦的亲朋好友都会自动来送对,礼物有衣服、鸡蛋等,经济条件好的外公外婆还会送打制的银牌、银项圈,以祈健康平安。

站桶 等小孩可以站立了,吃饭时有专用站桶,站桶下大上沾有隔板的圆桶,大人边吃边喂小孩。

幼儿出门 三岁内的幼儿出门走亲戚时,用手指在幼儿印堂上点上烟灰,象征额前有包公的太极图,并在背巾边插上一支小竹枝,竹枝可驱逐邪神。返回时,亦同样装扮而归。

认干亲 旧时,为保佑孩子能健康成长,往往会拜某位神、某株古树、某个巨石或某个人为干娘或干爹。拜神、树、石为干亲时,在第一次烧香摆供后,以后每年孩子生日均要去拜一次,十六岁生日则为最后一次拜谢。认某人为干亲时,则一辈子当亲戚长辈来往。

成年 16岁意味着成年。生日这天,设宴请亲朋好友,做生日者要给长辈敬酒。旧时,16岁以后就可以适时做"传师学师"仪式。

取名习俗

畲族百姓取名通常双字居多,单字居少,有一定讲究。畲民一生当中有多个名字,男的有乳名、本名(书名)、谱名;女的有小名、本名、大位名。有些人还有非正式的名号。

乳名 乳名是在没有正式命名之前对孩子亲昵称呼。一般只是在父母或亲戚中呼叫,如"狗崽""阿狗""小崽"。

姓名 本名,幼时由长辈所取。日常所说的一个人的名字,在社交场合使用,私章也使用此名。

谱名 谱名为宗谱所记载的名字。在没有修宗谱之前,畲族以"大、小、百、千、万、念"六字排行来取名,周而复始循环使用,按族内规定蓝姓用"大、小、百、千、万、念"六字作为辈分次序排行;雷姓排行仅用"大、小、百、千、万"五字;钟姓用"大、小、百、万、念"五字;男丁排行序数从二开始;女丁排行从一开始,要缺二;要把"一郎"和"二娘"让给未满16岁就夭折的男女。如:蓝姓同一祠堂"百"字辈的男性有50人,女性也有50人,男的为蓝百二郎、蓝百三郎……;女的为蓝百一娘、蓝百三娘,蓝百四娘……蓝百五十一娘。

县域畲族已迁至三、四百年,宗谱修订按"排辈行第"(又称字辈),弃"大、小、百、千、万、念"六字循环排辈之方法。这时的谱名变为两字组成，第一个字按“排辈行第”来确定，同一辈人以同一个字头，第二个字可以自由取，但是忌与祖宗和至亲重名重字。有的人本名就按谱名的取名方法来取，即本名与谱名一样，有的人本名与谱名不一样。如培头村钟氏的排辈行第是“百善圣成，启奇世振；国永建大，学义秉维；思希祖德，应运中兴；云礽继作，丕显家声。”第一代取钟百★，第二代取钟善★，以此类推。不论年龄大小，一听字头，就应该知道兄弟或叔伯相称了。

丧事习俗

老人逝世叫“过逝”“老掉”“过山了”。男的死后做功德时称“府君”，女的称“安人”，未娶的男子称“鳏人”，未嫁的女子称“淑魂”；六十岁以上的亡人称“尊灵”，六十岁以下的呼“亡灵”。

畲族在文成解放以前，大部分畲族地方采用火葬。人死后，死者亲人带柴爿来围丧。守孝其间，众亲人用带来的柴爿搭成一柴架。守孝结束，孝子们把死者抬至柴架上火化，众亲人围着柴架旋孝，唱丧歌。然后，把死者的骨灰装至陶缸（净瓶），拿到山上安葬。近十几年来，殡殓采用移风易俗，全部采用县殡仪馆火化遗体，骨灰盒进行安葬。

其他习俗

做寿 畲民从五十岁开始做寿，十年一次。做寿的时间不计出生月份，都放在当年的正月举办。五十大寿一般定在正月初五，六十大寿定在正月初六，依此类推。

为猪、牛做三旦 每逢母猪、母牛生仔的第三天，主人要为小猪、小牛做三旦。这一天，主人一早就做起糢糍，养几只小猪就做几条猪栏杆（将糢糍做成长条圆形，像猪舍的栏杆），养牛就做一条牛栏杆。之后在栏间摆祭，焚香烧纸，以求吉祥、生财。另办一份祭品到村口土地庙祷告，求土地爷保佑仔猪或仔牛易长好养。同日，给母牛、母猪喂养精饲料，一般是添加红糖、鸡蛋、红酒。

出栏钱 凡家里的猪、牛出卖时，养猪的主人和放牛的都要向客人讨取一个小红包，叫“出栏钱”。

宰猪烧纸钱 家里宰猪时，家中主妇一手持三支香，一手拿纸钱，在杀猪凳前作“猪啊猪、猪啊猪，转来做人家，明年养大猪”的呼唤，将纸钱烧在猪凳下面。

禁 忌

正月初一不到别人家中点火和借东西。

每月初一、十五、分龙、甲子、庚申等日不挑尿粪，曾有“初一十五损自己，甲子庚申损天下”的谚语流传。

初五、十四、二十三不出远路挣钱。有“初五、十四、二十三路中有银都不担”之忌。

四月初八、冬至日牛不犁田。

初一不行嫁，初九不建房，十七不搬家，廿五不造坟。

栋梁搬回家不能放在地上。

砌墙脚忌小孩啼哭。

吃饭时，不许用筷子打孩子的头。

吃完饭忌筷子横放碗上。

掉在地上的饭粒忌用脚踩。

吃饭时忌“乌龟坐”（左右各2人，前后各1人）。

桌上的菜忌摆五碗、七碗。

忌吃猫肉。

忌吃病死的牲畜肉。
忌打闯屋内的蛇、青蛙。
忌用有字的纸张揩屁股。
同日,两新娘出嫁忌相遇。
死在外面的人不抬回家中,寮外搭灵堂,而后安葬到坟山。
行棺出殡歇力忌叫"停",要叫"稍"。
出殡行棺旁人忌说"重"字。
人死逢辰日、三丧日不哭。
供佛奉神的礼品忌讲小或少,要讲多与大。
忌手指神佛塑像。
忌睡两领草席。
人行道上空忌晒衣裤。
忌叫上辈长者名字,忌摸上辈老者的头。
忌报错盲人、问路人的行走路径。
忌学哑口人讲话。
忌取笑残废者。
小孩忌抱在屋檐下玩耍。
小便忌向炭火堆洒拉。
小孩忌玩米和算盘。
未到十六的男孩忌抽烟、喝酒。

第三十九卷

人 物

本志人物卷设立传人物、人物简介、人物名录三章。立传人物、人物简介中的社会闻人秉承“生不立传”原则，记载1991年至2011年在各界有突出贡献、有重大影响的人物，不以人的地位、等级为唯一标准，着重衡量其对社会、本行业所产生的影响，所做的贡献大小。立传(简介)人物共41人，其中传略11人、补遗前志11人、简介19人(含烈士5名)。立传(简介)人物中，除补遗前志人物，其他均为1991—2011年辞世者。人物名录章中，分别收辑市级以上劳动模范、省(部)级以上先进人物、全县科技界高级职称人员、全县文教界高级职称人员、文成籍部分在外乡贤等。

第一章　立传人物

立传人物，遵循“生不立传”原则，在众多已逝名人闻人中筛选收录。本志谨辑录传主共22人，有以载述他们生平优秀道德情操事略，有以浓缩传主生平简历。其中立传人物11人、前志“补遗”人物11人。人物排列以生年为序，年份相同则以姓氏音序排列。

第一节　人物传略

本节收录1991—2011年去世人物11人。其中有为中华民族解放事业和社会主义革命与建设事业做出重要贡献的党政军领导干部4人、科教艺术界英才4人、爱国侨领1人、其他社会人士2人。

周　亭

周亭（1907—1995），玉壶镇东溪茗垟村人。16岁在玉壶一家中药店当学徒，后来自开中药铺，不久因生意清淡而停业。1935年赴意大利谋生，次年转法国巴黎。1939年与友人在巴黎10区合开皮革小作坊。1940年6月德军占领法国，即投身反法西斯战争行列，将小作坊作为秘密联络站，担当传递情报员，经常机警掩护法国战友脱险。后遭德军以“嫌疑重犯”之名拘捕关押在集中营，受尽严刑拷打。“二战”结束后，法国政府得悉周为反法西斯战争致重伤，即给以周特别生活费用，并颁发给有部长签名奖状以彰其功绩。1950年，周在法国北方里尔开设皮革批发商店，1963年创办“新中国饭店”。周亭在侨界享有较高信誉，1972年至1991年历任第二、五、六、七届旅法华侨俱乐部主席团成员、常委，第八、九、十届名誉主席；1992年10月，当选首届旅法北方华人协会主席（会长）。曾3次回乡探亲，1990年回乡为老母奔丧时，捐资20万法郎建造茗垟至岱根公路。其生平业绩，在1987年《人民日报》海外版等曾有报道。1995年在法国辞世，享年88岁。

刘斌发

刘斌发（1915—1993），原名日炎，化名品煌，黄坦镇雅梅济下村人。1936年加入中国共产党，1939年任中共青景丽县委工作员，常以担货郎与草药行医作掩护，在青田、泰顺、景宁边界山区从事党的地下工作。1946年任青景丽县委青泰区特派员，冒生命危险深入乡村，恢复组建景宁东坑一带曾遭敌严重破坏的党组织，并建立与福建省寿宁县地下党组织联络的秘密交通线，开辟并扩大景宁县西南部的梧桐、标溪、沙湾、英川、毛垟等乡村革命游击区，与广大贫苦农民和畲族同胞结成至亲朋友，患难与共。同年10月，担任中共东坑区委书记，带领青景丽县委武装班，先后智袭国民党东坑区公所、收缴上标民团枪械、水宽呑歼灭国民党景宁保警队。1949年元旦，发动民兵2000余人，配合浙南游击纵队强攻景宁县城。同年4月，被派任青景丽中心县委景宁县委书记。5月12日，

率领县队、民兵，配合中国人民解放军一举解放景宁县城后，首任中共景宁县委书记、县人民政府县长。1953年9月，调任瑞安县卫生局局长。1958年冬率医疗队驻文成富岙乡周岙底村，设立临时医院为群众治病达3个月，并随带救济粮，赈济灾民。“文化大革命”期间受冲击，1977年因病休养。1980年6月选任瑞安县第四届政协副主席，1983年离职休养。1993年3月28日在文成辞世，享年78岁。

吴鸣皋

吴鸣皋(1918—2001)，大峃镇垟岕村人，瑞安中学肄业。21岁开始，先后任小学、中学教师。教学余暇，自习针灸、推拿技术，为群众义务治病。1958年，调入文成县人民医院任针灸医师。1980年退休后，仍躬心公益事业、潜心著述。1988年编成40余万字的《文成乡土志》；又将积数十年针灸实践经验结合临床理论，编成《针灸备经》。1989年至1990年，先后考察荷兰、法国、比利时、卢森堡、意大利等国有关文成华侨情况，搜集大量素材，归国后走访家乡侨眷，复核资料，于1992年编写出版约15万字的《文成华侨溯源录》。1993年至2000年，完成45万字的地方文献《文成见闻录》。2001年春，捐资38万元，建成文成县人民医院住院部门台，并亲笔题词“情系康业，造福桑梓”。2001年12月6日在文成辞世，享年83岁。

潘雨辰

潘雨辰(1918—2008)，原名震辰，巨屿镇潘山村人，后迁入鹿城区。13岁拜青田石雕老艺人朱云明为师学艺，1940年起开始创作，擅长现代人物雕刻，当时曾雕有《孙中山全身像》《女游泳员》《举重运动员》。1950年起，雕刻新中国伟人《毛泽东》《朱德胸像》以及《井冈山会师》《让和平鸽子飞遍全球》等。1953年调中央美术学院华东分院(今中国美术学院)民间美术创作室专事石雕艺术创作与研究。1962年，调浙江省工艺美术研究所，负责全省石雕技术指导和创作工作。其间，创作《志愿军热爱朝鲜儿童》《不朽的母亲》《太平军怒潮》《为友谊而欢舞》《毛主席同农民谈远景》等较有影响的作品，《国际主义战士罗盛教》《铁骑奔腾》等作品被中国军事博物馆收藏，作品《幸福时代的小朋友》由浙江省人民政府作为礼品赠送给苏联苏维埃主席伏罗希洛夫。著有《直接雕刻法》《衣纹口诀》《玉石人物雕刻技法十二字诀》《青田石雕传统人物、佛像造型、实用艺术造型设计图》等石雕专业教材，论文《玉石雕刻技艺杂谈》获得1985浙江省科技论文三等奖。潘是第一、二届浙江省文联委员，为中国美术协会会员、中国工艺美术学会会员、中国雕塑学会会员、浙江美术家协会理事、浙江工艺美术学会常务理事。2008年在鹿城辞世，享年90岁。

刘日亮

刘日亮(1925—2008)，大峃镇樟台下岙村人。1940年7月参加革命，次年1月加入中国共产党。始在青景丽县委任勤务员、文书、武装工作组组员，1945年3月至1947年12月调任浙南特委警卫员、武工队小队长，1947年12月至1949年8月任浙南游击纵队司令部警卫队队长、第一支队副政委。新民主主义革命时期，在打击地主恶霸、发展党组织、开辟革命根据地、消灭国民党反动派革命斗争中出色完成上级领导交给的任务。中华人民共和国成立后，首任文成县人民政府县长，1950

年10月经选举兼任县各界人民代表会议常务委员会主席，领导全县人民开展镇压反革命、抗美援朝和土地改革。1951年12月至1953年6月，调浙江省人民监察委员会工作。1953年6月至1958年5月，任中共泰顺县委书记，领导全县人民开展对工业、农业、商业的社会主义改造。1958年5月至1960年5月，任浙江百丈漈水力发电工程处党委副书记兼副主任；1960年5月至1961年3月，任温州专署经委副主任；1961年3月至8月，任中共瑞安县委书记处书记；1961年8月至1966年5月，任中共文成县委副书记、县人民委员会县长。1966年5月至1973年3月，在“文化大革命”运动中受到冲击。1973年3月至1976年3月，任中共永嘉县党的核心小组副组长。1982年10月，中共温州市委发文给予平反。1983年离休，享受副厅级待遇。2008年5月29日在鹿城辞世，享年83岁。

金宪宽

金宪宽（1928—2006），黄坦镇雅梅前巷村人。1950年8月加入中国共产党，担任中共文成县委秘书。1954年任文成第一中学（文成中学）副校长，1956年调任文成第二中学（珊溪中学）副校长、党支部书记。1958年人民公社化后调离文成，历任中共瑞安县委办公室副主任、瑞安县财贸办公室副主任、瑞安县供销联社书记、瑞安中学书记、瑞安市体改委副主任。1963年年初，撰写的《隆山公社大队干部参加生产劳动的情况报告》，作为瑞安县委在中共浙江省第四次代表大会的发言稿，是毛泽东主席对浙江7个关于干部参加劳动的“五九”批示典型材料之一。改革开放后，在《人民日报》《经济研究》等报刊发表论文21篇、省级报刊发表论文55篇，部分论文获全国、省级优秀论文奖，并入选《中国社会主义新农村的雏形》《党的十一届三中全会理论讨论会论文集》《温州模式的理论探讨》等书刊。编写出版有《社会主义道德建设概论》（合作）、《金宪宽文集》《秘书写作学》《中华人才谋略》《成才之道》等学术著作。曾被评为瑞安市首届专业技术拔尖人才。1991年离休后，先后在瑞安电视大学、中央党校函授学院瑞安辅导站和瑞安政工大专班讲授《经济写作》等7门课程。2006年7月12日在瑞安辞世，享年78岁。

夏盛钮

夏盛钮（1929—1995），珊溪镇翁山头村雷公尖人。1942年7月参加浙南游击队，1945年12月加入中国共产党。曾任中共青景丽县委武工队队员、警卫员，1948年7月担任青景丽县委机关警卫队队长，1949年7月担任青景丽中心县委机关警卫大队大队长，1949年9月担任文成县人民政府县大队大队长。1951年1月，文成县大队改编为浙江省军区第五军分区（温州）独立第七营，任营长兼县人武部部长。1952年9月后，历任泰顺、嵊泗等县人武部部长、宁波军分区参谋长、丽水军分区司令员和人武部党委副书记、书记、县委委员、地委常委、省军区党委委员等党内职务。战争年代，夏盛钮先后参加与指挥解放泰顺、文成、景宁，截击国民党李延年兵团残部，歼灭国民党夏守素青田县自卫团，消灭陈迪化股匪，以及解放初期剿灭朱铁民、柳志昌、华重光等战斗。1984年10月离休。1957年荣获中华人民共和国三级解放勋章，1988年荣获中央军委独立功勋荣誉勋章。1995年1月在丽水辞世，享年66岁。

王自强

王自强(1929—2006),原名王光普,黄坦镇王宅人。1947年毕业于浙江省立师范学校,任教黄坦王宅小学。1949年春,秘密参加革命。1952年,考取上海交通大学。1956年,大学毕业分配在沈阳建筑材料工业学院工作。1962年12月,调入北京建工学院机械系任教;1971年调湖北建筑工业学院任教。1979年5月始,任武汉建筑材料工业学院非金属矿系教授,并担负科技研究设计工作。1987年4月,以其为主设计的《车带式运输机》申请国家实用新型专利,次年8月获得国家专利。1988年2月,被武汉工业大学聘任为高级工程师,完成《离心自磨机研制》项目,获国家建筑材料工业局颁发的"1996年建材行业部级科学技术进步三等奖项目"。王自强毕生从事高等建筑工业院校教学暨科技研究设计工作,研究成果颇多,"车带式运输机""立轴锤破旋风离心自磨机""带括刀机构的离心盘""花瓣型离心盘"获得新型实用专利,"粉碎装置"获美国、欧洲专利中心、澳大利亚3个国家或地区的专利。其主要贡献入编《中国专家大辞典》,个人传略入选当代大型人物辞书《世界文化名人辞海·华人卷》(第五集)。2006年3月9日在武汉辞世,享年77岁。

叶永案

叶永案(1930—2009),峃口镇双桂山下村人,初中文化程度。1952年4月参加工作,1954年11月加入中国共产党。始任峃口区西下乡文书、县委组织部干事。1958年人民公社化后,历任峃口区公阳、塔山、峃口、平和等公社党委书记、县人事科副科长、大峃区樟台公社党委书记、大峃区党的核心小组组长、峃口区委副书记、县农业局副局长、峃口区委书记等职。1982年2月,任县委常委兼大峃镇党委书记;1983年10月至1984年3月,任文成县人民政府常务副县长;1984年4月至11月,任文成县委常委、纪律检查委员会书记;1984年12月、1987年4月,连任文成县第八届、第九届人大常委会主任,兼党组书记。其间于1986年3月、1988年3月,当选为温州市第六届和第七届人大代表,1988年1月当选浙江省第七届人大代表。2009年2月26日在文成辞世,享年79岁。

蔡日省

蔡日省(1941—2011),峃口镇平和田东村人。年轻时在家种田,学会弹棉被手工技艺,曾在云南、福建等地弹棉务工。1979年,回乡承包村里的几十亩荒山残林兴办苗圃,培育杉木、马尾松、黄山松等树苗。1984年担任村党支部书记,致力茶叶综合开发。1998年10月,创办文成县日省名茶开发有限公司,任董事长。2003年,"半天香"茶叶获"QS"认证及ISO9001质量体系认证。2008年,"半天香"商标被评为省级著名商标,被命名为"浙江名牌农产品"。蔡日省任村支书27年,始终引领乡亲共走脱贫致富路,手把手向乡亲传授种茶、炒茶技艺,无偿为乡亲提供良种茶苗90多万株,全村茶叶基地从50亩发展到1000多亩,村民种植茶叶年人均纯收入近3000元,成为远近闻名的茶叶生产特色村。他一生不计个人得失,以村集体事业和村民利益为重,是田东村经济发展的领路人,也是全县发展特色农业的典范,曾获县级优秀共产党员8次、"茶叶生产状元"3次、优秀村干部3次,4次被评为温州市优秀共产党员和温州市劳动模范、绿化先

进工作者、农民企业家、富民书记。1995年被评为浙江省劳动模范和脱贫致富带头人,1996年被评为浙江省优秀共产党员,2010年1月获2009年度浙江新农村建设带头人“金牛奖”。2000年4月获全国劳动模范称号,2003年1月当选第十届全国人大代表。2011年3月在文成辞世,享年70岁。

叶小燕

叶小燕(1987—2008),女,峃口镇双桂桂西村人。2006年5月患骨癌作过截肢手术,后开设“铿锵玫瑰”奶茶店,自劳其食跟病魔作顽强抗争。2007年冬骨肉肿瘤扩散,医生告知只有3个月生命,她仍微笑面对人生,拖着残肢病躯2次赴温州医学院附属眼视光医院,亲笔在捐献眼角膜协议书上签下自己名字,成为温州首个眼角膜无偿捐献者。2008年3月,获“感动文成十大人物”荣誉并出席颁奖大会,坦然乐观面对现实,令在场观众动容。在生命最后岁月,躺在县人民医院病床上收听汶川大地震消息,即拿出500元钱委托乡干部捐献灾区。2008年6月25日,病重辞世。《浙江日报》《温州日报》《温州晚报》、新浪网、浙江文明网等媒体先后对其事迹进行报道或转载,《温州日报》还先后以《她走了,给别人留下一片光明——追记笑对病魔义捐眼角膜的文成女孩叶小燕》《留下光明耀他人》为题详加报道,引起社会较大反响。叶小燕生前曾被评选为文成县首届“感动文成十大人物”特别奖、“文成改革开放30周年十大人物”提名奖。2009年3月5日,获“2008·感动温州十大人物”奖。

第二节　人物补遗

本节收录11位文成县籍社会贤达仁人,为前志立传人物之补遗。其中有清代畲民文化教育先驱1人、近现代兴学重教名宿和尽职教坛4人、卓越农业学科教授1人、全国武术界名家1人、爱国抗日将军1人、方外人士1人、献身革命英烈2人。

钟正芳

钟正芳(1752—1812),字国肇,黄坦镇富岙培头村(旧属青田县)人。畲族,县境钟氏五世祖。7岁入私塾过目能诵,少年时博览诸子百家经典。当时畲民屡被“斥为异类”而拒于科场之外,清乾隆四十年(1775)青田知县吴楚椿(山东德州人)特为此撰就《畲民考》一文,呈请处州府衙“准予畲民一体应试”。因处州府迟迟未予批文准肯,钟正芳率先倡处州10县畲民多次到处州府衙说理,还13次上杭州到省府力争畲民科举考试权利。几经艰苦抗争,终在乾隆四十四年(1779)三月乾隆帝第五次“下江南”之际,恩准畲民应试资格。同年八月钟正芳被录取国子监,其学识受乾隆帝赏识,钦赐《学政全书》一套、御笔一支、水晶墨砚一副,为畲民享有“一体应试”资格铺平道路。后任四川督学使者(学台),为官3年决然返回故里,在培头设立私塾教书育人。经多年努力,改善和发展培头畲村文化事业,时有食廪、庠生10余人,县武生8人。钟正芳饱学多识,能书善画,现培头村钟氏宗祠阑额,即是他绘制的凤凰图腾。他独创的茅龙笔(即用茅草制笔)书法,笔势峻拔苍劲,别具一格。嘉庆十七年(1812)辞世,享年60岁。

刘凤韶

刘凤韶(1859—1934),字恩甫,号芝盛,南田镇南田村(原属青田县九都)人。17岁入邑庠补廪生,举宣统元年(1909)恩贡。曾从学瑞安经学泰斗孙诒让和宿儒陈黻宸。清光绪三十四年(1908),由兄刘凤仪倡导自费创办南田两等小学堂(今南田镇小前身),自任校长16年,潜心务教兴学,免费并资助贫寒子弟就学。刘凤韶乐善好施,如宗族要事、地方公益、宗祠修缮、宗谱续修、自治公所建立、乡里资源开发等,都慷慨出资,数十年出资数万元。1934年12月5日早晨,焚香沐浴,整衣端坐,叮嘱长侄刘耀东(祝群)"天已厚我,夫复何求?今将与造物游,我去后发丧宜简,葬我在你父墓侧之圹,万勿世俗浮华,宁即省以恤贫。"说完安然辞世,享年75岁。

陈体柔

陈体柔(1881—1956),字采畴,号亮工,大峃镇(原属瑞安县五十一都)桥头井村人。出身望族,其父陈圣时(名桂魁、字毓春、号玉圃)诰授皇清武义将军,叔父陈桂元于清光绪十八年(1892)中武进士,领光绪帝乾清宫侍卫,堂弟陈体斧为抗战时期国民党中将参谋。陈体柔少时在大峃读私塾,后入瑞安邑庠就读为邑庠生(秀才),继入国子监肄业,为副榜贡生任候补知县。1903年任福建省漳州府南胜县(南靖县)知县,1907年调任江苏省苏州府昆山垦殖场主事,1909年5月辞官回乡。面对家乡落后的教育状况,慨然捐献出全部积蓄,创办私立瑞安县大峃承文完全小学。1910年7月,会同大峃陈姓乡贤复建瑞安大峃群益两等小学堂(文成县中心小学前身)并首任校长,长期从事教书育人事业。1956年2月21日在文成辞世,享年76岁。

叶大密

叶大密(1888—1973),字祖羲,号伯龄,峃口镇公阳村(原属瑞安县五十三都)人。少时在祠塾读书,18岁就读瑞安普通中学。20岁考入清江北陆军学堂辎重科(炮兵),1909年毕业从军,先后在江北陆军辖区某部、笕桥浙军八十一标、浙军第二师八团、浙江省督军府任职。1917年师从田兆麟学习杨氏太极拳,继而跟孙存周学练孙家内功拳法。北伐战争开始后,奉浙江省长夏超之命奔赴上海,以创办"武当太极拳社"为名,搜集军阀孙传芳情报。1926年8月,脱离军、政界,在上海定居,潜心研究武学、医学,并在上海成立武当太极拳社。"九一八事变"后,被推选为上海市国术同志抗日救国会执行委员,创办艺华影业公司任创作部主任,先后拍摄《民族生存》《肉搏》《中国海的怒潮》《烈焰》等抗日宣传题材的影视片。1935年应聘中华体育会第二届讲习会国术理论讲员,1943年获国民政府卫生署签发的中医执业证书。中华人民共和国成立后,从事武术健身和医务实践研究工作。1952年被推选为上海市中医学会理事会理事,1958年任上海黄浦区推拿门诊部副主任,1962年被聘为上海市中医文献研究馆馆员。其武术造诣深厚,1952年开始改编杨式大、中、小太极架势,创编出叶式太极拳。"文化大革命"期间遭受冲击,大量武术和医术论著被毁。1973年9月22日在上海辞世,享年85岁。

陈体斧

陈体斧(1892—1948),字印庠,号心孚,大峃镇(原属瑞安县五十一都)桥头井村人。出身名门,系清光绪十八年(1892)武进士,官拜光绪皇帝乾清宫侍卫陈桂元之长子。少时先在大峃读私塾,继于瑞安县学堂读术科。1914年考入保定陆军军官学校第三期步兵科学习,1916年毕业后加入浙军,先后担任国民革命军浙江第一师三团尉官副连长、湖北卫戍司令部中校副官兼第一营营长、江西新编第二师第五团副团长、筹备中央军官学校第五大队大队长、湖北十八军与十九军随营军官学校第八大队大队长兼战术教官。抗战时期任华中战区司令长官李宗仁的中将参谋，多次为李出谋划策打击日军侵华部队，颇得李的器重。他为人慷慨，正气浩然，因不愿涉身国共内战，抗战胜利后谢绝李宗仁的挽留，决然告老返乡寄居上海女儿家修养。1948年12月28日在上海辞世，享年56岁。

周醉樵

周醉樵（1895—1940），原名周朋伸，大峃镇周宅人。1928年秋，在瑞安加入中国共产党，回乡积极宣传与推行“二五减租”。1930年1月始，配合中共瑞安县委书记郑贤塘到瑞安西区发展党组织和农民赤卫队，先后在40多个村庄建立27个党支部（小组），发展地下党员300人，创建中共瑞安西区区委并任区委书记；同年5月27日，担任瑞安西区苏维埃主席。1935年9月25日，红军挺进师途经大峃，醉樵即主动找上刘英、粟裕，汇报有关西区具体情况。此后，他以小学教师身份为掩护，积极进行党的秘密活动。1938年4月，接任西区区委书记。1939年11月，任大峃区委统战科长，开展党的统战工作；1940年秋被错杀。党的十一届三中全会后，经组织缜密调查认定周醉樵和其妻子沈玉玺是“革命的一生，光荣的一生”。1985年4月20日，中共文成县委在县府礼堂召开平反悼念大会，为周醉樵夫妻等7名被错杀的地下党干部恢复名誉、恢复党籍。

李达其

李达其（1895—1947），西坑畲族镇下垟都铺村胡山头人。1935年冬，中国工农红军挺进师到下垟山开辟游击根据地时加入中国共产党，1939年2月被任为中共梅歧区委委员，成为游击根据地重要负责人之一。1940年夏，中共青景丽县委隐蔽胡山活动，粮食接济不上，李达其将自家稻谷、薯丝尽数献出外，并变卖掉2间瓦屋和3亩田地，换回粮食解决地下工作人员生活。1942年2月，李达其出色完成担负特委机关干部生活供给和隐蔽地点转移任务，并负责保证对于特委贯彻中央隐蔽精干会议和开展整风学习顺利进行的安全保卫工作。1944年4月，国民党浙江省政府发出捉拿李达其的通缉令，派兵三番五次到胡山头洗劫其家产，拆焚其住屋，李达其带着妻子儿女一家6口隐蔽到景宁湖坑、青田岭根等地深山搭草棚、住山洞，辗转50多处。1946年6月，国民党浙保五团进驻西坑“剿共”，封锁李家生活接济，其11岁大儿子因饥病离开人世，小儿子被送人当养子，8岁的女儿给人当童养媳。1947年3月，途经青田过桥坑时被叛徒出卖遭捕，关押温州监狱40多天，后被押解到文成绥靖办事处监狱，1947年12月12日在大峃林店尾原枫树坦英勇就义。1958年9月，经文成县人民委员会批准，被追认为革命烈士。

周长信

周长信（1906—1986），西坑镇敖里人，出生于传统耕读世家。幼随胞哥周桢（著名林学家）读私塾，1926年在浙江甲种农业学校修业期满，1930年毕业于浙江大学农学院。他怀着学农兴邦，“让祖国所有人都能吃上稻米饭”的抱负，于同年8月东渡日本留学，先在埼玉县立农事试验场实习，后入日本东京帝国大学部攻读农科。1934年优绩毕业，先后在无锡教育学院任讲师、广西大学农学院任副教授，四川教育学院、江西农专、福建农学院、中正大学农学院、南昌大学农学院、江西农学院、江西农业大学任教授，中正大学农学院、南昌大学农学院任副院长，并加入中国民盟组织。中华人民共和国成立初，他带领工作组奔赴长江南北农村蹲点，调查研究农业增产的关键技术，率先成功解决水稻烂秧难

题。20世纪60年代,潜心借鉴国外经验,结合本国籼粳稻杂交科研实践,成功将江西优良水稻品种“南特”“莲塘早”改良为茎秆粗壮、耐肥抗倒、生长期短、米质优好可口,实现单季改双季栽植,极大提高单产面积产量。70年代,外派为非洲国家培训水稻栽培技术人员。周长信从事农业教育科研50多年,先后发表水稻学专论20多篇,出版发行《作物学通论》《水稻栽培学》《水稻栽培技术》《低温条件对水稻秧苗的影响》《水稻丰产规律的研究》等专著,其中论文《发现无胎米》一文在20世纪30年代便轰动全国农学界。1986年9月在江西南昌辞世,享年80岁。

了参法师

了参法师(叶均居士,1916—1985),文成县峃口镇双桂城底村(当时属瑞安县)人。少年时期跟随显本法师学佛。16岁在瑞安岑岐宝坛寺出家,法号了参,17岁在宁波观宗寺受具足戒。抗战时期,奔赴抗战后方重庆,在当时全国佛教界最高学府重庆汉藏教理院深造,1943年被院方派往合江县法王佛学院任教,1945年转任成都十方堂佛学院教席。1946年受太虚大师委派,到锡兰(斯里兰卡)留学,研究巴利语系佛学。1957年中国佛教协会会长赵朴初陪同周恩来总理访问斯里兰卡,与叶均居士相见。同年,受赵朴初会长邀请归国,任教中国佛学院上座部研究生导师。叶均居士是中国研究南传上座部佛教的著名学者。1958年开始着手翻译佛典,1973年后一直在中国佛教协会研究部从事研究工作并担任中国佛教协会理事、常务理事。译著有《法句经》《清净道论》《摄阿毗达摩义论》等,以《清净道论》为最著名,弥补了中国一千多年来佛教界一直没有南传佛教佛典的空白,增进了中国与斯里兰卡的佛学文化交流和友谊,被斯里兰卡佛教界授为《论师》学位。1985年12月22日在北京辞世,赵朴初会长亲自为叶均居士作《挽诗》,叶均骨灰依遗嘱撒入瓯江。

周介仁

周介仁(1918—1977),黄坦镇雅梅山后村底寮人。1936年秋,中国工农红军挺进师进入县境开辟游击根据地,他全家积极为红军送信,安排住宿。1938年与生母张周梅、兄长周爱信同时加入中国共产党。1939年12月,在本村秘密发展中共党员30人,创建支部任书记。1940年开始,先后在高斜、富岙莲头、吴岙等10个山村发展党员141人,建立党支部10个,成立中共山后总支部并任总支部书记。1941年4月15日入伍,任中共青泰区委工作员,1944年12月被派任中共梅歧区委书记,1946年10月改任南田区委书记。至1948年,周介仁恢复和新建72个农村党支部,发展党员739名;设立山后、西里、岭后、上垟4个中心联络站;参加石展保卫浙南特委机关战斗、西里保卫县委机关突围战、智袭包垟碉堡战斗、吴坳遭遇战、南向拦船夺枪截击战、河背岭头伏击战、泰顺七股岭战斗等。1948年9月调浙南第二(青景丽)县队任中队指导员;1949年4月随县队被编入浙南游击纵队第一支队第一大队,参加解放温州及浙南全境战斗;后任中国人民解放军某部连长、营参谋,配合南下野战部队参加解放黄岩、临海、宁波等地战斗以及肃清国民党军残余势力和武装股匪战斗。1952年6月转业回乡,先后在景宁东坑、文成黄坦等地山村小学任教师,1960年任西坑岭后社小校长。1977年10月在文成黄坦辞世,享年59岁。

林　凯

林凯(1924—1990),大峃镇苔湖村人。其父为塾师,从小受到良好文化氛围熏染。1947年从英士大学专修科毕业后,受聘于原瑞安县私立栖云初级中学任教师。1949年6月,大南(文成)县人民政府接管学校,遂改

私立栖云初级中学为大南(同年9月复称文成县)县立初级中学,林凯被任命为校长。他上任伊始,着手迁校址到苔湖头原大峃区署和承文小学,将用房予以改建。因当时师资奇缺,奔波于瑞安、平阳、乐清等地延聘名师,为初建的文成中学拥有雄厚师资实力打下基础。他倡导勤俭办学,带领师生开垦荒地,养殖禽畜,开源节流,用以改善教师生活及减免学生学杂费,并亲自动手在校区内开辟操场,架建起第一对篮球架,且精打细算,筹划经费盖起原文中第一幢2层砖木结构的教学楼(即后被称为"红楼"),学校面貌得以改观。在任职的3年时间里,其工作业绩受到大家充分肯定。1950年10月当选文成县第一次各界人民代表会议常务委员会副主席,1951年9月再次当选第二次县各界人民代表会议常务委员会委员。1952年秋,服从组织调配,调到瑞安中学任教,后在瑞安莘塍中学任教直至1985年退休。1990年8月在瑞安辞世,享年66岁。

第二章　简介人物

本章简介人物，是对1991年至2011年已故社会闻人及时限内的烈士的简略记述。本章收录简介人物19人，其中烈士5人。入录人物以本县籍为主，兼涉有影响的少数非文成籍人。人物排序，概以生年(烈士以牺牲时间)为序。

第一节　社会闻人

本节以人物简传形式，收录在1991—2011年已故世的，对社会进步及文成县宗教文化、教育事业做出重要贡献，并享有一定知名度的各界人士14人。

张　植(1903—1994)，黄坦镇后巷村李坑人，温州中学毕业。1947年，由其哥张度提携任福建马尾补给站文职中校。1948年只身去台湾，在台北"台湾省立桃园少年辅育院"教书，直到退休。1993年，赞助1200美元修缮千年古刹黄坦栖真寺。1994年春患膀胱癌病危，召大陆子女赴台嘱托后事：一是要圆叶落归根愿；二是献资400万元台币，其中200万元台币(时折人民币60余万元)作为家乡发展教育基金，200万元台币供家乡社会救助金。同年4月间病故，灵柩运回家乡安葬。同年冬天，其继妻倪泳彬亦在台北去世。子女遵照遗嘱，报经县人民政府批准，分别建立"黄坦张植教育基金会""黄坦张植社会救助金"，将其捐资分户存入银行，取年息分别用为培养品学兼优贫困学生和救助农村贫困或受灾户。

胡仲森(1912—2003)，又名胡从操，玉壶镇李林光明村人。1934年前往意大利，1938年辗转荷兰，1947年归国，1958年到荷兰定居。1973年开始，历任"旅荷华侨总会"财政组员、"总会"第五届执行委员。胡仲森爱国爱乡，1963年以来，捐资和筹措资金修建文成侨联房舍、资助大峃民办消防站、兴建李山马坪水库、李林华侨教学楼、李山水口殿、如意亭以及民间道路；1998年捐资17万元人民币建造光明村"胡仲森影剧院"。2003年3月19日在瑞安辞世，全国人大、全国政协、外交部和浙江省人大、省政协、省侨办等涉侨机关，以及温州市、瑞安市、文成县政协与涉侨部门，旅欧30多个侨团机构和知名华侨，均发唁电慰问。

朱昌丢(1913—1993)，原名朱昌恒，珊溪镇坦岐村人，船工出身。1936年加入中共地下组织，任党小组长；1939年10月任坦岐村党总支部委员。1942年2月参加中共武装游击队，先后任中共青景丽县委武工队班长，浙南第二县队分队(排)长、中队(连)长。1949年5月，在福建寿宁县坑底战斗中左胸穿弹，造成三等甲级伤残。中华人民共和国成立初，曾任文成县公安科长、县公安局副局长兼警卫连连长、军管会副主任、剿匪指挥部副主任等职。1953年后，历任杭州鸿丰丝厂厂长、东阳县公安局副局长、金华蒋堂农场生产科科长、丽水地区公安局(处)劳改科科长、云和县公安局局长等职。1984年6月离职休养。1991年6月，获公安部授予的人民警察一级金质荣誉奖章。1993年1月4日在云和县辞世，享年80岁。

周光裕(1916—2001)，西坑畲族镇石垟上垟村人，小名高寇，赴延安后改名"鲁公"。1937年春，徒步赴延安参加革命。1938年12月毕业于抗日军政大学，分派在山西晋西独立第一支队。次年，在战斗中身负重伤，被调往陕甘宁边区教育厅工作。1940年考入延安大学俄文系及鲁艺学院学习，1944年任瓦窑堡子兴中学、釜运中学教官，1947年任山东省临清市教育局长、冀鲁豫行政公署教育局长。1949年后，先后担任国务院涉外秘书和南京军管会教育局、杭州军管会文化处、教育厅、浙江省银行、财委、财政厅工作。1958年回温州疗养，1980年离职休养。2001年11月11日在温州辞世，享年86岁。

叶世承（1918—2009），峃口镇（公阳）公阳村人。1938年温州师范学校毕业回乡任小学教师。抗战时期，他创作大幅水粉画《平型关大捷》，宣传“中国必胜、日寇必败”，在群众中募捐支援抗日。1951年，受聘到平阳县水头镇中学任教。1953年调温州，后调永嘉县中学任校长，并加入中国共产党。1962年任永嘉县委党校文教科函授辅导员，1982年退休。他是中国当代诗歌协会理事、中国现代书画艺术家协会、江都书画院常务理事，曾任上海民族书画院副院长，中国艺院、王羲之研究会创研员，东方美院、炎黄书画艺研院、南疆书画校、淮海艺函院客座教授等职。编有《辞海旧诗引句》《成语典故诗词引句》等著作。2009年辞世，享年91岁。

陈克双（1921—1994），化名信丰，大峃镇（樟台）石仓村人。1939年加入中共石仓支部，任交通员和浙南特委在樟台等交通站总负责人。1947年6月入伍，先后担任中共大峃区委工作员、执委、区委委员兼民运科长。曾组织与带领樟台等地民兵500余人，配合县委警卫队参加解放大峃与阻击逃敌的战斗。中华人民共和国成立后，历任玉壶区委副书记、县土改试点工作队副队长、珊溪区土改队队长、珊溪区委副书记兼区长、大峃区区长等职。1955年8月任县粮食局副局长，1956年2月任县财贸部副部长。1958年冬，因抵制虚报粮食亩产超万斤而被开除党籍，降三级工资，下放农场当副场长。不久又先后被下放到石垟林场、山华林场、玉壶公路建设指挥部，任行政副职。1973年调任大峃镇革委会副主任。党的十一届三中全会后得到平反，1983年补办离休手续，享受县（处）级待遇。1994年9月辞世，享年73岁。

刘化都（1921—2008），又名刘化图，二源初阳人。15岁任党的地下交通员。16岁被抓壮丁，在宿营地机警地挖通墙洞使500多名壮丁脱逃，自己却被围捕吊打二天一夜，幸被中共内线营救赴上海找寻新四军。经3个多月艰难行走到江苏，正遇两军鏖战，乘机加入新四军。曾赴苏联学习轻功，回国后参加辽沈战役、渡江战役，先后获“战斗英雄”“爱民模范”“千里神功”称号。1950年赴朝抗美，先后参加“英山”“上甘岭”等战役，受重伤后被送回国治疗。一生共立13次战功，其中大功9次。1951年转业时回乡务农。农闲时凭自己在部队学得的伤科绝技悬壶济世，为民消除病痛，被人尊称为“奇人”。2008年辞世，享年87岁。

张鸣凤（1922—2010），黄坦镇（稽垟）稽垟村人。1937年6月参加革命，并加入中国共产党。解放战争时期，历任浙南游击队分队长、排长。中华人民共和国成立后，先后在浙江警备旅、嘉兴专署公安处、省公安厅第三十队等单位担任排长、指导员、股长等职。1956年9月转业后，一直在新安江水电站从事后勤工作。1983年8月离职休养，享受副省级医疗待遇。离休后，仍关心党和国家大事，为电厂和企业的发展发挥余热。2010年4月21日在建德辞世，享年88岁。翌日，《浙江日报》作题为“张鸣凤同志逝世”的报道。

了识法师（1924—2003），号修性，俗姓吴，名允昔，大峃镇垟丼村人。早年，追随天台宗第四十四代显本大师学习佛法。1973年剃度出家，专修净土法门，法系为天台宗第四十五世。出家后修建圆通寺，并任住持。1980年开始，主持恢复七甲寺，建造西方殿、大雄宝殿、天王殿、山门、大悲殿、地藏殿、东西厢房、玉泉塔和净慧宝塔；塑造佛像，印送经书，住持正法，弘济诸方。担任过县佛教协会会长和多届县政协常委、省佛教协会理事、市佛教协会常务理事。2003年9月19日在七甲寺辞世，荼毗后获圆形舍利子三颗。

王忠明（1925—2001），珊溪镇李井东山底村人。1945年加入中国共产党。中华人民共和国成立后，历任县政府办公室秘书、民政科干事、侨务办公室主任等职。1984年7月离休后，自费奔波全县有侨情关系的188个行政村，进行逐户逐人调查登记，于1985年10月编成25万字的《文成华侨历史资料》。又历经4年多时间，到县档案馆翻查摘抄1000多个卷宗；走访290多位当事人审核补正，于1989年年底编成《文成县组织机构人员名录资料》，全书初稿300多万字。2001年12月6日辞世，享年76岁。

陈克虎(1925—2001),大峃镇(樟台)石仓村人。14岁为地下党送信,17岁入伍,18岁加入中国共产党,先后任中共浙南特委与青景丽县委联络员、浙南游击纵队特务长。中华人民共和国成立后,历任中国人民解放军浙江省军区第五军分区排长、连政治指导员、营政治教导员,中南海军独立三七高炮营教导员、舰队工兵五团三营政治教导员,1955年被授予少校军衔。荣获解放奖章,被授予"功臣同志""优秀党代表"称号。1964年转任六机部903库党支部书记、教导员,1970年调任芜湖造船厂党总支书记、生产指挥部总支书记。1986年8月离职休养。2001年12月16日在家乡樟台石仓辞世,享年76岁。

林炳齐(1927—2009),大峃镇(樟台)东埄村人。1944年7月加入中国共产党,1950年10月参加工作,先后任县供销总社干部科长、黄坦区委副书记兼副区长、严垟乡党总支书记、潘前管理区主任。1961年11月后,历任石垟林场党支部书记、场党委副书记、书记和代场长、场革委会副主任、主任、林场场长。他扎根石垟林场22年,坚守岗位职责,凝聚全场干部职工同心同德,艰苦创业,发展生产,将原57平方公里的荒凉深山峡谷,建设成山清水秀、动植物资源丰富、生态环境良好的"浙南林海明珠"。林场先后被评为市建设山区先进集体、省先进单位、全国林业系统先进单位。1983年3月任中共文成县委副书记,次年8月改任县政府正职顾问;是县第二届、第七届人大代表。1989年10月离职休养。2009年11月18日辞世,享年82岁。

郑明道(1931—2011),大峃镇金垟谷山村人。1948年5月加入中国共产党,同年11月参加青景丽县队,历任战士、班长、排长、副连长。1955年5月转业,先后担任国家建筑工程部西北金属结构厂、柳州建筑机械厂车间副主任。1962年12月调回文成,分别任峃口区、黄坦区人武部部长。1977年5月至1985年4月,历任县工业交通办公室副主任兼工交局局长、党组书记、县计划经济委员会副调研员。1985年5月离休,享受副县(处)级待遇。先后资助8名贫困农家学生,完成从初中到专科学校的学业。2011年1月11日辞世,享年80岁。

王贵淼(1934—2010),西坑畲族镇西坑村人。初中肄业,自习中医药书。1958年考取省中医进修学校,毕业时被分配浙江中医学院函授部工作。1961年下放回家乡区卫生所、公社防治站当医师。1971年,曾借用县"赤脚医生"训练班任教。1978年,调县卫生进修学校任教师、副校长,聘任讲师职称。1986—1990年,代表浙江省卫生厅赴南昌从事浙赣两省合编《中医教材》。他一生专注中医药研究,尤其对"伤寒""温病""金匮"研究颇深,著作有《经方中药研究集成》《仲景治法研究》等36部,在省级、国家级刊物发表的医学论文有100余篇。系文成县政协第二、三、四、五届委员,县首轮专业技术拔尖人才。1994年10月退休,先后被评为温州市30佳健康有为老人,浙江省"八五计生宣传"先进个人。2010年5月10日辞世,享年76岁。

第二节　烈士铭碑

本节以烈士公墓为据,收录英烈5人(含非文成籍1人),其中在役军人烈士3人、社会"见义勇为道德模范"烈士2人。按卒年排序。

徐　汉(1971—1991),西坑畲族镇叶岸村人。在校读书时被评为三好学生,1987年5月加入共青团。1989年3月应征入伍,在83238部队109团工兵连任战士。严格遵守部队组织纪律,刻苦学习军事技术,多次出色完成模拟连训练和步兵连战术训练的炸点显示保障,以及骆马湖抢险抗洪等任务,曾2次受到连队嘉奖。1990年被评为"四有先进军人"。1991年7月5日,奉命在马陵山进行实弹战术演习,配合九连担任炸点显示保障。8时许,他刚检查完自己负责的16号炸点,竟意外碰燃点火管。为保护现场官兵生命安全而牺牲,年仅20岁。同年11月18日,中国人民解放军总政治部批准,追认为革命烈士。

申屠金洪(1962—1993),杭州桐庐人。1981年10月应征入伍,在文成县消防中队服役,1985年加入中国共产党。历任战士、班长、代理副中队长、副政治指导员。先后7次受到各级嘉奖、2次荣立三等功,连续3年被省、市消防部队评为优秀共产党员。1993年8月13日凌晨2时，南田镇南田街发生重大火灾，他迅速带领消防战士前往灭火，在执行任务中光荣牺牲，年仅31岁。同年12月，武警总部批准追认为革命烈士，公安部追记一等功。

胡绍秋（1961—1994），玉壶镇东溪碧溪村人。在改革开放浪潮中，到温州市区务工，他为人忠厚、好善嫉恶。1994年4月27日晚，在温州市区双莲桥加宽工地附近，他目睹一骑自行车女子遭歹徒抢劫时，即挺身而出，奋不顾身直追劫贼，被数名歹徒暴殴重伤倒地，5月10日在温去世，年仅33岁。同年7月，温州市见义勇为基金会授予他“一等见义勇为勇士”荣誉称号。1994年，被评为温州市“全国见义勇为先进分子”。1996年3月13日，浙江省政府批准追认为革命烈士。

吴海峰（1977—1996），黄坦镇共宅村人。1995年加入共青团，同年12月1日应征入伍，成为南京军区海防第十一旅一营新兵连战士。1995年12月25日，连队附近的山上起火。积极参加连队组织的首次救火任务，行动迅速，一直冲在前面。1996年2月10日，连江琯头镇川石岛发生特大山林火灾，为抢救保卫国家和集体财产，他奋不顾身扑火而牺牲，年仅19岁。同年6月15日，中国人民解放军总政治部批准追认为革命烈士。

夏思敏（1992—2009），百丈漈镇长塘村人。2009年年初，应聘到温州龙湾经济开发区一家电器修理店当修理工。同年2月27日20时许，他在开发区张家牌菜市场听到有人高喊“抢劫”，立即挺身而出扭住在逃劫贼，搏斗中被歹徒用随身携带尖刀捅破胸部和腰部当场牺牲。3月3日，龙湾区政府追授他为“见义勇为勇士”。9月24日，浙江省追授为“见义勇为道德模范”。2012年3月15日，浙江省人民政府批准追认为革命烈士。

第三章　人物名录

本章人物名录设先进模范人物名录、科技文教界高级职称人员名录及部分文成籍在外地工作的县(团)级以上社会贤达模范人物。本志收录1990年至2011年各条战线市级以上劳动模范47人,其中全国劳模3名、省级(含部级和全国五一劳动奖章获得者)劳模9人、市级(含省五一劳动奖章获得者)35人。先进人物收录文成县1991年至2011年获得省(部)以上荣誉的优秀共产党员、优秀党务工作者、先进工作者70人。另收录县科技界和文教界高级职称人员377人及部分在外乡贤105人。

第一节　市级及以上劳动模范

在伟大的社会主义建设事业和改革开放经济建设实践中,文成涌现出一批先进模范人物代表。鉴于1989年年前获得劳模已收录于首部《文成县志》,本志特设专目收录1990年至2011年全县获得市级以上劳模47人共57项次。其排列顺序先国家级后省级再市级,以表彰时间先后为序。“所在单位”系指当时区划或单位名称。

1990—2011年度获得市级及以上劳动模范名录一览表

表39-1

姓名	性别	所在单位	表彰时间	级别	荣誉称号	说明
蔡日省	男	平和乡田东村	2000年4月	全国	劳动模范	2011年3月去世
			1995年	省级	浙江省农业劳动模范	
			2010年	全国	全国五一劳动奖章	
王碧琰	男	温州冰洋实业有限公司	2005年4月	全国	劳动模范	私营企业家
			2004年9月	省级	劳动模范	
			1994年	市级	劳动模范	
			1998年3月	市级	劳动模范	
韩宝国	男	文成殡仪馆火化车间	2011年	全国	劳动模范	—
刘爱菊	女	文成中学	2003年4月	全国	全国五一劳动奖章	享省级劳模
刘文莉	女	文成中医院	2008年4月	全国	全国五一劳动奖章	享省级劳模
			2008年	省级	劳动模范	—
			2006年	市级	劳动模范	2005—2006年度
朱隆良	男	县国土资源局(退休)	1992年	省级	劳动模范	—
邢惠芳	女	黄坦镇王宅村	1999年	省级	劳动模范	—
王培琳	女	文成二中	2004年9月	省级	劳动模范	—
周敏敏	女	文成县人民法院	2008年	省级	劳动模范	2007—2008年度
			2002年	市级	劳动模范	—
雷衍开	男	周壤乡外南村	2008年	省级	劳动模范	2007—2008年度
			2006年	市级	劳动模范	种植药材基地

续表39-1

姓名	性别	所在单位	表彰时间	级别	荣誉称号	说明
陈三柳	女	文成中学	2011年	省级	劳动模范	—
			2004年	市级	劳动模范	2003—2004年度
王邦光	男	珊溪镇小	2009年	省级	劳动模范	—
郑华平	男	县城镇清卫管理所	2011年4月	—	浙江省五一劳动奖章	享市级劳模
陈丹丹	女	日省名茶开发有限公司	2011年	—	浙江省五一劳动奖章	享市级劳模
郑国成	男	文成制药厂	1990年	市级	劳动模范	—
王奕调	男	珊溪镇新建村	1990年	市级	劳动模范	—
赵东平	男	文成电器仪表元件厂	1990年	市级	劳动模范	—
黄旭明	男	县公路石门道班	1990年	市级	劳动模范	已调瑞安
富正宽	男	南田岳垟水竹村	1992年	市级	劳动模范	—
刘　峰	男	文成中学	1992年	市级	劳动模范	—
叶涛嶂	男	县日月饮料公司	1992年	市级	劳动模范	私营企业
赵丹岗	男	文成力生机械公司	1994年	市级	劳动模范	公司已转让
金碎茶	女	南田镇个体协会	1994年	市级	劳动模范	—
王佐宽	男	文成县公路段	1994年	市级	劳动模范	—
金玉堂	男	黄坦镇严垟村	1996年	市级	劳动模范	—
蓝仕环	男	玉壶金星乡校	1996年	市级	劳动模范	—
胡建立	男	文成县公路段	1998年	市级	劳动模范	—
黄华宽	男	华鑫铜业有限公司	1998年	市级	劳动模范	—
叶升东	男	公阳乡农技站	1998年	市级	劳动模范	—
施秋莲	女	公阳乡水碓宅村	2002年	市级	劳动模范	2001—2002年度
吴云兰	女	二源乡坑底村	2002年	市级	劳动模范	2001—2002年度
赵汉英	男	县圆织塑料厂	2002年	市级	劳动模范	2001—2002年度
黄林跳	男	十源乡利民村斋垄	2002年	市级	劳动模范	2001—2002年度
林　红	女	亨哈山珍食品有限公司	2002年	市级	劳动模范	2001—2002年度
程克报	男	珊溪仰山乡雅坪村	2002年	市级	劳动模范	2001—2002年度
金邦富	男	大峃镇珊门村	2004年	市级	劳动模范	2003—2004年度
朱进洪	男	玉壶金星角山村	2004年	市级	劳动模范	2003—2004年度
林芳梅	女	万喜精密铸造有限公司	2004年	市级	劳动模范	2003—2004年度
廖广初	男	南田镇三源村	2006年	市级	劳动模范	—
厉旭光	男	西坑畲族镇塘垟村	2006年	市级	劳动模范	2005—2006年度
赵岳际	男	珊溪水泥制品有限公司	2006年	市级	劳动模范	2005—2006年度
赵东远	男	百丈漈天顶湖农庄	2008年	市级	劳动模范	2007—2008年度
张　鑫	男	文成阳光假日大酒店	2008年	市级	劳动模范	2007—2008年度
林晓青	女	文成中学	2008年	市级	劳动模范	2007—2008年度
纪凤钗	女	巨屿镇赤砂村	2008年	市级	劳动模范	—
王金凤	女	浙江双凤食品有限公司	2010年	市级	劳动模范	2009—2010年度
郑　璐	女	鑫鑫有机农业开发专业合作社种植专业户	2010年	市级	劳动模范	2009—2010年度

资料来源：文成县总工会档案资料整理

第二节　省(部)级以上先进人物

本节收录获省(部)级以上先进荣誉65人。有关专项工作诸如人口普查、各行业普查之先进人物,以及教育界之“春蚕奖”“绿叶奖”“希望工程园丁奖”诸项,本节未予收录。人物排列先国家和部级后省级,以授奖时间先后为序。

1991—2011年全县省(部)级以上先进人物名录一览表

表39-2

姓名	性别	所在单位	获奖时间	荣誉称号	授奖单位
朱隆良	男	黄坦稽垟(乡)民兵连	1992年1月	全国绿化标兵	全国绿化委员会
			1992年6月	预备役工作先进个人	省委、省政府、省军区
周士利	男	文成县中心小学	1992年1月	全国千名优秀体育教师	国家体委、国家教委
林成华	女	文成中学	1991年	全国优秀教师园丁之家	省人民政府
			1993年	全国优秀教师	人事部、国家教委
包奕崇	男	大峃镇交警中队	1994年2月	全国优秀民警	公安部
吴正超	男	玉壶镇侨联	1994年	全国侨务工作先进个人	中国侨联
赵忠良	男	县教师进修学校	1995年8月	全国优秀教师	人事部、国家教委
胡张花	女	玉壶镇中心小学	1995年	全国优秀归侨侨眷教师	中国侨联
邱松初	男	文成县工商局	1996年	全国优秀工商行政管理人员	国家工商总局
张玉斋	男	县少体校	1997年8月	全国优秀校长	中国教育学会
叶董茂	男	玉壶东溪乡侨联	1999年	全国侨务工作先进个人	中国侨联
胡志光	男	文成县侨联、侨办	1999年	全国侨务工作先进个人	中国侨联
刘利华	男	县农业局	1999年	全国农业技术推广先进工作者	农业部
徐剑平	男	文成县工商局	2001年	全国优秀工商行政管理人员	国家工商总局
夏美妙	女	文成县计生局	2002年	全国计划生育协会先进工作者	中国计划生育协会
郑国启	男	文成县人民政府	2002年	国家“两基”教育先进工作者	教育部
魏王宽	男	县教育局(退休)	2003年	关心下一代工作先进个人	教育部关心下一代工委
周小春	男	县水利局	2003年	2002年度农林牧渔业丰收奖三等奖	农业部
傅华斌	男	石垟林场	2003年9月	全国林业系统先进工作者	国家林业局
朱进洪	男	玉壶金星乡角山村	2003年12月	全国农村青年创业致富带头人	共青团中央、农林部
刘万斌	男	叶胜林场	2004年	第二届国有林场管理奖	国家林业局
周育朋	男	玉壶镇侨联	2004年	全国侨务工作先进个人	中国侨联
周光寿	男	石垟林场	2005年12月	全国优秀护林员	国家林业局
叶文武	男	县环保局	2006年10月	全国生态示范区建设先进工作者	国家环境保护总局
陈敏傍	男	县委老干部局	1999年	优秀共产党员	浙江省委
			2006年	先进老干部工作者	中央组织部、人事部
			2006年	优秀党务工作者	浙江省委
胡一波	男	南田派出所	2008年	全国公安基层技术革新一等奖	公安部
胡文铰	男	文成县侨联	2009年	全国侨务系统先进个人	中国侨联
王朝阳	男	县公安局户政科	2009年	全国换发二代证工作先进个人	公安部

续表39-2

姓名	性别	所在单位	获奖时间	荣誉称号	授奖单位
梅秀良		县电业局	2010年	全国水利水电科技成果一等奖	全国水利水电科技成果评委会
林中华		工商银行文成支行	2010年	个人金融业务突出贡献奖	中国工商银行总行
陈延炮	男	文成县人大常委会（离休）	2010年11月	全国优秀老区工作者	中国老区建设促进会成立20周年总结表彰大会组委会
王邦具	男	珊溪镇街头村	2011年	全国孝亲敬老之星	中央文明委
赵志华		文成县民政局	1992年12月	退伍安置工作先进个人	省政府、省军区
唐元清	男	文成县人武部	1994年6月	保持廉洁优秀党员	浙江省军区
蔡日省	男	平和乡田东村	1995年	省脱贫致富带头人	省人民政府
			1996年	省优秀共产党员	浙江省委
			2010年	2009年度省农村建设带头人“金牛奖”	省人民政府
叶茂尧	男	县教委	1997年	省“普九”教育先进工作者	省人民政府
潘亦建	男	文成县教委	1999年	省优秀党员	浙江省委
		县教育局	2002年8月	省先进教育工作者	省人民政府
赵树理	男	国内安全保卫大队	2000年	全省优秀共产党员	浙江省委
陈圣豹	男	玉壶镇人武部	2000年2月	精神文明建设“五个三活动”先进个人	浙江省军区
蔡世培	男	文成县司法局	2001年	“三五”普法先进个人	浙江省委、省人民政府
包秋香	女	文成县直机关党工委	2001年	优秀党务工作者	浙江省委
赵建军	男	县公路段	2004年2月	公路系统创建部级文明行业先进个人	浙江省委
蔡志良	男	文成县地税局	2004年	农村优秀工作指导员	浙江省委
刘玲玲	女	县委统战部	2005年	民族团结进步模范先进个人	省人民政府
胡长林	男	县委统战部	2005年	民族团结进步模范先进个人	省人民政府
郑 华	女	县农业局	2005年至2008年	浙江农民信箱工作先进个人	省人民政府
			2007年	省农业科技成果转化推广奖	省人民政府
张昌辉	男	县水利局	2005年9月	2005年度抗台救灾先进个人	省人民政府
叶仕玉		原石垟乡枫龙村	2005年	浙江省优秀共产党员	浙江省委
富云珠	女	二源乡校	2006年	浙江省模范教师	省人民政府
			2007年	省师德楷模	省人民政府
施明业	男	文成县委党校	2006年	浙江省优秀农村工作指导员	浙江省委、省人民政府
郑继华		文成县林业局	2007年8月	省延长山林承包期工作先进个人	浙江省委、省人民政府
邢文东	男	县委统战系统	2007年	2007年度全省统战宣传精品一等奖	省人民政府
叶信丰	男	文成县民政局	2007年	2007年冬季退伍安置工作先进个人	省人民政府、省军区
			2010年	2010年冬季退伍安置工作先进个人	
李蔚滨	女	大峃镇政府	2007年8月	浙江省优秀农村工作指导员	浙江省委、省人民政府
林志荣	男	县民政局	2009年	地名公共服务工程建设先进个人	省人民政府
赵凤芳	女	百丈漈中学	2009年	省农村教师突出贡献奖	省人民政府
夏丽英	女	珊溪中学	2009年	省农村教师突出贡献奖	省人民政府
叶渔满	男	周壤乡政府	2009年	全省优秀农村工作指导员	浙江省委、省人民政府
蓝绯绯	女	珊溪镇人民政府	2009年	省优秀农村工作指导员	浙江省委、省人民政府
林晓青		文成中学	2010年	浙江省师德模范	省人民政府

续表39-2

姓名	性别	所在单位	获奖时间	荣誉称号	授奖单位
程明秀		珊溪镇政府	2010年	浙江省优秀农科员	—
林炳欧	男	文成县政法委	2010年6月	2008-2009年省级社会治安综合治理先进个人	浙江省委、省人民政府
黄齐根	男	文成县计生局	2011年	“十一五”人口和计生工作个人突出贡献奖	浙江省委
陈建平	男	县计生局	2011年	“十一五”全省人口和计生系统先进个人	浙江省委
朱旭新	男	大峃镇政府	2011年6月	2006-2010年省法制宣传教育先进个人	浙江省委、省人民政府
夏月娇	女	南田中学	2011年	省农村教师突出贡献奖	省人民政府

资料来源:文成县各相关单位档案资料和“部门志”编写资料整理

第三节　科技界高级职称人员

1987年开始,全面实行专业技术职务评定聘任工作。至2011年,文成县相关单位评聘高级专业技术职称人员(含退休)108人,其中卫生系统57人,文教系统另设专节。本节辑录的高级职称人员,分系统(工作单位)按评聘时间为序排列。

1988—2011年文成县科技界高级职称人员名录一览表

表39-3

姓名	性别	出生年月	籍贯	具体职称	评聘时间	现(曾)工作单位	备注
郑士逢	男	1937.9	大峃镇	高级工程师	1988年	文成县计经委	—
严中杰	男	1939.6	江苏无锡	高级工程师	1988年	文成县人民政府	—
胡振中	男	1936.10	玉壶镇	高级教练	1988年	文成县少体校	—
王凤铎	男	1937.12	大峃(龙川)	高级工程师	1988年3月	文成县技术监督局	—
周丹臣	男	1936.7	大峃镇	高级工程师	1989年8月	文成县技术监督局	—
赵东序	男	1942.2	大峃镇	高级工程师	1989年8月	文成县邮电局	—
王　统	男	1938.1	大峃镇	高级工程师	1989年	文成县电业局	—
朱朝敏	男	1963.11	浙江温州	高级工程师	—	文成县电业局	—
周金勇	男	1967.4	大峃镇	高级工程师	—	文成县电业局	2011年调温州
陈天舒	男	1969.10	浙江乐清	高级工程师	—	文成县电业局	—
刘文标	男	1969.11	大峃镇	高级工程师	—	文成县电业局	—
高宗昌	男	1937.11	浙江泰顺	高级工程师	1991年	文成县水利局	—
郑长进	男	1970.10	大峃镇	高级工程师	2010年3月	文成县水利局	—
邢伟济	男	1974.7	黄坦镇	高级工程师	2010年3月	文成县水利局	—
刘晓燕	女	1975.11	—	高级统计师	2010年3月	文成县水利局	—
吴一骏	男	1935.7	浙江泰顺	高级农艺师	1991年11月	文成县农业局	—
周月松	男	1937.3	大峃镇	高级农艺师	1992年12月	文成县农业局	—
刘化补	男	1938.8	大峃镇	高级农艺师	1993年3月	文成县农业局	—
周海平	男	1965.3	黄坦镇	高级农艺师	1993年3月	文成县农业局	—
刘利华	男	1962.8	南田镇	高级农艺师	1998年11月	文成县农业局	—

续表39-3

姓名	性别	出生年月	籍贯	具体职称	评聘时间	现(曾)工作单位	备注
刘福旺	男	1963.2	大峃镇	高级农艺师	2000年12月	文成县农业局	—
郑　华	女	1966.10	大峃镇	高级农艺师	2000年12月	文成县农业局	—
陈体员	男	1957.11	玉壶镇	高级农艺师	2006年12月	文成县农业局	—
项永斋	男	1966.10	珊溪镇	高级农艺师	2007年11月	文成县农业局	—
施巨盛	男	1963.11	周山乡	高级农艺师	2007年11月	文成县农业局	—
钟伟荣	女	1970.4	百丈漈镇	高级农艺师	2007年11月	文成县农业局	—
蒋学忠	男	1968.11	黄坦镇	高级兽医师	2007年11月	文成县农业局	—
陈文英	女	1965.10	大峃镇	高级农艺师	2008年12月	文成县农业局	—
周月敏	男	1961.11	珊溪镇	高级经济师	2008年12月	文成县农业局	—
刘恒旭	男	1973.10	南田镇	高级农艺师	2009年10月	文成县农业局	—
吴昌旺	男	1972.7	大峃镇	高级农艺师	2009年10月	文成县农业局	—
胡守业	男	1956.4	玉壶镇	高级工程师	2010年12月	文成县农业局	—
吴跃华	男	1958.12	百丈漈镇	高级兽医师	2010年12月	文成县农业局	—
蒋加勇	男	1970.11	黄坦镇	高级农艺师	2011年12月	文成县农业局	—
郑小东	男	1967.7	大峃镇	高级农艺师	2011年12月	文成县农业局	—
潘理读	男	1944.6	大峃镇	高级会计师	1997年12月	文成县商业局	—
周志善	男	—	西坑镇	高级会计师	1997年12月	县新达联合会计师事务所	—
周月杭	男	1958.11	大峃镇	高级考评员	2005年10月	文成县供销总社	(国家职业技能鉴定)
张小文	男	1971.2	大峃镇	高级会计师	2007年11月	县机关会计核算中心	—
赵小飞	男	1970.7	大峃镇	高级工程师	2006年12月	文成县规划建设局	(建筑管理专业)
胡永武	男	1974.3	—	高级工程师	2007年12月	文成县规划建设局	(城市规划专业)
林秀华	女	1970.7	珊溪镇	高级工程师	2009年12月	文成县规划建设局	(建筑管理专业)
郑国桢	男	1973.11	—	高级工程师	2009年12月	文成县规划建设局	(建筑管理专业)
刘常春	男	1977.8	—	高级工程师	2010年12月	文成县规划建设局	(市政道桥专业)
郑爱蓉	女	1973.11	—	高级经济师	2011年12月	文成县规划建设局	—
金　伟	男	1978.12	—	高级工程师	2011年12月	文成县规划建设局	(建筑管理专业)
吴士华	男	1969.9	珊溪镇	高级工程师	2010年12月	文成县交通局	—
叶李林	男	1972.1	西坑镇	高级工程师	2011年12月	文成县交通局	—
严成峰	男	1954.8	黄坦镇	高级工程师	2011年12月	文成县公路段	—
赵建军	男	1975.11	黄坦镇	高级工程师	2011年12月	文成县公路段	—
施明业	男	1965.10	周山畲族乡	政治学高级讲师	2010年12月	中共文成县委党校	—
郑明文	男	1946.9	大峃镇	副主任中医师	1989年11月	文成县中医院	—
叶方腊	男	1949.10	珊溪镇	副主任医师	1994年7月	文成县中医院	—
周日越	男	1945.3	大峃镇	副主任医师	1997年11月	文成县中医院	—
项家为	男	1952.3	珊溪镇	副主任医师	1997年11月	文成县中医院	—
赵金叶	女	1967.8	大峃镇	副主任医师	2002年11月	文成县中医院	—
胡　军	女	1967.11	大峃镇	副主任医师	2002年11月	文成县中医院	2003年辞离
王　彬	男	1965.11	黄坦镇	副主任医师	2002年11月	文成县中医院	2008年调温州
王维干	男	1970.9	大峃镇	副主任中医师	2004年12月	文成县中医院	2009年5月调温州
刘　刚	男	1960.11	大峃镇	主任中医师	2007年11月	文成县中医院	2007年调温州中医院

续表39-3

姓名	性别	出生年月	籍贯	具体职称	评聘时间	现(曾)工作单位	备注
程静英	女	1969.11	大峃镇	副主任护师	2008年12月	文成县中医院	—
刘文莉	女	1969.10	珊溪镇	副主任护师	2009年12月	文成县中医院	—
周文扬	男	1969.11	黄坦镇	副主任医师	2009年12月	文成县中医院	—
赵东瑞	男	1968.6	西坑镇	主任中医师	2009年12月	文成县中医院	2011年调温州
叶丽秋	女	1970.8	大峃镇	副主任中医师	2011年11月	文成县中医院	—
赵寿璜	男	1934.9	浙江诸暨	副主任检验师	1989年	文成县人民医院	—
夏景清	男	1937	浙江温州	副主任医师	1990年	文成县医管会	—
林宏祥	男	1938.1	大峃镇	副主任医师	1990年	文成县人民医院	—
毛刘娟	女	—	珊溪镇	副主任医师	—	文成县人民医院	—
周荣宽	男	1941.12	大峃镇	副主任医师	—	文成县人民医院	—
李祥松	男	1955.9	珊溪(东龙)	副主任中医师	—	文成县人民医院	—
夏冰梅	女	1945.3	珊溪镇	副主任医师	—	文成县人民医院	—
陈方兰	男	1953.12	大峃镇	副主任医师	—	文成县人民医院	—
刘　颖	女	1943.8	珊溪镇	副主任医师	—	文成县人民医院	—
邢昭俟	男	1943.11	黄坦镇	副主任医师	—	文成县人民医院	—
赵玉清	女	—	山东省	副主任医师	—	文成县人民医院	—
季景凤	女	1949.11	平和乡	副主任医师	—	文成县人民医院	—
金云云	女	1958	大峃镇	副主任护师	—	文成县人民医院	—
陈爱月	女	1949.1	大峃(金垟)	副主任医师	—	文成县人民医院	—
周作卿	男	1963.11	南田镇	副主任医师	—	文成县防疫站	—
董建荣	男	1960.8	大峃(周壤)	副主任医师	1996年11月	文成县人民医院	—
刘日强	男	1966.11	大峃镇	副主任医师	2002年12月	文成县人民医院	—
叶剑锋	男	1967.8	大峃镇	副主任医师	2002年12月	文成县人民医院	—
叶　萍	女	1964.10	大峃镇	主任医师	2006年12月	文成县人民医院	—
周月明	男	1967.3	大峃镇	主任医师	2006年12月	文成县人民医院	—
吴越慧	女	1967.7	大峃镇	副主任医师	2006年12月	文成县人民医院	—
吴小明	男	1966.10	大峃镇	副主任医师	2007年11月	文成县人民医院	—
周　涛	男	1972.2	大峃镇	副主任医师	2007年11月	文成县人民医院	—
叶　光	男	1972.1	大峃镇	副主任医师	2007年11月	文成县人民医院	—
金伟民	男	1972.6	大峃镇	副主任医师	2007年11月	文成县人民医院	—
程一锋	男	1968.8	大峃镇	主任医师	2008年11月	文成县人民医院	—
吴长忠	男	1970.9	大峃镇	副主任医师	2008年12月	文成县人民医院	—
包春菊	女	1968.11	黄坦镇	副主任护师	2008年12月	文成县人民医院	—
叶　芳	女	1969.9	黄坦镇	副主任护师	2008年12月	文成县人民医院	—
王灿光	男	1968.5	黄坦镇	副主任医师	2008年12月	文成县人民医院	—
陈方树	男	1969.10	大峃镇	副主任医师	2008年12月	文成县人民医院	—
纪奕锋	男	1974.8	南田镇	副主任医师	2009年12月	文成县人民医院	—
余汉取	男	1969.8	南田镇	副主任医师	2009年12月	文成县人民医院	—
田　毅	男	1973.7	大峃(里阳)	副主任医师	2009年12月	文成县人民医院	—
陈小婷	女	1975.8	大峃镇	副主任医师	2009年12月	文成县人民医院	—
吴敏青	女	1970.6	大峃镇	副主任护师	2010年12月	文成县人民医院	—

续表39-3

姓名	性别	出生年月	籍贯	具体职称	评聘时间	现(曾)工作单位	备注
邢 彬	男	1972.11	大峃镇	副主任医师	2010年12月	文成县人民医院	—
王忠义	男	1973.9	黄坦镇	副主任医师	2010年12月	文成县人民医院	—
周莲华	女	1974.7	大峃(樟台)	副主任医师	2009年11月	文成县妇幼保健所	—
周爱君	女	1974.4	大峃镇	副主任医师	2010年12月	文成县妇幼保健所	—
赵淑雯	女	1967.2	大峃(龙川)	副主任技师	2010年12月	县疾病预防控制中心	(检验科微生物实验室)
胡小玲	女	1971.2	二源(乡)	副主任护师	2009年3月	文成县玉壶镇卫生院	—
钟定都	男	1965.1	玉壶镇	副主任医师	2011年3月	文成县玉壶镇卫生院	—

资料来源:文成县各单位人事科室档案资料整理

第四节 文教界高级职称人员

本节收录在文成县内工作的文教界副高职称以上人员(含退休)共268人,其中教育界中小学高级教师265人、文化界副研究馆员3人。已收录首部《文成县志》之1990年年前聘任中学高级教师职称12人,于此不予复录。

1991—2011年全县文化教育界副高职称以上人员名录一览表

表39-4

姓名	性别	现(曾)工作单位	姓名	性别	现(曾)工作单位
徐 峰	男	文成县教育局	程海鹰	女	文成县教育局
陈碎亮	男	文成县教育局	张冰彬	女	文成县教育局
胡国清	男	文成县教育局	王江翔	女	文成县教育局
陈必宽	男	文成县教育局	陈 茹	女	文成县教育局
叶芬芬	女	文成县教育局	罗文健	男	文成县教育局
郑文莉	女	文成县教育局	郑蔚萍	女	文成县教育局
苏志敏	男	文成县教育局	吴爱柳	女	文成县教育局
胡希表	男	文成县教育局	赵文聪	男	文成县教育局
胡绍亮	男	文成县教育局	陈素莲	女	文成县教育局
刘大东	男	文成县教育局	刘晓华	男	文成县教育局
邱学信	男	文成县教育局	蔡国锋	男	文成县教育局
陈方庆	男	文成县教育局	王廷丰	男	文成县教育局
徐苏红	女	文成县教育局	郑媛媛	女	文成县教育局
李向阳	男	文成县教育局	胡绍攀	男	文成县教育局
林得胜	男	文成县教育局	黄寿康	男	文成县教育局
吴志讯	男	文成县教育局	蔡旭琴	女	文成县教育局
刘美琴	女	文成县教育局	钟利锋	男	文成县教育局
刘日锦	男	文成县教育局	赵蓓莹	女	文成县教育局
叶成高	男	文成县教育局	林闽行	男	文成县教育局
周小云	女	文成县教育局	严黎忠	男	文成中学
周小央	女	文成县教育局	季进贤	男	文成中学

续表39-4

姓名	性别	现(曾)工作单位	姓名	性别	现(曾)工作单位
吴淑芹	女	文成县教育局	孟小明	男	文成中学
张鼎杰	男	文成县教育局	陈德广	男	文成中学
纪庆南	男	文成县教育局	赵一俊	男	文成中学
余积滩	男	文成县教育局	周金明	男	文成中学
包进仕	男	文成县体育局	王淑珍	女	文成中学
赵建林	男	文成中学	刘丽佳	男	文成中学
刘雄英	女	文成中学	金赳洪	男	文成中学
林晓青	女	文成中学	严宗琪	男	文成中学
陈三柳	女	文成中学	刘化兵	男	文成中学
刘金漪	女	文成中学	刘小甲	男	文成中学
周国清	男	文成中学	谢美娟	女	文成中学
朱德暖	男	文成中学	富树斌	男	文成中学
刘伟杰	男	文成中学	夏慧春	女	文成中学
蔡耕勇	男	文成中学(调县委党校)	叶小海	男	文成中学
林　舟	男	文成中学	林佳利	男	文成中学
王旭斌	男	文成中学	俞　芬	女	文成中学
赵军义	男	文成中学	罗金祥	男	文成中学
朱建星	男	文成中学	吴吟风	女	文成中学
程雪贞	女	文成中学	林绍凯	男	文成中学
黄　伟	男	文成中学	林海舰	男	文成中学
蒋丽芬	女	文成中学	朱　赟	男	文成中学
周高丽	女	文成中学	周小莉	女	文成中学
赵黎敏	女	文成中学	赵　洁	女	文成中学
林衍旺	男	文成中学	戴荣华	女	文成中学
邢建纯	男	文成中学	吴丽春	女	文成中学
胡林忠	男	文成中学	陈剑光	男	文成中学
苏德春	男	文成中学	周绮霞	女	县实验中学
朱翠柳	女	文成中学	王双红	女	县实验中学
李育祥	男	文成第二高级中学	郑丽丽	女	县实验中学
周小丽	女	文成第二高级中学	赵东贵	男	县实验中学
吴雪凤	女	文成第二高级中学	马宏斌	男	县实验中学
王琦芳	女	文成第二高级中学	郑明广	男	县实验中学
周玉潭	男	县成人教育中心	孟李津	女	县实验中学
李祥朝	男	县成人教育中心	王青月	女	县实验中学
张学松	男	县成人教育中心	陈建云	女	县实验中学
刘东明	男	县职业中等专业学校	吴声光	男	县实验中学
叶东媚	女	县职业中等专业学校	虞剑光	男	县实验中学
周丽明	女	县职业中等专业学校	张传柱	男	县实验中学
张俊琳	女	县职业中等专业学校	胡志珊	男	县实验中学
王国栋	男	县职业中等专业学校	郑圣东	男	县实验中学

续表39-4

姓名	性别	现(曾)工作单位	姓名	性别	现(曾)工作单位
周小珍	女	县职业中等专业学校	吴炳炎	男	县实验中学
刘国学	男	县职业中等专业学校	赵瑞兰	女	县实验中学
赵志林	男	县职业中等专业学校	周建文	男	县实验中学
龚新清	男	县职业中等专业学校	黄笑媛	女	县实验中学
陈　伟	男	县职业中等专业学校	赵东风	男	县实验中学
郑国云	女	县职业中等专业学校	王培琳	女	县实验中学
刘银燕	女	县职业中等专业学校	刘炳年	男	县实验中学
吴芳芳	女	县职业中等专业学校	程　莉	女	县实验中学
张巧巧	女	县职业中等专业学校	赵红芳	女	县实验中学
钟祝平	男	县职业中等专业学校	施海姑	女	县实验中学
白胜煌	男	县职业中等专业学校	苏志东	男	县实验中学
季志伟	男	县职业中等专业学校	吴正荣	男	县实验中学
黄丽芬	女	县实验中学(原文成第二中学)	季伟伟	女	县第二实验中学
王淑琴	女	县实验中学	张康乐	男	县第二实验中学
吴柳萍	女	县第二实验中学	雷昌柱	男	县第二实验小学
王文峰	男	县第二实验中学	雷金莲	女	县第二实验小学
叶小燕	女	县第二实验中学	钟高新	男	县第二实验小学
郑晓媛	女	县第二实验中学	林长亮	男	县第二实验小学
陈守利	男	县第二实验中学	蔡淑珍	女	县中心幼儿园
吴　胜	男	县第二实验中学	陈旭琴	女	文成县少体校
赵淑芳	女	县第二实验中学	王友一	男	文成县少体校
谭海琼	女	县第二实验中学	朱夏慧	女	县实验基地
林俊妮	女	县第二实验中学	程一冰	女	县实验基地
周晨霞	女	县第二实验中学	李凤兰	女	县实验基地
林希月	女	县第二实验中学	邢美芳	女	县实验基地
潘海英	女	县第二实验中学	王晓宇	男	县实验基地
陈竹松	女	县第二实验中学	夏长平	男	县实验基地
吴朝霞	女	县第二实验中学	郑建东	男	龙川小学
吴向荣	男	县第二实验中学	张瑞林	男	龙川小学
吴　芬	女	县第二实验中学	赵东彪	男	龙川小学
朱　斌	男	县第二实验中学	吴光菊	女	龙川小学
陈展明	男	县第二实验中学	王慧灵	女	樟台学校
陈　曙	女	县第二实验中学	朱金红	女	樟台学校
雷彩霞	女	文成县实验小学	陈丕俊	男	樟台学校
赵元青	女	文成县实验小学	周　坚	男	樟台学校
胡秋珍	女	文成县实验小学	刘　伟	男	樟台学校
华国芳	女	文成县实验小学	刘荣荣	女	樟台学校
雷昌强	男	文成县实验小学	周　胜	男	樟台学校
夏建斌	男	文成县实验小学	胡宏德	男	周壤小学
林清芳	女	文成县实验小学	赵瑞峰	男	黄坦中学
王建利	男	文成县实验小学	彭银环	女	峃口镇校

续表39-4

姓名	性别	现(曾)工作单位	姓名	性别	现(曾)工作单位
钟爱珠	女	文成县实验小学	程文才	男	岦口镇校
郑国夫	男	岦口镇校	刘芬芬	女	县教育局(委)教研室(退休)
赵琼媛	女	珊溪中学	赵志平	男	县教育局(委)教研室(退休)
苏少芳	女	珊溪中学	吴孙波	男	县教育局(委)教研室(退休)
夏振宇	男	珊溪中学	王大莲	女	县教育局(委)教研室(退休)
项应雄	男	珊溪中学	王正贤	男	县教育局(委)教研室(退休)
蔡　萍	女	珊溪镇小	金肖肖	女	县教育局(委)教研室(退休)
池乾蕻	男	珊溪镇小	张翔波	男	县成职教中心(退休)
刘海潮	男	巨屿镇校	金孔书	女	县成职教中心(退休)
夏月娇	女	南田中学	张爱琴	女	县成职教中心(退休)
陈真刚	男	南田中学	林成华	女	文成中学(已故)
林俊梅	女	南田镇小	赵东福	男	文成中学(退休)
张小健	男	南田镇小	金家骅	男	文成中学(退休)
黄鲜亮	男	南田镇小	赵小荣	男	文成中学(退休)
胡加斋	男	西坑镇校	胡克浦	男	文成中学(退休)
包晓华	女	玉壶中学	林加芝	男	文成中学(退休)
胡立夫	男	玉壶中学	刘爱菊	女	文成中学(退休)
胡素华	女	玉壶镇小	潘绍纳	男	文成中学(退休)
魏莉莉	女	玉壶镇小	刘一民	男	文成中学(退休)
罗静荣	女	文成县文化馆	王瑞山	男	文成中学(退休)
李德岳	男	文成县文化馆(退休)	陈玉英	女	文成中学(退休)
马相亭	男	文成县文化馆(退休)	陆碧慧	女	文成中学(退休)
张玉斋	男	文成县少体校(退休)	陈汉初	男	文成中学(退休)
刘际玉	男	县石林公园学校(退休)	刘范萍	女	文成中学(退休)
赵忠良	男	县教师进修学校(退休)	吴荣蓉	女	文成中学(退休)
徐世槐	男	县教师进修学校(退休)	王碎菊	女	文成中学(退休)
王松丹	男	县教育局(委)教研室(退休)	钱德成	男	县实验中学(退休)
郑明华	男	县教育局(委)教研室(退休)	郑碧煊	女	县实验中学(退休)
陈增城	男	县教育局(委)教研室(退休)	王智勇	男	县实验中学(退休)
陈伍凤	女	县实验中学(退休)	刘化广	男	珊溪中学(退休)
王建胜	男	县实验中学(退休)	刘　刚	男	南田中学(退休)
叶国治	男	珊溪中学(退休)	陈逸侃	男	南田中学(退休)

资料来源:文成县教育局政工科档案资料、文化系统职称评聘证书

第五节　文成籍部分在外乡贤

本辑在外乡贤人物,是指在1991年至2011年期间,文成籍在境域外从事党政军担(曾)任正县(团)级以上的知名人士共105人。鉴于征集资料欠缺而未及全统计,谨以部分而填之。其排列顺序不分先后,将从军人物按职衔排序外,另则概以籍贯现属乡镇区划排序。

1991—2011年文成籍在外正县(团)级以上人物名录一览表

表39-5

姓名	性别	出生年月	籍贯	曾工作单位	职务 职称	军衔	备注
雷炳成	男	1953.4	西坑畲族镇	中央军委办公厅	副主任	少将	—
朱力平	男	1955.10	珊溪镇	公安部消防局	副局长	少将	警衔
夏克伟	男	1957	珊溪镇	海军工程大学	政委	少将	—
刘际民	男	1947.6	西坑畲族镇	海军驻上海工作处	处长	大校	—
郑旭东	男	1963.8	西坑畲族镇	陆军工程大学通信工程学院	院长	大校	—
李友法	男	1938	黄坦镇	海军东海舰队自动化工作站研究室	主任、高工	大校	—
吴建平	男	1957	黄坦镇	海军驻邯郸后勤基地	司令员	大校	—
吴横锋	男	—	黄坦镇	广州军区空军情报部	主任	大校	—
赵圣川	男	1942.7	大峃(龙川)	武警总队杭州医院	院长	大校	—
郑明信	男	1931.8	大峃(金垟)	浙江省军区杭州军分区	司令员	大校	已故
余积文	男	1935.5	大峃(樟台)	海军湛江基地装备部	副部长	大校	—
陈志远	男	1939.9	大峃(樟台)	海军指挥学院兵种教研室	主任、教授	大校	—
余源松	男	1930.4	玉壶镇	浙江省军区杭州军分区后勤处	处长	大校	副师级顾问
毛祥仁	男	1935.11	珊溪镇	海军东海舰队保密委员会办公室	主任	大校	—
黄昌忖	男	1935.3	珊溪镇	总政治部直工局一管处	副师级干事	大校	—
刘化军	男	1968.10	珊溪镇	中国人民解放军91791部队	大队长	上校	—
夏海伟	男	1957	珊溪镇	总装备部第二十三试验训练基地	副参谋长	上校	—
陈挺光	男	1942.7	大峃(樟台)	南京军区后勤部军事代表办事局	总军事代表	上校	—
吴方泽	男	—	大峃镇	武警上海总队第九支队	政委	上校	—
陈秀秀	男	1945.9	大峃镇	东海舰队航空兵雷达五团卫生队	队长	上校	—
赵锦荣	男	1972.8	黄坦镇	武警上海总队政治部组织处	处长	上校	—
胡式虎	男	1932.10	玉壶镇	海军北海舰队导弹快艇	艇长	上校	—
胡玉成	男	1950	玉壶(东溪)	中国人民解放军38531部队	政委	上校	—
叶序按	男	1952	峃口(公阳)	海军工程学院船舶工程系	副主任	上校	—
魏君定	男	1969.4	峃口镇	中国人民解放军91337部队	主任	上校	—
郭如东	男	1941.6	巨屿镇	海军442医院	科主任、主任医师	上校	正师级
刘国海	男	—	百丈漈镇	中国人民解放军92524部队	政委	上校	—
刘德照	男	1940	南田镇	海军机关大院门诊部	主任	上校	副师级
刘开富	男	1940.10	南田镇	中国人民解放军37701部队	副参谋长	—	—
程达昆	男	1941	大峃(龙川)	部队转业温州市政办公室	高级工程师	—	副师级
吴克钗	男	1937.6	黄坦镇	空军天津医院器械科	主任、主任技师	—	—
蓝玉景	男	1958.1	西坑畲族镇	南京海军电子工程学院生产经营办公室	主任	上校	—
潘里新	男	1942	大峃镇	(北京)航空航天部211厂	副处长、教授高工	—	—
赵明玲	男	1941.11	大峃(樟台)	机电部中国自动化控制系统总公司	副总工、高工	—	—
苏小明	男	—	大峃镇	中国电信集团公司宁夏分公司	副总经理	—	副厅级
吴定中	男	1937	大峃镇	上海钢铁研究所质量管理办公室	主任、高工	—	—
郑国汉	男	1939	大峃(金垟)	(成都)化工部第八设计院设计室	主任副总、高工	—	教授级

续表39-5

姓名	性别	出生年月	籍贯	曾工作单位	职务 职称	军衔	备注
郑明瑜	男	1939	大峃镇	成都国营九〇六厂微特机电研究所	主任、高工	—	教授级
吴紫电	男	1935	大峃镇	山西长庆石油勘探局物探公司研究所	所长、高工	—	—
郑曙东	男	1943.2	大峃镇	南京金宁无线电器材研究所	所长、高工	—	—
郑银来	男	1939.3	大峃(金垟)	南京扬子石化公司研究院情报室	主任、高工	—	—
郑士虎	男	1937	大峃镇	淮南机械电子工业部第八研究所	纪委副书记	—	监察室主任
吴佐斌	男	1936.10	大峃镇	中国有色金属工业总公司广东地质研究所	所长、书记	—	—
王忠民	男	1938	大峃镇	湛江华南热带作物产品加工研究室	主任、高工	—	—
陈圣文	男	1940	大峃镇	云南化学工业集团公司	副总经理、高工	—	—
金邦炉	男	1935.9	大峃镇	浙江丝绸工学院	党委书记	—	副教授
董正锵	男	1941	大峃(樟台)	浙江省纪委干部室	副主任	—	正处级
赵金三	男	1939	大峃镇	国家海洋局第二海洋研究室	副主任、高工	—	—
赵峥嵘	男	—	大峃镇	上海浦发银行温州分行	行长	—	党委书记
王大汉	男	1937	大峃镇	丽水地区国家安全处	处长	—	党组书记
王瑞亮	男	1953.9	大峃镇	丽水浙江林校	校长	—	—
陈文英	女	1938	大峃镇	丽水地区中级人民法院	副院长、副书记	—	—
姜伟钢	男	—	大峃镇	温州市政协法制建设委员会	主任	—	—
李佐中	男	1944.11	大峃镇	温州市对外贸易经济合作局	局长	—	—
朱茂盛	男	1944.10	大峃(龙川)	温州市人民防空办公室	主任	—	—
胡田野	男	—	大峃(周壤)	国家法官学院民商事审判教研部	主任	—	法学博士
刘庆良	男	1942	南田镇	卫生部上海生物研究所	主任、博士后	—	—
蒋孔坚	男	1955	南田(十源)	西昌铁路分局珠海工贸公司	总经理	—	—
张学海	男	1934.9	南田镇	山东省文物考古研究所	所长、研究员	—	—
蒋务照	男	1940	南田(十源)	西安交通部第二公路工程局机械厂	厂长、高工	—	—
刘时裕	男	1939	南田镇	浙江省新闻出版社	党委书记	—	—
刘万伦	男	1942.12	南田镇	温州大学	党委书记	—	—
徐有平	男	1967.3	南田镇	温州市纪委	副书记	—	—
董旭斌	男	1972	南田镇	泰顺县人民政府	县长	—	县委副书记
吴翔江	男	1962.9	百丈漈(二源)	中国工商银行电子银行部	总经理	—	—
陈浙闽	男	1961.6	百丈漈(二源)	天津市委宣传部、市精神文明建委办	常务副部长、主任(兼)	—	正厅级
雷松庭	男	1936.4	百丈漈镇	丽水浙江少数民族师范学校	党委书记、校长	—	—
陈　波	男	1960.11	百丈漈镇	温州市市级机关事务管理局	局长	—	党组书记
陈诗奕	男	1942.11	百丈漈镇	温州市植物检疫局	局长	—	高级农艺师
富智愚	男	1942.6	西坑镇	上海科技大学物理系研究室	主任、研究员	—	—
刘化倜	男	—	西坑镇	湖州市气象局	党组书记	—	—
刘允南	男	1954.8	西坑镇	温州市土地管理局	调研员	—	正处级
盖爱萍	女	1955.5	西坑(下垟)	温州市审计局	调研员	—	正处级
严仲奎	男	1943	黄坦(富岙)	四川红泉仪表厂党委会	书记、高工	—	—
王灿亚	男	1939.2	黄坦镇	河北省建筑设计院	主任、高工	—	—
朱美红	女	1937	黄坦镇	天津电磁厂化验室	主任、高工	—	—
周泽深	男	1936.10	黄坦镇	丽水地区(市)科委	主任、高工	—	—

续表39-5

姓名	性别	出生年月	籍贯	曾工作单位	职务 职称	军衔	备注
陈永光	男	1968.10	黄坦镇	温州市委、市考绩办	副秘书长、主任	—	正处级
钱克锦	男	1936.8	黄坦(汇溪)	平阳县政协	主席	—	—
罗旗智	男	1956	珊溪镇	广东佛山大学	常务副校长	—	佛山大学理工分院院长
毛瑞曲	男	1935	珊溪镇	渤海石油公司计算中心	主任、高工	—	—
刘际松	男	1953.3	珊溪镇	浙江大学人事处	处长	—	—
夏克栋	男	1954.12	珊溪镇	温州市政协	副主席	—	温州医学院医学部主任
潘玉花	女	1959.1	珊溪镇	温州市珊溪水利枢纽管理局	局长、党委书记	—	—
林金福	男	—	巨屿镇	南平市派驻市管国有企业第一监事会	主席	—	保留正处级
林杰臣	男	1937	巨屿镇	浙江省工商行政管理局	处长	—	—
林志亮	男	1937.2	巨屿(花前)	国家自然科学基金委员会生命科学部	主任、教授	—	—
吴晋勉	男	1938.2	峃口镇	湖北制药厂供销处	书记、高级经济师	—	—
林加浪	男	1938.8	峃口镇	浙江化工研究院农药实验厂	厂长、高工	—	—
徐建斌	男	—	峃口(双桂)	中国工商银行总行住房信贷处	处长	—	—
叶建辉	男	1962.4	峃口(双桂)	温州市规划局	局长	—	—
李晓波	男	—	周山乡	中华全国总工会国际经济交流处	处长	—	—
胡克辉	男	1942	玉壶镇	内蒙古公安厅刑事技术鉴定中心	主任、高工	—	—
胡克莽	男	1943.3	玉壶镇	河北涿州市化学矿山规划设计院	副院长、高工	—	教授级高工
周守飞	男	1946	玉壶镇	浙江省工商行政管理局	处长	—	—
胡式考	男	1952	玉壶镇	浙江省水产局人事处	处长	—	—
罗启流	男	1934	玉壶镇	浙江省十里坪劳改支队(农场)	场长	—	高级农艺师
余梅生	男	1956.12	玉壶镇	中共温州市委、温州市侨联	常委、市侨联主席	—	浙江省侨联兼职副主席
胡立同	男	1952.1	玉壶镇	温州市人大城建工委	主任	—	—
陈建明	男	1964.6	玉壶镇	中共瑞安市委	书记	—	—
王荣宝	男	1957.9	文成	广东省侨办	副主任	—	—
赵正发	男	1962.9	文成	丽水市广播电视总台	台长、党委书记	—	—

资料来源：由文成县世界文成人联谊办公室提供“名录”，参考校对2011年3月版《文成县军事志·职官表》、1997年3月县档案局等编印《文成县寓外科技人员通讯录》资料补充整理

丛 录

文件选辑

1991—2011年，中共文成县委、文成县人民政府善于汲取经验，勇于开拓创新，敢于担当风险，带领全县人民风雨兼程、砥砺前行，在基础设施建设、工业经济发展、脱贫富民攻坚、生态旅游建设、新型农村发展等各项事业中取得了丰硕成果。丛录选辑志书时段内县委、县政府的部分决策，以展示文成人民解放思想、与时俱进、抢抓机遇、拼搏奋进的改革开放历史轨迹。

文件选辑

1991—2011年，县委、县政府就发展生态旅游，扶贫开发、深化农村改革、生态文明、教育与侨务、刘基文化等有关社会方方面面重大事项作出决策，制定出切实有效措施，并予以认真贯彻落实各项工作，推动完成社会经济全面发展。从录选录6个文件，从一个侧面反映了文成人民解放思想、改革开放的历史轨迹。

文成县人民政府
《关于调整县行政区划设置若干事项的通知》

我县撤区扩镇并乡方案已经省民政厅浙民基字〔1992〕426号文件批复同意。现将全县行政区划设置调整的若干事项通知如下：

一、撤销大峃、珊溪、峃口、黄坦、西坑、南田、玉壶等7个区公所。

二、双垟乡并入大峃镇。毛坑乡、南林乡、西山乡、李井乡并入珊溪镇；东背乡、李林乡并入玉壶镇；岳梅乡、西湖乡、龙岙乡、三源乡并入南田镇。篁庄乡、石庄乡、黄岭乡合并，建立百丈漈镇；西坑乡、敖里畲族乡合并，建立西坑畲族镇；雅梅乡，王宅乡、黄垟乡、稽垟乡合并，建立黄坦镇；孔龙乡、东垟乡、花前乡、黄龙乡合并，建立巨屿乡。新东乡、朱阳乡并入二源乡。中樟乡并入龙川乡。塔山乡、马山乡并入樟台乡。周南乡并入大壤乡，更名为周壤乡；东头乡并入吕溪乡，并更名为东溪乡。同时撤销上述31个乡建制及乡人民政府。

三、新设立巨屿镇、百丈漈镇、黄坦镇、西坑畲族镇人民政府，大壤乡、吕溪乡人民政府分别更名为周壤乡、东溪乡人民政府。

四、仰山、黄寮、石垟、下垟、岭后、峃口、金垟、平和、公阳、里阳、金炉、十源、富岙、双溪、汇溪、东龙、桂山、双桂、周山畲族乡、朱雅、金星、上林乡等22个乡行政区划不变。

五、我县原辖62个乡镇(其中4个镇、58个乡)。撤区扩镇并乡后调整为35个乡镇(其中7个镇、1个民族镇、26个乡、1个民族乡)。实行乡镇管村体制。调整后的行政区划设置及管辖范围如下：大峃镇辖28个村、12个居民区，镇政府驻大峃镇建设路；珊溪镇辖42个村，镇政府驻珊溪街；巨屿镇辖33个村，镇政府驻垟尾村；玉壶镇辖27个村，镇政府驻外村；南田镇辖34个村，镇政府驻南田村；百丈漈镇辖18个村，镇政府驻下石庄村十八公里；黄坦镇辖36个村，镇政府驻后巷村；西坑畲族镇辖20个村，镇政府驻西坑村；樟台乡辖22个村，乡政府驻樟岭村；龙川乡辖27个村，乡政府驻下村；里阳乡辖9个村，乡政府驻川外村；金炉乡辖10个村，乡府驻金山村；仰山乡辖6个村，乡府驻雅坪村；桂山乡辖9个村，乡府驻双峰村；东龙乡辖14个村，乡府驻东湾坑村；周壤乡辖20个村，乡政府驻联丰村；东溪乡辖18个村，乡府驻碧溪村；朱雅乡辖9个村，乡政府驻雅龙村；金星乡辖12个村，乡府驻金垄村；上林乡辖6个村，乡政府驻联民村。二源乡辖23个村，乡政府驻初阳村；十源乡辖15个村，乡府驻东步村；黄寮乡辖4个村，乡政府驻黄山村；峃口乡辖11个村，乡政府驻新桥村；平和乡辖11个村，乡府驻下河村；公阳乡辖13个村，乡政府驻公阳村；金垟乡辖10个村，乡府驻李山村；双桂乡辖12个村，乡政驻旁岸村；

周山畲族乡辖11个村,乡驻养根村;富岙乡辖13个村,乡政府驻富岙桥村;双溪乡辖14个村,乡府驻岭脚村;汇溪乡辖13个村,乡府驻蟾宫埠村;石垟乡辖8个村,乡政府驻上垟村;下垟乡辖4个村,乡政府驻下垟村;岭后乡辖7个村,乡政府驻岭后村。

1992年5月8日

文成县人民政府
《关于扶持工业经济发展的若干优惠政策》

为了增强我县工业经济发展后劲,加大扶持县重点企业(专指工业企业,下同)和外地来文创办的、资源开发型的、产品适销对路有发展前途的企业的力度,促进文成工业经济持续、快速、健康的发展,特制定若干优惠政策。

一、财政税收

1. 企业研究开发新产品、新技术、新工艺所发生的各项费用,按浙政办〔1997〕1号文件规定,不足销售收入1%的可提足1%;超过可不受比例限制,计入管理费用,并按150%抵扣应税所得额。

2. 企业依据有关政策规定可提足折旧,并可按重估价值计提,年综合折旧率可达12.5%。在企业年终工效挂钩考核和对法人代表考评时,比上年增提折旧部分(扣除当年新增固定资产提取的折旧)视同利润计算。

3. 加大支持企业技术改造和技术开发的力度。按浙政办〔1997〕1号文件规定,县财政要保证安排好挖潜改造资金和科技三项费用等,并逐年有所增加,增加的幅度不应低于20%,主要投向重点企业。

凡经省、市、县经委审批立项的技术项目,实际投资额在300万元以上的,从该项目正式投产之日起三年内所支付的技改贷款利息,国有、集体企业在年终对法人代表考评时,视同利润计算。

4. 对省、市经委批准立项的生产性技术改造项目(包括外地联营项目),固定资产投资方向调节税予以零税率的优惠。对立项的生产性技术改造项目,实际投资达300万元以上的企业三年内比上年新增上交流转税地方留成部分的50%和新增所得税10%以上部分,作为国家扶持资金全部返还企业。

5. 大力扶持符合产业政策、效益好、潜力大、班子强、年销售额达1000万元以上,实际上缴税收达50万元以上的国有企业和企业集团,企业上交流转税比上年新增地方留成部分的50%和所得税比上年增长10%以上部分作为国家扶持资金返还企业(已享受第4条优惠政策的不再享受本条款)。

6. 凡在工业小区内兴办的企业和本县其他新办企业,经批准从投产之日起,实行所得税三年返还或三年减免,二年减半返还的政策(已享受第4、第5条款的不再享受本条款)。

7. 对从事农副产品加工等资源开发企业,在征收增值税时,其外购的免税农产品采掘费用按10%的扣除率予以抵扣。

8. 县重点企业全年实现销售额比上年增长20%以上的部分,给予免交"三金一费"照顾。

对经济效益较好、业务来往多的重点企业,根据实际需要,业务招待费超过比例1倍以下部分,经批准不调增应纳税所得额。

9. 企业为解决流动资金不足,可向本企业职工集资,月息按1.8%准许列入成本。职工集资部分获得月息1.8%以下的缓征个人所得税。

10. 国有企业向金融机构办理抵押贷款以国有资产作为抵押物的,由县国资办出具证明,并免收费用。

二、金融

11. 鼓励各行、社积极争取流动资金贷款。各行、社当年对企业投入新增贷款应不低于25%，列入当年目标责任制考核。各行、社的企业流动资金贷款比上年月流动资金平均余额新增部分由县政府给予1%奖励。

12. 鼓励各行、社积极争取对企业的固定资产贷款。各行、社的固定资产贷款比上年月平均余额新增部分由县府给予1.5%奖励。

13. 对重点企业的重点技改项目，各行、社要重点扶持，重点企业技改项目的自筹资金(包括企业自有资金、职工集资或社会筹资)达30%以上的，各行、社的资金投入贷款不得低于60%。

三、土地、规划、城建

14. 重点企业和国有企业为技术改造(含易地技术改造)或进行结构调整而筹措资金及进行资产重组的，其土地使用权转让的资产收益，作为国家扶持资金全额留给企业用于技术改造。

15. 凡年销售额达500万元以上。利税达40万元以上的重点企业和外地来文企业征用土地，有关部门予以优先安排，并享受工业小区的优惠政策，征用土地除支付农民费用和上缴省、市各项费用和税收外，土地部门收取的土地出让金先上缴财政，再由财政作为国家扶持资金返还50%给企业，规划部门收取的市政配套费、教育基金、白蚁防治费、消防配套费、扶贫基金、邮电配套费按50%交纳，土地、规划、城建等部门自身按企业实际情况，给予适当优惠。

16. 鼓励重点企业和国有企业实行一业为主，多种经营。在符合城市总体规划的前提下，允许企业按公开、公平、竞争原则，进行老厂区的综合开发，享受第三产业政策，免收市政配套费、教育基金、白蚁防治费、消防配套费、扶贫基金、邮电配套费，其改变土地用途补交的土地出让金，作为国家扶持资金全额留给企业用于技术改造。

17. 企业向金融机构申请抵押贷款时，经评估的抵押物可以在本县范围内所有金融机构办理抵押贷款。初次评估时，评估费按规定标准的50%收取，在不改变原抵押物的情况下，再次评估时，评估费按规定标准的20%收取，不得加收其他任何费用。每次评估有效期限为一年。

四、环保、水电

18. 环保部门收取的排污费和环境评估费，要从实际出发，尽量给予优惠。全县所有工业企业的排污费，按温价费〔1996〕67号、温财综〔1996〕100号、温环〔1996〕72号联合文件规定标准的50%收取。

19. 对重点企业及外地来文企业申报安装自来水，其工程贴费按标准的50%征收。

20. 对重点企业及外地来文企业申报生产用地，电力部门在用电负荷上优先给予安排，在增容时，报经批准，按现行标准的50%征收工程贴费。

县重点企业和外地来文企业(年销售500万元以上、利税40万元以上)及在县工业小区内兴办的企业，不受容量限制，享受大工业电价。

五、招商引资

21. 除国家规定不允许的产业、行业外，欢迎外地能人在文成对其感兴趣的产业、行业进行投资，鼓励其在农业、林业、农副产品加工业、水力发电业、旅游业等行业进行投资；鼓励利用我县丰富的竹木、藤草、黄沙、石子、花岗石、紫沙土、高岭土、锰矿、叶蜡石、矿泉水等资源兴办劳动密集型企业，鼓励与现有企业合资合作。

22. 外地来我县新办的企业，县有关部门要简化手续，优先办理，属于县权限范围内的，应在收到文件之日起一周内办理完毕，情况特殊的，可边报、边批、边建设。有关部门的收费应给予优惠，工商注册登记费和中介机构验资费按70%收取。

23. 对自带项目、技术或资金的外省、外县(市、区)人才在本县兴办的企业，且年销售额达500万元、利税达40万元以上的企业享受重点企业待遇,厂长(经理)可解决其本人或配偶(子女)农转非指标一个。其本人及子女入托、上学、建房、人口管理等享受企业所在地常居人口待遇。

24. 对个人引进县外资金,支持本县企业技改的,提取引进资金总额的2%,作为引进资金的业务费用和奖励,列入成本。

六、其他

25. 执法部门应当为工业经济发展保驾护航,确保企业职工的人身、财产安全。

26. 公安部门应将重点企业和外地来文企业列为治安重点列管单位,确定专人联系,在接到企业(县城)举报的案件应在半个小时内到达现场,并及时结案处理。

27. 工业企业需从县党政事业单位聘请担任企业领导干部和技术骨干的,按干部管理权限报批,经批准后,保留原单位编制,聘任期满仍回原单位工作。在企业工作成绩显著者,县委、县府将给予一定的物资和精神奖励,并作为提升职务的依据。

28. 县政府将组织有关部门清理对企业的乱收费。除国务院和省、市、县政府明文允许收取的费用外,有关部门不得擅自收取其他费用。

29. 对重点企业应以扶持、培育和疏导为主,尽力为重点企业创造良好、宽松的生产经营环境。执法部门对重点企业确需查处的,必须事先征求县政府主要领导同意后方可履行。有关部门对企业的专项检查,一般情况下由企业进行自查、自检、自纠、报县有关部门备案。

30. 成立文成县扶持工业协调领导小组,协调处理工业企业改革和发展过程中的有关政策落实问题。协调领导小组由县长任组长,分管工业的副县长任副组长,县计经委、体改力、财政、国税、地税、国资、银行、土地、规划、工商、劳动、城建、环保、电力、社会保险、公安、检察、法院等部门主要领导参加。协调领导小组办公室设在县计经委。协调领导小组实行每季例会制度,定期协调和解决问题。

本规定从一九九七年一月一日起施行。原制定的工业优惠政策与本规定有相抵触的,按本规定执行。

1997年11月17日

文成县人民政府
《关于加快旅游业发展若干优惠政策规定》

第一条　为了加快我县风景旅游事业的发展,加大旅游资源的开发力度,增强旅游综合接待能力,培育我县国民经济新的增长点,以确保“山水乐园”战略目标的顺利实现。现根据市政温政〔1997〕13号文件《关于加快旅游业发展若干意见的通知》精神,结合本县实际,特制订本规定。

第二条　坚持“谁投资、谁受益”“只求所在、不求所有”的原则,鼓励国家、集体、股份、私营等多种形式兴办旅游项目。

第三条　旅游项目包括旅游基础配套设施项目,旅游产品生产项目及旅游服务企业等。

第二章　财政、税收、工商政策

第四条　凡在我县注册兴办的旅游项目,按固定资产投资规模,自投产销售之日起,给予财政政策扶持。固定资产投资额在50万~100万、100万~300万、300万~1000万、1000万~3000万元的,其所缴纳的增值税由财税部门征收后,二年内分别按10%、15%、20%、25%的比例返还;所得税前2年全额返还,后2年减半返还。对重点投资项目(固定资产投资额3000万元以上)或域外投资者兼并、买断、租赁、嫁接县旅游重点项目(年纳税额50万元以上)的,可采取一事一议、特事特办的办法,给予更加优惠的政策。

第五条 旅游项目固定资产投资方向调节税暂按规定的20%预收。

第六条 凡嫁接、兼并、买断我县现有旅游业,从企业生产、经营之日起,在确保原应缴税额的基础上,新增加的增值税、营业税按15%的比例连续2年由财政返还,新增加的企业所得税前2年全额返还,后2年减半返还。

第七条 旅游项目的发展实行"五不限"即不限制行业发展比例,不限制组织形式,不限制奖金数额,不限制经营范围(除国家明令禁止的以外),不限制经营方式。

第八条 旅游项目自投产、营业之日起,各种行政事业性收费,1年内原则上免收。属国家、省、市明令代缴的,按下限执行。

第九条 办理营业执照,除交纳法定登记费外,其他费用免收。

第十条 旅游项目经营中涉及的文化市场管理费、治安管理费、消防联防费按标准的30%收取。

第三章 土地、规划、建设政策

第十一条 旅游项目用地,可采取出让、转让、租赁或作价入股等形式提供土地使用权。投资者征用土地时,属省、市明令代缴的有关规费以下限标准收取,属县本级留用的免收,属地方税收入的,实行先缴后返。

第十二条 在景区范围内旅游项目实行自我配套,该收取的市政配套费、管理费、放样费、矿产资源费、新墙体材费、消防设施费等由旅游主管部门会同各相关部门统一协商、酌情收取。

第四章 环保、水电、教育政策

第十三条 在景区范围内的旅游项目,由环保部门收取的环境评估费按下限征收,排污费按规定缴纳后返回到风景管理部门,集中用于该项目的环境污染治理。

第十四条 旅游项目用水,在供水网络中优先给予安排,其建设费按40%征收。

第十五条 旅游项目用电,电力部门在用电负荷上优先给予安排(包括增容时),工程贴费按标准的25%~30%收取。

第十六条 固定资产投资额在50万元人民币以上的域外投资者,其本人、配偶及未婚子女系城镇户口并要求到文成落户的,可由县人口控制办负责免费转入县城。其子女入学可自由选择县城各中小学。

第五章 附 则

第十七条 县内投资者注册兴办的各类旅游项目,原则上参照本规定执行。

第十八条 旅游项目的确定,由县府办牵头,召集各有关部门共同认可。

第十九条 本规定由县风景旅游管理局负责解释。

第二十条 本规定自颁布之日起施行,凡过去有关规定与本规定不符的,按本规定执行。

1998年10月21日

中共文成县委
《关于认真实施"富民攻坚计划"的决议》

中国共产党文成县第十届委员会第六次全体会议,于2005年7月26日举行。会议深入贯彻省委"干在实处、走在前列"的要求和市委九届六次全会及全市"1·39富民攻坚计划"动员会议精神,研究部署今后三年全县实施富民攻坚计划的具体目标、任务。会议提出,要以邓小平理论和“三个代表”重要思想为指导,认真落实科学发展观,按照市委的总体部署,围绕生态旅游县发展战略,以奔小康为目标,以发展生态经济为中心,以富民强县为核心,认真组织实施“富民攻坚计划”,进一步统一思想,抢抓机遇,攻坚克难,全力打好富民攻坚战。

全会认为,近年来,在省、市委的正确领导下,我们深入实施“产业培育、人口迁移、环境优化、山海协作、困难群众援助”等五项计划,努力加快欠发达乡镇奔小康步伐,经济社会快速协调发展。全县综合实力显著增强,生态农业良性发展,生态工业呈现生机,生态旅游步伐加快,改革开放不断推进,投资环境进一步优化,人民生活水平有了明显提高,农民的生活条件明显改善,特别是广大干部群众加快脱贫致富的意识逐步增强,能力逐步提高。全县上下“要发展”的愿望十分迫切,“快发展”的信心十分坚定,“抢发展”的氛围十分浓厚,“抓发展”的能力大步提升。想方设法加快发展,千方百计脱贫致富,已成为全县上下的共同目标。所有这些都为我们认真实施“富民攻坚计划”,加快生态旅游县建设奠定了良好的基础。

全会指出,生态旅游县是我们既定的战略目标,富民攻坚计划是实现生态旅游县战略目标的基础和先决条件,必须充分认识实施“富民攻坚计划”的战略意义。实施“富民攻坚计划”是落实科学发展观、构建和谐社会的必然要求。科学发展观是科学与发展的统一体,如果欠发达地区不发展,全面小康就不能实现,科学发展观就会大打折扣,和谐社会就会难以实现。实施“富民攻坚计划”是市委、市政府对欠发达地区发展的一项重大工作部署。市委、市政府提出实施“1·39富民攻坚计划”,把全市139个欠发达乡镇发展问题作为重点来攻克,并配套出台“1+8”文件,这是难得的历史性机遇。我县虽然自然条件、经济基础、区位优势、基础设施不如发达地区,但具有十分丰富的生态资源和人力资源,这是最大的资源、最大的财富。必须用发展的思维、理念、眼光去看待我们的发展前景,树立发展的信心,明确发展的思路,鼓舞发展的斗志。

全会指出,认真实施“富民攻坚计划”,全力推进生态旅游县发展战略,是历史赋予我们的重任,是时代对我们的要求。全县广大干部群众必须牢固树立赶超意识、责任意识、合力意识、稳定意识。突出“精神集中、目标不松”八个字,始终坚持把发展作为第一要务,始终坚定富民攻坚计划目标不松,始终把我们的工作重心和注意力放到化解困难、加快发展上。必须以“富民攻坚计划”为载体,发挥生态旅游资源丰富、山地资源丰富、劳动力资源丰富和欠发达地区自身的后发优势,走“生态经济化、经济生态化”的路子,实现生态旅游县战略目标。

全会提出,今后三年实施“富民攻坚计划”的具体目标是:

——到2005年年底,30个欠发达乡镇中的21个乡镇要达到以下标准:①农民人均纯收入高于当年全国平均水平;②农民人均纯收入低于1200元以下人口比率低于3%;③行政村等级公路通达率达63%,硬化率达58%;④安全饮用水普及率达63%;⑤新型农村合作医疗参保率79%;⑥实现低保户家庭子女、残疾学生义务教育免费入学和高中段教育免收学费、代管费。

——到2006年年底,30个欠发达乡镇中的26个乡镇要达到以下标准:①农民人均纯收入高于当年全国平均水平;②农民人均纯收入低于1200元以下人口比率低于3%;③行政村等级公路通达率达75%,硬化率达70%;④安全饮用水普及率达67%;⑤新型农村合作医疗参保率达80%;⑥实现低保户家庭子女、残疾学生及部分贫困家庭子女义务教育免费入学和高中段教育免收学费、代管费。

——到2007年年底,全县33个乡镇的农民人均纯收入全部高于当年全国平均水平;农民人均纯收入低于1200元以下人口比率低于3%,约1.1万人;行政村等级公路通达率达85%,硬化率达80%;安全饮用水普及率达70%以上;新型农村合作医疗参保率达80%以上:实现贫困家庭子女义务教育和高中段教育免费入学。

全会要求,全县上下必须围绕“富民攻坚计划”的目标要求,突出重点,攻克难点,集中力量,狠抓落实。在具体实践中,要力求招商引资取得新起色,在扩大总量中提升招商引资质量、在强化措施中提高招商引资水平、在创新理念中扩大招商引资成效、在落实项目中优化招商引资服务；力求生态工业取得新跨越，根据生态旅游县的发展要求，合力推进生态工业“55”工程；力求生态旅游取得新提升，坚持把发展生态旅游作为主导产业来抓，加快推进生态旅游经济发展步伐；力求生态高效农业取得新进展，围绕优质、生态、高效的目标，进一步优化七大农业支柱产业布局，培育农业龙头企业，大力发展休闲观光农业；力求城乡发展取得新变化，以统筹城乡发展为目标，以生态城镇建设为重点，全面推进城乡一体化进程；力求“和谐文成”取得新成效，抓好省级文明县城创建、严格生态环境保护、加强民主法制建设，全力建设“平安文成”。

全会强调，富民攻坚目标能否实现，关键是看领导是否重视、干部认识是否统一、政策措施是否有力、合力落实是否到位。必须进一步加强领导、完善机制、转变作风、狠抓落实，扎实推进欠发达地区发展。要把党的先进性建设的要求贯穿于党的思想、组织、作风和制度建设的各个方面，切实提高党的执政能力建设，为认真实施“富民攻坚计划”提供坚强的组织保证。

全会号召，全县各级党组织和广大干部群众，要高举邓小平理论和“三个代表”重要思想伟大旗帜，认真落实科学发展观，按照县委实施“富民攻坚计划”的总体部署，以更加饱满的热情、更加振奋的精神、更加扎实的措施、更加务实的作风，凝心聚力，抢抓机遇，再接再厉，开拓进取，切实打好富民攻坚战，为加快建设生态旅游县而努力奋斗！

2005年7月26日

中共文成县委　文成县人民政府
《关于推进社会主义新农村建设的决定》

为认真贯彻中共中央、国务院《关于推进社会主义新农村建设的若干意见》（中发〔2006〕1号）和中共浙江省委、浙江省人民政府《关于全面推进社会主义新农村建设的决定》（浙委〔2006〕28号）及中共温州市委、温州市人民政府《关于全面推进社会主义新农村建设的决定》（温委发〔2006〕1号），促进农村经济社会全面进步，为实现农村全面小康和现代化建设打下坚实基础，现就推进我县社会主义新农村建设作出如下决定。

一、充分认识推进社会主义新农村建设的重大意义

（一）切实增强社会主义新农村建设的紧迫感和使命感。建设社会主义新农村，是党中央在深刻分析当前国际国内形势、全面把握我国经济社会发展阶段性特征的基础上，从党和国家事业发展的全局出发确定的一项重大历史任务，是贯彻落实科学发展观，全面建设小康社会、加快推进现代化的重大步骤，充分表明我们党对解决“三农”问题由治标走向了治本，由单项治理走向了全面建设，集中体现了广大农民群众的共同意愿和根本利益。党的十六大以来，我县坚持以邓小平理论和“三个代表”重要思想为指导，以科学发展观统领经济社会发展全局，全面推进“生态旅游县”建设，有力地促进了农村经济快速发展，农民收入稳步提高，农村精神文明、政治文明和社会文明建设长足进步。但是，与实现全面小康的目标相比，我县农村各项事业发展仍然存在较大的差距：农业效益较低、市场竞争力不强，农民素质参差不齐，农村公共基础设施和社会事业发展严重滞后，与发达地区的差距继续拉大。因此，各地各部门必须从战略和全局的高度，深刻认识推进社会主义新农村建设的重大意义，增强紧迫感和使命感，始终把“三农”工作放在重中之重的位置，把新农村建设的各项任务落到实处，加快农村全面小康和现代化建设步伐。

二、指导思想和基本原则

(二)指导思想。高举邓小平理论和"三个代表"重要思想伟大旗帜,全面落实科学发展观,按照"生产发展、生活宽裕、乡风文明、村容整洁、管理民主"的要求,根据建设"生态旅游县"的战略部署,以发展农村经济为中心,以增加农民收入为核心,以精神文明建设为抓手,以深化农村改革为动力,以实现农村小康为目标,以"干在实处、迎头赶上"的姿态,全面协调地推进农村经济建设、政治建设、文化建设、社会建设和党的建设。

(三)基本原则。

1. 坚持以人为本,科学发展,从解决农民群众最关心、最直接、最现实的问题入手,把保护好、发展好、实现好农民群众的根本利益作为社会主义新农村建设的根本出发点和落脚点,做到勤听民声、勤察民意、勤解民忧,切实让农民得到实惠。

2. 坚持统筹规划,分步实施。按照中央提出的新农村建设的目标任务,科学把握新农村建设的近期目标和中长期目标的关系,根据各地实际,科学编制规划。从解决农民群众最关心的难题入手,先易后难,分步实施,不搞齐步走、一刀切。

3. 坚持因地制宜,分类指导。深入调查研究,根据各地客观条件,确定新农村建设的阶段性目标任务和实施方案。制定新农村建设的目标、任务和措施时,既要按照新农村的标准严格要求,又要充分考虑各地农村经济社会发展的不同情况,实事求是,量力而行,抓住重点,突出特色。

4. 坚持政府主导,农民主体。既要发挥党委总揽全局、协调各方的作用,又要发挥政府服务功能和市场机制的调节作用,使新农村建设成为全党全社会的共同行动。通过规划先导、投入引导、政策指导,充分调动全社会特别是农民群众的积极性,组织和引导农民群众发扬自力更生、艰苦奋斗和团结协作精神,共同建设美好家园,让农民群众真正成为社会主义新农村的建设者和管理者。

5. 坚持整体建设,协调推进。按照"发展是首要,增收是关键,移风易俗是基础,搞好党的建设、培育新农民是根本保证"的思路,整体推进社会主义新农村建设。坚持一手抓发展农村经济、增加农民收入,切实改善农民生产生活条件;一手抓新农民培育、新风尚营造和新体制构建,形成物质文明、政治文明和精神文明互动互促、协调推进的建设机制。

三、目标任务

(四)总体目标。从今年开始,在全县范围内全面开展社会主义新农村建设,使农村经济进一步发展,农民科学文化和思想道德素质明显提高,农村环境面貌较大改观,农村公共基础设施和公共服务得到完善,农村社会事业较快发展,基层组织战斗力和民主管理能力明显增强,与发达地区的差距进一步缩小。到2010年农民人均纯收入达到5100元左右,年均增长10%,力争建设成为生态旅游大县。

(五)具体要求。"十一五"时期是社会主义新农村建设打下坚实基础的关键时期。我县社会主义新农村建设的具体要求是:

1. 加快发展经济。改善发展条件,加快经济发展步伐。到2010年人均生产总值达1万元左右,年均增长13%;全社会固定资产投资五年累计达到60亿元,年均增长20%;社会消费品零售总额年均增长13%;财政总收入年均增长15%,地方财政收入年均增长12%;农民人均纯收入达到5100元左右,年均增长10%,农村居民恩格尔系数下降到45%以下。

2. 保护生态环境。逐步建立与可持续发展要求相适应的生态环境保障体系和循环经济体系。到2010年,森林覆盖率保持70%左右,水土流失初步得到治理;全县生活饮用水水质达标率100%,地面水质量90%以上满足功能区要求,大气环境质量达到一级标准;工业污染物排放总量控制达到规定要求,工业废水达标率95%以上,省道烟尘控制区达标率100%;县城污水处理率达85%,农村污水处理率达30%;县城垃圾无害化处理率达

98%,农村垃圾收集率达80%,无害化处理率达60%。

3. 繁荣文化事业。文化体制改革稳步推进,文化发展环境得到改善,人的综合素质和社会的文明程度明显提高。到2010年,全县35%的乡镇获得或保持省级“东海文化明珠”称号,25%的乡镇建成市级金海岸文化网工程。

4. 深化改革开放。形成更具活力,更加开放的体制环境,构筑起全方位、宽领域、纵深化的对外开放新格局;公共服务型政府建设和要素配置市场化取得突破性进展,多种所有制经济更加繁荣,侨乡经济更加明显,开放型经济更具特色,外贸出口稳定增长,利用外资水平逐步提高。到2010年全县外贸出口总额达到6200万美元,年均增长10%,实现利用实际外资五年累计达到2000万美元以上。

5. 构建和谐社会。全面确立以人为本的社会发展意识,进一步发展科技、教育、文化、卫生、体育等事业,健全社会保障体制,社会主义精神文明建设得到全面加强。各级各类人才资源总量达到9500人。全县城镇登记失业率控制在4%以内,城镇职工参保率、失业保险覆盖率、基本医疗保险覆盖率均达到95%以上。人口自然增长率控制在7‰以内。

四、加快农村经济建设

(六)积极发展生态农业。

1. 培育农业主导产业。进一步调整农业产业结构,积极培育农业主导产业。重点培育兔业、蔬菜、茶叶、水果、绿色稻米、中药材、花卉苗木等七大特色产业,发展金炉、双桂、玉壶、二源、西坑等地的兔业,大峃、樟台、龙川一带的早春蔬菜,南田、二源一带的高山蔬菜,平和、周山、金垟等地的优质名茶,珊溪、仰山、上林等地的杨梅,南田、二源、十源等地的雪梨,二源、南田、黄坦一带的绿色稻米,周壤、南田、黄坦、西坑等地的中药材,形成各具特色的高效生态农业产业区,推进规模化发展、区域化布局、产业化生产、集约化经营。同时,积极发展林业生产和淡水鱼养殖。全县每年要安排200万元农业扶持资金,加快提升特色高效生态农业,使农业主导产业产值占农业总产值70%以上。

2. 发展农业龙头企业。大力培育和扶持一批效益显著、带动力强的龙头企业,加快农业产业化进程。对农业龙头企业实行政策、资金倾斜,加大扶优扶强力度。支持龙头企业建设原料基地,扩大精深加工,建立和完善企业与农户的利益联结机制,增强其带动农户致富的能力。引导龙头企业采取订单收购、生产要素入股等多种形式,使农民从产业化经营中得到更多实惠。到2010年,建成年销售收入达1亿元以上的农业龙头企业1家,5000万元以上的2家,1000万元以上的4家。

3. 加强农田水利建设。加强农田水利设施建设,充分发挥水利设施的支撑和保障作用,大力提高农业综合生产能力。进一步完善农田水利基本建设机制,形成政府投入引导、农民投工投劳、社会广泛参与的格局。深入实施“千库保安”工程、“百塘保安”工程、“千万亩十亿方”节水工程,加大小型农田水利工程续建配套与加固改造力度。到2010年,完成117座水库、山塘的除险加固任务;完成12个灌区110公里渠系改造,进行15座150千瓦泵站改建;建成标准农田3万亩。

4. 推进农业科技进步。发展农业科技,不断促进农业新技术、新品种的引进、推广和应用。继续实施“种子种苗工程”、“沃土工程”,推进农业科技进村入户,深入推广减灾增效技术及杂交良种、测土配方施肥、病虫综合防治等常规技术。完善农业科技推广服务体系,鼓励农技推广机构和各类社会力量参与农技推广服务,推行和完善“专家+协会+农户”等科技服务模式,强化农村气象灾害监测预警预报和服务体系建设。积极推广农机新技术、新机具,提高农业生产的机械化水平。

5. 完善农业服务体系。努力构筑动植物重大疫病防控、农产品安全检测、农业重大自然灾害预报预警、农资供应、农产品营销、农业信息化、农业保险等农业服务体系。加快建立农产品质量检测、源头追溯、标准化技术推广及其信息发布制度。深化乡镇农技站改革,创新农业服务形式,巩固和壮大基层农业服务队伍。发展农资连锁经营,搞好化肥、农药等主要农业物资的淡季储备。鼓励建立农业中介服务组织,到2010年,发展运作规范的农民专业合作经济组织10个以上,培育交易额百万元以上的农民专业合作经济组织30个以上,建立茶叶、蔬菜、畜禽、中药材、绿化苗木等主要农产品全县性的行业协会5个以上。加快实施"农民信箱工程",强化农业信息服务。积极稳妥地推行政策性农业保险和农业互保。

(七)大力发展生态工业。走新型工业化道路,大力发展无污染、低能耗的环保型、生态型、科技型工业。加快实施生态工业"55工程",培育农产品加工、旅游产品开发、承接沿海地区产业转移、水资源开发和矿产资源开发5个重点产业,建设大峃、珊溪、巨屿(二期)、百丈漈4个工业基地及玉壶、周壤等生态工业功能区。充分发挥本地生态环境好、劳动力资源丰富的比较优势,积极培育产业转移承接基地,鼓励发展来料加工业。运用先进技术改造提升传统产业,促进产业、产品结构调整和优化升级。严格实行工业污染排放总量控制制度,做到增产不增污,每年工业污染物排放总量控制在政府下达的指标之内。通过政策引导和扶持,加快培育一批主业突出、核心竞争力强的重点企业,努力培育知名品牌。到2010年,确保全县新引进50家年产值在5000万元以上的优秀企业,扶持5家以上年产值超亿元的龙头企业,创建5个以上省级名牌产品,确保实现工业总产值40亿元,争取达到50亿元。

(八)快速发展生态旅游业。加快特色旅游资源开发,大力发展生态观光游、山水探险游、休闲度假游、民族文化风情游等,不断丰富和扩大旅游内涵。用足用活省市关于加快旅游开发的政策措施,积极主动地吸纳外资、侨资、民资办旅游,优先发展重点景区。用5年时间,进一步完善铜铃山森林公园、刘基故里、百丈漈、飞云湖等四大重点景区的旅游基础设施,使其成为文成旅游发展的龙头景区,满足游客"吃、住、行、游、购、娱"需求。同时,充分利用田园风光、自然景观及生态环境资源,结合农民生活、乡村文化,积极培育一批"农家乐"休闲旅游项目。按照"立足浙沪、面向全国、走出国门"的思路,加大旅游宣传促销力度,提高文成旅游知名度。到"十一五"期末,争取全县旅游总人数达150万人次,门票收入达1000万元,社会综合效益达9亿元。县财政每年安排300万元资金用于发展生态旅游业,其中安排50万元发展"农家乐"乡村休闲旅游业。

(九)加快发展农村第三产业。进一步加快农产品专业(批发)市场和农产品运输"绿色通道"建设,搞活农产品流通。以"千镇连锁超市、万村放心店"工程为载体,构建农村日用消费品流通网络,探索发展集日用品销售、农资供应、农副产品收购有机结合的农村新型流通组织,积极推进农资连锁经营。到2007年,全县要在生活消费品领域建有连锁超市(加盟店)50家以上,在农业生产资料领域建有连锁农家店50家以上。同时,要探索发展各类中介服务机构和电子商务等新兴行业,积极发展面向"三农"的金融保险服务业,加快推进农村第三产业发展。

(十)加大扶贫开发工作力度。认真贯彻落实中共浙江省委、浙江省人民政府《关于推进欠发达地区加快发展的若干意见》(浙委〔2005〕22号),继续实施"欠发达乡镇奔小康工程"和"139富民攻坚计划",促进欠发达乡镇跨越式发展,确保到2007年年底,全县33个欠发达乡镇的农民人均纯收入高于当年全国平均水平。加大帮扶力度,采取领导挂钩、部门挂钩、企业挂钩、科技特派员挂钩、慈善募捐等多种渠道,进一步落实挂钩帮扶责任,充分调动社会各界的帮扶力量。进一步加强与省、市扶贫挂钩部门的联系,积极争取项目、资金扶持。加快下山脱贫步伐,按照"政府引导、农民自愿、科学规划、分步实施"的原则,利用整乡迁移、整村迁移等形式和依城建区、依镇建区、依乡建点等方法,鼓励和引导居住在高山、深山和地质灾害点等生存条件恶劣的群众进行搬迁,实现下山脱贫,异地致富。到2010年,计划建成37个下山移民点、19个下山移民小区,迁移1个乡、38个行政村、299个自然村,迁移1.3万户、5.18万人。

(十一)发展壮大村级集体经济。积极探索新时期发展壮大村级集体经济的新路子,不断发展壮大村级集体经济。继续执行和落实好从国家征用的建设用地指标中按一定比例留给村集体经济组织发展非农产业、安置农民就业的政策。城中村、镇中村要发挥毗邻城镇的区位优势，积极发展集体物业经济。其他村要充分发挥自身优势，因地制宜地选择发展集体经济项目。到2010年，基本消除村集体年经济收入1万元以下的“空壳村”，年收入5万元以上的村达到20%以上，其中20万元以上的村达到5%

五、加强农村基础设施建设

（十二）加强农村交通设施建设。完善交通发展和建设规划，“十一五”期间完成57省道暨文青线二期、文泰线一期公路改建工程，开工建设56省道文成至景宁段改建工程，争取建设县城至黄坦、县城至南田公路改建工程和龙丽温高速公路文成段。加快乡村公路建设步伐，到2007年，完成800公里乡村公路路基改造和硬化，实现准四级以上公路通行政村率达88%以上，形成基本完善的农村公路客运网。

（十三）推进村庄整治和农村新社区建设。进一步完善县城和中心镇布局建设规划，加快建设步伐，强化县城和中心镇对农村的集聚和扩散效应。大力开展农村“环境卫生革命”和“四改两集中”整治工作，从改变环境卫生入手，全面推进改路、改水、改电、改厕和垃圾、污水集中收集处理，改变农村脏乱差面貌。加快中心村建设，积极稳妥地开展旧村改造，着力打造一批特色示范村。加强村庄安全建设，提倡建设经济适用、安全抗震住房，防止山洪、泥石流、地震等灾害对村庄的危害。继续实施“百村整治、十村示范”工程，到2010年，要完成20个示范村的建设和50%以上行政村达到整治村标准。财政每年统筹安排150万元资金用于村庄环境整治建设。

（十四）继续实施“农民饮用水工程”。深入实施“千万农民饮用水工程”，加快农村供水设施建设。到2007年年底，全县农村人口饮水安全达标率要达到70%；到2010年，全县新建125个农村饮用水安全工程，新增年供水能力7300万立方米，乡村自来水普及率达到80%，供水水质达到国家饮用水卫生标准。县财政每年统筹安排50万元资金用于解决农村群众饮水困难。

（十五）加强生态保护和建设。以创建全国生态县为目标，巩固现有国家级生态示范区创建基础，推进全县生态建设。加大环境污染整治，严格执行建设项目环境影响评价制度，加强重点污染区域和重点污染行业整治，依法有序解决凤溪、黄坦坑、花岗岩加工、冶炼铸造等突出的环境污染问题。加强农业农村水源污染防治，推进“养—沼—种”农业循环，完成黄坦镇3个规模化养殖场和1200户养殖户污染整治。加强环保基础设施建设，进一步抓好县城污水处理厂、中心镇生活垃圾处理设施等建设，每年新增5个行政村的污水处理设施，每个乡镇至少要有1个行政村实现生活污水无害化处理。积极开展“绿色学校”、“绿色医院”、“绿色饭店”、“绿色社区”、“绿色家庭”等创建活动，探索全社会共同参与的有效载体。通过饮用水水源保护、森林生态体系建设等措施，进一步改善生态环境。到2010年，新增市级以上生态乡镇20个，县级以上生态村150个。

六、大力发展农村社会事业

（十六）大力发展农村教育事业。把农村教育放在优先发展的位置，推进农村中小学标准化建设，改善农村中小学办学条件。进一步调整农村中小学布局，合理配置城乡教育资源，促进城乡教育均衡发展。从2006年秋季开始，全县农村义务教育免收学杂费。继续实施农村中小学家庭经济困难学生资助扩面、爱心营养餐、食宿改造和教师素质提升等“四项工程”。巩固、提高九年义务教育，争取2007年基本普及高中段教育和学前教育。鼓励民办教育，发展职业教育，加强成人教育。加强农村教育投入，“十一五”期间，财政统筹安排55010万元资金用于发展农村教育事业。

（十七）继续开展农民职业技能培训。继续实施“万名农村劳动力培训”工程，重点加强新型农民科技培训、农民技术资格培训、农村劳动力转移培训和农业专业大户专业培训，进一步提高培训的针对性和实效性，培养造就一批有文化、懂技术、善经营的新型农民。5年内要培训农民2.5万人次以上，转移农村劳动力6000人以上。财政每年统筹安排200万元专项经费用于农民知识化、乡土人才和中介组织培训。

(十八)扎实推进"农民健康工程"。按照让农民"有地方看病、看得起病、加强预防少生病"的要求,完善新型农村合作医疗制度和农村公共卫生服务体系,新型农村合作医疗参合率、三大类12项公共卫生服务覆盖率均达到90%以上。加大对新型农村合作医疗的投入,逐步提高财政补助标准和合作医疗保障水平;建立健康档案,实行参合农民免费健康体检;加强乡村医疗卫生机构基本设施和装备建设,健全县、乡、村三级公共卫生服务网络,切实提高农村医疗卫生服务能力。建立社区责任医师制度,提供集基本医疗、预防、保健、康复、计划生育、健康教育"六位一体"的农村社区卫生服务,加大农村卫生人才培养力度,实施农村卫生技术人员素质提升工程。建立县级医疗人员对口支援农村的长效机制,持续开展卫生下乡活动。加大农村卫生事件预警和应急体系建设,加大农村地方病、传染病和人畜共患病的防治力度。

(十九)积极发展农村文化事业。把繁荣农村文化作为我县文化建设的重要内容,以满足人民群众日益增长的文化需求为根本出发点,大力实施文明素质、文艺精品、文化研究、文化保护、文化阵地、文化人才等六大工程,努力打响"刘基文化、山水文化、畲乡文化、侨乡文化、红色文化"品牌。积极开展多种形式的文化下乡活动,鼓励文艺工作者深入农村,创作一批充分体现社会主义新农村建设的文艺作品,丰富人民群众文化生活。加快农村有线电视、广播设施的建设步伐,推进有线广播电视由模拟向数字化过渡,到2010年,实现广播电视的人口综合覆盖率97%以上,有线广播电视行政村通达率95%以上。

(二十)进一步完善农村社会保障体系。逐步建立和完善与经济发展相适应的社会保障制度,不断扩大覆盖面。逐步建立农村社会养老保险制度,建立健全被征地农民基本生活保障制度。完善以大病统筹为主的新型农村合作医疗制度,到2010年,全县农民参保率达到95%以上。完善城乡最低基本生活保障制度,基本实现农村"五保"和城镇"三无"对象集中供养。积极发展残疾人事业,完善优抚保障机制和社会救助体系,切实关心困难群众生产生活问题,积极发展社会救济、社会福利、优抚安置和慈善事业,加大对弱势群体和低收入人群的帮扶力度。

(二十一)树立健康文明新风尚。继续深入实施"双百结对共建文明"活动,不断扩大共建文明成果。开展以"八荣八耻"为主要内容的社会主义荣辱观教育。推广公民道德基本规范,加强社会公德、职业道德、家庭美德的教育,不断提高农民的思想道德素质。开展农村科普教育活动,引导农民学科学、用科学、崇尚科学,不断提高农民的科学文化水平。巩固殡葬改革成果,推进移风易俗,深入开展文明礼仪教育活动,形成言行讲文明、衣食讲卫生、办事讲规矩、做人讲诚信、相处讲和谐的良好风气。巩固省级卫生县城创建成果,推进文明社区、文明村镇、文明行业和文明单位等创建活动,深化创建内涵,拓展创建范围,夯实创建基础,计划2006年进入省级文明县城行列,到2010年,新增县级文明村50个,黄坦、西坑、玉壶等三个镇达到市星级文明镇标准,积极争创省级文明示范县城。

七、加强农村民主政治建设

(二十二)加强农村民主法制建设。加强和改善党对基层民主建设的领导,健全村民自治机制,进一步完善村务公开和民主管理制度,保障村民的知情权、参与权、管理权、监督权。建立健全"一事一议"制度,落实农民自主筹资筹劳的办法,引导农民开展农村公益性事业建设。深入开展农村"五五"普法教育,推进依法治理工作,增强农民的法制观念,提高农民的法律素质,引导农民依法行使权利和自觉履行义务。强化农村基层法律服务,为农民群众提供有效的法律援助,强化农村社会治安综合治理,正确分析、妥善处理农村各种社会矛盾,及时消除各类不稳定因素,建设平安乡村,创造农民安居乐业的社会环境。

(二十三)加强乡镇人大建设。充分发挥县乡(镇)两级人大代表的作用,支持和保障人大代表依法履行职务,认真审议、办理代表议案和建议,提高审议和办理质量。根据工作需要,乡镇人大可配备专职工作人员。

加强对乡镇人大主席、副主席、联络员、专职工作人员的培训工作，以推动乡镇人大工作。

(二十四)加强农村基层组织建设。加强以党支部为核心的村级组织建设，巩固农村保持共产党员先进性教育成果，全面提高农村基层党员干部素质。实施以“五个好”为主要内容的“先锋工程”和“三级联创”活动，充分发挥农村基层党组织和广大党员在新农村建设中的战斗堡垒作用和先锋模范作用。加强农村党员队伍建设，积极吸收农村优秀青年加入党组织。加强村民委员会和村民代表会议建设，强化农村各项制度管理。加强党风廉政建设，开展廉政文化进农村活动。充分发挥农村共青团、妇联组织在新农村建设的骨干作用和桥梁纽带作用。

八、深化农村各项改革

(二十五)推进农村综合改革。全面推进以乡镇机构、农村义务教育和县乡财政体制改革为主要内容的农村综合改革。积极稳妥地实行乡镇行政区划调整，巩固行政村规模调整成果，增强中心镇的集聚和辐射能力，提高中心村的建设水平。推进乡镇机构改革，强化政府的社会管理和公共服务职能，建立行为规范、运转协调、公正透明、廉洁高效、服务优良的乡镇管理体制和运行机制。加快农村义务教育体制改革，建立和完善县乡政府责任明确、财政分级投入、经费稳定增长的农村义务教育管理体制。深化县乡财政管理体制改革，按照“财力向下倾斜、权责基本统一”的原则，建立覆盖城乡的公共财政制度。按照公共财政的原则，调整优化财政支出结构，增加对农业和农村的投入。巩固农村税费改革成果，减轻农民负担。探索和建立农业风险基金，鼓励社会资本投资开发农业。

(二十六)推进农村土地管理制度改革。稳定并不断完善以家庭承包经营为基础、统分结合的双层经营体制，建立和完善农村土地承包纠纷争端解决机制，依法保障农民土地承包经营的各项权利。积极开展山林承包权延长工作，促进林业生产发展。按照“依法、自愿、有偿”的原则，积极引导农用地土地使用权流转，推进农业适度规模经营。完善征地程序，健全对被征地农民的合理补偿机制，探索农村集体非农建设用地使用权流转的途径和办法，流转收益用于新农村建设；建设用地计划指标安排要向农村基础设施建设项目倾斜，促进农村经济可持续发展。

(二十七)推进农村金融和供销社改革。县内各金融机构在保证资金安全的前提下，要将一定比例的新增存款投放到农村建设。在保证资本金充足、严格金融监管和建立合理有效的退出机制的前提下，鼓励在县内设立多种所有制的社区金融服务组织，允许私有资本、外资等参股。有关部门要抓紧制定管理办法，引导农户发展资金互助组织和农村产业投资基金。稳步推进农业政策性保险试点工作，加快发展多种形式、多种渠道的农业保险。建立担保基金或担保机构，解决农户和农村中小企业贷款抵押担保难问题。积极探索基层供销社改革和发展，鼓励发展农民专业合作社。

九、切实加强对社会主义新农村建设的领导

(二十八)加强组织领导。坚持由党政“一把手”亲自抓，形成党委领导、政府主导、农民主体、部门协作、社会参与的工作机制。县委、县政府建立社会主义新农村建设工作领导小组及其办公室，负责新农村建设的任务部署、力量组织、政策协调、工作指导和监督检查。各乡镇也要建立相应的机构，把主要精力放在社会主义新农村建设上。各部门要切实承担起新农村建设的职责，通过开展“真情送服务、建设新农村”等活动，形成参与新农村建设的长效机制。

(二十九)加大投入力度。坚持“多予、少取、放活”的方针，认真贯彻财政支农“三个高于”和“存量适度调整，增量重点倾斜”的精神，切实加大对“三农”的支持力度，切实达到省委提出的“财政新增教育、卫生、文化等事业经费主要用于农村，政府基本建设资金增量主要用于农村，政府征用土地出让收益主要用于农村”的要求。用好、用活、用足上级政府和有关部门的优惠政策，积极争取项目资金扶持。进一步加大支农资金整合力度,严格资金管理和使用程序,提高资金使用效益。积极引导民间资金投向新农村建设。

(三十)强化宣传教育。加大对社会主义新农村建设的宣传力度,充分利用电台、电视台、网站等媒体,大力宣传新农村建设的重大意义、指导思想、方针政策、目标任务、工作成效和典型经验。县有关部门和乡镇领导要深入农村,深入群众,广泛开展新农村建设宣传教育活动,努力营造建设社会主义新农村的良好氛围。

(三十一)形成建设合力。要激发广大农村基层干部和农民群众的建设热情,使他们真正成为社会主义新农村建设的中坚力量。要鼓励和引导各行各业、各种社会资源自觉参与到社会主义新农村建设中来,形成全社会支持农业、关爱农民、服务农村的强大合力。各乡镇党委、政府要为新农村建设提供组织保证。政府职能部门要加强服务,在制定发展规划、安排建设投资和事业经费时充分考虑新农村建设的发展要求,更多地向农村倾斜。要进一步完善农村工作指导员制度,充分发挥指导员在新农村建设中的作用。

(三十二)建立考核机制。建立社会主义新农村建设的考核机制,加强对新农村建设工作的督查考核,确保各项工作落到实处。要把新农村建设的目标任务与各地的经济社会发展结合起来,进行科学管理,严格考核,并将考核结果作为领导干部政绩考核的重要内容。县、乡镇党委、政府要对在新农村建设中表现突出、成效显著的单位和个人给予表彰奖励,以激发新农村建设的积极性。

2006年8月2日

中共文成县委　文成县人民政府
《关于加快旅游业发展的优惠政策》

为进一步促进我县旅游实现“从观光旅游向休闲度假旅游转变、从旅游资源大县向旅游经济强县转变”,着力打造“温州大都市的休闲度假胜地”,根据省、市有关文件精神,结合我县实际,特制定本优惠政策。

一、加大财政金融支持力度

1. 2009年度,县级财政安排旅游发展专项资金800万元,今后视县级财政收入增长情况逐年增加。该专项资金用于重点旅游景区基础配套设施建设补助、风景旅游规划编制、旅游宣传促销、旅游教育培训、旅游企业创强创优奖励、旅游扶贫、旅游经济目标责任制考核奖励和旅游创强奖励等项目。

2. 各重点旅游乡镇要优化支出结构,逐年加大对旅游基础设施建设、旅游宣传促销、旅游规划编制等方面的财政投入。发改、财政、交通、国土、农办、农业、林业、水利、建设、民宗、旅游等部门在安排专项资金使用时,应充分考虑旅游业的发展需求,每年选择一批涉旅项目予以支持。同时,各有关部门要充分利用有关政策,共同做好旅游项目的申报工作,积极争取国家、省、市财政对我县旅游发展的投入。

3. 各银行行业金融机构要积极开发和推广适应旅游业发展需要有个性化金融产品。允许旅游景区、星级饭店、旅行社等旅游企业探索以特许、营运、收费等经营权和股权抵押贷款方式进行融资。建立健全旅游企业担保体系及运行模式,逐步加大对旅游企业的信贷支持力度,加大对符合条件的重点旅游企业的授信额度,增加对旅游中小企业、“农家乐”经营户的融资渠道。

二、加大旅游项目开发建设优惠力度

4. 在全县新一轮土地利用总体规划修编过程中,要充分考虑旅游业发展用地的需求来安排和调整,把旅游业发展水平作为用地指标分配的重要依据之一。

5. 对外资、中外合资或民营资本等出资形式投资1000万元以上(含1000万元,外币按人民币折算)的旅游开发项目[指旅游景区(点)和旅游景区(点)内参与性旅游项目],实施供地优惠和财政扶持政策。

①实施供地优惠政策。旅游开发项目建设用地,可以通过招标、拍卖、挂牌等方式取得土地使用权;县级财政或乡(镇)级财政要安排一定比例的土地出让价款投入项目的基础设施建设。森林公园、农业观光园、绿地水体按农(林、水)业用地政策办理;景区内的公共设施(道路、厕所、停车场等)、纪念性建筑等按公益事业或基础设施用地政策办理;对利用荒山、荒坡、荒滩等进行开发的,经县政府批准,可按合同约定确定土地使用年限,最长不超过四十年。

②实施财政扶持政策。对按合同或协议约定期限完成旅游开发项目建设的,自营业年度起,给予财政扶持政策。投资额在1000万~5000万元的旅游开发项目,自营业年度起,所缴纳的营业税第1~2年由县财政按县级地方财政收入部分奖励20%,第3~5年奖励县级地方财政收入部分10%;所缴纳的企业所得税第1~4年由县财政按县级地方财政收入部分奖励30%。投资额在5000万元以上的旅游开发项目,自营业年度起,所缴纳的营业税第1~2年由县财政按县级地方财政收入部分奖励30%,第3~5年奖励县级地方财政收入部分20%;所缴纳的企业所得税第1~5年由县财政按县级地方财政收入部分奖励40%。

6. 属于重点旅游配套项目(指旅游交通、旅游接待中心、宾馆饭店、旅游房地产)的,国土部门要优先安排建设用地计划指标,及时报批,及时供地。其建设用地可以招标、拍卖、挂牌出让等方式取得土地使用权;以出让方式取得土地使用权的,可依法转让、出租和抵押。其建设用地土地使用权应按规定程序及时办理。

三、促进旅游星级饭店建设

7. 对新评定有三星级、四星级、五星级旅游饭店分别一次性奖励2万元、5万元;对新评定的"绿色饭店"一次性奖励5万元。

8. 星级旅游饭店获得市级人民政府或旅游主管部门评定的市级"优秀饭店"(或同等级别称号)荣誉的,奖励0.5万元;获省级以上人民政府或旅游主管部门评定的年度"优秀饭店"(或同等级别称号)荣誉的,奖励2万元。

9. 引进或委托中国酒店集团20强、全球酒店集团300强(按国家旅游局和世界旅游组织最新排名)之列的著名酒店集团经营管理的旅游酒店正式营业后,对酒店业主分别给予一次性奖励10万元、20万元。

四、加快旅行社行业发展

10. 本地旅行社进入年度全市10强的,奖励2万元;进入年度全省100强的,奖励5万元;进入年度全省10强或全国100强的,奖励10万元。

11. 本地旅行社获市级人民政府或旅游主管部门评定的市级"优秀旅行社"(或同等级别称号)荣誉的,奖励0.5万元;获省级以上人民政府或旅游主管部门评定的年度"优秀旅行社"(或同等级别称号)荣誉的,奖励2万元。

12. 对本优惠政策印发后取得国导证,并继续在文成旅游界从业两年以上的专职导游员,给予一次性奖励0.2万元;取得中级导游证,并继续在文成旅游界从业两年以上的专职导游员,给予一次性奖励0.5万元;取得高级导游证,并继续在文成旅游界从业两年以上的专职导游员给予一次性奖励1万元。

13. 对获得市级人民政府或旅游主管部门评定的市级。"优秀导游员"(或同等级别称号)荣誉的,奖励0.2万元;获得省级以上人民政府或旅游主管部门评定的"优秀导游员"(或同等级别称号)荣誉的,奖励0.5万元。

14. 获得第12条或第13条所列资格证或荣誉的外地导游员,经本地旅行社引进后,在文成旅游界连续专职从业两年以上的,给予同等的奖励。

15. 对承接县外团队来文旅游达到7000人次以上且增速在15%以上的前2名本地旅行社,年终一次性分别给予3万元、2万元的奖励。

16. 以节约公务经费为原则，推行公务接待市场化运作。除国家明令禁止的以外，机关、企事业单位和社会团体的公务考察、来访接待、会议展览等公务活动，可委托旅行社代办交通、住宿、餐饮、会务等事项，旅行社提供的发票可作为报销凭证。

17. 旅行社(旅游公司)的计税营业额按照规定剔除为住宿、餐饮、门票等费用后的余额为营业税；导游服务费计入成本核算。

18. 县委人才办、人事部门、经贸部门、旅游部门等单位要加强协调配合，确保每年开展一次以上的导游人员业务培训。

五、加快乡村旅游发展

19. 立足我县农业资源优势，突出农家特色，注重参与性，组织编制文成县乡村旅游发展规划，引导"农家乐"规范发展，每年安排一定资金对乡村旅游项目进行帮助扶持，突出重点，树立典型，创建亮点，示范带动，切实增加农民收入，助推社会主义新农村建设。

20. 对新评定的二星级、三星级、四星级、五星级"农家乐"经营点分别奖励0.5万元、1万元、2万元和4万元；对新评定的县级、市级、省级"农家乐"经营示范点分别奖励0.5万元、1万元和2万元；对新评定的县级、市级、省级"农家乐"特色村分别给予村集体奖励1万元、2万元和4万元。

21. 农办、旅游部门要加强协调配合，确保每年开展一次以上的农家乐从业人员业务培训。

六、促进本地旅游市场繁荣

22. 鼓励旅游部门开展旅游整体宣传推介。旅游部门工作人员根据实际工作需要外出开展宣传推介活动的，审批部门要在手续办理方面提供便利，开通绿色通道。

23. 完善旅游交通网络，将旅游景区(点)的连接道路建设纳入全县交通规划。优先发展旅游客运，允许核准的旅游营运车辆，在旅游淡季可按实际需要按月办理临时报停营运手续。旅游旺季需调用其他班线的客运车辆时，交通部门应予优先安排，及时疏运旅客；在县境内确需调用自备车辆疏运时，单位或个人持有车况证明、从业资格证和旅游主管部门证明意见的，交通部门应予以临时许可运送旅客。

24. 公安(交警)部门应主动为外地来文旅游车辆提供行车和停车必要的引导，指导帮助主要旅游景区(点)建立停车场，规划专门停车泊位。对外地来文旅游车辆有轻微交通违法行为，并且未影响道路交通的，公安(交警)部门应以教育为主，指出违法行为，给予口头警告后放行；发生适用简易程序处理的交通事故，要推行快速处理机制，从快从简处理，尽可能减少游客滞留时间。

25. 对新评定的国家AAA级、AAAA级，AAAAA级旅游景区分别一次性奖励5万元、10万元和20万元。

26. 积极争创特色旅游村和旅游强镇，对获得浙江省特色旅游村称号的行政村，给予村集体奖励5万元；对获得浙江省旅游强镇称号的乡镇政府，给予奖励10万元。

2009年11月2日

资料采写人员

（按姓氏笔画）

王灵华　王玮健　王　欧　王　钢　王　施　王　哲　王晓云
王　健　王烨烨　王彬彬　王彩萍　王微微　毛征亮　卢健斌
叶苏红　叶迎男　叶　委　叶琪云　叶紫微　白小芬　冯晓夏
邢榕云　朱佳利　朱　晨　刘双燕　刘国平　刘晓伟　刘海民
许银芳　苏建东　李运飞　李丽琴　李伟坚　吴佩磊　余方盈
余贤福　余海红　张小虎　张海东　陈方耀　陈丽伟　陈　微
陈　静　邵疆疆　林永汉　林　苇　林　宏　林妙泉　林松媚
林尚东　林建明　林雪飞　郁　翎　罗建锴　季周颖　周小春
周　伟　周国梁　周　跃　周　琦　周瑞珊　周　颖　郑　乐
郑　华　郑冰凌　郑国游　郑爱蓉　郑海津　郑颖颖　孟安清
赵友红　赵周群　赵闽二　赵美珍　胡小丽　胡巧云　胡杨杨
胡悦斌　胡梓铭　胡慧琼　柳双林　俞海明　施　俊　洪婷婷
夏丽云　夏佩佩　钱云飞　徐世槐　徐　俊　陶　伟　黄金乐
龚　勉　章学灵　董芳芳　程步园　谢　军　雷旭亮　雷克丑
蔡小彬　蔡凌晖　潘碎兵　戴　冕　魏志良

后　记

2020年春，新型冠状病毒在全球蔓延，全民抗疫如火如荼。县委党史研究室、县地方志研究室一边响应号召，积极指派人员参与一线抗疫；一边精心组织编纂人员闭户居家，静心修改志书。在清明节、国际劳动节期间，研究室曾两度组织集中改稿，编纂人员全部佩戴口罩。非常时期编纂的县志，意义非凡。但愿，县志出版之时，疫情已然结束！

《文成县志（1991—2011）》志稿完美收官，标志着跨时12年、搜集资料千万字的文献巨作大功告成，就如县名——文成。

《文成县志（1991—2011）》的编纂过程，是一个艰难磨砺的历程。2008年12月，成立以时任县长谢作雄为主任的地方志编纂委员会，召开全县县志编修工作动员大会，县长、编委主任与乡镇、部门各承编单位签订编修任务责任书。2009年年初，成立县志编辑部，确定主编、副主编4人，聘任编辑编务人员3人。4—5月，先后举办卫生、财税系统续志编纂业务培训班。6月，在龙川乡推行县志编修工作试点，并于9月完成该乡续志资料长编初稿；当年，百丈漈镇、富岙乡完成资料长篇编写任务。2010年5月和2013年3月，编成资料《文成60年纪事》《文成县乡镇志》。之后，县志编纂工作进入一个迷茫、曲折和无功时期。至2015年年底，全县123个承编单位经过初审，只有62个单位通过复审。2015年1月，县地方志编纂委员会召开推进会，落实责任，督促进度，县志编修工作再入正轨。2017年10月志稿合成并进行试审，2018年3月通过初审，2019年6月通过复审，2019年12月通过终审。

编纂《文成县志（1991—2011）》，离不开省、市地方志办公室及其领导、专家的精心指导，离不开历届县委、县政府及其主要领导的正确领导，离不开社会各界的无私厚爱，更离不开全体编辑人员十几年如一日的艰辛付出。省地方志办公室潘捷军主任，2008年参加了县志编纂工作动员会，2019年12月参加县志终审会，其中还多次来文成指导县志编纂工作；省地方志办公室周祝伟处长，市地方志办公室魏仕阔副主任、毛少甫处长，《温州市志》张声和主编、陈建敏副主编等领导和专家，全程参与志稿审读，提出了大量宝贵的修改意见；严中杰、陈永造等县老领导、老干部全力为县志把关；县志原主编朱礼、副主编邢松棋从花甲之年到耄耋之年，更是带病参编，精神可嘉。在此，对所有关心、支持、帮助县志编纂工作的团体和个人表示衷心的感谢！

1991—2011年，弹指一挥间的20年，文成发生了天翻地覆的变化，精彩、魅力、亮点纷呈，需要记述的事情实在太多。由于基础条件和编者水平所限，难免存在资料的不平衡、文字的不精练等不足，恳请各级领导、方志专家、仁人志士、广大读者提出批评指正！

《文成县志》编辑部

2020年5月